2019 K리그 연감

1983~2018

이 도서의 국립중앙도서관 출판예정도서목록(CIP)은 서지정보유통지원시스템 홈페이지(http://seoji.nl.go.kr)와 국가
자료공동목록시스템(http://www.nl.go.kr/kolisnet)에서 이용하실 수 있습니다. (CIP제어번호 : CIP2019006076)

2019 K리그 연감 1983-2018

K LEAGUE
Annual Report
2019

(사)한국프로축구연맹

차 례 •

Section 1 • 구단별 2018 기록포인트

Section 2 • 2018 시즌 기록

Section 3 • K리그1 기록

Section 4 • K리그2 기록

Section 5 ● K리그 승강 플레이오프 기록

Section 6 ● 프로축구 역대 통산 기록

Section 7 ● 2018년 경기기록부

Section 8 ● 시즌별 기타 기록

축구장 규격 규정

형태	직사각형
길이	최소 90m(1000야드) ~ 최대 120m(1300야드)
너비	최소 45m(500야드) ~ 최대 90m(1000야드)
길이(국제경기 기준)	최소 100m(1100야드) ~ 최대 110m(1200야드)
너비(국제경기 기준)	최소 64m(700야드) ~ 최대 75m(800야드)
골대 높이	2.44m(8피트)

축구장 약어 표시

E.L	엔드라인(End Line)
C.KL	코너킥 왼쪽 지점
PAL EL	페널티 에어리어 왼쪽 엔드라인 부근
GAL EL	골 에어리어 왼쪽 엔드라인 부근
GAL 내 EL	골 에어리어 왼쪽 안 엔드라인 부근
GAR 내 EL	골 에어리어 오른쪽 안 엔드라인 부근
GAR EL	골 에어리어 오른쪽 엔드라인 부근
PAR EL	페널티 에어리어 오른쪽 엔드라인 부근
C.KR	코너킥 오른쪽 지점
PAL CK	페널티 에어리어 왼쪽 코너킥 지점 부근
PAR CK	페널티 에어리어 오른쪽 코너킥 지점 부근
GAL 내	골 에어리어 왼쪽 안
GA 정면 내	골 에어리어 정면 안
GAR 내	골 에어리어 오른쪽 안
PAL	페널티 에어리어 왼쪽
PAR	페널티 에어리어 오른쪽
PAL TL	페널티 에어리어 왼쪽 터치라인 부근
GAL	골 에어리어 왼쪽
GA 정면	골 에어리어 정면
GAR	골 에어리어 오른쪽
PAR TR	페널티 에어리어 오른쪽 터치라인 부근
TL	터치라인(Touch Line)
PAL 내	페널티 에어리어 왼쪽 안
PA 정면 내	페널티 에어리어 정면 안
PAR 내	페널티 에어리어 오른쪽 안
PAL	페널티 에어리어 왼쪽
PA 정면	페널티 에어리어 정면
PAR	페널티 에어리어 오른쪽
AKL	아크서클 왼쪽
AK 정면	아크서클 정면
AKR	아크서클 오른쪽
MFL TL	미드필드 왼쪽 터치라인 부근
MFR TL	미드필드 오른쪽 터치라인 부근
MFL	미드필드 왼쪽
MF 정면	미드필드 정면
MFR	미드필드 오른쪽
HLL	하프라인(Half Live) 왼쪽
HL 정면	하프라인 정면
HLR	하프라인 오른쪽
자기 측 MFL	자기 측 미드필드 왼쪽
자기 측 MF 정면	자기 측 미드필드 정면
자기 측 MFR	자기 측 미드필드 오른쪽

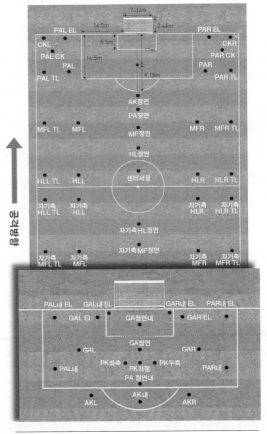

경기 기록 용어

1. 패스 종류

⌢	머리 높이 이상의 패스
→	무릎에서 가슴 높이 정도의 패스
~	땅볼 패스

2. 기타 약어

B	공이 골대의 가로축(Cross Bar)에 맞을 때
H	헤딩 패스나 슈팅 / Half time
L	좌측(Left)
P	공이 골대의 세로축(Post)에 맞을 때
R	우측(Right)
AK	아크서클(Arc Circle)
CK	코너킥(Corner Kicks)
FO	모든 종류의 파울
GA	골 에어리어(Goal Area)
GK	골키퍼 / 골킥(Goal Kick)
MF	미드필더 / 미드필드(Midfield)
OS	오프사이드(Offside)
PA	페널티 에어리어(Penalty Area)
PK	페널티킥(Penalty Kick)
PSO	승부차기(Penalty Shoot-Out)
GL	득점(Goal)
AS	도움(Assist)
ST	슈팅(Shoot)
FK	프리킥(Free Kick)

감독상(K리그1)
최강희 전북 현대 모터스

감독상(K리그2)
박동혁 아산 무궁화

MVP(K리그1)
말컹 경남FC

MVP(K리그2)
나상호 광주FC

영플레이어상
한승규 울산 현대

2 0 1 8 년   K 리 그   일 지

월	일	내용	월	일	내용
1	2	한국프로축구연맹, 2018년 시무식 개최		18	2018 K리그 U14 & U15 챔피언십(~7.31)
	11	경기품질 향상을 위한 그라운드 평가시스템, 그라운드 공인제도 도입		23	2018년도 제5차 이사회 개최
	15	2018년도 제1차 이사회 개최	8	1	'K리그 통합 데이터포털' 공식 오픈
	17	K리그, 2017년 수입 - 지출 결산 경영공시		7	2018 K리그 U18 & U17 챔피언십(~8.20)
	22	K리그1, K리그2 리그명 변경		19	전남 : 수원전 역대 K리그 한경기 양 팀 합계 최다 골 기록(전남 6 : 4 수원)
	25	VAR 장비 '호크아이' 도입		19	강원, K리그 통산 한 경기 최다 득점 기록(강원 7 : 0 인천)
	29	'2017 K리그 테크니컬 리포트' 발간	9	1	K리그 × 마블(MARVEL) 콜라보 MD 출시
2	2	K리그, IFFHS 선정 세계프로축구리그 순위 7년 연속 아시아 1위		1	축구산업아카데미 10기 개원
	23	2018년도 제2차 이사회 개최		4	K리그 아카데미 - 3차 감독 과정 개최
	26	2018 K리그 신인선수교육		5	K리그 아카데미 - 2차 Accounting(재무회계) 과정 개최
	27	2018 K리그1, 2 개막 미디어데이 개최		12	프로축구연맹 - 축구사랑나눔재단 - 성남FC가 함께하는 사랑 나눔 봉사활동 실시
	27	2018 K리그 홍보대사 'BJ 감스트' 선임	10	7	전북, KEB하나은행 K리그1 2018 우승 확정
3	1	KEB하나은행 K리그1 2018 개막		17	부정행위 제안 거절하고 신고한 이한샘(아산)에게 7,000만 원 포상
	1	염기훈(수원), 프로축구 사상 최초 통산 100도움 달성		20	KEB하나은행 K리그1 2018 정규라운드 종료
	3	KEB하나은행 K리그2 2018 개막		22	K리그, 타이틀스폰서 KEB하나은행과 2019년 연중 K리그 어린이 축구교실 개최
	4	축구산업아카데미 9기 개원		22	K리그, 세계 최대 규모 스포츠미디어 전시회 'SPORTEL MONACO' 참가(~10.24)
	10	2018 아디다스 K리그 주니어 개막		27	아산, KEB하나은행 K리그2 2018 우승 확정
	19	K리그 아카데미-감독과정 개최		27	KEB하나은행 K리그1 2018 스플릿 라운드 시작
	20	2018년도 제1차 K리그 주장간담회 개최	11	4	이동국(전북) 필드플레이어 역대 최다 출장 공동 1위(501경기)
	22	K리그 아카데미 - 마케팅 과정 개최		4	수원 U18(매탄고), 경남 U18(진주고), 2018 아디다스 K리그 주니어 후기리그 우승
	26	K리그 아카데미 - PR 과정 개최		5	2018년도 제6차 이사회 개최
4	5	K리그, 미션 챌린지 기부 캠페인 '써카데미' 첫 편 공개		12	K리그 아카데미 - 2차 PR, 마케팅 과정 개최(11.13)
	6	K리그 임직원, 식목일 맞아 감고당길 꽃 심기 활동		15	KEB하나은행 K리그 2018 대상 시상식 후보명단 발표
	19	2018년도 제3차 이사회 개최		24	여대생 아마추어 축구대회 '2018 K리그 퀸(K-Win) 컵' 개최(~11.25)
	25	최강희 감독(전북), 프로축구 통산 최다승 달성(211승)		24	전남 영암군서 'K리그와 함께하는 유소년 축구클리닉' 개최(~11.25)
	26	국제축구평의회(IFAB) 테크니컬 디렉터 초청 VAR 심판 교육		27	망우리공원 환경정화활동 진행
	27	K리그 발전위원회 공식 출범		29	임직원 대상 심폐소생술 교육 진행
5	4	K리그 판정 영상 콘텐츠 '월간 VAR' 발간	12	3	2018 KEB하나은행 K리그 대상 시상식
	4	K리그 영문소식지 'K리그 뉴스레터' 발간		3	2018년도 제7차 이사회 개최
	10	2018년도 제4차 이사회 개최		4	2018 K리그 지도자 해외연수(~12.18)
	14	K리그 유소년 지도자 워크숍(~5.30)		9	승강PO 1,2차전 합계 서울 4 : 2 부산, 서울 잔류
	28	수원 U18(매탄고), 울산 U18(현대고), 2018 아디다스 K리그 주니어 전기리그 우승		13	한국프로축구연맹, 2018 K리그 의무세미나 개최
6	4	프로축구연맹 - 축구사랑나눔재단 - 경남FC가 함께하는 사랑 나눔 봉사활동 실시		15	축구산업아카데미 10기 수료
	11	2018 K리그 감독-심판 워크숍 개최(~6.12)		17	2018시즌 K리그 사진집 발간
	11	K리그 아카데미 - GM 과정 개최		19	프로축구연맹 임직원 - K리그 심판, 이웃의 따뜻한 겨울 위한 연탄 기부와 배달 봉사
	14	K리그 아카데미 - Accounting(새무회계) 과정 개최		20	아산 무궁화, 2019시즌 K리그2 참가 확정
	15	K리그 대표 선수들 이미지 담은 '게토레이 스페셜 패키지' 출시		20	2019년도 FA 자격 취득 선수 공시
	16	축구산업아카데미 9기 수료		21	2018 K리그 구단별 연봉 현황 발표
	25	2018년도 제2차 K리그 주장간담회 개최		27	K리그, '지역밀착활동 백서' 발간
7	1	2018 K리그 의무위원회 및 유소년 클럽 주최의 제도 심포지엄 개최			
	3	K리그 재개 미디어데이 개최			

Section 1

구 단 별 2 0 1 8
기 록 포 인 트

전 북 현 대 모 터 스

창단년도_ 1994년

전화_ 063-273-1763~5

팩스_ 063-273-1762

홈페이지_ www.hyundai-motorsfc.com

주소_ 우 54809 전라북도 전주시 기린대로 1055

1055, Girin-daero, Deokjin-gu, Jeonju-si, Jeollabuk-do,

KOREA 54809

연혁

1994 전북 다이노스 축구단 창단

1995 95 아디다스컵 4위   95 하이트배 코리안리그 7위

1996 96 아디다스컵 7위   96 라피도컵 프로축구대회 5위

96 프로축구 페어플레이상 수상

1997 구단명칭(전북 현대 다이노스 축구단) 및 심볼마크 변경

97 아디다스컵 9위   97 라피도컵 프로축구대회 6위

97 프로스펙스컵 9위   97 프로축구 공격상 수상

1998 98 아디다스코리아컵 B조 4위(B조 최다득점)

98 필립모리스코리아컵 7위

98 현대컵 K-리그 6위

1999 구단 CI 변경(엠블럼 제작 및 마스코트 변경)

제47회 대통령배 축구대회 준우승(?군)

현대자동차 직영 체제로 전환

새 경영진 체제 출범: 정몽구 구단주, 이용훈 단장(4대) 취임

99 대한화재컵 B조 3위(최다득점)

99 바이코리아컵 K-리그 7위

99 아디다스컵 5위

제4회 삼보컴퓨터 FA컵 준우승

2000 구단 명칭(전북 현대 다이노스 → 전북 현대 모터스) 및 엠블럼 변경

2000 대한화재컵 A조 3위   2000 삼성 디지털 K-리그 4위

제5회 서울은행 FA컵 우승

2001 제3회 2001 포스데이타 수퍼컵 준우승

2001 아디다스컵 B조 2위

중국 친선경기   독일 브레멘 친선경기

2001 포스코 K-리그 9위

제6회 서울은행 FA컵 3위

2002 제12회 아시안컵 위너스컵 준우승

아디다스컵 2002 A조 4위   2002 삼성 파브 K-리그 7위

제7회 서울 - 하나은행 FA컵 4위

2003 삼성 하우젠 K-리그 2003 5위

제8회 하나은행 FA컵 우승

2004 AFC 챔피언스리그 4강(총 10전 0승 1무 0패)

제5회 2004 K-리그 수퍼컵 우승

삼성 하우젠 K-리그 2004 전기 2위

삼성 하우젠컵 2004 3위

삼성 하우젠 K-리그 후기 12위(정규리그 통합 5위)

제9회 하나은행 FA컵 8강

2005 통영컵 국제프로축구대회(총 3전 1승 2패)

삼성 하우젠컵 2005 12위

삼성 하우젠 K-리그 2005 전기 11위

중국 노능태산 친선경기(총 1전 1패)

삼성 하우젠 K-리그 후기 12위(정규리그 통합 12위)

제10회 하나은행 FA컵 우승

2006 구단 엠블럼 변경

AFC 챔피언스리그 우승(총 12전 7승 1무 4패)

삼성 하우젠컵 2006 6위

삼성 하우젠 K-리그 2006 전기 7위

삼성 하우젠 K-리그 2006 후기 13위(정규리그 통합 11위)

제11회 하나은행 FA컵 8강(총 2전 11.1 1패)

FIFA 클럽월드컵: 클럽 아메리카전(멕시코)

2007 삼성 하우젠컵 2007 6위

제12회 하나은행 FA컵 16강(0 · 1 패)

AFC 챔피언스리그 8강

삼성 하우젠 K-리그 8위

2008 삼성 하우젠컵 2008 B조 1위

제13회 하나은행 FA컵 8강   삼성 하우젠 K-리그 2008 4위

2009 피스컵 코리아 2009 B조 3위

2009 K-리그 정규리그 1위 / K-리그 챔피언십 우승

2010 쏘나타 K리그 정규 3위(총 28전 15승 6무 7패), 플레이오프 3위

포스코컵 2010(A조 1위) 준우승(7전 5승 2무 무패)

AFC 챔피언스리그 2010 (F조 2위) 8강(총 9전 6승 3패)

2011 현대오일뱅크 K리그 정규 1위 / 챔피언십 우승

AFC 챔피언스리그 2011 준우승

2012 현대오일뱅크 K리그 2012 준우승

제17회 하나은행 FA컵 8강   AFC 챔피언스리그 2012 H조 3위

2013 구단 CI 변경(엠블럼 및 캐릭터 변경)

현대오일뱅크 K리그 클래식 2013 3위

제18회 하나은행 FA컵 준우승

AFC 챔피언스리그 2013 16강

2014 현대오일뱅크 K리그 클래식 2014 우승

제19회 하나은행 FA컵 4강   AFC 챔피언스리그 2014 16강

2015 현대오일뱅크 K리그 클래식 2015 우승

제20회 KEB하나은행 FA컵 16강

AFC 챔피언스리그 2015 8강

2016 현대오일뱅크 K리그 클래식 2016 준우승

제21회 KEB하나은행 FA컵 8강

AFC 챔피언스리그 2016 우승

2016 FIFA 클럽월드컵 5위

2017 KEB하나은행 K리그 클래식 2017 우승

2018 KEB 하나은행 K리그1 2018 우승

2018년 선수명단

대표이사_ 이광국 단장_ 백승권 부단장_ 김동탁
감독_ 최강희 코치_ 박충균 코치_ 김상식 코치·스카우터_ 김현민 GK코치_ 최은성 스카우터_ 곽진서 테크니컬 디렉터_ 조긍연
의무_ 김재오 의무_ 김병선 의무_ 지우반 통역_ 김민수 장비_ 이민호 분석관_ 이재권 주무_ 최용원

포지션	선수명		생년월일	출신교	키(cm) / 몸무게(kg)
GK	홍 정 남	洪 正 男	1988.05.21	제주상업고	186 / 79
	황 병 근	黃 秉 根	1994.06.14	국제사이버대	193 / 93
	송 범 근	宋 範 根	1997.10.15	고려대	195 / 84
	이 재 형	李 在 形	1998.04.05	영생고	188 / 78
DF	이 용	李 鎔	1986.12.24	중앙대	180 / 74
	김 민 재	金 玟 哉	1996.11.15	연세대	188 / 78
	최 보 경	崔 普 慶	1988.04.12	동국대	184 / 79
	이 주 용	李 周 勇	1992.09.26	동아대	180 / 78
	조 성 환	趙 晟 桓	1982.04.09	남부대	184 / 78
	박 원 재	朴 源 載	1984.05.28	위덕대	175 / 69
	김 진 수	金 珍 洙	1992.06.13	경희대	177 / 68
	윤 지 혁	尹 志 赫	1998.02.07	숭실대	189 / 89
	김 재 환	金 載 桓	1988.05.27	전주대	184 / 76
	최 철 순	崔 喆 淳	1987.02.08	충북대	175 / 68
	홍 정 호	洪 正 好	1989.08.12	조선대	187 / 84
	박 원 재	朴 元 在	1994.05.07	중앙대	176 / 66
	박 정 호	朴 正 虎	1997.02.18	영생고	183 / 75
MF	신 형 민	辛 炯 旼	1986.07.18	홍익대	182 / 76
	임 선 영	林 善 永	1988.03.21	수원대	185 / 78
	한 교 원	韓 敎 元	1990.06.15	조선이공대	182 / 73
	정 혁	鄭 赫	1986.05.21	전주대	175 / 70
	티 아 고	Tiago Alves Sales de Lima	1993.01.12	*브라질	180 / 73
	이 승 기	李 承 琪	1988.06.02	울산대	177 / 67
	나 성 은	羅 聖 恩	1996.04.06	수원대	174 / 69
	유 승 민	柳 昇 旻	1998.09.24	영생고	175 / 58
	소 주 호	孫 準 浩	1992.05.12	영남대	177 / 72
	정 호 영	鄭 浩 英	1997.01.16	진주대	170 / 60
	장 윤 호	張 潤 鎬	1996.08.02	영생고	178 / 68
FW	김 신 욱	金 信 煜	1988.04.14	중앙대	196 / 93
	로 페 즈	Ricardo Lopes Pereira	1990.10.28	*브라질	184 / 78
	이 동 국	李 同 國	1979.04.29	위덕대	185 / 80
	아드리아노	Carlos Adriano de Sousa Cruz	1987.09.28	*브라질	172 / 68

2018년 개인기록 _ K리그1

위치	배번	선수	01	07	16	21	28	32	39	46	54	58
		경기번호	01	07	16	21	28	32	39	46	54	58
		날짜	03/01	03.10	03.18	03.31	04.08	04.11	04.14	04.22	04.25	04.29
		홈/원정	홈	원정	홈	홈	원정	원정	홈	원정	원정	홈
		장소	전주W	인천	전주W	전주W	포항	창원C	전주W	제주W	춘천	전주W
		상대	울산	인천	서울	상주	포항	경남	전남	제주	강원	수원
		결과	승	패	승	승	승	승	승	승	승	승
		점수	2:0	2:3	2:1	1:0	2:0	4:0	3:0	1:0	2:0	2:0
		승점	3	3	6	9	12	15	18	21	24	27
		슈팅수	15:9	8:10	14:5	7:9	7:8	17:12	21:6	19:8	16:10	18:4
GK	1	홍정남										
	21	황병근		○ 0/0								
	31	송범근	○ 0/0		○ 0/0	○ 0/0	○ 0/0	○ 0/0	○ 0/0	○ 0/0	○ 0/0	○ 0/0
DF	2	이 용			○ 0/0	○ 0/0	○ 0/1 C	○ 0/0	△ 0/1	○ 0/0	○ 0/0	○ 0/0
	3	김민재	○ 0/0	○ 0/0	○ 1/0	○ 0/0	○ 0/0	○ 0/0		○ 0/0	○ 0/0	○ 0/0 C
	13	이주용										
	15	이재성										
	16	조성환										
	19	박원재			○ 0/0 C		○ 0/0	○ 0/0				
	22	김진수	○ 0/0	○ 0/0 C	○ 0/0							
	25	최철순	○ 0/0	○ 0/0					○ 0/0 C	○ 0/0	○ 0/0	○ 0/0
	26	홍정호	○ 0/0	○ 0/0 C	○ 0/0 C			▽ 0/0				
	33	박원재										
	30	박정호										
MF	4	신형민	○ 0/0	△ 0/0		○ 0/0	○ 0/0	○ 0/0		○ 0/0	○ 0/0	▽ 0/0
	5	임선영						▽ 0/1		▽ 0/0	▽ 0/0	▽ 0/0 C
	6	최보경			△ 0/0	○ 0/0	△ 0/0	○ 0/0		○ 0/0	○ 0/0	○ 0/0 CC
	7	한교원	△ 1/0	▽ 0/0		▽ 0/0						
	8	정 혁		▽ 0/0							○ 1/0	
	14	이승기			▽ 0/0	○ 0/1	○ 0/0		○ 0/0	△ 0/0	▽ 0/1	○ 1/0
	17	이재성	○ 0/1	○ 0/0	○ 0/1	△ 0/0	△ 0/0	○ 1/0		○ 0/0	△ 0/0	
	28	손준호	▽ 0/0		○ 0/1 C	○ 0/0	○ 1/0	▽ 0/0 C	○ 0/0	▽ 0/0 C		○ 0/0
	30	정호영										
	34	장윤호			▽ 0/0				▽ 0/0			
	35	명준재										
FW	9	김신욱	○ 0/0	○ 1/0	○ 0/0			○ 0/0 C	▽ 2/0	△ 0/0	○ 0/0	△ 0/0
	10	로페즈	▽ 0/0	△ 0/0 C	○ 0/0	△ 0/0	△ 0/0	○ 1/1	△ 0/0	○ 1/0 S		
	11	티아고	△ 0/0	○ 0/1	△ 0/0			○ 1/1			○ 0/0	△ 0/0
	18	나성은										
	20	이동국	△ 1/1	△ 0/0		△ 1/0	△ 1/0	△ 0/0	○ 2/0	△ 0/0	△ 0/0	△ 1/0
	27	유송민										
	32	아드리아노	▽ 0/0	▽ 1/0	△ 1/0	▽ 1/0	▽ 0/0	△ 0/0	▽ 0/0		▽ 1/1	△ 0/0

1. 선수자료 : 득점/도움 ○ = 선발출장 △ = 교체 IN ▽ = 교체 OUT ◈ = 교체 IN/OUT C = 경고 S = 퇴장

위치	배번		61	68	73	83	85	91	97	104	114	119
		경기번호	61	68	73	83	85	91	97	104	114	119
		날 짜	05.02	05.05	05.12	05.20	07.07	07.11	07.14	07.18	07.22	07.29
		홈/원정	홈	원정	홈	원정	홈	원정	원정	홈	원정	원정
		장 소	전주W	팔마	전주W	서울W	전주W	문수	수원W	전주W	상주	대구
		상 대	대구	전남	포항	서울	인천	울산	수원	제주	상주	대구
		결 과	승	무	패	승	무	승	승	승	승	승
		점 수	2:1	0:0	0:3	4:0	3:3	2:0	3:0	1:0	2:0	3:1
		승 점	30	31	31	34	35	38	41	44	47	50
		슈팅수	12:16	8:13	14:9	18:10	31:5	22:5	14:16	19:11	12:10	13:21
GK	1	홍 정 남										
	21	황 병 근										
	31	송 범 근	○ 0/0	○ 0/0	○ 0/0	○ 0/0	○ 0/0	○ 0/0	○ 0/0	○ 0/0	○ 0/0	○ 0/0
DF	2	이 용	○ 0/0 C			○ 0/0	○ 0/0	○ 0/2	○ 0/0	○ 0/0	○ 0/1	○ 0/2
	3	김 민 재	▽ 0/0								▽ 0/0	△ 0/0
	13	이 주 용										
	15	이 재 성	▽ 0/0 C	○ 0/0	○ 0/0 C							
	16	조 성 환		○ 0/0	▽ 0/0							
	19	박 원 재										
	22	김 진 수										
	25	최 철 순	○ 0/0		○ 0/0	○ 0/0	○ 0/0		○ 0/0 C	○ 0/0	○ 0/0	○ 0/0
	26	홍 정 호		△ 0/0	○ 0/0	○ 0/0 C		○ 0/0	○ 0/0	○ 0/0	○ 0/0	▽ 0/0 C
	33	박 원 재										
	38	박 정 호		▽ 0/0								
MF	4	신 형 민				○ 0/0	○ 0/0 C	△ 0/0 C	○ 0/0		○ 0/0	○ 0/0 C
	5	임 선 영	○ 1/0			○ 0/0 C	○ 1/1	▽ 0/0	▽ 0/0	▽ 0/0		○ 1/0
	6	최 보 경					○ 0/1	○ 0/0	○ 0/0	○ 0/0	○ 0/0	○ 0/0
	7	한 교 원						▽ 0/0	△ 0/0		○ 1/1	○ 1/1 C
	8	정 혁		○ 0/0 S								
	14	이 승 기	○ 0/0				▽ 0/1		△ 0/0	▽ 0/0	△ 0/0	○ 0/0	▽ 0/0
	17	이 재 성	○ 0/1				△ 1/0	△ 0/0	▽ 1/0	△ 1/0	△ 0/0	
	28	손 준 호	○ 0/0			△ 0/0	▽ 0/0 C	○ 0/0	▽ 0/0	○ 0/0	○ 0/0 C	
	30	정 호 영		○ 0/0								
	34	장 윤 호		○ 0/0	▽ 0/0					○ 0/0		
	35	명 준 재		○ 0/0	○ 0/0							
FW	9	김 신 욱	△ 0/0			△ 0/0 C		○ 1/0 C	▽ 0/0 C	△ 0/1	▽ 1/0	▽ 1/0
	10	로 페 즈	○ 1/1			○ 0/0	○ 0/0	○ 1/1	○ 0/0 C	○ 2/0 C	▽ 0/0	▽ 0/0
	11	티 아 고	△ 0/0	○ 0/0 C	▽ 0/0			△ 0/0	○ 0/0		▽ 0/0	
	18	나 싱 은		○ 0/0			△ 0/0					
	20	이 동 국	△ 0/0	○ 0/0		○ 0/0 C	△ 1/0	○ 1/0	△ 0/0	▽ 0/0	△ 0/0	△ 0/0
	27	유 승 민										
	32	아드리아노	▽ 0/0			△ 0/0	▽ 0/0	▽ 1/0		△ 1/1	○ 0/0	△ 0/0 C

13

위치	배번		경기번호	124	127	134	142	146	154	161	163	173	179
			날 짜	08.05	08.11	08.15	08.19	08.22	08.25	09.02	09.15	09.23	09.26
			홈/원정	홈	홈	원정	원정	홈	원정	원정	홈	원정	홈
			장 소	전주W	전주W	포항	서울W	전주W	상주	진주J	전주W	수원W	전주W
			상 대	경남	강원	포항	서울	대구	상주	경남	제주	수원	전남
			결 과	패	승	패	승	승	무	승	승	무	승
			점 수	0:1	3:1	2:5	2:0	2:1	2:2	3:0	4:0	0:0	1:0
			승 점	50	53	53	56	59	60	63	66	67	70
			슈팅수	27:9	25:12	15:10	14:3	16:8	7:13	17:5	13:12	18:12	17:4
GK	1	홍 정 남								○ 0/0			
	21	황 병 근		○ 0/0	○ 0/0	○ 0/0	○ 0/0	○ 0/0	○ 0/0				
	31	송 범 근									○ 0/0	○ 0/0	○ 0/0
DF	2	이 용		○ 0/0	○ 0/0	○ 0/0	○ 0/0	○ 0/0 C		○ 0/1	○ 0/0	○ 0/0	○ 0/0
	3	김 민 재									△ 0/0	○ 0/0 C	○ 0/0
	13	이 주 용											
	15	이 재 성						▽ 0/0	△ 0/0 S				
	16	조 성 환							△ 0/0 C	▽ 0/0			
	19	박 원 재					○ 0/0 C	○ 0/0					○ 0/0
	22	김 진 수											
	25	최 철 순		○ 0/0	○ 0/0	○ 0/0 C			○ 0/0		○ 0/0 C	○ 0/0	
	26	홍 정 호		○ 0/0	○ 1/0	○ 0/0		○ 0/0	▽ 0/0			○ 0/0 C	○ 0/0 C
	33	박 원 재							○ 0/0				
	38	박 성 호											
MF	4	신 형 민				▽ 0/0		○ 0/0 C	△ 0/0	○ 0/0	▽ 0/1	△ 0/0	▽ 0/0
	5	임 선 영		▽ 0/0	○ 0/0	○ 0/0		○ 0/0	▽ 0/0				
	6	최 보 경		○ 0/0	○ 0/0	○ 0/0 C	○ 1/0			○ 0/0	○ 0/0		△ 0/0 C
	7	한 교 원		▽ 0/0 C	△ 0/0	△ 1/0	▽ 0/0 C		○ 0/0	○ 0/0	○ 1/3		○ 1/0
	8	정 혁		○ 0/0 C	▽ 0/0 C	▽ 0/0	○ 0/0		▽ 0/1	△ 0/0	○ 1/0 C		▽ 0/0
	14	이 승 기				△ 0/0	△ 0/0	○ 0/1			▽ 0/0		▽ 0/0
	17	이 재 성											
	28	손 준 호		○ 0/0	○ 0/1 C			○ 0/0		○ 0/2	○ 1/0	○ 0/0 S	
	30	정 호 영											
	34	장 윤 호									△ 0/0	▽ 0/0	△ 0/0 C
	35	명 준 재											
FW	9	김 신 욱		▽ 0/0	▽ 1/0	△ 1/0	○ 0/1	△ 0/0		△ 0/0	▽ 0/0	▽ 0/0	△ 0/0
	10	로 페 즈		○ 0/0	○ 0/0		○ 0/1	△ 0/1	△ 1/0	○ 2/0			
	11	티 아 고		△ 0/0	▽ 1/1	▽ 0/0			△ 0/0		○ 0/0 C		
	18	나 성 은											
	20	이 동 국		△ 0/0	△ 0/0	○ 0/2		▽ 2/0	○ 1/0 C		△ 1/0	△ 0/0	○ 0/1 C
	27	류 승 민											▽ 0/0
	32	아드리아노		△ 0/0 C	△ 0/0			▽ 0/0		○ 1/0 C		△ 0/0	

선수자료: 득점/도움 ○ = 선발출장 △ = 교체 IN ▽ = 교체 OUT ◆ = 교체 IN/OUT C = 경고 S = 퇴장

위치	배번		182	192	193	203	207	214	222	226			
		경기번호	182	192	193	203	207	214	222	226			
		날짜	09.29	10.07	10.20	10.28	11/04	11.10	11.25	12.02			
		홈/원정	홈	원정	홈	홈	홈	원정	원정	홈			
		장소	전주W	문수	전주W	전주W	전주W	제주W	포항	전주W			
		상대	강원	울산	인천	수원	울산	제주	포항	경남			
		결과	승	무	승	승	승	무	무	무			
		점수	3:2	2:2	3:2	2:0	3:1	0:0	1:1	1:1			
		승점	73	74	77	80	83	84	85	86			
		슈팅수	14:5	7:10	19:11	12:9	13:17	22:12	19:12	11:8			
GK	1	홍 정 남											
	21	황 병 근											
	31	송 범 근	○ 0/0	○ 0/0	○ 0/0	○ 0/0	○ 0/0	○ 0/0	○ 0/0	○ 0/0			
DF	2	이 　 용	○ 0/0	○ 0/0	○ 0/1	○ 0/0 C		○ 0/0	△ 0/0	○ 0/0			
	3	김 민 재	○ 0/0	○ 0/0	○ 0/0	○ 0/0	○ 0/0	○ 0/0	○ 0/0	○ 0/0 C			
	13	이 주 용				○ 0/0			△ 0/0	△ 0/0			
	15	이 재 성											
	16	조 성 환	△ 0/0 C										
	19	박 원 재											
	22	김 진 수				△ 0/0	○ 1/0	○ 0/0 C	○ 0/0 C				
	25	최 철 순	○ 0/0	○ 0/0 C	○ 0/0				○ 0/0	○ 0/0			
	26	홍 정 호		○ 0/0	○ 0/0	○ 0/0	▽ 0/0						
	33	박 원 재											
	38	박 정 호											
MF	4	신 형 민	▽ 0/0		△ 0/0	○ 0/0 C	△ 0/0	○ 0/0	○ 0/0	○ 0/0			
	5	임 선 영		▽ 0/0									
	6	최 보 경	▽ 0/0	○ 0/0	▽ 0/0 C		○ 0/0	○ 0/0	○ 0/0	○ 0/0 C			
	7	한 교 원	○ 0/0	○ 0/0	○ 0/1	▽ 0/0	○ 1/0	▽ 0/0	▽ 0/0				
	8	정 　 혁	▽ 0/0										
	14	이 승 기		▽ 0/0	○ 0/0	○ 0/1	○ 0/1	○ 0/0	○ 0/0	○ 0/0			
	17	이 재 성											
	28	손 준 호		○ 0/0 C	▽ 0/0	▽ 0/0	▽ 1/0	▽ 0/0	▽ 0/0				
	30	정 호 영											
	34	장 윤 호	○ 0/0				△ 0/0	△ 0/0		○ 0/0			
	35	명 준 재	△ 0/0							▽ 0/0			
FW	9	김 신 욱	○ 1/0	▽ 0/0	○ 1/0	△ 1/0 C	○ 0/1	△ 0/0	▽ 0/0	▽ 0/0			
	10	로 페 즈	○ 1/1	△ 1/0	▽ 0/0	○ 1/0 C	▽ 0/0 C	○ 1/0	○ 1/0				
	11	티 아 고											
	18	나 성 은							△ 0/0				
	20	이 동 국	△ 0/0	△ 1/0	△ 1/0	▽ 0/0	△ 0/0	○ 0/0	△ 0/0	△ 0/0			
	27	유 승 민											
	32	아드리아노		△ 0/0	△ 1/0	△ 0/0							

경 남 FC

창단년도_ 2006년
전화_ 055-283-2020
팩스_ 055-283-2992
홈페이지_ www.gyeongnamfc.com
주소_ 우 51460 경상남도 창원시 성산구 비음로 97
창원축구센터
1F Changwon Football Center, 97, Bieum-ro
(Sapajeong-dong), Seongsan-gu, Changwon-si,
Gyeongsangnam-do, KOREA 51460

연혁

2005	발기인 총회 및 이사회 개최(대표이사 박창식 취임)
	법인설립 등기
	법인설립 신고 및 사업자 등록
	제1차 공개 선수선발 테스트 실시
	구단 홈페이지 및 주주관리 시스템 운영
	(주)STX와 메인스폰서 계약
	구단CI 공모작 발표(명칭, 엠블럼, 캐릭터)
	도민주 공모 실시
	제2차 공개 선수선발 테스트 실시
	경남FC 창단 만장일치 승인(한국프로축구연맹 이사회)
2006	창단식(창원경륜경기장)
	K-리그 데뷔
2007	제2대 대표이사 전형두 취임
	삼성 하우젠 K-리그 2006 6강 플레이오프 진출, 종합 4위
	제3대 김영조 대표이사 취임
	제4대 김영만 대표이사 취임
2008	제13회 하나은행 FA컵 준우승

2010	새 엠블럼 및 유니폼 발표
	제2대 김두관 구단주 취임
	제5대 전형두 대표이사 취임
2011	사무국 이전 및 메가스토어 오픈
2012	제6대 권영민 대표이사 취임
	제17회 하나은행 FA컵 준우승
	제3대 홍준표 구단주 취임
2013	제7대 안종복 대표이사 취임
	대우조선해양과 메인스폰서 계약
	플러스 스타디움 상, 팬 프렌들리 상 수상
	현대오일뱅크 K리그 2013 대상 플러스 스타디움상 수상
	현대오일뱅크 K리그 대상 팬 프렌들리 클럽상 수상
2014	경남FC vs 아인트호벤(박지성 선수 은퇴) 경기 개최
2015	제8대 김형동 대표이사 취임
	제9대 박치근 대표이사 취임
2016	제10대 조기호 대표이사 선임
2017	KEB하나은행 K리그 챌린지 2017 우승
	2018 시즌 K리그1(클래식) 승격
2018	KEB하나은행 K리그1 2018 준우승
	플러스 스타디움상

2018년 선수명단

대표이사_ 조기호

감독_ 김종부   수석코치_ 이영익   코치_ 이정렬 · 진경선   GK코치_ 박종문   피지컬코치_ 호성원   트레이너_ 김도완 · 김성일 · 김용훈
통역_ 이찬호 전력분석관_ 박수빈   주무_ 최규민

포지션	선수명		생년월일	출신교	키(cm)/ 몸무게(kg)
GK	이 준 희	李 俊 喜	1993.12.10	인천대	193 / 91
	이 범 수	李 範 守	1990.12.10	경희대	190 / 84
	손 정 현	孫 政 玄	1991.11.25	광주대	191 / 88
	강 신 우	姜 信 友	1999.04.21	진주고	186 / 75
DF	최 재 수	崔 在 洙	1983.05.02	연세대	175 / 68
	여 성 해	呂 成 海	1987.08.06	한양대	186 / 77
	유 지 훈	柳 志 訓	1988.06.09	한양대	173 / 66
	이 재 명	李 在 明	1991.07.05	진주고	182 / 74
	우 주 성	禹 周 成	1993.06.08	중앙대	183 / 75
	박 지 수	朴 志 水	1994.06.13	대건고	184 / 70
	오 민 석	吳 珉 錫	1999.04.24	부평고	187 / 76
	민 준 영	閔 竣 漢	1996.07.27	언남고	170 / 66
	김 현 훈	金 泫 訓	1991.04.30	홍익대	185 / 76
	최 봉 균	崔 逢 均	1991.06.24	한양대	173 / 67
MF	배 기 종	裵 起 鐘	1983.05.26	광운대	180 / 75
	안 성 남	安 成 男	1984.04.17	중앙대	176 / 68
	조 재 철	趙 載 喆	1986.05.18	아주대	176 / 63
	하 성 민	河 成 敏	1987.06.13	울산	184 / 84
	이 광 진	李 廣 鎭	1991.07.23	동북고	177 / 69
	좌 준 협	左 峻 協	1991.05.07	전주대	178 / 77
	김 준 선	金 峻 宣	1996.07.03	아주대	173 / 63
	김 준 범	金 俊 範	1998.01.04	연세대	177 / 66
	쿠 니 모 토	Kunimoto Takahiro	1997.10.08	일본	174 / 76
	김 종 진	金 鐘 振	1999.04.12	영문고	177 / 63
	이 현 웅	李 鉉 雄	1998.04.27	연세대	175 / 68
	최 영 준	崔 榮 峻	1991.12.15	건국대	176 / 73
	고 병 준	高 炳 竣	1999.03.02	학성고	168 / 63
	김 의 원	金 毅 員	1998.11.01	동북고	176 / 69
	이 현 웅	李 鉉 雄	1988.04.27	연세대	175 / 68
FW	김 효 기	金 孝 基	1986.07.03	조선대	179 / 75
	네 게 바	Ferreira Pinto Guilherme	1992.04.07	브라질	177 / 65
	말 컹	Marcos Vinicius do Amaral Alves	1994.06.17	브라질	196 / 87
	파 울 링 요	Paulo Luiz Beraldo Santos	1988.06.04	브라질	177 / 63
	김 신	金 信	1995.03.30	영생고	180 / 83
	조 영 철	曹 永 哲	1989.05.31	학성고	181 / 83
	김 근 환	金 根 煥	1986.08.12	경희대	193 / 86
	조 정 호	趙 廷 鎬	1994.08.12	부경고	180 / 74

2018년 개인기록 _ K리그1

위치	배번		경기번호	06	09	15	24	26	32	42	48	51	60
			날 짜	03.04	03.10	03.17	04.01	04.07	04.11	04.15	04.22	04.25	04.29
			홈/원정	홈	홈	원정	원정	홈	홈	원정	홈	원정	원정
			장 소	창원C	창원C	광양	춘천	창원C	창원C	포항	창원C	수원W	인천
			상 대	상주	제주	전남	강원	대구	전북	포항	울산	수원	인천
			결 과	승	승	승	승	무	패	패	무	패	승
			점 수	3 : 1	2 : 0	3 : 1	3 : 1	1 : 1	0 : 4	1 : 2	0 : 0	1 : 3	3 : 2
			승 점	3	6	9	12	13	13	13	14	14	17
			슈팅수	8 : 9	15 : 6	12 : 17	16 : 19	7 : 11	12 : 17	12 : 11	9 : 11	5 : 19	13 : 11
GK	25	이 범 수											
	31	손 정 현		○ 0/0	○ 0/0	○ 0/0	○ 0/0	○ 0/0	○ 0/0	○ 0/0	○ 0/0	○ 0/0	○ 0/0
DF	3	유 지 훈											
	5	민 준 영											
	6	최 재 수		△ 0/0	▽ 0/0	△ 0/0		○ 0/0	△ 0/0	○ 0/0	○ 0/0	○ 0/0	
	12	이 재 명		○ 0/0	○ 0/0 C	○ 0/0	○ 0/1		▽ 0/0				
	15	우 주 성		○ 0/0	○ 0/0 C	○ 0/0		○ 0/0	○ 0/0	○ 0/0	○ 0/0	○ 0/0 C	○ 0/0
	17	여 성 해		○ 0/0	○ 0/0 C	○ 0/0		○ 0/0	○ 0/0	○ 0/0	○ 0/0		○ 0/0 C
	23	박 지 수		△ 0/0			△ 0/0	○ 0/0			○ 0/0	○ 1/0	○ 1/0 C
	24	김 현 훈		○ 0/0	○ 0/0	○ 0/0		○ 0/0			△ 0/0	○ 0/0	
MF	8	안 성 남											
	16	이 광 진											
	18	하 성 민		○ 0/0	○ 0/0	○ 0/0	△ 0/0	○ 0/0	▽ 0/0	○ 0/0	○ 0/0	○ 0/0 C	▽ 0/0 C
	21	조 재 철											△ 0/0
	26	최 영 준		○ 0/1	○ 0/0	○ 0/0	○ 0/0	○ 0/0	○ 0/0	▽ 0/0	△ 0/0	▽ 0/0	
	29	김 준 범						▽ 0/0				▽ 0/0	
	39	김 근 환											
FW	7	배 기 종		△ 0/0	△ 0/0	△ 0/0	△ 0/1	△ 1/0		△ 0/0	○ 0/0	△ 0/0	△ 0/0
	9	말 컹		○ 3/0 CC			○ 1/1	○ 2/0	○ 0/1 C	○ 0/0	○ 0/0	○ 0/0	△ 1/0
	10	파울링요											
	11	김 신			▽ 0/0	○ 0/1	▽ 0/0		▽ 0/0				
	13	권 용 현		▽ 0/1	△ 0/0				△ 0/0			△ 0/0	▽ 0/0
	13	조 영 철											
	20	김 효 기			△ 0/0	▽ 1/0	△ 1/0	○ 0/0	△ 0/0	△ 1/0	○ 0/0	○ 0/0	○ 0/0
	22	쿠 니 모 토		▽ 0/0	○ 1/0 C	△ 0/0	▽ 0/0	○ 0/0 C	○ 0/0	○ 0/1	△ 0/0		
	37	김 종 진											▽ 0/0
	77	네 게 바		▽ 0/0	▽ 1/1	▽ 1/0	○ 0/1	▽ 0/0	○ 0/0	○ 0/0	▽ 0/0	▽ 0/0	○ 1/0 S

선수자료 : 득점/도움   ○ = 선발출장   △ = 교체 IN   ▽ = 교체 OUT   ◈ = 교체 IN/OUT   C = 경고   S = 퇴장

위치	배번	경기번호	63	70	78	79	87	94	98	107	110	115
		날 짜	05.02	05.05	05.13	05.19	07.07	07.11	07.14	07.18	07.21	07.28
		홈/원정	홈	원정	원정	홈	홈	원정	홈	원정	홈	원정
		장 소	창원C	대구	문수	창원C	김해	제주W	창원C	상주	창원C	서울W
		상 대	서울	대구	울산	강원	포항	제주	인천	상주	수원	서울
		결 과	무	승	무	패	승	무	승	승	무	승
		점 수	0:0	2:0	1:1	0:1	2:0	0:0	3:0	1:0	2:2	3:2
		승 점	18	21	22	22	25	26	29	32	33	36
		슈팅수	10:11	14:22	18:11	3:20	18:7	8:14	16:12	11:11	13:21	10:15
GK	25	이 범 수										○ 0/0
	31	손 정 현	○ 0/0	○ 0/0	○ 0/0	○ 0/0	○ 0/0	○ 0/0	○ 0/0	○ 0/0	○ 0/0	
DF	3	유 지 훈					▽ 0/0	○ 0/0	○ 0/0	○ 0/0	○ 0/1	○ 0/0
	5	민 준 영										
	6	최 재 수		△ 0/0	△ 0/0							
	12	이 재 명										
	15	우 주 성	○ 0/0	○ 0/0	○ 0/1	○ 0/0	○ 0/0	○ 0/0		▽ 0/0		○ 0/0
	17	여 성 해	○ 0/0	○ 0/0								
	23	박 지 수	○ 0/0	○ 0/0	○ 0/0 C	○ 0/0	○ 0/0 C		○ 0/0	○ 0/0	○ 0/0	○ 0/0
	24	김 현 훈	○ 0/0	○ 0/0			○ 0/0 C	○ 0/0	○ 0/0 C	○ 0/0	○ 0/0	
MF	8	안 성 남		▽ 0/0	▽ 0/0	▽ 0/0						
	16	이 광 진						○ 0/0	○ 0/0 C	○ 0/0	△ 0/0	○ 0/0	○ 0/1
	18	하 성 민	△ 0/0			△ 0/0	△ 0/0		○ 0/0 C		▽ 0/0	△ 0/0
	21	조 재 철	▽ 0/0	▽ 0/0	▽ 0/0	▽ 0/0 C	▽ 1/0	▽ 0/0			▽ 1/0	△ 0/0
	26	최 영 준	○ 0/0	○ 0/0	○ 0/0	○ 0/0	○ 0/0	○ 0/0	○ 0/0	○ 0/1	△ 0/0	○ 1/0 C
	29	김 준 범					○ 0/0 C	○ 0/0		○ 1/0	▽ 0/0	▽ 0/0
	39	김 근 환										
FW	7	배 기 종	△ 0/0	△ 0/0	△ 0/0							
	9	말 컹	○ 0/0	△ 2/0	△ 1/0	△ 0/0		△ 0/0	△ 2/1	△ 0/0	○ 1/0	○ 2/1
	10	파 울 링 요					△ 0/0	△ 0/0	▽ 0/0	▽ 0/0	○ 0/0	▽ 0/0
	11	김 신				▽ 0/0	△ 0/0		▽ 0/0			
	13	권 용 현	△ 0/0			△ 0/0						
	13	조 영 철					▽ 0/1	▽ 0/0 C	▽ 0/0	▽ 0/0		
	20	김 효 기	▽ 0/0	○ 0/1	○ 0/0 C		○ 0/0	○ 0/0	○ 0/0	○ 0/0	△ 0/0	▽ 0/0
	22	쿠 니 모 토	○ 0/0	○ 0/0		○ 0/0 C		▽ 0/0	△ 1/0	△ 0/0	△ 0/0 C	△ 0/0 C
	37	김 종 진	▽ 0/0	▽ 0/0 C	▽ 0/0							
	77	네 게 바			○ 0/0	○ 0/0	▽ 1/0	△ 0/0	△ 0/0	○ 0/0	○ 0/0	○ 0/1

위치	배번	선수	124	131	137	139	150	152	161	166	169	177
		날짜	08.05	08.12	08.15	08.18	08.22	08.25	09.02	09.16	09.22	09.26
		홈/원정	원정	홈	홈	원정	홈	원정	홈	원정	홈	원정
		장소	전주W	창원C	창원C	포항	창원C	수원W	진주J	팔마	창원C	대구
		상대	전북	전남	울산	포항	강원	수원	전북	전남	서울	대구
		결과	승	승	무	승	승	패	패	무	승	무
		점수	1:0	3:0	3:3	3:0	2:1	0:1	0:3	3:3	2:1	2:2
		승점	39	42	43	46	49	49	49	50	53	54
		슈팅수	9:27	15:11	14:18	12:7	11:10	10:17	5:17	5:17	9:7	13:14
GK	25	이 범 수	○ 0/0	○ 0/0	○ 0/0				○ 0/0	○ 0/0	○ 0/0	○ 0/0
	31	손 정 현				○ 0/0	○ 0/0					
DF	3	유 지 훈	○ 0/0	○ 0/0			▽ 0/0	△ 0/0				
	5	민 준 영										
	6	최 재 수			△ 0/2	○ 0/1 C	△ 0/1	○ 0/0		○ 0/0 C	○ 0/0 C	○ 0/0
	12	이 재 명										
	15	우 주 성	○ 0/0			○ 0/0	○ 0/0		○ 0/0	○ 0/0		
	17	여 성 해										
	23	박 지 수	○ 0/0 C	○ 0/0		○ 0/0	○ 0/0	○ 0/0 C	○ 0/0	○ 0/0	○ 0/0	○ 0/0 C
	24	김 현 훈		○ 0/0	△ 0/0	○ 0/0	○ 1/0		○ 0/0	○ 0/0	○ 0/0	○ 0/0
MF	8	안 성 남										
	16	이 광 진	○ 0/0	○ 0/0			○ 0/0	○ 0/0	○ 0/0	○ 0/1	○ 0/0	○ 0/0
	18	하 성 민	△ 0/0	○ 0/0		△ 0/0			△ 0/0			△ 0/0
	21	조 재 철			△ 1/0		△ 0/1	▽ 0/0				
	26	최 영 준	○ 0/0	○ 0/0		○ 1/0				△ 0/0		
	29	김 준 범	▽ 0/0 C			▽ 0/0	▽ 0/0 C	○ 0/0			▽ 0/0	▽ 0/0 C
	39	김 근 환						△ 0/0			△ 0/1	△ 0/0
FW	7	배 기 종								△ 0/0	△ 1/0	△ 0/0
	9	말 컹	○ 0/0	△ 1/0	○ 2/0	○ 3/0 C	○ 0/0 S			△ 1/0	△ 1/0	○ 2/0
	10	파 울 링 요	△ 0/0	○ 1/0		▽ 0/1	△ 0/0	▽ 0/0		▽ 0/0	○ 0/0	
	11	김 신		▽ 0/0			▽ 0/0					
	13	권 용 현										
	13	조 영 철	▽ 0/0					△ 0/0 C			▽ 0/0	▽ 0/0
	20	김 효 기	▽ 0/0 C	▽ 0/0 C		○ 0/0	○ 1/0	▽ 0/0		▽ 1/0		
	22	쿠 니 모 토	△ 1/0	△ 0/0	△ 0/0	○ 0/0	△ 0/0	○ 0/0	△ 0/0	○ 0/0 C		○ 0/1
	37	김 종 진									▽ 1/0	
	77	네 게 바	○ 0/1	▽ 0/1	▽ 0/0	△ 0/0	○ 0/0	▽ 0/0			○ 0/1	▽ 0/0 C

선수자료: 득점/도움   ○ = 선발출장   △ = 교체 IN   ▽ = 교체 OUT   ◈ = 교체 IN/OUT   C = 경고   S = 퇴장

위치	배번		경기번호	186	191	198	204	205	213	220	226
			날 짜	09.30	10.07	10.20	10.28	11.03	11.10	11.25	12.02
			홈/원정	원정	홈	홈	원정	원정	홈	홈	원정
			장 소	인천	창원C	창원C	문수	제주W	창원C	창원C	전주W
			상 대	인천	제주	상주	울산	제주	포항	수원	전북
			결 과	무	패	승	패	승	패	승	무
			점 수	2:2	0:1	2:1	0:1	1:0	1:2	2:1	1:1
			승 점	55	55	58	58	61	61	64	65
			슈팅수	15:25	11:11	8:9	4:10	4:15	17:7	13:12	8:11
GK	25	이 범 수			○ 0/0	○ 0/0	○ 0/0			○ 0/0	
	31	손 정 현		○ 0/0 C				○ 0/0	○ 0/0		○ 0/0
DF	3	유 지 훈							△ 0/0		
	5	민 준 영									▽ 0/0 C
	6	최 재 수		○ 0/0	○ 0/0	○ 0/0	△ 0/0	○ 0/0	▽ 0/0	▽ 0/0	
	12	이 재 명									
	15	우 주 성					○ 0/0	○ 0/0	○ 0/0	○ 0/0	○ 0/0
	17	여 성 해									
	23	박 지 수		○ 0/0	○ 0/0	○ 0/0	▽ 0/0	○ 0/0	○ 0/0		○ 0/0
	24	김 현 훈		○ 0/0	○ 0/0	○ 0/0	○ 0/0	▽ 0/0		○ 0/0	○ 0/0
MF	8	안 성 남							○ 0/0	△ 0/0	△ 0/0
	16	이 광 진		○ 0/0	○ 0/0	○ 0/0	○ 0/0	○ 0/0			
	18	하 성 민									
	21	조 재 철						△ 0/0		○ 0/0	▽ 0/0
	26	최 영 준		○ 0/0 C	○ 0/0	○ 0/0	△ 0/0 C		○ 1/0		○ 0/0 C
	29	김 준 범		▽ 0/0	▽ 0/0 C	△ 0/0	▽ 0/0		▽ 0/0	▽ 0/0 C	
	39	김 근 환		△ 0/0	△ 0/0	△ 0/0		△ 0/0	△ 0/0		△ 0/0
FW	7	배 기 종		△ 0/0	△ 0/0	▽ 0/0	△ 0/0	△ 0/0	△ 0/0	△ 0/0 C	△ 0/0
	9	말 컹		▽ 0/0		▽ 1/0	○ 0/0	▽ 0/0	○ 0/1		
	10	파 울 링 요		○ 1/0	△ 0/0	△ 0/0 C	▽ 0/0	○ 0/0 C	▽ 0/0	▽ 0/0	○ 0/0
	11	김 신									
	13	권 용 현									
	13	조 영 철			▽ 0/0						
	20	김 효 기		▽ 1/0	▽ 0/0	▽ 0/0	○ 0/0			○ 1/0	▽ 0/0
	22	쿠 니 모 토		○ 0/0	○ 0/0	○ 1/0	○ 0/0 C	○ 0/0	○ 0/0	△ 1/0	○ 0/0
	37	김 종 진							▽ 0/0		
	77	네 게 바		△ 0/0	○ 0/0	○ 0/0	○ 0/0	○ 0/0 C	○ 0/0	○ 0/0	○ 1/0

울 산 현 대

창단년도_ 1983년
전화_ 052-209-7000
숙소전화_ 052-209-7114
팩스_ 052-202-6145
홈페이지_ www.uhfc.tv
인스타그램_ ulsanhyundaifootballclub
페이스북_ www.facebook.com/ulsanfc
유튜브_ www.youtube.com/ulsanhyundai
주소_ 우 44018 울산광역시 동구 봉수로 507(서부동) 현대스포츠클럽
Hyundai Sports Club, 507, Bongsuro(Seobu-dong), Dong-gu,
Ulsan, KOREA 44018

연혁

1983	12월 6일 현대 호랑이 축구단 창단(인천/경기 연고)
1984	84 축구대제전 수퍼리그 종합 3위
1985	85 축구대제전 수퍼리그 종합 4위
1986	86 프로축구선수권대회 우승, 86 축구대제전 종합 3위
1987	강원도로 연고지 이전 87 한국프로축구대회 4위
1988	88 한국프로축구대회 2위
1989	89 한국프로축구대회 6위
1990	울산광역시로 연고지 이전 90 한국프로축구대회 5위
1991	91 한국프로축구대회 2위
1992	92 한국프로축구대회 3위 92 아디다스컵 5위
1993	93 한국프로축구대회 3위 93 아디다스컵 2위
1994	94 하이트배 코리안리그 4위 94 아디다스컵 5위
1995	95 하이트배 코리안리그 3위(전기 2위, 후기 3위)
	95 아디다스컵 우승
1996	96 라피도컵 프로축구대회 통합우승(전기 우승, 후기 9위)
	96 아디다스컵 4위, 아시안컵 위너스컵 3위
1997	97 라피도컵 프로축구대회 전기리그 우승
	97 아디다스컵 3위, 97 프로스펙스컵 A조 4위
1998	모기업 현대자동차에서 현대중공업으로 이전
	98 아디다스코리아컵 우승 98 필립모리스코리아컵 8위
	98 현대컵 K-리그 준우승 제3회 삼보체인지업 FA컵 준우승
1999	99 바이코리아컵 K-리그 6위 99 대한화재컵 3위
	99 아디다스컵 8강 제4회 삼보컴퓨터 FA컵 3위
2000	2000 삼성 디지털 K-리그 10위
	2000 대한화재컵 B조 3위
	2000 아디다스컵 8강 6위
2001	2001 포스코 K-리그 6위
	아디다스컵 2001 B조 4위
2002	2002 삼성 파브 K-리그 준우승
	아디다스컵 2002 준우승
2003	삼성 하우젠 K-리그 2003 준우승
	제8회 하나은행 FA컵 3위
2004	삼성 하우젠 K-리그 2004 통합순위 1위(전기 3위, 후기 3위)
	삼성 하우젠컵 2004 5위
2005	삼성 하우젠 K-리그 2005 우승(전기 3위, 후기 3위)
	삼성 하우젠컵 2005 준우승
2006	제7회 삼성 하우젠 수퍼컵 2006 우승(3월 4일)
	A3 챔피언스컵 2006 우승 AFC 챔피언스리그 공동 3위
2007	삼성 하우젠컵 2007 우승

	삼성 하우젠 K-리그 2007 정규리그 4위
2008	법인설립 (주)울산 현대 축구단
	'울산 현대 호랑이 축구단'에서 '울산 현대 축구단'으로 구단명칭 변경
	삼성 하우젠컵 2008 B조 3위
	삼성 하우젠 K-리그 2008 플레이오프 최종 3위(정규리그 4위)
2009	'(주)울산 현대 축구단'에서 '(주)현대중공업 스포츠'로 법인 변경
	아시아축구연맹 챔피언스리그 E조 3위
	피스컵 코리아 2009 4강 2009 K-리그 8위
2010	포스코컵 2010 8강
	쏘나타 K리그 2010 플레이오프 최종 5위(정규리그 4위)
2011	제16회 하나은행 FA컵 4강
	러시앤캐시컵 2011 우승, 득점왕(김신욱), 도움왕(최재수) 배출
	현대오일뱅크 K리그 2011 6위
	현대오일뱅크 K리그 2011 챔피언십 준우승
	K리그 통산 최초 400승 달성(7월 16일 강원전, 강릉종합운동장)
	곽태휘·김영광 2011 K리그 대상 베스트 11 선정
2012	제17회 하나은행 FA컵 4강
	현대오일뱅크 K리그 2012 5위
	2012 K리그 대상 페어플레이상 수상, 이근호·곽태휘 베스트 11 선정
	김호곤 감독 통산 100승 달성(8월 8일 성남일화전, 탄천종합운동장)
	AFC 챔피언스리그 2012 우승(10승 2무) / 페어플레이상 / MVP(이근호)
	AFC 올해의 클럽상 / 올해의 감독상(김호곤) / 올해의 선수상(이근호)
	FIFA 클럽 월드컵 6위
2013	현대오일뱅크 K리그 클래식 2013 준우승
	김신욱·김치곤·김승규·이용, 2013 K리그 대상 베스트 11 선정
	김신욱, 2013 K리그 대상 MVP, 아디다스 올인 팬타스틱 플레이어 선정
2014	현대오일뱅크 K리그 클래식 2014 6위
2015	제20회 KEB하나은행 FA컵 4강
	2015 K리그 대상 김신욱(득점상) / 유소년 클럽상
2016	현대오일뱅크 K리그 클래식 2016 6위
	제21회 KEB하나은행 FA컵 4강
2017	KEB하나은행 FA컵 우승 KEB하나은행 K리그 2017 4위
	K리그 통산 최초 500승 달성 (7월 19일 vs 강원)
	대한민국 스포츠산업대상 우수프로스포츠단상 (장관상)
2018	제23회 KEB하나은행 FA컵 준우승
	K리그 유소년 클럽상
	주니오(FW)·리차드(DF), K리그 베스트 11 선정
	한승규 영플레이어상 수상

2018년 선수명단

대표이사_ 김광국   사무국장_ 김현희   전력강화부장_ 전성우
감독_ 김도훈   수석코치_ 명재용   코치_ 김인수   코치_ 변재섭   피지컬코치_ 토모   GK코치_ 김범수   스카우터_ 김도균 · 김영기   트레이너_ 이인철 · 정성덕 · 이원빈   주무_ 장민기   주치의_ 염윤석   트레이너_ 송영식 · 정성덕 · 이인철   통역_ 박용수 · 신향   비디오분석_ 정재선

포지션	선수명		생년월일	출신교	키(cm) / 몸무게(kg)
GK	김 용 대	金 龍 大	1979.10.11	연세대	189 / 82
	조 수 혁	趙 秀 赫	1987.03.18	건국대	188 / 83
	오 승 훈	吳 承 訓	1988.06.30	호남대	192 / 75
	문 정 인	文 正 仁	1998.03.16	현대고	193 / 80
DF	김 기 영	金 基 永	1996.08.14	울산대	176 / 70
	강 민 수	姜 敏 壽	1986.02.14	고양고	186 / 76
	임 종 은	林 宗 垠	1990.06.18	현대고	192 / 85
	이 명 재	李 明 載	1993.11.04	홍익대	182 / 68
	홍 준 호	洪 俊 豪	1993.10.11	전주대	190 / 77
	배 재 우	裵 栽 釬	1993.05.17	용인대	175 / 71
	정 동 호	鄭 東 浩	1990.03.07	부경고	174 / 68
	이 상 민	李 尙 珉	1998.01.01	숭실대	188 / 77
	김 창 수	金 昌 洙	1985.09.12	동명정보고	179 / 72
	김 수 안	金 秀 岸	1993.06.10	건국대	192 / 80
	박 주 호	朴 柱 昊	1987.01.16	숭실대	175 / 71
	리 차 드	Richard Windbichler	1991.04.02	*오스트리아	183 / 72
	김 태 환	金 太 煥	1989.07.24	울산대	177 / 72
MF	이 지 훈	李 知 勳	1994.03.24	울산대	176 / 69
	정 재 용	鄭 宰 溶	1990.09.14	고려대	188 / 80
	김 건 웅	金 健 雄	1997.08.29	현대고	185 / 81
	한 승 규	韓 升 奎	1996.09.28	연세대	174 / 65
	이 영 재	李 英 才	1994.09.13	용인대	174 / 60
	박 용 우	朴 鎔 宇	1993.09.10	건국대	186 / 80
	믹 스	Mikkel Morgenstar Palssonn Diskerud	1990.10.02	*미국	182 / 73
	이 창 용	李 昌 勇	1990.08.27	용인대	180 / 76
	이 은 성	李 恩 成	1995.12.04	고려대	176 / 60
FW	김 인 성	金 仁 成	1989.09.09	성균관대	180 / 74
	이 근 호	李 根 鎬	1985.04.11	부평고	176 / 74
	에스쿠데로	Sergio Ariel Escudero	1988.09.01	*일본	171 / 73
	이 종 호	李 宗 浩	1992.02.24	광양제철고	180 / 77
	황 일 수	黃 一 琇	1987.08.08	동아대	173 / 72
	김 승 준	金 承 俊	1994.09.11	숭실대	180 / 70
	주 니 오	Gleidionor Figueiredo Pinto Junior	1986.12.30	*브라질	187 / 85
	김 레 오	金 레 오	1996.10.02	울산대	180 / 74
	우 세 훈	吳 世 勳	1999.01.15	현대고	193 / 85

2018년 개인기록 _ K리그1

위치	배번	선수	01	10	17	19	29	33	37	48	50	57
		날짜	03.01	03.10	03.18	03.31	04.08	04.11	04.14	04.22	04.25	04.28
		홈/원정	원정	홈	홈	원정	홈	원정	홈	원정	홈	홈
		장소	전주W	문수	문수	포항	문수	대구	문수	창원C	문수	문수
		상대	전북	상주	제주	포항	강원	대구	서울	경남	인천	전남
		결과	패	패	패	패	승	승	승	무	승	무
		점수	0:2	0:2	0:1	1:2	3:1	2:0	1:0	0:0	2:1	1:1
		승점	0	0	0	0	3	6	9	10	13	14
		슈팅수	9:15	7:12	5:14	5:10	12:16	5:14	12:10	11:9	9:22	5:11
GK	1	김용대	○ 0/0	○ 0/0		○ 0/0						○ 0/0
	18	조수혁						○ 0/0				
	21	오승훈			○ 0/0		○ 0/0		○ 0/0	○ 0/0	○ 0/0	
DF	4	강민수	○ 0/0	○ 0/0		○ 0/0	○ 0/0	○ 0/0	○ 0/0	○ 0/0	○ 0/0	○ 0/0
	5	임종은		○ 0/0		○ 0/0	○ 0/0 C		○ 0/0	○ 0/0	○ 0/0	○ 0/0
	13	이명재	○ 0/0	○ 0/0 C		○ 0/0	○ 0/0	○ 0/0	○ 0/0	○ 0/0	○ 0/0	○ 0/0
	15	홍준호										
	20	배재우										
	22	정동호	○ 0/0	○ 0/0								
	27	김창수				○ 0/0	○ 0/1	○ 0/0 C	○ 0/0	○ 0/0	○ 0/0	○ 0/0
	33	박주호	▽ 0/0			○ 0/0	▽ 0/0 C	▽ 0/0	△ 0/0	▽ 0/0	△ 0/0	
	40	리차드				○ 0/0 S		○ 0/1	○ 0/0 C	○ 0/0	○ 0/0	○ 0/0 C
MF	2	이지훈		○ 0/0								
	6	정재용	○ 0/0			○ 0/0	○ 0/0	▽ 0/0			△ 0/0	
	8	김성주										
	8	장성재		▽ 0/0								▽ 0/0
	9	에스쿠데로										
	9	오르샤	○ 0/0	△ 0/0	○ 0/0	○ 0/0	○ 1/1	△ 1/0	▽ 0/0	○ 0/0	△ 0/0	○ 1/0
	16	김건웅		▽ 0/0								
	23	김태환										
	24	한승규				▽ 0/0	▽ 0/0	▽ 0/0	▽ 0/0	▽ 0/0 C	▽ 0/0	
	32	이영재	△ 0/0	△ 0/0			△ 0/0			△ 0/0		△ 0/0
	34	박용우	○ 0/0	○ 0/0	○ 0/0			△ 0/0			△ 0/0	
	36	이동경										
	42	믹스										
	79	이창용										
	98	이상헌						△ 0/0		△ 0/0		
FW	7	김인성	△ 0/0			△ 0/0	▽ 0/0	△ 1/0	○ 0/0		▽ 0/0	△ 0/0
	8	이근호										
	10	이종호										
	11	황일수	▽ 0/0	○ 0/0	▽ 0/0	△ 0/0	▽ 0/0		▽ 0/0	○ 0/0		▽ 0/0
	13	주영천		▽ 0/0								△ 0/0
	18	김민규										
	19	김승준		△ 0/0	△ 0/0 S				○ 0/0	△ 0/0		○ 0/0
	29	김수안										
	30	주니오	△ 0/0	○ 0/0	▽ 0/0	△ 1/0	○ 1/0	△ 1/0	○ 1/0	▽ 0/0		
	39	오세훈	▽ 0/0									
	55	토요다			△ 0/0	○ 0/1			▽ 0/0	△ 0/0	▽ 1/0	▽ 0/0 C

선수자료: 득점/도움   ○ = 선발출장   △ = 교체 IN   ▽ = 교체 OUT   ◈ = 교체 IN/OUT   C = 경고   S = 퇴장

위치	배번	경기번호	62	67	78	81	90	91	100	108	113	120
		날짜	05.02	05.05	05.13	05.20	07.08	07.11	07.15	07.18	07.22	07.29
		홈/원정	원정	홈	홈	원정	원정	홈	원정	원정	홈	원정
		장소	수원W	문수	문수	인천	상주	문수	서울W	춘천	문수	제주W
		상대	수원	포항	경남	인천	상주	전북	서울	강원	대구	제주
		결과	무	승	무	무	승	패	무	무	승	무
		점수	0 : 0	2 : 1	1 : 1	1 : 1	3 : 2	0 : 2	1 : 1	3 : 3	2 : 0	1 : 1
		승점	15	18	19	20	23	23	24	25	28	29
		슈팅수	9 : 14	12 : 3	11 : 18	11 : 16	18 : 11	5 : 22	14 : 6	10 : 13	14 : 12	21 : 14
GK	1	김용대	○ 0/0			○ 0/0	○ 0/0		○ 0/0 C	○ 0/0		
	18	조수혁		○ 0/0							○ 0/0	
	21	오승훈						○ 0/0				○ 0/0
DF	4	강민수	○ 0/0	○ 0/0	▽ 0/0	○ 0/0		○ 0/0			○ 1/0	○ 0/0
	5	임종은	○ 0/0	○ 0/0	△ 0/0	○ 0/0			○ 0/0	○ 0/0	○ 0/1 C	○ 0/0
	13	이명재	○ 0/0	○ 0/1		○ 0/0 C	○ 0/0			○ 0/0		○ 0/0
	15	홍준호						△ 0/0		▽ 0/0 C		
	20	배재우										
	22	정동호	▽ 0/0						○ 0/0	○ 0/1		
	27	김창수		○ 0/0		○ 0/0	○ 0/0	○ 0/0	○ 0/0	○ 0/0		
	33	박주호	○ 0/0	△ 0/0								
	40	리차드		○ 0/0	△ 0/0		○ 0/0		○ 0/0	○ 0/0	△ 0/0	
MF	2	이지훈										
	6	정재용	○ 0/0 C			○ 0/0 S	▽ 0/0		○ 0/0 C	○ 0/0		
	8	김성주					▽ 0/0			▽ 0/0		
	8	장성재										
	9	에스쿠데로							△ 0/0	○ 0/0	△ 0/0	△ 0/0
	9	오르샤	○ 0/0		△ 0/0	△ 0/0	○ 1/0					
	16	김건웅								▽ 0/0		
	23	김태환										
	24	한승규	○ 0/0	▽ 0/0	▽ 0/0	○ 0/0	△ 0/0	▽ 0/0	▽ 1/0 C	○ 0/0	▽ 0/0 C	
	32	이영재				○ 0/0	△ 0/0	△ 1/0 C	○ 0/1	△ 1/1	▽ 0/0 C	△ 0/0
	34	박용우	▽ 0/0 C		△ 0/0	▽ 0/0	▽ 0/0		○ 0/0	○ 0/0	○ 0/0	○ 0/0
	36	이동경										▽ 0/0
	42	믹스										▽ 0/0
	79	이창용						○ 0/0				
	98	이상헌										
FW	7	김인성	△ 0/0	○ 1/0 C	○ 0/0	○ 0/0	○ 0/0	△ 0/0	○ 0/0	○ 0/0	○ 0/0	▽ 0/0
	8	이근호						△ 0/0	△ 0/0	△ 2/0	△ 0/0	△ 0/0
	10	이종호					△ 0/0	△ 0/0				
	11	황일수	▽ 0/0	○ 0/1	○ 1/0	○ 0/0	○ 0/2	○ 0/0	○ 0/0	○ 0/0	○ 0/0	○ 0/0
	13	조영철										
	18	김민규			▽ 0/0		△ 0/0					
	19	김승준	▽ 0/0					▽ 0/0				
	29	김수안										
	30	주니오					▽ 2/0	▽ 0/0	▽ 0/0	△ 0/0	○ 1/0	○ 1/0
	39	오세훈	△ 0/0	△ 0/0								
	55	토요나	▽ 0/0	▽ 1/0			▽ 0/0 C					

위치	배번	선수	125	130	137	140	147	151	160	164	174	180
		경기번호	125	130	137	140	147	151	160	164	174	180
		날 짜	08.05	08.12	08.15	08.18	08.22	08.25	09.02	09.15	09.23	09.26
		홈/원정	원정	홈	원정	원정	홈	홈	원정	홈	원정	홈
		장 소	광양	문수	창원C	대구	문수	문수	인천	문수	광양	문수
		상 대	전남	수원	경남	대구	상주	서울	인천	포항	전남	제주
		결 과	승	승	무	승	승	승	패	승	패	승
		점 수	2:1	1:0	3:3	2:0	4:1	4:1	2:3	2:0	0:1	3:2
		승 점	32	35	36	39	42	45	45	48	48	51
		슈팅수	8:11	10:13	18:14	10:16	13:8	16:15	7:9	10:5	7:14	15:14
GK	1	김 용 대						△ 0/0				○ 0/0
	18	조 수 혁				○ 0/0		▽ 0/0		○ 0/0	○ 0/0	
	21	오 승 훈	○ 0/0	○ 0/0	○ 0/0		○ 0/0		○ 0/0			
DF	4	강 민 수	○ 0/0	○ 0/0		○ 0/0	○ 0/0	○ 0/0	○ 0/0	○ 0/0	○ 0/0	○ 0/0
	5	임 종 은		○ 1/0	○ 0/0	○ 0/0	△ 0/0	○ 0/0	○ 0/0	△ 0/0	○ 0/0	△ 0/0
	13	이 명 재	○ 0/1	○ 0/0		○ 0/0	○ 0/2		○ 0/0		○ 0/0	△ 0/0
	15	홍 준 호										
	20	배 재 우			○ 0/0							
	22	정 동 호			▽ 0/1 C			○ 0/0 C	▽ 0/0			
	27	김 창 수	○ 0/0	○ 0/0	△ 0/0		○ 0/0		▽ 0/0			○ 0/0
	33	박 주 호										○ 0/0
	40	리 차 드		○ 0/0	○ 0/0 C		○ 0/0			○ 0/0 C		
MF	2	이 지 훈										
	6	정 재 용										
	8	김 성 주										
	8	장 성 재										
	9	에스쿠데로	△ 0/0			▽ 0/1	○ 2/0		▽ 1/0		△ 0/0 S	
	9	오 르 샤										
	16	김 건 웅										
	23	김 태 환									○ 0/0	
	24	한 승 규		○ 0/0		▽ 0/0		▽ 1/1	△ 0/0 C	▽ 0/1	▽ 0/0	▽ 0/1
	32	이 영 재	△ 0/0	△ 0/0	○ 0/0	▽ 0/0	△ 0/0 C			△ 0/0	○ 0/0	
	34	박 용 우	○ 0/0	○ 0/1	○ 0/0	△ 1/0	▽ 0/0	○ 0/0	○ 0/1	○ 0/0	▽ 0/0	○ 0/0
	36	이 동 경										
	42	믹 스	▽ 0/0	▽ 0/0	○ 0/0	○ 0/0 C		▽ 1/0 C	○ 0/0	○ 0/0 C		
	79	이 창 용										
	98	이 상 헌										
FW	7	김 인 성	▽ 0/0	△ 0/0 C		○ 0/0		○ 0/1	△ 0/0	○ 0/0	△ 0/0	○ 0/2
	8	이 근 호	▽ 0/0	▽ 0/0	△ 0/0	○ 0/0 C	△ 0/0	△ 0/0	▽ 0/0	△ 1/0	△ 0/0	
	10	이 종 호										
	11	황 일 수	○ 1/0	△ 1/0	○ 0/0	○ 0/0	○ 0/1	△ 0/0	○ 0/0	▽ 0/0	▽ 0/0	
	10	고 영 준										
	18	김 민 규										
	19	김 승 준	△ 0/0	▽ 0/0	▽ 1/0	▽ 0/0	▽ 0/0	▽ 0/1				▽ 1/0
	29	김 수 안										
	30	주 니 오	○ 0/0	○ 0/0 C	○ 2/1	△ 1/0	○ 2/0	○ 2/0	○ 1/0	○ 1/0 C	○ 0/0	○ 1/0
	39	오 세 훈										
	55	토 요 다										

선수자료 : 득점/도움   ○ = 선발출장   △ = 교체 IN   ▽ = 교체 OUT   ◈ = 교체 IN/OUT   C = 경고   S = 퇴장

위치	배번	경기번호	181	192	196	204	207	211	221	228		
		날짜	09.29	10.07	10.20	10.28	11.04	11.10	11.25	12.02		
		홈/원정	원정	홈	홈	홈	원정	원정	홈	원정		
		장소	수원W	문수	문수	문수	전주W	수원W	문수	포항		
		상대	수원	전북	강원	경남	전북	수원	제주	포항		
		결과	무	무	승	승	패	무	패	승		
		점수	2 : 2	2 : 2	2 : 0	1 : 0	1 : 3	3 : 3	0 : 1	3 : 1		
		승점	52	53	56	59	59	60	60	63		
		슈팅수	10 : 9	10 : 7	18 : 5	10 : 4	17 : 13	14 : 11	13 : 4	12 : 15		
GK	1	김 용 대	○ 0/0 C	○ 0/0						○ 0/0		
	18	조 수 혁						○ 0/0				
	21	오 승 훈			○ 0/0	○ 0/0	○ 0/0		○ 0/0			
DF	4	강 민 수	△ 0/0	△ 0/0				○ 0/0	○ 0/0 C	○ 0/0		
	5	임 종 은	▽ 0/0	○ 0/0	○ 0/0	○ 1/0	○ 0/0					
	13	이 명 재	○ 0/0		△ 0/0	○ 0/0 C		○ 0/1	○ 0/0			
	15	홍 준 호										
	20	배 재 우										
	22	정 동 호								○ 0/1 C		
	27	김 창 수	○ 0/0				▽ 0/0			○ 0/0		
	33	박 주 호	△ 0/0	▽ 0/0		○ 0/0				▽ 0/0		
	40	리 차 드	○ 0/0	○ 0/0	○ 0/0	○ 0/0 C	○ 0/0	○ 0/0	○ 0/0			
MF	2	이 지 훈										
	6	정 재 용										
	8	김 성 주										
	8	장 성 재										
	9	에스쿠데로			▽ 0/0	▽ 0/0	▽ 0/0	△ 0/0	△ 0/0			
	9	오 르 샤										
	16	김 건 웅										
	23	김 태 환	▽ 0/2	○ 0/0	○ 0/0	○ 0/0	△ 0/0	○ 0/0 C	○ 0/0			
	24	한 승 규	▽ 2/0	▽ 1/0	△ 0/2	△ 0/1	○ 0/0	▽ 0/0	▽ 0/0	▽ 0/1		
	32	이 영 재							△ 0/0	○ 0/0		
	34	박 용 우	○ 0/0	○ 0/0	○ 1/0 C	○ 0/0	○ 0/0	○ 1/0	○ 0/0	△ 0/0 CC		
	36	이 동 경										
	42	믹 스	○ 0/0	○ 0/0	○ 0/0	○ 0/0	○ 0/0	▽ 0/0	▽ 0/0			
	79	이 창 용								○ 1/0 C		
	98	이 상 헌										
FW	7	김 인 성	△ 0/0	○ 1/1	▽ 0/0	△ 0/0	○ 0/1	△ 0/0	○ 0/0	○ 0/0		
	8	이 근 호	○ 0/0	○ 0/0	△ 0/0	△ 0/0	△ 0/0	△ 0/0	△ 0/0	○ 1/0		
	10	이 종 호								▽ 0/0		
	11	한 인 수		△ 0/0	△ 0/0	▽ 0/0	△ 0/0	▽ 1/0				
	13	조 영 철										
	18	김 민 규										
	19	김 승 준			▽ 0/0	▽ 0/0		▽ 0/2	▽ 0/0			
	29	김 수 안								△ 0/0		
	30	주 니 오	○ 0/0	▽ 0/0	○ 1/0	○ 0/0	○ 1/0	○ 1/0	○ 0/0	△ 1/0		
	39	오 세 훈										
	55	토 요 디										

포항 스틸러스

창단년도_ 1973년

전화_ 054-282-2002

팩스_ 054-282-9500

홈페이지_ www.steelers.kr

주소_ 우 37751 경상북도 포항시 북구 중흥로 231 동양빌딩 7층

7F Dongyang Bld., 231 Jungheung-ro, Buk-gu,

Pohang-si, Gyeongbuk, KOREA 37751

연혁

1973	실업축구단 창단
	한홍기 1대 감독 취임
1974	제22회 대통령배 전국축구대회 우승
1975	제12회 전국실업축구연맹전 춘계 우승
1977	제14회 전국실업축구연맹전 준우승
	제32회 전국축구선수권대회 준우승
1978	제2회 실업축구회장배 준우승
1979	제3회 실업축구회장배 우승
1981	제18회 전국실업축구연맹전 추계 우승
1982	코리언리그(제19회 전국실업축구연맹전) 우승
1983	수퍼리그 참가
1984	프로축구단 전환
1985	최은택 2대 감독 취임
	팀명 변경(돌핀스 → 아톰즈)
	85 축구대제전 수퍼리그 준우승
	신인선수상 수상자(이흥실) 배출
1986	86 축구대제전 우승
1987	이회택 3대 감독 취임
	87 한국프로축구대회 준우승
1988	88 한국프로축구대회 우승
1990	국내최초 축구전용구장 준공(11월 1일)
1992	국내 최초 프로팀 통산 200승 달성(8월 26일 vs 천안일화)
	92 한국프로축구대회 우승
1993	허정무 4대 감독 취임
	93 아디다스컵 우승
1995	㈜포항프로축구 법인 출범(5월 29일)
	95 하이트배 코리안리그 준우승
1996	박성화 5대 감독 취임
	제1회 FA컵 우승
	96 아디다스컵 준우승
1997	팀명 변경(아톰즈 → 스틸러스)
	96-97 Asian Club Championship 우승
	97 Asian Super Cup 준우승
	97 프로스펙스컵 준우승
1998	97-98 Asian Club Championship 우승(2연패)
	98 Asian Super Cup 준우승
	신인선수상 수상자(이동국) 배출

2001	최순호 6대 감독 취임
	클럽하우스 준공
	제6회 서울은행 FA컵 준우승
2002	제7회 하나·서울은행 FA컵 준우승
2003	사명 변경(㈜포항프로축구 → ㈜포항스틸러스)
	산하 유소년 육성시스템 구축
2004	삼성하우젠 K-리그 2004 준우승
	신인선수상 배출(문민귀)
2005	파리아스 7대 감독 취임
	국내 최초 팀 통산 1,000호골 달성(이정호)
	팀 통산 300승 달성(10월 23일 vs 광주상무)
	A3 NISSAN CHAMPIONS CUP 2005 준우승
2007	삼성하우젠 K-리그 2007 우승
	제12회 하나은행 FA컵 준우승
2008	제13회 하나은행 FA컵 우승
2009	AFC Champions League 2009 우승
	피스컵 코리아 2009 우승
	FIFA Club Worldcup 3위
	AFC 선정 2009 올해의 아시아 최고 클럽
2010	레모스 8대 감독 취임
	홍콩구정컵 국제축구대회 우승
2011	황선홍 9대 감독 취임
2012	팀 통산 400승 달성(3월 25일 vs 상주상무)
	제17회 하나은행 FA컵 우승
	신인선수상(現 영플레이어상) 수상자(이명주) 배출
2013	제18회 하나은행 FA컵 우승(2연패)
	현대오일뱅크 K리그 클래식 2013 우승
	영플레이어상 수상자(고무열) 배출(2년 연속)
2014	영플레이어상 수상자(김승대) 배출(3년 연속)
	그린스타디움상 수상
2015	그린스타디움상 수상(2년 연속)
2016	최진철 10대 감독 취임
	최순호 11대 감독 취임
	그린스타디움상 수상(3년 연속)
2017	2017 팀 통산 500승 달성(9월 20일 vs 강원FC)
	도움상 수상자 배출(손준호) 그린스타디움상 수상(4년 연속)
2018	전 경기 전 시간 출전상 수상자(강현무, 김승대) 배출

2018년 선수명단

대표이사_ 양흥열   단장_ 장영복
감독_ 최순호   수석코치_ 김기동   코치_ 황지수   피지컬코치_ 이르윙   GK코치_ 졸레   주무_ 차주성
재활트레이너_ 이종규 · 변종근 · 김원식   장비_ 이상열   통역_ 이상민   분석관_ 박철호

포지션	선수명		생년월일	출신교	키(cm) / 몸무게(kg)
GK	강 현 무	姜賢茂	1995.03.13	포철고	185 / 78
	류 원 우	流垣宇	1990.08.05	광양제철고	185 / 78
	이 승 원	李承元	1995.06.22	제주방통고	186 / 82
	김 로 만	金로만	1996.08.03	포철고	190 / 82
	하 명 래	河明來	1999.05.05	경희고	194 / 93
DF	국 태 정	國太正	1995.09.13	신평고	180 / 70
	김 광 석	金光碩	1983.02.12	청평공고	182 / 75
	알 레 망	Berger Rafael	1986.07.14	*브라질	190 / 84
	하 창 래	河昌來	1994.10.16	중대부고	188 / 86
	이 광 준	李侊俊	1996.01.08	포철고	191 / 82
	강 상 우	姜傷佑	1993.10.07	재현고	176 / 62
	이 상 기	李相基	1996.05.07	포철고	180 / 77
	우 찬 양	禹讚揚	1997.04.27	포철고	183 / 75
	떼 이 세 이 라	Jucimar Jose Teixeira	1990.05.20	*브라질	174 / 66
	배 슬 기	襄슬기	1985.06.09	광양제철고	183 / 81
	유 지 하	柳知荷	1999.06.01	일본 요코하마 유스	188 / 79
	박 성 우	朴晟佑	1995.10.11	부경고	179 / 72
	이 상 수	李上水	1999.03.08	포철고	185 / 85
MF	채 프 만	Connor Edward Chapman	1994.10.31	*오스트레일리아	188 / 83
	이 석 현	李碩賢	1990.06.13	대구협성고	177 / 71
	김 현 솔	金현솔	1991.05.17	*브라질	175 / 70
	이 후 권	李厚權	1990.10.30	청주대성고	179 / 78
	양 태 렬	梁兌列	1995.05.25	언남고	179 / 73
	이 진 현	李鎭賢	1997.08.26	포철고	173 / 65
	권 기 표	權奇杓	1997.06.26	포철고	175 / 71
FW	레 오 가 말 류	Leonardo Gamalho de Souza	1986.01.30	*브라질	188 / 87
	이 광 혁	李侊赫	1995.09.11	포철고	169 / 64
	김 승 대	金承大	1991.04.01	포철공고	175 / 64
	김 도 형	兪庈亨	1990.10.06	경남정부고	180 / 70
	김 지 민	金智珉	1993.06.05	동래고	180 / 63
	송 승 민	宋承珉	1992.01.11	경희고	187 / 82
	이 근 호	李根好	1996.05.21	언남고	185 / 85
	송 민 규	松旻揆	1999.09.12	충주상고	179 / 72
	이 래 준	李來俊	1997.03.19	동래고	189 / 75
	성 현 준	成鉉準	1999.08.31	천안제일고	175 / 69

2018년 개인기록_ K리그1

위치	배번	경기번호	04	11	18	19	28	31	42	45	52	59
		날짜	03.03	03.11	03.18	03.31	04.08	04.11	04.15	04.21	04.25	04.29
		홈/원정	홈	원정	원정	홈	홈	원정	홈	홈	홈	원정
		장소	포항	광양	수원W	포항	포항	서울W	포항	포항	포항	춘천
		상대	대구	전남	수원	울산	전북	서울	경남	상주	제주	강원
		결과	승	승	무	승	패	패	승	패	패	무
		점수	3:0	3:2	1:1	2:1	0:2	1:2	2:1	0:2	0:1	0:0
		승점	3	6	7	10	10	10	13	13	13	14
		슈팅수	5:7	13:11	7:17	10:5	8:7	10:15	11:12	7:12	9:9	12:17
GK	31	강 현 무	○ 0/0	○ 0/0 C	○ 0/0	○ 0/0	○ 0/0	○ 0/0	○ 0/0	○ 0/0	○ 0/0	○ 0/0
DF	3	김 광 석	○ 0/0	○ 0/1	○ 1/0	○ 0/0	○ 0/0 C	○ 0/0	○ 0/0		○ 0/0	○ 0/0
	4	알 레 망										
	5	하 창 래	○ 0/0	○ 1/0 C	○ 0/0 C	▽ 0/0		○ 0/0 C		○ 0/0	○ 0/0	○ 0/0 C
	6	채 프 만	○ 0/1 C	○ 0/0	○ 0/0 C	○ 0/1	○ 0/0	○ 0/0	○ 0/1 C		○ 0/0	○ 0/0
	12	권 완 규	○ 0/1 C	○ 0/0	○ 0/0	○ 0/0	○ 0/0 C	○ 0/0 C		△ 0/0	○ 0/0	○ 0/0 S
	17	강 상 우	○ 0/0	○ 1/0		○ 0/0						
	20	우 찬 양										
	23	떼이세이라										
	24	배 슬 기		△ 0/0		△ 0/0			○ 0/0	○ 0/0		△ 0/0
	26	박 성 우										
MF	7	이 석 현										
	8	김 현 솔		△ 0/0 ◆	△ 0/1				△ 0/0	△ 0/0		△ 0/0
	9	이 후 권								▽ 0/0		
	22	양 태 렬				△ 0/0						
	32	김 민 혁					△ 0/0				▽ 0/0	
	72	정 원 진	○ 0/0 C	▽ 0/0	▽ 0/0	○ 1/0	▽ 0/0	▽ 0/0	▽ 0/0 C	○ 0/0	▽ 0/0	▽ 0/0
	77	이 진 현										
	88	권 기 표										
	97	이 래 준										
FW	7	제 테 르 손	△ 0/0	△ 1/0	△ 0/0	▽ 0/0	△ 0/0	○ 0/0	○ 0/0		△ 0/0	○ 0/0
	10	레오가말류	▽ 2/0	○ 0/0	○ 0/0	○ 0/0	△ 0/0	○ 0/1	○ 2/0	○ 0/0	○ 0/0	△ 0/0
	11	이 광 혁	▽ 0/0 C	▽ 0/0	▽ 0/0							
	12	김 승 대	○ 1/0	○ 0/1	○ 0/0	○ 1/0	○ 0/0	○ 1/0	○ 0/0	○ 0/0		○ 0/0
	13	김 도 형										
	14	김 지 민										
	16	송 승 민	○ 0/0	○ 0/0	○ 0/0	○ 0/1	▽ 0/0	▽ 0/0	▽ 0/0		▽ 0/0	▽ 0/0
	18	이 근 호	△ 0/0			△ 0/0	△ 0/0	△ 0/0	△ 0/0	△ 0/0	△ 0/0	▽ 0/0
	19	이 상 기					▽ 0/0	△ 0/0 C	▽ 0/0	△ 0/0	△ 0/0	△ 0/0
	29	송 민 규										

선수자료 : 득점/도움   ○ = 선발출장   △ = 교체 IN   ▽ = 교체 OUT   ◆ = 교체 IN/OUT   C = 경고   S = 퇴장

경기번호	64	67	73	84	87	92	101	106	109	117
날 짜	05.02	05.05	05.12	05.20	07.07	07.11	07.15	07.18	07.21	07.28
홈/원정	홈	원정	원정	홈	원정	홈	홈	원정	홈	원정
장 소	포항	문수	전주W	포항	김해	포항	포항	대구	포항	상주
상 대	인천	울산	전북	수원	경남	서울	강원	대구	전남	상주
결 과	무	패	승	무	패	패	무	승	승	패
점 수	0:0	1:2	3:0	1:1	0:2	0:3	0:0	1:0	3:1	1:2
승 점	15	15	18	19	19	19	20	23	26	26
슈팅수	7:12	3:12	9:14	7:16	7:18	8:11	7:9	7:19	12:9	13:7

위치	배번	이름	64	67	73	84	87	92	101	106	109	117
GK	31	강 현 무	○0/0	○0/0	○0/0	○0/0	○0/0	○0/0	○0/0	○0/0	○0/0	○0/0
DF	3	김 광 석	○0/0	○0/0	○0/0	○0/0	○0/0	○0/0	○0/0	○0/0	○0/0	○0/0
	4	알 레 망		○0/0	○0/0 C	○0/0 C	△0/0	○0/0	○0/0	○0/0	1/0	▽0/0 C
	5	하 창 래	○0/0							△0/0		△0/0
	6	채 프 만	○0/0	○0/0	▽0/0	▽0/0		○0/0	○0/0 C	○0/0 C	○0/0	▽0/1
	12	권 완 규				○0/0						
	17	강 상 우	○0/0	○0/0	○0/1	○0/1	○0/0		○0/0	○1/0	○0/0	○0/0 C
	20	우 찬 양						○0/0	△0/0	○0/0		
	23	떼이세이라										○0/0
	24	배 슬 기		△0/0	△0/0	△0/0	▽0/0					
	26	박 성 우									△0/0	
MF	7	이 석 현										
	8	김 현 솔										
	9	이 후 권	▽0/0	▽0/1	△0/0	△0/0	○0/0	▽0/0				
	22	양 태 렬	△0/0									
	32	김 민 혁										
	72	정 원 진	▽0/0	▽0/0	○0/0	○0/0		▽0/0	▽0/0	▽0/0	▽0/0	
	77	이 진 현					○0/0	○0/0	○0/0	○0/0	○1/0	○0/0
	88	권 기 표					▽0/0					
	97	이 래 준				△0/0					△0/1	△0/0
FW	7	제 테 르 손										
	10	레오가말류	△0/0	△0/0	△0/0	○1/0	△0/0	○0/0	○0/0	▽0/0		
	11	이 광 혁			▽1/0		○0/0	△0/0	△0/0	△0/0	△0/1 ◆	△0/0
	12	김 승 대	○0/0		○1/0	○0/0	○0/0	○0/0	○0/0	○0/0	○0/0	○0/0
	13	김 도 형										
	14	김 지 민										
	16	송 승 민	○0/0	▽0/0	▽1/0	▽0/0	△0/0		▽0/0	○0/0		▽1/0
	18	이 근 호	▽0/0	○1/0	○0/2		▽0/0	△0/0	△0/0	△0/0	▽1/0	○0/0
	19	이 상 기	○0/0 C	○0/0	○0/0	▽0/0		▽0/0 C	○0/0	○0/0	○0/0	○0/0 C
	29	송 민 규	△0/0	△0/0								

31

위치	배번	경기번호	122	128	134	139	145	155	159	164	170	176
		날 짜	08.04	08.11	08.15	08.18	08.22	08.26	09.02	09.15	09.22	09.26
		홈/원정	원정	원정	홈	홈	원정	원정	홈	원정	홈	원정
		장 소	인천	제주W	포항	포항	서울W	광양	포항	문수	포항	상주
		상 대	인천	제주	전북	경남	서울	전남	제주	울산	인천	상주
		결 과	승	무	승	패	승	패	무	패	승	승
		점 수	2 : 1	0 : 0	5 : 2	0 : 3	1 : 0	2 : 3	2 : 2	0 : 2	1 : 0	2 : 1
		승 점	29	30	33	33	36	36	37	37	40	43
		슈팅수	14 : 19	12 : 9	10 : 15	7 : 12	6 : 5	8 : 13	7 : 16	5 : 10	9 : 8	11 : 12
GK	31	강 현 무	○ 0/0	○ 0/0	○ 0/0	○ 0/0	○ 0/0	○ 0/0	○ 0/0	○ 0/0	○ 0/0	○ 0/0
DF	3	김 광 석	○ 1/0	○ 0/0			○ 0/0	○ 0/0	○ 0/0	○ 0/0	○ 0/0	○ 0/0
	4	알 레 망										
	5	하 창 래	○ 0/0	○ 0/0	△ 0/0							
	6	채 프 만	○ 0/0	○ 0/0	○ 0/0 C		○ 0/0		○ 0/0	○ 0/0	▽ 0/0	○ 0/0 C
	12	권 완 규										
	17	강 상 우	○ 0/0	○ 0/0 C	○ 0/0 C		▽ 0/0 C		△ 0/0	○ 0/0		○ 0/0
	20	우 찬 양	○ 0/0	○ 0/0 C	○ 0/0 C		○ 0/0	○ 0/0	▽ 0/0			
	23	떼이세이라						▽ 0/0 C	○ 0/0 C			○ 0/0
	24	배 슬 기			○ 0/0	○ 0/0 C						△ 0/0
	26	박 성 우					△ 0/0					
MF	7	이 석 현	▽ 0/0	○ 0/0	3/0 C	○ 0/0	○ 0/0	○ 0/1	○ 0/1	○ 0/0	▽ 0/0	○ 0/1
	8	김 현 솔										
	9	이 후 권	▽ 0/0	▽ 0/0		△ 0/0	▽ 0/0	△ 0/0				▽ 0/0
	22	양 태 렬										
	32	김 민 혁										
	72	정 원 진										
	77	이 진 현								△ 0/0	△ 0/0	○ 0/0
	88	권 기 표				▽ 0/0						
	97	이 래 준										
FW	7	제 테 르 손										
	10	레오가말류				△ 0/0			△ 0/0 C	△ 0/0	▽ 0/0	▽ 1/0
	11	이 광 혁	△ 0/1	△ 0/0	△ 0/0	△ 0/0	○ 0/0	△ 0/0				
	12	김 승 대	○ 0/0	○ 0/0	○ 1/0	○ 0/0	○ 0/0	○ 1/0	○ 0/0	○ 0/0	○ 1/0	○ 0/1
	13	김 도 형								△ 0/0		▽ 1/0
	14	김 지 민	▽ 0/0 C	▽ 0/0	▽ 0/0	▽ 0/0	△ 0/0	○ 1/0	▽ 2/0	○ 0/0	○ 0/0 C	△ 0/0
	16	송 승 민	○ 0/0	▽ 0/0	▽ 0/0	▽ 0/0	▽ 0/0	▽ 0/0	○ 0/1		▽ 0/0	
	18	이 근 호	△ 0/1	△ 0/0 C	▽ 1/0		△ 0/0	▽ 0/0			▽ 0/0 C	△ 0/0
	19	이 상 기	△ 1/0	△ 0/0	△ 0/1	○ 0/0 C	○ 0/0 C	△ 0/0		△ 0/0	△ 0/0	△ 0/0
	29	송 민 규										

선수자료 : 득점/도움 ○ = 선발출장 △ = 교체 IN ▽ = 교체 OUT ◈ = 교체 IN/OUT C = 경고 S = 퇴장

위치	배번	경기번호	185	187	194	199	210	213	222	228		
		날 짜	09.30	10.06	10.20	10.27	11.04	11.10	11.25	12.02		
		홈/원정	홈	원정	원정	홈	원정	원정	홈	홈		
		장 소	포항	춘천	수원W	포항	수원W	창원C	포항	포항		
		상 대	대구	강원	수원	제주	수원	경남	전북	울산		
		결 과	승	무	패	패	승	승	무	패		
		점 수	2 : 1	1 : 1	0 : 2	1 : 2	3 : 1	2 : 1	1 : 1	1 : 3		
		승 점	46	47	47	47	50	53	54	54		
		슈팅수	12 : 11	15 : 13	10 : 15	9 : 12	8 : 12	7 : 17	12 : 19	15 : 12		
GK	31	강 현 무	○ 0/0	○ 0/0	○ 0/0	○ 0/0	○ 0/0	○ 0/0	○ 0/0	○ 0/0		
DF	3	김 광 석	○ 1/0	○ 0/0	○ 0/0	○ 0/0	○ 0/0	○ 0/0	○ 0/0	○ 0/0 C		
	4	알 레 망										
	5	하 창 래	○ 0/0 C	○ 0/0	○ 0/0	○ 0/0	△ 0/0	○ 0/0				
	6	채 프 만	○ 0/0	○ 0/0	○ 0/0	○ 0/0 C	○ 0/0	○ 0/0 C		▽ 0/0		
	12	권 완 규										
	17	강 상 우	○ 0/0	○ 0/0	○ 0/0	○ 0/0	○ 0/0	○ 1/0	○ 0/0	○ 0/0 C		
	20	우 찬 양										
	23	떼이세이라	○ 0/0	○ 0/1					△ 0/1	△ 0/0		
	24	배 슬 기	△ 0/0				○ 0/0	△ 0/0	○ 0/0	○ 0/0 C		
	26	박 성 우										
MF	7	이 석 현	▽ 0/0	○ 0/0	▽ 0/0	○ 0/1	○ 1/0	○ 1/0	○ 0/0	○ 0/0		
	8	김 현 솔										
	9	이 후 권	▽ 0/0	▽ 0/0		▽ 0/0	▽ 0/0		▽ 0/0	▽ 0/0		
	22	양 태 렬										
	32	김 민 혁										
	72	정 원 진										
	77	이 진 현	○ 1/1	○ 0/0	○ 0/0	△ 1/0	▽ 1/0	▽ 0/0 C	○ 0/0	○ 1/0		
	88	권 기 표										
	97	이 래 준										
FW	7	제 테 르 손										
	10	레오가말류		△ 0/0		△ 0/0		△ 0/0	△ 0/0	△ 0/0		
	11	이 광 혁										
	12	김 승 대	○ 0/1	○ 1/0	○ 0/0	○ 0/0	○ 0/1	○ 0/1	○ 0/0	○ 0/0		
	13	김 도 형	△ 0/0	▽ 0/0	△ 0/0	▽ 0/0	▽ 1/0	▽ 0/0	▽ 0/0	▽ 0/1		
	14	김 지 민	○ 0/0	△ 0/0	○ 0/0	▽ 0/0	△ 0/1 C		△ 1/0 C	△ 0/0		
	16	송 승 민			△ 0/0		△ 0/0					
	18	이 구 호			▽ 0/0	△ 0/0	△ 0/0	▽ 0/1	▽ 0/0			
	19	이 상 기			○ 0/0	○ 0/0	○ 0/0	○ 0/0 U	○ 0/0	○ 0/0		
	29	송 민 규										

제 주 유 나 이 티 드

창단년도_ 1982년

전화_ 064-738-0934~6

팩스_ 064-738-0600

홈페이지_ www.jeju-utd.com

주소_ 우 63558 제주특별자치도 서귀포시 일주서로 166-31 (강
정동)

166-31, Iljuseo-ro(Gangjeong-dong), Seogwipo-si, Jeju-do,
KOREA 63558

연혁

1982 유공 코끼리 축구단 창단(프로축구단 제2호)
초대 최종현 구단주, 조규항 단장 취임
초대 이종환 감독 취임

1983 프로축구 원년 구단으로 리그 참가
(연고지: 서울, 인천, 경기)
83 수퍼리그 3위

1984 84 축구대제전 수퍼리그 전반기 우승
84 축구대제전 수퍼리그 챔피언결정전 준우승

1985 제2대 김정남 감독 취임
제1회 일본 국제평화기원 축구대회 우승

1989 89 한국프로축구대회 우승

1990 2군 창설(함흥철 감독, 조윤환 코치 취임)
제21회 태국 킹스컵 축구대회 3위
90 한국프로축구 2군리그 준우승
인천, 경기 → 서울 연고지 이전 (12월)

1992 제2대 이계원 단장 취임
제3대 박성화 감독 취임

1993 제2대 김항덕 구단주 취임

1994 94 아디다스컵 우승
94 하이트배 코리안리그 준우승
제4대 니폼니시 감독(러시아) 취임

1996 서울 → 부천 연고지 이전 (1월)
유공 코끼리 → 부천 유공 구단명칭 변경
96 아디다스컵 우승

1997 부천 유공 → 부천 SK 구단명칭 변경(10월)

1998 98 아디다스컵 코리아컵 준우승
98 필립모리스코리아컵 준우승
제5대 조윤환 감독 취임

1999 제3대 강성길 단장 취임
99 바이코리아컵 K-리그 3위

2000 2000 대한화재컵 우승
2000 삼성 디지털 K-리그 준우승

2001 제6대 최윤겸 감독 취임

2002 제7대 트니즈 트르판 감독(터키) 취임

2003 제8대 하재훈 감독 취임

2004 제9대 정해성 감독 취임

제9회 하나은행 FA컵 준우승

2005 제4대 정순기 단장 취임
제3대 신헌철 SK(주) 대표이사 구단주 취임

2006 부천 → 제주 연고지 이전
부천 SK → 제주 유나이티드 FC 구단명칭 변경

2007 제주 유나이티드 FC 클럽하우스 준공

2008 제10대 알툴 감독 취임
제주유나이티드에프씨 주식회사로 독립법인 전환

2009 제1대 변명기 대표이사 취임
제11대 박경훈 감독 취임
코리안 풋볼 드림매치 2009 여벅FC 초청경기

2010 제4대 구자영 구단주 취임
쏘나타 K리그 2010 준우승
제15회 하나은행 FA컵 공동 3위 및 페어플레이상 수상
K리그 개인상 수상(감독상, MVP, 'FAN'tastic Player)

2011 AFC 챔피언스리그 2011 조별예선 3위

2012 축구단 창단 30주년
제17회 하나은행 FA컵 페어플레이상 수상

2013 팬 프렌들리 클럽 수상

2014 제2대 장석수 대표이사 취임
대한민국 스포츠산업대상 대통령표창 수상(프로구단 최초)

2015 제5대 정철길 구단주 취임
제12대 조성환 감독 취임
제6대 김준 구단주 취임
송진형, K리그 대상 '베스트 11' 선정

2016 현대오일뱅크 K리그 클래식 2016 3위
K리그 대상 '페어플레이상' 수상
정운, K리그 대상 '베스트11' 선정
안현범, K리그 대상 '영플레이어상' 수상
이근호, K리그 대상 '사랑나눔상' 수상

2017 KEB하나은행 K리그 클래식 2018 2위
K리그 어워즈 '팬프렌들리 클럽상' 수상
이창민, 오반석 K리그 어워즈 '베스트 11' 선정

2018 안승희 대표이사 취임
오반석, 2018 러시아 월드컵 대표팀 발탁
정태욱, 2018 자카르타-팔렘방 아시안게임 대표팀 발탁

2018년 선수명단

대표이사_ 안승희

감독_ 조성환 전력강화부장_ 박동우 스카우터_ 한정국 수석코치_ 김한윤 코치_ 백승우 GK코치_ 김지운 피지컬코치_ 호드리구
의무트레이너_ 김장열·김성훈·황근우·윤길현 전력분석관_ 우원재 주무 겸 통역_ 이도윤 매니저_ 김태준·김용하

포지션	성명	한자명	생년월일	출신교	키(cm) / 몸무게(kg)
GK	김 경 민	金 耿 民	1991.11.01	한양대	189 / 81
	문 광 석	文 光 錫	1996.03.02	한양대	187 / 80
	박 한 근	朴 韓 槿	1996.05.07	전주대	185 / 70
	이 창 근	李 昌 根	1993.08.30	동래고	186 / 75
DF	권 한 진	權 韓 眞	1988.05.19	경희대	187 / 77
	김 상 원	金 相 沅	1992.02.20	울산대	176 / 69
	김 수 범	金 洙 範	1990.10.02	상지대	174 / 66
	김 원 일	金 源 一	1986.10.18	숭실대	185 / 77
	박 진 포	朴 珍 鋪	1987.08.13	대구대	173 / 72
	알 렉 스	Aleksandar Jovanovic	1989.08.04	*오스트레일리아	196 / 83
	정 다 훤	鄭 多 烜	1987.12.22	충북대	181 / 78
	정 태 욱	鄭 泰 昱	1997.05.16	아주대	194 / 73
	조 용 형	趙 容 亨	1983.11.03	고려대	183 / 72
MF	권 순 형	權 純 亨	1986.06.16	고려대	176 / 73
	김 성 주	金 成 柱	1990.11.15	숭실대	179 / 72
	김 승 우	金 昇 偶	1995.11.06	관동대	185 / 70
	김 현 욱	金 賢 旭	1995.06.22	한양대	160 / 61
	류 승 우	柳 承 祐	1993.12.17	중앙대	171 / 59
	이 동 수	李 東 洙	1994.06.03	관동대	185 / 72
	이 동 희	李 東 熙	1996.07.03	한양대	181 / 70
	이 은 범	李 殷 汎	1996.01.30	서남대	182 / 72
	이 찬 동	李 燦 東	1993.01.10	인천대	183 / 83
	이 창 민	李 昌 珉	1994.01.20	중앙대	178 / 74
	최 현 태	崔 玹 態	1987.09.15	동아대	179 / 75
FW	김 현	金 玄	1993.05.03	영생고	191 / 86
	김 호 남	金 浩 男	1989.06.14	광주대	178 / 72
	마 그 노	Damasceno Santos da Cruz Magno	1988.05.20	*브라질	178 / 77
	배 일 환	裵 日 換	1988.07.20	단국대	180 / 75
	이 광 선	李 光 善	1989.09.06	경희대	192 / 83
	이 지 호	李 地 浩	1995.09.03	통영고	182 / 70
	진 대 성	晉 大 星	1989.09.19	전주대	179 / 72
	진 성 욱	陳 成 昱	1993.12.16	대건고	183 / 78
	쩨 아 구	Tiago Marques Rezende	1988.03.03	*브라질	192 / 76
	호 벨 손	Roberson de Arruda Alves	1989.04.02	*브라질	184 / 95

2018년 개인기록 _ K리그1

위치	배번	성명	03	09	17	20	30	34	40	46	52	55
		경기번호	03	09	17	20	30	34	40	46	52	55
		날 짜	03.01	03.10	03.18	03.31	04.08	04.11	04.14	04.22	04.25	04.28
		홈/원정	홈	원정	원정	홈	홈	원정	홈	홈	원정	원정
		장 소	제주W	창원C	문수	제주W	제주W	광양	제주W	제주W	포항	대구
		상 대	서울	경남	울산	수원	상주	전남	인천	전북	포항	대구
		결 과	무	패	승	패	무	승	승	패	승	승
		점 수	0:0	0:2	1:0	0:1	0:0	3:0	4:2	0:1	1:0	4:1
		승 점	1	1	4	4	5	8	11	11	14	17
		슈팅수	12:11	6:15	14:5	12:12	13:11	14:7	13:19	8:19	9:9	15:6
GK	1	김 경 민		○ 0/0								
	21	이 창 근	○ 0/0		○ 0/0	○ 0/0	○ 0/0	○ 0/0	○ 0/0 C	○ 0/0		○ 0/0
	41	박 한 근										
DF	2	정 다 훤						▽ 0/0				
	3	김 상 원										
	4	오 반 석			○ 0/0	○ 0/0	○ 0/0	○ 0/0	○ 0/0 C	○ 0/0	○ 1/0	▽ 0/0
	5	권 한 진	○ 0/0 C	○ 0/0	○ 0/0	○ 0/0	○ 0/0	○ 0/0	○ 0/0	○ 0/0	○ 0/0	○ 0/0
	6	박 진 포	○ 0/0						○ 0/0		○ 0/0	○ 0/1
	13	정 운			○ 0/0 C	○ 0/0		○ 0/0 C	○ 0/0			
	15	알 렉 스									△ 0/0	
	18	이 광 선										
	20	조 용 형	○ 0/1		○ 0/0 S			○ 0/0				
	20	배 재 우										
	22	김 수 범	○ 0/0		○ 0/0 C		△ 0/0	○ 0/0 C	○ 0/0			○ 0/0
	37	김 원 일	○ 0/0	○ 0/0		○ 0/0	○ 0/0CC					
	45	정 태 욱								△ 0/0 C		△ 0/0
MF	7	권 순 형	○ 0/0	○ 0/0	▽ 0/0	○ 0/0	▽ 0/0	△ 0/0	▽ 0/0		○ 0/1	○ 2/0
	8	김 성 주										
	14	이 창 민	○ 0/0	▽ 0/0	○ 0/1 C	△ 0/0	○ 0/0	▽ 1/1	○ 1/1 C	○ 0/0	○ 0/0	
	16	이 동 수	△ 0/0		▽ 0/0			△ 0/0		△ 0/0	▽ 0/0	
	17	류 승 우	△ 0/0		△ 0/0	△ 1/0	△ 0/0	▽ 0/1	○ 0/0			
	30	김 현 욱		○ 0/0 C				○ 1/0	▽ 1/0	▽ 0/0		○ 0/1
	40	이 찬 동	▽ 0/0			△ 0/0		○ 0/0		0/0CC		
	42	이 동 희										
	47	이 은 범	▽ 0/0		▽ 0/0 C	▽ 0/0						
FW	9	진 성 욱	△ 0/0 C	▽ 0/0			○ 0/0	△ 0/0	○ 0/1	▽ 0/0	△ 0/0	▽ 1/0
	10	마 그 노	▽ 0/0	△ 0/0	○ 0/0	○ 0/0 C			△ 0/0			△ 0/0
	11	호 벨 손		▽ 0/0		▽ 0/0						▽ 1/0
	13	김 ▣ 연		△ 0/0	△ 0/0		△ 0/0	△ 0/0			△ 0/0	∪ 0/0
	13	김 호 남										
	93	김 현										
	99	쩌 아 구				△ 0/0	▽ 0/0	▽ 1/0	▽ 1/1	△ 0/0	▽ 0/0	△ 0/0

선수자료 : 득점/도움   ○ = 선발출장   △ = 교체 IN   ▽ = 교체 OUT   ◈ = 교체 IN/OUT   C = 경고   S = 퇴장

위치	배번	선수	65	69	75	82	86	94	102	104	111	120
		경기번호	65	69	75	82	86	94	102	104	111	120
		날짜	05.02	05.05	05.12	05.20	07.07	07.11	07.15	07.18	07.21	07.29
		홈/원정	홈	원정	홈	원정	원정	홈	홈	원정	원정	홈
		장소	제주W	인천	제주W	상주	수원W	제주W	제주W	전주W	춘천	제주W
		상대	강원	인천	전남	상주	수원	경남	대구	전북	강원	울산
		결과	패	승	승	무	승	무	패	패	패	무
		점수	3:5	2:1	1:0	0:0	3:2	0:0	1:2	0:1	1:3	1:1
		승점	17	20	23	24	27	28	28	28	28	29
		슈팅수	15:10	6:8	12:21	9:8	15:17	14:8	11:16	11:19	12:15	14:21
GK	1	김 경 민										
	21	이 창 근	○ 0/0	○ 0/0	○ 0/0	○ 0/0	○ 0/0	○ 0/0	○ 0/0	○ 0/0 C	○ 0/0	○ 0/0
	41	박 한 근										
DF	2	정 다 훤					○ 0/0		▽ 0/0	○ 0/0 C		
	3	김 상 원			○ 0/0 S							
	4	오 반 석	○ 0/0	○ 0/0	○ 0/0	○ 0/0			○ 0/0	○ 0/0	○ 0/0	○ 0/0
	5	권 한 진	▽ 0/0		▽ 0/0	○ 0/0	○ 2/0	○ 0/0	○ 0/0	○ 0/0	1/0 C	○ 0/0
	6	박 진 포	○ 0/0	○ 0/0	○ 0/0	○ 0/0	○ 0/0	○ 0/0	○ 0/0	○ 0/0 C		
	13	정 운	○ 0/2	○ 0/0	○ 0/0	○ 0/0						
	15	알 렉 스		○ 0/0			○ 0/0	▽ 0/0				
	18	이 광 선										
	20	조 용 형		○ 0/0	○ 0/0	○ 0/0	○ 0/0	△ 0/0			○ 0/0 C	
	20	배 재 우						○ 0/0	△ 0/0			
	22	김 수 범									○ 0/0	○ 0/0
	37	김 원 일	○ 0/0						○ 0/0 C	○ 0/0		○ 0/0
	45	정 태 욱	△ 0/0			△ 0/0						
MF	7	권 순 형	○ 0/0	○ 0/0	○ 0/0	○ 0/0	○ 0/1	○ 0/0	▽ 0/0		▽ 0/1	▽ 0/1
	8	김 성 주										
	14	이 창 민					○ 0/0	○ 0/0	○ 0/0	△ 0/0	○ 0/0	▽ 1/0
	16	이 동 수	▽ 0/0		△ 0/0	△ 0/0	△ 0/0	△ 0/0	△ 0/0	○ 0/0 C	△ 0/0	△ 0/0
	17	류 승 우		△ 1/0		△ 0/0	△ 0/0		△ 0/0	○ 0/0	△ 0/0	△ 0/0
	30	김 현 욱	○ 0/1	○ 0/0 C	▽ 0/0	▽ 0/0	▽ 0/0		○ 1/0	▽ 0/0	▽ 0/0	▽ 0/0
	40	이 찬 동				▽ 0/0		▽ 0/0		▽ 0/0		△ 0/0
	42	이 동 희										
	47	이 은 범		△ 0/0				▽ 0/0				
FW	9	진 성 욱	△ 0/0	▽ 1/0	△ 0/1	▽ 0/0	△ 0/0	△ 0/0			▽ 0/0	○ 0/0
	10	마 그 노	○ 3/0	▽ 0/0	○ 1/0	○ 0/0	1/0 C	○ 0/0		○ 0/0	△ 0/0	○ 0/0
	11	호 벨 손		△ 0/0			▽ 0/0			▽ 0/0		
	13	김 도 엽	△ 0/0									
	13	김 호 남										
	93	김 현										
	99	찌 아 구	▽ 0/0	▽ 0/0	▽ 0/0	△ 0/0					△ 0/0	▽ 0/0

위치	배번	이름	121	128	135	141	153	159	148	163	172	180
		경기번호	121	128	135	141	153	159	148	163	172	180
		날짜	08.04	08.11	08.15	08.18	08.25	09.02	09.08	09.15	09.23	09.26
		홈/원정	원정	홈	홈	원정	홈	원정	홈	원정	홈	원정
		장소	서울W	제주W	제주W	상주	제주W	포항	제주W	전주W	제주W	문수
		상대	서울	포항	대구	상주	인천	포항	수원	전북	강원	울산
		결과	패	무	패	무	무	무	무	패	무	패
		점수	0:3	0:0	2:3	1:1	0:0	2:2	0:0	0:4	2:2	2:3
		승점	29	30	30	31	32	33	34	34	35	35
		슈팅수	13:8	9:12	19:8	10:10	11:10	16:7	16:10	12:13	9:14	14:15
GK	1	김경민				○ 0/0 C						
	21	이창근	○ 0/0	○ 0/0	○ 0/0 C		○ 0/0		○ 0/0	○ 0/0	○ 0/0	○ 0/0
	41	박한근										
DF	2	정다훤									▽ 0/0 C	
	3	김상원			△ 0/0	▽ 0/0						
	4	오반석	○ 0/0	○ 0/0	○ 0/0	○ 0/0	○ 0/0	○ 0/0		○ 0/0 C	○ 0/0	
	5	권한진	○ 0/0	○ 0/0	○ 0/0 C		○ 0/0				○ 0/0	○ 0/0 C
	6	박진포	○ 0/0		○ 0/1	○ 0/0		○ 0/0 C				
	13	정운										
	15	알렉스					△ 0/0	△ 0/0			○ 0/0	○ 0/0
	18	이광선							△ 0/0	△ 0/0	○ 1/0	
	20	조용형		○ 0/0		○ 0/0	○ 0/0				○ 0/0 C	○ 0/0 CC
	20	배재우										
	22	김수범		○ 0/0		○ 0/0	○ 0/0	○ 0/0	○ 0/0	○ 0/0		
	37	김원일	○ 0/0 CC		○ 0/0 C		○ 0/0 C					
	45	정태욱										△ 0/0
MF	7	권순형	○ 0/0	○ 0/0		▽ 0/0		▽ 0/0			○ 0/1	
	8	김성주	○ 0/0	○ 0/0	○ 0/0		○ 0/0		○ 0/0 C	○ 0/0		○ 0/0
	14	이창민	▽ 0/0	○ 0/0	○ 0/1	△ 0/0	○ 0/0	○ 0/2	▽ 0/0	▽ 0/0		
	16	이동수	△ 0/0 C	△ 0/0	△ 1/0	○ 0/0					△ 0/0	▽ 0/0
	17	류승우	△ 0/0	△ 0/0			△ 0/0	△ 0/0				△ 0/0
	30	김현욱	▽ 0/0			△ 0/0	○ 0/0	▽ 1/0 C				
	40	이찬동				○ 0/0		○ 1/0	○ 0/0			○ 0/0
	42	이동희			▽ 0/0				○ 0/0	○ 0/0 C	▽ 0/0	
	47	이은범						△ 0/0				
FW	9	진성욱	△ 0/0	△ 0/0	▽ 0/0	▽ 0/0	△ 0/0	▽ 0/0			△ 0/0	
	10	마그노	▽ 0/0	▽ 0/0		▽ 1/0	○ 0/0	▽ 0/0			△ 0/0	▽ 1/1
	11	호벨손										
	13	김도엽										
	13	길호남							△ 0/0	▽ 0/0	○ 0/0	○ 0/0
	93	심현										
	99	찌아구	○ 0/0 C	▽ 0/0	△ 1/0	△ 0/0	▽ 0/0	△ 0/0	▽ 0/0		▽ 1/0	△ 1/0

선수자료 : 득점/도움 ○ = 선발출장 △ = 교체 IN ▽ = 교체 OUT ◈ = 교체 IN/OUT C = 경고 S = 퇴장

위치	배번		경기번호	183	191	195	199	205	214	221	227		
			날짜	09.29	10.07	10.20	10.27	11/03	11.10	11.25	12.02		
			홈/원정	홈	원정	홈	원정	홈	홈	원정	원정		
			장소	제주W	창원C	제주W	포항	제주W	제주W	문수	수원W		
			상대	전남	경남	서울	포항	경남	전북	울산	수원		
			결과	승	승	승	승	패	무	승	승		
			점수	1:0	1:0	1:0	2:1	0:1	0:0	1:0	2:0		
			승점	38	41	44	47	47	48	51	54		
			슈팅수	10:20	11:11	11:7	12:9	15:4	12:22	4:13	9:19		
GK	1	김 경 민											
	21	이 창 근		○ 0/0	○ 0/0	○ 0/0	○ 0/0	○ 0/0	○ 0/0	○ 0/0			
	41	박 한 근									○ 0/0 C		
DF	2	정 다 훤		○ 0/0 C		○ 0/0	○ 0/0	○ 0/0 C	○ 0/0				
	3	김 상 원											
	4	오 반 석											
	5	권 한 진		○ 0/0	○ 0/0	○ 0/0		△ 0/0	○ 0/0	○ 0/0	▽ 0/0		
	6	박 진 포				○ 0/0	○ 0/0	○ 0/0	○ 0/0	○ 0/0 C			
	13	정 운											
	15	알 렉 스		○ 0/0	○ 0/0	○ 0/0	○ 0/0	▽ 0/0	○ 0/0	○ 0/0	○ 1/0		
	18	이 광 선		△ 0/0	△ 0/0	△ 0/0	△ 1/0	○ 0/0	△ 0/0	△ 0/0	○ 0/0		
	20	조 용 형					○ 0/0				△ 0/0		
	20	배 재 우											
	22	김 수 범		○ 0/0	○ 0/0								
	37	김 원 일											
	45	정 태 욱											
MF	7	권 순 형		○ 0/0		△ 0/0	○ 0/0	△ 0/0		○ 0/0	○ 0/1 C		
	8	김 성 주			○ 0/0	△ 0/0	○ 1/0	○ 0/0	△ 0/0	○ 0/0			
	14	이 창 민											
	16	이 동 수		△ 0/0	△ 1/0 C					▽ 0/0	△ 0/0		
	17	류 승 우		▽ 0/0	△ 0/0		△ 0/0	▽ 0/0	○ 0/0	△ 0/0			
	30	김 현 욱			▽ 0/0						▽ 0/0		
	40	이 찬 동			○ 0/0	▽ 0/0		○ 0/0	○ 0/0 C	▽ 0/0			
	42	이 동 희		▽ 0/0	▽ 0/0	○ 0/0	○ 0/0	▽ 0/0	○ 0/0	△ 0/0	△ 0/0		
	47	이 은 범					▽ 0/0			○ 0/0	○ 0/0		
FW	9	진 성 욱		△ 0/0									
	10	마 그 노		▽ 0/1	○ 0/0	○ 0/0	▽ 0/0 C		○ 0/0	▽ 1/0	○ 0/0		
	11	호 벨 손											
	13	김 도 엽											
	13	김 호 남		○ 0/0	○ 0/0	▽ 0/0	▽ 0/0	○ 0/0	▽ 0/0	▽ 0/0	○ 0/0		
	93	김 현					△ 0/0	△ 0/0	▽ 0/0				
	99	찌 아 구		○ 1/0	▽ 0/0	○ 1/0	▽ 0/0	○ 0/0	△ 0/0	○ 0/0	○ 1/0		

39

수 원 삼 성 블 루 윙 즈

창단년도_ 1995년

전화_ 031-247-2002

팩스_ 031-257-0766

홈페이지_ www.bluewings.kr

주소_ 우 16230 경기도 수원시 팔달구 월드컵로 310(우만동)

수원월드컵경기장 4층

4F, Suwon World Cup Stadium, 310, World cup-ro(Uman-dong),

Paldal-gu, Suwon-si, Gyeonggi-do, KOREA 16230

연혁

1995	수원 삼성 블루윙즈 축구단 창단식	2006	삼성 하우젠 K-리그 2006 후기 우승
	제1대 윤성규 단장 취임		제11회 하나은행 FA컵 준우승
1996	라피도컵 프로축구대회 후기리그 우승	2007	K리그 사상 최단기간 200승 달성(3/17)
1998	제2대 허영호 단장 취임		K리그 사상 최단기간 총관중 400만 기록(234경기)
	98 현대컵 K-리그 우승	2008	삼성 하우젠컵 2008 우승
1999	시즌 전관왕 달성		삼성 하우젠 K리그 2008 우승
	제1회 99 티켓링크 수퍼컵 우승	2009	제14회 하나은행 FA컵 우승
	대한화재컵 우승	2010	윤성효 감독 취임
	아디다스컵 우승		제15회 하나은행 FA컵 우승
	99 K-리그 우승	2011	제4대 오근영 단장 취임
2000	제2회 2000 티켓링크 수퍼컵 우승		수원월드컵경기장 첫 만석(10/3 서울전, 44,537명)
	2000 아디다스컵 우승	2012	제5대 이석명 단장 취임(6/1)
2001	아디다스컵 2001 우승		수원월드컵경기장 최다 관중 경신(4/1 서울전 45,192명)
	제20회 아시안 클럽 챔피언십 우승		K리그 최초 30경기 홈 연속득점(6/27 전남전, 3 : 2 승)
	제7회 아시안 슈퍼컵 우승		K리그 최단기간 300승 달성(10/3 서울전, 1 : 0 승)
	K리그 사상 최단기간 100승 달성(3/31)		K리그 연고도시 최초 600만 관중 달성(11/25 부산전, 2 : 1 승)
2002	제21회 아시안 클럽 챔피언십 우승	2013	서정원 감독 취임
	제8회 아시안 슈퍼컵 우승		풀 스타디움상 수상
	제7회 서울 - 하나은행 FA컵 우승	2014	박찬형 대표이사 취임
2004	제3대 안기헌 단장 취임, 차범근 감독 취임		구단 통산 1000호골 기록 (4/1 포항전 고차원)
	삼성 하우젠 K-리그 2004 후기 우승		풀 스타디움상, 팬프렌들리 클럽상 수상
	삼성 하우젠 K-리그 2004 우승	2015	현대오일뱅크 K리그 클래식 2015 준우승
2005	A3 챔피언십 우승		K리그 페이플레이상 수상
	제6회 K-리그 수퍼컵 2005 우승	2016	길종시 대표이사, 제6대 박찬수 단장 취임
	삼성 하우젠컵 2005 우승		제21회 KEB하나은행 FA컵 우승

2018년 선수명단

대표이사_ 박찬형   단장_ 박창수

감독_서정원   코치_ 이병근 · 김태영 · 최성용   GK코치_ 이운재   피지컬코치_ 하혁준   주무_ 김태욱   트레이너_ 유환모 · 김광태 · 윤청구

비디오분석관_ 전택수   통역_ 김민수   장비_ 엽현수   스카우터_ 조재민 · 남궁웅

포지션	선수명		생년월일	출신교	키(cm) / 몸무게(kg)
GK	신 화 용	申和容	1983.04.13	청주대	183 / 78
	노 동 건	盧東件	1991.10.04	고려대	192 / 88
	박 지 민	朴智忞	2000.05.25	매탄고	189 / 86
	김 선 우	金善于	1993.04.22	성균관대	188 / 81
	강 봉 균	姜奉均	1993.07.06	고려대	188 / 75
DF	송 준 평	宋俊評	1996.07.29	연세대	176 / 70
	양 상 민	梁相珉	1984.02.24	숭실대	182 / 78
	조 성 진	趙成鎭	1990.12.14	유성생명과학고	187 / 80
	매 튜	Matthew John Jurman	1989.12.08	*오스트레일리아	190 / 85
	크 리 스 토 밤	Cristovam Roberto Ribeiro da Silva	1990.07.25	*브라질	175 / 67
	박 형 진	朴亨鎭	1990.06.24	고려대	183 / 75
	구 자 룡	具滋龍	1992.04.06	매탄고	182 / 75
	곽 광 선	郭珖善	1986.03.28	숭실대	186 / 76
	이 기 제	李基濟	1991.07.09	동국대	175 / 68
	홍 철	洪喆	1990.09.17	단국대	176 / 67
	장 호 익	張鎬翼	1993.12.04	호남대	173 / 62
	김 민 호	金進來	1997.06.11	연세대	188 / 85
	박 준 형	朴峻炯	1993.01.25	동의대	190 / 82
	김 태 환	金泰晥	2000.03.25	매탄고	181 / 68
MF	김 은 선	金恩宣	1988.03.30	대구대	182 / 79
	조 원 희	趙源熙	1983.04.17	배재고	177 / 72
	임 상 협	林相協	1988.07.08	류츠케이자이대	180 / 73
	한 의 권	韓義權	1994.06.30	관동대	181 / 73
	이 종 성	李宗成	1992.08.05	매탄고	187 / 72
	김 종 우	金鍾佑	1993.10.01	선문대	176 / 58
	최 정 훈	崔晶勳	1999.03.09	매탄고	176 / 71
	사 리 치	Elvis Saric	1990.07.21	*크로아티아	180 / 71
	박 종 우	朴鍾佑	1989.03.10	연세대	180 / 74
	이 상 민	李尙旻	1995.05.02	고려대	176 / 63
	최 성 근	崔成根	1991.07.28	고려대	181 / 67
	염 기 훈	廉基勳	1983.03.30	호남대	182 / 78
	장 현 수	張鉉洙	1993.01.01	용인대	179 / 73
	윤 용 호	尹龍鎬	1996.03.06	한양대	173 / 68
	송 진 규	宋珍圭	1997.07.12	중앙대	178 / 73
	우 현 호	禹垷㼩	1996.03.01	동국대	183 / 70
FW	조 지 훈	趙志君	1990.05.29	연세대	188 / 80
	김 준 형	金俊炯	1996.04.05	송호대	177 / 73
	바 그 닝 요	Wagner da Silva Souza	1990.01.30	*브라질	178 / 69
	박 기 동	朴己東	1988.11.01	숭실대	191 / 83
	데 얀	Dejan Damjanovic	1981.07.27	*몬테네그로	187 / 81
	김 종 민	金宗珉	1992.08.11	장훈고	188 / 78
	유 주 안	柳宙岸	1998.10.01	매탄고	172 / 57
	전 세 진	全世進	1999.09.09	매탄고	182 / 70

2018년 개인기록 _ K리그1

위치	배번	선수	02	08	18	20	27	36	38	47	51	58
		경기번호	02	08	18	20	27	36	38	47	51	58
		날 짜	03.01	03.10	03.18	03.31	04.08	04.11	04.14	04.22	04.25	04.29
		홈/원정	홈	원정	홈	원정	홈	원정	홈	원정	홈	원정
		장 소	수원W	대구	수원W	제주W	수원W	춘천	수원W	인천	수원W	전주W
		상 대	전남	대구	포항	제주	서울	강원	상주	인천	경남	전북
		결 과	패	승	무	승	무	승	승	승	승	패
		점 수	1:2	2:0	1:1	1:0	0:0	3:2	2:1	3:2	3:1	0:2
		승 점	0	3	4	7	8	11	14	17	20	20
		슈팅수	10:15	9:11	17:7	12:12	9:7	11:6	10:11	16:15	19:5	4:18
GK	1	신 화 용					○ 0/0	○ 0/0	○ 0/0	○ 0/0	○ 0/0	○ 0/0
	21	노 동 건	○ 0/0	○ 0/0	○ 0/0				○ 0/0			
	31	김 선 우										
DF	3	양 상 민										
	5	조 성 진	○ 0/0	○ 0/0	○ 0/0	○ 0/0	○ 0/0	△ 0/0		○ 0/0 C		○ 0/0
	6	매 튜									○ 0/0	
	8	조 원 희	△ 0/0 C	△ 0/0		▽ 0/0			△ 0/0	○ 0/1	△ 0/0	
	15	구 자 룡	○ 0/0		△ 0/0	△ 0/0	△ 0/0	○ 0/0	○ 0/0	○ 0/0	○ 0/0	
	20	곽 광 선		▽ 0/0				○ 0/0	○ 0/0	○ 0/0	○ 0/0 C	
	23	이 기 제	○ 1/0		○ 0/0	○ 0/0	▽ 0/0		○ 0/0 C		○ 0/2	
	33	홍 철										
	35	장 호 익		○ 0/0 C	○ 0/0		○ 0/0	△ 0/0		○ 0/1		○ 0/0 S
	93	신 세 계										
MF	4	김 은 선	▽ 0/0	○ 0/0	▽ 0/0				▽ 0/0			▽ 0/0
	7	바 그 닝 요	▽ 0/0	○ 1/0	△ 1/0	△ 0/0	○ 0/0	○ 0/0	△ 1/0		△ 0/0	○ 0/0 S
	11	임 상 협	△ 0/0	○ 1/0	△ 0/0	○ 0/0	△ 0/0	▽ 0/0		○ 1/1		▽ 0/0
	13	박 형 진		○ 0/0				○ 0/0	○ 0/1	○ 1/0		
	16	이 종 성		○ 0/0	▽ 0/0	○ 0/0 C	○ 0/0 C	○ 0/0 C		▽ 0/0	○ 0/0	
	17	김 종 우	△ 0/0	▽ 0/0	○ 0/0	○ 0/1	○ 0/0		○ 1/0 C	△ 0/0	○ 1/0	△ 0/0
	22	사 리 치										
	24	박 종 우										
	25	최 성 근	▽ 0/0		△ 0/0		○ 0/0 S				▽ 0/0	△ 0/0
	26	염 기 훈	○ 0/1	△ 0/0	○ 0/0	△ 0/0	○ 0/0	△ 1/0	△ 0/0	△ 0/0	○ 0/1	△ 0/0
	28	유 주 안		▽ 0/0			▽ 0/0	▽ 0/0				
	30	윤 용 호	○ 0/0			▽ 0/0						
	77	조 지 훈		△ 0/0						▽ 0/0		
	77	크리스토밤	○ 0/0					○ 0/1 C			○ 0/0	
	88	김 준 형										
	99	전 세 지								▽ 1/0	▽ 1/0	
FW	9	박 기 동										
	10	데 안	○ 0/0		○ 0/0	○ 1/0	▽ 0/0		▽ 0/1	△ 0/0	▽ 1/0	
	14	한 의 권										
	18	김 종 민										
	32	김 건 희						○ 1/0 C	△ 0/0	▽ 0/0	△ 0/0	▽ 0/0

선수자료 : 득점/도움 ○ = 선발출장 △ = 교체 IN ▽ = 교체 OUT ◈ = 교체 IN/OUT C = 경고 S = 퇴장

위치	배번	경기번호	62	71	77	84	86	93	97	105	110	118
		날짜	05.02	05.05	05.13	05.20	07.07	07.11	07.14	07.18	07.21	07.29
		홈/원정	홈	원정	홈	원정	홈	원정	홈	홈	원정	홈
		장소	수원W	서울W	수원W	포항	수원W	광양	수원W	수원W	창원C	수원W
		상대	울산	서울	대구	포항	제주	전남	전북	인천	경남	강원
		결과	무	패	승	무	패	승	패	승	무	승
		점수	0:0	1:2	2:0	1:1	2:3	2:0	0:3	5:2	2:2	2:0
		승점	21	21	24	25	25	28	28	31	32	35
		슈팅수	14:9	10:8	14:10	16:7	17:15	9:13	16:14	15:12	21:13	15:12
GK	1	신화용	○0/0	○0/0	○0/0	○0/0						
	21	노동건					○0/0	○0/0	○0/0	○0/0	○0/0	○0/0
	31	김선우										
DF	3	양상민					○1/0	○0/0		○0/0	○0/0	○0/0
	5	조성진	○0/0	○0/0		○0/0	○0/0	○0/0		○0/0	○0/0	
	6	매튜	○0/0 C		○0/0	○0/0						
	8	조원희		○0/0 C	○0/0	△0/0	○0/0 C			○0/0	○0/0	○0/0
	15	구자룡	○0/0			▽0/0	○0/0			○0/0		△0/0
	20	곽광선		○0/0	○0/0	△0/0	○0/0	△1/0		○0/0	○0/0	▽0/0
	23	이기제	○0/0	▽0/0			△0/0	○1/0	○0/1			△0/0
	33	홍철										
	35	장호익				▽0/0 C	○0/0	○0/0	○0/0	△0/1	○0/0	○0/0 C
	93	신세계										
MF	4	김은선	△0/0	○0/0								
	7	바그닝요			▽2/0 C	○0/0	○0/1	○1/0	▽0/0	△0/0	○1/0	▽0/0
	11	임상협	△0/0	▽0/0 C						△0/0		
	13	박형진		○0/0		○0/0	○0/1 C			○0/1	○0/0	
	16	이종성				○0/0		○0/0		○0/0	○1/0	
	17	김종우	▽0/0 C	▽0/0	△0/0	▽0/0	▽0/0 C					
	22	사리치						△0/0	△0/0	▽0/1	○0/0	
	24	박종우										
	25	최성근	○0/0 C	△0/0 C	○0/1	○0/0 C		▽0/0 C		○0/0		
	26	염기훈	○0/0	△1/0			△0/0	▽0/0	△0/0	○2/1	○0/1	○1/0
	28	유주안								▽1/0	▽0/0	▽0/0
	30	윤용호										
	77	조지훈					△0/0					
	77	크리스토밤	○0/0									
	88	김준형						▽0/0	▽0/0 C			
	99	진세진	▽0/0		○0/0	△0/0	▽0/0					
FW	9	박기동										
	10	데안	▽0/0	○0/0	△0/0	△1/0	▽0/0	▽0/0	○0/0	△2/0	△0/0	△1/0 C
	14	한의권						○0/0	▽0/0	▽0/0	△0/0	△0/0
	18	김종민					△0/0					
	32	김건희	△0/0	△0/0	▽0/0	○0/0						

위치	배번	선수	123	130	133	143	152	162	148	165	173	175
		날짜	08.04	08.12	08.15	08.19	08.25	09.02	09.08	09.15	09.23	09.26
		홈/원정	원정	원정	홈	원정	홈	원정	원정	원정	홈	원정
		장소	상주	문수	수원W	광양	수원W	대구	제주W	인천	수원W	춘천
		상대	상주	울산	서울	전남	경남	대구	제주	인천	전북	강원
		결과	무	패	패	패	승	패	무	무	무	패
		점수	1:1	0:1	1:2	4:6	1:0	2:4	0:0	0:0	0:0	0:1
		승점	36	36	36	36	39	39	40	41	42	42
		슈팅수	8:10	13:10	18:12	8:17	17:10	8:13	10:16	7:8	12:18	5:17
GK	1	신 화 용						○ 0/0		○ 0/0	○ 0/0	
	21	노 동 건	○ 0/0	○ 0/0	○ 0/0	○ 0/0					○ 0/0	○ 0/0
	31	김 선 우						○ 0/0				
DF	3	양 상 민		○ 0/0	○ 0/0			▽ 0/0	△ 0/0	○ 0/0		
	5	조 성 진	○ 0/0	○ 0/0	○ 0/0	○ 0/0 C	○ 0/0	○ 0/0			▽ 0/0	△ 0/0
	6	매 튜										
	8	조 원 희	▽ 0/0	○ 0/0	▽ 0/0		▽ 0/0					
	15	구 자 룡	○ 0/0	○ 0/0		△ 0/0			○ 0/0	○ 0/0	○ 0/0	○ 0/0 C
	20	곽 광 선	○ 0/0				○ 1/0			△ 0/0		○ 0/0
	23	이 기 제	○ 0/0	○ 0/0		▽ 0/0						
	33	홍 철								○ 0/0	▽ 0/0	
	35	장 호 익				○ 0/0		△ 0/0			○ 0/0	
	93	신 세 계								○ 0/0 C		○ 0/0
MF	4	김 은 선						▽ 0/0	○ 0/0	○ 0/0		
	7	바 그 닝 요										
	11	임 상 협	△ 0/0					▽ 0/0		△ 0/0 C		
	13	박 형 진		○ 0/0	○ 0/0	○ 0/0	○ 0/0	○ 0/0				
	16	이 종 성				△ 0/0 C	○ 1/0	△ 0/0	○ 1/0		○ 0/0 C	
	17	김 종 우						△ 0/0	▽ 0/0			
	22	사 리 치	○ 0/0	▽ 0/0	○ 0/0 C	○ 0/0 C	○ 0/0			△ 0/0		△ 0/0 C
	24	박 종 우	△ 0/0 C	△ 0/0		▽ 0/0				▽ 0/0		○ 0/0
	25	최 성 근	○ 0/0	○ 0/0								
	26	염 기 훈	○ 0/0	△ 0/0	▽ 0/0 C	▽ 0/0	○ 0/0		○ 1/0			△ 0/0
	28	유 주 안				▽ 0/1	○ 1/0	▽ 0/0	▽ 0/0	▽ 0/0		
	30	윤 용 호										
	77	조 지 훈							△ 0/0		▽ 0/0	
	77	크 리 스 토 밤										
	88	김 준 형									○ 0/0	
	99	전 세 진		▽ 0/0 C					▽ 0/0		○ 0/0	▽ 0/0
FW	9	박 기 동	△ 0/0	▽ 0/0		△ 0/1	△ 0/0					
	10	데 얀	▽ 1/0	△ 0/0	○ 1/0	○ 2/0	○ 0/0	○ 0/0	○ 0/0	△ 0/0	△ 0/0	
	14	한 의 권	▽ 0/0	○ 0/0	△ 0/0	△ 0/0	△ 0/0	○ 0/0	○ 0/0 C	▽ 0/0	▽ 0/0	▽ 0/0
	18	김 종 민									○ 0/0	△ 0/0
	32	김 건 희										

선수자료 : 득점/도움 ○ = 선발출장 △ = 교체 IN ▽ = 교체 OUT ◈ = 교체 IN/OUT C = 경고 S = 퇴장

위치	배번		181	190	194	203	210	211	220	227		
		경기번호	181	190	194	203	210	211	220	227		
		날 짜	09.29	10.07	10.20	10.28	11.04	11.10	11.25	12.02		
		홈/원정	홈	원정	홈	원정	홈	홈	원정	홈		
		장 소	수원W	상주	수원W	전주W	수원W	수원W	창원C	수원W		
		상 대	울산	상주	포항	전북	포항	울산	경남	제주		
		결 과	무	승	승	패	패	무	패	패		
		점 수	2:2	2:1	2:0	0:2	1:3	3:3	1:2	0:2		
		승 점	43	46	49	49	49	50	50	50		
		슈팅수	9:10	12:11	15:10	9:12	12:8	11:14	12:13	19:9		
GK	1	신 화 용	○ 0/0	○ 0/0			○ 0/0			▽ 0/0		
	21	노 동 건			○ 0/0	○ 0/0		○ 0/0	○ 0/0	△ 0/0		
	31	김 선 우										
DF	3	양 상 민										
	5	조 성 진	○ 0/0	○ 0/0	○ 0/0	○ 0/0	○ 0/0	○ 0/0	○ 0/0 C			
	6	매 튜										
	8	조 원 희			△ 0/0	○ 0/0	△ 0/0		○ 0/0			
	15	구 자 룡	○ 0/0	▽ 0/0	▽ 0/0							
	20	곽 광 선		○ 0/0	△ 0/0	○ 0/0	○ 0/0	○ 0/0 C	○ 0/0	○ 0/0		
	23	이 기 제						▽ 0/0				
	33	홍 철	○ 0/1	○ 0/1	○ 0/1			△ 0/0	○ 0/0	○ 0/0		
	35	장 호 익	○ 0/0		○ 0/0		○ 0/0 C			○ 0/0		
	93	신 세 계				○ 0/0		○ 0/0	○ 0/0			
MF	4	김 은 선										
	7	바 그 닝 요										
	11	임 상 협	△ 0/0	○ 0/0								
	13	박 형 진		△ 0/0			○ 0/0	○ 0/0 C				
	16	이 종 성	○ 0/0	△ 0/0	○ 0/0 C	○ 0/0 C	○ 0/0	○ 0/0 C		○ 0/0		
	17	김 종 우	▽ 0/0		△ 1/0	△ 0/0	▽ 0/0	△ 1/0	△ 0/0	○ 0/0		
	22	사 리 치	○ 2/0 C	○ 1/0	▽ 0/0			○ 0/0	▽ 0/0	○ 0/0 C		
	24	박 종 우		▽ 0/0								
	25	최 성 근		▽ 0/0 C			▽ 0/0 C					
	26	염 기 훈	○ 0/0	○ 0/0		△ 0/0	△ 0/0	○ 0/0	○ 0/0	○ 0/0		
	28	유 주 안	▽ 0/0		○ 0/0	▽ 0/0						
	30	윤 용 호				▽ 0/0		▽ 0/0		△ 0/0		
	77	조 지 훈								▽ 0/0		
	77	크리스토밤										
	88	기 주 현	△ 0/0	▽ 0/0								
	99	전 세 진							▽ 0/0	▽ 0/0		
FW	9	박 기 동				△ 0/0	○ 0/0 C	△ 1/1 C	○ 0/0			
	10	데 얀	△ 0/0	△ 1/0			○ 0/1	○ 1/1	○ 1/0	○ 0/0		
	14	한 의 권	▽ 0/0		○ 0/1	○ 0/0 C	▽ 1/0	▽ 0/0	△ 0/0	△ 0/0		
	18	김 종 민		○ 0/0	○ 1/0	▽ 0/0 C	△ 0/0					
	32	김 건 희										

45

대구 FC

창단년도_ 2002년
전화_ 053-256-2003
팩스_ 053-746-9199
홈페이지_ www.daegufc.co.kr
(구)주소_ 우 42250 대구광역시 수성구 유니버시아드로 180(대흥동 504) 대구스타디움
　Daegu Stadium, 180, Universiade-ro(504, Daeheung-dong), Suseong-gu, Daegu, KOREA 42250
(신)주소_ 우 41594 대구광역시 북구 고성로 191 대구축구전용경기장 2층 대구FC 사무실
　Forest Arena, 191, Goseong-ro, Buk-gu, Daegu, KOREA 41594

연혁

2002　발기인 총회
　　　(주)대구시민프로축구단 창립총회
　　　대표이사 노희찬 선임　　　초대 감독 박종환 선임
　　　1차 시민주 공모　　　대구FC로 구단명칭 결정
　　　한국프로축구연맹 창단 인가 승인
2003　초대단장 이대섭 선임　　　2차 시민주 공모
　　　엠블럼 및 유니폼 선정　　　대구FC 창단식
　　　삼성 하우젠 K-리그 2003 11위
2004　주주동산 건립
　　　삼성 하우젠 K-리그 2004 통합 10위
　　　삼성 하우젠컵 2004 9위
2005　대구스포츠기념관 개관
　　　삼성 하우젠 K-리그 2005 전기 12위, 후기 3위
2006　대구FC 통영컵 우승
　　　제2기 이인중 대표이사 취임　　　제2기 최종준 단장 취임
　　　김범일(대구광역시 시장) 구단주 취임
　　　제3기 최종준 대표이사 취임
　　　삼성 하우젠 K-리그 2006 통합 7위
　　　삼성 하우젠컵 2006 13위
　　　제2대 변병주 감독 취임
2007　삼성 하우젠 K-리그 2007 12위
　　　삼성 하우젠컵 2007 A조 3위
　　　유소년 클럽 창단
　　　'삼성 하우젠 K-리그 대상' 페어플레이팀상 수상
2008　삼성 하우젠 K-리그 2008 11위
　　　삼성 하우젠컵 2008 B조 5위
　　　대구FC U-18클럽 창단(현풍고)
　　　대구FC U-15 청소년 축구대회 개최
2009　제3기 박종선 단장 취임　　　제4기 박종선 대표이사 취임
　　　2009 K-리그 15위　　　피스컵 코리아 2009 A조 3위
　　　대구FC 유소년축구센터 개관　　　제3대 이영진 감독 취임
2010　쏘나타 K리그 2010 15위
　　　포스코컵 2010 C조 4위(0강 진출)
2011　제4기 김새하 단장 취임　　　제5기 김재하 대표이사 취임
　　　현대오일뱅크 K리그 2011 12위
　　　러시앤캐시컵 2011 B조 5위
　　　U-18 제52회 청룡기 전국고교축구대회 우승(현풍고등학교)
　　　대구FC U-15클럽 창단(율원중학교)
　　　제4대 모아시르 페레이라(브라질) 감독 취임
2012　2012년 제1차(1R~15R) 플러스 스타디움상 수상
　　　U-18 대구시 축구협회장기 우승(현풍고)

현대오일뱅크 K리그 2012 10위(역대 최다승 기록)
2013　교육기부 인증기관 선정(교육과학기술부)
　　　2013년 제2차 팬 프렌들리 클럽 수상 (프로축구연맹)
　　　공로상: 사랑나눔상 수상(프로축구연맹)
　　　현대오일뱅크 K리그 클래식 2013 13위
2014　제7대 최덕주 감독 취임
　　　U-18 문체부장관기 준우승(현풍고)
　　　제5기 조광래 단장 취임　　　제6기 조광래 대표이사 취임
　　　현대오일뱅크 K리그 챌린지 2014 7위
2015　제8대 감독 이영진 선임
　　　K리그 챌린지 한 경기 최다관중 기록(3.29 對강원FC / 20,157명)
　　　제1차 풀스타디움상, 플러스스타디움상, 그린스타디움상 수상
　　　U-10(신흥초) 화랑대기 전국 유소년 축구대회 우승
　　　U-15(율원중) 무학기 전국 중학교 축구대회 우승
　　　조나탄 팀 내 최다득점 기록 경신(40득점)
　　　이영진 감독 10월 K리그 'danill 테일러 이달의 감독' 선정
　　　제3차 풀스타디움상, 플러스스타디움상
　　　K리그 대상 2015 '득점왕, MVP, 베스트일레븐 FW' 수상(조나탄),
　　　조현우 K리그 대상 2015 '베스트일레븐 GK' 수상
2016　K리그 챌린지 한 경기 최다 관중 기록 경신
　　　(4.10 대구FC VS 경남FC / 23,015명)
　　　제1차 K리그 챌린지 풀스타디움·플러스스타디움·그린스타디움상 수상
　　　대구FC 유소년 축구센터 개관
　　　K리그 클래식 승격
　　　제3차 K리그 챌린지 풀스타디움·플러스스타디움상 수상
　　　손현준 감독대행 2016 K리그 대상 챌린지 '감독상' 수상
　　　조현우·정우재·황재원·세징야 2016 K리그 대상 챌린지 '베스트11' 수상
　　　U-12(신흥초), U-15(율원중), U-18(현풍고) 제35회 대구광역시 협회장기 우승
　　　제9대 감독 손현준 선임
2017　제1차 플러스 스타디움상 수상
　　　안드레 감독대행 10월 K리그 이달의 감독 선정
　　　제10대 감독 안드레 취임(역대 최초 K리그 선수 출신 감독)
　　　조현우 2017 K리그 대상 클래식 베스트11 GK 수상
2018　제23회 KEB하나은행 FA컵 우승
　　　창단 첫 ACL 진출권 획득
　　　KEB하나은행 K리그1 2018 7위
　　　조현우 러시아 월드컵 출전, 자카르타-팔렘방 아시안게임 금메달,
　　　KEB하나은행 K리그 대상 K리그1 베스트11 수상
　　　세징야 KEB하나은행 K리그 대상 K리그1 부문 도움왕 수상
　　　창단 이후 최다 점수 차(8점) 승리(2018.08.08 VS 양평FC)

2018년 선수명단

대표이사_ 조광래 단장_ 조광래 감독_ 안드레
코치_ 최원권 GK코치_ 이용발 피지컬코치_ 베네디토 주무_ 김태철 트레이너_ 노현욱·박해승·이대균 통역 및 전력분석_ 이종현 장비_고강훈

포지션	선수명		생년월일	출신교	신장(cm)/체중(kg)
GK	조 현 우	趙賢祐	1991.09.25	선문대	189 / 75
	이 현 우	李炫雨	1994.03.20	용인대	184 / 74
	손 재 혁	孫材赫	1997.09.03	서울디지털대	193 / 85
	김 태 호	金俊鎬	1992.06.05	단국대	187 / 77
	최 영 은	崔永恩	1995.09.26	성균관대	189 / 78
DF	홍 정 운	洪定会	1994.11.29	명지대	187 / 76
	한 희 훈	韓熙訓	1990.08.10	상지대	183 /78
	강 윤 구	姜潤求	1993.02.08	동아대	170 / 70
	정 우 재	鄭宇宰	1992.06.28	예원예대	179 / 70
	박 시 윤	朴始玧	1993.05.02	한국국제대	171 / 62
	이 동 건	李同鍵	1999.02.07	신갈고	183 / 69
	김 진 혁	金鎭爀	1993.06.03	숭실대	187 / 78
	김 태 한	金台翰	1996.02.24	한양대	183 / 77
	진 동 휘	陳東輝	1995.04.05	명지대	187 / 73
	서 재 민	徐在民	1997.12.04	현풍고	169 / 60
	박 병 현	朴炳玹	1993.03.28	상지대	184 / 83
	강 시 훈	康永連	1992.02.08	숭실대	188 / 87
	오 광 진	吳光珍	1987.06.04	울산대	172 / 64
	김 우 석	金佑錫	1996.08.04	신갈고	187 / 74
MF	고 승 범	高丞範	1994.04.24	경희대	174 / 72
	정 선 호	鄭先皓	1989.03.25	동의대	182 / 78
	이 해 웅	李海熊	1998.11.20	신갈고	174 / 68
	황 순 민	黃順旻	1990.09.14	카미무라고	178 / 69
	예 병 원	芮柄瑗	1998.03.25	대륜고	174 / 65
	민 경 민	閔慶民	1996.06.04	중원대	184 / 72
	고 재 현	高在賢	1999.03.05	대륜고	180 / 67
	류 재 문	柳在文	1993.11.08	영남대	184 / 72
	박 한 빈	朴閑彬	1997.09.21	신갈고	183 / 80
	오 후 성	吳厚盛	1999.08.25	현풍고	173 / 64
	장 성 원	張成源	1997.06.17	한남대	175 / 70
	전 주 현	全珠玄	1996.04.24	연세대	174 / 72
	조 용 재	趙庸材	1998.01.06	현풍고	173 / 68
	츠 바 사	Tsubasa Nishi	1990.04.08	*일본	173 / 66
FW	전 현 철	全玄哲	1990.07.03	아주대	175 / 72
	에 드 가	Edgar Bruno da Silva	1987.01.03	*브라질	191 / 87
	주 네	José Roberto Assunção de Araújo Filho	1993.09.14	*브라질	183 / 80
	세 징 야	César Fernando Silva Melo	1989.11.29	*브라질	177 / 74
	김 대 원	金大元	1997.02.10	보인고	171 / 65
	임 재 혁	任宰赫	1999.02.06	신갈고	180 / 66
	정 승 원	鄭承源	1997.02.27	안동고	170 / 68
	정 치 인	正治仁	1997.08.21	대구공고	182 / 71
	손 석 용	孫碩庸	1998.09.04	현풍고	179 / 75
	정 충 엽	鄭忠燁	1998.06.02	부평고	180 / 71
	조 석 재	趙錫宰	1993.03.24	건국대	181 / 81

2018년 개인기록 _ K리그1

위치	배번	경기번호	04	08	13	22	26	33	41	43	53	55
		날 짜	03.03	03.10	03.17	03.31	04.07	04.11	04.15	04.21	04.25	04.28
		홈/원정	원정	홈	원정	홈	원정	홈	홈	원정	홈	홈
		장 소	포항	대구	인천	대구	창원C	대구	대구	서울W	대구	대구
		상 대	포항	수원	인천	전남	경남	울산	강원	서울	상주	제주
		결 과	패	패	무	무	무	패	승	패	패	패
		점 수	0 : 3	0 : 2	0 : 0	1 : 1	1 : 1	0 : 2	2 : 1	0 : 3	1 : 2	1 : 4
		승 점	0	0	1	2	3	3	6	6	6	6
		슈팅수	7 : 5	11 : 9	14 : 8	14 : 4	11 : 7	14 : 5	21 : 11	14 : 10	14 : 8	6 : 15
GK	21	조 현 우	○ 0/0	○ 0/0	○ 0/0	○ 0/0	○ 0/0	○ 0/0	○ 0/0	○ 0/0	○ 0/0	○ 0/0
	78	최 영 은										
DF	5	홍 정 운	○ 0/0 C	▽ 0/0	○ 0/0	○ 0/0	○ 1/0		○ 0/1		○ 0/0	○ 0/1
	6	한 희 훈	○ 0/0	○ 0/0	○ 0/0	○ 0/0	▽ 0/0	○ 0/0		○ 0/0	○ 0/0	▽ 0/0
	16	강 윤 구										
	22	정 우 재	○ 0/0	○ 0/0	○ 0/0	○ 0/0	○ 0/0	○ 0/0		○ 0/0	○ 0/0 C	○ 0/0
	30	김 진 혁	○ 0/0	○ 0/0	○ 0/0 C	○ 0/0	○ 0/0		○ 1/0	▽ 0/0 C	▽ 0/0	○ 0/0 S
	33	김 태 한										
	35	서 재 민										
	64	오 광 진			○ 0/0	○ 0/0 CC		▽ 0/0				○ 0/0
	66	박 병 현					△ 0/0				○ 1/0 C	○ 0/0 C
	74	김 우 석		○ 0/0	○ 0/0				△ 0/0		○ 0/0	△ 0/0
MF	4	고 승 범	▽ 0/0					○ 0/0		○ 0/0 C		○ 0/0
	8	정 선 호	△ 0/0	△ 0/0			△ 0/0			△ 0/0		
	13	홍 승 현	△ 0/0 C	▽ 0/0						△ 0/0		
	19	이 해 웅										
	20	황 순 민	▽ 0/0	○ 0/0	○ 0/0 C	▽ 1/0	○ 0/1				○ 0/1	
	26	고 재 현			▽ 0/0							△ 0/0
	29	류 재 문										
	36	박 한 빈						▽ 0/0	▽ 0/0	▽ 0/0	▽ 0/0 C	▽ 0/0
	37	오 후 성										
	38	장 성 원										
	44	츠 바 사										
FW	7	전 현 철	▽ 0/0	△ 0/0	△ 0/0		△ 0/0		△ 0/0	▽ 0/0	△ 0/0	△ 0/0
	9	카 이 온	○ 0/0	○ 0/0	○ 0/0	▽ 0/0	○ 0/0 C					
	9	에 드 가										
	10	지 안	○ 0/0	○ 0/0		△ 0/0						
	10	조 세										
	11	세 징 야				◈ 0/1	◈ 0/0 C	○ 0/0	▽ 0/1 C	○ 0/0	◈ 0/0 S	
	14	김 대 위			△ 0/0	▽ 0/0		△ 0/0		△ 0/0	△ 0/0	
	15	임 재 혁									▽ 0/0	▽ 1/0
	17	김 경 준				▽ 0/0	△ 0/0 C	▽ 0/0	▽ 1/0	○ 0/0 S		
	18	정 승 원										
	32	정 치 인						△ 0/0	○ 0/0 S			○ 0/0 CC
	99	조 석 재										

선수자료 : 득점/도움   ○ = 선발출장   △ = 교체 IN   ▽ = 교체 OUT   ◈ = 교체 IN/OUT   C = 경고   S = 퇴장

위치	배번		경기번호	61	70	77	80	88	96	102	106	113	119
			날짜	05.02	05.05	05.13	05.19	07.08	07.11	07.15	07.18	07.22	07.29
			홈/원정	원정	홈	원정	원정	홈	원정	원정	홈	원정	홈
			장소	전주W	대구	수원W	광양	대구	상주	제주W	대구	문수	대구
			상대	전북	경남	수원	전남	서울	상주	제주	포항	울산	전북
			결과	패	패	패	무	무	승	승	패	패	패
			점수	1:2	0:2	0:2	1:1	2:2	1:0	2:1	0:1	0:2	1:3
			승점	6	6	6	7	8	11	14	14	14	14
			슈팅수	16:12	22:14	10:14	14:13	20:10	9:11	16:11	19:7	12:14	21:13
GK	21	조 현 우		○0/0	○0/0	○0/0	○0/0	○0/0	○0/0	○0/0	○0/0	○0/0 S	
	78	최 영 은											○0/0
DF	5	홍 정 운		○0/0	○0/0		○0/0	○0/0	○1/0	○0/0		○0/0	○0/0
	6	한 희 훈		○0/0	○0/0							▽0/0	○1/0
	16	강 윤 구											○0/0
	22	정 우 재		○0/0	○0/0	○0/0	○0/0	▽0/0 C	○0/0	○1/0	○0/0	○0/0	○0/0
	30	김 진 혁				▽0/0	○0/0 C		○0/0	○0/0	○0/0		▽0/0
	33	김 태 한				○0/0	○0/0						
	35	서 재 민											
	64	오 광 진											
	66	박 병 현		○0/0	▽0/0 C			○0/0	○0/0				△0/0 C
	74	김 우 석			△0/0	○0/0 C		○0/0	○0/0	○0/0	○0/0	○0/0 C	
MF	4	고 승 범					○0/0						
	8	정 선 호						△0/0		△0/0	△0/0	○0/0	
	13	홍 승 현		▽0/0									
	19	이 해 웅											
	20	황 순 민		○0/0 C	○0/0	▽0/0	○0/0	▽0/0	▽0/0	▽0/1	▽0/0 C		▽0/0
	26	고 재 현		△0/0	○0/0	△0/0		△0/1	○0/0	○0/0	▽0/0	△0/0	△0/0
	29	류 재 문						○0/0	○0/0	▽0/0			○0/0
	36	박 한 빈		○1/0 C	○0/0	△0/0	△1/0						
	37	오 후 성											
	38	장 성 원											
	44	츠 바 사											
FW	7	전 현 철		△0/0								△0/0	▽0/0
	9	카 이 온											
	9	에 드 가						○1/0	○0/0 C	○0/0	○0/0	△0/0	
	10	지 안					▽0/0						
	10	주 세						○0/0	▽0/0	▽0/0 C	○0/0	○0/0	○0/0
	11	세 싱 야			○0/0	○0/0 C	○0/1	○1/0	○0/1	○0/1	○0/0 C		
	14	김 대 원		△0/0									
	15	임 재 혁		○0/0	▽0/0	○0/0	△0/0 ◆						
	17	김 경 준		▽0/0	▽0/0	△0/0	▽0/0						
	18	정 승 원		▽0/0	△0/0	○0/0	▽0/0	△0/0	△0/0	△0/0	△0/0 C		○0/1
	32	정 치 인			△0/0		△0/0						
	99	조 석 재						▽0/0	△0/0	△0/0	△0/0	○0/0	△0/0

49

위치	배번	선수										
		경기번호	126	129	135	140	146	156	162	167	171	177
		날 짜	08.05	08.11	08.15	08.18	08.22	08.26	09.02	09.16	09.22	09.26
		홈/원정	원정	홈	원정	홈	원정	홈	홈	원정	원정	홈
		장 소	춘천	대구	제주W	대구	전주W	대구	대구	서울W	상주	대구
		상 대	강원	인천	제주	울산	전북	강원	수원	서울	상주	경남
		결 과	승	승	승	패	패	승	승	승	승	무
		점 수	3 : 1	2 : 1	3 : 2	0 : 2	1 : 2	2 : 0	4 : 2	2 : 0	5 : 2	2 : 2
		승 점	17	20	23	23	23	26	29	32	35	36
		슈팅수	19 : 10	15 : 7	8 : 19	16 : 10	8 : 16	26 : 5	13 : 8	21 : 12	13 : 6	14 : 13
GK	21	조 현 우									○ 0/0	○ 0/0
	78	최 영 은	○ 0/0 C	○ 0/0 C	○ 0/0	○ 0/0	○ 0/0	○ 0/0	○ 0/0	○ 0/0		
DF	5	홍 정 운	○ 0/0	○ 0/0	○ 0/0	○ 0/0 C	○ 0/0	○ 0/0 C			○ 1/0	○ 0/0 C
	6	한 희 훈	○ 0/0	○ 0/0	○ 0/0	○ 0/0 C	○ 0/0	○ 0/0	▽ 0/0	○ 0/0 C		○ 0/0
	16	강 윤 구	○ 0/0	○ 0/0 C	○ 1/0	○ 0/0	○ 0/0	○ 0/0	○ 0/0 C		○ 0/1	○ 0/0
	22	정 우 재	○ 0/2	○ 0/0	○ 0/0	○ 0/0	▽ 0/0	○ 0/0	○ 0/0 C		▽ 0/0	▽ 0/1
	30	김 진 혁	△ 0/0	△ 0/0						△ 0/0	△ 0/0	
	33	김 태 한										
	35	서 재 민										
	64	오 광 진										
	66	박 병 현	▽ 0/0	○ 0/0	▽ 1/0 C	○ 0/0	○ 0/0	○ 0/0		○ 0/0 C		▽ 0/0 C
	74	김 우 석							△ 0/0	△ 0/0	○ 0/0	
MF	4	고 승 범										
	8	성 선 호	△ 0/0		△ 0/0	△ 0/0						
	19	이 해 웅										
	20	황 순 민	▽ 0/0	▽ 0/0	▽ 0/0	▽ 0/0	▽ 0/0	△ 0/0	△ 0/0	△ 0/0	▽ 0/0	△ 0/0
	13	홍 승 현										
	26	고 재 현										
	29	류 재 문	○ 0/0	○ 1/0	▽ 0/0	▽ 0/0	○ 0/0	△ 1/0	○ 0/0	○ 0/0 C	○ 0/0	○ 0/0
	36	박 한 빈		△ 0/0	△ 0/0	△ 0/0	△ 0/0	○ 0/0			△ 0/0	△ 0/0
	37	오 후 성										
	38	장 성 원								▽ 0/1	△ 0/0	△ 0/0
	44	츠 바 사					△ 0/0	▽ 0/0	▽ 0/0	▽ 0/0		
FW	7	전 현 철	△ 0/0									
	9	카 이 온										
	9	에 드 가				△ 0/0	○ 0/0	○ 0/0	○ 1/0	○ 1/1	○ 2/1	○ 1/0 C
	10	지 안										
	10	조 세	▽ 1/0	▽ 1/0	○ 0/0	▽ 0/0	▽ 1/0 C					
	11	세 징 야		△ 0/1				▽ 1/0	○ 2/1	○ 0/0	○ 1/2	○ 1/0 C
	14	김 대 원	○ 2/0	▽ 0/0	○ 0/1	○ 0/0	△ 0/0	○ 0/0	▽ 0/1	△ 1/0	▽ 0/1	○ 0/0
	15	임 재 혁			△ 0/0							
	17	김 경 준										
	18	정 승 원	○ 0/0	○ 0/1	▽ 1/0	○ 0/0	○ 0/0	▽ 0/0	○ 0/1 C	○ 0/0	○ 1/0	▽ 0/0
	32	정 치 인										
	99	조 석 재										

선수자료 : 득점/도움   ○ = 선발출장   △ = 교체 IN   ▽ = 교체 OUT   ◈ = 교체 IN/OUT   C = 경고   S = 퇴장

위치	배번		경기번호	185	188	197	202	208	216	219	223		
			날 짜	09.30	10.06	10.20	10.28	11.04	11.11	11.24	12.01		
			홈/원정	원정	홈	홈	원정	홈	홈	원정	원정		
			장 소	포항	대구	대구	인천	대구	대구	광양	춘천		
			상 대	포항	인천	전남	인천	서울	상주	전남	강원		
			결 과	패	패	승	승	무	무	승	승		
			점 수	1:2	1:2	2:1	1:0	1:1	0:0	2:1	1:0		
			승 점	36	36	39	42	43	44	47	50		
			슈팅수	11:12	17:14	14:8	8:5	7:22	13:3	14:10	6:21		
GK	21	조 현 우		○ 0/0	○ 0/0	○ 0/0	○ 0/0	○ 0/0	○ 0/0	○ 0/0			
	78	최 영 은									○ 0/0		
DF	5	홍 정 운		○ 0/0	○ 0/0	○ 0/0	○ 0/0	○ 0/0	○ 0/0	○ 1/0			
	6	한 희 훈		▽ 0/0	▽ 0/0		△ 0/0			○ 0/0	○ 0/0		
	16	강 윤 구		○ 0/0	○ 0/0	△ 0/0	▽ 0/0		△ 0/0 C		○ 0/0 C		
	22	정 우 재		▽ 0/0	○ 0/0	▽ 0/0							
	30	김 진 혁					○ 0/0 C	△ 0/0	△ 0/0	▽ 0/0			
	33	김 태 한									△ 0/0		
	35	서 재 민									△ 0/0		
	64	오 광 진											
	66	박 병 현		△ 0/0	○ 0/0	▽ 0/0	▽ 0/0	▽ 0/0		△ 0/0			
	74	김 우 석				○ 0/0	○ 0/0	○ 0/0	○ 0/0 CC		○ 0/0		
MF	4	고 승 범											
	8	정 선 호								△ 0/0	○ 0/0		
	13	홍 승 현											
	19	이 해 웅											
	20	황 순 민		▽ 0/0	△ 0/0	△ 0/0	△ 0/0	△ 0/0	○ 0/0	○ 0/0			
	26	고 재 현									○ 0/0		
	29	류 재 문		○ 0/0	▽ 0/0	○ 0/0	○ 0/0	○ 0/0 C	○ 0/0	○ 0/0			
	36	박 한 빈		△ 0/0	△ 0/0		△ 0/0		△ 0/0	△ 0/0	○ 1/0		
	37	오 후 성									△ 0/0		
	38	장 성 원		△ 0/0		○ 0/0 C	▽ 0/0	○ 0/0	○ 0/0 C	○ 0/0			
	44	츠 바 사				▽ 0/0	▽ 0/0	▽ 0/0	▽ 0/0	▽ 0/0 C			
FW	7	전 현 철									▽ 0/0		
	9	카 이 온											
	9	에 드 가		○ 1/0	○ 0/1	○ 1/0 C		○ 0/0	○ 0/0	○ 0/0			
	10	지 안											
	10	조 세											
	11	세 징 야		○ 0/0	○ 0/0 O	○ 0/1 C		○ 1/0	▽ 0/0	▽ 1/1			
	14	김 대 원		○ 0/1	○ 0/0	△ 0/1	○ 0/0	○ 0/0	▽ 0/0	○ 0/0			
	15	임 재 혁									▽ 0/0		
	17	김 경 준											
	18	정 승 원		○ 0/0	▽ 1/0	○ 1/0	○ 0/0	△ 0/0	○ 0/0 C	○ 0/0			
	32	정 치 인			△ 0/0								
	99	조 석 재											

51

강원 FC

창단년도_ 2008년

전화_ 033-655-0500

팩스_ 033-655-6660

홈페이지_ www.gangwon-fc.com

주소_ 우 25611 강원도 강릉시 남부로 222 강남축구공원 강원FC
사무국

GangwonFC in Gangnam Football Park, 222, Nambu-ro,
Gangneung-si, Gangwon-do, KOREA 25611

연혁

2008	강원도민프로축구단 창단추진 발표
	강원도민프로축구단 창단준비팀 구성
	강원도민프로축구단 창단준비위원회 발족
	강원도민프로축구단 발기인 총회, 김병두 초대 대표이사 취임
	(주)강원도민프로축구단 법인 설립
	도민주 공모
	한국프로축구연맹 창단승인
	제4차 이사회 - 신임 김원동 대표이사 취임
	초대 최순호 감독 선임
	창단식 및 엠블럼 공개
2009	김영후 조모컵 2009 한일올스타전 선발
	2009 K-리그 홈경기 20만 관중(관중동원 3위) 돌파
	2009 K-리그 13위
	제5회 대한민국 스포츠산업대상 프로스포츠 부문 최우수마케팅상 대상 수상
	2009 K-리그 대상 김영후 신인선수상, 페어플레이상, 서포터스 나르샤 공로상 수상
	김원동 대표이사 2009 대한축구협회 특별공헌상 수상
2010	캐치프레이즈 '무한비상' 확정
	선수단 숙소 '오렌지하우스' 개관
	유소년클럽 창단
	소나타 K리그 2010 12위
	2010 K리그 대상 페어플레이상 수상
2011	캐치프레이즈 '강원천하' 확정
	김상호 감독 선임
	마스코트 '강웅이' 탄생
	남종현 대표이사 취임
	U-15 및 U-18 유스팀 창단
	R리그 정성민 득점왕 수상
	현대오일뱅크 K리그 2011 16위
2012	캐치프레이즈 'stand up! 2012!!' 확정
	오재석 2012 런던올림픽 최종멤버 선발

	김학범 감독 선임
	김은중 K리그 통산 8번째 400경기 출장
	현대오일뱅크 K리그 2012 14위
2013	캐치프레이즈 '투혼 2013' 확정
	임은주 대표이사 취임
	김용갑 감독 선임
	현대오일뱅크 K리그 클래식 2013 12위
2014	캐치프레이즈 'Power of Belief 2014 Born again GWFC' 확정
	알툴 감독 선임
	현대오일뱅크 K리그 챌린지 2014 4위
2015	캐치프레이즈 'Power of GangwonFC 2015' 확정
	최윤겸 감독 선임
	현대오일뱅크 K리그 챌린지 2015 7위
2016	조태룡 대표이사 취임
	K리그 클래식(1부리그) 승격
	(현대오일뱅크 K리그 챌린지 2016 3위)
	제2차 플러스 스타디움상 수상
	세계 최초 스키점프장의 축구장 활용
2017	2017년 팀 창단 후 최초 상위 스플릿 진출
	도 · 시민구단 최초 K리그 클래식(1부리그) 승격 첫해 상위스플릿 진출
	세계 최초 프로축구단 스키점프대 홈 경기장 사용
	(평창 동계올림픽 알펜시아 스타디움)
	국내 프로스포츠 최초 암호화폐 거래소 '코인원' 서브스폰서 계약
	K리그 구단 역대 한 시즌 최다 '소규모 스폰서' 173개 업체 계약
2018	조태룡 대표이사 사임
	한원식 대표이사(직무대행) 신임
	KEB하나은행 K리그1 2018 8위
	강원FC - 코인원, 2년 연속 스폰서 계약 체결
	강원FC - 파마누코 스폰서 계약 체결
	강원FC - 광동제약 스폰서 계약 체결
	강원FC - 강원혈액원 MOU 체결
	강원FC - 2군사령부 MOU 체결

2018년 선수명단

감독_ 김병수 수석코치_ 김동영 코치_ 박효진·김용호 골키퍼코치_ 이충호 피지컬코치_ 박성준

포지션	선수명		생년월일	출신교	키(cm) / 몸무게(kg)
GK	김 호 준	金 鎬 浚	1984.06.21	고려대	190 / 90
	함 석 민	咸 錫 敏	1994.02.14	숭실대	190 / 85
	이 범 영	李 範 永	1989.04.02	신갈고	197 / 93
	홍 지 윤	洪 智 潤	1997.03.27	제주국제대	188 / 82
DF	이 재 익	李 在 翊	1999.05.21	보인고	185 / 78
	이 호 인	李 浩 因	1995.12.28	상지대	183 / 70
	발렌티노스	Sielis Valentinos	1990.03.01	*키프로스	189 / 95
	이 태 호	李 周 泳	1991.03.16	성균관대	187 / 83
	오 범 석	吳 範 錫	1984.07.29	포철공고	181 / 77
	정 승 용	鄭 昇 勇	1991.03.25	동북고	182 / 83
	박 선 주	朴 宣 柱	1992.03.26	연세대	175 / 62
	맥 고 완	Dylan John Mcgowan	1991.08.06	*오스트레일리아	187 / 84
	김 오 규	金 吾 奎	1989.06.20	관동대	183 / 77
MF	이 민 수	李 泯 洙	1992.01.11	한남대	179 / 73
	정 석 화	鄭 錫 華	1991.05.17	고려대	171 / 63
	황 진 성	黃 辰 成	1984.05.05	포철공고	177 / 70
	남 승 우	南 昇 佑	1992.02.18	연세대	179 / 80
	이 재 관	李 載 冠	1991.03.12	고려대	172 / 69
	박 창 준	朴 彰 俊	1996.12.23	아주대	176 / 66
	강 지 훈	姜 志 勳	1997.01.06	용인대	177 / 66
	윤 민 호	尹 旼 顥	1995.12.06	전주대	177 / 78
	이 현 식	李 炫 植	1996.03.21	용인대	175 / 66
	박 정 수	朴 庭 秀	1987.01.13	상지대	181 / 74
FW	김 경 우	金 敬 祐	1996.09.20	울산대	177 / 66
	정 조 국	鄭 조 국	1984.04.23	대신고	186 / 77
	디 에 고	Diego Mauricio Machado de Brito	1991.06.25	*브라질	183 / 80
	임 찬 울	任 찬 울	1994.07.14	한양대	176 / 71
	김 승 용	金 承 龍	1985.03.14	부평고	181 / 75
	기 수 허	企 汙 赫	1996.04.27	강원한라대	181 / 75
	서 명 원	徐 明 原	1995.04.19	신평고	180 / 77
	제 리 치	Uros Deric	1992.05.28	*세르비아	193 / 92
	정 성 현	鄭 成 賢	1996.03.25	동국대	187 / 85
	김 지 현	金 址 泫	1996.07.22	강원한라대	183 / 79

2018년 개인기록 _ K리그1

위치	배번		경기번호	05	12	14	24	29	36	41	44	54	59
			날 짜	03.03	03.11	03.17	04.01	04.08	04.11	04.15	04.21	04.25	04.29
			홈/원정	홈	원정	홈	홈	원정	홈	원정	원정	홈	홈
			장 소	춘천	서울W	춘천	춘천	문수	춘천	대구	광양	춘천	춘천
			상 대	인천	서울	상주	경남	울산	수원	대구	전남	전북	포항
			결 과	승	승	승	패	패	패	패	승	패	무
			점 수	2:1	2:1	2:1	1:3	1:3	2:3	1:2	4:1	0:2	0:0
			승 점	3	6	9	9	9	9	9	12	12	13
			슈팅수	10:13	9:11	14:17	19:16	16:12	6:11	11:21	11:17	10:16	17:12
GK	1	김 호 준		○0/0	○0/0		○0/0			○0/0	○0/0 S		
	16	함 석 민							○0/0				
	23	이 범 영				○0/0		○0/0			△0/0	○0/0	○0/0
DF	2	이 재 익											
	3	이 호 인											
	4	발렌티노스		○0/0	○0/0	○0/0	○0/0	○0/0	○0/0	○0/0	○0/0	○0/0	△0/0
	5	이 태 호				○0/0 C				○0/0 C			○0/0
	14	오 범 석						▽0/0	▽0/0 C	▽0/0	○0/0	○0/0 C	
	22	정 승 용		○0/0	○0/0		○0/0	△0/0	○0/0 C				
	27	박 선 주			○0/0								○0/0
	30	한 용 수											
	44	맥 고 완		△0/0	○0/0	△0/0 C		○0/0	○0/0 C				
	99	김 오 규		○0/0	○0/0	○0/0	○0/0 C	○0/1		○0/0	○0/0	○0/0 C	○0/0
MF	6	이 민 수								▽0/0			
	7	정 석 화		△0/0	▽0/0	▽0/0	▽0/0			△0/0	○1/0	○0/0	○0/0
	8	황 진 성		▽0/0		▽0/0	△0/0		△0/0				▽0/0
	13	남 승 우											
	18	김 승 용		▽1/0	△0/0		▽0/0		▽0/0		△0/0	△0/0	
	19	박 창 준											▽0/0 C
	24	강 지 훈		○0/0	○0/0 C		○0/0			▽1/0	○0/0		
	25	문 창 진											
	25	김 경 중			▽0/0			▽0/0					
	29	이 현 식		△0/0					▽0/0			▽0/0	▽0/0
	33	서 명 원											
	66	박 정 수			▽0/0		▽0/0		○0/0	△0/0			○0/0
	86	김 영 신		▽0/0		○0/0	○0/0	△0/0		▽0/0		▽0/0	
FW	8	이 근 호		○0/1	○0/0	▽0/1	△0/0	○0/0	○0/0	○0/0	○0/2	○0/0	○0/0
	9	정 조 국			△1/0 C	△0/0	○0/1	△0/0	△0/0	△0/0	▽0/0	○0/0	▽0/0
	10	디 에 고		○0/0	△0/0	○2/0	○0/0	○0/0 S			▽0/0	△0/0	○0/0
	11	최 진 호											
	12	임 찬 울				△0/0			△0/0				△0/0
	55	제 리 치		○1/1	○0/1	○0/0	△1/0	○1/0	○1/1	○0/0	▽3/0 C	○0/0	△0/0
	77	김 지 현								△0/0			

선수자료 : 득점/도움 ○ = 선발출장 △ = 교체 IN ▽ = 교체 OUT ◆ = 교체 IN/OUT C = 경고 S = 퇴장

위치	배번		65	72	74	79	89	95	101	108	111	118
		경기번호	65	72	74	79	89	95	101	108	111	118
		날 짜	05.02	05.05	05.12	05.19	07.08	07.11	07.15	07.18	07.21	07.29
		홈/원정	원정	원정	홈	원정	홈	원정	원정	홈	홈	원정
		장 소	제주W	상주	춘천	창원C	춘천	인천	포항	춘천	춘천	수원W
		상 대	제주	상주	서울	경남	전남	인천	포항	울산	제주	수원
		결 과	승	패	무	승	무	무	무	무	승	패
		점 수	5 : 3	0 : 3	1 : 1	1 : 0	1 : 1	3 : 3	0 : 0	3 : 3	3 : 1	0 : 2
		승 점	16	16	17	20	21	22	23	24	27	27
		슈팅수	10 : 15	10 : 13	13 : 17	20 : 3	10 : 6	13 : 12	9 : 7	13 : 10	15 : 12	12 : 15
GK	1	김 호 준	▽ 0/0									
	16	함 석 민									○ 0/0	
	23	이 범 영	△ 0/0 C	○ 0/0	○ 0/0	○ 0/0	○ 0/0	○ 0/0	○ 0/0	○ 0/0		○ 0/0
DF	2	이 재 익				▽ 0/0	▽ 0/0	▽ 0/0		○ 0/0 C	▽ 0/0	
	3	이 호 인				△ 0/0						
	4	발렌티노스	○ 0/0	○ 0/0			○ 0/0	○ 0/0	▽ 0/0		○ 0/0 C	△ 0/0
	5	이 태 호	○ 1/0	○ 0/0	○ 0/0					△ 0/0	△ 0/0	
	14	오 범 석	○ 0/0	▽ 0/0	○ 0/0	○ 0/0	○ 0/0	○ 0/0 C		▽ 0/0		○ 0/0
	22	정 승 용	○ 1/0	○ 0/0 C		○ 0/0	○ 0/1	○ 0/0	○ 0/0	○ 0/1	○ 0/0	
	27	박 선 주			○ 0/0	▽ 0/0	△ 0/0					
	30	한 용 수					○ 0/0		○ 0/0	○ 0/0	○ 0/0	
	44	맥 고 완	△ 0/0				○ 0/0	▽ 0/0				
	99	김 오 규	○ 0/0	○ 0/0	○ 0/0 C			○ 0/0 C				○ 0/0
MF	6	이 민 수										
	7	정 석 화	○ 0/0 C	○ 0/0 C	△ 0/0	○ 0/0	△ 0/0	○ 0/0	○ 0/0	○ 0/1		△ 0/0
	8	황 진 성		▽ 0/0								
	13	남 승 우										
	18	김 승 용	▽ 0/1 C	△ 0/0	▽ 0/0				○ 0/1	▽ 0/0	▽ 0/0	○ 0/0
	19	박 창 준								○ 0/0	▽ 0/0 C	
	24	강 지 훈										
	25	문 창 진						▽ 0/0	△ 0/0	△ 1/0		▽ 0/0
	25	김 경 중										
	29	이 현 식	○ 0/0			○ 0/0	△ 0/0	▽ 0/0	△ 0/0	○ 0/0	△ 0/0 C	○ 0/1
	33	서 명 원										
	66	박 정 수				▽ 0/0 C	○ 0/1 C	○ 1/0 C		○ 0/0 C	○ 0/0	○ 0/0 C
	86	김 영 신		△ 0/0	△ 0/0			▽ 0/0				
FW	8	이 근 호			○ 0/0	○ 0/0	▽ 0/0					
	9	정 조 국					▽ 0/0 C				▽ 1/0	▽ 0/0
	10	디 에 고	△ 1/1	△ 0/0	△ 0/1	ㅁ 0/0	△ 0/0	△ 1/0	△ 0/0	○ 0/1	△ 0/1	○ 0/0 C
	11	최 진 호										
	12	임 찬 울	▽ 0/2		▽ 0/0				△ 0/0	▽ 0/0		
	55	제 리 치	○ 2/0	○ 0/0 C	○ 1/0	△ 1/0	○ 0/0	○ 1/0	○ 0/0	○ 2/0	△ 2/0	△ 0/0
	77	김 지 현										

55

위치	배번	선수	126	127	136	144	150	156	158	168	172	175
		날짜	08.05	08.11	08.15	08.19	08.22	08.26	09.01	09.16	09.23	09.26
		홈/원정	홈	원정	원정	홈	원정	원정	홈	홈	원정	홈
		장소	춘천	전주W	광양	춘천	창원C	대구	춘천	춘천	제주W	춘천
		상대	대구	전북	전남	인천	경남	대구	서울	상주	제주	수원
		결과	패	패	승	승	패	패	무	패	무	승
		점수	1:3	1:3	1:0	7:0	1:2	0:2	0:0	2:3	2:2	1:0
		승점	27	27	30	33	33	33	34	34	35	38
		슈팅수	10:19	12:25	8:8	13:17	10:11	5:26	8:7	10:7	14:9	17:5
GK	1	김 호 준										
	16	함 석 민	○ 0/0									
	23	이 범 영		○ 0/0	○ 0/0	○ 0/0	○ 0/0	○ 0/0	○ 0/0	○ 0/0	○ 0/0	○ 0/0
DF	2	이 재 익	△ 0/0	○ 0/0 C	▽ 0/0							
	3	이 호 인				△ 0/0	△ 0/0					
	4	발렌티노스		○ 0/0				○ 0/0	○ 0/0	○ 0/0		
	5	이 태 호		○ 0/0								
	14	오 범 석	○ 0/0	○ 1/0	○ 0/0 C	○ 0/0	○ 0/0	○ 0/0		○ 0/0	○ 0/0	○ 0/0
	22	정 승 용	○ 0/0		○ 0/0	○ 0/1	○ 0/0	○ 0/0		○ 0/0	○ 1/1	▽
	27	박 선 주								▽ 1/0	○ 0/0	
	30	한 용 수	○ 0/0							○ 0/0		
	44	맥 고 완										
	99	김 오 규	○ 0/0			○ 0/0	○ 0/0	○ 0/0		○ 0/0	○ 0/0	○ 0/0 C
MF	6	이 빈 수										
	7	정 석 화	▽ 0/0		△ 0/0	▽ 0/0		○ 0/1				
	8	황 진 성			○ 0/0		▽ 1/1	▽ 1/0	○ 0/0		▽ 0/1	
	13	남 승 우							△ 0/0			
	18	김 승 용		▽ 0/0								
	19	박 창 준	△ 0/0			▽ 0/1	○ 0/0	○ 0/0	○ 0/0 C		○ 0/0	
	24	강 지 훈	○ 0/1							△ 0/0		○ 0/0
	25	문 창 진	▽ 0/0		△ 0/0	△ 0/0		△ 0/0	△ 0/0			
	25	김 경 중										
	29	이 현 식	○ 0/0 C			△ 0/0	△ 0/0	○ 0/0 C				
	33	서 명 원						△ 0/0 ◈				
	66	박 정 수	▽ 0/0		○ 0/0	○ 0/0	○ 0/0	▽ 0/0 C	○ 0/0		○ 0/0	○ 0/0
	86	김 영 신										
FW	8	이 근 호										
	9	정 조 국					△ 0/0		▽ 0/0	△ 0/0	△ 0/0	△ 1/0
	10	디 에 고	△ 0/0	△ 0/0	△ 0/0	○ 2/0	○ 0/0 CC		○ 0/0	○ 0/0	△ 0/0	△ 0/1
	11	최 진 호										
	12	임 산 홀		▽ 0/0	▽ 0/0	△ 0/0	△ 0/0	▽ 0/0				
	55	제 리 치	○ 1/0	○ 0/0	○ 1/0	○ 4/0	▽ 0/0	○ 0/0	△ 0/0	○ 1/0	▽ 0/0	○ 0/0
	77	김 지 현			▽ 0/0					△ 0/0	▽ 1/0	▽ 0/0

선수자료 : 득점/도움   ○ = 선발출장   △ = 교체 IN   ▽ = 교체 OUT   ◈ = 교체 IN/OUT   C = 경고   S = 퇴장

위치	배번	경기번호	182	187	196	200	209	212	218	223
		날 짜	09.29	10.06	10.20	10.27	11.04	11.10	11.24	12.01
		홈/원정	원정	홈	원정	원정	홈	홈	원정	홈
		장 소	전주W	춘천	문수	서울W	춘천	춘천	상주	춘천
		상 대	전북	포항	울산	서울	전남	인천	상주	대구
		결 과	패	무	패	무	승	패	승	패
		점 수	2:3	1:1	0:2	1:1	1:0	2:3	1:0	0:1
		승 점	38	39	39	40	43	43	46	46
		슈팅수	5:14	13:15	5:18	9:22	9:16	17:21	7:8	21:6
GK	1	김 호 준								
	16	함 석 민								○ 0/0
	23	이 범 영	○ 0/0	○ 0/0	○ 0/0	○ 0/0	○ 0/0	○ 0/0	○ 0/0	
DF	2	이 재 익								
	3	이 호 인								
	4	발렌티노스	○ 0/0	○ 0/0	○ 0/0		○ 0/0	○ 0/0	○ 0/0	○ 0/0
	5	이 태 호				▽ 0/0				
	14	오 범 석	○ 0/1	○ 0/0	○ 0/0	○ 0/0	○ 0/0 C	○ 0/0	○ 0/0	○ 0/0
	22	정 승 용	○ 0/0	○ 0/0 C	○ 0/0 C	○ 1/0	○ 0/0	○ 0/0	○ 0/0	
	27	박 선 주								
	30	한 용 수	○ 0/0 C	○ 0/0		○ 0/0				
	44	맥 고 완				○ 0/0	○ 0/0	○ 1/0	▽ 0/0	△ 0/0
	99	김 오 규	○ 0/0	○ 0/0	○ 0/0	○ 0/0	○ 0/0	○ 0/0	○ 0/0	○ 0/0
MF	6	이 민 수								
	7	정 석 화	○ 0/1	○ 1/0	○ 0/0	○ 0/0	○ 0/1	○ 0/1	○ 0/0 C	
	8	황 진 성			▽ 0/0					▽ 0/0 C
	13	남 승 우								
	18	김 승 용				▽ 0/0				
	19	박 창 준	△ 0/0				○ 0/0	▽ 0/0	○ 0/0	○ 0/0
	24	강 지 훈	▽ 0/0	▽ 0/0	○ 0/0				△ 0/0	
	25	문 창 진			△ 0/0					
	25	김 경 중								
	29	이 현 식		△ 0/0	△ 0/0	△ 0/0	▽ 0/0 C	○ 0/0	○ 0/0	○ 0/0
	33	서 명 원								
	66	박 정 수	○ 0/0 C	▽ 0/0 C	▽ 0/0		△ 0/0		△ 0/0	
	86	김 영 신								
FW	8	이 근 호								
	9	정 조 국	▽ 1/0	○ 0/0	▽ 0/0	○ 0/0	△ 0/0	△ 0/0	▽ 0/0	△ 0/0
	10	디 에 고	△ 1/0	△ 0/0	○ 0/0	△ 0/1	△ 0/0	∧ 0/0	△ 0/0	△ 0/0
	11	최 진 호		△ 0/0						
	12	임 찬 울								▽ 0/0
	55	제 리 치	△ 0/0 C		△ 0/0	▽ 0/0 C	▽ 0/0	○ 1/1	○ 0/0	○ 0/0
	77	김 지 현	▽ 0/0	▽ 0/0			▽ 0/0	△ 0/0	▽ 1/0	▽ 0/0

인천 유나이티드

창단년도_ 2003년

전화_ 032-880-5500

팩스_ 032-423-1509

홈페이지_ www.incheonutd.com

　주소_ 우 22328 인천광역시 중구 참외전로 246

　(도원동 7-1) 인천축구전용경기장 내

　Incheon Football Stadium, 246, Chamoejeon-ro(7-1,

　Dowon-dong), Jung-gu, Incheon, KOREA 22328

연혁

2003　인천시민프로축구단 창단발표(안상수 인천광역시장)
　　　안종복 단장 임용
　　　한국프로축구연맹 창단 승인
　　　베르너 로란트 초대감독 선임
2004　캐치프레이즈 'Blue Hearts 2004', 캐릭터 '유티' 확정
　　　창단식 및 일본 감바 오사카 초청경기(문학경기장)
2005　캐치프레이즈 '푸른물결 2005' 확정
　　　장외룡 감독 취임
　　　삼성 하우젠 K-리그 2005 정규리그 통합 1위(전기 2위, 후기 4위)로
　　　플레이오프 진출, 삼성 하우젠 K-리그 2005 준우승
　　　삼성 하우젠 K-리그 2005 정규리그 관중 1위
　　　(총 관중 31만 6,591명, 평균관중 2만 4,353명)
　　　장외룡 감독 삼성 하우젠 K-리그 대상, 올해의 감독상 수상
　　　삼성 하우젠 K-리그 2005 베스트11 DF 부문 수상(임중용)
　　　인천 유나이티드 서포터즈 삼성 하우젠 K-리그 대상 공로상 수상
2006　프로축구 최초의 23억여 원 경영흑자 달성
　　　캐치프레이즈 '시민속으로(into the community)' 확정
　　　인천 유나이티드 소재 다큐멘터리 영화 (비상) 개봉
　　　'아이(i)-유나이티드' 어린이 축구교실 운영 실시
　　　U-12팀 창단
　　　2군리그 우승
　　　삼성 하우젠 K-리그 2006 통합 13위(전기 10위, 후기 6위)
　　　제11회 하나은행 FA컵 3위
2007　안종복 사장 취임, 7억여 원 경영흑자 달성
　　　캐치프레이즈 'My Pride My United' 확정
　　　장외룡 감독 잉글랜드 프리미어리그 유학, 박이천 감독대행 취임
　　　제12회 하나은행 FA컵 3위
2008　3년 연속 경영흑자 달성　　　'인천축구전용경기장' (가칭) 착공
　　　장외룡 감독 복귀　　　　U-18 대건고 창단
　　　2군리그 우승
2009　일리야 페트코비치 감독 선임
　　　2009 K-리그 5위(플레이오프 진출)
　　　피스컵 코리아 A조 2위(플레이오프 진출)
　　　2군리그 2년 연속 우승　　　U-13팀 명장종 심판
2010　2010남아공 월드컵 대표 감독 출신 허정무 감독 선임
　　　프랑스 AS모나코와 친선경기
　　　U-12 제8회 MBC꿈나무리그 전국 결선 우승
　　　U-15 광성중 11회 오룡기 전국 중등 축구대회 우승
　　　2010 K-리그 득점왕 수상(유병수)
2011　조건도 대표이사 취임
　　　U-12 제9회 MBC 꿈나무리그 전국 결선 우승
2012　인천축구전용경기장 준공 및 개막전(2012년 3월 11일 VS 수원)

조동암 대표이사 취임, 김봉길 감독 취임
현대오일뱅크 K리그 2012 B그룹 1위(통합 9위)
현대오일뱅크 K리그 2012 베스트11 DF 부문 수상(정인환)
19경기 연속 무패 팀최다 기록 수립
2013　현대 오일뱅크 K-리그 클래식 상위스플릿 진출
　　　인천유나이티드 주주명판 및 주주동산 건립
　　　창단 10주년 기념 경기 개최(2013년 10월 6일, 인천 vs 서울)
　　　현대오일뱅크 K리그 클래식 2013 그룹A 7위(통합 7위)
　　　캐치프레이즈 '인천축구지대본' 확정
　　　U-15 광성중 2013 금강대기 전국중학생축구대회 우승
　　　U-18 대건고 제94회 전국체육대회 준우승
2014　캐치프레이즈 '승리, 그 이상의 감동' 확정
　　　김광석 대표이사 취임
　　　2014년도 2차(13~25R) 그린스디디움상 수상
2015　김도훈 감독 선임, 정의석 단장 취임
　　　캐치프레이즈 'Play, Together!' 확정
　　　현대오일뱅크 K리그 클래식 2015 B그룹 2위(통합 8위)
　　　2015 제20회 KEB하나은행 FA컵 준우승
　　　U-18 대건고 2015 아디다스 K리그 주니어 A조 전, 후기 통합 우승
　　　U-18 대건고 '2015 대교눈높이 전국고등축구리그 후반기 왕중왕전'
　　　준우승
　　　U-15 광성중 2015 대교눈높이 전국중등축구리그 왕중왕전 우승
　　　현대오일뱅크 K리그 클래식 2015 베스트11 DF 부문 수상(요니치)
2016　박영복 대표이사 취임, 김석현 단장 취임
　　　캐치프레이즈 '우리는 인천' 확정
　　　U-15 광성중 '제 45회 전국소년체육대회' 우승
　　　U-18 대건고 '2016 K리그 U17, U18 챔피언십' 동반 준우승
　　　U-18 대건고 '2016 아디다스 K리그 주니어 A조 후기리그' 준우승
　　　2016년도 1차(1~12R) 그린스타디움상 수상
　　　현대오일뱅크 K리그 클래식 2016 베스트11 DF 부문 수상(요니치)
2017　이기형 감독 선임
　　　정병일 대표이사 취임
　　　U-10 화랑대기 대회 C그룹 우승
　　　U-12 화랑대기 내회 C그룹 준우승
　　　강인덕 대표이사 취임
2018　욘 안데르손 감독 선임
　　　U-12, U-15 광성중 주말리그 우승
　　　U-18 대건고 대한축구협회장배 및 전반기 왕중왕전 준우승
　　　자카르타-탈렘방 아시안게임 금메달 획득(김진야)
　　　구단 최초 월드컵 국가대표 배출(문선민)
　　　KEB하나은행 K리그 1 2018 베스트11 MF부문 수상(아길라르)

2018년 선수명단

대표이사_ 강인덕 단장_ 김석현
감독_ 욘 안데르센 코치_ 박성철 코치_ 임중용 GK코치_ 권찬수 피지컬코치_ 자스민
팀매니저_ 노상래 통역_ 기지용 분석관_ 고병헌 의무트레이너_ 이승재 · 이동원 · 김현진

포지션	선수명		생년월일	출신교	키(cm) / 몸무게(kg)
GK	정 산	鄭 山	1989.02.10	경희대	190 / 83
	이 진 형	李 鎭 亨	1988.02.22	단국대	189 / 85
	이 태 희	李 太 熙	1995.04.26	대건고	187 / 78
DF	노 성 민	盧 聖 民	1995.07.19	인천대	176 / 71
	김 용 환	金 容 奐	1993.05.25	숭실대	175 / 67
	강 지 용	姜 大 浩	1989.11.23	한양대	187 / 85
	최 종 환	催 鍾 桓	1987.08.12	부경대	177 / 73
	김 진 야	金 鎭 冶	1998.06.30	대건고	174 / 66
	김 대 중	金 大 中	1992.10.13	홍익대	190 / 85
	이 윤 표	李 允 杓	1984.09.04	한남대	185 / 82
	부 노 자	Gordan Bunoza	1988.02.05	*크로아티아	197 / 95
	곽 해 성	郭 海 盛	1991.12.06	광운대	180 / 70
	정 동 윤	鄭 東 潤	1994.04.03	성균관대	175 / 70
	정 원 영	郑 元 寧	1992.05.26	선문대	185 / 78
	김 한 빈	金 漢 彬	1991.03.31	선문대	173 / 65
	김 대 경	金 大 景	1991.09.02	숭실대	179 / 70
	김 정 호	金 政 浩	1995.05.31	인천대	186 / 83
	김 동 민	金 東 玟	1994.08.16	인천대	179 / 71
MF	한 석 종	韓 石 種	1992.07.19	숭실대	186 / 77
	이 정 빈	李 正 斌	1995.01.11	인천대	173 / 63
	아 길 라 르	Elias Fernando Aguilar Vargas	1991.11.07	*코스타리카	174 / 65
	윤 상 호	尹 相 皓	1992.06.04	호남대	177 / 71
	고 슬 기	高 슬 기	1986.04.21	오산고	183 / 78
	김 동 석	金 東 錫	1987.03.26	용강중	173 / 69
	이 우 혁	李 愚 赫	1993.02.24	강릉문성고	184 / 69
	김 석 호	金 錫 昊	1994.11.01	관동대	171 / 63
	임 은 수	林 恩 水	1996.04.01	동국대	183 / 70
	최 범 경	催 凡 境	1997.06.24	광운대	177 / 68
FW	남 준 재	南 濬 在	1988.04.07	연세대	183 / 75
	무 고 사	Stefan Mugosa	1992.02.26	*몬테네그로	189 / 80
	조 주 영	曺 士 煐	1994.02.04	아주대	186 / 83
	박 종 진	朴 宗 眞	1987.06.24	숭실대	178 / 74
	쿠 비	Kwabena Appiah-Cubi	1992.05.19	*오스트레일리아	180 / 70
	김 덕 중	金 德 中	1996.03.02	아주대	176 / 68
	문 선 민	文 宣 民	1992.06.09	장훈고	172 / 68
	이 효 균	李 孝 均	1988.03.12	동아대	185 / 80
	김 보 섭	金 甫 燮	1998.01.10	대건고	183 / 74
	김 혁 중	金 赫 重	1994.12.09	단국대	181 / 75

2018년 개인기록 _ K리그1

위치	배번	선수	05	07	13	23	25	35	40	47	50	60
		날짜	03.03	03.10	03.17	04.01	04.07	04.11	04.14	04.22	04.25	04.29
		홈/원정	원정	홈	홈	원정	홈	홈	원정	홈	원정	홈
		장소	춘천	인천	인천	서울W	인천	인천	제주W	인천	문수	인천
		상대	강원	전북	대구	서울	전남	상주	제주	수원	울산	경남
		결과	패	승	무	무	무	패	패	패	패	패
		점수	1:2	3:2	0:0	1:1	2:2	0:1	2:4	2:3	1:2	2:3
		승점	0	3	4	5	6	6	6	6	6	6
		슈팅수	13:10	10:8	8:14	11:9	16:15	16:10	19:13	15:16	22:9	11:13
GK	1	정 산								○ 0/0		
	21	이 진 형	○ 0/0					○ 0/0				
	31	이 태 희			○ 0/0	○ 0/0	○ 0/0		○ 0/0		○ 0/0	○ 0/0
DF	3	김 용 환	○ 0/0	○ 0/0	○ 0/0	○ 0/0	▽ 0/0	○ 0/0	△ 0/0		△ 0/0	○ 0/0 C
	5	강 지 용	○ 0/0 C							○ 0/0		
	6	최 종 환	○ 0/0	○ 0/0	○ 0/0	▽ 0/0	△ 0/1	○ 0/0	○ 0/0	○ 0/0 C	○ 0/0 C	△ 0/0
	13	김 진 야	▽ 0/0			△ 0/0	○ 0/0	○ 0/0	▽ 0/0			
	15	김 대 중		△ 0/0								○ 0/0 C
	16	이 윤 표				○ 0/0	○ 0/1		○ 0/0 C	△ 0/0		
	18	박 종 진						▽ 0/0				▽ 0/0
	20	부 노 자	○ 0/0	○ 0/0	○ 0/0	○ 0/0	○ 0/0	○ 0/0	○ 0/0	○ 0/0		
	26	곽 해 성										
	32	정 동 윤										
	44	김 정 호										
	47	김 동 민								○ 0/0 C	▽ 0/0	
MF	4	한 석 종	○ 0/0 C	○ 0/1	○ 0/0	○ 0/0	○ 0/0	○ 0/0	○ 0/0	○ 0/0		
	8	이 정 빈									△ 0/0	
	10	아 길 라 르	▽ 0/0 C	○ 0/0	○ 0/0	○ 0/0	○ 0/0	○ 0/0	○ 0/1 C	○ 1/1	○ 0/0	▽ 0/1
	14	윤 상 호									○ 0/0	
	17	고 슬 기		○ 0/0 C	○ 0/0	○ 0/0	○ 0/0	○ 0/0			○ 0/0 C	○ 0/0
	22	김 동 석	▽ 0/0									
	24	이 우 혁	○ 0/0									
	39	임 은 수								▽ 0/0		
	40	최 범 경										
FW	7	송 시 우	△ 0/0	△ 0/0	△ 0/0	△ 1/0	△ 0/0	△ 0/0	△ 0/0	△ 0/0		
	7	남 준 재										
	9	무 고 사	○ 1/0	○ 1/0			○ 2/0 C	○ 0/0	○ 1/0		○ 1/0	○ 0/1
	11	박 용 지	△ 0/0		▽ 0/0					△ 0/0		
	11	조 주 영										
	10	쿠 비	▽ 0/0	▽ 0/1	○ 0/0	○ 0/0	▽ 0/0	▽ 0/0	○ 0/0	○ 0/0	◆ 0/1	▽ 0/0 C
	27	문 선 민	△ 0/0	▽ 2/0		○ 0/0	○ 0/1	○ 0/0	○ 1/0	○ 0/0	○ 0/0	○ 2/0
	28	이 효 균										
	29	김 보 섭		△ 0/0	△ 0/0	△ 0/0		△ 0/0			△ 0/0	
	30	김 혁 중						▽ 0/0				

선수자료 : 득점/도움   ○ = 선발출장   △ = 교체 IN   ▽ = 교체 OUT   ◈ = 교체 IN/OUT   C = 경고   S = 퇴장

위치	배번	성명	64	69	76	81	85	95	98	105	112	116
		경기번호	64	69	76	81	85	95	98	105	112	116
		날짜	05.02	05.05	05.13	05.20	07.07	07.11	07.14	07.18	07.22	07.28
		홈/원정	원정	홈	원정	홈	원정	홈	원정	원정	홈	원정
		장소	포항	인천	상주	인천	전주W	인천	창원C	수원W	인천	광양
		상대	포항	제주	상주	울산	전북	강원	경남	수원	서울	전남
		결과	무	패	패	무	무	무	패	패	승	승
		점수	0:0	1:2	2:3	1:1	3:3	3:3	0:3	2:5	2:1	3:1
		승점	7	7	7	8	9	10	10	10	13	16
		슈팅수	12:7	8:6	11:11	16:11	5:31	12:13	12:16	12:15	14:11	9:18
GK	1	정 산					○ 0/0	○ 0/0	○ 0/0			
	21	이 진 형	○ 0/0	○ 0/0	○ 0/0	○ 0/0				○ 0/0	○ 0/0	○ 0/0 C
	31	이 태 희										
DF	3	김 용 환	○ 0/0	○ 0/0		○ 0/0						
	5	강 지 용					△ 0/0 C					
	6	최 종 환				○ 0/0						
	13	김 진 야	▽ 0/0	△ 1/0	▽ 0/0	▽ 0/0	○ 0/0	▽ 0/0	△ 0/0	▽ 0/0	○ 0/0	○ 0/0
	15	김 대 중	○ 0/0	○ 0/0	▽ 0/0		○ 0/0	○ 0/0	○ 0/0	○ 0/0	○ 0/0	○ 0/0
	16	이 윤 표			○ 1/0		○ 0/1		○ 0/0 C	△ 0/0 C		
	18	박 종 진	△ 0/0				△ 0/0	△ 0/0	△ 0/0		○ 0/1	▽ 1/0
	20	부 노 자	○ 0/0					△ 0/0			△ 0/0	○ 0/0
	26	곽 해 성				○ 0/0	▽ 0/0	○ 0/0	▽ 0/0 C	△ 0/0		
	32	정 동 윤										
	44	김 정 호			△ 0/0	○ 0/0		△ 0/0		○ 0/0 C	▽ 0/0	
	47	김 동 민	○ 0/0	○ 0/0	○ 0/0		○ 0/0 CC		○ 0/0	▽ 1/0 C		
MF	4	한 석 종	○ 0/0	○ 0/0	○ 0/0					○ 0/0	○ 0/0	○ 0/0
	8	이 정 빈				△ 0/0	○ 0/0	▽ 0/0		△ 0/0	△ 0/0	△ 0/0
	10	아 길 라 르	△ 0/0	△ 0/0	○ 0/0	○ 0/0	○ 0/1	○ 1/1 C		○ 0/0	○ 0/0 C	○ 0/1
	14	윤 상 호	▽ 0/0	▽ 0/0								
	17	고 슬 기				▽ 0/0	○ 0/0	○ 2/0	○ 0/0 C		○ 0/1 C	○ 0/0
	22	김 동 석										
	24	이 우 혁										
	39	임 은 수	○ 0/0	○ 0/0 C	△ 0/0 C	○ 1/0				○ 0/0 C		△ 0/0
	40	최 범 경					▽ 0/0 C					
FW	7	송 시 우			△ 0/0	△ 0/0						
	7	남 준 재						▽ 0/1	▽ 0/0	▽ 0/0	▽ 1/0	▽ 0/1
	9	무 고 사	○ 0/0	○ 0/0	○ 1/0	○ 0/0	▽ 1/0		○ 1/0			▽ 2/1 C
	11	박 용 지										
	11	조 주 영										
	19	쿠 비	△ 0/0	▽ 0/0			△ 0/0 C					
	27	문 선 민	▽ 0/0	▽ 0/0	○ 0/2	▽ 0/0	▽ 2/0			○ 0/0	○ 0/0	△ 1/0
	28	이 효 균										
	29	김 보 섭		△ 0/0			△ 0/0	△ 0/0	○ 0/0	△ 0/0		
	30	김 혁 중										

61

위치	배번		경기번호	122	129	138	144	149	153	160	165	170	178
			날 짜	08.04	08.11	08.15	08.19	08.22	08.25	09.02	09.15	09.22	09.26
			홈/원정	홈	원정	홈	원정	홈	원정	홈	홈	원정	원정
			장 소	인천	대구	인천	춘천	인천	제주W	인천	인천	포항	서울W
			상 대	포항	대구	상주	강원	전남	제주	울산	수원	포항	서울
			결 과	패	패	무	패	승	무	승	무	패	무
			점 수	1 : 2	1 : 2	0 : 0	0 : 7	3 : 1	0 : 0	3 : 2	0 : 0	0 : 1	1 : 1
			승 점	16	16	17	17	20	21	24	25	25	26
			슈팅수	19 : 14	7 : 15	8 : 10	17 : 13	17 : 11	10 : 11	9 : 7	8 : 7	8 : 9	6 : 11
GK	1	정 산						○ 0/1	○ 0/0	○ 0/0	○ 0/0	○ 0/0	○ 0/0
	21	이 진 형		○ 0/0	○ 0/0	○ 0/0	○ 0/0						
	31	이 태 희											
DF	3	김 용 환			△ 0/0	○ 0/0	○ 0/0 C	△ 0/0	△ 0/0	△ 0/0			
	5	강 지 용					▽ 0/0						
	6	최 종 환										△ 0/0	○ 0/0
	13	김 진 야								○ 0/0 C	○ 0/0	○ 0/0	○ 0/0
	15	김 대 중		○ 0/0	○ 0/0 C	○ 0/0		○ 0/0	○ 0/0	△ 0/0	▽ 0/0		○ 0/0
	16	이 윤 표											
	18	박 종 진		▽ 0/0	▽ 0/0	▽ 0/0	▽ 0/0	△ 0/0				△ 0/0	▽ 0/0
	20	부 노 자		○ 0/0	○ 1/0								
	26	곽 해 성		○ 0/0	○ 0/0								
	32	정 동 윤						○ 0/0 C	○ 0/0	○ 0/0	○ 0/1	○ 0/0 C	▽ 0/0 C
	44	김 정 호									○ 0/0	△ 0/0	△ 0/0
	47	김 동 민		○ 0/0	○ 0/0			○ 0/0	○ 0/0	○ 0/0			
MF	4	한 석 종		▽ 0/0 C	▽ 0/0	○ 0/0		△ 0/0	△ 0/0	△ 0/0			△ 0/0
	8	이 정 빈		△ 0/0	▽ 0/0		△ 0/0 C						
	10	아길라르		▽ 0/0	○ 0/1	▽ 0/0		○ 0/0		○ 0/1		▽ 0/0	▽ 0/0 C
	14	윤 상 호											
	17	고 슬 기		○ 0/0 C	○ 0/0	○ 0/0		○ 0/0	○ 0/0	▽ 0/0		▽ 0/0	○ 0/0 C
	22	김 동 석											
	24	이 우 혁											
	39	임 은 수				○ 0/0 C		○ 0/0	○ 0/0	○ 0/0 C	○ 0/0		○ 0/0
	40	최 범 경											
FW	7	송 시 우											
	7	남 준 재										△ 0/0	
	9	무 고 사		○ 0/0	○ 0/0	△ 0/0	○ 0/0	▽ 1/0 C		○ 1/0	○ 0/0	○ 0/0	▽ 0/0
	11	박 용 지											
	11	조 주 영						△ 0/0					
	10	구 미		△ 1/0	△ 0/0	△ 0/0	△ 0/0			▽ 0/0	△ 0/0	△ 0/0 C	
	27	문 선 민		○ 0/0	△ 0/0	○ 0/0	▽ 0/0	▽ 2/1	○ 0/0	○ 0/0	○ 0/0	○ 0/0	○ 1/0
	28	이 효 균											
	29	김 보 섭		△ 0/1				▽ 0/0 C	▽ 0/0	▽ 2/0 C	▽ 0/0		○ 0/0 CC
	30	김 혁 중											

선수자료 : 득점/도움   ○ = 선발출장   △ = 교체 IN   ▽ = 교체 OUT   ◈ = 교체 IN/OUT   C = 경고   S = 퇴장

Section 1
2018
구단기록 · 인천

위치	배번		186	188	193	202	206	212	217	225
		경기번호	186	188	193	202	206	212	217	225
		날짜	09.30	10.06	10.20	10.28	11.03	11.10	11.24	12.01
		홈/원정	홈	원정	원정	홈	홈	원정	원정	홈
		장소	인천	대구	전주W	인천	인천	춘천	서울W	인천
		상대	경남	대구	전북	대구	상주	강원	서울	전남
		결과	무	승	패	패	승	승	승	승
		점수	2:2	2:1	2:3	0:1	2:1	3:2	1:0	3:1
		승점	27	30	30	30	33	36	39	42
		슈팅수	25:15	14:17	11:19	5:8	14:10	21:17	6:14	13:20
GK	1	정 산	○ 0/0	○ 0/0	○ 0/0	○ 0/0	○ 0/0	○ 0/0	○ 0/0	○ 0/0
	21	이 진 형								
	31	이 태 희								
DF	3	김 용 환								
	5	강 지 용								
	6	최 종 환			△ 0/0					△ 0/0
	13	김 진 야	○ 0/0 C	○ 0/1	○ 0/0	○ 0/0	○ 0/0	○ 0/0	▽ 0/0 C	
	15	김 대 중	○ 0/0	○ 0/0	○ 0/0	○ 0/0	○ 0/0	○ 0/0	○ 0/0	○ 0/0
	16	이 윤 표								
	18	박 종 진								
	20	부 노 자	○ 0/0							
	26	곽 해 성								
	32	정 동 윤	○ 0/0	○ 0/0	○ 0/0	○ 0/0	○ 0/0	○ 1/0	○ 0/0	▽ 0/0
	44	김 정 호		△ 0/0				△ 0/0	○ 0/0	○ 0/0
	47	김 동 민							△ 0/0	○ 0/0
MF	4	한 석 종	○ 0/0	△ 0/0	△ 0/0	△ 0/0	○ 0/0	○ 0/0	○ 1/0	○ 0/0
	8	이 정 빈						△ 1/0		△ 0/0
	10	아 길 라 르	○ 1/0	○ 0/1	▽ 0/0	○ 0/0	▽ 0/0	▽ 0/1		○ 0/0
	14	윤 상 호								
	17	고 슬 기		▽ 0/0 C	○ 0/0	▽ 0/0	○ 0/1	▽ 0/0 C	○ 0/0	○ 0/0 C
	22	김 동 석								
	24	이 우 혁								
	39	임 은 수	▽ 0/0	○ 0/0	▽ 0/0	▽ 0/0	△ 0/0	△ 0/0	○ 0/0 C	
	40	최 범 경								
FW	7	송 시 우								
	7	남 준 재	○ 0/0 C	▽ 0/0 C	▽ 1/0	▽ 0/0	▽ 1/0	○ 0/0	▽ 0/0	▽ 1/0
	9	무 고 사	○ 1/0	○ 1/0 C	○ 1/0 C	○ 0/0	○ 1/1	▽ 1/0	△ 0/0	○ 1/1
	11	박 용 지								
	11	주 주 영								
	19	쿠 비	▽ 0/0	△ 0/0	△ 0/0		△ 0/0		△ 0/0	
	27	문 선 민	△ 0/1	▽ 1/0	○ 0/1	○ 0/0	△ 0/0	○ 0/0	▽ 0/0	▽ 1/0
	28	이 효 균				△ 0/0				
	29	김 보 섭	△ 0/0			△ 0/0	▽ 0/0		○ 0/0	△ 0/0 C
	30	김 혁 중								

상 주 상 무

창단년도_ 2011년
전화_ 054-537-7220
팩스_ 054-534-8170
홈페이지_ www.sangjufc.co.kr
주소_ 우 37159 경상북도 상주시 북상주로 24-7(계산동 474-1)
24-7, Buksangju-ro(474-1, Gyesan-dong), Sangju-si,
Gyeongsangbuk-do, KOREA 37159

연혁

2010	상주 연고 프로축구단 유치 신청(12월)
	한국프로축구연맹 상무축구팀 상주시 연고 확정
2011	상주시와 국군체육부대 연고 협약
	한국프로축구연맹 대의원총회 인가 신청
	상무축구단 운영주체를 상주시로 결정
	성백영 구단주 취임, 이재철 단장 취임
	상주상무피닉스프로축구단 K리그 참가
	현대오일뱅크 K리그 2011 14위
2012	사단법인 상주시민프로축구단 법인 설립(11.26)
	이재철 대표이사 취임
	현대오일뱅크 K리그 2012 16위
2013	'상주상무피닉스프로축구단'에서 '상주상무프로축구단'
	으로 구단명칭 변경
	현대오일뱅크 K리그 챌린지 우승
	K리그 최초 11연승 (13.09.01 vs안양 ~13.11.10 vs고양)
	현대오일뱅크 K리그 챌린지 초대 감독상 박항서,
	득점왕 이근호
	K리그 최초 클래식 승격
	U15 함창중, 제14회 탐라기 전국중학교축구대회 준우승
2014	슬로건 '상(주)상(무)하라! 2014' 확정
	현대오일뱅크 K리그 클래식 2014 참가
	제2대 이정백 구단주 취임
	제19회 하나은행 FA컵 4강
	현대오일뱅크 K리그 클래식 2014 12위

2015	슬로건 'Begin Again' 확정
	현대오일뱅크 K리그 챌린지 2015 참가
	백만흠 대표이사 취임
	현대오일뱅크 K리그 챌린지 2015 우승(K리그 클래식 승격)
	U18 용운고, 금석배 전국 고등학생 축구대회 우승
	U15 함창중, 제16회 탐라기 전국 중학교 축구대회 준우승
2016	조진호 감독 선임
	슬로건 'I together, 상주상무!' 확성
	현대오일뱅크 K리그 클래식 2016 참가
	현대오일뱅크 K리그 클래식 2016 6위
	(창단 최초 상위스플릿 진출)
	U18 용운고, 2016 베이징 Great Wall Cup 국제축구대회' 우승
2017	김태완 감독 선임
	KEB 하나은행 K리그 클래식 2017 참가
	KEB 하나은행 K리그 클래식 2017 11위
	2017 K리그 승강 플레이오프 (잔류 확정)
	11.22 부산 0-1 상주 / 11.26 상주 0-1 부산
	[최종 : 상주 1 (5) - (4) 1 부산]
	U15 함창중, 제38회 대한축구협회장배 전국 중학교 축구대회
	준우승
2018	KEB하나은행 K리그1 2018 참가
	KEB하나은행 K리그1 2018 10위
	U12, 2018 대교눈높이 진국초등축구리그 경북권역 우승
	2018 KEB하나은행 K리그 대상' 페어플레이상 수상
	제3대 황천모 구단주 취임

2018년 선수명단

대표이사_ 백만흠

감독_ 김태완   수석코치_ 정경호   코치_ 이태우   GK코치_ 곽상득

팀닥터_ 황정한   의무트레이너_ 김진욱   전력분석관_ 이승민   1군매니저_ 오세진

포지션	선수명		생년월일	출신교	키(cm) / 몸무게(kg)	전 소속팀
GK	권 태 안	權 泰 安	1992.04.09	매탄고	190 / 93	안양
	윤 보 상	尹 普 相	1993.09.09	울산대	184 / 84	광주
DF	김 영 빈	金 榮 彬	1991.09.20	광주대	184 / 79	광주
	이 태 희	李 台 熙	1992.06.16	숭실대	183 / 75	성남
	백 동 규	白 棟 圭	1991.05.30	동아대	186 / 79	제주
	차 영 환	車 永 煥	1990.07.16	홍익대	183 / 78	부산
	김 경 재	金 徑 栽	1993.07.24	아주대	183 / 72	전남
	마 상 훈	馬 相 訓	1991.07.25	순천고	183 / 79	수원FC
	박 대 한	朴 大 韓	1991.05.01	성균관대	175 / 70	전남
	고 태 원	高 兌 沅	1993.05.10	호남대	187 / 70	전남
	권 완 규	權 完 規	1991.11.20	성균관대	183 / 76	포항
	안 세 희	安 世 熙	1991.02.08	한라대	186 / 80	안양
MF	이 상 협	李 相 協	1990.01.01	고려대	177 / 66	인천
	조 수 철	趙 秀 哲	1990.10.30	우석대	180 / 69	부천
	김 민 우	金 敃 友	1990.02.25	연세대	172 / 69	수원
	윤 빛 가 람	尹빛가람	1990.05.07	중앙대	178 / 75	제주
	배 신 영	裵 信 泳	1992.06.11	단국대	180 / 69	수원FC
	송 시 우	宋 治 雨	1993.08.28	단국대	174 / 70	인천
	이 민 기	李 旼 氣	1993.05.19	전주대	177 / 66	광주
	이 호 석	李 鎬 碩	1991.05.21	동국대	173 / 65	인천
	안 진 범	安 進 範	1992.03.10	고려대	175 / 66	안양
	장 은 규	張 殷 圭	1992.08.15	건국대	173 / 70	안양
	이 규 성	李 奎 成	1994.05.10	홍익대	173 / 68	부산
	심 동 운	沈 東 雲	1990.03.03	홍익대	169 / 67	포항
FW	신 창 무	申 彰 武	1992.09.17	우석대	170 / 67	대구
	김 건 희	金 健 熙	1995.02.22	고려대	186 / 79	수원
	김 경 중	金 京 中	1991.04.16	고려대	178 / 71	강원
	송 수 영	宋 修 映	1991.07.08	연세대	175 / 70	수원FC
	박 용 지	朴 勇 智	1992.10.09	중앙대	183 / 71	인천

2018년 개인기록 _ K리그1

위치	배번	이름	06	10	14	21	30	35	38	45	53	56
		경기번호	06	10	14	21	30	35	38	45	53	56
		날짜	03.04	03.10	03.17	03.31	04.08	04.11	04.14	04.21	04.25	04.28
		홈/원정	원정	원정	원정	원정	원정	원정	원정	원정	원정	원정
		장소	창원C	문수	춘천	전주W	제주W	인천	수원W	포항	대구	서울W
		상대	경남	울산	강원	전북	제주	인천	수원	포항	대구	서울
		결과	패	승	패	패	무	승	패	승	승	무
		점수	1:3	2:0	1:2	0:1	0:0	1:0	1:2	2:0	2:1	0:0
		승점	0	3	3	3	4	7	7	10	13	14
		슈팅수	9:8	12:7	17:14	9:7	11:13	10:16	11:10	12:7	8:14	5:8
GK	1	권태안										
	31	최필수					○0/0	○0/0	○0/0			
	41	유상훈	○0/0	○0/0	○0/0 C	○0/0				○0/0	○0/0	○0/0
	41	윤보상										
DF	2	김영빈										
	5	임채민	○0/0	○0/0	○0/0		○0/0	○1/0	○0/0 C	○0/0	○1/0	○0/0
	12	권완규										
	18	이광선	○0/1			○0/0			△0/0	○0/0	▽0/0 C	▽0/0
	24	이태희										
	26	김남춘					○0/0	○0/0	○0/0	○0/0	○0/0	○0/0
	27	백동규										
	28	윤영선	○0/0	○0/0	○0/0							
	28	차영환										
	33	홍철	○0/0	○0/2	○0/0	○0/0	○0/0	○0/0	▽0/1	○0/0	○0/1	○0/0
	39	고태원										
	40	박대한										
	43	김경재										
	44	마상훈										
	46	이민기										
	55	김진환	▽0/0	▽0/0	▽0/0 C					△0/0	△0/0	△0/0
	93	신세계	○0/0	○0/0	○0/0 C	○0/0	○0/0 C	○0/0	○0/0	○0/0	○0/0	○0/0 C
MF	13	김민우		△0/0	△0/0 C	△0/0	▽0/0	▽0/0	○0/0	○0/0	○0/0	○0/0
	14	윤빛가람	△0/0				○0/0	○0/0	○0/0	○0/1	○1/0	○0/0
	15	신창무								△1/0		
	16	조수철										
	21	여 름	▽0/0	○0/0	○0/0	○0/0			▽0/0			
	23	김태환	○0/0 C	○0/0	○0/0 CC				○0/0	○0/0	○0/0 C	○0/0
	23	이상협										
	25	김경중										
	28	이종원		△0/0								
	37	이규성										
	42	안진범										
FW	7	심동운			△0/0	△0/0	△0/0	△0/0	△0/0	▽1/0	○0/0	○0/0
	11	치 솜	▽0/0	▽0/0	▽0/0	▽0/0	▽0/0		△0/0		○0/0 ◆	
	13	김호남	▽0/0	○1/0	▽0/0	○0/0		△0/0 C	○1/0	▽0/1	▽0/0	○0/0
	13	김도형	△0/0			▽0/0	▽0/0	▽0/0	▽0/0 C		△0/0	
	18	주민규	○1/0	▽1/0	1/0			○0/0				
	18	송수영										
	34	송승우										
	35	박용지										
	77	윤주태	△0/0	△0/0	△0/0	△0/0		△0/0	▽0/0			

선수자료 : 득점/도움   ○ = 선발출장   △ = 교체 IN   ▽ = 교체 OUT   ◆ = 교체 IN/OUT   C = 경고   S = 퇴장

위치	배번	이름	66	72	76	82	90	96	99	107	114	117
		경기번호	66	72	76	82	90	96	99	107	114	117
		날짜	05.02	05.05	05.13	05.20	07.08	07.11	07.14	07.18	07.22	07.28
		홈/원정	홈	홈	홈	홈	홈	홈	원정	홈	홈	홈
		장소	상주	상주	상주	상주	상주	상주	광양	상주	상주	상주
		상대	전남	강원	인천	제주	울산	대구	전남	경남	전북	포항
		결과	무	승	승	무	패	패	패	패	패	승
		점수	1:1	3:0	3:2	0:0	2:3	0:1	0:2	0:1	0:2	2:1
		승점	15	18	21	22	22	22	22	22	22	25
		슈팅수	10:7	13:10	11:11	8:9	11:18	11:9	5:10	11:11	10:12	7:13
GK	1	권 태 안										
	31	최 필 수						○ 0/0		○ 0/0	○ 0/0 C	○ 0/0
	41	유 상 훈	○ 0/0	○ 0/0	○ 0/0	○ 0/0	○ 0/0 C		○ 0/0			
	41	윤 보 상										
DF	2	김 영 빈							▽ 0/0			△ 0/0
	5	임 채 민	○ 0/0	○ 0/0	○ 0/0	○ 0/0	○ 0/0	○ 0/0	▽ 0/0 C		○ 0/0 C	
	12	권 완 규										
	18	이 광 선	○ 0/0	○ 0/0	▽ 0/0	○ 0/0	○ 0/0	▽ 0/0	▽ 0/0	○ 0/0		▽ 1/0
	24	이 태 희	○ 0/0						▽ 0/0 C			
	26	김 남 춘	○ 0/0	○ 0/0	○ 1/0	○ 0/0	○ 0/0		○ 0/0		○ 0/0	
	27	백 동 규							△ 0/0	○ 0/0		
	28	윤 영 선										
	28	차 영 환	△ 0/0								○ 0/0 C	
	33	홍 철	○ 0/0	▽ 0/0	▽ 1/0	○ 0/0	○ 0/1	○ 0/0 C	○ 0/0			○ 0/0
	39	고 태 원										
	40	박 대 한										
	43	김 경 재										
	44	마 상 훈										
	46	이 민 기										
	55	김 진 환	▽ 0/0		△ 0/0			△ 0/0			○ 0/0 C	▽ 0/0
	93	신 세 계		○ 0/0	○ 0/0	○ 0/0 C	○ 0/0	○ 0/0	○ 0/0		○ 0/0 C	○ 0/0
MF	13	김 민 우	▽ 0/0	○ 0/0	○ 1/0	○ 0/0	△ 0/0	▽ 0/0	○ 0/0	○ 0/0		○ 1/0
	14	윤 빛 가 람	○ 0/0	○ 0/1	○ 0/0	○ 0/0	○ 1/0	○ 0/0	○ 0/0	○ 0/0		○ 0/0
	15	신 창 무	△ 0/0	△ 0/0	△ 0/0 C	△ 0/0	△ 0/0	▽ 0/0	△ 0/0	○ 0/0		△ 0/0
	16	조 수 철									▽ 0/0 C	
	21	여 름										
	23	김 태 환		○ 0/0	○ 0/1	○ 0/0	○ 0/1		○ 0/0	△ 0/0		○ 0/1 C
	23	이 상 협								△ 0/0		
	25	김 경 중								△ 0/0		
	28	이 종 원										
	37	이 규 성										
	42	안 진 범										
FW	7	심 동 운	○ 1/0	▽ 1/0 C	○ 0/0	○ 0/0	○ 0/0	○ 0/0	○ 0/0	○ 0/0		○ 0/0
	11	최 진 호		△ 0/0								
	13	김 호 남	▽ 0/0	△ 0/0	△ 0/0		▽ 0/0	△ 0/0	△ 0/0			
	13	김 도 형		▽ 2/1	▽ 0/0	▽ 0/0	▽ 1/0 C	▽ 0/0 C		▽ 0/0	▽ 0/0	▽ 0/1
	18	주 민 규				△ 0/0						
	18	송 수 영	△ 0/0						△ 0/0		▽ 0/0	
	34	송 시 우								△ 0/0	△ 0/0	
	35	박 용 지										
	77	윤 주 태										

67

위치	배번	이름	123	132	138	141	147	154	157	168	171	176
		경기번호	123	132	138	141	147	154	157	168	171	176
		날짜	08.04	08.12	08.15	08.18	08.22	08.25	09.01	09.16	09.22	09.26
		홈/원정	홈	홈	원정	홈	원정	홈	홈	원정	홈	홈
		장소	상주	상주	인천	상주	문수	상주	상주	춘천	상주	상주
		상대	수원	서울	인천	제주	울산	전북	전남	강원	대구	포항
		결과	무	패	무	무	패	무	패	승	패	패
		점수	1:1	1:2	0:0	1:1	1:4	2:2	1:2	3:2	2:5	1:2
		승점	26	26	27	28	28	29	29	32	32	32
		슈팅수	10:8	16:8	10:8	10:10	8:13	13:7	7:9	7:10	6:13	12:11
GK	1	권태안						△ 0/0				○ 0/0
	31	최필수	○ 0/0	○ 0/0								
	41	유상훈										
	41	윤보상			○ 0/0	○ 0/0	○ 0/0	▽ 0/0	○ 0/0	○ 0/0 C	○ 0/0	
DF	2	김영빈	○ 0/0	○ 0/0	○ 0/0 C	○ 0/0	○ 0/0		○ 0/0	○ 0/0	○ 0/0	○ 0/0 C
	5	임채민										
	12	권완규						○ 0/0	○ 0/0	○ 0/0	○ 0/0	○ 0/0
	18	이광선	△ 0/0	▽ 0/0	△ 0/0	▽ 0/0 C	▽ 1/0	△ 0/0				
	24	이태희	○ 0/0				○ 0/0	○ 0/1 C			▽ 0/0	1/0
	26	김남춘	▽ 0/0	▽ 0/0		△ 0/0						
	27	백동규	○ 0/0 C	○ 0/0					○ 0/0	○ 0/0	▽ 0/0 C	○ 0/0
	28	윤영선										
	28	차영환						○ 0/0		△ 0/0		
	33	홍철			○ 0/0		○ 0/0					
	39	고태원										
	40	박대한						▽ 0/0		△ 0/0	○ 0/0	
	43	김경재										
	44	마상훈										
	46	이민기								○ 0/0	○ 0/0	
	55	김진환	△ 0/0									
	93	신세계	○ 0/0	○ 0/0			○ 0/0	▽ 0/0				
MF	13	김민우	○ 0/0	○ 0/0	○ 0/0	○ 0/0	○ 0/0		○ 0/0	○ 0/0	○ 0/1	○ 0/0
	14	윤빛가람	○ 1/0	○ 0/0	○ 0/0 C	○ 0/0	○ 0/0			○ 1/0	○ 0/0	○ 0/0
	15	신창무	△ 0/0	△ 0/0					△ 0/1			△ 0/1
	16	조수철										
	21	여름	▽ 0/0		○ 0/0	○ 0/0	○ 0/1	○ 0/0				
	23	김태환		○ 0/0	○ 0/0		○ 0/1					
	23	이상협										▽ 0/0 C
	25	김경중							△ 0/0		△ 0/0	○ 0/0
	28	이종원						▽ 0/0				
	37	이규성						△ 0/0	▽ 0/0	▽ 0/1	▽ 0/0	△ 0/0 ◆
	42	안진범										
FW	7	심동운	▽ 0/0	○ 1/0	▽ 0/0		△ 0/0	○ 0/0	○ 1/0	○ 2/0	○ 0/0	○ 0/0
	11	최진호										
	13	김호남			△ 0/0	△ 0/0	▽ 0/0	○ 0/0	▽ 0/0			
	10	김도형	○ 0/0	▽ 0/0	▽ 0/0	▽ 0/0	△ 0/0	○ 1/1	▽ 0/0			
	18	주민규				△ 0/0	△ 0/0		○ 1/0	○ 0/0		
	18	송수영									△ 0/0	△ 0/0
	34	송시우			▽ 0/0				△ 0/0	▽ 0/0	△ 0/0	▽ 0/0
	35	박용지								○ 0/0	▽ 1/0	○ 0/0 C
	77	윤주태		△ 0/1	△ 0/0							

선수자료 : 득점/도움   ○ = 선발출장   △ = 교체 IN   ▽ = 교체 OUT   ◆ = 교체 IN/OUT   C = 경고   S = 퇴장

위치	배번	이름								
		경기번호	184	190	198	201	206	216	218	224
		날짜	09.30	10.07	10.20	10.28	11.03	11.11	11.24	12.01
		홈/원정	원정	홈	원정	원정	원정	원정	홈	홈
		장소	서울W	상주	창원C	광양	인천	대구	상주	상주
		상대	서울	수원	경남	전남	인천	대구	강원	서울
		결과	무	패	패	승	패	무	패	승
		점수	2:2	1:2	1:2	1:0	1:2	0:0	0:1	1:0
		승점	33	33	33	36	36	37	37	40
		슈팅수	11:11	11:12	9:8	5:7	10:14	3:13	8:7	7:6
GK	1	권 태 안								
	31	최 필 수								
	41	유 상 훈								
	41	윤 보 상	○ 0/0	○ 0/0	○ 0/0	○ 0/0	○ 0/0	○ 0/0	○ 0/0	○ 0/0
DF	2	김 영 빈	○ 0/0	▽ 0/0	○ 0/0	○ 0/0	○ 0/0	○ 0/0	○ 0/0 C	
	5	임 채 민								
	12	권 완 규	○ 0/0	○ 1/0	○ 0/0		○ 0/0 C	○ 0/0	○ 0/0	○ 0/0
	18	이 광 선								
	24	이 태 희							○ 0/0	▽ 0/0
	26	김 남 춘								
	27	백 동 규	▽ 0/0	○ 0/0		△ 0/0	△ 0/0	△ 0/0	▽ 0/0 C	
	28	윤 영 선								
	28	차 영 환								○ 0/0
	33	홍 철								
	39	고 태 원	△ 0/0 C	△ 0/0 C	△ 0/0					
	40	박 대 한								
	43	김 경 재	○ 0/0	○ 0/0 C	▽ 0/0	▽ 0/1	▽ 0/0	○ 0/0	○ 0/0	○ 0/0
	44	마 상 훈								△ 0/0
	46	이 민 기			○ 0/0 C	○ 0/0	○ 0/0 C	○ 0/0		
	55	김 진 환								
	93	신 세 계								
MF	13	김 민 우	○ 0/0	○ 0/0	○ 0/0	▽ 0/0	○ 0/0	○ 0/0	○ 0/0	○ 0/0
	14	윤 빛 가 람	△ 0/0	○ 0/0	○ 0/0	○ 1/0	○ 1/0 C	○ 0/0	○ 0/0	○ 0/1
	15	신 창 무	○ 0/0	○ 0/0		△ 0/0	△ 0/0	▽ 0/0	△ 0/0	△ 0/0 C
	16	조 수 철								
	21	여 름								
	23	김 태 환								
	23	이 상 협	○ 0/0	▽ 0/0				△ 0/0		
	25	김 경 중	▽ 0/0	▽ 0/0	△ 0/0	△ 0/0	△ 0/0	△ 0/0		△ 0/0 C
	28	이 종 원			△ 0/0					
	37	이 규 성	▽ 0/0		○ 0/0	○ 0/0 C	○ 0/0	○ 0/0	○ 0/0	○ 0/0
	42	안 진 범						▽ 0/0	▽ 0/0	▽ 0/0
FW	7	심 동 운	△ 0/0	△ 0/0 C	▽ 0/0	○ 0/0	▽ 0/0			
	11	최 찐 오								
	13	김 호 남								
	13	김 도 형								
	18	주 민 규								
	18	송 수 영			△ 0/0 ◆				△ 0/0	
	34	송 시 우			○ 1/0	○ 0/0	▽ 0/0		△ 0/0	▽ 0/0
	35	박 용 지	○ 2/0	○ 0/0	○ 0/1	○ 0/0	○ 0/0	▽ 0/0	▽ 0/0 C	○ 1/0
	77	윤 주 태								

FC 서울

창단년도_ 1983년

전화_ 02-306-5050

팩스_ 02-306-1620

홈페이지_ www.fcseoul.com

주소_ 우 03932 서울특별시 마포구 월드컵로 240

서울월드컵경기장 내

Seoul World Cup Stadium, 240, World Cup-ro, Mapo-gu,

Seoul, KOREA 03932

연혁

1983	럭키금성황소축구단 창단
	제1대 구자경 구단주 취임
1985	85 축구대제전 수퍼리그 우승
1986	86 축구대제전 준우승
1987	제1회 윔풀라이컵 준우승
1988	제6회 홍콩 구정컵 3위
	제43회 전국축구선수권대회 우승
1989	89 한국프로축구대회 준우승
1990	90 한국프로축구대회 우승
	서울 연고지 이전
1991	구단명칭 'LG치타스'로 변경(마스코트: 황소 → 치타)
	제2대 구본무 구단주 취임
1992	92 아디다스컵 준우승
1993	93 한국프로축구대회 준우승
1994	94 아디다스컵 준우승
1996	안양 연고지 이전(구단명칭 '안양LG치타스'로 변경)
1997	제2회 FA컵 3위
1998	제3대 허창수 구단주 취임
	제3회 삼보체인지업 FA컵 우승
1999	99 아디다스컵 준우승
	99 티켓링크 수퍼컵 준우승
2000	2000 삼성 디지털 K-리그 우승
2001	2001 포스데이타 수퍼컵 우승
	2001 포스코 K-리그 준우승
2002	2001-02 아시안 클럽 챔피언십 준우승
2004	서울 연고지 복귀(구단명칭 'FC서울'로 변경)
2005	보카 주니어스 친선경기
	K-리그 단일 시즌 최다 관중 신기록 수립(45만 8,605명)
	문화관광부 제정 제1회 스포츠산업대상 수상
2006	삼성 하우젠컵 2006 우승
	FC 도쿄 친선경기
2007	삼성 하우젠컵 2007 준우승
	프로스포츠 단일 경기 최다 관중 기록 수립(5만 5,397명)
	맨체스터 유나이티드 친선경기, FC 도쿄 친선경기
2008	삼성 하우젠 K-리그 2008 준우승

	LA 갤럭시 친선경기
2009	AFC 챔피언스리그 2009 8강
	맨체스터 유나이티드 친선경기
2010	쏘나타 K리그 2010 우승
	포스코컵 2010 우승
	프로스포츠 단일 경기 최다 관중 신기록 수립(6만 747명)
	K리그 단일 시즌 최다 총관중 신기록(54만 6,397명)
	K리그 최다 홈 18연승 타이기록 수립
2011	AFC 챔피언스리그 2011 8강
	구단 최다 7연승 신기록 수립
	K리그 최초 2시즌 연속 50만 총관중 달성
2012	현대오일뱅크 K리그 2012 우승
	K리그 단일 정규리그 최다 승점 신기록 수립(96점)
	K리그 단일 정규리그 최다 승수 신기록 수립(29승)
	K리그 3시즌 연속 최다 총관중 달성
2013	AFC 챔피언스리그 2013 준우승
	K리그 통산 400승 달성
2014	제19회 하나은행 FA컵 준우승
	AFC 챔피언스리그 2014 4강
	K리그 최초 2년 연속 AFC 챔피언스리그 4강 진출
	AFC 클럽랭킹 K리그 1위(아시아 2위)
	K리그 역대 최다 관중 1~10위 석권
	(7/12 對수원 46,549명 입장/K리그 역대 최다 관중 9위 기록)
	바이엘 04 레버쿠젠 친선경기
2015	제20회 KEB하나은행 FA컵 우승
	AFC 클럽랭킹 K리그 1위(아시아 4위)
	K리그 최초 6년 연속 30만 관중 돌파
	구단 통산 1,500호 골 달성(K리그 기준)
2016	현대오일뱅크 K리그 클래식 2016 우승
	제21회 KEB하나은행 FA컵 준우승
	2016 AFC 챔피언스리그 4강
	K리그 단일 경기 최다 관중 기록 9위 달성(6월 18일 47,899명)
	K리그 최초 7년 연속 30만 관중 돌파
2017	K리그 최초 8년 연속 30만 관중 돌파(310,061명)

2018년 선수명단

대표이사_ 엄태진 단장_ 강명원
감독_ 최용수 코치_ 김성재 · 박용호 · 윤희준 GK코치_ 백민철 피지컬코치_ 신상규
매니저_김철환 트레이너_ 박성률 · 최규정 · 서splat태 전력분석_ 김정훈 · 신준용 통역_ 박은규 장비담당_ 이천길

포지션	선수명		생년월일	출신학교	키(cm) / 몸무게(kg)
GK	유 현	劉 賢	1984.08.01	중앙대	184 / 82
	양 한 빈	梁 韓 彬	1991.08.30	백암고	195 / 90
	정 진 욱	鄭 鎭 旭	1997.05.28	중앙대	189 / 80
	손 무 빈	孫 戊 彬	1998.05.23	동북고	189 / 82
DF	유 상 훈	柳 相 勳	1989.05.25	홍익대	194 / 84
	황 현 수	黃 賢 秀	1995.07.22	오산고	183 / 80
	이 웅 희	李 雄 熙	1988.07.18	배재대	183 / 80
	김 동 우	金 東 佑	1988.02.05	조선대	189 / 87
	신 광 훈	申 光 勳	1987.03.18	포철공고	178 / 77
	심 상 민	沈 相 旼	1993.05.21	중앙대	172 / 70
	박 민 규	朴 玟 奎	1995.08.10	호남대	175 / 69
	김 남 춘	金 南 春	1989.04.19	광운대	184 / 78
	윤 종 규	尹 鍾 奎	1998.03.20	신갈고	173 / 65
	김 원 균	金 遠 均	1992.05.01	고려대	186 / 77
	박 동 진	朴 東 眞	1994.12.10	한남대	182 / 72
	곽 태 휘	郭 泰 輝	1981.07.08	중앙대	188 / 85
MF	김 성 준	金 聖 埈	1988.04.08	홍익대	174 / 68
	신 진 호	申 嗔 浩	1988.09.07	영남대	177 / 72
	고 요 한	高 요 한	1988.03.10	토월중	170 / 65
	김 원 식	金 元 植	1991.11.05	동북고	185 / 75
	하 대 성	河 大 成	1985.03.02	부평고	182 / 75
	윤 석 영	尹 錫 榮	1990.02.13	광양제철고	182 / 74
	박 준 영	朴 俊 泳	1995.03.15	광운대	183 / 78
	윤 승 원	尹 承 圓	1995.02.11	오산고	186 / 74
	정 현 철	鄭 鉉 哲	1993.04.26	동국대	187 / 72
	신 성 재	申 成 在	1997.01.29	오산고	179 / 68
	황 기 욱	黃 基 旭	1996.06.10	연세대	185 / 77
	송 진 형	宋 珍 炯	1987.08.13	당산서중	176 / 69
	정 원 진	政 原 進	1994.08.10	영남대	176 / 65
	안 델 손	Anderson Jose Lopes de Souza	1993.09.15	*브라질	185 / 82
FW	박 주 영	朴 主 永	1985.07.10	고려대	182 / 75
	에 반 드 고	Evandro Silva do Nascimento	1987.09.26	*브라질	186 / 79
	김 한 길	金 한 길	1995.06.21	아주대	177 / 69
	박 희 성	朴 喜 成	1990.04.07	고려대	188 / 80
	조 영 욱	曹 永 旭	1999.02.05	고려대	181 / 73
	박 성 민	朴 聖 玟	1998.12.02	부평고	181 / 77
	김 우 홍	金 祐 泓	1995.01.11	풍기중	170 / 73
	윤 주 태	尹 柱 泰	1990.06.22	연세대	181 / 78
	마 티 치	Bojan Matic	1991.12.22	*세르비아	191 / 84

2018년 개인기록 _ K리그1

위치	배번		03	12	16	23	27	31	37	43	49	56
		경기번호	03	12	16	23	27	31	37	43	49	56
		날짜	03.01	03.11	03.18	04.01	04.08	04.11	04.14	04.21	04.25	04.28
		홈/원정	원정	홈	원정	홈	원정	홈	원정	홈	원정	홈
		장소	제주W	서울W	전주W	서울W	수원W	서울W	문수	서울W	광양	서울W
		상대	제주	강원	전북	인천	수원	포항	울산	대구	전남	상주
		결과	무	패	패	무	무	승	패	승	패	무
		점수	0:0	1:2	1:2	1:1	0:0	2:1	0:1	3:0	1:2	0:0
		승점	1	1	1	2	3	6	6	9	9	10
		슈팅수	11:12	11:9	5:14	9:11	7:9	15:10	10:12	10:14	7:11	8:5
GK	21	양 한 빈	○ 0/0	○ 0/0	○ 0/0	○ 0/0	○ 0/0	○ 0/0	○ 0/0	○ 0/0	○ 0/0	○ 0/0
	41	유 상 훈										
DF	2	황 현 수	○ 0/0	○ 0/0	○ 0/0	○ 0/0			○ 0/0 C			○ 0/0
	3	이 웅 희	○ 0/0	○ 0/0								
	4	김 동 우										
	17	신 광 훈	○ 0/0	○ 0/1 C	○ 0/0		○ 0/0	○ 0/0		○ 0/0	○ 0/0	○ 0/0
	19	심 상 민	○ 0/0	○ 0/0			△ 0/0 C	△ 0/0	○ 0/0	○ 0/0	○ 0/0	○ 0/0
	26	김 남 춘										
	38	윤 종 규										
	40	김 원 균							○ 0/0	○ 0/0	○ 0/0	○ 0/0
	50	박 동 진			○ 0/0	○ 0/0	▽ 0/0 C	▽ 0/0 C	▽ 0/0			
	55	곽 태 휘			○ 0/0	○ 0/0	○ 0/0	○ 0/0	○ 0/0			
MF	6	김 성 준	○ 0/0	○ 0/0	○ 1/0	○ 0/0	○ 0/0	▽ 0/0	○ 0/0			
	7	이 상 호		△ 0/0	○ 0/0	○ 0/0	△ 0/0					
	7	이 석 현			△ 0/0							
	8	신 진 호	○ 0/0	○ 0/0	▽ 0/0 C	○ 0/0	○ 0/0 C					
	13	고 요 한	▽ 0/0			○ 0/0 C	▽ 0/0	○ 2/0	○ 0/0 C	○ 1/0	○ 0/1 C	
	14	김 한 길						△ 0/0				▽ 0/0
	15	김 원 식										
	16	하 대 성										
	18	윤 석 영										
	22	윤 승 원	△ 0/0			△ 0/0				△ 0/0	△ 0/0	
	24	정 현 철	○ 0/0	▽ 0/0	▽ 0/0		▽ 0/0 C	○ 0/0 C	▽ 0/0			▽ 0/0
	28	황 기 욱				△ 0/0				○ 0/0	○ 0/0 C	○ 0/0
	37	송 진 형										
	72	정 원 진										
	77	코 바		▽ 0/0					△ 0/0	△ 0/0	△ 0/0	△ 0/0
FW	9	안 델 손	▽ 0/0	○ 0/0	○ 0/0	▽ 0/1	○ 0/0	▽ 0/1	○ 0/0		△ 0/0	△ 0/0
	10	박 주 영	▽ 0/0	▽ 1/0		△ 0/0	△ 0/0	△ 0/0			∧ 0/0	∧ 0/0
	11	에 바 드 루		△ 0/0		△ 1/0	○ 0/0	○ 0/0	○ 0/0	△ 1/0	▽ 0/0	○ 0/0 C
	29	박 희 성	△ 0/0			▽ 0/0	▽ 0/0					
	32	조 영 욱	△ 0/0	△ 0/0	△ 0/0				△ 0/0	▽ 0/1	▽ 1/0	▽ 0/0
	47	김 우 홍										
	77	윤 주 태										
	99	마 티 치										

선수자료 : 득점 / 도움   ○ = 선발출장   △ = 교체 IN   ▽ = 교체 OUT   ◆ = 교체 IN / OUT   C = 경고   S = 퇴장

위치	배번	이름	63	71	74	83	88	92	100	103	112	115
		경기번호	63	71	74	83	88	92	100	103	112	115
		날 짜	05.02	05.05	05.12	05.20	07.08	07.11	07.15	07.18	07.22	07.28
		홈/원정	원정	홈	원정	홈	원정	원정	홈	홈	원정	홈
		장 소	창원C	서울W	춘천	서울W	대구	포항	서울W	서울W	인천	서울W
		상 대	경남	수원	강원	전북	대구	포항	울산	전남	인천	경남
		결 과	무	승	무	패	무	승	무	승	패	패
		점 수	0 : 0	2 : 1	1 : 1	0 : 4	2 : 2	3 : 0	1 : 1	2 : 1	1 : 2	2 : 3
		승 점	11	14	15	15	16	19	20	23	23	23
		슈팅수	11:10	8:10	17:13	10:18	10:20	11:8	6:14	17:9	11:14	15:10
GK	21	양 한 빈	○ 0/0	○ 0/0	○ 0/0	○ 0/0	○ 0/0	○ 0/0	○ 0/0	○ 0/0	○ 0/0	○ 0/0
	41	유 상 훈										
DF	2	황 현 수		△ 0/0			○ 0/0		○ 0/0	○ 0/0	○ 0/0	○ 0/0
	3	이 웅 희					○ 0/0		○ 0/0		○ 0/0 CC	
	4	김 동 우										
	17	신 광 훈	○ 0/0	○ 0/0								
	19	심 상 민	○ 0/0	○ 0/0	○ 0/0	○ 0/0						
	26	김 남 춘										
	38	윤 종 규										
	40	김 원 균	○ 0/0 C	○ 0/0	○ 0/0		○ 0/0	○ 1/0		○ 0/0	○ 0/0 C	○ 0/0
	50	박 동 진			○ 0/0 C			○ 0/0 C	○ 0/0	○ 0/0 C	○ 0/0	
	55	곽 태 휘	○ 0/0	○ 0/0	○ 1/0	○ 0/0	○ 0/0	△ 0/0				○ 0/0
MF	6	김 성 준					○ 0/0	▽ 0/0	△ 0/0 ◆			
	7	이 상 호			△ 0/0	▽ 0/0	△ 0/0 C	○ 0/0 C	○ 0/0	△ 0/0	▽ 1/0	△ 0/0
	7	이 석 현	△ 0/0					▽ 0/0				
	8	신 진 호	▽ 0/0	○ 0/0	○ 0/1	○ 0/0 S			○ 0/0	○ 0/0 C		▽ 0/0 C
	13	고 요 한	○ 0/0	▽ 0/0	▽ 0/0 C	○ 0/0	○ 0/1	▽ 1/0	○ 0/0 C	○ 0/0	○ 0/0	○ 1/1
	14	김 한 길				△ 0/0 C				▽ 0/0	△ 0/0	
	15	김 원 식					△ 0/0	△ 0/0				
	16	하 대 성										
	18	윤 석 영					○ 0/0 C	○ 0/1	○ 1/0	○ 0/1		○ 0/0
	22	윤 승 원	△ 0/0	△ 0/0								
	24	정 현 철								△ 0/0	○ 0/0 C	
	28	황 기 욱	○ 0/0 C	○ 0/0	○ 0/0	○ 0/0 C		▽ 0/0	▽ 0/0		○ 0/0	○ 0/0
	37	송 진 형										△ 0/0
	72	정 원 진										
	77	코 바										
FW	9	안 델 손	▽ 0/0	○ 2/0	○ 0/0 C	▽ 0/0	▽ 1/0	○ 0/1	○ 0/0	△ 1/0	▽ 0/0	○ 1/1
	10	마 주 언	▽ 0/0	▽ 0/0 C	▽ 0/0	▽ 0/0	△ 0/0	△ 0/0		▽ 0/0	△ 0/0 ◆	
	11	에 반 드 로	▽ 0/0	▽ 0/2	▽ 0/0	△ 0/0	○ 0/0	△ 1/0	△ 0/0	▽ 0/0	△ 0/0	△ 0/0
	29	박 희 성			△ 0/0	△ 0/0						
	32	조 영 욱	△ 0/0	△ 0/0 C	△ 0/0	▽ 0/0	▽ 1/0	○ 0/0	○ 0/0	○ 1/0	○ 0/0	▽ 0/0
	47	김 우 홍										
	77	윤 주 태										
	99	마 티 치										▽ 0/0

73

위치	배번		121	132	133	142	145	151	158	167	169	178
		경기번호	121	132	133	142	145	151	158	167	169	178
		날 짜	08.04	08.12	08.15	08.19	08.22	08.25	09.01	09.16	09.22	09.26
		홈/원정	홈	원정	원정	홈	홈	원정	원정	홈	원정	홈
		장 소	서울W	상주	수원W	서울W	서울W	문수	춘천	서울W	창원C	서울W
		상 대	제주	상주	수원	전북	포항	울산	강원	대구	경남	인천
		결 과	승	승	승	패	패	패	무	패	패	무
		점 수	3 : 0	2 : 1	2 : 1	0 : 2	0 : 1	1 : 4	0 : 0	0 : 2	1 : 2	1 : 1
		승 점	26	29	32	32	32	32	33	33	33	34
		슈팅수	8 : 13	8 : 16	12 : 18	3 : 14	5 : 6	15 : 16	7 : 8	12 : 21	7 : 9	11 : 6
GK	21	양 한 빈	o 0/0	o 0/0	o 0/0	o 0/0	o 0/0	o 0/0	o 0/0	o 0/0	o 0/0	o 0/0
	41	유 상 훈										
DF	2	황 현 수										
	3	이 웅 희	o 0/0	△ 0/0			o 0/0		o 0/0		△ 0/0	
	4	김 동 우		▽ 0/1	o 0/0	o 0/0	o 0/0			o 0/0 C		o 0/0
	17	신 광 훈								o 0/0 C	▽ 0/1	o 0/0
	19	심 상 민		o 0/0	o 0/0		o 0/0		o 0/0			
	26	김 남 춘									o 0/0	o 0/0
	38	윤 종 규										
	40	김 원 균	o 0/0			o 0/0	o 0/0 C	o 0/0 CC		o 0/0		
	50	박 동 진	o 0/0			o 0/0	o 0/0				△ 0/0	
	55	곽 태 휘	△ 0/0									
MF	6	김 성 준										
	7	이 상 호	▽ 0/1	▽ 0/0		o 0/0	o 0/0	△ 1/0	▽ 0/0	△ 0/0	▽ 0/0	▽ 0/0
	7	이 석 현										
	8	신 진 호	△ 1/0	o 1/0	o 0/1	▽ 0/0	o 0/0 C	△ 0/0	o 0/0 C	o 0/0		o 0/0
	13	고 요 한	o 0/0	▽ 0/0	o 1/0	o 0/0	▽ 0/0	▽ 0/0	o 0/0 C		o 0/0 C	o 1/0
	14	김 한 길							△ 0/0		o 1/0	▽ 0/0
	15	김 원 식		o 0/0	▽ 0/0		▽ 0/0 C			o 0/0	o 0/0	△ 0/0
	16	하 대 성										▽ 0/0
	18	윤 석 영	o 0/0	o 0/0	o 0/0 C	o 0/0		o 0/0	o 0/0	o 0/0	▽ 0/0	o 0/0 C
	22	윤 승 원			o 0/0	△ 0/0				△ 0/0	▽ 0/0	
	24	정 현 철	o 0/0		△ 0/0	o 0/0		▽ 0/0				
	28	황 기 욱					△ 0/0	o 0/0				
	37	송 진 형		△ 1/0	▽ 0/0			△ 0/0	▽ 0/0	▽ 0/0		
	72	정 원 진				△ 0/0 ◆						
	77	코 바										
FW	9	안 델 손	▽ 0/0 C	o 0/0	o 1/0 C		o 0/0	o 0/0		o 0/0	o 0/0 CC	
	10	박 주 영										
	11	에 반 드 로	△ 0/0	△ 0/0	△ 0/0	△ 0/0	▽ 0/0			o 0/0	△ 0/0	
	29	박 희 성										▽ 0/0
	32	조 영 욱	▽ 0/0		o 0/1	△ 0/0	△ 0/0	▽ 0/0	o 0/0	▽ 0/0		△ 0/0
	47	김 우 홍							△ 0/0			
	77	윤 주 태								△ 0/0		
	99	마 티 치		o 1/0 S		▽ 0/0	▽ 0/0	o 0/0	▽ 0/0	△ 0/0		▽ 0/0

선수자료 : 득점/도움 o = 선발출장 △ = 교체 IN ▽ = 교체 OUT ◆ = 교체 IN/OUT C = 경고 S = 퇴장

위치	배번	경기번호	184	189	195	200	208	215	217	224	승강PO 01	승강PO 01
		날짜	09.30	10.06	10.20	10.27	11.04	11.11	11.24	12.01	12.06	12.09
		홈/원정	홈	원정	원정	홈	원정	홈	홈	원정	원정	홈
		장소	서울W	광양	제주W	서울W	대구	서울W	서울W	상주	구덕	서울W
		상대	상주	전남	제주	강원	대구	전남	인천	상주	부산	부산
		결과	무	패	패	무	무	승	패	패	승	무
		점수	2:2	0:1	0:1	1:1	1:1	3:2	0:1	0:1	3:1	1:1
		승점	35	35	35	36	37	40	40	40	3	4
		슈팅수	11:11	7:11	7:11	22:9	22:7	15:14	14:6	6:7	12:11	5:13
GK	21	양한빈		○0/0	○0/0	○0/0	○0/0	○0/0	○0/0	○0/0	○0/0	○0/0
	41	유상훈	○0/0									
DF	2	황현수										
	3	이웅희		○0/0							○0/0	○0/0
	4	김동우	○1/0	○0/0	○0/0	○0/0	○0/0	○0/0	○0/0	○0/0 C	○0/1	○0/0 C
	17	신광훈	○0/0 C			○0/0				○0/0 C		
	19	심상민										
	26	김남춘	○0/0			○0/0	○0/0	○0/0	○0/0 C	▽0/0		
	38	윤종규		○0/0			○0/0	○0/0	○0/0		○0/0	○0/0 C
	40	김원균			▽0/0	○0/0	○0/0	○0/0	○0/0	○0/0 CC	○0/0	
	50	박동진										
	55	곽태휘										
MF	6	김성준										
	7	이상호	▽0/0	△0/0								
	7	이석현										
	8	신진호	○0/2	▽0/0 C	○0/0	○0/0	○0/0	○0/0	○0/0	▽0/0 C		
	13	고요한	○0/0	○0/0 S			▽1/0	○0/1	○0/0		○1/0	○0/1
	14	김한길	○0/0	△0/0 C	△0/0					△0/0	○0/0	
	15	김원식				○0/0		△0/0		▽0/0	△0/0	
	16	하대성	▽0/0	○0/0 C	○0/0	○0/0	△0/0	▽0/0 C		△0/0	▽0/1	○0/0
	18	윤석영		▽0/0	○0/0	○0/0 C	○0/1	○0/0 C	○0/0	○0/0		
	22	윤승원										
	24	정현철								△0/0	▽0/0	○0/0
	28	황기욱				○0/0	○0/0	▽0/0 C	▽0/0	▽0/0		
	37	송진형										
	72	정원진										
	77	코바										
FW	9	안델손	○0/0	○0/0	○0/0							
	10	박주영				△1/0	△0/0	△1/0	○0/0	○0/0	△0/1	△1/0
	11	에반드로		△0/0	▽0/0	△0/0	△0/0		△0/0		△0/0	△0/0
	29	박희성	▽1/0	▽0/0	△0/0 C	▽0/0 C	▽0/0					
	32	조영욱	△0/0	○0/0				△0/0	△0/0		○1/0	▽0/0
	47	김우홍										
	77	윤주태			△0/0	▽0/0	▽0/0	▽2/0	○0/0	○0/0	▽0/0 C	▽0/0
	99	마티치			△0/0							

전남 드래곤즈

창단년도_ 1994년

전화_ 061-815-0114

팩스_ 061-815-0119

홈페이지_ www.dragons.co.kr

주소_ 우 57807 전라남도 광양시 백운로 1641 광양축구전용
구장 내

1641 Baegun-ro, Gwangyang-si, Jeonnam, KOREA
57807

연혁

1994	(주)전남 프로축구 설립(11월 1일)
	전남 드래곤즈 프로축구단 창단(12월 16일)
	(사장: 한경식, 단장: 서정복, 감독: 정병탁)
1995	95 하이트배 코리안리그 전기 6위, 후기 5위
1996	제2대 단장 및 감독 이취임식(단장: 조병옥 감독: 허정무)
	96 라피도컵 프로축구대회 전기 6위, 후기 6위
1997	제2대 사장 및 3대 단장 이취임식(사장: 박종태, 단장: 김영석)
	97 아디다스컵 준우승, 페어플레이상
	97 라피도컵 프로축구대회 준우승
	제2회 FA컵 우승, 페어플레이상
1998	제3회 삼보체인지 FA컵 3위 제3대 감독 취임(감독: 이회택)
1999	제9회 아시안컵 위너스컵 준우승
	바이코리아컵 K-리그 3위
	제3대 사장 취임(사장: 한경식)
	프로축구 올해의 페어플레이팀
2000	대한화재컵 준우승 아디다스컵 공동 3위
2001	2001 포스코 K-리그 8위
	제4대 사장, 단장 취임(사장: 김문순, 단장: 서정복)
2002	삼성 파브 K-리그 5위
2003	삼성 하우젠 K-리그 4위
	제8회 하나은행 FA컵 준우승, 페어플레이상
	대한민국 최초 클럽시스템 도입
	U-15 광양제철중학교 전국대회 2관왕
	U-12 광양제철남초등학교 동원컵 왕중왕전 우승
2004	제4대 감독 취임(감독: 이장수)
	제1회 통영컵 대회 우승
	제5대 사장, 단장 취임(사장: 박성주, 단장: 김종대)
	삼성 하우젠 K-리그 3위
2005	제5대 감독 취임(감독: 허정무)
	J리그 오이타 트리니타와 자매결연(8월 4일)
	삼성 하우젠 K-리그 11위
	11월 6일 창단멤버 김태영 통산 250경기 출장 뒤 은퇴
	제10회 하나은행 FA컵 8강
2006	제6대 사장 취임(사장: 공유상)
	삼성 하우젠 K-리그 6위 제11회 하나은행 FA컵 우승
	올해의 프로축구대상 특별상 팀 통산 500득점 달성
2007	제7대 사장 취임(사장: 이건수)
	제12회 하나은행 FA컵 우승(사상 최초 2연패)
	삼성 하우젠 K-리그 10위 AFC 챔피언스리그 출전
	팀 통산 홈 구장 100승 달성
	허정무 감독 국가대표 감독 선임

2008	제6대 감독 취임(감독: 박항서)
	제6대 단장 취임(단장: 김영훈)
	AFC 챔피언스리그 출전
	삼성 하우젠 K-리그 9위 삼성 하우젠컵 준우승
2009	2009 K-리그 4위
2010	쏘나타 K리그 10위 2010 하나은행 FA컵 3위
	지동원, 윤석영 2010 광저우아시안게임 동메달
	제7대 감독 취임(감독: 정해성)
2011	제8대 사장 취임(사장: 유종호)
	현대오일뱅크 K리그 2011 7위
	팀 통산 200승 달성 팀 통산 700골 달성(지동원)
	유스 출신 지동원 잉글랜드 프리미어리그 선더랜드 이적
2012	윤석영 2012 런던 올림픽 동메달
	제8대 감독 취임(감독: 하석주 / 08.16)
	감사나눔운동 시작 현대오일뱅크 K리그 2012 11위
2013	유스 출신 윤석영 잉글랜드 프리미어리그 QPR 이적
	제9대 사장 취임(사장: 박세연 / 8월)
	현대오일뱅크 K리그 클래식 2013 10위
	팀 통산 800호골 달성(임경현)
2014	현대오일뱅크 K리그 클래식 2014 7위
	제9대 감독 취임(감독: 노상래 / 11.29)
2015	현대오일뱅크 K리그 클래식 2015 9위
	제20회 KEB하나은행 FA컵 4강
	2015 광양제철고 전국대회 2연패
	(K리그 U-18 챔피언십 우승, 백운기 전구고교축구대회 우승)
	광양제철중 제51회 춘계중등연맹전 우승
	광양제철남초 제주칠십리배 우승
	2015 광양제철고 전국대회 2연패
	(K리그 U-18 챔피언십 우승, 백운기 전국고교축구대회 우승)
2016	현대오일뱅크 K리그 클래식 2016 5위
	K리그 대상 사회공헌상 수상
	화랑대기 전국 유소년 축구대회 우승(광양제철남초)
	제62회 추계중등 축구연맹전 우승(광양제철중)
2017	제22회 KEB하나은행 K리그 클래식 2017 10위
	2017 U-20 월드컵 16강(한찬희, 이유현)
	제10대 사장 취임(사장:신승재)
	제12대 감독 선임(감독:유상철)
	U-15 대한축구협회장배 우승 U-15 무학기 우승
2018	KEB하나은행 K리그 어워즈 2018 사랑나눔상 수상
	팀 통산 1000호골 달성(유고비치)
	KEB하나은행 K리그1 2018 12위

2018년 선수명단

대표이사_ 신승재   사무국장_ 이정민
감독_ 김인완(대행)   코치_ 김효일·박남열   GK코치_ 이해준   피지컬코치_ 이거성   의무트레이너_ 강훈·조규완
장비_ 김현중   비디오분석관_ 심기웅   통역_ 박원익   매니저_ 송창권

포지션	성명		생년월일	출신교	키(cm) / 몸무게(kg)
GK	장 대 희	張大熙	1994.04.19	중앙대	187 / 75
	이 호 승	李昊乘	1989.12.21	동국대	188 / 80
	박 대 한	朴大翰	1996.04.19	인천대	183 / 77
DF	최 효 진	崔孝鎭	1983.08.18	아주대	172 / 70
	가 솔 현	賈率賢	1991.02.12	고려대	192 / 88
	김 민 준	金大浩	1994.03.22	울산대	179 / 73
	도 나 치	James Kevin Donachie	1993.05.14	*오스트레일리아	193 / 85
	신 찬 우	申讚優	1997.02.08	연세대	174 / 72
	이 슬 찬	李슬찬	1993.08.15	광양제철고	172 / 65
	이 경 렬	李京烈	1988.01.16	고려대	186 / 81
	이 지 남	李指南	1984.11.21	안양공고	186 / 72
	박 광 일	朴光一	1991.02.10	연세대	175 / 68
	최 재 현	崔在現	1994.04.20	광운대	184 / 77
	이 유 현	李裕賢	1997.02.08	단국대	179 / 74
	신 진 하	申昊津	1996.09.03	한양대	177 / 71
	허 재 원	許宰源	1984.07.01	광운대	188 / 85
MF	김 선 우	金善佑	1993.04.19	울산대	174 / 72
	유 고 비 치	Vedran Jugovic	1989.07.31	*크로아티아	179 / 74
	김 영 욱	金泳旭	1991.04.29	광양제철고	177 / 70
	한 찬 희	韓贊熙	1997.03.17	광양제철고	181 / 75
	양 준 아	梁準我	1989.06.13	고려대	188 / 81
	김 평 래	金平來	1987.11.09	중앙대	180 / 75
	한 승 욱	韓承旭	1995.08.24	아주대	178 / 67
	윤 동 민	尹東民	1988.07.24	경희대	176 / 72
	이 상 헌	李尙憲	1998.02.26	현대고	178 / 67
FW	하 태 균	河太均	1987.11.02	단국대	187 / 80
	마 쎄 도	Wanderson de Macedo Costa	1992.05.31	*브라질	185 / 78
	완 델 손	Wanderson Carvalho Oliveira	1989.03.31	*브라질	172 / 60
	김 경 민	金炯珉	1997.01.22	선수대	185 / 78
	허 용 준	許榕埈	1993.01.08	고려대	184 / 75
	한 창 우	韓昌佑	1996.07.28	중앙대	180 / 75
	최 익 진	崔益震	1997.05.03	아주대	175 / 66
	백 승 현	白承鉉	1995.03.10	울산대	175 / 69
	전 지 현	全志晛	1995.05.03	호남내	175 / 72

2018년 개인기록 _ K리그1

위치	배번	이름	02	11	15	22	25	34	39	44	49	57
		날짜	03.01	03.11	03.17	03.31	04.07	04.11	04.14	04.21	04.25	04.28
		홈/원정	원정	홈	홈	원정	원정	홈	원정	홈	홈	원정
		장소	수원W	광양	광양	대구	인천	광양	전주W	광양	광양	문수
		상대	수원	포항	경남	대구	인천	제주	전북	강원	서울	울산
		결과	승	패	패	무	무	패	패	패	승	무
		점수	2:1	2:3	1:3	1:1	2:2	0:3	0:3	1:4	2:1	1:1
		승점	3	3	3	4	5	5	5	5	8	9
		슈팅수	15:10	11:13	17:12	4:14	15:16	7:14	6:21	17:11	11:7	11:5
GK	1	장 대 희			○0/0	○0/0	○0/0	○0/0		○0/0		
	20	이 호 승	○0/0	○0/0							○0/0	○0/0
	31	박 대 한							○0/0			
DF	2	최 효 진			△0/0							
	3	가 솔 현	○0/0	○0/0				○0/0 C				○0/0 C
	4	김 민 준							▽0/0		○0/0	
	5	도 나 치										
	13	이 슬 찬	○0/0	○0/0		○0/0	△0/0	△0/0	○0/0 S			○0/0
	15	이 경 렬				○1/0	○0/1	○0/0				
	17	이 지 남									▽1/0	○0/0
	21	박 광 일					▽0/0	▽0/0	△0/0	○0/0		△0/0
	22	최 재 현	○1/0	○0/0 C	○0/0		○1/0 C	○0/0	○0/0 C			
	27	이 유 현	△0/0	△0/1	▽0/0		△0/0			▽0/0	○0/0	○0/0
	28	토 미									△0/0	
	38	허 재 원										
	39	고 태 원				○0/0						
	40	박 대 한	▽0/0	▽1/0	▽0/0	△0/0						
	43	김 경 재							○0/0		○0/0	
MF	6	김 선 우									▽0/0	▽0/0
	8	유 고 비 치	○0/0	○0/0	○0/0 C	○0/0	○0/0 C	○0/0	○0/0	○0/0	○1/0	▽0/0
	14	김 영 욱				○0/0	○0/0	○0/0		○1/0	△0/0	△0/0
	16	한 찬 희	○0/0	▽0/0	▽0/0			○0/0 S		○0/0	△0/0	△0/0
	23	양 준 아	○0/0	○0/0 C		○0/0	○0/0	○0/0 C			○0/0	
	24	김 평 래										
	26	한 승 욱				○0/0			▽0/0	○0/0		
	30	윤 동 민		△0/0	△0/0 C	▽0/0				▽0/0	▽0/0	
	98	이 상 헌										
FW	7	박 준 태	○0/0	○0/0			△0/0	▽0/0				
	9	하 태 균	▽0/0	▽0/0		▽0/0		△0/0 C	○0/0	△0/0	○0/0	
	10	미 쎄 도			△1/0	○0/0 C	△0/0	▽0/0	△0/0	▽0/0	△0/1	▽0/1
	11	완 델 손	○1/1	○0/1 C	○0/0	○0/0	▽0/0	○0/0 S			○0/0	○0/0 C
	18	김 경 민	△0/0		△0/0			△0/0			○0/0 C	○1/0
	19	허 용 준										
	29	한 창 우										
	34	백 승 현									△0/1	
	35	전 지 현				▽0/0					△0/0	

선수자료: 득점/도움 ○ = 선발출장 △ = 교체 IN ▽ = 교체 OUT ◈ = 교체 IN/OUT C = 경고 S = 퇴장

위치	배번	선수	66	68	75	80	89	93	99	103	109	116
		날 짜	05.02	05.05	05.12	05.19	07.08	07.11	07.14	07.18	07.21	07.28
		홈/원정	원정	홈	원정	홈	원정	홈	홈	원정	원정	홈
		장 소	상주	팔마	제주W	광양	춘천	광양	광양	서울W	포항	광양
		상 대	상주	전북	제주	대구	강원	수원	상주	서울	포항	인천
		결 과	무	무	패	무	무	패	승	패	패	패
		점 수	1:1	0:0	0:1	1:1	1:1	0:2	2:0	1:2	1:3	1:3
		승 점	10	11	11	12	13	13	16	16	16	16
		슈팅수	7:10	13:8	21:12	13:14	6:10	13:9	10:5	9:17	9:12	18:9
GK	1	장 대 희										
	20	이 호 승	○ 0/0	○ 0/0	○ 0/0	○ 0/0			○ 0/0	○ 0/0	○ 0/0	○ 0/0
	31	박 대 한					○ 0/0	○ 0/0				
DF	2	최 효 진										
	3	가 솔 현		○ 0/0	○ 0/0	○ 0/0			○ 0/0	○ 0/0	○ 0/0	
	4	김 민 준										
	5	도 나 치					○ 0/0 C	▽ 0/0 C			○ 0/0	○ 0/0
	13	이 슬 찬	○ 0/0		○ 0/0	○ 0/1	○ 0/0 C	△ 0/0	○ 0/0	○ 0/0		○ 0/0
	15	이 경 렬										
	17	이 지 남	○ 0/0	▽ 0/0	○ 0/0	○ 0/0	○ 0/0	○ 0/0			○ 0/0	
	21	박 광 일		○ 0/0	○ 0/0	○ 0/0	○ 0/0	○ 0/0				
	22	최 재 현							△ 0/0	△ 0/0		△ 0/0
	27	이 유 현	△ 0/0				△ 0/0				▽ 0/0	▽ 0/0
	28	토 미	○ 0/1									
	38	허 재 원							○ 0/0	○ 0/0		○ 0/0 C
	39	고 태 원										
	40	박 대 한				▽ 0/0						
	43	김 경 재										
MF	6	김 선 우	○ 0/0	○ 0/0	▽ 0/0	○ 0/0 C			△ 0/0	○ 0/0 C	○ 0/0	○ 0/0
	8	유 고 비 치					○ 0/0	○ 0/0	▽ 0/0			
	14	김 영 욱	○ 0/0	▽ 0/0	○ 0/0	△ 0/0	○ 1/0	○ 0/0	○ 0/0	▽ 0/0	△ 0/0	
	16	한 찬 희	○ 0/0	○ 0/0	○ 0/0	○ 0/0	△ 0/0	○ 0/0 C	○ 0/0	○ 0/1	○ 1/0	○ 0/1
	23	양 준 아	○ 0/0	○ 0/0	▽ 0/0 C		○ 0/0	○ 0/0	○ 0/0 C	○ 0/0		○ 0/0
	24	김 평 래										
	26	한 승 욱										
	30	윤 동 민			△ 0/0					▽ 0/0	▽ 0/0	▽ 0/0
	98	이 상 헌					▽ 0/0				△ 0/0	▽ 1/0
FW	7	박 준 태				▽ 0/0	▽ 0/0	▽ 0/0				
	9	하 태 규					▽ 0/0					
	10	마 쎄 도	▽ 1/0	▽ 0/0	△ 0/0						△ 0/0	△ 0/0
	11	완 델 손	○ 0/0	○ 0/0	○ 0/0	○ 0/0	▽ 0/0	○ 0/0	○ 1/0	○ 0/0	△ 0/0	○ 0/0
	18	김 경 민	▽ 0/0	△ 0/0	▽ 0/0	△ 0/0	△ 0/0	△ 0/0				
	19	허 용 준	△ 0/0		△ 0/0	△ 1/0			▽ 1/0	▽ 1/0	▽ 0/0	
	29	한 창 우						△ 0/0	△ 0/0	△ 0/0		△ 0/0
	34	백 승 현										
	35	전 지 현		△ 0/0								

위치	배번	이름	125	131	136	143	149	155	157	166	174	179
		날짜	08.05	08.12	08.15	08.19	08.22	08.26	09.01	09.16	09.23	09.26
		홈/원정	홈	원정	홈	홈	원정	홈	원정	홈	홈	원정
		장소	광양	창원C	광양	광양	인천	광양	상주	팔마	광양	전주W
		상대	울산	경남	강원	수원	인천	포항	상주	경남	울산	전북
		결과	패	패	패	승	패	승	승	무	승	패
		점수	1:2	0:3	0:1	6:4	1:3	3:2	2:1	3:3	1:0	0:1
		승점	16	16	16	19	19	22	25	26	29	29
		슈팅수	11:8	11:15	8:8	17:8	11:17	13:8	9:7	17:5	14:7	4:17
GK	1	장대희										
	20	이호승	○ 0/0		○ 0/0	○ 0/0	○ 0/0	○ 0/0	○ 0/0	○ 0/0	○ 0/0	○ 0/0
	31	박대한		○ 0/0								
DF	2	최효진		○ 0/0	○ 0/0			○ 0/0	○ 0/0		○ 0/0	
	3	가솔현	○ 0/0		○ 0/0 C							△ 0/0
	4	김민준	△ 0/0									○ 0/0 C
	5	도나치		○ 0/0			○ 0/0	○ 0/0 C			○ 0/0	
	13	이슬찬	○ 0/0			○ 0/0	○ 0/0 C	△ 0/1	○ 0/0 C		○ 0/0	
	15	이경렬										
	17	이지남								△ 0/0	△ 0/0	
	21	박광일	○ 0/0									
	22	최재현		○ 0/0		▽ 1/1	▽ 0/0	△ 0/1	△ 0/0	▽ 0/0		▽ 0/0
	27	이유현	▽ 0/0							△ 0/1		
	28	투미										
	38	허재원	○ 0/0					○ 0/0			○ 0/0 C	
	39	고태원										
	40	박대한										
	43	김경재										
MF	6	김선우	▽ 0/0					▽ 0/0				▽ 0/0
	8	유고비치		○ 0/0		○ 0/0	▽ 0/0	○ 0/0			▽ 0/0	▽ 0/0
	14	김영욱	△ 0/0	○ 0/0		△ 0/2	△ 0/0	○ 0/0		○ 0/0 C	○ 0/0	△ 0/0
	16	한찬희	○ 0/0	○ 0/0			○ 0/1	▽ 1/0	○ 0/1	○ 0/1 C	○ 0/0 C	
	23	양준아	▽ 0/0	○ 0/0	○ 0/0	○ 0/0				▽ 0/0		
	24	김평래										
	26	한승욱										
	30	윤동민			△ 0/0	▽ 0/0						
	98	이상헌	○ 0/0 C	▽ 0/0 C	△ 0/0	△ 1/1	△ 0/0	△ 0/0		△ 2/0		△ 1/0 C
FW	7	박준태										▽ 0/0
	9	하태균										
	10	마쎄도	△ 0/0	▽ 0/0		○ 2/0 C	▽ 1/0	▽ 0/0	▽ 1/0	○ 1/0	▽ 0/0 C	
	11	윈델손	○ 1/0	▽ 0/0 C		○ 0/1	○ 0/0	○ 0/0	▽ 1/0	○ 0/1	○ 0/0	
	18	김경민	△ 0/0			▽ 0/0	▽ 0/0	▽ 0/0		△ 0/0		○ 0/0
	19	허용준			△ 0/0	△ 2/0	△ 0/1	2/0	▽ 0/0	△ 0/0		○ 0/0
	29	한창우										
	34	백승현										
	35	전지현			△ 0/0	△ 0/0						

선수자료 : 득점/도움   ○ = 선발출장   △ = 교체 IN   ▽ = 교체 OUT   ◈ = 교체 IN/OUT   C = 경고   S = 퇴장

위치	배번		경기번호	183	189	197	201	209	215	219	225		
			날짜	09.29	10.06	10.20	10.28	11.04	11.11	11.24	12.01		
			홈/원정	원정	홈	원정	홈	원정	원정	홈	원정		
			장소	제주W	광양	대구	광양	춘천	서울W	광양	인천		
			상대	제주	서울	대구	상주	강원	서울	대구	인천		
			결과	패	승	패	패	패	패	패	패		
			점수	0:1	1:0	1:2	0:1	0:1	2:3	1:2	1:3		
			승점	29	32	32	32	32	32	32	32		
			슈팅수	20:10	11:7	8:14	7:5	16:9	14:15	10:14	20:13		
GK	1	장 대 희											
	20	이 호 승		○ 0/0	○ 0/0	○ 0/0	○ 0/0	○ 0/0	○ 0/0	○ 0/0			
	31	박 대 한									○ 0/0		
DF	2	최 효 진		○ 0/0 C	○ 0/0	○ 0/0	○ 0/0				○ 0/0		
	3	가 솔 현		○ 0/0				○ 0/0	○ 0/0	△ 0/0			
	4	김 민 준						○ 0/0	○ 0/0	○ 0/0			
	5	도 나 치				△ 0/0				○ 0/0	○ 0/0		
	13	이 슬 찬		○ 0/0	○ 0/0 C	○ 0/0	○ 0/0	○ 0/0					
	15	이 경 렬											
	17	이 지 남			○ 0/0	○ 0/0	○ 0/0 C	○ 0/0	○ 1/0	○ 0/0 C	○ 0/0		
	21	박 광 일											
	22	최 재 현		△ 0/0	△ 0/0	△ 0/0	△ 0/0		▽ 1/0 C	▽ 0/0			
	27	이 유 현		▽ 0/0	▽ 0/0	▽ 0/0 C	▽ 0/0	○ 0/0	○ 0/0	○ 0/0	○ 0/0 C		
	28	토 미											
	38	허 재 원		○ 0/0	○ 0/0	○ 0/0	○ 0/0			▽ 0/0	▽ 0/0 C		
	39	고 태 원											
	40	박 대 한											
	43	김 경 재											
MF	6	김 선 우							▽ 0/0				
	8	유 고 비 치		▽ 0/0	○ 0/0	○ 0/0	▽ 0/0	○ 0/0 C		△ 0/0	▽ 0/0		
	14	김 영 욱		○ 0/0	○ 0/0	○ 0/0	○ 0/0	▽ 0/0		○ 1/0	○ 0/0		
	16	한 찬 희		○ 0/0 C		▽ 0/0 C	△ 0/0	○ 0/0	○ 0/0 C		○ 0/1		
	23	양 준 아						△ 0/0	△ 0/0 C	○ 0/0	▽ 0/0		
	24	김 평 래							△ 0/0		△ 0/0		
	26	한 승 욱											
	30	윤 동 민					△ 0/0	▽ 0/0					
	98	이 상 헌		△ 0/0	△ 0/1	△ 0/0	○ 0/0	△ 0/0	△ 0/0	△ 0/0 C	▽ 0/0		
FW	7	박 준 태											
	9	이 대 근											
	10	마 쎄 도		▽ 0/0	▽ 0/0								
	11	완 델 손		○ 0/0	○ 0/0	○ 1/0	○ 0/0		○ 0/1	▽ 0/0	△ 0/0		
	18	김 경 민				▽ 0/0	△ 0/0	○ 0/0			△ 0/0		
	19	허 용 준		△ 0/0	○ 1/0 CC		▽ 0/0	△ 0/0 ◆	○ 0/0	○ 0/1	○ 1/0		
	29	한 창 우											
	34	백 승 현											
	35	전 지 현											

81

아 산 무 궁 화

창단년도_ 2017년
전화_ 041-533-2017
팩스_ 041-544-2017
홈페이지_ www.asanfc.com
주소_ 우 31580 충청남도 아산시 남부로 370-24 이순신종합운
동장 내
Yi Sun-Sin Sports Complex, 370-24, Nambu-ro, Asan-
si, Chungcheongnam-do, KOREA 31580

연혁

2016	아산무궁화프로축구단 창단추진 발표
	한국프로축구연맹 창단승인
	아산무궁화프로축구단 박성관 초대 대표이사 취임
	아산무궁화프로축구단 사무국 출범
	초대 송선호 감독 선임
	아산무궁화프로축구단 엠블럼 및 슬로건(함께해U) 발표
2017	아산무궁화프로축구단 운영협약 진행(아산시 - 경찰대학교 - 한국프로축구연맹)
	아산무궁화프로축구단 마스코트 발표(뿡뿡이, 수리)
	유소년클럽 창단(U-12 / U-15 / U-18)
	제22회 KEB하나은행 FA컵 16강 진출
	KEB하나은행 K리그 챌린지 정규시즌 3위
	KEB하나은행 K리그 챌린지 준플레이오프 진출
	KEB하나은행 K리그 챌린지 플레이오프 진출
	KEB하나은행 K리그 챌린지 유료관중비율(68%) 1위 달성
	박동혁 감독 선임
2018	아산무궁화프로축구단 캐치프레이즈 '노랑 파란(波瀾)' 발표
	아산무궁화프로축구단 U18 K리그 주니어리그 참가
	2018 KEB하나은행 FA컵 8강 진출
	KEB하나은행 K리그2 2018, 2차 '플러스 스타디움상' 수상
	KEB하나은행 K리그2 2018 정규시즌 우승
	'비타민 프로젝트' 지역공헌활동 연 100회 달성
	아산무궁화프로축구단 공시 승인 가 '신흥 사노 홈 개

2018년 선수명단

구단주_ 오세현   대표이사_ 박성관   사무국장(代)_ 박명화
감독_ 박동혁   수석코치_ 유병훈   코치_ 이완   GK코치_ 최익형   의무트레이너_ 엄성현·정성령   팀매니저_ 이선우

포지션	선수명		생년월일	출신교	키(cm) / 몸무게(kg)	전 소속팀
GK	양 형 모	梁 瀅 模	1991.07.16	충북대	185 / 81	수원
	최 봉 진	崔 鳳 珍	1992.04.06	중앙대	193 / 83	광주
DF	민 상 기	閔 尙 基	1991.08.27	매탄고	184 / 79	수원
	이 용	李 龍	1989.01.21	고려대	187 / 83	강원
	박 선 용	朴 宣 勇	1989.03.12	호남대	173 / 67	포항
	김 상 필	金 相 泌	1989.04.26	성균관대	188 / 84	충주험멜
	구 대 영	具 大 榮	1992.05.09	홍익대	177 / 72	안양
	이 한 샘	李 한 샘	1989.10.18	건국대	185 / 80	수원FC
	김 봉 래	金 奉 來	1990.07.02	명지대	177 / 65	수원FC
	김 준 수	金 俊 洙	1991.07.29	영남대	185 / 78	전남
	김 동 진	金 東 珍	1992.12.28	아주대	177 / 74	대구
MF	김 민 균	金 民 均	1988.11.30	명지대	173 / 68	안양
	박 세 직	朴 世 直	1989.05.25	한양대	178 / 76	인천
	허 범 산	許 範 山	1989.09.14	우석대	177 / 70	부산
	김 부 관	金 附 罐	1990.09.03	광주대	172 / 60	수원FC
	조 성 준	趙 聖 俊	1990.11.27	청주대	176 / 67	광주
	김 영 남	金 榮 男	1991.03.24	중앙대	178 / 75	부천
	조 범 석	曹 帆 奭	1990.01.09	신갈고	182 / 76	부천
	임 창 균	林 昌 均	1990.04.19	경희대	174 / 64	수원FC
	김 선 민	金 善 民	1991.12.12	예원예술대	168 / 65	대구
	김 도 혁	金 鍍 爀	1992.02.08	연세대	174 / 70	인천
	안 현 범	安 鉉 範	1994.12.21	동국대	178 / 72	제주
	이 명 주	李 明 周	1990.04.24	영남대	175 / 68	서울
	주 세 종	朱 世 鐘	1990.10.30	건국대	174 / 68	서울
FW	고 무 열	高 武 烈	1990.09.05	숭실대	185 / 78	전북
	김 륜 도	金 侖 度	1991.07.09	곽유대	187 / 74	부천

2018년 개인기록 _ K리그2

위치	배번	성명	05	07	14	18	24	28	31	40	45	48
		경기번호	05	07	14	18	24	28	31	40	45	48
		날짜	03.04	03.10	03.18	03.24	04.01	04.07	04.14	04.22	04.29	05.06
		홈/원정	홈	홈	원정	홈	원정	홈	원정	원정	홈	원정
		장소	아산	아산	구덕	아산	탄천	아산	대전W	잠실	아산	안양
		상대	안산	수원FC	부산	안양	성남	부천	대전	서울E	광주	안양
		결과	승	승	패	무	패	승	승	무	패	승
		점수	1:0	2:0	0:1	1:1	0:1	4:2	2:1	0:0	1:2	3:0
		승점	3	6	6	7	7	10	13	14	14	17
		슈팅수	9:6	17:10	6:8	10:11	11:10	20:11	16:7	12:8	15:11	10:7
GK	31	양형모										
	41	최봉진										
	71	박형순	○ 0/0	○ 0/0	○ 0/0	○ 0/0	○ 0/0	○ 0/0	○ 0/0	○ 0/0	○ 0/0	○ 0/0
	90	박주원										
DF	2	박선용				△ 0/0						
	4	김상필										
	5	이용										
	13	이주용	○ 0/0	○ 0/0	○ 0/0 C		○ 0/0	○ 0/0	○ 0/0 C	○ 0/0		○ 1/0
	26	김준수										
	32	김봉래										
	33	이한샘	△ 0/0								○ 0/0	
	39	민상기	○ 0/0	○ 0/0 C	○ 0/0	○ 0/0	○ 0/0 C	○ 0/0 C		○ 0/0	○ 0/0	○ 0/0
	79	이으뜸				○ 0/0 C						
	90	김동철					▽ 0/0					△ 0/0
	90	구대영	○ 0/0	○ 0/0	○ 0/0 C	○ 0/0						
MF	13	김영남										
	14	김민균		△ 0/0			▽ 1/0	▽ 1/0	▽ 0/0	△ 0/0 C		
	15	안현범	▽ 0/0	▽ 0/0	▽ 0/0			▽ 0/0				△ 2/0
	16	김동진										
	17	김종국	○ 0/0	○ 0/1	○ 0/0	○ 0/0	△ 0/0	○ 0/0	○ 0/0	○ 0/0 C		○ 0/0
	17	조성준	△ 0/0				▽ 2/0	○ 0/1	△ 0/0 C			▽ 0/1
	19	임창균										
	22	허범산						△ 1/0	△ 0/0			
	23	김도혁								○ 0/0		
	25	조범석										
	28	주세종				△ 0/0	▽ 0/0 C	○ 0/0	○ 0/0	○ 0/0	○ 0/0	○ 0/0
	29	이명주				▽ 0/0	▽ 0/0 C	○ 0/1		○ 0/0	▽ 0/1	▽ 0/2
	79	이창용		△ 0/0	○ 0/0	○ 0/0	○ 0/0	○ 0/0	○ 0/0	○ 0/0 C	▽ 0/0	○ 0/0
	88	김선민										
	88	서용덕										
FW	96	황인범	○ 0/0	▽ 1/0	○ 0/0	△ 0/0	○ 0/0		○ 0/0		△ 0/0	○ 0/0
	12	김 노		△ 1/0		∧ 1/0					▽ 1/0	
	14	한의권	▽ 0/1 C	○ 0/0	▽ 0/0	▽ 1/0	▽ 0/0	△ 0/0	△ 0/0	▽ 0/0	△ 1/0 C	▽ 0/0 C
	18	고무열	○ 1/0	○ 1/0			○ 0/0 C	○ 1/0 CC				
	24	박세직					△ 0/0			▽ 0/0		
	77	김부관										
	79	이재안	△ 0/0	△ 0/0	▽ 0/0	△ 0/0	△ 0/0	△ 0/0	○ 0/1			△ 0/0
	93	김 현	▽ 0/0	▽ 0/0	△ 0/0 C	▽ 0/0	○ 0/0 C	△ 0/0	△ 0/0		○ 0/0	

선수자료 : 득점/도움   ○ = 선발출장   △ = 교체 IN   ▽ = 교체 OUT   ◈ = 교체 IN/OUT   C = 경고   S = 퇴장

위치	배번	이름	55	57	65	66	73	76	84	87	92	96
		경기번호	55	57	65	66	73	76	84	87	92	96
		날 짜	05.14	05.19	05.28	06.02	06.06	06.09	07.01	07.07	07.14	07.21
		홈/원정	원정	홈	홈	원정	홈	홈	원정	원정	홈	원정
		장 소	부천	아산	아산	수원	아산	아산	광주W	안산	아산	수원
		상 대	부천	대전	부산	수원FC	성남	서울E	광주	안산	대전	수원FC
		결 과	승	패	무	승	승	승	무	승	무	승
		점 수	1:0	0:1	1:1	2:0	4:2	3:0	2:2	2:0	2:2	1:0
		승 점	20	20	21	24	27	30	31	34	35	38
		슈팅수	9:10	14:8	17:8	9:7	15:22	13:6	10:8	13:21	14:14	9:3
GK	31	양 형 모										
	41	최 봉 진										
	71	박 형 순	○ 0/0	○ 0/0	○ 0/0	○ 0/0	○ 0/0	○ 0/0	○ 0/0			
	90	박 주 원								○ 0/0	○ 0/0	○ 0/0
DF	2	박 선 용								△ 0/0		
	4	김 상 필										
	5	이 용										
	13	이 주 용	○ 0/0							○ 0/0		
	26	김 준 수					△ 0/0					0/1
	32	김 봉 래							▽ 0/0			
	33	이 한 샘		○ 0/0	○ 0/0 C	○ 0/0	○ 1/0	○ 0/0 C	○ 0/0	○ 0/0	○ 2/0 C	○ 0/0
	39	민 상 기	○ 0/0							○ 0/0 C	○ 0/0	○ 0/0
	79	이 으 뜸							○ 0/1			
	90	김 동 철	○ 0/0	○ 0/0		△ 0/0	○ 0/0	△ 0/0				
	90	구 대 영									○ 0/0 CC	▽ 0/0
MF	13	김 영 남				▽ 0/0						
	14	김 민 균			▽ 0/0			△ 0/0		▽ 1/0	△ 0/0	
	15	안 현 범	△ 0/0 C	▽ 0/0	○ 0/0	○ 0/1	○ 0/0	○ 0/0	▽ 0/0			
	16	김 동 진		○ 0/0 C	○ 0/0	○ 0/0	○ 0/0 C		○ 0/0		○ 0/0	
	17	김 종 국	○ 0/0	○ 0/0	▽ 0/0	○ 1/0	○ 0/0	○ 0/1	△ 0/0	○ 0/0	○ 0/0	△ 0/0
	17	조 성 준	○ 0/0			○ 0/0	△ 0/0	▽ 0/2	▽ 0/1	▽ 0/1	▽ 0/0	
	19	임 창 균										
	22	허 범 산						△ 0/0 C	▽ 0/0 C	▽ 0/0 C		
	23	김 도 혁					△ 0/0 C		○ 0/0	○ 0/0 C		○ 0/0
	25	조 범 석										
	28	주 세 종	▽ 1/0	○ 0/0					△ 0/0	○ 0/2		○ 0/0 C
	29	이 명 주	○ 0/0	○ 0/0	○ 0/0	○ 0/0	○ 0/0	▽ 0/0 C	○ 1/0	○ 1/0	○ 0/0	▽ 0/0
	79	이 창 용	○ 0/0	○ 0/0	○ 0/0	○ 0/0 CC		○ 0/0	○ 0/0			
	88	김 선 민										
	88	서 용 덕										▽ 0/0
FW	06	황 인 범	△ 0/0	△ 0/0	▽ 0/0 C		▽ 0/1 C		△ 0/0	○ 0/1	▽ 0/0	○ 0/0
	12	김 륜 도							△ 1/0 C			
	14	한 의 권		▽ 0/0	△ 1/0 C	▽ 1/0 C	○ 2/0 C	○ 1/0	○ 0/0			
	18	고 무 열	▽ 0/0	△ 0/0	▽ 0/1 C	○ 0/0	▽ 1/1	▽ 0/0 C			▽ 0/0	○ 0/0
	24	박 세 직	▽ 0/0	△ 0/0		▽ 0/1				△ 0/0	△ 0/0	
	77	김 부 관										
	79	이 재 안	△ 0/0	▽ 0/0	△ 0/0				○ 2/0	○ 0/2		
	93	김 현				△ 0/0	△ 0/0	△ 0/0			△ 0/0	△ 1/0

위치	배번	선수명	105	110	115	117	121	126	132	136	143	148
		경기번호	105	110	115	117	121	126	132	136	143	148
		날짜	07.30	08.05	08.13	08.18	08.25	09.01	09.08	09.15	09.22	09.29
		홈/원정	홈	홈	원정	원정	홈	원정	원정	홈	원정	홈
		장소	아산	아산	광주W	안산	아산	안양	탄천	아산	구덕	아산
		상대	부천	부산	광주	안산	서울E	안양	성남	광주	부산	수원FC
		결과	무	무	무	승	승	패	무	승	승	승
		점수	0:0	0:0	1:1	1:0	3:1	0:3	1:1	1:0	2:1	2:1
		승점	39	40	41	44	47	47	48	51	54	57
		슈팅수	15:11	5:18	9:13	10:13	22:8	12:8	14:10	13:18	7:9	11:18
GK	31	양 형 모										
	41	최 봉 진										
	71	박 형 순										
	90	박 주 원	○ 0/0	○ 0/0	○ 0/0	○ 0/0	○ 0/0	○ 0/0	○ 0/0	○ 0/0	○ 0/0	○ 0/0 C
DF	2	박 선 용										
	4	김 상 필							△ 0/0			
	5	이 용										
	13	이 주 용	○ 0/0	○ 0/0 CC		○ 0/0	○ 0/0	○ 0/0	○ 0/0	○ 0/0		○ 0/0
	26	김 준 수				○ 0/0		△ 0/0				
	32	김 봉 래										
	33	이 한 샘	○ 0/0 C		○ 0/0 C		○ 0/0	○ 0/0 C		○ 0/0	△ 0/0	△ 0/0 C
	39	민 상 기	○ 0/0 C	○ 0/0	○ 0/0 C		○ 0/0	○ 0/0	○ 0/0	○ 0/0	○ 0/0	○ 0/0 C
	79	이 으 뜸										
	90	김 동 철		○ 0/0		○ 0/0			○ 0/0	△ 0/0		○ 0/0
	90	구 대 영		△ 0/0	▽ 1/0			▽ 0/0 C				
MF	13	김 영 남							△ 0/0 C		▽ 0/0	
	14	김 민 균	▽ 0/0	▽ 0/0	△ 0/0		△ 0/0	△ 0/0				
	15	안 현 범			△ 0/0	○ 1/0 C	○ 0/0	▽ 0/0		○ 0/0	▽ 1/0	△ 0/0
	16	김 동 진			○ 0/0							
	17	김 종 국	○ 0/0	○ 0/0	○ 0/0 C	△ 0/0	○ 0/0	○ 0/0 C		○ 0/0	○ 0/0 C	○ 0/0
	17	조 성 준	▽ 0/0	▽ 0/0	▽ 0/0	▽ 0/0	▽ 1/0		▽ 0/0 C	▽ 0/0 C		○ 0/0 S
	19	임 창 균			△ 0/0							
	22	허 범 산										
	23	김 도 혁		○ 0/0		▽ 0/0			▽ 0/0	○ 0/0	○ 0/0	▽ 0/0
	25	조 범 석				△ 0/0			▽ 0/0			△ 0/0
	28	주 세 종		○ 0/0 C	○ 0/0	▽ 0/0	○ 0/0	○ 0/0				
	29	이 명 주	○ 0/0 C			○ 0/0 C	▽ 1/0					○ 1/0
	79	이 창 용										
	88	김 선 민					△ 0/0					
	88	서 용 덕	△ 0/0	▽ 0/0	△ 0/0							
FW	96	황 인 범	○ 0/0							▽ 0/0		
	12	김 륜 도	△ 0/0 ◆			△ 0/0		△ 0/0	△ 0/0	△ 0/0	△ 0/0	
	14	한 의 권										
	18	고 무 열	○ 0/0	○ 0/0 C	○ 0/0	○ 0/0	▽ 1/0		○ 1/0 C	○ 0/1	○ 0/0	○ 0/0
	24	박 세 직	△ 0/0		▽ 0/0		○ 0/1	○ 0/0	○ 0/1	△ 1/0	▽ 0/0	▽ 0/1
	77	김 부 관										
	79	이 재 안										
	93	김 현	○ 0/0	△ 0/0			△ 0/0	○ 0/0 C			▽ 1/1 C	▽ 1/1

선수자료 : 득점/도움   ○ = 선발출장   △ = 교체 IN   ▽ = 교체 OUT   ◆ = 교체 IN/OUT   C = 경고   S = 퇴장

위치	배번		152	160	165	167	175	180
		경기번호	152	160	165	167	175	180
		날짜	10.06	10.14	10.21	10.27	11.04	11.11
		홈/원정	원정	홈	홈	원정	홈	원정
		장소	대전W	아산	아산	잠실	아산	부천
		상대	대전	안산	성남	서울E	안양	부천
		결과	패	승	승	승	승	승
		점수	1:2	2:0	1:0	4:0	2:1	1:0
		승점	57	60	63	66	69	72
		슈팅수	6:9	19:6	16:5	16:10	19:9	20:13
GK	31	양형모		○ 0/0	○ 0/0	○ 0/0	○ 0/0	
	41	최봉진						○ 0/0
	71	박형순						
	90	박주원	○ 0/0					
DF	2	박선용	△ 0/0					○ 0/0
	4	김상필						▽ 0/0
	5	이용			△ 0/0			○ 0/1
	13	이주용						
	26	김준수					△ 0/0	○ 0/0
	32	김봉래						▽ 0/0
	33	이한샘	○ 0/0	○ 0/0	○ 0/0	○ 0/0	○ 0/0	
	39	민상기	○ 0/0 C	○ 0/0	○ 0/0	○ 0/0	○ 0/0	
	79	이으뜸						
	90	김동철	△ 0/0					
	90	구대영	▽ 0/0 C	○ 0/0	○ 0/0 C	○ 0/0	▽ 0/0	
MF	13	김영남						○ 0/0
	14	김민균		▽ 1/0	▽ 0/0	▽ 0/0 C		
	15	안현범	▽ 0/0	○ 1/1	○ 0/0	○ 0/0	○ 0/0	△ 1/0
	16	김동진	○ 0/0	○ 0/0	○ 0/0 C		○ 0/0	
	17	김종국	▽ 0/0					
	17	조성준				▽ 1/0	▽ 0/0	▽ 0/0
	19	임창균		△ 0/0			△ 2/0 C	○ 0/0
	22	허범산	△ 0/0	△ 0/0		△ 0/0		▽ 0/0
	23	김도혁		○ 0/0	○ 0/0	○ 1/0	○ 0/0	
	25	조범석				△ 0/1	△ 0/0	
	28	주세종				△ 0/0	○ 0/0 C	
	29	이명주	○ 0/0		○ 0/0	▽ 1/0	○ 0/1	
	79	이창용						
	88	김선민						○ 0/0
	88	서용덕						
FW	96	황이범						
	12	김륜도		△ 0/0	○ 0/1	○ 1/0 C		△ 1/0
	14	한의권						
	18	고무열	○ 0/0	○ 0/0 C			△ 0/0	
	24	박세직	○ 0/0	▽ 0/0	△ 0/0	○ 0/0	▽ 0/0	
	77	김부관						○ 0/0
	79	이재안						
	93	김현	○ 1/0 S					

성남 FC

창단년도_ 1989년

전화_ 031-709-4133

팩스_ 031-709-4443

홈페이지_ www.seongnamfc.com

주소_ 우 13495 경기도 성남시 분당구 탄천로 215(야탑동)
탄천종합운동장
Tancheon Sports Complex, 215, Tancheon-ro(Yatap-dong)
Bundang-gu, Seongnam-si, Gyeonggi-do, KOREA 13495

연혁

1988	일화프로축구단 창단 인가(9월 20일)
	㈜ 통일스포츠 설립(10월 28일)
1989	창단식(3월 18일)
	89 한국프로축구대회 5위
1992	92 아디다스컵 우승
	92 한국프로축구대회 준우승
1993	92 한국프로축구대회 우승
1994	94 하이트배 코리안리그 우승
1995	95 하이트배 코리안리그 챔피언결정전 우승
	제15회 아시안 클럽 챔피언십 우승
	95 하이트배 코리안리그 전기 우승
1996	제11회 아프로-아시안 클럽 챔피언십 우승, 그랜드슬램 달성
	제2회 아시안 슈퍼컵 우승
	연고지 이전(3월 27일, 서울 강북 → 충남 천안)
	96 AFC 선정 최우클럽상 수상
1997	제16회 아시안 클럽 챔피언십 준우승
	제2회 FA컵 준우승
1999	제4회 삼보컴퓨터 FA컵 우승
	제47회 대통령배 전국축구대회 우승(2군)
	연고지 이전(12월 27일, 충남 천안 → 경기 성남)
2000	제2회 2000 티켓링크 수퍼컵 준우승
	대한화재컵 3위 아디다스컵 축구대회 준우승
	삼성 디지털 K-리그 3위 제5회 서울은행 FA컵 3위
2001	2001 포스코 K-리그 우승
	2군리그 우승
	아디다스컵 축구대회 3위
	제6회 서울은행 FA컵 8강
2002	삼성 파브 K-리그 우승 아디다스컵 우승
	제3회 2001 포스데이타 수퍼컵 우승
	제7회 서울 - 하나은행 FA컵 3위
2003	삼성 하우젠 K-리그 우승 2군리그 우승(중부)
2004	삼성 하우젠컵 2004 우승
	A3 챔피언스컵 우승 AFC 챔피언스리그 준우승
	제5회 2004 K-리그 수퍼컵 준우승
	2군리그 준우승
2005	삼성 하우젠 K-리그 2005 후기리그 우승
2006	삼성 하우젠 K-리그 2006 우승(전기 1위 / 후기 9위)
	삼성 하우젠컵 2006 준우승
2007	삼성 하우젠 K-리그 2007 준우승(정규리그 1위)
2008	삼성 하우젠 K-리그 2008 5위(정규리그 3위)
2009	2009 K-리그 준우승(정규리그 4위)
	제14회 하나은행 FA컵 준우승
	2군리그 준우승
2010	AFC 챔피언스리그 2010 우승
	FIFA클럽월드컵 4강
	쏘나타 K-리그 2010 4위(정규리그 5위)
	AFC '올해의 클럽' 수상
2011	제16회 하나은행 FA컵 우승
	R리그 A조 1위
2012	홍콩 아시안챌린지컵 우승
	2012 피스컵수원 준우승
2013	현대오일뱅크 K리그 클래식 2013 8위
	성남시민프로축구단 창단발표
	성남시와 통일그룹 간 양해각서 체결
	시민구단 지원조례 제정
	성남일화천마프로축구단 인수계약서 체결
	초대 박종환 감독 취임, 초대 신문선 대표이사 취임
2014	구단명칭 법원 등기 이전 완료, 엠블럼 및 마스코트 확정
	창단식 개최
	제2대 김학범 감독 취임
	제19회 하나은행 FA컵 우승
	현대오일뱅크 K리그 클래식 2014 9위
2015	제2대 곽선우 대표이사 취임
	시민구단 최초 AFC 챔피언스리그 16강 진출
	김학범 감독 K리그 통산 100승 달성
	현대오일뱅크 K리그 클래식 2015 5위
2016	제3대 이석훈 대표이사 취임
	2016 K리그 '팬 프렌들리 클럽상' 수상
2017	제3대 박경훈 감독 취임
	KEB하나은행 K리그 챌린지 2017 4위
	K리그 챌린지 풀스타디움상, 팬프렌들리클럽상 수상
2018	제4대 남기일 감독 취임
	제4대 윤기천 대표이사 취임
	K리그2 풀스타디움상 수상
	2019 K리그1 승격(2018 K리그2 2위)
	제4회 스포츠마케팅어워드 프로스포츠 구단 부문 본상

2018년 선수명단

대표이사_ 윤기천

감독_ 남기일   수석코치_ 이정효   코치_ 마철준   코치_ 조광수   GK코치_ 기우성

트레이너_ 김범수   트레이너_ 신용섭   분석관_ 이순석   주무_ 곽재승   통역_ 안영재

포지션	선수명		생년월일	출신교	키(cm) / 몸무게(kg)
GK	김 동 준	金 東 俊	1994.12.19	연세대	189 / 85
	김 근 배	金 根 培	1986.08.07	고려대	187 / 80
	전 종 혁	全 鐘 赫	1996.03.21	연세대	186 / 80
	황 인 재	黃 仁 具	1994.04.22	남부대	187 / 81
DF	이 시 영	李 時 榮	1997.04.21	전주대	173 / 65
	최 준 기	崔 俊 基	1994.04.13	연세대	180 / 77
	문 지 환	文 智 煥	1994.07.26	단국대	185 / 77
	임 채 민	林 採 民	1990.11.18	영남대	188 / 82
	이 학 민	李 學 玟	1991.03.11	상지대	174 / 68
	이 지 민	李 智 旼	1993.09.04	아주대	173 / 74
	연 제 운	延 濟 運	1994.08.28	선문대	185 / 78
	김 재 봉	金 載 俸	1996.09.06	광주대	188 / 78
	조 성 욱	趙 成 昱	1995.03.22	단국대	188 / 79
	이 다 원	李 多 元	1995.09.21	배재대	193 / 90
	윤 영 선	尹 榮 善	1988.10.04	단국대	185 / 78
	박 태 민	朴 太 民	1986.01.21	연세대	180 / 74
MF	김 정 현	金 楨 鉉	1993.06.01	중동고	185 / 74
	에 델	Eder Luiz Lima de Sousa	1987.01.09	브라질	179 / 71
	주 현 우	朱 眩 宇	1990.09.12	동신대	173 / 67
	문 상 윤	文 相 閏	1991.01.09	아주대	179 / 70
	서 보 민	徐 保 閔	1990.06.22	관동대	175 / 64
	이 성 재	李 晟 宰	1995.05.07	선문대	175 / 70
	오 창 현	吳 昌 炫	1993.03.02	단국대	178 / 70
	고 병 일	高 昞 一	1997.06.10	고려대	178 / 66
	박 태 준	朴 泰 濬	1999.01.19	풍생고	175 / 62
	본 즈	Olivier Harouna Bonnes	1990.02.07	프랑스	187 / 80
	김 민 혁	金 珉 赫	1992.08.16	광운대	183 / 71
	최 병 찬	崔 炳 贊	1996.04.04	홍익대	175 / 65
	임 내 한	林 來 漢	1994.05.04	기톱내	171 / 70
FW	정 성 민	鄭 成 民	1989.05.02	광운대	184 / 80
	김 도 엽	金 仁 漢	1988.11.26	선문대	180 / 74
	이 현 일	李 炫 一	1994.09.13	용인대	182 / 79
	김 소 웅	金 邵 雄	1999.06.17	풍생고	180 / 65
	이 정 태	李 正 太	1995.02.15	세한대	170 / 70

2018년 개인기록 _ K리그2

위치	배번	성명	01	06	12	19	24	30	34	37	41	46
		경기번호	01	06	12	19	24	30	34	37	41	46
		날 짜	03.03	03.10	03.17	03.25	04.01	04.08	04.15	04.21	04.28	05.06
		홈/원정	원정	홈	원정	홈	홈	원정	홈	원정	원정	홈
		장 소	구덕	탄천	수원	탄천	탄천	잠실	탄천	대전W	안양	탄천
		상 대	부산	광주	수원FC	안산	아산	서울E	부천	대전	안양	수원FC
		결 과	무	무	승	무	승	무	승	승	승	승
		점 수	1:1	0:0	4:1	0:0	1:0	1:1	2:1	2:1	3:2	2:1
		승 점	1	2	5	6	9	10	13	16	19	22
		슈팅수	6:4	16:13	18:11	11:5	10:11	11:6	9:10	8:17	8:11	21:8
GK	1	김 동 준	○ 0/0	○ 0/0	▽ 0/0	○ 0/0	○ 0/0	▽ 0/0				
	21	김 근 배			△ 0/0			△ 0/0	○ 0/0	○ 0/0	○ 0/0 C	○ 0/0
	31	전 종 혁										
	41	황 인 재										
DF	2	이 시 영										
	3	최 준 기			○ 0/0	○ 0/0 C	○ 0/0	○ 0/0			○ 0/0	○ 0/0 C	○ 0/0
	4	문 지 환										
	5	임 채 민										
	5	오르슐리치							○ 0/0			
	14	이 학 민	○ 0/0	○ 0/0	○ 0/1	○ 0/0	○ 0/0	○ 0/0	○ 0/0	○ 0/0	▽ 0/1	○ 0/0
	15	이 지 민		○ 0/0 S			△ 0/0					
	20	연 제 운	○ 0/0	○ 0/0	○ 0/0	○ 0/0	○ 0/0 C	○ 1/0	○ 0/0	○ 0/0	○ 0/0	○ 0/0
	22	김 재 봉	○ 0/0	○ 0/0	▽ 0/0		▽ 0/0 C			▽ 0/0		
	25	조 성 욱			△ 0/0		△ 0/0 C	△ 0/0		△ 0/0		
	26	이 다 원	△ 0/0								△ 0/1	△ 0/0
	28	윤 영 선									○ 0/0 C	○ 0/0
	34	박 태 민										
MF	6	김 정 현	○ 0/0		○ 0/0	○ 0/0 C	○ 0/0	○ 0/0	▽ 0/0 C	○ 0/0	○ 0/0 C	
	7	에 델	○ 1/0	○ 0/0 C	○ 2/1	○ 0/0	△ 1/0	▽ 0/0	△ 0/0		○ 0/0	▽ 0/0
	8	주 현 우	▽ 0/0	▽ 0/0	▽ 1/0	▽ 0/0	▽ 0/0	○ 0/0	▽ 0/0	▽ 0/0	△ 1/0	△ 0/0
	10	문 상 윤	▽ 0/0	○ 0/0	○ 0/1	○ 0/0	○ 0/0	○ 0/1	△ 0/0	○ 0/0	▽ 0/0	▽ 0/0
	24	박 태 준			△ 0/0	○ 1/0	○ 0/0	○ 0/0	○ 0/0 C	○ 0/0	▽ 0/0	▽ 0/0
	27	이 정 태										
	29	본 즈										
	30	김 동 희	△ 0/2			△ 0/0	△ 0/0					
	32	김 민 혁										
	33	최 병 찬						▽ 0/0	△ 0/0 ◆			
	37	임 대 준			▽ 0/0							
	40	무 랄 라	▽ 0/0	○ 0/0			△ 0/0		△ 0/0		△ 0/0	○ 0/0 C
FW	9	정 성 민	△ 0/0 C	△ 0/0 C					▽ 1/0	▽ 1/0		▽ 0/0
	11	서 보 민	○ 0/0	○ 0/0	○ 0/0	▽ 0/0	○ 0/0	○ 0/0	○ 1/0	○ 1/0	○ 0/0	○ 2/0
	13	김 도 엽										
	18	이 현 일										
	23	김 소 웅					△ 0/0					△ 0/0 C

선수자료 : 득점/도움   ○ = 선발출장   △ = 교체 IN   ▽ = 교체 OUT   ◆ = 교체 IN/OUT   C = 경고   S = 퇴장

위치	배번	경기번호	52	59	62	67	73	80	81	86	94	100
		날짜	05.12	05.21	05.26	06.02	06.06	06.10	06.30	07.07	07.16	07.22
		홈/원정	원정	원정	홈	홈	원정	홈	원정	홈	홈	원정
		장소	광주W	안산	탄천	탄천	아산	탄천	부천	탄천	탄천	대전W
		상대	광주	안산	대전	안양	아산	부산	부천	서울E	안양	대전
		결과	승	패	승	무	패	패	승	무	승	승
		점수	3:1	1:2	4:2	1:1	2:4	0:1	2:1	1:1	1:0	1:0
		승점	25	25	28	29	29	29	32	33	36	39
		슈팅수	14:7	16:12	12:10	15:9	22:15	11:9	12:15	19:5	10:10	13:8
GK	1	김 동 준										
	21	김 근 배	○ 0/0	○ 0/0		○ 0/0		○ 0/0	○ 0/0	○ 0/0	○ 0/0	○ 0/0
	31	전 종 혁			○ 0/0							
	41	황 인 재					○ 0/0					
DF	2	이 시 영		△ 0/0			○ 0/0		△ 0/0		△ 0/0	
	3	최 준 기	○ 0/0	○ 0/0	▽ 0/0							
	4	문 지 환										
	5	임 채 민										
	5	오르슐리치					▽ 0/0					
	14	이 학 민	○ 0/1	○ 0/0	○ 0/0	○ 0/0	○ 0/0		○ 0/0	○ 0/0	▽ 0/0	▽ 0/1
	15	이 지 민		△ 0/0				△ 0/0				
	20	연 제 운	○ 0/0	○ 0/0		○ 1/0	○ 0/0	○ 0/0	○ 0/0	○ 0/0 C	○ 0/0	○ 0/0
	22	김 재 봉										
	25	조 성 욱	△ 0/0			○ 0/0	○ 0/0 C	▽ 0/0 C		▽ 0/0	△ 0/0	
	26	이 다 원			△ 0/0	○ 0/0	△ 0/0	△ 0/0	△ 0/0	△ 0/0	△ 0/0	△ 0/0
	28	윤 영 선	○ 0/0							▽ 1/0	○ 0/0	○ 0/0
	34	박 태 민					△ 0/0		○ 0/0	○ 0/0	○ 0/0	○ 0/0
MF	6	김 정 현		▽ 0/0	○ 0/1	○ 0/0	○ 2/0	○ 0/0	○ 0/0	○ 0/0		▽ 0/0 C
	7	에 델			△ 0/0	△ 0/0	△ 0/0					
	8	주 현 우	△ 0/0	△ 0/0	▽ 0/0	△ 0/0 C	○ 0/0	○ 0/0		△ 0/0		
	10	문 상 윤	▽ 0/1	○ 0/0	○ 1/2			○ 0/0			○ 0/1	
	24	박 태 준	▽ 0/0 C	▽ 0/0			△ 0/0	▽ 0/0	○ 0/0			
	27	이 정 태										
	29	본 즈										△ 0/0 C
	30	김 동 희										
	32	김 민 혁								○ 0/0 C	○ 1/0	▽ 0/0
	33	최 병 찬	▽ 1/1 C	○ 0/0	○ 0/0	▽ 0/0		▽ 0/0	▽ 2/0	○ 0/0 C	▽ 0/1	○ 0/0
	37	임 대 준										
	40	무 랄 라	○ 1/0	▽ 0/0	▽ 1/0 C	▽ 1/0	▽ 0/0 C					
FW	9	정 성 민	○ 1/0	○ 1/0	△ 1/0	▽ 0/0 C		▽ 0/0			△ 0/0 ◆	▽ 0/0
	11	서 보 민	○ 0/0	○ 0/0	○ 0/0	○ 0/0	○ 0/0	○ 0/0 C	○ 0/0	○ 0/0	○ 0/0	○ 0/0
	13	김 도 엽										
	18	이 현 일								▽ 0/1	▽ 0/0	△ 1/0
	23	김 소 웅	△ 0/0				△ 0/0					

91

경기번호			102	106	113	119	125	130	132	137	141	150
날 짜			07.28	08.04	08.12	08.20	08.27	09.03	09.08	09.15	09.22	09.30
홈/원정			원정	홈	원정	원정	홈	원정	홈	원정	홈	원정
장 소			광주W	탄천	안산	구덕	탄천	잠실	탄천	안양	탄천	부천
상 대			광주	수원FC	안산	부산	부천	서울E	아산	안양	안산	부천
결 과			패	무	승	패	승	승	무	무	무	승
점 수			1:3	0:0	1:0	0:2	2:1	2:1	1:1	1:1	1:1	1:0
승 점			39	40	43	43	46	49	50	51	52	55
슈팅수			12:16	17:9	7:15	11:6	14:11	11:8	10:14	18:5	13:10	17:11
위치	배번	선수명										
GK	1	김 동 준										
	21	김 근 배	○ 0/0	○ 0/0	○ 0/0	○ 0/0	○ 0/0		○ 0/0			○ 0/0
	31	전 종 혁						○ 0/0		○ 0/0	○ 0/0	
	41	황 인 재										
DF	2	이 시 영										
	3	최 준 기		○ 0/0	○ 0/0	○ 0/0	○ 0/0	○ 0/0 C		○ 0/0		
	4	문 지 환										△ 0/0
	5	임 채 민							○ 0/0	○ 0/0	○ 0/0	○ 0/0
	5	오르슐리치										
	14	이 학 민	○ 0/0	▽ 0/0 C	▽ 0/0						○ 0/0 C	○ 0/0
	15	이 지 민										
	20	연 제 운	○ 0/0	○ 0/0	○ 0/0	○ 0/0	○ 0/0	○ 0/0				
	22	김 재 봉			△ 0/0	▽ 0/0 C	▽ 0/0					
	25	조 성 욱	△ 0/0									
	26	이 다 원				△ 0/0		△ 0/0			△ 0/0	
	28	윤 영 선	○ 0/0	○ 0/0	▽ 0/0							○ 0/0
	34	박 태 민	▽ 0/0									
MF	6	김 정 현		○ 0/0	○ 0/0		○ 0/0	○ 0/0	○ 0/0	○ 0/0 C		○ 0/0
	7	에 델	△ 0/0	△ 0/0	△ 0/0	△ 0/0	○ 1/0	▽ 0/1 C	△ 0/0	○ 0/0 C		▽ 1/0 C
	8	주 현 우		△ 0/0	△ 0/0		○ 0/0	○ 0/0	○ 0/0	○ 0/0 C		○ 0/0
	10	문 상 윤	○ 0/0	○ 0/0	○ 0/0	▽ 0/0	△ 0/0		○ 0/0		▽ 0/0	○ 0/0
	24	박 태 준					○ 0/0				△ 0/0 C	
	27	이 정 태										
	29	본 즈	▽ 0/0				○ 0/0	○ 0/0	▽ 0/0	▽ 0/0		
	30	김 동 희										
	32	김 민 혁	○ 0/0	○ 0/0	○ 0/0	○ 0/0	△ 0/0	○ 0/0	▽ 0/0		△ 0/0	
	33	최 병 찬	○ 1/0	▽ 0/0	○ 0/0	○ 0/0	△ 1/0	△ 0/0	△ 0/0 C			▽ 0/0
	37	임 대 준										
	40	무 랄 라										
FW	9	정 성 민	▽ 0/0 C				▽ 0/0	▽ 1/0	○ 1/0	○ 1/0	○ 1/0	▽ 0/0
	11	서 보 민	○ 0/0	○ 0/0	○ 1/0	▽ 0/0	○ 0/0	▽ 0/0	△ 0/0	○ 0/0	△ 0/0	
	13	김 도 엽		△ 0/0	▽ 0/0	△ 0/0		▽ 1/0	▽ 0/1	▽ 0/1	△ 0/0	○ 0/0
	18	이 현 일	△ 0/0	▽ 0/0				△ 0/0			△ 0/0	△ 0/0
	23	김 소 웅										

선수자료 : 득점/도움   ○ = 선발출장   △ = 교체 IN   ▽ = 교체 OUT   ◈ = 교체 IN/OUT   C = 경고   S = 퇴장

위치	배번		154	156	165	166	173	177				
		경기번호	154	156	165	166	173	177				
		날짜	10.07	10.13	10.21	10.27	11.03	11.11				
		홈/원정	홈	홈	원정	홈	원정	홈				
		장소	탄천	탄천	아산	탄천	수원	탄천				
		상대	서울E	광주	아산	대전	수원FC	부산				
		결과	패	무	패	승	승	승				
		점수	1:2	2:2	0:1	2:0	1:0	1:0				
		승점	55	56	56	59	62	65				
		슈팅수	10:5	16:8	5:16	13:8	9:12	12:7				
GK	1	김 동 준										
	21	김 근 배	○ 0/0	○ 0/0								
	31	전 종 혁			○ 0/0	○ 0/0	○ 0/0 C	○ 0/0				
	41	황 인 재										
DF	2	이 시 영										
	3	최 준 기		△ 0/0		○ 0/0 C	○ 0/0	○ 0/0 C				
	4	문 지 환		○ 0/0 C	▽ 0/0 C	△ 0/0	△ 0/0	○ 0/0				
	5	임 채 민	○ 0/0	○ 0/0	○ 0/0	○ 0/0	○ 0/0	○ 0/0				
	5	오르슐리치										
	14	이 학 민	○ 0/0	▽ 0/0	○ 0/0			△ 0/0				
	15	이 지 민			△ 0/0							
	20	연 제 운					△ 0/0	○ 0/1				
	22	김 재 봉										
	25	조 성 욱										
	26	이 다 원	△ 0/0									
	28	윤 영 선	○ 0/0	○ 0/0	○ 0/0	○ 0/0	○ 0/0 C					
	34	박 태 민										
MF	6	김 정 현	○ 0/0		○ 0/0	○ 0/0	○ 0/0					
	7	에 델	▽ 0/0	○ 0/0	○ 0/0 C	○ 0/0	○ 1/0	○ 0/0				
	8	주 현 우	▽ 0/0	○ 0/1	○ 0/0	○ 0/0	▽ 0/0	▽ 0/0				
	10	문 상 윤	○ 0/0	△ 0/0		▽ 1/0	▽ 0/1	○ 0/0				
	24	박 태 준	○ 0/0					△ 0/0				
	27	이 정 태				△ 0/0						
	29	본 즈		▽ 0/0								
	30	김 동 희										
	32	김 민 혁	△ 0/0	○ 0/1	○ 0/0 C	▽ 1/0	○ 0/0	▽ 0/0				
	33	최 병 찬										
	37	임 대 준										
	40	무 랄 랴										
FW	9	징 싱 빈	▽ 1/0		△ 0/0	▽ 0/0	▽ 0/0					
	11	서 보 민	△ 0/0	○ 0/0	▽ 0/0	○ 0/1	○ 0/0	○ 0/0				
	13	김 도 엽	○ 0/0 C	△ 0/0	△ 0/0			▽ 0/0				
	18	이 현 일		▽ 2/0	▽ 0/0	△ 0/0	△ 0/0	△ 1/0				
	23	김 소 웅										

부 산 아 이 파 크

창단년도_ 1983년

전화_ 051-941-1100

팩스_ 051-941-6715

홈페이지_ www.busanipark.com

주소_ 우 46703 부산광역시 강서구 체육공원로 43(대저1동, 강
서체육공원)

43, Cheyukgongwon-ro, Gangseo-gu, Busan, KOREA
46703

연혁

1983	대우 로얄즈 프로축구단 창단(전신)
1984	84 축구대제전 수퍼리그 종합우승
1986	제5회 아시안 클럽 챔피언십 우승
	프로선수권대회 준우승
1987	제1회 아프로 - 아시안 클럽 챔피언십 우승
	87 한국프로축구대회 종합우승
1989	전국축구선수권대회(왕중왕전) 우승
1990	전국축구선수권대회(왕중왕전) 우승
1991	91 한국프로축구대회 종합우승
1997	97 아디다스컵 우승
	97 라피도컵 프로축구대회 우승
	97 프로스펙스컵 우승
1998	98 필립모리스코리아컵 우승
1999	99 바이코리아컵 K-리그 준우승
2000	구단 인수(현대산업개발)
	부산 아이콘스 프로축구단 재창단
	제5회 서울은행 FA컵 3위
2001	아디다스컵 2001 준우승
2003	부산 아이콘스 클럽하우스 완공
	주식회사 부산 아이콘스 독립 법인 출범
2004	삼성 하우젠 K-리그 2004 통합 7위
	제9회 하나은행 FA컵 우승

2005	구단명 부산 아이파크, 사명 아이파크스포츠㈜ 변경
	삼성 하우젠 K-리그 2005 전기리그 우승
	AFC 챔피언스리그 4강 진출
	삼성 하우젠 K-리그 2005 공동 3위
2006	삼성 하우젠 K-리그 2006 전기 6위 / 후기 8위
2007	삼성 하우젠 K-리그 2007 13위
2008	삼성 하우젠컵 2008 6강 진출
	삼성 하우젠 K리그 2008 12위
2009	2009 K리그 12위
	피스컵 코리아 2009 2위
2010	쏘나타 K-리그 2010 8위
	제15회 하나은행 FA컵 준우승
2011	러시앤캐시컵 2011 준우승
	현대오일뱅크 K-리그 2011 정규 5위 / 챔피언십 6위
2012	현대오일뱅크 K-리그 2012 그룹A(상위 스플릿), 7위
2013	현대오일뱅크 K-리그 클래식 2013 그룹A(상위 스플릿), 6위
2014	현대오일뱅크 K-리그 클래식 2014 그룹B 8위
2015	현대오일뱅크 K-리그 클래식 2015 11위
2016	현대오일뱅크 K-리그 챌린지 2016 5위
2017	KEB하나은행 K리그 챌린지 2017 2위
	제22회 KEB하나은행 FA컵 준우승
2018	KEB하나은행 K리그2 2018 3위

2018년 선수명단

대표이사_ 최만희   사무국장_ 김병석

감독_ 최윤겸   코치_ 안승인·민영기   GK코치_ 이승준   피지컬코치_ 한상혁   트레이너_ 박해일·임경민   통역_ 황재혁   주무_ 김현호

포지션	선수명		생년월일	출신교	키(cm) / 몸무게(kg)
GK	송 유 걸	宋裕傑	1985.02.16	경희대	187 / 85
	구 상 민	具相珉	1991.10.31	동의대	186 / 78
	김 형 근	金亨根	1994.01.06	영남대	188 / 78
	김 정 호	金楨浩	1998.04.07	개성고	185 / 76
DF	정 호 정	鄭好正	1988.09.01	광운대	180 / 76
	박 준 강	朴埈江	1991.06.06	상지대	170 / 63
	홍 진 기	洪眞基	1990.10.20	홍익대	182 / 82
	노 행 석	魯幸錫	1988.11.17	동국대	184 / 78
	김 치 우	金致佑	1983.11.11	중앙대	175 / 68
	김 명 준	金明俊	1994.05.13	영남대	184 / 75
	이 종 민	李宗珉	1983.09.01	서귀포고	175 / 68
	이 청 웅	李淸熊	1993.03.15	영남대	185 / 76
	연 제 민	涎濟民	1993.05.28	한남대	187 / 72
	구 현 준	具賢俊	1993.12.13	동래고	182 / 75
	박 경 민	朴耿敏	1999.08.02	개성고	173 / 60
	박 호 영	朴祐永	1999.04.07	개성고	195 / 87
	이 준 서	李峻瑞	1997.10.15	개성고	194 / 80
	박 태 홍	朴台洪	1991.03.25	연세대	185 / 80
MF	권 진 영	權鎭永	1991.10.23	숭실대	180 / 72
	이 재 권	李在權	1987.07.30	고려대	176 / 72
	호 물 로	Romulo Jose Pacheco da Silva	1995.10.27	*브라질	172 / 74
	송 창 호	宋昌鎬	1986.02.20	동아대	180 / 76
	고 경 민	高敬旻	1987.04.11	한양대	177 / 73
	한 준 규	韓俊奎	1996.02.10	경희대	181 / 72
	김 진 규	金鎭圭	1997.02.24	개성고	175 / 67
	서 용 덕	徐庸德	1989.09.10	연세대	175 / 69
	맥 도 날 드	Sherjill Jermaine Mac.Donald	1984.11.20	*네덜란드	185 / 84
FW	김 동 섭	金東燮	1989.03.29	장훈고	188 / 80
	이 동 준	李東俊	1997.02.01	숭실대	173 / 64
	신 영 준	申映俊	1989.09.06	호남대	179 / 71
	김 현 성	金賢聖	1989.09.27	동북고	186 / 77
	한 지 호	韓志皓	1988.12.15	홍익대	180 / 74
	이 상 준	李常俊	1999.10.14	개성고	169 / 58
	김 문 환	金紋奐	1995.08.01	중앙대	172 / 64
	발 푸 르 트	Arsenio Jermaine Cedric Valpoort	1992.08.05	*네덜란드	183 / 78
	최 승 인	崔承仁	1991.03.05	동래고	179 / 75

2018년 개인기록 _ K리그2

위치	배번	성명	01	09	14	20	21	29	35	36	43	47
		경기번호	01	09	14	20	21	29	35	36	43	47
		날짜	03.03	03.11	03.18	03.25	03.31	04.08	04.15	04.21	04.28	05.06
		홈/원정	홈	원정	홈	원정	홈	홈	원정	홈	원정	원정
		장소	구덕	잠실	구덕	대전W	구덕	구덕	수원	구덕	부천	안산
		상대	성남	서울E	아산	대전	안산	광주	수원FC	안양	부천	안산
		결과	무	무	승	승	무	패	패	승	패	승
		점수	1:1	2:2	1:0	1:0	1:1	0:1	0:1	3:0	0:1	3:1
		승점	1	2	5	8	9	9	9	12	12	15
		슈팅수	4:6	16:10	8:6	14:6	6:3	11:9	11:7	12:2	14:10	16:8
GK	1	송유걸		○ 0/0				○ 0/0				
	21	구상민				○ 0/0				○ 0/0	○ 0/0	
	31	김형근	○ 0/0		○ 0/0		○ 0/0		○ 0/0			○ 0/0
DF	2	정호정	○ 0/0	○ 0/0	○ 0/0 C	○ 0/0		○ 0/0		○ 0/0	○ 0/0	
	3	박준강	○ 0/0		△ 0/0					○ 0/0 C	▽ 0/0	△ 0/0
	4	홍진기	△ 0/0 C				○ 0/0	○ 0/0	○ 0/0 C			○ 0/0
	5	노행석										
	7	김치우	○ 0/0	○ 1/0	○ 0/0	○ 0/0	○ 0/0 C	○ 0/0				
	15	김명준	○ 0/0 C	○ 0/0	○ 0/0	○ 0/0	○ 0/0	○ 0/0	△ 0/0	○ 0/0		○ 0/0
	17	이종민		○ 0/1	▽ 0/0	○ 0/0	○ 0/0	○ 0/0 C	○ 0/0		▽ 0/0	
	25	이청웅	△ 0/0	○ 0/0		△ 0/0						
	26	연제민										
	27	구현준			○ 0/0 C					○ 0/0	○ 0/0	
	35	박호영										
	44	박태홍										
	77	권진영										
MF	8	이재권	▽ 0/0	○ 0/1 C	○ 0/0		△ 0/0		○ 0/0 C	○ 0/0 C		○ 0/0
	10	호물로	○ 0/0	○ 0/0	○ 0/0	○ 0/0	○ 0/0	○ 0/0	○ 0/0	○ 0/0	○ 0/1	○ 0/1
	14	송창호	○ 0/1									
	19	고경민				△ 0/0	△ 0/0 C	△ 0/0	○ 0/0	△ 0/0		△ 0/0
	23	김진규	▽ 1/0	△ 0/0	▽ 1/0			▽ 0/0	△ 0/0		△ 0/0	▽ 1/0
	37	이규성	△ 0/0			▽ 0/0	▽ 0/0			▽ 0/1	○ 0/0	○ 0/0
	88	서용덕										
FW	6	맥도날드										
	9	김동섭										
	11	이동준			▽ 0/0	▽ 1/0	▽ 0/0	△ 0/0 C	▽ 0/0	▽ 0/1	▽ 0/0	▽ 0/0
	13	신영준	▽ 0/0	▽ 0/0 C				△ 0/0		△ 0/0		
	18	김현성										
	22	한지호				△ 0/0			▽ 0/0	○ 0/0	○ 0/0 C	△ 0/0
	29	이상준										
	33	김문환		△ 0/0	○ 0/0 C		▽ 0/0	▽ 0/0	○ 0/0		△ 0/0	
	60	알레망		▽ 1/0	△ 0/0	▽ 0/0			○ 0/0	▽ 0/0		▽ 1/0
	09	빌고델리								△ 1/0	◆ 0/0 C	◆ 1/0
	92	발푸르트										
	99	최승인	○ 0/0 S	△ 0/0	▽ 0/0		△ 1/0			▽ 2/0		

선수자료 : 득점/도움 ○ = 선발출장 △ = 교체 IN ▽ = 교체 OUT ◆ = 교체 IN/OUT C = 경고 S = 퇴장

위치	배번	경기번호	53	60	65	68	71	80	85	90	91	99
		날짜	05.13	05.21	05.28	06.02	06.06	06.10	07.01	07.09	07.14	07.22
		홈/원정	홈	홈	원정	원정	원정	원정	홈	원정	홈	원정
		장소	구덕	구덕	아산	부천	안양	탄천	부산A	광주W	부산A	안산
		상대	서울E	수원FC	아산	부천	안양	성남	대전	광주	부천	안산
		결과	승	무	무	무	무	승	무	무	패	승
		점수	2:0	1:1	1:1	0:0	2:2	1:0	3:3	1:1	1:2	1:0
		승점	18	19	20	21	22	25	26	27	27	30
		슈팅수	18:3	12:7	8:17	18:13	12:3	9:11	24:5	11:12	17:10	15:10
GK	1	송 유 걸										
	21	구 상 민				○ 0/0	○ 0/0	○ 0/0	○ 0/0 C	○ 0/0		○ 0/0
	31	김 형 근	○ 0/0	○ 0/0						○ 0/0	○ 0/0	
DF	2	정 호 정		△ 0/0	○ 0/0	△ 0/0	○ 0/0	○ 0/0 C	○ 0/0			○ 0/0
	3	박 준 강	△ 0/0									
	4	홍 진 기	○ 0/0		○ 0/0	▽ 0/0						
	5	노 행 석										
	7	김 치 우			○ 0/0	○ 0/0 C	○ 0/0		○ 0/1	○ 0/0	○ 0/1	
	15	김 명 준	○ 0/0	○ 0/0 C	○ 0/0	○ 0/0	○ 0/0	○ 0/0	○ 0/0	○ 1/0	○ 0/0	○ 0/0
	17	이 종 민	▽ 0/0 C	○ 0/0 C	○ 0/0	○ 0/0	○ 0/0		○ 0/0	▽ 0/0		○ 0/0
	25	이 청 웅					△ 0/0 C					
	26	연 제 민										△ 0/0
	27	구 현 준			▽ 0/0			○ 0/0				
	35	박 호 영										
	44	박 태 홍										
	77	권 진 영										
MF	8	이 재 권	○ 0/0	○ 0/1	○ 0/0 C	○ 0/0	○ 0/0 C		○ 0/0 C		○ 0/0	○ 0/0 C
	10	호 물 로	○ 1/1	○ 1/0	○ 0/0	○ 0/0	▽ 0/1	○ 0/0	○ 0/0	○ 0/1		○ 1/0 CC
	14	송 창 호	△ 0/0									
	19	고 경 민			○ 1/0	○ 0/0	▽ 1/0	△ 0/1	▽ 1/0	○ 0/0		○ 0/0
	23	김 진 규	○ 0/0	▽ 0/0		○ 0/0	○ 1/0	▽ 0/0	▽ 0/0	○ 0/0 C	▽ 0/0	▽ 0/0
	37	이 규 성	▽ 0/0	▽ 0/0								
	88	서 용 덕										
FW	6	맥 도 날 드								△ 0/0		
	9	김 동 섭		△ 0/0 C	▽ 0/0	▽ 0/0 C						
	11	이 동 준			△ 0/0		△ 0/0	△ 0/0	△ 0/0	△ 0/0	△ 0/0	
	13	신 영 준			△ 0/1					△ 1/0	△ 0/0	
	18	김 현 성		△ 0/0	△ 0/0	△ 0/0	▽ 0/0	▽ 1/0	○ 0/0	○ 0/0		▽ 0/0
	22	한 지 호	△ 1/0	▽ 0/0			△ 0/0	○ 0/0	▽ 1/1	▽ 0/0		△ 0/0
	29	이 상 준										
	33	김 문 환	○ 0/0	○ 0/0	○ 0/0 C	○ 0/0		○ 0/0	△ 0/0	△ 0/0	○ 1/0	△ 0/1
	60	알 레 망	○ 0/0	○ 0/0								
	89	발 로 텔 리	▽ 0/0									
	92	발 푸 르 트								▽ 0/0	▽ 0/0	▽ 0/0
	99	최 승 인				▽ 0/0 C	▽ 0/0	△ 0/0	△ 0/0			

위치	배번		경기번호	103	110	111	119	122	127	133	140	143	146
			날짜	07.29	08.05	08.11	08.20	08.25	09.01	09.08	09.16	09.22	09.29
			홈/원정	홈	원정	원정	홈	홈	원정	홈	홈	홈	원정
			장소	구덕	아산	잠실	구덕	구덕	광주W	구덕	구덕	구덕	안양
			상대	안양	아산	서울E	성남	수원FC	광주	대전	부천	아산	안양
			결과	승	무	승	승	패	무	패	무	패	승
			점수	4:3	0:0	5:0	2:0	0:1	3:3	1:2	1:1	1:2	2:1
			승점	33	34	37	40	40	41	41	42	42	45
			슈팅수	17:11	18:5	14:12	6:11	16:7	11:11	8:23	14:3	9:7	12:7
GK	1	송유걸											
	21	구상민		○0/0	○0/0	○0/0	○0/0	○0/0			○0/0		○0/0
	31	김형근							○0/0	○0/0		○0/0	
DF	2	정호정		○0/0					○0/0	▽0/0	▽0/0	○0/0	
	3	박준강			▽0/0	△0/0	△0/1	▽0/0				○0/0	
	4	홍진기					○0/0 C						
	5	노행석											
	7	김치우		○0/0	○0/0	○0/0		○0/0	○0/0 C	○0/0			△0/0
	15	김명준		○0/0	○0/0	○0/0	○0/0	○0/0		○0/0			
	17	이종민		○0/1	△0/0	○0/0	▽0/0		○0/1	○0/0		▽0/0	
	25	이청웅				△0/0						▽0/0 C	
	26	연제민						▽0/0					
	27	구현준					○0/0	△0/0			○0/0 C	○0/0	○0/0
	35	박호영						△0/0	△0/0				
	44	박태홍		△0/0	○0/0	○0/0							
	77	권진영									○0/0	○0/0	○0/0
MF	8	이재권		○0/1	○0/0	○0/1	○0/0	○0/0		○0/0 S			○0/0
	10	호물로			○0/0	▽2/0	○0/1	○0/0	○1/0	○0/1	○0/0	○0/0 C	○0/0
	14	송창호								△0/0	▽0/0		
	19	고경민		▽3/0	○0/0	○0/0	△1/0	○0/0	▽0/1	○1/0	△0/0	○0/0	○0/1
	23	김진규		○0/0	△0/0	○0/1 C	○0/0	○0/0	○0/0	○0/0		○0/0	○1/0
	37	이규성											
	88	서용덕											
FW	6	맥도날드									△0/0		
	9	김동섭									△0/0	△0/0	△0/0
	11	이동준			▽0/0	△1/0			△2/0	△0/0	▽0/0	△0/0	
	13	신영준											
	18	김현성		○0/0				△0/0 C	△0/0	▽0/0		○0/0	▽0/0
	22	한지호		△1/0	○0/0	○0/0	△1/0	○0/0	▽0/0	▽0/0		▽0/0	△0/1
	29	이상준											
	33	김문환		▽0/0							○1/0 C		○1/0
	60	일레방											
	90	발로텔리											
	92	발푸르트		▽0/1	△0/0	▽0/0			▽0/0			▽1/0	▽0/0
	99	최승인		△0/0	▽0/0	▽2/0	▽0/0	▽0/0	▽0/0 C				

선수자료: 득점/도움　○ = 선발출장　△ = 교체 IN　▽ = 교체 OUT　◈ = 교체 IN/OUT　C = 경고　S = 퇴장

위치	배번	경기번호	155	159	164	169	174	177	182	승강PO 01	승강PO 02
		날 짜	10.06	10.14	10.21	10.28	11.04	11.11	12.01	12.06	12.09
		홈/원정	원정	홈	원정	홈	홈	원정	홈	홈	원정
		장 소	수원	구덕	대전W	구덕	구덕	탄천	구덕	구덕	서울W
		상 대	수원FC	서울E	대전	안산	광주	성남	대전	서울	서울
		결 과	승	승	승	무	무	패	승	패	무
		점 수	3:0	3:1	1:0	0:0	2:2	0:1	3:0	1:3	1;1
		승 점	48	51	54	55	56	56	59	0	1
		슈팅수	11:14	10:8	12:6	10:7	14:8	7:12	10:11	11:12	13:5
GK	1	송 유 걸									
	21	구 상 민	○ 0/0	○ 0/0	○ 0/0	○ 0/0			○ 0/0	○ 0/0	○ 0/0
	31	김 형 근					○ 0/0	○ 0/0			
DF	2	정 호 정									
	3	박 준 강		○ 1/0			▽ 0/0				
	4	홍 진 기									
	5	노 행 석		△ 0/0				○ 0/0	○ 1/0	○ 0/0	▽ 0/0
	7	김 치 우		○ 0/0	△ 0/0	○ 0/0		○ 0/0	○ 0/0	○ 0/0	▽ 0/0
	15	김 명 준			○ 0/0	○ 0/0	○ 0/0			○ 0/0	○ 0/0
	17	이 종 민	○ 0/0	○ 0/0	▽ 0/0						△ 0/0
	25	이 청 웅	○ 0/0	○ 0/0	○ 0/0	○ 0/0	○ 1/0 C		○ 0/0	△ 0/0	
	26	연 제 민						▽ 0/0			
	27	구 현 준	○ 0/1	○ 0/0	○ 0/0	▽ 0/0	○ 0/0 S			○ 0/0	○ 0/0
	35	박 호 영									
	44	박 태 홍									
	77	권 진 영	○ 0/0	○ 0/0				○ 0/0	○ 0/0	○ 0/0	○ 0/0 CC
MF	8	이 재 권	○ 0/0	○ 0/1 C	○ 0/0	○ 0/0			○ 0/1	○ 0/0	○ 0/0
	10	호 물 로	○ 1/0	▽ 0/2	○ 1/0	○ 0/0	○ 1/1	○ 0/0	▽ 1/0	○ 1/0	○ 0/1 C
	14	송 창 호					○ 0/0	○ 0/0	△ 0/0		
	19	고 경 민	△ 0/0	▽ 1/0	△ 0/0	▽ 0/0	△ 0/0 C		▽ 0/1	△ 0/0	△ 0/0
	23	김 진 규	▽ 1/1	○ 1/0	▽ 0/0	○ 0/0	○ 0/0 C		○ 0/0	▽ 0/0	○ 1/0 C
	37	이 규 성									
	88	서 용 덕						△ 0/0			
FW	6	맥도날드									
	9	김 동 섭	▽ 1/0								
	11	이 동 준			△ 0/0	△ 0/0	△ 0/0	▽ 0/0		△ 0/0	△ 0/0
	13	신 영 준	▽ 0/0					△ 0/0	△ 1/0		
	18	김 현 성	△ 0/0	▽ 0/0	○ 0/0	▽ 0/0	△ 0/0	○ 0/0 CC		▽ 0/0	▽ 0/0
	22	한 지 호	△ 0/0	△ 0/0	▽ 0/0	△ 0/0	▽ 0/0		▽ 0/0	▽ 0/1	○ 0/0
	29	이 상 준						△ 0/0			
	33	김 문 환	○ 0/0		○ 0/0 C	○ 0/0	○ 0/0	○ 0/0	○ 0/0 C	○ 0/0	○ 0/0 C
	60	알 레 망									
	89	발로텔리									
	92	발푸르트						▽ 0/0			
	99	최 승 인		△ 0/0		△ 0/0	▽ 0/0 C		△ 0/0		

대 전 시 티 즌

창단년도_ 1997년
전화_ 042-824-2002
팩스_ 042-824-7048
홈페이지_ www.DCFC.co.kr
페이스북_ http://www.facebook.com/dcfc1997
유튜브_ http://www.youtube.com/user/1997dcfc
주소_ 우 34148 대전광역시 유성구 월드컵대로 32(노은동) 대전
월드컵경기장 서관 3층
3F, West Gate, Daejeon World Cup Stadium, 32, World
Cup-daero(Noeun-dong), Yuseong-gu, Daejeon, KOREA
34148

연혁

1996	(주)대전프로축구 창설	2006	2차 시민주 공모
1997	대전 시티즌 프로축구단 창설		삼성 하우젠 K-리그 2006 전기 3위, 후기 12위
	97 라피도컵 프로축구대회 7위		삼성 하우젠컵 2006 4위 (B조 5위)
	97 아디다스컵 페어플레이팀 수상	2007	삼성 하우젠컵 2007 10위 (B조 5위)
	97 라피도컵 '올해의 페어플레이'팀 수상		삼성 하우젠 K-리그 6위 (6강 진출)
1998	98 현대컵 K-리그 9위	2008	삼성 하우젠컵 2008년 B조 4위
1999	99 바이코리아컵 K-리그 8위		삼성 하우젠 K-리그 13위
2000	2000 삼성 디지털 K-리그 8위	2009	2009 K-리그 9위
2001	2001 포스코 K-리그 10위		피스컵 A조 5위
	제6회 서울은행 FA컵 우승		제14회 하나은행 FA컵 4강
2002	2002 삼성 파브 K-리그 10위		제14회 하나은행 FA컵 페어플레이팀 수상
	제7회 하나-서울은행 FA컵 4강	2010	쏘나타 K리그 2010 13위
2003	AFC 챔피언스리그 본선진출		포스코컵 2010 C조 5위
	삼성 하우젠 K-리그 6위	2011	현대오일뱅크 K리그 2011 15위
	제8회 하나은행 FA컵 8강		러시앤캐시컵 2011 A조 6위
2004	삼성 하우젠 K-리그 2004 통합 11위(전기 11위,	2012	현대오일뱅크 K리그 2012 13위
	후기 11위)	2013	현대오일뱅크 K리그 클래식 2013 14위
	삼성 하우젠컵 2004 준우승	2014	현대오일뱅크 K리그 챌린지 2014 우승
	제9회 하나은행 FA컵 4강	2015	현대오일뱅크 K리그 클래식 2015 12위
2005	삼성 하우젠컵 2005 10위	2016	현대오일뱅크 K리그 챌린지 2016 7위
	삼성 하우젠 K-리그 2005 10위	2017	KEB하나은행 K리그 챌린지 2017 10위
	삼성 하우젠 K-리그 2005 전기 8위, 후기 7위	2018	KEB하나은행 K리그2 2018 4위
	1차 시민주 공모		

2018년 선수명단

대표이사_ 김호   사무국장_ 권헌규
감독_ 고종수   코치_ 이기범 · 황연석   스카우터_ 이정래 · 박철   주무_ 윤창열   트레이너_ 김병삼 · 김대덕 · 황영호
통역_ 어성규   장비_ 이대길   비디오분석_ 최정탁

포지션	선수명		생년월일	출신교	키(cm) / 몸무게(kg)
GK	김 진 영	金 珍 英	1992.03.02	건국대	195 / 87
	문 용 휘	文 容 輝	1995.06.07	용인대	186 / 78
	임 민 혁	林 珉 爀	1994.03.05	고려대	185 / 80
	한 호 동	韓 昊 東	1996.06.04	언남고	193 / 86
	박 주 원	朴 株 元	1990.10.19	홍익대	192 / 81
	박 준 혁	朴 俊 赫	1987.04.11	전주대	183 / 79
DF	김 예 성	金 譽 聲	1996.10.21	광주대	170 / 69
	황 재 훈	黃 在 焄	1990.11.25	진주고	178 / 73
	윤 준 성	尹 准 聖	1989.09.28	경희대	187 / 81
	권 영 호	權 英 鎬	1992.07.31	명지대	190 / 80
	안 재 준	安 宰 晙	1986.02.08	고려대	186 / 78
	윤 신 영	尹 信 榮	1987.05.22	경기대	184 / 80
	전 상 훈	田 尙 勳	1989.09.10	연세대	172 / 69
	황 재 원	黃 載 元	1981.04.13	아주대	186 / 80
	고 명 석	高 明 錫	1995.09.27	홍익대	188 / 79
	박 재 우	朴 宰 佑	1995.10.11	건국대	177 / 72
	박 명 수	朴 明 洙	1998.01.11	숭실대	173 / 68
	조 태 근	曹 泰 根	1985.04.26	전주대	183 / 80
	장 원 석	張 原 碩	1986.04.16	호남대	179 / 71
	이 지 솔	李 志 率	1999.07.09	언남고	185 / 78
	강 수 병	姜 秀 秉	1999.05.28	언남고	190 / 88
	윤 경 보	尹 鏡 寶	1995.08.16	호남대	183 / 78
	황 재 정	黃 在 正	1998.07.06	충남기계공고	180 / 70
	김 성 훈	金 成 勳	1999.06.03	매탄고	181 / 75
	백 종 환	白 宗 桓	1985.04.18	인천대	177 / 67
MF	오 장 은	吳 將 殷	1985.07.24	조천중	176 / 73
	뚜르스노프	Sanjar Tursunov	1986.12.29	*우즈베키스탄	173 / 63
	신 학 영	申 學 榮	1994.03.04	동북고	175 / 64
	고 민 성	高 旼 成	1995.11.20	매탄고	177 / 68
	안 상 현	安 相 炫	1986.03.05	능곡중	181 / 78
	키 쭈	Chitu Aurelian Ionut	1991.03.25	*루마니아	181 / 71
	김 민 성	金 旼 成	1998.04.18	언남고	173 / 70
	가 도 에 프	Shohruh Gadoev	1991.12.31	*우즈베키스탄	174 / 68
	유 진 석	劉 進 碩	1996.02.17	경희대	173 / 70
	조 예 찬	趙 藝 燦	1992.10.30	용인대	175 / 70
	강 윤 성	姜 允 盛	1997.07.01	대구공고	174 / 69
	공 용 훈	孔 涌 熏	1995.05.10	용인대	170 / 67
	김 성 익	金 成 益	1998.04.12	신갈고	181 / 70
	박 태 현	朴 太 賢	1994.08.16	고려대	177 / 68
	송 인 학	宋 仁 學	1996.01.09	고려대	182 / 77
	박 수 일	朴 秀 日	1996.02.22	광주대	175 / 70
	황 인 범	黃 仁 範	1996.09.20	충남기계공고	177 / 70
FW	박 수 창	朴 壽 昶	1989.06.20	경희대	174 / 71
	김 승 섭	金 昇 燮	1996.11.01	경희대	178 / 72
	강 한 빛	姜 한 빛	1993.07.20	호남대	175 / 72
	유 해 성	俞 海 成	1996.01.01	KC대	173 / 65
	조 귀 범	趙 貴 範	1996.08.09	예원예술대	184 / 79
	박 대 훈	朴 大 勳	1996.03.30	시남내	175 / 73
	김 찬 희	金 燦 喜	1990.06.25	한양대	184 / 81
	김 성 주	金 晟 柱	1998.08.23	광양제철고	175 / 72
	남 윤 재	南 潤 宰	1996.05.31	충남기계공고	180 / 68
	김 세 윤	金 勢 潤	1999.04.29	충남기계공고	173 / 66
	안 주 형	晏 周 炯	1999.01.02	신갈고	175 / 70
	이 준 호	李 俊 昊	1994.07.27	광양제철고	175 / 70
	임 준 식	林 俊 植	1997.02.14	충남기계공고	177 / 73
	압 동 민	安 東 珉	1999.05.11	신평고	177 / 67
	박 인 혁	朴 仁 赫	1995.12.29	경희대	187 / 77
	이 건 철	李 建 澈	1996.02.21	경희대	186 / 71

2018년 개인기록 _ K리그2

위치	배번	경기번호	02	08	15	20	25	27	31	37	44	51
		날짜	03.03	03.11	03.18	03.25	04.01	04.07	04.14	04.21	04.29	05.12
		홈/원정	홈	원정	홈	홈	원정	원정	홈	홈	원정	홈
		장소	대전W	안산	대전W	대전W	광주W	안양	대전W	대전W	수원	대전W
		상대	부천	안산	서울E	부산	광주	안양	아산	성남	수원FC	안양
		결과	패	패	승	패	승	무	패	패	승	승
		점수	1:2	2:3	1:0	0:1	1:0	1:1	1:2	1:2	2:1	3:2
		승점	0	0	3	3	6	7	7	7	10	13
		슈팅수	7:17	16:11	13:7	6:14	7:13	8:9	7:16	17:8	19:6	15:16
GK	1	김진영	○ 0/0	○ 0/0	○ 0/0	○ 0/0 S			○ 0/0	○ 0/0	○ 0/0	○ 0/0
	36	임민혁				△ 0/0	○ 0/0	○ 0/0				
	90	박주원										
	92	박준혁										
DF	3	황재훈										
	4	윤준성	○ 1/0	○ 0/0					○ 0/0	○ 0/0	○ 0/0 C	○ 0/0 C
	5	권영호										△ 0/0
	6	안재준				○ 0/0	○ 0/0	○ 0/0	△ 0/0		△ 0/0	
	15	조귀범								△ 0/0		
	22	윤신영										
	23	전상훈	○ 0/1 C		○ 0/0	○ 0/0					△ 0/0	
	24	황재원										
	25	고명석	○ 0/0	○ 0/0	○ 0/0	○ 0/0	○ 0/0	○ 0/0	○ 0/0	○ 0/0		
	26	박재우		△ 0/0					○ 0/0	○ 0/0	○ 0/2	○ 0/0
	34	박명수			○ 0/0							
	35	조태근				○ 0/0						
	38	장원석										
	44	이지솔										
	51	윤경보										
	77	백종환	○ 0/0	▽ 0/0	▽ 0/0			○ 0/0	○ 0/0			
MF	2	김예성				△ 0/0	○ 0/0 C	○ 0/0				▽ 0/0
	7	오장은	▽ 0/0 C		○ 0/0	○ 0/0	○ 0/0					
	8	박수창	○ 0/0	○ 1/0	○ 0/0 C			○ 1/0	▽ 0/0	▽ 0/1	○ 0/0	▽ 0/1 C
	13	신학영										
	17	고민성	△ 0/0 C	▽ 0/0							△ 0/0	
	20	안상현	○ 0/0	○ 0/0	○ 0/0			○ 0/0	○ 0/0	○ 0/0 C	○ 0/0	○ 0/0 C
	30	가도에프				△ 0/0	▽ 1/0	▽ 0/0	○ 0/1	△ 0/0 C	○ 1/0	▽ 2/0
	32	유진석					△ 0/0 C					
	41	강윤성										
	45	안주형										
	50	이준호						▽ 0/0				
	64	박인혁		○ 0/0 C	○ 0/0 C	▽ 0/0	○ 0/0	△ 0/0	○ 0/0 C		▽ 1/0	○ 0/2 C
	96	황인범										
FW	9	뚜르스노프										
	10	필립		△ 0/0	▽ 0/0				▽ 0/0			
	11	김승섭	▽ 0/0	○ 0/0				▽ 0/0	▽ 1/0	▽ 0/0	△ 0/0	
	12	강한빛										
	14	유해성	△ 0/0								△ 0/0	
	16	박대훈	△ 0/0	△ 0/0								
	19	김찬희				▽ 0/0 C	△ 0/0	▽ 0/0				
	27	키쭈					△ 0/0 C	△ 0/1	△ 0/0	○ 1/0	○ 0/0 C	○ 1/0
	33	김성주	▽ 0/0	▽ 0/0	▽ 0/0 C	△ 0/0	▽ 0/0	△ 0/0				
	43	김세윤							△ 0/0			
	66	박수일					○ 0/1	○ 0/0	○ 0/0	○ 0/0	○ 0/0	▽ 0/0
	88	이건철										
	91	페드로	○ 0/0		△ 1/0 C	△ 0/0				△ 0/0		

선수자료 : 득점/도움   ○ = 선발출장   △ = 교체 IN   ▽ = 교체 OUT   ◆ = 교체 IN/OUT   C = 경고   S = 퇴장

위치	배번	경기번호	57	62	70	74	78	85	89	92	100	101
		날짜	05.19	05.26	06.03	06.06	06.09	07.01	07.09	07.14	07.22	07.28
		홈/원정	원정	원정	홈	홈	원정	원정	홈	원정	홈	원정
		장소	아산	탄천	대전W	대전W	부천	부산A	대전W	아산	대전W	잠실
		상대	아산	성남	광주	안산	부천	부산	수원FC	아산	성남	서울E
		결과	승	패	패	무	승	무	패	무	패	패
		점수	1:0	2:4	1:2	1:1	2:0	3:3	0:2	2:2	0:1	0:1
		승점	16	16	16	17	20	21	21	22	22	22
		슈팅수	8:14	10:12	11:14	9:14	10:13	5:24	8:18	14:14	8:13	13:10
GK	1	김진영	○ 0/0	○ 0/0	▽ 0/0							
	36	임민혁			△ 0/0	○ 0/0	○ 0/0	○ 0/0 C	○ 0/0	○ 0/0 C		
	90	박주원										
	92	박준혁									○ 0/0	○ 0/0
DF	3	황재훈							○ 0/0	○ 1/0	○ 0/0	
	4	윤준성	○ 0/0	○ 0/0	○ 0/0 C		▽ 0/0			○ 0/0 C	○ 0/0	○ 0/0
	5	권영호				○ 1/0	○ 0/0 C	○ 0/0		○ 0/0		
	6	안재준			△ 0/0	○ 0/0	▽ 0/0 C	▽ 0/0	○ 0/0			
	15	조귀범										
	22	윤신영								○ 0/0		
	23	전상훈	△ 0/0						○ 0/0			
	24	황재원									△ 0/0	▽ 0/0
	25	고명석	○ 0/0	○ 0/0	○ 0/0	○ 0/0	△ 0/0	○ 0/0				
	26	박재우	▽ 0/0	○ 0/1	○ 0/0 C			○ 0/0				
	34	박명수								▽ 0/0 C	○ 0/0	○ 0/0
	35	조태근										
	38	장원석				○ 0/0	○ 0/0			△ 0/0		
	44	이지솔						△ 0/0 C				
	51	윤경보										
	77	백종환										
MF	2	김예성	○ 0/0	○ 0/0	○ 0/0	○ 0/0	▽ 0/0	○ 0/0				
	7	오장은	△ 0/0 C				△ 0/0					
	8	박수창		▽ 0/1		△ 0/0			△ 0/0 C			
	13	신학영						○ 0/0	▽ 0/0			
	17	고민성				△ 0/0				△ 0/0	△ 0/0	△ 0/0
	20	안상현	○ 1/0	○ 0/0	○ 0/0		○ 0/0	○ 0/0	○ 0/0 C		▽ 0/0	○ 0/0
	30	가도에프	△ 0/0	▽ 1/0	○ 0/0 S			△ 0/0	▽ 0/0	△ 1/1		△ 0/0
	32	유진석									△ 0/0	
	41	강윤성	▽ 0/0 C	△ 0/0	▽ 0/0	▽ 0/0	△ 0/0	▽ 1/0	○ 0/0	○ 0/0	○ 0/0 C	▽ 0/0
	45	안주형										
	50	이준호										
	64	박인혁	○ 0/0	△ 0/0	○ 0/0	○ 0/0		○ 2/0 C	○ 1/0			○ 0/0
	96	황인범										
FW	9	뚜르스노프										
	10	필립										
	11	김승섭	▽ 0/0	▽ 0/0	△ 1/0	▽ 0/0			▽ 0/0	▽ 0/0		△ 0/0
	12	강한빛										
	14	유해성		△ 0/0		△ 0/0			△ 0/0			
	16	박대훈										
	19	김찬희							△ 0/0 C			
	27	키쭈	○ 0/0	○ 1/0	▽ 0/0	○ 0/0	○ 0/1	○ 1/0	○ 0/0	○ 0/1	○ 0/0	○ 0/0
	33	김성주										
	43	김세윤										
	66	박수일	○ 0/1 C	○ 0/0 C	○ 0/0	▽ 0/1	○ 0/1	○ 0/1			▽ 0/0	▽ 0/0
	88	이건철										
	91	페드로										

위치	배번	선수	108	112	49	120	123	129	133	138	144	147
		경기번호	108	112	49	120	123	129	133	138	144	147
		날짜	08.04	08.11	08.15	08.20	08.26	09.03	09.08	09.15	09.23	09.29
		홈/원정	홈	원정	원정	원정	홈	홈	원정	홈	원정	원정
		장소	대전W	안양	잠실	부천	대전W	대전W	구덕	대전W	광주W	안산
		상대	광주	안양	서울E	부천	안산	수원FC	부산	서울E	광주	안산
		결과	무	승	승	무	승	승	승	승	승	무
		점수	1:1	1:0	2:0	1:1	1:0	1:0	2:1	1:0	2:1	1:1
		승점	23	26	29	30	33	36	39	42	45	46
		슈팅수	17:13	10:8	8:2	8:4	12:14	16:12	23:8	18:9	14:9	13:6
GK	1	김진영										
	36	임민혁										
	90	박주원										
	92	박준혁	○ 0/0	○ 0/0	○ 0/0 C	○ 0/0		○ 0/0	○ 0/0	○ 0/0	○ 0/0	○ 0/0
DF	3	황재훈	○ 0/0	○ 0/0		○ 0/0	○ 0/0	○ 0/0	○ 0/0 C	○ 0/0	○ 0/0	
	4	윤준성	○ 0/0									
	5	권영호	▽ 0/0 C	○ 0/0	○ 0/0		△ 0/0					△ 0/0
	6	안재준										
	15	조귀범										
	22	윤신영		○ 0/0	○ 0/0		○ 0/0 C	○ 0/0	○ 0/0	○ 0/0		○ 0/1
	23	전상훈										
	24	황재원										
	25	고명석	○ 0/0		○ 0/0		○ 0/0	▽ 1/0				
	26	박재우						△ 0/0	△ 0/0			
	34	박명수										
	35	조태근										
	38	장원석	▽ 0/0	▽ 0/0	○ 0/0	○ 0/0						△ 0/0
	44	이지솔										
	51	윤경보					△ 0/0					
	77	백종환										
MF	2	김예성										
	7	오장은										
	8	박수창			△ 0/0	▽ 0/0						
	13	신학영	○ 0/0	▽ 0/0	▽ 0/1 C	▽ 0/0	△ 0/0 C	△ 0/0	▽ 0/0	▽ 0/0	△ 0/0	
	17	고민성										
	20	안상현			△ 0/0		○ 0/0 C	○ 0/0	○ 0/0	○ 0/0 C	○ 0/0 C	
	30	가도에프	△ 0/0	▽ 0/0	▽ 1/0	▽ 0/0	▽ 0/0 C	▽ 0/0 C		▽ 0/0	△ 0/0	△ 0/0
	32	유진석										
	41	강윤성	○ 0/0	○ 0/0	▽ 0/0		▽ 0/0	▽ 0/0		○ 1/0	▽ 0/0	▽ 1/0
	45	안주형										
	50	이준호										
	64	박인혁	○ 0/0	△ 0/0	△ 0/1	△ 0/0		○ 0/0	▽ 1/0 C		○ 1/0 C	○ 0/0
	96	황인범									△ 0/1	○ 0/0
FW	9	뚜르스노프	△ 1/0	△ 0/0 C	△ 0/0	△ 1/0	○ 0/0	○ 0/1			▽ 0/0 C	▽ 0/0
	10	필립										
	11	김승섭	▽ 0/0			△ 0/0			▽ 0/1	▽ 0/0	▽ 0/0	▽ 0/0
	12	강한빛										
	14	유해성							△ 0/0			
	16	박대훈							△ 0/1	△ 0/0		
	19	김찬희										
	27	키쭈	○ 0/0	○ 1/0	○ 1/0 C		○ 1/0	○ 0/0	○ 1/0	○ 0/0	○ 1/1	○ 0/0
	33	김성주										
	43	김세윤										
	66	박수일	△ 0/1	○ 0/0	○ 0/0	○ 0/0	○ 0/0	○ 0/0	○ 0/0	○ 0/1	○ 0/0	○ 0/0
	88	이건철					△ 0/0					
	91	페드로										

선수자료: 득점/도움   ○ = 선발출장   △ = 교체 IN   ▽ = 교체 OUT   ◈ = 교체 IN/OUT   C = 경고   S = 퇴장

위치	배번	경기번호	152	157	164	166	172	178	181	182
		날짜	10.06	10.13	10.21	10.27	11.03	11.11	11.28	12.01
		홈/원정	홈	원정	홈	원정	홈	홈	홈	원정
		장소	대전W	수원	대전W	탄천	대전W	대전W	대전W	구덕
		상대	아산	수원FC	부산	성남	부천	안양	광주	부산
		결과	승	패	패	패	승	무	승	패
		점수	2:1	2:3	0:1	0:2	3:0	2:2	1:0	0:3
		승점	49	49	49	49	52	53	53	53
		슈팅수	9:6	11:11	6:12	8:13	12:16	16:10	8:12	11:10
GK	1	김진영								
	36	임민혁								
	90	박주원				○ 0/0	○ 0/0			
	92	박준혁	○ 0/0	○ 0/0	○ 0/0			○ 0/0	○ 0/0	○ 0/0
DF	3	황재훈	○ 0/0 C	○ 0/0	○ 0/0	▽ 0/0	○ 0/0		○ 0/0	○ 0/0
	4	윤준성		△ 0/0	△ 0/0	○ 0/0 C		○ 0/0		
	5	권영호						○ 0/0 C		
	6	안재준								
	15	조귀범					△ 0/0	○ 1/0		
	22	윤신영	○ 0/0	▽ 0/0	▽ 0/0		○ 0/0		○ 0/0	○ 0/0
	23	전상훈								
	24	황재원		△ 0/0						
	25	고명석	○ 0/0	○ 0/0		○ 0/0 C	○ 0/0		○ 0/0	▽ 0/0
	26	박재우			○ 0/0				▽ 0/0 C	
	34	박명수								
	35	조태근								
	38	장원석								
	44	이지솔						△ 0/0	△ 0/0	△ 0/0
	51	윤경보						▽ 0/0	○ 0/0	○ 0/0
	77	백종환								
MF	2	김예성								
	7	오장은								
	8	박수창								
	13	신학영	▽ 0/0			▽ 0/0		△ 0/0 C		
	17	고민성								
	20	안상현	○ 0/0	○ 0/0	▽ 0/0	○ 0/0	○ 0/0			
	30	가도에프	△ 1/0 C	▽ 0/0	△ 0/0	△ 0/0	▽ 0/2		△ 0/0	△ 0/0
	32	유진석						▽ 0/0		△ 0/0
	41	강윤성	▽ 0/0	○ 0/0	○ 0/0		○ 0/0		▽ 0/0	▽ 0/0
	45	안주형					△ 1/0	○ 0/0 C		▽ 0/0
	50	이준호								
	64	박인혁	○ 0/0 C	▽ 0/0	○ 0/0	○ 0/0 C		○ 1/0	○ 0/0	○ 0/0
	96	황인범	○ 1/0 C	○ 0/0	○ 0/0	○ 0/0	○ 1/0 C	△ 0/0		
FW	9	뚜르스노프	△ 0/0	○ 0/1	△ 0/0	▽ 0/0	▽ 0/0	▽ 0/0	○ 0/0	
	10	필립								
	11	김승섭		△ 0/0	▽ 0/0					
	12	강한빛				△ 0/0		▽ 0/0		
	14	뉴해성						△ 0/0		
	16	박대훈				△ 0/0	△ 0/0	○ 0/0		
	19	김찬희								
	27	키쭈	○ 0/0	○ 1/0	○ 0/0	○ 0/0	○ 1/0		○ 1/0	○ 0/0
	33	김성주								
	43	김세윤								
	66	박수일	○ 0/1	○ 0/0 C		○ 0/0 C	▽ 0/0	○ 0/0	○ 0/1	○ 0/0
	88	이건철								
	91	페드로								

광주 FC

창단년도_ 2010년

전화_ 062-373-7733

팩스_ 062-371-7734

홈페이지_ www.gwangjufc.com

주소_ 우 62048 광주광역시 서구 금화로 240(풍암동) 월드컵경
기장 2층

2F, Gwangju World Cup Stadium, 240, Geumhwa-ro,
Seo-gu, Gwangju, KOREA 62048

연혁

2010	광주시민프로축구단 창단발표
	범시민 창단준비위원회 발족
	(주)광주시민프로축구단 법인 설립
	시민주 공모 2,146백만 원, 430,376주(40,432명)
	축구단 명칭 공모(881명, 10월 말 선정)
	→ 구단 명칭 선정: 광주FC
	축구단 창단신청 및 승인(프로축구연맹)
	단장 및 감독 선임
	창단식
2011	현대오일뱅크 K리그 2011 시즌 11위
	시·도민구단 창단 최다승 달성
2012	현대오일뱅크 K리그 2012 15위
	제17회 하나은행 FA컵 16강
	U-18 제14회 백운기 전국고등학교 축구대회 우승
	U-18 2012 챌린지리그 2위(금호고)
	U-18 2012 챌린지리그 페어플레이상(금호고)
	U-15 금석배 전국학생 축구대회 저학년부 우승(광덕중)
	U-15 금석배 전국학생 축구대회 고학년부 준우승(광덕중)
	U-15 2012 권역별 초중고 주말리그 3위(광덕중)
2013	현대오일뱅크 K리그 챌린지 2013 3위
	광주시민프로축구단 창단 첫 3연승 달성
	광주시민프로축구단 창단 첫 100호골 기록
	제18회 하나은행 FA컵 16강
	U-10 금호고 아디다스 올인 챌린지리그 5위(양중앙전)
	U-15 광덕중 추계중등축구연맹회장배 준우승(청룡)
	U-15 광덕중 제42회 전국소년체육대회 동메달
2014	현대오일뱅크 K리그 챌린지 2014 정규리그 4위
	현대오일뱅크 K리그 승강 플레이오프 우승(2015년 승격)
	제19회 하나은행 FA컵 16강
	U-18 2014 아디다스 올인 K리그 주니어 우승(금호고)

	U-18 제22회 백록기 전국고등학교축구대회 우승(금호고)
	U-15 2014 금석배 전국 중학생 축구대회 3위(광덕중)
	U-15 제15회 오룡기 전국 중학교 축구대회 3위(광덕중)
2015	현대오일뱅크 K리그 클래식 2015 10위
	현대오일뱅크 K리그 클래식 승격팀 최초 잔류
	광주FC 팀 창단 최다승 달성 (10승)
	제20회 KEB하나은행 FA컵 32강
	U-18 제17회 배운기 전국고교축구대회 3위(금호고)
	U-18 제96회 전국체육대회 고등부 3위 동메달(금호고)
	U-15 제51회 추계중등축구연맹전 프로산하 3위(광덕중)
2016	현대오일뱅크 K리그 클래식 2016 8위(역대 최고 순위)
	현대오일뱅크 K리그 클래식 승격팀 최초 2년 연속 잔류
	광주FC 팀 창단 최다승 신기록(11승)
	제21회 KEB하나은행 FA컵 16강
	U-18 제18회 백운기 전국고교축구대회 우승(금호고)
	U-15 2016 예산사과기 전국중등축구대회 우승
	(광덕중_ 저학년부)
	U-12 2016 화랑대기 전국 유소년 축구대회 우승
	U-12 2016 금석배 전국학생축구대회 준우승
	U-12 2016 대교눈높이 전국초등축구리그 왕중왕대회 3위
2017	KEB하나은행 K리그 클래식 2017 12위
	제22회 KEB하나은행 FA컵 8강
	U-18 제19회 백운기 전국고교축구대회 우승(금호고)
	U-18 2017 대교눈높이 전국고등축구리그 후반기 왕중왕
대회 준우승
2018	KEB하나은행 K리그2 정규리그 5위(준PO 진출)
	제23회 KEB하나은행 FA컵 64강
	나상호 K리그 대상 3관왕(MVP, 최다득점상, 베스트11)
	제73회 전국고교축구선수권대회 우승(금호고)
	K리그 U-18 챔피언십 3위(금호고)

2018년 선수명단

대표이사_ 정원주 단장_ 기영옥
감독_ 박진섭 수석코치_ 유경렬 필드코치_ 조성용 피지컬코치_ 길레미혼돈 GK코치_ 주용국 주치의_ 이준영
주무_ 조웅비 트레이너_ 소순찬 · 호정일 통역_ 박넝쿨 분석관_ 이창주

포지션	선수명		생년월일	출신교	키(cm) / 몸무게(kg)
GK	윤 보 상	尹 普 相	1993.09.09	울산대	185 / 83
	윤 평 국	尹 平 國	1992.02.08	인천대	189 / 85
	박 완 선	朴 完 善	1990.05.28	용인대	183 / 83
	제 종 현	諸 鐘 炫	1991.12.06	숭실대	191 / 87
DF	이 민 기	李 旼 氣	1993.05.19	전주대	177 / 66
	박 요 한	朴 요 한	1989.01.16	연세대	177 / 73
	홍 준 호	洪 俊 豪	1993.10.11	전주대	190 / 77
	김 태 윤	金 台 潤	1986.07.25	풍생고	183 / 79
	이 인 규	李 寅 圭	1992.09.16	남부대	185 / 80
	정 동 윤	鄭 東 潤	1994.04.03	성균관대	174 / 62
	왕 건 명	王 建 明	1993.07.04	단국대	180 / 76
	이 한 도	李 韓 道	1994.03.16	용인대	185 / 80
	최 두 호	崔 斗 鎬	1995.08.11	전주대	179 / 75
	신 민 규	申 珉 圭	1994.05.29	조선대	181 / 72
	홍 성 희	洪 性 希	1990.02.18	한국국제대	177 / 74
	이 동 하	李 東 夏	1995.09.30	조선대	183 / 73
	이 준 석	李 俊 錫	1995.03.06	광주대	175 / 69
	정 준 연	鄭 俊 硯	1989.04.30	광양제철고	178 / 70
	김 진 환	金 眞 煥	1989.03.01	경희대	186 / 78
	이 으 뜸	李 으 뜸	1989.09.02	용인대	177 / 73
	정 다 훈	鄭 多 勛	1995.06.16	수원대	175 / 75
	안 영 규	安 泳 奎	1989.12.04	울산대	185 / 78
MF	임 민 혁	林 珉 赫	1997.03.05	수원공고	168 / 64
	두 현 석	杜 玹 碩	1995.12.21	연세대	169 / 65
	미 노 리	Sato Minori	1991.03.02	*일본	170 / 68
	김 경 연	金 敬 淵	1992.11.03	건국대	173 / 70
	류 언 재	柳 彦 在	1994.11.05	인천대	184 / 80
	김 동 현	金 東 賢	1997.06.11	중앙대	182 / 72
	여 봉 훈	余 奉 訓	1994.03.12	안동고	178 / 70
	김 혜 성	金 慧 成	1996.04.11	홍익대	188 / 80
	최 준 혁	崔 峻 赫	1994.09.05	단국대	187 / 88
	여 름	呂 름	1989.06.22	광주대	175 / 62
	이 승 모	李 勝 模	1998.03.30	포항제철고	185 / 70
	김 윤 수	金 贇 秀	1994.05.17	영남대	176 / 69
FW	나 상 호	羅 相 鎬	1996.08.12	단국대	172 / 70
	펠 리 페	Felipe de Sousa Silva	1992.04.03	*브라질	193 / 90
	정 영 총	鄭 永 寵	1992.06.24	한양대	180 / 70
	김 시 우	金 始 佑	1997.06.26	안동고	179 / 70
	두 아 르 테	Robson Carlos Duarte	1993.06.20	*브라질	174 / 68
	김 민 규	金 民 奎	1993.10.18	단국대	185 / 85
	장 성 현	章 誠 玹	1995.07.16	원광대	183 / 76
	김 정 환	金 正 桓	1997.01.04	신갈고	173 / 65

2018년 개인기록 _ K리그2

위치	배번	선수	03	06	13	17	25	29	32	38	45	50
		날짜	03.03	03.10	03.17	03.24	04.01	04.08	04.14	04.21	04.29	05.06
		홈/원정	홈	원정	홈	원정	홈	원정	홈	홈	원정	원정
		장소	광주W	탄천	광주W	잠실	광주W	구덕	광주W	광주W	아산	부천
		상대	안양	성남	부천	서울E	대전	부산	안산	수원FC	아산	부천
		결과	무	무	패	무	패	승	무	승	승	패
		점수	0:0	0:0	1:2	0:0	0:1	1:0	0:0	5:0	2:1	0:1
		승점	1	2	2	3	3	6	7	10	13	13
		슈팅수	4:8	13:16	13:5	16:5	13:7	9:11	5:11	11:7	11:15	19:16
GK	31	윤평국					○ 0/0	○ 0/0	○ 0/0	○ 0/0		
	41	제종현										
	41	윤보상	○ 0/0	○ 0/0	○ 0/0	○ 0/0					○ 0/0	○ 0/0
DF	2	박요한				○ 0/0	○ 0/0	○ 0/0	▽ 0/0	○ 0/1	▽ 0/0	
	4	김태윤						○ 0/0	○ 0/0		△ 0/0 C	
	5	정준연	○ 0/0	○ 0/0			▽ 0/0	○ 0/0 C	○ 0/0	△ 0/0	○ 0/0	○ 0/0
	6	안영규	○ 0/0	○ 0/0								
	15	이인규		△ 0/0	△ 0/0	△ 0/0						
	15	홍준호										
	20	이한도	○ 0/0	○ 0/0 C	○ 0/0	○ 0/0 C	○ 0/0 S			○ 0/0	○ 0/0	○ 0/0 C
	23	왕건명										
	32	정동윤							△ 0/0			△ 0/0
	33	정다훈										
	46	이민기	○ 0/0	○ 0/0	○ 0/0 C		○ 0/0		△ 0/0 C	○ 0/0		▽ 0/0
	55	김진환										
	79	이으뜸										
MF	8	임민혁	○ 0/0			△ 0/0	○ 0/0	○ 0/0	△ 0/0	○ 0/0	▽ 0/0	○ 0/0
	13	미노리		○ 0/0		▽ 0/0	▽ 0/0		△ 0/0	○ 0/0	▽ 0/0	▽ 0/0
	14	최준혁										
	16	류언재										
	21	여 름										
	25	김동현	○ 0/0	○ 0/0			○ 0/0	▽ 0/1	○ 0/0	▽ 0/2	○ 0/0	○ 0/0
	29	본 즈						△ 0/0	○ 0/0	▽ 0/0		
	29	여봉훈	○ 0/0	○ 0/0	○ 0/0 C						△ 0/0 C	△ 0/0
	37	이승모										
FW	7	지 우	○ 0/0	▽ 0/0	▽ 0/0			△ 0/0	▽ 0/0			△ 0/0
	9	두현석		△ 0/0		▽ 0/0 C	▽ 0/0 C	▽ 0/0	○ 0/0	△ 0/0	▽ 0/0	△ 0/0
	10	나상호	○ 0/0 C	○ 0/0		△ 0/0	○ 0/0	○ 1/0		▽ 2/0	▽ 1/0	
	11	정영총	▽ 0/0	▽ 0/0	▽ 0/0	▽ 0/0			△ 0/0	○ 1/0	○ 1/0	
	18	길민규										
	10	장성현										
	22	김시우				○ 0/0						
	26	펠리페										
	27	김정환	△ 0/0				△ 0/0	△ 0/0		○ 2/0	○ 0/1	▽ 0/0
	40	두아르테										
	69	부 야			△ 1/0		○ 0/0		○ 0/0	▽ 0/0		

선수자료: 득점/도움   ○ = 선발출장   △ = 교체 IN   ▽ = 교체 OUT   ◈ = 교체 IN/OUT   C = 경고   S = 퇴장

위치	배번		경기번호	52	58	61	70	77	84	75	90	93	98
			날 짜	05.12	05.20	05.26	06.03	06.09	07.01	07.04	07.09	07.15	07.21
			홈/원정	홈	원정	원정	원정	원정	홈	홈	홈	원정	원정
			장 소	광주W	안양	수원	대전W	안산	광주W	광주W	광주W	수원	부천
			상 대	성남	안양	수원FC	대전	안산	아산	서울E	부산	수원FC	부천
			결 과	패	패	승	승	패	무	승	무	무	승
			점 수	1:3	2:3	1:0	2:1	0:2	2:2	3:0	1:1	1:1	1:0
			승 점	13	13	16	19	19	20	23	24	25	28
			슈팅수	7:14	11:12	8:12	14:11	13:12	8:10	10:9	12:11	12:18	15:9
GK	31	윤 평 국		○ 0/0		○ 0/0	○ 0/0	○ 0/0	○ 0/0	○ 0/0	○ 0/0	○ 0/0	○ 0/0
	41	제 종 현											
	41	윤 보 상			○ 0/0								
DF	2	박 요 한			○ 0/0	○ 0/0	○ 0/0	○ 0/0	○ 0/0	○ 0/1	○ 0/0	○ 0/0	○ 0/0
	4	김 태 윤		○ 0/0		○ 0/0	○ 0/0	○ 0/0	○ 0/0	○ 0/0	○ 0/0 C	○ 0/0	○ 0/0
	5	정 준 연		○ 0/0		○ 0/0	○ 0/0	▽ 0/0					△ 0/0
	6	안 영 규		○ 0/0	○ 0/0	△ 0/0		△ 0/0	○ 0/0	○ 0/0	○ 0/0		
	15	이 인 규				△ 0/0	△ 0/1	△ 0/0 C	▽ 0/0	△ 0/0			
	15	홍 준 호						△ 0/0					
	20	이 한 도			○ 0/0	○ 0/0	○ 1/0	○ 0/0	△ 0/0				
	23	왕 건 명											
	32	정 동 윤											
	33	정 다 훈							△ 0/0				
	46	이 민 기		○ 0/0	○ 0/0								
	55	김 진 환											
	79	이 으 뜸										△ 0/0	▽ 0/0
MF	8	임 민 혁		▽ 0/0	○ 0/0	○ 0/0	○ 0/1		▽ 0/0 C	▽ 0/0 C	▽ 1/0	▽ 0/0	○ 0/0
	13	미 노 리		▽ 0/0	▽ 0/0			▽ 0/0					
	14	최 준 혁								△ 0/0	○ 0/0	○ 0/0	○ 0/0 C
	16	류 언 재											
	21	여 름											
	25	김 동 현		○ 0/0	▽ 0/1	○ 0/0	○ 0/0	○ 0/0 C		○ 0/0	○ 0/0	○ 0/1 C	○ 0/0
	29	본 즈											
	29	여 봉 훈		△ 0/0		○ 0/0	▽ 0/0	▽ 0/0	○ 0/0	○ 0/0 C	△ 0/0		▽ 0/0
	37	이 승 모									△ 0/0 C	△ 0/0	
FW	7	지 우			▽ 0/1	▽ 0/0							
	9	두 현 석		△ 1/0	△ 1/0	▽ 0/1	▽ 0/0	○ 0/0	○ 0/1	○ 0/1	▽ 0/0	○ 0/0 C	
	10	나 상 호		○ 0/1	○ 1/0	○ 1/0	○ 1/0	○ 0/0	○ 0/0	▽ 1/0	○ 1/0		○ 1/0
	11	정 영 총		○ 0/0	○ 0/0 CC			▽ 0/0	○ 0/0 C	○ 1/0	▽ 0/0	▽ 0/0	△ 0/0
	18	김 민 규								△ 1/0		△ 0/0	▽ 0/0
	19	장 성 현							△ 0/0				
	22	김 시 우											
	26	펠 리 페											
	27	김 정 환		▽ 0/0	△ 0/0	△ 0/0 ◆	△ 0/0		▽ 1/0	○ 1/0	○ 0/0	▽ 0/0	△ 0/0
	40	두 아 르 테											
	69	부 야		△ 0/0			△ 0/0						

109

위치	배번	이름	102	108	115	118	124	127	135	136	144	149
		날짜	07.28	08.04	08.13	08.19	08.27	09.01	09.09	09.15	09.23	09.30
		홈/원정	홈	원정	홈	홈	원정	홈	원정	원정	홈	원정
		장소	광주W	대전W	광주W	광주W	안양	광주W	안산	아산	광주W	잠실
		상대	성남	대전	아산	서울E	안양	부산	안산	아산	대전	서울E
		결과	승	무	무	무	무	무	패	패	패	승
		점수	3 : 1	1 : 1	1 : 1	2 : 2	0 : 0	3 : 3	2 : 3	0 : 1	1 : 2	4 : 1
		승점	31	32	33	34	35	36	36	36	36	39
		슈팅수	16 : 12	13 : 17	13 : 9	12 : 9	14 : 15	11 : 11	15 : 11	18 : 13	9 : 14	14 : 11
GK	31	윤 평 국	○ 0/0	○ 0/0	○ 0/0	○ 0/0	○ 0/0	○ 0/0	○ 0/0			
	41	제 종 현								○ 0/0	○ 0/0	○ 0/0
	41	윤 보 상										
DF	2	박 요 한	○ 0/0	○ 0/0	○ 0/0	○ 0/0	○ 0/0	○ 0/1	○ 0/0		○ 0/0	△ 0/0
	4	김 태 윤	○ 0/0	○ 0/0	○ 0/0	▽ 0/0						
	5	정 준 연								○ 0/0		○ 0/0
	6	안 영 규	○ 1/0									
	15	이 인 규										
	15	홍 준 호										
	20	이 한 도	△ 0/0				○ 0/0 C	○ 0/0	▽ 0/0		○ 0/0	△ 0/0
	23	왕 건 명						▽ 0/0		○ 0/0 C	○ 0/0	
	32	정 동 윤										
	33	정 다 훈										
	46	이 민 기										
	55	김 진 환							△ 0/0	▽ 0/0		○ 0/0
	79	이 으 뜸	○ 0/2	○ 0/0	○ 0/1	○ 0/0	○ 0/0	△ 0/0	○ 0/1			
MF	8	임 민 혁	▽ 0/0	▽ 0/0	△ 0/0	▽ 0/0	△ 0/0		○ 1/1	▽ 0/0		
	13	미 노 리					△ 0/0 C					
	14	최 준 혁	○ 0/0	○ 0/0	○ 0/0 C	○ 0/0		○ 1/0 C		△ 0/0	△ 0/0	
	16	류 언 재										
	21	여 름							▽ 0/0			○ 0/1
	25	김 동 현	○ 1/0	○ 0/0	○ 0/0	○ 0/0	○ 1/0	○ 0/0			▽ 0/0	○ 1/0
	29	본 즈										
	29	여 봉 훈	▽ 0/0	○ 0/0	▽ 0/0	△ 0/0 C	○ 0/0	○ 0/1 C			○ 0/0	▽ 0/0
	37	이 승 모							△ 0/0	△ 0/0	▽ 0/0	▽ 0/1
FW	7	지 우										
	9	두 현 석	△ 0/0	△ 0/0	▽ 0/0		▽ 0/0	△ 0/0				△ 0/0
	10	나 상 호	○ 0/0						○ 0/0	○ 0/0	○ 0/0	○ 2/0
	11	정 영 총		▽ 1/0			△ 0/0				△ 0/0 C	
	18	김 민 규		▽ 0/0		△ 0/0					△ 0/0	
	19	장 성 현										
	22	심 시 우										
	26	펠 리 페	△ 0/0	△ 0/0 C	○ 1/0 C	○ 2/0	○ 0/0	○ 1/1 C			▽ 1/0 C	▽ 0/0
	27	김 정 환		△ 0/0	▽ 0/0 C	○ 0/0	▽ 0/0	▽ 0/0	△ 0/0			
	40	두 아 르 테			△ 0/0	△ 0/1	▽ 0/0	▽ 0/0	○ 1/0		○ 0/1	○ 1/0
	69	부 야										

선수자료 : 득점/도움 ○ = 선발출장 △ = 교체 IN ▽ = 교체 OUT ◈ = 교체 IN/OUT C = 경고 S = 퇴장

위치	배번		경기번호	153	156	161	170	174	176	181			
			날짜	10.06	10.13	10.21	10.28	11.04	11.11	11.28			
			홈/원정	홈	원정	홈	홈	원정	홈	원정			
			장소	광주W	탄천	광주W	광주W	구덕	광주W	대전W			
			상대	부천	성남	수원FC	안양	부산	안산	대전			
			결과	무	무	패	승	무	승	패			
			점수	1:1	2:2	0:2	2:1	2:2	4:0	0:1			
			승점	40	41	41	44	45	48	48			
			슈팅수	12:9	8:16	8:7	9:8	8:14	16:5	12:8			
GK	31	윤 평 국					○ 0/0	○ 0/0	○ 0/0	○ 0/0 C			
	41	제 종 현		○ 0/0	○ 0/0	○ 0/0							
	41	윤 보 상											
DF	2	박 요 한			○ 0/0			○ 0/0 C	△ 0/0	○ 0/0			
	4	김 태 윤											
	5	정 준 연		○ 0/0	▽ 0/0		○ 0/0	○ 0/0	○ 0/0	○			
	6	안 영 규		○ 0/0	○ 0/0	○ 0/0	○ 0/0	○ 0/0	○ 0/0	○			
	15	이 인 규											
	15	홍 준 호											
	20	이 한 도					○ 0/0	○ 0/0	○ 0/1	○ 0/0			
	23	왕 건 명											
	32	정 동 윤											
	33	정 다 훈											
	46	이 민 기											
	55	김 진 환		○ 0/0		○ 0/0 C							
	79	이 으 뜸					○ 0/0						
MF	8	임 민 혁		△ 0/0		△ 0/0			△ 0/0	△ 0/0			
	13	미 노 리											
	14	최 준 혁			○ 0/1					△ 0/0			
	16	류 언 재					△ 0/0						
	21	여 름		▽ 0/0		▽ 0/0	▽ 0/0	▽ 0/0	▽ 1/0	▽ 0/0			
	25	김 동 현		▽ 0/0	○ 0/0	○ 0/0	○ 0/0	○ 0/0 C	○ 0/0	○ 0/0			
	29	본 즈											
	29	여 봉 훈		○ 0/0	○ 0/0	○ 0/0	○ 0/0 C		▽ 0/0 C				
	37	이 승 모		▽ 0/0				△ 1/0	△ 0/0	▽ 0/0			
FW	7	지 우											
	9	두 현 석		△ 0/0		▽ 0/0		△ 0/0					
	10	나 상 호		○ 1/0	○ 1/0 C	○ 0/0	○ 0/0	○ 0/0	○ 1/0 C				
	11	정 영 촌			△ 0/0 C			▽ 0/0					
	18	김 민 규		△ 0/0		△ 0/0 S	△ 0/0	△ 0/0		△ 0/0			
	19	장 성 현											
	22	김 시 우											
	26	펠 리 페		○ 0/1 C	○ 0/0	○ 0/0	○ 2/0 C		○ 0/0	○ 0/0			
	27	김 정 환				△ 0/0	▽ 0/0	▽ 0/1	▽ 0/0	▽ 0/0			
	40	두 아 르 테		○ 0/0	○ 1/0	▽ 0/0	○ 0/1	○ 1/0	○ 2/0	○ 0/0			
	69	부 야											

111

FC 안 양

창단년도_ 2013년
전화_ 031-476-3377
팩스_ 031-476-2020
홈페이지_ www.fc-anyang.com
주소_ 우 13918 경기도 안양시 동안구 평촌대로 389
　　　389, Pyeongchon-daero, Dongan-gu, Anyang-si,
　　　Gyeonggi-do, KOREA 13918

연혁

2012	창단 및 지원 조례안 가결
	프로축구연맹 리그 참가 승인
	재단법인 설립 승인
	초대 이우형 감독 취임
	구단명 확정
2013	초대 오근영 단장 취임
	프로축구단 창단식
	현대오일뱅크 K리그 챌린지 2013 5위(12승 9무 14패)
	K리그 대상 챌린지 베스트 11(최진수, MF)
2014	현대오일뱅크 K리그 챌린지 2014 5위(15승 6무 15패)
	K리그대상 사랑나눔상
	챌린지 베스트 11(최진수, MF)
	제2대 이필운 구단주, 박영조 단장 취임

2015	현대오일뱅크 K리그 챌린지 2015 6위(13승 15무 12패)
	K리그대상 챌린지 베스트 11(고경민, MF) 수상
	제3대 이강호 단장 취임 / 제4대 김기용 단장 취임
2016	현대오일뱅크 K리그 챌린지 2016 9위(11승 13무 16패)
	제5대 송기찬 단장 취임
2017	제6대 임은주 단장 취임(2월 20일)
	세4내 고정운 감독 취임(11월 9일)
	K리그 챌린지 7위(10승 9무 17패)
	3차 풀스타디움 클럽 선정(한국프로축구연맹)
	3차 플러스스타디움 클럽 선정(한국프로축구연맹)
2018	KEB하나은행 K리그2 2018 6위(12승 8무 16패)
	제5대 김형열 감독 취임(11월 29일)
	제7대 장철혁 단장 취임(12월 14일)

2018년 선수명단

대표이사_ 최대호   단장_ 임은주
감독_ 고정운   코치_ 김상록   GK코치_ 신의손   의무팀장_ 서준석   의무트레이너_ 최환석 · 황희석
전력분석관_ 김성주   장비관리사_ 주종환   주무/통역_ 한승수   스카우터_ 김경원

포지션	선수명		생년월일	출신교	키(cm) / 몸무게(kg)
GK	전 수 현	全 泰 現	1986.08.18	울산대	195 / 86
	양 동 원	梁 棟 原	1987.02.05	백암고	188 / 82
	정 민 기	鄭 民 基	1996.02.09	중앙대	190 / 78
	최 필 수	崔 弼 守	1991.06.20	성균관대	190 / 80
DF	채 광 훈	蔡 光 勳	1993.08.17	상지대	175 / 70
	이 상 용	李 相 龍	1994.03.19	전주대	180 / 65
	홍 길 동	洪 吉 東	1997.05.29	청주대	185 / 76
	김 진 래	金 進 來	1997.05.01	매탄고	182 / 68
	김 영 찬	金 榮 讚	1993.09.04	고려대	187 / 78
	김 태 호	金 台 鎬	1989.09.22	아주대	182 / 77
	유 연 승	俞 嚥 昇	1991.12.21	연세대	175 / 73
	김 형 진	金 炯 進	1993.12.20	배재대	185 / 72
	최 호 정	崔 晧 程	1989.12.08	관동대	182 / 75
	김 태 수	金 泰 洙	1981.08.25	광운대	181 / 76
	유 종 현	劉 宗 賢	1988.03.14	건국대	195 / 90
	김 원 민	金 元 敏	1987.08.12	건국대	173 / 65
MF	최 재 훈	崔 宰 熏	1995.11.20	중앙대	176 / 71
	김 대 욱	金 大 昱	1987.11.23	조선대	179 / 72
	은 성 수	殷 成 洙	1993.06.22	숭실대	182 / 75
	문 준 호	文 竣 湖	1993.07.12	용인대	175 / 68
	홍 승 현	洪 承 鉉	1996.12.28	동북고	180 / 69
	김 경 준	金 京 俊	1996.10.01	영남대	177 / 70
	이 동 경	李 東 炅	1997.09.20	울산현대고	175 / 68
	정 재 희	鄭 在 熙	1994.04.28	상지대	174 / 70
	최 승 호	最 勝 湖	1992.03.31	예원예술대	182 / 73
	주 현 재	周 鉉 宰	1989.05.26	홍익대	180 / 75
	정 희 웅	鄭 喜 熊	1995.05.18	청주대	175 / 60
	김 병 오	金 兵 操	1044.04.04	반송피직대	180 / 70
FW	김 현 규	金 賢 圭	1997.08.23	경희고	177 / 73
	박 성 진	朴 省 珍	1985.01.28	동국대	178 / 73
	김 신 철	金 伸 哲	1990.11.29	연세대	178 / 72
	알 렉 스	Wesley Alex Maiolino	1988.02.10	*브라질	177 / 78
	마 르 코 스	Marcos Antonio Nascimento Santos	1988.06.10	*브라질	172 / 83
	김 희 원	金 熙 元	1994.07.12	청주대	182 / 72

2018년 개인기록 _ K리그2

위치	배번	이름										
		경기번호	03	10	11	18	23	27	33	36	41	48
		날짜	03.03	03.11	03.17	03.24	03.31	04.07	04.14	04.21	04.28	05.06
		홈/원정	원정	홈	원정	원정	홈	홈	원정	원정	홈	홈
		장소	광주W	안양	안산	아산	안양	안양	잠실	구덕	안양	안양
		상대	광주	부천	안산	아산	수원FC	대전	서울E	부산	성남	아산
		결과	무	패	패	무	패	무	패	패	패	패
		점수	0:0	0:3	1:2	1:1	0:1	1:1	0:1	0:3	2:3	0:3
		승점	1	1	1	2	2	3	3	3	3	3
		슈팅수	8:4	4:15	16:6	11:10	12:10	9:8	14:3	2:12	11:8	7:10
GK	1	전수현	○0/0	○0/0	○0/0	○0/0	○0/0	○0/0	○0/0	○0/0		○0/0
	21	양동원										
	29	정민기									○0/0	
DF	2	채광훈					△0/0	○0/0	○0/0	○0/0 S		
	3	최호정		○0/0 C	○0/0 C	○0/0					○0/0	○0/0
	4	유연승			○0/1 C	○0/0		○0/0 CC				
	5	김영찬	○0/0	○0/0	○0/0	○0/0	○0/0	○0/0 C	○0/0			
	13	김태호									○0/0	
	15	김형진	○0/0	○0/0	○0/0	○0/0			○0/0 C	○0/0 C	▽0/0	
	20	이상용										
	28	김진래	○0/0	○0/0 C	○0/0		▽0/0					
MF	6	최재훈		△0/0		○0/1	○0/0 C					
	7	은성수	○0/0				▽0/0				○0/0	
	8	김대욱										
	14	최승호										
	16	주현재	○0/0									
	19	문준호	△0/0	○0/0	△0/0				△0/0			
	22	홍승현										
	32	김원민									▽0/0	
	36	이동경										
	38	장은규	○0/0	▽0/0		▽0/0 C					△0/0	△0/0
	42	안진범			○0/0	○0/0 C	○0/0	○0/0	▽0/0	○0/0	○0/0	○0/0
FW	9	브루노	△0/0	○0/0	▽0/0 C	○0/0	▽0/0	△0/0	△0/0	△0/0	▽0/0	△0/0
	10	마르코스	○0/0	○0/0	△0/0	△0/0		○0/0	○0/0	○0/0	○1/0 C	○0/0 C
	11	정재희	○0/0	○0/0				○0/0	○0/0	○0/1		○0/0
	17	김신철				△0/0					△0/0	△0/0
	18	김희원				▽0/0			△0/0	▽0/0		
	26	김현규						▽0/0	▽0/0 C	▽0/0 C		
	27	김경준										
	30	알렉스			△0/0		△0/0	▽0/0 C	▽0/0	○0/0	○1/0	○0/0
	33	정희웅	▽0/0	○0/0	○1/0 C	▽1/0	○0/0	▽1/0	○0/0		▽0/0	▽0/0
	34	길영누				△0/0	△0/0	▽0/0	△0/0	△0/0	△0/0	▽0/0
	35	박성진										

선수자료 : 득점/도움 ○ = 선발출장 △ = 교체 IN ▽ = 교체 OUT ◈ = 교체 IN/OUT C = 경고 S = 퇴장

위치	배번	성명	51	58	64	67	71	79	83	88	94	97
		경기번호	51	58	64	67	71	79	83	88	94	97
		날짜	05.12	05.20	05.28	06.02	06.06	06.10	06.30	07.08	07.16	07.21
		홈/원정	원정	홈	홈	원정	홈	원정	홈	원정	원정	홈
		장소	대전W	안양	안양	탄천	안양	수원	안양	부천	탄천	안양
		상대	대전	광주	서울E	성남	부산	수원FC	안산	부천	성남	서울E
		결과	패	승	승	무	무	패	승	승	패	승
		점수	2:3	3:2	2:0	1:1	2:2	0:1	1:0	2:1	0:1	1:0
		승점	3	6	9	10	11	11	14	17	17	20
		슈팅수	16:15	12:11	10:10	9:15	3:12	11:11	13:10	17:17	10:10	9:6
GK	1	전 수 현			○ 0/0	○ 0/0	○ 0/0		○ 0/0	○ 0/0	○ 0/0	○ 0/0
	21	양 동 원						○ 0/0				
	29	정 민 기	○ 0/0	○ 0/0								
DF	2	채 광 훈	○ 0/0	○ 0/1	△ 0/0	○ 0/0	○ 0/0	○ 0/0	○ 0/0	○ 0/0	○ 0/0 C	○ 0/0
	3	최 호 정		△ 0/0	○ 0/0	○ 0/0	○ 0/0	○ 0/0	○ 0/0	○ 0/0	○ 0/0	○ 0/0
	4	유 연 승					▽ 0/0	▽ 0/0				
	5	김 영 찬	○ 0/0		○ 0/0	○ 0/1	○ 0/0	○ 0/0 C	○ 0/0	○ 0/0		○ 0/0
	13	김 태 호	○ 0/0 C	○ 0/1	▽ 0/0							
	15	김 형 진	○ 0/0	○ 0/0		△ 0/0				▽ 0/0	▽ 0/0	
	20	이 상 용										
	28	김 진 래		▽ 0/0	○ 0/0 C	○ 0/1	○ 0/0	○ 0/0	○ 0/0	○ 0/1	○ 0/0	○ 0/0
MF	6	최 재 훈	△ 0/0	○ 0/0	○ 0/0 CC		○ 1/0	○ 0/0	○ 0/0	△ 0/0		○ 0/0
	7	은 성 수										
	8	김 대 욱										
	14	최 승 호							△ 0/0			
	16	주 현 재										
	19	문 준 호			△ 1/0							
	22	홍 승 현								▽ 0/0		▽ 0/0
	32	김 원 민		○ 0/1	○ 0/0	○ 0/0	▽ 0/0		○ 1/0	▽ 0/0	▽ 0/0	○ 0/0
	36	이 동 경										
	38	장 은 규										
	42	안 진 범	▽ 0/0									
FW	9	브 루 노		▽ 0/0								
	10	마 르 코 스	○ 0/0	○ 0/0	○ 0/0	○ 0/0	○ 0/1	○ 0/0	○ 0/0	○ 0/0	○ 0/0	○ 0/0
	11	정 재 희	▽ 0/0	▽ 0/0	△ 0/0	△ 0/0	△ 0/0	△ 0/0	△ 0/0	△ 0/0	△ 0/0	△ 0/0
	17	김 신 철	△ 0/0 C			△ 1/0	△ 1/0	△ 0/0	△ 0/0	△ 0/0	△ 0/0	△ 0/0
	18	김 희 원										
	26	김 현 규	△ 0/0									
	27	김 경 준								○ 1/0	○ 0/0	▽ 0/0
	30	알 렉 스	○ 2/0	○ 2/0	○ 1/0 C	▽ 0/0					△ 0/0	△ 0/0
	00	정 희 웅	○ 0/0	▽ 1/0	▽ 0/0	▽ 0/0	▽ 0/0	○ 0/0		○ 1/1	▽ 0/0	▽ 1/0
	34	김 영 도	▽ 0/0	△ 0/0 C	○ 0/0 C	▽ 0/0	○ 0/0	△ 0/0	▽ 0/0		▽ 0/0	
	35	박 성 진		△ 0/0		▽ 0/0	○ 0/0	○ 0/0	▽ 0/0		▽ 0/0	

위치	배번	선수										
		경기번호	103	109	112	116	124	126	134	137	145	146
		날 짜	07.29	08.05	08.11	08.18	08.27	09.01	09.09	09.15	09.23	09.29
		홈/원정	원정	홈	홈	원정	홈	홈	홈	홈	홈	홈
		장 소	구덕	안양	안양	수원	안양	안양	안양	안양	안양	안양
		상 대	부산	안산	대전	수원FC	광주	아산	부천	성남	수원FC	부산
		결 과	패	승	패	패	무	승	승	무	승	패
		점 수	3:4	3:2	0:1	0:3	0:0	3:0	3:1	1:1	3:1	1:2
		승 점	20	23	23	23	24	27	30	31	34	34
		슈팅수	11:17	14:19	8:10	14:16	15:14	8:12	17:9	5:18	10:12	7:12
GK	1	전 수 현	○ 0/0	○ 0/0	○ 0/0	○ 0/0	○ 0/0	○ 0/0	○ 0/0	○ 0/0	○ 0/0	○ 0/0
	21	양 동 원										
	29	정 민 기										
DF	2	채 광 훈	○ 0/0	○ 0/0	○ 0/0	○ 0/0	○ 0/0	○ 0/0	○ 0/1	○ 0/0	○ 0/1	○ 0/0
	3	최 호 정	○ 0/0	▽ 0/0		○ 0/0	○ 0/0	○ 0/1 C		○ 0/0		
	4	유 연 승										
	5	김 영 찬	○ 0/0	○ 0/0	○ 0/0	○ 0/0 C			○ 0/0	○ 0/0 C		○ 0/0
	13	김 태 호		○ 0/0	○ 0/0	▽ 0/0				○ 0/0	○ 0/0 C	
	15	김 형 진			△ 0/0	○ 0/0	○ 0/0					
	20	이 상 용				○ 0/0	○ 0/0	○ 0/0 C	○ 1/0	○ 0/0	○ 1/0	○ 0/0
	28	김 진 래	○ 0/0				○ 0/0	○ 0/0	○ 0/0	○ 0/0 C		○ 1/0
MF	6	최 재 훈	▽ 0/0	○ 0/0	▽ 0/0	○ 0/0	△ 0/0	▽ 1/0	○ 0/1	△ 0/0	○ 0/0 C	○ 0/0 C
	7	은 성 수						△ 1/0	○ 0/0		○ 0/0	▽ 0/0
	8	김 대 욱										
	14	최 승 호										
	16	주 현 재										
	19	문 준 호										
	22	홍 승 현	▽ 0/0		▽ 0/0							
	32	김 원 민	○ 1/1	▽ 0/0	△ 0/0	○ 0/0	▽ 0/0	▽ 0/0	○ 1/0	▽ 1/0	△ 0/0	▽ 0/0
	36	이 동 경		△ 0/0		▽ 0/0				△ 0/0	△ 0/0	△ 0/0
	38	장 은 규										
	42	안 진 범										
FW	9	브 루 노										
	10	마 르 코 스	○ 0/0	○ 1/0	○ 0/0		○ 0/0	○ 0/0 C		○ 0/0	▽ 0/0	○ 0/0 C
	11	정 재 희	△ 0/0	△ 0/0		△ 0/0	▽ 0/0 C	△ 0/0	△ 1/0	△ 0/0	△ 0/0	△ 0/0
	17	김 신 철	△ 0/0		△ 0/0	△ 0/0	△ 0/0	△ 0/0	△ 0/0			
	18	김 희 원										
	26	김 현 규										
	27	김 경 준	▽ 0/1	▽ 1/0	▽ 0/0	△ 0/0	△ 0/0		▽ 0/1	▽ 0/0	▽ 0/0 C	△ 0/0
	30	알 렉 스	△ 2/0	○ 0/1	○ 0/0	○ 0/0	○ 0/0	○ 1/1	○ 0/0	○ 0/1	○ 2/0	○ 0/0
	33	정 희 웅	○ 0/0	○ 0/0		○ 0/0	▽ 0/0 C	▽ 0/0	▽ 0/0	▽ 0/0	▽ 0/1	▽ 0/1
	34	권 영 도										
	35	박 성 신										

선수자료 : 득점/도움 ○ = 선발출장 △ = 교체 IN ▽ = 교체 OUT ◆ = 교체 IN/OUT C = 경고 S = 퇴장

위치	배번	선수	경기번호 151	158	163	170	175	178				
		날짜	10.06	10.13	10.21	10.28	11.04	11.11				
		홈/원정	원정	원정	원정	원정	원정	원정				
		장소	안산	부천	잠실	광주W	아산	대전W				
		상대	안산	부천	서울E	광주	아산	대전				
		결과	승	승	승	패	패	무				
		점수	2:0	1:0	1:0	1:2	1:2	2:2				
		승점	37	40	43	43	43	44				
		슈팅수	13:15	14:10	8:9	8:9	9:19	10:16				
GK	1	전 수 현	○ 0/0	○ 0/0	○ 0/0	○ 0/0	○ 0/0	○ 0/0				
	21	양 동 원										
	29	정 민 기										
DF	2	채 광 훈	○ 0/1	○ 0/0	○ 0/0	○ 0/0	○ 0/0	○ 0/0				
	3	최 호 정	○ 0/0 S			○ 0/0 C	○ 0/0 C	○ 0/0				
	4	유 연 승										
	5	김 영 찬	○ 0/0	○ 0/0 C	○ 0/0 C		○ 0/0	○ 0/0				
	13	김 태 호	▽ 0/0 C										
	15	김 형 진					△ 0/0	△ 0/0				
	20	이 상 용	○ 0/0	○ 0/0	○ 0/0	○ 0/0	○ 0/0	▽ 0/0				
	28	김 진 래	△ 0/0	○ 0/0	○ 0/0	○ 0/0	○ 0/0 C	○ 0/0				
MF	6	최 재 훈		▽ 0/0	○ 0/0	▽ 0/0	▽ 0/0	○ 0/0 C				
	7	은 성 수		○ 0/0	○ 0/0							
	8	김 대 욱	▽ 0/0										
	14	최 승 호										
	16	주 현 재										
	19	문 준 호										
	22	홍 승 현			△ 0/0							
	32	김 원 민	△ 0/1	△ 0/0	▽ 0/0 C	△ 0/0	△ 0/0	▽ 0/0				
	36	이 동 경	△ 0/0	△ 0/0	△ 0/0	△ 0/0		△ 0/0				
	38	장 은 규										
	42	안 진 범										
FW	9	브 루 노										
	10	마 르 코 스	○ 0/0 C	○ 0/0	▽ 0/0	○ 0/0	○ 0/0	○ 0/0				
	11	정 재 희					△ 0/0					
	17	김 신 철		△ 0/0	△ 0/0							
	18	김 희 원										
	26	김 현 규										
	27	김 경 준	▽ 1/0	▽ 0/0	▽ 0/0	▽ 0/0	▽ 0/0	▽ 0/1				
	30	알 렉 스	○ 1/0	○ 0/0		△ 1/0	○ 1/0	○ 1/0				
	33	김 효 은	▽ 0/0	▽ 0/0	▽ 0/0	▽ 0/0	▽ 0/0	△ 0/0				
	34	김 영 도										
	35	박 성 진				▽ 0/0						

117

수 원 FC

창단년도_ 2003년
전화_ 031-228-4521~3
팩스_ 031-228-4458
홈페이지_ www.suwonfc.com
주소_ 우 16308 경기도 수원시 장안구 경수대로 893 수원종합
운동장 내
Suwon Sports Complex, 893, Gyeongsu-daero, Jangan-
gu, Suwon-si, Gyeonggi-do, KOREA 16308

연혁

2003	수원시청축구단 창단
	제49회 경기도체육대회 우승
	인터막스 K2 전기리그 6위
	인터막스 K2 후기리그 3위
	제8회 하나은행 FA컵 16강
2004	제52회 대통령배 전국축구대회 16강
	제50회 경기도체육대회 우승
	현대자동차 K2 전기리그 5위
	2004 K2 선수권대회 준우승
	제9회 하나은행 FA컵 16강
	현대자동차 K2 후기리그 3위
2005	제53회 대통령배 전국축구대회 16강
	제51회 경기도체육대회 우승
	국민은행 K2 전기리그 우승
	생명과학기업 STC 2005 K2 선수권대회 우승
	국민은행 K2 챔피언결정전 준우승 / 후기리그 5위
2006	제54회 대통령배 전국축구대회 8강
	제52회 경기도체육대회 우승
	STC내셔널리그 전기리그 6위
	제87회 전국체육대회 축구 준우승
	STC내셔널리그 후기리그 3위
2007	제66회 대통령배 전국축구대회 우승
	제53회 경기도체육대회 우승
	KB국민은행 내셔널리그 전기리그 4위
	한국수력원자력 2007내셔널축구 선수권대회 우승
	제88회 전국체육대회 축구 준우승

	KB국민은행 내셔널리그 챔피언결정전 준우승
	KB국민은행 내셔널리그 후기리그 우승
2008	제56회 대통령배 전국축구대회 16강
	제54회 경기도 체육대회 우승
	KB국민은행 내셔널리그 전기리그 3위
	KB국민은행 내셔널리그 챔피언결정전 준우승
	KB국민은행 내셔널리그 후기리그 우승
2009	교보생명 내셔널리그 통합1위 / 후기리그 준우승
2010	제56회 경기도 체육대회 축구 준우승
	대한생명 내셔널리그 통합우승 / 후기리그 준우승
2011	제57회 경기도 체육대회 축구 우승
	제92회 전국체육대회 일반부 우승
2012	우리은행 2012 내셔널축구선수권대회 우승
	프로축구 2부 리그 참가 확정
2013	현대오일뱅크 K리그 챌린지 참가
	제18회 하나은행 FA컵 8강 진출(챌린지팀 중 유일)
	현대오일뱅크 K리그 챌린지 4위
2014	제19회 하나은행 FA컵 16강 진출
	현대오일뱅크 K리그 챌린지 정규리그 6위
2015	제4대 김춘호 이사장 취임
	현대오일뱅크 K리그 챌린지 2위(K리그 클래식 승격)
2016	현대오일뱅크 K리그 클래식 12위
2017	캐치프레이즈 'RISE AGAIN' 선정
	김대의 감독 선임
	KEB하나은행 K리그 챌린지 2017 6위
2018	KEB하나은행 K리그2 2018 7위

2018년 선수명단

단장_ 이의택

감독_ 김대의   수석코치_ 이관우   코치_ 김성근   GK코치_ 조종희   피지컬코치_ 김성현   주무_류기태   의무트레이너_ 고병혁 · 박형국

포지션	선수명		생년월일	출신교	키(cm) / 몸무게(kg)
GK	김 다 솔	金 다 솔	1989.01.04	연세대	188 / 77
	이 인 수	李 寅 洙	1993.11.16	선문대	191 / 71
	이 상 욱	李 祥 旭	1990.03.09	호남대	190 / 89
	박 형 순	朴 炯 淳	1989.10.23	광운대	185 / 78
DF	김 범 용	金 範 容	1990.07.29	건국대	181 / 75
	김 창 훈	金 昶 訓	1990.02.17	광운대	189 / 84
	김 민 제	金 旼 弟	1989.09.12	중앙대	168 / 71
	박 세 진	朴 世 秦	1995.12.15	영남대	176 / 67
	채 선 일	蔡 禪 一	1994.08.03	배재대	173 / 70
	이 한 빈	李 韓 斌	1997.07.25	용인대	188 / 81
	레 이 어	Adrian Leijer	1986.03.25	*오스트레일리아	187 / 83
	조 상 범	趙 尙 範	1994.01.01	호남대	175 / 67
	이 준 호	李 俊 號	1989.01.27	중앙대	180 / 74
	민 현 홍	民 玹 泓	1995.08.28	숭실대	170 / 65
	조 병 국	曹 秉 局	1981.07.01	연세대	182 / 83
	김 대 호	金 大 虎	1988.03.09	숭실대	180 / 79
	황 도 연	黃 道 然	1991.02.27	광양제철	183 / 78
	조 유 민	曹 侑 珉	1996.11.17	중앙대	182 / 78
MF	이 승 현	李 昇 鉉	1985.07.25	한양대	175 / 71
	장 성 재	張 盛 在	1995.09.12	고려대	180 / 72
	브 루 노	Alex Bruno de Souza Silva	1993.10.07	*브라질	169 / 61
	권 용 현	權 容 玄	1991.10.23	호원대	170 / 70
	백 성 동	白 星 東	1991.08.13	연세대	171 / 66
	알 렉 스	Alexandre Monteiro de Lima	1988.12.15	*브라질	174 / 70
	최 원 철	崔 原 哲	1995.05.26	용인대	177 / 70
	김 종 국	金 鐘 局	1989.10.18	배재대	180 / 72
	한 상 운	韓 相 会	1986.05.03	단국대	182 / 78
	이 상 민	李 商 旻	1995.05.02	고려대	174 / 68
	이 종 원	李 鍾 元	1989.03.14	성균관대	176 / 70
	김 상 우	金 相 右	1995.03.14	중앙대	179 / 68
	배 시 훈	裴 智 焄	1995.05.30	홍익대	170 / 66
FW	정 우 근	鄭 宇 根	1991.03.01	충남기공	175 / 75
	모 재 현	姓 在 現	1996.09.24	광주대	184 / 74
	김 병 오	金 炳 旿	1989.06.26	성균관대	173 / 86
	김 동 찬	金 東 燦	1986.06.21	호남대	169 / 70
	이 새 안	李 峯 安	1988.06.21	한라내	180 / 81
	비 아 나	Fernando Viana	1991.02.27	*브라질	178 / 77

2018년 개인기록 _ K리그2

위치	배번	성명	04	07	12	16	23	26	35	38	44	46
		날짜	03.04	03.10	03.17	03.24	03.31	04.07	04.15	04.21	04.29	05.06
		홈/원정	홈	원정	홈	홈	원정	원정	홈	원정	홈	원정
		장소	수원	아산	수원	수원	안양	안산	수원	광주W	수원	탄천
		상대	서울E	아산	성남	부천	안양	안산	부산	광주	대전	성남
		결과	승	패	패	패	승	패	승	패	패	패
		점수	1:0	0:2	1:4	0:1	1:0	0:1	1:0	0:5	1:2	1:2
		승점	3	3	3	3	6	6	9	9	9	9
		슈팅수	19:14	10:17	11:18	8:12	10:12	9:6	7:11	7:11	6:19	8:21
GK	31	김 다 솔	○0/0	○0/0				○0/0	○0/0		○0/0	○0/0
	71	박 형 순										
	90	이 상 욱			○0/0	○0/0				○0/0		
DF	3	김 범 용	○0/0	○0/0		○0/0	○0/0	○0/0				
	4	김 대 호										
	4	임 하 람						△0/0	△0/0	○0/0 C	○0/0	○0/0
	5	김 창 훈			○0/0							
	16	박 세 진	○0/0	○0/0 C	○0/0		○0/0		○1/0	○0/0 C	▽0/0	
	18	채 선 일										
	24	레 이 어	○0/0	○0/0	○0/0 C							
	25	이 한 빈						△0/0				
	26	조 상 범				○0/0	○0/1	○0/0	○0/0		▽0/0	
	29	민 현 홍					○0/0 C					
	44	마 상 훈					△0/0	○0/0	▽0/0		○0/0 C	○0/0
	55	조 병 국										
	99	황 노 연										
MF	7	이 승 현	▽0/0	▽0/0	△0/0	▽0/0	△0/0 C		△0/0	○0/0	△0/0	○0/0
	8	장 성 재										
	10	백 성 동	○0/0 C	○0/0			△0/0		△0/0	△0/0	○0/0 C	○0/0
	11	브 루 노	△0/0	△0/0	▽0/0	△0/0	▽0/0					
	13	정 훈	○0/0	○0/0		○0/0	○0/0	○0/0				△0/0
	14	알 렉 스	▽0/0	▽0/0	○0/0		▽1/0	○0/0 C	▽0/0	▽0/0		▽0/0 C
	15	최 원 철				▽0/0						
	16	이 광 진	△0/0		○0/0				▽0/0	▽0/0	△0/0	▽0/0 C
	17	김 철 호		△0/0			○0/0	△0/0				
	17	김 종 국										
	20	조 유 민	○0/0 C	○0/0			○0/0 C	○0/0	○0/0	○0/0 S		
	22	한 상 운										
	23	이 상 민										
	28	이 종 원										
	33	배 지 훈									○0/0	○0/0
	45	배 신 영					▽0/0		▽0/0	▽0/0	▽0/0 C	▽0/0
FW	9	정 우 근	△0/0	▽0/0	△0/0			▽0/0				
	13	편 용 현										
	19	모 재 현			▽0/0	▽0/0		△0/0		▽0/0	▽0/0	○0/0
	23	마 테 우 스	○0/0 C	○0/0	○1/0	○0/0 C	○0/0		○0/0 CC		○1/0	○0/0
	27	서 동 현			△0/0	△0/0	▽0/0		○0/1	▽0/0	△0/1	△0/0
	77	김 동 찬	▽1/0			△0/0						
	79	이 재 안										
	92	비 아 나										

선수자료 : 득점/도움   ○ = 선발출장   △ = 교체 IN   ▽ = 교체 OUT   ◆ = 교체 IN/OUT   C = 경고   S = 퇴장

위치	배번	경기번호	54	60	61	66	72	79	82	89	93	96
		날 짜	05.14	05.21	05.26	06.02	06.06	06.10	06.30	07.09	07.15	07.21
		홈/원정	홈	원정	홈	홈	원정	홈	원정	원정	홈	홈
		장 소	수원	구덕	수원	수원	부천	수원	잠실	대전W	수원	수원
		상 대	안산	부산	광주	아산	부천	안양	서울E	대전	광주	아산
		결 과	승	무	패	패	패	승	승	승	무	패
		점 수	1:0	1:1	0:1	0:2	1:4	1:0	1:0	2:0	1:1	0:1
		승 점	12	13	13	13	13	16	19	22	23	23
		슈팅수	13:11	7:12	12:8	7:9	16:21	11:11	14:8	18:8	18:12	3:9
GK	31	김 다 솔	○ 0/0	○ 0/0	○ 0/0	○ 0/0		○ 0/0	○ 0/0	○ 0/0	○ 0/0	
	71	박 형 순										○ 0/0
	90	이 상 욱					○ 0/0					
DF	3	김 범 용	○ 0/0	○ 0/0	○ 0/0	○ 0/0 C	○ 0/0 C		○ 0/0		○ 0/0 C	
	4	김 대 호										
	4	임 하 람										
	5	김 창 훈				○ 0/0	▽ 0/0					
	6	김 민 제							○ 0/0	▽ 0/0		
	16	박 세 진	△ 0/0	△ 0/0	△ 0/0	▽ 0/0 C		○ 0/0 C	△ 0/0			
	18	채 선 일										
	24	레 이 어	○ 0/0 C	○ 0/0	○ 0/0	○ 0/0 C		▽ 0/0				
	25	이 한 빈					△ 0/0					
	26	조 상 범										
	29	민 현 홍				○ 0/0 C		○ 0/0 C				
	44	마 상 훈	▽ 0/0	○ 0/0 C	▽ 0/0							
	55	조 병 국								○ 0/0	▽ 0/0	○ 0/0
	99	황 도 연									△ 0/0	○ 0/0
MF	7	이 승 현	▽ 0/0	▽ 0/0	▽ 0/0	△ 0/0	▽ 0/0	△ 0/0	▽ 0/0	△ 0/0	○ 0/0	○ 0/0
	8	장 성 재										▽ 0/0
	10	백 성 동	○ 0/0	○ 0/0	○ 0/0	▽ 0/0			△ 1/0	△ 0/0	○ 0/0	○ 0/0
	11	브 루 노				△ 0/0	△ 0/0		○ 0/0	○ 0/2		▽ 0/0
	13	정 훈										
	14	알 렉 스	○ 0/0	▽ 1/0	○ 0/0				○ 0/0	○ 0/0	△ 1/0	
	15	최 원 철	△ 0/0	△ 0/0		○ 0/0	○ 0/0		○ 0/0	○ 0/0		
	16	이 광 진	▽ 0/0 C	○ 0/0	○ 0/0	△ 0/0 C		○ 0/0				
	17	김 철 호										
	17	김 종 국										
	20	조 유 민	○ 0/0	○ 0/0	○ 0/0 C		○ 0/0 C	○ 0/0	○ 0/0	○ 0/0		○ 0/0
	22	한 상 운								△ 0/0		
	23	이 상 민									○ 0/0	▽ 0/0 C
	28	이 종 원										
	33	배 지 훈	○ 1/0	▽ 0/0	○ 0/0 C	○ 0/0		○ 0/0	▽ 0/0	△ 0/0		
	45	배 신 영										
FW	9	성 우 근					○ 0/0	○ 1/0	▽ 0/0	▽ 1/0	▽ 0/0	
	13	권 용 현									△ 0/0 C	△ 0/0
	19	모 재 현	○ 0/1	○ 0/0 C	▽ 0/0	○ 0/0	○ 1/0 C	▽ 0/0	○ 0/0	▽ 0/0	▽ 0/0	
	23	마 테 우 스		△ 0/0		▽ 0/0	△ 0/0					
	27	서 동 현	△ 0/0				▽ 0/1 C	△ 0/0				
	77	김 동 찬				△ 0/0						△ 0/0
	79	이 재 안								○ 1/0 C	○ 0/0	○ 0/0 C
	92	비 아 나										

121

위치	배번		경기번호	104	106	114	116	122	129	131	139	145	148
			날짜	07.30	08.04	08.13	08.18	08.25	09.03	09.08	09.16	09.23	09.29
			홈/원정	원정	원정	홈	홈	원정	원정	홈	홈	원정	원정
			장소	안산	탄천	수원	수원	구덕	대전W	수원	수원	안양	아산
			상대	안산	성남	부천	안양	부산	대전	서울E	안산	안양	아산
			결과	승	무	승	승	승	패	패	패	패	패
			점수	1:0	0:0	2:0	3:0	1:0	0:1	0:2	1:2	1:3	1:2
			승점	26	27	30	33	36	36	36	36	36	36
			슈팅수	16:11	9:17	24:13	16:14	7:16	12:16	18:9	12:18	12:10	18:11
GK	31	김 다 솔		○ 0/0	○ 0/0	○ 0/0	○ 0/0	○ 0/0 C	○ 0/0	▽ 0/0		○ 0/0	○ 0/0
	71	박 형 순								△ 0/0	○ 0/0		
	90	이 상 욱											
DF	3	김 범 용		○ 0/0	○ 0/0	○ 0/0	○ 0/0	○ 0/0	○ 0/0	○ 0/0	○ 0/0 S		
	4	김 대 호				△ 0/0					▽ 0/0		○ 0/0
	4	임 하 람											
	5	김 창 훈			△ 0/0								
	6	김 민 제											
	16	박 세 진											△ 0/0
	18	채 선 일											
	24	레 이 어											
	25	이 한 빈											
	26	조 상 범										▽ 0/0	
	29	민 현 홍											
	44	마 상 훈											
	55	조 병 국		○ 0/0		○ 0/0	○ 0/0	○ 0/0	○ 0/0	○ 0/0	△ 0/0		
	99	황 도 연		○ 0/0	▽ 0/0							○ 0/0	○ 0/0
MF	7	이 승 현		○ 0/0	○ 0/0	○ 0/1	○ 0/1						
	8	장 성 재			△ 0/0	○ 0/1		△ 0/0		△ 0/0		▽ 0/0	▽ 0/0
	10	백 성 동		△ 0/0	○ 0/0	○ 1/0		○ 1/0	▽ 0/0		△ 0/0	○ 0/0 C	
	11	브 루 노		▽ 0/0		▽ 0/0	▽ 1/0	▽ 0/0		△ 0/0	△ 0/0	△ 0/0	
	13	정 훈											
	14	알 렉 스		○ 0/0	○ 0/0 C		○ 0/0	▽ 0/0 C	○ 0/0			○ 1/0	○ 0/0
	15	최 원 철										▽ 0/0	
	16	이 광 진											
	17	김 철 호											
	17	김 종 국											
	20	조 유 민		○ 0/0						○ 0/0	○ 0/0 C	○ 0/0	○ 0/0 C
	22	한 상 운			○ 0/0	○ 0/0	△ 0/0	△ 0/0	△ 0/0		▽ 0/0	○ 0/0	○ 0/0
	23	이 상 민		○ 0/0	○ 0/0	▽ 0/0	▽ 0/0	○ 0/0	▽ 0/0 C		○ 0/0	△ 0/0	○ 0/0
	28	이 종 원											
	33	배 지 훈											
	45	배 신 영											
FW	9	정 우 근											
	13	권 용 현		△ 0/0	▽ 0/0	△ 0/0	△ 0/0		△ 0/0	▽ 0/0		△ 0/0	△ 0/0
	19	모 세		▽ 0/0			△ 0/0			▽ 0/0			▽ 0/0
	23	마 테 우 스											
	27	서 동 현											
	77	김 동 찬		△ 0/0	△ 0/0	○ 0/0		△ 0/0 C	△ 0/0				
	79	이 재 안		▽ 0/0			○ 0/0	▽ 0/0	▽ 0/0		△ 0/0	○ 0/0	○ 1/0
	92	비 아 나		○ 1/0 C	▽ 0/0	○ 1/0 C	▽ 2/0	○ 0/0	○ 0/0	○ 0/0	○ 0/0 C	○ 0/0	○ 0/0 C

선수자료: 득점/도움 ○ = 선발출장 △ = 교체 IN ▽ = 교체 OUT ◆ = 교체 IN/OUT C = 경고 S = 퇴장

위치	배번	이름	155	157	161	168	173	179				
		경기번호	155	157	161	168	173	179				
		날짜	10.06	10.13	10.21	10.27	11.03	11.11				
		홈/원정	홈	홈	원정	원정	홈	원정				
		장소	수원	수원	광주W	부천	수원	잠실				
		상대	부산	대전	광주	부천	성남	서울E				
		결과	패	승	승	패	패	패				
		점수	0:3	3:2	2:0	0:2	0:1	0:1				
		승점	36	39	42	42	42	42				
		슈팅수	14:11	11:11	7:8	14:12	12:9	13:6				
GK	31	김 다 솔	○ 0/0 C	○ 0/0	○ 0/0	○ 0/0	○ 0/0	○ 0/0				
	71	박 형 순										
	90	이 상 욱										
DF	3	김 범 용	○ 0/0 C	△ 0/0		△ 0/0		○ 0/0				
	4	김 대 호		○ 1/0 C	○ 0/0	○ 0/0 C	○ 0/0					
	4	임 하 람										
	5	김 창 훈					○ 0/0 C	○ 0/0				
	6	김 민 제										
	16	박 세 진			○ 0/0		○ 0/0	▽ 0/0				
	18	채 선 일					△ 0/0					
	24	레 이 어										
	25	이 한 빈					△ 0/0					
	26	조 상 범		○ 0/0	○ 0/0	▽ 0/0						
	29	민 현 홍										
	44	마 상 훈										
	55	조 병 국	○ 0/0				▽ 0/0	▽ 0/0				
	99	황 도 연	○ 0/0	○ 0/0	○ 0/0	○ 0/0						
MF	7	이 승 현	○ 0/0	▽ 0/0		▽ 0/0		△ 0/0				
	8	장 성 재			△ 0/0		△ 0/0	○ 0/0				
	10	백 성 동	○ 0/0	○ 2/1	▽ 0/0	○ 0/0						
	11	브 루 노	△ 0/0									
	13	정 훈										
	14	알 렉 스	△ 0/0	○ 0/1	○ 1/0		○ 0/0					
	15	최 원 철		△ 0/0	○ 0/0		▽ 0/0 C	▽ 0/0				
	16	이 광 진										
	17	김 철 호										
	17	김 종 국		▽ 0/0		○ 0/0						
	20	조 유 민		○ 0/0	○ 0/0	○ 0/0 C	○ 0/0 C	○ 0/0				
	22	한 상 운	▽ 0/0									
	23	이 상 민	○ 0/0									
	28	이 종 원					○ 0/0					
	33	배 지 훈										
	45	배 신 영										
FW	9	정 우 근	△ 0/0	○ 0/0	▽ 0/0	△ 0/0	▽ 0/0					
	13	권 봉 현			△ 0/0	△ 0/0						
	19	모 재 현	▽ 0/0					△ 0/0				
	23	마 테 우 스										
	27	서 동 현										
	77	김 동 찬										
	79	이 재 안	▽ 0/0	▽ 0/0	△ 0/1	○ 0/0						
	92	비 아 나	○ 0/0	△ 0/0	▽ 1/0	▽ 0/0 C	△ 0/0	○ 0/0				

부천 FC 1995

창단년도_ 2007년

전화_ 032-655-1995

팩스_ 032-655-1996

홈페이지_ www.bfc1995.com

주소_ 우 14655 경기도 부천시 원미구 소사로 482(춘의동 8)

482, Sosa-ro, Wonmi-gu, Bucheon-si, Gyounggi-do,

KOREA 14655

연혁

2006 새로운 부천축구클럽 창단 시민모임 발족

2007 부천시와 연고지 협약

부천FC1995 창단

2008 2008 DAUM K3리그 13위(7승 7무 15패)

부천FC vs 부천OB 사랑의 자선경기

2009 AFC Wimbledon과 협약

2009 DAUM K3리그 4위(17승 9무 6패)

FC United of Manchester와 월드풋볼드림매치 개최

2010 (주)부천에프씨1995 법인설립(대표이사 정해춘)

2010 제15회 하나은행 FA컵 참가

2010 DAUM K3리그 7위(14승 4무 7패)

2011 전국체전 도대표 선발전(결승)

2011 챌린저스리그 컵대회 3위

DAUM 챌린저스리그 2011 A조 3위(8승 5무 9패)

2012 2012 DAUM 챌린저스리그 B조 5위(12승 5무 8패)

부천시민프로축구단으로서 시의회 지원 조례안 가결

한국프로축구연맹 가입 승인

2013 프로축구단으로 데뷔

현대오일뱅크 K리그 챌린지 2013 7위(8승 9무 18패)

유소년팀(U-18, U-15, U-12) 창단

2014 현대오일뱅크 K리그 챌린지 2014 10위(6승 9무 21패)

2015 K리그 최초 CGV 브랜드관 오픈(CGV부천역점 부천FC관)

뒤셀도르프 U-23과 아프리카 어린이를 위한 솔라등 기부 자선경기

현대오일뱅크 K리그 챌린지 2015 5위(15승 10무 15패)

2016 부천FC 사회적 협동조합 설립

복합 팬서비스 공간 레드바코드 오픈

K리그 챌린지 최초 FA컵 4강 진출

현대오일뱅크 K리그 챌린지 2016 3위

(19승 10무 11패) 플레이오프 진출

2016시즌 K리그 챌린지 3차 팬프랜들리 클럽 수상

2017 2017시즌 챌린지 1차 팬프랜들리 클럽상 수상

KEB하나은행 K리그 챌린지 2017 5위(15승 7무 14패)

2018 K리그2 최초 개막 5연승 기록

K리그2 1차 그린스타디움 수상(부천도시공사)

K리그2 2차 그린스타디움 수상(부천도시공사)

KEB하나은행 K리그2 2018 8위(11승 6무 19패)

2018년 선수명단

대표이사_ 정해춘 단장_ 김종구
감독_   수석코치_ 김대식 GK코치_ 조민혁 피지컬코치_ 셀소 실바 의무트레이너_ 심명보 · 이규열
통역_ 안현진 전력분석원_ 박성동 스카우터_ 김현재 주무_ 이창민

포지션	선수명		생년월일	출신교	키(cm) / 몸무게(kg)
GK	이 영 창	李伶昶	1993.01.10	홍익대	189 / 84
	이 기 현	李起現	1993.12.16	동국대	193 / 82
	최 철 원	崔哲原	1994.07.23	광주대	194 / 89
	송 혁 진	宋爀鎭	1998.04.04	사이버한국외대	183 / 74
DF	장 순 혁	張淳赫	1993.04.16	중원대	188 / 78
	김 재 우	金載雨	1998.02.06	영등포공고	190 / 84
	박 건	朴建	1990.07.11	수원대	184 / 77
	임 동 혁	林東奕	1993.06.08	숭실대	190 / 85
	김 준 엽	金俊燁	1988.05.10	홍익대	178 / 74
	정 준 현	鄭埈炫	1994.08.26	중앙대	179 / 71
	안 태 현	安邰鉉	1993.03.01	홍익대	175 / 70
	김 현 철	金鉉哲	1995.02.15	울산대	179 / 74
	정 택 훈	鄭澤勳	1995.05.26	고려대	190 / 80
	명 성 준	明成峻	1998.03.18	대건고	177 / 68
	임 준 석	林峻奭	1994.10.20	한남대	181 / 77
MF	닐손주니어	Nilson Ricardo da Silva Junior	1989.03.31	*브라질	185 / 85
	문 기 한	文起韓	1989.03.17	동북고	177 / 72
	이 현 승	李弦昇	1988.12.14	수원공고	171 / 71
	이 정 찬	李正燦	1995.06.28	홍익대	180 / 67
	추 민 열	秋旻悅	1999.01.10	경기경영고	175 / 63
	김 지 호	金芝鎬	1997.08.03	수원대	174 / 69
	남 송	南松	1997.06.21	*중국	173 / 61
	김 태 훈	金泰勳	1992.01.28	대구대	177 / 71
	송 홍 민	宋洪民	1996.02.07	남부대	183 / 80
	김 강 민	金岡玟	1999.07.03	영석고	178 / 71
	황 진 산	黃鎭山	1989.02.25	현대고	177 / 71
	크리스토밤	Cristovam Roberto Ribeiro da Silva	1990.07.25	*브라질	175 / 67
FW	포 프	Willan Popp	1994.04.13	*브라질	182 / 73
	공 민 현	孔敏懸	1990.01.19	청주대	182 / 70
	진 창 수	秦昌守	1985.10.26	도쿄조선대	175 / 67
	이 혁 주	李爀柱	1996.08.05	선문대	182 / 70
	김 동 현	金洞現	1995.10.21	광운대	185 / 73
	신 현 준	申賢儁	1992.06.15	세종대	173 / 68
	이 광 재	李曠載	1998.06.10	배재대	170 / 67

2018년 개인기록 _ K리그2

		경기번호	02	10	13	16	22	28	34	39	43	50
		날 짜	03.03	03.11	03.17	03.24	03.31	04.07	04.15	04.22	04.28	05.06
		홈/원정	원정	원정	원정	원정	원정	원정	원정	원정	홈	홈
		장 소	대전W	안양	광주W	수원	잠실	아산	탄천	안산	부천	부천
위치	배번	상 대	대전	안양	광주	수원FC	서울E	아산	성남	안산	부산	광주
		결 과	승	승	승	승	승	패	패	패	승	승
		점 수	2 : 1	3 : 0	2 : 1	1 : 0	4 : 2	2 : 4	1 : 2	1 : 3	1 : 0	1 : 0
		승 점	3	6	9	12	15	15	15	15	18	21
		슈팅수	17 : 7	15 : 4	5 : 13	12 : 8	23 : 10	11 : 20	10 : 9	11 : 16	10 : 14	16 : 19
GK	1	이 영 창										
	18	이 기 현								○ 0/0		
	21	최 철 원	○ 0/0	○ 0/0	○ 0/0	○ 0/0	○ 0/0	○ 0/0	○ 0/0		○ 0/0	○ 0/0
DF	2	장 순 혁	△ 0/0	○ 0/0		○ 0/0 C	○ 0/0	○ 0/0	△ 0/0			
	3	김 재 우										
	4	박 건	▽ 0/0							○ 0/0	○ 0/0	○ 0/0 C
	5	임 동 혁	○ 0/1	○ 0/0	○ 0/0	○ 0/0 C	○ 1/0	○ 0/0	○ 0/0	○ 0/0	○ 0/0 C	○ 0/0
	11	김 준 엽	○ 0/1	○ 0/1	○ 0/0	○ 0/0	○ 0/0	○ 0/0 C	○ 0/0	▽ 0/0	○ 0/1	○ 0/0
	19	정 준 현						△ 0/0		△ 0/0		
	22	안 태 현	○ 0/1	○ 0/0	○ 0/0	○ 0/0	○ 0/0 C	○ 0/0	○ 0/0	○ 0/0	○ 0/0	○ 0/0
	26	정 택 훈										
	37	명 성 준										
MF	6	닐손주니어	○ 0/0	○ 0/0	○ 0/0	○ 0/0	○ 0/0	○ 1/0	○ 0/0	○ 0/0		
	7	문 기 한	○ 0/0 C	○ 0/0	○ 0/0	○ 0/0	○ 0/2	○ 0/0	▽ 0/0	○ 0/0		○ 0/1
	10	이 현 승	○ 0/0	▽ 0/0	○ 0/0 C	▽ 0/0	▽ 0/1	▽ 0/0	▽ 0/0	○ 0/0	○ 0/0 C	▽ 0/0
	13	이 정 찬		△ 0/0		△ 0/0	△ 0/1	△ 1/0	△ 0/0	△ 0/0		
	15	추 민 열										
	24	김 지 호			△ 0/0					△ 0/0	△ 0/0	△ 0/0
	28	남 송										
	30	송 홍 민					△ 0/0					
	44	황 진 산	△ 0/0	△ 0/0			▽ 0/0					
	77	크리스토밤										
FW	8	포 프	▽ 1/0	▽ 1/1	▽ 1/0	▽ 1/0	○ 1/0	▽ 0/0	○ 0/0 CC		○ 1/0 C	○ 0/0
	9	공 민 현	○ 1/0	○ 2/1	○ 0/0	○ 0/0 CC		○ 0/0	○ 0/0	○ 0/1 C	▽ 0/0	△ 0/0
	16	진 창 수	△ 0/0	△ 0/0	△ 0/1 C	△ 0/0	△ 2/0	▽ 0/0	△ 0/0	△ 0/0	△ 0/0	△ 1/0
	17	이 혁 주										
	20	김 동 현										
	23	신 현 준				△ 0/0						
	27	이 광 재	▽ 0/0	▽ 0/0	▽ 0/0	▽ 0/0	▽ 0/0 C	△ 0/0	▽ 0/0	▽ 1/0	▽ 0/0	▽ 0/0

선수자료 : 득점/도움   ○ = 선발출장   △ = 교체 IN   ▽ = 교체 OUT   ◈ = 교체 IN/OUT   C = 경고   S = 퇴장

위치	배번		55	56	63	68	72	78	81	88	91	98
		경기번호	55	56	63	68	72	78	81	88	91	98
		날 짜	05.14	05.19	05.27	06.02	06.06	06.09	06.30	07.08	07.14	07.21
		홈/원정	홈	홈	홈	홈	홈	홈	홈	홈	원정	홈
		장 소	부천	부천	부천	부천	부천	부천	부천	부천	부산A	부천
		상 대	아산	서울E	안산	부산	수원FC	대전	성남	안양	부산	광주
		결 과	패	패	무	무	승	패	패	패	승	패
		점 수	0:1	0:3	1:1	0:0	4:1	0:2	1:2	1:2	2:1	0:1
		승 점	21	21	22	23	26	26	26	26	29	29
		슈팅수	10:9	11:13	14:19	13:18	21:16	13:10	15:12	17:17	10:17	9:15
GK	1	이 영 창										
	18	이 기 현										
	21	최 철 원	○ 0/0	○ 0/0	○ 0/0	○ 0/0	○ 0/0	○ 0/0	○ 0/0	○ 0/0	○ 0/0	○ 0/0
DF	2	장 순 혁	△ 0/0	△ 0/0					△ 0/0			
	3	김 재 우										
	4	박 건	○ 0/0	○ 0/0	○ 0/0 C	○ 0/0	○ 0/0	○ 0/0	○ 0/0	○ 0/0	○ 0/0	○ 0/0
	5	임 동 혁	○ 0/0 C		○ 0/0	○ 0/0	○ 0/0	○ 0/0	○ 0/0	○ 1/0	○ 0/0	○ 0/0
	11	김 준 엽	○ 0/0	○ 0/0	○ 0/0	○ 0/0	○ 0/0		○ 0/0	○ 0/0	○ 0/0	
	19	정 준 현	△ 0/0					△ 0/0				
	22	안 태 현	○ 0/0	○ 0/0	○ 0/0	○ 0/0	○ 0/1 C	○ 0/0	○ 0/0	○ 0/0	○ 0/0	
	26	정 택 훈										
	37	명 성 준										
MF	6	닐손주니어	○ 0/0 C	○ 0/0	○ 0/0	○ 0/0	○ 0/1	○ 0/0	○ 0/0			
	7	문 기 한	○ 0/0 C	○ 0/0	○ 0/0	○ 0/0	○ 0/0	○ 0/0	○ 0/0	○ 0/1	▽ 0/0 C	
	10	이 현 승	▽ 0/0	△ 0/0	▽ 1/0	▽ 0/0	▽ 0/0	▽ 0/0	△ 0/0 ◆	▽ 0/0	▽ 0/0	○ 0/0
	13	이 정 찬	▽ 0/0	▽ 0/0			▽ 0/0 C	△ 0/0		▽ 0/0	△ 0/0	▽ 0/0 C
	15	추 민 열										
	24	김 지 호		▽ 0/0 C			△ 0/0					
	28	남 송										
	30	송 홍 민				△ 0/0			△ 0/0		△ 0/0	△ 0/0
	44	황 진 산		▽ 0/0	▽ 0/0	△ 0/0	▽ 0/0	▽ 0/0 C				
	77	크리스토밤									△ 2/0	△ 0/0
FW	8	포 프	○ 0/0	○ 0/0	○ 0/0	○ 0/0	○ 1/0	○ 0/0	○ 0/0	○ 0/0	○ 0/1	▽ 0/0
	9	공 민 현							○ 0/0	○ 0/0	○ 0/0	○ 0/0 C
	16	진 창 수	▽ 0/0	△ 0/0	△ 0/0	△ 0/0 C	△ 2/0	△ 0/0	△ 1/0	△ 0/0		
	17	이 혁 주										
	20	김 동 현										
	23	신 현 준					△ 0/0					△ 0/0
	27	이 광 재	△ 0/0			▽ 0/0	▽ 1/0	▽ 0/0	▽ 0/0		▽ 0/0	▽ 0/0

127

위치	배번	이름	경기번호 105	107	114	120	125	128	134	140	142	150
		날 짜	07.30	08.04	08.13	08.20	08.27	09.02	09.09	09.16	09.22	09.30
		홈/원정	원정	홈	원정	홈	원정	홈	원정	원정	원정	홈
		장 소	아산	부천	수원	부천	탄천	부천	안양	구덕	잠실	부천
		상 대	아산	서울E	수원FC	대전	성남	안산	안양	부산	서울E	성남
		결 과	무	패	패	무	패	패	패	무	승	패
		점 수	0 : 0	0 : 2	0 : 2	1 : 1	1 : 2	1 : 2	1 : 3	1 : 1	1 : 0	0 : 1
		승 점	30	30	30	31	31	31	31	32	35	35
		슈팅수	11 : 15	17 : 20	13 : 24	4 : 8	11 : 14	14 : 14	9 : 17	3 : 14	9 : 10	11 : 17
GK	1	이 영 창										
	18	이 기 현										
	21	최 철 원	○ 0/0	○ 0/0	○ 0/0	○ 0/0	○ 0/0	○ 0/0	○ 0/0	○ 0/0	○ 0/0	○ 0/0
DF	2	장 순 혁			△ 0/0 S				▽ 0/0 C		○ 0/0	○ 0/0 S
	3	김 재 우										
	4	박 건	○ 0/0	○ 0/0	▽ 0/0				△ 0/0	○ 0/0	○ 0/0	
	5	임 동 혁	○ 0/0	○ 0/0	○ 0/0 S			○ 0/0	○ 0/0	○ 0/0		○ 0/0
	11	김 준 엽	○ 0/0	○ 0/0	○ 0/0	○ 0/0		○ 0/0		○ 1/0	○ 0/0	○ 0/0 C
	19	정 준 현		○ 0/0		○ 0/0	○ 0/0		△ 0/0			
	22	안 태 현	○ 0/0 C		○ 0/0	○ 0/0	○ 0/0	○ 0/0	○ 0/0	○ 0/0	○ 0/0 C	
	26	정 택 훈									△ 0/0	△ 0/0 C
	37	명 성 준				△ 0/0	▽ 0/0 C					
MF	6	닐손주니어			○ 0/0	○ 1/0	○ 0/0		▽ 0/0		○ 0/0	▽ 0/0
	7	문 기 한	○ 0/0	○ 0/0	△ 0/0	○ 0/0	○ 0/0 C	○ 0/0	○ 0/0	▽ 0/0	○ 0/0	
	10	이 현 승	▽ 0/0	▽ 0/0	▽ 0/0			▽ 0/0	▽ 0/0	▽ 0/0		
	13	이 정 찬	△ 0/0	△ 0/0	▽ 0/0		▽ 0/0 C		△ 0/0			
	15	추 민 열								▽ 0/0		
	24	김 지 호										
	28	남 송										
	30	송 홍 민			○ 0/0	△ 0/0	○ 0/1	○ 0/0	○ 0/0 C			△ 0/0
	44	황 진 산				△ 0/0	△ 0/0			△ 0/0		
	77	크리스토밤	▽ 0/0 C	○ 0/0	○ 0/0	○ 0/0	○ 0/0	○ 0/0	▽ 0/0			
FW	8	포 프	○ 0/0	○ 0/0	▽ 0/0						▽ 0/0	○ 0/0
	9	공 민 현	○ 0/0 C		○ 0/0		○ 0/0 C	○ 0/0 C	○ 0/1	○ 1/0		
	16	진 창 수		△ 0/0		▽ 0/0	△ 0/0	▽ 1/0	△ 0/1	△ 0/0	△ 0/0	△ 0/0
	17	이 혁 주										
	20	김 동 현	△ 0/0	△ 0/0						▽ 0/1	▽ 0/0	▽ 0/0
	23	신 현 준	▽ 0/0	▽ 0/0								
	27	이 광 재	△ 0/0	▽ 0/0	△ 0/0	▽ 0/0 C	△ 1/0	△ 0/0	△ 0/0	▽ 0/0		▽ 0/0

선수자료 : 득점/도움   ○ = 선발출장   △ = 교체 IN   ▽ = 교체 OUT   ◈ = 교체 IN/OUT   C = 경고   S = 퇴장

위치	배번	경기번호	153	158	162	168	172	180			
		날 짜	10.06	10.13	10.21	10.27	11.03	11.11			
		홈/원정	원정	홈	원정	홈	원정	홈			
		장 소	광주W	부천	안산	부천	대전W	부천			
		상 대	광주	안양	안산	수원FC	대전	아산			
		결 과	무	패	패	승	패	패			
		점 수	1 : 1	0 : 1	1 : 3	2 : 0	0 : 3	0 : 1			
		승 점	36	36	36	39	39	39			
		슈팅수	9 : 12	10 : 14	14 : 8	12 : 14	16 : 12	13 : 20			
GK	1	이 영 창		○ 0/0	○ 0/0	○ 0/0	○ 0/0				
	18	이 기 현						○ 0/0			
	21	최 철 원	○ 0/0								
DF	2	장 순 혁		○ 0/0	○ 0/0	▽ 0/0	○ 0/0				
	3	김 재 우					○ 0/0				
	4	박 건	○ 0/0	○ 0/0	○ 0/0	○ 0/0	▽ 0/0	○ 0/0			
	5	임 동 혁	○ 0/0	○ 0/0	○ 0/0 C	○ 0/0	○ 0/0	○ 0/0			
	11	김 준 엽	○ 0/0	○ 0/0	▽ 0/1						
	19	정 준 현	○ 0/0	○ 0/0 C		○ 0/0	○ 0/0	▽ 0/0			
	22	안 태 현	○ 0/0	○ 0/0		○ 0/0	○ 0/0	○ 0/0			
	26	정 택 훈									
	37	명 성 준									
MF	6	닐손주니어									
	7	문 기 한	○ 0/1	△ 0/0	○ 0/0	△ 0/0 C		○ 0/0			
	10	이 현 승	▽ 0/0 C		▽ 0/0		△ 0/0				
	13	이 정 찬	△ 0/0			△ 0/0	△ 0/0	△ 0/0			
	15	추 민 열	▽ 0/0	▽ 0/0	○ 0/0						
	24	김 지 호						△ 0/0			
	28	남 송				▽ 0/0 C	▽ 0/0	▽ 0/0			
	30	송 홍 민	○ 0/0		△ 0/0		○ 0/0	○ 0/0 C			
	44	황 진 산		▽ 0/0	▽ 0/0						
	77	크리스토밤									
FW	8	포 프	▽ 0/0	○ 0/0	○ 1/0	○ 2/0	○ 0/0				
	9	공 민 현	△ 1/0	△ 0/0 C		○ 0/0	▽ 0/0	▽ 0/0			
	16	진 창 수	△ 0/0	△ 0/0		△ 0/0	○ 0/0	△ 0/0			
	17	이 혁 주				△ 0/0					
	20	김 동 현		▽ 0/0	△ 0/0						
	23	신 현 준									
	27	이 광 재				▽ 0/0	△ 0/0				

129

안 산 그 리 너 스

창단년도_ 2017년

전화_ 031-480-2002

팩스_ 031-480-2055

홈페이지_ greenersfc.com

주소_ 우 15396 경기도 안산시 단원구 화랑로 260 와스타디움 3층
3F, Wa stadium, 260, Hwarang-ro, Danwon-gu, Ansan-si,
Gyeonggi-do, KOREA 15396

연혁

2016	안산시 시민프로축구단 창단 발표
	창단추진준비위원회 발족
	팀명칭 공모
	초대 이흥실 감독 선임
	'안산 그리너스 FC' 팀명칭 확정
2017	구단 엠블럼 공개
	테이블석 시즌권 완판
	창단식 개최
	창단 첫 홈경기 승리(vs 대전 2:1승)
	2017시즌 1차 '플러스 스타디움 상' 수상
	2017시즌 2차 '풀 스타디움 상' 수상
	사회공헌활동 230회 달성
	KEB하나은행 K리그 챌린지 2017 9위(7승 12무 17패)
	K리그 대상 시상식 '플러스 스타디움 상', '사랑나눔상' 수상
	KEB하나은행 K리그 챌린지 최다도움상 MF 장혁진 수상
2018	샘 오취리, 안산 그리너스 FC 다문화 홍보대사 위촉
	2018시즌 1차 '풀 스타디움 상' 수상
	제2대 이종걸 단장 취임
	2018시즌 2차 '팬 프렌들리 상' 수상
	제2대 임완섭 감독 취임
	사회공헌활동 341회 달성
	KEB하나은행 K리그2 2018 9위(10승 9무 17패)
	K리그 대상 시상식 '사랑나눔상', '그린 스타디움 상' 수상
	스포츠마케팅어워드 프로스포츠 구단 부문 본상 수상

2018년 선수명단

대표이사_ 김필호　단장_ 이종걸
감독_ 임완섭　수석코치_ 이영민　코치_ 김종영　GK코치_ 양지원　트레이너_ 윤찬희　주무_ 정세현

포지션	선수명		생년월일	출신교	키(cm) / 몸무게(kg)
GK	황 성 민	黃聖珉	1991.06.23	한남대	188 / 83
	이 희 성	李嘉性	1990.05.27	숭실대	184 / 80
	박 형 민	朴炯旼	1994.04.07	단국대	190 / 83
DF	최 성 민	崔晟旼	1991.08.20	동국대	185 / 80
	김 연 수	金延洙	1993.12.29	한라대	187 / 75
	이 인 재	李仁在	1992.05.13	단국대	187 / 78
	박 준 희	朴畯熙	1991.03.01	건국대	184 / 77
	김 민 성	金旻聖	1995.02.21	광운대	184 / 77
	이 　 건	李　健	1996.01.08	중앙대	180 / 77
	송 주 호	宋株昊	1991.03.20	고려대	189 / 80
	황 태 현	黃泰顯	1999.01.29	중앙대	180 / 74
	김 정 민	金晶珉	1995.09.06	영남대	172 / 65
	이 승 환	李承桓	1997.05.16	경일고	175 / 65
MF	신 일 수	申壹守	1994.09.04	고려대	188 / 93
	박 진 섭	朴鎭燮	1995.10.23	서울문화예대	184 / 80
	장 혁 진	張爀鎭	1989.12.06	대경대	178 / 71
	한 지 원	韓知員	1994.04.09	건국대	177 / 66
	최 명 희	崔明姬	1990.09.04	동국대	176 / 75
	이 민 우	李珉雨	1991.12.01	광주대	177 / 72
	김 태 현	金泰賢	1996.12.19	용인대	174 / 70
	김 종 석	金綜錫	1994.12.11	상지대	178 / 70
	김 명 재	金明宰	1994.05.30	숭실대	177 / 65
	김 현 태	金炫兌	1994.11.14	영남대	187 / 74
	홍 재 훈	弘載勳	1996.09.11	상지대	176 / 65
FW	조 우 진	趙佑鎭	1987.07.07	포철공고	177 / 70
	피 　 델	Fidel Rocha dos Santos	1993.07.06	*브라질	187 / 73
	홍 동 현	洪東賢	1991.10.30	숭실대	181 / 70
	최 호 주	崔浩周	1992.03.10	단국대	186 / 78
	라 　 울	Raul Andres Iattagona Lemos	1987.03.06	*우루과이	184 / 79
	이 창 훈	李昌勳	1995.11.16	수원대	187 / 88
	코 　 네	Seku Conneh	1995.11.10	*라이베리아	188 / 80
	박 관 우	朴寬優	1996.06.04	선문대	181 / 76
	박 성 부	朴成扶	1995.06.06	숭실대	180 / 68

2018년 개인기록 _ K리그2

위치	배번	성명	05	08	11	19	21	26	32	39	42	47
		경기번호	05	08	11	19	21	26	32	39	42	47
		날짜	03.04	03.11	03.17	03.25	03.31	04.07	04.14	04.22	04.29	05.06
		홈/원정	원정	홈	홈	원정	원정	홈	원정	홈	원정	홈
		장소	아산	안산	안산	탄천	구덕	안산	광주W	안산	잠실	안산
		상대	아산	대전	안양	성남	부산	수원FC	광주	부천	서울E	부산
		결과	패	승	승	무	무	승	무	승	패	패
		점수	0:1	3:2	2:1	0:0	1:1	1:0	0:0	3:1	1:2	1:3
		승점	0	3	6	7	8	11	12	15	15	15
		슈팅수	6:9	11:16	6:16	5:11	3:6	6:9	11:5	16:11	15:12	8:16
GK	1	황성민							△0/0	○0/0	○0/0	
	21	이희성	○0/0	○0/0 C	○0/0	○0/0	○0/0	○0/0	▽0/0			○0/0
	31	박형민										
DF	2	최성민	○0/0	△0/0			○0/0	△0/0 C	○0/0	○0/0	○0/0	○0/0
	3	김연수	○0/0	▽0/0					○0/0	○0/0	▽0/0	
	4	이인재	○0/0	○0/0	○0/0				○0/0	○0/0	○0/0	○0/0
	5	박준희	○0/0	○1/1	○0/0	○0/0						○0/0
	16	최명희			○0/0 C	○0/0	○0/0				▽0/0	△0/0
	19	이건		○1/0	○0/0	○0/0 C						
	20	송주호			○0/0			△0/0				
	27	황태현										
MF	6	신일수	○0/0	○0/0 S				○0/0	○0/0	○0/0	○0/0	○0/0
	7	박진섭		○0/0 CC		○0/0	○0/0					○1/0
	8	장혁진	▽0/0	○1/1		▽0/0	▽0/0	○0/0	○0/0 C	○0/0	○0/1	○0/1
	15	한지원	○0/0 CC			▽0/0			▽0/1	▽0/0		
	25	김태현				△0/0 C	○0/0			△0/0	△0/2	▽0/0
	28	김명재										
	30	김현태										
	77	조우진	▽0/0			△0/0						△0/0
FW	9	한건용	△0/0				△0/0		○0/0			
	9	피델										
	10	홍동현	△0/0	▽0/0	▽1/0	△0/0	△0/0	▽0/0		▽0/1		▽0/0 C
	11	최호주	▽0/0	○0/1	○0/0	○0/0	▽0/0	○1/0	▽2/0	○0/0		○1/0
	14	라울			▽0/1	△0/0	△1/0	▽0/0	▽0/0			
	17	이민우										
	18	정기운									△0/0	△0/0
	18	이창훈										
	22	코네	○0/0 C	▽0/0	○1/0			△0/0 C		▽1/0	○0/0	▽0/0
	23	박관우	△0/0	△0/0						△0/0	△0/0	○0/0 C
	24	바서부			△0/0							
	26	김총석			△0/0	△0/0					▽0/0	△0/0

선수자료: 득점/도움 ○ = 선발출장 △ = 교체 IN ▽ = 교체 OUT ◈ = 교체 IN/OUT C = 경고 S = 퇴장

위치	배번		54	59	63	69	74	77	83	87	95	99
		경기번호	54	59	63	69	74	77	83	87	95	99
		날짜	05.14	05.21	05.27	06.03	06.06	06.09	06.30	07.07	07.16	07.22
		홈/원정	원정	홈	원정	홈	원정	홈	원정	홈	원정	홈
		장소	수원	안산	부천	안산	대전W	안산	안양	안산	잠실	안산
		상대	수원FC	성남	부천	서울E	대전	광주	안양	아산	서울E	부산
		결과	패	승	무	패	무	승	패	패	패	패
		점수	0 : 1	2 : 1	1 : 1	0 : 2	1 : 1	2 : 0	0 : 1	0 : 2	0 : 2	0 : 1
		승점	15	18	19	19	20	23	23	23	23	23
		슈팅수	11 : 13	12 : 16	19 : 14	13 : 8	14 : 9	12 : 13	10 : 13	21 : 13	10 : 10	10 : 15
GK	1	황 성 민	○ 0/0	○ 0/0	○ 0/0	○ 0/0	○ 0/0	○ 0/0	○ 0/0	○ 0/0		
	21	이 희 성									○ 0/0	○ 0/0
	31	박 형 민										
DF	2	최 성 민				○ 0/0	○ 0/0	△ 0/0	○ 0/0	○ 0/0 C	○ 0/0 C	▽ 0/0
	3	김 연 수			△ 0/0		○ 0/0	▽ 0/0	▽ 0/0	▽ 0/0	○ 0/0	○ 0/0
	4	이 인 재	○ 0/0	○ 0/0	○ 0/0	○ 0/0 C	○ 0/0		○ 0/0	○ 0/0	○ 0/0	○ 0/0
	5	박 준 희	▽ 0/0	○ 0/0 C	▽ 0/0			○ 0/0	○ 0/0		▽ 0/0	○ 0/0
	16	최 명 희		○ 0/1	○ 0/0	▽ 0/0	△ 0/0	○ 1/0 C	○ 0/0	○ 0/0	○ 0/0	
	19	이 건	○ 0/0 C	○ 2/0	○ 0/0 C		○ 0/1	○ 0/0 C	○ 0/0	△ 0/0		
	20	송 주 호		△ 0/0				○ 0/0	△ 0/0			
	27	황 태 현										
MF	6	신 일 수	○ 0/0	○ 0/0 C	○ 1/0	○ 0/0 C		▽ 0/0	○ 0/0	○ 0/0		○ 0/0
	7	박 진 섭	○ 0/0	○ 0/0	○ 0/0	○ 0/0		○ 0/0	○ 0/0 C	▽ 0/0	○ 0/0	○ 0/0
	8	장 혁 진	○ 0/0	○ 0/0	○ 0/1	○ 0/0		○ 0/1	○ 0/0	▽ 0/0	▽ 0/0	○ 0/0
	15	한 지 원										
	25	김 태 현	△ 0/0	○ 0/0	○ 0/0	○ 0/0	△ 0/0			▽ 0/0 C	○ 0/0	○ 0/0
	28	김 명 재					▽ 0/0				▽ 0/0	
	30	김 현 태										
	77	조 우 진	○ 0/0				▽ 0/0					
FW	9	한 건 용				△ 0/0						
	9	피 델										△ 0/0
	10	홍 동 현	○ 0/0	▽ 0/0	▽ 0/0	▽ 0/0	△ 0/0	▽ 1/0	△ 0/0	○ 0/0	△ 0/0	▽ 0/0
	11	최 호 주					○ 0/0	△ 0/0 C	△ 0/0			
	14	라 울				△ 0/0	○ 1/0 S			○ 0/0	○ 0/0	△ 0/0
	17	이 민 우									▽ 0/0	
	18	정 기 운	▽ 0/0				▽ 0/0					
	18	이 창 훈										
	22	코 네	△ 0/0	▽ 0/0	▽ 0/0	▽ 0/0		○ 0/0	▽ 0/0	△ 0/0	△ 0/0	○ 0/0
	23	박 관 우	△ 0/0	△ 0/0	△ 0/0	△ 0/0						
	24	박 성 부				△ 0/0						
	26	김 종 석	▽ 0/0				○ 0/0		△ 0/0	△ 0/0	△ 0/0	

133

위치	배번	선수	104	109	113	117	123	128	135	139	141	147
		경기번호	104	109	113	117	123	128	135	139	141	147
		날짜	07.30	08.05	08.12	08.18	08.26	09.02	09.09	09.16	09.22	09.29
		홈/원정	홈	원정	홈	홈	원정	원정	홈	원정	원정	홈
		장소	안산	안양	안산	안산	대전W	부천	안산	수원	탄천	안산
		상대	수원FC	안양	성남	아산	대전	부천	광주	수원FC	성남	대전
		결과	패	패	패	패	패	승	승	승	무	무
		점수	0:1	2:3	0:1	0:1	0:1	2:1	3:2	2:1	1:1	1:1
		승점	23	23	23	23	23	26	29	32	33	34
		슈팅수	11:16	19:14	15:7	13:10	14:12	14:14	11:15	18:12	10:13	6:13
GK	1	황성민			○0/0	○0/0	○0/0	○0/0 C	○0/0	○0/0		
	21	이희성	○0/0	○0/0							○0/0	○0/0
	31	박형민										
DF	2	최성민										
	3	김연수								○0/0	○0/0	○0/0
	4	이인재	○0/0	○1/0	○0/0	○0/0	○0/0 C	○0/0	○0/0	○0/0 C		
	5	박준희	○0/0 C	○0/0			○0/0 C			○0/1 C		
	16	최명희	○0/0	○0/0 C			○0/0	○0/0	○0/0	△0/0		
	19	이건	○0/0	▽0/0	○0/0 C					▽0/0		
	20	송주호		○0/0	○0/0	○0/0	○0/0 C		△0/0		○0/0 C	○1/0
	27	황태현				▽0/0		○0/1				
MF	6	신일수	○0/0	▽0/0 C				△0/0	○0/0		○0/0	○0/0
	7	박진섭	○0/0		○0/0	△0/0	○0/0	○1/0 C	○0/0		○0/0	○0/0 C
	8	장혁진	△0/0	○0/0	○0/0	○0/0	○0/0	▽0/0	▽1/0	▽1/0	○0/0	▽0/1
	15	한지원		○0/0		○0/0	▽0/0 C		△0/0		○0/0 C	
	25	김태현										
	28	김명재										
	30	김현태		△0/0		○0/0		▽1/0	○1/0		△0/0	○0/0
	77	조우진				▽0/0						△0/0
FW	9	한건용										
	9	피델	○0/0	△0/0		△0/0		△0/0			△0/1	△0/0
	10	홍동현	▽0/0			▽0/0						
	11	최호주			△0/0	○0/0	○0/0		○0/0	▽0/0	○1/0	
	14	라울	△0/0	○1/0	▽0/0	△0/0	○0/0	▽0/0				
	17	이민우					△0/0					
	18	정기운										
	18	이창훈	▽0/0	▽0/0	▽0/0	▽0/0			△1/0	▽0/0		△0/0
	22	코네	▽0/0	△0/0	△0/0		△0/0	△0/0 C				△0/0
	23	박관우	△0/0 C				○0/0			▽0/0	▽1/0	▽0/0
	24	마성두									△0/0	
	26	김종석	○0/1	○0/0					○0/0	○0/1		▽0/0

선수자료 : 득점/도움   ○ = 선발출장   △ = 교체 IN   ▽ = 교체 OUT   ◆ = 교체 IN/OUT   C = 경고   S = 퇴장

위치	배번	경기번호	151	160	162	169	171	176					
		날 짜	10.06	10.14	10.21	10.28	11.03	11.11					
		홈/원정	홈	원정	홈	원정	홈	원정					
		장 소	안산	아산	안산	구덕	안산	광주W					
		상 대	안양	아산	부천	부산	서울E	광주					
		결 과	패	패	승	무	무	패					
		점 수	0 : 2	0 : 2	3 : 1	0 : 0	0 : 0	0 : 4					
		승 점	34	34	37	38	39	39					
		슈팅수	15 : 13	6 : 19	8 : 14	7 : 10	15 : 3	5 : 16					
GK	1	황 성 민	○ 0/0	▽ 0/0			○ 0/0						
	21	이 희 성		△ 0/0	○ 0/0 C	○ 0/0							
	31	박 형 민						○ 0/0					
DF	2	최 성 민						○ 0/0					
	3	김 연 수	▽ 0/0		○ 0/0	○ 0/0	○ 0/0	○ 0/0					
	4	이 인 재	○ 0/0	○ 0/0	△ 0/0								
	5	박 준 희	○ 0/0	○ 0/0	○ 1/0	○ 0/0	○ 0/0	○ 0/0					
	16	최 명 희		○ 0/0	○ 0/0	○ 0/0	○ 0/0	○ 0/0 S					
	19	이 건	○ 0/0			○ 0/0	▽ 0/0						
	20	송 주 호	△ 0/0		▽ 0/0	○ 0/0	○ 0/0	○ 0/0 C					
	27	황 태 현											
MF	6	신 일 수	○ 0/0 C	○ 0/0	○ 0/0	○ 0/0	○ 0/0	○ 0/0 C					
	7	박 진 섭		○ 0/0	○ 0/0	△ 0/0	○ 0/0						
	8	장 혁 진	○ 0/0	○ 0/0	○ 0/2	○ 0/0	○ 0/0	△ 0/0					
	15	한 지 원		▽ 0/0	△ 0/0								
	25	김 태 현		△ 0/0		△ 0/0		△ 0/0					
	28	김 명 재						▽ 0/0					
	30	김 현 태	○ 0/0	○ 0/0	○ 0/0		○ 0/0						
	77	조 우 진	△ 0/0		△ 0/0	▽ 0/0							
FW	9	한 건 용											
	9	피 델											
	10	홍 동 현											
	11	최 호 주	○ 0/0	○ 0/0	▽ 2/0	○ 0/0	△ 0/0						
	14	라 울					△ 0/0	△ 0/0					
	17	이 민 우											
	18	정 기 운											
	18	이 창 훈		△ 0/0 C	▽ 0/1	▽ 0/0	▽ 0/0						
	22	코 네	▽ 0/0										
	23	빅 튄 우	△ 0/0					▽ 0/0					
	24	박 성 부						▽ 0/0 W					
	26	김 종 석	▽ 0/0	▽ 0/0				○ 0/0 C					

서 울 이 랜 드 F C

창단년도_ 2014년

전화_ 02-3431-5470

팩스_ 02-3431-5480

홈페이지_ www.seoulelandfc.com

주소_ 우 05500 서울 송파구 올림픽로25 잠실종합운동장 내 주
경기장 B-03

B-03 Main Staium, Sports Complex, 25 Olympic-ro,
Songpa-gu, Seoul, KOREA 05500

연혁

2014	창단 의향서 제출(4월)
	제1대 박상균 대표이사 취임
	서울시와 프로축구연고협약 체결
	초대감독 '마틴 레니' 선임(7월)
	프로축구연맹 이사회 축구단 가입 승인(8월)
	팀명칭 '서울 이랜드 FC' 확정(8월)
2015	공식 엠블럼 발표(2월)
	창단 유니폼 발표(2월)
	K리그 챌린지 참가
	현대오일뱅크 K리그 챌린지 2015 4위
2016	제2대 박건하 감독 취임(6월)
2017	제3대 김병수 감독 취임(1월)

2018년 선수명단

대표이사_ 김현수   사무국장_ 채승목   감독_ 인창수   코치_ 최태욱   GK코치_ 황희훈   피지컬코치_ 장석민
팀닥터_ 김진수   의무트레이너_ 고영재 · 권일경 · 조민우   스카우터_ 이슬기 · 김현수   전력분석관_ 정현우   매니저_ 김도언

포지션	선수명		생년월일	출신교	키(cm) / 몸무게(kg)
GK	김 영 광	金永光	1983.06.28	한려대	184 / 86
	안 지 현	安祉炫	1994.03.25	건국대	188 / 86
	강 정 묵	姜定黙	1996.03.21	단국대	188 / 82
DF	감 한 솔	甘한솔	1993.11.19	경희대	174 / 65
	김 재 현	金渽玹	1987.03.09	광양제철고	185 / 80
	안 지 호	安顯植	1987.04.24	연세대	184 / 78
	김 태 은	金兌恩	1989.09.21	배재대	180 / 77
	이 병 욱	李秉煜	1996.11.14	영남대	185 / 85
	전 민 광	全珉洸	1993.01.17	중원대	187 / 73
	김 지 훈	金志勳	1997.09.30	원주공고	170 / 65
	이 반	Ivan Herceg	1990.02.10	*크로아티아	186 / 74
	안 동 혁	安東赫	1988.11.11	광운대	176 / 75
	안 성 빈	安聖彬	1988.10.03	수원대	178 / 75
	김 동 철	金東徹	1990.10.01	고려대	180 / 75
MF	김 준 태	金俊泰	1985.05.31	한남대	180 / 73
	고 차 원	高次元	1986.04.30	아주대	169 / 69
	조 재 완	趙在玩	1995.08.29	상지대	174 / 70
	최 한 솔	崔한솔	1997.03.16	영남대	187 / 81
	최 치 원	崔致遠	1993.06.11	연세대	179 / 72
	한 지 륜	韓地淪	1996.08.22	한남대	180 / 70
	박 성 우	朴成祐	1996.05.14	전주대	180 / 78
	김 창 욱	金滄旭	1992.12.04	동의대	169 / 63
	윤 성 열	尹誠悅	1987.12.22	배재대	180 / 72
	김 재 웅	金裁雄	1988.01.01	경희대	173 / 68
FW	원 기 종	元基鍾	1996.01.06	건국대	178 / 75
	최 오 백	崔午百	1992.03.10	조선대	177 / 69
	비엘키에비치	Osvlado Diego Bielkiewicz	1991.01.04	*아르헨티나	182 / 80
	에 레 라	Ignacio Jose Herrera Fernandez	1987.10.14	*칠레	178 / 77
	조 찬 호	趙潔鎬	1986.04.10	연세대	170 / 68
	조 용 태	趙容泰	1986.03.31	연세대	181 / 71
	수 민 규	周敏圭	1990.04.13	한양대	183 / 79
	전 석 훈	全錫訓	1997.12.03	영남대	170 / 63
	유 정 완	柳政完	1996.04.05	연세대	177 / 70
	이 예 찬	李예찬	1996.05.01	대신고	170 / 65
	이 현 성	李現星	1993.05.20	용인대	172 / 69

2018년 개인기록 _ K리그2

위치	배번	선수	04	09	15	17	22	30	33	40	42	53
		경기번호	04	09	15	17	22	30	33	40	42	53
		날짜	03.04	03.11	03.18	03.24	03.31	04.08	04.14	04.22	04.29	05.13
		홈/원정	원정	홈	원정	홈	홈	홈	홈	홈	홈	원정
		장소	수원	잠실	대전W	잠실	잠실	잠실	잠실	잠실	잠실	구덕
		상대	수원FC	부산	대전	광주	부천	성남	안양	아산	안산	부산
		결과	패	무	패	무	패	무	승	무	승	패
		점수	0:1	2:2	0:1	0:0	2:4	1:1	1:0	0:0	2:1	0:2
		승점	0	1	1	2	2	3	6	7	10	10
		슈팅수	14:19	10:16	7:13	5:16	10:23	6:11	3:14	8:12	12:15	3:18
GK	1	김영광	○0/0	○0/0	○0/0	○0/0	○0/0	○0/0	○0/0	○0/0	○0/0	○0/0
DF	3	유지훈	○0/0 C	▽0/0	○0/0	○0/0 C	○0/0					○0/0
	3	감한솔	▽0/0			△0/0	○0/0	○0/0				
	4	김재현	○0/0 C	△0/0	△0/0	○0/0						
	6	안지호	○0/0 C	○0/0	○0/0 S			○0/0				○0/0 C
	13	김태은	△0/0	○0/0 C		○0/0	△0/0			○0/0	○0/0 S	
	15	이병욱										
	22	전민광		○0/0			○0/0	○0/0 C	○0/0	○0/0	○0/0	○0/0
	29	이 반										
	32	안동혁								▽0/0 C	▽0/0	▽0/0
	33	안성빈										
	90	김동철										
MF	8	김준태	○0/0	○0/0 C		▽0/0	▽0/0		○0/0		○0/0	○0/0
	10	고차원	○0/0	▽0/0								
	14	조재안	△0/0	△0/0 C	○0/0	○0/0	○1/0	▽1/0	▽0/0	○0/0	△2/0	
	19	최한솔	▽0/0		○0/0 CC		▽0/0 C	△0/0				△0/0
	23	최치원		○0/0 C	▽0/0			○0/0	▽0/0	▽0/0		
	24	한지륜										
	27	박성우										
	66	김창욱							△0/0	○0/0 C	○0/0	○0/0
	88	윤성열										
	99	김재웅				△0/0		△0/0 C	△0/0	△0/0	△0/0 C	
FW	7	최오백	○0/0	○0/0	○0/0 C	○0/0	○1/0 C			▽0/0	○0/0	○0/0
	9	비엘키에비치	○0/0	○1/0	▽0/0							
	11	페블레스			△0/0	○0/0	▽0/1	○0/0				
	11	에레라										
	16	조찬호	△0/0	△1/1	▽0/0							△0/0
	17	조용태				▽0/0						
	18	주민규										
	20	원기종	▽0/0	▽0/0							△0/0	△0/0
	25	전석훈				△0/0	△0/0					
	10	유킹원				△0/0	▽0/1	▽0/0			▽0/0	▽0/0
	30	이예찬										
	37	탁우선						△0/0	△0/0	△0/0	△0/0	
	77	이현성										

선수자료 : 득점/도움 ○ = 선발출장 △ = 교체 IN ▽ = 교체 OUT ◈ = 교체 IN/OUT C = 경고 S = 퇴장

위치	배번		56	64	69	76	82	75	86	95	97	101
		경기번호	56	64	69	76	82	75	86	95	97	101
		날짜	05.19	05.28	06.03	06.09	06.30	07.04	07.07	07.16	07.21	07.28
		홈/원정	원정	원정	원정	원정	홈	원정	원정	홈	원정	홈
		장소	부천	안양	안산	아산	잠실	광주W	탄천	잠실	안양	잠실
		상대	부천	안양	안산	아산	수원FC	광주	성남	안산	안양	대전
		결과	승	패	승	패	패	패	무	승	패	승
		점수	3:0	0:2	2:0	0:3	0:1	0:3	1:1	2:0	0:1	1:0
		승점	13	13	16	16	16	16	17	20	20	23
		슈팅수	13:11	10:10	8:13	6:13	8:14	9:10	5:19	10:10	6:9	10:13
GK	1	김 영 광	○ 0/1	○ 0/0	○ 0/0	○ 0/0	○ 0/0	○ 0/0	○ 0/0	○ 0/0	○ 0/0	○ 0/0
DF	3	유 지 훈	○ 0/0	○ 0/0		△ 0/0						
	3	감 한 솔				△ 0/0	○ 0/0	△ 0/0				
	4	김 재 현	○ 0/0	○ 0/0	○ 0/0	○ 0/0	○ 0/0 C		▽ 1/0	○ 0/0	○ 0/0	○ 0/0
	6	안 지 호	○ 1/0 C	○ 0/0	○ 0/0	○ 0/0	○ 0/0	○ 0/0	○ 0/0	○ 0/0	○ 0/0	▽ 0/0
	13	김 태 은		○ 0/0	○ 0/0	▽ 0/0	○ 0/0	▽ 0/0			△ 0/0	
	15	이 병 욱										
	22	전 민 광	○ 0/0	○ 0/0 C	○ 0/0	○ 0/0 C		○ 0/0	○ 0/0	○ 0/1	○ 0/0	○ 0/0
	29	이 　 반							△ 0/0	▽ 0/0	○ 0/0	○ 0/0
	32	안 동 혁										○ 0/0
	33	안 성 빈						○ 0/0	○ 0/1	○ 0/0	▽ 0/0 C	
	90	김 동 철										
MF	8	김 준 태	▽ 0/0	○ 0/0	▽ 0/1	○ 0/0	▽ 0/0	△ 0/0	▽ 0/0		▽ 0/0 C	
	10	고 차 원								△ 0/0		○ 0/0 S
	14	조 재 완		△ 0/0	○ 1/0	○ 0/0	○ 0/0 C	△ 0/0	△ 0/0	○ 1/0		
	19	최 한 솔	△ 1/0			△ 0/0 C		○ 0/0 C				
	23	최 치 원										△ 1/0
	24	한 지 륜										
	27	박 성 우	▽ 0/0	▽ 0/0 C	▽ 0/0 C			△ 0/0				
	66	김 창 욱	○ 0/0	△ 0/0	△ 0/0	▽ 0/0	○ 0/0		○ 0/0 C			△ 0/0
	88	윤 성 열										
	99	김 재 웅		▽ 0/0	▽ 0/0	○ 0/0 C		▽ 0/0	△ 0/0	△ 0/1	△ 0/0	
FW	7	최 오 백	○ 1/1	○ 0/0	○ 0/0	○ 0/0	○ 0/0	○ 0/0	○ 0/0	○ 1/0	○ 0/0	○ 0/1
	9	비엘키에비치	○ 0/1	○ 0/0 C	○ 1/0	▽ 0/0						
	11	페 블 레 스										
	11	에 레 라					△ 0/0		△ 0/0 C	△ 0/0		△ 0/0
	16	조 찬 호	△ 0/0	△ 0/0	△ 0/1	△ 0/0	△ 0/0	○ 0/0		▽ 0/0		▽ 0/0
	17	조 용 태					▽ 0/0		▽ 0/0			
	18	주 민 규										
	20	원 기 종									▽ 0/0	
	25	신 식 운										
	26	유 정 완	△ 0/0				▽ 0/0					
	30	이 예 찬					△ 0/0		○ 0/0	▽ 0/0		▽ 0/0
	37	탁 우 선	▽ 0/0	▽ 0/0								
	77	이 현 성					▽ 0/0		○ 0/0	○ 0/0	○ 0/0	○ 0/0

139

위치	배번	선수	107	111	49	118	121	130	131	138	142	149
		경기번호	107	111	49	118	121	130	131	138	142	149
		날짜	08.04	08.11	08.15	08.19	08.25	09.03	09.08	09.15	09.22	09.30
		홈/원정	원정	홈	홈	원정	원정	홈	원정	원정	홈	홈
		장소	부천	잠실	잠실	광주W	아산	잠실	수원	대전W	잠실	잠실
		상대	부천	부산	대전	광주	아산	성남	수원FC	대전	부천	광주
		결과	승	패	패	무	패	패	승	패	패	패
		점수	2:0	0:5	0:2	2:2	1:3	1:2	2:0	0:1	0:1	1:4
		승점	26	26	26	27	27	27	30	30	30	30
		슈팅수	20:17	12:14	2:8	9:12	8:22	8:11	9:18	9:18	10:9	11:14
GK	1	김 영 광	○ 0/0	○ 0/0	○ 0/0	○ 0/0	○ 0/0	○ 0/0	○ 0/0	○ 0/0	○ 0/0	○ 0/0
DF	3	유 지 훈										
	3	감 한 솔						○ 0/0	△ 0/0			△ 0/0
	4	김 재 현	○ 0/0 C			○ 0/0	○ 0/0		○ 0/0 C	○ 0/0 C	○ 0/0	
	6	안 지 호				○ 0/0	○ 0/0 C	▽ 0/0	○ 0/0 C			
	13	김 태 은				○ 0/0 C						
	15	이 병 욱								▽ 0/0 C		
	22	전 민 광	○ 0/0	○ 0/0 S				○ 0/0	○ 1/0	○ 0/0	▽ 0/0	
	29	이 반		○ 0/0		△ 0/0	△ 0/0				○ 0/0	○ 0/0 C
	32	안 동 혁	▽ 1/0	○ 0/0	○ 0/0				▽ 0/0	△ 0/0		
	33	안 성 빈	○ 0/0	○ 0/0	○ 0/0			▽ 0/0				
	90	김 동 철										
MF	8	김 준 태										
	10	고 차 원				▽ 0/0		○ 0/0	○ 1/0	▽ 0/0		
	14	조 재 완	△ 0/0	△ 0/0					○ 0/0			
	19	최 한 솔				▽ 0/0						
	23	최 치 원	△ 1/0	△ 0/0	△ 0/0	○ 0/1	○ 0/0		○ 0/0 C	○ 0/0 C		○ 0/0
	24	한 지 륜										▽ 0/0
	27	박 성 우	○ 0/0	▽ 0/0				○ 0/0	▽ 0/0 C			
	66	김 창 욱	○ 0/0	○ 0/0	△ 0/0	○ 0/0	▽ 0/0		△ 0/1	○ 0/0	○ 0/0 C	
	88	윤 성 열										
	99	김 재 웅	▽ 0/0	▽ 0/0	△ 0/0		△ 0/0	△ 0/0	▽ 0/0 C	▽ 0/0	▽ 0/0	
FW	7	최 오 백	○ 0/0	○ 0/0	○ 0/0	△ 1/0 C	○ 0/0	○ 0/1	○ 0/0	○ 0/0	△ 0/0	○ 0/0
	9	비엘키에비치		▽ 0/0			△ 0/0	△ 0/0	▽ 1/0		△ 0/0	△ 0/0
	11	페 블 레 스										
	11	에 레 라	△ 0/0	△ 0/0		△ 0/0						
	16	조 찬 호				▽ 1/1	▽ 0/1	○ 0/0	△ 1/0	△ 0/0	○ 0/0	▽ 0/0
	17	조 용 태	▽ 0/0	▽ 0/0	○ 0/0						▽ 0/0	
	18	주 민 규							△ 0/0	△ 0/0		
	20	원 기 종									○ 0/0 CC	
	25	전 석 훈										
	26	유 성 완										△ 1/1
	30	이 예 찬				▽ 0/0 C			◈ 0/0 C	◈ 0/0	◈ 0/0	▽ 0/0
	37	탁 우 선										
	77	이 현 성	○ 0/0	○ 0/0 C	○ 0/0	▽ 0/0	○ 0/0	○ 0/0 C	○ 0/1	○ 0/0	○ 0/0	○ 1/0

선수자료 : 득점/도움 ○ = 선발출장 △ = 교체 IN ▽ = 교체 OUT ◈ = 교체 IN/OUT C = 경고 S = 퇴장

위치	배번		경기번호	154	159	163	167	171	179					
			날 짜	10.07	10.14	10.21	10.27	11.03	11.11					
			홈/원정	원정	원정	홈	홈	원정	홈					
			장 소	탄천	구덕	잠실	잠실	안산	잠실					
			상 대	성남	부산	안양	아산	안산	수원FC					
			결 과	승	패	패	패	무	승					
			점 수	2:1	1:3	0:1	0:4	0:0	1:0					
			승 점	33	33	33	33	34	37					
			슈팅수	5:10	8:10	9:8	10:16	3:15	6:13					
GK	1	김 영 광		○ 0/0	○ 0/0	○ 0/0	○ 0/0 C	○ 0/0	○ 0/0					
DF	3	유 지 훈												
	3	감 한 솔												
	4	김 재 현		○ 0/0	○ 0/0		○ 0/0		○ 0/0					
	6	안 지 호		○ 0/1	○ 0/0	○ 0/0	○ 0/0 C							
	13	김 태 은				○ 0/0	○ 0/0							
	15	이 병 욱												
	22	전 민 광		○ 0/0	○ 0/1 C	○ 0/0	○ 0/0	○ 0/0	○ 0/0					
	29	이 반												
	32	안 동 혁						▽ 0/0						
	33	안 성 빈				○ 0/0	○ 0/0	○ 0/0	○ 0/0					
	90	김 동 철				○ 0/0	○ 0/0 C	○ 0/0 C						
MF	8	김 준 태												
	10	고 차 원			△ 0/0		▽ 0/0							
	14	조 재 완		▽ 0/0	○ 0/0	△ 0/0	△ 0/0	△ 0/0	△ 0/0					
	19	최 한 솔						▽ 0/0	○ 0/0					
	23	최 치 원					△ 0/0	▽ 0/0	▽ 1/0					
	24	한 지 륜												
	27	박 성 우						○ 0/0	○ 0/0					
	66	김 창 욱				○ 0/0 CC		○ 0/0	○ 0/0					
	88	윤 성 열		○ 0/0	○ 0/0									
	99	김 재 웅		○ 0/0 C	▽ 0/0	○ 0/0	▽ 0/0 C							
FW	7	최 오 백		△ 0/0	△ 0/0	△ 0/0	△ 0/0	△ 0/0	○ 0/0					
	9	비엘키에비치							△ 0/0					
	11	페 블 레 스												
	11	에 레 라		△ 1/0	△ 0/0			○ 0/0	▽ 0/0					
	16	조 찬 호		○ 1/1	○ 1/0	▽ 0/0	○ 0/0							
	17	조 용 태		▽ 0/0	▽ 0/0	▽ 0/0								
	18	주 민 규		△ 0/0										
	20	원 기 종												
	25	천 식 훈				▽ 0/0								
	26	유 정 완		▽ 0/0	▽ 0/0			○ 0/0	▽ 0/0					
	30	이 예 찬												
	37	탁 우 선												
	77	이 현 성		○ 0/0	○ 0/0	△ 0/0	▽ 0/0	△ 0/0	△ 0/0					

141

Section 2

2 0 1 8 시 즌 기 록

2018년 구단별 관중 및 입장수입 현황 _ K리그1

구단	경기수	관중수					입장수입		전년대비	
		총관중수	유료	평균관중수	평균유료	유료비율(%)	총입장수입	객단가	'17 객단가	증감액
전 북	19	226,224	84,487	139,278	2,459	11,907	1,873,842,574	6,566	5,687	879
경 남	19	60,209	43,905	15,299	1,005	3,169	320,592,000	5,734	5,026	708
울 산	19	142,944	64,339	77,370	1,235	7,523	745,769,600	4,106	4,441	-335
포 항	19	140,668	18,498	122,170	-	7,404	1,049,364,900	4,975	3,124	1,852
제 주	19	60,053	18,088	41,965	-	3,161	437,549,934	4,849	5,533	-683
수 원	19	127,469	61,105	63,454	2,910	6,709	1,985,556,500	10,433	8,809	1,625
대 구	19	66,837	21,252	43,929	1,656	3,518	508,354,812	7,133	14,480	-7,347
강 원	19	25,667	22,714	2,953	-	1,351	211,342,600	7,569	10,846	-3,277
인 천	19	84,151	58,041	25,549	561	4,429	734,198,150	6,944	8,733	-1,789
상 주	19	25,050	9,491	15,559	-	1,318	127,998,900	4,893	4,207	686
서 울	20	228,299	102,375	117,972	7,952	11,415	2,953,347,500	11,981	11,894	87
전 남	19	62,303	10,388	51,915	-	3,279	690,681,000	4,885	3,908	977
합 계	229	1,249,874	514,683	717,413	17,778	5,458	11,638,598,469	7,326	7,418	-92

* 승강PO 1경기 포함.

2018년 구단별 관중 및 입장수입 현황 _ K리그2

구단	경기수	관중수					입장수입		전년대비	
		총관중수	유료	평균관중수	평균유료	유료비율(%)	총 입장수입	객단가	'17 객단가	증감액
아 산	18	31,465	21,142	10,150	173	1,748	144,391,000	3,338	4,910	-1,572
성 남	18	43,208	13,141	30,067	-	2,400	795,863,500	6,616	6,076	540
부 산	20	62,831	52,471	9,576	784	3,142	235,776,600	2,712	6,452	-3,741
대 전	19	32,738	24,879	7,859	-	1,723	244,321,000	4,794	6,410	-1,616
광 주	18	27,393	8,027	19,366	-	1,522	155,800,200	3,588	4,905	-1,316
안 양	18	26,115	8,294	17,821	-	1,451	458,755,900	5,429	5,014	416
수원F	18	33,765	11,110	22,605	50	1,876	277,388,950	3,077	3,907	-830
부 천	18	18,464	11,499	6,965	-	1,026	141,768,000	5,661	3,907	1,754
안 산	18	32,365	28,163	4,202	-	1,798	126,929,000	2,893	4,756	-1,863
서울E	18	12,410	5,004	7,406	-	689	87,974,000	6,007	6,699	-692
합 계	183	320,754	183,730	136,017	1,007	1,753	2,668,968,150	4,162	5,233	-1,071

* 승강PO 1경기 포함.

2018년 전 경기 전 시간 출장자

구분	출장 내용	선수명	소속	출장수	교체수
K리그1	전 경기·전 시간 출장	김 승 대	포 항	38	0
		강 현 무	포 항	38	0
K리그2	전 경기·전 시간 출장	김 영 광	서울E	36	0

2018년 심판배정 기록

성명	리그	심판구분	횟수	성명	리그	심판구분	횟수
강도준	K리그2	부 심	25		K리그2	주 심	14
강동호	K리그1	부 심	12			대기심	1
	K리그2	부 심	21			V A R	17
고형진	K리그1	주 심	24			A V A R	4
		V A R	16	김영하	K리그1	부 심	32
	K리그2	주 심	2	김용우	K리그1	주 심	17
		A V A R	2			대기심	3
		V A R	14			A V A R	16
	승강PO	대기심	1			V A R	1
곽승순	K리그1	부 심	37		K리그2	주 심	10
	K리그2	부 심	2			대기심	1
	승강PO	부 심	1			V A R	4
구은석	K리그1	부 심	14			A V A R	8
	K리그2	부 심	27		승강PO	대기심	1
권용식	K리그2	부 심	19	김우성	K리그1	주 심	25
김계용	K리그1	부 심	39			V A R	9
	K리그2	부 심	1			A V A R	1
김대용	K리그1	주 심	23		K리그2	주 심	4
		A V A R	2			A V A R	2
		V A R	9			V A R	12
	K리그2	주 심	2		승강PO	주 심	1
		A V A R	1	김종혁	K리그1	A V A R	1
		V A R	17			V A R	27
	승강PO	주 심	1		K리그2	주 심	7
김덕철	K리그1	대기심	24			A V A R	4
	K리그2	주 심	2		승강PO	V A R	2
		대기심	13	김종희	K리그2	부 심	13
김도연	K리그1	대기심	16	김지욱	K리그1	부 심	37
	K리그2	주 심	1		K리그2	부 심	3
		대기심	18	김홍규	K리그2	부 심	20
김동인	K리그1	대기심	3	김희곤	K리그1	주 심	22
		A V A R	32			V A R	8
	K리그2	주 심	11			A V A R	6
		대기심	4		K리그2	주 심	4
		A V A R	18			A V A R	7
김동진	K리그1	주 심	19			V A R	9
		V A R	9	노수용	K리그1	부 심	19
		A V A R	7		K리그2	부 심	24
	K리그2	주 심	2		승강PO	부 심	1
		A V A R	7	매호영	K리그1	V A R	24
		V A R	5			A V A R	13
김선진	K리그1	부 심	34		K리그2	V A R	15
김성호	K리그1	주 심	21			A V A R	7
		V A R	28	박균용	K리그1	부 심	34
		A V A R	2		K리그2	부 심	2
	K리그2	주 심	2		승강PO	부 심	1
		A V A R	1	박병진	K리그1	주 심	18
		V A R	15			A V A R	1
김영수	K리그1	대기심	3			V A R	18
		V A R	26		K리그2	주 심	8
		A V A R	5			A V A R	5

145

성명	리그	심판구분	횟수
		V A R	19
	승강PO	A V A R	2
박상준	K리그1	부 심	36
	K리그2	부 심	2
박진호	K리그1	V A R	13
		A V A R	26
	K리그2	주 심	7
		대기심	1
		A V A R	14
		V A R	9
방기열	K리그1	부 심	35
	K리그2	부 심	3
서동진	K리그1	주 심	2
		대기심	2
		V A R	5
		A V A R	20
	K리그2	주 심	12
		대기심	2
		A V A R	17
		V A R	6
설귀선	K리그2	부 심	36
설태환	K리그1	대기심	18
	K리그2	주 심	3
		대기심	13
성덕효	K리그1	대기심	20
	K리그2	주 심	10
		대기심	14
성주경	K리그2	부 심	35
송민석	K리그1	주 심	17
		대기심	1
		A V A R	13
		V A R	4
	K리그2	주 심	3
		V A R	7
		A V A R	18
송봉근	K리그2	부 심	36
신용준	K리그1	대기심	21
	K리그2	주 심	3
		대기심	17
안광진	K리그2	부 심	24
양재용	K리그1	부 심	37
오현진	K리그1	대기심	21
	K리그2	주 심	7
		대기심	9
윤평일	K리그1	부 심	30
	승강PO	부 심	1
이동준	K리그1	주 심	28
		V A R	5
		A V A R	1
	K리그2	주 심	6
		A V A R	8
		V A R	13

성명	리그	심판구분	횟수
이정민	K리그1	부 심	38
	K리그2	부 심	1
장순택	K리그1	대기심	9
	K리그2	대기심	17
장종필	K리그1	부 심	2
	K리그2	부 심	27
장준모	K리그1	부 심	14
	K리그2	부 심	4
정동식	K리그1	대기심	1
		A V A R	32
	K리그2	주 심	18
		대기심	1
		A V A R	16
정의석	K리그1	대기심	8
	K리그2	대기심	18
정회수	K리그1	대기심	18
	K리그2	주 심	1
		대기심	16
조지음	K리그1	대기심	3
		A V A R	27
	K리그2	주 심	15
		대기심	1
		A V A R	19
지승민	K리그2	부 심	39
채상협	K리그1	주 심	10
		V A R	4
		A V A R	3
	K리그2	주 심	6
		대기심	1
		A V A R	8
		V A R	4
최광호	K리그1	주 심	2
		대기심	1
		A V A R	10
		V A R	22
	K리그2	주 심	15
		V A R	9
		A V A R	7
최대우	K리그1	대기심	16
		A V A R	8
	K리그2	주 심	8
		대기심	12
		A V A R	7
최일우	K리그1	대기심	20
	K리그2	부 심	1
		대기심	12
최현재	K리그1	대기심	20
		A V A R	2
	K리그2	주 심	5
		대기심	11
		A V A R	2

Section 3

K 리 그 1 기 록

KEB하나은행 K리그1 2018 경기일정표

라운드	경기번호	대회구분	경기일자	경기시간	홈팀	결과	원정팀	경기장소	관중수
1	1	일반	03.01	14:00	전북	2:0	울산	전주W	17,188
1	2	일반	03.01	14:00	수원	1:2	전남	수원W	8,456
1	3	일반	03.01	16:00	제주	0:0	서울	제주W	4,979
1	4	일반	03.03	14:00	포항	3:0	대구	포항	14,584
1	5	일반	03.03	16:00	강원	2:1	인천	춘천	4,530
1	6	일반	03.04	14:00	경남	3:1	상주	창원C	5,117
2	7	일반	03.10	14:00	인천	3:2	전북	인천	7,160
2	8	일반	03.10	14:00	대구	0:2	수원	대구	13,351
2	9	일반	03.10	14:00	경남	2:0	제주	창원C	2,309
2	10	일반	03.10	16:00	울산	0:2	상주	울산	6,019
2	11	일반	03.11	14:00	전남	2:3	포항	광양	11,036
2	12	일반	03.11	16:00	서울	1:2	강원	서울W	14,893
3	13	일반	03.17	14:00	인천	0:0	대구	인천	4,746
3	14	일반	03.17	14:00	강원	2:1	상주	춘천	1,212
3	15	일반	03.17	16:00	전남	1:3	경남	광양	3,887
3	16	일반	03.18	14:00	전북	2:1	서울	전주W	15,513
3	17	일반	03.18	14:00	울산	0:1	제주	울산	4,479
3	18	일반	03.18	16:00	수원	1:1	포항	수원W	7,412
4	19	일반	03.31	14:00	포항	2:1	울산	포항	15,393
4	20	일반	03.31	14:00	제주	0:1	수원	제주W	2,981
4	21	일반	03.31	16:00	전북	1:0	상주	전주W	9,492
4	22	일반	03.31	16:00	대구	1:1	전남	대구	1,650
4	23	일반	04.01	14:00	서울	1:1	인천	서울W	11,332
4	24	일반	04.01	16:00	강원	1:3	경남	춘천	2,518
5	25	일반	04.07	14:00	인천	2:2	전남	인천	2,441
5	26	일반	04.07	16:00	경남	1:1	대구	창원C	1,612
5	27	일반	04.08	14:00	수원	0:0	서울	수원W	13,122
5	28	일반	04.08	14:00	포항	0:2	전북	포항	10,391
5	29	일반	04.08	14:00	울산	3:1	강원	울산	5,950
5	30	일반	04.08	16:00	제주	0:0	상주	제주W	1,319
6	31	일반	04.11	19:30	서울	2:0	포항	서울W	4,714
6	32	일반	04.11	19:30	경남	0:4	전북	창원C	3,801
6	33	일반	04.11	19:30	대구	0:2	울산	대구	477
6	34	일반	04.11	19:30	전남	0:3	제주	광양	2,503
6	35	일반	04.11	19:30	인천	0:1	상주	인천	1,402
6	36	일반	04.11	20:00	강원	2:3	수원	춘천	1,277
7	37	일반	04.14	14:00	울산	1:0	서울	울산	1,935
7	38	일반	04.14	14:00	수원	2:1	상주	수원W	3,004
7	39	일반	04.14	16:00	전북	3:0	전남	전주W	6,305
7	40	일반	04.14	16:00	제주	4:2	인천	제주W	1,215
7	41	일반	04.15	14:00	대구	2:1	강원	대구	926
7	42	일반	04.15	16:00	포항	2:1	경남	포항	5,164
8	43	일반	04.21	14:00	서울	3:0	대구	서울W	7,221
8	44	일반	04.21	14:00	전남	1:4	강원	광양	1,830
8	45	일반	04.21	16:00	포항	0:2	상주	포항	3,963
8	46	일반	04.22	14:00	제주	0:1	전북	제주W	2,381
8	47	일반	04.22	16:00	인천	2:3	수원	인천	3,462
8	48	일반	04.22	16:00	경남	0:0	울산	창원C	1,207
9	49	일반	04.25	19:30	전남	2:1	서울	광양	2,334
9	50	일반	04.25	19:30	울산	2:1	인천	울산	1,059
9	51	일반	04.25	19:30	수원	3:1	경남	수원W	3,539
9	52	일반	04.25	19:30	포항	0:1	제주	포항	3,073
9	53	일반	04.25	19:30	대구	1:2	상주	대구	523
9	54	일반	04.25	20:00	강원	0:2	전북	춘천	1,262
10	55	일반	04.28	14:00	대구	1:4	제주	대구	790
10	56	일반	04.28	16:00	서울	0:0	상주	서울W	7,143
10	57	일반	04.28	16:00	울산	1:1	전남	울산	7,263
10	58	일반	04.29	14:00	전북	2:0	수원	전주W	19,108
10	59	일반	04.29	16:00	강원	0:0	포항	춘천	1,436
10	60	일반	04.29	16:00	인천	2:3	경남	인천	2,993
11	61	일반	05.02	19:00	전북	2:1	대구	전주W	5,005
11	62	일반	05.02	19:30	수원	0:0	울산	수원W	2,940
11	63	일반	05.02	19:30	경남	0:0	서울	창원C	932
11	64	일반	05.02	19:30	포항	0:0	인천	포항	3,198
11	65	일반	05.02	19:30	제주	3:5	강원	제주W	1,823
11	66	일반	05.02	19:30	상주	1:1	전남	상주	634
12	67	일반	05.05	14:00	울산	2:1	포항	울산	12,071
12	68	일반	05.05	14:00	전남	0:0	전북	순천팔마	3,905
12	69	일반	05.05	14:00	인천	1:2	제주	인천	3,023
12	70	일반	05.05	14:00	대구	0:2	경남	대구	1,491
12	71	일반	05.05	10:00	서울	2:1	수원	서울W	30,202
12	72	일반	05.05	16:00	상주	3:0	강원	상주	1,348
13	73	일반	05.12	14:00	전북	0:3	포항	전주W	7,910
13	74	일반	05.12	14:00	강원	1:1	서울	춘천	1,050
13	75	일반	05.12	16:00	제주	1:0	전남	제주W	2,750
13	76	일반	05.13	14:00	상주	3:2	인천	상주	1,172

148

라운드	경기번호	대회구분	경기일자	경기시간	홈팀	결과	원정팀	경기장소	관중수
13	77	일반	05.13	16:00	수원	2:0	대구	수원W	5,322
14	78	일반	05.13	16:00	울산	1:1	경남	울산	9,992
14	79	일반	05.19	14:00	경남	0:1	강원	창원C	2,132
14	80	일반	05.19	16:00	전남	1:1	대구	광양	2,906
14	81	일반	05.20	14:00	인천	1:1	울산	인천	4,326
14	82	일반	05.20	14:00	상주	0:0	제주	상주	1,093
14	83	일반	05.20	16:00	서울	0:4	전북	서울W	21,551
15	84	일반	05.20	16:00	포항	1:1	수원	포항	8,305
15	85	일반	07.07	19:00	전북	3:3	인천	전주W	14,132
15	86	일반	07.07	19:00	수원	2:3	제주	수원W	7,226
15	87	일반	07.07	19:00	경남	2:0	포항	김해	2,578
15	89	일반	07.08	18:00	강원	1:1	전남	춘천	1,064
15	88	일반	07.08	19:00	대구	2:2	서울	대구	12,925
16	90	일반	07.08	19:30	상주	2:3	울산	상주	1,721
16	91	일반	07.11	19:30	울산	0:2	전북	울산	8,006
16	92	일반	07.11	19:30	포항	0:3	서울	포항	5,147
16	93	일반	07.11	19:30	전남	0:2	수원	광양	3,438
16	94	일반	07.11	19:30	제주		경남	제주W	2,699
16	95	일반	07.11	19:30	인천	3:3	강원	인천	2,800
17	96	일반	07.11	19:30	상주	0:1	대구	상주	2,034
17	97	일반	07.14	19:00	수원	0:3	전북	수원W	13,834
17	98	일반	07.14	19:00	경남	3:0	인천	창원C	2,170
17	99	일반	07.14	19:00	전남	2:0	상주	광양	3,049
17	100	일반	07.15	19:00	서울	1:1	울산	서울W	10,013
17	101	일반	07.15	19:00	포항	0:0	강원	포항	3,635
18	102	일반	07.15	19:00	제주	1:2	대구	제주W	8,354
18	104	일반	07.18	19:00	전북	1:0	제주	전주W	10,579
18	105	일반	07.18	19:30	수원	5:2	인천	수원W	3,455
18	106	일반	07.18	19:30	대구	0:1	포항	대구	1,575
18	107	일반	07.18	19:30	상주	0:1	경남	상주	714
18	103	일반	07.18	19:30	서울	2:1	전남	서울W	5,329
19	108	일반	07.18	20:00	강원	3:3	울산	춘천	569
19	109	일반	07.21	19:00	포항	3:1	전남	포항	3,238
19	110	일반	07.21	19:00	경남	2:2	수원	창원C	2,456
19	111	일반	07.21	20:00	강원	3:1	제주	춘천	951
19	112	일반	07.22	18:00	인천	2:1	서울	인천	6,062
19	113	일반	07.22	19:00	울산	2:0	대구	울산	9,316
20	114	일반	07.22	19:30	상주	0:2	전북	상주	1,338
20	115	일반	07.28	19:00	서울	2:3	경남	서울W	9,012
20	116	일반	07.28	19:00	전남	1:3	인천	광양	2,662
20	117	일반	07.28	19:30	상주	2:1	포항	상주	932
20	118	일반	07.29	19:00	수원	2:0	강원	수원W	5,345
20	119	일반	07.29	19:00	대구	1:3	전북	대구	7,025
21	120	일반	07.29	19:00	제주	1:1	울산	제주W	4,642
21	121	일반	08.04	20:00	서울	3:0	제주	서울W	8,645
21	122	일반	08.04	20:00	인천	1:2	포항	인천	4,279
21	123	일반	08.04	20:00	상주	1:1	수원	상주	1,659
21	124	일반	08.05	20:00	전북	0:1	경남	전주W	11,979
21	125	일반	08.05	20:00	전남	1:2	울산	광양	2,585
22	126	일반	08.05	20:00	강원	1:3	대구	춘천	1,217
22	127	일반	08.11	19:00	전북	3:1	강원	전주W	11,116
22	128	일반	08.11	19:00	제주	0:0	포항	제주W	3,551
22	129	일반	08.11	19:00	대구	2:1	인천	대구	1,332
22	130	일반	08.12	19:00	울산	1:0	수원	울산	6,960
22	131	일반	08.12	19:00	경남	3:0	전남	창원C	2,625
23	132	일반	08.12	19:30	상주	1:2	서울	상주	2,317
23	133	일반	08.15	19:00	수원	1:2	서울	수원W	13,853
23	134	일반	08.15	19:00	포항	5:2	전북	포항	4,397
23	135	일반	08.15	19:00	제주	2:3	대구	제주W	3,260
23	136	일반	08.15	19:00	전남	0:1	강원	광양	2,191
23	137	일반	08.15	19:30	경남	3:3	울산	창원C	2,005
24	138	일반	08.15	19:30	인천	0:0	상주	인천	2,629
24	139	일반	08.18	19:00	포항	0:3	경남	포항	6,249
24	140	일반	08.18	19:00	대구	0:2	울산	대구	1,731
24	141	일반	08.18	19:30	상주	1:1	제주	상주	1,130
24	142	일반	08.19	19:00	서울	0:2	전북	서울W	18,957
24	143	일반	08.19	19:00	전남	6:4	수원	광양	3,216
25	144	일반	08.19	19:00	강원	7:0	인천	춘천	1,194
25	146	일반	08.22	19:00	전북	2:1	대구	전주W	8,390
25	147	일반	08.22	19:30	울산	4:1	상주	울산	3,839
25	149	일반	08.22	19:30	인천	3:1	전남	인천	3,543
25	150	일반	08.22	19:30	경남	2:1	강원	창원C	2,429
25	145	일반	08.22	19:30	서울	0:1	포항	서울W	6,392
26	151	일반	08.25	19:00	울산	4:1	서울	울산	10,103
26	152	일반	08.25	19:00	수원	1:0	경남	수원W	5,528
26	153	일반	08.25	19:00	제주	0:0	인천	제주W	3,176
26	154	일반	08.25	19:30	상주	2:2	전북	상주	1,721
26	155	일반	08.26	19:00	전남	3:2	포항	광양	2,496

라운드	경기번호	대회구분	경기일자	경기시간	홈팀	결과	원정팀	경기장소	관중수
26	156	일반	08.26	19:00	대구	2 : 0	강원	대구	783
27	157	일반	09.01	19:30	상주	1 : 2	전남	상주	738
27	158	일반	09.01	20:00	강원	0 : 0	서울	춘천	615
27	159	일반	09.02	18:00	포항	2 : 2	제주	포항	5,042
27	160	일반	09.02	18:00	인천	3 : 2	울산	인천	4,460
27	161	일반	09.02	19:00	경남	0 : 3	전북	진주J	13,082
27	162	일반	09.02	19:00	대구	4 : 2	수원	대구	1,280
13	148	일반	09.08	16:00	제주	0 : 0	수원	제주W	2,653
28	163	일반	09.15	14:00	전북	4 : 0	제주	전주W	11,190
28	164	일반	09.15	14:00	울산	2 : 0	포항	울산	13,224
28	165	일반	09.15	16:00	인천	0 : 0	수원	인천	7,282
28	166	일반	09.16	14:00	전남	3 : 3	경남	순천팔마	3,598
28	167	일반	09.16	16:00	서울	0 : 2	대구	서울W	13,243
28	168	일반	09.16	16:00	강원	2 : 3	상주	춘천	1,118
29	169	일반	09.22	14:00	경남	2 : 1	서울	창원C	5,526
29	170	일반	09.22	14:00	포항	1 : 0	인천	포항	5,214
29	171	일반	09.22	16:00	상주	2 : 5	대구	상주	1,851
29	172	일반	09.22	14:00	제주	2 : 2	강원	제주W	2,709
29	173	일반	09.23	16:00	수원	0 : 0	전북	수원W	7,238
29	174	일반	09.23	16:00	전남	1 : 0	울산	광양	2,524
30	175	일반	09.26	14:00	강원	1 : 0	수원	춘천	2,025
30	176	일반	09.26	14:00	상주	1 : 2	포항	상주	1,179
30	177	일반	09.26	14:00	대구	2 : 2	경남	대구	7,142
30	180	일반	09.26	15:00	울산	3 : 2	제주	울산	8,234
30	178	일반	09.26	16:00	서울	1 : 1	인천	서울W	13,841
30	179	일반	09.26	16:00	전북	1 : 0	전남	전주W	11,643
31	181	일반	09.29	14:00	수원	2 : 2	울산	수원W	6,617
31	182	일반	09.29	16:00	전북	3 : 2	강원	전주W	12,282
31	183	일반	09.29	16:00	제주	1 : 0	전남	제주W	1,684
31	184	일반	09.30	14:00	서울	2 : 2	상주	서울W	11,858
31	185	일반	09.30	16:00	포항	2 : 1	대구	포항	13,246
31	186	일반	09.30	16:00	인천	2 : 2	경남	인천	5,830
32	187	일반	10.06	14:00	강원	1 : 1	포항	춘천	684
32	188	일반	10.06	14:00	대구	1 : 2	인천	대구	1,014
32	189	일반	10.06	16:00	전남	1 : 0	서울	광양	3,131
32	190	일반	10.07	14:00	상주	1 : 2	수원	상주	1,397
32	191	일반	10.07	14:00	경남	0 : 1	제주	창원C	2,865

라운드	경기번호	대회구분	경기일자	경기시간	홈팀	결과	원정팀	경기장소	관중수
32	192	일반	10.07	16:00	울산	2 : 2	전북	울산	14,228
33	193	일반	10.20	14:00	전북	3 : 2	인천	전주W	18,482
33	194	일반	10.20	14:00	수원	2 : 0	포항	수원W	8,042
33	195	일반	10.20	14:00	제주	1 : 0	서울	제주W	4,433
33	196	일반	10.20	14:00	울산	2 : 0	강원	울산	5,442
33	197	일반	10.20	14:00	대구	2 : 1	전남	대구	7,550
33	198	일반	10.20	14:00	경남	2 : 1	상주	창원C	2,025
34	199	스플릿A	10.27	14:00	포항	1 : 2	제주	포항	3,756
34	200	스플릿B	10.27	14:00	서울	1 : 1	강원	서울W	6,958
34	201	스플릿B	10.28	14:00	전남	0 : 1	상주	광양	2,390
34	202	스플릿B	10.28	14:00	인천	0 : 1	대구	인천	4,445
34	203	스플릿A	10.28	14:00	전북	2 : 0	수원	전주W	7,866
34	204	스플릿A	10.28	16:00	울산	1 : 0	경남	울산	7,387
35	205	스플릿A	11.03	14:00	제주	0 : 1	경남	제주W	1,692
35	206	스플릿B	11.03	14:00	인천	2 : 1	상주	인천	4,145
35	207	스플릿A	11.04	14:00	전북	3 : 1	울산	전주W	12,796
35	208	스플릿B	11.04	14:00	대구	1 : 1	서울	대구	2,767
35	209	스플릿B	11.04	14:00	강원	1 : 0	전남	춘천	767
35	210	스플릿A	11.04	16:00	수원	1 : 3	포항	수원W	3,988
36	211	스플릿A	11.10	14:00	수원	3 : 3	울산	수원W	3,771
36	212	스플릿B	11.10	14:00	강원	2 : 3	인천	춘천	1,119
36	213	스플릿A	11.10	16:00	경남	1 : 2	포항	창원C	2,230
36	214	스플릿A	11.10	16:00	제주	0 : 0	전북	제주W	3,752
36	215	스플릿B	11.11	14:00	서울	3 : 2	전남	서울W	7,726
36	216	스플릿B	11.11	14:00	대구	0 : 0	상주	대구	2,505
37	217	스플릿B	11.24	14:00	서울	0 : 1	인천	서울W	10,715
37	218	스플릿B	11.24	14:00	상주	0 : 1	강원	상주	290
37	219	스플릿B	11.24	16:00	전남	1 : 2	대구	광양	2,622
37	220	스플릿A	11.25	14:00	경남	2 : 1	수원	창원C	3,108
37	221	스플릿A	11.25	14:00	울산	0 : 1	제주	울산	7,437
37	222	스플릿A	11.25	16:00	포항	1 : 1	전북	포항	11,798
38	223	스플릿B	12.01	14:00	강원	0 : 1	대구	춘천	1,059
38	224	스플릿B	12.01	14:00	상주	1 : 0	서울	상주	1,782
38	225	스플릿B	12.01	14:00	인천	3 : 1	전남	인천	9,123
38	226	스플릿A	12.02	14:00	전북	1 : 1	경남	전주W	15,248
38	227	스플릿A	12.02	14:00	수원	0 : 2	제주	수원W	4,777
38	228	스플릿A	12.02	14:00	포항	1 : 3	울산	포항	14,875

2018년 K리그1 팀별 연속 승패 · 득실점 기록 | 전북

일자	상대	홈/원정	승	무	패	득점	실점	연속기록 승	무	패	득점	실점	무득점	무실점
03.01	울산	홈	▲			2	0							
03.10	인천	원정			▼	2	3							
03.18	서울	홈	▲			2	1							
03.31	상주	홈	▲			1	0							
04.08	포항	원정	▲			2	0							
04.11	경남	원정	▲			4	0							
04.14	전남	홈	▲			3	0							
04.22	제주	원정	▲			1	0							
04.25	강원	원정	▲			2	0							
04.29	수원	홈	▲			2	0							
05.02	대구	홈	▲			2	1							
05.05	전남	원정		■		0	0							
05.12	포항	홈			▼	0	3							
05.20	서울	원정	▲			4	0							
07.07	인천	홈		■		3	3							
07.11	울산	원정	▲			2	0							
07.14	수원	원정	▲			3	0							
07.18	제주	홈	▲			2	0							
07.22	상주	원정	▲			2	0							
07.29	대구	원정	▲			3	1							
08.05	경남	홈			▼	0	1							
08.11	강원	홈	▲			3	1							
08.15	포항	원정			▼	2	5							
08.19	서울	원정	▲			2	0							
08.22	대구	홈	▲			2	1							
08.25	상주	원정		■		2	2							
09.02	경남	원정	▲			3	0							
09.15	제주	홈	▲			4	0							
09.23	수원	원정		■		0	0							
09.26	전남	홈	▲			1	0							
09.29	강원	홈	▲			3	2							
10.07	울산	원정		■		2	2							
10.20	인천	홈	▲			3	2							
10.28	수원	홈	▲			2	0							
11.04	울산	홈	▲			3	1							
11.10	제주	원정		■		0	0							
11.25	포항	원정		■		1	1							
12.02	경남	홈		■		1	1							

2018년 K리그1 팀별 연속 승패 · 득실점 기록 | 경남

일자	상대	홈/원정	승	무	패	득점	실점	연속기록 승	무	패	득점	실점	무득점	무실점
03.04	상주	홈	▲			3	1							
03.10	제주	홈	▲			2	0							
03.17	전남	원정	▲			3	1							
04.01	강원	원정	▲			3	1							
04.07	대구	홈		■		1	1							
04.11	전북	홈			▼	0	4							
04.15	포항	원정			▼	1	2							
04.22	울산	홈		■		0	0							
04.25	수원	원정			▼	1	3							
04.29	인천	원정	▲			3	2							
05.02	서울	홈		■		1	1							
05.05	대구	원정	▲			2	0							
05.13	울산	원정		■		1	1							
05.19	강원	홈			▼	0	1							
07.07	포항	홈	▲			2	0							
07.11	제주	원정		■		0	0							
07.14	인천	홈	▲			3	0							
07.18	상주	원정	▲			1	0							
07.21	수원	홈		■		2	2							
07.28	서울	원정	▲			3	2							
08.05	전북	원정	▲			1	0							
08.12	전남	홈	▲			3	0							
08.15	울산	홈		■		3	3							
08.18	포항	원정	▲			3	0							
08.22	강원	홈	▲			2	1							
08.25	수원	원정			▼	0	1							
09.02	전북	홈			▼	0	3							
09.16	전남	원정	▲			3	3							
09.22	서울	홈	▲			2	1							
09.26	대구	원정		■		2	2							
09.30	인천	원정		■		2	2							
10.07	제주	홈			▼	0	1							
10.20	상주	홈	▲			2	1							
10.28	울산	원정			▼	0	1							
11.03	제주	원정	▲			1	0							
11.10	포항	홈			▼	1	2							
11.25	수원	홈	▲			2	1							
12.02	전북	원정		■		1	1							

2018년 K리그1 팀별 연속 승패 · 득실점 기록 ㅣ 울산

일자	상대	홈/원정	승	무	패	득점	실점	연속기록						
								승	무	패	득점	실점	무득점	무실점
03.01	전북	원정			▼	0	2							
03.10	상주	홈			▼	0	2							
03.18	제주	홈			▼	0	1							
03.31	포항	원정			▼	1	2							
04.08	강원	홈	▲			3	1							
04.11	대구	원정	▲			2	0							
04.14	서울	홈	▲			1	0							
04.22	경남	원정		■		0	0							
04.25	인천	홈	▲			2	1							
04.28	전남	홈		■		1	1							
05.02	수원	원정		■		0	0							
05.05	포항	홈	▲			2	1							
05.13	경남	홈		■		1	1							
05.20	인천	원정		■		1	1							
07.08	상주	원정	▲			3	2							
07.11	전북	홈			▼	0	2							
07.15	서울	원정		■		1	1							
07.18	강원	원정		■		1	1							
07.22	대구	홈	▲			2	0							
07.29	제주	원정		■		1	1							
08.05	전남	원정	▲			2	1							
08.12	수원	홈	▲			1	0							
08.15	경남	원정		■		3	3							
08.18	대구	원정	▲			3	1							
08.22	상주	홈	▲			4	1							
08.25	서울	홈	▲			4	1							
09.02	인천	원정			▼	2	3							
09.15	포항	홈	▲			2	0							
09.23	전남	원정			▼	0	1							
09.26	제주	홈	▲			3	2							
09.29	수원	원정		■		2	2							
10.07	전북	홈		■		2	2							
10.20	강원	홈	▲			2	0							
10.28	경남	홈	▲			1	0							
11.04	전북	원정			▼	1	3							
11.10	수원	원정		■		3	3							
11.25	제주	홈			▼	0	1							
12.02	포항	원정	▲			3	1							

2018년 K리그1 팀별 연속 승패 · 득실점 기록 ㅣ 포항

일자	상대	홈/원정	승	무	패	득점	실점	연속기록						
								승	무	패	득점	실점	무득점	무실점
03.03	대구	홈	▲			3	0							
03.11	전남	원정	▲			3	2							
03.18	수원	원정		■		1	1							
03.31	울산	홈	▲			2	1							
04.08	전북	홈			▼	0	2							
04.11	서울	원정			▼	1	2							
04.15	경남	홈	▲			2	1							
04.21	상주	홈			▼	0	2							
04.25	제주	홈			▼	0	1							
04.29	강원	원정		■		1	1							
05.02	인천	홈	▲			2	1							
05.05	울산	원정			▼	1	2							
05.12	전북	원정	▲			3	0							
05.20	수원	홈		■		1	1							
07.07	경남	원정			▼	0	2							
07.11	서울	홈			▼	0	3							
07.15	강원	홈		■		0	0							
07.18	대구	원정	▲			2	1							
07.21	전남	홈	▲			3	1							
07.28	상주	원정			▼	1	2							
08.04	인천	원정	▲			2	1							
08.11	제주	원정		■		0	0							
08.15	전북	홈	▲			5	2							
08.18	경남	홈			▼	0	3							
08.22	서울	원정	▲			1	0							
08.26	전남	원정			▼	2	3							
09.02	제주	홈		■		1	1							
09.15	울산	원정			▼	0	2							
09.22	인천	홈	▲			1	0							
09.26	상주	원정	▲			2	1							
09.30	대구	원정			▼	1	2							
10.06	강원	원정	▲			1	0							
10.20	수원	원정			▼	0	2							
10.27	제주	홈			▼	1	2							
11.04	수원	원정	▲			3	1							
11.10	경남	원정	▲			2	1							
11.25	전북	홈		■		1	1							
12.02	울산	홈			▼	1	3							

2018년 K리그1 팀별 연속 승패 · 득실점 기록 Ⅰ 제주

일자	상대	홈/원정	승	무	패	득점	실점	연속기록 승	무	패	득점	실점	무득점	무실점
03.01	서울	홈		■		0	0							
03.10	경남	원정			▼	0	2							
03.18	울산	원정	▲			1	0							
03.31	수원	홈			▼	0	1							
04.08	상주	홈			▼	0	1							
04.11	전남	원정	▲			3	0							
04.14	인천	홈	▲			4	2							
04.22	전북	홈			▼	0	1							
04.25	포항	원정	▲			1	0							
04.28	대구	원정	▲			4	1							
05.02	강원	홈			▼	3	5							
05.05	인천	원정	▲			2	1							
05.12	전남	홈	▲			1	0							
05.20	상주	원정		■		0	0							
07.07	수원	원정	▲			3	2							
07.11	경남	홈		■		0	0							
07.15	대구	홈			▼	1	2							
07.18	전북	원정			▼	1	3							
07.21	강원	원정			▼	1	3							
07.29	울산	홈			▼	1	1							
08.04	서울	원정			▼	0	3							
08.11	포항	홈		■		0	0							
08.15	대구	홈			▼	2	3							
08.18	상주	원정		■		1	1							
08.25	인천	홈		■		0	0							
09.02	포항	원정		■		2	2							
09.08	수원	홈		■		0	0							
09.15	전북	원정			▼	0	4							
09.23	강원	홈		■		2	2							
09.26	울산	원정			▼	2	3							
09.29	전남	홈	▲			1	0							
10.07	경남	원정	▲			1	0							
10.20	서울	홈	▲			1	0							
10.27	포항	원정	▲			2	1							
11.03	경남	홈			▼	0	1							
11.10	전북	홈		■		0	0							
11.25	울산	원정	▲			1	0							
12.02	수원	원정	▲			2	0							

2018년 K리그1 팀별 연속 승패 · 득실점 기록 Ⅰ 수원

일자	상대	홈/원정	승	무	패	득점	실점	연속기록 승	무	패	득점	실점	무득점	무실점
03.01	전남	홈			▼	1	2							
03.10	대구	원정	▲			2	0							
03.18	포항	홈		■		1	1							
03.31	제주	원정	▲			1	0							
04.08	서울	홈		■		0	0							
04.11	강원	원정	▲			3	2							
04.14	상주	홈	▲			2	1							
04.22	인천	원정	▲			3	2							
04.25	경남	홈	▲			3	1							
04.29	전북	원정			▼	0	2							
05.02	울산	홈		■		0	0							
05.05	서울	원정			▼	1	2							
05.13	대구	홈	▲			2	0							
05.20	포항	원정		■		1	1							
07.07	제주	홈			▼	2	3							
07.11	전남	원정	▲			2	0							
07.14	전북	홈			▼	0	3							
07.18	인천	홈			▼	5	2							
07.21	경남	원정			▼	2	2							
07.29	강원	홈	▲			2	0							
08.04	상주	원정		■		1	1							
08.12	울산	원정			▼	0	1							
08.15	서울	홈			▼	1	2							
08.19	전남	원정			▼	4	6							
08.25	경남	홈	▲			1	0							
09.02	대구	원정			▼	2	4							
09.08	제주	원정		■		0	0							
09.15	인천	원정		■		0	0							
09.23	전북	홈			▼	0	1							
09.26	강원	원정			▼	0	1							
09.29	울산	홈		■		2	2							
10.07	상주	원정	▲			2	1							
10.20	포항	홈	▲			2	0							
10.28	전북	원정			▼	0	2							
11.04	포항	홈			▼	1	3							
11.10	울산	홈		■		3	3							
11.25	경남	원정			▼	1	2							
12.02	제주	홈			▼	0	2							

2018년 K리그1 팀별 연속 승패 · 득실점 기록 ㅣ 대구

일자	상대	홈/원정	승	무	패	득점	실점	연속기록 승	무	패	득점	실점	무득점	무실점
03.03	포항	원정			▼	0	3							
03.10	수원	홈			▼	0	2							
03.17	인천	원정		■		0	0							
03.31	전남	홈		■		1	1							
04.07	경남	원정		■		1	1							
04.11	울산	홈			▼	0	2							
04.15	강원	홈	▲			2	1							
04.21	서울	원정			▼	0	3							
04.25	상주	홈			▼	1	2							
04.28	제주	홈			▼	1	4							
05.02	전북	원정			▼	1	2							
05.05	경남	홈			▼	0	2							
05.13	수원	원정			▼	0	2							
05.19	전남	원정		■		1	1							
07.08	서울	홈		■		2	2							
07.11	상주	원정	▲			1	0							
07.15	제주	원정	▲			2	1							
07.18	포항	홈			▼	0	1							
07.22	울산	원정			▼	1	2							
07.29	전북	홈			▼	1	3							
08.05	강원	원정	▲			3	1							
08.11	인천	홈	▲			2	1							
08.15	제주	원정	▲			3	2							
08.18	울산	홈			▼	0	2							
08.22	전북	원정			▼	1	2							
08.26	강원	홈	▲			2	0							
09.02	수원	홈	▲			4	2							
09.16	서울	원정	▲			2	0							
09.22	상주	원정	▲			5	2							
09.26	경남	홈		■		2	2							
09.30	포항	원정			▼	1	2							
10.06	인천	홈			▼	1	2							
10.20	전남	홈	▲			2	1							
10.28	인천	원정	▲			1	0							
11.04	서울	홈		■		1	1							
11.11	상주	홈		■		0	0							
11.24	전남	원정	▲			2	1							
12.01	강원	원정	▲			1	0							

2018년 K리그1 팀별 연속 승패 · 득실점 기록 ㅣ 강원

일자	상대	홈/원정	승	무	패	득점	실점	연속기록 승	무	패	득점	실점	무득점	무실점
03.03	인천	홈	▲			2	1							
03.11	서울	원정	▲			2	1							
03.17	상주	홈	▲			2	1							
04.01	경남	홈			▼	1	3							
04.08	울산	원정			▼	1	3							
04.11	수원	홈			▼	2	3							
04.15	대구	원정			▼	1	2							
04.21	전남	원정	▲			4	1							
04.25	전북	홈			▼	0	2							
04.29	포항	홈		■		0	0							
05.02	제주	원정	▲			5	3							
05.05	상주	원정			▼	0	3							
05.12	서울	홈		■		1	1							
05.19	경남	원정	▲			1	0							
07.08	전남	홈		■		1	1							
07.11	인천	원정		■		3	3							
07.15	포항	원정		■		0	0							
07.18	울산	홈	▲			3	1							
07.21	제주	홈	▲			3	1							
07.20	수원	원정			▼	0	2							
08.05	대구	홈			▼	1	3							
08.11	전북	원정			▼	1	3							
08.15	전남	원정	▲			1	0							
08.19	인천	홈	▲			7	0							
08.22	경남	원정			▼	1	2							
08.26	대구	원정			▼	0	2							
09.01	서울	홈		■		1	1							
09.16	상주	홈			▼	2	3							
09.23	제주	원정		■		2	2							
09.26	수원	홈	▲			1	0							
09.29	전북	원정			▼	2	3							
10.06	포항	홈		■		1	1							
10.20	울산	원정			▼	0	2							
10.27	서울	원정		■		1	1							
11.04	전남	홈	▲			1	0							
11.10	인천	홈			▼	2	3							
11.24	상주	원정	▲			1	0							
12.01	대구	홈			▼	0	1							

2018년 K리그1 팀별 연속 승패 · 득실점 기록 ㅣ 인천

일자	상대	홈/원정	승	무	패	득점	실점	연속기록 승	무	패	득점	실점	무득점	무실점
03.03	강원	원정			▼	1	2							
03.10	전북	홈	▲			3	2							
03.17	대구	홈		■		0	0							
04.01	서울	원정		■		0	0							
04.07	전남	홈		■		1	1							
04.11	상주	홈			▼	0	1							
04.14	제주	원정			▼	2	4							
04.22	수원	홈			▼	2	3							
04.25	울산	원정			▼	1	2							
04.29	경남	홈			▼	2	3							
05.02	포항	원정		■		0	0							
05.05	제주	홈			▼	1	2							
05.13	상주	원정			▼	2	3							
05.20	울산	홈		■		1	1							
07.07	전북	원정		■		3	3							
07.11	강원	홈		■		3	3							
07.14	경남	원정			▼	0	3							
07.18	수원	원정			▼	2	5							
07.22	서울	홈	▲			2	1							
07.28	전남	원정	▲			3	1							
08.04	포항	홈			▼	1	2							
08.11	대구	원정			▼	1	2							
08.15	상주	홈		■		0	0							
08.19	강원	원정			▼	0	7							
08.22	전남	홈	▲			3	1							
08.25	제주	원정		■		0	0							
09.02	울산	홈	▲			3	2							
09.15	수원	홈		■		0	0							
09.22	포항	원정			▼	0	1							
09.26	서울	원정		■		1	1							
09.30	경남	홈		■		2	2							
10.06	대구	원정	▲			2	1							
10.20	전북	원정			▼	2	3							
10.28	대구	홈			▼	0	1							
11.03	상주	홈	▲			2	1							
11.10	강원	원정	▲			3	2							
11.24	서울	원정	▲			1	0							
12.01	전남	홈	▲			3	1							

2018년 K리그1 팀별 연속 승패 · 득실점 기록 ㅣ 상주

일자	상대	홈/원정	승	무	패	득점	실점	연속기록 승	무	패	득점	실점	무득점	무실점
03.04	경남	원정			▼	1	3							
03.10	울산	원정	▲			2	0							
03.17	강원	원정			▼	1	2							
03.31	전북	원정			▼	0	1							
04.08	제주	원정		■		0	0							
04.11	인천	원정	▲			1	0							
04.14	수원	원정			▼	1	2							
04.21	포항	원정	▲			2	0							
04.25	대구	원정	▲			2	1							
04.28	서울	원정		■		0	0							
05.02	전남	홈		■		1	1							
05.05	강원	홈	▲			3	0							
05.13	인천	홈	▲			3	2							
05.20	제주	홈		■		0	0							
07.08	울산	홈			▼	2	3							
07.11	대구	홈			▼	0	1							
07.14	전남	원정			▼	1	2							
07.18	경남	홈			▼	1	2							
07.22	전북	홈			▼	1	2							
07.28	포항	홈	▲			2	1							
08.04	수원	홈		■		1	1							
08.12	서울	홈			▼	1	2							
08.15	인천	원정		■		0	0							
08.18	제주	홈		■		1	1							
08.22	울산	원정			▼	1	4							
08.25	전북	홈		■		2	2							
09.01	전남	홈			▼	1	2							
09.16	강원	원정	▲			3	2							
09.22	대구	홈			▼	2	5							
09.26	포항	홈			▼	1	2							
09.30	서울	원정		■		2	2							
10.07	수원	홈			▼	1	2							
10.20	경남	원정			▼	1	2							
10.28	전남	원정	▲			1	0							
11.03	인천	원정			▼	1	2							
11.11	대구	원정		■		0	0							
11.24	강원	홈			▼	0	1							
12.01	서울	홈	▲			1	0							

2018년 K리그1 팀별 연속 승패 · 득실점 기록 | 서울

일자	상대	홈/원정	승	무	패	득점	실점	연속기록 승	무	패	득점	실점	무득점	무실점
03.01	제주	원정		■		0	0							
03.11	강원	홈			▼	1	2							
03.18	전북	원정			▼	1	2							
04.01	인천	홈		■		1	1							
04.08	수원	원정		■		1	1							
04.11	포항	홈	▲			2	1							
04.14	울산	원정			▼	0	1							
04.21	대구	홈	▲			3	0							
04.25	전남	원정			▼	1	2							
04.28	상주	홈		■		0	0							
05.02	경남	원정		■		0	0							
05.05	수원	홈	▲			2	1							
05.12	강원	원정		■		1	1							
05.20	전북	홈			▼	0	4							
07.08	대구	원정		■		2	2							
07.11	포항	원정	▲			3	0							
07.15	울산	홈		■		1	1							
07.18	전남	홈	▲			2	1							
07.22	인천	원정			▼	1	2							
07.28	경남	홈			▼	2	3							
08.04	제주	홈	▲			3	0							
08.12	상주	원정	▲			2	1							
08.15	수원	원정	▲			2	1							
08.19	전북	홈			▼	0	2							
08.22	포항	홈			▼	0	1							
08.25	울산	원정			▼	1	4							
09.01	강원	원정		■		0	0							
09.16	대구	홈			▼	0	2							
09.22	경남	원정			▼	1	2							
09.26	인천	홈		■		1	1							
09.30	상주	홈		■		2	2							
10.06	전남	원정			▼	0	2							
10.20	제주	원정			▼	1	2							
10.27	강원	홈		■		1	1							
11.04	대구	원정		■		1	1							
11.11	전남	홈	▲			2	2							
11.24	인천	홈			▼	0	1							
12.01	상주	원정			▼	0	1							
12.06	부산	원정	▲			3	1							
12.09	부산	홈		■		1	1							

2018년 K리그1 팀별 연속 승패 · 득실점 기록 | 전남

일자	상대	홈/원정	승	무	패	득점	실점	연속기록 승	무	패	득점	실점	무득점	무실점
03.01	수원	원정	▲			2	1							
03.11	포항	홈			▼	2	3							
03.17	경남	홈			▼	1	3							
03.31	대구	원정		■		1	1							
04.07	인천	원정		■		2	2							
04.11	제주	홈			▼	0	3							
04.14	전북	원정			▼	0	3							
04.21	강원	홈			▼	1	4							
04.25	서울	홈	▲			2	1							
04.28	울산	원정		■		1	1							
05.02	상주	원정		■		0	0							
05.05	전북	홈		■		0	0							
05.12	제주	원정			▼	0	1							
05.19	대구	홈		■		1	1							
07.08	강원	원정		■		1	1							
07.11	수원	홈			▼	0	2							
07.14	상주	홈	▲			2	0							
07.18	서울	원정			▼	1	2							
07.21	포항	원정			▼	1	3							
07.20	인천	홈			▼	1	3							
08.05	울산	홈			▼	1	2							
08.12	경남	원정			▼	0	3							
08.15	강원	홈			▼	0	1							
08.19	수원	홈	▲			6	4							
08.22	인천	원정			▼	1	3							
08.26	포항	홈	▲			3	2							
09.01	상주	원정	▲			2	1							
09.16	경남	홈		■		3	3							
09.23	울산	홈	▲			1	0							
09.26	전북	원정			▼	0	1							
09.29	제주	원정			▼	0	1							
10.06	서울	홈	▲			1	0							
10.20	대구	원정			▼	1	2							
10.28	상주	홈			▼	0	1							
11.04	강원	원정			▼	0	1							
11.11	서울	원정			▼	0	0							
11.24	대구	홈			▼	1	2							
12.01	인천	원정			▼	1	3							

⬜ : 승강 플레이오프

2018년 K리그1 팀 간 경기 기록

팀명	승점	상대팀	승	무	패	득점	실점	자책	득실	도움	코너킥	파울	파울득	오프사이드	슈팅(유효)	PK득점	PK실패	경고	퇴장
전북	86	합계	26	8	4	75	31	0	44	51	223	562	434	61	591(316)	5	2	73	4
	9	강원	3	0	0	8	3	0	5	5	18	40	38	6	55(31)	0	0	3	0
	7	경남	2	1	1	8	2	0	6	6	23	54	33	6	72(37)	0	0	7	0
	9	대구	3	0	0	7	3	0	4	7	13	55	31	1	41(33)	0	0	9	0
	7	상주	2	1	0	5	2	0	3	4	15	51	37	6	26(10)	0	0	3	1
	9	서울	3	0	0	8	1	0	7	7	19	51	38	7	46(29)	0	0	6	0
	10	수원	3	1	0	7	0	0	7	2	27	66	57	5	62(30)	0	0	13	0
	10	울산	3	1	0	9	3	0	6	6	15	56	43	11	57(29)	0	0	5	0
	4	인천	1	1	1	8	8	0	0	4	14	40	38	6	58(32)	0	0	4	0
	7	전남	2	1	0	4	0	0	4	2	17	44	36	6	46(30)	1	1	6	1
	10	제주	3	1	0	6	0	0	6	5	29	46	44	8	73(34)	0	1	5	1
	4	포항	1	1	2	5	9	0	.4	3	33	59	39	4	55(21)	2	0	10	0

팀명	승점	상대팀	승	무	패	득점	실점	자책	득실	도움	코너킥	파울	파울득	오프사이드	슈팅(유효)	PK득점	PK실패	경고	퇴장
경남	65	합계	18	11	9	59	44	1	15	33	133	397	455	57	413(173)	4	2	56	2
	6	강원	2	0	1	5	3	0	2	4	10	34	28	5	30(14)	0	0	4	1
	5	대구	1	2	0	5	3	·0	2	3	8	36	32	2	34(16)	1	0	6	0
	9	상주	3	0	0	6	2	0	4	3	9	35	30	3	27(10)	1	0	3	0
	7	서울	2	1	0	5	3	0	2	5	4	29	41	9	29(13)	0	0	2	0
	4	수원	1	1	2	5	7	0	.2	1	8	40	59	5	41(17)	0	1	6	0
	3	울산	0	3	1	4	5	0	.1	3	18	39	34	6	45(24)	0	0	4	0
	7	인천	2	1	0	8	4	0	4	1	10	30	43	3	44(20)	1	1	7	1
	7	전남	2	1	0	9	4	0	5	5	12	33	41	5	32(14)	1	0	3	0
	4	전북	1	1	2	2	8	1	.6	1	8	37	52	5	34(11)	0	0	7	0
	7	제주	2	1	1	3	1	0	2	1	24	38	57	9	38(11)	0	0	9	0
	6	포항	2	0	1	7	4	0	3	6	22	46	38	5	59(23)	0	0	5	0

팀명	승점	상대팀	승	무	패	득점	실점	자책	득실	도움	코너킥	파울	파울득	오프사이드	슈팅(유효)	PK득점	PK실패	경고	퇴장
울산	63	합계	17	12	9	61	46	0	15	40	184	432	377	78	423(233)	7	1	45	4
	7	강원	2	1	0	8	4	0	4	6	15	40	22	1	40(21)	1	0	4	0
	6	경남	1	3	0	4	0	0	1	4	20	39	37	9	50(20)	1	0	4	1
	9	대구	3	0	0	6	0	0	6	2	20	31	20	2	29(17)	0	1	6	0
	6	상주	2	0	1	7	5	0	2	5	17	25	25	9	38(19)	1	0	2	0
	7	서울	2	1	0	6	2	0	4	4	7	29	26	6	42(25)	1	0	5	0
	6	수원	1	3	0	6	5	0	1	6	18	50	45	14	43(33)	0	0	5	0
	4	인천	1	1	1	5	5	0	0	1	13	28	39	6	27(17)	2	0	4	0
	4	전남	1	1	1	3	3	0	0	1	14	31	31	8	20(6)	1	0	2	1
	1	전북	0	1	3	3	9	0	.6	2	24	45	54	8	41(23)	0	0	1	0
	4	제주	1	1	2	4	5	0	.1	3	17	60	40	14	54(27)	0	0	2	2
	9	포항	3	0	0	8	4	0	4	0	19	54	38	5	39(25)	0	0	10	0

팀명	승점	상대팀	승	무	패	득점	실점	자책	득실	도움	코너킥	파울	파울득	오프사이드	슈팅(유효)	PK득점	PK실패	경고	퇴장
포항	54	합계	15	9	14	48	49	0	-1	35	187	429	469	45	349(172)	3	3	51	1
	3	강원	0	3	0	1	1	0	0	1	18	40	39	2	34(13)	0	1	2	1
	0	경남	0	0	3	4	7	0	0	0	17	11	10	1	30(10)	1	0	7	0
	9	대구	3	0	0	6	1	0	5	4	15	44	31	3	24(18)	1	1	6	0
	3	상주	1	0	2	3	5	0	-2	3	17	29	39	4	31(14)	0	1	3	0
	3	서울	1	0	2	2	5	0	-3	1	13	31	41	5	24(14)	0	0	6	0
	5	수원	1	2	1	5	5	0	0	4	12	52	56	7	32(16)	0	0	4	0
	3	울산	1	0	3	4	8	0	-4	4	17	40	51	3	33(21)	0	0	4	0
	7	인천	2	1	0	3	1	0	2	6	16	31	43	7	30(14)	1	0	6	0
	6	전남	2	0	1	8	6	0	2	5	20	28	25	2	33(18)	0	0	3	0
	7	전북	2	1	0	9	5	0	4	5	20	40	58	4	39(21)	0	0	7	0
	2	제주	0	2	3	3	5	0	-2	3	22	50	41	3	37(10)	0	0	5	0

팀명	승점	상대팀	승	무	패	득점	실점	자책	득실	도움	코너킥	파울	파울득	오프사이드	슈팅(유효)	PK득점	PK실패	경고	퇴장
제주	54	합계	14	12	12	42	42	2	0	24	150	438	453	79	448(182)	3	1	55	2
	1	강원	0	1	2	6	10	0	-4	5	14	36	28	7	36(17)	0	0	4	0
	4	경남	1	1	2	1	3	1	-2	0	15	60	32	3	46(13)	0	1	5	1
	3	대구	1	0	2	7	6	0	1	4	14	32	47	3	45(18)	1	0	4	0
	3	상주	0	3	0	1	1	0	0	0	4	42	40	9	32(11)	0	0	5	0
	4	서울	1	1	1	1	3	1	-2	0	11	28	47	5	36(14)	0	0	6	0
	7	수원	2	1	5	3	0	0	2	2	18	55	49	11	52(25)	0	0	6	0
	7	울산	2	1	5	4	0	0	1	3	23	40	55	5	46(23)	1	0	5	0
	7	인천	2	1	0	6	3	0	3	3	19	30	37	7	30(14)	1	0	4	0
	9	전남	3	0	0	5	0	0	5	4	11	28	24	11	36(13)	0	0	2	1
	1	전북	0	1	3	0	6	0	-6	0	13	45	45	8	43(14)	0	0	10	0
	8	포항	2	2	0	5	3	0	2	3	10	42	49	10	46(20)	0	0	3	0

팀명	승점	상대팀	승	무	패	득점	실점	자책	득실	도움	코너킥	파울	파울득	오프사이드	슈팅(유효)	PK득점	PK실패	경고	퇴장
수원	50	합계	13	11	14	53	54	1	-1	29	180	514	510	72	469(216)	5	0	56	3
	6	강원	2	0	1	5	3	0	2	1	13	32	45	7	31(13)	0	0	6	0
	7	경남	2	1	1	7	5	0	2	4	21	66	38	6	69(25)	1	0	2	0
	6	대구	2	0	1	6	4	1	2	1	11	52	41	3	31(21)	2	0	4	0
	7	상주	2	1	0	5	3	0	2	3	13	30	37	4	30(15)	0	0	4	0
	1	서울	0	1	2	2	4	0	-2	1	13	39	52	5	37(17)	1	0	7	1
	3	울산	0	3	1	5	6	0	-1	3	19	48	50	10	47(24)	0	0	8	0
	7	인천	2	1	0	8	4	0	4	7	16	40	42	6	38(21)	0	0	3	0
	3	전남	1	0	2	7	8	0	-1	3	13	38	37	8	27(15)	1	0	4	0
	1	전북	0	1	3	0	7	0	-7	0	22	60	65	8	41(14)	0	0	6	2
	4	제주	1	1	2	3	5	0	-2	2	20	49	54	10	58(19)	0	0	5	0
	5	포항	1	2	1	5	5	0	0	4	19	60	49	5	60(32)	0	0	7	0

팀명	승점	상대팀	승	무	패	득점	실점	자책	득실	도움	코너킥	파울	파울득	오프사이드	슈팅(유효)	PK득점	PK실패	경고	퇴장
대구	50	합계	14	8	16	47	56	2	-9	33	185	484	497	51	528(223)	4	0	63	6
	12	강원	4	0	0	8	2	1	6	4	22	57	45	4	72(35)	0	0	3	1
	2	경남	0	2	1	3	5	0	-2	2	14	33	31	4	47(18)	1	0	7	0
	7	상주	2	1	1	7	4	0	3	7	19	50	54	7	49(20)	1	0	9	1
	5	서울	1	2	1	5	6	1	-1	3	20	42	50	3	62(32)	0	0	8	1
	3	수원	1	0	2	4	6	0	-2	2	10	44	52	5	34(10)	0	0	5	1
	0	울산	0	0	3	0	6	0	-6	1	14	25	30	2	42(14)	0	0	4	0
	7	인천	2	1	1	4	3	0	1	3	19	57	58	6	54(29)	0	0	6	0
	8	전남	2	2	0	6	4	0	2	5	17	58	53	7	56(18)	1	0	8	0
	0	전북	0	0	3	3	7	0	-4	1	13	34	50	3	45(18)	1	0	4	0
	6	제주	2	0	1	6	7	0	-1	4	14	51	32	6	30(14)	0	0	7	1
	0	포항	0	0	3	1	6	0	-5	1	23	33	42	4	37(15)	0	0	2	0

팀명	승점	상대팀	승	무	패	득점	실점	자책	득실	도움	코너킥	파울	파울득	오프사이드	슈팅(유효)	PK득점	PK실패	경고	퇴장
강원	46	합계	12	10	16	56	60	2	-4	37	189	447	490	50	441(219)	2	2	55	2
	3	경남	1	0	2	3	5	0	-2	3	20	30	31	4	49(25)	0	0	5	0
	0	대구	0	0	4	2	8	0	-6	1	17	48	55	2	47(21)	0	0	4	0
	6	상주	2	0	1	5	7	0	-2	2	18	53	52	6	41(16)	1	0	6	0
	6	서울	1	3	0	4	3	0	1	3	20	52	77	10	39(18)	0	0	6	0
	3	수원	1	0	2	3	5	1	-2	2	11	48	29	7	35(12)	0	0	6	0
	1	울산	0	1	2	4	8	0	-4	4	14	25	39	4	34(18)	0	1	2	1
	7	인천	2	1	1	14	7	0	7	9	25	41	50	2	53(35)	0	0	1	0
	10	전남	3	1	0	7	2	0	5	4	17	39	48	7	38(19)	0	0	8	1
	0	전북	0	0	3	3	8	1	-5	2	12	40	38	2	27(16)	0	0	7	0
	7	제주	2	1	0	10	6	0	4	7	20	31	34	5	39(19)	1	1	5	0
	3	포항	0	3	0	1	1	0	0	0	15	40	37	1	39(20)	0	0	5	0

팀명	승점	상대팀	승	무	패	득점	실점	자책	득실	도움	코너킥	파울	파울득	오프사이드	슈팅(유효)	PK득점	PK실패	경고	퇴장
인천	42	합계	10	12	16	55	69	5	-14	35	169	514	425	37	470(248)	2	0	63	0
	4	강원	1	1	2	7	14	1	-7	3	17	52	36	8	63(28)	0	0	7	0
	1	경남	0	1	2	4	8	0	-4	3	18	44	28	1	48(23)	0	0	9	0
	4	대구	1	1	2	3	4	1	-1	3	26	59	54	1	34(18)	0	0	4	0
	4	상주	1	1	2	4	5	0	-1	4	14	46	46	4	49(26)	0	0	2	0
	8	서울	2	2	0	5	3	0	2	3	19	49	49	6	37(22)	0	0	6	0
	1	수원	0	1	2	4	8	0	-4	1	16	43	39	0	35(19)	0	0	7	0
	4	울산	1	1	1	5	5	1	0	3	14	39	28	0	47(30)	0	0	5	0
	10	전남	3	1	0	11	5	1	6	3	16	59	49	3	55(37)	0	1	7	0
	4	전북	1	1	1	8	8	0	0	3	9	39	39	4	26(18)	0	0	6	0
	1	제주	0	1	2	3	6	1	-3	1	11	39	27	6	37(13)	0	0	4	0
	1	포항	0	1	2	1	3	0	-2	1	9	45	30	2	39(14)	0	0	6	0

팀명	승점	상대팀	승	무	패	득점	실점	자책	득실	도움	코너킥	파울	파울득	오프사이드	슈팅(유효)	PK득점	PK실패	경고	퇴장
상주	40	합계	10	10	18	41	52	1	-11	26	181	445	433	75	364(159)	5	1	54	0
	6	강원	2	0	1	7	5	0	2	3	21	52	47	8	45(22)	3	0	10	0
	0	경남	0	0	3	2	6	0	-4	2	14	30	33	4	29(10)	0	0	4	0
	4	대구	1	1	2	4	7	0	-3	2	21	55	48	5	28(11)	1	0	5	0
	5	서울	1	2	1	4	4	0	0	2	10	39	53	9	39(18)	0	0	4	0
	1	수원	0	1	2	3	5	0	-2	1	19	39	30	6	32(15)	0	1	6	0
	3	울산	1	0	2	5	7	0	-2	5	11	26	25	4	31(16)	0	0	2	0
	7	인천	2	1	1	5	4	0	1	1	23	47	45	11	41(26)	1	0	7	0
	4	전남	1	1	2	3	5	1	-2	2	15	39	34	2	27(9)	0	0	2	0
	1	전북	0	1	2	2	5	0	-3	2	13	37	49	2	32(13)	0	0	6	0
	3	제주	0	3	0	1	1	0	0	1	12	42	40	9	29(8)	0	0	3	0
	6	포항	2	0	1	5	3	0	2	5	20	39	29	4	31(11)	0	0	5	0

팀명	승점	상대팀	승	무	패	득점	실점	자책	득실	도움	코너킥	파울	파울득	오프사이드	슈팅(유효)	PK득점	PK실패	경고	퇴장
서울	40	합계	9	13	16	40	48	3	-8	23	203	555	407	74	401(192)	3	0	67	3
	3	강원	0	3	1	3	4	1	-1	2	24	81	50	6	57(16)	0	0	8	0
	1	경남	0	1	2	3	5	0	-2	3	21	45	27	2	33(15)	0	0	6	0
	5	대구	1	2	1	6	5	0	1	3	17	52	40	2	54(28)	0	0	6	0
	5	상주	1	2	1	4	4	0	0	4	21	54	38	7	33(14)	0	0	4	0
	7	수원	2	1	0	4	2	0	2	3	8	55	37	9	27(13)	0	0	8	0
	1	울산	0	1	2	3	5	0	-4	0	16	28	26	8	31(16)	0	0	6	0
	2	인천	0	2	2	3	5	0	-2	2	28	51	44	8	45(16)	0	0	6	0
	6	전남	2	0	2	6	6	0	0	2	25	51	39	9	46(30)	3	0	11	1
	0	전북	0	0	3	1	8	1	-7	0	7	41	49	7	18(12)	0	0	4	1
	4	제주	1	1	1	3	3	0	0	1	14	51	26	7	26(14)	0	0	2	0
	2	포항	2	0	1	5	2	1	3	3	22	46	31	9	33(18)	0	0	6	0

팀명	승점	상대팀	승	무	패	득점	실점	자책	득실	도움	코너킥	파울	파울득	오프사이드	슈팅(유효)	PK득점	PK실패	경고	퇴장
전남	32	합계	8	8	22	43	69	0	-26	28	162	440	432	46	454(186)	1	2	55	4
	1	강원	0	1	3	2	7	0	-5	1	11	49	37	8	47(16)	0	0	4	0
	1	경남	0	1	2	4	9	0	-5	3	15	42	31	2	45(16)	0	1	7	0
	2	대구	0	2	2	4	6	0	-2	3	15	55	54	3	35(14)	1	0	6	0
	7	상주	2	1	1	5	3	0	2	2	13	39	38	7	33(14)	0	0	3	0
	6	서울	2	0	2	6	6	0	0	4	12	42	51	2	45(26)	0	0	8	1
	6	수원	2	0	2	8	7	0	1	7	16	39	37	3	45(18)	0	0	4	0
	4	울산	1	1	1	3	3	0	0	4	14	31	30	4	36(18)	0	0	7	0
	1	인천	0	1	3	5	11	0	-6	3	25	50	57	5	64(28)	0	0	7	1
	1	전북	0	1	2	0	4	0	-4	0	11	39	42	2	23(10)	0	0	3	0
	0	제주	0	0	5	0	5	0	-5	0	16	27	27	1	48(13)	0	0	5	1
	3	포항	1	0	2	6	8	0	-2	4	14	27	28	0	33(13)	0	1	3	0

Section 3 K 리그 1 기록

159

2018년 K리그1 최종 순위 및 팀별 경기기록, 승률

구분	스플릿A						스플릿B					
순위	1	2	3	4	5	6	7	8	9	10	11	12
구단	전북	경남	울산	포항	제주	수원	대구	강원	인천	상주	서울	전남
경기	38	38	38	38	38	38	38	38	38	38	38	38
승점	86	86	65	65	63	63	54	54	54	54	50	50
승	26	26	18	18	17	17	14	14	15	15	13	13
무	8	8	11	11	12	12	12	12	9	9	11	11
패	4	4	9	9	9	9	12	12	14	14	14	14
득	75	75	59	59	61	61	42	42	48	48	53	53
실	31	31	44	44	46	46	42	42	49	49	54	54
차	44	44	15	15	15	15			-1	-1	-1	-1
승률	78.9	78.9	61.8	61.8	60.5	60.5	52.6	52.6	51.3	51.3	48.7	48.7

구분	홈	원정	홈	원정	홈	원정	홈	원정	홈	원정	홈	원정	홈	원정	홈	원정	홈	원정	홈	원정	홈	원정	홈	원정
승	15	11	9	9	12	5	4	10	7	8	7	6	5	9	6	6	6	4	6	3	4	6	6	2
무	2	6	5	6	3	9	9	3	5	4	6	5	5	3	6	4	7	5	6	7	5	5	3	5
패	2	2	5	4	4	5	6	6	7	7	6	8	9	7	7	9	6	10	7	9	10	8	10	12
득	38	37	28	31	31	30	16	26	24	24	28	25	22	25	30	25	30	25	24	16	22	19	26	17
실	17	14	22	22	17	29	18	24	26	23	25	29	31	25	27	33	28	41	26	22	29	23	35	34
차	21	23	6	9	14	1	-2	2	-2	1	3	-4	-9	0	3	-7	2	-16	-2	-6	-7	-4	-9	-17
승률	84.2	73.7	60.5	63.2	71.1	50.0	44.7	60.5	50.0	52.6	52.6	44.7	39.5	55.3	47.4	42.1	50.0	34.2	47.4	34.2	34.2	44.7	39.5	23.7

2018년 K리그1 팀별 개인 기록 | 전북

선수명	대회	출장	교체	득점	도움	코너킥	파울	파울득	오프사이드	슈팅	유효슈팅	경고	퇴장	실점	자책
김 민 재	K1	23	4	1	0	0	15	10	1	3	2	3	0	0	0
김 신 욱	K1	33	23	11	3	0	43	21	19	71	42	5	0	0	0
김 진 수	K1	7	1	1	0	0	10	10	0	3	2	3	0	0	0
나 성 은	K1	3	2	0	0	0	1	1	0	0	0	0	0	0	0
로 페 즈	K1	31	10	13	6	6	56	37	6	104	58	5	1	0	0
명 준 재	K1	4	2	0	0	0	1	4	0	0	0	0	0	0	0
박원재③	K1	1	0	0	0	0	0	0	0	0	0	0	0	0	0
박원재⑲	K1	7	1	0	0	0	13	6	0	4	2	2	0	0	0
박 정 호	K1	1	1	0	0	0	2	1	1	0	0	0	0	0	0
손 준 호	K1	30	13	4	4	109	71	48	3	47	21	7	1	0	0
송 범 근	K1	30	0	0	0	0	0	0	0	0	0	0	0	18	0
신 형 민	K1	28	11	0	1	0	34	18	0	8	1	5	0	0	0
아드리아노	K1	25	23	4	0	1	20	9	0	50	33	3	0	0	0
유 승 민	K1	1	1	0	0	0	0	0	0	0	0	0	0	0	0
이 동 국	K1	35	27	13	4	0	22	14	4	97	56	4	0	0	0
이 승 기	K1	27	13	1	6	21	7	49	2	33	15	0	0	0	0
이 용	K1	32	0	0	9	28	35	17	0	6	3	6	0	0	0
이재성⑰	K1	17	10	4	3	23	13	28	0	18	10	0	0	0	0
이재성⑮	K1														
이 주 용	K2	19	0	1	0	25	17	4	13	4	4	0	0	0
	계	22	2	1	0	31	38	19	4	13	4	0	0	0
임 선 영	K1	19	12	3	2	0	20	12	4	15	9	2	0	0	0
장 윤 호	K1	6	4	0	0	4	15	8	0	4	1	1	0	0	0
정 혁	K1	12	7	2	1	8	27	19	0	20	8	3	1	0	0
정 호 영	K1	1	1	0	0	0	0	0	0	0	0	0	0	0	0
조 성 환	K1														
최 보 경	K1	32	5	1	1	0	35	9	1	14	5	6	0	0	0
최 철 순	K1	28	0	0	0	0	41	22	2	15	6	4	0	0	0
티 아 고	K1	18	13	6	3	24	13	25	2	40	15	2	0	0	0
한 교 원	K1	23	13	7	6	0	19	24	7	30	17	3	0	0	0
홍 정 남	K1														
홍 정 호	K1	25	5	1	0	0	32	21	0	12	8	6	0	0	0
황 병 근	K1	7	0	0	0	0	0	0	0	0	0	0	0	13	0

2018년 K리그1 팀별 개인 기록 | 경남

선수명	대회	출장	교체	득점	도움	코너킥	파울	파울득	오프사이드	슈팅	유효슈팅	경고	퇴장	실점	자책
김 근 환	K1	10	10	0	1	0	2	3	5	4	1	0	0	0	0
김 신	K1	9	9	0	1	3	8	4	0	3	1	0	0	0	0
김 종 진	K1	6	6	1	0	0	2	3	0	2	2	1	0	0	0
김 준 범	K1	22	17	1	0	0	18	12	0	9	1	6	0	0	0
김 현 훈	K1	30	3	1	0	1	29	12	2	6	1	2	0	1	0
김 효 기	K1	30	17	7	1	0	35	54	5	41	13	3	0	0	0
네 게 바	K1	36	16	5	7	18	28	54	4	66	30	2	1	0	0
말 컹	K1	31	13	26	5	0	42	42	11	108	58	4	1	0	0
민 준 영	K1	1	1	0	0	0	1	0	0	0	0	1	0	0	0
박 지 수	K1	33	3	2	0	0	31	26	3	11	2	7	0	0	0
배 기 종	K1	23	23	2	1	0	11	16	6	13	6	1	0	0	0
손 정 현	K1	25	0	0	0	0	0	0	0	0	0	0	0	25	0
안 성 남	K1	6													
여 성 해	K1	13	0	0	0	0	1	0	0	0	0	0	0	0	0
우 주 성	K1	28	1	0	1	0	14	22	0	15	7	2	0	0	0
유 지 훈	K1	13	4	0	1	0	2	8	0	0	0	0	0	0	0
	K2	10	2	0	0	0	16	30	1	6	2	0	0	0	0
	계	23	6	0	1	0	2	16	30	1	6	2	0	0	0
이 광 진	K2	2	2												
	계	31	6	0	2	0	40	32	47	2	22	9	4	0	0
이 범 수	K1	13	0	0	0	0	0	0	0	0	0	0	0	19	0
이 재 명	K1	5	1	0	0	0	3	2	0	1	0	2	0	0	0
조 영 철	K1	11	11	0	1	0	8	8	1	9	2	2	0	0	0
조 재 철	K1	16	14	3	1	1	5	11	2	9	3	1	0	0	0
최 영 준	K1	37	3	2	0	0	31	56	0	19	4	0	0	0	0
최 재 수	K1	25	1	0	4	17	13	22	2	1	2	1	0	0	0
쿠니모토	K1	35	16	5	2	54	41	34	12	50	19	7	0	0	0
파울링요	K1	23	16	2	1	13	15	13	3	29	9	4	0	0	0
하 성 민	K1	24	14	0	0	0	24	15	0	3	1	3	0	0	0

2018년 K리그1 팀별 개인 기록 | 울산

선수명	대회	출장	교체	득점	도움	코너킥	파울	파울득	오프사이드	슈팅	유효슈팅	경고	퇴장	실점	자책
강민수	K1	30	3	1	0	0	22	22	2	7	4	1	0	0	0
김건웅	K1	2	2	0	0	0	4	2	0	0	0	0	0	0	0
김수안	K1	1	1	0	0	0	0	0	0	0	0	0	0	0	0
김승준	K1	19	17	2	3	0	10	9	3	11	8	0	1	0	0
김용대	K1	14	1	0	0	0	0	0	0	0	0	0	0	20	0
김인성	K1	32	18	3	6	0	25	43	4	34	20	2	0	0	0
김창수	K1	26	3	0	1	0	13	17	1	3	1	1	0	0	0
김태환	K1	29	3	0	6	9	45	27	4	19	7	7	0	0	0
리차드	K1	28	2	0	1	0	30	25	1	19	5	5	1	0	0
믹스	K1	17	7	2	0	1	22	13	1	13	8	3	0	0	0
박용우	K1	31	10	0	2	0	46	22	1	22	10	4	0	0	0
박주호	K1	17	11	0	0	2	23	22	0	4	2	0	0	0	0
배재우	K1	3	1	0	0	0	4	3	0	0	0	1	0	0	0
에스쿠데로	K1	14	12	3	1	0	16	11	3	11	13	4	1	0	0
오르샤	K1	14	6	4	1	14	6	7	6	28	17	0	0	0	0
오세훈	K1	3	3	0	0	0	0	0	0	0	0	0	0	0	0
오승훈	K1	17	0	0	0	0	0	0	0	0	0	0	0	20	0
이근호	K1	35	20	4	4	0	34	42	18	34	16	1	0	0	0
이명재	K1	20	5	0	5	75	25	21	1	13	9	3	0	0	0
이영재	K1	22	17	2	2	17	16	13	0	4	3	2	0	0	0
이종호	K1	3	3	0	0	0	0	0	3	2	1	0	0	0	0
이지훈	K1	1	0	0	0	0	0	0	0	0	0	0	0	0	0
이창용	K1	2	0	1	0	0	0	0	0	3	2	1	0	0	0
	K2	15	2	0	0	0	17	21	0	4	1	3	0	0	0
	계	17	2	1	0	0	21	23	0	7	3	4	0	0	0
임종은	K1	31	5	2	1	0	17	13	1	9	5	2	0	0	0
정동호	K1	11	3	0	3	10	14	0	2	2	2	2	0	0	0
정재용	K1	10	3	0	0	0	13	2	0	4	2	1	0	0	0
조수혁	K1	8	1	0	0	0	0	0	0	0	0	0	0	6	0
주니오	K1	32	12	22	1	0	31	26	16	109	67	2	0	0	0
토요다	K1	9	8	2	1	0	10	6	10	5	4	2	0	0	0
한승규	K1	31	28	5	8	1	78	24	26	3	35	23	4	0	0
홍준호	K1	2	2	0	0	0	3	1	0	1	1	1	0	0	0
	K2	1	1	0	0	0	0	0	0	0	0	0	0	0	0
	계	3	3	0	0	0	3	1	0	1	1	1	0	0	0
황일수	K1	31	18	4	4	17	21	27	8	35	19	0	0	0	0

2018년 K리그1 팀별 개인 기록 | 포항

선수명	대회	출장	교체	득점	도움	코너킥	파울	파울득	오프사이드	슈팅	유효슈팅	경고	퇴장	실점	자책
강상우	K1	36	2	3	2	0	41	61	4	23	9	5	0	0	0
강현무	K1	38	0	0	0	0	2	8	0	0	0	1	0	49	0
권기표	K1	2	2	0	0	0	4	5	0	0	0	0	0	0	0
김광석	K1	36	0	3	1	0	15	29	0	11	9	2	0	0	0
김도형	K1	31	29	6	4	3	16	36	7	38	20	3	0	0	0
김승대	K1	38	0	8	5	9	19	28	12	44	24	0	0	0	0
김지민	K1	17	11	4	1	1	24	19	2	14	7	4	0	0	0
김현솔	K1	5	6	0	1	2	12	4	2	0	0	0	0	0	0
떼이세이라	K1	10	3	0	2	1	19	7	1	7	1	1	0	0	0
레오가말류	K1	28	19	6	1	0	27	31	4	41	24	1	0	0	0
박성우	K1	2	2	0	0	0	2	5	0	0	0	0	0	0	0
배슬기	K1	17	10	0	0	0	8	14	0	4	1	2	0	0	0
송민규	K1	3	3	0	0	0	1	1	0	0	0	0	0	0	0
송승민	K1	30	21	2	2	0	32	35	5	24	10	0	0	0	0
알레망	K1	9	0	0	0	0	16	12	1	3	1	3	0	0	0
양태렬	K1	2	2	0	0	0	1	0	0	1	0	0	0	0	0
우찬양	K1	10	2	0	0	0	0	0	0	0	0	1	0	0	0
이광혁	K1	16	15	1	2	31	7	17	0	13	6	1	0	0	0
이근호	K1	3	3	0	1	0	0	0	0	0	0	0	0	0	0
이래준	K1	3	3	0	0	0	1	1	0	0	0	0	0	0	0
이상기	K1	28	12	1	1	1	25	17	2	7	3	7	0	0	0
이석현	K1	21	7	5	4	38	12	31	1	28	14	1	0	0	0
이진현	K1	17	6	5	1	52	17	22	1	30	18	1	0	0	0
이후권	K1	20	19	0	1	0	23	17	1	7	2	4	0	0	0
제테르손	K1	9	7	1	0	2	4	6	2	6	4	0	0	0	0
채프만	K1	33	5	0	4	0	44	21	1	12	5	9	0	0	0
하창래	K1	28	5	1	0	0	32	23	2	5	2	5	0	0	0

2018년 K리그1 팀별 개인 기록 | 제주

선수명	대회	출장	교체	득점	도움	코너킥	파울	파울득	오프사이드	슈팅	유효슈팅	경고	퇴장	실점	자책
권순형	K1	29	11	2	6	57	28	37	2	31	10	1	0	0	0
권한진	K1	32	4	3	0	0	16	12	0	16	6	4	0	0	1
김경민	K1	2	0	0	0	0	1	0	0	0	0	1	0	3	0
김상원	K1	3	2	0	0	0	1	1	1	2	1	0	1	0	0
김성주	K1	15	4	1	0	24	14	12	0	15	7	1	0	0	0
김수범	K1	5	1	0	0	0	16	9	1	7	1	2	0	0	0
김원일	K1	20	0	0	0	0	32	15	0	9	1	8	0	0	0
김 현	K1	3	3	0	0	0	1	0	0	2	0	0	0	0	0
	K2	20	16	4	2	0	28	22	3	38	17	4	1	0	0
	계	23	19	4	2	0	29	23	3	40	17	4	1	0	0
김현욱	K1	22	16	4	2	26	16	24	1	26	11	3	0	0	0
김호남	K1	33	21	2	1	10	22	15	11	44	17	1	0	0	0
류승우	K1	28	26	2	1	3	14	17	0	38	17	0	0	0	0
마그노	K1	34	17	8	2	1	40	51	13	50	22	3	0	0	0
박진포	K1	26	0	2	0	2	17	45	1	13	5	3	0	0	0
박한근	K1	1	0	0	0	0	1	0	0	0	0	1	0	0	0
알렉스	K1	16	5	1	0	0	5	2	0	4	1	0	0	0	0
오반석	K1	24	1	1	0	0	15	17	2	7	3	2	0	0	0
이광선	K1	33	21	4	0	0	43	34	9	26	11	2	0	0	1
이동수	K1	23	8	0	0	0	23	10	2	17	8	1	0	0	0
이동희	K1	12	8	0	0	0	12	11	1	5	2	0	0	0	0
이은범	K1	9	7	0	0	0	11	15	3	2	0	1	0	0	0
이찬동	K1	18	8	1	0	0	33	28	0	13	7	3	0	0	0
이창근	K1	35	0	0	0	0	2	3	0	0	0	3	0	39	0
이창민	K1	23	8	3	6	18	22	21	3	61	22	2	0	0	0
정다훤	K1	10	3	0	0	0	17	6	2	4	1	0	0	0	0
정 운	K1	12	0	0	2	11	9	7	3	4	2	2	0	0	0
정태욱	K1	5	5	0	0	0	1	0	0	0	1	0	0	0	0
조용형	K1	16	0	0	0	0	15	10	0	0	4	1	0	0	0
진성욱	K1	25	22	2	0	0	20	37	13	32	9	1	0	0	0
찌아구	K1	31	26	8	1	0	31	29	25	55	32	1	0	0	0
호벨손	K1	6	6	1	0	0	5	4	0	10	2	0	0	0	0

2018년 K리그1 팀별 개인 기록 | 수원

선수명	대회	출장	교체	득점	도움	코너킥	파울	파울득	오프사이드	슈팅	유효슈팅	경고	퇴장	실점	자책
곽광선	K1	30	6	2	0	0	27	24	0	13	6	2	0	0	0
구자룡	K1	22	7	0	0	0	20	14	0	6	1	1	0	0	0
김선우	K1	1	0	0	0	0	0	0	0	0	0	0	0	4	0
김은선	K1	10	6	0	0	0	13	16	0	4	3	0	0	0	1
김종민	K1	7	4	0	0	0	0	6	0	5	3	0	0	0	0
김종우	K1	24	17	4	1	28	19	31	0	32	19	3	0	0	0
김준형	K1	5	4	0	0	0	4	7	1	6	2	1	0	0	0
노동건	K1	21	1	0	0	0	0	0	0	0	0	0	0	33	0
데 얀	K1	33	18	13	3	0	24	20	14	88	36	1	0	0	0
매 튜	K1	4	0	0	0	0	3	2	0	0	0	0	0	0	0
바그닝요	K1	8	6	1	2	1	22	18	7	30	15	1	1	0	0
박기동	K1	8	6	1	2	1	9	11	5	9	6	2	0	0	0
박송우	K1	7	6	0	0	0	6	6	0	1	1	0	0	0	0
박형진	K1	19	1	1	3	25	21	13	0	7	3	2	0	0	0
사리치	K1	18	3	1	0	9	29	17	2	23	12	5	0	0	0
신세계	K1	27	1	0	0	0	28	19	1	13	2	6	0	0	0
신화용	K1	17	1	0	0	0	0	0	0	0	0	0	0	17	0
양상민	K1	2	1	0	0	0	12	5	0	11	4	0	0	0	0
염기훈	K1	34	8	4	7	70	17	65	8	49	24	1	0	0	0
유주안	K1	14	12	2	1	0	7	9	3	10	6	0	0	0	0
윤용호	K1	3	3	0	0	0	1	7	0	4	2	0	0	0	0
이기제	K1	19	5	2	3	10	21	9	1	13	6	1	0	0	0
이종성	K1	24	5	3	0	0	38	33	1	14	7	9	0	0	0
임상협	K1	19	14	2	1	1	6	15	13	17	8	2	0	0	0
장호익	K1	24	5	0	2	0	27	40	2	7	1	4	1	0	0
전세진	K1	12	10	2	1	0	11	15	3	10	6	1	0	0	0
조성진	K1	30	4	0	0	0	33	19	3	2	3	0	0	0	0
조원희	K1	23	11	0	1	0	22	26	10	3	0	0	0	0	0
조지훈	K1	6	6	0	0	0	0	0	0	1	0	1	0	0	0
최성근	K1	20	9	0	1	0	38	29	1	4	0	6	1	0	0
한의권	K1	22	17	1	1	3	23	22	3	30	14	2	0	0	0
	K2	16	11	7	1	0	25	22	3	39	18	5	0	0	0
	계	38	28	8	2	3	48	44	6	69	32	7	0	0	0
홍 철	K1	30	5	1	8	85	21	27	2	13	4	1	0	0	0

2018년 K리그1 팀별 개인 기록 | 대구

선수명	대회	출장	교체	득점	도움	코너킥	파울	오프사이드	슈팅	유효슈팅	경고	퇴장	실점	자책
강윤구	K1	18	4	1	1	2	24	10	3	3	1	4	0	0	0
고승범	K1	9	2	0	0	0	13	7	0	8	3	1	0	0	0
고재현	K1	12	8	0	1	0	12	12	0	5	2	0	0	0	0
김대원	K1	23	13	3	5	12	13	12	3	46	23	0	0	0	0
김우석	K1	20	5	0	0	0	15	9	0	3	1	4	0	0	0
김진혁	K1	25	11	1	0	0	25	17	2	15	5	4	1	0	1
김태한	K1	3	1	0	0	0	4	3	0	1	0	0	0	0	0
류재문	K1	23	6	2	0	0	20	15	1	19	5	2	1	0	0
박병현	K1	23	9	2	0	0	24	10	0	4	2	5	0	0	0
박한빈	K1	24	19	3	0	0	26	13	1	21	11	2	0	0	0
서재민	K1	1	1	0	0	0	1	0	0	0	0	0	0	0	0
세징야	K1	25	5	8	11	84	24	86	4	112	46	6	2	0	0
에드가	K1	18	2	8	0	0	32	18	9	46	18	3	0	0	0
오광진	K1	4	2	0	0	0	8	7	0	0	0	1	0	0	0
오후성	K1	1	1	0	0	0	0	1	0	0	0	0	0	0	0
이해웅	K1	1	1	0	0	0	0	1	0	0	0	0	0	0	0
임재혁	K1	8	7	1	0	5	10	14	3	10	5	0	0	0	0
장성원	K1	9	5	0	1	0	7	13	0	3	2	0	0	0	0
전현철	K1	13	13	0	0	0	5	8	1	4	1	0	0	0	0
정선호	K1	13	11	0	0	0	8	11	0	0	0	0	0	0	0
정승원	K1	31	18	4	3	0	30	30	4	43	18	3	0	0	0
정우재	K1	32	6	1	3	0	24	41	0	23	4	3	0	0	0
정치인	K1	6	4	0	0	0	5	2	0	1	2	1	0	0	0
조석재	K1	6	6	0	0	0	1	0	3	0	0	0	0	0	0
조 세	K1	11	6	3	0	1	24	31	2	32	17	2	0	0	0
조현우	K1	28	0	0	0	0	1	7	0	0	0	1	0	42	0
지 안	K1	4	2	0	0	0	8	14	0	9	4	0	0	0	0
최영은	K1	10	0	0	0	0	0	0	0	0	0	2	0	13	0
츠바사	K1	9	0	0	0	1	10	5	0	1	0	0	0	0	0
카이온	K1	5	1	0	0	0	16	4	8	14	7	1	0	0	0
한희훈	K1	29	7	1	0	0	24	26	0	4	3	0	0	0	1
홍정운	K1	35	1	0	0	0	30	1	1	15	9	4	0	0	0
황순민	K1	36	22	1	3	68	31	20	1	40	17	3	0	0	0

2018년 K리그1 팀별 개인 기록 | 강원

선수명	대회	출장	교체	득점	도움	코너킥	파울	오프사이드	슈팅	유효슈팅	경고	퇴장	실점	자책
강지훈	K1	12	5	1	1	0	12	5	0	4	3	1	0	0	0
김승용	K1	15	13	1	2	32	9	4	3	5	3	1	0	0	0
김영신	K1	9	7	0	0	5	4	6	0	3	0	0	0	0	0
김오규	K1	31	0	0	1	0	29	27	1	9	0	5	0	0	0
김지현	K1	12	12	0	0	0	8	6	1	9	4	0	0	0	0
김호준	K1	6	1	0	0	0	0	1	0	0	0	0	1	10	0
남승우	K1	1	1	0	0	0	0	0	0	1	0	0	0	0	0
디에고	K1	35	23	7	6	15	21	43	7	86	52	4	1	0	0
맥고완	K1	15	6	1	0	0	14	7	1	7	3	2	0	0	1
문창진	K1	10	10	1	0	4	8	3	0	9	2	1	0	0	0
박선주	K1														
박정수	K1	25	10	1	0	0	49	24	0	16	3	8	0	0	0
박창준	K1	14	6	0	1	0	17	11	0	8	2	0	0	0	0
발렌티노스	K1	32	0	0	0	0	24	14	2	18	11	1	0	0	0
서명원	K1	1	1	0	0	0	0	0	0	1	0	0	0	0	0
오범석	K1	32	6	1	1	0	52	42	1	9	3	8	0	0	0
이민수	K1	1	1	0	0	0	0	0	0	1	0	0	0	0	0
이범영	K1	30	0	0	0	0	0	0	0	0	0	1	0	42	1
이재익	K1	8	6	0	0	0	9	2	0	3	2	1	0	0	0
이태호	K1	3	3	0	0	0	9	3	0	2	2	0	0	0	0
이현식	K1	27	17	0	4	0	31	42	1	15	5	4	0	0	0
이호인	K1	3	3	0	0	0	2	1	0	0	0	0	0	0	0
임찬울	K1	13	13	0	0	0	5	3	1	6	0	0	0	0	0
정석화	K1	35	12	2	5	35	19	36	2	29	13	3	0	0	0
정승용	K1	34	2	3	4	51	33	62	1	11	6	5	0	0	0
정조국	K1	25	21	4	1	0	5	14	10	46	25	2	0	0	0
제리치	K1	36	13	24	4	0	39	31	15	101	51	4	0	0	0
최진호	K1	8	9	0	0	2	9	3	0	2	1	0	0	0	0
한용수	K1	12	0	0	0	0	10	26	0	4	1	6	0	0	0
함석민	K1	4	0	0	0	0	0	2	0	0	0	0	0	8	0
황진성	K1	16	14	2	2	27	18	7	0	16	9	1	0	0	0

2018년 K리그1 팀별 개인 기록ㅣ인천

선수명	대회	출장	교체	득점	도움	코너킥	파울	파울득	오프사이드	슈팅	유효슈팅	경고	퇴장	실점	자책
강 지 용	K1	4	2	0	0	0	5	2	0	0	0	2	0	0	0
고 슬 기	K1	31	6	2	2	0	40	18	1	37	12	9	0	0	0
곽 해 성	K1	7	3	0	0	0	5	3	0	2	1	1	0	0	0
김 대 중	K1	29	4	0	0	0	16	8	1	7	4	2	0	0	0
김 동 민	K1	17	3	1	0	0	27	8	1	10	2	4	0	0	0
김 동 석	K1	1	1	0	0	0	0	0	0	0	0	0	0	0	0
김 보 섭	K1	21	18	2	1	1	27	10	3	17	8	5	0	0	0
김 용 환	K1	18	7	0	0	0	15	13	0	8	0	5	0	0	0
김 정 호	K1	12	7	0	0	0	5	3	0	2	1	0	0	0	0
김 진 야	K1	25	13	1	1	0	27	11	3	13	9	3	0	0	0
김 혁 중	K1	1	0	0	0	0	0	0	0	0	0	0	0	0	0
남 준 재	K1	14	12	4	2	1	19	22	2	15	8	2	0	0	0
무 고 사	K1	35	9	19	4	0	24	61	10	133	78	5	0	0	1
문 선 민	K1	37	22	14	6	18	30	38	7	67	38	0	0	0	0
박 종 진	K1	15	14	1	1	0	27	7	1	4	1	3	0	0	0
부 노 자	K1	30	2	1	0	0	36	9	0	15	6	0	0	0	1
아 길 라 르	K1	35	12	3	10	115	50	84	3	44	24	5	0	0	0
윤 상 호	K1	3	2	0	0	0	3	5	1	0	2	1	0	0	0
이 우 혁	K1	1	1	0	0	0	0	0	0	0	0	0	0	0	0
이 윤 표	K1														
이 정 빈	K1	13	10	1	0	11	7	12	1	9	3	3	0	0	0
이 진 형	K1	13	0	0	0	0	3	0	0	0	1	0	0	27	0
이 태 희	K1	1	0	0	0	0	0	0	0	0	0	0	0	14	0
이 호 균	K1	1	1	0	0	0	0	0	0	0	0	0	0	0	0
임 은 수	K1	21	8	1	0	0	32	21	0	13	6	6	0	0	0
정 동 윤	K1	15	2	1	0	1	14	10	0	8	6	3	0	0	0
	K2	2	2	0	0	0	1	0	0	0	0	0	0	0	0
	계	17	4	1	0	1	15	10	0	8	6	3	0	0	0
정 산	K1	18	0	0	0	0	0	0	0	0	0	0	0	28	0
조 주 영	K1	1	1	0	0	0	0	0	0	0	0	0	0	0	0
최 범 경	K1	1	1	0	0	0	3	2	0	0	1	0	0	0	0
최 종 환	K1	15	4	0	1	16	23	7	1	5	1	2	0	0	0
쿠 비	K1	25	23	1	2	0	35	16	2	18	10	3	0	0	0
한 석 종	K1	31	9	1	1	2	34	27	1	28	12	2	0	0	0

2018년 K리그1 팀별 개인 기록ㅣ상주

선수명	대회	출장	교체	득점	도움	코너킥	파울	파울득	오프사이드	슈팅	유효슈팅	경고	퇴장	실점	자책
고 태 원	K1	4	3	0	0	0	6	1	1	0	2	0	0	0	0
권 완 규	K1	22	1	1	1	0	27	20	0	7	4	4	1	0	0
권 태 안	K1	2	1	0	0	0	0	0	0	0	0	0	0	2	0
김 건 희	K1	9	7	1	0	0	11	11	3	8	5	1	0	0	0
김 경 재	K1	3	1	0	0	0	4	11	4	2	1	1	0	0	0
김 경 중	K1	13	12	0	0	0	4	11	4	2	1	1	0	0	0
김 민 우	K1	36	9	2	1	26	59	38	11	41	17	1	0	0	1
김 영 빈	K1	18	3	0	0	0	20	5	0	7	3	3	0	0	0
마 상 훈	K1	1	1	0	0	0	0	0	0	0	0	0	0	0	0
	K2	9	4	0	0	0	12	11	2	1	2	2	0	0	0
	계	10	5	0	0	0	12	11	2	1	2	2	0	0	0
박 대 한	K1	8	7	1	0	0	6	6	2	1	0	2	0	0	0
박 용 지	K1	14	7	1	0	0	22	22	6	11	8	2	0	0	0
배 신 영	K2	5	4	0	0	0	9	5	0	3	1	1	0	0	0
백 동 규	K1	18	9	0	0	0	19	5	0	3	0	4	0	0	0
송 수 영	K1	7	8	0	0	0	7	3	0	7	2	1	0	0	0
송 시 우	K1	22	20	2	0	0	11	13	3	21	10	0	0	0	0
신 창 무	K1	21	18	1	2	17	13	16	6	21	10	2	0	0	0
심 동 운	K1	31	14	7	3	16	27	3		54	25	2	0	0	0
안 진 범	K2	12	5	0	0	0	23	28	0	3	1	1	0	0	0
	계	12	5	0	0	0	23	28	0	3	1	1	0	0	0
윤 보 상	K1	15	1	0	0	0	1	0	0	1	0	0	0	25	0
	K2	7	0	0	0	0	1	0	0	0	0	0	0	7	0
	계	22	1	0	0	0	1	0	0	1	0	0	0	32	0
윤 빛 가 람	K1	33	2	7	3	69	18	34	1	50	19	2	0	0	0
이 규 성	K1	12	7	0	0	0	5	9	0	1	0	1	0	0	0
	K2	8	6	0	1	0	9	4	0	3	1	0	0	0	0
	계	20	13	0	2	0	14	13	0	4	1	1	0	0	0
이 민 기	K1	6	0	0	0	0	9	11	0	1	1	2	0	0	0
	K2	11	2	0	0	0	10	13	0	6	1	2	0	0	0
	계	17	2	0	0	0	19	24	0	7	2	4	0	0	0
이 상 협	K1	5	5	0	0	0	5	5	0	1	0	0	0	0	0
이 태 희	K1	9	3	1	0	0	8	10	1	1	1	2	0	0	0
장 은 규	K1	0	0	0	0	0	0	0	0	0	0	0	0	0	0
	K2	5	4	0	0	1	1	5	0	2	1	1	0	0	0
	계	5	4	0	0	1	1	5	0	2	1	1	0	0	0
조 수 철	K1	1	1	0	0	0	1	0	0	0	0	0	0	0	0
차 영 환	K1	5	2	0	0	0	5	3	0	6	3	1	0	0	0

2018년 K리그1 팀별 개인 기록 | 서울

선수명	대회	출장	교체	득점	도움	코너킥	파울	파울득	오프사이드	슈팅	유효슈팅	경고	퇴장	실점	자책
고요한	K1	32	10	8	4	3	47	54	11	38	20	7	1	0	0
곽태휘	K1	14	2	1	0	0	13	9	0	5	4	0	0	0	1
김남춘	K1	27	4	1	0	0	23	16	1	5	3	1	0	0	0
김동우	K1	17	1	1	1	0	9	4	2	9	3	2	0	0	0
김성준	K1	11	5	1	0	11	15	8	1	6	2	0	0	0	0
김우홍	K1	6	6	0	0	0	3	5	2	1	1	0	0	0	0
김원균	K1	24	1	1	0	0	38	10	0	5	3	7	0	0	0
김원식	K1	11	7	0	0	0	17	3	0	3	1	0	0	0	0
김한길	K1	12	10	1	0	0	19	6	1	4	3	0	0	0	0
마티치	K1	9	7	1	0	0	7	13	5	16	8	1	0	0	0
박동진	K1	5	5	0	0	0	17	5	0	3	1	0	0	0	0
박주영	K1	20	17	3	0	3	19	19	6	38	18	1	0	0	0
박희성	K1	11	11	1	0	0	12	10	5	1	1	0	0	0	0
송진형	K1	6	6	0	0	1	2	9	0	1	1	0	0	0	0
신광훈	K1	18	1	0	2	0	25	9	0	1	0	4	0	0	0
신진호	K1	34	11	2	4	99	67	27	3	25	14	8	1	0	0
심상민	K1	16	3	0	0	7	15	16	0	1	0	1	0	0	0
안델손	K1	30	12	6	4	1	40	32	21	86	50	5	0	0	0
양한빈	K1	37	0	0	0	0	0	0	0	0	0	0	0	46	1
에반드로	K1	30	23	3	2	0	35	31	10	41	20	1	0	0	0
유상훈	K1	14	0	0	0	0	0	0	0	0	0	0	0	17	0
윤석영	K1	22	1	1	3	70	16	25	3	10	7	5	0	0	0
윤승원	K1	10	10	0	0	0	4	3	0	1	0	0	0	0	0
윤종규	K1	5	0	0	0	0	7	6	0	1	0	0	0	0	0
윤주태	K1	15	13	2	1	2	7	10	4	23	13	0	0	0	0
이상호	K1	23	16	2	1	0	26	19	1	12	3	2	0	0	0
이웅희	K1	11	2	0	0	0	12	10	0	2	2	0	0	0	1
정원진	K1	19	15	1	0	38	16	25	0	29	10	2	0	0	0
정현철	K1	14	9	0	0	0	16	6	0	1	5	1	0	0	0
조영욱	K1	30	22	3	2	2	6	36	2	26	11	1	0	0	0
코바	K1	5	5	0	0	5	2	1	0	2	1	0	0	0	0
하대성	K1	8	5	0	0	1	16	7	0	6	1	2	0	0	1
황기욱	K1	19	7	0	0	0	33	9	0	12	2	4	0	0	0
황현수	K1	14	1	0	0	0	7	6	0	4	1	0	0	0	0

2018년 K리그1 팀별 개인 기록 | 전남

선수명	대회	출장	교체	득점	도움	코너킥	파울	파울득	오프사이드	슈팅	유효슈팅	경고	퇴장	실점	자책
가솔현	K1	26	2	0	0	0	19	9	1	7	1	3	0	0	0
김경민	K1	20	16	1	0	0	20	9	4	15	10	1	0	0	0
김민준	K1	7	2	0	0	0	10	8	2	2	0	1	0	0	0
김선우	K1	14	8	0	0	0	12	11	0	12	2	2	0	0	0
김영욱	K1	33	11	3	2	58	28	49	1	33	13	1	0	0	0
김평래	K1	22	7	0	0	0	17	22	7	1	0	3	0	0	0
도나치	K1	11	2	0	0	0	13	7	0	8	1	3	0	0	0
마쎄도	K1	24	20	7	2	0	17	22	7	47	20	3	0	0	0
박광일	K1	13	4	0	0	1	9	11	0	2	0	0	0	0	0
박대한	K1	5	0	0	0	0	0	0	0	0	0	0	0	12	0
박준태	K1	5	0	0	0	0	0	0	0	0	0	0	0	0	0
백승현	K1	1	1	0	0	0	0	0	1	0	0	0	0	0	0
양준아	K1	24	6	0	0	0	24	9	0	3	1	4	0	0	0
완델손	K1	33	7	4	5	61	38	58	6	78	30	3	1	0	0
유고비치	K1	27	8	1	0	0	25	21	0	23	12	3	0	0	0
윤동민	K1	13	13	0	0	0	3	7	3	6	2	1	0	0	0
이경렬	K1	4	0	1	1	0	2	3	0	3	1	1	0	0	0
이상헌	K1	23	21	5	2	1	17	26	3	25	11	4	0	0	0
이슬찬	K1	23	6	0	0	2	18	28	0	14	6	4	1	0	0
이유현	K1	28	18	0	2	0	37	12	3	23	6	2	0	0	0
이지남	K1	18	3	0	0	0	13	12	1	3	2	2	0	0	0
이호승	K1	28	0	0	0	0	0	4	0	0	0	0	0	44	0
장대희	K1	5	0	0	0	0	0	0	0	0	0	0	0	13	0
전지현	K1	5	5	0	0	0	3	5	0	2	1	0	0	0	0
최재현	K1	25	17	5	2	0	22	26	0	18	10	4	1	0	0
최효진	K1	12	1	0	0	0	13	18	0	4	1	5	0	0	0
토미	K1	2	1	0	0	0	0	0	0	1	0	0	0	0	0
하태균	K1	8	6	0	0	0	6	2	10	3	1	0	0	0	0
한승욱	K1	3	1	0	0	0	4	3	0	1	1	0	0	0	0
한찬희	K1	31	9	2	6	36	44	22	0	39	15	6	1	0	0
한창우	K1	4	4	0	0	0	1	0	0	2	0	0	0	0	0
허용준	K1	23	18	2	0	2	11	15	7	46	23	2	0	0	0
허재원	K1	15	3	0	0	0	12	1	0	4	2	3	0	0	0

2018년 K리그1 득점 순위

순위	선수명	소속	경기수	득점수	경기당 득점률	교체 IN/OUT	출장 시간	순위	선수명	소속	경기수	득점수	경기당 득점률	교체 IN/OUT	출장 시간
1	말 컹	경남	31	26	83,9	13	2,380	48	정 승 원	대구	31	4	12,9	18	2,196
2	제 리 치	강원	36	24	66,7	13	2,868	49	이 광 선	제주	33	4	12,1	21	2,109
3	주 니 오	울산	32	22	68,8	12	2,633	50	완 델 손	전남	33	4	12,1	7	2,898
4	무 고 사	인천	35	19	54,3	9	3,068	51	이 근 호	울산	35	4	11,4	20	2,332
5	문 선 민	인천	37	14	37,8	22	2,897	52	조 세	대구	11	3	27,3	6	957
6	로 페 즈	전북	31	13	41,9	10	2,466	53	김 지 현	강원	12	3	25	12	631
7	데 안	수원	33	13	39,4	18	2,398	54	에스쿠데로	울산	14	3	21,4	12	653
8	이 동 국	전북	35	13	37,1	27	1,768	55	조 재 철	경남	16	3	18,8	14	757
9	김 신 욱	전북	33	11	33,3	23	2,225	56	사 리 치	수원	18	3	16,7	8	1,369
10	허 용 준	전남	23	9	39,1	18	1,291	57	임 선 영	전북	19	3	15,8	12	1,438
11	에 드 가	대구	18	8	44,4	2	1,617	58	박 주 영	서울	20	3	15	17	1,031
12	아드리아노	전북	25	8	32	23	1,222	59	김 대 원	대구	23	3	13	13	1,612
13	세 징 야	대구	25	8	32	5	2,269	60	이 창 민	제주	23	3	13	8	1,923
14	찌 아 구	제주	31	8	25,8	26	1,759	61	박 한 빈	대구	24	3	12,5	19	1,106
15	심 동 운	상주	31	8	25,8	14	2,326	62	이 종 성	수원	24	3	12,5	5	2,051
16	고 요 한	서울	32	8	25	19	2,798	63	이 근 호	포항	30	3	10	26	1,466
17	마 그 노	제주	34	8	23,5	17	2,676	64	에반드로	서울	30	3	10	23	1,606
18	김 승 대	포항	38	8	21,1	0	3,641	65	조 영 욱	서울	30	3	10	22	1,798
19	바그닝요	수원	17	7	41,2	10	1,087	66	박 용 우	울산	31	3	9,7	10	2,468
20	한 교 원	전북	23	7	30,4	13	1,649	67	김 인 성	울산	32	3	9,4	18	2,160
21	마 쎄 도	전남	24	7	29,2	20	1,442	68	권 한 진	제주	32	3	9,4	4	2,958
22	김 효 기	경남	30	7	23,3	12	2,140	69	김 영 욱	전남	33	3	9,1	11	2,643
23	윤빛가람	상주	33	7	23	3	2,997	70	정 승 용	강원	34	3	8,8	2	3,170
24	디 에 고	강원	35	7	20	23	2,033	71	아길라르	인천	35	3	8,6	12	3,095
25	레오가말류	포항	28	6	21,4	19	1,656	72	강 상 우	포항	36	3	8,3	8	3,389
26	안 델 손	서울	30	6	20	12	2,473	73	김 광 석	포항	36	3	8,3	0	3,450
27	김 도 형	포항	31	6	19,4	29	1,927	74	최 영 준	경남	37	3	8,1	7	3,309
28	염 기 훈	수원	34	6	17,7	18	2,306	75	토 요 다	울산	9	2	22,2	8	544
29	이 진 현	포항	17	5	29,4	4	1,418	76	전 세 진	수원	12	2	16,7	10	710
30	이 석 현	포항	21	5	23,8	7	1,781	77	정 혁	전북	12	2	16,7	7	783
31	이 상 헌	전남	23	5	21,7	21	1,093	78	유 주 안	수원	14	2	14,3	12	856
32	최 재 현	전남	25	5	20	14	1,547	79	윤 주 태	서울	15	2	13,3	13	676
33	한 승 규	울산	31	5	16,1	28	1,997	80	황 진 성	강원	16	2	12,5	14	1,002
34	쿠니모토	경남	35	5	14,3	16	2,665	81	믹 스	울산	17	2	11,8	9	1,432
35	홍 정 운	대구	35	5	14,3	1	3,355	82	임 채 민	상주	17	2	11,8	1	1,611
36	네 게 바	경남	36	5	13,9	16	2,940	83	티 아 고	전북	18	2	11,1	13	1,030
37	주 민 규	상주	11	4	36,4	4	862	84	이 지 남	전남	18	2	11,1	3	1,581
38	남 준 재	인천	14	4	28,6	12	1,003	85	김 승 준	울산	19	2	10,5	17	1,063
39	박 용 지	상주	14	4	28,6	7	1,035	86	최 심 엽	수원	19	2	10,5	11	1,009
40	오 르 샤	울산	14	4	28,6	6	1,057	87	이 기 제	수원	19	2	10,5	5	1,623
41	이 재 성	전북	17	4	23,5	10	1,047	88	김 보 섭	인천	21	2	9,5	18	934
42	김 지 민	포항	17	4	23,5	11	1,105	89	송 시 우	상주	22	2	9,1	20	881
43	김 현 욱	제주	22	4	18,2	16	1,559	90	이 영 재	울산	22	2	9,1	11	1,068
44	김 종 우	수원	24	4	16,7	14	1,462	91	배 기 종	경남	23	2	8,7	23	827
45	정 조 국	강원	25	4	16	21	1,207	92	이 상 호	서울	23	2	8,7	16	1,389
46	손 준 호	전북	30	4	13,3	13	2,472	93	파울링요	경남	23	2	8,7	16	1,524
47	황 일 수	울산	31	4	12,9	18	2,006	94	박 병 현	대구	23	2	8,7	9	1,785

순위	선수명	소속	경기수	득점수	경기당 득점률	교체 IN/OUT	출장 시간
95	류재문	대구	23	2	8,7	6	2,066
96	진성욱	제주	25	2	8	22	1,205
97	이동수	제주	28	2	7,1	25	1,294
98	류승우	제주	28	2	7,1	26	1,347
99	권순형	제주	29	2	6,9	11	2,419
100	송승민	포항	30	2	6,7	21	2,120
101	곽광선	수원	30	2	6,7	6	2,501
102	한찬희	전남	31	2	6,5	9	2,431
103	임종은	울산	31	2	6,5	5	2,679
104	고슬기	인천	31	2	6,5	6	2,832
105	김호남	제주	33	2	6,1	21	2,330
106	박지수	경남	33	2	6,1	3	2,967
107	신진호	서울	34	2	5,9	11	2,849
108	정석화	강원	35	2	5,7	12	2,861
109	김민우	상주	36	2	5,6	9	3,134
110	이창용	울산	2	1	50	0	190
111	이경렬	전남	4	1	25	0	387
112	송진형	서울	6	1	16,7	6	281
113	김종진	경남	6	1	16,7	6	346
114	호벨손	제주	6	1	16,7	6	348
115	김종민	수원	7	1	14,3	4	417
116	김진수	전북	7	1	14,3	1	584
117	박대한	상주	8	1	12,5	7	422
118	박기동	수원	8	1	12,5	6	446
119	임재혁	대구	8	1	12,5	7	556
120	박선주	강원	8	1	12,5	3	590
121	김건희	수원	9	1	11,1	7	459
122	제테르손	포항	9	1	11,1	7	472
123	마티치	서울	9	1	11,1	7	517
124	김경준	대구	9	1	11,1	8	611
125	알레망	포항	9	1	11,1	2	774
126	이태희	상주	9	1	11,1	3	779
127	문창진	강원	10	1	10	10	297
128	양상민	수원	10	1	10	2	864
129	박희성	서울	11	1	9,1	11	561
130	이태호	강원	11	1	9,1	4	805
131	김성준	서울	11	1	9,1	5	837
132	김한길	서울	12	1	8,3	10	517
133	강지훈	강원	12	1	8,3	5	945
134	이정빈	인천	13	1	7,7	10	552
135	곽태휘	서울	14	1	7,1	2	1,197
136	박종진	인천	15	1	6,7	14	780
137	김승용	강원	15	1	6,7	13	837
138	맥고완	강원	15	1	6,7	6	1,072
139	김성주	제주	15	1	6,7	4	1,207
140	이윤표	인천	15	1	6,7	2	1,292
141	정동윤	인천	15	1	6,7	2	1,390
142	이광혁	포항	16	1	6,3	15	881

순위	선수명	소속	경기수	득점수	경기당 득점률	교체 IN/OUT	출장 시간
143	알렉스	제주	16	1	6,3	5	1,237
144	김동민	인천	17	1	5,9	3	1,427
145	김동우	서울	17	1	5,9	1	1,610
146	이찬동	제주	18	1	5,6	8	1,291
147	강윤구	대구	18	1	5,6	4	1,590
148	정원진	서울	19	1	5,3	15	1,350
149	박형진	수원	19	1	5,3	1	1,760
150	김경민	전남	20	1	5	16	1,027
151	신창무	상주	21	1	4,8	18	826
152	임은수	인천	21	1	4,8	8	1,662
153	한의권	수원	22	1	4,6	17	1,407
154	김준범	경남	22	1	4,6	17	1,456
155	윤석영	서울	22	1	4,6	2	2,044
156	권완규	상주	22	1	4,6	1	2,051
157	김민재	전북	23	1	4,4	1	1,983
158	오반석	제주	24	1	4,2	2	2,283
159	김원균	서울	24	1	4,2	1	2,286
160	쿠비	인천	25	1	4	23	1,294
161	김진혁	대구	25	1	4	11	1,694
162	김진야	인천	25	1	4	13	1,857
163	박정수	강원	25	1	4	10	1,996
164	홍정호	전북	25	1	4	3	2,163
165	이승기	전북	27	1	3,7	13	2,154
166	유고비치	전남	27	1	3,7	8	2,311
167	김남춘	서울	27	1	3,7	4	2,427
168	이상기	포항	28	1	3,6	12	1,945
169	하창래	포항	28	1	3,6	2	2,385
170	한희훈	대구	29	1	3,5	7	2,592
171	강민수	울산	30	1	3,3	3	2,643
172	홍철	수원	30	1	3,3	5	2,670
173	김현훈	경남	30	1	3,3	3	2,729
174	부노자	인천	30	1	3,3	2	2,745
175	한석종	인천	31	1	3,2	9	2,387
176	최보경	전북	32	1	3,1	5	2,837
177	정우재	대구	32	1	3,1	6	2,902
178	오범석	강원	32	1	3,1	6	2,968
179	황순민	대구	36	1	2,8	22	2,674

2018년 K리그1 도움 순위

순위	선수명	소속	경기수	도움수	경기당 도움률	교체 IN/OUT	출장 시간
1	세징야	대구	25	11	44	5	2,269
2	이길피르	인천	25	10	20,0	12	2,095
3	이용	전북	32	9	28,1	2	2,973
4	홍철	수원	30	8	26,7	5	2,670
5	한승규	울산	31	7	22,6	28	1,997
6	네게바	경남	36	7	19,4	16	2,940
7	한교원	전북	23	6	26,1	13	1,649
8	이창민	제주	23	6	26,1	8	1,923

순위	선수명	소속	경기수	도움수	경기당 도움률	교체 IN/OUT	출장 시간
9	이 승 기	전북	27	6	22,2	13	2,154
10	권 순 형	제주	29	6	20,7	11	2,419
11	김 태 환	울산	29	6	20,7	3	2,575
12	한 찬 희	전남	31	6	19,4	9	2,431
13	로 페 즈	전북	31	6	19,4	10	2,466
14	디 에 고	강원	35	6	17,1	23	2,033
15	문 선 민	인천	37	6	16,2	22	2,897
16	김 대 원	대구	23	5	21,7	13	1,612
17	말 컹	경남	31	5	16,1	14	2,380
18	김 인 성	울산	32	5	15,6	18	2,160
19	이 명 재	울산	32	5	15,6	2	2,886
20	완 델 손	전남	33	5	15,2	7	2,898
21	정 석 화	강원	35	5	14,3	12	2,861
22	김 승 대	포항	38	5	13,2	0	3,641
23	이 석 현	포항	21	4	19,1	7	1,781
24	최 재 수	경남	25	4	16	11	1,806
25	이 근 호	포항	30	4	13,3	26	1,466
26	손 준 호	전북	30	4	13,3	13	2,472
27	안 델 손	서울	30	4	13,3	12	2,473
28	김 도 형	포항	31	4	12,9	29	1,927
29	황 일 수	울산	31	4	12,9	18	2,006
30	고 요 한	서울	32	4	12,5	13	2,798
31	채 프 만	포항	33	4	12,1	5	3,053
32	염 기 훈	수원	34	4	11,8	18	2,306
33	신 진 호	서울	34	4	11,8	11	2,849
34	정 승 용	강원	34	4	11,8	2	3,170
35	이 동 국	전북	35	4	11,4	27	1,768
36	이 근 호	울산	35	4	11,4	20	2,332
37	무 고 사	인천	35	4	11,4	9	3,068
38	제 리 치	강원	36	4	11,1	13	2,868
39	정 동 호	울산	11	3	27,3	3	997
40	이 재 성	전북	17	3	17,7	10	1,047
41	티 아 고	전북	18	3	16,7	13	1,030
42	에 드 가	대구	18	3	16,7	2	1,617
43	김 승 준	울산	19	3	15,8	17	1,063
44	이 기 제	수원	19	3	15,8	4	1,623
45	박 형 진	수원	19	3	15,8	1	1,760
46	윤 석 영	서울	22	3	13,6	2	2,044
47	정 승 원	대구	31	3	9,7	18	2,196
48	정 우 재	대구	33	3	9,1	6	2,892
49	김 신 욱	전북	33	3	9,1	23	2,225
50	데 안	수원	33	3	9,1	18	2,398
51	윤빛가람	상주	33	3	9,1	2	2,997
52	황 순 민	대구	36	3	8,3	22	2,674
53	박 기 동	수원	8	2	25	6	446
54	떼이세이라	포항	10	2	20	3	811
55	정 운	제주	12	2	16,7	0	1,154
56	임 찬 울	강원	13	2	15,4	13	603

순위	선수명	소속	경기수	도움수	경기당 도움률	교체 IN/OUT	출장 시간
57	남 준 재	인천	14	2	14,3	12	1,003
58	김 승 용	강원	15	2	13,3	13	837
59	이 윤 표	인천	15	2	13,3	2	1,292
60	이 광 혁	포항	16	2	12,5	15	881
61	황 진 성	강원	16	2	12,5	14	1,002
62	신 광 훈	서울	18	2	11,1	1	1,688
63	임 선 영	전북	19	2	10,5	12	1,438
64	이 광 진	경남	20	2	10	1	1,851
65	신 창 무	상주	21	2	9,5	18	826
66	이 영 재	울산	22	2	9,1	17	1,068
67	김 현 욱	제주	22	2	9,1	16	1,559
68	이 상 헌	전남	23	2	8,7	21	1,093
69	허 용 준	전남	23	2	8,7	18	1,291
70	마 쎄 도	전남	24	2	8,3	10	1,442
71	장 호 익	수원	24	2	8,3	5	1,974
72	진 성 욱	제주	25	2	8	22	1,205
73	아드리아노	전북	25	2	8	22	1,222
74	쿠 비	인천	25	2	8	23	1,294
75	최 재 현	전남	25	2	8	17	1,547
76	박 진 포	제주	26	2	7,7	0	2,497
77	이 현 식	강원	27	2	7,4	17	1,841
78	이 유 현	전남	28	2	7,1	19	1,926
79	이 슬 찬	전남	28	2	7,1	4	2,401
80	에반드로	서울	30	2	6,7	23	1,606
81	조 영 욱	서울	30	2	6,7	22	1,798
82	송 승 민	포항	30	2	6,7	21	2,120
83	박 용 우	울산	31	2	6,5	10	2,468
84	고 슬 기	인천	31	2	6,5	6	2,832
85	김 영 욱	전남	33	2	6,1	11	2,643
86	마 그 노	제주	34	2	5,9	17	2,676
87	쿠니모토	경남	35	2	5,7	16	2,665
88	홍 정 운	대구	35	2	5,7	1	3,355
89	강 상 우	포항	36	2	5,6	7	3,389
90	최 영 준	경남	37	2	5,4	7	3,309
91	백 승 현	전남	1	1	100	1	30
92	토 미	전남	2	1	50	1	106
93	이 래 준	포항	3	1	33,3	3	69
94	크리스토밤	수원	4	1	25	1	351
95	이 경 렬	전남	4	1	25	0	387
96	김 진 슈	포항	5	1	20	0	160
97	이 재 명	경남	5	1	20	1	445
98	권 용 현	경남	7	1	14,3	7	293
99	김 신	경남	9	1	11,1	9	452
100	토 요 다	울산	9	1	11,1	8	544
101	장 성 원	대구	9	1	11,1	5	608
102	이 태 희	상주	9	1	11,1	3	779
103	김 근 환	경남	10	1	10	10	280
104	김 경 재	상주	10	1	10	3	865

순위	선수명	소속	경기수	도움수	경기당 도움률	교체 IN/OUT	출장 시간
105	조 영 철	경남	11	1	9.1	11	513
106	여 름	상주	11	1	9.1	3	1,011
107	고 재 현	대구	12	1	8.3	8	699
108	정 혁	전북	12	1	8.3	7	783
109	이 규 성	상주	12	1	8.3	7	941
110	강 지 훈	강원	12	1	8.3	5	945
111	유 지 훈	경남	13	1	7.7	4	1,023
112	에스쿠데로	울산	14	1	7.1	12	653
113	유 주 안	수원	14	1	7.1	12	856
114	박 용 지	상주	14	1	7.1	7	1,053
115	오 르 샤	울산	14	1	7.1	6	1,057
116	박 창 준	강원	14	1	7.1	6	1,133
117	윤 주 태	서울	15	1	6.7	13	676
118	박 종 진	인천	15	1	6.7	14	760
119	최 종 환	인천	15	1	6.7	6	1,116
120	정 동 윤	인천	15	1	6.7	2	1,390
121	조 재 철	경남	16	1	6.3	14	757
122	바그닝요	수원	17	1	5.9	10	1,087
123	김 지 민	포항	17	1	5.9	11	1,105
124	이 진 현	포항	17	1	5.9	6	1,418
125	김 동 우	서울	17	1	5.9	1	1,610
126	사 리 치	수원	18	1	5.6	13	1,369
127	강 윤 구	대구	18	1	5.6	4	1,590
128	정 산	인천	18	1	5.6	0	1,735
129	임 상 협	수원	19	1	5.3	14	1,069
130	이 후 권	포항	20	1	5	19	1,182
131	최 성 근	수원	20	1	5	9	1,593
132	김 보 섭	인천	21	1	4.8	18	934
133	한 의 권	수원	22	1	4.6	17	1,407
134	권 완 규	상주	22	1	4.6	1	2,051
135	배 기 종	경남	23	1	4.4	23	827
136	이 상 호	서울	23	1	4.4	16	1,389
137	파울링요	경남	23	1	4.4	16	1,524
138	조 원 희	수원	23	1	4.4	11	1,604
139	김 종 우	수원	24	1	4.2	17	1,462
140	정 조 국	강원	25	1	4	21	1,207
141	김 진 야	인천	25	1	4	13	1,857
142	박 정 수	강원	25	1	4	10	1,996
143	김 창 수	울산	26	1	3.9	3	2,322
144	류 승 우	제주	28	1	3.6	26	1,347
145	데얀/말뮤	포항	28	1	3.6	19	1,655
146	이 상 기	포항	28	1	3.6	12	1,945
147	신 형 민	전북	28	1	3.6	11	2,057
148	리 차 드	울산	28	1	3.6	2	2,549
149	우 주 성	경남	28	1	3.6	1	2,668
150	김 효 기	경남	30	1	3.3	17	2,140
151	찌 아 구	제주	31	1	3.2	26	1,759
152	한 석 종	인천	31	1	3.2	9	2,387
153	임 종 은	울산	31	1	3.2	5	2,679
154	김 오 규	강원	31	1	3.2	0	2,968
155	주 니 오	울산	32	1	3.1	12	2,633
156	최 보 경	전북	32	1	3.1	5	2,837
157	오 범 석	강원	32	1	3.1	6	2,968
158	이 광 선	제주	33	1	3	21	2,109
159	김 호 남	제주	33	1	3	21	2,330
160	김 민 우	상주	36	1	2.8	9	3,134
161	김 광 석	포항	36	1	2.8	0	3,450

2018년 K리그1 골키퍼 실점 기록

선수명	소속	팀당 총경기수	출전 경기수	실점	1경기당 실점
강 현 무	포항	38	38	49	1.29
권 태 안	상주	38	2	2	1.00
김 경 민	제주	38	2	3	1.50
김 선 우	수원	38	1	4	4.00
김 용 대	울산	38	14	20	1.43
김 호 준	강원	38	6	10	1.67
노 동 건	수원	38	21	33	1.57
류 재 문	대구	38	1	1	1.00
박 대 한	전남	38	5	12	2.40
박 한 근	제주	38	1	0	0.00
손 정 현	경남	38	25	25	1.00
송 범 근	전북	38	30	18	0.60
신 화 용	수원	38	17	17	1.00
양 한 빈	서울	38	37	46	1.24
오 승 훈	울산	38	17	20	1.18
유 상 훈	상주	38	13	15	1.15
	서울	38	1	2	2.00
윤 보 상	상주	38	15	25	1.67
이 범 수	경남	38	13	19	1.46
이 범 영	강원	38	30	42	1.40
이 진 형	인천	38	13	27	2.08
이 창 근	제주	38	35	39	1.11
이 태 희	인천	38	7	14	2.00
이 호 승	전남	38	28	44	1.57
장 대 희	전남	38	5	13	2.60
정 산	인천	38	18	28	1.56
조 수 혁	울산	38	8	6	0.75
조 현 우	대구	38	28	42	1.50
최 영 은	대구	38	10	13	1.30
최 필 수	상주	38	9	10	1.11
함 석 민	강원	38	4	8	2.00
홍 정 남	전북	38	1	0	0.00
황 병 근	전북	38	7	13	1.86

K리그1 통산 팀 간 경기기록

팀명	상대팀	승	무	패	득점	실점	도움	경고	퇴장
전북	강원	8	1	0	28	10	24	12	0
	경남	6	2	1	22	5	14	14	0
	광주	5	3	1	17	9	12	23	1
	대구	6	2	0	15	6	10	20	0
	대전	4	1	0	13	7	10	7	0
	부산	8	1	1	19	10	11	14	0
	상주	8	4	1	31	12	25	25	1
	서울	12	6	5	32	20	23	59	0
	성남	7	2	1	19	12	8	28	1
	수원	12	5	6	38	25	19	50	2
	수원FC	2	1	0	7	4	3	10	0
	울산	12	8	3	30	17	21	35	0
	인천	8	8	3	27	18	18	41	1
	전남	11	5	2	34	15	23	34	1
	제주	14	3	5	37	20	28	40	1
	포항	9	6	7	29	26	22	58	3
	계	132	58	38	398	216	271	470	11

팀명	상대팀	승	무	패	득점	실점	도움	경고	퇴장
서울	강원	4	3	3	13	14	11	13	1
	경남	0	6	2	7	9	6	11	0
	광주	6	2	1	20	12	11	13	0
	대구	3	4	2	14	9	8	13	0
	대전	5	0	0	10	4	9	3	0
	부산	5	3	2	12	7	7	9	0
	상주	5	4	5	20	17	16	20	0
	성남	6	3	3	17	13	11	15	1
	수원	12	7	3	30	22	21	46	0
	수원FC	3	0	0	7	0	6	3	0
	울산	5	9	8	23	26	17	38	0
	인천	9	5	6	35	21	22	28	0
	전남	12	3	4	34	21	18	32	1
	전북	5	6	12	20	32	10	40	2
	제주	9	8	4	32	22	19	18	1
	포항	6	5	10	22	25	13	35	0
	계	95	68	65	316	254	205	337	6

팀명	상대팀	승	무	패	득점	실점	도움	경고	퇴장
포항	강원	3	4	1	16	7	13	8	1
	경남	3	3	3	9	10	5	19	0
	광주	7	4	0	19	8	11	13	1
	대구	6	0	3	15	11	9	14	1
	대전	5	0	0	9	1	8	10	0
	부산	4	3	3	14	11	10	17	0
	상주	7	1	5	21	18	15	24	0
	서울	10	5	6	25	22	18	49	0
	성남	8	3	2	20	11	13	32	1
	수원	6	9	8	28	31	17	35	0
	수원FC	0	0	4	2	6	1	7	0
	울산	5	6	10	25	30	24	39	1
	인천	10	5	6	33	19	19	37	0
	전남	9	6	3	32	20	20	32	2
	전북	7	6	9	26	29	20	48	0
	제주	7	4	9	23	30	15	35	0
	계	97	59	72	317	264	218	419	7

팀명	상대팀	승	무	패	득점	실점	도움	경고	퇴장
제주	강원	4	2	5	20	18	16	22	0
	경남	4	3	4	11	11	6	12	1
	광주	4	2	3	10	9	7	16	1
	대구	5	2	3	19	13	12	17	0
	대전	4	2	1	16	8	12	11	0
	부산	5	2	1	12	6	9	13	0
	상주	7	4	2	27	15	19	10	0
	서울	4	8	9	22	32	16	35	1
	성남	5	7	2	19	16	12	23	2
	수원	5	4	12	23	31	15	34	0
	수원FC	1	1	1	8	7	3	6	0
	울산	11	5	5	25	20	17	27	0
	인천	6	7	4	15	12	9	28	0
	전남	15	3	2	41	17	29	25	2
	전북	5	3	14	20	37	13	58	1
	포항	9	4	7	30	23	21	33	1
	계	94	59	75	318	275	216	373	9

팀명	상대팀	승	무	패	득점	실점	도움	경고	퇴장
울산	강원	7	2	0	19	8	12	16	0
	경남	6	3	0	18	7	12	11	1
	광주	6	3	1	14	7	8	17	0
	대구	7	0	1	18	9	12	14	1
	대전	4	2	0	12	5	12	12	0
	부산	4	4	3	13	9	8	19	1
	상주	7	2	4	22	16	14	13	0
	서울	8	9	5	26	23	17	43	2
	성남	3	2	6	9	15	5	15	0
	수원	8	8	6	29	32	23	30	1
	수원FC	2	1	0	4	2	1	4	0
	인천	7	8	5	30	28	21	28	1
	전남	9	4	6	24	24	15	31	3
	전북	3	8	12	17	30	14	40	0
	제주	5	5	11	20	25	13	42	4
	포항	10	6	5	30	25	19	51	0
	계	96	67	65	305	263	206	386	14

팀명	상대팀	승	무	패	득점	실점	도움	경고	퇴장
수원	강원	5	1	3	16	13	11	18	0
	경남	4	4	1	13	7	8	5	0
	광주	4	4	2	13	8	10	13	0
	대구	5	2	1	15	6	9	14	0
	대전	4	0	1	12	6	7	7	0
	부산	5	3	2	13	9	8	16	0
	상주	7	5	0	19	9	10	14	0
	서울	3	7	12	22	30	13	49	1
	성남	4	5	4	16	16	10	12	0
	수원FC	3	0	1	10	8	5	7	0
	울산	6	8	8	32	29	16	31	0
	인천	9	9	2	38	26	26	31	0
	전남	8	4	5	28	22	16	23	1
	전북	6	5	12	25	38	16	50	2
	제주	12	4	5	31	23	25	27	1
	포항	8	9	6	31	28	22	41	0
	계	93	70	65	334	277	210	358	5

팀명	상대팀	승	무	패	득점	실점	도움	경고	퇴장
전남	강원	2	5	4	12	16	8	26	0
	경남	4	3	4	16	20	13	21	0
	광주	4	2	5	18	15	10	21	1
	대구	2	4	6	14	20	9	12	2
	대전	3	3	2	11	10	7	15	0
	부산	5	4	1	16	10	9	19	0
	상주	8	3	5	25	20	16	18	1
	서울	4	3	12	21	34	13	39	1
	성남	5	3	4	10	9	4	21	0
	수원	5	4	8	22	28	18	28	2
	수원FC	1	2	0	2	1	2	6	0
	울산	6	4	9	24	24	14	33	0
	인천	7	9	5	25	26	15	48	1
	전북	2	5	11	15	34	12	27	1
	제주	2	3	15	17	41	10	29	1
	포항	3	6	9	20	32	13	35	0
	계	63	65	100	268	340	173	398	10

팀명	상대팀	승	무	패	득점	실점	도움	경고	퇴장
인천	강원	3	2	4	12	20	6	15	0
	경남	1	4	4	7	11	4	18	0
	광주	3	7	2	9	7	5	25	1
	대구	3	5	2	11	9	6	17	1
	대전	5	0	1	10	4	3	16	0
	부산	5	4	3	16	9	11	22	0
	상주	6	5	4	18	16	16	17	0
	서울	6	5	9	21	35	17	37	1
	성남	2	5	6	10	16	6	23	0
	수원	2	9	9	26	38	17	41	0
	수원FC	2	1	1	3	2	1	10	0
	울산	5	8	7	28	30	17	31	1
	전남	5	9	7	26	25	16	42	0
	전북	3	8	8	18	27	12	42	0
	제주	4	7	6	12	15	5	34	0
	포항	6	5	10	19	33	12	38	3
	계	61	84	83	246	297	154	428	7

팀명	상대팀	승	무	패	득점	실점	도움	경고	퇴장
성남	강원	2	0	2	6	4	4	10	1
	경남	6	1	1	11	4	4	13	0
	광주	2	4	1	6	4	5	16	0
	대구	0	3	1	2	3	1	13	0
	대전	5	1	1	16	6	12	17	0
	부산	5	0	4	7	8	3	17	1
	상주	1	5	1	10	10	5	12	0
	서울	3	3	6	13	17	10	22	1
	수원	4	5	4	16	16	11	22	0
	수원FC	1	1	2	5	5	0	8	1
	울산	0	2	6	10	21	0	28	0
	인천	6	5	2	16	10	11	26	0
	전남	4	5	5	9	10	6	27	0
	전북	3	2	7	12	19	6	23	2
	제주	2	7	5	16	19	12	22	0
	포항	2	3	8	11	20	6	23	1
	계	52	47	53	171	165	109	291	7

팀명	상대팀	승	무	패	득점	실점	도움	경고	퇴장

팀명	상대팀	승	무	패	득점	실점	도움	경고	퇴장
상주	강원	2	0	5	9	11	5	14	1
	경남	1	1	5	6	11	6	10	1
	광주	3	0	4	6	10	4	11	0
	대구	1	4	3	9	14	6	17	0
	부산	1	2	1	6	5	5	8	1
	서울	5	4	5	17	20	11	26	2
	성남	1	5	1	10	10	6	11	0
	수원	0	5	7	9	19	7	20	1
	수원FC	2	1	0	6	1	3	5	0
	울산	4	2	7	16	22	10	22	0
	인천	4	5	6	16	18	9	27	1
	전남	5	3	8	20	25	11	24	0
	전북	1	4	8	12	31	10	27	1
	제주	4	3	8	15	27	8	22	0
	포항	5	1	7	18	21	12	22	1
	계	37	41	74	175	245	113	266	9

팀명	상대팀	승	무	패	득점	실점	도움	경고	퇴장
경남	강원	2	2	3	9	9	6	9	1
	대구	3	1	3	13	7	5	20	0
	대전	2	2	0	9	2	6	12	0
	부산	1	2	3	5	13	4	10	0
	상주	5	1	1	11	6	4	10	0
	서울	2	6	0	9	7	6	16	1
	성남	1	1	6	4	11	1	10	0
	수원	1	4	4	9	13	3	13	0
	울산	0	3	6	7	18	6	14	0
	인천	4	4	1	11	7	1	15	1
	전남	4	3	4	20	16	9	18	0
	전북	1	2	6	5	22	4	20	0
	제주	4	3	4	11	11	6	28	0
	포항	3	3	3	10	9	7	16	0
	계	33	39	42	131	151	68	209	3

팀명	상대팀	승	무	패	득점	실점	도움	경고	퇴장
강원	경남	3	2	2	9	9	8	11	0
	광주	0	3	0	4	4	2	6	0
	대구	2	4	5	9	14	8	16	0
	대전	1	1	2	5	7	4	10	0
	부산	0	2	0	4	4	3	4	1
	상주	5	0	2	11	9	7	10	0
	서울	3	3	4	14	13	9	16	0
	성남	2	0	2	4	6	2	10	0
	수원	3	1	5	13	16	5	21	1
	울산	0	2	7	8	19	6	10	1
	인천	4	2	3	20	12	11	14	1
	전남	4	5	2	16	12	7	23	1
	전북	0	1	8	10	28	6	20	0
	제주	5	2	4	18	20	12	19	1
	포항	1	4	6	7	16	4	17	1
	계	33	32	49	152	189	94	207	7

팀명	상대팀	승	무	패	득점	실점	도움	경고	퇴장
대구	강원	5	4	2	14	9	9	16	1
	경남	1	3	3	7	13	5	17	0
	광주	2	1	1	5	3	2	7	0
	대전	1	2	1	7	6	3	3	0
	부산	0	0	2	0	2	0	3	0

상대팀	승	무	패	득점	실점	도움	경고	퇴장
상주	3	4	1	14	9	11	15	1
서울	2	4	3	9	14	7	24	1
성남	1	3	0	3	2	3	7	0
수원	1	2	5	6	15	3	20	3
울산	1	0	7	9	18	6	13	1
인천	2	5	3	9	11	5	16	0
전남	6	4	2	20	14	16	26	0
전북	0	2	6	6	15	4	12	0
제주	3	2	5	13	19	7	23	1
포항	3	0	6	11	15	9	18	1
계	31	36	47	133	165	90	220	9

팀명	상대팀	승	무	패	득점	실점	도움	경고	퇴장
부산	강원	0	2	0	4	4	3	3	0
	경남	3	2	1	13	5	9	12	0
	광주	1	1	2	3	4	1	8	0
	대구	2	0	0	2	2	2	3	0
	대전	2	3	1	5	4	4	13	1
	상주	1	2	1	5	6	4	4	2
	서울	2	3	5	12	13	4	26	0
	성남	4	0	5	8	7	2	25	0
	수원	2	3	5	8	13	4	18	0
	울산	3	4	4	9	13	5	28	0
	인천	3	4	5	9	16	5	21	0
	전남	1	4	5	10	16	4	22	1
	전북	1	1	8	10	19	8	19	0
	제주	1	2	5	6	14	2	14	0
	포항	3	3	4	11	14	7	17	0
	계	29	34	51	110	145	67	227	4

팀명	상대팀	승	무	패	득점	실점	도움	경고	퇴장
광주	강원	0	3	0	4	4	2	10	0
	대구	1	1	2	3	5	1	12	0
	대전	2	1	1	5	3	5	7	0
	부산	2	1	1	4	3	3	7	0
	상주	4	0	3	10	6	6	10	1
	서울	1	2	6	12	20	6	20	0
	성남	1	4	2	4	6	1	17	0
	수원	2	4	4	8	13	5	21	1
	수원FC	2	1	1	4	3	2	10	0
	울산	1	3	6	7	14	2	14	0
	인천	2	7	3	7	9	4	21	0
	전남	5	2	4	15	18	12	23	0
	전북	1	3	5	9	17	6	15	1
	제주	3	2	4	9	10	7	17	0
	포항	0	4	7	8	19	5	22	0
	계	27	38	49	109	150	67	226	3

팀명	상대팀	승	무	패	득점	실점	도움	경고	퇴장
대전	강원	2	1	1	7	5	2	5	0
	경남	0	2	2	2	9	2	6	0
	광주	1	1	2	3	5	2	8	0
	대구	1	2	1	6	7	2	11	1
	부산	1	3	2	4	5	4	9	0
	서울	0	0	5	4	10	4	6	0
	성남	1	1	5	6	16	5	15	0
	수원	1	0	5	3	13	2	16	0
	울산	0	2	4	3	12	0	7	0
	인천	1	0	5	4	10	2	7	1
	전남	2	3	3	10	11	7	21	0
	전북	0	1	4	7	13	5	10	0
	제주	1	2	4	8	16	5	9	0
	포항	0	0	5	1	9	1	10	0
	계	11	18	47	71	140	45	140	2

팀명	상대팀	승	무	패	득점	실점	도움	경고	퇴장
수원FC	광주	1	1	2	3	4	1	10	1
	상주	0	1	2	1	6	1	8	0
	서울	0	0	3	0	7	0	7	0
	성남	2	1	1	6	5	3	9	0
	수원	1	0	3	8	10	2	9	0
	울산	1	2	2	4	1	1	8	0
	인천	1	1	2	3	0	0	6	0
	전남	0	2	1	1	2	1	9	1
	전북	0	1	2	4	7	3	6	0
	제주	1	1	7	8	4	7	7	0
	포항	4	0	0	6	2	3	12	1
	계	10	9	19	40	58	19	93	2

K리그1 통산 팀 최다 기록

기록구분	기록	구단명
승 리	132	전북
패 전	100	전남
무승부	84	인천
득 점	398	전북
실 점	340	전남
도 움	271	전북
코너킥	1,149	전북
파 울	3,608	인천
오프사이드	481	울산
슈 팅	3,220	전북
페널티킥 획득	37	전북
페널티킥 성공	31	전북
페널티킥 실패	16	포항
경 고	470	전북
퇴 장	14	울산

K리그1 통산 팀 최소 기록

기록구분	기록	구단명
승 리	10	수원FC
패 전	19	수원FC
무승부	9	수원FC
득 점	40	수원FC
실 점	58	수원FC
도 움	10	수원FC
코너킥	202	수원FC
파 울	515	수원FC
오프사이드	71	수원FC
슈 팅	496	수원FC
페널티킥 획득	7	대전, 수원FC
페널티킥 성공	4	대전
페널티킥 실패	1	수원
경 고	93	수원FC
퇴 장	2	대전, 수원FC

K리그1 통산 팀 최다 연속 기록

기록구분	기록	구단명(기간)
연속 승	9	전북 (2014.10.01 ~ 2014.11.22)
연속 무승부	5	경남 (2013.03.16 ~ 2013.04.21) 성남 (2015.04.15 ~ 2015.05.10) 수원 (2016.04.10 ~ 2016.04.30) 인천 (2013.09.11 ~ 2013.10.27)
연속 패	8	강원 (2013.07.16 ~ 2013.09.01) 대전 (2015.06.28 ~ 2015.08.15)
연속 득점	26	전북 (2013.03.03 ~ 2013.09.01)
연속 무득점	9	인천 (2014.03.15 ~ 2014.04.27)
연속 무승	19	대전 (2013.04.07 ~ 2013.08.15)
연속 무패	33	전북 (2016.03.12 ~ 2016.10.02)
연속 실점	20	강원 (2013.07.13 ~ 2013.11.27)
연속 무실점	8	전북 (2014.10.01 ~ 2014.11.15)

K리그1 통산 선수 득점 순위

순위	선수명	소속팀	득점	경기수	교체수	경기당득점
1	이 동 국	전 북	74	186	118	0.40
2	김 신 욱	전 북	74	195	97	0.38
3	데 얀	수 원	64	135	70	0.47
4	산 토 스	수 원	55	145	98	0.38
5	양 동 현	포 항	52	137	42	0.38

K리그1 통산 선수 도움 순위

순위	선수명	소속팀	도움	경기수	교체수	경기당도움
1	염 기 훈	수 원	56	185	56	0.3
2	이재성⑰	전 북	32	137	27	0.23
3	레오나르도	전 북	32	143	98	0.22
4	김 태 환	울 산	31	202	30	0.15
5	홍 철	수 원	29	162	35	0.18

K리그1 통산 선수 공격포인트 순위

순위	선수명	소속팀	공격포인트	경기수	경기당공격P
1	이 동 국	전 북	96	186	0.52
2	김 신 욱	전 북	92	195	0.47
3	염 기 훈	수 원	85	185	0.46
4	데 얀	수 원	77	135	0.57
5	산 토 스	수 원	69	145	0.48

K리그1 통산 골키퍼 무실점 순위

순위	선수명	소속팀	무실점 경기수
1	신 화 용	수 원	60
2	권 순 태	전 북	40
3	김 용 대	울 산	39
4	이 범 영	강 원	38
5	김 호 준	강 원	34

K리그1 통산 선수 출전 순위

순위	선수명	최종 소속팀	출전
1	김 태 환	울 산	202
2	김 신 욱	전 북	195
3	고 요 한	서 울	189
4	이 동 국	전 북	186
5	염 기 훈	수 원	185
6	김 광 석	포 항	182
7	심 동 운	상 주	181
8	신 화 용	수 원	175
9	오 반 석	제 주	173
10	임 종 은	울 산	170

K리그1 통산 선수 연속 득점 순위

순위	선수명	당시 소속팀	연속경기수	비고
1	이 동 국	전 북	7	2013.05.11 ~ 2013.07.13
	조 나 탄	수 원	7	2016.09.10 ~ 2016.10.30
	주 민 규	상 주	7	2017.08.12 ~ 2017.09.30
4	주 니 오	울 산	5	2018.08.15 ~ 2018.09.15

K리그1 통산 선수 연속 도움 순위

순위	선수명	당시 소속팀	연속경기수	비고
1	레오나르도	전 북	4	2013.08.04 ~ 2013.08.24
	에스쿠데로	서 울	4	2013.11.02 ~ 2013.11.24
	뉴 지 훈	상 주	4	2014.04.27 ~ 2014.07.06
	염 기 훈	수 원	4	2015.04.04 ~ 2015.04.18
	코 바	울 산	4	2015.08.29 ~ 2015.09.19
	권 창 훈	수 원	4	2016.10.02 ~ 2016.10.30

K리그1 통산 선수 연속 공격포인트 순위

순위	선수명	당시 소속팀	연속경기수	비고
1	이 명 주	포 항	11	2014.03.15 ~ 2014.05.10
2	조 나 탄	수 원	8	2016.08.28 ~ 2016.10.30
3	이 동 국	전 북	7	2013.05.11 ~ 2013.07.13
	김 동 섭	성 남	7	2013.07.31 ~ 2013.09.07
	염 기 훈	수 원	7	2015.03.14 ~ 2015.04.26
	아드리아노	서 울	7	2016.03.20 ~ 2016.04.30
	주 민 규	상 주	7	2017.08.12 ~ 2017.09.30
	에 드 가	대 구	7	2018.09.02 ~ 2018.10.20

K리그1 통산 골키퍼 연속 무실점 경기 순위

순위	선수명	당시 소속팀	연속경기수	비고
1	송 범 근	전 북	7	2018.03.31 ~ 2018.04.29
2	신 화 용	포 항	6	2014.07.05 ~ 2014.08.09
	권 순 태	전 북	6	2014.10.01 ~ 2014.11.15
3	신 화 용	포 항	5	2013.07.16 ~ 2013.08.18

Section 4

K 리 그 2 기 록

라운드	경기번호	대회구분	경기일자	경기시간	홈팀	결과	원정팀	경기장소	관중수
1	1	일반	03.03	14:00	부산	1:1	성남	부산구덕	2,649
1	2	일반	03.03	15:00	대전	1:2	부천	대전W	2,172
1	3	일반	03.03	15:00	광주	0:0	안양	광주W	4,232
1	4	일반	03.04	15:00	수원FC	1:0	서울E	수원종합	2,609
1	5	일반	03.04	17:00	아산	1:0	안산	아산	2,515
2	6	일반	03.10	14:00	성남	0:0	광주	탄천	2,868
2	7	일반	03.10	15:00	아산	2:0	수원FC	아산	1,070
2	8	일반	03.11	15:00	안산	3:2	대전	안산	5,532
2	9	일반	03.11	15:00	서울E	2:2	부산	잠실	1,349
2	10	일반	03.11	15:00	안양	0:3	부천	안양	6,503
3	11	일반	03.17	15:00	안산	2:1	안양	안산	1,581
3	12	일반	03.17	15:00	수원FC	1:4	성남	수원종합	1,767
3	13	일반	03.17	15:00	광주	1:2	부천	광주W	645
3	14	일반	03.18	14:00	부산	1:0	아산	부산구덕	1,482
3	15	일반	03.18	15:00	대전	0:1	서울E	대전W	1,158
4	16	일반	03.24	15:00	수원FC	0:1	부천	수원종합	2,178
4	17	일반	03.24	15:00	서울E	0:0	광주	잠실	560
4	18	일반	03.24	17:00	아산	1:1	안양	아산	986
4	19	일반	03.25	15:00	성남	1:0	안산	탄천	2,208
4	20	일반	03.25	15:00	대전	0:1	부산	대전W	1,197
5	21	일반	03.31	14:00	부산	1:1	안산	부산구덕	1,320
5	22	일반	03.31	15:00	서울E	2:4	부천	잠실	753
5	23	일반	03.31	15:00	안양	0:1	수원FC	안양	1,471
5	24	일반	04.01	14:00	성남	1:0	아산	탄천	1,951
5	25	일반	04.01	15:00	광주	1:0	대전	광주W	874
6	26	일반	04.07	15:00	안산	0:1	수원FC	안산	1,659
6	27	일반	04.07	15:00	안양	1:1	대전	안양	405
6	28	일반	04.07	17:00	아산	4:2	부천	아산	844
6	29	일반	04.08	14:00	부산	1:0	광주	부산구덕	1,008
6	30	일반	04.08	17:00	서울E	1:1	성남	잠실	551
7	31	일반	04.14	15:00	대전	1:2	아산	대전W	418
7	32	일반	04.14	15:00	광주	0:1	안산	광주W	464
7	33	일반	04.14	17:00	서울E	0:1	안양	잠실	312
7	34	일반	04.15	14:00	성남	2:1	부천	탄천	2,327
7	35	일반	04.15	15:00	수원FC	1:0	부산	수원종합	1,807
8	36	일반	04.21	15:00	부산	3:0	안양	부산구덕	1,246
8	37	일반	04.21	15:00	대전	1:2	성남	대전W	587
8	38	일반	04.21	15:00	광주	6:0	수원FC	광주W	1,046
8	39	일반	04.22	15:00	아산	3:1	부천	아산	1,518
8	40	일반	04.22	17:00	서울E	0:0	아산	잠실	421
9	41	일반	04.28	19:00	안양	2:3	성남	안양	1,103
9	43	일반	04.28	19:00	부천	1:0	부산	부천	1,655
9	44	일반	04.29	16:00	수원FC	1:2	대전	수원종합	2,375
9	45	일반	04.29	17:00	아산	1:2	광주	아산	973
9	42	일반	04.29	17:00	서울E	2:1	안산	잠실	505
10	46	일반	05.06	14:00	성남	2:1	수원FC	탄천	1,522
10	47	일반	05.06	15:00	안산	1:3	부산	안산	1,056
10	48	일반	05.06	15:00	안양	0:3	아산	안양	687
10	50	일반	05.06	18:00	부천	1:0	광주	부천	1,277
10	51	일반	05.12	15:00	대전	3:2	안양	대전W	956
11	52	일반	05.12	15:00	광주	1:3	성남	광주W	1,002
11	53	일반	05.13	14:00	부산	2:0	서울E	부산구덕	2,113
11	54	일반	05.14	19:30	수원FC	1:0	안산	수원종합	1,093
11	55	일반	05.14	19:30	부천	0:1	아산	부천	822
11	56	일반	05.19	15:00	부천	0:3	서울E	부천	1,311
12	57	일반	05.19	15:00	아산	0:1	대전	아산	1,427
12	58	일반	05.20	18:00	안양	3:2	광주	안양	1,976
12	59	일반	05.21	19:30	안산	2:1	성남	안산	2,273
12	60	일반	05.21	19:30	부산	1:1	수원FC	부산구덕	1,899
12	61	일반	05.26	18:00	수원FC	0:1	광주	수원종합	2,221
13	62	일반	05.26	19:00	성남	4:2	대전	탄천	2,532
13	63	일반	05.27	19:00	부천	1:0	안산	부천	1,040
13	64	일반	05.28	19:30	안양	2:0	서울E	안양	515
13	65	일반	05.28	19:30	아산	0:1	부산	아산	778
13	66	일반	06.02	18:00	수원FC	0:2	아산	수원종합	1,553
14	67	일반	06.02	18:00	성남	1:1	안양	탄천	2,343
14	68	일반	06.02	19:00	부천	0:1	부산	부천	1,198
14	69	일반	06.03	18:00	안산	0:2	서울E	안산	1,651
14	70	일반	06.03	19:00	대전	1:0	광주	대전W	1,301
15	71	일반	06.06	18:00	안양	2:2	부산	안양	1,313
15	72	일반	06.06	19:00	부천	4:1	수원FC	부천	1,315
15	73	일반	06.06	19:00	아산	4:2	성남	아산	1,252
15	74	일반	06.06	19:00	대전	1:1	안산	대전W	1,359
15	76	일반	06.09	19:00	아산	3:0	서울E	아산	1,484
16	77	일반	06.09	19:00	안산	2:0	광주	안산	1,347
16	78	일반	06.09	19:00	부천	0:2	대전	부천	1,082
16	79	일반	06.10	18:00	수원FC	0:1	안양	수원종합	2,328
16	80	일반	06.10	19:00	성남	0:1	부산	탄천	2,619
16	81	일반	06.30	19:00	부천	1:2	성남	부천	966
17	82	일반	06.30	19:00	서울E	0:1	수원FC	잠실	1,257
17	83	일반	06.30	19:00	안양	1:0	안산	안양	1,123
17	84	일반	07.01	19:00	광주	2:2	아산	광주W	526
17	85	일반	07.01	19:00	부산	0:0	대전	부산A	1,004
17	75	일반	07.04	20:00	광주	3:0	서울E	광주W	5,439
18	86	일반	07.07	19:00	성남	1:1	서울E	탄천	3,236
18	87	일반	07.07	19:00	안산	0:0	아산	안산	1,901
18	88	일반	07.08	18:00	부천	1:2	안양	부천	942
18	89	일반	07.09	19:30	대전	0:2	수원FC	대전W	1,012
18	90	일반	07.09	20:00	광주	1:1	부산	광주W	752
19	91	일반	07.14	19:00	부산	1:2	부천	부산A	2,117

라운드	경기번호	대회구분	경기일자	경기시간	홈팀	결과	원정팀	경기장소	관중수
19	92	일반	07.14	19:00	아산	2:2	대전	아산	3,959
19	93	일반	07.15	18:00	수원FC	1:1	광주	수원종합	2,138
19	94	일반	07.16	20:00	성남	1:0	안양	탄천	1,721
19	95	일반	07.16	20:00	서울E	2:0	안산	잠실	484
20	96	일반	07.21	18:00	수원FC	0:1	아산	수원종합	1,788
20	97	일반	07.21	19:00	안양	1:0	서울E	안양	1,227
20	98	일반	07.21	19:00	부천	0:1	광주	부천	949
20	99	일반	07.22	19:00	안산	0:1	부산	안산	1,669
21	100	일반	07.22	19:00	대전	0:1	성남	대전W	1,017
21	101	일반	07.28	19:00	서울E	1:0	대전	잠실	405
21	102	일반	07.28	19:00	광주	3:1	성남	광주W	1,587
21	103	일반	07.29	19:00	부산	4:3	안양	부산구덕	1,022
21	104	일반	07.30	19:30	안산	0:1	수원FC	안산	1,271
22	105	일반	07.30	19:30	아산	0:0	부천	아산	1,338
22	106	일반	08.04	20:00	성남	0:0	수원FC	탄천	2,261
22	107	일반	08.04	20:00	부천	0:2	서울E	부천	646
22	108	일반	08.04	20:00	대전	1:1	광주	대전W	1,026
22	109	일반	08.05	20:00	안양	3:2	안산	안양	1,225
20	110	일반	08.05	20:00	아산	0:0	부산	아산	1,005
23	111	일반	08.11	19:00	서울E	0:5	부산	잠실	1,037
23	112	일반	08.11	19:00	안양	1:0	대전	안양	1,057
23	113	일반	08.12	19:00	안산	0:1	성남	안산	1,483
23	114	일반	08.13	19:30	수원FC	2:0	부천	수원종합	1,406
23	115	일반	08.13	20:00	광주	1:1	아산	광주W	956
24	49	일반	08.15	19:00	서울E	0:2	대전	잠실	490
24	116	일반	08.18	19:00	수원FC	3:0	안양	수원종합	2,052
24	117	일반	08.18	19:00	안산	0:1	아산	안산	1,513
24	118	일반	08.19	19:00	광주	2:2	서울E	광주W	937
24	119	일반	08.20	19:30	부산	2:0	성남	부산구덕	2,271
25	120	일반	08.20	19:30	부천	1:1	대전	부천	618
25	121	일반	08.25	19:00	아산	3:1	서울E	아산	1,292
25	122	일반	08.25	19:00	부산	0:1	수원FC	부산구덕	1,123
25	123	일반	08.26	19:00	대전	1:0	안산	대전W	874
25	124	일반	08.27	19:30	안양	0:0	광주	안양	493
26	125	일반	08.27	20:00	성남	2:1	부천	탄천	1,128
26	126	일반	09.01	19:00	안양	3:0	아산	안양	484
26	127	일반	09.01	19:00	광주	3:3	부산	광주W	732
26	128	일반	09.02	18:00	부천	1:2	아산	부천	868
26	129	일반	09.03	19:30	대전	1:0	수원FC	대전W	422
27	130	일반	09.03	19:00	서울E	1:2	성남	잠실	368
27	131	일반	09.08	18:00	수원FC	0:2	서울E	수원종합	1,888
27	132	일반	09.08	19:00	성남	1:1	아산	탄천	2,882
27	133	일반	09.08	19:00	부산	1:2	대전	부산구덕	2,006
27	134	일반	09.09	19:00	안양	3:1	부천	안양	513
28	135	일반	09.09	19:00	안산	3:2	광주	안산	2,712
28	136	일반	09.15	19:00	아산	1:0	광주	아산	2,302

라운드	경기번호	대회구분	경기일자	경기시간	홈팀	결과	원정팀	경기장소	관중수
28	137	일반	09.15	19:00	안양	1:1	성남	안양	908
28	138	일반	09.15	19:00	대전	1:0	서울E	대전W	2,682
28	139	일반	09.16	18:00	수원FC	1:2	안산	수원종합	1,169
29	140	일반	09.16	19:00	부산	1:1	부천	부산구덕	4,472
29	141	일반	09.22	14:00	성남	1:1	안산	탄천	1,871
29	142	일반	09.22	15:00	서울E	0:1	부천	잠실	458
29	143	일반	09.22	19:00	부산	1:2	아산	부산구덕	4,158
29	144	일반	09.23	15:00	광주	1:2	대전	광주W	822
30	145	일반	09.23	15:00	안양	3:1	수원FC	안양	526
30	146	일반	09.29	15:00	안양	1:2	부산	안양	4,586
30	147	일반	09.29	15:00	안산	1:1	대전	안산	1,299
30	148	일반	09.29	19:00	아산	2:1	수원FC	아산	2,203
30	149	일반	09.30	15:00	서울E	1:4	광주	잠실	720
31	150	일반	09.30	18:00	부천	1:2	성남	부천	1,307
31	151	일반	10.06	15:00	안산	0:2	안양	안산	645
31	152	일반	10.06	15:00	대전	2:1	아산	대전W	3,291
31	153	일반	10.06	15:00	광주	1:1	부천	광주W	622
31	155	일반	10.06	15:00	수원FC	0:3	부산	수원종합	815
14	154	일반	10.07	14:00	성남	1:2	서울E	탄천	2,241
32	156	일반	10.13	14:00	성남	2:2	광주	탄천	1,886
32	157	일반	10.13	15:00	수원FC	3:2	대전	수원종합	1,518
32	158	일반	10.13	16:00	부천	0:1	안양	부천	841
32	159	일반	10.14	14:00	부산	3:1	서울E	부산구덕	3,056
32	160	일반	10.14	17:00	아산	2:0	안산	아산	1,520
33	161	일반	10.21	15:00	광주	0:2	수원FC	광주W	1,316
33	162	일반	10.21	15:00	안산	3:1	부천	안산	1,223
33	163	일반	10.21	15:00	서울E	0:1	안양	잠실	1,181
33	164	일반	10.21	15:00	대전	0:1	부산	대전W	4,142
33	165	일반	10.21	17:00	아산	1:0	성남	아산	2,478
34	166	일반	10.27	14:00	성남	2:0	대전	탄천	3,445
34	167	일반	10.27	15:00	서울E	0:4	아산	잠실	496
34	168	일반	10.27	16:00	부천	2:0	수원FC	부천	830
34	169	일반	10.28	14:00	부산	0:0	안산	부산구덕	5,064
34	170	일반	10.28	15:00	광주	2:1	안양	광주W	2,394
35	171	일반	11.03	15:00	안산	0:0	서울E	안산	2,032
35	172	일반	11.03	15:00	대전	3:0	부천	대전W	3,153
35	173	일반	11.03	15:00	수원FC	0:1	성남	수원종합	3,060
35	174	일반	11.04	14:00	부산	2:2	광주	부산구덕	6,532
35	175	일반	11.04	17:00	아산	2:1	안양	아산	4,039
36	176	일반	11.11	14:00	광주	4:0	안산	광주W	3,048
36	177	일반	11.11	14:00	성남	1:0	부산	탄천	4,167
36	178	일반	11.11	14:00	대전	2:2	안양	대전W	2,850
36	179	일반	11.11	14:00	서울E	1:0	수원FC	잠실	1,063
36	180	일반	11.11	14:00	부천	0:1	아산	부천	797
37	181	플레이오프	11.28	19:00	대전	1:0	광주	대전W	3,121
38	182	플레이오프	12.01	16:00	부산	3:0	대전	부산구덕	8,132

2018년 K리그2 팀별 연속 승패 · 득실점 기록 | 아산

일자	상대	홈/원정	승	무	패	득점	실점	연속기록						
								승	무	패	득점	실점	무득점	무실점
03.04	안산	홈	▲			1	0							
03.10	수원FC	홈	▲			2	0							
03.18	부산	원정			▼	0	1							
03.24	안양	홈		■		1	1							
04.01	성남	원정			▼	0	1							
04.07	부천	홈	▲			4	2							
04.14	대전	원정	▲			2	1							
04.22	서울E	원정		■		0	0							
04.29	광주	홈			▼	1	2							
05.06	안양	원정	▲			3	0							
05.14	부천	원정	▲			1	0							
05.19	대전	홈			▼	0	1							
05.28	부산	홈		■		1	1							
06.02	수원FC	원정	▲			2	0							
06.06	성남	홈	▲			4	2							
06.09	서울E	홈	▲			3	0							
07.01	광주	원정		■		2	2							
07.07	안산	원정		■		2	2							
07.14	대전	홈		■		2	2							
07.21	수원FC	원정	▲			1	0							
07.30	부천	홈		■		0	0							
08.05	부산	홈		■		0	0							
08.13	광주	원정		■		1	1							
08.18	안산	원정	▲			1	0							
08.25	서울E	홈	▲			3	1							
09.01	안양	원정			▼	0	3							
09.08	성남	원정		■		1	1							
09.15	광주	홈	▲			2	1							
09.22	부산	원정	▲			2	1							
09.29	수원FC	홈	▲			2	1							
10.06	대전	원정			▼	1	2							
10.14	안산	홈	▲			1	0							
10.21	성남	홈	▲			1	0							
10.27	서울E	원정	▲			4	0							
11.04	안양	홈	▲			2	1							
11.11	부천	원정	▲			1	0							

2018년 K리그2 팀별 연속 승패 · 득실점 기록 | 성남

일자	상대	홈/원정	승	무	패	득점	실점	연속기록						
								승	무	패	득점	실점	무득점	무실점
03.03	부산	원정		■		1	1							
03.10	광주	홈		■		0	0							
03.17	수원FC	원정	▲			4	1							
03.25	안산	홈		■		0	0							
04.01	아산	홈	▲			1	0							
04.08	서울E	원정	▲			1	0							
04.15	부천	홈	▲			2	1							
04.21	대전	원정	▲			2	1							
04.28	안양	원정	▲			3	2							
05.06	수원FC	홈	▲			2	1							
05.12	광주	원정	▲			3	1							
05.21	안산	원정			▼	1	2							
05.26	대전	홈	▲			4	2							
06.02	안양	홈		■		1	1							
06.06	아산	원정			▼	2	4							
06.10	부산	홈			▼	0	1							
06.30	부천	원정	▲			2	1							
07.07	서울E	홈		■		1	1							
07.16	안양	홈	▲			1	0							
07.22	대전	원정	▲			1	0							
07.28	광주	원정			▼	1	3							
08.04	수원FC	홈		■		0	0							
08.12	안산	원정	▲			1	0							
08.20	부산	원정			▼	0	2							
08.27	부천	홈	▲			2	1							
09.03	서울E	원정	▲			2	1							
09.08	아산	홈		■		1	1							
09.15	안양	원정		■		1	1							
09.22	안산	홈		■		1	1							
09.30	부천	원정	▲			1	0							
10.07	서울E	홈			▼	1	2							
10.13	광주	홈		■		2	2							
10.21	아산	원정			▼	0	1							
10.27	대전	홈	▲			2	0							
11.03	수원FC	원정	▲			1	0							
11.11	부산	홈	▲			1	0							

2018년 K리그2 팀별 연속 승패 · 득실점 기록 l 부산

일자	상대	홈/원정	승	무	패	득점	실점	연속기록						
								승	무	패	득점	실점	무득점	무실점
03.03	성남	홈		■		1	1							
03.11	서울E	원정		■		2	2							
03.18	아산	홈	▲			1	0							
03.25	대전	원정	▲			1	0							
03.31	안산	홈		■		1	1							
04.08	광주	홈			▼	0	1							
04.15	수원FC	원정			▼	0	1							
04.21	안양	홈	▲			3	0							
04.28	부천	원정			▼	0	1							
05.06	아산	원정	▲			3	1							
05.13	서울E	홈	▲			2	0							
05.21	수원FC	홈		■		1	1							
05.28	아산	원정		■		1	1							
06.02	부천	원정		■		0	0							
06.06	안양	원정		■		2	2							
06.10	성남	원정	▲			1	0							
07.01	대전	홈		■		3	3							
07.09	광주	원정		■		1	1							
07.14	부천	홈			▼	1	2							
07.22	안산	원정	▲			1	0							
07.29	안양	홈	▲			4	3							
08.05	아산	원정		■		0	0							
08.11	서울E	원정	▲			5	0							
08.20	성남	홈	▲			2	0							
08.25	수원FC	홈			▼	0	1							
09.01	광주	원정		■		3	3							
09.08	대전	홈			▼	1	2							
09.16	부천	홈		■		1	1							
09.22	아산	홈			▼	1	2							
09.29	안양	원정	▲			2	1							
10.06	수원FC	원정	▲			3	0							
10.14	서울E	홈	▲			3	1							
10.21	대전	원정	▲			1	0							
10.28	안산	홈		■		0	0							
11.04	광주	홈		■		2	2							
11.11	성남	원정			▼	0	1							
12.01	대전	홈	▲			3	0							
12.06	서울	홈			▼	1	3							
12.09	서울	원정		■		1	1							

2018년 K리그2 팀별 연속 승패 · 득실점 기록 l 대전

일자	상대	홈/원정	승	무	패	득점	실점	연속기록						
								승	무	패	득점	실점	무득점	무실점
03.03	부천	홈			▼	1	2							
03.11	안산	원정			▼	2	3							
03.18	서울E	홈	▲			1	0							
03.25	부산	홈			▼	0	1							
04.01	광주	원정	▲			1	0							
04.07	안양	원정		■		1	1							
04.14	아산	홈			▼	1	2							
04.21	성남	홈			▼	1	2							
04.29	수원FC	원정	▲			2	1							
05.12	안양	홈	▲			3	2							
05.19	아산	원정	▲			1	0							
05.26	성남	원정			▼	2	4							
06.03	광주	홈			▼	1	2							
06.06	안산	홈		■		1	1							
06.09	부천	원정	▲			2	0							
07.01	부산	원정		■		3	3							
07.09	수원FC	홈			▼	0	2							
07.14	아산	원정			▼	0	2							
07.22	성남	홈			▼	0	1							
07.28	서울E	원정			▼	0	1							
08.04	광주	홈		■		1	1							
08.11	안양	원정	▲			1	0							
08.15	서울E	원정	▲			2	0							
08.20	부천	원정		■		1	1							
08.26	안산	홈	▲			1	0							
09.03	수원FC	홈	▲			1	0							
09.08	부산	원정	▲			2	1							
09.15	서울E	홈	▲			1	0							
09.23	광주	원정	▲			2	1							
09.29	안산	원정		■		1	1							
10.06	아산	홈	▲			2	1							
10.13	수원FC	원정			▼	2	3							
10.21	부산	홈			▼	0	1							
10.27	성남	원정			▼	0	2							
11.03	부천	홈	▲			3	0							
11.11	안양	홈		■		2	2							
11.28	광주	홈	▲			1	0							
12.01	부산	원정			▼	0	3							

[   ] : 승강 플레이오프

2018년 K리그2 팀별 연속 승패 · 득실점 기록 ㅣ 광주

일자	상대	홈/원정	승	무	패	득점	실점	연속기록						
								승	무	패	득점	실점	무득점	무실점
03.03	안양	홈		■		0	0							
03.10	성남	원정		■		0	0							
03.17	부천	홈			▼	1	2							
03.24	서울E	원정		■		0	0							
04.01	대전	홈			▼	0	1							
04.08	부산	원정	▲			1	0							
04.14	안산	홈		■		0	0							
04.21	수원FC	홈	▲			5	0							
04.29	아산	원정	▲			2	1							
05.06	부천	원정			▼	0	1							
05.12	성남	홈			▼	1	3							
05.20	안양	원정			▼	2	3							
05.26	수원FC	원정	▲			1	0							
06.03	대전	원정	▲			2	1							
06.09	안산	원정			▼	0	2							
07.01	아산	홈		■		2	2							
07.04	서울E	홈	▲			3	0							
07.09	부산	홈		■		1	1							
07.15	수원FC	원정		■		1	1							
07.21	부천	원정	▲			1	0							
07.28	성남	홈	▲			3	1							
08.04	대전	원정		■		1	1							
08.13	아산	홈		■		1	1							
08.19	서울E	홈		■		2	2							
08.27	안양	원정		■		0	0							
09.01	부산	홈		■		3	3							
09.09	안산	원정			▼	2	3							
09.15	아산	원정			▼	0	1							
09.23	대전	홈			▼	1	2							
09.30	서울E	원정	▲			4	1							
10.06	부천	홈		■		1	1							
10.13	성남	원정		■		2	2							
10.21	수원FC	홈			▼	0	2							
10.28	안양	홈	▲			2	1							
11.04	부산	원정		■		2	2							
11.11	안산	홈	▲			4	0							
11.28	대전	원정			▼	0	1							

2018년 K리그2 팀별 연속 승패 · 득실점 기록 ㅣ 안양

일자	상대	홈/원정	승	무	패	득점	실점	연속기록						
								승	무	패	득점	실점	무득점	무실점
03.03	광주	원정		■		0	0							
03.11	부천	홈			▼	0	3							
03.17	안산	원정			▼	1	2							
03.24	아산	원정		■		1	1							
03.31	수원FC	홈			▼	1	2							
04.07	대전	홈		■		1	1							
04.14	서울E	원정			▼	0	1							
04.21	부산	홈			▼	0	3							
04.28	성남	홈			▼	2	3							
05.06	아산	홈			▼	1	2							
05.12	대전	원정			▼	2	3							
05.20	광주	홈	▲			3	2							
05.28	서울E	홈	▲			2	0							
06.02	성남	원정		■		1	1							
06.06	부산	홈		■		2	2							
06.10	수원FC	원정			▼	0	1							
06.30	안산	홈	▲			1	0							
07.08	부천	원정			▼	0	1							
07.16	성남	원정			▼	0	1							
07.21	서울E	홈	▲			1	0							
07.29	부산	원정			▼	3	4							
08.05	안산	홈	▲			3	2							
08.11	대전	홈			▼	0	1							
08.18	수원FC	원정			▼	0	3							
08.27	광주	홈		■		0	0							
09.01	아산	홈	▲			3	0							
09.09	부천	홈	▲			3	1							
09.15	성남	홈		■		1	1							
09.23	수원FC	홈	▲			3	1							
09.29	부산	홈			▼	1	2							
10.06	안산	원정	▲			2	0							
10.13	부천	원정	▲			1	0							
10.21	서울E	원정	▲			1	0							
10.28	광주	원정			▼	1	2							
11.04	아산	원정			▼	1	2							
11.11	대전	원정		■		2	2							

2018년 K리그2 팀별 연속 승패 · 득실점 기록 Ⅰ 수원FC

일자	상대	홈/원정	승	무	패	득점	실점	연속기록						
								승	무	패	득점	실점	무득점	무실점
03.04	서울E	홈	▲			1	0							
03.10	아산	원정			▼	0	2							
03.17	성남	홈			▼	1	4							
03.24	부천	홈			▼	0	1							
03.31	안양	원정	▲			1	0							
04.07	안산	원정			▼	0	1							
04.15	부산	홈	▲			1	0							
04.21	광주	원정			▼	0	5							
04.29	대전	홈			▼	1	2							
05.06	성남	원정			▼	1	2							
05.14	안산	홈	▲			1	0							
05.21	부산	원정		■		1	1							
05.26	광주	홈			▼	0	1							
06.02	아산	홈			▼	0	2							
06.06	부천	원정			▼	1	4							
06.10	안양	홈	▲			1	0							
06.30	서울E	원정	▲			1	0							
07.09	대전	원정	▲			2	0							
07.15	광주	홈		■		1	1							
07.21	아산	홈			▼	0	1							
07.30	안산	원정	▲			1	0							
08.04	성남	원정		■		0	0							
08.13	부천	홈	▲			2	0							
08.18	안양	홈	▲			3	0							
08.25	부산	원정	▲			1	0							
09.03	대전	원정			▼	0	1							
09.08	서울E	홈			▼	0	2							
09.16	안산	홈			▼	0	2							
09.23	안양	원정			▼	1	3							
09.29	아산	원정			▼	1	2							
10.06	부산	홈			▼	0	3							
10.13	대전	홈	▲			3	2							
10.21	광주	원정	▲			2	0							
10.27	부천	원정			▼	0	2							
11.03	성남	홈			▼	0	1							
11.11	서울E	원정			▼	0	1							

2018년 K리그2 팀별 연속 승패 · 득실점 기록 Ⅰ 부천

일자	상대	홈/원정	승	무	패	득점	실점	연속기록						
								승	무	패	득점	실점	무득점	무실점
03.03	대전	원정	▲			2	1							
03.11	안양	원정	▲			3	0							
03.17	광주	원정	▲			2	1							
03.24	수원FC	원정	▲			1	0							
03.31	서울E	원정	▲			4	2							
04.07	아산	원정			▼	2	4							
04.15	성남	원정			▼	1	2							
04.22	안산	원정			▼	1	3							
04.28	부산	홈	▲			1	0							
05.06	광주	홈	▲			1	0							
05.14	아산	홈			▼	0	1							
05.19	서울E	홈			▼	0	3							
05.27	안산	홈		■		1	1							
06.02	부산	홈		■		0	0							
06.06	수원FC	홈	▲			4	1							
06.09	대전	홈			▼	0	2							
06.30	성남	홈			▼	0	2							
07.08	안양	홈			▼	0	2							
07.14	부산	원정	▲			2	1							
07.21	광주	홈			▼	0	1							
07.30	아산	원정		■		0	0							
08.04	서울E	홈			▼	0	2							
08.13	수원FC	원정			▼	0	2							
08.20	대전	홈		■		1	1							
08.27	성남	원정			▼	1	2							
09.02	안산	홈			▼	1	2							
09.09	안양	원정			▼	1	3							
09.16	부산	원정		■		1	1							
09.22	서울E	원정	▲			1	0							
09.30	성남	홈			▼	0	1							
10.06	광주	원정		■		1	1							
10.13	안양	홈			▼	0	1							
10.21	안산	원정			▼	1	3							
10.27	수원FC	홈	▲			2	0							
11.03	대전	원정			▼	0	3							
11.11	아산	홈			▼	0	1							

2018년 K리그2 팀별 연속 승패 · 득실점 기록 ㅣ 안산

일자	상대	홈/원정	승	무	패	득점	실점	연속기록 승	무	패	득점	실점	무득점	무실점
03.04	아산	원정			▼	0	1							
03.11	대전	홈	▲			3	2							
03.17	안양	홈	▲			2	1							
03.25	성남	원정		■		0	0							
03.31	부산	원정		■		1	1							
04.07	수원FC	홈	▲			1	0							
04.14	광주	원정		■		0	0							
04.22	부천	홈	▲			3	1							
04.29	서울E	원정			▼	1	2							
05.06	부산	홈			▼	1	3							
05.14	수원FC	원정			▼	0	1							
05.21	성남	홈	▲			2	1							
05.27	부천	원정		■		1	1							
06.03	서울E	홈			▼	0	2							
06.06	대전	원정		■		1	1							
06.09	광주	홈	▲			2	0							
06.30	안양	원정			▼	0	1							
07.07	아산	홈			▼	0	1							
07.16	서울E	원정			▼	0	1							
07.22	부산	홈			▼	0	1							
07.30	수원FC	홈			▼	0	1							
08.05	안양	원정			▼	2	3							
08.12	성남	홈			▼	0	1							
08.18	아산	홈			▼	0	1							
08.26	대전	원정			▼	0	1							
09.02	부천	원정	▲			2	1							
09.09	광주	홈	▲			3	2							
09.16	수원FC	원정	▲			2	1							
09.22	성남	원정		■		1	1							
09.29	대전	홈		■		1	1							
10.06	안양	홈			▼	0	2							
10.14	아산	원정			▼	0	2							
10.21	부천	홈	▲			3	1							
10.28	부산	원정		■		0	0							
11.03	서울E	홈		■		0	0							
11.11	광주	원정			▼	0	4							

2018년 K리그2 팀별 연속 승패 · 득실점 기록 ㅣ 서울E

일자	상대	홈/원정	승	무	패	득점	실점	연속기록 승	무	패	득점	실점	무득점	무실점
03.04	수원FC	원정			▼	0	1							
03.11	부산	홈		■		2	2							
03.18	대전	원정			▼	0	1							
03.24	광주	홈		■		0	0							
03.31	부천	홈			▼	2	4							
04.08	성남	홈		■		1	1							
04.14	안양	홈	▲			1	0							
04.22	아산	홈		■		0	0							
04.29	안산	홈	▲			2	1							
05.13	부산	원정			▼	0	1							
05.19	부천	원정	▲			3	0							
05.28	안양	원정			▼	0	2							
06.03	안산	원정	▲			2	0							
06.09	아산	원정			▼	0	3							
06.30	수원FC	홈			▼	0	1							
07.04	광주	원정			▼	0	3							
07.07	성남	원정		■		1	1							
07.16	안산	홈	▲			2	0							
07.21	안양	원정			▼	0	1							
07.28	대전	홈	▲			1	0							
08.04	부천	원정	▲			2	0							
08.11	부산	홈			▼	0	5							
08.15	대전	홈			▼	0	2							
08.19	광주	원정		■		2	2							
08.25	아산	원정			▼	1	3							
09.03	성남	홈			▼	1	2							
09.09	수원FC	원정	▲			2	0							
09.15	대전	원정			▼	0	1							
09.22	부천	홈			▼	0	1							
09.30	광주	홈			▼	1	4							
10.07	성남	원정	▲			2	1							
10.14	부산	원정			▼	1	3							
10.21	안양	홈			▼	0	1							
10.27	아산	홈			▼	0	4							
11.03	안산	원정		■		0	0							
11.11	수원FC	홈	▲			1	0							

팀명	승점	상대팀	승	무	패	득점	실점	자책	득실	도움	코너킥	파울	파울득	오프사이드	슈팅(유효)	PK득점	PK실패	경고	퇴장
아산	72	합계	21	9	6	54	27	1	27	37	175	528	494	56	463(220)	3	2	83	2
	5	광주	1	2	1	5	5	0	0	4	31	51	50	4	47(22)	0	1	11	0
	4	대전	1	1	2	5	6	0	-1	4	17	68	69	7	50(24)	0	1	7	1
	5	부산	1	2	1	3	3	0	0	2	13	66	59	6	35(14)	0	0	13	0
	10	부천	3	1	0	6	2	1	4	2	18	53	55	5	64(29)	1	0	7	0
	10	서울E	3	1	0	10	1	0	9	5	21	53	57	4	63(29)	0	0	9	0
	7	성남	2	1	1	6	4	0	2	6	17	55	65	8	56(28)	0	0	13	0
	12	수원FC	4	0	0	7	1	0	6	6	20	63	51	6	46(27)	0	0	6	0
	12	안산	4	0	0	6	0	0	6	6	11	55	44	8	51(25)	0	0	6	0
	7	안양	2	1	1	6	5	0	1	4	21	64	44	5	51(22)	2	0	11	0

팀명	승점	상대팀	승	무	패	득점	실점	자책	득실	도움	코너킥	파울	파울득	오프사이드	슈팅(유효)	PK득점	PK실패	경고	퇴장
성남	65	합계	18	11	7	49	36	1	13	24	225	530	425	48	457(212)	9	0	51	1
	5	광주	1	2	1	6	6	0	0	5	24	61	43	7	58(27)	0	0	6	0
	12	대전	4	0	0	9	3	0	6	6	22	55	45	8	46(22)	1	0	4	0
	4	부산	1	1	2	2	4	0	-2	1	20	65	47	5	40(16)	1	0	4	1
	12	부천	4	0	0	7	3	0	4	1	28	55	50	4	52(20)	2	0	2	0
	5	서울E	1	2	1	5	5	0	0	0	42	64	35	4	51(23)	1	0	7	0
	10	수원FC	3	1	0	7	2	1	5	4	22	38	54	4	65(35)	2	0	5	0
	4	아산	1	1	2	4	6	0	-2	2	20	68	51	5	47(22)	0	0	9	0
	5	안산	1	2	1	3	3	0	0	0	27	63	56	6	47(21)	2	0	5	0
	8	안양	2	2	0	6	4	0	2	3	20	61	44	6	51(26)	0	0	9	0

팀명	승점	상대팀	승	무	패	득점	실점	자책	득실	도움	코너킥	파울	파울득	오프사이드	슈팅(유효)	PK득점	PK실패	경고	퇴장
부산	59	합계	15	14	8	56	35	0	21	37	183	480	538	47	455(230)	4	1	56	3
	3	광주	0	3	1	6	7	0	-1	4	20	53	54	1	47(23)	0	0	8	1
	10	대전	3	1	0	9	5	0	4	5	28	56	71	10	68(31)	0	1	8	1
	2	부천	0	2	2	2	4	0	-2	1	34	37	67	1	63(29)	0	0	6	0
	10	서울E	3	1	0	12	3	0	9	9		66	48	3	58(32)	1	0	5	0
	7	성남	2	1	1	4	2	0	2	2		47	62	5	26(14)	0	0	7	1
	4	수원FC	1	1	2	4	3	0	1	3	25	53	57	6	50(29)	0	0	6	0
	5	아산	1	2	1	3	3	0	0	1	12	61	62	5	43(21)	0	0	7	0
	8	안산	2	2	0	5	2	0	3	2	13	55	51	8	47(21)	1	0	4	0
	10	안양	3	1	0	11	6	0	5	8	21	52	66	3	53(30)	0	0	4	0

팀명	승점	상대팀	승	무	패	득점	실점	자책	득실	도움	코너킥	파울	파울득	오프사이드	슈팅(유효)	PK득점	PK실패	경고	퇴장
대전	53	합계	16	8	14	48	47	1	1	34	184	555	479	59	431(206)	6	2	69	2
	7	광주	3	1	1	6	4	0	2	5	22	70	63	5	57(36)	0	1	10	1
	4	부산	1	1	3	5	9	0	-4	3	24	76	56	7	51(22)	1	0	6	1
	7	부천	2	1	1	7	4	0	3	5	13	65	49	9	37(15)	1	0	7	0
	9	서울E	3	0	1	4	1	0	3	3	19	62	42	6	52(16)	1	0	5	0
	0	성남	0	0	4	3	9	0	-6	2	20	50	60	10	43(14)	0	0	7	0
	6	수원FC	2	0	2	5	6	0	-1	4	22	45	60	3	54(30)	0	0	7	0
	7	아산	2	1	1	6	5	0	1	5	19	73	63	4	50(17)	1	0	11	0
	5	안산	1	2	1	5	5	0	0	2	25	54	43	6	50(28)	2	0	5	0
	8	안양	2	2	0	7	5	1	2	4	20	60	51	9	49(28)	0	0	7	0

팀명	승점	상대팀	승	무	패	득점	실점	자책	득실	도움	코너킥	파울	파울득	오프사이드	슈팅(유효)	PK득점	PK실패	경고	퇴장
광주	48	합계	11	15	11	51	42	0	9	33	188	490	503	65	432(220)	4	2	52	2
	4	대전	1	1	1	3	4	0	-1	3	21	64	65	5	61(27)	1	0	5	1
	6	부산	1	3	0	7	6	0	1	6	16	56	51	7	40(26)	0	0	8	0
	4	부천	1	1	2	3	4	0	-1	1	24	42	60	4	59(29)	0	0	6	1
	8	서울E	2	2	0	9	3	0	6	5	20	51	56	8	52(30)	1	1	5	0

183

팀명	승점	상대팀	승	무	패	득점	실점	자책	득실	도움	코너킥	파울	파울득	오프사이드	슈팅(유효)	PK득점	PK실패	경고	퇴장
	5	성남	1	2	1	6	6	0	0	4	18	45	60	4	44(15)	0	0	4	0
	7	수원FC	2	1	1	7	3	0	4	5	14	55	52	11	39(22)	1	0	3	1
	5	아산	1	2	1	5	5	0	0	3	23	51	49	6	50(23)	1	0	7	0
	4	안산	1	1	2	6	5	0	1	3	25	57	46	11	49(33)	0	0	7	0
	5	안양	1	2	1	4	4	0	0	3	27	69	64	9	38(15)	0	0	7	0

팀명	승점	상대팀	승	무	패	득점	실점	자책	득실	도움	코너킥	파울	파울득	오프사이드	슈팅(유효)	PK득점	PK실패	경고	퇴장
안양	44	합계	12	8	16	44	50	0	-6	27	132	495	532	29	375(191)	5	2	51	2
	5	광주	1	2	1	4	4	0	0	2	14	67	65	3	43(20)	1	0	4	0
	2	대전	0	2	2	5	7	0	-2	1	17	54	57	1	43(25)	1	0	7	0
	1	부산	0	1	3	6	11	0	-5	5	11	67	49	6	23(15)	1	0	4	1
	9	부천	3	0	1	6	5	0	1	5	13	35	62	6	52(30)	0	0	3	0
	9	서울E	3	0	1	4	1	1	3	1	14	72	59	1	41(23)	0	0	8	0
	2	성남	0	2	2	4	6	0	-2	4	9	45	60	2	35(14)	0	1	5	0
	3	수원FC	1	0	3	3	6	0	-3	2	21	55	70	5	47(20)	0	0	6	0
	4	아산	1	1	2	5	6	0	-1	3	18	47	60	3	35(17)	2	0	7	0
	9	안산	3	0	1	7	4	0	3	4	15	53	50	2	56(27)	0	1	6	1

팀명	승점	상대팀	승	무	패	득점	실점	자책	득실	도움	코너킥	파울	파울득	오프사이드	슈팅(유효)	PK득점	PK실패	경고	퇴장
수원FC	42	합계	13	3	20	29	46	1	-17	12	190	526	467	59	429(206)	4	3	63	2
	4	광주	1	1	2	3	7	0	-4	1	10	54	54	7	44(24)	1	0	5	1
	6	대전	2	0	2	6	5	1	1	5	17	62	42	5	47(19)	1	0	7	0
	7	부산	2	1	1	4	4	0	-1	1	21	61	52	5	35(13)	0	0	9	0
	3	부천	1	0	3	3	7	0	-4	3	21	59	68	4	62(36)	0	0	7	0
	6	서울E	2	0	2	2	2	0	0	0	31	62	50	6	64(32)	0	1	3	0
	1	성남	0	1	3	2	7	0	-5	0	17	55	37	3	40(19)	0	0	7	0
	0	아산	0	0	4	1	7	0	-6	0	22	53	63	12	38(14)	0	0	10	0
	6	안산	2	0	2	3	3	0	0	1	27	49	50	8	50(23)	1	0	6	1
	9	안양	3	0	1	5	3	0	3	1	24	71	51	6	49(26)	2	1	7	0

팀명	승점	상대팀	승	무	패	득점	실점	자책	득실	도움	코너킥	파울	파울득	오프사이드	슈팅(유효)	PK득점	PK실패	경고	퇴장
부천	39	합계	11	6	19	37	50	0	-13	23	150	558	414	51	439(204)	4	2	50	4
	7	광주	2	1	1	4	3	0	1	3	12	65	41	5	39(20)	1	0	6	0
	4	대전	1	1	2	3	7	0	-4	2	24	52	62	4	50(28)	0	0	4	0
	8	부산	2	2	0	4	2	0	2	3	8	70	36	8	36(13)	0	0	7	0
	6	서울E	2	0	2	5	7	0	-2	4	22	59	45	3	60(35)	0	1	3	1
	0	성남	0	0	4	3	7	0	-4	1	13	54	53	4	47(17)	0	0	8	0
	9	수원FC	3	0	1	7	3	0	4	2	14	74	52	4	58(26)	2	0	7	2
	1	아산	0	1	3	3	7	0	-4	0	18	59	50	8	45(21)	1	0	8	0
	1	안산	0	1	3	4	9	0	-5	3	23	60	43	8	53(25)	0	0	4	0
	3	안양	1	0	3	5	7	0	-2	3	16	65	32	6	51(19)	0	0	3	1

팀명	승점	상대팀	승	무	패	득점	실점	자책	득실	도움	코너킥	파울	파울득	오프사이드	슈팅(유효)	PK득점	PK실패	경고	퇴장
안산	39	합계	10	9	17	32	45	0	-13	23	140	451	472	46	406(202)	3	1	50	3
	7	광주	2	1	1	5	6	0	-1	2	9	51	53	12	39(18)	0	1	8	1
	5	대전	1	2	1	5	5	1	0	5	13	45	53	4	45(23)	0	0	6	2
	2	부산	0	2	2	2	5	0	-3	1	11	53	52	6	28(10)	1	0	3	0
	10	부천	3	1	0	9	4	0	5	9	18	44	57	3	57(28)	0	0	5	0
	1	서울E	0	1	3	1	6	0	-5	1	21	52	47	3	53(28)	0	0	2	0
	5	성남	1	2	1	3	3	0	0	2	14	59	61	5	42(18)	0	0	7	0
	6	수원FC	2	0	2	3	3	0	0	1	21	52	46	1	46(22)	1	0	6	0
	0	아산	0	0	4	0	6	0	-6	0	12	44	51	4	46(24)	0	0	7	0
	3	안양	1	0	3	4	7	0	-3	1	21	51	52	9	50(31)	1	0	7	0

팀명	승점	상대팀	승	무	패	득점	실점	자책	득실	도움	코너킥	파울	파울득	오프사이드	슈팅(유효)	PK득점	PK실패	경고	퇴장
서울 E	37	합계	10	7	19	30	52	3	-22	21	128	456	516	57	302(139)	0	0	65	4
	2	광주	0	2	2	3	9	0	-6	2	13	58	49	4	34(12)	0	0	8	0

3	대전	1	0	3	1	4	0	-3	1	15	42	55	9	28(12)	0	0	5	2
1	부산	0	1	3	3	12	0	-9	2	17	49	66	6	33(15)	0	0	7	1
6	부천	2	0	2	7	5	1	2	5	17	48	54	5	53(32)	0	0	7	0
5	성남	1	2	1	5	5	0	0	4	15	37	64	4	24(10)	0	0	7	0
6	수원FC	2	0	2	3	2	0	1	2	14	52	58	3	37(20)	0	0	10	0
1	아산	0	1	3	1	10	1	-9	1	12	57	51	4	32(11)	0	0	9	0
10	안산	3	1	0	6	1	0	5	4	9	53	49	12	33(16)	0	0	5	1
3	안양	1	0	3	1	4	1	-3	0	16	60	70	10	28(11)	0	0	7	0

2018년 K리그2 최종 순위 및 팀별 경기기록, 승률

구분			승격	플레이오프						
순위	1		2	3	4	5	6	7	8	9	10
구단	아산		성남	부산	대전	광주	안양	수원FC	부천	안산	서울E
경기	36		37	38	37	36	36	36	36	36	36
승점	72		72	65	65	59	59	53	53	48	48
승	21		21	18	18	15	15	16	16	11	11
무	9		9	11	11	14	14	8	8	15	15
패	6		6	7	7	8	8	14	14	11	11
득	54		54	49	49	56	56	48	48	51	51
실	27		27	36	36	35	35	47	47	42	42
차	27		27	13	13	21	21	1	1	9	9
승률	70,8		70,8	65,3	65,3	59,5	59,5	52,6	52,6	50,0	50,0

구분	홈	원정	홈	원정	홈	원정	홈	원정	홈	원정	홈	원정	홈	원정	홈	원정	홈	원정	홈	원정
승	11	10	8	10	7	8	8	8	5	6	8	4	7	6	8	2	4	7	5	5
무	5	4	8	3	7	7	3	5	8	7	4	4	1	2	2	7	3	3	4	3
패	2	4	2	5	5	3	8	6	5	6	6	10	10	10	8	9	11	8	9	10
득	30	24	22	27	30	26	21	27	30	21	26	18	16	13	21	11	13	24	14	16
실	14	13	14	22	21	14	20	27	22	20	23	27	22	24	22	23	21	29	28	24
차	16	11	8	5	9	12	1	0	8	1	3	-9	-6	-11	-1	-12	-8	-5	-14	-8
승률	75,0	66,7	66,7	63,9	55,3	63,9	50,0	55,3	50,0	50,0	55,6	33,3	41,7	38,9	50,0	30,6	30,6	47,2	38,9	36,1

* 플레이오프 경기결과는 승점 미합산.

선수명	대회	출장	교체	득점	도움	코너킥	파울	파울득	오프사이드	슈팅	유효슈팅	경고	퇴장	실점	자책
고무열	K2	30	9	6	3	1	31	55	10	48	27	8	0	0	0
구대영	K2	14	7	1	0	0	18	14	0	7	3	6	0	0	0
김도혁	K2	15	4	1	0	0	24	23	1	16	9	3	0	0	0
김동진	K2	12	0	0	0	0	30	26	0	6	1	3	0	0	0
김륜도	K2	13	12	3	1	0	11	6	2	14	10	2	0	0	0
김민균	K2	8	2	0	0	0	3	1	1	8	1	1	0	0	0
김봉래	K2	3	2	0	0	0	3	1	0	1	1	0	0	0	0
김부관	K2	1	0	0	0	0	0	4	0	0	0	0	0	0	0
김상필	K2	3	3	0	0	0	3	2	2	2	1	0	0	0	0
김선민	K2	2	1	0	0	1	2	0	0	2	1	0	0	0	0
김영남	K2	2	2	0	0	0	0	0	0	0	0	0	0	0	0
김준수	K2	6	3	0	1	0	6	4	0	2	1	0	0	0	0
민상기	K2	27	0	0	0	0	32	23	2	4	3	8	0	0	1
박선용	K2	3	2	0	0	0	1	0	0	0	0	0	0	0	0
박세직	K2	20	15	1	4	1	22	8	4	2	27	10	0	0	0
안현범	K2	27	16	5	2	1	28	42	4	54	25	2	0	0	0
양형모	K2	4	0	0	0	0	0	0	0	0	0	0	0	1	0
이명주	K2	30	8	5	5	22	64	41	1	33	21	5	0	0	0
이 용	K2	2	1	0	0	0	1	0	0	0	0	0	0	0	0
이한샘	K2	23	3	1	0	0	31	13	0	16	7	7	0	0	0
임창균	K2	4	3	2	0	0	5	0	1	9	4	0	0	0	0
조범석	K2	5	5	0	1	0	1	0	0	2	0	0	0	0	0
조성준	K2	24	20	4	6	0	15	21	13	24	12	3	1	0	0
주세종	K2	19	6	1	2	57	22	21	0	26	10	5	0	0	0
최봉진	K2	1	0	0	0	0	0	0	0	0	0	0	0	0	0
허범산	K2	8	8	1	0	2	6	4	0	5	2	0	0	0	0

선수명	대회	출장	교체	득점	도움	코너킥	파울	파울득	오프사이드	슈팅	유효슈팅	경고	퇴장	실점	자책
김근배	K2	23	2	0	0	0	1	1	0	0	1	0	0	23	0
	K1	7	6	0	0	0	1	7	1	5	2	0	0	0	0
김도엽	K2	13	11	1	2	28	6	15	2	20	8	1	0	0	0
	계	20	17	1	2	28	7	22	3	25	10	1	0	0	0
김동준	K2	6	0	0	0	0	0	0	0	0	0	0	0	3	0
김동희	K2	3	3	0	0	0	2	0	0	0	0	0	0	0	0
	K2	2	2	0	0	0	0	0	0	0	0	0	0	0	0
김민혁	K2	17	6	2	1	0	15	16	3	11	7	2	0	0	0
	계	19	8	2	1	0	17	16	3	11	7	2	0	0	0
김소웅	K2	4	4	0	0	0	3	0	0	1	0	1	0	0	0
김재봉	K2	9	6	0	0	0	12	7	0	5	2	2	0	0	0
김정현	K2	30	3	2	1	0	24	49	5	45	9	6	0	0	0
무랄라	K2	11	8	0	0	0	13	8	1	18	10	3	0	0	0
문상윤	K2	34	13	4	7	97	38	22	6	46	26	4	0	0	0
문지환	K2	6	0	0	0	0	12	4	0	2	1	2	0	0	0
박태민	K2	7	2	0	0	0	0	0	0	0	0	1	0	0	0
박태준	K2	20	10	1	0	0	25	22	1	14	6	3	0	0	0
본 즈	K2	11	7	0	0	0	13	3	2	1	1	0	0	0	0
서보민	K2	35	6	1	1	87	24	11	2	74	24	1	0	0	0
에 델	K2	28	15	7	2	1	53	31	7	65	36	5	0	0	0
연제운	K2	29	1	2	0	0	14	11	2	2	4	0	0	0	1
오르슐리치	K2	2	2	0	0	0	1	1	0	0	0	0	0	0	0
	K1	3	0	0	0	0	0	0	0	0	0	0	0	0	0
윤영선	K2	17	2	1	0	0	20	18	0	5	3	2	0	0	0
	계	20	2	1	0	0	21	19	0	5	3	2	0	0	0
이다원	K2	16	13	0	1	0	14	9	0	6	2	0	0	0	0
이시영	K2	2	2	0	0	0	0	0	0	0	0	0	0	0	0
이정태	K2	1	1	0	0	0	0	0	0	0	0	0	0	0	0
이지민	K2	9	6	0	0	0	0	0	0	0	0	0	0	0	0
이학민	K2	32	7	0	4	6	53	31	0	29	15	2	0	0	0
이현일	K2	14	14	4	1	0	14	6	1	12	7	0	0	0	0
임대준	K1	17	1	2	0	0	19	16	4	2	3	0	0	0	0
임채민	K2	10	0	2	0	0	13	16	1	7	2	3	0	0	0
	계	27	1	2	0	0	32	34	1	11	3	3	0	0	0
전종혁	K2	8	0	0	0	0	0	0	0	0	0	1	0	6	0
성성민	K2	23	19	1	0	0	24	46	8	42	24	4	0	0	0
소싱훅	K2	11	9	0	0	0	7	2	0	2	0	3	0	0	0
주현우	K2	31	21	2	1	2	12	27	5	27	15	2	0	0	0
최병찬	K2	19	14	5	2	3	31	27	8	28	13	3	0	0	0
최준기	K2	21	2	0	0	0	24	14	1	4	2	5	0	0	0
황인재	K2	1	0	0	0	0	0	0	0	0	0	0	0	4	0

2018년 K리그2 팀별 개인 기록 | 부산

선수명	대회	출장	교체	득점	도움	코너킥	파울	파울득	오프사이드	슈팅	유효슈팅	경고	퇴장	실점	자책
고 경 민	K2	32	20	9	5	0	19	46	9	57	35	3	0	0	0
구 상 민	K2	21	0	0	0	0	1	10	0	0	0	1	0	15	0
구 현 준	K2	15	3	0	1	0	14	11	1	2	0	2	1	0	0
권 진 영	K2	7	0	0	0	0	4	8	0	0	0	0	0	0	0
김 동 섭	K2	7	7	1	0	0	4	3	0	3	2	2	0	0	0
김 명 준	K2	29	1	0	0	0	27	23	0	2	0	2	3	0	0
김 문 환	K2	24	9	3	1	1	23	18	0	23	8	5	0	0	0
김 진 규	K2	32	15	7	2	7	43	25	7	57	31	3	0	0	0
김 치 우	K2	28	3	1	2	10	27	19	1	21	14	3	0	0	0
김 현 성	K2	22	15	1	0	0	33	38	2	27	12	3	0	0	0
김 형 근	K2	14	0	0	0	0	0	0	0	0	0	0	0	17	0
노 행 석	K2	3	1	1	0	0	2	1	0	1	0	0	0	0	0
맥 도 날 드	K2	2	2	0	0	0	0	0	0	0	0	0	0	0	0
박 준 강	K2	14	9	1	1	0	13	19	0	5	2	1	0	0	0
박 태 홍	K2	2	0	0	0	0	2	0	0	0	0	0	0	0	0
박 호 영	K2	2	2	0	0	0	0	0	0	0	0	0	0	0	0
발 로 텔 리	K2	4	2	2	0	0	4	8	3	14	7	1	0	0	0
발 푸 르 트	K2	10	10	1	1	0	14	9	5	12	9	0	0	0	0
서 용 덕	K2	2	0	0	0	1	1	1	2	3	2	0	0	0	0
송 유 걸	K2	2	0	0	0	0	0	0	0	0	0	0	0	3	0
송 창 호	K2	12	4	0	1	0	9	20	0	1	0	2	0	0	0
신 영 준	K2	11	11	2	1	0	4	3	1	8	4	1	0	0	0
알 레 망	K2	8	5	2	0	1	17	5	2	16	9	0	0	0	0
연 제 민	K2	3	3	0	0	0	0	0	0	0	0	0	0	0	0
이 동 준	K2	23	23	4	1	0	14	32	6	16	9	1	0	0	0
이 상 준	K2														
이 재 권	K2	28	2	0	1	0	46	40	0	16	4	8	1	0	0
이 종 민	K2	23	8	0	3	17	26	17	1	8	3	4	0	0	0
이 청 웅	K2	12	5	1	0	0	11	4	0	1	0	3	0	0	0
정 호 정	K2	21	4	0	0	0	7	6	1	7	1	2	0	0	0
최 승 인	K2	19	18	5	0	0	16	16	2	20	13	3	1	0	0
한 지 호	K2	30	24	6	7	1	25	44	5	44	20	1	0	0	0
호 물 로	K2	36	4	10	9	14	36	69	1	69	37	3	0	0	0
홍 진 기	K2	10	3	0	0	0	16	15	0	2	1	3	0	0	0

2018년 K리그2 팀별 개인 기록 | 대전

선수명	대회	출장	교체	득점	도움	코너킥	파울	파울득	오프사이드	슈팅	유효슈팅	경고	퇴장	실점	자책
가 도 에 프	K2	32	30	8	4	10	29	30	5	70	27	4	1	0	0
강 윤 성	K2	26	15	3	0	4	26	48	1	17	11	2	0	0	0
강 한 빛	K2	2	2	0	0	0	4	1	0	1	0	0	0	0	0
고 명 석	K2	34	3	1	0	0	20	28	0	5	2	1	0	0	0
고 민 성	K2	7	7	0	0	3	1	0	0	6	1	0	0	0	0
권 영 호	K2	13	4	1	0	0	18	8	0	5	2	3	0	0	0
김 성 주	K2	6	6	0	0	0	7	9	0	4	1	0	0	0	0
김 세 윤	K2	1	1	0	0	0	0	0	0	0	0	0	0	0	0
김 승 섭	K2	21	20	2	1	9	23	2	0	27	17	0	0	0	0
김 예 성	K2	14	3	0	0	0	14	6	0	2	0	0	0	0	0
김 진 영	K2	11	1	0	0	0	0	0	0	0	0	0	1	17	0
김 찬 희	K2	3	3	0	0	0	0	0	0	1	0	0	0	0	0
뚜 르 스 노 프	K2	16	12	2	2	38	14	16	0	17	7	2	0	0	0
박 대 훈	K2	7	6	0	1	0	4	2	0	2	0	0	0	0	0
박 명 수	K2	4	4	0	0	0	4	3	0	2	0	1	0	0	0
박 수 일	K2	32	6	0	9	54	31	44	3	29	11	4	0	0	0
박 수 창	K2	13	8	2	3	5	10	13	3	28	13	3	0	0	0
박 인 혁	K2	33	12	7	3	2	82	67	19	74	45	9	0	0	0
박 재 우	K2	15	6	3	0	3	18	9	0	4	2	0	0	0	0
박 주 원	K2	16	0	0	0	0	0	0	0	0	0	0	0	14	0
박 준 혁	K2	16	0	0	0	0	0	0	0	0	0	0	0	17	0
백 종 환	K2	5	2	0	0	0	7	1	1	1	0	6	0	0	0
신 학 영	K2	15	13	0	1	9	17	8	0	5	2	3	0	0	0
안 상 현	K2	27	3	1	0	0	48	32	0	8	3	6	0	0	0
안 재 준	K2	10	5	0	0	0	9	4	0	3	2	1	0	0	0
안 주 형	K2	3	2	1	0	0	8	2	1	5	3	1	0	0	0
오 장 은	K2	4	4	0	0	0	9	4	0	3	2	1	0	0	0
유 진 석	K2	4	4	0	0	0	2	1	0	2	0	0	0	0	0
유 해 성	K2	4	4	0	0	0	3	1	0	2	1	0	0	0	0
윤 경 보	K2	2	2	0	0	0	0	0	0	0	0	0	0	0	0
윤 신 영	K2	16	0	0	0	0	14	8	0	5	3	3	0	0	0
윤 준 성	K2	18	3	1	0	0	14	6	0	4	3	5	0	0	1
이 건 철	K2	1	1	0	0	0	0	0	0	0	0	0	0	0	0
이 준 호	K2	1	1	0	0	0	0	0	1	0	1	0	0	0	0
이 지 솔	K2	2	2	0	0	0	4	2	0	1	0	1	0	0	0
임 민 혁	K2	9	2	0	0	0	2	1	0	2	0	2	0	11	0
장 원 석	K2	2	1	0	0	0	5	6	0	11	2	1	0	0	0
전 상 훈	K2	1	1	0	0	0	0	0	0	0	0	0	0	0	0
조 귀 범	K2	3	2	1	0	0	5	2	0	2	1	0	0	0	0
조 태 근	K2	2	1	0	0	0	0	0	0	0	0	0	0	0	0
키 쭈	K2	32	4	12	4	22	67	42	18	51	32	3	0	0	0
페 드 로	K2	4	3	1	0	0	9	1	4	2	1	0	0	0	0
필 립	K2	3	3	0	0	0	4	0	0	0	0	0	0	0	0
황 인 범	K2	25	12	3	1	3	31	23	0	39	16	4	0	0	0
황 재 원	K2	3	3	0	0	0	0	0	0	0	0	0	0	0	0
황 재 훈	K2	20	1	1	0	0	19	19	0	12	5	2	0	0	0

2018년 K리그2 팀별 개인 기록 l 광주

선수명	대회	출장	교체	득점	도움	코너킥	파울	파울득	오프사이드	슈팅	유효슈팅	경고	퇴장	실점	자책
김동현	K2	36	5	3	5	0	41	46	0	39	17	5	0	0	0
김민규	K1	2	2	0	0	0	3	2	0	2	2	0	0	0	0
	K2	14	14	1	0	0	9	7	1	6	4	0	1	0	0
	계	16	16	1	0	0	12	9	1	8	6	0	1	0	0
김시우	K2	1	1	0	0	0	0	0	0	0	0	0	0	0	0
김정환	K2	26	22	4	3	2	22	27	4	23	9	1	0	0	0
김진환	K1	12	11	0	0	0	8	5	1	1	1	2	0	0	0
	K2	5	2	0	0	0	2	2	0	1	2	1	0	0	0
	계	17	13	0	0	0	10	7	1	2	3	0	0	0	0
김태윤	K2	16	2	0	0	0	14	13	2	1	2	1	0	0	0
나상호	K2	31	1	16	1	17	38	56	19	68	39	3	0	0	0
두아르테	K2	15	5	6	3	38	10	19	3	29	18	0	0	0	0
두현석	K2	26	21	2	3	54	18	29	4	35	23	1	0	0	0
류언재	K2	1	1	0	0	0	0	0	0	0	0	0	0	0	0
미노리	K2	12	10	0	2	0	17	9	1	9	3	1	0	0	0
박요한	K2	28	4	0	3	0	29	26	2	15	5	1	0	0	0
부 야	K2	6	4	1	0	0	5	8	0	8	5	0	0	0	0
안영규	K2	36	2	1	0	0	24	20	1	14	7	1	0	0	0
여 름	K1	11	3	0	1	0	19	15	1	9	3	0	0	0	0
	계	20	11	1	2	0	34	24	1	14	5	0	0	0	0
여봉훈	K2	26	12	0	1	3	46	35	0	28	13	7	0	0	0
왕건명	K2	3	1	0	0	0	1	0	0	0	0	0	0	0	0
윤평국	K2	24	0	0	0	0	2	7	0	0	0	1	0	26	0
이승모	K2	10	3	0	0	0	0	12	0	1	0	0	0	0	0
이으뜸	K2	12	3	0	5	23	13	17	1	3	1	1	0	0	0
이인규	K2	9	9	1	0	0	4	3	0	1	0	0	0	0	0
이한도	K2	24	4	1	1	0	21	40	0	12	3	4	1	0	0
임민혁	K2	28	18	2	2	37	33	24	5	24	16	2	0	0	0
장성현	K2	1	1	0	0	0	0	0	0	0	0	0	0	0	0
정다훈	K2	1	1	0	0	0	0	0	0	0	0	0	0	0	0
정영총	K2	25	17	1	0	1	36	30	1	33	19	5	0	0	0
정준연	K2	22	6	0	0	0	31	25	1	5	1	1	0	0	0
제종현	K2														
지 우	K2	8	7	0	1	0	4	3	0	4	0	0	0	0	0
최준혁	K2	13	4	1	1	0	13	21	0	7	2	3	0	0	0
펠리페	K2	15	4	7	2	0	33	23	8	33	17	6	0	0	0

2018년 K리그2 팀별 개인 기록 l 안양

선수명	대회	출장	교체	득점	도움	코너킥	파울	파울득	오프사이드	슈팅	유효슈팅	경고	퇴장	실점	자책
김경준	K1	9	8	1	0	0	8	14	4	22	8	1	1	0	0
	K2	18	16	3	3	0	21	26	1	30	16	1	0	0	0
	계	27	24	4	3	0	29	40	5	52	24	2	1	0	0
김대욱	K2	1	1	0	0	0	2	0	0	0	0	0	0	0	0
김신철	K2	20	20	2	0	0	7	3	0	10	6	1	0	0	0
김영도	K2	14	9	0	1	0	5	3	0	5	3	0	0	0	0
김영찬	K2	31	1	0	0	0	40	35	0	6	1	6	0	0	0
김원민	K2	25	17	4	0	0	14	27	1	32	13	1	0	0	0
김진래	K2	24	3	1	0	2	27	42	1	7	4	0	0	0	0
김태호	K2	10	3	0	1	0	17	14	0	7	2	3	0	0	0
김현규	K2	3	3	0	0	0	4	3	0	4	3	2	0	0	0
김형진	K2	23	10	0	0	0	25	22	0	5	1	4	0	0	0
김희원	K2	2	2	0	0	0	1	4	1	1	1	0	0	0	0
마르코스	K2	33	4	2	1	67	61	51	1	51	23	5	0	0	0
문준호	K2	5	4	1	0	0	2	3	0	3	1	0	0	0	0
박성진	K2	7	6	0	0	1	9	8	0	2	1	1	0	0	0
브루노	K2	11	9	0	0	0	18	9	6	21	9	1	0	0	0
알렉스	K2	28	8	15	3	0	30	30	9	57	37	2	0	0	0
양동원	K2														
유연승	K2	4	4	0	0	0	1	6	0	5	3	0	0	0	0
은성수	K2	11	4	1	0	7	9	12	5	3	2	1	0	0	0
이동경	K1	1	1	0	0	0	0	3	0	0	0	0	0	0	0
	K2	10	10	0	0	1	5	0	0	3	0	0	0	0	0
	계	11	11	0	0	2	7	0	0	6	0	0	0	0	0
이상용	K2	13	1	2	0	0	15	12	0	7	2	1	0	0	0
전수현	K2	32	0	0	0	0	0	8	0	0	0	0	0	41	1
정민기	K2														8	0
정재희	K2	30	23	1	1	12	13	16	2	39	17	1	0	0	0
정희웅	K2	33	20	6	3	0	35	56	4	38	25	2	0	0	0
주현재	K2	1	1	0	0	0	0	0	0	1	0	0	0	0	0
채광훈	K2	30	2	0	4	40	24	53	1	11	6	1	1	0	0
최승호	K2															
최재훈	K2	27	11	2	0	0	39	25	0	14	6	6	0	0	0
최필수	K1	9	0	0	0	0	0	0	0	0	0	0	0	10	0
	K2	0	0	0	0	0	0	0	0	0	0	0	0	0	0
	계	9	0	0	0	0	0	0	0	0	0	0	0	10	0
최호정	K2	25	2	1	0	0	24	30	0	7	3	5	1	0	0
홍승현	K1	4	4	0	0	0	2	0	1	1	0	1	0	0	0
	K2	5	5	0	0	0	4	4	1	3	2	1	0	0	0
	계	9	9	0	0	0	4	4	1	3	2	1	0	0	0

2018년 K리그2 팀별 개인 기록 | 수원FC

선수명	대회	출장	교체	득점	도움	코너킥	파울	파울득	오프사이드	슈팅	유효슈팅	경고	퇴장	실점	자책
권용현	K1	7	7	0	1	0	8	12	0	5	2	0	0	0	0
	K2	12	12	0	0	0	9	14	5	9	4	2	0	0	0
	계	19	19	0	1	0	17	26	5	14	7	2	0	0	0
김 다 솔	K2	29	1	0	0	0	0	4	0	0	0	2	0	27	0
김 대 호	K2	7	2	1	0	0	0	7	2	0	2	0	0	0	0
김 동 찬	K2	9	8	1	0	0	5	7	5	13	9	1	0	0	0
김 민 제	K2	2	1	0	0	0	0	1	1	0	1	0	0	0	0
김 범 용	K2	27	2	0	0	11	35	38	3	31	9	4	1	0	0
김 종 국	K2	32	7	1	2	9	38	24	2	10	4	4	0	0	0
김 창 훈	K2	6	2	0	0	0	6	5	0	2	1	1	0	0	0
김 철 호	K2	3	2	0	0	0	0	0	1	1	0	0	0	0	0
레 이 어	K2	9	1	0	0	0	11	1	1	3	1	3	0	0	0
마테우스	K2	13	4	2	0	0	18	28	3	28	14	4	0	0	0
모 재 현	K2	20	15	1	1	0	26	23	24	12	2	0	0	0	0
민 현 홍	K2	4	0	0	0	1	0	6	0	0	0	3	0	0	0
박 세 진	K2	2	0	0	0	0	1	1	0	0	0	0	0	0	0
박 형 순	K2	20	1	0	0	0	0	3	0	0	0	0	0	19	0
배 지 훈	K2	9	3	1	0	0	19	14	11	4	1	3	0	0	0
백 성 동	K2	30	6	1	6	64	27	34	6	60	27	3	0	0	0
브 루 노	K2	21	16	1	2	0	12	20	6	24	12	1	0	0	0
비 아 나	K2	15	6	3	0	0	63	41	24	45	24	5	0	0	0
서 동 현	K2	9	1	0	0	0	11	1	1	3	1	3	0	0	0
알 렉 스	K2	30	9	5	1	35	64	51	3	52	29	4	0	0	0
이 상 민	K2	12	6	0	0	0	2	13	14	1	3	1	0	0	0
이 상 욱	K2	5	0	0	0	0	0	1	0	0	0	0	0	14	0
이 승 현	K2	32	19	0	1	0	24	15	4	21	10	1	0	0	0
이 재 안	K2	28	18	4	4	0	15	16	2	30	17	2	0	0	1
이 종 원	K1	1	0	0	0	0	3	0	2	0	0	1	0	0	0
	K2														
	계														
이 한 빈	K2	3	0	0	0	0	0	0	0	0	0	0	0	0	0
임 하 람	K2														
장 성 재	K1	2	1	0	0	0	1	1	0	2	0	0	0	0	0
	K2	11	10	0	1	7	8	1	0	10	5	0	0	0	0
	계	13	12	0	1	7	8	1	0	10	5	0	0	0	0
정 우 근	K2	14	11	0	0	22	23	2	11	0	0	0	0	0	0
정 훈	K2	8	1	0	0	0	8	5	0	1	0	0	0	0	0
조 병 국	K1	3	0	0	0	0	0	0	0	0	0	0	0	0	0
	K2	13	4	0	0	13	4	0	1	0	0	0	0	0	0
	계	13	1	0	0	0	13	4	0	1	0	0	0	0	0
조 상 범	K2	10	3	0	1	8	10	10	2	1	0	0	0	0	0
조 유 민	K2	26	0	0	0	39	24	3	11	3	8	1	0	0	0
채 선 일	K2														
최 원 철	K2	12	10	0	0	2	7	5	0	4	2	0	0	0	0
한 상 운	K2	11	10	0	0	6	5	0	0	0	0	0	0	0	0
황 도 연	K1														
	K2	16	2	0	0	0	11	17	0	5	0	0	0	0	0
	계	16	2	0	0	0	11	17	0	5	0	0	0	0	0

2018년 K리그2 팀별 개인 기록 | 부천

선수명	대회	출장	교체	득점	도움	코너킥	파울	파울득	오프사이드	슈팅	유효슈팅	경고	퇴장	실점	자책
공 민 현	K2	24	6	6	3	0	62	25	13	41	26	0	0	8	0
김 동 현	K2	7	7	0	1	0	3	6	0	9	4	0	0	2	0
김 재 우	K2	1	0	0	0	0	0	0	0	0	0	0	0	0	0
김 준 엽	K2	31	2	1	3	0	45	11	1	20	5	0	0	2	0
김 지 호	K2	7	7	0	0	0	2	1	0	2	1	0	0	1	0
남 송	K2	1	1	0	0	0	0	0	0	0	0	0	0	0	0
닐손주니어	K2	28	2	2	1	0	31	23	4	23	7	1	0	1	0
명 성 준	K2	5	5	0	0	0	3	3	1	3	2	0	0	0	0
문 기 한	K2	34	6	0	5	133	37	23	0	46	19	0	0	5	0
박 건	K2	25	4	0	0	0	28	5	0	5	2	0	0	2	0
송 홍 민	K2	17	9	1	0	0	16	10	1	9	4	0	0	1	0
신 현 준	K2	5	5	0	0	0	3	3	1	3	2	0	0	0	0
안 태 현	K2	35	0	0	2	50	49	1	13	5	0	0	4	0	0
이 광 재	K2	28	28	3	0	2	32	26	3	30	14	2	0	0	0
이 기 현	K2	4	0	0	0	0	0	0	0	0	0	0	0	1	0
이 영 창	K2	4	0	0	0	0	0	0	0	0	0	0	0	0	0
이 정 찬	K2	26	26	1	1	0	20	15	1	16	10	0	0	0	0
이 혁 주	K2	1	1	0	0	0	0	0	0	0	0	0	0	0	0
이 현 승	K2	32	21	1	7	48	42	2	39	17	4	0	0	0	0
임 동 혁	K2	33	0	2	1	0	16	14	0	4	1	0	0	4	0
장 순 혁	K2	17	8	0	0	0	11	11	0	1	0	0	0	0	0
정 준 현	K2	20	6	0	0	17	20	0	4	2	0	0	1	0	0
정 택 훈	K2														
진 창 수	K2	31	30	7	2	2	26	12	12	43	29	0	0	0	0
최 철 원	K2	30	0	0	0	0	0	0	0	0	0	3	0	34	0
추 민 열	K2	5	3	0	0	0	2	2	0	0	0	0	0	0	0
크리스토밤	K1	4	1	0	0	7	8	3	0	3	1	0	0	1	0
	K2	9	4	2	0	7	13	0	14	5	0	0	1	0	0
	계	13	5	2	1	0	24	21	0	17	6	0	0	1	0
포 프	K2	30	10	10	2	0	48	54	9	88	44	3	2	3	0
황 진 산	K2	13	13	0	0	2	12	10	0	6	1	0	0	0	0

2018년 K리그2 팀별 개인 기록 | 안산

선수명	대회	출장	교체	득점	도움	코너킥	파울	파울득	오프사이드	슈팅	유효슈팅	경고	퇴장	실점	자책
김명재	K2	3	2	0	0	3	3	2	0	0	0	0	0	0	0
김연수	K2	18	7	0	0	0	25	9	1	1	0	0	0	0	0
김종석	K2	17	12	0	2	11	11	18	0	22	12	1	0	0	0
김태현	K2	18	11	0	2	0	16	38	0	17	8	2	0	0	0
김현태	K2	13	3	2	0	0	12	9	0	8	5	0	0	0	0
라 울	K2	18	13	1	0	1	5	6	0	30	14	0	1	0	0
박관우	K2	16	16	1	0	1	5	6	2	15	9	2	0	0	0
박성부	K2	4	4	0	0	0	1	2	0	2	1	0	0	0	0
박준희	K2	31	3	2	0	0	31	23	1	28	11	4	0	0	0
박진섭	K2	26	4	2	0	1	30	40	1	28	14	5	0	0	0
박형민	K2			0	0	0	0	0	0	0	0	0	0	4	0
송주호	K2	17	6	1	0	0	16	4	1	7	5	3	0	0	1
신일수	K2	27	3	1	0	0	28	12	1	14	6	1	0	0	0
이 건	K2	20	4	3	1	7	21	41	0	22	14	5	0	0	0
이민우	K2	2	2	0	0	0	1	0	0	0	0	0	0	0	0
이인재	K2	29	1	1	0	2	18	12	1	19	10	3	0	0	0
이창훈	K2	11	11	1	1	0	4	13	5	12	6	1	0	0	0
이희성	K2	17	2	0	0	0	0	1	0	0	0	0	0	19	0
장혁진	K2	34	2	5	8	99	42	50	5	40	16	1	0	0	0
정기운	K2	11	10	0	0	0	4	3	0	5	1	1	0	0	0
조우진	K2	11	10	0	0	0	4	3	0	5	1	1	0	0	0
최명희	K2	30	5	1	1	1	37	20	1	12	5	3	1	0	0
최성민	K2	17	4	0	0	3	7	19	0	9	5	2	0	0	0
최호주	K2	24	8	7	1	0	19	25	6	37	22	1	0	0	0
코 네	K2	26	22	2	0	0	53	51	12	34	15	3	0	0	1
피 델	K2	7	6	1	0	0	4	5	1	6	3	0	0	0	0
한건용	K2	4	3	0	0	0	1	4	0	3	1	0	0	0	0
한지원	K2	13	9	0	1	0	22	18	0	2	1	4	0	0	0
홍동현	K2	20	18	2	1	8	16	32	2	32	15	1	0	0	0
황성민	K2	20	2	0	0	0	0	4	0	0	1	0	0	22	0
황태현	K2	2	1	0	1	0	3	0	0	1	0	0	0	0	0

2018년 K리그2 팀별 개인 기록 | 서울E

선수명	대회	출장	교체	득점	도움	코너킥	파울	파울득	오프사이드	슈팅	유효슈팅	경고	퇴장	실점	자책
감한솔	K2	13	7	0	0	0	14	14	1	3	1	0	0	0	0
고차원	K2	10	6	1	0	0	8	5	0	10	5	0	1	0	0
김동철	K2	21	6	0	0	0	13	25	2	8	3	3	0	0	0
김영광	K2	36	0	0	1	0	1	4	0	0	0	1	0	52	0
김재웅	K2	24	21	0	1	16	30	60	1	14	5	6	0	0	0
김재현	K2	24	3	1	0	0	19	42	1	11	4	0	0	0	1
김준태	K2	17	9	0	1	2	40	18	1	13	7	3	0	0	0
김창욱	K2	22	8	0	1	3	22	33	0	16	5	5	0	0	0
김태은	K2	18	5	0	0	0	26	26	0	3	1	2	0	0	0
박성우	K2	10	6	0	0	0	7	15	0	4	2	3	0	0	0
비엘키에비치	K2	11	10	1	0	9	33	17	1	0	0	0	0	0	0
안동혁	K2	10	7	1	0	1	5	8	3	5	4	1	0	0	0
안성빈	K2	13	2	0	1	0	7	9	0	3	2	0	0	0	1
안지호	K2	27	2	1	1	0	28	18	0	5	2	1	0	0	1
에레라	K2	11	10	1	0	9	5	4	3	2	1	1	0	0	0
원기종	K2	6	5	0	0	1	3	4	1	5	2	2	0	0	0
유정완	K2	13	11	0	1	2	7	20	2	3	2	0	0	0	0
윤성열	K2	2	0	0	0	0	0	1	0	0	0	0	0	0	0
이 반	K2	10	4	0	0	0	6	3	0	5	1	1	0	0	0
	계	10	4	0	0	0	6	3	0	5	1	1	0	0	0
이병욱	K2	1	1	0	0	0	3	0	0	0	1	0	0	1	0
이예찬	K2	9	5	0	0	0	9	15	0	0	2	0	0	0	0
	K1	0	0	0	0	0	0	0	0	0	0	0	0	0	0
이현성	K2	21	6	1	1	4	21	17	2	9	5	2	0	0	0
	계	21	6	1	1	4	21	17	2	9	5	2	0	0	0
전민광	K2	3	1	1	2	0	29	33	3	8	4	1	0	0	0
전석훈	K2	3	3	0	0	0	0	0	0	0	0	0	0	0	0
조용태	K2	10	9	0	0	0	6	9	0	3	1	0	0	0	0
조재완	K2	28	15	6	0	1	23	43	3	39	19	2	0	0	0
조찬호	K2	23	1	5	5	1	7	12	6	17	12	0	0	0	0
	K1	1	4	0	0	0	10	17	2	25	14	0	0	0	0
주민규	K2	3	3	0	0	0	1	2	0	4	2	0	0	0	0
	계	14	7	4	0	0	11	19	2	29	16	0	0	0	0
최오백	K2	35	7	4	3	6	28	42	12	36	2	4	0	0	0
최치원	K2	19	12	3	1	7	25	9	5	25	9	3	0	0	0
최한솔	K2	12	0	1	0	0	12	10	1	5	3	6	0	0	0
탁우선	K2	6	6	0	0	0	8	2	0	0	0	0	0	0	0
페블레스	K2	5	2	0	1	0	8	5	0	4	2	0	0	0	0
한지륜	K2														

2018년 K리그2 득점 순위

순위	선수명	소속	경기수	득점수	경기당 득점률	교체 IN/OUT	출장 시간
1	나 상 호	광주	31	16	51.6	3	2,911
2	알 렉 스	안양	28	15	53.6	8	2,256
3	키 쭈	대전	32	12	37.5	4	2,905
4	정 성 민	성남	23	10	43.5	19	1,554
5	포 프	부천	30	10	33.3	10	2,578
6	호 물 로	부산	36	10	27.8	4	3,368
7	고 경 민	부산	32	9	28.1	20	2,089
8	가도에프	대전	32	8	25.0	30	1,892
9	펠 리 페	광주	15	7	46.7	4	1,319
10	한 의 권	아산	16	7	43.8	11	1,185
11	최 호 주	안산	24	7	29.2	8	2,061
12	에 델	성남	28	7	25.0	15	1,962
13	진 창 수	부천	31	7	22.6	30	1,487
14	김 진 규	부산	32	7	21.9	15	2,540
15	박 인 혁	대전	33	7	21.2	12	2,855
16	비 아 나	수원FC	15	6	40.0	4	1,230
17	두아르테	광주	15	6	40.0	4	1,263
18	공 민 현	부천	24	6	25.0	8	2,027
19	조 재 완	서울E	28	6	21.4	15	1,883
20	고 무 열	아산	30	6	20.0	9	2,617
21	정 희 웅	안양	33	6	18.2	34	2,671
22	최 승 인	부산	19	5	26.3	18	753
23	최 병 찬	성남	19	5	26.3	14	1,410
24	조 찬 호	서울E	23	5	21.7	17	1,399
25	안 현 범	아산	27	5	18.5	16	1,850
26	백 성 동	수원FC	30	5	16.7	10	2,417
27	알 렉 스	수원FC	30	5	16.7	9	2,655
28	이 명 주	아산	30	5	16.7	8	2,657
29	서 보 민	성남	35	5	14.3	6	3,064
30	이 현 일	성남	14	4	28.6	14	504
31	김 민 균	아산	18	4	22.2	18	762
32	김 현	아산	20	4	20.0	16	1,128
33	이 동 준	부산	23	4	17.4	23	1,021
34	조 성 준	아산	24	4	16.7	20	1,712
35	정 영 총	광주	25	4	16.0	17	1,720
36	김 원 민	안양	25	4	16.0	17	1,736
37	김 정 환	광주	26	4	15.4	22	1,512
38	이 재 안	수원FC	28	4	14.3	18	1,697
39	산 시 오	부산	30	4	13.3	24	1,772
40	문 상 윤	성남	34	4	11.8	13	2,817
41	최 오 백	서울E	35	4	11.4	7	2,998
42	무 랄 라	성남	11	3	27.3	8	686
43	김 륜 도	아산	13	3	23.1	14	469
44	라 울	안산	13	3	16.7	13	998
45	김 경 준	안양	18	3	16.7	16	1,112
46	비엘키에비치	서울E	18	3	16.7	11	1,174
47	최 치 원	서울E	19	3	15.8	12	1,307
48	이 건	안산	20	3	15.0	4	1,790
49	이 한 샘	아산	23	3	13.0	3	1,948
50	김 문 환	부산	24	3	12.5	9	1,824
51	황 인 범	대전	25	3	12.0	12	1,866
52	강 윤 성	대전	26	3	11.5	15	2,009
53	이 광 재	부천	28	3	10.7	28	1,446
54	장 혁 진	안산	34	3	8.8	12	2,875
55	김 동 현	광주	36	3	8.3	5	3,383
56	임 창 균	아산	4	2	50.0	4	143
57	발로텔리	부산	4	2	50.0	2	263
58	알 레 망	부산	8	2	25.0	5	595
59	크리스토밤	부천	9	2	22.2	4	704
60	신 영 준	부산	11	2	18.2	11	336
61	박 수 창	대전	13	2	15.4	8	901
62	마테우스	수원FC	13	2	15.4	4	981
63	김 현 태	안산	13	2	15.4	3	1,089
64	이 상 용	안양	13	2	15.4	1	1,216
65	정 우 근	수원FC	14	2	14.3	11	798
66	뚜르스노프	대전	16	2	12.5	12	979
67	김 민 혁	성남	17	2	11.8	6	1,361
68	김 신 철	안양	20	2	10.0	20	326
69	홍 동 현	안산	20	2	10.0	18	1,294
70	김 승 섭	대전	21	2	9.5	20	1,132
71	두 현 석	광주	26	2	7.7	21	1,496
72	코 네	안산	26	2	7.7	22	1,557
73	박 진 섭	안산	26	2	7.7	4	2,205
74	최 재 훈	안양	27	2	7.4	11	2,124
75	임 민 혁	광주	28	2	7.1	18	1,891
76	닐손주니어	부천	28	2	7.1	2	2,575
77	연 제 운	성남	29	2	6.9	1	2,691
78	김 정 현	성남	30	2	6.7	2	2,806
79	주 현 우	성남	31	2	6.5	21	2,020
80	박 준 희	안산	31	2	6.5	3	2,874
81	마르코스	안양	33	2	6.1	4	3,062
82	임 동 혁	부천	33	2	6.1	0	3,104
83	조 귀 범	대전	3	1	33.3	2	149
84	안 주 형	대전	3	1	33.3	2	174
85	노 행 석	부산	3	1	33.3	1	197
86	베르트람	대전	4	1	25.0	3	155
87	문 준 호	안양	5	1	20.0	4	183
88	부 야	광주	6	1	16.7	4	339
89	김 동 섭	부산	7	1	14.3	7	269
90	김 대 호	수원FC	7	1	14.3	4	580
91	허 범 산	아산	8	1	12.5	8	262
92	김 동 찬	수원FC	9	1	11.1	4	385
93	배 지 훈	수원FC	9	1	11.1	3	730
94	여 름	광주	9	1	11.1	8	784

순위	선수명	소속	경기수	득점수	경기당 득점률	교체 IN/OUT	출장시간
95	이 승 모	광주	10	1	10.0	10	336
96	발푸르트	부산	10	1	10.0	10	603
97	고 차 원	서울E	10	1	10.0	6	628
98	안 동 혁	서울E	10	1	10.0	7	643
99	에 레 라	서울E	11	1	9.1	10	414
100	이 창 훈	안산	11	1	9.1	11	683
101	은 성 수	안양	11	1	9.1	4	883
102	최 한 솔	서울E	12	1	8.3	9	682
103	이 청 웅	부산	12	1	8.3	5	816
104	김 도 엽	성남	13	1	7.7	11	728
105	권 영 호	대전	13	1	7.7	4	942
106	최 준 혁	광주	13	1	7.7	4	970
107	김 민 규	광주	14	1	7.1	14	402
108	박 준 강	부산	14	1	7.1	9	901
109	구 대 영	아산	14	1	7.1	7	1,135
110	김 도 혁	아산	15	1	6.7	4	1,285
111	박 관 우	안산	16	1	6.3	16	482
112	송 주 호	안산	17	1	5.9	6	1,196
113	윤 영 선	성남	17	1	5.9	2	1,598
114	윤 준 성	대전	18	1	5.6	3	1,562
115	주 세 종	아산	19	1	5.3	4	1,536
116	이 주 용	아산	19	1	5.3	0	1,759
117	박 세 직	아산	20	1	5.0	15	1,172
118	모 재 현	수원FC	20	1	5.0	15	1,224
119	박 세 진	수원FC	20	1	5.0	8	1,452
120	박 태 준	성남	20	1	5.0	10	1,480
121	황 재 훈	대전	20	1	5.0	1	1,896
122	브 루 노	수원FC	21	1	4.8	16	1,284
123	이 현 성	서울E	21	1	4.8	6	1,676
124	김 현 성	부산	22	1	4.6	15	1,530
125	이 한 도	광주	24	1	4.2	4	1,973
126	김 재 현	서울E	24	1	4.2	3	2,115
127	김 진 래	안양	24	1	4.2	3	2,124
128	이 정 찬	부천	26	1	3.9	26	967
129	신 일 수	안산	27	1	3.7	3	2,368
130	안 지 호	서울E	27	1	3.7	2	2,408
131	안 상 현	대전	27	1	3.7	3	2,470
132	김 치 우	부산	28	1	3.6	3	2,549
133	이 인 재	안산	29	1	3.5	1	2,712
134	김 명 준	부산	29	1	3.5	1	2,743
105	정 재 희	안양	00	1	0.0	20	1,501
136	최 명 희	안산	30	1	3.3	5	2,564
137	전 민 광	서울E	31	1	3.2	1	2,900
138	김 준 엽	부천	31	1	3.2	2	2,951
139	이 현 승	부천	32	1	3.1	28	2,345
140	김 종 국	수원FC	32	1	3.1	2	2,756
141	고 명 석	대전	34	1	2.9	2	3,182
142	안 영 규	광주	36	1	2.8	2	3,330

2018년 K리그2 도움 순위

순위	선수명	소속	경기수	도움수	경기당 도움률	교체 IN/OUT	출장시간
1	박 수 일	대전	32	9	28.1	6	2,929
2	호 물 로	부산	36	9	25.0	4	3,368
3	장 혁 진	안산	34	8	23.5	12	2,875
4	문 상 윤	성남	34	7	20.6	13	2,817
5	조 성 준	아산	24	6	25.0	20	1,712
6	이 재 권	부산	28	6	21.4	2	2,545
7	이 으 뜸	광주	12	5	41.7	3	1,011
8	조 찬 호	서울E	23	5	21.7	17	1,399
9	이 명 주	아산	30	5	16.7	3	2,657
10	고 경 민	부산	32	5	15.6	20	2,089
11	문 기 한	부천	34	5	14.7	6	3,049
12	김 동 현	광주	36	5	13.9	5	3,383
13	박 세 직	아산	20	4	20.0	15	1,172
14	이 재 안	수원FC	28	4	14.3	18	1,697
15	채 광 훈	안양	30	4	13.3	2	2,725
16	가도에프	대전	32	4	12.5	30	1,892
17	키 쭈	대전	32	4	12.5	2	2,905
18	이 학 민	성남	32	4	12.5	7	2,958
19	서 동 현	수원FC	10	3	30.0	9	406
20	박 수 창	대전	13	3	23.1	2	901
21	박 재 우	대전	15	3	20.0	6	1,112
22	두아르테	광주	15	3	20.0	1	1,263
23	긴 견 준	안양	18	3	16.7	16	1,112
24	이 종 민	부산	23	3	13.0	8	1,971
25	공 민 현	부천	24	3	12.5	6	2,027
26	김 원 민	안양	25	3	12.0	17	1,736
27	황 인 범	대전	25	3	12.0	3	1,866
28	두 현 석	광주	26	3	11.5	21	1,496
29	김 정 환	광주	26	3	11.5	22	1,512
30	알 렉 스	안양	28	3	10.7	8	2,256
31	박 요 한	광주	28	3	10.7	4	2,454
32	고 무 열	아산	30	3	10.0	2	2,617
33	김 준 엽	부천	31	3	9.7	2	2,951
34	정 희 웅	안양	33	3	9.1	20	2,671
35	박 인 혁	대전	33	3	9.1	12	2,855
36	최 오 백	서울E	35	3	8.6	7	2,998
37	김 도 엽	성남	13	2	15.4	11	728
38	펠 리 페	광주	15	2	13.3	4	1,319
39	뚜르스노프	대전	16	2	12.5	9	979
40	김 송 서	안산	17	2	11.8	12	1,110
41	김 태 현	아산	18	2	11.1	11	1,121
42	최 병 찬	성남	19	2	10.5	14	1,410
43	주 세 종	아산	19	2	10.5	4	1,536
44	김 현	아산	20	2	10.0	15	1,128
45	브 루 노	수원FC	21	2	9.5	16	1,284
46	김 진 래	안양	24	2	8.3	3	2,124
47	안 현 범	아산	27	2	7.4	16	1,850

순위	선수명	소속	경기수	도움수	경기당 도움률	교체 IN/OUT	출장 시간
48	최 재 훈	안양	27	2	7,4	11	2,124
49	임 민 혁	광주	28	2	7,1	18	1,891
50	에 델	성남	28	2	7,1	15	1,962
51	김 치 우	부산	28	2	7,1	3	2,549
52	한 지 호	부산	30	2	6,7	24	1,772
53	포 프	부천	30	2	6,7	10	2,578
54	진 창 수	부천	31	2	6,5	30	1,487
55	박 준 희	안산	31	2	6,5	3	2,874
56	전 민 광	서울E	31	2	6,5	1	2,900
57	김 진 규	부산	32	2	6,3	15	2,540
58	김 종 국	수원FC	32	2	6,3	7	2,756
59	안 태 현	부천	35	2	5,7	0	3,356
60	이 용	아산	2	1	50,0	1	97
61	황 태 현	안산	2	1	50,0	1	157
62	조 범 석	아산	5	1	20,0	5	180
63	유 연 승	안양	5	1	20,0	2	379
64	페블레스	서울E	5	1	20,0	4	380
65	김 준 수	아산	6	1	16,7	3	327
66	전 상 훈	대전	6	1	16,7	2	418
67	박 대 훈	대전	7	1	14,3	6	211
68	김 동 현	부천	7	1	14,3	7	298
69	피 델	안산	7	1	14,3	6	317
70	지 우	광주	8	1	12,5	8	444
71	이 규 성	부산	8	1	12,5	6	591
72	이 인 규	광주	9	1	11,1	9	216
73	여 름	광주	9	1	11,1	8	784
74	이 승 모	광주	10	1	10,0	10	336
75	발푸르트	부산	10	1	10,0	6	603
76	김 태 호	안양	10	1	10,0	3	865
77	조 상 범	수원FC	10	1	10,0	3	877
78	신 영 준	부산	11	1	9,1	11	336
79	장 성 재	수원FC	11	1	9,1	10	544
80	이 창 훈	안산	11	1	9,1	11	683
81	송 창 호	부산	12	1	8,3	4	861
82	김 륜 도	아산	13	1	7,7	12	469
83	유 정 완	서울E	13	1	7,7	11	695
84	한 지 원	안산	13	1	7,7	9	794
85	최 준 혁	광주	13	1	7,7	4	970
86	안 성 빈	서울E	13	1	7,7	2	1,150
87	이 현 일	성남	14	1	7,1	14	501
88	박 순 강	부산	14	1	7,1	9	901
89	김 영 도	안양	14	1	7,1	9	1,019
90	신 학 영	대전	15	1	6,7	13	831
91	구 현 준	부산	15	1	6,7	3	1,339
92	이 다 원	성남	16	1	6,3	10	610
93	한 의 권	아산	16	1	6,3	11	1,185
94	송 홍 민	부천	17	1	5,9	9	985
95	김 준 태	서울E	17	1	5,9	9	1,348

순위	선수명	소속	경기수	도움수	경기당 도움률	교체 IN/OUT	출장 시간
96	김 민 혁	성남	17	1	5,9	6	1,361
97	라 울	안산	18	1	5,6	13	998
98	비엘키에비치	서울E	18	1	5,6	11	1,174
99	윤 신 영	대전	18	1	5,6	2	1,697
100	최 치 원	서울E	19	1	5,3	12	1,307
101	모 재 현	수원FC	20	1	5,0	15	1,224
102	홍 동 현	안산	20	1	5,0	18	1,294
103	이 건	안산	20	1	5,0	4	1,790
104	김 승 섭	대전	21	1	4,8	20	1,132
105	이 현 성	서울E	21	1	4,8	6	1,676
106	김 창 욱	서울E	22	1	4,6	8	1,723
107	이 동 준	부산	23	1	4,4	23	1,021
108	김 재 웅	서울E	24	1	4,2	21	1,345
109	김 문 환	부산	24	1	4,2	9	1,824
110	이 한 도	광주	24	1	4,2	4	1,973
111	최 호 주	안산	24	1	4,2	3	2,061
112	최 호 정	안양	25	1	4,0	2	2,288
113	이 정 찬	부천	26	1	3,9	26	967
114	여 봉 훈	광주	26	1	3,9	12	2,026
115	안 지 호	서울E	27	1	3,7	4	2,408
116	닐손주니어	부천	28	1	3,6	2	2,575
117	연 제 운	성남	29	1	3,5	1	2,691
118	정 재 희	안양	30	1	3,3	23	1,591
119	백 성 동	수원FC	30	1	3,3	10	2,417
120	최 명 희	안산	30	1	3,3	5	2,564
121	알 렉 스	수원FC	30	1	3,3	9	2,655
122	김 정 현	성남	30	1	3,3	4	2,806
123	주 현 우	성남	31	1	3,2	21	2,020
124	김 영 찬	안양	31	1	3,2	1	2,903
125	나 상 호	광주	31	1	3,2	3	2,911
126	이 승 현	수원FC	32	1	3,1	19	2,301
127	이 현 승	부천	32	1	3,1	28	2,345
128	마르코스	안양	33	1	3,0	4	3,062
129	임 동 혁	부천	33	1	3,0	0	3,104
130	서 보 민	성남	35	1	2,9	6	3,064
131	김 영 광	서울E	36	1	2,8	0	3,435

2018년 K리그2 골키퍼 실점 기록

선수명	소속	팀당 총경기수	출전 경기수	실점	1경기당 실점
구 상 민	부산	37	21	15	0.71
김 근 배	성남	36	23	23	1.00
김 다 솔	수원FC	36	29	27	0.93
김 동 준	성남	36	6	3	0.50
김 영 광	서울E	36	36	52	1.44
김 진 영	대전	38	11	17	1.55
김 형 근	부산	37	14	17	1.21
박 주 원	아산	36	14	12	0.86
	대전	38	2	2	1.00

선수명	소속	경기수	출전경기	실점	1경기당 실점
박 준 혁	대전	38	18	17	0.94
박 형 민	안산	36	1	4	4.00
박 형 순	아산	36	17	14	0.82
	수원FC	36	3	5	1.67
송 유 걸	부산	37	2	3	1.50
양 동 원	안양	36	1	1	1.00
양 형 모	아산	36	4	1	0.25
윤 보 상	광주	37	7	7	1.00
윤 평 국	광주	37	24	26	1.08
이 기 현	부천	36	2	4	2.00
이 상 욱	수원FC	36	5	14	2.80
이 영 창	부천	36	4	7	1.75
이 희 성	안산	36	17	19	1.12
임 민 혁	대전	38	8	11	1.38
전 수 현	안양	36	32	41	1.28
전 종 혁	성남	36	8	6	0.75
정 민 기	안양	36	3	8	2.67
제 종 현	광주	37	6	9	1.50
최 봉 진	아산	36	1	0	0.00
최 철 원	부천	36	30	39	1.30
황 성 민	안산	36	20	22	1.10
황 인 재	성남	36	1	4	4.00

K리그2 통산 팀 간 경기기록

팀명	상대팀	승	무	패	득점	실점	도움	경고	퇴장
부천	강원	6	2	5	19	18	10	21	3
	경남	5	1	6	15	16	8	19	0
	고양	9	4	4	27	17	17	34	0
	광주	3	4	6	13	16	8	22	0
	대구	2	4	6	7	13	2	19	1
	대전	6	4	6	14	16	9	23	1
	부산	5	3	4	10	9	8	15	0
	상주	2	3	5	8	16	5	12	0
	서울E	3	3	8	16	25	13	26	1
	성남	2	1	5	9	13	3	12	0
	수원FC	6	5	10	31	33	13	42	2
	아산	1	2	5	8	11	6	13	0
	안산	2	5	8	13	12	9	13	0
	안산무	4	4	3	19	28	14	30	0
	안양	8	7	10	32	30	23	45	1
	충주	7	3	7	15	18	12	38	0
	계	74	51	99	258	289	161	396	9

팀명	상대팀	승	무	패	득점	실점	도움	경고	퇴장
안양	강원	2	4	6	8	20	3	37	1
	경남	3	3	6	11	17	8	22	2
	고양	8	4	5	21	15	16	30	0
	광주	4	4	5	16	21	9	23	0
	대구	4	6	2	19	16	13	23	0
	대전	6	6	6	22	26	12	26	0
	부산	1	3	6	8	10	8	27	1
	부천	10	7	8	30	32	23	52	1

팀명	상대팀	승	무	패	득점	실점	도움	경고	퇴장
	상주	3	1	5	13	21	7	16	0
	서울E	8	4	4	24	16	12	29	0
	성남	1	3	4	7	10	6	10	0
	수원FC	5	5	11	24	36	12	41	1
	아산	1	1	6	6	17	4	22	0
	안산	5	1	2	13	8	5	14	1
	안산무	6	3	4	24	20	14	35	0
	충주	8	5	4	28	20	19	27	0
	계	73	60	90	276	316	171	436	7

팀명	상대팀	승	무	패	득점	실점	도움	경고	퇴장
수원FC	강원	2	2	4	10	9	3	19	0
	경남	3	3	2	10	9	7	12	0
	고양	4	6	3	15	12	7	31	2
	광주	4	3	6	14	19	10	23	1
	대구	4	3	2	15	13	13	19	0
	대전	5	1	6	23	24	14	19	0
	부산	3	3	2	8	9	4	16	0
	부천	10	5	6	33	26	22	52	1
	상주	2	4	3	10	11	6	20	0
	서울E	5	4	4	18	18	8	27	0
	성남	1	2	5	3	10	0	18	0
	아산	0	0	8	2	13	1	24	0
	안산	2	4	2	6	12	4	15	2
	안산무	5	1	7	20	27	13	28	0
	안양	11	5	5	36	24	17	43	1
	충주	7	3	3	22	12	14	16	0
	계	68	47	70	245	252	153	382	7

팀명	상대팀	승	무	패	득점	실점	도움	경고	퇴장
대전	강원	5	1	2	13	7	10	15	0
	경남	3	1	4	18	19	12	20	0
	고양	5	3	0	13	4	8	11	0
	광주	5	1	3	12	6	9	16	1
	대구	2	2	4	6	9	5	14	0
	부산	3	3	7	14	23	11	30	1
	부천	6	4	6	16	14	10	33	1
	서울E	5	3	4	13	13	10	24	0
	성남	0	2	6	6	16	6	17	0
	수원FC	6	1	5	24	23	16	28	0
	아산	3	3	2	11	11	9	15	1
	안산	1	4	3	9	11	6	12	0
	안산무	2	2	4	10	11	7	15	0
	안양	6	6	6	26	22	14	26	1
	충주	5	3	0	17	6	12	8	0
	계	57	39	54	209	195	145	274	5

팀명	상대팀	승	무	패	득점	실점	도움	경고	퇴장
부산	강원	3	1	1	5	3	4	13	0
	경남	1	2	5	10	14	4	18	1
	고양	4	0	0	8	0	8	7	0
	광주	0	3	1	6	7	4	8	1
	대구	1	0	3	2	7	2	8	0
	대전	7	3	3	23	14	13	24	1
	부천	4	3	5	9	10	5	15	0
	서울E	6	3	3	24	17	17	15	0
	성남	3	4	1	9	5	5	15	1
	수원FC	2	3	3	9	8	6	11	0

팀명	상대팀	승	무	패	득점	실점	도움	경고	퇴장
	아산	4	4	1	11	5	7	17	0
	안산	6	2	0	15	3	9	13	0
	안산무	2	1	1	8	4	6	12	0
	안양	8	3	1	21	10	15	24	1
	충주	3	1	0	7	1	3	9	0
	계	54	32	29	163	105	113	209	6

팀명	상대팀	승	무	패	득점	실점	도움	경고	퇴장
경남	강원	3	5	0	6	2	6	11	0
	고양	5	1	2	16	7	12	17	0
	대구	2	1	5	6	12	6	15	2
	대전	4	1	3	19	18	13	12	0
	부산	5	2	1	14	10	11	15	0
	부천	6	1	5	16	15	9	26	2
	상주	1	0	3	4	8	1	10	0
	서울E	4	3	5	12	12	6	17	0
	성남	3	1	0	7	3	6	13	0
	수원FC	2	3	3	9	10	5	19	0
	아산	3	1	0	8	4	7	9	0
	안산	2	1	1	9	5	6	3	1
	안산무	1	2	5	4	13	3	12	0
	안양	6	3	3	17	11	10	19	0
	충주	5	1	2	13	7	12	11	0
	계	52	26	38	160	137	113	210	5

팀명	상대팀	승	무	패	득점	실점	도움	경고	퇴장
대구	강원	6	2	4	20	16	11	24	0
	경남	5	1	2	12	6	9	10	0
	고양	6	2	4	21	16	11	19	0
	광주	1	1	2	4	5	0	6	0
	대전	4	2	2	9	6	6	16	0
	부산	3	0	1	7	2	4	11	0
	부천	6	4	2	13	7	10	26	1
	상주	2	1	1	10	5	6	12	0
	서울E	3	4	1	10	6	8	6	0
	수원FC	2	3	4	13	15	6	28	0
	안산무	3	4	5	17	18	10	25	0
	안양	2	6	4	16	19	14	33	0
	충주	7	4	1	19	11	11	18	0
	계	50	34	33	171	132	106	232	1

팀명	상대팀	승	무	패	득점	실점	도움	경고	퇴장
강원	경남	0	5	3	2	6	1	11	0
	고양	6	3	3	16	9	11	23	1
	광주	1	1	3	5	9	4	4	1
	대구	4	2	6	16	20	10	23	0
	대전	2	1	5	7	13	5	15	1
	부산	1	1	3	5	5	2	12	0
	부천	5	2	8	18	19	11	34	1
	상주	1	0	3	5	7	1	9	0
	서울E	5	3	0	17	10	10	16	0
	수원FC	4	2	2	13	10	10	24	0
	안산무	7	1	4	19	11	8	24	1
	안양	6	4	2	20	8	10	27	2
	충주	8	2	2	24	14	15	18	0
	계	50	27	42	165	141	98	245	7

팀명	상대팀	승	무	패	득점	실점	도움	경고	퇴장
서울E	강원	0	3	5	10	17	6	21	0
	경남	5	3	4	12	12	9	24	1
	고양	4	3	1	15	7	11	13	0
	광주	0	2	2	3	9	2	8	0
	대구	1	4	3	6	10	6	14	0
	대전	4	3	5	13	14	12	17	2
	부산	3	3	6	14	24	9	20	1
	부천	8	3	5	25	16	14	30	0
	상주	1	1	2	6	7	5	8	0
	성남	2	5	1	10	8	7	14	0
	수원FC	4	4	5	18	18	14	18	2
	아산	1	2	5	5	16	4	20	0
	안산	5	3	0	13	6	9	11	1
	안산무	2	4	2	8	8	7	16	0
	안양	8	4	8	16	24	6	26	0
	충주	6	1	1	17	7	13	11	0
	계	50	48	55	191	203	134	271	7

팀명	상대팀	승	무	패	득점	실점	도움	경고	퇴장
상주	강원	3	0	1	7	5	5	6	0
	경남	3	0	1	8	4	6	0	0
	고양	6	2	1	20	6	16	17	0
	광주	4	0	1	10	5	6	12	1
	대구	1	1	2	5	10	1	12	0
	부천	5	2	2	14	10	6	17	1
	서울E	2	1	1	7	6	6	6	0
	수원FC	3	4	2	11	10	6	18	0
	안산무	6	2	1	20	7	15	12	0
	안양	5	1	3	13	12	7	17	1
	충주	5	2	2	19	12	13	10	0
	계	43	15	17	142	88	92	127	3

팀명	상대팀	승	무	패	득점	실점	도움	경고	퇴장
광주	강원	3	1	1	9	5	7	6	1
	고양	3	3	3	11	13	6	14	0
	대구	2	1	1	5	4	5	9	0
	대전	3	1	5	6	12	5	12	1
	부산	1	3	0	7	6	8	8	0
	부천	6	4	3	13	11	8	20	0
	상주	1	0	4	5	10	4	8	0
	서울E	2	2	0	9	3	5	5	0
	성남	1	2	1	6	6	4	4	0
	수원FC	6	3	4	19	14	14	26	1
	아산	1	2	1	5	5	3	7	0
	안산	1	1	2	6	5	3	7	0
	안산무	4	1	5	14	13	10	21	1
	안양	5	4	4	21	16	13	20	0
	충주	3	4	2	11	6	6	14	0
	계	42	32	38	160	134	102	191	4

팀명	상대팀	승	무	패	득점	실점	도움	경고	퇴장
아산	경남	0	1	3	4	8	1	5	0
	광주	1	2	1	5	5	4	11	0
	대전	2	3	3	11	11	9	19	1
	부산	1	4	4	5	11	3	24	1
	부천	5	2	1	16	5	8	18	0
	서울E	5	2	1	16	5	10	16	0
	성남	3	2	4	9	9	7	26	0
	수원FC	8	0	0	13	2	9	21	1

팀명	상대팀	승	무	패	득점	실점	도움	경고	퇴장
	안산	6	1	1	9	2	7	15	0
	안양	6	1	1	17	6	12	17	0
	계	37	18	19	99	67	67	172	3

팀명	상대팀	승	무	패	득점	실점	도움	경고	퇴장
성남	경남	0	1	3	3	7	2	6	0
	광주	1	2	1	6	6	5	6	0
	대전	6	2	0	16	6	9	9	0
	부산	2	3	3	5	7	2	12	1
	부천	5	1	2	13	9	4	13	0
	서울E	1	5	2	8	10	4	14	0
	수원FC	5	2	1	11	3	7	10	0
	아산	4	2	3	9	8	3	19	0
	안산	3	4	1	6	4	0	11	0
	안양	4	3	1	10	7	4	18	0
	계	31	25	17	87	67	40	118	1

팀명	상대팀	승	무	패	득점	실점	도움	경고	퇴장
안산	경남	1	1	2	5	9	3	9	0
	광주	2	1	1	5	6	2	8	1
	대전	3	4	1	11	9	11	9	2
	부산	0	2	6	3	15	1	10	0
	부천	3	2	3	12	13	11	15	1
	서울E	0	3	5	6	13	3	8	0
	성남	1	4	3	4	6	3	22	0
	수원FC	4	2	2	12	6	7	12	0
	아산	1	1	6	2	9	1	15	0
	안양	2	1	5	8	13	5	14	0
	계	17	21	34	68	99	47	122	4

팀명	상대팀	승	무	패	득점	실점	도움	경고	퇴장
안산무	강원	4	1	7	11	19	5	35	0
	경남	5	2	1	13	4	9	14	0
	고양	8	6	3	28	13	21	40	1
	광주	5	1	4	13	14	9	29	2
	대구	5	4	3	18	17	12	20	1
	대전	4	2	2	11	10	8	14	1
	부산	1	1	2	4	8	1	8	0
	부천	9	4	4	28	19	17	53	1
	상주	2	2	6	7	20	5	30	0
	서울E	2	4	2	8	8	3	11	1
	수원FC	7	1	5	21	20	11	32	1
	안양	8	3	6	20	24	11	48	0
	충주	7	6	4	24	25	14	32	0
	계	66	37	49	206	201	126	366	8

팀명	상대팀	승	무	패	득점	실점	도움	경고	퇴장
고양	강원	3	3	6	9	16	4	29	0
	경남	2	1	5	7	16	5	17	1
	광주	3	3	3	13	11	6	19	0
	대구	4	2	8	18	21	7	28	1
	대전	0	3	5	4	13	2	15	1
	부산	0	0	4	0	6	0	11	1
	부천	4	4	9	17	27	8	39	0
	상주	1	2	6	6	20	1	8	1
	서울E	1	3	4	7	15	4	19	0
	수원FC	3	6	4	12	15	6	27	0
	안산무	3	6	8	13	28	9	22	0
	안양	5	4	8	15	21	7	42	0

팀명	상대팀	승	무	패	득점	실점	도움	경고	퇴장
	충주	7	8	2	27	22	21	32	2
	계	36	45	70	146	231	77	308	7

팀명	상대팀	승	무	패	득점	실점	도움	경고	퇴장
충주	강원	2	2	8	14	24	7	21	0
	경남	2	1	5	7	13	2	11	0
	고양	2	8	7	22	27	15	30	0
	광주	2	4	3	6	11	3	19	1
	대구	1	4	7	11	19	9	18	0
	대전	0	3	5	6	17	4	11	0
	부산	0	1	3	1	7	1	7	0
	부천	7	3	7	18	15	15	44	0
	상주	2	2	5	12	19	8	19	0
	서울E	1	1	6	7	17	3	14	0
	수원FC	3	3	7	12	22	7	23	0
	안산무	4	6	7	25	24	16	24	0
	안양	4	5	8	20	28	13	32	0
	계	30	43	78	161	243	103	273	1

K리그2 통산 팀 최다 기록

기록구분	기록	구단명
승 리	74	부천
패 전	99	부천
무승부	60	안양
득 점	276	안양
실 점	316	안양
도 움	171	안양
코너킥	1,010	안양
파 울	3,543	부천
오프사이드	408	부천
슈 팅	2,599	부천
페널티킥	40	안양
페널티킥 득점	29	안양
페널티킥 실축	11	안양
경 고	436	안양
퇴 장	9	부천

K리그2 통산 팀 최소 기록

기록구분	기록	구단명
승 리	17	안산
패 전	17	상주, 성남
무승부	15	상주
득 점	68	안산
실 점	67	성남, 아산
노 움	40	성남
코너킥	822	안산
파 울	977	안산
오프사이드	96	안산
슈 팅	768	안산
페널티킥	6	안산
페널티킥 득점	5	안산
페널티킥 실축	0	경남

경 고	118	성 남
퇴 장	1	대구, 성남, 충주

K리그2 통산 팀 최다 연속 기록

기록구분	기록	구단명(기간)
연속 승	11	상주 (2013.09.01 ~ 2013.11.10)
연속 무승부	5	고양 (2013.04.20 ~ 2013.05.19) 안양 (2015.04.15 ~ 2015.05.13)
연속 패	9	안산 (2018.06.30.~ 2018.08.26)
연속 득점	31	대구 (2014.09.14~ 2015.07.11)
연속 무득점	6	고양 (2016.07.09~ 2016.08.13)
연속 무승	25	고양 (2016.05.08~ 2016.09.25)
연속 무패	19	경남 (2016.10.30.~ 2017.06.24)
연속 실점	20	대전 (2016.10.15.~ 2017.06.26)
연속 무실점	6	상주 (2013.09.01~ 2013.10.05.) 성남 (2017.05.07.~ 2017.06.12)

K리그2 통산 선수 출전 순위

순위	선수명	최종 소속팀	출전
1	문 기 한	부천	192
2	진 창 수	부천	176
3	공 민 현	부천	173
4	고 경 민	부산	170
5	장 혁 진	안산	152
6	김 영 광	서울E	149
7	김 준 엽	부천	140
8	서 보 민	성남	138
9	안 성 빈	서울E	135
10	이 도 성	고양	129

K리그2 통산 선수 득점 순위

순위	선수명	소속팀	득점	경기수	교체수	경기당득점
1	고 경 민	부산	60	170	85	0.35
2	알 렉 스	안양	58	128	45	0.45
3	주 민 규	서울E	44	128	51	0.34
4	조 나 탄	수원	40	68	21	0.59
5	진 창 수	부천	35	176	127	0.20

K리그2 통산 선수 도움 순위

순위	선수명	소속팀	득점	경기수	교체수	경기당도움
1	문 기 한	부천	39	192	90	0.20
2	장 혁 진	안산	30	152	58	0.20
3	최 진 수	아산	24	111	49	0.22
4	임 창 균	아산	21	116	68	0.18
5	권 용 현	수원FC	20	114	64	0.18

K리그2 통산 선수 공격포인트 순위

순위	선수명	소속팀	공격포인트	경기수	경기당공격P
1	고 경 민	부산	76	170	0.45
2	알 렉 스	안양	71	128	0.55
3	주 민 규	서울E	56	128	0.44
4	진 창 수	부천	55	176	0.31
5	문 기 한	부천	52	192	0.27

K리그2 통산 골키퍼 무실점 순위

순위	선수명	소속팀	무실점 경기수
1	김 영 광	서울E	48
2	박 형 순	수원FC	39
3	류 원 우	포항	37
4	조 현 우	대구	34
5	구 상 민	부산	31

K리그2 통산 선수 연속 득점 순위

순위	선수명	당시 소속팀	연속경기수	비고
1	주 민 규	서울E	7	2015.05.10 ~ 2015.06.10
	김 동 찬	대전	7	2016.04.17 ~ 2016.05.25
	이 정 협	부산	7	2017.03.04 ~ 2017.04.22
4	아드리아노	대전	6	2014.03.22 ~ 2014.04.27
5	알 렉 스	고양	5	2013.08.10 ~ 2013.09.08
	김 한 원	수원FC	5	2014.09.01 ~ 2014.09.28
	조 나 탄	대구	5	2015.09.20 ~ 2015.10.18
	말 컹	경남	5	2017.05.07 ~ 2017.06.04
	알 렉 스	서울E	5	2017.07.30 ~ 2017.09.02

K리그2 통산 선수 연속 공격포인트 순위

순위	선수명	당시 소속팀	연속경기수	비고
1	이 근 호	상주	9	2013.04.13 ~ 2013.08.04
2	주 민 규	서울E	8	2015.05.02 ~ 2015.06.10
3	김 동 찬	성남	7	2016.04.17 ~ 2016.05.25
	파 울 로	대구	7	2016.05.29 ~ 2016.07.02
	이 정 협	부산	7	2017.03.04 ~ 2017.04.22
6	아드리아노	대전	6	2014.03.22 ~ 2014.04.27

K리그2 통산 골키퍼 연속 무실점 경기 순위

순위	선수명	당시 소속팀	연속경기수	비고
1	김 호 준	상주	6	2013.09.01 ~ 2013.10.05
	김 동 준	성남	6	2017.05.07 ~ 2017.06.12
3	김 선 규	대전	5	2014.05.18 ~ 2014.06.16
	김 영 광	서울E	5	2016.10.08 ~ 2016.10.30
	김 다 솔	수원FC	5	2018.07.30 ~ 2018.08.25

Section 5

K 리 그 승 강
플 레 이 오 프 기 록

KEB하나은행 K리그 승강 플레이오프 2018 경기일정표

날짜	시간	홈팀	결과	원정팀	장소	관중수
12.16	19:00	부산	1:3	서울	부산구덕	10,127
12.19	14:10	서울	1:1	부산	서울W	8,554

2018년 승강 플레이오프 팀 간 경기 기록

팀명	상대팀	승	무	패	득점	실점	자책	득실	도움	코너킥	파울	파울득	오프사이드	슈팅(유효)	PK득점	PK실점	경고	퇴장
서울	부산	1	1	0	4	2	0	2	4	9	32	15	3	17(12)	0	0	3	0
부산	서울	0	1	1	2	4	0	-2	2	10	18	29	2	24(13)	0	0	5	0

2018년 승강 플레이오프 팀별 개인 기록 | 서울

선수명	출장	교체	득점	도움	코너킥	파울	파울득	오프사이드	슈팅	유효슈팅	경고	퇴장	실점	자책
고요한	2	0	1	1	0	6	3	0	2	1	0	0	0	0
곽태휘	0	0	0	0	0	0	0	0	0	0	0	0	0	0
김동우	2	0	0	1	0	1	0	0	0	0	1	0	0	0
김원균	2	0	0	0	0	0	0	0	0	0	0	0	0	0
김원식	1	1	0	0	0	1	0	0	0	0	0	0	0	0
김한길	0	0	0	0	0	0	0	0	0	0	0	0	0	0
박주영	2	2	1	1	4	1	4	3	2	0	0	0	0	0
신광훈	0	0	0	0	0	0	0	0	0	0	0	0	0	0
양한빈	2	0	0	0	0	0	0	0	0	0	0	0	2	0
에반드로	2	2	0	0	0	1	0	1	2	2	0	0	0	0
윤석영	1	0	0	0	1	0	1	0	0	0	0	0	0	0
윤종규	2	0	0	0	0	0	0	0	0	0	0	0	0	0
윤주태	2	2	0	0	0	5	4	1	3	1	0	0	0	0
이웅희	0	0	0	0	0	0	0	0	0	0	0	0	0	0
정원진	0	0	0	0	0	0	0	0	0	0	0	0	0	0
정현철	2	1	1	0	0	5	0	0	1	1	0	0	0	0
조영욱	2	1	1	0	3	4	3	1	5	4	0	0	0	0
하대성	2	1	0	1	0	4	0	0	0	0	0	0	0	0

2018년 승강 플레이오프 팀별 개인 기록 | 부산

선수명	출장	교체	득점	도움	코너킥	파울	파울득	오프사이드	슈팅	유효슈팅	경고	퇴장	실점	자책
고경민	2	2	0	0	0	2	0	1	1	0	0	0	0	0
구상민	2	0	0	0	0	1	0	0	0	0	0	4	0
구현준	2	0	0	0	1	1	0	0	0	0	0	0	0	0
권진영	1	0	0	0	0	2	0	0	0	0	0	0	0	0
김명준	1	0	0	0	0	0	0	0	0	0	0	0	0	0
김문환	2	0	0	0	1	1	0	0	0	0	0	0	0	0
김진규	2	1	1	0	0	2	0	0	1	1	0	0	0	0
김치우	2	1	0	0	0	0	0	0	0	0	0	0	0	0
김현성	2	2	0	0	0	5	3	1	1	0	0	0	0	0
김형근	0	0	0	0	0	0	0	0	0	0	0	0	0	0
노행석	2	1	0	0	4	3	0	0	0	0	0	0	0	0
서용덕	0	0	0	0	0	0	0	0	0	0	0	0	0	0
송창호	0	0	0	0	0	0	0	0	0	0	0	0	0	0
신영준	0	0	0	0	0	0	0	0	0	0	0	0	0	0
이동준	2	2	0	0	0	3	0	0	1	0	0	0	0	0
이재권	2	0	0	0	0	6	4	0	0	0	1	0	0	0
이종민	1	1	0	0	0	0	0	0	0	0	0	0	0	0
이청웅	1	1	0	0	0	0	0	0	0	0	0	0	0	0
최승인	0	0	0	0	0	0	0	0	0	0	0	0	0	0
한지호	2	1	0	1	0	4	1	0	0	0	0	0	0	0
호물로	2	0	1	1	8	1	6	0	8	3	1	0	0	0

2018년 승강 플레이오프 선수 득점 기록

선수명	소속	득점수	경기수	교체 IN/OUT	경기당 득점
박주영	서울	1	2	2	0.5
조영욱	서울	1	2	1	0.5
김진규	부산	1	2	1	0.5
정현철	서울	1	2	1	0.5
고요한	서울	1	2	0	0.5
호물로	부산	1	2	0	0.5

2018년 승강 플레이오프 골키퍼 실점 기록

선수명	소속	총경기수	출장경기수	실점	1경기당 실점
구상민	부산	2	2	4	2
양한빈	서울	2	2	2	1

2018년 승강 플레이오프 선수 도움 기록

선수명	소속	득점수	경기수	교체 IN/OUT	경기당 득점
박주영	서울	1	2	2	0.5
하대성	서울	1	2	1	0.5
한지호	부산	1	2	1	0.5
고요한	서울	1	2	0	0.5
김동우	서울	1	2	0	0.5
호물로	부산	1	2	0	0.5

승강 플레이오프 통산 팀 간 경기기록

팀명	상대팀	승	무	패	득점	실점	도움	경고	퇴장
상주	강원	1	0	1	4	2	2	1	0
	부산	1	1	0	1	1	0	4	0
	계	2	1	1	5	3	2	5	0

팀명	상대팀	승	무	패	득점	실점	도움	경고	퇴장
수원FC	부산	2	0	0	3	0	2	3	1
	계	2	0	0	3	0	2	3	1

팀명	상대팀	승	무	패	득점	실점	도움	경고	퇴장
서울	부산	1	1	0	4	2	4	3	0
	계	1	1	0	4	2	4	3	0

팀명	상대팀	승	무	패	득점	실점	도움	경고	퇴장
강원	상주	1	0	1	2	4	2	5	0
	성남	0	2	0	1	1	1	6	0
	계	1	2	1	3	5	3	11	0

팀명	상대팀	승	무	패	득점	실점	도움	경고	퇴장
광주	경남	1	1	0	4	2	2	2	0
	계	1	1	0	4	2	2	2	0

팀명	상대팀	승	무	패	득점	실점	도움	경고	퇴장
부산	상주	0	1	1	1	1	0	4	0
	서울	0	1	1	2	4	2	5	0
	수원FC	0	0	2	0	3	0	10	0
	계	0	2	4	3	8	2	19	0

팀명	상대팀	승	무	패	득점	실점	도움	경고	퇴장
성남	강원	0	2	0	1	1	0	8	0
	계	0	2	0	1	1	0	8	0

팀명	상대팀	승	무	패	득점	실점	도움	경고	퇴장
경남	광주	0	1	1	2	4	2	5	0
	계	0	1	1	2	4	2	5	0

Section 6

프로축구 역대
통산 기록

*BC(Before Classic): 1983~2012년

프로축구 통산 팀별 경기 기록

팀명	상대팀	승	무	패	득점	실점	도움	경고	퇴장
울산	강원	13	3	2	35	20	24	35	1
	경남	17	6	4	44	21	34	44	2
	광주	10	4	1	21	10	13	22	0
	광주상무	15	6	3	35	13	26	40	0
	국민은행	4	0	0	14	3	11	0	0
	대구	23	8	6	62	33	42	76	1
	대전	32	17	11	98	52	74	97	2
	버팔로	3	2	1	10	5	7	10	0
	부산	53	45	53	169	167	117	207	13
	상무	2	1	0	4	1	2	4	0
	상주	11	3	4	35	24	23	18	0
	서울	57	53	51	197	187	133	223	11
	성남	42	35	42	139	140	93	166	4
	수원	30	23	26	98	100	79	133	3
	수원FC	2	1	0	4	2	1	4	0
	인천	20	12	13	65	50	44	86	2
	전남	35	23	23	101	86	65	154	5
	전북	35	24	34	125	124	80	159	4
	제주	57	52	49	181	168	124	212	8
	포항	52	50	58	191	190	137	231	4
	한일은행	5	5	1	16	8	14	9	0
	할렐루야	4	2	1	13	7	10	1	0
	계	522	375	383	1657	1411	1153	1927	60

팀명	상대팀	승	무	패	득점	실점	도움	경고	퇴장
포항	강원	8	5	3	28	13	22	25	1
	경남	16	6	6	46	30	30	55	0
	광주	10	5	0	27	10	17	21	1
	광주상무	16	4	1	37	17	22	40	0
	국민은행	4	1	3	14	9	11	5	0
	대구	19	10	9	61	42	44	73	2
	대전	27	17	8	76	39	54	79	1
	버팔로	4	2	0	13	5	10	4	1
	부산	49	47	54	174	179	120	194	3
	상무	4	0		4	2	3	3	0
	상주	10	1	6	30	24	23	32	0
	서울	58	48	50	225	201	156	234	7
	성남	55	33	32	162	126	113	169	1
	수원	31	29	31	109	104	69	155	3
	수원FC	0	0	4	2	6	1	7	0
	울산	58	50	52	190	191	143	234	7
	인천	19	14	13	71	55	46	85	2
	전남	31	23	23	100	87	68	153	4
	전북	32	23	32	118	111	78	152	3
	제주	60	44	57	209	207	146	198	5
	한일은행	0	4	2	12	0	7	0	0
	할렐루야	5	0	0	15	11	0	0	0
	계	519	372	389	1723	1477	1191	1927	41

팀명	상대팀	승	무	패	득점	실점	도움	경고	퇴장
서울	강원	11	3	4	35	24	24	28	2
	경남	12	10	8	36	28	29	64	0
	광주	9	2	2	29	17	18	19	0
	광주상무	15	5	4	38	14	19	33	0
	국민은행	2	2	0	6	2	4	0	0
	대구	14	11	10	56	36	36	54	2
	대전	25	18	12	77	54	49	85	1
	버팔로	6	0	0	17	5	12	4	0
	부산	55	48	44	188	164	123	182	9
	상무	1	2	0	3	2	3	1	0
	상주	9	4	5	30	22	24	30	0
	성남	36	40	41	143	154	100	198	7
	수원	32	22	32	101	112	66	198	0
	수원FC	3	0	0	7	0	6	3	0
	울산	51	53	57	187	197	131	240	10
	인천	19	16	11	73	47	51	84	2
	전남	37	25	20	119	88	71	157	3
	전북	33	24	29	122	117	72	159	3
	제주	61	52	45	211	179	138	197	6
	포항	50	48	58	201	225	141	229	10
	한일은행	8	1	2	26	9	20	7	0
	할렐루야	3	1	2	9	7	8	4	0
	계	492	387	387	1714	1503	1145	1976	55

팀명	상대팀	승	무	패	득점	실점	도움	경고	퇴장
부산	강원	8	6	2	20	11	12	38	0
	경남	11	6	19	41	46	32	86	4
	고양	4	0	0	6	0	6	7	0
	광주	5		4	16	16	10	26	2
	광주상무	8	7	9	25	24	21	29	1
	국민은행	6	2	0	16	6	11	3	0
	대구	11	7	14	44	55	28	62	2
	대전	44	14	19	125	83	80	136	2
	버팔로	3	0	3	13	12	9	10	0
	부천	4	3	5	9	10	7	15	0
	상무	1	0	2	5	4	4	6	0
	상주	4	5	2	15	13	11	16	2
	서울	44	48	55	164	188	89	231	12
	서울E	6	3	3	24	14	17	15	1
	성남	38	39	43	130	143	82	214	5
	수원	17	21	41	82	120	51	166	5
	수원FC	2	3	5	9	11	6	21	0
	아산	4	4	1	11	5	7	14	0
	안산	6	2	0	15	3	9	13	0
	안산무	2	1	1	8	4	6	12	0
	안양	8	3	1	21	10	15	24	1
	울산	53	45	53	167	169	111	249	15
	인천	8	17	12	31	46	16	71	0
	전남	25	16	31	93	109	62	150	7
	전북	21	17	31	79	102	48	142	2
	제주	50	50	50	152	162	79	224	3
	충주	3	1	0	7	1	3	9	0
	포항	54	47	49	179	174	107	225	7
	한일은행	8	1	2	22	11	17	5	0
	할렐루야	3	5	3	13	10	7	9	1
	계	459	379	460	1544	1559	963	2225	72

팀명	상대팀	승	무	패	득점	실점	도움	경고	퇴장
제주	강원	9	3	7	39	26	27	34	0
	경남	9	13	10	35	38	19	57	1
	광주	5	5	5	16	17	12	22	1
	광주상무	13	5	5	29	14	19	36	1

204

국민은행	5	1	2	13	7	8	4	0
대구	18	10	9	57	37	32	66	0
대전	25	12	19	77	60	55	94	2
버팔로	6	0	0	16	5	11	4	1
부산	50	50	50	162	152	109	204	4
상무	1	1	1	4	2	3	2	0
상주	8	6	3	34	22	22	17	0
서울	45	52	61	179	211	125	222	8
성남	33	44	43	148	169	96	181	10
수원	24	17	42	98	135	59	153	3
수원FC	1	1	1	8	7	3	6	0
울산	49	52	57	168	181	106	215	4
인천	14	17	11	40	36	24	70	1
전남	40	20	16	123	84	89	124	7
전북	27	18	45	108	135	68	169	4
포항	57	44	60	207	209	146	199	5
한일은행	4	4	3	15	9	11	6	0
할렐루야	4	5	2	22	16	15	4	0
계	447	378	452	1598	1572	1059	1889	54

팀명	상대팀	승	무	패	득점	실점	도움	경고	퇴장
성남	강원	9	3	5	26	16	16	43	1
	경남	14	6	6	43	32	20	51	0
	광주	6	6	5	25	24	17	33	1
	광주상무	13	5	6	34	21	24	26	2
	대구	19	9	7	56	34	37	66	0
	대전	45	15	8	117	57	87	114	3
	버팔로	4	1	1	8	5	4	8	1
	부산	43	39	38	143	130	103	156	8
	부천	5	1	2	13	9	4	13	0
	상주	5	6	2	23	15	11	16	0
	서울	41	40	36	154	143	106	185	4
	서울E	1	5	2	8	10	4	14	0
	수원	21	24	27	95	107	55	140	2
	수원FC	6	3	3	16	9	9	12	1
	아산	4	2	3	9	8	3	19	0
	안산	3	4	1	10	8	4	11	0
	안양	4	3	1	10	7	4	18	0
	울산	42	35	42	140	139	101	189	7
	인천	15	17	7	53	32	33	81	1
	전남	32	26	21	88	69	55	159	3
	전북	28	18	31	99	106	67	138	4
	제주	43	44	33	164	148	103	160	5
	포항	32	33	55	126	162	81	194	8
	소계	435	345	344	1460	1287	944	1846	51

팀명	상대팀	승	무	패	득점	실점	도움	경고	퇴장
수원	강원	11	3	4	35	21	25	35	2
	경남	13	10	8	43	31	30	48	2
	광주	7	5	2	22	12	15	26	0
	광주상무	15	4	4	33	13	23	25	1
	대구	22	8	3	55	28	35	58	0
	대전	29	16	11	87	45	55	99	1
	부산	41	21	17	120	82	69	144	4
	상주	10	5	1	28	11	14	22	0
	서울	32	22	32	112	101	71	194	5
	성남	27	24	21	107	95	70	128	0

수원FC	3	0	1	10	8	5	7	0
울산	26	23	30	100	98	49	151	3
인천	24	14	5	73	44	46	86	0
전남	33	17	21	108	86	60	113	3
전북	30	22	27	108	121	71	159	6
제주	42	17	24	135	98	99	127	6
포항	31	29	31	104	109	66	169	4
계	396	240	242	1280	1003	803	1591	40

팀명	상대팀	승	무	패	득점	실점	도움	경고	퇴장
전북	강원	15	1	7	48	23	36	38	0
	경남	18	5	7	62	33	40	60	2
	광주	8	4	1	32	13	24	33	1
	광주상무	13	7	4	36	21	25	37	0
	대구	21	9	7	67	39	42	74	1
	대전	20	15	17	71	64	48	89	2
	부산	31	17	21	102	79	70	100	4
	상주	12	4	1	44	13	33	29	1
	서울	29	24	33	117	122	74	182	2
	성남	31	18	28	106	99	64	170	4
	수원	27	22	30	121	108	75	170	4
	수원FC	2	1	0	7	4	3	10	0
	울산	34	24	35	124	125	84	181	5
	인천	14	15	13	55	48	37	101	1
	전남	32	27	20	113	83	68	163	3
	제주	45	18	27	135	108	91	177	3
	포항	32	23	32	111	118	72	185	4
	계	384	234	278	1351	1100	886	1799	37

팀명	상대팀	승	무	패	득점	실점	도움	경고	퇴장
전남	강원	9	10	5	37	33	26	52	0
	경남	12	6	9	36	36	27	54	0
	광주	5	5	4	23	27	14	35	1
	광주상무	12	6	3	14	16		34	0
	대구	15	12	13	64	60	47	82	5
	대전	25	17	17	77	78	48	90	1
	부산	31	16	25	109	93	70	111	2
	상주	13	4	6	33	22	19	25	1
	서울	20	25	37	88	119	59	141	4
	성남	21	26	32	69	87	42	156	4
	수원	21	17	33	86	108	57	130	4
	수원FC	1	2	0	2	1	2	9	1
	울산	23	23	36	86	101	51	155	2
	인천	12	20	14	45	47	29	102	4
	전북	20	27	32	83	113	61	136	4
	제주	16	20	40	84	123	52	113	4
	포항	23	25	31	87	100	50	154	1
	계	278	281	370	1030	1141	670	1670	37

팀명	상대팀	승	무	패	득점	실점	도움	경고	퇴장
대전	강원	12	4	7	39	33	26	51	1
	경남	7	11	12	37	56	25	62	0
	고양	5	3	0	13	4	8	11	0
	광주	9	4	6	23	17	16	41	1
	광주상무	10	10	5	30	22	16	52	1
	대구	13	18	13	59	56	39	112	3
	부산	19	14	44	83	125	56	146	4
	부천	6	4	6	16	14	10	33	1

상대팀	승	무	패	득점	실점	도움	경고	퇴장
상주	3	2	1	9	6	5	10	0
서울	12	18	25	54	77	38	100	3
서울E	5	3	4	14	13	10	24	0
성남	8	15	45	57	117	39	122	3
수원	11	16	29	45	87	31	113	3
수원FC	6	1	5	24	23	16	28	0
아산	3	3	2	11	11	9	15	1
안산	1	4	3	9	11	6	12	0
안산무	2	2	4	10	11	7	5	0
안양	6	6	4	26	22	14	26	1
울산	11	17	32	52	98	24	107	1
인천	5	6	21	23	46	11	65	1
전남	17	17	25	57	77	38	120	4
전북	17	15	20	64	71	44	98	1
제주	19	12	25	60	77	36	84	1
충주	5	3	0	17	6	12	8	0
포항	8	17	27	39	76	19	92	2
계	220	225	365	871	1154	551	1520	31

팀명	상대팀	승	무	패	득점	실점	도움	경고	퇴장
경남	강원	11	9	4	29	16	24	36	1
	고양	5	1	2	16	7	12	17	0
	광주	4	1	1	8	5	7	12	0
	광주상무	7	4	3	14	9	9	20	0
	대구	18	5	8	56	34	32	60	4
	대전	12	11	7	56	37	35	58	1
	부산	19	6	11	46	41	35	70	1
	부천	6	1	5	16	15	9	26	2
	상주	7	1	7	20	20	10	26	0
	서울	8	10	12	28	36	17	60	1
	서울E	4	3	5	12	12	6	17	0
	성남	8	6	14	32	42	19	55	0
	수원	8	10	13	31	44	19	56	0
	수원FC	2	3	3	9	10	5	19	1
	아산	3	1	0	8	4	7	9	1
	안산	2	1	1	9	5	4	5	1
	안산무	1	2	5	4	13	3	12	0
	안양	6	3	3	17	11	10	19	0
	울산	4	6	17	21	44	17	43	1
	인천	11	12	4	35	29	17	43	2
	전남	9	6	12	36	36	22	59	1
	전북	7	5	18	33	62	21	65	1
	제주	10	13	9	38	35	19	69	0
	충주	5	1	2	13	7	12	12	0
	포항	6	6	16	30	46	19	63	0
	계	183	127	182	617	620	392	929	16

팀명	상대팀	승	무	패	득점	실점	도움	경고	퇴장
대구	강원	16	0	10	47	40	20	66	1
	경남	8	5	18	34	56	24	63	1
	고양	6	2	4	21	16	11	19	0
	광주	4	5	5	18	17	6	28	0
	광주상무	14	5	4	42	25	26	43	0
	대전	13	18	13	56	59	38	88	2
	부산	14	7	11	55	44	34	73	2
	부천	6	4	2	13	7	10	26	1
	상주	9	7	2	33	17	19	33	1

상대팀	승	무	패	득점	실점	도움	경고	퇴장
서울	10	11	14	36	56	24	87	1
서울E	3	4	1	10	6	8	6	0
성남	7	9	19	34	56	18	72	1
수원	3	3	22	28	55	16	75	4
수원FC	2	3	4	13	15	6	28	0
안산무	3	4	5	17	18	10	25	0
안양	4	4	16	19		14	33	0
울산	6	8	23	33	62	17	69	3
인천	9	16	13	48	50	30	90	0
전남	13	12	15	60	64	40	85	3
전북	7	9	21	39	67	28	81	0
제주	9	10	18	37	57	23	78	3
충주	4	1	9	11	11	11	18	0
포항	9	10	19	42	61	31	74	2
계	179	176	248	751	878	473	1259	25

팀명	상대팀	승	무	패	득점	실점	도움	경고	퇴장
인천	강원	9	3	8	31	35	20	32	0
	경남	4	12	11	29	35	19	56	0
	광주	5	11	2	17	13	10	31	1
	광주상무	7	4	6	20	17	11	24	0
	대구	13	16	9	50	48	30	83	3
	대전	21	6	5	46	23	24	79	1
	부산	12	17	8	41	31	26	68	0
	상주	8	7	8	23	19	17	24	0
	서울	11	16	19	47	73	33	88	2
	성남	7	17	15	32	53	22	83	1
	수원	5	14	24	44	73	24	98	4
	수원FC	2	1	1	3	2	1	10	0
	울산	13	12	20	50	65	30	82	1
	전남	14	20	12	47	45	25	95	4
	전북	13	15	14	48	55	33	95	0
	제주	11	17	14	36	40	15	78	1
	포항	13	14	19	55	71	31	95	5
	계	169	201	193	619	698	371	1121	23

팀명	상대팀	승	무	패	득점	실점	도움	경고	퇴장
강원	경남	4	9	11	16	29	10	36	0
	고양	6	3	3	16	9	11	23	1
	광주	3	7	5	17	18	12	23	1
	광주상무	1	1	2	4	6	3	4	0
	대구	10	9	15	40	47	28	60	0
	대전	7	4	12	33	39	24	43	1
	부산	3	8	11	20	8	8	29	1
	부천	5	2	6	18	9	11	39	1
	상주	10	9	9	26	27	13	30	1
	서울	4	3	11	24	35	14	32	0
	서울E	5	3	0	17	10	10	16	0
	성남	6	7	0	18	26	11	26	0
	수원	4	3	11	21	35	10	29	1
	수원FC	4	2	2	13	10	10	24	0
	안산무	7	1	4	19	11	8	24	1
	안양	6	4	2	20	8	10	27	2
	울산	2	3	13	20	35	16	21	1
	인천	8	9	9	35	31	23	36	1
	전남	5	10	9	33	37	17	47	1
	전북	2	1	15	23	48	14	39	0

상대팀	승	무	패	득점	실점	도움	경고	퇴장
제주	7	3	9	26	39	16	32	1
충주	8	2	2	24	14	15	18	0
포항	3	5	8	13	28	7	30	1
계	118	88	175	485	581	301	688	14

팀명	상대팀	승	무	패	득점	실점	도움	경고	퇴장
상주	강원	9	1	10	27	26	18	31	1
	경남	7	1	7	20	20	16	26	1
	고양	6	2	1	20	6	16	17	0
	광주	8	1	10	20	24	13	33	1
	대구	2	7	9	17	33	10	36	0
	대전	1	2	3	6	9	4	5	0
	부산	2	5	4	13	15	8	21	1
	부천	5	2	2	14	10	6	17	1
	서울	5	4	9	22	30	13	34	3
	서울E	2	1	1	7	6	6	6	0
	성남	2	6	5	15	23	9	21	0
	수원	1	5	10	11	28	9	27	1
	수원FC	5	5	2	17	11	9	23	0
	안산무	6	2	1	20	7	15	12	0
	안양	5	1	3	21	13	12	17	1
	울산	4	3	11	24	35	17	33	0
	인천	6	6	9	19	23	10	37	1
	전남	6	4	13	22	33	12	36	0
	전북	1	4	12	11	44	11	33	2
	제주	3	6	8	22	34	12	32	0
	충주	5	2	2	19	12	13	10	0
	포항	6	1	10	24	30	15	36	1
	계	97	71	142	393	472	254	543	14

팀명	상대팀	승	무	패	득점	실점	도움	경고	퇴장
광주	강원	5	7	3	18	17	11	30	1
	경남	1	1	4	5	8	3	14	0
	고양	3	3	3	11	13	6	14	0
	대구	5	5	4	17	18	11	35	0
	대전	6	4	9	17	23	14	30	2
	부산	4	6	3	16	16	14	30	0
	부천	6	4	3	16	13	11	20	0
	상주	10	1	8	24	20	14	33	1
	서울	2	2	9	17	29	9	33	0
	서울E	2	2	0	9	3	5	5	0
	성남	5	6	6	24	25	14	37	0
	수원	2	5	7	12	22	5	34	1
	수원FC	8	4	5	23	17	16	36	1
	아산	1	2	1	5	5	3	7	0
	안산	1	1	2	6	5	3	7	0
	안산무	4	1	5	14	13	10	21	1
	안양	5	4	4	21	16	13	20	0
	울산	1	4	10	10	21	5	25	0
	인천	2	11	5	13	17	8	35	0
	전남	8	5	5	27	23	22	37	0
	전북	1	4	8	13	32	10	24	1
	제주	5	3	5	17	16	12	22	0
	충주	3	4	2	11	6	6	14	0
	포항	0	5	10	10	27	6	38	0
	계	90	94	121	356	405	231	601	8

팀명	상대팀	승	무	패	득점	실점	도움	경고	퇴장
수원FC	강원	2	2	4	10	13	9	19	0
	경남	3	3	2	10	9	7	12	0
	고양	4	6	3	15	12	7	31	2
	광주	5	4	8	17	23	11	33	2
	대구	4	3	2	15	13	13	19	0
	대전	5	1	6	23	24	14	19	0
	부산	5	3	2	11	9	6	19	1
	부천	10	5	6	33	31	26	52	1
	상주	2	5	5	11	17	7	28	0
	서울	0	0	7	0	7	0	7	0
	서울E	5	4	4	18	18	8	27	0
	성남	3	3	6	9	13	3	27	0
	수원	1	0	3	8	10	2	9	0
	아산	0	0	8	2	13	1	24	0
	안산	2	2	4	6	12	4	15	2
	안산무	5	1	7	20	21	13	28	0
	안양	11	5	5	36	24	17	43	1
	울산	0	1	2	2	4	1	8	0
	인천	1	1	2	2	3	0	10	0
	전남	0	2	1	1	1	1	7	0
	전북	0	1	2	4	7	3	6	0
	제주	1	1	1	7	8	4	7	0
	충주	7	3	3	22	12	14	16	0
	포항	4	0	0	6	2	3	12	1
	계	80	56	89	288	310	174	478	10

팀명	상대팀	승	무	패	득점	실점	도움	경고	퇴장
부천	강원	6	2	5	19	18	10	21	3
	경남	5	1	6	15	16	8	19	0
	고양	9	4	4	27	17	17	34	0
	광주	3	4	6	13	16	8	22	0
	대구	2	4	6	7	13	2	19	1
	대전	6	4	6	14	16	9	23	1
	부산	5	3	4	10	9	8	22	0
	상주	2	2	5	10	14	6	17	0
	서울E	5	3	6	16	25	13	26	1
	성남	2	1	5	9	13	3	12	0
	수원FC	6	5	10	31	33	13	42	1
	아산	1	2	5	8	11	6	13	0
	안산	3	2	3	13	12	9	13	0
	안산무	4	4	9	19	28	14	30	1
	안양	8	7	10	32	30	23	45	1
	충주	7	3	7	15	18	14	38	0
	계	74	51	99	258	289	161	396	9

팀명	상대팀	승	무	패	득점	실점	도움	경고	퇴장
안양	강원	2	4	6	8	20	3	37	1
	경남	3	3	6	11	17	8	22	2
	고양	8	4	5	21	15	16	30	0
	광주	4	4	5	16	21	9	23	0
	대구	4	6	2	19	16	13	25	0
	대전	4	6	6	22	26	12	26	0
	부산	1	3	8	10	21	8	27	1
	부천	10	7	8	30	32	23	52	1
	상주	3	1	5	13	21	7	16	0
	서울E	8	4	4	24	16	12	29	0

상대팀	승	무	패	득점	실점	도움	경고	퇴장
성남	1	3	4	7	10	6	10	0
수원FC	5	5	11	24	36	12	41	1
아산	1	1	6	6	17	4	22	0
안산	5	1	2	13	8	5	14	1
안산무	6	3	8	24	20	14	35	0
충주	8	5	4	28	20	19	27	0
계	73	60	90	276	316	171	436	7

팀명	상대팀	승	무	패	득점	실점	도움	경고	퇴장
서울E	강원	0	3	5	10	17	6	21	0
	경남	5	3	4	12	12	9	24	1
	고양	4	3	1	15	7	11	13	0
	광주	0	2	2	3	9	2	8	0
	대구	1	4	3	6	10	6	14	0
	대전	4	3	5	13	14	12	17	2
	부산	3	3	6	14	24	9	20	1
	부천	8	3	5	25	16	14	30	1
	상주	1	1	2	6	7	5	8	0
	성남	2	5	1	10	8	7	14	0
	수원FC	4	4	5	18	18	14	18	2
	아산	1	2	5	5	16	4	20	0
	안산	5	3	0	13	6	9	11	1
	안산무	2	4	2	8	7	4	16	0
	안양	4	4	8	16	24	6	26	0
	충주	6	1	1	17	7	13	11	0
	계	50	48	55	191	203	134	271	7

팀명	상대팀	승	무	패	득점	실점	도움	경고	퇴장
아산	경남	0	1	3	4	8	1	5	0
	광주	1	2	1	5	5	4	11	0
	대전	2	3	3	11	11	9	19	1
	부산	1	4	4	5	11	3	24	1
	부천	5	2	1	11	8	5	18	0
	서울E	5	2	1	16	5	10	16	0
	성남	3	2	4	9	5	7	26	0
	수원FC	8	0	0	13	2	9	21	1
	안산	6	1	1	9	2	7	15	0
	안양	6	1	1	17	6	12	17	0
	계	37	18	19	99	67	67	172	3

팀명	상대팀	승	무	패	득점	실점	도움	경고	퇴장
안산	경남	1	1	2	5	9	3	9	0
	광주	2	1	1	5	6	2	6	1
	대전	3	4	1	11	9	11	9	2
	부산	0	2	6	3	15	1	10	0
	부천	3	2	3	12	13	11	15	1
	서울E	0	3	5	6	13	3	8	0
	성남	1	4	3	4	6	3	22	0
	수원FC	4	2	2	12	6	7	12	0
	아산	1	1	6	2	9	1	15	0
	안양	2	1	5	8	13	5	14	0
	계	17	21	34	68	99	47	122	4

팀명	상대팀	승	무	패	득점	실점	도움	경고	퇴장
안산무궁화	강원	4	1	7	11	19	5	35	0
	경남	5	2	1	13	4	9	14	0
	고양	8	6	3	28	13	21	40	1
	광주	5	1	4	13	14	9	29	2

상대팀	승	무	패	득점	실점	도움	경고	퇴장
대구	5	4	3	18	17	12	20	1
대전	4	2	2	11	10	8	14	1
부산	1	1	2	4	8	1	8	0
부천	9	4	4	28	19	17	53	1
상주	1	2	6	7	20	5	30	0
서울E	4	2	2	8	8	3	11	1
수원FC	7	1	5	21	20	11	32	1
안양	8	3	6	20	11	11	48	0
충주	7	6	4	24	25	14	32	0
계	66	37	49	206	201	126	366	8

팀명	상대팀	승	무	패	득점	실점	도움	경고	퇴장
광주 상무	강원	2	1	1	6	4	2	9	0
	경남	3	4	7	9	14	8	24	0
	대구	4	5	14	25	42	18	34	0
	대전	5	10	10	20	30	13	41	0
	부산	9	7	8	24	25	18	38	1
	서울	4	5	15	14	38	9	38	0
	성남	6	5	13	21	34	17	45	0
	수원	4	4	15	13	33	6	37	2
	울산	3	3	13	13	35	7	35	0
	인천	4	6	7	17	20	13	23	1
	전남	3	6	12	14	27	11	30	0
	전북	4	7	13	21	36	11	35	0
	제주	5	5	13	14	29	7	32	3
	포항	1	4	16	17	37	9	27	0
	계	59	73	159	228	404	149	448	7

팀명	상대팀	승	무	패	득점	실점	도움	경고	퇴장
고양	강원	3	3	6	0	16	4	20	0
	경남	2	1	5	7	16	5	17	1
	광주	3	3	3	13	11	6	19	0
	대구	4	2	6	16	21	4	28	1
	대전	0	3	5	4	13	2	15	1
	부산	0	0	4	0	6	0	11	1
	부천	4	4	9	17	27	8	39	0
	상주	2	2	6	6	20	1	6	0
	서울E	1	3	4	7	15	4	19	0
	수원FC	4	4	12	15	6	2	22	0
	안산무	3	6	8	13	28	9	22	0
	안양	5	4	8	15	21	7	42	0
	충주	7	8	2	27	22	21	32	1
	계	36	45	70	146	231	77	308	7

팀명	상대팀	승	무	패	득점	실점	도움	경고	퇴장
충주	강원	2	2	8	14	24	7	21	0
	경남	2	1	5	7	13	2	11	0
	고양	2	8	7	22	27	15	30	0
	광주	2	4	3	6	11	3	19	1
	대구	1	4	7	11	19	9	18	0
	대전	0	3	5	6	17	4	11	0
	부산	0	1	3	1	7	1	7	0
	부천	7	3	5	18	15	15	44	0
	상주	2	2	5	12	19	8	19	0
	서울E	1	1	6	7	17	3	14	0
	수원FC	3	3	7	12	22	7	23	0
	안산무	4	6	7	25	24	16	24	0
	안양	4	5	8	20	28	13	32	0

	계	30	43	78	161	243	103	273	1

팀명	상대팀	승	무	패	득점	실점	도움	경고	퇴장
할렐루야	국민은행	6	2	0	17	4	9	1	0
	부산	3	5	3	10	13	8	8	0
	상무	1	0	2	5	4	3	2	0
	서울	3	1	3	7	9	7	4	0
	울산	1	2	4	7	13	6	3	0
	제주	2	5	4	16	22	10	9	1
	포항	3	3	5	11	15	11	3	1
	한일은행	0	6	1	4	5	3	3	0
	계	19	24	22	77	85	57	33	2

팀명	상대팀	승	무	패	득점	실점	도움	경고	퇴장
한일은행	국민은행	1	2	1	6	7	4	2	0
	부산	2	1	8	11	22	7	10	0
	상무	0	2	1	5	6	4	1	0
	서울	2	1	8	9	26	7	8	0
	울산	1	5	5	8	16	4	7	0
	제주	3	4	4	9	15	8	6	0
	포항	2	4	5	8	12	8	4	0
	할렐루야	1	6	0	5	4	3	2	0
	계	12	25	32	61	108	45	40	0

팀명	상대팀	승	무	패	득점	실점	도움	경고	퇴장
국민은행	부산	0	2	6	6	18	2	2	0
	서울	0	2	2	2	6	2	2	0
	울산	0	0	4	3	14	3	1	0
	제주	2	1	5	7	13	4	9	1
	포항	3	1	4	9	14	6	4	0
	한일은행	1	2	1	7	6	5	3	0
	할렐루야	0	2	6	4	17	3	3	1
	계	6	10	28	38	88	25	24	2

팀명	상대팀	승	무	패	득점	실점	도움	경고	퇴장
상무	부산	2	0	1	6	5	6	1	0
	서울	0	2	1	2	3	2	2	0
	울산	0	1	2	4	4	0	4	0
	제주	1	1	1	2	4	1	0	0
	포항	0	1	2	2	3	2	3	0
	한일은행	1	2	0	6	5	4	1	0
	할렐루야	2	0	1	5	4	3	0	0
	계	6	7	8	23	30	19	11	0

팀명	상대팀	승	무	패	득점	실점	도움	경고	퇴장
전북 버팔로	부산	3	0	3	12	13	7	12	0
	서울	0	0	6	5	17	4	6	1
	성남	1	1	4	5	8	4	10	1
	울산	1	0	0	5	10	1	10	0
	제주	0	0	6	5	16	2	6	1
	포항	0	2	4	5	13	4	4	1
	계	5	5	26	37	77	25	48	4

프로축구 통산 팀 최다 기록

구분	기록	구단명
승리	505	울산
패전	451	부산
무승부	373	서울
득점	1,675	포항
실점	1,530	제주
도움	1,156	포항
코너킥	5,846	부산
파울	20,458	부산
오프사이드	3,158	부산
슈팅	14,965	서울
페널티킥 획득	164	부산
페널티킥 성공	133	부산
페널티킥 실패	45	울산
경고	2,164	부산
퇴장	69	부산

프로축구 통산 팀 최소 기록

구분	기록	구단명
승리	5	버팔로
패전	8	상무
무승부	5	버팔로
득점	23	상무
실점	30	상무
도움	19	상무
코너킥	84	상무
파울	243	상무
오프사이드	28	상무
슈팅	263	상무
페널티킥 획득	1	상무
페널티킥 성공	0	상무
페널티킥 실패	0	버팔로, 한일은행, 할렐루야
경고	11	상무
퇴장	0	상무, 한일은행

프로축구 통산 팀 최다 연승

순위	연속기록	리그	팀명	기록 내용
1	11경기	K리그2	상주	2013.09.01~2013.11.10
2	9경기	BC	울산	2002.10.19~2003.03.23
		BC	성남일화	2002.11.10~2003.04.30
		K리그1	전북	2014.10.01~2014.11.22
		K리그1	전북	2018.09.18~2019.05.02
5	8경기	BC	부산	1998.05.23~1998.07.26
		BC	수원	1999.07.29~1999.08.29
		BC	울산	2003.05.24~2003.07.06
		BC	성남일화	2003.08.03~2003.09.14
		BC	수원	2008.03.19~2008.04.26
		BC	포항	2009.06.21~2009.07.25
		BC	전북	2010.06.06~2010.08.08
		BC	전북	2012.05.11~2012.07.01
		K리그2/1	경남	2017.10.08~2018.04.01

프로축구 통산 팀 최다 연패

순위	연속기록	리그	팀명	기록 내용
1	14경기	BC	상주*	2012.09.16~2012.12.01
2	10경기	BC	전북버팔로	1994.09.10~1994.11.12
3	9경기	K리그2	안산	2018.06.30~2018.08.26
4	8경기	BC	대우[부산]	1994.08.13~1994.09.10
		BC	광주상무	2008.08.24~2008.09.28
		BC	광주상무	2009.09.13~2009.11.01
		BC	강원	2010.05.05~2010.07.24
		BC	강원	2011.06.18~2011.08.13
		K리그1	강원	2013.07.16~2013.09.01
		K리그2	대전	2015.06.28~2015.08.15

* 2012년 상주 기권으로 인한 14경기 연패

프로축구 통산 팀 최다 연속 무승

순위	연속기록	리그	팀명	기록 내용
1	25경기	K리그2	고양	2016.05.08~2016.09.25
2	23경기	BC	광주상무	2008.04.30~2008.10.18
3	22경기	BC	대전	1997.05.07~1997.10.12
		BC	부천SK[제주]	2002.11.17~2003.07.12
		BC	부산	2005.07.06~2006.04.05
6	21경기	BC	안양LG[서울]	1997.03.22~1997.07.13
		BC	광주상무	2010.05.23~2010.11.07
8	20경기	BC	대전	2002.08.04~2003.03.23
9	19경기	BC	상주*	2012.08.08~2012.12.01
		K리그1	대전	2013.04.07~2013.08.15

* 2012년 상주 기권패(연속 14경기) 포함

프로축구 통산 팀 최다 연속 무패

순위	연속기록	리그	팀명	기록 내용
1	33경기	K리그1	전북	2016.03.12~2016.10.02
2	22경기	K리그1	전북	2014.09.06~2015.04.18
3	21경기	BC	대우[부산]	1991.05.08~1991.08.31
		BC	전남	1997.05.10~1997.09.27
5	20경기	BC	전북	2011.07.03~2012.03.17
6	19경기	BC	성남일화	2006.10.22~2007.05.26
		BC	울산	2007.05.09~2007.09.29
		BC	인천	2012.08.04~2012.11.28
		BC	포항	2012.10.28~2013.05.11
		K리그2	경남	2016.10.30~2017.06.24

프로축구 통산 팀 최다 연속 무승부

순위	연속기록	리그	팀명	기록 내용
1	10경기	BC	안양LG[서울]	1997.05.10~1997.07.13
2	9경기	BC	일화[성남]	1992.05.09~1992.06.20
		DO	전남	2000.03.10~2000.04.29
4	7경기	BC	전남	1997.05.18~1997.07.09
		BC	대구	2004.08.01~2004.08.29
		BC	포항	2005.03.16~2005.04.27
7	6경기	BC	유공[제주]	1986.05.31~1986.07.06
		BC	대우[부산]	1992.05.09~1992.06.06
		BC	부산	2000.07.01~2000.07.22

Section 6 역대통산기록

	BC	부천SK[제주]	2004.04.10~2004.05.23
	BC	포항	2004.05.26~2004.07.11
	BC	전북	2004.08.08~2004.09.01
	BC	경남	2009.03.08~2009.04.12

프로축구 통산 팀 최다 연속 득점

순위	연속기록	리그	팀명	기록 내용
1	31경기	BC	럭키금성[서울]	1989.09.23~1990.09.01
		K리그2	대구	2014.09.14~2015.07.11
3	26경기	BC	수원	2011.07.02~2012.04.14
		K리그1	전북	2013.03.03~2013.09.01
5	25경기	BC	안양LG[서울]	2000.04.29~2000.09.30
6	24경기	BC	대구	2008.05.05~2008.10.29
		BC	전북	2009.12.06~2010.08.22
		BC	포항	2012.10.28~2013.07.03

프로축구 통산 팀 최다 연속 실점

순위	연속기록	리그	팀명	기록 내용
1	27경기	BC	부산	2005.07.06~2006.05.05
2	24경기	BC	강원	2009.04.26~2009.10.24
3	23경기	BC	천안[성남]	1996.07.04~1996.10.30
4	22경기	BC	전북	2005.05.08~2005.10.23
		BC	대구	2010.04.11~2010.10.03
6	21경기	BC	대전	1998.09.19~1999.07.03
		BC	서울	2010.10.09~2011.06.11
8	20경기	BC	전북	1998.05.23~1998.09.26
		BC	수원	2000.04.09~2000.07.23
		K리그1	강원	2013.07.13~2013.11.27
		K리그2	대전	2016.10.15~2017.06.26

프로축구 통산 팀 최다 연속 무득점

순위	연속기록	리그	팀명	기록 내용
1	15경기	BC	상주	2012.08.26~2012.12.01
2	9경기	K리그2	인천	2014.03.15~2014.04.27
3	7경기	BC	대전	2008.10.19~2009.03.14
4	6경기	BC	대우[부산]	1992.09.02~1992.09.26
		BC	인천	2005.03.13~2005.04.09
		BC	제주	2009.09.19~2009.11.01
		K리그1	부산	2013.09.08~2013.10.27
		K리그2	수원FC	2016.05.28~2016.06.29
		K리그2	고양	2016.07.09~2016.08.13

* 2012년 상주 14경기 연속 기권패(2012.09.16~2012.12.01)

프로축구 통산 팀 최다 연속 무실점

순위	연속기록	리그	팀명	기록 내용
1	8경기	BC	일화[성남]	1993.04.10~1993.05.29
		K리그1	전북	2014.10.01~2014.11.15
3	7경기	BC	수원	2008.03.19~2008.04.20
		K리그1	전북	2018.03.31~2018.04.29
5	6경기	BC	대우[부산]	1987.04.04~1987.04.19
		BC	일화[성남]	1993.08.14~1993.09.08

BC	성남일화[성남]	2008.07.12~2008.08.30	
K리그2	상주	2013.09.01~2013.10.05	
K리그2	성남	2017.05.07.~2017.06.12	

프로축구 통산 팀 200승 · 300승 · 400승 · 500승 기록

구분	구단명	일자	경기수	비고
200승	포항	98.08.26	516경기	천안 : 포항
	부산	98.08.26	516경기	포항 : 부산
	울산	99.06.26	527경기	울산 : 천안
	부천SK[제주]	99.10.06	560경기	부천SK : 천안
	안양LG[서울]	01.08.29	610경기	안양LG : 울산
	성남일화[성남]	03.09.03	547경기	성남일화 : 울산
	수원	07.03.17	433경기	수원 : 부산
	전북	10.07.28	572경기	전북 : 경남
	전남	11.07.10	595경기	전남 : 수원
	대전	17.06.17	751경기	대전 : 수원FC
300승	울산	05.10.02	772경기	부산 : 울산
	포항	05.10.23	792경기	광주상무 : 포항
	부산	06.07.19	820경기	제주 : 부산
	서울	08.08.30	876경기	서울 : 광주상무
	제주	09.04.22	912경기	제주 : 광주상무
	성남일화[성남]	09.05.23	758경기	성남일화 : 전남
	수원	12.10.03	640경기	수원 : 서울
	전북	15.04.18	751경기	전북 : 제주
400승	울산	11.07.16	991경기	강원 : 울산
	포항	12.03.25	1,021경기	상주 : 포항
	서울	13.06.01	1,049경기	서울 : 전남
	부산	14.11.22	1,138경기	부산 : 경남
	제주	16.04.17	1,169경기	울산 : 제주
	성남	16.06.29	1,028경기	서울 : 성남
500승	울산	17.07.19	1,226경기	강원 : 울산
	포항	17.09.20	1,234경기	포항 : 강원

프로축구 통산 선수 득점 순위

순위	선수명	최종 소속	득점				
			프로통산	BC	K리그1	K리그2	승강PO
1	이동국	전북	202	141	61	-	-
2	데 안	수원	173	122	51	-	-
3	김은중	대전	123	119	1	3	-
4	우성용	인천	116	116	-	-	-
5	김도훈	성남일화	114	114	-	-	-

프로축구 통산 선수 도움 순위

순위	선수명	최종 소속	도움				
			프로통산	BC	K리그1	K리그2	승강PO
1	염기훈	수원	103	36	56	11	-
2	이동국	전북	75	53	22	-	-
3	몰리나	서울	69	42	27	-	-
4	신태용	성남일화	68	68	-	-	-
5	황진성	강원	07	51	10	-	-

프로축구 통산 선수 최다 기록

구분	기록	선수명	소속팀	소속팀 별 득점	비고
최다 득점	215골	이동국	전북	151	
			성남일화	2	
			포항	47	
			광주상무	15	
최다 도움	103개	염기훈	수원	80	
			경찰(K리그2)	11	
			울산	4	
			전북	8	
최다 페널티킥	39개	이동국	전북	29	
			성남일화	1	
			포항	4	
			광주상무	5	
최다 코너킥	860개	염기훈	수원	682	
			경찰(K리그2)	60	
			울산	58	
			전북	60	
최다 슈팅	1506개	이동국	전북	944	
			성남일화	39	
			포항	370	
			광주상무	153	
최다 오프 사이드	398개	샤샤	성남일화	163	
			수원	152	
			부산	83	
최다 파울	970개	김상식	전북	260	
			성남	593	
			광주상무	117	
최다 경고	143개	김한윤	성남일화	12	
			부산	30	
			서울	48	
			부천SK	48	
			포항	5	
단일 경기 최다 득점	5골	샤샤	성남일화	5	2002.03.17(성남) 성남일 : vs 부천SK
가장 빠른골		방승환	인천	0:11 (분:초)	2007.05.23(인천 W) 인천 vs 포항
가장 늦은골		이성재	부천SK	119:34 (분:초)	1999.10.13(구덕) 부산 vs 부천SK

프로축구 통산 선수 출전 순위

순위	선수명	최종 소속	출전				
			프로통산	BC	K리그1	K리그2	승강PO
1	김병지	전남	706	605	101		
2	최은성	전북	532	498	34	-	-
3	이동국	전북	504	318	186	-	-
4	김기동	포항	501	501			
5	김영광	서울E	461	273	38	149	1
6	김용대	울산	460	323	137	-	-
7	김상식	전북	458	438	20	-	-
8	오승범	강원	446	303	68	73	2
9	김은중	대전	444	405	22	17	-
10	우성용	인천	439	439	-	-	-

프로축구 통산 선수 공격포인트 순위

순위	선수명	최종소속	공격포인트				
			프로통산	BC	K리그1	K리그2	승강PO
1	이동국	전북	290	194	96	-	-
2	데 얀	수원	230	153	77	-	-
3	김은중	대전	179	173	2	4	-
4	염기훈	수원	170	67	85	18	-
5	신태용	성남일화	167	167	-	-	-

프로축구 통산 선수 파울 순위

순위	선수명	최종소속	파울				
			프로통산	BC	K리그1	K리그2	승강PO
1	김상식	전북	970	936	34	-	-
2	김한윤	성남일화	905	853	52	-	-
3	오범석	강원	815	535	175	105	-
4	김진우	수원	795	795	-	-	-
5	유경렬	대구	741	705	36	-	-

프로축구 통산 선수 경고 순위

순위	선수명	최종소속	경고				
			프로통산	BC	K리그1	K리그2	승강PO
1	김한윤	성남일화	143	131	12	-	-
2	오범석	강원	92	50	23	19	-
3	양상민	수원	87	61	7	19	-
4	현영민	전남	85	53	32	-	-
5	강민수	울산	83	57	21	5	-

프로축구 통산 골키퍼 무실점 순위

순위	선수명	최종소속	무실점경기				
			프로통산	BC	K리그1	K리그2	승강PO
1	김병지	전남	229	202	27	-	-
2	최은성	전북	152	140	12	-	-
3	김영광	서울E	143	85	10	48	-
4	이운재	전남	140	140	-	-	-
5	김용대	울산	133	94	39	-	-

프로축구 통산 선수 연속 득점 순위

순위	선수명	소속팀	구분	연속	기간
1	황선홍	포항	BC	8경기	95.08.19 ~ 95.10.04
	김도훈	전북	BC	8경기	00.06.17 ~ 00.07.16
3	안정환	부산	BC	7경기	99.07.24 ~ 99.09.04
	이동국	전북	BC	7경기	13.05.11 ~ 13.07.13
	주민규	서울E	K리그2	7경기	15.05.10 ~ 15.06.10
	김동찬	대전	K리그2	7경기	16.04.17 ~ 16.05.25
	소나탄	수원	K리그1	7경기	16.09.10 ~ 16.10.30
	이정협	부산	K리그2	7경기	17.03.04 ~ 17.04.22
	주민규	상주	K리그1	7경기	17.08.12 ~ 17.09.30

프로축구 통산 선수 연속 도움 순위

순위	선수명	소속팀	구분	연속	기간
1	라 데	포항	BC	6경기	96.07.28 ~ 96.09.04
2	몰리나	서울	BC	5경기	12.04.29 ~ 12.05.28
3	김용세 외 19명			4경기	

프로축구 통산 선수 연속 공격포인트 순위

순위	선수명	소속팀	구분	연속	기간
1	이명주	서울	K리그1	11경기	14.03.15 ~ 17.07.02
2	마니치	부산	BC	9경기	97.09.07 ~ 97.10.19
	까보레	경남	BC	9경기	07.08.15 ~ 07.10.06
	에닝요	대구	BC	9경기	08.07.12 ~ 08.09.28
	이근호	상주	K리그2	9경기	13.04.13 ~ 13.08.04

프로축구 통산 골키퍼 연속 무실점 경기 순위

순위	선수명	소속팀	구분	연속 경기수	비고
1	신의손	일화(성남)	BC	8	93.04.10 ~ 93.05.29
2	조병득	할렐루야	BC	7	85.04.20 ~ 85.06.18
	이운재	수원	BC	7	08.03.19 ~ 08.04.20
	송범근	전북	K리그1	7	18.03.31 ~ 18.04.29
5	김풍주	대우(부산)	BC	6	87.07.25 ~ 87.09.26
	신의손	일화(성남)	BC	6	93.08.14 ~ 93.09.08
	김대환	수원	BC	6	04.08.04 ~ 04.10.31
	김승규	울산	BC	6	10.06.06 ~ 12.04.11
	김호준	상주	K리그2	6	13.09.01 ~ 13.10.05
	신화용	포항	K리그1	6	14.07.05 ~ 14.08.09
	권순태	전북	K리그1	6	14.10.01 ~ 14.11.15
	김동준	성남	K리그2	6	17.05.07 ~ 17.06.12

프로축구 통산 선수 연속 무교체 순위

순위	선수명	소속팀	구분	기록	기간
1	김병지	서울	BC	153경기	04.04.03 ~ 07.10.14
2	이용발	전북	BC	151경기	99.03.31 ~ 02.11.17
3	신의손	일화	BC	136경기	92.03.28 ~ 95.09.06
4	조준호	제주	BC	93경기	04.04.03 ~ 06.07.09
5	신의손	안양LG	BC	70경기	01.03.25 ~ 02.11.13

프로축구 통산 최단시간 골 순위

순위	경기일자	대회구분	시간	선수	소속
1	2007.05.23	BC / 리그컵	전반 00:11	방승환	인천
2	2013.10.05	K리그1	전반 00:17	곽광선	포항
3	2017.07.16	K리그1	전반 00:18	로페즈	전북
4	1986.04.12	BC / 리그	전반 00:19	권혁표	한일은행
5	2009.10.07	BC / 리그	전반 00:22	스테보	포항

프로축구 통산 최장기리 골 순위

순위	기록	선수명	소속팀	구분	일자	대진
1	85m	권정혁	인천	K리그1	13.07.21	제주 : 인천
2	82m	알렉스	제주	K리그1	17.09.20	수원 : 제주
3	67m	김 현	성남	K리그1	16.07.17	수원 : 성남
4	65m	도화성	부산	BC	05.05.29	부천SK : 부산
5	57m	고종수	수원	BC	02.09.04	전북 : 수원

역대 시즌별 최다 득점 기록

연도	대회명	득점(경기수)	선수명(소속팀)
83	수퍼리그	9(14)	박윤기(유공)
84	축구대제전 수퍼리그	16(28)	백종철(현대)
85	축구대제전 수퍼리그	12(21)	피아퐁(럭금), 김용세(유공)
86	축구대제전	10(19)	정해원(대우)
	프로축구선수권대회	9(15)	함현기(현대)
87	한국프로축구대회	15(30)	최상국(포철)
88	한국프로축구대회	12(23)	이기근(포철)
89	한국프로축구대회	20(39)	조긍연(포철)
90	한국프로축구대회	12(30)	윤상철(럭금)
91	한국프로축구대회	16(37)	이기근(포철)
92	한국프로축구대회	10(30)	임근재(LG)
	아디다스컵	5(6)	노수진(유공)
93	한국프로축구대회	10(23)	차상해(포철)
	아디다스컵	3(5)	임근재(LG), 강재훈(현대)
		3(2)	최문식(포철)
94	하이트배 코리안리그	21(28)	윤상철(LG)
	아디다스컵	4(6)	라데(포철)
95	하이트배 코리안리그	15(26)	노상래(전남)
	아디다스컵	6(7)	김현석(현대)
96	라피도컵 프로축구대회	18(24)	신태용(천안)
	아디다스컵	5(8)	세르게이(부천SK)
		5(6)	이원식(부천SK)
97	라피도컵 프로축구대회	9(17)	김현석(울산)
	아디다스컵	8(9)	서정원(안양LG)
	프로스펙스컵	6(7)	마니치(부산)
98	현대컵 K-리그	14(20)	유상철(울산)
	필립모리스코리아컵	7(9)	김종건(울산)
	아디다스코리아컵	11(10)	김현석(울산)
99	바이코리아컵 K-리그	18(26)	샤샤(수원)
	대한화재컵	6(9)	안정환(부산)
		6(8)	김종건(울산)
	아디다스컵	3(3)	데니스(수원)
00	삼성 디지털 K-리그	12(20)	김도훈(전북)
	대한화재컵	6(10)	이원식(부천SK)
	아디다스컵	2(3)	서정원(수원), 김현석(성남일화)
		2(2)	이상윤(성남일화), 고종수(수원), 왕정현(안양LG)
01	포스코 K-리그	13(22)	산드로(수원)
	아디다스컵	7(9)	김도훈(전북)
02	삼성 파브 K-리그	14(27)	에드밀손(전북)
	아디다스컵	10(11)	샤샤(성남일화)
03	삼성 하우젠 K-리그	28(40)	김도훈(성남일화)
04	삼성 하우젠 K-리그	14(22)	모따(전남)
	삼성 하우젠컵	7(7)	카르로스(울산)
05	삼성 하우젠 K-리그	13(17)	마차도(울산)
	삼성 하우젠컵	7(12)	산드로(대구)
06	삼성 하우젠 K-리그	16(28)	우성용(성남일화)
	삼성 하우젠컵	8(13)	최성국(울산)
07	삼성 하우젠 K-리그	18(26)	까보레(경남)
	삼성 하우젠컵	7(9)	루이지뉴(대구)
08	삼성 하우젠 K-리그	16(27)	두두(성남일화)
	삼성 하우젠컵	9(8)	에닝요(대구)
09	K-리그	21(29)	이동국(전북)
	피스컵 코리아	4(5)	유창현(포항), 노병준(포항)
10	쏘나타 K리그	22(28)	유병수(인천)
	포스코컵	6(7)	데얀(서울)
11	현대오일뱅크 K리그	24(30)	데얀(서울)
	러시앤캐시컵	11(8)	김신욱(울산)
12	현대오일뱅크 K리그	31(42)	데얀(서울)
13	현대오일뱅크 K리그 클래식	19(29)	데얀(서울)
		19(36)	김신욱(울산)
	현대오일뱅크 K리그 챌린지	15(25)	이근호(상주)
		15(29)	이상협(상주)
		15(32)	알렉스(고양)
14	현대오일뱅크 K리그 클래식	14(35)	산토스(수원)
	현대오일뱅크 K리그 챌린지	27(32)	아드리아노(대전)
15	현대오일뱅크 K리그 클래식	18(38)	김신욱(울산)
	현대오일뱅크 K리그 챌린지	26(39)	조나탄(대구)
16	현대오일뱅크 K리그 클래식	20(31)	정조국(광주)
	현대오일뱅크 K리그 챌린지	20(39)	김동찬(대전)
17	KEB하나은행 K리그 클래식	22(29)	조나탄(수원)
	KEB하나은행 K리그 챌린지	22(32)	말컹(경남)
18	KEB하나은행 K리그1	26(31)	말컹(경남)
	KEB하나은행 K리그2	16(31)	나상호(광주)

역대 시즌별 최다 도움 기록

연도	대회명	도움(경기수)	선수명(소속팀)
83	수퍼리그	6(15)	박창선(할렐루야)
84	축구대제전 수퍼리그	9(27)	렌스베르겐(현대)
85	축구대제전 수퍼리그	6(21)	피아퐁(럭키금성)
86	축구대제전	8(15)	강득수(럭키금성)
	프로축구선수권대회	4(12)	전영수(현대)
		4(14)	여범규(대우)
		4(16)	신동철(유공)
87	한국프로축구대회	8(30)	최상국(포항)
88	한국프로축구대회	5(15)	김종부(포항)
		5(23)	함현기(현대), 황보관(유공), 강득수(럭키금성)
89	한국프로축구대회	11(39)	이흥실(포항)
90	한국프로축구대회	7(29)	송주석(현대)
91	한국프로축구대회	8(29)	김준현(유공)
92	한국프로축구대회	8(25)	신동철(유공)
	아디다스컵	3(6)	이기근(포항)
		3(7)	이인재(LG)
93	한국프로축구대회	8(27)	윤상철(LG)
	아디다스컵	2(5)	루벤(대우) 外 3명
94	하이트배 코리안리그	10(21)	고정운(일화)
	아디다스컵	4(5)	조정현(유공)

연도	대회명		선수(소속)
95	하이트배 코리안리그	7(26)	아미르(대우)
	아디다스컵	3 (5)	윤정환(유공)
		3 (6)	아미르(대우)
96	라피도컵 프로축구대회	14(32)	라데(포항)
	아디다스컵	3 (7)	윤정환(부천SK)
		3 (8)	윤정춘(부천SK)
97	라피도컵 프로축구대회	5(10)	이성남(수원)
		5(14)	정정수(울산)
		5(16)	신홍기(울산)
	아디다스컵	4 (8)	고종수(수원)
		4 (9)	김범수(전북), 박건하(수원), 김현석(울산)
	프로스펙스컵	5 (7)	올레그(안양LG)
98	현대컵 K-리그	9(19)	정정수(울산)
	필립모리스코리아컵	4 (8)	윤정환(부천SK)
	아디다스코리아컵	3 (9)	장철민(울산), 강준호(안양LG)
99	바이코리아컵 K-리그	8(25)	변재섭(전북)
	대한화재컵	4 (8)	서혁수(전북), 조성환(부천SK)
	아디다스컵	3 (3)	이성남(수원)
00	삼성 디지털 K-리그	10(29)	안드레(안양LG)
	대한화재컵	4 (9)	전경준(부천SK)
	아디다스컵	4(10)	최문식(전남)
		4 (3)	이성남(수원)
01	포스코 K-리그	10(23)	우르모브(부산)
	아디다스컵	5(11)	마니치(부산)
02	삼성 파브 K-리그	9(18)	이천수(울산)
		9(27)	김대의(성남일화)
	아디다스컵	4 (9)	안드레(안양LG)
		4(11)	샤샤(성남일화)
03	삼성 하우젠 K-리그	14(39)	에드밀손(전북)
04	삼성 하우젠 K-리그	6(18)	홍순학(대구)
	삼성 하우젠컵	5(11)	따바레즈(포항)
05	삼성 하우젠 K-리그	9	히칼도(서울)
	삼성 하우젠컵	5	세자르(전북), 히칼도(서울)
06	삼성 하우젠 K-리그	8(24)	슈바(대전)
	삼성 하우젠컵	5 (9)	두두(성남일화)
07	삼성 하우젠 K-리그	11(23)	따바레즈(포항)
	삼성 하우젠컵	5 (8)	이청용(서울)
08	삼성 하우젠 K-리그	6(14)	브라질리아(울산)
	삼성 하우젠컵	9 (3)	변성환(제주)
09	K-리그	12(30)	루이스(전북)
	피스컵 코리아	3 (4)	조찬호(포항), 이슬기(대구), 오장은(울산)
10	쏘나타 K리그	11(06)	구자철(제주)
	포스코컵	4 (5)	잔나석(대구)
11	현대오일뱅크 K리그	15(29)	이동국(전북)
	러시앤캐시컵	4 (6)	최재수(울산)
12	현대오일뱅크 K리그	19(41)	몰리나(서울)
13	현대오일뱅크 K리그 클래식	13(35)	몰리나(서울)
	현대오일뱅크 K리그 챌린지	11(21)	염기훈(경찰)
14	현대오일뱅크 K리그 클래식	10(26)	이승기(전북)
		10(35)	레오나르도(전북)
	현대오일뱅크 K리그 챌린지	9(33)	최진호(강원)
		9(36)	권용현(수원FC)
15	현대오일뱅크 K리그 클래식	17(35)	염기훈(수원)
	현대오일뱅크 K리그 챌린지	12(39)	김재성(서울E)
16	현대오일뱅크 K리그 클래식	15(34)	염기훈(수원)
	현대오일뱅크 K리그 챌린지	10(27)	이호석(경남)
17	KEB하나은행 K리그 클래식	14(35)	손준호(포항)
	KEB하나은행 K리그 챌린지	13(33)	장혁진(안산)
18	KEB하나은행 K리그1	11(25)	세징야(대구)
	KEB하나은행 K리그2	9(32)	박수일(대전), 호물로(부산)

역대 득점 해트트릭 기록_ K리그 BC

번호	경기일자	선수명	소속	상대팀	경기장	대회구분	득점
1	83.08.25	김희철	포철	유공	동대문	정규리그	3
2	83.09.22	박윤기	유공	국민은	동대문	정규리그	3
3	84.07.22	정해원	대우	럭금	부산 구덕	정규리그	3
4	84.07.28	이태호	대우	한일은	동대문	정규리그	3
5	84.08.26	백종철	현대	국민은	울산 공설	정규리그	3
6	86.10.19	정해원	대우	유공	대구 시민	정규리그	3
7	86.10.22	정해원	대우	한일은	포항 종합	정규리그	3
8	87.07.27	이태호	대우	럭금	대전 한밭	정규리그	3
9	88.06.04	조긍연	포철	럭금	포항 종합	정규리그	3
10	89.05.20	조긍연	포철	대우	포항 종합	정규리그	3
11	89.10.21	조긍연	포철	현대	강릉 종합	정규리그	3
12	02.06.13	임근재	LG	대우	미산	정규리그	3
13	93.07.07	차상해	포철	대우	광양 전용	정규리그	3
14	93.08.25	윤상철	LG	유공	동대문	정규리그	3
15	93.09.28	강재순	현대	일화	동대문	정규리그	3
16	93.11.06	최문식	포철	일화	목동	리그컵	3
17	94.05.25	윤상철	LG	버팔로	동대문	리그컵	3
18	94.06.01	라데	포철	버팔로	포항 스틸야	리그컵	3
19	94.07.23	이상윤	일화	LG	동대문	정규리그	3
20	94.07.30	라데	포철	LG	동대문	정규리그	4
21	94.08.27	김상훈	LG	대우	부산 구덕	정규리그	3
22	94.10.22	황보관	유공	버팔로	동대문	정규리그	3
23	94.11.05	라데	포철	LG	동대문	정규리그	4
24	94.11.05	윤상철	LG	포철	동대문	정규리그	3
25	95.08.30	노상래	전남	대우	광양 전용	정규리그	3
26	95.09.06	황선홍	포항	대우	부산 구덕	정규리그	3
27	96.04.07	김도훈	전북	안양LG	안양	리그컵	3
28	96.04.24	세르게이	부천SK	부산	속초	리그컵	3
29	96.06.22	조세	부천SK	천안	목동	정규리그	3
30	96.08.18	신태용	천안	울산	보령	정규리그	3
31	96.08.22	신태용	천안	포항	포항 스틸야	정규리그	3
32	96.08.25	조정현	부천SK	천안	목동	정규리그	3
33	96.08.25	홍명보	포항	전북	전주	정규리그	3
34	96.09.12	세르게이	부천SK	안양LG	동대문	정규리그	3
35	96.11.02	세르게이	부천SK	안양LG	목동	정규리그	3
36	97.04.12	윤정춘	부천SK	안양LG	목동	리그컵	3
37	97.04.16	이원식	부천SK	울산	목동	리그컵	3

번호	경기일자	선수명	소속	상대팀	경기장	대회구분	득점
38	97.09.21	김 현 석	울산	천안	울산 공설	정규리그	3
39	98.03.31	김 현 석	울산	대전	대전 한밭	리그컵	4
40	98.04.22	제 용 삼	안양LG	부산	부산 구덕	리그컵	3
41	98.05.23	김 종 건	울산	천안	울산 공설	리그컵	3
42	98.07.25	최 진 철	전북	천안	전주	정규리그	3
43	98.08.26	유 상 철	울산	대전	울산 공설	정규리그	3
44	98.09.26	사 사	수원	대전	수원 종합	정규리그	3
45	99.06.23	안 정 환	부산	대전	속초	정규리그	3
46	99.07.28	이 성 재	부천SK	전북	목동	정규리그	3
47	99.08.18	고 정 운	포항	울산	울산 공설	정규리그	3
48	99.08.18	최 용 수	안양LG	전북	안양	정규리그	3
49	99.08.21	사 사	수원	부천SK	목동	정규리그	4
50	99.08.25	김 종 건	울산	부산	부산 구덕	정규리그	3
51	99.10.13	사 사	수원	대전	대전 한밭	정규리그	3
52	00.06.21	김 도 훈	전북	대전	대전 한밭	정규리그	3
53	00.08.19	왕 정 현	안양LG	전북	안양	정규리그	3
54	00.08.30	데 니 스	수원	대전	대전 한밭	정규리그	3
55	00.09.03	이 상 윤	성남일화	부천SK	목동	정규리그	3
56	00.10.11	데 니 스	수원	전남	광양 전용	정규리그	3
57	00.10.11	산드로C	수원	전남	광양 전용	정규리그	3
58	01.06.24	사 사	성남일화	부천SK	부천 종합	정규리그	3
59	01.06.27	코 난	포항	대전	대전 한밭	정규리그	3
60	01.07.11	사 사	성남일화	대전	대전 한밭	정규리그	3
61	01.09.09	산드로C	수원	전북	수원 월드컵	정규리그	3
62	01.09.26	박 정 환	안양LG	부산	부산 구덕	정규리그	3
63	02.03.17	사 사	성남일화	부천SK	성남 종합	리그컵	5
64	02.04.10	뚜 따	안양LG	부산	부산 구덕	리그컵	3
65	02.11.17	서 정 원	수원	부천SK	부천 종합	정규리그	3
66	02.11.17	유 상 철	울산	부산	울산 문수	정규리그	4
67	03.03.26	마 그 노	전북	부산	전주 월드컵	정규리그	3
68	03.05.04	이 동 국	광주상무	부산	부산 아시아드	정규리그	3
69	03.08.06	김 도 훈	성남일화	부천SK	부천 종합	정규리그	3
70	03.09.03	이따마르	전남	포항	포항 스틸야드	정규리그	3
71	03.10.05	김 도 훈	성남일화	안양LG	성남 종합	정규리그	3
72	03.11.09	김 도 훈	성남일화	대구	대구 시민	정규리그	3
73	03.11.16	도 도	울산	광주상무	울산 문수	정규리그	4
74	04.04.10	훼 이 종	대구	광주상무	대구 스타디움	정규리그	3
75	04.06.13	나 드 손	수원	광주상무	수원 월드컵	정규리그	3
76	04.08.04	제 칼 로	울산	부산	울산 문수	리그컵	3
77	04.08.21	코 난	포항	서울	포항 스틸야드	리그컵	3
78	04.11.20	우 성 용	포항	광주상무	광주 월드컵	정규리그	3
79	05.03.06	노 나 또	서울	전남	광양 친선	리그컵	3
80	05.05.05	나 드 손	수원	대구	대구 스타디움	리그컵	3
81	05.05.15	네 아 가	전남	대구	광양 전용	정규리그	3
82	05.05.18	박 주 영	서울	광주상무	서울 월드컵	정규리그	3
83	05.05.29	산 드 로	대구	수원	대구 스타디움	정규리그	3
84	05.07.03	남 기 일	성남일화	서울	탄천 종합	정규리그	3
85	05.07.10	박 주 영	서울	포항	서울 월드컵	정규리그	3
86	05.08.31	김 도 훈	성남일화	인천	탄천 종합	정규리그	3
87	05.11.27	이 천 수	울산	인천	인천 월드컵	정규리그	3

번호	경기일자	선수명	소속	상대팀	경기장	대회구분	득점
88	06.09.23	오 장 은	대구	전북	전주 월드컵	정규리그	3
89	07.03.14	안 정 환	수원	대전	수원 월드컵	리그컵	3
90	07.03.21	박 주 영	서울	수원	서울 월드컵	리그컵	3
91	07.05.20	스 테 보	전북	대구	전주 월드컵	정규리그	3
92	07.09.22	데 닐 손	대전	대구	대전 월드컵	정규리그	3
93	08.04.27	라돈치치	인천	대구	대구 스타디움	정규리그	3
94	08.05.24	호 물 로	제주	광주상무	제주 월드컵	정규리그	3
95	08.07.05	데 안	서울	포항	서울 월드컵	정규리그	3
96	08.08.27	에 닝 요	대구	대전	대구 시민	리그컵	3
97	09.04.04	최 태 욱	전북	성남일화	전주 월드컵	정규리그	3
98	09.05.02	이 동 국	전북	제주	제주 종합	정규리그	3
99	09.07.04	이 동 국	전북	광주상무	광주 월드컵	정규리그	3
100	09.08.26	노 병 준	포항	서울	포항 스틸야드	리그컵	3
101	10.03.20	모 따	포항	강원	포항 스틸야드	정규리그	3
102	10.03.28	김 영 후	강원	전남	강릉 종합	정규리그	3
103	10.04.18	유 병 수	인천	포항	인천 월드컵	정규리그	4
104	10.05.05	데 안	서울	성남일화	서울 월드컵	정규리그	3
105	10.08.14	몰 리 나	성남일화	인천	인천 월드컵	정규리그	3
106	10.08.29	한 상 운	부산	전남	부산 아시아드	정규리그	3
107	10.10.02	오르티고사	울산	대전	대전 월드컵	정규리그	3
108	10.10.09	유 병 수	인천	대전	인천 월드컵	정규리그	3
109	11.05.08	데 안	서울	상주	상주 시민	정규리그	3
110	11.06.18	염 기 훈	수원	대구	수원 월드컵	정규리그	3
111	11.07.06	김 신 욱	울산	경남	울산 문수	리그컵	4
112	11.08.06	김 동 찬	전북	강원	강릉 종합	정규리그	3
113	11.08.21	이 동 국	전북	포항	전주 월드컵	정규리그	3
114	11.08.27	몰 리 나	서울	강원	서울 월드컵	정규리그	3
115	11.09.24	데 안	서울	대전	서울 월드컵	정규리그	3
116	11.10.30	하 대 성	서울	경남	진주 종합	정규리그	3
117	12.03.16	이 근 호	울산	성남일화	울산 문수	스플릿일반	3
118	12.04.22	에 벨 톤	성남일화	광주	탄천 종합	스플릿일반	3
119	12.05.13	자 일	제주	강원	제주 월드컵	스플릿일반	3
120	12.06.24	이 동 국	전북	경남	전주 월드컵	스플릿일반	3
121	12.07.11	웨 슬 리	강원	대전	대전 월드컵	스플릿일반	3
122	12.07.21	서 동 현	제주	전남	제주 월드컵	스플릿일반	3
123	12.08.04	까 이 끼	경남	대구	창원C	스플릿일반	3
124	12.08.22	김 신 욱	울산	상주	상주 시민	스플릿일반	3
125	12.10.07	지 쿠	강원	대전	대전 월드컵	스플릿B	3
126	12.10.07	케 빈	대전	강원	대전 월드컵	스플릿B	3
127	12.11.29	조 찬 호	포항	서울	포항 스틸야드	스플릿A	3

※ 단일 라운드 2회 해트트릭:
    소성체(부천SK), 충별보(포항): 부천SK vs 천안 / 서북 vs 포항 96.08.25
    유상철(울산), 서정원(수원): 울산 vs 부산 / 부천SK vs 수원 02.11.17

※ 단일 경기 양팀 선수 동시 해트트릭:
    윤상철(LG), 라데(포철): LG vs 포철 94.11.05
    케빈(대전), 지쿠(강원): 대전 vs 강원 12.10.07

※ 단일 경기 한팀 선수 동시 해트트릭:
    데니스(수원), 산드로C(수원): 전남 vs 수원 00.10.11

※ 단일 경기 한팀 선수 득점 - 도움 해트트릭
    박주영(서울 / 득점), 히칼도(서울 / 도움): 서울 vs 포항 05.07.10

※ 단일 경기 한 선수 득점 - 도움 해트트릭

몰리나(서울): 서울 vs 강원 11.08.27

※ 단일 시즌 개인 최다 해트트릭(3회):
라데(포항,1994), 세르게이(부천SK,1996), 김도훈(성남일화,2003)

역대 득점 해트트릭 기록_ K리그1

번호	경기일자	선수명	소속	상대팀	경기장	대회구분	득점
1	13.04.20	정대세	수원	대전	대전 월드컵	스플릿일반	3
2	13.05.26	페드로	제주	서울	제주 월드컵	스플릿일반	3
3	13.07.06	페드로	제주	경남	창원 축구센터	스플릿일반	3
4	13.07.31	조찬호	포항	강원	포항 스틸야드	스플릿일반	3
5	13.08.03	임상협	부산	경남	부산 아시아드	스플릿일반	3
6	13.10.30	김형범	경남	전남	창원 축구센터	스플릿B	3
7	13.11.20	데 얀	서울	전북	서울 월드컵	스플릿A	3
8	13.11.30	김동기	강원	제주	강릉 종합	스플릿B	3
9	14.09.06	박수창	제주	전남	제주 월드컵	스플릿일반	4
10	15.04.04	김두현	성남일화	대전	대전 월드컵	스플릿일반	3
11	15.09.09	로페즈	제주	대전	대전 월드컵	스플릿일반	3
12	15.10.04	산토스	수원	광주	광주 월드컵	스플릿일반	3
13	15.10.25	코 바	울산	전남	광양 전용	스플릿B	3
14	15.11.07	윤주태	서울	수원	서울 월드컵	스플릿A	4
15	16.10.29	로페즈	전북	전남	순천 팔마	스플릿A	3
16	17.05.07	자 일	전남	광주	순천 팔마	스플릿일반	3
17	17.07.15	페체신	전남	대구	광양 전용	스플릿일반	3
18	17.07.19	데 얀	서울	인천	인천 전용	스플릿일반	3
19	17.07.19	조나탄	수원	전남	수원 월드컵	스플릿일반	3
20	17.09.10	이승기	전북	강원	전주 월드컵	스플릿일반	3
21	17.10.08	주니오	대구	진남	광양 진흥	스플릿일반	3
22	17.10.15	완델손	광주	전남	광양 전용	스플릿B	3
23	18.03.04	말 컹	경남	상주	창원 축구센터	스플릿일반	3
24	18.04.21	제리치	강원	전남	광양 전용	스플릿일반	3
25	18.05.02	마그노	제주	강원	제주 월드컵	스플릿일반	3
26	18.08.15	이석현	포항	전북	포항 스틸야드	스플릿일반	3
27	18.08.18	말 컹	경남	포항	포항 스틸야드	스플릿일반	3
28	18.08.19	제리치	강원	인천	춘천 송암	스플릿일반	4

※ 단일 경기 한 팀 선수 득점 - 도움 해트트릭:
산토스(수원/득점), 염기훈(수원/도움): 광주 vs 수원 15.10.04

역대 득점 해트트릭 기록_ K리그2

번호	경기일자	선수명	소속	상대팀	경기장	대회구분	득점
1	13.09.29	정성민	충주	부천	부천 종합	일반	3
2	14.03.29	이재권	안산	대구	안산 와스타디움	일반	3
3	14.05.14	최진호	강원	고양	고양 종합	일반	3
4	14.05.25	최진호	강원	충주	춘천 송암	일반	3
5	14.06.15	조엘손	강원	안산	강릉 종합	일반	3
6	14.07.13	아드리아노	대전	안양	대전 월드컵	일반	3
7	14.09.17	최진호	강원	대구	춘천 송암	일반	3
8	14.11.02	조나탄	대구	강원	대구 스타디움	일반	4
9	15.06.03	이정협	상주	경남	상주 시민	일반	3
10	15.06.03	주민규	서울E	부천	부천 종합	일반	3
11	15.09.23	조나탄	대구	상주	대구 스타디움	일반	3
12	15.10.03	타라바이	서울E	안양	안양 종합	일반	3
13	15.11.22	조석재	충주	고양	고양 종합	일반	3
14	16.07.31	정성민	안산	대구	안산 와스타디움	일반	3
15	16.08.13	고경민	부산	안산	부산 아시아드	일반	3
16	16.09.07	크리스찬	경남	고양	창원축구센터	일반	4
17	16.10.15	하 파 엘	충주	안산	충주 종합	일반	4
18	17.07.23	김동찬	성남	수원FC	탄천 종합	일반	3
19	17.08.23	최오백	서울E	아산	잠실	일반	3
20	17.09.03	고경민	부산	대전	부산 구덕	일반	3
21	17.09.17	김 현	아산	안양	안양 종합	일반	3
22	18.07.29	고경민	부산	안양	부산 구덕	일반	3

※ 단일 시즌 개인 최다 해트트릭(3회): 최진호(강원, 2014)

역대 도움 해트트릭 기록_ K리그 BC

번호	경기일자	선수명	소속	상대팀	경기장	대회구분	도움
1	83.07.02	김창호	유공	포철	대전 한밭	정규리그	3
2	84.06.17	노인호	현대	할렐루야	전주	정규리그	3
3	84.11.03	김한봉	현대	국민은행	동대문	정규리그	3
4	86.10.12	강득수	럭금	포철	안동	정규리그	3
5	91.05.11	강득수	현대	LG	울산 공설	정규리그	3
6	91.09.11	이영진	LG	일화	동대문	정규리그	3
7	93.09.28	김종건	현대	일화	동대문	정규리그	3
8	93.10.16	김용갑	일화	포철	동대문	정규리그	3
9	96.06.19	신홍기	울산	전남	울산 공설	정규리그	3
10	97.08.13	올레그	안양LG	전북	안양	리그컵	3
11	07.08.23	사 사	부산	포항	포항 스틸야드	정규리그	3
12	98.08.26	정정수	울산	대전	울산 공설	정규리그	3
13	00.10.15	데니스	수원	포항	동대문	리그컵	3
14	01.06.27	박태하	포항	대전	대전 한밭	정규리그	3
15	02.11.17	이천수	울산	부산	울산 문수	정규리그	3
16	03.03.26	에드밀손	전북	부산	전주 월드컵	정규리그	3
17	03.05.11	김도훈	성남일화	안양LG	안양	정규리그	3
18	03.09.03	마리우	안양LG	부천SK	부천 종합	정규리그	3
19	05.05.05	세자르	전북	서울	전주 월드컵	리그컵	3
20	05.07.10	히칼도	서울	포항	서울 월드컵	정규리그	3
21	05.08.28	김도훈	성남일화	전북	전주 월드컵	정규리그	3
22	06.03.25	최원권	서울	제주	제주 월드컵	정규리그	3
23	07.04.04	이현승	전북	포항	전주 월드컵	리그컵	3
24	08.07.19	이근호	대구	부산	부산 아시아드	정규리그	3
25	09.03.07	이청용	서울	전남	광양 전용	정규리그	3
26	09.07.22	오장은	울산	제주	울산 문수	리그컵	3
27	10.04.04	데 얀	서울	수원	서울 월드컵	정규리그	3
28	10.09.10	김영후	강원	전북	전주 월드컵	정규리그	3
29	11.04.16	이동국	전북	광주	전주 월드컵	정규리그	3
30	11.06.18	모 따	포항	상주	포항 스틸야드	정규리그	3
31	11.08.27	몰리나	서울	강원	서울 월드컵	정규리그	3
32	12.06.23	이승기	광주	전남	광주 월드컵	정규리그	3

※ 단일 경기 한 선수 득점 - 도움 해트트릭
몰리나(서울): 서울 vs 강원 11.08.27

역대 도움 해트트릭 기록_ K리그1

번호	경기일자	선수명	소속	상대팀	경기장	대회구분	도움
1	13.04.20	홍 철	수원	대전	대전 월드컵	스플릿일반	3
2	15.06.17	홍 철	수원	제주	제주 월드컵	스플릿일반	3
3	15.10.04	염기훈	수원	광주	광주 월드컵	스플릿일반	3
4	16.07.31	염기훈	수원	제주	수원 월드컵	스플릿일반	3
5	16.10.29	레오나르도	전북	전남	순천 팔마	스플릿A	3
6	17.10.22	이재성⑰	전북	강원	춘천 송암	스플릿A	3
7	18.09.15	한교원	전북	제주	전주 월드컵	스플릿일반	3

※ 단일 경기 한 팀 선수 득점 - 도움 해트트릭:
   산토스(수원/득점), 염기훈(수원/도움): 광주 vs 수원 15.10.04

역대 도움 해트트릭 기록_ K리그2

번호	경기일자	선수명	소속	상대팀	경기장	대회구분	도움
1	13.06.06	유수현	수원FC	경찰	수원종합	일반	3
2	13.09.08	알렉스	고양	광주	고양종합	일반	3
3	15.11.11	자 파	수원FC	상주	상주 시민	일반	3
4	16.09.07	이호석	경남	고양	창원축구센터	일반	4

역대 자책골 기록_ K리그 BC

경기일자	선수명	소속	상대팀		경기구분		시간
83.06.25	강 신 우	대우	유공	원정	정규리그	전기	후반 44
83.09.10	김 형 남	포철	유공	원정	정규리그	후기	후반 10
84.05.12	김 광 훈	럭금	대우	원정	정규리그	전기	후반 16
84.06.28	김 경 식	한일	럭금	홈	정규리그	전기	후반 30
84.06.28	문 영 서	할렐	대우	원정	정규리그	전기	후반 40
84.06.30	주 영 만	국민	럭금	홈	정규리그	전기	후반 29
84.08.17	김 경 식	한일	현대	홈	정규리그	후기	전반 19
84.11.04	정 태 영	럭금	대우	원정	정규리그	후기	후반 08
85.07.02	이 돈 철	현대	럭금	원정	정규리그	일반	후반 44
86.03.23	김 흥 권	현대	유공	홈	정규리그	전기	전반 34
86.07.06	박 경 훈	포철	현대	홈	리그컵	일반	전반 41
86.09.11	손 형 선	대우	현대	홈	리그컵	일반	후반 04
86.09.14	이 재 희	대우	럭금	원정	리그컵	일반	전반 38
86.10.26	박 연 혁	유공	현대	원정	정규리그	후기	전반 13
87.04.11	조 영 증	럭금	대우	원정	정규리그	일반	전반 15
87.08.17	김 문 경	현대	포철	원정	정규리그	일반	전반 40
87.09.20	남 기 영	포철	현대	원정	정규리그	일반	후반 13
88.04.02	강 태 식	포철	럭금	홈	정규리그	일반	후반 45
88.07.10	정 종 수	유공	포철	홈	정규리그	일반	전반 17
89.04.16	이 화 열	포철	럭금	원정	정규리그	일반	후반 23
89.10.25	공 문 배	포철	유공	홈	정규리그	일반	전반 31
90.04.08	이 영 진	럭금	현대	원정	정규리그	일반	후반 18
90.04.22	안 익 수	일화	유공	원정	정규리그	일반	후반 23
91.05.04	하 성 준	일화	유공	원정	정규리그	일반	후반 39
91.06.22	최 윤 겸	유공	현대	홈	정규리그	일반	전반 45
91.09.07	박 현 용	대우	LG	원정	정규리그	일반	후반 33
91.09.14	권 형 정	포철	현대	원정	정규리그	일반	전반 14
92.09.30	이 재 일	현대	포철	원정	리그컵	일반	전반 35
92.11.07	조 민 국	LG	현대	원정	정규리그	일반	후반 10

경기일자	선수명	소속	상대팀		경기구분		시간
93.05.08	김 삼 수	LG	현대	홈	정규리그	일반	전반 30
93.07.07	차 석 준	유공	일화	원정	정규리그	일반	후반 40
93.08.14	알 미 르	대우	LG	홈	정규리그	일반	후반 26
94.05.21	유 동 관	포철	LG	홈	리그컵	일반	전반 21
94.08.13	조 덕 제	대우	일화	원정	정규리그	일반	후반 27
94.08.27	정 인 호	유공	현대	홈	정규리그	일반	후반 43
94.09.10	최 영 희	대우	일화	홈	정규리그	일반	후반 27
94.09.24	김 판 근	LG	현대	홈	정규리그	일반	후반 26
94.11.09	이 종 화	일화	유공	홈	정규리그	일반	전반 09
95.03.25	손 종 찬	유공	LG	홈	리그컵	일반	전반 38
95.06.21	김 경 래	전북	포항	홈	정규리그	전기	전반 07
95.08.30	이 영 진	일화	전북	홈	정규리그	후기	후반 26
95.08.30	정 인 호	유공	포항	원정	정규리그	후기	후반 22
96.04.18	신 성 환	수원	부천SK	홈	리그컵	일반	후반 31
96.05.12	박 광 현	천안	포항	홈	정규리그	전기	전반 40
96.05.15	정 영 호	전남	안양LG	원정	정규리그	전기	후반 36
96.06.29	하 상 수	부산	부천SK	홈	정규리그	전기	전반 44
96.07.06	이 민 성	부산	전남	홈	정규리그	전기	후반 28
97.04.12	김 주 성	부산	수원	원정	리그컵	일반	후반 16
97.05.10	신 성 환	수원	울산	원정	정규리그	일반	전반 45
97.07.12	최 영 일	부산	포항	홈	정규리그	일반	후반 38
97.07.13	무 탐 바	안양LG	천안	홈	정규리그	일반	후반 38
97.07.23	마 시 엘	전남	안양LG	홈	리그컵	A조	후반 21
97.09.24	김 현 수	전남	울산	원정	리그컵	A조	후반 43
98.06.06	김 봉 현	전북	부천SK	홈	리그컵	일반	전반 30
98.07.25	김 태 영	전남	안양LG	홈	정규리그	일반	전반 43
98.08.01	신 성 환	수원	천안	원정	정규리그	일반	전반 03
98.08.19	김 재 형	부산	안양LG	홈	정규리그	일반	전반 21
98.08.29	무 탐 바	안양LG	전북	원정	정규리그	일반	후반 43
98.09.23	이 영 상	포항	부천SK	홈	정규리그	일반	후반 47
98.10.14	보 리 스	부천SK	수원	홈	정규리그	일반	전반 19
99.06.27	유 동 우	대전	수원	홈	정규리그	일반	후반 13
99.07.03	호제리오	전북	울산	원정	정규리그	일반	후반 25
99.07.07	이 임 생	부천SK	전남	홈	정규리그	일반	전반 35
99.07.17	김 학 철	안양LG	전남	원정	정규리그	일반	후반 14
99.07.28	장 민 석	전북	부천SK	원정	정규리그	일반	전반 36
99.08.18	이 경 춘	전북	안양LG	원정	정규리그	일반	전반 15
99.08.25	이 기 형	수원	포항	홈	정규리그	일반	전반 29
99.10.09	김 영 철	천안	대전	홈	정규리그	일반	연(후) 01
99.10.31	손 현 준	부산	수원	원정	정규리그	PO	후반 36
00.03.19	이 창 엽	대전	부산	홈	리그컵	B조	후반 05
00.05.17	이 정 효	부산	포항	홈	정규리그	일반	후반 33
00.10.01	호제리오	전북	포항	중립	정규리그	일반	전반 29
00.10.07	최 진 철	전북	성남일화	홈	정규리그	일반	전반 13
01.05.05	졸 리	수원	전북	홈	리그컵	4강전	후반 08
01.08.01	이 창 원	전남	부천SK	홈	정규리그	일반	후반 16
01.09.08	박 종 문	전남	울산	원정	정규리그	일반	후반 24
01.09.26	이 싸 빅	포항	울산	원정	정규리그	일반	후반 52
02.04.06	이 임 생	부천SK	전북	원정	리그컵	A조	전반 33
02.04.27	윤 희 준	부산	울산	원정	리그컵	B조	전반 28

경기일자	선수명	소속	상대팀	경기구분		시간
02.07.28	김 현 수	성남일화	수원	원정	정규리그 일반	후반 16
02.08.28	심 재 원	부산	전북	홈	정규리그 일반	전반 38
02.11.06	왕 정 현	안양LG	대전	원정	정규리그 일반	후반 13
03.04.30	윤 원 철	부천SK	대구	홈	정규리그 일반	전반 08
03.05.21	김 치 곤	안양LG	광주상무	원정	정규리그 일반	전반 03
03.05.21	박 준 홍	광주상무	안양LG	홈	정규리그 일반	후반 32
03.09.07	조 병 국	수원	부산	원정	정규리그 일반	전반 42
03.09.24	보 리 스	부천SK	안양LG	원정	정규리그 일반	전반 26
03.09.24	유 경 렬	울산	성남일화	홈	정규리그 일반	전반 42
03.10.05	김 치 곤	안양LG	성남일화	원정	정규리그 일반	후반 02
03.11.09	이 응 제	전북	부산	원정	정규리그 일반	후반 22
04.04.10	곽 희 주	수원	전북	원정	정규컵 전기	전반 24
04.04.17	쏘 우 자	서울	부천SK	원정	정규컵 전기	전반 13
04.04.17	이 싸 빅	성남일화	인천	원정	정규컵 전기	전반 10
04.04.24	조 병 국	수원	성남일화	원정	정규컵 전기	전반 34
04.05.08	이 싸 빅	성남일화	포항	홈	정규컵 전기	전반 20
04.07.11	성 한 수	전남	전북	원정	리그컵 일반	후반 27
04.07.18	한 정 국	대전	부산	홈	리그컵 일반	전반 22
04.07.25	김 현 수	전북	성남일화	원정	리그컵 일반	전반 25
04.09.11	강 용	포항	서울	홈	정규리그 후기	전반 06
05.04.13	윤 희 준	부산	부천SK	원정	리그컵 일반	전반 45
05.05.01	산 토 스	포항	부산	원정	리그컵 일반	전반 10
05.05.05	이 상 호	부천SK	포항	원정	리그컵 일반	전반 08
05.05.08	김 한 윤	부천SK	전남	홈	리그컵 일반	전반 38
05.08.31	유 경 렬	울산	부천SK	홈	정규리그 후기	후반 14
05.09.04	이 창 원	전남	부천SK	홈	정규리그 후기	후반 47
05.10.16	마	수원	전북	홈	정규리그 후기	후반 00
05.10.30	박 재 홍	전남	전북	원정	정규리그 후기	후반 35
05.11.09	장 경 진	인천	광주상무	홈	정규리그 후기	후반 18
06.04.01	박 규 선	울산	수원	홈	정규리그 전기	후반 34
06.05.10	김 광 석	광주상무	대구	원정	정규리그 전기	전반 45
06.05.10	전 광 환	전북	수원	원정	정규리그 전기	후반 37
06.05.27	마 토	수원	인천	원정	리그컵 일반	후반 42
06.07.26	김 윤 식	포항	울산	홈	리그컵 일반	전반 21
06.08.30	이 장 관	부산	대구	홈	정규리그 후기	후반 11
06.09.09	김 영 선	전북	인천	홈	정규리그 후기	후반 08
06.09.23	이 동 원	전남	부산	홈	정규리그 후기	후반 01
06.09.30	이 민 성	서울	대구	원정	정규리그 후기	전반 16
06.09.30	조 성 환	포항	인천	원정	정규리그 후기	후반 18
06.10.04	유 경 렬	울산	서울	원정	정규리그 후기	전반 18
07.03.10	니 콜 라	제주	성남일화	홈	정규리그 일반	후반 07
07.05.05	김 진 규	전남	포항	홈	정규리그 일반	전반 36
07.06.06	김 능 규	광주상무	수원	홈	정규리그 일반	전반 42
07.06.16	이 준 기	전남	인천	원정	정규리그 일반	후반 40
07.08.18	심 재 원	부산	포항	홈	정규리그 일반	후반 30
07.08.29	김 성 근	포항	서울	원정	정규리그 일반	전반 12
07.08.29	황 재 원	포항	서울	원정	정규리그 일반	전반 22
07.09.01	조 네 스	포항	대구	원정	정규리그 일반	전반 21
07.09.02	배 효 성	부산	전북	원정	정규리그 일반	후반 40
08.04.16	김 영 철	성남일화	전북	원정	리그컵 B조	전반 05

경기일자	선수명	소속	상대팀	경기구분		시간
08.05.03	김 영 철	성남일화	포항	홈	정규리그 일반	후반 26
08.05.25	이 상 일	전남	대구	홈	정규리그 일반	전반 45
08.06.25	김 주 환	대구	성남일화	원정	리그컵 B조	전반 23
08.06.25	아 디	서울	경남	홈	리그컵 A조	전반 43
08.07.02	강 민 수	전북	울산	원정	리그컵 B조	전반 02
08.07.12	진 경 선	대구	경남	홈	정규리그 일반	전반 38
08.08.23	강 선 규	대전	전남	홈	정규리그 일반	후반 42
08.08.24	김 명 중	광주상무	부산	홈	정규리그 일반	전반 32
08.09.13	현 영 민	울산	수원	홈	정규리그 일반	후반 07
08.09.20	안 현 식	인천	대구	홈	정규리그 일반	전반 15
08.10.25	알렉산더	전북	인천	홈	정규리그 일반	후반 28
08.11.01	김 민 오	울산	경남	원정	정규리그 일반	후반 25
08.11.02	송 한 복	광주상무	인천	홈	정규리그 일반	전반 43
08.11.09	김 태 영	부산	울산	원정	정규리그 일반	전반 17
09.05.09	김 정 겸	포항	제주	홈	정규리그 일반	후반 07
09.05.27	김 상 식	전북	제주	원정	리그컵 B조	후반 05
09.05.27	김 형 호	전남	강원	원정	리그컵 A조	후반 07
09.06.21	차 디	인천	포항	홈	정규리그 일반	전반 47
09.07.12	김 한 섭	대전	강원	홈	정규리그 일반	전반 02
09.07.12	김 주 영	경남	성남일화	원정	정규리그 일반	후반 12
09.09.06	김 승 현	전남	경남	원정	정규리그 일반	전반 38
09.09.06	이 원 재	울산	부산	홈	정규리그 일반	후반 47
09.09.20	이 강 진	부산	전북	원정	정규리그 일반	전반 01
09.10.02	곽 태 휘	전남	전북	원정	정규리그 일반	후반 27
09.10.24	황 선 필	광주상무	포항	홈	정규리그 일반	후반 25
09.11.01	이 범 영	부산	인천	홈	정규리그 일반	전반 48
10.03.06	이 요 한	전북	제주	원정	정규리그 일반	전반 07
10.04.11	안 현 식	인천	부산	원정	정규리그 일반	후반 32
10.04.18	김 인 호	제주	수원	홈	정규리그 일반	후반 39
10.07.28	김 진 규	서울	수원	홈	리그컵 PO	후반 17
10.07.28	심 우 연	전북	경남	홈	리그컵 PO	후반 36
10.08.07	안 재 준	인천	수원	홈	정규리그 일반	전반 37
10.08.15	양 승 원	대구	포항	홈	정규리그 일반	후반 48
10.08.22	신 광 훈	포항	인천	홈	정규리그 일반	후반 24
10.08.28	김 진 규	서울	수원	원정	정규리그 일반	전반 03
10.09.01	김 형 일	포항	서울	홈	정규리그 일반	후반 46
10.09.04	안 현 식	인천	부산	홈	정규리그 일반	후반 27
10.09.04	모 따	수원	강원	원정	정규리그 일반	후반 46
10.10.30	유 지 노	전남	전북	원정	정규리그 일반	전반 10
10.11.03	김 종 수	경남	포항	원정	정규리그 일반	전반 11
11.03.12	황 재 훈	대전	서울	홈	정규리그 일반	전반 34
11.03.16	강 민 수	울산	부산	홈	리그컵 B조	후반 18
11.03.20	백 송 화	강원	제주	원정	정규리그 일반	후반 22
11.04.24	이 용 기	경남	수원	원정	정규리그 일반	후반 20
11.04.24	김 성 환	성남일화	제주	원정	정규리그 일반	후반 29
11.04.30	이 용 기	경남	성남일화	홈	정규리그 일반	전반 12
11.05.08	박 용 호	서울	상주	원정	정규리그 일반	전반 18
11.05.21	김 한 윤	부산	수원	원정	정규리그 일반	후반 19
11.05.21	김 인 한	경남	상주	홈	정규리그 일반	후반 36
11.06.11	이 정 호	부산	강원	원정	정규리그 일반	전반 41

경기일자	선수명	소속	상대팀		경기구분		시간
11.06.11	윤 시 호	대구	대전	홈	정규리그	일반	후반 12
11.06.18	김 인 호	제주	전북	원정	정규리그	일반	후반 37
11.07.09	유 경 렬	대구	부산	홈	정규리그	일반	후반 15
11.07.10	사 샤	성남일화	인천	홈	정규리그	일반	후반 01
11.07.10	배 효 성	인천	성남일화	원정	정규리그	일반	후반 11:
11.07.16	김 수 범	광주	전북	홈	정규리그	일반	후반 17
11.07.24	정 호 정	성남일화	전북	원정	정규리그	일반	전반 15
11.08.06	이 동 원	부산	포항	원정	정규리그	일반	전반 15
12.03.10	김 창 수	부산	제주	홈	정규리그	스일반	후반 13
12.04.11	김 기 희	대구	경남	홈	정규리그	스일반	전반 45
12.05.13	유 종 현	광주	수원	원정	정규리그	스일반	후반 17
12.05.13	황 순 민	대구	부산	원정	정규리그	스일반	후반 48
12.06.17	송 진 형	제주	수원	원정	정규리그	스일반	전반 24
12.06.24	고 슬 기	울산	서울	원정	정규리그	스일반	전반 39
12.06.30	한 그 루	대전	부산	원정	정규리그	스일반	전반 03
12.07.01	양 상 민	수원	포항	원정	정규리그	스일반	전반 09
12.10.06	에 델	부산	수원	홈	정규리그	스A	후반 33
12.10.27	마르케스	제주	부산	홈	정규리그	스A	전반 45
12.11.18	마다스치	제주	부산	원정	정규리그	스A	후반 30
12.11.21	이 명 주	포항	부산	원정	정규리그	스A	전반 05

역대 자책골 기록_ K리그1

경기일자	선수명	소속	상대팀		경기구분	시간
13.03.09	박 진 포	성남	제주	원정	스플릿일반	전반 43
13.04.06	보 스 나	수원	대구	홈	스플릿일반	전반 43
13.04.07	윤 영 선	성남	부산	원정	스플릿일반	후반 26
13.04.13	이 윤 표	인천	대구	원정	스플릿일반	후반 28
13.04.28	아 디	서울	강원	원정	스플릿일반	전반 38
13.05.18	신 광 훈	포항	울산	홈	스플릿일반	전반 24
13.06.23	이 강 진	대전	경남	원정	스플릿일반	전반 02
13.07.03	이 웅 희	대전	수원	원정	스플릿일반	전반 24
13.07.03	최 은 성	전북	성남	홈	스플릿일반	후반 34
13.09.01	최 우 재	강원	울산	롬	스플릿일반	전반 32
13.09.28	윤 영 선	성남	경남	원정	스플릿B	전반 29
13.10.05	곽 광 선	수원	포항	원정	스플릿A	전반 00
13.10.09	이 용	제주	강원	홈	스플릿B	후반 24
13.10.20	황 도 연	제주	대전	홈	스플릿B	후반 34
13.11.10	김 평 래	성남	제주	원정	스플릿B	전반 19
14.03.09	이 용	제주	수원	홈	스플릿일반	후반 24
14.03.16	이 용	제주	전남	원정	스플릿일반	후반 17
14.03.16	우 주 성	경남	울산	원정	스플릿일반	후반 25
14.03.20	최 철 순	상주	포항	원정	스플릿일반	전반 37
14.04.26	알 렉 스	제주	부산	홈	스플릿일반	전반 12
14.04.26	스 레 텐	경남	전북	원정	스플릿일반	전반 28
14.05.04	이 경 렬	부산	경남	홈	스플릿일반	후반 23
14.05.10	이 근 호	상주	수원	홈	스플릿일반	후반 49
14.09.10	김 근 환	울산	수원	원정	스플릿일반	전반 28
14.11.01	이 재 원	울산	수원	홈	스플릿A	후반 11
15.03.07	정 준 연	광주	인천	원정	스플릿일반	후반 46
15.03.21	제 종 현	광주	부산	원정	스플릿일반	전반 23
15.04.05	정 준 연	광주	울산	원정	스플릿일반	전반 15
15.04.12	김 기 희	전북	광주	원정	스플릿일반	후반 45
15.05.16	김 동 철	전남	서울	원정	스플릿일반	전반 31
15.05.17	요 니 치	인천	부산	원정	스플릿일반	전반 12
15.06.03	양 준 아	제주	성남	홈	스플릿일반	전반 31
15.06.07	양 상 민	수원	광주	홈	스플릿일반	후반 33
15.07.08	오 반 석	제주	포항	원정	스플릿일반	후반 24
15.07.11	강 준 우	제주	전북	홈	스플릿일반	후반 45
15.08.12	유 지 훈	부산	전북	원정	스플릿일반	후반 40
15.09.12	김 태 윤	성남	포항	원정	스플릿일반	후반 30
15.03.07	김 대 중	인천	광주	홈	스플릿일반	전반 10
16.05.07	블 라 단	수원FC	제주	홈	스플릿일반	전반 32
16.05.21	이 웅 희	상주	성남	홈	스플릿일반	후반 12
16/5/29	오스마르	서울	전남	홈	스플릿일반	전반 10
16.06.15	김 용 대	울산	전남	원정	스플릿일반	전반 03
16.06.15	황 의 조	성남	포항	원정	스플릿일반	전반 12
16.06.15	민 상 기	수원	전북	원정	스플릿일반	전반 37
16.06.15	홍 준 호	광주	서울	원정	스플릿일반	후반 10
16.06.18	백 동 규	제주	포항	홈	스플릿일반	후반 49
16.06.29	유 상 훈	서울	성남	홈	스플릿일반	후반 08
16.07.02	정 동 호	울산	수원	홈	스플릿일반	전반 10
16.07.16	김 보 경	전북	제주	홈	스플릿일반	후반 18
16.07.17	김 태 수	인천	서울	홈	스플릿일반	전반 26
16.08.17	박 준 혁	성남	광주	홈	스플릿일반	후반 08
16.09.10	신 광 훈	포항	수원FC	홈	스플릿일반	후반 41
16.10.02	김 용 대	울산	인천	홈	스플릿일반	전반 03
16.10.02	임 하 람	수원FC	수원	원정	스플릿일반	전반 45
16.11.02	요 니 치	인천	수원	원정	스플릿B	전반 05
16.11.02	연 제 운	성남	수원FC	홈	스플릿B	후반 37
16.11.06	최 효 진	전남	울산	홈	스플릿A	전반 22
17.04.09	김 용 환	인천	포항	원정	스플릿일반	후반 33
17.04.22	부 노 자	인천	서울	원정	스플릿일반	전반 44
17.06.24	이 한 도	광주	전남	홈	스플릿일반	전반 30
17.06.25	조 원 희	수원	강원	홈	스플릿일반	후반 44
17.07.12	이 호 승	전남	강원	원정	스플릿일반	후반 30
17.07.22	본 즈	광주	전남	홈	스플릿일반	후반 39
17.08.02	채 프 만	인천	전북	홈	스플릿일반	전반 18
17.08.02	배 슬 기	포항	광주	홈	스플릿일반	전반 23
17.08.06	이 광 선	상주	강원	원정	스플릿일반	후반 35
17.08.12	곽 광 선	수원	서울	홈	스플릿일반	후반 16
17.09.20	이 한 도	광주	서울	홈	스플릿일반	전반 41
17.09.30	하 창 래	인천	대구	원정	스플릿일반	전반 03
17.10.14	채 프 만	인천	포항	원정	스플릿B	전반 06
17.10.15	이 영 재	울산	수원	원정	스플릿A	전반 21
17.10.21	고 태 원	전남	포항	홈	스플릿B	후반 32
17.11.18	박 동 진	광주	포항	홈	스플릿B	후반 38
18.03.11	이 웅 희	서울	강원	홈	스플릿일반	후반 05
18.04.07	박 종 진	인천	전남	홈	스플릿일반	전반 30
18.04.11	맥 고 완	강원	수원	홈	스플릿일반	후반 05
18.04.14	이 윤 표	인천	제주	원정	스플릿일반	전반 19

경기일자	선수명	소속	상대팀	경기구분		시간
18.04.15	한 희 훈	대구	강원	홈	스플릿일반	후반 30
18.04.21	김 진 혁	대구	서울	원정	스플릿일반	후반 35
18.04.25	무 고 사	인천	울산	원정	스플릿일반	전반 21
18.05.20	곽 태 휘	서울	전북	홈	스플릿일반	후반 36
18.07.11	이 정 빈	인천	강원	홈	스플릿일반	후반 24
18.08.04	권 한 진	제주	서울	원정	스플릿일반	전반 34
18.08.22	양 한 빈	서울	포항	홈	스플릿일반	전반 13
18.09.01	김 민 우	상주	전남	홈	스플릿일반	후반 33
18.09.02	김 은 선	수원	대구	원정	스플릿일반	전반 07
18.09.29	이 범 영	강원	전북	원정	스플릿일반	후반 31
18.10.28	부 노 자	인천	대구	홈	스플릿B	전반 16
18.11.03	이 광 선	제주	경남	홈	스플릿A	전반 19
18.12.02	김 현 훈	경남	전북	원정	스플릿A	전반 13

역대 자책골 기록_ K리그2

경기일자	선수명	소속	상대팀	경기구분		시간
13.05.12	방 대 종	상주	부천	원정	일반	후반 09
13.05.13	백 성 우	안양	광주	원정	일반	후반 47
13.07.06	김 동 우	경찰	수원FC	원정	일반	후반 12
13.07.13	윤 성 우	고양	경찰	홈	일반	전반 16
13.07.13	김 태 준	고양	경찰	홈	일반	전반 40
13.08.25	유 현	경찰	상주	원정	일반	후반 31
13.09.09	가 솔 현	안양	경찰	홈	일반	후반 36
13.11.30	송 승 주	경찰	안양	원정	일반	후반 38
14.04.27	양 상 민	안산	광주	원정	일반	전반 27
14.05.24	이 준 희	대구	안양	원정	일반	전반 42
14.06.21	장 원 석	대전	대구	홈	일반	전반 40
14.07.05	임 선 영	광주	고양	원정	일반	후반 23
14.07.26	허 재 원	대구	안양	홈	일반	전반 39
14.11.01	마 철 준	광주	안산	원정	일반	후반 17
15.05.16	노 형 구	충주	서울E	원정	일반	후반 08
15.08.02	진 창 수	고양	상주	홈	일반	전반 20
15.09.13	김 재 웅	수원FC	안양	원정	일반	후반 29
15.10.11	서 명 식	강원	부천	원정	일반	후반 22
15.10.26	배 일 환	상주	고양	홈	일반	후반 32
15.11.01	김 원 균	강원	고양	원정	일반	후반 14
15.11.25	김 영 광	서울E	수원FC	원정	플레이오프	후반 10
16.04.09	김 영 남	부천	서울E	홈	일반	전반 24
16.05.05	박 주 원	대전	안양	원정	일반	후반 16
16.06.08	윤 성 열	서울E	충주	원정	일반	전반 18
16.08.20	안 현 식	강원	부천	홈	일반	전반 44
16.10.30	지 구 민	고양	부천	원정	일반	후반 29
17.04.01	박 한 수	안산	부천	홈	일반	후반 36
17.04.10	이 범 수	경남	성남	원정	일반	후반 15
17.04.22	김 진 규	대전	부산	홈	일반	전반 15
17.05.20	닐손주니어	부천	아산	홈	일반	전반 10
17.05.21	송 주 호	안산	안양	원정	일반	후반 25
17.05.27	권 태 안	안양	경남	홈	일반	전반 40
17.08.19	권 태 안	안양	성남	홈	일반	전반 39
17.10.01	이 준 희	경남	안산	원정	일반	후반 49

경기일자	선수명	소속	상대팀	경기구분		시간
17.10.21	김 형 록	경남	아산	원정	일반	후반 02
18.03.11	코 네	안산	대전	홈	일반	후반 07
18.04.07	민 상 기	아산	부천	홈	일반	후반 32
18.04.14	전 수 현	안양	서울E	원정	일반	전반 18
18.05.06	연 제 운	성남	수원FC	홈	일반	전반 30
18.08.05	송 주 호	안산	안양	원정	일반	후반 47
18.09.22	김 재 현	서울E	부천	홈	일반	전반 35
18.10.13	장 순 혁	부천	안양	홈	일반	전반 31
18.10.13	이 재 안	수원FC	대전	홈	일반	전반 32
18.10.21	안 지 호	서울E	안양	홈	일반	후반 36
18.10.27	안 성 빈	서울E	아산	홈	일반	전반 14
18.11.11	윤 준 성	대전	안양	홈	일반	후반 11

역대 자책골 기록_ K리그 승강 플레이오프

경기일자	선수명	소속	상대팀	경기구분		시간
14.12.03	스 레 텐	경남	광주	원정	승강 플레이오프	후반 40

역대 단일 시즌 득점·도움 10-10 기록

선수명	구단	출장-득점-도움	연도	기록달성	비고
라 데	포항	39 - 13 - 16	1996	28경기째	BC
비 탈 리	수원	36 - 10 - 10	1999	35경기째	BC
최 용 수	안양	34 - 14 - 10	2000	33경기째	BC
김 대 의	성남일	38 - 17 - 12	2002	26경기째	BC
에드밀손	전북	39 - 17 - 14	2003	32경기째	BC
김 도 훈	성남일	40 - 28 - 13	2003	37경기째	BC
에 닝 요	전북	28 - 10 - 12	2009	28경기째	BC
데 안	서울	35 - 19 - 10	2010	28경기째(10.09)	BC
김 은 중	제주	34 - 17 - 11	2010	32경기째(10.31)	BC
루 시 오	경남	32 - 15 - 10	2010	31경기째(11.07)	BC
에 닝 요	전북	33 - 10 - 10	2010	31경기째(11.20)	2년연속/BC
이 동 국	전북	29 - 16 - 15	2011	20경기째(08.06)	BC
몰 리 나	서울	29 - 10 - 12	2011	27경기째(10.23)	BC
몰 리 나	서울	41 - 19 - 10	2012	22경기째(07.28)	2년연속/BC
에 닝 요	전북	38 - 15 - 13	2012	26경기째(08.23)	BC
산 토 스	제주	35 - 14 - 11	2012	31경기째(11.18)	BC
루 시 오	광주	32 - 13 - 10	2013	32경기째(11.10)	K리그2
로 페 즈	제주	33 - 11 - 11	2015	30경기째(10.04)	K리그1
정 원 진	경남	34 - 10 - 10	2017	34경기째(10.29)	K리그2
호 물 로	부산	38 - 11 - 10	2018	38경기째(12.09)	K리그2

역대 대회별 전 경기, 전 시간 출장자

연도	시즌	경기수	전 경기 전 시간	전 경기
83	수퍼리그	16	최기봉, 이강조(이상 유공), 유태목(대우), 김성부(포철)	최종덕, 홍성호, 박상인, 오석재, 이강석(이상 할렐루야), 김용세(유공), 이춘석(대우), 최상국(포항제철)
84	축구대제전 수퍼리그	28	최기봉, 오연교(이상 유공), 김평석(현대), 조병득(할렐루야), 박창선(대우)	신문선, 김용세(이상 유공), 조영증(럭키금성), 백종철(현대), 박상인(할렐루야), 이재희(대우)
85	축구대제전 수퍼리그	21	최강희, 김문경(이상 현대), 전차식(포항제철), 김현태, 강득수(이상 럭키금성), 김풍주(대우), 최영희(한일은행), 황정현(할렐루야)	한문배, 이상래, 피아퐁(이상 럭키금성), 신문선(유공), 김영세(유공) 박상인(할렐루야), 신제경(상무), 김대흠(상무), 최태진(대우), 조성규(한일은행), 이흥실(포항제철)
86	축구대제전	20	박노봉(대우)	민진홍(유공), 함현기(현대), 윤성효(한일은행)
	프로축구선수권대회	16	최기봉(유공)	민진홍, 신동철(이상 유공), 권오손, 구상범, 박항서, 이상래(이상 럭키금성)
87	한국프로축구대회	32	최기봉(유공)	
88	한국프로축구대회	24	이문영(유공)	이광종(유공), 김문경(현대)
89	한국프로축구대회	40	임종헌(일화), 강재순(현대)	
90	한국프로축구대회	30		윤상철(럭키금성)
91	한국프로축구대회	40		고정운(일화)
92	한국프로축구대회	30	사리체프(일화), 정종선(현대)	신홍기(현대), 임근재(LG)
	아디다스컵	10	사리체프(일화), 정용환(대우)	
93	한국프로축구대회	30	사리체프(일화), 최영일(현대)	이광종(유공)
	아디다스컵	5	사리체프(일화)	
94	하이트배 코리안리그	30	사리체프(일화), 이명열(포항제철)	
	아디다스컵	6	사리체프(일화) 外 다수	
95	하이트배 코리안리그	28	샤샤(유공)	
	아디다스컵	7	샤샤(유공) 外 다수	
96	라피도컵 프로축구대회	32		라데(포항)
	아디다스컵	8	공문배(포항) 外 다수	박태하(포항) 外 다수
97	라피도컵 프로축구대회	18	김봉현(전북), 최은성(대전)	황연석(천안)
	아디다스컵	9	아보라(천안) 外 다수	정성천(대전) 外 다수
	프로스펙스컵	11	김이섭(포항)	
98	현대컵 K-리그	22	김병지(울산)	이문석(울산) 外 다수
	필립모리스코리아컵	9	박태하(포항) 外 다수	무탐바(안양LG) 外 다수
	아디다스코리아컵	11	김상훈(울산) 外 다수	김기동(부천SK) 外 다수
99	바이코리아컵 K-리그	32~27	이용발(부천SK)	이원식(부천SK), 김정혁(전남), 김현석(울산), 황승주(울산)
	대한화재컵	8~11	김봉현(전북) 外 다수	김기동(부천SK) 外 다수
	아디다스컵	1~4	곽경근(부천SK) 外 다수	공오균(대전) 外 다수
00	삼성 디지털 K-리그	32~27	이용발(부천SK), 조성환(부천SK)	박남열(성남일화), 신홍기(수원), 안드레(안양LG), 세자르(전남), 김종천(포항)
	대한화재컵	8~11	이용발(부천SK), 조성환(부천SK) 外 다수	신의손(안양LG) 外 다수
	아디다스컵	1~4	이용발(부천SK), 조성환(부천SK) 外 다수	김대환(수원) 外 다수
01	포스코 K-리그	27	김기동(부천SK), 이용발(부천SK), 신의손(안양LG)	남기일(부천SK), 신태용(성남일화), 이기형(수원)
	아디다스컵	8~11	심재원(부산), 산드로(수원) 外 다수	하리(부산), 윤희준(부산) 外 다수
02	삼성파브 K-리그	27	김기동(부천SK), 이용발(부천SK), 박종문(전남)	이영수(전남), 김대의(성남일화), 이병근(수원), 에드밀손(전북), 추운기(전북)
	아디다스컵	8~11	신태용(성남일화), 서정원(수원) 外 다수	김현수(성남일화), 신의손(안양LG) 外 다수
03	삼성 하우젠 K-리그	44		미그노(전북), 노노(울산)
04	삼성 하우젠 K-리그	24~27	김병지(포항), 유경렬(울산), 서동명(울산), 조준호(부천SK), 윤희준(부산)	김은중(서울)
	삼성 하우젠컵	12	김병지(포항), 곽희주(수원), 이용발(전북), 조준호(부천SK), 한태유(서울), 이반, 박우현(이상 성남일화)	최성용(수원), 임중용(인천), 김기형(부천SK), 손대호(수원), 김경량(전북) 外 다수
05	삼성 하우젠 K-리그	24~27	김병지(포항), 조준호(부천SK), 임중용(인천)	산드로(대구), 김기동(포항)
	삼성 하우젠컵	12	김병지(포항), 조준호(부천SK), 김성근(포항), 산토스(포항), 주승진(대전), 김영철, 배효성(이상 성남일화), 송정현(대구), 산드로(대구), 전재호(인천)	현영민(울산) 外 다수

연도	시즌	경기수	전 경기 전 시간	전 경기
06	삼성 하우젠 K-리그	26~29	김병지(서울), 최은성(대전), 이정래(경남)	장학영, 박진섭(이상 성남일화), 박종진(대구), 루시아노(경남)
	삼성 하우젠컵	13	배효성(부산), 장학영(성남일화), 김병지(서울), 최은성(대전), 이정래(경남)	박동혁(울산), 이종민(울산), 김치우(인천), 박용호(광주상무), 이정수(수원), 최성국(울산), 장남석(대구), 이승현(부산), 우성용(성남일화), 박재현(인천), 최영훈(전북), 주광윤(전남)
07	삼성 하우젠 K-리그	31~26	김용대, 장학영, 김영철(이상 성남일화), 염동균(전남), 김병지(서울)	데얀(인천), 산드로(전남), 송정현(전남), 김상록(인천)
	삼성 하우젠컵	10~12	김병지(서울), 김현수(대구) 外 다수	아디(서울), 데닐손(대전), 박성호(부산)
08	삼성 하우젠 K-리그	28~26	이운재(수원), 정성룡(포항), 백민철(대구)	데얀(서울), 두두(성남일화), 이근호(대구), 라돈치치(인천), 김영빈(인천)
	삼성 하우젠컵	10~12	백민철(대구)	서동현(수원), 김상식, 박진섭, 장학영(이상 성남일화), 김영삼(울산), 현영민(울산), 이승렬(서울), 조형익(대구)
09	K-리그	28~30	김영광(울산)	김상식(전북), 루이스(전북), 윤준하(강원)
	피스컵 코리아	2~10	조병국, 이호(이상 성남일화), 신형민(포항), 백민철(대구) 外 다수	박희도(부산), 장학영(성남), 구자철(제주) 外 다수
10	쏘나타 K리그	28~31	김호준(제주), 김용대(서울), 정성룡(성남일화), 김병지(경남), 백민철(대구)	김영후(강원), 유병수(인천)
	포스코컵	4~7	김용대(서울) 외 다수	아디(서울) 外 다수
11	현대오일뱅크 K리그	30~35	박호진(광주), 김병지(경남), 이운재(전남) 外 다수	김신욱(울산) 外 다수
	러시앤캐시컵	1~8	윤시호(대구), 조동건(성남일화), 박준혁(대구) 外 다수	고슬기(울산), 김신욱(울산) 外 다수
12	현대오일뱅크 K리그	44	김용대(서울)	자일(제주), 한지호(부산)
13	현대오일뱅크 K리그 클래식	38	권정혁(인천)	전상욱(성남일화), 김치곤(울산)
14	현대오일뱅크 K리그 클래식	38	김병지(전남)	
	현대오일뱅크 K리그 챌린지	36		권용현(수원FC)
15	현대오일뱅크 K리그 클래식	38	신화용(포항), 오스마르(서울)	김신욱(울산)
	현대오일뱅크 K리그 챌린지	41		조현우(대구)
16	현대오일뱅크 K리그 클래식	38		송승민(광주)
	현대오일뱅크 K리그 챌린지	40	김한빈(충주)	
17	KEB하나은행 K리그 클래식	38		송승민(광주), 오르샤(울산), 염기훈(수원)
	KEB하나은행 K리그 챌린지	36	김영광(서울E)	안태현(부천)
18	KEB하나은행 K리그1	38	김승대(포항), 강현무(포항)	
	KEB하나은행 K리그2	36	김영광(서울E)	

역대 감독별 승·무·패 기록

감독명	기간	구단명	재임년도	승	무	패	비고
고재욱		통산		148	123	119	
	BC	럭키금성	1989	15	17	8	
	BC	럭키금성	1990	14	11	5	
	BC	LG	1991	9	15	16	
	BC	LG	1992	12	16	12	
	BC	LG	1993	11	12	12	
	BC	현대	1995	16	14	5	
	BC	울산	1996	19	5	16	
	BC	울산	1997	13	13	9	
	BC	울산	1998	20	10	12	
	BC	울산	1999	15	6	16	
	BC	울산	2000	4	4	8	~00.06.14
고정운		통산		12	8	16	
	K리그2	안양	2018	12	8	16	
고종수		통산		16	8	14	
	K리그2	대전	2018	16	8	14	
곽경근		통산		8	9	18	
	K리그2	부천	2013	8	9	18	
구상범		통산		1	4	6	
	K리그1	성남	2016	1	2	6	16.09.13~
	승강PO	성남	2016	0	2	0	
귀네슈		통산		51	37	22	
	BC	서울	2007	14	17	7	
	BC	서울	2008	20	12	7	
	BC	서울	2009	17	8	8	
김귀화		통산		5	5	5	
	BC	경남	2010	5	5	5	10.08.01~10.11.29
김기복		통산		40	31	107	
	BC	버팔로	1994	5	5	26	
	BC	대전	1997	4	12	19	
	BC	대전	1998	11	3	21	
	BC	대전	1999	12	1	23	
	BC	대전	2000	8	10	18	
김대식		통산		2	2	5	
	K리그2	부천	2018	2	2	5	18.09.15~
김대의		통산		15	3	20	
	K리그2	수원FC	2017	2	0	0	17.10.20~
	K리그2	수원FC	2018	13	3	20	
김도훈		통산		52	44	46	
	K리그1	인천	2015	13	12	13	15.01.03~
	K리그1	인천	2016	5	9	14	~16.08.31
	K리그1	울산	2017	17	11	10	
	K리그1	울산	2018	17	12	9	
김병수		통산		12	18	22	
	K리그2	서울E	2017	7	14	15	17.01.09~
	K리그1	강원	2018	5	4	7	18.08.13~
김봉길		통산		36	44	38	
	BC	인천	2010	0	0	5	10.06.09~10.08.22
	BC	인천	2012	16	14	7	12.04.12
	K리그1	인천	2013	12	14	12	
	K리그1	인천	2014	8	16	14	~14.12.19

감독명	기간	구단명	재임년도	승	무	패	비고
김상호		통산		8	8	32	
	BC	강원	2011	3	6	20	11.04.08~
	BC	강원	2012	5	2	12	~12.07.01
김성재		통산		0	0	1	
	K리그1	서울	2016	0	0	1	16.06.23~6/.6.26
김용갑		통산		7	3	8	
	K리그1	강원	2013	6	3	7	13.08.14~13.12.10
	승강PO	강원	2013	1	0	1	
김인수		통산		3	1	1	
	K리그1	제주	2016	3	1	1	16.10.15~
김인완		통산		7	10	28	
	K리그1	대전	2013	2	9	19	~13.10.02
	K리그1	전남	2018	5	1	9	18.08.16~
김정남		통산		210	168	159	
	BC	유공	1985	3	1	3	85.07.22~
	BC	유공	1986	11	12	13	
	BC	유공	1987	9	9	14	
	BC	유공	1988	8	8	8	
	BC	유공	1989	17	15	8	
	BC	유공	1990	8	12	10	
	BC	유공	1991	10	17	13	
	BC	유공	1992	1	0	6	~92.05.12
	BC	울산	2000	3	4	0	00.08.22~
	BC	울산	2001	13	6	16	
	BC	울산	2002	18	11	9	
	BC	울산	2003	20	13	11	
	BC	울산	2004	15	13	9	
	BC	울산	2005	21	9	9	
	BC	울산	2006	14	14	11	
	BC	울산	2007	20	13	7	
	BC	울산	2008	19	12	8	
김종부		통산		60	24	30	
	K리그2	경남	2016	18	6	16	
	K리그2	경남	2017	24	7	5	
	K리그1	경남	2018	18	11	9	
김종필		통산		30	41	59	
	K리그2	충주	2013	4	5	9	13.07.22~
	K리그2	충주	2014	6	16	14	
	K리그2	충주	2015	10	11	19	
	K리그2	안양	2017	10	9	17	
김종현		통산		2	4	4	
	K리그2	대전	2017	2	4	4	17.09.01~
김태수	통산	통산	통산	5	6	6	
	BC	부산	1996	5	6	6	96.07.22~
김태완		통산		21	24	46	
	BC	상주	2011	2	2	9	11.07.14~11.12.28
	K리그1	상주	2017	8	11	19	17.03.01~
	승강PO	상주	2017	1	1	0	
	K리그1	상주	2018	10	10	18	
김판곤		통산		10	7	16	
	BC	부산	2006	8	3	9	06.04.04~06.08.22

감독명	기간/구단명/재임년도		승	무	패	비고
	BC	부산	2007	2	4	7	07.08.07~
김 학 범		통산		118	84	86	
	BC	성남일화	2005	15	12	10	05.01.05~
	BC	성남일화	2006	23	11	8	
	BC	성남일화	2007	16	7	6	
	BC	성남일화	2008	21	7	10	
	BC	강원	2012	9	5	11	12.07.09~
	K리그1	강원	2013	2	9	11	~13.08.10
	K리그1	성남	2014	5	5	5	14.09.05~
	K리그1	성남	2015	15	15	8	
	K리그1	성남	2016	10	8	11	~16.09.12
	K리그1	광주	2017	2	5	6	17.08.16~
김 형 렬		통산		2	1	4	
	BC	전북	2005	2	1	4	05.06.13~05.07.10
김 호		통산		207	154	180	
	BC	한일은행	1984	5	11	12	
	BC	한일은행	1985	3	10	8	
	BC	한일은행	1986	4	4	12	
	BC	현대	1988	10	5	9	
	BC	현대	1989	7	15	18	
	BC	현대	1990	6	14	10	
	BC	수원	1996	21	11	8	
	BC	수원	1997	14	13	9	
	BC	수원	1998	18	7	12	
	BC	수원	1999	31	4	8	
	BC	수원	2000	15	11	12	
	BC	수원	2001	19	6	13	
	BC	수원	2002	16	10	10	
	BC	수원	2003	19	15	10	
	BC	대전	2007	8	0	6	07.07.01~
	BC	대전	2008	7	14	15	
	BC	대전	2009	4	4	8	~09.06.26
김 호 곤		통산		126	76	95	
	BC	부산	2000	13	10	14	
	BC	부산	2001	16	13	9	
	BC	부산	2002	8	8	15	~02.11.05
	BC	울산	2009	11	9	12	
	BC	울산	2010	16	7	11	
	BC	울산	2011	22	8	13	
	BC	울산	2012	18	14	12	
	K리그1	울산	2013	22	7	9	~13.12.04
김 희 태		통산		11	6	13	
	BC	대우	1994	4	0	5	94.09.08~
	BC	대우	1995	7	6	8	~95.08.03
나 기 일		통산		68	57	68	
	K리그2	광주	2013	9	0	7	13.08.18~
	K리그2	광주	2014	15	12	11	
	승강PO	광주	2014	1	1	0	
	K리그1	광주	2015	10	12	16	
	K리그1	광주	2016	11	14	13	
	K리그1	광주	2017	4	7	14	~17.08.14
	K리그2	성남	2018	18	11	7	

감독명	기간/구단명/재임년도		승	무	패	비고
남 대 식		통산		2	6	6	
	BC	전북	2001	2	6	6	01.07.19~01.10.03
노 상 래		통산		31	34	44	
	K리그1	전남	2015	12	13	13	
	K리그1	전남	2016	11	10	12	~16.10.14
	K리그1	전남	2017	8	11	19	
노 흥 섭		통산		3	2	11	
	BC	국민은행	1983	3	2	11	83~
니폼니시		통산		57	38	53	
	BC	유공	1995	11	11	13	
	BC	부천유공	1996	18	11	11	
	BC	부천SK	1997	8	12	15	
	BC	부천SK	1998	20	4	14	
당 성 증		통산		0	3	5	
	K리그1	대구	2013	0	3	5	~13.04.22
데 니 스		통산		1	4	6	
	K리그1	부산	2015	1	4	6	15.07.13~15.10.11
레 네		통산		14	18	30	
	BC	천안일화	1997	8	13	14	97.03.01~
	BC	천안일화	1998	6	5	16	~98.09.08
레 니		통산		21	18	17	
	K리그2	서울E	2015	16	14	11	
	K리그2	서울E	2016	5	4	6	~16.06.15
레 모 스		통산		2	3	6	
	BC	포항	2010	2	3	6	~10.05.10
로 란 트		통산		5	9	10	
	BC	인천	2004	5	9	10	04.03.01~04.08.30
모아시르		통산		16	13	15	
	BC	대구	2012	16	13	15	~12.12.01
문 정 식		통산		25	18	16	
	BC	현대	1984	13	10	5	
	BC	현대	1985	10	4	7	
	BC	현대	1986	2	4	4	~86.04.22
민 동 성		통산		1	0	2	
	K리그2	충주	2013	1	0	2	13.06.20~13.07.21
박 건 하		통산		11	8	4	
	K리그2	서울E	2016	11	8	4	16.06.28~17.01.10
박 경 훈		통산		103	81	82	
	BC	부산	2002	0	0	4	02.11.06~02.11.21
	BC	제주	2010	20	11	5	
	BC	제주	2011	10	11	10	
	BC	제주	2012	16	15	13	
	K리그1	제주	2013	16	10	12	
	K리그1	제주	2014	14	12	12	
	K리그1	제주	2015	14	8	16	~15.12.18
	K리그2	성남	2017	13	14	10	
박 동 혁		통산		21	9	6	
	K리그2	아산	2018	21	9	6	
박 병 주		통산		20	22	29	
	BC	안양LG	1997	3	18	14	
	BC	안양LG	1998	17	4	15	
박 성 화		통산		118	94	110	

감독명	기간	구단명	재임년도	승	무	패	비고
	BC	유공	1992	10	10	13	92.05.13~
	BC	유공	1993	7	15	13	
	BC	유공	1994	15	9	8	~94.10.29
	BC	포항	1996	20	13	7	
	BC	포항	1997	15	15	8	
	BC	포항	1998	18	6	15	
	BC	포항	1999	16	4	18	
	BC	포항	2000	7	9	11	~00.07.31
	K리그2	경남	2015	10	13	17	15.01.06~15.11.24
박 세 학	통산			39	32	46	
	BC	럭키금성	1984	8	6	14	
	BC	럭키금성	1985	10	7	4	
	BC	럭키금성	1986	14	12	10	
	BC	럭키금성	1987	7	7	18	
박 이 천	통산			15	11	12	
	BC	인천	2007	15	11	12	
박 종 환	통산			126	157	137	
	BC	일화	1989	6	21	13	89.03.19~
	BC	일화	1990	7	10	13	
	BC	일화	1991	13	11	16	
	BC	일화	1992	13	11	8	
	BC	일화	1993	14	12	9	
	BC	일화	1994	17	11	8	
	BC	일화	1995	16	13	6	
	BC	대구	2003	7	16	21	03.03.19~
	BC	대구	2004	9	16	11	
	BC	대구	2005	12	9	15	
	BC	대구	2006	10	16	13	
	K리그1	성남	2014	2	3	4	~14.04.22
박 진 섭	통산			11	15	11	
	K리그2	광주	2018	11	15	11	
박 창 현	통산			7	8	6	
	BC	포항	2010	7	8	6	10.05.11~10.12.12
박 항 서	통산			118	75	138	
	BC	경남	2006	14	6	14	
	BC	경남	2007	14	10	13	
	BC	전남	2008	10	5	14	
	BC	전남	2009	13	11	11	
	BC	전남	2010	9	6	14	~10.11.09
	BC	상주	2012	7	6	31	
	K리그2	상주	2013	23	8	4	
	승강PO	상주	2013	1	0	1	
	K리그1	상주	2014	7	13	18	
	K리그2	상주	2015	20	7	13	
박 효 진	통산			7	3	10	
	K리그2	강원	2014	5	0	5	14.09.19~
	K리그1	강원	2017	2	3	5	17.08.15~17.11.01
백 종 철	통산			6	11	13	
	K리그1	대구	2013	6	11	13	13.04.23~13.11.30
변 병 주	통산			28	20	57	
	BC	대구	2007	10	7	19	
	BC	대구	2008	11	4	21	

감독명	기간	구단명	재임년도	승	무	패	비고
	BC	대구	2009	7	9	17	
브 랑 코	통산			5	7	8	
	K리그1	경남	2014	5	6	7	14.08.15~
	승강PO	경남	2014	0	1	1	
비츠케이	통산			17	18	5	
	BC	대우	1991	17	18	5	
빙 가 다	통산			25	6	6	
	BC	서울	2010	25	6	6	~10.12.13
샤키(세쿨라리치)	통산			7	6	10	
	BC	부산	1996	7	6	10	~96.07.21
서 정 원	통산			93	70	65	
	K리그1	수원	2013	15	8	15	
	K리그1	수원	2014	19	10	9	
	K리그1	수원	2015	19	10	9	
	K리그1	수원	2016	10	18	10	
	K리그1	수원	2017	17	13	8	
	K리그1	수원	2018	13	11	14	
손 현 준	통산			11	7	10	
	K리그2	대구	2016	9	4	3	16.08.13~
	K리그1	대구	2017	2	3	7	~17.05.22
송 경 섭	통산			9	7	13	
	K리그1	전남	2016	1	1	3	16.10.15~
	K리그1	강원	2017	1	0	1	17.11.02~
	K리그1	강원	2018	7	6	9	~18.08.12
송 광 환	통산			0	1	1	
	K리그1	경남	2013	0	1	1	13.05.23~13.06.01
송 선 호	통산			46	25	33	
	K리그2	부천	2015	13	7	10	15.05.29~15.10.01
	K리그2	부천	2016	17	9	10	~16.10.12
	K리그2	아산	2017	16	9	13	
신 우 성	통산			4	2	8	
	BC	대우	1995	4	2	8	95.08.04~
신 윤 기	통산			6	3	8	
	BC	부산	1999	6	3	8	99.06.10~99.09.08
신 진 원	통산			0	0	2	
	BC	대전	2011	0	0	2	11.07.06~11.07.17
신 태 용	통산			58	42	53	
	BC	성남일화	2009	19	10	11	
	BC	성남일화	2010	14	12	8	
	BC	성남일화	2011	11	10	14	
	BC	성남일화	2012	14	10	20	~12.12.08
신 홍 기	통산			0	0	1	
	K리그1	전북	2013	0	0	1	13.06.20~13.06.27
안네스첸	통산			9	7	8	
	K리그1	인천	2018	9	7	8	18.06.26~
안 드 레	통산			23	19	22	
	K리그1	대구	2017	9	11	6	17.05.23~
	K리그1	대구	2018	14	8	16	18.01.05~
안 승 인	통산			7	8	25	
	K리그2	충주	2016	7	8	25	
안 익 수	통산			49	30	42	
	BC	부산	2011	19	7	13	

감독명	기간/구단명/재임년도			승	무	패	비고
	BC	부산	2012	13	14	17	~12.12.13
	K리그1	성남일화	2013	17	9	12	~13.12.22
알 툴		통산		30	23	41	
	BC	제주	2008	9	10	17	
	BC	제주	2009	10	7	14	~09.10.14
	K리그2	강원	2014	11	6	10	~14.09.18
앤 디		통산		9	12	15	
에글리	BC	부산	2006	5	3	5	06.08.23~
	BC	부산	2007	4	9	10	~07.06.30
엥 겔		통산		12	11	7	
	BC	대우	1990	12	11	7	
여범규		통산		7	5	7	
	K리그2	광주	2013	7	5	7	~13.08.16
왕선재		통산		15	20	35	
	BC	대전	2009	6	5	6	09.06.27~
	BC	대전	2010	6	8	18	
	BC	대전	2011	3	7	11	~11.07.05
유상철		통산		19	21	39	
	BC	대전	2011	3	3	6	11.07.18~
	BC	대전	2012	13	11	20	~12.12.01
	K리그1	전남	2018	3	7	13	~18.08.15
윤덕여		통산		0	0	1	
	BC	전남	2012	0	0	1	12.08.11~12.08.13
윤성효		통산		76	52	67	
	BC	수원	2010	10	5	4	10.06.08~
	BC	수원	2011	18	6	10	
	BC	수원	2012	20	13	11	~12.12.11
	K리그1	부산	2013	14	10	14	
	K리그1	부산	2014	10	13	15	
	K리그1	부산	2015	4	5	13	~15.07.12
윤정환		통산		27	26	23	
	K리그1	울산	2015	13	14	11	
	K리그1	울산	2016	14	12	12	
이강조		통산		59	72	157	
	BC	광주상무	2003	13	7	24	
	BC	광주상무	2004	10	13	13	
	BC	광주상무	2005	7	8	21	
	BC	광주상무	2006	9	10	20	
	BC	광주상무	2007	5	9	22	
	BC	광주상무	2008	3	10	23	
	BC	광주상무	2009	9	4	19	
	BC	광주상무	2010	3	11	15	~10.10.27
이기형		통산		14	25	21	
	K리그1	인천	2016	6	3	1	16.09.01~
	K리그1	인천	2017	7	18	13	
	K리그1	인천	2018	1	4	7	~18.05.11
이낙영		통산		2	10	28	
	K리그2	고양	2016	2	10	28	
이병근		통산		1	4	2	
	K리그1	수원	2018	1	4	2	18.08.30~18.10.14
이상윤		통산		2	4	7	
	K리그1	성남	2014	2	4	7	14.04.23~14.08.26

감독명	기간/구단명/재임년도			승	무	패	비고
이성길		통산		4	9	5	
	K리그2	고양	2014	4	9	5	14.07.25~
이수철		통산		6	7	12	
	BC	광주상무	2010	0	1	2	10.10.28~
	BC	상주	2011	6	6	10	11.01.12~11.07.13
이승엽		통산		3	2	1	
	K리그2	부산	2017	3	1	0	17.10.13~
	승강PO	부산	2017	0	1	1	
이영무		통산		30	26	37	
	K리그2	고양	2013	10	11	14	
	K리그2	고양	2014	7	5	6	~14.07.24
	K리그2	고양	2015	13	10	17	15.02.16~
이영민		통산		23	20	23	
	K리그2	안양	2015	12	7	7	15.06.16~
	K리그2	안양	2016	11	13	16	
이영익		통산		4	7	15	
	K리그2	대전	2017	4	7	15	~17.08.30
이영진		통산		44	38	51	
	BC	대구	2010	7	5	21	
	BC	대구	2011	9	11	15	~11.11.01
	K리그1	성남	2014	0	1	0	14.08.27~14.09.04
	K리그2	대구	2015	18	13	10	
	K리그2	대구	2016	10	9	5	~16.08.12
이우형		통산		28	23	34	
	K리그2	안양	2013	12	9	14	
	K리그2	안양	2014	15	6	15	
	K리그2	안양	2015	1	8	5	~15.06.16
이을용		통산		6	7	9	
	K리그1	서울	2018	6	7	9	18.05.01~18.10.10
이장수		통산		55	46	52	
	BC	천안일화	1996	11	10	19	
	BC	전남	2004	14	11	12	~04.12.13
	BC	서울	2005	13	10	13	05.01.03~
	BC	서울	2006	17	15	8	
이재철		통산		2	3	9	
	K리그2	충주	2013	2	3	9	~13.06.19
이종환		통산		22	20	16	
	BC	유공	1983	5	7	4	
	BC	유공	1984	13	9	8	
	BC	유공	1985	4	4	4	~85.07.21
이차만		통산		90	74	65	
	BC	대우	1987	16	14	2	
	BC	대우	1988	8	5	11	
	BC	대우	1989	14	14	12	
	BC	대우	1992	4	13	9	~92.09.23
	BC	부산	1997	22	11	5	
	BC	부산	1998	17	6	12	
	BC	부산	1999	7	2	5	~99.06.09
	K리그1	경남	2014	2	9	9	~14.08.14
이태호		통산		13	22	35	
	BC	대전	2001	9	10	16	
	BC	대전	2002	4	12	19	

감독명	기간	구단명	재임년도	승	무	패	비고
이회택			통산	123	121	122	
	BC	포항제철	1988	9	9	6	
	BC	포항제철	1989	13	14	13	
	BC	포항제철	1990	9	10	11	
	BC	포항제철	1991	12	15	13	
	BC	포항제철	1992	16	14	10	
	BC	전남	1998	0	1	0	98.10.15~
	BC	전남	1999	14	6	18	
	BC	전남	2000	14	10	15	
	BC	전남	2001	8	11	16	
	BC	전남	2002	11	11	13	
	BC	전남	2003	17	20	7	
이흥실			통산	52	35	37	
	BC	전북	2012	22	13	9	12.01.05~12.12.12
	K리그2	안산	2015	9	15	16	15.02.14~
	K리그2	안산	2016	21	7	12	
인창수			통산	11	8	19	
	K리그2	서울E	2016	1	1	0	16.06.16~16.06.27
	K리그2	서울E	2018	10	7	19	
임완섭			통산	1	2	3	
	K리그2	안산	2018	1	2	3	18.10.01~
임창수			통산	3	8	17	
	BC	국민은행	1984	3	8	17	
장외룡			통산	50	42	47	
	BC	부산	1999	8	0	5	99.09.09~
	BC	인천	2004	4	5	3	04.08.31~
	BC	인천	2005	19	9	11	
	BC	인천	2006	8	16	15	
	BC	인천	2008	11	12	13	
장운수			통산	45	23	25	
	BC	대우	1983	6	7	3	
	BC	대우	1984	13	5	2	84.06.21~
	BC	대우	1985	9	7	5	
	BC	대우	1986	17	4	15	
장종대			통산	6	7	8	
	BC	상무	1985	6	7	8	
정갑석			통산	26	12	30	
	K리그2	부천	2016	2	1	2	16.10.15~
	K리그2	부천	2017	15	7	14	
	K리그2	부천	2018	9	4	14	~18.09.14
정병탁			통산	10	12	23	
	BC	전남	1995	9	10	16	
	BC	전남	1996	1	2	7	~96.05.27
정해성			통산	42	47	44	
	BC	부천SK	2004	6	19	11	
	BC	부천SK	2005	17	9	10	
	BC	전남	2011	14	11	10	
	BC	전남	2012	5	8	13	~12.08.10
정해원			통산	1	1	7	
	BC	대우	1994	1	1	7	94.06.22~94.09.07
조광래			통산	140	119	125	
	BC	대우	1992	5	6	3	92.09.24~

감독명	기간	구단명	재임년도	승	무	패	비고
	BC	대우	1993	8	15	12	
	BC	대우	1994	4	8	6	~94.06.21
	BC	안양LG	1999	14	6	19	
	BC	안양LG	2000	20	9	10	
	BC	안양LG	2001	14	11	10	
	BC	안양LG	2002	17	9	10	
	BC	안양LG	2003	14	14	16	
	BC	서울	2004	9	16	11	
	BC	경남	2008	13	9	14	
	BC	경남	2009	11	11	10	
	BC	경남	2010	11	5	4	~10.07.31
조덕제			통산	63	50	66	
	K리그2	수원FC	2013	13	8	14	
	K리그2	수원FC	2014	12	12	12	
	K리그2	수원FC	2015	19	12	11	
	승강PO	수원FC	2015	2	0	0	
	K리그1	수원FC	2016	10	9	19	
	K리그2	수원FC	2017	7	9	10	17.08.23
조동현			통산	16	11	10	
	K리그2	안산	2014	16	11	10	
조민국			통산	13	11	14	
	K리그1	울산	2014	13	11	14	~14.11.30
조성환			통산	61	36	50	
	K리그1	제주	2015	14	8	16	
	K리그1	제주	2016	14	7	12	~16.10.14
	K리그1	제주	2017	19	9	10	
	K리그1	제주	2018	14	12	12	
조영증			통산	31	33	47	
	BC	LG	1994	15	9	12	
	BC	LG	1995	6	13	16	
	BC	안양LG	1996	10	11	19	
조윤옥			통산	4	1	3	
	BC	대우	1984	4	1	3	~84.06.20
조윤환			통산	94	67	81	
	BC	유공	1994	2	2	0	94.11.01~
	BC	부천SK	1999	22	0	16	
	BC	부천SK	2000	19	11	13	
	BC	전북	2001	3	2	0	01.10.04~
	BC	부천SK	2001	4	6	10	~01.08.14
	BC	전북	2002	11	12	12	
	BC	전북	2003	18	15	11	
	BC	전북	2004	13	12	11	
	BC	전북	2005	2	7	8	~05.06.13
조송회			통산	2	3	3	
	K리그2	수원FC	2017	2	3	3	17.08.24~17.10.19
조중연			통산	22	19	17	
	BC	현대	1986	15	7	4	86.04.23~
	BC	현대	1987	7	12	13	
조진호			통산	55	32	42	
	BC	제주	2009	0	1	2	09.10.15~09.11.01
	K리그1	대전	2013	5	2	1	13.10.05~
	K리그2	대전	2014	20	10	6	

감독명	기간	구단명	재임년도	승	무	패	비고
	K리그1	대전	2015	1	2	8	~15.05.21
	K리그1	상주	2016	12	7	19	
	K리그2	부산	2017	17	10	6	~17.10.10
차 경 복		통산		131	83	101	
	BC	전북	1995	11	6	18	
	BC	전북	1996	12	10	18	~96.12.05
	BC	천안일화	1998	2	1	5	98.09.09~
	BC	천안일화	1999	12	7	18	
	BC	성남일화	2000	19	12	10	
	BC	성남일화	2001	16	13	7	
	BC	성남일화	2002	19	12	7	
	BC	성남일화	2003	27	10	7	
	BC	성남일화	2004	13	12	11	
차 범 근		통산		157	119	116	
	BC	현대	1991	13	16	11	
	BC	현대	1992	16	8	16	
	BC	현대	1993	14	10	11	
	BC	현대	1994	12	16	8	
	BC	수원	2004	17	14	8	
	BC	수원	2005	13	14	9	
	BC	수원	2006	14	16	12	
	BC	수원	2007	21	8	10	
	BC	수원	2008	25	8	7	
	BC	수원	2009	8	8	14	
	BC	수원	2010	4	1	10	~10.06.07
최 강 희		통산		229	115	101	
	BC	전북	2005	2	3	7	05.07.11~
	BC	전북	2006	11	13	15	
	BC	전북	2007	12	12	12	
	BC	전북	2008	17	8	14	
	BC	전북	2009	19	8	7	
	BC	전북	2010	22	7	9	
	BC	전북	2011	20	9	4	
	K리그1	전북	2013	12	6	6	13.06.27~
	K리그1	전북	2014	24	9	5	
	K리그1	전북	2015	22	7	9	
	K리그1	전북	2016	20	16	2	
	K리그1	전북	2017	22	9	7	
	K리그1	전북	2018	26	8	4	
최 덕 주		통산		13	8	15	
	K리그2	대구	2014	13	8	15	~14.11.18
최 만 희		통산		73	55	111	
	BC	전북	1997	7	14	14	
	BC	전북	1998	14	4	17	
	BC	전북	1999	14	5	17	
	BC	전북	2000	14	0	17	
	BC	전북	2001	4	3	10	~01.07.18
	BC	광주	2011	10	8	17	
	BC	광주	2012	10	15	19	~12.12.02
최 문 식		통산		18	15	33	
	K리그1	대전	2015	3	5	18	15.06.01~
	K리그2	대전	2016	15	10	15	~16.10.30

감독명	기간	구단명	재임년도	승	무	패	비고
최 순 호		통산		106	79	131	
	BC	포항	2000	2	2	6	00.08.01~
	BC	포항	2001	14	8	13	
	BC	포항	2002	11	11	13	
	BC	포항	2003	17	13	14	
	BC	포항	2004	13	13	13	
	BC	강원	2009	8	7	18	
	BC	강원	2010	8	6	18	
	BC	강원	2011	1	1	4	~11.04.07
	K리그1	포항	2016	2	2	2	16.10.01~
	K리그1	포항	2017	15	7	16	
	K리그1	포항	2018	15	9	14	
최 영 준		통산		19	9	20	
	K리그1	부산	2015	0	2	3	15.10.12~
	승강PO	부산	2015	0	0	2	
	K리그2	부산	2016	19	7	15	
최 용 수		통산		104	54	48	
	BC	서울	2011	15	4	6	11.04.27~11.12.08
	BC	서울	2012	29	9	6	
	K리그1	서울	2013	17	11	10	
	K리그1	서울	2014	15	13	10	
	K리그1	서울	2015	17	11	10	
	K리그1	서울	2016	9	3		~16.06.22
	K리그1	서울	2018	1	2	3	18.10.11~
	승강PO	서울	2018	1	1	0	
최 윤 겸		통산		126	126	111	
	BC	부천SK	2001	5	9	1	01.08.15~
	BC	부천SK	2002	8	4	9	~02.09.01
	BC	대전	2003	18	11	15	03.01.03~
	BC	대전	2004	11	13	12	
	BC	대전	2005	9	16	11	
	BC	대전	2006	12	16	11	
	BC	대전	2007	4	12	7	~07.06.30
	K리그2	강원	2015	13	12	15	
	K리그2	강원	2016	21	9	12	
	승강PO	강원	2016	0	2	0	
	K리그1	강원	2017	10	7		~17.08.14
	K리그1	부산	2018	15	14	8	
	승강PO	부산	2018	0	1	1	
최 은 택		통산		36	24	29	
	BC	포항제철	1985	9	7	5	
	BC	포항제철	1986	11	9	16	
	BC	포항제철	1987	16	8	8	
최 진 철		통산		10	8	14	
	K리그1	포항	2016	10	8	14	~16.09.24
최 진 한		통산		40	33	65	
	BC	경남	2011	16	7	14	
	BC	경남	2012	14	8	22	
	K리그1	경남	2013	2	6	3	~13.05.22
	K리그2	부천	2014	6	9	21	14.02.06~
	K리그2	부천	2015	2	3	5	~15.05.29
트 나 즈		통산		3	7	13	

감독명	기간 / 구단명 / 재임년도			승	무	패	비고
트르판	BC	부천SK	2002	3	6	5	02,09,02~
	BC	부천SK	2003	0	1	8	~03,05,15
파리아스		통산		83	55	43	
	BC	포항	2005	15	15	6	
	BC	포항	2006	19	9	12	
	BC	포항	2007	17	12	12	
	BC	포항	2008	14	7	8	
	BC	포항	2009	18	12	5	
파비오		통산		6	3	4	
	K리그1	전북	2013	6	3	4	~13,06,19
페트코		통산		26	23	28	
비 치	BC	인천	2009	13	15	8	
	BC	인천	2010	7	2	7	~10,06,08
	K리그1	경남	2013	6	6	13	13,06,02~13,12,16
포터필드		통산		30	40	53	
	BC	부산	2003	13	10	21	
	BC	부산	2004	8	16	12	
	BC	부산	2005	9	11	17	
	BC	부산	2006	0	3	3	~06,04,03
하석주		통산		31	28	34	
	BC	전남	2012	8	6	3	12,08,14~
	K리그1	전남	2013	9	13	16	
	K리그1	전남	2014	14	9	15	~14,11,30
하재훈		통산		3	11	21	
	BC	부천SK	2003	3	11	21	03,05,16~03,11,20
한홍기		통산		16	11	17	
	BC	포항제철	1983	6	4	6	
	BC	포항제철	1984	10	7	11	
함흥철		통산		19	24	22	
	BC	할렐루야	1983	6	8	2	

감독명	기간 / 구단명 / 재임년도			승	무	패	비고
	BC	할렐루야	1984	10	9	9	
	BC	할렐루야	1985	3	7	11	
허정무		통산		121	128	113	
	BC	포항제철	1993	12	14	9	
	BC	포항제철	1994	14	13	9	
	BC	포항	1995	16	13	6	
	BC	전남	1996	9	9	12	96,05,28~
	BC	전남	1997	17	15	4	
	BC	전남	1998	13	5	17	~98,10,14
	BC	전남	2005	10	11	15	05,01,03~
	BC	전남	2006	13	15	11	
	BC	전남	2007	7	9	11	
	BC	인천	2010	2	6	3	10,08,23~
	BC	인천	2011	7	16	12	
	BC	인천	2012	1	2	4	~12,04,11
황보관		통산		1	3	3	
	BC	서울	2011	1	3	3	11,01,05~11,04,26
황선홍		통산		162	99	112	
	BC	부산	2008	10	8	19	
	BC	부산	2009	12	11	15	
	BC	부산	2010	11	10	12	~10,12,12
	BC	포항	2011	21	8	8	
	BC	포항	2012	23	8	13	
	K리그1	포항	2013	21	11	6	
	K리그1	포항	2014	16	10	12	
	K리그1	포항	2015	18	12	8	
	K리그1	서울	2016	12	4	6	16,06,27~
	K리그1	서울	2017	16	13	9	
	K리그1	서울	2018	2	4	4	~18,04,30

역대 선수별 경기 기록

가도에프(Gadoev Shohruh) 우즈베키스탄 1991.12.31

대회	연도	소속	출전	교체	득점	도움	파울	경고	퇴장
K2	2018	대전	32	30	8	4	29	4	1
		합계	32	30	8	4	29	4	1
프로통산			32	30	8	4	29	4	1

가브리엘(Gabriel Lima) 브라질 1978.06.13

대회	연도	소속	출전	교체	득점	도움	파울	경고	퇴장
BC	2006	대구	17	15	2	3	35	3	0
		합계	17	15	2	3	35	3	0
프로통산			17	15	2	3	35	3	0

가비(Gabriel Popescu) 루마니아 1973.12.25

대회	연도	소속	출전	교체	득점	도움	파울	경고	퇴장
BC	2002	수원	24	10	6	1	59	8	0
	2003	수원	31	4	2	2	61	6	0
	2004	수원	4	4	0	1	2	0	0
		합계	59	18	12	4	122	14	0
프로통산			59	18	12	4	122	14	0

가빌란(Jaime Gavilan Martinez) 스페인 1985.05.12

대회	연도	소속	출전	교체	득점	도움	파울	경고	퇴장
K1	2016	수원FC	22	18	3	2	26	5	0
		합계	22	18	3	2	26	5	0
K2	2017	수원FC	1	1	0	0	1	0	0
		합계	1	1	0	0	1	0	0
프로통산			23	19	3	2	27	5	0

가솔현(賈率賢) 고려대 1991.02.12

대회	연도	소속	출전	교체	득점	도움	파울	경고	퇴장
K1	2018	전남	26	2	0	0	19	1	0
		합계	26	2	0	0	19	1	0
K2	2013	안양	26	3	0	0	37	5	0
	2014	안양	26	1	2	1	35	6	0
	2015	안양	26	1	0	0	24	5	0
	2016	안양	20	6	0	0	24	5	0
		합계	92	8	5	2	124	23	0
프로통산			118	10	5	2	143	24	0

가우초(Eric Freire Gomes) 브라질 1972.09.22

대회	연도	소속	출전	교체	득점	도움	파울	경고	퇴장
BC	2004	부산	13	8	4	0	26	3	0
		합계	13	8	4	0	26	3	0
프로통산			13	8	4	0	26	3	0

가이모토(Kaimoto Kojiro) 일본 1977.10.14

대회	연도	소속	출전	교체	득점	도움	파울	경고	퇴장
BC	2001	성남일	1	1	0	1	4	0	0
	2002	성남일	21	11	0	1	36	2	0
		합계	22	12	0	1	40	3	0
프로통산			22	12	0	1	40	3	0

감한솔(甘한솔) 경희대 1993.11.19

대회	연도	소속	출전	교체	득점	도움	파울	경고	퇴장
K2	2015	대구	7	6	0	0	5	1	0
	2016	대구	8	5	0	2	16	2	0
	2017	서울E	21	6	1	2	16	2	0
	2018	서울E	10	5	0	0	14	0	0
		합계	46	22	1	3	39	3	0
프로통산			46	22	1	3	39	3	0

강경호(姜京鎬) 한양대 1957.02.02

대회	연도	소속	출전	교체	득점	도움	파울	경고	퇴장
BC	1983	국민	5	4	0	1	4	0	0
	1984	국민	11	3	0	3	11	1	0
		합계	16	7	0	3	12	1	0
프로통산			16	7	0	3	12	1	0

강구남(姜求南) 경희대 1987.07.31

대회	연도	소속	출전	교체	득점	도움	파울	경고	퇴장
BC	2008	대전	4	4	0	1	3	0	0
	2009	광주상	2	2	0	0	4	0	0
	2010	광주상	6	5	0	0	8	0	0
	2011	대전	6	5	0	0	5	1	0
		합계	18	16	0	1	20	1	0
프로통산			18	16	0	1	20	1	0

강금철(姜錦哲) 전주대 1972.03.19

대회	연도	소속	출전	교체	득점	도움	파울	경고	퇴장
BC	1995	전북	2	2	0	0	5	0	0
	1996	전북	5	5	1	1	15	2	0
	1999	전북	5	4	0	0	5	0	0
	2000	전북	5	4	0	0	6	1	0
	2001	전북	13	3	0	0	17	1	0
		합계	30	18	1	1	48	4	0
프로통산			30	18	1	1	48	4	0

강기원(康己源) 고려대 1981.10.07

대회	연도	소속	출전	교체	득점	도움	파울	경고	퇴장
BC	2004	울산	11	10	0	1	11	1	0
	2005	울산	4	2	0	0	4	0	0
	2006	경남	18	11	0	0	23	2	0
	2007	경남	30	15	0	0	30	5	0
	2008	경남	2	2	0	0	1	0	0
		합계	65	39	0	0	69	9	0
프로통산			65	39	0	0	69	9	0

강대희(姜大熙) 경희고 1977.02.02

대회	연도	소속	출전	교체	득점	도움	파울	경고	퇴장
BC	2000	수원	15	11	0	0	18	0	0
	2003	대구	4	4	0	0	0	0	0
		합계	19	15	0	0	18	0	0
프로통산			19	15	0	0	18	0	0

강동구(姜冬求) 관동대 1983.08.04

대회	연도	소속	출전	교체	득점	도움	파울	경고	퇴장
BC	2007	제주	4	2	0	0	5	1	0
	2008	제주	12	7	0	0	12	1	0
		합계	16	9	0	0	12	1	0
프로통산			16	9	0	0	12	1	0

강두호(康斗豪) 건국대 1978.03.28

대회	연도	소속	출전	교체	득점	도움	파울	경고	퇴장
BC	2007	제주	4	3	0	0	8	1	0
		합계	4	3	0	0	8	1	0
프로통산			4	3	0	0	8	1	0

강득수(姜得壽) 연세대 1961.08.16

대회	연도	소속	출전	교체	득점	도움	파울	경고	퇴장
BC	1984	럭금	27	1	2	6	18	1	0
	1985	럭금	21	0	5	3	18	1	0
	1986	럭금	17	1	2	10	19	0	0
	1987	럭금	31	7	4	3	24	0	0
	1988	럭금	23	1	5	5	24	0	0
	1989	럭금	20	1	0	5	24	1	0
	1990	현대	20	1	4	0	24	0	0
	1991	현대	19	14	1	4	19	0	0
		합계	178	29	22	42	169	5	0
프로통산			178	29	22	42	169	5	0

강만영(姜萬永) 인천대 1962.06.14

대회	연도	소속	출전	교체	득점	도움	파울	경고	퇴장
BC	1988	럭금	15	7	2	1	13	1	0
	1989	럭금	12	12	0	1	7	0	0
		합계	27	19	2	2	20	1	0
프로통산			27	19	2	2	20	1	0

강명철(姜明鐵) 경희대 1984.06.20

대회	연도	소속	출전	교체	득점	도움	파울	경고	퇴장
BC	2007	서울	1	1	0	0	1	0	0
		합계	1	1	0	0	1	0	0
프로통산			1	1	0	0	1	0	0

강모근(姜模根) 관동대 1994.06.11

대회	연도	소속	출전	교체	실점	도움	파울	경고	퇴장
K1	2017	강원	1	0	5	0	0	0	0
		합계	1	0	5	0	0	0	0
프로통산			1	0	5	0	0	0	0

강민(康珉) 건국대 1989.06.07

대회	연도	소속	출전	교체	득점	도움	파울	경고	퇴장
K2	2013	광주	6	2	0	0	2	0	0
		합계	6	2	0	0	2	0	0
프로통산			6	2	0	0	2	0	0

강민수(姜敏壽) 고양고 1986.02.14

대회	연도	소속	출전	교체	득점	도움	파울	경고	퇴장
BC	2005	전남	13	4	0	0	33	6	0
	2006	전남	28	3	0	0	38	9	0
	2007	전남	18	0	1	0	27	3	1
	2008	전북	28	6	1	0	48	8	0
	2009	제주	22	2	0	0	35	11	0
	2010	수원	24	5	0	0	40	5	0
	2011	울산	32	10	2	0	34	7	0
	2012	울산	32	7	2	0	40	7	0
		합계	197	37	7	0	295	57	1
K1	2013	울산	37	0	2	1	47	5	0
	2014	울산	11	0	1	0	15	4	0
	2015	상주	24	4	0	0	25	6	0
	2017	울산	24	4	0	1	4	0	0
	2018	울산	30	3	1	0	25	4	0
		합계	147	17	4	2	146	22	0
K2	2015	상주	27	7	0	1	26	5	0
		합계	27	7	0	1	26	5	0
프로통산			371	61	11	3	469	84	1

강민우(姜民右) 동국대 1987.03.26

대회	연도	소속	출전	교체	득점	도움	파울	경고	퇴장
BC	2010	강원	2	2	0	0	1	0	0
	2011	상주	0	0	0	0	0	0	0
	2012	상주	0	0	0	0	0	0	0
		합계	2	2	0	0	1	0	0
프로통산			2	2	0	0	1	0	0

강민혁(康珉赫) 대구대 1982.07.10

대회	연도	소속	출전	교체	득점	도움	파울	경고	퇴장
BC	2006	경남	35	1	1	0	59	9	0
	2007	제주	18	2	1	0	44	7	0
	2008	광주상	23	1	0	0	26	3	0
	2009	광주상	27	1	0	0	25	2	0
	2009	제주	2	0	0	0	2	0	0
	2010	제주	29	0	0	0	26	2	0
	2011	제주	21	2	0	0	25	5	0
	2012	경남	41	6	0	2	57	5	0
		합계	192	20	2	2	218	29	1
K1	2013	경남	27	6	0	0	37	3	0
		합계	27	6	0	0	37	3	0
프로통산			219	26	2	2	255	32	1

강봉균(姜奉均) 고려대 1993.07.06

대회	연도	소속	출전	교체	실점	도움	파울	경고	퇴장
K1	2017	수원	0	0	0	0	0	0	0
	2018	수원	0	0	0	0	0	0	0
		합계	0	0	0	0	0	0	0
프로통산			0	0	0	0	0	0	0

강상우(姜祥佑) 경희대 1993.10.07

대회	연도	소속	출전	교체	득점	도움	파울	경고	퇴장
K1	2014	포항	8	8	0	0	10	1	0
	2015	포항	5	4	1	0	2	0	0
	2016	포항	30	5	1	2	56	8	0
	2017	포항	33	0	1	1	48	3	0
	2018	포항	36	2	3	2	41	5	0

합계 112 19 5 5 161 17 0
프로통산 112 19 5 5 161 17 0

강상진(姜相珍) 중앙대 1970.12.03

대회	연도	소속	출전	교체	득점	도움	파울	경고	퇴장
BC	1993	대우	9	6	0	0	15	3	0
	1994	대우	2	2	0	0	0	0	0
	합계		11	8	0	0	15	3	0
프로통산			11	8	0	0	15	3	0

강상협(姜尙協) 동래고 1977.12.17

대회	연도	소속	출전	교체	득점	도움	파울	경고	퇴장
BC	1995	포항	0	0	0	0	0	0	0
	1996	포항	0	0	0	0	0	0	0
	합계		0	0	0	0	0	0	0
프로통산			0	0	0	0	0	0	0

강선규(康善圭) 건국대 1986.04.20

대회	연도	소속	출전	교체	득점	도움	파울	경고	퇴장
BC	2008	대전	17	4	0	1	36	3	0
	2010	강원	5	0	0	1	10	0	0
	합계		22	4	0	2	46	3	0
프로통산			22	4	0	2	46	3	0

강성관(姜聖觀) 상지대 1987.11.06

대회	연도	소속	출전	교체	실점	도움	파울	경고	퇴장
BC	2010	성남일	3	0	4	0	0	0	0
	2011	성남일	4	0	4	0	1	0	0
	2012	상주	0	0	0	0	0	0	0
	합계		7	0	8	0	1	0	0
K1	2013	성남일	0	0	0	0	0	0	0
K2	2013	상주	0	0	0	0	0	0	0
	2014	강원	1	0	1	0	0	0	0
	2015	강원	12	2	11	0	0	0	0
	합계		13	2	12	0	0	0	0
프로통산			20	2	20	0	1	0	0

강성민(姜成敏) 경희대 1974.12.26

대회	연도	소속	출전	교체	득점	도움	파울	경고	퇴장
BC	1995	전북	10	6	2	0	14	1	0
	1996	전북	7	7	0	0	7	0	0
	1998	전북	2	2	0	0	0	0	0
	합계		19	15	2	0	21	1	0
프로통산			19	15	2	0	21	1	0

강성일(姜成一) 한양대 1979.06.04

대회	연도	소속	출전	교체	실점	도움	파울	경고	퇴장
BC	2002	대전	1	0	2	0	0	0	0
	2003	대전	0	0	0	0	0	0	0
	2004	대전	0	0	0	0	0	0	0
	합계		1	0	2	0	0	0	0
프로통산			1	0	2	0	0	0	0

강성호(姜聲浩) 여주상고 1971.02.22

대회	연도	소속	출전	교체	득점	도움	파울	경고	퇴장
BC	1998	전북	9	7	0	0	14	0	0
	합계		9	7	0	0	14	0	0
프로통산			9	7	0	0	14	0	0

강수일(姜修一) 상지대 1987.07.15

대회	연도	소속	출전	교체	득점	도움	파울	경고	퇴장
BC	2007	광주상	2	2	0	1	0	0	0
	2008	인천	5	4	0	0	0	0	0
	2009	인천	26	17	5	1	25	0	0
	2010	인천	25	21	4	1	17	1	0
	2011	제주	31	20	3	1	17	1	0
	2012	제주	32	23	3	2	27	4	0
	합계		115	87	15	6	74	6	0
K1	2013	제주	27	14	3	0	21	0	0
	2014	포항	29	21	4	3	36	0	0
	2015	제주	14	13	4	5	8	0	0
	합계		70	48	12	8	65	0	0
프로통산			185	135	27	14	139	17	0

강승조(康承助) 단국대 1986.01.20

대회	연도	소속	출전	교체	득점	도움	파울	경고	퇴장
BC	2008	부산	5	4	0	0	7	2	0
	2009	부산	22	13	4	1	36	8	0
	2010	전북	29	15	5	2	43	7	0
	2011	전북	4	4	0	0	2	1	0
	2011	경남	9	1	1	1	17	6	0
	2012	경남	32	9	5	4	57	4	1
	합계		101	46	15	8	162	28	1
K1	2013	경남	26	14	0	6	26	4	1
	2014	서울	17	14	0	1	18	2	0
	합계		43	28	4	7	44	6	1
K2	2015	안산경	14	8	0	2	16	5	0
	2016	안산무	14	8	0	2	17	2	0
	2017	대전	10	9	0	0	7	1	0
	2017	경남	8	3	0	0	4	2	0
	합계		46	28	0	4	44	11	0
프로통산			190	102	23	17	250	45	2

강시훈(康永連) 숭실대 1992.02.08

대회	연도	소속	출전	교체	득점	도움	파울	경고	퇴장
K1	2018	대구							
	합계								
프로통산									

강신우(姜信寓) 서울대 1959.03.18

대회	연도	소속	출전	교체	득점	도움	파울	경고	퇴장
BC	1983	대우	15	1	0	0	22	0	0
	1984	대우	27	6	5	3	29	2	0
	1985	대우	13	2	1	1	14	0	0
	1986	대우	29	11	0	0	36	0	0
	1987	럭금	18	8	1	0	11	1	0
	합계		102	28	7	4	116	5	0
프로통산			102	28	7	4	116	5	0

강영제(姜永提) 조선대 1994.08.11

대회	연도	소속	출전	교체	득점	도움	파울	경고	퇴장
K2	2016	대전	7	7	0	0	3	1	0
	합계		7	7	0	0	3	1	0
프로통산			7	7	0	0	3	1	0

강영철(姜英喆)

대회	연도	소속	출전	교체	득점	도움	파울	경고	퇴장
BC	1983	대우	1	2	0	0	0	0	0
	합계		1	2	0	0	0	0	0
프로통산			1	2	0	0	0	0	0

강용(康勇) 고려대 1979.01.14

대회	연도	소속	출전	교체	득점	도움	파울	경고	퇴장
BC	2001	포항	10	3	1	2	23	2	0
	2002	포항	7	6	0	0	6	0	0
	2003	포항	37	6	4	2	45	5	0
	2004	포항	31	13	0	4	49	5	0
	2005	전남	12	6	0	0	17	1	0
	2006	광주상	25	6	4	0	45	3	0
	2007	광주상	20	2	1	1	50	2	1
	2008	전남							
	2009	강원	14						
	2011	대구							
	2012	대구							
	합계		181	51	8	10	325	25	2
K1	2013	부산	4	1	0	0	5	1	0
	합계		4	1	0	0	5	1	0
프로통산			185	52	8	10	330	26	2

강용국(康龍國) 동국대 1961.11.17

대회	연도	소속	출전	교체	득점	도움	파울	경고	퇴장
BC	1985	한일	19	11	1	2	22	0	0
	1986	한일	5	5	0	0	2	0	0
	합계		24	16	1	2	24	0	0
프로통산			24	16	1	2	24	0	0

강우람(姜우람) 광운대 1986.05.04

대회	연도	소속	출전	교체	득점	도움	파울	경고	퇴장
BC	2012	대전	0	0	0	0	0	0	0
	합계		0	0	0	0	0	0	0
프로통산			0	0	0	0	0	0	0

강원길(姜源吉) 전북대 1968.03.17

대회	연도	소속	출전	교체	득점	도움	파울	경고	퇴장
BC	1994	버팔로	26	7	0	0	31	1	0
	1995	전북	25	5	1	0	31	4	0
	합계		51	12	1	0	62	5	0
프로통산			51	12	1	0	62	5	0

강윤구(姜潤求) 동아대 1993.02.08

대회	연도	소속	출전	교체	득점	도움	파울	경고	퇴장
K1	2018	대구	18	4	1	1	24	4	0
	합계		18	4	1	1	24	4	0
프로통산			18	4	1	1	24	4	0

강윤성(姜允盛) 대구공고 1997.07.01

대회	연도	소속	출전	교체	득점	도움	파울	경고	퇴장
K2	2016	대전	26	24	0	0	27	5	0
	2017	대전	14	3	0	1	16	2	0
	2018	대전	26	16	0	1	21	2	0
	합계		66	43	0	3	64	9	0
프로통산			66	43	0	3	64	9	0

강인준(康仁準) 호남대 1987.10.27

대회	연도	소속	출전	교체	득점	도움	파울	경고	퇴장
BC	2010	제주	0	0	0	0	0	0	0
	2011	제주	0	0	0	0	0	0	0
	2011	대전	1	1	0	0	1	1	0
	합계		1	1	0	0	1	1	0
프로통산			1	1	0	0	1	1	0

강재순(姜才淳) 성균관대 1964.12.15

대회	연도	소속	출전	교체	득점	도움	파울	경고	퇴장
BC	1987	현대	5	5	0	0	0	0	0
	1988	현대	22	3	4	3	32	3	0
	1989	현대	40	7	6	6	39	1	0
	1991	현대	3	3	1	1	1	0	0
	1992	현대	23	5	2	1	19	1	0
	1993	현대	32	3	3	4	43	2	0
	1994	현대							
	1995	현대	16	11	2	1	17	2	0
	합계		196	84	28	21	222		0
프로통산			196	84	28	21	222		0

강재욱(姜宰旭) 홍익대 1985.04.05

대회	연도	소속	출전	교체	득점	도움	파울	경고	퇴장
BC	2009	서울	0	0	0	0	0	0	0
	합계		0	0	0	0	0	0	0
프로통산			0	0	0	0	0	0	0

강정대(姜征大) 한양대 1971.08.22

대회	연도	소속	출전	교체	득점	도움	파울	경고	퇴장
BC	1997	대전	17	0	0	0	23	0	0
	1998	대전	20	6	0	1	26	3	0
	1999	대전	10	5	0	1	16	1	0
	2000	대전	13	8	1	0	13	3	0
	합계		60	19	1	2	78	7	0
프로통산			60	19	1	2	78	7	0

강정묵(姜定黙) 단국대 1996.03.21

대회	연도	소속	출전	교체	실점	도움	파울	경고	퇴장
K2	2018	서울E	0	0	0	0	0	0	0
	합계		0	0	0	0	0	0	0
프로통산			0	0	0	0	0	0	0

강정훈(姜正勳) 건국대 1987.12.16

대회	연도	소속	출전	교체	득점	도움	파울	경고	퇴장
BC	2010	서울	4	3	0	0	9	1	0
	2011	서울	9	10	2	1	9	1	0
	2012	서울	3	2	0	1	1	0	0
	합계		16	15	2	1	19	2	0
K1	2013	서울							
	2013	강원	13	11	0	1	10	2	0
	합계		13	11	0	1	10	2	0
프로통산			29	26	2	2	29	4	0

강정훈(姜政勳) 한양대 1976.02.20

대회	연도	소속	출전	교체	득점	도움	파울	경고	퇴장
BC	1998	대전	21	20	1	1	13	3	0
	1999	대전	25	21	1	2	28	1	0
	2000	대전	27	20	1	3	25	2	0
	2001	대전	6	6	0	0	10	1	0
	2002	대전	25	8	0	1	39	5	0
	2003	대전	28	12	1	2	52	1	0
	2004	대전	33	4	0	1	71	6	0
	2005	대전	34	4	2	2	92	5	0
	2006	대전	33	8	1	0	72	6	0
	2007	대전	26	10	0	0	51	4	0
	합계		259	115	8	12	453	36	0
프로통산			259	115	8	12	453	36	0

강종구(姜宗求) 동의대 1989.05.08

대회	연도	소속	출전	교체	득점	도움	파울	경고	퇴장
BC	2011	포항	1	1	0	0	0	0	0
	합계		1	1	0	0	0	0	0
프로통산			1	1	0	0	0	0	0

강종국(姜種麴) 홍익대 1991.11.12

대회	연도	소속	출전	교체	득점	도움	파울	경고	퇴장
K1	2013	경남	14	13	2	1	18	2	0
	합계		14	13	2	1	18	2	0
K2	2014	안산경	14	9	1	0	14	1	0
	2015	안산경	6	6	0	0	5	1	0
	2015	경남	1	1	0	0	0	0	0
	합계		19	16	1	0	19	2	0
프로통산			33	29	2	2	27	4	0

* 실점: 2014년 2 / 통산 2

강주호(姜周虎) 경희대 1989.03.26

대회	연도	소속	출전	교체	득점	도움	파울	경고	퇴장
K2	2013	충주	31	19	3	3	58	9	0
	합계		31	19	3	3	58	9	0
BC	2012	전북	2	2	0	0	0	0	0
	합계		2	2	0	0	0	0	0
프로통산			33	21	3	3	60	9	0

강준우(康準佑) 인천대 1982.06.03

대회	연도	소속	출전	교체	득점	도움	파울	경고	퇴장
BC	2007	제주	15	10	0	0	20	0	0
	2008	제주	19	3	1	0	23	6	0
	2009	제주	19	4	0	1	27	6	0
	2010	제주	4	0	0	0	14	1	0
	2011	제주	23	5	0	1	28	9	0
	합계		80	22	1	2	108	23	0
K1	2014	제주	15	12	0	0	14	3	0
	2015	제주	10	7	0	0	11	1	0
	2016	제주	1	1	0	0	0	0	0
	합계		15	12	0	0	14	3	0
K2	2017	안양	18	4	2	0	23	2	0
	합계		18	4	2	0	23	2	0
프로통산			113	38	3	2	137	28	0

강준호(姜俊好) 제주제일고 1971.11.27

대회	연도	소속	출전	교체	득점	도움	파울	경고	퇴장
BC	1994	LG	21	9	0	5	27	4	0
	1995	LG	10	5	0	1	11	1	0
	1996	안양LG	22	18	0	1	15	2	0
	1997	안양LG	20	9	0	0	51	5	1
	1998	안양LG	20	4	1	4	61	11	0
	1999	안양LG	11	0	0	1	12	0	0
	2000	안양LG	15	2	0	0	13	1	0
	2001	안양LG	15	4	1	1	19	2	0
	합계		131	54	2	14	182	25	1
프로통산			131	54	2	14	182	25	1

강지용(姜地龍/←강대호) 한양대 1989.11.23

대회	연도	소속	출전	교체	득점	도움	파울	경고	퇴장
BC	2009	포항	0	0	0	0	0	0	0
	2010	포항	5	2	0	0	13	2	0
	2011	포항	0	0	0	0	0	0	0
	2012	부산	1	1	0	0	0	0	0
	합계		6	3	0	0	13	2	0
K1	2017	강원	25	8	1	0	20	3	1
	2018	인천	4	2	0	0	5	2	0
	합계		29	10	1	0	25	5	1
K2	2014	부천	30	2	5	1	55	8	0
	2015	부천	34	2	0	2	37	6	1
	2016	부천	38	1	1	1	49	11	0
	합계		102	5	6	2	141	25	1
프로통산			137	18	7	2	179	32	2

강지훈(姜志勳) 용인대 1997.01.06

대회	연도	소속	출전	교체	득점	도움	파울	경고	퇴장
K1	2018	강원	12	5	1	1	12	1	0
	합계		12	5	1	1	12	1	0
프로통산			12	5	1	1	12	1	0

강진규(康晉奎) 중앙대 1983.09.10

대회	연도	소속	출전	교체	득점	도움	파울	경고	퇴장
BC	2006	전남	3	3	0	0	2	0	0
	2008	광주상	8	6	0	0	5	0	0
	2009	광주상	22	17	3	1	17	0	0
	2009	전남	1	1	0	0	2	0	0
	2010	전남	3	2	0	0	4	1	0
	2011	전남	1	1	0	0	0	0	0
	합계		34	25	3	1	14	1	0
프로통산			34	25	3	1	14	1	0

강진욱(姜珍旭) 중동고 1986.02.13

대회	연도	소속	출전	교체	득점	도움	파울	경고	퇴장
BC	2006	제주	3	3	0	0	4	0	0
	2008	광주상	14	3	0	2	34	2	0
	2009	울산	11	3	0	1	12	1	0
	2010	울산	16	12	0	1	11	1	0
	2011	울산	23	4	0	1	26	3	0
	2012	울산	14	6	1	2	19	3	0
	합계		80	32	1	7	97	11	0
K1	2013	성남일	20	4	0	2	29	3	0
	2015	성남	6	2	0	0	4	1	0
	합계		6	2	0	0	4	1	0
프로통산			86	34	1	7	101	12	0

강진웅(姜珍熊) 선문대 1985.05.01

대회	연도	소속	출전	교체	실점	도움	파울	경고	퇴장
K2	2013	고양	13	1	15	0	1	0	0
	2014	고양	17	1	19	0	0	0	0
	2015	고양	18	0	35	0	0	1	0
	2016	고양	33	0	57	0	1	1	0
	합계		81	3	126	0	2	1	0
프로통산			81	3	126	0	2	1	0

강창근(姜昌根) 울산대 1956.04.28

대회	연도	소속	출전	교체	실점	도움	파울	경고	퇴장
BC	1983	국민	8	0	13	0	0	0	0
	합계		8	0	13	0	0	0	0
프로통산			8	0	13	0	0	0	0

강철(姜喆) 연세대 1971.11.02

대회	연도	소속	출전	교체	득점	도움	파울	경고	퇴장
BC	1993	유공	9	1	1	1	15	2	0
	1994	유공	13	3	0	2	12	1	0
	1995	유공	17	0	1	2	41	2	0
	1998	부천SK	30	5	2	4	64	5	0
	1999	부천SK	34	1	1	4	40	0	0
	2000	부천SK	35	1	4	3	55	3	0
	2001	전남	20	3	0	1	11	2	0
	2002	전남	29	2	0	0	21	3	0
	2003	전남	22	3	0	0	15	1	0
	합계		207	25	10	15	294	21	0
프로통산			207	25	10	15	294	21	0

강철민(姜澈珉) 단국대 1988.08.09

대회	연도	소속	출전	교체	득점	도움	파울	경고	퇴장
BC	2011	경남	5	1	0	0	6	0	0
	합계		5	1	0	0	6	0	0
K2	2013	경찰	4	4	0	0	1	1	0
	2014	안산경	1	1	0	0	0	0	0
	합계		5	5	0	0	1	1	0
프로통산			10	6	0	0	7	1	0

강태식(姜太植) 한양대 1963.03.15

대회	연도	소속	출전	교체	득점	도움	파울	경고	퇴장
BC	1986	포철	22	2	0	5	31	3	0
	1987	포철	23	2	0	1	42	2	0
	1988	포철	23	2	0	1	42	2	0
	1989	포철	32	6	3	3	52	4	0
	합계		100	12	3	10	167	11	0
프로통산			100	12	3	10	167	11	0

강태욱(姜泰旭) 단국대 1992.05.28

대회	연도	소속	출전	교체	득점	도움	파울	경고	퇴장
K2	2017	안산	9	6	0	0	15	1	0
	합계		9	6	0	0	15	1	0
프로통산			9	6	0	0	15	1	0

강한빛(姜한빛) 호남대 1993.07.20

대회	연도	소속	출전	교체	득점	도움	파울	경고	퇴장
K2	2018	대전	2	2	0	0	4	0	0
	합계		2	2	0	0	4	0	0
프로통산			2	2	0	0	4	0	0

강한상(姜漢相) 안동대 1966.03.20

대회	연도	소속	출전	교체	득점	도움	파울	경고	퇴장
BC	1988	유공	12	0	0	0	21	4	0
	1989	유공	17	1	0	0	9	2	0
	합계		29	1	0	0	30	6	0
프로통산			29	1	0	0	30	6	0

강현무(姜賢茂) 포철고 1995.03.13

대회	연도	소속	출전	교체	실점	도움	파울	경고	퇴장
K1	2015	포항	0	0	0	0	0	0	0
	2016	포항	0	0	0	0	0	0	0
	2017	포항	26	1	33	0	1	1	0
	2018	포항	38	0	49	0	2	4	0
	합계		64	1	82	0	3	5	0
프로통산			64	1	82	0	3	5	0

강현영(姜鉉映) 중앙대 1989.05.20

대회	연도	소속	출전	교체	득점	도움	파울	경고	퇴장
BC	2012	대구	0	0	0	0	0	0	0
	합계		0	0	0	0	0	0	0
프로통산			0	0	0	0	0	0	0

강현욱(姜鉉旭) 충주험멜 1985.11.04

대회	연도	소속	출전	교체	득점	도움	파울	경고	퇴장
BC	2008	대전	1	0	0	0	1	0	0
	합계		1	0	0	0	1	0	0
프로통산			1	0	0	0	1	0	0

강호광(姜鎬光) 경상대 1961.01.22

대회	연도	소속	출전	교체	득점	도움	파울	경고	퇴장
BC	1984	국민	6	3	0	0	4	0	0
	합계		6	3	0	0	4	0	0
프로통산			6	3	0	0	4	0	0

강훈(姜훈) 광운대 1991.05.15

대회	연도	소속	출전	교체	실점	도움	파울	경고	퇴장
K2	2014	부천	19	0	26	0	2	1	0
	2015	부천	1	0	0	0	0	0	0
	합계		19	0	26	0	2	1	0
프로통산			19	0	26	0	2	1	0

게인리히(Alexander Geynrikh) 우즈베키스탄 1984.10.06

대회	연도	소속	출전	교체	득점	도움	파울	경고	퇴장
BC	2011	수원	20	19	3	0	38	5	0
	합계		20	19	3	0	38	5	0
프로통산			20	19	3	0	38	5	0

겐나디(Gennadi Styopushkin) 러시아 1964.06.20

대회	연도	소속	출전	교체	득점	도움	파울	경고	퇴장
BC	1995	일화	24	14	1	0	24	11	1
	1996	천안일	31	2	0	1	30	8	0
	1997	안양LG	4	0	0	0	5	1	0
	합계		59	18	1	1	59	16	1
프로통산			59	18	1	1	59	16	1

견희재(甄熙材) 고려대 1988.11.27

대회	연도	소속	출전	교체	득점	도움	파울	경고	퇴장
BC	2012	성남일	0	0	0	0	0	0	0
	합계		0	0	0	0	0	0	0
프로통산			0	0	0	0	0	0	0

경재윤(慶宰允) 동국대 1988.04.06

대회	연도	소속	출전	교체	득점	도움	파울	경고	퇴장
K2	2013	고양	0	0	0	0	0	0	0
	2014	부천	4	4	0	0	4	0	0
	합계		4	4	0	0	4	0	0
프로통산			4	4	0	0	4	0	0

고경민(高敬旻) 한양대 1987.04.11

대회	연도	소속	출전	교체	득점	도움	파울	경고	퇴장
BC	2010	인천	2	2	0	0	4	0	0
	합계		2	2	0	0	4	0	0
K2	2013	안양	18	11	6	2	24	4	0
	2013	경찰	9	0	2	0	12	2	0
	2014	안산경	34	11	11	4	40	5	0
	2015	안산경	8	2	1	0	9	4	0
	2015	안양	25	7	5	7	18	4	0
	2016	부산	26	24	7	4	18	0	0
	2017	부산	18	10	9	0	14	2	0
	2018	부산	32	20	19	0	20	1	0
	합계		170	85	60	16	155	20	0
승	2017	부산	2	2	0	0	1	0	0
	2018	부산	4	4	0	0	1	0	0
	합계		6	6	0	0	2	0	0
프로통산			176	91	60	16	157	20	0

고경준(高敬竣) 제주제일고 1987.03.07

대회	연도	소속	출전	교체	득점	도움	파울	경고	퇴장
BC	2006	수원	9	4	1	0	19	4	0
	2008	경남	0	0	0	0	0	0	0
	합계		9	4	1	0	19	4	0
K2	2016	서울E	1	1	0	0	1	0	0
	합계		1	1	0	0	1	0	0
프로통산			10	5	1	0	20	4	0

고광민(高光民) 아주대 1988.09.21

대회	연도	소속	출전	교체	득점	도움	파울	경고	퇴장
BC	2011	서울	7	6	0	1	10	1	0
	2012	서울	11	12	0	0	10	1	0
	합계		18	18	0	1	20	2	0
K1	2013	서울	3	3	0	0	0	0	0
	2014	서울	20	9	1	3	12	2	0
	2015	서울	33	2	0	3	23	6	0
	2016	서울	33	2	4	6	40	4	0
	합계		84	18	4	8	73	7	0
프로통산			102	36	2	9	88	8	0

고기구(高基俓) 숭실대 1980.07.31

대회	연도	소속	출전	교체	득점	도움	파울	경고	퇴장
BC	2004	부천SK	18	7	0	2	14	1	0
	2005	부천SK	30	16	5	1	56	5	0
	2006	포항	27	14	9	3	42	0	0
	2007	포항	24	10	2	0	45	2	0
	2008	전남	13	13	2	1	16	0	0
	2009	전남	12	10	0	0	12	1	0
	2010	포항	7	6	1	0	9	1	0
	2010	대전	11	7	1	2	19	0	0
	합계		142	93	20	9	213	10	0
프로통산			142	93	20	9	213	10	0

고대서(高大舒) 관동대 1991.11.10

대회	연도	소속	출전	교체	득점	도움	파울	경고	퇴장

대회	연도	소속	출전	교체	득점	도움	파울	경고	퇴장
K2	2015	경남	6	6	0	0	5	1	0
	합계		6	6	0	0	5	1	0
프로통산			6	6	0	0	5	1	0

고대우(高大佑) 배재대 1987.02.09

대회	연도	소속	출전	교체	득점	도움	파울	경고	퇴장
BC	2010	대전	1	1	0	0	0	0	0
	2011	대전	3	3	0	0	3	0	0
	2012	대전	4	4	0	0	3	1	0
	합계		8	8	0	0	6	1	0
K2	2014	안양	0	0	0	0	0	0	0
	합계		0	0	0	0	0	0	0
프로통산			8	8	0	1	6	1	0

고란(Goran Jevtic) 유고슬라비아 1970.08.10

대회	연도	소속	출전	교체	득점	도움	파울	경고	퇴장
BC	1993	현대	13	8	0	1	13	2	0
	1994	현대	18	1	0	0	27	3	0
	1995	현대	16	14	1	1	18	6	0
	합계		47	23	1	1	52	12	0
프로통산			47	23	1	1	52	12	0

고래세(高來世) 진주고 1992.03.23

대회	연도	소속	출전	교체	득점	도움	파울	경고	퇴장
BC	2011	경남	1	1	0	0	0	0	0
	2012	경남	1	1	0	0	0	0	0
	합계		2	2	0	0	0	0	0
K1	2013	경남	1	1	0	0	0	0	0
	2014	경남	0	0	0	0	0	0	0
	합계		1	1	0	0	0	0	0
프로통산			3	3	0	0	0	0	0

고메스(Anicio Gomes) 브라질 1982.04.01

대회	연도	소속	출전	교체	득점	도움	파울	경고	퇴장
BC	2010	제주	6	6	0	0	1	0	0
	합계		6	6	0	0	1	0	0
프로통산			6	6	0	0	1	0	0

고메즈(Andre Gomes) 브라질 1975.12.23

대회	연도	소속	출전	교체	득점	도움	파울	경고	퇴장
BC	2004	전북	26	7	2	1	56	5	1
	2005	포항	7	6	0	0	9	2	0
	합계		33	13	2	1	65	7	1
프로통산			33	13	2	1	65	7	1

고명석(高明錫) 홍익대 1995.09.27

대회	연도	소속	출전	교체	득점	도움	파울	경고	퇴장
K2	2017	부천	28	5	2	0	20	2	0
	2018	대전	34	3	1	0	30	4	0
	합계		62	8	3	0	40	3	0
프로통산			62	8	3	0	40	3	0

고명진(高明楨) 석관중 1988.01.09

대회	연도	소속	출전	교체	득점	도움	파울	경고	퇴장
BC	2004	서울	5	4	0	0	4	0	0
	2005	서울	19	7	1	0	30	2	0
	2006	서울	12	6	1	1	15	3	0
	2007	서울	14	10	0	0	4	0	0
	2008	서울	14	10	0	0	17	2	0
	2009	서울	23	16	2	1	34	4	0
	2010	서울	9	8	0	0	1	0	0
	2011	서울	24	5	2	4	34	4	0
	2012	서울	39	9	1	3	61	1	0
	합계		146	63	8	12	191	18	0
K1	2013	서울	30	4	3	0	23	4	0
	2014	서울	31	4	2	1	31	4	0
	2015	서울	16	6	3	5	16	6	0
	합계		81	16	6	3	56	14	0
프로통산			227	79	14	15	267	34	0

고무열(高武烈) 숭실대 1990.09.05

대회	연도	소속	출전	교체	득점	도움	파울	경고	퇴장
BC	2011	포항	28	16	10	3	26	2	0
	2012	포항	39	32	6	6	64	2	0
	합계		67	48	16	9	90	4	0

고봉현(高奉玄) 홍익대 1979.07.02

대회	연도	소속	출전	교체	득점	도움	파울	경고	퇴장
K1	2013	포항	34	23	8	5	48	5	0
	2014	포항	27	19	5	1	47	2	0
	2015	포항	30	19	6	2	42	3	1
	2016	전북	22	19	1	2	15	4	0
	2017	전북	14	13	0	0	14	2	0
	합계		127	93	20	10	166	16	1
K2	2018	아산	30	9	6	3	31	6	0
	합계		30	9	6	3	31	6	0
프로통산			224	150	42	22	287	28	1

고민기(高旼奇) 고려대 1978.07.01

대회	연도	소속	출전	교체	득점	도움	파울	경고	퇴장
BC	2001	전북	1	1	0	0	1	0	0
	합계		1	1	0	0	1	0	0
프로통산			1	1	0	0	1	0	0

고민성(高旼成) 매탄고 1995.11.20

대회	연도	소속	출전	교체	득점	도움	파울	경고	퇴장
K1	2014	수원	1	1	0	0	0	0	0
	2015	수원	0	0	0	0	0	0	0
	합계		1	1	0	0	0	0	0
K2	2016	강원	11	11	0	0	5	0	0
	2018	대전	7	7	0	1	1	0	0
	합계		18	18	0	1	9	1	0
프로통산			19	19	0	1	9	1	0

고민혁(高敏赫) 현대고 1996.02.10

대회	연도	소속	출전	교체	득점	도움	파울	경고	퇴장
K1	2015	대전	11	9	1	1	6	1	0
	합계		11	9	1	1	6	1	0
K2	2017	서울E	4	4	0	1	2	0	0
	합계		5	5	0	1	3	0	0
프로통산			16	14	1	2	9	1	0

고백진(高白鎭) 건국대 1966.05.03

대회	연도	소속	출전	교체	득점	도움	파울	경고	퇴장
BC	1989	유공	1	1	0	0	0	0	0
	합계		1	1	0	0	0	0	0
프로통산			1	1	0	0	0	0	0

고범수(高範洙) 선문대 1980.04.16

대회	연도	소속	출전	교체	득점	도움	파울	경고	퇴장
BC	2006	광주상	8	2	0	0	12	1	0
	합계		8	2	0	0	12	1	0
프로통산			8	2	0	0	12	1	0

고병욱(高竝旭) 광양제철고 1992.08.21

대회	연도	소속	출전	교체	득점	도움	파울	경고	퇴장
K1	2015	전남	4	4	0	0	1	0	0
	합계		4	4	0	0	1	0	0
프로통산			4	4	0	0	1	0	0

고병운(高柄運) 광운대 1973.09.28

대회	연도	소속	출전	교체	득점	도움	파울	경고	퇴장
BC	1996	포항	29	12	0	0	38	3	0
	1997	포항	33	10	0	0	51	3	0
	1998	포항	32	9	1	0	45	3	0
	2001	포항	23	11	0	0	30	2	0
	2002	포항	34	0	0	1	68	3	0
	2003	포항	42	4	0	2	90	4	0
	2005	대전	13	2	0	0	18	1	0
	2006	대전	32	8	0	1	53	4	0
	합계		238	61	0	6	393	22	0
프로통산			238	61	0	6	393	22	0

고보연(高輔演) 아주대 1991.07.11

대회	연도	소속	출전	교체	득점	도움	파울	경고	퇴장
K2	2014	부천	11	11	0	0	11	1	0
	합계		11	11	0	0	11	1	0
프로통산			11	11	0	0	11	1	0

고봉현(高奉玄) 홍익대 1979.07.02

대회	연도	소속	출전	교체	득점	도움	파울	경고	퇴장
BC	2003	대구	18	8	2	1	46	2	0
	2004	대구	11	7	2	0	18	1	0

대회	연도	소속	출전	교체	득점	도움	파울	경고	퇴장
	2005	대구	10	10	1	0	13	2	0
	합계		39	25	5	1	77	5	0
프로통산			39	25	5	1	77	5	0

고성민(高成敏) 명지대 1972.09.07

대회	연도	소속	출전	교체	득점	도움	파울	경고	퇴장
BC	1995	전북	23	15	2	1	29	5	0
	1996	전북	29	20	2	1	36	2	0
	1997	전북	16	9	0	2	27	3	0
	1998	전북	1	1	0	0	0	0	0
	합계		69	45	4	4	92	10	0
프로통산			69	45	4	4	92	10	0

고슬기(高슬기) 오산고 1986.04.21

대회	연도	소속	출전	교체	득점	도움	파울	경고	퇴장
BC	2007	포항	0	0	0	0	0	0	0
	2008	광주상	28	13	3	1	37	3	0
	2009	광주상	20	16	2	2	24	4	0
	2009	포항	1	0	0	0	4	1	0
	2010	울산	15	11	1	0	24	6	0
	2011	울산	37	10	7	2	72	10	0
	2012	울산	40	13	4	8	51	4	0
	합계		141	63	17	14	216	28	0
K1	2018	인천	31	6	2	2	40	7	0
프로통산			172	69	19	16	256	35	0

고승범(高丞範) 경희대 1994.04.24

대회	연도	소속	출전	교체	득점	도움	파울	경고	퇴장
K1	2016	수원	13	11	0	0	12	1	0
	2017	수원	33	17	2	2	37	4	0
	2018	대구	9	2	0	0	13	1	0
	합계		55	30	2	2	62	6	0
프로통산			55	30	2	2	62	6	0

고요한(高요한) 토월중 1988.03.10

대회	연도	소속	출전	교체	득점	도움	파울	경고	퇴장
BC	2006	서울	1	0	0	0	0	0	0
	2007	서울	0	0	0	0	14	1	0
	2008	서울	4	4	0	0	5	0	0
	2009	서울	16	11	0	0	26	5	0
	2010	서울	7	7	1	0	11	0	0
	2011	서울	24	15	2	2	28	3	0
	2012	서울	38	4	1	2	45	7	0
	합계		91	37	5	2	134	19	0
K1	2013	서울	37	25	5	3	52	3	0
	2014	서울	32	14	0	4	31	5	0
	2015	서울	33	22	2	1	34	2	0
	2016	서울	28	9	2	4	40	6	0
	2017	서울	28	7	0	4	45	9	0
	2018	서울	32	10	4	4	47	5	0
	합계		189	90	23	16	244	28	0
승	2018	서울	2	0	1	0	2	0	0
프로통산			282	127	29	19	384	47	1

고은성(高銀成) 단국대 1988.06.23

대회	연도	소속	출전	교체	득점	도움	파울	경고	퇴장
BC	2011	광주	1	0	0	0	0	0	0
	합계		1	0	0	0	0	0	0
프로통산			1	0	0	0	0	0	0

고의석(高義錫) 명지대 1962.11.15

대회	연도	소속	출전	교체	득점	도움	파울	경고	퇴장
BC	1983	대우	4	3	0	0	5	0	0
	1983	유공	3	0	1	1	0	0	0
	1984	유공	2	2	0	0	2	0	0
	1985	상무	14	2	1	1	17	1	0
	합계		26	9	2	2	24	1	0
프로통산			26	9	2	2	24	1	0

고재성(高在成) 대구대 1985.01.28

대회	연도	소속	출전	교체	득점	도움	파울	경고	퇴장
BC	2009	성남일	25	8	1	1	49	9	0
	2010	성남일	17	6	0	1	30	3	0
	2012	경남	31	18	2	5	42	5	0
	합계		73	32	3	7	121	17	0
K1	2014	상주	12	11	0	1	12	0	0
	2014	경남	12	6	1	0	14	2	0
	합계		24	16	1	1	22	2	0
K2	2013	상주	16	8	2	3	33	2	0
	2015	경남	11	9	2	1	14	0	0
	합계		39	27	3	3	47	2	0
승	2013	상주	1	1	0	0	0	0	0
	2014	경남	2	2	1	1	2	0	0
	합계		3	3	1	1	2	0	0
프로통산			139	78	9	12	191	21	0

고재현(高在賢) 대륜고 1999.03.05

대회	연도	소속	출전	교체	득점	도움	파울	경고	퇴장
K1	2018	대구	12	8	0	1	12	0	0
	합계		12	8	0	1	12	0	0
프로통산			12	8	0	1	12	0	0

고정빈(高正彬) 한남대 1984.02.09

대회	연도	소속	출전	교체	득점	도움	파울	경고	퇴장
BC	2007	대구	0	0	0	0	0	0	0
	합계		0	0	0	0	0	0	0
프로통산			0	0	0	0	0	0	0

고정운(高正云) 건국대 1966.06.27

대회	연도	소속	출전	교체	득점	도움	파울	경고	퇴장
BC	1989	일화	31	3	4	8	51	0	0
	1990	일화	21	3	4	3	46	2	0
	1991	일화	40	3	13	7	82	0	0
	1992	일화	33	3	4	7	67	4	0
	1993	일화	2	1	0	2	2	0	0
	1994	일화	21	3	4	10	29	1	0
	1995	일화	29	3	4	4	29	1	0
	1996	천안일	22	3	4	5	31	4	0
	1998	포항	3	2	1	2	7	1	0
	1999	포항	15	4	5	9	39	4	0
	2001	포항	2	2	0	0	0	0	0
	합계		230	34	55	48	442	16	0
프로통산			230	34	55	48	442	16	0

고종수(高宗秀) 금호고 1978.10.30

대회	연도	소속	출전	교체	득점	도움	파울	경고	퇴장
BC	1996	수원	14	15	1	4	12	0	0
	1997	수원	15	10	3	5	30	2	1
	1998	수원	20	4	4	7	29	1	0
	1999	수원	21	4	4	7	29	1	0
	2000	수원	13	6	7	3	21	2	0
	2001	수원	20	10	4	2	15	2	0
	2002	수원	20	6	3	3	24	3	0
	2004	수원	5	6	0	2	6	0	0
	2005	전남	16	13	2	0	12	0	0
	2007	대전	15	7	0	2	10	1	0
	2008	대전	16	2	1	1	17	3	1
	합계		171	88	37	34	205	15	2
프로통산			171	88	37	34	205	15	2

고차원(高次元) 아주대 1986.04.30

대회	연도	소속	출전	교체	득점	도움	파울	경고	퇴장
BC	2009	전남	22	14	2	2	20	0	0
	2010	성남	4	4	1	1	2	1	0
	2011	상주	33	22	4	1	41	2	0
	2012	상주	18	15	3	1	26	2	0
	2012	전남	6	6	0	0	6	0	0
	합계		86	62	11	5	90	7	0
K1	2013	수원	5	5	0	0	3	0	0
	2014	수원	26	21	3	1	14	1	0
	2015	수원	25	16	0	0	18	2	0
	2016	수원	3	3	0	0	2	0	0
	2017	수원	5	5	0	0	2	1	0
	합계		64	48	3	2	41	3	0
K2	2018	서울E	10	6	1	0	8	0	1
	합계		10	6	1	0	8	0	1
프로통산			160	116	15	7	139	10	1

고창현(高昌賢) 초당대 1983.09.15

대회	연도	소속	출전	교체	득점	도움	파울	경고	퇴장
BC	2002	수원	5	4	0	0	5	0	0
	2003	수원	17	15	0	1	26	0	0
	2004	수원	1	1	0	1	4	0	0
	2005	부산	19	15	2	0	25	2	0
	2006	부산	19	5	1	0	25	2	0
	2007	광주상	24	11	0	3	24	3	0
	2008	광주상	22	15	3	2	17	3	0
	2009	대전	3	3	3	2	18	12	0
	2010	대전	12	4	1	1	14	1	0
	2010	울산	18	8	6	1	14	5	0
	2011	울산	32	26	3	5	27	3	0
	2012	울산	14	14	3	2	17	2	0
	합계		213	130	33	18	218	35	2
K1	2013	울산	10	10	1	0	9	1	0
	2014	울산	25	21	4	3	31	5	0
	2015	울산	8	8	0	0	3	1	0
	합계		43	39	4	3	43	7	0
프로통산			256	169	37	23	257	43	2

고태원(高兌沅) 호남대 1993.05.10

대회	연도	소속	출전	교체	득점	도움	파울	경고	퇴장
K1	2016	전남	20	4	1	0	35	6	0
	2017	전남	26	3	0	0	26	2	1
	2018	전남	3	0	0	0	2	1	0
	2018	상주	7	3	0	1	4	1	0
	합계		56	10	1	1	67	10	1
프로통산			56	10	1	1	67	10	1

고티(Petr Gottwald) 체코 1973.04.28

대회	연도	소속	출전	교체	득점	도움	파울	경고	퇴장
BC	1998	전북	9	9	0	0	11	2	0
	합계		9	9	0	0	11	2	0
프로통산			9	9	0	0	11	2	0

고현(高賢) 대구대 1973.02.01

대회	연도	소속	출전	교체	득점	도움	파울	경고	퇴장
BC	1996	안양LG	2	2	0	0	0	1	0
	합계		2	2	0	0	0	1	0
프로통산			2	2	0	0	0	1	0

공문배(孔文培) 건국대 1964.08.28

대회	연도	소속	출전	교체	득점	도움	파울	경고	퇴장
BC	1987	포철	5	4	0	0	3	0	0
	1988	포철	34	7	0	2	65	1	0
	1989	포철	27	5	0	0	25	1	0
	1990	포철	27	5	0	1	25	1	0
	1991	포철	28	6	1	0	37	1	1
	1992	포철	11	7	0	0	20	4	0
	1993	포철	28	12	0	0	40	4	0
	1994	포철	21	3	0	1	29	4	0
	1995	포항	32	4	0	0	25	3	0
	1996	포항	32	4	0	1	31	7	0
	1997	포항	28	4	0	1	18	3	0
	1998	포항	15	9	0	0	22	4	0
	합계		268	86	0	5	340	35	1
프로통산			268	86	0	5	340	35	1

공민현(孔敏懸) 청주대 1990.01.19

대회	연도	소속	출전	교체	득점	도움	파울	경고	퇴장
K2	2013	부천	28	14	7	0	47	4	0
	2014	부천	31	6	4	2	76	3	0
	2015	부천	36	16	6	1	80	4	0
	2016	안산무	34	20	7	1	52	8	0
	2017	아산	16	5	1	1	29	4	0
	2018	부천	24	6	5	2	32	5	0
	합계		173	72	32	9	353	31	0

공오균(孔吳均) 관동대 1974.09.10

대회	연도	소속	출전	교체	득점	도움	파울	경고	퇴장
		프로통산	173	72	32	9	353	31	0
BC	1997	대전	33	10	1	2	64	1	0
	1998	대전	25	15	1	2	56	3	0
	1999	대전	31	13	6	3	44	5	0
	2000	대전	24	19	2	0	37	4	0
	2001	대전	29	19	0	2	57	8	0
	2002	대전	20	19	1	0	37	3	0
	2003	대전	31	19	5	6	49	4	0
	2004	대전	32	24	4	1	53	7	0
	2005	대전	30	23	1	2	54	4	0
	2006	대전	36	30	2	0	49	5	0
	2007	경남	14	13	2	0	13	4	0
	2008	경남	14	14	0	0	29	3	0
		합계	319	217	43	18	542	49	0
		프로통산	319	217	43	18	542	49	0

공용석(孔用錫) 건국대 1995.11.15

대회	연도	소속	출전	교체	득점	도움	파울	경고	퇴장
K1	2015	대전	0	0	0	0	0	0	0
		합계	0	0	0	0	0	0	0
		프로통산	0	0	0	0	0	0	0

공용훈(孔涌熏) 용인대 1995.05.10

대회	연도	소속	출전	교체	득점	도움	파울	경고	퇴장
K2	2017	대전	1	1	0	0	0	0	0
		합계	1	1	0	0	0	0	0
		프로통산	1	1	0	0	0	0	0

공태하(孔泰賀/← 공영선) 연세대 1987.05.09

대회	연도	소속	출전	교체	득점	도움	파울	경고	퇴장
BC	2010	전남	5	3	2	0	9	0	0
	2011	전남	8	8	1	0	15	0	0
	2012	전남	10	8	0	0	17	1	0
		합계	23	15	3	0	41	1	0
K1	2013	전남	7	5	0	1	8	0	0
	2015	대전	10	9	0	0	5	1	0
		합계	17	14	0	1	13	1	0
		프로통산	40	29	3	0	46	2	0

곽경근(郭慶根) 고려대 1972.10.10

대회	연도	소속	출전	교체	득점	도움	파울	경고	퇴장
BC	1998	부천SK	30	14	9	2	57	5	0
	1999	부천SK	36	12	13	8	72	3	0
	2000	부천SK	39	11	9	4	94	2	0
	2001	부천SK	29	13	2	6	41	1	0
	2002	부천SK	21	15	3	0	29	1	0
	2003	부산	27	14	0	3	36	2	0
	2004	부산	30	3	0	0	22	9	0
		합계	212	82	36	23	357	19	0
		프로통산	212	82	36	23	357	19	0

곽광선(郭珖善) 숭실대 1986.03.28

대회	연도	소속	출전	교체	득점	도움	파울	경고	퇴장
BC	2009	강원	28	0	3	0	36	3	0
	2010	강원	30	1	0	0	39	3	0
	2011	강원	30	4	0	0	28	11	0
	2012	수원	30	4	0	0	28	11	0
		합계	115	6	3	0	131	26	0
K1	2013	수원	23	5	0	0	26	6	0
	2014	수원	35	4	0	0	26	4	0
	2014	상주	18	5	0	0	30	4	0
	2016	수원	21	5	1	0	17	2	0
	2017	수원	31	3	2	0	17	6	0
	2018	수원	30	6	2	2	20	2	0
		합계	127	24	5	0	128	19	1
K2	2015	상주	25	4	0	0	24	5	0
		합계	25	4	0	0	24	5	0
		프로통산	267	34	10	0	289	52	1

곽기훈(郭奇勳) 중앙대 1979.11.05

대회	연도	소속	출전	교체	득점	도움	파울	경고	퇴장
BC	2002	울산	1	1	0	0	1	1	0
		합계	1	1	0	0	1	1	0
		프로통산	1	1	0	0	1	1	0

곽래승(郭來昇) 우석대 1990.09.11

대회	연도	소속	출전	교체	득점	도움	파울	경고	퇴장
K2	2014	부천	4	4	0	0	3	0	0
		합계	4	4	0	0	3	0	0
		프로통산	4	4	0	0	3	0	0

곽성찬(郭成燦) 수원공고 1993.07.12

대회	연도	소속	출전	교체	득점	도움	파울	경고	퇴장
K2	2017	안산	5	5	0	0	6	1	0
		합계	5	5	0	0	6	1	0
		프로통산	5	5	0	0	6	1	0

곽성호(郭星浩) 한양대 1961.12.24

대회	연도	소속	출전	교체	득점	도움	파울	경고	퇴장
BC	1985	현대	9	7	0	0	4	0	0
		합계	9	7	0	0	4	0	0
		프로통산	9	7	0	0	4	0	0

곽성환(郭誠煥) 동의대 1992.03.29

대회	연도	소속	출전	교체	득점	도움	파울	경고	퇴장
K2	2016	충주	9	8	1	0	8	0	0
		합계	9	8	1	0	8	0	0
		프로통산	9	8	1	0	8	0	0

곽완섭(郭完燮) 경일대 1980.07.07

대회	연도	소속	출전	교체	득점	도움	파울	경고	퇴장
BC	2003	울산	0	0	0	0	0	0	0
		합계	0	0	0	0	0	0	0
		프로통산	0	0	0	0	0	0	0

곽재민(郭在旻) 한남대 1991.10.23

대회	연도	소속	출전	교체	득점	도움	파울	경고	퇴장
K2	2014	대전	1	1	0	0	1	0	0
		합계	1	1	0	0	1	0	0
		프로통산	1	1	0	0	1	0	0

곽정술(郭釘術) 울산대 1990.03.11

대회	연도	소속	출전	교체	득점	도움	파울	경고	퇴장
K2	2013	고양	0	0	0	0	0	0	0
		합계	0	0	0	0	0	0	0
		프로통산	0	0	0	0	0	0	0

곽창규(郭昌奎) 아주대 1962.09.01

대회	연도	소속	출전	교체	득점	도움	파울	경고	퇴장
BC	1986	대우	19	8	1	1	18	2	0
	1987	대우	21	17	0	1	25	1	0
	1988	대우	11	7	0	1	12	0	0
	1989	대우	6	3	0	0	3	0	0
	1990	대우	6	5	1	0	8	1	0
	1991	대우	5	5	0	0	5	0	0
		합계	74	52	1	3	91	5	0
		프로통산	74	52	1	3	91	5	0

곽창희(郭昌熙) 조선대 1987.07.26

대회	연도	소속	출전	교체	득점	도움	파울	경고	퇴장
BC	2010	대전	19	16	2	1	27	2	0
	2011	대전	5	3	0	1	13	1	0
		합계	24	19	2	1	40	2	0
		프로통산	24	19	2	1	40	2	0

곽철호(郭喆鎬) 명지대 1986.05.08

대회	연도	소속	출전	교체	득점	도움	파울	경고	퇴장
BC	2008	대전	13	9	1	0	24	4	0
	2009	대전	5	6	0	0	5	1	0
	2010	광주상	1	1	0	0	0	0	0
	2011	상주	7	6	1	0	7	1	0
		합계	26	22	1	1	36	6	0
		프로통산	26	22	1	1	36	6	0

곽태휘(郭泰輝) 중앙대 1981.07.08

대회	연도	소속	출전	교체	득점	도움	파울	경고	퇴장
BC	2005	서울	19	6	1	1	42	8	1
	2006	서울	23	8	1	1	37	1	0
	2007	서울	12	5	0	0	16	3	0
	2007	전남	13	0	1	0	26	2	0
	2008	전남	15	3	1	3	22	6	0
	2009	전남	10	2	1	0	21	2	0
	2011	울산	41	0	9	2	39	4	0
	2012	울산	32	4	3	0	26	4	0
		합계	163	30	17	6	219	24	1
K1	2016	서울	11	3	0	0	13	3	0
	2017	서울	9	4	0	2	4	1	0
	2018	서울	14	2	1	0	24	1	0
		합계	49	11	3	0	50	4	0
승	2018	서울	0	0	0	0	0	0	0
		프로통산	212	41	20	6	269	28	1

곽해성(郭海盛) 광운대 1991.12.06

대회	연도	소속	출전	교체	득점	도움	파울	경고	퇴장
K1	2014	성남	15	6	1	0	9	1	0
	2015	성남	23	5	0	3	10	0	0
	2016	성남	3	0	1	1	1	0	0
	2016	제주	9	6	0	0	8	0	0
	2017	인천	4	1	0	0	2	0	0
	2018	인천	10	5	1	1	9	3	0
		합계	64	22	3	5	39	4	0
K2	2017	성남	4	1	0	0	2	0	0
		합계	4	1	0	0	2	0	0
		프로통산	68	23	3	5	41	4	0

곽희주(郭熙柱) 광운대 1981.10.05

대회	연도	소속	출전	교체	득점	도움	파울	경고	퇴장
BC	2003	수원	11	4	0	0	13	0	0
	2004	수원	37	0	0	0	106	7	0
	2005	수원	30	3	1	1	53	4	0
	2006	수원	20	3	1	1	34	4	0
	2007	수원	26	6	1	0	33	4	0
	2008	수원	28	3	1	1	58	5	0
	2009	수원	22	1	0	0	45	5	1
	2010	수원	26	3	6	1	54	8	0
	2011	수원	19	6	3	0	30	6	0
	2012	수원	33	11	1	1	54	10	0
		합계	259	35	16	6	560	50	1
K1	2013	수원	26	10	1	0	40	5	0
	2015	수원	13	11	1	0	13	0	0
	2016	수원	10	7	0	0	12	3	0
		합계	49	28	2	0	66	9	0
		프로통산	308	63	19	6	626	59	1

구경현(具景炫) 전주대 1981.04.30

대회	연도	소속	출전	교체	득점	도움	파울	경고	퇴장
BC	2003	안양LG	4	1	0	0	9	0	0
	2004	서울	1	1	0	0	1	0	0
	2005	서울	1	1	0	0	0	0	0
	2006	광주상	24	8	0	1	30	5	0
	2007	광주상	28	4	0	1	35	5	0
	2008	서울	4	2	0	0	4	0	0
	2009	제주	17	11	0	1	11	0	0
	2010	제주	9	4	0	1	4	0	0
		합계	103	42	2	2	88	8	1
		프로통산	103	42	2	2	88	8	1

구대령(具大領) 동국대 1979.10.24

대회	연도	소속	출전	교체	득점	도움	파울	경고	퇴장
BC	2003	대구	10	10	1	0	14	2	0
		합계	10	10	1	0	14	2	0
		프로통산	10	10	1	0	14	2	0

구대엽(具代燁) 광주대 1992.11.17

대회	연도	소속	출전	교체	득점	도움	파울	경고	퇴장
K2	2015	서울E	0	0	0	0	0	0	0
	2016	서울E	1	0	0	0	1	0	0
		합계	1	0	0	0	1	0	0
		프로통산	1	0	0	0	1	0	0

구대영(具大榮) 홍익대 1992.05.09

대회	연도	소속	출전	교체	득점	도움	파울	경고	퇴장
K2	2014	안양	14	6	0	0	18	5	0
	2015	안양	34	6	0	1	31	9	0
	2016	안양	27	3	0	0	18	5	0
	2017	안양	10	1	0	0	14	0	0
	2017	아산	10	1	0	1	12	4	0
	2018	아산	14	7	1	0	14	4	0
	합계		109	24	1	2	107	27	0
프로통산			109	24	1	2	107	27	0

구본상(具本想) 명지대 1989.10.04

대회	연도	소속	출전	교체	득점	도움	파울	경고	퇴장
K1	2013	인천	30	14	0	1	56	6	0
	2014	인천	33	7	0	3	86	6	0
	2015	울산	30	15	1	0	43	13	0
	2016	울산	14	7	0	0	20	1	0
	합계		107	43	1	4	205	26	0
BC	2012	인천	20	7	0	0	35	5	0
	합계		20	7	0	0	35	5	0
프로통산			127	50	1	4	240	31	0

구본석(具本錫) 경남상고 1962.09.05

대회	연도	소속	출전	교체	득점	도움	파울	경고	퇴장
BC	1985	유공	11	6	2	1	5	0	0
	1986	유공	33	8	10	3	28	1	0
	1987	유공	18	10	2	2	8	0	0
	1988	유공	6	2	1	1	4	0	0
	1989	유공	9	6	1	0	5	0	0
	1990	유공	10	5	2	0	1	0	0
	1991	유공	37	4	0	1	20	2	1
	1992	유공	22	0	0	0	8	0	0
	1993	유공	9	1	0	0	6	0	0
	1994	유공	19	6	4	0	8	4	0
	합계		174	47	22	8	96	7	1
프로통산			174	47	22	8	96	7	1

구상민(具相珉) 동의대 1991.10.31

대회	연도	소속	출전	교체	실점	도움	파울	경고	퇴장
K2	2016	부산	32	0	25	0	1	2	0
	2017	부산	13	0	11	0	0	1	0
	2018	부산	21	0	15	0	1	0	0
	합계		66	0	51	0	2	3	0
승	2017	부산	1	0	1	0	0	0	0
	2018	부산	2	0	3	0	0	1	0
	합계		3	0	5	0	0	1	0
프로통산			69	0	56	0	2	4	0

구상민(具相敏) 상지대 1976.04.04

대회	연도	소속	출전	교체	득점	도움	파울	경고	퇴장
BC	1999	전남	0	0	0	0	0	0	0
	합계		0	0	0	0	0	0	0
프로통산			0	0	0	0	0	0	0

구상범(具相範) 인천대 1964.06.15

대회	연도	소속	출전	교체	득점	도움	파울	경고	퇴장
BC	1986	럭금	26	1	5	0	34	2	0
	1987	럭금	31	1	3	1	21	4	0
	1988	럭금	10	2	0	1	15	0	0
	1989	럭금	7	1	0	1	12	1	0
	1990	럭금	7	0	1	1	12	1	0
	1991	LG	36	5	2	5	41	4	0
	1992	LG	26	4	1	5	20	2	0
	1993	LG	11	1	1	1	4	0	0
	1994	대우	24	4	0	2	16	3	0
	1995	포항	16	11	1	0	14	2	0
	합계		198	28	16	20	196	18	0
프로통산			198	28	16	20	196	18	0

구스타보(Gustavo Affonso Sauerbeck) 브라질 1993.04.30

대회	연도	소속	출전	교체	득점	도움	파울	경고	퇴장
K2	2016	대전	22	16	6	6	44	3	0
	합계		22	16	6	6	44	3	0
프로통산			22	16	6	6	44	3	0

구아라(Paulo Roberto Chamon de Castilho) 브라질 1979.08.29

대회	연도	소속	출전	교체	득점	도움	파울	경고	퇴장
BC	2008	부산	7	3	2	1	7	0	0
	2009	부산	5	3	0	0	4	0	0
	합계		12	6	2	1	11	0	0
프로통산			12	6	2	1	11	0	0

구자룡(具滋龍) 매탄고 1992.04.06

대회	연도	소속	출전	교체	득점	도움	파울	경고	퇴장
BC	2011	수원	1	1	0	0	2	0	0
	합계		1	1	0	0	2	0	0
K1	2013	수원	7	6	0	0	4	0	0
	2014	수원	7	6	0	0	4	0	0
	2015	수원	25	5	0	0	15	4	0
	2016	수원	32	1	0	0	42	6	0
	2017	수원	29	2	0	0	32	6	0
	2018	수원	23	4	0	1	19	5	0
	합계		118	23	1	0	114	17	0
K2	2013	경찰	6	5	0	0	3	0	0
	합계		6	5	0	0	3	0	0
프로통산			125	29	1	0	119	17	0

구자철(具滋哲) 보인정보산업고 1989.02.27

대회	연도	소속	출전	교체	득점	도움	파울	경고	퇴장
BC	2007	제주	16	11	1	2	20	0	0
	2008	제주	14	5	0	1	36	5	0
	2009	제주	28	2	4	6	68	8	0
	2010	제주	30	6	5	12	50	5	0
	합계		88	29	8	19	172	20	0
프로통산			88	29	8	19	172	20	0

구즈노프(Yevgeni Kuznetsov) 러시아 1961.08.30

대회	연도	소속	출전	교체	득점	도움	파울	경고	퇴장
BC	1996	전남	15	7	1	2	10	1	0
	합계		15	7	1	2	10	1	0
프로통산			15	7	1	2	10	1	0

구한식(具漢湜) 전남체고 1962.04.08

대회	연도	소속	출전	교체	득점	도움	파울	경고	퇴장
BC	1987	유공	3	3	0	0	2	0	0
	합계		3	3	0	0	2	0	0
프로통산			3	3	0	0	2	0	0

구현서(具鉉書) 중앙대 1982.05.13

대회	연도	소속	출전	교체	득점	도움	파울	경고	퇴장
BC	2005	전북	3	3	0	0	1	0	0
	2006	전남	9	9	2	2	8	1	0
	합계		12	12	2	2	9	1	0
프로통산			12	12	2	2	9	1	0

구현준(具賢俊) 동래고 1993.12.13

대회	연도	소속	출전	교체	득점	도움	파울	경고	퇴장
BC	2012	부산	1	1	0	0	1	0	0
	합계		1	1	0	0	1	0	0
K1	2013	부산	3	3	0	0	1	0	0
	2014	부산	11	2	0	1	13	1	0
	2015	부산	0	0	0	0	0	0	0
	합계		14	2	0	1	17	1	0
K2	2016	부산	21	4	0	1	16	4	0
	2017	부산	19	3	1	1	23	4	0
	2018	부산	15	1	1	1	14	1	0
	합계		48	9	1	3	55	10	1
승	2015	부산	0	0	0	0	0	0	0
	2018	부산	0	0	0	0	0	0	0
	합계		0	0	0	0	0	0	0
프로통산			65	12	1	4	74	11	1

국태정(國太正) 단국대 1995.09.13

대회	연도	소속	출전	교체	득점	도움	파울	경고	퇴장
K1	2017	전북	0	0	0	0	0	0	0
	2018	포항	0	0	0	0	0	0	0
	합계		0	0	0	0	0	0	0
프로통산			0	0	0	0	0	0	0

권경원(權敬源) 동아대 1992.01.31

대회	연도	소속	출전	교체	득점	도움	파울	경고	퇴장
K1	2013	전북	20	8	0	1	37	6	0
	2014	전북	5	4	0	0	4	1	0
	합계		25	12	0	1	41	7	0
프로통산			25	12	0	1	41	7	0

권경호(權景昊) 동국대 1986.07.12

대회	연도	소속	출전	교체	득점	도움	파울	경고	퇴장
BC	2009	강원	3	2	0	0	3	0	0
	합계		3	2	0	0	3	0	0
프로통산			3	2	0	0	3	0	0

권기보(權奇寶) 운봉공고 1982.05.04

대회	연도	소속	출전	교체	실점	도움	파울	경고	퇴장
BC	2004	수원	0	0	0	0	0	0	0
	2005	수원	0	0	0	0	0	0	0
	2006	수원	0	0	0	0	0	0	0
	2007	수원	1	0	1	0	0	0	0
	2008	수원	0	0	0	0	0	0	0
	합계		1	0	1	0	0	0	0
프로통산			1	0	1	0	0	0	0

권기표(權奇杓) 포철고 1997.06.26

대회	연도	소속	출전	교체	득점	도움	파울	경고	퇴장
K1	2018	포항	2	2	0	0	2	0	0
	합계		2	2	0	0	2	0	0
프로통산			2	2	0	0	2	0	0

권덕용(權德容) 인천대 1982.05.03

대회	연도	소속	출전	교체	득점	도움	파울	경고	퇴장
BC	2005	대전	2	2	0	0	1	1	0
	합계		2	2	0	0	1	1	0
프로통산			2	2	0	0	1	1	0

권석근(權錫根) 고려대 1983.05.08

대회	연도	소속	출전	교체	득점	도움	파울	경고	퇴장
BC	2006	울산	3	3	0	0	0	0	0
	2007	울산	1	1	0	0	0	0	0
	합계		4	4	0	0	0	0	0
프로통산			4	4	0	0	0	0	0

권세진(權世鎭) 명지대 1973.05.20

대회	연도	소속	출전	교체	득점	도움	파울	경고	퇴장
BC	1996	안양LG	22	9	0	1	28	5	0
	1997	안양LG	14	4	0	0	23	5	0
	1999	포항	0	0	0	0	1	0	0
	합계		36	13	0	1	52	8	0
프로통산			36	13	0	1	52	8	0

권수현(權修賢) 아주대 1991.03.26

대회	연도	소속	출전	교체	득점	도움	파울	경고	퇴장
K2	2014	광주	2	1	0	0	7	0	0
	합계		2	1	0	0	7	0	0
프로통산			2	1	0	0	7	0	0

권순태(權純泰) 전주대 1984.09.11

대회	연도	소속	출전	교체	실점	도움	파울	경고	퇴장
BC	2006	전북	30	1	33	0	0	2	0
	2007	전북	27	1	29	0	1	1	0
	2008	전북	33	0	41	0	0	2	0
	2009	전북	33	1	40	0	3	3	0
	2010	전북	30	2	44	0	0	2	0
	2011	상주	31	1	44	0	1	3	1
	2012	상주	10	1	19	0	1	2	0
	2012	전북	2	0	3	0	0	0	0
	합계		188	7	226	0	4	14	0
K1	2013	전북	8	1	17	0	0	0	0
	2014	전북	34	2	19	0	1	2	0
	2015	전북	36	0	35	0	2	3	0
	2016	전북	35	0	37	0	0	2	0
	합계		113	3	108	0	3	7	0
프로통산			301	10	334	0	7	21	0

권순학(權純學) 전주대 1987.09.02

대회	연도	소속	출전	교체	득점	도움	파울	경고	퇴장
BC	2010	전북	1	1	0	0	0	0	0
	합계		1	1	0	0	0	0	0
프로통산			1	1	0	0	0	0	0

권순형(權純亨) 고려대 1986.06.16

대회	연도	소속	출전	교체	득점	도움	파울	경고	퇴장
BC	2009	강원	18	6	0	2	14	2	0
	2010	강원	26	10	1	0	19	1	0
	2011	강원	25	10	1	0	31	3	0
	2012	제주	40	28	1	0	34	5	0
	합계		109	54	3	2	98	11	0
K1	2013	제주	14	9	0	0	10	2	0
	2014	상주	27	9	2	3	24	3	0
	2015	제주	4	2	1	0	5	0	0
	2016	제주	37	11	5	8	34	2	0
	2017	제주	32	13	2	7	17	2	0
	2018	제주	29	11	2	6	24	2	0
	합계		143	55	12	24	114	11	0
K2	2015	상주	23	7	2	3	16	3	0
	합계		23	7	2	3	16	3	0
프로통산			275	116	17	29	228	25	0

권영대(權寧大) 호남대 1963.03.13

대회	연도	소속	출전	교체	득점	도움	파울	경고	퇴장
BC	1989	현대	15	5	0	0	17	2	0
	1990	현대	13	8	0	0	4	1	0
	합계		28	13	0	0	21	3	0
프로통산			28	13	0	0	21	3	0

권영진(權永秦) 성균관대 1991.01.23

대회	연도	소속	출전	교체	득점	도움	파울	경고	퇴장
K1	2013	전북	2	1	0	0	7	2	0
	2014	전북	1	1	0	0	0	0	0
	합계		3	2	0	0	7	2	0
프로통산			3	2	0	0	7	2	0

권영호(權英鎬) 명지대 1992.07.31

대회	연도	소속	출전	교체	득점	도움	파울	경고	퇴장
K1	2015	광주	4	3	0	0	2	0	0
	합계		4	3	0	0	2	0	0
K2	2016	고양	34	2	0	0	35	2	0
	2018	대전	13	4	1	0	18	3	1
	합계		47	6	1	0	53	5	1
프로통산			51	9	1	0	55	5	1

권오손(權五孫) 서울시립대 1959.02.03

대회	연도	소속	출전	교체	득점	도움	파울	경고	퇴장
BC	1983	국민	1	0	0	0	0	0	0
	1984	럭금	12	2	0	0	7	0	0
	1985	럭금	16	1	0	1	13	2	0
	1986	럭금	26	2	0	0	29	1	0
	1987	럭금	2	2	0	0	1	0	0
	1988	현대	3	1	0	0	1	0	0
	합계		60	8	0	1	52	4	0
프로통산			60	8	0	1	52	4	0

권완규(權完規) 성균관대 1991.11.20

대회	연도	소속	출전	교체	득점	도움	파울	경고	퇴장
K1	2014	경남	17	3	1	0	27	3	0
	2015	인천	34	0	1	0	50	8	0
	2016	인천	21	5	2	1	20	4	0
	2017	포항	32	2	0	3	35	7	0
	2018	포항	10	1	0	1	14	3	1
	2018	상주	12	0	1	0	31	1	0
	합계		126	11	5	5	177	26	1
프로통산			126	11	5	5	177	26	1

권용남(權容南) 단국대 1985.12.02

대회	연도	소속	출전	교체	득점	도움	파울	경고	퇴장
BC	2009	제주	6	5	0	0	6	0	0
	2011	제주	11	11	2	0	4	1	0
	2012	제주	8	9	0	0	4	1	0
	합계		25	25	2	0	14	2	0
K2	2013	광주	10	10	0	1	5	0	0
	합계		10	10	0	1	5	0	0
프로통산			35	35	2	2	16	1	0

권용현(權容賢) 호원대 1991.10.23

대회	연도	소속	출전	교체	득점	도움	파울	경고	퇴장
K1	2016	제주	5	5	0	0	5	1	0
	2016	수원FC	16	6	5	2	26	2	0
	2017	제주	2	2	0	0	2	0	0
	2018	경남	7	7	0	1	8	0	0
	합계		30	20	7	3	41	3	0
K2	2013	수원FC	13	8	4	2	15	2	0
	2014	수원FC	36	24	2	9	33	1	0
	2015	수원FC	40	12	7	6	69	5	0
	2017	경남	13	8	2	2	21	0	0
	2018	수원FC	12	12	0	0	10	0	0
	합계		114	64	15	20	146	12	0
승	2015	수원FC	2	1	0	0	2	0	0
	합계		2	1	0	0	2	0	0
프로통산			146	85	22	23	189	15	0

권재곤(權在坤) 광운대 1961.09.19

대회	연도	소속	출전	교체	득점	도움	파울	경고	퇴장
BC	1984	현대	6	4	2	1	4	0	0
	합계		6	4	2	1	4	0	0
프로통산			6	4	2	1	4	0	0

권정혁(權正赫) 고려대 1978.08.02

대회	연도	소속	출전	교체	실점	도움	파울	경고	퇴장
BC	2001	울산	14	0	17	0	0	0	0
	2002	울산	8	0	18	0	0	1	0
	2003	울산	2	0	8	0	0	1	0
	2004	울산	1	0	9	0	1	0	0
	2005	광주상	0	0	46	0	0	0	0
	2006	광주상	22	1	35	0	1	0	0
	2007	포항	2	1	6	0	0	0	0
	2011	인천	14	0	9	0	0	0	0
	2012	인천	7	0	21	0	0	0	0
	합계		70	3	21	0	1	1	0
K1	2013	인천	38	0	26	0	0	0	0
	2014	인천	28	0	47	0	0	1	0
	2015	광주	17	0	40	0	0	1	0
	합계		83	0	0	0	0	0	0
K2	2016	경남	13	0	0	0	0	0	0
	합계		13	0	0	0	0	0	0
프로통산			166	3	208	0	3	3	0

* 득점: 2013년 1 / 통산 1

권중화(權重華) 강원대 1968.02.11

대회	연도	소속	출전	교체	득점	도움	파울	경고	퇴장
BC	1990	유공	8	8	3	0	12	1	0
	1991	유공	9	9	1	0	11	0	0
	1992	유공	13	7	1	2	13	1	0
	1993	LG	13	14	1	0	6	0	0
	1994	LG	20	18	3	0	11	1	0
	1995	전남	6	5	0	1	2	0	0
	1996	전남	11	6	0	0	10	3	0
	합계		84	67	9	3	77	7	0
프로통산			84	67	9	3	77	7	0

권진영(權鎭永) 숭실대 1991.10.23

대회	연도	소속	출전	교체	득점	도움	파울	경고	퇴장
K1	2013	부산	3	1	0	0	6	1	0
	2014	부산	6	4	0	0	13	3	0
	2016	상주	6	1	0	0	9	1	0
	합계		15	6	0	0	28	5	0
K2	2015	상주	1	1	0	0	0	0	0
	2017	부산	13	4	1	0	13	2	0
	2018	부산	21	5	0	0	5	2	0
	합계		21	5	0	0	5	2	0
승	2018	부산	2	0	0	0	0	0	0
	합계		2	0	0	0	0	0	0
프로통산			37	16	1	0	46	9	0

권집(權輯) 동북고 1984.02.13

대회	연도	소속	출전	교체	득점	도움	파울	경고	퇴장
BC	2003	수원	14	2	0	1	28	1	0
	2004	수원	3	1	0	0	6	0	0
	2005	전남	2	2	0	0	3	0	0
	2005	전북	13	4	0	0	21	0	0
	2006	전북	18	4	2	1	36	5	0
	2007	전북	23	14	0	2	49	3	0
	2008	포항	3	3	0	0	2	0	0
	2008	대전	13	4	0	0	15	4	0
	2009	대전	26	11	0	1	33	5	0
	2010	대전	13	1	1	0	40	4	0
	합계		140	56	3	8	232	22	0
프로통산			140	56	3	8	232	22	0

권찬수(權贊修) 단국대 1974.05.30

대회	연도	소속	출전	교체	실점	도움	파울	경고	퇴장
BC	1999	천안일	22	4	40	0	0	0	0
	2000	성남일	14	0	15	0	0	2	0
	2001	성남일	7	1	27	0	0	0	0
	2002	성남일	15	1	13	0	0	1	0
	2003	성남일	22	0	2	0	1	1	0
	2004	인천	8	0	11	0	1	2	0
	2005	인천	2	0	3	0	0	0	0
	2005	성남일	10	0	18	0	0	1	0
	2006	인천	3	0	15	0	0	0	0
	2007	인천	12	0	0	0	0	0	0
	합계		117	6	150	0	3	8	0
K1	2013	성남일	0	0	33	0	0	0	0
	합계		0	0	21	0			
프로통산			117	6	150	0	3	8	0

권창훈(權昶勳) 매탄고 1994.06.30

대회	연도	소속	출전	교체	득점	도움	파울	경고	퇴장
K1	2013	수원	8	8	0	1	5	0	0
	2014	수원	20	19	1	2	12	1	0
	2015	수원	35	15	10	0	25	1	0
	2016	수원	27	14	7	4	22	1	0
	합계		90	56	18	7	64	3	0
프로통산			90	56	18	7	64	3	0

권태규(權泰圭) 상지대 1971.02.14

대회	연도	소속	출전	교체	득점	도움	파울	경고	퇴장
BC	1990	유공	4	5	0	0	1	0	0
	1991	유공	8	8	1	0	5	1	0
	1992	유공	7	7	1	0	7	1	0
	1993	유공	10	10	0	0	8	0	0
	1994	유공	9	9	0	0	7	0	0
	1995	유공	11	9	2	1	9	1	0
	1996	부천유	14	10	2	1	13	1	0
	1997	안양LG	16	14	1	1	19	1	0
	합계		79	72	8	5	61	6	0
프로통산			79	72	8	5	61	6	0

권태안(權泰安) 매탄고 1992.04.09

대회	연도	소속	출전	교체	실점	도움	파울	경고	퇴장
BC	2011	수원	0	0	0	0	0	0	0
	2012	수원	0	0	0	0	0	0	0
	합계		0	0	0	0	0	0	0
K1	2018	상주	2	1	2	0	0	0	0
	합계		2	1	2	0	0	0	0
K2	2016	충주	5	0	8	0	0	0	0
	2017	안양	19	0	29	0	0	1	0
	합계		24	0	37	0	0	1	0
프로통산			26	1	39	0	0	1	0

권한진(權韓眞) 경희대 1988.05.19

대회	연도	소속	출전	교체	득점	도움	파울	경고	퇴장
K1	2016	제주	37	6	5	1	33	5	0
	2017	제주	26	5	0	0	20	2	0
	2018	제주	32	4	0	3	16	4	0

대회	연도	소속	출전	교체	득점	도움	파울	경고	퇴장
합계			95	15	8	1	69	11	0
프로통산			95	15	8	1	69	11	0

권해창(權海昶) 동아대 1972.09.02

대회	연도	소속	출전	교체	득점	도움	파울	경고	퇴장
BC	1995	대우	26	24	0	1	13	2	0
	1996	부산	14	12	0	1	16	4	0
	1998	부산	9	8	0	0	4	1	0
	1999	부산	15	15	2	0	6	2	0
	2000	부산	16	14	0	0	8	0	0
합계			80	73	2	2	47	9	0
프로통산			80	73	2	2	47	9	0

권혁관(權赫寬) 관동대 1990.09.09

대회	연도	소속	출전	교체	득점	도움	파울	경고	퇴장
K2	2013	충주	6	6	0	0	4	2	0
합계			6	6	0	0	4	2	0
프로통산			6	6	0	0	4	2	0

권혁진(權赫珍) 숭실대 1988.03.23

대회	연도	소속	출전	교체	득점	도움	파울	경고	퇴장
BC	2011	인천	2	2	0	0	2	0	0
합계			2	2	0	0	2	0	0
K1	2013	인천	6	6	0	0	4	0	0
	2014	인천	6	6	0	0	4	1	0
	2016	수원FC	5	4	0	0	9	1	0
합계			17	16	0	0	13	2	0
K2	2013	경찰	17	14	0	2	17	2	0
합계			17	14	0	2	17	2	0
프로통산			30	26	0	2	32	4	0

권혁진(權赫辰) 울산대 1984.12.25

대회	연도	소속	출전	교체	득점	도움	파울	경고	퇴장
BC	2007	울산	9	8	1	0	10	0	0
	2008	대전	18	12	1	2	30	1	0
	2009	광주상	3	2	0	0	4	0	0
	2010	대전	2	2	1	0	3	0	0
합계			32	24	3	2	42	1	0
프로통산			32	24	3	2	42	1	0

권혁태(權赫台) 경희대 1985.08.28

대회	연도	소속	출전	교체	득점	도움	파울	경고	퇴장
BC	2008	대전	0	0	0	0	0	0	0
합계			0	0	0	0	0	0	0
프로통산			0	0	0	0	0	0	0

권혁표(權赫杓) 중앙대 1962.05.25

대회	연도	소속	출전	교체	득점	도움	파울	경고	퇴장
BC	1985	한일	17	7	2	0	15	0	0
	1986	한일	15	3	2	0	28	0	0
합계			32	10	4	0	43	0	0
프로통산			32	10	4	0	43	0	0

권현민(權賢旼) 대구대 1991.04.11

대회	연도	소속	출전	교체	득점	도움	파울	경고	퇴장
K2	2014	충주	0	0	0	0	0	0	0
합계			0	0	0	0	0	0	0
프로통산			0	0	0	0	0	0	0

권형선(權亨宣) 단국대 1987.05.22

대회	연도	소속	출전	교체	득점	도움	파울	경고	퇴장
BC	2010	제주	1	1	0	0	0	0	0
	2011	전남	0	0	0	0	0	0	0
합계			1	1	0	0	0	0	0
프로통산			1	1	0	0	0	0	0

권형정(權亨正) 한양대 1967.05.19

대회	연도	소속	출전	교체	득점	도움	파울	경고	퇴장
BC	1990	포철	21	3	1	0	26	1	0
	1991	포철	34	4	0	0	33	1	0
	1992	포철	35	6	0	1	33	1	0
	1993	포철	33	1	0	0	23	1	0
	1994	포철	22	6	2	3	16	1	0
합계			145	20	3	4	131	5	0
프로통산			145	20	3	4	131	5	0

금교진(琴敎眞) 영남대 1992.01.03

대회	연도	소속	출전	교체	득점	도움	파울	경고	퇴장
K1	2015	대전	15	5	0	0	14	1	0
합계			15	5	0	0	14	1	0
K2	2014	대구	15	1	2	0	21	3	0
	2015	대구	2	2	0	0	2	0	0
	2017	서울E	24	8	2	2	29	3	0
합계			41	11	4	2	64	7	0
프로통산			56	16	4	2	64	7	0

기가(Ivan Giga Vukovic) 몬테네그로 1987.02.09

대회	연도	소속	출전	교체	득점	도움	파울	경고	퇴장
K1	2013	성남일	11	12	3	0	10	3	0
	2014	성남	1	1	0	0	0	0	0
합계			12	13	3	0	10	3	0
프로통산			12	13	3	0	10	3	0

기성용(奇誠庸) 금호고 1989.01.24

대회	연도	소속	출전	교체	득점	도움	파울	경고	퇴장
BC	2006	서울	0	0	0	0	0	0	0
	2007	서울	22	11	0	4	49	4	0
	2008	서울	27	10	4	2	44	10	0
	2009	서울	31	8	4	10	50	6	0
합계			80	29	8	12	143	20	0
프로통산			80	29	8	12	143	20	0

기현서(奇賢舒) 고려대 1984.05.06

대회	연도	소속	출전	교체	득점	도움	파울	경고	퇴장
BC	2007	경남	4	1	0	0	7	1	0
	2008	경남	0	0	0	0	0	0	0
합계			4	1	0	0	7	1	0
프로통산			4	1	0	0	7	1	0

기호영(奇豪榮) 경기대 1977.01.20

대회	연도	소속	출전	교체	득점	도움	파울	경고	퇴장
BC	1999	부산	0	0	0	0	0	0	0
합계			0	0	0	0	0	0	0
프로통산			0	0	0	0	0	0	0

길영태(吉永泰) 관동대 1991.06.15

대회	연도	소속	출전	교체	득점	도움	파울	경고	퇴장
K1	2014	포항	1	0	0	0	3	1	0
합계			1	0	0	0	3	1	0
K2	2016	강원	6	1	0	0	12	3	0
합계			6	1	0	0	12	3	0
승	2016	강원	1	0	0	0	0	0	0
합계			1	0	0	0	0	0	0
프로통산			8	2	0	0	15	4	0

김강남(金岡南) 고려대 1954.07.19

대회	연도	소속	출전	교체	득점	도움	파울	경고	퇴장
BC	1983	유공	13	5	1	2	9	1	0
	1984	대우	3	3	0	0	1	0	0
합계			16	8	1	2	10	1	0
프로통산			16	8	1	2	10	1	0

김강선(金强善) 호남대 1979.05.23

대회	연도	소속	출전	교체	득점	도움	파울	경고	퇴장
BC	2002	전남	5	4	0	0	7	0	0
	2003	전남	1	1	0	0	1	0	0
합계			6	5	0	0	8	0	0
프로통산			6	5	0	0	8	0	0

김건웅(金健雄) 울산현대고 1997.08.29

대회	연도	소속	출전	교체	득점	도움	파울	경고	퇴장
K1	2016	울산	12	4	0	0	14	0	0
	2017	울산	2	2	0	0	4	0	0
	2018	울산	2	2	0	0	2	0	0
합계			16	12	0	0	20	2	0
프로통산			16	12	0	0	20	2	0

김건형(金建衡) 경희대 1979.09.11

대회	연도	소속	출전	교체	득점	도움	파울	경고	퇴장
BC	2000	울산	25	10	1	2	43	2	0
	2001	울산	1	1	0	0	0	0	0
	2002	울산	8	8	0	1	11	0	0
	2003	대구	5	4	0	0	11	1	0
	2004	대구	5	5	1	0	6	1	0
합계			41	26	4	2	64	4	1
프로통산			41	26	4	2	64	4	1

김건호(金乾鎬) 단국대 1990.11.28

대회	연도	소속	출전	교체	득점	도움	파울	경고	퇴장
K2	2013	부천	22	3	0	0	32	2	0
	2014	부천	4	0	0	0	10	3	0
합계			26	3	0	0	42	5	0
프로통산			26	3	0	0	42	5	0

김건희(金健熙) 고려대 1995.02.22

대회	연도	소속	출전	교체	득점	도움	파울	경고	퇴장
K1	2016	수원	20	17	1	3	30	4	0
	2017	수원	9	7	0	1	11	1	0
	2018	수원	7	7	1	0	4	0	0
합계			36	31	2	4	45	5	0
프로통산			36	31	2	4	45	5	0

김경국(金慶國) 부경대 1988.10.29

대회	연도	소속	출전	교체	득점	도움	파울	경고	퇴장
BC	2011	대전	2	2	0	0	1	0	0
합계			2	2	0	0	1	0	0
프로통산			2	2	0	0	1	0	0

김경도(金炅度) 경기대 1985.06.02

대회	연도	소속	출전	교체	득점	도움	파울	경고	퇴장
BC	2009	대전	0	0	0	0	0	0	0
	2010	대전	2	2	0	0	0	0	0
합계			2	2	0	0	0	0	0
프로통산			2	2	0	0	0	0	0

김경래(金京來) 명지대 1964.03.18

대회	연도	소속	출전	교체	득점	도움	파울	경고	퇴장
BC	1988	대우	11	9	0	0	2	0	0
	1989	대우	7	7	0	0	2	0	0
	1990	대우	16	7	0	0	13	0	0
	1991	대우	16	11	0	0	3	1	0
	1992	대우	1	1	0	0	0	0	0
	1993	대우	7	4	0	0	3	0	0
	1994	버팔로	35	1	14	5	121	1	0
	1995	전북	20	1	4	1	25	1	0
	1996	전북	1	1	1	1	2	0	0
	1997	전북	24	15	0	0	27	3	0
합계			168	74	14	5	121	11	0
프로통산			168	74	14	5	121	11	0

김경량(金京良) 숭실대 1973.12.22

대회	연도	소속	출전	교체	득점	도움	파울	경고	퇴장
BC	1996	전북	21	15	0	1	29	6	0
	1997	전북	4	3	0	0	3	1	0
	1998	전북	32	8	0	2	61	4	0
	1999	전북	24	7	0	0	32	1	0
	2000	전북	36	9	1	1	55	3	0
	2001	전북	26	12	0	0	40	3	0
	2002	전북	31	2	0	7	78	6	1
	2003	전북	41	6	0	4	139	7	0
	2004	전북	32	7	1	2	78	6	0
	2005	전북	14	5	0	0	39	2	0
	2006	전북							
합계			261	74	2	14	567	39	2
프로통산			261	74	2	14	567	39	2

김경민(金敬民) 영남대 1974.06.16

대회	연도	소속	출전	교체	득점	도움	파울	경고	퇴장
BC	1997	울산	3	3	0	0	1	0	0
	1998	전남	6	7	0	0	4	0	0
합계			9	10	0	0	7	1	0
프로통산			9	10	0	0	7	1	0

김경민(金耿民) 연세대 1990.08.15

대회	연도	소속	출전	교체	득점	도움	파울	경고	퇴장
K1	2014	상주	1	0	0	0	0	0	0
	2015	인천	1	0	0	0	2	1	0
	2016	인천	10	0	0	0	11	2	0

대회	연도	소속	출전	교체	득점	도움	파울	경고	퇴장
	2017	인천	14	6	0	0	13	3	0
	합계		24	10	0	0	26	6	0
K2	2013	부천	13	2	1	0	16	4	0
	2015	상주	1	1	0	0	0	0	0
	합계		14	3	1	0	16	4	0
프로통산			38	13	1	0	42	10	0

김경민(金耿民) 한양대 1991.11.01

대회	연도	소속	출전	교체	실점	도움	파울	경고	퇴장
K1	2014	제주	2	1	0	0	0	0	0
	2015	제주	7	0	11	0	1	1	0
	2016	제주	10	1	18	0	0	1	0
	2018	제주	2	0	3	0	2	1	0
	합계		21	2	32	0	2	3	0
K2	2017	부산	14	1	11	0	0	1	0
	합계		14	1	11	0	0	1	0
승	2017	부산	0	0	0	0	0	0	0
	합계		0	0	0	0	0	0	0
프로통산			35	2	43	0	2	4	0

김경민(金烱珉) 전주대 1997.01.22

대회	연도	소속	출전	교체	득점	도움	파울	경고	퇴장
K1	2018	전남	20	16	1	0	20	1	0
	합계		20	16	1	0	20	1	0
프로통산			20	16	1	0	20	1	0

김경범(金曙範) 여주상고 1965.03.05

대회	연도	소속	출전	교체	득점	도움	파울	경고	퇴장
BC	1985	유공	16	5	1	0	12	2	0
	1986	유공	32	1	2	1	24	3	0
	1989	일화	37	1	1	3	33	3	0
	1990	일화	29	0	1	3	21	3	0
	1991	일화	34	7	3	3	31	4	0
	1992	일화	29	11	0	2	23	1	0
	1993	일화	18	0	1	0	30	4	0
	1994	일화	17	4	1	2	18	2	0
	1995	일화	29	0	2	6	33	2	0
	1996	천안일	34	4	0	8	28	4	0
	1997	천안일	27	9	1	1	18	5	0
	1998	부천SK	36	7	0	7	34	2	0
	합계		338	65	9	33	285	32	0
프로통산			338	65	9	33	285	32	0

김경식(金京植) 중앙대 1961.09.15

대회	연도	소속	출전	교체	득점	도움	파울	경고	퇴장
BC	1984	한일	25	0	1	2	23	2	0
	1985	한일	14	1	0	0	17	0	0
	합계		39	1	1	2	40	2	0
프로통산			39	1	1	2	40	2	0

김경연(金敬淵) 건국대 1992.11.03

대회	연도	소속	출전	교체	득점	도움	파울	경고	퇴장
K2	2018	광주	0	0	0	0	0	0	0
	합계		0	0	0	0	0	0	0
프로통산			0	0	0	0	0	0	0

김경일(金景一) 광양제철고 1980.08.30

대회	연도	소속	출전	교체	득점	도움	파울	경고	퇴장
BC	1999	전남	3	3	0	0	1	0	0
	2000	전남	8	7	0	0	4	0	0
	2001	전남	12	11	0	1	9	1	0
	2001	대구	6	6	1	1	1	0	0
	합계		29	26	1	2	14	1	0
프로통산			29	26	1	2	14	1	0

김경재(金徑栽) 아주대 1993.07.24

대회	연도	소속	출전	교체	득점	도움	파울	경고	퇴장
K1	2016	전남	7	4	0	0	8	1	0
	2017	전남	8	6	0	0	2	0	0
	2018	전남	4	2	0	0	2	0	0
	2018	상주	6	1	0	0	4	2	0
	합계		25	13	0	0	16	3	0
프로통산			25	13	0	0	16	3	0

김경준(金京俊) 영남대 1996.10.01

대회	연도	소속	출전	교체	득점	도움	파울	경고	퇴장
K1	2017	대구	3	4	0	0	2	0	0
	2018	대구	9	8	1	0	8	1	1
	합계		12	12	1	0	10	1	1
K2	2018	안양	18	16	3	3	21	1	0
	합계		18	16	3	3	21	1	0
프로통산			30	28	4	3	31	2	1

김경중(金京中) 고려대 1991.04.16

대회	연도	소속	출전	교체	득점	도움	파울	경고	퇴장
K1	2017	강원	32	31	3	1	39	3	0
	2018	강원	2	2	0	0	0	0	0
	2018	상주	11	10	0	0	4	1	0
	합계		45	43	3	1	43	4	0
프로통산			45	43	3	1	43	4	0

김경진(金慶鎭) 숭실대 1978.03.15

대회	연도	소속	출전	교체	득점	도움	파울	경고	퇴장
BC	2002	부산	6	0	0	0	8	2	0
	합계		6	0	0	0	8	2	0
프로통산			6	0	0	0	8	2	0

김경춘(金敬春) 부경대 1984.01.27

대회	연도	소속	출전	교체	득점	도움	파울	경고	퇴장
BC	2010	강원	2	1	0	0	0	0	0
	합계		2	1	0	0	0	0	0
프로통산			2	1	0	0	0	0	0

김경태(金炅泰) 경북산업대(경일대) 1973.07.05

대회	연도	소속	출전	교체	득점	도움	파울	경고	퇴장
BC	1997	부천SK	16	3	0	0	30	4	0
	1998	부천SK	6	6	0	0	4	1	0
	2000	부천SK	1	1	0	0	1	0	0
	2001	부천SK	4	2	0	0	3	0	0
	합계		27	12	0	0	38	5	0
프로통산			27	12	0	0	38	5	0

김경호(金景浩) 영남대 1961.10.17

대회	연도	소속	출전	교체	득점	도움	파울	경고	퇴장
BC	1983	포철	14	1	1	0	7	0	1
	1984	포철	26	2	3	1	13	0	0
	1985	포철	12	5	0	0	11	0	0
	1988	포철	5	5	0	0	0	0	0
	합계		57	12	8	3	31	0	1
프로통산			57	12	8	3	31	0	1

김관규(金官圭) 명지대 1976.10.10

대회	연도	소속	출전	교체	득점	도움	파울	경고	퇴장
BC	1995	대우	1	1	1	0	3	1	0
	2000	부산	1	1	0	0	2	0	0
	2002	부산	1	1	0	0	0	0	0
	2003	대구	0	0	0	0	0	0	0
	합계		3	3	1	0	5	1	0
프로통산			3	3	1	0	5	1	0

김광명(金光明) 경상대 1961.09.09

대회	연도	소속	출전	교체	득점	도움	파울	경고	퇴장
BC	1985	상무	7	4	1	0	10	0	0
	합계		7	4	1	0	10	0	0
프로통산			7	4	1	0	10	0	0

김광석(金光奭) 청평고 1983.02.12

대회	연도	소속	출전	교체	득점	도움	파울	경고	퇴장
BC	2003	포항	0	0	0	0	0	0	0
	2004	포항	0	0	0	0	0	0	0
	2005	광주상	16	4	0	1	16	1	0
	2006	광주상	14	2	0	0	11	0	0
	2007	포항	17	10	1	2	29	2	0
	2008	포항	18	3	1	3	42	5	0
	2009	포항	15	3	0	0	15	1	0
	2010	포항	12	2	1	0	13	3	0
	2011	포항	34	2	0	0	30	0	0
	2012	포항	41	0	1	0	51	4	0
	합계		181	29	3	4	219	18	0
K1	2013	포항	36	0	0	0	35	2	0
	2014	포항	33	0	2	0	37	2	0
	2015	포항	24	0	0	0	14	0	0
	2016	포항	37	1	1	0	28	4	0
	2017	포항	16	0	1	0	13	1	0
	2018	포항	36	0	3	1	15	2	0
	합계		182	1	7	1	142	11	0
프로통산			363	30	10	5	361	29	0

김광선(金光善) 안양공고 1983.06.17

대회	연도	소속	출전	교체	득점	도움	파울	경고	퇴장
BC	2002	대전	7	7	0	0	8	2	0
	합계		7	7	0	0	8	2	0
프로통산			7	7	0	0	8	2	0

김광수(金光洙) 경신고 1977.03.10

대회	연도	소속	출전	교체	득점	도움	파울	경고	퇴장
BC	1996	수원	1	1	0	0	1	0	0
	2002	수원	1	1	0	0	1	0	0
	2003	수원	1	0	0	0	3	0	0
	합계		3	2	0	0	5	0	0
프로통산			3	2	0	0	5	0	0

김광훈(金光勳) 한양대 1961.02.20

대회	연도	소속	출전	교체	득점	도움	파울	경고	퇴장
BC	1983	유공	2	2	0	1	0	0	0
	1984	럭금	23	4	0	1	23	2	0
	1985	럭금	13	3	0	0	25	1	0
	합계		38	9	0	1	49	3	0
프로통산			38	9	0	1	49	3	0

김현명(金玄明) 서산시민 1984.02.25

대회	연도	소속	출전	교체	득점	도움	파울	경고	퇴장
BC	2008	경남	1	1	0	0	1	0	0
	합계		1	1	0	0	1	0	0
프로통산			1	1	0	0	1	0	0

김교빈(金教彬) 광운대 1987.12.29

대회	연도	소속	출전	교체	실점	도움	파울	경고	퇴장
BC	2011	전남	1	0	2	0	0	0	0
	2012	대구	3	1	2	0	0	0	0
	합계		4	1	4	0	0	0	0
K1	2014	경남							
	2016	인천							
	2016	전남							
	2017	포항							
	합계		2						
K2	2015	경남	1						
	합계		1						
프로통산			6	1	8	0	0	0	0

김국진(金國鎭) 동의대 1978.02.09

대회	연도	소속	출전	교체	득점	도움	파울	경고	퇴장
BC	2002	대전	13	9	1	0	14	2	0
	2003	대전	2	2	0	0	2	0	0
	합계		15	11	1	0	16	2	0
프로통산			15	11	1	0	16	2	0

김국환(金國煥) 청주대 1972.09.13

대회	연도	소속	출전	교체	득점	도움	파울	경고	퇴장
BC	1995	일화	2	2	1	0	2	1	0
	1996	천안일	3	2	0	0	0	0	0
	1997	천안일	4	3	1	0	5	1	0
	합계		9	7	2	0	7	2	0
프로통산			9	7	2	0	7	2	0

김귀현(金貴鉉) 남해해성중 1990.01.04

대회	연도	소속	출전	교체	득점	도움	파울	경고	퇴장
K1	2013	대구	0	0	0	0	0	0	0
	합계		0	0	0	0	0	0	0
K2	2014	대구	18	11	1	0	36	4	0
	합계		18	11	1	0	36	4	0
프로통산			18	11	1	0	36	4	0

김귀화(金貴華) 아주대 1970.03.15

대회	연도	소속	출전	교체	득점	도움	파울	경고	퇴장
BC	1991	대우	19	19	1	0	3	0	0

Section 6 역대 통산 기록

대회	연도	소속	출전	교체	득점	도움	파울	경고	퇴장
	1992	대우	21	3	0	1	15	1	0
	1993	대우	31	13	2	5	16	1	0
	1994	대우	34	10	9	3	28	2	0
	1997	부산	5	1	1	9	0	0	0
	1998	안양LG	26	20	1	4	33	4	0
	1999	안양LG	29	12	2	5	21	1	0
	2000	안양LG	33	23	0	1	27	1	0
	합계		203	105	16	20	152	10	0
프로통산			203	105	16	20	152	10	0

김규남(金奎男) 전주대 1992.11.26

대회	연도	소속	출전	교체	득점	도움	파울	경고	퇴장
K2	2015	충주	1	1	0	0	0	1	0
	합계		1	1	0	0	0	1	0

김근배(金根培) 고려대 1986.08.07

대회	연도	소속	출전	교체	실점	도움	파울	경고	퇴장
BC	2009	강원	4	0	1	0	6	0	0
	2010	강원	6	2	10	0	0	0	0
	2011	강원	12	0	18	0	1	4	0
	2012	강원	17	1	34	0	2	6	0
	합계		39	3	72	0	3	6	0
K1	2013	강원	23	0	34	0	0	4	0
	2014	상주	17	0	25	0	0	1	0
	2016	성남	9	0	12	0	0	0	0
	합계		37	0	71	0	0	5	0
K2	2015	상주	3	1	3	0	0	0	0
	2015	강원	3	1	3	0	0	0	0
	2018	성남	23	1	24	0	1	2	0
	합계		46	3	52	0	1	2	0
승	2013	강원	2	0	4	0	0	0	0
	2016	성남	1	0	2	0	0	0	0
	합계		3	0	6	0	0	0	0
프로통산			125	6	187	0	5	9	0

김근철(金根哲) 배재대 1983.06.24

대회	연도	소속	출전	교체	득점	도움	파울	경고	퇴장
BC	2005	대구	7	7	0	1	4	0	0
	2006	경남	25	14	3	3	27	3	0
	2007	경남	27	8	1	2	40	6	0
	2008	경남	17	4	1	0	39	3	0
	2009	경남	5	5	0	0	4	0	0
	2010	부산	30	15	2	5	38	6	0
	2011	부산	6	6	0	0	4	1	0
	2012	전남	13	11	0	0	10	4	0
	합계		130	70	7	11	177	23	0
프로통산			130	70	7	11	177	23	0

김근환(金根煥) 천안중 1986.08.12

대회	연도	소속	출전	교체	득점	도움	파울	경고	퇴장
K1	2014	울산	17	6	0	1	6	0	0
	2015	울산	18	3	0	1	10	1	0
	2016	수원FC	30	11	0	1	17	2	0
	2017	서울	1	1	0	0	1	0	0
	2018	전남	10	10	0	0	7	1	0
	합계		76	31	0	3	41	2	0
K2	2017	경남	12	12	0	1	5	0	0
	합계		12	12	0	1	5	0	0
프로통산			88	43	0	4	44	2	0

김기남(金起南) 중앙대 1971.01.18

대회	연도	소속	출전	교체	득점	도움	파울	경고	퇴장
BC	1993	포철	10	7	0	2	14	0	0
	1994	포철	22	11	1	3	34	1	0
	1995	포항	30	7	2	0	44	5	0
	1998	안양LG	17	13	0	0	31	3	0
	1999	부천SK	25	17	4	4	49	3	0
	2000	포항	27	18	1	2	47	1	0
	2001	포항	18	6	1	0	27	3	0
	2002	포항	31	13	0	0	46	2	0
	합계		180	92	7	16	308	24	0
프로통산			180	92	7	16	308	24	0

김기남(金期南) 울산대 1973.07.20

대회	연도	소속	출전	교체	득점	도움	파울	경고	퇴장
BC	1996	울산	20	14	5	3	13	3	0
	1997	울산	29	28	6	2	24	0	0
	1998	울산	36	34	4	5	38	3	0
	1999	울산	31	20	5	3	39	0	0
	2000	울산	8	8	4	0	5	0	0
	2001	울산	19	15	2	0	12	0	0
	합계		143	124	26	13	131	6	0
프로통산			143	124	26	13	131	6	0

김기동(金基東) 신평고 1972.01.12

대회	연도	소속	출전	교체	득점	도움	파울	경고	퇴장
BC	1993	유공	7	4	0	0	8	0	0
	1994	유공	15	12	0	0	12	0	0
	1995	유공	29	2	0	1	39	3	0
	1996	부천유	33	2	0	3	38	2	1
	1997	부천SK	14	1	5	0	15	2	0
	1998	부천SK	34	5	4	3	31	3	0
	1999	부천SK	36	19	3	3	47	2	0
	2000	부천SK	41	7	1	3	67	6	0
	2001	부천SK	30	1	2	1	28	0	0
	2002	부천SK	21	3	0	2	56	2	0
	2003	포항	25	12	1	3	57	2	0
	2004	포항	25	1	1	2	32	1	0
	2005	포항	36	20	3	5	75	2	0
	2006	포항	25	3	0	5	33	2	0
	2007	포항	36	10	4	1	69	6	0
	2008	포항	19	12	3	3	30	1	0
	2009	포항	23	11	0	2	13	1	0
	2010	포항	13	11	0	1	16	2	0
	2011	포항	20	17	4	1	13	0	0
	합계		501	166	39	40	688	35	2
프로통산			501	166	30	40	688	35	2

김기범(金起範) 동아대 1976.08.14

대회	연도	소속	출전	교체	득점	도움	파울	경고	퇴장
BC	1999	수원	12	8	1	1	25	3	0
	2000	수원	12	7	1	1	25	1	0
	2001	수원	21	13	0	3	42	3	0
	2002	수원	11	6	0	0	24	0	0
	2003	수원	8	6	0	0	13	0	0
	2004	수원							
	합계		54	35	1	4	104	11	0
프로통산			54	35	1	4	104	11	0

김기선(金基善) 숭실대 1969.02.27

대회	연도	소속	출전	교체	득점	도움	파울	경고	퇴장
BC	1992	유공	14	5	2	0	10	1	0
	1993	유공	7	4	0	0	3	0	0
	1994	유공	26	10	2	1	15	1	0
	1995	유공	17	11	0	0	12	0	0
	1996	부천유	11	8	1	1	6	0	0
	1996	전남	13	8	1	1	8	1	0
	1997	전남	32	18	4	4	19	2	0
	1998	전남	33	25	2	3	27	1	0
	합계		170	102	22	8	113	10	0
프로통산			170	102	22	8	113	10	0

김기우(金基佑) 신문대 1987.12.13

대회	연도	소속	출전	교체	득점	도움	파울	경고	퇴장
K1	2015	대전	7	1	0	0	9	1	0
	합계		7	1	0	0	9	1	0
BC	2009	부산	3	3	0	0	12	1	0
	2010	부산	9	8	0	0	13	1	0
	합계		12	11	0	0	25	2	0
프로통산			19	12	0	0	34	3	0

김기완(金基完) 건국대 1966.03.16

대회	연도	소속	출전	교체	득점	도움	파울	경고	퇴장
BC	1989	일화							

대회	연도	소속	출전	교체	득점	도움	파울	경고	퇴장
	합계		9	8	1	0	7	1	0
프로통산			9	8	1	0	7	1	0

김기용(金基鏞) 고려대 1990.12.07

대회	연도	소속	출전	교체	실점	도움	파울	경고	퇴장
K1	2013	부산	2	0	3	0	1	1	0
	2014	부산	0	0	0	0	0	0	0
	2015	부산	0	0	0	0	0	0	0
	합계		2	0	3	0	1	1	0
K2	2017	대전	5	0	12	0	1	1	0
	합계		5	0	12	0	1	1	0
프로통산			7	0	15	0	2	2	0

김기윤(金基潤) 관동대 1961.05.05

대회	연도	소속	출전	교체	득점	도움	파울	경고	퇴장
BC	1984	대우	15	4	2	1	12	1	0
	1985	대우	6	0	0	0	24	0	1
	1987	럭금	11	3	2	1	1	0	0
	합계		32	7	4	2	37	1	1
프로통산			32	7	4	2	37	1	1

김기종(金基鍾) 숭실대 1975.05.22

대회	연도	소속	출전	교체	득점	도움	파울	경고	퇴장
BC	2001	부산	3	3	0	0	1	0	0
	2002	부산	7	6	0	0	5	0	0
	합계		10	10	0	0	10	0	0
프로통산			10	10	0	0	10	0	0

김기태(金基太) 홍익대 1993.11.10

대회	연도	소속	출전	교체	득점	도움	파울	경고	퇴장
K2	2015	안양	0	0	0	0	0	0	0
	합계		0	0	0	0	0	0	0
프로통산			0	0	0	0	0	0	0

김기현(金基鉉) 경희대 1978.10.07

대회	연도	소속	출전	교체	득점	도움	파울	경고	퇴장
BC	1999	안양LG	1	1	0	0	0	0	0
	2000	안양LG	1	1	0	0	1	0	0
	2003	대구	16	10	0	1	22	2	0
	합계		18	12	0	1	23	2	0
프로통산			18	12	0	1	23	2	0

김기형(金基炯) 아주대 1977.07.10

대회	연도	소속	출전	교체	득점	도움	파울	경고	퇴장
BC	2000	부천SK	1	1	0	0	1	0	0
	2001	부천SK	4	4	0	0	4	0	0
	2002	부천SK	8	5	1	0	13	3	0
	2003	부천SK	9	1	0	1	30	3	0
	2004	부천SK	21	11	1	4	42	2	0
	2005	부천SK	29	13	2	3	32	3	0
	2006	제주	26	16	4	2	15	0	0
	2007	제주	34	29	3	2	27	1	0
	합계		132	68	15	8	184	14	0
프로통산			132	68	15	8	184	14	0

김기홍(金基弘) 울산대 1981.03.21

대회	연도	소속	출전	교체	득점	도움	파울	경고	퇴장
BC	2004	대전	6	5	0	0	5	1	0
	2005	대전	1	1	0	0	1	0	0
	합계		7	6	0	0	6	1	0
프로통산			7	6	0	0	6	1	0

김기효(金基孝) 진주고 1958.02.09

대회	연도	소속	출전	교체	득점	도움	파울	경고	퇴장
BC	1983	국민	8	1	1	0	5	0	1
	1984	국민	2	1	0	0	1	0	0
	합계		10	2	1	0	6	0	0
프로통산			10	2	1	0	6	0	0

김기희(金基熙) 홍익대 1989.07.13

대회	연도	소속	출전	교체	득점	도움	파울	경고	퇴장
BC	2011	대구	14	3	0	0	14	1	0
	2012	대구	17	2	2	0	17	2	1
	합계		31	5	2	0	31	3	1
K1	2013	전북	19	1	0	0	21	5	0
	2014	전북	28	1	0	2	41	4	0

| 2015 전북 | 33 | 2 | 0 | 0 | 31 | 6 | 0 |

| | | | 80 | 4 | 0 | 2 | 93 | 15 | 0 |

합계 80 4 0 2 93 15 0
프로통산 111 9 2 2 124 18 1

김길식 (金吉植) 단국대 1978.08.24

대회	연도	소속	출전	교체	득점	도움	파울	경고	퇴장
BC	2001	전남	6	4	1	0	6	0	0
	2003	전남	6	6	1	0	3	0	0
	2004	부천SK	24	14	1	0	30	4	0
	2005	부천SK	31	24	5	2	38	2	0
	2006	제주	31	19	3	0	61	2	0
	2008	대전	10	8	0	0	20	2	0
	합계		108	75	11	2	158	10	0
프로통산			108	75	11	2	158	10	0

김남건 (金南建) 선문대 1990.08.06

대회	연도	소속	출전	교체	득점	도움	파울	경고	퇴장
K1	2014	성남	2	2	0	0	0	0	0
	합계		2	2	0	0	0	0	0
프로통산			2	2	0	0	0	0	0

김남우 (金南佑) 전주대 1980.05.14

대회	연도	소속	출전	교체	득점	도움	파울	경고	퇴장
BC	2003	대구	7	1	0	0	7	2	0
	합계		7	1	0	0	7	2	0
프로통산			7	1	0	0	7	2	0

김남일 (金南一) 한양대 1977.03.14

대회	연도	소속	출전	교체	득점	도움	파울	경고	퇴장
BC	2000	전남	30	19	1	1	57	2	0
	2001	전남	25	5	0	3	79	2	0
	2002	전남	15	6	0	2	44	2	1
	2003	전남	23	6	1	6	65	6	0
	2004	전남	10	2	1	0	30	4	0
	2005	수원	6	2	0	0	18	1	0
	2006	수원	26	2	0	0	77	9	0
	2007	수원	4	0	0	0	51	9	0
	2012	인천	34	10	3	0	78	12	0
	합계		197	55	8	12	499	46	1
K1	2013	인천	25	11	0	0	60	13	0
	2014	전북	20	13	2	0	42	8	0
	합계		45	24	2	0	102	21	0
프로통산			242	79	10	12	601	67	1

김남춘 (金南春) 광운대 1989.04.19

대회	연도	소속	출전	교체	득점	도움	파울	경고	퇴장
K1	2013	서울	0	0	0	0	0	0	0
	2014	서울	7	2	1	0	2	1	0
	2015	서울	17	3	1	0	12	2	0
	2016	서울	18	2	0	1	9	2	0
	2017	상주	19	3	1	1	12	2	0
	2018	상주	19	3	1	0	19	0	0
	2018	서울	8	1	0	0	4	1	0
	합계		88	13	4	2	69	8	0
승	2017	상주	0	0	0	0	0	0	0
프로통산			88	13	4	2	69	8	0

김남탁 (金南卓) 광운대 1992.09.28

대회	연도	소속	출전	교체	득점	도움	파울	경고	퇴장
K2	2015	안양	0	0	0	0	0	0	0
	합계		0	0	0	0	0	0	0
프로통산			0	0	0	0	0	0	0

김남호 (金南浩) 연세대 1965.10.17

대회	연도	소속	출전	교체	득점	도움	파울	경고	퇴장
BC	1988	럭금	8	6	0	0	4	1	0
	1989	럭금	1	1	0	0	0	0	0
	합계		9	7	0	0	4	1	0
프로통산			9	7	0	0	4	1	0

김다빈 (金茶彬) 고려대 1989.08.29

대회	연도	소속	출전	교체	득점	도움	파울	경고	퇴장
BC	2009	대전	3	3	0	0	3	0	0
	2010	대전	1	1	0	0	0	0	0
	2010	울산	3	3	0	0	2	0	0
	2011	울산	3	3	0	0	1	0	0
	2012	울산	3	3	0	0	2	0	0
	합계		9	9	0	0	5	0	0
K2	2013	충주	4	4	0	0	2	0	0
	합계		4	4	0	0	2	0	0
프로통산			13	13	0	0	8	0	0

김다솔 (金다솔) 연세대 1989.01.04

대회	연도	소속	출전	교체	실점	도움	파울	경고	퇴장
BC	2010	포항	1	1	1	0	0	0	0
	2011	포항	8	0	8	0	0	0	0
	2012	포항	12	0	14	0	0	1	0
	합계		21	1	23	0	0	1	0
K1	2013	포항	1	1	1	0	0	0	0
	2014	포항	7	0	9	0	0	0	0
	2015	대전	5	0	12	0	0	2	0
	2016	인천	2	1	1	0	0	0	0
	합계		15	2	23	0	0	2	0
K2	2017	수원FC	8	1	9	0	0	0	0
	2018	수원FC	29	1	27	0	0	2	0
	합계		37	1	36	0	0	2	0
프로통산			73	2	82	0	0	6	0

김대건 (金大健) 배재대 1977.04.27

대회	연도	소속	출전	교체	득점	도움	파울	경고	퇴장
BC	2001	부천SK	2	1	0	0	6	0	0
	2002	전북	9	4	1	0	12	2	0
	2003	광주상	35	6	0	1	48	3	0
	2004	광주상	27	4	0	1	33	1	0
	2005	전북	8	1	1	0	24	0	0
	2006	경남	19	4	1	0	31	2	0
	2007	경남	27	8	1	1	40	6	0
	2009	수원	3	1	0	0	9	0	0
	2010	부산	34	5	0	0	44	5	0
	합계		164	34	4	3	249	20	0
프로통산			164	34	4	3	249	20	0

김대경 (金大卿) 숭실대 1991.09.02

대회	연도	소속	출전	교체	득점	도움	파울	경고	퇴장
K1	2013	수원	22	21	1	1	12	3	0
	2014	수원	1	1	0	0	0	0	0
	2015	인천	18	13	0	1	9	0	0
	2016	인천	16	11	1	1	8	0	0
	2017	인천	1	1	0	0	0	0	0
	2018	인천	1	0	0	0	1	0	0
	합계		59	47	4	3	30	3	0
프로통산			59	47	4	3	30	3	0

김대경 (金大慶) 부평고 1987.10.17

대회	연도	소속	출전	교체	득점	도움	파울	경고	퇴장
BC	2007	제주	1	1	0	0	0	0	0
	2008	제주	1	1	0	0	1	0	0
	합계		2	2	0	0	1	0	0
프로통산			2	2	0	0	1	0	0

김대광 (金大光) 동국대 1992.04.10

대회	연도	소속	출전	교체	득점	도움	파울	경고	퇴장
K2	2016	부천	8	8	1	0	6	1	0
	2017	서울E	8	8	1	0	8	1	0
	합계		16	16	2	0	14	2	0
프로통산			16	16	2	0	14	2	0

김대성 (金大成) 대구대 1972.05.10

대회	연도	소속	출전	교체	득점	도움	파울	경고	퇴장
BC	1995	LG	23	8	4	2	21	4	0
	1996	안양LG	32	12	1	3	40	5	0
	1997	안양LG	30	12	4	0	28	2	1
	1998	안양LG	31	10	1	4	39	2	0
	1999	안양LG	22	11	0	1	15	2	0
	합계		144	56	10	9	145	12	1
프로통산			144	56	10	9	145	12	1

김대수 (金大樹) 울산대 1975.03.20

대회	연도	소속	출전	교체	득점	도움	파울	경고	퇴장
BC	1997	대전	5	1	0	0	6	1	0
	1998	대전	8	5	0	0	8	0	1
	1999	대전	9	6	0	0	7	0	0
	2000	대전	8	2	0	0	8	1	0
	2001	대전	3	2	0	0	1	0	0
	2002	대전	11	1	0	0	18	0	0
	2003	대구	11	2	0	0	11	2	0
	2004	부천SK	11	5	0	0	16	1	0
	합계		66	24	0	0	71	6	1
프로통산			66	24	0	0	71	6	1

김대식 (金大植) 인천대 1973.03.02

대회	연도	소속	출전	교체	득점	도움	파울	경고	퇴장
BC	1995	전북	27	1	1	2	20	6	0
	1996	전북	34	4	2	3	41	4	0
	1999	전북	22	7	0	2	9	1	0
	2000	전북	9	4	0	1	9	3	0
	2001	전북	11	1	0	1	11	2	0
	합계		143	26	2	9	113	13	0
프로통산			143	26	2	9	113	13	0

김대열 (金大烈) 단국대 1987.04.12

대회	연도	소속	출전	교체	득점	도움	파울	경고	퇴장
BC	2010	대구	6	6	0	0	6	1	0
	2011	대구	8	2	0	1	14	2	1
	2012	대구	37	23	1	0	43	5	0
	합계		51	31	1	1	69	11	1
K1	2013	대구	19	13	0	0	24	6	0
	2016	상주	7	7	0	0	1	0	0
	합계		26	19	0	0	25	6	0
K2	2014	대구	26	6	2	3	51	3	0
	2015	상주	3	2	0	0	13	3	0
	2016	대구	32	14	0	1	56	5	0
	2017	대전	6	1	1	0	8	3	0
	합계		67	23	3	1	121	11	0
프로통산			144	73	4	4	221	25	1

김대영 (金大英)

대회	연도	소속	출전	교체	득점	도움	파울	경고	퇴장
BC	1988	대우	9	6	0	0	13	1	0
	합계		9	6	0	0	13	1	0
프로통산			9	6	0	0	13	1	0

김대욱 (金炅昱) 조선대 1987.11.23

대회	연도	소속	출전	교체	득점	도움	파울	경고	퇴장
BC	2010	대전	2	1	0	0	2	1	0
	합계		2	1	0	0	2	1	0
K2	2018	안양	1	1	0	0	1	0	0
	합계		1	1	0	0	1	0	0
프로통산			3	2	0	0	3	1	0

김대욱 (金炅旭) 호남대 1978.04.02

대회	연도	소속	출전	교체	득점	도움	파울	경고	퇴장
BC	2001	전남	4	4	0	0	9	1	0
	2003	광주상	0	0	0	0	0	0	0
	합계		4	4	0	0	9	1	0
프로통산			4	4	0	0	9	1	0

김대원 (金大元) 보인고 1997.02.10

대회	연도	소속	출전	교체	득점	도움	파울	경고	퇴장
K1	2017	대구	10	9	1	1	0	0	0
	2018	대구	23	13	5	4	14	0	0
	합계		33	22	6	5	14	0	0
K2	2016	대구	6	6	0	0	3	0	0
	합계		6	6	0	0	3	0	0
프로통산			39	28	6	5	17	0	0

김대의 (金大儀) 고려대 1974.05.30

대회	연도	소속	출전	교체	득점	도움	파울	경고	퇴장
BC	2000	성남일	24	3	4	0	13	1	0
	2001	성남일	30	24	2	3	36	3	0
	2002	성남일	38	6	17	12	53	2	0

연도	소속	출전	교체	득점	도움	파울	경고	퇴장
2003	성남일	25	17	3	2	25	3	0
2004	수원	36	10	7	3	49	3	0
2005	수원	25	10	5	2	28	1	0
2006	수원	36	12	5	2	45	2	0
2007	수원	27	18	5	3	30	1	0
2008	수원	30	17	1	4	29	2	0
2009	수원	26	12	1	4	24	2	0
2010	수원	11	7	0	2	6	1	0
합계		308	156	51	41	348	20	0
프로통산		308	156	51	41	348	20	0

김대중 (金大中) 홍익대 1992.10.13

대회	연도	소속	출전	교체	득점	도움	파울	경고	퇴장
K1	2015	인천	16	7	0	0	8	0	0
	2016	인천	16	8	1	0	13	2	0
	2017	인천	22	15	0	5	13	0	0
	2018	인천	29	4	0	0	16	2	0
	합계		83	34	1	5	42	4	0
K2	2014	대전	8	6	0	0	3	0	0
	합계		8	6	0	0	3	0	0
프로통산			91	40	1	5	45	4	0

김대진 (金大鎭) 강원대 1969.05.10

대회	연도	소속	출전	교체	득점	도움	파울	경고	퇴장
BC	1992	일화	17	13	0	0	21	1	0
	1993	일화	4	4	0	0	2	0	0
	합계		21	17	0	0	23	1	0
프로통산			21	17	0	0	23	1	0

김대철 (金大哲) 인천대 1977.08.26

대회	연도	소속	출전	교체	득점	도움	파울	경고	퇴장
BC	2000	부천SK	7	6	0	0	13	2	0
	2001	전남	1	1	0	0	2	0	0
	합계		8	7	0	0	15	2	0
프로통산			8	7	0	0	15	2	0

김대한 (金大韓) 선문대 1994.04.21

대회	연도	소속	출전	교체	득점	도움	파울	경고	퇴장
K2	2015	안양	14	14	0	1	7	1	0
	2016	안양	8	7	2	0	11	1	0
	합계		22	21	2	1	18	2	0
프로통산			22	21	2	1	18	2	0

김대현 (金大顯) 대신고 1981.09.02

대회	연도	소속	출전	교체	득점	도움	파울	경고	퇴장
BC	2000	수원	0	0	0	0	0	0	0
	합계		0	0	0	0	0	0	0
프로통산			0	0	0	0	0	0	0

김대호 (金大虎) 숭실대 1988.05.15

대회	연도	소속	출전	교체	득점	도움	파울	경고	퇴장
BC	2010	포항	5	4	0	0	9	2	0
	2011	포항	13	4	0	0	21	1	0
	2012	포항	16	7	3	0	28	3	0
	합계		34	15	3	0	59	6	0
K1	2013	포항	25	6	3	0	42	6	0
	2014	포항	24	8	0	1	33	6	0
	2015	포항	18	4	1	0	30	7	0
	2016	포항	3	1	0	0	3	1	0
	2017	포항	0	0	0	0	0	0	0
	합계		70	19	4	1	108	21	0
K2	2016	안산무	7	1	0	1	12	1	0
	2010	안산무	7	2	0	0	7	2	0
	합계		14	3	1	1	19	3	0
프로통산			118	37	7	5	186	30	0

김대호 (金大于) 숭실대 1986.04.15

대회	연도	소속	출전	교체	실점	도움	파울	경고	퇴장
BC	2012	전남	1	0	1	0	0	0	0
	합계		1	0	1	0	0	0	0
K1	2013	포항	1	0	1	0	0	0	0
	2014	전남	0	0	0	0	0	0	0
	합계		1	0	1	0	0	0	0
K2	2015	안산경	1	1	0	0	0	0	0
	2016	안산무	6	1	17	0	0	0	0
	합계		7	2	18	0	0	0	0
프로통산			8	2	19	0	0	0	0

김대환 (金大煥) 경성고 1959.10.23

대회	연도	소속	출전	교체	득점	도움	파울	경고	퇴장
BC	1983	국민	4	4	0	0	2	0	0
	합계		4	4	0	0	2	0	0
프로통산			4	4	0	0	2	0	0

김대환 (金大桓) 한양대 1976.01.01

대회	연도	소속	출전	교체	실점	도움	파울	경고	퇴장
BC	1998	수원	4	1	6	0	0	0	0
	1999	수원	4	0	4	0	0	0	0
	2000	수원	37	0	55	0	2	2	0
	2003	수원	13	0	20	0	1	0	0
	2004	수원	13	0	21	0	1	1	0
	2005	수원	3	1	6	0	0	0	0
	2006	수원	3	0	5	0	0	0	0
	2007	수원	0	0	0	0	0	0	0
	2008	수원	0	0	0	0	0	0	0
	2009	수원	0	0	0	0	0	0	0
	2010	수원	0	0	0	0	0	0	0
	2011	수원	0	0	0	0	0	0	0
	합계		76	1	102	0	4	3	0
프로통산			76	1	102	0	4	3	0

김대흠 (金大欽) 경희대 1961.07.08

대회	연도	소속	출전	교체	득점	도움	파울	경고	퇴장
BC	1985	상무	21	1	4	3	31	1	0
	합계		21	1	4	3	31	1	0
프로통산			21	1	4	3	31	1	0

김덕수 (金德洙) 우석대 1987.04.24

대회	연도	소속	출전	교체	실점	도움	파울	경고	퇴장
K2	2013	부천	28	0	51	0	1	1	0
	합계		28	0	51	0	1	1	0
프로통산			28	0	51	0	1	1	0

김덕일 (金德一) 풍생고 1990.07.11

대회	연도	소속	출전	교체	득점	도움	파울	경고	퇴장
BC	2011	성남일	6	6	1	0	5	1	0
	2012	성남일	7	7	0	0	4	1	0
	합계		13	13	1	0	9	2	0
프로통산			13	13	1	0	9	2	0

김덕중 (金德中) 아주대 1996.03.02

대회	연도	소속	출전	교체	득점	도움	파울	경고	퇴장
K1	2018	인천	0	0	0	0	0	0	0
	합계		0	0	0	0	0	0	0
프로통산			0	0	0	0	0	0	0

김덕중 (金德重) 연세대 1980.06.05

대회	연도	소속	출전	교체	득점	도움	파울	경고	퇴장
BC	2003	대구	30	10	1	0	14	3	0
	2004	대구	3	2	0	0	1	0	0
	합계		33	12	1	0	15	3	0
프로통산			33	12	1	0	15	3	0

김도균 (金徒均) 울산대 1977.01.13

대회	연도	소속	출전	교체	득점	도움	파울	경고	퇴장
BC	1999	울산	11	6	0	0	9	1	0
	2000	울산	14	2	1	0	21	0	0
	2001	울산	27	9	1	1	31	1	0
	2002	울산	34	11	0	2	42	5	0
	2003	울산	34	11	0	2	41	4	0
	2005	성남일	0	0	0	0	0	0	0
	2005	전남	10	1	0	0	22	0	0
	2006	전남	7	5	0	0	17	3	0
	합계		128	41	3	7	181	13	0
프로통산			128	41	3	7	181	13	0

김도근 (金道根) 한양대 1972.03.02

대회	연도	소속	출전	교체	득점	도움	파울	경고	퇴장
BC	1995	전남	10	6	0	0	12	1	1
	1996	전남	36	7	10	2	60	4	0
	1997	전남	21	1	7	3	29	3	0
	1998	전남	20	3	6	3	40	3	0
	1999	전남	25	18	2	4	51	1	0
	2000	전남	11	1	5	2	26	2	0
	2001	전남	3	2	0	0	3	0	0
	2002	전남	30	16	3	2	58	4	0
	2003	전남	41	20	1	5	72	5	0
	2004	전남	5	2	0	0	4	0	0
	2005	전남	4	4	0	1	4	0	0
	2005	수원	12	9	0	0	14	0	0
	2006	경남	23	21	0	2	12	1	0
	합계		241	110	34	24	385	24	1
프로통산			241	110	34	24	385	24	1

김도연 (金度延) 예원예술대 1989.01.01

대회	연도	소속	출전	교체	득점	도움	파울	경고	퇴장
BC	2011	대전	9	9	0	0	6	2	0
	합계		9	9	0	0	6	2	0
프로통산			9	9	0	0	6	2	0

김도엽 (金度燁/←김인한) 선문대 1988.11.26

대회	연도	소속	출전	교체	득점	도움	파울	경고	퇴장
BC	2010	경남	23	17	7	2	33	2	0
	2011	경남	29	18	5	1	20	2	0
	2012	경남	40	25	10	2	38	4	0
	합계		92	60	22	5	91	8	0
K1	2013	경남	8	6	1	1	7	1	0
	2014	경남	27	18	1	0	19	2	0
	2016	상주	3	2	0	0	1	1	0
	2016	제주	7	6	0	0	1	0	0
	합계		45	32	2	1	28	5	0
K2	2015	상주	18	12	6	1	16	4	0
	2016	경남	8	6	1	4	6	1	0
	2017	경남	14	13	4	1	12	1	0
	2018	성남	13	11	1	2	6	1	0
	합계		49	36	11	6	34	7	0
프로통산			186	128	35	12	151	17	1

김도용 (金道容) 홍익대 1976.05.28

대회	연도	소속	출전	교체	득점	도움	파울	경고	퇴장
BC	1999	안양LG	23	12	0	2	43	6	0
	2000	안양LG	13	7	0	2	26	3	0
	2001	안양LG	0	0	0	0	0	0	0
	2003	안양LG	14	8	0	2	22	3	0
	2004	성남일	13	9	0	0	26	2	0
	2005	전남	24	3	1	5	7	2	0
	2006	전남	11	7	1	2	21	2	0
	합계		99	46	2	4	184	24	0
프로통산			99	46	2	4	184	24	0

김도혁 (金鍍爀) 연세대 1992.02.08

대회	연도	소속	출전	교체	득점	도움	파울	경고	퇴장
K1	2014	인천	26	20	2	2	37	6	0
	2015	인천	23	13	1	1	43	3	0
	2016	인천	20	11	1	2	35	5	0
	2017	인천	30	11	2	4	40	4	0
	합계		102	54	7	7	126	17	0
K2	2018	아산	15	4	1	0	24	3	0
	합계		15	4	1	0	24	3	0
프로통산			117	58	8	7	150	20	0

김도훈 (金度勳) 통진고 1988.10.05

대회	연도	소속	출전	교체	득점	도움	파울	경고	퇴장
K1	2013	부산							
	2017	상주							
	2018	상주	21	19	4	3	16	3	0
	2018	포항	10	10	2	1	6	2	0
	합계		35	33	6	4	16	5	0
K2	2015	충주	19	12	0	4	10	2	0
	2016	충주	34	17	8	5	21	3	0
	합계		53	29	8	9	31	5	0
승	2017	상주							

대회	연도	소속	출전	교체	득점	도움	파울	경고	퇴장
		합계	0	0	0	0	0	0	0
		프로통산	88	62	14	13	47	8	0

김도훈(金度勳) 한양대 1988.07.26

대회	연도	소속	출전	교체	득점	도움	파울	경고	퇴장
K2	2013	경찰	10	6	0	0	19	0	0
	2014	안산경	4	4	0	0	3	1	0
		합계	14	10	0	0	22	1	0
		프로통산	14	10	0	0	22	1	0

김도훈(金度勳) 연세대 1970.07.21

대회	연도	소속	출전	교체	득점	도움	파울	경고	퇴장
BC	1995	전북	25	5	9	5	37	3	0
	1996	전북	22	9	10	3	23	0	0
	1997	전북	14	2	4	1	31	2	0
	2000	전북	27	2	15	0	68	2	0
	2001	전북	35	1	15	5	80	5	0
	2002	전북	30	1	4	4	50	2	0
	2003	성남일	40	1	28	13	87	2	0
	2004	성남일	32	6	10	3	63	3	0
	2005	성남일	32	18	13	7	58	3	0
		합계	257	55	114	41	497	22	0
		프로통산	257	55	114	41	497	22	0

김동건(金東建) 단국대 1990.05.07

대회	연도	소속	출전	교체	득점	도움	파울	경고	퇴장
K2	2013	수원FC	0	0	0	0	0	0	0
		프로통산	0	0	0	0	0	0	0

김동곤(金董坤) 인천대 1993.06.11

대회	연도	소속	출전	교체	득점	도움	파울	경고	퇴장
K2	2016	대전	4	4	0	0	4	0	0
		합계	4	4	0	0	4	0	0
		프로통산	4	4	0	0	4	0	0

김동군(金東君) 호남대 1971.07.22

대회	연도	소속	출전	교체	득점	도움	파울	경고	퇴장
BC	1994	일화	5	5	1	0	2	0	0
	1995	일화	9	9	2	1	11	0	0
	1996	천안일	3	4	0	0	3	0	0
	1997	천안일	17	8	0	1	29	2	0
	1998	천안일	28	12	3	2	37	5	0
	2000	전북	0	0	0	0	0	0	0
		합계	62	38	6	3	82	7	0
		프로통산	62	38	6	3	82	7	0

김동권(金東權) 청구고 1992.04.04

대회	연도	소속	출전	교체	득점	도움	파울	경고	퇴장
K2	2013	충주	21	0	0	0	39	9	0
	2014	충주	6	0	0	0	10	5	0
		합계	27	0	0	0	49	14	0
		프로통산	27	0	0	0	49	14	0

김동규(金東圭) 연세대 1981.05.13

대회	연도	소속	출전	교체	득점	도움	파울	경고	퇴장
BC	2004	울산	8	6	0	0	13	3	0
	2005	울산	0	0	0	0	0	0	0
	2006	광주상	11	5	0	0	21	1	0
	2007	광주상	10	4	0	0	7	2	0
	2008	울산	7	2	0	0	4	1	0
	2009	울산	0	0	0	0	50	0	0
		합계	36	17	0	0	50	0	0
		프로통산	36	17	0	0	50	0	0

김동근(金東根) 중대부고 1961.05.20

대회	연도	소속	출전	교체	득점	도움	파울	경고	퇴장
BC	1985	상무	6	1	1	0	5	0	0
		합계	6	1	1	0	5	0	0
		프로통산	6	1	1	0	5	0	0

김동기(金東期) 경희대 1989.05.27

대회	연도	소속	출전	교체	득점	도움	파울	경고	퇴장
BC	2012	강원	7	7	0	0	17	0	0
		합계	7	7	0	0	17	0	0
K1	2013	강원	22	14	5	4	62	9	0
	2017	포항	5	4	0	1	0	0	0
		합계	27	18	5	5	62	9	0
K2	2014	강원	27	21	4	0	45	7	1
	2015	강원	7	5	1	0	9	2	0
	2015	안양	16	11	2	3	19	4	0
	2016	안양	6	6	0	0	9	0	0
	2017	성남	0	0	0	0	0	0	0
		합계	56	43	8	4	78	11	2
승	2013	강원	2	1	0	0	2	0	0
		합계	2	1	0	0	2	0	0
		프로통산	92	69	13	9	159	20	2

김동기(金東基) 한성대 1971.05.22

대회	연도	소속	출전	교체	득점	도움	파울	경고	퇴장
BC	1994	대우	22	8	0	2	22	6	1
	1995	포항	4	3	0	0	1	0	0
	1996	포항	3	3	0	0	4	0	0
	1997	포항	17	6	1	0	23	2	0
	1998	포항	6	5	0	0	5	1	0
		합계	52	25	1	1	56	9	1
		프로통산	52	25	1	1	56	9	1

김동룡(金東龍) 홍익대 1975.05.08

대회	연도	소속	출전	교체	득점	도움	파울	경고	퇴장
BC	1999	전북	1	1	0	0	1	0	0
		프로통산	1	1	0	0	1	0	0

김동민(金東玟) 인천대 1994.08.16

대회	연도	소속	출전	교체	득점	도움	파울	경고	퇴장
K1	2017	인천	13	1	0	0	16	0	0
	2018	인천	17	3	1	0	27	6	0
		합계	30	5	1	0	43	6	0
		프로통산	30	5	1	0	43	6	0

김동민(金東敏) 연세대 1987.06.23

대회	연도	소속	출전	교체	득점	도움	파울	경고	퇴장
BC	2009	울산	0	0	0	0	0	0	0
		프로통산	0	0	0	0	0	0	0

김동석(金東錫) 용강중 1987.03.26

대회	연도	소속	출전	교체	득점	도움	파울	경고	퇴장
BC	2006	서울	7	6	1	1	11	1	0
	2007	서울	28	20	2	2	37	4	0
	2008	울산	5	4	0	0	5	1	0
	2010	대구	19	9	1	0	31	4	0
	2011	울산	8	8	0	0	9	0	0
	2012	울산	2	2	0	0	2	0	0
		합계	93	64	5	3	106	12	0
K1	2013	울산	7	6	0	0	11	0	1
	2014	서울	6	4	0	0	0	0	0
	2015	인천	28	15	2	2	34	5	0
	2016	인천	10	4	0	0	10	2	0
	2017	인천	1	1	0	0	0	0	0
		합계	52	30	2	2	55	7	1
		프로통산	145	94	5	7	161	19	1

김동선(金東先) 명지대 1978.03.15

대회	연도	소속	출전	교체	득점	도움	파울	경고	퇴장
BC	2001	대전	15	15	1	1	11	0	0
	2002	대전	8	8	0	0	8	0	0
		합계	23	23	1	1	19	0	0
		프로통산	23	23	1	1	19	0	0

김동섭(金東燮) 장훈고 1989.03.29

대회	연도	소속	출전	교체	득점	도움	파울	경고	퇴장
BC	2011	광주	27	22	7	2	70	3	0
	2012	광주	32	25	7	0	64	6	0
		합계	59	47	14	2	134	9	0
K1	2013	성남일	36	7	14	3	80	4	0
	2014	성남	34	29	4	0	30	2	0
	2015	성남	5	5	0	0	6	0	0
	2015	부산	8	6	0	0	4	0	0
		합계	83	47	18	3	120	7	0
K2	2016	안산무	16	10	4	1	16	1	0
	2017	아산	6	6	0	0	5	2	0
	2018	부산	7	7	1	0	5	2	0
		합계	29	23	5	1	26	5	0
		프로통산	171	117	37	6	280	21	0

김동우(金東佑) 조선대 1988.02.05

대회	연도	소속	출전	교체	득점	도움	파울	경고	퇴장
BC	2010	서울	10	4	0	0	17	2	0
	2011	서울	16	1	0	0	24	2	0
	2012	서울	23	6	0	0	46	5	0
		합계	49	11	0	0	66	6	0
K1	2014	서울	14	4	1	0	18	2	0
	2015	서울	20	1	0	1	19	3	0
	2016	서울	13	3	0	0	15	0	0
	2017	서울	5	1	0	1	10	2	0
	2017	대구	17	1	1	0	13	2	0
	2018	서울	17	1	1	1	19	0	0
		합계	69	2	2	8	58	9	0
K2	2013	경찰	27	1	3	0	35	2	1
	2014	안산경	11	1	0	1	6	3	0
		합계	38	4	3	4	32	5	2
승	2018	서울	2	0	1	1	1	0	0
		합계	2	0	1	1	1	0	0
		프로통산	158	27	6	3	157	21	2

김동우(金東佑) 한양대 1975.07.27

대회	연도	소속	출전	교체	득점	도움	파울	경고	퇴장
BC	1998	전남	6	5	1	0	9	0	0
	1999	전남	17	11	0	0	11	2	0
		합계	23	16	1	0	20	2	0
		프로통산	23	16	1	0	20	2	0

김동욱(金東煜) 예원예술대 1991.03.10

대회	연도	소속	출전	교체	득점	도움	파울	경고	퇴장
K2	2013	충주	0	0	0	0	0	0	0
		합계	0	0	0	0	0	0	0
		프로통산	0	0	0	0	0	0	0

김동준(金東俊) 연세대 1994.12.19

대회	연도	소속	출전	교체	실점	도움	파울	경고	퇴장
K1	2016	성남	26	1	32	0	1	0	0
		합계	26	1	32	0	1	0	0
K2	2017	성남	36	1	29	1	0	2	0
	2018	성남	6	2	3	0	0	1	0
		합계	42	3	32	1	0	3	0
승	2016	성남	2	0	3	0	0	0	0
		합계	2	0	3	0	0	0	0
		프로통산	69	4	67	0	1	3	0

김동진(金東珍) 아주대 1992.12.28

대회	연도	소속	출전	교체	득점	도움	파울	경고	퇴장
K1	2017	대구	21	5	0	0	25	5	0
		합계	21	5	0	0	25	5	0
K2	2014	대구	10	3	0	1	18	2	0
	2015	대구	18	6	0	0	22	4	0
	2016	대구	36	4	0	0	39	4	0
K2	2018	아산	12	0	0	0	30	3	0
		합계	76	13	0	1	109	13	0
		프로통산	97	13	0	1	134	18	0

김동진(金東進) 안양공고 1982.01.29

대회	연도	소속	출전	교체	득점	도움	파울	경고	퇴장
BC	2000	안양LG	7	4	1	0	10	2	0
	2001	안양LG	6	3	0	0	7	2	0
	2002	안양LG	8	4	0	0	14	2	0
	2003	안양LG	35	15	5	2	60	3	0
	2004	서울	18	5	2	1	51	2	0
	2005	서울	32	5	1	1	79	6	0
	2006	서울	13	1	0	1	33	2	0
	2010	울산	23	3	0	1	31	5	0

대회	연도	소속	출전	교체	득점	도움	파울	경고	퇴장
	2011	서울	9	6	1	0	8	1	0
	합계		151	46	14	7	290	23	0
K2	2016	서울E	34	1	1	3	39	10	0
	합계		34	1	1	3	39	10	0
프로통산			185	47	15	10	329	33	0

김동진(金東珍) 상지대 1989.07.13

대회	연도	소속	출전	교체	득점	도움	파울	경고	퇴장
BC	2010	성남일	0	0	0	0	0	0	0
프로통산			0	0	0	0	0	0	0

김동찬(金東燦) 호남대 1986.04.19

대회	연도	소속	출전	교체	득점	도움	파울	경고	퇴장
BC	2006	경남	3	3	0	0	5	0	0
	2007	경남	10	7	1	0	13	1	0
	2008	경남	25	11	7	3	29	3	0
	2009	경남	30	21	6	0	45	3	0
	2010	경남	21	17	2	4	14	2	0
	2011	전북	23	23	10	3	14	2	0
	2012	전북	20	21	2	0	13	1	0
	합계		132	103	34	18	107	12	0
K1	2014	상주	17	15	2	0	19	2	0
	2014	전북	5	5	1	2	4	0	0
	2015	전북	15	15	0	2	4	0	0
	합계		37	35	4	3	19	2	0
K2	2013	상주	27	18	4	4	26	0	0
	2016	대전	39	16	20	8	31	2	0
	2017	성남	17	17	6	1	10	0	0
	2018	수원FC	9	8	1	0	5	1	0
	합계		92	49	33	13	72	3	0
승	2013	상주	2	2	0	0	1	0	0
	합계		2	2	0	0	1	0	0
프로통산			263	189	71	34	199	16	0

김동철(金東徹) 고려대 1990.10.01

대회	연도	소속	출전	교체	득점	도움	파울	경고	퇴장
BC	2012	전남	9	3	0	0	19	1	0
	합계		9	3	0	0	19	1	0
K1	2013	전남	21	2	0	0	26	6	0
	2014	전남	11	7	0	0	17	0	0
	2015	전남	29	11	0	0	37	4	0
	합계		61	20	0	0	73	13	0
K2	2016	서울E	34	1	2	2	68	7	0
	2017	아산	15	6	1	2	25	4	0
	2018	아산	18	6	0	0	5	1	0
	2018	서울E	3	3	0	0	2	2	0
	합계		70	16	2	4	104	14	0
프로통산			140	39	2	4	198	28	0

김동철(金東鐵) 한양대 1972.04.19

대회	연도	소속	출전	교체	득점	도움	파울	경고	퇴장
BC	1994	대우	4	4	0	0	3	0	0
	합계		4	4	0	0	3	0	0
프로통산			4	4	0	0	3	0	0

김동해(金東海) 한양대 1966.03.16

대회	연도	소속	출전	교체	득점	도움	파울	경고	퇴장
BC	1989	럭금	23	16	0	2	19	0	0
	1990	럭금	8	8	0	0	3	0	0
	1992	LG	10	6	1	0	22	1	0
	1993	LG	22	9	1	4	22	3	0
	1994	LG	30	12	2	5	22	1	0
	1995	LG	25	11	3	1	35	6	0
	1996	수원	10	9	1	0	19	2	0
	합계		139	64	9	10	140	16	0
프로통산			139	64	9	10	140	16	0

김동혁(金東奕) 조선대 1991.01.25

대회	연도	소속	출전	교체	득점	도움	파울	경고	퇴장
K1	2013	대전	0	0	0	0	0	0	0
	합계		0	0	0	0	0	0	0
프로통산			0	0	0	0	0	0	0

김동현(金東炫) 동아대 1994.07.14

대회	연도	소속	출전	교체	득점	도움	파울	경고	퇴장
K1	2016	포항	16	15	0	2	11	3	1
	합계		16	15	0	2	11	3	1
프로통산			16	15	0	2	11	3	1

김동현(金洞現) 광운대 1995.10.21

대회	연도	소속	출전	교체	득점	도움	파울	경고	퇴장
K2	2018	부천	7	7	0	1	3	0	0
	합계		7	7	0	1	3	0	0
프로통산			7	7	0	1	3	0	0

김동현(金東現) 중앙대 1997.06.11

대회	연도	소속	출전	교체	득점	도움	파울	경고	퇴장
K2	2018	광주	36	5	3	5	41	5	0
	합계		36	5	3	5	41	5	0
프로통산			36	5	3	5	41	5	0

김동현(金東眩) 경희고 1980.08.17

대회	연도	소속	출전	교체	득점	도움	파울	경고	퇴장
BC	1999	수원	3	3	0	3	1	0	0
	2003	수원	6	6	0	6	0	0	0
	2005	수원	1	1	0	0	1	0	0
	2007	전북	1	1	0	0	14	0	0
	합계		12	11	0	0	24	1	0
프로통산			12	11	0	0	24	1	0

김동현(金東炫) 한양대 1984.05.20

대회	연도	소속	출전	교체	득점	도움	파울	경고	퇴장
BC	2004	수원	26	22	4	1	51	0	0
	2005	수원	29	12	6	5	95	4	0
	2007	성남일	26	14	2	2	69	6	0
	2008	성남일	30	26	4	4	33	2	0
	2009	경남	15	12	1	0	33	2	0
	2010	광주상	19	12	0	3	37	5	0
	2011	상주	10	7	2	2	11	1	0
	합계		155	105	25	14	329	20	0
프로통산			155	105	25	14	329	20	0

김동환(金東煥) 울산대 1983.01.17

대회	연도	소속	출전	교체	득점	도움	파울	경고	퇴장
BC	2004	울산	1	1	0	0	3	1	0
	2005	수원	1	0	0	0	1	0	0
	합계		3	2	0	0	4	1	0
프로통산			3	2	0	0	4	1	0

김동효(金桐孝) 동래고 1990.04.05

대회	연도	소속	출전	교체	득점	도움	파울	경고	퇴장
BC	2009	경남	2	2	0	0	2	0	0
	합계		2	2	0	0	2	0	0
프로통산			2	2	0	0	2	0	0

김동훈(金東勳) 한양대 1966.09.11

대회	연도	소속	출전	교체	실점	도움	파울	경고	퇴장
BC	1988	대우	11	2	13	0	0	0	0
	1989	대우	27	1	28	0	1	2	0
	1990	대우	8	0	12	0	0	0	0
	1992	대우	17	0	28	0	0	1	0
	1993	대우	24	1	9	0	1	2	0
	1994	버팔로	15	4	19	0	1	0	0
	합계		102	8	109	0	3	5	0
프로통산			102	8	109	0	3	5	0

김동휘(金東輝) 수원대 1989.12.23

대회	연도	소속	출전	교체	득점	도움	파울	경고	퇴장
K2	2013	안양	0	0	0	0	0	0	0
	합계		0	0	0	0	0	0	0
프로통산			0	0	0	0	0	0	0

김동희(金東熙) 연세대 1989.05.06

대회	연도	소속	출전	교체	득점	도움	파울	경고	퇴장
BC	2011	포항	1	1	0	0	1	0	0
	2012	대전	9	9	0	0	5	1	0
	합계		10	10	0	0	6	1	0
K1	2014	성남	32	25	4	2	26	2	0
	2015	성남	28	26	2	2	13	2	0
	2016	성남	17	17	0	0	7	0	1
	합계		77	68	7	4	46	4	1
K2	2017	성남	8	10	0	0	4	1	0
	2018	성남	3	3	0	0	0	1	0
	합계		11	13	0	0	4	1	0
승	2016	성남	2	2	0	0	0	0	0
	합계		2	2	0	0	0	0	0
프로통산			100	93	7	4	56	6	1

김두함(金豆咸) 안동대 1970.03.08

대회	연도	소속	출전	교체	득점	도움	파울	경고	퇴장
BC	1996	수원	1	1	0	0	0	0	0
	합계		1	1	0	0	0	0	0
프로통산			1	1	0	0	0	0	0

김두현(金斗炫) 용인대학원 1982.07.14

대회	연도	소속	출전	교체	득점	도움	파울	경고	퇴장
BC	2001	수원	15	16	0	1	16	2	0
	2002	수원	20	16	2	1	29	2	0
	2003	수원	34	18	4	2	61	4	0
	2004	수원	22	16	4	1	46	6	0
	2005	수원	21	7	2	3	41	1	0
	2006	성남일	33	2	8	4	82	4	0
	2007	성남일	28	14	7	2	51	3	0
	2009	수원	11	9	1	1	6	1	0
	2010	수원	19	11	3	1	30	4	0
	2012	수원	10	7	1	1	20	1	0
	합계		221	103	33	24	400	31	0
K1	2013	수원	6	5	1	0	4	1	0
	2014	수원	20	17	3	4	37	1	0
	2015	성남	35	21	7	8	49	4	0
	2016	성남	28	23	4	0	25	3	0
	합계		100	69	15	12	93	7	0
K2	2017	성남	3	3	1	1	2	1	0
승	2016	성남	2	2	0	0	2	0	0
	합계		2	2	0	0	2	0	0
프로통산			348	198	51	37	516	40	0

김레오(金레오) 울산대 1996.10.02

대회	연도	소속	출전	교체	득점	도움	파울	경고	퇴장
K1	2018	울산	0	0	0	0	0	0	0
	합계		0	0	0	0	0	0	0
프로통산			0	0	0	0	0	0	0

김륜도(金侖度) 광운대 1991.07.09

대회	연도	소속	출전	교체	득점	도움	파울	경고	퇴장
K2	2014	부천	34	5	1	0	47	5	0
	2015	부천	39	6	5	3	36	4	0
	2016	부천	27	22	0	2	24	2	0
	2017	아산	14	9	0	3	11	2	0
	2018	아산	13	12	3	1	11	2	0
	합계		122	52	9	6	142	14	0
프로통산			122	52	9	6	142	14	0

김만수(金萬壽) 광운대 1961.06.19

대회	연도	소속	출전	교체	득점	도움	파울	경고	퇴장
BC	1983	포철	5	5	0	0	0	0	0
	1985	포철	1	1	0	0	0	0	0
	합계		6	6	0	0	0	0	0
프로통산			6	6	0	0	0	0	0

김만중(金萬中) 명지대 1978.11.04

대회	연도	소속	출전	교체	득점	도움	파울	경고	퇴장
BC	2001	부천SK	2	2	0	0	0	0	0
	합계		2	2	0	0	0	0	0
프로통산			2	2	0	0	0	0	0

김만태(金萬泰) 광운대 1964.01.30

대회	연도	소속	출전	교체	득점	도움	파울	경고	퇴장
BC	1990	현대	3	3	0	0	2	0	0
	합계		3	3	0	0	2	0	0
프로통산			3	3	0	0	2	0	0

김명곤(金明坤) 중앙대 1974.04.15

대회	연도	소속	출전	교체	득점	도움	파울	경고	퇴장
BC	1997	포항	31	25	4	2	46	4	0
	1998	포항	17	16	2	0	17	2	0
	1999	포항	13	7	3	3	18	1	0
	2000	포항	31	10	5	4	47	5	0
	2002	전남	4	4	0	0	2	1	0
	합계		96	62	9	9	130	13	0
프로통산			96	62	9	9	130	13	0

김명관(金明寬) 광운전자공고 1959.11.27

대회	연도	소속	출전	교체	득점	도움	파울	경고	퇴장
BC	1983	유공	15	2	0	1	10	0	0
	1984	유공	26	8	0	0	24	1	0
	1985	유공	16	4	0	2	17	1	0
	1986	유공	29	1	0	0	67	0	0
	1987	유공	18	10	1	1	26	2	0
	합계		104	25	1	4	130	4	0
프로통산			104	25	1	4	130	4	0

김명광(金明光) 대구대 1984.05.07

대회	연도	소속	출전	교체	득점	도움	파울	경고	퇴장
BC	2007	대구	0	0	0	0	0	0	0
	합계		0	0	0	0	0	0	0
프로통산			0	0	0	0	0	0	0

김명규(金明奎) 수원대 1990.08.29

대회	연도	소속	출전	교체	득점	도움	파울	경고	퇴장
K2	2013	부천	1	1	0	0	0	0	0
	합계		1	1	0	0	0	0	0
프로통산			1	1	0	0	0	0	0

김명운(金明雲) 숭실대 1987.11.01

대회	연도	소속	출전	교체	득점	도움	파울	경고	퇴장
BC	2007	전남	2	2	0	0	1	0	0
	2008	전남	18	15	1	0	25	1	0
	2009	전남	20	19	2	2	18	2	0
	2010	전남	3	3	0	0	2	0	0
	2011	인천	12	11	1	1	22	0	0
	2012	상주	15	10	1	1	19	0	0
	합계		70	59	5	4	83	2	0
K2	2013	상주	5	5	0	0	2	0	0
	합계		5	5	0	0	2	0	0
프로통산			75	64	5	4	85	2	0

김명재(金明宰) 포철공고 1994.05.30

대회	연도	소속	출전	교체	득점	도움	파울	경고	퇴장
K2	2017	안산	9	9	1	0	4	0	0
	2018	안산	3	2	0	0	2	0	0
	합계		12	11	1	0	6	0	0
프로통산			12	11	1	0	6	0	0

김명준(金明俊/← 김종혁) 영남대 1994.05.13

대회	연도	소속	출전	교체	득점	도움	파울	경고	퇴장
K1	2015	부산	16	3	1	0	21	4	0
	합계		16	3	1	0	21	4	0
K2	2016	부산	16	4	0	1	21	7	0
	2017	부산	10	3	0	1	16	1	0
	2018	부산	29	1	1	0	27	0	0
	합계		55	8	1	2	64	11	0
승	2015	부산	1	0	0	0	0	0	0
	2018	부산	2	0	0	0	6	1	0
	합계		3	1	0	0	6	1	0
프로통산			74	10	2	2	91	16	0

김명중(金明中) 동국대 1985.02.06

대회	연도	소속	출전	교체	득점	도움	파울	경고	퇴장
BC	2005	포항	8	7	0	0	26	2	0
	2006	포항	13	12	0	0	16	3	0
	2007	포항	11	7	0	0	17	3	0
	2008	광주상	31	8	7	0	67	6	0
	2009	광주상	26	6	5	4	42	2	0
	2009	포항	2	2	0	0	2	0	0
	2010	전남	26	20	3	2	52	4	0
	2011	전남	27	14	5	1	65	6	0
	2012	강원	22	22	1	2	28	1	0
	합계		166	98	26	12	347	25	0
프로통산			166	98	26	12	347	25	0

김명진(金明眞) 부평고 1985.03.23

대회	연도	소속	출전	교체	득점	도움	파울	경고	퇴장
BC	2006	포항	0	0	0	0	0	0	0
프로통산			0	0	0	0	0	0	0

김명환(金名煥) 정명고 1987.03.06

대회	연도	소속	출전	교체	득점	도움	파울	경고	퇴장
BC	2006	제주	2	2	0	1	0	0	0
	2007	제주	5	1	0	0	8	1	0
	2008	제주	13	5	0	0	14	1	0
	2009	제주	12	3	0	1	16	0	0
	2010	제주	8	4	0	0	4	0	0
	합계		40	15	0	1	40	2	0
프로통산			40	15	0	1	40	2	0

김명휘(金明輝) 일본 하쓰시바하시모고 1981.05.08

대회	연도	소속	출전	교체	득점	도움	파울	경고	퇴장
BC	2002	성남일	0	0	0	0	0	0	0
	합계		0	0	0	0	0	0	0
프로통산			0	0	0	0	0	0	0

김문경(金文經) 단국대 1960.01.06

대회	연도	소속	출전	교체	득점	도움	파울	경고	퇴장
BC	1984	현대	13	0	0	0	3	0	0
	1985	현대	21	0	0	0	5	0	0
	1987	현대	16	1	0	1	7	0	0
	1988	현대	24	1	0	2	11	1	0
	1989	현대	11	3	0	1	9	1	0
	합계		85	5	0	4	35	2	0
프로통산			85	5	0	4	35	2	0

김문수(金文殊) 관동대 1989.07.14

대회	연도	소속	출전	교체	득점	도움	파울	경고	퇴장
BC	2011	강원	2	0	0	0	2	0	0
	합계		2	0	0	0	2	0	0
K2	2013	경찰	0	0	0	0	0	0	0
	합계		0	0	0	0	0	0	0
프로통산			2	0	0	0	2	0	0

김문주(金汶柱) 건국대 1990.03.24

대회	연도	소속	출전	교체	득점	도움	파울	경고	퇴장
K1	2013	대전	0	0	0	0	0	0	0
	합계		0	0	0	0	0	0	0
프로통산			0	0	0	0	0	0	0

김문환(金紋奐) 중앙대 1995.08.01

대회	연도	소속	출전	교체	득점	도움	파울	경고	퇴장
K2	2017	부산	30	10	4	1	30	4	1
	2018	부산	24	9	3	1	23	5	1
	합계		54	19	7	2	53	9	1
승	2017	부산	2	0	0	0	3	0	0
	2018	부산	2	0	0	0	0	0	0
	합계		4	0	0	0	3	0	0
프로통산			58	19	7	2	56	10	1

김민구(金敏九) 영남대 1964.01.29

대회	연도	소속	출전	교체	득점	도움	파울	경고	퇴장
BC	1988	포철	19	6	2	0	32	1	0
	1989	포철	6	1	0	0	11	2	0
	1990	포철	3	3	0	0	4	0	0
	합계		28	10	2	0	47	3	0
프로통산			28	10	2	0	47	3	0

김민구(金旻九) 연세대 1985.06.06

대회	연도	소속	출전	교체	득점	도움	파울	경고	퇴장
BC	2008	인천	1	1	0	0	1	0	0
	합계		1	1	0	0	1	0	0
프로통산			1	1	0	0	1	0	0

김민구(金玟究) 관동대 1984.05.07

대회	연도	소속	출전	교체	득점	도움	파울	경고	퇴장
BC	2011	대구	21	17	1	1	22	2	1
	합계		21	17	1	1	22	2	1
프로통산			21	17	1	1	22	2	1

김민규(金民奎) 단국대 1993.10.18

대회	연도	소속	출전	교체	득점	도움	파울	경고	퇴장
K1	2016	울산	0	0	0	0	0	0	0
	2018	울산	2	2	0	0	0	0	0
	합계		2	2	0	0	0	0	0
K2	2017	서울E	10	9	1	1	10	1	0
	2018	광주	14	14	1	0	9	1	0
	합계		24	23	2	1	19	1	1
프로통산			26	25	2	1	22	1	1

김민규(金旻奎) 풍생고 1998.04.01

대회	연도	소속	출전	교체	득점	도움	파울	경고	퇴장
K2	2017	성남	2	2	0	0	2	1	0
	합계		2	2	0	0	2	1	0
프로통산			2	2	0	0	2	1	0

김민규(金閔圭) 숭실대 1982.12.24

대회	연도	소속	출전	교체	득점	도움	파울	경고	퇴장
BC	2005	전북	0	0	0	0	0	0	0
	합계		0	0	0	0	0	0	0
프로통산			0	0	0	0	0	0	0

김민균(金民均) 명지대 1988.11.30

대회	연도	소속	출전	교체	득점	도움	파울	경고	퇴장
BC	2009	대구	31	12	1	2	43	3	0
	2010	대구	15	15	1	1	5	0	0
	합계		46	27	2	3	48	3	0
K1	2014	울산	14	14	1	0	10	0	0
	합계		14	10	1	0	10	0	0
K2	2016	안양	38	23	11	4	36	4	0
	2017	안양	10	4	4	4	17	1	0
	2017	아산	7	7	0	0	7	0	0
	2018	아산	18	18	4	0	1	3	0
	합계		73	52	19	8	61	8	0
프로통산			133	89	23	11	119	11	0

김민기(金珉基) 건국대 1990.06.21

대회	연도	소속	출전	교체	득점	도움	파울	경고	퇴장
K2	2014	수원FC	4	3	0	0	4	2	0
	합계		4	3	0	0	4	2	0
프로통산			4	3	0	0	4	2	0

김민섭(金民燮) 숭실대 1987.09.22

대회	연도	소속	출전	교체	득점	도움	파울	경고	퇴장
BC	2009	대전	18	9	0	1	24	3	0
	합계		18	9	0	1	24	3	0
프로통산			18	9	0	1	24	3	0

김민성(金旻聖) 광운대 1995.02.21

대회	연도	소속	출전	교체	득점	도움	파울	경고	퇴장
K2	2017	안산	11	1	0	0	7	1	0
	2018	안산	0	0	0	0	0	0	0
	합계		11	1	0	0	7	1	0
프로통산			11	1	0	0	7	1	0

김민성(金民成) 언남고 1998.04.18

대회	연도	소속	출전	교체	득점	도움	파울	경고	퇴장
K2	2018	대전	0	0	0	0	0	0	0
프로통산			0	0	0	0	0	0	0

김민수(金旼洙) 한남대 1984.12.14

대회	연도	소속	출전	교체	득점	도움	파울	경고	퇴장
BC	2008	대전	17	14	2	2	19	2	1
	2009	인천	21	11	2	3	21	2	0
	2010	인천	7	6	0	0	11	1	0
	2011	상주	16	11	1	0	22	3	0
	2012	상주	10	10	0	0	4	1	0
	2012	인천	1	1	0	0	1	0	0
	합계		69	51	6	10	58	9	1
K1	2013	경남	16	14	0	0	19	1	0

Section 6 역대 통산 기록

(continued)

대회	연도	소속	출전	교체	득점	도움	파울	경고	퇴장
		합계	16	14	0	0	19	1	0
K2	2014	광주	19	18	2	2	26	2	0
		합계	19	18	2	2	26	2	0
프로통산			104	83	8	12	103	11	1

김민수(金顯洙) 용인대 1989.07.13

대회	연도	소속	출전	교체	득점	도움	파울	경고	퇴장
K2	2013	부천	0	0	0	0	0	0	0
		합계	0	0	0	0	0	0	0
프로통산			0	0	0	0	0	0	0

김민수(金旻秀) 홍익대 1994.03.04

대회	연도	소속	출전	교체	득점	도움	파울	경고	퇴장
K2	2016	고양	8	8	0	0	9	2	0
		합계	8	8	0	0	9	2	0
프로통산			8	8	0	0	9	2	0

김민식(金敏植) 호남대 1985.10.29

대회	연도	소속	출전	교체	실점	도움	파울	경고	퇴장
BC	2008	전북	0	0	0	0	0	0	0
	2009	전북	2	1	3	0	0	0	0
	2010	전북	7	0	11	0	0	0	0
	2011	전북	17	0	17	0	0	2	0
	2012	전북	9	1	11	0	0	0	0
		합계	35	2	42	0	0	2	0
K1	2014	상주	18	0	29	0	0	2	0
	2014	전북	0	0	0	0	0	0	0
	2015	전남	10	0	21	0	0	0	0
	2016	전남	0	0	11	0	0	0	0
		합계	38	1	61	0	0	2	0
K2	2013	상주	3	0	5	0	0	0	0
	2017	안양	17	0	29	0	1	1	1
		합계	20	0	34	0	1	1	1
승	2013	상주	2	0	2	0	0	0	0
		합계	2	0	2	0	0	0	0
프로통산			3	3	139	0	1	5	1

김민오(金敏吾) 울산대 1983.05.08

대회	연도	소속	출전	교체	득점	도움	파울	경고	퇴장
BC	2006	울산	9	4	0	0	16	0	0
	2007	울산	18	16	0	0	27	5	0
	2008	울산	18	14	0	0	27	4	0
	2009	울산	1	1	0	0	1	0	0
	2010	광주상	4	2	0	0	2	0	0
	2011	상주	10	0	0	0	8	3	0
		합계	60	37	0	0	81	9	0
프로통산			60	37	0	0	81	9	0

김민우(金玟友) 연세대 1990.02.25

대회	연도	소속	출전	교체	득점	도움	파울	경고	퇴장
K1	2017	수원	30	3	6	5	38	6	0
	2018	상주	36	9	1	1	59	1	0
		합계	66	12	8	6	97	7	0
프로통산			66	12	8	6	97	7	0

김민재(金玟哉) 연세대 1996.11.15

대회	연도	소속	출전	교체	득점	도움	파울	경고	퇴장
K1	2017	전북	29	3	2	0	27	10	0
	2018	전북	23	4	1	0	15	3	0
		합계	52	7	3	0	42	13	0
프로통산			52	7	3	0	42	13	0

김민제(金旼第) 중앙대 1989.09.12

대회	연도	소속	출전	교체	득점	도움	파울	경고	퇴장
K1	2016	수원FC	12	10	1	0	16	1	0
		합계	12	10	1	0	16	1	0
K2	2015	서울E	22	12	1	1	22	4	0
	2016	서울E	20	13	0	2	25	2	0
	2017	수원FC	2	0	0	0	4	0	0
	2018	수원FC	2	1	0	0	14	1	0
		합계	36	20	1	1	36	7	0
프로통산			48	20	2	1	52	6	0

김민준(金敏俊) 한남대 1994.01.27

대회 연도 소속 출전 교체 득점 도움 파울 경고 퇴장

대회	연도	소속	출전	교체	득점	도움	파울	경고	퇴장
K1	2017	강원	7	4	0	0	11	1	0
		합계	7	4	0	0	11	1	0
프로통산			7	4	0	0	11	1	0

김민준(金大浩) 울산대 1994.03.22

대회	연도	소속	출전	교체	득점	도움	파울	경고	퇴장
K1	2018	전남	7	2	0	0	10	1	0
		합계	7	2	0	0	10	1	0
K2	2016	부산	10	3	0	0	8	1	0
		합계	10	3	0	0	8	1	0
프로통산			17	5	0	0	18	2	0

김민준(金玟俊) 호남대 1996.01.12

대회	연도	소속	출전	교체	득점	도움	파울	경고	퇴장
K2	2017	경남	7	7	0	0	7	0	0
		합계	7	7	0	0	7	0	0
프로통산			7	7	0	0	7	0	0

김민철(金敏哲) 건국대 1972.03.01

대회	연도	소속	출전	교체	실점	도움	파울	경고	퇴장
BC	1994	유공	5	0	5	0	0	1	0
	1996	전남	16	0	34	0	1	1	0
		합계	21	0	39	0	1	2	0
프로통산			21	0	39	0	1	2	0

김민학(金民學) 선문대 1988.10.04

대회	연도	소속	출전	교체	득점	도움	파울	경고	퇴장
BC	2010	전북	5	1	1	0	7	1	0
	2011	전북	1	1	0	0	2	0	0
		합계	6	2	1	0	9	1	0
프로통산			6	2	1	0	9	1	0

김민혁(金珉赫) 광운대 1992.08.16

대회	연도	소속	출전	교체	득점	도움	파울	경고	퇴장
K1	2015	서울	1	1	0	0	0	0	0
	2016	광주	36	7	3	8	66	7	0
	2017	광주	34	12	3	2	45	2	0
	2018	포항	2	0	0	2	0	1	0
		합계	78	29	5	11	121	10	0
K2	2018	성남	17	4	2	1	15	2	0
		합계	17	4	2	1	15	2	0
프로통산			95	33	7	12	136	12	0

김민혜(金敏慧) 영동고 1954.12.04

대회	연도	소속	출전	교체	득점	도움	파울	경고	퇴장
BC	1983	대우	8	4	0	0	4	0	0
	1984	할렐	9	4	0	0	13	0	0
	1985	할렐	9	5	0	0	13	0	0
		합계	26	7	0	3	22	0	0
프로통산			26	7	0	3	22	0	0

김민호(金珉浩) 연세대 1997.06.11

대회	연도	소속	출전	교체	득점	도움	파울	경고	퇴장
K1	2018	수원	0	0	0	0	0	0	0
		합계	0	0	0	0	0	0	0
프로통산			0	0	0	0	0	0	0

김민호(金敏浩) 인천대 1990.10.01

대회	연도	소속	출전	교체	득점	도움	파울	경고	퇴장
K2	2013	부천	19	2	1	1	28	1	0
		합계	19	2	1	1	28	1	0
프로통산			19	2	1	1	28	1	0

김민호(金珉浩) 건국대 1985.05.13

대회	연도	소속	출전	교체	득점	도움	파울	경고	퇴장
BC	2007	성남일	7	7	1	1	11	2	1
	2008	성남일	1	1	0	0	0	0	0
	2008	전남	13	5	1	2	26	3	0
	2009	전남	9	7	1	0	8	2	0
	2010	대구	2	2	0	0	1	2	0
		합계	32	22	2	3	36	9	0
프로통산			32	22	2	3	36	9	0

김바우(金바우) 한양대 1984.01.12

대회	연도	소속	출전	교체	득점	도움	파울	경고	퇴장
BC	2007	서울	1	1	0	0	1	0	0
	2008	대전	1	1	0	0	1	0	0
	2009	포항	2	2	0	0	3	1	0
	2010	포항	1	1	0	0	1	1	0
	2011	대전	9	6	0	0	15	1	0
		합계	14	11	0	0	20	4	0
프로통산			14	11	0	0	21	4	0

김백근(金伯根) 동아대 1975.10.12

대회	연도	소속	출전	교체	득점	도움	파울	경고	퇴장
BC	1998	부산	10	7	0	1	4	0	0
		합계	10	7	0	1	4	0	0
프로통산			10	7	0	1	4	0	0

김범기(金範基) 호남대 1974.03.01

대회	연도	소속	출전	교체	득점	도움	파울	경고	퇴장
BC	1996	전남	3	3	0	0	2	0	0
		합계	3	3	0	0	2	0	0
프로통산			3	3	0	0	2	0	0

김범수(金範洙) 고려대 1972.05.16

대회	연도	소속	출전	교체	득점	도움	파울	경고	퇴장
BC	1995	전북	25	5	7	3	45	8	0
	1996	전북	33	9	3	7	51	7	0
	1997	전북	28	10	2	7	51	8	0
	1998	전북	23	17	2	1	39	4	1
	1999	전북	12	12	0	1	9	1	0
	2000	안양LG	2	2	0	0	1	0	0
		합계	123	55	14	17	194	28	1
프로통산			123	55	14	17	194	28	1

김범수(金範洙) 관동대 1986.01.13

대회	연도	소속	출전	교체	득점	도움	파울	경고	퇴장
BC	2010	광주상	5	5	0	0	1	0	0
		합계	5	5	0	0	1	0	0
프로통산			5	5	0	0	1	0	0

김범용(金範容) 건국대 1990.07.29

대회	연도	소속	출전	교체	득점	도움	파울	경고	퇴장
K2	2018	수원FC	27	2	0	0	35	4	1
		합계	27	2	0	0	35	4	1
프로통산			27	2	0	0	35	4	1

김범준(金汎峻) 경희대 1988.07.14

대회	연도	소속	출전	교체	득점	도움	파울	경고	퇴장
BC	2011	상주	10	6	0	0	9	0	0
		합계	10	6	0	0	9	0	0
프로통산			10	6	0	0	9	0	0

김병관(金炳官) 광양대 1966.02.16

대회	연도	소속	출전	교체	득점	도움	파울	경고	퇴장
BC	1984	한일	11	1	0	0	8	2	0
	1985	한일	2	0	0	0	0	0	0
	1990	현대	3	3	0	0	0	0	0
		합계	16	4	0	0	8	2	0
프로통산			16	4	0	0	8	2	0

김병석(金秉析) 한양공고 1985.09.17

대회	연도	소속	출전	교체	득점	도움	파울	경고	퇴장
BC	2012	대전	18	13	4	0	32	3	0
		합계	18	13	4	0	32	3	0
K1	2013	대전	31	14	2	3	39	5	1
	2015	대전	6	0	1	0	7	1	0
		합계	37	14	3	3	46	6	1
K2	2014	안산경	28	8	0	1	19	2	0
	2015	안산경	23	3	1	3	28	3	0
	2016	대전	34	8	1	1	34	3	1
	2017	서울E	2	2	0	0	2	0	0
	2017	안산	15	10	1	0	11	1	0
		합계	102	34	3	5	94	9	2
프로통산			157	61	10	6	170	17	2

김병오(金炳旿) 성균관대 1989.06.26

대회	연도	소속	출전	교체	득점	도움	파울	경고	퇴장
K1	2016	수원FC	28	13	4	3	50	8	0
	2017	상주	25	19	3	1	31	5	0
		합계	53	32	7	4	81	13	0
K2	2013	안양	17	16	1	1	18	0	0

(이전 선수 계속)

대회	연도	소속	출전	교체	득점	도움	파울	경고	퇴장
K1	2015	충주	33	10	9	3	49	4	0
		합계	50	26	10	4	67	4	0
승	2017	상주	1	1	0	0	1	0	0
		합계	1	1	0	0	1	0	0
프로통산			104	59	17	8	149	17	0

김병지(金秉址) 알로이시오기계공고 1970.04.08

대회	연도	소속	출전	교체	실점	도움	파울	경고	퇴장
BC	1992	현대	10	1	11	0	0	0	0
	1993	현대	25	2	19	0	1	0	0
	1994	현대	27	0	27	0	2	1	0
	1995	울산	31	0	26	0	1	1	0
	1996	울산	30	0	37	0	1	1	0
	1997	울산	20	0	17	0	0	0	0
	1998	울산	25	0	33	0	2	1	0
	1999	울산	20	0	32	0	1	1	0
	2000	울산	31	1	38	0	2	1	0
	2001	포항	25	1	24	0	0	0	0
	2002	포항	21	0	27	0	1	0	0
	2003	포항	43	1	43	0	1	2	0
	2004	포항	39	0	39	0	0	0	0
	2005	포항	36	0	31	0	1	1	0
	2006	서울	40	0	34	0	0	0	0
	2007	서울	38	0	35	0	0	1	0
	2008	서울	6	0	8	0	0	0	0
	2009	경남	29	1	30	0	0	0	0
	2010	경남	35	0	41	0	0	0	0
	2011	경남	33	0	44	0	1	1	0
	2012	경남	37	0	44	0	1	4	0
		합계	605	7	629	0	15	23	0
K1	2013	전남	36	0	42	0	2	2	0
	2014	전남	38	0	53	0	0	0	0
	2015	전남	27	0	30	0	1	0	0
		합계	101	0	125	0	3	2	0
프로통산			706	7	754	0	18	25	0

* 득점: 1998년 1, 2000년 2 / 통산 3

김병채(金昞蔡) 동북고 1981.04.14

대회	연도	소속	출전	교체	득점	도움	파울	경고	퇴장
BC	2000	안양LG	1	1	0	0	0	0	0
	2001	안양LG	0	0	0	0	0	0	0
	2002	안양LG	0	0	0	0	0	0	0
	2003	광주상	39	20	3	1	37	4	0
	2004	광주상	33	29	4	1	24	3	0
	2005	경남	4	4	0	0	16	0	0
	2006	경남	3	3	0	0	0	0	0
	2007	부산	3	3	0	0	1	0	0
		합계	90	64	7	2	72	7	0
프로통산			90	64	7	2	72	7	0

김병탁(金丙卓) 동아대 1970.09.18

대회	연도	소속	출전	교체	득점	도움	파울	경고	퇴장
BC	1997	부산	6	5	0	0	4	0	0
	1998	부산	16	8	0	0	17	0	0
		합계	22	13	0	0	21	0	0
프로통산			22	13	0	0	21	0	0

김병환(金秉桓) 국민대 1956.10.10

대회	연도	소속	출전	교체	득점	도움	파울	경고	퇴장
BC	1984	국민	18	4	3	0	19	2	0
		합계	18	4	3	0	19	2	0
프로통산			18	4	3	0	19	2	0

김보경(金甫炅) 홍익대 1989.10.06

대회	연도	소속	출전	교체	득점	도움	파울	경고	퇴장
K1	2016	전북	29	5	4	7	40	4	0
	2017	전북	15	0	3	2	4	1	0
		합계	44	5	7	9	44	5	0
프로통산			44	5	7	9	44	5	0

김보섭(金甫燮) 대건고 1998.01.10

대회	연도	소속	출전	교체	득점	도움	파울	경고	퇴장
K1	2017	인천	3	3	0	0	3	0	0
	2018	인천	21	18	2	1	27	5	0
		합계	24	21	2	1	30	5	0
프로통산			24	21	2	1	30	5	0

김보성(金保成) 동아대 1989.04.04

대회	연도	소속	출전	교체	득점	도움	파울	경고	퇴장
BC	2012	경남	3	3	0	0	1	0	0
		합계	3	3	0	0	1	0	0
프로통산			3	3	0	0	1	0	0

김본광(金本光) 탐라대 1988.09.30

대회	연도	소속	출전	교체	득점	도움	파울	경고	퇴장
K2	2013	수원FC	18	8	3	4	28	3	0
	2014	수원FC	29	8	3	0	39	9	0
		합계	47	16	6	4	67	12	0
프로통산			47	16	6	4	67	12	0

김봉겸(金奉謙) 고려대 1984.05.01

대회	연도	소속	출전	교체	득점	도움	파울	경고	퇴장
BC	2009	강원	17	2	2	0	13	3	0
	2010	강원	9	2	0	1	5	1	0
		합계	26	4	2	1	18	4	0
프로통산			26	4	2	1	18	4	0

김봉길(金奉吉) 연세대 1966.03.15

대회	연도	소속	출전	교체	득점	도움	파울	경고	퇴장
BC	1989	유공	24	21	5	3	15	1	0
	1990	유공	27	17	5	2	19	0	0
	1991	유공	6	3	0	0	5	0	0
	1992	유공	34	18	4	2	31	2	1
	1993	유공	30	23	4	2	11	0	0
	1994	유공	30	23	1	2	11	0	0
	1995	전남	32	6	3	2	21	4	0
	1996	전남	36	18	7	2	25	1	0
	1997	전남	33	29	6	1	22	3	0
	1998	전남	13	4	7	0	0	0	0
		합계	265	162	44	16	192	12	2
프로통산			265	162	44	16	192	12	2

김봉래(金奉來) 명지대 1990.07.02

대회	연도	소속	출전	교체	득점	도움	파울	경고	퇴장
K1	2013	제주	23	5	1	0	23	3	0
	2014	제주	24	9	0	1	19	2	0
	2015	제주	21	12	1	1	14	1	0
	2016	제주	10	2	0	0	4	0	0
		합계	61	25	2	2	36	6	0
K2	2016	서울E	12	2	0	0	8	0	0
	2017	서울E	12	4	1	1	14	0	0
	2017	수원FC	13	1	0	0	6	0	0
	2018	아산	7	3	0	0	10	0	0
		합계	36	7	1	3	10	58	0
프로통산			97	32	3	10	58	6	0

김봉성(金峯成) 아주대 1962.11.28

대회	연도	소속	출전	교체	득점	도움	파울	경고	퇴장
BC	1986	대우	11	6	0	0	8	0	0
	1988	대우	13	9	0	0	11	0	0
	1989	대우	1	1	0	0	0	0	0
		합계	25	22	0	0	25	0	0
프로통산			25	22	0	0	25	0	0

김봉수(金奉洙) 고려대 1970.12.05

대회	연도	소속	출전	교체	실점	도움	파울	경고	퇴장
BC	1992	LG	14	0	13	0	0	1	0
	1993	LG	7	0	8	0	0	0	0
	1994	LG	17	0	29	0	1	1	0
	1995	LG	14	2	19	0	0	1	0
	1996	안양LG	12	0	23	0	0	0	0
	1997	안양LG	10	0	22	0	0	0	0
	1998	안양LG	19	2	36	0	3	3	0
	1999	안양LG	13	0	16	0	1	1	0
	2000	울산	3	2	3	0	0	1	0
		합계	109	6	159	0	5	8	0
프로통산			109	6	159	0	5	8	0

김봉진(金奉眞) 동의대 1990.07.18

대회	연도	소속	출전	교체	득점	도움	파울	경고	퇴장
K1	2013	강원	12	1	2	1	16	3	0
		합계	12	1	2	1	16	3	0
K2	2015	경남	7	3	0	0	9	1	0
		합계	7	3	0	0	9	1	0
승	2013	강원	1	0	0	0	0	0	0
		합계	1	0	0	0	0	0	0
프로통산			20	4	2	1	25	4	0

김봉현(金奉鉉)(← 김인수) 호남대 1974.07.07

대회	연도	소속	출전	교체	득점	도움	파울	경고	퇴장
BC	1995	전북	6	5	0	0	4	2	0
	1996	전북	26	4	1	1	53	7	0
	1997	전북	33	2	0	2	82	7	0
	1998	전북	33	0	3	1	72	7	0
	1999	전북	32	3	2	3	31	3	0
	2001	전북	3	2	4	0	0	7	1
	2002	전북	1	1	0	0	1	1	0
		합계	134	15	10	5	250	28	0
프로통산			134	15	10	5	250	28	0

김부관(金附罐) 광주대 1990.09.03

대회	연도	소속	출전	교체	득점	도움	파울	경고	퇴장
K1	2016	수원FC	25	20	1	3	13	1	0
		합계	25	20	1	3	13	1	0
K2	2015	수원FC	24	20	3	4	26	3	0
	2017	수원FC	8	7	0	0	4	0	0
	2017	아산	5	5	0	0	1	0	0
	2018	아산	2	4	1	0	4	3	0
		합계	39	36	4	4	30	5	0
프로통산			64	56	5	7	43	6	0

김부만(金富萬) 영남대 1965.05.07

대회	연도	소속	출전	교체	득점	도움	파울	경고	퇴장
BC	1988	포철	4	4	1	0	2	1	0
	1989	포철	34	11	0	0	26	1	0
	1990	포철	8	8	0	0	1	0	0
	1991	포철	3	2	0	0	2	0	0
		합계	49	25	1	0	31	2	0
프로통산			49	25	1	0	31	2	0

김삼수(金三洙) 동아대 1963.02.08

대회	연도	소속	출전	교체	득점	도움	파울	경고	퇴장
BC	1986	현대	13	2	3	5	20	1	0
	1987	현대	22	2	2	2	40	2	0
	1988	현대	15	3	0	0	19	1	0
	1989	럭금	30	16	1	4	43	0	0
	1990	럭금	14	9	1	0	22	2	0
	1991	LG	17	10	1	0	19	2	0
	1992	LG	28	10	2	3	35	4	0
	1993	LG	19	9	1	1	29	7	0
	1994	대우	18	10	0	1	23	3	1
		합계	188	82	10	10	245	25	1
프로통산			188	82	10	10	245	25	1

김상규(金相圭) 광운대 1973.11.02

대회	연도	소속	출전	교체	득점	도움	파울	경고	퇴장
BC	1996	부천유	2	2	0	0	2	0	0
		합계	2	2	0	0	2	0	0
프로통산			2	2	0	0	2	0	0

김상균(金相均) 동신대 1991.02.13

대회	연도	소속	출전	교체	득점	도움	파울	경고	퇴장
K2	2013	고양	2	1	0	0	3	1	0
	2014	고양	2	2	0	0	0	0	0
		합계	4	3	0	0	3	1	0
프로통산			4	3	0	0	3	1	0

김상기(金尙綺) 광운대 1982.04.05

대회	연도	소속	출전	교체	득점	도움	파울	경고	퇴장
BC	2005	수원	0	0	0	0	0	0	0
	2006	수원	0	0	0	0	0	0	0

대회	연도	소속	출전	교체	득점	도움	파울	경고	퇴장
		합계	2	2	0	0	0	0	0
		프로통산	2	2	0	0	0	0	0

김상덕 (金相德) 주문진중 1985.01.01

대회	연도	소속	출전	교체	득점	도움	파울	경고	퇴장
BC	2005	수원	1	1	0	0	2	1	0
	2010	대전	0	0	0	0	0	0	0
		합계	1	1	0	0	2	1	0
		프로통산	1	1	0	0	2	1	0

김상록 (金相綠) 고려대 1979.02.25

대회	연도	소속	출전	교체	득점	도움	파울	경고	퇴장
BC	2001	포항	34	16	4	1	23	1	0
	2002	포항	15	12	1	2	23	0	0
	2003	포항	28	20	2	2	32	2	0
	2004	광주상	31	10	1	1	29	3	0
	2005	광주상	30	14	5	5	19	4	0
	2006	제주	32	8	6	3	35	0	0
	2007	인천	37	16	10	6	24	2	0
	2008	인천	27	25	1	2	19	0	0
	2009	인천	15	14	1	0	14	0	0
	2010	부산	13	12	0	0	6	0	0
		합계	262	147	31	22	218	12	0
K2	2013	부천	19	19	1	1	6	0	0
		프로통산	281	166	32	23	224	8	0

김상문 (金相文) 고려대 1967.04.08

대회	연도	소속	출전	교체	득점	도움	파울	경고	퇴장
BC	1990	유공	26	4	1	2	35	4	0
	1991	유공	37	4	2	2	53	3	1
	1992	유공	19	11	0	1	26	1	0
	1993	유공	34	5	3	0	54	2	0
	1994	유공	14	6	3	0	14	0	0
	1995	유공	5	0	0	1	0	0	0
	1996	부산	12	8	0	0	7	3	0
	1997	부산	30	13	1	2	27	3	0
	1998	부산	28	3	3	4	48	0	0
		합계	221	70	18	11	308	18	1
		프로통산	221	70	18	11	308	18	1

김상식 (金相植) 대구대 1976.12.17

대회	연도	소속	출전	교체	득점	도움	파울	경고	퇴장
BC	1999	천안일	36	4	1	2	73	5	0
	2000	성남일	27	2	1	1	62	6	0
	2001	성남일	32	1	0	0	93	6	0
	2002	성남일	36	0	4	4	88	6	0
	2003	광주상	42	1	2	1	48	2	0
	2004	광주상	31	2	1	2	48	2	0
	2005	성남일	30	0	1	6	65	3	0
	2006	성남일	29	2	0	1	58	6	0
	2007	성남일	28	1	4	2	68	4	0
	2008	성남일	37	2	0	0	49	6	0
	2009	전북	33	2	0	5	51	3	0
	2010	전북	28	9	0	1	58	11	0
	2011	전북	22	9	0	0	56	9	0
	2012	전북	27	13	0	1	37	4	0
		합계	438	46	18	17	936	73	1
K1	2013	전북	20	6	1	0	34	6	1
		합계	20	6	1	0	34	6	1
		프로통산	458	52	19	17	970	79	2

김상우 (金相佑) 뭉양내 1995.03.14

대회	연도	소속	출전	교체	득점	도움	파울	경고	퇴장
K2	2018	수원FC	0	0	0	0	0	0	0
		합계	0	0	0	0	0	0	0
		프로통산	0	0	0	0	0	0	0

김상욱 (金相旭) 대불대 1994.01.04

대회	연도	소속	출전	교체	득점	도움	파울	경고	퇴장
K1	2016	광주	1	1	0	0	0	0	0
		프로통산	1	1	0	0	0	0	0

김상원 (金相沅) 울산대 1992.02.20

대회	연도	소속	출전	교체	득점	도움	파울	경고	퇴장
K1	2014	제주							
	2015	제주	21	4	3	3	25	6	0
	2016	제주	16	7	0	1	26	5	0
	2017	제주	5	1	0	0	6	1	0
	2017	광주	5	1	0	0	6	1	0
	2018	제주	3	2	0	0	1	0	1
		합계	50	18	3	4	60	13	1
		프로통산	50	18	3	4	60	13	1

김상준 (金相濬) 남부대 1993.06.25

대회	연도	소속	출전	교체	득점	도움	파울	경고	퇴장
K2	2016	고양	26	23	2	0	32	2	0
		합계	26	23	2	0	32	2	0
		프로통산	26	23	2	0	32	2	0

김상진 (金尙鎭) 한양대 1967.02.15

대회	연도	소속	출전	교체	득점	도움	파울	경고	퇴장
BC	1990	럭금	26	18	2	2	58	3	0
	1991	LG	27	17	6	2	39	7	1
	1992	LG	29	22	2	0	40	3	0
	1993	LG	1	1	0	0	1	0	0
	1994	LG	11	11	1	1	14	1	0
	1995	유공	14	14	0	0	13	3	0
	1996	부천유	3	3	0	0			
		합계	111	84	15	5	161	21	2
		프로통산	111	84	15	5	161	21	2

김상필 (金相泌) 성균관대 1989.04.26

대회	연도	소속	출전	교체	득점	도움	파울	경고	퇴장
K1	2015	대전	24	5	0	0	9	3	0
		합계	24	5	0	0	9	3	0
K2	2014	대전	1	1	0	0	0	0	0
	2016	충주	32	3	1	1	29	4	0
	2017	아산							
	2018	아산							
		합계	38	7	1	1	33	4	0
		프로통산	62	12	1	1	42	5	0

김상호 (金相鎬) 동아대 1964.10.05

대회	연도	소속	출전	교체	득점	도움	파울	경고	퇴장
BC	1987	포철	29	11	3	1	23	2	0
	1988	포철	15	4	0	1	10	0	0
	1989	포철	14	5	0	2	17	0	0
	1990	포철	22	5	6	1	18	1	0
	1991	포철	36	9	5	2	21	0	0
	1992	포철	13	8	2	0	2	0	0
	1993	포철	10	7	0	0	3	0	0
	1994	포철							
	1995	전남	25	5	1	0	20	1	0
	1996	전남	27	17	0	2	24	2	0
	1997	전남	27	21	3	1	19	1	0
	1998	전남	4	4	1	0	0	0	0
		합계	232	92	15	24	129	7	0
		프로통산	232	92	15	24	129	7	0

김상화 (金相華) 동국대 1968.08.25

대회	연도	소속	출전	교체	득점	도움	파울	경고	퇴장
BC	1991	유공	2	1	0	0	0	0	0
	1994	대우	2	2	0	0	0	1	0
		합계	4	3	0	0	0	1	0
		프로통산	4	3	0	0	0	1	0

김상훈 (金相勳) 고려대 1967.12.19

대회	연도	소속	출전	교체	득점	도움	파울	경고	퇴장
BC	1990	럭금							
	1991	LG	12	6	2	0	23	0	0
	1993	LG	17	9	1	0	21	1	0
	1994	LG	25	12	0	0	15	1	0
	1995	LG	9	4	0	0	12	1	0
		합계	63	48	10	1	71	8	2
		프로통산	63	48	10	1	71	8	2

김상훈 (金湘勳) 숭실대 1973.06.08

대회	연도	소속	출전	교체	득점	도움	파울	경고	퇴장
BC	1996	울산	15	5	0	0	26	2	0
	1997	울산	20	3	2	0	53	1	1
	1998	울산	36	1	2	5	57	8	0
	1999	울산	32	5	1	0	58	7	0
	2000	울산	34	2	1	0	87	7	0
	2001	울산	17	6	1	0	33	3	0
	2002	포항	11	2	0	1	23	2	0
	2003	포항	37	13	1	5	14	2	0
	2004	성남일							
		합계	212	41	5	6	435	38	1
		프로통산	212	41	5	6	435	38	1

김서준 (金鉉基/← 김현기) 한남대 1989.03.24

대회	연도	소속	출전	교체	득점	도움	파울	경고	퇴장
K2	2013	수원FC	19	12	2	2	32	2	0
	2014	수원FC	21	4	1	4	31	4	0
	2015	수원FC	21	11	6	6	32	5	0
		합계	72	27	9	12	95	11	0
승	2015	수원FC							
		프로통산	72	27	9	12	95	11	0

김석만 (金石萬) 호남대 1982.07.01

대회	연도	소속	출전	교체	득점	도움	파울	경고	퇴장
BC	2005	전남	1	1	0	0	1	0	0
		합계	1	1	0	0	1	0	0
		프로통산	1	1	0	0	1	0	0

김석우 (金錫佑) 중경고 1983.05.06

대회	연도	소속	출전	교체	득점	도움	파울	경고	퇴장
BC	2004	포항	14	5	0	1	10	1	0
	2005	광주상							
	2007	부산							
	2008	부산							
		합계	29	13	0	0	28	1	0
		프로통산	29	13	0	0	28	1	0

김석원 (金錫垣) 고려대 1960.11.07

대회	연도	소속	출전	교체	득점	도움	파울	경고	퇴장
BC	1983	유공	9	2	3	0	2	0	0
	1984	유공	17	6	4	0	9	1	0
	1985	유공	2	0	1	1	2	0	0
		합계	28	8	8	1	13	1	0
		프로통산	28	8	8	1	13	1	0

김석호 (金錫昊) 관동대 1994.11.01

대회	연도	소속	출전	교체	득점	도움	파울	경고	퇴장
K1	2018	인천	2	1	0	0	2	0	0
		합계	2	1	0	0	2	0	0
		프로통산	2	1	0	0	2	0	0

김선규 (金善圭) 동아대 1987.10.07

대회	연도	소속	출전	교체	실점	도움	파울	경고	퇴장
BC	2010	경남							
	2011	경남							
	2012	대전	35	1	55	0	0	1	0
		합계	35	1	55	0	0	1	0
K1	2013	대전	22	0	38	0	0	0	0
		합계	22	0	38	0	0	0	0
K2	2014	대전	21	1	24	0	0	0	0
	2015	안양	6	0	8	0	1	0	0
	2016	안양	21	1	24	0	0	1	0
		합계	48	2	56	1	1	1	1
		프로통산	105	3	149	1	2	1	1

김선민 (金善民) 예원예술대 1991.12.12

대회	연도	소속	출전	교체	득점	도움	파울	경고	퇴장
K1	2014	울산	18	16	0	0	10	0	0
	2017	대구	33	12	0	8	24	2	0
		합계	51	28	0	8	34	2	0
K2	2015	안양	32	11	6	2	34	3	0

대회	연도	소속	출전	교체	득점	도움	파울	경고	퇴장
	2016	대전	30	7	4	3	31	4	0
	2018	아산	2	1	0	0	2	0	0
	합계		64	19	10	5	67	7	0
프로통산			115	47	10	13	101	9	0

김선우(金善友) 동국대 1983.10.17

대회	연도	소속	출전	교체	득점	도움	파울	경고	퇴장
BC	2007	인천	9	8	0	1	13	1	0
	2008	인천	1	1	0	0	0	0	0
	2011	포항	1	1	0	0	0	0	0
	2012	포항	6	6	0	1	5	1	0
	합계		17	16	0	2	18	2	0
K1	2013	성남일	2	2	0	0	0	0	0
	합계		2	2	0	0	0	0	0
프로통산			19	18	0	2	18	2	0

김선우(金善佑) 울산대 1993.04.19

대회	연도	소속	출전	교체	득점	도움	파울	경고	퇴장
K1	2015	제주	2	1	0	0	0	0	0
	2016	제주	5	4	0	0	4	1	0
	2018	전남	14	8	1	0	12	0	0
	합계		21	13	1	0	16	3	0
K2	2015	경남	18	0	1	1	14	3	0
	2017	경남	3	3	0	0	1	0	0
	합계		21	3	1	1	15	4	0
프로통산			42	16	1	1	31	7	0

김선우(金善于) 성균관대 1993.04.22

대회	연도	소속	출전	교체	실점	도움	파울	경고	퇴장
K1	2016	수원	0	0	0	0	0	0	0
	2018	수원	1	0	4	0	0	0	0
	합계		1	0	4	0	0	0	0
프로통산			1	0	4	0	0	0	0

김선우(金宣羽) 한양대 1986.01.23

대회	연도	소속	출전	교체	득점	도움	파울	경고	퇴장
BC	2008	인천	6	4	0	0	4	1	0
	2010	광주상	6	6	0	1	11	0	0
	2011	상주	7	5	0	0	10	2	0
	합계		19	15	0	0	25	3	0
K2	2013	수원FC	6	3	0	0	10	0	0
	합계		6	3	0	0	10	0	0
프로통산			25	18	0	0	35	4	0

김선일(金善壹) 동국대 1985.06.11

대회	연도	소속	출전	교체	득점	도움	파울	경고	퇴장
BC	2009	수원	0	0	0	0	0	0	0
	합계		0	0	0	0	0	0	0
프로통산			0	0	0	0	0	0	0

김선진(金善進) 전주대 1990.10.01

대회	연도	소속	출전	교체	득점	도움	파울	경고	퇴장
BC	2012	제주	0	0	0	0	0	0	0
	합계		0	0	0	0	0	0	0
프로통산			0	0	0	0	0	0	0

김선태(金善泰) 중앙대 1971.05.29

대회	연도	소속	출전	교체	득점	도움	파울	경고	퇴장
BC	1994	현대	3	3	0	0	0	0	0
	합계		3	3	0	0	0	0	0
프로통산			3	3	0	0	0	0	0

김성경(金成經) 한양대 1976.05.15

대회	연도	소속	출전	교체	득점	도움	파울	경고	퇴장
BC	1999	전남	5	5	0	0	7	1	0
	합계		5	5	0	0	7	1	0
프로통산			5	5	0	0	7	1	0

김성구(金聖求) 숭실대 1969.03.15

대회	연도	소속	출전	교체	득점	도움	파울	경고	퇴장
BC	1992	현대	20	20	2	1	9	1	0
	1993	현대	24	24	1	1	9	0	0
	1994	현대	22	13	2	3	17	0	0
	1995	현대	4	4	0	0	3	0	0
	1997	전북	25	19	1	0	18	1	0
	1998	전북	34	3	1	3	52	4	0

김성국(金成國) 광운대 1990.03.01

대회	연도	소속	출전	교체	득점	도움	파울	경고	퇴장
	1999	전북	6	6	0	0	0	0	0
	합계		135	89	10	7	106	6	0
프로통산			135	89	10	7	106	6	0

(상단 김성구 기록 이어짐)

대회	연도	소속	출전	교체	득점	도움	파울	경고	퇴장
K2	2013	안양	1	0	0	0	3	0	0
	합계		1	0	0	0	3	0	0
프로통산			1	0	0	0	3	0	0

김성국(金成國) 충북대 1980.03.01

대회	연도	소속	출전	교체	득점	도움	파울	경고	퇴장
BC	2003	부산	0	0	0	0	0	0	0
	합계		0	0	0	0	0	0	0
프로통산			0	0	0	0	0	0	0

김성규(金星圭) 현대고 1981.06.05

대회	연도	소속	출전	교체	득점	도움	파울	경고	퇴장
BC	2000	울산	9	8	0	1	8	0	0
	2001	울산	3	2	0	0	4	0	0
	합계		12	10	0	1	12	0	0
프로통산			12	10	0	1	12	0	0

김성근(金成根) 연세대 1977.06.20

대회	연도	소속	출전	교체	득점	도움	파울	경고	퇴장
BC	2000	대전	17	3	1	0	12	1	0
	2001	대전	27	3	0	0	37	1	0
	2002	대전	32	2	1	0	40	5	0
	2003	대전	40	0	2	0	42	4	0
	2004	포항	24	1	0	0	19	2	0
	2005	포항	33	1	0	0	53	7	0
	2006	포항	31	0	0	0	47	3	0
	2007	포항	23	3	0	0	33	5	0
	2008	전북	10	2	0	0	9	2	0
	2008	수원	7	5	0	0	2	0	0
	합계		244	20	4	0	294	34	0
프로통산			244	20	4	0	294	34	0

김성기(金聖基) 한양대 1961.11.21

대회	연도	소속	출전	교체	득점	도움	파울	경고	퇴장
BC	1985	유공	17	1	1	1	29	4	0
	1986	유공	14	7	0	1	15	2	0
	1987	유공	27	7	1	4	33	3	0
	1988	유공	13	3	0	0	20	2	0
	1989	유공	7	4	0	0	5	0	0
	1990	유공	10	7	0	0	37	5	0
	1990	대우	9	4	0	0	7	0	0
	1991	대우	34	3	0	4	45	5	1
	1992	대우	9	4	1	1	17	4	0
	합계		140	30	5	3	219	25	2
프로통산			140	30	5	3	219	25	2

김성길(金聖吉) 일본 동명고 1983.07.08

대회	연도	소속	출전	교체	득점	도움	파울	경고	퇴장
BC	2003	울산	0	0	0	0	0	0	0
	2004	광주상	5	5	0	0	3	0	0
	2005	광주상	20	17	1	0	19	0	0
	2006	경남	30	17	2	4	50	2	0
	2007	경남	26	15	1	3	38	5	0
	2008	경남	14	7	0	1	14	3	0
	2009	경남	5	6	0	1	1	0	0
	합계		100	67	4	9	135	10	0
프로통산			106	67	4	9	135	10	0

김성남(金成男) 고려대 1954.07.19

대회	연도	소속	출전	교체	득점	도움	파울	경고	퇴장
BC	1983	유공	9	5	0	0	7	0	0
	1984	대우	6	6	0	0	4	0	0
	1985	대우	3	3	1	0	2	0	0
	합계		18	14	1	0	13	1	0
프로통산			18	14	1	0	13	1	0

김성민(金成民) 고려대 1985.04.19

대회	연도	소속	출전	교체	득점	도움	파울	경고	퇴장
BC	2008	울산	7	6	1	0	4	0	0

김성민(金成珉) 고려대 1981.02.06

대회	연도	소속	출전	교체	실점	도움	파울	경고	퇴장
BC	2005	부천SK	0	0	0	0	0	0	0
	2006	광주상	3	0	4	0	0	0	0
	2007	광주상	2	0	5	0	0	0	0
	2008	제주	0	0	0	0	0	0	0
	2009	제주	16	0	28	0	1	1	0
	합계		21	0	37	0	1	1	0
프로통산			21	0	37	0	1	1	0

김성민(金聖珉) 호남대 1987.05.11

대회	연도	소속	출전	교체	득점	도움	파울	경고	퇴장
BC	2011	광주	2	1	1	0	0	0	0
	합계		2	1	1	0	0	0	0
프로통산			2	1	1	0	0	0	0

김성배(金成培) 배재대 1975.05.25

대회	연도	소속	출전	교체	득점	도움	파울	경고	퇴장
BC	1998	부산	19	7	0	0	42	6	1
	1999	부산	20	5	0	0	47	5	0
	2000	부산	7	1	0	0	8	1	0
	합계		46	13	0	0	97	12	1
프로통산			46	13	0	0	97	12	1

김성부(金成富) 진주고 1954.07.09

대회	연도	소속	출전	교체	득점	도움	파울	경고	퇴장
BC	1983	포철	16	0	0	0	6	0	0
	1984	포철	17	4	0	0	10	0	0
	합계		33	4	0	0	16	0	0
프로통산			33	4	0	0	16	0	0

김성수(金聖洙) 배재대 1992.12.26

대회	연도	소속	출전	교체	득점	도움	파울	경고	퇴장
K1	2013	대전	11	10	0	0	13	3	0
	2015	대전	4	5	0	0	0	0	0
	합계		15	14	0	0	13	3	0
K2	2014	대전	0	0	0	0	0	0	0
	2016	고양	8	7	0	0	6	0	0
	2017	대전	4	4	0	0	1	0	0
	합계		12	11	0	0	6	0	0
프로통산			27	25	0	0	21	3	0

김성수(金星洙) 연세대 1963.03.12

대회	연도	소속	출전	교체	실점	도움	파울	경고	퇴장
BC	1986	한일	16	1	23	0	1	0	0
	합계		16	1	23	0	1	0	0
프로통산			16	1	23	0	1	0	0

김성식(金星式) 연세대 1992.05.24

대회	연도	소속	출전	교체	득점	도움	파울	경고	퇴장
K2	2015	고양	11	6	0	0	9	2	1
	합계		11	6	0	0	9	2	1
프로통산			11	6	0	0	9	2	1

김성일(金成一) 홍익대 1975.11.02

대회	연도	소속	출전	교체	득점	도움	파울	경고	퇴장
BC	1998	대전	11	11	1	0	8	0	0
	1999	대전	6	5	0	0	8	0	0
	합계		17	16	1	0	16	0	0
프로통산			17	16	1	0	16	0	0

김성일(金成鎰) 연세대 1973.04.13

대회	연도	소속	출전	교체	득점	도움	파울	경고	퇴장
BC	1998	안양LG	27	7	0	1	70	10	0
	1999	안양LG	35	1	0	0	49	5	0
	2000	안양LG	32	1	0	1	56	1	0
	2001	안양LG	25	2	0	0	24	1	0
	2002	안양LG	0	0	0	0	0	0	0

대회	연도	소속	출전	교체	득점	도움	파울	경고	퇴장
	2003	안양LG	14	1	0	0	24	8	0
	2004	성남일	22	12	0	1	29	1	0
	2005	성남일	3	1	0	0	6	1	0
	합계		158	25	0	3	258	28	0
프로통산			158	25	0	3	258	28	0

김성재(金聖宰) 한양대 1976.09.17

대회	연도	소속	출전	교체	득점	도움	파울	경고	퇴장
BC	1999	안양LG	34	15	1	1	33	2	0
	2000	안양LG	34	15	3	6	44	4	0
	2001	안양LG	29	11	3	1	53	6	0
	2002	안양LG	29	11	3	0	41	2	0
	2003	안양LG	29	14	0	1	45	3	0
	2004	서울	21	10	1	1	28	4	0
	2005	서울	27	16	0	0	40	3	0
	2006	경남	23	11	0	0	35	4	0
	2007	전남	16	10	0	0	30	1	0
	2008	전남	25	9	0	1	28	3	0
	2009	전남	2	1	0	0	4	0	0
	합계		269	118	13	11	377	32	0
프로통산			269	118	13	11	377	32	0

김성주(金成柱 / ← 김영근) 숭실대 1990.11.15

대회	연도	소속	출전	교체	득점	도움	파울	경고	퇴장
K1	2016	상주	11	6	0	1	3	0	0
	2017	상주	21	5	0	1	17	3	0
	2018	울산	2	2	0	0	1	0	0
	2018	제주	13	2	0	1	13	1	0
	합계		47	15	1	2	34	4	0
K2	2015	서울E	37	14	5	6	30	4	0
	2017	서울E	5	2	1	0	4	1	1
	합계		42	16	5	6	34	5	1
프로통산			89	31	6	8	68	9	1

김성주(金晟柱) 광양제철고 1998.08.23

대회	연도	소속	출전	교체	득점	도움	파울	경고	퇴장
K1	2017	전남	2	3	0	0	4	0	0
	합계		2	3	0	0	4	0	0
K2	2018	대전	6	6	0	0	7	1	0
	합계		6	6	0	0	7	1	0
프로통산			8	9	0	0	11	1	0

김성준(金聖埈) 홍익대 1988.04.08

대회	연도	소속	출전	교체	득점	도움	파울	경고	퇴장
BC	2009	대전	15	7	1	1	34	3	0
	2010	대전	26	14	1	1	52	6	0
	2011	대전	30	3	2	5	46	7	0
	2012	성남일	37	7	3	5	49	6	0
	합계		108	31	7	12	181	19	0
K1	2013	성남일	26	10	2	4	37	7	0
	2014	성남	13	7	1	0	22	2	0
	2015	성남	31	20	4	1	46	5	0
	2016	상주	36	12	3	0	22	3	0
	2017	상주	11	5	1	0	13	1	0
	2018	서울	11	5	1	0	9	0	0
	합계		128	59	12	5	149	18	0
프로통산			236	90	19	17	330	37	0

김성진(金成珍) 명지대 1990.07.02

대회	연도	소속	출전	교체	득점	도움	파울	경고	퇴장
K2	2013	광주	2	2	0	0	0	0	0
	합계		2	2	0	0	0	0	0
프로통산			2	2	0	0	0	0	0

김성진(金成陳) 중동고 1975.05.06

대회	연도	소속	출전	교체	득점	도움	파울	경고	퇴장
BC	1993	LG	1	1	0	0	0	0	0
	합계		1	1	0	0	0	0	0
프로통산			1	1	0	0	0	0	0

김성철(金成喆) 숭실대 1980.05.12

대회	연도	소속	출전	교체	득점	도움	파울	경고	퇴장
BC	2003	부천SK	15	2	0	0	23	5	0
	2004	부천SK	15	9	0	0	36	4	0
	합계		30	5	0	0	59	9	0
프로통산			30	5	0	0	59	9	0

김성현(金成炫) 진주고 1993.06.25

대회	연도	소속	출전	교체	득점	도움	파울	경고	퇴장
BC	2012	경남	5	2	0	0	9	1	0
	합계		5	2	0	0	9	1	0
K1	2013	경남	11	7	0	0	17	3	0
	합계		11	7	0	0	17	3	0
K2	2014	충주	3	1	0	0	2	0	0
	2014	안산경	3	1	0	0	13	3	0
	2015	안산경	1	0	0	0	9	1	0
	2016	안산무	6	4	0	0	4	0	0
	2016	경남	1	1	0	0	4	0	0
	합계		14	4	0	0	15	3	0
프로통산			30	13	0	0	41	7	0

김성현(金晟賢) 성균관대 1993.06.04

대회	연도	소속	출전	교체	득점	도움	파울	경고	퇴장
K1	2016	수원FC	0	0	0	0	0	0	0
	합계		0	0	0	0	0	0	0
프로통산			0	0	0	0	0	0	0

김성호(金聖昊) 국민대 1970.05.16

대회	연도	소속	출전	교체	득점	도움	파울	경고	퇴장
BC	1994	버팔로	33	11	5	5	42	1	0
	1995	전북	19	14	1	1	28	0	0
	합계		52	25	6	6	70	1	0
프로통산			52	25	6	6	70	1	0

김성환(金城煥) 동아대 1986.12.15

대회	연도	소속	출전	교체	득점	도움	파울	경고	퇴장
BC	2009	성남일	33	6	3	5	59	8	0
	2010	성남일	32	1	0	1	46	7	0
	2011	성남일	34	3	1	2	69	5	0
	2012	성남일	23	2	1	4	42	7	0
	합계		122	12	8	6	213	27	0
K1	2013	울산	34	7	2	2	51	9	0
	2014	울산	28	6	1	1	42	10	0
	2016	상주	6	2	0	0	11	3	0
	2016	울산	11	2	0	1	11	3	0
	2017	울산	19	12	1	0	26	3	0
	합계		110	30	11	4	163	32	0
K2	2015	상주	28	12	2	2	46	9	0
	합계		28	12	2	2	46	9	0
프로통산			260	54	28	12	422	68	0

김성훈(金盛勳) 경희대 1991.05.24

대회	연도	소속	출전	교체	득점	도움	파울	경고	퇴장
K2	2015	고양	1	0	0	0	1	0	0
	합계		1	0	0	0	1	0	0
프로통산			1	0	0	0	1	0	0

김성훈(金成勳) 매탄고 1999.06.03

대회	연도	소속	출전	교체	득점	도움	파울	경고	퇴장
K2	2018	대전	0	0	0	0	0	0	0
	합계		0	0	0	0	0	0	0
프로통산			0	0	0	0	0	0	0

김세윤(金歲尹) 충남기계공고 1999.04.29

대회	연도	소속	출전	교체	득점	도움	파울	경고	퇴장
K2	2018	대전	1	1	0	0	1	0	0
	합계		1	1	0	0	1	0	0
프로통산			1	1	0	0	1	0	0

김세인(金世仁) 영남대 1976.10.02

대회	연도	소속	출전	교체	득점	도움	파울	경고	퇴장
BC	1999	포항	30	20	4	4	24	1	0
	합계		30	20	4	4	24	1	0
프로통산			30	20	4	4	24	1	0

김세일(金世一) 동국대 1958.07.25

대회	연도	소속	출전	교체	득점	도움	파울	경고	퇴장
BC	1984	한일	19	8	2	1	10	1	0
	합계		19	8	2	1	10	1	0
프로통산			19	8	2	1	10	1	0

김세준(金世埈) 청구고 1992.04.11

대회	연도	소속	출전	교체	득점	도움	파울	경고	퇴장
BC	2012	경남	0	0	0	0	0	0	0
	합계		0	0	0	0	0	0	0
프로통산			0	0	0	0	0	0	0

김세훈(金世勳) 중앙대 1991.12.27

대회	연도	소속	출전	교체	득점	도움	파울	경고	퇴장
K1	2016	인천	1	1	0	0	1	0	0
	합계		1	1	0	0	1	0	0
프로통산			1	1	0	0	1	0	0

김소웅(金邵雄) 풍생고 1999.06.17

대회	연도	소속	출전	교체	득점	도움	파울	경고	퇴장
K2	2018	성남	4	4	0	0	3	1	0
	합계		4	4	0	0	3	1	0
프로통산			4	4	0	0	3	1	0

김수길(金秀吉) 명지대 1959.03.06

대회	연도	소속	출전	교체	득점	도움	파울	경고	퇴장
BC	1983	국민	14	4	3	1	14	0	0
	1984	국민	3	2	0	0	1	0	0
	1985	럭금	2	2	0	0	0	0	0
	합계		21	7	3	1	19	0	0
프로통산			21	7	3	1	19	0	0

김수범(金洙範) 상지대 1990.10.02

대회	연도	소속	출전	교체	득점	도움	파울	경고	퇴장
BC	2011	광주	23	6	3	0	44	7	0
	2012	광주	38	2	0	4	80	11	0
	합계		61	8	3	4	124	18	0
K1	2014	제주	31	8	1	1	46	10	0
	2015	제주	17	4	0	2	19	4	0
	2017	제주	7	3	0	0	7	2	0
	2018	제주	16	1	0	0	16	2	0
	합계		70	13	1	2	98	18	0
K2	2013	광주	31	2	2	0	42	2	0
	합계		31	2	2	0	42	2	0
프로통산			162	23	6	9	264	38	0

김수안(金秀岸 / ← 김용진) 건국대 1993.06.10

대회	연도	소속	출전	교체	득점	도움	파울	경고	퇴장
K1	2017	울산	12	12	0	0	11	2	0
	2018	울산	1	1	0	0	0	0	0
	합계		13	13	0	0	11	2	0
K2	2015	강원	14	7	0	2	10	2	0
	2016	충주	7	4	0	0	7	0	0
	합계		21	14	0	2	17	2	0
프로통산			34	27	0	2	28	4	0

김수연(金水淵) 동국대 1983.04.17

대회	연도	소속	출전	교체	득점	도움	파울	경고	퇴장
BC	2006	포항	0	0	0	0	0	0	0
	2007	포항	13	2	2	0	45	6	1
	2008	포항	3	1	0	0	10	1	0
	2009	광주상	4	3	0	0	10	1	0
	2010	광주상	6	2	1	0	7	1	0
	합계		26	8	3	0	72	9	1
프로통산			26	8	3	0	72	9	1

김수진(金壽珍) 대구대 1977.06.13

대회	연도	소속	출전	교체	득점	도움	파울	경고	퇴장
BC	2000	포항	0	0	0	0	0	0	0
	합계		0	0	0	0	0	0	0
프로통산			0	0	0	0	0	0	0

김수현(金樹炫) 고려대 1967.07.28

대회	연도	소속	출전	교체	득점	도움	파울	경고	퇴장
BC	1990	현대	1	1	0	0	0	0	0

대회	연도	소속	출전	교체	득점	도움	파울	경고	퇴장
	합계		1	1	0	0	0	0	0
프로통산			1	1	0	0	0	0	0

김수형(金洙亨) 부경대 1983.03.26

대회	연도	소속	출전	교체	득점	도움	파울	경고	퇴장
BC	2003	부산	4	4	0	1	2	1	0
	2004	부산	4	4	0	0	1	0	0
	2006	광주상	13	7	0	0	22	1	0
	합계		21	15	0	1	25	2	0
프로통산			21	15	0	1	25	2	0

김순호(金淳昊) 경신고 1982.01.08

대회	연도	소속	출전	교체	득점	도움	파울	경고	퇴장
BC	2004	성남일	1	1	0	0	0	0	0
	합계		1	1	0	0	0	0	0
프로통산			1	1	0	0	0	0	0

김슬기(金슬기) 전주대 1992.11.06

대회	연도	소속	출전	교체	득점	도움	파울	경고	퇴장
K1	2014	경남	20	18	0	1	8	1	0
	합계		20	18	0	1	8	1	0
K2	2015	경남	15	14	1	1	10	0	0
	2016	경남	16	15	0	0	9	0	0
	합계		31	25	1	1	19	0	0
승	2014	경남	0	0	0	0	0	0	0
프로통산			51	43	1	2	27	1	0

김승규(金承奎) 현대고 1990.09.30

대회	연도	소속	출전	교체	실점	도움	파울	경고	퇴장
BC	2008	울산	2	2	0	0	0	0	0
	2009	울산	0	0	0	0	0	0	0
	2010	울산	7	0	9	0	0	0	0
	2011	울산	2	0	4	0	0	0	0
	2012	울산	12	0	27	0	1	0	1
	합계		23	4	27	0	1	0	1
K1	2013	울산	32	1	39	0	0	0	0
	2014	울산	29	0	31	0	0	0	0
	2015	울산	34	0	42	0	1	0	0
	합계		95	1	97	0	2	0	0
프로통산			118	5	124	0	2	9	0

김승대(金承大) 영남대 1991.04.01

대회	연도	소속	출전	교체	득점	도움	파울	경고	퇴장
K1	2013	포항	21	12	3	6	27	1	0
	2014	포항	30	6	10	8	34	4	0
	2015	포항	34	9	8	4	17	1	0
	2017	포항	11	5	2	1	3	0	1
	2018	포항	38	0	8	5	19	0	0
	합계		134	32	31	24	100	6	1
프로통산			134	32	31	24	100	6	1

김승명(金承明) 전주대 1987.09.01

대회	연도	소속	출전	교체	득점	도움	파울	경고	퇴장
BC	2010	강원	3	2	0	0	4	0	0
	합계		3	2	0	0	4	0	0
프로통산			3	2	0	0	4	0	0

김승민(金承敏) 매탄고 1992.09.16

대회	연도	소속	출전	교체	득점	도움	파울	경고	퇴장
BC	2011	수원	0	0	0	0	0	0	0
	합계		0	0	0	0	0	0	0
프로통산			0	0	0	0	0	0	0

김승섭(金承燮) 경희대 1996.11.01

대회	연도	소속	출전	교체	득점	도움	파울	경고	퇴장
K2	2018	대전	21	20	2	1	9	0	0
	합계		21	20	2	1	9	0	0
프로통산			21	20	2	1	9	0	0

김승안(金承安) 한양대 1972.09.24

대회	연도	소속	출전	교체	실점	도움	파울	경고	퇴장
BC	1994	포철	2	0	3	0	0	0	0
	1995	포항	1	0	1	0	0	0	0
	1997	대전	1	0	3	0	0	0	0
	합계		4	2	9	0	0	0	0

프로통산			4	2	9	0	0	0	0

김승용(金承龍) 방송대 1985.03.14

대회	연도	소속	출전	교체	득점	도움	파울	경고	퇴장
BC	2004	서울	14	8	2	0	23	0	0
	2005	서울	20	11	1	2	30	1	0
	2006	서울	13	12	1	2	16	0	0
	2007	광주상	23	11	1	2	26	0	0
	2008	광주상	19	16	3	2	28	1	0
	2008	서울	1	1	1	2	0	0	0
	2009	서울	27	22	1	4	25	4	0
	2010	전북	5	5	1	0	9	1	0
	2012	울산	24	20	2	4	30	1	0
	합계		156	112	11	21	205	14	1
K1	2013	울산	27	27	2	3	15	2	0
	2017	강원	34	29	3	4	30	1	0
	2018	강원	15	13	1	2	9	0	0
	합계		76	69	6	9	57	5	0
프로통산			232	181	17	32	242	19	1

김승준(金承俊) 숭실대 1994.09.11

대회	연도	소속	출전	교체	득점	도움	파울	경고	퇴장
K1	2015	울산	11	8	4	0	5	0	0
	2016	울산	30	23	8	2	9	0	0
	2017	울산	30	17	3	1	4	1	0
	2018	울산	19	17	2	3	10	1	0
	합계		90	65	17	6	45	3	0
프로통산			90	65	17	6	45	3	0

김승한(金昇漢) 울산대 1974.05.11

대회	연도	소속	출전	교체	득점	도움	파울	경고	퇴장
BC	1997	대전	22	20	2	1	20	2	0
	1998	대전	24	16	2	2	18	1	0
	1999	대전	13	14	0	1	11	1	0
	합계		59	56	4	3	49	4	0
프로통산			59	56	4	3	49	4	0

김승현(金承鉉) 호남대 1979.08.18

대회	연도	소속	출전	교체	득점	도움	파울	경고	퇴장
BC	2002	전남	16	8	3	0	13	0	0
	2003	전남	9	8	0	2	11	0	0
	2004	광주상	13	14	0	2	11	2	0
	2005	광주상	13	5	2	0	7	0	0
	2006	전남	5	5	0	0	2	0	0
	2007	전남	2	2	0	0	2	1	0
	2008	부산	25	14	2	2	35	1	1
	2009	전남	24	9	4	3	34	5	0
	2010	전남	4	4	0	0	2	1	0
	합계		121	78	17	9	152	13	1
프로통산			121	78	17	9	152	13	1

김승호(金承鎬) 명지대 1978.05.19

대회	연도	소속	출전	교체	득점	도움	파울	경고	퇴장
BC	2001	안양LG	2	2	0	0	1	0	0
	합계		2	2	0	0	1	0	0
프로통산			2	2	0	0	1	0	0

김승호(金承湖) 예원예술대 1989.04.24

대회	연도	소속	출전	교체	득점	도움	파울	경고	퇴장
BC	2011	인천	0	0	0	0	0	0	0
	합계		0	0	0	0	0	0	0
프로통산			0	0	0	0	0	0	0

김시만(金時萬) 홍익대 1975.03.03

대회	연도	소속	출전	교체	득점	도움	파울	경고	퇴장
BC	1998	전남	3	4	0	0	5	1	0
	합계		3	4	0	0	5	1	0
프로통산			3	4	0	0	5	1	0

김시우(金始佑) 안동고 1997.06.26

대회	연도	소속	출전	교체	득점	도움	파울	경고	퇴장
K1	2017	광주	1	1	0	0	0	0	0
	합계		1	1	0	0	0	0	0
K2	2018	광주	1	1	0	0	1	0	0
	합계		1	1	0	0	1	0	0

프로통산			3	3	0	0	2	0	0

김신(金信) 영생고 1995.03.30

대회	연도	소속	출전	교체	득점	도움	파울	경고	퇴장
K1	2014	전북	1	1	0	0	1	0	0
	2018	경남	9	9	1	0	8	0	0
	합계		10	10	1	0	9	0	0
K2	2016	충주	35	22	13	6	23	2	0
	2017	부천	29	20	4	6	19	3	0
	합계		64	42	17	12	42	5	0
프로통산			74	52	17	13	51	5	0

김신영(金信泳) 한양대 1983.06.16

대회	연도	소속	출전	교체	득점	도움	파울	경고	퇴장
BC	2012	전남	11	7	1	2	9	0	0
	2012	전북	11	11	0	0	9	1	0
	합계		22	18	1	2	18	1	0
K1	2013	전북	17	16	1	0	18	0	0
	2014	부산	8	7	0	0	4	1	0
	합계		25	23	1	2	22	1	0
프로통산			47	41	2	2	40	5	0

김신영(金信榮) 관동대 1958.07.29

대회	연도	소속	출전	교체	득점	도움	파울	경고	퇴장
BC	1986	유공	16	9	2	0	12	0	0
	합계		16	9	2	0	12	0	0
프로통산			16	9	2	0	12	0	0

김신욱(金信煜) 중앙대 1988.04.14

대회	연도	소속	출전	교체	득점	도움	파울	경고	퇴장
BC	2009	울산	27	12	7	1	58	5	0
	2010	울산	33	21	10	3	36	1	0
	2011	울산	43	22	19	8	72	4	0
	2012	울산	35	12	2	3	89	5	0
	합계		138	68	49	10	263	12	0
K1	2013	울산	36	2	19	6	86	6	0
	2014	울산	20	4	9	2	37	2	0
	2015	울산	38	14	18	4	41	1	0
	2016	전북	33	28	7	1	33	4	0
	2017	전북	35	26	10	5	33	5	0
	2018	전북	23	11	3	3	41	0	0
	합계		195	97	74	18	271	18	0
프로통산			333	165	123	28	534	30	0

김신철(金伸哲) 연세대 1990.11.29

대회	연도	소속	출전	교체	득점	도움	파울	경고	퇴장
K2	2013	부천	25	24	2	2	34	3	0
	2014	안산경	11	8	0	2	11	1	0
	2015	안산경	3	3	0	0	2	0	0
	2016	부천	1	1	0	0	0	0	0
	2017	안양	8	8	0	1	6	1	0
	2018	안양	20	20	2	0	14	2	0
	합계		66	62	4	4	57	6	0
프로통산			66	62	4	4	57	6	0

김연건(金演健) 단국대 1981.03.12

대회	연도	소속	출전	교체	득점	도움	파울	경고	퇴장
BC	2002	전북	14	14	0	0	28	1	0
	2003	전북	2	2	0	0	0	0	0
	2004	전북	16	15	0	0	28	2	0
	2005	전북	7	5	0	0	8	1	0
	2008	성남일	4	4	0	0	22	0	0
	합계		43	42	0	0	86	6	0
프로통산			43	42	0	0	86	6	0

김연수(金演收) 충남기계공고 1995.01.16

대회	연도	소속	출전	교체	득점	도움	파울	경고	퇴장
K2	2014	대전	0	0	0	0	0	0	0
	합계		0	0	0	0	0	0	0
프로통산			0	0	0	0	0	0	0

김연수(金延洙) 한라대 1993.12.29

대회	연도	소속	출전	교체	득점	도움	파울	경고	퇴장
K2	2017	서울E	9	4	0	0	10	1	0

김영광 계속

대회	연도	소속	출전	교체	실점	도움	파울	경고	퇴장
	2018	안산	18	7	0	0	25	0	0
	합계		27	11	0	0	35	1	0
프로통산			27	11	0	0	35	1	0

김영광(金永光) 한려대 1983.06.28

대회	연도	소속	출전	교체	실점	도움	파울	경고	퇴장
BC	2002	전남	0	0	0	0	0	0	0
	2003	전남	11	0	15	0	1	0	0
	2004	전남	22	0	19	0	1	2	0
	2005	전남	32	0	34	1	2	3	0
	2006	전남	13	0	16	0	1	1	0
	2007	울산	36	0	26	0	1	4	0
	2008	울산	33	2	33	0	2	2	0
	2009	울산	32	0	33	0	1	0	0
	2010	울산	28	1	35	0	0	0	0
	2011	울산	34	1	36	0	1	5	0
	2012	울산	32	0	32	0	1	4	0
	합계		273	4	279	1	10	24	1
K1	2013	울산	6	0	10	0	0	0	0
	2014	경남	32	0	43	0	0	2	0
	합계		38	0	53	0	0	2	0
K2	2015	서울E	38	0	52	0	2	1	0
	2016	서울E	39	0	38	0	0	3	0
	2017	서울E	36	0	55	0	1	0	0
	2018	서울E	36	0	52	1	0	1	1
	합계		149	0	191	1	3	7	1
승	2014	경남	1	0	1	0	0	0	0
	합계		1	0	1	0	0	0	0
프로통산			461	4	524	2	13	33	2

김영규(金泳圭) 국민대 1962.03.01

대회	연도	소속	출전	교체	득점	도움	파울	경고	퇴장
BC	1985	유공	8	2	0	0	7	0	0
	1986	유공	23	11	2	2	24	1	0
	1987	유공	27	14	0	2	29	1	0
	합계		58	27	2	4	60	2	0
프로통산			58	27	2	4	60	2	0

김영근(金榮根) 경희대 1978.10.12

대회	연도	소속	출전	교체	득점	도움	파울	경고	퇴장
BC	2001	대전	32	5	1	0	54	6	0
	2002	대전	23	5	1	1	45	4	0
	2003	대전	26	9	1	1	51	4	1
	2004	대전	19	2	0	0	25	0	0
	2005	대전	10	3	0	0	6	1	0
	2006	광주상	23	6	1	0	28	1	0
	2007	광주상	29	6	0	0	37	1	0
	2008	경남	1	2	0	0	2	1	0
	합계		163	39	4	2	269	18	1
프로통산			163	39	4	2	269	18	1

김영기(金永奇) 안동대 1973.12.25

대회	연도	소속	출전	교체	득점	도움	파울	경고	퇴장
BC	1998	수원	2	1	0	0	4	1	0
	합계		2	1	0	0	4	1	0
프로통산			2	1	0	0	4	1	0

김영남(金榮男) 중앙대 1991.03.24

대회	연도	소속	출전	교체	득점	도움	파울	경고	퇴장
K1	2013	성남일	3	2	0	0	4	1	0
	2014	성남	4	2	0	0	4	2	0
	합계		7	4	0	0	8	3	0
K2	2015	부천	29	13	4	3	29	7	0
	2016	부천	37	11	1	1	55	10	0
	2017	부천	14	7	1	3	13	0	0
	2017	아산	9	2	0	1	4	0	0
	2018	아산	3	2	0	0	2	1	0
	합계		92	35	6	8	111	21	0
프로통산			99	39	6	8	119	23	0

김영남(金榮男) 초당대 1986.04.02

대회	연도	소속	출전	교체	득점	도움	파울	경고	퇴장
K2	2013	안양	6	5	0	1	7	1	0
	합계		6	5	0	1	7	1	0
프로통산			6	5	0	1	7	1	0

김영도(金榮道) 안동과학대 1994.04.04

대회	연도	소속	출전	교체	득점	도움	파울	경고	퇴장
K2	2016	안양	17	16	3	0	20	2	0
	2018	안양	14	9	0	1	21	2	0
	합계		31	25	3	1	41	4	0
프로통산			31	25	3	1	41	4	0

김영무(金英務) 숭실대 1984.03.19

대회	연도	소속	출전	교체	실점	도움	파울	경고	퇴장
BC	2007	대구	3	0	11	0	0	0	0
	2008	대구	0	0	0	0	0	0	0
	합계		3	0	11	0	0	0	0
프로통산			3	0	11	0	0	0	0

김영빈(金榮彬) 고려대 1984.04.08

대회	연도	소속	출전	교체	득점	도움	파울	경고	퇴장
BC	2007	인천	6	2	0	0	15	1	0
	2008	인천	28	3	0	0	41	4	0
	2009	인천	27	16	0	0	34	4	0
	2010	인천	12	4	1	0	25	2	0
	2011	인천	2	1	0	0	4	0	0
	2011	대전	9	4	0	0	11	1	0
	합계		84	34	4	0	140	12	0
K1	2014	경남	6	0	0	0	9	1	0
	합계		6	0	0	0	9	1	0
승	2014	경남	1	1	0	0	1	1	0
	합계		1	1	0	0	1	1	0
프로통산			91	35	4	0	148	12	0

김영빈(金榮彬) 광주대 1991.09.20

대회	연도	소속	출전	교체	득점	도움	파울	경고	퇴장
K1	2015	광주	28	3	2	0	25	3	0
	2016	광주	27	4	0	0	30	10	0
	2017	광주	20	3	0	0	17	2	0
	2018	상주	19	1	1	0	18	5	0
	합계		96	11	4	0	93	25	0
K2	2014	광주	26	2	1	1	39	6	0
	합계		26	2	1	1	39	6	0
승	2014	광주	2	0	0	0	1	0	0
	합계		2	0	0	0	1	0	0
프로통산			124	19	5	1	133	31	0

김영삼(金英三) 고려대 1982.04.04

대회	연도	소속	출전	교체	득점	도움	파울	경고	퇴장
BC	2005	울산	16	12	2	0	18	1	0
	2006	울산	29	8	0	0	53	5	0
	2007	울산	35	1	1	2	63	6	0
	2008	울산	34	1	0	1	35	4	0
	2009	울산	1	1	0	0	1	0	0
	2010	광주상	6	1	0	0	14	3	0
	2011	상주	16	2	0	0	23	3	0
	2012	울산	28	9	0	0	27	3	0
	합계		179	49	3	5	239	28	0
K1	2013	울산	26	3	1	1	45	5	0
	2014	울산	24	6	0	0	31	6	0
	2015	울산	5	4	0	0	5	0	0
	합계		55	13	1	1	81	11	0
프로통산			235	59	4	6	320	40	0

김병삼(金丙三) 연세대 1980.03.12

대회	연도	소속	출전	교체	득점	도움	파울	경고	퇴장
BC	2003	전북	1	1	0	0	2	0	0
	2004	전북	1	1	0	0	0	0	0
	합계		2	2	0	0	2	0	0
프로통산			2	2	0	0	2	0	0

김영선(金永善) 경희대 1975.04.03

대회	연도	소속	출전	교체	득점	도움	파울	경고	퇴장
BC	1998	수원	33	0	0	0	68	5	0
	1999	수원	24	4	0	0	55	4	0
	2000	수원	7	2	0	0	14	3	0
	2001	수원	21	6	0	0	17	2	0
	2002	수원	30	0	0	0	33	3	0
	2003	수원	29	1	0	2	35	2	1
	2005	수원	1	1	0	0	0	0	0
	2006	전북	10	0	0	0	24	1	0
	2007	전북	22	0	0	0	30	5	0
	합계		185	13	0	2	276	25	1
프로통산			185	13	0	2	276	25	1

김영섭(金永燮) 숭실대 1970.08.13

대회	연도	소속	출전	교체	득점	도움	파울	경고	퇴장
BC	1993	대우	1	1	0	1	0	0	0
	1994	버팔로	17	3	0	0	18	3	0
	합계		18	4	0	1	18	3	0
프로통산			18	4	0	1	18	3	0

김영승(金泳勝) 호원대 1993.02.22

대회	연도	소속	출전	교체	득점	도움	파울	경고	퇴장
K1	2015	대전	1	1	0	0	0	0	0
	합계		1	1	0	0	0	0	0
K2	2014	대전	5	4	1	0	0	0	0
	합계		5	4	1	0	0	0	0
프로통산			6	5	1	0	0	0	0

김영신(金映伸) 연세대 1986.02.28

대회	연도	소속	출전	교체	득점	도움	파울	경고	퇴장
BC	2006	전북	8	8	0	0	15	1	0
	2007	전북	4	4	0	0	12	2	0
	2008	제주	14	7	0	1	15	2	0
	2009	제주	33	22	4	4	26	2	0
	2010	제주	23	13	1	0	17	3	0
	2011	제주	21	17	0	0	19	3	0
	2012	상주	20	3	1	0	21	2	0
	합계		123	74	5	5	125	15	0
K1	2014	제주	11	8	0	0	15	1	0
	2015	제주	14	11	2	0	8	1	0
	2018	강원	4	1	0	0	2	0	0
	합계		29	20	2	0	30	4	0
K2	2013	상주	12	4	1	0	15	1	0
	2016	부산	17	10	0	3	10	3	0
	2017	성남	16	18	0	1	5	0	0
	합계		45	32	0	4	30	4	0
프로통산			197	126	7	9	173	21	0

김영우(金永佑) 경기대 1984.06.15

대회	연도	소속	출전	교체	득점	도움	파울	경고	퇴장
BC	2007	경남	6	3	0	0	10	1	0
	2008	경남	26	24	3	1	14	3	0
	2009	경남	24	13	1	5	23	2	0
	2010	경남	28	12	2	2	40	6	0
	2011	경남	16	8	3	1	14	2	0
	2011	전북	1	1	0	0	1	0	0
	합계		107	60	9	11	113	16	0
K1	2013	전북	19	16	0	0	15	1	0
	2014	전남	22	16	0	0	21	3	0
	합계		22	16	0	0	21	3	0
K2	2013	경찰							
프로통산									

김영욱(金永旭) 광양제철고 1991.04.29

대회	연도	소속	출전	교체	득점	도움	파울	경고	퇴장
BC	2010	전남	4	4	0	0	5	0	0
	2011	전남	23	18	1	0	24	2	0
	2012	전남	35	10	1	0	65	5	0
	합계		62	32	2	0	94	7	0
K1	2013	전남	14	11	0	0	15	1	0
	2014	전남	11	10	0	0	12	1	0
	2015	전남	27	19	2	2	24	4	0
	2016	전남	33	9	2	0	60	8	0

김영욱 (continued)

대회	연도	소속	출전	교체	득점	도움	파울	경고	퇴장
	2017	전남	30	7	4	8	41	5	0
	2018	전남	33	11	3	2	28	1	0
	합계		148	67	11	12	180	20	0
프로통산			210	99	15	17	274	27	0

김영욱(金永旭) 한양대 1994.10.29

대회	연도	소속	출전	교체	득점	도움	파울	경고	퇴장
K2	2015	경남	21	12	2	0	12	0	1
	2016	경남	4	4	0	1	2	0	0
	합계		25	16	2	1	14	0	1
프로통산			25	16	2	1	14	0	1

김영주(金榮珠) 서울시립대 1964.01.01

대회	연도	소속	출전	교체	득점	도움	파울	경고	퇴장
BC	1989	일화	35	18	6	5	36	0	0
	1990	일화	24	17	3	0	23	1	0
	1991	일화	21	20	0	1	14	1	0
	합계		80	55	9	5	66	1	0
프로통산			80	55	9	5	66	1	0

김영준(金榮俊) 홍익대 1985.07.15

대회	연도	소속	출전	교체	득점	도움	파울	경고	퇴장
BC	2009	광주상	0	0	0	0	0	0	0
	합계		0	0	0	0	0	0	0
프로통산			0	0	0	0	0	0	0

김영진(金永眞) 전주대 1970.06.16

대회	연도	소속	출전	교체	득점	도움	파울	경고	퇴장
BC	1994	버팔로	24	10	1	2	33	2	2
	합계		24	10	1	2	33	2	2
프로통산			24	10	1	2	33	2	2

김영찬(金榮讚) 고려대 1993.09.04

대회	연도	소속	출전	교체	득점	도움	파울	경고	퇴장
K1	2013	전북	1	0	0	0	0	0	0
	2013	대구	6	1	0	0	5	0	0
	2015	전북	5	2	0	0	4	2	0
	2016	전북	12	5	0	1	8	3	0
	2017	전북	0	0	0	0	0	0	0
	합계		24	8	0	1	17	3	0
K2	2014	수원FC	19	6	0	1	24	5	0
	2018	안양	31	1	1	1	40	6	0
	합계		50	6	1	2	64	11	0
프로통산			74	13	1	2	81	14	0

김영철(金永哲) 광운전자공고 1960.04.28

대회	연도	소속	출전	교체	득점	도움	파울	경고	퇴장
BC	1984	국민	21	4	3	3	12	1	1
	합계		21	4	3	3	12	1	1
프로통산			21	4	3	3	12	1	1

김영철(金榮哲) 아주대 1967.10.10

대회	연도	소속	출전	교체	득점	도움	파울	경고	퇴장
BC	1990	현대	2	2	0	0	0	0	0
	1996	수원	1	1	0	0	0	0	0
	합계		3	3	0	0	0	0	0
프로통산			3	3	0	0	0	0	0

김영철(金永徹) 건국대 1976.06.30

대회	연도	소속	출전	교체	득점	도움	파울	경고	퇴장
BC	1999	천안일	33	4	1	0	38	3	0
	2000	성남일	38	3	0	3	33	4	0
	2001	성남일	35	0	1	0	47	4	0
	2002	성남일	36	2	0	0	53	2	0
	2003	광주상	35	1	0	0	40	7	0
	2004	광주상	30	0	0	0	28	4	0
	2005	성남일	36	2	0	3	55	7	0
	2006	성남일	32	2	0	0	38	5	0
	2007	성남일	29	0	1	2	36	4	0
	2008	성남일	27	1	0	0	24	5	0
	2009	전남	20	9	0	0	13	2	0
	합계		356	18	1	7	407	40	0
프로통산			356	18	1	7	407	40	0

김영철(金永喆) 풍생고 1984.04.08

대회	연도	소속	출전	교체	득점	도움	파울	경고	퇴장
BC	2003	전남	7	7	0	0	4	1	0
	2005	광주상	2	2	0	0	0	0	0
	2007	경남	3	3	0	0	2	1	0
	합계		12	12	0	0	6	2	0
프로통산			12	12	0	0	6	2	0

김영호(金榮浩) 단국대 1961.04.20

대회	연도	소속	출전	교체	실점	도움	파울	경고	퇴장
BC	1985	유공	13	0	14	0	0	0	0
	1986	유공	24	0	14	0	0	0	0
	1989	일화	18	2	25	0	0	0	0
	1990	일화	21	0	25	0	0	0	0
	1991	일화	22	3	35	0	1	0	0
	합계		98	5	127	0	1	0	0
프로통산			98	5	127	0	1	0	0

김영호(金永湖) 주문진수도공고 1972.06.06

대회	연도	소속	출전	교체	득점	도움	파울	경고	퇴장
BC	1995	포항	0	0	0	0	0	0	0
	1996	포항	0	0	0	0	0	0	0
	합계		0	0	0	0	0	0	0
프로통산			0	0	0	0	0	0	0

김영후(金泳厚) 숭실대 1983.03.11

대회	연도	소속	출전	교체	득점	도움	파울	경고	퇴장
BC	2009	강원	30	6	13	8	29	4	0
	2010	강원	32	2	14	5	39	1	0
	2011	강원	31	19	6	0	36	0	0
	합계		93	27	33	13	104	5	0
K1	2013	강원	5	4	1	0	5	0	0
	합계		5	4	1	0	5	0	0
K2	2013	경찰	23	15	10	4	26	3	0
	2014	강원	21	17	4	1	27	3	1
	2016	안양	22	17	3	0	13	1	0
	합계		66	49	17	5	66	7	1
승	2013	강원	1	0	0	0	5	0	0
	합계		1	0	0	0	5	0	0
프로통산			165	80	51	18	180	12	1

김예성(金睿聖) 광주대 1996.10.21

대회	연도	소속	출전	교체	득점	도움	파울	경고	퇴장
K2	2018	대전	14	3	0	0	14	1	0
	합계		14	3	0	0	14	1	0
프로통산			14	3	0	0	14	1	0

김오규(金吾圭) 관동대 1989.06.20

대회	연도	소속	출전	교체	득점	도움	파울	경고	퇴장
BC	2011	강원	1	1	0	0	0	0	0
	2012	강원	33	5	0	0	40	4	0
	합계		34	6	0	0	40	4	0
K1	2013	강원	34	0	0	0	43	9	0
	2016	상주	24	1	1	0	19	5	0
	2017	상주	3	0	0	0	2	0	0
	2017	강원	28	0	0	1	25	4	0
	2018	강원	33	1	0	0	27	5	0
	합계		122	2	1	1	116	23	0
K2	2014	강원	31	1	0	1	28	6	1
	2015	강원	14	0	1	0	11	2	0
	2015	상주	11	1	0	1	7	1	0
	합계		56	1	1	1	37	9	1
승	2013	강원	2	0	0	0	1	0	0
	합계		2	0	0	0	1	0	0
프로통산			214	9	1	3	226	38	1

김오성(金五星) 고려대 1986.08.16

대회	연도	소속	출전	교체	득점	도움	파울	경고	퇴장
BC	2009	대구	5	5	0	0	3	0	0
	2010	대구	1	1	0	0	0	0	0
	합계		6	6	0	0	3	0	0
프로통산			6	6	0	0	3	0	0

김완수(金完洙) 전북대 1962.01.13

대회	연도	소속	출전	교체	득점	도움	파울	경고	퇴장
BC	1983	포철	7	3	2	0	0	0	0
	1984	포철	9	4	1	0	5	1	0
	1985	포철	16	0	0	1	36	1	0
	1986	포철	22	4	4	1	25	1	0
	합계		54	11	7	2	71	3	0
프로통산			54	11	7	2	71	3	0

김완수(金完秀) 중앙대 1981.06.05

대회	연도	소속	출전	교체	득점	도움	파울	경고	퇴장
BC	2004	대구	12	11	0	0	14	2	0
	2005	대구	9	7	0	0	9	1	0
	합계		21	18	0	0	23	3	0
프로통산			21	18	0	0	23	3	0

김왕주(金旺珠) 연세대 1968.06.12

대회	연도	소속	출전	교체	득점	도움	파울	경고	퇴장
BC	1991	일화	10	10	0	0	5	0	0
	1993	일화	3	5	0	0	6	1	0
	합계		13	15	0	0	6	1	0
프로통산			13	15	0	0	6	1	0

김요환(金耀煥) 연세대 1977.05.23

대회	연도	소속	출전	교체	득점	도움	파울	경고	퇴장
BC	2002	전남	8	8	0	0	4	0	0
	2003	전남	5	5	0	0	3	0	0
	2004	전남	7	7	0	0	6	0	0
	2005	전남	8	10	0	0	4	0	0
	합계		28	30	0	0	17	0	0
프로통산			28	30	0	0	17	0	0

김용갑(金龍甲) 동국대 1969.10.29

대회	연도	소속	출전	교체	득점	도움	파울	경고	퇴장
BC	1991	일화	10	10	0	1	7	1	0
	1992	일화	9	5	1	1	10	1	0
	1993	일화	7	5	1	2	7	0	0
	1994	일화	16	10	5	2	16	1	0
	1995	일화	29	19	4	5	22	1	0
	1996	전북	35	13	9	5	29	2	0
	1997	전북	27	21	4	3	18	2	0
	1998	전북	23	22	1	3	16	1	0
	1999	전북	1	1	0	1	0	0	0
	합계		121	87	17	16	80	5	0
프로통산			121	87	17	16	80	5	0

김용구(金勇九) 인천대 1981.03.08

대회	연도	소속	출전	교체	득점	도움	파울	경고	퇴장
BC	2004	인천	8	8	0	0	9	1	0
	합계		8	8	0	0	9	1	0
프로통산			8	8	0	0	9	1	0

김용대(金龍大) 연세대 1979.10.11

대회	연도	소속	출전	교체	실점	도움	파울	경고	퇴장
BC	2002	부산	9	1	10	0	0	0	0
	2003	부산	36	0	54	0	1	1	0
	2004	부산	29	0	29	0	1	2	0
	2005	부산	29	1	36	0	0	0	0
	2006	성남일	29	0	26	0	0	0	0
	2007	성남일	29	0	26	0	0	0	0
	2008	광주상	26	0	46	0	0	0	0
	2009	광주상	26	0	34	0	0	0	0
	2009	성남일	0	0	0	0	0	0	0
	2010	서울	37	0	35	0	0	0	0
	2011	서울	29	1	37	0	0	2	0
	2012	서울	44	0	42	0	0	2	0
	합계		323	4	385	0	5	8	0
K1	2013	서울	35	0	42	0	0	2	0
	2014	서울	24	1	19	0	0	0	0
	2015	서울	12	0	15	0	0	0	0
	2016	울산	24	0	25	0	0	1	0
	2017	울산	28	0	35	0	0	0	0
	2018	울산	14	1	30	0	0	0	0
	합계		137	2	162	0	0	3	0
프로통산			460	6	547	0	6	13	0

김용범(金龍凡) 고려대 1971.06.16

대회	연도	소속	출전	교체	득점	도움	파울	경고	퇴장
BC	1998	대전	29	5	0	1	32	3	0
	1999	대전	26	6	0	1	31	2	0
	2000	대전	15	5	0	0	14	1	0
	2001	대전	1	0	0	0	1	0	0
	합계		71	18	0	2	78	6	0
프로통산			71	18	0	2	78	6	0

김용세(金鏞世) 중동고 1960.04.21

대회	연도	소속	출전	교체	득점	도움	파울	경고	퇴장
BC	1983	유공	16	2	4	2	10	1	0
	1984	유공	28	2	14	2	40	1	0
	1985	유공	21	2	15	2	19	1	0
	1986	유공	13	0	6	7	17	2	0
	1987	유공	18	4	1	2	16	1	0
	1988	유공	11	4	1	1	23	2	0
	1989	일화	21	5	4	0	27	3	1
	1990	일화	24	9	7	1	18	0	0
	1991	일화	13	10	1	1	9	1	0
	합계		165	38	53	18	179	12	1
프로통산			165	38	53	18	179	12	1

김용찬(金容燦) 아주대 1990.04.08

대회	연도	소속	출전	교체	득점	도움	파울	경고	퇴장
K1	2013	인천	23	7	0	0	41	6	0
	2014	인천	0	0	0	0	0	0	0
	합계		23	7	0	0	41	6	0
K2	2015	충주	6	2	0	1	8	1	0
	합계		6	2	0	1	8	1	0
프로통산			29	9	0	1	49	7	0

김용태(金龍泰) 울산대 1984.05.20

대회	연도	소속	출전	교체	득점	도움	파울	경고	퇴장
BC	2006	대전	28	19	2	3	25	0	0
	2007	대전	22	16	0	0	26	3	0
	2008	대전	22	14	1	1	27	2	0
	2009	울산	21	13	0	0	13	2	0
	2010	울산	12	7	0	3	14	0	0
	2011	상주	18	5	1	0	16	2	0
	2012	상주	21	13	1	4	12	1	0
	2012	울산	7	5	0	1	9	0	0
	합계		143	90	5	9	122	11	0
K1	2013	울산	27	22	2	3	16	1	0
	2014	울산	12	6	2	0	8	1	0
	2014	부산	14	8	1	1	11	0	0
	2015	부산	21	13	0	0	20	3	0
	합계		74	51	5	4	55	5	0
K2	2015	충주	25	11	0	4	9	1	0
	합계		25	11	0	4	9	1	0
프로통산			242	152	10	17	186	17	0

김용한(金容漢) 수원대 1990.07.30

대회	연도	소속	출전	교체	득점	도움	파울	경고	퇴장
K2	2013	수원FC	8	9	0	0	5	0	0
	합계		8	9	0	0	5	0	0
프로통산			8	9	0	0	5	0	0

김용한(金龍漢) 강릉농공고 1986.06.28

대회	연도	소속	출전	교체	득점	도움	파울	경고	퇴장
BC	2006	인천	3	3	0	0	3	1	0
	합계		3	3	0	0	3	1	0
프로통산			3	3	0	0	3	1	0

김용해(金龍海) 동국대 1958.05.24

대회	연도	소속	출전	교체	득점	도움	파울	경고	퇴장
BC	1983	유공	2	2	0	0	0	0	0
	1984	럭금	9	8	1	4	9	0	0
	1985	럭금	2	2	0	0	0	0	0
	합계		13	12	1	4	9	0	0
프로통산			13	12	1	4	9	0	0

김용호(金龍虎) 수도전기공고 1971.03.20

대회	연도	소속	출전	교체	득점	도움	파울	경고	퇴장
BC	1990	대우	2	2	0	0	1	0	0
	1994	대우	4	4	0	0	1	0	0
	합계		6	6	0	0	2	0	0
프로통산			6	6	0	0	2	0	0

김용환(金容奐) 숭실대 1993.05.25

대회	연도	소속	출전	교체	득점	도움	파울	경고	퇴장
K1	2014	인천	14	2	0	0	23	1	0
	2015	인천	3	0	0	0	4	0	0
	2016	인천	28	6	3	2	28	6	0
	2017	인천	30	4	1	2	32	3	0
	2018	인천	18	7	0	0	15	2	0
	합계		93	26	5	3	98	13	0
프로통산			93	26	5	3	98	13	0

김용훈(金龍勳) 경북산업대(경일대) 1969.09.15

대회	연도	소속	출전	교체	득점	도움	파울	경고	퇴장
BC	1994	버팔로	0	0	0	0	0	0	0
	합계		0	0	0	0	0	0	0
프로통산			0	0	0	0	0	0	0

김용희(金容熙) 중앙대 1978.10.15

대회	연도	소속	출전	교체	득점	도움	파울	경고	퇴장
BC	2001	성남일	27	1	1	0	37	4	0
	2002	성남일	18	8	1	0	19	3	0
	2003	성남일	1	1	0	0	1	0	0
	2004	부산	31	3	1	4	70	8	0
	2005	광주상	32	1	0	0	43	5	0
	2006	광주상	22	11	3	2	27	2	0
	2007	부산	8	3	0	0	5	1	0
	2008	전북	12	5	0	0	14	1	0
	합계		151	33	5	4	185	24	0
프로통산			151	33	5	4	185	24	0

김우경(金祐經) 묵호고 1991.12.04

대회	연도	소속	출전	교체	득점	도움	파울	경고	퇴장
BC	2011	강원	0	0	0	0	0	0	0
	합계		0	0	0	0	0	0	0
프로통산			0	0	0	0	0	0	0

김우석(金祐錫) 신갈고 1996.08.04

대회	연도	소속	출전	교체	득점	도움	파울	경고	퇴장
K1	2017	대구	12	2	1	0	27	4	0
	2018	대구	20	5	0	0	15	4	0
	합계		32	7	1	0	42	8	0
K2	2016	대구	0	0	0	0	0	0	0
	합계		0	0	0	0	0	0	0
프로통산			32	7	1	0	42	8	0

김우재(金佑載) 경희대 1976.09.13

대회	연도	소속	출전	교체	득점	도움	파울	경고	퇴장
BC	1999	천안일	7	7	0	0	5	0	0
	2000	성남일	1	1	0	0	2	0	0
	2001	성남일	1	1	0	0	2	0	0
	2002	성남일	8	8	0	0	4	0	0
	2003	성남일	30	7	2	0	60	8	0
	2004	인천	34	6	1	1	93	8	0
	2005	전남	15	8	0	1	28	4	0
	합계		95	39	3	2	199	19	0
프로통산			95	39	3	2	199	19	0

김우진(金佑鎭) 경기대 1989.09.17

대회	연도	소속	출전	교체	득점	도움	파울	경고	퇴장
BC	2012	대전	1	1	0	0	1	1	0
	합계		1	1	0	0	1	1	0
K2	2013	부천	1	1	0	0	0	0	0
	합계		1	1	0	0	0	0	0
프로통산			2	2	0	0	1	1	0

김우진(金佑振) 경희대 1980.04.19

대회	연도	소속	출전	교체	득점	도움	파울	경고	퇴장
BC	2003	부천SK	12	7	0	0	17	2	0
	2004	부천SK	30	5	0	1	40	2	0
	합계		42	12	0	2	49	3	0
프로통산			42	12	0	2	49	3	0

김우철(金禹哲) 단국대 1989.07.04

대회	연도	소속	출전	교체	득점	도움	파울	경고	퇴장
BC	2012	전북	2	2	0	0	1	0	0
	합계		2	2	0	0	1	0	0
K1	2013	전북	0	0	0	0	0	0	0
	합계		0	0	0	0	0	0	0
K2	2014	광주	4	3	0	0	8	2	0
	합계		4	3	0	0	8	2	0
프로통산			6	5	0	0	9	2	0

김우철(金禹喆) 상지대 1982.10.01

대회	연도	소속	출전	교체	득점	도움	파울	경고	퇴장
BC	2007	전북	1	1	0	0	0	0	0
	합계		1	1	0	0	0	0	0
프로통산			1	1	0	0	0	0	0

김우현 동아대 1974.01.01

대회	연도	소속	출전	교체	득점	도움	파울	경고	퇴장
BC	1996	부천유	0	0	0	0	0	0	0
	합계		0	0	0	0	0	0	0
프로통산			0	0	0	0	0	0	0

김우홍(金祐洪) 풍기중 1995.01.11

대회	연도	소속	출전	교체	득점	도움	파울	경고	퇴장
K1	2018	서울	1	1	0	0	0	0	0
	합계		1	1	0	0	0	0	0
프로통산			1	1	0	0	0	0	0

김운오(金雲五) 고려대 1961.04.14

대회	연도	소속	출전	교체	득점	도움	파울	경고	퇴장
BC	1984	한일	6	2	0	0	1	0	0
	합계		6	2	0	0	1	0	0
프로통산			6	2	0	0	1	0	0

김원균(金遠均) 고려대 1992.05.01

대회	연도	소속	출전	교체	득점	도움	파울	경고	퇴장
K1	2015	서울	1	1	0	0	1	0	0
	2017	서울	6	6	0	0	20	2	0
	2018	서울	24	1	1	0	38	8	0
	합계		31	8	1	0	59	10	0
K2	2015	강원	15	1	0	0	21	2	0
	2016	강원	8	2	1	0	15	3	0
	합계		23	3	1	0	36	5	0
승	2018	서울	4	0	0	0	2	0	0
	합계		4	0	0	0	2	0	0
프로통산			58	11	2	0	97	15	0

김원근(金元根) 성균관대 1958.07.28

대회	연도	소속	출전	교체	득점	도움	파울	경고	퇴장
BC	1984	한일	5	4	0	0	1	0	0
	합계		5	4	0	0	1	0	0
프로통산			5	4	0	0	1	0	0

김원민(金元敏) 건국대 1987.08.12

대회	연도	소속	출전	교체	득점	도움	파울	경고	퇴장
K2	2013	안양	29	26	4	4	31	1	0
	2014	안양	25	25	2	2	17	1	0
	2017	안양	11	10	0	0	6	0	0
	2018	안양	25	17	4	3	14	1	0
	합계		90	78	10	9	68	3	0
프로통산			90	78	10	9	68	3	0

김원식(金元植) 동북고 1991.11.05

대회	연도	소속	출전	교체	득점	도움	파울	경고	퇴장
K1	2015	인천	31	3	0	0	83	15	0
	2016	서울	20	7	0	0	19	2	0
	2017	서울	6	3	0	0	20	0	0
	2018	서울	11	7	0	0	17	1	0
	합계		68	23	0	0	125	18	0
K2	2013	경찰	8	7	0	0	11	2	0
	2014	안산경	2	2	0	0	0	0	0
	합계		10	9	0	0	11	2	0
승	2018	서울	1	1	0	0	1	0	0
	합계		1	1	0	0	1	0	0
프로통산			79	33	0	0	137	20	0

김원일(金源一) 숭실대 1986.10.18

대회	연도	소속	출전	교체	득점	도움	파울	경고	퇴장
BC	2010	포항	13	2	0	0	21	2	0
	2011	포항	23	1	0	1	44	8	0
	2012	포항	32	3	4	0	63	5	0
	합계		68	10	4	1	128	15	0
K1	2013	포항	34	1	0	0	56	8	0
	2014	포항	18	2	1	0	40	5	0
	2015	포항	9	1	0	0	36	5	0
	2016	포항	17	3	0	0	25	4	1
	2017	제주	26	3	1	1	34	9	0
	2018	제주	35	0	1	0	32	8	0
	합계		139	10	7	1	223	39	1
프로통산			207	20	11	2	351	54	1

김유성 (金侑聖) 경희대 1988.12.04

대회	연도	소속	출전	교체	득점	도움	파울	경고	퇴장
BC	2010	경남	3	1	0	0	3	0	0
	2011	경남	4	2	1	0	11	0	0
	2011	대구	6	4	0	1	7	3	0
	2012	대구	12	11	2	0	7	0	0
	합계		25	18	2	1	28	2	1
K1	2013	대구	0	0	0	0	0	0	0
	합계		0	0	0	0	0	0	0
K2	2014	광주	11	10	0	0	9	0	0
	2015	고양	36	14	12	3	65	2	0
	2016	고양	21	9	1	0	43	3	0
	합계		68	33	13	3	117	7	0
프로통산			93	51	15	4	145	9	1

김유진 (金裕晉) 부산정보산업고 1983.06.19

대회	연도	소속	출전	교체	득점	도움	파울	경고	퇴장
BC	2002	부산	0	0	0	0	0	0	0
	2005	부산	25	1	0	2	27	3	0
	2007	부산	11	0	1	0	17	2	0
	2008	부산	25	3	0	0	33	5	0
	2009	부산	10	3	0	1	13	0	0
	합계		71	9	3	1	83	8	0
프로통산			71	9	1	1	83	8	0

김윤구 (金潤求) 경희대 1979.09.01

대회	연도	소속	출전	교체	득점	도움	파울	경고	퇴장
BC	2002	울산	4	2	0	0	4	0	0
	2003	울산	2	2	0	0	1	0	0
	2004	울산	2	2	0	0	2	0	0
	합계		8	6	0	0	7	0	0
프로통산			8	6	0	0	7	0	0

김윤구 (金允久) 광운대 1985.02.25

대회	연도	소속	출전	교체	득점	도움	파울	경고	퇴장
BC	2007	광주상	14	3	0	0	14	2	0
	합계		14	3	0	0	14	2	0
프로통산			14	3	0	0	14	2	0

김윤근 (金允根) 동아대 1972.09.22

대회	연도	소속	출전	교체	득점	도움	파울	경고	퇴장
BC	1995	유공	15	15	2	0	17	0	0
	1996	부천유	25	19	7	2	18	1	0
	1999	부천SK	0	0	0	0	0	0	0
	합계		40	34	9	2	35	1	0
프로통산			40	34	9	2	35	1	0

김윤수 (金潤洙) 영남대 1994.05.17

대회	연도	소속	출전	교체	득점	도움	파울	경고	퇴장
K2	2018	광주	0	0	0	0	0	0	0
	합계		0	0	0	0	0	0	0
프로통산			0	0	0	0	0	0	0

김윤식 (金潤植) 홍익대 1984.01.29

대회	연도	소속	출전	교체	득점	도움	파울	경고	퇴장
BC	2006	포항	22	18	0	1	31	2	0
	2007	포항	13	9	0	1	24	1	0
	2008	포항	2	2	0	0	1	0	0
	합계		37	29	0	2	56	3	0
프로통산			37	29	0	2	56	3	0

김윤재 (金潤載) 홍익대 1992.05.14

대회	연도	소속	출전	교체	득점	도움	파울	경고	퇴장
K2	2014	대전	0	0	0	0	0	0	0
	2015	수원FC	3	3	1	0	1	0	0
	합계		3	3	1	0	1	0	0
프로통산			3	3	1	0	1	0	0

김윤호 (金倫滈) 관동대 1990.09.21

대회	연도	소속	출전	교체	득점	도움	파울	경고	퇴장
K1	2013	강원	4	4	0	0	5	0	0
	합계		4	4	0	0	5	0	0
K2	2014	강원	25	15	0	2	29	5	0
	2015	강원	21	18	1	0	27	4	0
	2016	강원	13	9	0	1	17	2	0
	2017	부산	3	2	1	0	2	3	0
	합계		62	44	2	1	75	14	1
승	2013	강원	1	0	0	0	1	0	0
	2016	강원	1	0	0	0	1	0	0
	합계		2	0	0	0	2	0	0
프로통산			68	50	2	2	82	14	1

김은석 (金恩爽) 경기대 1972.03.14

대회	연도	소속	출전	교체	득점	도움	파울	경고	퇴장
BC	1999	포항	23	3	0	1	17	1	0
	2000	포항	22	0	0	0	19	2	0
	2001	포항	21	5	1	0	21	1	0
	2002	포항	26	5	0	0	50	5	0
	합계		93	14	1	1	107	9	0
프로통산			93	14	1	1	107	9	0

김은선 (金恩宣) 대구대 1988.03.30

대회	연도	소속	출전	교체	득점	도움	파울	경고	퇴장
BC	2011	광주	27	4	1	7	39	9	0
	2012	광주	34	4	1	1	78	10	0
	합계		61	8	2	8	157	19	0
K1	2014	수원	9	1	0	0	13	1	0
	2015	수원	9	2	1	0	13	1	0
	2017	수원	7	3	0	0	9	1	0
	2018	수원	10	6	0	0	17	4	0
	합계		63	15	4	0	117	7	0
K2	2013	광주	27	2	7	2	82	9	0
	2016	안산무	21	6	0	0	26	6	0
	2017	아산	12	1	3	2	14	2	0
	합계		60	9	10	4	122	17	0
프로통산			184	34	22	4	403	42	0

김은중 (金殷中) 동북고 1979.04.08

대회	연도	소속	출전	교체	득점	도움	파울	경고	퇴장
BC	1997	대전	14	14	0	1	5	0	0
	1998	대전	29	21	6	1	32	1	0
	1999	대전	24	8	4	1	24	0	0
	2000	대전	20	4	5	0	29	1	0
	2001	대전	31	2	9	5	60	4	0
	2002	대전	27	1	7	1	35	2	0
	2003	대전	31	7	12	2	43	1	0
	2004	서울	29	11	4	5	29	2	0
	2005	서울	30	18	7	0	27	2	0
	2006	서울	37	26	14	5	59	3	0
	2007	서울	16	7	2	2	26	1	0
	2008	서울	7	4	2	1	2	0	0
	2010	제주	34	10	17	11	43	4	0
	2011	제주	30	11	6	6	35	2	0
	2012	강원	41	21	16	2	48	3	0
	합계		405	167	119	54	570	29	0
K1	2013	강원	13	11	2	3	16	0	0
	2013	포항	26	25	2	0	23	0	0
	합계		39	36	4	3	39	0	0
K2	2014	대전	17	17	0	2	16	0	0
	합계		17	17	0	2	16	0	0
프로통산			444	203	123	56	593	29	1

김은철 (金恩徹) 경희대 1968.05.29

대회	연도	소속	출전	교체	득점	도움	파울	경고	퇴장
BC	1991	유공	31	15	1	2	32	3	0
	1992	유공	11	8	2	1	8	0	0
	1993	유공	9	9	0	0	3	0	0
	1996	부천유	31	12	0	1	24	2	0
	1997	부천SK	16	11	0	0	14	3	0
	1998	부천SK	2	2	0	0	0	0	0
	합계		100	57	3	4	81	8	0
프로통산			100	57	3	4	81	8	0

김은후 (金垠侯 ← 김의범) 신갈고 1990.05.23

대회	연도	소속	출전	교체	득점	도움	파울	경고	퇴장
BC	2010	전북	1	1	0	0	0	0	0
	2011	강원	6	6	1	1	5	1	0
	합계		7	7	1	1	5	1	0
프로통산			7	7	0	1	6	1	0

김의섭 (金義燮) 경기대 1987.09.22

대회	연도	소속	출전	교체	득점	도움	파울	경고	퇴장
BC	2010	전북	1	1	0	0	0	0	0
	합계		1	1	0	0	0	0	0
프로통산			1	1	0	0	0	0	0

김의신 (金義信) 호원대 1992.11.26

대회	연도	소속	출전	교체	득점	도움	파울	경고	퇴장
K1	2015	광주	1	1	0	0	2	0	0
	합계		1	1	0	0	2	0	0
프로통산			1	1	0	0	2	0	0

김의원 (金毅員) 동북고 1998.11.01

대회	연도	소속	출전	교체	득점	도움	파울	경고	퇴장
K2	2017	경남	4	3	0	1	6	0	0
	합계		4	3	0	1	6	0	0

김이섭 (金利燮) 전주대 1974.04.27

대회	연도	소속	출전	교체	실점	도움	파울	경고	퇴장
BC	1997	포항	28	0	28	0	1	0	0
	1998	포항	31	1	47	0	1	1	0
	1999	포항	13	0	20	0	0	0	0
	2000	포항	5	0	2	0	0	0	0
	2002	전북	0	0	0	0	0	0	0
	2003	전북	19	0	28	0	0	0	0
	2004	인천	15	0	15	0	1	0	0
	2005	인천	10	1	11	0	0	0	0
	2006	인천	3	0	4	0	0	0	0
	2007	인천	26	0	31	0	0	0	0
	2008	인천	13	1	13	0	0	0	0
	2009	인천	16	0	17	0	1	0	0
	2010	인천	12	1	25	0	0	0	0
	합계		217	3	273	0	3	1	0
프로통산			217	3	273	0	3	1	0

김이주 (金利主) 전주대 1966.03.01

대회	연도	소속	출전	교체	득점	도움	파울	경고	퇴장
BC	1989	일화	36	23	3	3	30	1	0
	1990	일화	24	18	2	3	36	0	0
	1991	일화	35	25	8	5	50	4	0
	1992	일화	34	28	2	1	49	0	0
	1993	일화	29	17	7	3	36	1	0
	1994	일화	30	18	7	4	37	0	0
	1995	일화	27	24	2	3	32	0	0
	1996	수원	5	6	0	1	7	0	0
	1997	수원	1	1	0	0	0	0	0
	1997	천안일	18	10	8	2	24	2	0
	1998	천안일	27	23	0	1	18	1	0
	합계		266	193	39	23	319	8	0
프로통산			266	193	39	23	319	8	0

김익현 (金益現) 고려대 1989.04.30

대회	연도	소속	출전	교체	득점	도움	파울	경고	퇴장
BC	2009	부산	0	0	0	0	0	0	0
	2010	부산	2	2	0	0	2	0	0
	2011	부산	6	6	0	0	4	3	0

대회	연도	소속	출전	교체	득점	도움	파울	경고	퇴장
	2012	부산	6	6	0	0	8	2	0
	합계		14	13	0	0	14	5	0
K1	2013	부산	22	7	1	1	16	6	0
	2014	부산	19	14	1	0	24	4	0
	2015	부산	7	4	0	0	7	2	0
	합계		48	25	2	1	47	12	0
승	2015	부산	1	1	0	0	2	0	0
	합계		1	1	0	0	2	0	0
프로통산			63	39	2	1	63	17	0

김익형(金翼亨) 한양대 1958.06.17

대회	연도	소속	출전	교체	득점	도움	파울	경고	퇴장
BC	1985	포철	16	0	1	1	12	1	0
	1986	포철	25	7	0	0	20	0	0
	합계		41	7	1	1	32	1	0
프로통산			41	7	1	1	32	1	0

김인석(金仁錫) 군장대 1992.04.23

대회	연도	소속	출전	교체	득점	도움	파울	경고	퇴장
K1	2015	제주	0	0	0	0	0	0	0
	합계		0	0	0	0	0	0	0
프로통산			0	0	0	0	0	0	0

김인섭(金仁燮) 동국대 1972.07.09

대회	연도	소속	출전	교체	득점	도움	파울	경고	퇴장
BC	1995	포항	1	1	0	0	0	0	0
	합계		1	1	0	0	0	0	0
프로통산			1	1	0	0	0	0	0

김인성(金仁成) 성균관대 1989.09.09

대회	연도	소속	출전	교체	득점	도움	파울	경고	퇴장
K1	2013	성남일	31	31	2	2	23	1	0
	2014	전북	11	10	0	0	13	1	0
	2015	인천	32	19	5	0	58	3	0
	2016	울산	16	16	1	0	15	0	0
	2017	울산	36	26	5	3	41	2	0
	2018	울산	32	18	3	5	48	2	0
	합계		158	120	16	10	175	9	0
프로통산			158	120	16	10	175	9	0

김인완(金仁完) 경희대 1971.02.13

대회	연도	소속	출전	교체	득점	도움	파울	경고	퇴장
BC	1995	전남	24	14	2	4	33	2	1
	1996	전남	31	19	3	2	46	4	0
	1997	전남	22	7	6	4	31	2	0
	1998	전남	33	11	8	2	53	4	0
	1999	전남	15	11	1	2	22	1	0
	1999	천안일	11	2	3	1	29	0	0
	2000	성남일	10	9	0	0	15	0	0
	합계		146	73	23	15	229	13	1
프로통산			146	73	23	15	229	13	1

김인호(金仁鎬) 마산공고 1983.06.09

대회	연도	소속	출전	교체	득점	도움	파울	경고	퇴장
BC	2006	전북	28	11	0	0	41	5	1
	2007	전북	18	6	0	0	27	6	0
	2008	전북	17	8	0	2	18	0	0
	2009	전북	6	2	0	0	9	3	0
	2010	제주	10	3	0	0	14	2	0
	2011	제주	11	1	2	0	24	1	0
	합계		91	32	2	2	134	20	1
프로통산			91	32	2	2	134	20	1

김일진(金一鎭) 영남대 1970.04.05

대회	연도	소속	출전	교체	실점	도움	파울	경고	퇴장
BC	1993	포철	2	0	3	0	0	0	0
	1998	포항	9	1	5	0	0	1	0
	1999	포항	0	0	0	0	0	0	0
	2000	포항	2	0	5	0	0	0	0
	합계		13	1	13	0	0	1	0
프로통산			13	1	13	0	0	1	0

김재구 단국대 1977.03.12

대회	연도	소속	출전	교체	득점	도움	파울	경고	퇴장
BC	2000	성남일	1	0	0	0	3	0	0
	2001	성남일	1	0	0	0	0	0	0
	합계		2	1	0	0	3	0	0
프로통산			2	1	0	0	3	0	0

김재봉(金載俸) 광주대 1996.09.06

대회	연도	소속	출전	교체	득점	도움	파울	경고	퇴장
K2	2018	성남	9	6	0	0	12	2	0
	합계		9	6	0	0	12	2	0
프로통산			9	6	0	0	12	2	0

김재성(金在成) 아주대 1983.10.03

대회	연도	소속	출전	교체	득점	도움	파울	경고	퇴장
BC	2005	부천SK	35	10	2	1	69	4	0
	2006	제주	31	4	2	2	53	6	0
	2007	제주	31	4	2	2	26	6	0
	2008	포항	26	16	2	2	26	6	0
	2009	포항	15	11	4	2	45	6	0
	2010	포항	24	11	1	2	45	6	0
	2011	포항	30	5	4	4	48	8	0
	2012	상주	24	3	2	4	34	10	0
	합계		220	65	19	21	375	50	0
K1	2013	포항	3	1	0	1	5	2	0
	2014	포항	29	15	4	7	36	6	0
	2016	제주	3	3	0	0	2	0	0
	2017	전남	19	13	1	2	14	2	0
	합계		54	32	7	5	54	10	0
K2	2013	상주	26	15	3	2	43	6	0
	2015	서울E	39	4	4	12	48	7	0
	2016	서울E	33	7	3	1	21	4	0
	합계		82	22	8	15	112	17	0
프로통산			356	119	34	43	541	77	0

김재소(金在昭) 경희고 1965.11.06

대회	연도	소속	출전	교체	득점	도움	파울	경고	퇴장
BC	1989	일화	20	11	0	1	22	1	0
	1990	일화	10	6	0	1	15	2	0
	1991	일화	10	7	0	0	37	2	0
	1992	일화	10	7	0	1	11	0	0
	합계		70	43	0	5	85	5	0
프로통산			70	43	0	5	85	5	0

김재신(金在信) 건국대 1973.08.30

대회	연도	소속	출전	교체	득점	도움	파울	경고	퇴장
BC	1998	수원	7	5	1	0	8	0	0
	1999	수원	7	5	0	0	7	0	0
	2000	수원	6	2	0	0	9	0	0
	합계		20	12	1	0	24	0	0
프로통산			20	12	1	0	24	0	0

김재신(金在新) 숭실대 1975.03.03

대회	연도	소속	출전	교체	득점	도움	파울	경고	퇴장
BC	1999	전북	1	1	0	0	1	0	0
	2000	전북	18	16	0	1	20	2	0
	2001	전북	10	10	0	0	7	1	0
	합계		29	27	0	1	27	3	0
프로통산			29	27	0	1	27	3	0

김재연(金載淵) 연세대 1989.02.08

대회	연도	소속	출전	교체	득점	도움	파울	경고	퇴장
K2	2013	수원FC	8	3	0	0	12	2	0
	2014	수원FC	15	6	0	0	22	1	0
	2016	서울E	8	7	0	0	0	0	0
	합계		31	18	0	0	34	3	0
프로통산			31	18	0	0	34	3	0

김재우(金載雨) 영등포공고 1998.02.06

대회	연도	소속	출전	교체	득점	도움	파울	경고	퇴장
K2	2018	부천	1	0	0	0	0	0	0
	합계		1	0	0	0	0	0	0
프로통산			1	0	0	0	0	0	0

김재웅(金裁雄) 경희대 1988.01.01

대회	연도	소속	출전	교체	득점	도움	파울	경고	퇴장
BC	2011	인천	17	10	4	1	49	7	0
	2012	인천	18	16	0	4	47	4	0
	합계		35	26	4	5	96	11	0
K1	2013	인천	7	7	1	0	7	1	0
	2015	인천	1	1	0	0	1	0	0
	2016	수원FC	7	3	0	0	20	3	0
	합계		15	11	1	0	28	4	0
K2	2014	안양	27	23	7	0	67	7	0
	2016	수원FC	17	1	4	1	46	7	0
	2016	안산무	16	11	0	2	35	4	0
	2017	아산	6	3	0	0	11	3	0
	2018	서울E	24	21	0	1	30	6	0
	합계		90	59	13	2	189	27	0
승	2015	수원FC	2	0	0	0	6	1	0
	합계		2	0	0	0	6	1	0
프로통산			142	96	18	7	319	43	0

김재윤(김재균 / ← 김성균) 서귀포고 1990.09.04

대회	연도	소속	출전	교체	득점	도움	파울	경고	퇴장
BC	2009	성남일	4	5	0	0	4	2	0
	2010	강원	1	1	0	0	0	0	0
	2011	전남	1	0	0	0	0	0	0
	합계		5	6	0	0	4	2	0
프로통산			5	6	0	0	4	2	0

김재현(金渽玹 / ← 김응진) 광양제철고 1987.03.09

대회	연도	소속	출전	교체	득점	도움	파울	경고	퇴장
BC	2007	전남	8	4	0	0	2	0	0
	2008	전남	4	2	0	0	2	0	0
	2009	전남	8	0	1	0	14	3	0
	2010	부산	26	4	2	0	40	9	0
	2011	부산	17	3	1	0	17	5	0
	합계		56	10	4	0	74	17	0
K1	2013	부산	8	1	0	0	9	1	0
	2014	부산	5	2	0	0	4	0	0
	합계		13	3	0	0	11	1	0
K2	2016	부산	22	1	1	1	23	2	0
	2017	서울E	12	4	1	1	16	4	0
	2018	서울E	24	3	1	0	11	0	0
	합계		58	8	3	2	50	8	0
프로통산			127	21	7	3	141	27	0

김재형(金載澄 / ← 김재영) 아주대 1973.09.02

대회	연도	소속	출전	교체	득점	도움	파울	경고	퇴장
BC	1996	부산	32	8	2	4	46	5	0
	1997	부산	24	10	1	3	31	8	0
	1998	부산	7	5	0	0	12	2	0
	1999	부산	31	17	2	1	68	1	0
	2000	부산	19	12	0	1	29	1	1
	2001	부산	32	19	1	2	43	3	0
	2002	부산	16	9	0	0	37	3	0
	2004	부산	18	13	2	2	40	1	0
	2005	부산	11	2	1	1	50	3	1
	2006	전북	14	7	0	1	21	0	0
	2007	전북	15	14	0	0	21	0	0
	합계		229	120	10	9	396	30	3
프로통산			229	120	10	9	396	30	3

김재홍(金在鴻) 숭실대 1984.08.10

대회	연도	소속	출전	교체	득점	도움	파울	경고	퇴장
BC	2007	대구	1	0	0	1	2	0	0
	합계		1	0	0	1	2	0	0
프로통산			1	0	0	1	2	0	0

김재환(金載桓) 전주대 1988.05.27

대회	연도	소속	출전	교체	득점	도움	파울	경고	퇴장
BC	2011	전북	3	0	0	0	11	3	0
	2012	전북	2	2	0	0	2	0	0
	합계		5	2	0	0	13	3	0
K1	2013	전북	5	2	0	0	6	1	0
	합계		5	2	0	0	6	1	0

김재환(金才煥) 마산공고 1958.08.10

대회	연도	소속	출전	교체	득점	도움	파울	경고	퇴장
K2	2014	수원FC	4	1	0	0	1	0	0
		합계	4	1	0	0	1	0	0
프로통산			13	3	0	0	20	4	0

(위 프로통산은 앞 선수 기록)

대회	연도	소속	출전	교체	득점	도움	파울	경고	퇴장
BC	1985	현대	4	1	0	1	3	0	0
		합계	4	1	0	1	3	0	0
프로통산			4	1	0	1	3	0	0

김재훈(金載薰) 건국대 1988.02.21

대회	연도	소속	출전	교체	득점	도움	파울	경고	퇴장
BC	2011	전남	1	1	0	0	1	1	0
	2012	대전	7	1	0	0	7	3	0
		합계	8	2	0	0	8	4	0
K2	2014	충주	19	4	1	1	21	2	0
		합계	19	4	1	1	21	2	0
프로통산			27	6	1	1	29	6	0

김정겸(金正謙) 동국대 1976.06.09

대회	연도	소속	출전	교체	득점	도움	파울	경고	퇴장
BC	1999	전남	13	13	0	0	6	0	0
	2000	전남	29	6	1	1	57	3	0
	2001	전남	16	6	0	0	25	4	0
	2002	전남	5	5	0	0	1	0	0
	2003	전남	26	5	1	2	39	4	0
	2004	전남	26	5	1	2	43	3	0
	2005	전북	34	3	1	0	52	3	0
	2006	전북	13	0	0	0	16	0	0
	2007	전북	12	5	0	0	17	3	0
	2008	포항	5	3	0	0	6	0	0
	2009	포항	23	3	1	1	38	4	0
	2010	포항	16	2	1	0	23	3	0
	2011	포항	9	2	0	0	9	3	0
		합계	226	56	5	7	337	30	1
프로통산			226	56	5	7	337	30	1

김정광(金正光) 영남대 1988.03.14

대회	연도	소속	출전	교체	득점	도움	파울	경고	퇴장
BC	2011	성남일	0	0	0	0	0	0	0
		합계	0	0	0	0	0	0	0
프로통산			0	0	0	0	0	0	0

김정빈(金楨彬) 선문대 1987.08.23

대회	연도	소속	출전	교체	득점	도움	파울	경고	퇴장
BC	2012	상주	2	2	0	0	8	0	0
		합계	2	2	0	0	8	0	0
K2	2014	수원FC	31	6	4	2	53	2	0
	2015	수원FC	20	6	0	2	31	6	0
	2016	경남	32	7	0	2	31	3	0
	2017	경남	0	0	0	0	0	0	0
		합계	83	19	4	6	115	11	0
프로통산			85	21	4	6	123	11	0

김정수(金廷洙) 중앙대 1975.01.17

대회	연도	소속	출전	교체	득점	도움	파울	경고	퇴장
BC	1997	대전	25	1	0	3	9	1	0
	1999	대전	4	3	0	1	6	0	0
	2000	대전	29	1	0	0	12	1	0
	2001	대전	30	2	0	0	14	4	0
	2002	대전	30	7	0	0	14	4	0
	2003	대전	36	13	0	2	36	1	0
	2004	부천SK	30	6	0	0	27	2	0
	2005	부천SK	13	0	0	0	8	2	0
		합계	158	27	3	3	104	9	0
프로통산			158	27	3	3	104	9	0

김정우(金正友) 고려대 1982.05.09

대회	연도	소속	출전	교체	득점	도움	파울	경고	퇴장
BC	2003	울산	34	8	1	3	38	7	0
	2004	울산	18	4	0	0	49	4	1
	2005	울산	32	4	0	2	91	9	0
	2008	성남일	30	26	5	4	41	3	0
	2009	성남일	35	11	5	4	63	10	0
	2010	광주상	19	2	3	0	19	3	0
	2011	상주	26	6	18	1	30	5	0
	2011	성남일	3	0	1	0	4	0	0
	2012	전북	33	14	2	5	50	4	0
		합계	229	78	37	16	384	45	1
K1	2013	전북	8	4	0	1	8	1	0
		합계	8	4	0	1	8	1	0
프로통산			237	82	37	17	392	46	1

김정욱(金品昱) 아주대 1976.03.01

대회	연도	소속	출전	교체	득점	도움	파울	경고	퇴장
BC	1998	부산	3	3	1	0	4	0	0
	2000	울산	4	4	0	0	5	0	0
		합계	7	7	1	0	9	0	0
프로통산			7	7	1	0	9	0	0

김정은(金政銀) 동국대 1963.11.27

대회	연도	소속	출전	교체	득점	도움	파울	경고	퇴장
BC	1986	한일	10	5	0	0	10	0	0
		합계	10	5	0	0	10	0	0
프로통산			10	5	0	0	10	0	0

김정재(金正才) 경희대 1974.05.22

대회	연도	소속	출전	교체	득점	도움	파울	경고	퇴장
BC	1997	천안일	20	8	0	0	37	4	0
	1998	천안일	24	4	0	1	30	6	0
	1999	천안일	14	1	0	1	36	6	0
	2000	성남일	23	7	1	1	53	7	0
	2001	성남일	14	12	0	1	16	2	0
	2002	성남일	24	16	0	2	19	3	0
	2003	성남일	14	1	0	0	5	0	0
	2004	인천	14	7	1	0	22	4	0
		합계	139	70	2	2	260	32	0
프로통산			139	70	2	2	260	32	0

김정주(金正柱) 강릉제일고 1991.09.26

대회	연도	소속	출전	교체	득점	도움	파울	경고	퇴장
BC	2010	강원	7	7	0	0	7	0	0
	2011	강원	5	2	0	0	7	1	0
	2012	강원	3	1	0	0	1	1	0
		합계	15	10	0	0	11	1	0
K2	2017	대전	15	14	0	3	8	1	0
		합계	15	14	0	3	8	1	0
프로통산			30	24	0	3	19	2	0

김정혁(金正赫) 명지대 1968.11.30

대회	연도	소속	출전	교체	득점	도움	파울	경고	퇴장
BC	1992	대우	34	9	2	2	50	6	0
	1993	대우	10	7	0	0	14	0	0
	1994	대우	11	12	0	1	13	0	0
	1996	부산	11	8	0	0	13	0	0
	1996	전남	21	8	0	3	29	10	0
	1997	전남	34	3	1	3	66	6	0
	1998	전남	26	10	0	4	42	4	0
	1999	전남	35	3	1	2	44	4	0
	2000	전남	23	8	0	2	33	2	0
	2001	전남	27	3	0	0	25	2	0
	2002	전남	6	3	0	0	11	1	0
		합계	239	71	4	15	341	31	0
프로통산			239	71	4	15	341	31	0

김정현(金楨鉉) 중동고 1993.06.01

대회	연도	소속	출전	교체	득점	도움	파울	경고	퇴장
K1	2016	광주	7	6	1	0	14	3	0
	2017	광주	14	8	1	0	15	4	1
		합계	21	14	2	0	29	7	1
K2	2018	성남	30	3	2	1	75	6	0
		합계	30	3	2	1	75	6	0
프로통산			51	17	5	1	101	12	1

김정현(金正炫) 호남대 1979.04.01

대회	연도	소속	출전	교체	득점	도움	파울	경고	퇴장
BC	2003	부천SK	0	0	0	0	0	0	0
		합계	0	0	0	0	0	0	0
프로통산			0	0	0	0	0	0	0

김정현(金正炫) 강릉제일고 1988.05.16

대회	연도	소속	출전	교체	득점	도움	파울	경고	퇴장
BC	2007	인천	1	1	0	0	0	0	0
	2008	인천	1	1	0	0	1	0	0
		합계	1	1	0	0	1	0	0
프로통산			1	1	0	0	1	0	0

김정호(金政浩) 인천대 1995.05.31

대회	연도	소속	출전	교체	득점	도움	파울	경고	퇴장
K1	2018	인천	12	7	0	0	5	1	0
		합계	12	7	0	0	5	1	0
프로통산			12	7	0	0	5	1	0

김정호(金楨浩) 개성고 1998.04.07

대회	연도	소속	출전	교체	득점	도움	파울	경고	퇴장
K2	2017	부산	0	0	0	0	0	0	0
	2018	부산	0	0	0	0	0	0	0
		합계	0	0	0	0	0	0	0
프로통산			0	0	0	0	0	0	0

김정환(金正桓) 신갈고 1997.01.04

대회	연도	소속	출전	교체	득점	도움	파울	경고	퇴장
K1	2016	서울	1	1	0	0	0	0	0
	2017	서울	1	1	0	0	0	0	0
		합계	2	2	0	0	0	0	0
K2	2018	광주	26	22	4	3	22	1	0
		합계	26	22	4	3	22	1	0
프로통산			27	23	4	3	22	1	0

김정훈(金正訓) 관동대 1991.12.23

대회	연도	소속	출전	교체	득점	도움	파울	경고	퇴장
K2	2014	충주	29	13	3	1	28	5	0
	2015	충주	23	17	1	1	27	0	0
	2016	충주	28	24	0	1	28	3	0
		합계	80	61	4	3	83	7	0
프로통산			80	61	4	3	83	7	0

김정훈(金正勳) 독일 FSV Mainz05 1989.02.13

대회	연도	소속	출전	교체	득점	도움	파울	경고	퇴장
BC	2008	대전	5	5	1	0	7	1	0
	2009	대전							
		합계	5	5	1	0	7	1	0
프로통산			5	5	1	0	7	1	0

김정희(金正熙) 한양대 1956.01.13

대회	연도	소속	출전	교체	득점	도움	파울	경고	퇴장
BC	1983	할렐	15	4	2	1	6	1	0
	1984	할렐	26	7	3	4	18	1	0
	1985	할렐	9	3	0	0	4	0	0
		합계	50	14	3	4	18	2	0
프로통산			50	14	3	4	18	2	0

김제환(金濟煥) 명지대 1985.06.07

대회	연도	소속	출전	교체	득점	도움	파울	경고	퇴장
K2	2013	경찰	17	13	2	1	12	2	0
		합계	17	13	2	1	12	2	0
프로통산			17	13	2	1	12	2	0

김종건(金鍾建) 서울시립대 1964.03.29

대회	연도	소속	출전	교체	득점	도움	파울	경고	퇴장
BC	1985	현대	17	4	1	0	11	0	0
	1986	현대	28	10	2	4	38	3	0
	1987	현대	27	3	2	1	16	1	0
	1988	현대	13	4	2	1	12	0	0
	1989	현대	19	8	3	2	41	2	0
	1990	현대	7	5	0	0	9	0	0
	1991	현대							
	1991	일화							
	1992	일화							
		합계	127	50	14	12	164	10	0
프로통산			127	50	14	12	164	10	0

김종건(金鐘建) 한양대 1969.05.10

대회	연도	소속	출전	교체	득점	도움	파울	경고	퇴장
BC	1992	현대	12	13	1	0	11	0	0

연도	소속	출전	교체	득점	도움	파울	경고	퇴장
1993	현대	14	15	2	4	11	3	0
1994	현대	26	15	9	0	21	1	0
1995	현대	27	21	4	1	22	0	0
1996	울산	18	11	4	2	20	0	0
1997	울산	19	13	4	0	36	3	0
1998	울산	31	20	12	2	41	3	0
1999	울산	33	18	15	5	32	0	0
2000	울산	13	10	1	1	14	0	0
합계		193	136	52	15	208	10	0
프로통산		193	136	52	15	208	10	0

김종경 (金種慶) 홍익대 1982.05.09

대회	연도	소속	출전	교체	득점	도움	파울	경고	퇴장
BC	2004	광주상	5	2	0	0	3	2	0
	2005	광주상							
	2006	경남	23	7	4	0	67	9	0
	2007	전북	17	9	1	0	27	6	0
	2008	대구	2	1	0	0	2	1	0
	합계		48	19	5	0	99	17	0
프로통산			48	19	5	0	99	17	0

김종국 (金鐘國) 울산대 1989.01.08

대회	연도	소속	출전	교체	득점	도움	파울	경고	퇴장
BC	2011	울산	3	2	0	0	4	0	0
	2012	울산							
	2012	강원	16	7	0	4	20	4	0
	합계		19	9	0	4	24	4	0
K1	2013	울산	5	5	0	0	1	0	0
	2015	대전	30	6	1	3	37	4	0
	2016	수원FC	26	12	2	2	21	4	0
	합계		61	23	3	5	59	8	0
K2	2014	대전	32	9	1	1	26	5	0
	2017	아산	17	1	0	1	31	5	0
	2018	아산	30	8	1	2	36	4	0
	2018	수원FC	2	1	0	0	2	0	0
	합계		71	17	2	3	95	14	0
프로통산			151	49	5	12	174	25	0

김종만 (金鍾萬) 동아대 1959.06.30

대회	연도	소속	출전	교체	득점	도움	파울	경고	퇴장
BC	1983	국민	11	0	0	0	15	1	1
	1984	국민	3	0	0	0	2	0	0
	1986	럭금	15	2	0	0	9	0	0
	1987	럭금	13	4	0	0	20	1	0
	합계		42	6	0	0	46	2	1
프로통산			42	6	0	0	46	2	1

김종민 (金宗珉) 장훈고 1992.08.11

대회	연도	소속	출전	교체	득점	도움	파울	경고	퇴장
K1	2016	수원	11	10	1	1	10	0	0
	2017	수원	1	1	0	0	0	0	0
	2018	수원	7	4	1	0	12	0	0
	합계		19	15	2	1	22	0	0
프로통산			19	15	2	1	22	0	0

김종식 (金鍾植) 충북대 1993.10.03

대회	연도	소속	출전	교체	득점	도움	파울	경고	퇴장
K2	2016	부산	13	13	0	1	13	1	0
	합계		13	13	0	1	13	1	0
프로통산			13	13	0	1	13	1	0

김종민 (金鍾珉) 한양대 1965.01.06

대회	연도	소속	출전	교체	득점	도움	파울	경고	퇴장
BC	1987	럭금	10	3	2	0	12	0	0
	1988	럭금	3	3	0	0	3	0	0
	1989	럭금	1	1	0	0	1	0	0
	1990	럭금	1	1	0	0	0	0	0
	합계		15	8	2	0	12	1	0
프로통산			15	8	2	0	12	1	0

김종복 (金鍾福) 중앙대 1984.11.10

대회	연도	소속	출전	교체	득점	도움	파울	경고	퇴장
BC	2006	대구	0	0	0	0	0	0	0
	합계		0	0	0	0	0	0	0
프로통산			0	0	0	0	0	0	0

김종부 (金鍾夫) 고려대 1965.01.13

대회	연도	소속	출전	교체	득점	도움	파울	경고	퇴장
BC	1988	포철	15	7	0	5	17	0	0
	1989	포철	18	14	1	2	19	1	0
	1990	대우	22	5	5	1	19	1	0
	1991	대우	7	7	0	0	6	0	0
	1992	대우	6	6	0	0	5	0	0
	1993	대우	2	2	0	0	0	0	0
	1993	일화	2	2	0	0	1	0	0
	1994	일화	3	3	0	0	1	0	0
	1995	대우	5	5	0	0	4	0	0
	합계		81	51	6	8	72	2	0
프로통산			81	51	6	8	72	2	0

김종석 (金綜奭) 상지대 1994.12.11

대회	연도	소속	출전	교체	득점	도움	파울	경고	퇴장
K1	2016	포항	1	1	0	0	0	0	0
	2017	포항	1	1	0	0	0	0	0
	합계		2	2	0	0	0	0	0
K2	2018	안산	17	12	0	2	11	1	0
	합계		17	12	0	2	11	1	0
프로통산			19	14	0	2	11	1	0

김종석 (金宗錫) 경상대 1963.05.31

대회	연도	소속	출전	교체	득점	도움	파울	경고	퇴장
BC	1986	럭금	27	13	0	0	8	0	0
	1987	럭금	7	7	0	0	2	0	0
	합계		34	17	0	0	10	0	0
프로통산			34	17	0	0	10	0	0

김종설 (金鐘卨) 중앙대 1960.03.16

대회	연도	소속	출전	교체	득점	도움	파울	경고	퇴장
BC	1983	국민	1	0	0	0	1	1	0
	합계		1	0	0	0	1	1	0
프로통산			1	0	0	0	1	1	0

김종성 (金鍾城) 아주대 1988.03.12

대회	연도	소속	출전	교체	득점	도움	파울	경고	퇴장
K2	2013	수원FC	24	9	2	0	41	8	1
	2014	안양	26	9	1	0	49	8	0
	2015	안양	16	6	0	0	19	4	0
	합계		66	24	3	0	109	20	1
프로통산			66	24	3	0	109	20	1

김종수 (金鐘洙) 동국대 1986.07.25

대회	연도	소속	출전	교체	득점	도움	파울	경고	퇴장
BC	2009	경남	17	2	1	0	50	5	0
	2010	경남	7	4	0	0	12	1	0
	2011	경남	1	0	0	0	0	0	0
	2012	경남	19	9	0	0	19	4	0
	합계		44	15	1	0	81	10	0
K1	2013	대전	5	2	0	1	8	3	0
	합계		5	2	0	1	8	3	0
프로통산			49	17	1	1	89	13	0

김종식 (金鍾植) 울산대 1967.03.18

대회	연도	소속	출전	교체	득점	도움	파울	경고	퇴장
BC	1990	현대	5	5	0	0	7	1	0
	1991	현대	5	5	0	0	18	2	0
	1992	현대	17	12	1	0	29	1	0
	1993	현대	15	6	0	0	14	2	0
	1994	현대	17	10	0	1	25	4	0
	1995	현대	25	19	1	1	35	8	0
	1996	울산	5	3	0	1	16	1	0
	1997	울산	4	2	0	0	4	1	0
	합계		93	66	1	3	130	16	0
프로통산			93	66	1	3	130	16	0

김종연 (金鍾然) 조선대 1975.11.11

대회	연도	소속	출전	교체	득점	도움	파울	경고	퇴장
BC	1997	안양LG	16	13	3	0	21	1	0
	1998	안양LG	20	19	2	1	15	2	0
	1999	안양LG	6	7	1	1	9	1	0
	합계		42	39	6	2	45	4	0
프로통산			42	39	6	2	45	4	0

김종우 (金鍾佑) 선문대 1993.10.01

대회	연도	소속	출전	교체	득점	도움	파울	경고	퇴장
K1	2016	수원	3	3	0	0	2	0	0
	2017	수원	25	18	2	5	30	3	0
	2018	수원	24	17	4	1	19	3	0
	합계		52	38	6	6	51	6	0
K2	2015	수원FC	32	15	4	9	48	3	0
	합계		32	15	4	9	48	3	0
승	2015	수원FC	2	2	0	1	2	0	0
	합계		2	2	0	1	2	0	0
프로통산			86	55	10	16	101	9	0

김종원 (金鍾沅) 세종대 1993.04.10

대회	연도	소속	출전	교체	득점	도움	파울	경고	퇴장
K2	2016	고양	2	0	0	0	2	0	0
	합계		2	0	0	0	2	0	0
프로통산			2	0	0	0	2	0	0

김종진 (金鐘振) 영문고 1999.04.12

대회	연도	소속	출전	교체	득점	도움	파울	경고	퇴장
K1	2018	경남	6	6	1	0	2	1	0
	합계		6	6	1	0	2	1	0
프로통산			6	6	1	0	2	1	0

김종천 (金鍾天) 중앙대 1976.07.07

대회	연도	소속	출전	교체	득점	도움	파울	경고	퇴장
BC	1999	포항	30	23	1	3	20	1	0
	2000	포항	36	17	5	2	30	0	0
	2001	포항	9	7	0	0	9	0	0
	2003	광주상	34	8	1	2	46	1	0
	2004	포항	15	13	0	0	9	0	0
	2005	포항	0	0	0	0	0	0	0
	2006	전북	8	7	0	0	5	0	0
	합계		128	70	7	7	109	3	0
프로통산			128	70	7	7	109	3	0

김종철 (金鍾哲) 인천대 1983.11.09

대회	연도	소속	출전	교체	득점	도움	파울	경고	퇴장
BC	2006	울산	1	1	0	0	3	0	0
	합계		1	1	0	0	3	0	0
프로통산			1	1	0	0	3	0	0

김종필 (金宗弼) 동국대 1967.11.11

대회	연도	소속	출전	교체	득점	도움	파울	경고	퇴장
BC	1994	대우	4	5	0	1	6	0	0
	합계		4	5	0	1	6	0	0
프로통산			4	5	0	1	6	0	0

김종현 (金宗賢) 충북대 1973.07.10

대회	연도	소속	출전	교체	득점	도움	파울	경고	퇴장
BC	1998	전남	24	18	4	3	18	1	0
	1999	전남	34	18	4	8	33	1	0
	2000	전남	37	26	5	3	31	1	0
	2001	전남	33	24	2	9	26	1	0
	2002	전남	42	25	10	8	40	3	0
	2003	대전	42	15	4	6	31	1	0
	2004	대전	26	22	4	1	19	2	1
	2005	대전	31	27	1	0	25	0	0
	합계		239	172	30	28	180	8	1
프로통산			239	172	30	28	180	8	1

김종혁 (金鐘爀) 시립대 1990.11.15

대회	연도	소속	출전	교체	득점	도움	파울	경고	퇴장
BC	1985	현대	15	2	4	3	27	1	0
	1986	현대	22	12	2	3	16	0	0
	1988	유공	15	13	0	1	12	0	0
	합계		52	27	6	7	55	1	0
프로통산			52	27	6	7	55	1	0

김종훈 (金鐘勳) 홍익대 1980.12.17

대회	연도	소속	출전	교체	득점	도움	파울	경고	퇴장
BC	2007	경남	14	6	0	0	24	2	0
	2008	경남	21	4	1	0	39	3	0

대회	연도	소속	출전	교체	득점	도움	파울	경고	퇴장
	2009	경남	5	3	0	0	3	1	0
	2010	부산	7	5	0	0	6	2	0
	합계		47	18	1	0	72	8	0
프로통산			47	18	1	0	72	8	0

김주봉(金青奉) 숭실대 1986.04.07

대회	연도	소속	출전	교체	득점	도움	파울	경고	퇴장
BC	2009	강원	3	1	0	0	2	1	0
프로통산			3	1	0	0	2	1	0

김주빈(金周彬) 관동대 1990.12.07

대회	연도	소속	출전	교체	득점	도움	파울	경고	퇴장
K2	2014	대구	14	8	1	1	14	2	0
	합계		14	8	1	1	14	2	0
프로통산			14	8	1	1	14	2	0

김주성(金鑄城) 조선대 1966.01.17

대회	연도	소속	출전	교체	득점	도움	파울	경고	퇴장
BC	1987	대우	28	5	10	4	54	4	0
	1988	대우	10	4	3	0	10	0	0
	1989	대우	9	4	2	0	7	3	0
	1990	대우	9	4	2	0	27	3	0
	1991	대우	37	10	14	5	88	4	0
	1992	대우	9	4	0	1	23	0	0
	1994	대우	11	4	0	1	7	3	0
	1995	대우	30	10	1	1	46	6	0
	1996	부산	26	2	2	2	49	5	0
	1997	부산	34	0	1	1	33	3	0
	1998	부산	28	1	0	1	45	6	1
	1999	부산	33	5	0	1	57	5	0
	합계		255	45	35	17	466	37	1
프로통산			255	45	35	17	466	37	1

김주영(金周榮) 연세대 1988.07.09

대회	연도	소속	출전	교체	득점	도움	파울	경고	퇴장
BC	2009	경남	21	1	0	0	26	4	0
	2010	경남	30	1	0	0	31	4	0
	2011	경남	4	0	1	0	4	0	0
	2012	서울	33	7	0	0	12	4	0
	합계		88	9	1	0	71	12	0
K1	2013	서울	31	2	2	1	24	4	0
	2014	서울	29	1	2	0	16	4	0
	합계		60	3	4	1	40	9	0
프로통산			148	12	5	1	116	21	0

김주영(金周寧) 건국대 1977.06.06

대회	연도	소속	출전	교체	득점	도움	파울	경고	퇴장
BC	2000	안양LG	1	1	0	0	0	0	0
	합계		1	1	0	0	0	0	0
프로통산			1	1	0	0	0	0	0

김주일(金住鎰) 대구대 1974.03.05

대회	연도	소속	출전	교체	득점	도움	파울	경고	퇴장
BC	1997	천안일	6	3	0	0	7	2	0
	합계		6	3	0	0	7	2	0
프로통산			6	3	0	0	7	2	0

김주형(金柱亨) 동의대 1989.08.23

대회	연도	소속	출전	교체	득점	도움	파울	경고	퇴장
BC	2010	대전	3	3	0	0	3	0	0
	2011	대전	1	1	0	0	0	0	0
	합계		4	4	0	0	3	0	0
K2	2014	충주	0	0	0	0	0	0	0
	합계		0	0	0	0	0	0	0
프로통산			4	4	0	0	3	0	0

김주환(金周奐) 아주대 1982.04.24

대회	연도	소속	출전	교체	득점	도움	파울	경고	퇴장
BC	2005	대구	15	7	1	2	23	2	0
	2006	대구	19	9	0	0	34	4	0
	2007	대구	22	6	1	4	29	2	0
	2008	대구	10	3	2	1	11	0	0
	2009	대구	17	2	1	0	25	1	0
	2010	광주상	1	1	0	0	0	0	0
	2011	상주	9	2	0	0	10	3	0
	2011	대구	0	0	0	0	0	0	0
	합계		93	30	5	7	133	18	0
프로통산			93	30	5	7	133	18	0

김주훈(金柱薰) 동아대 1959.02.27

대회	연도	소속	출전	교체	득점	도움	파울	경고	퇴장
BC	1983	국민	5	1	0	1	3	0	0
프로통산			5	1	0	1	3	0	0

김준(金俊) 대월중 1986.12.09

대회	연도	소속	출전	교체	득점	도움	파울	경고	퇴장
BC	2003	수원	0	0	0	0	0	0	0
프로통산			0	0	0	0	0	0	0

김준민(金俊旻) 동의대 1983.09.07

대회	연도	소속	출전	교체	득점	도움	파울	경고	퇴장
BC	2007	대전	1	1	0	0	0	0	0
	합계		1	1	0	0	0	0	0
프로통산			1	1	0	0	0	0	0

김준범(金俊範) 연세대 1998.01.14

대회	연도	소속	출전	교체	득점	도움	파울	경고	퇴장
K1	2018	경남	22	17	1	0	18	6	0
	합계		22	17	1	0	18	6	0
프로통산			22	17	1	0	18	6	0

김준범(金峻範) 호남대 1986.06.23

대회	연도	소속	출전	교체	득점	도움	파울	경고	퇴장
BC	2012	강원	1	1	0	0	0	0	0
	합계		1	1	0	0	0	0	0
프로통산			1	1	0	0	0	0	0

김준석(金俊錫) 고려대 1976.04.21

대회	연도	소속	출전	교체	실점	도움	파울	경고	퇴장
BC	1999	부산	6	1	11	0	0	0	0
	2000	부산							
프로통산			6	1	11	0	0	0	0

김준수(金俊洙) 영남대 1991.07.29

대회	연도	소속	출전	교체	득점	도움	파울	경고	퇴장
K1	2013	포항	7	4	1	0	7	1	0
	2014	포항	10	4	0	0	14	0	0
	2015	포항	18	2	3	0	14	4	0
	2016	포항	22	6	0	0	21	7	0
	2017	전남	13	6	0	1	12	1	0
	합계		70	22	3	0	83	16	0
K2	2018	아산	6	3	0	0	5	2	0
	합계		6	3	0	0	5	2	0
프로통산			76	25	3	1	88	16	0

김준엽(金俊燁) 홍익대 1988.05.10

대회	연도	소속	출전	교체	득점	도움	파울	경고	퇴장
BC	2010	제주	1	1	0	0	0	0	0
	2011	제주	2	0	0	0	4	0	0
	2012	제주	11	5	0	0	12	3	0
	합계		14	6	0	0	16	3	0
K1	2014	경남	13	4	0	0	18	2	0
	합계		13	4	0	0	18	2	0
K2	2013	광주	29	13	1	2	50	3	0
	2015	충주	34	3	1	1	41	6	0
	2016	안산무	28	10	1	3	38	5	0
	2017	아산	18	0	0	2	30	4	0
	2018	부천	31	2	1	3	45	2	0
	합계		140	28	7	11	194	17	0
승	2014	경남	2	1	0	0	3	0	0
	합계		2	1	0	0	3	0	0
프로통산			169	39	7	11	228	23	0

김준태(金俊泰) 한남대 1985.05.31

대회	연도	소속	출전	교체	득점	도움	파울	경고	퇴장
BC	2010	강원	4	3	0	0	4	0	0
	합계		4	3	0	0	4	0	0
K2	2015	고양	38	7	2	4	48	8	0
	2016	서울E	24	5	1	2	41	4	0
	2017	서울E	24	7	0	2	55	1	0
	2018	서울E	17	0	0	1	40	3	0
	합계		103	28	3	9	184	16	0
프로통산			107	31	3	9	187	16	0

김준현(金俊鉉) 연세대 1964.01.20

대회	연도	소속	출전	교체	득점	도움	파울	경고	퇴장
BC	1986	대우	11	9	3	0	8	2	0
	1987	유공	26	13	3	4	22	3	0
	1988	유공	10	8	0	0	14	0	0
	1989	유공	33	33	5	4	20	2	0
	1990	유공	17	16	1	0	12	1	0
	1991	유공	29	6	8	4	23	3	0
	1992	유공	12	10	0	0	20	1	0
	합계		128	106	12	16	100	12	1
프로통산			128	106	12	16	100	12	1

김준협(金俊協) 오현대 1978.11.11

대회	연도	소속	출전	교체	득점	도움	파울	경고	퇴장
BC	2004	울산	1	1	0	0	1	0	0
	합계		1	1	0	0	1	0	0
프로통산			1	1	0	0	1	0	0

김준형(金俊炯) 송호대 1996.04.05

대회	연도	소속	출전	교체	득점	도움	파울	경고	퇴장
K1	2017	수원	5	4	0	0	4	1	0
	2018	수원							
	합계		5	4	0	0	4	1	0
프로통산			5	4	0	0	4	1	0

김지민(金智珉) 동래고 1993.06.05

대회	연도	소속	출전	교체	득점	도움	파울	경고	퇴장
BC	2012	부산	7	6	0	0	6	1	0
	합계		7	6	0	0	6	1	0
K1	2013	부산	3	3	0	0	1	0	0
	2014	부산	8	8	0	0	6	0	0
	2015	부산	5	0	0	0	6	1	0
	2018	포항	17	11	4	1	24	4	0
	합계		24	18	4	1	28	4	0
K2	2016	부산	1	1	0	0	1	0	0
	합계		1	1	0	0	1	0	0
프로통산			32	25	4	1	35	5	0

김지민(金智珉) 한양대 1984.11.27

대회	연도	소속	출전	교체	득점	도움	파울	경고	퇴장
BC	2007	울산	1	1	0	0	0	0	0
	2008	포항	1	1	0	0	1	0	0
	2009	포항	7	5	0	1	0	2	0
	2010	광주상							
	2011	상주							
	합계		18	9	0	1	9	4	0
K2	2013	수원FC							
	합계		18	9	0	1	9	4	0
프로통산			18	9	0	1	9	4	0

김지성(金志成) 동의대 1987.11.08

대회	연도	소속	출전	교체	실점	도움	파울	경고	퇴장
K2	2013	광주	25	0	39	0	2	1	0
	합계		25	0	39	0	2	1	0
프로통산			25	0	39	0	2	1	0

김지운(金只澐) 아주대 1976.11.13

대회	연도	소속	출전	교체	실점	도움	파울	경고	퇴장
BC	1999	부천SK							
	2000	부천SK							
	2001	부천SK							
	2003	부천SK							
	2004	부천SK							
	2006	대구	6	1	5	0	6	0	0
	합계		6	1	5	0	6	0	0
프로통산			6	1	5	0	6	0	0

김지웅(金知雄) 경희대 1989.01.14

김지웅 — BC 2010~

대회	연도	소속	출전	교체	득점	도움	파울	경고	퇴장
BC	2010	전북	16	15	1	2	23	4	0
	2011	전북	13	12	3	0	27	6	0
	2012	경남	2	2	1	0	1	0	0
	합계		31	29	5	2	51	10	0
K1	2013	부산	2	2	0	0	2	1	0
	합계		2	2	0	0	2	1	0
K2	2014	고양	4	1	1	0	8	0	1
	2015	고양	5	5	1	1	1	1	0
	합계		9	6	2	1	9	1	1
프로통산			42	37	7	3	62	12	1

김지웅(金智雄) 광운대 1990.05.19

대회	연도	소속	출전	교체	득점	도움	파울	경고	퇴장
K1	2014	상주	0	0	0	0	0	0	0
	합계		0	0	0	0	0	0	0
K2	2013	부천	4	4	0	0	4	0	0
	2015	상주	0	0	0	0	0	0	0
	합계		4	4	0	0	4	0	0
프로통산			4	4	0	0	4	0	0

김지철(金地鐵) 예원예술대 1995.04.06

대회	연도	소속	출전	교체	득점	도움	파울	경고	퇴장
K2	2016	대전	0	0	0	0	0	0	0
	합계		0	0	0	0	0	0	0
프로통산			0	0	0	0	0	0	0

김지혁(金志赫) 경남상고 1981.10.26

대회	연도	소속	출전	교체	실점	도움	파울	경고	퇴장
BC	2001	부산	3	0	4	0	0	0	0
	2002	부산	0	0	0	0	0	0	0
	2003	부산	0	0	0	0	0	0	0
	2004	부산	2	0	8	0	0	0	0
	2005	울산	4	0	4	0	0	0	0
	2006	울산	29	0	27	0	0	1	0
	2007	울산	5	1	3	0	0	0	0
	2008	포항	21	1	25	0	0	1	0
	2009	포항	10	1	14	0	1	0	0
	2010	광주상	26	1	39	0	0	2	0
	2011	상주	11	0	12	0	0	1	0
	합계		111	7	136	0	1	6	0
프로통산			111	7	136	0	1	6	0

김지현(金址泫) 강원한라대 1996.07.22

대회	연도	소속	출전	교체	득점	도움	파울	경고	퇴장
K1	2018	강원	12	12	3	0	9	0	0
	합계		12	12	3	0	9	0	0
프로통산			12	12	3	0	9	0	0

김지호(金芝鎬) 수원대 1997.08.03

대회	연도	소속	출전	교체	득점	도움	파울	경고	퇴장
K2	2018	부천	7	7	0	0	4	1	0
	합계		7	7	0	0	4	1	0
프로통산			7	7	0	0	4	1	0

김지환(金智煥) 영동대 1988.04.21

대회	연도	소속	출전	교체	득점	도움	파울	경고	퇴장
BC	2011	부산	0	0	0	0	0	0	0
	합계		0	0	0	0	0	0	0
프로통산			0	0	0	0	0	0	0

김지훈(金志訓) 청주대 1993.06.16

대회	연도	소속	출전	교체	득점	도움	파울	경고	퇴장
K2	2016	고양	16	8	0	1	15	2	0
	합계		16	8	0	1	15	2	0
프로통산			16	8	0	1	15	2	0

김지훈(金志勳) 원주공고 1997.09.30

대회	연도	소속	출전	교체	득점	도움	파울	경고	퇴장
K2	2016	서울E	0	0	0	0	0	0	0
	합계		0	0	0	0	0	0	0
프로통산			0	0	0	0	0	0	0

김진국(金鎭國) 건국대 1951.09.14

대회	연도	소속	출전	교체	득점	도움	파울	경고	퇴장
BC	1984	국민	15	10	2	3	4	0	0
	합계		15	10	2	3	5	0	0
프로통산			15	10	2	3	5	0	0

김진규(金珍圭) 안동고 1985.02.16

대회	연도	소속	출전	교체	득점	도움	파울	경고	퇴장
BC	2003	전남	11	4	1	0	12	2	0
	2004	전남	15	0	1	1	29	5	0
	2007	전남	9	0	2	0	14	4	0
	2007	서울	9	0	0	0	19	1	0
	2008	서울	29	4	0	0	51	7	1
	2009	서울	30	4	0	3	45	6	0
	2010	서울	30	4	1	0	33	3	1
	2012	서울	37	2	4	1	49	7	0
	합계		172	19	9	5	245	35	2
K1	2013	서울	35	1	6	1	25	3	0
	2014	서울	33	3	2	2	43	3	0
	2015	서울	15	5	0	0	15	1	0
	합계		83	9	8	3	83	7	0
K2	2017	대전	13	2	0	0	11	4	0
	합계		13	2	0	0	11	4	0
프로통산			268	30	17	8	339	46	2

김진규(金鎭圭) 개성고 1997.02.24

대회	연도	소속	출전	교체	득점	도움	파울	경고	퇴장
K1	2015	부산	14	10	1	2	11	3	0
	합계		14	10	1	2	11	3	0
K2	2016	부산	6	5	0	0	6	0	0
	2017	부산	10	6	1	0	8	2	0
	2018	부산	32	15	7	2	43	3	0
	합계		48	26	7	2	61	5	0
승	2015	부산	1	1	0	0	1	0	0
	2018	부산	2	1	1	0	2	1	0
	합계		3	2	1	0	3	1	0
프로통산			65	38	9	4	75	9	0

김진래(金進來) 매탄고 1997.05.01

대회	연도	소속	출전	교체	득점	도움	파울	경고	퇴장
K2	2018	안양	24	3	1	2	27	4	0
	합계		24	3	1	2	27	4	0
프로통산			24	3	1	2	27	4	0

김진만(金眞萬) 선문대 1990.05.03

대회	연도	소속	출전	교체	득점	도움	파울	경고	퇴장
BC	2011	대전	1	1	0	0	0	0	0
	합계		1	1	0	0	0	0	0
프로통산			1	1	0	0	0	0	0

김진솔(金眞率) 우석대 1989.01.11

대회	연도	소속	출전	교체	득점	도움	파울	경고	퇴장
BC	2010	대전	4	4	0	0	4	1	0
	2011	대전	4	3	0	1	8	2	0
	합계		8	7	0	0	12	3	0
프로통산			8	7	0	0	12	3	0

김진수(金鎭秀) 신갈고 1995.02.28

대회	연도	소속	출전	교체	득점	도움	파울	경고	퇴장
K1	2016	광주	1	1	0	0	0	0	0
	합계		1	1	0	0	0	0	0
프로통산			1	1	0	0	0	0	0

김진수(金珍洙) 경희대 1992.06.13

대회	연도	소속	출전	교체	득점	도움	파울	경고	퇴장
K1	2017	전북	29	3	4	5	36	7	0
	2018	전북	7	1	0	2	10	2	0
	합계		36	4	5	5	46	10	0
프로통산			36	4	5	5	46	10	0

김진수(金珍洙) 창원기계공고 1984.07.02

대회	연도	소속	출전	교체	득점	도움	파울	경고	퇴장
BC	2006	인천	0	0	0	0	0	0	0
	2007	인천	0	0	0	0	0	0	0
	합계		0	0	0	0	0	0	0
프로통산			0	0	0	0	0	0	0

김진식(金珍植) 전주대 1977.03.16

대회	연도	소속	출전	교체	실점	도움	파울	경고	퇴장
BC	2003	대구	22	1	33	0	1	0	0
	2004	대구	2	0	4	0	1	0	0
	2005	대구	16	0	21	0	0	2	0
	합계		40	1	58	0	2	2	0
프로통산			40	1	58	0	2	2	0

김진야(金鎭冶) 대건고 1998.06.30

대회	연도	소속	출전	교체	득점	도움	파울	경고	퇴장
K1	2017	인천	16	15	0	1	14	1	0
	2018	인천	25	13	1	1	27	3	0
	합계		41	28	1	2	41	4	0
프로통산			41	28	1	2	41	4	0

김진영(金珍英) 건국대 1992.03.02

대회	연도	소속	출전	교체	실점	도움	파울	경고	퇴장
K1	2014	포항	1	1	0	0	0	0	0
	2015	포항	0	0	0	0	0	0	0
	2016	포항	17	2	15	0	1	0	0
	2017	포항	1	1	0	0	0	0	0
	합계		19	4	18	0	1	0	0
K2	2018	대전	11	1	17	0	1	0	1
	합계		11	1	17	0	1	0	1
프로통산			30	5	35	0	2	0	1

김진옥(金鎭玉) 영남대 1952.12.17

대회	연도	소속	출전	교체	득점	도움	파울	경고	퇴장
BC	1983	할렐	5	2	0	5	0	0	0
	1984	할렐	17	0	0	22	0	0	0
	1985	할렐	18	3	0	35	2	0	0
	합계		40	5	0	62	4	0	0
프로통산			40	5	0	62	4	0	0

김진용(金珍龍) 한양대 1982.10.09

대회	연도	소속	출전	교체	득점	도움	파울	경고	퇴장
BC	2004	울산	29	22	3	3	34	2	0
	2005	울산	27	24	4	2	27	1	0
	2006	경남	30	16	7	4	41	3	0
	2008	경남	31	26	6	3	36	1	0
	2009	성남일	37	34	7	5	43	4	0
	2010	성남일	11	11	0	2	8	1	0
	2011	성남일	13	13	2	0	15	2	0
	2011	강원	12	9	2	1	15	2	0
	2012	포항	12	12	0	1	15	1	0
	합계		211	176	36	20	241	25	0
K1	2013	강원	7	6	0	0	7	0	0
	합계		7	6	0	0	7	0	0
K2	2017	경남	2	2	0	0	4	0	0
	합계		2	2	0	0	4	0	0
프로통산			220	184	36	20	252	27	0

김진용(金鎭用) 대구대 1973.05.05

대회	연도	소속	출전	교체	득점	도움	파울	경고	퇴장
BC	1996	안양LG	12	12	0	1	7	0	0
	1997	안양LG	1	1	0	0	0	0	0
	2000	안양LG	1	1	0	0	0	0	0
	합계		14	14	0	1	7	0	0
프로통산			14	14	0	1	7	0	0

김진우(金珍友) 대구대 1975.10.09

대회	연도	소속	출전	교체	득점	도움	파울	경고	퇴장
BC	1996	수원	23	10	0	1	60	5	0
	1997	수원	30	8	0	0	59	8	0
	1998	수원	33	7	0	4	57	7	0
	1999	수원	41	2	0	4	142	7	0
	2000	수원	34	0	1	3	99	8	0
	2001	수원	27	1	2	1	64	3	0
	2002	수원	26	8	0	2	56	2	0
	2003	수원	26	8	0	2	56	2	0
	2004	수원	35	4	0	3	105	3	0
	2005	수원	18	0	0		34	1	0
	2006	수원	22	12	0	0	48	1	0
	2007	수원	8	5	0	1	20	1	0
	합계		310	68	2	18	795	46	0

프로통산 | 310 | 68 | 2 | 18 | 795 | 46 | 0

김진일(金鎭一) 마산공고 1985.10.26

대회	연도	소속	출전	교체	득점	도움	파울	경고	퇴장
BC	2009	강원	5	3	1	0	8	0	0
	2010	강원	1	1	0	0	1	0	0
	합계		6	4	1	0	9	0	0
프로통산			6	4	1	0	9	0	0

김진혁(金鎭爀) 숭실대 1993.06.03

대회	연도	소속	출전	교체	득점	도움	파울	경고	퇴장
K1	2017	대구	32	8	4	0	42	7	0
	2018	대구	25	11	1	0	25	4	1
	합계		57	19	5	0	67	11	1
K2	2015	대구	12	12	0	0	4	1	0
	합계		12	12	0	0	4	1	0
프로통산			69	31	5	0	71	12	1

김진현(金眞賢) 광양제철고 1987.07.29

대회	연도	소속	출전	교체	득점	도움	파울	경고	퇴장
BC	2007	전남	0	0	0	0	0	0	0
	2008	전남	8	1	2	0	8	1	0
	2009	전남	8	4	0	0	9	1	0
	2010	경남	12	11	0	2	6	1	0
	2011	경남	8	6	0	1	9	0	0
	합계		36	22	2	2	32	4	0
K1	2013	대전	2	0	0	1	3	1	0
	합계		2	0	0	1	3	1	0
K2	2016	부천	14	1	0	0	16	3	0
	2017	부천	2	1	0	0	0	0	0
	합계		16	2	0	0	16	3	0
프로통산			54	24	2	3	51	8	0

김진형(金鎭亨) 한양대 1969.04.10

대회	연도	소속	출전	교체	득점	도움	파울	경고	퇴장
BC	1992	유공	22	10	0	0	19	1	0
	1993	유공	33	4	0	0	39	2	0
	1994	유공	14	5	0	0	12	2	0
	1995	유공	22	9	0	0	44	6	0
	1996	부천유	29	23	1	0	40	3	0
	1997	부천SK	1	1	0	0	0	0	0
	1997	천안일	10	5	0	0	9	1	0
	1998	전남	1	1	0	0	1	0	0
	1998	포항	11	11	0	0	3	0	0
	1999	포항	20	11	1	0	26	3	0
	합계		163	79	2	0	195	20	0
프로통산			163	79	2	0	195	20	0

김진환(金眞煥) 경희대 1989.03.01

대회	연도	소속	출전	교체	득점	도움	파울	경고	퇴장
BC	2011	강원	19	1	0	0	27	2	0
	2012	강원	19	3	0	0	23	4	0
	합계		38	4	0	0	50	6	0
K1	2013	강원	12	3	0	0	15	3	0
	2014	인천	2	1	0	0	0	0	0
	2015	인천	9	1	0	0	9	3	0
	2016	광주	16	6	0	0	9	2	0
	2017	상주	7	3	0	1	10	1	0
	2018	상주	12	11	0	0	8	0	0
	합계		58	26	3	1	51	9	0
K2	2016	안양	17	0	0	0	23	6	0
	2018	광주	5	2	0	0	2	1	0
	합계		22	2	0	0	25	7	0
승	2017	상주	0	0	0	0	0	0	0
	합계		0	0	0	0	0	0	0
프로통산			118	32	3	1	126	22	0

김찬영(金燦榮) 경희대 1989.04.01

대회	연도	소속	출전	교체	득점	도움	파울	경고	퇴장
K1	2014	부산	23	13	0	0	16	3	0
	2015	부산	9	4	0	0	9	0	0
	합계		32	17	0	0	25	3	0
K2	2017	안양	4	2	0	0	1	0	0

| | 합계 | | 4 | 2 | 0 | 0 | 1 | 0 | 0 |
| 프로통산 | | | 36 | 19 | 0 | 0 | 26 | 3 | 0 |

김찬중(金燦中) 건국대 1976.06.14

대회	연도	소속	출전	교체	득점	도움	파울	경고	퇴장
BC	1999	대전	28	14	0	0	37	2	0
	2000	대전	28	11	0	0	24	1	0
	2001	대전	2	1	0	1	3	0	0
	2002	대전	2	2	0	0	2	1	0
	2003	대전	2	1	0	0	1	0	0
	합계		62	29	0	1	67	4	0
프로통산			62	29	0	1	67	4	0

김찬희(金燦喜) 한양대 1990.06.25

대회	연도	소속	출전	교체	득점	도움	파울	경고	퇴장
BC	2012	포항	2	2	0	0	4	0	0
	합계		2	2	0	0	4	0	0
K1	2015	대전	5	5	0	0	5	0	0
	합계		5	5	0	0	5	0	0
K2	2014	대전	27	18	5	7	79	6	0
	2017	대전	18	15	4	3	43	4	0
	2018	대전	4	4	0	1	10	2	0
	합계		49	38	12	8	132	12	0
프로통산			56	45	12	8	143	12	0

김창대(金昌大) 한남대 1992.11.02

대회	연도	소속	출전	교체	득점	도움	파울	경고	퇴장
K2	2013	충주	19	17	0	1	8	1	0
	합계		19	17	0	1	8	1	0
프로통산			19	17	0	1	8	1	0

김창수(金昌洙) 동명정보고 1985.09.12

대회	연도	소속	출전	교체	득점	도움	파울	경고	퇴장
BC	2004	울산	1	1	0	0	2	0	0
	2006	대전	10	5	0	0	5	1	0
	2007	대전	23	4	1	3	42	8	0
	2008	부산	28	1	0	4	29	3	0
	2009	부산	29	1	1	2	36	6	0
	2010	부산	32	1	2	3	62	8	0
	2011	부산	35	0	1	5	49	6	0
	2012	부산	28	2	3	3	42	5	0
	합계		186	17	8	15	269	37	0
K1	2016	전북	8	0	1	0	6	1	0
	2017	울산	29	0	2	2	29	4	2
	2018	울산	26	3	0	1	13	1	0
	합계		63	3	0	4	48	5	3
프로통산			249	20	• 8	19	317	42	3

김창오(金昌五) 연세대 1978.01.10

대회	연도	소속	출전	교체	득점	도움	파울	경고	퇴장
BC	2002	부산	18	15	2	1	29	1	0
	2003	부산	5	4	0	0	8	0	0
	합계		23	19	2	1	37	1	0
프로통산			23	19	2	1	37	1	0

김창욱(金滄旭) 동의대 1992.12.04

대회	연도	소속	출전	교체	득점	도움	파울	경고	퇴장
K2	2015	서울E	29	18	0	2	27	2	0
	2016	서울E	11	7	0	1	12	0	0
	2017	서울E	21	5	2	2	22	4	0
	2018	서울E	22	8	0	2	22	4	0
	합계		83	38	2	7	83	10	0
프로통산			83	38	2	7	83	10	0

김창원(金昌源) 국민대 1971.06.22

대회	연도	소속	출전	교체	득점	도움	파울	경고	퇴장
BC	1994	일화	8	3	0	0	8	1	0
	1995	일화	6	2	1	0	2	1	0
	1997	천안일	31	15	2	1	19	3	0
	1998	천안일	34	5	0	1	43	4	0
	1999	천안일	3	0	0	0	2	0	0
	2000	성남일	18	2	0	0	22	0	0
	합계		96	26	2	2	96	9	0
프로통산			96	26	2	2	96	9	0

김창현(金昌炫) 배재대 1993.02.09

대회	연도	소속	출전	교체	득점	도움	파울	경고	퇴장
K1	2015	대전	2	2	0	0	5	1	0
	합계		2	2	0	0	5	1	0
프로통산			2	2	0	0	5	1	0

김창호(金昌皓) 전남기계공고 1956.06.06

대회	연도	소속	출전	교체	득점	도움	파울	경고	퇴장
BC	1983	유공	11	8	0	3	4	0	0
	1984	유공	10	8	0	2	7	1	0
	합계		21	16	0	5	11	1	0
프로통산			21	16	0	5	11	1	0

김창효(金昌孝) 고려대 1959.05.07

대회	연도	소속	출전	교체	득점	도움	파울	경고	퇴장
BC	1984	한일	19	7	0	1	11	0	0
	1985	한일	13	0	1	0	17	3	0
	1986	포철	13	2	0	0	13	0	0
	1987	럭금	2	1	0	0	0	0	0
	합계		47	10	1	0	41	3	0
프로통산			47	10	1	0	41	3	0

김창훈(金彰勳) 고려대 1987.04.03

대회	연도	소속	출전	교체	득점	도움	파울	경고	퇴장
BC	2008	제주	1	1	0	0	1	0	0
	2009	포항	8	2	1	0	8	1	0
	2010	포항	1	0	0	0	1	0	0
	2011	대전	29	0	1	0	25	4	0
	2012	대전	38	0	2	4	39	8	0
	합계		77	4	4	4	86	12	0
K1	2013	인천	14	0	2	0	13	2	0
	2014	상주	13	8	1	1	12	2	0
	2015	인천	1	0	0	0	0	0	0
	합계		28	8	3	1	25	4	0
K2	2015	상주	1	0	0	0	1	0	0
	합계		1	0	0	0	1	0	0
프로통산			106	12	7	5	112	16	0

김창훈(金暢訓) 광운대 1990.02.17

대회	연도	소속	출전	교체	득점	도움	파울	경고	퇴장
K1	2016	상주	1	1	0	0	0	0	0
	합계		1	1	0	0	0	0	0
K2	2014	수원FC	20	1	1	0	24	4	0
	2015	수원FC	33	6	0	0	23	4	0
	2017	수원FC	4	1	0	0	4	0	0
	2018	수원FC	5	1	0	0	7	2	0
	합계		63	10	1	0	58	10	0
승	2015	수원FC	2	1	0	0	1	0	0
	합계		2	1	0	0	1	0	0
프로통산			66	12	1	0	59	10	0

김창희(金昌熙) 건국대 1986.12.05

대회	연도	소속	출전	교체	득점	도움	파울	경고	퇴장
BC	2009	대구	12	12	0	0	8	1	0
	2010	대구	0	0	0	0	0	0	0
	합계		12	12	0	0	8	1	0
프로통산			12	12	0	0	8	1	0

김창희(金昌壽) 영남대 1987.06.08

대회	연도	소속	출전	교체	득점	도움	파울	경고	퇴장
BC	2010	강원	10	3	0	0	9	0	0
	합계		10	3	0	0	9	0	0
프로통산			10	3	0	0	9	0	0

김철기(金哲起) 강동고 1977.12.27

대회	연도	소속	출전	교체	득점	도움	파울	경고	퇴장
BC	2001	대전	3	3	0	0	5	1	0
	합계		3	3	0	0	5	1	0
프로통산			3	3	0	0	5	1	0

김철명(金喆明) 인천대 1972.10.24

대회	연도	소속	출전	교체	득점	도움	파울	경고	퇴장
BC	1993	포철	1	1	0	0	1	0	0
	합계		1	1	0	0	1	0	0
프로통산			1	1	0	0	1	0	0

김철수 (金哲洙) 한양대 1952.07.06

대회	연도	소속	출전	교체	득점	도움	파울	경고	퇴장
BC	1983	포철	15	0	0	0	13	3	0
	1984	포철	10	1	0	0	10	1	0
	1985	포철	18	1	0	1	5	1	0
	1986	포철	4	0	0	0	2	0	0
	합계		47	2	0	1	30	5	0
프로통산			47	2	0	1	30	5	0

김철웅 (金哲雄) 한성대 1979.12.19

대회	연도	소속	출전	교체	득점	도움	파울	경고	퇴장
BC	2004	울산	14	9	0	0	11	1	0
	합계		14	9	0	0	11	1	0
프로통산			14	9	0	0	11	1	0

김철호 (金喆鎬) 강원관광대 1983.09.26

대회	연도	소속	출전	교체	득점	도움	파울	경고	퇴장
BC	2004	성남일	18	4	0	2	53	3	0
	2005	성남일	33	8	1	0	96	4	0
	2006	성남일	26	8	1	1	80	5	0
	2007	성남일	9	4	1	0	18	2	0
	2008	성남일	29	14	0	2	52	6	0
	2009	성남일	32	3	0	0	51	6	0
	2010	성남일	27	19	3	2	50	3	0
	2011	상주	29	7	1	4	48	4	0
	2012	상주	19	10	2	2	21	3	0
	2012	성남일	7	5	0	1	16	3	0
	합계		229	101	9	12	492	34	0
K1	2013	성남일	29	9	1	2	45	5	1
	2014	성남	29	9	2	1	43	2	0
	2015	성남	5	2	0	0	63	5	0
	2016	수원FC	5	2	0	0	5	1	0
	합계		95	27	3	3	161	12	1
K2	2017	수원FC	8	7	0	0	7	0	0
	2018	수원FC	3	3	0	0	0	0	0
프로통산			335	137	12	15	660	46	1

김철호 (金喆鎬) 오산고 1995.10.25

대회	연도	소속	출전	교체	득점	도움	파울	경고	퇴장
K1	2014	서울	0	0	0	0	0	0	0
	2016	서울	0	0	0	0	0	0	0
	2017	서울	0	0	0	0	0	0	0
	합계		0	0	0	0	0	0	0
프로통산			0	0	0	0	0	0	0

김충현 (金忠現) 오상고 1997.01.03

대회	연도	소속	출전	교체	득점	도움	파울	경고	퇴장
K2	2016	충주	0	0	0	0	0	0	0
	합계		0	0	0	0	0	0	0
프로통산			0	0	0	0	0	0	0

김충환 (金忠煥) 연세대 1961.01.29

대회	연도	소속	출전	교체	득점	도움	파울	경고	퇴장
BC	1985	유공	1	1	0	0	1	1	0
	1985	한일	1	1	0	0	1	0	0
	1986	한일	12	9	1	1	9	0	0
	합계		18	13	2	1	12	2	0
프로통산			18	13	2	1	12	2	0

김치곤 (金致坤) 동래고 1983.07.29

대회	연도	소속	출전	교체	득점	도움	파울	경고	퇴장
BC	2002	안양LG	7	1	0	0	10	3	0
	2003	안양LG	20	4	0	0	43	6	0
	2004	서울	19	2	0	0	38	7	0
	2005	서울	20	4	0	0	49	8	0
	2006	서울	24	4	0	0	67	8	0
	2007	서울	12	0	0	0	25	5	0
	2008	서울	30	4	0	0	38	10	0
	2009	서울	22	5	0	1	34	7	0
	2010	울산	33	5	0	0	27	4	0
	2011	상주	19	4	0	0	31	6	0
	2012	상주	23	1	0	0	31	6	0
	2012	울산	13	3	0	0	11	0	0
	합계		270	45	4	2	417	62	2
K1	2013	울산	38	3	3	0	43	3	0
	2014	울산	34	2	0	2	37	3	1
	2015	울산	20	6	1	0	18	4	0
	2016	울산	13	6	0	0	7	0	0
	2017	울산	11	4	0	0	9	1	1
	합계		116	15	4	2	115	15	1
프로통산			386	64	13	2	532	77	3

김치우 (金致佑) 중앙대 1983.11.11

대회	연도	소속	출전	교체	득점	도움	파울	경고	퇴장
BC	2004	인천	19	11	1	0	22	0	0
	2005	인천	10	8	0	0	7	0	0
	2006	인천	37	2	2	4	34	6	0
	2007	전남	25	0	1	4	18	3	0
	2008	전남	13	2	1	1	10	2	0
	2008	서울	14	6	3	2	16	2	0
	2009	서울	23	4	3	4	26	3	1
	2010	서울	23	18	2	0	13	0	0
	2011	상주	12	1	5	1	11	4	0
	2012	상주	12	1	0	1	9	2	0
	2012	서울	6	3	1	0	6	1	0
	합계		212	64	15	20	203	28	2
K1	2013	서울	27	7	1	3	24	3	0
	2014	서울	25	6	1	3	26	3	0
	2015	서울	17	1	1	1	15	1	0
	2016	서울	26	11	0	3	14	0	0
	2017	서울	21	3	0	2	20	1	0
	합계		113	23	3	11	80	10	0
K2	2018	부산	28	1	1	0	12	3	0
	합계		28	1	1	0	12	3	0
승	2018	부산	2	1	0	0	0	0	0
	합계		2	1	0	0	0	0	0
프로통산			355	91	19	33	310	41	2

김태근 (金泰根) 아주대 1961.02.23

대회	연도	소속	출전	교체	득점	도움	파울	경고	퇴장
BC	1985	포철	4	1	0	1	8	2	0
	합계		4	1	0	1	8	2	0
프로통산			4	1	0	1	8	2	0

김태민 (金泰民) 고려대 1960.08.10

대회	연도	소속	출전	교체	득점	도움	파울	경고	퇴장
BC	1984	할렐	3	3	0	0	0	0	0
	1985	할렐	2	2	0	0	0	0	0
	합계		5	5	0	0	0	0	0
프로통산			5	5	0	0	0	0	0

김태민 (金泰敏) 청구고 1982.05.25

대회	연도	소속	출전	교체	득점	도움	파울	경고	퇴장
BC	2002	부산	21	16	1	0	31	6	0
	2003	부산	35	11	1	1	54	7	0
	2004	부산	28	11	1	2	36	6	0
	2005	부산	27	14	2	0	32	6	0
	2006	부산	29	14	0	3	23	4	0
	2007	부산	14	0	0	0	13	1	0
	2008	제주	16	10	0	0	32	8	0
	2009	광주상	25	1	0	0	30	3	0
	2010	광주상	12	3	0	0	15	3	0
	2010	제주	4	3	0	0	5	0	0
	2011	제주	26	15	0	0	42	7	0
	2012	강원	26	15	0	0	42	7	0
	합계		208	101	6	3	293	45	0
프로통산			208	101	6	3	293	45	0

김태봉 (金泰奉) 한민대 1988.02.28

대회	연도	소속	출전	교체	득점	도움	파울	경고	퇴장
K1	2015	대전	19	0	3	2	13	2	0
	합계		19	0	3	2	13	2	0
K2	2013	안양	24	1	0	1	17	1	0
	2014	안양	35	3	1	5	21	1	0
	2015	안양	15	1	0	1	7	5	0
	2016	대전	6	5	0	0	2	0	0
	2017	대전	11	2	1	2	11	1	0
	합계		91	11	3	8	58	8	0
프로통산			110	11	6	10	71	10	0

김태수 (金泰洙) 광운대 1981.08.25

대회	연도	소속	출전	교체	득점	도움	파울	경고	퇴장
BC	2004	전남	21	15	0	0	37	3	0
	2005	전남	28	15	0	1	75	8	0
	2006	전남	33	3	1	1	43	4	0
	2007	전남	24	3	0	3	54	3	0
	2008	전남	23	1	0	1	35	4	0
	2009	포항	27	4	0	0	31	3	0
	2010	포항	23	8	0	2	33	2	0
	2011	포항	24	13	2	1	42	6	0
	2012	포항	7	6	0	0	6	2	0
	합계		209	74	16	6	360	31	0
K1	2013	포항	18	10	0	0	24	5	0
	2014	포항	15	12	0	1	37	1	0
	2015	포항	26	18	1	0	19	2	0
	2016	인천	23	16	1	1	14	0	0
	합계		95	55	6	2	94	6	0
K2	2017	서울E	9	7	1	0	4	0	0
	합계		9	7	1	0	4	0	0
프로통산			313	136	19	8	458	37	0

김태수 (金泰洙) 연세대 1958.02.25

대회	연도	소속	출전	교체	득점	도움	파울	경고	퇴장
BC	1983	대우	12	7	0	0	7	0	0
	1984	대우	6	4	0	0	5	0	0
	1985	대우	7	3	0	0	2	0	0
	합계		24	14	0	0	14	2	0
프로통산			24	17	0	0	14	2	0

김태수 (金泰洙) 관동대 1975.11.15

대회	연도	소속	출전	교체	실점	도움	파울	경고	퇴장
BC	2003	안양LG	1	0	0	0	0	0	0
	2004	서울	1	1	0	0	0	0	0
	합계		2	1	0	0	0	0	0
프로통산			2	1	0	0	0	0	0

김태연 (金泰然) 장훈고 1988.06.27

대회	연도	소속	출전	교체	득점	도움	파울	경고	퇴장
BC	2011	대전	11	1	0	1	17	1	0
	2012	대전	34	6	3	0	37	7	0
	합계		45	7	3	0	54	8	0
K1	2013	대전	34	4	2	1	33	6	0
	2015	부산	0	0	0	0	0	0	0
	합계		34	4	2	1	33	6	0
프로통산			79	11	5	1	87	14	0

김태엽 (金泰燁) 아주대 1972.03.02

대회	연도	소속	출전	교체	득점	도움	파울	경고	퇴장
BC	1995	전남	6	6	0	0	7	0	0
	1996	전남	12	7	0	0	8	0	0
	1997	전남	1	1	0	0	0	0	0
	1998	전남	18	14	0	1	13	1	0
	합계		37	27	1	0	29	6	0
프로통산			37	27	1	0	29	6	0

김태영 (金兌炯) 예원예술대 1987.09.14

대회	연도	소속	출전	교체	득점	도움	파울	경고	퇴장
K2	2013	부천	9	9	0	0	9	4	0
	2014	부천	15	14	1	1	8	1	0
	합계		39	19	2	4	47	5	0
프로통산			39	19	2	4	47	5	0

김태영 (金兌炯) 협성고 1962.01.13

대회	연도	소속	출전	교체	득점	도움	파울	경고	퇴장
BC	1986	럭금	3	3	0	0	1	0	0
	합계		3	3	0	0	1	0	0
프로통산			3	3	0	0	1	0	0

김태영 (金泰映) 동아대 1970.11.08

김태은(金兌恩) 배재대 1989.09.21 (see below)

대회	연도	소속	출전	교체	득점	도움	파울	경고	퇴장
BC	1995	전남	32	0	2	0	60	8	0
	1996	전남	28	2	1	0	57	5	0
	1997	전남	17	0	1	0	26	3	0
	1998	전남	19	4	0	2	55	3	0
	1999	전남	30	7	0	2	53	5	0
	2000	전남	31	6	0	4	53	2	1
	2001	전남	26	4	1	1	40	3	0
	2002	전남	24	9	0	1	41	2	0
	2003	전남	29	5	0	1	42	5	0
	2004	전남	12	3	0	1	26	1	0
	2005	전남	2	2	0	0	4	0	0
	합계		250	42	5	12	477	37	1
프로통산			250	42	5	12	477	37	1

김태영(金泰榮) 건국대 1982.01.17

대회	연도	소속	출전	교체	득점	도움	파울	경고	퇴장
BC	2004	전북	28	6	0	0	68	4	0
	2005	부산	6	1	0	0	13	1	0
	2006	부산	18	8	0	1	24	4	0
	2007	부산	19	1	0	0	24	0	0
	2008	부산	13	1	0	0	26	4	1
	2009	부산	9	1	0	0	3	6	0
	합계		80	17	0	1	157	18	1
프로통산			80	17	0	1	157	18	1

김태완(金泰完) 홍익대 1971.06.01

대회	연도	소속	출전	교체	득점	도움	파울	경고	퇴장
BC	1997	대전	21	6	1	0	16	1	0
	1998	대전	30	1	1	1	13	2	0
	1999	대전	23	7	3	1	32	4	0
	2000	대전	24	4	0	0	27	4	0
	2001	대전	14	4	0	0	14	2	0
	합계		116	23	5	2	107	17	0
프로통산			116	23	5	2	107	17	0

김태왕(金泰旺) 상지대 1988.11.16

대회	연도	소속	출전	교체	득점	도움	파울	경고	퇴장
BC	2011	성남일	1	2	0	0	1	0	0
	합계		1	2	0	0	1	0	0
프로통산			1	2	0	0	1	0	0

김태욱(金兌昱) 선문대 1987.07.09

대회	연도	소속	출전	교체	득점	도움	파울	경고	퇴장
BC	2009	경남	27	10	2	0	45	2	0
	2010	경남	32	3	2	2	59	3	0
	2011	경남	16	4	1	0	33	5	0
	합계		75	17	5	2	137	10	0
프로통산			75	17	5	2	137	10	0

김태윤(金台潤) 풍생고 1986.07.25

대회	연도	소속	출전	교체	득점	도움	파울	경고	퇴장
BC	2005	성남일	18	12	0	0	16	1	0
	2006	성남일	21	14	1	0	31	2	0
	2007	성남일	1	0	0	0	0	0	0
	2008	광주상	28	0	0	0	30	4	0
	2009	광주상	18	12	0	0	17	2	0
	2009	성남일	1	0	0	0	0	0	0
	2010	성남일	9	1	0	0	9	1	0
	2011	성남일	1	0	0	0	1	0	0
	2012	인천	16	1	1	0	11	0	0
	합계		140	53	2	3	159	13	0
K1	2013	인천	15	6	0	0	15	2	0
	2015	성남	16	1	0	0	17	3	0
	2016	성남	33	1	0	1	12	6	0
	합계		64	8	0	1	44	11	0
K2	2017	성남	5	1	0	0	4	0	0
	2018	광주	16	2	0	0	13	2	0
	합계		21	3	0	0	17	2	0
승	2016	성남	1	0	0	0	1	0	0
	합계		2	0	0	0	1	0	0
프로통산			227	64	3	3	221	26	0

김태은(金兌恩) 배재대 1989.09.21

대회	연도	소속	출전	교체	득점	도움	파울	경고	퇴장
BC	2011	인천	1	1	0	0	1	0	0
	합계		1	1	0	0	1	0	0
K2	2015	서울E	15	2	0	0	11	4	0
	2016	서울E	22	6	0	0	44	8	0
	2017	대전	25	6	0	0	52	13	0
	2018	서울E	18	5	0	0	26	2	1
	합계		80	19	0	0	133	27	1
프로통산			81	20	0	0	134	27	1

김태인(金泰仁) 영남대 1972.05.21

대회	연도	소속	출전	교체	득점	도움	파울	경고	퇴장
BC	1995	전북	1	1	0	0	1	0	0
	1997	전북	1	1	0	0	1	0	0
	합계		2	2	0	0	1	0	0
프로통산			2	2	0	0	1	0	0

김태종(金泰鍾) 단국대 1982.10.29

대회	연도	소속	출전	교체	득점	도움	파울	경고	퇴장
BC	2006	제주	2	0	0	0	0	0	0
	2007	제주	3	2	0	0	4	0	0
	합계		5	2	0	0	4	0	0
프로통산			5	2	0	0	4	0	0

김태준(金泰俊) 일본 류츠케이자이대 1989.04.25

대회	연도	소속	출전	교체	득점	도움	파울	경고	퇴장
BC	2011	부산	2	1	0	0	2	1	0
	2012	부산	1	2	0	0	1	0	0
	합계		3	4	0	0	3	1	0
K2	2013	고양	5	1	0	0	8	1	0
	합계		5	1	0	0	8	1	0
프로통산			8	5	0	0	11	3	0

김태진(金泰振) 강릉농공고 1984.08.30

대회	연도	소속	출전	교체	득점	도움	파울	경고	퇴장
BC	2006	수원	1	1	0	0	1	0	0
	합계		1	1	0	0	1	0	0
K1	2013	대구	1	1	0	0	2	0	0
	합계		1	1	0	0	2	0	0
프로통산			2	2	0	0	3	0	0

김태진(金泰眞) 동아대 1969.08.09

대회	연도	소속	출전	교체	득점	도움	파울	경고	퇴장
BC	1992	대우	4	3	0	0	3	0	0
	1993	대우	20	2	2	1	21	1	0
	1994	대우	11	8	1	1	7	1	0
	1995	대우	5	5	0	0	1	0	0
	합계		40	18	3	2	32	2	0
프로통산			40	18	3	2	32	2	0

김태진(金泰鎭) 경희대 1977.04.02

대회	연도	소속	출전	교체	실점	도움	파울	경고	퇴장
BC	2000	전남	1	1	0	0	0	0	0
	2001	전남	9	1	16	0	0	1	0
	2003	대구	18	0	27	0	2	1	0
	2004	대구	27	1	33	0	0	1	0
	2005	대구	18	1	26	0	1	1	0
	2006	대구	11	1	20	0	0	1	0
	합계		95	3	131	0	3	11	0
프로통산			95	3	131	0	3	11	0

김대지(金大智) 연세대 1994.10.29

대회	연도	소속	출전	교체	득점	도움	파울	경고	퇴장
BC	2006	서울	9	8	0	0	7	1	0
	2007	서울	14	8	0	0	24	3	0
	2008	인천	30	20	0	0	58	5	0
	합계		53	36	0	0	89	9	0
프로통산			53	36	0	0	89	9	0

김태한(金台翰) 한양대 1996.02.24

대회	연도	소속	출전	교체	득점	도움	파울	경고	퇴장
K1	2018	대구	3	1	0	0	4	1	0
	합계		3	1	0	0	4	1	0
프로통산			3	1	0	0	4	1	0

김태현(金泰賢) 용인대 1996.12.19

대회	연도	소속	출전	교체	득점	도움	파울	경고	퇴장
K2	2018	안산	18	11	0	2	16	2	0
	합계		18	11	0	2	16	2	0
프로통산			18	11	0	2	16	2	0

김태형(金兌炯) 진주상고 1960.02.18

대회	연도	소속	출전	교체	실점	도움	파울	경고	퇴장
BC	1983	국민	5	0	10	0	0	0	0
	1984	국민	13	0	32	0	0	0	0
	합계		18	0	42	0	0	0	0
프로통산			18	0	42	0	0	0	0

김태호(金台鎬) 아주대 1989.09.22

대회	연도	소속	출전	교체	득점	도움	파울	경고	퇴장
K1	2013	전남	26	2	1	3	60	6	0
	2014	전남	32	6	3	4	43	5	0
	2015	전남	6	2	0	0	8	2	0
	합계		64	10	4	7	111	13	0
K2	2016	안양	15	1	0	1	21	2	0
	2017	안양	30	0	3	0	36	5	0
	2018	안양	10	5	1	0	17	3	0
	합계		55	6	1	1	74	10	0
프로통산			119	16	5	8	159	23	0

김태호(金鮐鎬/←김준호) 단국대 1992.06.05

대회	연도	소속	출전	교체	실점	도움	파울	경고	퇴장
K1	2015	전북	0	0	0	0	0	0	0
	2017	전북	0	0	0	0	0	0	0
	합계		0	0	0	0	0	0	0
프로통산			0	0	0	0	0	0	0

김태호(金泰昊) 숭실대 1985.01.26

대회	연도	소속	출전	교체	득점	도움	파울	경고	퇴장
BC	2010	강원	0	0	0	0	0	0	0
	합계		0	0	0	0	0	0	0
프로통산			0	0	0	0	0	0	0

김태환(金太煥) 울산대 1989.07.24

대회	연도	소속	출전	교체	득점	도움	파울	경고	퇴장
BC	2010	서울	19	15	0	3	20	6	0
	2011	서울	17	14	1	0	27	2	0
	2012	서울	18	18	0	1	11	0	0
	합계		54	48	2	3	58	8	0
K1	2013	성남일	34	4	3	4	65	8	0
	2014	성남	36	4	4	7	71	7	0
	2015	울산	33	4	0	5	66	6	0
	2016	울산	36	9	4	3	49	2	0
	2017	상주	21	1	0	4	32	3	0
	2018	상주	24	2	2	3	24	1	0
	2018	울산	8	2	0	2	13	1	0
	합계		202	30	15	31	345	34	0
승	2017	상주	2	0	0	0	2	0	0
	합계		2	0	0	0	2	0	0
프로통산			258	78	17	34	403	42	2

김태환(金兌煥) 남부대 1993.12.11

대회	연도	소속	출전	교체	득점	도움	파울	경고	퇴장
K2	2016	충주	2	1	0	0	2	0	0
	합계		2	1	0	0	2	0	0
프로통산			2	1	0	0	2	0	0

김태환(金兌煥) 연세대 1958.03.20

대회	연도	소속	출전	교체	득점	도움	파울	경고	퇴장
BC	1984	할렐	7	6	1	0	5	0	0
	1985	할렐	18	6	0	1	9	0	0
	1987	유공	15	11	0	0	6	1	0
	합계		40	23	0	2	20	2	0
프로통산			40	23	0	2	20	2	0

김판곤(金判坤) 호남대 1969.05.01

대회	연도	소속	출전	교체	득점	도움	파울	경고	퇴장
BC	1992	현대	10	7	0	1	12	2	1
	1993	현대	29	15	0	0	38	7	0

	1995	현대	6	1	0	0	12	3	0
	1996	울산	2	1	0	0	0	0	0
	1997	전북	6	4	0	0	11	2	0
	합계		53	28	0	1	73	14	1
프로통산			53	28	0	1	73	14	1

김판근(金判根) 고려대 1966.03.05

대회	연도	소속	출전	교체	득점	도움	파울	경고	퇴장
BC	1987	대우	30	5	2	3	41	1	0
	1988	대우	3	1	2	0	0	0	0
	1989	대우	30	17	2	5	25	1	0
	1990	대우	20	3	0	2	21	0	0
	1991	대우	37	6	2	2	46	3	0
	1992	대우	23	9	1	0	27	1	0
	1993	대우	24	10	2	2	29	2	0
	1994	LG	23	4	0	3	21	4	0
	1995	LG	35	2	1	1	22	2	0
	1996	안양LG	15	2	0	0	17	1	0
	1997	안양LG	27	6	1	3	16	1	0
	합계		267	65	13	21	265	16	0
프로통산			267	65	13	21	265	16	0

김평래(金平來) 중앙대 1987.11.09

대회	연도	소속	출전	교체	득점	도움	파울	경고	퇴장
K1	2013	성남일	22	15	0	1	30	3	0
	2014	성남	22	9	0	0	15	4	0
	2015	전남	29	10	0	0	26	3	0
	2016	전남	12	4	0	0	25	1	0
	2018	전남	2	2	0	0	5	0	0
	합계		87	40	0	1	101	11	0
BC	2011	성남일	1	1	0	0	1	0	0
	2012	성남일	18	8	0	0	24	1	0
	합계		19	9	0	0	25	1	0
프로통산			106	49	0	1	126	12	0

김평석(金平錫) 광운대 1958.09.22

대회	연도	소속	출전	교체	득점	도움	파울	경고	퇴장
BC	1984	현대	28	0	0	5	27	1	0
	1985	현대	10	0	0	0	20	0	0
	1986	현대	13	0	0	2	17	1	0
	1987	현대	27	0	0	2	40	4	1
	1988	현대	8	1	0	0	14	1	0
	1989	유공	21	4	0	0	31	2	0
	1990	유공	20	1	0	0	10	1	0
	합계		127	6	0	9	159	10	1
프로통산			127	6	0	9	159	10	1

김평진(金平鎭) 한남대 1990.08.11

대회	연도	소속	출전	교체	득점	도움	파울	경고	퇴장
K1	2013	대전	2	1	0	0	2	1	0
	합계		2	1	0	0	2	1	0
프로통산			2	1	0	0	2	1	0

김풍주(金豊柱) 양곡종고 1964.10.01

대회	연도	소속	출전	교체	실점	도움	파울	경고	퇴장
BC	1983	대우	1	0	0	0	0	0	0
	1984	대우	17	0	9	0	0	0	0
	1985	대우	21	0	16	0	0	1	0
	1986	대우	24	0	21	0	0	0	0
	1987	대우	15	1	9	0	1	0	0
	1988	대우	7	1	5	0	0	0	0
	1989	대우	6	1	5	0	0	0	0
	1990	대우	8	0	7	0	0	1	0
	1991	대우	37	0	27	0	0	0	0
	1993	대우	24	0	23	0	0	1	0
	1994	대우	17	1	29	0	0	0	0
	1996	부산	4	0	7	0	0	1	0
	합계		181	4	158	0	1	4	0
프로통산			181	4	158	0	1	4	0

김풍해(金豊海) 고려대 1960.07.13

대회	연도	소속	출전	교체	득점	도움	파울	경고	퇴장
BC	1985	상무	1	0	0	0	0	0	0
	합계		1	0	0	0	0	0	0
프로통산			1	0	0	0	0	0	0

김필호(金珌淏) 광주대 1994.03.31

대회	연도	소속	출전	교체	득점	도움	파울	경고	퇴장
K2	2016	고양	18	15	0	1	15	4	0
	합계		18	15	0	1	15	4	0
프로통산			18	15	0	1	15	4	0

김학범(金鶴範) 명지대 1960.03.01

대회	연도	소속	출전	교체	득점	도움	파울	경고	퇴장
BC	1984	국민	13	4	1	0	9	0	0
	합계		13	4	1	0	9	0	0
프로통산			13	4	1	0	9	0	0

김학범(金學範) 조선대 1962.06.07

대회	연도	소속	출전	교체	득점	도움	파울	경고	퇴장
BC	1986	유공	1	1	0	0	1	0	0
	합계		1	1	0	0	1	0	0
프로통산			1	1	0	0	1	0	0

김학수(金鶴守) 경희대 1958.10.18

대회	연도	소속	출전	교체	득점	도움	파울	경고	퇴장
BC	1985	대우	13	8	0	0	18	0	0
	1986	대우	10	7	0	0	5	0	0
	합계		23	15	0	0	23	0	0
프로통산			23	15	0	0	23	0	0

김학순(金鶴淳) 전주대 1972.03.09

대회	연도	소속	출전	교체	득점	도움	파울	경고	퇴장
BC	1995	LG	0	0	0	0	0	0	0
	합계		0	0	0	0	0	0	0
프로통산			0	0	0	0	0	0	0

김학진(金學鎭) 광운대 1988.10.25

대회	연도	소속	출전	교체	득점	도움	파울	경고	퇴장
BC	2011	전북	1	1	0	0	1	1	0
	합계		1	1	0	0	1	1	0
프로통산			1	1	0	0	1	1	0

김학철(金學哲) 중앙대 1959.10.19

대회	연도	소속	출전	교체	득점	도움	파울	경고	퇴장
BC	1984	한일	21	9	1	2	15	0	0
	1985	한일	2	2	0	0	4	0	0
	합계		23	11	1	2	19	0	0
프로통산			23	11	1	2	19	0	0

김학철(金學喆) 인천대 1970.05.05

대회	연도	소속	출전	교체	득점	도움	파울	경고	퇴장
BC	1992	일화	8	7	0	0	4	0	0
	1993	일화	22	9	0	0	33	2	0
	1994	일화	17	3	0	0	19	2	0
	1996	천안일	15	7	0	0	22	1	0
	1997	포항	3	1	0	0	2	0	0
	1998	안양LG	31	13	0	1	49	2	0
	1999	안양LG	18	5	1	0	24	3	1
	합계		114	45	1	1	153	10	1
프로통산			114	45	1	1	153	10	1

김학철(金學喆) 국민대 1972.11.04

대회	연도	소속	출전	교체	득점	도움	파울	경고	퇴장
BC	1995	대우	7	2	0	0	16	4	0
	1996	부산	15	5	1	0	38	2	1
	1997	부산	32	6	0	1	40	6	0
	2000	부산	29	1	0	0	32	5	0
	2001	부산	16	1	0	0	28	1	0
	2002	부산	25	4	0	1	40	1	0
	2003	대구	35	2	0	2	49	7	0
	2004	인천	28	4	0	0	40	3	0
	2005	인천	36	2	0	0	47	5	0
	2006	인천	32	1	0	0	57	5	0
	2007	인천	26	9	0	0	44	8	0
	2008	인천	3	1	0	0	4	0	0
	합계		284	38	1	4	435	47	1
프로통산			284	38	1	4	435	47	1

김한길(金한길) 아주대 1995.06.21

대회	연도	소속	출전	교체	득점	도움	파울	경고	퇴장
K1	2017	서울	10	10	0	0	6	2	0
	2018	서울	12	10	1	0	19	2	0
	합계		22	20	1	0	25	4	0
승	2018	서울	1	0	0	0	1	0	0
	합계		1	0	0	0	1	0	0
프로통산			23	20	1	0	26	4	0

김한봉(金漢奉) 부산상고 1957.12.15

대회	연도	소속	출전	교체	득점	도움	파울	경고	퇴장
BC	1984	현대	27	0	3	5	19	2	0
	1985	현대	18	1	4	5	20	0	0
	1986	현대	2	1	0	0	5	0	0
	합계		47	2	7	10	44	2	0
프로통산			47	2	7	10	44	2	0

김한빈(金漢彬) 선문대 1991.03.31

대회	연도	소속	출전	교체	득점	도움	파울	경고	퇴장
K2	2014	충주	19	3	0	2	14	1	0
	2015	충주	3	0	0	0	7	1	0
	2016	충주	40	0	1	2	21	2	0
	2017	부천	27	5	1	1	17	2	0
	2018	부천	0	0	0	0	0	0	0
	합계		89	8	2	5	59	6	0
프로통산			89	8	2	5	59	6	0

김한섭(金翰燮) 동국대 1982.05.08

대회	연도	소속	출전	교체	득점	도움	파울	경고	퇴장
BC	2009	대전	11	0	1	0	25	1	0
	2010	대전	18	3	0	0	29	2	0
	2011	대전	19	0	0	1	25	5	0
	2011	인천	8	1	0	0	9	2	0
	2012	인천	15	3	0	0	20	2	0
	합계		71	7	1	1	108	12	0
K1	2013	대전	11	6	0	1	11	3	0
	합계		11	6	0	1	11	3	0
K2	2014	대전	18	15	1	2	13	0	0
	합계		18	15	1	2	13	0	0
프로통산			100	28	2	4	132	15	0

김한욱(金漢旭) 숭실대 1972.06.08

대회	연도	소속	출전	교체	득점	도움	파울	경고	퇴장
BC	1999	포항	22	19	0	1	36	3	0
	2000	포항	25	8	0	2	48	3	0
	2001	성남일	5	2	0	0	2	0	0
	합계		52	29	0	3	86	6	0
프로통산			52	29	0	3	86	6	0

김한원(金漢元) 세경대 1981.08.06

대회	연도	소속	출전	교체	득점	도움	파울	경고	퇴장
BC	2006	인천	15	12	3	1	20	2	0
	2007	전북	10	9	0	0	12	1	0
	2008	전북	4	2	0	0	11	0	0
	합계		29	23	3	1	43	3	0
K1	2016	수원FC	18	7	1	0	21	8	0
	합계		18	7	1	0	21	8	0
K2	2013	수원FC	30	13	8	6	33	9	0
	2014	수원FC	24	4	8	3	30	11	0
	2015	수원FC	26	9	1	0	22	5	0
	합계		80	26	17	9	85	25	0
승	2015	수원FC	1	1	0	0	0	0	0
	합계		1	1	0	0	0	0	0
프로통산			128	57	21	10	149	36	0

김한윤(金漢潤) 광운대 1974.07.11

대회	연도	소속	출전	교체	득점	도움	파울	경고	퇴장
BC	1997	부천SK	28	14	1	0	73	7	0
	1998	부천SK	24	11	1	0	36	4	0
	1999	부천SK	8	8	0	0	16	2	0
	1999	포항	14	7	0	0	33	1	0
	2000	포항	22	19	1	0	25	4	0
	2001	부천SK	16	6	0	0	34	3	0
	2002	부천SK	15	4	1	0	32	4	0

대회	연도	소속	출전	교체	득점	도움	파울	경고	퇴장
	2003	부천SK	34	0	0	1	72	10	0
	2004	부천SK	20	4	0	0	47	7	0
	2005	부천SK	28	2	1	0	63	11	0
	2006	서울	31	4	0	0	69	11	1
	2007	서울	29	9	0	0	61	12	0
	2008	서울	26	1	0	0	54	9	0
	2009	서울	25	10	0	1	70	11	0
	2010	서울	20	16	0	1	33	5	1
	2011	부산	27	6	3	1	53	12	0
	2012	부산	36	2	2	0	82	18	1
	합계		403	133	10	4	853	131	3
K1	2013	성남일	27	16	1	2	52	12	0
	합계		27	16	1	2	52	12	0
프로통산			430	149	11	6	905	143	3

김해국(金海國) 경상대 1974.05.20

대회	연도	소속	출전	교체	득점	도움	파울	경고	퇴장
BC	1997	전남	21	10	2	0	29	3	0
	1998	전남	7	6	0	0	17	2	0
	1999	전남	7	0	0	0	10	0	0
	2000	전남	3	2	0	0	0	0	0
	합계		37	16	2	0	56	5	0
프로통산			37	16	2	0	56	5	0

김해년(金海年) 중앙대 1964.07.05

대회	연도	소속	출전	교체	득점	도움	파울	경고	퇴장
BC	1986	한일	8	1	0	0	11	1	0
	합계		8	1	0	0	11	1	0
프로통산			8	1	0	0	11	1	0

김해식(金海植) 한남대 1996.02.12

대회	연도	소속	출전	교체	득점	도움	파울	경고	퇴장
K2	2016	대전	20	7	1	0	21	4	0
	2017	대전	6	3	0	0	7	0	0
	합계		26	10	1	0	28	4	0
프로통산			26	10	1	0	28	4	0

김해운(金海雲) 대구대 1973.12.25

대회	연도	소속	출전	교체	실점	도움	파울	경고	퇴장
BC	1996	천안일	1	0	1	0	0	0	0
	1997	천안일	7	1	5	0	0	0	0
	1998	천안일	30	0	39	0	3	0	0
	1999	천안일	14	2	5	0	0	0	0
	2000	성남일	27	0	33	0	1	1	0
	2001	성남일	30	1	24	0	1	0	0
	2002	성남일	24	1	30	0	0	0	0
	2003	성남일	22	0	21	0	2	1	0
	2004	성남일	22	2	25	0	1	0	0
	2005	성남일	9	0	7	0	2	1	0
	2006	성남일	6	1	4	0	0	1	0
	2007	성남일	4	0	5	0	0	0	0
	2008	성남일	4	0	3	0	0	0	0
	합계		201	10	219	0	10	5	0
프로통산			201	10	219	0	10	5	0

김해원(金海元) 한남대 1986.05.23

대회	연도	소속	출전	교체	득점	도움	파울	경고	퇴장
BC	2009	전남	9	2	1	0	14	2	0
	2010	대구	1	1	0	0	3	0	0
	합계		10	3	1	0	17	2	0
프로통산			10	3	1	0	17	2	0

김해출(金海出) 광양제철고 1981.02.03

대회	연도	소속	출전	교체	득점	도움	파울	경고	퇴장
BC	1999	전남	2	2	0	0	0	0	0
	2000	전남	1	1	0	0	0	0	0
	합계		3	3	0	0	0	0	0
프로통산			3	3	0	0	0	0	0

김혁(金赫) 연세대 1985.05.04

대회	연도	소속	출전	교체	득점	도움	파울	경고	퇴장
BC	2008	인천	7	3	0	0	12	0	0
	합계		7	3	0	0	12	0	0
프로통산			7	3	0	0	12	0	0

김혁중(金赫重) 단국대 1994.12.09

대회	연도	소속	출전	교체	득점	도움	파울	경고	퇴장
K1	2018	인천	1	1	0	0	0	0	0
	합계		1	1	0	0	0	0	0
프로통산			1	1	0	0	0	0	0

김혁진(金奕辰) 경희대 1991.03.06

대회	연도	소속	출전	교체	득점	도움	파울	경고	퇴장
K1	2016	수원FC	6	6	0	1	0	0	0
	합계		6	6	0	1	0	0	0
K2	2014	수원FC	27	20	0	0	27	4	0
	2015	수원FC	14	12	0	2	12	3	0
	합계		41	32	0	2	39	7	0
프로통산			47	38	0	3	39	7	0

김현(金玹) 영생고 1993.05.03

대회	연도	소속	출전	교체	득점	도움	파울	경고	퇴장
BC	2012	전북	9	9	1	0	11	3	0
	합계		9	9	1	0	11	3	0
K1	2013	성남일	4	4	0	0	6	0	0
	2014	제주	33	23	2	5	60	2	0
	2015	제주	26	21	1	3	34	3	0
	2016	제주	15	10	3	2	23	2	0
	2018	제주	4	4	0	0	8	0	0
	합계		87	66	8	6	125	8	0
K2	2017	아산	23	21	6	3	45	3	0
	2018	아산	20	16	4	2	28	4	1
	합계		43	37	10	5	73	7	1
승	2016	성남	2	1	0	0	5	1	0
	합계		2	1	0	0	5	1	0
프로통산			141	113	19	11	214	19	1

김현관(金賢官) 동국대 1985.04.20

대회	연도	소속	출전	교체	득점	도움	파울	경고	퇴장
BC	2008	서울	1	1	0	0	0	0	0
	합계		1	1	0	0	0	0	0
프로통산			1	1	0	0	0	0	0

김현규(金賢圭) 경희고 1997.08.23

대회	연도	소속	출전	교체	득점	도움	파울	경고	퇴장
K2	2016	서울E	8	8	0	1	4	0	0
	2017	서울E	1	1	0	0	0	0	0
	2018	안양	4	4	0	0	2	1	0
	합계		13	13	0	1	6	1	0
프로통산			13	13	0	1	6	1	0

김현기(金賢技) 상지대 1985.12.16

대회	연도	소속	출전	교체	득점	도움	파울	경고	퇴장
BC	2006	포항	2	2	0	0	0	0	0
	합계		2	2	0	0	0	0	0
프로통산			2	2	0	0	0	0	0

김현동(金玹東) 강원대 1972.08.25

대회	연도	소속	출전	교체	득점	도움	파울	경고	퇴장
BC	1996	안양LG	14	14	1	1	14	0	0
	1997	안양LG	11	7	0	0	15	0	0
	합계		25	21	1	1	29	0	0
프로통산			25	21	1	1	29	0	0

김현민(金鉉敏) 한성대 1970.04.09

대회	연도	소속	출전	교체	득점	도움	파울	경고	퇴장
BC	1997	대전	28	21	5	4	47	2	0
	1998	대전	17	16	0	0	22	1	0
	1999	대전	17	16	2	0	16	2	0
	2000	대전	12	13	2	1	17	2	0
	합계		61	55	9	7	65	7	0
프로통산			61	55	9	7	65	7	0

김현배(金賢培) 고려대 1976.06.09

대회	연도	소속	출전	교체	득점	도움	파울	경고	퇴장
BC	1999	울산	2	2	0	0	0	0	0
	2000	울산	3	1	1	0	9	1	0
	합계		3	1	1	0	9	1	0
프로통산			3	1	1	0	9	1	0

김현복(金顯福) 중앙대 1954.12.09

대회	연도	소속	출전	교체	득점	도움	파울	경고	퇴장
BC	1983	할렐	12	9	2	1	4	0	0
	1984	할렐	19	5	0	0	28	0	0
	1985	할렐	16	5	0	1	25	3	0
	합계		47	19	2	2	57	3	0
프로통산			47	19	2	2	57	3	0

김현석(金賢錫) 서울시립대 1966.09.14

대회	연도	소속	출전	교체	득점	도움	파울	경고	퇴장
BC	1989	일화	27	6	0	0	50	5	0
	1990	일화	14	2	0	0	21	4	0
	합계		41	8	0	0	71	9	0
프로통산			41	8	0	0	71	9	0

김현석(金鉉錫) 연세대 1967.05.05

대회	연도	소속	출전	교체	득점	도움	파울	경고	퇴장
BC	1990	현대	28	1	5	3	41	3	0
	1991	현대	39	10	14	4	50	2	0
	1992	현대	37	12	13	7	62	2	0
	1993	현대	11	8	1	1	12	0	0
	1995	현대	33	2	18	7	34	5	0
	1996	울산	34	5	9	9	43	4	0
	1997	울산	30	2	13	5	54	5	0
	1998	울산	35	14	7	5	39	4	0
	1999	울산	36	3	8	6	41	2	0
	2001	울산	31	9	6	5	41	3	1
	2002	울산	34	22	6	2	36	3	0
	2003	울산	23	16	0	2	24	2	0
	합계		371	71	110	54	508	40	1
프로통산			371	71	110	54	508	40	1

김현성(金賢聖) 동북고 1989.09.27

대회	연도	소속	출전	교체	득점	도움	파울	경고	퇴장
BC	2010	대구	10	6	1	0	13	1	0
	2011	대구	29	7	2	3	63	2	0
	2012	대구	13	13	0	0	9	2	0
	합계		52	28	3	3	89	4	0
K1	2013	서울	17	16	1	1	13	1	0
	2014	서울	17	14	4	0	18	0	0
	2015	서울	17	14	4	2	37	3	0
	합계		40	34	5	2	37	3	0
K2	2016	부산	4	4	0	0	3	1	0
	2017	부산	4	4	0	0	6	1	0
	2018	부산	22	15	1	0	33	3	0
	합계		29	22	1	0	40	4	0
승	2018	부산	2	2	0	0	1	0	0
	합계		2	2	0	0	1	0	0
프로통산			123	86	15	4	167	11	0

김현성(金炫成) 광주대 1993.03.28

대회	연도	소속	출전	교체	실점	도움	파울	경고	퇴장
K1	2017	대구	0	0	0	0	0	0	0
	합계		0	0	0	0	0	0	0
K2	2015	서울E	1	0	3	0	0	0	0
	2016	서울E	4	0	4	0	0	0	0
	합계		5	0	7	0	0	0	0
프로통산			5	0	7	0	0	0	0

김현솔(솔현솔) 브라질 카피바리아누 1991.06.17

대회	연도	소속	출전	교체	득점	도움	파울	경고	퇴장
K1	2018	포항	5	6	0	1	4	0	0
	합계		5	6	0	1	4	0	0
K2	2016	서울E	7	7	0	0	9	2	0
	합계		7	7	0	0	9	2	0
프로통산			12	13	0	1	13	2	0

김현수(金顯秀) 연세대 1992.04.05

대회	연도	소속	출전	교체	득점	도움	파울	경고	퇴장
K2	2015	대구	3	3	0	0	0	0	0
	2016	대구	2	2	0	0	1	0	0
	합계		5	5	0	0	1	0	0

대회	연도	소속	출전	교체	득점	도움	파울	경고	퇴장
프로통산			5	5	0	0	1	1	0

김현수(金鉉洙) 아주대 1973.03.13

대회	연도	소속	출전	교체	득점	도움	파울	경고	퇴장
BC	1995	대우	32	3	1	0	44	4	0
	1996	부산	29	7	2	1	22	1	0
	1997	부산	29	6	3	0	31	3	0
	1998	부산	19	4	2	0	21	1	0
	1999	부산	27	4	1	0	35	2	0
	2000	성남일	40	0	3	1	60	5	0
	2001	성남일	35	1	2	0	42	3	0
	2002	성남일	36	2	4	0	49	3	0
	2003	성남일	38	7	3	1	42	2	0
	2004	인천	30	1	0	0	23	6	0
	2005	전남	5	3	0	0	6	0	0
	2006	대구	35	2	1	2	20	5	0
	2007	대구	28	2	1	0	43	3	0
프로통산			383	41	24	5	438	38	0
프로통산			383	41	24	5	438	38	0

김현수(金鉉洙) 연세대 1973.02.14

대회	연도	소속	출전	교체	득점	도움	파울	경고	퇴장
BC	1995	전남	26	0	1	2	52	3	0
	1996	전남	20	8	0	2	26	5	0
	1997	전남	30	10	1	0	20	1	1
	2000	전남	17	8	0	0	25	4	0
	2001	전남	30	2	2	2	65	4	0
	2002	전남	30	3	1	0	76	3	0
	2003	전북	42	20	1	1	76	3	0
	2004	전북	29	7	0	0	35	2	0
	2005	전북	24	5	1	0	35	2	0
	2006	전북	24	1	1	1	58	6	0
	2007	전북	25	0	0	0	51	7	1
	2008	전북	15	10	1	0	23	1	0
합계			291	90	4	9	465	41	2
프로통산			291	90	4	9	465	41	2

김현승(金炫昇) 홍익대 1984.11.16

대회	연도	소속	출전	교체	득점	도움	파울	경고	퇴장
BC	2008	광주상	4	5	0	0	5	0	0
	2009	광주상	1	1	0	0	1	0	0
합계			5	6	0	0	6	0	0
프로통산			5	6	0	0	6	0	0

김현우(金玄雨) 광운대 1989.04.17

대회	연도	소속	출전	교체	득점	도움	파울	경고	퇴장
BC	2012	성남일	8	7	0	0	11	3	0
합계			8	7	0	0	11	3	0
프로통산			8	7	0	0	11	3	0

김현욱(金賢旭) 한양대 1995.06.22

대회	연도	소속	출전	교체	득점	도움	파울	경고	퇴장
K1	2017	제주	3	3	0	1	0	0	0
	2018	제주	22	16	4	2	16	3	0
합계			25	19	4	2	17	3	0
프로통산			25	19	4	2	17	3	0

김현태(金炫兒) 영남대 1994.11.14

대회	연도	소속	출전	교체	득점	도움	파울	경고	퇴장
K1	2017	전남	0	0	0	0	0	0	0
합계			0	0	0	0	0	0	0
K2	2018	안산	13	3	2	0	12	0	0
합계			13	3	2	0	12	0	0
프로통산			13	3	2	0	12	0	0

김현태(金鉉泰) 용인대 1992.05.13

대회	연도	소속	출전	교체	득점	도움	파울	경고	퇴장
K2	2015	수원FC	0	0	0	0	0	0	0
프로통산			0	0	0	0	0	0	0

김현태(金顯泰) 고려대 1961.05.01

대회	연도	소속	출전	교체	실점	도움	파울	경고	퇴장
BC	1984	럭금	23	1	37	0	0	0	0
	1985	럭금	21	0	19	0	0	1	0
	1986	럭금	30	1	32	0	0	0	0
	1987	럭금	18	0	36	0	1	0	1
	1988	럭금	8	0	12	0	0	0	0
	1989	럭금	9	1	9	0	0	0	0
	1990	럭금	2	0	2	0	0	0	0
	1991	LG	3	2	4	0	0	0	0
	1996	안양LG	0	0	0	0	0	0	0
합계			114	5	151	0	1	1	1
프로통산			114	5	151	0	1	1	1

김현호(金鉉浩) 신평고 1981.09.30

대회	연도	소속	출전	교체	득점	도움	파울	경고	퇴장
BC	1995	포항	0	0	0	0	0	0	0
합계			0	0	0	0	0	0	0
프로통산			0	0	0	0	0	0	0

김현훈(金玹訓) 홍익대 1991.04.30

대회	연도	소속	출전	교체	득점	도움	파울	경고	퇴장
K1	2018	경남	30	3	1	0	29	2	0
합계			30	3	1	0	29	2	0
프로통산			30	3	1	0	29	2	0

김형근(金亨根) 영남대 1994.01.06

대회	연도	소속	출전	교체	실점	도움	파울	경고	퇴장
K2	2016	부산	6	0	9	0	0	0	0
	2017	부산	13	0	17	0	0	0	0
	2018	부산	14	0	17	0	0	1	0
합계			30	0	34	0	0	1	0
승	2017	부산	1	0	0	0	0	0	0
	2018	부산	0	0	0	0	0	0	0
프로통산			31	0	34	0	0	1	0

김형남(金炯男) 중대부고 1956.12.18

대회	연도	소속	출전	교체	득점	도움	파울	경고	퇴장
BC	1983	포철	13	2	0	0	17	2	0
	1984	포철	13	6	0	0	11	0	0
합계			26	8	0	0	28	2	0
프로통산			26	8	0	0	28	2	0

김형록(金洞錄) 동아대 1991.06.17

대회	연도	소속	출전	교체	실점	도움	파울	경고	퇴장
K1	2014	제주	0	0	0	0	0	0	0
	2015	제주	0	0	0	0	0	0	0
합계			0	0	0	0	0	0	0
K2	2015	경남	2	0	3	0	0	0	0
	2017	경남	0	0	0	0	0	0	0
합계			2	0	3	0	0	0	0
프로통산			2	0	3	0	0	0	0

김형범(金炯汜) 건국대 1984.01.01

대회	연도	소속	출전	교체	득점	도움	파울	경고	퇴장
BC	2004	울산	29	25	1	5	36	2	0
	2005	울산	14	13	4	1	5	1	0
	2006	전북	28	12	4	7	35	4	0
	2007	전북	6	5	0	4	9	1	0
	2008	전북	31	25	7	4	37	4	0
	2009	전북	1	1	0	0	0	0	0
	2010	전북	9	8	1	0	9	1	0
	2011	전북	4	4	0	0	0	0	0
	2012	대전	23	18	6	3	27	4	0
합계			154	111	27	24	148	14	0
K1	2013	성남	22	18	8	0	27	1	0
합계			22	18	8	0	27	1	0
프로통산			176	129	35	24	175	15	0

김형일(金亨鎰) 경희대 1984.04.27

대회	연도	소속	출전	교체	득점	도움	파울	경고	퇴장
BC	2007	대전	29	2	1	0	68	11	0
	2008	대전	16	3	0	0	12	2	0
	2008	포항	3	0	0	0	7	1	0
	2009	포항	30	1	2	1	40	9	0
	2010	포항	22	2	1	0	31	5	0
	2011	포항	21	2	0	0	26	4	0
	2012	상주	17	2	1	0	19	3	0
합계			138	12	5	3	209	42	0
K1	2013	포항	2	2	0	0	0	0	0
	2014	포항	14	3	1	0	13	3	0
	2015	전북	24	2	0	0	29	4	0
	2016	전북	13	1	0	0	20	4	0
합계			53	8	1	0	62	11	0
K2	2013	상주	26	0	0	0	29	3	1
	2017	부천	10	4	0	1	10	1	0
합계			36	4	0	1	39	4	1
프로통산			227	24	6	4	310	57	1

김형진(金炯進) 배재대 1993.12.20

대회	연도	소속	출전	교체	득점	도움	파울	경고	퇴장
K2	2016	대전	16	8	0	0	24	6	0
	2017	안양	15	5	0	0	6	2	0
	2018	안양	23	10	0	0	25	0	0
합계			49	23	0	0	60	8	0
프로통산			49	23	0	0	60	8	0

김형철(金亨哲) 동아대 1983.10.02

대회	연도	소속	출전	교체	득점	도움	파울	경고	퇴장
BC	2006	수원	1	1	0	0	0	1	0
합계			1	1	0	0	0	1	0
프로통산			1	1	0	0	0	1	0

김형필(金炯必) 경희대 1987.01.13

대회	연도	소속	출전	교체	득점	도움	파울	경고	퇴장
BC	2010	전남	11	10	3	0	13	1	0
	2011	전남	3	3	0	0	1	0	0
	2012	부산	1	1	0	0	1	0	0
합계			15	14	3	0	15	1	0
K2	2016	경남	10	9	2	0	6	1	0
합계			10	9	2	0	6	1	0
프로통산			25	23	5	0	13	3	0

김형호(金灝鎬) 광양제철고 1987.03.25

대회	연도	소속	출전	교체	득점	도움	파울	경고	퇴장
BC	2009	전남	21	2	1	0	25	3	0
	2010	전남	23	1	1	3	35	7	0
	2011	전남	9	0	0	0	7	0	0
합계			53	5	1	2	67	9	0
프로통산			53	5	1	2	67	9	0

김혜성(金慧成) 홍익대 1996.04.11

대회	연도	소속	출전	교체	득점	도움	파울	경고	퇴장
K2	2018	광주	0	0	0	0	0	0	0
합계			0	0	0	0	0	0	0

김호남(金浩男) 광주대 1989.06.14

대회	연도	소속	출전	교체	득점	도움	파울	경고	퇴장
BC	2011	광주	2	2	0	0	1	0	0
	2012	광주	1	1	0	0	0	0	0
합계			3	3	0	0	1	0	0
K1	2015	광주	33	8	3	1	27	4	0
	2016	제주	31	29	8	3	10	1	0
	2017	상주	32	11	7	2	24	2	0
	2018	상주	21	16	2	1	16	1	0
	2018	제주	12	5	0	0	9	0	0
합계			125	74	25	7	81	8	0
K2	2013	광주	28	20	7	2	32	4	0
	2014	광주	35	13	7	5	51	5	0
합계			63	20	14	11	07	9	0
승	2014	광주	2	0	1	0	7	0	0
	2017	상주	2	0	0	0	0	0	0
프로통산			195	105	40	18	179	18	0

김호유(金浩猷) 성균관대 1981.02.19

대회	연도	소속	출전	교체	득점	도움	파울	경고	퇴장
BC	2003	전남							
	2004	전남	14	4	1	0	24	2	0
	2005	전남	10	6	0	0	13	0	0

(continued)

대회	연도	소속	출전	교체	득점	도움	파울	경고	퇴장
	2006	전남	10	3	1	0	15	3	0
	2007	제주	14	6	0	2	17	3	0
	합계		48	19	2	2	65	8	0
프로통산			48	19	2	2	65	8	0

김호준(金鎬浚) 고려대 1984.06.21

대회	연도	소속	출전	교체	실점	도움	파울	경고	퇴장
BC	2005	서울	3	0	6	0	1	0	0
	2007	서울	0	0	0	0	0	0	0
	2008	서울	31	0	32	0	0	0	2
	2009	서울	24	1	26	0	0	1	0
	2010	제주	35	0	32	0	2	2	0
	2011	제주	24	0	36	0	2	2	0
	2012	상주	9	0	17	0	0	0	0
	합계		126	1	149	0	4	8	0
K1	2014	제주	37	1	37	1	0	1	0
	2015	제주	31	0	45	0	1	1	0
	2016	제주	28	1	39	0	1	2	0
	2017	제주	19	1	26	0	0	0	0
	2018	강원	6	1	10	0	1	0	0
	합계		121	3	153	1	2	4	1
K2	2013	상주	30	0	23	0	0	2	0
	합계		30	0	23	0	0	2	0
프로통산			277	4	325	1	6	14	1

김호철(金虎喆) 숭실대 1971.01.05

대회	연도	소속	출전	교체	득점	도움	파울	경고	퇴장
BC	1993	유공	1	1	0	0	1	0	0
	1995	유공	2	2	0	0	3	0	0
	1996	부천유	0	0	0	0	0	0	0
	합계		3	3	0	0	4	0	0
프로통산			3	3	0	0	4	0	0

김홍기(金弘冀) 중앙대 1976.03.14

대회	연도	소속	출전	교체	득점	도움	파울	경고	퇴장
BC	1999	전북	2	2	0	0	0	0	0
	2000	전북	4	4	0	0	2	0	0
	합계		6	6	0	0	2	0	0
프로통산			6	6	0	0	2	0	0

김홍운(金弘運) 건국대 1964.03.21

대회	연도	소속	출전	교체	득점	도움	파울	경고	퇴장
BC	1987	포철	26	20	9	3	19	3	0
	1988	포철	21	7	1	2	24	1	0
	1989	포철	7	7	1	0	2	0	0
	1990	포철	15	11	1	2	23	2	0
	1991	포철	8	7	0	0	8	0	0
	1991	유공	8	7	0	1	13	0	0
	1992	LG	8	7	1	0	13	0	0
	1993	현대	5	5	0	0	1	1	0
	합계		93	67	13	7	86	7	0
프로통산			93	67	13	7	86	7	0

김홍일(金弘一) 연세대 1987.09.29

대회	연도	소속	출전	교체	득점	도움	파울	경고	퇴장
BC	2009	수원	5	2	0	0	7	0	0
	2011	광주	2	2	0	0	0	0	0
	합계		7	4	0	0	7	0	0
K2	2014	수원FC	5	5	0	0	4	1	0
	합계		5	5	0	0	4	1	0
프로통산			12	9	0	0	11	1	0

김홍주(金洪柱) 한양대 1955.03.21

대회	연도	소속	출전	교체	득점	도움	파울	경고	퇴장
BC	1983	국민	13	0	0	0	14	3	0
	1984	국민	7	2	0	0	6	0	0
	합계		20	2	0	0	20	3	0
프로통산			20	2	0	0	20	3	0

김홍철(金弘哲) 한양대 1979.06.02

대회	연도	소속	출전	교체	득점	도움	파울	경고	퇴장
BC	2002	전남	6	1	1	0	4	0	0
	2003	전남	25	9	0	3	17	1	0
	2004	전남	17	6	0	0	24	3	0

대회	연도	소속	출전	교체	득점	도움	파울	경고	퇴장
	2005	포항	22	14	1	0	21	0	0
	2006	부산	2	2	0	0	1	0	0
	합계		72	32	2	3	67	4	0
프로통산			72	32	2	3	67	4	0

김황정(金晃正) 한남대 1975.11.19

대회	연도	소속	출전	교체	득점	도움	파울	경고	퇴장
BC	2001	울산	7	7	0	0	7	0	0
	합계		7	7	0	0	7	0	0
프로통산			7	7	0	0	7	0	0

김황호(金黃鎬) 경희대 1954.08.15

대회	연도	소속	출전	교체	실점	도움	파울	경고	퇴장
BC	1984	현대	7	1	3	0	0	0	0
	1985	현대	18	1	18	0	0	0	0
	1986	현대	2	0	3	0	0	0	0
	합계		27	2	24	0	0	0	0
프로통산			27	2	24	0	0	0	0

김효기(金孝基) 조선대 1986.07.03

대회	연도	소속	출전	교체	득점	도움	파울	경고	퇴장
BC	2010	울산	5	5	0	0	5	0	0
	2011	울산	4	4	0	0	0	0	0
	2012	울산	4	4	0	0	0	0	0
	합계		5	5	0	0	5	0	0
K1	2017	전북							
	2018	경남	30	17	7	3			
	합계		30	17	7	3			
K2	2015	안양	15	7	4	0			
	2016	안양	13	6	2	0			
	2017	안양	33	21	5	3			
	합계		61	31	17	5	129	7	0
프로통산			96	53	24	6	166	10	0

김효일(金孝日) 경상대 1978.09.07

대회	연도	소속	출전	교체	득점	도움	파울	경고	퇴장
BC	2003	전남	19	11	0	0	24	2	0
	2004	전남	8	4	0	0	23	0	0
	2005	전남	17	3	0	0	41	3	0
	2006	전남	35	10	1	2	67	6	0
	2007	경남	29	11	0	1	45	1	0
	2008	경남	12	4	1	0	32	5	0
	2009	부산	12	4	0	0	18	0	0
	2010	부산	21	11	0	0	45	0	0
	합계		164	64	3	3	255	17	0
K2	2014	충주	0	0	0	0	0	0	0
	합계		164	64	3	3	255	17	0
프로통산			164	64	3	3	255	17	0

김효준(金孝埈) 경일대 1978.10.13

대회	연도	소속	출전	교체	득점	도움	파울	경고	퇴장
BC	2006	경남	8	3	0	1	12	2	0
	2007	경남	5	3	0	0	8	1	0
	합계		13	6	0	1	20	3	0
K2	2013	안양	25	0	2	0	33	3	0
	2014	안양	11	2	0	0	7	2	0
	합계		36	2	2	0	40	5	0
프로통산			49	8	2	1	60	8	0

김효진(金孝鎭) 연세대 1990.10.22

대회	연도	소속	출전	교체	득점	도움	파울	경고	퇴장
K1	2013	강원	1	1	0	0	1	0	0
	합계		1	1	0	0	1	0	0
프로통산			1	1	0	0	1	0	0

김후석(金厚爽) 영남대 1974.03.20

대회	연도	소속	출전	교체	득점	도움	파울	경고	퇴장
BC	1997	포항	7	7	0	0	4	2	0
	1998	포항	6	5	0	0	9	1	0
	합계		13	12	0	0	13	3	0
프로통산			13	12	0	0	13	3	0

김훈성(金勳成) 고려대 1991.05.20

대회	연도	소속	출전	교체	득점	도움	파울	경고	퇴장
K2	2015	고양	2	2	0	0	0	0	0

대회	연도	소속	출전	교체	득점	도움	파울	경고	퇴장
	합계		2	2	0	0	0	0	0
프로통산			2	2	0	0	0	0	0

김흥권(金興權) 전남대 1963.12.02

대회	연도	소속	출전	교체	득점	도움	파울	경고	퇴장
BC	1984	현대	9	2	1	2	7	0	0
	1985	현대	11	1	0	0	7	0	0
	1986	현대	31	1	2	1	41	4	0
	1987	현대	4	4	0	0	1	1	0
	1989	현대	19	8	1	2	18	0	0
	합계		74	16	4	5	75	5	0
프로통산			74	16	4	5	75	5	0

김흥일(金興一) 동아대 1992.11.02

대회	연도	소속	출전	교체	득점	도움	파울	경고	퇴장
K1	2013	대구	14	14	0	0	6	0	0
	합계		14	14	0	0	6	0	0
K2	2014	대구	9	8	0	0	4	0	0
	합계		9	8	0	0	4	0	0
프로통산			23	22	0	0	10	0	0

김희원(金熙元) 청주대 1994.07.12

대회	연도	소속	출전	교체	득점	도움	파울	경고	퇴장
K2	2017	서울E	2	2	0	0	0	0	0
	2018	안양	1	1	0	0	0	0	0
	합계		3	3	0	0	0	0	0
프로통산			3	3	0	0	0	0	0

김희철(金熙澈) 충북대 1960.09.03

대회	연도	소속	출전	교체	득점	도움	파울	경고	퇴장
BC	1983	포철	13	4	5	3	4	0	0
	1984	포철	11	6	2	1	5	0	0
	1985	상무	8	6	0	1	7	1	0
	합계		32	16	7	5	16	1	0
프로통산			32	16	7	5	16	1	0

김희태(金熙泰) 연세대 1953.07.10

대회	연도	소속	출전	교체	득점	도움	파울	경고	퇴장
BC	1983	대우	2	2	0	0	0	0	0
	합계		2	2	0	0	0	0	0
프로통산			2	2	0	0	0	0	0

까랑가(Luiz Fernando da Silva Monte) 브라질 1991.04.14

대회	연도	소속	출전	교체	득점	도움	파울	경고	퇴장
K1	2015	제주	16	8	5	3	34	3	0
	2016	제주	2	0	0	0	2	1	0
	합계		18	8	5	3	36	4	0
프로통산			18	8	5	3	36	4	0

까르멜로(Carmelo Enrique Valencia Chaverra) 콜롬비아 1984.07.13

대회	연도	소속	출전	교체	득점	도움	파울	경고	퇴장
BC	2010	울산	24	20	8	2	45	1	0
	합계		24	20	8	2	45	1	0
프로통산			24	20	8	2	45	1	0

까를로스(Jose Carlos Santos da Silva) 브라질 1975.03.19

대회	연도	소속	출전	교체	득점	도움	파울	경고	퇴장
BC	2004	포항	25	20	4	2	48	3	0
	합계		25	20	4	2	48	3	0
프로통산			25	20	4	2	48	3	0

까를로스(Joan Carlos Dondo) 브라질 1983.08.12

대회	연도	소속	출전	교체	득점	도움	파울	경고	퇴장
BC	2011	성남일	3	3	0	0	3	0	0
	합계		3	3	0	0	3	0	0
프로통산			3	3	0	0	3	0	0

까밀로(Camilo da Silva Sanvezzo) 브라질 1988.07.21

대회	연도	소속	출전	교체	득점	도움	파울	경고	퇴장
BC	2010	경남	9	8	0	1	22	1	0
	합계		9	8	0	1	22	1	0
프로통산			9	8	0	1	22	1	0

까보레(Everaldo de Jesus Pereira) 브라질 1980.02.19

대회	연도	소속	출전	교체	득점	도움	파울	경고	퇴장
BC	2007	경남	31	5	18	8	48	5	0
	합계		31	5	18	8	48	5	0
프로통산			31	5	18	8	48	5	0

까스띠쇼(Jonathan Emanuel Castillo) 아르헨티나 1993.01.05

대회	연도	소속	출전	교체	득점	도움	파울	경고	퇴장
K2	2016	충주	1	1	0	0	1	0	0
	합계		1	1	0	0	1	0	0
프로통산			1	1	0	0	1	0	0

까시아노(Dias Moreira Cassiano) 브라질 1989.06.16

대회	연도	소속	출전	교체	득점	도움	파울	경고	퇴장
K1	2015	광주	11	8	1	0	16	2	0
	합계		11	8	1	0	16	2	0
프로통산			11	8	1	0	16	2	0

까시아노(Cassiano Mendes da Rocha) 브라질 1975.12.04

대회	연도	소속	출전	교체	득점	도움	파울	경고	퇴장
BC	2003	포항	15	13	4	0	15	1	0
	합계		15	13	4	0	15	1	0
프로통산			15	13	4	0	15	1	0

까이끼(Caique Silva Rocha) 브라질 1987.01.10

대회	연도	소속	출전	교체	득점	도움	파울	경고	퇴장
BC	2012	경남	41	10	12	7	60	5	0
	합계		41	10	12	7	60	5	0
K1	2013	울산	18	14	3	4	19	2	0
	2014	울산	1	1	0	0	0	0	0
	합계		19	15	3	4	19	2	0
프로통산			60	25	15	11	79	7	0

까이오(Antonio Caio Silva Souza) 브라질 1980.10.11

대회	연도	소속	출전	교체	득점	도움	파울	경고	퇴장
BC	2004	전남	15	14	0	2	18	0	0
	합계		15	14	0	2	18	0	0
프로통산			15	14	0	2	18	0	0

깔레오(Coelho Goncalves) 브라질 1995.09.22

대회	연도	소속	출전	교체	득점	도움	파울	경고	퇴장
K2	2014	충주	4	4	0	0	1	0	0
	합계		4	4	0	0	1	0	0
프로통산			4	4	0	0	1	0	0

꼬레아(Nestor Correa) 우루과이 1974.08.23

대회	연도	소속	출전	교체	득점	도움	파울	경고	퇴장
BC	2000	전북	23	15	3	4	45	1	1
	2002	전남	15	12	0	2	36	3	0
	합계		38	27	3	6	81	4	1
프로통산			38	27	3	6	81	4	1

끌레베르(Cleber Arildo da Silva) 브라질 1969.01.21

대회	연도	소속	출전	교체	득점	도움	파울	경고	퇴장
BC	2001	울산	30	2	2	2	53	7	0
	2002	울산	34	6	0	0	63	7	0
	2003	울산	33	5	1	1	54	6	1
	합계		97	13	3	3	170	20	1
프로통산			97	13	3	3	170	20	1

끌레오(Cleomir Mala dos Santos) 브라질 1972.02.02

대회	연도	소속	출전	교체	득점	도움	파울	경고	퇴장
BC	1997	전남	5	3	0	2	6	2	0
	합계		5	3	0	2	6	2	0
프로통산			5	3	0	2	6	2	0

끼리노(Thiago Quirino da Silva) 브라질 1985.01.04

대회	연도	소속	출전	교체	득점	도움	파울	경고	퇴장
BC	2011	대구	14	10	3	1	24	2	1
	합계		14	10	3	1	24	2	1
프로통산			14	10	3	1	24	2	1

나광현(羅光鉉) 명지대 1982.06.21

대회	연도	소속	출전	교체	득점	도움	파울	경고	퇴장
BC	2006	대전	1	1	0	0	0	0	0
	2007	대전	8	7	1	0	10	1	0
	2008	대전	14	11	0	1	26	7	0
	2009	대전	14	11	0	1	8	2	0
	합계		41	28	2	1	44	10	0
프로통산			41	28	2	1	44	10	0

나니(Jonathan Nanizayamo) 프랑스 1991.06.05

대회	연도	소속	출전	교체	득점	도움	파울	경고	퇴장
K1	2017	강원	4	4	0	0	3	0	0
	합계		4	4	0	0	3	0	0
프로통산			4	4	0	0	3	0	0

나드손(Nadson Rodrigues de Souza) 브라질 1982.01.30

대회	연도	소속	출전	교체	득점	도움	파울	경고	퇴장
BC	2003	수원	18	9	14	3	7	1	0
	2004	수원	38	27	14	4	66	5	0
	2005	수원	15	14	7	1	17	1	0
	2007	수원	15	14	8	3	28	3	0
	합계		86	64	43	11	118	10	0
프로통산			86	64	43	11	118	10	0

나상호(羅相浩) 단국대 1996.08.12

대회	연도	소속	출전	교체	득점	도움	파울	경고	퇴장
K1	2017	광주	17	12	2	0	20	1	0
	합계		17	12	2	0	20	1	0
K2	2018	광주	31	3	16	1	38	3	0
	합계		31	3	16	1	38	3	0
프로통산			49	17	18	1	58	4	0

나성은(羅聖恩) 수원대 1996.04.06

대회	연도	소속	출전	교체	득점	도움	파울	경고	퇴장
K1	2018	전북	3	2	0	0	0	0	0
프로통산			3	2	0	0	0	0	0

나승화(羅承和) 한양대 1969.10.08

대회	연도	소속	출전	교체	득점	도움	파울	경고	퇴장
BC	1991	포철	17	4	0	3	14	0	0
	1992	포철	15	2	0	1	18	0	0
	1993	포철	16	9	0	1	14	1	0
	1994	포철	25	7	0	4	25	2	0
	합계		74	25	0	9	71	4	0
프로통산			74	25	0	9	71	4	0

나시모프(Bakhodir Nasimov) 우즈베키스탄 1987.05.02

대회	연도	소속	출전	교체	득점	도움	파울	경고	퇴장
K2	2017	안산	23	18	2	0	35	3	0
	합계		23	18	2	0	35	3	0
프로통산			23	18	2	0	35	3	0

나일균(羅一均) 경일대 1977.08.02

대회	연도	소속	출전	교체	득점	도움	파울	경고	퇴장
BC	2000	울산	1	1	0	0	2	0	0
	합계		1	1	0	0	2	0	0
프로통산			1	1	0	0	2	0	0

나지(Naji Mohammed A Majrashi) 사우디아라비아 1984.02.02

대회	연도	소속	출전	교체	득점	도움	파울	경고	퇴장
BC	2011	울산	9	9	0	1	2	1	0
	합계		9	9	0	1	2	1	0
프로통산			9	9	0	1	2	1	0

나치선(羅治善) 국민대 1966.03.07

대회	연도	소속	출전	교체	실점	도움	파울	경고	퇴장
BC	1989	일화	23	2	29	0	0	1	0
	1990	일화	1	0	0	0	1	0	0
	합계		24	2	29	0	1	1	0
프로통산			24	2	29	0	1	1	0

나희근(羅熙根) 아주대 1979.05.05

대회	연도	소속	출전	교체	득점	도움	파울	경고	퇴장
BC	2001	포항	1	1	0	0	1	0	0
	2003	포항	0	0	0	0	0	0	0
	2004	대구	12	3	0	0	23	1	0
	2005	대구	21	11	1	0	48	1	0
	2006	대구	5	2	0	1	9	0	0
	2007	대구	1	1	0	0	1	0	0
	합계		40	18	3	0	78	2	1
프로통산			40	18	3	0	78	2	1

난도(Ferdinando Pereira Leda) 브라질 1980.04.22

대회	연도	소속	출전	교체	득점	도움	파울	경고	퇴장
BC	2012	인천	19	4	0	0	31	2	0
	합계		19	4	0	0	31	2	0
프로통산			19	4	0	0	31	2	0

남광현(南侊炫) 경기대 1987.08.25

대회	연도	소속	출전	교체	득점	도움	파울	경고	퇴장
BC	2010	전남	5	2	1	1	17	1	0
	합계		5	2	1	1	17	1	0
K2	2016	경남	7	7	1	1	7	1	0
	합계		7	7	1	1	7	1	0
프로통산			12	9	2	2	24	2	0

남궁도(南宮道) 경희고 1982.06.04

대회	연도	소속	출전	교체	득점	도움	파울	경고	퇴장
BC	2001	전북	6	6	0	0	9	1	0
	2002	전북	3	3	0	0	0	0	0
	2003	전북	12	11	1	0	13	1	0
	2004	전북	1	1	0	1	3	0	0
	2005	전북	24	17	3	4	31	2	0
	2006	광주상	30	27	4	2	48	5	0
	2007	광주상	28	19	9	4	40	3	0
	2008	포항	25	21	6	1	24	4	0
	2009	포항	5	4	1	0	9	0	0
	2010	성남일	22	20	2	0	13	1	0
	2011	성남일	20	19	3	1	17	1	0
	2012	대전	18	16	0	0	22	1	0
	합계		222	185	35	14	286	21	0
K2	2013	안양	29	29	1	1	19	2	0
	2014	안양	3	3	0	1	3	0	0
	합계		32	32	1	2	23	2	0
프로통산			254	217	36	15	309	23	0

남궁웅(南宮雄) 경희고 1984.03.29

대회	연도	소속	출전	교체	득점	도움	파울	경고	퇴장
BC	2003	수원	22	20	1	3	21	0	0
	2004	수원	5	5	0	0	2	0	0
	2005	광주상	29	23	0	2	31	1	0
	2006	광주상	30	20	0	3	43	6	0
	2006	수원	1	1	0	0	0	0	0
	2007	수원	2	2	0	0	2	0	0
	2008	수원	14	11	0	1	26	2	0
	2011	성남일	5	0	0	1	10	1	0
	2012	성남일	30	15	0	1	38	7	0
	합계		146	112	2	10	168	18	0
K1	2013	강원	21	8	0	2	16	3	0
	합계		21	8	0	2	16	3	0
승	2013	강원	1	1	0	0	2	0	0
	합계		1	1	0	0	2	0	0
프로통산			168	121	2	12	186	21	0

남기설(南起雪) 영남대 1970.12.08

대회	연도	소속	출전	교체	득점	도움	파울	경고	퇴장
BC	1993	대우	16	14	1	0	18	3	0
	1994	LG	20	17	3	1	17	1	0
	1995	LG	4	4	0	0	2	0	0
	합계		40	35	4	1	37	5	0
프로통산			40	35	4	1	37	5	0

남기성(南基成) 한양대 1977.10.10

대회	연도	소속	출전	교체	득점	도움	파울	경고	퇴장
BC	2000	수원	2	1	0	0	1	0	0
	합계		2	1	0	0	1	0	0
프로통산			2	1	0	0	1	0	0

남기영(南基永) 경희대 1962.07.10

대회	연도	소속	출전	교체	득점	도움	파울	경고	퇴장
BC	1986	포철	23	2	0	0	26	3	0
	1987	포철	30	7	0	0	43	4	0
	1988	포철	6	2	0	0	9	0	0
	1989	포철	21	12	0	0	30	3	1
	1990	포철	19	9	0	0	36	3	0
	1991	포철	32	11	1	0	43	5	1
	1992	포철	14	7	0	1	18	4	0
	합계		145	50	1	1	205	22	2
프로통산			145	50	1	1	205	22	2

남기일(南基一) 경희대 1974.08.17

대회	연도	소속	출전	교체	득점	도움	파울	경고	퇴장
BC	1997	부천SK	18	14	0	3	14	0	0
	1998	부천SK	15	16	1	1	17	0	0
	1999	부천SK	20	18	1	3	23	1	0
	2000	부천SK	11	9	1	1	12	0	0
	2001	부천SK	35	15	9	2	41	2	0
	2002	부천SK	30	3	4	6	50	5	1
	2003	부천SK	30	8	5	5	50	4	1
	2004	전남	29	22	2	2	40	3	0
	2005	성남일	28	22	7	4	47	0	0
	2006	성남일	32	27	8	2	51	1	0
	2007	성남일	20	19	2	4	27	3	0
	2008	성남일	7	7	0	1	6	1	0
	합계		277	180	40	34	380	22	2
프로통산			277	180	40	34	380	22	2

남대식(南大植) 건국대 1990.03.07

대회	연도	소속	출전	교체	득점	도움	파울	경고	퇴장
K2	2013	충주	20	2	2	0	14	2	0
	2014	안양	0	0	0	0	0	0	0
	합계		20	2	2	0	14	2	0
프로통산			20	2	2	0	14	2	0

남민호(南民浩) 동국대 1980.12.17

대회	연도	소속	출전	교체	실점	도움	파울	경고	퇴장
BC	2003	부천SK	1	0	4	0	0	0	0
	합계		1	0	4	0	0	0	0
프로통산			1	0	4	0	0	0	0

남설현(南설현) 부경대 1990.02.10

대회	연도	소속	출전	교체	득점	도움	파울	경고	퇴장
BC	2012	경남	2	2	0	0	1	0	0
	합계		2	2	0	0	1	0	0
프로통산			2	2	0	0	1	0	0

남세인(南世仁) 동의대 1993.01.15

대회	연도	소속	출전	교체	득점	도움	파울	경고	퇴장
K2	2014	대구	0	0	0	0	0	0	0
	합계		0	0	0	0	0	0	0
프로통산			0	0	0	0	0	0	0

남송(南松/← 난송) 중국 1997.06.21

대회	연도	소속	출전	교체	득점	도움	파울	경고	퇴장
K2	2018	부천	3	3	0	0	3	1	0
	합계		3	3	0	0	3	1	0
프로통산			3	3	0	0	3	1	0

남승우(南昇佑) 연세대 1992.02.18

대회	연도	소속	출전	교체	득점	도움	파울	경고	퇴장
K1	2018	강원	1	1	0	0	0	0	0
	합계		1	1	0	0	0	0	0
프로통산			1	1	0	0	0	0	0

남영열(南永烈) 한남대 1981.07.10

대회	연도	소속	출전	교체	득점	도움	파울	경고	퇴장
BC	2005	대구	24	9	1	0	39	6	0
	합계		24	9	1	0	39	6	0
프로통산			24	9	1	0	39	6	0

남영훈(男泳勳) 명지대 1979.09.22

대회	연도	소속	출전	교체	득점	도움	파울	경고	퇴장
BC	2003	광주상	16	12	0	1	8	3	0
	2004	포항	15	15	0	0	17	2	0
	2005	포항	7	7	0	0	6	2	0
	2006	경남	15	8	1	0	25	6	0
	2007	경남	12	6	0	0	13	2	0
	합계		65	48	1	1	69	15	0
프로통산			65	48	1	1	69	15	0

남웅기(南雄基) 동국대 1976.05.20

대회	연도	소속	출전	교체	득점	도움	파울	경고	퇴장
BC	1999	전북	5	5	1	0	3	0	0
	합계		5	5	1	0	3	0	0
프로통산			5	5	1	0	3	0	0

남윤재(南潤栽) 충남기계공고 1996.05.31

대회	연도	소속	출전	교체	득점	도움	파울	경고	퇴장
K2	2016	대전	1	1	0	0	1	0	0
	2017	대전	1	1	0	0	2	0	0
	합계		2	2	0	0	3	0	0
프로통산			2	2	0	0	3	0	0

남익경(南翼暻) 포철공고 1983.01.26

대회	연도	소속	출전	교체	득점	도움	파울	경고	퇴장
BC	2002	포항	0	0	0	0	0	0	0
	2003	포항	8	8	1	0	3	0	0
	2004	포항	12	11	1	1	6	0	0
	2005	포항	13	12	0	1	15	0	0
	2006	포항	3	3	0	0	4	0	0
	2007	광주상	18	14	0	2	17	0	0
	2008	광주상	20	14	2	4	19	1	0
	합계		74	62	5	5	64	2	0
프로통산			74	62	5	5	64	2	0

남일우(南溢祐) 광주대 1989.08.28

대회	연도	소속	출전	교체	득점	도움	파울	경고	퇴장
BC	2012	인천	1	1	0	0	0	0	0
	합계		1	1	0	0	0	0	0
프로통산			1	1	0	0	0	0	0

남준재(南濬在) 연세대 1988.04.07

대회	연도	소속	출전	교체	득점	도움	파울	경고	퇴장
BC	2010	인천	28	26	3	5	18	3	0
	2011	전남	8	8	1	0	16	1	0
	2011	제주	3	3	0	0	1	1	0
	2012	제주	23	11	8	1	37	4	0
	합계		62	48	12	6	72	9	0
K1	2013	인천	32	19	4	1	42	3	0
	2014	인천	17	13	3	0	18	0	0
	2015	성남	30	28	4	2	45	3	0
	2018	인천	14	12	4	2	19	2	0
	합계		93	72	15	5	124	8	0
K2	2016	안산무	17	12	2	2	11	2	0
	2017	아산	14	12	2	0	15	1	0
	2017	성남	1	1	0	0	2	0	0
	합계		32	25	4	2	28	3	0
프로통산			187	145	31	13	224	20	0

남지훈(南知勳) 수원대 1992.12.19

대회	연도	소속	출전	교체	득점	도움	파울	경고	퇴장
K2	2015	안양	0	0	0	0	0	0	0
	2016	안양	0	0	0	0	0	0	0
	합계		0	0	0	0	0	0	0
프로통산			0	0	0	0	0	0	0

남하늘(南하늘) 한남대 1995.10.27

대회	연도	소속	출전	교체	득점	도움	파울	경고	퇴장
K2	2016	고양	16	15	0	0	18	3	0
	합계		16	15	0	0	18	3	0
프로통산			16	15	0	0	18	3	0

남현성(南縣成) 성균관대 1985.05.06

대회	연도	소속	출전	교체	득점	도움	파울	경고	퇴장
BC	2008	대구	4	2	0	0	3	2	0
	2009	대구	10	8	0	1	10	0	0
	합계		14	10	0	1	13	2	0
프로통산			14	10	0	1	13	2	0

남현우(南賢右) 인천대 1979.04.20

대회	연도	소속	출전	교체	득점	도움	파울	경고	퇴장
BC	2002	부천SK	0	0	0	0	0	0	0
	합계		0	0	0	0	0	0	0
프로통산			0	0	0	0	0	0	0

남호상(南虎相) 동아대 1966.01.17

대회	연도	소속	출전	교체	득점	도움	파울	경고	퇴장
BC	1989	일화	1	2	0	0	2	0	0
	합계		1	2	0	0	2	0	0
프로통산			1	2	0	0	2	0	0

내마냐(Nemanja Dancetovic) 유고슬라비아 1973.07.25

대회	연도	소속	출전	교체	득점	도움	파울	경고	퇴장
BC	2000	울산	6	5	0	1	6	1	0
	합계		6	5	0	1	6	1	0
프로통산			6	5	0	1	6	1	0

네게바(Ferreira Pinto Guilherme) 브라질 1992.04.07

대회	연도	소속	출전	교체	득점	도움	파울	경고	퇴장
K1	2018	경남	36	16	5	7	28	2	1
	합계		36	16	5	7	28	2	1
프로통산			36	16	5	7	28	2	1

네또(Euvaldo Jose de Aguiar Neto) 브라질 1982.09.17

대회	연도	소속	출전	교체	득점	도움	파울	경고	퇴장
BC	2005	전북	30	15	8	1	121	9	0
	합계		30	15	8	1	121	9	0
프로통산			30	15	8	1	121	9	0

네벨톤(Neverton Inacio Dionizio) 브라질 1992.06.07

대회	연도	소속	출전	교체	득점	도움	파울	경고	퇴장
K2	2014	대구	1	1	0	0	1	0	0
	합계		1	1	0	0	1	0	0
프로통산			1	1	0	0	1	0	0

네아가(Adrian Constantin Neaga) 루마니아 1979.06.04

대회	연도	소속	출전	교체	득점	도움	파울	경고	퇴장
BC	2005	전남	26	6	11	2	47	6	1
	2006	전남	21	12	2	3	36	1	0
	2006	성남일	11	9	4	1	29	3	0
	2007	성남일	11	9	0	1	13	3	0
	합계		73	35	17	7	125	13	1
프로통산			73	35	17	7	125	13	1

네코(Danilo Montecino Neco) 브라질 1986.01.27

대회	연도	소속	출전	교체	득점	도움	파울	경고	퇴장
BC	2010	제주	32	28	6	5	45	2	0
	합계		32	28	6	5	45	2	0
K2	2017	성남	4	4	0	0	3	1	0
	합계		4	4	0	0	3	1	0
프로통산			36	32	6	5	48	3	0

노경민(魯京旻) 숭실대 1987.11.01

대회	연도	소속	출전	교체	득점	도움	파울	경고	퇴장
BC	2009	대전	5	4	0	0	4	1	0
	합계		5	4	0	0	4	1	0
프로통산			5	4	0	0	4	1	0

노경태(盧炅兌) 전주대 1986.09.20

대회	연도	소속	출전	교체	득점	도움	파울	경고	퇴장
BC	2009	강원	7	3	0	0	6	0	0
	합계		7	3	0	0	6	0	0
프로통산			7	3	0	0	6	0	0

노경환(盧慶煥) 한양대 1967.05.06

대회	연도	소속	출전	교체	득점	도움	파울	경고	퇴장
BC	1989	대우	37	26	4	2	38	2	0

	연도	소속	출전	교체	득점	도움	파울	경고	퇴장
	1990	대우	26	17	4	2	34	3	0
	1991	대우	19	18	1	0	9	1	0
	1992	대우	22	16	0	4	29	1	0
	1994	대우	27	20	9	3	30	1	0
	1995	대우	18	19	3	1	6	2	0
	합계		149	116	21	12	156	10	0
프로통산			149	116	21	12	156	10	0

노나또(Raimundo Nonato de Lima Ribeiro) 브라질 1979.07.05

대회	연도	소속	출전	교체	득점	도움	파울	경고	퇴장
BC	2004	대구	32	9	19	3	48	6	0
	2005	서울	17	16	7	0	19	0	0
	합계		49	25	26	3	67	6	0
프로통산			49	25	26	3	67	6	0

노대호(盧大鎬) 광운대 1990.01.26

대회	연도	소속	출전	교체	득점	도움	파울	경고	퇴장
K2	2013	부천	14	14	3	1	11	3	0
	합계		14	14	3	1	11	3	0
프로통산			14	14	3	1	11	3	0

노동건(盧東件) 고려대 1991.10.04

대회	연도	소속	출전	교체	실점	도움	파울	경고	퇴장
K1	2014	수원	4	0	4	0	0	0	0
	2015	수원	27	1	20	0	0	0	0
	2016	수원	22	1	37	0	0	0	0
	2017	포항	2	1	25	0	0	0	0
	2018	수원	21	1	33	0	0	0	0
	합계		76	4	119	0	0	0	0
프로통산			76	4	119	0	0	0	0

노병준(盧炳俊) 한양대 1979.09.29

대회	연도	소속	출전	교체	득점	도움	파울	경고	퇴장
BC	2002	전남	5	5	0	0	4	0	0
	2003	전남	39	36	7	4	19	6	0
	2004	전남	28	27	3	3	24	4	1
	2005	전남	21	20	1	1	37	1	0
	2008	포항	21	19	5	0	16	1	0
	2009	포항	27	19	7	5	27	3	0
	2010	울산	14	14	1	1	7	0	0
	2011	포항	25	22	7	3	25	3	0
	2012	포항	35	33	7	2	36	2	0
	합계		238	214	42	18	207	19	1
K1	2013	포항	26	26	1	1	21	1	0
	합계		26	26	1	1	21	1	0
K2	2014	대구	19	12	4	3	16	4	0
	2015	대구	14	10	4	1	7	2	0
	2016	대구	14	14	0	0	4	0	0
	합계		67	55	11	7	41	9	0
프로통산			331	295	59	26	269	29	1

노상래(盧相來) 숭실대 1970.12.15

대회	연도	소속	출전	교체	득점	도움	파울	경고	퇴장
BC	1995	전남	33	2	16	6	68	4	0
	1996	전남	32	14	13	7	47	5	1
	1997	전남	17	9	7	3	18	1	0
	1998	전남	31	8	10	8	71	7	0
	1999	전남	36	11	11	6	50	1	0
	2000	전남	37	21	9	5	44	0	0
	2001	전남	27	19	5	4	31	0	0
	2002	전남	6	5	0	0	3	0	0
	2003	대구	21	10	4	1	41	3	0
	2004	대구	6	6	1	0	4	0	1
	합계		246	112	76	40	377	25	2
프로통산			246	112	76	40	377	25	2

노성민(盧聖民) 인천대 1995.07.19

대회	연도	소속	출전	교체	득점	도움	파울	경고	퇴장
K1	2018	인천	0	0	0	0	0	0	0
	합계		0	0	0	0	0	0	0
프로통산			0	0	0	0	0	0	0

노수만(魯秀晩) 울산대 1975.12.22

대회	연도	소속	출전	교체	실점	도움	파울	경고	퇴장
BC	1998	울산	2	0	5	0	0	0	0
	1999	전남	3	0	4	0	0	0	0
	합계		5	0	9	0	0	0	0
프로통산			5	0	9	0	0	0	0

노수진(魯壽珍) 고려대 1962.02.10

대회	연도	소속	출전	교체	득점	도움	파울	경고	퇴장
BC	1986	유공	13	4	4	1	14	1	0
	1987	유공	30	4	12	6	37	4	0
	1988	유공	10	3	2	1	10	1	0
	1989	유공	30	4	16	7	27	3	0
	1990	유공	13	3	1	1	11	0	0
	1991	유공	19	7	5	2	9	1	0
	1992	유공	19	7	3	1	10	1	0
	1993	유공	1	1	0	0	0	0	0
	합계		136	36	45	19	119	12	0
프로통산			136	36	45	19	119	12	0

노연빈(盧延貧) 청주대 1990.04.02

대회	연도	소속	출전	교체	득점	도움	파울	경고	퇴장
K2	2014	충주	25	3	1	0	48	4	0
	2015	충주	22	2	0	0	33	7	0
	2016	충주	2	0	0	0	5	0	0
	합계		49	5	1	0	86	11	0
프로통산			49	5	1	0	86	11	0

노인호(盧仁鎬) 명지대 1960.09.10

대회	연도	소속	출전	교체	득점	도움	파울	경고	퇴장
BC	1984	현대	14	9	0	5	4	0	0
	1985	현대	4	1	2	0	6	0	0
	1986	유공	5	4	0	0	6	1	0
	1987	현대	5	5	0	1	2	0	0
	합계		28	18	2	6	18	1	0
프로통산			28	18	2	6	18	1	0

노재승(盧載承) 경희대 1990.04.19

대회	연도	소속	출전	교체	득점	도움	파울	경고	퇴장
K2	2015	충주	1	1	0	0	0	0	0
	합계		1	1	0	0	0	0	0
프로통산			1	1	0	0	0	0	0

노정윤(盧廷潤) 고려대 1971.03.28

대회	연도	소속	출전	교체	득점	도움	파울	경고	퇴장
BC	2003	부산	27	13	2	5	64	2	0
	2004	부산	30	17	4	6	41	5	0
	2005	울산	35	35	0	5	31	4	0
	2006	울산	8	8	0	0	7	0	0
	합계		100	73	6	16	143	11	0
프로통산			100	73	6	16	143	11	0

노종건(盧鍾健) 인천대 1981.02.24

대회	연도	소속	출전	교체	득점	도움	파울	경고	퇴장
BC	2004	인천	7	2	0	0	15	0	0
	2005	인천	30	8	1	0	67	6	0
	2006	인천	23	7	0	0	62	7	0
	2007	인천	23	10	0	1	51	5	0
	2008	인천	23	9	0	2	44	7	0
	2009	인천	19	9	0	0	36	3	0
	2010	인천	7	5	1	0	5	0	0
	합계		132	54	1	2	280	28	0
프로통산			132	54	1	2	280	28	0

노주섭(盧周燮) 전주대 1970.09.13

대회	연도	소속	출전	교체	득점	도움	파울	경고	퇴장
BC	1994	버팔로	33	2	0	0	23	3	0
	1995	포항	7	5	0	0	4	0	0
	1996	포항	1	1	0	0	0	0	0
	1996	안양LG	5	2	1	0	1	0	0
	1997	안양LG	4	3	0	0	4	1	0
	합계		50	14	1	0	43	4	0
프로통산			50	14	1	0	43	4	0

노진호(盧振鎬) 광운대 1969.04.09

대회	연도	소속	출전	교체	득점	도움	파울	경고	퇴장
BC	1992	대우	2	2	0	0	0	0	0
	합계		2	2	0	0	0	0	0
프로통산			2	2	0	0	0	0	0

노태경(盧泰景) 포철공고 1972.04.22

대회	연도	소속	출전	교체	득점	도움	파울	경고	퇴장
BC	1992	포철	7	4	0	1	6	1	0
	1993	포철	26	5	0	3	25	4	0
	1994	포철	17	3	0	0	18	2	0
	1995	포항	24	6	1	3	26	4	0
	1996	포항	39	2	1	1	31	4	0
	1997	포항	27	5	1	2	24	5	0
	2000	포항	15	10	0	0	5	0	0
	합계		155	35	3	10	135	20	0
프로통산			155	35	3	10	135	20	0

노행석(魯幸錫) 동국대 1988.11.17

대회	연도	소속	출전	교체	득점	도움	파울	경고	퇴장
BC	2011	광주	1	0	0	1	0	0	0
	2012	광주	11	1	0	0	32	7	0
	합계		12	1	0	1	32	7	0
K1	2015	부산	23	5	1	0	36	5	0
	합계		23	5	1	0	36	5	0
K2	2014	대구	31	5	3	0	58	7	0
	2018	부산	3	1	1	0	2	0	0
	합계		34	6	4	0	60	7	0
승	2018	부산	2	1	1	0	5	0	0
	합계		2	1	1	0	5	0	0
프로통산			71	13	6	0	133	19	0

노현준(← 노용훈) 연세대 1986.03.29

대회	연도	소속	출전	교체	득점	도움	파울	경고	퇴장
BC	2009	경남	10	5	0	0	15	2	0
	2011	부산	7	6	0	0	8	0	0
	2011	대전	1	1	0	0	1	0	0
	2012	대전	12	5	0	1	28	10	0
	합계		30	17	0	1	52	12	0
프로통산			30	17	0	1	52	12	0

노형구(盧亨求) 매탄고 1992.04.29

대회	연도	소속	출전	교체	득점	도움	파울	경고	퇴장
BC	2011	수원	2	0	0	0	3	1	0
	2012	수원	0	0	0	0	0	0	0
	합계		2	0	0	0	3	1	0
K2	2015	충주	23	9	0	0	24	5	0
	합계		23	9	0	0	24	5	0
프로통산			25	9	0	0	27	6	0

논코비치(Nonkovic) 유고슬라비아 1970.10.01

대회	연도	소속	출전	교체	득점	도움	파울	경고	퇴장
BC	1996	천안일	18	15	3	0	12	2	0
	합계		18	15	3	0	12	2	0
프로통산			18	15	3	0	12	2	0

니콜라(Nikola Vasiljevic) 보스니아 헤르체고비나 1983.12.19

대회	연도	소속	출전	교체	득점	도움	파울	경고	퇴장
BC	2006	제주	13	1	0	0	29	2	0
	2007	제주	11	4	0	1	23	2	0
	합계		24	5	0	1	52	4	0
프로통산			24	5	0	1	52	4	0

니콜리치(Stefan Nikolic) 몬테네그로 1990.04.16

대회	연도	소속	출전	교체	득점	도움	파울	경고	퇴장
K1	2014	인천	5	5	0	0	11	0	1
	합계		5	5	0	0	11	0	1
프로통산			5	5	0	0	11	0	1

닐손주니어(Nilson Ricardo da Silva Junior) 브라질 1989.03.31

대회	연도	소속	출전	교체	득점	도움	파울	경고	퇴장
K1	2014	부산	30	4	2	0	42	2	0
	2015	부산	9	4	0	0	10	1	0
	합계		39	8	2	0	52	3	0

Column 1

대회	연도	소속	출전	교체	득점	도움	파울	경고	퇴장
K2	2016	부산	21	0	1	1	26	4	0
	2017	부천	34	2	3	3	24	2	0
	2018	부천	28	2	2	1	31	1	0
	합계		83	4	6	5	81	7	0
프로통산			122	12	8	5	133	10	0

닐톤(Soares Rodrigues Nilton) 브라질 1993.09.11

대회	연도	소속	출전	교체	득점	도움	파울	경고	퇴장
K1	2015	대전	12	11	0	1	13	2	0
	합계		12	11	0	1	13	2	0
프로통산			12	11	0	1	13	2	0

다니엘(Oliveira Moreira Daniel) 브라질 1991.03.14

대회	연도	소속	출전	교체	득점	도움	파울	경고	퇴장
K1	2015	광주	2	2	0	0	1	0	0
	합계		2	2	0	0	1	0	0
프로통산			2	2	0	0	1	0	0

다니엘(Daniel Freire Mendes) 브라질 1981.01.18

대회	연도	소속	출전	교체	득점	도움	파울	경고	퇴장
BC	2004	울산	10	9	0	1	8	1	0
	합계		10	9	0	1	8	1	0
프로통산			10	9	0	1	8	1	0

다닐요(Danilo da Cruz Oliveira) 브라질 1979.02.25

대회	연도	소속	출전	교체	득점	도움	파울	경고	퇴장
BC	2004	대구	3	3	0	0	1	0	0
	합계		3	3	0	0	1	0	0
프로통산			3	3	0	0	1	0	0

다미르(Damir Sovsic) 크로아티아 1990.02.05

대회	연도	소속	출전	교체	득점	도움	파울	경고	퇴장
K1	2017	수원	21	16	0	0	14	1	0
	합계		21	16	0	0	14	1	0
프로통산			21	16	0	0	14	1	0

다보(Cheick Oumar Dabo) 말리 1981.01.12

대회	연도	소속	출전	교체	득점	도움	파울	경고	퇴장
BC	2002	부천SK	28	20	10	4	41	0	0
	2003	부천SK	28	23	5	2	34	2	0
	2004	부천SK	22	20	6	0	38	1	0
	합계		77	54	21	6	113	3	0
프로통산			77	54	21	6	113	3	0

다실바(Cleonesio Carlos da Silva) 브라질 1976.04.12

대회	연도	소속	출전	교체	득점	도움	파울	경고	퇴장
BC	2005	포항	24	11	8	1	33	1	0
	2005	부산	12	6	4	1	19	3	0
	2006	제주	14	7	4	0	18	0	0
	합계		50	24	16	2	70	4	0

다오(Dao Cheick Tidiani) 말리 1982.09.25

대회	연도	소속	출전	교체	득점	도움	파울	경고	퇴장
BC	2002	부천SK	4	2	0	0	4	0	0
	합계		4	2	0	0	4	0	0
프로통산			4	2	0	0	4	0	0

다이고(Watanabe Daigo) 일본 1984.12.03

대회	연도	소속	출전	교체	득점	도움	파울	경고	퇴장
K2	2016	부산	5	4	0	0	4	1	0
	합계		5	4	0	0	4	1	0
프로통사			5	4	0	0	4	1	0

다이치(Jusuf Dajic) 보스니아 헤르체고비나 1984.08.21

대회	연도	소속	출전	교체	득점	도움	파울	경고	퇴장
BC	2008	전북	14	12	6	1	23	1	0
	합계		14	12	6	1	23	1	0

다카하기(Takahagi Yojiro, 高萩洋次郎) 일본 1986.08.02

대회	연도	소속	출전	교체	득점	도움	파울	경고	퇴장
K1	2015	서울	14	11	2	0	15	2	0
	2016	서울	32	8	4	3	36	3	0
	합계		46	19	6	3	51	5	0

Column 2

프로통산			46	27	3	4	41	7	0

다카하라(Takahara Naohiro, 高原直泰) 일본 1979.06.04

대회	연도	소속	출전	교체	득점	도움	파울	경고	퇴장
BC	2010	수원	12	7	4	0	14	1	0
	합계		12	7	4	0	14	1	0
프로통산			12	7	4	0	14	1	0

달리(Dalibor Veselinovic) 크로아티아 1987.09.21

대회	연도	소속	출전	교체	득점	도움	파울	경고	퇴장
K1	2017	인천	11	7	0	1	12	2	0
	합계		11	7	0	1	12	2	0
프로통산			11	7	0	1	12	2	0

당성증(唐聖增) 국민대 1966.01.04

대회	연도	소속	출전	교체	득점	도움	파울	경고	퇴장
BC	1991	LG	1	1	0	0	0	0	0
	합계		1	1	0	0	0	0	0
프로통산			1	1	0	0	0	0	0

데니스(Denis Laktionov / ← 이성남(李城南)) 1977.09.04

대회	연도	소속	출전	교체	득점	도움	파울	경고	퇴장
BC	1996	수원	20	23	5	0	37	0	0
	1997	수원	20	20	3	6	31	2	0
	1998	수원	18	9	5	4	46	5	1
	1999	수원	20	16	7	10	34	4	0
	2000	수원	13	10	7	5	54	7	0
	2001	수원	36	12	11	7	64	6	0
	2002	수원	21	7	3	4	39	5	0
	2003	성남일	38	16	9	10	67	6	0
	2004	성남일	21	10	4	3	54	1	0
	2005	성남일	3	3	0	1	6	0	0
	2005	부산	5	4	1	1	6	1	0
	2006	수원	5	5	0	0	18	1	0
	2012	강원	1	1	0	0	2	0	0
	합계		271	168	57	59	460	49	1
K1	2013	강원	1	1	0	0	0	0	0
	합계		1	1	0	0	0	0	0
프로통산			272	169	57	59	460	49	1

데닐손(Denilson Martins Nascimento) 브라질 1976.09.04

대회	연도	소속	출전	교체	득점	도움	파울	경고	퇴장
BC	2006	대전	26	11	9	3	79	4	0
	2007	대전	34	4	9	5	80	7	0
	2008	포항	19	6	6	4	25	4	0
	2009	포항	28	17	14	5	45	6	0
	합계		107	38	44	17	229	21	0
프로통산			107	38	44	17	229	21	0

데안(Dejan Damjanovic) 몬테네그로 1981.07.27

대회	연도	소속	출전	교체	득점	도움	파울	경고	퇴장
BC	2007	인천	36	6	19	3	58	4	1
	2008	서울	33	13	15	6	47	4	0
	2009	서울	25	11	14	1	46	5	0
	2010	서울	33	18	19	10	39	4	0
	2011	서울	30	13	24	8	58	6	0
	2012	서울	42	8	31	3	57	6	0
	합계		201	56	122	31	305	29	1
K1	2013	서울	29	6	19	4	24	3	0
	2017	서울	32	23	19	5	36	3	0
	2018	수원	33	18	13	4	38	3	0
	합계		135	70	64	13	156	9	0
프로통산			336	126	186	44	461	38	2

데이비드(Deyvid Franck Silva Sacconi) 브라질 1987.04.10

대회	연도	소속	출전	교체	득점	도움	파울	경고	퇴장
K2	2016	대구	13	13	0	1	6	1	0
	합계		13	13	0	1	6	1	0
프로통산			13	13	0	1	6	1	0

Column 3

데파울라(Felipe de Paula) 브라질 1988.01.17

대회	연도	소속	출전	교체	득점	도움	파울	경고	퇴장
K2	2016	고양	22	16	5	0	25	2	0
	합계		22	16	5	0	25	2	0
프로통산			22	16	5	0	25	2	0

델리치(Mateas Delic) 크로아티아 1988.06.17

대회	연도	소속	출전	교체	득점	도움	파울	경고	퇴장
BC	2011	강원	13	11	0	0	13	1	0
	합계		13	11	0	0	13	1	0
프로통산			13	11	0	0	13	1	0

도나치(Donachie James Kevin) 오스트레일리아 1993.05.14

대회	연도	소속	출전	교체	득점	도움	파울	경고	퇴장
K1	2018	전남	11	2	0	1	13	3	0
	합계		11	2	0	1	13	3	0
프로통산			11	2	0	1	13	3	0

도도(Ricardo Lucas Dodo) 브라질 1974.02.05

대회	연도	소속	출전	교체	득점	도움	파울	경고	퇴장
BC	2003	울산	44	12	27	3	34	2	0
	2004	울산	18	8	6	1	24	0	0
	합계		62	20	33	4	58	2	0
프로통산			62	20	33	4	58	2	0

도재준(都在俊) 배재대 1980.05.06

대회	연도	소속	출전	교체	득점	도움	파울	경고	퇴장
BC	2003	성남일	12	4	1	0	13	1	0
	2004	성남일	12	4	1	1	21	2	0
	2005	성남일	16	13	1	0	21	2	0
	2008	인천	3	3	0	0	1	0	0
	2009	인천	1	1	0	0	0	0	0
	합계		34	23	2	1	42	4	0
프로통산			34	23	2	1	42	4	0

도화성(都和成) 숭실대 1980.06.27

대회	연도	소속	출전	교체	득점	도움	파울	경고	퇴장
BC	2003	부산	24	10	0	4	53	5	1
	2004	부산	30	9	2	0	69	9	0
	2005	부산	13	4	0	3	45	7	0
	2006	부산	10	0	0	1	14	2	0
	2008	부산	17	5	0	2	29	5	0
	2009	인천	26	6	1	4	41	7	0
	2010	인천	14	8	0	0	22	2	0
	합계		146	58	6	9	257	32	2
프로통산			146	58	6	9	257	32	2

돈지덕(頓智德) 인천대 1980.04.28

대회	연도	소속	출전	교체	득점	도움	파울	경고	퇴장
K2	2013	안양	15	1	0	1	26	4	0
	합계		15	1	0	1	26	4	0
프로통산			15	1	0	1	26	4	0

두두(Eduardo Francisco de Silva Neto) 브라질 1980.02.02

대회	연도	소속	출전	교체	득점	도움	파울	경고	퇴장
BC	2004	성남일	17	4	7	2	18	0	0
	2005	성남일	29	13	10	6	24	2	0
	2006	성남일	22	16	5	0	26	2	0
	2006	서울	13	2	1	1	14	1	0
	2007	서울	4	1	0	1	14	1	0
	2008	성남일	37	14	18	7	36	4	0
	합계		130	40	40	24	116	9	0
프로통산			138	48	48	24	116	9	0

두아르테(Robson Carlos Duarte) 브라질 1993.06.20

대회	연도	소속	출전	교체	득점	도움	파울	경고	퇴장
K2	2018	광주	15	5	6	3	10	0	0
	합계		15	5	6	3	10	0	0
프로통산			15	5	6	3	10	0	0

두윤성(杜允誠 / ← 두경수(杜敬秀)) 관동대 1974.10.17

리그	연도	소속	출전	교체	득점	도움	파울	경고	퇴장
BC	1997	천안	1	0	0	0	2	0	0
	합계		1	0	0	0	2	0	0
프로통산			1	0	0	0	2	0	0

두현석(杜玹碩) 연세대 1995.12.21

대회	연도	소속	출전	교체	득점	도움	파울	경고	퇴장
K2	2018	광주	26	21	2	3	18	3	0
	합계		26	21	2	3	18	3	0
프로통산			26	21	2	3	18	3	0

돌카(Cristian Alexandru Dulca) 루마니아 1972.10.25

대회	연도	소속	출전	교체	득점	도움	파울	경고	퇴장
BC	1999	포항	17	10	1	2	27	1	0
	합계		17	10	1	2	27	1	0
프로통산			17	10	1	2	27	1	0

드라간(Dragan Skrba) 세르비아 1965.08.26

대회	연도	소속	출전	교체	실점	도움	파울	경고	퇴장
BC	1995	포항	32	0	25	0	3	4	0
	1996	포항	17	2	22	0	1	2	0
	1997	포항	10	0	11	0	0	2	0
	합계		59	2	58	0	4	8	0
프로통산			59	2	58	0	4	8	0

드라간(Dragan Stojisavljevic) 세르비아 몬테네그로 1974.01.

대회	연도	소속	출전	교체	득점	도움	파울	경고	퇴장
BC	2000	안양LG	19	5	2	4	35	2	0
	2001	안양LG	29	19	4	6	47	5	0
	2003	안양LG	18	9	5	5	40	2	0
	2004	인천	4	4	0	0	2	1	0
	합계		70	37	11	15	124	10	0
프로통산			70	37	11	15	124	10	0

드라간(Dragan Mladenovic) 세르비아 몬테네그로 1976.02.16

대회	연도	소속	출전	교체	득점	도움	파울	경고	퇴장
BC	2006	인천	12	4	2	2	16	4	0
	2007	인천	29	7	3	2	62	13	1
	2008	인천	25	4	2	4	41	6	0
	2009	인천	6	6	0	1	9	0	0
	합계		72	19	7	9	134	21	1
프로통산			72	19	7	9	134	21	1

드라젠(Drazen Podunavac) 유고슬라비아 1969.04.30

대회	연도	소속	출전	교체	득점	도움	파울	경고	퇴장
BC	1996	부산	16	8	0	0	13	4	0
	합계		16	8	0	0	13	4	0
프로통산			16	8	0	0	13	4	0

드로켓(Droguett Diocares Hugo Patrici) 칠레 1982.09.02

대회	연도	소속	출전	교체	득점	도움	파울	경고	퇴장
BC	2012	전북	37	19	10	9	42	3	0
	합계		37	19	10	9	42	3	0
K1	2014	제주	36	11	10	3	27	2	0
	합계		36	11	10	3	27	2	0
프로통산			73	30	20	12	69	5	0

디디(Sebastiao Pereira do Nascimento) 브라질 1976.02.24

대회	연도	소속	출전	교체	득점	도움	파울	경고	퇴장
BC	2002	부산	23	10	5	3	58	2	0
	합계		23	10	5	3	58	2	0
프로통산			23	10	5	3	58	2	0

디마(Dmitri Karsakov) 러시아 1971.12.29

대회	연도	소속	출전	교체	득점	도움	파울	경고	퇴장
BC	1996	부천유	3	3	0	1	0	0	0
	합계		3	3	0	1	0	0	0
프로통산			3	3	0	1	0	0	0

디마스(Dimas Roberto da Silva) 브라질 1977.08.01

대회	연도	소속	출전	교체	득점	도움	파울	경고	퇴장
BC	2000	전남	1	1	0	0	1	0	0
	합계		1	1	0	0	1	0	0
프로통산			1	1	0	0	1	0	0

디아스 에쿠아도르 1969.09.15

대회	연도	소속	출전	교체	득점	도움	파울	경고	퇴장
BC	1996	전남	9	6	1	1	12	0	0
	합계		9	6	1	1	12	0	0
프로통산			9	6	1	1	12	0	0

디에고(Machado de Brito Diego Mauricio) 브라질 1991.06.25

대회	연도	소속	출전	교체	득점	도움	파울	경고	퇴장
K1	2017	강원	36	32	13	3	25	2	0
	2018	강원	35	23	7	6	21	4	1
	합계		71	55	20	9	46	6	1
프로통산			71	55	20	9	46	6	1

디에고(Diego da Silva Giaretta) 이탈리아 1983.11.27

대회	연도	소속	출전	교체	득점	도움	파울	경고	퇴장
BC	2011	인천	9	3	1	0	13	1	0
	합계		9	3	1	0	13	1	0
프로통산			9	3	1	0	13	1	0

디에고(Diego Oliveira de Queiroz) 브라질 1990.06.22

대회	연도	소속	출전	교체	득점	도움	파울	경고	퇴장
BC	2011	수원	4	4	0	0	4	0	0
	합계		4	4	0	0	4	0	0
프로통산			4	4	0	0	4	0	0

디에고(Diego Pelicles da Silva) 브라질 1982.10.23

대회	연도	소속	출전	교체	득점	도움	파울	경고	퇴장
K2	2014	광주	14	8	3	2	27	3	0
	합계		14	8	3	2	27	3	0
승	2014	광주	2	1	0	0	2	0	0
	합계		2	1	0	0	2	0	0
프로통산			16	10	4	2	27	3	0

디오고(Diogo da Silva Farias) 브라질 1990.06.13

대회	연도	소속	출전	교체	득점	도움	파울	경고	퇴장
K1	2013	인천	32	26	7	2	57	6	0
	2014	인천	11	9	1	0	24	1	0
	합계		43	35	8	2	81	7	0
프로통산			43	35	8	2	81	7	0

따르따(Vinicius Silva Soares) 브라질 1989.04.13

대회	연도	소속	출전	교체	득점	도움	파울	경고	퇴장
K1	2014	울산	20	11	3	3	46	0	0
	2015	울산	15	14	0	2	23	3	0
	합계		35	25	3	5	69	3	0
프로통산			35	25	3	5	69	3	0

따바레즈(Andre Luiz Tavares) 브라질 1983.07.30

대회	연도	소속	출전	교체	득점	도움	파울	경고	퇴장
BC	2004	포항	34	11	6	9	47	4	0
	2005	포항	19	10	5	2	20	1	0
	2006	포항	35	14	6	4	26	3	0
	2007	포항	35	14	3	13	41	1	1
	합계		113	52	20	29	136	8	2
프로통산			113	52	20	29	136	8	2

떼이세이라(Jucimar Jose Teixeira) 브라질 1990.06.20

대회	연도	소속	출전	교체	득점	도움	파울	경고	퇴장
K1	2018	포항	10	3	0	2	19	1	0
	합계		10	3	0	2	19	1	0
프로통산			10	3	0	2	19	1	0

뚜따(Moacir Bastosa) 브라질 1974.06.20

대회	연도	소속	출전	교체	득점	도움	파울	경고	퇴장
BC	2002	안양LG	26	9	17	6	76	8	0
	2003	수원	31	12	10	4	68	3	0
	합계		57	21	27	10	144	11	0
프로통산			57	21	27	10	144	11	0

뚜레(Dzevad Turkovic) 크로아티아 1972.08.17

대회	연도	소속	출전	교체	득점	도움	파울	경고	퇴장
BC	1996	부산	6	5	1	1	16	2	0
	1997	부산	28	17	3	3	59	9	0
	1998	부산	30	13	6	6	65	8	0
	1999	부산	26	16	2	2	34	4	0
	2000	부산	21	16	0	0	32	5	0
	2001	부산	2	2	0	0	3	0	0
	2001	성남일	2	2	0	0	3	0	0
	합계		115	72	11	12	215	28	0
프로통산			115	72	11	12	215	28	0

뚜르스노프(Sanjar Tursunov) 우즈베키스탄 1986.12.29

대회	연도	소속	출전	교체	득점	도움	파울	경고	퇴장
K2	2018	대전	16	12	2	2	14	2	0
	합계		16	12	2	2	14	2	0
프로통산			16	12	2	2	14	2	0

뚜찡야(Bruno Marques Ostapenco) 브라질 1992.05.20

대회	연도	소속	출전	교체	득점	도움	파울	경고	퇴장
K2	2013	충주	13	13	1	0	5	1	0
	합계		13	13	1	0	5	1	0
프로통산			13	13	1	0	5	1	0

라경호(羅勁皓) 인천대 1981.03.15

대회	연도	소속	출전	교체	득점	도움	파울	경고	퇴장
BC	2004	인천	6	5	0	0	2	0	0
	2005	인천	1	1	0	0	0	0	0
	합계		7	6	0	0	2	0	0
프로통산			7	6	0	0	2	0	0

라데(Rade Bogdanovic) 유고슬라비아 1970.05.21

대회	연도	소속	출전	교체	득점	도움	파울	경고	퇴장
BC	1992	포철	17	11	3	3	14	1	0
	1993	포철	27	7	9	4	37	2	1
	1994	포철	33	10	22	6	31	2	0
	1995	포항	31	10	8	6	65	5	1
	1996	포항	39	6	13	6	53	6	0
	합계		147	44	55	35	218	12	2
프로통산			147	44	55	35	218	12	2

라덱(Radek Divecky) 체코 1974.03.21

대회	연도	소속	출전	교체	득점	도움	파울	경고	퇴장
BC	2000	전남	9	9	2	0	18	1	0
	합계		9	9	2	0	18	1	0
프로통산			9	9	2	0	18	1	0

라돈치치(Dzenan Radoncic) 몬테네그로 1983.08.02

대회	연도	소속	출전	교체	득점	도움	파울	경고	퇴장
BC	2004	인천	16	14	0	1	50	4	0
	2005	인천	27	12	3	2	91	5	0
	2006	인천	31	20	2	2	59	4	0
	2007	인천	16	12	2	2	39	2	0
	2008	인천	32	7	14	2	102	3	0
	2009	성남일	31	12	6	1	96	7	0
	2010	성남일	31	12	13	6	97	6	0
	2011	성남일	3	2	1	2	6	0	0
	2012	수원	39	38	23	6	89	10	1
	합계		226	129	64	24	629	41	1
K1	2013	수원	12	8	4	0	22	2	0
	합계		12	8	4	0	22	2	0
프로통산			238	137	68	24	651	43	1

라울(Raul Andres Tattagona Lemos) 우루과이 1987.03.06

대회	연도	소속	출전	교체	득점	도움	파울	경고	퇴장
K2	2017	안산	31	15	2	5	54	6	0
	2018	안산	18	13	6	2	21	0	0
	합계		49	18	18	3	74	6	1
프로통산			49	18	18	3	74	6	1

라이언존슨(Ryan Johnson) 자메이카 1984.11.26

라 / 레 / 로

(continued)

대회	연도	소속	출전	교체	득점	도움	파울	경고	퇴장
K2	2015	서울E	31	31	1	3	16	0	0
합계			31	31	1	3	16	0	0
프로통산			31	31	1	3	16	0	0

라임(Rahim Besirovic) 유고슬라비아 1971.01.02

대회	연도	소속	출전	교체	득점	도움	파울	경고	퇴장
BC	1998	부산	12	10	2	0	18	3	0
	1999	부산	9	8	2	0	13	0	0
합계			21	18	4	0	31	3	0
프로통산			21	18	4	0	31	3	0

라자르(Lazar Veselinovic) 세르비아 1986.08.04

대회	연도	소속	출전	교체	득점	도움	파울	경고	퇴장
K1	2015	포항	16	14	0	0	15	1	0
	2016	포항	25	20	4	4	33	3	0
합계			41	34	4	4	33	3	0
프로통산			41	34	4	4	33	3	0

라피치(Stipe Lapic) 크로아티아 1983.01.22

대회	연도	소속	출전	교체	득점	도움	파울	경고	퇴장
BC	2009	강원	11	1	2	0	12	0	0
	2010	강원	20	1	0	1	18	0	0
	2011	강원	1	0	0	0	0	0	0
합계			32	2	2	1	30	10	0
프로통산			32	2	2	1	30	10	0

라힘(Rahim Zafer) 터키 1971.01.25

대회	연도	소속	출전	교체	득점	도움	파울	경고	퇴장
BC	2003	대구	14	4	0	2	21	0	0
합계			14	4	0	2	21	0	0
프로통산			14	4	0	2	21	0	0

란코비치(Ljubisa Rankovic) 유고슬라비아 1973.12.10

대회	연도	소속	출전	교체	득점	도움	파울	경고	퇴장
BC	1996	천안일	17	17	0	1	7	1	0
합계			17	17	0	1	7	1	0
프로통산			17	17	0	1	7	1	0

레반(Levan Shengelia) 조지아 1995.10.27

대회	연도	소속	출전	교체	득점	도움	파울	경고	퇴장
K2	2017	대전	28	21	5	2	12	1	0
합계			28	21	5	2	12	1	0
프로통산			28	21	5	2	12	1	0

레스(Leszek Iwanicki) 폴란드 1959.08.12

대회	연도	소속	출전	교체	득점	도움	파울	경고	퇴장
BC	1989	유공	8	9	0	0	3	0	0
합계			8	9	0	0	3	0	0
프로통산			8	9	0	0	3	0	0

레안드로(Leandro Bernardi Silva) 브라질 1979.10.06

대회	연도	소속	출전	교체	득점	도움	파울	경고	퇴장
BC	2008	대구	13	1	0	0	21	4	0
합계			13	1	0	0	21	4	0
프로통산			13	1	0	0	21	4	0

레안드로롱(Leandro Costa Miranda) 브라질 1983.07.18

대회	연도	소속	출전	교체	득점	도움	파울	경고	퇴장
BC	2005	대전	30	2	9	2	94	8	0
	2006	울산	33	19	6	1	79	7	0
	2007	전남	13	13	1	1	26	1	0
합계			76	34	16	4	199	16	0
프로통산			76	34	16	4	199	16	0

레안드리뉴(George Leandro Abreu de Lima) 브라질 1985.11.09

대회	연도	소속	출전	교체	득점	도움	파울	경고	퇴장
BC	2012	대구	29	14	4	2	42	5	0
합계			29	14	4	2	42	5	0
K1	2013	대구	21	9	1	3	33	2	1
	2014	전남	30	30	3	4	26	2	0
	2015	전남	20	17	3	1	26	3	0
합계			71	56	7	8	85	7	1
프로통산			100	70	9	9	127	12	1

레오(Leonardo de Oliveira Clemente Marins) 브라질 1989.04.01

대회	연도	소속	출전	교체	득점	도움	파울	경고	퇴장
K1	2015	수원	11	10	1	0	10	1	0
합계			11	10	1	0	10	1	0

레오(Leonardo Henrique Santos de Souza) 브라질 1990.03.10

대회	연도	소속	출전	교체	득점	도움	파울	경고	퇴장
BC	2010	제주	2	2	0	0	0	0	0
합계			2	2	0	0	0	0	0
K1	2017	대구	19	8	7	2	15	2	0
합계			19	8	7	2	15	2	0
K2	2017	부산	2	1	0	0	2	0	0
합계			2	1	0	0	2	0	0
승	2017	부산	1	1	0	0	1	0	0
합계			1	1	0	0	1	0	0
프로통산			24	12	7	2	29	6	1

레오(Leo Jaime da Silva Pinheiro) 브라질 1986.03.28

대회	연도	소속	출전	교체	득점	도움	파울	경고	퇴장
K2	2015	대구	38	6	5	3	45	6	0
합계			38	6	5	3	45	6	0
프로통산			38	6	5	3	45	6	0

레오(Leopoldo Roberto Markovsky) 브라질 1983.08.29

대회	연도	소속	출전	교체	득점	도움	파울	경고	퇴장
BC	2009	대구	14	2	4	1	41	2	0
	2010	대구	22	17	5	0	41	6	0
합계			36	19	9	1	82	8	0
프로통산			36	19	9	1	82	8	0

레오(Leonardo Ferreira) 브라질 1988.06.07

대회	연도	소속	출전	교체	득점	도움	파울	경고	퇴장
BC	2012	대전	9	5	0	0	10	1	0
합계			9	5	0	0	10	1	0
프로통산			9	5	0	0	10	1	0

레오(Cesar Leonardo Torres) 아르헨티나 1975.10.27

대회	연도	소속	출전	교체	득점	도움	파울	경고	퇴장
BC	2001	전북	3	3	0	0	5	0	0
합계			3	3	0	0	5	0	0
프로통산			3	3	0	0	5	0	0

레오(Leonard Bisaku) 크로아티아 1974.10.22

대회	연도	소속	출전	교체	득점	도움	파울	경고	퇴장
BC	2002	포항	13	12	3	0	21	3	0
	2003	성남일	9	10	1	0	19	1	0
합계			22	22	4	0	40	5	0
프로통산			22	22	4	0	40	5	0

레오가말류(Leonardo Gamalho de Souza) 브라질 1986.01.30

대회	연도	소속	출전	교체	득점	도움	파울	경고	퇴장
K1	2018	포항	28	19	6	1	27	1	0
합계			28	19	6	1	27	1	0
프로통산			28	19	6	1	27	1	0

레우나르도(Rodrigues Pereira Leonard) 브라질 1986.09.22

대회	연도	소속	출전	교체	득점	도움	파울	경고	퇴장
BC	2012	전북	17	13	5	2	11	3	0
합계			17	13	5	2	11	3	0
K1	2013	전북	37	22	7	13	43	2	0
	2014	전북	32	24	6	6	28	2	0
	2015	전북	37	20	10	5	38	2	0
	2016	전북	34	23	12	6	41	1	0
합계			143	98	35	32	91	11	0
프로통산			160	111	40	34	102	14	0

레오마르(Leomar Leiria) 브라질 1971.06.26

대회	연도	소속	출전	교체	득점	도움	파울	경고	퇴장
BC	2002	전북	10	5	0	0	11	1	0
합계			10	5	0	0	11	1	0
프로통산			10	5	0	0	11	1	0

레이나(Javier Arley Reina Calvo) 콜롬비아 1989.01.04

대회	연도	소속	출전	교체	득점	도움	파울	경고	퇴장
BC	2011	전남	22	13	3	2	39	2	0
	2012	성남일	20	7	5	3	28	5	0
합계			42	20	8	5	67	7	0
K1	2013	성남일	15	7	1	3	28	3	0
	2015	성남	15	7	1	3	28	3	0
합계			15	7	1	3	28	3	0
프로통산			57	27	9	8	95	10	0

레이어(Adrian Leijer) 오스트레일리아 1986.03.25

대회	연도	소속	출전	교체	득점	도움	파울	경고	퇴장
K1	2016	수원FC	28	0	0	0	32	11	1
K2	2017	수원FC	29	2	4	0	41	9	1
	2018	수원FC	9	1	0	0	11	3	0
합계			38	3	4	0	52	12	1
프로통산			66	3	4	0	84	23	2

렌스베르겐(Rob Landsbergen) 네덜란드 1960.02.25

대회	연도	소속	출전	교체	득점	도움	파울	경고	퇴장
BC	1984	현대	27	4	9	2	37	2	0
	1985	현대	11	7	2	0	20	0	0
합계			38	11	11	10	57	2	0
프로통산			38	11	11	10	57	2	0

로만(Roman Gibala) 체코 1972.10.05

대회	연도	소속	출전	교체	득점	도움	파울	경고	퇴장
BC	2003	대구	19	16	1	1	15	2	0
합계			19	16	1	1	15	2	0
프로통산			19	16	1	1	15	2	0

로브렉(Lovrek Kruno Hrvatsko) 크로아티아 1979.09.11

대회	연도	소속	출전	교체	득점	도움	파울	경고	퇴장
BC	2010	전북	30	25	13	1	36	4	0
	2011	전북	25	19	2	2	37	4	0
합계			55	44	15	3	73	8	0
프로통산			55	44	15	3	73	8	0

로빙요(Santos Silva Daniel) 브라질 1989.01.09

대회	연도	소속	출전	교체	득점	도움	파울	경고	퇴장
K2	2017	서울E	15	12	0	0	19	0	0
합계			15	12	0	0	19	0	0
프로통산			15	12	0	0	19	0	0

로시(Ruben Dario Rossi) 아르헨티나 1973.10.28

대회	연도	소속	출전	교체	득점	도움	파울	경고	퇴장
BC	1994	대우	7	4	1	0	7	0	0
합계			7	4	1	0	7	0	0
프로통산			7	4	1	0	7	0	0

로저(Roger Rodrigues da Silva) 브라질 1985.01.07

대회	연도	소속	출전	교체	득점	도움	파울	경고	퇴장
K1	2014	수원	32	19	7	2	62	6	0
합계			32	19	7	2	62	6	0
프로통산			32	19	7	2	62	6	0

로페즈(Ricardo Lopes Pereira) 브라질 1990.10.28

대회	연도	소속	출전	교체	득점	도움	파울	경고	퇴장
K1	2015	제주	33	6	11	11	44	6	0
	2016	전북	35	20	13	6	56	9	0
	2017	전북	31	9	4	6	39	3	0
	2018	전북	22	13	13	3	42	4	0
합계			121	48	41	26	181	21	2
프로통산			121	48	41	26	181	21	2

로페즈(Vinicius Silva Souto Lopes) 브라질 1988.01.29

대회	연도	소속	출전	교체	득점	도움	파울	경고	퇴장

Column 1

대회	연도	소속	출전	교체	득점	도움	파울	경고	퇴장
BC	2011	광주	5	5	0	0	2	0	0
	합계		5	5	0	0	2	0	0
프로통산			5	5	0	0	2	0	0

롤란(Rolandas Karcemarskas) 리투아니아
1980.09.07

대회	연도	소속	출전	교체	득점	도움	파울	경고	퇴장
BC	2000	부천SK	15	15	3	1	26	3	0
	2001	부천SK	8	7	1	0	11	1	0
	2002	부천SK	2	2	0	0	3	0	0
	합계		25	24	4	1	40	4	0
프로통산			25	24	4	1	40	4	0

루벤(Ruben Bernuncio) 아르헨티나 1976.01.19

대회	연도	소속	출전	교체	득점	도움	파울	경고	퇴장
BC	1993	대우	5	2	1	2	15	1	0
	1994	대우	4	5	0	0	1	0	0
	합계		9	7	1	2	16	1	0
프로통산			9	7	1	2	16	1	0

루비(Rubenilson Monteiro Ferreira) 브라질
1972.08.07

대회	연도	소속	출전	교체	득점	도움	파울	경고	퇴장
BC	1997	천안일	25	12	6	1	25	4	0
	1998	천안일	29	12	7	0	33	5	1
	합계		54	24	13	1	58	9	1
프로통산			54	24	13	1	58	9	1

루사르도(Arsenio Luzardo) 우루과이 1959.09.03

대회	연도	소속	출전	교체	득점	도움	파울	경고	퇴장
BC	1992	LG	7	3	2	1	10	0	0
	1993	LG	11	9	1	1	4	1	0
	합계		18	12	3	2	14	1	0
프로통산			18	12	3	2	14	1	0

루시아노(Lucianovalentede Deus) 브라질
1981.06.12

대회	연도	소속	출전	교체	득점	도움	파울	경고	퇴장
BC	2004	대전	20	2	5	0	52	0	0
	2005	부산	31	12	9	3	75	1	0
	2006	경남	36	9	7	2	79	2	0
	2007	부산	30	12	5	1	71	0	0
	합계		117	35	26	6	277	3	0
프로통산			117	35	26	6	277	3	0

루시오(Lucio Teofilo da Silva) 브라질 1984.07.02

대회	연도	소속	출전	교체	득점	도움	파울	경고	퇴장
BC	2010	경남	32	10	15	10	68	5	0
	2011	경남	10	6	4	2	11	2	0
	2011	울산	15	10	0	2	12	2	0
	합계		57	26	21	15	90	9	0
K2	2013	광주	32	10	13	10	47	2	0
	합계		32	10	13	10	47	2	0
프로통산			89	36	34	25	137	11	0

루시오(Lucio Filomelo) 아르헨티나 1980.05.08

대회	연도	소속	출전	교체	득점	도움	파울	경고	퇴장
BC	2005	부산	8	7	0	1	22	1	0
	합계		8	7	0	1	22	1	0
프로통산			8	7	0	1	22	1	0

루시오(Lucio Flavio da Silva Oliva) 브라질
1986.08.29

대회	연도	소속	출전	교체	득점	도움	파울	경고	퇴장
BC	2012	성남	15	14	4	1	28	2	0
	합계		15	14	4	1	28	2	0
K1	2013	대전	7	6	1	0	11	2	0
	합계		7	6	1	0	11	2	0
프로통산			22	20	7	1	39	4	0

루시우(Lucenble Pereira da Silva) 브라질
1975.01.14

대회	연도	소속	출전	교체	득점	도움	파울	경고	퇴장
BC	2003	울산	14	14	0	3	12	0	0
	합계		14	14	0	3	12	0	0
프로통산			14	14	0	3	12	0	0

Column 2

루아티(Louati Imed) 튀니지 1993.08.11

대회	연도	소속	출전	교체	득점	도움	파울	경고	퇴장
K2	2015	경남	12	5	2	0	23	2	0
	합계		12	5	2	0	23	2	0
프로통산			12	5	2	0	23	2	0

루이(Rui Manuel Guerreiro Nobre Esteves) 포르투갈 1967.01.

대회	연도	소속	출전	교체	득점	도움	파울	경고	퇴장
BC	1997	부산	5	5	1	5	0	0	0
	1998	부산	17	14	2	3	27	1	1
	합계		22	19	3	4	32	1	1
프로통산			22	19	3	4	32	1	1

루이스(Marques Lima Luiz Carlos) 브라질
1989.05.30

대회	연도	소속	출전	교체	득점	도움	파울	경고	퇴장
K1	2014	제주	7	7	1	0	7	0	0
	합계		7	7	1	0	7	0	0
프로통산			7	7	1	0	7	0	0

루이스 브라질 1962.03.16

대회	연도	소속	출전	교체	득점	도움	파울	경고	퇴장
BC	1984	포항	17	3	0	0	31	4	0
	합계		17	3	0	0	31	4	0
프로통산			17	3	0	0	31	4	0

루이스(Luiz Henrique da Silva Alves) 브라질
1981.07.02

대회	연도	소속	출전	교체	득점	도움	파울	경고	퇴장
BC	2008	수원	7	7	0	0	6	0	0
	2008	전북	16	5	5	2	10	4	0
	2009	전북	34	10	9	13	40	3	0
	2010	전북	28	12	5	13	53	5	0
	2011	전북	24	12	3	6	22	0	0
	2012	전북	15	11	4	3	18	1	0
	합계		124	63	26	24	111	13	0
K1	2013	전북	16	13	1	2	9	2	0
	2016	전북	13	13	2	0	5	2	0
	합계		29	26	3	2	14	4	0
K2	2016	강원	20	5	8	2	29	2	0
	합계		20	5	8	2	29	2	0
승	2016	강원	2	0	0	4	0	0	0
	합계		2	0	0	4	0	0	0
프로통산			173	94	37	32	154	18	0

루이지뉴(Luis Carlos Fernandes) 브라질
1985.07.25

대회	연도	소속	출전	교체	득점	도움	파울	경고	퇴장
BC	2007	대구	32	11	18	0	50	5	0
	2008	울산	24	21	3	1	31	1	0
	2009	울산	2	2	0	0	4	0	0
	2011	인천	10	9	1	3	14	4	0
	합계		68	43	31	4	99	10	0
K2	2013	광주	4	4	1	0	4	0	0
	합계		4	4	1	0	4	0	0
프로통산			72	47	32	4	103	10	0

루츠(Ion Ionut Lutu) 루마니아 1975.08.03

대회	연도	소속	출전	교체	득점	도움	파울	경고	퇴장
BC	2000	수원	19	13	2	3	28	2	1
	2001	수원	9	7	1	4	10	0	0
	2002	수원	9	7	4	1	11	0	0
	합계		37	27	6	9	49	2	1
프로통산			37	27	6	9	49	2	1

루카(Luka Rotkovic) 몬테네그로 1988.07.05

대회	연도	소속	출전	교체	득점	도움	파울	경고	퇴장
K2	2017	안산	9	9	1	0	11	3	0
	합계		9	9	1	0	11	3	0
프로통산			9	9	1	0	11	3	0

루카스(Lucas Douglas) 브라질 1994.01.19

대회	연도	소속	출전	교체	득점	도움	파울	경고	퇴장
K1	2015	성남	15	14	0	0	15	0	0

Column 3

| | 합계 | | 15 | 14 | 0 | 0 | 15 | 0 | 0 |
| 프로통산 | | | 15 | 14 | 0 | 0 | 15 | 0 | 0 |

루카스(Waldir Lucas Pereira Filho) 브라질
1982.02.05

대회	연도	소속	출전	교체	득점	도움	파울	경고	퇴장
BC	2008	수원	6	7	0	1	11	0	0
	합계		6	7	0	1	11	0	0
프로통산			6	7	0	1	11	0	0

루크(Luke Ramon de Vere) 오스트레일리아
1989.11.05

대회	연도	소속	출전	교체	득점	도움	파울	경고	퇴장
BC	2011	경남	34	2	2	0	34	3	0
	2012	경남	26	3	3	1	23	3	0
	합계		60	5	5	1	57	6	0
K1	2013	경남	9	4	0	0	6	3	0
	2014	경남	22	7	1	0	16	6	0
	합계								
프로통산			82	12	6	1	72	12	0

루키(Lucky Isibor) 나이지리아 1977.01.01

대회	연도	소속	출전	교체	득점	도움	파울	경고	퇴장
BC	2000	수원	5	3	1	0	6	0	0
	합계		5	3	1	0	6	0	0
프로통산			5	3	1	0	6	0	0

루키안(Araujo de Almeida Lukian) 브라질
1991.09.21

대회	연도	소속	출전	교체	득점	도움	파울	경고	퇴장
K2	2015	부천	22	18	4	4	25	1	0
	2016	부천	39	7	15	4	71	7	0
	2017	부산	18	16	2	0	21	2	0
	2017	안양	10	2	4	0	20	1	0
	합계		89	43	25	8	138	11	0
프로통산			89	43	25	8	138	11	0

룰리냐(Morais dos Reis Luiz Marcelo) 브라질
1990.04.10

대회	연도	소속	출전	교체	득점	도움	파울	경고	퇴장
K1	2016	포항	18	16	2	1	25	2	0
	2017	포항	33	6	17	4	37	5	0
	합계		51	22	19	5	62	7	0
프로통산			51	22	19	5	62	7	0

류범희(柳範熙) 광주대 1991.07.29

대회	연도	소속	출전	교체	득점	도움	파울	경고	퇴장
K1	2015	광주	2	2	0	0	1	0	0
	합계		2	2	0	0	1	0	0
K2	2015	경남	19	14	0	0	19	1	0
	합계		19	14	0	0	19	1	0
프로통산			21	16	0	0	20	4	0

류봉기(柳奉基) 단국대 1968.09.02

대회	연도	소속	출전	교체	득점	도움	파울	경고	퇴장
BC	1991	일화	16	8	0	1	17	1	0
	1992	일화	22	11	2	1	46	3	0
	1993	일화	17	10	0	1	15	3	0
	1994	일화	1	1	0	0	1	0	0
	1995	일화	5	3	0	1	6	0	0
	1996	천안일	5	1	0	3	14	0	0
	1997	천안일	29	8	0	0	61	6	0
	1998	천안일	12	9	0	0	45	4	0
	1999	천안일	6	2	0	0	6	0	0
	합계		146	50	1	7	228	18	1
프로통산			146	50	1	7	228	18	1

류승우(柳承祐) 중앙대 1993.12.17

대회	연도	소속	출전	교체	득점	도움	파울	경고	퇴장
K1	2017	제주	8	8	1	0	4	0	0
	2018	제주	28	26	2	1	14	0	0
	합계		36	34	3	1	18	0	0
프로통산			36	34	3	1	18	0	0

류언재(柳彦在) 인천대 1994.11.05

대회	연도	소속	출전	교체	득점	도움	파울	경고	퇴장

류영록(柳永椂) 건국대 1969.08.04

대회	연도	소속	출전	교체	실점	도움	파울	경고	퇴장
K2	2017	수원FC	1	1	0	0	0	0	0
	2018	광주	1	1	0	0	0	0	0
	합계		2	2	0	0	0	0	0
프로통산			2	2	0	0	0	0	0

류영록(柳永椂) 건국대 1969.08.04

대회	연도	소속	출전	교체	실점	도움	파울	경고	퇴장
BC	1992	포철	1	0	4	0	0	0	0
	1993	대우	1	0	1	0	0	0	0
	1994	대우	9	1	12	0	1	1	0
	1995	대우	0	0	0	0	0	0	0
	1996	전남	0	0	1	0	0	0	0
	합계		11	1	18	0	1	1	0
프로통산			11	1	18	0	1	1	0

류웅열(柳雄烈) 명지대 1968.04.25

대회	연도	소속	출전	교체	득점	도움	파울	경고	퇴장
BC	1993	대우	21	8	3	0	26	6	0
	1994	대우	10	4	1	0	15	2	0
	1995	대우	8	3	0	0	12	0	0
	1996	부산	11	4	0	0	12	2	0
	1997	부산	24	7	2	0	28	0	0
	1998	부산	11	3	1	0	15	0	0
	1999	부산	16	1	3	0	21	3	0
	2000	부산	16	3	1	0	23	1	0
	2000	수원	10	3	3	2	17	2	1
	2001	수원	13	7	0	0	9	2	0
	합계		140	43	14	2	181	27	2
프로통산			140	43	14	2	181	27	2

류원우(流垣于) 광양제철고 1990.08.05

대회	연도	소속	출전	교체	실점	도움	파울	경고	퇴장
BC	2009	전남	0	0	0	0	0	0	0
	2010	전남	0	0	0	0	0	0	0
	2011	전남	0	0	0	0	0	0	0
	2012	전남	8	0	21	0	1	2	0
	합계		9	0	22	0	1	2	0
K1	2013	전남	0	0	0	0	0	0	0
	2018	포항	0	0	0	0	0	0	0
	합계		0	0	0	0	0	0	0
K2	2014	광주	0	0	11	0	0	0	0
	2015	부천	28	0	28	0	1	4	0
	2016	부천	40	1	36	0	1	3	0
	2017	부천	34	1	43	0	1	1	0
	합계		110	2	117	0	3	8	0
프로통산			119	2	139	0	4	10	0

류재문(柳在文) 영남대 1993.11.08

대회	연도	소속	출전	교체	득점	도움	파울	경고	퇴장
K1	2017	대구	23	6	1	3	28	4	0
	2018	대구	23	6	1	0	20	2	0
	합계		46	12	3	3	48	6	0
K2	2015	대구	36	2	6	3	54	4	0
	2016	대구	5	1	0	0	4	0	0
	합계		41	3	6	3	58	4	0
프로통산			87	15	9	6	106	10	0

* 실점: 2018년 1 / 통산 1

류제식(柳濟植) 인천대 1972.01.03

대회	연도	소속	출전	교체	실점	도움	파울	경고	퇴장
BC	1991	대우	3	0	5	0	2	1	0
	1992	대우	7	1	9	0	0	0	0
	1993	대우	1	1	2	0	0	0	0
	합계		11	2	14	0	2	1	0
프로통산			11	2	14	0	2	1	0

류현진(柳鉉珍) 관동대 1995.01.23

대회	연도	소속	출전	교체	득점	도움	파울	경고	퇴장
K2	2017	안산	8	7	0	1	5	2	0
	합계		8	7	0	1	5	2	0
프로통산			8	7	0	1	5	2	0

류형렬(柳亨烈) 선문대 1985.11.02

대회	연도	소속	출전	교체	실점	도움	파울	경고	퇴장
BC	2009	성남일	0	0	0	0	0	0	0
	합계		0	0	0	0	0	0	0
프로통산			0	0	0	0	0	0	0

리마(Joao Maria Lima do Nascimento) 브라질 1982.09.04

대회	연도	소속	출전	교체	득점	도움	파울	경고	퇴장
BC	2010	서울	0	0	0	0	0	0	0
	합계		0	0	0	0	0	0	0
프로통산			0	0	0	0	0	0	0

리웨이펑(李瑋鋒, Li Weifeng) 중국 1978.01.26

대회	연도	소속	출전	교체	득점	도움	파울	경고	퇴장
BC	2009	수원	26	0	1	0	42	7	0
	2010	수원	29	0	1	1	62	9	0
	합계		55	0	2	1	104	16	0
프로통산			55	0	2	1	104	16	0

리차드(Richard Windbichler) 오스트리아 1991.04.02

대회	연도	소속	출전	교체	득점	도움	파울	경고	퇴장
K1	2017	울산	30	1	2	1	16	4	0
	2018	울산	28	2	0	1	30	5	1
	합계		58	3	2	2	46	9	1
프로통산			58	3	2	2	46	9	1

리챠드(Richard Offiong Edet) 영국(잉글랜드) 1983.12.17

대회	연도	소속	출전	교체	득점	도움	파울	경고	퇴장
BC	2005	전남	1	1	0	0	1	0	0
	합계		1	1	0	0	1	0	0
프로통산			1	1	0	0	1	0	0

리춘위(Li Chun Yu) 중국 1986.10.09

대회	연도	소속	출전	교체	득점	도움	파울	경고	퇴장
BC	2010	강원	7	2	0	2	15	2	0
	합계		7	2	0	2	15	2	0
프로통산			7	2	0	2	15	2	0

리치(Cunha Reche Vinivius) 브라질 1984.01.28

대회	연도	소속	출전	교체	득점	도움	파울	경고	퇴장
K1	2014	전북	2	2	0	0	4	0	0
	합계		2	2	0	0	4	0	0
프로통산			2	2	0	0	4	0	0

링꼰(Joao Paulo da Silva Neto Rincon) 브라질 1975.10.27

대회	연도	소속	출전	교체	득점	도움	파울	경고	퇴장
BC	2001	전북	6	4	0	0	11	0	0
	합계		6	4	0	0	11	0	0
프로통산			6	4	0	0	11	0	0

마그노(Damasceno Santos da Cruz Magno) 브라질 1988.05.20

대회	연도	소속	출전	교체	득점	도움	파울	경고	퇴장
K1	2017	제주	32	24	13	3	23	6	0
	2018	제주	34	17	8	2	40	3	0
	합계		66	41	21	5	63	9	0
프로통산			66	41	21	5	63	9	0

마그노(Magno Alves de Araujo) 브라질 1976.01.13

대회	연도	소속	출전	교체	득점	도움	파울	경고	퇴장
BC	2003	전북	44	8	27	8	25	2	0
	합계		44	8	27	8	25	2	0
프로통산			44	8	27	8	25	2	0

마니(Jeannot Giovanny) 모리셔스 1975.09.25

대회	연도	소속	출전	교체	득점	도움	파울	경고	퇴장
K1	1996	울산	11	10	3	0	7	0	0
	1997	울산	12	10	2	1	8	0	0
	합계		23	20	5	1	15	0	0
프로통산			23	20	5	1	15	0	0

마니치(Radivoje Manic) 세르비아 몬테네그로 1972.01.16

대회	연도	소속	출전	교체	득점	도움	파울	경고	퇴장
BC	1996	부산	24	16	8	0	25	6	0
	1997	부산	28	15	13	6	20	5	0
	1999	부산	39	11	9	9	46	7	1
	2000	부산	34	19	8	9	27	5	0
	2001	부산	27	17	8	8	18	5	0
	2002	부산	20	13	7	2	11	3	1
	2004	인천	16	4	7	1	15	5	0
	2005	인천	17	17	2	4	11	3	0
	합계		205	112	62	39	173	39	2
프로통산			205	112	62	39	173	39	2

마다스치(Adrian Anthony Madaschi) 오스트레일리아 1982.07.11

대회	연도	소속	출전	교체	득점	도움	파울	경고	퇴장
BC	2012	제주	26	2	0	1	33	10	0
	합계		26	2	0	1	33	10	0
K1	2013	제주	9	4	0	1	9	1	0
	합계		9	4	0	1	9	1	0
프로통산			35	6	0	2	42	11	0

마라낭(Luis Carlos dos Santos Martins) 브라질 1984.06.19

대회	연도	소속	출전	교체	득점	도움	파울	경고	퇴장
BC	2012	울산	39	33	13	4	48	5	0
	합계		39	33	13	4	48	5	0
K1	2013	제주	31	20	7	3	33	4	0
	합계		31	20	7	3	33	4	0
K2	2016	강원	13	13	2	6	9	4	0
	합계		13	13	2	6	9	4	0
승	2016	강원	1	1	0	0	2	1	0
	합계		1	1	0	0	2	1	0
프로통산			84	67	22	11	87	9	0

마라냥(Francinilson Santos Meirelles) 브라질 1990.05.03

대회	연도	소속	출전	교체	득점	도움	파울	경고	퇴장
K2	2014	대전	16	8	1	0	17	0	0
	합계		16	8	1	0	17	0	0
프로통산			16	8	1	0	17	0	0

마르셀(Marcel Augusto Ortolan) 브라질 1981.11.12

대회	연도	소속	출전	교체	득점	도움	파울	경고	퇴장
BC	2004	수원	36	20	12	2	106	4	0
	2011	수원	11	8	3	2	21	0	0
	합계		47	28	15	4	127	6	0
프로통산			47	28	15	4	127	6	0

마르셀(Marcelo de Paula Pinheiro) 브라질 1983.05.11

대회	연도	소속	출전	교체	득점	도움	파울	경고	퇴장
BC	2009	경남	6	1	0	0	11	0	0
	합계		6	1	0	0	11	0	0
프로통산			6	1	0	0	11	0	0

마르셀로(Marcelo Aparecido Toscano) 브라질 1985.05.12

대회	연도	소속	출전	교체	득점	도움	파울	경고	퇴장
K1	2016	제주	37	19	11	9	26	2	0
	2017	제주	13	6	6	3	12	0	0
	합계		50	25	17	12	36	2	0
프로통산			50	25	17	12	36	2	0

마르셀로(Marcelo Macedo) 브라질 1983.02.01

대회	연도	소속	출전	교체	득점	도움	파울	경고	퇴장
BC	2004	성남일	13	11	4	1	30	0	0
	합계		13	11	4	1	30	0	0
프로통산			13	11	4	1	30	0	0

마르셀로(Marcelo Bras Ferreira da Silva) 브라질 1981.02.03

대회	연도	소속	출전	교체	득점	도움	파울	경고	퇴장
BC	2010	경남	4	5	0	0	1	0	0
	합계		4	5	0	0	1	0	0
프로통산			4	5	0	0	1	0	0

마르시오(Marcio Diogo Lobato Rodrigues) 브라...

질 1985.09.22

대회	연도	소속	출전	교체	득점	도움	파울	경고	퇴장
BC	2010	수원	9	9	1	0	12	0	0
		합계	9	9	1	0	12	0	0
프로통산			9	9	1	0	12	0	0

마르싱요(Maxsuel Rodrigo Lino) 브라질 1985.09.08

대회	연도	소속	출전	교체	득점	도움	파울	경고	퇴장
K1	2013	전남	1	1	0	0	2	0	0
		합계	1	1	0	0	2	0	0
프로통산			1	1	0	0	2	0	0

마르싱유(Amarel de Oliveira Junior Marcio) 브라질 1991.03.2

대회	연도	소속	출전	교체	득점	도움	파울	경고	퇴장
K2	2015	충주	32	23	1	2	24	1	0
		합계	32	23	1	2	24	1	0
프로통산			32	23	1	2	24	1	0

마르첼(Marcel Lazareanu) 루마니아 1959.06.21

대회	연도	소속	출전	교체	실점	도움	파울	경고	퇴장
BC	1990	일화	8	0	12	0	1	0	0
	1991	일화	21	3	28	0	1	1	1
		합계	29	3	40	0	1	2	1
프로통산			29	3	40	0	1	2	1

마르케스(Agustinho Marques Renanl) 브라질 1983.03.08

대회	연도	소속	출전	교체	득점	도움	파울	경고	퇴장
BC	2012	제주	13	12	1	1	13	0	0
		합계	13	12	1	1	13	0	0
프로통산			13	12	1	1	13	0	0

마르코(Marco Aurelio Wagner Pereira) 브라질 1980.04.22

대회	연도	소속	출전	교체	득점	도움	파울	경고	퇴장
BC	2006	제주	1	0	0	0	4	0	0
		합계	1	0	0	0	4	0	0
프로통산			1	0	0	0	4	0	0

마르코(Marco Aurelio Martins Ivo) 브라질 1976.12.03

대회	연도	소속	출전	교체	득점	도움	파울	경고	퇴장
BC	2002	안양LG	32	25	9	1	26	1	0
		합계	32	25	9	1	26	1	0
프로통산			32	25	9	1	26	1	0

마르코비치(Ivan Markovic) 세르비아 1994.06.20

대회	연도	소속	출전	교체	득점	도움	파울	경고	퇴장
K2	2016	경남	2	2	0	0	2	0	0
		합계	2	2	0	0	2	0	0
프로통산			2	2	0	0	2	0	0

마르코스(Marcos Aurelio de Oliveira Lima) 브라질 1984.02.10

대회	연도	소속	출전	교체	득점	도움	파울	경고	퇴장
K1	2014	전북	5	5	0	0	1	0	0
		합계	5	5	0	0	1	0	0
프로통산			5	5	0	0	1	0	0

마르코스(Marcos Antonio Nascimento Santos) 브라질 1988.06.10

대회	연도	소속	출전	교체	득점	도움	파울	경고	퇴장
K2	2018	안양	33	4	2	1	61	5	0
		합계	33	4	2	1	61	5	0
프로통산			33	4	2	1	61	5	0

마르코스(Marcos Antonio da Silva) 브라질 1977.04.07

대회	연도	소속	출전	교체	득점	도움	파울	경고	퇴장
BC	2001	울산	31	23	4	3	25	3	0
	2002	울산	2	2	0	0	0	0	0
		합계	33	25	4	3	25	3	0
프로통산			33	25	4	3	24	2	0

마르크(Benie Bolou Jean Marck) 코트디부아르 1982.11.09

대회	연도	소속	출전	교체	득점	도움	파울	경고	퇴장
BC	2000	성남일	5	5	0	0	11	1	0
		합계	5	5	0	0	11	1	0
프로통산			5	5	0	0	11	1	0

마리우(Luis Mario Miranda da Silva) 브라질 1976.11.01

대회	연도	소속	출전	교체	득점	도움	파울	경고	퇴장
BC	2003	안양LG	20	8	4	8	26	3	0
		합계	20	8	4	8	26	3	0
프로통산			20	8	4	8	26	3	0

마말리(Emeka Esanga Mamale) 콩고민주공화국 1977.10.21

대회	연도	소속	출전	교체	득점	도움	파울	경고	퇴장
BC	1996	포항	5	5	0	0	9	0	0
	1997	포항	3	2	1	0	7	0	0
		합계	8	7	1	0	16	0	0
프로통산			8	7	1	0	16	0	0

마사(Ohasi Masahiro) 일본 1981.06.23

대회	연도	소속	출전	교체	득점	도움	파울	경고	퇴장
BC	2009	강원	22	11	4	2	11	0	0
	2011	강원	5	5	0	1	1	0	0
		합계	27	16	4	3	12	0	0
프로통산			27	16	4	3	12	0	0

마상훈(馬相訓) 순천고 1991.07.25

대회	연도	소속	출전	교체	득점	도움	파울	경고	퇴장
BC	2012	강원	1	1	0	0	2	0	0
		합계	1	1	0	0	2	0	0
K1	2017	전남	2	1	0	0	5	1	0
	2018	상주	1	1	0	0	0	0	0
		합계	3	2	0	0	5	1	0
K2	2018	수원FC	3	1	0	0	2	0	0
		합계	3	1	0	0	2	0	0
프로통산			7	4	0	0	9	1	0

마스다(Masuda Chikashi) 일본 1985.06.19

대회	연도	소속	출전	교체	득점	도움	파울	경고	퇴장
K1	2013	울산	35	12	4	3	43	3	0
	2014	울산	31	12	0	1	38	4	0
	2015	울산	31	5	3	0	31	1	0
	2016	울산	1	1	0	0	1	1	0
		합계	98	30	7	4	113	9	0
프로통산			98	30	7	4	113	9	0

마스덴(Christopher Marsden) 영국(잉글랜드) 1969.01.03

대회	연도	소속	출전	교체	득점	도움	파울	경고	퇴장
BC	2004	부산	2	0	1	0	4	2	0
		합계	2	0	1	0	4	2	0
프로통산			2	0	1	0	4	2	0

마시엘(Maciel Luiz Franco) 브라질 1972.03.15

대회	연도	소속	출전	교체	득점	도움	파울	경고	퇴장
BC	1997	전남	19	0	3	0	42	1	0
	1998	전남	27	3	1	1	66	9	0
	1999	전남	36	2	2	1	78	3	0
	2000	전남	36	2	1	0	78	7	0
	2001	전남	29	1	0	0	53	4	0
	2002	전남	10	4	1	0	17	4	0
	2003	전남	10	4	1	0	17	4	0
		합계	101	17	10	3	390	31	0
프로통산			101	17	10	3	390	31	0

마씨노(Wanderson de Macedo Costa/←완델손D) 브라질 1992.05.31

대회	연도	소속	출전	교체	득점	도움	파울	경고	퇴장
K1	2017	광주	18	10	8	0	23	2	1
	2018	전남	24	20	7	2	17	3	0
		합계	42	30	15	2	40	5	1
프로통산			42	30	15	2	40	5	1

마에조노(Maezono Masakiyo) 일본 1973.10.29

대회	연도	소속	출전	교체	득점	도움	파울	경고	퇴장

마우리(Mauricio de Oliveira Anastacio) 브라질 1962.09.29

대회	연도	소속	출전	교체	득점	도움	파울	경고	퇴장
BC	1994	현대	14	11	2	2	8	0	0
	1995	현대	4	4	0	1	3	0	0
		합계	18	15	2	3	11	0	0
프로통산			18	15	2	3	11	0	0

(우측단)

대회	연도	소속	출전	교체	득점	도움	파울	경고	퇴장
BC	2003	안양G	16	10	4	0	11	1	0
	2004	인천	13	8	1	1	13	2	0
		합계	29	18	5	1	24	3	0
프로통산			29	18	5	1	24	3	0

마우리시오(Mauricio Fernandes) 브라질 1976.07.05

대회	연도	소속	출전	교체	득점	도움	파울	경고	퇴장
BC	2007	포항	8	3	0	0	23	3	0
		합계	8	3	0	0	23	3	0
프로통산			8	3	0	0	23	3	0

마우링요(Mauro Job Pontes Junior) 브라질 1989.12.10

대회	연도	소속	출전	교체	득점	도움	파울	경고	퇴장
K1	2016	전남	7	8	0	0	11	0	0
	2017	서울	9	8	0	0	5	1	0
		합계	16	16	0	0	16	1	0
프로통산			16	16	0	0	16	1	0

마우콘(Malcon Marschel Silva Carvalho Santos) 브라질 1995.07.05

대회	연도	소속	출전	교체	득점	도움	파울	경고	퇴장
K2	2016	충주	13	0	0	0	16	4	0
		합계	13	0	0	0	16	4	0
프로통산			13	0	0	0	16	4	0

마유송(Francisco de Farias Mailson) 브라질 1990.12.23

대회	연도	소속	출전	교체	득점	도움	파울	경고	퇴장
K1	2017	제주	2	2	0	0	1	0	0
		합계	2	2	0	0	1	0	0
프로통산			2	2	0	0	1	0	0

마이콘(Maycon Carvalho Inez) 브라질 1986.07.21

대회	연도	소속	출전	교체	득점	도움	파울	경고	퇴장
K2	2014	고양	3	3	0	0	0	0	0
		합계	3	3	0	0	0	0	0
프로통산			3	3	0	0	0	0	0

마징요(Marcio de Souza Gregorio Junio) 브라질 1986.05.14

대회	연도	소속	출전	교체	득점	도움	파울	경고	퇴장
BC	2010	경남	3	3	0	0	7	0	0
		합계	3	3	0	0	7	0	0
프로통산			3	3	0	0	7	0	0

마차도(Leandro Machado) 브라질 1976.03.22

대회	연도	소속	출전	교체	득점	도움	파울	경고	퇴장
BC	2005	울산	17	8	13	1	42	5	0
	2006	울산	18	13	1	3	24	2	0
	2007	울산	10	9	2	0	18	1	0
		합계	53	35	16	4	84	10	0
프로통산			53	35	16	4	84	10	0

마철준(馬哲駿) 경희대 1980.11.16

대회	연도	소속	출전	교체	득점	도움	파울	경고	퇴장
BC	2004	부천SK	22	12	1	1	41	7	0
	2005	부천SK	18	7	1	0	22	4	0
	2006	제주	33	7	0	0	71	4	0
	2007	광주상	19	7	0	0	47	3	0
	2008	광주상	18	0	0	1	36	9	0
	2009	제주	10	5	0	0	50	9	0
	2010	제주	19	9	0	0	42	9	0
	2011	제주	16	0	0	0	19	5	0
	2012	제주	7	6	0	0	16	2	0
	2012	전북	7	6	0	0			
		합계	191	75	2	1	303	42	0

대회	연도	소속	출전	교체	득점	도움	파울	경고	퇴장
K1	2015	광주	1	1	0	0	0	0	0
	합계		1	1	0	0	0	0	0
K2	2013	광주	12	3	0	2	13	3	1
	2014	광주	16	4	1	0	11	3	0
	합계		28	7	1	2	24	6	1
승	2014	광주	0	0	0	0	0	0	0
	합계		0	0	0	0	0	0	0
프로통산			220	83	3	3	327	48	1

마쿠스(Marcus Ake Jens Erik Nilsson) 스웨덴 1988.02.26

대회	연도	소속	출전	교체	득점	도움	파울	경고	퇴장
K1	2017	포항	0	0	0	0	0	0	0
	합계		0	0	0	0	0	0	0
프로통산			0	0	0	0	0	0	0

마테우스(Matheus Humberto Maximiano) 브라질 1989.05.31

대회	연도	소속	출전	교체	득점	도움	파울	경고	퇴장
BC	2011	대구	9	8	1	0	6	0	0
	2012	대구	23	15	2	2	37	5	0
	합계		32	23	3	2	43	5	0
K2	2014	대구	18	14	2	1	32	2	0
	합계		18	14	2	1	32	2	0
프로통산			50	37	5	3	75	7	0

마테우스(Matheus Alves Leandro) 브라질 1993.05.19

대회	연도	소속	출전	교체	득점	도움	파울	경고	퇴장
K2	2016	강원	37	22	12	1	69	8	0
	2018	수원FC	13	4	2	0	18	4	0
	합계		50	26	14	1	87	12	0
승	2016	강원	2	2	0	0	2	0	0
	합계		2	2	0	0	2	0	0
프로통산			52	28	14	1	94	12	0

마토(Mato Neretljak) 크로아티아 1979.06.03

대회	연도	소속	출전	교체	득점	도움	파울	경고	퇴장
BC	2005	수원	31	2	10	2	102	7	0
	2006	수원	37	1	4	2	96	7	0
	2007	수원	35	7	0	1	87	7	0
	2008	수원	29	1	0	4	46	3	0
	2011	수원	5	0	0	8	39	6	0
	합계		157	5	29	8	370	30	0
프로통산			157	5	29	8	370	30	0

마티치(Bojan Matic) 세르비아 1991.12.22

대회	연도	소속	출전	교체	득점	도움	파울	경고	퇴장
K1	2018	서울	9	7	1	0	7	0	1
	합계		9	7	1	0	7	0	1
프로통산			9	7	1	0	7	0	1

막스 유고슬라비아 1965.12.10

대회	연도	소속	출전	교체	득점	도움	파울	경고	퇴장
BC	1994	일화	11	10	2	0	15	5	0
	합계		11	10	2	0	15	5	0
프로통산			11	10	2	0	15	5	0

말컹(Marcos Vinicius do Amaral Alves) 브라질 1994.06.17

대회	연도	소속	출전	교체	득점	도움	파울	경고	퇴장
K1	2018	경남	31	13	26	5	42	4	1
	합계		31	13	26	5	42	4	1
K2	2017	경남	32	5	22	3	63	5	0
	합계		32	5	22	3	63	5	0
프로통산			63	18	48	8	105	9	1

매그넘(Magnum Rafael Farias Tavares) 브라질 1982.03.24

대회	연도	소속	출전	교체	득점	도움	파울	경고	퇴장
BC	2011	울산	5	5	0	0	4	0	0
	합계		5	5	0	0	4	0	0
프로통산			5	5	0	0	4	0	0

매튜(Jurman Matthew John) 오스트레일리아 1989.12.08

대회	연도	소속	출전	교체	득점	도움	파울	경고	퇴장
K1	2017	수원	25	3	2	1	31	9	0
	2018	수원	4	0	0	0	7	1	0
	합계		29	3	2	1	38	10	0
프로통산			29	3	2	1	38	10	0

맥고완(Dylan John Mcgowan) 오스트레일리아 1991.08.06

대회	연도	소속	출전	교체	득점	도움	파울	경고	퇴장
K1	2018	강원	15	6	1	0	14	2	0
	합계		15	6	1	0	14	2	0
프로통산			15	6	1	0	14	2	0

맥긴(Niall Peter McGinn) 영국(북아일랜드) 1987.07.20

대회	연도	소속	출전	교체	득점	도움	파울	경고	퇴장
K1	2017	광주	7	7	0	0	5	0	0
	합계		7	7	0	0	5	0	0
프로통산			7	7	0	0	5	0	0

맥도날드(Sherjill Jermaine Mac-Donald) 네덜란드 1984.11.20

대회	연도	소속	출전	교체	득점	도움	파울	경고	퇴장
K2	2018	부산	2	2	0	0	2	0	0
	합계		2	2	0	0	2	0	0
프로통산			2	2	0	0	2	0	0

맥카이(Matthew Graham Mckay) 오스트레일리아 1983.01.11

대회	연도	소속	출전	교체	득점	도움	파울	경고	퇴장
BC	2012	부산	27	8	1	6	45	7	0
	합계		27	8	1	6	45	7	0
프로통산			27	8	1	6	45	7	0

맹수일(孟秀一) 동아대 1961.03.22

대회	연도	소속	출전	교체	득점	도움	파울	경고	퇴장
BC	1985	럭금	8	5	1	0	4	0	0
	1986	유공	21	6	1	2	17	2	0
	1987	유공	1	1	0	0	0	0	0
	합계		30	12	2	2	25	2	0
프로통산			30	12	2	2	25	2	0

맹진오(孟珍吾) 호남대 1986.03.06

대회	연도	소속	출전	교체	득점	도움	파울	경고	퇴장
BC	2009	포항	0	0	0	0	0	0	0
	2010	대구	3	3	0	0	0	0	0
	합계		3	3	0	0	0	0	0
프로통산			3	3	0	0	0	0	0

메도(Ivan Medvid) 크로아티아 1977.10.13

대회	연도	소속	출전	교체	득점	도움	파울	경고	퇴장
BC	2002	포항	18	3	1	7	53	6	0
	2003	포항	29	13	0	4	47	4	0
	합계		47	16	1	11	100	10	0
프로통산			47	16	1	11	100	10	0

메조이(Meszoly Geza) 헝가리 1967.02.25

대회	연도	소속	출전	교체	득점	도움	파울	경고	퇴장
BC	1990	포철	12	1	2	1	28	1	0
	1991	포철	4	2	0	0	11	0	0
	합계		16	3	2	1	39	1	0
프로통산			16	3	2	1	39	1	0

멘도사(Mendoza Renreria Mauricio) 콜롬비아 1981.12.28

대회	연도	소속	출전	교체	득점	도움	파울	경고	퇴장
BC	2011	경남	1	1	0	1	0	0	0
	합계		1	1	0	1	0	0	0
프로통산			1	1	0	1	0	0	0

멘디(Mendy Frederic) 프랑스 1988.09.18

대회	연도	소속	출전	교체	득점	도움	파울	경고	퇴장
K1	2016	울산	18	5	6	1	23	3	0
	2017	제주	34	21	7	2	54	2	0
	합계		52	26	13	3	77	5	0
프로통산			52	26	13	3	77	5	0

명성준(明成峻) 대건고 1998.03.18

대회	연도	소속	출전	교체	득점	도움	파울	경고	퇴장
K1	2017	인천	1	1	0	0	0	0	0
	합계		1	1	0	0	0	0	0
K2	2018	부천	2	2	0	0	3	1	0
	합계		2	2	0	0	3	1	0
프로통산			2	2	0	0	3	1	0

명재용(明載容) 조선대 1973.02.26

대회	연도	소속	출전	교체	득점	도움	파울	경고	퇴장
BC	1997	전북	9	4	1	0	18	2	0
	1998	전북	26	19	2	1	41	2	0
	1999	전북	29	22	2	2	31	2	0
	2000	전북	23	11	4	1	35	1	0
	2001	전북	12	7	1	1	16	2	0
	2002	전북	6	6	0	0	7	1	0
	합계		105	69	10	5	148	10	0
프로통산			105	69	10	5	148	10	0

명준재(明俊在) 고려대 1994.07.02

대회	연도	소속	출전	교체	득점	도움	파울	경고	퇴장
K1	2016	전북	0	0	0	0	0	0	0
	2018	전북	4	2	0	1	0	1	0
	합계		4	2	0	1	0	1	0
K2	2017	서울E	17	16	3	1	14	2	0
	합계		17	16	3	1	14	2	0
프로통산			21	18	3	1	15	2	0

명진영(明珍榮) 아주대 1973.05.20

대회	연도	소속	출전	교체	득점	도움	파울	경고	퇴장
BC	1996	부산	9	6	1	1	9	2	0
	1997	부산	3	3	0	0	2	0	0
	1998	부산	9	9	1	1	4	1	0
	1999	부산	9	10	0	0	11	3	1
	합계		30	28	2	2	26	4	1
프로통산			30	28	2	2	26	4	1

모나또(Andrew Erick Feitosa) 브라질 1992.09.01

대회	연도	소속	출전	교체	득점	도움	파울	경고	퇴장
BC	2011	경남	6	5	0	0	5	0	0
	합계		6	5	0	0	5	0	0
프로통산			6	5	0	0	5	0	0

모따(Joao Soares da Mota Neto) 브라질 1980.11.21

대회	연도	소속	출전	교체	득점	도움	파울	경고	퇴장
BC	2004	전남	29	11	14	2	65	12	0
	2005	성남일	9	3	7	4	29	5	1
	2006	성남일	19	11	7	4	29	5	0
	2007	성남일	21	7	2	3	39	9	0
	2008	성남일	30	6	9	5	48	12	0
	2009	성남일	11	2	4	1	19	1	0
	2010	포항	28	9	7	4	27	0	0
	2011	포항	31	19	14	8	56	10	0
	합계		178	68	71	34	315	57	1
프로통산			178	68	71	34	315	57	1

모따(Jose Rorberto Rodrigues Mota / ← 호세모따) 브라질 1979.05.10

대회	연도	소속	출전	교체	득점	도움	파울	경고	퇴장
BC	2010	수원	25	14	11	0	29	5	1
	2012	부산	2	2	0	0	0	0	0
	합계		27	16	11	0	29	5	1
프로통산			27	16	11	0	29	5	1

모라이스(Bittencourt Morais Danny) 브라질 1985.06.29

대회	연도	소속	출전	교체	득점	도움	파울	경고	퇴장
K2	2017	부산	26	0	1	0	50	4	0
	합계		26	0	1	0	50	4	0
승	2017	부산	1	0	0	0	0	0	0
	합계		1	0	0	0	0	0	0
프로통산			27	0	1	0	50	4	0

모리츠(Andre Francisco Moritz) 이탈리아 1986.08.06

대회	연도	소속	출전	교체	득점	도움	파울	경고	퇴장
K1	2015	포항	11	9	0	1	12	2	0
		합계	11	9	0	1	12	2	0
	프로통산		11	9	0	1	12	2	0

모이세스(Moises Oliveira Brito) 브라질 1986.07.17

대회	연도	소속	출전	교체	득점	도움	파울	경고	퇴장
K1	2016	제주	1	1	0	0	1	0	0
		합계	1	1	0	0	1	0	0
	프로통산		1	1	0	0	1	0	0

모재현(牟在現) 광주대 1996.09.24

대회	연도	소속	출전	교체	득점	도움	파울	경고	퇴장
K2	2017	수원FC	15	15	3	1	12	1	0
	2018	수원FC	20	15	1	1	29	2	0
		합계	35	30	4	2	41	3	0
	프로통산		35	30	4	2	41	3	0

몰리나(Mauricio Alejandro Molina Uribe) 콜롬비아 1980.04.30

대회	연도	소속	출전	교체	득점	도움	파울	경고	퇴장
BC	2009	성남일	17	5	10	3	19	1	0
	2010	성남일	33	13	12	8	28	6	0
	2011	서울	29	6	10	12	30	4	0
	2012	서울	41	6	18	19	45	4	0
		합계	120	32	50	42	120	19	0
K1	2013	서울	35	12	9	13	42	3	0
	2014	서울	19	11	5	3	13	1	0
	2015	서울	35	20	4	11	23	0	0
		합계	89	43	18	27	56	9	0
	프로통산		209	75	68	69	176	28	0

무고사(Stefan Mugosa) 몬테네그로 1992.02.26

대회	연도	소속	출전	교체	득점	도움	파울	경고	퇴장
K1	2018	인천	35	9	19	4	24	5	0
		합계	35	9	19	4	24	5	0
	프로통산		35	9	19	4	24	5	0

무랄랴(Lima de Oliveira Luiz Philipe) 브라질 1993.01.21

대회	연도	소속	출전	교체	득점	도움	파울	경고	퇴장
K1	2016	포항	20	8	1	0	11	2	0
	2017	포항	33	17	0	2	28	11	0
		합계	53	25	1	2	39	13	0
K2	2018	성남	11	8	3	0	12	3	0
		합계	11	8	3	0	12	3	0
	프로통산		64	33	4	2	51	16	0

무사(Javier Martin Musa) 아르헨티나 1979.01.15

대회	연도	소속	출전	교체	득점	도움	파울	경고	퇴장
BC	2004	수원	19	6	1	1	47	1	0
	2005	수원	9	2	0	0	17	2	0
	2005	울산	7	0	0	0	18	1	0
		합계	35	7	1	1	81	5	0
	프로통산		35	7	1	1	81	5	0

무삼파(Kizito Musampa) 네덜란드 1977.07.20

대회	연도	소속	출전	교체	득점	도움	파울	경고	퇴장
BC	2008	서울	5	3	0	0	7	0	0
		합계	5	3	0	0	7	0	0
	프로통산		5	3	0	0	7	0	0

무스타파(Gonden Mustafa) 터키 1975.08.01

대회	연도	소속	출전	교체	득점	도움	파울	경고	퇴장
BC	2002	부천SK	6	6	0	0	3	0	0
	2003	부천SK	1	1	0	0	3	0	0
		합계	7	7	0	0	6	0	0
	프로통산		7	7	0	0	6	0	0

무탐바(Mutamba Kabongo) 콩고민주공화국 1972.12.09

대회	연도	소속	출전	교체	득점	도움	파울	경고	퇴장
BC	1997	안양LG	32	5	3	0	55	4	0
	1998	안양LG	34	4	2	4	59	6	0
	1999	안양LG	27	5	1	0	67	5	0
	2000	안양LG	15	6	0	0	25	4	0
		합계	109	21	9	3	185	19	0
	프로통산		109	21	9	3	185	19	0

문광석(文光錫) 한양대 1996.03.02

대회	연도	소속	출전	교체	득점	도움	파울	경고	퇴장
K1	2018	제주	0	0	0	0	0	0	0
		합계	0	0	0	0	0	0	0
	프로통산		0	0	0	0	0	0	0

문기한(文起韓) 영남사이버대 1989.03.17

대회	연도	소속	출전	교체	득점	도움	파울	경고	퇴장
BC	2008	서울	3	2	0	0	3	0	0
	2009	서울	0	0	0	0	0	0	0
	2010	서울	0	0	0	0	0	0	0
	2011	서울	13	12	0	0	17	6	0
	2012	서울	1	1	0	0	1	0	0
		합계	17	15	0	0	18	6	0
K2	2013	경찰	28	7	6	2	57	7	0
	2014	안산경	21	15	1	2	30	6	0
	2015	안산경	38	32	1	10	56	9	0
	2016	부천	38	31	4	8	47	4	0
	2017	부천	33	8	1	5	59	4	0
	2018	부천	34	6	0	5	37	5	0
		합계	192	98	13	39	288	35	0
	프로통산		209	113	13	39	306	37	0

문대성(文大成) 중앙대 1986.03.15

대회	연도	소속	출전	교체	득점	도움	파울	경고	퇴장
BC	2007	전북	4	4	0	1	4	1	0
	2008	전북	11	9	1	2	15	2	0
	2009	성남일	14	11	0	0	12	3	0
	2010	성남일	9	2	0	0	4	1	0
	2011	울산	2	2	0	0	1	0	0
		합계	40	28	1	3	34	7	0
	프로통산		40	28	1	3	34	7	0

문동주(文棟柱) 대구대 1990.07.08

대회	연도	소속	출전	교체	득점	도움	파울	경고	퇴장
K1	2013	서울	0	0	0	0	0	0	0
		합계	0	0	0	0	0	0	0
	프로통산		0	0	0	0	0	0	0

문민귀(文民貴) 호남대 1981.11.15

대회	연도	소속	출전	교체	득점	도움	파울	경고	퇴장
BC	2004	포항	35	8	1	2	39	4	0
	2005	포항	17	11	0	1	24	0	0
	2006	경남	12	2	0	0	18	3	0
	2006	수원	10	3	0	1	11	0	0
	2007	수원	5	1	0	0	7	1	0
	2008	수원	4	1	0	0	3	1	0
	2009	수원	4	1	0	1	6	2	0
	2010	수원	4	1	0	0	4	1	0
	2011	제주	6	8	0	1	41	3	0
		합계	101	37	1	6	151	16	0
	프로통산		101	37	1	6	151	16	0

문민호(文敏鎬) 광운대 1958.09.18

대회	연도	소속	출전	교체	득점	도움	파울	경고	퇴장
BC	1985	유공	5	5	1	0	2	0	0
		합계	5	5	1	0	2	0	0
	프로통산		5	5	1	0	2	0	0

문병우(文炳祐) 명지대 1986.05.03

대회	연도	소속	출전	교체	득점	도움	파울	경고	퇴장
BC	2009	강원	3	3	0	0	4	0	0
		합계	3	3	0	0	4	0	0
K1	2013	강원	9	9	1	0	7	1	0
		합계	9	9	1	0	7	1	0
	프로통산		12	12	1	0	11	1	0

문삼진(文三鎭) 성균관대 1973.03.03

대회	연도	소속	출전	교체	득점	도움	파울	경고	퇴장
BC	1999	천안일	29	9	0	0	48	3	0
	2000	성남일	31	13	1	4	39	4	0
	2001	성남일	11	10	0	0	14	2	0
	2002	성남일	19	10	0	2	45	2	0
	2003	성남일							
		합계	90	42	1	6	140	9	0
	프로통산		90	42	1	6	140	9	0

문상윤(文相潤) 아주대 1991.01.09

대회	연도	소속	출전	교체	득점	도움	파울	경고	퇴장
BC	2012	인천	26	19	1	1	18	1	0
		합계	26	19	1	1	18	1	0
K1	2013	인천	29	18	3	2	29	1	0
	2014	인천	31	17	3	3	17	2	0
	2015	전북	20	20	3	2	15	1	0
	2016	제주	22	19	3	1	11	1	0
	2017	제주	18	19	3	3	11	0	0
		합계	109	77	10	12	83	5	0
K2	2018	성남	34	13	4	7	30	3	0
		합계	34	13	4	7	30	3	0
	프로통산		169	109	15	20	139	6	0

문선민(文宣民) 장훈고 1992.06.09

대회	연도	소속	출전	교체	득점	도움	파울	경고	퇴장
K1	2017	인천	30	27	4	3	46	4	0
	2018	인천	37	22	14	6	30	0	0
		합계	67	49	18	9	76	4	0
	프로통산		67	49	18	9	76	4	0

문영래(文永來) 국민대 1964.03.06

대회	연도	소속	출전	교체	득점	도움	파울	경고	퇴장
BC	1988	유공	15	15	1	1	19	3	0
	1989	유공	33	25	2	5	49	4	0
	1990	유공	15	13	1	1	18	0	0
	1991	유공	14	7	0	1	31	5	0
	1992	유공	1	1	0	0	1	0	0
	1993	유공	5	5	0	1	1	0	0
	1994	버팔로	32	9	3	3	47	8	0
	1995	전북	5	5	0	0	1	1	0
		합계	136	92	6	11	180	21	0
	프로통산		136	92	6	11	180	21	0

문영서(文永瑞) 안양공고 1956.12.20

대회	연도	소속	출전	교체	득점	도움	파울	경고	퇴장
BC	1984	할렐	15	2	1	2	10	1	0
	1985	할렐	12	0	1	2	1	0	0
		합계	27	2	2	4	11	1	0
	프로통산		27	2	2	4	11	1	0

문용휘(文容輝) 용인대 1995.06.07

대회	연도	소속	출전	교체	득점	도움	파울	경고	퇴장
K2	2018	대전	0	0	0	0	0	0	0
		합계	0	0	0	0	0	0	0
	프로통산		0	0	0	0	0	0	0

문원근(文元根) 동아대 1963.09.16

대회	연도	소속	출전	교체	득점	도움	파울	경고	퇴장
BC	1989	일화	18	5	0	4	36	4	0
	1990	일화	2	1	0	0	3	1	0
		합계	20	6	0	4	39	5	0
	프로통산		20	6	0	4	39	5	0

문정인(文正仁) 현대고 1998.03.16

대회	연도	소속	출전	교체	득점	도움	파울	경고	퇴장
K1	2018	울산	0	0	0	0	0	0	0
		합계	0	0	0	0	0	0	0
	프로통산		0	0	0	0	0	0	0

문정주(文禎珠) 선문대 1990.03.22

대회	연도	소속	출전	교체	득점	도움	파울	경고	퇴장
K2	2013	충주	29	24	2	1	41	4	0
		합계	29	24	2	1	41	4	0
	프로통산		29	24	2	1	41	4	0

문주원(文周元) 경희대 1983.05.08

대회	연도	소속	출전	교체	득점	도움	파울	경고	퇴장
BC	2006	대구	19	13	1	1	33	3	0
	2007	대구	20	11	0	1	40	1	0
	2008	대구	26	19	2	2	34	3	0

대회	연도	소속	출전	교체	득점	도움	파울	경고	퇴장
	2009	강원	12	11	1	0	8	0	0
	합계		75	56	5	3	115	7	0
K1	2013	경남	4	4	0	0	3	1	0
	2014	경남	7	3	0	0	11	1	0
	합계		11	7	0	0	14	2	0
프로통산			86	63	5	3	129	9	0

문준호(文竣湖) 용인대 1993.07.12

대회	연도	소속	출전	교체	득점	도움	파울	경고	퇴장
K1	2016	수원	0	0	0	0	0	0	0
	합계		0	0	0	0	0	0	0
K2	2018	안양	5	4	1	0	4	0	0
	합계		5	4	1	0	4	0	0
프로통산			5	4	1	0	4	0	0

문지환(文智煥) 단국대 1994.07.26

대회	연도	소속	출전	교체	득점	도움	파울	경고	퇴장
K2	2017	성남	13	8	0	0	17	1	0
	2018	성남	6	4	0	0	12	2	0
	합계		19	12	0	0	20	3	0
프로통산			19	12	0	0	20	3	0

문진용(文眞勇) 경희대 1991.12.14

대회	연도	소속	출전	교체	득점	도움	파울	경고	퇴장
K1	2013	전북	4	4	0	0	5	1	0
	합계		4	4	0	0	5	1	0
K2	2015	대구	0	0	0	0	0	0	0
	2017	대전	3	3	1	0	1	0	0
	합계		3	3	1	0	1	0	0
프로통산			7	7	1	0	6	1	0

문창진(文昶眞) 위덕대 1993.07.12

대회	연도	소속	출전	교체	득점	도움	파울	경고	퇴장
BC	2012	포항	4	4	0	0	4	0	0
	합계		4	4	0	0	4	0	0
K1	2013	포항	7	7	1	0	7	0	0
	2014	포항	24	17	2	4	25	2	0
	2015	포항	11	6	4	2	14	0	0
	2016	포항	23	15	4	3	12	1	0
	2017	강원	29	17	6	3	21	1	0
	2018	강원	10	15	0	0	8	0	0
	합계		104	72	17	11	69	4	0
프로통산			108	76	17	11	73	4	0

문창현(文昶現) 명지대 1992.11.12

대회	연도	소속	출전	교체	득점	도움	파울	경고	퇴장
K1	2015	성남	0	0	0	0	0	0	0
	합계		0	0	0	0	0	0	0
프로통산			0	0	0	0	0	0	0

문태권(文太權) 명지대 1968.05.14

대회	연도	소속	출전	교체	득점	도움	파울	경고	퇴장
BC	1993	현대	9	1	0	0	12	1	0
	1994	현대	11	5	0	0	14	0	0
	1995	전남	1	1	0	0	1	0	0
	1996	전남	5	5	0	1	4	0	0
	합계		26	12	0	1	31	1	0
프로통산			26	12	0	1	31	1	0

문태혁(文泰赫) 광양제철고 1983.03.31

대회	연도	소속	출전	교체	득점	도움	파울	경고	퇴장
BC	2000	수원	0	0	0	0	0	0	0
	합계		0	0	0	0	0	0	0
프로통산			0	0	0	0	0	0	0

미구엘(Miguel Antonio Bianconi Kohl) 브라질 1992.05.14

대회	연도	소속	출전	교체	득점	도움	파울	경고	퇴장
K2	2013	충주	8	7	0	0	12	1	0
	합계		8	7	0	0	12	1	0
프로통산			8	7	0	0	12	1	0

미노리(Sato Minori) 일본 1991.03.02

대회	연도	소속	출전	교체	득점	도움	파울	경고	퇴장
K2	2018	광주	12	10	0	0	17	1	0
	합계		12	10	0	0	17	1	0
프로통산			12	10	0	0	17	1	0

미니치(Bosko Minic) 유고슬라비아 1966.10.24

대회	연도	소속	출전	교체	득점	도움	파울	경고	퇴장
BC	1995	전남	22	7	1	2	22	4	0
	합계		22	7	1	2	22	4	0
프로통산			22	7	1	2	22	4	0

미르코(Mirko Jovanovic) 유고슬라비아 1971.03.14

대회	연도	소속	출전	교체	득점	도움	파울	경고	퇴장
BC	1999	전북	14	8	4	1	22	0	0
	2000	전북	7	7	0	1	2	0	0
	합계		21	15	4	2	24	0	0
프로통산			21	15	4	2	24	0	0

미샤(Miodrag Vasiljevic) 유고슬라비아 1980.08.21

대회	연도	소속	출전	교체	득점	도움	파울	경고	퇴장
BC	2001	성남일	4	5	0	0	4	0	0
	합계		4	5	0	0	4	0	0
프로통산			4	5	0	0	4	0	0

미셀(Michel Neves Dias) 브라질 1980.07.13

대회	연도	소속	출전	교체	득점	도움	파울	경고	퇴장
BC	2003	전남	13	9	4	3	13	1	0
	합계		13	9	4	3	13	1	0
프로통산			13	9	4	3	13	1	0

미첼(Michel Pensee Billong) 카메룬 1973.06.16

대회	연도	소속	출전	교체	득점	도움	파울	경고	퇴장
BC	1997	천안일	3	1	0	0	12	1	0
	1998	천안일	15	3	1	0	29	2	0
	1999	천안일	32	1	1	0	61	6	1
	합계		50	5	2	0	102	9	1
프로통산			50	5	2	0	102	9	1

미카엘(Karapet Mikaelyan) 아르메니아 1968.09.27

대회	연도	소속	출전	교체	득점	도움	파울	경고	퇴장
BC	1997	부천SK	15	15	1	2	11	1	0
	합계		15	15	1	2	11	1	0
프로통산			15	15	1	2	11	1	0

미트로(Slavisa Mitrović) 보스니아 헤르체고비나 1977.07.05

대회	연도	소속	출전	교체	득점	도움	파울	경고	퇴장
BC	2002	수원	7	6	0	1	25	3	0
	합계		7	6	0	1	25	3	0
프로통산			7	6	0	1	25	3	0

미하이(Dragus Mihai) 루마니아 1973.03.13

대회	연도	소속	출전	교체	득점	도움	파울	경고	퇴장
BC	1998	수원	21	17	6	2	45	3	1
	합계		21	17	6	2	45	3	1
프로통산			21	17	6	2	45	3	1

미하일(Radmilo Mihajlovic) 유고슬라비아 1964.11.19

대회	연도	소속	출전	교체	득점	도움	파울	경고	퇴장
BC	1997	포항	3	3	0	0	2	0	0
	합계		3	3	0	0	2	0	0
프로통산			3	3	0	0	2	0	0

믹스(Diskerud Mikkel Morgenstar Palssonn) 미국 1990.10.

대회	연도	소속	출전	교체	득점	도움	파울	경고	퇴장
K1	2018	울산	17	7	1	2	22	3	0
	합계		17	7	1	2	22	3	0
프로통산			17	7	1	2	22	3	0

민경인(閔庚仁) 고려대 1979.05.09

대회	연도	소속	출전	교체	득점	도움	파울	경고	퇴장
BC	2003	성남일	1	1	0	0	1	0	0
	합계		1	1	0	0	1	0	0
프로통산			1	1	0	0	1	0	0

민병욱

대회	연도	소속	출전	교체	득점	도움	파울	경고	퇴장
BC	1983	대우	5	6	1	0	0	0	0
	합계		5	6	1	0	0	0	0
프로통산			5	6	1	0	0	0	0

민상기(閔尙基) 매탄고 1991.08.27

대회	연도	소속	출전	교체	득점	도움	파울	경고	퇴장
BC	2010	수원	1	0	0	0	1	0	0
	2011	수원	1	1	0	0	0	0	0
	2012	수원	5	4	0	0	9	0	0
	합계		7	5	0	0	9	0	0
K1	2013	수원	30	6	0	0	41	3	0
	2014	수원	4	1	0	0	4	1	0
	2015	수원	23	4	0	0	37	3	0
	2016	수원	8	3	0	0	11	0	0
	2017	수원	7	3	1	1	5	0	0
	합계		72	17	1	1	98	7	0
K2	2017	아산	9	1	1	1	10	0	0
	2018	아산	27	1	0	0	32	8	0
	합계		36	2	1	1	42	8	0
프로통산			115	24	2	1	149	15	0

민영기(閔泳基) 경상대 1976.03.28

대회	연도	소속	출전	교체	득점	도움	파울	경고	퇴장
BC	1999	울산	21	7	0	0	26	2	0
	2000	울산	14	5	0	0	14	0	0
	2004	대구	27	6	0	0	48	9	0
	2005	대구	28	4	0	0	37	8	0
	2006	대전	37	3	1	0	27	5	0
	2007	대전	32	6	0	0	33	2	0
	2008	대전	23	5	0	1	32	2	0
	2009	부산	18	3	1	0	13	2	0
	합계		182	39	2	1	212	30	0
프로통산			182	39	2	1	212	30	0

민준영(閔竣漢) 언남고 1996.07.27

대회	연도	소속	출전	교체	득점	도움	파울	경고	퇴장
K1	2018	경남	1	1	0	0	1	0	0
	합계		1	1	0	0	1	0	0
프로통산			1	1	0	0	1	0	0

민진홍(閔鎭泓) 동대문상고 1960.03.11

대회	연도	소속	출전	교체	득점	도움	파울	경고	퇴장
BC	1983	대우	2	1	0	0	0	0	0
	1984	럭금	16	8	0	1	6	0	0
	1985	유공	2	2	0	0	0	0	0
	1986	유공	36	4	2	3	35	3	0
	1987	유공	14	3	0	0	21	0	1
	1988	유공	4	3	0	0	0	0	0
	합계		74	23	2	3	62	3	1
프로통산			74	23	2	3	62	3	1

민현홍(閔玹泓) 숭실대 1995.08.28

대회	연도	소속	출전	교체	득점	도움	파울	경고	퇴장
K2	2017	수원FC	5	3	0	0	4	0	0
	2018	수원FC	4	0	0	0	10	1	0
	합계		9	3	0	0	14	1	0
프로통산			9	3	0	0	14	1	0

밀톤(Milton Fabian Rodriguez Suarez) 콜롬비아 1976.04.28

대회	연도	소속	출전	교체	득점	도움	파울	경고	퇴장
BC	2005	전북	11	7	4	0	23	1	0
	2006	전북	10	8	2	0	14	0	0
	합계		21	15	6	0	39	1	0
프로통산			21	15	6	0	39	1	0

바그너(Qerino da Silva Wagner / ← 박은호) 브라질 1987.01.31

대회	연도	소속	출전	교체	득점	도움	파울	경고	퇴장
BC	2011	대전	27	17	7	1	29	2	0
	합계		27	17	7	1	29	2	0
K2	2014	안양	17	16	1	0	7	1	0
	합계		17	16	1	0	7	1	0
프로통산			44	33	8	1	36	3	0

바그너(Wagner Luiz da Silva) 브라질 1981.09.13

대회	연도	소속	출전	교체	득점	도움	파울	경고	퇴장
BC	2009	포항	5	5	0	0	1	1	0

합계 ... 5 5 0 0 1 1 0
프로통산 ... 5 5 0 0 1 1 0

바그닝요(Wagner da Silva Souza) 브라질 1990.01.30

대회	연도	소속	출전	교체	득점	도움	파울	경고	퇴장
K1	2018	수원	17	10	7	1	22	1	1
		합계	17	10	7	1	22	1	1
K2	2016	부천	36	4	9	3	131	10	2
	2017	부천	28	1	12	1	106	11	0
		합계	64	5	21	4	237	21	2
프로통산			81	15	28	5	259	22	3

바데아(Pavel Badea) 루마니아 1967.06.10

대회	연도	소속	출전	교체	득점	도움	파울	경고	퇴장
BC	1996	수원	32	6	4	4	41	4	0
	1997	수원	33	3	3	4	45	7	0
	1998	수원	15	2	4	2	17	4	0
		합계	80	11	11	10	103	15	0
프로통산			80	11	11	10	103	15	0

바락신(Kirill Varaksin) 러시아 1974.08.03

대회	연도	소속	출전	교체	득점	도움	파울	경고	퇴장
BC	1995	유공	7	5	1	0	10	2	0
		합계	7	5	1	0	10	2	0
프로통산			7	5	1	0	10	2	0

바로스(Barros Rodrigues Ricardo Filipe) 포르투갈 1990.04.27

대회	연도	소속	출전	교체	득점	도움	파울	경고	퇴장
K1	2017	광주	1	1	0	0	3	0	0
		합계	1	1	0	0	3	0	0
프로통산			1	1	0	0	3	0	0

바바(Baba Yuta, 馬場憂太) 일본 1984.01.22

대회	연도	소속	출전	교체	득점	도움	파울	경고	퇴장
BC	2011	대전	6	5	1	0	7	0	0
	2012	대전	30	9	4	2	44	9	0
		합계	36	14	5	2	51	9	0
K1	2013	대전	7	5	0	0	4	1	0
		합계	7	5	0	0	4	1	0
프로통산			43	19	5	2	55	10	0

바바라데(Ajibade Kunde Babalade) 나이지리아 1972.03.29

대회	연도	소속	출전	교체	득점	도움	파울	경고	퇴장
BC	1997	안양LG	3	2	0	0	4	1	0
		합계	3	2	0	0	4	1	0
프로통산			3	2	0	0	4	1	0

바벨(Vaber Mendes Ferreira) 브라질 1981.09.22

대회	연도	소속	출전	교체	득점	도움	파울	경고	퇴장
BC	2009	대전	24	3	1	3	49	4	0
	2010	대전	12	6	0	0	12	1	0
		합계	36	9	1	3	61	4	0
프로통산			36	9	1	3	61	4	0

바우지비아(Ferreira da Silva Leite Caique) 브라질 1992.10.2

대회	연도	소속	출전	교체	득점	도움	파울	경고	퇴장
K1	2014	성남	13	12	1	1	16	1	0
		합계	13	12	1	1	16	1	0
프로통산			13	12	1	1	16	1	0

바우텔(Walter Junio da Silva Clementino) 브라질 1982.01.12

대회	연도	소속	출전	교체	득점	도움	파울	경고	퇴장
BC	2008	대전	9	3	1	1	12	1	0
		합계	9	3	1	1	12	1	0
프로통산			9	3	1	1	12	1	0

바울(Valdeir da Silva Santos) 브라질 1977.04.12

대회	연도	소속	출전	교체	득점	도움	파울	경고	퇴장
BC	2009	대구	15	8	2	0	22	2	0
		합계	15	8	2	0	22	2	0
프로통산			15	8	2	0	22	2	0

바이아노(Claudio Celio Cunha Defensor) 브라질 1974.02.19

대회	연도	소속	출전	교체	득점	도움	파울	경고	퇴장
BC	2001	울산	6	6	0	0	3	0	0
		합계	6	6	0	0	3	0	0
프로통산			6	6	0	0	3	0	0

바이아(Santos Fabio Junior Nascimento) 브라질 1983.11.02

대회	연도	소속	출전	교체	득점	도움	파울	경고	퇴장
BC	2011	인천	31	12	2	1	32	1	0
		합계	31	12	2	1	32	1	0
프로통산			31	12	2	1	32	1	0

바조(Blaze Ilijoski) 마케도니아 1984.07.09

대회	연도	소속	출전	교체	득점	도움	파울	경고	퇴장
BC	2006	인천	14	12	3	0	28	2	0
	2010	강원	7	5	1	1	8	2	0
		합계	21	17	4	1	36	4	0
프로통산			21	17	4	1	36	4	0

바티스타(Edinaldo Batista Libanio) 브라질 1979.04.02

대회	연도	소속	출전	교체	득점	도움	파울	경고	퇴장
BC	2003	안양LG	9	4	0	0	39	4	0
		합계	9	4	0	0	39	4	0
프로통산			9	4	0	0	39	4	0

바하(Mahmadu Alphajor Bah) 시에라리온 1977.01.01

대회	연도	소속	출전	교체	득점	도움	파울	경고	퇴장
BC	1997	전남	12	13	0	1	23	2	0
	1998	전남	18	18	0	2	30	2	1
		합계	30	31	0	3	53	4	1
프로통산			30	31	0	3	53	4	1

박강조(朴康造) 일본 다키가와다고 1980.01.24

대회	연도	소속	출전	교체	득점	도움	파울	경고	퇴장
BC	2000	성남일	31	8	0	1	41	1	0
	2001	성남일	20	15	1	2	12	1	0
	2002	성남일	18	17	0	0	19	2	0
		합계	69	40	1	3	72	4	0
프로통산			69	40	1	3	72	4	0

박건(朴建) 수원대 1990.07.11

대회	연도	소속	출전	교체	득점	도움	파울	경고	퇴장
K2	2018	부천	25	4	0	0	28	2	0
		합계	25	4	0	0	28	2	0
프로통산			25	4	0	0	28	2	0

박건영(朴建映) 영남대 1987.03.14

대회	연도	소속	출전	교체	득점	도움	파울	경고	퇴장
BC	2011	대전	9	3	0	1	9	2	0
	2012	대전	0	0	0	0	0	0	0
		합계	9	3	0	1	9	2	0
프로통산			9	3	0	1	9	2	0

박건하(朴建夏) 경희대 1971.07.25

대회	연도	소속	출전	교체	득점	도움	파울	경고	퇴장
BC	1996	수원	34	0	14	6	56	7	0
	1997	수원	19	3	2	4	38	2	0
	1998	수원	39	18	0	9	57	5	0
	1999	수원	19	2	6	5	37	0	0
	2000	수원	19	2	6	3	23	1	0
	2001	수원	30	15	4	4	41	2	0
	2002	수원	8	12	7	3	31	1	0
	2003	수원	31	11	0	0	50	3	0
	2004	수원	31	9	1	4	49	3	0
	2005	수원	26	1	1	0	47	5	0
		합계	292	84	44	27	460	33	1
프로통산			292	84	44	27	460	33	1

박건희(朴建熙) 한라대 1990.08.27

대회	연도	소속	출전	교체	득점	도움	파울	경고	퇴장
K2	2013	부천	0	0	0	0	0	0	0
		합계	0	0	0	0	0	0	0
프로통산			0	0	0	0	0	0	0

박경규(朴景奎) 연세대 1977.03.10

대회	연도	소속	출전	교체	득점	도움	파울	경고	퇴장
BC	2000	대전	12	12	1	0	6	0	0
	2001	대전	17	17	3	0	11	1	0
	2002	대전	6	6	1	0	2	0	0
	2003	대전	5	5	0	0	6	0	0
		합계	40	40	5	0	25	1	0
프로통산			40	40	5	0	25	1	0

박경록(朴景祿) 동아대 1994.09.30

대회	연도	소속	출전	교체	득점	도움	파울	경고	퇴장
K2	2016	부산	2	0	0	0	0	0	0
		합계	2	0	0	0	0	0	0
프로통산			2	0	0	0	0	0	0

박경삼(朴瓊三) 한성대 1978.06.06

대회	연도	소속	출전	교체	득점	도움	파울	경고	퇴장
BC	2001	울산	7	3	0	0	5	1	0
	2002	울산	3	2	0	0	3	0	0
	2003	광주상	22	7	1	0	34	3	0
	2009	제주	3	1	0	0	4	1	0
		합계	31	11	1	0	44	5	0
프로통산			31	11	1	0	44	5	0

박경순(朴敬淳) 인천대 1988.09.30

대회	연도	소속	출전	교체	득점	도움	파울	경고	퇴장
BC	2011	인천	0	0	0	0	0	0	0
		합계	0	0	0	0	0	0	0
프로통산			0	0	0	0	0	0	0

박경완(朴景浣) 아주대 1988.07.22

대회	연도	소속	출전	교체	득점	도움	파울	경고	퇴장
K2	2014	부천	5	5	0	0	4	1	0
		합계	5	5	0	0	4	1	0
프로통산			5	5	0	0	4	1	0

박경익(朴慶益) 광주대 1991.08.13

대회	연도	소속	출전	교체	득점	도움	파울	경고	퇴장
BC	2012	울산	0	0	0	0	0	0	0
		합계	0	0	0	0	0	0	0
K1	2014	상주	10	10	1	0	9	1	0
		합계	10	10	1	0	9	1	0
K2	2015	상주	3	1	0	2	5	0	0
	2017	안산	0	0	0	0	0	0	0
		합계	3	1	0	2	5	0	0
프로통산			13	11	1	2	14	1	0

박경환(朴景晥) 고려대 1976.12.29

대회	연도	소속	출전	교체	득점	도움	파울	경고	퇴장
BC	2001	전북	8	8	1	0	6	2	0
	2003	대구	19	1	0	2	37	8	0
	2004	대구	22	5	0	0	33	5	1
		합계	49	14	1	2	76	15	1
프로통산			49	14	1	2	76	15	1

박경훈(朴景勳) 한양대 1961.01.19

대회	연도	소속	출전	교체	득점	도움	파울	경고	퇴장
BC	1984	포철	21	4	0	2	13	1	0
	1985	포철	4	0	0	0	4	0	0
	1986	포철	3	1	0	0	3	0	0
	1987	포철	31	0	3	0	31	2	0
	1988	포철	12	2	1	1	15	2	0
	1989	포철	8	1	0	0	13	0	0
	1990	포철	8	3	0	1	13	1	0
	1991	포철	23	13	2	0	22	0	0
	1992	포철	27	10	2	4	40	5	0
		합계	134	34	4	8	140	11	0
프로통산			134	34	4	8	140	11	0

박공재(朴攻在) 조선대 1964.03.06

대회	연도	소속	출전	교체	득점	도움	파울	경고	퇴장
BC	1986	한일	4	2	0	0	6	1	0
		합계	4	2	0	0	6	1	0

대회	연도	소속	출전	교체	득점	도움	파울	경고	퇴장
프로통산			4	2	0	0	6	1	0

박관우(朴寬優) 선문대 1996.06.04

대회	연도	소속	출전	교체	득점	도움	파울	경고	퇴장
K2	2018	안산	16	16	1	0	5	2	0
	합계		16	16	1	0	5	2	0
프로통산			16	16	1	0	5	2	0

박광민(朴光民) 배재대 1982.05.14

대회	연도	소속	출전	교체	득점	도움	파울	경고	퇴장
BC	2006	성남일	5	4	1	1	4	0	0
	2007	성남일	1	1	0	0	0	0	0
	2008	광주상	3	3	0	0	1	0	0
	2009	광주상	1	1	0	1	0	0	0
	합계		10	9	1	1	9	0	0
프로통산			10	9	1	1	9	0	0

박광일(朴光一) 연세대 1991.02.10

대회	연도	소속	출전	교체	득점	도움	파울	경고	퇴장
K1	2018	전남	13	4	0	0	9	0	0
	합계		13	4	0	0	9	0	0
프로통산			13	4	0	0	9	0	0

박광현(朴光鉉) 구룡포종고 1967.07.24

대회	연도	소속	출전	교체	득점	도움	파울	경고	퇴장
BC	1989	현대	14	6	0	0	26	3	0
	1990	현대	7	3	0	0	9	0	0
	1991	현대	10	7	0	0	14	1	0
	1992	일화	17	6	0	0	25	5	0
	1993	일화	23	14	0	1	36	7	0
	1994	일화	21	7	1	0	19	2	1
	1995	일화	6	6	0	0	52	9	1
	1996	천안일	30	6	3	0	66	9	2
	1997	천안일	30	6	3	0	63	0	0
	1998	천안일	23	9	0	0	40	9	0
	1999	천안일	11	9	0	0	11	0	0
	합계		208	79	6	0	378	54	6
프로통산			208	79	6	0	378	54	6

박국창(朴國昌) 조선대 1963.08.15

대회	연도	소속	출전	교체	득점	도움	파울	경고	퇴장
BC	1985	유공	8	8	0	0	7	0	0
	1986	유공	3	3	0	0	3	0	0
	1986	럭금	11	6	1	0	12	1	0
	1987	럭금	11	10	1	0	13	0	0
	합계		28	27	1	1	31	0	0
프로통산			28	27	1	1	31	0	0

박규선(朴奎善) 서울체고 1981.09.24

대회	연도	소속	출전	교체	득점	도움	파울	경고	퇴장
BC	2000	울산	11	11	1	0	12	1	0
	2001	울산	26	20	0	0	13	1	0
	2002	울산	25	11	0	2	17	3	0
	2003	울산	8	6	0	0	4	0	0
	2004	전북	17	4	1	0	15	1	0
	2005	전북	11	9	1	0	30	4	0
	2006	울산	28	13	0	3	37	4	0
	2007	부산	18	16	0	2	26	3	0
	2008	광주상	32	13	4	3	38	3	0
	합계		186	103	7	10	192	20	0
프로통산			186	103	7	10	192	20	0

박금렬(朴錦烈) 단국대 1972.05.05

대회	연도	소속	출전	교체	득점	도움	파울	경고	퇴장
BC	1998	천안일	5	5	0	0	1	0	0
	합계		5	5	0	0	1	0	0
프로통산			5	5	0	0	1	0	0

박기동(朴己東) 숭실대 1988.11.01

대회	연도	소속	출전	교체	득점	도움	파울	경고	퇴장
BC	2011	광주	31	15	3	5	60	2	0
	2012	광주	31	16	5	2	50	1	0
	합계		62	31	8	10	110	3	0
K1	2013	제주	6	6	0	0	6	0	0
	2013	전남	18	12	1	1	18	0	0
	2014	전남	7	5	0	0	4	1	0
	2016	상주	25	13	9	8	21	3	0
	2016	전남	5	4	0	0	3	0	0
	2017	수원	25	21	3	0	25	3	0
	2018	수원	8	6	1	2	9	2	0
	합계		94	67	14	11	87	9	0
K2	2015	상주	35	30	6	5	40	6	0
	합계		35	30	6	5	40	6	0
프로통산			191	128	28	26	237	18	0

박기욱(朴起旭) 울산대 1978.12.22

대회	연도	소속	출전	교체	득점	도움	파울	경고	퇴장
BC	2001	울산	28	11	0	3	44	5	0
	2002	울산	5	5	0	0	6	0	0
	2003	광주상	8	8	0	0	10	0	0
	2004	광주상	9	9	1	0	7	1	0
	2005	부천SK	14	15	1	1	24	2	0
	2006	제주	14	10	0	2	16	2	0
	합계		77	60	2	6	107	9	0
프로통산			77	60	2	6	107	9	0

박기필(朴起必) 건국대 1984.07.29

대회	연도	소속	출전	교체	득점	도움	파울	경고	퇴장
BC	2005	부산	1	0	0	0	2	1	0
	2006	부산	9	8	1	1	6	1	0
	합계		10	8	1	1	8	2	0
프로통산			10	8	1	1	8	2	0

박기형(朴基亨) 천안농고 1963.04.21

대회	연도	소속	출전	교체	득점	도움	파울	경고	퇴장
BC	1983	포철	4	5	0	0	0	0	0
	1989	포철	1	1	0	0	0	0	0
	합계		5	6	0	0	0	0	0
프로통산			5	6	0	0	0	0	0

박남열(朴南烈) 대구대 1970.05.04

대회	연도	소속	출전	교체	득점	도움	파울	경고	퇴장
BC	1993	일화	27	23	3	1	13	2	0
	1994	일화	27	19	4	2	34	4	0
	1995	일화	24	20	2	2	26	4	0
	1996	천안	35	5	8	9	45	2	1
	1999	천안일	27	11	2	4	48	5	0
	2000	성남일	41	14	13	3	63	2	0
	2001	성남일	24	11	3	0	37	2	0
	2002	성남일	31	28	1	3	53	3	0
	2003	성남일	11	9	0	0	12	0	0
	2004	수원	3	3	0	0	0	0	0
	합계		250	143	40	24	335	25	1
프로통산			250	143	40	24	335	25	1

박내인(朴來仁) 전북대 1962.08.20

대회	연도	소속	출전	교체	득점	도움	파울	경고	퇴장
BC	1985	상무	6	1	0	0	4	0	0
	합계		6	1	0	0	4	0	0
프로통산			6	1	0	0	4	0	0

박노봉(朴魯鳳) 고려대 1961.06.19

대회	연도	소속	출전	교체	득점	도움	파울	경고	퇴장
BC	1985	대우	16	0	1	0	18	1	0
	1986	대우	32	0	1	0	36	4	0
	1987	대우	29	1	0	0	13	0	0
	1988	대우	6	0	0	0	4	0	0
	1989	대우	38	9	1	4	41	3	0
	1990	대우	21	0	0	2	14	1	0
	1991	대우	1	1	0	0	0	0	0
	합계		154	14	4	2	137	9	0
프로통산			154	14	4	2	137	9	0

박대식(朴大植) 중앙대 1984.03.03

대회	연도	소속	출전	교체	득점	도움	파울	경고	퇴장
BC	2007	부산	6	1	0	0	8	0	0
	합계		6	1	0	0	8	0	0
프로통산			6	1	0	0	8	0	0

박대제(朴大濟) 서울시립대 1958.10.14

대회	연도	소속	출전	교체	득점	도움	파울	경고	퇴장
BC	1984	한일	14	6	1	0	8	1	0
	1985	한일	4	3	0	0	7	0	0
	합계		18	9	1	0	15	1	0
프로통산			18	9	1	0	15	1	0

박대한(朴大韓) 성균관대 1991.05.01

대회	연도	소속	출전	교체	득점	도움	파울	경고	퇴장
K1	2015	인천	35	3	1	1	44	8	0
	2016	인천	26	3	0	2	31	6	0
	2017	전남	16	7	0	0	17	4	0
	2018	전남	5	5	1	0	3	0	0
	2018	상주	3	2	0	0	2	0	0
	합계		85	20	2	3	97	18	0
K2	2014	강원	3	1	0	0	5	0	0
	합계		3	1	0	0	5	0	0
프로통산			88	21	2	3	102	18	0

박대한(朴大韓) 인천대 1996.04.19

대회	연도	소속	출전	교체	실점	도움	파울	경고	퇴장
K1	2017	전남	3	0	7	0	0	0	0
	2018	전남	5	0	12	0	0	0	0
	합계		8	0	19	0	0	0	0
프로통산			8	0	19	0	0	0	0

박대훈(朴大勳) 서남대 1996.03.30

대회	연도	소속	출전	교체	득점	도움	파울	경고	퇴장
K2	2016	대전	25	24	3	1	23	0	0
	2017	대전	15	14	2	1	11	2	0
	2018	대전	7	6	0	1	4	0	0
	합계		47	44	5	3	38	2	0
프로통산			47	44	5	3	38	2	0

박도현(朴度賢) 배재대 1980.07.04

대회	연도	소속	출전	교체	득점	도움	파울	경고	퇴장
BC	2003	부천SK	2	2	0	0	0	0	0
	2007	대전	15	15	1	0	18	2	0
	합계		17	17	1	0	18	2	0
프로통산			17	17	1	0	18	2	0

박동균(朴東均) 중앙대 1964.10.15

대회	연도	소속	출전	교체	득점	도움	파울	경고	퇴장
BC	1988	럭금	15	3	0	0	11	4	0
	합계		15	3	0	0	11	4	0
프로통산			15	3	0	0	11	4	0

박동석(朴東錫) 아주대 1981.05.03

대회	연도	소속	출전	교체	실점	도움	파울	경고	퇴장
BC	2002	안양LG	1	0	1	0	0	0	0
	2003	안양LG	25	0	39	0	0	0	0
	2004	서울	12	0	7	0	1	0	0
	2005	서울	21	0	25	0	1	0	0
	2006	서울	0	0	0	0	0	0	0
	2007	광주상	19	1	27	0	1	1	0
	2008	광주상	8	0	9	0	0	0	0
	2009	서울	10	1	5	0	0	0	0
	합계		96	2	113	0	2	0	0
프로통산			96	2	113	0	2	0	0

박동수(朴東洙) 서귀포고 1982.02.25

대회	연도	소속	출전	교체	득점	도움	파울	경고	퇴장
BC	2000	포항	6	5	0	0	3	1	0
	합계		6	5	0	0	3	1	0
프로통산			6	5	0	0	3	1	0

박동우(朴東佑) 국민대 1970.11.03

대회	연도	소속	출전	교체	실점	도움	파울	경고	퇴장
BC	1995	일화	1	0	2	0	0	0	0
	1996	천안일	12	0	22	0	0	0	0
	1997	부천SK	15	0	28	0	1	0	0
	1998	부천SK	36	0	48	0	0	1	0
	1999	부천SK	0	0	0	0	0	0	0
	2000	전남	27	0	30	0	0	0	0
	합계		91	0	130	0	1	2	0
프로통산			91	0	130	0	1	2	0

박동진(朴東眞) 한남대 1994.12.10

대회	연도	소속	출전	교체	득점	도움	파울	경고	퇴장
K1	2016	광주	24	10	0	0	14	4	0
	2017	광주	33	3	0	0	36	5	0
	2018	서울	15	4	0	0	17	5	0
	합계		72	17	0	0	67	14	0
프로통산			72	17	0	0	67	14	0

박동혁(朴東赫) 고려대 1979.04.18

대회	연도	소속	출전	교체	득점	도움	파울	경고	퇴장
BC	2002	전북	21	3	2	0	35	2	0
	2003	전북	31	12	1	0	65	8	0
	2004	전북	22	5	4	0	42	7	0
	2005	전북	27	2	5	0	49	7	0
	2006	울산	34	4	0	4	54	5	1
	2007	울산	32	5	4	1	39	4	0
	2008	울산	37	3	1	2	55	5	0
	합계		204	34	21	3	339	38	1
K1	2013	울산	25	19	0	0	5	1	0
	2014	울산	15	11	1	0	14	2	0
	합계		40	30	1	0	19	3	0
프로통산			244	64	22	3	358	41	1

박동혁(朴東爀) 현대고 1992.03.11

대회	연도	소속	출전	교체	득점	도움	파울	경고	퇴장
BC	2012	울산	0	0	0	0	0	0	0
	합계		0	0	0	0	0	0	0
프로통산			0	0	0	0	0	0	0

박두흥(朴斗興) 성균관대 1964.04.01

대회	연도	소속	출전	교체	득점	도움	파울	경고	퇴장
BC	1989	일화	27	10	1	0	40	2	0
	1990	일화	9	8	0	0	8	0	0
	1991	일화	24	12	0	4	26	1	0
	1992	일화	2	1	0	1	11	0	0
	합계		62	28	1	5	79	4	0

박래철(朴徠徹) 호남대 1977.08.20

대회	연도	소속	출전	교체	득점	도움	파울	경고	퇴장
BC	2000	대전	7	2	0	0	11	0	0
	2001	대전	10	8	0	0	16	4	0
	2002	대전	10	7	0	0	12	1	0
	2005	대전	1	1	0	0	1	0	0
	2006	대전	1	1	0	0	8	1	0
	합계		29	19	0	0	38	6	0
프로통산			29	19	0	0	38	6	0

박명수(朴明洙) 대건고 1998.01.11

대회	연도	소속	출전	교체	득점	도움	파울	경고	퇴장
K2	2017	경남	11	9	0	1	8	2	0
	2018	대전	4	1	0	0	3	1	0
	합계		15	10	0	1	11	3	0
프로통산			15	10	0	1	11	3	0

박무홍(朴武洪) 영남대 1957.08.19

대회	연도	소속	출전	교체	득점	도움	파울	경고	퇴장
BC	1983	포철	6	6	0	1	1	0	0
	1984	포철	2	1	0	0	2	0	0
	합계		8	7	0	1	3	0	0
프로통산			8	7	0	1	3	0	0

박문기(朴雯璣) 전주대 1983.11.15

대회	연도	소속	출전	교체	득점	도움	파울	경고	퇴장
BC	2006	전남	1	1	0	0	0	0	0
	합계		1	1	0	0	0	0	0
프로통산			1	1	0	0	0	0	0

박민(朴愍) 대구대 1986.05.06

대회	연도	소속	출전	교체	득점	도움	파울	경고	퇴장
BC	2009	경남	21	5	2	0	38	5	0
	2010	경남	4	1	0	0	4	0	0
	2011	경남	8	7	1	0	9	1	0
	2012	광주	21	2	2	0	50	5	0
	합계		54	14	5	0	101	11	0

대회	연도	소속	출전	교체	득점	도움	파울	경고	퇴장
K1	2013	강원	20	12	1	0	17	2	0
	합계		20	12	1	0	17	2	0
K2	2014	안양	23	1	2	1	19	0	0
	2017	부천	15	3	1	1	14	3	0
	합계		38	4	3	2	33	3	0
승	2013	강원	1	1	0	0	1	0	0
	합계		1	1	0	0	1	0	0
프로통산			113	31	9	2	152	16	0

박민규(朴玟奎) 호남대 1995.08.10

대회	연도	소속	출전	교체	득점	도움	파울	경고	퇴장
K1	2017	서울	1	1	0	0	1	0	0
	2018	서울	0	0	0	0	0	0	0
	합계		1	1	0	0	1	0	0
프로통산			1	1	0	0	1	0	0

박민근(朴敏根) 한남대 1984.02.27

대회	연도	소속	출전	교체	득점	도움	파울	경고	퇴장
BC	2011	대전	18	13	1	1	30	5	0
	2012	대전	6	3	1	0	12	3	0
	합계		24	16	1	1	42	8	0
프로통산			24	16	1	1	42	8	0

박민서(朴玟緖) 고려대 1976.08.24

대회	연도	소속	출전	교체	득점	도움	파울	경고	퇴장
BC	1999	부산	27	10	0	0	38	5	0
	2000	부산	26	10	2	0	29	2	0
	2001	부산	14	10	0	0	12	0	0
	2002	포항	11	8	0	0	17	3	0
	2003	부천SK	7	1	0	1	13	3	0
	2004	부천SK	1	1	0	0	1	0	0
	합계		86	40	2	0	100	13	0
프로통산			86	40	2	0	100	13	0

박민선(朴玟宣) 용인대 1991.04.04

대회	연도	소속	출전	교체	실점	도움	파울	경고	퇴장
K2	2014	대구	3	1	5	0	0	0	0
	합계		3	1	5	0	0	0	0
프로통산			3	1	5	0	0	0	0

박민영(朴民迎) 원주학성중 1987.04.02

대회	연도	소속	출전	교체	득점	도움	파울	경고	퇴장
BC	2004	성남일	0	0	0	0	0	0	0
	합계		0	0	0	0	0	0	0
프로통산			0	0	0	0	0	0	0

박병규(朴炳圭) 고려대 1982.03.01

대회	연도	소속	출전	교체	득점	도움	파울	경고	퇴장
BC	2005	울산	34	0	0	1	22	5	0
	2006	울산	28	0	1	0	18	7	0
	2007	울산	38	0	0	4	46	3	0
	2008	울산	18	2	0	0	16	2	0
	2009	광주상	9	3	0	0	6	1	0
	2010	광주상	26	4	0	0	19	2	0
	2010	울산	1	1	0	0	1	0	0
	2011	울산	8	3	0	0	8	0	0
	합계		162	13	0	4	126	20	0
프로통산			162	13	0	4	126	20	0

박병원(朴炳垣) 경희대 1983.09.02

대회	연도	소속	출전	교체	득점	도움	파울	경고	퇴장
K2	2013	안양	29	15	6	1	47	2	0
	2014	고양	34	16	3	3	51	2	0
	합계		63	31	9	4	98	4	0
프로통산			63	31	9	4	98	4	0

박병수(朴炳洙) 한남대 1985.03.24

대회	연도	소속	출전	교체	득점	도움	파울	경고	퇴장
BC	2011	광주	23	4	0	0	50	6	1
	2012	제주	19	7	0	0	16	4	0
	합계		42	11	0	0	66	10	1
K2	2013	광주	4	0	0	0	4	0	0
	합계		4	0	0	0	4	0	0
프로통산			46	11	0	0	70	10	1

박병주(朴秉柱) 한성대 1977.10.05

대회	연도	소속	출전	교체	득점	도움	파울	경고	퇴장
BC	2003	대구	10	3	0	1	20	3	0
	합계		10	3	0	1	20	3	0
프로통산			10	3	0	1	20	3	0

박병철(朴炳澈) 한양대 1954.11.25

대회	연도	소속	출전	교체	득점	도움	파울	경고	퇴장
BC	1984	럭금	16	0	0	0	7	2	0
	합계		16	0	0	0	7	2	0
프로통산			16	0	0	0	7	2	0

박병현(朴炳玹) 상지대 1993.03.28

대회	연도	소속	출전	교체	득점	도움	파울	경고	퇴장
K1	2018	대구	23	9	2	0	24	7	0
	합계		23	9	2	0	24	7	0
K2	2016	부산	1	1	0	0	0	0	0
	합계		1	1	0	0	0	0	0
프로통산			24	10	2	0	24	7	0

박복준(朴福濬) 연세대 1960.04.21

대회	연도	소속	출전	교체	득점	도움	파울	경고	퇴장
BC	1983	대우	3	1	1	0	2	1	0
	1984	현대	9	1	0	0	9	0	0
	1986	럭금	4	2	0	0	2	0	0
	합계		16	4	1	0	13	1	0
프로통산			16	4	1	0	13	1	0

박상록(朴相錄) 경희대 1957.03.18

대회	연도	소속	출전	교체	득점	도움	파울	경고	퇴장
BC	1984	국민	2	2	0	0	2	0	0
	합계		2	2	0	0	2	0	0
프로통산			2	2	0	0	2	0	0

박상록(朴常錄) 안동대 1965.08.13

대회	연도	소속	출전	교체	득점	도움	파울	경고	퇴장
BC	1989	일화	16	12	0	1	17	1	0
	1990	일화	2	2	0	0	1	0	0
	합계		18	14	0	1	19	1	0
프로통산			18	14	0	1	19	1	0

박상신(朴相信) 동아대 1978.01.23

대회	연도	소속	출전	교체	득점	도움	파울	경고	퇴장
BC	2000	부산	3	3	0	0	2	0	0
	2001	부산	3	4	0	0	2	0	0
	2003	광주상	5	5	1	0	6	0	0
	2004	부산	11	11	0	0	4	1	0
	합계		22	23	1	0	13	1	0
프로통산			22	23	1	0	13	1	0

박상욱(朴相旭) 대구예술대 1986.01.30

대회	연도	소속	출전	교체	득점	도움	파울	경고	퇴장
BC	2009	광주상	2	2	0	0	0	0	0
	2010	광주상	1	1	0	0	0	0	0
	2011	대전	1	1	0	0	4	0	0
	합계		4	3	0	0	4	0	0
프로통산			4	3	0	0	4	0	0

박상인(朴商寅) 동래고 1952.11.15

대회	연도	소속	출전	교체	득점	도움	파울	경고	퇴장
BC	1983	할렐	16	4	3	1	7	1	0
	1984	할렐	23	4	6	2	4	0	0
	1985	할렐	21	5	6	2	7	1	0
	1986	현대	20	12	3	2	7	1	0
	1987	현대	1	1	0	0	0	0	0
	합계		86	27	20	7	27	3	0
프로통산			86	27	20	7	27	3	0

박상인(朴相麟) 제주제일고 1976.03.10

대회	연도	소속	출전	교체	득점	도움	파울	경고	퇴장
BC	1995	포항	1	1	0	0	1	0	0
	1998	포항	11	11	1	0	8	1	0
	1999	포항	11	13	3	1	6	0	0
	2000	포항	5	5	0	0	3	0	0
	2001	포항	1	1	0	0	0	0	0
	2002	포항	4	5	0	2	3	0	0
	합계		31	35	4	3	20	0	0

프로통산 31 35 4 3 20 0 0

박상진(朴相珍) 경희대 1987.03.03

대회	연도	소속	출전	교체	득점	도움	파울	경고	퇴장
BC	2010	강원	22	3	0	1	21	1	0
	2011	강원	24	8	0	0	12	3	0
	2012	강원	15	5	0	0	4	0	0
	합계		61	16	0	1	37	4	0
K1	2013	강원	18	4	0	1	19	2	0
	합계		18	4	0	1	19	2	0
K2	2014	강원	4	1	0	0	5	2	0
	2015	강원	1	0	0	0	0	0	0
	합계		4	1	0	0	5	2	0
승	2013	강원	1	0	0	0	0	0	0
	합계		1	0	0	0	0	0	0
프로통산			84	21	0	2	62	8	0

박상철(朴相澈) 배재대 1984.02.03

대회	연도	소속	출전	교체	실점	도움	파울	경고	퇴장
BC	2004	성남일	8	0	11	0	0	0	0
	2005	성남일	17	0	16	0	0	0	0
	2006	성남일	6	0	4	0	0	0	0
	2008	전남	4	1	2	0	0	0	0
	2009	전남	11	0	14	0	0	0	0
	2010	전남	9	1	10	0	0	2	0
	2011	상주	2	0	6	0	0	0	0
	합계		57	2	63	0	0	7	0
프로통산			57	2	63	0	0	7	0

박상현(朴相泫) 고려대 1987.02.11

대회	연도	소속	출전	교체	득점	도움	파울	경고	퇴장
BC	2011	광주	0	0	0	0	0	0	0
	합계		0	0	0	0	0	0	0
프로통산			0	0	0	0	0	0	0

박상희(朴商希) 상지대 1987.12.02

대회	연도	소속	출전	교체	득점	도움	파울	경고	퇴장
BC	2010	성남일	6	6	0	0	5	0	0
	2011	성남일	3	3	0	0	2	0	0
	2012	상주	12	11	2	0	21	2	0
	합계		21	20	2	0	27	2	0
K2	2013	상주	1	1	0	0	1	0	0
	합계		1	1	0	0	1	0	0
프로통산			22	21	2	0	27	2	0

박석호(朴石浩) 청주대 1961.05.20

대회	연도	소속	출전	교체	실점	도움	파울	경고	퇴장
BC	1989	포철	1	0	3	0	0	0	0
	합계		1	0	3	0	0	0	0
프로통산			1	0	3	0	0	0	0

박선용(朴宣勇) 호남대 1989.03.12

대회	연도	소속	출전	교체	득점	도움	파울	경고	퇴장
BC	2012	전남	36	3	2	0	55	5	0
	합계		36	3	2	0	55	5	0
K1	2013	전남	31	9	0	2	30	5	0
	2014	전남	1	0	0	0	13	0	0
	2015	포항	24	3	0	2	28	3	0
	2016	포항	31	6	0	1	40	1	0
	2017	포항	1	0	0	0	4	0	0
	합계		94	21	0	5	111	9	1
K2	2017	아산	4	2	0	0	2	0	0
	2018	아산	3	2	0	0	3	0	0
	합계		7	4	0	0	5	0	0
프로통산			137	28	2	5	169	14	1

박선우(朴善禹) 건국대 1986.09.08

대회	연도	소속	출전	교체	득점	도움	파울	경고	퇴장
BC	2010	대전	1	1	0	0	0	0	0
	합계		1	1	0	0	0	0	0
프로통산			1	1	0	0	0	0	0

박선주(朴宣柱) 연세대 1992.03.26

대회	연도	소속	출전	교체	득점	도움	파울	경고	퇴장
K1	2013	포항	3	2	0	0	5	2	0
	2014	포항	18	12	0	0	27	4	0
	2015	포항	11	4	0	0	19	4	0
	2016	포항	12	2	0	2	10	4	0
	2017	강원	16	8	1	0	15	6	1
	2018	강원	8	3	1	0	6	0	0
	합계		68	31	1	3	82	21	1
프로통산			68	31	1	3	82	21	1

박선홍(朴善洪) 전주대 1993.11.05

대회	연도	소속	출전	교체	득점	도움	파울	경고	퇴장
K1	2015	광주	10	10	1	1	1	0	0
	2016	광주	1	1	0	0	0	0	0
	합계		11	11	1	1	1	0	0
프로통산			11	11	1	1	1	0	0

박성배(朴成培) 숭실대 1975.11.28

대회	연도	소속	출전	교체	득점	도움	파울	경고	퇴장
BC	1998	전북	32	6	12	3	47	5	1
	1999	전북	30	10	11	3	30	2	0
	2000	전북	23	11	3	4	26	3	0
	2001	전북	25	19	4	1	28	1	0
	2002	전북	25	24	1	1	28	1	0
	2003	광주상	26	19	2	1	44	2	0
	2004	광주상	31	15	3	4	55	3	0
	2005	부산	26	7	7	2	56	2	0
	2007	수원	19	18	2	1	33	6	0
	합계		243	124	55	20	368	23	2
프로통산			243	124	55	20	368	23	2

박성부(朴成阜) 숭실대 1995.06.06

대회	연도	소속	출전	교체	득점	도움	파울	경고	퇴장
K2	2018	안산	4	4	0	1	0	0	0
	합계		4	4	0	1	0	0	0
프로통산			4	4	0	1	0	0	0

박성용(朴成庸) 단국대 1991.06.26

대회	연도	소속	출전	교체	득점	도움	파울	경고	퇴장
K2	2014	대구	11	5	1	0	9	1	0
	2015	대구	10	2	0	1	14	2	0
	합계		21	7	1	1	23	3	0
프로통산			21	7	1	1	23	3	0

박성우(朴成佑) 광운대 1995.10.11

대회	연도	소속	출전	교체	득점	도움	파울	경고	퇴장
K1	2018	포항	2	2	0	0	2	0	0
	합계		2	2	0	0	2	0	0
프로통산			2	2	0	0	2	0	0

박성우(朴成祐) 전주대 1996.05.14

대회	연도	소속	출전	교체	득점	도움	파울	경고	퇴장
K2	2018	서울E	10	6	1	0	5	0	0
	합계		10	6	1	0	5	0	0
프로통산			10	6	1	0	5	0	0

박성진(朴省珍) 동국대 1985.01.28

대회	연도	소속	출전	교체	득점	도움	파울	경고	퇴장
K2	2013	안양	32	7	6	7	32	2	0
	2014	안양	34	6	8	4	30	3	0
	2017	안양	9	9	0	1	7	0	0
	2018	안양	4	3	0	1	6	1	0
	합계		79	25	14	13	75	6	0
프로통산			79	25	14	13	75	6	0

박성철(朴聖哲) 농아대 1975.03.16

대회	연도	소속	출전	교체	득점	도움	파울	경고	퇴장
BC	1997	부천SK	18	14	4	0	18	1	0
	1998	부천SK	15	15	2	0	17	0	0
	1999	부천SK	11	10	0	0	11	0	0
	2002	부천SK	22	22	3	0	26	1	0
	2003	부천SK	30	18	5	0	39	2	0
	2004	부천SK	7	6	0	0	11	0	0
	2005	성남일							
	2006	경남	16	16	1	0	24	4	0
	2007	경남	14	10	1	0			
	합계		132	105	17	3	183	11	0

프로통산 132 105 17 3 183 11 0

박성호(朴成鎬) 부평고 1982.07.27

대회	연도	소속	출전	교체	득점	도움	파울	경고	퇴장
BC	2001	안양LG	5	4	0	0	12	0	0
	2003	안양LG	2	2	0	0	0	0	0
	2006	부산	27	18	2	1	53	3	0
	2007	부산	33	13	5	2	68	2	1
	2008	대전	31	3	7	4	79	7	0
	2009	대전	28	6	9	2	69	3	0
	2010	대전	15	1	0	3	30	3	0
	2011	대전	29	6	1	1	75	7	0
	2012	포항	39	32	9	8	58	2	0
	합계		209	85	46	21	444	27	1
K1	2013	포항	32	24	8	2	44	3	0
	2015	포항	30	20	1	0	18	3	0
	2016	울산	4	11	0	1	12	1	0
	합계		66	55	12	2	74	7	0
K2	2014	성남	31	13	9	1	44	2	0
	합계		31	13	9	1	44	2	0
프로통산			306	153	67	24	562	36	1

박성호(朴成皓) 호남대 1992.05.18

대회	연도	소속	출전	교체	득점	도움	파울	경고	퇴장
K2	2014	고양	5	5	0	0	3	0	0
	2015	고양							
	합계		5	5	0	0	3	0	0
프로통산			5	5	0	0	3	0	0

박성홍(朴成弘) 호남대 1980.03.01

대회	연도	소속	출전	교체	득점	도움	파울	경고	퇴장
BC	2003	대구	26	5	0	2	52	4	0
	합계		26	5	0	2	52	4	0
프로통산			26	5	0	2	52	4	0

박성화(朴成華) 고려대 1955.05.07

대회	연도	소속	출전	교체	득점	도움	파울	경고	퇴장
BC	1983	할렐	14	2	3	1	4	0	0
	1984	할렐	23	3	6	2			
	1986	포철	29	3					
	1987	포철	16	10	0	0			
	합계		82	17	9	4	24	0	0
프로통산			82	17	9	4	24	0	0

박세영(朴世英) 동아대 1989.10.03

대회	연도	소속	출전	교체	득점	도움	파울	경고	퇴장
BC	2012	성남일	4	3	2	0	6	0	0
	합계		4	3	2	0	6	0	0
프로통산			4	3	2	0	6	0	0

박세직(朴世直) 한양대 1989.05.25

대회	연도	소속	출전	교체	득점	도움	파울	경고	퇴장
BC	2012	전북	15	11	1	0	14	2	0
	합계		15	11	1	0	14	2	0
K1	2013	전북	11	9	1	0	6	1	0
	2015	인천	30	27	4	0	26	1	0
	2016	인천	30	16	1	2	25	1	0
	2017	인천	2	1	0	0	8	0	0
	합계		73	53	6	2	65	3	0
K2	2017	아산	5	2	1	1	4	0	0
	2018	아산	20	15	1	4	11	4	0
	합계		25	17	2	5	15	4	0
프로통산			113	83	10	7	79	6	0

박세진(朴世秦) 영남대 1995.12.15

대회	연도	소속	출전	교체	득점	도움	파울	경고	퇴장
K1	2017	대구	4	3	0	0	2	0	0
	합계		4	3	0	0	2	0	0
K2	2016	대구	30	2	2	4	36	3	0
	2018	수원FC	20	8	1	0	17	4	0
	합계		50	10	3	4	53	7	0
프로통산			54	13	3	4	57	10	0

박세환(朴世桓) 고려사이버대 1993.06.05

대회	연도	소속	출전	교체	득점	도움	파울	경고	퇴장

박수일(朴秀日) 광주대 1996.02.22

대회	연도	소속	출전	교체	득점	도움	파울	경고	퇴장
K2	2014	충주	4	4	0	0	2	0	0
	2014	안산경	3	2	0	0	3	0	0
	2015	안산경	7	7	0	0	5	0	0
	합계		14	13	0	0	10	0	0
프로통산			14	13	0	0	10	0	0

박수일(朴秀日) 광주대 1996.02.22

대회	연도	소속	출전	교체	득점	도움	파울	경고	퇴장
K2	2018	대전	32	6	0	9	31	4	0
	합계		32	6	0	9	31	4	0
프로통산			32	6	0	9	31	4	0

박수창(朴壽昶) 경희대 1989.06.20

대회	연도	소속	출전	교체	득점	도움	파울	경고	퇴장
BC	2012	대구	1	1	0	0	1	0	0
	합계		1	1	0	0	1	0	0
K1	2014	제주	21	16	6	1	19	1	0
	2015	제주	20	17	3	1	13	1	0
	2016	상주	14	9	0	0	11	1	0
	2017	상주	9	7	0	0	4	0	0
	합계		64	49	9	2	47	3	0
K2	2013	충주	29	10	2	4	41	3	0
	2018	대전	13	8	0	1	10	2	0
	합계		42	18	2	5	51	6	0
프로통산			107	68	11	7	99	9	0

박순배(朴淳培) 인천대 1969.04.22

대회	연도	소속	출전	교체	득점	도움	파울	경고	퇴장
BC	1997	포항	6	3	0	3	7	1	0
	1998	포항	2	2	0	0	4	0	0
	합계		8	5	0	3	12	1	0
프로통산			8	5	0	3	12	1	0

박승광(朴承光) 광운대 1981.02.13

대회	연도	소속	출전	교체	득점	도움	파울	경고	퇴장
BC	2003	부천SK	3	0	0	0	6	0	0
	합계		3	0	0	0	6	0	0
프로통산			3	0	0	0	6	0	0

박승국(朴勝國) 경희대 1969.08.08

대회	연도	소속	출전	교체	득점	도움	파울	경고	퇴장
BC	1994	버팔로	8	7	0	1	7	0	0
	1995	전북	1	1	0	0	0	0	0
	합계		9	8	0	1	7	0	0
프로통산			9	8	0	1	7	0	0

박승기(朴昇基) 동아대 1960.09.03

대회	연도	소속	출전	교체	득점	도움	파울	경고	퇴장
BC	1984	국민	26	0	1	1	12	3	0
	합계		26	0	1	1	12	3	0
프로통산			26	0	1	1	12	3	0

박승렬(朴承烈) 동북고 1994.01.07

대회	연도	소속	출전	교체	득점	도움	파울	경고	퇴장
K2	2015	안양	9	9	0	0	14	2	0
	합계		9	9	0	0	14	2	0
프로통산			9	9	0	0	14	2	0

박승민(朴昇敏) 경희대 1983.04.21

대회	연도	소속	출전	교체	득점	도움	파울	경고	퇴장
BC	2006	인천	14	14	1	0	17	1	0
	2007	인천	7	7	0	0	4	0	0
	2008	인천	11	9	0	0	21	4	0
	2009	광주상	5	5	0	0	6	0	0
	2010	광주상	12	10	0	1	15	1	0
	합계		49	45	1	0	43	6	0
프로통산			49	45	1	0	43	6	0

박승수(朴昇洙) 호남대 1972.05.13

대회	연도	소속	출전	교체	득점	도움	파울	경고	퇴장
BC	1995	전남	0	0	0	0	0	0	0
	합계		0	0	0	0	0	0	0
프로통산			0	0	0	0	0	0	0

박승우(朴承祐) 청주대 1992.06.08

대회	연도	소속	출전	교체	득점	도움	파울	경고	퇴장
K2	2016	고양	25	5	0	1	13	6	0

| | 합계 | | 25 | 5 | 0 | 1 | 13 | 6 | 0 |
| 프로통산 | | | 25 | 5 | 0 | 1 | 13 | 6 | 0 |

박승일(朴乘一) 경희대 1989.01.08

대회	연도	소속	출전	교체	득점	도움	파울	경고	퇴장
BC	2010	울산	0	0	0	0	0	0	0
	2011	울산	21	16	2	1	21	0	0
	2012	울산	6	6	0	0	3	0	0
	합계		27	22	2	1	24	0	0
K1	2013	전남	1	1	0	0	0	0	0
	2013	제주	3	3	0	1	0	0	0
	2014	상주	11	9	0	1	2	0	0
	합계		15	13	0	2	11	0	0
K2	2015	상주	1	1	0	0	0	0	0
	2016	안양	29	24	2	0	23	2	0
	2017	안양	1	1	0	0	0	0	0
	합계		30	25	2	0	23	2	0
프로통산			72	58	4	3	58	2	0

박신영(朴信永) 조선대 1977.12.21

대회	연도	소속	출전	교체	득점	도움	파울	경고	퇴장
BC	2004	인천	3	1	0	0	3	1	0
	합계		3	1	0	0	3	1	0
프로통산			3	1	0	0	3	1	0

박양하(朴良夏) 고려대 1962.05.28

대회	연도	소속	출전	교체	득점	도움	파울	경고	퇴장
BC	1986	대우	20	1	1	6	19	0	0
	1987	대우	5	2	0	1	4	0	0
	1988	대우	14	3	1	2	25	1	0
	1989	대우	5	5	0	0	1	0	0
	1990	대우	5	5	0	0	2	0	0
	합계		49	16	2	9	51	1	0
프로통산			49	16	2	9	51	1	0

박연혁(朴連赫) 광운대 1960.04.25

대회	연도	소속	출전	교체	실점	도움	파울	경고	퇴장
BC	1986	유공	9	0	11	0	0	0	0
	합계		9	0	11	0	0	0	0
프로통산			9	0	11	0	0	0	0

박영근(朴永根) 고려대 1981.09.13

대회	연도	소속	출전	교체	득점	도움	파울	경고	퇴장
BC	2004	부천SK	2	2	0	0	1	0	0
	2005	부천SK	3	3	0	0	1	0	0
	합계		5	5	0	0	2	0	0
프로통산			5	5	0	0	2	0	0

박영섭(朴榮燮) 성균관대 1972.07.29

대회	연도	소속	출전	교체	득점	도움	파울	경고	퇴장
BC	1995	포항	20	12	2	0	26	3	0
	1996	포항	11	12	1	0	12	0	0
	1997	포항	9	8	0	1	14	1	0
	1998	포항	13	9	1	0	18	1	1
	합계		53	41	4	1	53	5	1
프로통산			53	41	4	1	53	5	1

박영수(朴泳洙) 충남기계공고 1995.06.19

대회	연도	소속	출전	교체	득점	도움	파울	경고	퇴장
K1	2015	대전	3	3	0	0	0	0	0
	합계		3	3	0	0	0	0	0
프로통산			3	3	0	0	0	0	0

박영수(朴英洙) 경희대 1959.01.18

대회	연도	소속	출전	교체	실점	도움	파울	경고	퇴장
BC	1983	유공	7	0	19	0	0	0	0
	1985	유공	3	0	7	0	0	0	0
	합계		10	0	19	0	0	0	0
프로통산			10	0	19	0	0	0	0

박영순(朴榮淳) 아주대 1977.03.25

대회	연도	소속	출전	교체	득점	도움	파울	경고	퇴장
BC	1995	대우							
	2000	부산							
	2001	부산							
	합계								

박영준(朴榮埈) 의정부고 1990.05.04

대회	연도	소속	출전	교체	득점	도움	파울	경고	퇴장
BC	2011	전남	2	2	0	0	0	0	0
	2012	전남	1	1	0	0	1	0	0
	합계		3	3	0	0	1	0	0
프로통산			3	3	0	0	1	0	0

박완선(朴莞善) 용인대 1990.05.28

대회	연도	소속	출전	교체	득점	도움	파울	경고	퇴장
K2	2018	광주							
	합계								
프로통산									

박요셉(朴요셉) 전주대 1980.12.03

대회	연도	소속	출전	교체	득점	도움	파울	경고	퇴장
BC	2002	안양LG	19	1	0	0	10	0	0
	2003	안양LG	16	10	3	0	28	1	0
	2004	서울	25	6	1	1	37	5	0
	2005	광주상	16	1	1	1	15	2	0
	2006	광주상	34	2	0	0	17	6	0
	2007	서울	3	0	0	0	8	0	0
	2008	서울	1	1	0	0	0	0	0
	합계		112	23	5	2	125	14	0
프로통산			112	23	5	2	125	14	0

박요한(朴耀韓) 단국대 1994.12.17

대회	연도	소속	출전	교체	득점	도움	파울	경고	퇴장
K1	2017	강원	13	6	1	0	13	1	0
	합계		13	6	1	0	13	1	0
K2	2016	강원	2	2	0	0	0	0	0
	합계		2	2	0	0	0	0	0
프로통산			15	8	1	0	14	1	0

박요한(朴요한) 연세대 1989.01.16

대회	연도	소속	출전	교체	득점	도움	파울	경고	퇴장
BC	2011	광주	2	2	0	0	3	0	0
	2012	광주	3	0	0	0	1	0	0
	합계		5	2	0	0	4	0	0
K2	2013	충주	11	0	0	0	9	2	0
	2014	충주	26	4	0	2	24	4	0
	2015	충주	26	1	0	1	21	7	0
	2016	안산무	5	2	0	0	4	1	0
	2017	아산	0	0	0	0	0	0	0
	2018	광주	28	8	0	4	29	1	0
	합계		96	17	0	6	80	15	0
프로통산			101	20	0	6	85	16	0

박용우(朴鎔宇) 건국대 1993.09.10

대회	연도	소속	출전	교체	득점	도움	파울	경고	퇴장
K1	2015	서울	26	8	0	0	23	3	0
	2016	서울	19	7	1	0	24	3	0
	2017	울산	31	17	2	0	34	4	0
	2018	울산	31	10	3	2	46	4	0
	합계		107	42	6	2	127	13	0
프로통산			107	42	6	2	127	13	0

박용재(朴容材) 아주대 1989.11.28

대회	연도	소속	출전	교체	득점	도움	파울	경고	퇴장
BC	2012	수원	1	1	0	0	0	0	0
	합계		1	1	0	0	0	0	0
K1	2013	전남	4	3	0	0	5	0	0
	2014	전남	2	2	0	1	2	0	0
	합계		6	5	0	1	7	0	0
프로통산			6	5	0	1	7	0	0

박용주(朴龍柱) 한양대 1954.10.13

대회	연도	소속	출전	교체	득점	도움	파울	경고	퇴장
BC	1984	대우	4	2	0	0	3	0	0
	1985	대우	10	6	0	1	11	0	0
	합계		14	8	0	1	14	0	0
프로통산			14	8	0	1	14	0	0

박용준(朴鏞峻) 선문대 1993.06.21

대회	연도	소속	출전	교체	득점	도움	파울	경고	퇴장

(continued)

대회	연도	소속	출전	교체	득점	도움	파울	경고	퇴장
K1	2013	수원	0	0	0	0	0	0	0
		합계	0	0	0	0	0	0	0
K2	2014	부천	5	5	1	0	3	0	0
	2015	부천	13	13	0	0	11	0	0
		합계	18	18	1	0	14	0	0
프로통산			18	18	1	0	14	0	0

박용지(朴勇智) 중앙대 1992.10.09

대회	연도	소속	출전	교체	득점	도움	파울	경고	퇴장
K1	2013	울산	16	15	1	0	21	4	0
	2014	울산	6	6	0	0	7	0	0
	2014	부산	21	14	2	0	29	6	0
	2015	부산	16	14	1	0	11	0	0
	2015	성남	17	17	1	3	9	2	0
	2016	성남	27	25	1	2	23	4	0
	2017	인천	21	15	4	1	21	2	0
	2018	인천	11	4	4	1	9	2	0
	2018	상주	11	4	4	1	19	2	0
		합계	138	113	14	8	143	20	0
승	2016	성남	2	2	0	0	2	0	0
		합계	2	2	0	0	2	0	0
프로통산			140	115	14	8	145	20	0

박용호(朴容昊) 부평고 1981.03.25

대회	연도	소속	출전	교체	득점	도움	파울	경고	퇴장
BC	2000	안양LG	8	0	0	0	9	0	0
	2001	안양LG	23	8	2	0	16	1	0
	2002	안양LG	3	3	0	1	11	1	0
	2003	안양LG	21	5	2	0	14	2	0
	2004	서울	5	5	0	0	1	1	0
	2005	광주상	28	2	3	0	24	3	0
	2006	광주상	37	5	2	1	41	3	0
	2007	서울	9	4	0	0	5	1	0
	2008	서울	26	8	0	0	16	2	0
	2009	서울	23	2	0	0	33	3	0
	2010	서울	24	7	0	1	19	2	0
	2011	서울	18	4	1	0	14	2	0
	2012	부산	32	9	2	1	20	2	0
		합계	263	63	15	3	223	23	0
K1	2013	부산	25	5	2	1	12	3	0
		합계	25	5	2	1	12	3	0
K2	2015	강원	10	4	0	0	7	1	0
		합계	10	4	0	0	7	1	0
프로통산			298	72	17	4	242	27	0

박우정(朴瑀情) 경희대 1995.07.26

대회	연도	소속	출전	교체	득점	도움	파울	경고	퇴장
K2	2017	대전	1	1	0	0	0	0	0
		합계	1	1	0	0	0	0	0
프로통산			1	1	0	0	0	0	0

박우현(朴雨賢) 인천대 1980.04.28

대회	연도	소속	출전	교체	득점	도움	파울	경고	퇴장
BC	2004	성남일	10	0	1	0	53	3	0
	2005	성남일	12	8	1	0	18	2	0
	2006	성남일	14	3	1	0	17	6	0
	2008	성남일	17	5	0	0	29	3	0
	2009	성남일	11	5	0	0	10	1	0
	2010	부산	15	4	0	1	34	4	0
	2011	강원	6	1	0	0	9	5	0
	2012	강원	34	9	0	0	40	4	0
		합계	133	36	2	2	210	28	0
프로통산			133	36	2	2	210	28	0

박원길(朴元吉) 울산대 1977.08.13

대회	연도	소속	출전	교체	득점	도움	파울	경고	퇴장
BC	2000	울산	1	1	0	0	1	0	0
		합계	1	1	0	0	1	0	0
프로통산			1	1	0	0	1	0	0

박원재(朴源載) 위덕대 1984.05.28

대회	연도	소속	출전	교체	득점	도움	파울	경고	퇴장
BC	2003	포항	1	1	0	0	0	0	0
	2004	포항	29	20	0	1	22	0	0
	2005	포항	21	9	0	3	34	2	0
	2006	포항	24	10	3	3	28	2	0
	2007	포항	25	7	3	1	28	2	0
	2008	포항	26	5	4	3	32	4	0
	2010	전북	20	7	0	5	47	6	0
	2011	전북	27	0	1	4	49	6	0
	2012	전북	31	3	0	1	49	6	0
		합계	204	62	11	21	289	28	0
K1	2013	전북	15	0	0	2	20	3	1
	2014	전북	3	1	0	0	3	0	0
	2015	전북	9	1	0	1	13	1	0
	2016	전북	18	2	0	2	34	3	0
	2017	전북	10	4	0	1	17	4	0
	2018	전북	7	4	0	0	15	2	0
		합계	62	12	0	6	102	13	1
프로통산			266	74	11	27	391	41	1

박원재(朴元在) 중앙대 1994.05.07

대회	연도	소속	출전	교체	득점	도움	파울	경고	퇴장
K1	2017	전북	2	1	1	0	1	0	0
	2018	전북	1	0	0	0	2	0	0
		합계	3	1	1	0	3	0	0
프로통산			3	1	1	0	3	0	0

박원홍(朴元弘) 울산대 1984.04.07

대회	연도	소속	출전	교체	득점	도움	파울	경고	퇴장
BC	2006	울산	1	1	0	0	0	0	0
	2007	울산	1	1	0	0	1	0	0
	2009	광주상	6	5	0	0	4	0	0
	2010	광주상	9	9	1	0	3	0	0
		합계	16	15	1	0	7	0	0
프로통산			16	15	1	0	7	0	0

박윤기(朴潤基) 서울시립대 1960.06.10

대회	연도	소속	출전	교체	득점	도움	파울	경고	퇴장
BC	1983	유공	14	2	9	2	14	0	0
	1984	유공	27	6	5	5	30	0	0
	1985	유공	18	9	2	2	20	0	0
	1986	유공	25	11	3	1	23	0	0
	1987	럭금	13	4	2	0	14	0	0
		합계	97	32	21	10	101	3	0
프로통산			97	32	21	10	101	3	0

박윤화(朴允和) 숭실대 1978.06.13

대회	연도	소속	출전	교체	득점	도움	파울	경고	퇴장
BC	2001	안양LG	3	1	0	1	9	1	0
	2002	안양LG	15	13	1	0	14	1	0
	2003	안양LG	3	3	0	1	10	0	0
	2004	광주상	23	21	1	1	19	0	0
	2005	광주상	24	12	0	1	27	3	0
	2007	대구	28	3	0	4	49	5	0
	2008	경남	2	2	0	0	1	0	0
	2009	경남	7	3	0	0	9	1	0
		합계	105	58	2	8	140	12	0
프로통산			105	58	2	8	140	12	0

박인철(朴仁哲) 영남대 1976.04.17

대회	연도	소속	출전	교체	**실점**	도움	파울	경고	퇴장
BC	1999	전남	5	0	8	0	0	0	0
		합계	5	0	8	0	0	0	0
프로통산			5	0	8	0	0	0	0

박인혁(朴仁赫) 경희대 1995.12.29

대회	연도	소속	출전	교체	득점	도움	파울	경고	퇴장
K2	2018	대전	33	12	7	3	82	9	0
		합계	33	12	7	3	82	9	0
프로통산			33	12	7	3	82	9	0

박일권(朴一權) 금호고 1995.03.04

대회	연도	소속	출전	교체	득점	도움	파울	경고	퇴장
K1	2015	광주	5	5	0	0	2	1	0
		합계	5	5	0	0	2	1	0
프로통산			5	5	0	0	2	1	0

박임수(朴林洙) 아주대 1989.02.07

대회	연도	소속	출전	교체	득점	도움	파울	경고	퇴장
K2	2013	수원FC	1	1	0	0	0	0	0
		합계	1	1	0	0	0	0	0
프로통산			1	1	0	0	0	0	0

박재권(朴在權) 한양대

대회	연도	소속	출전	교체	득점	도움	파울	경고	퇴장
BC	1988	대우	5	2	0	0	3	0	0
		합계	5	2	0	0	3	0	0
프로통산			5	2	0	0	3	0	0

박재성(朴財成) 대구대 1991.06.19

대회	연도	소속	출전	교체	득점	도움	파울	경고	퇴장
K1	2014	성남	1	1	0	0	0	0	0
		합계	1	1	0	0	0	0	0
프로통산			1	1	0	0	0	0	0

박재용(朴宰用) 명지대 1985.12.30

대회	연도	소속	출전	교체	득점	도움	파울	경고	퇴장
BC	2006	성남일	3	0	0	0	2	0	0
	2007	성남일	0	0	0	0	0	0	0
	2008	성남일	3	3	0	0	0	0	0
		합계	6	3	0	0	2	0	0
프로통산			6	3	0	0	2	0	0

박재우(朴宰佑) 건국대 1995.10.11

대회	연도	소속	출전	교체	득점	도움	파울	경고	퇴장
K1	2015	대전	10	6	0	1	10	1	0
		합계	10	6	0	1	10	1	0
K2	2016	대전	2	1	0	0	1	0	0
	2017	대전	21	8	0	2	23	5	1
	2018	대전	15	6	0	3	18	2	0
		합계	39	16	0	5	41	7	1
프로통산			49	22	0	5	42	7	1

박재철(朴宰徹) 한양대 1990.03.29

대회	연도	소속	출전	교체	득점	도움	파울	경고	퇴장
K2	2014	부천	8	6	1	0	5	0	0
		합계	8	6	1	0	5	0	0
프로통산			8	6	1	0	5	0	0

박재현(朴栽賢) 상지대 1980.10.29

대회	연도	소속	출전	교체	득점	도움	파울	경고	퇴장
BC	2003	대구	3	3	0	0	6	0	0
	2005	인천	4	4	0	0	7	0	0
	2006	인천	17	11	0	1	30	3	0
	2007	인천	31	24	1	2	60	5	0
	2008	인천	29	27	0	2	42	1	0
	2009	인천	16	8	0	4	39	4	0
		합계	100	77	5	9	184	13	0
프로통산			100	77	5	9	184	13	0

박재홍(朴載弘) 연세대 1990.04.06

대회	연도	소속	출전	교체	득점	도움	파울	경고	퇴장
K2	2013	부천	32	0	1	0	46	7	0
	2014	부천	18	6	0	0	21	4	0
	2015	부천	2	2	0	0	0	0	0
		합계	52	8	1	0	67	11	0
프로통산			52	8	1	0	67	11	0

박재홍(朴載泓) 명지대 1978.11.10

대회	연도	소속	출전	교체	득점	도움	파울	경고	퇴장
BC	2003	전북	35	2	2	1	70	10	0
	2004	전북	15	1	0	2	41	4	0
	2005	전남	23	2	0	0	66	9	0
	2006	전남	30	4	0	1	63	5	1
	2008	경남	1	0	0	0	0	0	0
	2009	경남	31	5	0	0	46	5	0
	2011	경남	24	5	0	0	28	4	0
		합계	159	19	2	4	326	38	1
프로통산			159	19	2	4	326	38	1

박정민(朴正珉) 한남대 1988.10.25

대회	연도	소속	출전	교체	득점	도움	파울	경고	퇴장
BC	2012	광주	8	8	1	1	8	2	0

(continued)

대회	연도	소속	출전	교체	득점	도움	파울	경고	퇴장
		합계	8	8	1	1	8	2	0
K2	2013	광주	14	14	3	1	19	2	0
		합계	14	14	3	1	19	2	0
프로통산			22	22	4	2	27	4	0

박정민(朴廷珉) 고려대 1973.05.04

대회	연도	소속	출전	교체	득점	도움	파울	경고	퇴장
BC	1998	울산	13	11	0	0	11	0	0
	1999	울산	7	6	0	0	7	1	0
	2000	울산	1	0	0	0	3	1	0
		합계	21	17	0	0	21	2	0
프로통산			21	17	0	0	21	2	0

박정배(朴正倍) 성균관대 1967.02.19

대회	연도	소속	출전	교체	득점	도움	파울	경고	퇴장
BC	1990	럭키	26	6	1	0	30	1	0
	1991	LG	38	2	4	4	51	3	0
	1992	LG	35	1	3	0	35	2	0
	1993	LG	12	1	0	1	16	1	0
	1994	대우	23	5	0	1	25	4	0
	1995	대우	23	5	0	1	25	4	0
	1996	부산	17	7	0	0	21	7	0
	1997	울산	22	2	0	0	26	4	0
	1998	울산	37	3	2	0	44	6	0
	1999	울산	3	3	0	0	0	0	0
		합계	227	33	12	5	271	27	0
프로통산			227	33	12	5	271	27	0

박정석(朴庭奭) 동북고 1977.04.19

대회	연도	소속	출전	교체	득점	도움	파울	경고	퇴장
BC	2001	안양LG	31	1	1	0	69	5	0
	2002	안양LG	9	3	0	0	24	2	0
	2003	안양LG	9	3	0	0	67	5	0
	2004	서울	28	0	0	2	85	8	0
	2005	서울	18	6	0	0	55	9	0
	2006	서울	13	6	0	0	22	3	0
		합계	108	12	1	2	307	29	0
프로통산			108	12	1	2	307	29	0

박정수(朴庭秀) 상지대 1987.01.13

대회	연도	소속	출전	교체	득점	도움	파울	경고	퇴장
K1	2018	강원	25	10	1	1	49	8	0
		합계	25	10	1	1	49	8	0
K2	2015	고양	15	3	2	0	26	9	0
		합계	15	3	2	0	26	9	0
프로통산			40	13	3	1	75	17	0

박정식(朴正植) 광운대 1988.01.20

대회	연도	소속	출전	교체	득점	도움	파울	경고	퇴장
K2	2013	안양	23	6	1	1	28	6	0
	2014	안양	13	7	0	0	12	0	0
		합계	36	13	1	1	38	6	0
프로통산			36	13	1	1	38	6	0

박정선(朴正楦) 호남대 1983.03.07

대회	연도	소속	출전	교체	득점	도움	파울	경고	퇴장
BC	2006	대구	11	7	0	0	17	0	0
	2007	대구	18	3	1	0	41	7	0
	2008	대구	21	7	0	1	26	4	0
	2009	대구	9	9	0	0	6	0	0
	2010	광주상							
	2011	상주							
		합계	62	22	1	2	92	15	0
프로통산			62	22	1	2	92	15	0

박정일(朴晶) 건국대 1959.11.19

대회	연도	소속	출전	교체	득점	도움	파울	경고	퇴장
BC	1984	럭키	18	11	4	2	10	0	0
		합계	18	11	4	2	10	0	0
프로통산			18	11	4	2	10	0	0

박정주(朴廷柱) 한양대 1979.06.26

대회	연도	소속	출전	교체	득점	도움	파울	경고	퇴장
BC	2003	부천SK	4	4	0	0	3	1	0
		합계	4	4	0	0	3	1	0
프로통산			4	4	0	0	3	1	0

박정현 동아대 1974.05.28

대회	연도	소속	출전	교체	득점	도움	파울	경고	퇴장
BC	1999	전북	0	0	0	0	0	0	0
		합계	0	0	0	0	0	0	0
프로통산			0	0	0	0	0	0	0

박정혜(朴姃慧) 숭실대 1987.04.21

대회	연도	소속	출전	교체	득점	도움	파울	경고	퇴장
BC	2009	대전	27	5	1	0	42	3	0
	2010	대전	23	6	1	0	34	4	0
	2011	대전	10	1	0	0	14	1	0
		합계	60	12	2	0	90	8	0
프로통산			60	12	2	0	90	8	0

박정호(朴政호) 영생고 1997.02.18

대회	연도	소속	출전	교체	득점	도움	파울	경고	퇴장
K1	2018	전북	1	1	0	0	2	0	0
		합계	1	1	0	0	2	0	0
프로통산			1	1	0	0	2	0	0

박정환(朴晶煥) 인천대 1977.01.14

대회	연도	소속	출전	교체	득점	도움	파울	경고	퇴장
BC	1999	안양LG	5	5	1	0	6	1	0
	2000	안양LG	5	5	0	1	6	1	0
	2001	안양LG	16	10	9	2	25	2	0
	2002	안양LG	18	18	2	1	25	1	0
	2004	광주상	28	22	6	2	63	3	0
	2005	광주상	18	15	2	0	24	1	0
	2006	전북	4	4	0	0	9	0	0
	2007	전북	5	5	1	0	5	1	0
		합계	94	79	21	5	163	8	0
프로통산			94	79	21	5	163	8	0

박정훈(朴正勳) 고려대 1988.06.28

대회	연도	소속	출전	교체	득점	도움	파울	경고	퇴장
BC	2011	전북	1	0	1	0	1	0	0
	2012	강원	3	3	0	0	7	1	0
		합계	4	4	2	0	8	1	0
K2	2014	부천	7	6	0	0	2	0	0
	2015	고양	22	10	5	0	20	4	0
	2016	고양	31	23	3	1	27	5	0
		합계	60	39	8	1	56	10	0
프로통산			64	43	10	1	64	11	0

박종대(朴鍾大) 동아대 1966.01.12

대회	연도	소속	출전	교체	득점	도움	파울	경고	퇴장
BC	1989	일화	10	8	2	0	7	0	0
	1990	일화	24	15	3	1	12	0	0
	1991	일화	13	12	4	1	8	1	0
		합계	47	29	9	2	28	1	0
프로통산			47	29	9	2	28	1	0

박종문(朴鍾汶) 전주대 1970.10.02

대회	연도	소속	출전	교체	**실점**	도움	파울	경고	퇴장
BC	1995	전남	10	4	11	0	0	0	0
	1997	전남	28	0	22	0	0	0	0
	1998	전남	21	0	32	0	2	0	0
	1999	전남	12	1	11	0	0	0	0
	2000	전남	12	0	17	0	1	1	0
	2001	전남	27	1	35	0	1	0	0
	2002	전남	33	0	29	0	0	0	0
	2003	전남	33	0	33	0	0	0	0
	2004	전남	13	0	16	0	1	1	0
	2005	전남	3	0	3	0	0	0	0
	2006	전남	0	0	0	0	0	0	0
		합계	192	6	211	0	5	3	0
프로통산			192	6	211	0	5	3	0

박종오(朴宗吾) 한양대 1991.04.12

대회	연도	소속	출전	교체	득점	도움	파울	경고	퇴장
K2	2014	부천	2	2	0	0	1	0	0
		합계	2	2	0	0	1	0	0
프로통산			2	2	0	0	1	0	0

박종우(朴鍾佑) 연세대 1989.03.10

대회	연도	소속	출전	교체	득점	도움	파울	경고	퇴장
BC	2010	부산	13	7	0	1	20	1	0
	2011	부산	30	5	2	3	49	9	0
	2012	부산	28	13	3	5	61	10	0
		합계	71	25	5	9	130	20	0
K1	2013	부산	31	1	2	6	81	9	0
	2018	수원	7	6	0	0	6	1	0
		합계	38	7	2	6	87	10	0
프로통산			109	32	7	15	217	30	0

박종우(朴鍾宇) 숭실대 1979.04.11

대회	연도	소속	출전	교체	득점	도움	파울	경고	퇴장
BC	2002	전남	24	4	1	2	32	2	0
	2003	전남	26	7	0	4	26	4	0
	2004	광주상	32	8	3	1	41	5	0
	2005	광주상	3	3	0	0	3	1	0
	2006	경남	31	8	0	2	48	5	0
	2007	경남	29	11	3	4	43	3	0
	2008	경남	28	7	1	2	34	7	0
	2009	경남	26	6	1	2	35	4	0
		합계	199	54	9	17	262	36	0
프로통산			199	54	9	17	262	36	0

박종욱(朴鍾旭) 울산대 1975.01.11

대회	연도	소속	출전	교체	득점	도움	파울	경고	퇴장
BC	1997	울산	20	6	1	0	34	4	0
	1998	울산	21	9	0	0	30	3	0
	1999	울산	21	13	0	0	30	3	0
	2000	울산	18	2	1	0	29	3	0
	2001	울산	7	7	0	0	7	1	0
	2002	울산	9	6	0	0	3	1	0
		합계	76	33	1	1	103	12	0
프로통산			76	33	1	1	103	12	0

박종원(朴鍾遠) 연세대 1955.04.12

대회	연도	소속	출전	교체	득점	도움	파울	경고	퇴장
BC	1983	대우	10	6	1	1	7	0	0
	1984	대우	9	5	1	0	10	0	0
	1985	대우	3	2	0	0	3	0	0
		합계	22	13	1	1	20	0	0
프로통산			22	13	1	1	20	0	0

박종윤(朴鐘允) 호남대 1987.12.17

대회	연도	소속	출전	교체	득점	도움	파울	경고	퇴장
BC	2010	경남	1	1	0	0	0	0	0
		합계	1	1	0	0	0	0	0
프로통산			1	1	0	0	0	0	0

박종인(朴鍾仁) 호남대 1988.11.12

대회	연도	소속	출전	교체	득점	도움	파울	경고	퇴장
BC	2012	광주	1	1	0	0	0	0	0
		합계	1	1	0	0	0	0	0
K2	2013	광주	10	10	1	0	12	2	0
		합계	10	10	1	0	12	2	0
프로통산			11	11	1	0	12	2	0

박종인(朴鍾仁) 동아대 1974.04.10

대회	연도	소속	출전	교체	득점	도움	파울	경고	퇴장
BC	1997	안양LG	8	6	2	0	5	0	0
	1998	안양LG	18	16	2	2	24	3	0
	1999	안양LG	15	15	1	0	14	0	0
	2000	안양LG	3	3	0	1	1	0	0
		합계	44	40	5	2	45	5	0
프로통산			44	40	5	2	45	5	0

박종진(朴宗眞) 숭실대 1987.06.24

대회	연도	소속	출전	교체	득점	도움	파울	경고	퇴장
BC	2009	강원	26	23	1	3	9	1	0
	2010	강원	4	4	0	0	2	0	0
	2010	수원	12	11	0	0	9	0	0
	2011	수원	21	17	1	2	13	1	0
	2012	수원	17	11	1	2	13	0	0
		합계	80	72	3	7	58	4	0

대회	연도	소속	출전	교체	득점	도움	파울	경고	퇴장
K1	2013	수원	4	4	0	0	2	0	0
	2015	수원	0	0	0	0	0	0	0
	2016	인천	8	7	0	0	3	1	0
	2017	인천	25	16	0	0	20	3	0
	2018	인천	15	14	1	1	11	0	0
	합계		52	41	1	1	36	4	0
K2	2013	경찰	5	1	0	0	6	1	0
	2014	안산경	25	11	0	1	24	6	0
	2015	안산경	8	5	0	0	11	0	0
	합계		38	17	0	1	41	6	0
프로통산			170	130	4	9	135	14	0

박종진(朴鍾珍) 호남대 1980.05.04

대회	연도	소속	출전	교체	득점	도움	파울	경고	퇴장
BC	2003	대구	39	5	0	1	47	4	0
	2004	대구	27	4	0	0	27	4	0
	2005	대구	30	9	0	1	54	5	0
	2006	대구	36	3	0	1	76	7	0
	2007	대구	28	1	1	0	24	3	0
	2008	광주상	28	3	0	0	36	7	0
	2009	대구	1	1	0	0	1	0	0
	2010	대구	21	7	0	1	31	5	0
	2011	대구	18	6	0	0	19	2	0
	2012	대구	24	2	0	0	36	6	0
	합계		252	41	1	4	349	44	0
K1	2013	대구	11	1	0	0	14	2	0
	합계		11	1	0	0	14	2	0
K2	2014	대구	7	3	0	0	3	0	0
	합계		7	3	0	0	3	0	0
프로통산			270	45	1	4	366	46	0

박종찬(朴鐘燦) 한남대 1981.10.02

대회	연도	소속	출전	교체	득점	도움	파울	경고	퇴장
BC	2005	인천	1	1	0	0	0	0	0
	합계		1	1	0	0	0	0	0
K2	2013	수원FC	31	11	11	1	46	7	1
	2014	수원FC	20	15	3	1	21	2	0
	2015	수원FC	7	7	1	0	3	1	0
	합계		58	33	15	2	70	10	1
프로통산			59	34	15	2	70	10	1

박종찬(朴鍾贊) 서울시립대 1971.02.08

대회	연도	소속	출전	교체	득점	도움	파울	경고	퇴장
BC	1993	일화	22	18	0	0	7	1	0
	1994	일화	2	1	0	0	0	0	0
	1995	일화	3	2	0	0	0	0	0
	1996	천안일	0	0	0	0	0	0	0
	합계		27	22	0	0	7	1	0
프로통산			27	22	0	0	7	1	0

박종필(朴鍾弼) 한양공고 1976.10.17

대회	연도	소속	출전	교체	득점	도움	파울	경고	퇴장
BC	1995	전북	3	3	0	0	0	0	0
	1996	전북	5	5	0	0	0	0	0
	1997	전북	0	0	0	0	0	0	0
	합계		8	8	0	0	0	0	0
프로통산			8	8	0	0	0	0	0

박주성(朴住成) 마산공고 1984.02.20

대회	연도	소속	출전	교체	득점	도움	파울	경고	퇴장
BC	2003	수원	11	9	0	0	12	0	0
	2004	수원	7	5	0	1	8	2	0
	2005	광주상	3	1	0	0	2	0	0
	2006	광주상	25	12	0	1	29	6	1
	2006	수원	0	0	0	0	0	0	0
	2007	수원	5	1	0	0	6	1	0
	2008	수원	3	2	0	0	1	1	0
	합계		54	30	0	2	58	8	1
K1	2013	경남	17	9	0	0	33	3	0
	2014	경남	35	2	1	0	36	6	0
	합계		52	11	1	0	69	5	0
K2	2016	경남	8	5	0	0	6	1	0
	2017	대전	9	1	0	0	3	3	0
	합계		17	6	0	0	10	5	0
승	2014	경남	1	0	0	0	0	0	0
	합계		1	0	0	0	0	0	0
프로통산			124	47	1	2	137	18	1

박주영(朴主永) 고려대 1985.07.10

대회	연도	소속	출전	교체	득점	도움	파울	경고	퇴장
BC	2005	서울	30	5	18	4	35	2	0
	2006	서울	30	16	8	1	25	2	0
	2007	서울	14	7	5	0	7	1	0
	2008	서울	17	7	2	4	19	2	0
	합계		91	35	33	9	86	4	0
K1	2015	서울	23	13	7	2	24	3	0
	2016	서울	34	24	10	1	35	3	0
	2017	서울	34	31	8	1	28	0	0
	2018	서울	20	17	3	0	19	1	0
	합계		111	85	28	4	106	6	0
승	2018	서울	2	2	1	1	3	0	0
	합계		2	2	1	1	3	0	0
프로통산			204	122	62	14	193	10	0

박주원(朴株元) 홍익대 1990.10.19

대회	연도	소속	출전	교체	실점	도움	파울	경고	퇴장
K1	2013	대전	0	0	0	0	0	0	0
	2015	대전	22	0	41	0	2	2	0
	합계		22	0	41	0	2	2	0
K2	2014	대전	16	1	12	0	1	0	0
	2016	대전	27	0	34	0	1	1	0
	2017	아산	0	0	0	0	0	0	0
	2018	아산	14	0	12	0	0	1	0
	2018	대전	0	0	0	0	0	0	0
	합계		59	1	80	0	3	4	0
프로통산			81	1	101	0	3	6	0

박주원(朴周元) 부산대 1960.01.28

대회	연도	소속	출전	교체	득점	도움	파울	경고	퇴장
BC	1984	현대	5	4	0	0	0	0	0
	합계		5	4	0	0	0	0	0
프로통산			5	4	0	0	0	0	0

박주현(朴株炫) 관동대 1984.09.29

대회	연도	소속	출전	교체	득점	도움	파울	경고	퇴장
BC	2007	대전	6	5	1	0	5	1	0
	2008	대전	8	4	2	0	14	3	0
	2010	대전	2	2	0	0	6	0	0
	합계		16	11	4	0	25	4	0
프로통산			16	11	4	0	25	4	0

박주호(朴主護) 숭실대 1987.01.16

대회	연도	소속	출전	교체	득점	도움	파울	경고	퇴장
K1	2018	울산	17	11	0	0	23	2	0
	합계		17	11	0	0	23	2	0
프로통산			17	11	0	0	23	2	0

박준강(朴埈江) 상지대 1991.06.06

대회	연도	소속	출전	교체	득점	도움	파울	경고	퇴장
K1	2013	부산	30	0	1	0	35	8	0
	2014	부산	14	1	0	1	20	5	0
	2015	부산	20	7	0	0	19	5	0
	2016	상주	9	1	0	0	12	3	0
	2017	상주	7	2	0	0	1	1	0
	합계		80	11	1	1	87	18	0
K2	2018	부산	14	9	1	1	13	1	0
	합계		14	9	1	1	13	1	0
승	2015	부산	2	1	0	0	2	0	0
	합계		2	1	0	0	2	0	0
프로통산			96	21	2	2	102	20	0

박준성(朴俊成) 조선대 1984.09.11

대회	연도	소속	출전	교체	득점	도움	파울	경고	퇴장
BC	2007	제주	6	5	0	0	10	1	0
	합계		6	5	0	0	10	1	0
프로통산			6	5	0	0	10	1	0

박준승(朴俊勝) 홍익대 1990.02.27

대회	연도	소속	출전	교체	득점	도움	파울	경고	퇴장
K2	2013	경찰	6	6	0	0	0	0	0
	합계		6	6	0	0	0	0	0
프로통산			6	6	0	0	0	0	0

박준영(朴俊泳) 광운대 1995.03.15

대회	연도	소속	출전	교체	득점	도움	파울	경고	퇴장
K1	2018	서울	0	0	0	0	0	0	0
	합계		0	0	0	0	0	0	0
프로통산			0	0	0	0	0	0	0

박준영(朴俊英) 광양제철고 1981.07.08

대회	연도	소속	출전	교체	실점	도움	파울	경고	퇴장
BC	2000	전남	0	0	0	0	0	0	0
	2003	전남	0	0	0	0	0	0	0
	2004	대구	0	0	0	0	0	0	0
	2005	대구	0	0	0	0	0	0	0
	합계		0	0	0	0	0	0	0
프로통산			0	0	0	0	0	0	0

박준오(朴俊五) 대구대 1986.03.01

대회	연도	소속	출전	교체	득점	도움	파울	경고	퇴장
BC	2010	대구	0	0	0	0	0	0	0
	합계		0	0	0	0	0	0	0
프로통산			0	0	0	0	0	0	0

박준태(朴俊泰) 고려대 1989.12.02

대회	연도	소속	출전	교체	득점	도움	파울	경고	퇴장
BC	2009	울산	8	8	0	0	4	0	0
	2010	울산	1	1	0	0	0	0	0
	2011	인천	26	25	5	1	10	2	0
	2012	인천	27	26	3	0	21	6	0
	합계		62	60	8	1	35	4	0
K1	2013	전남	27	17	1	1	22	1	0
	2014	전남	7	9	0	0	3	0	0
	2016	상주	24	14	1	4	13	1	0
	2016	전남	4	4	0	0	3	0	0
	2018	전남	8	6	0	0	12	2	0
	합계		70	50	2	5	53	2	0
K2	2015	상주	23	18	2	3	17	1	0
	2017	부산	2	2	0	0	3	1	0
	합계		25	20	2	3	20	2	0
승	2017	부산	1	1	0	0	2	0	0
	합계		1	1	0	0	2	0	0
프로통산			158	131	19	6	110	8	0

박준혁(朴俊赫) 전주대 1987.04.11

대회	연도	소속	출전	교체	실점	도움	파울	경고	퇴장
BC	2010	경남	0	0	0	0	0	0	0
	2011	대구	24	0	32	0	1	4	1
	2012	대구	38	0	53	0	2	2	0
	합계		62	0	85	0	3	6	1
K1	2013	제주	31	0	38	0	1	4	0
	2014	성남	35	0	33	0	0	1	0
	2015	성남	32	0	26	0	0	2	0
	2016	성남	3	0	4	0	0	0	0
	합계		101	0	101	0	1	7	0
K2	2018	대전	18	0	30	0	0	1	0
	합계		18	0	30	0	0	1	0
프로통산			181	0	216	0	4	14	1

박준홍(朴埈弘) 연세대 1978.04.13

대회	연도	소속	출전	교체	득점	도움	파울	경고	퇴장
BC	2001	부산	7	7	0	0	4	0	0
	2002	부산	10	6	0	0	10	0	0
	2003	광주상	20	7	0	0	13	3	0
	2004	광주상	15	1	0	0	5	1	0
	2005	부산	16	3	0	0	26	3	0
	2006	부산	5	4	0	0	3	1	0
	합계		73	28	0	0	81	8	0
프로통산			73	28	0	0	81	8	0

박준희(朴晙熙) 건국대 1991.03.01

박○○ (continued)

대회	연도	소속	출전	교체	득점	도움	파울	경고	퇴장
K1	2014	포항	1	0	0	0	3	0	0
	2015	포항	0	0	0	0	0	0	0
	2016	포항	13	11	0	0	14	3	0
	합계		17	13	0	0	21	3	0
K2	2017	안산	22	4	1	0	16	5	0
	2018	안산	31	3	2	2	31	4	0
	합계		53	7	3	2	47	9	1
프로통산			70	20	3	2	68	12	1

박중천(朴重天) 명지대 1983.10.11

대회	연도	소속	출전	교체	득점	도움	파울	경고	퇴장
BC	2006	제주	0	0	0	0	0	0	0
	2009	제주	0	0	0	0	0	0	0
	합계		0	0	0	0	0	0	0
프로통산			0	0	0	0	0	0	0

박지민(朴智敏) 경희대 1994.03.07

대회	연도	소속	출전	교체	득점	도움	파울	경고	퇴장
K1	2014	경남	4	4	0	0	1	0	0
	합계		4	4	0	0	1	0	0
K2	2015	충주	12	11	1	0	9	0	0
	2016	충주	31	24	5	1	27	3	0
	합계		43	36	6	1	33	4	0
프로통산			47	40	6	1	34	4	0

박지민(朴智忞) 매탄고 2000.05.25

대회	연도	소속	출전	교체	득점	도움	파울	경고	퇴장
K1	2018	수원	0	0	0	0	0	0	0
	합계		0	0	0	0	0	0	0
프로통산			0	0	0	0	0	0	0

박지수(朴志水) 대건고 1994.06.13

대회	연도	소속	출전	교체	득점	도움	파울	경고	퇴장
K1	2018	경남	33	3	0	2	31	7	0
	합계		33	3	0	2	31	7	0
K2	2015	경남	28	16	1	1	17	4	0
	2016	경남	35	4	1	0	39	5	0
	2017	경남	33	1	2	1	49	7	0
	합계		96	20	4	2	96	16	0
프로통산			129	23	6	2	127	23	0

박지영(朴至永) 건국대 1987.02.07

대회	연도	소속	출전	교체	실점	도움	파울	경고	퇴장
BC	2010	수원	0	0	0	0	0	0	0
K1	2014	상주	1	0	1	0	1	0	0
	합계		1	0	1	0	1	0	0
K2	2013	안양	2	0	3	0	0	0	0
	2015	상주	0	0	0	0	0	0	0
	2015	안양	1	0	1	0	0	0	0
	합계		3	0	4	0	0	0	0
프로통산			4	0	4	0	1	0	0

박지용(朴志容) 대전상업정보고 1983.05.28

대회	연도	소속	출전	교체	득점	도움	파울	경고	퇴장
BC	2004	전남	3	2	0	0	2	0	0
	2007	전남	8	4	0	0	19	5	0
	2008	전남	12	3	0	0	16	2	0
	2009	전남	23	6	0	1	30	7	0
	2010	전남	7	0	0	0	8	3	0
	2011	강원	9	2	0	0	19	7	0
	합계		62	17	0	1	94	24	0
프로통산			62	17	0	1	94	24	0

박지호(朴志鎬) 인천대 1970.07.04

대회	연도	소속	출전	교체	득점	도움	파울	경고	퇴장
BC	1993	LG	26	22	0	0	18	4	0
	1994	LG	4	4	0	1	5	1	0
	1995	포항	6	6	1	0	13	0	0
	1996	포항	20	14	1	0	31	3	0
	1997	포항	5	5	0	1	4	0	0
	1999	천안일	9	6	4	2	9	3	0
	합계		70	57	6	3	80	11	0
프로통산			70	57	6	3	80	11	0

박진섭(朴鎭燮) 서울문화예대 1995.10.23

대회	연도	소속	출전	교체	득점	도움	파울	경고	퇴장
K2	2018	안산	26	4	2	0	30	5	0
	합계		26	4	2	0	30	5	0
프로통산			26	4	2	0	30	5	0

박진섭(朴珍燮) 고려대 1977.03.11

대회	연도	소속	출전	교체	득점	도움	파울	경고	퇴장
BC	2002	울산	33	10	2	4	51	3	1
	2003	울산	41	10	1	6	65	6	0
	2004	울산	28	2	0	2	42	6	0
	2005	울산	14	2	0	2	17	3	0
	2005	성남일	22	2	0	0	19	2	0
	2006	성남일	35	18	0	3	34	2	0
	2007	성남일	24	3	0	4	27	7	0
	2008	성남일	35	3	0	2	31	6	0
	2009	부산	27	1	0	1	29	8	0
	2010	부산	25	2	0	0	29	8	0
	합계		284	60	3	27	348	53	1
프로통산			284	60	3	27	348	53	1

박진수(朴鎭秀) 고려대 1987.03.01

대회	연도	소속	출전	교체	득점	도움	파울	경고	퇴장
K2	2013	충주	33	3	1	3	67	7	0
	2014	충주	30	13	1	2	34	2	0
	2015	충주	11	10	0	0	9	0	0
	합계		74	26	4	3	100	9	0
프로통산			74	26	4	3	100	9	0

박진옥(朴鎭玉) 경희대 1982.05.28

대회	연도	소속	출전	교체	득점	도움	파울	경고	퇴장
BC	2005	부천SK	29	25	1	0	15	1	0
	2006	제주	24	11	0	0	24	0	0
	2007	제주	28	4	1	0	36	1	0
	2008	제주	15	10	0	0	14	0	0
	2009	광주상	11	8	0	0	15	0	0
	2010	광주상	10	7	0	0	9	0	0
	2010	제주	1	1	0	0	0	0	0
	2011	제주	21	6	0	1	27	2	0
	2012	제주	16	9	0	0	11	0	0
	합계		154	80	2	1	160	11	0
K1	2013	대전	30	5	0	0	31	2	0
	합계		30	5	0	0	31	2	0
K2	2014	광주	8	2	0	0	16	1	0
	합계		8	2	0	0	16	1	0
프로통산			192	87	2	1	207	14	0

박진이(朴眞伊) 아주대 1983.04.05

대회	연도	소속	출전	교체	득점	도움	파울	경고	퇴장
BC	2007	경남	7	4	0	0	9	0	0
	2008	경남	20	4	0	1	26	2	0
	2009	경남	3	3	0	0	2	0	0
	합계		30	11	0	1	34	3	0
프로통산			30	11	0	1	34	3	0

박진포(朴珍鋪) 대구대 1987.08.13

대회	연도	소속	출전	교체	득점	도움	파울	경고	퇴장
BC	2011	성남일	32	2	0	3	62	6	0
	2012	성남일	40	0	0	3	74	7	0
	합계		72	2	0	6	136	13	0
K1	2013	성남일	26	3	1	6	66	6	0
	2014	성남	32	1	2	2	45	6	0
	2015	상주	20	2	0	1	24	3	0
	2016	성남	1	1	0	0	3	0	0
	2017	제주	12	0	1	1	21	6	0
	2018	제주	31	1	1	1	35	4	0
	합계		128	8	3	11	165	27	0
K2	2015	상주	32	3	1	3	35	4	0
	합계		32	3	1	3	35	4	0
승	2016	성남							

| 프로통산 | | | 233 | 13 | 6 | 20 | 337 | 44 | 0 |

박찬울(朴찬울) 수원대 1993.04.28

대회	연도	소속	출전	교체	득점	도움	파울	경고	퇴장
K2	2017	안산	13	3	0	0	14	2	0
	합계		13	3	0	0	14	2	0
프로통산			13	3	0	0	14	2	0

박창선(朴昌善) 경희대 1954.02.02

대회	연도	소속	출전	교체	득점	도움	파울	경고	퇴장
BC	1983	할렐	15	1	3	6	24	0	0
	1984	대우	28	0	6	7	29	0	0
	1985	대우	5	0	0	0	1	0	0
	1986	대우	12	4	0	1	16	0	0
	1987	유공	13	3	2	1	24	0	0
	합계		73	8	11	17	99	0	0
프로통산			73	8	11	17	99	0	0

박창주(朴昌周) 단국대 1972.09.30

대회	연도	소속	출전	교체	실점	도움	파울	경고	퇴장
BC	1999	울산	2	1	5	0	0	0	0
	2000	울산	0	0	0	0	0	0	0
	2001	울산	0	0	0	0	0	0	0
	합계		2	1	5	0	0	0	0
프로통산			2	1	5	0	0	0	0

박창준(朴彰俊) 아주대 1996.12.23

대회	연도	소속	출전	교체	득점	도움	파울	경고	퇴장
K1	2018	강원	14	6	1	1	17	3	0
	합계		14	6	1	1	17	3	0
프로통산			14	6	1	1	17	3	0

박창헌(朴昌憲) 동국대 1985.12.12

대회	연도	소속	출전	교체	득점	도움	파울	경고	퇴장
BC	2008	인천	14	11	0	0	14	3	0
	2009	인천	14	11	0	0	16	1	0
	2010	인천	11	10	0	0	12	1	0
	2011	경남	4	3	0	0	4	0	0
	합계		43	30	0	0	54	5	0
프로통산			43	30	0	0	54	5	0

박창현(朴昌鉉) 한양대 1966.06.08

대회	연도	소속	출전	교체	득점	도움	파울	경고	퇴장
BC	1989	포철	29	13	3	2	23	3	0
	1992	포철	28	8	7	4	26	1	0
	1993	포철	5	4	1	1	4	2	0
	1994	포철	19	13	1	2	27	0	0
	1995	전남	8	7	0	0	6	0	0
	합계		108	59	15	8	97	6	0
프로통산			108	59	15	8	97	6	0

박천신(朴天申) 동의대 1983.11.04

대회	연도	소속	출전	교체	득점	도움	파울	경고	퇴장
BC	2006	전남	5	5	0	0	5	1	0
	2007	전남	5	5	0	0	5	1	0
	합계		5	5	0	0	5	1	0
프로통산			5	5	0	0	5	1	0

박철(朴徹) 대구대 1973.08.20

대회	연도	소속	출전	교체	득점	도움	파울	경고	퇴장
BC	1994	LG	25	2	2	0	22	2	0
	1995	LG	23	1	2	1	47	5	0
	1996	안양LG	19	10	1	0	19	1	0
	1999	부천SK	31	0	1	0	38	3	0
	2000	부천SK	32	0	1	0	23	2	0
	2001	부산SK	27	2	0	1	24	1	0
	2002	부천SK	31	1	0	1	15	1	0
	2003	대전	25	5	0	0	17	4	0
	2004	대전	14	0	0	0	12	2	0
	2005	대전	18	1	0	0	11	3	0
	합계		245	30	7	4	224	25	0
프로통산			245	30	7	4	224	25	0

박철우(朴哲祐) 청주상고 1965.09.29

대회	연도	소속	출전	교체	실점	도움	파울	경고	퇴장
BC	1985	포철	11	0	7	0	0	0	0

대회	연도	소속	출전	교체	득점	도움	파울	경고	퇴장
	1986	포철	3	0	5	0	0	0	0
	1991	포철	28	1	31	0	2	0	0
	1992	LG	13	1	17	0	0	0	0
	1993	LG	29	1	30	0	2	1	0
	1994	LG	20	2	30	0	1	0	0
	1995	전남	11	5	15	0	0	0	0
	1996	수원	22	0	18	0	2	2	0
	1997	수원	19	0	23	0	1	2	0
	1998	전남	15	0	12	0	0	1	0
	1999	전남	19	1	29	0	0	0	0
	합계		190	11	217	0	8	6	0
프로통산			190	11	217	0	8	6	0

박철웅(朴鐵雄) 영남대 1958.04.15

대회	연도	소속	출전	교체	득점	도움	파울	경고	퇴장
BC	1983	포철	4	4	0	0	0	0	0
	1984	포철	1	0	0	0	0	0	0
	합계		5	4	0	0	0	0	0
프로통산			5	4	0	0	0	0	0

박철형(朴哲亨) 울산대 1982.03.17

대회	연도	소속	출전	교체	득점	도움	파울	경고	퇴장
BC	2005	부천SK	2	2	0	0	0	0	0
	2006	제주	4	4	0	0	0	0	0
	합계		6	6	0	0	0	0	0
프로통산			6	6	0	0	0	0	0

박청효(朴靑孝) 연세대 1990.02.13

대회	연도	소속	출전	교체	실점	도움	파울	경고	퇴장
K1	2013	경남	10	0	21	0	0	1	0
	2014	경남	0	0	0	0	0	0	0
	합계		10	0	21	0	0	1	0
K2	2014	충주	8	0	14	0	0	1	0
	2015	충주	4	0	6	0	0	0	0
	2017	수원FC	4	0	6	0	0	1	0
	합계		16	0	26	0	0	2	0
프로통산			26	0	45	0	0	3	0

박충균(朴忠均) 건국대 1973.06.20

대회	연도	소속	출전	교체	득점	도움	파울	경고	퇴장
BC	1996	수원	10	3	0	0	14	1	0
	1997	수원	12	4	0	0	30	3	0
	1998	수원	1	1	0	0	0	0	0
	2001	수원	6	1	0	0	3	0	0
	2001	성남일	9	4	1	1	12	2	0
	2002	성남일	10	4	1	1	14	2	0
	2003	성남일	25	9	0	1	45	4	0
	2004	부산	10	1	0	0	12	3	0
	2005	부산	10	1	0	0	0	0	0
	2006	부산	22	8	0	0	43	4	0
	2007	부산	10	6	0	0	14	2	0
	합계		126	50	1	3	203	21	0
프로통산			126	50	1	3	203	21	0

박태민(朴太民) 연세대 1986.01.21

대회	연도	소속	출전	교체	득점	도움	파울	경고	퇴장
BC	2008	수원	6	3	0	0	12	0	0
	2009	수원	2	1	0	0	3	0	0
	2010	수원	2	1	0	0	2	0	0
	2011	부산	23	7	1	1	34	4	0
	2012	인천	40	5	0	4	44	3	0
	합계		73	17	1	5	96	7	0
K1	2013	인천	36	1	0	3	46	6	0
	2014	인천	36	1	1	2	37	4	0
	2015	성남	20	2	0	1	30	3	0
	2016	성남	1	1	0	0	0	0	0
	합계		93	4	4	3	113	13	0
K2	2018	성남	7	2	0	0	9	0	0
	합계		7	2	0	0	9	0	0
프로통산			173	23	5	8	218	20	0

박태수(朴太洙) 홍익대 1989.12.01

대회	연도	소속	출전	교체	득점	도움	파울	경고	퇴장
BC	2011	인천	6	3	0	0	10	2	0
	2012	인천	2	1	0	0	3	0	0
	합계		8	4	0	0	13	2	0
K1	2013	대전	14	5	0	0	33	5	0
	합계		14	5	0	0	33	5	0
K2	2014	충주	25	1	1	4	59	10	0
	2015	안양	22	10	0	1	28	3	0
	합계		47	11	1	5	87	13	0
프로통산			69	20	1	5	133	20	0

박태웅(朴泰雄) 숭실대 1988.01.30

대회	연도	소속	출전	교체	득점	도움	파울	경고	퇴장
BC	2010	경남	2	1	0	0	2	1	0
	2011	강원	14	5	1	0	30	5	0
	2012	강원	8	0	0	0	16	3	0
	2012	수원	8	5	1	1	14	3	0
	합계		32	17	0	2	62	12	0
K1	2013	수원	0	0	0	0	0	0	0
	2014	상주	0	0	0	0	0	0	0
	합계		0	0	0	0	0	0	0
K2	2013	상주	2	1	0	0	0	0	0
	2016	경남	7	7	0	0	17	2	0
	합계		9	7	0	0	22	4	0
승	2013	상주	0	0	0	0	0	0	0
프로통산			41	24	0	2	84	16	0

박태원(朴泰元) 순천고 1977.04.12

대회	연도	소속	출전	교체	득점	도움	파울	경고	퇴장
BC	2000	전남	1	1	0	0	1	0	0
	합계		1	1	0	0	1	0	0
프로통산			1	1	0	0	1	0	0

박태윤(朴泰潤) 중앙대 1991.04.05

대회	연도	소속	출전	교체	득점	도움	파울	경고	퇴장
K1	2014	울산	0	0	0	0	0	0	0
	합계		0	0	0	0	0	0	0
프로통산			0	0	0	0	0	0	0

박태준(朴泰濬) 풍생고 1999.01.19

대회	연도	소속	출전	교체	득점	도움	파울	경고	퇴장
K2	2018	성남	20	10	1	0	23	4	0
	합계		20	10	1	0	23	4	0
프로통산			20	10	1	0	23	4	0

박태하(朴泰夏) 대구대 1968.05.29

대회	연도	소속	출전	교체	득점	도움	파울	경고	퇴장
BC	1991	포철	31	6	3	0	34	2	0
	1992	포철	35	11	5	7	50	4	0
	1993	포철	5	3	1	0	5	0	0
	1996	포항	36	7	4	6	64	3	0
	1997	포항	18	0	6	1	19	1	0
	1998	포항	38	9	10	5	39	4	0
	1999	포항	31	4	5	1	46	2	0
	2000	포항	32	14	1	6	39	1	0
	2001	포항	32	11	1	2	54	1	0
	합계		261	59	46	37	385	25	0
프로통산			261	59	46	37	385	25	0

박태형(朴泰炯) 단국대 1992.04.07

대회	연도	소속	출전	교체	득점	도움	파울	경고	퇴장
K2	2015	고양	15	4	0	0	10	0	0
	2016	고양	34	1	0	1	25	11	0
	합계		49	5	0	1	35	11	0
프로통산			49	5	0	1	35	11	0

박태홍(朴台洪) 연세대 1991.03.25

대회	연도	소속	출전	교체	득점	도움	파울	경고	퇴장
K1	2017	대구	10	0	1	0	13	4	0
	합계		10	0	1	0	13	4	0
K2	2016	대구	38	1	0	0	64	8	0
	2018	부산	4	1	0	0	4	0	0
	합계		42	1	1	0	72	8	0
프로통산			52	1	1	1	85	12	0

박한근(朴韓槿) 전주대 1996.05.07

대회	연도	소속	출전	교체	득점	도움	파울	경고	퇴장
K1	2018	제주	1	0	0	0	1	1	0
	합계		1	0	0	0	1	1	0
프로통산			1	0	0	0	1	1	0

박한빈(朴限彬) 신갈고 1997.09.21

대회	연도	소속	출전	교체	득점	도움	파울	경고	퇴장
K1	2017	대구	17	10	0	0	22	2	0
	2018	대구	24	19	3	0	26	2	0
	합계		41	29	3	0	48	4	0
K2	2016	대구	6	6	0	0	6	0	0
	합계		6	6	0	0	6	0	0
프로통산			47	35	3	0	52	4	0

박한석

대회	연도	소속	출전	교체	득점	도움	파울	경고	퇴장
BC	1995	대우							
	1996	부산							
	합계								
프로통산									

박한수(朴漢洙) 전주대 1991.01.15

대회	연도	소속	출전	교체	득점	도움	파울	경고	퇴장
K2	2017	안산	24	3	1	3	24	5	0
	합계		24	3	1	3	24	5	0
프로통산			24	3	1	3	24	5	0

박한준(朴漢峻) 안양공고 1997.09.12

대회	연도	소속	출전	교체	득점	도움	파울	경고	퇴장
K2	2016	안양	1	1	0	0	0	0	0
	2017	안양	4	4	0	0	5	0	0
	합계		5	5	0	0	5	0	0
프로통산			5	5	0	0	5	0	0

박항서(朴恒緖) 한양대 1959.01.04

대회	연도	소속	출전	교체	득점	도움	파울	경고	퇴장
BC	1984	럭금	21	3	2	1	21	1	0
	1985	럭금	19	3	4	3	32	3	0
	1986	럭금	35	3	6	3	65	4	0
	1987	럭금	28	1	7	0	39	3	1
	1988	럭금	12	5	1	1	18	2	0
	합계		115	15	20	8	175	14	1
프로통산			115	15	20	8	175	14	1

박헌균(朴憲均) 안양공고 1971.05.29

대회	연도	소속	출전	교체	득점	도움	파울	경고	퇴장
BC	1990	유공	4	4	0	0	1	0	0
	합계		4	4	0	0	1	0	0
프로통산			4	4	0	0	1	0	0

박혁순(朴赫淳) 연세대 1980.03.06

대회	연도	소속	출전	교체	득점	도움	파울	경고	퇴장
BC	2003	안양LG	7	7	0	0	4	1	0
	2006	광주상	15	11	1	0	7	0	0
	2007	경남	5	4	1	1	5	0	0
	2008	경남	2	1	0	0	0	0	0
	합계		29	23	2	1	21	1	0
프로통산			29	23	2	1	21	1	0

박현(朴賢) 인천대 1988.09.24

대회	연도	소속	출전	교체	득점	도움	파울	경고	퇴장
BC	2011	광주	4	1	0	2	7	0	0
	2012	광주	13	13	2	0	10	0	0
	합계		17	14	2	2	17	0	0
K2	2013	광주	23	17	4	3	25	3	0
	2014	광주	12	9	0	0	18	1	0
	합계		35	26	4	3	43	4	0
프로통산			52	40	6	5	54	4	0

박현범(朴玹範) 연세대 1987.05.07

대회	연도	소속	출전	교체	득점	도움	파울	경고	퇴장
BC	2008	수원	18	10	2	2	19	0	0
	2009	수원	14	11	1	0	8	0	0
	2010	제주	26	4	3	2	28	3	1
	2011	제주	18	1	6	2	20	0	0

Section 6 역대통산기록

대회	연도	소속	출전	교체	득점	도움	파울	경고	퇴장
	2011	수원	13	3	0	2	23	2	0
	2012	수원	38	4	0	4	63	6	0
	합계		127	37	16	8	161	11	1
K1	2013	수원	14	6	0	0	15	0	0
	2015	수원	2	2	0	0	0	1	0
	2016	수원	8	4	0	0	9	0	0
	합계		24	12	0	0	24	1	0
K2	2014	안산경	21	15	0	0	28	3	0
	2015	안산경	19	11	1	0	13	1	0
	합계		40	26	1	0	41	4	0
프로통산			191	75	17	8	224	16	1

박현순(朴賢順) 경북산업대(경일대) 1972.01.02

대회	연도	소속	출전	교체	득점	도움	파울	경고	퇴장
BC	1995	포항	0	0	0	0	0	0	0
	합계		0	0	0	0	0	0	0
프로통산			0	0	0	0	0	0	0

박현용(朴鉉用) 아주대 1964.04.06

대회	연도	소속	출전	교체	득점	도움	파울	경고	퇴장
BC	1987	대우	12	10	0	0	7	0	0
	1988	대우	10	10	1	0	10	0	0
	1989	대우	17	3	2	0	28	1	0
	1990	대우	28	3	0	0	46	2	0
	1991	대우	39	6	1	2	35	3	0
	1992	대우	19	5	2	0	36	3	1
	1993	대우	34	0	3	1	37	3	0
	1994	대우	10	0	0	0	6	0	0
	1995	대우	19	5	0	1	21	3	0
	합계		198	31	17	4	226	15	1
프로통산			198	31	17	4	226	15	1

박현우(朴賢優) 진주고 1997.02.21

대회	연도	소속	출전	교체	득점	도움	파울	경고	퇴장
K2	2016	경남	0	0	0	0	0	0	0
	합계		0	0	0	0	0	0	0
프로통산			0	0	0	0	0	0	0

박형근(朴亨根) 경희대 1985.12.14

대회	연도	소속	출전	교체	득점	도움	파울	경고	퇴장
BC	2008	인천	5	5	0	0	1	0	0
	합계		5	5	0	0	1	0	0
프로통산			5	5	0	0	1	0	0

박형민(朴炯旼) 단국대 1994.04.07

대회	연도	소속	출전	교체	실점	도움	파울	경고	퇴장
K1	2017	광주	0	0	0	0	0	0	0
	합계		0	0	0	0	0	0	0
K2	2018	안산	1	0	4	0	0	0	0
	합계		1	0	4	0	0	0	0
프로통산			1	0	4	0	0	0	0

박형순(朴炯淳) 광운대 1989.10.23

대회	연도	소속	출전	교체	실점	도움	파울	경고	퇴장
K1	2016	수원FC	12	0	18	0	0	0	0
	합계		12	0	18	0	0	0	0
K2	2013	수원FC	16	0	20	0	1	1	1
	2014	수원FC	18	1	21	0	0	0	0
	2015	수원FC	21	0	23	0	1	1	0
	2017	아산	35	0	37	0	2	2	0
	2018	아산	17	0	14	0	0	0	0
	합계		111	1	120	1	1	1	1
승	2015	수원FC							
	합계								
프로통산			125	2	138	1	4	4	1

박형주(朴亨珠) 한양대 1972.02.02

대회	연도	소속	출전	교체	득점	도움	파울	경고	퇴장
BC	1999	포항	23	7	0	1	23	0	0
	2000	포항	21	10	0	2	34	4	0
	2001	포항	17	10	0	0	27	5	0
	합계		67	25	0	3	84	9	0
프로통산			67	25	0	3	84	9	0

박형진(朴亨鎭) 고려대 1990.06.24

대회	연도	소속	출전	교체	득점	도움	파울	경고	퇴장
K1	2018	수원	19	1	1	3	21	2	0
	합계		19	1	1	3	21	2	0
프로통산			19	1	1	3	21	2	0

박호영(朴祜永) 개성고 1999.04.07

대회	연도	소속	출전	교체	득점	도움	파울	경고	퇴장
K2	2018	부산	2	2	0	0	0	0	0
	합계		2	2	0	0	0	0	0
프로통산			2	2	0	0	0	0	0

박호용(朴鎬用) 안동고 1991.06.30

대회	연도	소속	출전	교체	득점	도움	파울	경고	퇴장
BC	2011	인천	3	2	0	0	6	2	0
	합계		3	2	0	0	6	2	0
프로통산			3	2	0	0	6	2	0

박호진(朴虎珍) 연세대 1976.10.22

대회	연도	소속	출전	교체	실점	도움	파울	경고	퇴장
BC	1999		0	0	0	0	0	0	0
	2000	수원	1	0	1	0	0	1	0
	2001	수원	11	0	13	0	0	0	0
	2002	수원	5	0	3	0	0	0	0
	2003	광주상	17	1	16	0	0	0	0
	2004	광주상	17	1	19	0	0	0	0
	2005	수원	4	1	2	0	0	0	0
	2006	수원	25	1	19	0	0	0	0
	2007	수원	4	1	10	0	0	0	0
	2009	수원	4	0	10	0	0	0	0
	2011	광주	31	0	44	0	1	2	0
	2012	광주	35	0	52	0	0	2	0
	합계		143	2	176	0	2	4	0
K1	2013	강원	15	0	30	0	1	1	0
	합계		15	0	30	0	1	1	0
승	2013	강원							
	합계								
프로통산			158	2	206	0	3	6	0

박효빈(朴孝彬) 한양대 1972.01.07

대회	연도	소속	출전	교체	득점	도움	파울	경고	퇴장
BC	1995	유공	18	12	0	0	16	1	0
	1996	부천유	10	7	0	0	8	0	0
	1997	부천SK	21	20	1	1	15	3	0
	1998	부천SK	3	3	0	0	0	0	0
	1999	안양LG	8	6	3	0	11	3	0
	합계		60	48	4	1	50	7	0
프로통산			60	48	4	1	50	7	0

박효진(朴孝鎭) 한양대 1972.07.22

대회	연도	소속	출전	교체	득점	도움	파울	경고	퇴장
BC	1999	천안일	1	1	0	0	0	0	0
	합계		1	1	0	0	0	0	0
프로통산			1	1	0	0	0	0	0

박훈(朴勳) 성균관대 1978.02.02

대회	연도	소속	출전	교체	득점	도움	파울	경고	퇴장
BC	2000	대전	6	5	0	0	10	3	0
	2001	대전	1	1	0	0	5	0	0
	합계		7	6	0	0	15	3	0
프로통산			7	6	0	0	15	3	0

박희도(朴禧燾) 동국대 1986.03.20

대회	연도	소속	출전	교체	득점	도움	파울	경고	퇴장
BC	2008	부산	28	19	4	4	48	4	0
	2009	부산	35	10	8	7	66	10	0
	2010	부산	22	10	7	6	46	3	0
	2011	부산	14	8	1	2	24	3	0
	2012	서울	17	17	1	1	18	3	0
	합계		116	64	21	19	202	23	0
K1	2013	전북	34	31	3	3	49	2	0
	2015	전북	3	3	0	0	0	0	0
	합계		34	31	3	3	49	2	0
K2	2014	안산경	22	11	4	2	27	1	0
	2015	안산경	27	12	4	0	34	3	0
	2016	강원	13	13	0	0	10	1	0
	합계		62	36	8	4	71	8	0
승	2016	강원	1	1	0	0	1	0	0
	합계		1	1	0	0	1	0	0
프로통산			211	132	33	26	323	33	0

박희성(朴喜成) 고려대 1990.04.07

대회	연도	소속	출전	교체	득점	도움	파울	경고	퇴장
K1	2013	서울	15	15	1	1	11	1	0
	2014	서울	19	19	2	0	11	1	0
	2015	서울	2	2	0	0	2	1	0
	2016	상주	15	7	3	0	17	1	0
	2017	상주	5	5	0	0	8	0	0
	2017	서울	11	11	1	0	7	1	0
	합계		68	60	7	1	67	6	0
프로통산			68	60	7	1	67	6	0

박희성(朴熙成) 호남대 1987.04.07

대회	연도	소속	출전	교체	득점	도움	파울	경고	퇴장
BC	2011	광주	27	9	0	1	29	2	0
	2012	광주	23	3	2	0	31	2	0
	합계		50	12	2	1	60	4	0
K1	2014	성남	22	4	0	1	8	0	0
K2	2013	광주	23	2	1	0	37	5	0
	합계		23	2	1	0	37	5	0
프로통산			95	18	2	3	105	9	0

박희성(朴喜成) 원광대 1990.03.22

대회	연도	소속	출전	교체	득점	도움	파울	경고	퇴장
K2	2014	충주	1	0	0	0	5	1	0
	합계		1	0	0	0	5	1	0
프로통산			1	0	0	0	5	1	0

박희완(朴喜完) 단국대 1975.05.09

대회	연도	소속	출전	교체	득점	도움	파울	경고	퇴장
BC	1999	전남	2	2	0	0	2	0	0
	2006	대구	2	2	0	0	0	0	0
	합계		4	4	0	0	2	0	0
프로통산			4	4	0	0	2	0	0

박희원(朴喜遠) 영남대 1962.03.06

대회	연도	소속	출전	교체	득점	도움	파울	경고	퇴장
BC	1986	포철	1	0	0	0	1	0	0
	합계		1	0	0	0	1	0	0
프로통산			1	0	0	0	1	0	0

박희철(朴喜撤) 홍익대 1986.01.07

대회	연도	소속	출전	교체	득점	도움	파울	경고	퇴장
BC	2006	포항	6	5	0	0	15	0	0
	2007	포항	5	0	0	0	5	0	0
	2008	경남	2	1	0	0	12	0	0
	2008	포항	11	2	0	0	37	2	0
	2009	포항	11	5	0	1	30	5	0
	2010	포항	16	4	0	1	30	5	0
	2011	포항	32	1	0	2	74	14	0
	2012	포항							
	합계		89	27	0	6	212	28	0
K1	2013	포항	22	7	0	2	24	5	0
	2014	포항	19	9	0	0	39	6	0
	합계		41	10	0	0	10	0	0
K2	2015	안산경	22	8	0	0	30	5	0
	2016	안산무	1	1	0	0	0	0	0
	합계		23	9	0	0	30	5	0
프로통산			153	52	0	6	305	44	0

박희탁(朴熙卓) 한양대 1967.05.18

대회	연도	소속	출전	교체	득점	도움	파울	경고	퇴장
BC	1990	대우	4	4	0	1	2	1	0
	1992	대우	7	6	0	0	7	3	0
	합계		11	10	0	1	9	4	0
프로통산			11	10	0	1	9	4	0

반데르(Wander Luiz Bitencourt Junior) 브라질 1987.05.30

대회	연도	소속	출전	교체	득점	도움	파울	경고	퇴장
K1	2014	울산	4	3	0	1	4	0	0
	합계		4	3	0	1	4	0	0
프로통산			4	3	0	1	4	0	0

반덴브링크(Sebastiaan Van Den Brink) 네덜란드 1982.09.11

대회	연도	소속	출전	교체	득점	도움	파울	경고	퇴장
BC	2011	부산	3	3	0	0	1	0	0
	합계		3	3	0	0	1	0	0
프로통산			3	3	0	0	1	0	0

반델레이(Vanderlei Francisco) 브라질 1987.09.25

대회	연도	소속	출전	교체	득점	도움	파울	경고	퇴장
K2	2014	대전	23	20	7	3	34	1	0
	합계		23	20	7	3	34	1	0
프로통산			23	20	7	3	34	1	0

반도(Wando da Costa Silva) 브라질 1980.05.18

대회	연도	소속	출전	교체	득점	도움	파울	경고	퇴장
BC	2011	수원	0	0	0	0	0	0	0
	합계		0	0	0	0	0	0	0
프로통산			0	0	0	0	0	0	0

발라웅(Balao Junior Cavalcante da Costa) 브라질 1975.05.08

대회	연도	소속	출전	교체	득점	도움	파울	경고	퇴장
BC	2003	울산	17	14	4	1	22	0	0
	합계		17	14	4	1	22	0	0
프로통산			17	14	4	1	22	0	0

발랑가(Bollanga Priso Gustave) 카메룬 1972.02.13

대회	연도	소속	출전	교체	득점	도움	파울	경고	퇴장
BC	1996	전북	10	9	2	1	4	1	0
	합계		10	9	2	1	4	1	0
프로통산			10	9	2	1	4	1	0

발레리(Valery Vyalichka) 벨라루스 1966.09.12

대회	연도	소속	출전	교체	득점	도움	파울	경고	퇴장
BC	1996	천안일	2	2	0	0	2	0	0
	합계		2	2	0	0	2	0	0
프로통산			2	2	0	0	2	0	0

발렝찡(Francisco de Assis Clarentino Valentim) 브라질 1977.

대회	연도	소속	출전	교체	득점	도움	파울	경고	퇴장
BC	2004	서울	6	3	0	0	5	0	0
	합계		6	3	0	0	5	0	0
프로통산			6	3	0	0	5	0	0

발렌티노스(Valentinos Sielis) 키프로스 1990.03.01

대회	연도	소속	출전	교체	득점	도움	파울	경고	퇴장
K1	2017	강원	7	1	1	0	7	1	0
	2018	강원	32	3	0	0	24	1	0
	합계		39	4	1	0	31	2	0
프로통산			39	4	1	0	31	2	0

발로텔리(Boareto dos Reis Jonathan) 브라질 1989.04.02

대회	연도	소속	출전	교체	득점	도움	파울	경고	퇴장
K2	2018	부산	4	2	2	0	4	1	0
	합계		4	2	2	0	4	1	0
프로통산			4	2	2	0	4	1	0

발푸르트(Arsenio Jermaine Cedric Valpoort) 네덜란드 1992.08.05

대회	연도	소속	출전	교체	득점	도움	파울	경고	퇴장
K2	2018	부산	10	10	1	1	14	0	0
	합계		10	10	1	1	14	0	0
프로통산			10	10	1	1	14	0	0

방대종(方大鍾) 동아대 1985.01.28

대회	연도	소속	출전	교체	득점	도움	파울	경고	퇴장
BC	2008	대구	7	5	0	0	5	0	0
	2009	대구	25	4	2	0	31	6	0
	2010	대구	23	2	0	1	34	4	0
	2011	전남	14	5	0	0	17	2	0
	2012	상주	19	2	2	1	17	2	0
	합계		88	18	4	2	101	17	0
K1	2013	전남	2	0	0	0	0	1	0
	2014	전남	32	3	1	0	36	3	0
	2015	전남	20	4	0	0	16	5	0
	2016	전남	11	4	0	0	13	1	0
	합계		69	16	1	0	61	10	0
K2	2013	상주	15	1	1	0	18	0	1
	2017	안양	14	0	1	0	5	2	0
	합계		29	1	2	0	23	2	1
프로통산			186	35	7	2	185	30	1

방승환(方承奐) 동국대 1983.02.25

대회	연도	소속	출전	교체	득점	도움	파울	경고	퇴장
BC	2004	인천	25	14	4	0	46	3	0
	2005	인천	31	21	5	2	67	4	0
	2006	인천	28	15	6	5	69	9	0
	2007	인천	13	6	1	2	22	1	0
	2008	인천	13	8	1	1	21	1	0
	2009	제주	27	16	5	0	63	6	0
	2010	서울	21	18	4	3	31	6	0
	2011	서울	16	14	2	1	18	3	0
	2012	부산	33	25	5	2	73	3	0
	합계		224	157	35	15	454	41	0
K1	2013	부산	14	11	0	0	22	1	0
	합계		14	11	0	0	22	1	0
프로통산			238	168	35	15	476	43	1

방윤출(方允出) 대신고 1957.05.15

대회	연도	소속	출전	교체	득점	도움	파울	경고	퇴장
BC	1984	한일	17	13	0	2	2	0	0
	합계		17	13	0	2	2	0	0
프로통산			17	13	0	2	2	0	0

방인웅(方寅雄) 인천대 1962.01.31

대회	연도	소속	출전	교체	득점	도움	파울	경고	퇴장
BC	1986	유공	7	1	0	0	18	1	0
	1987	유공	6	1	0	0	8	1	0
	1989	일화	19	4	0	0	39	4	0
	1991	일화	23	5	0	0	35	5	1
	1992	일화	26	7	1	1	41	6	0
	1993	일화	28	6	0	0	15	3	0
	1994	일화	9	5	0	0	12	1	0
	1995	일화	10	0	1	0	15	4	0
	합계		128	29	1	2	214	23	2
프로통산			128	29	1	2	214	23	2

방찬준(方讚唆) 한남대 1994.04.15

대회	연도	소속	출전	교체	득점	도움	파울	경고	퇴장
K1	2015	수원	1	1	0	0	0	0	0
	합계		1	1	0	0	0	0	0
K2	2016	강원	10	10	1	0	4	0	0
	합계		10	10	1	0	4	0	0
프로통산			11	11	1	0	4	0	0

배관영(裵寬榮) 울산대 1982.04.13

대회	연도	소속	출전	교체	득점	도움	파울	경고	퇴장
BC	2005	울산	0	0	0	0	0	0	0
	2006	울산	0	0	0	0	0	0	0
	2007	울산	0	0	0	0	0	0	0
	2008	울산	0	0	0	0	0	0	0
	합계		0	0	0	0	0	0	0
프로통산			0	0	0	0	0	0	0

배기종(裵起鍾) 광운대 1983.05.26

대회	연도	소속	출전	교체	득점	도움	파울	경고	퇴장
BC	2006	대전	27	22	7	3	50	3	0
	2007	수원	17	13	0	2	19	0	0
	2008	수원	16	16	5	3	28	1	0
	2009	수원	19	14	2	1	19	4	0
	2010	제주	24	18	5	1	40	1	0
	2011	제주	23	7	0	2	36	2	0
	합계		129	98	22	16	206	10	0
K1	2013	제주	8	2	1	1	6	0	0
	2014	수원	14	12	3	1	12	0	0
	2015	제주	23	23	2	1	11	1	0
	합계		54	45	9	6	49	5	0
K2	2013	경찰	18	10	5	4	15	3	1
	2016	경남	15	14	4	1	14	0	0
	2017	경남	32	30	4	3	12	2	0
	합계		65	54	13	10	41	5	1
프로통산			248	197	44	32	296	20	1

배민호(裵珉鎬) 한양대 1991.10.25

대회	연도	소속	출전	교체	득점	도움	파울	경고	퇴장
K2	2014	고양	19	6	0	0	14	1	0
	합계		19	6	0	0	14	1	0
프로통산			19	6	0	0	14	1	0

배성재(裵城裁) 한양대 1979.07.01

대회	연도	소속	출전	교체	득점	도움	파울	경고	퇴장
BC	2002	대전	8	6	0	0	14	2	0
	2003	대전	10	4	0	0	11	0	0
	2004	대전	0	0	0	0	0	0	0
	합계		18	10	0	0	25	2	0
프로통산			18	10	0	0	25	2	0

배세현(裵世玹) 제주 U-18 1995.03.27

대회	연도	소속	출전	교체	득점	도움	파울	경고	퇴장
K1	2015	제주	1	1	0	0	2	0	0
	합계		1	1	0	0	2	0	0
프로통산			1	1	0	0	2	0	0

배수한(裵洙漢) 예원예술대 1988.09.15

대회	연도	소속	출전	교체	득점	도움	파울	경고	퇴장
K2	2013	수원FC	2	2	0	0	2	0	0
	합계		2	2	0	0	2	0	0
프로통산			2	2	0	0	2	0	0

배수현(裵洙鉉) 건국대 1969.10.30

대회	연도	소속	출전	교체	득점	도움	파울	경고	퇴장
BC	1992	현대	2	2	0	0	2	0	0
	합계		2	2	0	0	2	0	0
프로통산			2	2	0	0	2	0	0

배슬기(裵슬기) 광양제철고 1985.06.09

대회	연도	소속	출전	교체	득점	도움	파울	경고	퇴장
BC	2012	포항	0	0	0	0	0	0	0
	합계		0	0	0	0	0	0	0
K1	2013	포항	1	1	0	0	2	0	0
	2014	포항	14	3	1	0	22	2	0
	2015	포항	20	1	0	1	42	8	0
	2016	포항	26	1	2	0	21	5	0
	2017	포항	36	2	1	2	18	5	0
	2018	포항	17	10	0	0	9	1	0
	합계		123	17	4	2	128	19	0
프로통산			123	17	4	2	128	19	0

배승진(裵乘振) 오산중 1987.11.03

대회	연도	소속	출전	교체	득점	도움	파울	경고	퇴장
K1	2014	인천	11	2	0	0	26	3	0
	2016	인천	4	2	0	0	14	0	0
	합계		15	4	0	0	34	4	0
K2	2015	안산경	7	3	0	0	34	4	0
	2016	안산무	7	3	0	2	7	1	0
	2017	성남	20	5	0	0	7	2	0
	합계		45	10	2	0	88	16	0
프로통산			60	14	2	0	122	20	0

배신영(裵信泳) 단국대 1992.06.11

대회	연도	소속	출전	교체	득점	도움	파울	경고	퇴장
K1	2016	수원FC	9	7	0	0	11	1	1
	합계		9	7	0	0	11	1	1
K2	2015	수원FC	26	14	5	0	21	2	0

대회	연도	소속	출전	교체	득점	도움	파울	경고	퇴장
	2016	대구	3	3	0	0	2	0	0
	2017	수원FC	13	13	0	0	5	0	0
	2018	수원FC	5	4	0	0	1	0	0
	합계		47	34	5	0	37	3	0
승	2015	수원FC	2	2	0	0	4	1	0
	합계		2	2	0	0	4	1	0
프로통산			58	43	5	0	39	4	1

배실용(裵實龍) 광운대 1962.04.11

대회	연도	소속	출전	교체	득점	도움	파울	경고	퇴장
BC	1985	한일	4	2	0	0	3	0	0
	1986	한일	9	1	0	0	18	0	0
	합계		13	3	0	0	21	0	0
프로통산			13	3	0	0	21	0	0

배인영(裵仁英) 영남대 1990.03.12

대회	연도	소속	출전	교체	득점	도움	파울	경고	퇴장
K1	2013	대구	0	0	0	0	0	0	0
	합계		0	0	0	0	0	0	0
프로통산			0	0	0	0	0	0	0

배일환(裵日換) 단국대 1988.07.20

대회	연도	소속	출전	교체	득점	도움	파울	경고	퇴장
BC	2011	제주	2	2	0	0	2	0	0
	2012	제주	40	29	2	2	56	1	0
	합계		42	31	5	2	58	1	0
K1	2013	제주	31	22	2	6	42	2	0
	2014	제주	26	22	0	2	23	2	0
	2016	상주	4	1	0	0	4	0	0
	2018	제주	0	0	0	0	0	0	0
	합계		61	45	2	10	69	4	0
K2	2017	상주	24	18	3	2	24	0	0
	합계		24	18	3	2	24	0	0
프로통산			127	94	10	12	156	5	0

배재우(裵栽釪) 용인대 1993.05.17

대회	연도	소속	출전	교체	득점	도움	파울	경고	퇴장
K1	2015	제주	6	2	0	0	3	0	0
	2016	제주	16	9	0	1	13	2	0
	2017	제주	13	6	0	1	7	1	0
	2018	제주	2	1	0	0	2	0	0
	2018	울산	1	0	0	0	0	0	0
	합계		38	18	0	2	30	5	0
프로통산			38	18	0	2	30	5	0

배주익(裵住翊) 서울시립대 1976.09.09

대회	연도	소속	출전	교체	득점	도움	파울	경고	퇴장
BC	1999	천안일	2	2	0	0	2	0	0
	합계		2	2	0	0	2	0	0
프로통산			2	2	0	0	2	0	0

배준렬(裵俊烈) 대건고 1996.09.23

대회	연도	소속	출전	교체	득점	도움	파울	경고	퇴장
K2	2016	부천	5	5	0	0	5	1	0
	합계		5	5	0	0	5	1	0
프로통산			5	5	0	0	5	1	0

배지훈(裵智君) 홍익대 1995.05.30

대회	연도	소속	출전	교체	득점	도움	파울	경고	퇴장
K2	2017	수원FC	20	5	0	2	20	1	0
	2018	수원FC	9	3	1	0	14	1	0
	합계		29	8	1	2	34	6	0
프로통산			29	8	1	2	34	6	0

배진수(裵眞秀) 중앙대 1976.01.26

대회	연도	소속	출전	교체	득점	도움	파울	경고	퇴장
BC	2001	성남일	2	3	0	0	4	0	0
	2004	성남일	1	1	0	0	3	0	0
	합계		3	4	0	0	7	0	0
프로통산			3	4	0	0	7	0	0

배창근(裵昌根) 영남대 1971.03.16

대회	연도	소속	출전	교체	득점	도움	파울	경고	퇴장
BC	1994	포철	9	9	1	0	4	0	0
	1995	포항	6	5	1	0	3	1	0
	합계		15	14	1	0	7	1	0
프로통산			15	14	1	1	7	1	0

배천석(裵千奭) 숭실대 1990.04.27

대회	연도	소속	출전	교체	득점	도움	파울	경고	퇴장
K1	2013	포항	20	17	4	2	19	1	0
	2014	포항	4	4	0	0	5	0	0
	2015	부산	21	7	1	1	36	0	0
	2016	전남	23	16	3	1	24	2	0
	2017	전남	8	7	0	3	0	0	0
	합계		76	51	8	7	79	3	0
프로통산			76	51	8	7	79	3	0

배해민(裵海珉) 중앙중 1988.04.25

대회	연도	소속	출전	교체	득점	도움	파울	경고	퇴장
BC	2007	서울	0	0	0	0	0	0	0
	2008	서울	1	1	0	0	1	0	0
	2011	서울	4	4	0	0	1	0	0
	합계		5	5	0	0	2	0	0
K2	2015	고양	13	13	1	0	3	0	0
	합계		13	13	1	0	3	0	0
프로통산			18	18	1	0	5	0	0

배효성(裵曉星) 관동대 1982.01.01

대회	연도	소속	출전	교체	득점	도움	파울	경고	퇴장
BC	2004	부산	12	2	0	1	15	2	0
	2005	부산	34	0	0	0	44	2	0
	2006	부산	38	0	1	0	42	3	0
	2007	부산	29	0	0	0	36	7	1
	2008	부산	31	0	0	1	17	4	0
	2009	광주상	25	2	0	0	41	9	0
	2010	광주상	26	1	1	0	28	6	0
	2011	인천	31	2	1	0	28	6	0
	2012	강원	22	1	1	0	31	6	0
	합계		234	12	4	4	273	42	1
K1	2013	강원	34	1	1	0	37	7	0
	합계		34	1	1	0	37	7	0
K2	2014	강원	34	2	4	0	38	3	0
	2015	강원	22	3	0	0	24	4	0
	2016	충주	19	3	0	0	17	4	0
	합계		68	8	4	0	67	18	1
승	2013	강원	2	0	0	0	5	2	0
	합계		2	0	0	0	5	2	0
프로통산			338	21	10	4	377	67	3

백기홍(白起洪) 경북산업대(경일대) 1971.03.11

대회	연도	소속	출전	교체	득점	도움	파울	경고	퇴장
BC	1990	포철	1	1	0	0	0	0	0
	1991	포철	1	1	0	0	1	0	0
	1992	포철	15	11	2	1	19	0	0
	1993	포철	26	15	0	4	35	4	0
	1994	포철	22	11	1	1	20	1	0
	1996	포항	19	16	0	2	24	1	0
	1997	포항	5	3	0	0	2	0	0
	1997	천안일	17	12	0	0	20	2	0
	1998	천안일	9	8	0	0	5	0	0
	1999	안양LG	1	1	0	0	0	0	0
	합계		121	82	3	10	132	9	0
프로통산			121	82	3	10	132	9	0

백남수(白南秀) 한양대 1961.11.10

대회	연도	소속	출전	교체	득점	도움	파울	경고	퇴장
BC	1983	유공	14	6	0	1	11	2	0
	1984	유공	17	11	1	2	13	0	0
	1985	유공	13	1	0	0	14	0	0
	1986	포철	14	12	0	1	14	0	0
	합계		58	30	1	3	49	2	0
프로통산			58	30	1	3	49	4	0

백동규(白棟圭) 동아대 1991.05.30

대회	연도	소속	출전	교체	득점	도움	파울	경고	퇴장
K1	2015	제주	16	2	0	0	27	3	0
	2016	제주	21	7	0	1	24	1	0
	2017	제주	3	1	0	0	2	0	0
	2018	상주	18	9	0	0	19	3	0
	합계		58	19	0	1	75	9	0
K2	2014	안양	24	9	0	0	30	4	0
	2015	안양	12	0	0	0	19	4	0
	합계		36	9	0	0	49	8	0
프로통산			94	28	0	1	124	17	0

백민철(白珉喆) 동국대 1977.07.28

대회	연도	소속	출전	교체	**실점**	도움	파울	경고	퇴장
BC	2000	안양LG	0	0	0	0	0	0	0
	2002	안양LG	0	0	0	0	0	0	0
	2003	광주상	5	0	0	0	0	0	0
	2004	광주상	6	0	0	0	0	0	0
	2005	서울	0	0	0	0	0	0	0
	2006	대구	23	0	26	0	1	1	0
	2007	대구	33	0	51	1	2	1	0
	2008	대구	36	0	77	0	2	3	0
	2009	대구	20	1	22	0	0	1	0
	2010	대구	33	0	68	0	3	0	0
	2011	대구	10	0	18	0	0	0	0
	2012	경남	1	1	6	0	0	0	0
	합계		174	2	291	1	8	7	0
K1	2013	경남	21	0	20	0	0	1	0
	합계		21	0	20	0	0	1	0
K2	2014	광주	6	0	7	0	0	1	0
	합계		6	0	7	0	0	1	0
승	2014	광주	2	0	3	0	0	0	0
	합계		2	0	3	0	0	0	0
프로통산			201	2	318	1	4	13	0

백선규(白善圭) 한남대 1989.05.02

대회	연도	소속	출전	교체	**실점**	도움	파울	경고	퇴장
BC	2011	인천	1	0	4	0	0	0	0
	2012	인천	0	0	0	0	0	0	0
	합계		1	0	4	0	0	0	0
프로통산			1	0	4	0	0	0	0

백성동(白星東) 연세대 1991.08.13

대회	연도	소속	출전	교체	득점	도움	파울	경고	퇴장
K2	2017	수원FC	32	9	8	4	43	3	0
	2018	수원FC	30	10	5	1	27	3	0
	합계		62	19	13	5	70	6	0
프로통산			62	19	13	5	70	6	0

백성우(白成右) 단국대 1990.04.08

대회	연도	소속	출전	교체	**실점**	도움	파울	경고	퇴장
K2	2013	안양	2	0	4	0	0	0	0
	합계		2	0	4	0	0	0	0
프로통산			2	0	4	0	0	0	0

백성진(白聖珍) 중앙대 1954.05.12

대회	연도	소속	출전	교체	득점	도움	파울	경고	퇴장
BC	1983	국민	14	3	0	0	14	0	0
	합계		14	3	0	0	14	0	0
프로통산			14	3	0	0	14	0	0

백송(白松) 아주대 1966.08.15

대회	연도	소속	출전	교체	득점	도움	파울	경고	퇴장
BC	1989	유공	15	12	0	0	18	2	0
	1990	유공	1	1	0	0	0	0	0
	1993	유공	12	11	0	0	12	0	0
	1994	버팔로	30	19	8	2	20	8	0
	1995	전북	11	12	1	1	14	2	0
	합계		69	55	9	2	69	12	0
프로통산			69	55	9	2	69	12	0

백수현(白守鉉) 상지대 1986.07.20

대회	연도	소속	출전	교체	득점	도움	파울	경고	퇴장
BC	2010	경남	1	1	0	0	1	0	0
	합계		1	1	0	0	1	0	0
프로통산			1	1	0	0	1	0	0

백승대(白承大) 아주대 1970.03.02

대회	연도	소속	출전	교체	득점	도움	파울	경고	퇴장
BC	1991	현대	9	2	0	0	10	0	0

대회	연도	소속	출전	교체	득점	도움	파울	경고	퇴장
	1992	현대	33	6	0	2	35	1	0
	1993	현대	26	6	1	0	30	3	0
	1997	안양LG	11	5	0	0	16	2	0
	합계		79	19	1	2	91	6	0
프로통산			79	19	1	2	91	6	0

백승민(白承敏) 백암고 1986.03.12

대회	연도	소속	출전	교체	득점	도움	파울	경고	퇴장
BC	2006	전남	18	15	0	1	28	1	0
	2007	전남	16	13	0	0	18	1	0
	2008	전남	17	4	0	1	29	4	0
	2009	전남	20	7	0	1	24	3	0
	2010	전남	21	12	3	2	32	2	0
	2011	전남	1	1	0	0	0	0	0
	합계		93	52	3	5	128	10	0
프로통산			93	52	3	5	128	10	0

백승우(白承祐) 동아대 1973.05.28

대회	연도	소속	출전	교체	득점	도움	파울	경고	퇴장
BC	1996	천안일	5	3	0	0	3	0	0
	1997	부천SK	3	3	0	0	1	0	0
	합계		8	6	0	0	4	0	0
프로통산			8	6	0	0	4	0	0

백승원(白承原) 강원대 1992.04.18

대회	연도	소속	출전	교체	득점	도움	파울	경고	퇴장
K1	2015	인천	3	2	0	0	7	2	0
	합계		3	2	0	0	7	2	0
프로통산			3	2	0	0	7	2	0

백승철(白承哲) 영남대 1975.03.09

대회	연도	소속	출전	교체	득점	도움	파울	경고	퇴장
BC	1998	포항	35	21	12	3	65	3	0
	1999	포항	21	11	8	1	42	1	0
	합계		56	32	20	4	107	4	0
프로통산			56	32	20	4	107	4	0

백승현(白承鉉) 울산대 1995.03.10

대회	연도	소속	출전	교체	득점	도움	파울	경고	퇴장
K1	2018	전남	1	1	0	0	0	0	0
	합계		1	1	0	0	0	0	0
프로통산			1	1	0	0	0	0	0

백영철(白榮喆) 경희대 1978.11.11

대회	연도	소속	출전	교체	득점	도움	파울	경고	퇴장
BC	2001	성남일	16	6	2	1	24	3	0
	2002	성남일	18	16	0	2	26	1	1
	2003	성남일	1	1	0	0	1	0	0
	2004	성남일	7	7	0	0	13	0	0
	2005	포항	22	20	0	1	26	2	0
	2006	경남	13	1	2	1	46	5	1
	2007	경남	16	11	0	0	20	3	0
	2008	대구	28	8	1	4	54	8	0
	2009	대구	25	5	1	2	43	7	1
	2010	대구	8	1	0	0	15	2	0
	합계		157	88	4	9	259	30	3
프로통산			157	88	4	9	259	30	3

백자건(Zijian Baii, 白子建) 중국 1992.10.16

대회	연도	소속	출전	교체	득점	도움	파울	경고	퇴장
BC	2011	대전	14	14	0	1	4	0	0
	합계		14	14	0	1	4	0	0
프로통산			14	14	0	1	4	0	0

백재우(白裁宇) 광주대 1991.04.27

대회	연도	소속	출전	교체	득점	도움	파울	경고	퇴장
K2	2016	안양	0	0	0	0	0	0	0
	합계		0	0	0	0	0	0	0
프로통산			0	0	0	0	0	0	0

백종철(白鍾喆) 경희대 1961.03.09

대회	연도	소속	출전	교체	득점	도움	파울	경고	퇴장
BC	1984	현대	28	9	16	4	19	0	0
	1985	현대	6	4	0	0	5	0	0
	1986	현대	12	9	1	1	5	0	0
	1987	현대	25	19	3	2	11	0	0
	1988	현대	20	15	2	1	16	0	0
	1989	일화	22	6	10	2	19	1	0
	1990	일화	26	13	1	2	16	1	0
	1991	일화	4	2	1	0	4	0	0
	합계		143	80	36	11	100	2	0
프로통산			143	80	36	11	100	2	0

백종환(白鐘煥) 인천대 1985.04.18

대회	연도	소속	출전	교체	득점	도움	파울	경고	퇴장
BC	2008	제주	5	4	0	0	7	1	0
	2009	제주	5	3	0	0	7	1	0
	2010	제주	0	0	0	0	0	0	0
	2011	강원	7	6	1	1	8	1	0
	2012	강원	36	20	2	0	56	7	0
	합계		75	48	3	1	102	13	0
K1	2014	상주	16	8	1	0	31	4	0
	2017	강원	10	4	0	0	15	3	0
K2	2013	상주	32	7	0	7	49	6	0
	2014	강원	9	2	0	0	21	2	0
	2015	강원	34	4	2	1	54	9	0
	2016	강원	33	2	0	2	45	8	0
	2018	대전	11	1	0	0	13	0	0
	합계		113	17	2	10	176	25	0
승	2013	상주	2	0	0	0	1	0	0
	합계		2	0	0	0	1	0	0
프로통산			216	77	6	11	325	45	0

백주현(白周俔) 조선대 1984.02.09

대회	연도	소속	출전	교체	득점	도움	파울	경고	퇴장
BC	2006	수원	6	5	0	0	10	2	0
	2008	광주상	1	1	0	0	0	0	0
	합계		7	6	0	0	10	2	0
프로통산			7	6	0	0	10	2	0

백지훈(白智勳) 안동고 1985.02.28

대회	연도	소속	출전	교체	득점	도움	파울	경고	퇴장
BC	2003	전남	3	4	0	0	1	0	0
	2004	전남	18	10	1	0	32	1	1
	2005	서울	22	16	0	3	33	2	0
	2006	서울	15	10	1	0	19	3	0
	2006	수원	6	3	0	0	4	0	0
	2007	수원	23	6	4	0	27	2	0
	2008	수원	22	12	4	0	18	2	0
	2009	수원	23	15	1	0	14	0	0
	2010	수원	15	8	0	0	11	0	0
	2012	상주	20	4	2	0	22	6	0
	합계		170	98	22	9	195	20	1
K1	2014	울산	19	19	2	0	16	1	0
	2015	수원	21	16	0	0	13	0	0
	2016	수원	14	14	0	1	5	1	0
	합계		58	49	2	1	35	2	0
K2	2013	상주	11	11	1	0	6	0	0
	2017	서울E	15	12	1	0	9	2	0
	합계		26	23	2	0	15	2	0
프로통산			254	170	26	10	235	25	1

백진철(白進哲) 중앙대 1982.02.03

대회	연도	소속	출전	교체	득점	도움	파울	경고	퇴장
BC	2006	전남	2	2	1	0	0	0	0
	합계		2	2	1	0	0	0	0
프로통산			2	2	1	0	0	0	0

백치수(白致守) 한양대 1962.09.03

대회	연도	소속	출전	교체	득점	도움	파울	경고	퇴장
BC	1984	포철	23	4	0	0	22	1	0
	1985	포철	20	3	0	1	27	0	0
	1986	포철	20	8	0	1	17	0	0
	1987	포철	6	5	0	0	6	0	0
	1988	포철	18	11	0	0	25	2	0
	1989	포철	20	13	1	0	17	1	0
	합계		107	37	2	3	102	4	0
프로통산			107	37	2	3	102	4	0

백현영(白鉉英) 고려대 1958.07.29

대회	연도	소속	출전	교체	득점	도움	파울	경고	퇴장
BC	1984	유공	19	17	0	0	8	0	0
	1985	유공	12	5	4	0	7	0	0
	1986	유공	21	10	4	1	11	0	0
	합계		52	32	8	1	26	0	0
프로통산			52	32	8	1	26	0	0

백형진(白亨珍) 건국대 1970.07.01

대회	연도	소속	출전	교체	득점	도움	파울	경고	퇴장
BC	1998	안양LG	19	16	2	1	23	2	0
	1999	안양LG	20	21	1	0	16	2	0
	합계		39	37	3	1	36	5	0
프로통산			39	37	3	1	36	5	0

번즈(Nathan Joel Burns) 오스트레일리아 1988.05.07

대회	연도	소속	출전	교체	득점	도움	파울	경고	퇴장
BC	2012	인천	3	3	0	0	4	0	0
	합계		3	3	0	0	4	0	0
프로통산			3	3	0	0	4	0	0

베르나르도(Bernardo Vieira de Souza) 브라질 1990.05.20

대회	연도	소속	출전	교체	득점	도움	파울	경고	퇴장
K1	2016	울산	0	0	0	0	0	0	0
	합계		0	0	0	0	0	0	0
프로통산			0	0	0	0	0	0	0

베르손(Bergson Gustavo Silveira da Silva) 브라질 1991.02.0

대회	연도	소속	출전	교체	득점	도움	파울	경고	퇴장
BC	2011	수원	8	8	0	0	5	2	0
	합계		8	8	0	0	5	2	0
K1	2015	부산	7	7	0	0	9	1	0
	합계		7	7	0	0	9	1	0
프로통산			15	15	0	0	14	3	0

베리(Greggory Austin Berry) 미국 1988.10.06

대회	연도	소속	출전	교체	득점	도움	파울	경고	퇴장
K2	2015	안양	34	1	1	0	34	2	0
	합계		34	1	1	0	34	2	0
프로통산			34	1	1	0	34	2	0

베리발두(Perivaldo Lucio Dantas) 브라질 1953.07.12

대회	연도	소속	출전	교체	득점	도움	파울	경고	퇴장
BC	1987	유공	9	4	0	0	0	0	0
	합계		9	4	0	0	0	0	0
프로통산			9	4	0	0	0	0	0

베크리치(Samir Bekric) 보스니아 헤르체고비나 1984.10.20

대회	연도	소속	출전	교체	득점	도움	파울	경고	퇴장
BC	2010	인천	16	7	2	0	7	0	0
	합계		16	7	2	0	7	0	0
프로통산			16	7	2	0	7	0	0

베하(Pecha Laszlo) 헝가리 1963.10.26

대회	연도	소속	출전	교체	득점	도움	파울	경고	퇴장
BC	1990	포철	10	4	0	0	12	0	0
	1991	포철	5	5	0	1	4	0	0
	합계		15	9	0	1	16	0	0
프로통산			15	9	0	1	16	0	0

벨루소(Belusso Jonatas Elias) 시리아 1988.06.10

대회	연도	소속	출전	교체	득점	도움	파울	경고	퇴장
K2	2015	강원	31	21	15	1	31	2	0
	2016	서울E	17	13	4	2	24	2	0
	합계		48	34	19	2	51	6	0
프로통산			48	34	19	2	51	6	0

벨코스키(Krste Velkoski) 마케도니아 1988.02.20

대회	연도	소속	출전	교체	득점	도움	파울	경고	퇴장
K1	2016	인천	24	20	4	2	19	0	0

변병주 외 (왼쪽 단)

		출전	교체	득점	도움	파울	경고	퇴장
	합계	24	20	4	2	19	0	0
프로통산		24	20	4	2	19	0	0

변병주(邊炳柱) 연세대 1961.04.26

대회	연도	소속	출전	교체	득점	도움	파울	경고	퇴장
BC	1983	대우	4	0	1	4	0	0	0
	1984	대우	19	9	4	1	18	1	0
	1985	대우	4	1	1	2	7	0	0
	1986	대우	12	5	2	3	13	0	0
	1987	대우	30	15	5	4	43	1	0
	1988	대우	11	6	2	3	12	0	0
	1989	대우	19	5	7	1	33	0	0
	1990	현대	10	3	3	0	10	1	0
	1991	현대	22	15	3	1	31	1	0
	합계		131	59	28	16	175	4	0
프로통산			131	59	28	16	175	4	0

변성환(卞盛奐) 울산대 1979.12.22

대회	연도	소속	출전	교체	득점	도움	파울	경고	퇴장
BC	2002	울산	25	12	0	0	40	1	0
	2003	울산	14	7	0	0	15	1	0
	2004	울산	15	3	0	0	14	1	0
	2005	울산	5	1	0	0	6	0	0
	2006	울산	27	17	0	0	25	1	0
	2007	부산	23	3	1	0	22	3	0
	2008	제주	5	1	0	0	10	0	0
	2012	성남일	25	9	0	0	10	4	0
	합계		139	53	1	4	160	12	2
K2	2013	안양	21	2	0	0	26	2	0
	2014	안양	1	1	0	0	0	0	0
	합계		22	3	0	0	26	2	0
프로통산			161	56	1	4	196	15	2

변웅(卞雄) 울산대 1986.05.07

대회	연도	소속	출전	교체	득점	도움	파울	경고	퇴장
BC	2009	울산	0	0	0	0	0	0	0
	2010	광주상	10	5	0	1	13	0	0
	2011	상주	9	7	0	0	6	0	0
	합계		19	12	0	1	19	0	0
K1	2013	울산	1	1	0	0	1	0	0
	합계		1	1	0	0	1	0	0
K2	2014	충주	16	7	1	0	31	4	0
	합계		16	7	1	0	31	4	0
프로통산			36	20	2	1	51	4	0

변일우(邊一雨) 경희대 1959.03.01

대회	연도	소속	출전	교체	득점	도움	파울	경고	퇴장
BC	1984	할렐	23	13	1	3	21	0	0
	1985	할렐	14	7	2	1	15	0	0
	합계		37	20	3	4	36	0	0
프로통산			37	20	3	4	36	0	0

변재섭(邊載燮) 전주대 1975.09.17

대회	연도	소속	출전	교체	득점	도움	파울	경고	퇴장
BC	1997	전북	26	9	2	2	31	0	0
	1998	전북	25	12	3	4	36	6	0
	1999	전북	34	13	2	8	27	4	0
	2000	전북	32	21	0	5	24	0	0
	2001	전북	25	11	2	3	33	3	0
	2002	전북	7	0	0	0	9	0	0
	2003	전북	0	0	0	0	0	0	0
	2004	부천SK	15	4	1	1	22	1	0
	2005	부천SK	33	21	1	2	36	4	0
	2006	제주	25	17	2	0	26	2	0
	2007	전북	8	3	0	0	11	0	0
	합계		230	120	13	26	247	24	0
프로통산			230	120	13	26	247	24	0

변정석(邊晶錫) 인천대 1993.03.04

대회	연도	소속	출전	교체	득점	도움	파울	경고	퇴장
K2	2016	대전	1	1	0	0	0	0	0
	합계		1	1	0	0	0	0	0
프로통산			1	1	0	0	0	0	0

가운데 단

보그단(Bogdan Milic / ← 복이) 몬테네그로 1987.11.24

대회	연도	소속	출전	교체	득점	도움	파울	경고	퇴장
BC	2012	광주	36	20	5	3	74	6	0
	합계		36	20	5	3	74	6	0
K2	2013	수원FC	28	16	3	5	38	2	0
	합계		28	16	3	5	38	2	0
프로통산			64	36	8	8	112	8	0

보띠(Raphael Jose Botti Zacarias Sena) 브라질 1981.02.23

대회	연도	소속	출전	교체	득점	도움	파울	경고	퇴장
BC	2002	전북	19	19	0	4	28	1	0
	2003	전북	29	15	5	1	71	1	0
	2004	전북	21	4	3	2	51	5	0
	2005	전북	30	8	2	4	68	3	1
	2006	전북	30	16	4	0	51	5	0
	합계		129	62	14	7	269	15	1
프로통산			129	62	14	7	269	15	1

보로(Boro Janicic) 유고슬라비아 1967.

대회	연도	소속	출전	교체	득점	도움	파울	경고	퇴장
BC	1994	LG	28	7	0	3	30	5	0
	1995	LG	15	9	0	0	15	1	0
	합계		43	16	0	3	45	6	0
프로통산			43	16	0	3	45	6	0

보르코(Borko Veselinovic) 세르비아 몬테네그로 1986.01.06

대회	연도	소속	출전	교체	득점	도움	파울	경고	퇴장
BC	2008	인천	30	16	7	3	30	3	0
	2009	인천	19	13	1	0	36	1	0
	합계		49	29	8	3	66	4	0
프로통산			49	29	8	3	66	4	0

보리스(Boris Yakovlevich Tropanets) 몰도바 1964.10.11

대회	연도	소속	출전	교체	득점	도움	파울	경고	퇴장
BC	1996	부천유	1	1	0	0	2	0	0
	합계		1	1	0	0	2	0	0
프로통산			1	1	0	0	2	0	0

보리스(Boris Vostrosablin) 러시아 1968.10.07

대회	연도	소속	출전	교체	득점	도움	파울	경고	퇴장
BC	1997	부천SK	28	0	5	0	34	3	1
	1998	부천SK	19	15	1	0	16	4	0
	합계		47	15	6	0	50	7	1
프로통산			47	15	6	0	50	7	1

보리스(Boris Raic) 크로아티아 1976.12.03

대회	연도	소속	출전	교체	득점	도움	파울	경고	퇴장
BC	2003	부천SK	15	1	0	0	18	5	0
	2004	부천SK	26	3	0	0	49	7	0
	2005	부천SK	7	1	0	0	8	0	0
	합계		48	5	0	0	80	14	0
프로통산			48	5	0	0	80	14	0

보비(Robert Cullen) 일본 1985.06.07

대회	연도	소속	출전	교체	득점	도움	파울	경고	퇴장
K2	2015	서울E	35	20	2	4	37	2	0
	합계		35	20	2	4	37	2	0
프로통산			35	20	2	4	37	2	0

보산치치(Milos Bosancic) 세르비아 1988.05.22

대회	연도	소속	출전	교체	득점	도움	파울	경고	퇴장
K1	2013	경남	31	10	9	1	43	5	0
	2014	성남	10	9	0	1	15	1	0
	합계		41	19	9	2	58	6	0
프로통산			41	19	9	2	58	6	0

보스나(Eddy Bosnar) 오스트레일리아 1980.04.29

대회	연도	소속	출전	교체	득점	도움	파울	경고	퇴장
BC	2012	수원	36	6	2	0	38	7	1
	합계		36	6	2	0	38	7	1
K1	2013	수원	10	2	0	1	11	3	0

| 프로통산 | | | 46 | 8 | 2 | 1 | 49 | 10 | 1 |

보아델(Ricardo Resende Silva) 브라질 1976.02.18

대회	연도	소속	출전	교체	득점	도움	파울	경고	퇴장
BC	2001	포항	10	7	2	1	9	1	0
	합계		10	7	2	1	9	1	0
프로통산			10	7	2	1	9	1	0

본즈(Olivier Harouna Bonnes) 프랑스 1990.02.07

대회	연도	소속	출전	교체	득점	도움	파울	경고	퇴장
K1	2016	광주	15	3	0	0	27	1	0
	2017	광주	28	9	1	2	32	4	0
	합계		43	12	1	2	59	5	0
K2	2018	광주	8	0	0	0	8	1	0
	2018	성남	3	0	0	0	5	0	0
	합계		11	0	0	0	13	1	0
프로통산			54	19	1	2	72	6	0

부노자(Gordan Bunoza) 크로아티아 1988.02.05

대회	연도	소속	출전	교체	득점	도움	파울	경고	퇴장
K1	2017	인천	14	2	0	0	22	4	0
	2018	인천	30	1	0	1	36	0	0
	합계		44	1	0	1	56	4	0
프로통산			44	1	0	1	56	4	0

부발로(Milan Bubalo) 세르비아 1990.08.05

대회	연도	소속	출전	교체	득점	도움	파울	경고	퇴장
K1	2013	경남	34	11	6	0	39	3	0
	합계		34	11	6	0	39	3	0
프로통산			34	11	6	0	39	3	0

부야(Vujaklija Srdan) 세르비아 1988.03.21

대회	연도	소속	출전	교체	득점	도움	파울	경고	퇴장
K2	2018	광주	6	4	1	0	5	0	0
	합계		6	4	1	0	5	0	0
프로통산			6	4	1	0	5	0	0

부영태(夫英太) 탐라대 1985.09.02

대회	연도	소속	출전	교체	득점	도움	파울	경고	퇴장
BC	2003	부산	2	2	0	0	1	0	0
	2004	부산	1	1	0	0	0	0	0
	2005	부산	1	1	0	0	2	0	0
	2008	대전	1	1	0	0	1	0	0
	2009	대전	5	3	0	0	6	0	0
	합계		10	8	0	0	10	0	0
프로통산			10	8	0	0	10	0	0

뷔텍(Witold Bendkowski) 폴란드 1961.09.02

대회	연도	소속	출전	교체	득점	도움	파울	경고	퇴장
BC	1990	유공	21	5	1	0	32	1	0
	1991	유공	11	0	1	0	18	1	0
	1992	유공	20	6	0	0	35	5	0
	합계		52	11	2	0	85	7	0
프로통산			52	11	2	0	85	7	0

브라운(Greg Brown) 오스트레일리아 1962.07.29

대회	연도	소속	출전	교체	득점	도움	파울	경고	퇴장
BC	1991	포철	2	1	0	1	0	0	0
	합계		2	1	0	1	0	0	0
프로통산			2	1	0	1	0	0	0

브라질리아(Cristiano Pereira de Souza) 브라질 1977.07.28

대회	연도	소속	출전	교체	득점	도움	파울	경고	퇴장
BC	2007	대전	13	5	3	2	33	3	0
	2008	대전	14	8	4	2	43	5	0
	2009	포항	6	6	0	0	4	0	0
	2009	전북	15	12	6	2	7	1	0
	합계		53	33	12	10	76	9	0
프로통산			53	33	12	10	76	9	0

브랑코(Branko Bozovic) 유고슬라비아 1969.10.21

대회	연도	소속	출전	교체	득점	도움	파울	경고	퇴장
BC	1996	울산	14	11	0	3	26	3	0
	합계		14	11	0	3	26	3	0
프로통산			14	11	0	3	26	3	0

브랑코(Branko Bradovanović) 유고슬라비아

대회	연도	소속	출전	교체	득점	도움	파울	경고	퇴장
BC	1999	부산	4	4	0	0	5	1	0
		합계	4	4	0	0	5	1	0
프로통산			4	4	0	0	5	1	0

브루노(Alex Bruno) 브라질 1993,10,07

대회	연도	소속	출전	교체	득점	도움	파울	경고	퇴장
K2	2017	경남	32	23	0	8	26	4	1
	2018	수원FC	21	16	1	2	12	0	0
		합계	53	39	1	10	38	4	1
프로통산			53	39	1	10	38	4	1

브루노(Cunha Cantanhede Bruno) 브라질 1993,07,22

대회	연도	소속	출전	교체	득점	도움	파울	경고	퇴장
K2	2017	대전	18	4	3	2	24	1	0
	2018	안양	11	9	0	0	18	1	0
		합계	29	13	4	2	56	4	0
프로통산			29	13	4	2	56	4	0

브루노(Bruno Cazarine Constantino) 브라질 1985,05,06

대회	연도	소속	출전	교체	득점	도움	파울	경고	퇴장
RC	2009	경남	3	2	0	0	4	0	0
		합계	3	2	0	0	4	0	0
프로통산			3	2	0	0	4	0	0

브루노(Bruno Cesar) 브라질 1986,03,22

대회	연도	소속	출전	교체	득점	도움	파울	경고	퇴장
BC	2010	인천	19	17	1	3	17	1	0
		합계	19	17	1	3	17	1	0
프로통산			19	17	1	3	17	1	0

브루닝요(Bruno Cardoso Goncalves Santos) 브라질 1990,02,25

대회	연도	소속	출전	교체	득점	도움	파울	경고	퇴장
K2	2016	안양	15	9	0	0	19	2	0
		합계	15	9	0	0	19	2	0
프로통산			15	9	0	0	19	2	0

브루스(Bruce Jose Djite) 오스트레일리아 1987,03,25

대회	연도	소속	출전	교체	득점	도움	파울	경고	퇴장
K1	2016	수원FC	13	9	5	1	20	3	0
		합계	13	9	5	1	20	3	0
K2	2017	수원FC	26	13	6	1	37	4	0
		합계	26	13	6	1	37	4	0
프로통산			39	22	11	2	57	7	0

블라단(Vladan Adzic) 몬테네그로 1987,07,05

대회	연도	소속	출전	교체	득점	도움	파울	경고	퇴장
K1	2016	수원FC	27	1	3	0	33	9	0
		합계	27	1	3	0	33	9	0
K2	2014	수원FC	14	1	0	2	19	3	0
	2015	수원FC	24	1	0	1	39	8	0
	2017	수원FC	23	1	0	0	23	5	0
		합계	61	3	0	3	84	16	0
승	2015	수원FC	2	0	0	0	2	1	0
		합계	2	0	0	0	2	1	0
프로통산			90	4	3	1	119	25	0

비니시우스(Vinicius Conceicao da Silva) 브라질 1977,03,07

대회	연도	소속	출전	교체	득점	도움	파울	경고	퇴장
BC	2006	울산	29	14	1	4	68	9	0
		합계	29	14	1	4	68	9	0
프로통산			29	14	1	4	68	9	0

비니시우스(Marcos Vinicius dos Santod Ros) 브라질 1988,09

대회	연도	소속	출전	교체	득점	도움	파울	경고	퇴장
BC	2011	울산	1	1	0	0	0	0	0
		합계	1	1	0	0	0	0	0
프로통산			1	1	0	0	0	0	0

비도시치(Vidosic Dario) 오스트레일리아

비아나(Jardim Silva Fernando Viana) 브라질 1992,02,20

대회	연도	소속	출전	교체	득점	도움	파울	경고	퇴장
K2	2018	수원FC	15	6	6	0	43	5	0
		합계	15	6	6	0	43	5	0
프로통산			15	6	6	0	43	5	0

(for 비도시치 / 성남)

대회	연도	소속	출전	교체	득점	도움	파울	경고	퇴장
K2	2017	성남	7	5	0	0	12	0	0
		합계	7	5	0	0	12	0	0
프로통산			7	5	0	0	12	0	0

비에라(Julio Cesar Gouveia Vieira) 브라질 1974,02,25

대회	연도	소속	출전	교체	득점	도움	파울	경고	퇴장
BC	2001	전북	14	2	3	1	24	1	0
	2002	전북	31	16	4	5	61	5	0
	2003	전남	33	19	0	10	75	6	0
	2004	전남	14	9	1	0	23	2	0
		합계	97	40	9	18	204	17	0
프로통산			97	40	9	18	204	17	0

비에리(Jorge Luis Barbieri) 브라질 1979,05,01

대회	연도	소속	출전	교체	득점	도움	파울	경고	퇴장
BC	2005	울산	3	3	0	1	0	0	0
		합계	3	3	0	1	0	0	0
프로통산			3	3	0	1	0	0	0

비엘키에비치(Osvaldo Diego Bielkiewicz) 아르헨티나 1991,01,04

대회	연도	소속	출전	교체	득점	도움	파울	경고	퇴장
K2	2018	서울E	18	11	3	1	17	1	0
		합계	18	11	3	1	17	1	0
프로통산			18	11	3	1	17	1	0

비케라(Gilvan Gomes Vieira) 브라질 1984,04,09

대회	연도	소속	출전	교체	득점	도움	파울	경고	퇴장
BC	2009	제주	9	4	0	1	14	2	0
		합계	9	4	0	1	14	2	0
프로통산			9	4	0	1	14	2	0

비탈리(Vitaliy Parakhnevych) 우크라이나 1969,05,04

대회	연도	소속	출전	교체	득점	도움	파울	경고	퇴장
BC	1995	전북	10	2	4	0	6	2	0
	1996	전북	33	9	10	3	25	6	0
	1997	전북	29	13	7	2	24	4	0
	1998	전북	21	7	4	3	22	3	0
	1998	수원							
	1999	수원	36	22	10	1			
	2000	수원	8	7	5	0			
	2001	안양LG	9	6	2	0			
	2002	부천SK	8	7	4	1			
		합계	163	79	50	20	155	29	0
프로통산			163	79	50	20	155	29	0

빅(Victor Rodrigues da Silva) 브라질 1976,02,10

대회	연도	소속	출전	교체	득점	도움	파울	경고	퇴장
BC	2003	안양LG	3	3	0	0	0	0	0
		합계	3	3	0	0	0	0	0
프로통산			3	3	0	0	0	0	0

빅토르(Paulo Victo Costa Soares) 브라질 1994,09,13

대회	연도	소속	출전	교체	득점	도움	파울	경고	퇴장
K2	2016	고양	23	21	2	0	44	7	0
		합계	23	21	2	0	44	7	0
프로통산			23	21	2	0	44	7	0

빅토르(Victor Shaka) 나이지리아 1975,05,01

대회	연도	소속	출전	교체	득점	도움	파울	경고	퇴장
BC	1997	안양LG	19	6	5	2	48	4	0
	1998	안양LG	32	19	8	2	67	4	0
	1999	안양LG	15	15	1	1	39	1	0
	1999	울산	11	0	7	2	23	1	1
	2000	울산	22	8	1	2	65	4	0
	2001	부산	5	2	2	0	9	1	1
	2002	부산	4	4	1	0	4	0	0
		합계	108	54	25	10	253	19	2
프로통산			108	54	25	10	253	19	2

빌(Amancio Rosimar) 브라질 1984,07,02

대회	연도	소속	출전	교체	득점	도움	파울	경고	퇴장
K1	2015	부산	4	4	0	0	5	0	0
		합계	4	4	0	0	5	0	0
승	2015	부산	1	0	0	0	1	0	0
		합계	1	0	0	0	1	0	0
프로통산			5	4	0	0	6	0	0

빌라(Ricardo Villar) 브라질 1979,08,11

대회	연도	소속	출전	교체	득점	도움	파울	경고	퇴장
BC	2005	전남	4	4	0	0	10	1	0
		합계	4	4	0	0	10	1	0
프로통산			4	4	0	0	10	1	0

빠울로(Paulo Roberto Morais Junior) 브라질 1984,02,25

대회	연도	소속	출전	교체	득점	도움	파울	경고	퇴장
BC	2012	인천	5	5	1	0	5	0	0
		합계	5	5	1	0	5	0	0
프로통산			5	5	1	0	5	0	0

빠찌(Rafael Sobreira da Costa) 브라질 1981,03,15

대회	연도	소속	출전	교체	득점	도움	파울	경고	퇴장
BC	2008	제주	9	3	1	1	12	0	0
		합계	9	3	1	1	12	0	0
프로통산			9	3	1	1	12	0	0

뻬드롱(Christiano Florencio da Silva) 브라질 1978,04,05

대회	연도	소속	출전	교체	득점	도움	파울	경고	퇴장
BC	2008	성남일	3	2	1	0	2	0	0
		합계	3	2	1	0	2	0	0
프로통산			3	2	1	0	2	0	0

뽀뽀(Adilson Rerreira de Souza) 브라질 1978,09,01

대회	연도	소속	출전	교체	득점	도움	파울	경고	퇴장
BC	2005	부산	30	8	4	6	66	7	1
	2006	부산	35	5	20	8	47	6	0
	2007	경남	25	10	8	10	23	3	1
		합계	91	23	32	24	136	16	2
프로통산			91	23	32	24	136	16	2

뻬레스(Jose Sebastiao Pires Neto) 브라질 1956,02,03

대회	연도	소속	출전	교체	득점	도움	파울	경고	퇴장
BC	1994	현대	16	11	0	2	9	1	0
		합계	16	11	0	2	9	1	0
프로통산			16	11	0	2	9	1	0

뼁요(Felipe Barreto da Silva) 브라질 1992,01,29

대회	연도	소속	출전	교체	득점	도움	파울	경고	퇴장
BC	2011	제주	2	2	0	0	0	0	0
		합계	2	2	0	0	0	0	0
프로통산			2	2	0	0	0	0	0

사디크(Sadiq Saadoun Abdul Ridha) 이라크 1973,10,10

대회	연도	소속	출전	교체	득점	도움	파울	경고	퇴장
BC	1996	안양LG	16	2	1	0	38	7	0
		합계	16	2	1	0	38	7	0
프로통산			16	2	1	0	38	7	0

사리치(Elvis Saric) 크로아티아 1990,07,21

대회	연도	소속	출전	교체	득점	도움	파울	경고	퇴장
K1	2018	수원	18	8	3	1	29	5	0
		합계	18	8	3	1	29	5	0
프로통산			18	8	3	1	29	5	0

사무엘(Samuel Firmino de Jesus) 브라질 1986,04,07

대회	연도	소속	출전	교체	득점	도움	파울	경고	퇴장
K2	2016	부산	3	1	0	0	5	1	0
	합계		3	1	0	0	5	1	0
프로통산			3	1	0	0	5	1	0

사브첸코(Volodymyr Savchenko) 우크라이나 1973.09.09

대회	연도	소속	출전	교체	실점	도움	파울	경고	퇴장
BC	1996	안양LG	12	0	22	0	1	1	0
	합계		12	0	22	0	1	1	0
프로통산			12	0	22	0	1	1	0

사샤(Sasa Ognenovski) 오스트레일리아 1979.04.03

대회	연도	소속	출전	교체	득점	도움	파울	경고	퇴장
BC	2009	성남일	31	3	2	1	75	11	2
	2010	성남일	29	1	0	0	49	7	1
	2011	성남일	28	1	5	0	47	10	1
	2012	성남일	11	1	0	0	18	3	0
	합계		99	6	10	1	189	31	4
프로통산			99	6	10	1	189	31	4

사쏘(Jefferson Gomes de Oliveira) 브라질 1988.01.26

대회	연도	소속	출전	교체	득점	도움	파울	경고	퇴장
K1	2015	대전	7	3	0	0	11	3	0
	합계		7	3	0	0	11	3	0
프로통산			7	3	0	0	11	3	0

사이먼(Matthew Blake Simon) 오스트레일리아 1986.01.22

대회	연도	소속	출전	교체	득점	도움	파울	경고	퇴장
BC	2012	전남	6	2	0	0	19	2	0
	합계		6	2	0	0	19	2	0
프로통산			6	2	0	0	19	2	0

산델(Marcelo Sander Lima de Souza) 브라질 1972.12.28

대회	연도	소속	출전	교체	득점	도움	파울	경고	퇴장
BC	1998	부천SK	7	7	0	0	11	0	0
	합계		7	7	0	0	11	0	0
프로통산			7	7	0	0	11	0	0

산드로(Sandro Hiroshi Parreao Oi) 브라질 1979.11.19

대회	연도	소속	출전	교체	득점	도움	파울	경고	퇴장
BC	2005	대구	36	7	17	3	49	2	0
	2006	전남	3	2	2	0	4	0	0
	2007	전남	27	6	1	1	36	1	0
	2008	전남	1	0	0	0	0	0	0
	2009	수원	8	8	4	0	10	1	0
	합계		75	22	27	4	99	3	0
프로통산			75	22	27	4	99	3	0

산드로(Sandro da Silva Mendonca) 브라질 1983.10.01

대회	연도	소속	출전	교체	득점	도움	파울	경고	퇴장
K1	2013	대구	15	13	1	2	18	0	0
	합계		15	13	1	2	18	0	0
프로통산			15	13	1	2	18	0	0

산드로C(Sandro Cardoso dos Santos) 브라질 1980.03.22

대회	연도	소속	출전	교체	득점	도움	파울	경고	퇴장
BC	2000	수원	11	5	5	4	11	2	0
	2001	수원	33	1	17	3	40	8	1
	2002	수원	29	1	10	2	63	8	1
	2005	수원	26	16	5	1	22	5	0
	2006	전남	13	12	3	0	4	1	0
	2007	전남	4	3	1	0	7	0	1
	합계		131	44	41	13	158	25	3
프로통산			131	44	41	13	158	25	3

산타나(Rinaldo Santana dos Santos) 브라질 1975.08.24

대회	연도	소속	출전	교체	득점	도움	파울	경고	퇴장
BC	2004	서울	15	7	2	0	14	0	0
	합계		15	7	2	0	14	0	0
프로통산			15	7	2	0	14	0	0

산토스(Natanael de Sousa Santos Junior) 브라질 1985.12.25

대회	연도	소속	출전	교체	득점	도움	파울	경고	퇴장
BC	2010	제주	28	18	14	5	45	0	0
	2011	제주	29	6	14	4	33	2	0
	2012	제주	35	12	14	11	33	0	0
	합계		92	36	42	20	111	2	0
K1	2013	수원	19	7	8	1	25	1	0
	2014	수원	35	18	14	4	27	2	0
	2015	수원	29	23	12	4	23	1	0
	2016	수원	33	19	12	3	23	2	0
	2017	수원	29	22	9	2	13	1	0
	합계		145	98	55	14	111	7	0
프로통산			237	134	97	34	239	7	0

산토스(Diogo Santos Rangel) 브라질 1991.08.19

대회	연도	소속	출전	교체	득점	도움	파울	경고	퇴장
K2	2014	대전	1	1	0	0	3	0	0
	2014	강원	1	1	0	0	1	0	0
	합계		2	2	0	0	4	0	0
프로통산			2	2	0	0	4	0	0

산토스(Remerson dos Santos) 브라질 1972.07.13

대회	연도	소속	출전	교체	득점	도움	파울	경고	퇴장
BC	1999	울산	4	3	0	0	4	0	0
	2000	울산	28	2	1	0	51	7	0
	합계		32	5	1	0	55	7	0
프로통산			32	5	1	0	55	7	0

산토스(Rogerio Pinheiro dos Santos) 브라질 1972.04.21

대회	연도	소속	출전	교체	득점	도움	파울	경고	퇴장
BC	2003	포항	29	1	0	0	47	2	0
	2004	포항	33	6	2	0	58	10	0
	2005	포항	33	1	1	0	71	8	0
	2006	경남	34	2	0	0	64	9	0
	2007	경남	30	1	1	2	18	5	0
	2008	경남	25	2	6	0	53	4	0
	합계		184	13	10	2	311	38	0
프로통산			184	13	10	2	311	38	0

산토스(Alexandre Santos) 브라질 1982.10.23

대회	연도	소속	출전	교체	득점	도움	파울	경고	퇴장
BC	2010	대전	16	5	0	3	31	4	0
	합계		16	5	0	3	31	4	0
프로통산			16	5	0	3	31	4	0

산티아고(Petrony Santiago de Barros) 브라질 1980.02.18

대회	연도	소속	출전	교체	득점	도움	파울	경고	퇴장
BC	2004	대구	10	5	0	0	23	3	0
	2005	대구	17	4	0	2	37	6	0
	합계		27	9	0	2	59	9	0
프로통산			27	9	0	2	59	9	0

살람쇼(Abdule Salam Sow) 기니 1970.08.13

대회	연도	소속	출전	교체	득점	도움	파울	경고	퇴장
BC	1996	전남	3	3	0	0	5	1	0
	합계		3	3	0	0	5	1	0
프로통산			3	3	0	0	5	1	0

샤리(Yary David Silvera) 우루과이 1976.02.20

대회	연도	소속	출전	교체	득점	도움	파울	경고	퇴장
BC	2000	부천SK	32	24	3	6	24	3	0
	2001	부천SK	14	13	2	1	17	1	0
	2003	부천SK	23	21	2	1	17	1	0
	합계		69	57	7	8	49	6	0
프로통산			69	57	7	8	49	6	0

샤샤(Aleksandr Podshivalov) 러시아 1964.09.06

대회	연도	소속	출전	교체	실점	도움	파울	경고	퇴장
BC	1994	유공	2	0	2	0	0	0	0
	1995	유공	35	0	41	0	3	1	0
	1996	부천유	26	1	38	0	0	1	0
	1997	부천SK	10	0	13	0	0	0	0
	합계		73	1	94	0	3	2	0
프로통산			73	1	94	0	3	2	0

샤샤(Sasa Drakulic) 유고슬라비아 1972.08.28

대회	연도	소속	출전	교체	득점	도움	파울	경고	퇴장
BC	1995	대우	31	18	8	0	45	4	0
	1996	부산	20	12	3	5	51	5	0
	1997	부산	14	21	11	5	57	5	0
	1998	부산	13	4	4	0	38	6	0
	1998	수원	8	1	6	3	6	4	0
	1999	수원	37	6	23	4	78	7	1
	2000	수원	14	3	5	1	37	4	0
	2001	성남일	34	11	15	4	40	5	0
	2002	성남일	37	8	19	8	71	4	0
	2003	성남일	39	27	8	9	58	2	1
	합계		271	111	104	37	504	43	2
프로통산			271	111	104	37	504	43	2

샤샤(Sasa Milaimovic) 크로아티아 1975.08.27

대회	연도	소속	출전	교체	득점	도움	파울	경고	퇴장
BC	2000	포항	12	9	6	0	24	3	0
	2001	포항	13	9	2	0	17	3	0
	합계		25	18	8	0	44	4	0
프로통산			25	18	8	0	44	4	0

샤흐트(Dietmar Schacht) 독일 1960.04.06

대회	연도	소속	출전	교체	득점	도움	파울	경고	퇴장
BC	1985	포철	7	0	2	0	5	1	0
	합계		7	0	2	0	5	1	0
프로통산			7	0	2	0	5	1	0

샴(Same Nkwelle Corentin) 카메룬 1979.04.30

대회	연도	소속	출전	교체	득점	도움	파울	경고	퇴장
BC	2002	대전	27	13	1	1	59	2	0
	합계		27	13	1	1	59	2	0
프로통산			27	13	1	1	59	2	0

서경조(徐庚祚) 동아대 1969.09.28

대회	연도	소속	출전	교체	득점	도움	파울	경고	퇴장
BC	1988	현대	2	2	0	0	0	0	0
	합계		2	2	0	0	0	0	0
프로통산			2	2	0	0	0	0	0

서관수(徐冠秀) 단국대 1980.02.25

대회	연도	소속	출전	교체	득점	도움	파울	경고	퇴장
BC	2003	성남일	3	2	0	0	4	0	0
	2005	성남일	1	1	0	0	1	0	0
	2006	대구	1	1	0	0	0	0	0
	합계		5	4	0	0	5	0	0
프로통산			5	4	0	0	5	0	0

서기복(徐基復) 연세대 1979.01.28

대회	연도	소속	출전	교체	득점	도움	파울	경고	퇴장
BC	2003	전북	19	17	0	3	11	1	0
	2004	인천	19	17	0	3	26	4	0
	2005	인천	13	10	1	1	11	4	0
	2006	인천	17	17	1	0	24	1	0
	2007	인천	11	11	0	0	11	0	0
	합계		75	69	2	7	69	12	0
프로통산			75	69	2	7	69	12	0

서혁규(徐赫圭) 숭실대 1978.10.22

대회	연도	소속	출전	교체	득점	도움	파울	경고	퇴장
BC	2001	울산	32	2	0	0	48	5	0
	2002	울산	29	6	0	0	44	5	0
	2003	울산	1	1	0	0	0	0	0
	2004	광주상	32	1	0	0	39	2	0
	2005	광주상	5	5	0	0	19	3	0
	2006	울산	11	8	0	0	18	1	0
	2007	울산	18	10	0	0	19	1	0

대회	연도	소속	출전	교체	득점	도움	파울	경고	퇴장
	2008	울산	7	4	0	0	8	2	0
	합계		153	40	0	0	199	18	0
프로통산			153	40	0	0	199	18	0

서동명(徐東明) 울산대 1974.05.04

대회	연도	소속	출전	교체	실점	도움	파울	경고	퇴장
BC	1996	울산	7	0	17	0	0	0	0
	1997	울산	15	0	26	0	0	1	0
	2000	전북	30	1	43	0	0	0	0
	2001	전북	27	3	32	0	0	0	0
	2002	울산	26	0	27	0	0	0	0
	2003	울산	42	0	40	0	0	2	0
	2004	울산	36	0	25	0	0	1	0
	2005	울산	26	1	25	0	1	1	0
	2006	울산	12	0	7	0	0	0	0
	2007	부산	9	1	9	0	0	0	0
	2008	부산	9	0	11	0	0	0	0
	합계		239	8	264	0	3	10	0
프로통산			239	8	264	0	3	10	0

* 득점: 2000년 1 / 통산 1

서동욱(徐東煜) 대신고 1993.10.15

대회	연도	소속	출전	교체	득점	도움	파울	경고	퇴장
K2	2013	부천	0	0	0	0	0	0	0
	합계		0	0	0	0	0	0	0
프로통산			0	0	0	0	0	0	0

서동원(徐東元) 고려대 1973.12.12

대회	연도	소속	출전	교체	득점	도움	파울	경고	퇴장
BC	1997	울산	20	19	2	0	31	1	0
	1998	울산	1	1	0	0	2	0	0
	1999	울산	1	1	0	0	0	0	0
	합계		22	21	2	0	33	1	0
프로통산			22	21	2	0	33	1	0

서동원(徐東原) 연세대 1975.08.14

대회	연도	소속	출전	교체	득점	도움	파울	경고	퇴장
BC	1998	대전	29	0	1	0	48	6	0
	1999	대전	31	1	3	1	53	7	0
	2000	대전	28	9	4	4	51	5	0
	2001	수원	10	9	0	0	14	1	0
	2001	전북	15	1	1	1	18	1	0
	2002	전북	19	9	0	1	36	1	0
	2003	광주상	19	9	0	0	14	1	0
	2004	광주상	29	10	1	1	42	5	0
	2005	인천	30	13	4	3	53	2	0
	2006	인천	9	4	0	1	14	3	0
	2006	성남일	13	13	0	0	14	3	0
	2007	성남일	4	4	0	0	2	1	0
	2008	부산	18	6	1	2	32	7	0
	2009	부산	27	13	0	2	51	9	0
	2010	부산	5	4	0	0	3	0	0
	합계		273	109	16	14	418	55	0
프로통산			273	109	16	14	418	55	0

서동현(徐東鉉) 건국대 1985.06.05

대회	연도	소속	출전	교체	득점	도움	파울	경고	퇴장
BC	2006	수원	26	18	2	2	51	1	0
	2007	수원	12	7	4	1	20	3	0
	2008	수원	35	18	7	2	60	4	0
	2009	수원	15	11	0	1	30	2	0
	2010	수원	12	8	2	0	14	0	0
	2010	강원	13	9	4	0	19	1	0
	2011	강원	18	6	1	1	29	6	0
	2012	제주	43	20	12	4	68	2	0
	합계		184	110	42	10	281	29	0
K1	2013	제주	24	13	5	6	32	5	0
	2015	제주	4	4	0	0	0	0	0
	2016	수원FC	9	7	1	0	9	2	0
	합계		37	20	7	6	41	7	0
K2	2014	안산경	30	19	7	2	50	4	0
	2015	안산경	19	14	5	0	24	3	0
	2016	대전	8	5	1	0	5	1	0
	2017	수원FC	16	9	5	0	22	1	0
	2018	수원FC	10	9	0	3	7	1	0
	합계		83	46	19	7	115	14	0
프로통산			304	176	68	23	442	50	0

서명식(徐明植) 관동대 1992.05.31

대회	연도	소속	출전	교체	득점	도움	파울	경고	퇴장
K1	2015	대전	7	3	0	0	7	0	0
	합계		7	3	0	0	7	0	0
K2	2015	강원	14	6	1	0	11	0	0
	2016	부천	6	2	0	1	6	0	0
	합계		20	8	1	0	17	0	0
프로통산			27	11	1	0	24	0	0

서명원(徐明原) 신평고 1995.04.19

대회	연도	소속	출전	교체	득점	도움	파울	경고	퇴장
K1	2015	대전	24	15	5	0	23	4	0
	2016	대전	10	10	0	0	7	3	0
	2018	강원	1	2	0	0	4	0	0
	합계		35	27	5	0	34	6	0
K2	2014	대전	26	14	2	1	36	3	0
	합계		61	41	9	5	61	14	0
프로통산			61	41	9	5	61	14	0

서민국(徐愍國) 인천대 1983.11.23

대회	연도	소속	출전	교체	득점	도움	파울	경고	퇴장
BC	2006	인천	9	8	1	4	0	0	0
	2007	인천	19	13	1	2	30	5	0
	2008	인천	1	1	0	0	1	0	0
	2009	광주상	5	4	0	1	4	1	0
	2010	광주상	23	17	0	1	24	2	0
	2010	인천	1	1	0	0	0	0	0
	합계		58	44	1	4	63	8	0
프로통산			58	44	1	4	63	8	0

서민환(徐民煥) 광양제철고 1992.05.09

대회	연도	소속	출전	교체	득점	도움	파울	경고	퇴장
K1	2015	전남	0	0	0	0	0	0	0
	합계		0	0	0	0	0	0	0
프로통산			0	0	0	0	0	0	0

서병환(徐丙煥) 고려대 1984.06.01

대회	연도	소속	출전	교체	득점	도움	파울	경고	퇴장
BC	2008	울산	7	7	1	0	4	0	0
	합계		7	7	1	0	4	0	0
프로통산			7	7	1	0	4	0	0

서보민(徐保閔) 관동대 1990.06.22

대회	연도	소속	출전	교체	득점	도움	파울	경고	퇴장
K1	2017	포항	19	19	1	2	4	0	0
	합계		19	19	1	2	4	0	0
K2	2014	강원	31	26	3	0	17	1	0
	2015	강원	36	8	3	9	31	2	0
	2016	강원	36	25	3	4	35	4	0
	2018	성남	29	14	4	6	24	2	0
	합계		138	66	14	14	87	7	0
승	2016	강원	2	1	0	0	0	0	0
	합계		2	1	0	0	0	0	0
프로통산			159	85	15	16	92	7	0

서상민(徐相民) 연세대 1986.07.25

대회	연도	소속	출전	교체	득점	도움	파울	경고	퇴장
BC	2008	경남	32	11	5	0	78	10	0
	2009	경남	18	14	1	1	3	3	0
	2010	경남	32	8	4	0	51	5	0
	2011	경남	21	16	2	3	31	7	0
	2012	전북	22	15	4	1	49	6	1
	합계		125	78	16	10	245	24	2
K1	2013	전북	25	13	1	3	38	7	0
	2014	상주	30	14	3	0	45	9	0
	2015	전북	3	3	1	0	2	1	0
	2016	전북	2	2	0	0	3	1	0
	합계		66	44	6	2	101	16	0
K2	2015	상주	2	1	0	0	2	0	0
	2017	수원FC	17	13	1	0	16	2	0
	합계		19	14	1	0	18	2	0
프로통산			210	136	23	12	364	42	2

서석범(徐錫範) 건국대 1960.09.12

대회	연도	소속	출전	교체	실점	도움	파울	경고	퇴장
BC	1984	럭금	6	1	8	0	0	0	0
	합계		6	1	8	0	0	0	0
프로통산			6	1	8	0	0	0	0

서석원(徐錫元) 일본 류츠케이자이대 1985.05.19

대회	연도	소속	출전	교체	득점	도움	파울	경고	퇴장
BC	2009	성남일	3	3	0	0	2	1	0
	합계		3	3	0	0	2	1	0
프로통산			3	3	0	0	2	1	0

서세경(徐世卿) 관동대 1996.05.18

대회	연도	소속	출전	교체	득점	도움	파울	경고	퇴장
K2	2018	수원FC	1	1	0	0	0	0	0
	합계		1	1	0	0	0	0	0
프로통산			1	1	0	0	0	0	0

서승훈(徐承勳) 중원대 1991.08.31

대회	연도	소속	출전	교체	득점	도움	파울	경고	퇴장
K2	2014	대전	0	0	0	0	0	0	0
	합계		0	0	0	0	0	0	0
프로통산			0	0	0	0	0	0	0

서영덕(徐營德) 고려대 1987.05.09

대회	연도	소속	출전	교체	득점	도움	파울	경고	퇴장
BC	2010	경남	0	0	0	0	0	0	0
	합계		0	0	0	0	0	0	0
프로통산			0	0	0	0	0	0	0

서용덕(徐庸德) 연세대 1989.09.10

대회	연도	소속	출전	교체	득점	도움	파울	경고	퇴장
K1	2014	울산	13	12	1	0	14	0	0
	2015	울산	7	7	1	0	5	0	0
	합계		20	19	2	0	19	0	0
K2	2016	안양	34	14	3	4	47	5	0
	2017	안양	15	12	0	3	18	1	0
	2018	아산	4	4	0	0	1	0	0
	2018	부산	1	1	0	0	0	0	0
	합계		54	31	3	7	66	6	0
승	2018	부산	1	1	0	0	0	0	0
	합계		1	1	0	0	0	0	0
프로통산			74	50	4	8	85	6	0

서재민(徐在民) 현풍고 1997.12.04

대회	연도	소속	출전	교체	득점	도움	파울	경고	퇴장
K1	2018	대구	1	1	0	0	1	0	0
	합계		1	1	0	0	1	0	0
프로통산			1	1	0	0	1	0	0

서정원(徐正源) 고려대 1970.12.17

대회	연도	소속	출전	교체	득점	도움	파울	경고	퇴장
BC	1992	LG	21	2	4	0	17	2	0
	1993	LG	11	5	2	1	12	0	0
	1994	LG	25	2	2	2	16	0	0
	1995	LG	17	2	2	1	19	1	0
	1996	안양LG	27	15	6	3	23	1	0
	1997	안양LG	17	0	9	1	31	1	0
	2000	수원	25	13	4	1	17	1	0
	2001	수원	33	10	1	3	31	3	0
	2002	수원	32	14	9	4	31	1	0
	2003	수원	43	7	10	6	39	1	0
	2004	수원	31	14	5	2	20	1	0
	합계		269	92	68	25	288	12	0
프로통산			269	92	68	25	288	12	0

서정진(徐訂晉) 보인정보산업고 1989.09.06

대회	연도	소속	출전	교체	득점	도움	파울	경고	퇴장
BC	2008	전북	22	15	1	2	37	7	0
	2009	전북	15	13	2	1	17	1	0

Section 6 역대통산기록

	연도	소속	출전	교체	득점	도움	파울	경고	퇴장
	2010	전북	17	12	0	0	17	2	0
	2011	전북	9	8	1	2	7	0	0
	2012	수원	39	21	3	6	58	9	0
	합계		102	69	7	11	129	19	0
K1	2013	수원	35	12	6	5	39	4	0
	2014	수원	29	21	2	4	27	1	0
	2015	수원	24	16	1	0	14	0	0
	2016	울산	9	7	0	0	6	1	0
	2017	수원	4	4	0	0	3	0	0
	합계		101	60	9	9	89	6	0
K2	2016	서울E	19	5	0	5	20	1	0
	합계		19	5	0	5	20	1	0
프로통산			222	134	16	25	238	26	0

서준영(徐俊榮) 연세대 1995.09.29

대회	연도	소속	출전	교체	득점	도움	파울	경고	퇴장
K2	2017	안산	2	2	0	0	0	0	0
	합계		2	2	0	0	0	0	0
프로통산			2	2	0	0	0	0	0

서지원(徐志源) 천안농고 1967.09.15

대회	연도	소속	출전	교체	득점	도움	파울	경고	퇴장
BC	1986	포철	1	2	0	0	0	0	0
	합계		1	2	0	0	0	0	0
프로통산			1	2	0	0	0	0	0

서진섭(徐震燮) 울산대 1967.11.25

대회	연도	소속	출전	교체	득점	도움	파울	경고	퇴장
BC	1990	현대	1	1	0	0	1	0	0
	합계		1	1	0	0	1	0	0
프로통산			1	1	0	0	1	0	0

서창호(徐彰浩) 국민대 1960.03.16

대회	연도	소속	출전	교체	득점	도움	파울	경고	퇴장
BC	1985	상무	2	2	0	0	2	0	0
	합계		2	2	0	0	2	0	0
프로통산			2	2	0	0	2	0	0

서혁수(徐赫秀) 경희대 1973.10.01

대회	연도	소속	출전	교체	득점	도움	파울	경고	퇴장
BC	1998	전북	26	4	1	1	29	5	0
	1999	전북	34	5	3	8	91	5	0
	2000	전북	32	2	0	6	72	2	0
	2001	전북	34	1	0	2	76	3	0
	2002	전북	31	4	0	4	73	6	0
	2003	전북	31	7	4	4	68	4	0
	2004	성남일	28	4	0	0	60	5	0
	합계		216	24	7	23	469	30	0
프로통산			216	24	7	23	469	30	0

서형승(徐亨承) 한남대 1992.09.22

대회	연도	소속	출전	교체	득점	도움	파울	경고	퇴장
K2	2015	고양	26	26	3	1	16	3	0
	합계		26	26	3	1	16	3	0
프로통산			26	26	3	1	16	3	0

서홍민(徐洪旻) 한양대 1991.12.23

대회	연도	소속	출전	교체	득점	도움	파울	경고	퇴장
K2	2016	부산	0	0	0	0	0	0	0
	합계		0	0	0	0	0	0	0
프로통산			0	0	0	0	0	0	0

서효원(徐孝源) 숭실대 1967.09.15

대회	연도	소속	출전	교체	득점	도움	파울	경고	퇴장
BC	1994	포철	20	11	4	0	31	2	1
	1995	포항	29	5	4	2	60	4	0
	1996	포항	30	8	2	2	55	4	0
	1997	포항	34	7	1	1	43	2	1
	1998	포항	37	6	2	9	60	0	0
	합계		157	38	13	14	249	13	2
프로통산			157	38	13	14	249	13	2

석동우(石東祐) 용인대 1990.05.27

대회	연도	소속	출전	교체	득점	도움	파울	경고	퇴장
K2	2014	부천	17	6	0	1	21	2	0
	합계		17	6	0	1	21	2	0
프로통산			17	6	0	1	21	2	0

선명진(宣明辰) 건국대 1986.12.15

대회	연도	소속	출전	교체	득점	도움	파울	경고	퇴장
BC	2010	인천	2	1	0	0	0	0	0
	합계		2	1	0	0	0	0	0
프로통산			2	1	0	0	0	0	0

설기현(薛琦鉉) 광운대 1979.01.08

대회	연도	소속	출전	교체	득점	도움	파울	경고	퇴장
BC	2010	포항	16	4	7	3	38	0	0
	2011	울산	41	16	7	10	80	8	0
	2012	인천	40	7	7	3	113	4	0
	합계		97	34	21	16	231	12	0
K1	2013	인천	26	19	4	4	88	2	0
	2014	인천	7	7	0	0	18	0	0
	합계		33	26	4	4	106	2	0
프로통산			130	60	25	20	337	14	0

설익찬(薛益贊) 학성고 1978.03.25

대회	연도	소속	출전	교체	득점	도움	파울	경고	퇴장
BC	1996	수원	1	1	0	0	2	0	0
	1999	수원	7	6	1	1	15	0	0
	2000	수원	7	3	0	0	7	2	0
	합계		15	9	1	1	22	2	0
프로통산			15	9	1	1	22	2	0

설정현(薛廷賢) 단국대 1959.03.06

대회	연도	소속	출전	교체	득점	도움	파울	경고	퇴장
BC	1984	한일	26	1	2	0	17	0	0
	1985	한일	10	0	0	0	8	0	0
	1986	한일	14	3	0	0	16	0	0
	합계		50	4	2	0	41	0	0
프로통산			50	4	2	0	41	0	0

성경모(成京模) 동의대 1980.06.26

대회	연도	소속	출전	교체	실점	도움	파울	경고	퇴장
BC	2003	전북	0	0	0	0	0	0	0
	2004	전북	0	0	0	0	0	0	0
	2005	인천	15	0	15	0	0	0	0
	2006	인천	25	0	30	0	0	0	0
	2007	인천	12	0	16	0	0	0	0
	2008	인천	3	0	3	0	0	0	0
	2009	인천	0	0	0	0	0	0	0
	2010	인천	0	0	0	0	0	0	0
	2011	광주	4	0	11	0	1	2	0
	합계		59	0	76	0	1	2	0
프로통산			59	0	76	0	1	2	0

성경일(成京一) 건국대 1983.03.01

대회	연도	소속	출전	교체	실점	도움	파울	경고	퇴장
BC	2005	전북	0	0	0	0	0	0	0
	2006	전북	8	1	10	0	0	1	0
	2007	전북	10	1	13	0	0	0	0
	2008	경남	3	0	6	0	1	1	0
	2009	광주상	6	0	9	0	0	0	0
	2010	광주상	2	0	3	0	2	2	1
	합계		29	2	41	0	3	4	1
프로통산			29	2	41	0	3	4	1

성봉재(成奉宰) 동국대 1993.04.29

대회	연도	소속	출전	교체	득점	도움	파울	경고	퇴장
K1	2015	성남	3	3	0	0	6	0	0
	2016	성남	5	4	1	0	7	1	0
	합계		8	7	1	0	13	1	0
K2	2017	경남	8	6	0	1	12	0	0
	합계		8	6	0	1	12	0	0
프로통산			16	13	1	1	23	1	0

성원종(成元鍾) 경상대 1970.09.27

대회	연도	소속	출전	교체	실점	도움	파울	경고	퇴장
BC	1992	대우	15	1	20	0	1	2	0
	1994	버팔로	25	3	48	0	2	3	0
	1995	전북	16	1	22	0	2	2	0
	1996	전북	14	1	23	0	2	2	0
	1997	전북	17	0	31	0	1	1	0
	1998	부산	5	1	4	0	0	0	0
	1999	대전	4	0	9	0	1	0	0
	2000	대전	3	0	5	0	0	0	0
	합계		96	7	157	0	10	11	1
프로통산			96	7	157	0	10	11	1

성은준(成殷準) 호남대 1970.08.20

대회	연도	소속	출전	교체	득점	도움	파울	경고	퇴장
BC	1994	버팔로	16	7	0	0	4	1	0
	합계		16	7	0	0	4	1	0
프로통산			16	7	0	0	4	1	0

성종현(成宗鉉) 울산대 1979.04.02

대회	연도	소속	출전	교체	득점	도움	파울	경고	퇴장
BC	2004	전북	3	1	0	0	4	0	0
	2005	전북	13	2	0	1	31	3	0
	2006	광주상	6	2	0	0	2	0	0
	2007	광주상	6	2	0	0	2	1	0
	2008	전북	2	0	0	1	15	0	0
	2009	전북	4	1	0	1	15	4	0
	2010	전북	9	3	1	0	15	4	0
	합계		43	12	1	3	76	8	0
프로통산			43	12	1	3	76	8	0

성한수(成漢洙) 연세대 1976.03.10

대회	연도	소속	출전	교체	득점	도움	파울	경고	퇴장
BC	1999	대전	14	7	4	2	14	0	0
	2000	대전	13	11	2	0	18	3	0
	2001	대전	5	5	0	0	7	1	0
	2002	전남	13	11	1	1	10	1	0
	2003	전남	9	8	1	0	9	1	0
	2004	전남	5	6	0	0	5	0	0
	합계		59	48	8	3	63	6	0
프로통산			59	48	8	3	63	6	0

세르게이(Sergey Burdin) 러시아 1970.03.02

대회	연도	소속	출전	교체	득점	도움	파울	경고	퇴장
BC	1996	부천유	36	12	22	5	47	9	0
	1997	부천SK	27	8	6	1	37	7	0
	1999	천안일	33	22	7	4	58	*6	0
	2000	성남일	0	0	0	0	0	0	0
	합계		96	42	35	10	142	22	0
프로통산			96	42	35	10	142	22	0

세르지오(Sergio Luis Cogo) 브라질 1960.09.28

대회	연도	소속	출전	교체	득점	도움	파울	경고	퇴장
BC	1983	포철	2	2	0	0	0	0	0
	합계		2	2	0	0	0	0	0
프로통산			2	2	0	0	0	0	0

세르지오(Sergio Ricardo dos Santos Vieira) 브라질 1975.05.

대회	연도	소속	출전	교체	득점	도움	파울	경고	퇴장
BC	2001	안양LG	13	13	2	0	15	1	0
	합계		13	13	2	0	15	1	0
프로통산			13	13	2	0	15	1	0

세르징요(Sergio Paulo Nascimento Filho) 시리아 1988.04.27

대회	연도	소속	출전	교체	득점	도움	파울	경고	퇴장
K2	2015	강원	36	23	4	2	73	6	0
	2016	강원	19	3	0	2	38	4	0
	합계		55	26	4	4	111	10	0
승	2016	강원	2	0	0	0	5	1	0
	합계		2	0	0	0	5	1	0
프로통산			57	26	4	4	116	11	0

세바스티안(Sebastjan Cimirotič) 슬로베니아 1974.09.14

대회	연도	소속	출전	교체	득점	도움	파울	경고	퇴장
BC	2005	인천	3	3	1	0	3	0	0
	합계		3	3	1	0	3	0	0
프로통산			3	3	1	0	3	0	0

세베로 브라질

세이트 / 세자르 열

대회	연도	소속	출전	교체	득점	도움	파울	경고	퇴장
BC	1995	현대	18	9	4	4	43	6	0
		합계	18	9	4	4	43	6	0
프로통산			18	9	4	4	43	6	0

세이트(Seyit Cem Unsal) 터키 1975.10.09

대회	연도	소속	출전	교체	득점	도움	파울	경고	퇴장
BC	1997	안양LG	3	2	0	1	3	0	0
	1998	안양LG	6	5	0	0	5	0	0
		합계	9	7	0	1	8	0	0
프로통산			9	7	0	1	8	0	0

세자르 브라질 1959.02.21

대회	연도	소속	출전	교체	득점	도움	파울	경고	퇴장
BC	1984	포철	12	6	0	1	20	2	0
		합계	12	6	0	1	20	2	0
프로통산			12	6	0	1	20	2	0

세자르(Cezar da Costa Oliveira) 브라질 1973.12.09

대회	연도	소속	출전	교체	득점	도움	파울	경고	퇴장
BC	1999	전남	31	9	13	2	82	4	0
	2000	전남	39	13	11	0	77	2	0
	2001	전남	32	14	12	4	57	2	0
	2002	전남	6	4	0	0	9	1	0
		합계	108	40	36	6	225	7	0
프로통산			108	40	36	6	225	7	0

세자르(Paulo Cesar de Souza) 브라질 1979.02.16

대회	연도	소속	출전	교체	득점	도움	파울	경고	퇴장
BC	2005	전북	12	11	0	5	30	2	0
		합계	12	11	0	5	30	2	0
프로통산			12	11	0	5	30	2	0

세지오(Sergio Guimaraes da Silva Junior) 브라질 1979.02.19

대회	연도	소속	출전	교체	득점	도움	파울	경고	퇴장
BC	2005	부천SK	11	6	2	3	18	1	0
		합계	11	6	2	3	18	1	0
프로통산			11	6	2	3	18	1	0

세징야(Cesar Fernando Silva Melo) 브라질 1989.11.29

대회	연도	소속	출전	교체	득점	도움	파울	경고	퇴장
K1	2017	대구	27	6	7	7	39	8	0
	2018	대구	25	5	8	11	24	6	2
		합계	52	11	15	18	63	14	2
K2	2016	대구	36	11	11	8	79	12	0
		합계	36	11	11	8	79	12	0
프로통산			88	22	26	26	142	26	2

셀리오(Celio Ferreira dos Santos) 브라질 1987.07.20

대회	연도	소속	출전	교체	득점	도움	파울	경고	퇴장
K1	2016	울산	10	3	1	0	14	3	0
		합계	10	3	1	0	14	3	0
프로통산			10	3	1	0	14	3	0

셀린(Alessandro Padovani Celin) 브라질 1989.09.11

대회	연도	소속	출전	교체	득점	도움	파울	경고	퇴장
BC	2011	광주	1	1	0	0	0	0	0
		합계	1	1	0	0	0	0	0
프로통산			1	1	0	0	0	0	0

셀미르(Selmir dos Santos Bezerra) 브라질 1979.08.23

대회	연도	소속	출전	교체	득점	도움	파울	경고	퇴장
BC	2005	인천	31	17	9	6	84	3	0
	2006	인천	13	4	5	0	34	2	0
	2006	전남	14	4	5	2	23	1	0
	2007	대구	18	16	6	0	27	4	0
	2008	대전	12	8	1	0	25	1	0
		합계	88	49	26	8	193	11	0
프로통산			88	49	26	8	193	11	0

소광호(蘇光鎬) 한양대 1961.03.27

대회	연도	소속	출전	교체	득점	도움	파울	경고	퇴장
BC	1984	럭금	13	7	0	2	5	0	0
	1985	상무	20	2	0	3	22	1	0
		합계	33	9	0	5	27	1	0
프로통산			33	9	0	5	27	1	0

소말리아(Waderson de Paula Sabino) 브라질 1977.06.22

대회	연도	소속	출전	교체	득점	도움	파울	경고	퇴장
BC	2006	부산	22	12	9	6	56	3	1
		합계	22	12	9	6	56	3	1
프로통산			22	12	9	6	56	3	1

소우자(Jose Augusto Freitas Sousa) 브라질 1978.08.02

대회	연도	소속	출전	교체	득점	도움	파울	경고	퇴장
BC	2008	부산	3	3	0	0	4	1	0
		합계	3	3	0	0	4	1	0
프로통산			3	3	0	0	4	1	0

소콜(Cikalleshi Sokol) 알바니아 1990.07.27

대회	연도	소속	출전	교체	득점	도움	파울	경고	퇴장
BC	2012	인천	6	6	0	0	10	1	0
		합계	6	6	0	0	10	1	0
프로통산			6	6	0	0	10	1	0

손국회(孫國會) 초당대 1987.05.15

대회	연도	소속	출전	교체	득점	도움	파울	경고	퇴장
K2	2013	충주	18	2	1	0	19	0	0
		합계	18	2	1	0	19	0	0
프로통산			18	2	1	0	19	0	0

손기련(孫基連) 단국대 1995.03.22

대회	연도	소속	출전	교체	득점	도움	파울	경고	퇴장
K2	2017	안산	25	15	0	2	21	1	0
		합계	25	15	0	2	21	1	0
프로통산			25	15	0	2	21	1	0

손대원(孫大源) 강원대 1975.02.10

대회	연도	소속	출전	교체	득점	도움	파울	경고	퇴장
BC	1997	울산	4	3	0	0	3	0	0
	1999	울산	3	2	0	1	0	0	0
	2000	울산	23	3	1	2	25	4	0
	2001	울산	2	1	0	0	1	0	0
		합계	32	10	1	2	29	4	0
프로통산			32	10	1	2	29	4	0

손대호(孫大鎬) 명지대 1981.09.11

대회	연도	소속	출전	교체	득점	도움	파울	경고	퇴장
BC	2002	수원	14	4	0	0	20	3	0
	2003	수원	8	7	1	0	12	2	0
	2004	수원	20	6	1	1	54	4	0
	2005	전남	6	1	0	0	17	2	0
	2005	성남일	6	1	0	0	13	1	0
	2006	성남일	26	1	1	2	71	7	0
	2007	성남일	26	1	0	1	71	7	0
	2008	성남일	29	12	1	1	83	5	0
	2009	인천	6	3	0	0	8	2	0
	2012	인천	22	20	0	0	11	2	0
		합계	151	84	4	3	326	33	1
K1	2013	인천	23	13	1	2	27	2	0
		합계	23	13	1	2	27	2	0
프로통산			174	95	5	5	353	35	1

손상호(孫祥豪) 울산대 1974.05.04

대회	연도	소속	출전	교체	득점	도움	파울	경고	퇴장
BC	1997	울산	3	3	0	0	1	0	0
	2001	울산	1	0	0	0	10	0	1
	2002	울산	16	3	0	0	20	1	0
		합계	20	6	0	0	31	1	1
프로통산			20	6	0	0	31	1	1

손설민(孫雪旼) 관동대 1990.04.26

대회	연도	소속	출전	교체	득점	도움	파울	경고	퇴장
BC	2012	전남	15	13	2	1	17	2	0
		합계	15	13	2	1	17	2	0
K1	2015	대전	9	5	0	0	14	5	0
		합계	9	5	0	0	14	5	0
K2	2015	강원	4	4	0	0	3	0	0
	2016	강원	4	4	0	1	0	1	0
		합계	8	8	0	1	3	1	0
프로통산			32	26	2	2	34	8	0

손세범(孫世凡) 용인대 1992.03.07

대회	연도	소속	출전	교체	득점	도움	파울	경고	퇴장
K2	2016	고양	6	3	0	0	8	2	0
		합계	6	3	0	0	8	2	0
프로통산			6	3	0	0	8	2	0

손승준(孫昇準) 통진종고 1982.05.16

대회	연도	소속	출전	교체	득점	도움	파울	경고	퇴장
BC	2001	수원	4	2	0	0	10	2	0
	2002	수원	17	6	0	2	41	1	0
	2003	수원	22	12	0	0	37	5	0
	2005	광주상	19	2	1	2	52	6	0
	2007	수원	4	2	0	0	14	0	0
	2008	수원	1	1	0	0	1	0	0
	2009	전북	9	1	0	0	37	2	1
	2010	전북	22	11	3	0	79	17	0
	2011	전북	4	0	0	0	26	6	0
		합계	112	47	4	4	296	39	1
프로통산			112	47	4	4	296	39	1

손시헌(孫時憲) 숭실대 1992.09.18

대회	연도	소속	출전	교체	득점	도움	파울	경고	퇴장
K2	2013	수원FC	6	3	0	0	4	0	0
	2014	수원FC	0	0	0	0	0	0	0
		합계	6	3	0	0	4	0	0
프로통산			6	3	0	0	4	0	0

손웅정(孫雄政) 명지대 1966.06.16

대회	연도	소속	출전	교체	득점	도움	파울	경고	퇴장
BC	1985	상무	7	5	0	0	7	0	0
	1987	현대	16	14	5	0	11	0	0
	1988	현대	4	4	0	0	3	0	0
	1989	일화	10	11	2	0	16	0	0
		합계	37	34	7	0	37	0	0
프로통산			37	34	7	0	37	0	0

손일표(孫一杓) 선문대 1981.03.29

대회	연도	소속	출전	교체	득점	도움	파울	경고	퇴장
BC	2004	대구	0	0	0	0	0	0	0
		합계	0	0	0	0	0	0	0
프로통산			0	0	0	0	0	0	0

손재영(孫材榮) 숭실대 1991.09.09

대회	연도	소속	출전	교체	득점	도움	파울	경고	퇴장
K1	2014	울산	0	0	0	0	0	0	0
		합계	0	0	0	0	0	0	0
프로통산			0	0	0	0	0	0	0

손정탁(孫禎鐸) 울산대 1976.05.31

대회	연도	소속	출전	교체	득점	도움	파울	경고	퇴장
BC	1999	울산	16	16	2	2	14	0	0
	2000	울산	18	17	2	2	16	0	0
	2001	울산	1	1	0	0	0	0	0
	2003	광주상	34	25	4	1	49	0	0
	2004	전북	15	12	2	1	24	1	0
	2004	서울	12	7	1	1	20	2	0
	2005	수원	4	4	0	0	6	0	0
	2006	수원	6	6	0	0	4	0	0
		합계	106	88	11	7	133	7	0
프로통산			106	88	11	7	133	7	0

손정현(孫政玄) 광주대 1991.11.25

대회	연도	소속	출전	교체	실점	도움	파울	경고	퇴장
K1	2014	경남	6	0	9	0	0	1	0
	2018	경남	25	0	25	0	0	2	1
		합계	31	0	34	0	0	3	1
K2	2015	경남	39	0	42	0	1	3	0
	2016	안산무	9	0	14	0	1	0	1

대회	연도	소속	출전	교체	득점	도움	파울	경고	퇴장
	2017	아산	3	0	3	0	0	0	0
	합계		51	0	59	0	3	3	1
승	2014	경남	1	0	3	0	0	0	0
	합계		1	0	3	0	0	0	0
프로통산			83	0	96	0	4	5	1

손종석(孫宗錫) 서울시립대 1954.03.10

대회	연도	소속	출전	교체	득점	도움	파울	경고	퇴장
BC	1984	현대	3	3	0	0	0	0	0
	합계		3	3	0	0	0	0	0
프로통산			3	3	0	0	0	0	0

손종찬(孫宗贊) 아주대 1966.11.01

대회	연도	소속	출전	교체	득점	도움	파울	경고	퇴장
BC	1989	대우	6	4	0	0	4	1	0
	1990	유공	8	7	0	0	3	0	0
	1991	유공	15	8	0	1	10	1	0
	1992	유공	29	17	0	0	28	1	0
	1993	유공	22	20	0	1	8	0	0
	1994	유공	10	7	0	0	11	1	0
	1995	유공	10	7	0	1	11	1	0
	합계		108	74	0	3	76	7	0
프로통산			108	74	0	3	76	7	0

손준호(孫準浩) 영남대 1992.05.12

대회	연도	소속	출전	교체	득점	도움	파울	경고	퇴장
K1	2014	포항	25	4	1	2	66	8	0
	2015	포항	35	3	9	4	80	9	0
	2016	포항	35	7	4	14	69	7	0
	2017	포항	35	7	4	14	69	7	0
	2018	전북	30	13	4	7	51	4	0
	합계		129	28	18	24	298	31	1
프로통산			129	28	18	24	298	31	1

손창후(孫昌厚) 우신고 1957.02.05

대회	연도	소속	출전	교체	득점	도움	파울	경고	퇴장
BC	1983	할렐	10	4	0	1	1	0	0
	합계		10	4	0	1	1	0	0
프로통산			10	4	0	1	1	0	0

손현준(孫賢俊) 동아대 1972.03.20

대회	연도	소속	출전	교체	득점	도움	파울	경고	퇴장
BC	1995	LG	20	6	1	0	57	8	0
	1996	안양LG	37	3	0	0	66	4	0
	1997	안양LG	22	8	0	0	32	3	0
	1998	안양LG	17	12	0	0	28	1	0
	1999	부산	13	8	0	0	29	4	0
	2000	안양LG	20	15	0	0	37	8	0
	2001	안양LG	16	8	0	0	17	1	0
	2002	안양LG	6	6	0	0	43	0	0
	합계		170	66	1	0	325	29	0
프로통산			170	66	1	0	325	29	0

손형선(孫炯先) 광운대 1964.02.22

대회	연도	소속	출전	교체	득점	도움	파울	경고	퇴장
BC	1986	대우	27	2	1	0	36	2	0
	1987	대우	24	2	1	0	44	3	0
	1988	대우	23	4	1	1	33	1	0
	1989	대우	34	3	1	1	62	0	0
	1990	포철	22	1	4	4	44	1	0
	1991	포철	31	6	0	0	42	3	0
	1992	LG	20	1	0	1	38	6	0
	1993	LG	10	3	0	0	21	0	0
	합계		182	25	8	6	319	18	0
프로통산			182	25	8	6	319	18	0

손형준(孫亨準) 진주고 1995.01.13

대회	연도	소속	출전	교체	득점	도움	파울	경고	퇴장
K1	2013	경남	0	0	0	0	0	0	0
	합계		0	0	0	0	0	0	0
K2	2015	경남	10	5	0	1	5	0	0
	합계		10	5	0	1	5	0	0
프로통산			10	5	0	1	5	0	0

솔로(Andrei Solomatin) 러시아 1975.09.09

대회	연도	소속	출전	교체	득점	도움	파울	경고	퇴장
BC	2004	성남일	4	4	0	0	2	0	0
	합계		4	4	0	0	2	0	0
프로통산			4	4	0	0	2	0	0

솔로비 러시아 1968.12.23

대회	연도	소속	출전	교체	득점	도움	파울	경고	퇴장
BC	1992	일화	6	6	0	0	4	0	0
	합계		6	6	0	0	4	0	0
프로통산			6	6	0	0	4	0	0

송경섭(宋京燮) 단국대 1971.02.25

대회	연도	소속	출전	교체	득점	도움	파울	경고	퇴장
BC	1996	수원	2	2	0	0	2	0	0
	합계		2	2	0	0	2	0	0
프로통산			2	2	0	0	2	0	0

송광환(宋光煥) 연세대 1966.02.01

대회	연도	소속	출전	교체	득점	도움	파울	경고	퇴장
BC	1989	대우	31	18	1	2	30	0	0
	1990	대우	25	5	0	1	27	3	0
	1991	대우	1	1	0	0	1	0	0
	1992	대우	16	7	1	1	30	2	0
	1993	대우	12	5	0	0	23	1	0
	1994	대우	14	2	0	0	25	3	0
	1995	전남	34	2	1	4	43	3	0
	1996	전남	32	8	0	3	53	2	0
	1997	전남	32	8	0	1	41	1	0
	1998	전남	26	12	0	1	41	1	0
	합계		226	63	1	11	320	20	0
프로통산			226	63	1	11	320	20	0

송근수(宋根琇) 창원기계공고 1984.05.06

대회	연도	소속	출전	교체	득점	도움	파울	경고	퇴장
BC	2005	부산	3	2	0	0	1	0	0
	2006	광주상	1	1	0	0	0	0	0
	2008	경남	1	1	0	0	0	0	0
	합계		4	4	0	0	1	0	0
프로통산			4	4	0	0	1	0	0

송덕균(宋德均) 홍익대 1970.03.13

대회	연도	소속	출전	교체	실점	도움	파울	경고	퇴장
BC	1995	전북	10	1	15	0	1	1	0
	1999	전북	1	0	0	0	0	0	0
	합계		11	1	15	0	1	1	0
프로통산			11	1	15	0	1	1	0

송동진(宋東晉) 포철공고 1984.05.12

대회	연도	소속	출전	교체	실점	도움	파울	경고	퇴장
BC	2008	포항	0	0	0	0	0	0	0
	2009	포항	0	0	0	0	0	0	0
	2010	포항	1	0	4	0	0	0	0
	합계		1	0	4	0	0	0	0
프로통산			1	0	4	0	0	0	0

송만호(宋萬鎬) 고려대 1969.07.06

대회	연도	소속	출전	교체	득점	도움	파울	경고	퇴장
BC	1991	유공	2	2	0	0	2	0	0
	1992	유공	1	1	0	0	0	0	0
	합계		3	3	0	0	2	0	0
프로통산			3	3	0	0	2	0	0

송민국(宋旻鞠) 광운대 1985.04.25

대회	연도	소속	출전	교체	득점	도움	파울	경고	퇴장
BC	2008	경남	2	1	0	0	0	0	0
	합계		2	1	0	0	0	0	0
K2	2013	충주	1	0	0	0	1	0	0
	2014	충주	2	1	0	0	2	0	0
	합계		3	1	0	0	3	0	0
프로통산			5	2	0	0	3	0	0

송민규(松旻揆) 충주상고 1999.09.12

대회	연도	소속	출전	교체	득점	도움	파울	경고	퇴장
K1	2018	포항	2	2	0	0	2	0	0
	합계		2	2	0	0	2	0	0
프로통산			2	2	0	0	2	0	0

송민규(宋玟奎) 동북고 1991.04.26

대회	연도	소속	출전	교체	득점	도움	파울	경고	퇴장
BC	2011	서울	1	1	0	0	1	1	0
	합계		1	1	0	0	1	1	0
K2	2013	경찰	12	8	0	0	19	2	0
	2014	안산경	2	3	1	0	4	1	0
	합계		14	10	1	0	19	2	0
프로통산			15	11	1	0	20	3	0

송민우(宋旼佑) 호남대 1993.12.13

대회	연도	소속	출전	교체	득점	도움	파울	경고	퇴장
K2	2017	수원FC	2	2	0	0	2	0	0
	합계		2	2	0	0	2	0	0
프로통산			2	2	0	0	2	0	0

송범근(宋範根) 고려대 1997.10.15

대회	연도	소속	출전	교체	실점	도움	파울	경고	퇴장
K1	2018	전북	30	0	18	0	0	0	0
	합계		30	0	18	0	0	0	0
프로통산			30	0	18	0	0	0	0

송병용(宋柄龍) 한남대 1991.03.03

대회	연도	소속	출전	교체	득점	도움	파울	경고	퇴장
K2	2014	안양	0	0	0	0	0	0	0
	합계		0	0	0	0	0	0	0
프로통산			0	0	0	0	0	0	0

송선호(宋鮮浩) 인천대 1966.01.24

대회	연도	소속	출전	교체	득점	도움	파울	경고	퇴장
BC	1988	유공	16	7	1	0	27	2	0
	1989	유공	35	19	3	4	40	5	0
	1990	유공	24	16	0	2	30	2	0
	1991	유공	17	6	0	0	30	2	0
	1992	유공	11	5	0	0	15	1	0
	1993	유공	21	8	0	1	31	3	0
	1994	유공	14	4	0	0	18	4	0
	1995	유공	10	8	0	1	8	4	0
	1996	부천유	2	2	0	0	4	0	0
	합계		166	95	4	5	203	30	1
프로통산			166	95	4	5	203	30	1

송성범(宋成範) 호원대 1992.06.10

대회	연도	소속	출전	교체	득점	도움	파울	경고	퇴장
K1	2015	광주	3	2	0	0	2	1	0
	합계		3	2	0	0	2	1	0
K2	2016	충주	2	2	0	0	0	0	0
	합계		2	2	0	0	0	0	0
프로통산			5	4	0	0	2	1	0

송성현(宋性玄) 광운대 1988.02.14

대회	연도	소속	출전	교체	득점	도움	파울	경고	퇴장
BC	2011	성남일	0	0	0	0	0	0	0
	합계		0	0	0	0	0	0	0
프로통산			0	0	0	0	0	0	0

송수영(宋修映) 연세대 1991.07.08

대회	연도	소속	출전	교체	득점	도움	파울	경고	퇴장
K1	2014	경남	33	26	4	3	22	1	0
	2015	제주	4	4	0	0	1	0	0
	2018	상주	7	8	0	0	3	0	0
	합계		44	38	4	3	26	1	0
K2	2015	경남	15	11	0	1	12	1	0
	2016	경남	31	19	9	6	17	3	0
	2017	수원FC	26	21	7	1	19	1	0
	합계		72	51	11	8	48	7	0
승	2014	경남	2	0	0	0	2	0	0
	합계		2	0	0	0	2	0	0
프로통산			118	89	16	11	76	8	0

송승민(宋承珉) 인천대 1992.01.11

대회	연도	소속	출전	교체	득점	도움	파울	경고	퇴장
K1	2015	광주	33	7	4	3	44	2	0
	2016	광주	38	2	4	3	60	2	0
	2017	광주	38	6	5	2	43	2	0
	2018	포항	30	21	2	2	32	0	0

[이전 선수 계속]

대회	연도	소속	출전	교체	득점	도움	파울	경고	퇴장
		합계	139	36	14	11	182	8	0
K2	2014	광주	19	11	0	2	22	1	0
		합계	19	11	0	2	22	1	0
승	2014	광주	2	2	0	0	5	1	0
		합계	2	2	0	0	5	1	0
		프로통산	160	49	14	13	207	10	0

송시영(宋時永) 한양대 1962.08.15

대회	연도	소속	출전	교체	득점	도움	파울	경고	퇴장
BC	1986	한일	2	2	0	0	3	0	0
		합계	2	2	0	0	3	0	0
		프로통산	2	2	0	0	3	0	0

송시우(宋治雨) 단국대 1993.08.28

대회	연도	소속	출전	교체	득점	도움	파울	경고	퇴장
K1	2016	인천	28	28	5	1	19	3	0
	2017	인천	32	27	5	0	35	2	0
	2018	인천	10	10	1	0	5	0	0
	2018	상주	1	1	1	0	6	0	0
		합계	82	75	12	1	65	5	0
		프로통산	82	75	12	1	65	5	0

송영록(宋永錄) 조선대 1961.03.13

대회	연도	소속	출전	교체	득점	도움	파울	경고	퇴장
BC	1984	국민	18	3	0	0	13	0	0
		합계	18	3	0	0	13	0	0
		프로통산	18	3	0	0	13	0	0

송영민(宋靈民) 동의대 1995.03.11

대회	연도	소속	출전	교체	득점	도움	파울	경고	퇴장
K2	2016	대구	0	0	0	0	0	0	0
		합계	0	0	0	0	0	0	0
		프로통산	0	0	0	0	0	0	0

송용진(宋勇眞) 안동고 1985.01.01

대회	연도	소속	출전	교체	득점	도움	파울	경고	퇴장
BC	2004	부산	1	1	0	0	2	0	0
		합계	1	1	0	0	2	0	0
		프로통산	1	1	0	0	2	0	0

송원재(宋愿宰) 고려대 1989.02.21

대회	연도	소속	출전	교체	득점	도움	파울	경고	퇴장
K1	2014	상주	13	9	0	0	30	0	0
		합계	13	9	0	0	30	0	0
K2	2013	부천	4	0	0	1	4	0	0
	2015	부천	28	19	0	0	45	6	0
	2016	부천	31	18	0	1	32	4	0
		합계	65	37	0	2	83	10	0
승	2013	상주	2	0	0	0	3	0	0
		합계	2	0	0	0	3	0	0
		프로통산	80	46	0	2	89	10	0

송유걸(宋裕傑) 경희대 1985.02.16

대회	연도	소속	출전	교체	실점	도움	파울	경고	퇴장
BC	2006	전남	1	0	4	0	0	0	0
	2007	전남	0	0	0	0	0	0	0
	2007	인천	0	0	0	0	0	0	0
	2008	인천	12	1	12	0	0	1	0
	2009	인천	10	0	11	0	0	0	0
	2010	인천	19	1	31	0	1	0	0
	2011	인천	13	0	24	0	0	1	0
	2012	강원	25	1	33	0	0	2	0
		합계	80	3	108	0	2	3	0
K1	2015	울산	1	0	2	0	0	0	0
	2017	강원	0	0	0	0	0	0	0
		합계	1	0	2	0	0	0	0
K2	2013	경찰	4	1	5	0	0	0	0
	2014	안산경	2	0	4	0	0	0	0
	2016	강원	15	0	12	0	0	0	0
	2018	부산	10	0	14	0	0	0	0
		합계	31	1	37	0	0	0	0
승	2016	강원	1	0	0	0	0	0	0
		합계	1	0	0	0	0	0	0

대회	연도	소속	출전	교체	득점	도움	파울	경고	퇴장
		프로통산	113	4	149	0	3	6	0

송윤석(宋允石) 호남대 1977.09.20

대회	연도	소속	출전	교체	득점	도움	파울	경고	퇴장
BC	2000	전남	12	9	0	0	9	1	0
	2001	전남	4	3	0	0	1	0	0
	2003	광주상	0	0	0	0	0	0	0
		합계	16	12	0	0	10	1	0
		프로통산	16	12	0	0	10	1	0

송재용

대회	연도	소속	출전	교체	실점	도움	파울	경고	퇴장
BC	1983	국민	1	0	3	0	0	0	0
		합계	1	0	3	0	0	0	0
		프로통산	1	0	3	0	0	0	0

송재한(宋在澣) 동아대 1987.11.24

대회	연도	소속	출전	교체	득점	도움	파울	경고	퇴장
BC	2010	전북	0	0	0	0	0	0	0
		합계	0	0	0	0	0	0	0
		프로통산	0	0	0	0	0	0	0

송정우(宋楨祐) 아주대 1982.03.22

대회	연도	소속	출전	교체	득점	도움	파울	경고	퇴장
BC	2005	대구	12	13	1	1	14	2	0
	2006	대구	20	18	2	1	20	2	0
	2007	대구	8	8	0	2	8	1	0
		합계	40	39	3	4	42	5	0
		프로통산	40	39	3	4	42	5	0

송정현(宋町賢) 아주대 1976.05.28

대회	연도	소속	출전	교체	득점	도움	파울	경고	퇴장
BC	1999	전남	5	5	1	1	6	0	0
	2000	전남	13	11	2	0	11	1	0
	2001	전남	5	5	0	0	1	0	0
	2003	대구	37	26	3	1	59	4	0
	2004	대구	25	16	1	2	44	3	0
	2005	대구	34	13	6	3	61	3	0
	2006	전남	35	15	2	6	55	3	0
	2007	전남	27	7	3	2	34	2	0
	2008	전남	20	13	4	2	30	3	0
	2009	울산	15	9	2	2	20	2	0
	2009	전남	17	11	2	2	12	1	0
	2010	전남	12	9	0	0	10	1	0
	2011	전남	12	9	0	0	10	1	0
		합계	251	132	27	23	389	27	0
		프로통산	251	132	27	23	389	27	0

송제헌(宋制憲) 선문대 1986.07.17

대회	연도	소속	출전	교체	득점	도움	파울	경고	퇴장
BC	2009	포항	3	2	0	0	6	1	0
	2010	대구	19	13	2	1	31	0	0
	2011	대구	25	10	8	0	33	6	1
	2012	대구	36	25	11	1	54	7	0
		합계	83	50	21	2	124	13	1
K1	2013	전북	14	15	1	0	13	0	0
	2014	상주	6	6	0	0	4	1	0
	2016	인천	14	13	3	1	13	0	0
		합계	34	34	4	1	19	1	0
K2	2015	상주	1	1	0	1	2	0	0
	2017	경남	14	12	3	0	10	0	0
		합계	15	13	3	1	13	0	0
		프로통산	132	97	28	4	153	14	1

송종국(宋鍾國) 연세대 1979.02.20

대회	연도	소속	출전	교체	득점	도움	파울	경고	퇴장
BC	2001	부산	35	12	2	1	42	2	0
	2002	부산	20	7	1	0	2	0	0
	2005	수원	20	7	1	1	52	2	0
	2006	수원	27	6	0	3	55	2	0
	2007	수원	33	4	0	4	70	3	0
	2008	수원	29	2	1	2	59	1	0
	2009	수원	22	4	0	0	49	3	0
	2010	수원	10	3	0	1	17	1	0

대회	연도	소속	출전	교체	득점	도움	파울	경고	퇴장
	2011	울산	18	4	0	0	21	4	0
		합계	204	46	7	11	373	21	1
		프로통산	204	46	7	11	373	21	1

송주석(宋柱錫) 고려대 1967.02.26

대회	연도	소속	출전	교체	득점	도움	파울	경고	퇴장
BC	1990	현대	29	4	3	7	68	3	0
	1991	현대	30	17	3	0	45	3	1
	1992	현대	30	17	5	1	44	4	1
	1993	현대	26	16	3	1	26	2	1
	1994	현대	15	8	2	1	15	3	0
	1995	현대	24	19	4	4	56	5	1
	1996	울산	32	13	4	4	57	8	0
	1997	울산	28	11	0	3	71	6	0
	1998	울산	20	14	3	0	37	4	1
	1999	울산	9	9	0	1	9	0	0
		합계	248	113	47	22	428	38	5
		프로통산	248	113	47	22	428	38	5

송주한(宋柱韓) 인천대 1993.06.16

대회	연도	소속	출전	교체	득점	도움	파울	경고	퇴장
K1	2015	대전	12	3	0	0	6	1	0
		합계	12	3	0	0	6	1	0
K2	2014	대전	30	12	1	5	19	2	0
	2015	경남	17	5	0	1	20	5	0
	2016	경남	2	2	0	0	0	0	0
		합계	47	17	1	6	39	7	0
		프로통산	59	20	1	6	45	8	0

송주호(宋株昊) 고려대 1991.03.20

대회	연도	소속	출전	교체	득점	도움	파울	경고	퇴장
K2	2017	안산	24	4	0	0	37	3	0
	2018	안산	17	6	1	0	20	7	0
		합계	41	10	1	0	57	10	0
		프로통산	41	10	1	0	57	10	0

송지용(宋智庸) 고려대 1989.04.12

대회	연도	소속	출전	교체	득점	도움	파울	경고	퇴장
BC	2012	전남	0	0	0	0	0	0	0
		합계	0	0	0	0	0	0	0
		프로통산	0	0	0	0	0	0	0

송진형(宋珍炯) 당산서중 1987.08.13

대회	연도	소속	출전	교체	득점	도움	파울	경고	퇴장
BC	2004	서울	1	1	0	0	0	0	0
	2006	서울	8	8	0	0	9	1	0
	2007	서울	11	10	0	1	5	1	0
	2012	제주	39	9	10	5	41	6	0
		합계	59	28	10	5	55	8	0
K1	2013	제주	33	11	3	4	15	3	0
	2014	제주	32	19	4	4	27	3	0
	2015	제주	33	24	6	1	23	3	0
	2016	제주	6	6	1	0	2	0	0
	2018	서울	6	6	1	0	2	0	0
		합계	132	56	20	17	81	11	0
		프로통산	191	84	30	22	136	19	0

송창남(宋昌南) 배재대 1977.12.31

대회	연도	소속	출전	교체	득점	도움	파울	경고	퇴장
BC	2000	대전	1	1	0	0	1	0	0
	2001	부천SK	5	4	0	0	2	1	0
	2002	부천SK	2	1	0	0	1	0	0
	2003	부천SK	0	0	0	0	0	0	0
		합계	8	6	0	0	3	1	0
		프로통산	8	6	0	0	3	1	0

송창좌(宋昌左) 관동대 1977.04.26

대회	연도	소속	출전	교체	득점	도움	파울	경고	퇴장
BC	2000	대전	0	0	0	0	0	0	0
		합계	0	0	0	0	0	0	0
		프로통산	0	0	0	0	0	0	0

송창호(宋昌鎬) 동아대 1986.02.20

대회	연도	소속	출전	교체	득점	도움	파울	경고	퇴장
BC	2009	포항	12	10	1	3	6	1	0

(앞 선수 계속)

대회	연도	소속	출전	교체	득점	도움	파울	경고	퇴장
	2010	포항	11	6	0	0	5	0	0
	2011	대구	26	8	2	3	31	6	0
	2012	대구	37	13	0	1	36	4	0
		합계	86	37	3	7	78	11	0
K1	2013	대구	34	13	5	1	23	5	0
	2014	전남	28	14	4	1	23	4	0
	2016	전남	3	3	0	0	3	1	0
	2017	전남	11	7	0	0	4	1	1
		합계	76	37	9	2	50	10	1
K2	2015	안산경	34	9	3	1	35	4	0
	2016	안산무	5	2	0	0	4	0	0
	2018	부산	12	4	0	1	9	1	0
		합계	51	15	3	2	48	4	0
승	2018	부산	0	0	0	0	0	0	0
		합계	0	0	0	0	0	0	0
프로통산			213	89	15	11	176	25	1

송치훈(宋致勳) 광운대 1991.09.24

대회	연도	소속	출전	교체	득점	도움	파울	경고	퇴장
K2	2013	부천	20	12	1	1	22	2	0
		합계	20	12	1	1	22	2	0
프로통산			20	12	1	1	22	2	0

송태림(宋泰林) 중앙대 1984.02.20

대회	연도	소속	출전	교체	득점	도움	파울	경고	퇴장
BC	2006	전남	3	0	0	0	9	0	0
	2007	전남	4	4	0	0	4	0	0
	2008	부산	1	1	0	0	0	1	0
		합계	8	5	0	0	13	1	0
프로통산			8	5	0	0	13	1	0

송태철(宋泰喆) 중앙대 1961.11.12

대회	연도	소속	출전	교체	득점	도움	파울	경고	퇴장
BC	1986	한일	6	2	0	0	2	0	0
		합계	6	2	0	0	2	0	0
프로통산			6	2	0	0	2	0	0

송한기(宋漢基) 우석대 1988.08.07

대회	연도	소속	출전	교체	득점	도움	파울	경고	퇴장
K2	2015	고양	2	1	0	0	0	0	0
		합계	2	1	0	0	0	0	0
프로통산			2	1	0	0	0	0	0

송한복(宋韓福) 배재고 1984.04.12

대회	연도	소속	출전	교체	득점	도움	파울	경고	퇴장
BC	2005	전남	0	0	0	0	0	0	0
	2006	전남	4	2	0	0	4	1	0
	2007	전남	1	0	0	1	0	0	0
	2008	광주상	21	14	0	1	29	4	0
	2009	광주상	16	11	0	1	35	4	0
	2009	전남	1	1	0	0	1	0	0
	2010	전남	14	13	0	1	14	1	0
	2011	대구	24	11	0	2	55	7	0
	2012	대구	11	4	0	0	14	3	0
		합계	94	57	0	5	180	25	0
K1	2013	대구	6	3	0	0	6	1	0
		합계	6	3	0	0	6	1	0
K2	2014	광주	6	5	0	0	13	1	0
프로통산			106	65	0	5	202	26	1

송호영(宋號영) 한양대 1988.01.21

대회	연도	소속	출전	교체	득점	도움	파울	경고	퇴장
BC	2009	성남	26	20	3	3	26	2	0
	2010	성남일	29	28	0	0	17	3	0
	2011	성남일	16	11	2	0	12	1	0
	2012	제주	13	11	0	2	8	1	0
		합계	74	62	5	3	56	6	0
K1	2013	전남	5	5	0	0	2	1	0
	2014	경남	3	3	0	0	3	0	0
		합계	8	8	0	0	5	1	0
프로통산			82	70	6	3	61	6	0

송흥민(宋洪民) 남부대 1996.02.07

대회	연도	소속	출전	교체	득점	도움	파울	경고	퇴장
K2	2018	부천	17	9	0	1	16	2	1
		합계	17	9	0	1	16	2	1
프로통산			17	9	0	1	16	2	1

송홍섭(宋洪燮) 경희대 1976.11.28

대회	연도	소속	출전	교체	득점	도움	파울	경고	퇴장
BC	1999	수원	1	1	0	0	0	0	0
	2003	대구	4	2	0	0	5	0	0
		합계	5	3	0	0	5	0	0
프로통산			5	3	0	0	5	0	0

수보티치(Danijel Subotic) 스위스 1989.01.31

대회	연도	소속	출전	교체	득점	도움	파울	경고	퇴장
K1	2017	울산	11	11	1	0	8	0	0
		합계	11	11	1	0	8	0	0
프로통산			11	11	1	0	8	0	0

수호자(Mario Sergio Aumarante Santana) 브라질 1977.01.30

대회	연도	소속	출전	교체	득점	도움	파울	경고	퇴장
BC	2004	울산	31	21	2	1	24	6	0
		합계	31	21	2	1	24	6	0
프로통산			31	21	2	1	24	6	0

슈마로프(Valeri Schmarov) 러시아 1965.02.23

대회	연도	소속	출전	교체	득점	도움	파울	경고	퇴장
BC	1996	전남	4	2	0	0	7	0	0
		합계	4	2	0	0	7	0	0
프로통산			4	2	0	0	7	0	0

슈바(Adriano Neves Pereira) 브라질 1979.05.24

대회	연도	소속	출전	교체	득점	도움	파울	경고	퇴장
BC	2006	대전	32	9	6	10	110	7	0
	2007	대전	14	2	3	1	52	3	0
	2008	전남	22	8	7	2	60	3	0
	2009	전남	30	5	16	4	83	6	0
	2010	전남	19	6	6	3	40	4	0
	2011	포항	15	10	6	3	25	1	1
	2012	광주	3	4	1	0	0	0	0
		합계	135	45	53	24	377	24	1
프로통산			135	45	53	24	377	24	1

슈벵크(Cleber Schwenck Tiene) 브라질 1979.02.28

대회	연도	소속	출전	교체	득점	도움	파울	경고	퇴장
BC	2007	포항	17	12	4	1	50	4	0
		합계	17	12	4	1	50	4	0
프로통산			17	12	4	1	50	4	0

스레텐(Sreten Sretenovic) 세르비아 1985.01.12

대회	연도	소속	출전	교체	득점	도움	파울	경고	퇴장
K1	2013	경남	33	1	0	0	68	11	0
	2014	경남	32	0	1	0	52	7	0
		합계	65	1	2	1	130	18	0
승	2014	경남	2	0	0	0	3	0	0
		합계	2	0	0	0	3	0	0
프로통산			67	1	2	1	135	19	0

스카첸코(Serhiy Skachenko) 우크라이나 1972.11.18

대회	연도	소속	출전	교체	득점	도움	파울	경고	퇴장
BC	1996	안양LG	39	15	3	5	54	4	0
	1997	안양LG	12	3	3	1	14	2	0
	1997	전남	17	14	7	2	17	1	0
		합계	68	20	16	2	91	6	0
프로통산			68	20	16	2	91	6	0

스테반(Stevan Racic) 세르비아 1984.01.17

대회	연도	소속	출전	교체	득점	도움	파울	경고	퇴장
BC	2009	대전	13	12	0	2	22	2	0
		합계	13	12	0	2	22	2	0
프로통산			13	12	0	2	22	2	0

스테보(Stevica Ristic) 마케도니아 1982.05.23

대회	연도	소속	출전	교체	득점	도움	파울	경고	퇴장
BC	2007	전북	29	9	15	5	75	2	0
	2008	전북	14	6	4	2	23	3	1
	2008	포항	14	11	6	4	34	1	0
	2009	포항	24	20	8	4	48	5	0
	2011	수원	13	4	9	1	28	2	0
	2012	수원	35	20	10	3	61	6	0
		합계	129	70	52	19	269	19	1
K1	2013	수원	13	4	5	2	20	2	0
	2014	전남	35	4	13	4	64	2	0
	2015	전남	35	8	12	3	42	3	0
	2016	전남	14	8	2	0	17	1	0
		합계	97	27	32	9	139	9	0
프로통산			226	97	84	28	408	28	1

스토야노비치(Milos Stojanović) 세르비아 1984.12.25

대회	연도	소속	출전	교체	득점	도움	파울	경고	퇴장
K1	2014	경남	30	19	7	0	51	4	0
		합계	30	19	7	0	51	4	0
K2	2015	경남	35	9	20	0	53	5	0
	2016	부산	15	8	2	1	32	3	0
		합계	38	17	11	1	85	8	0
승	2014	경남	2	0	1	0	2	0	0
		합계	2	0	1	0	2	0	0
프로통산			70	36	19	1	140	12	0

스토키치(Joco Stokic) 보스니아 헤르체고비나 1987.07.04

대회	연도	소속	출전	교체	득점	도움	파울	경고	퇴장
K1	2014	제주	5	5	0	0	7	1	0
		합계	5	5	0	0	7	1	0
프로통산			5	5	0	0	7	1	0

슬라브코(Georgievski Slavcho) 마케도니아 1980.03.30

대회	연도	소속	출전	교체	득점	도움	파울	경고	퇴장
BC	2009	울산	29	9	3	3	17	5	0
		합계	29	9	3	3	17	5	0
프로통산			29	9	3	3	17	5	0

시로(Alves Ferreira E Silva Ciro Henrique) 브라질 1989.04.18

대회	연도	소속	출전	교체	득점	도움	파울	경고	퇴장
K1	2015	제주	7	8	0	0	6	1	0
		합계	7	8	0	0	6	1	0
프로통산			7	8	0	0	6	1	0

시마다(Shimada Yusuke) 일본 1982.01.19

대회	연도	소속	출전	교체	득점	도움	파울	경고	퇴장
BC	2012	강원	23	10	1	2	34	2	0
		합계	23	10	1	2	34	2	0
프로통산			23	10	1	2	34	2	0

시모(Simo Krunic) 보스니아 헤르체고비나 1969.01.03

대회	연도	소속	출전	교체	득점	도움	파울	경고	퇴장
BC	1996	포항	6	6	2	0	14	2	0
		합계	6	6	2	0	14	2	0
프로통산			6	6	2	0	14	2	0

시몬(Victor Simoes de Oliveira) 브라질 1981.03.23

대회	연도	소속	출전	교체	득점	도움	파울	경고	퇴장
BC	2007	전남	10	5	1	3	21	0	0
	2008	전남	14	11	2	1	26	1	0
		합계	24	16	3	4	41	3	0
프로통산			24	16	3	4	41	3	0

시미치(Dusan Simic) 세르비아 몬테네그로 1980.07.22

대회	연도	소속	출전	교체	득점	도움	파울	경고	퇴장
BC	2003	부산	28	16	0	0	19	6	0
		합계	28	16	0	0	19	6	0
프로통산			28	16	0	0	19	6	0

시미치(Josip Simic) 크로아티아 1977.09.16

대회 연도 소속 출전 교체 득점 도움 파울 경고 퇴장

BC | 2004 | 울산 | 25 | 24 | 2 | 2 | 26 | 1 | 0

대회	연도	소속	출전	교체	득점	도움	파울	경고	퇴장
BC	2004	울산	25	24	2	2	26	1	0
	합계		25	24	2	2	26	1	0
프로통산			25	24	2	2	26	1	0

시시(Gonzalez Martinez Sisinio) 스페인 1986.04.22

대회	연도	소속	출전	교체	득점	도움	파울	경고	퇴장
K2	2015	수원FC	17	9	0	1	25	6	0
	합계		17	9	0	1	25	6	0
승	2015	수원FC	2	1	0	0	1	0	0
	합계		2	1	0	0	1	0	0
프로통산			19	10	0	1	26	6	0

신경모(辛景模) 중앙대 1987.12.12

대회	연도	소속	출전	교체	득점	도움	파울	경고	퇴장
BC	2011	수원	2	2	0	0	4	0	0
	합계		2	2	0	0	4	0	0
프로통산			2	2	0	0	4	0	0

신광훈(申光勳) 포철공고 1987.03.18

대회	연도	소속	출전	교체	득점	도움	파울	경고	퇴장
BC	2006	포항	10	6	1	1	23	5	0
	2007	포항	5	4	1	0	2	3	0
	2008	포항	4	4	0	1	5	1	0
	2008	전북	19	1	1	3	31	3	0
	2009	전북	14	5	0	0	24	4	0
	2010	전북	1	0	0	1	32	3	0
	2010	포항	8	0	0	0	17	3	0
	2011	포항	26	1	1	4	62	10	0
	2012	포항	37	0	3	3	48	7	1
	합계		135	4	4	13	246	38	1
K1	2013	포항	33	1	0	4	53	10	0
	2014	포항	33	3	0	2	46	8	0
	2016	포항	8	0	0	0	18	3	0
	2017	서울	21	0	1	1	25	4	0
	2018	서울	18	1	0	0	19	4	0
	합계		113	5	1	9	162	28	0
K2	2015	안산경	28	1	2	1	52	10	0
	2016	안산무	15	1	0	1	17	1	0
	합계		43	4	1	2	62	10	0
승	2018	서울							
	합계								
프로통산			291	26	8	24	470	76	1

신대경(申大京) 경희대 1982.04.15

대회	연도	소속	출전	교체	득점	도움	파울	경고	퇴장
BC	2005	부천SK	0	0	0	0	0	0	0
	2006	제주	0	0	0	0	0	0	0
	합계		0	0	0	0	0	0	0
프로통산			0	0	0	0	0	0	0

신동근(申東根) 연세대 1981.02.15

대회	연도	소속	출전	교체	득점	도움	파울	경고	퇴장
BC	2004	성남일	3	3	0	0	2	0	0
	2005	성남일	1	1	0	0	2	0	0
	2006	성남일	7	7	0	0	4	0	0
	2008	광주상	22	12	0	0	15	2	0
	2009	광주상	5	2	0	0	4	0	0
	합계		38	25	0	0	27	2	0
프로통산			38	25	0	0	27	2	0

신동빈(申東彬) 선문대 1985.06.11

대회	연도	소속	출전	교체	득점	도움	파울	경고	퇴장
BC	2008	전북	1	1	0	0	1	0	0
	합계		1	1	0	0	1	0	0
프로통산			1	1	0	0	1	0	0

신동일(申東一) 광주대 1993.07.09

대회	연도	소속	출전	교체	득점	도움	파울	경고	퇴장
K2	2016	충주	2	2	0	0	2	0	0
	합계		2	2	0	0	2	0	0
프로통산			2	2	0	0	2	0	0

신동철(申東喆) 명지대 1962.11.09

대회	연도	소속	출전	교체	득점	도움	파울	경고	퇴장
BC	1983	국민	2	0	1	1	3	0	0
	1986	유공	29	6	2	6	16	1	0
	1987	유공	4	3	0	1	1	1	0
	1988	유공	23	3	8	3	12	2	0
	1989	유공	9	6	0	0	1	0	0
	1990	유공	10	5	1	0	4	0	0
	1991	유공	24	17	1	1	7	1	0
	1992	유공	34	3	3	10	16	3	0
	1993	유공	13	5	0	0	3	0	0
	합계		148	48	16	22	64	8	0
프로통산			148	48	16	22	64	8	0

신동혁(新洞革) 대화중 1987.07.17

대회	연도	소속	출전	교체	득점	도움	파울	경고	퇴장
BC	2011	인천	4	4	0	0	1	0	0
	합계		4	4	0	0	1	0	0
K2	2014	대전	3	4	0	0	2	0	0
	합계		3	4	0	0	2	0	0
프로통산			7	9	0	0	3	0	0

신문선(辛文善) 연세대 1958.03.11

대회	연도	소속	출전	교체	득점	도움	파울	경고	퇴장
BC	1983	유공	15	5	1	1	9	2	0
	1984	유공	28	2	2	1	11	0	0
	1985	유공	21	3	0	2	22	0	0
	합계		64	10	3	4	42	2	0
프로통산			64	10	3	4	42	2	0

신범철(申凡喆) 아주대 1970.09.27

대회	연도	소속	출전	교체	득점	실점	도움	파울	경고	퇴장
BC	1993	대우	2	0	3	0	0	0	0	
	1994	대우	11	0	20	0	0	0	0	
	1995	대우	6	1	6	0	1	1	0	
	1997	부산	20	0	15	0	1	0	0	
	1998	부산	31	1	36	0	2	3	0	
	1999	부산	36	3	41	0	2	2	0	
	2000	부산	16	1	26	0	1	0	0	
	2000	수원	5	0	4	0	0	0	0	
	2001	수원	27	0	33	0	1	2	0	
	2002	수원	12	0	20	0	0	1	0	
	2003	수원	1	0	0	0	0	0	0	
	2004	인천	13	0	15	0	0	1	0	
	합계		176	6	215	0	8	10	0	
프로통산			176	6	215	0	8	10	0	

신병호(申秉澔) 건국대 1977.04.26

대회	연도	소속	출전	교체	득점	도움	파울	경고	퇴장
BC	2002	울산	7	6	1	0	12	1	0
	2002	전남	26	8	4	2	40	1	0
	2003	전남	42	22	16	4	61	3	0
	2004	전남	21	14	3	2	37	3	0
	2005	전남	6	6	0	0	5	1	0
	2006	경남	26	21	5	0	34	3	0
	2007	제주	14	12	0	0	22	1	0
	2008	제주	2	1	0	0	4	0	0
	합계		150	96	35	7	242	11	0
프로통산			150	96	35	7	242	11	0

신상근(申相根) 청주상고 1961.04.24

대회	연도	소속	출전	교체	득점	도움	파울	경고	퇴장
BC	1984	포철	21	10	3	7	17	0	0
	1985	포철	14	7	1	5	18	0	0
	1986	포철	6	6	0	1	7	0	0
	1987	럭금	31	7	3	2	27	1	0
	1988	럭금	15	12	1	0	16	0	0
	1989	럭금	2	2	0	0	1	0	0
	합계		89	46	8	11	71	3	0
프로통산			89	46	8	11	71	3	0

신상우(申相又) 광운대 1976.03.10

대회	연도	소속	출전	교체	득점	도움	파울	경고	퇴장
BC	1999	대전	31	8	5	0	67	4	0
	2000	대전	30	7	1	2	59	4	0
	2001	대전	32	2	1	1	70	7	0
	2004	대전	15	4	0	0	32	0	0
	2005	성남일	1	1	0	0	0	0	0
	2006	성남일	1	1	0	0	0	0	0
	합계		110	23	7	3	228	15	0
프로통산			110	23	7	3	228	15	0

신상훈(申相訓) 중앙대 1983.06.20

대회	연도	소속	출전	교체	득점	도움	파울	경고	퇴장
BC	2006	전북	4	2	0	0	5	0	0
	2007	전북	0	0	0	0	0	0	0
	합계		4	2	0	0	5	0	0
프로통산			4	2	0	0	5	0	0

신선진(申善眞) 단국대 1994.06.21

대회	연도	소속	출전	교체	득점	도움	파울	경고	퇴장
K2	2017	안산	0	0	0	0	0	0	0
	합계		0	0	0	0	0	0	0
프로통산			0	0	0	0	0	0	0

신성환(申聖煥) 인천대 1968.10.10

대회	연도	소속	출전	교체	득점	도움	파울	경고	퇴장
BC	1992	포철	16	10	0	0	17	1	0
	1993	포철	15	11	0	0	9	0	0
	1994	포철	27	13	0	0	35	8	0
	1995	포항	22	11	0	0	28	3	0
	1996	수원	32	0	1	1	75	8	2
	1997	수원	30	3	0	3	79	9	0
	1998	수원	15	4	0	0	24	3	0
	합계		157	53	6	1	270	32	2
프로통산			157	53	6	1	270	32	2

신세계(申世界) 성균관대 1990.09.16

대회	연도	소속	출전	교체	득점	도움	파울	경고	퇴장
BC	2011	수원	11	5	0	0	25	6	0
	2012	수원	5	0	0	0	13	2	0
	합계		18	10	0	0	38	8	0
K1	2013	수원	4	1	0	0	5	0	0
	2014	수원	20	4	0	0	27	5	0
	2015	수원	18	8	1	0	20	3	0
	2016	수원	22	3	0	1	26	3	0
	2017	상주	13	0	0	0	12	0	0
	2018	상주	22	1	0	0	20	5	0
	2018	수원	9	1	0	0	8	0	0
	합계		116	18	1	1	139	16	0
승	2017	상주	1	0	0	0	1	0	0
	합계								
프로통산			136	28	1	1	177	24	0

신수진(申洙鎭) 고려대 1982.10.26

대회	연도	소속	출전	교체	득점	도움	파울	경고	퇴장
BC	2005	부산	6	3	0	0	5	0	0
	2006	부산	1	0	0	0	3	0	0
	2008	광주상	5	1	0	0	4	0	0
	합계		12	4	0	0	12	0	0
프로통산			12	4	0	0	12	0	0

신승경(辛承庚) 호남대 1981.09.07

대회	연도	소속	출전	교체	득점	실점	도움	파울	경고	퇴장
BC	2004	부산	5	0	9	0	0	1	0	
	2005	부산	9	1	11	0	0	1	0	
	2006	부산	3	0	7	0	0	0	0	
	2007	부산	0	0	0	0	0	0	0	
	2008	경남	0	0	0	0	0	0	0	
	2009	경남	0	0	0	0	0	0	0	
	합계		22	1	35	0	1	3	0	
프로통산			22	1	35	0	1	3	0	

신승호(申陞昊) 아주대 1975.05.13

대회	연도	소속	출전	교체	득점	도움	파울	경고	퇴장
BC	1999	전남	9	10	0	1	3	0	0
	2000	부천SK	2	1	0	0	4	0	0
	2001	부천SK	0	0	0	0	0	0	0

신연수(申燃秀) 매탄고 1992.04.06 (앞부분)

대회	연도	소속	출전	교체	득점	도움	파울	경고	퇴장
	2002	부천SK	27	8	0	0	43	5	0
	2003	부천SK	22	3	0	0	20	1	0
	2004	부천SK	22	12	0	0	31	0	0
	2005	부천SK	23	7	1	0	32	3	0
	2006	경남	33	2	1	3	59	7	0
	합계		138	43	2	4	192	16	0
프로통산			138	43	2	4	192	16	0

신연수(申燃秀) 매탄고 1992.04.06

대회	연도	소속	출전	교체	득점	도움	파울	경고	퇴장
BC	2011	수원	1	1	0	0	0	1	0
	2012	상주	1	1	0	0	0	0	0
	합계		2	2	0	0	0	1	0
K1	2014	부산	1	1	0	0	2	1	0
	합계		1	1	0	0	2	1	0
프로통산			3	3	0	0	2	1	0

신연호(申連浩) 고려대 1964.05.08

대회	연도	소속	출전	교체	득점	도움	파울	경고	퇴장
BC	1987	현대	9	5	0	0	5	1	0
	1988	현대	21	1	0	2	22	0	0
	1989	현대	21	7	3	2	31	0	0
	1990	현대	17	3	0	3	26	0	0
	1991	현대	36	4	0	1	30	2	0
	1992	현대	23	9	2	4	19	3	0
	1993	현대	28	10	2	3	41	1	0
	1994	현대	15	13	1	1	16	1	0
	합계		170	54	12	7	162	7	1
프로통산			170	54	12	7	162	7	1

신영록(申榮綠) 호남대 1981.09.07

대회	연도	소속	출전	교체	득점	도움	파울	경고	퇴장
BC	2003	부산	7	4	0	0	12	0	0
BC	2004	부산	1	1	0	0	1	0	0
BC	2005	부산	14	0	0	0	24	5	0
	합계		22	5	0	0	37	5	0
프로통산			22	5	0	0	37	5	0

신영록(辛泳錄) 세일중 1987.03.27

대회	연도	소속	출전	교체	득점	도움	파울	경고	퇴장
BC	2003	수원	3	4	0	0	0	0	0
	2004	수원	6	6	0	0	9	1	0
	2005	수원	7	7	1	0	7	1	0
	2006	수원	12	12	2	1	20	0	0
	2007	수원	3	1	2	0	11	1	0
	2008	수원	23	16	7	4	43	0	0
	2010	수원	9	7	0	0	16	0	0
	2011	제주	8	7	0	0	8	0	0
	합계		71	57	15	6	123	9	0
프로통산			71	57	15	6	123	9	0

신영준(辛映俊) 호남대 1989.09.06

대회	연도	소속	출전	교체	득점	도움	파울	경고	퇴장
BC	2011	전남	20	17	3	1	14	0	0
	2012	전남	29	19	3	1	18	0	0
	합계		40	36	6	2	32	0	0
K1	2013	전남	3	3	0	0	1	0	0
	2013	포항	13	13	2	0	9	1	0
	2014	포항	15	14	0	0	11	0	0
	2016	상주	16	15	2	0	7	0	0
	2017	상주	6	5	0	0	5	0	0
	2017	강원	1	1	0	0	0	0	0
	합계		54	51	4	2	33	0	0
K2	2015	수원FC	19	18	2	1	9	1	0
	2018	부산	11	11	2	1	7	0	0
	합계		30	26	5	4	16	2	0
승	2018	부산	0	0	0	0	0	0	0
	합계		0	0	0	0	0	0	0
프로통산			124	113	15	8	80	5	0

신영철(申映哲) 풍생고 1986.03.14

대회	연도	소속	출전	교체	득점	도움	파울	경고	퇴장
BC	2005	성남일	3	3	0	0	0	0	0
	2006	성남일	4	4	1	0	7	0	0
	2009	성남일	0	0	0	0	0	0	0
	2010	성남일	0	0	0	0	0	0	0
	합계		7	7	1	0	7	0	0
프로통산			7	7	1	0	7	0	0

신완희(申頑熙) 탐라대 1988.05.12

대회	연도	소속	출전	교체	득점	도움	파울	경고	퇴장
BC	2011	부산	0	0	0	0	0	0	0
	합계		0	0	0	0	0	0	0
프로통산			0	0	0	0	0	0	0

신우식(申友植) 연세대 1968.03.25

대회	연도	소속	출전	교체	득점	도움	파울	경고	퇴장
BC	1990	럭금	3	0	0	0	0	0	0
	1991	LG	2	1	0	0	1	0	0
	1994	LG	12	2	0	0	16	1	0
	1995	LG	1	0	0	0	1	0	0
	합계		18	6	0	0	18	2	0
프로통산			18	6	0	0	18	2	0

신윤기(辛允基) 영남상고 1957.03.23

대회	연도	소속	출전	교체	득점	도움	파울	경고	퇴장
BC	1983	유공	8	2	0	1	5	1	0
	합계		8	2	0	1	5	1	0
프로통산			8	2	0	1	5	1	0

신의손[申宜孫/← 사리체프(Valeri Sarychev)] 1960.01.12

대회	연도	소속	출전	교체	실점	도움	파울	경고	퇴장
BC	1992	일화	40	0	31	0	0	1	0
	1993	일화	35	0	33	0	0	0	0
	1994	일화	36	0	33	0	1	0	0
	1995	일화	34	0	27	0	2	1	0
	1996	천안일	27	0	51	0	0	0	0
	1997	천안일	16	2	24	0	1	0	0
	1998	천안일	5	0	17	0	0	0	0
	2000	안양LG	32	1	35	0	0	1	0
	2001	안양LG	35	0	36	0	1	0	0
	2002	안양LG	35	0	36	0	1	1	0
	2003	안양LG	18	0	26	0	0	1	0
	2004	서울	7	1	8	0	0	0	0
	합계		320	3	357	0	6	7	0
프로통산			320	3	357	0	6	7	0

신인섭(申仁燮) 건국대 1989.06.01

대회	연도	소속	출전	교체	득점	도움	파울	경고	퇴장
BC	2011	부산	0	0	0	0	0	0	0
	합계		0	0	0	0	0	0	0
프로통산			0	0	0	0	0	0	0

신일수(申壹秀) 고려대 1994.09.04

대회	연도	소속	출전	교체	득점	도움	파울	경고	퇴장
K2	2015	서울E	12	7	0	0	20	5	0
	2016	서울E	22	13	0	1	36	6	0
	2018	안산	27	3	1	0	28	6	1
	합계		61	23	1	1	84	17	1
프로통산			61	23	1	1	84	17	1

신재필(申裁必) 안양공고 1982.05.25

대회	연도	소속	출전	교체	득점	도움	파울	경고	퇴장
BC	2002	안양LG	1	1	0	0	1	0	0
	2003	안양LG	1	2	0	0	2	1	0
	합계		2	3	0	0	3	1	0
K2	2013	고양	26	10	0	0	43	7	0
	2014	고양	14	12	0	0	9	1	0
	합계		40	22	0	0	52	8	1
프로통산			41	24	0	0	54	9	1

신재흠(申在欽) 연세대 1959.03.26

대회	연도	소속	출전	교체	득점	도움	파울	경고	퇴장
BC	1983	대우	1	1	0	0	1	0	0
	1984	럭금	27	3	2	1	21	1	0
	합계		28	4	1	2	23	2	0
프로통산			28	4	1	2	23	2	0

신정환(申正桓) 관동대 1986.08.18

대회	연도	소속	출전	교체	득점	도움	파울	경고	퇴장
BC	2008	제주	0	0	0	0	0	0	0
	2011	전남	0	0	0	0	0	0	0
	합계		0	0	0	0	0	0	0
프로통산			0	0	0	0	0	0	0

신제경(辛齊耕) 중앙대 1961.01.25

대회	연도	소속	출전	교체	득점	도움	파울	경고	퇴장
BC	1985	상무	21	2	0	0	26	0	0
	합계		21	2	0	0	26	0	0
프로통산			21	2	0	0	26	0	0

신제호(辛齊虎) 중앙대 1962.10.03

대회	연도	소속	출전	교체	득점	도움	파울	경고	퇴장
BC	1985	한일	14	0	0	0	22	2	0
	1986	한일	10	0	0	0	12	1	0
	합계		24	0	0	0	36	3	0
프로통산			24	0	0	0	36	3	0

신종혁(辛鍾赫) 대구대 1976.03.04

대회	연도	소속	출전	교체	득점	도움	파울	경고	퇴장
BC	1999	포항	0	0	0	0	0	0	0
	2000	포항	5	3	1	0	8	0	0
	합계		5	3	1	0	8	0	0
프로통산			5	3	1	0	8	0	0

신준배(辛俊培) 선문대 1985.10.26

대회	연도	소속	출전	교체	실점	도움	파울	경고	퇴장
BC	2009	대전	3	0	4	0	0	0	0
	2010	대전	9	0	14	0	1	1	0
	2011	대전	3	1	5	0	0	0	0
	합계		15	1	22	0	1	1	0
프로통산			15	1	22	0	1	1	0

신진원(申晉遠) 연세대 1974.09.27

대회	연도	소속	출전	교체	득점	도움	파울	경고	퇴장
BC	1997	대전	32	19	6	1	52	3	0
	1998	대전	32	12	8	3	41	5	0
	1999	대전	7	6	1	1	3	1	0
	2000	대전	30	20	1	6	38	2	0
	2001	전남	26	20	1	2	29	2	0
	2002	전남	10	10	0	0	7	0	0
	2003	대전	10	10	0	0	8	2	0
	2004	대전	0	0	0	0	0	0	0
	합계		147	97	18	12	178	15	0
프로통산			147	97	18	12	178	15	0

신진호(申嗔浩) 영남대 1988.09.07

대회	연도	소속	출전	교체	득점	도움	파울	경고	퇴장
BC	2011	포항	6	6	1	5	2	0	0
	2012	포항	23	10	1	6	49	5	1
	합계		29	16	1	7	54	7	1
K1	2013	포항	20	6	2	3	39	5	0
	2015	포항	17	0	3	3	39	5	0
	2016	서울	20	?	?	?	?	?	?
	2016	상주	?	?	?	?	?	?	?
	2017	상주	?	?	?	?	?	?	?
	2018	서울	34	11	2	4	67	8	1
	합계		112	31	9	18	205	24	1
승	2017	상주	0	0	0	0	0	1	0
	합계		0	0	0	0	0	1	0
프로통산			143	47	10	25	259	32	2

신찬우(申讚優) 연세대 1997.02.08

대회	연도	소속	출전	교체	득점	도움	파울	경고	퇴장
K1	2018	전남	0	0	0	0	0	0	0
	합계		0	0	0	0	0	0	0
프로통산			0	0	0	0	0	0	0

신창무(申昶武) 우석대 1992.09.17

대회	연도	소속	출전	교체	득점	도움	파울	경고	퇴장
K1	2017	대구	19	14	2	1	28	5	0
	2018	상주	21	18	1	2	13	2	0
	합계		40	32	3	3	41	7	0

K2	2014	대구	12	11	0	1	12	0	0
	2015	대구	10	9	0	0	15	3	0
	2016	대구	31	18	1	0	41	10	0
	합계		53	38	1	1	68	13	0
프로통산			93	70	4	4	109	20	0

신태용(申台龍) 영남대 1970.10.11

대회	연도	소속	출전	교체	득점	도움	파울	경고	퇴장
BC	1992	일화	23	10	9	5	33	0	0
	1993	일화	33	5	6	7	43	2	0
	1994	일화	29	11	8	4	33	0	0
	1995	일화	33	9	6	4	40	2	0
	1996	천안일	29	3	21	3	48	3	0
	1997	천안일	19	7	3	2	34	1	1
	1998	천안일	24	9	3	6	36	2	0
	1999	천안일	35	14	9	2	54	3	0
	2000	성남일	34	13	9	7	43	4	0
	2001	성남일	36	8	5	10	43	0	0
	2002	성남일	37	6	7	7	60	4	0
	2003	성남일	38	9	8	6	67	4	0
	2004	성남일	31	11	6	4	39	4	1
	합계		401	114	99	68	572	30	2
프로통산			401	114	99	68	572	30	2

*실점: 2002년 2 / 통산 2

신학영(申學榮) 동북고 1994.03.04

대회	연도	소속	출전	교체	득점	도움	파울	경고	퇴장
K2	2015	경남	7	6	0	0	8	0	0
	2016	경남	24	14	1	1	19	2	0
	2017	대전	24	17	1	0	23	2	0
	2018	대전	15	13	0	1	17	3	0
	합계		70	50	2	2	67	7	0
프로통산			70	50	2	2	67	7	0

신현준(申賢儁) 세종대 1992.06.15

대회	연도	소속	출전	교체	득점	도움	파울	경고	퇴장
K2	2016	부천	11	11	1	0	6	2	0
	2017	부천	12	12	1	0	4	0	0
	2018	부천	5	5	0	0	3	0	0
	합계		28	28	2	0	13	2	0
프로통산			28	28	2	0	13	2	0

신현준(申鉉俊) 명지대 1986.03.08

대회	연도	소속	출전	교체	득점	도움	파울	경고	퇴장
BC	2009	강원	0	0	0	0	0	0	0
	합계		0	0	0	0	0	0	0
프로통산			0	0	0	0	0	0	0

신현호(申鉉浩) 한양대 1953.09.21

대회	연도	소속	출전	교체	득점	도움	파울	경고	퇴장
BC	1984	할렐	26	16	1	4	7	0	0
	1985	할렐	10	7	1	2	5	0	0
	합계		36	23	2	6	12	0	0
프로통산			36	23	2	6	12	0	0

신현호(辛賢浩) 연세대 1977.07.07

대회	연도	소속	출전	교체	득점	도움	파울	경고	퇴장
BC	2000	부천SK	3	3	0	0	1	0	0
	2001	부천SK	0	0	0	0	0	0	0
	2002	부천SK	10	9	0	0	11	0	0
	2003	부천SK	20	9	0	0	31	6	0
	합계		33	21	0	0	43	6	0
프로통산			33	21	0	0	43	6	0

신형민(辛炯旼) 홍익대 1986.07.18

대회	연도	소속	출전	교체	득점	도움	파울	경고	퇴장
BC	2008	포항	24	12	3	1	40	4	0
	2009	포항	28	6	4	2	50	5	0
	2010	포항	22	1	1	1	50	10	0
	2011	포항	28	1	1	0	45	6	0
	2012	포항	25	0	1	0	47	7	0
	합계		127	20	10	6	232	32	0
K1	2014	전북	25	2	0	0	39	4	0
	2016	전북	10	1	1	0	11	1	0

	2017	전북	34	5	0	1	35	10	0
	2018	전북	28	11	0	1	34	5	0
	합계		97	19	1	2	119	21	0
K2	2015	안산경	38	6	4	0	35	8	0
	2016	안산무	25	3	0	0	27	5	0
	합계		63	3	4	0	53	13	0
프로통산			287	42	17	8	416	69	0

신호은(申鎬殷) 영남대 1991.06.16

대회	연도	소속	출전	교체	득점	도움	파울	경고	퇴장
K2	2014	부천	1	1	0	0	0	0	0
	합계		1	1	0	0	0	0	0
프로통산			1	1	0	0	0	0	0

신홍기(辛弘基) 한양대 1968.05.04

대회	연도	소속	출전	교체	득점	도움	파울	경고	퇴장
BC	1991	현대	39	5	1	4	33	3	0
	1992	현대	39	2	8	6	56	1	0
	1993	현대	12	2	1	2	6	0	0
	1994	현대	20	6	1	2	16	1	0
	1995	현대	34	3	4	6	37	4	0
	1997	울산	30	6	4	8	51	7	0
	1998	수원	26	2	5	3	60	1	0
	1999	수원	39	0	3	5	69	7	0
	2000	수원	37	0	4	1	57	4	0
	2001	수원	30	14	1	0	41	3	1
	합계		336	41	35	42	459	38	1
프로통산			336	41	35	42	459	38	1

신화용(申和容) 청주대 1983.04.13

대회	연도	소속	출전	교체	**실점**	도움	파울	경고	퇴장
BC	2004	포항	0	0	0	0	0	0	0
	2005	포항	0	0	0	0	0	0	0
	2006	포항	13	0	2	0	0	0	0
	2007	포항	26	3	25	0	0	2	0
	2008	포항	5	0	6	0	0	0	0
	2009	포항	26	1	26	0	0	3	0
	2010	포항	27	1	43	0	0	2	0
	2011	포항	25	1	24	0	0	0	0
	2012	포항	41	1	40	0	0	2	0
	합계		162	7	186	0	2	9	0
K1	2013	포항	33	0	31	0	0	2	0
	2014	포항	31	1	29	0	1	0	0
	2015	포항	38	0	32	0	0	3	0
	2016	포항	23	2	31	0	1	0	0
	2017	수원	33	2	30	0	1	4	0
	2018	수원	17	1	17	0	0	0	1
	합계		175	6	170	0	2	9	1
프로통산			337	13	356	0	4	18	1

신희재(申熙梓) 선문대 1992.12.27

대회	연도	소속	출전	교체	득점	도움	파울	경고	퇴장
K2	2015	대구	1	1	0	0	0	0	0
	2016	대구	0	0	0	0	0	0	0
	합계		1	1	0	0	0	0	0
프로통산			1	1	0	0	0	0	0

실바(Alvaro Silva) 필리핀 1984.03.30

대회	연도	소속	출전	교체	득점	도움	파울	경고	퇴장
K1	2015	대전	7	1	0	0	2	0	0
	합계		7	1	0	0	2	0	0
K2	2016	대전	8	0	0	0	24	5	0
	합계		15	1	0	0	24	5	0
프로통산			15	1	0	0	24	5	0

실바(Alexandre Capelin E Silva) 브라질 1989.01.11

대회	연도	소속	출전	교체	득점	도움	파울	경고	퇴장
BC	2012	전남	1	1	0	0	1	0	0
	합계		1	1	0	0	1	0	0
프로통산			1	1	0	0	1	0	0

실바(Marcelo da Silva Santos) 브라질 1978.11.30

대회	연도	소속	출전	교체	득점	도움	파울	경고	퇴장

BC	2000	성남일	7	4	0	0	18	2	0
	합계		7	4	0	0	18	2	0
프로통산			7	4	0	0	18	2	0

실바(Antonio Marcos da Silva) 브라질 1977.06.20

대회	연도	소속	출전	교체	득점	도움	파울	경고	퇴장
BC	2002	전남	10	8	0	0	10	0	0
	합계		10	8	0	0	6	0	0
프로통산			10	8	0	0	6	0	0

실바(Valdenir da Silva Vitalino) 브라질 1977.02.21

대회	연도	소속	출전	교체	득점	도움	파울	경고	퇴장
BC	2005	서울	8	1	0	0	20	3	0
	합계		8	1	0	0	20	3	0
프로통산			8	1	0	0	20	3	0

실바(Elpidio Pereira da Silva Fihlo) 브라질 1975.07.19

대회	연도	소속	출전	교체	득점	도움	파울	경고	퇴장
BC	2006	수원	14	14	2	1	15	0	0
	합계		14	14	2	1	15	0	0
프로통산			14	14	2	1	15	0	0

실바(Welington da Silva de Souza) 브라질 1987.05.27

대회	연도	소속	출전	교체	득점	도움	파울	경고	퇴장
BC	2008	경남	7	6	0	1	10	0	0
	합계		7	6	0	1	10	0	0
프로통산			7	6	0	1	10	0	0

실반(Silvan Lopes) 브라질 1973.07.20

대회	연도	소속	출전	교체	득점	도움	파울	경고	퇴장
BC	1994	포철	16	4	2	3	31	2	0
	1995	포항	22	8	0	3	37	4	0
	합계		38	12	2	6	68	6	0
프로통산			38	12	2	6	68	6	0

실빙요(Silvio Jose Cardoso Reis Junior) 브라질 1990.07.01

대회	연도	소속	출전	교체	득점	도움	파울	경고	퇴장
K1	2016	성남	13	10	2	0	16	1	0
	합계		13	10	2	0	16	1	0
승	2016	성남	1	1	0	0	0	0	0
	합계		1	1	0	0	0	0	0
프로통산			14	11	2	0	16	1	0

심광욱(深光旭) 아주대 1994.01.03

대회	연도	소속	출전	교체	득점	도움	파울	경고	퇴장
K1	2015	제주	8	8	0	1	5	1	0
	2016	광주	4	5	0	0	2	0	0
	합계		12	13	0	1	7	1	0
K2	2017	서울E	2	2	0	0	0	0	0
	합계		2	2	0	0	0	0	0
프로통산			14	15	0	1	7	1	0

심규선(沈規善) 명지대 1962.01.14

대회	연도	소속	출전	교체	득점	도움	파울	경고	퇴장
BC	1986	포철	22	14	1	1	16	0	0
	합계		22	14	1	1	16	0	0
프로통산			22	14	1	1	16	0	0

심동운(沈東雲) 홍익대 1990.03.03

대회	연도	소속	출전	교체	득점	도움	파울	경고	퇴장
BC	2012	전남	30	19	4	0	22	2	0
	합계		30	19	4	0	22	2	0
K1	2013	전남	29	3	5	2	37	3	0
	2014	전남	20	16	1	2	14	1	0
	2015	포항	28	23	3	1	14	1	0
	2016	포항	36	19	10	2	27	3	0
	2017	포항	37	31	8	2	23	3	0
	2018	상주	31	14	3	1	22	2	0
	합계		181	101	34	10	107	13	0
프로통산			211	120	38	10	129	15	0

심민석(沈敏錫) 관동대 1977.10.21

대회	연도	소속	출전	교체	득점	도움	파울	경고	퇴장
BC	2000	성남일	0	0	0	0	0	0	0

대회	연도	소속	출전	교체	득점	도움	파울	경고	퇴장
	2004	성남일	1	1	0	0	2	0	0
	합계		1	1	0	0	2	0	0
프로통산			1	1	0	0	2	0	0

심봉섭(沈鳳燮) 한양대 1966.09.10

대회	연도	소속	출전	교체	득점	도움	파울	경고	퇴장
BC	1989	대우	23	11	2	3	27	0	0
	1990	대우	24	19	1	1	23	2	0
	1991	대우	30	32	3	1	30	2	0
	1992	대우	28	21	5	1	24	2	0
	1993	대우	27	17	2	0	25	3	0
	1994	대우	18	16	0	1	9	0	0
	1995	LG	6	7	0	0	5	0	0
	합계		156	123	13	7	143	10	0
프로통산			156	123	13	7	143	10	0

심상민(沈相旼) 중앙대 1993.05.21

대회	연도	소속	출전	교체	득점	도움	파울	경고	퇴장
K1	2014	서울	2	2	0	0	1	0	0
	2015	서울	12	6	0	2	14	0	0
	2016	서울	13	7	0	1	7	1	0
	2017	서울	3	3	0	0	1	0	0
	2018	서울	16	3	0	0	15	1	0
	합계		47	20	0	3	39	3	0
K2	2016	서울E	13	0	1	0	10	1	0
	합계		13	0	1	0	10	1	0
프로통산			60	20	1	3	45	3	0

심영성(沈永星) 제주제일고 1987.01.15

대회	연도	소속	출전	교체	득점	도움	파울	경고	퇴장
BC	2004	성남일	7	7	0	0	7	0	0
	2005	성남일	7	5	0	0	15	1	0
	2006	제주	8	4	0	1	11	0	0
	2007	제주	25	14	5	2	20	0	0
	2008	제주	23	14	7	1	14	0	0
	2009	제주	25	17	2	1	14	0	0
	2011	제주	8	8	0	0	4	0	0
	2012	제주	1	1	0	0	0	0	0
	2012	강원	1	1	0	0	0	0	0
	합계		115	80	15	6	89	6	0
K1	2015	제주	0	0	0	0	0	0	0
	합계		0	0	0	0	0	0	0
K2	2016	강원	30	30	4	2	16	2	0
	2017	서울E	16	16	2	1	10	2	0
	합계		46	46	6	3	26	4	0
승	2016	강원	0	0	0	0	0	0	0
	합계		0	0	0	0	0	0	0
프로통산			161	126	21	9	115	10	0

심우연(沈愚燃) 건국대 1985.04.03

대회	연도	소속	출전	교체	득점	도움	파울	경고	퇴장
BC	2006	서울	9	9	2	0	7	0	0
	2007	서울	15	12	2	0	13	0	0
	2008	서울	7	6	0	0	6	0	0
	2009	서울	29	11	2	1	28	2	0
	2010	전북	21	4	2	0	30	5	0
	2012	전북	14	13	0	0	16	2	0
	합계		107	45	8	2	109	15	0
K1	2013	성남일	11	4	0	0	2	1	0
	2014	성남	6	3	0	0	2	0	0
	2015	성남	9	9	0	0	3	0	0
	2016	서울	9	9	0	0	3	0	0
	2017	서울	3	3	0	0	1	0	0
	합계		29	20	0	0	11	3	0
프로통산			136	65	8	2	120	18	0

심재명(沈載明) 중앙대 1989.06.07

대회	연도	소속	출전	교체	득점	도움	파울	경고	퇴장
BC	2011	성남일	10	10	1	0	5	0	0
	2012	성남일	2	2	0	0	2	0	0
	합계		12	12	0	1	7	0	0
프로통산			12	12	0	1	7	0	0

심재원(沈載元) 연세대 1977.03.11

대회	연도	소속	출전	교체	득점	도움	파울	경고	퇴장
BC	2000	부산	13	4	0	0	19	2	0
	2001	부산	18	0	1	0	19	1	0
	2002	부산	10	3	0	0	21	2	0
	2003	부산	25	7	0	2	30	7	0
	2004	광주상	7	2	0	0	11	1	0
	2005	광주상	29	1	2	1	71	5	0
	2006	부산	28	2	1	0	50	3	0
	2007	부산	21	1	1	1	43	5	1
	2008	부산	7	4	0	1	7	2	0
	합계		166	24	4	5	271	28	1
프로통산			166	24	4	5	271	28	1

심재훈(沈載訓) 상지대 1994.03.07

대회	연도	소속	출전	교체	실점	도움	파울	경고	퇴장
K2	2017	안양	1	1	0	0	0	0	0
	합계		1	1	0	0	0	0	0
프로통산			1	1	0	0	0	0	0

심제혁(沈帝赫) 오산고 1995.03.05

대회	연도	소속	출전	교체	득점	도움	파울	경고	퇴장
K1	2014	서울	4	4	0	0	6	0	0
	2015	서울	8	8	0	0	11	1	0
	2016	서울	5	5	0	0	2	0	0
	합계		17	17	0	0	19	1	0
K2	2017	성남	23	21	0	0	32	2	0
	합계		23	21	0	0	32	2	0
프로통산			40	38	0	0	51	3	0

심종보(沈宗輔) 진주국제대 1984.05.21

대회	연도	소속	출전	교체	득점	도움	파울	경고	퇴장
BC	2007	경남	4	3	0	0	4	0	0
	합계		4	3	0	0	4	0	0
프로통산			4	3	0	0	4	0	0

심진의(沈眞意) 선문대 1992.04.16

대회	연도	소속	출전	교체	득점	도움	파울	경고	퇴장
K2	2015	충주	28	25	2	1	11	0	0
	합계		28	25	2	1	11	0	0
프로통산			28	25	2	1	11	0	0

심진형(沈珍衡) 연세대 1987.03.18

대회	연도	소속	출전	교체	득점	도움	파울	경고	퇴장
BC	2011	경남	1	1	0	0	0	0	0
	합계		1	1	0	0	0	0	0
프로통산			1	1	0	0	0	0	0

싸비치(Dusan Savic) 마케도니아 1985.10.01

대회	연도	소속	출전	교체	득점	도움	파울	경고	퇴장
BC	2010	인천	2	2	0	0	3	0	0
	합계		2	2	0	0	3	0	0
프로통산			2	2	0	0	3	0	0

싼더(Sander Oostrom) 네덜란드 1967.07.14

대회	연도	소속	출전	교체	득점	도움	파울	경고	퇴장
BC	1997	포항	20	16	4	2	24	3	0
	1998	포항	1	1	0	0	0	0	0
	합계		21	17	4	2	24	3	0
프로통산			21	17	4	2	24	3	0

쏘우자(Marcelo Tome de Souza) 브라질 1969.04.21

대회	연도	소속	출전	교체	득점	도움	파울	경고	퇴장
BC	2004	서울	30	2	0	0	27	5	0
	합계		30	2	0	0	27	5	0
프로통산			30	2	0	0	27	5	0

쏘자(Ednilton Souza de Brito) 브라질 1981.06.04

대회	연도	소속	출전	교체	득점	도움	파울	경고	퇴장
BC	2008	제주	10	7	0	0	8	0	0
	합계		10	7	0	0	8	0	0
프로통산			10	7	0	0	8	0	0

씨마오(Simao Pedro Goncalves de Figueiredo Costa) 포르투갈

대회	연도	소속	출전	교체	득점	도움	파울	경고	퇴장
BC	2001	대전	5	5	0	0	5	0	0
	합계		5	5	0	0	5	0	0
프로통산			5	5	0	0	5	0	0

씨엘(Jociel Ferreira da Silva) 브라질 1982.03.31

대회	연도	소속	출전	교체	득점	도움	파울	경고	퇴장
BC	2007	부산	13	9	1	1	29	1	0
	합계		13	9	1	1	29	1	0
프로통산			13	9	1	1	29	1	0

아가시코프 러시아 1962.11.06

대회	연도	소속	출전	교체	득점	도움	파울	경고	퇴장
BC	1992	포철	4	3	1	0	3	0	0
	합계		4	3	1	0	3	0	0
프로통산			4	3	1	0	3	0	0

아고스(Agostinho Petronilo de Oliveira Filho) 브라질 1978.12.12

대회	연도	소속	출전	교체	득점	도움	파울	경고	퇴장
BC	2005	부천SK	19	13	2	1	45	1	1
	합계		19	13	2	1	45	1	1
프로통산			19	13	2	1	45	1	1

아그보(Agbo Alex) 나이지리아 1977.07.01

대회	연도	소속	출전	교체	득점	도움	파울	경고	퇴장
BC	1996	천안일	6	6	1	0	18	2	0
	1997	천안일	17	12	1	0	47	2	0
	합계		23	18	2	0	65	4	0
프로통산			23	18	2	0	65	4	0

아지치(Jasmin Agic) 크로아티아 1974.12.26

대회	연도	소속	출전	교체	득점	도움	파울	경고	퇴장
BC	2005	인천	33	10	3	4	72	8	0
	2006	인천	16	4	2	3	36	4	0
	합계		49	14	5	7	108	12	0
프로통산			49	14	5	7	108	12	0

아길라르(Elias Fernando Aguilar Vargas) 코스타리카 1991.11.07

대회	연도	소속	출전	교체	득점	도움	파울	경고	퇴장
K1	2018	인천	35	12	3	10	50	5	0
	합계		35	12	3	10	50	5	0
프로통산			35	12	3	10	50	5	0

아다오(Jose Adao Fonseca) 브라질 1972.11.30

대회	연도	소속	출전	교체	득점	도움	파울	경고	퇴장
BC	1998	전남	22	20	7	0	30	4	0
	합계		22	20	7	0	30	4	0
프로통산			22	20	7	0	30	4	0

아데마(Adhemar Ferreira de Camargo Neto) 브라질 1972.04.27

대회	연도	소속	출전	교체	득점	도움	파울	경고	퇴장
BC	2004	성남일	10	8	0	0	18	0	0
	합계		10	8	0	0	18	0	0
프로통산			10	8	0	0	18	0	0

아도(Agnaldo Cordeiro Pereira) 브라질 1975.01.25

대회	연도	소속	출전	교체	득점	도움	파울	경고	퇴장
BC	2003	안양LG	17	14	5	1	40	1	0
	합계		17	14	5	1	40	1	0
프로통산			17	14	5	1	40	1	0

아드리아노(Carlos Adriano de Sousa Cruz) 브라질 1987.09.28

대회	연도	소속	출전	교체	득점	도움	파울	경고	퇴장
K1	2015	대전	17	3	7	1	25	4	1
	2015	서울	13	3	8	1	17	3	0
	2016	서울	30	17	17	6	30	2	1
	2018	전북	25	23	8	7	20	1	0
	합계		85	46	40	10	102	12	2
K2	2014	대전	32	5	27	4	76	5	0
	합계		32	5	27	4	76	5	0
프로통산			117	51	67	14	178	17	2

아드리아노(Adriano Adriano Antunes de Paula)

브라질 1981.03.07

대회	연도	소속	출전	교체	득점	도움	파울	경고	퇴장
BC	2004	부산	13	7	2	1	36	0	0
		합계	13	7	2	1	36	0	0
프로통산			13	7	2	1	36	0	0

아드리아노(Antonio Adriano Antunes de Paula) 브라질 1987.06.13

대회	연도	소속	출전	교체	득점	도움	파울	경고	퇴장
K1	2013	대구	9	9	0	0	14	0	0
		합계	9	9	0	0	14	0	0
프로통산			9	9	0	0	14	0	0

아드리안(Zazi Chaminga Adrien) 콩고민주공화국 1975.03.26

대회	연도	소속	출전	교체	득점	도움	파울	경고	퇴장
BC	1997	천안일	9	8	1	1	12	2	0
		합계	9	8	1	1	12	2	0
프로통산			9	8	1	1	12	2	0

아드리안(Dumitru Adrian Mihalcea) 루마니아 1976.05.24

대회	연도	소속	출전	교체	득점	도움	파울	경고	퇴장
BC	2005	전남	3	3	0	0	5	0	0
		합계	3	3	0	0	5	0	0
프로통산			3	3	0	0	5	0	0

아디(Adilson dos Santos) 브라질 1976.05.12

대회	연도	소속	출전	교체	득점	도움	파울	경고	퇴장
BC	2006	서울	34	3	1	2	67	4	0
	2007	서울	36	4	1	1	56	5	0
	2008	서울	34	4	3	1	32	5	0
	2009	서울	28	1	3	1	34	2	1
	2010	서울	31	4	1	1	48	5	0
	2011	서울	38	5	1	0	14	5	0
	2012	서울	38	5	1	3	27	4	0
		합계	231	21	15	10	278	30	1
K1	2013	서울	33	3	2	2	27	5	0
		합계	33	3	2	2	27	5	0
프로통산			264	24	18	12	305	35	1

아디(Adnan Ocell) 알바니아 1966.03.06

대회	연도	소속	출전	교체	득점	도움	파울	경고	퇴장
BC	1996	수원	16	2	1	0	27	7	1
		합계	16	2	1	0	27	7	1
프로통산			16	2	1	0	27	7	1

아르체(Juan Carlos Arce Justiniano) 볼리비아 1985.04.10

대회	연도	소속	출전	교체	득점	도움	파울	경고	퇴장
BC	2008	성남일	15	15	0	1	10	2	0
		합계	15	15	0	1	10	2	0
프로통산			15	15	0	1	10	2	0

아리넬송(Arinelson Freire Nunes) 브라질 1973.01.27

대회	연도	소속	출전	교체	득점	도움	파울	경고	퇴장
BC	2001	전북	11	9	2	3	5	3	0
	2002	울산	8	10	0	2	7	2	0
		합계	19	19	2	5	12	5	0
프로통산			19	19	2	5	12	5	0

아리아스(Arias Moros Cesar Augusto) 콜롬비아 1988.01.02

대회	연도	소속	출전	교체	득점	도움	파울	경고	퇴장
K1	2013	대전	15	4	6	0	37	3	0
		합계	15	4	6	0	37	3	0
프로통산			15	4	6	0	37	3	0

아미르(Amir Teljigović) 보스니아 헤르체고비나 1966.08.07

대회	연도	소속	출전	교체	득점	도움	파울	경고	퇴장
BC	1994	대우	24	12	1	3	38	5	2
	1995	대우	32	14	2	10	50	7	0
	1996	부산	18	11	0	2	19	4	0
		합계	74	37	3	15	110	16	2

프로통산 74 37 3 15 110 16 2

아보라(Stanley Aborah) 가나 1969.08.25

대회	연도	소속	출전	교체	득점	도움	파울	경고	퇴장
BC	1997	천안일	30	3	2	1	80	8	1
	1998	천안일	6	2	0	0	14	2	0
		합계	36	5	2	1	94	10	1
프로통산			36	5	2	1	94	10	1

아사모아(Derek Asamoah) 영국(잉글랜드) 1981.05.01

대회	연도	소속	출전	교체	득점	도움	파울	경고	퇴장
BC	2011	포항	31	22	7	5	60	3	0
	2012	포항	30	25	6	1	46	1	0
		합계	61	47	13	6	106	4	0
K1	2013	대구	33	13	4	1	49	5	0
		합계	33	13	4	1	49	5	0
프로통산			94	60	17	7	155	9	0

아지마(Mohamed Semida Abdel Azim) 이집트 1968.10.17

대회	연도	소속	출전	교체	득점	도움	파울	경고	퇴장
BC	1996	울산	18	14	1	1	21	3	0
		합계	18	14	1	1	21	3	0
프로통산			18	14	1	1	21	3	0

아지송(Waldison Rodrigues de Souza) 브라질 1984.06.17

대회	연도	소속	출전	교체	득점	도움	파울	경고	퇴장
K1	2013	제주	3	3	0	0	4	0	0
		합계	3	3	0	0	4	0	0
프로통산			3	3	0	0	4	0	0

아첼(Aczel Zoltan) 헝가리 1967.03.13

대회	연도	소속	출전	교체	득점	도움	파울	경고	퇴장
BC	1991	대우	6	0	0	1	4	2	0
		합계	6	0	0	1	4	2	0
프로통산			6	0	0	1	4	2	0

아츠키(Wada Atsuki) 일본 1993.02.09

대회	연도	소속	출전	교체	득점	도움	파울	경고	퇴장
K2	2017	서울E	32	7	2	7	53	3	0
		합계	32	7	2	7	53	3	0
프로통산			32	7	2	7	53	3	0

아키(Ienaga Akihiro) 일본 1986.06.13

대회	연도	소속	출전	교체	득점	도움	파울	경고	퇴장
BC	2012	울산	12	12	1	1	8	2	0
		합계	12	12	1	1	8	2	0
프로통산			12	12	1	1	8	2	0

아킨슨(Dalian Robert Atkinson) 영국(잉글랜드) 1968.03.21

대회	연도	소속	출전	교체	득점	도움	파울	경고	퇴장
BC	2001	대전	4	5	0	2	6	1	0
	2001	전북	4	4	0	0	1	0	0
		합계	8	9	1	2	7	2	0
프로통산			8	9	1	2	7	2	0

아톰(Artem Yashkin) 우크라이나 1975.04.29

대회	연도	소속	출전	교체	득점	도움	파울	경고	퇴장
BC	2004	부천SK	23	17	0	2	36	3	0
		합계	23	17	0	2	36	3	0
프로통산			23	17	0	2	36	3	0

아브(Gefferson da Silva Goulart) 브라질 1978.01.09

대회	연도	소속	출전	교체	득점	도움	파울	경고	퇴장
BC	2006	부산	5	2	1	1	5	0	0
		합계	5	2	1	1	5	0	0
프로통산			5	2	1	1	5	0	0

아틸라(Kaman Attila) 헝가리 1969.11.20

대회	연도	소속	출전	교체	득점	도움	파울	경고	퇴장
BC	1994	유공	12	8	1	1	20	1	1
	1995	유공	3	3	0	0	1	0	0
		합계	15	11	2	1	21	1	1
프로통산			15	11	2	1	21	1	1

안광호(安光鎬) 연세대 1968.12.19

대회	연도	소속	출전	교체	득점	도움	파울	경고	퇴장
BC	1992	대우	10	5	0	0	8	1	0
	1993	대우	4	3	0	0	8	1	0
		합계	14	8	0	0	16	2	0
프로통산			14	8	0	0	16	2	0

안광호(安光鎬) 배재대 1979.01.10

대회	연도	소속	출전	교체	득점	도움	파울	경고	퇴장
BC	2002	전북	1	1	0	0	1	0	0
		합계	1	1	0	0	1	0	0
프로통산			1	1	0	0	1	0	0

안기철(安基喆) 아주대 1962.04.24

대회	연도	소속	출전	교체	득점	도움	파울	경고	퇴장
BC	1986	대우	17	9	2	1	17	2	0
	1987	대우	27	23	1	1	17	2	0
	1988	대우	23	10	1	3	20	0	0
	1989	대우	18	16	0	1	10	1	0
		합계	85	58	4	6	64	5	0
프로통산			85	58	4	6	64	5	0

안대현(安大賢) 전주대 1977.08.20

대회	연도	소속	출전	교체	득점	도움	파울	경고	퇴장
BC	2000	전북	3	3	0	0	2	0	0
	2001	전북	13	8	0	0	16	2	0
	2002	전북	1	1	0	0	1	0	0
	2003	전북	0	0	0	0	1	0	0
		합계	17	12	0	0	20	2	0
프로통산			17	12	0	0	20	2	0

안데르손(Anderson Ricardo dos Santos) 브라질 1983.03.22

대회	연도	소속	출전	교체	득점	도움	파울	경고	퇴장
BC	2009	서울	13	10	4	1	24	2	0
		합계	13	10	4	1	24	2	0
프로통산			13	10	4	1	24	2	0

안델손(Anderson José Lopes de Souza) 브라질 1993.09.15

대회	연도	소속	출전	교체	득점	도움	파울	경고	퇴장
K1	2018	서울	30	12	6	4	40	5	0
		합계	30	12	6	4	40	5	0
프로통산			30	12	6	4	40	5	0

안델손(Anderson Andrade Antunes) 브라질 1981.11.15

대회	연도	소속	출전	교체	득점	도움	파울	경고	퇴장
BC	2010	대구	11	4	2	1	28	0	0
		합계	11	4	2	1	28	0	0
프로통산			11	4	2	1	28	0	0

안동은(安東銀) 경문대 1988.10.01

대회	연도	소속	출전	교체	득점	도움	파울	경고	퇴장
K2	2013	고양	28	9	0	0	52	4	0
	2014	안산경	6	5	0	0	4	1	0
	2015	고양	3	0	0	0	6	0	0
		합계	37	14	0	0	62	6	0
프로통산			37	14	0	0	62	6	0

안동혁(安東赫) 광운대 1988.11.11

대회	연도	소속	출전	교체	득점	도움	파울	경고	퇴장
BC	2011	광주	23	15	0	1	17	2	0
	2012	광주	28	11	1	2	42	7	0
		합계	51	26	1	3	59	9	0
K2	2013	광주	20	19	1	1	23	0	0
	2015	안양	24	12	0	2	35	1	0
	2017	안양	5	3	0	0	7	0	0
	2018	서울E	11	1	0	0	1	0	0
		합계	60	41	2	3	66	3	0
프로통산			111	67	3	6	125	12	0

안드레(Andre Luiz Alves Santos) 브라질 1972.11.16

대회	연도	소속	출전	교체	득점	도움	파울	경고	퇴장
BC	2000	안양LG	38	4	9	14	74	4	0

연도	소속	출전	교체	득점	도움	파울	경고	퇴장
2001	안양LG	27	19	2	4	36	3	0
2002	안양LG	31	19	7	9	41	4	1
합계		96	42	18	27	151	11	1
프로통산		96	42	18	27	151	11	1

안드레이(Andriy Sydelnykov) 우크라이나 1967.09.27

대회	연도	소속	출전	교체	득점	도움	파울	경고	퇴장
BC	1995	전남	28	7	4	1	60	9	1
	1996	전남	29	5	3	0	31	8	0
	합계		57	12	7	1	91	17	1
프로통산			57	12	7	1	91	17	1

안병태(安柄泰) 한양대 1959.02.22

대회	연도	소속	출전	교체	득점	도움	파울	경고	퇴장
BC	1983	포철	10	2	0	0	10	0	0
	1984	포철	14	5	0	0	6	1	0
	1986	포철	12	4	0	0	12	1	0
	합계		36	11	0	0	28	2	0
프로통산			36	11	0	0	28	2	0

안상민(安相玟) 정명정보고 1995.05.18

대회	연도	소속	출전	교체	득점	도움	파울	경고	퇴장
K1	2017	강원	2	2	0	0	3	1	0
	합계		2	2	0	0	3	1	0
프로통산			2	2	0	0	3	1	0

안상현(安相炫) 능곡중 1986.03.05

대회	연도	소속	출전	교체	득점	도움	파울	경고	퇴장
BC	2003	안양LG	0	0	0	0	0	0	0
	2004	서울	1	1	0	0	0	0	0
	2005	서울	1	1	0	0	0	0	0
	2006	서울	1	1	0	0	1	0	0
	2007	서울	11	10	1	0	11	0	0
	2008	서울	1	1	0	0	0	0	0
	2009	경남	8	8	0	0	14	1	0
	2010	경남	24	18	0	1	31	5	1
	2011	대구	15	11	0	0	33	8	0
	2012	대구	32	10	0	1	57	14	0
	합계		95	60	2	2	149	31	2
K1	2013	대구	33	6	1	0	49	11	0
	2015	대전	25	7	0	0	30	8	0
	2016	성남	23	7	0	3	43	4	0
	합계		81	20	1	3	122	23	0
K2	2014	대구	32	2	1	1	50	7	0
	2017	성남	24	6	1	0	43	7	0
	2018	대전	27	3	1	0	48	6	0
	합계		83	11	3	1	141	20	0
승	2016	성남	2	1	0	0	5	2	0
	합계		2	1	0	0	5	2	0
프로통산			261	92	5	6	417	76	2

안선진(安鮮鎭) 고려대 1975.09.19

대회	연도	소속	출전	교체	득점	도움	파울	경고	퇴장
BC	2003	포항	16	14	0	0	15	0	0
	합계		16	14	0	0	15	0	0
프로통산			16	14	0	0	15	0	0

안성규(安聖奎) 충북대

대회	연도	소속	출전	교체	득점	도움	파울	경고	퇴장
BC	1995	대우	1	1	0	0	2	1	0
	합계		1	1	0	0	2	1	0
프로통산			1	1	0	0	2	1	0

안성남(安成男) 중앙대 1984.04.17

대회	연도	소속	출전	교체	득점	도움	파울	경고	퇴장
BC	2009	강원	21	15	1	1	9	2	0
	2010	강원	26	22	5	3	14	2	0
	2011	광주	22	18	2	0	17	3	0
	2012	광주	25	24	0	1	30	4	0
	합계		94	79	8	5	62	12	0
K1	2015	광주	8	7	0	0	3	0	0
	2018	경남	6	6	0	0	3	0	0
	합계		14	13	0	0	6	0	0

K2	2014	광주	8	5	2	1	14	0	0
	2015	강원	7	4	0	0	12	0	0
	2016	경남	37	29	4	2	14	2	0
	2017	경남	30	16	1	1	18	4	0
	합계		82	54	7	4	58	6	0
승	2014	광주	0	0	0	0	0	0	0
	합계		0	0	0	0	0	0	0
프로통산			190	145	15	9	124	20	0

안성민(安成民) 건국대 1985.11.03

대회	연도	소속	출전	교체	득점	도움	파울	경고	퇴장
BC	2007	부산	18	13	1	1	29	1	0
	2008	부산	17	14	1	0	28	4	0
	2009	부산	28	9	3	1	33	5	0
	2010	대구	28	9	3	1	33	5	0
	2011	대구	11	7	3	0	21	4	0
	합계		94	53	9	2	148	22	0
프로통산			94	53	9	2	148	22	0

안성빈(安聖彬) 수원대 1988.10.03

대회	연도	소속	출전	교체	득점	도움	파울	경고	퇴장
BC	2010	경남	3	3	0	0	0	0	0
	2011	경남	11	10	1	0	12	1	0
	2012	경남	10	8	0	0	11	0	0
	합계		24	23	0	0	24	2	0
K1	2014	경남	7	3	1	0	9	0	0
	합계		7	3	1	0	9	0	0
K2	2013	경찰	23	13	1	2	31	2	0
	2014	안산경	15	15	1	3	13	3	0
	2015	안양	36	19	4	4	66	6	0
	2016	안양	15	5	1	5	34	4	0
	2017	경남	18	6	1	0	11	1	0
	2018	서울E	13	2	1	1	17	1	0
	합계		135	57	11	16	185	17	0
승	2014	경남	2	1	0	0	3	0	0
	합계		2	1	0	0	3	0	0
프로통산			168	84	14	16	217	21	0

안성열(安星烈) 국민대 1958.08.01

대회	연도	소속	출전	교체	득점	도움	파울	경고	퇴장
BC	1983	국민	10	4	0	1	8	0	0
	1985	상무	18	2	0	0	10	1	0
	합계		28	6	0	1	18	2	0
프로통산			28	6	0	1	18	2	0

안성일(安聖逸) 아주대 1966.09.10

대회	연도	소속	출전	교체	득점	도움	파울	경고	퇴장
BC	1989	대우	21	13	6	0	17	1	0
	1990	대우	14	8	1	0	23	1	0
	1991	대우	36	7	2	3	49	5	1
	1992	대우	35	12	5	0	49	6	0
	1993	대우	24	18	1	2	25	3	0
	1994	포철	30	11	4	0	52	11	0
	1995	대우	19	12	0	2	55	4	0
	1996	부산	18	12	0	0	35	3	0
	합계		200	96	19	8	269	33	1
프로통산			200	96	19	8	269	33	1

안성호(安成皓) 대구대 1976.03.30

대회	연도	소속	출전	교체	득점	도움	파울	경고	퇴장
BC	1999	수원	1	1	0	0	2	0	0
	합계		1	1	0	0	2	0	0
프로통산			1	1	0	0	2	0	0

안성훈(安成勳) 한려대 1982.09.11

대회	연도	소속	출전	교체	득점	도움	파울	경고	퇴장
BC	2002	안양LG	8	5	0	0	11	2	0
	2003	안양LG	14	8	0	0	24	2	0
	2004	인천	19	10	0	0	30	1	0
	2005	인천	10	6	0	0	11	2	0
	2006	인천	2	2	0	0	4	0	0
	2007	인천	4	1	0	0	7	1	0
	합계		64	38	0	2	75	7	0
프로통산			64	38	0	2	75	7	0

안세희(安世熙) 원주한라대 1991.02.08

대회	연도	소속	출전	교체	득점	도움	파울	경고	퇴장
K1	2015	부산	5	1	0	0	9	1	1
	2015	대전	4	0	0	0	2	1	0
	2017	포항	2	1	0	0	2	0	0
	합계		11	2	0	0	13	2	1
K2	2016	안양	34	6	0	0	27	6	0
	2017	안양	3	3	0	0	3	0	0
	2018	광주	0	0	0	0	0	0	0
	합계		37	7	0	0	30	6	0
프로통산			48	9	0	0	43	8	1

안수민(安首玟) 동국대 1994.05.26

대회	연도	소속	출전	교체	득점	도움	파울	경고	퇴장
K1	2017	강원	3	3	0	0	3	1	0
	합계		3	3	0	0	3	1	0
프로통산			3	3	0	0	3	1	0

안수현(安壽賢) 조선대 1992.06.13

대회	연도	소속	출전	교체	득점	도움	파울	경고	퇴장
K1	2015	전남	1	1	0	0	1	0	0
	합계		1	1	0	0	1	0	0
프로통산			1	1	0	0	1	0	0

안승인(安承仁) 경원대학원 1973.03.14

대회	연도	소속	출전	교체	득점	도움	파울	경고	퇴장
BC	1999	부천SK	15	15	0	2	7	0	0
	2000	부천SK	9	9	1	0	13	2	0
	2001	부천SK	23	20	2	1	22	2	0
	2002	부천SK	23	22	2	0	47	0	0
	2003	부천SK	38	35	1	3	55	4	0
	2004	부천SK	9	9	1	1	8	1	0
	합계		117	92	7	8	149	6	0
프로통산			117	92	7	8	149	6	0

안영규(安泳奎) 울산대 1989.12.04

대회	연도	소속	출전	교체	득점	도움	파울	경고	퇴장
BC	2012	수원	0	0	0	0	0	0	0
	합계		0	0	0	0	0	0	0
K1	2015	광주	33	6	2	0	36	6	0
	2017	광주	1	0	0	0	1	1	0
	합계		34	6	2	0	37	7	0
K2	2014	대전	34	2	1	1	45	5	0
	2016	안산무	34	1	0	1	20	3	0
	2017	아산	10	0	0	1	24	1	0
	2018	광주	20	9	0	1	24	1	0
	합계		98	12	2	3	96	11	0
프로통산			132	18	4	3	133	18	0

안영진(安映珍) 울산대 1988.04.01

대회	연도	소속	출전	교체	득점	도움	파울	경고	퇴장
K2	2013	부천	7	7	0	0	1	0	0
	합계		7	7	0	0	1	0	0
프로통산			7	7	0	0	1	0	0

안영학(安英學, An Yong Hak) 북한 1978.10.25

대회	연도	소속	출전	교체	득점	도움	파울	경고	퇴장
BC	2006	부산	29	8	3	2	57	0	0
	2007	부산	30	3	4	0	65	2	0
	2008	수원	9	7	0	0	13	2	0
	2009	수원	14	2	2	0	24	1	0
	합계		82	24	9	2	159	5	0
프로통산			82	24	9	2	159	5	0

안용우(安庸佑) 동의대 1991.08.10

대회	연도	소속	출전	교체	득점	도움	파울	경고	퇴장
K1	2014	전남	31	7	6	9	34	6	0
	2015	전남	34	18	3	4	22	1	0
	2016	전남	32	24	4	0	24	2	0
	2017	전남	14	10	0	1	14	0	0
	합계		111	59	13	11	79	7	0
프로통산			111	59	13	11	79	7	0

안원응(安元應) 성균관대 1961.01.14

대회	연도	소속	출전	교체	득점	도움	파울	경고	퇴장
BC	1984	한일	6	2	0	0	5	2	0
		합계	6	2	0	0	5	2	0
프로통산			6	2	0	0	5	2	0

안익수(安益秀) 인천대 1965.05.06

대회	연도	소속	출전	교체	득점	도움	파울	경고	퇴장
BC	1989	일화	22	6	0	0	23	3	0
	1990	일화	29	1	0	1	35	2	0
	1991	일화	12	4	0	0	19	1	0
	1992	일화	27	3	0	0	46	6	0
	1993	일화	26	3	0	0	37	2	1
	1994	일화	27	1	1	1	31	3	0
	1995	일화	17	3	0	0	25	4	0
	1996	포항	30	11	0	0	39	3	0
	1997	포항	34	6	1	1	52	6	0
	1998	포항	36	1	1	0	63	6	0
		합계	253	41	2	3	370	36	1
프로통산			253	41	2	3	370	36	1

안일주(安一柱) 동국대 1988.05.02

대회	연도	소속	출전	교체	득점	도움	파울	경고	퇴장
BC	2011	포항	0	0	0	0	0	0	0
	2012	상주	1	1	0	0	0	0	0
		합계	1	1	0	0	0	0	0
K2	2013	상주	0	0	0	0	0	0	0
	2014	부천	20	1	0	0	21	2	0
	2015	부천	16	5	0	0	16	2	0
		합계	36	6	0	0	37	4	0
프로통산			37	7	0	0	37	4	0

안재곤(安載坤) 아주대 1984.08.15

대회	연도	소속	출전	교체	득점	도움	파울	경고	퇴장
BC	2008	인천	4	1	0	0	9	1	0
	2010	인천	1	1	0	0	0	0	0
	2011	인천	5	4	0	0	12	1	0
	2012	인천	0	0	0	0	0	0	0
		합계	10	6	0	0	21	2	0
프로통산			10	6	0	0	21	2	0

안재준(安宰晙) 고려대 1986.02.08

대회	연도	소속	출전	교체	득점	도움	파울	경고	퇴장
BC	2008	인천	28	1	0	0	44	9	0
	2009	인천	33	1	1	1	50	6	0
	2010	인천	28	0	1	3	58	4	1
	2011	전남	29	1	2	1	35	5	0
	2012	전남	32	1	0	0	40	4	0
		합계	148	5	3	4	227	18	1
K1	2013	인천	31	0	4	0	64	8	0
	2014	인천	36	1	0	0	49	5	0
		합계	67	1	4	0	113	13	0
K2	2015	안산경	35	0	1	0	55	10	0
	2016	안산무	2	1	0	0	5	1	0
	2017	성남	14	7	1	1	13	4	0
	2018	대전	15	2	0	0	17	2	0
		합계	66	10	2	1	90	17	0
프로통산			281	16	9	5	430	58	1

안재훈(安在勳) 건국대 1988.02.01

대회	연도	소속	출전	교체	득점	도움	파울	경고	퇴장
BC	2011	대구	20	1	0	2	27	2	0
	2012	대구	9	3	1	0	11	2	0
		합계	29	4	1	2	38	4	0
K1	2013	대구	5	1	0	0	6	1	0
	2014	상주	5	2	0	0	5	2	0
		합계	10	3	0	0	11	3	0
K2	2013	수원FC	16	1	0	0	18	2	0
	2015	상주	8	3	0	0	8	0	0
	2015	대구	3	0	0	0	2	0	0
	2017	수원FC	3	2	0	0	4	1	0
	2017	서울E	3	0	0	0	1	0	0
		합계	41	11	0	0	40	4	0
프로통산			97	19	2	2	108	13	1

안정환(安貞桓) 아주대 1976.01.27

대회	연도	소속	출전	교체	득점	도움	파울	경고	퇴장
BC	1998	부산	33	8	13	4	31	4	0
	1999	부산	34	9	21	7	26	3	1
	2000	부산	20	5	10	4	11	0	0
	2007	수원	25	20	5	0	22	4	0
	2008	부산	27	8	6	3	47	6	1
		합계	139	53	55	14	146	17	2
프로통산			139	53	55	14	146	17	2

안젤코비치(Miodrag Andjelković) 세르비아 몬테네그로 1977.12

대회	연도	소속	출전	교체	득점	도움	파울	경고	퇴장
BC	2004	인천	11	5	4	0	26	1	1
		합계	11	5	4	0	26	1	1
프로통산			11	5	4	0	26	1	1

안종관(安種官) 광운대 1966.08.30

대회	연도	소속	출전	교체	득점	도움	파울	경고	퇴장
BC	1989	현대	28	6	0	1	31	2	0
	1990	현대	20	6	0	1	21	0	0
		합계	48	12	0	2	52	2	0
프로통산			48	12	0	2	52	2	0

안종훈(安鍾薰) 조선대 1989.07.05

대회	연도	소속	출전	교체	득점	도움	파울	경고	퇴장
BC	2011	제주	15	14	1	0	17	1	0
		합계	15	14	1	0	17	1	0
K1	2013	제주	2	2	0	0	3	0	0
K2	2014	광주	15	8	0	2	17	0	0
		합계	15	8	0	2	17	0	0
프로통산			32	24	1	2	37	1	0

안주형(安主形) 신갈고 1999.01.02

대회	연도	소속	출전	교체	득점	도움	파울	경고	퇴장
K2	2018	대전	3	2	1	0	8	1	0
		합계	3	2	1	0	8	1	0
프로통산			3	2	1	0	8	1	0

안준원(安俊垣) 부산상고 1961.03.10

대회	연도	소속	출전	교체	득점	도움	파울	경고	퇴장
BC	1985	상무	20	0	1	0	11	2	0
	1986	포철	7	2	0	0	8	1	0
		합계	27	2	1	0	19	3	0
프로통산			27	2	1	0	19	3	0

안지현(安址炫) 건국대 1994.03.25

대회	연도	소속	출전	교체	실점	도움	파울	경고	퇴장
K2	2016	서울E	0	0	0	0	0	0	0
	2017	서울E	0	0	0	0	0	0	0
	2018	서울E	0	0	0	0	0	0	0
		합계	0	0	0	0	0	0	0

안지호(安顯楨) 연세대 1987.04.24

대회	연도	소속	출전	교체	득점	도움	파울	경고	퇴장
BC	2008	인천	21	4	0	0	41	3	0
	2009	인천	13	3	0	0	13	1	0
	2010	인천	12	3	0	0	19	3	0
	2011	경남	3	1	0	0	4	1	0
		합계	49	8	1	0	77	11	1
K1	2017	강원	24	5	0	3	23	6	0
		합계	24	5	0	3	23	6	0
K2	2014	고양	25	4	0	0	34	4	0
	2015	고양	30	1	0	0	19	2	0
	2016	강원	34	0	2	0	70	8	0
	2018	서울E	27	2	1	0	27	1	0
		합계	116	7	3	1	130	22	1
승	2016	강원	2	0	0	0	3	0	0
		합계	2	0	0	0	3	0	0
프로통산			191	20	7	1	232	39	4

안진규(安眞圭) 연세대 1970.10.18

대회	연도	소속	출전	교체	득점	도움	파울	경고	퇴장
BC	1994	현대	4	4	0	0	2	0	0
	1995	현대	7	7	0	0	4	0	1
	1996	울산	3	1	0	0	2	0	0
	1996	전남	3	3	0	1	0	1	1
		합계	17	15	0	0	9	1	1
프로통산			17	15	0	0	9	1	1

안진범(安進範) 고려대 1992.03.10

대회	연도	소속	출전	교체	득점	도움	파울	경고	퇴장
K1	2014	울산	24	18	2	2	23	1	0
	2015	인천	9	8	0	0	10	1	0
	2018	상주	3	3	0	0	4	1	0
		합계	36	29	2	2	37	2	0
K2	2016	안양	27	16	0	3	35	3	0
	2017	안양	9	8	0	0	11	1	0
	2018	안양	9	2	0	0	9	1	0
		합계	45	26	0	3	65	5	0
프로통산			81	55	2	5	102	7	0

안태은(安太銀) 조선대 1985.09.17

대회	연도	소속	출전	교체	득점	도움	파울	경고	퇴장
BC	2006	서울	26	7	0	0	39	4	0
	2007	서울	24	8	0	1	36	4	0
	2008	서울	10	3	0	1	24	3	0
	2009	서울	19	8	0	1	24	3	0
	2010	포항	9	3	0	0	13	0	1
	2011	인천	9	3	0	0	13	0	0
		합계	76	32	0	3	111	14	1
프로통산			76	32	0	3	111	14	1

안태현(安部鉉) 홍익대 1993.03.01

대회	연도	소속	출전	교체	득점	도움	파울	경고	퇴장
K2	2016	서울E	31	25	3	1	18	4	0
	2017	부천	36	2	1	4	41	9	0
	2018	부천	35	0	3	0	50	4	0
		합계	102	27	4	4	109	10	0
프로통산			102	27	4	4	109	10	0

안토니오(Marco Antonio de Freitas Filho) 브라질 1978.10.23

대회	연도	소속	출전	교체	득점	도움	파울	경고	퇴장
BC	2005	전북	5	4	1	0	4	0	0
		합계	5	4	1	0	4	0	0
프로통산			5	4	1	0	4	0	0

안툰(Antun Matthew Kovacic) 오스트레일리아 1981.07.10

대회	연도	소속	출전	교체	득점	도움	파울	경고	퇴장
BC	2005	울산	4	3	0	0	2	1	0
		합계	4	3	0	0	2	1	0
프로통산			4	3	0	0	2	1	0

안현범(安鉉範) 동국대 1994.12.21

대회	연도	소속	출전	교체	득점	도움	파울	경고	퇴장
K1	2015	울산	17	16	1	1	16	2	0
	2016	제주	28	15	8	4	30	2	0
	2017	제주	27	10	2	0	19	3	0
		합계	72	41	10	7	64	5	0
K2	2018	아산	27	16	5	2	28	2	0
		합계	27	16	5	2	28	2	0
프로통산			99	57	15	9	92	7	0

안홍민(安洪珉) 관동대 1971.09.06

대회	연도	소속	출전	교체	득점	도움	파울	경고	퇴장
BC	1996	울산	25	16	10	1	40	2	0
	1997	울산	24	23	2	3	41	3	1
	1998	울산	29	23	4	4	39	3	0
	1999	울산	28	24	0	3	36	2	0
	2000	울산	19	14	1	3	26	2	0
	2001	전북	18	18	1	0	10	0	0
		합계	137	117	19	14	206	15	1
프로통산			137	117	19	14	206	15	1

안효연(安孝鍊) 동국대 1978.04.16

대회	연도	소속	출전	교체	득점	도움	파울	경고	퇴장
BC	2003	부산	14	12	0	2	8	0	0
	2004	부산	30	20	6	3	22	1	0
	2005	수원	30	20	3	5	24	1	0
	2006	성남일	28	26	1	1	13	1	0
	2007	수원	12	10	1	2	3	0	0
	2008	수원	15	15	2	2	9	0	0
	2009	전남	5	5	0	0	0	0	0
	합계		134	108	13	15	79	3	0
프로통산			134	108	13	15	79	3	0

안효철(安孝哲) 성균관대 1965.05.15

대회	연도	소속	출전	교체	실점	도움	파울	경고	퇴장
BC	1989	일화	1	0	1	0	0	0	0
	합계		1	0	1	0	0	0	0
프로통산			1	0	1	0	0	0	0

알도(Clodoaldo Paulino de Lima) 브라질 1978.11.25

대회	연도	소속	출전	교체	득점	도움	파울	경고	퇴장
BC	2008	포항	2	1	0	0	5	0	0
	합계		2	1	0	0	5	0	0
프로통산			2	1	0	0	5	0	0

알라올(Alaor) 브라질 1968.12.12

대회	연도	소속	출전	교체	득점	도움	파울	경고	퇴장
BC	1996	수원	9	8	1	0	14	1	0
	합계		9	8	1	0	14	1	0
프로통산			9	8	1	0	14	1	0

알랑(Allan Rodrigo Aal) 브라질 1979.03.12

대회	연도	소속	출전	교체	득점	도움	파울	경고	퇴장
BC	2004	대전	4	1	0	0	11	1	0
	합계		4	1	0	0	11	1	0
프로통산			4	1	0	0	11	1	0

알랭(Noudjeu Mbianda Nicolas Alain) 카메룬 1976.07.12

대회	연도	소속	출전	교체	득점	도움	파울	경고	퇴장
BC	2000	전북	17	13	0	0	25	0	0
	합계		17	13	0	0	25	0	0
프로통산			17	13	0	0	25	0	0

알레(Alexandre Garcia Ribeiro) 브라질 1984.05.08

대회	연도	소속	출전	교체	득점	도움	파울	경고	퇴장
BC	2009	대전	10	8	0	4	20	0	0
	2010	대전	21	10	1	3	40	2	1
	합계		31	18	1	7	60	2	1
프로통산			31	18	1	7	60	2	1

알레망(Berger Rafael) 브라질 1986.07.14

대회	연도	소속	출전	교체	득점	도움	파울	경고	퇴장
K1	2018	포항	9	2	1	0	16	3	0
	합계		9	2	1	0	16	3	0
프로통산			9	2	1	0	16	3	0

알레망(Tofolo Junior Jose Carlos) 브라질 1989.03.02

대회	연도	소속	출전	교체	득점	도움	파울	경고	퇴장
K2	2018	부산	8	5	2	0	17	0	0
	합계		8	5	2	0	17	0	0
프로통산			8	5	2	0	17	0	0

알렉산더(Aleksandar Petrovic) 세르비아 1983.03.22

대회	연도	소속	출전	교체	득점	도움	파울	경고	퇴장
BC	2008	전북	15	1	0	0	22	6	0
	2009	전북	9	5	0	0	11	2	0
	2009	전남	6	5	0	0	13	2	0
	합계		30	11	0	0	46	10	0
프로통산			30	11	0	0	46	10	0

알렉산드로(Alessandro Lopes Pereira) 브라질 1984.02.13

대회	연도	소속	출전	교체	득점	도움	파울	경고	퇴장
BC	2012	대전	21	2	0	0	51	8	0
	합계		21	2	0	0	51	8	0
K2	2013	충주	11	1	0	0	26	2	0
	합계		11	1	0	0	26	2	0
프로통산			32	3	0	0	77	10	0

알렉산드로(Alexsandro Ribeiro da Silva) 브라질 1980.04.13

대회	연도	소속	출전	교체	득점	도움	파울	경고	퇴장
BC	2008	대구	14	9	1	1	11	0	0
	합계		14	9	1	1	11	0	0
프로통산			14	9	1	1	11	0	0

알렉산드로(Alexandro da Silva Batista) 브라질 1986.11.06

대회	연도	소속	출전	교체	득점	도움	파울	경고	퇴장
BC	2010	포항	9	6	1	1	20	2	0
	합계		9	6	1	1	20	2	0
프로통산			9	6	1	1	20	2	0

알렉세이(Alexey Sudarikov) 러시아 1971.05.01

대회	연도	소속	출전	교체	득점	도움	파울	경고	퇴장
BC	1994	LG	3	3	0	0	4	0	0
	합계		3	3	0	0	4	0	0
프로통산			3	3	0	0	4	0	0

알렉세이(Aleksei Prudnikov) 러시아 1960.03.20

대회	연도	소속	출전	교체	실점	도움	파울	경고	퇴장
BC	1995	전북	10	0	11	0	0	1	0
	1996	전북	27	1	34	0	2	2	0
	1997	전북	18	0	23	0	0	0	0
	1998	전북	1	0	2	0	0	0	0
	합계		56	1	70	0	2	3	0
프로통산			56	1	70	0	2	3	0

알렉세이(Aleksey Shichogolev) 러시아 1972.09.18

대회	연도	소속	출전	교체	득점	도움	파울	경고	퇴장
BC	1996	부천유	22	5	0	0	16	5	0
	합계		22	5	0	0	16	5	0
프로통산			22	5	0	0	16	5	0

알렉스(Aleksandar Jovanovic) 오스트레일리아 1989.08.04

대회	연도	소속	출전	교체	득점	도움	파울	경고	퇴장
K1	2014	제주	31	3	1	1	36	4	1
	2015	제주	22	6	0	0	44	4	0
	2017	제주	12	2	1	0	6	0	0
	2018	제주	16	5	1	0	13	6	0
	합계		81	16	3	1	63	8	1
K2	2013	수원FC	24	3	0	0	30	6	0
	합계		24	3	0	0	30	6	0
프로통산			105	19	3	1	93	14	1

알렉스(Wesley Alex Maiolino) 브라질 1988.02.10

대회	연도	소속	출전	교체	득점	도움	파울	경고	퇴장
K2	2013	고양	32	10	15	6	44	4	0
	2014	고양	14	0	11	3	24	1	0
	2014	강원	15	5	5	1	22	1	0
	2016	대구	32	21	5	3	36	1	0
	2017	안양	14	7	7	0	14	3	0
	2017	서울E	14	7	0	1	13	0	0
	2018	안양	28	15	8	3	36	2	0
	합계		128	45	58	13	157	13	0
프로통산			128	45	58	13	157	13	0

알렉스(Lima Alex) 브라질 1988.12.15

대회	연도	소속	출전	교체	득점	도움	파울	경고	퇴장
K2	2018	수원FC	30	9	5	1	48	4	0
	합계		30	9	5	1	48	4	0
프로통산			30	9	5	1	48	4	0

알렉스(Aleksandar Jozevic) 유고슬라비아 1968.07.14

대회	연도	소속	출전	교체	득점	도움	파울	경고	퇴장
BC	1993	대우	6	4	0	0	9	2	0
	합계		6	4	0	0	9	2	0
프로통산			6	4	0	0	9	2	0

알렉스(Aleksandar Vlahovic) 유고슬라비아 1969.07.24

대회	연도	소속	출전	교체	득점	도움	파울	경고	퇴장
BC	1997	부산	1	1	1	0	1	0	0
	합계		1	1	1	0	1	0	0
프로통산			1	1	1	0	1	0	0

알렉스(Alexander Popovich) 몰도바 1977.04.09

대회	연도	소속	출전	교체	득점	도움	파울	경고	퇴장
BC	2001	성남일	6	5	0	0	3	0	0
	합계		6	5	0	0	3	0	0
프로통산			6	5	0	0	3	0	0

알렉스(Alex Oliveira) 브라질 1977.12.21

대회	연도	소속	출전	교체	득점	도움	파울	경고	퇴장
BC	2003	대전	28	23	4	2	60	1	0
	합계		28	23	4	2	60	1	0
프로통산			28	23	4	2	60	1	0

알렉산드로(Alexsandro Marques de Oliveira) 브라질 1978.06.17

대회	연도	소속	출전	교체	득점	도움	파울	경고	퇴장
BC	2007	제주	1	1	0	0	0	0	0
	합계		1	1	0	0	0	0	0
프로통산			1	1	0	0	0	0	0

알렉스(Alex Asamoah) 가나 1986.08.28

대회	연도	소속	출전	교체	득점	도움	파울	경고	퇴장
BC	2010	경남	2	3	0	0	2	1	0
	합계		2	3	0	0	2	1	0
프로통산			2	3	0	0	2	1	0

알렌(Alen Avdic) 보스니아 헤르체고비나 1977.04.03

대회	연도	소속	출전	교체	득점	도움	파울	경고	퇴장
BC	2001	수원	5	5	1	0	6	1	0
	2002	수원	3	3	0	0	10	0	0
	2003	수원	2	2	0	0	6	0	0
	합계		10	10	1	0	22	2	0
프로통산			10	10	1	0	22	2	0

알리(Al Hilfi Ali Abbas Mshehid) 오스트레일리아 1986.08.30

대회	연도	소속	출전	교체	득점	도움	파울	경고	퇴장
K1	2016	포항	10	3	1	0	9	2	0
	합계		10	3	1	0	9	2	0
프로통산			10	3	1	0	9	2	0

알리(Marian Aliuta) 루마니아 1978.02.04

대회	연도	소속	출전	교체	득점	도움	파울	경고	퇴장
BC	2005	전남	0	0	0	0	0	0	0
	합계		0	0	0	0	0	0	0
프로통산			0	0	0	0	0	0	0

알리송(Alison Barros Moraes) 브라질 1982.06.30

대회	연도	소속	출전	교체	득점	도움	파울	경고	퇴장
BC	2002	울산	10	11	2	3	9	0	0
	2003	울산	7	6	0	1	0	0	0
	2003	대전	19	15	2	1	15	3	0
	2004	대전	24	23	1	1	33	2	0
	2005	대전	18	18	2	0	14	2	0
	합계		78	78	10	6	51	7	0
프로통산			78	78	10	6	51	7	0

알미르(Jose Almir Barros Neto) 브라질 1985.08.22

대회	연도	소속	출전	교체	득점	도움	파울	경고	퇴장
BC	2008	경남	7	4	1	1	18	1	0
	합계		7	4	1	1	18	1	0
K1	2014	울산	2	2	0	0	0	0	0
	합계		2	2	0	0	0	0	0
K2	2013	고양	18	6	3	4	40	2	0
	2014	강원	12	7	3	0	30	2	0
	2015	부천	28	19	1	3	43	2	0
	합계		58	32	10	6	113	7	0

		출전	교체	득점	도움	파울	경고	퇴장
프로통산		67	38	11	7	134	8	0

알미르(Almir Lopes de Luna) 브라질 1982.05.20

대회	연도	소속	출전	교체	득점	도움	파울	경고	퇴장
BC	2007	울산	36	24	8	6	69	3	0
	2008	울산	17	8	6	2	31	0	0
	2009	울산	29	13	7	2	61	5	0
	2010	포항	25	18	4	4	16	1	0
	2011	인천	5	3	0	0	2	0	0
	합계		112	66	25	14	179	9	0
프로통산			112	66	25	14	179	9	0

알미르(Almir Kayumov) 러시아 1964.12.30

대회	연도	소속	출전	교체	득점	도움	파울	경고	퇴장
BC	1993	대우	18	3	0	0	35	8	0
	합계		18	3	0	0	35	8	0
프로통산			18	3	0	0	35	8	0

알베스(Jorge Luiz Alves Justino) 브라질 1982.04.02

대회	연도	소속	출전	교체	득점	도움	파울	경고	퇴장
BC	2009	수원	4	2	0	0	10	1	0
	합계		4	2	0	0	10	1	0
프로통산			4	2	0	0	10	1	0

알파이(Fehmi Alpay Ozalan) 터키 1973.05.29

대회	연도	소속	출전	교체	득점	도움	파울	경고	퇴장
BC	2004	인천	8	0	0	0	17	2	1
	합계		8	0	0	0	17	2	1
프로통산			8	0	0	0	17	2	1

알핫산(George Alhassan) 가나 1955.11.11

대회	연도	소속	출전	교체	득점	도움	파울	경고	퇴장
BC	1984	현대	11	4	4	3	2	0	0
	합계		11	4	4	3	2	0	0
프로통산			11	4	4	3	2	0	0

애드깔로스(Edcarlos Conceicao Santos) 브라질 1985.05.10

대회	연도	소속	출전	교체	득점	도움	파울	경고	퇴장
K1	2013	성남일	17	6	0	0	14	2	0
	합계		17	6	0	0	14	2	0
프로통산			17	6	0	0	14	2	0

야고(Moreira Silva Yago) 브라질 1994.04.28

대회	연도	소속	출전	교체	득점	도움	파울	경고	퇴장
K2	2017	서울E	3	2	0	0	7	0	0
	합계		3	2	0	0	7	0	0
프로통산			3	2	0	0	7	0	0

야스다(Yasuda Michihiro) 일본 1987.12.20

대회	연도	소속	출전	교체	득점	도움	파울	경고	퇴장
K2	2017	부산	21	5	1	4	17	2	0
	합계		21	5	1	4	17	2	0
승	2017	부산	2	0	0	0	3	1	0
	합계		2	0	0	0	3	1	0
프로통산			23	5	1	4	20	3	0

얀(Kraus Jan) 체코 1979.08.28

대회	연도	소속	출전	교체	득점	도움	파울	경고	퇴장
BC	2003	대구	28	24	5	1	43	6	0
	합계		28	24	5	1	43	6	0
프로통산			28	24	5	1	43	6	0

양기훈(梁璂勳) 성균관대 1992.04.09

대회	연도	소속	출전	교체	득점	도움	파울	경고	퇴장
K2	2015	서울E	17	4	0	1	17	4	0
	2016	서울E	1	0	0	0	1	0	0
	합계		18	4	0	1	19	4	0
프로통산			18	4	0	1	19	4	0

양동연(梁東燕) 경희대 1970.04.30

대회	연도	소속	출전	교체	득점	도움	파울	경고	퇴장
BC	1995	전남	12	7	0	0	9	1	0
	1996	전남	35	5	0	0	54	8	0
	1997	전남	25	2	0	2	48	4	0
	1998	전남	5	5	0	0	4	1	0
	2000	전남	4	4	0	0	1	0	0

		출전	교체	득점	도움	파울	경고	퇴장
	합계	99	27	1	2	164	16	1
프로통산		99	27	1	2	164	16	1

양동원(梁棟原) 백암고 1987.02.05

대회	연도	소속	출전	교체	실점	도움	파울	경고	퇴장
BC	2005	대전	0	0	0	0	0	0	0
	2006	대전	0	0	0	0	0	0	0
	2007	대전	3	1	1	0	0	0	0
	2008	대전	6	1	10	0	0	1	0
	2009	대전	1	0	3	0	0	0	0
	2010	대전	10	0	21	0	1	0	0
	2011	수원	3	0	4	0	0	0	0
	2012	수원	11	0	13	0	1	0	0
	합계		34	2	52	0	3	0	0
K1	2013	수원	14	0	17	0	0	0	0
	2016	상주	3	0	0	0	0	0	0
	합계		17	0	17	0	0	0	0
K2	2014	강원	16	1	24	0	0	0	0
	2015	강원	17	0	29	0	0	1	0
	2016	강원	1	0	3	0	0	0	0
	2017	성남	0	1	0	0	0	0	0
	2018	안양	1	0	1	0	1	0	0
	합계		38	2	59	0	1	1	0
프로통산			89	4	139	0	4	1	0

양동철(梁東哲) 부경대 1985.08.26

대회	연도	소속	출전	교체	득점	도움	파울	경고	퇴장
BC	2010	전북	3	1	0	0	6	1	0
	합계		3	1	0	0	6	1	0
프로통산			3	1	0	0	6	1	0

양동현(梁東炫) 동북고 1986.03.28

대회	연도	소속	출전	교체	득점	도움	파울	경고	퇴장
BC	2005	울산	0	0	0	0	0	0	0
	2006	울산	13	13	1	1	25	0	0
	2007	울산	16	13	6	0	31	2	0
	2008	울산	14	8	0	2	18	0	0
	2009	부산	33	18	8	5	42	4	0
	2010	부산	27	23	4	2	16	2	0
	2011	부산	31	25	11	4	30	3	0
	합계		134	100	27	15	152	11	0
K1	2013	부산	9	2	3	0	17	1	0
	2014	부산	14	4	4	1	23	1	0
	2014	울산	16	7	4	0	24	1	0
	2015	울산	30	18	8	3	41	5	0
	2016	포항	33	13	5	1	34	3	0
	2017	포항	36	31	6	2	19	0	0
	합계		137	42	52	15	190	20	0
K2	2013	경찰	21	10	11	5	31	0	0
	합계		21	10	11	5	31	0	0
프로통산			292	157	90	34	381	34	0

양동협(梁棟鋏) 관동대 1989.04.25

대회	연도	소속	출전	교체	득점	도움	파울	경고	퇴장
K2	2013	충주	20	14	1	4	21	3	0
	2014	충주	7	6	1	1	14	0	0
	합계		27	20	2	5	35	3	0
프로통산			27	20	2	5	35	3	0

양상민(梁相珉) 숭실대 1984.02.24

대회	연도	소속	출전	교체	득점	도움	파울	경고	퇴장
BC	2005	전남	29	6	1	5	66	6	0
	2006	전남	26	2	3	2	54	9	0
	2007	수원	31	2	0	5	55	9	0
	2008	수원	22	7	0	3	36	4	0
	2009	수원	18	3	0	1	19	3	0
	2010	수원	23	4	0	3	51	10	0
	2011	수원	24	8	1	1	40	10	0
	2012	수원	29	8	2	3	62	14	0
	합계		204	39	6	21	394	61	2
K1	2014	수원	3	2	0	0	3	1	0

		출전	교체	득점	도움	파울	경고	퇴장
	2015 수원	28	11	3	0	16	2	0
	2016 수원	16	6	0	0	17	4	0
	2017 수원	6	3	1	0	9	2	0
	2018 수원	10	2	1	0	12	0	0
	합계	63	24	4	1	51	7	0
K2	2013 경찰	27	1	1	2	46	15	0
	2014 안산경	14	1	1	0	30	4	0
	합계	41	2	2	2	76	19	0
프로통산		308	65	12	24	521	87	2

양상준(梁相俊) 홍익대 1988.11.21

대회	연도	소속	출전	교체	득점	도움	파울	경고	퇴장
BC	2010	경남	4	4	0	0	8	0	0
K2	2014	충주	7	5	0	0	12	0	0
	2015	충주	5	5	1	0	10	0	0
	합계		12	10	1	0	22	0	0
프로통산			16	14	1	0	30	0	0

양세근(梁世根) 탐라대 1988.10.08

대회	연도	소속	출전	교체	득점	도움	파울	경고	퇴장
BC	2009	제주	7	4	0	0	11	2	0
	2010	제주	3	1	0	0	3	0	0
	합계		10	7	0	0	14	2	0
프로통산			10	7	0	0	14	2	0

양세운(梁世運) 남부대 1990.12.23

대회	연도	소속	출전	교체	득점	도움	파울	경고	퇴장
K2	2013	광주	1	1	0	0	0	0	0
	2015	충주	1	1	0	0	0	0	0
	합계		2	2	0	0	0	0	0
프로통산			2	2	0	0	0	0	0

양승원(梁勝源) 대구대 1985.07.15

대회	연도	소속	출전	교체	득점	도움	파울	경고	퇴장
BC	2008	대구	10	5	1	0	14	3	0
	2009	대구	20	3	0	1	33	4	0
	2010	대구	16	1	0	0	26	6	0
	합계		46	13	1	1	73	10	0
K1	2013	대구	1	1	0	0	0	0	0
	합계		1	1	0	0	0	0	0
프로통산			47	14	1	1	73	10	0

양영민(楊泳民) 명지대 1974.07.19

대회	연도	소속	출전	교체	실점	도움	파울	경고	퇴장
BC	1999	천안일	0	0	0	0	0	0	0
	2000	성남일	0	0	0	0	0	0	0
	2002	성남일	0	0	0	0	0	0	0
	2003	성남일	1	0	1	0	0	0	0
	2004	성남일	8	0	9	0	1	0	0
	2005	성남일	0	0	0	0	0	0	0
	합계		9	2	7	0	1	0	0
프로통산			9	2	7	0	1	0	0

양익전(梁益銓) 서울대 1966.03.20

대회	연도	소속	출전	교체	득점	도움	파울	경고	퇴장
BC	1989	유공	2	2	0	0	0	0	0
	합계		2	2	0	0	0	0	0
프로통산			2	2	0	0	0	0	0

양정민(梁正玟) 부경대 1986.05.21

대회	연도	소속	출전	교체	득점	도움	파울	경고	퇴장
BC	2009	대전	22	6	0	0	64	5	0
	2010	대전	21	4	0	0	55	12	0
	2011	대전	5	3	0	0	10	4	1
	합계		48	13	0	0	129	21	1
프로통산			48	13	0	0	129	21	1

양정민(梁政民) 대신고 1992.07.22

대회	연도	소속	출전	교체	득점	도움	파울	경고	퇴장
BC	2011	강원	1	1	0	0	0	0	0
	합계		1	1	0	0	0	0	0
프로통산			1	1	0	0	0	0	0

양정원(梁政元) 단국대 1976.05.22

대회	연도	소속	출전	교체	득점	도움	파울	경고	퇴장
BC	1999	부산	3	3	0	0	1	0	0
		합계	3	3	0	0	1	0	0
프로통산			3	3	0	0	1	0	0

양정환(梁禎桓) 고려대 1966.07.26

대회	연도	소속	출전	교체	득점	도움	파울	경고	퇴장
BC	1988	럭금	9	8	0	2	6	0	0
	1989	럭금	5	5	0	0	3	0	0
		합계	14	13	0	2	9	0	0
프로통산			14	13	0	2	9	0	0

양종후(梁鐘厚) 고려대 1974.04.05

대회	연도	소속	출전	교체	득점	도움	파울	경고	퇴장
BC	1998	수원	4	3	0	0	4	1	0
	1999	수원	26	3	1	0	47	5	0
	2000	수원	29	4	3	0	81	11	0
	2001	수원	5	2	0	0	7	2	0
		합계	64	12	4	0	139	19	0
프로통산			64	12	4	0	139	19	0

양준아(梁準我) 고려대 1989.06.13

대회	연도	소속	출전	교체	득점	도움	파울	경고	퇴장
BC	2010	수원	9	7	0	1	13	3	0
	2011	수원	7	3	2	0	15	2	0
	2011	제주	6	3	1	0	17	3	1
	2012	제주	9	4	0	1	12	2	0
		합계	31	17	3	2	57	10	1
K1	2013	제주	2	0	1	0	7	1	0
	2014	상주	30	3	3	1	47	6	1
	2015	제주	31	9	0	0	35	4	0
	2016	전남	17	6	2	0	22	5	0
	2017	전남	13	8	0	0	14	5	0
	2018	전남	24	6	0	0	24	3	0
		합계	117	32	6	1	149	24	1
K2	2015	상주	4	1	0	0	7	1	0
		합계	4	1	0	0	7	1	0
승	2013	상주	2	0	0	0	0	0	0
		합계	2	0	0	0	0	0	0
프로통산			154	50	9	3	213	35	2

양지원(梁志源) 울산대 1974.04.20

대회	연도	소속	출전	교체	실점	도움	파울	경고	퇴장
BC	1998	울산	15	0	20	0	0	1	0
	1999	울산	16	1	22	0	0	0	0
	2000	울산	4	0	6	0	1	0	1
	2001	울산	21	0	26	0	0	3	0
	2002	울산	0	0	2	0	0	0	0
		합계	56	1	76	0	1	6	1
프로통산			56	1	76	0	1	6	1

양진웅(梁眞熊) 울산대 1991.01.24

대회	연도	소속	출전	교체	실점	도움	파울	경고	퇴장
K2	2013	부천	7	0	10	0	0	0	0
	2014	부천	4	0	8	0	0	0	0
		합계	11	0	18	0	0	0	0
프로통산			11	0	18	0	0	0	0

양태렬(梁兌列) 언남고 1995.05.25

대회	연도	소속	출전	교체	득점	도움	파울	경고	퇴장
K1	2018	포항	2	2	0	0	1	0	0
		합계	2	2	0	0	1	0	0
프로통산			2	2	0	0	1	0	0

양한빈(梁韓彬) 백암고 1991.08.30

대회	연도	소속	출전	교체	실점	도움	파울	경고	퇴장
BC	2011	강원	0	0	0	0	0	0	0
	2012	강원	1	0	1	0	0	0	0
		합계	1	0	1	0	0	0	0
K1	2013	성남일	1	1	1	0	0	0	0
	2014	서울	1	0	1	0	0	0	0
	2015	서울	0	0	0	0	0	0	0
	2017	서울	27	0	29	0	0	2	0
	2018	서울	37	0	46	0	1	0	0
		합계	65	1	76	0	1	2	0
승	2018	서울	2	0	2	0	0	0	0
		합계	2	0	2	0	0	0	0
프로통산			68	1	79	0	1	2	0

양현정(梁鉉正) 단국대 1977.07.25

대회	연도	소속	출전	교체	득점	도움	파울	경고	퇴장
BC	2000	전북	32	23	6	7	27	3	0
	2001	전북	23	20	2	2	25	2	0
	2002	전북	25	24	3	4	36	7	0
	2003	전북	1	1	0	0	0	1	0
	2005	대구	5	5	0	0	5	0	0
		합계	86	73	11	13	93	10	0
프로통산			86	73	11	13	93	10	0

양형모(梁瀅模) 충북대 1991.07.16

대회	연도	소속	출전	교체	실점	도움	파울	경고	퇴장
K1	2016	수원	17	1	22	0	0	1	0
	2017	수원	7	2	11	0	0	0	0
		합계	24	3	33	0	0	1	0
K2	2018	아산	4	0	1	0	0	0	0
		합계	4	0	1	0	0	0	0
프로통산			28	3	34	0	1	2	0

앤(Yan Song) 중국 1981.03.20

대회	연도	소속	출전	교체	득점	도움	파울	경고	퇴장
BC	2010	제주	1	1	0	0	0	0	0
		합계	1	1	0	0	0	0	0
프로통산			1	1	0	0	0	0	0

어경준(漁慶俊) 용강중 1987.12.10

대회	연도	소속	출전	교체	득점	도움	파울	경고	퇴장
BC	2009	성남일	11	10	0	1	11	1	0
	2009	서울	0	0	0	0	0	0	0
	2010	서울	1	1	0	0	1	0	0
	2010	대전	16	4	1	1	11	2	0
	2011	대전	9	10	0	0	7	2	0
		합계	38	26	4	1	30	4	0
프로통산			38	26	4	1	30	4	0

엄영식(嚴泳植) 풍기고 1970.06.23

대회	연도	소속	출전	교체	득점	도움	파울	경고	퇴장
BC	1994	LG	1	1	0	0	0	0	0
	1995	전남	6	6	0	0	3	0	0
	1996	전남	11	6	0	0	8	0	0
	1997	전남	3	3	0	0	2	0	0
		합계	21	16	0	0	13	0	0
프로통산			21	16	0	0	13	0	0

엄진태(嚴鎭泰) 경희대 1992.03.28

대회	연도	소속	출전	교체	득점	도움	파울	경고	퇴장
K2	2015	충주	15	8	0	1	14	1	0
	2016	충주	21	6	0	0	23	3	0
		합계	36	14	0	1	37	4	0
프로통산			36	14	0	1	37	4	0

에니키(Henrique Dias de Carvalho) 브라질 1984.05.23

대회	연도	소속	출전	교체	득점	도움	파울	경고	퇴장
BC	2004	대전	15	11	2	2	39	1	0
	2005	대전	14	14	1	0	22	2	0
		합계	29	25	3	2	61	3	0
프로통산			29	25	3	2	61	3	0

에닝요(Enio Oliveira Junior / ← 에니오) 브라질 1981.05.16

대회	연도	소속	출전	교체	득점	도움	파울	경고	퇴장
BC	2003	수원	21	19	2	2	20	2	1
	2007	대구	24	15	6	2	41	4	0
	2008	대구	27	13	17	8	25	6	1
	2009	전북	28	12	10	12	27	5	0
	2010	전북	33	12	10	13	26	4	0
	2011	전북	38	15	18	7	34	8	0
	2012	전북	38	15	11	13	34	11	0
		합계	201	102	77	58	176	40	3
K1	2013	전북	13	11	3	6	10	2	0
	2015	전북	17	14	1	2	9	3	0
		합계	30	25	4	8	19	5	0
프로통산			231	127	81	66	195	45	3

에델(Eder Luiz Lima de Sousa) 브라질 1987.01.09

대회	연도	소속	출전	교체	득점	도움	파울	경고	퇴장
K1	2017	전북	24	20	3	3	36	3	0
		합계	24	20	3	3	36	3	0
K2	2015	대구	39	24	10	4	59	3	0
	2016	대구	37	24	6	2	54	4	1
	2018	성남	28	15	7	2	53	5	0
		합계	104	63	23	8	166	12	1
프로통산			128	83	26	11	202	15	1

에델(Eder Luis Carvalho) 브라질 1984.05.14

대회	연도	소속	출전	교체	득점	도움	파울	경고	퇴장
BC	2011	부산	12	0	1	0	20	1	0
	2012	부산	41	1	0	0	54	10	0
		합계	53	1	1	0	74	11	0
프로통산			53	1	1	0	74	11	0

에두(Eduardo Goncalves de Oliveira) 브라질 1981.11.30

대회	연도	소속	출전	교체	득점	도움	파울	경고	퇴장
BC	2007	수원	34	15	7	4	71	3	1
	2008	수원	38	6	16	7	57	6	0
	2009	수원	23	7	7	4	40	3	1
		합계	95	30	30	15	168	12	2
K1	2015	전북	20	6	11	3	23	3	0
	2016	전북	11	11	1	1	12	2	0
	2017	전북	31	28	13	2	49	5	0
		합계	62	45	25	6	72	8	0
프로통산			157	75	55	21	240	20	2

에듀(Eduardo J. Salles) 브라질 1977.12.13

대회	연도	소속	출전	교체	득점	도움	파울	경고	퇴장
BC	2004	전북	21	19	4	1	34	2	0
		합계	21	19	4	1	34	2	0
프로통산			21	19	4	1	34	2	0

에듀(Eduardo Marques de Jesus Passos) 브라질 1976.06.26

대회	연도	소속	출전	교체	득점	도움	파울	경고	퇴장
BC	2006	대구	28	15	3	1	61	5	0
		합계	28	15	3	1	61	5	0
프로통산			28	15	3	1	61	5	0

에드가(Edgar Bruno da Silva) 브라질 1987.01.03

대회	연도	소속	출전	교체	득점	도움	파울	경고	퇴장
K1	2018	대구	18	2	8	3	32	3	0
		합계	18	2	8	3	32	3	0
프로통산			18	2	8	3	32	3	0

에드밀손(Edmilson Dias de Lucena) 포르투갈 1968.05.29

대회	연도	소속	출전	교체	득점	도움	파울	경고	퇴장
BC	2002	전북	27	9	14	3	36	2	0
	2003	전북	39	4	17	14	59	7	1
	2004	전북	3	3	0	0	1	0	0
	2005	전북	1	1	0	0	0	0	0
		합계	70	17	31	17	96	9	1
프로통산			70	17	31	17	96	9	1

에드손(Edson Rodrigues Farias) 브라질 1992.01.12

대회	연도	소속	출전	교체	득점	도움	파울	경고	퇴장
K2	2016	부천	4	4	0	0	3	0	0
		합계	4	4	0	0	3	0	0
프로통산			4	4	0	0	3	0	0

에드손(Edson Araujo da Silva) 브라질 1980.07.26

대회 연도 소속 출전 교체 득점 도움 파울 경고 퇴장

대회	연도	소속	출전	교체	득점	도움	파울	경고	퇴장
BC	2008	대전	10	5	0	1	22	2	0
	합계		10	5	0	1	22	2	0
프로통산			10	5	0	1	22	2	0

에디(Edmilson Akves) 브라질 1976.02.17

대회	연도	소속	출전	교체	득점	도움	파울	경고	퇴장
BC	2002	울산	19	4	4	0	27	3	0
	2003	울산	22	16	0	0	20	0	0
	합계		41	20	4	0	47	3	0
프로통산			41	20	4	0	47	3	0

에딘(Edin Junuzovic) 크로아티아 1986.04.28

대회	연도	소속	출전	교체	득점	도움	파울	경고	퇴장
K1	2014	경남	15	14	2	0	26	1	0
	합계		15	14	2	0	26	1	0
프로통산			15	14	2	0	26	1	0

에레라(Ignacio Jose Herrera Fernandez) 칠레 1987.10.14

대회	연도	소속	출전	교체	득점	도움	파울	경고	퇴장
K2	2018	서울E	11	10	1	0	5	1	0
	합계		11	10	1	0	5	1	0
프로통산			11	10	1	0	5	1	0

에릭(Eriks Pelcis) 라트비아 1978.06.25

대회	연도	소속	출전	교체	득점	도움	파울	경고	퇴장
BC	1999	안양LG	22	15	4	0	32	1	0
	2000	안양LG	1	1	0	0	1	0	0
	합계		23	16	4	0	33	1	0
프로통산			23	16	4	0	33	1	0

에릭(Eric Obinna) 프랑스 1981.06.10

대회	연도	소속	출전	교체	득점	도움	파울	경고	퇴장
BC	2008	대전	18	15	2	0	21	0	0
	합계		18	15	2	0	21	0	0
프로통산			18	15	2	0	21	0	0

에반드로(Evandro Silva do Nascimento) 브라질 1987.09.26

대회	연도	소속	출전	교체	득점	도움	파울	경고	퇴장
K1	2017	대구	29	6	11	2	53	5	0
	2018	서울	30	23	3	2	35	1	0
	합계		59	29	14	4	88	6	0
승	2018	서울	2	2	0	0	1	0	0
	합계		2	2	0	0	1	0	0
프로통산			61	31	14	4	89	6	0

에벨찡요(Heverton Duraes Coutinho Alves) 브라질 1985.10.28

대회	연도	소속	출전	교체	득점	도움	파울	경고	퇴장
BC	2011	성남일	12	5	6	2	22	2	0
	2012	성남일	18	12	1	1	27	5	0
	합계		30	17	7	3	49	7	0
프로통산			30	17	7	3	49	7	0

에벨톤(Everton Leandro dos Santos Pinto) 브라질 1986.10.14

대회	연도	소속	출전	교체	득점	도움	파울	경고	퇴장
BC	2011	성남일	28	11	5	1	31	3	0
	2012	성남일	36	12	12	6	51	3	0
	합계		64	18	17	3	82	5	0
K1	2014	서울	15	15	2	0	11	0	0
	2015	서울	16	10	4	1	15	0	0
	2015	울산	9	4	1	0	4	0	0
	합계		40	29	7	1	30	0	0
프로통산			104	47	24	4	112	5	0

에벨톤(Everton Nascimento de Mendonca) 브라질 1993.07.03

대회	연도	소속	출전	교체	득점	도움	파울	경고	퇴장
K2	2016	부천	2	2	1	0	0	0	0
	합계		2	2	1	0	0	0	0
프로통산			2	2	1	0	0	0	0

에벨톤C(Everton Cardoso da Silva) 브라질 1988.12.11

대회	연도	소속	출전	교체	득점	도움	파울	경고	퇴장

대회	연도	소속	출전	교체	득점	도움	파울	경고	퇴장
BC	2012	수원	29	18	7	4	55	6	0
	합계		29	18	7	4	55	6	0
프로통산			29	18	7	4	55	6	0

에스쿠데로(Sergio Ariel Escudero) 일본 1988.09.01

대회	연도	소속	출전	교체	득점	도움	파울	경고	퇴장
BC	2012	서울	20	18	4	3	48	1	0
	합계		20	18	4	3	48	1	0
K1	2013	서울	34	23	4	7	38	2	0
	2014	서울	32	20	6	4	60	3	0
	2018	울산	14	12	3	1	11	0	1
	합계		80	55	13	12	109	4	1
프로통산			100	73	17	15	157	5	1

에스테베즈(Ricardo Felipe dos Santos Esteves) 포르투갈 1979.09.16

대회	연도	소속	출전	교체	득점	도움	파울	경고	퇴장
BC	2010	서울	14	4	4	5	30	4	0
	합계		14	4	4	5	30	4	0
프로통산			14	4	4	5	30	4	0

에스티벤(Juan Estiven Velez Upegui) 콜롬비아 1982.02.09

대회	연도	소속	출전	교체	득점	도움	파울	경고	퇴장
BC	2010	울산	32	11	0	1	32	2	0
	2011	울산	34	8	0	0	43	6	0
	2012	울산	40	16	1	0	52	3	0
	합계		106	35	1	1	127	11	0
K1	2014	제주	12	8	0	0	30	0	0
	합계		12	8	0	0	30	0	0
프로통산			118	43	1	1	157	11	0

엔리끼(Luciano Henrique de Gouvea) 브라질 1978.10.10

대회	연도	소속	출전	교체	득점	도움	파울	경고	퇴장
BC	2006	포항	29	19	7	6	33	1	0
	합계		29	19	7	6	33	1	0
프로통산			29	19	7	6	33	1	0

엔조(Maidana Enzo Damian) 아르헨티나 1988.01.13

대회	연도	소속	출전	교체	득점	도움	파울	경고	퇴장
K1	2017	인천	6	6	1	0	4	1	0
	합계		6	6	1	0	4	1	0
프로통산			6	6	1	0	4	1	0

엘리아스(Fernandes de Oliveira Elias) 브라질 1992.05.22

대회	연도	소속	출전	교체	득점	도움	파울	경고	퇴장
K1	2015	부산	8	8	0	0	8	0	0
	합계		8	8	0	0	8	0	0
승	2015	부산							
	합계								
프로통산			8	8	0	0	8	0	0

엘리오(Eionar Nascimento Ribeiro) 브라질 1982.06.10

대회	연도	소속	출전	교체	득점	도움	파울	경고	퇴장
BC	2011	인천	7	7	1	0	9	1	0
	합계		7	7	1	0	9	1	0
프로통산			7	7	1	0	9	1	0

엘리치(Ahmad Elrich) 오스트레일리아 1981.05.30

대회	연도	소속	출전	교체	득점	도움	파울	경고	퇴장
BC	2004	부산	10	3	1	2	24	2	0
	합계		10	3	1	2	24	2	0
프로통산			10	3	1	2	24	2	0

여름(呂름) 광주대 1989.06.22

대회	연도	소속	출전	교체	득점	도움	파울	경고	퇴장
K1	2015	광주	31	8	1	2	45	6	0
	2016	광주	30	8	2	0	40	5	0
	2017	상주	24	9	1	1	44	8	1
	2018	상주	11	9	0	1	19	2	0
	합계		96	34	4	4	148	21	1

대회	연도	소속	출전	교체	득점	도움	파울	경고	퇴장
K2	2013	광주	29	22	2	1	50	6	0
	2014	광주	27	11	0	2	46	5	0
	2018	광주	9	8	1	0	15	0	0
	합계		65	41	3	4	111	13	0
승	2014	광주	2	0	0	0	2	0	0
	2017	상주	8	1	0	0	4	1	0
프로통산			165	69	8	10	263	32	1

여명용(呂明龍) 한양대 1987.06.11

대회	연도	소속	출전	교체	**실점**	도움	파울	경고	퇴장
K2	2013	고양	23	1	35	0	1	1	0
	2014	고양	20	1	22	0	0	4	0
	2015	고양	22	0	33	0	0	3	0
	합계		65	2	90	0	1	8	0
프로통산			65	2	90	0	1	8	0

여범규(余範奎) 연세대 1962.06.24

대회	연도	소속	출전	교체	득점	도움	파울	경고	퇴장
BC	1986	대우	27	1	1	5	30	5	0
	1987	대우	7	3	1	3	25	0	0
	1988	대우	12	5	1	0	18	0	0
	1989	대우	38	15	4	3	69	1	0
	1990	대우	10	7	1	0	8	0	0
	1991	대우	16	14	1	0	24	0	0
	1992	대우	11	13	1	0	18	0	0
	합계		141	61	11	8	195	13	0
프로통산			141	61	11	8	195	13	0

여봉훈(余奉訓) 안동고 1994.03.12

대회	연도	소속	출전	교체	득점	도움	파울	경고	퇴장
K1	2017	광주	31	11	1	1	62	8	0
	합계		31	11	1	1	62	8	0
K2	2018	광주	26	12	1	0	46	7	0
	합계		26	12	1	0	46	7	0
프로통산			57	23	2	1	108	15	0

여성해(呂成海) 한양대 1987.08.06

대회	연도	소속	출전	교체	득점	도움	파울	경고	퇴장
K1	2015	경남	20	3	1	0	28	3	0
	2016	상주	4	0	0	0	2	0	0
	2018	경남	13	0	0	1	11	0	0
	합계		37	3	1	1	41	5	0
K2	2015	상주	3	0	0	0	7	2	0
	2016	경남	24	2	2	2	32	2	0
	합계		27	2	2	2	39	2	0
승	2014	경남	2	0	0	0	3	0	0
	합계		2	0	0	0	3	0	0
프로통산			66	5	3	3	83	8	0

여승원(呂承垣) 광운대 1984.05.01

대회	연도	소속	출전	교체	득점	도움	파울	경고	퇴장
BC	2004	인천	9	4	1	0	20	0	0
	2005	인천	6	6	0	1	11	0	0
	2006	광주상	21	16	2	2	39	1	0
	2007	광주상	27	21	2	1	48	4	0
	2008	인천	12	10	0	1	22	1	0
	2010	수원	5	5	0	0	4	0	0
	합계		78	59	5	3	120	10	0
프로통산			78	59	5	3	120	10	0

여인언(呂仁彦) 한남대 1992.04.29

대회	연도	소속	출전	교체	득점	도움	파울	경고	퇴장
K1	2016	수원FC	1	1	0	0	0	0	0
	합계		1	1	0	0	0	0	0
프로통산			1	1	0	0	0	0	0

여재항(余在恒) 서울시립대 1962.06.28

대회	연도	소속	출전	교체	득점	도움	파울	경고	퇴장
BC	1985	상무	2	0	0	0	3	0	0
	합계		2	0	0	0	3	0	0
프로통산			2	0	0	0	3	0	0

여효진(余孝珍) 고려대 1983.04.25

대회	연도	소속	출전	교체	득점	도움	파울	경고	퇴장

대회	연도	소속	출전	교체	득점	도움	파울	경고	퇴장
BC	2007	광주상	27	6	2	1	55	7	0
	2008	광주상	4	3	0	0	3	1	0
	2011	서울	9	2	0	1	22	5	0
	2012	부산	0	0	0	0	0	0	0
	합계		40	11	2	2	80	13	0
K2	2013	고양	14	6	0	0	19	2	0
	2014	고양	30	5	1	1	54	12	0
	2015	고양	27	1	0	0	31	6	0
	합계		71	12	1	1	104	20	0
프로통산			111	23	3	3	184	33	0

연재천(延才千) 울산대 1978.01.17

대회	연도	소속	출전	교체	득점	도움	파울	경고	퇴장
BC	2000	울산	2	1	0	0	3	0	0
	2001	울산	2	1	0	0	0	0	0
	2003	광주상	1	1	0	0	0	0	0
	합계		5	3	0	0	3	0	0
프로통산			5	3	0	0	3	0	0

연제민(延濟民) 한남대 1993.05.28

대회	연도	소속	출전	교체	득점	도움	파울	경고	퇴장
K1	2013	수원	4	4	0	0	4	0	0
	2014	수원							
	2014	부산	20	1	0	0	28	2	0
	2015	수원	22	7	0	0	23	1	0
	2016	수원	10	5	1	0	12	0	0
	2017	전남	5	1	0	0	7	0	0
	합계		63	18	1	0	70	5	0
K2	2018	부산	3	3	0	0	0	0	0
	합계		3	3	0	0	0	0	0
프로통산			66	21	1	0	70	5	0

연제운(延清運) 선문대 1994.08.28

대회	연도	소속	출전	교체	득점	도움	파울	경고	퇴장
K1	2016	성남	16	5	1	0	16	4	0
	합계		16	5	1	0	16	4	0
K2	2017	성남	33	1	0	0	21	2	0
	2018	성남	29	1	2	1	18	2	0
	합계		62	2	2	1	39	4	0
승	2016	성남	0	0	0	0	0	0	0
	합계		0	0	0	0	0	0	0
프로통산			78	7	3	1	55	8	0

염강륜(←염호덕) 연세대 1992.04.13

대회	연도	소속	출전	교체	득점	도움	파울	경고	퇴장
K2	2013	안양	1	1	0	0	0	0	0
	합계		1	1	0	0	0	0	0
프로통산			1	1	0	0	0	0	0

염기훈(廉基勳) 호남대 1983.03.30

대회	연도	소속	출전	교체	득점	도움	파울	경고	퇴장
BC	2006	전북	31	7	5	7	37	1	0
	2007	전북	18	3	5	3	23	1	0
	2007	울산	3	3	1	0	1	0	0
	2008	울산	19	11	5	1	11	0	0
	2009	울산	20	10	3	2	4	0	0
	2010	수원	4	1	1	10	23	4	0
	2011	수원	29	1	9	14	24	1	0
	합계		139	49	31	36	143	2	0
K1	2013	수원	35	4	4	13	24	1	0
	2014	수원	35	5	4	8	17	2	0
	2015	수원	35	14	8	17	26	1	0
	2016	수원	34	10	4	15	21	1	0
	2017	수원	38	15	6	11	18	2	0
	2018	수원	34	14	4	11	14	1	0
	합계		185	56	29	56	106	8	0
K2	2013	경찰	21	1	7	11	14	1	0
	합계		21	1	7	11	14	1	0
프로통산			345	106	67	103	263	11	0

염동균(廉東均) 강릉상고 1983.09.06

대회	연도	소속	출전	교체	실점	도움	파울	경고	퇴장
BC	2002	전남	1	1	0	0	0	0	0
	2003	전남	0	0	0	0	0	0	0
	2005	광주상	9	0	15	0	1	2	0
	2006	전남	25	0	18	0	1	2	0
	2007	전남	27	0	29	0	0	1	0
	2008	전남	26	1	41	0	0	2	0
	2009	전남	24	0	35	0	1	1	0
	2010	전남	24	1	44	0	0	2	0
	2011	전북	14	0	17	0	0	0	0
	합계		150	3	199	0	3	9	0
프로통산			150	3	199	0	3	9	0

염유신(廉裕申) 선문대 1992.08.10

대회	연도	소속	출전	교체	득점	도움	파울	경고	퇴장
K1	2014	성남	0	0	0	0	0	0	0
	합계		0	0	0	0	0	0	0
프로통산			0	0	0	0	0	0	0

예병원(芮炳瑗) 대륜고 1998.03.25

대회	연도	소속	출전	교체	득점	도움	파울	경고	퇴장
K1	2018	대구	0	0	0	0	0	0	0
	합계		0	0	0	0	0	0	0
프로통산			0	0	0	0	0	0	0

옐라(Josko Jelicic) 크로아티아 1971.01.05

대회	연도	소속	출전	교체	득점	도움	파울	경고	퇴장
BC	2002	포항	5	4	0	0	3	0	0
	합계		5	4	0	0	3	0	0
프로통산			5	4	0	0	3	0	0

오경석(吳敬錫) 동아대 1973.02.24

대회	연도	소속	출전	교체	득점	도움	파울	경고	퇴장
BC	1995	전남	22	15	4	0	15	2	0
	1996	전남	15	12	2	0	8	0	0
	1996	부천유	2	2	0	0	2	0	0
	1997	부천SK	16	15	2	0	12	1	0
	합계		55	45	8	1	37	5	0
프로통산			55	45	8	1	37	5	0

오광진(吳光珍) 울산대 1987.06.04

대회	연도	소속	출전	교체	득점	도움	파울	경고	퇴장
K1	2017	대구	20	11	0	0	17	0	0
	2018	대구	4	2	0	0	8	0	0
	합계		24	13	0	0	25	9	0
K2	2013	수원FC	24	6	0	0	23	2	0
	2014	수원FC	2	1	0	0	3	0	0
	2015	수원FC	16	0	0	0	28	6	0
	2016	대구	9	3	0	2	7	1	0
	합계		51	21	0	2	56	4	0
승	2015	수원FC	0	0	0	0	0	0	0
	합계		0	0	0	0	0	0	0
프로통산			75	34	0	2	81	13	0

오광훈(吳侊勳) 단국대 1973.12.12

대회	연도	소속	출전	교체	득점	도움	파울	경고	퇴장
BC	1999	전북	31	23	3	0	17	1	0
	2000	전북	14	13	1	0	7	2	0
	2001	전북	4	4	0	0	10	1	0
	합계		49	40	4	0	34	2	0
프로통산			49	40	4	0	34	2	0

오군지미(Marvin Ogunjimi) 벨기에 1987.10.12

대회	연도	소속	출전	교체	득점	도움	파울	경고	퇴장
K1	2016	수원FC	10	8	3	0	8	3	0
	합계		10	8	3	0	8	3	0
프로통산			10	8	3	0	8	3	0

오규빈(吳圭彬) 가톨릭관동대 1992.09.04

대회	연도	소속	출전	교체	득점	도움	파울	경고	퇴장
K2	2015	서울E	0	0	0	0	0	0	0
	2016	충주	21	4	0	0	25	6	0
	합계		21	4	0	0	25	6	0
프로통산			21	4	0	0	25	6	0

오규찬(吳圭贊) 수원공고 1982.08.28

대회	연도	소속	출전	교체	득점	도움	파울	경고	퇴장
BC	2001	수원	3	3	0	0	1	0	0
	2003	수원	6	6	1	0	8	0	0
	합계		9	9	1	0	9	0	0
프로통산			9	9	1	0	9	0	0

오기재(吳起在) 영남대 1983.09.26

대회	연도	소속	출전	교체	득점	도움	파울	경고	퇴장
K2	2013	고양	32	9	3	2	47	2	0
	2014	고양	22	12	0	1	29	5	0
	2015	고양	37	8	4	2	47	6	0
	2016	고양	23	1	0	1	31	6	0
	합계		114	30	7	6	154	19	0
프로통산			114	30	7	6	154	19	0

오까야마(Okayama Kazunari, 岡山一成) 일본 1978.04.24

대회	연도	소속	출전	교체	득점	도움	파울	경고	퇴장
BC	2009	포항	9	5	1	0	11	2	0
	2010	포항	8	2	0	0	10	1	0
	합계		17	7	1	0	21	3	0
프로통산			17	7	1	0	21	3	0

오도현(吳到炫) 금호고 1994.12.06

대회	연도	소속	출전	교체	득점	도움	파울	경고	퇴장
K1	2015	광주	23	22	0	0	17	3	0
	2016	광주	13	12	0	2	12	0	0
	2016	포항	5	2	0	0	8	0	0
	합계		41	36	2	0	37	3	0
K2	2013	광주	13	7	0	0	18	2	0
	2014	광주	5	2	0	0	5	0	0
	2017	성남	20	13	0	0	32	5	0
	합계		38	24	0	0	55	6	0
승	2014	광주	2	2	0	0	2	0	0
	합계		2	2	0	0	2	0	0
프로통산			81	62	2	0	77	7	1

오동천(吳東天) 영남상고 1966.01.20

대회	연도	소속	출전	교체	득점	도움	파울	경고	퇴장
BC	1989	일화	27	13	1	2	26	1	0
	1990	일화	25	9	4	3	27	1	0
	1991	일화	37	14	6	6	49	4	0
	1992	일화	33	19	2	3	37	6	0
	1993	일화	30	19	4	3	35	1	1
	1994	일화	24	16	3	4	21	1	0
	1995	일화	31	15	0	1	38	2	0
	1996	전북	20	23	0	2	2	0	0
	합계		227	128	20	17	235	16	1
프로통산			227	128	20	17	235	16	1

오르샤(Orsic Mislav) 크로아티아 1992.12.29

대회	연도	소속	출전	교체	득점	도움	파울	경고	퇴장
K1	2015	전남	33	17	9	7	29	4	0
	2016	전남	34	9	5	4	12	1	0
	2018	울산	38	16	10	3	21	0	0
	합계		101	42	28	15	68	6	0
프로통산			101	42	28	15	68	6	0

오르슐리치(Orsulic Marin) 크로아티아 1987.08.25

대회	연도	소속	출전	교체	득점	도움	파울	경고	퇴장
K2	2017	성남	17	6	0	0	18	7	0
	2018	성남	1	1	0	0	0	0	0
	합계		17	6	0	0	18	7	0
프로통산			17	6	0	0	18	7	0

오르시니(Nicolas Orsini) 아르헨티나 1994.09.12

대회	연도	소속	출전	교체	득점	도움	파울	경고	퇴장
K2	2016	안양	7	3	1	0	9	1	0
	합계		7	3	1	0	9	1	0
프로통산			7	3	1	0	9	1	0

오르티고사(Jose Maria Ortigoza Ortiz) 파라과이 1987.04.01

대회	연도	소속	출전	교체	득점	도움	파울	경고	퇴장
BC	2010	울산	27	13	17	3	65	5	0

	출전	교체	득점	도움	파울	경고	퇴장
합계	27	13	17	3	65	5	0
프로통산	27	13	17	3	65	5	0

오명관(吳明官) 한양대 1974.04.29

대회	연도	소속	출전	교체	득점	도움	파울	경고	퇴장
BC	1997	안양LG	24	9	0	0	42	5	0
	1998	안양LG	10	6	0	1	17	1	1
	1998	포항	3	2	0	1	8	1	0
	1999	포항	14	5	0	0	18	2	0
	2000	포항	18	8	0	0	13	2	1
	2001	포항	24	3	0	0	42	3	0
	2002	포항	9	3	0	0	13	2	1
	2003	부천SK	11	2	0	0	20	2	0
	2004	부천SK	3	0	0	0	3	0	0
	합계		106	38	0	2	161	16	2
프로통산			106	38	0	2	161	16	2

오민엽(吳民曄) 명지대 1990.06.23

대회	연도	소속	출전	교체	득점	도움	파울	경고	퇴장
K2	2013	충주	3	1	0	0	1	0	0
	합계		3	1	0	0	1	0	0
프로통산			3	1	0	0	1	0	0

오반석(吳反錫) 건국대 1988.05.20

대회	연도	소속	출전	교체	득점	도움	파울	경고	퇴장
BC	2012	제주	25	5	1	0	32	6	0
	합계		25	5	1	0	32	6	0
K1	2013	제주	30	3	1	0	48	8	0
	2014	제주	36	4	0	1	40	4	0
	2015	제주	34	2	1	0	32	4	1
	2016	제주	16	2	1	0	16	0	0
	2017	제주	33	2	2	0	23	3	0
	2018	제주	24	1	0	0	15	2	0
	합계		173	14	6	1	171	21	1
프로통산			198	19	7	1	203	27	1

오범석(吳範錫) 포철공고 1984.07.29

대회	연도	소속	출전	교체	득점	도움	파울	경고	퇴장
BC	2003	포항	1	1	0	0	1	0	0
	2004	포항	25	1	0	0	49	3	0
	2005	포항	33	2	2	0	78	7	0
	2006	포항	33	2	2	2	128	10	0
	2007	포항	16	8	0	0	42	3	0
	2009	울산	14	1	0	0	37	2	0
	2010	울산	21	3	4	2	33	5	0
	2011	수원	29	3	1	0	66	6	0
	2012	수원	39	0	1	1	101	11	0
	합계		211	33	9	6	535	50	0
K1	2014	수원	11	0	0	0	17	2	0
	2015	수원	21	5	1	1	53	9	0
	2017	강원	28	4	0	1	53	7	0
	2018	강원	32	6	1	1	52	5	0
	합계		100	15	2	3	175	23	0
K2	2013	경찰	33	2	2	2	69	10	0
	2014	안산경	16	1	2	0	36	9	0
	합계		39	4	4	2	105	19	0
프로통산			350	52	15	11	815	92	0

오베라(Jobson Leandro Pereira de Oliv) 브라질 1988.02.15

대회	연도	소속	출전	교체	득점	도움	파울	경고	퇴장
BC	2009	제주	23	9	7	4	46	3	0
	합계		23	9	7	4	46	3	0
프로통산			23	9	7	4	46	3	0

오병민(吳秉珉) 선문대 1988.06.28

대회	연도	소속	출전	교체	득점	도움	파울	경고	퇴장
BC	2012	경남	0	0	0	0	0	0	0
	합계		0	0	0	0	0	0	0
프로통산			0	0	0	0	0	0	0

오봉진(吳鳳鎭) 유성생명과학고 1989.06.30

대회	연도	소속	출전	교체	득점	도움	파울	경고	퇴장
BC	2008	제주	0	0	0	0	0	0	0
	2009	제주	4	2	1	0	15	1	0
	2011	상주	1	0	0	0	3	0	0
	2012	상주	1	1	0	0	0	0	0
	합계		6	3	1	0	18	1	0
K1	2013	대전	1	1	0	0	0	0	0
	합계		1	1	0	0	0	0	0
프로통산			7	4	1	0	18	1	0

오봉철(吳奉哲) 건국대 1966.12.17

대회	연도	소속	출전	교체	득점	도움	파울	경고	퇴장
BC	1989	현대	25	8	0	2	27	2	0
	1991	현대	3	2	0	0	3	0	0
	합계		28	10	0	2	30	2	0
프로통산			28	10	0	2	30	2	0

오비나(Obinna John Nkedoi) 나이지리아 1980.06.03

대회	연도	소속	출전	교체	득점	도움	파울	경고	퇴장
BC	2002	대전	2	2	0	0	2	0	0
	합계		2	2	0	0	2	0	0
프로통산			2	2	0	0	2	0	0

오상헌(吳尙憲) 문성대 1994.08.31

대회	연도	소속	출전	교체	득점	도움	파울	경고	퇴장
K2	2016	경남	1	1	0	0	1	0	0
	합계		1	1	0	0	1	0	0
프로통산			1	1	0	0	1	0	0

오석재(吳錫載) 건국대 1958.10.13

대회	연도	소속	출전	교체	득점	도움	파울	경고	퇴장
BC	1983	할렐	16	2	6	2	19	0	0
	1984	할렐	22	5	8	0	26	0	0
	1985	할렐	17	4	3	1	35	3	0
	합계		55	11	18	6	78	3	0
프로통산			55	11	18	6	78	3	0

오세종(吳世宗) 경기대 1976.03.09

대회	연도	소속	출전	교체	득점	도움	파울	경고	퇴장
BC	1999	대전	1	1	0	0	0	0	0
	합계		1	1	0	0	0	0	0
프로통산			1	1	0	0	0	0	0

오세훈(吳世勳) 현대고 1999.01.15

대회	연도	소속	출전	교체	득점	도움	파울	경고	퇴장
K1	2018	울산	3	3	0	0	4	0	0
	합계		3	3	0	0	4	0	0
프로통산			3	3	0	0	4	0	0

오셀리(Adnan Ocelli) 알바니아 1966.03.06

대회	연도	소속	출전	교체	득점	도움	파울	경고	퇴장
BC	1996	수원	0	0	0	0	0	0	0
	합계		0	0	0	0	0	0	0
프로통산			0	0	0	0	0	0	0

오스마르(Osmar Ibanez Barba) 스페인 1988.06.05

대회	연도	소속	출전	교체	득점	도움	파울	경고	퇴장
K1	2014	서울	34	3	2	1	33	5	0
	2015	서울	34	0	1	1	42	2	0
	2016	서울	37	1	4	3	31	6	0
	2017	서울	37	0	0	0	39	3	0
	합계		142	5	13	5	145	16	0
프로통산			142	5	13	5	145	16	0

오승민(吳承珉) 배재대 1995.03.10

대회	연도	소속	출전	교체	득점	도움	파울	경고	퇴장
K2	2018	성남	1	1	0	0	0	0	0
	합계		1	1	0	0	0	0	0
프로통산			1	1	0	0	0	0	0

오승범(吳承範) 오현고 1981.02.26

대회	연도	소속	출전	교체	득점	도움	파울	경고	퇴장
BC	1999	천안일	1	0	0	0	0	0	0
	2003	광주상	40	4	2	1	73	3	0
	2004	성남일	14	7	0	0	14	0	0
	2005	포항	29	19	2	0	24	1	0
	2006	포항	34	20	2	0	40	0	0
	2007	포항	35	20	1	0	40	3	0
	2008	제주	24	15	1	1	29	2	0
	2009	제주	29	6	1	2	51	2	0
	2010	제주	32	18	1	2	45	6	0
	2011	제주	29	1	0	4	55	5	0
	2012	제주	37	22	0	3	32	2	0
	합계		303	132	10	13	419	28	0
K1	2013	제주	31	12	0	1	23	6	0
	2014	제주	15	12	0	0	12	0	0
	2017	강원	22	15	0	1	16	1	0
	합계		68	39	0	2	53	9	0
K2	2015	충주	37	6	3	4	44	6	0
	2016	강원	36	4	1	1	37	2	0
	합계		73	10	4	5	81	9	0
승	2016	강원	2	0	0	0	1	0	0
	합계		2	0	0	0	1	0	0
프로통산			446	181	14	20	556	41	0

오승인(吳承仁) 광운대 1965.12.20

대회	연도	소속	출전	교체	득점	도움	파울	경고	퇴장
BC	1988	포철	1	1	0	0	0	0	0
	1991	유공	4	4	0	0	0	0	0
	1992	유공	27	18	2	0	14	1	0
	1993	유공	14	5	0	1	11	0	0
	1994	유공	15	3	0	0	16	0	0
	합계		61	31	2	0	46	3	0
프로통산			61	31	2	0	46	3	0

오승혁(吳昇爀) 중앙대 1961.02.08

대회	연도	소속	출전	교체	실점	도움	파울	경고	퇴장
BC	1985	상무	4	1	6	0	1	0	0
	합계		4	1	6	0	1	0	0
프로통산			4	1	6	0	1	0	0

오승훈(吳承訓) 호남대 1988.06.30

대회	연도	소속	출전	교체	실점	도움	파울	경고	퇴장
K1	2015	대전	16	0	31	0	2	1	0
	2016	상주	18	0	30	0	1	2	0
	2017	상주	21	0	32	0	3	2	1
	2018	울산	17	0	20	0	0	2	0
	합계		72	0	113	0	6	5	1
프로통산			72	0	113	0	6	5	1

오연교(吳連教) 한양대 1960.05.25

대회	연도	소속	출전	교체	실점	도움	파울	경고	퇴장
BC	1983	유공	8	0	10	0	0	0	0
	1984	유공	28	0	22	0	1	0	0
	1985	유공	16	0	20	0	0	0	0
	1986	유공	3	0	3	0	0	0	0
	1987	유공	18	0	26	0	1	0	0
	1988	현대	17	0	16	0	0	0	0
	1989	현대	13	1	13	0	1	1	0
	1990	현대	19	0	22	0	0	0	0
	합계		97	2	97	1	3	1	0
프로통산			97	2	97	1	3	1	0

오영섭(吳榮燮) 전남대 1962.05.12

대회	연도	소속	출전	교체	득점	도움	파울	경고	퇴장
BC	1984	국민	17	7	1	6	11	0	0
	합계		17	7	1	6	11	0	0
프로통산			17	7	1	6	11	0	0

오영준(吳泳俊) 광양제철고 1993.01.16

대회	연도	소속	출전	교체	득점	도움	파울	경고	퇴장
K1	2015	전남	5	5	0	0	0	0	0
	2016	전남							
	합계		5	4	0	0	0	0	0
프로통산			5	4	0	0	0	0	0

오원종(吳源鍾) 연세대 1983.06.17

대회	연도	소속	출전	교체	득점	도움	파울	경고	퇴장
BC	2006	경남	8	6	0	0	9	0	0
	2009	강원	19	19	4	1	7	0	0
	2010	강원	9	8	0	1	4	1	0

대회	연도	소속	출전	교체	득점	도움	파울	경고	퇴장
	2011	상주	5	4	0	0	1	1	0
	합계		41	37	4	2	21	2	0
	프로통산		41	37	4	2	21	2	0

오유진(吳柳珍) 국민대 1970.07.30

대회	연도	소속	출전	교체	득점	도움	파울	경고	퇴장
BC	1994	버팔로	4	4	0	0	4	0	0
	합계		4	4	0	0	4	0	0
	프로통산		4	4	0	0	4	0	0

오윤기(吳潤基) 전주대학원 1971.04.13

대회	연도	소속	출전	교체	득점	도움	파울	경고	퇴장
BC	1998	수원	1	1	0	0	1	0	0
	1999	수원	1	1	0	0	1	0	0
	합계		2	2	0	0	2	0	0
	프로통산		2	2	0	0	2	0	0

오윤석(吳允錫) 아주대 1990.12.03

대회	연도	소속	출전	교체	득점	도움	파울	경고	퇴장
K2	2017	안산	11	4	0	1	10	1	0
	합계		11	4	0	1	10	1	0
	프로통산		11	4	0	1	10	1	0

오인환(吳仁煥) 홍익대 1976.11.30

대회	연도	소속	출전	교체	득점	도움	파울	경고	퇴장
BC	1999	포항	3	2	0	0	2	0	0
	합계		3	2	0	0	2	0	0
	프로통산		3	2	0	0	2	0	0

오장은(吳章銀) 조천중 1985.07.24

대회	연도	소속	출전	교체	득점	도움	파울	경고	퇴장
BC	2005	대구	23	13	3	2	40	1	0
	2006	대구	32	9	6	2	51	3	0
	2007	울산	24	9	1	4	45	5	0
	2008	울산	33	3	1	1	66	5	0
	2009	울산	28	4	4	6	57	5	0
	2010	울산	33	3	2	3	74	4	0
	2011	수원	30	5	4	2	48	2	0
	2012	수원	25	5	1	2	47	7	0
	합계		229	51	22	17	421	30	0
K1	2013	수원	34	6	1	4	60	6	0
	2014	수원	12	2	0	0	16	2	0
	2016	수원	7	5	1	0	11	1	0
	합계		53	13	2	4	87	9	0
K2	2017	성남	6	3	0	0	6	1	0
	2018	대전	3	2	0	0	5	0	0
	합계		9	5	0	0	11	1	0
	프로통산		291	69	24	21	519	42	0

오재석(吳宰碩) 경희대 1990.01.04

대회	연도	소속	출전	교체	득점	도움	파울	경고	퇴장
BC	2010	수원	7	5	0	0	11	1	0
	2011	강원	24	1	1	1	41	5	0
	2012	강원	31	4	2	3	43	3	0
	합계		62	10	3	4	94	9	0
	프로통산		62	10	3	4	94	9	0

오재혁(吳宰赫) 건동대 1989.02.20

대회	연도	소속	출전	교체	득점	도움	파울	경고	퇴장
K2	2013	부천	8	3	0	0	13	1	0
	합계		8	3	0	0	13	1	0
	프로통산		8	3	0	0	13	1	0

오정석(吳政錫) 아주대 1978.09.05

대회	연도	소속	출전	교체	득점	도움	파울	경고	퇴장
BC	2001	부산	6	6	1	0	4	1	0
	2002	부산	5	5	0	0	4	0	0
	2003	부산	1	1	0	0	0	0	0
	2004	광주상	1	1	0	0	0	0	0
	2005	광주상	3	3	0	0	3	0	0
	합계		16	16	1	0	11	2	0
	프로통산		16	16	1	0	11	2	0

오종철(吳宗哲) 한양대 1988.08.21

대회	연도	소속	출전	교체	득점	도움	파울	경고	퇴장
BC	2012	전북	0	0	0	0	0	0	0
	합계		0	0	0	0	0	0	0
K2	2013	충주	3	1	0	0	2	2	0
	합계		3	1	0	0	2	2	0
	프로통산		3	1	0	0	2	2	0

오주포(吳柱捕) 건국대 1973.06.21

대회	연도	소속	출전	교체	득점	도움	파울	경고	퇴장
BC	1995	일화	6	5	0	0	11	3	0
	1996	천안일	1	1	0	0	1	0	0
	1998	전남	8	5	0	0	19	4	0
	1999	전남	3	1	0	0	5	1	0
	2000	전남	7	5	0	0	8	1	0
	2003	대구	16	12	1	1	25	3	0
	2004	대구	1	1	0	0	1	0	0
	2006	대구	7	4	0	0	12	0	0
	합계		49	35	1	1	82	12	0
	프로통산		49	35	1	1	82	12	0

오주현(吳周炫) 고려대 1987.04.02

대회	연도	소속	출전	교체	득점	도움	파울	경고	퇴장
BC	2010	대구	19	6	2	0	32	5	1
	2011	대구	4	0	0	0	4	2	0
	합계		23	6	2	0	36	7	1
K1	2013	제주	18	3	0	0	32	4	0
	합계		18	3	0	0	32	4	0
	프로통산		41	9	2	0	68	11	1

오주호(吳周昊) 동아대 1992.04.02

대회	연도	소속	출전	교체	득점	도움	파울	경고	퇴장
K2	2015	고양	7	2	0	0	11	0	0
	합계		7	2	0	0	11	0	0
	프로통산		7	2	0	0	11	0	0

오창식(吳昶食) 건국대 1984.03.27

대회	연도	소속	출전	교체	득점	도움	파울	경고	퇴장
BC	2007	울산	4	0	0	0	6	1	0
	2008	울산	14	0	0	0	21	3	0
	2009	울산	4	1	0	0	4	1	0
	2010	광주상	2	1	0	0	1	0	0
	2011	상주	0	0	0	0	0	0	0
	합계		24	2	0	0	31	4	0
	프로통산		24	2	0	0	31	4	0

오창현(吳昌炫) 단국대 1993.03.02

대회	연도	소속	출전	교체	득점	도움	파울	경고	퇴장
K1	2016	포항	15	15	2	2	5	1	0
	2017	포항	5	5	0	0	2	1	0
	합계		20	20	2	2	5	2	0
	프로통산		20	20	2	2	5	2	0

오창현(吳昌炫) 광운대 1989.05.04

대회	연도	소속	출전	교체	득점	도움	파울	경고	퇴장
K2	2015	서울E	3	3	0	0	2	0	0
	2016	대전	30	8	1	1	33	4	0
	합계		30	8	0	0	33	4	0
	프로통산		30	8	0	0	33	4	0

오철석(吳哲錫) 연세대 1982.03.23

대회	연도	소속	출전	교체	득점	도움	파울	경고	퇴장
BC	2005	부산	14	14	0	0	8	1	0
	2006	부산	20	17	1	3	31	2	0
	2008	부산	3	3	0	0	2	0	0
	2009	부산	3	3	0	0	21	1	0
	합계		40	37	1	3	62	4	0
	프로통산		40	37	1	3	62	4	0

오태동(吳太東) 전주대 1972.07.14

대회	연도	소속	출전	교체	득점	도움	파울	경고	퇴장
BC	1995	전남	0	0	0	0	0	0	0
	프로통산		0	0	0	0	0	0	0

오필환(吳必煥) 청주상고 1958.11.12

대회	연도	소속	출전	교체	득점	도움	파울	경고	퇴장
BC	1983	할렐	9	5	2	0	7	0	0
	1984	할렐	13	11	1	0	6	0	0
	1985	할렐	9	5	2	0	7	0	0
	합계		34	25	5	1	18	0	0
	프로통산		34	25	5	1	18	0	0

오혁진(吳赫鎭) 조선대 1994.01.21

대회	연도	소속	출전	교체	득점	도움	파울	경고	퇴장
K2	2016	대전	0	0	0	0	0	0	0
	합계		0	0	0	0	0	0	0
	프로통산		0	0	0	0	0	0	0

오후성(吳厚性) 현풍고 1999.08.25

대회	연도	소속	출전	교체	득점	도움	파울	경고	퇴장
K1	2018	대구	1	1	0	0	0	0	0
	합계		1	1	0	0	0	0	0
	프로통산		1	1	0	0	0	0	0

온병훈(溫炳勳) 숭실대 1985.08.07

대회	연도	소속	출전	교체	득점	도움	파울	경고	퇴장
BC	2006	포항	1	1	0	0	1	0	0
	2007	포항	1	1	0	0	1	0	0
	2008	전북	9	9	2	0	11	1	0
	2009	전북	5	4	0	0	7	0	0
	2010	대구	28	18	4	2	30	5	0
	2011	대구	13	6	1	0	17	1	0
	합계		55	40	6	3	63	8	0
K1	2013	대구	2	2	0	0	3	1	0
	합계		2	2	0	0	3	1	0
	프로통산		57	42	6	3	66	9	0

올레그(Oleg Elyshev) 러시아 1971.05.30

대회	연도	소속	출전	교체	득점	도움	파울	경고	퇴장
BC	1997	안양LG	18	2	6	2	31	5	1
	1998	안양LG	34	9	7	4	53	5	0
	1999	안양LG	31	14	5	4	43	5	0
	합계		83	25	14	15	127	15	1
	프로통산		83	25	14	15	127	15	1

올리(Aurelian Cosmi Olaroiu) 루마니아 1969.06.10

대회	연도	소속	출전	교체	득점	도움	파울	경고	퇴장
BC	1997	수원	32	4	5	0	61	9	0
	1998	수원	25	11	0	1	55	6	1
	1999	수원	30	0	2	0	76	11	1
	2000	수원	11	3	0	1	15	3	0
	합계		98	18	7	2	207	29	2
	프로통산		98	18	7	2	207	29	2

올리베(Alcir de Oliveira Fonseca) 브라질 1977.11.14

대회	연도	소속	출전	교체	득점	도움	파울	경고	퇴장
BC	2002	성남일	18	18	0	2	38	5	0
	합계		18	18	0	2	38	5	0
	프로통산		18	18	0	2	38	5	0

올리베라(Juan Manuel Olivera Lopez) 우루과이 1981.08.14

대회	연도	소속	출전	교체	득점	도움	파울	경고	퇴장
BC	2006	수원	15	12	5	0	25	1	0
	합계		15	12	5	0	25	1	0
	프로통산		15	12	5	0	25	1	0

옹동균(邕東均) 건국대 1991.11.23

대회	연도	소속	출전	교체	득점	도움	파울	경고	퇴장
K1	2015	전북	1	1	0	0	0	0	0
	합계		1	1	0	0	0	0	0
K2	2016	충주	2	2	0	0	1	2	0
	합계		2	2	0	0	1	2	0
	프로통산		3	3	0	0	2	0	0

완델손(Wanderson Carvalho Oliveira / ← 완델손. C) 브라질 1989.03.31

대회	연도	소속	출전	교체	득점	도움	파울	경고	퇴장
K1	2015	대전	15	2	6	2	25	0	0
	2016	제주	14	10	4	3	18	0	0
	2017	포항	19	9	1	4	11	2	0
	2018	전남	33	4	5	8	38	3	1
	합계		81	28	15	13	92	7	1

완호우량(Wan Houliang) 중국 1986.02.25

대회	연도	소속	출전	교체	득점	도움	파울	경고	퇴장
K2	2016	대전	18	5	5	2	24	3	0
	합계		18	5	5	2	24	3	0
	프로통산		99	33	20	15	116	10	1

대회	연도	소속	출전	교체	득점	도움	파울	경고	퇴장
BC	2009	전북	4	1	0	0	18	3	0
	합계		4	1	0	0	18	3	0
	프로통산		4	1	0	0	18	3	0

왕건명(王件明) 단국대 1993.07.04

대회	연도	소속	출전	교체	득점	도움	파울	경고	퇴장
K2	2018	광주	3	1	0	0	1	1	0
	합계		3	1	0	0	1	1	0
	프로통산		3	1	0	0	1	1	0

왕선재(王善材) 연세대 1959.03.16

대회	연도	소속	출전	교체	득점	도움	파울	경고	퇴장
BC	1984	한일	27	6	7	8	20	0	0
	1985	럭금	14	6	1	5	9	0	0
	1986	럭금	7	6	1	1	9	0	0
	1987	포철	2	2	0	0	4	0	0
	1988	포철	1	1	0	0	2	0	0
	1988	현대	5	5	0	0	4	0	1
	1989	현대	18	16	1	1	13	2	0
	합계		74	42	8	16	57	2	1
	프로통산		74	42	8	16	57	2	1

왕정현(王淨鉉) 배재대 1976.08.30

대회	연도	소속	출전	교체	득점	도움	파울	경고	퇴장
BC	1999	안양LG	13	13	0	2	16	0	0
	2000	안양LG	25	21	9	2	32	2	0
	2001	안양LG	20	11	0	0	22	1	0
	2002	안양LG	25	8	1	2	28	3	0
	2003	안양LG	24	6	1	1	27	1	0
	2004	서울	14	14	2	0	11	2	0
	2005	전북	24	19	3	2	26	1	0
	2006	전북	23	7	0	1	24	3	0
	합계		166	104	16	10	186	13	0
	프로통산		166	104	16	10	186	13	0

외술(Weslley Braz de Almeida) 브라질 1981.05.07

대회	연도	소속	출전	교체	득점	도움	파울	경고	퇴장
BC	2011	대전	2	2	0	0	1	1	0
	합계		2	2	0	0	1	1	0
	프로통산		2	2	0	0	1	1	0

요니치(Matej Jonjic) 크로아티아 1991.01.29

대회	연도	소속	출전	교체	득점	도움	파울	경고	퇴장
K1	2015	인천	37	0	0	0	23	4	0
	2016	인천	34	0	0	0	24	6	0
	합계		71	0	0	0	47	10	0
	프로통산		71	0	0	0	47	10	0

요반치치(Jovanovic) 세르비아 1987.05.31

대회	연도	소속	출전	교체	득점	도움	파울	경고	퇴장
BC	2012	성남일	16	11	3	0	26	5	0
	합계		16	11	3	0	26	5	0
	프로통산		16	11	3	0	26	5	0

요한(Jovan Sarcevic) 유고슬라비아 1966.01.07

대회	연도	소속	출전	교체	득점	도움	파울	경고	퇴장
BC	1994	LG	11	2	1	0	22	3	0
	1995	LG	24	4	0	1	43	2	1
	합계		35	6	1	1	65	5	1
	프로통산		35	6	1	1	65	5	1

용재현(龍宰弦/←용현진) 건국대 1988.07.19

대회	연도	소속	출전	교체	득점	도움	파울	경고	퇴장
BC	2010	성남일	7	1	0	1	20	4	0
	2011	성남일	16	7	0	0	29	4	0
	2012	상주	12	2	0	0	24	4	0
	합계		35	10	0	1	72	12	0
K1	2014	인천	24	3	0	0	36	6	0
	2015	인천	5	1	0	0	3	0	0
	합계		29	4	0	0	39	6	0

대회	연도	소속	출전	교체	득점	도움	파울	경고	퇴장
K2	2013	상주	1	1	0	0	0	0	0
	2016	부산	30	0	1	1	38	10	0
	2017	안양	18	0	0	0	28	9	1
	합계		49	1	1	1	66	19	1
	프로통산		113	15	1	2	174	40	1

우르모브(Zoran Urumov) 유고슬라비아 1977.08.30

대회	연도	소속	출전	교체	득점	도움	파울	경고	퇴장
BC	1999	부산	12	8	1	0	20	4	0
	2000	부산	21	13	3	2	31	9	0
	2001	부산	33	12	3	11	46	11	0
	2002	부산	25	9	3	3	24	4	1
	2003	부산	14	7	7	1	8	2	1
	2004	수원	21	20	1	3	15	2	0
	합계		134	47	19	20	150	30	2
	프로통산		134	47	19	20	150	30	2

우르코 베라(Vera Mateos Urko) 스페인 1987.05.14

대회	연도	소속	출전	교체	득점	도움	파울	경고	퇴장
K1	2015	전북	6	6	0	0	7	0	0
	합계		6	6	0	0	7	0	0
	프로통산		6	6	0	0	7	0	0

우상호(禹相皓) 일본 메이카이대 1992.12.07

대회	연도	소속	출전	교체	득점	도움	파울	경고	퇴장
K1	2017	대구	17	12	0	0	30	6	0
	합계		17	12	0	0	30	6	0
K2	2016	대구	17	5	0	0	30	1	0
	합계		17	5	0	0	30	1	0
	프로통산		34	17	0	0	60	7	0

우성문(禹成汶) 경희대 1975.10.19

대회	연도	소속	출전	교체	득점	도움	파울	경고	퇴장
BC	1998	부산	28	19	1	1	50	2	1
	1999	부산	30	11	1	0	34	4	0
	2000	성남일	38	9	0	1	44	5	0
	2005	부산	3	3	0	0	2	0	0
	합계		99	42	2	2	130	11	1
	프로통산		99	42	2	2	130	11	1

우성용(禹成用) 아주대 1973.08.18

대회	연도	소속	출전	교체	득점	도움	파울	경고	퇴장
BC	1996	부산	31	21	4	2	34	2	0
	1997	부산	30	13	2	1	37	3	0
	1998	부산	25	11	4	1	41	2	0
	1999	부산	38	24	9	2	52	3	0
	2000	부산	34	10	6	3	51	3	0
	2001	부산	33	8	16	3	37	3	0
	2002	부산	26	4	13	2	31	0	0
	2003	포항	40	3	15	8	78	4	0
	2004	포항	27	2	10	0	50	4	0
	2005	성남일	30	21	3	2	67	3	0
	2006	성남일	41	19	7	5	72	3	0
	2007	울산	35	15	3	0	41	4	0
	2008	울산	31	26	5	4	33	2	0
	2009	인천	18	16	1	1	17	0	0
	합계		439	200	116	43	643	41	0
	프로통산		439	200	116	43	643	41	0

우승제(禹承濟) 배재대 1982.10.23

대회	연도	소속	출전	교체	득점	도움	파울	경고	퇴장
BC	2005	대전	6	3	0	0	6	0	0
	2006	대전	12	12	0	0	14	1	0
	2007	대전	17	5	0	0	19	2	0
	2008	대전	25	9	0	0	30	4	0
	2009	대전	28	7	3	4	41	4	0
	2010	대전	27	12	0	0	19	3	1
	2011	수원	15	11	0	0	18	1	0
	합계		130	59	3	4	147	15	1
	프로통산		130	59	3	4	147	15	1

우제원(禹濟元) 성보고 1972.08.09

대회	연도	소속	출전	교체	득점	도움	파울	경고	퇴장
BC	1998	안양LG	1	1	0	0	0	0	0
	1999	안양LG	4	4	0	0	4	0	0
	합계		5	5	0	0	4	0	0
	프로통산		5	5	0	0	4	0	0

우주성(禹周成) 중앙대 1993.06.08

대회	연도	소속	출전	교체	득점	도움	파울	경고	퇴장
K1	2014	경남	9	0	0	1	6	1	0
	2018	경남	28	1	0	1	14	2	0
	합계		37	1	0	2	20	3	0
K2	2015	경남	33	1	3	2	26	5	0
	2016	경남	33	0	2	3	26	4	0
	2017	경남	31	3	3	1	37	6	0
	합계		97	4	5	6	89	15	0
	프로통산		134	5	5	7	109	18	0

우찬양(禹贊揚) 포항제철고 1997.04.27

대회	연도	소속	출전	교체	득점	도움	파울	경고	퇴장
K1	2016	포항	2	0	0	0	4	1	0
	2017	포항	4	2	0	0	5	1	0
	2018	포항	10	2	0	0	10	1	0
	합계		16	5	0	0	17	2	0
	프로통산		16	5	0	0	17	2	0

우치체() 유고슬라비아 1962.07.30

대회	연도	소속	출전	교체	득점	도움	파울	경고	퇴장
BC	1991	대우	6	6	0	0	9	2	0
	1992	대우	26	22	1	0	35	4	0
	1993	대우	13	11	0	1	15	3	0
	합계		45	39	1	1	53	9	0
	프로통산		45	39	1	1	53	9	0

우현(禹賢) 태성고 1987.01.05

대회	연도	소속	출전	교체	득점	도움	파울	경고	퇴장
K2	2016	대전	11	9	1	0	12	4	0
	합계		11	9	1	0	12	4	0
	프로통산		11	9	1	0	12	4	0

우혜성(禹惠成) 홍익대 1992.01.21

대회	연도	소속	출전	교체	득점	도움	파울	경고	퇴장
K2	2016	고양	19	1	0	0	28	7	0
	합계		19	1	0	0	28	7	0
	프로통산		19	1	0	0	28	7	0

우홍균(郵弘均) 전주대 1969.07.21

대회	연도	소속	출전	교체	득점	도움	파울	경고	퇴장
BC	1997	포항	1	1	0	0	1	0	0
	합계		1	1	0	0	1	0	0
	프로통산		1	1	0	0	1	0	0

원기종(元錤鍾) 건국대 1996.01.06

대회	연도	소속	출전	교체	득점	도움	파울	경고	퇴장
K2	2018	서울E	6	5	0	0	3	2	0
	합계		6	5	0	0	3	2	0
	프로통산		6	5	0	0	3	2	0

원종덕(元鍾悳) 홍익대 1977.08.16

대회	연도	소속	출전	교체	실점	도움	파울	경고	퇴장
BC	2001	안양LG	0	0	0	0	0	0	0
	2004	서울	17	0	16	0	0	0	0
	2005	서울	12	0	19	0	0	0	0
	합계		29	0	35	0	0	0	0
	프로통산		29	0	35	0	0	0	0

월신요 브라질 1956.10.03

대회	연도	소속	출전	교체	득점	도움	파울	경고	퇴장
BC	1984	포철	7	5	1	7	1	1	0
	합계		7	5	1	7	1	1	0
	프로통산		7	5	1	7	1	1	0

웨슬리(Alves Feitosa Weslley Smith) 브라질 1992.04.21

대회	연도	소속	출전	교체	득점	도움	파울	경고	퇴장
BC	2011	전남	25	12	4	1	72	6	0

웨슬리(Wesley Barbosa de Morais) 브라질 1981.11.10 (앞 선수 이어서)

대회	연도	소속	출전	교체	득점	도움	파울	경고	퇴장
	2012	강원	36	13	9	4	101	9	0
	합계		61	25	13	5	173	15	0
K1	2013	전남	23	15	5	3	58	7	0
	2015	부산	30	11	8	1	58	10	0
	2017	인천	27	19	2	1	67	9	0
	합계		80	45	15	5	183	26	0
승	2015	부산	2	1	0	0	4	1	0
	합계		2	1	0	0	4	1	0
프로통산			143	71	28	10	360	42	0

웨슬리(Wesley Barbosa de Morais) 브라질 1981.11.10

대회	연도	소속	출전	교체	득점	도움	파울	경고	퇴장
BC	2009	전남	26	11	3	4	57	5	0
	합계		26	11	3	4	57	5	0
K1	2013	강원	32	16	2	1	70	8	0
	합계		32	16	2	1	70	8	0
프로통산			58	27	5	5	127	13	0

웰링턴(Welington Goncalves Amorim) 브라질 1977.01.23

대회	연도	소속	출전	교체	득점	도움	파울	경고	퇴장
BC	2005	포항	12	7	2	2	30	2	0
	합계		12	7	2	2	30	2	0
프로통산			12	7	2	2	30	2	0

웰링톤(Wellington Cirino Priori) 브라질 1990.02.21

대회	연도	소속	출전	교체	득점	도움	파울	경고	퇴장
K1	2016	광주	3	3	0	0	1	0	0
	합계		3	3	0	0	1	0	0
프로통산			3	3	0	0	1	0	0

윌리안(William Junior Salles de Lima Souza) 브라질 1983.05.14

대회	연도	소속	출전	교체	득점	도움	파울	경고	퇴장
BC	2007	부산	4	3	0	0	14	2	0
	합계		4	3	0	0	14	2	0
프로통산			4	3	0	0	14	2	0

윌리암(William Fernando da Silva) 브라질 1986.11.20

대회	연도	소속	출전	교체	득점	도움	파울	경고	퇴장
K1	2013	부산	25	25	2	0	34	4	0
	합계		25	25	2	0	34	4	0
프로통산			25	25	2	0	34	4	0

윌리엄(Rodrigues da Silva William Henrique) 브라질 1992.01.28

대회	연도	소속	출전	교체	득점	도움	파울	경고	퇴장
K2	2017	안산	2	2	0	0	1	0	0
	합계		2	2	0	0	1	0	0
프로통산			2	2	0	0	1	0	0

윌킨슨(Alexander William Wilkinson) 오스트레일리아 1984.08.

대회	연도	소속	출전	교체	득점	도움	파울	경고	퇴장
BC	2012	전북	15	3	0	0	8	0	0
	합계		15	3	0	0	8	0	0
K1	2013	전북	25	1	2	2	18	3	0
	2014	전북	25	1	0	0	23	1	0
	2015	전북	21	3	0	0	19	3	0
	합계		71	5	2	2	58	8	0
프로통산			86	8	2	2	58	8	0

유경렬(柳徑烈) 단국대 1978.08.15

대회	연도	소속	출전	교체	득점	도움	파울	경고	퇴장
BC	2000	울산	04	0	1	1	00	7	0
	2004	울산	36	0	2	0	72	8	0
	2005	울산	34	0	2	0	72	8	0
	2006	울산	34	2	1	1	75	10	0
	2007	울산	38	1	2	0	94	6	0
	2008	울산	35	2	1	4	83	5	0
	2009	울산	26	2	1	0	49	5	0
	2010	울산	28	1	2	0	58	9	0
	2011	대구	21	1	0	0	31	4	0
	2012	대구	31	1	1	2	88	8	0
	합계		315	11	17	7	705	65	1
K1	2013	대구	20	2	1	0	36	5	0
	합계		20	2	1	0	36	5	0
프로통산			335	13	18	7	741	70	1

유고비치(Vedran Jugovic) 크로아티아 1989.07.31

대회	연도	소속	출전	교체	득점	도움	파울	경고	퇴장
K1	2016	전남	33	10	5	3	25	6	0
	2017	전남	28	7	3	0	19	3	0
	2018	전남	27	8	1	0	25	3	0
	합계		88	25	9	3	69	12	0
프로통산			88	25	9	3	69	12	0

유대순(劉大淳) 고려대 1965.03.04

대회	연도	소속	출전	교체	실점	도움	파울	경고	퇴장
BC	1989	유공	23	0	22	0	1	1	0
	1990	유공	22	0	18	0	0	0	0
	1991	유공	12	0	17	0	0	0	0
	1992	유공	13	0	21	0	2	1	0
	1993	유공	27	1	31	0	1	0	0
	1994	유공	5	0	9	0	0	0	0
	합계		102	1	108	0	4	2	0
프로통산			102	1	108	0	4	2	0

유대현(柳大鉉) 홍익대 1990.02.28

대회	연도	소속	출전	교체	득점	도움	파울	경고	퇴장
K2	2014	부천	29	5	0	3	37	2	0
	2015	부천	27	13	0	3	31	4	0
	2016	부천	22	6	0	0	24	4	0
	합계		78	24	0	3	92	10	0
프로통산			78	24	0	3	92	10	0

유동관(柳東官) 한양대 1963.05.12

대회	연도	소속	출전	교체	득점	도움	파울	경고	퇴장
BC	1986	포철	15	6	0	1	18	1	0
	1987	포철	25	10	1	1	18	0	0
	1988	포철	16	5	1	2	19	2	0
	1989	포철	30	1	0	0	29	3	0
	1990	포철	13	0	0	0	26	0	0
	1991	포철	34	4	2	0	52	6	0
	1992	포철	10	0	1	0	37	2	0
	1993	포철	13	4	0	1	45	5	0
	1994	포철	19	8	0	0	11	0	0
	1995	포항							
	합계		207	62	5	4	285	25	0
프로통산			207	62	5	4	285	25	0

유동민(柳東玟) 초당대 1989.03.27

대회	연도	소속	출전	교체	득점	도움	파울	경고	퇴장
BC	2011	광주	18	18	2	0	12	2	0
	2012	광주	2	2	0	0	0	0	0
	합계		20	20	2	0	12	0	0
프로통산			20	20	2	0	12	0	0

유동우(柳東雨) 한양대 1968.03.07

대회	연도	소속	출전	교체	득점	도움	파울	경고	퇴장
BC	1995	전남	34	3	0	0	30	3	0
	1996	전남	24	2	0	0	14	1	0
	1997	전남	22	3	0	0	24	1	0
	1998	전남	3	1	0	0	5	0	0
	1999	대전	32	0	0	1	23	2	0
	2000	대전	32	0	0	1	24	2	0
	2001	대전	5	1	0	0	5	0	0
	합계		180	28	0	2	118	10	1
프로통산			180	28	0	2	118	10	1

유리(Yuri Matveev) 러시아 1967.06.08

대회	연도	소속	출전	교체	득점	도움	파울	경고	퇴장
BC	1996	수원	10	2	2	3	32	4	0
	1997	수원	20	16	4	0	40	6	0
	합계		30	18	6	2	72	10	0
프로통산			30	18	6	2	72	10	0

유리쉬쉬킨 러시아 1963.09.01

대회	연도	소속	출전	교체	실점	도움	파울	경고	퇴장
BC	1995	전남	19	1	26	0	1	1	0
	합계		19	1	26	0	1	1	0
프로통산			19	1	26	0	1	1	0

유만기(劉萬基) 성균관대 1988.03.22

대회	연도	소속	출전	교체	득점	도움	파울	경고	퇴장
K2	2013	고양	28	25	3	0	25	0	0
	합계		28	25	3	0	25	0	0
프로통산			28	25	3	0	25	0	0

유민철(柳敏哲) 중앙대 1984.09.16

대회	연도	소속	출전	교체	득점	도움	파울	경고	퇴장
BC	2009	대전	1	1	0	0	1	0	0
	합계		1	1	0	0	1	0	0
프로통산			1	1	0	0	1	0	0

유병수(俞炳守) 홍익대 1988.03.26

대회	연도	소속	출전	교체	득점	도움	파울	경고	퇴장
BC	2009	인천	34	19	14	4	67	7	0
	2010	인천	31	9	22	0	73	4	0
	2011	인천	13	6	4	2	22	3	0
	합계		78	34	40	6	162	14	0
프로통산			78	34	40	6	162	14	0

유병옥(兪炳玉) 한양대 1964.03.02

대회	연도	소속	출전	교체	득점	도움	파울	경고	퇴장
BC	1987	포철	27	5	0	0	13	1	0
	1988	포철	14	0	1	0	16	0	0
	1989	포철	29	4	0	1	28	2	0
	1990	포철	8	5	0	0	6	0	0
	1991	LG	18	9	0	0	13	0	0
	1992	LG	18	0	1	0	26	3	0
	1993	LG	19	4	0	0	13	2	0
	1994	LG	22	0	2	0	36	3	0
	1995	LG	17	8	0	1	19	1	0
	합계		183	60		4	172	12	0
프로통산			183	60		4	172	12	0

유병훈(有炳勳) 원주공고 1976.07.03

대회	연도	소속	출전	교체	득점	도움	파울	경고	퇴장
BC	1995	대우	2	2	0	0	4	1	0
	1996	부산	13	7	0	0	19	2	0
	1997	부산	10	4	0	0	13	2	0
	1998	부산	12	7	0	1	14	2	0
	1999	부산	11	7	0	0	14	0	0
	2000	부산	11	7	0	0	12	0	0
	2001	부산	10	4	0	0	9	1	1
	2002	부산	11	7	0	0	14	2	0
	2003	부산	6	4	0	0	19	1	1
	합계		86	51	1	0	80	8	2
프로통산			86	51	1	0	80	8	2

유상수(柳商秀) 고려대 1973.08.28

대회	연도	소속	출전	교체	득점	도움	파울	경고	퇴장
BC	1996	부천유공	33	5	0	2	83	7	0
	1997	부천SK	30	4	0	0	58	10	0
	1998	부천SK	38	1	0	0	51	1	0
	1999	안양LG	11	6	0	0	11	0	0
	2000	안양LG	15	13	0	1	22	1	1
	2001	안양LG	15	3	0	1	29	2	0
	2002	안양LG	21	13	0	1	34	2	0
	2003	성남	39	12	3	1	59	6	0
	2004	전남	31	6	0	0	41	1	1
	2005	전남	33	2	3	1	32	4	0
	2006	전남	15	4	0	0	15	2	0
	합계		297	76	6	9	448	46	2
프로통산			297	76	6	9	448	46	2

유상철(柳想鐵) 건국대 1971.10.18

대회	연도	소속	출전	교체	득점	도움	파울	경고	퇴장
BC	1994	현대	26	9	5	1	29	2	0
	1995	현대	33	1	2	2	40	5	0
	1996	울산	6	2	1	0	11	2	0

대회	연도	소속	출전	교체	득점	도움	파울	경고	퇴장
	1997	울산	17	1	1	0	18	1	0
	1998	울산	23	2	15	3	49	2	1
	2002	울산	8	1	9	0	19	0	0
	2003	울산	10	2	3	2	23	1	1
	2005	울산	18	1	1	0	15	1	0
	2006	울산	1	1	0	0	9	0	0
		합계	142	27	37	9	205	14	2
프로통산			142	27	37	9	205	14	2

유상훈(柳相勳) 홍익대 1989.05.25

대회	연도	소속	출전	교체	실점	도움	파울	경고	퇴장
BC	2011	서울	1	1	0	0	0	0	0
		합계	1	1	0	0	0	0	0
K1	2013	서울	3	0	4	0	0	0	0
	2014	서울	15	1	9	0	1	0	0
	2015	서울	26	0	23	0	0	2	0
	2016	서울	21	1	28	0	0	1	0
	2017	상주	8	1	16	0	0	0	0
	2018	상주	13	0	15	0	2	2	0
	2018	서울	1	0	1	0	0	0	0
		합계	87	3	97	0	2	5	0
승	2017	상주	2	0	1	0	0	0	0
		합계	2	0	1	0	0	0	0
프로통산			90	4	98	0	2	5	0

유성민(柳聖敏) 호남대 1972.05.11

대회	연도	소속	출전	교체	득점	도움	파울	경고	퇴장
BC	1995	전남	1	1	0	0	1	0	0
		합계	1	1	0	0	1	0	0
프로통산			1	1	0	0	1	0	0

유성우(劉成佑) 서울시립대 1971.05.23

대회	연도	소속	출전	교체	득점	도움	파울	경고	퇴장
BC	1994	대우	5	1	0	0	1	0	0
	1995	전북	9	8	1	0	10	1	0
	1996	전북	11	7	0	1	15	1	0
	1997	전북	1	1	0	0	0	0	0
	1998	전북	1	1	0	1	9	1	0
		합계	27	18	0	2	35	3	0
프로통산			27	18	0	2	35	3	0

유성조(兪誠朝) 동국대 1957.12.27

대회	연도	소속	출전	교체	득점	도움	파울	경고	퇴장
BC	1985	한일	13	4	0	0	13	3	0
		합계	13	4	0	0	13	3	0
프로통산			13	4	0	0	13	3	0

유수상(柳秀相) 연세대 1967.12.10

대회	연도	소속	출전	교체	득점	도움	파울	경고	퇴장
BC	1990	대우	18	11	2	0	10	0	0
	1991	대우	35	25	2	5	22	1	0
	1992	대우	13	8	2	0	12	0	0
	1995	대우	25	13	1	1	15	1	0
	1996	부산	28	13	0	2	25	2	0
	1997	부산	9	8	0	1	9	1	0
	1998	부산	1	1	0	0	1	0	0
		합계	129	79	7	9	90	5	0
프로통산			129	79	7	9	90	5	0

유수현(柳秀賢) 선문대 1986.05.13

대회	연도	소속	출전	교체	득점	도움	파울	경고	퇴장
BC	2010	전남	1	1	0	0	1	0	0
		합계	1	1	0	0	1	0	0
K1	2014	상주	3	3	0	0	2	0	0
	2016	수원FC	2	2	0	0	0	0	0
		합계	5	4	0	0	2	0	0
K2	2013	수원FC	34	4	5	6	67	5	0
	2014	수원FC	1	0	0	0	0	0	0
	2015	상주	1	0	0	0	1	0	0
	2016	안양	15	9	1	1	18	1	0
	2017	안양	17	16	0	0	12	5	0
		합계	74	30	7	7	107	12	0
프로통산			80	35	7	7	114	12	0

유순열(柳洵烈) 청주대 1959.01.07

대회	연도	소속	출전	교체	득점	도움	파울	경고	퇴장
BC	1983	포철	1	1	0	0	0	0	0
		합계	1	1	0	0	0	0	0
프로통산			1	1	0	0	0	0	0

유승관(劉承官) 건국대 1966.01.22

대회	연도	소속	출전	교체	득점	도움	파울	경고	퇴장
BC	1989	일화	25	22	5	1	16	0	0
	1990	일화	11	12	0	0	6	0	0
	1991	일화	1	1	0	0	0	0	0
	1994	버팔로	17	16	2	1	5	0	0
	1995	전북	5	5	0	0	4	0	0
		합계	59	56	7	2	31	0	0
프로통산			59	56	7	2	31	0	0

유승민(柳昇旻) 영생고 1998.09.24

대회	연도	소속	출전	교체	득점	도움	파울	경고	퇴장
K1	2018	전북	1	1	0	0	0	0	0
		합계	1	1	0	0	0	0	0
프로통산			1	1	0	0	0	0	0

유승완(劉永婉) 성균관대 1992.02.06

대회	연도	소속	출전	교체	득점	도움	파울	경고	퇴장
K2	2016	대전	22	22	2	1	11	2	0
		합계	22	22	2	1	11	2	0
프로통산			22	22	2	1	11	2	0

유양준(兪亮濬) 경기대 1985.09.22

대회	연도	소속	출전	교체	득점	도움	파울	경고	퇴장
BC	2008	수원	1	0	0	0	2	0	0
		합계	1	0	0	0	2	0	0
프로통산			1	0	0	0	2	0	0

유연승(兪嗹昇 / ← 유성기) 연세대 1991.12.21

대회	연도	소속	출전	교체	득점	도움	파울	경고	퇴장
K1	2015	대전	16	10	1	2	17	4	0
		합계	16	10	1	2	17	4	0
K2	2014	대전	9	6	1	2	19	1	0
	2017	안산	26	8	1	1	38	7	0
	2018	안양	5	2	0	1	11	3	0
		합계	40	16	1	4	68	11	0
프로통산			56	26	2	6	85	15	0

유우람(兪우람) 인천대 1984.03.16

대회	연도	소속	출전	교체	득점	도움	파울	경고	퇴장
BC	2009	대전	4	3	0	0	7	2	0
	2012	대전	0	0	0	0	0	0	0
		합계	4	3	0	0	7	2	0
프로통산			4	3	0	0	7	2	0

유인(劉人) 연세대 1975.08.08

대회	연도	소속	출전	교체	득점	도움	파울	경고	퇴장
BC	1998	천안일	15	11	1	1	16	1	0
	1999	울산	1	1	0	0	0	0	0
		합계	16	12	1	1	16	1	0
프로통산			16	12	1	1	16	1	0

유재영(劉在永) 성균관대 1958.12.06

대회	연도	소속	출전	교체	득점	도움	파울	경고	퇴장
BC	1985	한일	17	12	1	1	10	0	0
	1986	한일	19	2	0	0	7	0	0
		합계	36	14	2	1	17	0	0
프로통산			36	14	2	1	17	0	0

유재원(柳在垣) 고려대 1990.02.24

대회	연도	소속	출전	교체	득점	도움	파울	경고	퇴장
K1	2013	강원	2	2	0	0	0	0	0
		합계	2	2	0	0	0	0	0
프로통산			2	2	0	0	0	0	0

유재형(劉在炯) 명지대 1977.08.24

대회	연도	소속	출전	교체	득점	도움	파울	경고	퇴장
BC	2002	울산	5	5	0	0	7	0	0
		합계	5	5	0	0	7	0	0
프로통산			5	5	0	0	7	0	0

유재호(柳載淏) 우석대 1989.05.07

대회	연도	소속	출전	교체	득점	도움	파울	경고	퇴장
K1	2013	인천	3	3	0	0	0	0	0
	2016	인천	1	1	0	0	0	0	0
		합계	4	4	0	0	0	0	0
프로통산			4	4	0	0	0	0	0

유재훈(俞在勳) 울산대 1983.07.07

대회	연도	소속	출전	교체	실점	도움	파울	경고	퇴장
BC	2006	대전	1	0	0	0	0	0	0
	2007	대전	0	0	0	0	0	0	0
	2008	대전	0	0	0	0	0	0	0
	2009	대전	1	0	3	0	0	0	0
		합계	4	0	3	0	0	0	0
프로통산			4	0	3	0	0	0	0

유정완(柳政完) 연세대 1996.04.05

대회	연도	소속	출전	교체	득점	도움	파울	경고	퇴장
K2	2018	서울E	13	11	1	0	7	0	0
		합계	13	11	1	0	7	0	0
프로통산			13	11	1	0	7	0	0

유제호(劉齊昊) 아주대 1992.08.10

대회	연도	소속	출전	교체	득점	도움	파울	경고	퇴장
K1	2014	포항	1	1	0	0	0	0	0
	2015	포항	1	1	0	0	0	0	0
		합계	2	2	0	0	0	0	0
K2	2016	서울E	7	6	0	0	8	0	0
		합계	7	6	0	0	8	0	0
프로통산			9	8	0	0	8	0	0

유종완(兪鍾完) 경희대 1959.08.12

대회	연도	소속	출전	교체	득점	도움	파울	경고	퇴장
BC	1983	대우	7	3	0	0	4	1	1
	1984	대우	1	1	0	0	0	0	0
	1985	대우	4	2	0	0	5	0	0
		합계	13	6	0	0	10	1	1
프로통산			13	6	0	0	10	1	1

유종현(劉宗賢) 건국대 1988.03.14

대회	연도	소속	출전	교체	득점	도움	파울	경고	퇴장
BC	2011	광주	26	4	2	1	36	13	0
	2012	광주	21	10	0	0	30	6	0
		합계	47	14	2	1	66	19	0
K2	2013	광주	21	1	2	0	25	5	1
	2014	충주	15	5	0	0	17	4	0
	2015	안양	15	5	0	0	13	1	0
	2016	안양	23	1	1	0	45	4	0
		합계	74	12	3	1	101	14	1
프로통산			121	26	5	2	167	34	2

유준안(柳由岸) 매탄고 1998.10.01

대회	연도	소속	출전	교체	득점	도움	파울	경고	퇴장
K1	2017	수원	15	15	2	2	10	1	0
	2018	수원	14	12	2	1	7	0	0
		합계	29	27	4	3	17	1	0
프로통산			29	27	4	3	17	1	0

유준수(柳俊秀) 고려대 1988.05.08

대회	연도	소속	출전	교체	득점	도움	파울	경고	퇴장
BC	2011	인천	18	14	0	1	21	1	0
	2012	인천	9	8	0	0	14	0	0
		합계	27	22	0	1	35	1	0
K1	2014	울산	23	10	4	3	19	1	0
	2015	울산	16	1	1	0	7	0	0
	2016	상주	11	3	1	0	4	0	0
	2017	상주	25	2	1	2	32	4	0
		합계	75	36	6	3	70	6	0
승	2017	상주	2	2	0	0	2	0	0
		합계	2	2	0	0	2	0	0
프로통산			104	60	6	4	105	10	2

유준영(柳晙永) 경희대 1990.02.17

대회	연도	소속	출전	교체	득점	도움	파울	경고	퇴장
K2	2013	부천	15	9	3	1	14	1	0
	2014	부천	31	24	3	5	23	3	0

	연도	소속	출전	교체	득점	도움	파울	경고	퇴장
	2015	부천	4	5	0	0	0	0	0
	2015	경남	3	3	0	0	2	0	0
합계			53	41	6	6	39	4	0
프로통산			53	41	6	6	39	4	0

유지노(柳志暖) 광양제철고 1989.11.06

대회	연도	소속	출전	교체	득점	도움	파울	경고	퇴장
BC	2008	전남	11	2	0	1	6	1	0
	2009	전남	16	5	0	0	15	1	0
	2010	전남	13	5	0	0	12	3	0
	2011	전남	20	3	0	1	13	3	0
	2012	전남	12	2	0	0	19	4	0
합계			72	17	0	2	65	12	0
K1	2013	부산	6	1	0	0	8	1	0
	2014	부산	19	1	0	0	23	3	0
	2015	부산	26	2	1	0	35	3	0
	2016	수원FC	4	1	0	0	7	0	0
합계			55	5	1	0	73	8	0
승	2015	부산	1	1	0	0	1	0	0
합계			1	1	0	0	1	0	0
프로통산			128	23	1	2	139	20	0

유지민(柳知民) 숭실대 1993.08.27

대회	연도	소속	출전	교체	득점	도움	파울	경고	퇴장
K2	2017	부천	13	13	0	1	7	2	0
합계			13	13	0	1	7	2	0
프로통산			13	13	0	1	7	2	0

유지훈(柳志訓) 한양대 1988.06.09

대회	연도	소속	출전	교체	득점	도움	파울	경고	퇴장
BC	2010	경남	2	2	0	0	3	0	0
	2011	부산	5	3	0	0	6	0	0
	2012	부산	31	16	1	0	28	2	0
합계			38	21	1	0	39	4	0
K1	2014	상주	18	2	1	4	25	6	0
	2014	부산	9	0	0	0	6	2	0
	2015	부산	23	4	1	1	37	7	0
	2018	경남	13	4	0	1	6	3	0
합계			63	10	2	6	73	13	2
K2	2013	상주	5	2	0	0	7	0	0
	2016	부산	14	9	0	0	13	1	0
	2017	부산	3	3	0	0	0	0	0
	2017	서울E	4	1	0	1	12	0	0
	2018	서울E	10	2	0	0	10	2	0
합계			50	19	0	2	49	5	0
승	2013	상주	0	0	0	0	0	0	0
	2017	부산	0	0	0	0	0	0	0
합계			0	0	0	0	0	0	0
프로통산			153	50	3	8	166	24	2

유진석(柳珍錫) 경희대 1996.02.17

대회	연도	소속	출전	교체	득점	도움	파울	경고	퇴장
K2	2018	대전	4	4	0	0	2	1	0
합계			4	4	0	0	2	1	0
프로통산			4	4	0	0	2	1	0

유진오(俞鎭午) 연세대 1976.03.10

대회	연도	소속	출전	교체	득점	도움	파울	경고	퇴장
BC	1999	안양LG	14	7	0	0	42	3	0
	2000	안양LG	2	2	0	0	1	0	0
합계			16	9	0	0	43	3	0
프로통산			16	9	0	0	43	3	0

유창균(劉昶均) 울산대 1992.07.02

대회	연도	소속	출전	교체	득점	도움	파울	경고	퇴장
K2	2015	부천	0	0	0	0	0	0	0
합계			0	0	0	0	0	0	0
프로통산			0	0	0	0	0	0	0

유창현(柳昌鉉) 대구대 1985.05.14

대회	연도	소속	출전	교체	득점	도움	파울	경고	퇴장
BC	2009	포항	25	18	11	5	24	0	0
	2010	포항	15	12	2	2	16	2	0
	2011	상주	21	13	6	2	16	4	0
	2012	상주	24	16	4	2	33	5	0
	2012	포항	10	9	1	1	6	0	0
합계			95	68	24	12	95	11	0
K1	2013	포항	4	4	0	0	3	0	0
	2014	포항	28	27	4	3	21	1	0
	2015	전북	7	7	2	0	10	0	0
	2016	성남	3	3	0	0	2	1	0
합계			42	41	6	3	40	2	0
K2	2016	서울E	9	9	0	0	7	1	0
합계			9	9	0	0	7	1	0
프로통산			146	118	26	15	132	12	0

유청윤(柳清沇) 경희대 1992.09.07

대회	연도	소속	출전	교체	득점	도움	파울	경고	퇴장
K1	2014	성남	2	1	0	0	1	0	0
	2015	성남							
합계			2	1	0	0	1	0	0
프로통산			2	1	0	0	1	0	0

유청인(柳青忍) 숭실대 1996.08.06

대회	연도	소속	출전	교체	득점	도움	파울	경고	퇴장
K1	2017	강원	1	1	0	0	0	0	0
합계			1	1	0	0	0	0	0
프로통산			1	1	0	0	0	0	0

유카(Jukka Koskinen) 핀란드 1972.11.29

대회	연도	소속	출전	교체	득점	도움	파울	경고	퇴장
BC	1999	안양LG	14	5	0	0	14	1	0
합계			14	5	0	0	14	1	0
프로통산			14	5	0	0	14	1	0

유태목(柳泰穆) 연세대 1957.04.30

대회	연도	소속	출전	교체	득점	도움	파울	경고	퇴장
BC	1983	대우	16	0	1	0	7	0	0
	1984	대우	22	5	2	0	23	1	0
	1985	대우	9	3	0	0	6	0	0
	1986	현대	29	1	0	1	27	0	0
	1987	현대	19	9	0	0	17	1	0
합계			95	18	4	1	70	2	0
프로통산			95	18	4	1	70	2	0

유해성(劉海成) KC대 1996.01.01

대회	연도	소속	출전	교체	득점	도움	파울	경고	퇴장
K2	2018	대전	7	7	0	0	2	0	0
합계			7	7	0	0	2	0	0
프로통산			7	7	0	0	2	0	0

유현(劉賢) 중앙대 1984.08.01

대회	연도	소속	출전	교체	실점	도움	파울	경고	퇴장
BC	2009	강원	29	0	56	1	0	1	0
	2010	강원	20	1	25	0	0	0	0
	2011	강원	23	0	33	0	0	0	0
	2012	인천	35	0	32	0	1	1	0
합계			115	2	172	1	1	1	0
K1	2014	인천	10	0	11	0	1	0	0
	2015	인천	26	1	25	0	2	2	0
	2016	서울	18	1	18	0	0	0	0
	2017	서울	11	0	11	0	2	1	0
	2018	서울							
합계			65	2	67	0	3	2	0
K2	2013	경찰	23	1	21	0	1	1	0
	2014	안산경	20	1	23	0	1	1	0
합계			43	54	0	0	2	2	0
승	2018	서울	0	0	0	0	0	0	0
합계			0	0	0	0	0	0	0
프로통산			223	7	293	1	7	4	0

유현구(柳鉉口) 보인정보산업고 1983.01.25

대회	연도	소속	출전	교체	득점	도움	파울	경고	퇴장
BC	2005	부천SK	7	7	0	0	8	0	0
	2006	제주	11	9	1	0	10	2	0
	2007	광주상	7	7	0	1	17	1	0
	2008	광주상	7	6	1	0	4	1	0
합계			44	40	2	1	41	4	0
프로통산			44	40	2	1	41	4	0

유호준(柳好俊) 광운대 1985.01.14

대회	연도	소속	출전	교체	득점	도움	파울	경고	퇴장
BC	2008	울산	31	16	2	3	38	5	0
	2009	울산	29	5	5	3	53	4	0
	2010	부산	29	5	5	3	53	4	0
	2011	부산	18	10	0	0	23	1	0
	2012	경남	17	16	0	0	16	3	0
합계			101	52	7	6	132	13	0
K1	2013	경남	5	5	0	1	3	1	0
합계			5	5	0	1	3	1	0
K2	2014	안산경	13	9	0	0	17	1	0
	2015	안산	1	1	0	0	14	2	0
	2015	경남	1	1	0	0			
합계			24	18	0	0	33	4	0
프로통산			130	75	7	7	168	18	0

유홍열(柳弘烈) 숭실대 1983.12.30

대회	연도	소속	출전	교체	득점	도움	파울	경고	퇴장
BC	2006	전남	4	4	0	0	5	0	0
	2007	전남							
	2008	전남	6	6	1	2	9	1	0
	2009	전남	6	6	0	0	5	0	0
	2010	전남	1	1	0	0	1	0	0
합계			20	17	1	2	20	1	0
프로통산			20	17	1	2	20	1	0

윤경보(尹慶保) 호남대 1995.08.16

대회	연도	소속	출전	교체	득점	도움	파울	경고	퇴장
K2	2018	대전	4	2	0	0	5	0	0
합계			4	2	0	0	5	0	0
프로통산			4	2	0	0	5	0	0

윤광복(尹光卜) 조선대 1989.01.25

대회	연도	소속	출전	교체	득점	도움	파울	경고	퇴장
BC	2011	광주	0	0	0	0	0	0	0
합계			0	0	0	0	0	0	0
프로통산			0	0	0	0	0	0	0

윤근호(尹根鎬) 동국대 1977.11.08

대회	연도	소속	출전	교체	득점	도움	파울	경고	퇴장
BC	2000	전북	1	1	0	0	0	0	0
	2001	전북	1	1	0	0	0	0	0
합계			2	2	0	0	0	0	0
프로통산			2	2	0	0	0	0	0

윤기원(尹基源) 아주대 1987.05.20

대회	연도	소속	출전	교체	실점	도움	파울	경고	퇴장
BC	2010	인천	7	0	7	0	0	0	0
	2011	인천	1	0	0	0	0	0	0
합계			8	0	7	0	0	0	0
프로통산			8	0	7	0	0	0	0

윤기해(尹期海) 초당대 1991.02.09

대회	연도	소속	출전	교체	실점	도움	파울	경고	퇴장
BC	2012	광주	5	0	9	0	1	0	0
합계			5	0	9	0	1	0	0
K2	2013	광주	5	0	11	0	0	0	0
합계			5	0	11	0	0	0	0
프로통산			10	0	20	0	1	0	0

윤덕여(尹德汝) 성균관대 1961.03.25

대회	연도	소속	출전	교체	득점	도움	파울	경고	퇴장
BC	1984	한일	29	4	0	0	14	1	0
	1985	한일	10	0	0	0	23	1	0
	1986	현대	5	1	0	0	7	0	0
	1987	현대	18	7	1	0	14	0	0
	1988	현대	17	2	1	1	31	2	0
	1989	현대	8	1	0	0	7	0	0
	1990	현대	14	3	0	0	16	2	0
	1991	현대	14	3	0	0	16	2	0
	1992	포철	14	11	0	0	14	1	0
합계			129	27	3	1	143	10	0
프로통산			129	27	3	1	143	10	0

윤동민(尹東民) 경희대 1988.07.24

대회	연도	소속	출전	교체	득점	도움	파울	경고	퇴장
BC	2011	부산	18	16	2	0	8	1	0
	2012	부산	22	22	4	0	19	1	0
	합계		40	38	6	0	27	1	0
K1	2013	부산	14	15	0	3	8	1	0
	2014	부산	4	2	0	0	6	0	0
	2015	부산	16	16	0	0	7	0	0
	2016	상주	6	4	1	0	2	0	0
	2017	상주	12	12	1	0	6	1	0
	2018	전남	13	13	0	0	3	1	0
	합계		63	62	2	3	22	3	0
K2	2018	부산	3	3	0	1	6	1	0
	합계		3	3	0	1	6	1	0
승	2015	부산	1	1	0	0	0	0	0
	합계		1	1	0	0	0	0	0
프로통산			107	104	8	4	60	4	0

윤동민(尹東珉) 성균관대 1986.07.18

대회	연도	소속	출전	교체	득점	도움	파울	경고	퇴장
K2	2013	수원FC	8	7	1	1	3	0	0
	합계		8	7	1	1	3	0	0
프로통산			8	7	1	1	3	0	0

윤동헌(尹東憲) 고려대 1983.05.02

대회	연도	소속	출전	교체	득점	도움	파울	경고	퇴장
BC	2007	울산	1	1	0	0	2	0	0
	합계		1	1	0	0	2	0	0
K2	2013	고양	32	6	2	3	23	3	0
	2014	고양	33	20	3	5	18	1	0
	합계		65	26	5	8	41	4	0
프로통산			66	26	5	8	43	4	0

윤병기(尹炳基) 숭실대 1973.04.22

대회	연도	소속	출전	교체	득점	도움	파울	경고	퇴장
BC	1999	전남	12	9	0	1	14	3	0
	2000	전남	11	8	0	0	7	1	0
	2001	전남	2	1	0	0	4	1	0
	합계		25	18	0	1	25	5	0
프로통산			25	18	0	1	25	5	0

윤보상(尹普相) 울산대 1993.09.09

대회	연도	소속	출전	교체	**실점**	도움	파울	경고	퇴장
K1	2016	광주	22	1	21	0	0	2	0
	2017	광주	26	1	42	0	1	2	0
	2018	상주	15	1	25	0	0	1	0
	합계		63	3	88	0	1	5	0
K2	2018	광주	7	0	7	0	0	0	0
	합계		7	0	7	0	0	0	0
프로통산			70	3	95	0	1	5	0

윤보영(尹實營) 울산대 1978.04.29

대회	연도	소속	출전	교체	득점	도움	파울	경고	퇴장
BC	2001	포항	4	4	0	0	0	0	0
	2002	포항	30	13	5	2	28	0	0
	2003	포항	11	11	0	1	4	0	0
	합계		45	28	5	3	32	0	0
프로통산			45	28	5	3	32	0	0

윤빛가람(尹빛가람) 중앙대 1990.05.07

대회	연도	소속	출전	교체	득점	도움	파울	경고	퇴장
BC	2010	경남	29	5	9	7	28	1	0
	2011	경남	32	9	8	7	38	10	0
	2012	성남일	31	20	1	3	29	5	0
	합계		92	34	18	17	100	16	0
K1	2013	제주	31	14	1	2	25	4	0
	2014	제주	37	11	4	6	43	5	0
	2015	제주	36	3	6	7	31	4	0
	2017	제주	17	3	2	3	11	1	0
	2018	상주	33	2	4	4	18	1	0
	합계		154	33	20	19	118	18	1
프로통산			246	67	38	36	218	34	2

윤상철(尹相喆) 건국대 1965.06.14

대회	연도	소속	출전	교체	득점	도움	파울	경고	퇴장
BC	1988	럭금	18	6	4	1	23	0	0
	1989	럭금	38	10	17	6	60	3	0
	1990	럭금	30	4	12	2	45	0	0
	1991	LG	31	16	7	2	38	0	0
	1992	LG	34	22	7	4	43	0	0
	1993	LG	32	6	9	8	50	0	1
	1994	LG	34	6	24	1	34	3	0
	1995	LG	31	19	4	2	19	0	0
	1996	안양LG	33	21	14	4	23	1	0
	1997	안양LG	19	13	3	3	15	0	0
	합계		300	123	101	31	351	9	1
프로통산			300	123	101	31	351	9	1

윤상호(尹相皓) 호남대 1992.06.04

대회	연도	소속	출전	교체	득점	도움	파울	경고	퇴장
K1	2015	인천	13	9	1	0	12	1	0
	2016	인천	28	16	0	0	44	6	0
	2017	인천	11	7	0	0	14	1	0
	2018	인천	3	2	0	0	9	1	0
	합계		55	34	1	0	79	9	0
K2	2014	광주	13	12	0	0	16	1	0
	합계		13	12	0	0	16	1	0
승	2014	광주	0	0	0	0	0	0	0
	합계		0	0	0	0	0	0	0
프로통산			68	46	1	0	95	10	0

윤석(尹石) 전북대 1985.02.28

대회	연도	소속	출전	교체	득점	도움	파울	경고	퇴장
BC	2007	제주	1	1	0	0	0	0	0
	합계		1	1	0	0	0	0	0
프로통산			1	1	0	0	0	0	0

윤석영(尹錫榮) 광양제철고 1990.02.13

대회	연도	소속	출전	교체	득점	도움	파울	경고	퇴장
BC	2009	전남	21	4	1	0	17	0	0
	2010	전남	19	5	0	5	16	1	0
	2011	전남	21	1	1	1	21	4	0
	2012	전남	25	1	4	1	14	6	0
	합계		86	12	4	10	58	11	0
K1	2018	서울	22	1	1	3	19	2	0
	합계		22	1	1	3	19	2	0
승	2018	서울	1	1	0	0	0	0	0
	합계		1	1	0	0	0	0	0
프로통산			109	14	5	13	74	16	0

윤석희(尹錫熙) 울산대 1993.07.21

대회	연도	소속	출전	교체	득점	도움	파울	경고	퇴장
K2	2015	고양	6	6	2	0	3	0	0
	2016	고양	0	0	0	0	0	0	0
	합계		6	6	2	0	3	0	0
프로통산			6	6	2	0	3	0	0

윤성열(尹誠悅) 배재대 1987.12.22

대회	연도	소속	출전	교체	득점	도움	파울	경고	퇴장
K2	2015	서울E	38	3	1	3	14	2	0
	2016	서울E	15	2	1	4	4	0	0
	2018	서울E	2	0	0	0	1	0	0
	합계		55	5	2	7	20	2	0
프로통산			55	5	2	7	20	2	0

윤성우(尹星宇) 상지대 1989.11.08

대회	연도	소속	출전	교체	득점	도움	파울	경고	퇴장
BC	2012	서울	1	1	0	0	0	0	0
	합계		1	1	0	0	0	0	0
K2	2013	고양	22	21	0	1	2	2	0
	합계		22	21	0	1	2	2	0
프로통산			23	22	0	1	2	2	0

윤성효(尹星孝) 연세대 1962.05.18

대회	연도	소속	출전	교체	득점	도움	파울	경고	퇴장
BC	1986	한일	20	1	5	1	31	2	0
	1987	포철	20	8	2	1	21	0	0
	1988	포철	7	1	0	1	12	1	0
	1989	포철	22	9	1	2	31	1	0
	1990	포철	25	7	0	0	35	2	0
	1991	포철	21	10	0	1	28	2	0
	1992	포철	33	10	0	3	54	4	0
	1993	포철	34	21	2	1	23	1	0
	1994	대우	20	4	2	1	34	2	0
	1995	대우	27	7	0	2	40	7	0
	1996	수원	34	2	5	1	72	9	0
	1997	수원	26	3	1	1	53	3	0
	1998	수원	19	16	2	0	37	2	0
	2000	수원	3	3	0	0	5	1	0
	합계		311	101	23	14	473	38	0
프로통산			311	101	23	14	473	38	0

윤승원(尹承圓 ← 윤현오) 오산고 1995.02.11

대회	연도	소속	출전	교체	득점	도움	파울	경고	퇴장
K1	2016	서울	1	1	0	0	1	0	0
	2017	서울	17	17	3	1	18	3	0
	2018	서울	10	10	0	0	4	0	0
	합계		28	28	3	1	23	4	0
프로통산			28	28	3	1	23	4	0

윤승현(尹勝鉉) 연세대 1988.12.13

대회	연도	소속	출전	교체	득점	도움	파울	경고	퇴장
BC	2012	서울	1	1	0	0	1	0	0
	2012	성남일	5	5	0	0	7	0	0
	합계		6	6	0	0	8	0	0
프로통산			6	6	0	0	8	0	0

윤시호(尹施淏 ← 윤홍창) 동북고 1984.05.12

대회	연도	소속	출전	교체	득점	도움	파울	경고	퇴장
BC	2007	서울	7	7	0	0	5	2	0
	2008	서울	11	10	0	1	10	1	0
	2009	서울	0	0	0	0	0	0	0
	2010	서울	0	0	0	0	0	0	0
	2011	대구	25	3	0	3	39	3	0
	2012	서울	4	4	0	0	1	0	0
	합계		46	23	0	3	39	7	0
프로통산			46	23	0	3	39	7	0

윤신영(尹信榮) 경기대 1987.05.22

대회	연도	소속	출전	교체	득점	도움	파울	경고	퇴장
BC	2009	대전	6	5	0	0	4	1	0
	2010	광주상	2	2	0	0	1	0	0
	2011	광주상	17	8	0	0	20	5	0
	2012	경남	31	0	0	0	44	6	0
	합계		56	15	0	0	69	12	0
K1	2013	경남	32	2	2	2	51	7	0
	2015	대전	15	4	0	0	10	1	0
	합계		47	6	2	2	61	8	0
K2	2017	대전	21	4	0	0	23	2	0
	2018	대전	18	2	0	1	14	1	0
	합계		39	6	0	1	37	3	0
프로통산			142	27	2	3	167	23	0

윤여산(尹如山) 한남대 1982.07.09

대회	연도	소속	출전	교체	득점	도움	파울	경고	퇴장
BC	2005	인천	7	6	1	0	14	3	0
	2006	대구	13	3	0	0	31	5	0
	2007	대구	18	12	0	0	29	3	0
	2008	대구	3	0	0	0	9	0	0
	2009	대구	24	3	0	1	50	7	0
	2010	광주상	16	4	0	0	22	3	0
	2011	상주	12	1	0	0	22	3	1
	합계		94	29	1	1	168	24	1
프로통산			94	29	1	1	168	24	1

윤영노(尹英老) 숭실대 1989.05.01

대회	연도	소속	출전	교체	득점	도움	파울	경고	퇴장
BC	2012	부산	1	1	0	0	2	0	0
	합계		1	1	0	0	2	0	0
프로통산			1	1	0	0	2	0	0

윤영선(尹榮善) 단국대 1988.10.04

Column 1

대회	연도	소속	출전	교체	득점	도움	파울	경고	퇴장
BC	2010	성남일	5	2	0	0	6	0	0
	2011	성남일	18	3	0	0	31	2	0
	2012	성남일	34	5	0	0	45	3	1
	합계		57	10	0	0	82	5	1
K1	2013	성남일	36	6	2	0	41	7	0
	2014	성남	19	3	0	0	17	2	0
	2015	성남	35	1	2	0	37	11	0
	2016	성남	16	0	1	0	12	5	0
	2016	상주	6	0	0	0	7	4	0
	2017	상주	17	6	1	0	13	2	0
	2018	상주	3	0	0	0	1	0	0
	합계		132	16	5	0	128	31	0
K2	2018	성남	17	2	1	0	20	2	0
	합계		17	2	1	0	20	2	0
승	2017	상주	2	0	0	0	3	0	0
	합계		2	0	0	0	3	0	0
프로통산			208	28	6	0	233	38	1

윤영승(尹英勝) 일본 도쿄 조선대 1991.08.13

대회	연도	소속	출전	교체	득점	도움	파울	경고	퇴장
K1	2013	대구	1	1	0	0	0	0	0
	합계		1	1	0	0	0	0	0
K2	2014	대구	8	8	0	0	9	2	0
	합계		8	8	0	0	9	2	0
프로통산			9	9	0	0	9	2	0

윤영종(尹英鍾) 인천대 1979.01.23

대회	연도	소속	출전	교체	득점	도움	파울	경고	퇴장
BC	2001	전남	1	1	0	0	0	0	0
	합계		1	1	0	0	0	0	0
프로통산			1	1	0	0	0	0	0

윤영준(尹詠準) 상지대 1993.09.01

대회	연도	소속	출전	교체	득점	도움	파울	경고	퇴장
K2	2016	고양	23	16	2	0	31	4	0
	합계		23	16	2	0	31	4	0
프로통산			23	16	2	0	31	4	0

윤용구(尹勇九) 건국대 1977.08.08

대회	연도	소속	출전	교체	득점	도움	파울	경고	퇴장
BC	2000	전남	13	13	0	0	3	0	0
	2001	전남	2	2	1	0	1	0	0
	2004	부천SK	20	14	0	1	25	2	0
	합계		35	29	1	1	29	2	0
프로통산			35	29	1	1	29	2	0

윤용호(尹龍鎬) 한양대 1996.03.06

대회	연도	소속	출전	교체	득점	도움	파울	경고	퇴장
K1	2017	수원	3	3	1	0	2	0	0
	2018	수원	5	4	0	0	9	0	0
	합계		8	7	1	0	9	0	0
프로통산			8	7	1	0	9	0	0

윤원일(尹遠溢) 선문대 1986.10.23

대회	연도	소속	출전	교체	득점	도움	파울	경고	퇴장
BC	2008	제주	5	5	0	0	7	1	0
	2011	제주	3	3	0	0	2	0	0
	2012	제주	7	6	0	0	8	2	0
	합계		15	14	0	0	17	3	0
K1	2013	대전	20	3	1	0	14	3	0
	2015	대전	3	0	0	0	3	1	0
	합계		23	3	1	0	17	4	0
K2	2014	대전	27	3	0	0	23	1	0
	합계		27	3	0	0	23	1	0
프로통산			65	20	1	0	57	8	0

윤원일(尹元一) 포철공고 1983.03.31

대회	연도	소속	출전	교체	득점	도움	파울	경고	퇴장
BC	2003	수원	0	0	0	0	0	0	0
	2004	대구	23	12	1	1	54	5	0
	2005	대구	6	2	0	0	9	0	0
	2006	인천	18	11	0	1	34	2	0

Column 2

	2007	인천	20	8	0	0	49	6	0
	2008	인천	17	7	0	0	33	4	0
	2009	인천	18	3	1	0	34	7	0
	2010	인천	17	3	0	2	28	4	1
	2011	포항	1	1	0	0	2	1	0
	2012	포항	1	1	0	0	2	1	0
	합계		121	48	2	4	245	31	1
프로통산			121	48	2	4	245	31	1

윤원철(尹元喆) 경희대 1979.01.06

대회	연도	소속	출전	교체	득점	도움	파울	경고	퇴장
BC	2001	부천SK	4	4	0	0	3	0	0
	2002	부천SK	2	2	0	0	1	0	0
	2003	부천SK	3	0	0	0	33	2	0
	2004	부천SK	9	8	1	0	16	2	0
	합계		28	20	1	0	59	4	0
프로통산			28	20	1	0	59	4	0

윤일록(尹日錄) 진주고 1992.03.07

대회	연도	소속	출전	교체	득점	도움	파울	경고	퇴장
BC	2011	경남	26	15	4	6	34	2	0
	2012	경남	42	18	6	7	44	5	0
	합계		68	33	10	8	74	7	0
K1	2013	서울	29	23	2	0	19	1	0
	2014	서울	27	15	7	3	20	1	0
	2015	서울	26	13	1	3	27	2	0
	2016	서울	26	14	6	7	30	1	0
	2017	서울	35	15	5	12	50	4	0
	합계		137	80	21	24	147	9	0
프로통산			205	113	31	32	221	16	0

윤재훈(尹在訓) 울산대 1973.12.25

대회	연도	소속	출전	교체	득점	도움	파울	경고	퇴장
BC	1996	울산	30	3	1	0	78	8	0
	1997	울산	22	6	0	0	51	6	0
	1998	울산	25	6	0	3	74	7	0
	1999	울산	23	10	1	3	35	9	0
	2000	전북	25	3	0	0	53	5	0
	2001	전북	1	1	0	0	1	2	0
	합계		126	29	2	6	292	37	0
프로통산			126	29	2	6	292	37	0

윤정규(尹正奎) 명지대 1991.12.04

대회	연도	소속	출전	교체	득점	도움	파울	경고	퇴장
K1	2014	부산	0	0	0	0	0	0	0
	합계		0	0	0	0	0	0	0
프로통산			0	0	0	0	0	0	0

윤정춘(尹晶椿) 순천고 1973.02.18

대회	연도	소속	출전	교체	득점	도움	파울	경고	퇴장
BC	1994	유공	1	1	0	0	0	0	0
	1995	유공	6	6	0	0	7	0	0
	1996	부천유	30	18	3	5	23	2	0
	1997	부천SK	29	10	8	1	41	3	0
	1998	부천SK	32	22	5	3	30	2	0
	1999	부천SK	33	29	5	3	41	4	0
	2000	부천SK	41	24	4	5	52	4	0
	2001	부천SK	32	17	1	3	36	6	0
	2002	부천SK	27	13	1	4	29	2	0
	2003	부천SK	32	16	1	1	32	0	0
	2004	부천SK	26	18	1	0	24	2	0
	2005	대전	11	11	0	1	10	1	0
	합계		285	161	31	27	319	25	0
프로통산			285	161	31	27	319	25	0

윤정환(尹晶煥) 동아대 1973.02.16

대회	연도	소속	출전	교체	득점	도움	파울	경고	퇴장
BC	1995	유공	24	7	3	5	47	9	0
	1996	부천유	22	1	3	6	42	4	0
	1997	부천SK	16	10	3	3	38	4	0
	1998	부천SK	28	13	4	8	41	4	0
	1999	부천SK	18	3	1	4	37	1	0
	2003	성남일	30	26	1	3	44	2	0

Column 3

	2004	전북	34	5	2	8	76	6	0
	2005	전북	31	20	2	5	45	6	0
	합계		203	85	20	44	370	34	0
프로통산			203	85	20	44	370	34	0

윤종규(尹鍾奎) 신갈고 1998.03.20

대회	연도	소속	출전	교체	득점	도움	파울	경고	퇴장
K1	2018	서울	5	0	0	0	7	0	0
	합계		5	0	0	0	7	0	0
K2	2017	경남	5	1	0	0	6	3	0
	합계		5	1	0	0	6	3	0
승	2018	서울	2	0	0	0	1	1	0
	합계		2	0	0	0	1	1	0
프로통산			12	1	0	0	14	4	0

윤종현(尹鐘玄) 동아대 1961.07.03

대회	연도	소속	출전	교체	득점	도움	파울	경고	퇴장
BC	1984	국민	1	1	0	0	0	0	0
	합계		1	1	0	0	0	0	0
프로통산			1	1	0	0	0	0	0

윤주열(尹周烈) 인천대 1992.05.10

대회	연도	소속	출전	교체	득점	도움	파울	경고	퇴장
K1	2015	인천	1	1	0	0	0	0	0
	합계		1	1	0	0	0	0	0
프로통산			1	1	0	0	0	0	0

윤주일(尹柱日) 동아대 1980.03.10

대회	연도	소속	출전	교체	득점	도움	파울	경고	퇴장
BC	2003	대구	36	16	5	3	74	8	0
	2004	대구	29	8	3	3	56	5	0
	2005	대구	26	10	1	2	34	4	0
	2006	대구	9	3	1	1	19	2	0
	2007	인천	6	5	0	0	7	0	0
	2008	전남	4	1	0	0	15	1	0
	2009	전남	6	4	0	2	10	2	0
	2010	부산	4	7	0	0	8	0	0
	합계		126	57	10	9	219	22	0
프로통산			126	57	10	9	219	22	0

윤주태(尹柱泰) 연세대 1990.06.22

대회	연도	소속	출전	교체	득점	도움	파울	경고	퇴장
K1	2014	서울	10	9	2	0	0	0	0
	2015	서울	26	26	9	1	17	0	0
	2016	서울	17	16	3	2	11	3	0
	2017	상주	8	8	1	2	2	2	0
	2018	상주	8	6	1	0	3	1	0
	2018	서울	7	5	2	0	6	0	0
	합계		76	72	16	5	39	3	0
승	2017	상주	2	2	0	0	5	1	0
	2018	서울	2	2	0	0	1	0	0
	합계		3	4	0	0	6	1	0
프로통산			79	76	16	5	45	4	0

윤준성(尹准聖) 경희대 1989.09.28

대회	연도	소속	출전	교체	득점	도움	파울	경고	퇴장
BC	2012	포항	1	0	0	0	1	0	0
	합계		1	0	0	0	1	0	0
K1	2013	포항	1	1	0	0	0	0	0
	2014	포항	11	11	0	1	2	1	0
	2015	포항	15	1	0	0	8	0	0
	2016	상주	9	3	0	0	10	2	0
	2017	상주	15	3	0	0	15	2	0
	합계		52	17	0	1	36	5	0
K2	2017	대전	6	1	0	0	4	0	0
	2018	대전	18	3	1	0	14	6	0
	합계		24	4	1	0	18	6	0
프로통산			77	21	1	1	55	11	0

윤준수(尹晙洙) 경기대 1986.03.28

대회	연도	소속	출전	교체	득점	도움	파울	경고	퇴장
BC	2007	전남	1	1	0	0	1	0	0
	합계		1	1	0	0	1	0	0

			출전	교체	득점	도움	파울	경고	퇴장
프로통산			1	1	0	0	1	0	0

윤준하(尹俊河) 대구대 1987.01.04

대회	연도	소속	출전	교체	득점	도움	파울	경고	퇴장
BC	2009	강원	30	20	7	5	21	2	0
	2010	강원	17	14	0	1	12	1	0
	2011	강원	30	23	1	4	32	2	0
	2012	인천	3	3	0	0	8	1	0
	합계		80	60	8	10	73	6	0
K1	2013	대전	6	6	0	0	1	0	0
	2015	대전	0	0	0	0	0	0	0
	합계		6	6	0	0	1	0	0
K2	2014	안산경	23	18	4	3	42	1	0
	2015	안산경	15	14	1	1	18	4	0
	합계		38	32	5	4	60	5	0
프로통산			124	98	13	14	134	11	0

윤중희(尹重熙) 중앙대 1975.12.08

대회	연도	소속	출전	교체	득점	도움	파울	경고	퇴장
BC	1999	부천SK	9	7	0	0	4	0	0
	2000	부천SK	11	6	0	0	20	1	0
	2001	부천SK	22	8	1	0	30	3	0
	2002	부천SK	21	3	0	1	25	2	0
	2003	부천SK	1	1	0	0	0	0	0
	2004	부천SK	6	4	0	0	6	3	0
	합계		70	29	1	1	85	11	0
프로통산			70	29	1	1	85	11	0

윤지혁(尹志赫) 숭실대 1998.02.07

대회	연도	소속	출전	교체	득점	도움	파울	경고	퇴장
K1	2018	전북	0	0	0	0	0	0	0
	합계		0	0	0	0	0	0	0
프로통산			0	0	0	0	0	0	0

윤태수(尹太秀) 아주대 1993.04.16

대회	연도	소속	출전	교체	득점	도움	파울	경고	퇴장
K1	2016	수원FC	6	6	0	0	5	1	0
	합계		6	6	0	0	5	1	0
K2	2017	수원FC	5	4	0	0	3	0	0
	합계		5	4	0	0	3	0	0
프로통산			11	10	0	0	9	1	0

윤평국(尹平國) 인천대 1992.02.08

대회	연도	소속	출전	교체	실점	도움	파울	경고	퇴장
K1	2016	상주	0	0	0	0	0	0	0
	2017	광주	3	1	4	0	0	0	0
	합계		3	1	4	0	0	0	0
K2	2015	상주	2	0	2	0	0	0	0
	2018	광주	24	0	26	0	1	1	0
	합계		26	0	28	0	1	1	0
프로통산			29	1	32	0	1	1	0

윤화평(尹和平) 강릉농공고 1983.03.26

대회	연도	소속	출전	교체	득점	도움	파울	경고	퇴장
BC	2002	수원	1	1	0	0	1	0	0
	2006	수원	4	4	0	0	3	0	0
	합계		5	5	0	0	4	0	0
프로통산			5	5	0	0	4	0	0

윤희준(尹熙俊) 연세대 1972.11.01

대회	연도	소속	출전	교체	득점	도움	파울	경고	퇴장
BC	1995	대우	8	1	0	1	9	2	0
	1996	부산	23	3	1	0	48	8	2
	1997	부산	22	8	2	2	36	3	0
	2000	부산	24	3	0	4	39	6	0
	2001	부산	33	5	2	1	58	6	0
	2002	부산	31	4	1	1	56	6	0
	2003	부산	36	5	2	1	52	7	0
	2004	부산	34	0	1	0	69	6	0
	2005	부산	15	1	0	0	17	0	0
	2006	전남	26	20	1	0	29	10	1
	합계		252	50	10	8	413	54	3
프로통산			252	50	10	8	413	54	3

율리안(Archire Iulian) 루마니아 1976.03.17

대회	연도	소속	출전	교체	득점	도움	파울	경고	퇴장
BC	1999	포항	7	6	0	0	6	2	0
	합계		7	6	0	0	6	2	0
프로통산			7	6	0	0	6	2	0

은성수(殷成洙) 숭실대 1993.06.22

대회	연도	소속	출전	교체	득점	도움	파울	경고	퇴장
K1	2017	수원	0	0	0	0	0	0	0
	합계		0	0	0	0	0	0	0
K2	2018	안양	11	4	0	1	12	0	0
	합계		11	4	0	1	12	0	0
프로통산			11	4	0	1	12	0	0

은종구(殷鍾九) 전주대 1968.08.01

대회	연도	소속	출전	교체	득점	도움	파울	경고	퇴장
BC	1993	현대	17	15	0	2	10	0	0
	1994	현대	1	1	0	0	1	0	0
	합계		18	16	0	2	11	0	0
프로통산			18	16	0	2	11	0	0

음밤바(Emile Bertrand Mbamba) 카메룬 1982.10.27

대회	연도	소속	출전	교체	득점	도움	파울	경고	퇴장
BC	2009	대구	7	6	0	0	12	1	0
	합계		7	6	0	0	12	1	0
프로통산			7	6	0	0	12	1	0

이강민(李康敏) 연세대 1954.07.21

대회	연도	소속	출전	교체	득점	도움	파울	경고	퇴장
BC	1984	현대	10	3	1	0	4	0	0
	합계		10	3	1	0	4	0	0
프로통산			10	3	1	0	4	0	0

이강민(李康敏) 경희대 1985.08.29

대회	연도	소속	출전	교체	득점	도움	파울	경고	퇴장
BC	2009	강원	10	7	1	0	2	1	0
	합계		10	7	1	0	2	1	0
프로통산			10	7	1	0	2	1	0

이강석(李康錫) 서울대 1958.05.21

대회	연도	소속	출전	교체	득점	도움	파울	경고	퇴장
BC	1983	할렐	16	7	2	3	11	0	0
	1984	할렐	15	10	1	1	20	2	0
	1985	할렐	11	8	1	0	11	2	0
	합계		42	25	4	4	42	4	0
프로통산			42	25	4	4	42	4	0

이강욱(李康旭) 서울대 1963.05.07

대회	연도	소속	출전	교체	득점	도움	파울	경고	퇴장
BC	1986	유공	5	5	0	0	3	0	0
	합계		5	5	0	0	3	0	0
프로통산			5	5	0	0	3	0	0

이강일(李康一) 광운대 1981.06.26

대회	연도	소속	출전	교체	득점	도움	파울	경고	퇴장
BC	2004	대전	1	1	0	0	0	0	0
	합계		1	1	0	0	0	0	0
프로통산			1	1	0	0	0	0	0

이강조(李康助) 고려대 1954.10.27

대회	연도	소속	출전	교체	득점	도움	파울	경고	퇴장
BC	1983	유공	16	0	2	3	10	0	0
	1984	유공	27	0	4	5	19	0	0
	1985	유공	7	5	1	3	2	0	0
	합계		50	5	7	11	28	0	0
프로통산			50	5	7	11	28	0	0

이건(李健) 중앙대 1996.01.08

대회	연도	소속	출전	교체	득점	도움	파울	경고	퇴장
K2	2017	안산	21	1	0	0	39	8	0
	2018	안산	20	4	3	1	21	5	0
	합계		41	5	3	1	60	13	0
프로통산			41	5	3	1	60	13	0

이건철(李建澈) 경희대 1996.02.21

대회	연도	소속	출전	교체	득점	도움	파울	경고	퇴장
K2	2018	대전	2	2	0	0	1	0	0
	합계		2	2	0	0	1	0	0
프로통산			1	1	0	0	0	0	0

이겨레(李겨레) 동북중 1985.08.22

대회	연도	소속	출전	교체	득점	도움	파울	경고	퇴장
BC	2008	대전	1	1	0	0	1	0	0
	합계		1	1	0	0	1	0	0
프로통산			1	1	0	0	1	0	0

이경근(李景根) 숭실고 1978.06.16

대회	연도	소속	출전	교체	득점	도움	파울	경고	퇴장
BC	1999	수원	1	0	0	0	5	0	0
	2000	수원	6	1	0	0	10	2	0
	합계		7	1	0	0	15	2	0
프로통산			7	1	0	0	15	2	0

이경남(李敬男) 경희대 1961.11.04

대회	연도	소속	출전	교체	득점	도움	파울	경고	퇴장
BC	1985	현대	10	9	1	0	3	0	0
	1986	현대	1	1	0	0	0	0	0
	합계		11	10	1	0	3	0	0
프로통산			11	10	1	0	3	0	0

이경렬(李京烈) 고려대 1988.01.16

대회	연도	소속	출전	교체	득점	도움	파울	경고	퇴장
BC	2010	경남	6	2	0	0	7	0	0
	2011	경남	26	7	2	0	20	4	0
	2012	부산	39	6	1	0	25	8	0
	합계		71	15	3	0	53	11	0
K1	2013	부산	22	3	1	0	35	4	0
	2014	부산	12	1	2	0	39	8	0
	2015	부산	34	0	3	0	31	10	0
	2016	상주	4	1	0	0	5	0	0
	2017	전남	4	1	1	0	11	2	0
	2018	전남	13	4	0	0	11	0	0
	합계		109	10	7	2	120	29	0
K2	2017	부산	5	1	1	0	11	3	0
	합계		5	1	1	0	11	3	0
승	2015	부산	2	0	0	0	4	0	0
	2017	부산	0	0	0	0	0	0	0
	합계		2	0	0	0	4	0	0
프로통산			187	26	11	2	189	44	0

이경수(李經受) 수원대 1991.07.21

대회	연도	소속	출전	교체	득점	도움	파울	경고	퇴장
K2	2014	부천	9	8	0	0	7	2	0
	합계		9	8	0	0	7	2	0
프로통산			9	8	0	0	7	2	0

이경수(李慶洙) 숭실대 1973.10.28

대회	연도	소속	출전	교체	득점	도움	파울	경고	퇴장
BC	1996	수원	3	2	0	0	7	1	0
	1998	울산	25	15	0	0	37	4	0
	1999	천안일	16	11	1	0	20	1	0
	2000	전북	3	2	0	0	4	1	0
	2001	전북	14	11	1	0	37	2	0
	2003	대구	22	17	1	0	34	4	0
	2004	대구	1	1	0	1	19	3	0
	2005	대전	6	3	0	1	52	6	0
	합계		128	76	5	1	216	20	0
프로통산			128	76	5	1	216	20	0

이경수(李炅秀) 천안제일고 1992.10.23

대회	연도	소속	출전	교체	득점	도움	파울	경고	퇴장
BC	2011	강원	0	0	0	0	0	0	0
프로통산			0	0	0	0	0	0	0

이경우(李庚祐) 주문진수도공고 1977.05.03

대회	연도	소속	출전	교체	득점	도움	파울	경고	퇴장
BC	1999	수원	3	3	0	1	0	0	0
	2000	수원	13	9	3	1	18	2	0
	2001	수원	1	1	0	0	1	0	0
	2004	수원	1	1	0	0	1	0	0
	합계		17	13	3	1	20	2	0
프로통산			17	13	3	1	20	2	0

이경춘(李炅春) 아주대 1969.04.14

대회	연도	소속	출전	교체	득점	도움	파울	경고	퇴장
BC	1992	대우	14	12	0	0	11	2	0
	1993	대우	4	4	0	0	2	0	0
	1994	버팔로	23	1	2	0	38	5	0
	1995	전북	31	2	0	0	70	8	0
	1996	전북	33	2	0	0	62	5	0
	1997	전북	31	3	0	0	62	7	0
	1998	전북	32	5	1	2	81	5	0
	1999	전북	16	5	0	0	39	4	0
	2000	전북	1	1	0	0	0	0	0
		합계	185	34	3	2	368	36	0
프로통산			185	34	3	2	368	36	0

이경환(李京煥) 명신대 1988.03.21

대회	연도	소속	출전	교체	득점	도움	파울	경고	퇴장
BC	2009	대전	22	16	0	1	30	7	0
	2010	대전	20	15	1	1	31	4	0
	2011	수원	2	1	0	0	1	0	0
		합계	44	32	1	2	62	11	0
프로통산			44	32	1	2	62	11	0

이계원(李啓源) 인천대 1965.03.16

대회	연도	소속	출전	교체	득점	도움	파울	경고	퇴장
BC	1985	상무	17	7	2	2	19	1	0
	1988	포철	19	13	0	0	11	0	0
	1989	포철	20	11	1	2	19	1	0
	1990	포철	26	5	4	2	30	1	0
	1991	포철	30	5	2	2	26	1	0
	1992	포철	16	10	1	0	14	0	0
	1993	포철	13	11	1	1	8	0	0
		합계	141	63	11	9	127	5	0
프로통산			141	63	11	9	127	5	0

이고르(Garcia Silva Hygor Cleber) 브라질 1992.08.13

대회	연도	소속	출전	교체	득점	도움	파울	경고	퇴장
K1	2016	수원	2	2	1	0	0	0	0
		합계	2	2	1	0	0	0	0
프로통산			2	2	1	0	0	0	0

이관우(李官雨) 한양대 1978.02.25

대회	연도	소속	출전	교체	득점	도움	파울	경고	퇴장
BC	2000	대전	12	9	1	1	14	2	0
	2001	대전	12	8	6	4	15	2	0
	2002	대전	19	2	1	6	15	1	0
	2003	대전	38	30	4	5	47	5	0
	2004	대전	29	19	5	7	35	3	0
	2005	대전	32	10	4	2	45	2	0
	2006	대전	23	12	3	3	28	2	0
	2006	수원	15	7	2	4	18	2	0
	2007	수원	35	23	4	5	50	2	0
	2008	수원	28	28	2	4	24	4	0
	2009	수원	4	4	0	0	16	2	0
	2010	수원	4	4	1	0	5	1	0
		합계	251	161	33	33	322	44	0
프로통산			251	161	33	33	322	44	0

이관표(李官杓) 중앙대 1994.09.07

대회	연도	소속	출전	교체	득점	도움	파울	경고	퇴장
K2	2015	수원FC	11	11	2	3	25	3	0
	2016	경남	31	10	1	1	14	3	0
	2017	경남	4	4	0	0	2	0	0
		합계	46	25	4	4	41	6	0
프로통산			46	25	4	4	41	6	0

이관호(李寬鎬) 명지대 1960.06.28

대회	연도	소속	출전	교체	실점	도움	파울	경고	퇴장
BC	1985	상무	18	1	24	0	0	0	0
		합계	18	1	24	0	0	0	0
프로통산			18	1	24	0	0	0	0

이광래(李光來) 중앙대 1972.05.24

대회	연도	소속	출전	교체	득점	도움	파울	경고	퇴장
BC	1992	LG	2	2	0	0	7	1	0
	1993	LG	2	2	0	0	0	0	0
		합계	4	4	0	0	7	1	0
프로통산			4	4	0	0	7	1	0

이광석(李光錫) 중앙대 1975.03.05

대회	연도	소속	출전	교체	실점	도움	파울	경고	퇴장
BC	1998	전북	34	0	58	0	4	2	0
	1999	전북	33	0	54	0	1	1	0
	2000	전북	8	1	12	0	1	1	0
	2001	전북	11	1	14	0	0	0	0
	2003	광주상	33	0	43	0	2	2	0
	2004	전북	20	1	28	0	0	1	0
	2005	전북	20	1	28	0	1	0	0
	2006	전북	2	0	4	0	0	0	0
	2007	경남	1	1	0	0	0	0	0
	2008	경남	33	0	45	0	3	4	0
	2009	경남	4	0	11	0	0	0	0
		합계	189	5	277	0	11	11	0
프로통산			189	5	277	0	11	11	0

이광선(李光善) 경희대 1989.09.06

대회	연도	소속	출전	교체	득점	도움	파울	경고	퇴장
K1	2016	제주	34	3	5	1	52	2	0
	2017	상주	16	13	2	0	14	1	0
	2018	상주	21	13	2	1	31	2	0
	2018	제주	12	0	1	0	16	1	0
		합계	74	26	9	2	99	5	0
승	2017	상주	2	0	0	0	0	0	0
		합계	2	0	0	0	0	0	0
프로통산			76	28	9	2	99	5	0

이광재(李侊載) 대구대 1980.01.01

대회	연도	소속	출전	교체	득점	도움	파울	경고	퇴장
BC	2003	광주상	17	5	5	1	33	4	0
	2004	전남	9	10	0	0	7	1	0
	2005	전남	15	14	1	2	31	4	0
	2006	전남	11	11	1	1	21	3	0
	2007	포항	29	24	7	1	36	4	0
	2008	포항	6	5	0	0	3	0	0
	2009	전북	4	0	0	0	0	0	0
	2009	전북	11	10	1	1	10	0	0
	2010	전북	8	8	1	0	10	0	0
	2012	대구	7	7	0	0	3	1	0
		합계	136	113	20	8	187	23	0
K2	2013	고양	12	9	0	0	17	1	0
	2014	고양	28	18	2	4	29	3	0
	2015	고양	25	23	3	0	21	2	0
		합계	65	51	5	4	67	6	0
프로통산			201	164	25	12	254	29	0

이광재(李曠載) 배재대 1998.06.10

대회	연도	소속	출전	교체	득점	도움	파울	경고	퇴장
K2	2018	부천	28	28	3	0	32	2	0
		합계	28	28	3	0	32	2	0
프로통산			28	28	3	0	32	2	0

이광조(李光照) 한양대 1962.08.20

대회	연도	소속	출전	교체	득점	도움	파울	경고	퇴장
BC	1986	현대	3	2	0	0	1	0	0
	1987	현대	1	1	0	0	0	0	0
	1988	현대	8	5	0	0	11	1	0
	1989	유공	24	7	0	0	17	1	0
	1990	유공	20	2	0	0	31	2	0
	1991	유공	16	6	0	0	12	1	0
	1992	유공	20	3	0	0	14	2	0
	1993	LG	20	3	0	0	8	1	0
		합계	102	27	0	0	83	11	0
프로통산			102	27	0	0	83	11	0

이광종(李光鍾) 중앙대 1964.04.01

대회	연도	소속	출전	교체	득점	도움	파울	경고	퇴장
BC	1988	유공	24	5	1	2	34	1	0
	1989	유공	37	7	2	6	40	1	1
	1990	유공	25	8	4	1	35	1	0
	1991	유공	11	6	1	0	8	1	0
	1992	유공	28	15	5	1	33	1	0
	1993	유공	35	10	4	2	48	1	0
	1994	유공	35	14	9	3	54	2	0
	1995	유공	28	3	4	6	50	4	0
	1996	수원	30	16	5	4	51	3	0
	1997	수원	13	14	1	0	17	0	0
		합계	266	98	36	21	369	13	1
프로통산			266	98	36	21	369	13	1

이광진(李廣鎭) 동북고 1991.07.23

대회	연도	소속	출전	교체	득점	도움	파울	경고	퇴장
BC	2010	서울	2	2	0	0	2	0	0
	2011	서울	1	1	0	0	0	0	0
	2011	대구	4	0	0	0	3	1	0
	2012	대구	1	1	0	0	2	0	0
		합계	8	4	0	0	7	1	0
K1	2015	대전	2	2	0	0	2	0	0
	2016	수원FC	25	11	0	2	26	5	0
	2018	경남	20	1	0	0	16	1	0
		합계	47	14	0	2	44	6	0
K2	2013	광주	16	3	4	2	29	2	0
	2014	대전	2	0	0	0	3	0	0
	2015	대구	10	4	0	0	10	2	0
	2017	수원FC	31	9	0	3	51	11	0
	2018	수원FC	11	5	0	0	10	1	0
		합계	70	22	4	5	109	17	0
프로통산			118	37	4	7	153	23	0

이광진(李光振) 경일대 1972.05.27

대회	연도	소속	출전	교체	득점	도움	파울	경고	퇴장
BC	2002	대전	7	7	0	0	7	0	0
		합계	7	7	0	0	7	0	0
프로통산			7	7	0	0	7	0	0

이광혁(李侊赫) 포철고 1995.09.11

대회	연도	소속	출전	교체	득점	도움	파울	경고	퇴장
K1	2014	포항	9	9	0	0	6	1	0
	2015	포항	19	16	2	0	11	0	0
	2016	포항	23	22	0	2	14	3	0
	2017	포항	30	28	1	6	24	3	0
	2018	포항	16	15	1	2	7	0	0
		합계	86	77	4	10	54	6	0
프로통산			86	77	4	10	54	6	0

이광현(李光鉉) 중앙대 1973.03.16

대회	연도	소속	출전	교체	득점	도움	파울	경고	퇴장
BC	1996	천안일	9	9	1	0	3	1	0
	1997	천안일	12	8	0	0	8	0	0
		합계	21	17	1	0	11	1	0
프로통산			21	17	1	0	11	1	0

이광현(李光炫) 고려대 1981.07.18

대회	연도	소속	출전	교체	득점	도움	파울	경고	퇴장
BC	2004	전북	2	1	0	0	3	0	0
	2005	전북	7	7	0	0	7	1	0
	2006	전북	7	0	0	0	7	0	0
	2008	광주상	7	0	0	0	7	2	0
	2009	전북	4	1	0	0	5	0	0
	2010	전북	8	4	0	0	11	5	0
	2011	전북	4	2	0	0	5	0	0
	2012	대전	2	0	0	0	2	1	0
		합계	41	15	0	0	42	4	0
프로통산			41	15	0	0	42	4	0

이광호(李光好) 상지대 1977.05.24

대회	연도	소속	출전	교체	득점	도움	파울	경고	퇴장
BC	2000	수원	1	1	0	0	2	0	0
		합계	1	0	0	0	2	0	0
프로통산			1	0	0	0	2	0	0

이광훈(李侊勳) 포철공고 1993.11.26

이규로(李奎魯) 광양제철고 1988.08.20

대회	연도	소속	출전	교체	득점	도움	파울	경고	퇴장
BC	2012	포항	0	0	0	0	0	0	0
		합계	0	0	0	0	0	0	0
K1	2013	포항	1	1	0	0	0	0	0
	2014	포항	4	4	0	0	4	0	0
	2015	대전	1	1	0	0	1	0	0
	2016	수원FC	3	3	0	0	0	0	0
		합계	9	9	0	0	5	0	0
프로통산			9	9	0	0	5	0	0

이규로(李奎魯) 광양제철고 1988.08.20

대회	연도	소속	출전	교체	득점	도움	파울	경고	퇴장
BC	2007	전남	8	3	1	0	9	0	0
	2008	전남	19	11	1	1	19	2	0
	2009	전남	28	6	5	0	34	7	0
	2010	서울	2	1	0	0	2	0	0
	2011	서울	14	6	0	1	23	2	0
	2012	인천	23	3	1	2	39	5	0
		합계	94	30	8	4	126	16	0
K1	2013	전북	15	5	0	0	17	1	0
	2014	전북	14	4	0	1	16	3	0
	2015	전북	2	0	0	0	3	0	0
	2016	서울	8	6	0	0	8	1	0
	2017	서울	18	5	3	0	40	4	0
		합계	57	20	0	4	86	10	0
K2	2016	서울E	11	4	2	0	12	3	0
		합계	11	4	2	0	12	3	0
프로통산			162	54	10	8	224	29	0

이규성(李奎成) 홍익대 1994.05.10

대회	연도	소속	출전	교체	득점	도움	파울	경고	퇴장
K1	2015	부산	18	10	1	2	14	2	0
	2018	상주	12	7	2	1	5	1	0
		합계	30	17	3	3	19	3	0
K2	2016	부산	32	17	1	3	24	2	0
	2017	부산	15	11	0	0	13	0	0
	2018	부산	8	6	0	1	16	0	0
		합계	55	34	4	4	53	6	0
승	2015	부산	2	2	0	0	2	0	0
	2017	부산	0	0	0	0	0	0	0
		합계	2	2	0	0	2	0	0
프로통산			87	53	5	7	74	9	0

이규철(李揆喆) 울산대 1982.05.01

대회	연도	소속	출전	교체	득점	도움	파울	경고	퇴장
BC	2006	대전	5	3	0	0	5	0	0
		합계	5	3	0	0	5	0	0
프로통산			5	3	0	0	5	0	0

이규칠(李圭七) 영남대 1975.11.28

대회	연도	소속	출전	교체	득점	도움	파울	경고	퇴장
BC	1998	포항	7	7	0	0	7	1	0
	1999	포항	5	4	0	0	9	0	0
		합계	12	11	0	0	16	1	0
프로통산			12	11	0	0	16	1	0

이규호(李圭鎬) 연세대 1979.07.13

대회	연도	소속	출전	교체	득점	도움	파울	경고	퇴장
BC	2002	부산	24	3	0	0	15	3	0
	2004	부산	0	0	0	0	0	0	0
		합계	24	3	0	0	15	3	0
프로통산			24	3	0	0	15	3	0

이근표(李根杓) 수원대 1992.02.06

대회	연도	소속	출전	교체	득점	도움	파울	경고	퇴장
BC	2012	경남	0	0	0	0	0	0	0
K1	2013	강원	0	0	0	0	0	0	0
		합계	0	0	0	0	0	0	0
프로통산			0	0	0	0	0	0	0

이근호(李根鎬) 부평고 1985.04.11

대회	연도	소속	출전	교체	득점	도움	파울	경고	퇴장
BC	2005	인천	5	5	0	0	3	0	0
	2006	인천	3	3	0	0	3	0	0
	2007	대구	27	5	10	3	32	3	0
	2008	대구	32	4	13	6	31	2	0
	2012	울산	33	11	8	6	41	3	0
		합계	100	28	31	15	110	8	0
K1	2014	상주	18	6	4	2	13	1	0
	2015	전북	15	7	4	1	14	0	0
	2016	제주	35	19	5	6	39	1	0
	2017	강원	37	4	8	9	51	3	0
	2018	강원	13	3	0	0	17	1	0
	2018	울산	22	17	4	0	17	1	0
		합계	140	56	25	22	151	6	0
K2	2013	상주	25	6	15	6	26	3	0
		합계	25	6	15	6	26	3	0
승	2013	상주	2	0	1	0	2	0	0
		합계	2	0	1	0	2	0	0
프로통산			267	90	71	44	289	18	0

이근호(李根好) 언남고 1996.05.21

대회	연도	소속	출전	교체	득점	도움	파울	경고	퇴장
K1	2018	포항	30	26	3	4	14	2	0
		합계	30	26	3	4	14	2	0
프로통산			30	26	3	4	14	2	0

이기근(李基根) 한양대 1965.08.13

대회	연도	소속	출전	교체	득점	도움	파울	경고	퇴장
BC	1987	포철	26	19	6	0	18	2	0
	1988	포철	23	6	12	1	22	0	0
	1989	포철	33	16	6	2	22	1	0
	1990	포철	21	17	3	0	11	0	0
	1991	포철	37	19	16	1	38	1	0
	1992	포철	16	10	2	3	9	1	0
	1993	대우	28	21	7	2	32	3	0
	1994	대우	23	22	4	4	21	0	0
	1996	수원	32	27	11	6	43	3	0
	1997	수원	27	25	3	1	24	3	0
		합계	264	181	70	19	259	16	0
프로통산			264	181	70	19	259	16	0

이기동(李期東) 연세대 1984.05.11

대회	연도	소속	출전	교체	득점	도움	파울	경고	퇴장
BC	2010	포항	3	2	1	0	3	0	0
	2011	포항	1	1	0	0	1	0	0
		합계	4	3	1	0	4	0	0
프로통산			4	3	1	0	4	0	0

이기범(李基汎) 경북산업대(경일대) 1970.08.08

대회	연도	소속	출전	교체	득점	도움	파울	경고	퇴장
BC	1993	일화	10	7	1	2	14	0	1
	1994	일화	16	12	2	1	8	0	0
	1995	일화	7	5	1	0	11	1	0
	1996	천안일	34	25	5	0	45	3	0
	1997	천안일	20	11	1	3	41	3	0
	1998	천안일	26	18	0	3	37	8	0
	1999	울산	27	26	1	4	34	1	0
	2000	수원	14	12	0	0	21	3	0
		합계	159	120	11	14	215	20	1
프로통산			159	120	11	14	215	20	1

이기부(李基富) 아주대 1976.03.16

대회	연도	소속	출전	교체	득점	도움	파울	경고	퇴장
BC	1999	부산	17	14	1	0	25	1	0
	2000	부산	34	11	8	4	64	5	0
	2001	부산	26	17	1	0	28	2	0
	2002	포항	6	6	1	1	9	1	0
	2004	인천	1	1	0	0	4	0	0
		합계	84	49	11	5	130	9	0
프로통산			84	49	11	5	130	9	0

이기제(李基濟) 동국대 1991.07.09

대회	연도	소속	출전	교체	득점	도움	파울	경고	퇴장
K1	2016	울산	35	5	0	2	40	6	0
	2017	울산	8	2	0	1	7	2	0
	2018	수원	19	5	2	3	21	1	0
		합계	62	12	2	6	68	9	0
프로통산			62	12	2	6	68	9	0

이기현(李起現) 동국대 1993.12.16

대회	연도	소속	출전	교체	실점	도움	파울	경고	퇴장
K1	2017	제주	0	0	0	0	0	0	0
K2	2015	부천	12	0	17	0	0	0	0
	2016	경남	5	0	7	0	0	0	0
	2018	부천	2	0	4	0	0	0	0
		합계	19	0	28	0	0	0	0
프로통산			19	0	28	0	0	0	0

이기형(李奇炯) 한양대 1957.06.11

대회	연도	소속	출전	교체	실점	도움	파울	경고	퇴장
BC	1984	한일	4	0	4	0	0	0	0
		합계	4	0	4	0	0	0	0
프로통산			4	0	4	0	0	0	0

이기형(李祺炯) 고려대 1974.09.28

대회	연도	소속	출전	교체	득점	도움	파울	경고	퇴장
BC	1996	수원	22	0	3	2	31	0	0
	1997	수원	15	3	1	0	24	3	0
	1998	수원	24	10	4	4	48	1	0
	1999	수원	36	6	3	4	55	3	0
	2000	수원	3	4	0	0	2	0	0
	2001	수원	27	12	1	1	30	1	0
	2002	수원	29	7	6	3	38	4	0
	2003	성남일	38	3	4	3	53	5	0
	2004	성남일	22	5	2	2	37	5	0
	2005	서울	16	9	2	2	39	4	0
	2006	서울	17	10	0	1	13	0	0
		합계	254	66	23	23	361	26	0
프로통산			254	66	23	23	361	26	0

이기형(李基炯) 동국대 1981.05.09

대회	연도	소속	출전	교체	득점	도움	파울	경고	퇴장
BC	2004	수원	2	2	0	0	3	0	0
	2005	수원	0	0	0	0	0	0	0
		합계	2	2	0	0	3	0	0
프로통산			2	2	0	0	3	0	0

이길용(李吉龍) 고려대 1959.09.29

대회	연도	소속	출전	교체	득점	도움	파울	경고	퇴장
BC	1983	포철	13	3	7	1	15	2	0
	1984	포철	22	10	7	5	15	1	0
	1985	포철	13	11	0	1	14	0	0
	1986	포철	14	11	2	0	11	1	0
	1987	포철	18	16	3	1	12	0	0
	1988	포철	7	7	0	0	3	0	0
	1989	포철	5	0	0	1	0	0	0
		합계	92	64	19	12	73	8	0
프로통산			92	64	19	12	73	8	0

이길용(李吉龍) 광운대 1976.03.30

대회	연도	소속	출전	교체	득점	도움	파울	경고	퇴장
BC	1999	울산	21	17	5	2	19	1	0
	2000	울산	18	15	1	0	17	1	0
	2001	울산	15	13	0	1	17	1	0
	2002	울산	34	20	8	1	40	1	0
	2003	포항	26	22	2	3	31	1	1
	2004	포항	11	11	1	0	7	0	0
	2004	부천SK	11	11	0	0	7	0	0
		합계	126	97	22	6	126	4	1
프로통산			126	97	22	6	126	4	1

이길훈(李吉薰) 고려대 1983.03.06

대회	연도	소속	출전	교체	득점	도움	파울	경고	퇴장
BC	2006	수원	21	15	0	1	32	2	0
	2007	광주상	33	24	0	1	58	1	0
	2008	광주상	13	11	0	0	11	2	0
	2009	수원	10	7	0	2	6	2	0
	2010	수원	5	5	0	0	8	0	0

대회	연도	소속	출전	교체	득점	도움	파울	경고	퇴장
	2010	부산	1	1	0	0	1	0	0
	2011	부산	1	1	0	0	1	0	0
	합계		84	65	2	4	117	7	0
프로통산			84	65	2	4	117	7	0

이남규(李南揆) 한양대 1993.03.18

대회	연도	소속	출전	교체	득점	도움	파울	경고	퇴장
K1	2015	포항	0	0	0	0	0	0	0
	2016	포항	2	2	0	0	0	0	0
	합계		2	2	0	0	0	0	0
프로통산			2	2	0	0	0	0	0

이남수 (李南洙) 광운대 1987.03.15

대회	연도	소속	출전	교체	득점	도움	파울	경고	퇴장
BC	2010	전북	0	0	0	0	0	0	0
	합계		0	0	0	0	0	0	0
프로통산			0	0	0	0	0	0	0

이남용(李南容) 중앙대 1988.06.13

대회	연도	소속	출전	교체	득점	도움	파울	경고	퇴장
BC	2011	전남	0	0	0	0	0	0	0
	합계		0	0	0	0	0	0	0
프로통산			0	0	0	0	0	0	0

이다원(李多元) 배재대 1995.09.21

대회	연도	소속	출전	교체	득점	도움	파울	경고	퇴장
K2	2018	성남	16	13	0	1	14	0	0
	합계		16	13	0	1	14	0	0
프로통산			16	13	0	1	14	0	0

이대명(李大明) 홍익대 1991.01.08

대회	연도	소속	출전	교체	득점	도움	파울	경고	퇴장
K1	2013	인천	0	0	0	0	0	0	0
	합계		0	0	0	0	0	0	0
프로통산			0	0	0	0	0	0	0

이대희(李大喜) 아주대 1974.04.26

대회	연도	소속	출전	교체	실점	도움	파울	경고	퇴장
BC	1997	부천SK	10	0	22	0	1	0	0
	1998	부천SK	2	0	3	0	0	0	0
	2001	포항	0	0	0	0	0	0	0
	2002	포항	8	0	11	0	0	0	0
	2003	포항	0	0	0	0	0	0	0
	합계		20	0	36	0	1	0	0
프로통산			20	0	36	0	1	0	0

이도권(李度權) 성균관대 1979.08.08

대회	연도	소속	출전	교체	득점	도움	파울	경고	퇴장
BC	2006	전북	5	4	0	0	3	1	0
	합계		5	4	0	0	3	1	0
프로통산			5	4	0	0	3	1	0

이도성(李道成) 배재대 1984.03.22

대회	연도	소속	출전	교체	득점	도움	파울	경고	퇴장
BC	2007	대전	2	1	0	0	4	0	0
	합계		2	1	0	0	4	0	0
K2	2013	고양	33	10	0	0	74	8	0
	2014	고양	33	3	1	1	63	10	0
	2015	고양	34	10	0	1	48	10	0
	2016	고양	29	17	1	3	35	6	0
	합계		129	40	2	5	220	34	0
프로통산			131	41	2	5	224	34	0

이돈철(李敦哲) 동아대 1961.01.13

대회	연도	소속	출전	교체	득점	도움	파울	경고	퇴장
BC	1985	현대	14	1	0	0	12	0	0
	1986	현대	17	0	0	1	25	1	0
	1988	현대	6	3	0	0	6	0	0
	합계		37	4	0	1	43	1	0
프로통산			37	4	0	1	43	1	0

이동건(李動建) 신갈고 1999.02.07

대회	연도	소속	출전	교체	득점	도움	파울	경고	퇴장
K1	2018	대구	0	0	0	0	0	0	0
	합계		0	0	0	0	0	0	0
프로통산			0	0	0	0	0	0	0

이동경(李東炅) 울산현대고 1997.09.20

대회	연도	소속	출전	교체	득점	도움	파울	경고	퇴장
K1	2018	울산	1	1	0	0	2	0	0
	합계		1	1	0	0	2	0	0
K2	2018	안양	10	10	0	0	5	0	0
	합계		10	10	0	0	5	0	0
프로통산			11	11	0	0	7	0	0

이동국(李同國) 위덕대 1979.04.29

대회	연도	소속	출전	교체	득점	도움	파울	경고	퇴장
BC	1998	포항	24	10	11	2	25	1	0
	1999	포항	19	5	8	4	28	1	0
	2000	포항	8	1	4	1	9	0	0
	2001	포항	17	5	3	1	23	1	0
	2002	포항	21	12	7	3	24	4	0
	2003	광주상	27	4	11	6	33	1	0
	2004	광주상	23	7	4	5	32	2	0
	2005	광주상	1	1	0	0	0	0	0
	2005	포항	24	4	7	4	40	3	0
	2006	포항	10	4	7	1	17	1	0
	2008	성남일	13	10	2	2	20	0	0
	2009	전북	32	5	22	0	46	2	0
	2010	전북	30	8	13	3	20	2	1
	2011	전북	29	6	16	15	33	2	0
	2012	전북	40	12	26	6	69	7	0
	합계		318	94	141	53	419	27	1
K1	2013	전북	30	10	13	2	32	2	0
	2014	전북	31	15	13	6	25	1	0
	2015	전북	33	17	13	5	26	4	0
	2016	전북	27	19	12	0	17	1	0
	2017	전북	30	30	10	5	23	2	0
	2018	전북	35	27	13	4	22	4	0
	합계		186	118	74	22	145	14	0
프로통산			504	212	215	75	564	41	1

이동근(李東根) 경희대 1981.01.23

대회	연도	소속	출전	교체	득점	도움	파울	경고	퇴장
BC	2003	부천SK	21	9	2	1	26	3	0
	2004	부천SK	6	6	0	0	3	1	0
	2005	광주상	2	2	0	0	2	0	0
	2006	광주상	5	3	0	0	3	1	0
	2008	대전	16	8	0	2	18	1	0
	2009	울산	3	3	0	0	4	0	0
	합계		53	31	2	3	56	6	0
프로통산			53	31	2	3	56	6	0

이동근(李東根) 울산대 1988.11.28

대회	연도	소속	출전	교체	득점	도움	파울	경고	퇴장
BC	2011	경남	3	3	1	0	0	0	0
	합계		3	3	1	0	0	0	0
프로통산			3	3	1	0	0	0	0

이동명(李東明) 부평고 1987.10.04

대회	연도	소속	출전	교체	득점	도움	파울	경고	퇴장
BC	2006	제주	5	4	0	0	2	0	0
	2007	제주	10	8	0	0	8	0	0
	2008	부산	8	8	0	0	6	1	0
	2009	부산	5	5	0	0	7	1	0
	합계		28	25	0	0	23	2	0
K1	2013	대구	2	1	0	0	2	0	0
	합계		2	1	0	0	2	0	0
K2	2014	대구	4	1	0	0	5	1	0
	합계		4	1	0	0	5	1	0
프로통산			34	27	0	0	30	3	0

이동수(李東洙) 관동대 1994.06.03

대회	연도	소속	출전	교체	득점	도움	파울	경고	퇴장
K1	2017	제주	11	8	0	0	8	0	0
	2018	제주	28	25	2	0	23	3	0
	합계		39	33	2	0	31	3	0
K2	2016	대전	36	4	1	2	40	4	0
	합계		36	4	1	2	40	4	0
프로통산			75	37	3	2	71	7	0

이동식(李東植) 홍익대 1979.03.15

대회	연도	소속	출전	교체	득점	도움	파울	경고	퇴장
BC	2002	포항	0	0	0	0	0	0	0
	2003	포항	0	0	0	0	0	0	0
	2004	부천SK	18	10	1	1	39	4	0
	2005	부천SK	26	10	3	1	50	3	0
	2006	광주상	28	6	0	0	70	5	0
	2007	광주상	18	9	2	2	44	3	1
	2008	제주	27	2	0	1	91	11	0
	2009	제주	21	8	0	0	42	7	0
	2010	수원	4	3	0	0	11	1	0
	합계		142	48	6	5	347	34	1
프로통산			142	48	6	5	347	34	1

이동우(李東雨) 동국대 1985.07.31

대회	연도	소속	출전	교체	득점	도움	파울	경고	퇴장
K2	2013	충주	11	1	0	0	10	3	0
	합계		11	1	0	0	10	3	0
프로통산			11	1	0	0	10	3	0

이동욱(李東昱) 연세대 1976.04.10

대회	연도	소속	출전	교체	득점	도움	파울	경고	퇴장
BC	2001	수원	3	3	0	0	1	0	0
	2002	수원	1	1	0	0	0	0	0
	합계		4	4	0	0	1	0	0
프로통산			4	4	0	0	1	0	0

이동원(李東遠) 숭실대 1983.11.07

대회	연도	소속	출전	교체	득점	도움	파울	경고	퇴장
BC	2005	전남	10	3	0	2	18	0	0
	2006	전남	24	9	2	0	45	3	0
	2007	인천	30	13	1	1	60	4	0
	2008	대전	28	2	3	0	55	6	0
	2009	울산	27	7	1	0	53	6	0
	2010	울산	4	1	0	0	7	1	0
	2011	울산	0	0	0	0	0	0	0
	2011	부산	6	1	0	0	7	2	0
	합계		129	36	7	3	245	22	0
프로통산			129	36	7	3	245	22	0

이동일(李東日) 성균관대 1995.08.01

대회	연도	소속	출전	교체	득점	도움	파울	경고	퇴장
K2	2016	부산	1	1	0	0	0	0	0
	2017	부산	0	0	0	0	0	0	0
	합계		1	1	0	0	0	0	0
프로통산			1	1	0	0	0	0	0

이동재(李動在) 문성고 1996.07.20

대회	연도	소속	출전	교체	득점	도움	파울	경고	퇴장
K2	2015	강원	1	1	0	0	1	0	0
	합계		1	1	0	0	1	0	0
프로통산			1	1	0	0	1	0	0

이동준(李東俊) 숭실대 1997.02.01

대회	연도	소속	출전	교체	득점	도움	파울	경고	퇴장
K2	2017	부산	8	7	2	0	5	2	0
	2018	부산	23	23	4	1	14	1	0
	합계		31	30	6	1	19	3	0
승	2017	부산	2	2	0	0	4	1	0
	2018	부산	2	2	0	0	0	0	0
	합계		4	4	0	0	4	1	0
프로통산			35	34	6	1	23	4	0

이동희(李東熙) 호남대 [illegible]

대회	연도	소속	출전	교체	득점	도움	파울	경고	퇴장
K2	2018	광주	0	0	0	0	0	0	0
	합계		0	0	0	0	0	0	0
프로통산			0	0	0	0	0	0	0

이동현(李東炫) 경희대 1989.11.19

대회	연도	소속	출전	교체	득점	도움	파울	경고	퇴장
BC	2010	강원	5	5	0	0	1	1	0
	합계		5	5	0	0	1	1	0
K1	2013	대전	27	23	3	3	33	3	0
	합계		27	23	3	3	33	3	0

이동희(李東熙) 한양대 1996.07.03 (continued)

대회	연도	소속	출전	교체	득점	도움	파울	경고	퇴장
K2	2014	대전	2	1	0	0	2	0	0
	2015	안양	12	12	1	0	10	1	0
	합계		14	13	1	0	12	1	0
프로통산			46	41	4	3	46	5	0

이동희(李東熙) 한양대 1996.07.03

대회	연도	소속	출전	교체	득점	도움	파울	경고	퇴장
K1	2018	제주	12	8	0	0	12	1	0
	합계		12	8	0	0	12	1	0
프로통산			12	8	0	0	12	1	0

이따마르(Itamar Batista da Silva) 브라질 1980.04.12

대회	연도	소속	출전	교체	득점	도움	파울	경고	퇴장
BC	2003	전남	34	6	23	5	67	9	1
	2004	전남	31	10	11	3	64	9	0
	2005	포항	16	10	4	2	30	3	0
	2005	수원	10	1	4	0	13	0	0
	2006	수원	17	9	4	0	33	4	0
	2006	성남일	14	8	3	2	26	3	0
	2007	성남일	20	15	5	2	37	3	0
	합계		142	59	54	14	280	33	1
프로통산			142	59	54	14	280	33	1

이래준(李來俊) 동래고 1997.03.19

대회	연도	소속	출전	교체	득점	도움	파울	경고	퇴장
K1	2016	포항	0	0	0	0	0	0	0
	2017	포항	4	4	0	0	4	1	0
	2018	포항	3	3	1	0	3	0	0
	합계		7	7	1	0	7	1	0
프로통산			7	7	1	0	7	1	0

이레마(Oleg Eremin) 러시아 1967.10.28

대회	연도	소속	출전	교체	득점	도움	파울	경고	퇴장
BC	1997	포항	4	3	0	0	11	1	0
	합계		4	3	0	0	11	1	0
프로통산			4	3	0	0	11	1	0

이리네(Irineu Ricardo) 브라질 1977.07.12

대회	연도	소속	출전	교체	득점	도움	파울	경고	퇴장
BC	2001	성남일	15	3	0	0	55	2	0
	2002	성남일	20	13	8	4	43	3	0
	2003	성남일	38	22	9	5	90	3	0
	2004	성남일	16	9	5	1	28	2	0
	2004	부천SK	4	4	2	4	5	2	0
	2005	부천SK	9	1	1	4	26	1	0
	2006	제주	19	10	6	0	39	2	0
	2007	제주	31	16	1	1	59	9	0
	합계		163	76	45	12	371	22	0
프로통산			163	76	45	12	371	22	0

이명건(李明建) 동의대 1994.07.27

대회	연도	소속	출전	교체	득점	도움	파울	경고	퇴장
K1	2017	포항	1	1	0	0	1	0	0
	합계		1	1	0	0	1	0	0
프로통산			1	1	0	0	1	0	0

이명열(李明烈) 인천대 1968.06.25

대회	연도	소속	출전	교체	실점	도움	파울	경고	퇴장
BC	1991	포철	1	0	2	0	0	0	0
	1992	포철	6	0	4	0	0	0	0
	1993	포철	1	0	3	0	0	0	0
	1994	포철	35	0	42	0	1	2	0
	1995	포항	4	0	2	0	0	0	0
	1996	포항	25	2	24	0	0	0	0
	1999	포항	28	1	33	0	0	0	0
	합계		100	2	108	0	1	2	0
프로통산			100	2	108	0	1	2	0

이명재(李明載) 홍익대 1993.11.04

대회	연도	소속	출전	교체	득점	도움	파울	경고	퇴장
K1	2014	울산	2	2	0	0	2	0	0
	2015	울산	19	10	0	4	23	2	0
	2016	울산	5	3	0	0	6	1	0
	2017	울산	32	1	4	5	29	4	0
	2018	울산	32	2	0	5	25	3	0
	합계		90	18	1	13	82	7	0
프로통산			90	18	1	13	82	7	0

이명주(李明周) 영남대 1990.04.24

대회	연도	소속	출전	교체	득점	도움	파울	경고	퇴장
BC	2012	포항	35	12	5	6	71	4	0
	합계		35	12	5	6	71	4	0
K1	2013	포항	34	4	7	4	61	7	0
	2014	포항	11	2	5	9	19	3	0
	2017	서울	13	5	2	1	14	1	0
	합계		58	11	14	14	101	11	0
K2	2018	아산	30	6	5	5	64	5	0
	합계		30	6	5	5	64	5	0
프로통산			123	31	24	25	236	19	0

이명철(李命哲) 인제대 1989.05.29

대회	연도	소속	출전	교체	득점	도움	파울	경고	퇴장
BC	2011	대전	2	1	0	0	4	0	0
	합계		2	1	0	0	4	0	0
프로통산			2	1	0	0	4	0	0

이무형(李武桐) 배재대 1980.11.08

대회	연도	소속	출전	교체	득점	도움	파울	경고	퇴장
BC	2003	대전	2	2	0	0	3	0	0
	2004	대전	10	6	0	0	13	1	0
	합계		12	8	0	0	14	1	0
프로통산			12	8	0	0	14	1	0

이문석(李文碩) 인천대 1970.03.06

대회	연도	소속	출전	교체	득점	도움	파울	경고	퇴장
BC	1993	현대	3	3	0	1	0	1	0
	1994	현대	3	3	0	0	2	0	0
	1995	현대	12	12	0	1	4	0	0
	1996	울산	31	8	0	0	24	2	1
	1997	울산	17	11	2	1	15	2	1
	1998	울산	35	10	0	1	52	4	0
	1999	울산	32	18	0	0	40	3	0
	2000	부산	18	2	0	0	24	0	0
	합계		151	67	2	4	161	12	2
프로통산			151	67	2	4	161	12	2

이문선(李文善) 단국대 1983.01.21

대회	연도	소속	출전	교체	득점	도움	파울	경고	퇴장
BC	2005	대구	7	3	0	0	5	2	0
	2006	대구	12	6	0	1	9	1	0
	합계		19	9	0	1	14	3	0
프로통산			19	9	0	1	14	3	0

이문영(李文榮) 서울시립대 1965.05.05

대회	연도	소속	출전	교체	실점	도움	파울	경고	퇴장
BC	1987	유공	30	1	35	0	0	2	0
	1988	유공	24	0	24	0	0	1	0
	1989	유공	17	0	18	0	0	0	0
	1990	유공	8	0	12	0	0	0	0
	1991	유공	28	0	31	0	0	0	0
	1992	유공	27	0	31	0	1	1	0
	합계		134	1	151	0	1	4	0
프로통산			134	1	151	0	1	4	0

이민규(李敏圭) 홍익대 1989.01.06

대회	연도	소속	출전	교체	득점	도움	파울	경고	퇴장
BC	2011	강원	14	2	0	0	13	2	0
	2012	강원	9	2	0	0	18	2	0
	합계		23	4	0	0	31	4	0
K2	2013	충주	16	0	1	0	14	4	0
	2014	충주	11	4	0	0	8	0	0
	합계		27	4	1	0	38	6	1
프로통산			50	11	1	0	53	10	1

이민기(李旼氣) 전주대 1993.05.19

대회	연도	소속	출전	교체	득점	도움	파울	경고	퇴장
K1	2016	광주	9	6	1	0	9	1	0
	2017	광주	28	9	0	0	34	8	0
	2018	상주	6	0	0	0	7	3	0
	합계		43	9	1	2	66	10	0
K2	2018	광주	11	2	0	0	10	2	0
	합계		11	2	0	0	10	2	0
프로통산			54	11	1	2	76	12	0

이민선(李珉善) 선문대 1983.10.21

대회	연도	소속	출전	교체	득점	도움	파울	경고	퇴장
BC	2004	대전	4	4	0	0	2	1	0
	2006	대전	0	0	0	0	0	0	0
	합계		4	4	0	0	2	1	0
프로통산			4	4	0	0	2	1	0

이민섭(李珉燮) 동아대 1990.08.24

대회	연도	소속	출전	교체	득점	도움	파울	경고	퇴장
K1	2013	대구	0	0	0	0	0	0	0
	합계		0	0	0	0	0	0	0
프로통산			0	0	0	0	0	0	0

이민성(李敏成) 아주대 1973.06.23

대회	연도	소속	출전	교체	득점	도움	파울	경고	퇴장
BC	1996	부산	29	3	3	0	64	8	0
	1997	부산	10	7	1	0	13	3	0
	1998	부산	22	2	0	0	4	0	0
	2001	부산	22	13	1	0	24	3	0
	2002	부산	22	13	1	0	24	3	0
	2003	포항	39	1		1	53	11	0
	2004	포항	26	4	2	2	34	1	1
	2005	서울	32	6	0	4	45	8	0
	2006	서울	34	3	0	7	11	1	0
	2007	서울	22	7	2	1	11	1	0
	2008	서울	7	4	0	0	8	1	0
	합계		247	54	9	6	335	48	1
프로통산			247	54	9	6	335	48	1

이민수(李泯洙) 한남대 1992.01.11

대회	연도	소속	출전	교체	득점	도움	파울	경고	퇴장
K1	2018	강원	1	1	0	0	2	0	0
	합계		1	1	0	0	2	0	0
프로통산			1	1	0	0	2	0	0

이민우(李珉雨) 광주대 1991.12.01

대회	연도	소속	출전	교체	득점	도움	파울	경고	퇴장
K1	2014	성남	15	15	0	0	6	0	0
	합계		15	15	0	0	6	0	0
K2	2015	부천	17	16	2	0	16	1	0
	2017	안산	24	20	0	1	20	1	0
	2018	안산	2	2	0	1	1	0	0
	합계		43	38	2	1	37	2	0
프로통산			58	53	2	1	43	2	0

이바노프(Dimitar Vladev Ivanov) 불가리아 1970.10.07

대회	연도	소속	출전	교체	득점	도움	파울	경고	퇴장
BC	1998	부천SK	12	13	2	1	13	0	0
	합계		12	13	2	1	13	0	0
프로통산			12	13	2	1	13	0	0

이반(Herceg Ivan) 크로아티아 1990.02.10

대회	연도	소속	출전	교체	득점	도움	파울	경고	퇴장
K1	2018	경남	0	0	0	0	0	0	0
	합계		0	0	0	0	0	0	0
K2	2016	경남	22	7	0	1	23	5	0
	2017	경남	30	1	0		14	6	0
	2018	서울E	10	4	1	1	6	1	0
	합계		62	12	1	1	43	12	0
프로통산			62	12	1	1	43	12	0

이반(Ivan Peric) 세르비아 1982.05.05

대회	연도	소속	출전	교체	득점	도움	파울	경고	퇴장
BC	2007	제주	7	6	0	0	22	1	0
	합계		7	6	0	0	22	1	0
프로통산			7	6	0	0	22	1	0

이반(Testemitanu Ivan) 몰도바 1974.04.27

대회	연도	소속	출전	교체	득점	도움	파울	경고	퇴장
BC	2001	성남일	30	7	2	2	42	5	0

대회	연도	소속	출전	교체	득점	도움	파울	경고	퇴장
	2004	성남일	27	9	0		41	3	0
	합계		57	16	3	2	83	8	0
프로통산			57	16	3	2	83	8	0

이반(Ivan Ricardo Alves de Oliveira) 브라질 1974.10.27

대회	연도	소속	출전	교체	득점	도움	파울	경고	퇴장
BC	2001	전남	15	9	4	1	10	0	0
	2002	전남	27	21	0	1	22	1	0
	합계		42	30	4	2	32	1	0
프로통산			42	30	4	2	32	1	0

이반코비치(Mario Ivankovic) 크로아티아 1975.02.08

대회	연도	소속	출전	교체	득점	도움	파울	경고	퇴장
BC	2001	수원	3	3	0	0	2	0	0
	2002	수원	2	2	0	0	0	0	0
	합계		5	5	0	0	2	0	0
프로통산			5	5	0	0	2	0	0

이범수(李範守) 경희대 1990.12.10

대회	연도	소속	출전	교체	실점	도움	파울	경고	퇴장
BC	2010	전북	1	0	1	0	0	0	0
	2011	전북	2	0	4	0	0	0	0
	2012	전북	0	0	0	0	0	0	0
	합계		3	0	5	0	0	0	0
K1	2013	전북	0	0	0	0	0	0	0
	2014	전북	0	0	0	0	0	0	0
	2018	경남	13	0	19	0	0	0	0
	합계		13	0	19	0	0	0	0
K2	2015	서울E	2	0	4	0	0	0	0
	2016	대전	13	0	17	0	0	1	0
	2017	경남	21	0	18	0	0	1	0
	합계		36	0	40	0	0	2	0
프로통산			52	0	66	0	0	2	0

이범수(李範洙) 울산대 1978.01.27

대회	연도	소속	출전	교체	득점	도움	파울	경고	퇴장
BC	2000	울산	6	6	0	1	7	0	0
	2001	울산	2	2	0	0	2	0	0
	합계		8	8	0	1	9	0	0
프로통산			8	8	0	1	9	0	0

이범영(李範永) 신갈고 1989.04.02

대회	연도	소속	출전	교체	실점	도움	파울	경고	퇴장
BC	2008	부산	16	0	25	0	0	1	0
	2009	부산	6	1	7	0	0	0	0
	2010	부산	1	0	1	0	0	0	0
	2011	부산	18	0	29	0	0	1	0
	2012	부산	12	0	18	0	0	0	0
	합계		58	1	86	0	0	2	0
K1	2013	부산	31	0	33	0	1	1	0
	2014	부산	31	0	38	0	0	3	0
	2015	부산	27	0	37	1	0	2	0
	2017	강원	36	0	58	0	0	1	0
	2018	강원	32	2	42	0	0	1	0
	합계		155	2	208	1	1	8	0
승	2015	부산	2	0	3	0	0	0	0
	합계		2	0	3	0	0	0	0
프로통산			215	3	297	1	1	10	0

이병근(李炳根) 한양대 1973.04.28

대회	연도	소속	출전	교체	득점	도움	파울	경고	퇴장
BC	1996	수원	30	10	0	1	57	7	1
	1997	수원	33	14	2	1	43	4	0
	1998	수원	29	13	1	1	47	5	0
	1999	수원	39	21	2	2	74	5	0
	2000	수원	25	3	0	1	40	1	0
	2001	수원	31	4	0	0	55	5	0
	2002	수원	36	8	0	2	39	2	0
	2003	수원	38	2	5	4	81	4	0
	2004	수원	16	9	0	0	24	3	0
	2005	수원	28	15	0	1	38	3	0
	2006	수원	4	3	0	0	4	0	0
	2006	대구	10	3	2	1	23	3	0
	2007	대구	5	2	1	0	7	0	0
	합계		324	108	10	15	515	39	1
프로통산			324	108	10	15	515	39	1

이병기(李丙基) 고려대 1963.02.22

대회	연도	소속	출전	교체	득점	도움	파울	경고	퇴장
BC	1986	대우	11	11	0	1	2	0	0
	1988	대우	8	7	0	0	14	0	0
	합계		19	18	0	1	16	0	0
프로통산			19	18	0	1	16	0	0

이병욱(李秉煜) 영남대 1996.11.14

대회	연도	소속	출전	교체	득점	도움	파울	경고	퇴장
K2	2018	서울E	1	1	0	0	3	0	0
	합계		1	1	0	0	3	0	0
프로통산			1	1	0	0	3	0	0

이병윤(李炳允) 부경대 1986.04.26

대회	연도	소속	출전	교체	득점	도움	파울	경고	퇴장
BC	2011	전남	7	6	1	0	7	1	0
	합계		7	6	1	0	7	1	0
프로통산			7	6	1	0	7	1	0

이보(Olivio da Rosa) 브라질 1986.10.02

대회	연도	소속	출전	교체	득점	도움	파울	경고	퇴장
BC	2012	인천	27	16	4	6	22	2	0
	합계		27	16	4	6	22	2	0
K1	2014	인천	33	12	7	6	39	2	0
	합계		33	12	7	6	39	2	0
프로통산			60	28	11	12	65	4	0

이봉준(李奉埈) 삼일고 1992.04.11

대회	연도	소속	출전	교체	득점	도움	파울	경고	퇴장
BC	2012	강원	1	1	0	0	0	0	0
	합계		1	1	0	0	0	0	0
프로통산			1	1	0	0	0	0	0

이부열(李富烈) 마산공고 1958.10.16

대회	연도	소속	출전	교체	득점	도움	파울	경고	퇴장
BC	1983	국민	15	3	1	1	9	2	0
	1984	국민	28	3	3	3	12	0	0
	1985	럭금	19	6	1	0	20	0	0
	1986	럭금	30	5	1	0	21	1	0
	1987	럭금	7	4	0	0	7	0	0
	1988	럭금	7	4	0	0	4	0	0
	합계		109	25	6	4	69	4	0
프로통산			109	25	6	4	69	4	0

이삭(Victor Issac Acosta) 아르헨티나 1986.12.04

대회	연도	소속	출전	교체	득점	도움	파울	경고	퇴장
BC	2010	대구	3	3	0	0	7	0	0
	합계		3	3	0	0	7	0	0
프로통산			3	3	0	0	7	0	0

이상규(李相圭) 광운대 1977.09.05

대회	연도	소속	출전	교체	득점	도움	파울	경고	퇴장
BC	2000	대전	6	6	0	1	4	0	0
	2001	대전	11	7	0	0	11	1	0
	2002	대전	2	1	0	0	4	0	0
	합계		19	14	0	1	19	1	0
프로통산			19	14	0	1	19	1	0

이상기(李相基) 성균관대 1987.03.08

대회	연도	소속	출전	교체	실점	도움	파울	경고	퇴장
BC	2011	상주	4	1	7	0	0	0	0
	2012	상주	6	1	10	0	0	0	0
	합계		10	2	17	0	0	0	0
K1	2013	수원	1	0	2	0	0	0	0
	합계		1	0	2	0	0	0	0
K2	2013	상주	0	0	0	0	0	0	0
	2014	수원FC	19	1	28	0	0	2	0
	2015	수원FC	1	1	0	0	0	0	0
	2015	강원	12	3	15	0	0	0	0
	2016	서울E	1	0					
	2017	서울E	0	0	0	0	0	0	0
	합계		33	4	48	0	0	3	0
프로통산			44	6	65	0	0	4	0

이상기(李相紀) 영남대 1996.05.07

대회	연도	소속	출전	교체	득점	도움	파울	경고	퇴장
K1	2017	포항	28	28	2	3	14	3	0
	2018	포항	28	12	1	1	25	7	0
	합계		56	40	3	4	39	10	0
프로통산			56	40	3	4	39	10	0

이상기(李相基) 관동대 1970.03.20

대회	연도	소속	출전	교체	득점	도움	파울	경고	퇴장
BC	1992	포철	8	7	0	0	10	0	0
	합계		8	7	0	0	10	0	0
프로통산			8	7	0	0	10	0	0

이상덕(李相德) 동아대 1986.11.05

대회	연도	소속	출전	교체	득점	도움	파울	경고	퇴장
BC	2009	대구	7	3	3	0	2	0	0
	2010	대구	26	6	1	1	31	3	0
	2011	대구	16	1	1	0	18	3	0
	합계		49	10	5	1	51	6	0
프로통산			49	10	5	1	51	6	0

이상돈(李相燉) 울산대 1985.08.12

대회	연도	소속	출전	교체	득점	도움	파울	경고	퇴장
BC	2008	울산	8	5	0	0	15	1	0
	2009	울산	8	7	0	1	5	1	0
	2010	수원	5	2	1	0	4	0	0
	2010	강원	16	1	0	1	12	1	0
	2011	강원	23	1	0	2	24	2	0
	2012	강원	11	4	0	0	14	2	0
	합계		71	20	1	4	72	9	0
K2	2015	고양	32	1	1	0	18	3	0
	2016	고양	38	7	0	1	24	2	0
	합계		70	8	1	1	42	5	0
프로통산			141	28	2	5	114	14	0

이상래(李相來) 중앙대 1961.07.12

대회	연도	소속	출전	교체	득점	도움	파울	경고	퇴장
BC	1984	럭금	15	15	0	0	9	0	0
	1985	럭금	21	6	7	5	17	0	0
	1986	럭금	35	11	7	6	39	1	0
	1987	럭금	19	8	0	3	15	0	0
	1988	유공	7	4	0	0	24	0	0
	합계		105	48	14	12	113	5	0
프로통산			105	48	14	12	113	5	0

이상민(李相珉) 고려대 1995.05.02

대회	연도	소속	출전	교체	득점	도움	파울	경고	퇴장
K1	2017	수원	3	3	0	0	0	0	0
	합계		3	3	0	0	0	0	0
K2	2018	수원FC	12	6	0	0	13	2	0
	합계		12	6	0	0	13	2	0
프로통산			15	9	0	0	13	2	0

이상민(李相玟) 숭실대 1998.01.01

대회	연도	소속	출전	교체	득점	도움	파울	경고	퇴장
K1	2018	울산	1	1	0	0	0	0	0
	합계		1	1	0	0	0	0	0

이상민(李尙旼) 묵호중 1986.09.14

대회	연도	소속	출전	교체	득점	도움	파울	경고	퇴장
BC	2008	경남	7	6	0	0	11	1	0
	합계		7	6	0	0	11	1	0

이상석(李相錫) 고려대 1985.01.06

대회	연도	소속	출전	교체	득점	도움	파울	경고	퇴장
BC	2007	대구	1	1	0	0	1	0	0
	합계		1	1	0	0	1	0	0
프로통산			1	1	0	0	1	0	0

이상용(李相龍) 전주대 1994.03.19

대회	연도	소속	출전	교체	득점	도움	파울	경고	퇴장

K2 rows (continued from previous player):

대회	연도	소속	출전	교체	득점	도움	파울	경고	퇴장
K2	2017	안양	24	1	1	1	30	7	0
	2018	안양	13	1	2	0	15	1	0
	합계		37	2	3	1	45	8	0
프로통산			37	2	3	1	45	8	0

이상용(李相龍) 고려대 1961.01.25

대회	연도	소속	출전	교체	득점	도움	파울	경고	퇴장
BC	1984	유공	11	5	2	0	8	0	0
	1985	유공	7	6	0	0	4	1	0
	1987	유공	5	5	0	0	4	0	0
	합계		23	16	2	0	16	1	0
프로통산			23	16	2	0	16	1	0

이상용(李相龍) 조선대 1963.04.29

대회	연도	소속	출전	교체	득점	도움	파울	경고	퇴장
BC	1985	럭금	5	5	0	0	4	0	0
	1986	럭금	5	6	0	0	4	0	0
	1987	유공	1	1	0	0	0	0	0
	합계		11	12	0	0	8	0	0
프로통산			11	12	0	0	8	0	0

이상용(李相睿) 연세대 1986.01.09

대회	연도	소속	출전	교체	득점	도움	파울	경고	퇴장
BC	2008	전남	1	1	0	0	0	0	0
	합계		1	1	0	0	0	0	0
프로통산			1	1	0	0	0	0	0

이상우(李相雨) 홍익대 1985.04.10

대회	연도	소속	출전	교체	득점	도움	파울	경고	퇴장
BC	2008	서울	3	3	0	0	1	0	0
	합계		3	3	0	0	1	0	0
K2	2013	안양	18	2	2	1	16	3	0
	2014	안양	20	5	1	3	16	5	0
	합계		38	7	3	4	32	8	0
프로통산			41	10	3	4	34	9	0

이상우(李相馬) 한양대 1976.08.01

대회	연도	소속	출전	교체	득점	도움	파울	경고	퇴장
BC	1999	안양G	0	0	0	0	0	0	0
	합계		0	0	0	0	0	0	0
프로통산			0	0	0	0	0	0	0

이상욱(李相旭) 호남대 1990.03.09

대회	연도	소속	출전	교체	실점	도움	파울	경고	퇴장
K1	2014	수원	0	0	0	0	0	0	0
	2015	수원	0	0	0	0	0	0	0
	2016	수원	0	0	0	0	0	0	0
	합계		0	0	0	0	0	0	0
K2	2017	수원FC	24	0	33	0	0	0	0
	2018	수원FC	5	0	14	0	0	0	0
	합계		29	0	47	0	0	0	0
프로통산			29	0	47	0	0	0	0

이상욱(李商旭) 연세대 1973.05.27

대회	연도	소속	출전	교체	득점	도움	파울	경고	퇴장
BC	1999	수원	5	5	0	0	3	0	0
	합계		5	5	0	0	3	0	0
프로통산			5	5	0	0	3	0	0

이상원(李相元) 아주대 1991.04.24

대회	연도	소속	출전	교체	득점	도움	파울	경고	퇴장
K2	2014	안양	2	2	0	0	2	1	0
	합계		2	2	0	0	2	1	0
프로통산			2	2	0	0	2	1	0

이상윤(李相潤) 건국대 1969.04.10

대회	연도	소속	출전	교체	득점	도움	파울	경고	퇴장
BC	1990	일화	14	7	4	1	16	1	0
	1991	일화	35	15	15	5	41	4	0
	1992	일화	35	22	12	2	35	3	0
	1993	일화	32	15	7	6	34	3	0
	1994	일화	31	15	6	5	29	2	0
	1995	일화	24	16	1	5	39	2	0
	1996	천안일	25	16	5	7	28	1	0
	1997	천안일	12	8	1	0	19	2	0
	1998	천안일	13	11	0	3	36	3	1
	1999	천안일	16	5	3	2	17	2	0
	2000	성남일	36	14	13	6	44	4	0
	2001	부천SK	20	20	1	4	17	0	0
	합계		293	146	71	43	355	27	1
프로통산			293	146	71	43	355	27	1

이상일(李相一) 중앙대 1979.05.25

대회	연도	소속	출전	교체	득점	도움	파울	경고	퇴장
BC	2003	대구	28	7	2	1	43	2	0
	2004	대구	17	4	1	3	18	2	0
	2005	대구	14	14	1	0	10	1	0
	2006	대구	32	11	4	1	49	5	0
	2007	전남	16	10	0	1	22	2	0
	2008	전남	18	7	1	0	23	3	0
	합계		125	52	6	9	158	15	0
프로통산			125	52	6	9	158	15	0

이상준(李常俊) 개성고 1999.10.14

대회	연도	소속	출전	교체	득점	도움	파울	경고	퇴장
K2	2018	부산	1	1	0	0	0	0	0
	합계		1	1	0	0	0	0	0
프로통산			1	1	0	0	0	0	0

이상철(李相哲) 고려대 1958.08.04

대회	연도	소속	출전	교체	득점	도움	파울	경고	퇴장
BC	1984	현대	12	9	2	4	8	0	0
	1985	현대	15	7	5	0	12	0	0
	1986	현대	28	16	7	3	28	2	0
	1987	현대	28	13	8	2	24	2	0
	합계		83	45	22	6	60	4	0
프로통산			83	45	22	6	60	4	0

이상태(李相泰) 대구대 1977.10.25

대회	연도	소속	출전	교체	득점	도움	파울	경고	퇴장
BC	2000	수원	4	3	0	0	4	2	0
	2004	수원	10	5	0	0	22	3	0
	2005	수원	7	3	0	0	9	1	0
	2006	수원	2	1	0	0	2	1	0
	2006	경남	2	2	0	0	5	0	0
	합계		25	17	0	0	42	7	0
프로통산			25	17	0	0	42	7	0

이상헌(李尚憲) 현대고 1998.02.26

대회	연도	소속	출전	교체	득점	도움	파울	경고	퇴장
K1	2017	울산	0	0	0	0	0	0	0
	2018	울산	2	2	0	0	2	0	0
	2018	전남	21	19	5	2	15	4	0
	합계		23	21	5	2	17	4	0
프로통산			23	21	5	2	17	4	0

이상헌(李尚憲) 동국대 1975.10.11

대회	연도	소속	출전	교체	득점	도움	파울	경고	퇴장
BC	1998	안양G	3	3	0	0	3	0	0
	1999	안양G	19	4	0	0	34	6	0
	2000	안양G	31	8	2	0	58	6	0
	2001	안양G	5	2	0	0	8	0	0
	2002	안양G	3	3	0	0	4	0	0
	2003	안양G	20	5	1	1	46	4	0
	2004	인천	6	5	0	0	35	4	0
	2005	인천	8	6	1	0	18	1	0
	2006	인천	19	2	2	0	11	2	1
	합계		114	38	6	1	207	23	1
프로통산			114	38	6	1	207	23	1

이상헌(李相憲) 진주고 1996.03.13

대회	연도	소속	출전	교체	득점	도움	파울	경고	퇴장
K2	2015	경남	3	3	0	0	2	0	0
	2016	경남	5	4	0	0	4	0	0
	2017	경남	5	3	1	0	1	0	0
	합계		13	10	1	0	7	0	0
프로통산			13	10	1	0	7	0	0

이상협(李相俠) 고려대 1990.01.01

대회	연도	소속	출전	교체	득점	도움	파울	경고	퇴장
K1	2013	서울	5	4	0	0	4	0	0
	2014	서울	21	19	1	0	16	2	0
	2015	서울	10	11	0	0	7	0	0
	2016	서울	3	3	0	0	3	0	0
	2017	인천	20	8	0	0	15	1	0
	2018	상주	5	4	0	0	4	0	0
	합계		64	49	1	0	49	4	0
프로통산			64	49	1	0	49	4	0

이상협(李相俠) 동북고 1986.08.03

대회	연도	소속	출전	교체	득점	도움	파울	경고	퇴장
BC	2006	서울	2	1	0	0	8	0	0
	2007	서울	24	19	0	2	60	5	0
	2008	서울	21	19	2	4	36	5	0
	2009	서울	21	19	1	2	26	5	0
	2010	제주	17	14	6	1	29	4	0
	2011	제주	7	7	1	0	7	2	0
	2011	대전	7	1	0	0	8	1	0
	2012	상주	9	6	3	1	20	3	0
	합계		100	85	22	6	173	22	1
K1	2014	상주	3	3	0	0	2	1	0
	2014	전북	23	22	3	0	17	0	0
	2015	전북	8	8	0	0	6	0	0
	2015	성남	3	3	0	0	3	0	0
	합계		35	34	3	0	23	1	0
K2	2013	상주	25	25	15	3	34	3	0
	2016	경남	1	1	0	0	0	0	0
	합계		30	26	15	3	34	3	0
승	2013	상주	2	1	0	0	2	0	0
	합계		2	1	0	0	2	0	0
프로통산			167	147	42	9	231	28	1

이상호(李尚浩) 단국대 1981.11.18

리그	연도	소속	출전	교체	득점	도움	파울	경고	퇴장
BC	2004	부천S	0	0	0	0	0	0	0
	2005	부천S	27	1	0	1	44	4	0
	2006	제주	31	0	1	0	33	4	1
	2007	제주	30	1	0	0	33	4	0
	2008	제주	20	6	0	0	17	6	1
	2009	제주	30	10	0	0	39	6	0
	2010	제주	33	4	0	0	39	7	0
	2011	전남	11	2	0	0	16	4	0
	2012	전남	16	7	0	1	19	4	0
	합계		188	27	1	2	229	35	3
K1	2013	전남	3	1	0	0	2	1	0
	합계		3	1	0	0	2	1	0
프로통산			191	28	1	2	230	35	3

이상호(李相湖) 울산공고 1987.05.09

대회	연도	소속	출전	교체	득점	도움	파울	경고	퇴장
BC	2006	울산	17	9	2	2	39	4	0
	2007	울산	22	14	4	1	49	5	0
	2008	울산	20	7	5	0	54	8	0
	2009	수원	12	11	1	2	18	1	0
	2010	수원	29	13	3	3	51	5	0
	2011	수원	29	13	6	3	51	5	0
	2012	수원	16	2	0	0	22	4	0
	합계		144	64	21	10	275	24	0
K1	2014	상주	17	15	2	2	13	2	0
	2015	수원	30	17	5	2	36	4	0
	2016	수원	3	3	0	0	3	0	0
	2017	서울	24	11	3	1	27	1	0
	2018	서울	23	16	2	1	26	4	0
	합계		136	75	20	9	145	10	0
K2	2013	상주	21	11	3	5	33	1	0
	합계		21	11	3	5	33	1	0
승	2013	상주	2	1	1	0	5	0	0
	합계		2	1	1	0	5	0	0
프로통산			303	151	45	24	458	35	0

이상홍(李相洪) 연세대 1979.02.04

대회	연도	소속	출전	교체	득점	도움	파울	경고	퇴장
BC	2004	포항	6	4	0	0	5	0	0
	2005	포항	1	1	0	0	1	0	0
	2006	포항	0	0	0	0	0	0	0
	2008	광주상	1	1	0	0	1	0	0
	합계		8	6	0	0	6	0	0
프로통산			8	6	0	0	6	0	0

이순민(李淳敏) 영남대 1994.05.22

대회	연도	소속	출전	교체	득점	도움	파울	경고	퇴장
K1	2017	광주	0	0	0	0	0	0	0
	합계		0	0	0	0	0	0	0
프로통산			0	0	0	0	0	0	0

이순석(李淳碩) 여의도고 1991.12.22

대회	연도	소속	출전	교체	득점	도움	파울	경고	퇴장
K2	2013	부천	6	4	0	0	12	0	0
	합계		6	4	0	0	12	0	0
프로통산			6	4	0	0	12	0	0

이순우(李淳雨) 건국대 1974.08.23

대회	연도	소속	출전	교체	득점	도움	파울	경고	퇴장
BC	1999	부천SK	0	0	0	0	0	0	0
	합계		0	0	0	0	0	0	0
프로통산			0	0	0	0	0	0	0

이순행(李順行) 국민대 1974.04.02

대회	연도	소속	출전	교체	득점	도움	파울	경고	퇴장
BC	2000	포항	6	6	0	0	7	0	0
	합계		6	6	0	0	7	0	0
프로통산			6	6	0	0	7	0	0

이스트반(Nyul Istvan) 헝가리 1961.02.25

대회	연도	소속	출전	교체	득점	도움	파울	경고	퇴장
BC	1990	럭금	6	4	2	0	10	0	0
	합계		6	4	2	0	10	0	0
프로통산			6	4	2	0	10	0	0

이슬기(李슬기) 동국대 1986.09.24

대회	연도	소속	출전	교체	득점	도움	파울	경고	퇴장
BC	2009	대구	29	1	3	7	50	4	0
	2010	대구	23	20	1	4	36	2	0
	2011	포항	5	3	0	0	12	2	0
	2012	대전	1	1	0	0	0	0	0
	합계		58	25	4	11	98	8	0
K1	2013	대전	4	2	0	1	7	0	0
	2015	인천	1	0	0	0	3	0	0
	합계		5	2	0	1	10	1	0
K2	2016	안양	2	2	0	0	2	0	0
	합계		2	2	0	0	2	0	0
프로통산			65	29	4	11	110	10	0

이슬찬(李슬찬) 광양제철고 1993.08.15

대회	연도	소속	출전	교체	득점	도움	파울	경고	퇴장
BC	2012	전남	4	4	0	0	6	0	0
	합계		4	4	0	0	6	0	0
K1	2013	전남	3	3	0	0	4	0	0
	2014	전남	1	1	0	0	1	0	0
	2015	전남	22	9	0	0	28	4	0
	2016	전남	14	8	0	1	14	3	0
	2017	전남	33	2	4	2	28	10	0
	2018	전남	28	4	0	2	18	4	1
	합계		101	27	4	5	104	24	1
프로통산			105	31	4	5	110	24	1

이승규(李承圭) 선문대 1992.07.27

대회	연도	소속	출전	교체	실점	도움	파울	경고	퇴장
K2	2015	고양	1	1	0	0	0	0	0
	2016	고양	3	0	0	0	0	0	0
	합계		4	1	0	0	0	0	0
프로통산			4	1	0	0	0	0	0

이승규(李承奎) 중앙대 1970.01.17

대회	연도	소속	출전	교체	득점	도움	파울	경고	퇴장
BC	1994	버팔로	35	0	0	1	29	3	0
	1995	전남	1	1	0	0	0	0	0
	합계		36	1	0	1	29	3	0
프로통산			36	1	0	1	29	3	0

이승근(李昇根) 한남대 1981.11.10

대회	연도	소속	출전	교체	득점	도움	파울	경고	퇴장
BC	2004	대구	22	10	0	0	26	4	0
	2005	대구	6	4	0	0	4	1	0
	합계		28	14	0	0	30	5	0
프로통산			28	14	0	0	30	5	0

이승기(李承琪) 울산대 1988.06.02

대회	연도	소속	출전	교체	득점	도움	파울	경고	퇴장
BC	2011	광주	27	4	7	8	33	0	0
	2012	광주	40	6	4	12	49	1	0
	합계		67	10	12	14	82	1	0
K1	2013	전북	21	6	5	3	28	2	0
	2014	전북	26	8	6	10	30	2	0
	2016	상주	15	14	0	0	12	1	0
	2016	전북	4	1	0	1	2	0	0
	2017	전북	31	22	9	3	20	2	0
	2018	전북	15	14	0	3	18	1	0
	합계		124	62	21	24	97	5	0
K2	2015	상주	22	11	5	5	18	1	0
	합계		22	11	5	5	18	1	0
프로통산			213	83	38	43	197	7	0

이승렬(李承렬) 신갈고 1989.03.06

대회	연도	소속	출전	교체	득점	도움	파울	경고	퇴장
BC	2008	서울	31	24	5	1	43	1	0
	2009	서울	26	20	7	1	43	4	0
	2010	서울	19	20	5	4	24	3	0
	2011	서울	19	20	2	1	22	3	0
	2012	울산	14	11	1	1	21	3	0
	합계		118	94	20	9	154	17	0
K1	2013	성남일	23	16	3	1	39	6	0
	2014	전북	9	9	0	0	12	2	0
	2015	전북	3	3	0	0	5	0	0
	2016	수원FC	4	3	0	1	6	4	1
	합계		39	31	3	2	62	12	1
프로통산			157	125	28	11	216	29	1

이승렬(李承렬) 한라대 1983.09.28

대회	연도	소속	출전	교체	득점	도움	파울	경고	퇴장
BC	2007	포항	1	1	0	0	1	0	0
	합계		1	1	0	0	1	0	0
프로통산			1	1	0	0	1	0	0

이승모(李勝模) 포철고 1998.03.30

대회	연도	소속	출전	교체	득점	도움	파울	경고	퇴장
K1	2017	포항	3	2	0	1	2	0	0
	합계		3	2	0	1	2	0	0
K2	2018	광주	10	10	1	1	9	1	0
	합계		10	10	1	1	9	1	0
프로통산			13	12	1	2	11	1	0

이승목(李昇穆) 관동대 1984.07.18

대회	연도	소속	출전	교체	득점	도움	파울	경고	퇴장
BC	2007	제주	5	4	0	0	11	1	0
	2010	대전	0	0	0	0	0	0	0
	합계		5	4	0	0	11	1	0
프로통산			5	4	0	0	11	1	0

이승엽(李昇燁) 연세대 1975.10.12

대회	연도	소속	출전	교체	득점	도움	파울	경고	퇴장
BC	1998	안양	11	9	0	1	7	2	0
	1999	포항	21	9	1	0	36	2	0
	2000	포항	26	5	0	2	45	4	0
	2001	포항	29	5	1	0	53	5	0
	2002	포항	16	7	0	0	22	2	0
	2003	부천SK	12	9	0	2	31	0	1
	합계		115	44	1	5	194	15	1
프로통산			115	44	1	5	194	15	1

이승원(李昇元) 숭실대 1986.10.14

대회	연도	소속	출전	교체	득점	도움	파울	경고	퇴장
BC	2010	대전	2	1	0	0	2	0	0
	합계		2	1	0	0	3	0	0
프로통산			2	1	0	0	3	0	0

이승재 광운대 1971.11.02

대회	연도	소속	출전	교체	득점	도움	파울	경고	퇴장
BC	1999	전북	14	14	0	0	9	2	0
	합계		14	14	0	0	9	2	0

이승준(李承俊) 성균관대 1972.09.01

대회	연도	소속	출전	교체	실점	도움	파울	경고	퇴장
BC	2000	대전	4	1	5	0	1	0	0
	2001	대전	2	0	4	0	0	0	0
	2002	대전	9	0	14	0	0	0	0
	2003	대전	6	1	13	0	0	0	0
	2004	대전	7	0	14	0	0	0	0
	2005	대전	2	0	4	0	0	0	0
	2006	부산	3	1	13	0	0	0	0
	합계		33	3	53	0	1	0	0
프로통산			33	3	53	0	1	0	0

이승태(李承泰) 연세대 1972.03.28

대회	연도	소속	출전	교체	실점	도움	파울	경고	퇴장
BC	1996	부산	9	0	19	0	0	0	0
	합계		9	0	19	0	0	0	0
프로통산			9	0	19	0	0	0	0

이승현(李昇鉉) 한양대 1985.07.25

대회	연도	소속	출전	교체	득점	도움	파울	경고	퇴장
BC	2006	부산	36	22	7	3	38	1	0
	2007	부산	18	16	2	1	19	2	0
	2008	부산	19	14	3	1	20	0	0
	2009	부산	33	20	5	1	42	1	0
	2010	부산	19	16	1	4	21	1	0
	2011	전북	29	21	7	3	17	1	0
	2012	전북	32	24	5	5	25	4	0
	합계		186	132	28	14	182	8	0
K1	2014	상주	17	14	2	2	18	1	0
	2014	전북	2	2	0	0	2	0	0
	2015	전북	10	10	0	0	10	0	0
	2016	수원FC	31	17	6	3	61	2	0
	합계		65	47	9	3	61	2	0
K2	2013	상주	34	6	7	4	42	4	0
	2017	수원FC	34	6	7	1	17	1	0
	2018	수원FC	32	19	0	1	24	1	0
	합계		92	47	11	2	83	6	0
승	2013	상주	2	2	1	0	2	0	0
	합계		2	2	1	0	2	0	0
프로통산			345	228	49	19	328	16	0

이승현(李承炫) 홍익대 1995.04.04

대회	연도	소속	출전	교체	득점	도움	파울	경고	퇴장
K2	2017	성남	0	0	0	0	0	0	0
	합계		0	0	0	0	0	0	0
프로통산			0	0	0	0	0	0	0

이승협(李承協) 연세대 1971.04.15

대회	연도	소속	출전	교체	득점	도움	파울	경고	퇴장
BC	1995	포항	10	6	0	1	7	2	0
	1996	포항	4	4	0	0	4	0	0
	1997	포항	26	5	0	0	36	4	0
	합계		40	15	0	1	47	6	0
프로통산			40	15	0	1	47	6	0

이승호(李承鎬) 충북대 1970.08.25

대회	연도	소속	출전	교체	득점	도움	파울	경고	퇴장
BC	1997	대전	18	18	1	0	6	1	0
	합계		18	18	1	0	6	1	0
프로통산			18	18	1	0	6	1	0

이승희(李承熙) 홍익대 1988.06.10

대회	연도	소속	출전	교체	득점	도움	파울	경고	퇴장
BC	2010	전남	21	7	0	1	22	7	0
	2011	전남	28	2	0	1	56	9	0

대회	연도	소속	출전	교체	득점	도움	파울	경고	퇴장
	2012	전남	7	4	0	0	6	1	0
	2012	제주	10	6	0	0	19	2	0
	합계		66	19	0	2	103	19	0
K1	2013	전남	33	1	0	1	43	6	0
	2014	전남	31	6	1	0	51	9	0
	2017	포항	13	4	1	0	21	3	0
	합계		77	11	2	1	115	18	0
프로통산			143	30	2	3	218	37	0

이시영(李時榮) 전주대 1997.04.21

대회	연도	소속	출전	교체	득점	도움	파울	경고	퇴장
K2	2018	성남	4	3	0	0	1	0	0
	합계		4	3	0	0	1	0	0
프로통산			4	3	0	0	1	0	0

이시환(李視煥) 풍생고 1998.05.25

대회	연도	소속	출전	교체	실점	도움	파울	경고	퇴장
K2	2017	성남	0	0	0	0	0	0	0
	합계		0	0	0	0	0	0	0
프로통산			0	0	0	0	0	0	0

이싸빅[李씨빅/ ← 싸빅(Jasenko Sabitović)] 1973.03.29

대회	연도	소속	출전	교체	득점	도움	파울	경고	퇴장
BC	1998	포항	32	6	1	1	62	6	0
	1999	포항	29	0	0	0	47	5	0
	2000	포항	34	1	1	1	46	5	0
	2001	포항	30	3	0	0	59	3	0
	2002	포항	24	4	0	0	83	4	0
	2003	성남일	33	7	1	1	67	4	0
	2004	성남일	34	22	0	2	47	4	0
	2005	성남일	9	1	0	1	17	5	0
	2005	수원	11	1	0	1	34	2	0
	2006	수원	20	7	1	0	25	3	0
	2007	수원	10	3	0	0	25	3	0
	2008	전남	5	2	0	0	9	0	0
	합계		271	54	9	7	518	41	0
프로통산			271	54	9	7	518	41	0

이안(Iain Stuart Fyfe) 오스트레일리아 1982.04.03

대회	연도	소속	출전	교체	득점	도움	파울	경고	퇴장
BC	2011	부산	15	4	1	0	20	4	0
	합계		15	4	1	0	20	4	0
프로통산			15	4	1	0	20	4	0

이양종(李洋鍾) 관동대 1989.07.17

대회	연도	소속	출전	교체	실점	도움	파울	경고	퇴장
BC	2011	대구	1	1	0	0	0	0	0
	2012	대구	2	0	2	0	1	0	0
	합계		3	1	2	0	1	0	0
K1	2013	대구	24	0	19	0	1	0	0
	2017	대구	3	0	0	0	0	1	0
	합계		27	0	19	0	1	1	0
K2	2014	대구	19	1	35	0	0	0	0
	2015	대구	1	1	4	0	0	0	0
	2016	대구	1	0	3	0	0	0	0
	합계		21	2	42	0	0	0	0
프로통산			51	3	63	0	2	1	0

이여성(李如星) 대신고 1983.01.05

대회	연도	소속	출전	교체	득점	도움	파울	경고	퇴장
BC	2002	수원	3	2	0	0	4	0	0
	2006	부산	11	0	0	0	11	0	0
	2007	부산	24	12	1	4	25	0	0
	2008	대전	26	17	1	1	27	3	0
	2009	대전	4	2	0	0	3	1	0
	합계		68	44	2	5	70	4	0
프로통산			68	44	2	5	70	4	0

이영길(李永吉) 경희대 1957.03.01

대회	연도	소속	출전	교체	득점	도움	파울	경고	퇴장
BC	1983	할렐	1	1	0	0	0	0	0
	1984	할렐	1	1	0	0	0	0	0
	합계		2	2	0	0	0	0	0

대회	연도	소속	출전	교체	득점	도움	파울	경고	퇴장
프로통산			2	2	0	0	0	0	0

이영덕(李永德) 동국대 1990.03.18

대회	연도	소속	출전	교체	득점	도움	파울	경고	퇴장
K2	2013	충주	22	13	0	2	22	0	0
	합계		22	13	0	2	22	0	0
프로통산			22	13	0	2	22	0	0

이영배(李映培) 명지대 1975.03.25

대회	연도	소속	출전	교체	득점	도움	파울	경고	퇴장
BC	1999	천안일	16	16	3	1	22	1	0
	2000	성남일	2	2	0	0	0	0	0
	합계		18	18	3	1	22	1	0
프로통산			18	18	3	1	22	1	0

이영상(李永相) 한양대 1967.02.24

대회	연도	소속	출전	교체	득점	도움	파울	경고	퇴장
BC	1990	포철	18	11	0	0	14	1	0
	1991	포철	4	2	0	0	2	0	0
	1992	포철	27	12	1	0	36	2	0
	1993	포철	27	3	1	0	26	4	0
	1994	포철	31	5	1	0	54	6	0
	1995	포항	27	2	1	0	42	4	1
	1996	포항	30	3	2	1	38	7	0
	1997	포항	20	11	0	0	24	3	0
	1998	포항	30	8	0	0	34	6	0
	합계		236	67	6	1	326	40	1
프로통산			236	67	6	1	326	40	1

이영수(李榮洙) 호남대 1978.07.30

대회	연도	소속	출전	교체	득점	도움	파울	경고	퇴장
BC	2001	전남	7	6	1	3	9	1	0
	2002	전남	6	4	0	0	4	1	0
	2003	전남	18	6	0	0	37	3	0
	2004	전남	14	2	0	0	33	4	0
	2007	전남	29	1	0	2	46	1	0
	합계		74	19	0	5	129	10	0
프로통산			74	19	0	5	129	10	0

이영우(李英雨) 동아대 1972.01.19

대회	연도	소속	출전	교체	득점	도움	파울	경고	퇴장
BC	1994	대우	1	0	0	0	1	0	0
	합계		1	0	0	0	1	0	0
프로통산			1	0	0	0	1	0	0

이영익(李榮益) 고려대 1966.08.30

대회	연도	소속	출전	교체	득점	도움	파울	경고	퇴장
BC	1989	럭금	39	1	0	3	56	3	0
	1990	럭금	26	5	1	2	31	1	0
	1991	LG	17	4	0	0	25	0	0
	1992	LG	9	7	1	1	13	2	0
	1993	LG	15	4	0	3	43	1	0
	1994	LG	15	6	0	0	19	3	0
	1995	LG	32	12	0	3	52	5	0
	1996	안양LG	21	8	0	0	16	0	0
	1997	안양LG	16	4	0	0	29	1	0
	합계		190	43	6	24	241	16	0
프로통산			190	43	6	24	241	16	0

이영재(李英才) 용인대 1994.09.13

대회	연도	소속	출전	교체	득점	도움	파울	경고	퇴장
K1	2015	울산	10	8	1	2	7	0	0
	2017	울산	20	21	2	3	10	4	0
	2018	울산	22	17	2	2	18	3	0
	합계		62	46	5	8	42	7	0
K2	2016	부산	17	7	1	1	7	1	0
	합계		17	7	1	1	7	1	0
프로통산			79	53	6	8	49	8	0

이영진(李永眞) 인천대 1963.10.27

대회	연도	소속	출전	교체	득점	도움	파울	경고	퇴장
BC	1986	럭금	28	6	3	3	19	4	0
	1987	럭금	26	11	2	1	18	2	1
	1988	럭금	19	0	1	2	37	4	0
	1989	럭금	13	0	0	2	28	1	0
	1990	럭금	5	0	0	2	13	2	0
	1991	LG	34	1	3	7	57	8	0
	1992	LG	32	5	2	3	38	7	1
	1993	LG	13	6	0	3	32	4	0
	1994	LG	15	1	0	3	22	3	1
	1995	LG	1	1	0	1	16	1	0
	1997	안양LG	9	9	0	1	14	3	0
	합계		220	46	11	28	294	39	3
프로통산			220	46	11	28	294	39	3

이영진((李永鎭) 대구대 1972.03.27

대회	연도	소속	출전	교체	득점	도움	파울	경고	퇴장
BC	1994	일화	31	6	1	3	39	6	0
	1995	일화	31	4	0	0	37	8	0
	1996	천안일	17	6	1	0	26	3	0
	1999	천안일	17	10	0	0	22	1	0
	2000	성남일	0	0	0	0	0	0	0
	2002	성남일	27	7	0	0	39	4	0
	2003	성남일	3	2	0	1	6	0	0
	2004	성남일	5	0	0	0	8	1	0
	합계		131	39	2	4	163	26	1
프로통산			131	39	2	4	163	26	1

이영창(李倫衍) 홍익대 1993.01.10

대회	연도	소속	출전	교체	실점	도움	파울	경고	퇴장
K2	2015	충주	3	0	4	0	1	0	0
	2016	충주	27	0	44	0	1	1	0
	2017	대전	0	0	0	0	0	0	0
	2018	부천	14	0	25	0	1	0	0
	합계		44	0	73	0	3	1	0
프로통산			44	0	73	0	3	1	0

이영표(李榮杓) 건국대 1977.04.23

대회	연도	소속	출전	교체	득점	도움	파울	경고	퇴장
BC	2000	안양LG	18	0	2	1	26	2	0
	2001	안양LG	29	3	0	1	47	2	0
	2002	안양LG	23	2	1	5	24	3	0
	합계		70	5	3	7	97	7	0
프로통산			70	5	3	7	97	7	0

이영훈(李映勳) 광양제철고 1980.03.23

대회	연도	소속	출전	교체	득점	도움	파울	경고	퇴장
BC	1999	전남	3	2	0	0	6	0	0
	2001	전남	1	1	0	0	1	0	0
	2003	광주상	1	1	0	0	5	0	0
	2004	전남							
	2005	전남							
	합계		10	8	0	0	12	2	0
프로통산			10	8	0	0	12	2	0

이예찬(李叡燦) 대신고 1996.05.01

대회	연도	소속	출전	교체	득점	도움	파울	경고	퇴장
K2	2016	고양	37	13	1	1	34	3	0
	2017	서울E	24	13	0	2	13	2	0
	2018	서울E	9	5	0	0	9	1	0
	합계		70	31	1	3	56	7	0
프로통산			70	31	1	3	56	7	0

이완(李宛) 연세대 1984.05.03

대회	연도	소속	출전	교체	득점	도움	파울	경고	퇴장
BC	2006	전남	4	4	0	0	7	2	0
	2007	전남	6	4	0	0	10	0	0
	2008	광주상	5	0	1	0	7	0	0
	2009	광주상	29	12	1	2	27	1	0
	2009	전남	3	0	0	0	3	1	0
	2010	전남	13	1	0	1	14	4	0
	2011	전남	24	5	1	1	20	3	0
	2012	전남	8	4	0	0	7	1	0
	합계		92	31	3	6	98	14	0
K1	2013	울산							
	합계								
K2	2014	광주	19	4	3	2	27	2	0

이용 (李龍) 고려대 1989.01.21 이어지는 첫 표

	2015	강원	4	0	0	0	3	0	0
	합계		23	4	3	2	30	0	0
승	2014	광주	2	0	0	0	2	1	0
	합계		2	0	0	0	2	1	0
프로통산			121	37	6	8	133	18	0

이완희 (李完熙) 홍익대 1987.07.10

대회	연도	소속	출전	교체	득점	도움	파울	경고	퇴장
K2	2013	안양	14	12	1	1	15	0	0
	2014	충주	17	15	3	1	16	1	0
	2015	충주	1	1	0	0	1	0	0
	합계		32	28	4	2	32	1	0
프로통산			32	28	4	2	32	1	0

이요한 (李曜漢) 동북고 1985.12.18

대회	연도	소속	출전	교체	득점	도움	파울	경고	퇴장
BC	2004	인천	8	7	0	0	8	0	0
	2005	인천	17	9	0	0	22	4	0
	2006	인천	17	9	0	0	17	1	1
	2007	전북	21	7	0	1	36	5	0
	2008	전북	15	1	0	1	27	3	1
	2009	전북	13	4	0	0	11	2	0
	2010	전북	10	4	0	0	18	2	0
	2011	부산	18	9	0	1	20	3	0
	2012	부산	0	0	0	0	0	0	0
	합계		119	50	0	3	159	20	2
K1	2013	성남일	3	2	0	0	6	0	0
	2014	성남	17	12	0	0	10	5	0
	2015	성남	6	6	0	0	1	2	0
	합계		26	20	0	0	17	7	0
프로통산			145	70	3	2	176	27	2

이용 (李龍) 고려대 1989.01.21

대회	연도	소속	출전	교체	득점	도움	파울	경고	퇴장
BC	2011	광주	29	1	0	0	40	7	0
	2012	광주	18	7	1	0	24	7	0
	합계		47	8	1	1	49	11	0
K1	2013	제주	27	2	2	0	31	6	0
	2014	제주	18	8	0	0	20	2	1
	2015	제주	7	1	0	0	9	2	0
	2016	성남	1	1	0	0	0	0	0
	2017	강원	1	1	0	0	1	0	0
	합계		53	14	3	0	50	8	1
K2	2017	아산	1	1	0	0	0	0	0
	2018	아산	2	1	0	0	1	0	0
	합계		3	2	0	0	1	0	0
승	2016	성남							
프로통산			103	24	4	2	100	19	1

이용 (李鎔) 중앙대 1986.12.24

대회	연도	소속	출전	교체	득점	도움	파울	경고	퇴장
BC	2010	울산	25	3	0	3	31	5	0
	2011	울산	28	12	0	1	26	1	0
	2012	울산	22	5	0	5	24	1	0
	합계		75	20	0	9	81	7	0
K1	2013	울산	37	1	1	2	36	3	0
	2014	울산	31	5	0	3	32	4	0
	2016	상주	23	2	2	2	21	5	0
	2016	울산	1	0	0	1	0	0	0
	2017	전북	9	2	0	5	17	3	0
	2018	전북	32	2	0	4	21	2	0
	합계		132	13	3	17	131	15	0
K2	2015	상주	33	1	0	4	31	9	0
	합계		33	1	0	4	31	9	0
프로통산			240	34	3	30	243	31	0

이용 (李龍) 명지대 1960.03.16

대회	연도	소속	출전	교체	득점	도움	파울	경고	퇴장
BC	1984	국민	9	4	3	0	4	0	0
	합계		9	4	3	0	4	0	0
프로통산			9	4	3	0	4	0	0

이용기 (李龍起) 연세대 1985.05.30

대회	연도	소속	출전	교체	득점	도움	파울	경고	퇴장
BC	2009	경남							
	2010	경남	20	6	0	0	35	7	0
	2011	경남	9	4	0	0	11	5	0
	2012	경남	7	3	0	0	14	2	0
	합계		36	13	0	0	60	14	1
K1	2014	상주	5	3	0	0	8	4	0
	합계		5	3	0	0	8	4	0
K2	2013	상주	16	2	0	0	11	4	0
	2015	충주	1	1	0	0	0	0	0
	합계		17	3	0	0	11	4	0
승	2013	상주							
	합계								
프로통산			58	19	0	0	80	22	1

이용래 (李容來) 고려대 1986.04.17

대회	연도	소속	출전	교체	득점	도움	파울	경고	퇴장
BC	2009	경남	30	3	6	6	38	4	0
	2010	경남	32	4	4	3	33	4	0
	2011	수원	28	2	0	3	53	5	0
	2012	수원	25	1	2	2	41	5	0
	합계		115	10	12	14	165	18	0
K1	2013	수원	20	9	1	1	24	1	0
	2016	수원	13	7	0	0	13	0	0
	2017	수원	19	12	2	1	19	1	0
	합계		52	28	3	2	52	2	0
K2	2014	안산경	33	3	3	2	37	5	0
	2015	안산경	14	4	1	1	23	5	0
	합계		47	7	4	4	60	10	0
프로통산			214	45	19	18	277	30	0

이용발 (李容跋) 동아대 1973.03.15

대회	연도	소속	출전	교체	실점	도움	파울	경고	퇴장
BC	1994	유공	2	0	3	0	0	0	0
	1995	유공	0	0	0	0	0	0	0
	1996	부천유	14	1	19	0	2	1	0
	1999	부천SK	38	0	55	0	1	1	0
	2000	부천SK	43	0	59	3	4	1	0
	2001	부천SK	35	0	42	0	1	0	0
	2002	전북	35	0	36	0	2	2	0
	2003	전북	34	0	42	0	3	1	0
	2004	전북	31	0	25	0	4	0	0
	2005	전북	17	1	27	0	0	1	0
	2006	경남							
	합계		240	2	308	3	8	7	0
프로통산			240	2	308	3	8	7	0

*득점: 2000년 1 / 통산 1

이용설 (李容設) 중앙대 1958.01.26

대회	연도	소속	출전	교체	득점	도움	파울	경고	퇴장
BC	1983	대우	2	1	0	0	1	0	0
	1984	럭금	2	1	0	0	1	0	0
	합계		4	2	0	0	2	0	0
프로통산			4	2	0	0	2	0	0

이용성 (李龍成) 단국대 1956.03.27

대회	연도	소속	출전	교체	득점	도움	파울	경고	퇴장
BC	1983	국민	6	1	0	0	3	0	0
	합계		6	1	0	0	3	0	0
프로통산			6	1	0	0	3	0	0

이용수 (李容秀) 서울대 1959.12.27

대회	연도	소속	출전	교체	득점	도움	파울	경고	퇴장
BC	1984	럭금	25	3	8	0	0	0	0
	1985	할렐	10	2	1	7	0	0	0
	합계		35	11	8	2	12	0	0
프로통산			35	11	8	2	12	0	0

이용승 (李勇承) 영남대 1984.08.28

대회	연도	소속	출전	교체	득점	도움	파울	경고	퇴장
BC	2007	경남	29	23	1	2	60	6	0
	2008	경남	11	9	0	0	16	2	0
	합계		40	32	1	2	76	8	0
K1	2013	전남	3	2	0	0	2	1	0
	합계		3	2	0	0	2	1	0
프로통산			43	34	1	2	78	9	0

이용우 (李鎔衤) 수원공고 1977.07.20

대회	연도	소속	출전	교체	득점	도움	파울	경고	퇴장
BC	1998	수원	2	1	0	0	9	0	0
	2001	수원	4	4	0	0	6	0	0
	2002	수원	4	4	0	0	6	0	0
	2003	수원	3	3	0	0	7	0	0
	합계		11	10	0	2	0	0	0
프로통산			11	10	0	2	0	0	0

이용재 (李龍宰) 관동대 1971.03.30

대회	연도	소속	출전	교체	득점	도움	파울	경고	퇴장
BC	1996	전남	1	0	0	0	1	0	0
	합계		1	0	0	0	1	0	0
프로통산			1	0	0	0	1	0	0

이용준 (李鎔畯) 현대고 1990.04.03

대회	연도	소속	출전	교체	득점	도움	파울	경고	퇴장
BC	2010	울산	0	0	0	0	0	0	0
	합계		0	0	0	0	0	0	0
프로통산			0	0	0	0	0	0	0

이용하 (李龍河) 전북대 1973.12.15

대회	연도	소속	출전	교체	득점	도움	파울	경고	퇴장
BC	1997	부산							
	1998	부산	13	11	2	0	12	0	0
	1999	부산	33	30	1	1	29	4	0
	2000	부산	14	13	1	0	16	1	0
	2001	부산	13	11	0	1	10	1	0
	2002	부산	20	6	0	1	29	2	0
	2003	부산	20	6	0	0	29	2	0
	2004	인천	13	11	1	1	10	1	0
	합계		139	120	6	4	155	23	0
프로통산			139	120	6	4	155	23	0

이우영 (李宇暎) 연세대 1973.08.19

대회	연도	소속	출전	교체	득점	도움	파울	경고	퇴장
BC	1998	안양LG							
	합계								
프로통산									

이우진 (李玕晋) (←이강진) 중동중 1986.04.25

대회	연도	소속	출전	교체	득점	도움	파울	경고	퇴장
BC	2003	수원	1	1	0	0	2	0	0
	2006	부산	1	1	0	0	2	0	0
	2007	부산	21	6	0	1	20	0	0
	2008	부산	21	6	0	1	29	3	0
	2009	부산	32	3	2	1	42	4	0
	2012	전북							
	합계		80	12	2	2	96	7	0
K1	2013	대전	32	5	1	0	29	2	0
	2014	전북							
	2015	대전							
	2016	제주							
	합계		57	15	2	0	40	6	0
프로통산			137	27	4	2	136	13	0

이우찬 (李又燦) 영남상고 1963.06.09

대회	연도	소속	출전	교체	득섬	노움	파울	경고	퇴상
BC	1984	대우	2	2	0	0	0	0	0
	1985	대우	9	5	2	1	5	0	0
	1986	대우	11	8	1	3	11	0	0
	합계		22	15	2	4	16	0	0
프로통산			22	15	2	4	16	0	0

이우혁 (李愚赫) 강릉문성고 1993.02.24

대회	연도	소속	출전	교체	득점	도움	파울	경고	퇴장
BC	2011	강원	7	7	0	0	5	1	0
	2012	강원	8	6	0	0	3	1	0
	합계		15	13	0	0	8	2	0
K1	2013	강원	12	8	1	1	12	3	0

대회	연도	소속	출전	교체	득점	도움	파울	경고	퇴장
	2016	전북	2	0	0	0	2	0	0
	2017	광주	19	8	1	0	31	4	0
	2018	인천	1	0	0	0	0	0	0
	합계		34	16	2	1	47	7	0
K2	2014	강원	30	8	2	5	38	0	0
	2015	강원	21	14	0	5	29	2	0
	합계		51	22	2	10	67	2	0
승	2013	강원	2	2	0	0	0	0	0
	합계		2	2	0	0	0	0	0
프로통산			102	53	4	11	123	11	0

이운재 (李雲在) 경희대 1973.04.26

대회	연도	소속	출전	교체	실점	도움	파울	경고	퇴장
BC	1996	수원	13	0	14	0	1	1	0
	1997	수원	17	0	27	0	1	1	0
	1998	수원	34	1	31	0	2	0	1
	1999	수원	39	0	37	0	2	2	0
	2002	수원	19	0	17	0	0	0	0
	2003	수원	41	0	44	0	2	0	0
	2004	수원	26	0	24	0	0	1	0
	2005	수원	26	0	33	0	0	0	0
	2006	수원	14	1	14	0	0	1	0
	2007	수원	35	0	40	0	0	0	0
	2008	수원	39	0	29	0	1	1	0
	2009	수원	14	0	14	0	0	1	0
	2010	수원	14	0	22	0	0	0	0
	2011	전남	34	0	29	0	0	0	0
	2012	전남	33	0	38	0	0	0	0
	합계		410	2	425	0	11	8	1
프로통산			410	2	425	0	11	8	1

이웅희 (李雄熙) 배재대 1988.07.18

대회	연도	소속	출전	교체	득점	도움	파울	경고	퇴장
BC	2011	대전	17	11	1	0	8	1	0
	2012	대전	34	5	0	0	52	9	0
	합계		51	16	1	0	60	10	0
K1	2013	대전	32	3	3	1	29	2	0
	2014	서울	24	1	0	1	28	2	0
	2015	서울	32	1	0	0	19	5	0
	2016	상주	23	1	0	2	14	3	0
	2017	상주	5	0	0	0	1	0	0
	2017	서울	0	0	0	0	0	0	0
	2018	서울	11	2	0	0	12	3	0
	합계		132	6	3	5	129	15	0
승	2018	서울	2	0	0	0	3	0	0
	합계		2	0	0	0	3	0	0
프로통산			185	24	6	3	190	26	0

이원규 (李源規) 연세대 1988.05.01

대회	연도	소속	출전	교체	득점	도움	파울	경고	퇴장
BC	2011	부산	3	1	0	0	3	0	0
	2012	부산	1	1	0	0	0	0	0
	합계		4	3	1	0	4	0	0
프로통산			4	3	1	0	4	0	0

이원식 (李元植) 한양대 1973.05.16

대회	연도	소속	출전	교체	득점	도움	파울	경고	퇴장
BC	1996	부천SK	21	21	7	1	19	2	0
	1997	부천SK	29	14	11	3	38	2	0
	1998	부천SK	26	19	10	3	22	1	0
	1999	부천SK	41	33	13	1	24	1	0
	2000	부천SK	32	33	13	1	24	1	0
	2001	부천SK	29	27	4	2	21	4	0
	2002	부천SK	29	27	4	2	21	4	0
	2003	부천SK	38	35	10	2	29	4	0
	2004	서울	17	17	3	0	11	5	0
	2005	서울	17	17	3	0	11	5	0
	2006	대전	1	1	0	0	2	0	0
	합계		270	233	73	18	224	25	1
프로통산			270	233	73	18	224	25	1

이원영 (李元煐 / ← 이정호) 보인정보산업고

1981.03.13

대회	연도	소속	출전	교체	득점	도움	파울	경고	퇴장
BC	2005	포항	20	9	2	0	37	2	0
	2006	포항	21	3	3	0	60	7	0
	2007	전북	25	11	2	1	33	5	0
	2008	제주	32	3	2	0	41	6	0
	2009	부산	35	3	3	2	39	4	0
	2010	부산	27	3	1	1	42	4	0
	2011	부산	14	2	2	1	18	3	0
	합계		164	34	15	5	270	31	0
K1	2013	부산	32	7	2	1	40	7	0
	2014	부산	14	5	0	0	14	4	0
	합계		46	12	2	1	54	11	0
K2	2016	부산	24	7	2	1	16	4	0
	합계		24	7	2	1	16	4	0
프로통산			234	53	19	7	340	46	0

이원재 (李源在) 포철공고 1986.02.24

대회	연도	소속	출전	교체	득점	도움	파울	경고	퇴장
K2	2013	경찰	19	6	0	0	34	9	0
	2014	안산경	11	3	1	0	8	1	0
	2015	대구	26	6	1	0	23	7	0
	2016	경남	13	3	1	0	12	1	0
	합계		78	18	3	0	77	18	0
BC	2005	포항	3	2	0	0	2	0	0
	2006	포항	9	1	0	0	12	5	0
	2007	포항	5	0	1	0	7	0	0
	2008	전북	5	2	0	0	7	0	0
	2009	울산	9	2	0	0	20	3	0
	2010	울산	7	5	0	0	5	1	0
	2011	포항	3	1	0	0	1	1	0
	2012	포항	3	1	0	0	4	1	0
	합계		48	16	3	0	51	11	0
프로통산			126	34	6	0	128	29	0

이원준 (李元準) 중앙대 1972.04.02

대회	연도	소속	출전	교체	득점	도움	파울	경고	퇴장
BC	1995	LG	15	13	0	0	5	1	0
	1996	안양LG	11	11	0	0	4	1	0
	1997	안양LG	7	6	0	0	3	0	0
	1998	안양LG	2	0	0	0	5	0	0
	합계		35	30	0	0	17	3	0
프로통산			35	30	0	0	17	3	0

이원철 (李元哲) 전주대 1967.05.10

대회	연도	소속	출전	교체	득점	도움	파울	경고	퇴장
BC	1990	포철	16	14	1	1	26	1	0
	1991	포철	21	17	1	4	43	2	0
	1992	포철	25	11	8	3	41	1	1
	1993	포철	30	17	4	1	49	1	0
	1994	포철	18	13	0	3	24	0	0
	1995	포항	13	13	1	0	13	1	0
	1996	포항	33	14	11	1	37	2	0
	합계		156	99	26	8	230	7	1
프로통산			156	99	26	8	230	7	1

이유민 (李裕珉) 동국대 1971.01.09

대회	연도	소속	출전	교체	득점	도움	파울	경고	퇴장
BC	1995	포항	2	2	0	0	6	0	0
	합계		2	2	0	0	6	0	0
프로통산			2	2	0	0	6	0	0

이유성 (李有成) 중앙대 1977.05.20

대회	연도	소속	출전	교체	득점	도움	파울	경고	퇴장
BC	2000	전북	2	2	0	0	0	0	0
	2001	전북	1	1	0	0	0	0	0
	합계		2	2	0	0	0	0	0
프로통산			2	2	0	0	0	0	0

이유준 (李洧樽) 오산중 1989.09.26

대회	연도	소속	출전	교체	득점	도움	파울	경고	퇴장
K1	2013	강원	10	7	0	0	3	0	0

대회	연도	소속	출전	교체	득점	도움	파울	경고	퇴장
	합계		10	7	0	0	3	0	0
K2	2014	강원	2	2	0	0	1	0	0
	2016	충주	1	1	0	0	0	0	0
	합계		3	3	0	0	1	0	0
프로통산			13	10	0	0	4	0	0

이유현 (李裕賢) 단국대 1997.02.08

대회	연도	소속	출전	교체	득점	도움	파울	경고	퇴장
K1	2017	전남	5	2	0	0	6	1	0
	2018	전남	28	18	0	2	37	2	0
	합계		33	20	0	2	43	3	0
프로통산			33	20	0	2	43	3	0

이윤규 (李允揆) 관동대 1989.05.29

대회	연도	소속	출전	교체	실점	도움	파울	경고	퇴장
BC	2012	대구	0	0	3	0	0	0	0
	합계		0	0	3	0	0	0	0
K2	2013	충주	0	0	3	0	0	0	0
	합계		0	0	3	0	0	0	0

이윤섭 (李允燮) 순천향대학원 1979.07.30

대회	연도	소속	출전	교체	득점	도움	파울	경고	퇴장
BC	2002	울산	6	4	0	0	9	1	0
	2003	울산	6	2	0	0	13	0	0
	2004	울산	5	1	0	0	6	1	0
	2005	울산	3	0	0	0	1	0	0
	2006	광주상	9	2	1	0	17	3	0
	2007	광주상	25	5	2	0	28	7	0
	합계		56	15	4	0	72	12	0
프로통산			56	15	4	0	72	12	0

이윤의 (李阮儀) 광운대 1987.07.25

대회	연도	소속	출전	교체	득점	도움	파울	경고	퇴장
K2	2013	부천	21	3	2	3	27	4	0
	합계		21	3	2	3	27	4	0
BC	2010	강원	0	0	0	0	0	0	0
	2011	강원	4	3	0	0	4	0	0
	2012	상주	3	3	0	0	1	0	0
	2012	강원	3	1	0	0	3	1	0
	합계		30	12	2	3	38	4	0
프로통산			30	12	2	3	38	4	0

* 실점: 2011년 3 / 총실점 3

이윤표 (李允杓) 한남대 1984.09.04

대회	연도	소속	출전	교체	득점	도움	파울	경고	퇴장
BC	2008	전남	1	1	0	0	0	0	0
	2009	대전	17	4	0	0	34	6	0
	2010	서울	0	0	0	0	0	0	0
	2011	인천	24	5	0	1	40	7	0
	2012	인천	37	1	3	1	70	12	0
	합계		79	11	3	2	144	25	0
K1	2013	인천	31	1	1	1	57	10	0
	2014	인천	37	1	1	1	56	2	0
	2015	인천	15	3	0	0	12	0	0
	2017	인천	32	1	0	0	19	5	0
	2018	인천	15	2	1	2	12	3	0
	합계		153	10	3	6	210	29	0
프로통산			232	21	6	8	354	54	0

이윤호 (李尹鎬) 고려대 1990.03.20

대회	연도	소속	출전	교체	득점	도움	파울	경고	퇴장
BC	2011	제주	1	1	0	0	0	0	0
	합계		1	1	0	0	0	0	0
프로통산			1	1	0	0	0	0	0

이윤환 (理尹煥) 대신고 1996.10.16

대회	연도	소속	출전	교체	득점	도움	파울	경고	퇴장
K2	2016	부천	1	1	0	0	0	0	0
	2017	부천	1	1	0	0	1	0	0
	합계		1	1	0	0	1	0	0
프로통산			1	1	0	0	1	0	0

이으뜸 (추으뜸) 용인대 1989.09.02

대회	연도	소속	출전	교체	득점	도움	파울	경고	퇴장
K1	2015	광주	24	6	0	4	27	5	0
	2016	광주	24	9	0	4	21	7	0
	합계		48	15	0	8	48	12	0
K2	2013	안양	10	1	0	1	12	2	0
	2014	안양	31	3	1	2	33	4	0
	2017	아산	10	3	0	0	14	1	1
	2018	아산	2	0	0	1	3	0	0
	2018	광주	10	3	0	4	10	0	0
	합계		63	10	1	8	72	8	1
프로통산			111	25	1	16	120	20	1

이은범(李殷汎) 서남대 1996.01.30

대회	연도	소속	출전	교체	득점	도움	파울	경고	퇴장
K1	2017	제주	14	14	2	0	18	4	0
	2018	제주	9	7	0	0	11	1	0
	합계		23	21	2	0	29	5	0
프로통산			23	21	2	0	29	5	0

이을용(李乙容) 강릉상고 1975.09.08

대회	연도	소속	출전	교체	득점	도움	파울	경고	퇴장
BC	1998	부천SK	33	6	3	0	74	7	0
	1999	부천SK	25	5	1	0	49	2	0
	2000	부천SK	37	6	5	1	71	4	0
	2001	부천SK	26	4	2	1	39	3	0
	2002	부천SK	7	3	0	1	5	1	0
	2003	안양LG	17	2	0	2	38	5	0
	2004	서울	10	1	0	0	25	3	0
	2006	서울	14	0	0	0	34	4	0
	2007	서울	30	8	1	2	42	6	0
	2008	서울	30	16	0	2	40	3	0
	2009	강원	24	3	0	2	26	3	0
	2010	강원	17	10	0	0	16	2	0
	2011	강원	20	14	1	1	21	2	0
	합계		290	74	13	12	486	45	0
프로통산			290	74	13	12	486	45	0

이응제(李應濟) 고려대 1980.04.07

대회	연도	소속	출전	교체	득점	도움	파울	경고	퇴장
BC	2003	전북	3	1	0	0	5	1	0
	2004	전북	3	1	0	0	4	0	0
	2005	광주상	13	8	0	0	18	4	0
	2006	광주상	6	2	0	0	3	1	0
	2007	전북	5	3	0	0	8	0	0
	합계		30	15	0	0	38	6	0
프로통산			30	15	0	0	38	6	0

이인규(李寅圭) 남부대 1992.09.16

대회	연도	소속	출전	교체	득점	도움	파울	경고	퇴장
K1	2014	전남	4	4	0	0	2	0	0
	합계		4	4	0	0	2	0	0
K2	2018	광주	9	9	0	1	5	1	0
	합계		9	9	0	1	5	1	0
프로통산			13	13	0	1	7	1	0

이인수(李寅洙) 선문대 1993.11.16

대회	연도	소속	출전	교체	실점	도움	파울	경고	퇴장
K1	2016	수원FC	5	0	9	0	6	0	0
	합계		5	0	9	0	6	0	0
K2	2015	수원FC	19	0	33	0	0	0	0
	2017	수원FC	0	0	0	0	0	0	0
	합계		19	0	33	0	0	0	0
승	2015	수원FC	0	0	0	0	0	0	0
	합계		0	0	0	0	0	0	0
프로통산			24	0	42	0	6	0	0

이인식(李仁植) 중앙대 1991.09.20

대회	연도	소속	출전	교체	득점	도움	파울	경고	퇴장
K2	2014	대전	6	5	0	0	11	1	0
	합계		6	5	0	0	11	1	0
프로통산			6	5	0	0	11	1	0

이인식(李仁植) 단국대 1983.02.14

대회	연도	소속	출전	교체	득점	도움	파울	경고	퇴장
BC	2005	전북	0	0	0	0	0	0	0
	2006	전북	2	1	0	0	3	0	0
	2008	제주	2	1	0	0	3	0	0
	2010	제주	3	3	0	0	0	0	0
	합계		7	5	0	0	8	0	0
프로통산			7	5	0	0	8	0	0

이인재(李仁在) 단국대 1992.05.13

대회	연도	소속	출전	교체	득점	도움	파울	경고	퇴장
K2	2017	안산	16	3	0	2	13	0	0
	2018	안산	29	1	0	1	18	3	0
	합계		45	4	0	3	30	6	0
프로통산			45	4	0	3	30	6	0

이인재(李仁載) 중앙대 1967.01.02

대회	연도	소속	출전	교체	득점	도움	파울	경고	퇴장
BC	1989	럭금	30	19	5	3	27	2	0
	1990	럭금	17	16	2	0	5	0	0
	1991	LG	15	14	0	2	17	0	0
	1992	LG	21	16	0	3	12	1	0
	1993	LG	21	21	1	0	22	0	0
	1994	LG	19	8	4	1	15	3	0
	1996	안양LG	11	10	1	0	5	1	0
	1997	안양LG	3	4	0	1	1	0	0
	합계		137	108	12	10	99	9	0
프로통산			137	108	12	10	99	9	0

이임생(李林生) 고려대학원 1971.11.18

대회	연도	소속	출전	교체	득점	도움	파울	경고	퇴장
BC	1994	유공	13	0	0	0	19	1	0
	1995	유공	24	5	1	0	30	3	0
	1996	부천유공	22	7	0	0	38	6	0
	1997	부천SK	25	0	1	0	45	3	0
	1998	부천SK	26	0	1	1	47	2	0
	1999	부천SK	33	0	2	0	62	4	0
	2000	부천SK	39	0	5	2	77	4	1
	2001	부천SK	25	3	1	0	40	1	0
	2002	부천SK	29	2	0	3	44	6	0
	2003	부산	29	2	0	1	29	4	0
	합계		229	24	11	5	371	33	1
프로통산			229	24	11	5	371	33	1

이장관(李將寛) 아주대 1974.07.04

대회	연도	소속	출전	교체	득점	도움	파울	경고	퇴장
BC	1997	부산	26	20	2	0	34	3	0
	1998	부산	32	5	0	2	53	4	0
	1999	부산	34	4	0	0	40	5	0
	2000	부산	33	6	1	1	59	8	0
	2001	부산	32	0	0	0	39	2	0
	2002	부산	25	21	0	0	18	0	0
	2003	부산	41	1	0	1	55	3	0
	2004	부산	34	2	0	1	50	6	0
	2005	부산	32	1	1	1	43	3	0
	2006	부산	26	3	0	0	37	3	0
	2007	부산	26	3	0	0	17	1	0
	2008	인천	6	3	0	0	11	0	0
	합계		354	94	4	9	487	47	1
프로통산			354	94	4	9	487	47	1

이장군(李長君) 조선대 1971.03.15

대회	연도	소속	출전	교체	득점	도움	파울	경고	퇴장
BC	1994	유공	1	1	0	0	0	0	0
	1995	유공	1	1	0	0	0	0	0
	합계		2	2	0	0	0	0	0
프로통산			2	2	0	0	0	0	0

이장수(李章洙) 연세대 1956.10.15

대회	연도	소속	출전	교체	득점	도움	파울	경고	퇴장
BC	1983	유공	10	0	6	1	9	0	0
	1984	유공	24	9	2	0	37	0	0
	1985	유공	12	6	0	0	18	1	0
	1986	유공	3	2	0	1	7	1	0
	합계		58	14	8	3	53	5	0
프로통산			58	14	8	3	53	5	0

이장욱(李章旭) 통진종고 1970.07.02

대회	연도	소속	출전	교체	득점	도움	파울	경고	퇴장
BC	1989	럭금	19	17	1	0	7	2	0
	1990	럭금	8	6	0	0	5	0	0
	1991	LG	27	21	0	2	23	3	0
	합계		54	44	1	2	35	5	0
프로통산			54	44	1	2	35	5	0

이재광(李在光) 인천대 1989.10.19

대회	연도	소속	출전	교체	득점	도움	파울	경고	퇴장
BC	2012	성남일	3	2	0	0	3	0	0
프로통산			3	2	0	0	3	0	0

이재권(李在權) 고려대 1987.07.30

대회	연도	소속	출전	교체	득점	도움	파울	경고	퇴장
BC	2010	인천	30	8	1	1	53	5	0
	2011	인천	29	6	0	4	43	9	0
	2012	서울	6	6	0	0	5	1	0
	합계		65	20	1	5	101	15	0
K1	2013	서울	3	3	0	0	3	0	0
	2017	대구	9	6	0	0	9	0	0
	합계		12	9	0	0	12	0	0
K2	2014	안산경	35	12	6	2	49	10	0
	2015	안산경	10	7	0	0	12	2	0
	2016	대구	39	12	2	3	59	6	0
	2017	부산	14	2	2	0	24	4	0
	2018	부산	28	0	2	0	46	8	1
	합계		126	35	10	12	181	30	1
승	2017	부산	2	0	0	0	4	1	0
	2018	부산	2	0	0	0	4	0	0
	합계		4	0	0	0	8	1	0
프로통산			207	64	11	17	302	46	1

이재명(李在明) 진주고 1991.07.25

대회	연도	소속	출전	교체	득점	도움	파울	경고	퇴장
BC	2010	경남	2	2	0	0	1	0	0
	2011	경남	18	6	0	0	33	3	0
	2012	경남	33	1	0	3	35	2	0
	합계		60	11	0	3	79	6	0
K1	2013	전북	23	1	0	2	32	5	0
	2014	전북	14	4	0	1	12	2	0
	2015	전북	1	0	0	0	0	0	0
	2016	상주	9	1	0	0	7	2	0
	2017	상주	1	1	0	0	1	0	0
	2017	전북	1	0	0	0	3	0	0
	2018	경남	1	1	0	0	1	0	0
	합계		50	11	1	5	61	9	0
프로통산			110	22	1	8	140	15	0

이재민(李載珉) 명지대 1991.02.05

대회	연도	소속	출전	교체	득점	도움	파울	경고	퇴장
K1	2013	경남	2	2	0	0	3	0	0
프로통산			2	2	0	0	3	0	0

이재성(李幸城) 고려대 1988.07.05

대회	연도	소속	출전	교체	득점	도움	파울	경고	퇴장
BC	2009	수원	15	9	0	0	14	1	0
	2010	울산	9	5	0	4	11	0	0
	2011	울산	25	1	3	1	31	5	0
	2012	울산	40	2	0	2	46	4	0
	합계		88	25	5	1	103	13	0
K1	2014	상주	10	1	0	0	7	2	0
	2014	울산	14	0	0	0	17	1	0
	2015	울산	11	2	0	0	8	3	0
	2016	울산	36	1	0	0	31	5	0
	합계		81	13	0	6	63	11	2
K2	2013	상주	27	3	2	1	21	3	0
	합계		27	3	2	1	21	3	0

대회	연도	소속	출전	교체	득점	도움	파울	경고	퇴장
승	2013	상주	2	0	0	0	3	0	0
	합계		2	0	0	0	3	0	0
프로통산			198	41	12	2	190	27	2

이재성(李在成) 고려대 1992.08.10

대회	연도	소속	출전	교체	득점	도움	파울	경고	퇴장
K1	2014	전북	26	4	4	3	25	2	0
	2015	전북	34	4	7	5	37	2	0
	2016	전북	32	3	3	11	40	6	0
	2017	전북	21	0	1	2	20	3	0
	2017	전북	28	6	8	10	23	2	0
	2018	전북	17	10	4	3	13	0	0
	2018	전북	5	3	0	0	5	1	0
	합계		137	27	26	32	138	12	0
프로통산			137	27	26	32	138	12	0

이재성(李在成) 한양대 1985.06.06

대회	연도	소속	출전	교체	득점	도움	파울	경고	퇴장
BC	2008	전남	3	3	0	0	3	0	0
	2009	전남	1	1	0	0	1	0	0
	합계		4	4	0	0	4	0	0
프로통산			4	4	0	0	4	0	0

이재안(李宰安) 한라대 1988.06.21

대회	연도	소속	출전	교체	득점	도움	파울	경고	퇴장
BC	2011	서울	7	7	0	0	0	0	0
	2012	경남	24	20	3	0	14	2	0
	합계		31	27	3	0	14	2	0
K1	2013	경남	37	14	7	1	15	3	0
	2014	경남	26	15	3	3	19	0	0
	2016	수원FC	24	17	0	2	9	1	0
	합계		87	46	10	6	43	4	0
K2	2015	서울E	9	7	1	4	3	0	0
	2017	아산	24	19	6	1	10	1	0
	2018	아산	14	11	2	3	4	1	0
	2018	수원FC	7	2	1	0	6	0	0
	합계		61	44	11	6	29	5	0
승	2014	경남	1	1	0	0	0	0	0
	합계		1	1	0	0	0	0	0
프로통산			180	118	24	12	86	11	0

이재억(李在億) 아주대 1989.06.03

대회	연도	소속	출전	교체	득점	도움	파울	경고	퇴장
K1	2013	전남	5	3	0	0	9	1	0
	2015	전남	2	2	0	0	4	0	0
	합계		13	7	0	0	19	3	0
K2	2016	안양	12	6	0	0	6	2	0
	합계		12	6	0	0	6	2	0
프로통산			25	13	0	0	25	3	0

이재원(李哉沅 / ← 이성민) 고려대 1983.03.04

대회	연도	소속	출전	교체	득점	도움	파울	경고	퇴장
BC	2006	울산	8	8	0	0	1	0	0
	2007	울산	1	1	0	0	2	0	0
	합계		9	9	1	0	3	0	0
K1	2014	울산	13	3	1	0	17	5	1
	2015	포항	9	5	0	0	9	0	0
	2016	포항	10	6	0	1	8	2	0
	합계		32	14	1	0	34	5	1
K2	2017	부천	3	3	0	0	1	3	0
	합계		3	3	0	0	1	3	0
프로통산			44	20	1	1	44	7	1

이재원(李幸喆) 숭실대 1989.04.05

대회	연도	소속	출전	교체	득점	도움	파울	경고	퇴장
K2	2013	수원FC	22	13	1	3	29	0	0
	합계		22	13	1	3	29	0	0
프로통산			22	13	1	3	29	0	0

이재익(李在翊) 보인고 1999.05.21

대회	연도	소속	출전	교체	득점	도움	파울	경고	퇴장
K1	2018	강원	8	6	0	0	2	0	0
	합계		8	6	0	0	2	0	0

| 프로통산 | | | 8 | 6 | 0 | 0 | 9 | 2 | 0 |

이재일(李裁一) 이리고 1955.05.30

대회	연도	소속	출전	교체	실점	도움	파울	경고	퇴장
BC	1983	할렐	1	0	1	0	0	1	0
	1984	포철	13	0	16	0	0	1	0
	합계		14	0	17	0	0	1	1
프로통산			14	0	17	0	0	1	1

이재일(李在日) 건국대 1968.03.15

대회	연도	소속	출전	교체	득점	도움	파울	경고	퇴장
BC	1990	현대	7	1	0	0	13	0	0
	1991	현대	11	8	0	1	9	2	0
	1992	현대	9	5	0	0	8	2	0
	합계		27	14	0	1	30	4	0
프로통산			27	14	0	1	30	4	0

이재일(李栽日) 성균관대 1988.11.16

대회	연도	소속	출전	교체	득점	도움	파울	경고	퇴장
BC	2011	수원	2	0	0	0	3	1	0
	합계		2	0	0	0	3	1	0
프로통산			2	0	0	0	3	1	0

이재천(李在川) 한성대 1977.03.08

대회	연도	소속	출전	교체	득점	도움	파울	경고	퇴장
BC	2000	안양LG	0	0	0	0	0	0	0
	합계		0	0	0	0	0	0	0
프로통산			0	0	0	0	0	0	0

이재철(李在哲) 광운대 1975.12.25

대회	연도	소속	출전	교체	득점	도움	파울	경고	퇴장
BC	1999	수원	3	2	0	0	2	0	0
	합계		3	2	0	0	2	0	0
프로통산			3	2	0	0	2	0	0

이재현(李在玹) 건국대 1981.01.25

대회	연도	소속	출전	교체	득점	도움	파울	경고	퇴장
BC	2003	전북	0	0	0	0	0	0	0
	2004	전북	2	2	0	0	1	0	0
	합계		2	2	0	0	1	0	0
프로통산			2	2	0	0	1	0	0

이재현(李在玄) 전주대 1983.05.13

대회	연도	소속	출전	교체	득점	도움	파울	경고	퇴장
BC	2006	전북	2	1	0	0	3	1	0
	합계		2	1	0	0	3	1	0
프로통산			2	1	0	0	3	1	0

이재형(李在馨) 영생고 1998.04.05

대회	연도	소속	출전	교체	득점	도움	파울	경고	퇴장
K1	2017	전북	1	1	0	0	0	0	0
	2018	전북	0	0	0	0	0	0	0
	합계		1	1	0	0	0	0	0
프로통산			1	1	0	0	0	0	0

이재형(李宰誠) 한양대 1976.09.06

대회	연도	소속	출전	교체	실점	도움	파울	경고	퇴장
BC	1998	대전	1	0	0	0	0	0	0
	합계		1	0	0	0	0	0	0
프로통산			1	0	0	0	0	0	0

이재훈(李在勳) 연세대 1990.01.10

대회	연도	소속	출전	교체	득점	도움	파울	경고	퇴장
BC	2012	강원	10	2	0	0	15	1	0
	합계		10	2	0	0	15	1	0
K1	2013	강원	7	4	0	0	8	1	0
	합계		7	4	0	0	8	1	0
K2	2014	강원	34	1	0	3	39	3	0
	2015	강원	31	2	0	6	65	5	0
	2016	서울E	11	0	0	0	20	3	0
	합계		76	3	0	3	124	11	0
승	2013	강원	1	0	0	0	2	0	0
	합계		1	0	0	0	2	0	0
프로통산			94	9	0	3	149	13	0

이재희(李在熙) 경희대 1959.04.15

대회	연도	소속	출전	교체	득점	도움	파울	경고	퇴장
BC	1983	대우	13	2	0	1	15	1	0
	1984	대우	28	4	0	4	38	2	0
	1985	대우	1	1	0	0	0	0	0
	1986	대우	23	4	0	0	49	7	0
	1987	대우	26	2	1	1	54	5	0
	1988	대우	13	2	0	0	24	3	0
	1989	대우	27	5	0	0	39	4	0
	1990	대우	27	8	0	1	45	5	0
	1991	대우	28	7	0	0	57	3	0
	1992	대우	12	6	0	0	22	2	0
	합계		198	40	1	7	346	32	0
프로통산			198	40	1	7	346	32	0

이정국(李政國) 한양대 1973.03.22

대회	연도	소속	출전	교체	득점	도움	파울	경고	퇴장
BC	1999	포항	4	3	0	0	4	2	0
	합계		4	3	0	0	4	2	0
프로통산			4	3	0	0	4	2	0

이정근(李禎根) 건국대 1990.02.02

대회	연도	소속	출전	교체	득점	도움	파울	경고	퇴장
K1	2015	대전	10	0	0	0	5	1	0
	합계		10	0	0	0	5	1	0
프로통산			10	0	0	0	5	1	0

이정근(李正根) 문경대 1994.04.22

대회	연도	소속	출전	교체	득점	도움	파울	경고	퇴장
K2	2016	부산	13	8	0	2	24	4	0
	합계		13	8	0	2	24	4	0
프로통산			13	8	0	2	24	4	0

이정래(李廷來) 건국대 1979.11.12

대회	연도	소속	출전	교체	실점	도움	파울	경고	퇴장
BC	2002	전남	2	1	2	0	0	0	0
	2003	전남	0	0	0	0	0	0	0
	2004	전남	0	0	0	0	0	0	0
	2005	전남	0	0	0	0	0	0	0
	2006	경남	39	0	49	0	1	3	0
	2007	경남	29	1	32	0	0	2	0
	2008	광주상	3	0	7	0	0	0	0
	2009	광주상	0	0	0	0	0	0	0
	2010	경남	0	0	0	0	0	0	0
	2011	경남	2	0	4	0	0	0	0
	2012	광주	6	0	9	0	0	0	0
	합계		86	2	112	0	1	2	0
K2	2014	충주	7	0	11	0	0	1	0
	2015	충주	0	0	0	0	0	0	0
	합계		7	0	11	0	0	1	0
프로통산			93	2	123	0	1	4	0

이정문(李廷文) 숭실대 1971.03.05

대회	연도	소속	출전	교체	실점	도움	파울	경고	퇴장
BC	1994	현대	3	0	5	0	0	0	0
	1995	현대	3	0	8	0	1	0	0
	1996	울산	0	0	0	0	0	0	0
	합계		6	0	13	0	1	0	0
프로통산			6	0	13	0	1	0	0

이정빈(李正斌) 인천대 1995.01.11

대회	연도	소속	출전	교체	득점	도움	파울	경고	퇴장
K1	2017	인천	8	8	0	0	7	0	0
	2018	인천	13	10	1	0	7	2	0
	합계		21	18	1	0	14	2	0
프로통산			21	18	1	0	14	2	0

이정수(李正秀) 경희대 1980.01.08

대회	연도	소속	출전	교체	득점	도움	파울	경고	퇴장
BC	2002	안양LG	11	12	1	2	10	0	0
	2003	안양LG	18	1	0	2	22	0	0
	2004	서울	2	2	0	0	1	0	0
	2004	인천	20	1	0	0	41	9	0
	2005	인천	17	3	1	1	37	1	0
	2006	수원	37	2	0	2	63	5	0
	2007	수원	10	2	0	0	19	6	0
	2008	수원	24	0	1	1	50	7	0

이정열 etc. (column 1)

대회	연도	소속	출전	교체	득점	도움	파울	경고	퇴장
		합계	138	28	6	4	243	30	1
K1	2016	수원	27	5	3	0	22	9	0
	2017	수원	3	1	0	0	3	0	0
		합계	30	6	3	0	25	9	0
프로통산			168	34	9	4	268	39	1

이정열(李正烈) 숭실대 1981.08.16

대회	연도	소속	출전	교체	득점	도움	파울	경고	퇴장
BC	2004	서울	20	4	0	0	14	0	0
	2005	서울	19	3	0	0	33	3	0
	2007	서울	21	10	0	0	16	2	0
	2008	인천	8	4	0	0	4	0	0
	2008	성남일	1	1	0	0	1	0	0
	2009	전남	7	2	1	0	8	1	0
	2010	서울	1	1	0	0	0	0	0
	2011	서울	3	2	0	0	0	0	0
	2012	서울	4	3	0	0	1	0	0
	2012	대전	12	0	0	0	1	0	0
		합계	96	28	1	0	78	7	0
K1	2013	대전	1	1	0	0	0	0	0
		합계	1	1	0	0	0	0	0
프로통산			97	29	1	0	78	7	0

이점용(李点龍) 연세대 1983.07.06

대회	연도	소속	출전	교체	득점	도움	파울	경고	퇴장
BC	2004	울산	4	1	0	1	11	0	0
		합계	4	1	0	1	11	0	0
프로통산			4	1	0	1	11	0	0

이정운(李正云) 호남대 1978.04.19

대회	연도	소속	출전	교체	득점	도움	파울	경고	퇴장
BC	2001	포항	11	11	1	2	14	2	1
	2002	포항	21	15	0	2	27	2	0
	2005	광주상	0	0	0	0	0	0	0
		합계	32	26	1	4	41	4	1
프로통산			32	26	1	4	41	4	1

이정운(李楨雲) 성균관대 1980.05.05

대회	연도	소속	출전	교체	득점	도움	파울	경고	퇴장
BC	2003	전남	1	1	0	0	1	0	0
	2004	전남	8	6	1	0	9	0	0
	2005	전남	22	15	4	0	47	4	0
	2010	강원	1	1	0	0	1	0	0
	2011	강원	11	5	1	0	3	1	0
	2012	강원	0	0	0	0	1	0	0
		합계	43	28	6	0	62	5	0
프로통산			43	28	6	0	62	5	0

이정원(李楨源) 서울대 1993.10.28

대회	연도	소속	출전	교체	득점	도움	파울	경고	퇴장
K2	2017	부천	0	0	0	0	0	0	0
		합계	0	0	0	0	0	0	0
프로통산			0	0	0	0	0	0	0

이정인(李正寅) 안동대 1973.02.10

대회	연도	소속	출전	교체	득점	도움	파울	경고	퇴장
BC	1996	전북	3	3	0	0	3	0	0
	1997	전북	1	1	0	0	0	0	0
		합계	4	4	0	0	3	0	0
프로통산			4	4	0	0	3	0	0

이정일(李正日) 고려대 1956.11.04

대회	연도	소속	출전	교체	득점	도움	파울	경고	퇴장
BC	1983	할렐	9	2	3	0	5	0	0
	1984	할렐	21	9	2	4	11	1	0
	1985	할렐	12	5	1	0	7	0	0
		합계	42	16	6	4	23	1	0
프로통산			42	16	6	4	23	1	0

이정진(李正進) 배재대 1993.12.23

대회	연도	소속	출전	교체	득점	도움	파울	경고	퇴장
K2	2016	부산	14	10	2	0	14	4	0
		합계	14	10	2	0	14	4	0
프로통산			14	10	2	0	14	4	0

이정찬(李正燦) 홍익대 1995.06.28

(column 2)

대회	연도	소속	출전	교체	득점	도움	파울	경고	퇴장
K2	2017	부천	12	12	0	0	12	1	0
	2018	부천	26	26	1	1	20	3	0
		합계	38	38	1	1	32	4	0
프로통산			38	38	1	1	32	4	0

이정태(李正太) 세한대 1995.02.15

대회	연도	소속	출전	교체	득점	도움	파울	경고	퇴장
K2	2018	성남	1	1	0	0	0	0	0
		합계	1	1	0	0	0	0	0
프로통산			1	1	0	0	0	0	0

이정필(李正泌) 울산대 1992.07.28

대회	연도	소속	출전	교체	득점	도움	파울	경고	퇴장
K2	2015	서울E	1	0	0	0	4	1	0
		합계	1	0	0	0	4	1	0
프로통산			1	0	0	0	4	1	0

이정헌(李柾憲) 조선대 1990.05.16

대회	연도	소속	출전	교체	득점	도움	파울	경고	퇴장
K2	2013	수원FC	17	5	0	0	28	3	0
		합계	17	5	0	0	28	3	0
프로통산			17	5	0	0	28	3	0

이정협(李延記 / ← 이정기) 숭실대 1991.06.24

대회	연도	소속	출전	교체	득점	도움	파울	경고	퇴장
K1	2013	부산	27	25	2	2	18	2	0
	2014	상주	25	25	4	0	15	2	0
	2015	부산	3	2	1	0	2	0	0
	2016	울산	30	23	3	2	30	3	0
		합계	85	75	10	4	65	7	0
K2	2015	상주	17	8	7	6	19	0	0
	2017	부산	26	15	10	3	34	6	0
		합계	43	23	17	9	43	6	0
승	2017	부산	2	0	0	0	0	0	0
		합계	2	0	0	0	0	0	0
프로통산			130	98	27	13	106	13	0

이정형(李正螢) 고려대 1981.04.16

대회	연도	소속	출전	교체	실점	도움	파울	경고	퇴장
K2	2013	수원FC	9	0	13	0	0	1	0
	2014	수원FC	0	0	0	0	0	0	0
		합계	9	0	13	0	0	1	0
프로통산			9	0	13	0	0	1	0

이정호(李正鎬) 명지대 1972.11.10

대회	연도	소속	출전	교체	득점	도움	파울	경고	퇴장
BC	1995	LG	24	13	2	0	12	1	0
	1996	안양LG	33	4	0	5	37	5	0
	1997	안양LG	4	1	0	0	5	0	0
		합계	61	18	2	5	59	6	0
프로통산			61	18	2	5	59	6	0

이정환(李政桓) 경기대 1988.12.02

대회	연도	소속	출전	교체	득점	도움	파울	경고	퇴장
K1	2013	경남	2	2	0	0	2	0	0
		합계	2	2	0	0	2	0	0
프로통산			2	2	0	0	2	0	0

이정환(李政桓) 숭실대 1991.03.23

대회	연도	소속	출전	교체	득점	도움	파울	경고	퇴장
K1	2014	부산	0	0	0	0	0	0	0
프로통산			0	0	0	0	0	0	0

이정효(李正孝) 아주대 1975.07.23

대회	연도	소속	출전	교체	득점	도움	파울	경고	퇴장
BC	1999	부산	15	5	0	0	23	1	0
	2000	부산	9	1	0	0	12	0	0
	2001	부산	22	17	0	0	23	0	0
	2002	부산	32	6	1	3	58	6	0
	2003	부산	19	0	0	0	39	4	0
	2004	부산	22	2	0	0	39	6	0
	2005	부산	28	12	0	3	49	6	0
	2006	부산	28	2	3	3	49	6	0
	2007	부산	32	13	3	2	47	6	0

(column 3)

대회	연도	소속	출전	교체	득점	도움	파울	경고	퇴장
	2008	부산	11	2	0	0	17	3	0
		합계	222	88	13	9	361	34	0
프로통산			222	88	13	9	361	34	0

이제규(李濟圭) 청주대 1986.07.10

대회	연도	소속	출전	교체	득점	도움	파울	경고	퇴장
BC	2009	대전	12	11	1	0	15	0	1
	2010	광주상	0	0	0	0	0	0	0
	2011	상주	8	6	0	0	15	2	0
		합계	20	17	1	0	30	2	1
프로통산			20	17	1	0	30	2	1

이제승(李濟昇) 청주대 1991.11.29

대회	연도	소속	출전	교체	득점	도움	파울	경고	퇴장
K2	2014	부천	28	21	1	2	40	1	0
		합계	28	21	1	2	40	1	0
프로통산			28	21	1	2	40	1	0

이제승(李濟承) 중앙대 1973.04.25

대회	연도	소속	출전	교체	득점	도움	파울	경고	퇴장
BC	1996	전남	3	2	0	0	6	1	0
		합계	3	2	0	0	6	1	0
프로통산			3	2	0	0	6	1	0

이종광(李鍾光) 광운대 1961.04.19

대회	연도	소속	출전	교체	득점	도움	파울	경고	퇴장
BC	1984	럭금	17	10	1	0	6	0	0
	1985	럭금	4	4	0	0	0	0	0
		합계	21	14	1	0	6	0	0
프로통산			21	14	1	0	6	0	0

이종묵(李鍾默) 강원대 1973.06.16

대회	연도	소속	출전	교체	득점	도움	파울	경고	퇴장
BC	1998	안양LG	4	4	0	0	6	1	0
		합계	4	4	0	0	6	1	0
프로통산			4	4	0	0	6	1	0

이종민(李宗珉) 서귀포고 1983.09.01

대회	연도	소속	출전	교체	득점	도움	파울	경고	퇴장
BC	2002	수원	11	11	0	0	4	0	0
	2003	수원	16	12	0	2	16	0	0
	2004	수원	5	4	0	0	5	0	0
	2005	울산	35	25	3	3	52	5	0
	2006	울산	24	4	2	4	37	4	0
	2007	울산	33	5	2	4	46	8	0
	2008	울산	1	1	0	0	1	2	0
	2009	서울	11	4	0	0	12	1	0
	2010	서울	4	3	0	0	4	0	0
	2011	상주	15	11	0	2	14	3	0
	2012	상주	15	11	0	0	9	1	0
	2012	서울	4	3	0	0	3	0	0
		합계	188	90	9	17	219	28	0
K1	2013	수원	7	1	1	0	10	1	0
	2015	광주	33	5	3	4	41	6	0
	2016	광주	25	5	0	2	20	4	0
	2017	광주	16	11	2	0	18	3	0
		합계	81	32	6	6	88	12	0
K2	2014	광주	26	6	3	6	40	4	0
	2018	부산	25	8	3	0	26	4	0
		합계	51	10	5	8	66	11	0
승	2014	광주	2	0	0	0	2	0	0
	2018	부산	2	0	0	0	0	0	0
		합계	2	0	0	0	2	0	0
프로통산			323	133	18	32	375	48	1

이종민(李鍾敏) 정명고 1983.08.01

대회	연도	소속	출전	교체	득점	도움	파울	경고	퇴장
BC	2003	부천SK	7	6	0	0	2	1	0
BC	2004	부천SK	4	3	0	0	4	0	0
		합계	11	9	0	0	6	1	0
프로통산			11	9	0	0	6	1	0

이종성(李宗成) 매탄고 1992.08.05

대회	연도	소속	출전	교체	득점	도움	파울	경고	퇴장

대회	연도	소속	출전	교체	득점	도움	파울	경고	퇴장
BC	2011	수원	2	0	0	0	8	1	0
	2012	상주	0	0	0	0	0	0	0
	합계		2	0	0	0	8	1	0
K1	2014	수원	3	3	0	0	1	0	0
	2016	수원	19	2	0	1	30	7	0
	2017	수원	35	10	2	2	48	8	0
	2018	수원	24	5	0	3	38	9	0
	합계		81	20	5	3	117	24	0
K2	2015	대구	31	3	0	2	51	10	0
	합계		31	3	0	2	51	10	0
프로통산			114	23	5	5	176	35	0

이종원(李鍾元) 성균관대 1989.03.14

대회	연도	소속	출전	교체	득점	도움	파울	경고	퇴장
BC	2011	부산	4	3	1	1	6	1	0
	2012	부산	37	17	2	3	69	9	0
	합계		41	20	3	4	70	10	0
K1	2013	부산	11	2	0	0	17	5	0
	2013	성남일	13	12	4	1	14	2	0
	2014	성남	22	8	0	4	32	2	0
	2015	성남	21	10	0	1	24	2	0
	2016	성남	25	9	0	0	39	8	2
	2017	상주	15	5	1	1	18	2	0
	2018	상주	3	2	0	0	7	1	0
	합계		110	49	4	3	151	20	0
K2	2018	수원FC	1	0	0	0	7	0	0
	합계		1	0	0	0	7	0	0
승	2017	상주	0	0	0	0	0	0	0
프로통산			152	69	7	7	225	30	4

이종찬(李種讚) 단국대 1989.08.17

대회	연도	소속	출전	교체	득점	도움	파울	경고	퇴장
K1	2013	강원	6	4	0	0	2	0	0
	합계		6	4	0	0	2	0	0
프로통산			6	4	0	0	2	0	0

이종찬(李鍾贊) 배재대 1987.05.26

대회	연도	소속	출전	교체	득점	도움	파울	경고	퇴장
BC	2007	제주	0	0	0	0	0	0	0
	2008	제주	0	0	0	0	0	0	0
	2010	대전	2	2	0	0	1	1	0
	2011	상주	5	4	0	0	3	1	0
	2012	상주	1	1	0	0	7	1	0
	합계		8	3	0	1	11	1	0
프로통산			8	3	0	1	11	1	0

이종현(李鍾賢) 브라질 파울리스치냐 축구학교 1987.01.08

대회	연도	소속	출전	교체	득점	도움	파울	경고	퇴장
BC	2011	인천	5	4	0	0	5	0	0
	합계		5	4	0	0	5	0	0
프로통산			5	4	0	0	5	0	0

이종호(李宗浩) 광양제철고 1992.02.24

대회	연도	소속	출전	교체	득점	도움	파울	경고	퇴장
BC	2011	전남	21	20	3	2	24	5	0
	2012	전남	33	24	6	2	63	3	1
	합계		54	44	8	5	87	8	1
K1	2013	전남	32	21	6	4	50	3	0
	2014	전남	31	18	10	2	43	2	0
	2015	전남	31	15	12	1	54	9	1
	2016	전북	22	18	5	3	28	5	0
	2017	울산	34	24	8	3	51	4	0
	2018	울산	3	3	0	0	2	0	0
	합계		153	99	41	15	226	23	2
프로통산			207	143	49	20	313	28	1

이종화(李鍾和) 인천대 1963.07.20

대회	연도	소속	출전	교체	득점	도움	파울	경고	퇴장
BC	1986	현대	6	1	0	0	6	1	0
	1989	현대	35	8	4	1	64	7	1
	1990	현대	16	8	2	0	19	4	0
	1991	현대	1	1	0	0	0	1	0
	1991	일화	15	11	1	0	20	3	0
	1992	일화	31	2	0	0	28	3	0
	1993	일화	32	0	0	0	28	6	0
	1994	일화	21	3	0	1	23	3	0
	1995	일화	9	3	0	1	22	5	1
	1996	천안일	9	3	0	0	8	2	0
	합계		191	39	9	3	225	36	2
프로통산			191	39	9	3	225	36	2

이종훈(李鍾勳) 중앙대 1970.09.03

대회	연도	소속	출전	교체	득점	도움	파울	경고	퇴장
BC	1994	버팔로	11	8	0	0	16	1	0
	합계		11	8	0	0	16	1	0
프로통산			11	8	0	0	16	1	0

이주상(李柱尙) 전주대 1981.11.11

대회	연도	소속	출전	교체	득점	도움	파울	경고	퇴장
BC	2006	제주	10	9	1	0	12	0	0
	합계		10	9	1	0	12	0	0
프로통산			10	9	1	0	12	0	0

이주영(李柱永) 영남대 1970.07.25

대회	연도	소속	출전	교체	득점	도움	파울	경고	퇴장
BC	1994	버팔로	26	22	3	0	11	0	0
	합계		26	22	3	0	11	0	0
프로통산			26	22	3	0	11	0	0

이주영(李柱永) 관동대 1977.09.15

대회	연도	소속	출전	교체	득점	도움	파울	경고	퇴장
BC	2000	성남일	6	6	0	1	2	0	0
	합계		6	6	0	1	2	0	0
프로통산			6	6	0	1	2	0	0

이주용(李周勇) 동아대 1992.09.26

대회	연도	소속	출전	교체	득점	도움	파울	경고	퇴장
K1	2014	전북	22	0	1	1	42	4	0
	2015	전북	20	4	1	0	36	4	0
	2016	전북	10	3	0	0	15	2	0
	2018	전북	0	0	0	0	0	0	0
	합계		52	7	2	1	93	10	0
K2	2017	아산	25	3	0	5	42	2	0
	2018	아산	19	0	1	0	34	4	0
	합계		44	3	1	5	76	6	0
프로통산			96	10	3	6	170	16	0

이주용(李周勇) 홍익대 1992.05.18

대회	연도	소속	출전	교체	득점	도움	파울	경고	퇴장
K1	2015	부산	1	1	0	0	2	0	0
	합계		1	1	0	0	2	0	0
프로통산			1	1	0	0	2	0	0

이주한(李柱翰) 동국대 1962.04.27

대회	연도	소속	출전	교체	실점	도움	파울	경고	퇴장
BC	1985	한일	14	1	16	0	0	0	0
	1986	한일	5	1	10	0	0	0	0
	합계		19	2	26	0	0	0	0
프로통산			19	2	26	0	0	0	0

이준(李俊) 고려대 1974.05.28

대회	연도	소속	출전	교체	득점	도움	파울	경고	퇴장
BC	1997	대전	14	9	4	0	23	4	0
	1998	대전	15	14	0	0	13	1	0
	합계		29	23	4	0	35	6	0
프로통산			29	23	4	0	35	6	0

이준근(李埈根) 초당대 1987.03.30

대회	연도	소속	출전	교체	득점	도움	파울	경고	퇴장
BC	2010	대전	0	0	0	0	0	0	0
	합계		0	0	0	0	0	0	0
프로통산			0	0	0	0	0	0	0

이준기(李俊基) 단국대 1982.04.25

대회	연도	소속	출전	교체	득점	도움	파울	경고	퇴장
BC	2002	안양LG	2	2	0	0	1	0	0
	2006	서울	1	0	0	0	1	0	0
	2006	전남	6	5	0	0	2	0	0
	2007	전남	16	6	0	0	16	2	0
	2008	전남	17	4	0	0	20	2	0
	2009	전남	9	1	0	0	13	1	0
	2010	전남	20	12	0	0	11	1	0
	2011	전남	8	7	0	0	6	0	0
	합계		78	37	0	0	69	7	0
프로통산			78	37	0	0	69	7	0

이준석(李俊錫) 광주대 1995.03.06

대회	연도	소속	출전	교체	득점	도움	파울	경고	퇴장
K2	2018	광주	0	0	0	0	0	0	0
	합계		0	0	0	0	0	0	0

이준식(李俊植) 남부대 1991.10.14

대회	연도	소속	출전	교체	실점	도움	파울	경고	퇴장
K1	2014	울산	1	1	1	0	1	1	0
	합계		1	1	1	0	1	1	0
프로통산			1	1	1	0	1	1	0

이준엽(李埈燁) 명지대 1990.05.21

대회	연도	소속	출전	교체	득점	도움	파울	경고	퇴장
K1	2013	강원	27	20	1	1	36	4	0
	합계		27	20	1	1	36	4	0
K2	2014	강원	1	1	0	0	2	0	0
	합계		1	1	0	0	2	0	0
프로통산			28	21	1	1	38	4	0

이준영(李俊永) 경희대 1982.12.26

대회	연도	소속	출전	교체	득점	도움	파울	경고	퇴장
BC	2003	안양LG	33	23	7	1	42	1	0
	2004	서울	22	20	1	1	31	3	0
	2005	인천	13	10	1	0	13	1	0
	2006	인천	25	21	2	0	22	2	0
	2007	인천	28	6	2	2	39	4	0
	2008	인천	12	9	1	0	14	3	0
	2010	인천	33	33	2	1	22	3	0
	합계		189	128	18	9	206	20	0
프로통산			189	128	18	9	206	20	0

이준택(李濬澤) 울산대 1966.01.24

대회	연도	소속	출전	교체	득점	도움	파울	경고	퇴장
BC	1989	현대	17	17	1	0	12	1	0
	1990	현대	11	10	2	0	15	2	0
	1992	현대	14	11	0	0	12	1	0
	1993	현대	4	4	0	0	2	0	0
	1994	현대	2	2	0	0	2	0	0
	합계		48	43	2	1	45	4	0
프로통산			48	43	2	1	45	4	0

이준협(李俊協) 관동대 1989.03.30

대회	연도	소속	출전	교체	득점	도움	파울	경고	퇴장
BC	2010	강원	4	3	1	0	4	1	0
	합계		4	3	1	0	4	1	0
프로통산			4	3	1	0	4	1	0

이준형(李濬榮) 조선대 1988.08.24

대회	연도	소속	출전	교체	득점	도움	파울	경고	퇴장
BC	2011	강원	1	1	0	0	0	0	0
	2012	강원	3	3	0	0	1	0	0
	합계		4	4	0	0	1	0	0
프로통산			4	4	0	0	1	0	0

이준호(李俊浩) 숭실대 1980.11.27

대회	연도	소속	출전	교체	득점	도움	파울	경고	퇴장
K1	2016	수원FC	28	2	0	0	26	6	0
	합계		28	2	0	0	26	6	0
K2	2013	수원FC	22	4	3	0	20	1	0
	2014	수원FC	16	1	1	1	34	7	0
	2015	수원FC	25	3	1	1	34	7	0
	합계		66	9	4	2	82	13	0
승	2015	수원FC	2	0	0	0	2	0	0
	합계		2	0	0	0	2	0	0
프로통산			96	11	4	2	110	20	0

이준호(李準鎬) 중앙대 1991.11.07

대회	연도	소속	출전	교체	득점	도움	파울	경고	퇴장
K2	2014	충주	10	10	0	0	3	0	0
	2015	안산경	5	5	0	0	5	1	0
	2016	안산무	0	0	0	0	0	0	0
	합계		15	15	0	0	8	2	0
프로통산			15	15	0	0	8	2	0

이준호(李俊昊) 광양제철고 1994.07.27

대회	연도	소속	출전	교체	득점	도움	파울	경고	퇴장
K2	2018	대전	1	1	0	0	1	0	0
	합계		1	1	0	0	1	0	0
프로통산			1	1	0	0	1	0	0

이준호(李峻豪) 연세대 1967.06.06

대회	연도	소속	출전	교체	득점	도움	파울	경고	퇴장
BC	1990	대우	5	1	0	0	6	2	0
	합계		5	1	0	0	6	2	0
프로통산			5	1	0	0	6	2	0

이준희(李準熙) 경희대 1988.06.01

대회	연도	소속	출전	교체	득점	도움	파울	경고	퇴장
BC	2012	대구	19	2	0	0	44	6	0
	합계		19	2	0	0	44	6	0
K1	2013	대구	30	1	0	2	34	5	0
	합계		30	1	0	2	34	5	0
K2	2014	대구	31	2	1	4	49	8	0
	2015	대구	29	4	3	1	47	10	0
	2016	경남	3	0	0	0	6	1	0
	2017	서울E	4	1	0	0	4	0	0
	2017	부산	2	3	0	0	3	0	0
	합계		69	10	4	5	103	21	0
프로통산			118	13	4	7	181	32	0

이준희(李俊喜) 인천대 1993.12.10

대회	연도	소속	출전	교체	실점	도움	파울	경고	퇴장
K1	2015	포항	0	0	0	0	0	0	0
	2018	경남	0	0	0	0	0	0	0
	합계		0	0	0	0	0	0	0
K2	2016	경남	14	0	15	0	1	1	0
	2017	경남	13	0	15	0	0	2	0
	합계		27	0	30	0	1	3	0
프로통산			27	0	30	0	1	3	0

이중갑(李中甲) 명지대 1962.07.06

대회	연도	소속	출전	교체	득점	도움	파울	경고	퇴장
BC	1983	국민	2	0	0	0	0	0	0
	1986	현대	19	1	0	0	11	0	0
	1987	현대	25	6	1	0	14	0	0
	1988	현대	6	3	0	1	7	0	0
	합계		52	10	1	1	32	0	0
프로통산			52	10	1	1	32	0	0

이중권(李重券) 명지대 1992.01.01

대회	연도	소속	출전	교체	득점	도움	파울	경고	퇴장
K1	2013	전남	11	7	0	1	8	1	0
	2014	전남	1	1	0	0	1	0	0
	2016	인천	1	1	0	0	1	0	0
	합계		13	9	0	1	9	1	0
프로통산			13	9	0	1	9	1	0

이중서(李重瑞) 영남대 1995.06.09

대회	연도	소속	출전	교체	득점	도움	파울	경고	퇴장
K1	2017	광주	8	8	0	0	3	0	0
	합계		8	8	0	0	3	0	0
프로통산			8	8	0	0	3	0	0

이중원(李重元) 숭실대 1989.07.27

대회	연도	소속	출전	교체	득점	도움	파울	경고	퇴장
BC	2010	대전	7	7	0	0	2	0	0
	2011	대전	8	6	0	0	4	1	0
	합계		15	13	0	0	6	1	0
프로통산			15	13	0	0	6	1	0

이중재(李重宰) 경성고 1963.01.27

대회	연도	소속	출전	교체	득점	도움	파울	경고	퇴장
BC	1985	상무	11	4	1	3	10	0	0
	합계		11	4	1	3	10	0	0
프로통산			11	4	1	3	10	0	0

이지남(李指南) 안양공고 1984.11.21

대회	연도	소속	출전	교체	득점	도움	파울	경고	퇴장
BC	2004	서울	4	1	0	0	2	0	0
	2008	경남	8	5	1	0	18	2	0
	2009	경남	7	3	0	0	7	0	0
	2010	경남	23	8	0	3	27	6	0
	2011	대구	28	7	2	1	33	4	0
	2012	대구	32	0	3	0	41	13	0
	합계		102	24	7	1	133	26	0
K1	2013	대구	28	2	2	0	31	1	0
	2015	전남	19	3	0	0	24	2	0
	2016	전남	30	5	0	0	28	8	0
	2017	전남	20	3	1	0	13	2	0
	합계		115	16	5	0	107	18	0
프로통산			217	40	12	1	240	44	0

이지민(李智珉) 아주대 1993.09.04

대회	연도	소속	출전	교체	득점	도움	파울	경고	퇴장
K1	2015	전남	14	11	1	9	11	0	0
	2016	전남	20	11	1	0	20	4	0
	합계		34	22	2	9	31	4	0
K2	2017	성남	32	5	1	4	36	5	0
	2018	성남	9	6	0	0	6	1	0
	합계		41	11	1	4	42	5	0
프로통산			75	33	3	5	73	10	0

이지솔(李志率) 언남고 1999.07.09

대회	연도	소속	출전	교체	득점	도움	파울	경고	퇴장
K2	2018	대전	4	4	0	0	4	1	0
	합계		4	4	0	0	4	1	0
프로통산			4	4	0	0	4	1	0

이지훈(李知勳) 울산대 1994.03.24

대회	연도	소속	출전	교체	득점	도움	파울	경고	퇴장
K1	2017	울산	3	2	0	0	4	1	0
	2018	울산	1	0	0	0	0	0	0
	합계		4	2	0	0	4	1	0
프로통산			4	2	0	0	4	1	0

이진규(李眞奎) 동의대 1988.05.20

대회	연도	소속	출전	교체	득점	도움	파울	경고	퇴장
BC	2012	성남일	0	0	0	0	0	0	0
	합계		0	0	0	0	0	0	0
프로통산			0	0	0	0	0	0	0

이진석(李振錫) 영남대 1991.09.10

대회	연도	소속	출전	교체	득점	도움	파울	경고	퇴장
K1	2013	포항	0	0	0	0	0	0	0
	2014	포항	1	1	0	0	1	0	0
	합계		1	1	0	0	1	0	0
프로통산			1	1	0	0	1	0	0

이진우(李鎭宇) 고려대 1982.09.03

대회	연도	소속	출전	교체	득점	도움	파울	경고	퇴장
BC	2007	울산	8	7	0	1	12	1	0
	2008	울산	3	3	0	0	4	0	0
	2009	대전	1	2	0	0	1	0	0
	합계		12	12	0	1	17	1	0
프로통산			12	12	0	1	17	1	0

이진욱(李眞旭) 관동대 1992.09.11

대회	연도	소속	출전	교체	득점	도움	파울	경고	퇴장
K1	2015	인천	4	4	1	0	0	0	0
	2016	인천	2	2	0	0	1	0	0
	합계		6	6	1	0	1	0	0
프로통산			6	6	1	0	1	0	0

이진행(李晉行) 연세대 1971.07.10

대회	연도	소속	출전	교체	득점	도움	파울	경고	퇴장
BC	1996	수원	21	16	4	0	27	3	0
	1997	수원	25	14	3	3	31	2	0
	1998	수원	23	16	2	0	31	2	0
	1999	수원	14	10	2	1	17	0	0
	2000	수원	1	0	0	0	2	0	0
	합계		84	56	11	4	108	7	0
프로통산			84	56	11	4	108	7	0

이진현(李鎭賢) 포철고 1997.08.26

대회	연도	소속	출전	교체	득점	도움	파울	경고	퇴장
K1	2018	포항	17	6	5	1	17	1	0
	합계		17	6	5	1	17	1	0
프로통산			17	6	5	1	17	1	0

이진형(李鎭亨) 단국대 1988.02.22

대회	연도	소속	출전	교체	실점	도움	파울	경고	퇴장
BC	2011	제주	0	0	0	0	0	0	0
	2012	제주	0	0	0	0	0	0	0
	합계		0	0	0	0	0	0	0
K1	2017	인천	16	0	15	0	1	1	0
	2018	인천	13	1	27	0	0	1	0
	합계		29	0	42	0	2	2	0
K2	2013	안양	25	1	31	0	2	1	0
	2014	안양	34	0	50	0	1	5	0
	2015	안산경	23	1	26	0	0	2	0
	2016	안산무	26	0	24	0	0	2	0
	2016	안양	7	0	11	0	0	0	0
	합계		115	2	142	0	3	10	0
프로통산			144	2	184	0	2	9	0

이진호(李珍浩) 울산과학대 1984.09.03

대회	연도	소속	출전	교체	득점	도움	파울	경고	퇴장
BC	2003	울산	1	2	0	0	1	0	0
	2004	울산	1	0	0	0	1	0	0
	2005	울산	25	24	5	1	30	1	0
	2006	광주상	11	9	2	1	17	0	0
	2007	광주상	24	17	2	0	36	3	0
	2008	울산	34	28	7	6	47	8	0
	2009	울산	2	2	0	0	4	1	0
	2010	울산	10	9	0	1	14	2	0
	2010	포항	12	10	4	1	14	0	1
	2011	울산	3	2	0	0	2	0	0
	2012	대구	39	23	9	1	94	9	0
	합계		208	168	42	10	327	32	1
K1	2013	대구	10	7	0	0	19	4	0
	2013	제주	17	14	3	3	23	2	1
	합계		27	21	3	3	42	6	1
K2	2014	광주	7	4	0	0	17	1	0
	합계		7	4	0	0	17	1	0
프로통산			242	193	45	13	386	39	2

이진호(李鎭鎬) 호남대 1969.03.01

대회	연도	소속	출전	교체	득점	도움	파울	경고	퇴장
BC	1992	대우	17	4	0	0	11	1	0
	1993	대우	12	3	0	0	20	6	0
	1995	대우	10	1	0	0	14	1	0
	1996	부산	4	2	0	0	8	1	0
	합계		43	10	0	0	54	11	0
프로통산			43	10	0	0	54	11	0

이찬동(李燦東) 인천대 1993.01.10

대회	연도	소속	출전	교체	득점	도움	파울	경고	퇴장
K1	2015	광주	31	5	0	1	57	10	0
	2016	광주	25	9	0	0	56	9	0
	2017	제주	28	14	2	1	39	8	0
	2018	제주	18	8	0	0	33	3	0
	합계		101	36	3	2	184	30	0
K2	2014	광주	31	13	1	0	75	11	0
	합계		31	13	1	0	75	11	0
승	2014	광주	2	1	0	0	5	0	0
	합계		2	1	0	0	5	0	0
프로통산			134	50	4	2	264	41	0

이찬행(李粲行) 단국대 1968.07.14

대회	연도	소속	출전	교체	득점	도움	파울	경고	퇴장

대회	연도	소속	출전	교체	득점	도움	파울	경고	퇴장
BC	1991	유공	6	4	0	0	7	2	0
	1992	유공	1	1	0	0	1	0	0
	1993	유공	8	6	0	0	11	0	0
	1994	유공	11	8	2	0	7	1	0
	1995	유공	9	6	0	0	4	0	0
	1996	부천유	17	5	1	1	22	1	0
	1997	부천SK	11	3	1	1	18	5	0
	합계		63	33	4	2	70	11	0
프로통산			63	33	4	2	70	11	0

이창근(李昌根) 동래고 1993.08.30

대회	연도	소속	출전	교체	실점	도움	파울	경고	퇴장
BC	2012	부산	0	0	0	0	0	0	0
	합계		0	0	0	0	0	0	0
K1	2013	부산	5	0	5	0	0	1	0
	2014	부산	7	0	11	0	0	0	0
	2015	부산	11	0	18	0	1	0	0
	2016	수원FC	21	0	31	0	1	1	0
	2017	제주	19	0	15	0	0	1	0
	2018	제주	35	0	39	0	2	3	0
	합계		98	0	119	0	5	7	0
K2	2016	부산	3	0	5	0	0	0	0
	합계		3	0	5	0	0	0	0
승	2015	부산	0	0	0	0	0	0	0
	합계		0	0	0	0	0	0	0
프로통산			101	0	125	0	5	7	0

이창덕(李昌德) 수원공고 1981.06.05

대회	연도	소속	출전	교체	득점	도움	파울	경고	퇴장
BC	2000	수원	0	0	0	0	0	0	0
	2001	수원	0	0	0	0	0	0	0
	합계		0	0	0	0	0	0	0
프로통산			0	0	0	0	0	0	0

이창무(李昌茂) 홍익대 1993.03.01

대회	연도	소속	출전	교체	득점	도움	파울	경고	퇴장
K1	2016	수원FC	2	2	0	0	0	0	0
	합계		2	2	0	0	0	0	0
프로통산			2	2	0	0	0	0	0

이창민(李昌玟) 중앙대 1994.01.20

대회	연도	소속	출전	교체	득점	도움	파울	경고	퇴장
K1	2014	경남	32	11	2	3	26	3	0
	2015	전남	21	15	2	2	13	2	0
	2016	제주	21	10	2	3	7	3	0
	2017	제주	26	14	3	3	22	4	0
	2018	제주	23	8	3	6	22	4	1
	합계		123	59	14	17	94	16	1
승	2014	경남	2	2	0	0	2	0	0
	합계		2	2	0	0	2	0	0
프로통산			125	61	14	17	101	16	1

이창민(李昌民) 울산대 1980.01.25

대회	연도	소속	출전	교체	득점	도움	파울	경고	퇴장
BC	2002	전북	0	0	0	0	0	0	0
프로통산			0	0	0	0	0	0	0

이창민(李昌珉) 진주고 1984.06.01

대회	연도	소속	출전	교체	득점	도움	파울	경고	퇴장
BC	2004	부산	0	0	0	0	0	0	0
	2006	부산	0	0	0	0	0	0	0
	합계		0	0	0	0	0	0	0
프로통산			0	0	0	0	0	0	0

이창엽(李昌燁) 홍익대 1974.11.19

대회	연도	소속	출전	교체	득점	도움	파울	경고	퇴장
BC	1997	대전	34	1	0	3	60	3	0
	1998	대전	30	3	0	3	43	2	0
	1999	대전	14	5	0	1	13	0	0
	2000	대전	31	2	0	0	27	4	0
	2001	대전	11	7	0	1	9	0	0
	2002	대전	19	14	1	3	32	2	0
	2003	대전	33	15	2	3	62	3	0
	2004	대전	27	18	2	1	41	2	0
	2005	대전	8	8	0	0	8	3	0
	2006	경남	6	5	0	0	12	0	0
	합계		213	78	5	15	317	22	0
프로통산			213	78	5	15	317	22	0

이창용(李昌勇) 용인대 1990.08.27

대회	연도	소속	출전	교체	득점	도움	파울	경고	퇴장
K1	2013	강원	15	6	0	0	25	6	0
	2015	울산	17	10	0	0	16	3	0
	2016	울산	16	13	0	0	14	1	0
	2018	울산	2	0	0	0	4	1	0
	합계		50	29	0	0	59	11	0
K2	2014	강원	22	4	1	1	41	3	1
	2017	아산	28	6	2	2	36	5	0
	2018	아산	15	2	0	0	17	3	0
	합계		65	14	3	3	94	11	1
프로통산			115	43	4	3	153	22	1

이창원(李昌源) 영남대 1975.07.10

대회	연도	소속	출전	교체	득점	도움	파울	경고	퇴장
BC	2001	전남	15	2	0	0	11	0	0
	2002	전남	11	3	0	0	20	3	0
	2003	전남	11	4	0	0	21	0	0
	2004	전남	29	3	0	1	43	3	0
	2005	전남	26	1	1	0	70	7	0
	2006	포항	27	8	0	0	60	6	0
	2007	포항	5	0	0	0	35	2	0
	2008	포항	5	0	0	0	7	1	0
	2009	포항							
	합계		143	25	1	1	264	25	0
프로통산			143	25	1	1	264	25	0

이창훈(李昶勳) 인천대 1986.12.17

대회	연도	소속	출전	교체	득점	도움	파울	경고	퇴장
BC	2009	강원	24	18	1	4	20	0	0
	2010	강원	23	23	1	1	13	0	0
	2011	강원	16	12	1	2	12	0	0
	2011	성남일	9	9	0	2	7	1	0
	2012	성남일	23	19	2	2	19	2	0
	합계		97	81	6	11	77	6	0
K1	2013	성남일	22	20	0	3	14	2	0
	2014	성남	21	14	0	1	21	4	0
	2016	성남	2	1	0	0	3	1	0
	합계		30	22	0	4	38	7	0
K2	2015	상주	22	17	4	1	20	2	0
	2017	성남	16	16	1	0	11	2	0
	합계		38	33	5	1	31	4	0
승	2016	성남	1	0	0	0	0	0	0
	합계		1	0	0	0	0	0	0
프로통산			166	136	11	13	138	17	0

이창훈(李昶勳) 수원대 1995.11.16

대회	연도	소속	출전	교체	득점	도움	파울	경고	퇴장
K2	2018	안산	11	11	1	1	4	1	0
	합계		11	11	1	1	4	1	0
프로통산			11	11	1	1	4	1	0

이천수(李天秀) 고려대 1981.07.09

대회	연도	소속	출전	교체	득점	도움	파울	경고	퇴장
BC	2002	울산	18	5	7	9	35	2	0
	2003	울산	18	8	8	6	24	0	0
	2005	울산	14	6	7	5	34	5	0
	2006	울산	24	5	1	5	58	6	1
	2007	울산	26	12	7	3	52	4	0
	2008	수원	4	3	0	1	5	0	0
	2009	전남	8	6	1	1	13	1	0
	합계		112	45	41	25	221	18	1
K1	2013	인천	19	13	2	5	18	2	0
	2014	인천	28	23	1	3	41	5	1
	2015	인천	20	19	2	0	22	3	0
	합계		67	55	5	10	81	11	1
프로통산			179	100	46	35	302	29	2

이천흥(李千興) 명지대 1960.10.22

대회	연도	소속	출전	교체	득점	도움	파울	경고	퇴장
BC	1983	대우	1	1	0	0	0	0	0
	1984	대우	10	6	0	2	0	0	0
	1985	대우	13	5	1	2	6	0	0
	1986	대우	13	5	1	2	14	2	0
	합계		37	17	2	6	20	2	0
프로통산			37	17	2	6	20	2	0

이철희(李喆熙) 배재대 1985.08.06

대회	연도	소속	출전	교체	득점	도움	파울	경고	퇴장
BC	2008	대전	2	2	0	0	2	0	0
	합계		2	2	0	0	2	0	0
프로통산			2	2	0	0	2	0	0

이청용(李靑龍) 도봉중 1988.07.02

대회	연도	소속	출전	교체	득점	도움	파울	경고	퇴장
BC	2004	서울	0	0	0	0	0	0	0
	2006	서울	4	4	0	0	5	0	0
	2007	서울	23	11	3	6	39	6	0
	2008	서울	25	6	6	6	36	5	2
	2009	서울	16	5	3	4	9	0	0
	합계		68	23	12	17	93	13	2
프로통산			68	23	12	17	93	13	2

이청웅(李淸熊) 영남대 1993.03.15

대회	연도	소속	출전	교체	득점	도움	파울	경고	퇴장
K1	2015	부산	6	1	0	0	10	1	0
	합계		6	1	0	0	10	1	0
K2	2016	부산	7	4	0	0	13	1	0
	2017	부산	13	3	1	0	25	1	0
	2018	부산	12	5	1	0	11	3	0
	합계		32	12	1	1	49	5	0
승	2015	부산	1	0	0	0	3	0	0
	2018	부산	2	1	0	0	0	0	0
	합계		3	1	0	0	3	0	0
프로통산			41	14	1	1	62	7	0

이총희(李聰熙) 통진고 1992.04.21

대회	연도	소속	출전	교체	득점	도움	파울	경고	퇴장
BC	2011	수원	1	1	0	0	3	0	0
	합계		1	1	0	0	3	0	0
프로통산			1	1	0	0	3	0	0

이춘석(李春錫) 연세대 1959.02.03

대회	연도	소속	출전	교체	득점	도움	파울	경고	퇴장
BC	1983	대우	16	3	8	1	10	0	0
	1985	대우	19	3	5	1	24	2	0
	1986	대우	23	22	3	2	15	0	0
	1987	대우	23	23	0	0	9	0	0
	합계		67	32	16	4	58	2	0
프로통산			67	32	16	4	58	2	0

이춘섭(李春燮) 동국대 1958.11.17

대회	연도	소속	출전	교체	실점	도움	파울	경고	퇴장
BC	1984	한일	24	0	41	0	0	0	0
	1985	한일	8	1	14	0	1	1	0
	합계		32	1	55	0	1	1	0
프로통산			32	1	55	0	1	1	0

이충호(李忠昊) 한양대 1968.07.04

대회	연도	소속	출전	교체	실점	도움	파울	경고	퇴장
BC	1991	현대	5	1	10	0	0	0	0
	합계		5	1	10	0	0	0	0
프로통산			5	1	10	0	0	0	0

이치준(李治準) 중앙대 1985.01.20

대회	연도	소속	출전	교체	득점	도움	파울	경고	퇴장
BC	2009	성남일	0	0	0	0	0	0	0
	2010	성남일	1	1	0	0	1	0	0
	2011	성남일	1	1	0	0	0	0	0
	합계		2	2	0	0	1	0	0
K2	2013	경찰	20	9	0	1	37	8	1

2014 수원FC	21	9	0	0	26	5	0
합계	41	18	0	1	63	13	1
프로통산	42	19	1	1	63	13	1

이칠성(李七星) 서울시립대 1963.08.25

대회	연도	소속	출전	교체	득점	도움	파울	경고	퇴장
BC	1987	유공	20	5	4	3	12	0	
	1988	유공	5	4	0	1	3	0	0
	1989	유공	2	1	0	0	0	0	0
	합계		27	10	4	4	15	0	
프로통산			27	10	4	4	15	0	

이태권(李泰權) 연세대 1980.07.14

대회	연도	소속	출전	교체	득점	도움	파울	경고	퇴장
BC	2005	수원	1	1	0	0	1	0	0
	합계		1	1	0	0	1	0	0
프로통산			1	1	0	0	1	0	0

이태엽(李太燁) 서울시립대 1959.06.16

대회	연도	소속	출전	교체	득점	도움	파울	경고	퇴장
BC	1983	국민	15	2	1	0	7	1	0
	1984	국민	17	10	2	0	15	3	0
	합계		32	12	3	0	22	4	0
프로통산			32	12	3	0	22	4	0

이태영(李泰英) 관동대 1992.05.15

대회	연도	소속	출전	교체	득점	도움	파울	경고	퇴장
K2	2015	안양	1	1	0	0	1	0	0
	2016	충주	10	9	1	4	8	0	0
	합계		11	10	1	4	9	0	0
프로통산			11	10	1	4	9	0	0

이태영(李太永) 풍생고 1987.07.01

대회	연도	소속	출전	교체	득점	도움	파울	경고	퇴장
BC	2007	포항	0	0	0	0	0	0	0
	합계		0	0	0	0	0	0	0
프로통산			0	0	0	0	0	0	0

이태우(李泰雨) 경희대 1984.01.08

대회	연도	소속	출전	교체	득점	도움	파울	경고	퇴장
BC	2006	대구	2	2	0	0	2	1	0
	2007	대구	3	2	0	0	1	0	0
	합계		5	4	0	0	3	1	0
프로통산			5	4	0	0	3	1	0

이태현(李太賢) 한남대 1993.03.13

대회	연도	소속	출전	교체	득점	도움	파울	경고	퇴장
K2	2016	안양	4	3	0	0	6	1	0
	2017	안양	2	1	0	0	1	0	0
	합계		6	4	0	0	7	1	0
프로통산			6	4	0	0	7	1	0

이태형(李太炯) 한양대 1963.06.04

대회	연도	소속	출전	교체	득점	도움	파울	경고	퇴장
BC	1987	대우	19	18	1	0	23	0	0
	1988	대우	18	14	1	0	18	1	0
	1989	대우	19	15	2	0	20	0	0
	1990	대우	8	6	1	1	13	0	0
	합계		64	53	5	1	74	4	0
프로통산			64	53	5	1	74	4	0

이태형(李太賢) 한양대 1964.09.01

대회	연도	소속	출전	교체	득점	도움	파울	경고	퇴장
BC	1991	포철	8	6	1	1	9	0	0
	1992	유공	6	4	0	0	9	1	0
	1994	버팔로	8	6	0	0	4	0	0
	합계		22	16	1	1	22	0	0
프로통산			22	16	1	1	22	0	0

이태호(李周泳) 성균관대 1991.03.16

대회	연도	소속	출전	교체	득점	도움	파울	경고	퇴장
K1	2018	강원	11	4	1	0	9	2	0
	합계		11	4	1	0	9	2	0
프로통산			11	4	1	0	9	2	0

이태호(李泰昊) 고려대 1961.01.29

대회	연도	소속	출전	교체	득점	도움	파울	경고	퇴장
BC	1983	대우	8	2	3	3	13	2	0
	1984	대우	20	1	11	3	15	4	0
	1985	대우	5	1	4	0	3	0	0
	1986	대우	12	2	3	4	18	2	0
	1987	대우	19	14	0	2	10	0	1
	1988	대우	12	6	3	3	12	0	0
	1989	대우	25	7	8	3	34	1	0
	1990	대우	19	7	4	0	23	0	0
	1991	대우	33	26	5	5	28	0	0
	1992	대우	28	24	6	1	28	1	0
	합계		181	84	57	27	180	10	1
프로통산			181	84	57	27	180	10	1

이태홍(李太洪) 대구대 1971.10.01

대회	연도	소속	출전	교체	득점	도움	파울	경고	퇴장
BC	1992	일화	32	27	2	2	39	4	0
	1993	일화	27	6	4	4	55	4	0
	1994	일화	18	14	1	0	30	0	0
	1995	일화	26	20	3	1	24	3	0
	1996	천안일	32	13	3	0	60	5	0
	1997	부천SK	15	4	1	0	19	2	0
	1999	부천SK	16	15	4	1	19	2	0
	합계		162	99	20	8	251	27	2
프로통산			162	99	20	8	251	27	2

이태훈(李太勳) 전북대 1971.06.07

대회	연도	소속	출전	교체	득점	도움	파울	경고	퇴장
BC	1994	버팔로	17	5	1	1	11	0	0
	1996	전북	9	7	0	0	14	0	0
	1997	전북	7	3	0	1	13	1	0
	1998	전북	6	5	1	0	2	1	0
	합계		39	20	2	2	40	2	0
프로통산			39	20	2	2	40	2	0

이태희(李太熙) 대건고 1995.04.26

대회	연도	소속	출전	교체	**실점**	도움	파울	경고	퇴장
K1	2015	인천	4	1	3	0	0	0	0
	2016	인천	9	0	14	0	0	0	0
	2017	인천	10	1	17	0	0	0	0
	2018	인천	6	0	9	0	1	0	0
	합계		29	1	43	0	1	0	0
프로통산			29	1	43	0	1	0	0

이태희(李台熙) 숭실대 1992.06.16

대회	연도	소속	출전	교체	득점	도움	파울	경고	퇴장
K1	2015	성남	13	1	1	1	23	0	0
	2016	성남	28	5	0	2	25	6	0
	2018	상주	9	4	2	3	7	0	0
	합계		50	9	3	5	55	6	0
K2	2017	성남	29	1	0	1	31	3	0
	합계		29	1	0	1	31	3	0
승	2016	성남	0	0	0	0	0	0	0
	합계		0	0	0	0	0	0	0
프로통산			79	10	3	6	86	9	0

이태희(李台熙) 서울시립대 1959.08.10

대회	연도	소속	출전	교체	득점	도움	파울	경고	퇴장
BC	1983	국민	14	7	1	0	9	2	0
	1984	국민	14	7	1	1	15	0	0
	합계		28	14	2	1	24	2	0
프로통산			28	14	2	1	24	2	0

이택기(李宅基) 아주대 1989.03.31

대회	연도	소속	출전	교체	득점	도움	파울	경고	퇴장
BC	2012	서울	1	0	0	0	1	0	0
	합계		1	0	0	0	1	0	0
K1	2013	서울	1	1	0	0	0	0	0
	합계		1	1	0	0	0	0	0
K2	2014	충주	15	1	0	0	19	3	0
	2015	충주	29	2	0	0	17	1	0
	합계		44	3	0	0	36	4	0
프로통산			46	4	0	0	24	3	0

이평재(李平宰) 동아대 1969.03.24

대회	연도	소속	출전	교체	득점	도움	파울	경고	퇴장
BC	1991	현대	8	6	0	0	9	1	0
	1995	전남	6	6	0	0	1	1	0
	1996	전남	19	13	3	1	15	2	0
	합계		33	24	3	1	31	4	0
프로통산			33	24	3	1	31	4	0

이필주(李泌周) 동아대 1982.03.11

대회	연도	소속	출전	교체	득점	도움	파울	경고	퇴장
BC	2005	대전	1	1	0	0	2	0	0
	합계		1	1	0	0	2	0	0
프로통산			1	1	0	0	2	0	0

이하늘(李하늘) 원광대 1993.02.08

대회	연도	소속	출전	교체	득점	도움	파울	경고	퇴장
K2	2015	안양	0	0	0	0	0	0	0
	합계		0	0	0	0	0	0	0
프로통산			0	0	0	0	0	0	0

이학민(李學玟) 상지대 1991.03.11

대회	연도	소속	출전	교체	득점	도움	파울	경고	퇴장
K1	2015	경남	18	8	1	0	32	5	0
	2017	인천	8	3	0	1	2	0	0
	합계		26	11	1	0	34	5	0
K2	2015	부천	38	2	2	6	37	5	0
	2016	부천	36	1	2	2	41	9	0
	2017	성남	1	1	0	0	1	0	0
	2018	성남	32	7	0	4	132	16	0
	합계		107	11	4	12	132	16	0
승	2014	경남	1	0	0	0	1	0	0
	합계		1	0	0	0	1	0	0
프로통산			134	19	5	12	167	21	0

이학종(李學種) 고려대 1961.02.17

대회	연도	소속	출전	교체	득점	도움	파울	경고	퇴장
BC	1985	한일	19	0	1	3	21	2	0
	1986	한일	10	0	4	2	11	0	0
	1986	현대	3	1	0	0	6	0	0
	1987	현대	17	3	7	1	8	2	0
	1988	현대	16	1	2	1	32	2	0
	1989	현대	16	12	0	1	5	1	0
	1990	현대							
	1991	현대	16	12	0	1	5	1	0
	합계		90	25	14	9	98	7	0
프로통산			90	25	14	9	98	7	0

이한도(李韓道) 용인대 1994.03.16

대회	연도	소속	출전	교체	득점	도움	파울	경고	퇴장
K1	2016	전북	0	0	0	0	0	0	0
	2017	광주	25	3	0	0	19	5	0
	합계		25	3	0	0	19	5	0
K2	2018	광주	24	4	1	1	21	4	1
	합계		24	4	1	1	21	4	1
프로통산			49	7	1	1	40	9	1

이한빈(李韓斌) 용인대 1997.07.25

대회	연도	소속	출전	교체	득점	도움	파울	경고	퇴장
K2	2018	수원FC	5	3	0	0	5	0	0
	합계		5	3	0	0	5	0	0
프로통산			5	3	0	0	5	0	0

이한샘(李한샘) 건국대 1989.10.18

대회	연도	소속	출전	교체	득점	도움	파울	경고	퇴장
HG	2012	광주	29	3	2	0	87	14	0
	합계		29	3	2	0	87	14	0
K1	2013	경남	16	7	0	2	47	6	0
	2014	경남	12	4	0	0	14	4	0
	합계		28	11	0	2	61	10	0
K2	2015	강원	33	1	0	1	57	12	0
	2016	강원	22	2	1	2	54	12	0
	2017	수원FC	9	4	0	0	7	1	0
	2018	아산	23	3	0	3	31	7	0
	합계		104	10	1	6	149	34	0
승	2016	강원	2	0	0	0	5	2	0
	합계		2	0	0	0	5	2	0

프로통산 | 163 22 8 3 302 60 0

이한수(李韓洙) 동의대 1986.12.17

대회	연도	소속	출전	교체	득점	도움	파울	경고	퇴장
BC	2009	경남	3	1	0	0	4	0	0
	합계		3	1	0	0	4	0	0
프로통산			3	1	0	0	4	0	0

이한음(李漢音) 광운대 1991.02.22

대회	연도	소속	출전	교체	득점	도움	파울	경고	퇴장
K2	2015	강원	4	4	0	0	2	0	0
	2016	충주	16	16	1	0	4	1	0
	합계		20	20	1	0	6	1	0
프로통산			20	20	1	0	6	1	0

이해웅(李海雄) 신갈고 1998.11.20

대회	연도	소속	출전	교체	득점	도움	파울	경고	퇴장
K1	2017	대구	1	1	0	0	0	0	0
	2018	대구	1	1	0	0	0	0	0
	합계		2	2	0	0	0	0	0
프로통산			2	2	0	0	0	0	0

이행수(李行守) 남부대 1990.08.27

대회	연도	소속	출전	교체	득점	도움	파울	경고	퇴장
BC	2012	대구	6	6	0	0	0	0	0
	합계		6	6	0	0	0	0	0
프로통산			6	6	0	0	0	0	0

이헌구(李憲球) 한양대 1961.04.13

대회	연도	소속	출전	교체	득점	도움	파울	경고	퇴장
BC	1985	상무	4	4	0	0	2	0	0
	합계		4	4	0	0	2	0	0
프로통산			4	4	0	0	2	0	0

이혁주(李爀柱) 선문대 1996.08.05

대회	연도	소속	출전	교체	득점	도움	파울	경고	퇴장
K2	2018	부천	1	1	0	0	1	0	0
	합계		1	1	0	0	1	0	0

이현규(李鉉圭) 강원대 1970.08.16

대회	연도	소속	출전	교체	득점	도움	파울	경고	퇴장
BC	1993	대우	2	2	0	0	0	0	0
	합계		2	2	0	0	0	0	0
프로통산			2	2	0	0	0	0	0

이현도(李泫都) 영남대 1989.03.06

대회	연도	소속	출전	교체	득점	도움	파울	경고	퇴장
BC	2012	부산	0	0	0	0	0	0	0
	합계		0	0	0	0	0	0	0
프로통산			0	0	0	0	0	0	0

이현동(李炫東) 청주대 1976.03.30

대회	연도	소속	출전	교체	득점	도움	파울	경고	퇴장
BC	1999	포항	3	2	0	1	10	0	0
	2000	포항	13	9	1	0	33	2	0
	2001	포항	9	8	0	1	11	2	0
	2003	광주상	7	8	0	0	4	0	0
	2004	대구	3	2	0	0	7	0	0
	합계		35	29	1	2	69	4	0
프로통산			35	29	1	2	69	4	0

이현민(李賢民) 예원예술대 1991.05.21

대회	연도	소속	출전	교체	득점	도움	파울	경고	퇴장
K2	2013	충주	15	1	1	0	19	2	0
	합계		15	1	1	0	19	2	0
프로통산			15	1	1	0	19	2	0

이현민(李珉玟) 울산대 1984.07.09

대회	연도	소속	출전	교체	득점	도움	파울	경고	퇴장
BC	2006	울산	4	4	0	0	4	0	0
	2007	울산	3	3	0	0	3	0	0
	2008	광주상	7	6	0	0	13	0	0
	합계		14	10	0	0	13	0	0
프로통산			14	10	0	0	13	0	0

이현석(李玄錫) 서울대 1968.05.17

대회	연도	소속	출전	교체	득점	도움	파울	경고	퇴장
BC	1991	현대	9	9	0	0	4	0	0
	1992	현대	1	1	0	0	0	0	0
	1996	울산	18	19	4	1	16	0	0
	1997	울산	15	15	3	0	7	0	0
	합계		43	44	7	1	16	0	0
프로통산			43	44	7	1	16	0	0

이현성(李現星) 용인대 1993.05.20

대회	연도	소속	출전	교체	득점	도움	파울	경고	퇴장
K1	2016	인천	9	9	0	0	9	0	0
	2018	경남	0	0	0	0	0	0	0
	합계		9	9	0	0	9	0	0
K2	2017	경남	14	13	0	1	6	0	0
	2018	서울E	21	6	1	1	21	2	0
	합계		35	19	1	2	27	2	0
프로통산			44	28	1	2	36	2	0

이현승(李弦昇) 수원공고 1988.12.14

대회	연도	소속	출전	교체	득점	도움	파울	경고	퇴장
BC	2006	전북	17	13	3	1	21	2	0
	2007	전북	28	21	1	6	41	3	0
	2008	전북	19	15	2	3	17	2	0
	2009	전북	20	21	4	2	10	1	0
	2010	서울	3	4	0	0	3	0	0
	2011	전남	28	14	4	2	47	2	0
	2012	전남	32	15	1	4	63	4	0
	합계		147	102	15	17	214	16	0
K1	2013	전남	27	23	1	1	29	1	0
	2014	전남	19	11	2	2	20	3	0
	2015	대전	14	10	1	1	11	2	0
	합계		60	44	3	4	56	6	0
K2	2016	부천	17	7	3	2	21	4	0
	2016	안산무	38	16	8	6	49	3	0
	2017	아산	4	4	0	0	5	1	0
	2017	대전	6	3	1	0	7	1	0
	2018	부천	32	28	1	1	48	3	0
	합계		107	58	13	9	130	12	0
프로통산			314	204	33	28	421	33	0

이현식(李炫植) 용인대 1996.03.21

대회	연도	소속	출전	교체	득점	도움	파울	경고	퇴장
K1	2018	강원	27	17	0	2	31	4	0
	합계		27	17	0	2	31	4	0
프로통산			27	17	0	2	31	4	0

이현우(李炫雨) 용인대 1994.03.20

대회	연도	소속	출전	교체	실점	도움	파울	경고	퇴장
K1	2017	대구	0	0	0	0	0	0	0
	2018	대구	0	0	0	0	0	0	0
	합계		0	0	0	0	0	0	0
프로통산			0	0	0	0	0	0	0

이현웅(李鉉雄) 연세대 1988.04.27

대회	연도	소속	출전	교체	득점	도움	파울	경고	퇴장
BC	2010	대전	28	21	2	1	30	1	0
	2011	대전	13	0	4	0	8	1	0
	2012	대전	36	13	0	4	68	8	0
	합계		69	38	2	6	104	9	0
K1	2013	수원	3	3	0	0	0	0	0
	2014	상주	5	5	0	1	2	0	0
	2018	경남	0	0	0	0	0	0	0
	합계		8	8	0	1	2	0	0
K2	2015	상주	1	1	0	0	1	0	0
	2017	경남	1	2	0	0	1	0	0
	2017	안양	1	1	0	0	0	0	0
	합계		3	4	0	0	2	0	0
프로통산			80	50	2	7	108	9	0

이현일(李炫一) 용인대 1994.09.13

대회	연도	소속	출전	교체	득점	도움	파울	경고	퇴장
K2	2017	성남	14	11	3	0	12	2	0
	2018	성남	14	14	4	1	14	0	0
	합계		28	25	7	1	26	2	0
프로통산			28	25	7	1	26	2	0

이현진(李炫珍) 고려대 1984.05.15

대회	연도	소속	출전	교체	득점	도움	파울	경고	퇴장
BC	2005	수원	10	10	1	0	10	1	0
	2006	수원	23	14	2	0	29	1	0
	2007	수원	15	12	1	1	19	0	0
	2008	수원	2	2	0	0	2	0	0
	2009	수원	2	2	0	0	2	0	0
	2010	수원	25	24	3	2	20	3	0
	2011	수원	6	6	0	0	4	0	0
	2012	수원	11	11	0	0	2	0	0
	합계		94	81	6	4	92	5	0
K1	2013	제주	7	7	0	0	2	0	0
	합계		7	7	0	0	2	0	0
프로통산			101	88	6	4	101	7	0

이현창(李炫昌) 영남대 1985.11.02

대회	연도	소속	출전	교체	득점	도움	파울	경고	퇴장
BC	2009	대구	21	6	1	0	43	3	0
	2010	대구	22	3	1	0	32	2	0
	합계		43	9	2	0	73	5	0
K2	2013	고양	12	0	0	1	33	3	0
	2015	충주	24	10	1	2	25	2	0
	합계		36	10	1	3	38	5	0
프로통산			79	19	3	3	111	10	0

이현호(李賢虎) 탐라대 1988.11.29

대회	연도	소속	출전	교체	득점	도움	파울	경고	퇴장
BC	2010	제주	31	31	4	3	15	1	0
	2011	제주	28	24	2	2	12	0	0
	2012	성남일	10	9	1	0	4	0	0
	합계		69	64	6	5	27	2	0
K1	2013	성남일	11	9	0	0	0	0	0
	2014	제주	6	6	0	0	4	0	0
	2015	대전	12	12	0	1	3	1	0
	합계		29	27	0	1	7	1	0
프로통산			98	91	6	7	34	3	0

이현호(李賢皓) 인천대 1984.02.08

대회	연도	소속	출전	교체	득점	도움	파울	경고	퇴장
BC	2006	수원	0	0	0	0	0	0	0
	합계		0	0	0	0	0	0	0
프로통산			0	0	0	0	0	0	0

이현호(李賢虎) 동아대 1987.05.11

대회	연도	소속	출전	교체	득점	도움	파울	경고	퇴장
BC	2010	대전	1	1	0	0	2	0	0
	2011	대전	1	1	0	0	0	0	0
	합계		1	1	0	0	2	0	0
프로통산			1	1	0	0	2	0	0

이형기(李炯奇) 한라대 1989.07.22

대회	연도	소속	출전	교체	득점	도움	파울	경고	퇴장
BC	2012	전북	0	0	0	0	0	0	0
	합계		0	0	0	0	0	0	0
프로통산			0	0	0	0	0	0	0

이형상(李形象) 브라질 유학 1985.05.05

대회	연도	소속	출전	교체	득점	도움	파울	경고	퇴장
BC	2006	대전	1	1	0	0	0	0	0
	2007	대전	1	1	0	0	0	0	0
	2011	대구	7	7	1	1	11	1	0
	합계		8	8	1	1	11	1	0
프로통산			8	8	1	1	11	1	0

이형진(李炯璡) 성균관대 1992.08.30

대회	연도	소속	출전	교체	득점	도움	파울	경고	퇴장
K1	2015	대전	3	3	0	0	0	0	0
	합계		3	3	0	0	0	0	0
프로통산			3	3	0	0	0	0	0

이혜강(李慧剛) 동의대 1987.03.28

대회	연도	소속	출전	교체	득점	도움	파울	경고	퇴장
BC	2010	경남	4	4	0	0	3	1	0
	2011	경남	7	5	0	0	5	0	0
	합계		11	9	0	0	8	1	0

이호(李浩) 울산과학대 1984.10.22

대회	연도	소속	출전	교체	득점	도움	파울	경고	퇴장
BC	2003	울산	9	5	1	0	9	0	0
	2004	울산	29	5	1	0	57	5	1
	2005	울산	36	3	1	3	84	9	0
	2006	울산	7	0	1	2	17	1	1
	2009	성남일	35	3	2	2	93	10	0
	2011	울산	40	14	0	3	46	5	0
	2012	울산	30	9	0	0	44	4	0
	합계		186	39	6	10	350	36	2
K1	2014	상주	17	2	1	2	13	3	0
	2014	울산	10	1	1	0	14	1	0
	2015	전북	11	5	0	0	17	4	0
	2016	전북	11	5	0	0	14	5	0
	합계		49	15	3	1	62	11	0
K2	2013	상주	32	7	0	2	44	6	0
	합계		32	7	0	2	44	6	0
승	2013	상주	2	0	0	0	2	0	0
	합계		2	0	0	0	2	0	0
프로통산			269	61	9	13	458	53	2

이호(李虎) 경희대 1986.01.06

대회	연도	소속	출전	교체	득점	도움	파울	경고	퇴장
BC	2009	강원	1	0	0	0	1	0	0
	2010	대전	7	4	0	0	8	0	0
	2011	대전	25	3	1	1	41	9	0
	2012	대전	23	5	0	0	47	10	0
	합계		56	16	1	1	98	21	0
K2	2013	경찰	25	18	2	2	27	8	0
	2014	안산경	5	1	0	0	5	1	0
	2014	대전	5	1	0	0	1	0	0
	합계		35	20	2	2	33	9	0
프로통산			89	33	3	3	132	31	0

이호석(李鎬碩) 동국대 1991.05.21

대회	연도	소속	출전	교체	득점	도움	파울	경고	퇴장
K1	2014	경남	12	11	0	0	16	3	0
	합계		12	11	0	0	16	3	0
K2	2015	경남	16	12	1	1	12	1	0
	2016	경남	27	16	9	0	36	4	0
	2017	대전	27	10	5	6	37	6	0
	합계		70	38	16	17	92	14	0
승	2014	경남	1	1	0	0	1	0	0
	합계		1	1	0	0	1	0	0
프로통산			83	50	16	17	113	17	0

이호성(李浩星) 중앙대 1974.09.12

대회	연도	소속	출전	교체	득점	도움	파울	경고	퇴장
BC	1997	대전	18	16	1	0	25	1	0
	1998	대전	15	15	2	0	11	0	0
	1999	대전	23	15	2	0	15	2	0
	2000	대전	13	12	1	0	16	2	0
	2001	대전	5	5	0	0	6	0	0
	합계		74	63	9	1	93	4	0
프로통산			74	63	9	1	93	4	0

이호승(李昊乘) 동국대 1989.12.21

대회	연도	소속	출전	교체	실점	도움	파울	경고	퇴장
K1	2016	전남	28	1	34	0	1	1	0
	2017	전남	32	0	56	1	1	1	0
	2018	전남	28	0	44	1	0	2	0
	합계		88	1	134	2	1	4	0
프로통산			88	1	134	2	1	4	0

이호인(李浩因) 상지대 1995.12.29

대회	연도	소속	출전	교체	득점	도움	파울	경고	퇴장
K1	2018	강원	3	3	0	0	2	0	0
	합계		3	3	0	0	2	0	0
프로통산			3	3	0	0	2	0	0

이호창(李浩昌) 동국대 1988.10.11

대회	연도	소속	출전	교체	득점	도움	파울	경고	퇴장
BC	2011	인천	2	1	0	0	2	1	0
	합계		2	1	0	0	2	1	0
프로통산			2	1	0	0	2	1	0

이화열(李化烈) 관동대 1962.11.20

대회	연도	소속	출전	교체	득점	도움	파울	경고	퇴장
BC	1986	포철	1	1	0	0	0	0	0
	1989	포철	13	6	2	0	13	2	0
	합계		14	7	2	0	13	2	0
프로통산			14	7	2	0	13	2	0

이효균(李孝均) 동아대 1988.03.12

대회	연도	소속	출전	교체	득점	도움	파울	경고	퇴장
BC	2011	경남	13	8	3	0	31	2	0
	2012	인천	1	1	0	0	0	0	0
	합계		14	9	3	0	32	2	0
K1	2013	인천	13	13	0	0	2	0	0
	2014	인천	29	20	4	1	31	4	0
	2015	인천	7	6	0	0	8	1	0
	2016	인천	4	3	0	0	5	0	1
	2017	인천	7	5	1	0	7	0	0
	2018	인천	1	1	0	0	0	0	0
	합계		65	51	9	2	58	5	1
K2	2015	안양	15	13	2	0	19	1	0
	2016	부천	11	11	2	0	11	0	0
	합계		26	24	4	0	39	1	0
프로통산			105	84	16	3	129	10	1

이효용(李孝用) 창신고 1970.06.06

대회	연도	소속	출전	교체	득점	도움	파울	경고	퇴장
BC	1989	현대	14	12	1	2	0	1	0
	1990	현대	4	4	0	0	1	0	0
	합계		18	16	1	2	1	1	0
프로통산			18	16	1	2	1	1	0

이후권(李厚權) 광운대 1990.10.30

대회	연도	소속	출전	교체	득점	도움	파울	경고	퇴장
K1	2014	상주	15	9	0	0	18	5	0
	2016	성남	10	4	0	0	9	3	0
	2018	포항	20	1	0	1	23	0	0
	합계		45	32	1	1	53	8	0
K2	2013	부천	31	3	3	0	98	8	0
	2015	상주	1	1	0	0	0	0	0
	2015	부천	5	0	0	0	11	1	0
	2016	부천	29	3	1	2	49	7	0
	2017	성남	29	3	0	2	47	2	0
	합계		66	10	4	6	152	18	0
프로통산			111	42	4	7	205	18	0

이훈(李訓) 아주대 1991.04.02

대회	연도	소속	출전	교체	득점	도움	파울	경고	퇴장
K2	2014	고양	9	6	0	0	9	0	0
	합계		9	6	0	0	9	0	0
프로통산			9	6	0	0	9	0	0

이훈(李勳) 성균관대 1970.04.07

대회	연도	소속	출전	교체	득점	도움	파울	경고	퇴장
BC	1993	LG	5	5	0	1	0	0	0
	합계		5	5	0	1	0	0	0
프로통산			5	5	0	1	0	0	0

이훈(李訓) 연세대 1986.04.29

대회	연도	소속	출전	교체	득점	도움	파울	경고	퇴장
BC	2009	경남	21	15	3	0	38	0	0
	2010	경남	23	18	1	0	26	0	0
	2011	경남	18	10	1	0	24	0	0
	합계		61	43	7	1	93	2	0
프로통산			61	43	7	1	93	2	0

이훈(李訓) 제주중앙고 1991.09.22

대회	연도	소속	출전	교체	득점	도움	파울	경고	퇴장
BC	2011	강원	1	1	0	0	0	0	0
	합계		1	1	0	0	0	0	0
프로통산			1	1	0	0	0	0	0

이휘수(李輝洙) 대구대 1990.05.28

대회	연도	소속	출전	교체	득점	도움	파울	경고	퇴장
K1	2013	전남	0	0	0	0	0	0	0
	합계		0	0	0	0	0	0	0
프로통산			0	0	0	0	0	0	0

이흥실(李興實) 한양대 1961.07.10

대회	연도	소속	출전	교체	득점	도움	파울	경고	퇴장
BC	1985	포철	21	5	10	2	19	1	0
	1986	포철	28	3	6	3	17	0	0
	1987	포철	29	4	12	6	20	3	0
	1988	포철	16	6	1	1	14	0	0
	1989	포철	39	6	4	11	33	4	0
	1990	포철	19	1	7	5	17	1	0
	1991	포철	15	11	4	6	6	0	0
	1992	포철	15	7	4	1	16	0	0
	합계		182	43	48	35	142	10	0
프로통산			182	43	48	35	142	10	0

이희성(李熹性) 숭실대 1990.05.27

대회	연도	소속	출전	교체	실점	도움	파울	경고	퇴장
K1	2014	울산	9	1	14	0	1	0	0
	2015	울산	1	0	0	0	0	0	0
	합계		10	1	14	0	1	0	0
K2	2018	안산	17	1	19	0	0	1	0
	합계		17	1	19	0	0	1	0
프로통산			27	4	33	0	0	3	0

이희찬(李熙燦) 포철고 1995.03.02

대회	연도	소속	출전	교체	득점	도움	파울	경고	퇴장
K2	2014	고양	6	4	0	0	9	2	0
	2014	부천	0	0	0	0	0	0	0
	2015	부천	0	0	0	0	2	1	0
	합계		6	4	0	0	11	2	0
프로통산			6	4	0	0	11	2	0

이희현(李熙鉉) 한려대 1986.10.07

대회	연도	소속	출전	교체	득점	도움	파울	경고	퇴장
K2	2014	부천	0	0	0	0	0	0	0
	합계		0	0	0	0	0	0	0
프로통산			0	0	0	0	0	0	0

인디오(Antonio Rogerio Silva Oliveira) 브라질 1981.11.21

대회	연도	소속	출전	교체	득점	도움	파울	경고	퇴장
BC	2008	경남	27	12	10	6	24	2	0
	2009	경남	18	3	9	5	17	1	0
	2010	전남	25	11	8	5	27	1	0
	2011	전남	17	17	2	1	14	1	0
	합계		99	52	29	17	73	6	0
프로통산			99	52	29	17	73	6	0

인준연(印唆姸) 신평고 1991.03.12

대회	연도	소속	출전	교체	득점	도움	파울	경고	퇴장
BC	2012	대구	11	8	1	0	16	2	0
	합계		11	8	1	0	16	2	0
K2	2013	충주	14	11	2	0	17	1	0
	2014	대구	4	4	0	0	4	0	0
	2016	고양	30	14	2	1	45	9	1
	합계		46	27	4	2	63	12	1
프로통산			57	35	5	2	79	13	1

인지오(Jose Satiro do Nascimento) 브라질 1975.04.03

대회	연도	소속	출전	교체	득점	도움	파울	경고	퇴장
BC	2003	대구	19	2	3	3	28	2	0
	2004	대구	29	3	1	3	62	4	0
	2005	대구	15	8	0	1	14	2	0
	합계		63	18	4	7	104	7	0
프로통산			63	18	4	7	104	7	0

일리안(Micanski Ilian Emilov) 불가리아 1985.12.20

대회	연도	소속	출전	교체	득점	도움	파울	경고	퇴장
K1	2015	수원	8	7	0	0	11	1	0
	합계		8	7	0	0	11	1	0

일리치(Sasa Ilic) 마케도니아 1970.09.05

대회	연도	소속	출전	교체	실점	도움	파울	경고	퇴장
		프로통산	8	7	0	0	11	1	0
BC	1995	대우	30	1	42	0	0	0	0
	1996	부산	27	0	35	0	0	1	0
	1997	부산	17	0	11	0	0	1	0
		합계	74	1	88	0	0	2	0
		프로통산	74	1	88	0	0	2	0

임호(林虎) 경상대 1979.04.25

대회	연도	소속	출전	교체	득점	도움	파울	경고	퇴장
BC	2000	전남	4	4	0	1	2	0	0
	2001	전남	3	3	0	0	0	0	0
	2005	대구	11	5	0	0	35	3	0
		합계	18	12	0	1	37	3	0
		프로통산	18	12	0	1	37	3	0

임경현(林京鉉) 숭실대 1986.10.06

대회	연도	소속	출전	교체	득점	도움	파울	경고	퇴장
BC	2009	부산	9	10	0	0	10	1	0
	2010	부산	1	1	0	0	1	0	0
	2010	수원	6	5	0	0	7	2	0
	2011	수원	1	1	0	0	1	0	0
	2012	수원	3	2	0	1	10	3	0
		합계	20	19	0	1	29	6	0
K1	2013	수원	2	2	0	0	1	0	0
	2013	전남	13	10	2	3	28	1	0
		합계	15	12	2	3	29	1	0
K2	2015	부천	13	13	2	1	19	5	0
		합계	13	13	2	1	19	5	0
		프로통산	48	44	4	5	76	12	0

임경훈(林敬勳) 포철공고 1984.03.19

대회	연도	소속	출전	교체	득점	도움	파울	경고	퇴장
BC	2004	포항	0	0	0	0	0	0	0
	2006	경남	0	0	0	0	0	0	0
	2007	경남	0	0	0	0	0	0	0
		합계	0	0	0	0	0	0	0
		프로통산	0	0	0	0	0	0	0

임고석(林古石) 성균관대 1960.02.18

대회	연도	소속	출전	교체	득점	도움	파울	경고	퇴장
BC	1983	대우	9	8	0	0	9	2	0
	1984	대우	13	6	2	0	17	0	0
	1985	대우	13	6	2	0	17	0	0
	1986	대우	25	8	3	1	29	1	0
	1987	현대	14	4	0	4	26	3	0
	1988	현대	19	10	4	1	31	1	0
	1989	유공	15	12	5	1	22	0	0
	1990	유공	3	7	0	1	20	2	0
		합계	111	61	24	4	149	9	0
		프로통산	111	61	24	4	149	9	0

임관식(林官植) 호남대 1975.07.28

대회	연도	소속	출전	교체	득점	도움	파울	경고	퇴장
BC	1998	전남	27	14	1	3	39	4	0
	1999	전남	35	4	3	1	60	2	0
	2000	전남	34	9	1	0	44	4	0
	2001	전남	24	10	0	0	34	4	0
	2002	전남	27	14	0	0	55	1	0
	2003	전남	8	6	1	0	13	0	0
	2004	부산	28	16	1	3	65	7	0
	2005	부산	26	11	1	0	48	4	0
	2006	부산	29	15	0	3	55	2	0
	2007	전남	14	13	0	0	21	0	0
	2008	전남	2	2	0	0	4	0	0
		합계	255	115	6	10	454	26	1
		프로통산	255	115	6	10	454	26	1

임규식(林奎植) 중앙대 1975.05.09

대회	연도	소속	출전	교체	득점	도움	파울	경고	퇴장
BC	1998	천안일	11	10	0	0	6	2	0
		합계	11	10	0	0	6	2	0

임근영(林根永) 울산현대고 1995.05.15

대회	연도	소속	출전	교체	득점	도움	파울	경고	퇴장
		프로통산	11	10	0	0	6	2	0
K2	2014	대구	0	0	0	0	0	0	0
		합계	0	0	0	0	0	0	0
		프로통산	0	0	0	0	0	0	0

임근재(林根載) 연세대 1969.11.05

대회	연도	소속	출전	교체	득점	도움	파울	경고	퇴장
BC	1992	LG	37	20	10	2	34	0	0
	1993	LG	24	20	6	1	20	1	0
	1994	LG	24	22	2	1	8	0	0
	1995	포항	4	4	0	0	0	0	0
	1996	포항	2	2	0	0	4	0	0
		합계	91	68	18	4	66	2	0
		프로통산	91	68	18	4	66	2	0

임기한(林基漢) 대구대 1973.11.20

대회	연도	소속	출전	교체	득점	도움	파울	경고	퇴장
BC	1994	유공	5	5	2	0	1	0	0
	1995	유공	1	1	0	0	0	0	0
	1999	부천SK	6	6	0	0	2	0	0
		합계	12	12	2	0	3	0	0
		프로통산	12	12	2	0	3	0	0

임대준(林大準) 건국대 1994.05.04

대회	연도	소속	출전	교체	득점	도움	파울	경고	퇴장
K1	2017	광주	5	4	0	0	4	1	0
		합계	5	4	0	0	4	1	0
K2	2018	성남	1	1	0	0	2	0	0
		합계	1	1	0	0	2	0	0
		프로통산	6	5	0	0	6	1	0

임동준(任東俊) 단국대 1987.07.13

대회	연도	소속	출전	교체	득점	도움	파울	경고	퇴장
BC	2011	전북	1	1	0	0	1	0	0
		합계	1	1	0	0	1	0	0
		프로통산	1	1	0	0	1	0	0

임동진(任東鎭) 명지대 1976.03.21

대회	연도	소속	출전	교체	득점	도움	파울	경고	퇴장
BC	1999	천안일	6	2	0	0	14	1	0
		합계	6	2	0	0	14	1	0
		프로통산	6	2	0	0	14	1	0

임동천(林東天) 고려대 1992.11.13

대회	연도	소속	출전	교체	득점	도움	파울	경고	퇴장
K1	2014	울산	0	0	0	0	0	0	0
		합계	0	0	0	0	0	0	0
		프로통산	0	0	0	0	0	0	0

임동혁(林東奕) 숭실대 1993.06.08

대회	연도	소속	출전	교체	득점	도움	파울	경고	퇴장
K2	2016	부천	8	7	0	0	3	0	0
	2017	부천	34	1	2	0	35	6	0
	2018	부천	33	0	2	1	32	4	1
		합계	75	8	4	1	70	10	1
		프로통산	75	8	4	1	70	10	1

임민혁(林旼赫) 수원공고 1997.03.05

대회	연도	소속	출전	교체	득점	도움	파울	경고	퇴장
K1	2016	서울	3	3	0	0	5	2	0
	2017	서울	4	4	0	0	4	0	0
K2	2018	광주	28	18	2	2	33	4	0
		합계	28	18	2	3	33	4	0
		프로통산	35	24	2	2	42	4	0

임민혁(林民奕) 고려대 1994.03.05

대회	연도	소속	출전	교체	득점	도움	파울	경고	퇴장
K1	2017	전남	3	0	0	0	0	0	0
		합계	3	0	0	0	0	0	0
K2	2018	대전	9	2	0	0	9	2	0
		합계	9	2	0	0	9	2	0
		프로통산	12	2	0	0	9	2	0

임상협(林相協) 류츠케이자이대 1988.07.08

대회	연도	소속	출전	교체	득점	도움	파울	경고	퇴장
BC	2009	전북	17	16	1	1	10	1	0
	2010	전북	7	7	0	0	5	1	0
	2011	부산	34	11	10	2	65	2	0
	2012	부산	39	17	3	1	41	12	0
		합계	97	51	14	4	121	16	0
K1	2013	부산	36	6	9	4	36	5	0
	2014	부산	35	5	11	2	64	4	1
	2016	상주	25	20	3	1	14	3	0
	2018	수원	19	13	7	3	6	2	0
		합계	115	44	30	10	120	14	1
K2	2015	상주	34	20	12	3	29	4	0
	2017	부산	30	15	6	4	39	2	0
		합계	72	42	19	7	72	6	0
		프로통산	284	137	63	21	313	36	1

임석현(林錫炫) 연세대 1960.10.13

대회	연도	소속	출전	교체	득점	도움	파울	경고	퇴장
BC	1983	국민	12	6	3	2	7	0	0
	1984	국민	17	6	1	1	11	1	0
	1985	상무	7	3	2	0	0	0	0
		합계	36	15	6	3	18	1	0
		프로통산	36	15	6	3	18	1	0

임선영(林善永) 수원대 1988.03.21

대회	연도	소속	출전	교체	득점	도움	파울	경고	퇴장
BC	2011	광주	20	14	0	1	14	2	0
	2012	광주	23	23	1	0	19	0	0
		합계	43	37	1	1	33	2	0
K1	2015	광주	29	11	4	3	31	0	0
	2017	광주	8	4	0	0	4	1	0
	2018	전북	19	12	3	2	20	1	0
		합계	56	27	7	5	55	2	0
K2	2013	광주	21	11	4	5	27	3	0
	2014	광주	22	6	7	1	33	1	0
	2016	안산무	7	4	1	0	6	0	0
	2017	아산	13	7	3	1	11	0	0
		합계	63	28	15	7	77	4	0
승	2014	광주	2	1	0	0	4	0	0
		합계	2	1	0	0	4	0	0
		프로통산	164	93	23	11	169	8	0

임성근(林聖根) 경상대 1963.10.01

대회	연도	소속	출전	교체	득점	도움	파울	경고	퇴장
BC	1987	럭금	11	11	1	0	3	0	0
		합계	11	11	1	0	3	0	0
		프로통산	11	11	1	0	3	0	0

임성택(林成澤) 아주대 1988.07.19

대회	연도	소속	출전	교체	득점	도움	파울	경고	퇴장
BC	2011	대구	5	5	0	0	0	0	0
		합계	5	5	0	0	0	0	0
K1	2016	상주	4	4	0	0	4	0	0
	2017	상주	7	7	0	0	2	1	0
		합계	11	11	0	0	6	1	0
K2	2013	수원FC	28	18	4	0	33	2	0
	2014	수원FC	34	17	6	3	35	2	0
	2015	수원FC	24	15	6	4	25	3	0
	2017	수원FC	10	10	0	0	2	0	0
		합계	99	52	19	9	90	6	0
승	2015	수원FC	2	1	0	0	0	0	0
		합계	2	1	0	0	0	0	0
		프로통산	101	66	21	9	92	6	0

임세진(任世鎭) 성균관대 1977.09.20

대회	연도	소속	출전	교체	득점	도움	파울	경고	퇴장
BC	2000	수원	0	0	0	0	0	0	0
		합계	0	0	0	0	0	0	0
		프로통산	0	0	0	0	0	0	0

임세현(任世賢) 선문대 1988.05.30

대회	연도	소속	출전	교체	득점	도움	파울	경고	퇴장

			출전	교체	득점	도움	파울	경고	퇴장
BC	2011	성남일	5	5	0	0	3	0	0
	합계		5	5	0	0	3	0	0
프로통산			5	5	0	0	3	0	0

임영주(林暎周) 동국대 1976.03.08

대회	연도	소속	출전	교체	득점	도움	파울	경고	퇴장
BC	1999	대전	27	21	3	2	24	0	0
	2000	대전	21	21	0	0	17	2	0
	2001	대전	4	2	0	2	2	0	0
	2002	대전	9	5	0	0	14	0	0
	2003	대전	26	17	2	0	29	2	0
	2004	대전	18	10	0	0	16	3	0
	2005	대전	20	16	0	0	16	3	0
	2006	대전	24	20	0	1	26	1	0
	2007	대전	25	13	1	1	31	2	0
	합계		174	125	6	6	184	10	0
프로통산			174	125	6	6	184	10	0

임용주(林龍柱) 경원고 1959.03.08

대회	연도	소속	출전	교체	실점	도움	파울	경고	퇴장
BC	1983	포철	4	0	3	0	0	0	0
	합계		4	0	3	0	0	0	0
프로통산			4	0	3	0	0	0	0

임유환(林裕煥) 한양대 1983.12.02

대회	연도	소속	출전	교체	득점	도움	파울	경고	퇴장
BC	2004	전북	12	3	1	0	29	1	0
	2005	전북	16	6	0	0	20	2	1
	2006	전북	3	0	0	0	8	1	0
	2007	울산	16	5	0	0	14	1	0
	2007	전북	7	2	0	0	13	1	0
	2008	전북	34	1	3	0	50	6	0
	2009	전북	23	3	0	0	16	5	0
	2010	전북	19	3	0	1	35	3	0
	2011	전북	11	1	2	0	14	2	0
	2012	전북	27	3	0	2	32	5	0
	합계		168	27	9	1	238	29	1
K1	2013	전북	4	1	0	1	16	4	0
	합계		4	1	0	1	16	4	0
K2	2017	부산	6	4	0	0	4	0	0
	합계		6	4	0	0	4	0	0
승	2017	부산	1	0	0	0	1	0	0
	합계		1	0	0	0	1	0	0
프로통산			183	31	9	2	259	34	1

임은수(林믄水) 동국대 1996.04.01

대회	연도	소속	출전	교체	득점	도움	파울	경고	퇴장
K1	2018	인천	21	8	1	0	32	6	0
	합계		21	8	1	0	32	6	0
프로통산			21	8	1	0	32	6	0

임인성(林忍星) 홍익대 1985.07.23

대회	연도	소속	출전	교체	실점	도움	파울	경고	퇴장
BC	2010	광주상	1	0	2	0	0	0	0
	2011	상주	1	0	2	0	0	0	0
	합계		2	0	4	0	0	0	0
프로통산			2	0	4	0	0	0	0

임장묵(林張默) 경희대 1961.05.10

대회	연도	소속	출전	교체	득점	도움	파울	경고	퇴장
BC	1985	한일	4	4	0	0	1	0	0
	1986	한일	1	0	0	0	0	0	0
	합계		5	4	0	0	1	0	0
프로통산			5	4	0	0	1	0	0

임재선(林財善) 인천대 1968.06.10

대회	연도	소속	출전	교체	득점	도움	파울	경고	퇴장
BC	1991	LG	3	3	0	0	0	0	0
	1992	현대	16	11	1	1	16	2	0
	1993	현대	27	5	2	2	49	2	0
	1994	현대	31	7	1	1	31	0	0
	1995	현대	29	6	1	0	36	5	0
	1996	울산	23	18	4	4	25	1	0
	1997	전남	22	17	1	1	31	2	0
	1998	천안일	9	9	1	0	7	0	0
	합계		175	98	23	14	233	19	0
프로통산			175	98	23	14	233	19	0

임재혁(任宰赫) 신갈고 1999.02.06

대회	연도	소속	출전	교체	득점	도움	파울	경고	퇴장
K1	2018	대구	8	7	1	0	10	0	0
	합계		8	7	1	0	10	0	0
프로통산			8	7	1	0	10	0	0

임재훈(林在勳) 명지대 1987.01.01

대회	연도	소속	출전	교체	득점	도움	파울	경고	퇴장
BC	2009	성남일	2	2	0	0	0	0	0
	합계		2	2	0	0	0	0	0
프로통산			2	2	0	0	0	0	0

임종국(林鐘國) 단국대학원 1968.04.13

대회	연도	소속	출전	교체	실점	도움	파울	경고	퇴장
BC	1991	LG	3	1	4	0	0	0	0
	1992	LG	14	1	16	0	0	0	0
	1995	LG	2	0	2	0	0	0	0
	1996	안양LG	16	0	21	0	0	0	0
	1997	안양LG	25	0	38	0	1	0	0
	1998	안양LG	19	0	41	0	3	0	0
	1999	안양LG	27	0	41	0	3	3	0
	2001	부산	5	0	7	0	0	0	0
	합계		111	4	155	0	6	3	0
프로통산			111	4	155	0	6	3	0

임종욱(林鐘旭) 경희대 1986.08.26

대회	연도	소속	출전	교체	득점	도움	파울	경고	퇴장
K2	2013	충주	30	23	4	2	50	0	0
	합계		30	23	4	2	50	0	0
프로통산			30	23	4	2	50	0	0

임종은(林宗垠) 현대고 1990.06.18

대회	연도	소속	출전	교체	득점	도움	파울	경고	퇴장
BC	2009	울산	19	1	0	0	25	3	0
	2012	성남일	38	5	2	1	30	4	0
	합계		57	6	2	1	55	7	1
K1	2013	전남	34	3	2	0	19	2	0
	2014	전남	20	1	0	0	19	2	0
	2015	전남	21	2	0	1	13	2	0
	2016	전남	33	1	1	0	26	5	0
	2017	전북	17	3	1	0	13	4	0
	2018	울산	31	5	1	0	15	2	0
	합계		170	28	5	1	130	22	0
프로통산			227	34	7	2	185	29	1

임종헌(林鍾憲) 고려대 1966.03.08

대회	연도	소속	출전	교체	득점	도움	파울	경고	퇴장
BC	1989	일화	40	0	1	0	14	0	0
	1990	일화	21	3	1	0	19	0	0
	1991	일화	30	4	0	0	37	2	0
	1992	일화	15	8	0	0	9	1	0
	1993	일화	12	5	0	0	8	0	0
	1994	현대	16	4	0	0	8	0	0
	1995	현대	29	6	0	1	15	3	0
	1996	울산	13	5	0	0	9	1	0
	합계		178	35	1	4	99	18	0
프로통산			178	35	1	4	99	18	0

임종훈(林鍾勳) 배재대 1976.06.14

대회	연도	소속	출전	교체	득점	도움	파울	경고	퇴장
BC	1999	전북	2	2	0	0	2	0	0
	2002	전북	11	4	0	1	12	1	0
	2003	전북	21	9	1	0	34	1	0
	2004	인천	7	3	0	0	8	1	0
	2005	전북	17	4	0	0	13	2	0
	합계		59	21	1	1	76	15	0
프로통산			59	21	1	1	76	15	0

임준식(林俊植) 충남기계공고 1997.02.14

대회	연도	소속	출전	교체	득점	도움	파울	경고	퇴장
K2	2016	대전	0	0	0	0	0	0	0
	합계		0	0	0	0	0	0	0
프로통산			0	0	0	0	0	0	0

임준식(林俊植) 영남대 1981.09.13

대회	연도	소속	출전	교체	득점	도움	파울	경고	퇴장
BC	2004	전남	1	0	0	0	1	0	0
	합계		1	0	0	0	1	0	0
프로통산			1	0	0	0	1	0	0

임중용(林重容) 성균관대 1975.04.21

대회	연도	소속	출전	교체	득점	도움	파울	경고	퇴장
BC	1999	부산	34	14	1	2	53	5	0
	2000	부산	24	14	0	1	33	3	1
	2001	부산	1	1	0	0	0	0	0
	2003	대구	15	9	1	0	22	3	0
	2004	인천	29	4	0	0	29	5	0
	2005	인천	39	1	0	3	31	6	0
	2006	인천	30	2	0	0	23	3	0
	2007	인천	33	2	0	0	27	3	0
	2008	인천	25	3	0	0	21	4	0
	2009	인천	34	0	0	0	44	7	0
	2010	인천	26	1	0	0			
	2011	인천							
	합계		294	51	6	5	310	36	3
프로통산			294	51	6	5	310	36	3

임진영(林眞穎) 울산과학대 1980.05.11

대회	연도	소속	출전	교체	득점	도움	파울	경고	퇴장
BC	2006	성남일	7	5	0	0	13	1	0
	합계		7	5	0	0	13	1	0
프로통산			7	5	0	0	13	1	0

임진욱(林珍旭) 동국대 1991.04.22

대회	연도	소속	출전	교체	득점	도움	파울	경고	퇴장
K2	2014	충주	21	11	7	0	20	1	0
	2015	충주	18	11	2	1	9	2	0
	합계		39	22	9	1	31	2	0
프로통산			39	22	9	1	31	2	0

임찬울(任찬울) 한양대 1994.07.14

대회	연도	소속	출전	교체	득점	도움	파울	경고	퇴장
K1	2017	강원	18	18	2	2	8	2	0
	2018	강원	13	13	0	2	3	0	0
	합계		31	31	2	4	11	2	0
프로통산			31	31	2	4	11	2	0

임창균(林昌均) 경희대 1990.04.19

대회	연도	소속	출전	교체	득점	도움	파울	경고	퇴장
K1	2014	경남	5	5	0	0	4	1	0
	2016	수원FC	5	5	0	0	4	1	0
	합계		10	10	0	0	8	2	0
K2	2013	부천	32	6	3	2	35	4	0
	2015	경남	35	24	4	9	26	4	0
	2016	경남	18	9	5	0	22	5	0
	2017	수원FC	27	23	3	2	29	4	0
	2018	아산	4	1	0	0	2	0	0
	합계		116	68	14	21	83	15	0
프로통산			133	81	15	22	101	18	0

임창우(任倉佑) 현대고 1992.09.13

대회	연도	소속	출전	교체	득점	도움	파울	경고	퇴장
BC	2011	울산	0	0	0	0	0	0	0
	2012	울산	6	1	0	0	5	1	0
	합계		6	1	0	0	5	1	0
K1	2013	울산	2	2	0	0	0	0	0
	2015	울산	27	3	1	0	26	3	0
	합계		29	5	1	0	26	3	0
K2	2014	대전	28	1	2	0	29	1	0
	합계		28	1	2	0	29	1	0
프로통산			61	7	3	0	59	5	0

임채민(林採民) 영남대 1990.11.18

대회	연도	소속	출전	교체	득점	도움	파울	경고	퇴장

(continued)

대회	연도	소속	출전	교체	득점	도움	파울	경고	퇴장
K1	2013	성남일	21	3	3	0	20	5	2
	2014	성남	34	1	0	1	37	9	0
	2015	성남	13	0	1	0	13	3	0
	2016	성남	21	3	0	0	14	4	0
	2017	상주	20	3	1	0	23	3	0
	2018	상주	17	1	2	0	19	3	0
	합계		126	11	6	2	126	27	2
K2	2018	성남	10	0	0	0	13		0
	합계		10	0	0	0	13		0
승	2016	성남	2		0	0	4	2	0
	2017	상주	2		0	0	2	0	
	합계		4	0	0	0	6	2	0
프로통산			140	11	6	2	145	31	2

임충현(林忠炫) 광운대 1983.07.20

대회	연도	소속	출전	교체	득점	도움	파울	경고	퇴장
BC	2007	대전	15	2	0	0	38	0	0
	합계		15	2	0	0	38	0	0
프로통산			15	2	0	0	38	0	0

임태섭(林太燮) 홍익대 1990.06.23

대회	연도	소속	출전	교체	득점	도움	파울	경고	퇴장
K2	2013	충주	12	12	1	2	12	1	0
	합계		12	12	1	2	12	1	0
프로통산			12	12	1	2	12	1	0

임하람(林하람) 연세대 1990.11.18

대회	연도	소속	출전	교체	득점	도움	파울	경고	퇴장
BC	2011	광주	14	4	0	0	34	5	0
	2012	광주	12	1	0	0	20	2	0
	합계		26	6	0	0	54	7	0
K1	2014	인천							
	2016	수원FC			0	0	21	3	0
	합계		29	11	0	0	31	4	0
K2	2013	광주	28	4	0	0	46	3	0
	2015	수원FC	31	6	0	0	50	10	0
	2017	수원FC	14	5	0	0	15	2	0
	2018	수원FC	4	3	0	0	8	1	0
	합계		77	18	0	0	119	16	0
승	2015	수원FC	1	0	0	0	1	0	0
	합계		1	0	0	0	1	0	0
프로통산			133	35	0	0	206	27	1

임현우(林炫佑) 아주대 1983.03.26

대회	연도	소속	출전	교체	득점	도움	파울	경고	퇴장
BC	2005	대구							
	2006	대구	2	2	0	0	1	0	0
	2007	대구	19	12	0	0	24	1	0
	2008	대구	20	11	0	1	14	1	0
	2009	대구							
	합계		45	29	0	2	24	1	0
프로통산			45	29	0	2	24	1	0

임홍현(林弘賢) 홍익대 1994.01.03

대회	연도	소속	출전	교체	실점	도움	파울	경고	퇴장
K2	2018	고양	4	0	7	0	0	0	0
	합계		4	0	7	0	0	0	0
프로통산			4	0	7	0	0	0	0

자심(Abbas Jassim) 이라크 1973.12.10

대회	연도	소속	출전	교체	득점	도움	파울	경고	퇴장
BC	1996	안양G	31	18	4	5	26	3	0
	1997	안양LG	5	5	0	0	0	0	0
	1997	포항	15	11	2	1	12	3	0
	1998	포항	26	19	2	2	34	6	0
	1999	포항	19	18	4	4	23	0	0
	2000	포항	27	18	3	1	24	1	0
	2001	포항	5	5	0	1	7	0	0
	합계		130	94	15	14	130	13	0
프로통산			130	94	15	14	130	13	0

자엘(Jael Ferreira Vieira) 브라질 1988.10.30

대회	연도	소속	출전	교체	득점	도움	파울	경고	퇴장
BC	2012	성남일	15	4	2	4	41	5	0
	합계		15	4	2	4	41	5	0
프로통산			15	4	2	4	41	5	0

자이로(Jairo Silva Santos) 브라질 1989.10.31

대회	연도	소속	출전	교체	득점	도움	파울	경고	퇴장
K2	2016	안양	12	9	0	2	27	4	0
	합계		12	9	0	2	27	4	0
프로통산			12	9	0	2	27	4	0

자일(Jair Eduardo Britto da Silva) 브라질 1988.06.10

대회	연도	소속	출전	교체	득점	도움	파울	경고	퇴장
BC	2011	제주	11	10	2	2	11	3	0
	2012	제주	44	16	18	9	49	0	0
	합계		55	26	20	11	60	3	0
K1	2016	전남	20	6	0	6	13	2	0
	2017	전남	35	19	26	3	25	4	0
	합계		55	26	26	9	38	6	0
프로통산			110	55	46	20	98	9	0

자크미치(Muhamed Dzakmic) 보스니아 헤르체고비나 1985.08.23

대회	연도	소속	출전	교체	득점	도움	파울	경고	퇴장
BC	2011	강원	17	8	0	2	27	4	0
	2012	강원	21	9	0	0	41	3	0
	합계		38	17	0	2	68	7	0
프로통산			38	17	0	2	68	7	0

자파(Jonas Augusto Bouvie) 브라질 1986.10.05

대회	연도	소속	출전	교체	득점	도움	파울	경고	퇴장
K2	2014	수원FC	18	7	7	1	27	2	0
	2015	수원FC	35	15	21	7	31	3	0
	합계		53	20	28	8	58	5	0
승	2015	수원FC	2	1	1	1	2	1	0
	합계		2	1	1	1	2	1	0
프로통산			55	21	29	9	60	6	0

잔코(Zanko Savov) 마케도니아 1965.10.14

대회	연도	소속	출전	교체	득점	도움	파울	경고	퇴장
BC	1995	전북	8	1	1	1	7	2	0
	1996	전북	32	15	3	2	33	4	0
	1997	전북	28	13	3	3	36	2	0
	1998	전북	25	21	9	4	19	1	0
	합계		93	50	16	6	105	7	0
프로통산			93	50	16	6	105	7	0

장경영(張景寧) 선문대 1982.03.12

대회	연도	소속	출전	교체	득점	도움	파울	경고	퇴장
BC	2006	인천	3	3	0	0	0	0	0
	합계		3	3	0	0	0	0	0
프로통산			3	3	0	0	0	0	0

장경진(張敬珍) 광양제철고 1983.08.31

대회	연도	소속	출전	교체	득점	도움	파울	경고	퇴장
BC	2002	전남							
	2004	전남	3	1	0	0	2	1	0
	2005	인천	14	2	1	0	17	2	0
	2006	인천	25	3	0	0	53	5	0
	2007	인천	29	5	3	0	62	7	0
	2008	광주상	3	1	0	0	15	6	0
	2009	광주상	13	1	1	0	14	2	0
	2011	인천	14	7	0	0	20	0	0
	2012	광주	6	3	0	0	2	0	0
	합계		117	30	4	0	190	23	0
프로통산			117	30	4	0	190	23	0

장기봉(張基奉) 중앙대 1977.07.08

대회	연도	소속	출전	교체	득점	도움	파울	경고	퇴장
BC	2000	부산	0	0	0	0	0	0	0
	2001	부산	1	1	0	0	1	0	0
	합계		1	1	0	0	1	0	0
프로통산			1	1	0	0	1	0	0

장기정(張起禎) 전주대 1971.06.27

대회	연도	소속	출전	교체	득점	도움	파울	경고	퇴장
BC	1994	버팔로	1	1	0	0	2	0	0
	합계		1	1	0	0	2	0	0
프로통산			1	1	0	0	2	0	0

장남석(張南錫) 중앙대 1983.04.18

대회	연도	소속	출전	교체	득점	도움	파울	경고	퇴장
BC	2006	대구	36	23	9	4	39	3	0
	2007	대구	16	13	2	2	20	1	0
	2008	대구	29	21	11	4	44	2	0
	2009	대구	15	7	0	0	18	0	0
	2010	대구	24	12	4	5	36	2	0
	2011	상주	16	4	3	4	29	1	0
	합계		136	80	29	19	186	12	0
프로통산			136	80	29	19	186	12	0

장대일(張大一) 연세대 1975.03.09

대회	연도	소속	출전	교체	득점	도움	파울	경고	퇴장
BC	1998	천안일	14	5	2	0	10	0	0
	1999	천안일	21	10	3	2	41	4	0
	2000	성남일	5	3	0	0	1	0	0
	2000	부산	11	1	2	0	5	1	0
	2001	부산	15	3	1	1	17	1	0
	2002	부산	8	4	0	0	3	0	0
	2003	부산	24	6	2	2	19	2	0
	합계		95	31	6	4	91	10	0
프로통산			95	31	6	4	91	10	0

장대희(張大熙) 중앙대 1994.04.19

대회	연도	소속	출전	교체	실점	도움	파울	경고	퇴장
K1	2015	울산	0	0	0	0	0	0	0
	2016	울산	3	0	4	0	0	0	0
	2017	전남							
	2018	전남	5	0	13	0	0	0	0
	합계		11	0	20	0	0	0	0
프로통산			11	0	20	0	0	0	0

장동현(張東懸) 명지대 1983.05.20

대회	연도	소속	출전	교체	득점	도움	파울	경고	퇴장
BC	2006	전남	12	9	0	0	26	3	0
	2007	전남	8	6	0	0	21	2	0
	2008	전남	1	1	0	0	0	0	0
	합계		21	16	0	0	47	5	0
프로통산			21	16	0	0	47	5	0

장동혁(張東爀) 원광공고 1982.03.19

대회	연도	소속	출전	교체	득점	도움	파울	경고	퇴장
BC	2004	성남일	4	4	1	0	5	0	0
	합계		4	4	1	0	5	0	0
프로통산			4	4	1	0	5	0	0

장민석(張緡碩) 홍익대 1976.03.31

대회	연도	소속	출전	교체	득점	도움	파울	경고	퇴장
BC	1999	전북	13	13	1	0	17	1	0
	합계		13	13	1	0	17	1	0
프로통산			13	13	1	0	17	1	0

장백규(張伯奎) 선문대 1991.10.09

대회	연도	소속	출전	교체	득점	도움	파울	경고	퇴장
K2	2014	대구	18	10	3	4	16	0	0
	2015	대구	29	26	2	7	16	1	0
	2016	충주	28	21	4	0	23	1	0
	합계		75	57	9	11	55	2	0
프로통산			75	57	9	11	55	2	0

장상원(張相元) 전주대 1977.09.30

대회	연도	소속	출전	교체	득점	도움	파울	경고	퇴장
BC	2003	울산	9	8	0	0	14	0	0
	2004	울산	14	13	1	0	21	1	0
	2005	울산	25	15	2	0	24	5	0
	2006	울산	30	20	2	0	25	4	0
	2007	울산	12	8	1	0	14	2	0
	2008	대구							
	2009	대구	2	2	0	0	0	0	0
	합계		102	71	5	0	97	11	0
프로통산			102	71	5	0	97	11	0

장석민(張錫珉) 초당대 1989.07.25

대회	연도	소속	출전	교체	득점	도움	파울	경고	퇴장
BC	2011	강원	1	1	0	0	0	0	0
		합계	1	1	0	0	0	0	0
		프로통산	1	1	0	0	0	0	0

장석원(張碩元) 단국대 1989.08.11

대회	연도	소속	출전	교체	득점	도움	파울	경고	퇴장
BC	2010	성남일	3	3	0	0	0	1	0
	2011	성남일	1	0	0	0	1	0	0
	2012	상주	2	2	0	0	1	0	0
		합계	6	5	0	0	1	0	0
K1	2014	성남	20	6	0	0	15	2	0
	2015	성남	18	3	0	0	14	2	0
	2016	성남	14	11	0	0	5	2	0
		합계	52	20	0	0	34	6	0
		프로통산	58	25	0	0	35	6	0

장성욱(張成旭) 한성대 1979.09.01

대회	연도	소속	출전	교체	득점	도움	파울	경고	퇴장
BC	2002	울산	0	0	0	0	0	0	0
		합계	0	0	0	0	0	0	0
		프로통산	0	0	0	0	0	0	0

장성원(張成源) 한남대 1997.06.17

대회	연도	소속	출전	교체	득점	도움	파울	경고	퇴장
K1	2018	대구	9	5	0	1	7	2	0
		합계	9	5	0	1	7	2	0
		프로통산	9	5	0	1	7	2	0

장성재(張成載) 고려대 1995.09.12

대회	연도	소속	출전	교체	득점	도움	파울	경고	퇴장
K1	2017	울산	2	2	0	0	2	0	0
	2018	울산	2	2	0	0	2	0	0
		합계	4	4	0	0	4	0	0
K2	2018	수원FC	11	10	0	1	8	0	0
		합계	11	10	0	1	8	0	0
		프로통산	15	14	0	1	10	0	0

장성천(張誠泉) 부산개성고 1989.05.05

대회	연도	소속	출전	교체	득점	도움	파울	경고	퇴장
BC	2008	제주	0	0	0	0	0	0	0
		합계	0	0	0	0	0	0	0
		프로통산	0	0	0	0	0	0	0

장성현(章誠玹) 원광대 1995.07.16

대회	연도	소속	출전	교체	득점	도움	파울	경고	퇴장
K2	2018	광주	1	1	0	0	0	0	0
		합계	1	1	0	0	0	0	0
		프로통산	1	1	0	0	0	0	0

장순혁(張淳赫) 중원대 1993.04.16

대회	연도	소속	출전	교체	득점	도움	파울	경고	퇴장
K1	2016	울산	0	0	0	0	0	0	0
		합계	0	0	0	0	0	0	0
K2	2018	부천	17	8	0	0	16	2	0
		합계	17	8	0	0	16	2	0
		프로통산	17	8	0	0	16	2	0

장영훈(張永勳) 경북산업대(경일대) 1972.02.04

대회	연도	소속	출전	교체	득점	도움	파울	경고	퇴장
BC	1992	포철	21	15	1	2	19	1	0
	1993	포철	27	19	4	2	31	2	0
	1994	포철	5	3	0	0	8	2	0
	1995	포항	17	14	3	1	23	1	0
	1996	포항	24	19	1	2	43	5	0
	1997	포항	7	5	1	3	42	3	0
	1998	포항	7	5	1	1	9	1	0
	1998	안양LG	5	4	0	0	3	1	0
	1999	안양LG	11	9	1	1	13	1	0
		합계	145	98	15	12	188	17	0
		프로통산	145	98	15	12	188	17	0

장외룡(張外龍) 연세대 1959.04.05

대회	연도	소속	출전	교체	득점	도움	파울	경고	퇴장
BC	1983	대우	15	0	1	0	0	0	0
	1984	대우	18	3	0	0	14	4	1
	1985	대우	20	0	0	0	17	3	0
	1986	대우	24	6	0	1	18	3	0
		합계	77	9	2	1	75	11	1
		프로통산	77	9	2	1	75	11	1

장용익(張勇翼) 수원대 1989.01.01

대회	연도	소속	출전	교체	득점	도움	파울	경고	퇴장
BC	2011	전남	0	0	0	0	0	0	0
		합계	0	0	0	0	0	0	0
		프로통산	0	0	0	0	0	0	0

장우창(張佑暢) 광운대 1978.10.18

대회	연도	소속	출전	교체	득점	도움	파울	경고	퇴장
BC	2004	인천	8	5	0	1	16	3	0
	2005	인천	12	8	0	0	12	1	0
	2006	부산	7	4	0	0	3	1	0
		합계	27	17	0	1	31	5	0
		프로통산	27	17	0	1	31	5	0

장원석(張原碩) 호남대 1986.04.16

대회	연도	소속	출전	교체	득점	도움	파울	경고	퇴장
BC	2009	인천	16	7	1	0	37	6	0
	2010	인천	15	5	0	0	26	5	0
	2011	인천	24	5	2	3	51	8	0
	2012	인천	1	1	0	0	3	0	0
	2012	제주	2	2	0	1	13	1	0
		합계	60	20	3	4	130	21	0
K1	2013	제주	3	3	0	0	1	0	0
		합계	3	3	0	0	1	0	0
K2	2014	대전	31	4	1	4	33	4	0
	2017	대전	14	4	1	1	14	3	0
	2018	대전	8	10	0	0	11	1	0
		합계	53	17	1	5	58	9	0
		프로통산	123	42	4	9	198	31	0

장윤호(張潤鎬) 영생고 1996.08.25

대회	연도	소속	출전	교체	득점	도움	파울	경고	퇴장
K1	2015	전북	10	7	2	0	23	5	0
	2016	전북	14	9	1	1	37	6	0
	2017	전북	17	11	1	2	24	1	0
	2018	전북	12	8	0	0	11	0	0
		합계	50	32	4	5	88	12	0
		프로통산	50	32	4	5	88	12	0

장은규(張殷圭) 건국대 1992.08.15

대회	연도	소속	출전	교체	득점	도움	파울	경고	퇴장
K1	2014	제주	22	5	0	0	51	9	0
	2015	제주	10	7	0	0	14	4	0
	2018	상주	0	0	0	0	0	0	0
		합계	32	12	0	0	65	13	0
K2	2016	경남	36	10	1	1	61	8	1
	2017	성남	3	3	0	0	2	0	0
	2018	안양	11	6	1	1	6	1	0
		합계	50	19	2	2	69	9	1
		프로통산	82	31	2	2	134	20	1

장재완(張在完) 고려대 1983.06.04

대회	연도	소속	출전	교체	득점	도움	파울	경고	퇴장
BC	2006	울산	0	0	0	0	0	0	0
		합계	0	0	0	0	0	0	0
		프로통산	0	0	0	0	0	0	0

장재우(張在佑) 숭실대 1988.01.07

대회	연도	소속	출전	교체	득점	도움	파울	경고	퇴장
BC	2010	인천	1	1	0	0	0	0	0
		합계	1	1	0	0	0	0	0
		프로통산	1	1	0	0	0	0	0

장재학(張在學) 중앙대 1967.01.15

대회	연도	소속	출전	교체	득점	도움	파울	경고	퇴장
BC	1989	포철	15	7	0	1	17	1	0
	1991	현대	10	6	0	0	8	0	0
		합계	25	13	0	1	25	1	0
		프로통산	25	13	0	1	25	1	0

장정(張政) 아주대 1964.05.05

대회	연도	소속	출전	교체	득점	도움	파울	경고	퇴장
BC	1987	럭금	26	3	0	0	46	4	0
	1988	럭금	7	1	0	0	8	0	0
		합계	33	4	0	0	54	4	0
		프로통산	33	4	0	0	54	4	0

장조윤(張朝潤) 보인정보산업고 1988.01.01

대회	연도	소속	출전	교체	득점	도움	파울	경고	퇴장
BC	2007	전북	2	2	0	0	0	0	0
		합계	2	2	0	0	0	0	0
K2	2015	충주	11	10	1	0	4	0	0
		합계	11	10	1	0	4	0	0
		프로통산	13	12	1	0	4	0	0

장준영(張竣營) 용인대 1993.02.04

대회	연도	소속	출전	교체	득점	도움	파울	경고	퇴장
K2	2016	대전	20	1	1	0	33	4	0
	2017	대전	23	1	1	0	16	7	0
		합계	43	2	2	0	49	11	0
		프로통산	43	2	2	0	49	11	0

장지현(張地鉉) 성균관대 1975.04.11

대회	연도	소속	출전	교체	득점	도움	파울	경고	퇴장
BC	1999	수원	18	6	0	2	31	4	0
	2000	수원	30	13	0	3	70	4	1
	2001	수원	8	7	0	1	16	0	0
	2004	수원	12	6	0	0	19	1	0
	2005	수원	6	3	0	0	19	1	0
	2006	전북	7	3	0	0	10	3	0
	2007	전북	13	9	0	1	17	3	0
		합계	94	51	0	4	198	15	1
		프로통산	94	51	0	4	198	15	1

장창순(張暢純) 전북대 1962.09.01

대회	연도	소속	출전	교체	득점	도움	파울	경고	퇴장
BC	1985	상무	10	6	0	2	7	0	0
	1989	일화	9	10	0	0	2	1	0
		합계	19	16	0	2	9	1	0
		프로통산	19	16	0	2	9	1	0

장철민(張鐵民) 부산공대(부경대) 1972.05.19

대회	연도	소속	출전	교체	득점	도움	파울	경고	퇴장
BC	1995	전북	17	15	1	0	12	1	0
	1996	전북	3	7	0	1	5	0	0
	1997	울산	7	6	1	5	5	0	0
	1998	울산	26	22	4	6	33	2	0
	1999	울산	26	19	1	3	11	0	0
	2000	울산	26	19	0	1	16	0	0
	2001	울산	3	3	1	3	11	0	0
	2002	울산	3	3	0	0	1	0	0
		합계	102	85	8	12	87	3	0
		프로통산	102	85	8	12	87	3	0

장철용(張喆榕) 남부대 1995.11.13

대회	연도	소속	출전	교체	득점	도움	파울	경고	퇴장
K1	2017	포항	11	8	0	0	11	0	0
		합계	11	8	0	0	11	0	0
		프로통산	11	8	0	0	11	0	0

장철우(張鐵雨) 아주대 1971.04.01

대회	연도	소속	출전	교체	득점	도움	파울	경고	퇴장
BC	1997	대전	32	5	2	3	33	3	0
	1998	대전	28	9	5	3	33	2	0
	1999	대전	30	9	8	7	36	3	0
	2000	대전	32	4	5	0	32	3	0
	2001	대전	31	2	1	1	69	5	0
	2002	대전	32	5	2	3	58	7	0
	2003	대전	40	3	0	1	66	6	0
	2004	대전	31	8	0	1	25	4	0
	2005	대전	29	6	0	0	54	5	0
		합계	274	47	23	22	423	40	1
		프로통산	274	47	23	22	423	40	1

장클로드(Jane Claude Adrimer Bozga) 루마니아 1984.06.01

장태규(張汰圭) 아주대 1976.04.25

대회	연도	소속	출전	교체	득점	도움	파울	경고	퇴장
(K2)	2016	대전	37	4	2	1	57	12	0
		합계	37	4	2	1	57	12	0
		프로통산	37	4	2	1	57	12	0
BC	1999	부산	2	3	0	0	1	1	0
	2000	부산	0	0	0	0	0	0	0
		합계	2	3	0	0	1	1	0
		프로통산	2	3	0	0	1	1	0

장학영(張學榮) 경기대 1981.08.24

대회	연도	소속	출전	교체	득점	도움	파울	경고	퇴장
BC	2004	성남일	16	8	0	0	13	1	0
	2005	성남일	36	2	0	0	48	4	0
	2006	성남일	42	1	2	3	60	1	0
	2007	성남일	29	0	3	2	31	2	0
	2008	성남일	37	1	1	1	45	3	0
	2009	성남일	26	2	0	4	42	3	1
	2010	성남일	15	0	3	1	17	2	0
	2012	부산	23	2	0	0	32	7	0
		합계	234	16	9	11	288	23	1
K1	2013	부산	37	0	3	2	16	3	0
	2014	부산	33	4	0	3	23	2	0
	2015	성남	32	0	1	2	14	3	0
	2016	성남	31	2	0	2	36	4	0
		합계	118	8	3	8	89	12	0
K2	2017	성남	11	7	0	0	6	0	0
		합계	11	7	0	0	6	0	0
승	2016	성남	2	0	0	1	1	0	0
		합계	2	0	0	1	1	0	0
		프로통산	365	31	12	19	384	38	1

장혁진(張爀鎭) 대경대 1989.12.06

대회	연도	소속	출전	교체	득점	도움	파울	경고	퇴장
BC	2011	강원	8	7	0	0	8	0	0
	2012	강원	15	12	1	1	15	1	0
		합계	23	19	1	1	23	1	0
K1	2014	상주	7	7	0	0	6	0	0
		합계	7	7	0	0	6	0	0
K2	2013	상주	10	10	1	0	13	0	0
	2014	강원	29	11	2	4	36	1	0
	2015	강원	29	11	2	3	43	0	0
	2016	강원	37	21	5	3	50	4	0
	2017	안산	33	14	2	13	52	5	0
	2018	안산	34	4	3	8	42	1	0
		합계	152	58	10	30	190	15	0
승	2016	강원	2	0	0	0	2	0	0
		합계	2	0	0	0	2	0	0
		프로통산	184	86	11	32	219	16	0

장현규(張鉉奎) 울산대 1981.08.22

대회	연도	소속	출전	교체	득점	도움	파울	경고	퇴장
BC	2004	대전	22	6	2	0	31	2	0
	2005	대전	24	4	0	0	45	5	0
	2006	대전	36	7	0	0	52	3	0
	2007	대전	19	5	0	0	27	4	0
	2008	포항	22	5	0	0	38	0	0
	2009	광주상	29	7	3	2	24	0	0
	2010	광주상	31	3	0	0	22	0	0
	2010	포항	1	1	0	0	1	0	0
	2011	포항	5	2	0	0	4	0	0
		합계	179	37	6	2	247	21	0
		프로통산	179	37	6	2	247	21	0

장현수(張鉉洙) 용인대 1993.01.01

대회	연도	소속	출전	교체	득점	도움	파울	경고	퇴장
K1	2015	수원	1	1	0	0	0	0	0
	2016	수원	1	1	0	0	2	0	0
	2017	수원	4	4	1	1	4	1	0
		합계	6	6	1	1	6	1	0
K2	2016	부산	13	11	2	1	11	1	0
		합계	13	11	2	1	11	1	0
		프로통산	19	17	3	2	18	2	0

장현우(張現宇) 동북고 1993.05.26

대회	연도	소속	출전	교체	득점	도움	파울	경고	퇴장
K1	2014	상주	0	0	0	0	0	0	0
		합계	0	0	0	0	0	0	0
K2	2015	상주	1	1	0	0	3	0	0
	2016	부산	1	0	0	0	2	0	0
		합계	2	1	0	0	5	0	0
		프로통산	2	1	0	0	5	0	0

장현호(張現浩) 고려대 1972.10.14

대회	연도	소속	출전	교체	득점	도움	파울	경고	퇴장
BC	1995	포항	26	2	1	1	24	2	0
	1996	포항	26	4	0	0	31	2	1
	1997	포항	23	6	0	0	32	1	0
	2000	포항	10	2	0	0	12	0	0
	2001	성남일	0	0	0	0	0	0	0
		합계	85	14	1	1	99	8	1
		프로통산	85	14	1	1	99	8	1

장형곤(張炯坤) 경희고 1961.01.29

대회	연도	소속	출전	교체	득점	도움	파울	경고	퇴장
BC	1984	현대	1	1	0	0	2	0	0
		합계	1	1	0	0	2	0	0
		프로통산	1	1	0	0	2	0	0

장형관(張馨官) 인천대 1980.07.19

대회	연도	소속	출전	교체	득점	도움	파울	경고	퇴장
BC	2003	대구	14	12	0	0	10	2	0
	2004	대구	3	2	0	0	4	0	0
		합계	17	14	0	0	14	2	0
		프로통산	17	14	0	0	14	2	0

장형석(張亨碩) 성보고 1972.07.07

대회	연도	소속	출전	교체	득점	도움	파울	경고	퇴장
BC	1992	현대	1	1	0	0	1	0	0
	1993	현대	1	1	0	0	2	0	0
	1995	현대	1	1	0	0	1	0	0
	1996	울산	28	9	0	4	52	5	1
	1997	울산	25	1	1	2	46	6	0
	1998	울산	18	13	0	0	30	2	0
	1999	울산	5	1	1	0	33	1	0
	1999	안양LG							
	2002	부천SK	17	10	0	0	19	3	0
		합계	135	53	4	4	215	22	1
		프로통산	135	53	4	4	215	22	1

장호익(張鎬翼) 호남대 1993.12.04

대회	연도	소속	출전	교체	득점	도움	파울	경고	퇴장
K1	2016	수원	16	2	0	1	27	4	0
	2017	수원	19	6	0	1	27	4	1
	2018	수원	24	5	0	2	27	2	0
		합계	59	13	0	3	81	10	1
		프로통산	59	13	0	3	81	10	1

쟈스민(Jasmin Mujdza) 크로아티아 1974.03.02

대회	연도	소속	출전	교체	득점	도움	파울	경고	퇴장
BC	2002	성남일	16	5	0	0	25	0	0
		합계	16	5	0	0	25	0	0
		프로통산	16	5	0	0	25	0	0

전경준(全慶埈) 건국산업대(건국대) 1973.09.10

대회	연도	소속	출전	교체	득점	도움	파울	경고	퇴장
BC	1993	포철	8	7	1	0	5	0	0
	1994	포철	14	11	0	0	10	2	0
	1995	포항	19	19	0	1	13	0	0
	1996	포항	32	25	5	3	36	1	0
	1997	포항	33	18	4	0	22	3	0
	1998	포항	23	13	2	4	17	1	0
	1999	부천SK	15	14	4	4	17	1	0
	2000	부천SK	38	37	7	13	24	4	1
	2001	부천SK	30	28	3	3	18	0	1
	2002	부천SK	32	13	4	3	33	3	0
	2003	전북	25	18	2	4	32	1	0
	2004	전북	11	11	1	0	6	0	0
	2005	전북	7	7	0	0	5	1	0
		합계	287	225	28	37	249	17	2
		프로통산	287	225	28	37	249	17	2

전경진(全景鎭) 한양대 1976.02.10

대회	연도	소속	출전	교체	득점	도움	파울	경고	퇴장
BC	2000	성남일	2	2	0	0	2	0	0
		합계	2	2	0	0	2	0	0
		프로통산	2	2	0	0	2	0	0

전경택(田坰澤) 성균관대 1970.06.20

대회	연도	소속	출전	교체	득점	도움	파울	경고	퇴장
BC	1997	대전	22	5	0	0	36	2	0
	1998	대전	20	10	0	0	39	3	0
	1999	대전	12	4	0	0	7	1	0
		합계	54	14	0	0	82	6	0
		프로통산	54	14	0	0	82	6	0

전광진(全光眞) 명지대 1981.06.30

대회	연도	소속	출전	교체	득점	도움	파울	경고	퇴장
BC	2004	성남일	19	9	0	1	43	3	0
	2005	성남일	9	7	0	0	11	0	0
	2006	광주상	34	14	0	4	38	3	1
	2007	광주상	26	5	0	2	43	2	0
	2008	성남일	7	6	0	0	12	1	0
	2009	성남일	23	4	0	0	27	4	1
	2010	성남일	32	7	2	4	34	8	0
		합계	151	53	2	11	206	32	2
		프로통산	151	53	2	11	206	32	2

전광철(全光哲) 경신고 1982.07.16

대회	연도	소속	출전	교체	득점	도움	파울	경고	퇴장
BC	2001	울산	1	1	0	0	0	0	0
	2002	울산	1	1	0	0	3	0	0
		합계	2	2	0	0	3	0	0
		프로통산	2	2	0	0	3	0	0

전광환(田廣煥) 울산대 1982.07.29

대회	연도	소속	출전	교체	득점	도움	파울	경고	퇴장
BC	2005	전북	18	2	0	0	27	3	0
	2006	전북	18	3	0	0	35	3	0
	2007	전북	4	1	0	0	4	1	0
	2008	전북	4	1	0	0	4	0	0
	2009	광주상	28	15	0	0	15	2	0
	2010	광주상	26	5	0	0	28	1	0
	2011	전북	9	4	0	0	16	0	0
	2012	전북	31	2	0	1	33	1	0
		합계	138	33	0	5	162	11	0
K1	2013	전북	19	7	0	1	17	2	0
		합계	19	7	0	1	17	2	0
K2	2014	부천	33	2	0	0	24	2	0
	2015	부천	20	4	0	0	21	3	0
		합계	53	6	0	0	45	6	0
		프로통산	210	46	0	5	224	18	0

전기성(全基成) 광주대 1993.04.29

대회	연도	소속	출전	교체	득점	도움	파울	경고	퇴장
K2	2015	서울E	1	0	0	0	1	0	0
	2016	부천							
		합계	1	0	0	0	1	0	0
		프로통산	1	0	0	0	1	0	0

전덕찬(全德燦) 계성고 1963.05.05

대회	연도	소속	출전	교체	득점	도움	파울	경고	퇴장
BC	1984	대우	1	1	0	0	0	0	0
	1986	대우	1	1	0	0	1	0	0
		합계	2	2	0	0	1	0	0
		프로통산	2	2	0	0	1	0	0

전만호(田萬浩) 대구공고 1967.01.07

대회	연도	소속	출전	교체	득점	도움	파울	경고	퇴장
BC	1990	대우	1	1	0	0	1	1	0
	합계		1	1	0	0	1	1	0
프로통산			1	1	0	0	1	1	0

전명근(田明根) 호남대 1990.04.30

대회	연도	소속	출전	교체	득점	도움	파울	경고	퇴장
K2	2013	광주	10	9	0	0	8	0	0
	합계		10	9	0	0	8	0	0
프로통산			10	9	0	0	8	0	0

전민관(全珉寬) 고려대 1990.10.19

대회	연도	소속	출전	교체	득점	도움	파울	경고	퇴장
K2	2013	부천	13	1	0	1	12	2	0
	2014	부천	1	1	0	0	0	0	0
	합계		14	2	0	1	12	2	0
프로통산			14	2	0	1	12	2	0

전민광(全珉光) 중원대 1993.01.17

대회	연도	소속	출전	교체	득점	도움	파울	경고	퇴장
K2	2015	서울E	18	7	1	1	14	1	0
	2016	서울E	26	11	0	0	21	1	0
	2017	서울E	29	5	1	0	21	0	0
	2018	서울E	31	1	1	2	29	4	1
	합계		104	24	3	3	85	8	1
프로통산			104	24	3	3	85	8	1

전병수(全昞壽) 동국대 1992.03.14

대회	연도	소속	출전	교체	득점	도움	파울	경고	퇴장
K2	2015	강원	8	8	0	0	16	0	0
	합계		8	8	0	0	16	0	0
프로통산			8	8	0	0	16	0	0

전보훈(全寶訓) 숭실대 1988.03.10

대회	연도	소속	출전	교체	득점	도움	파울	경고	퇴장
BC	2011	대전	5	5	0	0	4	0	0
	합계		5	5	0	0	4	0	0
프로통산			5	5	0	0	4	0	0

전봉성(全峰星) 경운대 1985.03.18

대회	연도	소속	출전	교체	득점	도움	파울	경고	퇴장
BC	2008	전남	0	0	0	0	0	0	0
	합계		0	0	0	0	0	0	0
프로통산			0	0	0	0	0	0	0

전상대(田相大) 숭실대 1982.04.10

대회	연도	소속	출전	교체	득점	도움	파울	경고	퇴장
BC	2006	경남	2	2	0	0	2	0	0
	2008	대구	0	0	0	0	0	0	0
	합계		2	2	0	0	2	0	0
프로통산			2	2	0	0	2	0	0

전상욱(全相旭) 단국대 1979.09.22

대회	연도	소속	출전	교체	실점	도움	파울	경고	퇴장
BC	2005	성남일	0	0	23	0	0	0	0
	2006	성남일	3	1	34	0	0	0	0
	2008	성남일	0	0	97	0	0	0	0
	2009	성남일	3	0	41	0	0	0	0
	2010	부산	26	0	0	1	0	1	0
	2011	부산	21	0	7	0	1	5	0
	2012	부산	32	0	0	0	1	3	0
	합계		85	1	54	0	3	11	0
K1	2013	성남일	38	1	0	0	1	3	0
	2014	성남	3	0	2	0	0	0	0
	2015	성남	6	0	0	0	0	3	0
	2016	성남	1	1	2	0	0	0	0
	합계		48	2	36	0	1	4	0
프로통산			133	3	151	0	4	15	0

전상훈(田尙勳) 연세대 1989.09.10

대회	연도	소속	출전	교체	득점	도움	파울	경고	퇴장
BC	2011	대전	4	0	0	0	4	0	0
	합계		4	0	0	0	4	0	0
K1	2014	경남	0	0	0	0	0	0	0
	합계		0	0	0	0	0	0	0
K2	2013	경찰	2	2	0	0	2	0	0
	2015	경남	26	9	0	1	21	3	0
	2016	경남	9	3	0	0	8	0	0
	2017	대전	11	2	0	0	4	2	0
	2018	대전	6	2	0	0	2	0	0
	합계		54	18	0	2	35	6	0
프로통산			58	18	0	2	39	6	0

전석훈(全錫訓) 영남대 1997.12.03

대회	연도	소속	출전	교체	득점	도움	파울	경고	퇴장
K2	2018	서울E	3	3	0	0	3	0	0
	합계		3	3	0	0	3	0	0
프로통산			3	3	0	0	3	0	0

전세진(全世進) 매탄고 1999.09.09

대회	연도	소속	출전	교체	득점	도움	파울	경고	퇴장
K1	2018	수원	12	10	2	0	11	1	0
	합계		12	10	2	0	11	1	0
프로통산			12	10	2	0	11	1	0

전수현(全首泫 / ← 전태현) 울산대 1986.08.18

대회	연도	소속	출전	교체	실점	도움	파울	경고	퇴장
BC	2009	제주	5	1	13	0	1	0	0
	2010	제주	0	0	0	0	0	0	0
	2011	제주	7	1	9	0	1	0	0
	2012	제주	15	1	19	0	1	1	0
	합계		27	3	41	0	3	1	0
K1	2013	제주	0	0	0	0	0	0	0
	2015	제주	0	0	0	0	0	0	0
	2016	제주	8	0	9	0	0	1	0
	합계		8	0	9	0	0	1	0
K2	2014	안산경	1	1	19	0	2	0	0
	2015	안산경	17	0	21	0	1	0	0
	2017	대전	21	0	30	0	1	2	0
	2018	안양	32	0	41	0	0	1	0
	합계		84	1	111	0	4	3	0
프로통산			119	4	160	0	4	5	0

전영수(全榮秀) 성균관대 1963.02.19

대회	연도	소속	출전	교체	득점	도움	파울	경고	퇴장
BC	1986	현대	22	14	1	7	16	1	0
	1989	유공	11	11	2	0	11	0	0
	1990	유공	3	3	0	0	3	0	0
	1991	유공	7	4	0	2	0	0	0
	합계		43	32	3	9	30	1	0
프로통산			43	32	3	9	30	1	0

전우근(全雨根) 인천대 1977.02.25

대회	연도	소속	출전	교체	득점	도움	파울	경고	퇴장
BC	1999	부산	18	6	1	2	26	2	0
	2000	부산	9	6	2	1	15	1	0
	2001	부산	35	13	8	2	51	1	0
	2002	부산	23	7	1	0	46	1	0
	2003	부산	27	13	4	0	57	4	0
	2004	광주상	19	17	1	0	22	0	0
	2005	광주상	10	9	1	1	19	1	0
	2006	부산	10	10	1	0	19	1	0
	2007	부산	21	17	1	0	28	1	0
	2008	부산	19	5	1	3	29	1	0
	합계		191	103	21	9	272	11	1
프로통산			191	103	21	9	272	11	1

전무영(全武暎 / ← 전지현) 광운대 1987.12.27

대회	연도	소속	출전	교체	득점	도움	파울	경고	퇴장
BC	2011	성남일	24	7	3	2	38	4	0
	2012	성남일	6	6	0	0	6	0	0
	합계		30	13	3	2	44	4	0
K1	2013	성남일	0	0	0	0	0	0	0
	2013	부산	11	10	0	0	19	1	0
	2014	부산	17	16	0	0	14	0	0
	2015	부산	24	12	0	1	31	3	0
	2016	성남	3	2	0	0	2	0	0
	합계		55	40	0	1	52	4	0
승	2015	부산	1	1	0	0	2	1	0
	합계		1	1	0	0	2	1	0
프로통산			86	54	3	3	98	9	0

전운선(全雲仙) 국민대 1960.12.23

대회	연도	소속	출전	교체	실점	도움	파울	경고	퇴장
BC	1984	국민	15	0	26	0	0	0	0
	합계		15	0	26	0	0	0	0
프로통산			15	0	26	0	0	0	0

전원근(全源根) 고려대 1986.11.13

대회	연도	소속	출전	교체	득점	도움	파울	경고	퇴장
BC	2009	강원	28	4	1	2	31	3	0
	2010	대구	3	1	0	1	8	1	0
	합계		31	5	1	3	38	4	0
프로통산			31	5	1	3	38	4	0

전인석(田仁錫) 고려대 1955.09.25

대회	연도	소속	출전	교체	득점	도움	파울	경고	퇴장
BC	1984	대우	18	3	0	0	17	0	0
	1985	대우	13	2	0	0	21	0	0
	합계		31	5	0	0	38	0	0
프로통산			31	5	0	0	38	0	0

전재복(全在福) 경희대 1972.11.05

대회	연도	소속	출전	교체	득점	도움	파울	경고	퇴장
BC	1996	수원	27	10	0	1	33	1	0
	1997	수원	6	3	0	0	9	0	0
	합계		33	13	0	1	42	1	0
프로통산			33	13	0	1	42	1	0

전재운(全才雲) 울산대 1981.03.18

대회	연도	소속	출전	교체	득점	도움	파울	경고	퇴장
BC	2002	울산	22	14	3	3	21	2	0
	2003	울산	26	23	2	4	13	2	0
	2004	울산	20	16	1	2	24	0	0
	2005	수원	10	9	1	2	10	1	0
	2005	전북	10	5	0	0	10	0	0
	2006	제주	24	13	4	4	19	2	0
	2007	제주	7	7	0	1	5	1	0
	2008	제주	26	18	2	1	19	4	0
	2009	제주	17	12	0	0	17	4	0
	합계		158	117	13	16	142	24	0
프로통산			158	117	13	16	142	24	0

전재호(田在浩) 홍익대 1979.08.08

대회	연도	소속	출전	교체	득점	도움	파울	경고	퇴장
BC	2002	성남일	3	3	0	0	4	1	0
	2003	성남일	31	8	0	0	45	4	0
	2004	인천	30	4	1	2	49	3	1
	2005	인천	14	5	0	0	24	8	0
	2006	인천	34	2	0	1	49	3	0
	2007	인천	15	5	0	1	22	2	0
	2008	인천	31	1	1	4	39	8	0
	2009	인천	31	4	0	3	48	11	0
	2010	인천	26	5	0	1	37	4	0
	2012	부산	13	6	0	1	26	3	0
	2012	강원	13	3	0	1	20	1	0
	합계		262	46	4	12	413	48	2
K1	2013	강원	26	4	0	0	38	4	0
	합계		26	4	0	0	38	4	0
승	2013	강원	2	2	0	0	3	1	0
	합계		2	2	0	0	3	1	0
프로통산			290	61	6	15	448	55	3

전종선(全鐘善) 서울체고 1962.02.15

대회	연도	소속	출전	교체	득점	도움	파울	경고	퇴장
BC	1983	유공	9	4	0	1	2	0	0
	1984	유공	11	6	1	0	14	0	0
	1985	유공	1	1	0	0	0	0	0
	합계		19	9	1	1	16	0	0
프로통산			19	9	1	1	16	0	0

전종혁(全鐘赫) 연세대 1996.03.21

대회	연도	소속	출전	교체	실점	도움	파울	경고	퇴장

K2	2018	성남	8	0	6	0	0	1	0
		합계	8	0	6	0	0	1	0
	프로통산		8	0	6	0	0	1	0

전준형(田俊亨) 용문중 1986.08.28

대회	연도	소속	출전	교체	득점	도움	파울	경고	퇴장
BC	2009	경남	4	1	0	0	5	0	0
	2010	경남	23	4	2	1	23	5	0
	2011	인천	9	3	0	0	10	1	0
	2012	인천	11	4	0	0	14	1	0
		합계	47	12	2	1	50	6	0
K1	2013	인천	8	2	0	0	10	1	0
		합계	8	2	0	0	10	1	0
K2	2014	광주	8	2	0	0	8	1	0
		합계	8	2	0	0	8	1	0
	프로통산		63	16	2	1	68	8	0

전지현(全志峴) 호남대 1995.05.03

대회	연도	소속	출전	교체	득점	도움	파울	경고	퇴장
K1	2018	전남	5	5	0	0	3	0	0
		합계	5	5	0	0	3	0	0
	프로통산		5	5	0	0	3	0	0

전차식(全且植) 동래고 1959.09.27

대회	연도	소속	출전	교체	득점	도움	파울	경고	퇴장
BC	1983	포철	13	2	0	0	8	1	0
	1984	포철	16	1	0	0	10	0	0
	1985	포철	21	0	1	0	13	1	0
	1986	포철	24	2	2	2	25	2	0
		합계	74	5	3	2	56	4	0
	프로통산		74	5	3	2	56	4	0

전현석(田鉉錫) 울산대 1974.03.29

대회	연도	소속	출전	교체	득점	도움	파울	경고	퇴장
BC	1997	전북	16	13	1	3	11	3	0
	1998	전북	13	13	1	0	4	0	0
	1999	전북	19	20	3	3	10	1	0
	2000	전북	12	12	1	1	6	0	0
		합계	60	58	6	8	34	8	0
	프로통산		60	58	6	8	34	8	0

전현욱(田鉉煜) 전주대 1992.03.16

대회	연도	소속	출전	교체	득점	도움	파울	경고	퇴장
K1	2015	수원	0	0	0	0	0	0	0
		합계	0	0	0	0	0	0	0
	프로통산		0	0	0	0	0	0	0

전현재(全玄載) 광운대 1992.07.12

대회	연도	소속	출전	교체	득점	도움	파울	경고	퇴장
K2	2015	서울E	0	0	0	0	0	0	0
		합계	0	0	0	0	0	0	0
	프로통산		0	0	0	0	0	0	0

전현철(全玄哲) 아주대 1990.07.03

대회	연도	소속	출전	교체	득점	도움	파울	경고	퇴장
BC	2012	성남일	22	20	3	0	15	0	0
		합계	22	20	3	0	15	0	0
K1	2013	전남	30	26	6	1	8	1	0
	2014	전남	21	19	2	0	13	0	0
	2015	전남	20	19	1	0	7	0	0
	2017	대구	11	10	2	1	4	0	0
	2018	대구	13	13	0	0	2	0	0
		합계	95	87	11	2	34	1	0
K2	2016	부산	8	8	0	1	11	1	0
	2017	부산	11	12	0	1	6	1	0
		합계	19	20	0	2	17	2	0
	프로통산		136	127	14	4	53	1	0

전형섭(全亨涉) 성균관대 1990.02.21

대회	연도	소속	출전	교체	득점	도움	파울	경고	퇴장
K2	2014	대구	0	0	0	0	0	0	0
		합계	0	0	0	0	0	0	0
	프로통산		0	0	0	0	0	0	0

전홍석(全弘錫) 선문대 1989.03.25

BC	2011	울산	0	0	0	0	0	0	0
	2012	울산	0	0	0	0	0	0	0
		합계	0	0	0	0	0	0	0
K1	2013	울산	0	0	0	0	0	0	0
		합계	0	0	0	0	0	0	0
	프로통산		0	0	0	0	0	0	0

정경구(鄭敬九) 서울시립대 1970.10.01

대회	연도	소속	출전	교체	득점	도움	파울	경고	퇴장
BC	1995	전북	25	21	0	2	30	1	0
	1996	전북	21	18	1	2	18	0	0
	1997	전북	21	19	4	0	18	1	0
	1998	전북	21	19	0	1	34	3	0
		합계	88	77	5	3	91	4	0
	프로통산		88	77	5	3	91	4	0

정경호(鄭卿浩) 청구고 1987.01.12

대회	연도	소속	출전	교체	득점	도움	파울	경고	퇴장
BC	2006	경남	23	19	1	1	21	1	0
	2007	경남	30	25	0	0	24	3	0
	2009	전남	5	5	1	2	7	0	0
	2010	광주상	18	7	2	2	13	3	0
	2011	상주	11	1	0	2	19	2	0
	2012	제주	5	4	0	0	6	2	0
		합계	103	72	2	7	90	12	0
K2	2013	광주	17	15	0	0	23	1	0
	2017	안산	23	21	3	0	20	2	0
		합계	40	36	3	0	43	3	0
	프로통산		143	108	5	7	133	15	0

정경호(鄭暻鎬) 울산대 1980.05.22

대회	연도	소속	출전	교체	득점	도움	파울	경고	퇴장
BC	2003	울산	38	38	5	4	23	2	0
	2004	울산	18	7	3	1	36	4	0
	2005	광주상	27	11	4	1	30	0	1
	2006	광주상	29	6	4	1	15	1	0
	2007	전북	11	2	3	2	11	0	0
	2008	전북	32	20	5	2	31	4	0
	2009	강원	11	6	2	0	12	0	0
	2010	강원	26	8	3	1	20	4	0
	2011	강원	7	7	1	0	3	0	0
	2012	대전	22	7	0	0	18	2	1
		합계	238	126	30	14	235	23	2
	프로통산		238	126	30	14	235	23	2

정광민(丁光珉) 명지대 1976.01.08

대회	연도	소속	출전	교체	득점	도움	파울	경고	퇴장
BC	1998	안양LG	35	8	11	1	68	1	0
	1999	안양LG	38	15	8	7	49	4	0
	2000	안양LG	34	23	13	3	26	2	0
	2001	안양LG	16	15	0	2	11	3	0
	2002	안양LG	21	7	2	1	14	1	0
	2007	대구	2	3	0	0	2	0	0
		합계	147	76	34	14	176	13	0
	프로통산		147	76	34	14	176	13	0

정광석(鄭光錫) 성균관대 1970.12.01

대회	연도	소속	출전	교체	득점	도움	파울	경고	퇴장
BC	1993	대우	26	2	1	1	44	4	1
	1994	대우	14	5	0	0	18	0	0
	1997	부산	26	15	2	1	19	1	0
	1998	부산	13	5	0	0	13	1	0
		합계	79	27	3	2	94	6	1
	프로통산		79	27	3	2	94	6	1

정규민(鄭奎民) 서해고 1995.04.01

대회	연도	소속	출전	교체	득점	도움	파울	경고	퇴장
K2	2014	고양	0	0	0	0	0	0	0
		합계	0	0	0	0	0	0	0
	프로통산		0	0	0	0	0	0	0

정규진(政圭振) 상지대 1989.06.20

대회	연도	소속	출전	교체	득점	도움	파울	경고	퇴장
BC	2011	대전	0	0	0	0	0	0	0
		합계	0	0	0	0	0	0	0
	프로통산		0	0	0	0	0	0	0

정근희(鄭根熹) 건국대 1988.12.08

대회	연도	소속	출전	교체	득점	도움	파울	경고	퇴장
BC	2011	전남	1	0	0	0	0	0	0
	2012	전남	4	0	0	0	6	1	0
		합계	5	0	0	0	6	1	0
K1	2013	전남	2	2	0	0	2	0	0
		합계	2	2	0	0	2	0	0
K2	2014	충주	0	0	0	0	0	0	0
	프로통산		7	2	0	0	8	1	0

정기동(鄭基東) 청주상고 1961.05.13

대회	연도	소속	출전	교체	실점	도움	파울	경고	퇴장
BC	1983	포철	11	0	14	0	0	0	0
	1984	포철	15	0	28	0	0	1	0
	1985	포철	10	0	10	0	0	0	0
	1986	포철	32	0	36	0	0	1	0
	1987	포철	16	2	17	0	1	0	0
	1988	포철	18	0	24	0	0	0	0
	1989	포철	14	0	12	0	0	0	0
	1990	포철	7	0	5	0	0	0	0
	1991	포철	12	1	14	0	2	0	0
		합계	135	3	160	0	3	2	0
	프로통산		135	3	160	0	3	2	0

정기운(鄭氣云) 광운대 1992.07.05

대회	연도	소속	출전	교체	득점	도움	파울	경고	퇴장
K1	2016	수원FC	5	5	0	0	2	1	0
		합계	5	5	0	0	2	1	0
K2	2015	수원FC	35	29	6	4	17	2	0
	2018	안산	4	4	0	0	2	0	0
		합계	39	33	6	4	19	2	0
승	2015	수원FC	0	0	0	0	0	0	0
		합계	0	0	0	0	0	0	0
	프로통산		44	38	6	4	21	3	0

정길용(鄭吉容) 광운대 1975.06.21

대회	연도	소속	출전	교체	실점	도움	파울	경고	퇴장
BC	2000	안양LG	7	0	10	0	2	0	0
	2001	안양LG	0	0	0	0	0	0	0
		합계	7	0	10	0	2	0	0
	프로통산		7	0	10	0	2	0	0

정다슬(鄭다슬) 한양대 1987.04.18

대회	연도	소속	출전	교체	득점	도움	파울	경고	퇴장
BC	2011	제주	0	0	0	0	0	0	0
K2	2013	안양	23	10	3	0	30	4	0
	2014	안양	7	6	0	0	1	0	0
	2015	안양	0	0	0	0	0	0	0
		합계	30	16	3	0	31	4	0
	프로통산		30	16	3	0	31	4	0

정다운(鄭다운) 대구예술대 1989.07.13

대회	연도	소속	출전	교체	득점	도움	파울	경고	퇴장
K1	2013	수원	0	0	0	0	0	0	0
		합계	0	0	0	0	0	0	0
	프로통산		0	0	0	0	0	0	0

정다훈(鄭多勳) 수원대 1995.06.16

대회	연도	소속	출전	교체	득점	도움	파울	경고	퇴장
K2	2018	광주	1	1	0	0	0	0	0
		합계	1	1	0	0	0	0	0
	프로통산		1	1	0	0	0	0	0

정다훤(鄭多烜) 충북대 1987.12.22

대회	연도	소속	출전	교체	득점	도움	파울	경고	퇴장
BC	2009	서울	0	0	0	0	0	0	0
	2011	경남	32	8	0	4	41	8	0
	2012	경남	29	9	0	0	48	4	0

	합계		61	17	0	4	89	12	0
K1	2013	경남	34	5	1	0	73	9	0
	2014	제주	34	5	1	0	55	4	0
	2015	제주	25	4	2	0	38	8	0
	2018	제주	10	3	0	0	17	4	0
	합계		103	17	4	0	183	25	0
K2	2016	안산무	31	4	2	3	39	8	1
	2017	아산	11	5	1	1	18	5	0
	합계		42	9	3	4	57	13	1
프로통산			206	43	7	8	329	50	1

정대교(政代敎) 영남대 1992.04.27

대회	연도	소속	출전	교체	득점	도움	파울	경고	퇴장
K2	2014	대구	13	13	0	1	10	1	0
	2015	대구	0	0	0	0	0	0	0
	합계		13	13	0	1	10	1	0
프로통산			13	13	0	1	10	1	0

정대선(鄭大善) 중앙대 1987.06.27

대회	연도	소속	출전	교체	득점	도움	파울	경고	퇴장
BC	2010	울산	18	13	1	1	17	3	0
	2011	울산	10	8	1	0	9	1	0
	2011	경남	11	11	1	1	4	0	0
	2012	경남	7	6	1	0	7	1	0
	합계		46	38	4	2	37	5	0
K1	2013	경남	10	10	0	0	8	1	0
	합계		10	10	0	0	8	1	0
K2	2014	안양	25	20	2	1	33	3	0
	합계		25	20	2	1	33	3	0
프로통산			81	68	6	3	78	9	0

정대세(鄭大世) 일본조선대 1984.03.02

대회	연도	소속	출전	교체	득점	도움	파울	경고	퇴장
K1	2013	수원	23	10	10	2	42	6	0
	2014	수원	28	16	7	1	55	2	0
	2015	수원	21	10	6	5	42	2	0
	합계		72	36	23	8	139	10	0
프로통산			72	36	23	8	139	10	0

정대훈(鄭大勳) 포철공고 1977.12.21

대회	연도	소속	출전	교체	득점	도움	파울	경고	퇴장
BC	1999	포항	26	21	5	4	26	4	0
	2000	포항	8	7	0	0	3	1	0
	2001	포항	8	8	0	0	10	2	0
	2003	대구	0	0	0	0	0	0	0
	합계		42	36	5	4	39	7	0
프로통산			42	36	5	4	39	7	0

정동복(鄭東福) 연세대 1962.01.22

대회	연도	소속	출전	교체	득점	도움	파울	경고	퇴장
BC	1986	현대	11	8	0	0	9	1	0
	1987	현대	16	9	2	1	17	0	0
	1988	현대	6	4	0	2	4	0	0
	1989	현대	30	21	1	0	37	3	0
	1990	현대	22	16	6	1	23	1	0
	1991	현대	4	4	0	1	6	0	0
	1992	현대	2	3	0	0	2	0	0
	합계		91	65	9	5	98	5	0
프로통산			91	65	9	5	98	5	0

정동윤(鄭東潤) 성균관대 1994.04.03

대회	연도	소속	출전	교체	득점	도움	파울	경고	퇴장
K1	2016	광주	29	9	0	0	34	5	0
	2017	광주	24	6	0	1	28	4	0
	2018	인천	15	2	1	1	14	3	0
	합계		68	17	1	2	76	12	0
K2	2018	광주	2	2	0	0	1	0	0
	합계		2	2	0	0	1	0	0
프로통산			70	19	1	2	77	12	0

정동진(鄭東珍) 조선대 1990.06.06

대회	연도	소속	출전	교체	득점	도움	파울	경고	퇴장
K2	2013	광주	1	1	0	0	0	0	0
	합계		1	1	0	0	0	0	0
프로통산			1	1	0	0	0	0	0

정동호(鄭東浩) 부경고 1990.03.07

대회	연도	소속	출전	교체	득점	도움	파울	경고	퇴장
K1	2014	울산	20	6	0	1	24	3	0
	2015	울산	28	1	2	4	40	7	0
	2016	울산	29	6	0	2	30	3	0
	2017	울산	4	2	0	0	3	2	0
	2018	울산	11	3	0	3	10	3	0
	합계		92	18	2	10	107	18	0
프로통산			92	18	2	10	107	18	0

정명오(鄭明五) 아주대 1986.10.29

대회	연도	소속	출전	교체	득점	도움	파울	경고	퇴장
BC	2009	경남	7	6	0	0	10	0	0
	2010	경남	1	1	0	0	0	0	0
	2012	전남	22	8	0	0	24	6	0
	합계		30	15	0	0	34	6	0
프로통산			30	15	0	0	34	6	0

정명원(鄭明元) 수일고 1999.01.18

대회	연도	소속	출전	교체	득점	도움	파울	경고	퇴장
K2	2018	수원FC	0	0	0	0	0	0	0
	합계		0	0	0	0	0	0	0
프로통산			0	0	0	0	0	0	0

정민(鄭珉) 조선대 1970.11.29

대회	연도	소속	출전	교체	득점	도움	파울	경고	퇴장
BC	1993	대우	1	1	0	0	1	0	0
	합계		1	1	0	0	1	0	0
프로통산			1	1	0	0	1	0	0

정민교(鄭敏敎) 배재대 1987.04.22

대회	연도	소속	출전	교체	실점	도움	파울	경고	퇴장
K2	2013	안양	7	1	13	0	0	1	0
	2014	안양	0	0	0	0	0	0	0
	합계		7	1	13	0	0	1	0
프로통산			7	1	13	0	0	1	0

정민기(鄭民基) 중앙대 1996.02.09

대회	연도	소속	출전	교체	실점	도움	파울	경고	퇴장
K2	2018	안양	3	0	8	0	0	0	0
	합계		3	0	8	0	0	0	0
프로통산			3	0	8	0	0	0	0

정민무(鄭旻武) 포철공고 1985.03.03

대회	연도	소속	출전	교체	득점	도움	파울	경고	퇴장
K2	2013	고양	17	13	3	1	28	4	0
	2014	고양	16	15	1	1	21	3	0
	합계		33	28	4	2	49	7	0
프로통산			33	28	4	2	49	7	0

정민우(鄭珉優) 호남대 1992.12.01

대회	연도	소속	출전	교체	득점	도움	파울	경고	퇴장
K1	2016	수원FC	11	8	1	0	10	0	0
	합계		11	8	1	0	10	0	0
K2	2014	수원FC	31	22	8	5	26	3	0
	2015	수원FC	20	19	2	0	24	3	0
	2017	대전	14	12	4	0	16	2	0
	2018	대전	0	0	0	0	0	0	0
	합계		65	53	14	5	66	8	0
승	2015	수원FC	2	2	1	0	1	0	0
	합계		2	2	1	0	1	0	0
프로통산			78	63	16	5	77	8	0

정민형(鄭敏亨) 한국국제대 1987.05.14

대회	연도	소속	출전	교체	득점	도움	파울	경고	퇴장
BC	2011	부산	6	4	0	0	6	0	0
	2012	부산	2	2	0	0	0	0	0
	합계		8	6	0	0	6	0	0
프로통산			8	6	0	0	6	0	0

정산(鄭山) 경희대 1989.02.10

대회	연도	소속	출전	교체	실점	도움	파울	경고	퇴장
BC	2009	강원	0	0	0	0	0	0	0
	2010	강원	0	0	0	0	0	0	0
	2011	성남일	1	0	3	0	0	0	0
	2012	성남일	19	0	21	0	0	1	0
	합계		20	0	24	0	0	1	0
K1	2013	성남일	0	0	0	0	0	0	0
	2014	성남	0	0	0	0	0	0	0
	2015	성남	0	0	0	0	0	0	0
	2016	울산	11	0	16	1	1	2	0
	2017	인천	12	0	21	0	0	1	0
	2018	인천	18	0	28	1	1	0	0
	합계		41	0	65	2	2	3	0
프로통산			61	0	89	2	2	4	0

정상남(丁祥楠) 연세대 1975.09.07

대회	연도	소속	출전	교체	득점	도움	파울	경고	퇴장
BC	1998	포항	2	2	0	0	3	0	0
	1999	포항	8	5	3	0	8	0	0
	합계		10	7	3	0	11	0	0
프로통산			10	7	3	0	11	0	0

정상모(鄭相摸) 울산대 1975.02.24

대회	연도	소속	출전	교체	득점	도움	파울	경고	퇴장
BC	1998	천안일	11	7	1	0	14	0	0
	1999	천안일	0	0	0	0	0	0	0
	합계		11	7	1	0	14	0	0
프로통산			11	7	1	0	14	0	0

정상훈(鄭相勳) 성균관대 1985.03.22

대회	연도	소속	출전	교체	득점	도움	파울	경고	퇴장
BC	2008	경남	6	4	0	0	7	1	0
	합계		6	4	0	0	7	1	0
프로통산			6	4	0	0	7	1	0

정서운(鄭署運) 서남대 1993.12.08

대회	연도	소속	출전	교체	득점	도움	파울	경고	퇴장
K1	2015	대전	11	10	0	0	7	1	0
	합계		11	10	0	0	7	1	0
프로통산			11	10	0	0	7	1	0

정석근(鄭石根) 아주대 1977.11.25

대회	연도	소속	출전	교체	득점	도움	파울	경고	퇴장
BC	2000	부산	10	9	1	0	5	2	0
	2001	부산	2	2	0	0	1	0	0
	2003	광주상	1	1	0	0	0	0	0
	합계		13	12	1	0	6	2	0
프로통산			13	12	1	0	6	2	0

정석민(鄭錫珉) 인제대 1988.01.27

대회	연도	소속	출전	교체	득점	도움	파울	경고	퇴장
BC	2010	포항	5	3	1	0	7	1	0
	2011	포항	8	4	2	0	6	2	0
	2012	제주	3	3	0	0	1	0	0
	합계		16	10	3	0	14	3	0
K1	2013	대전	36	14	4	1	49	4	0
	2015	전남	26	18	0	0	27	3	0
	2016	전남	6	5	0	0	15	2	0
	합계		68	37	4	1	91	9	0
K2	2014	대전	33	2	5	2	55	6	0
	합계		33	2	5	2	55	6	0
프로통산			117	49	12	3	160	18	0

정석화(鄭錫華) 고려대 1991.05.17

대회	연도	소속	출전	교체	득점	도움	파울	경고	퇴장
K1	2013	부산	32	20	0	1	20	2	0
	2014	부산	26	19	1	0	14	3	0
	2015	부산	24	19	2	1	11	1	0
	2018	강원	35	12	2	5	19	3	0
	합계		117	70	5	7	64	9	0
K2	2016	부산	40	20	4	10	16	5	0
	2017	부산	24	15	1	0	14	1	0
	합계		64	35	5	10	30	6	0
승	2015	부산	1	1	0	0	0	0	0
	2017	부산	2	2	0	0	3	1	0
	합계		3	3	0	0	3	1	0
프로통산			184	108	10	17	97	16	0

정선호(鄭先皓) 동의대 1989.03.25

정섭일 (이어서)

대회	연도	소속	출전	교체	득점	도움	파울	경고	퇴장
K1	2013	성남일	1	1	0	0	0	0	0
	2014	성남	28	6	2	2	30	5	0
	2015	성남	31	14	1	0	23	4	0
	2016	성남	15	10	1	1	6	0	0
	2017	상주	2	2	0	0	0	0	0
	2018	대구	13	11	0	0	8	0	0
	합계		90	44	4	3	69	9	0
승	2016	성남	2	1	0	0	2	1	0
	합계		2	1	0	0	2	1	0
프로통산			92	45	4	3	71	10	0

정섭의 (鄭燮義) 전주농전 1954.12.20

대회	연도	소속	출전	교체	득점	도움	파울	경고	퇴장
BC	1983	국민	12	5	0	0	11	1	0
	1984	국민	10	1	0	0	10	0	0
	합계		22	6	0	0	21	1	0
프로통산			22	6	0	0	21	1	0

정성교 (鄭聖較) 연세대 1960.05.30

대회	연도	소속	출전	교체	실점	도움	파울	경고	퇴장
BC	1983	대우	15	0	14	0	0	0	0
	1984	대우	11	0	14	0	0	0	0
	1986	대우	12	0	16	0	1	0	0
	1987	대우	16	1	11	0	2	1	0
	1988	대우	8	0	11	0	1	0	0
	1989	대우	8	0	11	0	1	0	0
	합계		70	2	78	0	4	1	0
프로통산			70	2	78	0	4	1	0

정성룡 (鄭成龍) 서귀포고 1985.01.04

대회	연도	소속	출전	교체	실점	도움	파울	경고	퇴장
BC	2004	포항	0	0	0	0	0	0	0
	2005	포항	0	0	0	0	0	0	0
	2006	포항	26	0	27	0	0	1	0
	2007	포항	16	1	18	0	1	1	0
	2008	성남일	34	0	29	0	1	0	0
	2009	성남일	36	0	41	0	1	1	1
	2010	성남일	30	0	28	0	2	2	0
	2011	수원	31	0	34	0	0	1	0
	2012	수원	33	0	33	0	0	0	0
	합계		206	1	213	0	6	7	1
K1	2013	수원	34	0	41	1	0	0	0
	2014	수원	34	0	34	0	1	1	0
	2015	수원	22	0	23	0	0	2	0
	합계		90	0	97	1	1	3	0
프로통산			296	1	310	1	7	12	1

정성민 (鄭成民) 광운대 1989.05.02

대회	연도	소속	출전	교체	득점	도움	파울	경고	퇴장
BC	2011	강원	13	9	1	0	4	0	0
	2012	강원	25	17	5	3	17	1	0
	합계		38	26	6	3	21	1	0
K1	2013	경남	1	1	0	0	1	0	0
	합계		1	1	0	0	1	0	0
K2	2013	충주	14	1	6	1	16	3	0
	2014	충주	30	15	7	0	29	2	0
	2015	경남	18	16	1	0	13	0	0
	2016	경남	17	13	5	0	13	0	0
	2016	안산무	17	13	5	0	13	0	0
	2017	아산	21	18	9	1	14	3	0
	2018	성남	23	19	10	0	24	4	0
	합계		124	76	30	2	111	17	0
프로통산			163	103	36	5	133	18	0

정성원 (鄭盛元) 제주대 1976.05.26

대회	연도	소속	출전	교체	득점	도움	파울	경고	퇴장
BC	2000	수원	0	0	0	0	0	0	0
	합계		0	0	0	0	0	0	0
프로통산			0	0	0	0	0	0	0

정성진 (鄭聖鎭) 단국대 1964.07.06

대회	연도	소속	출전	교체	실점	도움	파울	경고	퇴장
BC	1990	현대	1	0	3	0	0	0	0
	1991	현대	6	0	7	0	0	0	0
	1992	현대	4	1	7	0	1	2	0
	합계		11	1	17	0	1	2	0
프로통산			11	1	17	0	1	2	0

정성천 (鄭性天) 성균관대 1971.05.30

대회	연도	소속	출전	교체	득점	도움	파울	경고	퇴장
BC	1997	대전	30	1	5	2	37	2	0
	1998	대전	28	17	5	1	37	2	0
	1999	대전	27	22	2	2	42	2	0
	2000	대전	31	16	6	1	61	3	0
	2001	대전	5	5	0	0	7	1	0
	합계		121	61	18	6	184	10	0
프로통산			121	61	18	6	184	10	0

정성호 (鄭成浩) 대륜중 1986.04.07

대회	연도	소속	출전	교체	득점	도움	파울	경고	퇴장
BC	2007	서울	1	0	0	0	0	0	0
	2008	서울	1	0	0	0	0	0	0
	합계		2	0	0	0	0	0	0
프로통산			2	0	0	0	0	0	0

정성훈 (丁成勳) 경희대 1979.07.04

대회	연도	소속	출전	교체	득점	도움	파울	경고	퇴장
BC	2002	울산	24	21	2	3	32	3	0
	2003	울산	15	15	0	1	20	0	0
	2004	대전	13	13	0	1	17	0	0
	2005	대전	5	5	1	0	4	1	0
	2006	대전	26	18	8	1	38	2	0
	2007	대전	19	15	3	0	32	0	0
	2008	부산	31	16	8	4	48	6	0
	2009	부산	18	14	8	1	17	4	0
	2010	부산	31	22	11	4	66	7	0
	2011	전북	27	24	5	6	29	1	0
	2012	전북	14	12	3	4	13	3	0
	합계		234	180	53	24	329	32	1
K1	2013	대전	6	4	2	0	6	0	0
	2013	경남	10	11	1	0	16	1	0
	합계		16	15	3	0	22	1	0
K2	2017	부천	9	8	1	0	6	1	0
	합계		9	8	1	0	6	1	0
프로통산			259	203	57	24	357	34	1

정성훈 (鄭聖勳) 인천대 1968.09.14

대회	연도	소속	출전	교체	득점	도움	파울	경고	퇴장
BC	1993	포철	2	2	0	0	2	0	0
	1994	유공	7	6	0	0	2	0	0
	1995	유공	10	6	0	0	8	0	0
	1996	수원	29	2	0	0	42	3	0
	1997	수원	27	1	0	0	38	3	0
	1998	수원	20	7	0	0	36	3	0
	합계		89	20	0	0	123	10	0
프로통산			89	20	0	0	123	10	0

정수남 (鄭壽男) 중동고 1960.07.05

대회	연도	소속	출전	교체	득점	도움	파울	경고	퇴장
BC	1984	한일	16	6	0	0	11	1	0
	1985	한일	10	9	1	1	4	0	0
	합계		26	15	1	1	14	1	0
프로통산			26	15	1	1	14	1	0

정수종 (鄭壽鍾) 수원고 1987.05.01

대회	연도	소속	출전	교체	득점	도움	파울	경고	퇴장
BC	2006	전북	10	6	0	0	8	0	0
	2007	전북	6	0	0	0	14	1	0
	2008	전북	3	1	0	0	4	1	0
	2009	전북	3	3	0	0	0	0	0
	합계		22	10	0	0	20	4	0
프로통산			22	10	0	0	20	4	0

정수호 (鄭修昊/←정현윤) 한양대 1990.04.09

대회	연도	소속	출전	교체	득점	도움	파울	경고	퇴장
BC	2012	전남	2	0	0	0	1	0	0
	합계		2	0	0	0	1	0	0
K2	2013	안양	11	1	2	0	13	2	0
	2014	안양	4	0	0	0	6	0	0
	합계		15	1	2	0	15	2	0
프로통산			17	1	2	0	16	2	0

정승용 (鄭昇勇) 동북고 1991.03.25

대회	연도	소속	출전	교체	득점	도움	파울	경고	퇴장
BC	2011	경남	5	4	0	1	12	1	0
	2012	서울	1	1	0	0	2	0	0
	합계		6	5	0	1	14	2	0
K1	2013	서울	1	1	0	0	0	0	0
	2014	서울	1	1	0	0	1	0	0
	2017	강원	31	4	0	0	38	4	0
	2018	강원	34	2	3	4	35	6	0
	합계		66	7	3	4	74	10	0
K2	2016	강원	41	1	4	2	52	4	0
	합계		41	1	4	2	52	4	0
승	2016	강원	2	0	0	0	5	0	0
	합계		2	0	0	0	5	0	0
프로통산			115	13	7	7	142	15	0

정승원 (鄭承原) 안동고 1997.02.27

대회	연도	소속	출전	교체	득점	도움	파울	경고	퇴장
K1	2017	대구	9	9	0	0	7	2	0
	2018	대구	31	18	4	3	30	3	0
	합계		40	27	4	3	37	5	0
프로통산			40	27	4	3	37	5	0

정승현 (鄭昇炫) 현대고 1994.04.03

대회	연도	소속	출전	교체	득점	도움	파울	경고	퇴장
K1	2015	울산	18	8	0	0	24	1	0
	2016	울산	19	4	1	0	26	1	0
	2017	울산	12	1	0	0	22	9	0
	합계		49	13	1	0	72	12	1
프로통산			49	13	1	0	72	12	1

정안모 (鄭按模) 인천대 1989.03.17

대회	연도	소속	출전	교체	득점	도움	파울	경고	퇴장
BC	2012	대구	1	1	0	0	0	0	0
	합계		1	1	0	0	0	0	0
프로통산			1	1	0	0	0	0	0

정연웅 (鄭然雄) 충남기계공고 1992.08.31

대회	연도	소속	출전	교체	득점	도움	파울	경고	퇴장
BC	2011	대전	1	1	0	0	1	0	0
	합계		1	1	0	0	1	0	0
프로통산			1	1	0	0	1	0	0

정영총 (鄭永総) 한양대 1992.06.24

대회	연도	소속	출전	교체	득점	도움	파울	경고	퇴장
K1	2015	제주	17	15	0	0	15	1	0
	2016	제주	13	14	1	0	5	0	0
	2017	광주	6	6	0	0	7	0	0
	합계		36	35	1	0	27	2	0
K2	2018	광주	25	17	4	0	30	5	0
	합계		25	17	4	0	30	5	0
프로통산			61	53	5	0	57	7	0

정영호 (鄭鈴湖) 서울시립대 1968.08.15

대회	연도	소속	출전	교체	득점	도움	파울	경고	퇴장
BC	1990	일화	29	5	0	0	55	3	0
	1991	일화	37	5	0	0	63	6	0
	1992	일화	26	3	0	0	43	5	0
	1993	일화	22	16	1	0	32	2	0
	1994	일화	20	3	0	0	29	1	0
	1995	전남	8	4	0	0	16	2	0
	1996	전남	8	6	0	0	12	0	0
	합계		130	35	1	2	204	17	0
프로통산			130	35	1	2	204	17	0

정영훈 (丁永勳) 동의대 1975.05.01

대회	연도	소속	출전	교체	득점	도움	파울	경고	퇴장
BC	2001	대전	28	13	3	2	38	8	0

정○○

대회	연도	소속	출전	교체	득점	도움	파울	경고	퇴장
	2002	대전	21	16	2	2	18	3	0
	2003	대전	1	1	0	0	1	0	0
	2004	대구	7	8	1	2	2	0	0
	합계		57	38	6	6	59	11	0
프로통산			57	38	6	6	59	11	0

정용대(鄭容大) 일본조선대 1978.02.04

대회	연도	소속	출전	교체	득점	도움	파울	경고	퇴장
BC	2001	포항	4	2	0	0	5	2	0
	합계		4	2	0	0	5	2	0
프로통산			4	2	0	0	5	2	0

정용환(鄭龍煥) 고려대 1960.02.10

대회	연도	소속	출전	교체	득점	도움	파울	경고	퇴장
BC	1984	대우	22	1	0	0	20	0	0
	1985	대우	1	0	0	0	0	0	0
	1986	대우	3	1	1	0	4	0	0
	1987	대우	19	0	1	1	22	0	0
	1988	대우	11	1	0	1	12	0	0
	1989	대우	0	1	0	0	14	0	0
	1990	대우	8	3	0	1	12	0	0
	1991	대우	33	1	2	0	40	0	0
	1992	대우	35	2	2	4	44	3	0
	1993	대우	2	1	0	2	11	2	0
	1994	대우	17	1	3	0	14	1	0
	합계		168	17	9	4	189	6	0
프로통산			168	17	9	4	189	6	0

정용훈(鄭溶勳) 대신고 1979.03.11

대회	연도	소속	출전	교체	득점	도움	파울	경고	퇴장
BC	1998	수원	26	19	3	3	24	1	0
	1999	수원	2	2	0	0	0	0	0
	2002	수원	16	12	0	0	17	0	0
	2003	수원	20	16	2	0	15	1	0
	합계		64	49	5	3	56	2	0
프로통산			64	49	5	3	56	2	0

정우근(鄭于根) 충남기계공고 1991.03.01

대회	연도	소속	출전	교체	득점	도움	파울	경고	퇴장
K2	2018	수원FC	14	11	2	0	22	0	0
	합계		14	11	2	0	22	0	0
프로통산			14	11	2	0	22	0	0

정우성(鄭宇星) 중앙대 1986.06.19

대회	연도	소속	출전	교체	득점	도움	파울	경고	퇴장
BC	2009	대구	0	0	0	0	0	0	0
	합계		0	0	0	0	0	0	0
프로통산			0	0	0	0	0	0	0

정우승(鄭雨承) 단국대 1984.03.14

대회	연도	소속	출전	교체	득점	도움	파울	경고	퇴장
BC	2007	경남	2	0	0	0	2	1	0
	2008	경남	4	3	0	0	4	1	0
	합계		6	3	0	0	4	1	0
프로통산			6	3	0	0	4	1	0

정우영(鄭宇榮) 고려대 1971.12.08

대회	연도	소속	출전	교체	득점	도움	파울	경고	퇴장
BC	1994	현대	6	6	0	1	1	0	0
	1995	현대	0	0	0	0	0	0	0
	1998	울산	3	2	0	0	6	1	0
	합계		9	8	0	1	9	1	0
프로통산			9	8	0	1	9	1	0

정우인(鄭愚仁) 경희대 1988.02.01

대회	연도	소속	출전	교체	득점	도움	파울	경고	퇴장
BC	2011	광주	23	5	1	0	37	6	0
	2012	광주	34	6	1	0	62	15	0
	합계		57	11	2	0	112	19	0
K2	2013	광주	18	4	0	0	26	1	0
	2014	강원	28	5	1	1	43	6	0
	2015	강원	11	3	0	1	24	4	0
	2016	충주	21	8	0	0	19	4	0
	합계		78	20	1	2	112	15	0
프로통산			135	31	4	1	224	34	0

정우재(鄭宇宰) 예원예술대 1992.06.28

대회	연도	소속	출전	교체	득점	도움	파울	경고	퇴장
K1	2014	성남	2	2	0	0	1	0	0
	2017	대구	33	4	1	5	25	3	0
	2018	대구	32	6	1	3	24	3	0
	합계		67	12	2	8	50	7	0
K2	2015	충주	26	4	1	1	23	2	0
	2016	대구	37	4	3	3	41	7	0
	합계		63	8	4	4	64	9	0
프로통산			130	20	6	12	114	16	0

정우진(鄭禹鎭) 전주대 1969.01.20

대회	연도	소속	출전	교체	득점	도움	파울	경고	퇴장
BC	1996	부천유	15	10	2	0	12	2	0
	1997	부천SK	6	5	0	0	1	1	0
	1997	전북	8	8	1	0	5	0	0
	1998	전북	4	4	0	0	8	0	0
	합계		33	27	3	0	26	3	0
프로통산			33	27	3	0	26	3	0

정운(鄭澐 / ← 정부식) 명지대 1989.06.30

대회	연도	소속	출전	교체	득점	도움	파울	경고	퇴장
BC	2012	울산	5	5	0	0	3	1	0
	합계		5	5	0	0	3	1	0
K1	2016	제주	32	3	1	5	38	3	0
	2017	제주	25	2	2	0	21	6	0
	2018	제주	12	0	0	2	21	0	0
	합계		74	7	2	10	68	9	0
프로통산			74	7	2	10	68	9	0

정웅일(鄭雄一) 연세대 1962.11.05

대회	연도	소속	출전	교체	득점	도움	파울	경고	퇴장
BC	1986	대우	4	2	0	0	4	0	0
	합계		4	2	0	0	4	0	0
프로통산			4	2	0	0	4	0	0

정원서(鄭源緖) 동아대 1959.04.16

대회	연도	소속	출전	교체	득점	도움	파울	경고	퇴장
BC	1983	포철	4	3	0	0	1	0	0
	합계		4	3	0	0	1	0	0
프로통산			4	3	0	0	1	0	0

정원진(政原進) 영남대 1994.08.10

대회	연도	소속	출전	교체	득점	도움	파울	경고	퇴장
K1	2016	포항	11	9	0	1	12	2	0
	2018	포항	18	13	1	0	15	2	0
	2018	서울	1	2	0	0	0	0	0
	합계		30	24	1	1	27	4	0
K2	2017	경남	34	10	10	4	44	2	0
	합계		34	10	10	4	44	2	0
승	2018	서울	2	0	0	1	1	0	0
	합계		2	0	0	1	1	0	0
프로통산			64	34	11	10	71	6	0

정유석(鄭裕錫) 아주대 1977.10.25

대회	연도	소속	출전	교체	실점	도움	파울	경고	퇴장
BC	2000	부산	22	4	28	0	1	1	0
	2001	부산	35	0	46	0	2	0	0
	2002	부산	25	1	43	0	1	2	0
	2003	부산	10	1	13	0	0	0	0
	2004	광주상	14	1	13	0	0	0	0
	2005	광주상	24	0	33	0	1	1	0
	2006	부산	34	0	48	0	1	4	0
	2007	부산	26	1	36	0	0	0	0
	2008	부산	7	0	9	0	0	1	0
	2009	부산	1	1	2	0	0	0	0
	2011	울산	7	0	9	0	0	1	0
	합계		205	8	282	0	8	12	0
프로통산			205	8	282	0	8	12	0

정윤길(鄭允吉) 호남대 1976.10.23

대회	연도	소속	출전	교체	득점	도움	파울	경고	퇴장
BC	1999	전남	4	3	0	0	10	0	0
	합계		4	3	0	0	10	0	0
프로통산			4	3	0	0	10	0	0

정윤성(鄭允成) 수원공고 1984.06.01

대회	연도	소속	출전	교체	득점	도움	파울	경고	퇴장
BC	2003	수원	11	9	1	1	18	1	0
	2004	수원	0	0	0	0	0	0	0
	2005	광주상	30	24	6	1	49	3	0
	2006	광주상	16	14	0	0	21	1	0
	2007	수원	2	2	0	0	1	0	0
	2007	경남	14	8	3	2	24	1	0
	2008	경남	14	11	2	1	18	3	0
	2009	전남	15	12	3	0	17	2	0
	2010	전남	22	17	4	3	27	3	1
	2011	전남	8	8	0	0	6	0	0
	합계		132	101	21	13	196	16	1
프로통산			132	101	21	13	196	16	1

정의도(鄭義道) 연세대 1987.04.08

대회	연도	소속	출전	교체	실점	도움	파울	경고	퇴장
BC	2009	성남일	1	1	0	0	0	0	0
	2010	성남일	1	0	3	0	0	0	0
	합계		2	1	3	0	0	0	0
K2	2013	수원FC	11	1	18	0	0	0	0
	합계		11	1	18	0	0	0	0
프로통산			13	2	21	0	0	0	0

정인권(鄭寅權) 제주 U-18 1996.04.24

대회	연도	소속	출전	교체	득점	도움	파울	경고	퇴장
K2	2016	충주	0	0	0	0	0	0	0
	합계		0	0	0	0	0	0	0
프로통산			0	0	0	0	0	0	0

정인탁(鄭仁倬) 성균관대 1994.01.24

대회	연도	소속	출전	교체	득점	도움	파울	경고	퇴장
K2	2016	충주	2	1	0	0	0	0	0
	합계		2	1	0	0	0	0	0
프로통산			2	1	0	0	0	0	0

정인호(鄭寅浩) 중앙대 1971.03.21

대회	연도	소속	출전	교체	득점	도움	파울	경고	퇴장
BC	1994	유공	8	6	0	0	3	1	0
	1995	유공	21	6	0	0	41	3	0
	1996	부천유	0	0	0	0	0	0	0
	합계		29	10	0	0	44	4	0
프로통산			29	10	0	0	44	4	0

정인환(鄭仁煥) 연세대 1986.12.15

대회	연도	소속	출전	교체	득점	도움	파울	경고	퇴장
BC	2006	전북	10	4	0	0	12	3	0
	2007	전북	13	1	1	1	45	6	0
	2008	전북	21	2	0	2	23	7	0
	2009	전남	20	3	1	0	37	3	0
	2010	전남	21	3	0	3	34	7	0
	2011	인천	24	2	1	2	43	6	0
	2012	인천	38	1	4	1	41	7	0
	합계		136	17	10	5	211	38	0
K1	2013	전북	25	2	4	0	28	7	0
	2014	전북	7	0	0	0	9	2	0
	2016	서울	18	2	0	0	22	0	0
	2017	서울	6	1	0	0	4	1	0
	합계		56	6	4	0	63	10	0
프로통산			192	23	14	5	274	48	0

정일영

대회	연도	소속	출전	교체	득점	도움	파울	경고	퇴장
BC	1984	국민	1	0	0	0	0	0	0
	합계		1	0	0	0	0	0	0
프로통산			1	0	0	0	0	0	0

정재곤(鄭在坤) 연세대 1976.03.17

대회	연도	소속	출전	교체	득점	도움	파울	경고	퇴장
BC	1999	포항	16	7	3	0	23	1	0
	2000	포항	4	4	0	0	5	2	0
	합계		20	11	3	0	28	3	0
프로통산			20	11	3	0	28	3	0

정재권(鄭在欉) 한양대 1970.11.05

대회	연도	소속	출전	교체	득점	도움	파울	경고	퇴장
BC	1994	대우	14	8	1	2	18	1	0
	1995	대우	25	14	5	1	53	2	0
	1996	부산	31	8	8	6	46	4	0
	1997	부산	28	14	6	5	41	3	0
	1998	부산	29	6	8	5	51	4	0
	1999	부산	20	17	0	0	21	0	0
	2000	포항	20	17	2	1	29	1	0
	2001	포항	12	9	0	0	14	0	0
	합계		179	93	30	23	273	15	0
프로통산			179	93	30	23	273	15	0

정재성(鄭在星) 홍익대 1992.02.21

대회	연도	소속	출전	교체	득점	도움	파울	경고	퇴장
K1	2015	대전	2	2	0	0	0	0	0
	합계		2	2	0	0	0	0	0
프로통산			2	2	0	0	0	0	0

정재열(鄭在烈) 연세대 1972.08.10

대회	연도	소속	출전	교체	득점	도움	파울	경고	퇴장
BC	1995	전북	0	0	0	0	0	0	0
	1996	전북	0	0	0	0	0	0	0
	합계		0	0	0	0	0	0	0
프로통산			0	0	0	0	0	0	0

정재용(鄭宰溶) 고려대 1990.09.14

대회	연도	소속	출전	교체	득점	도움	파울	경고	퇴장
K1	2016	울산	10	5	0	1	12	3	0
	2017	울산	32	5	3	0	43	8	0
	2018	울산	6	1	0	0	13	2	1
	합계		52	13	3	1	68	13	1
K2	2013	안양	16	8	1	0	24	4	0
	2014	안양	25	10	2	2	40	6	0
	2015	안양	29	13	0	0	33	3	0
	2016	안양	16	4	0	4	35	6	0
	합계		86	35	3	3	132	19	0
프로통산			138	48	13	4	200	32	1

정재원(鄭載園) 제주중앙고 1993.08.16

대회	연도	소속	출전	교체	득점	도움	파울	경고	퇴장
K1	2013	전북	0	0	0	0	0	0	0
	합계		0	0	0	0	0	0	0
프로통산			0	0	0	0	0	0	0

정재윤(鄭載昀) 홍익대 1981.05.28

대회	연도	소속	출전	교체	득점	도움	파울	경고	퇴장
BC	2004	서울	0	0	0	0	0	0	0
	합계		0	0	0	0	0	0	0
프로통산			0	0	0	0	0	0	0

정재희(鄭在熙) 상지대 1994.04.28

대회	연도	소속	출전	교체	득점	도움	파울	경고	퇴장
K2	2016	안양	36	23	5	3	14	1	0
	2017	안양	35	16	8	5	15	2	0
	2018	안양	30	23	1	1	13	1	0
	합계		101	62	12	7	42	4	0
프로통산			101	62	12	7	42	4	0

정정석(鄭井碩) 건국대 1988.01.20

대회	연도	소속	출전	교체	득점	도움	파울	경고	퇴장
BC	2010	포항	1	1	0	0	0	0	0
	합계		1	1	0	0	0	0	0
프로통산			1	1	0	0	0	0	0

정정수(鄭正洙) 고려대 1969.11.20

대회	연도	소속	출전	교체	득점	도움	파울	경고	퇴장
BC	1994	현대	29	25	3	5	37	4	0
	1995	현대	25	18	2	2	27	2	0
	1996	울산	21	19	4	1	19	3	0
	1997	울산	19	11	0	5	35	7	0
	1998	울산	34	25	6	9	53	6	0
	1999	울산	26	17	4	7	21	0	0
	2000	울산	29	17	7	2	23	2	0
	2001	울산	31	13	7	6	24	3	0
	2002	울산	9	9	0	0	8	0	0
	합계		223	154	33	31	236	27	0
프로통산			223	154	33	31	236	27	0

정조국(鄭조국) 대신고 1984.04.23

대회	연도	소속	출전	교체	득점	도움	파울	경고	퇴장
BC	2003	안양LG	32	25	12	2	37	3	0
	2004	서울	30	22	8	2	42	2	0
	2005	서울	26	22	3	1	41	1	0
	2006	서울	27	25	6	3	45	2	0
	2007	서울	19	13	5	1	35	4	0
	2008	서울	21	13	9	5	34	4	0
	2009	서울	25	21	7	1	26	2	0
	2010	서울	29	23	13	4	26	1	0
	2012	서울	17	17	4	0	12	2	0
	합계		226	181	67	19	298	21	0
K1	2014	서울	8	8	1	0	5	1	0
	2015	서울	11	10	1	1	4	0	0
	2016	광주	31	16	20	1	38	4	0
	2017	강원	18	10	7	1	14	2	1
	2018	강원	19	15	3	1	0	1	0
	합계		87	59	32	4	61	8	1
K2	2013	경찰	24	9	7	1	12	1	0
	2014	안산경	12	11	9	2	29	3	1
	합계		36	20	16	3	41	4	1
프로통산			349	260	115	26	400	33	2

정종관(鄭鍾官) 숭실대 1981.09.09

대회	연도	소속	출전	교체	득점	도움	파울	경고	퇴장
BC	2004	전북	16	16	0	1	6	0	0
	2005	전북	24	8	4	2	27	4	0
	2006	전북	17	7	0	1	17	1	0
	2007	전북	22	10	2	4	18	2	0
	합계		79	41	6	8	78	9	0
프로통산			79	41	6	8	78	9	0

정종선(鄭鍾先) 연세대 1966.03.20

대회	연도	소속	출전	교체	득점	도움	파울	경고	퇴장
BC	1985	포철	1	1	0	0	0	0	0
	1989	현대	18	2	0	0	7	0	0
	1990	현대	28	2	0	0	33	3	0
	1991	현대	32	4	0	0	39	1	0
	1992	현대	38	0	1	4	40	2	1
	1993	현대	13	2	0	1	13	1	0
	1994	현대	20	1	0	0	9	0	0
	1995	전북	32	1	2	1	46	7	0
	1996	전북	26	1	0	0	13	1	0
	1997	전북	33	0	0	0	13	1	0
	1998	안양LG	30	6	0	0	21	5	1
	합계		271	21	1	2	292	25	2
프로통산			271	21	1	2	292	25	2

정종수(鄭種洙) 고려대 1961.03.27

대회	연도	소속	출전	교체	득점	도움	파울	경고	퇴장
BC	1984	유공	23	1	0	1	23	2	0
	1985	유공	13	0	1	0	19	2	0
	1986	유공	9	1	0	0	20	2	0
	1987	유공	28	0	1	4	45	2	1
	1988	유공	23	1	0	2	30	2	0
	1989	유공	17	0	0	2	24	0	0
	1990	현대	8	1	0	1	12	0	0
	1991	현대	29	4	0	1	37	6	0
	1992	현대	29	4	1	4	34	3	1
	1993	현대	29	4	0	0	34	3	0
	1994	현대	23	1	1	1	27	2	0
	1995	현대	25	5	0	0	35	5	0
	합계		225	24	3	11	295	23	2
프로통산			225	24	3	11	295	23	2

정종식

대회	연도	소속	출전	교체	득점	도움	파울	경고	퇴장
BC	1984	대우	1	1	0	0	0	0	0
	1985	대우	1	0	0	0	2	0	0
	합계		2	1	0	0	2	0	0
프로통산			2	1	0	0	2	0	0

정주영(丁主榮) 배재대 1979.05.03

대회	연도	소속	출전	교체	득점	도움	파울	경고	퇴장
BC	2002	울산	1	1	0	0	1	0	0
	합계		1	1	0	0	1	0	0
프로통산			1	1	0	0	1	0	0

정주완(鄭朱完) 중앙대 1974.03.08

대회	연도	소속	출전	교체	득점	도움	파울	경고	퇴장
BC	1998	전북	8	6	0	0	6	1	0
	합계		8	6	0	0	6	1	0
프로통산			8	6	0	0	6	1	0

정주일(鄭柱日) 조선대 1991.03.06

대회	연도	소속	출전	교체	득점	도움	파울	경고	퇴장
K2	2014	부천	15	9	0	1	18	1	0
	합계		15	9	0	1	18	1	0
프로통산			15	9	0	1	18	1	0

정준연(鄭俊硯) 광양제철고 1989.04.30

대회	연도	소속	출전	교체	득점	도움	파울	경고	퇴장
BC	2008	전남	3	3	0	0	2	0	0
	2009	전남	6	3	0	0	14	2	0
	2010	전남	22	9	0	2	34	3	0
	2011	전남	17	5	0	1	25	4	0
	2012	전남	11	1	0	0	20	0	0
	합계		59	21	0	3	95	9	0
K1	2013	전남	23	6	1	0	37	3	0
	2015	광주	26	5	0	0	29	7	0
	2016	상주	9	6	0	0	8	2	0
	2017	상주							
	2017	광주	6	0	0	0	6	1	0
	합계		64	21	1	0	73	15	0
K2	2014	광주	30	6	0	0	28	4	0
	2018	광주	22	6	0	0	31	1	0
	합계		52	11	0	0	59	5	0
승	2014	광주	2	1	0	0	1	0	0
	합계		2	1	0	0	1	0	0
프로통산			177	53	1	4	228	29	0

정준현(鄭埈炫) 중앙대 1994.08.26

대회	연도	소속	출전	교체	득점	도움	파울	경고	퇴장
K2	2016	부천	0	0	0	0	0	0	0
	2017	부천	0	0	0	0	0	0	0
	2018	부천	20	6	0	1	17	1	0
	합계		20	6	0	1	17	1	0
프로통산			20	6	0	1	17	1	0

정지안(鄭至安) 대구대 1989.06.17

대회	연도	소속	출전	교체	득점	도움	파울	경고	퇴장
K1	2013	성남일	0	0	0	0	0	0	0
	합계		0	0	0	0	0	0	0
프로통산			0	0	0	0	0	0	0

정진욱(鄭鎭旭) 중앙대 1997.05.28

대회	연도	소속	출전	교체	득점	도움	파울	경고	퇴장
K1	2018	서울	0	0	0	0	0	0	0
	합계		0	0	0	0	0	0	0
프로통산			0	0	0	0	0	0	0

정찬일(丁粲佾) 동국대 1991.04.27

대회	연도	소속	출전	교체	득점	도움	파울	경고	퇴장
K2	2014	강원	7	7	0	1	15	1	0
	2015	강원	13	9	1	1	19	2	0
	2016	강원	3	3	0	0	0	0	0
	합계		23	19	1	2	34	3	0
프로통산			23	19	1	2	34	3	0

정창근(丁昌根) 황지중 1983.08.10

대회	연도	소속	출전	교체	득점	도움	파울	경고	퇴장
BC	1999	안양LG	1	1	0	0	0	0	0
	합계		1	1	0	0	0	0	0
프로통산			1	1	0	0	0	0	0

정철운(鄭喆云) 광운대 1986.07.30

대회	연도	소속	출전	교체	득점	도움	파울	경고	퇴장
BC	2009	강원	6	4	0	0	3	0	0
	2010	강원	11	4	0	0	3	1	0
	합계		17	8	0	0	6	1	0
프로통산			17	8	0	0	6	1	0

정철호(鄭喆鎬) 조선대 1994.02.01

대회	연도	소속	출전	교체	득점	도움	파울	경고	퇴장
K2	2017	수원FC	16	5	0	2	19	3	0
	합계		16	5	0	2	19	3	0
프로통산			16	5	0	2	19	3	0

정철호(鄭喆鎬) 서울시립대 1968.12.01

대회	연도	소속	출전	교체	득점	도움	파울	경고	퇴장
BC	1991	일화	5	5	0	0	4	0	0
	1992	일화	4	3	0	0	4	0	0
	1993	일화	3	2	0	0	4	0	0
	1995	전북	10	3	0	0	13	5	0
	1996	전북	2	2	0	0	1	0	0
	합계		24	15	0	0	26	5	0
프로통산			24	15	0	0	26	5	0

정치인(鄭治仁) 대구공고 1997.08.21

대회	연도	소속	출전	교체	득점	도움	파울	경고	퇴장
K1	2018	대구	6	4	0	0	5	2	1
	합계		6	4	0	0	5	2	1
프로통산			6	4	0	0	5	2	1

정태영(鄭泰榮) 한양대 1956.08.04

대회	연도	소속	출전	교체	득점	도움	파울	경고	퇴장
BC	1984	럭금	14	4	0	0	9	1	0
	1985	럭금	13	2	0	0	11	0	0
	합계		27	6	0	0	16	1	0
프로통산			27	6	0	0	16	1	0

정태욱(鄭泰昱) 아주대 1997.05.16

대회	연도	소속	출전	교체	득점	도움	파울	경고	퇴장
K1	2018	제주	5	5	0	0	1	0	0
	합계		5	5	0	0	1	0	0
프로통산			5	5	0	0	1	0	0

정택훈(鄭澤勳) 고려대 1995.05.26

대회	연도	소속	출전	교체	득점	도움	파울	경고	퇴장
K2	2018	부천	2	2	0	0	1	0	0
	합계		2	2	0	0	1	0	0
프로통산			2	2	0	0	1	0	0

정필석(鄭弼釋) 단국대 1978.07.23

대회	연도	소속	출전	교체	득점	도움	파울	경고	퇴장
BC	2001	부천SK	5	6	0	0	10	1	0
	2003	부천SK	4	4	0	0	3	0	0
	합계		9	10	0	0	13	1	0
프로통산			9	10	0	0	13	1	0

정한호(政韓浩) 조선대 1970.06.04

대회	연도	소속	출전	교체	득점	도움	파울	경고	퇴장
BC	1994	버팔로	5	6	0	0	0	0	0
	합계		5	6	0	0	0	0	0
프로통산			5	6	0	0	0	0	0

정해성(鄭海成) 고려대 1958.03.04

대회	연도	소속	출전	교체	득점	도움	파울	경고	퇴장
BC	1984	럭금	10	2	0	1	12	4	0
	1985	럭금	16	5	0	0	23	2	0
	1986	럭금	30	0	0	1	48	5	0
	1987	럭금	13	1	0	0	21	3	0
	1988	럭금	21	2	0	1	27	1	0
	1989	럭금	28	2	2	4	43	3	0
	합계		118	15	2	4	174	18	1
프로통산			118	15	2	4	174	18	1

정해원(丁海遠) 연세대 1959.07.01

대회	연도	소속	출전	교체	득점	도움	파울	경고	퇴장
BC	1983	대우	13	3	4	1	19	4	0
	1984	대우	23	5	4	1	18	0	0
	1985	대우	17	1	1	0	11	1	0
	1986	대우	26	2	10	0	29	2	0
	1987	대우	28	1	6	4	48	4	0
	1988	대우	10	2	1	0	18	2	0
	1989	대우	24	11	1	1	29	3	0
	1990	대우	12	11	0	0	14	0	0
	1991	대우	1	1	0	0	4	0	0
	합계		154	35	34	11	192	15	1
프로통산			154	35	34	11	192	15	1

정헌식(鄭軒植) 한양대 1991.03.03

대회	연도	소속	출전	교체	득점	도움	파울	경고	퇴장
K2	2014	강원	12	1	0	0	20	4	0
	합계		12	1	0	0	20	4	0
프로통산			12	1	0	0	20	4	0

정혁(鄭赫) 전주대 1986.05.21

대회	연도	소속	출전	교체	득점	도움	파울	경고	퇴장
BC	2009	인천	16	13	1	1	31	5	0
	2010	인천	29	9	4	4	55	9	0
	2011	인천	18	5	1	2	35	1	0
	2012	인천	23	14	2	1	27	5	0
	합계		83	44	8	8	138	22	1
K1	2013	전북	23	5	2	2	32	5	0
	2014	전북	19	7	3	0	44	3	0
	2016	전북	14	10	0	0	18	3	0
	2017	전북	24	8	2	2	45	10	0
	2018	전북	7	1	2	1	40	5	1
	합계		87	31	9	5	179	26	1
K2	2015	안산경	19	16	1	1	15	3	0
	2016	안산무	23	13	2	1	29	4	0
	합계		42	29	3	2	44	7	0
프로통산			212	100	20	16	351	55	2

정현식(鄭賢植) 우석대 1990.11.22

대회	연도	소속	출전	교체	득점	도움	파울	경고	퇴장
K2	2017	안산	28	10	0	2	31	3	0
	합계		28	10	0	2	31	3	0
프로통산			28	10	0	2	31	3	0

정현철(鄭鉉澈) 명지대 1993.05.25

대회	연도	소속	출전	교체	득점	도움	파울	경고	퇴장
K1	2016	울산	0	0	0	0	0	0	0
	합계		0	0	0	0	0	0	0
프로통산			0	0	0	0	0	0	0

정현철(鄭鉉哲) 동국대 1993.04.26

대회	연도	소속	출전	교체	득점	도움	파울	경고	퇴장
K1	2018	서울	14	9	0	0	16	3	0
	합계		14	9	0	0	16	3	0
K2	2015	경남	14	10	1	0	19	4	0
	2016	경남	32	13	5	4	52	4	0
	2017	경남	33	2	7	3	20	6	0
	합계		79	25	13	7	91	14	0
승	2018	서울	2	1	1	0	5	0	0
	합계		2	1	1	0	5	0	0
프로통산			95	35	14	7	112	17	0

정현호(丁玄浩) 건국대 1974.02.13

대회	연도	소속	출전	교체	득점	도움	파울	경고	퇴장
BC	1996	안양LG	21	10	0	0	39	3	0
	1997	안양LG	4	3	0	0	9	0	0
	1998	안양LG	5	5	0	0	1	0	0
	1999	안양LG	10	1	0	1	32	1	0
	2000	안양LG	5	5	0	0	2	0	0
	합계		45	24	0	1	83	5	0
프로통산			45	24	0	1	83	5	0

정형준(丁澯準) 숭실대 1986.04.26

대회	연도	소속	출전	교체	득점	도움	파울	경고	퇴장
BC	2010	대전	3	2	0	0	4	1	0
	합계		3	2	0	0	4	1	0
프로통산			3	2	0	0	4	1	0

정호민(鄭晧旼) 광주대 1994.03.31

대회	연도	소속	출전	교체	득점	도움	파울	경고	퇴장
K1	2017	광주	3	1	0	0	5	1	0
	합계		3	1	0	0	5	1	0
프로통산			3	1	0	0	5	1	0

정호영(鄭浩英) 전주대 1997.01.16

대회	연도	소속	출전	교체	득점	도움	파울	경고	퇴장
K1	2018	전북	1	0	0	0	2	0	0
	합계		1	0	0	0	2	0	0
프로통산			1	0	0	0	2	0	0

정호영(鄭昊永) 중원대 1994.11.03

대회	연도	소속	출전	교체	득점	도움	파울	경고	퇴장
K2	2017	수원FC	0	0	0	0	0	0	0
	합계		0	0	0	0	0	0	0
프로통산			0	0	0	0	0	0	0

정호정(鄭好正) 광운대 1988.09.01

대회	연도	소속	출전	교체	득점	도움	파울	경고	퇴장
BC	2010	성남일	0	0	0	0	0	0	0
	2011	성남일	10	0	0	0	15	1	0
	2012	상주	17	0	0	0	12	1	0
	합계		27	0	0	0	27	2	0
K1	2015	광주	24	3	0	1	13	2	0
	2016	광주	32	6	0	0	18	2	0
	합계		56	9	0	1	31	4	0
K2	2013	상주	6	2	0	0	6	1	0
	2017	부산	49	5	0	0	22	3	0
	2018	부산	25	7	0	2	27	1	0
	합계		80	14	0	2	55	5	0
승	2014	광주	1	1	0	0	1	0	0
	합계		1	1	0	0	1	0	0
프로통산			162	31	0	3	114	11	0

정호진(鄭豪鎭) 동의대 1984.05.30

대회	연도	소속	출전	교체	득점	도움	파울	경고	퇴장
BC	2007	대구	1	1	0	0	0	0	0
	합계		1	1	0	0	0	0	0
프로통산			1	1	0	0	0	0	0

정홍연(鄭洪然) 동의대 1983.08.18

대회	연도	소속	출전	교체	득점	도움	파울	경고	퇴장
BC	2006	제주	29	8	1	0	35	2	0
	2007	제주	21	10	0	0	15	2	0
	2009	부산	2	0	0	0	0	1	0
	2010	포항	9	0	1	2	14	2	0
	2011	포항	10	4	0	0	8	1	0
	2012	포항	12	6	0	1	15	2	0
	합계		83	28	2	3	87	10	0
K1	2013	포항	4	1	0	0	5	1	0
	2013	전남	1	0	0	0	0	1	0
	합계		5	1	0	0	5	2	0
K2	2014	부천	30	3	1	0	19	5	0
	2015	부천	18	9	0	1	7	2	0
	합계		48	12	1	1	26	7	0
프로통산			136	41	3	4	118	19	0

정후균(鄭候均) 조선대 1961.02.21

대회	연도	소속	출전	교체	득점	도움	파울	경고	퇴장
BC	1984	국민	5	5	0	0	0	0	0
	합계		5	5	0	0	0	0	0
프로통산			5	5	0	0	0	0	0

정훈(鄭勳) 동아대 1985.08.31

대회	연도	소속	출전	교체	득점	도움	파울	경고	퇴장
BC	2008	전북	13	5	0	1	22	4	0
	2009	전북	26	10	2	0	69	9	0
	2010	전북	14	11	0	0	35	6	0
	2011	전북	22	9	1	0	49	8	0
	2012	전북	34	11	0	1	65	8	0
	합계		109	46	2	3	240	35	0
K1	2014	상주	5	4	0	0	10	1	0
	2014	전북	2	2	0	0	4	0	0

대회	연도	소속	출전	교체	득점	도움	파울	경고	퇴장
	2015	전북	20	13	0	1	27	2	0
	합계		27	19	0	1	40	5	0
K2	2013	상주	19	15	0	1	26	3	0
	2017	수원FC	23	12	0	1	39	8	0
	2018	수원FC	8	1	0	0	8	0	0
	합계		50	28	0	2	73	11	0
승	2013	상주	2	2	0	0	2	0	0
	합계		2	2	0	0	2	0	0
프로통산			188	95	2	6	355	51	0

정훈찬(鄭薰璨) 능곡고 1993.07.24

대회	연도	소속	출전	교체	득점	도움	파울	경고	퇴장
BC	2012	전남	2	2	0	0	2	0	0
	합계		2	2	0	0	2	0	0
프로통산			2	2	0	0	2	0	0

정희웅(鄭喜熊) 청주대 1995.05.18

대회	연도	소속	출전	교체	득점	도움	파울	경고	퇴장
K2	2017	서울E	2	2	0	0	0	0	0
	2018	안양	33	20	6	3	35	2	0
	합계		35	22	6	3	35	2	0
프로통산			35	22	6	3	35	2	0

제니아(Yevgeny Zhirov) 러시아 1969.01.10

대회	연도	소속	출전	교체	득점	도움	파울	경고	퇴장
BC	1994	LG	4	2	0	1	6	1	0
	합계		4	2	0	1	6	1	0
프로통산			4	2	0	1	6	1	0

제르손(Gerson Guimaraes Ferreira Junior) 브라질 1992.01.07

대회	연도	소속	출전	교체	득점	도움	파울	경고	퇴장
K1	2017	강원	10	0	1	0	10	1	0
	합계		10	0	1	0	10	1	0
프로통산			10	0	1	0	10	1	0

제리치(Uros Deric) 세르비아 1992.05.28

대회	연도	소속	출전	교체	득점	도움	파울	경고	퇴장
K1	2018	강원	36	13	24	4	39	4	0
	합계		36	13	24	4	39	4	0
프로통산			36	13	24	4	39	4	0

제영진(諸泳珍) 경일대 1975.03.10

대회	연도	소속	출전	교체	득점	도움	파울	경고	퇴장
BC	1998	울산	12	13	1	0	15	1	0
	1999	울산	2	2	1	0	0	0	0
	2000	울산	12	12	1	1	6	2	0
	합계		26	27	3	1	21	3	0
프로통산			26	27	3	1	21	3	0

제용삼(諸龍三) 한성대 1972.01.25

대회	연도	소속	출전	교체	득점	도움	파울	경고	퇴장
BC	1998	안양LG	33	20	10	4	57	4	0
	1999	안양LG	15	15	1	1	14	1	0
	2000	안양LG	11	11	1	0	4	1	0
	합계		59	46	12	5	75	6	0
프로통산			59	46	12	5	75	6	0

제이드(Jade Bronson North) 오스트레일리아 1982.01.07

대회	연도	소속	출전	교체	득점	도움	파울	경고	퇴장
BC	2009	인천	9	1	0	0	7	1	0
	합계		9	1	0	0	7	1	0
프로통산			9	1	0	0	7	1	0

제이미(Jamie Cureton) 영국(잉글랜드) 1975.08.28

대회	연도	소속	출전	교체	득점	도움	파울	경고	퇴장
BC	2003	부산	21	12	4	1	20	2	0
	합계		21	12	4	1	20	2	0
프로통산			21	12	4	1	20	2	0

제이훈(Ceyhun Eris) 터키 1977.05.15

대회	연도	소속	출전	교체	득점	도움	파울	경고	퇴장
BC	2008	서울	8	7	1	0	13	1	0
	합계		8	7	1	0	13	1	0
프로통산			8	7	1	0	13	1	0

제임스(Augustine James) 나이지리아 1984.01.18

대회	연도	소속	출전	교체	득점	도움	파울	경고	퇴장
BC	2003	부천SK	13	12	1	0	20	1	0
	합계		13	12	1	0	20	1	0
프로통산			13	12	1	0	20	1	0

제제(Zeze Gomes) 브라질

대회	연도	소속	출전	교체	득점	도움	파울	경고	퇴장
BC	1984	포철	9	3	4	2	14	1	0
	합계		9	3	4	2	14	1	0
프로통산			9	3	4	2	14	1	0

제종현(諸鐘炫) 숭실대 1991.12.06

대회	연도	소속	출전	교체	실점	도움	파울	경고	퇴장
K1	2015	광주	8	0	11	0	0	1	0
	2016	상주	6	0	9	0	0	0	0
	2017	상주	0	0	0	0	0	0	0
	2017	광주	0	0	0	0	0	0	0
	합계		14	0	20	0	0	1	0
K2	2013	광주	5	0	4	0	0	1	0
	2014	광주	24	0	17	0	0	2	0
	2018	광주	6	0	9	0	0	0	0
	합계		35	0	30	0	0	3	0
승	2014	광주	2	0	2	0	0	0	0
	합계		2	0	2	0	0	0	0
프로통산			51	0	52	0	0	4	0

제칼로(Jose Carlos Ferreira / ← 카르로스) 브라질 1983.04.24

대회	연도	소속	출전	교체	득점	도움	파울	경고	퇴장
BC	2004	울산	19	6	14	1	55	6	0
	2005	울산	9	2	5	0	32	8	0
	2006	전북	24	11	6	1	57	10	0
	2007	전북	21	11	8	0	51	7	1
	2008	전북	7	6	1	0	9	1	0
	합계		80	36	34	2	204	32	1
프로통산			80	36	34	2	204	32	1

제테르손(Getterson Alves dos Santos) 브라질 1991.05.16

대회	연도	소속	출전	교체	득점	도움	파울	경고	퇴장
K1	2018	포항	9	7	1	0	4	0	0
	합계		9	7	1	0	4	0	0
프로통산			9	7	1	0	4	0	0

제파로프(Server Resatovich Djeparov) 우즈베키스탄 1982.10.03

대회	연도	소속	출전	교체	득점	도움	파울	경고	퇴장
BC	2010	서울	18	7	1	7	24	4	0
	2011	서울	15	5	0	1	21	2	0
	합계		33	12	1	8	45	6	0
K1	2013	성남일	31	16	6	2	37	7	0
	2014	성남	24	9	7	3	26	2	0
	2015	울산	22	13	6	3	17	2	0
	합계		77	38	19	8	80	11	0
프로통산			110	50	20	16	125	17	0

제펠손(Jefferson Gama Rodrigues) 브라질 1981.01.26

대회	연도	소속	출전	교체	득점	도움	파울	경고	퇴장
BC	2006	대구	3	3	0	0	2	0	0
	합계		3	3	0	0	2	0	0
프로통산			3	3	0	0	2	0	0

제프유(Yu, Ji Young) 미국 1978.10.30

대회	연도	소속	출전	교체	득점	도움	파울	경고	퇴장
BC	2000	울산	3	3	0	0	3	0	0
	2001	부천SK	2	2	0	0	2	0	0
	합계		5	5	0	0	5	0	0
프로통산			5	5	0	0	5	0	0

젠토이(Zentai Lajos) 헝가리 1966.08.02

대회	연도	소속	출전	교체	득점	도움	파울	경고	퇴장
BC	1991	LG	23	9	1	0	25	2	0
	합계		23	9	1	0	25	2	0
프로통산			23	9	1	0	25	2	0

젤리코(Zeljko Simovic) 유고슬라비아 1967.02.02

대회	연도	소속	출전	교체	득점	도움	파울	경고	퇴장
BC	1994	대우	3	1	1	0	6	1	0
	합계		3	1	1	0	6	1	0
프로통산			3	1	1	0	6	1	0

젤리코(Zeljko Bajceta) 유고슬라비아 1967.01.01

대회	연도	소속	출전	교체	득점	도움	파울	경고	퇴장
BC	1994	LG	9	8	3	0	2	1	0
	합계		9	8	3	0	2	1	0
프로통산			9	8	3	0	2	1	0

조광래(趙廣來) 연세대 1954.03.19

대회	연도	소속	출전	교체	득점	도움	파울	경고	퇴장
BC	1983	대우	15	1	2	1	28	3	0
	1984	대우	13	6	1	1	23	1	0
	1985	대우	5	1	0	2	12	1	0
	1986	대우	9	2	0	0	19	1	0
	1987	대우	4	3	0	0	7	1	0
	합계		46	13	3	4	89	7	0
프로통산			46	13	3	4	89	7	0

조귀범(趙貴範) 예원예술대 1996.08.09

대회	연도	소속	출전	교체	득점	도움	파울	경고	퇴장
K1	2017	대구	0	0	0	0	0	0	0
	합계		0	0	0	0	0	0	0
K2	2018	대전	3	2	1	0	5	0	0
	합계		3	2	1	0	5	0	0
프로통산			3	2	1	0	5	0	0

조규승(曺圭承) 선문대 1991.10.30

대회	연도	소속	출전	교체	득점	도움	파울	경고	퇴장
K1	2013	대전	2	2	0	0	4	0	0
	합계		2	2	0	0	4	0	0
프로통산			2	2	0	0	4	0	0

조규태(曺圭泰) 고려대 1957.01.18

대회	연도	소속	출전	교체	실점	도움	파울	경고	퇴장
BC	1985	할렐	3	1	5	0	0	0	0
	합계		3	1	5	0	0	0	0
프로통산			3	1	5	0	0	0	0

조긍연(趙兢衍) 고려대 1961.03.18

대회	연도	소속	출전	교체	득점	도움	파울	경고	퇴장
BC	1985	포철	14	9	2	1	23	1	0
	1986	포철	27	14	8	1	29	0	0
	1987	포철	20	19	3	2	14	1	0
	1988	포철	15	12	5	0	13	1	0
	1989	포철	39	11	20	1	41	2	0
	1990	포철	13	8	0	1	16	1	0
	1991	포철	15	15	0	1	10	1	0
	1992	현대	10	10	1	0	7	0	0
	합계		153	98	39	7	153	7	0
프로통산			153	98	39	7	153	7	0

조나탄(Johnathan Aparecido da Silva Vilela) 브라질 1990.03.29

대회	연도	소속	출전	교체	득점	도움	파울	경고	퇴장
K1	2016	수원	14	8	10	2	19	4	0
	2017	수원	29	11	22	3	35	5	0
	합계		43	19	32	5	54	9	0
K2	2014	대구	29	17	14	2	56	1	0
	2015	대구	39	4	26	6	77	4	0
	합계		68	21	40	8	133	5	0
프로통산			111	40	72	13	187	14	0

조남현(趙南眩) 전북대 1981.09.20

대회	연도	소속	출전	교체	득점	도움	파울	경고	퇴장
BC	2005	전북	7	6	0	0	9	0	0
	합계		7	6	0	0	9	0	0
프로통산			7	6	0	0	9	0	0

조네스(Jonhes Elias Pinto Santos) 브라질 1979.09.28

대회	연도	소속	출전	교체	득점	도움	파울	경고	퇴장
BC	2007	포항	14	11	4	0	33	1	0

대회	연도	소속	출전	교체	득점	도움	파울	경고	퇴장
	합계		14	11	4	0	33	1	0
	프로통산		14	11	4	0	33	1	0

조대현(趙大現) 동국대 1974.02.24

대회	연도	소속	출전	교체	득점	도움	파울	경고	퇴장
BC	1996	수원	16	12	1	0	24	1	0
	1997	수원	12	13	1	0	16	2	0
	1998	수원	7	6	0	0	8	0	0
	1999	수원	19	17	2	1	28	2	0
	2000	수원	3	3	0	0	2	0	0
	2001	울산	4	4	0	0	8	0	0
	합계		61	55	4	1	86	5	0
	프로통산		61	55	4	1	86	5	0

조덕제(趙德濟) 아주대 1965.10.26

대회	연도	소속	출전	교체	득점	도움	파울	경고	퇴장
BC	1988	대우	18	4	1	1	25	2	0
	1989	대우	39	5	1	4	71	3	0
	1990	대우	20	14	0	2	18	1	0
	1991	대우	33	14	2	0	32	1	0
	1992	대우	24	6	2	0	38	5	0
	1993	대우	29	0	1	0	39	2	0
	1994	대우	35	0	2	2	33	4	0
	1995	대우	15	3	1	2	15	3	1
	합계		213	46	10	11	261	21	1
	프로통산		213	46	10	11	261	21	1

조동건(趙東建) 건국대 1986.04.16

대회	연도	소속	출전	교체	득점	도움	파울	경고	퇴장
BC	2008	성남일	12	11	4	4	9	1	0
	2009	성남일	39	16	8	5	57	2	0
	2010	성남일	18	14	2	1	29	1	0
	2011	성남일	32	13	8	4	38	2	0
	2012	수원	20	18	2	2	22	2	0
	합계		121	72	24	14	156	6	0
K1	2013	수원	5	4	3	4	18	3	0
	2014	수원	4	4	0	1	0	0	0
	2014	상주	19	14	3	1	22	0	0
	2016	수원	24	21	4	1	20	1	0
	합계		72	46	12	7	60	4	0
K2	2015	상주	14	11	6	0	11	1	0
	합계		14	11	6	0	11	1	0
	프로통산		207	129	42	21	227	11	0

조란(Zoran Milosevic) 유고슬라비아 1975.11.23

대회	연도	소속	출전	교체	득점	도움	파울	경고	퇴장
BC	1999	전북	30	2	0	0	53	6	0
	2000	전북	18	13	0	0	18	1	1
	2001	전북	18	4	1	0	22	1	0
	합계		66	19	1	0	93	8	1
	프로통산		66	19	1	0	93	8	1

조란(Zoran Sprko Rendulic) 세르비아 1984.05.22

대회	연도	소속	출전	교체	득점	도움	파울	경고	퇴장
BC	2012	포항	15	2	0	0	34	4	0
	합계		15	2	0	0	34	4	0
	프로통산		15	2	0	0	34	4	0

조란(Zoran Vukcevic) 유고슬라비아 1972.02.07

대회	연도	소속	출전	교체	득점	도움	파울	경고	퇴장
BC	1993	현대	10	10	1	0	6	0	0
	합계		10	10	1	0	6	0	0
	프로통산		10	10	1	0	6	0	0

조란(Zoran Durisic) 유고슬라비아 1971.04.29

대회	연도	소속	출전	교체	득점	도움	파울	경고	퇴장
BC	1996	울산	24	20	4	2	39	4	0
	합계		24	20	4	2	39	4	0
	프로통산		24	20	4	2	39	4	0

조란(Zoran Novakovic) 유고슬라비아 1975.08.22

대회	연도	소속	출전	교체	득점	도움	파울	경고	퇴장
BC	1998	부산	6	5	0	0	9	1	0
	1999	부산	9	8	0	0	18	1	0
	합계		15	13	0	0	27	2	0
	프로통산		15	13	0	0	27	2	0

조르단(Wilmar Jordan Gil) 콜롬비아 1990.10.17

대회	연도	소속	출전	교체	득점	도움	파울	경고	퇴장
BC	2011	경남	10	7	3	2	17	2	0
	2012	경남	22	19	2	0	31	1	0
	합계		32	26	5	2	48	3	0
K1	2013	성남일	2	2	0	0	0	0	0
	합계		2	2	0	0	0	0	0
	프로통산		34	28	5	2	48	3	0

조르징요(Jorge Xavier de Sousa) 브라질 1991.01.05

대회	연도	소속	출전	교체	득점	도움	파울	경고	퇴장
K1	2015	성남	11	7	1	0	12	3	0
	합계		11	7	1	0	12	3	0
	프로통산		11	7	1	0	12	3	0

조만근(趙萬根) 한양대 1977.11.28

대회	연도	소속	출전	교체	득점	도움	파울	경고	퇴장
BC	1998	수원	3	3	0	0	4	0	0
	1999	수원	2	1	0	1	3	0	0
	2002	수원	2	2	0	0	0	0	0
	합계		7	6	0	1	7	0	0
	프로통산		7	6	0	1	7	0	0

조민국(趙民國) 고려대 1963.07.05

대회	연도	소속	출전	교체	득점	도움	파울	경고	퇴장
BC	1986	럭금	12	0	5	2	10	2	0
	1987	럭금	19	1	0	1	16	3	0
	1989	럭금	10	1	0	0	9	0	0
	1990	럭금	23	9	4	1	23	2	0
	1991	LG	32	4	2	3	31	7	1
	1992	LG	34	1	2	0	45	2	0
	합계		139	14	15	11	122	22	1
	프로통산		139	14	15	11	122	22	1

조민우(趙民宇) 동국대 1992.05.13

대회	연도	소속	출전	교체	득점	도움	파울	경고	퇴장
K1	2017	포항	14	2	1	0	12	1	0
	합계		14	2	1	0	12	1	0
K2	2014	강원	3	3	0	0	3	0	0
	합계		3	3	0	0	3	0	0
	프로통산		17	5	1	0	15	1	0

조민혁(趙民爀) 홍익대 1982.05.05

대회	연도	소속	출전	교체	득점	도움	파울	경고	퇴장
BC	2005	부천SK	0	0	0	0	0	0	0
	2006	제주	0	0	0	0	0	0	0
	2007	전남	0	0	0	0	0	0	0
	2008	전남	0	0	0	0	0	0	0
	합계		0	0	0	0	0	0	0
	프로통산		0	0	0	0	0	0	0

조민형(趙民亨) 전주기전대 1993.04.07

대회	연도	소속	출전	교체	득점	도움	파울	경고	퇴장
K2	2014	수원FC	0	0	0	0	0	0	0
	합계		0	0	0	0	0	0	0
	프로통산		0	0	0	0	0	0	0

조범석(趙帆奭) 신갈고 1990.01.09

대회	연도	소속	출전	교체	득점	도움	파울	경고	퇴장
BC	2011	인천	6	3	0	0	9	0	0
	합계		6	3	0	0	9	0	0
K2	2016	부천	36	10	1	2	17	2	0
	2017	부천	32	18	0	4	18	3	0
	2018	아산	5	5	0	1	2	0	0
	합계		73	33	1	7	37	5	0
	프로통산		79	36	1	7	46	5	0

조병국(曺秉局) 연세대 1981.07.01

대회	연도	소속	출전	교체	득점	도움	파울	경고	퇴장
BC	2002	수원	23	2	3	1	38	1	1
	2003	수원	29	5	0	1	47	9	0
	2004	수원	14	2	1	0	32	3	0
	2005	성남일	12	12	0	0	2	0	0
	2006	성남일	40	0	0	1	47	5	0
	2007	성남일	26	1	1	0	38	3	0
	2008	성남일	28	0	0	1	37	3	0
	2009	성남일	30	2	0	0	50	14	0
	2010	성남일	23	0	0	0	49	5	0
	합계		225	25	7	4	340	35	1
K1	2016	인천	29	5	1	2	21	5	0
	2018	경남	0	0	0	0	0	0	0
	합계		29	5	1	2	21	5	0
K2	2017	경남	8	2	1	0	13	0	0
	2018	수원FC	13	6	0	1	10	4	0
	합계		21	8	1	1	23	4	0
	프로통산		275	36	9	6	384	44	1

조병득(趙炳得) 명지대 1958.05.26

대회	연도	소속	출전	교체	실점	도움	파울	경고	퇴장
BC	1983	할렐	15	0	19	0	0	0	0
	1984	할렐	28	0	35	0	0	0	0
	1985	할렐	19	1	25	0	0	0	0
	1987	포철	18	2	24	0	0	1	0
	1988	포철	6	0	11	0	0	0	0
	1989	포철	25	0	25	0	1	1	0
	1990	포철	23	0	23	1	1	0	0
	합계		134	3	162	1	2	2	0
	프로통산		134	3	162	1	2	2	0

조병영(趙炳瑛) 안동대 1966.01.22

대회	연도	소속	출전	교체	득점	도움	파울	경고	퇴장
BC	1988	럭금	18	1	1	0	27	1	0
	1989	럭금	17	13	0	0	13	0	0
	1990	럭금	7	1	0	0	5	0	0
	1991	LG	13	5	0	1	12	1	0
	1992	LG	15	9	1	0	15	0	0
	1993	LG	22	10	0	0	21	1	0
	1994	LG	13	3	0	0	18	1	0
	1995	LG	18	3	0	0	36	6	0
	1996	안양LG	33	6	0	0	48	7	1
	1997	안양LG	25	16	1	0	56	5	0
	합계		178	59	3	1	277	29	3
	프로통산		178	59	3	1	277	29	3

조상범(趙尙範) 호남대 1994.01.01

대회	연도	소속	출전	교체	득점	도움	파울	경고	퇴장
K2	2017	대전	11	8	0	1	8	1	0
	2018	수원FC	10	3	0	1	10	0	0
	합계		21	11	0	2	18	1	0
	프로통산		21	11	0	2	18	1	0

조상원(趙相圓) 호남대 1976.05.06

대회	연도	소속	출전	교체	실점	도움	파울	경고	퇴장
BC	1999	전북	3	0	3	0	0	0	0
	2000	전북	0	0	0	0	0	0	0
	2001	전북	1	1	2	0	0	0	0
	합계		4	1	5	0	0	0	0
	프로통산		4	1	5	0	0	0	0

조상준(曺祥準) 대구대 1988.07.24

대회	연도	소속	출전	교체	실점	도움	파울	경고	퇴장
BC	2011	광주	0	0	0	0	0	0	0
	합계		0	0	0	0	0	0	0
K2	2013	경찰	4	4	0	0	4	1	0
	합계		4	4	0	0	4	1	0
	프로통산		4	4	0	0	4	1	0

조석재(趙錫宰) 건국대 1993.03.24

대회	연도	소속	출전	교체	득점	도움	파울	경고	퇴장
K1	2016	전남	9	9	1	0	13	1	0
	2018	대구	6	6	0	0	0	0	0
	합계		15	15	1	0	13	1	0
K2	2015	충주	36	18	19	6	44	5	0
	2017	안양	28	24	7	0	22	3	0
	합계		64	42	26	6	66	8	0

대회	연도	소속	출전	교체	득점	도움	파울	경고	퇴장
프로통산			79	57	27	6	69	9	0

조성규(趙星圭) 동국대 1959.05.22

대회	연도	소속	출전	교체	득점	도움	파울	경고	퇴장
BC	1984	한일	9	4	1	2	4	0	0
	1985	한일	21	4	3	4	25	0	0
	1986	한일	18	5	2	5	20	3	0
	합계		48	13	6	11	53	4	0
프로통산			48	13	6	11	53	4	0

조성래(趙成來) 홍익대 1979.08.10

대회	연도	소속	출전	교체	득점	도움	파울	경고	퇴장
BC	2004	성남일	9	5	0	0	17	2	0
	합계		9	5	0	0	17	2	0
프로통산			9	5	0	0	17	2	0

조성욱(趙成旭) 단국대 1995.03.22

대회	연도	소속	출전	교체	득점	도움	파울	경고	퇴장
K2	2018	성남	11	9	0	0	11	2	0
	합계		11	9	0	0	11	2	0
프로통산			11	9	0	0	11	2	0

조성윤(趙成閏) 숭실대 1984.04.26

대회	연도	소속	출전	교체	득점	도움	파울	경고	퇴장
BC	2005	인천	2	1	0	0	1	0	0
	2006	광주상	0	0	0	0	0	0	0
	합계		2	1	0	0	1	0	0
프로통산			2	1	0	0	1	0	0

조성준(趙聖俊) 청주대 1990.11.27

대회	연도	소속	출전	교체	득점	도움	파울	경고	퇴장
K1	2016	광주	32	28	1	2	34	4	0
	2017	광주	12	8	2	0	14	1	0
	합계		44	36	3	2	48	5	0
K2	2013	안양	24	24	3	2	35	4	0
	2014	안양	22	17	4	2	25	3	0
	2015	안양	36	26	3	2	29	2	0
	2017	아산	8	7	1	0	6	1	0
	2018	아산	24	16	4	7	15	3	1
	합계		114	90	15	13	110	14	1
프로통산			158	126	18	15	158	19	1

조성준(趙星俊) 주엽공고 1988.06.07

대회	연도	소속	출전	교체	득점	도움	파울	경고	퇴장
BC	2007	전북	3	0	0	1	12	2	0
	2008	전북	8	1	0	0	18	1	0
	합계		11	1	0	1	30	7	0
프로통산			11	1	0	1	30	7	0

조성진(趙成鎭) 유성생명과학고 1990.12.14

대회	연도	소속	출전	교체	득점	도움	파울	경고	퇴장
K1	2014	수원	37	0	0	0	50	3	0
	2015	수원	29	2	3	0	56	11	0
	2017	수원	7	0	0	0	9	1	0
	2018	수원	30	3	0	0	33	3	0
	합계		103	5	3	0	144	17	0
K2	2016	안산무	18	0	0	0	27	3	1
	2017	아산	18	1	0	0	13	4	0
	합계		36	1	0	0	40	7	1
프로통산			139	6	3	0	184	24	1

조성채(趙誠彩) 대신고 1995.06.13

대회	연도	소속	출전	교체	득점	도움	파울	경고	퇴장
K2	2016	고양	0	0	0	0	0	0	0
	합계		0	0	0	0	0	0	0
프로통산			0	0	0	0	0	0	0

조성환(趙星桓) 초당대 1982.04.09

대회	연도	소속	출전	교체	득점	도움	파울	경고	퇴장
BC	2001	수원	32	3	0	0	45	5	0
	2002	수원	23	2	0	2	47	5	0
	2003	수원	19	6	0	0	27	3	0
	2004	수원	19	2	1	0	27	3	0
	2005	수원	6	1	0	0	12	1	0
	2005	포항	4	2	0	0	4	1	0
	2006	포항	28	2	0	0	71	9	0
	2007	포항	27	1	0	0	43	7	1
	2008	포항	18	0	1	0	22	8	0
	2010	전북	11	0	2	0	28	3	0
	2011	전북	9	0	1	1	34	12	0
	2012	전북	9	1	0	1	15	3	0
	합계		223	26	7	2	377	63	1
K1	2015	전북	14	1	0	1	17	7	0
	2016	전북	14	1	0	1	11	5	0
	2017	전북	11	6	0	1	8	4	0
	2018	전북	5	4	0	0	6	2	0
	합계		47	15	1	3	42	18	0
프로통산			270	41	8	3	419	81	1

조성환(趙成煥) 아주대 1970.10.16

대회	연도	소속	출전	교체	득점	도움	파울	경고	퇴장
BC	1993	유공	16	4	0	1	17	4	0
	1994	유공	33	11	1	1	50	5	0
	1997	부천SK	32	5	0	4	86	8	0
	1998	부천SK	35	0	0	6	101	5	1
	1999	부천SK	9	9	0	0	13	0	0
	2000	부천SK	43	0	1	3	91	5	0
	2001	부천SK	31	0	2	2	65	9	0
	2003	전북	31	5	0	2	82	12	0
	합계		230	34	4	19	505	48	1
프로통산			230	34	4	19	505	48	1

조세(Assuncao de Araujo Filho Jose Roberto) 브라질 1993.09.

대회	연도	소속	출전	교체	득점	도움	파울	경고	퇴장
K1	2018	대구	11	6	3	0	24	2	0
	합계		11	6	3	0	24	2	0
프로통산			11	6	3	0	24	2	0

조세권(趙世權) 고려대 1978.06.26

대회	연도	소속	출전	교체	득점	도움	파울	경고	퇴장
BC	2001	울산	28	2	0	0	35	2	0
	2002	울산	27	4	0	0	41	6	0
	2003	울산	39	2	1	1	57	7	0
	2004	울산	32	1	0	0	45	8	0
	2005	울산	31	2	0	0	63	5	0
	2006	울산	22	7	0	1	40	6	0
	2007	전남	1	1	0	0	3	0	0
	합계		180	19	1	2	272	39	0
프로통산			180	19	1	2	272	39	0

조셉(Somogyi Jozsef) 헝가리 1968.05.23

대회	연도	소속	출전	교체	득점	도움	파울	경고	퇴장
BC	1994	유공	25	11	3	3	28	3	0
	1995	유공	21	5	3	5	24	4	0
	1996	부천유	35	9	14	5	70	4	0
	1997	부천SK	24	8	1	3	37	4	0
	합계		105	36	19	17	160	21	0
프로통산			105	36	19	17	160	21	0

조수철(趙秀哲) 우석대 1990.10.30

대회	연도	소속	출전	교체	득점	도움	파울	경고	퇴장
K1	2013	성남일	4	4	0	0	1	0	0
	2014	인천	20	10	1	0	25	3	0
	2015	인천	27	6	1	1	28	4	0
	2016	포항	14	3	1	1	13	2	0
	합계		48	14	4	2	45	8	0
K2	2017	부천	10	7	1	0	11	2	0
	합계		10	7	1	0	11	2	0
프로통산			58	21	5	2	56	10	0

조수혁(趙秀赫) 건국대 1987.03.18

대회	연도	소속	출전	교체	실점	도움	파울	경고	퇴장
BC	2008	서울	0	0	0	0	0	0	0
	2010	서울	0	0	0	0	0	0	0
	2011	서울	0	0	0	0	0	0	0
	2012	서울	0	0	0	0	0	0	0
K1	2013	인천	0	0	0	0	0	0	0
	2014	인천	0	0	0	0	0	0	0
	2015	인천	10	2	4	0	0	2	0
	2016	인천	26	0	32	0	2	2	0
	2017	울산	10	0	10	0	0	0	0
	2018	울산	8	1	6	0	0	0	0
	합계		54	3	52	0	2	4	0
프로통산			57	3	54	0	2	4	0

조시마(Josimar de Carvalho Ferreira) 브라질 1972.04.09

대회	연도	소속	출전	교체	득점	도움	파울	경고	퇴장
BC	2000	포항	4	4	0	1	4	0	0
	합계		4	4	0	1	4	0	0
프로통산			4	4	0	1	4	0	0

조시엘(Alves de Oliveira Josiel) 브라질 1988.09.19

대회	연도	소속	출전	교체	득점	도움	파울	경고	퇴장
K2	2017	안양	16	13	2	1	26	4	0
	합계		16	13	2	1	26	4	0
프로통산			16	13	2	1	26	4	0

조엘손(Joelson Franca Dias) 브라질 1988.05.29

대회	연도	소속	출전	교체	득점	도움	파울	경고	퇴장
K2	2014	강원	19	17	6	0	26	0	0
	합계		19	17	6	0	26	0	0
프로통산			19	17	6	0	26	0	0

조영민(趙永玟) 동아대 1982.08.20

대회	연도	소속	출전	교체	득점	도움	파울	경고	퇴장
BC	2005	부산	1	1	0	0	0	0	0
	2006	부산	12	7	0	1	12	3	0
	2007	부산	1	1	0	0	1	0	0
	합계		14	9	0	1	13	3	0
프로통산			14	9	0	1	13	3	0

조영우(曺永雨) 전북대 1973.02.19

대회	연도	소속	출전	교체	득점	도움	파울	경고	퇴장
BC	1995	전북	6	5	1	0	0	0	0
	합계		6	5	1	0	0	0	0
프로통산			6	5	1	0	0	0	0

조영욱(曺永旭) 고려대 1999.02.05

대회	연도	소속	출전	교체	득점	도움	파울	경고	퇴장
K1	2018	서울	30	22	3	2	6	1	0
	합계		30	22	3	2	6	1	0
승	2018	서울	2	1	1	0	2	0	0
	합계		2	1	1	0	2	0	0
프로통산			32	23	4	2	8	1	0

조영준(曺泳俊) 경일대 1985.05.23

대회	연도	소속	출전	교체	득점	도움	파울	경고	퇴장
BC	2008	대구	0	0	0	0	0	0	0
	2009	대구	0	0	0	0	0	0	0
	2010	대구	0	0	0	0	0	0	0
	합계		0	0	0	0	0	0	0
프로통산			0	0	0	0	0	0	0

조영증(趙榮增) 중앙대 1954.08.18

대회	연도	소속	출전	교체	득점	도움	파울	경고	퇴장
BC	1984	럭금	28	2	9	4	28	2	0
	1985	럭금	5	1	1	1	8	0	0
	1986	럭금	12	0	4	0	15	0	0
	1987	럭금	7	2	0	0	2	0	0
	합계		52	5	14	5	53	2	0
프로통산			52	5	14	5	53	2	0

조영철(曺永哲) 학성고 1989.05.31

대회	연도	소속	출전	교체	득점	도움	파울	경고	퇴장
K1	2015	울산	24	22	2	0	20	0	0
	2016	상주	27	21	3	0	26	1	0
	2017	상주	15	10	2	0	9	0	0
	2017	울산	2	2	0	0	1	0	0
	2018	울산	2	2	0	0	0	0	0
	2018	경남	9	9	1	0	6	2	0

합계 / 프로통산 (이전 선수 연속)

대회	연도	소속	출전	교체	득점	도움	파울	경고	퇴장
	합계		58	47	5	1	45	4	0
	프로통산		58	47	5	1	45	4	0

조영훈(趙榮勳) 동국대 1989.04.13

대회	연도	소속	출전	교체	득점	도움	파울	경고	퇴장
BC	2012	대구	10	7	0	0	12	0	0
	합계		10	7	0	0	12	0	0
K1	2013	대구	26	2	1	1	37	2	0
	합계		26	2	1	1	37	2	0
K2	2014	대구	7	2	1	0	9	0	0
	2015	대구	27	4	0	1	30	7	0
	2016	대구	4	4	0	0	1	0	0
	2017	안양	7	2	0	0	7	2	0
	합계		45	12	1	1	47	9	0
	프로통산		81	21	2	2	96	13	0

조예찬(趙藝燦) 용인대 1992.10.30

대회	연도	소속	출전	교체	득점	도움	파울	경고	퇴장
K2	2016	대전	24	18	1	0	24	4	0
	2017	대전	3	3	0	1	1	0	0
	2018	대전	0	0	0	0	0	0	0
	합계		27	21	1	1	25	4	0
	프로통산		27	21	1	1	25	4	0

조용기(曺龍起) 아주대 1983.08.28

대회	연도	소속	출전	교체	득점	도움	파울	경고	퇴장
BC	2006	대구	0	0	0	0	0	0	0
	합계		0	0	0	0	0	0	0
	프로통산		0	0	0	0	0	0	0

조용민(趙庸珉) 광주대 1992.01.15

대회	연도	소속	출전	교체	득점	도움	파울	경고	퇴장
K2	2014	수원FC	6	6	1	0	0	0	0
	합계		6	6	1	0	0	0	0
	프로통산		6	6	1	0	0	0	0

조용석(曺庸碩) 경상대 1977.07.14

대회	연도	소속	출전	교체	득점	도움	파울	경고	퇴장
BC	2000	전남	16	11	1	0	22	1	0
	2001	전남	3	3	0	0	6	0	0
	합계		19	14	1	0	28	1	0
	프로통산		19	14	1	0	28	1	0

조용태(趙容泰) 연세대 1986.03.31

대회	연도	소속	출전	교체	득점	도움	파울	경고	퇴장
BC	2008	수원	17	17	2	3	10	0	0
	2009	수원	9	9	1	0	7	0	0
	2010	광주상	15	11	3	1	7	0	0
	2011	상주	12	11	1	0	7	0	0
	2011	수원	2	3	0	1	0	0	0
	2012	수원	12	12	2	0	8	0	0
	합계		67	63	8	5	39	0	0
K1	2013	수원	14	12	1	1	10	0	0
	2014	경남	1	1	0	0	1	0	0
	2015	광주	22	22	2	2	9	0	0
	2016	광주	10	10	1	1	8	1	0
	합계		47	45	4	4	28	1	0
K2	2014	광주	17	14	2	0	10	0	0
	2017	서울E	5	4	0	0	3	0	0
	2018	서울E	10	9	0	0	6	0	0
	합계		32	27	2	0	19	0	0
승	2014	광주	2	2	1	0	0	0	0
	합계		2	2	1	0	0	0	0
	프로통산		148	137	14	9	86	1	0

조용형(趙容亨) 고려대 1983.11.03

대회	연도	소속	출전	교체	득점	도움	파울	경고	퇴장
BC	2005	부천SK	34	1	0	0	33	6	0
	2006	제주	35	0	0	0	44	8	0
	2007	성남일	19	11	0	0	15	0	0
	2008	제주	31	0	0	1	33	4	1
	2009	제주	23	0	1	0	37	4	0
	2010	제주	15	2	0	0	20	3	0
	합계		157	15	1	1	190	23	1
K1	2017	제주	17	4	0	0	18	3	0
	2018	제주	16	2	0	0	15	4	1
	합계		33	6	0	0	33	7	1
	프로통산		190	21	1	1	223	30	2

조우석(趙祐奭) 대구대 1968.10.08

대회	연도	소속	출전	교체	득점	도움	파울	경고	퇴장
BC	1991	일화	37	6	3	4	42	2	0
	1992	일화	13	6	0	2	16	5	0
	1994	일화	15	9	0	2	16	5	0
	1995	일화	13	8	1	1	14	2	0
	1996	천안일	20	8	1	1	23	1	0
	1997	천안일	20	9	1	1	21	2	0
	1998	천안일	27	7	1	1	21	2	0
	합계		154	56	6	13	172	18	0
	프로통산		154	56	6	13	172	18	0

조우실바(Jorge Santos Silva) 브라질 1988.02.23

대회	연도	소속	출전	교체	득점	도움	파울	경고	퇴장
BC	2008	대구	2	2	0	0	0	0	0
	합계		2	2	0	0	0	0	0
	프로통산		2	2	0	0	0	0	0

조우진(趙佑鎭) 포철공고 1987.07.07

대회	연도	소속	출전	교체	득점	도움	파울	경고	퇴장
BC	2011	광주	11	11	0	1	9	1	0
	2012	광주	9	9	1	0	13	1	0
	합계		20	20	1	1	22	2	0
K1	2013	대구	3	3	0	0	4	0	0
	합계		3	3	0	0	4	0	0
K2	2017	안산	14	5	0	0	11	1	0
	2018	안산	11	10	0	0	4	0	0
	합계		25	15	0	0	15	1	0
	프로통산		48	38	1	1	41	3	0

조우진(趙佑鎭) 한남대 1993.11.25

대회	연도	소속	출전	교체	득점	도움	파울	경고	퇴장
K2	2015	서울E	8	7	0	0	7	1	0
	2016	서울E	0	0	0	0	0	0	0
	합계		8	7	0	0	7	1	0
	프로통산		8	7	0	0	7	1	0

조원광(趙源光) 한양중 1985.08.23

대회	연도	소속	출전	교체	득점	도움	파울	경고	퇴장
BC	2008	인천	4	5	0	0	4	0	0
	합계		4	5	0	0	4	0	0
	프로통산		4	5	0	0	4	0	0

조원득(趙元得) 단국대 1991.06.21

대회	연도	소속	출전	교체	득점	도움	파울	경고	퇴장
K1	2015	대전	7	4	0	0	7	1	0
	합계		7	4	0	0	7	1	0
	프로통산		7	4	0	0	7	1	0

조원희(趙源熙) 배재고 1983.04.17

대회	연도	소속	출전	교체	득점	도움	파울	경고	퇴장
BC	2002	울산	1	1	0	0	1	0	0
	2003	광주상	23	12	2	0	32	9	0
	2004	광주상	21	8	0	0	14	2	0
	2005	수원	29	13	0	1	39	2	0
	2006	수원	27	1	0	1	23	3	0
	2007	수원	19	1	0	1	39	4	0
	2008	수원	35	1	1	1	89	9	0
	2010	수원	26	3	1	0	41	2	0
	합계		181	42	4	4	278	25	0
K1	2014	경남	12	1	0	1	16	2	0
	2016	수원	26	5	1	0	33	3	0
	2017	수원	11	5	0	0	12	0	0
	2018	수원	23	11	0	1	27	3	0
	합계		72	22	1	2	86	10	0
K2	2015	서울E	38	6	3	5	41	4	0
	합계		38	6	3	5	41	4	0
	프로통산		291	64	10	9	405	39	0

조유민(曺侑珉) 중앙대 1996.11.17

대회	연도	소속	출전	교체	득점	도움	파울	경고	퇴장
K2	2018	수원FC	26	0	0	0	39	8	1
	합계		26	0	0	0	39	8	1
	프로통산		26	0	0	0	39	8	1

조윤환(趙允煥) 명지대 1961.05.24

대회	연도	소속	출전	교체	득점	도움	파울	경고	퇴장
BC	1985	할렐	14	0	0	0	21	2	0
	1987	유공	20	9	1	0	28	2	0
	1988	유공	21	0	0	0	24	4	1
	1989	유공	30	5	0	6	44	2	0
	1990	유공	17	3	1	2	38	2	2
	합계		102	15	9	9	155	12	3
	프로통산		102	15	9	9	155	12	3

조인형(趙仁衡) 인천대 1990.02.01

대회	연도	소속	출전	교체	득점	도움	파울	경고	퇴장
K1	2013	울산	3	3	0	0	3	0	0
	2014	울산	1	1	0	0	3	0	0
	합계		4	4	0	0	6	0	0
K2	2015	수원FC	5	5	0	0	3	0	0
	합계		5	5	0	0	3	0	0
	프로통산		9	9	0	0	9	0	0

조일수(趙日秀) 춘천고 1972.11.05

대회	연도	소속	출전	교체	득점	도움	파울	경고	퇴장
BC	1991	일화	3	3	0	0	2	0	0
	1993	일화	4	5	1	0	1	0	0
	1994	일화	3	4	0	0	4	1	0
	1996	천안일	18	15	1	1	22	2	0
	1997	천안일	5	1	0	0	3	0	0
	합계		33	28	2	1	32	2	0
	프로통산		33	28	2	1	32	2	0

조재민(趙在珉) 중동고 1978.05.22

대회	연도	소속	출전	교체	득점	도움	파울	경고	퇴장
BC	2001	수원	3	2	0	0	2	1	0
	2002	수원	4	3	0	0	10	0	0
	2003	수원	6	6	0	0	14	1	0
	2004	수원	5	3	0	0	7	1	0
	2005	수원	11	6	0	0	15	2	0
	2006	수원	12	6	0	0	24	5	0
	2007	대전	11	6	0	0	14	2	0
	합계		52	32	0	0	86	12	0
	프로통산		52	32	0	0	86	12	0

조재성(趙載晟) 관동대 1972.05.25

대회	연도	소속	출전	교체	득점	도움	파울	경고	퇴장
BC	1995	일화	1	1	0	0	1	1	0
	합계		1	1	0	0	1	1	0
	프로통산		1	1	0	0	1	1	0

조재완(趙在玩) 상지대 1995.08.29

대회	연도	소속	출전	교체	득점	도움	파울	경고	퇴장
K2	2018	서울E	28	15	6	0	23	2	0
	합계		28	15	6	0	23	2	0
	프로통산		28	15	6	0	23	2	0

조재용(趙在勇) 연세대 1984.04.21

대회	연도	소속	출전	교체	득점	도움	파울	경고	퇴장
BC	2007	경남	7	6	0	0	4	0	0
	2009	경남	9	3	0	0	9	0	0
	2010	광주상	3	1	0	0	2	0	0
	2011	상주	8	4	0	0	7	0	0
	2012	경남	1	0	0	0	2	1	0
	합계		28	14	0	0	24	1	0
K1	2013	경남	0	0	0	0	0	0	0
	프로통산		28	14	0	0	24	1	0

조재진(曺宰溱) 대신고 1981.07.09

대회	연도	소속	출전	교체	득점	도움	파울	경고	퇴장
BC	2000	수원	5	4	0	0	10	0	0
	2001	수원	3	0	0	0	0	0	0
	2003	광주상	31	8	3	3	57	5	0

대회	연도	소속	출전	교체	득점	도움	파울	경고	퇴장
	2004	수원	8	7	1	0	9	0	0
	2008	전북	31	7	10	3	57	4	0
	합계		78	29	14	6	133	9	0
프로통산			78	29	14	6	133	9	0

조재철(趙載喆) 아주대 1986.05.18

대회	연도	소속	출전	교체	득점	도움	파울	경고	퇴장
BC	2010	성남일	33	16	4	2	37	4	0
	2011	성남일	33	13	0	5	33	1	0
	2012	경남	17	12	0	1	17	2	0
	합계		83	41	6	8	87	7	0
K1	2013	경남	30	21	0	2	40	4	0
	2016	경남	23	13	3	0	20	2	0
	2018	경남	16	14	3	1	6	1	0
	합계		69	48	6	3	65	7	0
K2	2014	안산경	32	7	1	1	35	4	0
	2015	안산경	21	19	0	3	21	1	0
	2015	경남	6	3	1	0	2	2	0
	2017	성남	14	10	1	1	17	4	0
	합계		73	39	9	5	80	11	0
승	2016	성남	1	1	0	0	1	0	0
	합계		1	1	0	0	1	0	0
프로통산			226	129	21	16	233	25	0

조재현(趙宰賢) 부경대 1985.05.13

대회	연도	소속	출전	교체	득점	도움	파울	경고	퇴장
BC	2006	부산	8	8	0	0	6	0	0
	합계		8	8	0	0	6	0	0
프로통산			8	8	0	0	6	0	0

조정현(曹丁鉉) 대구대 1969.11.12

대회	연도	소속	출전	교체	득점	도움	파울	경고	퇴장
BC	1992	유공	18	12	4	2	27	2	0
	1993	유공	24	11	4	1	44	1	0
	1994	유공	29	8	4	3	29	3	0
	1995	유공	17	8	3	1	23	0	0
	1996	부천유	34	13	8	4	59	5	1
	1997	부천SK	6	3	6	5	51	6	0
	1998	부천SK	35	19	6	5	54	4	0
	1999	전남	12	12	0	1	6	1	0
	2000	포항	13	12	1	1	22	0	0
	합계		188	98	36	23	315	22	1
프로통산			188	98	36	23	315	22	1

조제(Dorde Vasic) 유고슬라비아 1964.05.02

대회	연도	소속	출전	교체	득점	도움	파울	경고	퇴장
BC	1994	일화	8	8	0	0	4	1	0
	합계		8	8	0	0	4	1	0
프로통산			8	8	0	0	4	1	0

조종화(趙鍾和) 고려대 1974.04.04

대회	연도	소속	출전	교체	득점	도움	파울	경고	퇴장
BC	1997	포항	6	4	0	0	4	0	0
	1998	포항	5	6	0	0	1	0	0
	2002	포항	5	5	0	1	5	0	0
	합계		16	11	0	1	10	0	0
프로통산			16	11	0	1	10	0	0

조주영(曺主煐) 아주대 1994.02.04

대회	연도	소속	출전	교체	득점	도움	파울	경고	퇴장
K1	2016	광주	15	14	2	2	6	4	0
	2017	광주	22	19	5	2	24	1	0
	2018	인천	1	1	0	0	0	0	0
	합계		38	34	7	4	30	5	0
프로통산			38	34	7	4	30	5	0

조준재(趙儁宰) 홍익대 1990.08.31

대회	연도	소속	출전	교체	득점	도움	파울	경고	퇴장
K2	2014	충주	14	6	1	2	11	0	0
	합계		14	6	1	2	11	0	0
프로통산			14	6	1	2	11	0	0

조준현(曺準鉉) 한남대 1989.09.26

대회	연도	소속	출전	교체	득점	도움	파울	경고	퇴장
K1	2013	제주	0	0	0	0	0	0	0
	합계		0	0	0	0	0	0	0
K2	2013	충주	3	2	0	0	3	0	0
	합계		3	2	0	0	3	0	0
프로통산			3	2	0	0	3	0	0

조준호(趙俊浩) 홍익대 1973.04.28

대회	연도	소속	출전	교체	실점	도움	파울	경고	퇴장
BC	1999	포항	20	0	30	0	1	1	0
	2000	포항	30	0	38	0	3	1	0
	2001	포항	11	1	13	0	0	1	0
	2002	포항	11	1	11	0	0	0	0
	2003	포항	30	0	43	0	2	2	0
	2004	부천SK	36	0	36	0	0	0	0
	2005	부천SK	30	0	31	0	0	0	0
	2006	제주	33	2	37	0	0	1	0
	2007	제주	15	1	17	0	0	0	0
	2008	제주	27	3	29	0	0	4	0
	2009	대구	14	1	29	0	1	0	0
	2010	대구	4	1	3	0	0	0	0
	합계		230	9	266	0	5	4	1
프로통산			230	9	266	0	5	4	1

조지훈(趙志焄) 연세대 1990.05.29

대회	연도	소속	출전	교체	득점	도움	파울	경고	퇴장
BC	2011	수원	1	1	0	0	0	0	0
	2012	수원	11	11	0	1	6	1	0
	합계		12	12	0	1	6	1	0
K1	2013	수원	20	18	1	1	15	3	0
	2014	수원	16	16	0	0	14	0	0
	2015	수원	4	4	0	0	2	0	0
	2016	상주	5	5	0	0	5	0	0
	2017	상주	3	3	0	0	2	0	0
	2017	수원	1	1	0	0	1	0	0
	2018	수원	18	18	0	1	6	1	0
	합계		67	61	1	2	39	10	0
프로통산			79	73	1	3	45	10	0

조진수(趙珍洙) 건국대 1983.09.02

대회	연도	소속	출전	교체	득점	도움	파울	경고	퇴장
BC	2003	전북	2	2	0	0	0	0	0
	2004	전북	0	0	0	0	0	0	0
	2005	전북	19	19	2	0	18	1	0
	2006	전북	23	20	1	1	54	4	0
	2007	제주	24	9	3	3	53	4	0
	2008	제주	30	10	3	2	51	3	0
	2009	울산	5	5	0	1	7	0	0
	2010	울산	6	3	1	0	3	0	0
	합계		110	68	9	8	193	16	0
K2	2014	수원FC	8	8	0	0	6	0	0
	합계		8	8	0	0	6	0	0
프로통산			118	76	9	8	198	16	0

조진호(趙眞浩) 경희대 1973.08.02

대회	연도	소속	출전	교체	득점	도움	파울	경고	퇴장
BC	1994	포철	8	11	2	0	25	2	0
	1995	포항	13	11	2	0	14	2	0
	1996	포항	16	12	1	0	14	2	0
	1999	포항	21	13	2	3	35	3	0
	2000	부천SK	26	26	6	3	30	2	0
	2001	성남일	3	3	0	0	0	0	0
	2002	성남일	6	6	1	0	13	1	0
	합계		119	99	15	8	161	15	0
프로통산			119	99	15	8	161	15	0

조징요(Jorge Claudio) 브라질 1975.10.01

대회	연도	소속	출전	교체	득점	도움	파울	경고	퇴장
BC	2002	포항	3	2	0	0	4	1	0
	합계		3	2	0	0	4	1	0
프로통산			3	2	0	0	4	1	0

조찬호(趙澯鎬) 연세대 1986.04.10

대회	연도	소속	출전	교체	득점	도움	파울	경고	퇴장
BC	2009	포항	11	11	3	6	6	0	0
	2010	포항	16	13	1	2	10	0	0
	2011	포항	26	23	4	2	18	0	0
	2012	포항	20	17	6	4	20	3	0
	합계		73	64	14	14	54	3	0
K1	2013	포항	34	30	9	1	23	1	0
	2014	포항	3	2	0	0	6	0	0
	2015	포항	13	12	1	0	13	0	0
	2015	수원	6	6	2	2	5	0	0
	2016	서울	11	11	0	1	1	0	0
	2017	서울	11	11	0	0	8	1	0
	합계		78	72	11	5	47	2	0
K2	2018	서울E	23	17	5	7	6	1	0
	합계		23	17	5	7	6	1	0
프로통산			174	153	30	24	108	5	0

조창근(趙昌根) 동아고 1964.11.07

대회	연도	소속	출전	교체	득점	도움	파울	경고	퇴장
BC	1993	대우	6	7	1	1	0	1	0
	1994	대우	3	3	0	0	0	0	0
	합계		9	10	1	1	0	1	0
프로통산			9	10	1	1	0	1	0

조철인(趙喆仁) 영남대 1990.09.15

대회	연도	소속	출전	교체	득점	도움	파울	경고	퇴장
K2	2014	안양	1	1	0	0	0	0	0
	합계		1	1	0	0	0	0	0
프로통산			1	1	0	0	0	0	0

조태근(曺泰根) 전주대 1985.04.26

대회	연도	소속	출전	교체	득점	도움	파울	경고	퇴장
K2	2018	대전	2	1	0	0	0	0	0
	합계		2	1	0	0	0	0	0
프로통산			2	1	0	0	0	0	0

조태우(趙太羽) 아주대 1987.01.19

대회	연도	소속	출전	교체	득점	도움	파울	경고	퇴장
K2	2013	수원FC	28	2	1	0	34	5	0
	2014	수원FC	16	2	0	0	19	0	0
	합계		44	4	1	0	53	6	1
프로통산			44	4	1	0	53	6	1

조태천(曺太千) 청구고 1956.07.19

대회	연도	소속	출전	교체	득점	도움	파울	경고	퇴장
BC	1983	포철	14	4	1	2	6	0	0
	1984	포철	18	8	0	1	8	0	0
	합계		32	12	1	3	14	0	0
프로통산			32	12	1	3	14	0	0

조한범(趙韓範) 중앙대 1985.03.28

대회	연도	소속	출전	교체	득점	도움	파울	경고	퇴장
BC	2008	포항	2	2	0	0	1	0	0
	2009	포항	2	2	0	0	2	0	0
	2009	대구	4	2	0	0	3	0	0
	합계		8	6	0	0	6	0	0
프로통산			8	6	0	0	6	0	0

조향기(趙香氣) 광운대 1992.03.23

대회	연도	소속	출전	교체	득점	도움	파울	경고	퇴장
K2	2015	서울E	7	7	0	0	1	0	0
	2016	서울E	11	8	1	0	5	0	0
	2017	서울E	12	8	1	0	5	0	0
	합계		30	23	2	0	11	0	0
프로통산			30	23	2	0	11	0	0

조현두(趙顯斗) 한양대 1973.11.23

대회	연도	소속	출전	교체	득점	도움	파울	경고	퇴장
BC	1996	수원	29	11	7	2	36	2	0
	1997	수원	32	13	7	2	70	3	0
	1998	수원	14	6	3	2	30	2	0
	1999	수원	20	17	4	2	40	1	0
	2000	수원	19	14	0	4	30	1	0
	2001	수원	14	14	1	3	19	0	0
	2002	수원	14	14	1	1	9	1	0
	2003	전남	25	10	5	3	47	5	0
	2003	부천SK	25	10	5	3	47	5	0

		출전	교체	득점	도움	파울	경고	퇴장
2004	부천SK	26	13	3	2	60	4	0
2005	부천SK	18	13	0	3	26	3	0
합계		207	121	28	24	347	22	0
프로통산		207	121	28	24	347	22	0

조현우(趙賢祐) 선문대 1991.09.25

대회	연도	소속	출전	교체	실점	도움	파울	경고	퇴장
K1	2013	대구	14	0	22	0	0	0	0
	2017	대구	35	0	48	0	1	1	0
	2018	대구	28	0	42	0	1	0	0
	합계		77	0	112	0	2	1	0
K2	2014	대구	15	0	21	0	1	1	0
	2015	대구	41	1	49	1	0	2	0
	2016	대구	39	0	35	0	0	2	0
	합계		95	1	105	1	1	5	0
프로통산			172	1	217	1	2	7	1

조형익(趙亨翼) 명지대 1985.09.13

대회	연도	소속	출전	교체	득점	도움	파울	경고	퇴장
BC	2008	대구	32	28	1	5	18	1	0
	2009	대구	32	17	6	0	44	5	0
	2010	대구	30	9	9	4	38	8	0
	2011	대구	17	8	1	2	37	4	0
	합계		111	62	17	11	137	18	0
K1	2013	대구	27	17	4	5	34	3	0
	합계		27	17	4	5	34	3	0
K2	2014	대구	31	24	0	3	35	1	0
	합계		31	24	0	3	35	1	0
프로통산			169	103	21	19	206	22	0

조형재(趙亨宰) 한려대 1991.01.08

대회	연도	소속	출전	교체	득점	도움	파울	경고	퇴장
BC	2006	제주	5	4	1	1	3	1	0
	2007	제주	12	12	0	1	12	0	0
	2008	제주	27	18	1	3	34	5	0
	2009	제주	11	8	2	0	14	1	0
	합계		55	42	4	5	43	7	0
프로통산			55	42	4	5	43	7	0

조호연(趙晧衍) 광운대 1988.06.05

대회	연도	소속	출전	교체	득점	도움	파울	경고	퇴장
K1	2014	상주	0	0	0	0	0	0	0
	합계		0	0	0	0	0	0	0
K2	2013	상주	0	0	0	0	0	0	0
	합계		0	0	0	0	0	0	0
프로통산			0	0	0	0	0	0	0

조홍규(曺弘圭) 상지대 1983.07.24

대회	연도	소속	출전	교체	득점	도움	파울	경고	퇴장
BC	2006	대구	12	1	0	0	27	4	0
	2007	대구	27	8	0	1	41	4	0
	2008	대구	6	2	0	0	9	2	0
	2009	포항	3	1	0	0	12	1	0
	2010	포항	8	4	1	0	14	0	0
	2011	대전	8	4	1	0	9	3	0
	합계		64	20	1	1	101	14	0
프로통산			64	20	1	1	101	14	0

존(Jon Olav Hjelde) 노르웨이 1972.04.30

대회	연도	소속	출전	교체	득점	도움	파울	경고	퇴장
BC	2003	부산	16	2	0	0	22	3	1
	합계		16	2	0	0	22	3	1
프로통산			16	2	0	0	22	3	1

존자키(John Jaki) 나이지리아 1973.07.10

대회	연도	소속	출전	교체	득점	도움	파울	경고	퇴장
BC	2000	전북	3	4	0	0	4	0	0
	합계		3	4	0	0	4	0	0
프로통산			3	4	0	0	4	0	0

졸리(Zoltan Sabo) 유고슬라비아 1972.05.26

대회	연도	소속	출전	교체	득점	도움	파울	경고	퇴장
BC	2000	수원	22	1	0	0	37	6	0
	2001	수원	24	1	0	1	45	11	1
	2002	수원	2	1	0	0	5	0	1
	합계		48	3	0	1	87	17	2
프로통산			48	3	0	1	87	17	2

좌준협(左峻協) 전주대 1991.05.07

대회	연도	소속	출전	교체	득점	도움	파울	경고	퇴장
K1	2013	제주	2	0	0	0	0	0	0
	2014	제주	0	0	0	0	0	0	0
	2016	제주	1	1	0	0	2	1	0
	2017	제주	0	0	0	0	0	0	0
	2018	경남	3	2	0	0	14	1	0
	합계		6	3	0	0	16	2	0
K2	2014	안산경	4	2	0	0	4	0	0
	2015	안산경	15	12	0	0	17	2	0
	합계		19	14	0	0	21	2	0
프로통산			25	17	0	0	37	4	0

죠다쉬(Idarko Cordas) 크로아티아 1976.12.16

대회	연도	소속	출전	교체	득점	도움	파울	경고	퇴장
BC	2001	포항	3	2	0	0	3	0	0
	합계		3	2	0	0	3	0	0
프로통산			3	2	0	0	3	0	0

죠이(Joilson Rodrigues da Silva) 브라질 1976.12.08

대회	연도	소속	출전	교체	득점	도움	파울	경고	퇴장
BC	2000	성남일	30	19	7	1	50	2	0
	합계		30	19	7	1	50	2	0
프로통산			30	19	7	1	50	2	0

주경철(周景喆) 영남대 1965.02.22

대회	연도	소속	출전	교체	득점	도움	파울	경고	퇴장
BC	1988	럭금	4	2	0	0	4	0	0
	1989	럭금	27	21	3	4	21	3	0
	1990	럭금	7	6	0	0	7	0	0
	1991	유공	10	7	0	1	14	1	0
	1994	버팔로	35	9	2	7	22	5	0
	1995	LG	7	7	0	0	2	1	0
	합계		90	52	5	12	70	10	0
프로통산			90	52	5	12	70	10	0

주광선(朱廣先) 전주대 1991.04.13

대회	연도	소속	출전	교체	득점	도움	파울	경고	퇴장
K2	2015	부천	7	7	0	0	5	0	0
	합계		7	7	0	0	5	0	0
프로통산			7	7	0	0	5	0	0

주광윤(朱光潤) 고려대 1982.10.23

대회	연도	소속	출전	교체	득점	도움	파울	경고	퇴장
BC	2003	전남	13	13	1	0	5	0	0
	2004	전남	7	6	0	0	6	0	0
	2005	전남	15	12	1	0	27	4	0
	2006	전남	31	28	2	3	35	6	0
	2007	전남	19	19	0	0	14	2	0
	2008	전남	18	17	0	0	14	2	0
	2010	광주상	16	10	1	0	11	2	0
	2011	상주	2	2	0	0	0	0	0
	합계		139	124	11	7	151	21	0
프로통산			139	124	11	7	151	21	0

주기환(朱基煥) 경일대 1981.12.20

대회	연도	소속	출전	교체	득점	도움	파울	경고	퇴장
BC	2005	전북	0	0	0	0	0	0	0
	합계		0	0	0	0	0	0	0
프로통산			0	0	0	0	0	0	0

주니오(Gleidionor Figueiredo Pinto Júnior) 브라질 1986.12.3

대회	연도	소속	출전	교체	득점	도움	파울	경고	퇴장
K1	2017	대구	16	10	12	1	17	2	0
	2018	울산	32	12	22	1	27	4	0
	합계		48	22	34	2	44	6	0
프로통산			48	22	34	2	44	6	0

주닝요(Aselmo Vendrechovski Junior) 브라질 1982.09.16

대회	연도	소속	출전	교체	득점	도움	파울	경고	퇴장
BC	2010	수원	13	6	3	2	16	2	0
	합계		13	6	3	2	16	2	0
프로통산			13	6	3	2	16	2	0

주닝요(Junio Cesar Arcanjo) 브라질 1983.01.11

대회	연도	소속	출전	교체	득점	도움	파울	경고	퇴장
BC	2011	대구	17	11	2	2	19	4	0
	합계		17	11	2	2	19	4	0
프로통산			17	11	2	2	19	4	0

주민규(周敏圭) 한양대 1990.04.13

대회	연도	소속	출전	교체	득점	도움	파울	경고	퇴장
K1	2017	상주	32	11	17	6	44	3	0
	2018	상주	11	4	4	0	10	0	0
	합계		43	15	21	6	54	3	0
K2	2013	고양	26	15	2	1	38	1	0
	2014	고양	30	8	13	1	67	5	0
	2015	서울E	40	17	23	7	66	5	0
	2016	서울E	29	8	14	3	37	4	0
	2018	서울E	3	3	0	0	2	0	0
	합계		128	51	44	12	210	13	0
승	2017	상주	2	0	0	0	4	0	0
	합계		2	0	0	0	4	0	0
프로통산			173	66	65	18	268	16	0

주성환(朱性奐) 한양대 1990.08.24

대회	연도	소속	출전	교체	득점	도움	파울	경고	퇴장
BC	2012	전남	17	16	2	1	12	1	0
	합계		17	16	2	1	12	1	0
프로통산			17	16	2	1	12	1	0

주세종(朱世鐘) 건국대 1990.10.30

대회	연도	소속	출전	교체	득점	도움	파울	경고	퇴장
BC	2012	부산	1	1	0	0	0	0	0
	합계		1	1	0	0	0	0	0
K1	2014	부산	22	11	2	6	32	5	0
	2015	부산	35	6	1	2	49	6	0
	2016	서울	35	4	3	11	55	5	0
	2017	서울	35	5	0	5	31	2	1
	합계		122	28	9	17	178	19	1
K2	2018	아산	19	6	1	2	22	1	0
	합계		19	6	1	2	22	1	0
승	2015	부산	1	0	0	0	1	0	0
	합계		1	0	0	0	1	0	0
프로통산			143	35	10	19	205	24	1

주승진(朱承進) 전주대 1975.03.12

대회	연도	소속	출전	교체	득점	도움	파울	경고	퇴장
BC	2003	대전	38	1	0	3	65	8	0
	2004	대전	26	2	1	2	60	1	0
	2005	대전	32	6	0	0	87	5	0
	2006	대전	32	4	2	3	69	5	0
	2007	대전	25	4	0	1	44	2	0
	2008	대전	16	3	0	0	28	3	0
	2008	부산	18	1	0	1	31	2	0
	2009	부산	18	3	0	0	24	1	0
	합계		186	26	3	9	388	26	0
프로통산			186	26	3	9	388	26	0

주앙파울로(Joao Paulo da Silva Araujo) 브라질 1988.06.02

대회	연도	소속	출전	교체	득점	도움	파울	경고	퇴장
BC	2011	광주	30	27	8	1	35	1	0
	2012	광주	40	40	8	7	47	5	0
	합계		70	67	16	8	82	6	0
K1	2013	대전	35	17	6	3	44	0	0
	2014	인천	5	5	0	0	1	0	0
	합계		40	22	6	3	45	0	0
프로통산			110	89	22	11	127	6	0

주영만(朱榮萬) 국민대 1961.04.01

대회	연도	소속	출전	교체	득점	도움	파울	경고	퇴장

대회	연도	소속	출전	교체	득점	도움	파울	경고	퇴장
BC	1984	국민	17	1	0	0	15	0	0
	합계		17	1	0	0	15	0	0
프로통산			17	1	0	0	15	0	0

주영재(朱英宰) 오스트레일리아 John Paul College 1990.07.12

대회	연도	소속	출전	교체	득점	도움	파울	경고	퇴장
BC	2011	성남일	0	0	0	0	0	0	0
	합계		0	0	0	0	0	0	0
프로통산			0	0	0	0	0	0	0

주영호(周永昊) 숭실대 1975.10.24

대회	연도	소속	출전	교체	득점	도움	파울	경고	퇴장
BC	1998	전남	7	6	0	0	3	0	0
	1999	전남	27	13	0	0	37	4	0
	2000	전남	34	4	0	0	59	6	0
	2001	전남	20	2	0	0	38	2	0
	2002	전남	19	3	2	2	33	5	0
	2003	전남	19	6	0	0	42	0	0
	2004	전남	6	2	0	0	16	2	0
	2007	전남							
	합계		132	36	2	2	228	22	0
프로통산			132	36	2	2	228	22	0

주용국(朱龍國) 경희대 1970.01.27

대회	연도	소속	출전	교체	득점	도움	파울	경고	퇴장
BC	1996	수원	0	0	0	0	0	0	0
	합계		0	0	0	0	0	0	0
프로통산			0	0	0	0	0	0	0

주용선(朱容善) 동아대 1974.03.03

대회	연도	소속	출전	교체	득점	도움	파울	경고	퇴장
BC	1997	전남	1	1	0	0	0	0	0
	합계		1	1	0	0	0	0	0
프로통산			1	1	0	0	0	0	0

주익성(朱益成) 태성고 1992.09.10

대회	연도	소속	출전	교체	득점	도움	파울	경고	퇴장
K2	2014	대전	2	2	0	0	0	0	0
	합계		2	2	0	0	0	0	0
프로통산			2	2	0	0	0	0	0

주인배(朱仁培) 광주대 1989.09.16

대회	연도	소속	출전	교체	득점	도움	파울	경고	퇴장
BC	2012	경남	1	1	0	0	1	0	0
	합계		1	1	0	0	1	0	0
프로통산			1	1	0	0	1	0	0

주일태(朱一泰) 수원대 1991.11.28

대회	연도	소속	출전	교체	득점	도움	파울	경고	퇴장
K2	2013	부천	3	2	0	0	4	1	0
	2014	부천	4	4	0	0	2	1	0
	합계		7	6	0	0	6	2	0
프로통산			7	6	0	0	6	2	0

주재덕(周載德) 연세대 1985.07.25

대회	연도	소속	출전	교체	실점	도움	파울	경고	퇴장
BC	2006	경남	0	0	0	0	0	0	0
	2007	경남	1	0	1	0	0	0	0
	2009	전북	0	0	0	0	0	0	0
	합계		1	0	1	0	0	0	0
프로통산			1	0	1	0	0	0	0

주한성(朱漢成) 영남대 1995.06.07

대회	연도	소속	출전	교체	득점	도움	파울	경고	퇴장
K2	2017	서울E	26	14	2	2	26	3	0
	합계		26	14	2	2	26	3	0
프로통산			26	14	2	2	26	3	0

주현우(朱眩宇) 동신대 1990.09.12

대회	연도	소속	출전	교체	득점	도움	파울	경고	퇴장
K1	2015	광주	28	25	0	1	14	1	0
	2016	광주	20	17	2	1	7	3	0
	2017	광주	25	25	0	5	19	3	0
	합계		73	67	2	7	40	7	0
K2	2018	성남	31	24	2	1	12	2	0
	합계		31	24	2	1	12	2	0
프로통산			104	88	5	8	52	7	0

주현재(周鉉宰) 홍익대 1989.05.26

대회	연도	소속	출전	교체	득점	도움	파울	경고	퇴장
BC	2011	인천	0	0	0	0	0	0	0
	2012	인천	4	3	0	0	4	0	0
	합계		4	3	0	0	4	0	0
K2	2013	안양	11	10	1	0	12	1	0
	2014	안양	16	15	3	1	24	2	0
	2015	안양	36	17	4	3	50	6	0
	2016	안산무	32	24	2	2	34	6	0
	2017	아산	15	7	1	1	24	6	0
	2017	안양	1	0	0	0	1	0	0
	2018	안양	4	2	2	0	10	1	0
	합계		115	75	13	7	161	22	1
프로통산			119	78	13	7	165	22	1

주현호(朱玹澔) 동국대 1996.03.01

대회	연도	소속	출전	교체	득점	도움	파울	경고	퇴장
K1	2017	수원	1	1	0	0	0	0	0
	합계		1	1	0	0	0	0	0
프로통산			1	1	0	0	0	0	0

주호진(朱浩眞) 인천대 1981.01.01

대회	연도	소속	출전	교체	득점	도움	파울	경고	퇴장
BC	2004	인천	1	0	0	0	0	0	0
	2005	인천	0	0	0	0	0	0	0
	합계		1	0	0	0	0	0	0
프로통산			1	0	0	0	0	0	0

주흥렬(朱洪烈) 아주대 1972.08.02

대회	연도	소속	출전	교체	득점	도움	파울	경고	퇴장
BC	1995	전남	14	14	0	0	11	1	0
	1996	전남	17	10	1	0	33	3	0
	1997	전남	3	1	0	0	6	1	0
	1998	전남	10	7	0	0	16	4	0
	1999	천안일	2	2	0	0	0	0	0
	합계		46	34	1	0	66	9	0
프로통산			46	34	1	0	66	9	0

줄루(Carlos Eduardo Alves Albina) 브라질 1983.08.18

대회	연도	소속	출전	교체	득점	도움	파울	경고	퇴장
BC	2010	포항	1	1	0	0	0	0	0
	합계		1	1	0	0	0	0	0
프로통산			1	1	0	0	0	0	0

지경득(池炅得) 배재대 1988.07.18

대회	연도	소속	출전	교체	득점	도움	파울	경고	퇴장
BC	2011	인천	4	3	0	0	3	1	0
	2012	대전	40	31	2	1	28	1	0
	합계		44	34	2	1	31	2	0
K1	2013	대전	9	10	0	0	9	0	0
	합계		9	10	0	0	9	0	0
K2	2014	충주	12	12	0	3	6	0	0
	합계		12	12	0	3	6	0	0
프로통산			65	56	2	4	40	2	0

지구민(地求民) 용인대 1993.04.18

대회	연도	소속	출전	교체	득점	도움	파울	경고	퇴장
K2	2016	고양	5	4	0	0	5	0	0
	합계		5	4	0	0	5	0	0
프로통산			5	4	0	0	5	0	0

지니(Edinof Luis de Oliveira) 브라질 1981.09.11

대회	연도	소속	출전	교체	득점	도움	파울	경고	퇴장
BC	2006	대구	26	14	4	1	63	2	0
	합계		26	14	4	1	63	2	0
프로통산			26	14	4	1	63	2	0

지넬손(Dinelson dos Santos Lima) 브라질 1986.02.04

대회	연도	소속	출전	교체	득점	도움	파울	경고	퇴장
BC	2012	대구	26	21	3	5	32	2	0
	합계		26	21	3	5	32	2	0
프로통산			26	21	3	5	32	2	0

지뉴(Claudio Wanderley Sarmento Neto) 브라질 1982.11.03

대회	연도	소속	출전	교체	득점	도움	파울	경고	퇴장
BC	2009	경남	8	4	0	0	23	1	0
	합계		8	4	0	0	23	1	0
프로통산			8	4	0	0	23	1	0

지동원(池東沅) 광양제철고 1991.05.28

대회	연도	소속	출전	교체	득점	도움	파울	경고	퇴장
BC	2010	전남	26	3	8	4	43	3	0
	2011	전남	13	4	3	1	13	1	0
	합계		39	7	11	5	56	4	0
프로통산			39	7	11	5	56	4	0

지병주(池秉珠) 인천대 1990.03.20

대회	연도	소속	출전	교체	득점	도움	파울	경고	퇴장
K1	2015	인천	1	1	0	0	1	1	0
	합계		1	1	0	0	1	1	0
K2	2014	대구	0	0	0	0	0	0	0
	2016	부천	13	1	1	0	27	5	1
	2017	부천	12	8	0	0	12	1	0
	합계		25	9	1	0	39	6	1
프로통산			26	10	1	0	41	7	1

지아고(Tiago Cipreste Pereira) 브라질 1980.02.01

대회	연도	소속	출전	교체	득점	도움	파울	경고	퇴장
BC	2004	대전	9	6	3	1	31	2	0
	합계		9	6	3	1	31	2	0
프로통산			9	6	3	1	31	2	0

지안(Cloth Goncalves Jean Carlos) 브라질 1993.07.02

대회	연도	소속	출전	교체	득점	도움	파울	경고	퇴장
K1	2018	대구	4	2	0	0	8	0	0
	합계		4	2	0	0	8	0	0
프로통산			4	2	0	0	8	0	0

지안(Barbu Constantin) 루마니아 1971.05.16

대회	연도	소속	출전	교체	득점	도움	파울	경고	퇴장
BC	1997	수원	6	4	2	0	3	1	0
	합계		6	4	2	0	3	1	0
프로통산			6	4	2	0	3	1	0

지오바니(Jose Thomaz Geovane de Oliveira) 브라질 1985.08.05

대회	연도	소속	출전	교체	득점	도움	파울	경고	퇴장
BC	2008	대구	12	8	3	2	7	0	0
	합계		12	8	3	2	7	0	0
프로통산			12	8	3	2	7	0	0

지우(Martins Ferreira Givanilyon) 브라질 1991.04.13

대회	연도	소속	출전	교체	득점	도움	파울	경고	퇴장
K2	2015	강원	18	9	9	5	10	2	0
	2018	광주	8	7	0	1	0	0	0
	합계		26	16	9	6	10	2	0

지쿠(Ianis Alin Zicu) 루마니아 1983.10.23

대회	연도	소속	출전	교체	득점	도움	파울	경고	퇴장
BC	2012	포항	15	12	6	0	12	0	0
	2012	강원	17	1	9	4	20	2	0
	합계		32	13	15	4	32	2	0
K1	2013	강원	27	3	6	3	42	3	0
	합계		27	3	6	3	42	3	0
승	2013	강원	2	2	0	0	2	0	0
	합계		2	2	0	0	2	0	0
프로통산			61	18	21	7	76	6	0

진경선(陳慶先) 아주대 1980.04.10

대회	연도	소속	출전	교체	득점	도움	파울	경고	퇴장
BC	2003	부천SK	4	1	0	0	12	0	0
	2006	대구	17	3	1	0	51	4	0
	2007	대구	27	8	0	2	58	4	0
	2008	대구	34	0	0	5	52	4	0
	2009	전북	26	0	1	0	53	6	0

대회	연도	소속	출전	교체	득점	도움	파울	경고	퇴장
	2010	전북	29	5	0	0	63	8	0
	2011	전북	7	4	0	0	13	2	0
	2012	전북	22	2	1	1	38	6	0
	합계		166	23	2	9	338	36	0
K1	2013	강원	35	5	1	1	55	7	0
	2014	경남	23	5	1	1	32	4	0
	합계		58	10	2	2	87	11	0
K2	2015	경남	21	15	0	0	31	2	0
	2016	경남	21	15	0	0	11	1	0
	2017	경남	1	1	0	0	1	0	0
	합계		44	19	1	0	43	3	0
승	2013	강원	2	0	0	0	5	0	0
	2014	경남	2	0	0	0	0	0	0
	합계		4	0	0	0	5	0	0
프로통산			272	52	5	11	473	50	0

진대성(晉大星) 전주대 1989.09.19

대회	연도	소속	출전	교체	득점	도움	파울	경고	퇴장
BC	2012	제주	1	1	0	0	1	0	0
	합계		1	1	0	0	1	0	0
K1	2013	제주	0	0	0	0	0	0	0
	2014	제주	19	19	0	3	15	0	0
	2015	제주	11	9	1	0	10	1	0
		상주	2	2	0	0	3	0	0
	합계		32	30	1	1	15	0	0
K2	2016	대전	24	24	3	5	21	1	0
	합계		24	24	3	5	21	1	0
승	2017	상주	1	1	0	0	1	0	0
	합계		1	1	0	0	1	0	0
프로통산			58	52	8	6	38	1	0

진민호(陳珉虎) 덕산중 1985.08.12

대회	연도	소속	출전	교체	득점	도움	파울	경고	퇴장
BC	2005	부산	0	0	0	0	0	0	0
	합계		0	0	0	0	0	0	0
프로통산			0	0	0	0	0	0	0

진성욱(陳成昱) 대건고 1993.12.16

대회	연도	소속	출전	교체	득점	도움	파울	경고	퇴장
BC	2012	인천	2	2	0	0	2	0	0
	합계		2	2	0	0	2	0	0
K1	2014	인천	26	25	6	0	34	4	0
	2015	인천	27	27	4	1	31	3	0
	2016	인천	31	31	4	3	47	3	0
	2017	제주	29	26	1	1	45	4	0
	2018	제주	25	22	2	2	20	1	0
	합계		138	121	22	7	168	14	0
프로통산			140	123	22	7	170	14	0

진순진(陳順珍) 상지대 1974.03.01

대회	연도	소속	출전	교체	득점	도움	파울	경고	퇴장
BC	1999	안양LG	11	9	1	0	11	1	0
	2000	안양LG	6	3	0	0	6	1	0
	2002	안양LG	18	10	6	0	36	2	0
	2003	안양LG	40	28	10	2	67	3	0
	2004	대구	27	25	7	3	33	2	0
	2005	대구	28	27	1	1	36	4	0
	2006	전남	1	1	0	0	2	0	0
	합계		131	103	31	6	194	13	0
프로통산			131	103	31	6	194	13	0

* 실점: 2000년 1 / 통산 1

진장상곤(陳章相坤) 경희대 1958.06.20

대회	연도	소속	출전	교체	득점	도움	파울	경고	퇴장
BC	1983	국민	3	1	0	0	4	0	0
	1984	현대	27	3	0	0	19	0	0
	1985	현대	20	1	0	0	23	1	0
	1986	현대	29	3	0	0	46	2	0
	1987	현대	16	5	0	0	12	3	0
	1988	현대	15	0	1	0	20	0	0
	1989	현대	18	5	0	1	37	3	0
	합계		128	21	0	3	146	7	0
프로통산			128	21	0	3	146	7	0

진창수(秦昌守) 일본 도쿄 조선고 1985.10.26

대회	연도	소속	출전	교체	득점	도움	파울	경고	퇴장
K2	2013	고양	33	26	5	3	57	3	0
	2015	고양	39	20	7	6	60	2	0
	2016	부천	38	26	7	6	71	3	0
	2017	부천	35	25	9	3	52	4	0
	2018	부천	31	30	7	2	26	2	0
	합계		176	127	35	20	266	14	0
프로통산			176	127	35	20	266	14	0

질베르(Gilbert Massock) 카메룬 1977.06.05

대회	연도	소속	출전	교체	득점	도움	파울	경고	퇴장
BC	1997	안양LG	4	4	0	0	14	0	0
	합계		4	4	0	0	14	0	0
프로통산			4	4	0	0	14	0	0

질베르토(Fortunato Gilberto Valdenesio) 브라질 1987.07.11

대회	연도	소속	출전	교체	득점	도움	파울	경고	퇴장
K1	2015	광주	6	5	1	0	19	1	0
	합계		6	5	1	0	19	1	0
프로통산			6	5	1	0	19	1	0

짜시오(Jacio Marcos de Jesus) 브라질 1989.07.30

대회	연도	소속	출전	교체	득점	도움	파울	경고	퇴장
K1	2014	부산	6	6	0	0	3	0	0
	합계		6	6	0	0	3	0	0
프로통산			6	6	0	0	3	0	0

쯔엉(Luong Xuan Truong) 베트남 1995.04.28

대회	연도	소속	출전	교체	득점	도움	파울	경고	퇴장
K1	2016	인천	4	4	0	0	2	0	0
	2017	강원	2	2	0	0	3	0	0
	합계		6	6	0	0	5	0	0
프로통산			6	6	0	0	5	0	0

찌아고(Thiago Elias do Nascimento Sil) 브라질 1987.06.09

대회	연도	소속	출전	교체	득점	도움	파울	경고	퇴장
K1	2013	인천	19	19	1	3	8	0	0
	합계		19	19	1	3	8	0	0
프로통산			19	19	1	3	8	0	0

찌아고(Thiago Gentil) 브라질 1980.04.08

대회	연도	소속	출전	교체	득점	도움	파울	경고	퇴장
BC	2005	대구	30	15	6	0	40	1	0
	합계		30	15	6	0	40	1	0
프로통산			30	15	6	0	40	1	0

찌아구(Tiago Marques Rezende) 브라질 1988.03.03

대회	연도	소속	출전	교체	득점	도움	파울	경고	퇴장
K1	2018	제주	31	26	8	1	31	1	0
	합계		31	26	8	1	31	1	0
프로통산			31	26	8	1	31	1	0

찌코(Dilmar dos Santos Machado) 브라질 1975.01.26

대회	연도	소속	출전	교체	득점	도움	파울	경고	퇴장
BC	2001	전남	23	8	7	1	31	4	1
	2002	전남	12	9	4	1	17	3	0
	2003	전남	4	2	0	0	7	0	0
	합계		39	19	11	2	55	7	1
프로통산			39	19	11	2	55	7	1

차강(車嶂) 한양대 1994.01.06

대회	연도	소속	출전	교체	실점	도움	파울	경고	퇴장
K2	2017	안산	2	0	0	0	0	0	0
프로통산			2	0	0	0	0	0	0

차건명(車建明) 관동대 1981.12.26

대회	연도	소속	출전	교체	득점	도움	파울	경고	퇴장
BC	2009	제주	2	1	0	0	4	1	0
	합계		2	1	0	0	4	1	0
프로통산			2	1	0	0	8	1	0

차광식(車光植) 광운대 1963.05.09

대회	연도	소속	출전	교체	득점	도움	파울	경고	퇴장
BC	1986	한일	19	0	1	0	11	0	0
	1988	럭금	7	5	0	0	3	0	0
	1989	럭금	35	3	1	2	22	1	0
	1990	럭금	29	6	1	1	9	1	0
	1991	LG	23	8	0	0	11	0	0
	1992	LG	7	3	0	0	6	0	0
	합계		120	25	3	3	62	3	0
프로통산			120	25	3	3	62	3	0

차귀현(車貴鉉) 한양대 1975.01.12

대회	연도	소속	출전	교체	득점	도움	파울	경고	퇴장
BC	1997	대전	17	12	3	1	24	1	0
	1998	대전	8	11	0	0	4	0	0
	1999	전남	15	16	1	0	13	0	0
	합계		40	39	4	1	40	1	0
프로통산			40	39	4	1	40	1	0

차기석(車奇錫) 서울체고 1986.12.26

대회	연도	소속	출전	교체	득점	도움	파울	경고	퇴장
BC	2005	전남	0	0	0	0	0	0	0
	합계		0	0	0	0	0	0	0
프로통산			0	0	0	0	0	0	0

차두리(車두리) 고려대 1980.07.25

대회	연도	소속	출전	교체	득점	도움	파울	경고	퇴장
K1	2013	서울	30	7	0	3	25	2	0
	2014	서울	28	5	0	2	29	3	0
	2015	서울	24	5	2	2	23	6	0
	합계		82	17	2	7	77	11	0
프로통산			82	17	2	7	77	11	0

차상광(車相光) 한양대 1963.05.31

대회	연도	소속	출전	교체	실점	도움	파울	경고	퇴장
BC	1986	럭금	7	1	7	0	1	0	0
	1987	럭금	15	1	19	0	0	0	0
	1988	럭금	16	0	17	0	0	0	0
	1989	럭금	32	1	31	0	1	1	0
	1990	럭금	28	0	23	0	0	1	0
	1991	LG	36	3	43	0	0	1	0
	1992	포철	33	0	32	0	0	0	0
	1993	포철	7	0	8	0	0	0	0
	1994	유공	15	0	18	0	0	0	0
	1995	LG	15	0	21	0	0	0	0
	1996	부천유	14	1	17	0	0	0	0
	1997	천안일	14	1	17	0	0	0	0
	합계		226	7	240	0	3	3	0
프로통산			226	7	240	0	3	3	0

차상해(車相海) 중동고 1965.10.20

대회	연도	소속	출전	교체	득점	도움	파울	경고	퇴장
BC	1989	럭금	22	16	6	4	22	0	0
	1991	대우	7	7	0	0	7	0	0
	1992	대우	1	1	0	0	0	0	0
	1992	포철	16	9	4	2	40	4	0
	1993	포철	27	19	10	2	33	1	0
	1994	포철	21	16	3	1	16	0	0
	1995	대우	12	6	1	1	18	2	0
	1996	부천유	11	10	1	0	5	0	0
	1996	안양LG	3	3	0	0	2	0	0
	합계		130	95	26	10	162	10	0
프로통산			130	95	26	10	162	10	0

차석준(車錫俊) 동국대 1966.08.24

대회	연도	소속	출전	교체	득점	도움	파울	경고	퇴장
BC	1989	유공	29	9	0	1	37	1	0
	1990	유공	19	5	0	0	23	3	0
	1991	유공	20	9	1	0	34	2	0
	1992	유공	20	3	0	2	34	2	0
	1993	유공	12	7	0	1	10	2	0

대회	연도	소속	출전	교체	득점	도움	파울	경고	퇴장
	1994	유공	12	6	0	1	17	0	0
	1995	유공	4	0	0	0	5	2	0
	합계		112	41	3	4	145	11	0
프로통산			112	41	3	4	145	11	0

차영환(車永煥) 홍익대 1990.07.16

대회	연도	소속	출전	교체	득점	도움	파울	경고	퇴장
K1	2018	상주	5	2	0	0	5	1	0
	합계		5	2	0	0	5	1	0
K2	2016	부산	33	1	1	0	26	3	0
	2017	부산	26	9	2	0	27	3	0
	합계		59	10	3	0	53	6	0
승	2017	부산	0	0	0	0	0	0	0
	합계		0	0	0	0	0	0	0
프로통산			64	12	3	0	58	7	0

차종윤(車鐘允) 성균관대 1981.09.25

대회	연도	소속	출전	교체	득점	도움	파울	경고	퇴장
BC	2004	성남일	1	1	0	0	2	0	0
	합계		1	1	0	0	2	0	0
프로통산			1	1	0	0	2	0	0

차준엽(車俊燁) 조선대 1992.02.20

대회	연도	소속	출전	교체	득점	도움	파울	경고	퇴장
K2	2014	수원FC	6	5	0	0	4	0	0
	합계		6	5	0	0	4	0	0
프로통산			6	5	0	0	4	0	0

차철호(車哲昊) 영남대 1980.05.08

대회	연도	소속	출전	교체	득점	도움	파울	경고	퇴장
BC	2003	포항	2	2	0	0	2	0	0
	2004	포항	11	11	0	0	11	0	0
	2005	광주상	5	5	0	0	3	0	0
	2006	광주상	12	10	1	1	11	0	0
	2007	포항	1	1	0	0	0	0	0
	합계		31	29	1	1	27	0	0
프로통산			31	29	1	1	27	0	0

차치치(Frane Cacic) 크로아티아 1980.06.25

대회	연도	소속	출전	교체	득점	도움	파울	경고	퇴장
BC	2007	부산	10	7	1	0	12	1	0
	합계		10	7	1	0	12	1	0
프로통산			10	7	1	0	12	1	0

차태영(車泰泳) 울산대 1991.02.06

대회	연도	소속	출전	교체	득점	도움	파울	경고	퇴장
K2	2015	경남	2	2	0	0	0	0	0
	합계		2	2	0	0	0	0	0
프로통산			2	2	0	0	0	0	0

차희철(車喜哲) 여주상고 1966.11.24

대회	연도	소속	출전	교체	득점	도움	파울	경고	퇴장
BC	1984	유공	22	10	1	3	10	0	0
	1985	유공	12	5	0	3	8	0	0
	1988	유공	13	8	1	1	13	0	0
	1989	유공	34	13	1	2	33	2	0
	1990	유공	22	14	0	0	11	0	0
	1991	유공	1	0	0	0	1	0	0
	합계		97	50	3	8	73	4	0
프로통산			97	50	3	8	73	4	0

채광훈(蔡光勳) 상지대 1993.08.17

대회	연도	소속	출전	교체	득점	도움	파울	경고	퇴장
K2	2016	안양	9	3	0	0	7	2	0
	2017	안양	13	2	1	2	15	1	1
	2018	안양	30	2	0	4	24	1	1
	합계		52	7	0	6	46	3	2
프로통산			52	7	0	6	46	3	2

채선일(蔡善一) 배재대 1994.08.03

대회	연도	소속	출전	교체	득점	도움	파울	경고	퇴장
K2	2018	수원FC	1	1	0	0	0	0	0
	합계		1	1	0	0	0	0	0
프로통산			1	1	0	0	0	0	0

채프만(Connor Edward Chapman) 오스트레일리아 1994.10.31

대회	연도	소속	출전	교체	득점	도움	파울	경고	퇴장
K1	2017	인천	27	8	2	0	32	5	0
	2018	포항	33	5	2	0	44	9	0
	합계		60	13	4	0	76	14	0
프로통산			60	13	4	0	76	14	0

차디(Dragan Cadikovski) 마케도니아 1982.01.13

대회	연도	소속	출전	교체	득점	도움	파울	경고	퇴장
BC	2009	인천	20	14	5	1	27	4	0
	2010	인천	4	4	0	0	3	0	0
	합계		24	18	5	1	30	4	0
프로통산			24	18	5	1	30	4	0

천대환(千大煥) 아주대 1980.12.06

대회	연도	소속	출전	교체	득점	도움	파울	경고	퇴장
BC	2003	성남일	2	1	0	0	3	0	0
	2004	성남일	4	3	0	0	4	0	0
	2005	성남일	7	1	0	0	6	0	0
	합계		13	6	0	0	13	0	0
프로통산			13	6	0	0	13	0	0

천병호(千秉浩) 중앙대 1958.08.10

대회	연도	소속	출전	교체	득점	도움	파울	경고	퇴장
BC	1983	국민	12	5	0	0	3	0	0
	합계		12	5	0	0	3	0	0
프로통산			12	5	0	0	3	0	0

천성권(千成權) 단국대 1976.09.26

대회	연도	소속	출전	교체	득점	도움	파울	경고	퇴장
BC	2000	부산	3	3	0	0	3	0	0
	합계		3	3	0	0	3	0	0
프로통산			3	3	0	0	3	0	0

천정희(千丁熙) 한양대 1974.06.23

대회	연도	소속	출전	교체	득점	도움	파울	경고	퇴장
BC	1997	울산	12	4	1	0	18	1	0
	1998	울산	30	9	1	0	17	1	0
	1999	울산	10	3	0	0	13	0	0
	2000	울산	21	7	0	1	2	0	0
	합계		73	23	2	1	59	5	0
프로통산			73	23	2	1	59	5	0

천제훈(千制訓) 한남대 1985.07.13

대회	연도	소속	출전	교체	득점	도움	파울	경고	퇴장
BC	2006	서울	6	5	1	0	11	0	0
	2007	서울	1	0	0	0	1	0	0
	2008	서울	2	2	0	0	2	0	0
	2009	광주상	2	2	0	0	1	0	0
	2010	광주상	0	0	0	0	0	0	0
	합계		11	9	1	0	15	0	0
프로통산			11	9	1	0	15	0	0

최강희(崔康熙) 우신고 1959.04.12

대회	연도	소속	출전	교체	득점	도움	파울	경고	퇴장
BC	1983	포철	3	0	0	0	1	0	0
	1984	현대	26	1	0	2	17	0	0
	1985	현대	21	0	2	3	23	0	0
	1986	현대	31	1	0	3	47	1	0
	1987	현대	20	1	0	2	24	2	0
	1988	현대	20	1	0	2	23	0	0
	1989	현대	9	0	0	1	11	0	0
	1990	현대	13	1	2	3	19	2	1
	1991	현대	31	6	0	0	41	3	0
	1992	현대	31	16	0	1	14	1	0
	합계		205	15	10	22	231	12	1
프로통산			205	15	10	22	231	12	1

최거룩(崔거룩) 중앙대 1976.06.26

대회	연도	소속	출전	교체	득점	도움	파울	경고	퇴장
BC	1999	부천SK	21	13	1	0	26	5	0
	2000	부천SK	20	4	0	0	37	5	0
	2001	부천SK	19	2	1	0	18	1	0
	2002	부천SK	23	7	0	0	37	5	0
	2003	부천SK	3	0	1	0	3	0	0
	2003	전남	20	2	0	2	31	5	0
	2004	전남	17	0	0	0	40	7	0
	2005	대전	13	0	0	0	27	2	0
	2006	대전	12	8	0	0	27	3	0
	2007	대전	16	7	0	0	33	6	0
	합계		165	43	3	2	285	41	3
프로통산			165	43	3	2	285	41	3

최건택(崔建澤) 중앙대 1965.03.23

대회	연도	소속	출전	교체	득점	도움	파울	경고	퇴장
BC	1988	현대	14	11	1	1	19	0	0
	1989	현대	15	13	1	1	18	0	0
	합계		29	24	2	2	37	0	0
프로통산			29	24	2	2	37	0	0

최경복(崔景福) 광양제철고 1988.03.13

대회	연도	소속	출전	교체	득점	도움	파울	경고	퇴장
BC	2007	전남	2	2	0	0	1	0	0
	2008	전남	9	8	0	0	9	1	0
	합계		11	10	0	0	10	1	0
프로통산			11	10	0	0	10	1	0

최경식(崔景植) 건국대 1957.02.01

대회	연도	소속	출전	교체	득점	도움	파울	경고	퇴장
BC	1983	유공	5	1	0	0	3	0	0
	1984	국민	26	4	0	0	21	0	0
	1985	포철	12	0	1	0	14	0	0
	합계		43	5	1	0	36	0	0
프로통산			43	5	1	0	36	0	0

최광수(崔光洙) 동의대 1979.09.25

대회	연도	소속	출전	교체	득점	도움	파울	경고	퇴장
BC	2002	부산	12	9	1	0	14	1	0
	2003	부산	2	2	0	0	2	0	0
	합계		14	11	1	0	16	1	0
프로통산			14	11	1	0	16	1	0

최광지(崔光志) 광운대 1963.06.05

대회	연도	소속	출전	교체	득점	도움	파울	경고	퇴장
BC	1986	현대	4	3	1	0	2	0	0
	1987	현대	5	4	0	0	4	1	0
	1989	현대	5	0	0	0	13	0	0
	1990	현대	5	5	0	0	6	0	0
	합계		21	12	2	0	25	1	0
프로통산			21	12	2	0	25	1	0

최광훈(崔光勳) 인천대 1982.11.03

대회	연도	소속	출전	교체	득점	도움	파울	경고	퇴장
BC	2004	인천	0	0	0	0	0	0	0
	합계		0	0	0	0	0	0	0
프로통산			0	0	0	0	0	0	0

최광희(崔光熙) 울산대 1984.05.17

대회	연도	소속	출전	교체	득점	도움	파울	경고	퇴장
BC	2006	울산	3	3	0	0	0	0	0
	2007	전북	2	2	0	0	1	0	0
	2008	부산	12	10	0	0	8	0	0
	2009	부산	4	3	0	0	4	1	0
	2010	부산	13	9	0	0	4	2	0
	2011	부산	13	9	0	1	12	0	0
	2012	부산	36	22	3	2	21	2	0
	합계		76	53	3	4	48	5	0
K1	2014	부산	8	6	0	2	10	0	0
	2015	부산	14	0	0	0	16	3	0
	합계		22	6	0	2	26	3	0
K2	2013	경찰	33	4	2	1	30	5	0
	2014	안산경	20	7	0	5	22	5	0
	2016	부산	3	3	1	0	3	2	0
	2017	부산	22	3	0	1	17	2	0
	합계		78	17	3	10	74	14	0
승	2015	부산	0	0	0	0	0	0	0
	합계		0	0	0	0	0	0	0
프로통산			188	90	7	16	151	22	0

최규백(崔圭伯) 대구대 1994.01.23

대회	연도	소속	출전	교체	득점	도움	파울	경고	퇴장

Section 6 역대통산기록

최상국(崔相國) 청주상고 1961.02.15

대회	연도	소속	출전	교체	득점	도움	파울	경고	퇴장
BC	1983	포철	16	1	2	4	15	0	0
	1984	포철	23	3	4	1	28	2	0
	1985	포철	20	3	2	2	24	0	0
	1986	포철	19	3	2	4	20	1	0
	1987	포철	30	7	15	8	29	3	0
	1988	포철	11	3	1	1	11	0	0
	1989	포철	8	3	0	0	14	2	0
	1990	포철	19	6	3	0	18	2	0
	1991	포철	13	10	0	2	20	0	0
		합계	159	39	32	22	191	10	0
프로통산			159	39	32	22	191	10	0

최상현(崔相賢) 연세대 1984.03.18

대회	연도	소속	출전	교체	득점	도움	파울	경고	퇴장
BC	2009	대구	4	4	0	0	5	1	0
		합계	4	4	0	0	5	1	0
프로통산			4	4	0	0	5	1	0

최상훈(崔相勳) 국민대 1971.09.28

대회	연도	소속	출전	교체	득점	도움	파울	경고	퇴장
BC	1994	포철	3	3	0	0	6	2	0
	1995	포항	2	2	0	0	0	0	0
	1996	포항	2	2	1	0	4	0	0
	1997	안양LG	3	3	0	0	2	1	0
		합계	10	10	1	0	12	3	0
프로통산			10	10	1	0	12	3	0

최석도(崔錫道) 중앙대 1982.05.01

대회	연도	소속	출전	교체	득점	도움	파울	경고	퇴장
BC	2005	대구	1	1	0	0	1	1	0
	2006	대구	2	1	0	0	0	0	0
		합계	3	2	0	0	1	1	0
프로통산			3	2	0	0	1	1	0

최선걸(崔善傑) 서울시립대 1973.03.27

대회	연도	소속	출전	교체	득점	도움	파울	경고	퇴장
BC	1998	울산	4	4	0	0	5	0	0
	1999	울산	1	1	0	0	0	0	0
	2000	전남	17	9	3	2	41	1	0
	2001	전남	23	12	2	1	50	5	0
		합계	45	26	5	3	98	6	0
프로통산			45	26	5	3	98	6	0

최성국(崔成國) 고려대 1983.02.08

대회	연도	소속	출전	교체	득점	도움	파울	경고	퇴장
BC	2003	울산	27	22	7	1	30	5	0
	2004	울산	19	10	1	4	19	2	0
	2005	울산	21	16	3	6	36	4	0
	2006	울산	35	13	9	4	40	3	0
	2007	성남일	28	20	3	2	36	3	0
	2008	성남일	24	24	4	4	25	4	0
	2009	광주상	23	8	3	3	41	2	0
	2010	광주상	20	14	2	4	43	5	1
	2010	성남일	3	3	0	0	0	0	0
	2011	수원	12	9	1	2	11	2	0
		합계	219	124	42	25	258	30	1
프로통산			219	124	42	25	258	30	1

최성근(崔成根) 고려대 1991.07.28

대회	연도	소속	출전	교체	득점	도움	파울	경고	퇴장
K1	2017	수원	22	6	0	1	45	5	0
	2018	수원	20	9	0	1	38	6	1
		합계	42	15	0	2	83	11	1
프로통산			42	15	0	2	83	11	1

최성민(崔晟旼) 동국대 1991.08.20

대회	연도	소속	출전	교체	득점	도움	파울	경고	퇴장
K1	2014	경남	3	2	0	0	5	1	0
		합계	3	2	0	0	5	1	0
K2	2015	경남	9	4	0	1	9	3	0
	2015	부천	2	2	0	0	2	0	0
	2018	안산	17	4	0	0	7	2	0
		합계	28	10	0	1	17	3	0
승	2014	경남	0	0	0	0	0	0	0
		합계	0	0	0	0	0	0	0
프로통산			31	12	0	1	22	4	0

최성용(崔成勇) 고려대 1975.12.25

대회	연도	소속	출전	교체	득점	도움	파울	경고	퇴장
BC	2002	수원	11	2	0	0	10	1	0
	2003	수원	23	5	0	0	17	2	0
	2004	수원	35	6	1	4	51	3	0
	2005	수원	23	8	0	0	28	5	0
	2006	수원	12	10	0	1	9	0	0
	2007	울산	9	8	0	0	3	0	0
		합계	113	39	1	5	118	11	0
프로통산			113	39	1	5	118	11	0

최성현(崔星玄) 호남대 1982.05.02

대회	연도	소속	출전	교체	득점	도움	파울	경고	퇴장
BC	2005	수원	2	2	0	0	4	1	0
	2006	광주상	2	1	0	0	2	0	0
	2008	수원	8	6	0	0	6	1	0
	2009	수원	10	5	0	0	14	1	0
	2010	제주	2	2	0	0	3	0	0
		합계	22	15	0	0	27	3	0
프로통산			22	15	0	0	27	3	0

최성호(崔聖鎬) 동아대 1969.07.17

대회	연도	소속	출전	교체	득점	도움	파울	경고	퇴장
BC	1992	일화	1	1	0	0	1	0	0
	1993	일화	7	8	1	0	7	0	0
	1995	일화	6	6	0	0	5	1	0
	1996	천안일	2	2	0	0	1	0	0
	1997	수원	4	4	0	0	1	0	0
		합계	20	22	4	0	12	2	0
프로통산			20	22	4	0	12	2	0

최성환(崔誠桓) 전주대 1981.10.06

대회	연도	소속	출전	교체	득점	도움	파울	경고	퇴장
BC	2005	대구	15	5	0	0	59	9	0
	2006	대구	24	4	2	2	69	10	0
	2007	수원	3	3	0	0	4	0	0
	2008	수원	8	7	0	0	20	5	0
	2009	수원	12	8	0	0	16	2	0
	2011	수원	21	11	0	0	33	9	0
	2012	수원	4	4	0	0	3	0	0
	2012	울산	4	1	0	0	5	1	0
		합계	106	37	2	2	229	42	0
K1	2013	울산	1	1	0	0	0	0	0
		합계	1	1	0	0	0	0	0
K2	2014	광주	5	1	0	0	4	1	0
	2015	경남	28	6	1	0	33	6	1
		합계	33	7	1	0	39	8	1
프로통산			140	45	3	2	268	51	1

최수현(崔守現) 명지대 1993.12.09

대회	연도	소속	출전	교체	득점	도움	파울	경고	퇴장
K1	2017	대구	1	1	0	0	0	0	0
		합계	1	1	0	0	0	0	0
프로통산			1	1	0	0	0	0	0

최순호(崔淳鎬) 광운대 1962.01.10

대회	연도	소속	출전	교체	득점	도움	파울	경고	퇴장
BC	1983	포철	2	1	2	3	3	0	0
	1984	포철	24	0	14	6	25	1	0
	1985	포철	5	1	2	0	3	0	0
	1986	포철	9	2	1	2	8	1	0
	1987	포철	16	7	2	3	23	1	0
	1988	럭금	11	0	1	2	16	0	0
	1989	럭금	9	0	0	0	17	1	0
	1990	럭금	8	4	1	2	7	0	0
	1991	포철	16	11	0	1	3	1	0
		합계	100	26	23	19	105	5	0
프로통산			100	26	23	19	105	5	0

최승범(崔勝範) 홍익대 1974.09.23

대회	연도	소속	출전	교체	득점	도움	파울	경고	퇴장
BC	2000	안양LG	1	1	0	0	2	0	0
		합계	1	1	0	0	2	0	0

최승인(崔承仁) 동래고 1991.03.05

대회	연도	소속	출전	교체	득점	도움	파울	경고	퇴장
K1	2013	강원	10	10	2	1	5	1	0
		합계	10	10	2	1	5	1	0
K2	2014	강원	20	21	2	2	19	1	0
	2015	강원	31	20	11	3	34	4	0
	2016	부산	14	12	2	1	15	1	0
	2017	부산	15	12	1	0	21	2	0
	2018	부산	19	18	3	6	16	3	1
		합계	99	83	21	6	105	11	1
승	2013	강원	2	1	2	0	2	0	0
	2018	부산	1	1	0	0	0	0	0
		합계	3	2	2	0	2	0	0
프로통산			112	95	25	7	112	12	1

최승호(最勝湖) 예원예술대 1992.03.31

대회	연도	소속	출전	교체	득점	도움	파울	경고	퇴장
K2	2014	충주	24	11	0	3	22	5	0
	2015	충주	32	16	1	1	17	3	0
	2016	충주	31	10	0	0	33	4	0
	2017	안양	9	6	0	0	14	2	0
	2018	안양	11	9	0	0	0	0	0
		합계	107	52	1	4	86	14	0
프로통산			107	52	1	4	86	14	0

최연근(崔延根) 중앙대 1988.04.01

대회	연도	소속	출전	교체	득점	도움	파울	경고	퇴장
BC	2011	성남일	0	0	0	0	0	0	0
		합계	0	0	0	0	0	0	0
프로통산			0	0	0	0	0	0	0

최영광(崔榮光) 한남대 1990.05.20

대회	연도	소속	출전	교체	득점	도움	파울	경고	퇴장
K2	2016	강원	0	0	0	0	0	0	0
		합계	0	0	0	0	0	0	0
프로통산			0	0	0	0	0	0	0

최영근(崔永根) 한양대 1972.07.16

대회	연도	소속	출전	교체	득점	도움	파울	경고	퇴장
BC	1998	부산	8	3	0	0	16	1	0
	1999	부산	6	6	0	0	1	0	0
		합계	14	9	0	0	17	1	0
프로통산			14	9	0	0	17	1	0

최영남(崔永男) 아주대 1984.07.27

대회	연도	소속	출전	교체	득점	도움	파울	경고	퇴장
BC	2010	강원	13	2	1	2	7	0	0
		합계	13	2	1	2	7	0	0
프로통산			13	2	1	2	7	0	0

최영은(崔永恩) 성균관대 1995.09.26

대회	연도	소속	출전	교체	실점	도움	파울	경고	퇴장
K1	2018	대구	10	0	13	0	0	2	0
		합계	10	0	13	0	0	2	0
프로통산			10	0	13	0	0	2	0

최영일(崔英一) 동아대 1966.04.25

대회	연도	소속	출전	교체	득점	도움	파울	경고	퇴장
BC	1989	현대	29	3	0	0	62	4	0
	1990	현대	21	5	0	0	28	3	0
	1991	현대	37	6	1	0	59	6	0
	1992	현대	37	6	1	0	51	5	0
	1993	현대	35	0	1	0	40	1	0
	1994	현대	17	1	1	0	27	7	0
	1995	현대	33	0	1	0	49	5	0
	1996	울산	31	2	0	2	60	7	0
	1997	부산	16	3	0	0	29	2	0

최영일 continued:

대회	연도	소속	출전	교체	득점	도움	파울	경고	퇴장
	1998	부산	8	1	0	1	13	1	1
	2000	안양LG	5	4	0	0	2	1	0
	합계		266	28	3	6	417	37	1
프로통산			266	28	3	6	417	37	1

최영일(崔永一) 관동대 1984.03.10

대회	연도	소속	출전	교체	득점	도움	파울	경고	퇴장
BC	2007	서울	0	0	0	0	0	0	0
	합계		0	0	0	0	0	0	0
프로통산			0	0	0	0	0	0	0

최영준(崔榮峻) 건국대 1991.12.15

대회	연도	소속	출전	교체	득점	도움	파울	경고	퇴장
BC	2011	경남	17	6	0	1	25	3	0
	2012	경남	35	9	0	1	39	3	0
	합계		52	15	0	2	64	6	0
K1	2013	경남	18	10	0	0	22	3	0
	2014	경남	21	11	0	2	21	1	0
	2018	경남	37	7	3	2	31	4	0
	합계		76	28	3	4	74	8	0
K2	2015	안산경	20	11	1	0	12	4	0
	2016	안산무	7	6	0	1	7	0	0
	2016	경남	5	1	0	0	4	0	0
	2017	경남	31	9	3	1	29	5	0
	합계		61	27	4	2	52	9	0
승	2014	경남	2	1	0	1	5	1	0
	합계		2	1	0	1	5	1	0
프로통산			191	71	7	9	195	24	0

최영준(崔榮俊) 연세대 1965.08.16

대회	연도	소속	출전	교체	득점	도움	파울	경고	퇴장
BC	1988	럭금	22	0	0	0	18	0	0
	1989	럭금	27	2	0	1	19	2	0
	1990	럭금	23	0	1	0	23	0	0
	1991	LG	37	5	0	1	34	1	0
	1992	LG	27	4	1	0	52	3	0
	1993	LG	27	1	0	0	39	3	0
	1994	LG	14	3	0	0	14	0	0
	1995	현대	21	2	1	1	12	0	0
	1996	울산	12	2	0	1	12	2	0
	합계		210	19	4	4	223	14	0
프로통산			210	19	4	4	223	14	0

최영회(崔永回) 고려대 1960.02.14

대회	연도	소속	출전	교체	득점	도움	파울	경고	퇴장
BC	1984	한일	26	2	0	0	19	1	0
	1985	한일	21	0	3	2	14	0	0
	1986	한일	16	0	1	0	8	0	0
	합계		63	2	4	2	41	1	0
프로통산			63	2	4	2	41	1	0

최영훈(崔榮熏) 연세대 1993.05.29

대회	연도	소속	출전	교체	득점	도움	파울	경고	퇴장
K2	2016	안양	25	8	0	1	74	9	0
	2017	안양	5	4	0	0	12	0	0
	합계		30	12	0	1	86	9	0
프로통산			30	12	0	1	86	9	0

최영훈(崔榮勳) 이리고 1981.03.18

대회	연도	소속	출전	교체	득점	도움	파울	경고	퇴장
BC	2000	전북	2	2	0	0	4	0	0
	2001	전북	5	5	0	0	2	1	0
	2002	전북	6	7	0	0	1	0	0
	2003	전북	23	23	1	1	22	1	0
	2004	전북	21	15	1	0	16	1	0
	2005	전북	2	2	0	0	2	0	0
	2006	전북	21	13	0	3	36	2	0
	2007	인천	3	2	0	0	6	0	0
	2008	인천	3	2	0	0	6	0	0
	합계		88	74	2	4	93	6	0
프로통산			88	74	2	4	93	6	0

최영희(崔營喜) 아주대 1969.02.26

대회	연도	소속	출전	교체	득점	도움	파울	경고	퇴장
BC	1992	대우	17	13	1	0	7	1	0
	1993	대우	11	11	0	0	4	1	0
	1994	대우	14	1	2	0	18	0	0
	1995	대우	10	9	0	0	6	1	0
	1996	부산	12	7	0	0	7	0	0
	1997	전남	9	7	0	0	17	2	0
	1998	전남	3	2	0	0	4	0	0
	합계		76	50	3	0	63	5	0
프로통산			76	50	3	0	63	5	0

최오백(崔午百) 조선대 1992.03.10

대회	연도	소속	출전	교체	득점	도움	파울	경고	퇴장
K2	2015	서울E	7	7	0	1	4	0	0
	2016	서울E	18	14	2	4	15	4	0
	2017	서울E	15	4	5	2	16	4	0
	2018	서울E	35	7	4	3	28	4	0
	합계		75	32	11	10	59	13	0
프로통산			75	32	11	10	59	13	0

최왕길(崔王吉) 한라대 1987.01.08

대회	연도	소속	출전	교체	득점	도움	파울	경고	퇴장
BC	2011	대전	1	1	0	0	0	0	0
	합계		1	1	0	0	0	0	0
프로통산			1	1	0	0	0	0	0

최용길(崔容吉) 연세대 1965.03.15

대회	연도	소속	출전	교체	득점	도움	파울	경고	퇴장
BC	1986	한일	12	9	1	0	9	0	0
	합계		12	9	1	0	9	0	0
프로통산			12	9	1	0	9	0	0

최용수(崔龍洙) 연세대 1973.09.10

대회	연도	소속	출전	교체	득점	도움	파울	경고	퇴장
BC	1994	LG	35	10	10	7	31	2	0
	1995	LG	28	1	11	2	38	5	0
	1996	안양LG	22	7	5	3	21	2	0
	1999	안양LG	27	5	14	4	48	2	0
	2000	안양LG	34	10	14	10	62	6	0
	2006	서울	2	2	0	0	1	0	0
	합계		148	35	54	26	202	17	0
프로통산			148	35	54	26	202	17	0

최우재(崔佑在) 중앙대 1990.03.27

대회	연도	소속	출전	교체	득점	도움	파울	경고	퇴장
K1	2013	강원	16	4	0	0	25	6	0
	합계		16	4	0	0	25	6	0
K2	2014	강원	14	1	0	1	15	4	0
	2015	강원	5	2	0	0	7	3	0
	2016	강원	5	2	0	1	6	1	0
	합계		28	13	1	2	29	8	0
승	2013	강원	1	0	0	0	3	1	0
	합계		1	0	0	0	3	1	0
프로통산			45	17	1	2	53	11	0

최원권(崔源權) 동북고 1981.11.08

대회	연도	소속	출전	교체	득점	도움	파울	경고	퇴장
BC	2000	안양LG	4	3	0	0	1	0	0
	2001	안양LG	22	21	0	1	23	0	0
	2002	안양LG	20	10	0	2	23	0	0
	2003	안양LG	25	15	2	1	38	3	0
	2004	서울	19	8	1	2	41	3	0
	2005	서울	17	7	0	0	19	2	0
	2006	서울	33	4	0	2	60	3	0
	2007	서울	33	4	0	2	60	3	0
	2008	서울	20	9	0	3	38	4	0
	2009	광주상	26	5	5	3	27	6	0
	2010	광주상	24	8	3	0	29	6	0
	2011	제주	24	8	3	0	29	6	0
	2012	제주	27	11	0	0	31	7	0
	합계		260	111	11	19	374	41	0
K1	2013	제주	2	2	0	0	3	1	0
	2013	대구	12	2	0	0	16	2	0
	합계		14	4	0	0	19	3	0
K2	2014	대구	15	1	1	0	16	4	0
	2015	대구	2	0	0	0	1	0	0
	합계		17	1	1	0	17	4	0
프로통산			291	116	12	19	410	48	0

최원우(崔原友) 포철공고 1988.10.13

대회	연도	소속	출전	교체	득점	도움	파울	경고	퇴장
BC	2007	경남	1	1	0	0	1	0	0
	2008	광주상	2	2	0	0	1	0	0
	2010	경남	1	1	0	0	2	0	0
	합계		4	4	0	0	4	0	0
프로통산			4	4	0	0	4	0	0

최원욱(崔源旭) 숭실대 1990.04.27

대회	연도	소속	출전	교체	득점	도움	파울	경고	퇴장
K2	2013	경찰	1	1	0	0	1	0	0
	합계		1	1	0	0	1	0	0
BC	2011	서울	0	0	0	0	0	0	0
	합계		0	0	0	0	0	0	0
프로통산			1	1	0	0	1	0	0

최원철(崔源哲) 용인대 1995.05.26

대회	연도	소속	출전	교체	득점	도움	파울	경고	퇴장
K2	2017	수원FC	9	5	1	1	6	2	0
	2018	수원FC	12	7	0	0	8	1	0
	합계		21	12	1	1	14	3	0
프로통산			21	12	1	1	14	3	0

최월규(崔月奎) 아주대 1973.06.28

대회	연도	소속	출전	교체	득점	도움	파울	경고	퇴장
BC	1996	부산	22	21	2	0	12	0	0
	1997	부산	3	3	0	0	2	0	0
	2000	부천SK	3	2	0	0	3	0	0
	합계		28	26	2	0	17	0	0
프로통산			28	26	2	0	17	0	0

최유상(崔楡尙) 관동대 1989.08.25

대회	연도	소속	출전	교체	득점	도움	파울	경고	퇴장
K2	2015	서울E	4	3	2	0	3	0	0
	2016	충주	30	13	3	1	53	4	0
	합계		34	16	5	1	56	4	0
프로통산			34	16	5	1	56	4	0

최윤겸(崔允謙) 인천대학원 1962.04.21

대회	연도	소속	출전	교체	득점	도움	파울	경고	퇴장
BC	1986	유공	10	1	0	0	18	1	0
	1987	유공	27	7	1	0	40	4	0
	1988	유공	11	1	0	1	11	1	0
	1989	유공	30	6	1	0	45	3	0
	1990	유공	21	2	1	0	23	1	0
	1991	유공	37	12	1	0	63	3	0
	1992	유공	26	10	1	0	45	3	0
	합계		162	39	5	1	263	17	0
프로통산			162	39	5	1	263	17	0

최윤열(崔潤烈) 경희대 1974.04.17

대회	연도	소속	출전	교체	득점	도움	파울	경고	퇴장
BC	1997	전남	29	6	1	0	72	6	0
	1998	전남	31	3	0	0	105	8	0
	1999	전남	21	5	1	0	46	3	0
	2000	전남	12	3	0	0	33	3	0
	2000	안양LG	10	0	1	0	13	1	0
	2001	안양LG	22	2	0	0	58	0	1
	2002	안양LG	15	2	0	0	41	2	0
	2003	포항	34	6	2	0	51	5	0
	2004	대전	13	0	0	0	27	4	0
	2005	대전	17	1	0	1	56	7	0
	2006	대전	21	1	0	2	43	3	0
	2007	대전	24	4	0	0	51	4	0
	합계		250	37	5	1	555	45	1
프로통산			250	37	5	1	555	45	1

최윤호(崔允浩) 아주대 1974.09.15

대회	연도	소속	출전	교체	득점	도움	파울	경고	퇴장
BC	1997	부산	10	10	0	0	8	0	0

대회	연도	소속	출전	교체	실점	도움	파울	경고	퇴장
	합계		10	10	0	0	8	0	0
	프로통산		10	10	0	0	8	0	0

최은성(崔殷誠) 인천대 1971.04.05

대회	연도	소속	출전	교체	실점	도움	파울	경고	퇴장
BC	1997	대전	35	2	46	0	0	0	0
	1998	대전	33	1	55	0	1	2	0
	1999	대전	32	0	55	0	1	0	1
	2000	대전	33	0	46	0	2	1	1
	2001	대전	33	0	42	0	0	0	0
	2002	대전	25	0	35	0	1	0	0
	2003	대전	37	1	39	0	1	2	0
	2004	대전	32	0	30	0	1	1	0
	2005	대전	33	1	36	0	1	0	0
	2006	대전	39	0	41	0	3	1	0
	2007	대전	32	1	36	0	1	0	0
	2008	대전	31	0	39	0	0	1	0
	2009	대전	28	0	35	0	0	0	0
	2010	대전	13	0	25	1	0	1	0
	2011	대전	28	1	53	0	0	0	0
	2012	전북	34	1	36	0	1	4	0
	합계		498	9	639	1	12	17	2
K1	2013	전북	31	1	34	0	0	0	0
	2014	전북	3	1	3	0	0	0	0
	합계		34	2	35	0	0	0	0
	프로통산		532	11	674	1	12	17	2

최익형(崔益馨) 고려대 1973.08.05

대회	연도	소속	출전	교체	득점	도움	파울	경고	퇴장
BC	1999	전남	0	0	0	0	0	0	0
	합계		0	0	0	0	0	0	0
	프로통산		0	0	0	0	0	0	0

최인석(崔仁碩) 경일대 1979.08.07

대회	연도	소속	출전	교체	득점	도움	파울	경고	퇴장
BC	2002	울산	4	3	0	0	4	1	0
	합계		4	3	0	0	4	1	0
	프로통산		4	3	0	0	4	1	0

최인영(崔仁榮) 서울시립대 1962.03.05

대회	연도	소속	출전	교체	실점	도움	파울	경고	퇴장
BC	1983	국민	2	0	4	0	0	0	0
	1984	현대	22	0	26	0	0	0	1
	1985	현대	4	1	3	0	0	0	0
	1986	현대	17	0	14	0	0	1	0
	1987	현대	13	1	20	0	0	0	0
	1988	현대	27	1	32	0	0	1	0
	1989	현대	10	0	11	0	0	0	0
	1990	현대	10	1	17	0	2	0	0
	1991	현대	31	1	17	0	2	0	0
	1992	현대	28	1	26	0	1	3	0
	1993	현대	12	0	14	0	0	0	0
	1994	현대	6	0	6	0	0	0	0
	1995	현대	1	1	0	0	0	0	0
	1996	울산	2	0	3	0	0	0	0
	합계		176	9	174	0	5	7	1
	프로통산		176	9	174	0	5	7	1

최인창(崔仁暢) 한양대 1990.04.11

대회	연도	소속	출전	교체	득점	도움	파울	경고	퇴장
K2	2013	부천	10	9	1	0	7	2	0
	2014	부천	31	20	4	4	70	5	0
	합계		41	29	5	2	77	7	0
	프로통산		41	29	5	2	77	7	0

최인후(崔仁厚) 동북고 1995.05.04

대회	연도	소속	출전	교체	득점	도움	파울	경고	퇴장
K2	2014	강원	0	0	0	0	0	0	0
	2015	경남	7	7	0	0	0	0	0
	합계		7	7	0	0	0	0	0
	프로통산		7	7	0	0	0	0	0

최재수(崔在洙) 연세대 1983.05.02

대회	연도	소속	출전	교체	득점	도움	파울	경고	퇴장
BC	2004	서울	7	7	0	0	5	0	0
	2005	서울	17	6	1	1	29	6	0
	2006	서울	11	3	0	0	15	4	0
	2007	서울	1	0	0	0	1	0	0
	2008	광주상	26	14	0	4	33	3	0
	2009	광주상	30	9	3	3	21	2	0
	2010	울산	28	17	0	6	36	7	0
	2011	울산	40	6	1	11	44	8	0
	2012	울산	11	6	1	1	13	0	0
	2012	수원	19	12	1	1	19	5	0
	합계		178	80	7	27	216	35	0
K1	2013	수원	26	7	0	0	34	7	0
	2014	수원	5	2	0	1	4	0	0
	2015	수원	5	2	0	1	8	1	0
	2016	포항	11	3	0	0	12	0	0
	2016	전북	25	11	0	4	33	4	0
	합계		89	31	2	6	94	20	1
K2	2017	경남	20	10	1	2	13	6	1
	합계		20	10	1	2	13	6	1
	프로통산		287	121	10	36	326	60	2

최재영(崔宰榮) 홍익대 1983.07.14

대회	연도	소속	출전	교체	득점	도움	파울	경고	퇴장
BC	2005	광주상	2	2	0	0	1	0	0
	2009	성남일	2	1	0	0	0	0	0
	합계		4	3	0	0	1	0	0
	프로통산		4	3	0	0	1	0	0

최재영(崔在榮) 홍익대 1983.09.22

대회	연도	소속	출전	교체	득점	도움	파울	경고	퇴장
BC	2006	제주	9	8	0	1	14	2	0
	2007	제주	1	1	0	0	0	0	0
	합계		10	9	0	1	14	2	0
	프로통산		10	9	0	1	14	2	0

최재은(崔宰銀) 광운대 1988.06.08

대회	연도	소속	출전	교체	득점	도움	파울	경고	퇴장
BC	2010	인천	2	2	0	0	4	0	0
	합계		2	2	0	0	4	0	0
	프로통산		2	2	0	0	4	0	0

최재혁(崔宰赫) 통진종고 1964.09.17

대회	연도	소속	출전	교체	득점	도움	파울	경고	퇴장
BC	1984	현대	8	5	2	0	7	0	0
	1985	현대	15	9	1	3	15	1	0
	1986	현대	10	6	1	1	5	0	0
	합계		33	20	2	4	27	1	0
	프로통산		33	20	2	4	27	1	0

최재현(崔在現) 광운대 1994.04.20

대회	연도	소속	출전	교체	득점	도움	파울	경고	퇴장
K1	2017	전남	23	17	3	2	37	5	0
	2018	전남	25	17	5	2	22	4	1
	합계		48	34	8	4	59	9	1
	프로통산		48	34	8	4	59	9	1

최재훈(崔宰熏) 중앙대 1995.11.20

대회	연도	소속	출전	교체	득점	도움	파울	경고	퇴장
K2	2017	안양	32	8	2	2	51	6	0
	2018	안양	27	11	2	2	39	6	0
	합계		59	19	4	4	90	12	0
	프로통산		59	19	4	4	90	12	0

최전민(崔田民) 중앙대 1977.10.07

대회	연도	소속	출전	교체	득점	도움	파울	경고	퇴장
BC	2000	부천SK	3	2	0	0	2	1	0
	2001	부천SK	17	3	1	0	26	1	0
	2002	부천SK	12	3	0	0	13	0	0
	2003	부천SK	20	3	0	0	32	3	0
	합계		52	11	1	0	81	5	0
	프로통산		52	12	1	0	81	5	0

최정한(崔正漢) 연세대 1989.06.03

대회	연도	소속	출전	교체	득점	도움	파울	경고	퇴장
K1	2014	서울	7	7	1	1	8	1	0
	2015	서울	0	0	0	0	0	0	0
	합계		7	7	1	1	8	1	0
K2	2016	대구	26	24	1	2	9	0	0
	합계		26	24	1	2	9	0	0
	프로통산		33	31	2	3	17	1	0

최정호(崔貞鎬) 한양대 1978.04.06

대회	연도	소속	출전	교체	득점	도움	파울	경고	퇴장
BC	2001	전남	0	0	0	0	0	0	0
	합계		0	0	0	0	0	0	0
	프로통산		0	0	0	0	0	0	0

최종덕(崔鍾德) 고려대 1954.06.24

대회	연도	소속	출전	교체	득점	도움	파울	경고	퇴장
BC	1983	할렐	16	2	1	1	7	0	0
	1984	할렐	25	1	3	0	18	1	1
	1985	럭금	17	3	1	0	11	0	0
	합계		58	6	5	1	36	2	1
	프로통산		58	6	5	1	36	2	1

최종범(崔鍾範) 영남대 1978.03.27

대회	연도	소속	출전	교체	득점	도움	파울	경고	퇴장
BC	2001	포항	4	4	0	0	2	1	0
	2002	포항	17	14	0	0	16	0	0
	2003	포항	30	12	1	1	45	3	0
	2004	포항	16	4	0	0	31	2	0
	2005	광주상	30	7	2	2	47	3	0
	2006	광주상	11	8	0	1	9	0	0
	2008	포항	2	2	0	0	1	0	0
	2009	대구							
	합계		106	55	3	5	130	8	1
	프로통산		106	55	3	5	130	8	1

최종학(崔種學) 서울대 1962.05.10

대회	연도	소속	출전	교체	득점	도움	파울	경고	퇴장
BC	1984	현대	3	2	0	0	4	0	0
	1985	현대	1	0	0	0	0	0	0
	합계		4	2	0	0	4	0	0
	프로통산		4	2	0	0	4	0	0

최종혁(崔鍾赫) 호남대 1984.09.03

대회	연도	소속	출전	교체	득점	도움	파울	경고	퇴장
BC	2007	대구	17	11	0	2	27	5	0
	2008	대구	16	13	0	0	11	0	0
	2009	대구	18	8	0	0	20	6	0
	합계		51	32	0	2	57	12	0
	프로통산		51	32	0	2	57	12	0

최종호(崔鍾浩) 고려대 1968.04.07

대회	연도	소속	출전	교체	득점	도움	파울	경고	퇴장
BC	1991	LG	1	1	0	0	0	0	0
	1992	LG	1	1	0	0	1	0	0
	합계		2	2	0	0	1	0	0
	프로통산		2	2	0	0	1	0	0

최종환(催琮桓) 부경대 1987.08.12

대회	연도	소속	출전	교체	득점	도움	파울	경고	퇴장
BC	2011	서울	8	5	1	0	14	1	0
	2012	인천	13	11	0	1	20	1	0
	합계		21	16	1	1	34	2	0
K1	2013	인천	22	10	1	2	43	2	0
	2014	인천	30	11	3	1	38	1	1
	2016	상주	11	6	0	0	6	0	0
	2018	인천	8	2	0	0	8	0	0
	2017	인천	29	2	3	3	36	5	1
	2018	인천	11	5	0	1	19	4	0
	합계		111	26	6	7	150	13	2
K2	2015	상주	14	8	0	0	12	3	0
	합계		14	8	0	0	12	3	0
	프로통산		146	50	8	7	196	18	2

최준기(崔俊基) 연세대 1994.04.13

대회	연도	소속	출전	교체	득점	도움	파울	경고	퇴장
K2	2018	성남	21	2	0	0	24	5	0

대회	연도	소속	출전	교체	득점	도움	파울	경고	퇴장
	합계		21	2	0	0	24	5	0
프로통산			21	2	0	0	24	5	0

최준혁(崔埈赫) 단국대 1994.09.05

대회	연도	소속	출전	교체	득점	도움	파울	경고	퇴장
K2	2018	광주	13	4	1	1	13	3	0
	합계		13	4	1	1	13	3	0
프로통산			13	4	1	1	13	3	0

최지훈(崔智薰) 경기대 1984.09.20

대회	연도	소속	출전	교체	득점	도움	파울	경고	퇴장
BC	2007	인천	7	5	0	0	6	1	0
	합계		7	5	0	0	6	1	0
프로통산			7	5	0	0	6	1	0

최진규(崔珍圭) 동국대 1969.05.11

대회	연도	소속	출전	교체	득점	도움	파울	경고	퇴장
BC	1995	전북	33	1	1	4	18	4	0
	1996	전북	36	2	1	4	23	4	0
	1997	전북	24	13	0	2	38	3	0
	1998	전북	17	5	0	1	13	0	0
	1999	전북	3	1	0	2	3	0	0
	합계		113	22	2	8	95	13	0
프로통산			113	22	2	8	95	13	0

최진백(崔鎭百) 숭실대 1994.05.27

대회	연도	소속	출전	교체	실점	도움	파울	경고	퇴장
K1	2017	강원	0	0	0	0	0	0	0
	합계		0	0	0	0	0	0	0
프로통산			0	0	0	0	0	0	0

최진수(崔進樹) 현대고 1990.06.17

대회	연도	소속	출전	교체	득점	도움	파울	경고	퇴장
BC	2010	울산	7	6	1	0	3	0	0
	2011	울산	5	4	0	0	2	1	0
	2012	울산	4	4	0	0	0	0	0
	합계		12	11	1	0	5	0	0
K2	2013	안양	31	14	6	8	47	10	0
	2014	안양	31	6	5	8	55	11	0
	2015	안양	34	16	1	7	39	6	0
	2016	안산무	12	10	3	0	7	0	0
	2017	아산	3	3	0	1	0	1	0
	합계		111	49	15	24	148	28	0
프로통산			123	60	16	24	151	28	0

최진욱(崔珍煜) 관동대 1981.08.17

대회	연도	소속	출전	교체	득점	도움	파울	경고	퇴장
BC	2004	울산	0	0	0	0	0	0	0
	합계		0	0	0	0	0	0	0
프로통산			0	0	0	0	0	0	0

최진철(崔眞喆) 숭실대 1971.03.26

대회	연도	소속	출전	교체	득점	도움	파울	경고	퇴장
BC	1996	전북	29	5	1	1	70	6	0
	1997	전북	21	1	2	0	67	6	0
	1998	전북	27	8	3	0	57	6	0
	1999	전북	35	16	9	6	56	3	0
	2000	전북	32	1	3	0	57	6	0
	2001	전북	25	5	0	0	44	6	0
	2002	전북	24	3	0	1	39	5	0
	2003	전북	33	2	4	0	50	5	0
	2004	전북	21	0	2	0	45	11	0
	2005	전북	30	2	1	0	50	9	0
	2006	전북	15	3	0	0	36	5	0
	2007	전북	15	2	0	0	22	5	0
	합계		312	48	28	11	632	75	0
프로통산			312	48	28	11	632	75	0

최진한(崔震澣) 명지대 1961.06.22

대회	연도	소속	출전	교체	득점	도움	파울	경고	퇴장
BC	1985	럭금	5	3	0	0	6	0	0
	1986	럭금	23	8	4	3	45	3	0
	1987	럭금	29	10	2	1	38	5	0
	1988	럭금	23	7	4	1	26	1	0
	1989	럭금	38	15	4	5	63	3	0
	1990	럭금	27	5	6	5	37	0	0
	1991	LG	6	6	0	1	5	1	0
	1991	유공	18	8	1	0	17	2	0
	1992	유공	17	11	2	1	25	1	0
	합계		186	72	35	16	263	16	0
프로통산			186	72	35	16	263	16	0

최진호(崔診護) 관동대 1989.09.22

대회	연도	소속	출전	교체	득점	도움	파울	경고	퇴장
BC	2011	부산	12	10	1	0	6	0	0
	2012	부산	7	7	1	0	2	0	0
	합계		19	17	2	0	8	0	0
K1	2013	강원	22	16	6	1	11	3	0
	2017	상주	7	8	0	0	2	0	0
	2018	상주	7	8	0	0	2	0	0
	2018	강원	1	1	0	0	0	0	0
	합계		32	27	6	1	13	3	0
K2	2014	강원	33	13	13	9	23	1	0
	2015	강원	23	15	5	2	17	2	0
	2016	강원	22	22	1	2	14	2	0
	합계		79	51	20	9	50	6	0
승	2013	강원	2	1	0	1	0	0	0
	2016	강원							
	2017	상주							
	합계		2	1	0	1	5	1	0
프로통산			132	96	28	11	76	10	0

최창수(崔昌壽) 영남대 1955.11.20

대회	연도	소속	출전	교체	득점	도움	파울	경고	퇴장
BC	1983	포철	10	5	1	0	0	0	0
	1984	포철	6	4	0	2	1	0	0
	합계		16	9	1	0	1	0	0
프로통산			16	9	1	0	1	0	0

최창용(崔昌鎔) 연세대 1985.09.17

대회	연도	소속	출전	교체	득점	도움	파울	경고	퇴장
BC	2008	수원	3	2	0	0	4	1	0
	합계		3	2	0	0	4	1	0
프로통산			3	2	0	0	4	1	0

최창환(崔昌煥) 광운대 1962.08.09

대회	연도	소속	출전	교체	득점	도움	파울	경고	퇴장
BC	1985	현대	3	3	0	0	3	0	0
	합계		3	3	0	0	3	0	0
프로통산			3	3	0	0	3	0	0

최철순(崔喆淳) 충북대 1987.02.08

대회	연도	소속	출전	교체	득점	도움	파울	경고	퇴장
BC	2006	전북	23	2	0	1	39	4	0
	2007	전북	19	1	0	1	36	4	0
	2008	전북	36	1	0	1	49	6	0
	2009	전북	27	5	0	1	51	6	0
	2010	전북	21	0	0	0	40	5	0
	2011	전북	22	3	0	0	40	8	0
	2012	상주	23	2	0	1	42	6	0
	합계		171	17	2	5	307	39	1
K1	2014	상주	4	0	1	0	4	0	0
	2014	전북	30	1	0	2	40	5	0
	2015	전북	32	2	1	2	49	9	0
	2016	전북	20	1	1	1	58	10	0
	2017	전북	24	3	0	0	42	8	0
	2018	전북	30	3	0	0	41	5	0
	합계		156	3	1	10	221	34	0
K2	2013	상주	29	3	4	2	37	11	0
	합계		29	3	4	2	37	11	0
승	2013	상주	2	0	0	0	4	1	0
	합계		2	0	0	0	4	1	0
프로통산			358	23	3	17	568	79	1

최철우(崔喆宇) 고려대 1977.11.30

대회	연도	소속	출전	교체	득점	도움	파울	경고	퇴장
BC	2000	울산	12	7	5	0	15	2	0
	2001	울산	8	8	0	0	13	0	0
	2002	포항	27	21	4	1	29	0	0
	2003	포항	21	16	4	1	31	0	0
	2004	부천SK	5	5	0	1	2	0	0
	2005	부천SK	25	15	6	0	37	1	0
	2006	제주	24	13	4	1	28	3	0
	2007	부산	12	7	1	0	14	1	0
	2008	부산	9	7	0	0	12	2	0
	합계		143	99	24	4	181	9	0
프로통산			143	99	24	4	181	9	0

최철원(崔喆原) 광주대 1994.07.23

대회	연도	소속	출전	교체	실점	도움	파울	경고	퇴장
K2	2016	부천	2	1	0	0	0	0	0
	2017	부천	3	0	6	0	0	0	0
	2018	부천	30	0	39	0	0	0	0
	합계		35	1	45	0	0	0	0
프로통산			35	1	45	0	0	0	0

최철주(崔澈柱) 광양농고 1961.05.26

대회	연도	소속	출전	교체	득점	도움	파울	경고	퇴장
BC	1984	현대	2	0	1	0	0	0	0
	1985	현대	2	2	0	0	0	0	0
	합계		4	2	1	0	0	0	0
프로통산			4	2	1	0	0	0	0

최철희(崔哲熙) 동아대 1961.10.03

대회	연도	소속	출전	교체	득점	도움	파울	경고	퇴장
BC	1984	국민	18	15	1	0	12	0	0
	합계		18	15	1	0	12	0	0
프로통산			18	15	1	0	12	0	0

최청일(崔靑一) 연세대 1968.04.25

대회	연도	소속	출전	교체	득점	도움	파울	경고	퇴장
BC	1989	일화	13	11	1	1	15	0	0
	1990	일화	17	15	2	1	12	0	0
	1991	일화	1	1	0	0	1	0	0
	1991	현대	1	1	0	0	0	0	0
	1992	현대	13	8	1	0	15	2	0
	1993	현대	13	8	0	1	7	1	0
	1994	현대	6	6	0	0	9	0	0
	1996	전남	6	6	0	0	3	0	0
	합계		66	57	3	5	70	4	0
프로통산			66	57	3	5	70	4	0

최치원(崔致遠) 연세대 1993.06.11

대회	연도	소속	출전	교체	득점	도움	파울	경고	퇴장
K1	2015	전북	1	1	0	0	0	0	0
	합계		1	1	0	0	0	0	0
K2	2015	서울E	8	8	1	1	11	0	0
	2016	서울E	6	5	0	0	10	2	0
	2017	서울E	17	10	6	1	29	1	0
	2018	서울E	19	12	3	1	25	3	0
	합계		44	30	10	3	65	5	0
프로통산			45	31	10	3	65	5	0

최태섭(崔台燮) 성균관대 1962.01.12

대회	연도	소속	출전	교체	득점	도움	파울	경고	퇴장
BC	1985	한일	1	1	0	0	0	0	0
	합계		1	1	0	0	0	0	0
프로통산			1	1	0	0	0	0	0

최태성(崔泰成) 신한고 1977.06.16

대회	연도	소속	출전	교체	득점	도움	파울	경고	퇴장
BC	1997	부산							
	1998	부산							
	2002	부산							
	합계		9	8	0	0	5	0	0
프로통산			9	8	0	0	5	0	0

최태욱(崔兒旭) 부평고 1981.03.13

대회	연도	소속	출전	교체	득점	도움	파울	경고	퇴장
BC	2000	안양LG	16	16	1	3	9	0	0
	2001	안양LG	31	9	0	3	21	3	0
	2002	안양LG	22	13	2	1	6	0	0

대회	연도	소속	출전	교체	득점	도움	파울	경고	퇴장
	2003	안양LG	36	17	3	5	16	2	0
	2004	인천	23	11	5	3	29	1	0
	2006	포항	25	19	2	2	17	0	0
	2007	포항	19	11	1	1	5	0	0
	2008	전북	26	20	4	3	24	1	0
	2009	전북	32	16	9	12	30	1	0
	2010	전북	15	9	2	6	15	0	0
	2010	서울	16	10	6	2	19	0	0
	2011	서울	13	13	0	3	19	0	0
	2012	서울	28	29	3	7	11	0	0
	합계		302	193	37	51	212	8	0
K1	2013	울산	10	11	0	0	0	0	0
	2014	울산	1	1	0	0	0	0	0
	합계		11	12	0	0	0	0	0
프로통산			313	205	37	51	212	8	0

최태진(崔泰鎭) 고려대 1961.05.14

대회	연도	소속	출전	교체	득점	도움	파울	경고	퇴장
BC	1985	대우	21	1		2	37	1	0
	1986	대우	26	5	4	2	32	1	0
	1987	대우	6	5	0		6	0	0
	1988	대우	22	4	1		29	2	0
	1989	럭금	34	2	3		37	3	0
	1990	럭금	22	4	2		34	4	0
	1991	LG	26	5	1		24	2	0
	1992	LG	17	10	0		14	0	0
	합계		181	33	18	8	210	11	1
프로통산			181	33	18	8	210	11	1

최필수(崔弼守) 성균관대 1991.06.20

대회	연도	소속	출전	교체	실점	도움	파울	경고	퇴장
K1	2017	상주	10	0	18	0	0	0	0
	2018	상주	9	0	10	0	0	0	0
	합계		19	0	28	0	0	0	0
K2	2014	안양	2	0	2	0	0	1	0
	2015	안양	34	0	44	0	0	1	0
	2016	안양	13	1	18	0	0	0	0
	2018	안양	0	0	64	0	0	0	0
	합계		49	1	92	0	1		0
승	2017	상주	0	0	0	0	0	0	0
	합계		0	0	0	0	0	0	0
프로통산			68	1	92	0	1		0

최한솔(崔한솔) 영남대 1997.03.16

대회	연도	소속	출전	교체	득점	도움	파울	경고	퇴장
K2	2018	서울E	12	9	1	0	12	5	0
	합계		12	9	1	0	12	5	0
프로통산			12	9	1	0	12	5	0

최한욱(崔漢旭) 선문대 1981.03.02

대회	연도	소속	출전	교체	득점	도움	파울	경고	퇴장
BC	2004	대구	5	3	0	1	9	0	0
	2005	대구	1	1	0	0	1	0	0
	합계		6	4	0	1	10	0	0
프로통산			6	4	0	1	10	0	0

최현(崔炫) 중앙대 1978.11.07

대회	연도	소속	출전	교체	실점	도움	파울	경고	퇴장
BC	2002	부천SK	26	0	40	0	1	4	0
	2003	부천SK	13	1	24	0	0	1	0
	2004	부천SK	0	0	0	0	0	0	0
	2005	부천SK							
	2006	제주	7	0	7	0	0	1	0
	2007	제주	16	1	19	0	0	4	0
	2008	경남	4	0	3	0	0	1	0
	2009	부산	33	2	46	0	0	5	0
	2010	부산	0	0	0	0	0	0	0
	2011	대전	7	1	12	0	0	1	0
	2012	대전	8	1	10	0	0	0	0
	합계		113	7	165	0	1	12	0
프로통산			113	7	165	0	1	12	0

최현연(崔玹蓮) 울산대 1984.04.16

대회	연도	소속	출전	교체	득점	도움	파울	경고	퇴장
BC	2006	제주	17	14	0	3	21	4	0
	2007	제주	20	11	3	0	19	1	0
	2008	제주	26	17	2	1	22	0	0
	2009	제주	17	10	1	4	31	3	0
	2010	포항	5	5	0		5	0	0
	2012	경남	26	20	1	1	29	3	0
	합계		111	77	7	9	127	11	0
K1	2013	경남	17	9	1	0	19	5	0
	2014	경남	1	1	0	0	0	0	0
	합계		18	10	1	0	19	5	0
프로통산			129	86	7	10	147	16	0

최현태(崔玹態) 동아대 1987.09.15

대회	연도	소속	출전	교체	득점	도움	파울	경고	퇴장
BC	2010	서울	22	16	0	0	21	3	0
	2011	서울	28	10	1	0	26	4	0
	2012	서울	27	11	0	1	36	4	0
	합계		77	37	1	1	83	11	0
K1	2013	서울	14	10	0	1	11	1	0
	2014	서울	17	14	0	0	16	1	0
	2016	상주	6	6	0	1	5	1	0
	합계		37	30	0	1	32	3	0
K2	2015	상주	26	17	2	1	23	1	0
	합계		26	17	2	1	23	1	0
프로통산			140	84	3	3	138	15	0

최형준(崔亨俊) 경희대 1980.06.04

대회	연도	소속	출전	교체	득점	도움	파울	경고	퇴장
BC	2003	부천SK	14	2	0	0	23	1	2
	2004	부천SK	1	1	0	0	1	0	0
	2005	대전	4	3	0	0	1	0	0
	합계		19	5	0	0	34	3	2
프로통산			19	5	0	0	34	3	2

최호정(崔皓程) 관동대 1989.12.08

대회	연도	소속	출전	교체	득점	도움	파울	경고	퇴장
BC	2010	대구	17	2	0	0	27	6	0
	2011	대구	8	0	0	0	9	1	0
	2012	대구	31	4	0	4	47	5	0
	합계		56	13	0	4	79	12	0
K1	2013	대구	22	1	0	0	27	2	0
	2014	상주	27	7	1	1	36	3	0
	2016	성남	10	4	0	0	5	1	0
	합계		62	13	1	4	67	10	0
K2	2015	상주	6	1	0	0	13	1	0
	2015	대구	4	0	0	0	1	0	0
	2017	서울E	24	1	2	0	24	5	0
	2018	안양	25	2	1	1	24	5	0
	합계		81	4	3	2	71	12	1
승	2016	성남	3	1	0	0	5	1	0
	합계		3	1	0	0	5	1	0
프로통산			200	30	8	6	219	34	1

최호주(崔浩周) 단국대 1992.03.10

대회	연도	소속	출전	교체	득점	도움	파울	경고	퇴장
K1	2015	포항	0	0	0	0	0	0	0
	2016	포항	13	13	0	1	4	0	0
	합계		13	13	0	1	4	0	0
K2	2018	안산	24	8	1	1	9	1	0
	합계		24	8	1	1	9	1	0
프로통산			37	21	7	2	23	1	0

최홍식(崔洪植) 강릉상고 1959.09.06

대회	연도	소속	출전	교체	득점	도움	파울	경고	퇴장
BC	1984	유공	10	1	0	1	7	0	0
	1985	할렐	15	8	1	0	8	1	0
	합계		25	16	1	2	14	0	0
프로통산			25	16	1	2	14	0	0

최효진(崔孝鎭) 아주대 1983.08.18

대회	연도	소속	출전	교체	득점	도움	파울	경고	퇴장
BC	2005	인천	34	7	1	2	65	4	0
	2006	인천	36	6	4	1	59	5	0
	2007	포항	26	10	3	1	44	5	0
	2008	포항	26	3	2	3	42	4	0
	2009	포항	27	2	2	2	59	7	0
	2010	서울	34	1	3	4	58	9	0
	2011	상주	20	1	0	2	23	4	0
	2012	상주	23	2		1	33	5	0
	2012	서울	0	0	0		10	0	0
	합계		242	45	17	16	404	42	0
K1	2013	서울	24	20	2	0	14	3	0
	2014	서울	17	3	3	2	33	5	0
	2015	전남	23	3		0	33	5	0
	2016	전남	31	1	2	4	41	9	0
	2017	전남	13	1	0		13	1	0
	2018	전남	12	1	0	1	13	1	0
	합계		129	30	5	10	137	22	0
프로통산			371	75	22	26	541	64	0

최훈(崔勳) 건국대 1977.10.22

대회	연도	소속	출전	교체	득점	도움	파울	경고	퇴장
BC	1999	전남	1	1	0	0	0	0	0
	합계		1	1	0	0	0	0	0
프로통산			1	1	0	0	0	0	0

추민열(秋旻悅) 경기경영고 1999.01.10

대회	연도	소속	출전	교체	득점	도움	파울	경고	퇴장
K2	2018	부천	5	3	0	0	4	0	0
	합계		5	3	0	0	4	0	0
프로통산			5	3	0	0	4	0	0

추성호(秋性昊) 동아대 1987.08.26

대회	연도	소속	출전	교체	득점	도움	파울	경고	퇴장
BC	2010	부산	4	2	0	0	5	0	0
	2011	부산	11	4	1	0	6	4	0
	합계		15	6	1	0	11	4	0
프로통산			15	6	1	0	11	4	0

추운기(秋云基) 한양대 1978.04.03

대회	연도	소속	출전	교체	득점	도움	파울	경고	퇴장
BC	2001	전북	22	19	1	3	10	1	0
	2002	전북	32	25	3	1	19	0	0
	2003	전북	31	30	2	4	24	2	0
	2004	전북	13	13	0	1	12	0	0
	2005	전북	13	13	0	1	10	1	0
	2006	전북	7	7	0	0	6	0	0
	2007	제주	5	4	0	0	6	2	1
	합계		119	106	7	9	78	6	1
프로통산			119	106	7	9	78	6	1

추정현(鄒正賢) 명지대 1988.01.28

대회	연도	소속	출전	교체	득점	도움	파울	경고	퇴장
BC	2009	강원	2	2	0	0	1	0	0
	합계		2	2	0	0	1	0	0
프로통산			2	2	0	0	1	0	0

추종호(秋種浩) 건국대 1960.01.22

대회	연도	소속	출전	교체	득점	도움	파울	경고	퇴장
BC	1984	현대	26	2	3	0	18	0	0
	1985	현대	10	6	1	2	4	0	0
	1986	유공	14	5	2	3	13	1	0
	1987	남(?)	7	6	0	0	2	0	0
	합계		57	19	6	3	37	3	0
프로통산			57	19	6	3	37	3	0

추평강(秋平康) 동국대 1990.04.22

대회	연도	소속	출전	교체	득점	도움	파울	경고	퇴장
K1	2013	수원	14	14	0	0	7	1	0
	합계		14	14	0	0	7	1	0
프로통산			14	14	0	0	7	1	0

츠바사(Nishi Tsubasa) 일본 1990.04.08

대회	연도	소속	출전	교체	득점	도움	파울	경고	퇴장
K1	2018	대구	9	9	0	0	10	1	0

대회	연도	소속	출전	교체	득점	도움	파울	경고	퇴장
		합계	9	9	0	0	10	1	0
프로통산			9	9	0	0	10	1	0

치치(Mion Varella Costa) 브라질 1982.06.17

대회	연도	소속	출전	교체	득점	도움	파울	경고	퇴장
BC	2009	대전	11	5	1	0	23	0	0
		합계	11	5	1	0	23	0	0
프로통산			11	5	1	0	23	0	0

치프리안(Ciprian Vasilache) 루마니아 1983.09.14

대회	연도	소속	출전	교체	득점	도움	파울	경고	퇴장
K2	2014	강원	13	11	0	1	17	2	0
	2014	충주	13	10	0	0	18	3	0
		합계	26	21	0	1	35	5	0
프로통산			26	21	0	1	35	5	0

카르모나(Carmona da Silva Neto Pedro) 브라질 1988.04.15

대회	연도	소속	출전	교체	득점	도움	파울	경고	퇴장
K2	2017	수원FC	9	7	1	1	3	1	0
		합계	9	7	1	1	3	1	0
프로통산			9	7	1	1	3	1	0

카를로스(Carlos Eduardo Costro da Silva) 브라질 1982.04.23

대회	연도	소속	출전	교체	득점	도움	파울	경고	퇴장
BC	2003	전북	13	13	3	0	7	1	0
		합계	13	13	3	0	7	1	0
프로통산			13	13	3	0	7	1	0

카사(Filip Kasalica) 몬테네그로 1988.12.17

대회	연도	소속	출전	교체	득점	도움	파울	경고	퇴장
K1	2014	울산	12	8	0	2	23	5	0
	2015	울산	2	2	0	0	1	0	0
		합계	14	10	0	2	26	6	0
프로통산			14	10	0	2	26	6	0

카송고(Jean-Kasongo Banza) 콩고민주공화국 1974.06.26

대회	연도	소속	출전	교체	득점	도움	파울	경고	퇴장
BC	1997	전남	4	5	0	0	7	3	0
	1997	천안일	1	1	0	0	0	1	0
		합계	5	6	0	0	7	4	0
프로통산			5	6	0	0	7	4	0

카스텔렌(Romeo Erwin Marius Castelen) 네덜란드 1983.05.03

대회	연도	소속	출전	교체	득점	도움	파울	경고	퇴장
K1	2016	수원	5	5	0	0	5	1	0
		합계	5	5	0	0	5	1	0
프로통산			5	5	0	0	5	1	0

카시오(Cassio Vargas Barbosa) 브라질 1983.11.25

대회	연도	소속	출전	교체	득점	도움	파울	경고	퇴장
K2	2013	광주	2	2	0	0	7	1	0
		합계	2	2	0	0	7	1	0
프로통산			2	2	0	0	7	1	0

카이오(Kaio Felipe Goncalves) 브라질 1987.07.06

대회	연도	소속	출전	교체	득점	도움	파울	경고	퇴장
K1	2014	전북	32	27	9	1	42	6	0
	2015	수원	21	13	4	0	14	3	0
		합계	53	40	13	1	56	9	0
프로통산			53	40	13	1	56	9	0

카이온(Desouzaferreira Herlisoncaion) 브라질 1990.10.05

대회	연도	소속	출전	교체	득점	도움	파울	경고	퇴장
BC	2009	강원	9	7	1	2	14	1	0
		합계	9	7	1	2	14	1	0
K1	2018	대구	5	1	0	0	16	1	0
		합계	5	1	0	0	16	1	0
프로통산			14	8	1	2	30	2	0

카쟈란 폴란드 1961.10.28

대회	연도	소속	출전	교체	득점	도움	파울	경고	퇴장
BC	1992	유공	2	2	0	0	3	0	0
		합계	2	2	0	0	3	0	0
프로통산			2	2	0	0	3	0	0

카파제(Timur Tajhirovich Kapadze) 우즈베키스탄 1981.09.05

대회	연도	소속	출전	교체	득점	도움	파울	경고	퇴장
K1	2011	인천	30	10	5	3	53	4	0
		합계	30	10	5	3	53	4	0
프로통산			30	10	5	3	53	4	0

칼라일 미첼(Carlyle Mitchell) 트리니다드토바고 1987.08.08

대회	연도	소속	출전	교체	득점	도움	파울	경고	퇴장
K2	2015	서울E	29	3	4	0	32	8	0
	2016	서울E	28	4	3	0	31	11	0
		합계	57	7	7	0	63	19	0
프로통산			57	7	7	0	63	19	0

* 실점: 2015년 1 / 통산 1

칼레(Zeljko Kalajdzic) 세르비아 1978.05.11

대회	연도	소속	출전	교체	득점	도움	파울	경고	퇴장
BC	2007	인천	12	4	0	0	31	4	0
		합계	12	4	0	0	31	4	0
프로통산			12	4	0	0	31	4	0

칼레드(Khaled Shafiei) 이란 1987.03.29

대회	연도	소속	출전	교체	득점	도움	파울	경고	퇴장
K1	2017	서울	2	2	0	0	1	0	0
		합계	2	2	0	0	1	0	0
프로통산			2	2	0	0	1	0	0

칼렝가(N'Dayi Kalenga) 콩고민주공화국 1978.09.29

대회	연도	소속	출전	교체	득점	도움	파울	경고	퇴장
BC	1999	천안일	7	8	1	0	7	1	0
		합계	7	8	1	0	7	1	0
프로통산			7	8	1	0	7	1	0

캄포스(Jeaustin Campos) 코스타리카 1971.06.30

대회	연도	소속	출전	교체	득점	도움	파울	경고	퇴장
BC	1995	LG	12	7	2	4	7	2	0
	1996	안양G	7	6	0	1	5	2	0
		합계	19	13	2	5	12	4	0
프로통산			19	13	2	5	12	4	0

케빈(Kevin Julienne Henricus Oris) 벨기에 1984.12.06

대회	연도	소속	출전	교체	득점	도움	파울	경고	퇴장
BC	2012	대전	37	15	16	4	128	11	0
		합계	37	15	16	4	128	11	0
K1	2013	전북	31	17	14	5	59	4	0
	2015	인천	35	15	6	4	75	3	0
	2016	인천	33	7	9	10	73	4	0
		합계	99	39	29	19	207	11	0
프로통산			136	54	45	23	335	22	0

케빈(Kevin Hatchi) 프랑스 1981.08.06

대회	연도	소속	출전	교체	득점	도움	파울	경고	퇴장
BC	2009	서울	11	6	0	2	24	3	1
		합계	11	6	0	2	24	3	1
프로통산			11	6	0	2	24	3	1

코난(Goran Petreski) 마케도니아 1972.05.23

대회	연도	소속	출전	교체	득점	도움	파울	경고	퇴장
BC	2001	포항	33	21	10	2	46	3	0
	2002	포항	31	12	12	4	50	4	0
	2003	포항	40	29	10	3	60	7	0
	2004	포항	37	24	6	3	64	2	0
		합계	141	86	38	12	220	16	0
프로통산			141	86	38	12	220	16	0

코네(Seku Conneh) 라이베리아 1995.11.10

대회	연도	소속	출전	교체	득점	도움	파울	경고	퇴장
K2	2018	안산	26	22	2	0	53	3	0
		합계	26	22	2	0	53	3	0
프로통산			26	22	2	0	53	3	0

코놀(Serguei Konovalov) 우크라이나 1972.03.01

대회	연도	소속	출전	교체	득점	도움	파울	경고	퇴장
BC	1996	포항	13	11	0	1	15	0	0
	1997	포항	26	10	12	1	44	3	0
	1998	포항	13	8	2	1	22	0	0
		합계	52	29	14	3	81	3	0
프로통산			52	29	14	3	81	3	0

코니(Robert Richard Cornthwaite) 오스트레일리아 1985.10.24

대회	연도	소속	출전	교체	득점	도움	파울	경고	퇴장
BC	2011	전남	21	0	3	2	28	7	2
	2012	전남	31	6	3	1	47	10	0
		합계	52	6	6	3	75	17	2
K1	2013	전남	22	17	1	0	13	3	1
	2014	전남	21	13	2	1	10	2	0
		합계	43	30	3	1	23	5	1
프로통산			95	36	9	4	96	22	3

코로만(Ognjen Koroman) 세르비아 1978.09.19

대회	연도	소속	출전	교체	득점	도움	파울	경고	퇴장
BC	2009	인천	12	3	3	2	11	3	0
	2010	인천	15	9	1	1	15	2	0
		합계	27	12	4	3	26	5	0
프로통산			27	12	4	3	26	5	0

코마젝(Komazec Nikola) 세르비아 1987.11.15

대회	연도	소속	출전	교체	득점	도움	파울	경고	퇴장
K1	2014	부산	1	1	0	0	0	0	0
		합계	1	1	0	0	0	0	0
프로통산			1	1	0	0	0	0	0

코바(Kovacec Ivan) 크로아티아 1988.06.27

대회	연도	소속	출전	교체	득점	도움	파울	경고	퇴장
K1	2015	울산	17	7	6	7	15	4	0
	2016	울산	35	20	7	4	36	4	0
	2017	울산	7	5	0	0	6	2	0
	2017	서울	12	9	0	0	9	2	0
	2018	서울	1	2	0	0	1	0	0
		합계	72	43	13	11	67	12	0
프로통산			72	43	13	11	67	12	0

콜리(Coly Papa Oumar) 세네갈 1975.05.20

대회	연도	소속	출전	교체	득점	도움	파울	경고	퇴장
BC	2001	대전	18	5	0	0	35	6	1
	2002	대전	29	11	0	1	53	6	0
	2003	대전	20	8	0	0	17	4	0
		합계	67	24	0	1	105	16	1
프로통산			67	24	0	1	105	16	1

쿠니모토(邦本宜裕, Kunimoto Takahiro) 일본 1997.10.08

대회	연도	소속	출전	교체	득점	도움	파울	경고	퇴장
K1	2018	경남	35	16	5	2	41	7	0
		합계	35	16	5	2	41	7	0
프로통산			35	16	5	2	41	7	0

쿠벡(Frantisek Koubek) 체코 1969.11.06

대회	연도	소속	출전	교체	득점	도움	파울	경고	퇴장
BC	2000	안양G	13	9	6	0	9	0	0
	2001	안양G	20	19	3	0	11	0	0
		합계	33	28	9	0	20	0	0
프로통산			33	28	9	0	20	0	0

쿠비(Kwabena Appiah-Cubi) 오스트레일리아 1992.05.19

대회	연도	소속	출전	교체	득점	도움	파울	경고	퇴장
K1	2018	인천	25	23	1	2	35	3	0
		합계	25	23	1	2	35	3	0
프로통산			25	23	1	2	35	3	0

쿠아쿠(Aubin Kouakou) 코트디부아르 1991.06.01

대회	연도	소속	출전	교체	득점	도움	파울	경고	퇴장
K2	2016	충주	17	3	2	0	36	4	0
	2017	안양	25	8	0	0	59	11	0
		합계	42	11	2	0	95	17	0

프로통산 (좌측)

			출전	교체	득점	도움	파울	경고	퇴장
프로통산			42	11	2	0	95	17	0

쿠키(Silvio Luis Borba de Silva) 브라질 1971.04.30

대회	연도	소속	출전	교체	득점	도움	파울	경고	퇴장
BC	2002	전북	2	2	0	0	0	0	0
	합계		2	2	0	0	0	0	0
프로통산			2	2	0	0	0	0	0

쿠키(Andrew Roy Cook) 영국(잉글랜드) 1974.01.20

대회	연도	소속	출전	교체	득점	도움	파울	경고	퇴장
BC	2003	부산	22	2	13	0	88	6	0
	2004	부산	27	3	8	0	68	10	2
	합계		49	5	21	0	156	16	2
프로통산			49	5	21	0	156	16	2

쿤티치(Zoran Kuntic) 유고슬라비아 1967.03.23

대회	연도	소속	출전	교체	득점	도움	파울	경고	퇴장
BC	1993	포철	7	5	1	1	11	0	0
	합계		7	5	1	1	11	0	0
프로통산			7	5	1	1	11	0	0

크리스(Cristiano Espindola Avalos Passos) 브라질 1977.12.27

대회	연도	소속	출전	교체	득점	도움	파울	경고	퇴장
BC	2004	수원	1	1	0	0	2	1	0
	합계		1	1	0	0	2	1	0
프로통산			1	1	0	0	2	1	0

크리스찬(Cristian Costin Danalache) 루마니아 1982.07.15

대회	연도	소속	출전	교체	득점	도움	파울	경고	퇴장
K2	2016	경남	38	4	19	6	52	4	0
	2017	대전	25	7	9	3	41	3	1
	합계		63	11	28	9	93	7	1
프로통산			63	11	28	9	93	7	1

크리스토밤(Cristovam Roberto Ribeiro da Silva) 브라질 1990.07.25

대회	연도	소속	출전	교체	득점	도움	파울	경고	퇴장
K1	2018	수원	4	1	0	1	4	1	0
	합계		4	1	0	1	4	1	0
K2	2018	부천	9	4	2	0	20	1	0
프로통산			13	5	2	1	24	2	0

크리즈만(Sandi Krizman) 크로아티아 1989.08.17

대회	연도	소속	출전	교체	득점	도움	파울	경고	퇴장
K1	2014	전남	8	7	0	0	8	1	0
	합계		8	7	0	0	8	1	0
프로통산			8	7	0	0	8	1	0

클라우디(Ngon A Djam Claude Parfait) 카메룬 1980.01.24

대회	연도	소속	출전	교체	득점	도움	파울	경고	퇴장
BC	1999	천안일	4	4	0	0	7	0	0
	합계		4	4	0	0	7	0	0
프로통산			4	4	0	0	7	0	0

키쭈(Chitu Aurelian Ionut) 루마니아 1991.03.25

대회	연도	소속	출전	교체	득점	도움	파울	경고	퇴장
K2	2018	대전	32	4	12	4	67	3	0
	합계		32	4	12	4	67	3	0
프로통산			32	4	12	4	67	3	0

타라바이(Edison Luis dos Santos) 브라질 1985.12.09

대회	연도	소속	출전	교체	득점	도움	파울	경고	퇴장
K2	2015	서울E	35	18	18	3	75	7	0
	2016	서울E	38	17	12	3	64	7	0
	합계		73	35	30	6	126	14	0
프로통산			73	35	30	6	126	13	0

타이슨(Fabian Caballero) 스페인 1978.01.31

대회	연도	소속	출전	교체	득점	도움	파울	경고	퇴장
BC	2007	대전	6	6	0	0	9	0	0
	합계		6	6	0	0	9	0	0

(중앙)

			출전	교체	득점	도움	파울	경고	퇴장
프로통산			6	6	0	0	9	0	0

타쿠마(Abe Takuma) 일본 1987.12.05

대회	연도	소속	출전	교체	득점	도움	파울	경고	퇴장
K1	2017	울산	12	10	1	1	14	2	0
	합계		12	10	1	1	14	2	0
프로통산			12	10	1	1	14	2	0

탁우선(卓佑宣) 선문대 1995.09.28

대회	연도	소속	출전	교체	득점	도움	파울	경고	퇴장
K2	2018	서울E	6	6	0	0	8	0	0
	합계		6	6	0	0	8	0	0
프로통산			6	6	0	0	8	0	0

탁준석(卓俊錫) 고려대 1978.03.24

대회	연도	소속	출전	교체	득점	도움	파울	경고	퇴장
BC	2001	대전	27	26	3	4	25	3	0
	2002	대전	14	14	1	0	13	0	0
	2003	대전	2	2	0	0	0	0	0
	합계		43	42	4	4	38	3	0
프로통산			43	42	4	4	38	3	0

태현찬(太現贊) 중앙대 1990.09.14

대회	연도	소속	출전	교체	득점	도움	파울	경고	퇴장
BC	2012	경남	1	1	0	0	2	0	0
	합계		1	1	0	0	2	0	0
프로통산			1	1	0	0	2	0	0

테드(Tadeusz Swiatek) 폴란드 1961.11.08

대회	연도	소속	출전	교체	득점	도움	파울	경고	퇴장
BC	1989	유공	18	7	1	0	16	2	0
	1990	유공	20	3	1	3	19	0	0
	1991	유공	34	5	3	3	34	3	0
	합계		72	15	7	6	69	5	0
프로통산			72	15	7	6	69	5	0

테하(Alex Barboza de Azevedo Terra) 브라질 1982.09.02

대회	연도	소속	출전	교체	득점	도움	파울	경고	퇴장
BC	2012	대전	21	14	4	1	21	1	0
	합계		21	14	4	1	21	1	0
프로통산			21	14	4	1	21	1	0

토니(Antonio Franja) 크로아티아 1978.06.08

대회	연도	소속	출전	교체	득점	도움	파울	경고	퇴장
BC	2007	전북	11	11	3	1	15	3	0
	2008	전북	3	2	0	1	6	0	0
	합계		14	13	3	2	21	3	0
프로통산			14	13	3	2	16	3	0

토다(Toda Kazuyuki) 일본 1977.12.30

대회	연도	소속	출전	교체	득점	도움	파울	경고	퇴장
BC	2009	경남	7	5	0	0	4	2	0
	합계		7	5	0	0	4	2	0
프로통산			7	5	0	0	4	2	0

토마스(Tomas Janda) 체코 1973.06.27

대회	연도	소속	출전	교체	득점	도움	파울	경고	퇴장
BC	2001	안양LG	1	1	0	0	0	0	0
	합계		1	1	0	0	0	0	0
프로통산			1	1	0	0	0	0	0

토모키(Wada Tomoki / ← 와다) 일본 1994.10.30

대회	연도	소속	출전	교체	득점	도움	파울	경고	퇴장
K1	2015	인천	3	3	1	0	0	0	0
	2016	광주	5	4	0	0	4	0	0
	2017	광주	2	1	0	0	2	0	0
	합계		10	8	1	0	6	0	0
K2	2017	서울E	2	2	0	0	1	0	0
	합계		2	2	0	0	1	0	0
프로통산			12	10	1	0	7	0	0

토미(Tomislav Mrcela) 오스트레일리아 1990.10.01

대회	연도	소속	출전	교체	득점	도움	파울	경고	퇴장
K1	2016	전남	21	1	0	2	13	1	0
	2017	전남	28	7	3	1	16	6	2
	2018	전남	2	1	0	0	0	0	0

(우측)

			출전	교체	득점	도움	파울	경고	퇴장
	합계		51	9	3	4	29	7	2
프로통산			51	9	3	4	29	7	2

토미(Tommy Mosquera Lozono) 콜롬비아 1976.09.27

대회	연도	소속	출전	교체	득점	도움	파울	경고	퇴장
BC	2003	부산	11	6	4	1	41	1	0
	합계		11	6	4	1	41	1	0
프로통산			11	6	4	1	41	1	0

토미치(Djordje Tomic) 세르비아 몬테네그로 1972.11.11

대회	연도	소속	출전	교체	득점	도움	파울	경고	퇴장
BC	2004	인천	9	9	0	1	11	1	0
	합계		9	9	0	1	11	1	0
프로통산			9	9	0	1	11	1	0

토요다(Toyoda Yohei) 일본 1985.04.11

대회	연도	소속	출전	교체	득점	도움	파울	경고	퇴장
K1	2018	울산	9	8	2	1	10	2	0
	합계		9	8	2	1	10	2	0
프로통산			9	8	2	1	10	2	0

토체프(Slavchev Toshev) 불가리아 1960.06.13

대회	연도	소속	출전	교체	실점	도움	파울	경고	퇴장
BC	1993	유공	9	1	5	0	1	0	0
	합계		9	1	5	0	1	0	0
프로통산			9	1	5	0	1	0	0

투무(Tomou Bertin Bayard) 카메룬 1978.08.08

대회	연도	소속	출전	교체	득점	도움	파울	경고	퇴장
BC	1997	포항	4	1	4	0	1	1	0
프로통산			4	1	4	0	1	1	0

티아고(Tiago Alves Sales de Lima) 브라질 1993.01.12

대회	연도	소속	출전	교체	득점	도움	파울	경고	퇴장
K1	2015	포항	25	24	4	3	12	6	0
	2016	성남	18	13	5	3	16	0	0
	2018	전북	19	8	10	5	13	6	0
	합계		62	45	19	11	41	8	0
프로통산			62	45	19	11	41	8	0

티아고(Tiago Jorge Honorio) 브라질 1977.12.04

대회	연도	소속	출전	교체	득점	도움	파울	경고	퇴장
BC	2009	수원	15	9	4	0	47	3	0
	합계		15	9	4	0	47	3	0
프로통산			15	9	4	0	47	3	0

티아고(Thiago Jefferson da Silva) 브라질 1985.05.27

대회	연도	소속	출전	교체	득점	도움	파울	경고	퇴장
K1	2013	전북	14	13	1	2	4	0	0
	합계		14	13	1	2	4	0	0
프로통산			14	13	1	2	4	0	0

파그너(Jose Fagner Silva da Luz) 브라질 1988.05.25

대회	연도	소속	출전	교체	득점	도움	파울	경고	퇴장
BC	2011	부산	11	2	6	0	28	6	0
	2012	부산	25	23	2	1	35	7	0
	합계		36	25	8	1	63	13	0
K1	2013	부산	31	26	8	1	23	5	1
	2014	부산	34	19	10	3	23	3	0
	합계		65	45	18	4	46	8	1
프로통산			101	70	26	5	109	21	2

파나예쓰(Bakhodir Pardaev) 우즈베키스탄 1987.04.26

대회	연도	소속	출전	교체	득점	도움	파울	경고	퇴장
K2	2017	부천	5	5	1	0	1	0	0
	합계		5	5	1	0	1	0	0
프로통산			5	5	1	0	1	0	0

파브리시오(Fabricio da Silva Cabral) 브라질 1981.09.16

대회	연도	소속	출전	교체	득점	도움	파울	경고	퇴장

			출전	교체	득점	도움	파울	경고	퇴장
BC	2005	성남일	3	3	1	0	4	0	0
	합계		3	3	1	0	4	0	0
프로통산			3	3	1	0	4	0	0

파브리시오(Fabricio Eduardo Souza) 브라질 1980.01.04

대회	연도	소속	출전	교체	득점	도움	파울	경고	퇴장
BC	2009	성남일	15	14	0	1	20	1	0
	2010	성남일	11	8	5	2	18	6	0
	합계		26	22	5	3	38	7	0
프로통산			26	22	5	3	38	7	0

파비아노(Fabiano Ferreira Gadelha) 브라질 1979.01.09

대회	연도	소속	출전	교체	득점	도움	파울	경고	퇴장
BC	2008	포항	0	0	0	0	0	0	0
	합계		0	0	0	0	0	0	0
프로통산			0	0	0	0	0	0	0

파비안(Fabijan Komljenović) 크로아티아 1968.01.16

대회	연도	소속	출전	교체	득점	도움	파울	경고	퇴장
BC	2000	포항	7	7	0	0	9	0	0
	합계		7	7	0	0	9	0	0
프로통산			7	7	0	0	9	0	0

파비오(Jose Fabio Santos de Oliveira) 브라질 1987.06.13

대회	연도	소속	출전	교체	득점	도움	파울	경고	퇴장
K1	2013	대구	2	2	0	0	6	1	0
	합계		2	2	0	0	6	1	0
프로통산			2	2	0	0	6	1	0

파비오(Neves Florentino Fabio) 브라질 1986.10.04

대회	연도	소속	출전	교체	득점	도움	파울	경고	퇴장
K1	2015	광주	37	30	2	1	31	2	0
	2016	광주	14	13	1	1	17	1	0
	합계		51	43	3	2	48	3	0
K2	2014	광주	26	20	10	2	30	1	0
	합계		26	20	10	2	30	1	0
승	2014	광주	2	2	0	0	1	0	0
	합계		2	2	0	0	1	0	0
프로통산			79	64	13	4	79	4	0

파비오(Fabio Rogerio Correa Lopes) 브라질 1985.05.24

대회	연도	소속	출전	교체	득점	도움	파울	경고	퇴장
BC	2010	대전	13	10	5	1	33	1	0
	합계		13	10	5	1	33	1	0
프로통산			13	10	5	1	33	1	0

파비오(Fabio Junior dos Santos) 브라질 1982.10.06

대회	연도	소속	출전	교체	득점	도움	파울	경고	퇴장
BC	2005	전남	9	9	0	1	8	0	0
	합계		9	9	0	1	8	0	0
프로통산			9	9	0	1	8	0	0

파비오(Fabio Pereira da Silva) 브라질 1982.03.21

대회	연도	소속	출전	교체	득점	도움	파울	경고	퇴장
BC	2005	전남	7	3	0	0	16	3	0
	합계		7	3	0	0	16	3	0
프로통산			7	3	0	0	16	3	0

파비오(João Paulo di Fabio) 브라질 1979.02.10

대회	연도	소속	출전	교체	득점	도움	파울	경고	퇴장
BC	2008	부산	15	0	0	1	25	3	0
	2009	부산	10	2	0	1	14	1	0
	합계		25	2	0	2	39	4	0
프로통산			25	2	0	2	39	4	0

파비오(Fabio Luis Santos de Almeida) 브라질 1983.08.02

대회	연도	소속	출전	교체	득점	도움	파울	경고	퇴장
BC	2009	울산	5	5	1	1	6	0	0
	합계		5	5	1	1	6	0	0
프로통산			5	5	1	1	6	0	0

파울로(Paulo Sergio Luiz de Souza) 브라질 1989.06.11

대회	연도	소속	출전	교체	득점	도움	파울	경고	퇴장
K2	2016	대구	33	18	17	4	46	7	0
	2017	성남	7	5	0	0	8	1	0
	합계		40	23	17	4	54	8	0
프로통산			40	23	17	4	54	8	0

파울로(Paulo Cesar da Silva) 브라질 1976.01.02

대회	연도	소속	출전	교체	득점	도움	파울	경고	퇴장
BC	2002	성남일	4	3	0	0	12	1	0
	합계		4	3	0	0	12	1	0

파울링뇨(Marcos Paulo Paulini) 브라질 1977.03.04

대회	연도	소속	출전	교체	득점	도움	파울	경고	퇴장
BC	2001	울산	28	20	13	2	37	1	0
	2002	울산	35	28	8	5	43	2	0
	합계		63	48	21	7	80	3	0
프로통산			63	48	21	7	80	3	0

파울링요(Paulo Luiz Beraldo Santos) 브라질 1988.06.14

대회	연도	소속	출전	교체	득점	도움	파울	경고	퇴장
K1	2018	경남	23	16	2	1	13	2	0
	합계		23	16	2	1	13	2	0
프로통산			23	16	2	1	13	2	0

파체코(Edgar Ivan Pacheco Rodriguez) 멕시코 1990.01.22

대회	연도	소속	출전	교체	득점	도움	파울	경고	퇴장
K2	2016	강원	1	1	0	0	1	0	0
	합계		1	1	0	0	1	0	0
프로통산			1	1	0	0	1	0	0

파탈루(Erik Endel Paartalu) 오스트레일리아 1986.05.03

대회	연도	소속	출전	교체	득점	도움	파울	경고	퇴장
K1	2016	전북	2	2	0	0	1	0	0
	합계		2	2	0	0	1	0	0
프로통산			2	2	0	0	1	0	0

패트릭(Partrik Camilo Cornelio da Sil) 브라질 1990.07.19

대회	연도	소속	출전	교체	득점	도움	파울	경고	퇴장
K1	2013	강원	11	8	1	1	16	2	0
	합계		11	8	1	1	16	2	0
프로통산			11	8	1	1	16	2	0

패트릭(Patrick Villars) 가나 1984.05.21

대회	연도	소속	출전	교체	득점	도움	파울	경고	퇴장
BC	2003	부천SK	11	3	0	0	23	4	0
	합계		11	3	0	0	23	4	0
프로통산			11	3	0	0	23	4	0

펑샤오팅(馮潇霆 Feng Xiaoting) 중국 1985.10.22

대회	연도	소속	출전	교체	득점	도움	파울	경고	퇴장
BC	2009	대구	20	2	0	0	12	3	0
	2010	전북	12	0	0	0	10	1	0
	합계		32	2	0	0	22	4	0
프로통산			32	2	0	0	22	4	0

페드로(Pedro Bispo Moreira Junior) 브라질 1987.01.29

대회	연도	소속	출전	교체	득점	도움	파울	경고	퇴장
K1	2013	제주	29	13	17	0	56	3	0
	합계		29	13	17	0	56	3	0
프로통산			29	13	17	0	56	3	0

페드로(Pedro Henrique Cortes Oliveira Gois) 동티모르 1992.01.17

대회	연도	소속	출전	교체	득점	도움	파울	경고	퇴장
K2	2017	대전	0	0	0	0	0	0	0
	합계		0	0	0	0	0	0	0
프로통산			0	0	0	0	0	0	0

페드로(de Santana Almeida Pedro Henrique) 브라질 1991.03.25

대회	연도	소속	출전	교체	득점	도움	파울	경고	퇴장
K2	2018	대전	4	3	1	0	9	1	0
	합계		4	3	1	0	9	1	0
프로통산			4	3	1	0	9	1	0

페레이라(Josiesley Perreira Rosa) 브라질 1979.02.21

대회	연도	소속	출전	교체	득점	도움	파울	경고	퇴장
BC	2008	울산	10	12	0	2	21	3	0
	합계		10	12	0	2	21	3	0
프로통산			10	12	0	2	21	3	0

페르난데스(Rodrigo Fernandes) 브라질 1978.03.03

대회	연도	소속	출전	교체	득점	도움	파울	경고	퇴장
BC	2003	전북	29	25	3	4	15	0	0
	합계		29	25	3	4	15	0	0
프로통산			29	25	3	4	15	0	0

페르난도(Luis Fernando Acuna Egidio) 브라질 1977.11.25

대회	연도	소속	출전	교체	득점	도움	파울	경고	퇴장
BC	2007	부산	9	8	0	1	18	1	0
	합계		9	8	0	1	18	1	0
프로통산			9	8	0	1	18	1	0

페르난도(Luiz Fernando Pereira da Silva) 브라질 1985.11.25

대회	연도	소속	출전	교체	득점	도움	파울	경고	퇴장
BC	2007	대전	15	15	1	1	42	2	0
	합계		15	15	1	1	42	2	0
프로통산			15	15	1	1	42	2	0

페라소(Walter Osvaldo Perazzo Otero) 아르헨티나 1962.08.02

대회	연도	소속	출전	교체	득점	도움	파울	경고	퇴장
BC	1994	대우	2	2	0	0	1	0	0
	합계		2	2	0	0	1	0	0
프로통산			2	2	0	0	1	0	0

페블레스(Febles Arguelles Daniel Ricardo) 베네주엘라 1991.02.08

대회	연도	소속	출전	교체	득점	도움	파울	경고	퇴장
K2	2018	서울E	5	2	0	1	8	0	0
	합계		5	2	0	1	8	0	0
프로통산			5	2	0	1	8	0	0

페체신(Feczesin Robert) 헝가리 1986.02.22

대회	연도	소속	출전	교체	득점	도움	파울	경고	퇴장
K1	2017	전남	32	19	10	4	56	3	0
	합계		32	19	10	4	56	3	0
프로통산			32	19	10	4	56	3	0

페트라토스(Petratos Dimitrios) 오스트레일리아 1992.11.10

대회	연도	소속	출전	교체	득점	도움	파울	경고	퇴장
K1	2018	울산	4	4	0	1	5	0	0
	합계		4	4	0	1	5	0	0
프로통산			4	4	0	1	5	0	0

페트로(Sasa Petrovic) 유고슬라비아 1966.12.31

대회	연도	소속	출전	교체	실점	도움	파울	경고	퇴장
BC	1996	전남	24	0	33	0	2	3	0
	1997	전남	8	0	9	0	0	0	0
	합계		32	0	42	0	2	3	0
프로통산			32	0	42	0	2	3	0

펠리페(Felipe de Sousa Silva) 브라질 1992.04.03

대회	연도	소속	출전	교체	득점	도움	파울	경고	퇴장
K2	2018	광주	15	4	7	3	33	6	0
	합계		15	4	7	3	33	6	0
프로통산			15	4	7	3	33	6	0

펠리피(Felipe Barreto Adao) 브라질 1985.11.26

대회	연도	소속	출전	교체	득점	도움	파울	경고	퇴장
K2	2014	안양	23	20	3	0	34	3	0
	합계		23	20	3	0	34	3	0

프로통산 23 20 3 0 34 3 0

펠리피(Felipe Azevedo dos Santos) 브라질 1987.01.10

대회	연도	소속	출전	교체	득점	도움	파울	경고	퇴장
BC	2010	부산	9	8	3	0	15	1	0
	2011	부산	5	5	0	1	6	0	0
	합계		14	13	3	1	21	1	0
프로통산			14	13	3	1	21	1	0

펠릭스(Felix Nzeina) 카메룬 1980.12.11

대회	연도	소속	출전	교체	득점	도움	파울	경고	퇴장
BC	2005	부산	24	22	2	1	50	4	0
	합계		24	22	2	1	50	4	0
프로통산			24	22	2	1	50	4	0

포섹(Peter Fousek) 체코 1972.08.11

대회	연도	소속	출전	교체	득점	도움	파울	경고	퇴장
BC	2001	전남	2	2	0	0	3	0	0
	합계		2	2	0	0	3	0	0
프로통산			2	2	0	0	3	0	0

포포비치(Lazar Popovic) 세르비아 1983.01.10

대회	연도	소속	출전	교체	득점	도움	파울	경고	퇴장
BC	2009	대구	13	9	2	0	21	3	0
	합계		13	9	2	0	21	3	0
프로통산			13	9	2	0	21	3	0

포프(Willan Popp) 브라질 1994.04.13

대회	연도	소속	출전	교체	득점	도움	파울	경고	퇴장
K2	2016	부산	38	22	18	4	63	6	0
	2018	부천	30	10	10	2	48	3	0
	합계		68	32	28	6	111	9	0
프로통산			68	32	28	6	111	9	0

푸마갈리(Jose Fernando Fumagalli) 브라질 1977.10.05

대회	연도	소속	출전	교체	득점	도움	파울	경고	퇴장
BC	2004	서울	17	13	4	0	22	2	0
	합계		17	13	4	0	22	2	0
프로통산			17	13	4	0	22	2	0

프라니치(Ivan Frankie Franjic) 오스트레일리아 1987.09.10

대회	연도	소속	출전	교체	득점	도움	파울	경고	퇴장
K1	2017	대구	2	2	0	0	1	1	0
	합계		2	2	0	0	1	1	0
프로통산			2	2	0	0	1	1	0

프랑코(Pedro Filipe Antunes Matias Silva Franco) 포르투갈 1974.04.18

대회	연도	소속	출전	교체	득점	도움	파울	경고	퇴장
BC	2005	서울	19	2	2	0	29	4	0
	합계		19	2	2	0	29	4	0
프로통산			19	2	2	0	29	4	0

프랑크(Frank Lieberam) 독일 1962.12.17

대회	연도	소속	출전	교체	득점	도움	파울	경고	퇴장
BC	1992	현대	19	2	1	1	12	4	1
	합계		19	2	1	1	12	4	1
프로통산			19	2	1	1	12	4	1

프랭크(Mendes Braga Fauver Frank) 브라질 1994.09.14

대회	연도	소속	출전	교체	득점	도움	파울	경고	퇴장
K2	2015	경남	6	6	0	0	3	0	0
	합계		6	6	0	0	3	0	0
프로통산			6	6	0	0	3	0	0

프론티니(Carlos Esteban Frontini) 브라질 1981.08.19

대회	연도	소속	출전	교체	득점	도움	파울	경고	퇴장
BC	2006	포항	29	26	8	4	65	7	0
	2007	포항	9	8	0	0	12	1	0
	합계		38	33	8	4	77	8	0
프로통산			38	33	8	4	77	8	0

플라마(Flamarion Petriv de Abreu) 브라질 1976.10.16

대회	연도	소속	출전	교체	득점	도움	파울	경고	퇴장
BC	2004	대전	17	2	0	0	37	3	0
	합계		17	2	0	0	37	3	0
프로통산			17	2	0	0	37	3	0

플라비오(Flavio) 브라질 1959.01.01

대회	연도	소속	출전	교체	득점	도움	파울	경고	퇴장
BC	1985	포철	1	1	0	0	1	0	0
	합계		1	1	0	0	1	0	0
프로통산			1	1	0	0	1	0	0

플라타(Anderson Daniel Plata Guillen) 콜롬비아 1990.11.08

대회	연도	소속	출전	교체	득점	도움	파울	경고	퇴장
K1	2013	대전	21	7	1	1	56	4	0
	합계		21	7	1	1	56	4	0
프로통산			21	7	1	1	56	4	0

피델(Fidel Rocha dos Santos) 브라질 1993.07.06

대회	연도	소속	출전	교체	득점	도움	파울	경고	퇴장
K2	2018	안산	7	6	0	1	4	0	0
	합계		7	6	0	1	4	0	0
프로통산			7	6	0	1	4	0	0

피아퐁(Piyapong Pue-On) 태국 1959.11.14

대회	연도	소속	출전	교체	득점	도움	파울	경고	퇴장
BC	1984	럭금	5	1	4	0	0	0	0
	1985	럭금	21	4	12	6	10	1	0
	1986	럭금	17	4	2	0	7	0	1
	합계		43	9	18	6	17	1	1
프로통산			43	9	18	6	17	1	1

피투(Miguel Sebastian Garcia) 아르헨티나 1984.01.27

대회	연도	소속	출전	교체	득점	도움	파울	경고	퇴장
K1	2016	성남	33	20	3	7	18	3	0
	합계		33	20	3	7	18	3	0
승	2016	성남	1	1	0	0	0	0	0
	합계		1	1	0	0	0	0	0
프로통산			34	21	3	7	18	3	0

필립(Hlohovsky Filip) 슬로바키아 1988.06.13

대회	연도	소속	출전	교체	득점	도움	파울	경고	퇴장
K2	2017	성남	16	10	4	0	25	3	0
	2018	대전	3	3	0	0	0	0	0
	합계		19	13	4	0	25	3	0
프로통산			19	13	4	0	25	3	0

필립(Filip Filipov) 불가리아 1971.01.31

대회	연도	소속	출전	교체	득점	도움	파울	경고	퇴장
BC	1992	유공	6	0	0	0	13	1	0
	1993	유공	7	3	0	0	7	0	0
	1998	부천SK	26	12	0	0	52	7	0
	1999	부천SK	11	5	0	0	7	2	0
	합계		50	20	0	0	79	12	0
프로통산			50	20	0	0	79	12	0

핑구(Erison Carlos dos Santos Silva) 브라질 1980.05.22

대회	연도	소속	출전	교체	득점	도움	파울	경고	퇴장
BC	2008	부산	24	13	0	0	19	1	0
	합계		24	13	0	0	19	1	0

핑팡(Rodrigo Pimpao Vianna) 브라질 1987.10.23

대회	연도	소속	출전	교체	득점	도움	파울	경고	퇴장
K1	2013	수원	1	1	0	0	1	0	0
	합계		1	1	0	0	1	0	0
프로통산			1	1	0	0	1	0	0

하강진(河康鎭) 숭실대 1989.01.30

대회	연도	소속	출전	교체	실점	도움	파울	경고	퇴장
BC	2010	수원	14	0	18	0	1	0	0
	2011	성남일	30	0	43	0	0	2	0
	2012	성남일	23	0	35	0	0	0	0
	합계		67	0	96	0	1	3	0
K1	2013	경남	7	0	14	0	0	0	0
	합계		7	0	14	0	0	0	0
K2	2014	부천	13	0	18	0	1	0	0
	2016	경남	8	0	15	0	1	0	0
	합계		21	0	33	0	2	0	0
프로통산			95	0	143	0	2	5	0

하광운(河光云) 단국대 1972.03.21

대회	연도	소속	출전	교체	득점	도움	파울	경고	퇴장
BC	1995	전남	0	0	0	0	0	0	0
	합계		0	0	0	0	0	0	0
프로통산			0	0	0	0	0	0	0

하금진(河今鎭) 홍익대 1974.08.16

대회	연도	소속	출전	교체	득점	도움	파울	경고	퇴장
BC	1997	대전	26	3	1	0	52	5	0
	1998	대전	13	5	0	0	23	1	0
	합계		39	8	1	0	75	6	0
프로통산			39	8	1	0	75	6	0

하기윤(河基允) 금호고 1982.03.10

대회	연도	소속	출전	교체	득점	도움	파울	경고	퇴장
BC	2002	전남	0	0	0	0	0	0	0
	2003	광주상	0	0	0	0	0	0	0
	합계		0	0	0	0	0	0	0
프로통산			0	0	0	0	0	0	0

하대성(河大成) 부평고 1985.03.02

대회	연도	소속	출전	교체	득점	도움	파울	경고	퇴장
BC	2004	울산	0	0	0	0	0	0	0
	2005	울산	0	0	0	0	0	0	0
	2006	대구	18	15	0	0	33	5	0
	2007	대구	25	10	2	2	52	3	0
	2008	대구	31	12	5	4	44	4	0
	2009	전북	30	22	4	2	45	7	1
	2010	서울	33	8	3	8	58	10	0
	2011	서울	36	9	6	3	46	5	0
	2012	서울	39	8	5	7	51	8	0
	합계		196	86	28	18	313	38	1
K1	2013	서울	29	4	3	2	50	8	0
	2017	서울	7	5	1	0	8	1	0
	2018	서울	8	5	0	0	16	2	0
	합계		44	14	4	2	74	9	0
승	2018	서울	2	1	0	0	4	0	0
	합계		2	1	0	0	4	0	0
프로통산			242	101	32	21	391	47	1

하리(Castilo Vallejo Harry German) 콜롬비아 1974.05.14

대회	연도	소속	출전	교체	득점	도움	파울	경고	퇴장
BC	2000	수원	5	4	1	0	7	0	1
	2000	부산	10	8	1	0	8	0	0
	2001	부산	34	3	5	5	52	6	1
	2002	부산	23	5	4	5	32	3	1
	2003	부산	27	11	4	2	51	5	0
	2004	성남일	8	4	0	0	10	1	0
	2006	경남	28	18	1	4	54	4	0
	합계		135	53	17	18	211	19	3
프로통산			135	53	17	18	211	19	3

하리스(Haris Harba) 보스니아 헤르체고비나 1988.07.14

대회	연도	소속	출전	교체	득점	도움	파울	경고	퇴장
K2	2017	부천	2	2	0	0	2	0	0
	합계		2	2	0	0	2	0	0
프로통산			2	2	0	0	2	0	0

하명훈(河明勳) 명지대 1971.05.18

대회	연도	소속	출전	교체	득점	도움	파울	경고	퇴장
BC	1994	LG	1	1	0	1	0	0	0
	1995	LG	5	5	0	0	1	0	0
	합계		6	6	0	1	1	0	0
프로통산			6	6	0	1	1	0	0

하밀(Brendan Hamill) 오스트레일리아 1992.09.18

대회	연도	소속	출전	교체	득점	도움	파울	경고	퇴장

하 (河) — continued

대회	연도	소속	출전	교체	득점	도움	파울	경고	퇴장
BC	2012	성남일	8	8	1	0	9	2	0
		합계	8	8	1	0	9	2	0
프로통산			8	8	1	0	9	2	0

하상수(河相秀) 아주대 1973.07.25

대회	연도	소속	출전	교체	득점	도움	파울	경고	퇴장
BC	1996	부산	6	3	0	1	7	0	0
		합계	6	3	0	1	7	0	0
프로통산			6	3	0	1	7	0	0

하석주(河錫舟) 아주대 1968.02.20

대회	연도	소속	출전	교체	득점	도움	파울	경고	퇴장
BC	1990	대우	24	12	4	3	36	0	1
	1991	대우	34	10	7	5	36	1	0
	1992	대우	29	6	2	2	40	3	0
	1993	대우	11	3	0	0	14	3	0
	1994	대우	16	3	4	2	17	1	0
	1995	대우	34	2	7	3	40	4	0
	1996	부산	26	5	11	2	46	2	0
	1997	부산	13	6	4	3	17	1	0
	2001	포항	31	2	3	2	46	6	0
	2002	포항	34	3	0	3	60	4	0
	2003	포항	6	6	0	0	3	0	0
		합계	258	56	45	25	347	25	1
프로통산			258	56	45	25	347	25	1

하성룡(河成龍) 금호고 1982.02.03

대회	연도	소속	출전	교체	득점	도움	파울	경고	퇴장
BC	2002	전남	3	3	0	0	4	0	0
	2003	전남	2	2	0	0	0	0	0
		합계	5	5	0	0	4	0	0
프로통산			5	5	0	0	4	0	0

하성민(河成敏) 부평고 1987.06.13

대회	연도	소속	출전	교체	득점	도움	파울	경고	퇴장
BC	2008	전북	10	6	1	0	19	1	0
	2009	전북	6	5	0	0	5	1	0
	2010	부산	1	0	0	0	1	0	0
	2011	전북	3	3	0	0	1	0	0
	2012	상주	18	0	0	3	43	9	0
		합계	38	14	0	3	69	11	0
K1	2013	전북	1	0	0	0	1	0	0
	2014	울산	17	5	0	1	35	5	0
	2015	울산	23	9	0	3	39	8	0
	2016	울산	24	15	0	2	34	5	1
	2018	경남	24	14	0	1	34	2	0
		합계	94	44	0	1	134	21	1
K2	2013	상주	13	6	0	1	20	2	0
		합계	13	6	0	1	20	2	0
프로통산			145	64	2	6	225	34	1

하성용(河誠容) 광운대 1976.10.05

대회	연도	소속	출전	교체	득점	도움	파울	경고	퇴장
BC	2000	울산	20	2	1	0	37	2	0
	2001	울산	3	0	0	0	1	0	0
	2002	울산	9	0	0	0	14	0	0
	2003	울산	5	5	0	0	5	0	0
		합계	37	11	1	0	57	2	0
프로통산			37	11	1	0	57	2	0

하성준(河成俊) 중대부고고 1963.08.15

대회	연도	소속	출전	교체	득점	도움	파울	경고	퇴장
BC	1989	일화	28	14	1	2	35	3	0
	1990	일화	17	6	1	0	19	0	0
	1991	일화	38	6	2	1	61	2	0
	1992	일화	32	7	1	2	63	3	0
	1993	일화	25	7	1	0	22	3	0
	1994	일화	31	2	1	1	54	4	0
	1995	일화	29	5	1	1	39	4	0
	1996	천안일	27	5	0	0	19	2	0
		합계	233	48	7	8	294	19	0
프로통산			233	48	7	8	294	19	0

하용우(河龍雨) 경희대 1977.04.30

대회	연도	소속	출전	교체	득점	도움	파울	경고	퇴장
BC	2000	포항	10	7	0	0	12	2	0
		합계	10	7	0	0	12	2	0
프로통산			10	7	0	0	12	2	0

하은철(河恩哲) 성균관대 1975.06.23

대회	연도	소속	출전	교체	득점	도움	파울	경고	퇴장
BC	1998	전북	21	16	7	2	28	3	0
	1999	전북	32	31	10	2	23	0	0
	2000	울산	23	14	5	1	29	0	0
	2001	전북	2	2	0	0	2	0	0
	2003	전북	1	1	0	0	1	0	0
	2003	대구	12	12	4	0	13	0	0
	2004	대구	7	6	1	0	3	0	0
		합계	100	82	26	3	99	3	0
프로통산			100	82	26	3	99	3	0

하인호(河仁鎬) 인천대 1989.10.10

대회	연도	소속	출전	교체	득점	도움	파울	경고	퇴장
BC	2012	경남	1	1	0	0	1	0	0
		합계	1	1	0	0	1	0	0
K2	2015	고양	26	3	1	1	45	4	0
	2016	안산무	3	1	0	0	3	0	0
	2017	아산	1	1	0	0	1	0	0
		합계	30	5	1	1	49	5	0
프로통산			30	5	1	1	49	5	0

하재훈(河在勳) 조선대 1965.08.15

대회	연도	소속	출전	교체	득점	도움	파울	경고	퇴장
BC	1987	유공	20	3	0	1	18	2	0
	1988	유공	24	8	1	2	23	1	0
	1989	유공	11	3	0	1	17	0	0
	1990	유공	17	4	0	2	22	0	0
	1991	유공	26	4	1	1	37	3	0
	1992	유공	6	4	0	0	4	0	0
	1993	유공	24	9	0	2	23	1	0
	1994	유공	6	6	0	0	3	0	0
		합계	139	71	5	11	146	12	0
프로통산			139	71	5	11	146	12	0

하재훈(河在勳) 동국대 1984.10.03

대회	연도	소속	출전	교체	득점	도움	파울	경고	퇴장
BC	2009	강원	18	1	0	1	8	2	0
	2010	강원	11	2	0	1	6	1	0
		합계	29	3	0	2	14	3	0
프로통산			29	3	0	2	14	3	0

하정헌(河廷憲) 우석대 1987.10.14

대회	연도	소속	출전	교체	득점	도움	파울	경고	퇴장
BC	2010	강원	17	12	2	1	27	2	0
	2011	강원	11	11	1	0	16	3	0
		합계	28	17	3	1	33	5	0
K2	2013	수원FC	16	16	4	0	19	3	0
	2014	수원FC	14	14	2	0	23	5	0
	2015	안산경	4	4	0	0	2	0	0
	2016	안산무	9	9	2	1	34	4	0
		합계	43	46	11	2	78	16	0
프로통산			71	63	11	2	111	21	0

하찡요(Luciano Ferreira Gabriel) 브라질 1979.10.10

대회	연도	소속	출전	교체	득점	도움	파울	경고	퇴장
BC	2005	대전	22	22	2	4	41	1	1
		합계	22	22	2	4	41	1	1
프로통산			22	22	2	4	41	1	1

하창래(河昌來) 중앙대 1994.10.16

대회	연도	소속	출전	교체	득점	도움	파울	경고	퇴장
K1	2017	인천	20	0	1	0	20	6	0
	2018	포항	28	5	1	0	40	7	0
		합계	48	5	2	0	60	13	0
프로통산			48	5	2	0	60	13	0

하태균(河太均) 단국대 1987.11.02

대회	연도	소속	출전	교체	득점	도움	파울	경고	퇴장
BC	2007	수원	18	13	5	1	33	1	0
	2008	수원	19	14	2	1	21	1	0
	2009	수원	12	11	2	1	21	1	0
	2010	수원	15	13	6	0	34	5	0
	2011	수원	19	18	3	1	19	3	1
	2012	수원	31	29	6	2	25	0	0
		합계	101	90	18	3	130	10	1
K1	2014	상주	11	6	4	0	18	1	0
	2014	수원	3	3	0	0	3	0	0
	2018	전남	8	6	0	0	6	0	0
		합계	22	15	4	0	27	3	0
K2	2013	상주	19	14	8	4	33	2	0
		합계	19	14	8	4	33	2	0
승	2013	상주	1	1	0	0	0	0	0
		합계	1	1	0	0	0	0	0
프로통산			143	120	30	7	190	15	1

하파엘(Rafael Costa dos Santos) 브라질 1987.08.23

대회	연도	소속	출전	교체	득점	도움	파울	경고	퇴장
K1	2014	서울	9	9	0	0	9	3	0
		합계	9	9	0	0	9	3	0
프로통산			9	9	0	0	9	3	0

하파엘(Raphael Assis Martins Xavier) 브라질 1992.03.28

대회	연도	소속	출전	교체	득점	도움	파울	경고	퇴장
K2	2014	충주	2	1	0	0	0	0	0
		합계	2	1	0	0	0	0	0
프로통산			2	1	0	0	0	0	0

하파엘(Rogerio da Silva Rafael) 브라질 1995.11.30

대회	연도	소속	출전	교체	득점	도움	파울	경고	퇴장
K2	2016	충주	17	15	5	2	13	2	0
		합계	17	15	5	2	13	2	0
프로통산			17	15	5	2	13	2	0

하피나(Rafael dos Santos de Oliveira) 브라질 1987.06.30

대회	연도	소속	출전	교체	득점	도움	파울	경고	퇴장
BC	2012	울산	17	13	6	2	23	2	0
		합계	17	13	6	2	23	2	0
K1	2013	울산	24	8	11	4	45	3	0
	2014	울산	12	8	1	0	20	2	0
		합계	36	16	12	4	65	3	0
프로통산			53	29	18	7	88	5	0

하피냐(Lima Pereira Rafael) 브라질 1993.04.01

대회	연도	소속	출전	교체	득점	도움	파울	경고	퇴장
K1	2015	대전	7	8	0	0	3	0	0
		합계	7	8	0	0	3	0	0
프로통산			53	29	18	7	88	5	0

한건용(韓健鎔) 동의대 1991.06.28

대회	연도	소속	출전	교체	득점	도움	파울	경고	퇴장
K2	2017	안산	24	13	3	2	31	2	0
	2018	안산	4	3	0	0	1	0	0
		합계	28	16	3	2	32	2	0
프로통산			28	16	3	2	32	2	0

한경인(韓京仁) 명지대 1987.05.28

대회	연도	소속	출전	교체	득점	도움	파울	경고	퇴장
BC	2011	경남	23	19	2	0	13	0	0
	2012	대전	12	11	1	0	5	1	0
		합계	35	30	3	0	18	1	0
K1	2013	대전	7	7	0	0	2	0	0
	2014	상주	8	7	2	0	9	3	0
		합계	15	14	2	0	11	3	0
K2	2015	상주	1	1	0	0	0	0	0
		합계	1	1	0	0	0	0	0
프로통산			51	45	5	0	29	4	0

한교원(韓敎元) 조선이공대 1990.06.15

375

대회	연도	소속	출전	교체	득점	도움	파울	경고	퇴장
BC	2011	인천	29	22	3	2	40	2	0
	2012	인천	28	10	6	2	52	4	0
	합계		57	32	9	4	92	6	0
K1	2013	인천	36	14	6	2	64	8	0
	2014	전북	32	20	11	3	44	1	0
	2015	전북	26	16	1	4	15	3	1
	2016	전북	19	8	4	0	24	5	0
	2017	전북	12	8	1	1	18	1	0
	2018	전북	23	13	7	6	19	3	0
	합계		148	79	30	16	184	21	1
프로통산			205	111	39	20	276	27	1

한국영(韓國榮) 숭실대 1990.04.19

대회	연도	소속	출전	교체	득점	도움	파울	경고	퇴장
K1	2017	강원	18	4	2	0	23	6	0
	합계		18	4	2	0	23	6	0
프로통산			18	4	2	0	23	6	0

한그루(韓그루) 단국대 1988.04.29

대회	연도	소속	출전	교체	득점	도움	파울	경고	퇴장
BC	2011	성남일	4	4	0	0	1	0	0
	2012	대전	9	8	0	0	11	1	0
	합계		13	12	0	0	12	1	0
K1	2013	대전	5	5	0	0	4	0	0
	합계		5	5	0	0	4	0	0
프로통산			18	17	0	0	16	2	0

한길동(韓吉童) 서울대 1963.01.15

대회	연도	소속	출전	교체	득점	도움	파울	경고	퇴장
BC	1986	럭금	20	6	0	0	16	1	0
	1987	럭금	16	5	0	3	12	0	0
	합계		36	11	0	3	28	1	0
프로통산			36	11	0	3	28	1	0

한덕희(韓德熙) 아주대 1987.02.20

대회	연도	소속	출전	교체	득점	도움	파울	경고	퇴장
BC	2011	대전	16	6	1	2	26	3	0
	2012	대전	14	12	0	0	22	4	0
	합계		30	18	1	2	48	7	0
K1	2013	대전	20	14	0	1	31	2	0
	2015	대전	11	3	0	0	6	1	0
	합계		31	17	0	1	37	3	0
K2	2014	안산경	8	7	0	0	9	2	0
	2015	안산경	23	10	0	0	36	4	0
	합계		31	17	0	0	41	6	0
프로통산			85	51	1	3	126	16	0

한동원(韓東元) 남수원중 1986.04.06

대회	연도	소속	출전	교체	득점	도움	파울	경고	퇴장
BC	2002	안양LG	1	1	0	0	0	0	0
	2003	안양LG	4	4	0	0	3	1	0
	2004	서울	4	3	0	0	3	0	0
	2005	서울	3	3	0	0	0	0	0
	2006	서울	15	15	1	0	20	2	0
	2007	성남일	15	15	1	1	7	0	0
	2008	성남일	26	23	6	1	22	2	0
	2009	성남일	26	24	7	1	14	2	0
	2011	대구	14	13	0	0	13	1	0
	2012	강원	12	12	2	0	12	1	0
	합계		121	106	20	3	84	8	0
K1	2013	강원	8	8	0	0	4	1	0
	합계		8	8	0	0	4	1	0
K2	2013	안양	2	2	0	0	0	0	0
	합계		2	2	0	0	0	0	0
프로통산			131	116	20	3	88	9	0

한동진(韓動鎭) 상지대 1979.08.25

대회	연도	소속	출전	교체	실점	도움	파울	경고	퇴장
BC	2002	부천SK	8	0	10	0	0	0	0
	2003	부천SK	31	1	3	0	3	1	0
	2004	부천SK	0	0	18	0	0	0	0
	2005	광주상	3	0	6	0	0	0	0
	2006	광주상	15	1	13	0	0	0	0
	2007	제주	6	0	11	0	1	0	0
	2008	제주	12	3	5	0	0	0	0
	2009	제주	14	1	0	0	0	1	0
	2010	제주	1	0	37	0	0	0	0
	2011	제주	1	1	155	0	0	0	0
	2012	제주	30	0	0	0	0	1	1
	합계		122	7	0	0	6	5	1
K1	2013	제주	0	0	15	0	0	0	0
	합계		0	0	45	0	0	0	0
프로통산			122	7	155	0	6	5	1

한문배(韓文培) 한양대 1954.03.22

대회	연도	소속	출전	교체	득점	도움	파울	경고	퇴장
BC	1984	럭금	27	4	2	6	25	2	0
	1985	럭금	21	3	0	2	19	1	0
	1986	럭금	27	5	0	1	37	3	0
	합계		75	12	4	7	81	6	0
프로통산			75	12	4	7	81	6	0

한병용(韓炳容) 건국대 1983.11.27

대회	연도	소속	출전	교체	득점	도움	파울	경고	퇴장
BC	2006	수원	12	7	0	0	15	1	0
	2007	수원	2	2	0	0	1	0	0
	합계		14	9	0	0	16	1	0
프로통산			14	9	0	0	16	1	0

한봉현(韓鳳晛) 학성고 1981.12.04

대회	연도	소속	출전	교체	득점	도움	파울	경고	퇴장
BC	2000	울산	0	0	0	0	0	0	0
	2001	울산	2	2	0	0	0	0	0
	2003	광주상	1	1	0	0	0	0	0
	합계		3	3	0	0	0	0	0
프로통산			3	3	0	0	0	0	0

한빛(韓빛) 건국대 1992.03.17

대회	연도	소속	출전	교체	득점	도움	파울	경고	퇴장
K2	2014	고양	16	15	1	0	16	2	0
	합계		16	15	1	0	16	2	0
프로통산			16	15	1	0	16	2	0

한상건(韓相健) 영등포공고 1975.01.22

대회	연도	소속	출전	교체	득점	도움	파울	경고	퇴장
BC	1994	포철	1	1	0	0	1	0	0
	합계		1	1	0	0	1	0	0
프로통산			1	1	0	0	1	0	0

한상구(韓相九) 충남대 1976.08.15

대회	연도	소속	출전	교체	득점	도움	파울	경고	퇴장
BC	1999	안양LG	11	8	0	0	14	2	0
	2000	안양LG	29	4	0	0	30	2	0
	2001	안양LG	4	3	0	0	5	1	0
	2003	광주상	40	8	3	3	31	4	0
	2004	서울	13	8	0	1	17	2	0
	합계		97	30	3	4	95	12	0
프로통산			97	30	3	4	95	12	0

한상민(韓相旻) 천안농고 1985.03.10

대회	연도	소속	출전	교체	득점	도움	파울	경고	퇴장
BC	2009	울산	9	9	0	0	6	1	0
	합계		9	9	0	0	6	1	0
프로통산			9	9	0	0	6	1	0

한상수(韓尙樹) 충북대 1977.02.27

대회	연도	소속	출전	교체	실점	도움	파울	경고	퇴장
BC	1999	부산	6	4	0	0	0	0	0
	2000	부산	3	3	0	0	0	0	0
	합계		9	7	0	0	0	0	0
프로통산			9	7	0	0	0	0	0

한상열(韓相烈) 고려대 1972.09.24

대회	연도	소속	출전	교체	득점	도움	파울	경고	퇴장
BC	1997	수원	23	17	3	1	22	0	1
	1998	수원	6	6	0	0	7	0	0
	1999	수원	0	0	0	0	0	0	0
	합계		29	23	3	1	29	2	1
프로통산			29	23	3	1	29	2	1

한상운(韓相云) 단국대 1986.05.03

대회	연도	소속	출전	교체	득점	도움	파울	경고	퇴장
BC	2009	부산	31	23	5	3	32	2	0
	2010	부산	31	12	7	5	33	1	0
	2011	부산	32	14	9	8	34	2	0
	2012	성남일	16	11	1	1	12	1	0
	합계		110	60	20	19	111	8	0
K1	2013	울산	34	21	8	8	36	3	0
	2014	울산	12	5	2	2	7	0	0
	2014	상주	17	5	4	4	13	3	0
	2016	울산	3	3	0	0	1	0	0
	2017	울산	18	14	1	1	12	1	0
	합계		103	59	12	19	89	9	0
K2	2015	상주	29	19	7	6	21	3	0
	2018	수원FC	11	8	0	0	4	0	0
	합계		40	27	7	6	25	3	0
프로통산			253	146	39	44	225	20	0

한상진(韓相振) 세종대 1995.08.01

대회	연도	소속	출전	교체	실점	도움	파울	경고	퇴장
K2	2016	부천	7	6	0	0	6	2	0
	2017	부천	0	0	0	0	0	0	0
	합계		7	6	0	0	6	2	0
프로통산			7	6	0	0	6	2	0

한상학(韓尙學) 숭실대 1990.07.16

대회	연도	소속	출전	교체	득점	도움	파울	경고	퇴장
K2	2014	충주	6	5	1	0	12	2	0
	합계		6	5	1	0	12	2	0
프로통산			6	5	1	0	12	2	0

한상혁(韓祥赫) 배재대 1991.11.19

대회	연도	소속	출전	교체	득점	도움	파울	경고	퇴장
K1	2015	대전	0	0	0	0	0	0	0
	합계		0	0	0	0	0	0	0
K2	2014	대전	0	0	0	0	0	0	0
	합계		0	0	0	0	0	0	0
프로통산			0	0	0	0	0	0	0

한상현(韓相晛) 성균관대 1991.08.25

대회	연도	소속	출전	교체	득점	도움	파울	경고	퇴장
K1	2015	성남	0	0	0	0	0	0	0
	합계		0	0	0	0	0	0	0
K2	2014	부천	2	2	0	0	2	0	0
	합계		2	2	0	0	2	0	0
프로통산			2	2	0	0	2	0	0

한석종(韓石種) 숭실대 1992.07.19

대회	연도	소속	출전	교체	득점	도움	파울	경고	퇴장
K1	2017	인천	32	1	3	1	46	5	1
	2018	인천	31	9	1	3	34	2	0
	합계		63	10	4	2	80	7	1
K2	2014	강원	21	10	0	1	25	2	0
	2015	강원	12	4	1	0	22	2	0
	2016	강원	36	10	1	3	40	10	0
	합계		82	32	5	5	99	19	0
승	2016	강원	2	1	0	0	4	0	0
	합계		2	1	0	0	4	0	0
프로통산			147	52	9	7	183	26	1

한설(韓설) 동의대 1983.07.15

대회	연도	소속	출전	교체	득점	도움	파울	경고	퇴장
BC	2006	부산	7	7	0	0	6	1	0
	2008	광주상	1	1	0	0	2	0	0
	합계		8	8	0	0	8	1	0
프로통산			8	8	0	0	8	1	0

한성규(韓成圭) 광운대 1993.01.27

대회	연도	소속	출전	교체	득점	도움	파울	경고	퇴장
K1	2015	수원	2	2	0	0	1	0	0
	합계		2	2	0	0	1	0	0
K2	2016	부천	2	2	0	0	0	0	0

프로통산 | 2 | 2 | 0 | 0 | 0 | 0 | 0

한승규(韓承規) 연세대 1996.09.28

대회	연도	소속	출전	교체	득점	도움	파울	경고	퇴장
K1	2017	울산	9	8	1	0	9	0	0
	2018	울산	31	28	5	7	24	4	0
	합계		40	36	6	8	33	4	0
프로통산			40	36	6	8	33	4	0

한승엽(韓承燁) 경기대 1990.11.04

대회	연도	소속	출전	교체	득점	도움	파울	경고	퇴장
K1	2013	대구	26	22	3	1	43	4	0
	합계		26	22	3	1	43	4	0
K2	2014	대구	8	8	0	0	13	0	0
	2017	대전	3	2	0	0	3	0	0
	합계		11	10	0	0	16	0	0
프로통산			37	32	3	1	59	4	0

한승욱(韓承旭) 아주대 1995.08.24

대회	연도	소속	출전	교체	득점	도움	파울	경고	퇴장
K1	2018	전남	3	1	0	0	4	0	0
	합계		3	1	0	0	4	0	0
프로통산			3	1	0	0	4	0	0

한연수(韓練洙) 동국대 1966.11.17

대회	연도	소속	출전	교체	득점	도움	파울	경고	퇴장
BC	1989	일화	6	4	0	0	7	1	0
	합계		6	4	0	0	7	1	0
프로통산			6	4	0	0	7	1	0

한연철(韓練哲) 고려대 1972.03.30

대회	연도	소속	출전	교체	득점	도움	파울	경고	퇴장
BC	1997	울산	2	2	0	0	3	0	0
	합계		2	2	0	0	3	0	0
프로통산			2	2	0	0	3	0	0

한영구(韓英九) 호남대 1987.11.16

대회	연도	소속	출전	교체	득점	도움	파울	경고	퇴장
K2	2013	고양	11	5	0	0	6	0	0
	합계		11	5	0	0	6	0	0
프로통산			11	5	0	0	6	0	0

한영국(韓榮國) 국민대 1964.11.26

대회	연도	소속	출전	교체	득점	도움	파울	경고	퇴장
BC	1993	현대	6	0	0	0	6	1	0
	1994	현대	8	1	0	0	6	2	0
	합계		14	1	0	0	12	2	0
프로통산			14	1	0	0	12	2	0

한영수(韓英洙) 전북대 1960.08.14

대회	연도	소속	출전	교체	득점	도움	파울	경고	퇴장
BC	1985	유공	19	3	4	1	19	0	0
	1986	유공	10	6	0	0	5	0	0
	1987	유공	3	1	1	0	1	0	0
	합계		32	12	5	1	24	0	0
프로통산			32	12	5	1	24	0	0

한용수(韓龍洙) 한양대 1990.05.05

대회	연도	소속	출전	교체	득점	도움	파울	경고	퇴장
BC	2012	제주	23	6	0	1	33	4	0
	합계		23	6	0	1	33	4	0
K1	2018	강원	12	1	0	0	10	1	0
	합계		12	1	0	0	10	1	0
프로통산			35	7	0	1	43	5	0

한유성(韓侑成) 경희대 1991.06.09

대회	연도	소속	출전	교체	실점	도움	파울	경고	퇴장
K1	2014	전남	0	0	0	0	0	0	0
	2015	전남	1	0	1	0	0	0	0
	2016	전남	3	1	5	0	0	0	0
프로통산			4	1	6	0	0	0	0

한의권(韓義權) 관동대 1994.06.30

대회	연도	소속	출전	교체	득점	도움	파울	경고	퇴장
K1	2014	경남	11	11	0	1	11	0	0
	2015	대전	18	6	3	1	41	4	0
	2018	수원	22	17	1	2	33	2	0
	합계		51	34	4	3	75	6	0
K2	2015	경남	10	6	0	1	13	3	0
	2016	대전	6	4	0	0	8	1	0
	2017	아산	19	13	7	0	35	4	0
	2018	아산	16	11	7	1	25	6	0
	합계		51	34	14	2	81	13	0
승	2014	경남	2	2	0	0	0	0	0
	합계		2	2	0	0	0	0	0
프로통산			104	70	18	5	156	19	0

한의혁(韓義赫) 열린사이버대 1995.01.23

대회	연도	소속	출전	교체	득점	도움	파울	경고	퇴장
K2	2017	안양	11	10	0	1	9	1	0
	합계		11	10	0	1	9	1	0
프로통산			11	10	0	1	9	1	0

한일구(韓壹九) 고려대 1987.02.18

대회	연도	소속	출전	교체	실점	도움	파울	경고	퇴장
BC	2010	서울	0	0	0	0	0	0	0
	2011	서울	0	0	0	0	0	0	0
	2012	서울	0	0	0	0	0	0	0
	합계		0	0	0	0	0	0	0
K1	2013	서울	2	0	4	0	0	0	0
	2014	서울	0	0	0	0	0	0	0
	합계		2	0	4	0	0	0	0
프로통산			2	0	4	0	0	0	0

한재만(韓載滿) 동국대 1989.03.20

대회	연도	소속	출전	교체	득점	도움	파울	경고	퇴장
BC	2010	제주	7	6	0	1	2	0	0
	2011	제주	1	1	0	0	0	0	0
	합계		8	7	0	1	2	0	0
프로통산			8	7	0	1	2	0	0

한재식(韓在植) 명지대 1968.03.17

대회	연도	소속	출전	교체	득점	도움	파울	경고	퇴장
BC	1990	포철	1	1	0	0	0	0	0
	합계		1	1	0	0	0	0	0
프로통산			1	1	0	0	0	0	0

한재웅(韓載雄) 부평고 1984.09.28

대회	연도	소속	출전	교체	득점	도움	파울	경고	퇴장
BC	2003	부산	1	1	0	0	1	0	0
	2004	부산	4	4	0	0	4	0	0
	2005	부산	13	11	2	0	7	0	0
	2007	부산	1	1	0	0	0	0	0
	2008	부산	13	13	1	0	11	1	0
	2009	대전	19	15	3	1	22	2	0
	2010	대전	23	8	3	1	36	5	0
	2011	대전	24	13	0	0	27	4	0
	2012	전남	24	24	2	1	24	5	0
	합계		124	79	12	5	154	21	0
K1	2013	인천	15	13	0	0	14	2	0
	2014	울산	3	3	0	0	0	0	0
	2017	대구	1	1	0	0	0	0	0
	합계		19	17	0	0	14	2	0
K2	2016	대구	15	13	0	0	12	0	0
	합계		15	13	0	0	12	0	0
프로통산			149	102	12	6	170	23	0

한성규(韓晟圭) 한양대 1978.07.19

대회	연도	소속	출전	교체	득점	도움	파울	경고	퇴장
BC	1994	일화	25	15	1	3	14	0	0
	1995	일화	11	9	0	2	9	1	0
	1996	천안일	34	21	1	3	31	3	0
	1998	천안일	11	10	0	1	6	0	0
	1999	전남	14	13	2	1	15	1	0
	2000	전남	15	13	0	1	24	0	0
	2001	대전	15	11	0	0	17	2	0
	2002	대전	24	11	0	1	29	3	0
	2003	대전	28	23	0	1	42	1	0
	2004	대전	19	16	2	1	27	1	0
	합계		182	132	12	13	235	17	1
프로통산			182	132	12	13	235	17	1

한정화(韓廷和) 안양공고 1982.10.31

대회	연도	소속	출전	교체	득점	도움	파울	경고	퇴장
BC	2001	안양LG	11	11	0	0	5	1	0
	2002	안양LG	7	9	1	3	1	0	0
	2003	안양LG	1	1	0	0	0	0	0
	2004	광주상	1	1	0	0	0	0	0
	2005	광주상	1	1	0	0	0	0	0
	2007	부산	29	23	4	2	17	2	0
	2008	부산	26	14	2	1	36	1	0
	2009	대구	12	7	0	2	14	0	0
	합계		97	78	7	5	80	4	0
프로통산			97	78	7	5	80	4	0

한제광(韓濟光) 울산대 1985.03.18

대회	연도	소속	출전	교체	득점	도움	파울	경고	퇴장
BC	2006	전북	2	1	0	0	3	0	0
	합계		2	1	0	0	3	0	0
프로통산			2	1	0	0	3	0	0

한종성(韓鐘聲) 성균관대 1977.01.30

대회	연도	소속	출전	교체	득점	도움	파울	경고	퇴장
BC	2002	전북	14	2	0	0	22	2	0
	2003	전북	24	10	0	2	45	4	0
	2004	전북	8	5	0	0	12	0	0
	2005	전남	5	2	0	0	6	2	0
	합계		51	22	0	2	86	7	0
프로통산			51	22	0	2	86	7	0

한종우(韓宗佑) 상지대 1986.03.17

대회	연도	소속	출전	교체	득점	도움	파울	경고	퇴장
K2	2013	부천	27	6	2	0	29	10	0
	2014	부천	6	3	0	0	9	0	0
	합계		33	9	2	0	38	10	0
프로통산			33	9	2	0	38	10	0

한주영(韓周怜) 고려대 1976.06.10

대회	연도	소속	출전	교체	득점	도움	파울	경고	퇴장
BC	2000	전북	1	1	0	0	0	0	0
	합계		1	1	0	0	0	0	0
프로통산			1	1	0	0	0	0	0

한준규(韓俊奎) 개성고 1996.02.10

대회	연도	소속	출전	교체	득점	도움	파울	경고	퇴장
K2	2018	부산	1	1	0	0	1	0	0
	합계		1	1	0	0	1	0	0
프로통산			1	1	0	0	1	0	0

한지륜(韓地淪) 한남대 1996.08.22

대회	연도	소속	출전	교체	득점	도움	파울	경고	퇴장
K2	2018	서울E	1	1	0	0	1	0	0
	합계		1	1	0	0	1	0	0
프로통산			1	1	0	0	1	0	0

한지원(韓知員) 건국대 1994.04.09

대회	연도	소속	출전	교체	득점	도움	파울	경고	퇴장
K1	2016	전남	5	4	0	0	4	0	0
	2017	전남	3	4	0	0	1	0	0
	합계		8	8	0	0	5	0	0
K2	2018	안산	13	9	1	2	4	0	0
	합계		13	9	1	2	4	0	0
프로통산			21	16	1	2	9	0	0

한지호(韓志皓) 홍익대 1988.12.15

대회	연도	소속	출전	교체	득점	도움	파울	경고	퇴장
BC	2010	부산	9	9	0	0	6	1	0
	2011	부산	32	26	4	3	30	4	0
	2012	부산	44	20	6	3	47	2	0
	합계		85	55	10	7	83	7	0
K1	2013	부산	31	20	3	2	23	1	0
	2014	부산	22	14	0	0	20	0	0
	2015	부산	17	16	1	0	18	0	0
	합계		70	47	7	1	61	5	0
K2	2016	안산무	38	12	10	6	52	4	0

대회	연도	소속	출전	교체	득점	도움	파울	경고	퇴장
	2017	아산	20	14	1	3	14	2	0
	2017	부산	5	2	1	1	8	2	0
	2018	부산	30	24	4	2	25	1	0
	합계		93	52	16	12	99	9	0
승	2015	부산	1	1	0	0	1	0	0
	2017	부산	2	2	0	0	2	0	0
	2018	부산	2	1	0	1	1	0	0
	합계		5	4	0	1	4	0	0
프로통산			253	158	33	21	247	21	0

한찬희(韓贊熙) 광양제철고 1997.03.17

대회	연도	소속	출전	교체	득점	도움	파울	경고	퇴장
K1	2016	전남	23	18	1	1	9	2	0
	2017	전남	29	19	3	2	23	2	1
	2018	전남	31	9	2	6	44	6	1
	합계		83	46	6	9	76	10	2
프로통산			83	46	6	9	76	10	2

한창우(韓昌佑) 중앙대 1996.07.28

대회	연도	소속	출전	교체	득점	도움	파울	경고	퇴장
K1	2018	전남	4	4	0	0	1	0	0
	합계		4	4	0	0	1	0	0
프로통산			4	4	0	0	1	0	0

한창우(韓昌祐) 동아대 1965.10.25

대회	연도	소속	출전	교체	득점	도움	파울	경고	퇴장
BC	1988	대우	9	1	0	0	4	0	0
	합계		9	1	0	0	4	0	0
프로통산			9	1	0	0	4	0	0

한창우(韓昌祐) 광운대 1966.12.05

대회	연도	소속	출전	교체	득점	도움	파울	경고	퇴장
BC	1989	현대	5	5	0	0	6	2	0
	1991	현대	24	18	2	0	28	2	0
	1992	현대	19	17	0	0	27	1	0
	합계		48	40	2	0	61	5	0
프로통산			48	40	2	0	61	5	0

한태유(韓泰酉) 명지대 1981.03.31

대회	연도	소속	출전	교체	득점	도움	파울	경고	퇴장
BC	2004	서울	25	4	0	0	49	4	0
	2005	서울	22	11	3	1	52	9	0
	2006	서울	28	23	0	2	42	5	0
	2007	광주상	30	8	1	0	56	8	0
	2008	광주상	19	11	0	1	36	6	0
	2008	서울	2	2	0	0	2	0	0
	2009	서울	10	3	0	1	23	0	0
	2010	서울	4	3	0	0	1	0	0
	2011	서울	8	7	0	0	17	3	0
	2012	서울	26	15	0	2	21	3	0
	합계		177	79	5	4	312	42	0
K1	2013	서울	15	12	0	0	14	2	0
	2014	서울	0	0	0	0	0	0	0
	합계		15	12	0	0	14	2	0
프로통산			192	91	5	4	319	44	0

한태진(韓台鎭) 1961.04.08

대회	연도	소속	출전	실점	득점	도움	파울	경고	퇴장
BC	1983	포철	1	4	0	0	0	0	0
	합계		1	4	0	0	0	0	0
프로통산			1	4	0	0	0	0	0

한홍규(韓洪奎) 성균관대 1990.07.26

대회	연도	소속	출전	교체	득점	도움	파울	경고	퇴장
K2	2013	충주	20	7	6	3	63	6	0
	2014	충주	32	30	7	1	45	5	0
	2015	안산	9	8	1	0	5	1	0
	2016	안산무	21	10	0	0	22	4	0
	합계		82	55	13	4	135	16	0
프로통산			82	55	13	4	135	16	0

한효혁(韓孝赫) 동신대 1989.12.12

대회	연도	소속	출전	교체	득점	도움	파울	경고	퇴장
K2	2013	광주	2	2	0	0	1	0	0
	합계		2	2	0	0	1	0	0
프로통산			2	2	0	0	1	0	0

한희훈(韓熙訓) 상지대 1990.08.10

대회	연도	소속	출전	교체	득점	도움	파울	경고	퇴장
K1	2017	대구	36	2	1	0	31	4	0
	2018	대구	29	7	1	0	24	3	0
	합계		65	9	2	0	55	7	0
K2	2016	부천	40	0	3	0	21	4	0
	합계		40	0	3	0	21	4	0
프로통산			105	9	5	0	76	11	0

함민석(咸珉錫) 아주대 1985.08.03

대회	연도	소속	출전	교체	득점	도움	파울	경고	퇴장
BC	2008	인천	0	0	0	0	0	0	0
	2012	강원	0	0	0	0	0	0	0
	합계		0	0	0	0	0	0	0
프로통산			0	0	0	0	0	0	0

함상헌(咸相憲) 서울시립대 1971.03.20

대회	연도	소속	출전	교체	득점	도움	파울	경고	퇴장
BC	1994	대우	9	8	2	0	12	2	0
	1995	포항	1	1	0	0	0	0	0
	1995	LG	18	16	2	0	16	5	0
	1996	안양LG	25	15	2	1	13	3	0
	1997	안양LG	26	15	2	2	44	8	0
	1998	안양LG	4	4	0	0	5	0	0
	합계		73	58	3	3	90	18	0
프로통산			73	58	3	3	90	18	0

함석민(咸錫敏) 숭실대 1994.02.14

대회	연도	소속	출전	교체	실점	도움	파울	경고	퇴장
K1	2017	수원	0	0	0	0	0	0	0
	2018	강원	4	0	8	0	0	0	0
	합계		4	0	8	0	0	0	0
K2	2016	강원	25	0	21	0	3	0	0
	합계		25	0	21	0	3	0	0
승	2016	강원	2	0	1	0	0	0	0
	합계		2	0	1	0	0	0	0
프로통산			31	0	30	0	3	0	0

함준영(咸儁漢) 원광대 1986.03.15

대회	연도	소속	출전	교체	득점	도움	파울	경고	퇴장
BC	2009	인천	0	0	0	0	0	0	0
	합계		0	0	0	0	0	0	0
프로통산			0	0	0	0	0	0	0

함현기(咸鉉起) 고려대 1963.04.26

대회	연도	소속	출전	교체	득점	도움	파울	경고	퇴장
BC	1986	현대	35	3	17	2	34	1	0
	1987	현대	29	10	1	2	26	0	0
	1988	현대	23	8	10	5	13	0	0
	1989	현대	13	4	0	2	21	0	0
	1990	현대	28	3	3	2	27	1	0
	1991	현대	5	5	0	0	2	0	0
	1991	LG	10	8	0	1	0	0	0
	1992	LG	14	9	1	1	26	0	0
	합계		161	57	31	13	151	3	0
프로통산			161	57	31	13	151	3	0

허건(許建) 관동대 1988.01.03

대회	연도	소속	출전	교체	득점	도움	파울	경고	퇴장
K2	2013	부천	18	10	5	2	25	1	0
	합계		18	10	5	2	25	1	0
프로통산			18	10	5	2	25	1	0

허기수(許起洙) 명지대 1965.01.05

대회	연도	소속	출전	교체	득점	도움	파울	경고	퇴장
BC	1989	현대	20	8	1	0	23	1	0
	1990	현대	19	5	1	0	22	2	0
	1991	현대	2	1	0	0	1	0	0
	1992	현대	9	7	0	1	15	0	0
	합계		50	21	2	1	61	3	0
프로통산			50	21	2	1	61	3	0

허기태(許起泰) 고려대 1967.07.13

대회	연도	소속	출전	교체	득점	도움	파울	경고	퇴장
BC	1990	유공	7	1	0	0	12	1	0
	1991	유공	34	2	1	0	39	2	0
	1992	유공	37	5	2	0	52	2	0
	1993	유공	33	1	2	1	31	3	0
	1994	유공	34	0	2	2	26	4	0
	1995	유공	34	3	3	0	21	2	0
	1996	부천유	31	3	0	0	34	1	0
	1997	부천SK	22	3	0	0	44	6	0
	1998	수원	11	3	0	0	10	0	0
	1999	수원	3	1	0	0	3	0	0
	합계		246	23	10	3	273	23	0
프로통산			246	23	10	3	273	23	0

허범산(許範山) 우석대 1989.09.14

대회	연도	소속	출전	교체	득점	도움	파울	경고	퇴장
BC	2012	대전	8	6	1	0	11	2	0
	합계		8	6	1	0	11	2	0
K1	2013	대전	29	15	0	5	53	6	0
	2014	제주	1	1	0	0	1	0	0
	2015	제주	16	11	0	1	23	6	0
	합계		46	27	0	6	77	12	0
K2	2016	강원	37	31	3	1	63	13	0
	2017	부산	13	3	1	4	22	4	0
	2017	아산	4	1	0	0	5	2	0
	2018	아산	8	8	1	0	6	2	0
	합계		62	43	5	5	96	21	0
승	2016	강원	2	0	0	0	3	1	0
	합계		2	0	0	0	3	1	0
프로통산			118	78	6	12	188	36	0

허영석(許榮碩) 마산공고 1993.04.29

대회	연도	소속	출전	교체	득점	도움	파울	경고	퇴장
BC	2012	경남	1	1	0	0	0	0	0
	합계		1	1	0	0	0	0	0
K2	2015	경남	4	1	0	0	4	0	0
	합계		4	1	0	0	4	0	0
프로통산			5	2	0	0	4	0	0

허영철(許榮哲) 한남대 1992.09.07

대회	연도	소속	출전	교체	득점	도움	파울	경고	퇴장
K1	2015	대전	2	1	0	0	0	0	0
	합계		2	1	0	0	0	0	0
프로통산			2	1	0	0	0	0	0

허용준(許榕埈) 고려대 1993.01.08

대회	연도	소속	출전	교체	득점	도움	파울	경고	퇴장
K1	2016	전남	28	22	4	3	18	4	0
	2017	전남	35	29	3	3	32	8	0
	2018	전남	23	18	9	2	11	2	0
	합계		86	69	16	8	61	14	0
프로통산			86	69	16	8	61	14	0

허인무(許寅戊) 명지대 1978.04.14

대회	연도	소속	출전	교체	득점	도움	파울	경고	퇴장
BC	2001	포항	0	0	0	0	0	0	0
	합계		0	0	0	0	0	0	0
프로통산			0	0	0	0	0	0	0

허재녕(許財寧) 아주대 1992.05.14

대회	연도	소속	출전	교체	득점	도움	파울	경고	퇴장
K1	2015	광주	3	3	0	0	5	1	0
	합계		3	3	0	0	5	1	0
프로통산			3	3	0	0	5	1	0

허재원(許宰源) 광운대 1984.07.01

대회	연도	소속	출전	교체	득점	도움	파울	경고	퇴장
BC	2006	수원	1	1	0	0	0	0	0
	2008	광주상	7	6	0	0	3	1	0
	2009	수원	6	3	0	0	8	1	0
	2010	수원	2	1	0	0	1	1	0
	2011	광주	29	7	1	1	45	8	0
	2012	제주	36	2	2	2	57	5	0
	합계		81	20	3	3	114	16	0
K1	2013	제주	23	4	1	0	24	2	0

대회	연도	소속	출전	교체	득점	도움	파울	경고	퇴장
	2018	전남	15	3	0	0	9	3	0
	합계		38	7	1	0	33	5	0
K2	2014	대구	33	2	3	2	31	8	0
	2015	대구	27	2	2	1	15	2	0
	합계		60	4	5	3	46	10	0
프로통산			179	31	10	6	193	31	0

허재원(許宰源) 탐라대 1992.04.04

대회	연도	소속	출전	교체	득점	도움	파울	경고	퇴장
K2	2016	고양	25	9	0	0	25	2	0
	합계		25	9	0	0	25	2	0
프로통산			25	9	0	0	25	2	0

허정무(許丁茂) 연세대 1955.01.13

대회	연도	소속	출전	교체	득점	도움	파울	경고	퇴장
BC	1984	현대	23	3	3	2	37	0	0
	1985	현대	5	0	1	0	7	0	0
	1986	현대	11	2	1	3	15	1	0
	합계		39	5	5	5	59	4	0
프로통산			39	5	5	5	59	4	0

허제정(許齊廷) 건국대 1977.06.02

대회	연도	소속	출전	교체	득점	도움	파울	경고	퇴장
BC	2000	포항	11	6	0	2	6	0	0
	2001	포항	27	18	1	1	18	2	0
	2002	포항	10	10	2	2	6	1	0
	합계		48	34	3	5	30	4	0
프로통산			48	34	3	5	30	4	0

허준호(許俊好) 호남대 1994.08.18

대회	연도	소속	출전	교체	득점	도움	파울	경고	퇴장
K1	2017	전북	1	1	0	0	0	0	0
	합계		1	1	0	0	0	0	0
프로통산			1	1	0	0	0	0	0

허청산(許靑山) 명지대 1986.12.26

대회	연도	소속	출전	교체	득점	도움	파울	경고	퇴장
BC	2011	수원	0	0	0	0	0	0	0
	합계		0	0	0	0	0	0	0
프로통산			0	0	0	0	0	0	0

허태식(許泰植) 동래고 1961.01.06

대회	연도	소속	출전	교체	득점	도움	파울	경고	퇴장
BC	1985	포철	3	3	0	0	0	0	0
	1986	포철	22	5	1	2	18	1	0
	1987	포철	1	1	0	0	0	0	0
	1991	포철	1	1	0	0	0	0	0
	합계		27	10	1	2	18	1	0
프로통산			27	10	1	2	18	1	0

허화무(許華武) 중앙대 1970.04.05

대회	연도	소속	출전	교체	득점	도움	파울	경고	퇴장
BC	1996	안양LG	1	1	0	0	1	0	0
	합계		1	1	0	0	1	0	0
프로통산			1	1	0	0	1	0	0

허훈구(許訓求) 선문대 1983.06.25

대회	연도	소속	출전	교체	득점	도움	파울	경고	퇴장
BC	2006	전북	6	3	0	0	9	1	0
	2007	전북	1	0	0	0	1	0	0
	합계		7	3	0	0	10	1	0
프로통산			7	3	0	0	10	1	0

헙슨(Robson Souza dos Santos) 브라질 1982.09.19

대회	연도	소속	출전	교체	득점	도움	파울	경고	퇴장
BC	2006	대전	6	6	1	0	3	0	0
	합계		6	6	1	0	3	0	0
프로통산			6	6	1	0	3	0	0

헤나또(Renato Netson Benatti) 브라질 1981.10.17

대회	연도	소속	출전	교체	득점	도움	파울	경고	퇴장
BC	2008	전남	13	2	1	0	11	0	0
	합계		13	2	1	0	11	0	0
프로통산			13	2	1	0	11	0	0

헤나우도(Renaldo Lopes da Cruz) 브라질 1970.03.19

대회	연도	소속	출전	교체	득점	도움	파울	경고	퇴장
BC	2004	서울	11	6	1	1	23	2	0
	합계		11	6	1	1	23	2	0
프로통산			11	6	1	1	23	2	0

헤나또(Renato) 브라질 1976.06.15

대회	연도	소속	출전	교체	득점	도움	파울	경고	퇴장
BC	2001	부산	0	0	0	0	0	0	0
	합계		0	0	0	0	0	0	0
프로통산			0	0	0	0	0	0	0

헤나토(Renato Medeiros de Almeida) 브라질 1982.02.04

대회	연도	소속	출전	교체	득점	도움	파울	경고	퇴장
BC	2010	강원	4	4	0	0	2	0	0
	합계		4	4	0	0	2	0	0
프로통산			4	4	0	0	2	0	0

헤난(Faria Silveira Henan) 브라질 1987.04.03

대회	연도	소속	출전	교체	득점	도움	파울	경고	퇴장
BC	2012	전남	11	6	1	1	8	0	0
	합계		11	6	1	1	8	0	0
K1	2016	제주	4	3	0	0	4	0	0
	합계		4	3	0	0	4	0	0
K2	2015	강원	22	10	3	3	15	1	0
	합계		22	10	3	3	15	1	0
프로통산			37	20	4	4	27	4	0

헤이날도(Reinaldo da Cruz Olvira) 브라질 1979.03.14

대회	연도	소속	출전	교체	득점	도움	파울	경고	퇴장
BC	2010	수원	4	4	0	0	3	0	0
	합계		4	4	0	0	3	0	0
프로통산			4	4	0	0	3	0	0

헤이날도(Reinaldo de Souza) 브라질 1980.06.08

대회	연도	소속	출전	교체	득점	도움	파울	경고	퇴장
BC	2005	울산	8	9	0	0	12	0	0
	합계		8	9	0	0	12	0	0
프로통산			8	9	0	0	12	0	0

헤이날도(Reinaldo Elias da Costa) 브라질 1984.06.13

대회	연도	소속	출전	교체	득점	도움	파울	경고	퇴장
BC	2008	부산	10	9	0	1	18	1	0
	합계		10	9	0	1	18	1	0
프로통산			10	9	0	1	18	1	0

헤이네르(Reiner Ferreira Correa Gomes) 브라질 1985.11.17

대회	연도	소속	출전	교체	득점	도움	파울	경고	퇴장
K1	2014	수원	17	2	0	0	19	0	0
	합계		17	2	0	0	19	0	0
프로통산			17	2	0	0	19	0	0

헤지스(Regis Ferjandes Silva) 브라질 1976.09.22

대회	연도	소속	출전	교체	득점	도움	파울	경고	퇴장
BC	2006	대전	11	11	0	0	11	1	0
	합계		11	11	0	0	11	1	0
프로통산			11	11	0	0	11	1	0

헨릭(Henrik Jorgensen) 덴마크 1966.02.12

대회	연도	소속	출전	교체	**실점**	도움	파울	경고	퇴장
BC	1996	수원	5	0	7	0	0	0	0
	합계		5	0	7	0	0	0	0
프로통산			5	0	7	0	0	0	0

현광우(玄光宇) 선문대 1988.02.05

대회	연도	소속	출전	교체	득점	도움	파울	경고	퇴장
BC	2011	제주	0	0	0	0	0	0	0
	합계		0	0	0	0	0	0	0
프로통산			0	0	0	0	0	0	0

현기호(玄基鎬) 연세대 1960.05.12

대회	연도	소속	출전	교체	득점	도움	파울	경고	퇴장
BC	1983	대우	7	3	1	2	7	0	0
	1984	대우	18	5	1	3	18	1	0
	1985	대우	18	3	2	0	27	0	0
	1986	대우	15	8	1	0	15	0	0
	1987	대우	2	2	0	0	1	0	0
	합계		60	21	5	6	68	1	0
프로통산			60	21	5	6	68	1	0

현영민(玄泳民) 건국대 1979.12.25

대회	연도	소속	출전	교체	득점	도움	파울	경고	퇴장
BC	2002	울산	15	3	1	4	34	4	0
	2003	울산	32	3	1	2	59	8	1
	2004	울산	27	2	1	1	42	6	0
	2005	울산	30	1	0	4	66	4	0
	2007	울산	35	1	1	6	52	6	1
	2008	울산	30	3	0	6	62	5	0
	2009	울산	31	3	1	10	42	5	0
	2010	서울	33	6	1	5	49	7	0
	2011	서울	27	5	1	4	34	4	0
	2012	서울	17	2	0	1	27	2	1
	합계		285	33	7	40	473	53	3
K1	2013	서울	1	0	0	0	2	1	0
	2013	성남일	30	1	1	4	42	7	0
	2014	전남	32	1	3	7	46	10	0
	2015	전남	29	1	0	2	28	6	0
	2016	전남	29	10	1	0	41	4	0
	2017	전남	31	8	0	1	39	4	0
	합계		152	23	2	15	198	32	0
프로통산			437	56	9	55	671	85	3

호나우도(Ronaldo Marques Sereno) 브라질 1962.03.14

대회	연도	소속	출전	교체	득점	도움	파울	경고	퇴장
BC	1994	현대	26	10	6	5	47	5	0
	합계		26	10	6	5	47	5	0
프로통산			26	10	6	5	47	5	0

호니(Roniere Jose da Silva Filho) 브라질 1986.04.23

대회	연도	소속	출전	교체	득점	도움	파울	경고	퇴장
K2	2014	고양	21	20	2	1	7	0	0
	합계		21	20	2	1	7	0	0
프로통산			21	20	2	1	7	0	0

호니(Ronieli Gomes dos Santos) 브라질 1991.04.25

대회	연도	소속	출전	교체	득점	도움	파울	경고	퇴장
BC	2011	경남	10	7	1	0	19	3	0
	2012	경남	6	6	0	0	6	1	0
	합계		16	13	1	0	25	4	0
프로통산			16	13	1	0	25	4	0

호드리고(Rodrigo Leandro da Costa) 브라질 1985.09.17

대회	연도	소속	출전	교체	득점	도움	파울	경고	퇴장
K1	2013	부산	18	17	2	2	29	1	0
	합계		18	17	2	2	29	1	0
프로통산			18	17	2	2	29	1	0

호드리고(Rodrigo Sousa Silva) 동티모르 1987.11.24

대회	연도	소속	출전	교체	득점	도움	파울	경고	퇴장
K1	2017	대구	1	1	0	0	4	0	0
	합계		1	1	0	0	4	0	0
프로통산			1	1	0	0	4	0	0

호드리고(Domongos dos Santos Rodrigo) 브라질 1987.01.25

대회	연도	소속	출전	교체	득점	도움	파울	경고	퇴장
K2	2014	부천	31	6	11	2	77	2	0
	2015	부천	36	12	11	4	64	9	0
	2017	부천	14	14	2	1	16	2	0
	합계		81	32	24	7	157	13	0
프로통산			81	32	24	7	157	13	0

호드리고(Jose Luiz Rodrigo Carbone) 브라질 1974.03.17

Column 1

대회	연도	소속	출전	교체	득점	도움	파울	경고	퇴장
BC	1999	전남	8	7	1	2	6	0	0
		합계	8	7	1	2	6	0	0
프로통산			8	7	1	2	6	0	0

호드리고(Rodrigo Marcos Marques da Silva) 브라질 1977.08.02

대회	연도	소속	출전	교체	득점	도움	파울	경고	퇴장
BC	2003	대전	17	11	0	0	26	3	0
	2004	대전	7	6	0	0	11	0	0
		합계	24	17	0	0	37	3	0
프로통산			24	17	0	0	37	3	0

호드리고(Rodrigo Batista da Cruz) 브라질 1983.02.02

대회	연도	소속	출전	교체	득점	도움	파울	경고	퇴장
K1	2013	제주	3	3	0	0	2	1	0
		합계	3	3	0	0	2	1	0
프로통산			3	3	0	0	2	1	0

호마(Paulo Marcel Pereira Merabet) 브라질 1979.02.28

대회	연도	소속	출전	교체	득점	도움	파울	경고	퇴장
BC	2004	전북	23	18	7	2	37	7	0
		합계	23	18	7	2	37	7	0
프로통산			23	18	7	2	37	7	0

호마링요(Jefferson Jose Lopes Andrade) 브라질 1989.11.14

대회	연도	소속	출전	교체	득점	도움	파울	경고	퇴장
K2	2014	광주	10	6	1	0	22	1	0
		합계	10	6	1	0	22	1	0
프로통산			10	6	1	0	22	1	0

호물로(Romulo Jose Pacheco da Silva) 브라질 1995.10.27

대회	연도	소속	출전	교체	득점	도움	파울	경고	퇴장
K2	2017	부산	21	11	1	7	27	5	0
	2018	부산	36	4	10	9	36	3	0
		합계	57	15	11	16	63	8	0
승	2017	부산	2	0	1	0	5	1	0
	2018	부산	2	0	1	0	1	0	0
		합계	4	0	2	0	6	1	0
프로통산			61	15	13	17	69	10	0

호물로(Romulo Marques Macedo) 브라질 1980.04.03

대회	연도	소속	출전	교체	득점	도움	파울	경고	퇴장
BC	2008	제주	27	10	10	2	67	7	1
	2009	부산	28	22	6	1	56	3	0
	2010	부산	3	3	1	0	2	0	0
		합계	58	35	17	3	125	10	1
프로통산			58	35	17	3	125	10	1

호베르또(Roberto Cesar Zardim Rodrigues) 브라질 1985.12.19

대회	연도	소속	출전	교체	득점	도움	파울	경고	퇴장
K1	2013	울산	18	15	1	4	16	1	0
		합계	18	15	1	4	16	1	0
프로통산			18	15	1	4	16	1	0

호벨손(Roberson de Arruda Alves) 브라질 1989.04.02

대회	연도	소속	출전	교체	득점	도움	파울	경고	퇴장
K1	2010	제주	6	6	1	0	5	0	0
		합계	6	6	1	0	5	0	0
프로통산			6	6	1	0	5	0	0

호벨치(Robert de Pinho de Souza) 브라질 1981.02.27

대회	연도	소속	출전	교체	득점	도움	파울	경고	퇴장
BC	2012	제주	13	11	3	0	19	0	0
		합계	13	11	3	0	19	0	0
프로통산			13	11	3	0	19	0	0

호샤 브라질 1961.08.30

대회	연도	소속	출전	교체	득점	도움	파울	경고	퇴장

Column 2

대회	연도	소속	출전	교체	득점	도움	파울	경고	퇴장
BC	1985	포철	16	9	5	5	8	0	0
	1986	포철	24	10	7	2	11	1	0
		합계	40	19	12	7	19	1	0
프로통산			40	19	12	7	19	1	0

호성호(扈成鎬) 중앙대 1962.11.04

대회	연도	소속	출전	교체	실점	도움	파울	경고	퇴장
BC	1986	현대	16	0	9	0	0	0	0
	1987	현대	18	1	20	0	2	1	0
	1988	현대	3	0	6	0	0	0	0
	1989	현대	1	1	3	0	0	0	0
		합계	38	1	39	0	2	1	0
프로통산			38	1	39	0	2	1	0

호세(Jose Roberto Alves) 브라질 1954.10.20

대회	연도	소속	출전	교체	득점	도움	파울	경고	퇴장
BC	1983	포철	5	5	0	0	0	0	0
		합계	5	5	0	0	0	0	0
프로통산			5	5	0	0	0	0	0

호세(Alex Jose de Paula) 브라질 1981.09.13

대회	연도	소속	출전	교체	득점	도움	파울	경고	퇴장
BC	2003	포항	9	8	1	0	13	1	0
		합계	9	8	1	0	13	1	0
프로통산			9	8	1	0	13	1	0

호세(Jose Luis Villanueva Ahumada) 칠레 1981.11.05

대회	연도	소속	출전	교체	득점	도움	파울	경고	퇴장
BC	2007	울산	5	4	1	0	13	0	0
		합계	5	4	1	0	13	0	0
프로통산			5	4	1	0	13	0	0

호제리오(Rogerio Prateat) 브라질 1973.03.09

대회	연도	소속	출전	교체	득점	도움	파울	경고	퇴장
BC	1999	전북	29	0	2	0	97	13	1
	2000	전북	34	0	0	0	82	9	0
	2001	전북	30	2	0	0	98	8	2
	2002	전북	31	1	0	0	83	9	0
	2003	대구	34	1	0	0	87	9	1
		합계	158	4	0	0	447	48	4
프로통산			158	4	0	0	447	48	4

호제리오(Rogrio dos Santos Conceiao) 브라질 1984.09.20

대회	연도	소속	출전	교체	득점	도움	파울	경고	퇴장
BC	2009	경남	10	0	0	0	22	5	0
		합계	10	0	0	0	22	5	0
프로통산			10	0	0	0	22	5	0

홍광철(洪光喆) 한성대 1974.10.09

대회	연도	소속	출전	교체	득점	도움	파울	경고	퇴장
BC	1997	대전	13	4	0	1	19	1	0
	1998	대전	13	6	0	0	11	0	0
	2001	대전	13	8	0	1	14	2	0
	2002	대전	5	3	0	1	7	1	0
	2003	대전	21	6	0	0	23	7	1
		합계	65	27	0	3	74	11	1
프로통산			65	27	0	3	74	11	1

홍길동(洪吉東) 청주대 1997.05.29

대회	연도	소속	출전	교체	득점	도움	파울	경고	퇴장
K2	2018	안양	0	0	0	0	0	0	0
		합계	0	0	0	0	0	0	0
프로통산			0	0	0	0	0	0	0

홍도표(洪到杓) 영남대 1973.07.24

대회	연도	소속	출전	교체	득점	도움	파울	경고	퇴장
BC	1996	포항	1	1	0	0	0	0	0
	1997	포항	16	14	0	1	17	2	0
	1998	천안일	9	8	0	0	12	1	0
	1999	천안일	32	12	1	5	64	5	0
	2000	성남일	13	4	0	1	23	3	0
	2001	성남일	18	10	0	1	39	2	0
	2002	성남일	8	9	0	0	5	0	0
	2003	성남일	2	1	0	0	0	0	0

Column 3

대회	연도	소속	출전	교체	득점	도움	파울	경고	퇴장
	2004	성남일	2	2	0	0	3	1	0
		합계	99	56	5	7	169	16	0
프로통산			99	56	5	7	169	16	0

홍동현(洪東賢) 숭실대 1991.10.30

대회	연도	소속	출전	교체	득점	도움	파울	경고	퇴장
K1	2014	부산	17	14	0	1	20	6	0
	2015	부산	5	5	1	0	6	1	0
		합계	22	19	1	1	26	7	0
K2	2016	부산	29	13	5	2	43	4	0
	2017	부산	9	7	0	0	13	2	0
	2017	안산	21	12	0	0	19	1	0
	2018	안산	20	18	2	1	16	1	0
		합계	59	40	7	3	69	7	0
승	2015	부산	1	0	0	0	3	2	0
		합계	1	0	0	0	3	2	0
프로통산			82	59	8	4	98	16	0

홍명보(洪明甫) 고려대 1969.02.12

대회	연도	소속	출전	교체	득점	도움	파울	경고	퇴장
BC	1992	포철	37	7	1	0	34	3	0
	1993	포철	12	1	1	0	8	1	0
	1994	포철	17	2	4	2	22	1	0
	1995	포항	31	1	1	2	19	4	0
	1996	포항	34	13	7	3	37	3	0
	1997	포항	6	3	0	0	9	1	0
	2002	포항	19	2	0	1	19	6	1
		합계	156	29	14	8	136	21	1
프로통산			156	29	14	8	136	21	1

홍복표(洪福杓) 광운대 1979.10.28

대회	연도	소속	출전	교체	득점	도움	파울	경고	퇴장
BC	2003	광주상	4	4	0	0	5	0	0
		합계	4	4	0	0	5	0	0
프로통산			4	4	0	0	5	0	0

홍상준(洪尙儁) 건국대 1990.05.10

대회	연도	소속	출전	교체	실점	도움	파울	경고	퇴장
BC	2012	대전	0	0	0	0	0	0	0
K1	2013	대전	16	0	30	0	1	0	0
		합계	16	0	30	0	1	0	0
K2	2014	강원	0	0	0	0	0	0	0
	2015	강원	4	0	4	0	0	0	0
	2016	충주	6	0	8	0	1	0	0
		합계	10	0	12	0	1	0	0
프로통산			26	0	42	0	1	0	0

홍석민(洪錫敏) 영남대 1961.01.06

대회	연도	소속	출전	교체	득점	도움	파울	경고	퇴장
BC	1984	포철	9	6	2	0	6	0	0
	1985	상무	18	11	6	2	18	2	0
		합계	27	18	8	2	22	2	0
프로통산			27	18	8	2	22	2	0

홍성요(洪性曜) 건국대 1979.05.26

대회	연도	소속	출전	교체	득점	도움	파울	경고	퇴장
BC	2004	전남	9	5	1	0	22	3	0
	2005	광주상	15	4	0	0	25	3	0
	2006	광주상	8	7	0	0	16	1	0
	2007	전남	13	6	0	0	30	8	0
	2008	부산	22	6	0	0	42	10	0
	2009	부산	15	2	1	0	41	4	1
	2010	부산	21	5	2	0	38	6	0
	2011	부산	3	0	0	0	5	1	0
		합계	108	38	3	0	213	43	2
프로통산			108	38	3	0	213	43	2

홍성호(洪性號) 연세대 1954.12.20

대회	연도	소속	출전	교체	득점	도움	파울	경고	퇴장
BC	1983	할렐	15	2	0	0	8	1	0
	1984	할렐	15	3	0	0	11	0	0
	1985	할렐	10	2	0	0	15	1	0
		합계	40	7	0	0	34	2	0

프로통산 40 7 0 0 34 2 0

홍성희(洪性希) 한국국제대 1990.02.18

대회	연도	소속	출전	교체	득점	도움	파울	경고	퇴장
K2	2018	광주	0	0	0	0	0	0	0
		합계	0	0	0	0	0	0	0
프로통산			0	0	0	0	0	0	0

홍순학(洪淳學) 연세대 1980.09.19

대회	연도	소속	출전	교체	득점	도움	파울	경고	퇴장
BC	2003	대구	14	9	1	1	15	2	0
	2004	대구	27	15	0	7	47	6	1
	2005	대구	23	7	2	4	27	1	0
	2007	수원	18	9	0	1	27	2	0
	2008	수원	17	4	2	0	31	5	0
	2009	수원	14	7	0	1	11	3	0
	2010	수원	12	6	0	0	7	1	0
	2011	수원	12	2	0	1	23	4	0
	2012	수원	14	4	0	0	12	4	0
		합계	151	65	5	15	200	28	1
K1	2013	수원	15	5	0	2	15	2	0
	2014	수원	0	0	0	0	0	0	0
		합계	15	5	0	2	15	2	0
K2	2015	고양	12	11	0	1	13	2	0
		합계	12	11	0	1	13	2	0
프로통산			178	81	5	18	238	34	1

홍승현(洪承鉉) 동북고 1996.12.28

대회	연도	소속	출전	교체	득점	도움	파울	경고	퇴장
K1	2017	대구	22	6	0	1	12	0	1
	2018	대구	4	4	0	0	2	1	0
		합계	26	12	0	1	14	1	1
K2	2016	대구	0	0	0	0	0	0	0
	2018	안양	5	0	0	0	2	0	0
		합계	5	0	0	0	2	0	0
프로통산			31	17	0	1	16	1	1

홍연기(洪潤麒) 단국대 1975.09.25

대회	연도	소속	출전	교체	득점	도움	파울	경고	퇴장
BC	1998	부산	1	1	0	0	1	0	0
		합계	1	1	0	0	1	0	0
프로통산			1	1	0	0	1	0	0

홍정남(洪正男) 제주상고 1988.05.21

대회	연도	소속	출전	교체	실점	도움	파울	경고	퇴장
BC	2007	전북	0	0	0	0	0	0	0
	2008	전북	6	0	9	0	0	0	0
	2009	전북	0	0	0	0	0	0	0
	2010	전북	0	0	0	0	0	0	0
	2011	전북	0	0	0	0	0	0	0
	2012	전북	2	2	12	0	0	0	0
		합계	8	2	12	0	0	0	0
K1	2014	상주	14	0	20	0	1	1	0
	2015	전북	0	0	0	0	0	0	0
	2016	전북	0	0	0	0	0	0	0
	2017	전북	30	0	30	0	0	1	0
	2018	전북	1	0	0	0	0	0	0
		합계	47	0	54	0	1	2	0
K2	2013	상주	2	0	3	0	0	0	0
		합계	2	0	3	0	0	0	0
승	2013	상주	0	0	0	0	0	0	0
		합계	0	0	0	0	0	0	0
프로통산			57	2	69	0	1	2	0

홍정운(洪定会) 명지대 1994.11.29

대회	연도	소속	출전	교체	득점	도움	파울	경고	퇴장
K1	2017	대구	6	5	0	0	7	3	0
	2018	대구	35	1	5	2	30	4	0
		합계	41	6	5	2	37	7	0
K2	2016	대구	20	1	0	0	21	1	0
		합계	20	1	0	0	21	1	0
프로통산			61	13	5	2	58	8	0

홍정호(洪正好) 조선대 1989.08.12

대회	연도	소속	출전	교체	득점	도움	파울	경고	퇴장
BC	2010	제주	21	2	1	1	15	3	0
	2011	제주	16	0	0	1	19	1	1
	2012	제주	9	1	0	0	6	3	0
		합계	46	3	1	2	40	7	1
K1	2013	제주	11	5	1	0	4	3	0
	2018	전북	25	5	1	0	32	6	0
		합계	36	10	2	0	40	9	1
프로통산			82	13	3	2	80	16	2

홍종경(洪腫境) 울산대 1973.05.11

대회	연도	소속	출전	교체	득점	도움	파울	경고	퇴장
BC	1996	천안일	4	2	0	0	12	1	0
	1997	천안일	8	5	0	1	16	0	1
	1998	천안일	17	4	0	3	28	2	0
	1999	천안일	0	0	0	0	0	0	0
		합계	29	11	0	4	56	3	1
프로통산			29	11	0	4	56	3	1

홍종원(洪鍾元) 청주상고 1956.08.04

대회	연도	소속	출전	교체	득점	도움	파울	경고	퇴장
BC	1984	럭금	2	2	0	0	0	0	0
		합계	2	2	0	0	0	0	0
프로통산			2	2	0	0	0	0	0

홍주빈(洪周彬) 동의대 1989.06.07

대회	연도	소속	출전	교체	득점	도움	파울	경고	퇴장
BC	2012	전북	3	3	0	0	3	0	0
		합계	3	3	0	0	3	0	0
K2	2013	충주	3	3	1	0	5	0	0
		합계	3	3	1	0	5	0	0
프로통산			6	6	1	0	8	0	0

홍주영(洪柱榮) 고려대 1963.01.25

대회	연도	소속	출전	교체	득점	도움	파울	경고	퇴장
BC	1986	현대	3	1	0	0	2	0	0
		합계	3	1	0	0	2	0	0
프로통산			3	1	0	0	2	0	0

홍주완(洪周完) 순천고 1979.06.07

대회	연도	소속	출전	교체	득점	도움	파울	경고	퇴장
BC	2004	부천SK	2	2	0	0	0	0	0
		합계	2	2	0	0	0	0	0
프로통산			2	2	0	0	0	0	0

홍준기(洪俊基) 장훈고 1997.05.11

대회	연도	소속	출전	교체	득점	도움	파울	경고	퇴장
K2	2016	충주	1	1	0	0	2	0	0
		합계	1	1	0	0	2	0	0
프로통산			1	1	0	0	2	0	0

홍준호(洪俊豪) 전주대 1993.10.11

대회	연도	소속	출전	교체	득점	도움	파울	경고	퇴장
K1	2016	광주	22	7	1	0	28	5	0
	2017	광주	29	21	0	1	29	3	0
	2018	울산	2	3	0	0	3	1	0
		합계	53	30	1	1	60	9	0
K2	2018	광주	1	1	0	0	0	2	0
		합계	1	1	0	0	0	2	0
프로통산			54	31	1	1	60	11	0

홍지윤(洪智潤) 제주국제대 1997.03.27

대회	연도	소속	출전	교체	득점	도움	파울	경고	퇴장
K1	2018	제주	0	0	0	0	0	0	0
		합계	0	0	0	0	0	0	0
프로통산			0	0	0	0	0	0	0

홍진기(洪眞基) 홍익대 1990.10.20

대회	연도	소속	출전	교체	득점	도움	파울	경고	퇴장
BC	2012	전남	20	6	1	2	25	4	0
		합계	20	6	1	2	25	4	0
K1	2013	전남	30	5	0	3	34	6	0
	2014	전남	12	5	0	1	18	2	0
	2015	전남	5	2	0	0	5	0	0
	2016	전남	10	5	0	0	10	1	0
		합계	57	18	0	3	62	9	0
K2	2017	부산	6	1	2	0	3	1	0
	2018	부산	10	1	0	0	16	3	0
		합계	16	1	0	4	19	4	0
승	2017	부산	2	0	0	0	5	0	0
		합계	2	0	0	0	5	0	0
프로통산			95	28	5	5	111	17	0

홍진섭(洪鎭燮) 대구대 1985.10.14

대회	연도	소속	출전	교체	득점	도움	파울	경고	퇴장
BC	2008	전북	20	15	2	1	31	2	0
	2009	성남일	9	8	0	0	18	2	0
	2011	성남일	17	16	2	1	23	3	0
		합계	46	39	4	2	72	7	0
프로통산			46	39	4	2	72	7	0

홍진호(洪進浩) 경상대 1971.11.01

대회	연도	소속	출전	교체	득점	도움	파울	경고	퇴장
BC	1994	LG	10	6	0	0	16	4	0
	1995	LG	0	0	0	0	0	0	0
		합계	10	6	0	0	16	4	0
프로통산			10	6	0	0	16	4	0

홍철(洪喆) 단국대 1990.09.17

대회	연도	소속	출전	교체	득점	도움	파울	경고	퇴장
BC	2010	성남일	22	7	2	0	32	2	0
	2011	성남일	24	4	2	4	29	4	1
	2012	성남일	30	13	2	4	43	6	1
		합계	76	24	6	8	104	12	2
K1	2013	수원	34	11	1	4	42	4	0
	2014	수원	29	4	0	3	37	0	0
	2015	수원	12	6	0	3	30	1	0
	2016	수원	12	5	0	3	10	0	0
	2017	상주	27	4	1	2	26	7	0
	2018	상주	22	3	1	5	14	1	0
	2018	수원							
		합계	162	33	4	29	166	14	0
승	2017	상주	2	0	0	0	2	0	0
		합계	2	0	0	0	2	0	0
프로통산			240	59	12	33	271	29	2

홍태곤(洪兌坤) 홍익대 1992.05.05

대회	연도	소속	출전	교체	득점	도움	파울	경고	퇴장
K2	2015	광주	5	5	0	0	1	1	0
		합계	5	5	0	0	1	1	0
프로통산			5	5	0	0	1	1	0

황교충(黃敎忠) 한양대 1985.04.09

대회	연도	소속	출전	교체	실점	도움	파울	경고	퇴장
BC	2010	포항	4	0	4	0	0	0	0
	2011	포항	1	1	2	0	0	0	0
	2012	포항	0	0	0	0	0	0	0
		합계	5	1	6	0	0	0	0
K1	2013	포항	0	0	0	0	0	0	0
		합계	0	0	0	0	0	0	0
K2	2014	강원	21	1	23	0	2	3	0
	2015	강원	14	0	25	0	0	0	0
		합계	35	1	48	0	2	3	0
프로통산			40	2	54	0	3	7	0

황규룡(黃奎龍) 광운대 1971.03.12

대회	연도	소속	출전	교체	득점	도움	파울	경고	퇴장
BC	1992	대우	25	9	0	0	14	2	0
	1993	대우	30	4	1	0	40	1	0
	1994	대우	8	0	0	1	7	0	0
	1995	대우	0	0	0	0	0	0	0
	1997	안양LG	12	3	0	1	13	0	0
		합계	75	16	1	2	81	4	0
프로통산			75	16	1	2	81	4	0

황규범(黃圭範) 경희대 1989.08.30

대회	연도	소속	출전	교체	득점	도움	파울	경고	퇴장
K2	2013	고양	7	3	0	0	7	2	0
	2014	고양	26	7	0	0	60	8	0
	2015	고양	29	8	0	2	46	7	0

대회	연도	소속	출전	교체	득점	도움	파울	경고	퇴장
		합계	62	18	0	2	113	17	1
		프로통산	62	18	0	2	113	17	1

황규환(黃圭煥) 동북고 1986.06.18

대회	연도	소속	출전	교체	득점	도움	파울	경고	퇴장
BC	2005	수원	13	10	0	2	25	3	0
	2006	수원	4	3	0	0	4	0	0
	2007	대전	4	4	0	0	5	0	0
		합계	21	17	0	2	34	3	0
		프로통산	21	17	0	2	34	3	0

황금성(黃金星) 초당대 1984.04.26

대회	연도	소속	출전	교체	득점	도움	파울	경고	퇴장
BC	2006	대구	2	1	0	0	2	1	0
		합계	2	1	0	0	2	1	0
		프로통산	2	1	0	0	2	1	0

황기욱(黃基旭) 연세대 1996.06.10

대회	연도	소속	출전	교체	득점	도움	파울	경고	퇴장
K1	2017	서울	7	4	0	0	5	0	0
	2018	서울	19	7	0	0	33	4	0
		합계	26	11	0	0	38	4	0
		프로통산	26	11	0	0	38	4	0

황도연(黃渡然) 광양제철고 1991.02.27

대회	연도	소속	출전	교체	득점	도움	파울	경고	퇴장
BC	2010	전남	7	2	0	0	9	1	0
	2011	전남	5	1	1	0	10	1	0
	2012	대전	15	4	0	0	3	0	0
		합계	27	11	1	1	28	5	0
K1	2013	전남	3	0	0	0	2	0	0
	2013	제주	1	0	0	0	0	0	0
	2014	제주	14	6	0	0	13	3	0
	2016	제주	2	1	0	0	2	0	0
	2018	제주	13	3	0	0	23	0	0
		합계	33	10	0	0	40	3	0
K2	2015	서울E	34	2	1	0	19	1	0
	2016	안산무							
	2017	아산	22	1	1	0	25	4	0
	2018	수원FC	16	0	0	0	11	0	0
		합계	72	6	1	0	55	5	0
		프로통산	132	27	3	1	123	13	0

황득하(黃得夏) 안동대 1965.06.08

대회	연도	소속	출전	교체	득점	도움	파울	경고	퇴장
BC	1996	전북	7	7	0	0	4	0	0
	1997	전북	4	5	0	0	0	0	0
		합계	11	12	0	0	4	0	0
		프로통산	11	12	0	0	4	0	0

황무규(黃舞奎) 경기대 1982.08.19

대회	연도	소속	출전	교체	득점	도움	파울	경고	퇴장
BC	2005	수원	3	3	0	0	4	0	0
		합계	3	3	0	0	4	0	0
		프로통산	3	3	0	0	4	0	0

황병근(黃秉根) 국제사이버대 1994.06.14

대회	연도	소속	출전	교체	실점	도움	파울	경고	퇴장
K1	2016	전북	3	0	3	0	0	0	0
	2017	전북	8	0	7	0	1	0	0
	2018	전북	7	0	13	0	0	1	0
		합계	18	0	21	0	0	0	0
		프로통산	18	0	21	0	0	0	0

황범주(黃汎柱) 숭실대 1981.03.06

대회	연도	소속	출전	교체	득점	도움	파울	경고	퇴장
BC	2007	대전	1	1	0	0	6	0	0
	2008	대전	11	6	1	0	17	6	0
		합계	12	7	1	0	23	6	0
		프로통산	12	7	1	0	23	6	0

황보관(皇甫官) 서울대 1965.03.01

대회	연도	소속	출전	교체	득점	도움	파울	경고	퇴장
BC	1988	유공	23	2	7	5	31	3	0
	1989	유공	8	2	1	0	9	0	0
	1990	유공	7	4	0	0	5	0	0
	1991	유공	22	7	3	2	28	2	0
	1992	유공	35	10	6	4	45	2	0
	1993	유공	18	2	3	2	32	1	0
	1994	유공	28	7	15	7	32	2	2
	1995	유공	30	6	9	5	36	2	0
		합계	171	40	44	27	216	12	2
		프로통산	171	40	44	27	216	12	2

황보원(黃博文, Huang Bowen) 중국 1987.07.13

대회	연도	소속	출전	교체	득점	도움	파울	경고	퇴장
BC	2011	전북	20	5	2	1	37	5	0
	2012	전북	9	4	1	2	6	1	0
		합계	29	9	3	3	43	6	0
		프로통산	29	9	3	3	43	6	0

황부철(黃富喆) 아주대 1971.01.20

대회	연도	소속	출전	교체	득점	도움	파울	경고	퇴장
BC	1996	부산	3	2	0	0	5	1	0
		합계	3	2	0	0	5	1	0
		프로통산	3	2	0	0	5	1	0

황상필(黃相弼) 동국대 1981.02.01

대회	연도	소속	출전	교체	득점	도움	파울	경고	퇴장
BC	2003	광주상	2	2	0	0	3	0	0
		합계	2	2	0	0	3	0	0
		프로통산	2	2	0	0	3	0	0

황석근(黃石根) 고려대 1960.09.03

대회	연도	소속	출전	교체	득점	도움	파울	경고	퇴장
BC	1983	유공	2	2	0	0	0	0	0
	1984	한일	24	2	5	1	17	0	0
	1985	한일	14	3	1	3	15	0	0
	1986	한일	18	6	1	4	12	0	0
		합계	58	13	6	4	44	0	0
		프로통산	58	13	6	4	44	0	0

황선일(黃善一) 건국대 1984.07.29

대회	연도	소속	출전	교체	득점	도움	파울	경고	퇴장
BC	2006	울산	1	1	0	0	0	0	0
	2008	울산	5	5	0	0	5	1	0
		합계	6	5	0	0	5	1	0
		프로통산	6	5	0	0	5	1	0

황선필(黃善弼) 중앙대 1981.07.14

대회	연도	소속	출전	교체	득점	도움	파울	경고	퇴장
BC	2004	대구	20	2	0	0	38	2	0
	2005	대구	11	2	1	0	22	5	0
	2006	대구	24	7	0	0	39	4	0
	2007	대구	13	5	2	0	13	0	0
	2008	대구	31	11	1	0	24	9	0
	2009	광주상	4	0	0	0	11	2	0
	2010	광주상	4	4	0	0	2	0	0
	2011	전남	7	6	0	0	9	1	0
	2012	부산	1	0	0	0	1	0	0
		합계	122	37	3	1	159	19	0
		프로통산	122	37	3	1	159	19	0

황선홍(黃善洪) 건국대 1968.07.14

대회	연도	소속	출전	교체	득점	도움	파울	경고	퇴장
BC	1993	포철	1	1	0	0			
	1994	포철	14	7	5	3	24	2	0
	1995	포철	26	6	11	6	58	4	0
	1996	포항	18	2	13	5	30	4	0
	1997	포항	1	1	0	1	2	0	0
	1998	포항	3	1	2	1	14	0	0
	2000	수원	1	1	0	0			
		합계	64	18	31	16	132	10	0
		프로통산	64	18	31	16	132	10	0

황성민(黃聖珉) 한남대 1991.06.23

대회	연도	소속	출전	교체	실점	도움	파울	경고	퇴장
K2	2013	충주	19	0	30	0	1	0	0
	2014	충주	21	0	32	0	1	0	0
	2015	충주	33	0	57	0	0	2	0
	2017	안산	30	0	46	0	1	1	0
	2018	안산	20	2	22	0	0	1	0
		합계	123	2	187	0	3	4	0
		프로통산	123	2	187	0	3	4	0

황세하(黃世夏) 건국대 1975.06.26

대회	연도	소속	출전	교체	실점	도움	파울	경고	퇴장
BC	1998	대전	3	1	7	0	1	1	0
	1999	대전	0	0	0	0	0	0	0
		합계	3	1	7	0	1	1	0
		프로통산	3	1	7	0	1	1	0

황수남(黃秀南) 관동대 1993.02.22

대회	연도	소속	출전	교체	득점	도움	파울	경고	퇴장
K2	2015	충주	5	2	0	0	2	0	0
	2016	충주	19	4	0	0	21	0	0
		합계	24	6	0	0	23	2	0
		프로통산	24	6	0	0	23	2	0

황순민(黃順旻) 일본 가미무라고 1990.09.14

대회	연도	소속	출전	교체	득점	도움	파울	경고	퇴장
BC	2012	대구	11	11	0	0	8	1	0
		합계	11	11	0	0	8	1	0
K1	2013	대구	30	23	6	1	23	2	0
	2016	상주	3	3	0	0	1	0	0
	2017	상주	1	1	0	1	1	0	0
	2017	대구	3	1	0	0	2	0	0
	2018	대구	36	22	1	3	31	3	0
		합계	90	61	8	5	78	9	0
K2	2014	대구	33	14	5	5	32	3	0
	2015	대구	13	2	0	1	12	0	0
		합계	43	24	5	6	44	3	0
		프로통산	144	96	13	11	122	13	0

황승주(黃勝周) 한양중 1972.05.09

대회	연도	소속	출전	교체	득점	도움	파울	경고	퇴장
BC	1995	현대	1	1	0	0	1	0	0
	1996	울산	13	6	1	0	19	1	0
	1997	울산	20	12	1	0	29	3	0
	1998	울산	38	9	1	7	62	7	0
	1999	울산	36	4	0	3	58	4	0
	2000	울산	34	5	0	4	59	4	0
	2002	전북	6	5	0	0	7	0	0
		합계	182	45	3	15	278	22	0
		프로통산	182	45	3	15	278	22	0

황승회(黃勝會) 경북산업대(경일대) 1970.06.18

대회	연도	소속	출전	교체	득점	도움	파울	경고	퇴장
BC	1993	대우	1	1	0	0	0	0	0
		합계	1	1	0	0	0	0	0
		프로통산	1	1	0	0	0	0	0

황신영(黃信永) 동북고 1994.04.04

대회	연도	소속	출전	교체	득점	도움	파울	경고	퇴장
K2	2015	부천	16	17	1	0	6	0	0
	2016	부천	8	8	0	0	3	0	0
		합계	24	25	1	0	9	0	0
		프로통산	24	25	1	0	9	0	0

황연석(黃淵奭) 대구대 1973.10.17

대회	연도	소속	출전	교체	득점	도움	파울	경고	퇴장
BC	1995	일화	30	19	9	3	48	3	0
	1996	천안일	28	22	4	4	26	3	0
	1997	천안일	34	14	6	5	37	3	0
	1998	천안일	23	10	4	0	42	2	0
	1999	천안일	29	8	8	4	77	2	0
	2000	성남일	31	26	5	1	42	2	0
	2001	성남일	30	31	8	3	26	1	0
	2002	성남일	30	31	8	3	49	1	0
	2003	성남일	37	33	5	6	49	1	0
	2004	인천	13	13	0	0	26	1	0
	2005	인천	18	18	1	0	10	1	0
	2006	대구	28	23	6	3	37	2	0
	2007	대구	20	18	0	1	18	0	0

			출전	교체	득점	도움	파울	경고	퇴장
합계			348	260	64	32	487	20	0
프로통산			348	260	64	32	487	20	0

황영우(黃永塢) 동아대 1964.02.20

대회	연도	소속	출전	교체	득점	도움	파울	경고	퇴장
BC	1987	포철	20	17	4	0	15	0	0
	1988	포철	18	19	2	2	10	0	0
	1989	포철	19	14	0	1	26	0	0
	1990	포철	11	11	0	2	11	0	0
	1991	LG	26	21	5	2	23	0	0
	1992	LG	10	9	1	2	10	0	0
	1993	LG	7	8	1	0	6	0	0
합계			111	99	15	7	101	1	0
프로통산			111	99	15	7	101	1	0

황의조(黃義助) 연세대 1992.08.28

대회	연도	소속	출전	교체	득점	도움	파울	경고	퇴장
K1	2013	성남일	22	14	2	1	24	3	0
	2014	성남	28	20	4	0	23	1	0
	2015	성남	34	4	15	3	42	4	0
	2016	성남	33	9	9	3	36	1	0
합계			121	44	30	7	125	9	0
K2	2017	성남	18	1	5	1	11	1	0
합계			18	1	5	1	11	1	0
승	2016	성남	1	0	0	0	1	0	0
합계			1	0	0	0	1	0	0
프로통산			140	45	35	8	137	10	0

황인범(黃仁範) 충남기계공고 1996.09.20

대회	연도	소속	출전	교체	득점	도움	파울	경고	퇴장
K1	2015	대전	14	7	4	1	16	2	0
합계			14	7	4	1	16	2	0
K2	2016	대전	35	4	5	5	31	4	0
	2017	대전	32	7	4	4	26	3	0
	2018	아산	18	10	1	2	22	2	0
	2018	대전	7	2	2	1	9	2	0
합계			92	26	12	12	88	11	0
프로통산			106	33	16	13	104	14	0

황인성(黃仁星) 동아대 1970.04.05

대회	연도	소속	출전	교체	득점	도움	파울	경고	퇴장
BC	1995	전남	28	19	4	1	23	3	0
	1996	전남	1	1	0	0	0	0	0
	1997	전남	1	1	0	0	0	0	0
	1998	부천SK	7	8	1	0	4	1	0
합계			45	38	5	2	29	4	0
프로통산			45	38	5	2	29	4	0

황인수(黃仁洙) 대구대 1977.11.20

대회	연도	소속	출전	교체	득점	도움	파울	경고	퇴장
BC	2000	성남일	13	8	2	2	11	0	0
	2001	성남일	6	6	0	0	7	0	0
	2001	수원	3	3	0	0	2	0	0
합계			22	17	2	2	20	0	0
프로통산			22	17	2	2	20	0	0

황인재(黃仁具) 남부대 1994.04.22

대회	연도	소속	출전	교체	실점	도움	파울	경고	퇴장
K1	2016	광주	1	1	0	0	0	0	0
합계			1	1	0	0	0	0	0
K2	2017	안산	6	0	8	1	0	0	0
	2018	성남	1	1	4	0	0	0	0
합계			7	0	12	1	0	0	0
프로통산			8	1	12	1	0	0	0

황인혁(黃仁赫) 동국대 1995.05.06

대회	연도	소속	출전	교체	득점	도움	파울	경고	퇴장
K1	2017	광주	1	0	0	0	2	0	0
합계			1	0	0	0	2	0	0
프로통산			1	0	0	0	2	0	0

황인호(黃仁浩) 대구대 1990.03.26

대회	연도	소속	출전	교체	득점	도움	파울	경고	퇴장
K1	2013	제주	2	2	0	0	1	0	0
합계			2	2	0	0	1	0	0
프로통산			2	2	0	0	1	0	0

황일수(黃一秀) 동아대 1987.08.08

대회	연도	소속	출전	교체	득점	도움	파울	경고	퇴장
BC	2010	대구	30	19	4	5	23	0	0
	2011	대구	32	29	4	3	26	5	0
	2012	대구	40	26	6	8	42	3	0
합계			102	74	14	16	91	8	0
K1	2013	대구	32	16	8	4	46	7	0
	2014	제주	31	13	7	3	23	1	0
	2016	상주	21	15	2	4	14	1	0
	2017	제주	13	12	2	1	11	0	0
	2018	울산	31	18	4	4	21	1	0
합계			128	74	23	16	109	10	0
K2	2015	상주	19	18	2	4	7	0	0
합계			19	18	2	4	7	0	0
프로통산			249	166	39	36	207	18	0

황재만(黃在萬) 고려대 1953.01.24

대회	연도	소속	출전	교체	득점	도움	파울	경고	퇴장
BC	1984	할렐	1	1	0	0	0	0	0
합계			1	1	0	0	0	0	0
프로통산			1	1	0	0	0	0	0

황재원(黃載元) 아주대 1981.04.13

대회	연도	소속	출전	교체	득점	도움	파울	경고	퇴장
BC	2004	포항	14	7	2	0	10	1	0
	2006	포항	12	1	2	0	28	5	0
	2007	포항	23	4	1	1	57	7	0
	2008	포항	22	4	0	0	23	5	0
	2009	포항	23	4	1	1	57	7	0
	2010	포항	9	3	0	0	11	2	0
	2011	수원	11	1	0	0	21	3	0
	2012	성남일							
합계			138	18	11	2	226	34	0
K1	2013	성남일	9	8	1	0	6	1	0
	2017	대구	9	8	0	0	6	1	0
합계			9	8	0	0	6	1	0
K2	2015	충주	23	9	2	0	37	5	0
	2016	대구	27	4	1	0	33	3	0
	2016	대전	3	0	1	0	5	0	0
합계			53	18	4	1	35	13	0
프로통산			200	44	15	3	267	48	0

황재필(黃載弼) 연세대 1973.09.09

대회	연도	소속	출전	교체	득점	도움	파울	경고	퇴장
BC	1996	전남	2	2	0	0	2	0	0
합계			2	2	0	0	2	0	0
프로통산			2	2	0	0	2	0	0

황재훈(黃載訓/← 황병인) 건국대 1986.03.10

리그	연도	소속	출전	교체	득점	도움	파울	경고	퇴장
BC	2010	포항	1	1	0	0	0	0	0
	2011	대전	13	3	1	1	15	2	1
	2011	부산	11	1	0	1	13	2	0
	2012	부산	2	2	0	1	0	0	0
합계			26	5	1	2	28	4	1
K1	2013	부산	5	4	0	0	6	3	0
	2014	부산	5	2	0	0	6	1	0
합계			10	6	0	0	12	4	0
프로통산			36	11	1	2	40	8	1

황재훈(黃在焄) 진주고 1990.11.25

대회	연도	소속	출전	교체	득점	도움	파울	경고	퇴장
BC	2011	상주	4	0	0	0	4	1	0
	2012	상주							
	2012	경남							
합계			6	2	0	0	7	1	0
K1	2016	수원FC	22	3	1	0	26	6	0
합계			22	3	1	0	26	6	0
K2	2014	충주	5	5	0	0	18	0	0
	2015	수원FC	13	3	0	0	18	2	0
	2017	수원FC	24	4	2	1	17	6	0
	2018	대전	20	1	1	0	19	2	0
합계			62	13	3	1	58	10	0
승	2015	수원FC	2	0	0	0	2	0	0
합계			2	0	0	0	2	0	0
프로통산			92	18	4	1	91	16	0

황정만(黃晸萬) 숭실대 1978.01.05

대회	연도	소속	출전	교체	득점	도움	파울	경고	퇴장
BC	2000	수원	1	1	0	0	0	0	0
합계			1	1	0	0	0	0	0
프로통산			1	1	0	0	0	0	0

황정연(黃正然) 고려대 1953.03.13

대회	연도	소속	출전	교체	득점	도움	파울	경고	퇴장
BC	1983	할렐	13	1	0	1	17	1	0
	1984	할렐	25	0	2	2	33	2	0
	1985	할렐	21	0	0	0	25	1	0
합계			59	1	0	3	75	4	0
프로통산			59	1	0	3	75	4	0

황지수(黃智秀) 호남대 1981.03.27

대회	연도	소속	출전	교체	득점	도움	파울	경고	퇴장
BC	2004	포항	26	2	1	1	48	2	0
	2005	포항	31	2	1	0	65	2	0
	2006	포항	34	3	0	2	88	8	0
	2007	포항	31	5	1	0	78	5	0
	2008	포항	21	8	0	1	43	3	0
	2009	포항	19	6	0	1	47	2	0
	2012	포항	32	3	0	0	48	7	0
합계			194	29	3	5	408	24	0
K1	2013	포항	29	3	1	2	67	8	0
	2014	포항	21	1	1	1	31	7	0
	2015	포항	30	19	0	4	48	2	0
	2016	포항	26	17	1	0	33	2	0
	2017	포항	20	17	0	0	18	2	0
합계			126	66	3	7	192	22	0
프로통산			320	95	6	12	600	46	0

황지웅(黃明主/← 황명규) 동국대 1989.04.30

대회	연도	소속	출전	교체	득점	도움	파울	경고	퇴장
BC	2012	대전	20	14	0	0	18	2	0
K1	2013	대전	8	4	3	0	8	2	0
	2015	대전	21	16	0	3	24	0	0
합계			29	20	3	3	32	2	0
K2	2014	대전	28	24	1	0	14	1	0
	2016	안산무	21	17	2	0	14	1	0
	2017	아산	5	4	0	0	2	1	0
	2017	대전	4	4	0	0	1	0	0
합계			55	47	3	0	79	5	0
프로통산			104	81	6	7	79	5	0

황지윤(黃智允) 아주대 1983.05.28

대회	연도	소속	출전	교체	득점	도움	파울	경고	퇴장
BC	2005	부천SK	3	2	0	0	3	0	0
	2006	제주	8	3	0	0	6	1	0
	2007	제주	30	4	2	0	38	4	0
	2008	대구	31	2	2	0	37	4	0
	2009	대구	26	1	1	0	31	5	0
	2010	내전	23	4	1	0	30	7	0
	2011	상주							
합계			121	18	6	0	130	24	0
프로통산			121	18	6	0	130	24	0

황지준(黃智俊) 광주대 1990.02.23

대회	연도	소속	출전	교체	득점	도움	파울	경고	퇴장
K2	2013	광주	1	1	0	0	1	0	0
합계			1	1	0	0	1	0	0
프로통산			1	1	0	0	1	0	0

황진기(黃眞起) 건국대 1986.03.10

대회	연도	소속	출전	교체	득점	도움	파울	경고	퇴장
BC	2010	포항	1	1	0	0	0	0	0

	2011	대전	14	3	1	1	15	2	1
	2011	부산	11	1	0	0	13	2	0
	2012	부산	0	0	0	0	0	0	0
	합계		26	5	1	1	28	4	1
K1	2013	부산	5	3	0	0	5	1	0
	2014	부산	5	3	0	0	7	3	0
	합계		10	6	0	0	12	4	0
프로통산			36	11	1	1	40	8	1

황진산(黃鎭山) 현대고 1989.02.25

대회	연도	소속	출전	교체	득점	도움	파울	경고	퇴장
BC	2008	울산	0	0	0	0	0	0	0
	2009	대전	4	2	0	0	7	0	0
	2010	대전	18	16	0	2	15	4	0
	2011	대전	31	18	2	2	31	2	0
	2012	대전	9	9	0	0	11	0	0
	합계		62	45	2	4	64	6	0
K1	2013	대전	18	10	1	4	20	2	0
	합계		18	10	1	4	20	2	0
K2	2014	대전	21	17	1	2	11	2	0
	2018	부천	13	13	0	0	12	1	0
	합계		34	30	1	2	23	3	0
프로통산			114	85	4	10	107	11	0

황진성(黃辰成) 전주대 교육대학원 1984.05.05

대회	연도	소속	출전	교체	득점	도움	파울	경고	퇴장
BC	2003	포항	19	16	1	5	19	1	0
	2004	포항	24	20	3	2	17	0	0
	2005	포항	30	24	2	2	30	3	0
	2006	포항	23	16	4	5	47	1	0
	2007	포항	23	17	2	4	37	2	0
	2008	포항	24	22	4	0	35	1	0
	2009	포항	18	13	4	7	26	4	0
	2010	포항	25	16	5	5	35	2	0
	2011	포항	30	21	6	9	58	5	0
	2012	포항	41	11	12	8	63	6	0
	합계		257	176	41	51	367	25	0
K1	2013	포항	22	13	6	7	34	1	0
	2016	성남	10	9	1	2	9	0	0
	2017	강원	31	7	3	5	43	3	0
	2018	강원	16	14	2	2	18	1	0
	합계		79	43	12	16	106	5	0
승	2016	성남	2	1	1	0	6	1	0
	합계		2	1	1	0	6	1	0
프로통산			338	220	54	67	479	31	0

황철민(黃哲民) 동의대 1978.11.20

대회	연도	소속	출전	교체	득점	도움	파울	경고	퇴장
BC	2002	부산	23	15	2	2	26	3	0
	2003	부산	16	9	0	2	12	0	0
	2004	부산	2	2	0	0	0	0	0
	합계		41	26	2	4	38	3	0
프로통산			41	26	2	4	38	3	0

황태현(黃泰顯) 중앙대 1999.01.29

대회	연도	소속	출전	교체	득점	도움	파울	경고	퇴장
K2	2018	안산	2	1	0	1	3	0	0
	합계		2	1	0	1	3	0	0
프로통산			2	1	0	1	3	0	0

황현수(黃賢秀) 오산고 1995.07.22

대회	연도	소속	출전	교체	득점	도움	파울	경고	퇴장
K1	2014	서울	0	0	0	0	0	0	0
	2015	서울	0	0	0	0	0	0	0
	2016	서울	0	0	0	0	0	0	0
	2017	서울	26	2	3	0	34	6	1
	2018	서울	14	1	0	0	7	1	0
	합계		40	3	3	0	41	7	1
프로통산			40	3	3	0	41	7	1

황호령(黃虎領) 동국대 1984.10.15

대회	연도	소속	출전	교체	득점	도움	파울	경고	퇴장
BC	2007	제주	3	1	0	0	4	1	0
	2009	제주	1	1	0	0	0	0	0
	합계		4	2	0	0	4	1	0
프로통산			4	2	0	0	4	1	0

황훈희(黃勳熙) 성균관대 1987.04.06

대회	연도	소속	출전	교체	득점	도움	파울	경고	퇴장
BC	2011	대전	3	3	0	0	1	0	0
	합계		3	3	0	0	1	0	0
K2	2014	충주	4	3	0	0	2	0	0
	합계		4	3	0	0	2	0	0
프로통산			7	6	0	0	3	0	0

황희훈(黃熙訓) 건국대 1979.09.20

대회	연도	소속	출전	교체	득점	도움	파울	경고	퇴장
K2	2013	고양	0	0	0	0	0	0	0
	합계		0	0	0	0	0	0	0
프로통산			0	0	0	0	0	0	0

후고(Hugo Hector Smaldone) 아르헨티나 1968.01.24

대회	연도	소속	출전	교체	득점	도움	파울	경고	퇴장
BC	1993	대우	3	2	0	0	9	0	0
	합계		3	2	0	0	9	0	0
프로통산			3	2	0	0	9	0	0

후치카(Branko Hucika) 크로아티아 1977.07.10

대회	연도	소속	출전	교체	득점	도움	파울	경고	퇴장
BC	2000	울산	1	1	0	0	1	0	0
	합계		1	1	0	0	1	0	0
프로통산			1	1	0	0	1	0	0

훼이종(Jefferson Marques da Conceicao) 브라질 1978.08.21

대회	연도	소속	출전	교체	득점	도움	파울	경고	퇴장
BC	2004	대구	29	13	11	2	81	4	0
	2005	성남일	5	4	1	0	13	1	0
	합계		34	17	12	2	94	5	0
프로통산			34	17	12	2	94	5	0

히카도(Ricardo Weslei Campelo) 브라질 1983.11.19

대회	연도	소속	출전	교체	득점	도움	파울	경고	퇴장
BC	2009	제주	26	21	6	1	43	5	0
	합계		26	21	6	1	43	5	0
프로통산			26	21	6	1	43	5	0

히카르도(Bueno da Silva Ricardo) 브라질 1987.08.15

대회	연도	소속	출전	교체	득점	도움	파울	경고	퇴장
K1	2015	성남	16	15	2	1	9	1	0
	합계		16	15	2	1	9	1	0
프로통산			16	15	2	1	9	1	0

히카르도(Ricardo da Silva Costa) 브라질 1965.03.24

대회	연도	소속	출전	교체	득점	도움	파울	경고	퇴장
BC	1994	포철	11	3	0	0	12	1	0
	합계		11	3	0	0	12	1	0
프로통산			11	3	0	0	12	1	0

히카르도(Ricardo Campos da Costa) 브라질 1976.06.08

대회	연도	소속	출전	교체	득점	도움	파울	경고	퇴장
BC	2000	안양LG	14	11	2	1	22	3	0
	2001	안양LG	33	4	8	2	63	6	0
	2002	안양LG	33	5	3	3	46	3	1
	2003	안양LG	36	6	6	4	50	4	1
	2004	서울	31	22	1	1	61	6	0
	2005	성남일	28	16	1	1	52	6	0
	2006	성남일	23	10	0	2	45	3	0
	2006	부산	11	7	0	0	6	1	0
	합계		208	81	19	15	350	31	2
프로통산			208	81	19	15	350	31	2

히칼도(Ricardo Nuno Queiros Nascimento) 포르투갈 1974.04.19

대회	연도	소속	출전	교체	득점	도움	파울	경고	퇴장
BC	2005	서울	28	11	4	14	34	7	0
	2006	서울	30	18	3	6	38	7	0
	2007	서울	13	4	1	3	20	7	0
	합계		71	33	8	23	92	23	0
프로통산			71	33	8	23	92	23	0

히칼딩요(Alves Pereira Ricardo) 브라질 1988.08.08

대회	연도	소속	출전	교체	득점	도움	파울	경고	퇴장
K1	2015	대전	7	6	0	1	13	0	0
	합계		7	6	0	1	13	0	0
프로통산			7	6	0	1	13	0	0

히칼딩요(Oliveira Jose Ricardo Santos) 브라질 1984.05.19

대회	연도	소속	출전	교체	득점	도움	파울	경고	퇴장
BC	2007	제주	12	8	3	2	15	0	0
	2008	제주	5	5	0	1	3	2	0
	합계		17	13	3	3	18	2	0
프로통산			17	13	3	3	18	2	0

힝키(Paulo Roberto Rink) 독일 1973.02.21

대회	연도	소속	출전	교체	득점	도움	파울	경고	퇴장
BC	2004	전북	16	11	2	2	45	2	0
	합계		16	11	2	2	45	2	0
프로통산			16	11	2	2	45	2	0

Section 7

2 0 1 8 년
경 기 기 록 부

제1조 (목적) 본 대회요강은 (사)한국프로축구연맹(이하 '연맹')이 K LEAGUE 1 (이하 'K리그1') 대회 및 경기 운영에 관한 사항을 규정함을 목적으로 한다.

제2조 (용어의 정의) 본 대회요강에서 '대회'라 함은 정규 라운드(1~33R)와 스플릿 라운드(34~38R)를 모두 말하며, '클럽'이라 함은 연맹의 회원단체인 축구단을, '팀'이라 함은 해당 클럽의 팀을, '홈 클럽'이라 함은 홈경기를 개최하는 클럽을 지칭한다.

제3조 (명칭) 본 대회명은 'KEB하나은행 K리그1 2018(클래식)'으로 한다.

제4조 (주최, 주관) 본 대회는 연맹이 주최(대회를 총괄하여 책임지는 자)하고, 홈 클럽이 주관(주최자의 위임을 받아 대회를 운영하는 자)한다. 홈 클럽의 주관권은 제3자에게 양도할 수 없다.

제5조 (참가 클럽) 본 대회 참가 클럽(팀)은 총 12팀(전북 현대, 제주 유나이티드, 수원 삼성, FC서울, 울산 현대, 강원FC, 포항 스틸러스, 대구FC, 인천 유나이티드, 전남 드래곤즈, 상주상무, 경남FC)이다.

제6조 (일정) 1. 본 대회는 2018.03.01(목)~2018.12.02(일)에 개최하며, 경기일정(대진)은 미리 정한 경기일정표에 의한다.

구분		일정	방식	Round	팀수	경기수	장소
정규 라운드		3.01(목)~ 10.20(토)	3Round robin	33R	12팀	198경기 (팀당 36)	홈 클럽 경기장
스플릿 라운드	그룹A	10.27(토)~ 12.02(일)	1Round robin	5R	상위 6팀	15경기 (팀당 5)	
	그룹B				하위 6팀	15경기 (팀당 5)	
계						228경기 (팀당 38경기)	

※ AFC 챔피언스리그 참가팀(클래식)의 결승 진출 여부에 따라 경기일정 변경 가능성 있음.

2. 스플릿 라운드(34~38R) 경기일정은 홈경기 수 불일치를 최소화하고 대진의 공정성을 확보하기 위해 정규라운드(1~33R) 홈경기 수 및 대진을 고려하여 최대한 보완되도록 생성하며, 스플릿 라운드 홈 3경기 배정 우선순위는 다음과 같다.

1) 정규 라운드 홈경기를 적게 개최한 클럽(정규 라운드 홈 16경기)

2) 정규 라운드 성적 상위 클럽

제7조(대회방식)

1. 12팀이 3Round robin(33라운드) 방식으로 정규 라운드 진행한다. 정규 라운드 순위 결정은 제25조를 따른다.

2. 정규 라운드(1~33R) 성적에 따라 6팀씩 2개 그룹(1~6위가 그룹A, 7~12위가 그룹B)으로 분리하고 1Round robin(각 팀당 5라운드)으로 스플릿 라운드를 진행한다.

3. 최종 순위 결정은 제27조에 의한다.

제8조 (참가자격) 본 대회를 참가하기 위해 클럽은 'K리그 클럽 라이선싱 규정'을 준수해야 하며, 그에 따라 라이선스를 부여받아야 한다.

제9조 (경기장) 1. 모든 클럽은 최상의 상태에서 홈경기를 실시할 수 있도록 경기장을 유지·관리할 책임이 있다.

2. 본 대회는 원칙적으로 축구전용경기장에서 개최되어야 한다.

3. 경기장은 법령이 정하는 시설 안전 기준을 충족하여야 한다.

4. 홈 클럽은 경기장을 방문하는 관람객을 위해 관중상해보험에 가입해야 하며, 보험증권을 시즌 개막 7일 전까지 연맹에 제출하여야 한다. 홈 클럽이 연고지역 외, 기타 경기장에서 K리그 경기를 개최하고자 할 경우에는 연맹에 경기개최 승인 요청 시 보험증권을 첨부하여 제출하여야 한다.

5. 각 클럽은 경기장 시설(물)에 대해 연맹의 승인을 득하여야 한다.

6. 경기장은 연맹의 경기장 시설 기준을 준수하여야 하며, 다음 각 호의 조건을 충족하여야 한다.

1) 그라운드는 천연잔디구장으로 길이 105m, 너비 68m를 권고한다.

2) 공식경기의 잔디 길이는 2~2.5cm로 유지되어야 하며, 전체에 걸쳐 동일한 길이여야 한다.

3) 그라운드 외측 주변에는 원칙적으로 축구전용경기장의 경우는 5m 이상, 육상경기겸용경기장의 경우 1.5m 이상의 잔디 부분이 확보되어야 한다.

4) 골포스트 및 바는 흰색의 둥근 모양(직경12cm)의 철제 관으로 제작되고, 원칙적으로 고정식이어야 한다. 또한 볼의 반발력에 영향을 줄 수 있는 비철제 보강재 사용을 금한다.

5) 골네트는 원칙적으로 흰색(연맹의 승인을 득한 경우는 제외)이어야 하며, 골네트는 골대 후방에 폴을 세워 안전한 방법으로 부착하여야 한다. 폴은 골대와 구별되는 어두운 색상이어야 한다.

6) 코너 깃발은 연맹이 지정한 것을 사용하여야 한다.

7) 각종 라인은 국제축구연맹(이하 'FIFA') 또는 아시아축구연맹(이하 'AFC')이 정한 규격에 따라야 하며, 라인 폭은 12cm로 선명하고 명료하게 그려야 한다(원칙적으로 페인트 방식으로 한다.

7. 필드(그라운드 및 그 주변 부분)에는 경기 운영에 영향을 주거나 선수에게 위험의 우려가 있는 것을 방치 또는 설치해서는 안 된다.

8. 공식경기에서 그라운드에 살수(撒水)를 하는 경우 다음 각 호에 따라 실시한다.

1) 살수는 경기 킥오프 전 및 하트타임에 실시하며, 경기장에 걸쳐 균등하게 해야 한다.

2) 경기감독관은 경기 시간 및 날씨, 그라운드 상태, 당일 경기장 행사 등을 고려하여 살수 횟수와 시간을 정하고 이를 홈 클럽 및 원정 클럽 관계자들에게 사전 통보한다.

3) 홈 클럽은 경기감독관이 정한 횟수와 시간에 따라 살수를 실시해야 하며, 이를 위반할 경우 상벌규정 유형별 징계기준 제5조 바.항에 의거 해당 클럽에 제재를 부과할 수 있다.

9. 경기장 관중석은 좌석수 10,000석 이상을 충족하여야 한다. 이에 미달할 경우, 연맹의 사전 승인을 득하여야 한다.

10. 홈 클럽은 상대 클럽(이하 원정 클럽)을 응원하는 관중을 위해 경기개최 일주일 전까지 원정 클럽이 요청한 적정 수의 좌석을 원정팀과 협의하여 결정한다. 또한, 원정 클럽 관중을 위한 전용출입문, 화장실, 매점 시설 등을 독립적으로 사용할 수 있도록 마련하여야 한다.

11. 경기장은 다음 항목의 부대시설을 갖추도록 권고한다.

1) 운영 본부실   2) 양 팀 선수대기실(냉·난방 및 냉·온수 가능)

3) 심판대기실(냉·난방 및 냉·온수 가능)

4) 실내 워밍업 지역   5) 경기감독관석 및 심판감독관석

6) 경기기록석   7) 의무실

8) 도핑검사실(냉·난방 및 냉·온수 가능)

9) 통제실, 경찰 대기실, 소방 대기실

10) 실내 기자회견장   11) 기자실 및 사진기자실

12) 중계방송사룸(TV중계 스태프용)   13) VIP룸

14) 기자석(메인스탠드 중앙부로 경기장 전체가 관람 가능하고 지붕이 설치되어 있는 반면, 선권 빛 노트북 등이 실시 가능한 테이블이 준비되어 있을 것)

15) 장내방송 시스템 및 장내방송실

16) TV중계 및 라디오 중계용 방송 부스

17) 동영상 표출이 가능한 대형 전광판

18) 출전선수명단 게시판   19) 태극기, 대회기, 연맹기

20) 입장권 판매소   21) 종합 안내소

22) 관중을 위한 응급실   23) 화장실

24) 식음료 및 축구 관련 상품 판매소

25) TV카메라 설치 공간   26) TV중계차 주차장 공간

27) 케이블 시설 공간   28) 전송용기자재 등 설치 공간

29) 믹스드 존(Mixed Zone) 30) 기타 연맹이 정하는 시설, 장비

31) 경기감독관 대기실

제10조 (조명장치) 1. 경기장에는 그라운드 평균 1,200lux 이상 조도를 가진 조명 장치를 설치하여 조명의 밝음을 균일하게 유지하여야 한다. 또한 정전에 대비하여 1,000lux 이상의 조도를 갖춘 비상조명 장치를 구비하여야 한다.

2. 홈 클럽은 경기장 조명 장치의 이상 유·무를 사전에 확인하여 장애를 미연에 방지하는 한편, 고장 시 신속하게 수리할 수 있도록 모든 조치와 최선의 노력을 다하여야 한다.

제11조 (벤치) 1. 팀 벤치는 원칙적으로 다음의 요건을 충족하여야 한다.

1) FIFA가 정한 규격의 기술지역(테크니컬에리어) 내에 설치하여야 한다.

2) 벤치 터치라인으로부터 5m 이상 떨어지는 한편 그 끝이 하프라인으로부터 8m 떨어지는 위치에 설치하여야 한다.

3) 투명한 재질의 지붕을 갖추고 있어야 하며, 최소 20인 이상 앉을 수 있는 좌석이 준비되어야 한다(다만, 관중의 시야를 방해해서는 안 된다).

2. 홈 팀 벤치는 본부석에서 그라운드를 향해 좌측에 설치하여야 한다. 단 사전 승인 시. 우측에 홈 팀 벤치의 설치가 가능하다.

3. 홈, 원정 팀 벤치에는 팀명을 표기한 안내물을 부착하여야 한다.

4. 제4의 심판대기심판 벤치를 순비하여야 하며, 다음의 요건을 충족하여야 한다.

1) 벤치 터치라인으로부터 5m 이상 떨어지는 그라운드 중앙에 설치하여야 한다. 단, 방송사의 요청 시에는 카메라 위치에 방해가 되지 않는 위치에 설치하여야 한다.

2) 투명한 재질의 지붕을 갖추고 있어야 한다(다만, 관중의 시야를 방해해서는 안 된다).

3) 대기심판 벤치 내에는 최소 3인 이상 앉을 수 있는 좌석과 테이블이 준비되어야 한다.

제12조 (의료시설) 홈 클럽은 선수단, 관계자, 관중 등을 위해 경기개시 90분 전부터 경기종료 후 모든 관중 및 관계자가 퇴장할 때까지 의료진(의사, 간호사, 1급 응급구조사)과 특수구급차를 반드시 대기시켜야 한다. 이를 위반할 경우, 본 대회요강 제37조 5항에 의한다.

제13조 (경기장에서의 고지) 1. 홈 클럽은 경기장에서 다음의 각 항목 사항을 전광판 및 장내 아나운서(멘트)를 통해 고지하여야 한다.

1) 공식 대회명칭(반드시 지정된 방식 및 형태에 맞게 전광판 노출)

2) 선수, 심판 및 경기감독관, 심판평가관 소개   3) 대회방식 및 경기방식

4) K리그 선수 입장곡(K리그 앤섬 'Here is the Glory' BGM)

5) 선수 및 심판 교체   6) 득점자 및 득점시간(득점 직후에)

7) 추가시간(전·후반 전광판 고지 및 장내아나운서 멘트 동시 실시)

8) 다른 공식경기의 중간 결과 및 최종 결과

9) 유료관중 수(후반전 15~30분 발표)

10) 경기 중, 경기정보 전광판 표출(양팀 출전선수명단, 경고, 퇴장, 득점)

11) 지진 등 비상상황 발생 시 대피방안

12) VAR 리뷰를 진행할 경우, VAR 영상판독 문구 전광판 표출

13) 상기 1~12호 이외 연맹이 지정하는 사항

2. 홈 클럽은 경기 전·후 및 하프타임에 다음의 각 항목 사항을 실시하는 것이 가능하다.

1) 다음 경기예정 및 안내   2) 연맹의 사전 승인을 얻은 광고 선전

3) 흡야배놀   4) 팀 또는 선수에 관한 정보 안내

5) 상기 1~4호 이외 연맹의 승인을 얻은 사항

제14조 (홈 경기장에서의 경기개최) 각 클럽은 홈경기의 과반 이상을 홈 경기장에서 실시하여야 한다. 다만, 이사회의 승인을 얻은 경우는 제외된다.

제15조 (경기장 점검) 1. 홈 클럽이 기타 경기장에서 경기를 개최하고자 할 경우 해당 경기개최 30일 전까지 연맹에 시설 점검을 요청하여 경기장 실사를 받아야 하고, 이때 제출하여야 하는 서류는 다음과 같다.

1) 경기장 시설 현황   가) 홈경기 안전계획서

2. 연맹의 보완 지시가 있을 경우 이에 대한 이행 결과를 경기개최 15일 전까지 서면 보고하여야 한다.

3. 연맹은 서면보고접수 후 재점검을 통해 문제점 보완이 미흡하다고 판단될 경우 경기 개최를 불허한다. 이 경우 홈 클럽은 연고지역 내에서 '법령, 'K리그 경기장 시설기준'에 부합하는 타 경기장(대체구장)을 선정하여 상기 1항, 2항의 절차에 따라 연맹의 승인을 받아야 한다.

4. 홈 클럽이 원하는 경기장에서 경기개최가 불가능하다고 판단될 경우, 본 대회요강 제18조 2항에 따른대(연맹 경기규정 30조 2항).

5. 상기 3항을 이행하지 않는 클럽은 본 대회요강 제20조 1항에 따른대(연맹 경기규정 32조 1항).

제16조 (악천후의 경우 대비조치) 1. 홈 클럽은 강설 또는 강우 등 악천후의 경우에도 홈경기가 개최될 수 있도록 최선의 노력을 해야 한다.

2. 악천후로 인하여 경기개최가 불가능하다고 판단될 경우, 경기감독관은 경기 개최 3시간 전까지 경기 개최 중지를 결정하여야 한다.

제17조 (경기중지 결정) 1. 경기 전 또는 경기 중 중대한 불상사 등으로 경기를 계속하기 어려운 사태가 발생하였을 경우, 주심은 경기 감독관에게 경기 중지를 요청할 수 있으며, 경기감독관은 동 요청에 의거하여 홈 클럽 및 원정 클럽 관계자의 의견을 참고한 후 경기 중지를 결정할 수 있다.

2. 제1항의 경우 또는 관중의 난동 등으로 경기장의 질서 유지가 어려운 경우, 경기감독관은 주심의 경기중지 요청이 없더라도 경기 중지를 결정할 수 있다.

3. 경기 개최 3시간 전부터 경기 종료 시까지 경기 개최 지역에 미세먼지, 초미세먼지, 황사 등에 관한 경보가 발령되었거나 경보 발령 기준농도를 초과하는 상태인 경우, 경기감독관은 경기의 취소 또는 연기를 결정할 수 있다.

4. 경기감독관은 경기중지 결정을 내린 후, 지체 없이 그 사유를 연맹에 보고하여야 한다.

제18조 (재경기) 1. 공식경기가 악천후, 천재지변등 불가항력에 의하여 경기개최 불능 또는 중지(중단)되었을 경우, 재경기는 원칙적으로 익일 동일 경기장에서 개최한다. 단 연기된 경기가 불가피한 사유로 다시 연기될 경우, 개최일시 및 장소는 해당클럽과 협의후 연맹이 정하여 추후 공시한다.

2. 경기장 준비부족, 시설미비 등 점검미비에 따른 홈 클럽의 귀책사유로 인하여 경기 개최 불능 또는 중지(중단)되었을 경우, 원정 클럽이 24시간 이내 홈경기로 개최하여 여부에 대해 연맹에 서면으로 제출한다. 원정클럽이 홈경기로 개최하지 않을 경우, 상대 클럽(기존 홈 클럽)의 홈경기로 개최된다.

3. 재경기 방식에 대해서는 다음의 각 호에 의한다.

1) 이전 경기에서 양 클럽의 득실차가 없을 때는 90분간 재경기를 실시한다.

2) 이전 경기에서 양 클럽의 득실차가 있을 때는 중지 시점에서부터 잔여 시간만의 재경기를 실시한다.

4. 재경기 시, 상기 1호의 경우 이전 경기에서 발생된 경고, 퇴장 기록만이 인정되며 선수교체는 팀당 최대 3명까지 가능하다. 상기 2호의 경우 이전 경기에서 발생된 모든 기록이 인정되며 선수교체는 이전 경기를 포함하여 3명까지 할 수 있다.

5. 재경기 시, 이전 경기에서 발생된 경고 및 퇴장은 유효하며, 경고 및 퇴장에 대한 처벌(징계)은 경기순서대로 연계 적용한다.

제19조 (귀책사유가 있는 클럽의 비용 보상) 1. 홈 클럽의 귀책사유에 의해 공식경기가 개최불능 또는 중지(중단)되었을 경우, 홈 클럽은 원정 클럽에 교통비 및 숙식비를 보상하여야 한다.

2. 원정 클럽의 귀책사유에 의해 공식경기가 개최불능 또는 중지(중단)되었을 경우, 원정 클럽은 홈 클럽에 발생한 경기준비 비용 및 입장권 환불 수수료, 교통비 및 숙식비를 부상하여야 하나.

3. 상기 1항, 2항과 관련하여 천재지변 등 불가항력에 의한 경우는 제외한다.

제20조 (패배로 간주되는 경우) 1. 공식경기 개최거부 또는 속행 거부등(경기장 질서문란, 관중의 난동 포함) 어느 한 클럽의 귀책사유로 인하여 공식경기가 개최불능 또는 중지(중단)되었을 경우, 그 귀책사유가 있는 클럽이 0 : 3 패배 한 것으로 간주한다.

2. 공식경기에 무자격선수가 출장한 것이 경기 중 또는 경기 후 발각되어 경기종료 후 48시간 이내에 상대 클럽으로부터 이의가 제기된 경우, 무자격선수가 출장한 클럽이 0 : 3 패배한 것으로 간주한다. 다만, 경기 중 무자격선수가 출장한 것이 발각되었을 경우, 해당 선수를 퇴장시키고 경기는 속행한다.

387

3. 상기 1항, 2항에 따라 어느 한 클럽의 0 : 3 패배를 결정한 경우에도 양 클럽 선수의 개인기록(출장, 경고, 퇴장, 득점, 도움 등)은 그대로 인정한다.

4. 상기 2항의 무자격 선수는 K리그 미등록 선수, 경고누적 또는 퇴장으로 인하여 출전이 정지된 선수, 상벌위원회 징계, 외국인 출전제한 규정을 위반한 선수 등 그 시점에서 경기출전 자격이 없는 모든 선수를 의미한다.

제21조 (대회 중 잔여경기 포기)_ 대회 중 잔여 경기를 포기하는 경우, 다음의 각 항에 의한다.

1. 대회 전체 경기수의 3분의 2 이상을 수행하였을 경우, 지난 경기 결과를 그대로 인정하고, 잔여 경기는 포기한 클럽이 0 : 3 패배한 것으로 간주한다.

2. 대회 전체 경기수의 3분의 2 이상을 수행하지 못했을 경우, 포기한 클럽과의 경기 결과를 모두 무효 처리한다.

제22조 (경기결과 보고)_ 모든 공식경기의 경기결과 보고는 경기감독관 보고서, 심판 보고서, 경기기록지에 의한다.

제23조 (경기규칙)_ 본 대회의 경기는 FIFA 및 KFA의 경기규칙에 따라 실시되며, 특별한 사항이 발생 시에는 연맹이 결정한다.

제24조 (Video Assistant Referee 시행)_ 1. 본 대회는 2016년 3월 IFAB(국제축구평의회)에서 승인된 'Video Assistant Referee'(이하 'VAR')를 2017년 7월 1일부터 시행한다.

2. VAR는 주심 등 심판진을 지원하고 경기 결과를 바꿀 수 있는 명백한 오심을 변경해 공정한 판정을 증대하기 위해 시행하며 본 대회에서는 아래의 4가지 상황에 대해서만 VAR를 적용한다.

   1) 득점 상황   2) PK(Penalty Kick) 상황

   3) 퇴장 상황   4) 징계조치 오류

3. VAR의 시행과 관련하여 선수, 코칭스태프, 구단 임직원의 준수사항은 다음과 같다.

   1) 'TV 신호(Signal)'를 그리는 동작을 취하거나 구두로 VAR 확인을 요청할 수 없다. 이를 위반할 시, 다음과 같은 제재가 내려진다.

     ① 선수 - 경고   ② 코칭스태프 및 구단 임직원 - 퇴장

   2) 주심 판독 지역(Referee Review Area, 이하 'RRA')에는 오직 주심과 영상판독보조자(Review Assistant, 이하 RA), 심판진만이 진입할 수 있다. 이를 위반할 시 다음과 같은 제재가 내려진다.

     ① 선수 - 경고   ② 코칭스태프 및 구단 임직원 - 퇴장

4. VAR의 시행과 관련하여 홈 구단의 준수사항은 다음과 같다.

   1) 홈 클럽은 VAR가 공식심판진임을 인지하고 VAR차량에 심판실과 동일한 안전계획을 수립하고 안전관리를 제공해야 하며, 안전관리 미흡 등 홈 클럽의 귀책사유로 인한 차량 및 장비의 파손 등이 발생하는 경우 이에 따른 손해를 연맹에 배상하여야 한다.

   2) 홈 클럽은 RRA에 심판진과 RA 외 다른 누구도 진입할 수 없도록 관리해야 하며, 관련 안전사고 예방의 의무와 책임이 있다.

   3) 홈 클럽은 VAR 상황 발생 시 판독 중임을 뜻하는 이미지를 판독 종료 시점까지 전광판에 노출해야 하며, 관련 장면 영상을 전광판을 통해 리플레이할 수 없다.

   4) 홈 클럽이 상기 제1호부터 제3호에서 정한 준수사항을 위반하는 경우, 연맹 상벌 규정 유형별 징계 기준 11조에 따른 징계를 받을 수 있다.

5. VAR는 다음과 같은 이유로 경기가 무효화되지 않는다.

   1) VAR 장비가 작동하지 않은 경우

   2) VAR 판정에 오심이 발생하는 경우

   3) VAR 판독을 진행하지 않겠다고 결정한 뒤 번복 경기(안전문제, 신변위협 등)

   4) VAR 판독이 불가능한 경우(영상 앵글의 부재상, 노이즈현상 등)

6. 이 외 사항에 대해서는 IFAB(국제축구평의회)와 FIFA(국제축구연맹)이 정한 바에 따른다.

제25조 (경기시간 준수)_ 1. 본 대회는 90분(전·후반 각 45분) 경기를 실시한다.

2. 모든 클럽은 미리 정해진 경기시작시간(킥오프 타임)과 경기 휴식시간(하프 타임)을 반드시 준수하여야 한다. 하프타임 휴식은 15분을 초과할 수 없으며, 양 팀 출장선수는 후반전 출전을 위해 후반전 개시 3분 전(하프타임 12분까)지 심판진과 함께 대기 장소에 집결하여야 한다.

3. 경기시작시간과 하프타임 시간을 준수하지 않아 경기가 지연될 경우, 귀책사유가 있는 해당 클럽에 제재금(100만 원 이상)을 부과할 수 있다. 동일 클럽이 위반 행위를 반복할 경우, 직전에 부과한 제재금의 2배를 부과할 수 있다. 단, 1회 부과할 수 있는 최대 제재금은 400만 원 이내로 한다.

4. 경기에 참가하는 팀(코칭스태프, 팀 스태프 포함)은 경기시작 100분 전에 경기장에 도착하여야 한다.

   1) 어느 한 팀이 경기시작 40분 전까지 경기장에 도착하지 못할 경우, 해당 팀은 경기감독관에게 그 사유와 도착예정 시간을 통보하여야 하며, 경기감독관은 경기시간 변경 유무를 심판 및 양팀 대표자와 협의를 통해 결정한 후, 연맹으로 통보한다.

   2) 경기시간이 변경될 경우, 홈 클럽은 전광판과 아나운서 멘트를 통해 변경된 경기시간과 변경사유에 대해 고지해야 한다.

   3) 어느 한 팀이 경기시작 시각까지 경기장에 도착하지 않는 경우, 상대팀은 45분간 대기할 의무가 있다. 45분간 대기했음에도 불구하고 상대팀이 도착하지 않을 경우, 경기감독관은 16조 1항에 의한다.

   4) 경기중지에 따라 발생되는 모든 비용에 대한 배상, 책임은 귀책사유가 있는 클럽에 있으며 18조에 따른다.

   5) 홈/원정팀은 경기개최지로의 이동정보를 사전에 숙지할 책임이 있으며, 상황에 따른 추가 이동시간이 필요한지 확인해야 한다. 만일, 팀의 도착 지연으로 킥오프가 지연될 경우, 연맹은 귀책사유가 있는 클럽에 재제를 부과할 수 있다.

제26조 (승점)_ 본 대회의 승점은 승자 3점, 무승부 1점, 패자 0점을 부여한다.

제27조 (순위결정)_ 1. 정규 라운드(1~36R) 순위는 승점 → 다득점 → 득실차 → 다승 → 승자승 → 벌점 → 추첨 순으로 결정한다.

2. 최종순위 결정방식은 다음과 같다.

   1) 정규라운드(1~33R) 성적을 적용하여, 6팀씩 2개 그룹(그룹A, 그룹B)로 분할한다.

   2) 분할 후 그룹A, 그룹B는 별도 운영되며, 정규 라운드 성적을 포함하여 그룹A에 속한 팀이 우승~C위, 그룹D에 속한 팀이 7~12위로 결정된다. (승점 →다득점 → 득실차 → 다승 → 승자승 → 벌점 → 추첨 순)

   3) 그룹B팀의 승점이 그룹A팀보다 높더라도 최종 순위는 7~12위 내에서 결정된다.

3. 벌점에 대한 기준은 다음과 같다.

   1) 경고 및 퇴장 관련 벌점   ① 경고: 1점   ② 경고 2회 퇴장: 2점
     ③ 직접 퇴장: 3점   ④ 경고 1회 후 퇴장: 4점

   2) 상벌위원회 징계 관련 벌점
     ① 제재금 100만 원당: 3점   ② 출장정지 1경기당 : 3점

   3) 코칭스태프 및 팀 스태프 퇴장, 클럽(임직원 포함)에 부과된 징계는 팀 벌점에 포함한다.

   4) 사후징계 및 감면 결과는 팀 벌점에 포함한다.

4. 개인기록 순위결정

   1) 개인기록순위 결정은 본 대회 정규라운드(1~36R) 성적으로 결정한다.

   2) 득점(Goal) 개인기록순위 결정의 우선 순서는 다음과 같다.
     ① 최다득점선수 ② 출전경기가 적은 선수 ③ 출전시간이 적은 선수

   3) 도움(Assist) 개인기록순위 결정의 우선 순서는 다음과 같다.
     ① 최다도움선수 ② 출전경기가 적은 선수 ③ 출전시간이 적은 선수

제28조 (시상)_ 1. 본 대회의 단체상 및 개인상 시상내역은 다음과 같다.

구분		시상내역	비고
단체상	우승	상금 500,000,000원 + 드모피 + 메달	
	준우승	상금 200,000,000원 + 상패	
	페어플레이	상금 10,000,000원 + 상패	
개인상	최다득점선수	상금 5,000,000원 + 상패	대회 개인기록
	최다도움선수	상금 3,000,000원 + 상패	대회 개인기록

2. 페어플레이 평점은 다음과 같다.

   1) 페어플레이 평점은 각 클럽이 본 대회에서 받은 총벌점을 해당 팀 경기수

로 나눈 것으로 평점이 낮은 팀이 페어플레이상을 수상한다.

　2) 벌점에 대한 기준은 상기 제25조 3항에 따른다.

　3) 만일 페어플레이 평점이 2개 팀 이상 동일할 경우, 성적 상위팀이 수상한다.

3. 우승 트로피 보관 및 각종 메달 수여는 다음과 같다.

　1) 우승 클럽(팀)에 본 대회 우승 트로피가 수여되며, 우승 트로피를 1년 동안 보관할 수 있다. 수여된 우승 트로피가 연맹에 반납되기 전까지 우승 트로피의 관리(보관, 훼손, 분실 등)에 대한 모든 책임은 해당 클럽(팀)에 있다.

　2) 전년도 우승 클럽(팀)은 우승 트로피를 정규 라운드(33R) 종료 후 연맹에 반납하여야 한다.

　3) 연맹은 아래와 같이 메달을 수여한다.

　　① 우승: 35개의 우승메달　　② 기타 기념메달

제29조 (출전자격)　1. K리그 선수규정 4조에 의거하여 선수 등록을 완료한 선수만이 공식경기에 출전할 자격을 갖는다.

2. K리그 선수규정 5조에 의거하여 연맹에 등록을 완료한 코칭스태프 및 팀 스태프 중 출전선수명단에 등재된 자만이 공식경기 중, 벤치에 착석할 수 있으며, 경기 중 기술지역에서의 선수지도행위는 1명만이 할 수 있다(통역 1명 대동 가능).

3. 제재 중인 지도자(코칭스태프, 팀 스태프 포함)는 다음 항목을 준수하여야 한다.

　1) 출전정지(제재 중이거나 경기 중 퇴장 조치된 지도자는 공식경기에서 관중석, 선수대기실을 제외한 지역에 대해 출입이 제한되며, 그라운드에서 사전 훈련 및 경기 중 어떠한 지도(지시) 행위도 불가하다.

　2) 징계 중인 지도자(원정팀 포함)가 경기를 관전하고자 할 경우, 홈 클럽은 본부석 쪽에 좌석을 제공하여야 하며, 해당 지도자의 안전을 위한 조치를 취해야 한다.

　3) 상기 제1호를 위반할 경우, 연맹 상벌규정 제12조 제2항에 해당하는 제재를 부과할 수 있다.

4. 준프로 계약을 체결한 선수의 공식경기 출전은 선수규정 부칙 및 '준프로 계약 시행 세칙'을 따른다.

제30조 (출전선수명단 제출의무)　1. 공식경기에 참가하는 홈 클럽과 원정 클럽은 경기개시 90분 전까지 경기감독관에 출전선수명단을 제출하여 승인을 받아야 하며, 출전선수 스타팅 포메이션(Starting Formation)을 별지로 함께 제출하여야 한다.

2. 출전선수명단에는 출전 선수, 코칭스태프 및 팀 스태프 명단, 유니폼 색상이 포함되어야 하며, 제출된 인원만이 해당 공식경기 출전과 팀 벤치 착석 및 기술지역 출입, 선수 지도를 할 수 있다. 단, 출전선수명단에 등재할 수 있는 코칭스태프 및 팀 스태프의 수는 11명까지로 하며, 스카우트, 전력분석관, 장비담당자는 벤치에 착석할 수 없다

3. 출전선수명단 승인 후에는 선수명단 변경을 할 수 없다. 다만, 경기 개시 전에 선발 출전선수 중 부상 등의 불가피한 사유로 경기출전이 불가능한 선수가 발생한 경우에 그 선발 선수를 후보 선수와 교체할 수 있다.

4. 본 대회의 출전선수명단은 18명을 원칙으로 하며, 다음의 사항을 반드시 준수하여야 한다.

　1) 골키퍼(GK)는 반드시 국내 선수이어야 하며, 후보 골키퍼(GK)는 반드시 1명이 포함되어야 한다.

　2) 외국인선수의 경우, 출전선수명단에 3명까지 등록할 수 있으며 3명까지 경기 출전이 가능하다. 단, AFC 가맹국 국적의 외국인선수는 1명에 한하여 추가 등록과 출전이 가능하나.

　3) 22세 이하(1995.01.01.이후 출생자) 국내선수는 출전선수명단에 최소 2명 이상 포함(등록)되어야 한다. 만일 22세 이하 국내선수가 출전선수명단에 포함되어 있지 않을 경우, 해당 인원만큼 출전선수명단에서 제외한다(즉, 22세 이하 국내선수가 1명 포함될 경우 출전선수명단은 17명으로 하며, 전혀 포함되지 않을 경우, 출전선수명단은 16명으로 한다).

　4) 출전선수명단에 포함된 23세 이하 선수 1명은 반드시 의무선발출전을 하여야 한다. 만일 23세 이하 선수가 의무선발출전을 하지 않을 경우, 선수교체 가능인원은 2명으로 제한한다(31조 2항 참조).

　5) 단, 군/경팀은 위 3항・4항에 적용받지 않으며, 군/경팀과 경기 시 그 상대

팀도 위 3항・4항에 한시적으로 적용받지 않는다.

　6) 클럽에 등록된 22세 이하 국내선수 1명 이상이 KFA 각급 대표팀 선수로 소집(소집일 ~ 해산일)될 경우, 해당 클럽에 한해 소집 기간 동안 개최되는 경기에 의무선발출전 규정(상기 4호)을 적용하지 않으며, 차출된 선수의 수(인원)만큼 엔트리 등록 규정도 적용하지 않는다.

U22선수 각급대표 소집	출전선수 명단(엔트리) U22선수 포함 인원	U22선수 등록가능 인원	U22선수 의무선발 출전	선수교체 가능인원	비고
0명	0명	16명	0명	2명	
	1명	17명	1명	3명	U23 선수 의무 선발 출전을 하지 않을 경우, 선수교체 가능인원 2명으로 제한
	2명 이상	18명	1명	3명	
1명	0명	17명	0명	2명	
	1명 이상	18명	0명	3명	
2명 이상	0명	18명	0명	3명	

5. 순연 경기 및 재경기(90분 재경기에 한함)의 출전선수명단은 다시 제출하여야 한다.

제31조 (선수교체)　1. 본 대회의 선수 교체는 경기감독관이 승인한 출전선수명단에 의해 후보선수명단 내에서만 가능하다.

2. 선수 교체는 90분 경기에서 3명까지 가능하다. 단, 본 대회요강 제30조 4항-4)호에의 의거, 23세 이하 국내선수가 선발출전하지 않을 경우, 해당 클럽은 2명까지 선수 교체가 가능하다. 이를 위반할 경우 제 20조 2항~4항에 따른다.

3. 출전선수명단 승인(경기감독관 서명) 후, 선발출전선수 11명 중 경기출전이 불가한 선수가 발생할 경우, 전반전 킥오프 전까지 경기감독관의 승인하에 출전선수명단의 교체 대상선수 7명에 한하여 교체할 수 있으며, 교체된 선수는 후보선수명단으로 포함되나 해당 경기에 출전할 수 없다.

　1) 상기 3항의 경우 선수교체 인원으로 적용되지 않으며, 3명의 선수교체 가능 인원 수는 유효하다.

　2) 선발출전선수 11명 중 23세 이하 (1995.01.01 이후 출생자) 의무선발출전 선수가 출전이 불가하여 후보 선수명단 내의 23세 이하 선수와 교체될 경우 선수교체 가능인원은 3명으로 유지된다. 단, 23세 이하가 아닌 선수와 교체될 경우 제30조 3-4)항에 의하여 선수교체 가능인원은 2명으로 제한한다.

　3) 출전선수명단 내 교체 대상선수 7명 중 경기출전이 불가한 선수가 발생하더라도 해당 선수는 명단 외 선수와 교체할 수 없다.

제32조 (출전정지)　1. 본 대회에서 경고누적에 의한 출전정지 및 퇴장(경고 2회 퇴장, 직접 퇴장, 경고 1회 후 직접 퇴장)에 의한 출전정지는 본 대회(챌린지 플레이오프 포함) 종료까지 연계 적용한다.

2. 경고누적에 의한 출전정지는 경고누적 3회 마다 다음 1경기가 출전정지 된다.

3. 1경기 경고 2회 퇴장에 의한 출전정지는 다음 1경기가 출전 정지되며, 제재금은 오십만 원(500,000원)이 부과된다. 이 경고는 누적에 산입되지 않는다.

4. 직접 퇴장에 의한 출전정지는 다음 2경기가 출전 정지되며, 제재금은 칠십만 원(700,000원)이 부과 된다.

5. 경고 1회 후 직접 퇴장에 의한 출전정지는 다음 2경기가 출전 정지되며, 제재금은 일백만 원(1,000,000원)이 부과된다. 경고 1회는 유효하며, 누적에 산입 된다.

6. 제재금은 출전 가능경기 1일 전까지 반드시 해당자 명의로 납부하여야 한다. 이를 위반할 경우, 경기 출전이 불가하다. 출전 가능경기가 남아있지 않을 경우, 본 대회 종료 15일 이내에 납부하여야 한다.

7. 상벌위원회 징계로 인한 출전정지는 시즌 및 대회에 관계없이 연계 적용한다.

8. 경고, 퇴장, 상벌위원회 징계 등에 따라 출전이 정지된 선수, 코칭스태프, 팀 스태프의 출전정지로 인한 모든 책임은 해당 클럽에 있다.

제33조 (유니폼)　1. 본 대회는 K리그 마케팅 규정상의 팀 색상 및 유니폼 규정에 따라 반드시 연맹이 승인하고 지정한 유니폼을 착용해야 한다.

2. 선수 번호(배번)는 1번~99번으로 한정하며, 배번 1번은 GK에 한함)는 출전선수명단에 기재된 선수 번호와 일치하여야 하며, 배번의 식별이 가능하도록 명

389

확하게 표시되어 있어야 한다.

3. 팀의 주장은 주장인 것을 명확하게 표시하는 완장(Armband)을 착용하여야 한다.

4. 공식경기에 참가하는 모든 클럽은 제1유니폼과 제2유니폼을 필히 지참함을 원칙으로 하며, 경기 전 연맹(경기감독관) 및 상대 클럽과 유니폼 착용 색상과 관련하여 사전 조율하여야 한다. 이를 따르지 않을 경우, 연맹(경기감독관)이 최종 결정한다. 위반한 클럽에 제재금 500만 원을 부과할 수 있다.

5. 동절기 방한용 내피 상의 또는 하의(타이즈)를 착용하고자 할 때는 유니폼(상·하의) 색상과 동일한 색상을 착용하여야 한다. 이를 위반할 경우 공식경기출전이 불가하다.

6. 스타킹과 발목밴드(테이핑)는 동일 색상(계열)이어야 한다. 이를 위반할 경우 심판은 시정을 명할 수 있고, 이에 불응할 경우 경기출전을 금지시킬 수 있다.

제34조 (사용구)_ 본 대회의 공식 사용구는 '아디다스 텔스타18(Telstar18)'로 한다.

제35조 (인터뷰 실시)_ 1. 홈 클럽은 공동취재구역인 믹스드 존(Mixed Zone)과 공식기자회견장을 반드시 마련하고, 양 클럽 홍보담당자는 경기 전 인터뷰, 경기 후 플래시인터뷰, 공식기자회견, 믹스드 존 인터뷰가 원활히 이뤄질 수 있도록 협조하여야 한다.

2. 양 클럽 선수단은 경기장에 도착하여 라커룸으로 이동시 믹스드 존에서 미디어(취재기자에 한함)의 인터뷰에 응하여야 한다.

3. 양 클럽 선수단은 경기개시 90분~70분 전까지 홈 클럽이 지정한 장소(라커룸 앞, 경기장 출입 통로, 그라운드 주변, 믹스드 존 등)에서 인터뷰에 응하여야 하며, 양 클럽 홍보담당자는 미디어(취재기자에 한함)가 요청하는 선수가 인터뷰에 응할 수 있도록 협조한다.

4. 양 클럽 감독은 경기개시 60분~20분 전까지 미디어(취재기자에 한함)와 약식 인터뷰를 실시하여야 한다.

5. 홈 클럽은 경기종료 직후 중계방송사가 요청하는 감독 또는 선수에 대해 그라운드에서 플래시 인터뷰를 우선 실시하여야 하며, 양 클럽 홍보담당자는 인터뷰 대상자를 경기 종료 전 확인하여 경기종료 직후 인계한다.

6. 홈 클럽은 경기종료 후 15분 이내에 홈 클럽 홍보담당자의 진행 하에 양 클럽 감독과 미디어가 요청하는 선수가 순차적으로 참석하는 공식기자회견을 개최하여야 하며, 양 클럽 홍보담당자는 감독 및 미디어 요청선수가 공식기자회견에 참석할 수 있도록 협조한다.

7. 공식기자회견은 원정 - 홈 클럽 순으로 진행하며, 선수의 순서는 양 클럽 홍보담당자가 협의하여 정한다.

8. 미디어 부재로 공식기자회견을 개최하지 않은 경우, 홈 클럽 홍보담당자는 양 클럽 감독의 코멘트를 경기 종료 1시간 이내에 각 언론사에 배포한다.

9. 제재 중인 지도자(코칭스태프 및 팀 스태프 포함)도 경기 전·후 인터뷰와 공식기자회견 등에 참석해야 한다.

10. 양 클럽 선수단은 공식기자회견이 종료된 이후에 선수단 라커룸을 출발하여 믹스트 존 인터뷰에 응하여야 한다(홈팀 필수/ 원정팀 권고).

11. 모든 기자회견은 연맹이 지정한 인터뷰 배경막(백드롭)을 배경으로 실시하여야 한다.

12. 인터뷰를 실시하지 않거나 공식기자회견에 참석하지 않을 경우, 해당 클럽과 선수, 감독에게 제재금(50만 원 이상)을 부과할 수 있다.

13. 인터뷰에서는 경기의 판정이나 심판과 관련하여 일체의 부정적인 언급이나 표현을 할 수 없으며, 위반 시 다음의 각 호에 의한다.

1) 각 클럽 소속 선수, 코칭스태프, 팀 스태프, 임직원 등 모든 관계자에게 적용되며, 이벤틀 시 상벌규정 유형별 징계기준 제2조 기, 힘 혹은 니, 힘을 적용하여 제재를 부과한다

2) 공식 인터뷰뿐만 아니라 대중에 공개될 수 있는 어떠한 경로를 통한 언급이나 표현에도 적용된다.

14. 그 밖의 사항은 '2018 K리그 미디어 가이드라인'을 준수하여야 한다.

15. 2018 K리그 미디어가이드라인을 준수하지 않을 경우, 해당시즌 팀 미디어 운영에 제한을 받을 수 있다.

제36조 (중계방송협조)_ 1. 본 대회의 경기 중계방송을 위한 카메라나 중계석 위치 확보, 방송 인터뷰를 위해 모든 클럽은 중계 방송사와 연맹의 요청에 최대한 협

조한다.

2. 사전에 지정된 경기시간은 방송사의 요청에 따라 변경될 수 있다.

3. 홈 클럽은 중계방송사를 위한 별도의 공간을 경기시작 4시간 전부터 종료 후, 1시간까지 반드시 마련해야 한다.

제37조 (경기장 안전과 질서유지)_ 1. 홈 클럽은 경기개시 2시간 전부터 경기종료 후 모든 관중 및 관계자가 퇴장할 때까지 선수, 팀 스태프, 심판을 비롯한 전 관계자와 관중의 안전 및 질서 유지에 대한 의무와 책임이 있다.

2. 홈 클럽은 상기 1항의 의무 실시를 위해 최선의 노력을 다해야 하며, 경기장 안전 및 질서를 어지럽히는 관중에 대해 그 입장을 제한하고 강제 퇴장시키는 등의 적절한 조치를 취할 수 있다.

3. 연맹, 클럽, 선수, 코칭스태프 및 팀 스태프, 관계자를 비방하는 사안이나, 경기진행 및 안전에 지장을 줄 수 있는 모든 사안에 대해 관련 클럽은 즉각 이를 시정 조치하여야 한다.

4. 경기감독관은 상기 3항에 해당하는 사안을 경기 중 또는 경기 전·후에 발견하였을 경우 관련 클럽에 시정 조치를 요구할 수 있으며, 관련 클럽은 경기감독관의 지시에 따라야 한다.

5. 상기, 3·4항의 사안이 시정 조치되지 않을 경우, 상벌규정 유형별 징계기준 제5조 마.항과 바.항에 의거, 해당 클럽에 제재를 부과할 수 있다.

6. 관중의 소요, 난동으로 인해 경기 진행에 문제가 발생하거나, 선수, 심판, 코칭스태프 및 팀 스태프, 미디어를 비롯한 관중의 안전과 경기장 질서 유지에 문제가 발생할 경우에는 관련 클럽이 사유를 불문하고 그에 대한 일체의 책임을 부담한다.

제38조 (홈경기 관리책임자, 홈경기 안전책임자 선정 및 경기장 안전요강)_ 모든 클럽은 경기장 안전 및 원활한 진행을 위해 홈경기 관리책임자 및 홈경기 안전책임자를 선정하여 연맹에 보고하여야 하며, 아래의 경기장 안전요강을 숙지하여 실행하고 관중에게 사전 공지 또는 고지하여야 한다. 또한 홈경기 관리책임자 및 홈경기 안전책임자는 경기감독관의 업무 및 지시 사항에 대해 최대한 협조하여야 한다.

1. 반입금지물: 경기장에 입장하려는 사람 또는 입장한 사람은 홈경기 관리책임자 및 홈경기 안전책임자가 특별히 필요 사항에 의해 허락했을 경우를 제외하고 다음의 각 호에 명시된 것을 가지고 입장할 수 없다.

1) 경기장 관리자에 의해 반입을 금지하고 있는 것

2) 정치적, 사상적, 종교적인 주의 또는 주장 또는 관념을 표시하거나 또는 연상시키고 혹은 대회의 운영에 지장을 미칠 우려가 있는 게시판, 간판, 현수막, 플래카드, 문서, 도면, 인쇄물 등

3) 연맹의 승인을 득하지 않은 특정의 회사 또는 영리기업의 광고를 목적으로 하여 특정의 회사명, 제품명 등을 표시한 것(특정 회사, 제품 등을 연상시키는 것 포함)

4) 그 외 경기운영 또는 진행을 방해하여 타인에게 불편을 주거나 또는 위험하게 하거나 혹은 그러한 우려가 있거나 또는 운영담당·보안담당, 경비종사원이 위험성을 인정하는 것

2. 금지행위: 경기장에 입장하려는 사람 또는 입장한 사람은 홈경기 관리책임자 및 홈경기 안전책임자가 특별히 필요 사항에 의해 허락했을 경우를 제외하고는 다음의 각 호에 명시된 행위를 해서는 안 된다.

1) 경기장 관리자에 의해 금지되고 있는 행위

2) 정당한 입장권 또는 통행증을 소지하지 않고 입장하는 것

3) 항의 집회, 데모 등 대회의 원활한 운영을 저해할 우려가 있는 행위

4) 알코올, 약물 그 외 물질을 소유 및 복용한 상태로 경기장에 입장하는 행위 또는 경기장에 이러한 목적으로 입장하려고 하는 사람 이것들이 영향에 의해 경기운영 또는 타인의 행위 등을 저해하는 행위(알코올 등의 영향에 의해 정상적인 행위를 할 수 없는 상태로 입장할 경우 입장 불가)

5) 해당 경기장시설 및 관련 장소에서 권유, 연설, 집회, 포교 등의 행위

6) 정해진 장소 외에서 차량을 운전하거나 주차하는 행위

7) 상행위, 기부금 모집, 광고물의 게시 등의 행위

8) 정해진 장소 외에 쓰레기 및 오물을 폐기하는 것

9) 연맹의 승인 없이 영리목적으로 경기장면, 식전행사, 관객 등을 사진 또는

비디오로 촬영하는 것

    10) 연맹의 승인 없이 대회의 음성, 영상의 전부 또는 일부를 인터넷 및 미디어를 통해 전달하는 것

    11) 경기운영 또는 진행을 방해하여 타인에게 폐를 끼치거나 또는 위험을 미치거나 혹은 그러한 우려가 있으면서 경비종사원이 위험성을 인정한 행위

3. 경기장 관련: 경기장에 입장하려는 사람 또는 입장한 사람은 다음의 각 호에 명시하는 사항을 준수하여야 한다.

    1) 입장권, 신분증, 통행증 등의 제시가 요구되었을 때는 이것을 제시해야 함

    2) 안전 확보를 위해 수화물, 소지품 등의 검사가 요구되었을 때는 이것에 따라야 함

    3) 사건·사고가 발생하거나 또는 발생 우려가 예상되는 경우, 경비 종사원 또는 치안 당국의 지시, 안내, 유도 등에 따라 행동할 것

4. 입장거부 또는 퇴장명령

    1) 홈경기 관리책임자 및 홈경기 안전책임자는 상기 3-1호, 2호, 3호의 경기장 안전요강을 위반한 사람의 입장을 거부하여 경기장으로부터의 퇴장을 명할 수 있으며, 상기 3항에 의거하여 반입금지물 몰수 등 필요한 조치를 취할 수 있다.

    2) 홈경기 관리책임자 및 홈경기 안전책임자는 상기 4-1호에 해당하는 사람 중에서 특히 고의, 상습으로 확인된 사람에 대해서는 이후 개최되는 연맹 주최의 공식경기에 입장을 거부할 수 있다.

    3) 홈경기 관리책임자 및 홈경기 안전책임자에 의해 입장이 거부되거나 경기장에서 퇴장을 받았던 사람은 입장권 구입 대금의 환불을 요구할 수 없다.

5. 권한의 위임: 홈경기 관리책임자는 특정 시설에 대해 그 권한을 타인에게 위임할 수 있다.

6. 안전 가이드라인 준수: 모든 클럽은 연맹이 정한 'K리그 안전가이드라인'을 준수하여야 한다.

제39조 (기타 유의사항)＿ 각 클럽은 아래의 사항을 숙지하고 준수하여야 한다.

1. 모든 취재 및 방송중계 활동을 위한 미디어 관련 입장자는 2018 K리그 미디어 가이드라인에 따라 입장하여야 하며 이를 준수하여야 한다.

2. 경기에 참가하는 선수단(코칭스태프, 팀 스태프 포함)은 경기시작 100분 전에 경기장에 도착하여야 한다.

3. 오픈경기 및 축구클리닉 등 경기 진행에 영향을 미치는 행사는 본 경기 개최 1시간(60분)전까지 반드시 종료되어야 하며, 연맹에 사전 승인을 받아야 한다.

4. 선수는 신체보호를 위해 반드시 정강이 보호대를 착용하고 경기에 임해야 한다.

5. 경기 중 클럽의 임원, 코칭스태프, 팀 스태프, 선수는 경기장 내에서 흡연을 할 수 없으며, 이를 위반할 경우 퇴장 조치로 한다.

6. 시상식에는 연맹이 지정한 클럽(팀)과 수상 후보자가 반드시 참석하여야 한다.

7. 체육진흥투표권(스포츠토토 등) 발매 이상 징후 대응경보 발생 시, 경기시작 90분 전 대응 미팅에 관계자(경기감독관, 매치코디네이터, 양 클럽 관계자 및 감독) 등이 참석하여야 한다.

8. 팀 벤치에서 무선통신기(휴대전화 포함) 시스템의 사용은 원칙적으로 불가하다.

9. 경기 중, 교체대상 선수의 워밍업은 연맹이 사전에 지정한 장소에서 실시해야 한다.

10. 경기감독관은 하절기(6~8월) 기간 중, 쿨링 브레이크 제도(워터 타임)의 실시 여부를 결정할 수 있다. 감독관은 경기시작 20분 전, 기온을 측정해 32도(섭씨)이상일 경우, 심판진과 협의해 실시할 수 있다.

11. 심판 판정에 대한 제소는 불가하다.

12. 전자 퍼포먼스/트래킹 시스템(EPTS)을 사용하는 경우, 사전 승인을 득하여야 한다.

제38조 (부칙) 본 대회요강에 명시되지 않은 사항은 K리그 규정, FIFA 규정, K리그 이사회 결정을 준용한다.

KEB하나은행 K리그1 2018 경기기록부

3월 01일 14:00 맑음 전주 월드컵 17,188명
주심_ 이동준 부심_ 윤광열·김지욱 대기심_ 최광호 경기감독관_ 김용세

						전북 2		0 전반 0			0 울산						

										2 후반 0							

퇴장	경고	파울	ST(유)	교체	선수명	배번	위치	위치	배번	선수명	교체	ST(유)	파울	경고	퇴장
0	0	0	0		송 범 근	31	GK	GK	1	김 용 대		0	0	0	0
0	0	0	0		최 철 순	25	DF	DF	13	이 명 재		1(1)	1	0	0
0	0	0	0		홍 정 호	26	DF	DF	4	강 민 수		0	1	0	0
0	0	1	0		김 민 재	3	DF	DF	40	리 차 드		0	0	0	0
0	0	1	0		김 진 수	22	DF	DF	22	정 동 호		1	1	0	0
0	0	0	0		신 형 민	4	MF	MF	6	정 재 용		0	1	0	0
0	0	3	1(1)	11	손 준 호	28	MF	MF	9	오 르 샤		2	0	0	0
0	0	2	0		이 재 성	17	MF	MF	33	박 주 호	32	0	2	0	0
0	0	4(1)	7		로 페 즈	10	MF	MF	34	박 용 우		0	0	0	0
0	0	1	0		김 신 욱	9	FW	MF	11	황 일 수	7	1	1	0	0
0	1	2	20		아드리아노	32	FW	FW	39	오 세 훈		0	1	0	0
0	0	0	0		황 병 근	21			21	오 승 훈		0	0	0	0
0	0	0	0		이 재 성	15			5	임 종 은		0	0	0	0
0	0	0	0		이 승 기				16	김 건 웅		0	0	0	0
0	0	0	0		티 아 고	11			7	김 인 성 후21		0	0	0	0
0	2(1)	후45	한 교 원	7					55	토 요 다		0	0	0	0
0	2(1)	후31	이 동 국	20					30	주 니 오 후10	3(2)	0	0	0
0	0	17	15(5)									9(3)	14	0	0

●후반 16분 이재성⑰ C.KL ⌒ 이동국 GAR 내 L - ST - G/득점: 이동국, 도움: 이재성⑰) 오른쪽

●후반 40분 이동국 MF 정면 →한교원 PAR 내 R - ST - G/득점: 한교원, 도움: 이동국) 오른쪽

3월 01일 14:00 맑음 수원 월드컵 8,456명
주심_ 김대용 부심_ 박상준·박균용 대기심_ 김영수 경기감독관_ 김형남

						수원 1		0 전반 0			2 전남						

										1 후반 2							

퇴장	경고	파울	ST(유)	교체	선수명	배번	위치	위치	배번	선수명	교체	ST(유)	파울	경고	퇴장
0	0	0	0		노 동 건	21	GK	GK	1	이 호 승		0	0	0	0
0	0	1(1)			이 기 제	23	DF	DF	22	최 재 현		1(1)	1	0	0
0	0	0	0		조 성 진	5	DF	DF	23	양 준 아		2(1)	1	0	0
0	0	0	0		구 자 룡	15	DF	DF	3	가 솔 현		1	0	0	0
0	0	0	0		크리스토밤	30	DF	DF	13	이 슬 찬		0	1	0	0
0	0	1	17		최 성 근	4	MF	MF	8	유 고비치		0	2	0	0
0	1	2			최 성 근	17	MF	MF	16	한 찬 희		2	0	0	0
0	0	1			염 기 훈	26	MF	MF	11	완 델 손		3(2)	2	0	0
0	0	1			윤 용 호	30	MF	MF	7	박 준 태		3(2)	2	0	0
0	1(1)	11			바그닝요	7	MF	MF	25	박 대 한	27	1	0	0	0
0	3(1)				데	10	FW	FW	9	하 태 균	18	1	2	0	0
0	0	0	0		김 선 우	31			20	이 유 현		0	0	0	0
0	0	0	0		곽 광 선	20			2	최 효 진		0	0	0	0
0	0	0	0		장 호 익				15	이 지 민		0	0	0	0
0	0	0	0		사리치				6	이 유 현		0	0	0	0
0	2(2)	후34	김 종 우	17					27	이 상 헌 후21		0	0	0	0
0	0	후45	김 상 협						26	한 승 욱		0	0	0	0
0	0		김 건 희						18	김 경 민 후33	0	0	0	0
0	1	10(5)										15(7)	14	0	0

●후반 39분 염기훈 GA 정면 ~ 이기제 GAL L - ST - G/득점: 이기제, 도움: 염기훈) 왼쪽

●후반 25분 완델손 PAR FK L - ST - G/득점: 완델손) C) 오른쪽

●후반 45분 완델손 C.KR ⌒ 최재현 GAR 내 H - ST - G/득점: 최재현, 도움: 완델손) 가운데

3월 01일 16:00 맑음 제주 월드컵 4,979명
주심_김희곤 부심_장준모·김영하 대기심_정동식 경기감독관_전인석

제주 0	0 전반 0 / 0 후반 0	0 서울

퇴장	경고	파울	ST(유)	교체	선수명	배번	위치	위치	배번	선수명	교체	ST(유)	파울	경고	퇴장
0	0	0	0		이 창 근	21	GK	GK	21	양 한 빈		0	0	0	0
0	1	3	0		권 한 진	5	DF	DF	3	이 웅 희		0	0	1	0
0	0	1	0		조 용 형	20	DF	DF	2	황 현 수		1	0	1	0
0	0	0	0		김 원 일	37	DF	DF	19	심 상 민		0	0	0	0
0	0	2	0		박 진 포	6	MF	MF	17	신 광 훈		0	0	0	0
0	0	2	3(1)		권 순 형	7	MF	MF	24	정 현 철		0	0	1	0
0	0	2	2(1)		이 창 민	14	MF	MF	8	신 진 호		2(1)	4	0	0
0	0	1	0		김 수 범	22	MF	MF	6	김 성 준		0	0	0	0
0	0	1	17		이 찬 동	40	MF	FW	10	하 주 영	29	4(2)	1	0	0
0	0	3	0		진 성 욱	16	FW	FW	9	안 델 손	32	3(1)	0	0	0
0	0	0	0		이 은 범	47	FW	FW	13	요 한	27	2	0	0	0
0					김 경 민	1			1	유 현					0
0					정 다 훤	2			50	박 동 진					0
0					정 태 욱	45			55	곽 태 휘					0
0				후43	이 동 수	18	대기	대기	22	윤 승 원	후30				0
0	1	1			진 성 욱				32	정 원 진	후40				0
0					호 벨 손	11			77	코 바					0
0				후15	류 승 우	17			29	박 희 성	후30				0
0	2	13	12(2)									11(4)	18	0	0

3월 03일 14:00 맑음 포항 스틸야드 14,584명
주심_고형진 부심_이정민·양재용 대기심_성덕효 경기감독관_김진의

포항 3	1 전반 0 / 2 후반 0	0 대구

퇴장	경고	파울	ST(유)	교체	선수명	배번	위치	위치	배번	선수명	교체	ST(유)	파울	경고	퇴장
0	0	0	0		강 현 무	31	GK	GK	21	조 현 우		0	0	0	0
0	0	2	0		강 상 우	17	DF	DF	3	김 우 석		0	1	0	0
0	0	1	1(1)		김 광 석	3	DF	DF	8	한 희 훈		0	0	2	0
0	0	0	0		하 창 래	5	DF	DF	30	김 진 혁		0	0	0	0
0	0	1	0		권 완 규	13	DF	MF	22	정 우 재		0	0	0	0
0	0	0	0		채 프 만	6	MF	MF	5	홍 정 운		0	0	0	0
0	0	3	0		정 원 진	14	MF	MF	20	황 순 민	19	2	0	0	0
0	0	1	0		김 승 대	12	MF	MF	44	김 선 민		0	0	0	0
0	1	3(1)			이 광 혁	17	FW	FW	7	전 현 철	8	1(1)	0	0	0
0	0	0	0		송 승 민	16	FW	FW	10	지 안		3(3)	2	0	0
0	2(2)	18			레 오 가 말 류	10	FW	FW	9	카 이 온		1	0	0	0
0					류 원 우	1			21	최 영 은					0
0					알 레 망	4			33	오 광 진					0
0					국 태 정	2			4	김 태 한					0
0					양 태 렬	24	대기	대기	13	홍 승 현	후15				0
0					김 현 솔	8			7	김 대 원	후35				0
0				후20	제 테 르 손	7			8	정 선 호	후28				0
0				후41	이 근 호	18			14	김 대 원					0
0	3		5(5)									7(4)	17	2	0

●전반 45분 레오가말류 PK - R - G(득점: 레오가말류) 오른쪽
●후반 31분 권완규 자기 측 HLL ⌒ 레오가말류 GAR R - ST - G(득점: 레오가말류, 도움: 권완규) 왼쪽
●후반 37분 채프만 자기 측 MFL ⌒ 김승대 PAL 내 R - ST - G(득점: 김승대, 도움: 채프만) 오른쪽

3월 03일 16:00 맑음 춘천 송암 4,530명
주심_김성호 부심_김성일·방기열 대기심_김동진 경기감독관_차상해

강원 2	1 전반 0 / 1 후반 1	1 인천

퇴장	경고	파울	ST(유)	교체	선수명	배번	위치	위치	배번	선수명	교체	ST(유)	파울	경고	퇴장
0	0	0	0		김 호 준	1	GK	GK	21	이 진 형		0	0	0	0
0	0	0	0		발 렌 티 노 스	4	DF	DF	3	김 용 환		0	0	0	0
0	1	2(1)	44		황 진 성		MF	DF	5	강 지 용		0	3	1	0
0	2(1)				디 에 고	10	MF	DF	6	최 종 환		0	0	0	0
0	0	0			이 근 호	11	FW	FW	20	부 노 자		0	0	0	0
0	0	3	2	후7	김 승 용	18	MF	MF	4	한 석 종		2(1)	0	0	0
0	0	2			정 승 용	6	MF	MF	13	진 아	27	0	1	0	0
0	0	0			강 지 훈	24	MF	MF	19			1(1)	2	0	0
0	3	3(2)			제 리 치	55	FW	FW	11	김 도 혁		1	1	0	0
0	0	29			김 영 신	86	MF	MF	24	이 우 혁		0	0	0	0
0	0	0			김 오 규	99	DF	FW	9	무 고 사		7(4)	4	0	0
0					이 범 영	23			31	이 태 희					0
0				후16	정 석 화	14			15	김 대 중					0
0					김 경 중	22	대기	대기	17	고 슬 기					0
0					박 창 준	11			7	송 시 우	후10				0
0				후44	이 현 식	29			11	박 용 지	후32				0
0			후25		백 고 배	44			27	문 선 민	후0	1(1)			0
0	1		1X(6)									13(7)	16	1	0

●전반 43분 제리치 GAR EL ⌒ 김승용 GA 정면 내 H - ST - G(득점: 김승용, 도움: 제리치) 가운데
●후반 15분 이근호 AK 정면 제리치 PA 정면 내 R - ST - G(득점: 제리치, 도움: 이근호) 왼쪽
●후반 22분 무고사 GA 정면 L - ST - G(득점: 무고사) 왼쪽

3월 04일 14:00 흐림 창원 축구센터 5,117명
주심_김우성 부심_곽승순·김계용 대기심_조지음 경기감독관_최상국

경남 3	1 전반 0 / 2 후반 1	1 상주

퇴장	경고	파울	ST(유)	교체	선수명	배번	위치	위치	배번	선수명	교체	ST(유)	파울	경고	퇴장
0	0	0	0		손 정 현	31	GK	GK	31	우 상 훈		0	0	0	0
0	0	0	0		이 재 명	23	DF	DF	11	김 태 환		2	1	0	0
0	0	1			여 성 해	17	DF	DF	2	이 광 선		1	0	0	0
0	0				김 현 훈	24	MF	MF	25	윤 영 선		0	0	0	0
0	0				우 주 성	15	DF	DF	26	임 채 민		0	0	0	0
0	0				최 영 준	26	MF	DF	33	홍 철		0	0	0	0
0	0				하 성 민	18	MF	MF	3	신 세 계		0	0	0	0
0	0				네 게 바	77	MF	MF	6	여 름	14	2	0	0	0
0	0				권 용 현	10	FW	FW	10	오 닳	22	1(1)	1	0	0
0	0	23			쿠 니 모 토	22	FW	FW	29	최 진 호	19	1(1)	0	0	0
0	5(3)		말 컹	9			FW	FW	9	주 민 규		5(3)	0	1	0
0					이 준 희	1			25	최 필 수					0
0				후32	박 지 수	23			4	김 남 춘					0
0				후27	최 재 수	6			12	김 민 우					0
0					안 성 남	8	대기	대기	13	김 민 우					0
0					김 준 범				14	윤 빛 가 람	후32				0
0				후17	배 기 종	7			19	유 주 태	후29				0
0					김 신				22	김 노 융	후22				0
0	2	20	8(3)									9(5)	9	1	0

●전반 10분 말컹 GA 정면 R - ST - G(득점: 말컹) 오른쪽
●후반 6분 최영준 MF 정면 ~ 말컹 AKL R - ST - G(득점: 말컹, 도움: 최영준) 왼쪽
●후반 16분 권용현 PAR 내 ~ 말컹 GAR R - ST - G(득점: 말컹, 도움: 권용현) 왼쪽
●후반 15분 이광선 AKL H → 주민규 GAL 내 R - ST - G(득점: 주민규, 도움: 이광선) 오른쪽

인천 3 : 2 전북

3월 10일 14:00 맑음 인천 전용 7,160명
주심_ 고형진 부심_ 박상준·양재용 대기심_ 김덕철 경기감독관_ 전인석

인천 3 — 2 전반 2 / 1 후반 0 — **2 전북**

퇴장	경고	파울	ST(유)	교체	선수명	배번	위치	위치	배번	선수명	교체	ST(유)	파울	경고	퇴장
0	0	0	0		이 태 희	31	GK	GK	21	황 병 근		0	0	0	0
0	0	1	0		김 용 환	3	DF	DF	22	김 진 수		0	0	0	0
0	0	1	1		부 노 자	20	DF	DF	3	김 민 재		0	1	0	0
0	0	1	0		이 윤 표	16	DF	DF	26	홍 정 호		1	2	1	0
0	0	1	0		최 종 환	6	DF	DF	25	최 철 순		1	1	0	0
0	1	2	0		고 슬 기	17	MF	MF	8	정 혁	4	1	6	0	0
0	1	0	0		한 석 종	4	MF	MF	17	이 재 성		2(2)	1	0	0
0	0	0	15		아 길 라르	10	MF	MF	11	한 교 원		0	1	0	0
0	1	1	2(2)	29	문 선 민	27	FW	MF	11	로 페 즈		1	2	0	0
0	1	6(4)			무 고 사	9	FW	FW	9	김 신 욱		1(1)	1	0	0
0	0	4	7		쿠 비	FW	FW	32	아드리아노		1(1)	0	0	0
0	0	0	0		이 진 형	21			31	송 범 근		0	0	0	0
0	0	0	0		박 종 진	18			15	이 재 성		0	0	0	0
0	0	0	후46	김 대 중	15			4	신 형 민	후21	0	0	0	0
0	0	0	0		우 주 혁	24	대기	대기	14	이 승 기		0	0	0	0
0	0	0	0		김 석 호	25			28	손 준 호		0	0	0	0
0	0	1	1(1)	후23	송 시 우	7			10	레 오 나 르 도	후17	0	1	0	0
0	0	1	1(1)	후34	김 보 섭	29			20	이 동 국	후17	1(1)	0	0	0
0	2	17	10(8)									8(5)	19	3	0

- 전반 3분 문선민 GA 정면 내 L - ST - G(득점: 문선민) 왼쪽
- 전반 25분 쿠비 PAR 내 ~ 무고사 GA 정면 내 R - ST - G(득점: 무고사, 도움: 쿠비) 가운데
- 후반 9분 한석종 자기 측 MF 정면 ~ 문선민 GA 정면 R - ST - G(득점: 문선민, 도움: 한석종) 가운데
- 전반 16분 티아고 PAL ~ 김신욱 GAR 내 R - ST - G(득점: 김신욱, 도움: 티아고) 가운데
- 전반 41분 아드리아노 GA 정면 R - ST - G(득점: 아드리아노) 가운데

대구 0 : 2 수원

3월 10일 14:00 맑음 대구 스타디움 13,351명
주심_ 김우성 부심_ 윤광열·김영하 대기심_ 설태환 경기감독관_ 차상해

대구 0 — 0 전반 1 / 0 후반 1 — **2 수원**

퇴장	경고	파울	ST(유)	교체	선수명	배번	위치	위치	배번	선수명	교체	ST(유)	파울	경고	퇴장
0	0	0	0		조 현 우	21	GK	GK	21	노 동 건		0	0	0	0
0	0	0	0		김 우 석	3	DF	DF	20	곽 광 선	8	1(1)	0	0	0
0	0	0	0		한 희 훈	6	DF	DF	5	조 성 진		0	2	0	0
0	0	1	1		김 진 혁	30	DF	DF	16	이 종 성		0	1	0	0
0	0	0	0		정 우 재	22	MF	MF	13	박 형 진		0	1	0	0
0	0	0	7	홍 정 운	5	MF	FW	18	김 은 선		0	0	0	0
0	0	0	0		황 순 민	20	MF	MF	77	김 종 우	77	2(1)	1	0	0
0	0	0	0		홍 승 현	13	MF	MF	35	장 호 익		1(1)	1	0	0
0	1	14	0		고 재 현	26	FW	FW	13	임 상 협		1(1)	0	0	0
0	3	4(1)			지	안	11	FW	FW	28	유 주 안	26	0	1	0	0
0	2	1	0		카 이 온	9	FW	FW	7	바그닝요		3(2)	2	1	0
0	0	0	0		최 영 은	1			31	강 봉 균		0	0	0	0
0	0	0	0		오 광 진	2			23	이 기 제		0	0	0	0
0	0	0	0		박 병 현	66			77	조 지 훈	후46	0	0	0	0
0	0	0	후0	정 선 호	8	대기	대기	8	조 원 희	후44	0	4	0	0
0	0	0	후0	김 대 원	14			26	염 기 훈	후14	0	1	0	0
0	0	0	0		임 재 혁	15			1네	안		0	0	0	0
0	0	0	후35	전 현 철	7			99	전 세 진		0	0	0	0
0	0	14	11(2)									9(7)	18	1	0

- 전반 34분 바그닝요 PK - R - G(득점: 바그닝요) 가운데
- 후반 19분 임상협 GAR 내 L - ST - G(득점: 임상협) 가운데

경남 2 : 0 제주

3월 10일 14:00 맑음 창원 축구센터 2,309명
주심_ 김성호 부심_ 김성일·방기열 대기심_ 최대우 경기감독관_ 김진의

경남 2 — 1 전반 0 / 1 후반 0 — **0 제주**

퇴장	경고	파울	ST(유)	교체	선수명	배번	위치	위치	배번	선수명	교체	ST(유)	파울	경고	퇴장
0	0	0	0		손 정 현	31	GK	GK	1	김 경 민		0	0	0	0
0	1	1	0		이 재 명	12	DF	DF	5	권 한 진		0	0	0	0
0	1	3	1		여 성 해	23	DF	DF	20	조 용 형		0	1	0	1
0	0	0	0		김 현 훈	24	DF	DF	37	김 원 일		0	2	0	0
0	0	0	0		우 주 성	15	MF	MF	7	권 순 형		0	1	0	0
0	0	0	0		최 영 준	26	MF	MF	13	정 운		0	0	0	0
0	1	1	1		하 성 민	18	MF	MF	14	이 창 민	8	1	2	0	0
0	0	2	0		최 재 수	6	MF	MF	23	김 수 범		0	2	0	0
0	0	1	1(1)	김	신	11	MF	MF	30	김 현 욱		0	1	0	0
0	1	2	6(3)		쿠니모토	22	FW	FW	9	진 성 욱	17	1	2	0	0
0	2	2(1)	20	네 게 바	77	FW	FW	10	호 벨 손	13	2	0	0	0
0	0	0	0		이 준 희	1			21	이 창 근		0	0	0	0
0	0	0	0		박 지 수	5			18	배 재 우		0	0	0	0
0	0	0	0		이 현 성	16			45	정 태 욱		0	0	0	0
0	0	2(1)	후12	배 기 종	29	대기	대기	8	김 도 엽	후20	0	1	0	0
0	0	0	0		김 효 기	29			11	이 동 수		0	0	0	0
0	0	0	후13	김 효 기				10	마 그 노	후00	0	0	0	0
0	0	2(1)	후12	권 용 현	10			17	류 승 우	후0	1	1	0	0
0	4	13	15(7)									6(1)	18	3	1

- 전반 15분 네게바 GA 정면 기타 몸 맞고 골 (득점: 네게바) 가운데
- 후반 42분 네게바 HLL ~ 쿠니모토 PAR 내 L - ST - G(득점: 쿠니모토, 도움: 네게바) 왼쪽

울산 0 : 2 상주

3월 10일 16:00 맑음 울산 문수 6,019명
주심_ 박병진 부심_ 장준모·박균용 대기심_ 성덕효 경기감독관_ 김남일

울산 0 — 0 전반 1 / 0 후반 1 — **2 상주**

퇴장	경고	파울	ST(유)	교체	선수명	배번	위치	위치	배번	선수명	교체	ST(유)	파울	경고	퇴장
0	0	0	0		김 용 대	1	GK	GK	31	유 상 훈		0	0	0	0
0	0	2	0		정 동 호	22	MF	MF	6	김 오 규	6	1(1)	0	0	0
0	0	1	0		강 민 수	4	DF	DF	11	김 태 환		0	2	0	0
0	0	0	0		임 종 은	5	DF	DF	25	윤 영 선		0	0	0	0
0	0	1	0		이 지 훈	2	MF	DF	28	임 채 민		0	0	0	0
0	0	0	19	김 건 웅	16	MF	MF	33	홍 철		0	0	0	0
0	1	9	0		조 영 철	8	MF	MF	3	신 세 계	2	2	0	0
0	1	2(1)			박 용 우	34	MF	MF	8	여 름		2(2)	2	0	0
0	0	0	32	장 성 재	34	MF	MF	10	김 호 남		3(2)	1	0	0
0	0	0	0		황 일 수	11	MF	MF	29	최 진 호	13	0	0	0	0
0	2	2(1)	0		주 니 오	30	FW	FW	9	주 민 규	19	3(1)	2	0	0
0	0	0	0		오 승 훈	21			21	최 필 수		0	0	0	0
0	0	0	0		김 수 안	29			4	김 남 춘		0	0	0	0
0	0	0	0		이 명 재	13			6	이 종 원	후21	1(1)	0	0	0
0	0	0	0		한 승 규	24	대기	대기	13	김 민 우	후27	0	0	0	0
0	0	0	후24	이 연 재	32			19	유 주 태	후43	0	0	0	0
0	0	0	0		김 인 성				20	이 광 선		0	0	0	0
0	0	0	후23	김 승 준	19			22	김 도 형		0	0	0	0
0	2	10	7(3)									12(7)	7	0	0

- 전반 27분 홍철 PAL ~ 김호남 GAR 내 R - ST - G(득점: 김호남, 도움: 홍철) 오른쪽
- 후반 26분 홍철 PAL FK ~ 주민규 GAR H - ST - G(득점: 주민규, 도움: 홍철) 오른쪽

3월11일 14:00 맑음 광양 전용 11,036명
주심_김동진 부심_곽승순·김지욱 대기심_성덕효 경기감독관_최상국

전남 2 | 1 전반 1 / 1 후반 2 | **3 포항**

퇴장	경고	파울	ST(유)	교체	선수명	배번	위치	위치	배번	선수명	교체	ST(유)	파울	경고	퇴장
0	0	0	0		이 호 승	20	GK	GK	31	강 현 무		0	1	1	0
0	1	1	1		최 재 현	22	DF	DF	17	강 상 우		1(1)	1	1	0
0	1	1	0		양 준 아	23	DF	DF	3	김 광 석		0	0	0	0
0		1	3		가 솔 현	3	DF	DF	5	하 창 래		1(1)	1	1	0
0	0	2	0		이 슬 찬	13	DF	DF	13	권 완 규		0	1	1	0
0	0	2			유고비치	8	MF	MF	6	채 프 만		0			
0	1	0		30	한 찬 희	16	MF	MF	14	정 원 진	8	2(1)	1	1	0
0	1		2(1)		완 델 손	11	MF	MF	12	김 승 대		0			
0					박 준 태	17	FW	FW	16	송 승 민		0			
0		1(1)		27	박 대 한	25	FW	FW	10	레오가말류		2(1)	0		
		3(1)		10	하 태 균	10	FW								
					장 대 희	1			1	류 원 우					
					최 효 진	2			2	국 태 정					
					이 경 렬	15			24	배 슬 기	후47				
				후25	윤 동 민	30	대기	대기	4	양 태 렬					
		1(1)		후15	마 쎄 도	10				김 현 솔	후24				
					전 지 현	35			7	제 테 르 손	후14	1(1)			
									18	이 근 호		0			
0	3	12	11(4)									13(5)	10	2	0

- 전반 7분 완델손 PAL EL R ~ 박대한 GAR 내 R - ST - G(득점: 박대한, 도움: 완델손) 오른쪽
- 후반 39분 이유현 PAR ~ 마쎄도 PK지점 H - ST - G(득점: 마쎄도, 도움: 이유현) 왼쪽
- 전반 6분 김광석 우측지점 H ~ 하창래 GAL 내 H - ST - G(득점: 하창래, 도움: 김광석) 왼쪽
- 후반 13분 강상우 MF 정면 R - ST - G(득점: 강상우) 왼쪽
- 후반 35분 김승대 PAR ~ 제테르손 GAL L - ST - G(득점: 제테르손, 도움: 김승대) 오른쪽

3월11일 16:00 맑음 서울월드컵 14,893명
주심_김대용 부심_이정민·김계용 대기심_오현진 경기감독관_김용세

서울 1 | 1 전반 0 / 0 후반 2 | **2 강원**

퇴장	경고	파울	ST(유)	교체	선수명	배번	위치	위치	배번	선수명	교체	ST(유)	파울	경고	퇴장
0	0	0	0		양 한 빈	21	GK	GK	1	김 호 준		0	0	0	0
0		2	1		이 웅 희	3	DF	DF	22	정 승 용		0	0	0	0
0		0	0		황 현 수	2	DF	DF	4	발렌티노스		0	0	0	0
0		2	1		심 상 민	19	DF	DF	23	김 오 규		1	1	0	
0		2	0		신 광 훈	17	DF	DF	24	강 지 훈		0	0	0	0
0	0	2		32	정 현 철	24	MF	MF	66	박 정 수	18	0	3	1	0
0	0	1			신 진 호	8	MF	MF	44	맥 고 완		0	0	0	0
0		2(1)		11	박 주 영	10	MF	MF	7	김 경 중	9	1(1)	0	0	0
0					코 바	77	MF	MF	11	이 근 호		1(1)	5	0	0
0		1(1)			안 델 손	9	FW	FW	55	제 리 치		3(2)	3	1	0
					유 현	1			23	이 범 영		0			
					박 동 진	50			5	이 태 호		0			
					곽 태 휘	55			19	박 창 준		0			
				후16	조 영 욱	32	대기	대기	86	김 영 신	후38	0			
					김 한 길	14			10	디 에 고	후29	0			
				후31	에반드로	11			9	정 조 국	후0	2(1)	1	1	0
0	1	19	11(1)									9(6)	17	2	0

- 전반 44분 신광훈 PAR ~ 박주영 GAL H - ST - G(득점: 박주영, 도움: 신광훈) 왼쪽
- 후반 5분 이웅희 GAL 자책골(득점: 이웅희) 왼쪽
- 후반 14분 제리치 GA 정면 H ~ 정조국 GAL R - ST - G(득점: 정조국, 도움: 제리치) 왼쪽

3월17일 14:00 맑음 인천 전용 4,746명
주심_김대용 부심_장준모·김지욱 대기심_성덕효 경기감독관_차상해

인천 0 | 0 전반 0 / 0 후반 0 | **0 대구**

퇴장	경고	파울	ST(유)	교체	선수명	배번	위치	위치	배번	선수명	교체	ST(유)	파울	경고	퇴장
0	0	0	0		이 태 희	31	GK	GK	21	조 현 우		0	0	0	0
0	0	1			김 용 환	3	DF	DF	5	오 광 진		0	0	0	0
0	1	2			부 노 자	20	DF	DF	30	김 진 혁		0	3	1	0
0	1	1			이 윤 표	16	DF	DF	6	한 희 훈		0	0	0	0
0	3	1			최 종 환	6	DF	DF	22	정 우 재		0	0	0	0
0	1	1			고 슬 기	17	MF	MF	5	홍 정 운		0	0	0	0
0	0	1			한 석 종	4	MF	MF	20	황 순 민		0	0	0	0
0	1	1			아길라르	10	MF	MF	20	공 승 연		0	0	0	0
0	1	3(1)			문 선 민	27	FW	MF	17	김 경 준		0	0	0	0
0		1(1)		29	박 용 지	19	FW	MF	14	대 원	18	0	0	0	0
0		1			쿠 비	19	FW	FW	9	카 이 온		6(4)	0		
					이 진 형	21				조 현 위					
					박 종 진	18			3	김 우 석					
					김 대 중	15			66	박 병 현					
					이 우 혁	24	대기	대기	35	서 재 민					
					윤 상 호	14			8	정 선 호					
				후33	송 시 우	7			18	정 승 원	후36	1(1)			
				후07	남 준 재	7			7	전 현 철	후07				
0	10	8(3)										14(9)	19	2	0

3월17일 14:00 맑음 춘천 송암 1,212명
주심_이동준 부심_윤광열·양재용 대기심_신용준 경기감독관_전인석

강원 2 | 2 전반 0 / 0 후반 1 | **1 상주**

퇴장	경고	파울	ST(유)	교체	선수명	배번	위치	위치	배번	선수명	교체	ST(유)	파울	경고	퇴장
0	0	0	0		이 범 영	23	GK	GK	31	유 상 훈		0	1	1	0
0		1			박 선 주	27	DF	DF	13	김 진 환		0	0	0	0
0					발렌티노스	4	DF	DF	11	김 태 환		0	0	0	0
0		1			김 오 규	99	DF	DF	25	윤 영 선		0	0	0	0
0	1	5	1		이 태 호	5	DF	MF	10	신 세 계	33	0	0	0	0
0		1	3(2)		디 에 고	10	MF	DF	44	황 진 성		3(1)	1	1	0
0		1		44	황 진 성	8	MF	MF	8	여 름		2(1)	1	1	0
0					김 영 신	86	MF	MF	7	김 도 남	7	3(2)	1	0	0
0		1	2		정 석 화	2	MF	MF	29	최 진 호	19	0	2	0	0
0		1	1		이 근 호	11	MF	MF	55	주 민 규		4(2)	1	0	0
0		1			제 리 치	55	FW	FW	9	최 필 수		0			
				후17	맥 고 완	44			1	조 종 원		0			
					정 승 용	22			7	심 동 운	후38	0			
					박 정 수	대기	대기	대기	13	김 민 우	후7	1(1)			
					이 민 수	6			19	윤 주 태	후13	2(1)			
				후37	임 찬 울	19			20	이 광 선		0			
				후00	봉 그 다	33				김 경 재		0			
0	2	14(3)										17(8)	15	5	0

- 전반 33분 디에고 PK - R - G(득점: 디에고) 가운데
- 전반 40분 이근호 GAR ~ 디에고 GA 정면 R - ST - G(득점: 디에고, 도움: 이근호) 왼쪽
- 후반 23분 주민규 PK - R - G(득점: 주민규) 가운데

주심_고형진 부심_박상준·김계용 대기심_오현진 경기감독관_김용세

전남 1 [0 전반 2 / 1 후반 1] 3 경남

퇴장	경고	파울	ST(유)	교체	선수명	배번	위치	위치	배번	선수명	교체	ST(유)	파울	경고	퇴장
0	0	0	0		장 대 희	1	GK	GK	31	손 정 현		0	0	0	0
0	0	1	0		최 재 현	22	DF	DF	12	이 재 명		0	0	1	0
0	0	4	1		고 태 원	5	DF	DF	17	여 성 해		0	3	0	0
0	0	1	1(1)		이 경 렬	15	DF	DF	24	김 현 훈		0	0	1	0
0	1	3	2		우 현	27	DF	DF	15	우 주 성		0	0	3	0
0	1	1	1		유비치	8	MF	MF	26	최 영 준		0	3	0	0
0	1	1		30	한 찬 희	16	MF	MF	18	하 성 민		0	3	0	0
0	2	4			완 델 손	11	MF	MF	77	네 게 바		3(1)	2	1	0
0		1			김		MF	MF	11	김 신	7	2	2	1	0
0	1	1(1)	18		박 대 한	25	MF	MF	20	김 효 기		1(1)	0	0	0
0		4(2)			마 쎄 도	10	FW	FW	9	말 컹		4(2)			
					박 대 한	31			1	이 준 희					
			후37		최 효 진	2			36	최 재 수	후36				
					김 민 준	4			23	박 지 수					
				대기	양	43	대기	대기	7	배 기 종	후10				
0	1				윤 동 민	30			29	김 준 범					
0	1	1			하 태 균	22			22	쿠니모토	후10				
0				후10	김 경 민	18			10	권 용 현					
0	3	14	17(5)									12(4)	16	0	0

● 후반 12분 이경렬 GAR 내 R - ST - G(득점: 이경렬) 오른쪽
● 전반 22분 말컹 PA 정면~네게바 GAL L - ST - G(득점: 네게바, 도움: 말컹) 오른쪽
● 전반 46분 김신 PAR~김효기 GAR R - ST - G(득점: 김효기, 도움: 김신) 오른쪽
● 후반 15분 말컹 PK - R - G(득점: 말컹) 오른쪽

주심_김성호 부심_곽승순·박균용 대기심_성덕효 경기감독관_김진의

전북 2 [0 전반 0 / 2 후반 1] 1 서울

퇴장	경고	파울	ST(유)	교체	선수명	배번	위치	위치	배번	선수명	교체	ST(유)	파울	경고	퇴장
0	0	0	0		송 범 근	31	GK	GK	21	양 한 빈		0	0	0	0
0	0	0	0		김 진 수	22	DF	DF	55	곽 태 휘		0	0	0	0
0	1	1	1(1)		김 민 재	3	DF	DF	2	황 현 수		0	0	0	0
0	0	0	0		홍 정 호	26	DF	DF	50	박 동 진		0	1	0	0
0	0	0	0		이 용	4	DF	DF	13	신 광 훈		0	0	0	0
0	1	6	1		손 준 호	28	MF	MF	6	김 성 준		1(1)	2	0	0
0	1	32			장 윤 호	34	MF	MF	24	정 현 철	32	0	0	0	0
0			1		이 재 성	17	FW	FW	9	안 델 손		3(2)	6	0	0
0	1	4(3)			로 페 스	10	FW	FW	29	박 희 성		2	2	0	0
0	1	1			김 신 욱	9	FW	FW	23	신 진 호		1	3	0	0
0					홍 정 남	1			7	이 상 호					
			후47		최 보 경	6			19	심 상 민					
					최 철 순	25			40	김 원 균					
			대기		이 인 영	5	대기	대기	23	이 석 현	후20				
			후40		티 아 고	11			32	조 영 욱	후36				
0	4(4)	후12			아드리아노	32			77	코 바					
0					이 동 국	20			22	윤 승 원	후36				
0	2	19	14(9)									5(4)	18	1	0

● 후반 4분 이재성[17] C.KR ⌒ 김민재 GAR H - ST - G(득점: 김민재, 도움: 이재성[17]) 왼쪽
● 후반 29분 손준호 GA 정면~아드리아노 GAL R - ST - G(득점: 아드리아노, 도움: 손준호) 왼쪽
● 후반 47분 김성준 PAL FK R - ST - G(득점: 김성준) 왼쪽

주심_김우성 부심_이정민·김영하 대기심_설태환 경기감독관_최상국

울산 0 [0 전반 0 / 0 후반 1] 1 제주

퇴장	경고	파울	ST(유)	교체	선수명	배번	위치	위치	배번	선수명	교체	ST(유)	파울	경고	퇴장
0	0	0	0		오 승 훈	21	GK	GK	21	이 창 근		0	0	0	0
0	1	2	0		이 명 재	13	DF	DF	4	오 반 석		0	0	0	0
0	0	4	0		임 종 은	39	DF	DF	5	권 한 진		1	1	0	0
1	0	4	0		리 차 드	40	DF	DF	37	김 원 일		1	1	0	0
0	0	1	0		김 창 수	27	MF	MF	6	박 진 포		1	1	0	0
0	0	2	1		박 용 우	34	MF	MF	7	권 순 형	17	1(1)	0	0	0
0	0	2(1)			오 르 샤	9	MF	MF	13	정 운		1(1)	1	0	0
0	1	1			박 주 호	33	MF	MF	14	이 창 민		2(2)	1	0	0
0	1	1	55		한 승 규		MF	MF	16	이 동 수	40	2(2)	1	0	0
0	1				황 일 수	11	FW	FW	10	마 그 노		1	0	0	0
0			19		주 니 오	30	FW	FW	47	이 은 범	8				
					문 정 인	31			41	박 한 근					
					강 민 수	4			3	정 다 훤					
					정 재 용	6			91	도 노 번					
			대기		이 영	32	대기	대기	18	이 광 선	후30				
0			후21		김 승 준	19			40	이 찬 동	후38				
0	1		후11		김 인 성	7			11	벤 논					
			후8		주 도 오 나	00			17	류 승 우		3(1)	1	0	0
2	1	22	5(2)									14(8)	12	0	0

● 후반 47분 이창민 PAR ~ 류승우 PK지점 R - ST - G(득점: 류승우, 도움: 이창민) 왼쪽

주심_채상협 부심_김성일·방기열 대기심_김용우 경기감독관_김형남

수원 1 [0 전반 0 / 1 후반 1] 1 포항

퇴장	경고	파울	ST(유)	교체	선수명	배번	위치	위치	배번	선수명	교체	ST(유)	파울	경고	퇴장
0	0	0	0		노 동 건	21	GK	GK	31	강 현 무		0	0	0	0
0	0	2	0		이 종 성	16	DF	DF	17	강 상 우		0	0	0	0
0	0	2(1)			조 성 진	3	DF	DF	3	김 광 석		1(1)	0	0	0
0	0	0	0		구 자 룡	15	DF	DF	5	하 창 래		0	0	0	0
0	0	2(1)			이 기 제	23	MF	MF	13	권 완 규		2(1)	0	0	0
0	0	3			김 종 우	17	MF	MF	14	채 프 만		1	2	1	0
0	0	2(2)	25		김 은 선	4	MF	MF	14	정 원 진	16	1	3	1	0
0	0	6			장 호 익	36	DF	MF	12	김 승 대		0	0	0	0
0	1	1			염 기 훈	10	FW	FW	11	이 광 혁		2	1	0	0
0	0	2(1)			바 그 닝 요	30	FW	FW	16	송 승 민		2(2)	2	0	0
0	1	6			데 얀	10	FW	FW	10	레오가말루		0	0	0	0
					신 화 용	1			1	류 원 우					
					박 형 진	13			2	국 태 정					
0	후6				조 성 진	25			24	배 슬 기					
0			대기		조 원 희	16	대기	대기	6	김 단					
0	1	후17			임 상 협	11			8	김 현 솔	후9				
0	1(1)		후0		바 카 유 코	7			7	제테르손	후0				
0					유 주 안	28			19	이 근 호					
0	1	10	17(7)									7(4)	14	2	0

● 후반 42분 바그닝요 GAL R - ST - G(득점: 바그닝요) 오른쪽
● 후반 11분 김현솔 C.KR ⌒ 김광석 GAR H - ST - G(득점: 김광석, 도움: 김현솔) 오른쪽

3월31일 14:00 맑음 포항 스틸야드 15,393명
주심_고형진 부심_곽승순·김지욱 대기심_김도연 경기감독관_전인석

포항 2 1 전반 0 / 1 후반 1 **1 울산**

퇴장	경고	파울	ST(유)	교체	선수명	배번	위치	위치	배번	선수명	교체	ST(유)	파울	경고	퇴장
0	0	0	0		강현무	31	GK	GK	1	김용대		0	0	0	0
0	0	4	1		강상우	17	DF	DF	13	이명재		0	2	0	0
0	0	0	1(1)		김광석	3	DF	DF	4	강민수		0	0	0	0
0	0	0	1	22	하창래		DF	DF	27	김창수		0	0	0	0
0	0	2	0		권완규	13	DF	MF	6	정재용		1	2	0	0
0	0	0	0		채프만	6	MF	MF	9	오르샤		0	0	0	0
0	0	1	1(1)		정원진	14	MF	MF	33	박주호	32	0	1	0	0
0	1		1(1)		김승대	12	MF	MF	24	한승규	30	0	1	0	0
0	0	2(1)		18	제테르손	7	FW	FW	11	인신영	30	1	0	0	0
0	0	1	1		송승민	16	FW	FW	55	토요다		1	1	0	0
0	0		0	24	레오가말로	10	FW	FW							
0	0				류원우	1			18	조수혁					
					국태정	2			22	정동호					
				후37	배슬기	24			29	김수안					
				후45	양태렬	24	대기	대기	32	이영재	후0				
					김솔	8			7	이상헌					
					이상기	19			11	황일수	후23				
				후31	이근호	18			30	주니오	후8	2(2)		1	0
0	0	12	10(5)									5(2)	12	1	0

● 전반 31분 송승민 PAR H ~ 정원진 AK 정면 R - ST - G(득점: 정원진, 도움: 송승민) 오른쪽
● 후반 22분 채프만 자기 측 MFL ⌒ 김승대 PAL 내 L - ST - G(득점: 김승대, 도움: 채프만) 오른쪽

● 후반 33분 토요다 AK 정면 H ~ 주니오 PK지점 R - ST - G(득점: 주니오, 도움: 토요다) 오른쪽

3월31일 14:00 맑음 제주 월드컵 2,981명
주심_김대용 부심_윤광열·장종필 대기심_오현진 경기감독관_김형남

제주 0 0 전반 1 / 0 후반 0 **1 수원**

퇴장	경고	파울	ST(유)	교체	선수명	배번	위치	위치	배번	선수명	교체	ST(유)	파울	경고	퇴장
0	0	0	0		이창근	21	GK	GK	1	신화용		0	0	0	0
0	0	0	0		오반석	4	DF	DF	13	박형진		0	0	0	0
0	0	2	0		권한진	5	DF	DF	5	조성진		0	0	0	0
0	0	0	0		김원일	37	DF	DF	16	이종성		0	0	0	0
0	2	2(1)			권순형	7	MF	MF	23	이기제		0	1	0	0
0	0			14	이동수	16	MF	MF	17	김종우		0	0	0	0
0	0	0	0		정운	13	MF	MF	8	조원희	15	1			
0	1	3(2)			박진포	6	MF	MF	35	장호익		0	0	0	0
0	1				마그노	10	FW	MF	11	임상협	26	1			
0	3(1)			99	호벨손	11	FW	FW	9	유주안		0	2		
0	0			17	이은범	47	FW	FW	10	데안		7(1)			
					박한근	41			21	노동건					
					정다훤	2			15	구자룡	후27				
					황도연	91			44	김민호					
0	1(1)			후30	이창민	14	대기	대기	28	김종민					
					김준형	3			19	이찬동					
0	1(1)			후0	류승우	17			7	바그닝요	후13	0			
0	1(1)			후20	찌아구	99			26	염기훈	후34	0			
0	1	17	12(8)									12(1)	10	1	0

● 전반 14분 김종우 AK 정면 ~ 데안 PK 좌측 지점 L - ST - G(득점: 데안, 도움: 김종우) 왼쪽

3월31일 16:00 맑음 전주 월드컵 9,492명
주심_채상협 부심_이정민·김계용 대기심_김덕철 경기감독관_차상해

전북 1 1 전반 0 / 0 후반 0 **0 상주**

퇴장	경고	파울	ST(유)	교체	선수명	배번	위치	위치	배번	선수명	교체	ST(유)	파울	경고	퇴장
0	0	0	0		송범근	31	GK	GK	31	유상훈		0	0	0	0
0	1	2	0		박원재	19	DF	DF	3	신세계		1	1	0	0
0	0	3	0		최보경	6	DF	DF	13	김남춘		1	0	0	0
0	0	0	0		김민재	3	DF	DF	20	이광선		1	0	0	0
0	0		0		이용	2	DF	DF	33	홍철		1(1)			
0	0	5	2(1)		손준호	28	MF	MF	5	김진환	19	0	2		
0	0	1			신형민	4	MF	MF	8	여름					
0	2		0	20	티아고	11	MF	MF	10	김호남		1	0		
0	0	0	0		이승기	14	MF	MF	29	최진호	13				
0	0	10			한교원	7	MF	FW	9	주민규		1(1)			
0	1(1)		17		아드리아노	32	FW								
					홍정남	1			21	최필수					
					박원재	33			7	심동운	후17				
					장윤호	34			13	김민우	전30				
				대기	임선영	5	대기	대기		윤빛가람					
0	0		후0		이재성	17			19	송주석	후39				
0	0	후12			로페즈	10			25	윤영선					
0	0	후9			이동국	20			27	백동규					
0	1	16	7(2)									9(2)	17	1	0

● 전반 8분 이승기 PAL 내 ~ 아드리아노 GA 정면 내 R - ST - G(득점: 아드리아노, 도움: 이승기) 가운데

3월31일 16:00 맑음 대구 스타디움 1,660명
주심_김성호 부심_김성일·강동호 대기심_최현재 경기감독관_최상국

대구 1 0 전반 0 / 1 후반 1 **1 전남**

퇴장	경고	파울	ST(유)	교체	선수명	배번	위치	위치	배번	선수명	교체	ST(유)	파울	경고	퇴장
0	0	0	0		조현우	21	GK	GK	1	장대희		0	0	0	0
0	2	3	0		오광진	2	DF	DF	22	최재현		1(1)	2	0	0
0	0	1	1		김진혁	30	DF	DF	23	양준아		0	0	0	0
0	0	1	0		한희훈	5	DF	DF	13	이경렬		1	0	0	0
0	0	0	0		정우재	22	DF	DF	13	이슬찬		0	0	0	0
0	0	3	0		홍정운	5	MF	MF	8	유고비치		0	0	0	0
0	2	2(2)			황순민	20	MF	MF	14	김영욱		0			
0	3	1(1)			고승범	17	MF	MF	11	완델손		1			
0			17		세징야		MF	MF	30	윤동민					
0	0	17			정승원	18	FW	FW	35	전지현	25	1			
0	3(1)		10		카이온		FW	FW		하태균	14	1			
					최영은	21			31	박대한					
					김우석				21	박광일					
					박병현	66			24	김경재					
				대기	박한빈	36	대기	대기	후21	허용준					
					정선호				7	박준태	후0				
0	0	후8			김경준				26	한승욱					
0	0	2	후26		지안				10	마쎄두	후14	0			
0	3	17	14(4)									4(1)	18	0	0

● 전반 32분 세징야 PA 정면 ~ 황순민 AK 정면 L - ST - G(득점: 황순민, 도움: 세징야) 왼쪽
● 후반 39분 이경렬 GAL H ~ 최재현 GAR R - ST - G(득점: 최재현, 도움: 이경렬) 가운데

4월 01일 14:00 흐림 서울월드컵 11,332명
주심_이동준 부심_노수용·양재용 대기심_김영수 경기감독관_김진의

서울 1		0 전반 0		1 인천
		1 후반 1		

퇴장	경고	파울	ST(유)	교체	선수명	배번	위치	위치	배번	선수명	교체	ST(유)	파울	경고	퇴장
0	0	0	0		양 한 빈	21	GK	GK	31	이 태 희		0	0	0	0
0	0	1	0		곽 태 휘	55	DF	DF	3	김 용 환		0	1	0	0
0	0	0	0		황 현 수	2	DF	DF	20	부 노 자		0	0	0	0
0	0	1	1		박 동 진	50	DF	DF	16	이 윤 표		0	0	0	0
0	0	1	0		신 광 훈	17	DF	MF	6	최 종 환	13	0	1	0	0
0	0	1	0		신 진 호	8	MF	MF	17	고 슬 기		0	0	0	0
0	0	0	0		김 성 준	6	MF	MF	4	한 석 종		2(2)	5	0	0
0	2	3(1)		10	안 델 손	9	MF	MF	10	아 길 라		1(1)	0	0	0
0	0	1		11	박 희 성	29	FW	FW	27	문 선 민		1	0	0	0
0	1	1		28	고 요 한	13	FW	FW	30	김 혁 중	29	2	0	0	0
0	0	1	1		이 상 호	7	MF	FW	19	쿠 비		1	0	0	0
					유 현	1			21	정 산					
					심 상 민	19			18	박 종 진					
					김 원 균	40			13	김 진 야	후12				
				후33	황 기 욱	28	대기	대기	14	윤 상 호					
				후42	박 주 영	10			7	송 시 우	후28	2(2)			
					코 바	77			29	김 보 섭	후0	1(1)			
		1(1)	후0		에반드로	11									
0	1	17	9(3)				0	0				11(6)	15	0	0

● 후반 10분 안델손 HLL ~ 에반드로 GAL R - ST - G(득점: 에반드로, 도움: 안델손) 오른쪽
● 후반 45분 이윤표 자기 측 MFR ⌒ 송시우 GA 정면 L - ST - G(득점: 송시우, 도움: 이윤표) 오른쪽

4월 01일 16:00 맑음 춘천 송암 2,518명
주심_박병진 부심_장준모·김영하 대기심_정회수 경기감독관_김용세

강원 1		0 전반 1		3 경남
		1 후반 2		

퇴장	경고	파울	ST(유)	교체	선수명	배번	위치	위치	배번	선수명	교체	ST(유)	파울	경고	퇴장
0	0	0	0		김 호 준	1	GK	GK	31	손 정 현		0	0	0	0
0	0	1	0		정 승 용	22	DF	DF	12	이 민 기		0	0	0	0
0	1	1(1)			발렌티노스	4	DF	DF	15	여 성 해		0	0	0	0
0	0	0	0		김 오 규	99	DF	DF	24	김 현 훈		0	0	0	0
0	1	0	0		강 지 훈	24	DF	DF	15	우 주 성		1(1)	1	0	0
0	1			55	박 정 수	66	MF	MF	26	최 영 준		1(1)	1	0	0
0	0	0	0		정 석 화	7	MF	MF	23	김 영 준	후23		0	0	0
0	2	2			김 경 민	86	MF	MF	77	네 게 바		3(3)		0	0
0	2	4(4)			디 에 고	11	MF	MF	11	김 신		0	2	0	0
0	0	0	0		정 조 국	9	FW	FW	22	쿠니모토	20	2	2	0	0
0	1	1(1)		11	김 승 준	18	FW	FW	9	말 컹		7(3)	2	0	0
					이 범 영	23			1	이 준 희					
					이 한 샘	5			6	최 재 수					
					맥 고 완	44			23	박 지 수	후38				
		전24	황 진 성	8	대기	대기	7	배 기 종	후25	1					
					이 현 식	29			29	김 준 범					
		후30	이 근 호	11			20	김 효 기	후25	1					
		5(1)	후15	제 리 치	55			10	권 용 현						
0	1	6	19(13)				0	0				16(9)	13	0	0

● 후반 20분 정조국 AK 정면 ~ 제리치 GA 정면 L - ST - G(득점: 제리치, 도움: 정조국) 오른쪽
● 전반 39분 네게바 PAL TL ~ 말컹 GA 정면 H - ST - G(득점: 말컹, 도움: 네게바) 오른쪽
● 후반 23분 이재명 GAL EL ~ 말컹 GAL 내 L - ST - G(득점: 말컹, 도움: 이재명) 왼쪽
● 후반 34분 배기종 MFR ⌒ 김효기 GA 정면 R - ST - G(득점: 김효기, 도움: 배기종) 오른쪽

4월 07일 14:00 맑음 인천 전용 2,441명
주심_채상협 부심_윤광열·김지욱 대기심_김도연 경기감독관_김용갑

인천 2		1 전반 1		2 전남
		1 후반 1		

퇴장	경고	파울	ST(유)	교체	선수명	배번	위치	위치	배번	선수명	교체	ST(유)	파울	경고	퇴장
0	0	0	0		이 태 희	31	GK	GK	1	이 경 렬		0	0	0	0
0	0	1	1	13	김 용 환	3	DF	DF	19	이 경 렬		0	0	0	0
0	1	1			부 노 자	20	DF	DF	23	양 준 아		0	0	0	0
0	0	0	0		이 윤 표	16	DF	DF	3	가 솔 현		0	0	0	0
0	0			6	박 종 진	18	DF	MF	22	최 재 현		1(1)	1	1	0
0	3	4(1)			한 석 종	4	MF	MF	16	한 찬 희		0	1	0	0
0	1	1			아 길 라	10	MF	MF	21	박 광 일	13	1	1	0	0
0	4(3)				문 선 민	27	FW	FW	11	완 델 손	27	3(2)		1	0
0	1	4(3)			무 고 사	9	FW	FW	7	박 준 태	10	1		0	0
0	3	1(1)	7		쿠 비	19	FW	FW	14	김 영 욱		2(1)	1	0	0
					이 진 형	21			31	박 대 한					
					강 지 용	5			13	이 슬 찬	후40	1			
				후5	최 종 환	6	대기	대기	24	김 경 재					
				후33	김 진 야	13			27	허 용 준	후0	1(1)			
					윤 상 호	14			26	한 승 욱					
		1(1)	후27	송 시 우	7			30	윤 동 민						
					김 보 섭	29			10	미 케 다	전44	3(2)			
0	1	12	16(10)				0	0				15(9)	5	1	0

● 전반 9분 문선민 PAL 내 → 무고사 GA 정면 L - ST - G(득점: 무고사, 도움: 문선민) 오른쪽
● 후반 45분 최종환 MFR ~ 무고사 PK 우측점 H - ST - G(득점: 무고사, 도움: 최종환) 왼쪽
● 전반 30분 박종진 PK지점 R 자책골(득점: 박종진) 왼쪽
● 후반 50분 최재현 GAL R - ST - G(득점: 최재현) 왼쪽

4월 07일 16:00 맑음 창원 축구센터 1,612명
주심_김희곤 부심_이정민·곽승순 대기심_김용우 경기감독관_최상국

경남 1		0 전반 1		1 대구
		1 후반 0		

퇴장	경고	파울	ST(유)	교체	선수명	배번	위치	위치	배번	선수명	교체	ST(유)	파울	경고	퇴장
0	0	0	0		손 정 현	31	GK	GK	21	조 현 우		0	0	0	0
0	0	0	0		최 재 수	6	DF	DF	3	정 우 재		0	0	0	0
0	0	0	0		여 성 해	17	DF	DF	30	김 진 혁		0	0	0	0
0	0	1	1		박 지 수	23	DF	DF	6	한 희 훈	66	0	1	0	0
0	0	0	0		우 주 성	15	DF	DF	4	고 승 범		0	0	0	0
0	1	8			최 영 준	26	MF	MF	8	황 순 민		1(1)	1	0	0
0	7				김 준 범	29	MF	MF	36	박 한 빈	8	1	1	0	0
0	1				네 게 바	77	MF	MF	11	세 징 야		3(1)	1	1	0
0	1				김 효 기	20	MF	FW	18	정 승 원	7	2(1)	1	1	0
0	1(1)				쿠니모토	22	FW	FW	9	카 이 온		2(1)	1	1	0
0	2	2(2)			말 컹	9	FW	FW	14	김 대 원		0	2	0	0
					이 준 희	1			1	최 영 은					
					이 재 명	2			3	김 우 석					
					김 현 훈	24	대기	대기	66	박 병 현	후47	1(1)			
				3(1)	후0	배 기 종	7			38	장 성 원	후31	0			
					하 성 민	18			14	김 대 원					
					김 신	11			17	김 경 준					
		권 봉 진	14				4	서 재 민							
0	2	1	7(4)				0	0				11(4)	12	2	0

● 후반 22분 말컹 GA 정면 H ~ 배기종 GAR 내 L - ST - G(득점: 배기종, 도움: 말컹) 오른쪽
● 전반 18분 황순민 C.KR ~ 홍정운 GA 정면 H - ST - G(득점: 홍정운, 도움: 황순민) 가운데

수원 0 : 0 서울

4월 08일 14:00 흐림 수원월드컵 13,122명
주심_김동진 부심_박상준·김계용 대기심_김덕철 경기감독관_신홍기

수원	0	0 전반 0	0	서울
		0 후반 0		

퇴장	경고	파울	ST(유)	교체	선수명	배번	위치	위치	배번	선수명	교체	ST(유)	파울	경고	퇴장
0	0	0	0		신화용	1	GK	GK	21	양한빈		0	0	0	0
0	0	0	1		곽광선	20	DF	DF	55	곽태휘		1	0	0	0
0	0	1	0		조성진	5	DF	DF		황현수		0	0	0	0
0	1	3	1(1)		이종성	16	DF	DF	50	박동진	19	0	4	0	0
0	0	0		15	이기제	23	MF	MF	17	신광훈		0	1	0	0
0	1	2	2(2)		김종우	17	MF	MF	6	김성준		2	0	1	0
1	0	3	0		최성근	25	MF	MF	24	정현철	10	0	1	1	0
0	0	2	2(1)		장호익	35	MF	MF		에반드로		2	2	0	0
0	0	1	0		염기훈	26	FW	MF		신진호		0	6	1	0
0	0	1		7	유주안	28	FW	FW	9	안델손		3(2)	0	0	0
0	0	1		11	데안	10	FW	FW	13	고요한	7	0	3	0	0
0	0	0	0		노동건	21			1	유현		0	0	0	0
0	0	0	0	후32	구자룡	15			19	심상민	후13	0	1	0	0
0	0	0	0		박형진	13			40	김원균		0	0	0	0
0	0	0	0		조원희	8	대기	대기	32	조영욱		0	0	0	0
0	0	0	0		전세진	99			10	박주영	후30	0	0	0	0
0	0	1	1	후7	바그닝요	7			7	이상호	후38	0	0	0	0
0	0	1	0	후36	임상협	11			77	코바		0	0	0	0
1	1	15	9(4)									7(2)	20	4	0

포항 0 : 2 전북

4월 08일 14:00 맑음 포항 스틸야드 10,391명
주심_김우성 부심_장준모·김영하 대기심_오현진 경기감독관_나승화

포항	0	0 전반 0	2	전북
		0 후반 2		

퇴장	경고	파울	ST(유)	교체	선수명	배번	위치	위치	배번	선수명	교체	ST(유)	파울	경고	퇴장
0	0	0	0		강현무	31	GK	GK	31	송범근		0	0	0	0
0	0	0	1		강상우	17	DF	DF	19	박원재		0	2	0	0
0	1	1	0		김광석	3	DF	DF	26	홍정호	6	0	1	0	0
0	0	1	0		하창래	5	DF	DF	3	김민재		0	0	0	0
0	0	2	0		권완규	2	DF	DF	2	이용		0	1	0	0
0	1	0	1(1)		채프만	6	MF	MF	4	신형민		0	0	0	0
0	0	2	0		정원진	14	MF	MF	28	손준호		3(2)	1	0	0
0	2	1	0		김승대	12	FW	MF	17	이재성	10	1	0	0	0
0	0	3	0		송승민	16	FW	FW	14	이승기		1	2	0	0
0	0	0	0		이상기	19	FW	FW	9	김신욱		3(1)	0	0	0
0	0	1	1(1)		이근호	18	FW	FW	32	아드리아노	20	2	3	0	0
0	0	0	0		류원우	1			21	홍정남		0	0	0	0
0	0	0	0		배슬기	24			25	최철순		0	0	0	0
0	0	0	0		국태정	2				최보경	후27	0	0	0	0
0	0	0	0		양태렬	22	대기	대기	34	장윤호		0	0	0	0
0	0	0	0	후32	김민혁	13			10	로페즈	후37	0	0	0	0
0	0	0	2(1)	후29	제테르손	23			11	티아고		0	0	0	0
0	0	0	0	후26	레오가말류	10			20	이동국	후18	2(1)	0	0	0
0	2	10	8(3)									7(3)	12	2	0

- ●후반 22분 이동국 PK - R - G(득점: 이동국) 가운데
- ●후반 31분 이용 PAR ~ 손준호 AKR R - ST - G(득점: 손준호, 도움: 이용) 오른쪽

울산 3 : 1 강원

4월 08일 16:00 맑음 울산문수 5,950명
주심_이동준 부심_노수용·방기열 대기심_신용준 경기감독관_박남열

울산	3	1 전반 0	1	강원
		2 후반 1		

퇴장	경고	파울	ST(유)	교체	선수명	배번	위치	위치	배번	선수명	교체	ST(유)	파울	경고	퇴장
0	0	0	0		오승훈	21	GK	GK	23	이범영		0	0	0	0
0	0	0	0		이명재	13	DF	DF	27	박선주		0	0	0	0
0	0	0	0		강민수	4	DF	DF	4	발렌티노스		1	0	0	0
0	0	2	0		임종은	5	DF	DF	44	맥고완		0	0	0	0
0	0	1	0		김창수	27	DF	DF	99	김오규		0	0	0	0
0	0	0		7	한승규	24	MF	MF	10	디에고		1(1)	1	0	1
0	0	0		14	박주호	33	MF	MF	14	오범석		0	1	0	0
0	0	0	0		정재용	6	MF	MF	29	이현식		0	0	0	0
0	1	2	2(1)		오르샤	5	MF	MF	17	김경중	86	0	1	0	0
0	0	1	7(3)		주니오	30	FW	FW	11	이근호		2	1	0	0
0	1	1(1)		34	황일수	11	FW	FW	55	제리치		7(3)	0	0	0
0	0	0	0		조수혁	21			16	함석민		0	0	0	0
0	0	0	0		정동호	22			23	정승용	후36	0	0	0	0
0	0	0	0	후24	박용우	34			5	이태호		0	0	0	0
0	0	0	0		이영재	32	대기	대기	66	박정수		0	0	0	0
0	0	0	0	후40	이상헌	14			33	서명원		0	0	0	0
0	0	1(1)		후11	김인성	7			86	김영신	전25	1(1)	0	0	0
0	0	0	0		토오다	55			9	정조국	후25	4(3)	0	0	0
0	1	10	12(0)									14(8)	6	1	0

- ●전반 17분 김창수 PAR ~ 주니오 GAR 내 R - ST - G(득점: 주니오, 도움: 김창수) 오른쪽
- ●후반 4분 오르샤 PK - R - G(득점: 오르샤) 왼쪽
- ●후반 21분 오르샤 PAL 내 ~ 김인성 PA 정면 내 R - ST - G(득점: 김인성, 도움: 오르샤) 가운데
- ●후반 7분 김오규 PAR 내 ~ 제리치 GA 정면 내 H - ST - G(득점: 제리치, 도움: 김오규) 오른쪽

제주 0 : 0 상주

4월 08일 16:00 맑음 제주월드컵 1,319명
주심_고형진 부심_김성일·양재봉 대기심_최일우 경기감독관_송선호

제주	0	0 전반 0	0	상주
		0 후반 0		

퇴장	경고	파울	ST(유)	교체	선수명	배번	위치	위치	배번	선수명	교체	ST(유)	파울	경고	퇴장
0	0	0	0		이창근	21	GK	GK	21	최필수		0	0	0	0
0	0	0	0		오반석	4	DF	DF	2	김남춘		0	0	0	0
0	0	1(1)			권한진	5	DF	DF	11	김태환		0	0	0	0
0	0	2	0		김원일	37	DF	DF	26	임채민		0	0	0	0
0	2		8		정다훤	2	MF	MF	33	홍철		0	0	0	0
0	1	2	0		권순형	7	MF	MF	3	김세계		0	0	0	0
0	1	1	1		정우재	22	MF	MF		김민우		0	1	0	0
0	0	0	0		이창민	14	MF	MF	7	김민우		0	0	0	0
0	2	3(1)			이동수	16	MF	MF	14	윤빛가람		0	0	0	0
0	0	1	0		진성욱	18	FW	FW	22	김도형		3(1)	0	0	0
0	1		17		찌아구	99	FW	FW	9	주민규		3(1)	0	0	0
0	0	0	0		김경민	31			31	유상훈		0	0	0	0
0	0	0	0		조용형	22			7	심동운	후23	1(1)	0	0	0
0	0	0	0	후43	김수범	2			23	김남일		0	0	0	0
0	0	0	0		김현욱	30	대기	대기	16	고남석	후12	0	0	0	0
0	0	0	0		이찬동	40			19	윤주태		0	0	0	0
0	0	0	0	후30	김도엽				28	차영환		0	0	0	0
0	0	0	0	후8	류승우	17			29	최진호		0	0	0	0
												11(1)	11	1	0

경기 1

4월 11일 19:30 맑음 서울월드컵 4,714명
주심_ 김희곤 부심_ 김성일·방기열 대기심_ 김도연 경기감독관_ 전인석

서울 2   1 전반 1   1 후반 0   **1 포항**

퇴장	경고	파울	ST(유)	교체	선수명	배번	위치	위치	배번	선수명	교체	ST(유)	파울	경고	퇴장
0	0	0	0		양 한 빈	21	GK	GK	31	강 현 무		0	0	0	0
0	0	1	2(2)		곽 태 휘	55	DF	DF	17	강 상 우		0	1	0	0
0	0	0	0		황 현 수	2	DF	DF	3	김 광 석	1(1)	0	2	1	0
0	1	1	0	19	박 동 진	50	DF	DF	5	하 창 래		0	2	1	0
0	0	0	0		신 광 훈	17	DF	DF	13	권 완 규		0	3	1	0
0	0	2(1)	10		김 성 준	6	MF	MF	4	채 프 만	3(3)	1	0	0	0
0	1	1	1(1)		정 현 철	24	MF	MF	14	정 원 진	18	0	1	0	0
0	0	1	0		에반드로	11	FW	MF	12	김 승 대	3(3)	1	2	0	0
0	0	1	0		신 진 호	8	FW	MF	7	제테르손		4	2	0	0
0	0	4	6(2)	14	안 델 손	9	FW	FW	16	승 승 민		0	1	0	0
0	2	4(3)	2		고 요 한	13	FW	FW	10	레오가말류		5(2)	2	0	0
0	0	0	0		유 현	1			1	류 원 우		0	0	0	0
0	0	0	0	후46	심 상 민	19			2	국 태 정		0	0	0	0
0	0	0	0		김 원 균	40			24	배 슬 기		0	0	0	0
0	0	0	0		조 영 욱	32	대기	대기	22	양 태 렬		0	0	0	0
0	0	0	0	후29	박 주 영	10			23	김 민 혁		0	0	0	0
0	0	0	0	후47	김 한 길	14			19	이 상 기	후11	1	1	1	0
0	0	0	0		코 바	77			18	이 근 호	후23	0	0	0	0
0	2	15	15(9)			0			0			10(6)	11	3	0

● 전반 31분 안델손 PAR ⌒ 고요한 GA 정면 내 R - ST - G(득점: 고요한, 도움: 안델손) 가운데
● 전반 8분 레오가말류 MF 정면 ~ 김승대 GA 정면 내 R - ST - G(득점: 김승대, 도움: 레오가말류) 오른쪽
● 후반 17분 고요한 GA 정면 R - ST - G(득점: 고요한) 왼쪽

경기 2

4월 11일 19:30 맑음 창원 축구센터 3,801명
주심_ 이동준 부심_ 윤광열·김계용 대기심_ 최현재 경기감독관_ 차상해

경남 0   0 전반 3   0 후반 1   **4 전북**

퇴장	경고	파울	ST(유)	교체	선수명	배번	위치	위치	배번	선수명	교체	ST(유)	파울	경고	퇴장
0	0	0	0		손 정 현	31	GK	GK	31	송 범 근		0	0	0	0
0	0	1	0	6	이 재 명	12	DF	DF	19	박 원 재		0	1	0	0
0	0	0	0		여 성 해	17	DF	DF	3	김 민 재		0	0	0	0
0	0	1	0		김 현 훈	24	DF	DF	6	최 보 경		0	2	0	0
0	1	1	0		우 주 성	15	DF	DF	2	이 용		0	0	0	0
0	0	1	1		최 영 준	26	MF	MF	4	신 형 민		1	1	0	0
0	0	2	0		하 성 민	18	MF	MF	28	손 준 호	20	1	3	1	0
0	1	0	0		네 게 바	77	MF	MF	11	티 아 고	5	1	0	0	0
0	2	1	0	10	김	슬	11	MF	MF	10	임 선 영	9	0	0	0	0
0	0	1	1	20	쿠니모토	22	FW	FW	10	로 페 즈		2	2	0	0
0	0	3(2)		말	컹	9	FW	FW	9	김 신 욱		4(3)	0	0	0
0	0	0	0		이 준 희	1			1	홍 정 남		0	0	0	0
0	0	0	0	후9	최 재 수	6			25	최 철 순		0	0	0	0
0	0	0	0		박 지 수	23			34	장 윤 호		0	0	0	0
0	0	0	0		배 기 종	7	대기	대기	17	이 승 기		0	0	0	0
0	0	0	0		김 준 범	29			17	이 재 성	후20	0	0	0	0
0	0	0	0	후24	김 효 기	20			32	아드리아노	후26	2(1)	2	0	0
0	2	1(1)	전27	권 용 현	10			20	이 동 국	후20	4(1)	0	1	0
0	10	12(3)			0			0			17(7)	12	1	0

● 전반 15분 로페즈 AKR ⌒ 김신욱 GAL H - ST - G(득점: 김신욱, 도움: 로페즈) 왼쪽
● 전반 23분 티아고 GAL ⌒ 김신욱 GA 정면 내 R - ST - G(득점: 김신욱, 도움: 티아고) 오른쪽
● 전반 37분 임선영 AK 정면 백헤딩패스 ⌒ 티아고 AKL L - ST - G(득점: 티아고, 도움: 임선영) 오른쪽
● 후반 45분 로페즈 GAR R - ST - G(득점: 로페즈) 왼쪽

경기 3

4월 11일 19:30 맑음 대구 스타디움 477명
주심_ 고형진 부심_ 장준모·양재용 대기심_ 김덕철 경기감독관_ 김용세

대구 0   0 전반 0   0 후반 2   **2 울산**

퇴장	경고	파울	ST(유)	교체	선수명	배번	위치	위치	배번	선수명	교체	ST(유)	파울	경고	퇴장
0	0	0	0		조 현 우	21	GK	GK	18	조 수 혁		0	0	0	0
0	0	1	0	32	오 광 진	2	DF	DF	13	이 명 재		0	0	0	0
0	0	0	0		한 희 훈	8	DF	DF	4	강 민 수		0	0	0	0
0	0	1	0		김 진 혁	30	DF	DF	5	임 종 은		0	0	0	0
0	0	1	0		정 우 재	22	DF	DF	27	김 창 수		0	1	0	0
0	0	5	0	5	홍 정 운	5	MF	MF	24	한 승 규	9	1	1	0	0
0	1	0	14	박 한 빈	36	MF	MF	40	리 차 드		0	0	0	0
0	0	1	4(1)		황 순 민	20	MF	MF	6	정 재 용	33	0	1	0	0
0	1	2(1)		고 승 범	4	FW	MF	7	김 인 성		0	1	0	0
0	0	1	0		세 징 야	11	FW	FW	55	토 요 다		3	0	0	0
0	1	3(1)	18	김 경 준	17	FW	FW	9	오 르 샤	30	0	2	0	0
0	0	0	0		최 영 은	1			21	오 승 훈		0	0	0	0
0	0	0	0		김 우 석	3			22	정 동 호		0	0	0	0
0	0	0	0		이 동 건	28			33	박 주 호	후0	0	0	0	0
0	0	0	0		정 선 호	8	대기	대기	34	박 용 우		0	0	0	0
0	0	0	0	후13	김 대 원	14			14	이 상 헌		0	0	0	0
0	0	1	후20	정 승 원	18			9	오 르 샤	후22	1(1)	1	0	0
0	0	1(1)	후35	정 치 인	32			30	주 니 오	후0	1(1)	1	0	0
0	0	9	14(4)			0			0			5(2)	12	1	0

● 후반 34분 오르샤 GA 정면 R - ST - G(득점: 오르샤) 왼쪽
● 후반 44분 리차드 AKL ~ 주니오 GAL L - ST - G(득점: 주니오, 도움: 리차드) 가운데

경기 4

4월 11일 19:30 맑음 광양 전용 2,503명
주심_ 박병진 부심_ 박상준·박균용 대기심_ 신용준 경기감독관_ 김형남

전남 0   0 전반 1   0 후반 2   **3 제주**

퇴장	경고	파울	ST(유)	교체	선수명	배번	위치	위치	배번	선수명	교체	ST(유)	파울	경고	퇴장
0	0	0	0		장 대 희	1	GK	GK	21	이 창 근		0	0	0	0
0	1	1	0		양 준 아	23	DF	DF	4	오 반 석		0	0	0	0
0	0	1	0		가 솔 현	3	DF	DF	5	권 한 진		0	0	0	0
0	0	2	0		이 경 렬	15	DF	DF	20	조 용 형		0	0	0	0
0	2	0	2		최 재 현	22	MF	MF	13	정 운		0	0	0	0
0	0	2	18	한 승 욱	42	MF	MF	14	이 창 민	7	4(2)	0	0	0
0	1	1(1)		유 바 치	8	MF	MF	21	김 수 범		1	1	0	0
0	0	4	13	박 광 일	21	MF	MF	30	김 현 욱		2(1)	1	0	0
0	0	0		완 델 손	11	FW	FW	40	이 찬 동		0	0	0	0
0	0	1(1)		김 경 민	14	FW	FW	17	류 승 우	9	3(2)	1	0	0
0	0	1		마 쎄 도	10	FW	FW	99	찌 아 구		3(3)	2	0	0
0	0	0	0		박 대 한	31			31	문 광 석		0	0	0	0
0	0	0	0	후27	이 슬 찬	13			15	알 렉 스		0	0	0	0
0	0	0	0		김 경 재	24			18	배 재 우		0	0	0	0
0	0	0	0		김 선 우	6	대기	대기	7	권 순 형	후29	0	0	0	0
0	0	0	0		윤 농 빈	30			16	이 동 수		0	0	0	0
0	0	0	0	후22	허 태 균	9			8	김 도 엽	후40	1	0	0	0
0	0	0	0	후15	김 경 민	18			9	진 성 욱	후18	1	0	0	0
0	2	10	7(2)			0			0			14(8)	10	1	0

● 전반 20분 이창민 자기 측 HL 정면 ~ 찌아구 PAR 내 R - ST - G(득점: 찌아구, 도움: 이창민) 왼쪽
● 후반 19분 이창민 PK지점 R - ST - G(득점: 이창민) 오른쪽
● 후반 35분 류승우 MFR ~ 김현욱 GAL L - ST - G(득점: 김현욱, 도움: 류승우) 오른쪽

4월 11일 19:30 맑음 인천 전용 1,402명
주심_ 김종진 부심_ 노수용·김영하 대기심_ 오현진 경기감독관_ 최상국

인천 0 | 0 전반 0 / 0 후반 1 | **1 상주**

퇴장	경고	파울	ST(유)	교체	선수명	배번	위치	위치	배번	선수명	교체	ST(유)	파울	경고	퇴장
0	0	0	0		이 진 형	21	GK	GK	21	최 필 수		0	0	0	0
0	0	1	1(1)		김 용 환	3	DF	DF	3	김 남 춘		0	0	0	0
0	0	1	0		부 노 자	20	DF	DF	11	김 태 환		0	0	1	0
0	0	0	0		이 윤 표	16	DF	DF	26	임 채 민		1(1)	1	0	0
0			2(1)		최 종 환	6	DF	DF	33	홍 철		1(1)	2	0	1
0			2(1)		고 슬 기	17	MF	MF	3	신 세 계		0	1	0	0
0	1				한 석 종	18	MF	MF	8	여 름	19	0	4	0	0
0	1	1(1)			아 길라르	10	MF	MF	7	피 우	7	1	2	1	
0	1	1(1)			문 선 민	27	FW	FW	14	윤빛가람		1(1)	0	0	0
0		6(4)			무 고 사	9	FW	MF	22	김 도 형	10	0	1	0	
0	0	0		13	쿠 비	19	FW	FW	9	주 민 규		3(3)	1	0	0
					이 태 희	31			31	유 상 훈					
					강 지 용	5			5	김 진 환					
					박 선 주	대기		대기	7	김 호 남	후24	1	2	0	
			후35		김 진 야	13			전32	김 경 중		2	0		
					윤 상 호	14			19	윤 주 태	후27	1(1)	0	0	
0	3(3)		후9		송 시 우	7			28	차 영 환					
					김 보 섭	29			29	최 진 호					
0	0	12	16(12)									10(7)	17	1	0

●후반 47분 임채민 PK - R - G(득점: 임채민) 오른쪽

4월 11일 20:00 맑음 춘천 송암 1,277명
주심_ 김성호 부심_ 이정민·김지욱 대기심_ 설태환 경기감독관_ 김진의

강원 2 | 1 전반 0 / 1 후반 2 | **3 수원**

퇴장	경고	파울	ST(유)	교체	선수명	배번	위치	위치	배번	선수명	교체	ST(유)	파울	경고	퇴장
0	0	0	0		함 석 민	16	GK	GK	21	노 동 건		0	0	0	0
0	1	2	1		정 승 용	22	DF	DF	20	곽 광 선		0	0	0	0
0		0	0		발렌티노스	4	DF	DF	16	이 종 성		0	1	0	0
0	0	1	0		맥 고 완	44	DF	DF	15	구 자 룡		0	0	0	0
0		0	0		김 오 규	99	MF	MF	13	박 형 진		0	0	0	0
0	1	1(1)		9	강 지 훈	24	MF	MF	17	김 종 우		2(1)	0	0	0
0		3			박 정 수	66	MF	MF	77	조 지 훈		0	0	0	0
0	1	3(1)		12	오 범 석	14	MF	MF	12	크리스토밤	35	1	4	1	
0	1(1)	12		23	김 승 용	18	MF	MF	11	김 상 협		0	0	0	0
0		0	0		이 근 호	11	MF	FW	7	바그닝요		2	0	0	0
0	2(1)				제 리 치	55	FW	FW	14	김 건 희		3(3)	3	1	0
					김 호 준	1			31	김 선 우					
					이 태 호	5			5	조 성 진	후15				
					박 선 주	29			35	장 호 익	후19		1	0	
					이 현 식	29	대기	대기	13	김 선					
0			후34		황 진 성	8			99	전 세 진		0	0		
0			후24		임 찬 울	12			10	데 얀					
0			후37		정 조 국	9			26	염 기 훈	후32	1(1)	0	0	
0	3	20	6(4)									11(5)	13	3	0

●전반 26분 제리치 PAR ～ 강지훈 GAL R - ST - G(득점: 강지훈, 도움: 제리치) 왼쪽
●후반 3분 제리치 GAL 내 R - ST - G(득점: 제리치) 왼쪽
●전반 46분 크리스토밤 MFR ～ 김건희 GA 정면 H - ST - G(득점: 김건희, 도움: 크리스토밤) 오른쪽
●후반 5분 맥고완 GA 정면 L자책골(득점: 맥고완) 가운데
●후반 48분 염기훈 PAR FK L - ST - G(득점: 염기훈) 왼쪽

4월 14일 14:00 비 울산문수 1,935명
주심_ 채상협 부심_ 윤광열·김영하 대기심_ 최일우 경기감독관_ 신홍기

울산 1 | 1 전반 0 / 0 후반 0 | **0 서울**

퇴장	경고	파울	ST(유)	교체	선수명	배번	위치	위치	배번	선수명	교체	ST(유)	파울	경고	퇴장
0	0	0	0		오 승 훈	21	GK	GK	21	양 한 빈		0	1	0	0
0	0	0	1		이 명 재	13	DF	DF	40	김 원 균		0	1	0	0
0	0	0	1		강 민 수	4	DF	DF	2	황 현 수		2(1)	2	1	0
0	0	0	0		임 종 은	6	DF	DF	50	박 동 진	19	0	0	0	0
0	0	0	0		김 창 수	27	DF	DF	17	신 광 훈		0	0	0	0
0	1	1	19		한 승 규	24	MF	MF	32	정 현 철		0	0	0	0
0	1	3(2)			리 차 드	55	MF	MF	24	정 현 철	32	0	1	0	0
0					박 주 호	33	MF	FW	11	에반드로		3(1)	1	0	0
0	3(2)		34		오 르 샤	34	MF	MF	77	신 진 호		1(1)	0	0	0
0					주 니 오	9	FW	FW	9	안 델 손		2(2)	2	0	0
0	1(1)	14		9	황 일 수	11	MF	MF	13	고 요 한		0	0	0	0
					조 수 혁	18			1	유 현					
					정 동 호	22			19	김 상 민	후17				
			후45		박 용 우	34			55	곽 태 휘					
			후48		이 상 헌	16	대기	대기	28	황 기 욱					
					김 인 성	7			32	조 영 욱	후20				
0		1(1)	후14		김 승 준	19			7	김 한 길					
					투 요 다	55			77	코 바	후31				
0			12(7)									10(6)	13	2	0

●전반 31분 주니오 PK - R - G(득점: 주니오) 왼쪽

4월 14일 14:00 흐리고비 수원월드컵 3,004명
주심_ 김우성 부심_ 장준모·강동호 대기심_ 최현재 경기감독관_ 송선호

수원 2 | 2 전반 0 / 0 후반 1 | **1 상주**

퇴장	경고	파울	ST(유)	교체	선수명	배번	위치	위치	배번	선수명	교체	ST(유)	파울	경고	퇴장
0	0	0	0		신 화 용	1	GK	GK	21	최 필 수		0	0	0	0
0	0	1	1		박 형 진	13	DF	DF	3	김 남 춘		0	0	0	0
0	0	0	0		곽 광 선	20	DF	DF	11	김 태 환		2	1	0	0
0	0	1	0		구 자 룡	15	DF	DF	26	임 채 민		0	0	0	0
0	1	0			이 기 제	23	MF	DF	33	홍 철	29	0	0	0	0
0	1	2(2)			김 종 우	17	MF	MF	3	신 세 계		4(4)	2	0	0
0	1	1(1)		8	김 은 선	6	MF	MF	18	김 민 우		0	0	0	0
0					장 호 익	35	MF	MF	14	윤빛가람		0	0	0	0
0	3(1)				임 상 협	11	FW	MF	22	김 도 형	7	2(1)	1	0	0
0	2(1)		26		바그닝요	7	MF	FW	19	윤 주 태		1(1)	0	0	0
0	1(1)	14			데 얀	10	FW	FW	10	윤 주 태		1(1)			
					노 동 건	21			31	유 상 훈					
					조 성 진	5			5	김 진 환					
					크리스토밤	12			7	김 호 남	후13				
			후38		조 원 희	8	대기	대기	16	조 수 철					
					조 지 훈	77			20	이 광 선	후32				
0			후22		염 기 훈	26			28	차 영 환					
0			후35		김 건 희	14			29	최 진 호	후26	2(2)			
0	2	10	10(6)									11(7)	11	2	0

●전반 2분 데얀 PA 정면 내 ～ 김종우 AKR R - ST - G(득점: 김종우, 도움: 데얀) 왼쪽
●전반 45분 박형진 PAR ～ 바그닝요 GAL H - ST - G(득점: 바그닝요, 도움: 박형진) 왼쪽
●후반 12분 홍철 GAL ～ 김호남 GA 정면 내 R - ST - G(득점: 김호남, 도움: 홍철) 오른쪽

4월 14일 16:00 흐리고 비 전주 월드컵 6,305명
주심_ 김희곤 부심_ 이정민·양재용 대기심_장순택 경기감독관_김용갑

전북 3 : 전반 0 / 후반 3 : **0 전남**

퇴장	경고	파울	ST(유)	교체	선수명	배번	위치	위치	배번	선수명	교체	ST(유)	파울	경고	퇴장
0	0	0	0		송범근	31	GK	GK	31	박대한		0	0	0	0
0	0	1	2(1)	2	박원재	19	DF	DF	22	최효진	21		2	1	0
0	0	1			최보경	6	DF	DF	24	김경재			0	1	0
0	0	1	0		김민재	3	DF	DF	5	가솔현			0	1	0
0	1	3	0		최철순	25	DF	DF	13	이슬찬			0	1	0
0	0	0		10	장윤호	34	MF	MF		한승욱			0	0	0
0	0	0			손준호	28	MF	MF	8	유고비치		2(2)	1	0	0
0	0	1			이승기	14	MF	MF	10	김민준		2	0	0	
0	0	3(2)			이재성		MF	MF	30	유동민	27	2(1)	0	0	
0	2	6(6)			이동국	20	FW	FW		김영욱			0	0	0
0		3(2)		9	아드리아노	32	FW	FW	9	하태균		2(1)	0	0	
					홍정남	1			1	장대희					
			후0		이용	2			21	박광일	후17				
					정혁	8			23	양준아					
					신형민	4	대기	대기	4	김영욱					
					티아고				7	이유현	후17				
		3(3)	후0		로페즈	10			6	김선우					
		3(3)	후23		김신욱	9			10	마세도	후29				
0	1	14	21(17)				0	0				6(4)	11	1	1

●후반 15분 이동국 PK - R - G(득점: 이동국) 오른쪽
●후반 4분 이용 PAR TL ⌒ 이동국지점 H - ST - G(득점: 이동국, 도움: 이용) 왼쪽
●후반 50분 이재성⑰ PK지점 L - ST - G(득점: 이재성⑰) 오른쪽

4월 14일 16:00 맑음 제주 월드컵 1,215명
주심_ 김성호 부심_ 곽승순·김지욱 대기심_ 정의석 경기감독관_나승화

제주 4 : 전반 1 / 후반 1 : **2 인천**

퇴장	경고	파울	ST(유)	교체	선수명	배번	위치	위치	배번	선수명	교체	ST(유)	파울	경고	퇴장
0	0	1	0		이창근	21	GK	GK	31	이태희		0	0	0	0
0	0	0	0		오반석	4	DF	DF	13	김진야		1	1	0	0
0	0	1			권한진	5	DF	DF	20	부노자		1	1	0	0
0	0	1	0		김원일	37	DF	DF	16	이윤표		0	0	0	0
0	0	2		16	권순형		MF	MF	17	고슬기		2	2	0	0
0	0	1			정운	13	MF	MF	4	한석종		0	1	0	0
0	1	4(1)			이창민	14	MF	MF		아길라르		4(2)	3	1	0
0	0	1	17		이수범	22	FW	FW	30	문선민		7	4(3)	0	0
0	2	5			진성욱	30	FW	FW	27	무고사		4(1)	1	0	0
0	2	3(1)	10		찌아구	99	FW	FW	19	쿠	비 29	2(1)	4	0	0
					문경건	31				정 산					
					배재우	18			15	김대중					
					조용형	20			3	김용환	후0				
			후42		이동수		대기	대기	39	임은수					
					이찬동	40			14	윤상호					
			후33		마그노					송시우	후19				
			후18		류승우	17			29	김보섭	후34				
0	3	12	13(5)				0	0				19(7)	14	3	2

●전반 19분 이윤표 자기 측 PA 정면 내 R 자책골(득점: 이윤표) 왼쪽
●전반 33분 찌아구 PA 정면 내 ~ 김현욱 PK 좌측지점 L - ST - G(득점: 김현욱, 도움: 찌아구) 왼쪽
●후반 25분 이창민 PAR 내 ~ 찌아구 GA 정면 내 L - ST - G(득점: 찌아구, 도움: 이창민) 왼쪽
●후반 46분 진성욱 MF 정면 ~ 이창민 PAR 내 R - ST - G(득점: 이창민, 도움: 진성욱) 오른쪽

●전반 39분 문선민 GAL L - ST - G(득점: 문선민) 가운데
●후반 38분 아길라르 GAL - ST - G(득점: 무고사, 도움: 아길라르) 가운데

4월 15일 14:00 맑음 대구 스타디움 926명
주심_ 송민석 부심_ 김계용·방기열 대기심_ 최대우 경기감독관_박남열

대구 2 : 전반 0 / 후반 2 : **1 강원**

퇴장	경고	파울	ST(유)	교체	선수명	배번	위치	위치	배번	선수명	교체	ST(유)	파울	경고	퇴장
0	0	0	0		조현우	21	GK	GK		김호준		0	0	0	0
0	0	1			정우재	22	DF	DF	27	박선주		1	0	0	
0	0	2(2)			김진혁	30	DF	DF	4	발렌티노스		0	1	1	0
0	0	1			한희훈		DF	DF		이태호		1	1	0	0
0	0	2(1)			고승범		DF	DF	24	강지훈		0	0	0	0
0	1	1(1)			홍정운	5	MF	MF	14	오범석	66	0	1	0	0
0	0	2(1)			박한빈	36	MF	MF	6	민현익		0	0	0	0
0	0	1			황순민		MF	MF	86	김영신		0	1	0	0
1	0	0			정치인	32	FW	MF		이근호		0	0	0	
0	1	5(2)			세징야	11	FW	FW		정조국		4(2)	0	0	
0	2	5(2)			김경준	17	FW	FW	55	제리치		2(1)	1	0	0
					최영				23	이범영					
					오광진				99	김오규					
			후42		김우석				44	맥고완					
					이동일		대기	대기		정승용					
					정선호				7	뽀뽀	후10				
					김대원				66	박정수	후37				
		1(1)	후47		전현철				77	김지현	후31				
0	1	12	21(10)				0	0				11(3)	14	1	1

●전반 25분 세징야 자기 측 센터서클 ~ 김경준 PAR 내 R - ST - G(득점: 김경준, 도움: 세징야) 왼쪽
●후반 39분 홍정운 GA 정면 내 ST, 자기 편 맞고 나온 볼 김진혁 GA 정면 R - ST - G(득점: 김진혁, 도움: 홍정운) 오른쪽
●후반 30분 한희훈 GA 정면 H 자책골(득점: 한희훈) 왼쪽

4월 15일 16:00 맑음 포항 스틸야드 5,164명
주심_ 김대용 부심_ 박상준·박균용 대기심_ 정회수 경기감독관_차상해

포항 2 : 전반 1 / 후반 1 : **1 경남**

퇴장	경고	파울	ST(유)	교체	선수명	배번	위치	위치	배번	선수명	교체	ST(유)	파울	경고	퇴장
0	0	0	0		강현무	31	GK	GK	31	손정현		0	0	0	0
0	0	0			강상우		DF	DF	6	최재수		0	0	0	
0	0	0			김광석		DF	DF	17	여성해		0	0	0	
0		1(1)			배슬기	24	DF	DF		박지수		0	0	0	
0	0	0			이상기	19	DF	DF	15	우주성		0	0	0	0
0		1			채프만		MF	MF	26	최영준		0	0	0	
0		5	18		정원진		MF	MF		배기종	20	2	1	0	
0	0				김승대	12	MF	MF	77	네게바		0	0	0	
0	1	1(1)			제테르손		FW	FW		쿠니모토		4(1)	2	0	0
0		8			송승민	16	FW	FW	29	김준범		4(2)	1	0	0
0	0	1(1)			레오가말류	10	FW	말		김효기		0	0	0	
					류원우				1	이준희					
					국태정				8	안성남					
					알레망				24	김현훈					
			후0		양태렬	22	대기	대기	7	배기종	후0				
					시비험										
			후19		김현솔				20	김효기	후19	2(1)			
	1	2(1)	후36		근 호	18			10	권용현					
0	2	8	11(9)				0	0				12(5)	19	0	0

●전반 13분 레오가말류 PK - R - G(득점: 레오가말류) 왼쪽
●후반 5분 채프만 AKL ~ 레오가말류 AK 정면 R - ST - G(득점: 레오가말류, 도움: 채프만) 왼쪽
●후반 28분 쿠니모토 MFR ⌒ 김효기 PAL 내 R - ST - G(득점: 김효기, 도움: 쿠니모토) 왼쪽

4월21일 14:00 맑음 서울월드컵 7,221명
주심_김희곤 부심_노수용·강동호 대기심_최현재 경기감독관_최상국

서울 3 | 1 전반 0 / 2 후반 0 | **0 대구**

퇴장	경고	파울	ST(유)	교체	선수명	배번	위치	위치	배번	선수명	교체	ST(유)	파울	경고	퇴장
0	0	0	0		양한빈	21	GK	GK	21	조현우		0	0	0	0
0	0	3	0		곽태휘	55	DF	DF	5	홍정운		0	1	0	0
0	0	3	0		김원균	40	DF	DF	6	한희훈		0	0	0	0
0	0	0	0		신광훈	17	DF	DF	30	김진혁	13	0	3	1	0
0	0	0	0		심상민	19	MF	MF	22	정우재		0	3	0	0
0	0	0	9		김성준	6	MF	MF	36	박한빈	8	0	0	0	0
0	0	2	1		황기욱	28	MF	MF	20	황순민		0	0	0	0
0	1	0	3(2)		에반드로	11	FW	FW	4	고승범		0	1	0	0
0	0	1		77	신진호	8	FW	FW	14	에델	14	2(2)	1	0	0
0	0		22		조영욱	32	FW	FW	11	세징야		0	3	0	0
0	0	2	1(1)		고요한	13	FW	FW	17	김경준		2(1)	1	0	0
0	0	0	0		정진욱	30			1	최영은		0	0	0	0
					박동진	50			2	오광진		0	0	0	0
					황현수	2			3	우석		0	0	0	0
					하대성	24	대기	대기	66	박병현					
				후44	윤승원	22			8	정선호	후12	0	0	0	0
				후42	코바	77			13	홍승현	후41	0	0	0	0
0	0	5(4)	신27		안델손	9			14	김대원	후16	1(1)			
0	0	12	10(7)									14(4)	15	2	1

- 전반 12분 조영욱 PAR ⌒ 에반드로 GA 정면 R - ST - G(득점: 에반드로, 도움: 조영욱) 왼쪽
- 후반 8분 고요한 AKL R - ST - G(득점: 고요한) 오른쪽
- 후반 35분 김진혁 GA 정면 내 R자책골(득점: 김진혁) 오른쪽

4월21일 14:00 맑음 광양 전용 1,830명
주심_김대용 부심_윤광열·박균용 대기심_최일우 경기감독관_전인석

전남 1 | 0 전반 3 / 1 후반 1 | **4 강원**

퇴장	경고	파울	ST(유)	교체	선수명	배번	위치	위치	배번	선수명	교체	ST(유)	파울	경고	퇴장
0	0	0	0		장대희	1	GK	GK	1	김호준		0	1	0	1
0	0	0	1(1)		김민준	4	DF	DF	22	정승용		1(1)	0	1	0
0	0	0	0		김경재	24	DF	DF	4	발렌티노스		0	1	0	0
0	0	0	0		가솔현	44	DF	DF	44	맥고완		0	3	0	0
0	0	0	0		박광일	21	DF	DF	99	김오규		0	3	0	0
0	0	1	0		한찬희	16	MF	MF	14	오범석		0	0	0	0
0	2	2(2)			유고비치	8	MF	MF	7	정석화		1(1)	0	1	0
0	0		35		이유현		MF	MF	23	이현식		0	0	0	0
0	1		34		윤동민		MF	MF	13	디에고		0	1	0	0
0	4(2)				김영욱	14	MF	MF	11	이근호	2	2(2)	0	0	0
0	4(1)	9			마쎄도	10	FW	FW	55	제리치	9	4(3)	1	0	0
					박대한	31			23	이범영	후0				
					이경렬	15			5	이태호		0	0	0	0
					양주안	23			19	박창준		0	0	0	0
				후16	하태균	9	대기	대기	8	황진성		0	0	0	0
					김경민	18			18	김승용	후37	0	0	0	0
				후20	백승현	34			9	정조국	후31	0	0	0	0
0	0	1(1)	후12		전지현	35									
0	6	17(6)										11(8)	9	1	1

- 후반 36분 백승현 AK 정면 ~ 김영욱 PK 좌측지점 L - ST - G(득점: 김영욱, 도움: 백승현) 왼쪽
- 전반 7분 이근호 PAR ⌒ 제리치 GA 정면 R - ST - G(득점: 제리치, 도움: 이근호) 가운데
- 전반 14분 제리치 GAR R - ST - G(득점: 제리치) 왼쪽
- 전반 34분 정석화 PAL FK R - ST - G(득점: 정석화) 오른쪽
- 후반 21분 이근호 AK 정면 ~ 제리치 GAR R - ST - G(득점: 제리치, 도움: 이근호) 오른쪽

4월21일 16:00 맑음 포항 스틸야드 3,963명
주심_채상협 부심_이정민·곽승순 대기심_정의석 경기감독관_김용세

포항 0 | 0 전반 1 / 0 후반 1 | **2 상주**

퇴장	경고	파울	ST(유)	교체	선수명	배번	위치	위치	배번	선수명	교체	ST(유)	파울	경고	퇴장
0	0	0	0		강현무	31	GK	GK	31	유상훈		0	0	0	0
0	0	1	1(1)		강상우	17	DF	DF	11	김남춘		0	2	0	0
0	0	1			배슬기	24	DF	DF	11	김태환		0	2	0	0
0	0				하창래	5	DF	DF	26	임채민		0	0	0	0
0	0				이상기	7	DF	DF	33	홍철		0	0	0	0
0	0	1			이후권	8	MF	MF	1	신세계		2	1	0	0
0	0	1			정원진	14	MF	MF	15	김호남	15	2	1	0	0
0	0				김승대	12	MF	MF	13	김민우		2	0	0	0
0	18				제테르손	7	MF	MF	13	김민우					
0	0	13			송승민	16	MF	MF	14	윤빛가람		1(1)	1	0	0
0	0	4(2)			레오가말류	10	FW	FW	20	이광선		1	3	0	0
					류원우	1			21	최필수		0	0	0	0
					국태정	2			5	김태환	후46	0	0	0	0
					알레망	4			15	신창무	후25	2(2)	1	0	0
				후0	권완규	13	대기	대기	22	김도형		0	0	0	0
					양태렬	22			24	이태희		0	0	0	0
				후31	김현솔	8			27	백동규		0	0	0	0
0	0		10		이근호				29	최진호		0	0	0	0
0	0	4	7(0)									12(6)	15	0	0

- 전반 34분 김호남 PAR ⌒ 심동운 GAL 내 H - ST - G(득점: 심동운, 도움: 김호남) 왼쪽
- 후반 43분 윤빛가람 AKL ~ 신창무 PK지점 L - ST - G(득점: 신창무, 도움: 윤빛가람) 오른쪽

4월22일 14:00 비 제주월드컵 2,381명
주심_서동진 부심_박상준·김영하 대기심_정회수 경기감독관_차상해

제주 0 | 0 전반 1 / 0 후반 0 | **1 전북**

퇴장	경고	파울	ST(유)	교체	선수명	배번	위치	위치	배번	선수명	교체	ST(유)	파울	경고	퇴장
0	0	0	0		이창근	21	GK	GK	31	송범근		0	0	0	0
0	1	0	0		오반석	4	DF	MF	25	최철순		1	1	0	0
0	0	0	0		권한진	5	DF	DF	6	최보경		1	1	0	0
0	0	0	0		김원일	37	DF	DF	3	김민재		0	0	0	0
0	0	0	0		박진포	6	MF	MF	2	이용		0	0	0	0
0	0	0	0		정운	13	MF	MF	28	손준호	34	2(1)	2	1	0
0	0	16			김현욱	30	MF	MF	17	이재성	23	3(1)	0	0	0
0	0				이찬동	40	MF	MF	5	임선영	20	3(1)	0	0	0
0	99				진성욱		FW	FW	10	로페즈		5(3)	1	0	0
0	0	45			마그노		FW	FW	9	김신욱		6(5)	2	0	0
					김경민	1			1	홍정남		0	0	0	0
					알렉스	15			34	장윤호		0	0	0	0
					오수범	22	대기	대기	8	정혁		0	0	0	0
				후42	정태욱	45			14	이승기	후18	0	0	0	0
				후7	이동수	16			11	티아고		0	0	0	0
					이은범	47			32	아드리아노					
0	0				씨엔뚜				20	이동국	후24	1	1	0	0
0	3	14	8									19(10)	11	1	1

- 전반 26분 로페즈 GA 정면 내 R - ST - G(득점: 로페즈) 왼쪽

인천 2 - 3 수원

4월22일 16:00 비 인천 전용 3,462명
주심_이동준 부심_김계용·양재용 대기심_최대우 경기감독관_김진의

인천 2 (1 전반 1 / 1 후반 2) 3 수원

퇴장	경고	파울	ST(유)	교체	선수명	배번	위치	위치	배번	선수명	교체	ST(유)	파울	경고	퇴장
0	0	0	0		정 산	1	GK	GK	1	신화용		0	0	0	0
0	1	3	0		김동민	47	DF	DF	20	곽광선		0	0	0	0
0	0	0	0		부노자	20	DF	DF	3	조성진		0	2	1	0
0	0	0	0		강지용	30	DF	DF	15	구자룡		1	1	0	0
0	0	0	0		최종환	6	MF	MF	13	박형진		1(1)	1	0	0
0	0	3(1)	16		임은수	39	MF	MF	8	조원희		0	1	0	0
0	0	1	2(2)		한석종	4	MF	MF	16	이종성	17	0	4	0	0
0	2	1(1)			아길라르	10	MF	MF	35	장호익		3(2)	0	0	0
0	1	1)	11		문선민	27	FW	FW	27			3(3)	0	0	0
0	1	5(2)			무고사	9	FW	FW	99	전세진	26	2(1)	0	0	0
0	2	3(3)			쿠 비	19	FW	FW	14	김건희	10	1	1	0	0
					이태희	31			21	노동건					
			후35		이윤표	16			23	이기제					
					박종진	18			25	최성근					
					고슬기	17	대기	대기	17	염기훈					
					이정빈	8			7	바그닝요					
			후37		송시우	7			26	염기훈	후11				
			후27		박용지	11			10	데 안	후28	2(2)			
0	2	15	15(10)									16(9)	8	1	0

●전반 15분 아길라르 AK 정면 FK L - ST - G (득점: 아길라르) 오른쪽
●후반 10분 아길라르 MFL ~ 문선민 GAL L - ST - G(득점: 문선민, 도움: 아길라르) 오른쪽

●전반 37분 장호익 PAR ~ 전세진 GA 정면 H - ST - G(득점: 전세진, 도움: 장호익) 왼쪽
●후반 21분 조원희 AKR ~ 임상협 GAR R - ST - G(득점: 임상협, 도움: 조원희) 왼쪽
●후반 46분 임상협 GAR ~ 박형진 AKL L - ST - G(득점: 박형진, 도움: 임상협) 오른쪽

경남 0 - 0 울산

4월22일 16:00 흐림 창원 축구센터 1,207명
주심_고형진 부심_장준모·김지욱 대기심_장순택 경기감독관_김형남

경남 0 (0 전반 0 / 0 후반 0) 0 울산

퇴장	경고	파울	ST(유)	교체	선수명	배번	위치	위치	배번	선수명	교체	ST(유)	파울	경고	퇴장
0	0	0	0		손정현	31	GK	GK	21	오승훈		0	0	0	0
0	0	2	0		최재수	6	DF	DF	13	이명재		1	0	1	0
0	0	0	0		여성해	8	DF	DF	4	임종은		0	0	0	0
0	0	0	0		박지수	23	DF	DF	27	김창수		1(1)	0	0	0
0	0	1	24		최영준	26	MF	MF	9	오르샤		2(2)	1	0	0
0	0	0	0		하성민	18	MF	MF	33	박주호	32	0	1	0	0
0	0	1	0		네게바	77	MF	MF	40	리차드		2	0	2	0
0	0	0	0		쿠니모토	22	MF	FW	7	김인성		0	0	0	0
0	0	2	0		김준범	29	FW	FW	30	주니오	55	3(1)	0	1	0
0	3	3(3)			말 컹	9	FW	FW	11	황일수		1(1)	0	0	0
					이준희	1			18	조수혁					
					안성남	8			6	정재용					
			후27		김현훈	24			32	이영재	후38				
			후24		배기종	7	대기	대기	14	김인성					
					김종진	30			7	김인성					
					김효기	20			19	김승준	후0				
					권용현	10			55	토요다	후19				
0	0	17	9(3)									11(5)	1	10	0

●후반 8분 조원희 AKR ~ 임상협 GAR R - ST - G(득점: 임상협, 도움: 조원희) 왼쪽

전남 2 - 1 서울

4월25일 19:30 맑음 광양 전용 2,334명
주심_김우성 부심_이정민·방기열 대기심_김덕철 경기감독관_나승화

전남 2 (0 전반 1 / 2 후반 0) 1 서울

퇴장	경고	파울	ST(유)	교체	선수명	배번	위치	위치	배번	선수명	교체	ST(유)	파울	경고	퇴장
0	0	0	0		이호승	20	GK	GK	21	양한빈		0	0	0	0
0	0	1	0		양준아	23	DF	DF	55	곽태휘		0	0	0	0
0	0	1(1)	28		이 지 남	17	DF	DF	40	김원균		1	0	0	0
0	0	0	0		가솔현	3	DF	DF	17	신광훈		1	1	0	0
0	0	2(1)			완델손	11	MF	MF	19	심상민		0	0	0	0
0	0	4(3)			유고비치	8	MF	MF	13	고요한		0	1	1	0
0	0		16		김선우	6	MF	MF	28	황기욱		0	0	0	0
0	1	1(1)	14		이유현	27	FW	FW	11	에반드로	77	2(2)	1	0	0
0	1	1			김경민	18	FW	FW	9	안델손	22	1	1	0	0
0	1	1			하태균	9	FW	FW	32	조영욱	10	2(2)	0	0	0
					박대한	31			30	정진욱					
					박광일	21			50	박동진					
					김경재	24	대기	대기	27	정현철					
			후38		토 미	28			14	김한길					
			후24		김영욱	14			10	박주영	후0				
			후0		한찬희	16			22	유스 윤기	후11				
					한승욱	26			77	코 바	후31	2(1)			
0	1	8	11(8)									7(5)	8	2	0

●후반 6분 이지남 GAL R - ST - G(득점: 이지남) 오른쪽
●후반 14분 마쎄도 GAL EL ~ 유고비치 GA 정면 R - ST - G(득점: 유고비치, 도움: 마쎄도) 왼쪽

●전반 6분 고요한 PA 정면 내 ~ 조영욱 PK 좌측지점 R - ST - G(득점: 조영욱, 도움: 고요한) 오른쪽

울산 2 - 1 인천

4월25일 19:30 맑음 울산 문수 1,059명
주심_송민석 부심_노수용·장종필 대기심_성덕효 경기감독관_김용세

울산 2 (2 전반 0 / 0 후반 1) 1 인천

퇴장	경고	파울	ST(유)	교체	선수명	배번	위치	위치	배번	선수명	교체	ST(유)	파울	경고	퇴장
0	0	0	0		오승훈	21	GK	GK	31	이태희		0	0	0	0
0	0	1(1)			이명재	13	DF	DF	47	김동민	3	0	0	1	0
0	0	0	0		강민수	4	DF	DF	20	부노자		1	0	1	0
0	0	0	0		임종은	6	DF	DF	16	이윤표		1	0	1	0
0	0	0	0		김창수	27	DF	MF	6	최종환		0	1	3	0
0	0	0	9		한승규	24	MF	MF	17	고슬기		1(1)	1	3	0
0	0	0	0		박주호	33	MF	MF	4	한석종		0	3	0	0
0	0	0	0		리차드	40	MF	MF	10	아길라르		0	0	0	0
0	1	0			김인성	7	MF	FW	27	문선민		6(2)	0	1	0
0	2	2(2)	32		토요다	55	FW	FW	9	무고사		9(7)	0	0	0
0	1	1(1)			김승준	19	FW	FW	19	쿠 비		2(2)	1	0	0
					조수혁	18			1	정 산					
					정동호	2			15	김대중					
			후43		정재호				3	김용환	후33	1(1)			
			후26		이영재	32	대기	대기	32						
					이상헌	14			14	윤상호					
					황일수	11			18	박종진					
			후0		오르샤	9			13	김진야					
0	1	8	9(6)									22(14)	2	15	0

●전반 5분 토요다 PK - R - G(득점: 토요다) 가운데
●전반 21분 무고사 자기 측 PK 좌측지점 H 자책골(득점: 무고사) 가운데

●후반 17분 쿠비 PAR ~ 무고사 PK 좌측지점 H - ST - G(득점: 무고사, 도움: 쿠비) 오른쪽

4월 25일 19:30 맑음 수원월드컵 3,539명

주심_채상협 부심_윤광열·곽승순 대기심_신용준 경기감독관_김용갑

	수원	3		2 전반 1			1	경남	
				1 후반 0					

퇴장	경고	파울	ST(유)	교체	선수명	배번	위치	위치	배번	선수명	교체	ST(유)	파울	경고	퇴장
0	0	0	0		신화용	1	GK	GK	31	손정현		0	0	0	0
0	0	1	0		매 튜	6	DF	DF	6	최재수		0	1	0	0
0	1	3	0		곽광선	20	DF	DF	24	김현훈		1	0		0
0	0	3	2(1)		조성진	16	DF	DF	23	박지수		1(1)	1	0	0
0	1	0	3		이기제	23	MF	MF	15	우주성		0	1	1	0
0	0	0	4(3)		김종우	17	MF	MF	29	김준범	26		1	1	0
0	0	3	2	8	최성근	25	MF	MF	18	하성민		0	1		0
					크리스토밤	12	MF	MF	77	네게바	10		1		0
					염기훈	25	FW	FW	20	쿠니모토		1	1		0
0		3	3(2)	7	전세진	99	FW	FW	7		20	1	1	0	0
0	0	2	3(1)	14	데 안	10	FW	FW	9	말 컹		1	1		0
0	0	0	0		노동건	21			1	이준희		0	0	0	0
					조성진	5			8	안성남					
					박형진	13			17	이광진					
				후28	조원희	8	대기	대기	7	배기종	후18	1(1)	0		0
				후16	바그닝요				37	김종진					
					임상협	11			26	최영준	후0				
				후23	김건희	14			10	권용현	후18				
0	1	23	19(10)									5(2)	15	2	0

- 전반 16분 이기제 AK 정면 ~ 전세진 GAL R - ST - G(득점: 전세진, 도움: 이기제) 오른쪽
- 전반 38분 염기훈 MFL ~ 데안 PA 정면 R - ST - G(득점: 데안, 도움: 염기훈) 왼쪽
- 후반 8분 이기제 PAL → 김종우 GAR 내 R - ST - G(득점: 김종우, 도움: 이기제) 오른쪽
- 후반 45분 박지수 AK 내 R - ST - G(득점: 박지수) 오른쪽

4월 25일 19:30 맑음 포항 스틸야드 3,073명

주심_김동진 부심_김계용·양재용 대기심_오현진 경기감독관_박남열

	포항	0		0 전반 0			1	제주	
				0 후반 1					

퇴장	경고	파울	ST(유)	교체	선수명	배번	위치	위치	배번	선수명	교체	ST(유)	파울	경고	퇴장
0	0	0	0		강현무	31	GK	GK	21	이창근		0	0	0	0
0	0	1	1(1)		강상우	17	DF	DF	4	오반석		1(1)	2	0	0
0	0	2	0		김광석	3	DF	DF	2	권한진		0	0	0	0
0	0	1	0		하창래	5	DF	DF	37	김원일		1	0	0	0
0	1	2	0		권완규	13	DF	MF	6	박진포		2(1)	1	0	0
0	0	0	0		채프만	6	MF	MF	7	권순형		0	0	0	0
0	2(1)		18	정원진	14	MF	MF	13	정 운		0	0	0	0	
0	0	0	0		김승대	12	MF	MF	14	이창민		3(2)	2	0	0
0	0	0	0		김민혁	7	MF	FW	15	오승훈		1	1		0
0	0	0	1		송승민	16	FW	FW	30	김현욱		0	0	0	0
0	3(1)		10	레오가말류	10	FW	FW	99	찌아구	9					
					류원우	1			1	김경민					
					국태정	2			15	알렉스	37				
				후11	이상기	7			22	김수범		0	0		0
					배 슬 기	24	대기	대기	45	정태욱					
					이후권	9			31	김 현					
				후29	제테르손	7			16	진성욱	후16	1			0
				후32	이근호	9			10	마그노					
0	0	13	9(3)									9(4)	13	0	0

- 후반 17분 권순형 MFL FK ~ 오반석 GAR H - ST - G(득점: 오반석, 도움: 권순형) 오른쪽

4월 25일 19:30 맑음 대구 스타디움 523명

주심_서동진 부심_박상준·김영하 대기심_설태환 경기감독관_신홍기

	대구	1		0 전반 0			2	상주	
				1 후반 2					

퇴장	경고	파울	ST(유)	교체	선수명	배번	위치	위치	배번	선수명	교체	ST(유)	파울	경고	퇴장
0	0	0	0		조현우	21	GK	GK	31	유상훈		0	0	0	0
0	1	2	0		정우재	22	DF	DF	4	김남춘		0	1	0	0
0	0	0	0		한희훈	6	DF	DF	11	김태환		1	1	1	0
0	0	1	1(1)		박병현	66	DF	DF	26	임채민		1(1)	1	0	0
0	0	0	0		김우석	3	DF	DF	33	홍 철		0	1	0	0
0	0	0	0		홍정운	5	MF	MF	3	신세계		0	1	0	0
0	1	2	14		박한빈	36	MF	MF	7	심동운		2(1)	1	0	0
0	0	4(3)			황순민	20	MF	MF	10	김호남	29		0		0
1	1	3(1)			세징야	11	FW	MF	13	김민우		2(2)	0	0	0
0	1	1(1)	26		임재혁	15	MF	MF	14	윤빛가람		2(1)	0	0	0
0	0	2	2(1)	7	전현철	30	FW	FW	20	곽광선		0	0	0	0
					최영은	1			21	최필수		0	0	0	0
					오광진	2			5	김진환	후44				
					고승범	4			15	신창무					
					이동건	28	대기	대기	22	김도형	후25				
				후23	고재현	26			24	이태희					
				후44	김대원				77	배재우					
				후31	전현철				9	진성호	후55				
1	3	13	14(7)									8(6)	14	2	0

- 후반 5분 황순민 PAR FK ~ 박병현 GA 정면 내 H - ST - G(득점: 박병현, 도움: 황순민) 왼쪽
- 후반 18분 윤빛가람 PAR 내 R - ST - G(득점: 윤빛가람) 오른쪽
- 후반 41분 홍철 MFL ~ 임채민 GAL H - ST - G(득점: 임채민, 도움: 홍철) 왼쪽

4월 25일 20:00 맑음 춘천 송암 1,262명

주심_고형진 부심_장준모·김지욱 대기심_김도연 경기감독관_송선호

	강원	0		0 전반 1			2	전북	
				0 후반 1					

퇴장	경고	파울	ST(유)	교체	선수명	배번	위치	위치	배번	선수명	교체	ST(유)	파울	경고	퇴장
0	0	0	0		이범영	23	GK	GK	31	송범근		0	0	0	0
0	1	2	0		정승용	22	DF	DF	25	최철순		0	1	0	0
0	1	2(2)			발렌티노스	4	DF	DF	6	최보경		0	1	0	0
0	1	1	0		맥고완	44	DF	DF	3	김민재		0	1	0	0
0	0	4	0		김오규	99	DF	MF	2	이 용		0	0	0	0
0	0	0	0		오범석	14	MF	MF	8	정 혁		2(1)	2	0	0
0	0	0	10		김성민	86	MF	MF	11	티아고		3(1)	2	0	0
0	0	0	9		이현식	29	MF	MF	17	이재성		1	0	0	0
0	2	18			정석화	7	MF	MF	20	임선영	20	2(1)	0	0	0
0	0	0	0		이근호	11	MF	MF	17	이승기		1	0	0	0
0	2	2(2)			제리치	55	FW	FW	32	아드리아노		4(3)	0	0	0
0	0	0	0		함석민	16			1	홍정남		0	0	0	0
					이태호	3			18	나성은					
					박창준	19			35	명준재					
				후38	김승용	18	대기	대기	30	정호영					
					박정수	66			17	이재성	후27				
				후29	정조국	9			20	이동국	후35	2(2)	1	0	0
0	3	16	10(5)									16(8)	14	0	0

- 전반 20분 이승기 GAR 내 ~ 아드리아노 GA 정면 내 R - ST - G(득점: 아드리아노, 도움: 이승기) 가운데
- 후반 5분 아드리아노 GA 정면 → 정혁 GA 정면 R - ST - G(득점: 정혁, 도움: 아드리아노) 가운데

대구 1 : 4 제주

4월 28일 14:00 맑음 대구 스타디움 790명
주심_ 고형진 부심_ 이정민·김지욱 대기심_ 최대우 경기감독관_ 전인석

| 대구 | 1 | | 1 전반 1 | | | 4 | 제주 |
| | | | 0 후반 3 | | | | |

퇴장	경고	파울	ST(유)	교체	선수명	배번	위치	위치	배번	선수명	교체	ST(유)	파울	경고	퇴장
0	0	0	0		조 현 우	21	GK	GK	21	이 창 근		0	0	0	0
0	0	0	0		홍 정 운	5	DF	DF	5	권 한 진		0	0	0	0
0	0	2	0	4	한 희 훈	6	DF	DF	4	오 반 석	10	0	1	0	0
0	0	2	0		박 병 현	66	DF	DF	37	김 원 일		1(1)	4	0	0
0	0	2	0		오 광 진	2	MF	MF	6	박 진 포		0	0	0	0
0	0	0	0		박 한 빈	36	MF	MF	22	김 수 범		0	0	0	0
0	1	3	0		황 순 민	20	MF	MF	7	권 순 형		2(1)	1	1	0
0	0	1	3(1)		정 우 재	22	MF	MF	30	김 도 엽		0	0	0	0
0	2	2	0		정 치 인	32	MF	MF	30	김 현 욱		3(2)	2	0	0
0	0	1(1)	7		임 재 혁	19	FW	FW	9	진 성 욱	45	4(1)	1	0	0
1	0	1	0		김 진 혁	30	FW	FW	11	호 벨 손	45	2(1)	1	0	0
					최 영 은	1			1	김 경 민		0	0	0	0
				후	김 우 석	3			15	알 렉 스		0	0	0	0
				후	고 승 범	4			45	정 태 욱	후	0	0	0	0
					고 재 현	26	대기	대기	13	정 운		0	0	0	0
					김 대 원	14			16	이 동 수		0	0	0	0
					정 승 원	18			10	마 그 노	후28	0	0	0	0
0	1	1(1)	후22		전 현 철	7			99	찌 아 구	후24	0	0	0	0
1	3	17	6(3)			0			0			15(7)	9	1	0

●전반 23분 홍정운 MFR ~ 임재혁 PAR 내 L - ST - G)득점: 임재혁, 도움: 홍정운) 왼쪽
●전반 16분 호벨손 PK - R - G)득점: 호벨손) 오른쪽
●후반 13분 박진포 PAR EL ⌒ 진성욱 GA 정면 H - ST - G)득점: 진성욱, 도움: 박진포) 왼쪽
●후반 23분 권순형 AK 내 R - ST - G)득점: 권순형) 오른쪽
●후반 26분 김현욱 PA 정면 내 백패스~ 권순형 AKR L - ST - G)득점: 권순형, 도움: 김현욱) 왼쪽

서울 0 : 0 상주

4월 28일 16:00 맑음 서울 월드컵 7,143명
주심_ 김동진 부심_ 장준모·박균용 대기심_ 장순택 경기감독관_ 김형남

| 서울 | 0 | | 0 전반 0 | | | 0 | 상주 |
| | | | 0 후반 0 | | | | |

퇴장	경고	파울	ST(유)	교체	선수명	배번	위치	위치	배번	선수명	교체	ST(유)	파울	경고	퇴장
0	0	0	0		양 한 빈	21	GK	GK	31	유 상 훈		0	0	0	0
0	0	5	0		김 원 균	40	DF	DF	4	김 남 춘		0	1	0	0
0	1	1	1		황 현 수	2	DF	DF	11	김 태 환		0	0	0	0
0	0	2	0		신 광 훈	17	DF	DF	26	임 채 민		0	2	0	0
0	0	0	0		심 상 민	19	DF	DF	33	홍 재		0	0	0	0
0	0	0	77		정 현 철	24	MF	MF	3	신 세 계		0	1	1	0
0	0	0	0		황 기 욱	28	MF	MF	7	심 동 운		0	0	0	0
0	1	0	0		신 진 호	8	MF	MF	10	김 호 남		0	0	0	0
0	0	0	9		김 한 길	14	MF	MF	13	김 민 우		0	0	0	0
0	0	1(1)	10		조 영 욱	32	FW	FW	9	윤 빛 가 람		0	0	0	0
0	0	1	5(3)		에 반 드 로	11	FW	FW	10	이 광 선		3(1)	3	1	0
					정 진 욱	30			21	최 필 수		0	0	0	0
					곽 태 휘	55			5	김 진 환	후41	0	0	0	0
					박 동 진	50			15	신 창 무		0	0	0	0
					이 석 현	23	대기	대기	22	김 도 형		0	0	0	0
				후32	박 주 영	10			24	이 재 희		0	0	0	0
				후18	하	77			27	백 동 규		0	0	0	0
				후18	안 델 손	9			29	최 진 호		0	0	0	0
0	1	13	8(3)			0			0			5(1)	9	1	0

울산 1 : 1 전남

4월 28일 16:00 맑음 울산 문수 7,263명
주심_ 채상협 부심_ 윤광열·곽승순 대기심_ 최현재 경기감독관_ 김진의

| 울산 | 1 | | 1 전반 1 | | | 1 | 전남 |
| | | | 0 후반 0 | | | | |

퇴장	경고	파울	ST(유)	교체	선수명	배번	위치	위치	배번	선수명	교체	ST(유)	파울	경고	퇴장
0	0	0	0		김 용 대	1	GK	GK	20	이 호 승		0	0	0	0
0	0	0	0		이 명 재	13	DF	DF	23	양 준 아		0	0	0	0
0	0	0	0		강 민 수	4	DF	DF	17	이 지 남		0	1	0	0
0	0	0	0		임 종 은	5	DF	DF	2	가 솔 현		2	1	0	0
0	0	0	0		김 창 수	27	MF	MF	11	완 델 손		2(2)	1	1	0
0	0	0	3(2)		오 르 샤	9	MF	MF	8	유 고 비 치	21	1(1)	1	0	0
0	0	0	0		이 영 재	32	MF	MF	16	한 찬 희		0	0	0	0
0	1	2	2		리 차 드	40	MF	MF	13	이 슬 찬		0	1	0	0
0	0	1	33		장 성 재	17	MF	MF	10	마 쎄 도	14	0	0	0	0
0	1	1	7		토 요 다	55	FW	FW	18	김 경 민		4(4)	0	0	0
0	0	0	8		황 일 수	11	FW	FW	27	이 유 현		0	0	0	0
					조 수 혁	18			31	박 대 한		0	0	0	0
					정 동 호	22			21	박 광 일	후29	0	0	0	0
					정 재 용	6			28	토 미		0	0	0	0
0	0	0	후		박 주 호	33	대기	대기	14	김 영 욱	후15	0	0	0	0
0	0	0	후15		김 인 성	7			10	한 희 훈		2(1)	0	0	0
0	0	0	후34		조 영 철	8			26	한 승 욱		0	0	0	0
0	0	0			오 세 훈	39			35	전 지 현		0	0	0	0
0	2	8	5(2)			0			0			11(8)	15	2	0

●전반 39분 오르샤 PK - R - G)득점: 오르샤) 오른쪽
●전반 43분 마쎄도 PAR 내 → 김경민 GAL 내 L - ST - G)득점: 김경민, 도움: 마쎄도) 왼쪽

전북 2 : 0 수원

4월 29일 14:00 맑음 전주 월드컵 19,108명
주심_ 김대용 부심_ 김성일·양재용 대기심_ 정회수 경기감독관_ 차상해

| 전북 | 2 | | 1 전반 0 | | | 0 | 수원 |
| | | | 1 후반 0 | | | | |

퇴장	경고	파울	ST(유)	교체	선수명	배번	위치	위치	배번	선수명	교체	ST(유)	파울	경고	퇴장
0	0	0	0		송 범 근	31	GK	GK	1	신 화 용		0	0	0	0
0	0	1	1(1)		최 철 순	25	DF	DF	20	곽 광 선		0	0	0	0
0	2	2	0		최 보 경	6	DF	DF	15	조 성 진		0	1	0	0
0	1	2	0		김 민 재	3	DF	DF	16	이 종 성		0	1	0	0
0	0	0	0		이 용	2	MF	MF	13	박 형 진		0	0	0	0
0	0	1	11		신 형 민	4	MF	MF	8	조 원 희		0	1	0	0
0	1	0	0		손 준 호	28	MF	MF	17	김 은 선	17	0	0	0	0
0	0	0	1(1)		이 승 기	14	MF	MF	35	장 호 익		0	1	1	0
0	0	0	20		임 선 영	5	FW	FW	11	임 상 협	26	1	1	0	0
0	1	4(2)			이 재 성	17	FW	FW	7	바 그 닝 요		0	0	0	0
0	4(1)	32			김 신 욱	9	FW	FW	14	김 건 희	25	0	1	0	0
					홍 정 남	29			19	박 지 민		0	0	0	0
					장 윤 호	34			15	구 자 룡		0	0	0	0
					정 혁	8			23	이 기 제		0	0	0	0
0	0	0	후		장 호 영	30	대기	대기	17	김 종 우	후35	0	0	0	0
0	0	4(1)	후		티 아 고	11			5	조 성 진		0	0	0	0
0	1(1)	후18			아 드 리 아 노	32			26	염 기 훈	후	2(1)	0	0	0
0	0	0			이 동 국	20			10	데 얀		0	0	0	0
0	4	15	18(8)			0			0			4(1)	9	0	2

●전반 13분 이승기 GAL L - ST - G)득점: 이승기) 오른쪽
●후반 29분 이동국 GAL R - ST - G)득점: 이동국) 오른쪽

4월 29일 16:00 맑음 춘천 송암 1,436명
주심_김희곤 부심_박상준·방기열 대기심_정의석 경기감독관_최상국

강원 0 전반 0 / 후반 0 **0 포항**

퇴장	경고	파울	ST(유)	교체	선수명	배번	위치	배번	선수명	교체	ST(유)	파울	경고	퇴장
0	0	0	0		이 범 영	23	GK	31	강 현 무		0	0	0	0
0	0	1	0		박 선 주	27	DF	17	강 상 우		1	1	0	0
0	0	4	2		김 오 규	99	DF	3	김 광 석		0	2	1	0
0	0	1	0		박 창 준	19	DF	13	권 완 규		1(1)	4	0	1
0	1	2	1(1)	4	박 정 수	66	MF	6	채 프 만					
0	0	2	1		박 정 수	66	MF	6	채 프 만					
4	0	1(1)	12		황 진 성	8	MF	14	정 원 진	24	4(2)			
0	1		1(1)		정 석 화	7	MF	12	김 승 대					
			4(3)		디 에 고	14	FW	19	이 상 기					
0	0	3(1)	55		조 지 훈	55	FW	16	송 승 민		4	1	0	0
0	1				이 근 호	11	FW	18	이 근 호	10	3	0	0	
					함 석 민	16		1	류 원 우					
				후13	발렌티노스	4		2	국 태 정					
					정 승 용	22		24	배 슬 기	후49				
					이 현 식	29	대기	9	이 후 권					
				후28	박 한 준			8	김 승 대	후30				
					김 승 용	18		29	송 민 규					
0	1	1(1)	후19		제 리 치	55		10	레오가말류	후17	2	4		
0	1	10	17(8)								12(3)	13	1	1

●전반 9분 무고사 HL 정면 H → 문선민 PA 정면 내 L - ST - G[득점: 문선민, 도움: 무고사] 왼쪽
●전반 36분 아길라르센터서클 → 문선민 PA 정면 내 R - ST - G[득점: 문선민, 도움: 아길라르] 오른쪽

4월 29일 16:00 맑음 인천 전용 2,993명
주심_김우성 부심_김계용·김영하 대기심_최일우 경기감독관_박남열

인천 2 전반 2 / 후반 2 **3 경남**

퇴장	경고	파울	ST(유)	교체	선수명	배번	위치	배번	선수명	교체	ST(유)	파울	경고	퇴장
0	0	0	0		이 태 희	31	GK	31	손 정 현		0	0	0	0
0	1	3	1		김 용 환	3	DF	6	최 재 수	1(1)	0	0	0	
0	0	0	0		이 윤 표	16	DF	17	여 성 해		0	2	1	0
0	1	1	0		김 대 중	15	DF	23	우 주 성	2(1)	1	1	0	
0	0	1	0		박 종 진	18	DF	23	우 주 성					
0	0	0	0		고 슬 기	17	MF	26	조 영 준		1	3	0	
0	0	0	0		윤 상 호	14	MF	18	하 성 민	21	1(1)	3	1	0
0	0	1	2		아 길 라 르	10	FW	10	김 효 기	20	0	1	0	
0	1	4(2)			문 선 민	27	FW	19	권 용 현		0	0	0	
0	0	3			무 고 사	9	MF	7	김 종 진					
0	1	29			쿠 비	19	MF	77	네 게 바		2(2)	1	0	1
					이 진 형	21		1	이 준 희					
					부 노 자	20		8	안 성 남					
				전37	최 종 환	6		24	김 현 훈					
					임 은 수	39	대기	7	배 기 종	후0				
0	1(1)	후28			이 정 빈	8		23	김 준 범					
					김 덕 중	23		21	조 재 철	후31				
0	후42				김 보 섭	29		9	말 컹	후0	5(4)	0	0	
0	3	16	11(3)								13(9)	12	3	1

●전반 26분 네게바 AKL R - ST - G[득점: 네게바] 왼쪽
●후반 15분 말컹 GA 정면 R - ST - G[득점: 말컹] 왼쪽
●후반 44분 박지수 GA 정면 R - ST - G[득점: 박지수] 오른쪽

5월 02일 19:00 흐림 전주 월드컵 5,005명
수심_김우성 부심_김계용·김영하 대기심_성덕호 경기감독관_김형남

전북 2 전반 2 / 후반 1 **1 대구**

퇴장	경고	파울	ST(유)	교체	선수명	배번	위치	배번	선수명	교체	ST(유)	파울	경고	퇴장
0	0	0	0		송 범 근	31	GK	21	조 현 우		0	0	0	0
0	0	0	0		최 철 순	25	DF	5	홍 정 운		0	0	0	0
0	0	9			김 민 재	3	DF	4	정 우 재		0	3	0	0
0	1	2	11		이 재 성	15	DF	66	박 병 현		1	1	0	0
0	1	2	1		이 용	2	MF	22	정 우 재		1(1)	1	0	0
0	1	1			손 준 호	28	MF	36	박 한 빈		2(2)	1	0	0
0	1	1(1)			이 승 기	14	MF	20	황 순 민		2	1	0	0
0	2(2)				임 선 영	5	MF	13	홍 승 현	26	1	0	0	
0	2	2(1)			로 페 즈	10	MF	15	임 재 혁	14	3(2)	1	0	
0	2	2(1)	20		아 드 리 아 노	32	FW	17	김 경 준	7	4(1)	0	0	
					홍 정 남	1		1	최 영 은					
					윤 지 혁	23		2	오 광 진					
					정 호 영	30		3	김 우 석					
					명 준 재	35	대기	43	김 시 훈					
0	2(2)	후18			티 아 고	11		26	고 재 현	후15				
				후16	김 신 욱	9		14	김 대 원	후33				
0	3(3)	후21			이 동 국	20		7	전 현 철	후38				
0		11	14(10)								10(0)	11	2	0

●전반 2분 이재성 사시 슛 HL 정면 ~ 로페즈 GAL R - ST - G[득점: 로페즈, 도움: 이재성] 오른쪽
●전반 44분 로페즈 AKL ~ 임선영 PA 정면 내 R - ST - G[득점: 임선영, 도움: 로페즈] 왼쪽

5월 02일 19:30 흐리고 비 수원 월드컵 2,940명
주심_김동진 부심_이정민·박균용 대기심_설태환 경기감독관_전인석

수원 0 전반 0 / 후반 0 **0 울산**

퇴장	경고	파울	ST(유)	교체	선수명	배번	위치	배번	선수명	교체	ST(유)	파울	경고	퇴장
0	0	0	0		신 화 용	1	GK	1	김 용 대		0	0	0	0
0	1	2	2		매 튜	6	DF	13	이 명 재	2(2)	1	0	0	
0	0	0	0		조 성 진	5	DF	4	김 민 수		0	0	0	0
0	0	0	0		구 자 룡	15	DF	5	임 종 은		0	2	0	0
0	0	0	0		이 기 제	23	MF	22	정 동 호	11	0	1	0	0
0	1				김 종 우	17	MF	6	정 재 용		0	1	0	
0	2				최 성 근	25	MF	33	오 르 샤		2(1)	1	0	
0	2(1)				크리스토밤	12	MF	33	박 주 호		4(3)	0	0	
0	1				염 기 훈	26	MF	24	한 승 규		2	0	0	
0	1	3(1)	11		전 세 진	99	FW	39	김 승 준	39				
0	2	4(1)	14		데 안	10	FW	55	토 요 다	7				
					노 동 건	21		18	조 수 혁					
					곽 광 선	20		40	리 차 드					
				후30	박 형 진	13	대기	34	박 용 우					
					조 원 희	8		32	이 영 재					
0	후18				임 상 협	11		11	황 일 수	후45				
0	후36				김 거 희	14		39	오 세 훈	후35				
0	3	14	14(6)								9(7)	13	1	0

●후반 15분 박한빈 GAL R - ST - G[득점: 박한빈] 오른쪽

406

5월 02일 19:30 비 창원축구센터 932명

주심_고형진 부심_윤광열·곽승순 대기심_김도연 경기감독관_나승화

경남 0 | 0 전반 0 / 0 후반 0 | **0 서울**

퇴장	경고	파울	ST(유)	교체	선수명	배번	위치	위치	배번	선수명	교체	ST(유)	파울	경고	퇴장
0	0	0			손정현	31	GK	GK	21	양한빈		0	0	0	0
0	0	0			김현훈	24	DF	DF	55	곽태휘		0	0	0	
0	0	1(1)			여성해	17	DF	DF	40	김원균		0	3	1	0
0	3	0			박지수	15	DF	DF	17	신광훈		0	2	1	0
0	0	1(1)			우주성	15	DF	DF	19	심상민		0	1	0	0
0	0				최영준	26	MF	MF	28	황기욱		1	5	1	0
0	0	7			조재철	21	MF	MF	8	신진호	23	0	1	1	0
0	0	10			김종진	37	MF	MF	13	고요한		1	1	0	
0		18			김효기	20	MF	MF	9	안델손	32	3(3)	0	0	0
0	2	4(1)			말컹	9	FW	FW	11	에반드로		1	0	0	
0	5	2(1)			쿠니모토	22	FW	FW	10	박주영		4(1)	1	0	0
					이준희				30	정진욱					
					안성남				50	박동진					
					이반					황현수					
				후25	권용현	10	대기	대기		이석현	후18				
					김신	11				정현철					
				후18	하성민	4				조영욱	후23				
		2(1)	후		배기종	7				윤승원	후32				
0	0	14	10(5)									11(6)	16	2	0

5월 02일 19:30 흐림 포항스틸야드 3,198명

주심_김대웅 부심_김성일·김지욱 대기심_김덕철 경기감독관_최상국

포항 0 | 0 전반 0 / 0 후반 0 | **0 인천**

퇴장	경고	파울	ST(유)	교체	선수명	배번	위치	위치	배번	선수명	교체	ST(유)	파울	경고	퇴장
0	0	0			강현무	31	GK	GK	21	이진형		0	0	0	0
0	0				강상우	17	DF	DF	47	김동민		0	0	0	
0	3	0			김광석	3	DF	DF	20	부노자		0	0	0	0
0	0	0			하창래	5	DF	DF	13	김대중		0	0	0	
0	0	1			이상기	19	DF	DF	25	김용환		1(1)	0	0	0
0	0	1			채프만	6	MF	MF	39	임은수		3(1)	0	1	0
0		22			이후권	9	MF	MF	4	한석종		1(1)	0	0	0
0	0				김승대	12	MF	MF	14	윤상호		0	0	0	
0	0				송승민	16	FW	FW	27	문선민	18	2	2	0	0
0		4(1)			정원진	15	FW	FW	7	남준재		0	0		
0	1				이근호	18	FW	FW	13	김진야		1(1)	1	0	0
					류원우				1	정산					
					국태정				44	김정호					
					배슬기	24				노성민					
			후42		양태렬	22	대기	대기		이정빈					
					김현솔	8				아길라르	후29				
			우29		송민규	17				박종진	후44				
		1(1)	후		레오가말류	10			19	쿠	후21				
0	1	8	7(4)									12(4)	15	1	0

5월 02일 19:30 맑음 제주월드컵 1,823명

주심_최광호 부심_장준모·양재용 대기심_최대우 경기감독관_김진의

제주 3 | 3 전반 3 / 0 후반 2 | **5 강원**

퇴장	경고	파울	ST(유)	교체	선수명	배번	위치	위치	배번	선수명	교체	ST(유)	파울	경고	퇴장
0	0	0	0		이창근	21	GK	GK	1	김호준	23	0	0	0	0
0	0	1			오반석	4	DF	DF	4	발렌티노스		0	0	0	
0	0		45		권한진	5	DF	DF	99	김오규		0	0	0	
0	1	0			김원일	37	DF	DF	2	이태호		1(1)	0	0	
0	0	1(1)			박진포	6	MF	MF	22	정승용		0	0	0	
0	2	3			권순형	7	MF	MF	14	오범석		0	2	0	
0					정다훤	2	MF	MF	18	김승용	44	0	1	0	
0		8			이동수	16	MF	MF	7	정석화		0	0	0	
0	0				김현욱	30	MF	MF	29	이현식		0	0	0	
0	2	4(4)			마그노	10	FW	FW	12	임찬울		0	2	0	
0	2(1)				찌아구	99	FW	FW	55	제리치		2(2)	0	0	
					김경민	1			23	이범영	전29				
					알렉스	15			3	이완수					
					김수범	22			44	맥고완	후39				
			후39		정태욱	45	대기	대기		박선주					
		1(1)	후15		김도엽	11			86	김영신					
			후34		진성욱	9			8	황진성					
					호벨손	11			10	디에고	후26	4(2)			
0	5		18(6)									10(5)	10	0	0

5월 02일 19:30 흐림 상주시민 634명

주심_송민석 부심_박상준·방기열 대기심_신용준 경기감독관_신홍기

상주 1 | 1 전반 0 / 0 후반 1 | **1 전남**

퇴장	경고	파울	ST(유)	교체	선수명	배번	위치	위치	배번	선수명	교체	ST(유)	파울	경고	퇴장
0	0	0			유상훈	31	GK	GK	20	이호승		0	0	0	0
0	2	0			김남춘	4	DF	DF	23	양준아		0	0	0	
0	0	1			이태희	26	DF	DF	2	이지남		0	0	0	
0	0	1			임채민	26	DF	DF	28	토미		0	0	0	
0	1	1			홍철	33	DF	MF	11	완델손		1(1)	0	0	
0		28			김진환	5	DF	MF	16	한찬희		1(1)	2	0	
0	3(2)				심동운	7	MF	MF	6	김선우		0	0	0	
0	2	15			김호남	7	MF	MF	13	이슬찬		0	0	0	
0	0	1(1)	18		김민우	11	MF	MF	14	마쎄도		0	0	0	
0					윤빛가람	14	MF	MF	18	김경민	19	1(1)	1	0	
0					김진욱		FW	MF	14	김영욱		0	0	0	
					최필수	31			31	박대한					
		1(1)	후15		신창무	14			9	솔현					
			후36		송수영	18			21	박광일					
					김도형	22	대기	대기	27	이유현	후20				
					백동규	27			19	한승욱					
			후44		차영환	28			19	허용준	후38	0			
					최진호	29			35	전지현					
0	0	10(4)										7(5)			0

제주 3 : 5 강원 득점:
- ●전반 5분 정운 HLL ⌒ 마그노 GAL R - ST - G(득점: 마그노, 도움: 정운) 왼쪽
- ●전반 18분 정운 MFL TL 드로잉 ⌒ 마그노 GAL R - ST - G(득점: 마그노, 도움: 정운) 오른쪽
- ●전반 26분 김현욱 AKL ~ 마그노 PK 좌측지점 R - ST - G(득점: 마그노, 도움: 김현욱) 오른쪽
- ●전반 12분 김승용 PAR FK ⌒ 이태호 GA 정면 H - ST - G(득점: 이태호, 도움: 김승용) 오른쪽
- ●전반 23분 임찬울 PAL 내 ⌒ 제리치 GA 정면 H - ST - G(득점: 제리치, 도움: 임찬울) 오른쪽
- ●전반 39분 임찬울 PAL 내 ~ 정승용 GAL 내 L - ST - G(득점: 정승용, 도움: 임찬울) 오른쪽
- ●후반 32분 디에고 PAR EL ~ 제리치 GAR 내 R - ST - G(득점: 제리치, 도움: 디에고) 오른쪽
- ●후반 48분 디에고 GAR R - ST - G(득점: 디에고) 왼쪽

상주 1 : 1 전남 득점:
- ●전반 19분 심동운 MF 정면 R - ST - G(득점: 심동운) 오른쪽
- ●후반 1분 토미 GAL H ⌒ 마쎄도 GAL R - ST - G(득점: 마쎄도, 도움: 토미) 왼쪽

5월 05일 14:00 맑음 울산 문수 12,071명
주심_고형진 부심_윤광열·김영하 대기심_김도연 경기감독관_김용세

울산 2		0 전반 1 0 후반 0		1 포항	

퇴장	경고	파울	ST(유)	교체	선수명	배번	위치	위치	배번	선수명	교체	ST(유)	파울	경고	퇴장
0	0	0	0		조수혁	18	GK	GK	31	강현무		0	0	0	0
0	0	0	0		이명재	13	DF	DF	17	강상우		0	1	0	0
0	0	1	1		강민수	4	DF	DF	3	김광석		0	1	0	0
0	0	0	0		임종은	5	DF	DF	2	알레망		0	1	0	0
0	0	0	0		김창수	27	DF	DF	19	이상기		0	1	0	0
0	0	0	9		한승규	24	MF	MF	6	채프만		0	0	0	0
0	1	3	0	33	박용우	34	MF	MF	7	이후권	24	0	1	0	0
0			1(1)		리차드	40	MF	MF	12	김승대		0	0	0	0
0	3		2(2)		김인성	7	MF	FW	16	송승민	10	0	1	0	0
0	1		2(2)	39	토요다	15	FW	FW	11	이광혁	29	0	0	0	0
0					황일수	11	FW	FW	18	이근호		1(1)	1	0	0
0					오승훈	21			1	류원우					0
0					정동호	22			2	국태정					
0					이영재	32			24	배슬기	후44				
0			1(1)	후22	박주호	33	대기	대기	22	양태렬					
0					금교진	19			23	김현					
0		4(4)	전31	오르샤				29	송민규	후22					
0			후42	오세훈	39			10	레오가말류	후22	1(1)				
0	2	15	12(11)			0			0			3(2)	8	0	0

- ●후반 4분 이명재 PAL ⌒ 김인성 GAR 내 H - ST - G(득점: 김인성, 도움: 이명재) 오른쪽
- ●후반 8분 황일수 PA 정면 내 ~ 토요다 GA 정면 L - ST - G(득점: 토요다, 도움: 황일수) 왼쪽
- ●전반 18분 이후권 MF 정면 ~ 이근호 GAL L - ST - G(득점: 이근호, 도움: 이후권) 왼쪽

5월 05일 14:00 맑음 순천 팔마 3,905명
주심_김동진 부심_노수용·곽승순 대기심_설태환 경기감독관_전인석

전남 0		0 전반 0 0 후반 0		0 전북	

퇴장	경고	파울	ST(유)	교체	선수명	배번	위치	위치	배번	선수명	교체	ST(유)	파울	경고	퇴장
0	0	0	0		이호승	20	GK	GK	31	송범근		0	0	0	0
0	0	3	1		양준아	23	DF	DF	35	명준재		0	0	0	0
0	1	0		18	이지남	17	DF	DF	15	이재성		0	0	0	0
0	0	2			가솔현	3	DF	DF	16	조성환		0	0	0	0
0	1	0			이슬찬	13	DF	DF	38	박정호	26	0	0	0	0
0	2	2(1)			한찬희	16	MF	MF	8	정혁		0	3	0	0
0		1			김선우	5	MF	MF	34	장윤호		1(1)	0	0	0
0					박광일	18	MF	MF	11	티아고		4(2)	1	0	0
0		1			완델손	11	FW	MF	30	정호영		0	1	0	0
0		0	0		마쎄도	19	FW	FW	18	나성은		0	0	0	0
0	1			35	김영욱	14	FW	FW	20	이동국		0	1	0	0
0					박대한	31			21	황병근					0
0					이유현	27			41	이재형					
0					토미	28				홍정호	후25	1(1)			
0					이승희	26	대기	대기	27	유승민					
0			후16	김경민	15										
0			1(1)	후16	허용준	19			19	김보경					
0			후32	전지현	35										
0	0	14	13(3)			0			0			8(4)	14	1	1

5월 05일 14:00 맑음 인천 전용 3,023명
주심_송민석 부심_김계용·박균용 대기심_성덕효 경기감독관_최상국

인천 1		0 전반 1 1 후반 1		2 제주	

퇴장	경고	파울	ST(유)	교체	선수명	배번	위치	위치	배번	선수명	교체	ST(유)	파울	경고	퇴장
0	0	0	0		이진형	21	GK	GK	21	이창근		0	0	0	0
0	0	0	0		김동민	47	DF	DF	4	오반석		0	0	0	0
0	1	1(1)			부노자	20	DF	DF	15	알렉스		0	0	0	0
0		0			김대중	15	DF	DF	20	조용형		0	0	0	0
0					김용환	3	DF	MF	6	박진포		0	1	0	0
0					임은수	39	MF	MF	7	권순형		0	0	0	0
0					한석종	4	MF	MF	10	마그노		0	0	0	0
0	1	0	10		윤상호	14	MF	MF	13	정영총		0	0	0	0
0		0			진성욱	13	FW	FW	30	김현욱		1(1)	1	0	0
0		2(1)			무고사	9	FW	FW	9	진성욱	17	1	0	0	0
0				29	쿠비	19	FW	FW	99	찌아구	47	1(1)	2	0	0
0					정산	1			1	김경민					0
0					이윤표	16			5	권한진					
0					박종진	18			37	김원일	대기				
0			후41	아길라르	10			17	류승우	후8	3(1)				
0		2(1)	후40	김진야	13			11	호벨손	후43					
0			후40	김보섭	29			7	이은범	후14					
0	1	11	0(7)			0			0			0(4)	5	1	0

- ●후반 3분 김진야 GAR H - ST - G(득점: 김진야) 왼쪽
- ●전반 43분 진성욱 GA 정면 내 R - ST - G(득점: 진성욱) 가운데
- ●후반 48분 류승우 PK - R - G(득점: 류승우) 오른쪽

5월 05일 14:00 맑음 대구 스타디움 1,491명
주심_김대용 부심_장준모·양재용 대기심_신용준 경기감독관_차상해

대구 0		0 전반 0 0 후반 2		2 경남	

퇴장	경고	파울	ST(유)	교체	선수명	배번	위치	위치	배번	선수명	교체	ST(유)	파울	경고	퇴장
0	0	0	0		조현우	21	GK	GK	31	손정현		0	0	0	0
0	0	0	0		정우재	22	DF	DF	24	김현훈		0	3	0	0
0	1	2(1)			한희훈	6	DF	DF	17	여성해		0	0	0	0
0	1			3	박병현	66	DF	DF	23	박지수		0	1	0	0
0	1				고재현	26	DF	DF	15	우주성		0	0	0	0
0	0	1			홍정운	5	MF	MF	26	최영준		0	3	0	0
0	1				박한빈	36	MF	MF	21	조재철	6	0	1	0	0
0	1	5(2)			황순민	20	MF	MF	29	김준범		6	0	1	1
0	1	7(2)			세징야	11	FW	FW	20	김효기		4(1)	1	0	0
0			18		임재혁	15	FW	FW	22	쿠니모토		4(3)	1	0	0
0	3(1)	32			김경준	17	FW								
0					최영은	1				이준희					0
0					오광진	33			6	최재수	후22				
0			후21	우석	19			7	네게바						
0					강시우	43	대기	대기	7	배기종	후				
0					고승범	11			11	김신					
0		1(1)	후42	정승원	18			18	하성민						
0			후18	정치인	32			9	말컹		4(2)				
0		10	22(7)			0			0			14(6)	13	1	0

- ●후반 33분 김효기 PAR 내 ⌒ 말컹 GA 정면 H - ST - G(득점: 말컹, 도움: 김효기) 왼쪽
- ●후반 37분 말컹 PA 정면 L - ST - G(득점: 말컹) 왼쪽

서울 2 : 1 수원

5월 05일 16:00 흐림 서울 월드컵 30,202명
주심_김우성 부심_김성일·김지욱 대기심_최현재 경기감독관_김용갑

서울 2 [2 전반 0 / 0 후반 1] **1 수원**

퇴장	경고	파울	ST(유)	교체	선수명	배번	위치	위치	배번	선수명	교체	ST(유)	파울	경고	퇴장
0	0	0	0		양한빈	21	GK	GK	1	신화용		0	0	0	0
0	0	2	0		곽태휘	55	DF	DF	13	박형진		0	3	0	0
0	0	1	0		김원균	40	DF	DF	5	조성진		0	1	0	0
0	0	1	0		심상민	17	DF	DF	20	곽광선		0	1	0	0
0	0	7	0		신광훈	17	DF	MF	26	이기제		0	1	0	0
0	0	1	0		황기욱	28	MF	MF	4	김은선		0	1	0	0
0	3	1(1)			신진호	8	MF	MF	17	김종우	25	1(1)	4	1	0
0	0		22		고요한	13	MF	MF	30	조원희		0	0	0	0
0		4(4)			안델손	9	FW	FW	11	임상협	14	3(2)	1		0
0	2	2			에반드로	11	FW	FW	99	전세진		0	1	0	0
0	1	2	0	32	박주영	10	FW	FW	10	데안		3(1)	0	0	0
0	0	0	0		정진욱	30			21	노동건		0	0	0	0
0	0	0	0		박동진	50			6	매튜		0	0	0	0
0	0		후47		황현수	2	대기	대기	15	구자룡		0	0	0	0
0	0	0	0		정현철	24			88	김준형		0	0	0	0
0	1	1	후25		조영욱	32				김종민	후	0	0	0	0
0	0		후34		윤승원	22			26	염기훈	후	2(1)	0	0	0
0	0	0			김한길	14			14	김건희	후30	0	0	0	0
0	2	26	8(5)									10(5)	10	3	0

- ●전반 2분 에반드로 GAL EL ~ 안델손 GA 정면 내 R - ST - G(득점: 안델손, 도움: 에반드로) 오른쪽
- ●전반 29분 에반드로 자기 측 MFL ~ 안델손 GAR R - ST - G(득점: 안델손, 도움: 에반드로) 왼쪽
- ●후반 41분 염기훈 PK - L - G(득점: 염기훈) 왼쪽

상주 3 : 0 강원

5월 05일 16:00 맑음 상주 시민 1,348명
주심_채상협 부심_이정민·강동호 대기심_김덕철 경기감독관_박남열

상주 3 [1 전반 0 / 2 후반 0] **0 강원**

퇴장	경고	파울	ST(유)	교체	선수명	배번	위치	위치	배번	선수명	교체	ST(유)	파울	경고	퇴장
0	0	0	0		유상훈	31	GK	GK	23	이범영		0	0	0	0
0	1				김남춘	4	DF	DF	22	정승용		0	2	1	0
0	1				김태환	11	DF	DF	4	발렌티노스		1(1)	0	1	0
0	2		10		홍철	33	DF	DF	99	김오규		0	1	0	0
0	1	3	0		신세계	14	MF	MF	14	오범석	86	0	0	1	0
0	1	3(2)	29		심동운		MF	MF	8	황진성		0	1	0	0
0	1				김민우	13	MF	MF	7	정석화		1(1)	1	1	0
0					윤빛가람		FW	FW	11	이근호		2(1)	0	0	0
0	1	2(2)	15		김도형		FW	FW	55	제리치		0	1	0	0
0	1				이광선	20	FW	FW	18	김찬율		0	0	0	0
0					최필수	21			16	함석민		0	0	0	0
0					김진환	5			27	박선주		0	0	0	0
0		4(2)	후17		김호남	10	대기	대기	44	맥고완		0	0	0	0
0			후22		신창무	15			66	박정수		0	0	0	0
0					이태희	24			8	이재권	후26	0	0	0	0
0			후45		백동규	27			18	김승용	후37	0	0	0	0
0					최진호	29			10	디에고	후11	0	0	0	0
0	1	16	13(6)									10(3)	18	3	0

- ●전반 39분 윤빛가람 MFL ^ 김도형 GA 정면 R - ST - G(득점: 김도형, 도움: 윤빛가람) 오른쪽
- ●후반 9분 김도형 PAR ~ 심동운 GA 정면 L - ST - G(득점: 심동운, 도움: 김도형) 왼쪽
- ●후반 22분 김도형 PA 정면 R - ST - G(득점: 김도형) 왼쪽

전북 0 : 3 포항

5월 12일 14:00 비 전주 월드컵 7,910명
주심_김성호 부심_장준모·김지욱 대기심_최대우 경기감독관_송선호

전북 0 [0 전반 3 / 0 후반 0] **3 포항**

퇴장	경고	파울	ST(유)	교체	선수명	배번	위치	위치	배번	선수명	교체	ST(유)	파울	경고	퇴장
0	0	0	0		송범근	31	GK	GK	31	강현무		0	0	0	0
0	0	1	0	28	조성환	16	DF	DF	17	강상우		1(1)	1	0	0
0	0	1			홍정호	26	DF	DF	3	김광석		0	1	0	0
0	1	1			이재성		DF	DF	4	알레망		0			0
0	1(1)		32		티아고	11	MF	MF	19	이상기		0			0
0					최철순	25	MF	MF	6	채프만		0			0
0			9		장윤호	34	MF	MF	14	정원진		2(1)			0
0					손준호	28	MF	MF	12	김승대		2(1)			0
0					명주	35	MF	MF	7	이광혁		2(2)			0
0		4(1)			로페즈	10	FW	FW	16	송승민	24	1(1)			0
0	1	5(1)			이동국	20	FW	FW	18	이근호		1			0
0					홍정남	1			1	류원우		0	0	0	0
0					윤지혁	23			2	국태정		0	0	0	0
0			전19		박정호	8	대기	대기	5	하창래		0	0	0	0
0					손준호	28			24	배슬기		0	0	0	0
0					나성은	8			9	이후권	후26	0			0
0			후10		이근...					김형일		0			0
0					김신욱	9				허용준		0			0
0	4	15	14(4)									9(5)	11	1	0

- ●전반 1분 이근호 GAR ~ 김승대 PA 정면 내 R - ST - G(득점: 김승대, 도움: 이근호) 가운데
- ●전반 21분 강상우 GAL ~ 이광혁 GA 정면 L - ST - G(득점: 이광혁, 도움: 강상우) 가운데
- ●전반 41분 이근호 MF 정면 ~ 송승민 PA 정면 R - ST - G(득점: 송승민, 도움: 이근호) 오른쪽

강원 1 : 1 서울

5월 12일 14:00 비 춘천 송암 1,050명
주심_김대용 부심_김계용·방기열 대기심_최일우 경기감독관_김진의

강원 1 [0 전반 1 / 1 후반 0] **1 서울**

퇴장	경고	파울	ST(유)	교체	선수명	배번	위치	위치	배번	선수명	교체	ST(유)	파울	경고	퇴장
0	0	0	0		이범영	23	GK	GK	21	양한빈		0	0	0	0
0	0	0	10		이재익	2	DF	DF	55	곽태휘		1(1)	1	0	0
0	1	3	0		김오규	99	DF	DF	40	김원균		1	0	0	0
0	3(1)				이태호	5	DF	DF	50	박동진		1	0	0	0
0	1				박선주	27	MF	MF	19	심상민		0	0	0	0
0	1	5	2	86	박정수	66	MF	MF	28	황기욱		2(1)	1	0	0
0					오범석	14	MF	MF	8	신진호		1			0
0	1				김승용		MF	MF	13	고요한		0			0
0	1(1)				이현식	29	FW	FW	9	안델손		6(2)			0
0	3(3)				제리치	55	FW	FW	11	에반드로	32	3			0
0	2(1)				이근호	11	FW	FW	10	박주영	29	3			0
0					함석민	16			1	유현		0	0	0	0
0					맥고완	44			2	황현수		0	0	0	0
0			후40		김영신	86	대기	대기	38	윤종규		0	0	0	0
0					황진성	8			32	조영욱	후13	0	0	0	0
0					정석화	7			20	시시	후26	1(1)			0
0					디에고	10			7	이상호	후	0	0	0	0
0	2	12	13(7)									17(5)	26	3	0

- ●후반 44분 디에고 GAL ~ 제리치 GAL R - ST - G(득점: 제리치, 도움: 디에고) 왼쪽
- ●전반 15분 신진호 MFL FK ^ 곽태휘 GA 정면 H - ST - G(득점: 곽태휘, 도움: 신진호) 가운데

5월12일 16:00 흐림 제주 월드컵 2,750명

주심_김용우 부심_윤광열·양재용 대기심_장순택 경기감독관_박남열

| | 제주 1 | 0 전반 0 / 1 후반 0 | 0 전남 | |

퇴장	경고	파울	ST(유)	교체	선수명	배번	위치	배번	선수명	교체	ST(유)	파울	경고	퇴장
0	0	0			이 창 근	21	GK	20	이 호 승		0	0	0	0
0	0	0			오 반 석	4	DF	23	양 준 아	30	0	3	1	0
0	0	3		45	권 한 진	5	DF	17	이 지 남		0	0	0	0
0	0	0			조 용 형	20	DF	2	가 솔 현		0	0	0	0
1	0	1			김 상 원	3	MF	13	이 슬 찬		0	0	0	0
0	0	1			박 진 포	6	MF	6	김 선 우	19	2	0	0	0
0	0	2			권 순 형	7	MF	16	한 찬 희		3(1)	4	0	0
0	0	0			정 운	2	MF	21	박 광 일		0	0	0	0
0		2		16	김 현 욱	30	MF	11	완 델 손		2	0	0	
0	2		3(2)		마 그 노	10	FW	10	지 동	17	4(3)	1	0	
0	0	9			찌 아 구	99	FW	14	김 영 욱		4(2)	0	0	
0	0	0			김 경 민	1		31	박 대 한		0	0	0	0
0	0	0			김 수 범	22		25	박 대 한		0	0	0	0
0	0	0		후37	정 태 욱	45		27	이 유 현		0	0	0	0
0	0	0			이 창 민	대기	대기	26	유 윤 동		0	0	0	0
0	0	0		후31	이 우 성	16		30	윤 동 민	후22	0	0	0	0
0	0		후6		진 성 욱	9		10	마 쎄 도	후17	3	1	0	0
0	0	0			류 승 우	17		19	허 용 준	후13	3(1)	0	0	0
1	0	7	12(2)								21(7)	10	1	0

●후반 29분 진성욱 PAR ~ 마그노 AKR R - ST - G(득점: 마그노, 도움: 진성욱) 오른쪽

5월13일 14:00 맑음 상주 시민 1,172명

주심_고형진 부심_김성일·곽승순 대기심_정의석 경기감독관_김형남

| | 상주 3 | 3 전반 0 / 0 후반 2 | 2 인천 | |

퇴장	경고	파울	ST(유)	교체	선수명	배번	위치	배번	선수명	교체	ST(유)	파울	경고	퇴장
0	0	0			유 상 훈	31	GK	21	이 진 형		0	0	0	0
0	0	1	1(1)		김 남 춘	4	DF	47	김 동 민		2	1	0	0
0	0	1	1		김 태 환	11	DF	16	이 윤 표		1	0	0	0
0	0	0			임 채 민	26	DF	26	김 대 중	44	0	0	0	0
0	0	1	1(1)	10	홍 철	33	DF	26	곽 해 성		0	0	0	0
0	0	0			신 세 계	3	MF	17	고 슬 기	39	0	0	0	0
0	0	1			심 동 운	7	MF	4	한 석 종		1	0	0	0
0	0	2			김 민 우		MF		아 길 라 르		1	0	0	0
0	1		2(2)		윤 빛 가 람	14	FW	27	문 선 민		2	0	0	0
0	0	3	1(1)		김 도 형		FW	7	남 준 재		1	1	0	0
0	0	0			이 광 선	20	FW	13	김 진 야	7	1(1)	1	0	0
0	0	0			최 필 수	21		31	이 태 희		0	0	0	0
0	0		후33		김 진 환	5		36	김 대 경		0	0	0	0
0	0		후24		김 호 남			44	김 정 호	전23	0	0	0	0
0	0	1(1)	후40		신 창 무	15	대기	39	임 은 수	후	0	0	0	0
0	0	0			이 태 희	24		25	김 석 호		0	0	0	0
0	0	0			백 동 규	27		18	박 종 진		0	0	0	0
0	0	0			최 진 호	29		7	송 시 우	후24	0	0	0	0
0	1	8	11(7)								11(4)	10	1	0

●전반 5분 홍철 C.KR L - ST - G(득점: 홍철) 오른쪽
●전반 22분 김남춘 GA 정면 R - ST - G(득점: 김남춘) 왼쪽
●전반 36분 김태환 GAR ~ 김민우 GA L L - ST - G(득점: 김민우, 도움: 김태환) 왼쪽
●후반 6분 문선민 GAL ~ 무고사 GA 정면 R - ST - G(득점: 무고사, 도움: 문선민) 오른쪽
●후반 12분 문선민 PAL ᄉ 이윤표 GAR H - ST - G(득점: 이윤표, 도움: 문선민) 왼쪽

5월13일 16:00 맑음 수원 월드컵 5,322명

주심_채상협 부심_이정민·김영하 대기심_김도연 경기감독관_차상해

| | 수원 2 | 1 전반 0 / 1 후반 0 | 0 대구 | |

퇴장	경고	파울	ST(유)	교체	선수명	배번	위치	배번	선수명	교체	ST(유)	파울	경고	퇴장
0	0	0			신 화 용	1	GK	21	조 현 우		0	0	0	0
0	0	3	0		매 튜	20	DF	30	김 진 혁	36	0	1	0	0
0	0	1			곽 광 선	22	DF	33	김 태 한		0	4	0	0
0	1	1			이 종 성	16	DF	6	한 희 훈		0	0	0	0
0	0	1	1		박 형 진	13	MF	22	정 우 재		0	2	0	0
0	1	1	4		최 성 근	25	MF	18	정 승 원		2	2	0	0
0	0	1	3(2)		조 원 희	8	MF	20	황 순 민	26	0	1	0	0
0	1	2		17	장 호 익	35	MF	9	류 재 문		1	0	0	0
0	1	5			임 상 협	11	FW	7	세 징 야		2(1)	1	0	1
0	1	5(2)	99		바 그 닝 요	11	FW	15	임 재 혁		3(1)	1	0	0
0	0	3(2)	10		김 건 희	14	FW	10	안	17	0	0	0	0
0	0	0			노 동 건	21		1	최 영 은		0	0	0	0
0	0	0			이 기 제	23		13	홍 승 현		0	0	0	0
0	0	0			구 자 룡			36	박 한 빈	후0	0	0	0	0
0	1(1)		후15		종 우	17	대기	대기	류 재 문		0	0	0	0
0	0	0			김 은 선	4		26	고 재 현	후24	0	0	0	0
0	0	0		후38	전 세 진	99		17	김 경 준	후9	0	0	0	0
0	0	0		후24	데 안	10		32	정 치 인		0	0	0	0
0	3	26	14(7)								10(2)	16	2	1

●전반 25분 바그닝요 PK - R - G(득점: 바그닝요) 왼쪽
●후반 25분 최성근 PAR ᄉ 바그닝요 GA 정면 내 H - ST - G(득점: 바그닝요, 도움: 최성근) 가운데

5월13일 16:00 맑음 울산 문수 9,992명

주심_최광호 부심_박상준·박균용 대기심_정회수 경기감독관_나승화

| | 울산 1 | 1 전반 0 / 0 후반 1 | 1 경남 | |

퇴장	경고	파울	ST(유)	교체	선수명	배번	위치	배번	선수명	교체	ST(유)	파울	경고	퇴장
0	0	0			김 용 대	1	GK	31	손 정 현		0	0	0	0
0	0	0			이 명 재	13	DF	8	안 성 남	6	0	0	0	0
0	0	1			김 민 수		DF	23	박 지 수		2(1)	1	0	0
0	0	1			임 종 은	5	DF	15	우 주 성		2	0	0	0
0	0	1			김 창 수	27	DF	19	김 영 찬		0	0	0	0
0		2	34		한 승 규	24	MF	24	최 영 준		2(1)	1	0	0
0	0		2(2)		이 영 재		MF	21	조 재 철	7	1(1)	0	0	0
0	1	2			정 재 용		MF	37	김 종 진	9	1(1)	0	0	0
0	0	0			김 민 재	25	FW	20	김 효 기		4(2)	3	1	0
0	2	2(2)			황 일 수	11	FW	77	네 게 바		3(1)	0	0	0
0	0	0			오 승 훈	21		1	이 준 희		0	0	0	0
0	0		후0		리 차 드	40		5	최 재 수	후32	0	0	0	0
0	0	0			주 니 오	33		4	이 반		0	0	0	0
0	0		후5		박 용 우	34	대기	대기	11	김 신		0	0	0	0
0	0		후28		오 르 샤			7	배 기 종	후14	0	0	0	0
0	0	0			김 승 준	19		9	말 컹	후	3(2)	1	0	0
0	0	0			우 제 흘	33								
1	0	4	11(6)								18(9)	10	2	0

●전반 34분 황일수 PK - R - G(득점: 황일수) 왼쪽
●후반 15분 우주성 AKR ~ 말컹 AK 정면 R - ST - G(득점: 말컹, 도움: 우주성) 오른쪽

경남 0 : 1 강원

5월 19일 14:00 흐림 창원축구센터 2,132명
주심_ 송민석 부심_ 장준모·양재용 대기심_ 설태환 경기감독관_ 김용갑

| | | | | 0 전반 0 | | | |
| | | | | 0 후반 1 | | | |

퇴장	경고	파울	ST(유)	교체	선수명	배번	위치	위치	배번	선수명	교체	ST(유)	파울	경고	퇴장
0	0	0	0		손정현	31	GK	GK	23	이범영		0	0	0	0
0	1	2	0		김현훈	24	DF	DF	2	이재익	3	1(1)	2	0	0
0	0	0	0		여성해	17	DF	DF	14	오범석		1	0	0	0
0	0	0	0		박지수	23	DF	DF	44	맥고완		0	0	0	0
0	1	0	0		우주성	15	DF	DF	22	정승용		0	0	0	0
0	0	0	0		최영준	26	MF	MF	4	발렌티노스		2(1)	1	0	0
0	1	1	0	18	조재철	8	MF	MF	66	박정수		1	2	1	0
0	1	0			네게바	77	MF	MF	27	박선우	55	1	1	0	0
0	1	0			쿠니모토	22	MF	MF	7	정석화		2	1	0	0
0	0	1	0		안성남	8	FW	FW	10	디에고		2(2)	2	1	0
0	0	2	0	10	김신	11	FW	FW	11	이근호		1	1	0	0
					이준희				16	함석민					
					조병국	5			3	이호인	후38				
					김효기	20	대기	대기	86	김영신					
				후0	조성빈	18			29	이현식	후6				
					김종진	37			12	임찬울					
				후26	권용현	10			17	김경중					
				후0	말컹	9			55	제리치	후0	4(2)			
0	3	8	3			0			0			20(8)	14	1	0

● 후반 13분 박정수 GAR · 제리치 GAL 내 H - ST - G(득점: 제리치, 도움: 박정수) 왼쪽

전남 1 : 1 대구

5월 19일 16:00 맑음 광양전용 2,906명
주심_ 김희곤 부심_ 김성일·방기열 대기심_ 최현재 경기감독관_ 차상해

| | | | | 0 전반 1 | | | |
| | | | | 1 후반 0 | | | |

퇴장	경고	파울	ST(유)	교체	선수명	배번	위치	위치	배번	선수명	교체	ST(유)	파울	경고	퇴장
0	0	0	0		이호승	20	GK	GK	21	조현우		0	0	0	0
0	1	3(1)	0		이슬찬	13	DF	DF	66	박병현		1	0	0	0
0	0	0	0		이지남	17	DF	DF	33	김태한		1	0	0	0
0	0	0	0		가솔현	3	DF	DF	30	김진혁		1	2	1	0
0	0	0	0		박광일	21	DF	MF	22	정우재		0	0	0	0
0	1	1(1)	0		한찬희	16	MF	MF	5	홍정운		0	0	0	0
0	0	0	0		김선우	6	MF	MF	20	황순민		0	0	0	0
0	0	0	0		완델손	11	MF	MF	4	고승범		1	0	0	0
0	3	2		19	박준태	17	MF	FW	11	세징야		6(1)	0	2	0
0	1	1	0		박대한	25	MF	FW	18	정승원	36	1	2	0	0
0	3(1)			18	하태균	7	FW	FW	14	김경준		2(1)	0	2	0
					박대한	31			1	최영은					
					이유현	27			2	오광진					
					유고비치				3	김우석					
				후0	김영욱	14	대기	대기	29	류재문					
					마쎄도				36	박한빈	후36	1(1)			
				후16	김경민	18				임재혁	후0				
				후29	허용준	19			32	정치인	후31				
0	1	8	13(6)			0			0			14(3)	11	1	0

● 후반 32분 이슬찬 MFL ~ 허용준 GAL R - ST - G(득점: 허용준, 도움: 이슬찬) 오른쪽
● 후반 46분 세징야 PA 정면 ~ 박한빈 PK지점 R - ST - G(득점: 박한빈, 도움: 세징야) 가운데

인천 1 : 1 울산

5월 20일 14:00 흐림 인천전용 4,326명
주심_ 김용우 부심_ 김계용·김지욱 대기심_ 최일우 경기감독관_ 박남열

| | | | | 0 전반 0 | | | |
| | | | | 1 후반 1 | | | |

퇴장	경고	파울	ST(유)	교체	선수명	배번	위치	위치	배번	선수명	교체	ST(유)	파울	경고	퇴장
0	0	0	0		이진형	21	GK	GK	1	김용대		0	0	0	0
0	0	1	1(1)		김용환	3	DF	DF	13	이명재		0	2	1	0
0	0	0	0		이윤표	16	DF	DF	4	강민수		0	0	0	0
0	1	0	0		김정호	44	DF	DF	40	리차드		1	0	0	0
0	0	0	0		최종환	6	DF	DF	27	김창수		0	0	0	0
0	1	3	0	8	최범경	40	MF	MF	6	정재용		0	0	1	0
0		2	3(2)		임은수	39	MF	MF	9	오르샤		3(1)	0	0	0
0	2	1(1)		7	문선민	27	FW	MF	24	한승규		2(1)	2	0	0
0	1	1			아길라르	10	MF	MF	34	박용우	37	0	0	0	0
0	0	2(1)		19	김진야	11	FW	FW	7	김인성		4(3)	1	0	0
0		4(2)			무고사	9	FW	FW	55	토요다	25	0	0	1	0
					정산	1			18	조수혁					
					강지용	15			5	임종은	후32				
					박종진	18			23	김수안					
				후36	이정빈	8	대기	대기	23	이동준					
				후40	송시우	7			32	이영재	후16				
				후0	쿠비	10			11	황일수					
					김보섭	29			25	김건우	후20	1(1)			
0	2	14	16(9)			0			0			11(6)	16	2	0

● 후반 49분 임은수 GAR R - ST - G(득점: 임은수) 왼쪽
● 후반 30분 오르샤 AKL FK R - ST - G(득점: 오르샤) 오른쪽

상주 0 : 0 제주

5월 20일 14:00 흐림 상주시민 1,093명
주심_ 김동진 부심_ 이정민·김영하 대기심_ 최대우 경기감독관_ 송선호

| | | | | 0 전반 0 | | | |
| | | | | 0 후반 0 | | | |

퇴장	경고	파울	ST(유)	교체	선수명	배번	위치	위치	배번	선수명	교체	ST(유)	파울	경고	퇴장
0	0	0	0		유상훈	31	GK	GK	21	이창근		0	0	0	0
0	1	4	0		김남춘	4	DF	DF	4	오반석		1	0	0	0
0	0	1	0		김태환	11	DF	DF	5	권한진		0	0	0	0
0	0	3	0		임채민	5	DF	DF	20	조용형		0	0	0	0
0	1	1	0		홍철	33	DF	MF	6	박진포		0	0	0	0
0	1	1	0		신세계	3	MF	MF	7	권순형		0	0	0	0
0	0	0	0		김민우	4	MF	MF	13	정운		0	0	0	0
0	0	1	0		윤빛가람	14	MF	MF	40	이찬동	37	0	0	0	0
0	2	2(1)	9		김도형	10	FW	MF	9	진성욱		3(2)	0	0	0
0	0	3	1		이광선	20	FW	FW	10	마그노		4(2)	2	0	0
					최필수	21			1	김경민					
					신창무				18	배재우					
				후36	주민규	18	대기	대기	23	김원일					
					김호남	7			45	정태욱					
					신창무	15			16	이동수	후31				
					이태희	24			17	류승우	후0				
					차진환	79			99	찌아구	후0	1(1)			
0	1	15	8(1)			0			0			9(2)	12	0	0

서울 0 : 4 전북

5월 20일 16:00 맑음 서울월드컵 21,551명
주심_이동준 부심_윤광열·박균용 대기심_김덕철 경기감독관_니승화

서울 0	0 전반 0	4 전북
	0 후반 4	

퇴장	경고	파울	ST(유)	교체	선수명	배번	위치	위치	배번	선수명	교체	ST(유)	파울	경고	퇴장
0	0	0	0		양한빈	21	GK	GK	31	송 범 근		0	0	0	0
0	0	2	1(1)		곽태휘	55	DF	DF	25	최 철 순		1	1	0	0
0	0	0	0		황현수	2	DF	DF	4	최 보 경		0	0	0	0
0	0	0	0		고 요한	13	DF	DF	26	홍 정 호		0	3	1	0
0	0	0	0		심 상 민	19	DF	DF	2	이 용		0	0	0	0
0	1	2	0		황 기 욱	28	MF	MF	4	신 형 민		0	0	0	0
0	0	0	0	29	이 상 호		MF	MF	14	이 승 기	18	0	0	0	0
1	0	1	0		신 진 호	8	MF	MF	5	임 선 영		1(1)	1	0	0
0	1	4(3)		14	안 델 손		FW	FW	10	로 페 즈	20	6(3)	2	1	0
0	1	3	0		조 영 욱	32	FW	FW	17	아드리아노		2	0	0	0
0	4(2)				박 주 영	10	FW								
0	0	0	0		유 현	1			1	홍 정 남		0	0	0	0
0	0	0	0		김 원 균	40			15	이 재 성		0	0	0	0
0	1	3	0	후31	김 한 길	14			32	장 윤 호		0	0	0	0
0	0	0	0		김 원 식	15		대기	17	이 재 성	후13	1(1)	0	0	0
0	0	0	0	후15	에반드로				18	나 성 은	후40	0	0	0	0
0	0	0	0	후7	박 희 성	29			35	명 준 재		0	0	0	0
0	0	0	0		윤 승 원	22			20	이 동 국	후8	7(5)	1	0	0
1	2	11	10(6)									18(10)	12	2	0

- ● 후반 16분 최보경 GAL EL ~ 이재성⑰ GA 정면 L - ST - G/득점: 이재성⑰, 도움: 최보경) 오른쪽
- ● 후반 36분 곽태휘 자기 측 GAR 자책골(득점: 곽태휘) 왼쪽
- ● 후반 38분 이승기 GAR ~ 임선영 PA 정면 내 R - ST - G/득점: 임선영, 도움: 이승기) 오른쪽
- ● 후반 43분 임선영 MFL ᄂ 이동국 AK 정면 R - ST - G/득점: 이동국, 도움: 임선영) 오른쪽

포항 1 : 1 수원

5월 20일 16:00 흐림 포항 스틸야드 8,305명
주심_김대용 부심_박상준·곽승순 대기심_정회수 경기감독관_신홍기

포항 1	0 전반 0	1 수원
	1 후반 1	

퇴장	경고	파울	ST(유)	교체	선수명	배번	위치	위치	배번	선수명	교체	ST(유)	파울	경고	퇴장
0	0	0	0		강 현 무	31	GK	GK	1	신 화 용		0	0	0	0
0	0	0	0		강 상 우	17	DF	DF	6	매 튜		1(1)	1	0	0
0	0	0	1(1)		김 광 석	3	DF	DF	5	조 성 진		1(1)	1	0	0
0	1	3	0		알 레 망	4	DF	DF	15	구 자 룡	20	1	1	0	0
0	0	0	0		권 완 규	13	DF	MF	13	박 형 진		2(1)	1	1	0
0	0	0	0		9	채 프 만		MF	MF	25	최 성 근		1	5	1	0
0	0	0	0		정 원 진	14	MF	MF	8	김 종 우		1	0	0	0
0	0	0	0		김 승 대	12	MF	DF	3	장 호 익		0	0	0	0
0	1	0	0	97	이 상 기		FW	FW	11	김 상 형	10	0	0	0	0
0	0	0	0	24	이 광 혁		FW	FW		바그닝요		4(2)	2	0	0
0	3(2)				레오가말류	10	FW	L	14	김 건 희		4(2)	0	0	0
0	0	0	0		류 원 우	1			21	노 동 건		0	0	0	0
0	0	0	0		국 태 정	2			23	이 기 제		0	0	0	0
0	0	0	0		하 창 래	5			20	곽 광 선	후33	0	0	0	0
0	0	0	0	후13	배 슬 기	24		대기	8	조 원 희	후40	0	0	0	0
0	0	0	0	후39	이 후 권	9			4	김 민 우		0	0	0	0
0	0	0	0		권 기 표	88			99	전 세 진		0	0	0	0
0	0	0	0	후21	이 래 준	97			10	데 안	후19	3(1)	1	0	0
0	1	16	7(3)									16(6)	13	2	0

- ● 후반 29분 강상우 MFL ᄂ 레오가말류 GA 정면 H - ST - G/득점: 레오가말류, 도움: 강상우 가운데
- ● 후반 26분 박형진 AK 내 ~ 데안 GAL L - ST - G/득점: 데안, 도움: 박형진) 오른쪽

전북 3 : 3 인천

7월 07일 19:00 흐림 전주월드컵 14,132명
주심_김대용 부심_박상현·김영하 대기심_성덕효 경기감독관_송선호

전북 3	2 전반 3	3 인천
	1 후반 0	

퇴장	경고	파울	ST(유)	교체	선수명	배번	위치	위치	배번	선수명	교체	ST(유)	파울	경고	퇴장
0	0	0	0		송 범 근	31	GK	GK	1	정 산		0	1	0	0
0	0	1	0		최 보 경	25	DF	DF	47	김 동 민		0	2	0	0
0	0	2	1(1)		최 보 경	6	DF	DF	20	김 대 중		1	0	0	0
0	1	1	5(3)		김 신 욱	9	DF	DF	16	이 윤 표		0	0	0	0
0	0	0	0		이 용	2	DF	DF	26	곽 해 성	5	0	0	0	0
0	0	1	0		신 형 민	4	MF	MF	77	문 선 민		2(2)	0	1	0
0	3	2	0		손 준 호	4	MF	MF	17	고 슬 기		1	1	0	0
0	1	6(3)			로 페 즈	10	MF	MF	4	한 석 종		0	0	0	0
0	1	20			임 선 영	5	MF	MF	13	김 진 야		0	0	0	0
0	0	0	2(2)	17	한 교 원		MF	FW	9	무 고 사	29	2(2)	1	0	0
0	3(3)	11			아드리아노	32	FW	FW	10	아길라르		0	0	0	0
0	0	0	0		홍 정 남	21			21	이 창 근		0	0	0	0
0	0	0	0		이 재 성	15			5	강 지 용	후39	0	0	0	0
0	0	0	0		장 윤 호	34			44	김 정 호		0	0	0	0
0	0	0	0		정 혁			대기	18	박 종 진		0	0	0	0
0	0	0	0	후0	이 재 성	17			39	임 은 수		0	0	0	0
0	0	0	0		티 아 고				23	김 석 호		0	0	0	0
0	8(2)	후40			이 종 국	20			29	김 보 섭	후22	1			
0	1	12	31(16)									5(4)	6	2	0

- ● 전반 13분 아드리아노 PK - R - G/득점: 아드리아노) 왼쪽
- ● 전반 41분 로페즈 PA 정면 R - ST - G/득점: 로페즈) 오른쪽
- ● 후반 50분 로페즈 PAR 내 ~ 김신욱 GAL 내 R - ST - G/득점: 김신욱, 도움: 로페즈) 왼쪽
- ● 전반 6분 이윤표 자기 측 MFL ᄂ 문선민 PA 정면 내 R - ST - G/득점: 문선민, 도움: 이윤표) 왼쪽
- ● 전반 9분 무고사 PAR 내 R - ST - G/득점: 무고사) 왼쪽
- ● 전반 30분 아길라르 PA 정면 ~ 문선민 GAL R - ST - G/득점: 문선민, 도움: 아길라르) 오른쪽

수원 2 : 3 제주

7월 07일 19:00 맑음 수원월드컵 7,226명
주심_김우성 부심_윤광열·양재용 대기심_김영수 경기감독관_김형남

수원 2	0 전반 1	3 제주
	2 후반 2	

퇴장	경고	파울	ST(유)	교체	선수명	배번	위치	위치	배번	선수명	교체	ST(유)	파울	경고	퇴장
0	0	0	0		노 동 건	21	GK	GK	21	이 창 근		0	0	0	0
0	0	2	3(1)		양 상 민	3	DF	DF	15	알 렉 스		0	0	0	0
0	0	0	0		곽 광 선	20	DF	DF	6	권 한 진		2(2)	0	0	0
0	0	0	0		구 자 룡	15	DF	DF	20	조 용 형		0	0	0	0
0	1	3(2)			이 기 제	23	MF	MF	14	이 창 민		0	0	0	0
0	0	0	0		조 원 희	8	MF	MF	7	권 순 형	17	2(1)	0	0	0
0	0	0	0	77	김 종 우		MF	MF	2	정 다 훤		0	2	0	0
0	0	0	0		장 호 익	35	MF	MF	30	김 현 욱	17	1(1)	0	0	0
0	0	0	0	26	전 세 진	99	MF	FW	10	이 창 민		2(1)	0	0	0
0	0	3(2)			바그닝요	10	MF	FW	16	마 그 노		3(2)	1	0	0
0	0	3	18		데 안		FW	FW	11	호 벨 손	9	2	1	0	0
0	0	0	0		신 화 용				41	박 한 근		0	0	0	0
0	0	0	0		박 형 진	13			18	배 재 우		0	0	0	0
0	0	0	0		김 준 형	88			37	김 원 일		0	0	0	0
0	0	0	0	후18	조 지 훈	77		대기	16	이 동 수	후26	0	0	0	0
0	0	0	0		임 상 협				40	이 찬 동		0	0	0	0
0	0	0	0	후40	염 기 훈	26			9	진 성 욱	후16	1	0	0	0
0	0	0	0	후33	김 상 빈	18			17	류 승 우	후31	1	0	0	0
0	2	12	17(5)									16(8)	5	0	0

- ● 후반 12분 바그닝요 PAL ~ 이기제 PAL 내 L - ST - G/득점: 이기제, 도움: 바그닝요) 오른쪽
- ● 후반 29분 양상민 GA 정면 내 R - ST - G/득점: 양상민) 가운데
- ● 전반 22분 권순형 MFL FK ᄂ 권한진 GA 정면 H - ST - G/득점: 권한진, 도움: 권순형) 가운데
- ● 후반 14분 마그노 PA 정면 내 R - ST - G/득점: 마그노) 오른쪽
- ● 후반 42분 권한진 GA 정면 내 R - ST - G/득점: 권한진) 가운데

7월 07일 19:00 흐림 김해 운동장 2,578명
주심_김희곤 부심_김계용·박균용 대기심_오현진 경기감독관_신홍기

경남 2 · 0 포항

전반	후반
1	1
0	0

퇴장	경고	파울	ST(유)	교체	선수명	배번	위치	위치	배번	선수명	교체	ST(유)	파울	경고	퇴장
0	0	0	0		손정현	31	GK	GK	31	강현우		0	0	0	0
0	0	0	0	18	유지훈	3	DF	DF	20	우찬양		0	3	0	0
0	1	1	1(1)		이광진	16	DF	DF	24	배슬기		0	0	0	0
0	1	3	0		박지수	23	DF	DF	3	김광석		0	1	0	0
0	0	0	2(2)		우주성	15	DF	DF	17	강상우		0	0	0	0
0	0	0	0		최영준	26	MF	MF	6	이후권		0	4	0	0
0	1	2	0		김준범	29	MF	MF	77	이진현		0	0	0	0
0	1	3(2)		11	네게바	77	MF	MF	12	김승대		0	1	0	0
0	0	0	0		조영철	30	FW	FW		강현		0	0	0	0
0	0	3(1)			김효기	20	FW	FW	98	권기표		0	1	0	0
0	0	0	0		조재철	21	FW	FW	18	이근호		0	0	0	0
0	0	0	0		이범수	25			1	류원우		0	0	0	0
0	0	0	0		김현훈	24			4	알레망	후0	1	4	0	0
0	0	0	0		최재수	6			26	박성우		0	0	0	0
0	0	0	후40	하성민	4	대기	대기		정원진		0	0	0	0
0	0	0	0		좌준협	14			16	송승민	후40	0	0	0	0
0	0	0	후4	파울링요	10			10	레오가말류	후17	1	0	0	0
0	0	0	후27	김신	11										
0	2	12	18(8)									7(2)	12	0	0

●전반 2분 조영철 MFL → 조재철 GAL R - ST - G(득점: 조재철, 도움: 조영철) 오른쪽
●후반 21분 네게바 GAL R - ST - G(득점: 네게바) 왼쪽

7월 08일 19:00 흐림 대구 스타디움 12,925명
주심_고형진 부심_이정민·김지욱 대기심_최대우 경기감독관_나승화

대구 2 · 2 서울

전반	후반
2	0
0	2

퇴장	경고	파울	ST(유)	교체	선수명	배번	위치	위치	배번	선수명	교체	ST(유)	파울	경고	퇴장
0	0	0	0		조현우	21	GK	GK	21	양한빈		0	0	0	0
0	1	2		18	정우재	22	DF	DF	55	곽태휘		0	1	0	0
0	0	0	0		홍정현	66	DF	DF	40	김원균		0	0	0	0
0	0	0	0		김우석	20	DF	DF	13	고요한		0	1	0	0
0	1	1(1)		8	황순민	20	MF	MF	18	윤석영		0	0	0	0
0	0	1	0		류재문	29	MF	MF	6	김성준		0	0	0	0
0	1	6(6)			세징야	11	MF	MF	23	이석현	7	0	0	0	0
0	3	5(1)		26	조석재	99	MF	MF	32	조영욱	2(1)	1	0	0	0
0	1	5(3)			에드가	9	FW	FW	11	안델손		4(2)	1	0	0
0	0	0	0		최영은	1			1	유		0	0	0	0
0	0	0	전26	고재현	26			2	황현수		0	0	0	0
0	0	0	0		김태한	33			50	박동진		0	0	0	0
0	0	0		강시훈	43	대기	대기	14	김동우		0	2	0	0
0	0	0	후38	정선호	18			7	이상호	후42	2	3	1	0
0	0	0	후41	정승원	18			15	김원식	후33	1	1	0	0
0	0	0		김대원	14			10	박주영	후28	1(1)	0	0	0
0	1	10	20(12)									10(4)	15	2	0

●전반 36분 고재현 PAR 내 → 에드가 GAL L - ST - G(득점: 에드가, 도움: 고재현) 왼쪽
●전반 48분 세징야 PK - R - G(득점: 세징야) 왼쪽
●전반 11분 고요한 MFR → 조영욱 GAL R - ST - G(득점: 조영욱, 도움: 고요한) 왼쪽
●전반 17분 안델손 GAR 내 R - ST - G(득점: 안델손) 오른쪽

7월 08일 18:00 맑음 춘천 송암 1,064명
주심_김동진 부심_곽승순·구은석 대기심_정회수 경기감독관_박남열

강원 1 · 1 전남

전반	후반
0	1
1	0

퇴장	경고	파울	ST(유)	교체	선수명	배번	위치	위치	배번	선수명	교체	ST(유)	파울	경고	퇴장
0	0	0	0		이범영	23	GK	GK	31	박대한		0	0	0	0
0	0	3	0		오범석	14	MF	DF	23	양준아		0	2	0	0
0	0	0	0		한용수	40	DF	DF	19	이지남		0	0	0	0
0	1	1	1		김오규	99	DF	DF	5	도나치		0	1	1	0
0	0	0	0		정승용	22	DF	DF	13	이슬찬		2	1	1	0
0	0	3	0		발렌티노스	4	MF	MF	8	유고비치		1	1	1	0
0	1	3(1)			박정수	66	MF	MF	98	이상헌	18	1(1)	0	0	0
0	0	0	0		김영신	86	MF	MF	21	박광일		0	0	0	0
0	1	1	27	이현식	27	MF	MF	11	완델손		0	1	0	0
0	1	1(1)	10	정조국	9	FW	FW	7	박준태	후	0	1	0	0
0	1	1(1)			제리치	55	FW	FW	14	김영욱		3(3)	0	0	0
0	0	0		함석민	16			1	장대희		0	0	0	0
0	0	0	0		이태호	5			4	김민준		0	0	0	0
0	0	0	맥고완	44	대기	대기	6	김선우		0	0	0	0
0	0	0	후45	박선주	27			16	한찬희	후23	0	0	0	0
0	0	0		정석화				27	이유현	후	0	0	0	0
0	0	2(1)	후11	니에 스	10			18	김건 민	후31	0	0	0	0
0	3	13	10(4)									6(4)	23	2	0

●후반 18분 정승용 C.KR → 박정수 GAL H - ST - G(득점: 박정수, 도움: 정승용) 오른쪽
●전반 4분 김영욱 GA 정면 R - ST - G(득점: 김영욱) 오른쪽

7월 08일 19:30 흐림 상주 시민 1,721명
주심_이동준 부심_김성일·방기열 대기심_최일우 경기감독관_전인석

상주 2 · 3 울산

전반	후반
0	2
1	1

퇴장	경고	파울	ST(유)	교체	선수명	배번	위치	위치	배번	선수명	교체	ST(유)	파울	경고	퇴장
0	1	1	0		유상훈	31	GK	GK	21	오승훈		0	0	0	0
0	0	0	0		김남춘	4	DF	DF	13	이명재		1	0	0	0
0	1	3	0		김태환	11	DF	DF	5	임종은		0	0	0	0
0	1	1	0		임채민	26	DF	DF	40	리차드		1	1	0	0
0	0	0	0		홍철	33	DF	DF	27	김창수		0	0	0	0
0	1	3	0		신세계	4	MF	MF	6	정재용		0	0	0	0
0	1	2			심동운	8	MF	MF	11	황일수		3(1)	0	0	0
0	0	2(1)	13	김호남	13	MF	MF	72	김성주		0	0	0	0
0	0	3(1)			윤빛가람	14	MF	MF	34	박용우	2(1)	0	0	0	0
0	0	3(2)	15	김도형	15	MF	MF	7	김인성	1(1)	1	0	0	0
0	0	0	0		이광선	20	FW	FW	30	주니오		4(2)	0	0	0
0	0	0		최필수	21			1	김용대		0	0	0	0
0	0	0	후5	김진환	5			4	정동호		0	0	0	0
0	0	0	후25	신창무	14	대기	대기	22	정승현		0	0	0	0
0	0	0		이태희	24			24	한승규	후31	0	0	0	0
0	0	0		백동규	27			32	이영재	후13	1(1)	1	0	0
0	0	0		최신영				10	니 쭝	후09	0	0	0	0
0	2	12	11(4)									18(8)	7	1	0

●후반 8분 홍철 C.KR → 김도형 GAL H - ST - G(득점: 김도형, 도움: 홍철) 왼쪽
●후반 28분 김태환 GAR → 윤빛가람 GA 정면 R - ST - G(득점: 윤빛가람, 도움: 김태환) 가운데
●전반 13분 황일수 → 주니오 GA 정면 L - ST - G(득점: 주니오, 도움: 황일수) 오른쪽
●전반 23분 주니오 PK - R - G(득점: 주니오) 왼쪽
●후반 48분 황일수 PAL → 이영재 GAL H - ST - G(득점: 이영재, 도움: 황일수) 오른쪽

울산 0 - 2 전북

7월11일 19:30 맑음 울산 문수 8,006명
주심_김우성 부심_이정민·양재용 대기심_최대우 경기감독관_차상해

| 울산 | 0 | 전반 0 후반 2 | 2 | 전북 |

퇴장	경고	파울	ST(유)	교체	선수명	배번	위치	배번	선수명	교체	ST(유)	파울	경고	퇴장
0	0	0	0		오승훈	21	GK	GK	31	송범근		0	0	0	0
0	0	2	0		이명재	13	DF	DF	25	최철순		0	0	1	0
0	0	0	0		강민수	4	DF	DF	6	최보경		0	0	0	0
0	0	0	0		리차드	40	DF	DF	26	홍정호		1(1)	0	0	0
0	0	0	0		김창수	27	DF	DF	2	이용		0	0	0	0
0	1	1	0		정재용	8	MF	MF	28	손준호	4	2(1)	3	0	0
0	2	1	1(1)		이창용	79	MF	MF	17	이재성	14	1(1)	0	0	0
0	0	2	0		황일수	11	MF	MF	11	티아고		3(1)	2	0	0
0	0	15			김승준	16	MF	MF	5	임선영	7	4(3)	0	0	0
0		7			한승규	24	MF	MF	10	로페즈		3(2)	1	1	0
0	2(2)	10			주니오	30	FW	FW	20	이동국		5(3)	1	0	0
0	0	0			조수혁	18			21	황병근		0	0	0	0
0					임종은	5			15	이재성		0	0	0	0
0	0	1		후28	홍준호	5			4	신형민	후0	1	1	1	0
0					김건웅	16	대기	대기	34	장윤호		0	0	0	0
0					이영재	32			19	이승기	후19	1(1)	1	0	0
0	1(1)	후40			김인성	7			7	한교원	후37	1	0	0	0
0				후22	이종호	10			32	아드리아노		0			
0	1	7	5(5)				0					22(13)	11	2	0

- 후반 18분 이용 PAR TL ⌒ 이재성⑰ GAR H
  - ST - G/득점: 이재성⑰, 도움: 이용 왼쪽
- 후반 32분 이용 PAR EL ~ 이동국 GA 정면 R
  - ST - G/득점: 이동국, 도움: 이용 왼쪽

포항 0 - 3 서울

7월11일 19:30 맑음 포항 스틸야드 5,147명
주심_이동준 부심_곽승순·구은석 대기심_성덕호 경기감독관_김형남

| 포항 | 0 | 전반 0 후반 1 | 3 | 서울 |

퇴장	경고	파울	ST(유)	교체	선수명	배번	위치	배번	선수명	교체	ST(유)	파울	경고	퇴장
0	0	0	0		강현무	31	GK	GK	21	양한빈		0	0	0	0
0	0	1	0		김광석	3	DF	DF	40	김원균		1(1)	1	0	0
0	0	0	0		채프만	6	DF	DF	6	김한길		0	0	0	0
0	0	0	0		알레망	4	DF	DF	50	박동진		2	1	0	0
0	0	1			강상우	17	MF	DF	18	윤석영		0	2	1	0
0	3(3)	18			정원진	14	MF	MF	28	황기욱	15	1(1)	4	0	0
0	1	11			이후권	7	MF	MF	6	김성준	11	0	1	0	0
0	0	2			이진현	17	MF	MF	7	조영욱		3(1)	0	0	0
0	0	20			김승대	12	FW	FW	7	이상호		2	1	0	0
0	1(1)				레오가말류	10	FW	FW	9	안델손		4(3)	2	1	0
0					류원우	1			1	유현		0	0	0	0
0		후34			우찬양	20			55	곽태휘	후29	0	0	0	0
0					박성우	26			14	김한길		0	0	0	0
0					김현솔	8	대기	대기	39	박성식	후39	0	0	0	0
0	0				이광혁	11			23	이석현		0	0	0	0
0					송승민	16			10	박주영		0	0	0	0
0	1(1)	후29			이근호	18			11	에반드로	후12	1(1)	0	0	0
0	1	9	8(6)				0					11(8)	17	2	0

- 전반 15분 안델손 PK지점 ~ 고요한 GAL L
  - ST - G/득점: 고요한, 도움: 안델손 왼쪽
- 전반 37분 윤석영 C.KR ⌒ 김원균 GAR H
  - ST - G/득점: 김원균, 도움: 윤석영 왼쪽
- 후반 44분 에반드로 GAL 내 L - ST - G/득점: 에반드로 가운데

전남 0 - 2 수원

7월11일 19:30 맑음 광양 전용 3,438명
주심_박병진 부심_박상준·김영하 대기심_신용준 경기감독관_김용세

| 전남 | 0 | 전반 0 후반 2 | 2 | 수원 |

퇴장	경고	파울	ST(유)	교체	선수명	배번	위치	배번	선수명	교체	ST(유)	파울	경고	퇴장
0	0	0	0		박대한	31	GK	GK	21	노동건		0	0	0	0
0	3	0			양준아	23	DF	DF	3	양상민		2	0	0	0
0	0	1			이지남	17	DF	DF	5	조성진		0	0	0	0
0	1	0	29		도나치	5	DF	DF	16	이종성		0	2	0	0
0	2	2			완델손	11	MF	MF	23	이기제		1	2	0	0
0	1	1(1)			유고비치	8	MF	MF	25	최성근	20	0	2	0	0
0	0				한찬희	16	MF	MF	88	김준형	3	0	0	0	0
0	0				황일수	11	MF	MF	33	홍철	2	0	0	0	0
0	2(1)	13			허용준	19	FW	FW	14	한의권		2(1)	2	0	0
0	1(1)	18			박준태	7	FW	FW	7	바그닝요		2(2)	2	0	0
0	0	4			김영욱	14	FW	FW	10	데안	26	0	0	0	0
0					이호승	20			29	박지민		0	0	0	0
0		후19			이슬찬	13			90	구자룡	후41	1(1)	0	0	0
0					가솔현	3			24	박종우		0	0	0	0
0					김선우	6	대기	대기	77	조지훈		0	0	0	0
0		후38			한창우	9			22	사리치	후20	0	0	0	0
0					이유현	27			26	염기훈	후18	0	0	0	0
0					김경민	18			18	김종민		0	0	0	0
0	£	10	10(0)				0					8(4)	14	1	0

- 후반 12분 이기제 C.KR ⌒ 바그닝요 GAL 내 H - ST - G/득점: 바그닝요, 도움: 이기제 왼쪽
- 후반 48분 곽광선 PAR 내 R - ST - G/득점: 곽광선 왼쪽

제주 0 - 0 경남

7월11일 19:30 맑음 제주 월드컵 2,699명
주심_송민석 부심_김성일·방기열 대기심_최현재 경기감독관_최상국

| 제주 | 0 | 전반 0 후반 0 | 0 | 경남 |

퇴장	경고	파울	ST(유)	교체	선수명	배번	위치	배번	선수명	교체	ST(유)	파울	경고	퇴장
0	0	0	0		이창근	21	GK	GK	31	손정현		0	0	0	0
0	0	0			알렉스	15	DF	DF	9	유지훈		0	0	0	0
0	0	0			권한진	5	DF	DF	16	이광진		0	1	1	0
0	0	1			김원일	37	DF	DF	24	김현훈		0	0	0	0
0	0	0			박진포	6	DF	DF	15	우주성		0	0	0	0
0	2(1)				권순형	7	MF	MF	26	최영준		0	0	0	0
0	0	0			배재우	18	MF	MF	29	김준범		0	0	0	0
0	0	1			이창민	14	MF	MF	22	쿠니모토	3	C.KR	0	0	0
0	0				마그노	10	MF	MF	13	김효기		0	0	0	0
0	1	9			이은범	47	FW	FW	21	조재철	10	0	0	0	0
0	0	0			박한근	41			25	이범수		0	0	0	0
0					정다훤	2			6	최재수		0	0	0	0
0		후24			조용형	20			77	네게바	후0	0	0	0	0
0		후26			이동수	16	대기	대기	14	하성민		0	0	0	0
0					류승우	17			11	김신		0	0	0	0
0		후10			진성욱	9			10	파울링요	후0	0	0	0	0
0					호벨손	11			9	말컹	후28	2(1)	0	0	0
0	0	10	14(1)				0					8(2)	9	2	0

7월 11일 19:30 흐림 인천 전용 2,800명
주심_김희곤 부심_김계용·김지욱 대기심_김덕철 경기감독관_김진의

인천 3 : 3 강원

퇴장	경고	파울	ST(유)	교체	선수명	배번	위치	위치	배번	선수명	교체	ST(유)	파울	경고	퇴장
0	0	0	0		정 산	1	GK	GK	23	이범영		0	2	0	0
0	0	3	0	20	박종진	18	DF	DF	2	이재익	12	0	2	0	0
0	0	1	0		김대 중		DF	DF	14	오범석		0	1	0	0
0	0	2	1(1)		이윤표	16	DF	DF	30	한용수		1	0	0	0
0	0	2	0		곽해성	26	MF	MF	22	정승용		0	1	0	0
0	0			29	남준재	7	MF	MF	4	발렌티노스		1(1)	3	0	0
0	0		4(4)		고슬기	17	MF	MF	44	맥 고완	29	0	1	0	0
0	0	1	0		이정빈	8	MF	MF	18	김승용		2(2)	0	0	0
0	1	2(2)	44		석현준	13	FW	FW	7	정석화		0	3	0	0
0	0	1			무고사	19	FW	FW	55	제리치		2(2)	1	0	0
0	1	1(1)			아길라르	10	FW	FW	25	문창진	16	0	0	0	0
					이진형	21			16	함석민					
					강지용	5			5	이태호					
			후39		김정호	44			27	박선주					
0	0		후18		부노자	20	대기	대기	29	이현식	후0				
					임은수	39			8	황진성					
					김석호	25			12	임찬울	후38				
0	0		후20		김보섭	29			10	디에고	후0	6(3)	0	0	0
0	1	16	12(10)									13(8)	15	1	0

● 전반 8분 남준재 PAL 내 ~ 아길라르 PA 정면 내 L - ST - G(득점: 아길라르, 도움: 남준재) 오른쪽
● 전반 21분 아길라르 C.KR ~ 고슬기 GA 정면 H - ST - G(득점: 고슬기, 도움: 아길라르) 오른쪽
● 후반 34분 고슬기 GA 정면 R - ST - G(득점: 고슬기) 오른쪽

● 후반 13분 디에고 GAL R - ST - G(득점: 디에고) 가운데
● 후반 24분 이정빈 GAR 내 R자책골(득점: 이정빈) 가운데
● 후반 43분 김승용 MFR FK ~ 제리치 PA 정면 내 H - ST - G(득점: 제리치, 도움: 김승용) 오른쪽

7월 11일 19:30 맑음 상주 시민 2,034명
주심_김성호 부심_윤광열·박균용 대기심_오현진 경기감독관_송선호

상주 0 : 1 대구

퇴장	경고	파울	ST(유)	교체	선수명	배번	위치	위치	배번	선수명	교체	ST(유)	파울	경고	퇴장
0	0	0	0		최필수	21	GK	GK	21	조현우		0	0	0	0
0	0	1	0		김남춘	4	DF	DF	3	김우석		0	0	0	0
0	0	1	0		김태환	11	DF	DF	5	홍정운		1(1)	2	0	0
0	1	1	0		홍 철	33	DF	DF	22	정우재		0	0	0	0
0	1	1	0		신세계	3	MF	MF	29	류재문		1	0	0	0
0	2	4(1)			심동운	7	MF	MF	20	황순민	18	0	0	0	0
0	0	2	0	5	김민우	13	MF	MF	26	고재현		0	0	0	0
0	0	0	0		윤빛가람	14	MF	FW	11	세징야		4(1)	2	0	0
0	1	2	2(1)	15	김도형	24	FW	FW	9	세 체	99	1(1)	0	0	0
0	0	1	0		이광선	20	FW	FW	9	에드가		3	2	0	0
					유상훈	31			1	최영은					
0	0		후34		김진환	5			16	강윤구					
0	0		후20		김호남	10			66	박병현					
0	0	3(1)	후13		신창무	7	대기	대기	43	강시훈					
					이태희	24			4	정선호					
					백동규				18	정승원	후33				
					최진호				99	조석재	후26				
0	2	12	11(3)									9(3)	10	1	0

● 후반 48분 세징야 C.KR ~ 홍정운 GAR H - ST - G(득점: 홍정운, 도움: 세징야) 왼쪽

7월 14일 19:00 맑음 수원월드컵 13,834명
주심_김희곤 부심_윤광열·김지욱 대기심_오현진 경기감독관_차상해

수원 0 : 3 전북

퇴장	경고	파울	ST(유)	교체	선수명	배번	위치	위치	배번	선수명	교체	ST(유)	파울	경고	퇴장
0	0	0	0		노동건	21	GK	GK	31	송범근		0	0	0	0
0	0	1	3(1)		양상민	3	DF	DF	25	최철순		0	4	1	0
0	0	3	0		조성진	5	DF	DF	6	최보경		1(1)	1	0	0
0	4	1(1)			이종성	16	DF	DF	26	홍정호		0	0	0	0
0	0	1	0		이기제	23	DF	DF	2	이 용		0	1	0	0
0	0	3(1)			조원희	8	MF	MF	15	이재성		1	0	0	0
0	1	2		88	김준형		MF	MF	28	손준호		0	0	0	0
0	0	1			장호익		MF	MF	14	이승기	17	0	0	0	0
0	1	2	11		한의권	14	MF	MF	5	임선영	20	1	1	0	0
0	0	1	26		바그닝요	7	MF	MF	10	로페즈		5(4)	3	1	0
0	1	3(2)			데 얀	10	FW	FW	9	김신욱	32	1	0	0	0
					박지민	29			1	황병근					
					박형진				30	박원재					
					곽광선	20			34	장윤호					
					최성근	25	대기	대기	11	이재성	후43				
			후		사리치				11	티아고					
0	1	1(1)	후8		염기훈				32	아드리아노	후10	3(1)	0	0	0
			후28		임상협				9	이동국	후24				
0	1	15	16(6)									14(7)	20	3	0

● 전반 14분 로페즈 GAL R - ST - G(득점: 로페즈) 오른쪽
● 후반 23분 아드리아노 GAR ~ 로페즈 GA 정면 R - ST - G(득점: 로페즈, 도움: 아드리아노) 왼쪽
● 후반 38분 아드리아노 AKR R - ST - G(득점: 아드리아노) 왼쪽

7월 14일 19:00 맑음 창원축구센터 2,170명
주심_김성호 부심_곽승순·양재용 대기심_정회수 경기감독관_나승화

경남 3 : 0 인천

퇴장	경고	파울	ST(유)	교체	선수명	배번	위치	위치	배번	선수명	교체	ST(유)	파울	경고	퇴장
0	0	0	0		손정현	31	GK	GK	1	정 산		0	0	0	0
0	0	0	0		유지훈		DF	DF	47	김동민		0	0	0	0
0	1	0	0		이광진	16	DF	DF	15	김대중		0	0	0	0
0	1	1	0		박지수	23	DF	DF	16	이윤표		0	1	0	0
0	1	1	0		김현훈	24	DF	MF	26	곽해성	18	0	1	0	0
0	0	0	0		최영준	26	MF	MF	7	남준재	13	1	0	0	0
0	0	1	0		하성민	18	MF	MF	17	고슬기		0	1	0	0
0	0	0	0	22	파울링요	10	MF	MF	39	임은수		0	0	0	0
0	0	1		77	김 신	11	FW	FW	27	문선민		4(1)	2	0	0
0	1	4			김효기	20	FW	FW	29	김보섭		0	0	0	0
0	0	3			조영철	10	FW	FW	8	이정빈	9	1	2	0	0
					이범수				21	이진형					
					우주성				44	김정호					
			후0		네게바	77			18	박종진	후0				
					김준범	29	대기	대기	13	김진야	후35				
					조재철	21			25	김석호					
0	1	1(1)	후23		쿠니모토				25	김 석		0	1	0	0
0	0	5(3)	후0		말 컹				9	무고사	후28	2(2)	0	0	0
0	2	8	16(4)									12(5)	15	4	0

● 후반 25분 말컹 MF 정면 백헤딩 패스 ~ 쿠니모토 GAL 내 L - ST - G(득점: 쿠니모토, 도움: 말컹) 왼쪽
● 후반 31분 말컹 PK - R - ST - G(득점: 말컹) 왼쪽
● 후반 47분 말컹 GAL H - ST - G(득점: 말컹) 가운데

주심_ 김대용 부심_ 이정민·방기열 대기심_ 최일우 경기감독관_ 박남열

전남 2 · 상주 0
0 전반 0
2 후반 0

퇴장	경고	파울	ST(유)	교체	선수명	배번	위치	위치	배번	선수명	교체	ST(유)	파울	경고	퇴장
0	0	0	0		이 호 승	20	GK	GK	31	유 상 훈		0	0	0	0
0	1	0	0		양 준 아	23	DF	DF	4	김 남 춘		0	1	0	0
0	0	1	0		허 재 원	38	DF	DF	11	김 태 환	1	3	0	0	
0	0	4	1(1)		가 슬 렉	3	DF	DF	26	임 채 민	27	1	0	1	0
0	3(1)				완 델 손	11	MF	DF	33	홍 철		1	0	0	0
0			6		유 고 비 치	8	MF	MF	3	신 세 계		0	2	0	0
0	1	1			한 찬 희	16	MF	MF	7	심 동 운	1(1)	1	1	0	0
0	1	1			이 슬 찬	13	MF	MF	13	김 민 우		2	1	0	0
0	1	29			윤 동 민	30	FW	MF	14	윤 빛 가 람	1(1)	0	1	0	0
0					김 영 욱	14	FW	FW	20	이 광 선	18	0	2	0	0
0					박 대 한	31			21	최 필 수		0			
0					이 지 남	17			10	김 호 남	후0	1			
0		후17	최 재 현	22			18	송 수 영	후33			
0		후0	김 선 우	6	대기	대기	24	이 태 희				
0		후36	한 창 우	27			27	백 동 규	후37			
0					이 유 현	27			28	차 영 환				
0					전 지 현	35			29	최 진 호				
0	1	13	10(3)									5(2)	12	1	0

● 후반 14분 허용준 GAL R - ST - G(득점: 허용준) 오른쪽
● 후반 19분 완델손 AK 정면 FK L - ST - G(득점: 완델손) 왼쪽

주심_ 김동진 부심_ 김계용·박균용 대기심_ 김덕철 경기감독관_ 신홍기

서울 1 · 울산 1
1 전반 1
0 후반 0

퇴장	경고	파울	ST(유)	교체	선수명	배번	위치	위치	배번	선수명	교체	ST(유)	파울	경고	퇴장
0	0	0	0		양 한 빈	21	GK	GK	1	김 용 대		0	1	0	0
0	0	0	0		황 현 수	2	DF	DF	22	정 동 호	1	1	0	0	
0	0	0	0		이 웅 희	3	DF	DF	13	이 명 재		0	1	0	0
0	2(1)				윤 석 영	18	DF	DF	40	리 차 드		1	1	0	0
0					박 동 진	50	DF	DF	27	김 창 수		0	0	0	0
0		10			황 기 욱	28	MF	MF	34	박 용 우		0	0	0	0
0	1	1			조 영 욱	32	MF	MF	24	한 승 규	8	3(3)	0	1	0
0	1	6			신 진 호	8	MF	MF	20	김 성 환		0	2	0	0
0					이 상 호	7	FW	MF	32	이 영 재		2	2	0	0
0					고 요 한	13	FW	FW	23	김 인 성		2	1	0	0
0					안 델 손	9	FW	FW	30	주 니 오	11	2(1)	1	0	0
0					유 현	1			21	오 승 훈		0			
0					곽 태 휘	55			15	홍 준 호		0			
0					김 한 길	14			16	김 건 웅		0			
0					정 현	24	대기	대기	79	이 창 용		0			
0		후0	김 성 준	6			7	에스쿠데로	후0	2(1)	1	0	
1(1)	후8	에반드로	11			11	황 일 수	후41	0			
0	1	후28	박 주 영	10			8	이 근 호	후27	1			
0	1	14	6(2)									14(5)	14	2	0

● 전반 39분 윤석영 MFR FK L - ST - G(득점: 윤석영) 왼쪽
● 전반 28분 이영재 MF 정면 ~ 한승규 GAL 내 L - ST - G(득점: 한승규, 도움: 이영재) 가운데

주심_ 김우성 부심_ 김성일·김영하 대기심_ 최현재 경기감독관_ 김진의

포항 0 · 강원 0
0 전반 0
0 후반 0

퇴장	경고	파울	ST(유)	교체	선수명	배번	위치	위치	배번	선수명	교체	ST(유)	파울	경고	퇴장
0	0	0	0		강 현 무	31	GK	GK	23	이 범 영		0	0	0	0
0	0	2	0		우 찬 양	20	DF	DF	22	정 승 용		1	0	0	0
0	0	1	0		김 광 석	3	DF	DF	99	재 익		0	1	0	0
0	0	2	1		알 레 망	4	DF	DF	30	한 용 수		0	1	0	0
0	3	1(1)			강 상 우	17	DF	DF	18	김 승 용	5	1	1	0	0
0	1	0			채 프 만	6	MF	MF	4	발렌티노스	25		0	0	0
0	1	1			이 진 현	77	MF	MF	29	이 현 식		0	0	0	0
0		2			김 승 대	12	MF	MF	66	박 정 수		0	1	0	0
0	1	18			송 승 민	16	FW	FW	9	정 석 화		0	1	0	0
0	1	11			정 원 진	14	FW	FW	55	제 리 치	4(2)		1	0	0
0	4	1(1)			레오가말류	10	FW	FW	12	임 찬 울	10	0	1	0	0
0					류 원 우	1			16	함 석 민		0			
0					하 창 래	5			17	이 태 호	후38				
0					박 성 우	26			44	맥 고 완		0			
0		후0	이 후 권	9	대기	대기	19	박 창 준					
0					권 기 표	88			8	황 진 성				
0	후0	이 광 혁	11			25	문 창 진	후32	0			
0	후31	이 구 白	18			10	디 에 고	후0	3(3)			
0	1	16	7(2)									9(5)	15	2	0

주심_ 박병진 부심_ 박상준·구은석 대기심_ 최대우 경기감독관_ 최상국

제주 1 · 대구 2
1 전반 0
0 후반 2

퇴장	경고	파울	ST(유)	교체	선수명	배번	위치	위치	배번	선수명	교체	ST(유)	파울	경고	퇴장
0	0	0	0		이 창 근	21	GK	GK	21	조 현 우		0	0	0	0
0	0	3	0		오 반 석	4	DF	DF	3	김 우 석		0	0	0	0
0	0	1	0		권 한 진	5	DF	DF	5	홍 정 운	1(1)	2	0	0	
0	1	0			김 원 일	37	DF	DF	30	김 진 혁		0	0	0	0
0	1	18			정 다 훤	2	MF	MF	22	정 우 재	1(1)	0	0	0	
0					박 진 포	6	MF	MF	29	류 재 문	18	2	2	0	0
0					권 순 형	7	MF	MF	99	황 순 민		0	0	0	0
0	2(1)				김 현 욱	30	MF	FW	11	세 징 야	3(1)	1	2	0	0
0	3(1)				이 창 민	14	MF	FW	10	조 세	8	6(2)	4	1	0
0					마 그 노	10	FW	FW	9	에 드 가		0	1	0	0
0	17				호 벨 손	11	FW	FW	99						
0					김 경 민	1			31	이 현 우		0			
0		후17	배 재 우	18			3	강 윤 구		0			
0					정 태 욱	45			66	박 병 현		0			
0		후36	이 동 수	16	대기	대기	8	정 선 호	후33	0			
0		후21	류 승 우	17			7	전 현 철				
0					진 성 욱	9			18	정 승 원	후43	0			
0					찌 아 구	99			99	조 석 재	후38	0			
0	1	12	11(4)									16(6)	23	2	0

● 전반 17분 김현욱 AKR FK L - ST - G(득점: 김현욱) 오른쪽
● 후반 5분 황순민 PAR ~ 정우재 GAL 내 L - ST - G(득점: 정우재, 도움: 황순민) 왼쪽
● 후반 43분 세징야 C.KR ~ 홍정운 GAL 내 H - ST - G(득점: 홍정운, 도움: 세징야) 왼쪽

서울 2 : 1 전남

7월 18일 19:30 맑음 서울 월드컵 5,329명
주심_김성호 부심_박상준·김지욱 대기심_오현진 경기감독관_전인석

서울 2	0 전반 1	1 전남
	2 후반 0	

퇴장	경고	파울	ST(유)	교체	선수명	배번	위치	위치	배번	선수명	교체	ST(유)	파울	경고	퇴장
0	0	0			양 한 빈	21	GK	GK	20	이 호 승		0	0	0	0
0	0	0	2(2)		김 원 균	40	DF	DF	2	양 준 아		0	1	0	0
0	0	1	0		황 현 수	3	DF	DF	38	허 재 원		0	1	0	0
0	1	0			박 동 진	50	DF	DF	3	가 솔 현		0	0	0	0
0	0	0	1(1)		윤 석 영	18	DF	MF	11	완 델 손		1(1)	0	0	0
0	1	5	0		신 진 호	8	MF	MF	6	김 선 우		0	0	1	0
0	0		2(2)		조 영 욱	32	MF	MF	16	한 찬 희		0	1	1	0
0	0		3(2)		고 요 한	13	MF	MF	13	이 슬 찬		0	0	0	0
0	0	0	9		김 한 길	14	FW	FW	19	허 용 준	22	5(5)	2	1	0
0	1		24		에 반 드 로	11	FW	FW	30	윤 동 민	98	0	0	0	0
0	0	0	7		박 주 영	10	FW	FW	9	정 영 욱		0	0	0	0
					유 현	1			31	박 대 한					
					곽 태 휘	55			17	이 지 남					
					윤 종 규	38			22	최 재 현	후25				
0	0	2		후9	이 상 호	7	대기	대기	5	도 나 치					
0	1	0		후21	정 현 철	24			21	박 광 일					
					김 성 준	22			98	이 상 헌	후6	1			
0	0		5(5)	후0	안 델 손	9			29	한 창 우	후39				
0	2	11	17(12)									9(6)	4	1	0

- 후반 20분 조영욱 GA L - ST - G(득점: 조영욱) 가운데
- 후반 23분 안델손 PK - L - G(득점: 안델손) 왼쪽
- 전반 42분 한찬희 MF 정면 ~ 허용준 MF 정면 R - ST - G(득점: 허용준, 도움: 한찬희) 왼쪽

전북 1 : 0 제주

7월 18일 19:00 맑음 전주 월드컵 10,579명
주심_이동준 부심_김성일·양재용 대기심_김덕철 경기감독관_최상국

전북 1	0 전반 0	0 제주
	1 후반 0	

퇴장	경고	파울	ST(유)	교체	선수명	배번	위치	위치	배번	선수명	교체	ST(유)	파울	경고	퇴장
0	0	0			송 범 근	31	GK	GK	21	이 창 근		0	0	0	0
0	0	0			최 철 순	25	MF	DF	4	오 반 석		0	0	0	0
0	0	2(1)			최 보 경	6	DF	DF	5	권 한 진		0	1	0	0
0	0	1			홍 정 호	26	DF	DF	37	김 원 일		0	0	0	0
0	0		14		김 민 재	3	DF	DF	2	정 다 훤		0	2	1	0
0	2	1(1)			이 용	2	MF	MF	6	박 진 포		0	1	1	0
0	1	3(1)			손 준 호	28	MF	MF	16	이 동 수		1	3	1	0
0	1	0			장 윤 호	34	MF	MF	14	김 현 욱	14	0	1	0	0
0	1	1			임 선 영	5	MF	MF	8	이 찬 동	16	1(1)	2	1	0
0	0		17		이 동 국	20	FW	FW	99	진 성 욱		3(2)	1	0	0
0	2	4(2)			아드리아노	9	FW	FW	17	류 승 우		4(2)	2	0	0
					황 병 근	41			1	김 경 민					
					신 형 민	4			18	배 재 우					
					티 아 고	11			45	정 태 욱					
0	1(1)			후19	이 재 성	17	대기	대기	7	권 순 형					
0	0			후0	이 승 기	14			14	이 창 민	후15	1			
					한 교 원	7			10	마 그 노	후32				
0	0			후8	김 신 욱	9			99	찌 아 구	후38	0			
0	1	10	19(8)									11(5)	12	4	0

- 후반 29분 김신욱 GA 정면 ~ 이재성17 GAR 내 R - ST - G(득점: 이재성17, 도움: 김신욱) 오른쪽

수원 5 : 2 인천

7월 18일 19:30 맑음 수원 월드컵 3,455명
주심_김대용 부심_김계용·김영하 대기심_성덕효 경기감독관_김진의

수원 5	2 전반 0	2 인천
	3 후반 2	

퇴장	경고	파울	ST(유)	교체	선수명	배번	위치	위치	배번	선수명	교체	ST(유)	파울	경고	퇴장
0	0	0			노 동 건	21	GK	GK	21	이 진 형		0	0	0	0
0	0	1	1		곽 광 선	20	DF	DF	47	김 동 민	16	1(1)	1	1	0
0	0	0			조 성 진	5	DF	DF	15	김 대 중		0	1	0	0
0	2	0			구 자 룡	15	DF	DF	44	김 정 호		1	2	1	0
0	0	0			박 형 진	13	MF	MF	13	김 진 야	26	0	1	1	0
0	1	3(2)	35		사 리 치	8	MF	MF	7	남 준 재		1	1	0	0
0	3	3(1)			조 원 희	8	MF	MF	4	한 석 종		0	0	0	0
0	0	0			최 성 근	25	MF	MF	5	이 정 빈		1(1)	1	0	0
0		3(3)			염 기 훈	26	FW	FW	27	문 선 민		0	0	0	0
0		1(1)			한 의 권	14	FW	FW	10	아 길 라 르		2(1)	4	2	0
0	4	1(1)			유 주 안	28	FW	FW	9	무 고 사		5(4)	0	1	0
					박 지 민	29			1	정 산					
					양 상 민	3			16	이 윤 표	후27	1	1		
0			후39	장 호 익	35			26	곽 해 성	후38	1	1		
0					대기		대기	3	강 지 용					
					조 지 훈	77			18	박 종 진					
					김 종 우	17			40	최 범 경					
0	1(1)			후9	바그닝요	7			20	김 호 남	후26				
0	0	15	15(11)									12(7)	14	3	0

- 전반 11분 박형진 PAL ~ 유주안 GA 정면 R - ST - G(득점: 유주안, 도움: 박형진) 오른쪽
- 전반 47분 염기훈 AKR FK L - ST - G(득점: 염기훈) 왼쪽
- 후반 32분 사리치 GAL ~ 염기훈 GAR 내 L - ST - G(득점: 염기훈, 도움: 사리치) 오른쪽
- 후반 38분 염기훈 MFR FK ~ 데얀 GAR R - ST - G(득점: 데얀, 도움: 염기훈) 왼쪽
- 후반 46분 장호익 PAR 내 ~ 데얀 GAR R - ST - G(득점: 데얀, 도움: 장호익) 오른쪽
- 후반 11분 김동민 MF 정면 R - ST - G(득점: 김동민) 오른쪽
- 후반 22분 무고사 PK - R - G(득점: 무고사) 가운데

대구 0 : 1 포항

7월 18일 19:30 맑음 대구 스타디움 1,575명
주심_송민석 부심_곽승순·방기열 대기심_신용준 경기감독관_김형남

대구 0	0 전반 0	1 포항
	0 후반 1	

퇴장	경고	파울	ST(유)	교체	선수명	배번	위치	위치	배번	선수명	교체	ST(유)	파울	경고	퇴장
0	0	0			조 현 우	21	GK	GK	31	강 현 무		0	0	0	0
0	0	0			김 우 석	3	DF	DF	17	강 상 우		2(1)	0	0	0
0	0	0			홍 정 운	6	DF	DF	3	김 광 석		0	0	0	0
0	0	2(1)			김 진 혁	30	DF	DF	4	알 레 망		0	3	0	0
0	0	2			정 우 재	22	MF	MF	2	심 상 민		0	1	0	0
0	0		99		류 재 문	29	MF	MF	6	채 프 만		0	0	0	0
0	0		8		황 순 민	20	MF	MF	77	이 진 현	5	1(1)	1	0	0
0	0		18		고 재 현	26	MF	MF	12	김 승 대		0	0	0	0
0	2	9(4)			세 징 야	11	FW	FW	16	송 승 민		0	0	0	0
0	0				조 세	10	FW	FW	14	정 원 진	11	0	0	0	0
0	0				에 드 가	9	FW	FW	18	레오가말류		2(1)	1	0	0
					최 영 은	21			1	류 원 우					
					강 윤 구	16			5	하 창 래	후46				
					한 희 훈	3			26	박 성 우					
0			후23	정 선 호	8	대기	대기	20	우 찬 양					
					전 현 철	7			9	이 후 권					
0			후26	정 승 원	18			11	이 광 혁	후0	1(1)			
0	2	7	19(5)									7(4)	11	1	0

- 후반 13분 강상우 AK 정면 R - ST - G(득점: 강상우) 왼쪽

7월18일 19:30 맑음 상주 시민 714명
주심_채상협 부심_윤광열·박균용 대기심_최현재 경기감독관_김용갑

상주 0 — 0 전반 0 / 0 후반 1 — **1 경남**

퇴장	경고	파울	ST(유)	교체	선수명	배번	위치	위치	배번	선수명	교체	ST(유)	파울	경고	퇴장
0	0	0	0		최필수	21	GK	GK	31	손정현		0	0	0	0
0	0	0	0	34	김영빈	24	DF	DF	9	유지훈		0	0	0	0
0	1	2	0	11	이태희	24	DF	DF	15	우주성	16	1	0	0	0
0	0	1	0		백동규	27	DF	DF	23	박지수		1	0	0	0
0	0	0	0		홍철	33	DF	MF	26	최영준		0	0	0	0
0	0	0	0		신세계	3	MF	MF	29	김준범		1(1)	0	0	0
0	0	1	3(1)		심동운	7	MF	MF	7	네게바		0	0	0	0
0	1	1	4		김민우	17	MF	MF	22	조영철	22	0	0	0	0
0	0	0	0	14	윤빛가람	14	MF	FW	20	말컹		1	1	0	0
0	0	3		15	김도형	22	FW	FW	8	파울링요		0	0	0	0
0	0	0	0		이광선	20	FW		25	이범수		0	0	0	0
0	0	0	0		유상훈	25			16	이광진	후25	0	0	0	0
0	0	0	0		김남춘	16			8	안성남		0	0	0	0
0	0	0	0		김진환	4	대기	대기	4	최재훈		0	0	0	0
0	0	0	0	후22	김태환	11			21	조재용		0	0	0	0
0	0	0	0	후31	신창무	15			22	쿠니모토	후0	0	0	0	0
0	0	0	0		김경중	3			말	컹	후0	3(1)	0	0	0
0	0	0	0	후28	송시우	34									
0	2	11	11(1)			0			0			11(2)	5	0	0

●후반 28분 최영준 PAR H → 김준범 PAR R - ST - G(득점: 김준범, 도움: 최영준) 왼쪽

7월18일 20:00 맑음 춘천 송암 569명
주심_고형진 부심_이정민·구은석 대기심_최대우 경기감독관_김용세

강원 3 — 0 전반 0 / 3 후반 3 — **3 울산**

퇴장	경고	파울	ST(유)	교체	선수명	배번	위치	위치	배번	선수명	교체	ST(유)	파울	경고	퇴장
0	0	0	0		이범영	23	GK	GK	1	김용대		0	0	0	0
0	0	0	0		정승용	22	DF	DF	13	이명재		0	0	0	0
0	0	0	0		이재익	2	DF	DF	40	리차드		0	0	0	0
0	1	1	0		한용수	30	DF	DF	2	정동호		0	0	0	0
0	0	0	0		박창준	77	MF	MF	34	박용우		0	0	0	0
0	0	1	0	25	오범석	14	MF	MF	16	김건웅	32	0	0	0	0
0	1	1(1)		29	황진성	8	MF	MF	11	황일수		2(1)	1	0	0
0	1	5(2)			디에고	10	MF	MF	9	에스쿠데로		2(1)	1	0	0
0	0	0			정석화	14	FW	FW	30	한승규		2	0	0	0
0	0	2(2)			제리치	55	FW	FW	15	黃준호		3	0	2	0
0	0	0	0		함석민	16			21	오승훈		0	0	0	0
0	0	0	0	전42	이태호	5			4	강민수		0	0	0	0
0	0	0	0		발렌티노스	4			32	이영재	후29	1(1)	0	0	0
0	0	0	0	후17	이현식	29	대기	대기	79	이창용		0	0	0	0
0	1(1)		후40	문창진	11			7	김보경		0	0	0	0
0	0	0	0		김승용	18			8	이근호	후0	3(2)	0	0	0
0	0	0	0		정조국	9			30	주니오	후11	2	0	0	0
0	1	10	19(6)			0			0			10(5)	16	1	0

●후반 37분 정석화 PAR 내 → 제리치 GA 정면 H - ST - G(득점: 제리치, 도움: 정석화) 왼쪽
●후반 44분 정승용 MFL → 제리치 MF 정면 R - ST - G(득점: 제리치, 도움: 정승용) 오른쪽
●후반 53분 디에고 GA 정면 내 → 문창진 GA 정면 내 L - ST - G(득점: 문창진, 도움: 디에고) 오른쪽
●후반 39분 이영재 PAR → 이근호 GA 정면 H - ST - G(득점: 이근호, 도움: 이영재) 왼쪽
●후반 45분 이영재 AKL R - ST - G(득점: 이영재) 오른쪽
●후반 47분 정동호 PAR → 이근호 GAL 내 R - ST - G(득점: 이근호, 도움: 정동호) 가운데

7월21일 10:00 맑음 포항 스틸야드 3,238명
주심_김용우 부심_이정민·박균용 대기심_오현진 경기감독관_신홍기

포항 3 — 1 전반 0 / 2 후반 0 — **1 전남**

퇴장	경고	파울	ST(유)	교체	선수명	배번	위치	위치	배번	선수명	교체	ST(유)	파울	경고	퇴장
0	0	0	0		강현무	31	GK	GK	20	이호승		0	0	0	0
0	0	0	1		강상우	17	DF	DF	3	가솔현		0	0	0	0
0	0	1	0		김광석	3	DF	DF	17	이지남		0	0	0	0
0	0	1	1(1)		알레망	45	DF	DF	22	최재현		0	0	0	0
0	0	1	0		이상기	19	DF	MF	6	김선우		1	0	0	0
0	3	0			채프만	6	MF	MF	16	한찬희		3(1)	0	0	0
0	3(2)			이진현	77	MF	MF	8	한찬희		3(2)	0	0	0
0	1(1)			김승대	12	MF	MF	2	박광일		0	0	0	0
0	0	0	0		송승민	16	FW	FW	19	이상헌	14	0	1(1)	0	0
0	1	3			정원진	14	FW	FW	98	이상헌		0	0	0	0
0	2(2)	97			이근호	18	FW		1	박대한		0	0	0	0
0	0	0	0		류원우	1			31	박대한		0	0	0	0
0	0	0	0		하창래	5			13	이슬찬		0	0	0	0
0	0	0	0		우찬양	20	대기	대기	38	한재웅		0	0	0	0
0	0	0	후45	이후권	9			14	김영욱	전25	0	0	0	0
0	1(1)	전18/26		이광혁	11			7	윤동민		0	0	0	0
0	1(1)	후		이레준	07			11	안델손	후7	1(1)	0	0	0
0	1(1)	12(9)				0			10	배드		1			
0												9(4)	10	0	0

●전반 39분 알레망 GA 정면 H - ST - G(득점: 알레망) 가운데
●후반 10분 이광혁 MFL → 이근호 PAL 내 R - ST - G(득점: 이근호, 도움: 이광혁) 오른쪽
●후반 42분 이레준 PAL → 이진현 GAL 내 R - ST - G(득점: 이진현, 도움: 이레준) 가운데
●전반 9분 한찬희 PA 정면 R - ST - G(득점: 한찬희) 왼쪽

7월21일 19:00 맑음 창원 축구센터 2,450명
주심_김우성 부심_곽승순·방기열 대기심_정회수 경기감독관_김용세

경남 2 — 1 전반 1 / 1 후반 1 — **2 수원**

퇴장	경고	파울	ST(유)	교체	선수명	배번	위치	위치	배번	선수명	교체	ST(유)	파울	경고	퇴장
0	0	0	0		손정현	31	GK	GK	21	노동건		0	0	0	0
0	0	1	0		유지훈	3	DF	DF	3	양상민		0	0	0	0
0	1	0	0		이광진	16	DF	DF	20	곽광선		0	0	0	0
0	0	1	0		박지수	23	DF	DF	16	이종성		3(1)	2	0	0
0	0	0	0		김현훈	24	DF	DF	13	박형진		0	0	0	0
0	0	1	0		김준범	29	MF	MF	8	사리치		0	0	0	0
0	0	0	0	26	하성민	26	MF	MF	33	조원희		0	0	0	0
0	0	0	0		파울링요	10	FW	MF	35	장호익		2	0	0	0
0	0	0			네게바	77	FW	FW	7	바그닝요		4(1)	1	0	0
0	2(1)	22		33	조재철	22	FW	FW	26	염기훈		1	0	0	0
0	5(3)			말	컹	20	FW	FW	10	유주안	후0	0	0	0	0
0	0	0	0		이범수	25			29	박지민		0	0	0	0
0	0	0	0		우주성	15			15	구자룡		0	0	0	0
0	0	0	0		김신	11	대기	대기	25	최성근		0	0	0	0
0	0	0	후7	쿠니모토	22			23	이기제	후24	0	0	0	0
0	0	0	후36	김효기	7			14	한의권	후35	1	0	0	0
0	0	0	0		조영철	10			10	대∙안		1	0	0	0
0	2	13(5)				0			0			21(3)	5	0	0

●전반 1분 유지훈 PAL → 조재철 GAL R - ST - G(득점: 조재철, 도움: 유지훈) 왼쪽
●후반 8분 말컹 GAL L - ST - G(득점: 말컹) 왼쪽
●전반 39분 이종성 PA 정면 L - ST - G(득점: 이종성) 왼쪽
●후반 2분 염기훈 PA 내 → 바그닝요 GA 내 H - ST - G(득점: 바그닝요, 도움: 염기훈) 왼쪽

주심_김희곤 부심_윤광열·김영하 대기심_최일우 경기감독관_송선호

강원 3 [1 전반 1 / 2 후반 0] 1 제주

퇴장	경고	파울	ST(유)	교체	선수명	배번	위치	배번	선수명	교체	ST(유)	파울	경고	퇴장
0	0	0	0		함석민	16	GK	GK	21	이창근		0	1	0	0
0	0	2	0		정승용	22	DF	DF	4	오반석	1(1)	0	0	0	0
0	1	1	1(1)		발렌티노스	4	DF	DF	5	권한진	2(1)	2	1	0	
0	2	2	1(1)		한용수	2	DF	DF	20	조용형		0	0	0	0
0	1	1		5	박창준	19	MF	MF	22	김수범		1	1	0	0
0	1	1			박정수	66	MF	MF	8	박진포		1	1	0	0
0	0	0	1		오범석	14	MF	MF	7	권순형	16	1	1	0	0
0	0	2			정석화	7	MF	MF	30	김현욱	17	1	0	0	0
0	0	0	1		이현식	29	MF	MF	14	이창민		5(2)	2	1	0
0	0	10		12	이근호	18	MF	FW	9	마그노		1	1	0	0
0		3(2)	55		정조국	55	FW	FW	99	찌아구		1(1)	1	0	0
0					이범영	23			41	박한근		0			
			후38	이태호				2	정다훤					
					맥고완	44			37	김원일					
0				황진성	8	대기	대기	16	이동수	후40				
					문창진	25			40	한동원				
0		2(2)	후16	디에고	7			22	진성욱	후22	0	1		
0		3(3)	후38	제리치	55			17	류승우	후16	0	0		
0	2	15(9)					0				12(5)	12	2	0

- 전반 16분 정조국 PK - R - G(득점: 정조국) 오른쪽
- 후반 34분 이현식 GAR ～ 제리치 GA 정면 내 H - ST - G(득점: 제리치, 도움: 이현식) 오른쪽
- 후반 45분 디에고 MFL ～ 제리치 MF 정면 R - ST - G(득점: 제리치, 도움: 디에고) 왼쪽
- 전반 18분 권순형 C.KL ～ 권한진 GAR H - ST - G(득점: 권한진, 도움: 권순형) 왼쪽

주심_박병진 부심_김성일·노수용 대기심_최대우 경기감독관_박남열

인천 2 [1 전반 0 / 1 후반 0] 1 서울

퇴장	경고	파울	ST(유)	교체	선수명	배번	위치	배번	선수명	교체	ST(유)	파울	경고	퇴장
0	0	0			이진형	21	GK	GK	21	양한빈		0	0	0	0
0	0	1			김동민	47	DF	DF	2	이웅희		0	3	2	0
0	0	0			김대중	15	DF	DF	40	김원균		0	0	0	0
0	0	0	20		김정호	44	DF	DF	50	박동진		1(1)	0	0	0
0	1	0			최종환	18	DF	MF	9	윤석영		0	0	0	0
0	0	3(1)	8		남준재	7	MF	MF	8	황기욱		3	2	0	0
0	2	2			한석종	4	MF	MF	24	정현철		1	3	1	
0	2	1(1)			고슬기	17	MF	MF	32	조영욱		4(1)	0	0	0
0	0	2			박종진	18	MF	FW	11	고요한		2	2	0	0
0	0	0			아길라르	10	FW	FW	9	이상호	11	0	1	0	0
0	1	1	27		무고사	9	FW	FW	9	안델손		1(1)	0	0	0
0					정산	1			1	유현		0	0		
			후26	부노자	20			55	곽태휘					
					곽해성	26			38	윤종규					
0			후35	이정빈	8	대기	대기	37	송진형					
0		2(2)	후13	문선민	27			14	김한길	후37	0			
					임은수	39			10	박주영	후14	1	1		
					김보섭	29			11	에반드로	후5				
0	2	13	14(7)					0				11(3)	17	4	0

- 전반 12분 박종진 PAL 내 ～ 남준재 GAL 내 R - ST - G(득점: 남준재, 도움: 박종진) 왼쪽
- 후반 41분 고슬기 PA 정면 ～ 문선민 PAL 내 R - ST - G(득점: 문선민, 도움: 고슬기) 오른쪽
- 전반 5분 윤석영 PAL ～ 이상호 GAR H - ST - G(득점: 이상호, 도움: 윤석영) 왼쪽

주심_이동준 부심_김계용·양재용 대기심_김덕철 경기감독관_차상해

울산 2 [1 전반 0 / 1 후반 0] 0 대구

퇴장	경고	파울	ST(유)	교체	선수명	배번	위치	배번	선수명	교체	ST(유)	파울	경고	퇴장
0	0	0			조수혁	18	GK	GK	21	조현우		0	0	0	0
0	0	3	0		이명재	13	DF	DF	6	한희훈	26	0	0	0	0
0	1	1	0		임종은	5	DF	DF	5	홍정운		1	1	0	0
0	1	2	2(1)		강민수	4	DF	DF	30	김진혁		0	0	0	0
0	0	0			김창수	27	DF	MF	22	정우재		0	0	0	0
0	0	0			박용우	34	MF	MF	29	류재문		0	0	0	0
0	0	1	1(1)	40	이영재	32	MF	MF	8	정선호		3(2)	1	0	0
0	1	9			한승규	24	MF	MF	3	김우석		0	0	0	0
0	0	3(3)			황일수	8	FW	FW	18	정승원	7	0	1	0	0
0	0	1		9	김인성	7	FW	FW	99	조세		1(1)	0	0	0
0	0	5(4)			주니오	30	FW	FW	10	조세		0	0	0	0
0					오승훈	21			1	최영은		0			
			후26	리차드	40			16	강윤구					
					믹스	42			66	박병현					
0					이동경	23	대기	대기	36	박한빈					
0			후40	에스쿠데로	9			26	고재현	후20				
0			후◻	김◻◻	◻			◻	김대원	후34	1(1)	0		
0					홍순학	15			9	에드가	후◻				
0	3	10	14(9)					0				12(6)	6	0	0

- 전반 35분 임종은 GAL H ～ 강민수 GAR EL R - ST - G(득점: 강민수, 도움: 임종은) 왼쪽
- 후반 46분 주니오 GAR 내 R - ST - G(득점: 주니오) 가운데

주심_김동진 부심_박상준·김지욱 대기심_김도연 경기감독관_나승화

상주 0 [0 전반 0 / 0 후반 0] 2 전북

퇴장	경고	파울	ST(유)	교체	선수명	배번	위치	배번	선수명	교체	ST(유)	파울	경고	퇴장
0	0	0			최필수	21	GK	GK	31	송범근		0	0	0	0
0	0	4	0		김남춘	3	DF	DF	25	최철순		0	1	0	0
0	0	0			김태환	11	DF	DF	6	최보경		0	0	0	0
0	1	1	3(3)		김민우	7	DF	DF	26	홍정호		0	0	0	0
0	1	2	1		임채민	26	DF	DF	4	이용		0	0	0	0
0	1	3	3(2)		차영환	28	DF	MF	14	이승기		0	0	0	0
0	0	0			김진환	5	MF	MF	14	이승기		0	0	0	0
0	0	0	23		조수철	16	MF	MF	32	로페즈	32	3(1)	2	0	0
0	1	1	25		송수영	18	MF	MF	17	티아고	17	1(1)	1	0	0
0	1	1	34		김도엽	11	MF	MF	8	한교원		2	4(2)	2	0
0	0	0			신창무	14	FW	FW	9	김신욱		1(1)	1	0	0
0					유상훈	31			21	황병근		0	0		
					김영빈	2			16	조성환					
0			후33	이상협	23			15	이재성					
0					이태희	24	대기	대기	28	손준호					
0			후9	김경준	25			7	한승규	후20	0	0		
0					박◻◻	◻			10	이드리아	후10	1			
0			후15	송시우	34			20	이동국	후26	0	0		
0	5	14	10(5)					0				12(5)	11	0	0

- 전반 36분 한교원 GAL 내 ～ 김신욱 GA 정면 내 R - ST - G(득점: 김신욱, 도움: 한교원) 오른쪽
- 전반 39분 이용 GAR ～ 한교원 GAL 내 R - ST - G(득점: 한교원, 도움: 이용) 왼쪽

7월 28일 19:00 흐림 서울 월드컵 9,012명

주심_이동준 부심_박상준·김지욱 대기심_최일우 경기감독관_김진의

서울 2   1 전반 1 / 1 후반 2   3 경남

퇴장	경고	파울	ST(유)	교체	선수명	배번	위치	위치	배번	선수명	교체	ST(유)	파울	경고	퇴장
0	0	0	0		양한빈	21	GK	GK	25	이범수		0	0	0	0
0	0	0	0		곽태휘	55	DF	DF	3	유지훈		0	0	0	0
0	0	1	0		김원균	40	DF	DF	16	이광진		0	1	0	0
0	0	0	0		황현수	2	DF	DF	23	박기수		1	1	0	0
0	1	1(1)			고요한	13	MF	DF	15	우주성		0	0	0	0
0	0	1			윤석영	18	MF	MF	29	김준범	18	0	1	0	0
0	2	0			황기욱	28	MF	MF	26	최영준		2(1)			0
3	1	37			신진호	8	MF	MF	10	파울링요					0
0	0	2(1)			조영욱	32	MF	MF	7	네게바					0
0	2	3(2)			안델손		FW	FW	20	김효기	21	1	2	0	0
0	0	4(1)	11		마티치	44	FW	FW	9	말컹		5(3)	0	0	0
					정진욱	31			31	손정현					
					박동진	50			24	김현훈					
					김한길	14			11	김신					
					김원식	15	대기	대기	18	하성민	후11				
				후24	송진형	37			22	쿠니모토	후0	1	1	0	
				후36	이상호	7			21	조재철	후35	0	0		
			3(1)	후18	에반드로	11			13	조영철					
0	1	15(7)										10(5)	7	2	0

- 전반 16분 고요한 MFR ~ 안델손 AKR L - ST - G(득점: 안델손, 도움: 고요한) 왼쪽
- 후반 2분 안델손 AKR백패스 ~ 고요한 GAR R - ST - G(득점: 고요한, 도움: 안델손) 왼쪽
- 전반 9분 이광진 PAR ⌒ 말컹 PK지점 R - ST - G(득점: 말컹, 도움: 이광진) 왼쪽
- 후반 9분 말컹 GAR H ~ 최영준 GA 정면 R - ST - G(득점: 최영준, 도움: 말컹) 오른쪽
- 후반 40분 네게바 PAL ⌒ 말컹 GA 정면 H - ST - G(득점: 말컹, 도움: 네게바) 왼쪽

7월 28일 19:00 흐림 광양 전용 2,662명

주심_김우성 부심_곽승순·강동호 대기심_김덕철 경기감독관_김용갑

전남 1   1 전반 1 / 0 후반 2   3 인천

퇴장	경고	파울	ST(유)	교체	선수명	배번	위치	위치	배번	선수명	교체	ST(유)	파울	경고	퇴장
0	0	0	0		이호승	20	GK	GK	21	이진형		0	0	1	0
0	0	0	0		양준아	23	DF	DF	47	김동민		0	0	0	0
0	1	2	0		허재원	38	DF	DF	20	부노자		0	0	0	0
0	0	1	2		도나치	5	DF	DF	15	김대중		0	0	0	0
0	0	0	5(1)		완델손	11	MF	MF	13	김진야		0	0	0	0
0	0	0	0		김선우	8	MF	MF	7	남준재	27	0	0	0	0
0	0	0	0		한찬희	16	MF	MF	4	한석종		0	0	0	0
		2(1)	0		이슬찬	13	FW	MF	17	고슬기		0	0	0	0
2(1)	2	0			이상헌	98	FW	FW	18	박종진	39	1(1)	2	0	0
0	1	0			유동민	30	FW	FW	10	아길라르		2	1	0	0
0	2	0			허용준	27	FW	FW	9	무고사	8	5(2)	1	1	0
					박대한	31			1	정산					
					박광일	21			26	곽해성					
					가솔현	8			16	이윤표					
					유고비치	8	대기	대기	8	이정빈	후40				
2(2)		후24			한승욱	9			27	문선민	후0	1	1	0	
2(2)		후14			최재현	22			39	김슬기	후27	0	0	0	
0	0				마쎄도	10			29	김보섭					
0	1	10	18(7)									9(3)	12	2	0

- 전반 16분 한찬희 MFR ~ 이상헌 GAR 내 L - ST - G(득점: 이상헌, 도움: 한찬희) 오른쪽
- 전반 26분 남준재 PAL 내 EL ~ 무고사 GAR 내 R - ST - G(득점: 무고사, 도움: 남준재) 오른쪽
- 후반 14분 무고사 PA 정면 ~ 박종진 GAR R - ST - G(득점: 박종진, 도움: 무고사) 왼쪽
- 후반 21분 아길라르 MFR ~ 무고사 GAR 내 R - ST - G(득점: 무고사, 도움: 아길라르) 오른쪽

7월 28일 19:30 흐림 상주 시민 932명

주심_박병진 부심_김계용·김영하 대기심_성덕효 경기감독관_최상국

상주 2   2 전반 1 / 0 후반 0   1 포항

퇴장	경고	파울	ST(유)	교체	선수명	배번	위치	위치	배번	선수명	교체	ST(유)	파울	경고	퇴장
0	0	0	0		최필수	21	GK	GK	31	강현무		0	0	0	0
0	0	2	0		김남춘	4	DF	DF	17	강상우		1	2	1	0
0	0	0	0	27	김진환	5	DF	DF	3	김광석		0	0	0	0
0	1	2	0		김태환	11	DF	DF	4	알레망		0	1	1	0
0	0	1	1		홍철	33	DF	DF	19	이상기		2	2	1	0
0	0	1	1		신세계	3	MF	MF	6	채프만	97	1	1	0	0
0	1	1			심동운	7	MF	MF	77	이진현		3(1)	1	0	0
2		3(1)			김민우	13	MF	MF	12	김승대		0	0	0	0
0	0	0			윤빛가람	14	MF	FW	16	송승민	11	1(1)	0	0	0
0	1	2			김도형	18	FW	FW	23	떼이세이라		0	1	0	0
0	3	1(1)	15		이광선	20	FW	FW	18	이근호		3(1)	0	0	0
					유상훈	31			1	류원우					
				후27	김영빈	6			5	하창래	후0				
					여름	8			20	우찬양					
				후30	신창무	17	대기	대기	88	권기표					
					윤준태	19			8	이진성					
0	0				이태희	24			11	이광혁	후13				
				후32	백동규	27			97	이래준	후25				
0	1	12	7(2)									12(4)	12	3	0

- 전반 22분 김도형 GAR ~ 김민우 GAL 내 L - ST - G(득점: 김민우, 도움: 김도형) 가운데
- 전반 45분 김태환 GAR ⌒ 이광선 GA 정면 H - ST - G(득점: 이광선, 도움: 김태환) 가운데
- 전반 28분 채프만 HL 정면 ⌒ 송승민 GAL R - ST - G(득점: 송승민, 도움: 채프만) 오른쪽

7월 29일 19:00 맑음 수원 월드컵 5,345명

주심_김성호 부심_김성일·양재용 대기심_김도연 경기감독관_신홍기

수원 2   1 전반 0 / 1 후반 0   0 강원

퇴장	경고	파울	ST(유)	교체	선수명	배번	위치	위치	배번	선수명	교체	ST(유)	파울	경고	퇴장
0	0	0	0		노동건	21	GK	GK	23	이범영		0	0	0	0
0	1	1(1)			양상민	3	DF	DF	22	정승용		1	1	0	0
0	0	0	0		조성진	5	DF	DF	99	김오규		0	0	0	0
0	0	0	0	15	곽광선	20	DF	DF	20	한용수		0	0	0	0
0	0	0	0		박형진	13	DF	DF	13	김승용		0	0	0	0
0		2(1)			사리치	22	MF	MF	14	오범석		2	1	1	0
0	0	0			조원희	33	MF	MF	66	박정수		0	1	1	0
0	1	2	0		창호익	90	MF	MF	10	디에고		3(1)	2	1	0
0	2	2(1)			염기훈	26	FW	FW	29	이현식		2(1)	2	0	0
0	0	0			바그닝요	7	FW	MF	25	문창진		1	1	0	0
	1	1(1)			유주안	28	FW	FW	9	정조국	55	3(1)	0	0	0
					박지민	1			16	함석민					
				후14	구자룡	15				이재권					
					박종촌				8	발렌티노스	후39				
					조지훈		대기	대기	24	강지훈					
					이기제				8	황진성					
1(1)		후10			한의권	14			7	정석화	후20	1(1)			
0	1	전24			데안				55	제리치					
0	2	10	15(8)									12(4)	13	2	0

- 전반 36분 염기훈 MF 정면 FK L - ST - G(득점: 염기훈) 왼쪽
- 후반 48분 데안 MFR R - ST - G(득점: 데안) 오른쪽

7월 29일 19:00 흐림 대구 스타디움 7,025명
주심_김대용 부심_윤광열·박균용 대기심_정회수 경기감독관_나승화

대구 1 | 0 전반 2 / 1 후반 1 | **3 전북**

퇴장	경고	파울	ST(유)	교체	선수명	배번	위치	위치	배번	선수명	교체	ST(유)	파울	경고	퇴장
0	0	0	0		최 영 은	1	GK	GK	31	송 범 근		0	0	0	0
0	0	0	1	66	김 진 혁	30	DF	DF	25	최 철 순		0	1	0	0
0	0	3	0		홍 정 운	5	DF	DF	4	홍 보 경		0	0	3	0
0	0	1	1(1)		한 희 훈	24	DF	DF	3	홍 정 호		3	0	0	0
0	0	2	1		강 윤 구	16	MF	DF	2	이 용		0	1	0	0
0	1	0	0		류 재 문	29	MF	MF	4	신 형 민		0	4	1	0
0	0	0	26		황 순 민	20	MF	MF	10	로 페 즈		3(2)	0	0	0
0	0	1	0		정 승 원	22	MF	MF	22	이 승 기		1	1	0	0
0	0	0	0		정 승 원		FW	FW	5	임 선 영		1(1)	1	0	0
0	2	2	99		전 현 철		FW	MF	7	한 교 원		2	1	0	0
0	0	1	3(2)		조 세	10	FW	FW	9	김 신 욱		2(1)	1	1	0
0	0	0	0		이 현 우	31			21	황 병 근		0	0	0	0
0	0	0	0		김 우 석				3	김 민 재	후	0	0	0	0
0	0	0	후0		박 병 현	66				형					
0	0	0	0		정 선 호	8	대기	대기	28	손 준 호		0	0	0	0
0	0	0	0		박 한 빈	36			11	티 아 고		0	0	0	0
0	0	0	후39		고 재 현	26			32	아드리아노	후5	2(1)	1	1	0
0	2(2)	후22			조 석 재	99			20	이 동 국	후29	0	0	0	0
0	1	11	21(7)									13(10)	4	4	0

● 후반 18분 정승원 MF 정면 ~ 한희훈 PAR 내 R - ST - G(득점: 한희훈, 도움: 정승원) 오른쪽

● 전반 24분 이용 PAR ~ 임선영 GA 정면 H - ST - G(득점: 임선영, 도움: 이용) 왼쪽
● 전반 46분 한교원 GAL H ~ 김신욱 GA 정면 내 H - ST - G(득점: 김신욱, 도움: 한교원) 가운데
● 후반 39분 이용 MFR FK ⌒ 한교원 GA 정면 H - ST - G(득점: 한교원, 도움: 이용) 왼쪽

7월 29일 19:00 맑음 제주 월드컵 4,642명
주심_김용우 부심_이정민·방기열 대기심_설태환 경기감독관_김형남

제주 1 | 1 전반 0 / 0 후반 1 | **1 울산**

퇴장	경고	파울	ST(유)	교체	선수명	배번	위치	위치	배번	선수명	교체	ST(유)	파울	경고	퇴장
0	0	0	0		이 창 근	21	GK	GK	21	오 승 훈		0	0	0	0
0	0	0	0		오 반 석	4	DF	DF	13	이 명 재		0	1	0	0
0	2	1	0		안 현 진	3	DF	DF	4	강 민 수		0	1	1	0
0	0	0	0		김 원 일	37	DF	DF	40	리 차 드		1	0	0	0
0	0	0	0		김 수 범	22	MF	DF	27	김 창 수		1	0	0	0
0	0	0	0		박 진 포	6	MF	MF	42	믹 스	32	1	0	0	0
0	0	0	16		권 순 형	7	MF	MF	34	박 용 우		0	0	0	0
0	0	0	17		김 현 욱	30	MF	MF	23	이 동 경		0	0	0	0
0	0	4(1)	40		이 찬 동		FW	MF	11	황 일 수		4	1	0	0
0	0	1	0		진 성 욱	9	FW	FW	8	이 인 성		0	1	0	0
0	1	1	0		마 그 노	10	FW	FW	30	주 니 오		6(4)	1	0	0
0	0	0	0		박 한 근	41			18	조 수 혁		0	0	0	0
0	0	0	0		정 다 훤	2			5	임 종 은		0	0	0	0
0	0	0	0		조 용 형	20			79	이 창 용		0	0	0	0
0	0	0	후15		류 승 우	17	대기	대기	32	이 영 재	후37	0	0	0	0
0	0	0	후35		이 찬 동					에스쿠데로	후16	1	0	0	0
0	1(1)	후6			류 승 우	9			3	김 레 오		0	0	0	0
0	0	0	0		찌 아 구	99			8	이 근 호	후9	0	0	0	0
0	0	12	14(3)									21(5)	10	0	0

● 전반 44분 권순형 MFL FK ~ 이창민 AK 정면 R - ST - G(득점: 이창민, 도움: 권순형) 왼쪽

8월 04일 20:00 맑음 서울 월드컵 8,645명
주심_김동진 부심_윤광열·김영하 대기심_최현재 경기감독관_신홍기

서울 3 | 1 전반 0 / 2 후반 0 | **0 제주**

퇴장	경고	파울	ST(유)	교체	선수명	배번	위치	위치	배번	선수명	교체	ST(유)	파울	경고	퇴장
0	0	0	0		양 한 빈	21	GK	GK	21	이 창 근		0	0	0	0
0	0	1	0		이 웅 희	3	DF	DF	4	오 반 석		0	0	0	0
0	0	0	0		김 원 균	40	DF	DF	5	권 한 진		1(1)	0	0	0
0	0	1(1)	0		박 동 진	50	DF	DF	37	김 원 일		0	0	0	0
0	0	0	0		윤 석 영	18	DF	MF	8	김 성 주		0	0	0	0
0	0	0	0		정 현 철	24	MF	MF	6	박 진 포		0	0	0	0
0	0	0	8		조 영 욱	32	MF	MF	7	권 순 형		2(1)	0	0	0
0	1	1	55		이 상 호		MF	MF	30	김 현 욱		0	0	0	0
0	2(1)	11			안 델 손	11	FW	MF	14	이 창 민		0	0	0	0
0	1	0	0		고 요 한	13	FW	FW	10	마 그 노		0	0	0	0
1	2	2(2)			마 티 치	99	FW	FW	99	찌 아 구		5(2)	1	1	0
0	0	0	0		정 진 욱	30			1	김 경 민		0	0	0	0
0	0	0	후22		곽 태 휘	55			20	조 용 형		0	0	0	0
0	0	0	0		심 상 민	19			22	김 수 범		0	0	0	0
0	0	0	0		김 원 식	15	대기	대기	16	이 동 수	후20	0	0	0	0
0	1	후33			신 진 호	8			40	이 찬 동		0	0	0	0
0	0	0	0		소 지 훈				7	서 우 현	후9	0	0	0	0
0	0	후11			에반드로	11			17	류 승 우	후9	1(1)	0	0	0
1	1	10	8(7)									13(6)	8	4	0

● 전반 34분 권한진 자기 측 GAR 내 R자책골 (득점: 권한진) 가운데
● 후반 7분 이상호 PAR 내 ~ 마티치 GAL R - ST - G(득점: 마티치, 도움: 이상호) 오른쪽
● 후반 45분 신진호 GA 정면 R - ST - G(득점: 신진호) 가운데

8월 04일 20:00 맑음 인천 전용 4,279명
주심_이동준 부심_박상준·방기열 대기심_설태환 경기감독관_송선호

인천 1 | 0 전반 0 / 1 후반 2 | **2 포항**

퇴장	경고	파울	ST(유)	교체	선수명	배번	위치	위치	배번	선수명	교체	ST(유)	파울	경고	퇴장
0	0	0	0		이 진 형	21	GK	GK	31	강 현 무		0	0	0	0
0	0	1	2		김 동 민	47	DF	DF	20	우 찬 양		0	0	0	0
0	1	0	0		김 대 중	15	DF	DF	3	김 광 석		1(1)	1	0	0
0	0	0	0		부 노 자	20	DF	DF	5	하 창 래		0	0	0	0
0	0	0	0		곽 해 성	26	DF	DF	17	강 상 우		0	0	0	0
0	3	3(2)			문 선 민	27	MF	MF	6	채 프 만		0	1	0	0
0	0	0	29		한 석 종	4	MF	MF	18	이 후 권		1	1	0	0
0	0	0	0		고 슬 기	17	MF	FW	7	이 석 현		0	0	0	0
0	1	0	19		박 종 진		FW	FW	13	김 지 민		0	0	0	0
0	1	8			아길라르	8	FW	FW	16	송 승 민		3(1)	0	0	0
0	4(1)				무 고 사	9	FW	FW	12	김 승 대		1(1)	0	0	0
0	0	0	0		정 산	1			1	류 원 우		0	0	0	0
0	0	0	0		김 용 환	3			24	배 슬 기		0	0	0	0
0	0	0	0		이 정 빈	8			19	이 상 기	후36	1(1)	0	0	0
0	3(1)	후24			이 정 빈		대기	대기	88	권 기 표		0	0	0	0
0	0	0	0		임 은 수	39			11	이 광 혁	후13	3(1)	0	0	0
0	1	1(1)	후24		쿠 비	19			18	이 근 호	후13	1	0	0	0
0	후42				김 보 섭	29			97	이 래 준		0	0	0	0
0	2	10	19(6)									14(6)	3	0	0

● 후반 44분 김보섭 PAL 내 ~ 쿠비 GA 정면 내 R - ST - G(득점: 쿠비, 도움: 김보섭) 가운데

● 후반 40분 이근호 PAL TL ~ 이상기 GAL R - ST - G(득점: 이상기, 도움: 이근호) 왼쪽
● 후반 48분 이광혁 MFL ⌒ 김광석 GA 정면 H - ST - G(득점: 김광석, 도움: 이광혁) 오른쪽

8월 04일 20:00 맑음 상주 시민 1,659명
주심_김용우 부심_곽승순·노수용 대기심_최일우 경기감독관_김용세

상주 1 | 0 전반 0 / 1 후반 1 | **1 수원**

퇴장	경고	파울	ST(유)	교체	선수명	배번	위치	위치	배번	선수명	교체	ST(유)	파울	경고	퇴장
0	0	0	0		최 필 수	21	GK	GK	21	노 동 건		0	0	0	0
0	0	0	1(1)		김 영 빈	2	DF	DF	20	곽 광 선		0	2	0	0
0	0	0		20	김 남 춘	4	DF	DF	3	조 성 진		0	0	0	0
0	0	1	0		이 태 희	24	DF	DF	15	구 자 룡		1	2	0	0
0	1	3	0		백 동 규	27	MF	MF	23	이 기 제		0	2	0	0
0	0	0	0		신 세 계	3	MF	MF	22	사 리 치		1(1)	0	0	0
0	1	2	0	15	여 름	8	MF	MF	8	조 원 희		0	3	0	0
0	1	4(2)			윤 빛 가 람	14	MF	MF	7	바 그 닝 요					
0	0	1	0	5	김 도 운		MF	FW	26	염 기 훈		1	1	0	0
0	0	6	1		김 민 우		FW	FW	14	한 의 권	11	1	0	0	0
0	0	2			김 도 형	22	FW	FW	10	데 안	9	3(1)	0	0	0
0					윤 보 상	41			31	김 선 우		0			
0				후47	김 진 환	6			3	양 상 민		0			
0					이 종 원	6			26	박 종 우	후8	1	1	1	0
0				후33	신 창 무	15	대기	대기	77	조 지 훈		0			
0					윤 주 태	19			13	박 형 진		0			
0				후29	이 광 선	20			11	임 상 협	후40	0			
0					차 영 환	28			9	박 기 동	후28	0			
0	1	12	10(3)									8(2)	10	1	0

● 후반 32분 윤빛가람 PAL FK R - ST - G(득점: 윤빛가람) 오른쪽
● 후반 9분 데안 GAR R - ST - G(득점: 데안) 오른쪽

8월 05일 20:00 맑음 전주 월드컵 11,979명
주심_김성호 부심_김성일·양재용 대기심_최대우 경기감독관_송선호

전북 0 | 0 전반 0 / 0 후반 1 | **1 경남**

퇴장	경고	파울	ST(유)	교체	선수명	배번	위치	위치	배번	선수명	교체	ST(유)	파울	경고	퇴장
0	0	0	0		황 병 근	21	GK	GK	25	이 범 수		0	0	0	0
0	0	1	0		최 철 순	25	DF	DF	3	이 반		0	2	0	0
0	0	0	0		최 보 경	6	DF	DF	16	이 광 진		0	0	0	0
0	0	1	1(1)		홍 정 호	26	DF	DF	23	박 지 수		0	0	0	0
0	0	0	0		이 용		DF	DF	15	우 주 성		0	0	0	0
0	0	3			손 준 호	28	MF	MF	29	김 준 범	18	2	4	1	0
0	3(2)				정 혁		MF	MF	26	최 영 준		0	0	0	0
0	8(2)				로 페 즈	10	MF	MF	13	김 신		0	0	0	0
0	0	1		32	김 선 영		MF	MF	77	네 게 바		1(1)	0	0	0
0	0	2			한 교 원	7	FW	FW	20	김 효 기	10	1(1)	1	1	0
0	2(1)	11			김 신 욱	9	FW	FW	9	말 컹		4(1)	2	0	0
0					이 재 형	41			31	손 정 현		0			
0					박 원 재	19			23	김 현 훈		0			
0					이 재 성				13	김 신		0			
0					정 호 영	30	대기	대기	18	하 성 민	후41	0			
0				후34	티 아 고	11			22	쿠 니 모 토	후10	1(1)			
0	5(4)		후9		아 드 리 아 노	32			21	조 재 철		0			
0	1	4(2)		후9	이 동 국				10	파 울 링 요	후10	0			
0	3	15	27(12)									9(4)	11	3	0

● 후반 36분 네게바 MF 정면 ~ 쿠니모토 GAR R - ST - G(득점: 쿠니모토, 도움: 네게바) 왼쪽

8월 05일 20:00 맑음 광양 전용 2,585명
주심_송민석 부심_김계용·박균용 대기심_김도연 경기감독관_김진의

전남 1 | 0 전반 1 / 1 후반 1 | **2 울산**

퇴장	경고	파울	ST(유)	교체	선수명	배번	위치	위치	배번	선수명	교체	ST(유)	파울	경고	퇴장
0	0	0	0		이 호 승	20	GK	GK	21	오 승 훈		0	0	0	0
0	0	1	0	18	이 지 남		DF	DF	13	이 명 재		0	1	0	0
0	0	0	0		허 재 원	38	DF	DF	4	강 민 수		0	0	0	0
0	0	0	0		가 솔 현	3	DF	DF	5	임 종 은		1(1)	0	0	0
0	0	1	0		이 슬 찬	13	DF	DF	27	김 창 수		0	1	0	0
0	0	14			김 선 우		MF	MF	42	믹 스	32	0	1	0	0
0	0	1			한 찬 희	16	MF	MF	34	박 용 우		0	0	0	0
0	1				김 광 일	21	MF	MF	19	이 근 호	8	1(1)	0	0	0
0	3(3)				완 델 손	11	MF	MF	11	황 일 수		2(2)	0	0	0
0	0	0			이 상 헌	98	MF	FW	7	김 인 성		1(1)	0	0	0
0	1	0	10		이 유 현	27	FW	FW	30	주 니 오		0	0	0	0
0					박 대 한	31			18	조 수 혁		0			
0					최 효 진				22	정 동 호		0			
0					도 나 치				14	이 창 용		0			
0					윤 동 민	30	대기	대기	32	이 영 재	후32	0			
0				후11	김 영 욱	14			에 스 쿠 데 로	후15		1			
0				후24	김 경 민				24	한 승 규		0			
0	2(1)		후34		마 쎄 도				19	김 승 준	후26	0			
0	1	7	11(4)									0(0)	11	0	0

● 후반 4분 완델손 PA 정면 FK L - ST - G(득점: 완델손) 왼쪽
● 전반 10분 이명재 C.KR ~ 임종은 GA 정면 H - ST - G(득점: 임종은, 도움: 이명재) 오른쪽
● 후반 39분 황일수 PAR L - ST - G(득점: 황일수) 왼쪽

8월 05일 20:00 맑음 춘천 송암 1,217명
수심_김우성 부심_이성빈·김지욱 대기심_김녹철 경기감독관_나승화

강원 1 | 0 전반 1 / 1 후반 1 | **3 대구**

퇴장	경고	파울	ST(유)	교체	선수명	배번	위치	위치	배번	선수명	교체	ST(유)	파울	경고	퇴장
0	0	0	0		함 석 민	16	GK	GK	1	최 영 은		0	0	1	0
0	0	1	0		정 승 용	22	DF	DF	66	박 병 현	30	0	0	1	0
0	0	0	0		김 오 규	99	DF	DF	5	홍 정 운		1	1	0	0
0	0	0	0		한 용 수	30	DF	DF	6	한 희 훈		0	1	0	0
0	1	3(1)			강 지 훈	24	DF	MF	16	강 윤 구		0	0	0	0
0	0	10			오 범 석	14	MF	MF	29	류 재 문		1(1)	0	0	0
0	5	66			박 정 수		MF	MF	20	황 순 민	8	2(2)	0	0	0
0	1	25			문 창 진		MF	MF	7	정 우 재		0	0	0	0
0	1	1(1)			이 현 식	29	MF	MF	18	정 승 원		2(1)	2	0	0
0	2				정 석 화		MF	FW	14	김 대 원		6(4)	1	0	0
0	4(2)				제 리 치	55	FW	FW	10	조 세	7	3(3)	5	0	0
0					이 범 영	31			9	에 드 가		0			
0				후39	이 재 익				30	김 진 혁	후5	0			
0					발 렌 티 노 스				43	장 성 원		0			
0				후20	황 진 성	19	대기	대기	8	정 선 호	후39	0			
0					황 진 성				36	박 한 빈		0			
0					남 승 우	13			26	고 재 현		0			
0				후	디 에 고	15			37	전 현 철	후43	0			
0	4	14(4)										14(11)	16	1	0

● 후반 44분 강지훈 MPR ~ 세리시 GA 정면 H - ST - G(득점: 제리치, 도움: 강지훈) 오른쪽
● 후반 5분 정우재 MF 정면 ~ 조세 GAR R - ST - G(득점: 조세, 도움: 정우재) 오른쪽
● 후반 25분 정우재 MF 정면 ~ 김대원 PAL 내 L - ST - G(득점: 김대원, 도움: 정우재) 오른쪽
● 전반 22분 김내원 GA 정면 R - ST - G(득점: 김대원) 오른쪽

주심_ 이동준 부심_ 윤광열·김영하 대기심_ 김덕철 경기감독관_ 차상해

전북 3 — 1 전반 0 / 2 후반 1 — **1 강원**

퇴장	경고	파울	ST(유)	교체	선수명	배번	위치	위치	배번	선수명	교체	ST(유)	파울	경고	퇴장
0	0	0	0		황병근	21	GK	GK	23	이범영		0	0	0	0
0	0	2	0		최철순	25	DF	DF	2	이재익		1(1)	2	1	0
0	0	0	1		최보경	6	DF	DF	14	오범석		1(1)	0	0	0
0	1	1	2(2)		홍정호	26	DF	DF	22	정승용		2(2)	1	0	0
0	0	1	0		이 용	2	DF	MF	8	한국영		2(2)	2	1	0
0	1	2			손준호	28	MF	MF		발렌티노스		2	1	0	0
0	1	2	5(2)	32	정 혁		MF	MF	66	박정수		1	1	0	0
0	3	1			로페즈	10	MF	MF	18	김승용	10	0	0	0	0
0	1	0			임 선 영	5	MF	MF	77	김지현		1	0	0	0
0	1	2			티 아 고	11	MF	FW	12	임찬울	7	1	0	0	0
0	1(1)		20		김신욱		FW	FW	55	제리치		1(1)			
0					홍정남	16			16	함석민					
0					조성환	16			44	맥고완					
0					박남재	33			10	이현식					
0					신형민	4	대기	대기	13	정석화	후13				
0				후27	한교원	7			8	황진성					
0				후:2(1)	아니에로	32			25	문창진	후29				
0	2(1)		후26		이동국	20			10	디에고	후0	2(1)			
0	2	11	25(12)									12(7)	8	3	0

●전반 5분 티아고 MFR ⌒ 홍정호 GA 정면 H-ST - G(득점: 홍정호, 도움: 티아고) 왼쪽
●후반 17분 손준호 MFL ⌒ 김신욱 GA 정면 H - ST - G(득점: 김신욱, 도움: 손준호) 오른쪽
●후반 26분 티아고 AK 내 FK L - ST - G(득점: 티아고) 왼쪽
●후반 36분 오범석 AKR L - ST - G(득점: 오범석) 왼쪽

8월 11일 19:00 흐림 제주 월드컵 3,551명
주심_ 박병진 부심_ 이정민·김계용 대기심_ 오현진 경기감독관_ 신홍기

제주 0 — 0 전반 0 / 0 후반 0 — **0 포항**

퇴장	경고	파울	ST(유)	교체	선수명	배번	위치	위치	배번	선수명	교체	ST(유)	파울	경고	퇴장
0	0	0	0		이창근	21	GK	GK	31	강현무		0	0	0	0
0	0	0	0		오반석	4	DF	DF	2	우찬양		0	0	0	0
0	0	1			권한진	5	DF	DF	3	김광석		1	0	0	0
0	0	0			조용형	20	DF	DF	17	하창래		2	1	0	0
0	0	0			김성주	8	MF	DF	27	강상우		1	1	0	0
0	2(1)				이창민	14	MF	MF	6	채프만		1	1	0	0
0	0	1			권순형	7	MF	MF	9	이후권	18	1	0	0	0
0	0		후19		이동희	42	MF	MF	7	이석현		1	0	0	0
0	1				마 그 노	9	FW	FW	14	김지현	11	1	2	0	0
0	1	16			찌 아 구	99	FW	FW	16	송승민		3(1)	0	0	0
0					김경민	1			1	류원우					
0					김상원	3			4	알레망					
0					박진포	6			19	이상기	후39				
0				후19	이동수	16	대기	대기	24	배슬기					
0					이찬동	40			88	김기표					
0				후39	진성욱	11			11	이광혁	후42				
0	2(2)		후19		류승우	17			18	이근호	후25				
0	0	8	9(3)									12(1)	10	3	0

8월 11일 19:00 흐림 대구 스타디움 1,332명
주심_ 김성호 부심_ 김성일·양재용 대기심_ 설태환 경기감독관_ 김용갑

대구 2 — 1 전반 0 / 1 후반 1 — **1 인천**

퇴장	경고	파울	ST(유)	교체	선수명	배번	위치	위치	배번	선수명	교체	ST(유)	파울	경고	퇴장
0	1	0	0		최영은	1	GK	GK	1	이진형		0	0	0	0
0	0	0			박병현	66	DF	DF	47	김동민		0	4	0	0
0	0	0	1		홍정운	5	DF	DF	15	김대중		0	0	0	0
0	1	0			한희훈	6	DF	DF	20	부노자		1(1)	3	0	0
0	1	0			강윤구	16	MF	MF	26	곽해성		1(1)	1	0	0
0	0	0	36		황순민	11	MF	MF	4	정인빈		0	0	0	0
0	0	3	2		류재문	29	MF	MF	6	한석종		1	1	0	0
0	2(1)		11		김대원	14	FW	MF	13	박종진		1	0	0	0
0	0	1	1		정승원	18	FW	FW	10	아길라르		1	0	0	0
0	3	3(2)	30		조 세	10	FW	FW	9	무고사		3(2)	0	0	0
0					이현우	31			21	정 산					
0				후45	김진혁	30			32	정동윤					
0					장성원	38			3	김용환	후36				
0				대기	정선호	8	대기	대기	39	임은수					
0	1(1)	후31			박한빈	36			7	쿠 비	후0				
0					정치인				19						
0	2	5(3)	후0		세징야	11			27	문선민	후0	1			
0	2	16	15(9)									7(4)	15	1	0

●전반 12분 정승원 MFR ~ 류재문 AKL R - ST - G(득점: 류재문, 도움: 정승원) 오른쪽
●후반 26분 세징야 HL 정면 ~ 조세 GAR R - ST - G(득점: 조세, 도움: 세징야) 오른쪽
●후반 16분 아길라르 MFR TL FK ⌒ 부노자 GA 정면 H - ST - G(득점: 부노자, 도움: 아길라르) 가운데

8월 12일 19:00 맑음 울산 문수 6,960명
주심_ 김희곤 부심_ 박상준·방기열 대기심_ 김도연 경기감독관_ 김용세

울산 1 — 0 전반 0 / 1 후반 0 — **0 수원**

퇴장	경고	파울	ST(유)	교체	선수명	배번	위치	위치	배번	선수명	교체	ST(유)	파울	경고	퇴장
0	0	0	0		오승훈	21	GK	GK	21	노동건		0	0	0	0
0	0	1	1(1)		정동호	13	DF	DF	3	양상민		0	3	0	0
0	0	1			강민수	4	DF	DF	5	조성진		0	0	0	0
0	0	0			리차드	40	DF	DF	15	구자룡		2(1)	1	0	0
0	0	0			김창수	27	DF	MF	23	이기제		1(1)	1	0	0
0	0	0	32		믹 스	42	MF	MF	22	사리치	24	0	1	0	0
0	0	0			박용우	34	MF	MF	8	조원희		1	0	0	0
0	1(1)	1			한승규	24	FW	FW	99	전세진	26	1	0	0	0
0	1	0			이근호	14	MF	FW	14	한의권		4(3)	1	0	0
0	1	2	3(2)	30	주니오		FW	FW	10	박기동	10				
0					김용대	29			29	박지민					
0					임종은	5			20	곽광선					
0					에스쿠데로		대기	대기	24	박종우	후18				
0	2(1)	후13			이영재	32			35	장호익					
0					에스쿠데로				13	박형진					
0	1(1)	후18			황일수	11			26	염기훈	후14				
0	후29				김인성	7			10	데 안	후32	3(3)	1	0	0
0	2	10	10(6)									13(9)	11	1	0

●후반 35분 박용우 MF 정면 ~ 황일수 GAL L - ST - G(득점: 황일수, 도움: 박용우) 오른쪽

경남 3 : 0 전남

8월12일 19:00 맑음 창원 축구센터 2,625명
주심_김용우 부심_곽승순·구은석 대기심_장순택 경기감독관_나승화

경남 3 (1 전반 0 / 2 후반 0) 0 전남

퇴장	경고	파울	ST(유)	교체	선수명	배번	위치	위치	배번	선수명	교체	ST(유)	파울	경고	퇴장
0	0	0	0		이 범 수	25	GK	GK	31	박 대 한		0	0	0	0
0	0	1	0		유 지 훈	3	DF	DF	2	최 재 해		1	1	0	0
0	0	2	1		이 광 진	16	DF	DF	23	양 준 아		0	2	0	0
0	0	1	0		박 지 수	23	DF	DF	5	도 나 치		0	1	0	0
0	0	2	0		김 현 훈	24	DF	DF	2	최 효 진		0	0	0	0
0	0	0		22	김 신	11	MF	MF	8	유고비치		0	0	0	0
0	0	1(1)			최 영 준	26	MF	MF	16	한 찬 희		4	3	0	0
0	0	3(1)	21		네 게 바	77	MF	MF	11	완 델 손		4	2	1	0
0	0	1			하 성 민	4	MF	MF	98	이 상 헌		0	3	0	0
0	1	2	1		김 효 기	20	FW	MF	7	이 영 욱		0	0	0	0
0	0	3(2)			파울링요	10	FW	FW	10	마 쎄 도		2(1)	1	0	0
0	0				손 정 현	31			20	이 호 승			0	0	0
0	0				우 주 성	15			38	허 재 원			0	0	0
0	0				김 준 범	21			13	정 호 진			0	0	0
0	0	1(1)	후0		조 재 철	21	대기	대기		김 민 준	후32		0	0	0
0	1		후0		쿠니모토				30	윤 동 민	후32		0	0	0
0					조 영 철	13			27	이 유 현			0	0	0
0	1	2(1)	후0		말 컹				35	전 지 현	후10		0	0	0
0	1	14	15(7)									11(1)	19	2	0

- 전반 46분 파울링요 PK 좌측지점 R - ST - G(득점: 파울링요) 가운데
- 후반 17분 네게바 MFL ⌒ 말컹 GA 정면 내 H - ST - G(득점: 말컹, 도움: 네게바) 가운데
- 후반 36분 조재철 GA 정면 L - ST - G(득점: 조재철) 왼쪽

상주 1 : 2 서울

8월12일 19:30 맑음 상주 시민 2,317명
주심_송민석 부심_김지욱·박균용 대기심_정회수 경기감독관_박남열

상주 1 (0 전반 0 / 1 후반 2) 2 서울

퇴장	경고	파울	ST(유)	교체	선수명	배번	위치	위치	배번	선수명	교체	ST(유)	파울	경고	퇴장
0	0	0	0		최 필 수	21	GK	GK	21	양 한 빈		0	0	0	0
0	1(1)				김 영 빈	2	DF	DF	4	김 남 춘		0	0	0	0
0	0				김 남 춘	2	DF	DF	40	김 균		0	0	0	0
0	0				김 태 환	11	DF	DF	19	심 상 민		0	0	0	0
0	0				백 동 규	27	DF	DF	18	윤 석 영		0	0	0	0
0	0				신 세 계	3	MF	MF	15	김 원 식		0	0	0	0
0	5(2)				심 동 운	7	MF	MF	8	신 진 호		3(2)		1	0
0	0				윤 빛 가 람	14	MF	MF	32	송 진 형		0	0	0	0
0	0				김 민 우	19	FW	FW	6	조 영 욱		0	0	0	0
0	1(1)		19		이 광 선	20	FW	FW	11	이 광 선		2		0	0
0	0				김 도 형	22	FW	FW	9	안 델 손		0	0	0	0
0	0				윤 보 상	41			30	정 진 욱			0	0	0
0	0				김 진 환	5			5	이 웅 희	후27		0	0	0
0	0	후11			김 호 남	12	대기	대기	24	정 현 철			0	0	0
0	0	후21			신 창 무	5			37	송 진 형	후16	3(1)		0	0
0	2(1)	후19			윤 주 태	7			47	김 우 홍			0	0	0
0					이 태 희	24			24	에반드로	후24		0	0	0
0	1	16(5)										8(3)		1	0

- 후반 40분 윤주태 MFR ⌒ 심동운 PA 정면 L - ST - G(득점: 심동운, 도움: 윤주태) 오른쪽
- 후반 1분 김동우 GA 정면 H ⌒ 송진형 GAL 내 L - ST - G(득점: 송진형, 도움: 김동우) 오른쪽
- 후반 4분 조영욱 PAR ⌒ 신진호 PA 정면 내 R - ST - G(득점: 신진호, 도움: 조영욱) 오른쪽

수원 1 : 2 서울

8월15일 19:00 맑음 수원월드컵 13,853명
주심_김성호 부심_이정민·김영하 대기심_김도연 경기감독관_김용세

수원 1 (1 전반 0 / 0 후반 2) 2 서울

퇴장	경고	파울	ST(유)	교체	선수명	배번	위치	위치	배번	선수명	교체	ST(유)	파울	경고	퇴장
0	0	0	0		노 동 건	21	GK	GK	21	양 한 빈		0	0	0	0
0	0	1	0		양 상 민	3	DF	DF	4	김 동 우		0	0	0	0
0	0	1	0		곽 광 선	20	DF	DF	40	김 균		0	0	0	0
0	0	1	0		조 성 진	5	DF	DF	19	심 상 민		0	0	0	0
0	0	0	0		박 형 진	13	DF	DF	18	윤 석 영		0	0	0	0
0	1	4			사 리 치	22	MF	MF	15	김 원 식	24	0	0	0	0
0	2(1)		24		조 원 희	8	MF	MF	8	신 진 호		2(1)		0	0
0	0				최 성 근	25	MF	MF	32	송 진 형	32			0	0
0	1(1)		14		유 주 안	26	FW	FW	6	고 요 한		3(2)		1	0
0	0				염 기 훈	26	FW	FW	27	고 광 민		0	0	0	0
0	1	5(3)			데 안	10	FW	FW	9	안 델 손		1	1	1	0
0	0				박 지 민	29			30	정 진 욱			0	0	0
0	0				구 자 룡	15			5	이 웅 희			0	0	0
0	0	2(2)	후24		박 종 우	24			50	박 동 진			0	0	0
0	0				장 호 익	35	대기	대기	24	김 원 식	후15		0	0	0
0	0				임 종 성	16			32	조 영 욱			0	0	0
0	1	후17			이 의 권	14			47	윤 승 원			0	0	0
0					박 기 동	11			11	에반드로	후30	1(1)		0	0
0	3	14	18(8)									12(6)	9	2	0

- 전반 4분 유주안 MFR ⌒ 데안 PA 정면 내 L - ST - G(득점: 데안, 도움: 유주안) 왼쪽
- 후반 4분 신진호 HLL ⌒ 고요한 PA 정면 내 R - ST - G(득점: 고요한, 도움: 신진호) 오른쪽
- 후반 46분 안델손 GA 정면 L - ST - G(득점: 안델손) 오른쪽

포항 5 : 2 전북

8월15일 19:00 비 포항 스틸야드 4,397명
주심_김우성 부심_곽승순·박균용 대기심_정회수 경기감독관_최상국

포항 5 (2 전반 2 / 3 후반 0) 2 전북

퇴장	경고	파울	ST(유)	교체	선수명	배번	위치	위치	배번	선수명	교체	ST(유)	파울	경고	퇴장
0	0	0	0		강 현 무	31	GK	GK	21	황 병 근		0	0	0	0
0	0	1	0		우 찬 양	20	DF	DF	25	최 철 순		2	1	0	0
0	0	1	0		김 광 석	3	DF	DF	6	최 보 경		0	0	0	0
0	0	1	0		배 슬 기	24	DF	DF	26	홍 정 호		0	0	0	0
0	0	1	0		강 상 우	17	DF	DF	2	이 용		0	0	0	0
0	1	3(3)			채 프 만	6	MF	MF	4	신 형 민	14	1(1)	1	0	0
0	1	4(3)			이 석 현	7	MF	MF	10	로 페 즈		3(1)	1	0	0
0	0				김 승 대	12	MF	MF	13	신 선 영		0	0	0	0
0	0		19		송 승 민	16	FW	MF	11	티 아 고		1(1)	1	0	0
0	2(2)		5		이 근 호	18	FW	FW	20	이 동 국		3(2)		0	0
0	0				류 원 우	1			1	홍 정 남			0	0	0
0	0	후13			하 창 래				16	조 성 환			0	0	0
0	0	후40			이 상 기				3	박 원 재			0	0	0
0	0				권 기 표	88	대기	대기		이 승 기	후15		0	0	0
0	0	후6			이 후 권				32	한 교 원	후0	1(1)		0	0
0					레오가말류	후0			9	아드리아노			0	0	0
0									9	김 신 욱	후0	4(3)		0	0
0	10	10(9)										15(9)	13	2	0

- 전반 33분 이석현 PA 정면 R - ST - G(득점: 이석현) 왼쪽
- 전반 38분 이근호 MF 정면 R - ST - G(득점: 이근회) 오른쪽
- 후반 8분 이석현 PA 정면 R - ST - G(득점: 이석현) 오른쪽
- 후반 28분 이석현 PA 정면 내 R - ST - G(득점: 이석현) 오른쪽
- 후반 42분 이상기 MFL ⌒ 김승대 PAR 내 R - ST - G(득점: 김승대, 도움: 이상기) 왼쪽
- 후반 4분 이동국 PK 좌측지점 H ⌒ 한교원 PK 우측지점 R - ST - G(득점: 한교원, 도움: 이동국) 가운데
- 후반 36분 이동국 MFL ⌒ 김신욱 GA 정면 H - ST - G(득점: 김신욱, 도움: 이동국) 왼쪽

8월 15일 19:00 흐리고비 제주 월드컵 3,260명
주심_김희곤 부심_박상준·구은석 대기심_정의석 경기감독관_신홍기

제주 2 | 0 전반 3 / 2 후반 3 | **3 대구**

퇴장	경고	파울	ST(유)	교체	선수명	배번	위치	위치	배번	선수명	교체	ST(유)	파울	경고	퇴장
0	1	1	0		이창근	21	GK	GK	1	최영은		0	0	0	0
0	0	0	0		오반석	4	DF	DF	66	박병현		1(1)	2	1	0
0	1	0	0		권한진	5	DF	DF	5	홍정운		0	0	0	0
0	1	0	0		김원일	37	DF	DF	6	한희훈		0	0	0	0
0	0	0	0		김성주	8	MF	MF	16	강윤구		0	0	0	0
0	0	1	6(2)		이창민	14	MF	MF	20	황순민	8	1	1	0	0
0	1			99	권순형	7	MF	MF	29	류재문	36	0	0	0	0
0	0	1	0	17	류승우	17	MF	MF	14	김대원		0	0	0	0
0	0				박진포	6	FW	FW	18	정승원	15	1(1)	1	0	0
0	2(1)	16			진성욱	9	FW	FW	10	조 세		1(1)	3	0	0
0	2(1)				마그노	10	FW								
0	0				김경민	1	대기	대기	31	이현우		0	0	0	0
0		후33			김상원	3			30	김진혁		0	0	0	0
0	0				조용형	20			38	장성원		0	0	0	0
0	3(1)	후9			이동수	16			7	정선호	후37	0	0	0	0
0	0				김수범	22			36	박한빈	후28	0	0	0	0
0	0				이동희	42			7	전현철		0	0	0	0
0	4(2)	후15			찌아구	99			15	임재혁	후20	0	0	0	0
0	3	11	19(7)									8(6)	11	2	0

- ●후반 19분 박진포 HLR ↘ 찌아구 PA 정면 내 H - ST - G(득점: 찌아구, 도움: 박진포) 오른쪽
- ●후반 34분 이창민 PAL ~ 이동수 AKL R - ST - G(득점: 이동수, 도움: 이창민) 오른쪽
- ●후반 18분 정승원 GAL L - ST - G(득점: 정승원) 왼쪽
- ●후반 37분 김대원 PAR FK ⌒ 박병현 GAL 내 H - ST - G(득점: 박병현, 도움: 김대원) 오른쪽
- ●후반 45분 강윤구 PAL L - ST - G(득점: 강윤구) 오른쪽

8월 15일 19:00 흐림 광양 전용 2,191명
주심_박병진 부심_김계용·김지욱 대기심_최일우 경기감독관_나승화

전남 0 | 0 전반 0 / 0 후반 1 | **1 강원**

퇴장	경고	파울	ST(유)	교체	선수명	배번	위치	위치	배번	선수명	교체	ST(유)	파울	경고	퇴장
0	0	0	0		이호승	20	GK	GK	23	이범영		0	0	0	0
0	0	0	0		양준아	23	DF	DF	22	이재익		3	0	1	0
0	1	35			허재원	38	DF	DF	99	오범석		0	2	1	0
0	1	1			가솔현	13	DF	DF	99	정승용		0	1	0	0
0	1				이슬찬	13	MF	MF	22	정승용		0	0	0	0
0	0				유고비치		MF	MF	8	황진성		0	0	0	0
0	0				김영욱	14	MF	MF	66	박정수		0	0	0	0
0	0				최효진	7	MF	MF		정석화		0	0	0	0
0	0	19			최재현	19	FW	FW	25	디에고	1	0	0	0	0
0	0	98			윤동민	30	FW	FW	55	제리치		5(2)	0	0	0
0	2(1)				이유현	27	FW	FW	12	임찬울	29	0	0	0	0
0	0				박대한	31	대기	대기	16	함석민		0	0	0	0
0	0				박광일	21			44	맥고완		0	0	0	0
0	0				도나치	5			42	오인환	후42	0	0	0	0
0	0				한찬희	16			19	박창준		0	0	0	0
0	0	후41			전지원	35			17	한석종	후17	0	0	0	0
0	1	후23			허용준	19			25	문창진	후40	0	0	0	0
0	0	후18			이상헌	98			77	김지현		0	0	0	0
0	1	10	8(1)									8(2)	10	1	0

- ●후반 38분 제리치 PK 우측지점 R - ST - G(득점: 제리치) 오른쪽

8월 15일 19:30 흐림 창원 축구센터 2,005명
주심_이동준 부심_노수용·양재용 대기심_설태환 경기감독관_송선호

경남 3 | 0 전반 2 / 3 후반 1 | **3 울산**

퇴장	경고	파울	ST(유)	교체	선수명	배번	위치	위치	배번	선수명	교체	ST(유)	파울	경고	퇴장
0	0	0	0		이범수	25	GK	GK	21	오승훈		0	0	0	0
0	0	0	0		유지훈	37	DF	DF	20	배재우		1(1)	0	0	0
0	0	1	0		이광진	16	DF	DF	5	임종은		0	0	0	0
0	0	0	0		박지수	23	DF	DF	40	리차드		0	0	0	0
0	1(1)				우주성	15	DF	DF	22	정동호	27	0	1	0	0
0	0	22			김준범	29	MF	MF	32	이영재		0	0	0	0
0	1(1)				최영준	26	MF	MF	34	박용우		1(1)	1	0	0
0	1	3(3)			네게바	77	MF	MF	8	황일수		0	0	0	0
0	0	24			하성민		MF	MF		에스쿠데로	42	1	0	0	0
0	0	0	0		파울링요	10	MF	MF	19	김승준		1(1)	0	0	0
0	5(2)				말 컹	9	FW	FW	30	주니오		6(2)	0	0	0
0	0				손정현	31	대기	대기	18	조수혁		0	0	0	0
0	1	후			김현훈	24				김민수		0	0	0	0
0	0	후24			최재수	16			27	김창수	후40	0	0	0	0
0	0				민준영	5			42	믹 스	후26	0	0	0	0
0	0				좌준협	4			24	한승규		0	0	0	0
0	1(1)	후			쿠니모토	22			8	이근호	후0	1	0	0	0
0	0				조재철	21			7	김인성		0	0	0	0
0	0	5	14(8)									18(5)	11	2	0

- ●후반 35분 최재수 MFL TL ↘ 최영준 GA 정면 R - ST - G(득점: 최영준, 도움: 최재수) 왼쪽
- ●후반 45분 말컹 GA 정면 L - ST - G(득점: 말컹) 왼쪽
- ●후반 49분 최재수 MFR ⌒ 말컹 GAL H - ST - G(득점: 말컹, 도움: 최재수) 왼쪽
- ●전반 23분 정동호 MFR TL ↘ 주니오 GAR H - ST - G(득점: 주니오, 도움: 정동호) 왼쪽
- ●전반 32분 주니오 PAR EL ~ 김승준 GA 정면 R - ST - G(득점: 김승준, 도움: 주니오) 왼쪽
- ●후반 24분 에스쿠데로 GAL ~ 주니오 GAR R - ST - G(득점: 주니오, 도움: 에스쿠데로) 오른쪽

8월 15일 19:30 맑음 인천 전용 2,629명
주심_김동진 부심_윤광열·방기열 대기심_김덕철 경기감독관_김용갑

인천 0 | 0 전반 0 / 0 후반 0 | **0 상주**

퇴장	경고	파울	ST(유)	교체	선수명	배번	위치	위치	배번	선수명	교체	ST(유)	파울	경고	퇴장
0	0	0	0		이진형	21	GK	GK	41	윤보상		0	0	0	0
0	0	0	0		김용환	3	DF	DF	2	김영빈		0	4	1	0
0	0	0	0		김대중	20	DF	DF	11	김태환		1(1)	3	0	0
0	0	0	0		부노자	20	DF	DF	27	백동규		0	0	0	0
0	0	0	0		정동윤	32	DF	DF	33	홍 철		0	0	0	0
0	0				한석종	4	MF	MF	10	심동운	10	1	0	0	0
0	0				이 고	8	MF	MF	8	여 름		0	0	0	0
0	0				임은수	39	MF	MF	13	김민우		0	0	0	0
0	0	9			박종진	18	FW	MF	14	윤빛가람		3(2)	1	0	0
0	1(1)				문선민	27	MF	MF	19	김도형	19	3(1)	1	0	0
0	2(1)	19			아길라르	10	FW	FW	34	송시우	22	1	1	0	0
0	0				정 산	1	대기	대기	1	권태안		0	0	0	0
0	0				김동민	47			5	김진환		0	0	0	0
0	0				김진야	6			6	이종원		0	0	0	0
0	0				이정빈	대기			10	이한도	후43	0	0	0	0
0	0				김보섭	29			19	윤주태	후31	0	0	0	0
0	0	후45			쿠 비	19			20	이광선	후0	0	0	0	0
0	3(1)	후22			무고사	22			24	이태희		0	0	0	0
0	1	14	8(3)									10(4)	12	2	0

포항 0 : 3 경남

8월 18일 19:00 맑음 포항 스틸야드 6,249명
주심_ 김성호 부심_ 김계용·방기열 대기심_ 최현재 경기감독관_ 송선호

| | | | | | 전반 1 | | | | | | | |
| | | | | | 후반 2 | | | | | | | |

퇴장	경고	파울	ST(유)	교체	선수명	배번	위치	위치	배번	선수명	교체	ST(유)	파울	경고	퇴장
0	0	0	0		강현무	31	GK	GK	31	손정현		0	0	0	0
0	0	1	0		우찬양	20	DF	DF	6	최재수	1	1	1	0	0
0	0	1	1(1)		하창래	5	DF	DF	24	김현훈		0	1	0	0
0	1	1	0		배슬기	24	DF	DF	23	박지수		0	1	1	0
0	1	1	0		이상기	19	DF	DF	15	우주성		0	0	0	0
0	0	1	2(1)		이석현	7	MF	MF	29	김준범	21	2	1	1	0
0	0	0	0		김지민	13	MF	MF	26	최영준	18	0	0	0	0
0	0	1	0		김승대	12	MF	MF	22	김효기		1	1	0	0
0	0	0	0	11	권기표	88	FW	FW	29	파울링요		0	1	0	0
0	1	1	0	9	송승민	16	FW	FW	22	쿠니모토					
0	0	0	10		이근호	18	FW	FW	9	말컹		6(5)	1	1	0
0	0	0	0		류원우	1			25	이범수		0	0	0	0
0	0	0	0		김광석	3			16	이광진		0	0	0	0
0	0	0	0		알레망	4			3	유지훈		0	0	0	0
0	0	0	0		박성우	26	대기	대기	11	김신		0	0	0	0
0	0	0	0	후30	이후권	9			77	네게바	후14	2(2)	0	0	0
0	0	0	0	후0	이광혁	11			18	하성민	후35	0	1	0	0
0	0	0	0	후13	레오가말류	10			21	조재철	후24	0	1	0	0
0	2	12	7(2)									12(7)	7	3	0

●전반 24분 파울링요 PK 우측지점 ~ 말컹 GAL 내 L - ST - G(득점: 말컹, 도움: 파울링요) 왼쪽
●후반 28분 최재수 GAL ~ 말컹 GA 정면 내 R - ST - G(득점: 말컹, 도움: 최재수) 가운데
●후반 39분 조재철 GAR EL ~ 말컹 GA 정면 내 R - ST - G(득점: 말컹, 도움: 조재철) 가운데

대구 0 : 2 울산

8월 18일 19:00 맑음 대구 스타디움 1,731명
주심_ 김용우 부심_ 이정민·박균용 대기심_ 성덕효 경기감독관_ 김진의

| | | | | | 전반 0 | | | | | | | |
| | | | | | 후반 2 | | | | | | | |

퇴장	경고	파울	ST(유)	교체	선수명	배번	위치	위치	배번	선수명	교체	ST(유)	파울	경고	퇴장
0	0	0	0		최영은	1	GK	GK	18	조수혁		0	0	0	0
0	0	1	1		박병현	66	DF	DF	13	이명재		0	1	0	0
0	1	3	0		홍정운	5	DF	DF	4	강민수		1(1)	1	0	0
0	0	0	0		한희훈	6	DF	DF	5	임종은		0	0	0	0
0	0	0	0		강윤구	16	MF	MF	27	김창수		0	0	0	0
0	3	8		황순민	20	MF	MF	32	이영재	34	0	0	0	0
0	0	0	36		류재문	29	MF	MF	42	믹스	1	1	1	0	0
0	0	0	0		정우재	22	MF	MF	10	한승규	11	1	1	0	0
0	1	4(1)		김대원	14	MF	MF	24	한승규	11	1	3	0	0
0	0	0	0		정승원	18	MF	MF	7	김인성		0	0	0	0
0	0	3(2)	9	조세	10	FW	FW	19	김승준	30	1	0	0	0
0	0	0	0		이현우	31			21	오승훈		0	0	0	0
0	0	0	0		김진혁	30			79	이창용		0	0	0	0
0	0	0	0		장성원	38			3	정동호		0	0	0	0
0	0	0	후41	정선호	8	대기	대기	34	박용우	후19	0	1	0	0
0	0	2(1)	후21	박한빈	36			9	에스쿠데로		0	0	0	0
0	0	0	0		전현철	7			11	황일수	후28	0	0	0	0
0	1	2	후25	에드가	9			30	주니오	후0	4(3)	1	0	0
0	1	16(4)										10(6)	9	2	0

●후반 35분 박용우 GA 정면 내 H - ST - G(득점: 박용우) 가운데
●후반 45분 주니오 GAL R - ST - G(득점: 주니오) 가운데

상주 1 : 1 제주

8월 18일 19:30 맑음 상주 시민 1,130명
주심_ 이동준 부심_ 김성일·김영하 대기심_ 신용준 경기감독관_ 최상국

| | | | | | 전반 1 | | | | | | | |
| | | | | | 후반 0 | | | | | | | |

퇴장	경고	파울	ST(유)	교체	선수명	배번	위치	위치	배번	선수명	교체	ST(유)	파울	경고	퇴장
0	0	0	0		윤보상	41	GK	GK	1	김경민		0	1	1	0
0	0	0	0		김영빈	2	DF	DF	4	오반석		0	1	0	0
0	0	0	0		홍철	33	DF	DF	20	조용형		0	0	0	0
0	1	1	0		김태환	11	DF	DF	37	김원일		0	0	0	0
0	0	0	0		백동규	27	DF	DF	6	김수범		0	1	0	0
0	0	1	0		신세계	3	MF	MF	40	이찬동		0	1	0	0
0	0	0	0		여름	7	MF	MF	16	이동수		3(1)	1	0	0
0	0	3	1		김민우	13	MF	MF	3	김상원	14	1(1)	1	0	0
0	1	4(2)		윤빛가람	14	MF	MF	6	박진포		0	0	0	0
0	0	4	김도형	22	FW	FW	9	진성욱	99	1(1)	1	0	0
0	0	0	0		이광선	20	FW	FW	10	마그노		2(1)	0	0	0
0	0	0	0		권태안	1			41	박한근		0	0	0	0
0	0	1(1)	후25	김남춘	4			8	김성주		0	0	0	0
0	0	0	0		이종원	5			14	이창민	후0	2(1)	0	0	0
0	0	0	후6	주민규	18	대기	대기	30	김현욱	후39	0	0	0	0
0	0	0	0		김호남	7			42	이동희		0	0	0	0
0	0	0	0		신창무	15			47	이은범		0	0	0	0
0	0	0	0		이태희	24			99	찌아구		0	0	0	0
0	1	13	10(3)									10(7)	19	2	0

●후반 13분 김태환 GAR FK ~ 윤빛가람 GAR R - ST - G(득점: 윤빛가람, 도움: 김태환) 오른쪽
●전반 42분 마그노 GA 정면 R - ST - G(득점: 마그노) 왼쪽

서울 0 : 2 전북

8월 19일 19:00 맑음 서울 월드컵 18,957명
주심_ 김희곤 부심_ 윤광열·김지욱 대기심_ 김덕철 경기감독관_ 김형남

| | | | | | 전반 1 | | | | | | | |
| | | | | | 후반 1 | | | | | | | |

퇴장	경고	파울	ST(유)	교체	선수명	배번	위치	위치	배번	선수명	교체	ST(유)	파울	경고	퇴장
0	0	0	0		양한빈	21	GK	GK	21	황병근		0	0	0	0
0	0	0	0		김동우	4	DF	DF	19	박원재		0	2	1	0
0	1	1	0		김원균	40	DF	DF	6	최보경		1(1)	2	0	0
0	0	0	0		박동진	50	DF	DF	26	홍정호		2	0	0	0
0	0	0	0		윤석영	18	DF	DF	2	이용		0	0	0	0
0	0	0	0		정현철	24	MF	MF	28	손준호		2(1)	6	0	0
0	0	0	72	신진호	8	MF	MF	8	정혁		2(2)	2	0	0
0	0	0	0		조영욱	32	MF	MF	10	로페즈		3(3)	2	0	0
0	0	1	0		이상호	7	MF	MF	5	임선영		1	3	0	0
0	2(1)		고요한	13	MF	MF	7	한교원	14	1	3	0	0
0	1	1(1)	11	마티치	99	FW	MF	9	김신욱		3(1)	2	0	0
0	0	0	0		정진욱	30			31	홍정남		0	0	0	0
0	0	0	0		이웅희	3			16	조성환		0	0	0	0
0	0	0	0		심상민	19			33	박원재		0	0	0	0
0	0	0	0		김원식	15	대기	대기	4	신형민		0	0	0	0
0	후22	정원진	72			14	이승기	후19	0	0	0	0
0	0	0	후26	윤승원	22			20	이동국		0	0	0	0
0	후14	에반드로	11			0	아드리아노		0	0	0	0
0	1	12	3(2)									14(10)	20	2	0

●전반 31분 김신욱 GA 정면 H ~ 최보경 GAR 내 L - ST - G(득점: 최보경, 도움: 김신욱) 오른쪽
●후반 34분 로페즈 PAL 내 ~ 손준호 AK 내 R - ST - G(득점: 손준호, 도움: 로페즈) 오른쪽

426

8월 19일 19:00 맑음 광양전용 3,216명

주심_ 김우성 부심_ 박상준·구은석 대기심_ 최일우 경기감독관_ 김용세

전남 6 | 2 전반 3 / 4 후반 1 | **4 수원**

퇴장	경고	파울	ST(유)	교체	선수명	배번	위치	위치	배번	선수명	교체	ST(유)	파울	경고	퇴장
0	0	0	0		이호승	20	GK	GK	21	노동건		0	0	0	0
0	0	1	0		양준아	23	DF	DF	13	박형진		0	0	1	0
0	0	1	0		이슬찬	13	DF	DF	5	조성진		0	0	1	0
0	1	1	1(1)		도나치	5	DF	DF	16	이종성		1(1)	0	0	0
0	0	4	0		완델손	11	MF	MF	23	이기제	14	0	1	0	0
0	0		14		유고비치	8	MF	MF	22	사리치		0	0	4	0
0	1	2	3		한찬희	16	MF	MF	24	박종우	15	0	1	0	0
0	0	1	0		이유현	27	MF	MF	35	장호익		0	0	0	0
0	1	1	5(2)		마쎄도	10	FW	FW	28	유주안		2(1)	0	0	0
0	0		98		김경민	18	FW	FW	26	염기훈	9	1	0	0	0
0	2(1)		19		최재현	22	FW	FW	10	데안		2(2)	0	0	0
0	0	0	0		박대한	31			29	박지민		0	0	0	0
0	0	0	0		허재원	38			15	구자룡	전36	0	0	0	0
0	0	0	0		최효진	2			77	조지훈		0	0	0	0
0	0	0	0		박광일	21	대기	대기	25	최성근		0	0	0	0
0			후8		김영욱	14			11	임상협		0	0	0	0
0	1(1)		후19		이상헌	98			14	한의권	후49	0	0	0	0
0	3(3)		후11		허용준	19			9	박기동	후19	2(2)	0	0	0
0	1	14	17(8)									8(6)	10	2	0

- 전반 6분 한찬희 C.KL ⌒ 최재현 GAR L - ST - G(득점: 최재현, 도움: 한찬희) 왼쪽
- 전반 19분 최재현 GAR ~ 마쎄도 GA 정면 L - ST - G(득점: 마쎄도, 도움: 최재현) 가운데
- 후반 16분 완델손 PAL TL ⌒ 허용준 GA 정면 H - ST - G(득점: 허용준, 도움: 완델손) 오른쪽
- 후반 18분 김영욱 AK 정면 ~ 마쎄도 AKL R - ST - G(득점: 마쎄도, 도움: 김영욱) 왼쪽
- 후반 30분 이상헌 AK 내 ~ 허용준 GA 정면 L - ST - G(득점: 허용준, 도움: 이상헌) 왼쪽
- 후반 47분 김영욱 MF 정면 ~ 이상헌 GAL L - ST - G(득점: 이상헌, 도움: 김영욱) 오른쪽
- 전반 5분 유주안 GAL 내 L - ST - G(득점: 유주안) 왼쪽
- 전반 40분 이종성 PAR R - ST - G(득점: 이종성) 왼쪽
- 전반 43분 데안 PK - R - G(득점: 데안) 왼쪽
- 후반 39분 박기동 GAR H - ST - G(득점: 데안, 도움: 박기동) 가운데

8월 19일 19:00 맑음 춘천 송암 1,194명

주심_ 송민석 부심_ 곽승순·양재용 대기심_ 설태환 경기감독관_ 신홍기

강원 7 | 3 전반 0 / 4 후반 0 | **0 인천**

퇴장	경고	파울	ST(유)	교체	선수명	배번	위치	위치	배번	선수명	교체	ST(유)	파울	경고	퇴장
0	0	0	0		이범영	23	GK	GK	21	이진형		0	0	0	0
0	0	0	0		정승용	37	DF	DF	20	부노자		2	0	0	0
0	0	0	0		발렌티노스	4	DF	DF	2	김대중		0	0	0	0
0	0	0	0		김오규	99	DF	DF	3	강지용	10	0	0	0	0
0	3(1)	3			박창준	19	MF	MF	19	김용환		0	0	0	0
0	0	1	0		오범석	14	MF	MF	32	정동윤		1(1)	0	1	0
0	0	0	0		박정수	66	MF	MF	17	고슬기		0	0	0	0
0	1(1)	29			황진성	8	MF	MF	4	한석종		0	0	0	0
0	0	12			정석화	7	FW	FW	18	박종진		0	0	0	0
0	5(5)				디에고	4	FW	FW	27	문선민		0	0	0	0
0	4(4)				제리치	55	FW	FW	9	무고사		0	0	0	0
0	0	0	0		함석민	16			1	정산		0	0	0	0
0	0	0	0		이재익	1			47	김동민		0	0	0	0
0			후22		이호인	3			39	김보섭		0	0	0	0
0	0	0	0		맥고완	44	대기	대기	8	이정빈	후24	0	0	0	0
					문창진	23			23	김보섭					
0			후8		현식	29			19	쿠비	후				
0			후19		임찬울	12			10	아길라르	전27				
0	2	13(11)										17(1)	8	3	0

- 전반 2분 제리치 AKL FK R - ST - G(득점: 제리치) 가운데
- 전반 8분 디에고 GAL ELL - ST - G(득점: 디에고) 왼쪽
- 전반 12분 황진성 PA 정면 내 L - ST - G(득점: 황진성) 오른쪽
- 후반 6분 황진성 PAR FK ⌒ 제리치 GAL 내 H - ST - G(득점: 제리치, 도움: 황진성) 왼쪽
- 후반 14분 박창준 PAR ⌒ 제리치 GA 정면 L - ST - G(득점: 제리치, 도움: 박창준) 오른쪽
- 후반 25분 정승용 PAL ~ 디에고 PAL R - ST - G(득점: 디에고, 도움: 정승용) 오른쪽
- 후반 45분 이현식 GAR ~ 제리치 GA 정면 내 R - ST - G(득점: 제리치, 도움: 이현식) 가운데

8월 22일 19:30 맑음 서울 월드컵 6,392명

주심_ 김동진 부심_ 곽승순·박균용 대기심_ 최대우 경기감독관_ 차상해

서울 0 | 0 전반 1 / 0 후반 0 | **1 포항**

퇴장	경고	파울	ST(유)	교체	선수명	배번	위치	위치	배번	선수명	교체	ST(유)	파울	경고	퇴장
0	0	0	0		양한빈	21	GK	GK	31	강현무		0	0	0	0
0	0	1	0		이웅희	3	DF	DF	20	우찬양		0	1	0	0
0	0	0	0		김동우	4	DF	DF	2	김광석		0	0	0	0
0	0	1	0		박동진	50	DF	DF	5	하창래		0	0	1	0
0	0	0	0		심상민	3	DF	DF	17	강상우	19	0	2	1	0
0	1	2	0		김원식	15	MF	MF	4	채프만		0	0	0	0
0	1	2	0		신진호	8	MF	MF	6	우권	18	1(1)	0	1	0
0	0	0	0		이상호	7	MF	MF	7	이석현		2(1)	0	2	0
0	0	0	0		안델손	9	FW	FW	19	이광혁		0	0	1	0
0	1(1)	13			에반드로	11	FW	FW	16	송승민		0	0	1	0
0	0	1	0		마티치	99	FW	FW	12	김승대		0	0	1	0
0					정진욱				1	류원우					
0					박준영				4	알레망					
0			후19		황기욱	28	대기	대기	19	이상기	후33				
0			후0		조영욱	32			14	김지민	후18				
0					김한길				10	레오가말루					
0					고요한	13			18	이근호	후28				
0	2	14	5(1)									6(2)	11	2	0

- 전반 13분 양한빈 GA 정면 내 자책골(득점: 양한빈) 가운데

8월 22일 19:00 흐림 전주 월드컵 8,390명

주심_ 고형진 부심_ 박상준·노수용 대기심_ 오현진 경기감독관_ 나승화

전북 2 | 0 전반 1 / 2 후반 0 | **1 대구**

퇴장	경고	파울	ST(유)	교체	선수명	배번	위치	위치	배번	선수명	교체	ST(유)	파울	경고	퇴장
0	0	0	0		황병근	21	GK	GK	21	최영은		0	0	0	0
0	2	2(2)			박원재	19	MF	MF	66	박병현		0	0	0	0
0	0	10			이재성	15	DF	DF	3	홍정운		0	0	0	0
0	0	0	0		최보경	6	DF	DF	16	한희훈		0	0	0	0
0	0	0	0		홍정호	26	DF	DF	4	강윤구		0	0	0	0
0	1	1(1)			이용	2	MF	MF	29	류재문		0	0	0	0
0	1	1(1)			신형민	4	MF	MF	44	황순민	44	0	0	0	0
0	1(1)				손준호	28	MF	MF	22	정우재	36	0	0	0	0
0	2(1)				이승기	14	MF	MF	18	정승원		0	0	0	0
0	4(3)				이동국	20	FW	FW	9	에두가		1(1)	0	0	0
0					홍정남				31	이현우		0	0	0	0
0					조성환				30	김진혁		0	0	0	0
0					채프스				39	정상필		0	0	0	0
0	2(2)		후0		로페즈	10	대기	대기	2	정선호		0	0	0	0
0					정혁				36	박한빈	후26	0	0	0	0
0			후31		임선영				14	김대원	후21	2(2)	0	0	0
0			후0		김신욱	9			44	츠바사	후14	1	0	0	0
0	3	20	16(13)									8(3)	12	1	0

- 후반 10분 로페즈 PAL ⌒ 이동국 GA 정면 H - ST - G(득점: 이동국, 도움: 로페즈) 오른쪽
- 후반 14분 이승기 PAR 내 EL ~ 이동국 GA 정면 R - ST - G(득점: 이동국, 도움: 이승기) 오른쪽
- 전반 30분 조세 PK - R - G(득점: 조세) 가운데

울산 4 : 1 상주

8월 22일 19:30 흐림 울산 문수 3,839명
주심_ 박병진 부심_ 김계용·방기열 대기심_ 신용준 경기감독관_ 김형남

		1	전반	1		
		3	후반	0		

퇴장	경고	파울	ST(유)	교체	선수명	배번	위치	배번	선수명	교체	ST(유)	파울	경고	퇴장
0	0	0	0		오 승 훈	21	GK	GK	41	윤 보 상		0	0	0	0
0	0	1	0	1	이 명 재	13	DF	DF	2	김 영 빈		0	0	0	0
0	0	1	0		강 민 수	4	DF	DF	24	이 태 희		0	0	0	0
0	0	0	0		리 차 드	40	DF	DF	27	백 동 규		0	0	0	0
0	0	0	0		김 상 수	27	DF	DF	33	홍 철		0	0	0	0
0	0	2	5	박 용 우	34	MF	MF	3	신 세 계	22	0	0	0	0
0	0	1	0	32	믹 스	42	MF	MF	8	여 름		0	0	0	0
0	0	1	1(1)	황 일 수	11	MF	MF	12	김 민 우		4(2)	2	0	0
0	0	3	3(3)	에스쿠데로	19	MF	MF	13	김 민 우		0	0	0	0
0	0	0	8	김 승 준	19	MF	MF	14	윤빛가람		0	0	0	0
0	0	0	4(4)	주 니 오	30	FW	FW	20	이 광 선		1(1)	2	0	0
0	0	0	0		조 수 혁	18			1	권 태 안		0	0	0	0
0	0	0	후39	임 종 은	5			4	김 남 춘		0	0	0	0
0	0	0	0		정 동 호	22			6	정 동 호		0	0	0	0
0	1	2	후17	이 영 재	32	대기	대기	7	심 동 운	후16	2(1)	0	0	0
0	0	0	0		한 승 규	24			9	주 민 규	후16	0	0	0	0
0	0	0	후11	이 근 호	8			15	신 창 무		0	0	0	0
0	0	0	0		김 인 성	7			22	김 도 형	후39	1(1)	0	0	0
0	1	8	13(8)								8(5)	7	0	0

● 전반 27분 에스쿠데로 PA 정면 내 R - ST - G
(득점: 에스쿠데로) 왼쪽
● 후반 18분 이명재 PAL ~ 주니오 GAL R - ST
- G(득점: 주니오, 도움: 이명재) 오른쪽
● 후반 30분 황일수 PAR 내 EL ~ 에스쿠데로
PK 우측지점 R - ST - G(득점: 에스쿠데로,
도움: 황일수) 가운데
● 후반 34분 이명재 PAL 내 EL ~ 주니오 GA
정면 H - ST - G(득점: 주니오, 도움: 이명재)
오른쪽

제주 0 : 0 수원

9월 08일 16:00 흐림 제주 월드컵 2,653명
주심_ 박병진 부심_ 김계용·박균용 대기심_ 최일우 경기감독관_ 송선호

		0	전반	0		
		0	후반	0		

퇴장	경고	파울	ST(유)	교체	선수명	배번	위치	배번	선수명	교체	ST(유)	파울	경고	퇴장
0	0	0	0		이 창 근	21	GK	GK	1	신 화 용		0	0	0	0
0	1	0	0		오 반 석	4	DF	DF	23	이 기 제		1	0	0	0
0	1	2	2(1)	김 성 주	20	DF	DF	20	곽 광 선		0	0	0	0
0	0	2	1	김 수 범	22	DF	DF	15	구 자 룡		0	0	0	0
0	1	2	0	김 원 일	37	DF	DF	35	장 호 익		0	0	0	0
0	4(1)	99	이 창 민	14	MF	MF	4	김 은 선		0	0	0	0
0	0	0	0	이 동 수	16	MF	MF	25	최 성 근	77	0	1	0	0
0	0	0	0	이 찬 동	40	MF	MF	8	한 의 권		0	0	0	0
0	0	0	0	이 동 희	42	MF	MF	17	김 종 우	26	0	2	0	0
0	4(1)	13	마 그 노	99	FW	FW	99	전 세 진	11	0	0	0	0
0	1	13	류 승 우	17	FW	FW	10	데 안		3(1)	1	0	0
0	0	0	0		박 한 근	41			41	강 봉 균		0	0	0	0
0	0	0	0		권 한 진	5			5	조 성 진		0	0	0	0
0	0	0	0		알 렉 스	15			24	양 상 민	후24	0	0	0	0
0	0	0	후22	이 광 선	18	대기	대기	77	조 지 훈	후0	0	1	0	0
0	0	0	0		권 순 형	7			88	김 준 형		0	0	0	0
0	0	0	후10	김 호 남	13			11	임 상 협		0	0	0	0
0	0	0	후34	찌 아 구	99			26	염 기 훈	후?	1(1)	0	0	0
0	2	16	16(5)								10(3)	14	1	0

● 전반 37분 여름 PAR ~ 이광선 PK지점 H -
- ST - G(득점: 이광선, 도움: 여름) 왼쪽

인천 3 : 1 전남

8월 22일 19:30 맑음 인천 전용 3,543명
주심_ 김희곤 부심_ 김성일·김영하 대기심_ 최일우 경기감독관_ 김용세

		2	전반	0		
		1	후반	1		

퇴장	경고	파울	ST(유)	교체	선수명	배번	위치	배번	선수명	교체	ST(유)	파울	경고	퇴장
0	0	0	0		정 산	1	GK	GK	20	이 호 승		0	0	0	0
0	0	2	1(1)	부 노 자	20	DF	DF	3	가 솔 현		0	1	0	0
0	0	1	1(1)	김 대 중	15	DF	DF	13	이 슬 찬		0	1	0	0
0	0	0	0	김 동 민	47	DF	DF	5	도 나 치		0	0	0	0
0	0	0	0	정 동 윤	32	DF	DF	11	완 델 손		0	0	0	0
0	0	1	0	임 은 수	39	MF	MF	8	유 고 비치		0	0	0	0
0	3(3)	아길라르	10	MF	MF	16	한 찬 희	14	0	0	0	0
0	2	3(1)	고 슬 기	17	MF	MF	27	이 유 현	1	1	0	0
0	1	3	1	문 선 민	27	FW	FW	10	마 쎄 도	6(2)	2	0	0
0	0	3(3)	18	문 선 민	27	FW	FW	18	김 경 민	0	0	0	0
0	0	3(3)	무 고 사	9	FW	FW	22	최 재 현	98	0	0	0	0
0	0	0	0		이 진 형	21			31	박 대 한		0	0	0	0
0	0	0	0		최 종 환	6			38	허 재 원		0	0	0	0
0	0	0	0		김 정 호	44			24	최 효 진		0	0	0	0
0	1(1)	후20	김 용 환	3	대기	대기	18	김 선 우	0	0	0	0
0	0	후42	박 종 진	18			14	김 영 욱	후0	0	0	0	0
0	0	0	후00	한 석 종	4			30	이 시 영	후0	0	0	0	0
0	0	0	0		쿠 비	19			19	허 용 준	후0	0	0	0	0
0	2	10	17(14)								11(2)	12	2	0

● 전반 4분 문선민 GAR R - ST - G(득점: 문선
민) 가운데
● 전반 39분 문선민 MF 정면 ~ 무고사 GAL R
- ST - G(득점: 무고사, 도움: 문선민) 오른쪽
● 후반 30분 정산 자기 측 PA 정면 내 ~ 문선
민 PA 정면 내 H - ST - G(득점: 문선민, 도움:
정산) 가운데

● 후반 18분 허용준 PAL ~ 마쎄도 GA 정면 H
- ST - G(득점: 마쎄도, 도움: 허용준) 왼
쪽

경남 2 : 1 강원

8월 22일 19:30 맑음 창원 축구센터 2,429명
주심_ 김우성 부심_ 이정민·김지욱 대기심_ 성덕효 경기감독관_ 신홍기

		0	전반	0		
		2	후반	0		

퇴장	경고	파울	ST(유)	교체	선수명	배번	위치	배번	선수명	교체	ST(유)	파울	경고	퇴장
0	0	0	0		손 정 현	31	GK	GK	23	이 범 영		0	0	0	0
0	0	1	0		유 지 훈	3	DF	DF	4	발렌티노스		0	0	0	0
0	1	2(1)	김 현 훈	24	DF	DF	14	오 범 석	1(1)	0	0	0	0
0	0	0	박 지 수	23	DF	DF	99	김 오 규		0	0	0	0
0	0	0	이 광 진	16	DF	DF	22	정 승 용		0	0	0	0
0	0	10	김 신	11	MF	MF	8	황 진 성	12	1	0	0	0
0	0	0	최 영 준	26	MF	MF	66	박 정 수	19	0	0	0	0
0	0	22	조 재 철	21	MF	MF	19	박 창 준		0	0	0	0
0	0	네 게 바	77	FW	FW	77	김 지 현		0	0	0	0
0	3(1)	김 효 기	20	FW	FW	10	디 에 고	2(1)	3	2	0	0
0	3(2)	말 컹	9	FW	FW	55	제 리 치	29	1	0	0	0
0	0	0	0		이 범 수	25			21	홍 상 준		0	0	0	0
0	0	0	0		우 주 성	15			2	이 재 익		0	0	0	0
0	0	0	후0	민 준 영	33	대기	대기	0	이 현 식	후13	0	0	0	0
0	0	후21	쿠니모토	22			29	문 창 진		0	0	0	0
0	0	0	0		이 시 히	10			12	임 찬 울	후?	0	0	0	0
0	0	후0	파울링요	10			0	정 조 국	후37	3(1)	4	0	0
1	1	10	11(0)								10(4)	10	3	0

● 후반 7분 최재수 PAR TL FK ~ 김현훈 GAL
내 H - ST - G(득점: 김현훈, 도움: 최재수) 왼
쪽
● 후반 24분 김효기 GA 정면 R - ST - G(득점:
김효기) 가운데

● 전반 20분 정석화 GAR EL ~ 황진성 GAR R
- ST - G(득점: 황진성, 도움: 정석화) 왼쪽

울산 4 : 1 서울

8월 25일 19:00 흐림 울산문수 10,103명
주심_송민석 부심_박상준·김영하 대기심_오현진 경기감독관_김용갑

울산 4 / 3 전반 0 / 1 후반 1 / **1 서울**

퇴장	경고	파울	ST(유)	교체	선수명	배번	위치	위치	배번	선수명	교체	ST(유)	파울	경고	퇴장
0	0	0	0		조 수 혁	18	GK	GK	21	양 한 빈		0	0	0	0
0	0	0	2(2)		이 명 재	13	DF	DF	4	김 동 우	1(1)	0	0	0	0
0	0	1	0		강 민 수	4	DF	DF	40	김 원 균		0	1	2	0
0	0	0	0		임 종 은	5	DF	DF	50	박 동 진		0	0	0	0
0	1	1	0		정 동 호	22	DF	DF	18	윤 석 영		0	0	1	0
0	0	3	1		박 용 우	34	MF	MF	24	정 현 철	7	0	0	1	0
0	1	1	2(2)		믹 스	42	MF	MF	28	황 기 욱		0	0	1	0
0	1	0			김 승 준	19	MF	MF	32	조 영 욱	37				
0	2(2)	11			한 승 규	24	FW	FW	9	안 델 손					
0	1	3(2)			김 인 성	7	FW	FW	99	마 티 치		2(2)			
0	6(5)				주 니 오	30	FW								
0	0	0		후43	김 용 대	1			30	정 진 욱					
0					리 차 드	40			3	이 웅 희					
0					김 창 수	27			38	윤 종 규					
0					에스쿠데로		대기	대기	8	신 진 호	후0	1			
0				후49	황 일 수	11			37	송 진 규	후26	0	1		
0				후12	이 근 호	8			7	이 상 호	후0	2(1)	0	0	0
0									11	에 반 드 로					
0	2	8	16(13)				0	0				15(8)	5	2	0

- 전반 36분 김승준 PAL 내 ~ 한승규 PK 우측지점 R - ST - G(득점: 한승규, 도움: 김승준) 왼쪽
- 전반 42분 김인성 MFR ~ 주니오 PAR 내 R - ST - G(득점: 주니오, 도움: 김인성) 가운데
- 전반 44분 믹스 GAL R - ST - G(득점: 믹스) 가운데
- 후반 12분 한승규 PA 정면 ~ 주니오 PA 정면 내 L - ST - G(득점: 주니오, 도움: 한승규) 왼쪽
- 후반 20분 이상호 GAL 내 H - ST - G(득점: 이상호) 가운데

수원 1 : 0 경남

8월 25일 19:00 맑음 수원월드컵 5,528명
주심_고형진 부심_곽승순·방기열 대기심_신용준 경기감독관_나승화

수원 1 / 0 전반 0 / 1 후반 0 / **0 경남**

퇴장	경고	파울	ST(유)	교체	선수명	배번	위치	위치	배번	선수명	교체	ST(유)	파울	경고	퇴장
0	0	0	0		신 화 용	1	GK	GK	25	이 범 수		0	0	0	0
0	0	1	1(1)	9	양 상 민	3	DF	DF	6	최 재 수		0	1	0	0
0	0	2(1)			곽 광 선	20	DF	DF	24	김 현 훈		1	2	0	0
0	0	0	1		조 성 진	5	DF	DF	7	박 지 수		1	1	0	0
0	0	0			박 형 진	13	MF	MF	16	이 광 진		0	1	0	0
0	0	2(1)			사 리 치	22	MF	MF	29	김 준 범		1	2	0	0
0	0	3(3)	16		조 원 희	8	MF	MF	26	최 영 준		1	1	0	0
0	0				최 성 근	25	MF	MF	10	파울링요	13	1	1	0	0
0	1	14			유 주 안	28	FW	FW	77	네 게 바	39	4(2)	0	1	0
0	2(1)				염 기 훈	26	FW	FW	20	김 효 기	1	3	0	0	0
0	4(1)				데 안	10	FW	FW	10	쿠 니 모 토					
0					박 지 민	29			31	손 정 현					
0					구 자 룡	15			15	우 주 성					
0				후18	이 종 성	16			3	유 지 훈	후33				
0					장 호 익	35	대기	대기	18	민 준 영					
0					김 은 선	4			13	조 영 철	후33				
0				후0	한 의 권	14			18	하 성 민					
0				후24	박 기 동	9			39	김 근 환	후33				
0	1	16	17(7)				0	0				10(2)	5	1	0

- 후반 28분 곽광선 PAL R - ST - G(득점: 곽광선) 왼쪽

제주 0 : 0 인천

8월 25일 19:00 맑음 제주월드컵 3,176명
주심_김용우 부심_윤광열·양재용 대기심_최현재 경기감독관_송선호

제주 0 / 0 전반 0 / 0 후반 0 / **0 인천**

퇴장	경고	파울	ST(유)	교체	선수명	배번	위치	위치	배번	선수명	교체	ST(유)	파울	경고	퇴장
0	0	0	0		이 창 근	21	GK	GK	1	정 산		0	0	0	0
0	0	0	1		오 반 석	4	DF	DF	20	부 노 자		0	0	0	0
0	0	0			권 한 진	5	DF	DF	15	김 대 중		0	0	0	0
0	0	0			조 용 형	20	DF	DF	47	김 동 민		1	0	0	0
0	0	1	0		김 성 주	8	MF	MF	32	정 동 윤		1(1)	0	0	0
0	2	1			권 순 형	7	MF	MF	39	임 은 수		0	0	0	0
0	2(1)				이 창 민	14	MF	FW	10	아 길 라 르		3	0	1	0
0	1				박 진 포	6	DF	MF	17	고 슬 기		1	0	0	0
0	2(1)	17			김 현 욱	30	FW	FW	29	김 보 섭		1	0	0	0
0	0				마 그 노	10	MF	MF	27	문 선 민	11	2	4	0	0
0	2(2)	9			찌 아 구	99	MF	MF	19	쿠 비		4	3	0	0
0					박 한 근	41			19	이 진 형					
0				후41	알 렉 스	15			4	한 석 종	후00				
0					김 수 범	22			44	김 정 호					
0				후14	류 승 우	17	대기	대기	3	김 용 환	후38				
0					이 찬 동	40			19	박 종 진					
0				우스	신 상 욱	9			4	인 식 룡	후00				
0					이 은 범	47			11	조 주 영	후42				
0	0	9	11(5)				0	0				10(1)	15	1	0

상주 2 : 2 전북

8월 25일 19:30 흐리고비 상주시민 1,721명
주심_김성호 부심_이정민·박균용 대기심_설태환 경기감독관_김용세

상주 2 / 0 전반 2 / 2 후반 0 / **2 전북**

퇴장	경고	파울	ST(유)	교체	선수명	배번	위치	위치	배번	선수명	교체	ST(유)	파울	경고	퇴장
0	0	0	1		윤 보 상	41	GK	GK	21	황 병 근		0	0	0	0
0	0	2	0		권 완 규	12	DF	DF	33	박 원 재		0	0	0	0
0	1	1	0		이 태 희	2	DF	DF	6	최 보 경		0	1	0	0
0	3(1)				차 영 환	28	DF	DF	26	홍 정 호	15	0	1	0	0
0	20				박 대 한	40	DF	DF	25	최 철 순		0	1	0	0
0	37	0			이 종 원	6	MF	MF	28	손 준 호		0	2	0	0
0	3				심 동 운	7	MF	MF	13	신 형 민		0	0	0	0
0					여 름	8	MF	MF	10	로 페 즈		3(1)			
0	1(1)				김 호 남	22	MF	MF	11	임 선 영	4	0	2	0	0
0	4(4)				주 민 규	9	FW	FW	20	이 동 국		3(1)	1	1	0
0				전24	권 태 안	31			1	홍 정 남					
0					신 창 무	15			16	조 성 환	전29				
0				후4	이 광 선	20			19	박 원 재					
0					김 경 중	28	대기	대기	15	이 재 성	전0				
0					송 시 우	34			4	신 형 민	후6				
0					이 규 성	37									
0					이 민 기	46			32	아 드 리 아 노					
0	1	6	13(6)				0	0				7(3)	24	2	1

- 후반 31분 이태희 PAR → 김도형 GAR R - ST - G(득점: 김도형, 도움: 이태희) 왼쪽
- 후반 40분 김도형 MFR ~ 주민규 GAR R - ST - G(득점: 주민규, 도움: 김도형) 오른쪽
- 전반 2분 정혁 GA 정면 ~ 로페즈 GAL R - ST - G(득점: 로페즈, 도움: 정혁) 오른쪽
- 전반 16분 이동국 GA 정면 R - ST - G(득점: 이동국) 가운데

Section 7

2018 경기기록부

8월 26일 19:00 흐림 광양전용 2,496명
주심_박병진 부심_김계용·김지욱 대기심_김도연 경기감독관_신홍기

전남 3 | 0 전반 1 / 3 후반 1 | **2 포항**

퇴장	경고	파울	ST(유)	교체	선수명	배번	위치	위치	배번	선수명	교체	ST(유)	파울	경고	퇴장
0	0	0	0		이 호 승	20	GK	GK	31	강 현 무		0	0	0	0
0	0	1	3(1)		완 델 손	11	DF	DF	20	우 찬 양		0	1	0	0
0	0	2	0		허 재 원	38	DF	DF	3	김 광 석		0	0	0	0
0	0	0	0		가 솔 현	3	DF	DF		하 창 래		0	0	0	0
0	0	1	1		최 효 진	2	DF	DF	23	떼이셰이라	26	1	2	1	0
0	0	1	1		김 영 욱	14	MF	MF	6	채 프 만		0	0	0	0
0	1	0		98	김 선 우	6	MF	MF	7	이 석 현		2(1)	0	0	0
0	1		2(2)		한 찬 희	16	MF	MF	12	김 승 대		2(2)	1	0	0
0	0	3		22	마 쎄 도	10	FW	FW	14	김 지 민		2(1)	2	0	0
0	0		3(2)		허 용 준	8	FW	FW	16	송 승 민	11	0	1	0	0
0	0	1		13	김 경 민	18	FW	FW	18	이 근 호		0	0	0	0
0	0	0	0		박 대 한	31			1	류 원 우		0	0	0	0
0	0	0	0		이 지 남	17			24	배 슬 기		0	0	0	0
0	0	0		후36	최 재 현	22			4	알 레 망		0	0	0	0
0	0	0		후0	이 슬 찬	13	대기	대기	5	최 태 정		0	0	0	0
0	0	0	0		박 광 일	21			26	박 성 우	후36	0	0	0	0
0	0	0	0		유고비치	8			9	이 후 권	후19	0	0	0	0
0	0			후20	이 상 헌	98			11	이 광 혁	후0	0	0	0	0
0	0	5	13(5)									8(4)	9	1	0

8월 26일 19:00 비 대구 스타디움 783명
주심_이동준 부심_김성일·구은석 대기심_김덕철 경기감독관_송선호

대구 2 | 0 전반 0 / 2 후반 0 | **0 강원**

퇴장	경고	파울	ST(유)	교체	선수명	배번	위치	위치	배번	선수명	교체	ST(유)	파울	경고	퇴장
0	0	0	0		최 영 은	1	GK	GK	23	이 범 영		0	0	0	0
0	0	2	1(1)		박 병 현	66	DF	DF	4	발렌티노스		0	0	0	0
0	0	1	2(1)		홍 정 운	6	DF	DF	14	오 범 석		0	1	0	0
0	0	0	0		한 희 훈	7	DF	DF	99	김 오 규		0	0	0	0
0	0	2	0		강 윤 구	16	MF	MF	22	정 승 용		0	0	0	0
0	0	2	0	29	츠 바 사	44	MF	MF	29	이 현 식		1(1)	1	1	0
0	1	3(1)		20	정 승 원	18	MF	MF	8	황 진 성	13	0	0	0	0
0	0	1	0		정 우 재	22	MF	MF	19	박 창 준		0	0	0	0
0	1		10(4)		김 대 원	14	FW	FW	12	임 찬 울	33	0	0	0	0
0	0	5(3)		36	세 징 야	11	FW	FW	55	제 리 치		1(1)	0	0	0
0	0	1			에 드 가	9	FW	FW	7	정 석 화		1(1)	0	0	0
0	0	0	0		이 현 우	31			21	홍 지 윤		0	0	0	0
0	0	0	0		김 진 혁	30			2	이 재 익		0	0	0	0
0	0	0	0		장 성 원	38			3	이 호 인		0	0	0	0
0	0	0		후13	류 재 문	29	대기	대기	13	남 승 우	후0	0	0	0	0
0	0	0		후39	박 한 빈	36			35	서 명 원	후0	0	0	0	0
0	0	0		후47	황 순 민	20			25	문 창 진	후34	0	0	0	0
0	0	0	0		전 현 철	7			9	정 조 국		0	0	0	0
0	0	8	26(11)									5(4)	7	1	0

- 후반 26분 한찬희 PAL 내 R - ST - G(득점: 한찬희) 오른쪽
- 후반 39분 이슬찬 PAL 내 ⌒허용준 GA 정면 내 H - ST - G(득점: 허용준, 도움: 이슬찬) 왼쪽
- 후반 47분 최재현 PAR ~ 허용준 PA 정면 R - ST - G(득점: 허용준, 도움: 최재현) 왼쪽

9월 01일 19:30 맑음 상주 시민 738명
주심_이동준 부심_윤광열·방기열 대기심_김덕철 경기감독관_전인석

상주 1 | 0 전반 0 / 1 후반 1 | **2 전남**

퇴장	경고	파울	ST(유)	교체	선수명	배번	위치	위치	배번	선수명	교체	ST(유)	파울	경고	퇴장
0	0	0	0		윤 보 상	41	GK	GK	20	이 호 승		0	0	0	0
0	0	1	0		김 영 빈	2	DF	DF	13	이 슬 찬		0	0	0	0
0	0	3	0		권 완 규	12	DF	DF	38	허 재 원		0	0	0	0
0	0	1	0		김 민 우		DF	DF	3	가 솔 현		0	0	0	0
0	0	0	0		백 동 규	27	DF	DF	2	최 효 진		0	0	0	0
0	0		2(2)		심 동 운	7	MF	MF	14	김 영 욱		0	0	0	0
0	1	0		15	김 호 남	10	MF	MF	8	유고비치		0	0	0	0
0	0	0	0		윤빛가람	14	MF	MF	16	한 찬 희		0	0	0	0
0	0	1	0		신 창 무		FW	FW	11	완 델 손		2(2)	0	0	0
0	0	1		34	이 규 성	37	FW	FW	10	마 쎄 도	22	1(1)	0	0	0
0	0	0	0		주 민 규	9	FW	FW	27	이 유 현	19	0	0	0	0
0	0	0	0		권 태 안	1			31	박 대 한		0	0	0	0
0	0	0		후10	신 창 무	15			5	도 나 치		0	0	0	0
0	0	0	0		이 상 협	23			21	박 광 일		0	0	0	0
0	0	0		후21	이 태 희	24	대기	대기	22	최 재 현	후23	0	0	0	0
0	0	0	0		김 경 중	25			6	김 선 우		0	0	0	0
0	0	0	0		차 영 환	28			19	허 용 준	후15	0	0	0	0
0	0	0		후35	송 시 우	34			98	이 상 헌	후0	0	0	0	0
0	0	7	7(2)									9(3)	7	1	0

9월 01일 20:00 맑음 춘천 송암 615명
주심_김동우 부심_이정민·노수용 대기심_최일우 경기감독관_김형남

강원 0 | 0 전반 0 / 0 후반 0 | **0 서울**

퇴장	경고	파울	ST(유)	교체	선수명	배번	위치	위치	배번	선수명	교체	ST(유)	파울	경고	퇴장
0	0	0	0		이 범 영	23	GK	GK	21	양 한 빈		0	0	0	0
0	0	1	0		정 승 용	22	DF	DF	4	김 동 우		1(1)	1	0	0
0	0	0	0		발렌티노스	4	DF	DF	3	이 웅 희		0	1	0	0
0	0	1	0		김 오 규	99	DF	DF	19	심 상 민		0	0	0	0
0	1	3	1		박 창 준	19	DF	DF	18	윤 석 영		0	0	0	0
0	0	1	1(1)		오 범 석	14	MF	MF	8	신 진 호		0	3	1	0
0		2(1)		25	박 정 수	66	MF	MF	17	이 상 호	47	1	1	0	0
0	2(1)				황 진 성	8	MF	MF	37	송 기 재		0	2	0	0
0	1	1			정 석 화	7	FW	FW	18	조 영 욱		0	1	0	0
0	0	1		77	디 에 고	10	FW	FW	13	고 요 한		2(1)	2	1	0
0	0		55		정 조 국	9	FW	FW	99	마 티 치		0	1	0	0
0	0	0	0		홍 지 윤	21			30	정 진 욱		0	0	0	0
0	0	0	0		이 재 익	2			20	박 준 영		0	0	0	0
0	0	0	0		이 호 인	3			38	윤 종 규		0	0	0	0
0	0	0	후36		문 창 진	25	대기	대기	28	황 기 욱		0	0	0	0
0	0	0	0		임 찬 울	12			14	김 한 길	후0	2(1)	3	0	0
0	1	0	후13		제 리 치	55			47	김 우 홍	후44	0	0	0	0
0	0		후13		김 지 현	77			22	윤 승 원	후13	0	0	0	0
0	1	13	8(2)									7(3)	16	2	0

- 후반 41분 신창무 PAR 내 ~ 심동운 GAR 내 R - ST - G(득점: 심동운, 도움: 신창무) 오른쪽
- 전반 35분 한찬희 PAR ~ 마쎄도 GA 정면 H - ST - G(득점: 마쎄도, 도움: 한찬희) 오른쪽
- 후반 33분 김민우 GA 정면 자책골(득점: 김민우) 위 오른쪽

9월 02일 18:00 흐림 포항 스틸야드 5,042명
주심_김희곤 부심_곽승순·박균용 대기심_장순택 경기감독관_나승화

포항 2   0 전반 1 / 2 후반 1   2 제주

퇴장	경고	파울	ST(유)	교체	선수명	배번	위치	배번	선수명	교체	ST(유)	파울	경고	퇴장
0	0	0	0		강현무	31	GK	GK	21	이창근		0	0	0	0
0	0	0	0	17	우찬양	20	DF	DF	4	오반석		0	0	0	0
0	0	1	0		김광석	3	DF	DF	6	박진포		0	1	0	0
0	0	2	0		하창래	5	DF	DF	22	김원일		0	0	0	0
0	0	0	0		떼이셰이라	23	DF	DF	37	김원일		0	0	0	0
0	0	0	0		채프만	4	MF	MF	14	이창민		3(1)			
0	0	0	10		이후권	9	MF	MF	17	류승우	47				
0	0	0	0		이석현		MF	MF	30	김현욱	15	4(1)			
0		2(2)	19		김지민		FW	MF	40	이찬동		3(3)			
0	0	1			송승민	16	FW	FW	99	진성욱		2(1)			
0	0	1			김승대	12	FW	FW	10	마그노		2(1)			
					류원우	31			31	문광석					
					알레망	4			5	권한진					
					배슬기	24			3	김성주					
		1(1)	전45	강상우		대기	대기	알렉스	후43						
			후42	이광혁				7	권순형						
					이래준	97			47	이은범	후34					
			후0	레오가말류	10			99	찌아구	후23					
0	2	19	7(3)									16(6)	2	0	

- 후반 2분 이석현 MFL ~ 김지민 PA 정면 - ST - G(득점: 김지민, 도움: 이석현) 왼쪽
- 후반 31분 송승민 GAR ~ 김지민 PK 우측지점 R - ST - G(득점: 김지민, 도움: 송승민) 왼쪽
- 전반 31분 이창민 자기 측 HL 정면 ~ 김현욱 PK 좌측지점 L - ST - G(득점: 김현욱, 도움: 이창민) 왼쪽
- 후반 28분 이창민 C.KL ~ 이찬동 GAR 내 H - ST - G(득점: 이찬동, 도움: 이창민) 왼쪽

9월 02일 18:00 흐림 인천 전용 4,460명
주심_김성호 부심_김성일·김지욱 대기심_정의석 경기감독관_신홍기

인천 3   2 전반 1 / 1 후반 1   2 울산

퇴장	경고	파울	ST(유)	교체	선수명	배번	위치	배번	선수명	교체	ST(유)	파울	경고	퇴장
0	0	0	0		정산	1	GK	GK	21	오승훈		0	0	0	0
0	0	2	1(1)		부노자	20	DF	DF	13	이명재		0	0	0	0
0	0	1	0		김정호	44	DF	DF	4	강민수		0	2	1	0
0	0	1	0		김동민	47	DF	DF	20	김종민		0	0	0	0
0	0	2	0		정동윤	32	DF	DF	27	김창수		0	0	0	0
0	0	0	0		임은수	39	MF	MF	34	박용우		0	0	0	0
0	0	0	0		아길라르	10	MF	MF	42	믹스		0	0	0	0
0		2(1)	4		김슬기		MF	MF	9	황일수		1(1)	0	0	0
0	0				김보섭	29	FW	MF	9	에스쿠데로	7	1	2	0	0
0	0				문선민	27	FW	FW	24	한승규		1	0	0	
0		4(3)			무고사	9	FW	FW	30	주니오		3(2)	0	0	
					이진형	21			18	조수혁					
					최종환	6			40	리차드					
			후44	김대중	15			22	정동호	후0					
			후35	남준재		대기	대기	32	이영재						
					박종진	57			8	한승규	후17					
			후38	한석종				19	김승준						
					쿠비	19			7	김인성	후25					
0	1	10	9(7)									7(5)	4	1	0

- 전반 15분 정동윤 PAR ~ 무고사 PK 우측지점 H - ST - G(득점: 무고사, 도움: 정동윤) 오른쪽
- 전반 39분 아길라르 MFR ~ 김보섭 GAR - ST - G(득점: 김보섭, 도움: 아길라르) 왼쪽
- 후반 22분 김보섭 PK 우측지점 R - ST - G(득점: 김보섭) 오른쪽
- 전반 6분 박용우 PAR ~ 에스쿠데로 AK 정면 R - ST - G(득점: 에스쿠데로, 도움: 박용우) 가운데
- 후반 48분 주니오 PK - R - G(득점: 주니오) 왼쪽

9월 02일 19:00 비 진주 종합 13,082명
주심_김동진 부심_김계용·양재용 대기심_오현진 경기감독관_차상해

경남 0   0 전반 2 / 0 후반 1   3 전북

퇴장	경고	파울	ST(유)	교체	선수명	배번	위치	배번	선수명	교체	ST(유)	파울	경고	퇴장
0	0	0	0		이범수	25	GK	GK	1	홍정남		0	0	0	0
0	0	0	0		우주성	15	DF	DF	25	최철순		0	3	1	0
0	0	2	0		김현훈	24	DF	DF	6	최보경		0	0	0	0
0	1	2	0		박지수	13	DF	DF	16	조성환		0	1	0	0
0	0	1	0		이광진	16	DF	DF	2	이용		0	0	0	0
0	0	0	0		김준범	29	MF	MF	4	신형민		0	0	0	0
0	0	0	18		최영준	26	MF	MF	28	손준호		1(1)	0	0	
0	0	1			최재수	6	MF	MF	11	이승기		2	1(1)		
0	0	0			네게바	77	MF	MF	10	로페즈		8(6)	2	0	
0	0	2			조재철	8	FW	MF	20	이동국	9	2(2)			
0		1(1)	39		파울링요	10	FW	FW	32	아드리아노		2(2)			
					손정현	31			21	황병근					
					유지훈				23	윤지혁					
			후35	하성민				19	박원재						
					쿠니모토		대기	대기	8	정혁	후37					
					조영철	13			13	나성은						
			후	김근환	39			9	김신욱	후42					
0	2	11	5(1)									17(11)	10	2	0

- 전반 5분 손준호 C.KR ~ 아드리아노 GAR H - ST - G(득점: 아드리아노, 도움: 손준호) 왼쪽
- 전반 25분 손준호 C.KR ~ 로페즈 PK지점 R - ST - G(득점: 로페즈, 도움: 손준호) 왼쪽
- 후반 38분 이용 PAR TL ~ 로페즈 GAR 내 R - ST - G(득점: 로페즈, 도움: 이용) 가운데

9월 02일 19:00 흐림 대구 스타디움 1,280명
주심_송민석 부심_박상준·김영하 대기심_정화수 경기감독관_김진의

대구 4   3 전반 1 / 1 후반 1   2 수원

퇴장	경고	파울	ST(유)	교체	선수명	배번	위치	배번	선수명	교체	ST(유)	파울	경고	퇴장
0	0	0	0		최영은	1	GK	GK	31	김선우		0	0	0	0
0	1		1(1)		홍정운	5	DF	DF	13	박형진		0	0	1	0
0	1	1			류재문	29	DF	DF	20	곽광선		0	3	0	0
0	0	3			한희훈	36	DF	DF	5	조성진		0	0	0	0
0		1(1)			강윤구	16	MF	MF	25	최성근		1	2	1	0
			36	츠바사	44	MF	MF	11	임상협	14	0	0	0		
0		1(2)			정승원	18	MF	MF	16	이종성		2(2)	0	0	
0	1				정우재	22	MF	MF	35	김은선		0	0	0	
		5(3)			세징야	11	FW	MF	26	염기훈		4(4)			
0	3	1(1)			에드가	9	FW	FW	10	데안		0	0	0	
					이현우	31			41	강봉균					
					김진혁	30			15	구자룡					
			후39	김우석				17	김종우						
			후17	박한빈	36	대기	대기	88	김준형						
					한슬범				14	한의권	후					
					전현철	7			90	전세진						
0	3	14	13(6)									8(7)	4	1	0

- 전반 7분 김은선 GA 정면 H자책골(득점: 김은선) 오른쪽
- 전반 18분 세징야 PAR 내 ~ 에드가 GA 정면 R - ST - G(득점: 에드가, 도움: 세징야) 오른쪽
- 전반 34분 정승원 MFR ~ 세징야 AKR L - ST - G(득점: 세징야, 도움: 정승원) 왼쪽
- 후반 14분 김대원 PAL ~ 세징야 AKL R - ST - G(득점: 세징야, 도움: 김대원) 오른쪽
- 전반 16분 이종성 GAR H - ST - G(득점: 이종성) 왼쪽
- 후반 49분 염기훈 AKL FK L - ST - G(득점: 염기훈) 오른쪽

9월 15일 14:00 흐리고비 전주 월드컵 11,190명
주심_김우성 부심_박상준·김영하 대기심_최현재 경기감독관_김진의

전북 4   1 전반 0 / 3 후반 0   **0 제주**

퇴장	경고	파울	ST(유)	교체	선수명	배번	위치	위치	배번	선수명	교체	ST(유)	파울	경고	퇴장
0	0	0	0		송범근	31	GK	GK	21	이창근		0	0	0	0
0	0	0	0		최철순	25	DF	DF	4	오반석		1(1)	0	0	0
0	0	0	0		최보경	6	DF	DF	8	김성주		1	1	0	0
0	1	0	0		홍정호	26	DF	DF	37	김원일		0	1	1	0
0	0	0			이용	2	DF	MF	16	이동수	18	2	0	0	0
0	0	0	3		신형민	4	MF	MF	40	이찬동		0	0	0	
0	1	5	2(1)		정혁	8	MF	MF	42	동희	99	0	4	1	0
0		2(1)		34	티아고	11	MF	FW	13	김호남	3(2)	0	0	0	
0			3(2)		손준호	28	FW	FW	14	이창민		1	0	0	
0					한교원	7	FW	FW	17	류승우		2	1	0	
0		3(1)	20		김신욱	20	FW								
0					홍정남				1	김경민		0			
0					박원재	19			5	권한진		0			
0					조성환	16			15	알렉스		0			
0	후28				김민재		대기	대기	14	이광선	후14	0			
0	후0				장윤호	34			30	정필욱		0			
0					유승민	27			10	마그노	전41	2			
0	2(2)	후15			이동국	20			99	찌아구	후32				
0	2	12	13(6)									12(5)	14	2	0

- 전반 34분 신형민 MFR ~ 한교원 GAR R - ST - G(득점: 한교원, 도움: 신형민) 왼쪽
- 후반 10분 한교원 AK 정면 ~ 정혁 AKR R - ST - G(득점: 정혁, 도움: 한교원) 왼쪽
- 후반 20분 한교원 PAR ~ 이동국 AKR R - ST - G(득점: 이동국, 도움: 한교원) 왼쪽
- 후반 25분 한교원 AKL ~ 손준호 PK지점 R - ST - G(득점: 손준호, 도움: 한교원) 오른쪽

9월 15일 14:00 흐림 울산 문수 13,224명
주심_이동준 부심_이정민·양재용 대기심_장순택 경기감독관_송선호

울산 2   0 전반 0 / 2 후반 0   **0 포항**

퇴장	경고	파울	ST(유)	교체	선수명	배번	위치	위치	배번	선수명	교체	ST(유)	파울	경고	퇴장
0	0	0	0		조수혁	18	GK	GK	31	강현무		0	0	0	0
0	0	1	0		이명재	13	DF	DF	17	강상우		1	0	0	0
0	0	1	0		강민수	4	DF	DF	3	김광석		0	0	0	0
0	0	0	0		리차드	40	DF	DF	5	하창래		0	0	0	0
0	0	1	0		정동호	22	DF	DF	23	페이샤라		0	0	0	0
0	0		5		박용우	34	MF	MF	7	채프만	7	0	1(1)	0	0
0	0	1			믹스	42	MF	MF	7	이석현		0	0	0	0
0	1		32		황일수	11	MF	MF	14	김승대		0	1	0	0
0	1	3	1(1)		한승규	24	MF	MF	14	김지민		0	0	0	0
0	3	1	1(1)		이영재	32	MF	MF	18	송승민		0	1	0	0
0			3(2)		주니오	30	FW	FW	18	이근호		3(3)	1	0	0
0					오승훈	21			1	류원우		0			
0	2(1)	후3			임종은				24	배슬기		0			
0					이상민	26			2	국태정		0			
0	후40				이명환	32	대기	대기	19	이상기		0			
0					에스쿠데로				7	이진현	후12	1(1)			
0					김태환	13			13	김도형	후12	0			
0	2(1)	후0			이근호	10			10	레오가말류	후30				
0	3	13	10(6)									5(3)	8	1	0

- 후반 22분 한승규 자기 측 MFR ~ 주니오 PAL 내 L - ST - G(득점: 주니오, 도움: 한승규) 왼쪽
- 후반 39분 이근호 GAR 내 R - ST - G(득점: 이근호) 오른쪽

9월 15일 16:00 흐림 인천 전용 7,282명
주심_김희곤 부심_곽승순·박균용 대기심_오현진 경기감독관_김용갑

인천 0   0 전반 0 / 0 후반 0   **0 수원**

퇴장	경고	파울	ST(유)	교체	선수명	배번	위치	위치	배번	선수명	교체	ST(유)	파울	경고	퇴장
0	0	0	0		정산	1	GK	GK	1	신화용		0	0	0	0
0	0	1	1		부노자	20	DF	DF	33	양상민		0	0	0	0
0	0	0	44		김대중	15	DF	DF	20	곽광선		1(1)	0	0	0
0	1	3	1(1)		김진야	13	DF	DF	15	구자룡		0	0	0	0
0	1	2	0		정동윤	32	MF	MF	23	이기제		1	0	0	0
0	1	2	1		임은수	39	MF	MF	24	박종우	11	3	1	0	0
0	1	1			아길라르	10	MF	FW	7	바그닝요		0	0	0	0
0	1	1			고슬기	17	MF	MF	93	신세계		0	0	0	0
0			19		김보섭	29	FW	FW	26	염기훈		0	0	0	0
0	1				문선민	27	FW	FW	14	한의권	22	1	1	0	0
0	0	3(1)			무고사	9	FW	FW	28	유주안	10	0	0	0	0
0					이진형	21			41	강봉균		0			
0					최종환	6			3	양상민		0			
0	후31				김동석	44			35	장호익		0			
0					김동민	47	대기	대기	22	사리치	후16	0			
0					박종진	18			88	김준형		0			
0					한석종	4			11	임상협	후26	1	1		
0	후0				남준재	7			10	데얀	후0	0			
0	2	14	8(2)									7(1)	17	2	0

9월 16일 14:00 맑음 순천 팔마 3,598명
주심_김용우 부심_김성일·구은석 대기심_최현재 경기감독관_송선호

전남 3   0 전반 2 / 3 후반 1   **3 경남**

퇴장	경고	파울	ST(유)	교체	선수명	배번	위치	위치	배번	선수명	교체	ST(유)	파울	경고	퇴장
0	0	0	0		이호승	20	GK	GK	25	이범수		0	0	0	0
0	0	0		27	양준아	23	DF	DF	15	우주성		0	0	0	0
0	0	0	0		허재원	38	DF	DF	24	김현훈		0	0	0	0
0	0	2	0		가솔현	3	DF	DF	6	최재수		0	0	0	0
0		4(3)			완델손	11	MF	FW	37	김종진	26	1(1)	0	0	0
0	1	1			김영욱	14	FW	FW	18	하성민		0	1	0	0
0	1	2	1		한찬희	16	MF	MF	13	쿠니모토		0	0	0	0
0					최효진	2	MF	MF	77	네게바		1(1)	0	0	0
0	1	5(3)			마쎄도	4	FW	FW	10	파울링요		0	0	0	0
0	2(1)		98		허용준	19	FW	FW	7	김효기		1(1)	0	0	0
0	1(1)	18			최재현	22	FW	FW	22	김효기					
0					박대한	31			31	손정현		0			
0					이지남	17			8	안성남		0			
0					김민준	4			39	김근း		0			
0	후0				이유현	27	대기	대기	29	김준범		0			
0									26	최영준	후0	0			
0	후25				김경민	18			7	배기종	후33	1			
0	3(2)	후0			이상헌	10			9	말컹	후0	2(1)	0		
0	2	9	17(10)									5(3)	14	2	0

- 후반 23분 완델손 AKL ~ 이상헌 GAR R - ST - G(득점: 이상헌, 도움: 완델손) 왼쪽
- 후반 32분 한찬희 HL 정면 ~ 이상헌 GAR R - ST - G(득점: 이상헌, 도움: 한찬희) 왼쪽
- 후반 33분 이유현 HLL ~ 마쎄도 PAL 내 R - ST - G(득점: 마쎄도, 도움: 이유현) 오른쪽
- 전반 25분 이광진 PAR ~ 김효기 GAR 내 L - ST - G(득점: 김효기, 도움: 이광진) 가운데
- 전반 39분 네게바 PAL 내 ~ 김종진 PK 우측지점 R - ST - G(득점: 김종진, 도움: 네게바) 왼쪽
- 후반 47분 말컹 AK 정면 L - ST - G(득점: 말컹) 왼쪽

9월 16일 16:00 흐리고 비 서울 월드컵 13,243명

주심_김성호 부심_김지욱·방기열 대기심_신용준 경기감독관_김용세

서울 0 — 전반 1 / 후반 1 — 2 대구

퇴장	경고	파울	ST(유)	교체	선수명	배번	위치	위치	배번	선수명	교체	ST(유)	파울	경고	퇴장
0	0	0	0		양한빈	21	GK	GK	1	최영은		0	0	0	0
0	1	0	0		김동우	4	DF	DF	66	박병현		1	1	0	0
0	0	2	0		김원균	40	DF	DF	29	류재문		0	1	0	0
0	1	1	0		신광훈	17	DF	DF	4	한희훈		1	0	0	0
0	0	0	0		윤석영	18	DF	MF	16	강윤구		0	1	0	0
0	0	0	0		김원식	15	MF	MF	44	츠바사	20	0	0	0	0
0	0	2		7	송진형	37	MF	MF	18	정승원		2(1)	0	0	0
0	0	0		99	조영욱	32	MF	MF	38	장성원		0	0	0	0
0	0			77	윤승원	22	FW	FW	14	김대원		3(1)	0	0	0
0	3	3(2)			에반드로	11	FW	FW	7	세징야		6(4)	1	0	0
0	4(4)				안델손	9	FW	FW	9	에드가		6(4)	0	0	0
0	0	0	0		유상훈	41			31	이현우		0	0	0	0
0	0	0	0		김남춘	26			30	김진혁	후37	0	0	0	0
0	0	0	0		김한길	14			3	김우석	후30	0	0	0	0
0	0	0	0		황기욱	28	대기	대기	20	황순민	전19	0	0	0	0
0	0	0	후8		윤주태	77			36	박한빈		0	0	0	0
0	0		후0		윤주태	77			99	조석재		0	0	0	0
0	3(1)	후16			마티치	99			7	전현철		0	0	0	0
0	2	11	12(7)									21(12)	8	4	0

- 전반 34분 에드가 PA 정면 내 ~ 김대원 PA 정면 내 R - ST - G(득점: 김대원, 도움: 에드가) 오른쪽
- 후반 9분 장성원 PAR ~ 에드가 GA 정면 H - ST - G(득점: 에드가, 도움: 장성원) 오른쪽

9월 16일 16:00 흐림 춘천 송암 1,118명

주심_박병진 부심_김계용·강동호 대기심_정회수 경기감독관_차상해

강원 2 — 1 전반 1 / 1 후반 2 — 3 상주

퇴장	경고	파울	ST(유)	교체	선수명	배번	위치	위치	배번	선수명	교체	ST(유)	파울	경고	퇴장
0	0	0	0		이범영	23	GK	GK	41	윤보상		0	0	0	0
0	0	0	0		정승용	22	DF	DF	2	김영빈		0	0	0	0
0	0	0	0		한용수	30	DF	DF	12	권완규		1(1)	2	0	0
0	0	2	0		김오규	99	DF	DF	47	이태희	40	0	0	0	0
0	1(1)	24			박선주	27	DF	DF	46	이민기		0	0	0	0
0	0	0	0		오범석	14	MF	MF	8	심동운		2(2)	1	0	0
0	0	0	0		이현식	29	MF	MF	13	김민우		2(1)	2	0	0
0	0	3	0		황진성	8	MF	MF	9	윤빛가람		0	0	0	0
0	0	0	0		정석화	7	FW	FW	34	송시우		0	0	0	0
0	5(2)				디에고	10	FW	FW	37	이규성		0	0	0	0
0	4(2)				제리치	55	FW	FW	35	박용지		1(1)	0	0	0
0	0	0	0		홍지윤	21			1	권태안		0	0	0	0
0	0	0	0		이호인	2			18	송수영		0	0	0	0
0	0	0	0		발렌티노스	4			23	이상협		0	0	0	0
0	후12	김지훈	24	대기				대기	25	김경중		0	0	0	0
0	0	0	0		박정수	66			27	백동규	후24	0	0	0	0
0	후21	정조국	9						28	차영환	후8	0	0	0	0
0	0	0	0		임찬울	12			40	박대한	후29	0	0	0	0
0	0	10(5)										7(6)	12	1	0

- 전반 21분 황진성 C.KR ~ 박선주 PAR L - ST - G(득점: 박선주, 도움: 황진성) 왼쪽
- 후반 19분 제리치 GA 정면 R - ST - G(득점: 제리치) 오른쪽
- 전반 9분 심동운 PK - R - G(득점: 심동운) 오른쪽
- 후반 2분 이규성 MF 정면 ~ 윤빛가람 GAL R - ST - G(득점: 윤빛가람, 도움: 이규성) 오른쪽
- 후반 10분 심동운 PK - R - G(득점: 심동운) 왼쪽

9월 22일 14:00 맑음 창원 축구센터 5,526명

주심_김희곤 부심_이정민·양재용 대기심_설태환 경기감독관_신홍기

경남 2 — 0 전반 1 / 2 후반 0 — 1 서울

퇴장	경고	파울	ST(유)	교체	선수명	배번	위치	위치	배번	선수명	교체	ST(유)	파울	경고	퇴장
0	0	0	0		이범수	25	GK	GK	21	양한빈		0	0	0	0
0	0	0	0		유지훈	3	DF	DF	4	김동우		1	0	0	0
0	0	0	1		김현훈	24	DF	DF	3	김남춘		0	0	0	0
0	0	0	1		박지수	23	DF	DF	17	신광훈	50	0	1	0	0
0	0	0	0		이광진	16	DF	DF	18	윤석영		0	0	0	0
0	0	0	0		조영철	13	MF	MF	15	김원식		0	0	0	0
0	0	2	0		최영준	26	MF	MF	8	신진호		1	0	0	0
0	0	0	0		하성민	18	MF	MF	13	고요한		0	0	0	0
0	0	0	0		네게바	77	MF	MF	14	김한길		2(2)	0	0	0
0	0	2	39		김준범	29	FW	FW	9	안델손		0	0	0	0
0	0	7			파울링요	10	FW	FW	11	에반드로		0	0	0	0
0	0	0	0		손정현	31			41	유상훈		0	0	0	0
0	0	0	0		우주성	15			3	이웅희	후0	0	0	0	0
0	0	0	0		안성남	8			50	박동진	후0	0	0	0	0
0	1(1)	후29	배기종	7	대기			대기	28	황기욱		0	0	0	0
0	0	0	0		조영욱	32					후0				
0	후0	밀	컹						11	에반드로	후10	0	0	0	0
0	후0	김근환	39						99	마티치		0	0	0	0
0	0	8	9(3)									7(2)	20	3	0

- 후반 16분 김근환 PA 정면 내 ~ 말컹 AK 내 R - ST - G(득점: 말컹, 도움: 김근환) 왼쪽
- 후반 43분 네게바 센터서클 ~ 배기종 GAR 내 R - ST - G(득점: 배기종, 도움: 네게바) 오른쪽
- 전반 43분 신광훈 PAR EL ~ 김한길 GA 정면 L - ST - G(득점: 김한길, 도움: 신광훈) 왼쪽

9월 22일 14:00 맑음 포항 스틸야드 5,214명

주심_고형진 부심_김성일·김영하 대기심_김덕철 경기감독관_김용세

포항 1 — 1 전반 0 / 0 후반 0 — 0 인천

퇴장	경고	파울	ST(유)	교체	선수명	배번	위치	위치	배번	선수명	교체	ST(유)	파울	경고	퇴장
0	0	0	0		강현무	31	GK	GK	1	정 산		0	0	0	0
0	0	0	0		강상우	17	DF	DF	20	부노자		0	0	0	0
0	0	2	0		김광석	3	DF	DF	15	김대중		0	0	2	0
0	0	1	0		하창래	5	DF	DF	13	김진야		1	1	0	0
0	0	1(1)			페이에이라	23	DF	DF	32	정동윤		0	0	1	0
0	0	0	0		채프만	6	MF	MF	39	임은수		0	0	1	0
0	1(1)	18			이석현	7	MF	MF	10	아길라르	18	1(1)	0	0	0
0	4(2)				김승대	12	FW	FW	17	고슬기	19	2	0	0	0
0	0	0	0		김지민	29	FW	FW	7	김보섭		1(1)	5	2	0
0	0	0	19		송승민	16	FW	FW	27	문선민		6(2)	0	0	0
0	0	77			레오가말루	10	FW	FW	9	무고사		2(1)	0	0	0
0	0	0	0		류원우	1			21	이진형		0	0	0	0
0	0	0	0		배슬기	24			6	최종환	후22	0	0	0	0
0	0	0	0		국태정	2			44	김정호		0	0	0	0
0	후14	이진현	77	대기				대기	18	박종진	후43	0	0	0	0
0	0	0	0		기드헌	13			4	하석주		0	0	0	0
0	주31	이근호	18						19	쿠 비	후22	0	0	0	0
0	2	15	9(4)									8(4)	21	4	0

- 전반 10분 김승대 PK - R - G(득점: 김승대) 왼쪽

433

9월 22일 16:00 맑음 상주시민 1,851명
주심_김용우 부심_박상준·박균용 대기심_오현진 경기감독관_최상국

상주 2 (0 전반 3 / 2 후반 2) **5 대구**

퇴장	경고	파울	ST(유)	교체	선수명	배번	위치	배번	선수명	교체	ST(유)	파울	경고	퇴장
0	0	0	0		윤보상	41	GK	GK	21	조현우		0	0	0	0
0	2	0	0		김영빈	2	DF	DF	5	홍정운		1(1)	0	0	0
0	0	1	0		권완규	12	DF	DF	29	류재문		1	0	0	0
0	0	1	0		박대한	40	DF	DF	3	김우석		0	0	0	0
0	0	0	0		이민기	46	MF	MF	16	강윤구		0	3	0	0
0	0	0	1(1)		심동운	7	MF	MF	20	황순민	36	0	0	0	0
0	0	1	0		김민우	13	MF	MF	18	정승원		3(1)	4	0	0
0	0	0	0		윤빛가람	14	MF	MF	22	정우재		0	2	0	0
0	1	3	0		백동규	34	FW	FW	11	세징야		2(1)	2	0	0
0	0	0	0	18	이규성	37	FW	FW	7	김대원		2	0	0	0
0	0	0	2(1)	25	박용지	35	FW	FW	9	에드가		3(2)	2	0	0
0	0	0	0		권태안	1			1	최영은		0	0	0	0
0	0	0	1(1)	후22	송수영	18			30	김진혁	후37	0	0	0	0
0	0	0	0		이상협	23			38	정선호	후27	0	0	0	0
0	0	0	0	후36	김경주	25	대기	대기	36	박한빈	후12	0	0	0	0
0	0	0	0		차영환	28			32	정치인		0	0	0	0
0	0	2	0	전42	송시우	34			7	전현철		0	0	0	0
0	0	0	0		김경재	43									
0	1	8	6(3)								13(7)	16	0	0

● 후반 4분 김민우 PAL ⌒ 박용지 GAR H - ST - G(득점: 박용지, 도움: 김민우) 오른쪽
● 후반 44분 심동운 PK - R - G(득점: 심동운) 왼쪽
● 전반 27분 세징야 C.KR ⌒ 에드가 GA 정면 H - ST - G(득점: 에드가, 도움: 세징야) 오른쪽
● 전반 32분 김대원 MFL ⌒ 에드가 GA 정면 H - ST - G(득점: 에드가, 도움: 김대원) 왼쪽
● 전반 44분 에드가 GAL ⌒ 홍정운 GA 정면 내 L - ST - G(득점: 홍정운, 도움: 에드가) 왼쪽
● 후반 27분 강윤구 MFL TL 드로잉 ⌒ 세징야 AKL R - ST - G(득점: 세징야, 도움: 강윤구) 오른쪽
● 후반 37분 세징야 MFL ⌒ 정승원 AK 정면 R - ST - G(득점: 정승원, 도움: 세징야) 오른쪽

9월 23일 14:00 흐림 제주월드컵 2,709명
주심_이동준 부심_곽승순·김지욱 대기심_성덕효 경기감독관_나승화

제주 2 (1 전반 2 / 1 후반 0) **2 강원**

퇴장	경고	파울	ST(유)	교체	선수명	배번	위치	배번	선수명	교체	ST(유)	파울	경고	퇴장
0	0	0	0		이창근	21	GK	GK	23	이범영		0	0	0	0
0	0	0	0		권한진	5	DF	DF	22	정승용		1(1)	0	0	0
0	0	1	0		알렉스	15	DF	DF	4	발렌티노스		0	3	0	0
0	0	0	0		조용형	20	DF	DF	99	김오규		3	2	0	0
0	1	3	0		정다훤	2	MF	MF	19	박창준		0	0	0	0
0	0	0	0		권순형	7	MF	MF	14	오범석		0	0	0	0
0	1	0	0		김수범	22	MF	MF	66	박정수		1	2	0	0
0	0	0	0	16	이동희	42	MF	MF	29	이현식		4	2	0	0
0	0	1	0		김호남	13	FW	FW	7	정석화		0	0	0	0
0	1	3(2)		7	이광선	37	FW	FW	77	지한태		1(1)	0	0	0
0	0	4(2)		10	찌아구	99	FW	FW	55	제리치		2(1)	1	0	0
0	0	0	0		김경민	1			21	홍지윤		0	0	0	0
0	0	0	0		김성주	8			3	이호인		0	0	0	0
0	0	0	0		정태욱	45			30	한용수		0	0	0	0
0	0	0	0	후24	이동수	16	대기	대기	8	황진성	후17	0	0	0	0
0	0	0	0		이찬동	40			24			0	0	0	0
0	0	0	0	후29	진성욱	18			9	정조국	후28	0	0	0	0
0	0	0	0	후11	마그노	10			10	디에고	후6	3(1)	1	0	0
0	2	13	9(4)								14(4)	12	0	0

● 전반 35분 권순형 C.KL ⌒ 이광선 GAR 내 H - ST - G(득점: 이광선, 도움: 권순형) 오른쪽
● 후반 2분 찌아구 GAL 내 R - ST - G(득점: 찌아구) 왼쪽
● 전반 5분 정승용 C.KR ⌒ 김지현 GAL 내 EL - ST - G(득점: 김지현, 도움: 정승용) 왼쪽
● 전반 17분 정승용 MFR FK L - ST - G(득점: 정승용) 왼쪽

9월 23일 16:00 맑음 수원월드컵 7,238명
주심_김동진 부심_김계용·노수용 대기심_최현재 경기감독관_송선호

수원 0 (0 전반 0 / 0 후반 0) **0 전북**

퇴장	경고	파울	ST(유)	교체	선수명	배번	위치	배번	선수명	교체	ST(유)	파울	경고	퇴장
0	0	0	0		노동건	21	GK	GK	31	송범근		0	0	0	0
0	0	0	2(1)		홍철	33	DF	DF	25	최철순		0	1	0	0
0	0	1	0	20	조성진	5	DF	DF	6	최보경		4(1)	0	1	0
0	0	1	0		구자룡	15	DF	DF	3	김민재		1	4	1	0
0	0	1	0		장호익	35	DF	DF	2	이용		0	1	0	0
0	1	3	1		이종성	16	MF	MF	26	홍정호		2(2)	1	0	0
0	0	1	0		김준형	88	MF	MF	34	장윤호		0	1	0	0
0	0	3	0		조지훈	10	MF	MF	14	신형민	32	2(1)	1	0	0
0	0	2	0	22	한의권	22	MF	MF	28	손준호		0	2	0	0
0	0	2	2(1)		전세진	99	MF	MF	7	한교원		3(2)	1	0	0
0	0	2	0	9	김종민	18	FW	FW	9	김신욱	20	3(3)	0	0	0
0	0	0	0		김선우	31			1	홍정남		0	0	0	0
0	0	0	0		양상민	4			16	조성환		0	0	0	0
0	0	0	0	전45	곽광선	20			19	박원재		0	0	0	0
0	1	1	0	후31	사리치	22	대기	대기	14	신형민	후?	0	0	0	0
0	0	0	0		김건우	17			27	유승민		0	0	0	0
0	0	0	0		유주안	28			5	아드리아노	후23	1(1)	0	0	0
0	0	0	2(1)	후0	데안	9			20	이동국	후32	2(1)	0	0	0
0	2	17	12(3)								18(9)	17	2	1

9월 23일 16:00 맑음 광양전용 2,524명
주심_김성호 부심_윤광열·방기열 대기심_신용준 경기감독관_신홍기

전남 1 (0 전반 0 / 1 후반 0) **0 울산**

퇴장	경고	파울	ST(유)	교체	선수명	배번	위치	배번	선수명	교체	ST(유)	파울	경고	퇴장
0	0	0	0		이호승	20	GK	GK	18	조수혁		0	0	0	0
0	0	1	1		이슬찬	13	DF	DF	13	이명재		0	0	0	0
0	0	1	0		허재원	38	DF	DF	4	강민수		1	0	0	0
0	0	1	0		가솔현	3	DF	DF	5	임종은		0	1	0	0
0	0	0	0		최효진	2	DF	DF	22	정동호		0	0	0	0
0	1	2(2)			김영욱	14	MF	MF	34	박용우		0	1	0	0
0	1	1	0		유고비치	8	MF	MF	32	이영재		0	1	0	0
0	1	0	98		한찬희	16	MF	MF	8	황일수		1	0	0	0
0	0	0	0		완델손	11	FW	FW	24	한승규		2(1)	1	0	0
0	1	2(1)	19		마쎄도	10	FW	FW	23	김태환		0	2	0	0
0	0	0	0		이유현	6	FW	FW	9	주니오		2	0	0	0
0	0	0	0		박대한	31			21	오승훈		0	0	0	0
0	0	0	0	후47	이지남	17			40	리차드		0	0	0	0
0	0	0	0		박광일	2			26	이상민		0	0	0	0
0	0	0	0		서부	18	대기	대기		박승찬		0	0	0	0
0	1	1(1)	후0		최재현	22			9	에스쿠데로	후17	2	0	1	0
0	0	0	0	후	이상헌	98			7	김인성	후32	0	1	0	0
0	0	2	후0		허용준	19			8	이근호	후10	0	0	0	0
0	4	9	14(6)								7(1)	12	0	1

● 후반 28분 이상헌 AK 정면 L - ST - G(득점: 이상헌) 오른쪽

강원 1 : 0 수원

9월 26일 14:00 맑음 춘천 송암 2,025명
주심_ 고형진 부심_ 윤광열·김성일 대기심_ 최대우 경기감독관_ 송선호

강원 1 | 0 전반 0 / 1 후반 0 | 0 수원

퇴장	경고	파울	ST(유)	교체	선수명	배번	위치	위치	배번	선수명	교체	ST(유)	파울	경고	퇴장
0	0	0	0		이 범 영	23	GK	GK	21	노 동 건		0	0	0	0
0	0	0	0		발렌티노스	4	DF	DF	33	홍 철	26	1	0	0	0
0	0	0	0		한 용 수	30	DF	DF	20	곽 광 선		0	0	0	0
0	1	1	0		김 오 규	99	DF	DF	15	구 자 룡		0	0	0	0
0	0	0	0	9	정 승 용	22	DF	DF	93	신 세 계		1	1	0	0
0	0	4	0		오 범 석	14	MF	MF	24	박 종 우		0	0	0	0
0	0	0	0		박 정 수	66	MF	MF	25	최 성 근		0	1	1	0
0	0	1	0		강 지 훈	24	MF	MF	14	이 기 제		0	0	0	0
0	0	3	0		정 석 화	7	MF	MF	14	한 의 권	18	2	1	0	0
0	0	1	0		김 현 욱	77	FW	FW	99	전 세 진		3	0	0	0
0	2	7(1)			제 리 치	55	FW	FW	10	데 안		0	0	0	0
0	0	0	0		홍 지 윤	21			31	김 선 우		0	0	0	0
0	0	0	0		박 창 준	19			5	조 성 진	전42	0	0	0	0
0	0	0	0		황 진 성	8			13	박 형 진		0	0	0	0
0	0	0	0		이 현 식	29	대기	대기	88	김 준 형		0	0	0	0
0	0	2(1)	후35		정 조 국	9			17	김 종 우		0	0	0	0
0	0	2(2)	후5		디 에 고	10			26	이 종 민	후5	0	0	0	0
0	0	0	0		임 찬 울	12			18	김 종 민	후25	0	0	0	0
0	1	15	17(4)			0			0			5	9	1	0

- 후반 46분 디에고 GAL ~ 정조국 GA 정면 L - ST - G(득점: 정조국, 도움: 디에고) 왼쪽

상주 1 : 2 포항

9월 26일 14:00 맑음 상주 시민 1,179명
주심_ 송민석 부심_ 김영하·양재용 대기심_ 성덕효 경기감독관_ 전인석

상주 1 | 0 전반 2 / 1 후반 0 | 2 포항

퇴장	경고	파울	ST(유)	교체	선수명	배번	위치	위치	배번	선수명	교체	ST(유)	파울	경고	퇴장
0	0	0	0		권 태 안	1	GK	GK	31	강 현 무		0	0	0	0
0	0	0	0		김 경 민	2	DF	DF	17	강 상 우		0	0	0	0
0	0	0	0		김 민 우	3	DF	DF	3	김 광 석		0	1(1)	0	0
0	0	1(1)			이 태 희	24	DF	DF	5	하 창 래		0	0	0	0
0	0	0	0		백 동 규	27	DF	DF	23	페세이라		0	0	0	0
0	3(1)				심 동 운	7	MF	MF	24	이 후 권	2	0	0	0	0
0	0	3			윤빛가람	14	MF	MF	7	이 석 현		1	0	0	0
2	37				이 상 협	23	MF	MF	12	김 승 대		2(1)	0	0	0
0	0	2(1)			강 중 중	27	FW	FW	12	김 도 형	19	3(3)	0	0	0
0	0	1			송 시 우	34	FW	FW	77	이 진 현		4(2)	0	0	0
0	0	0	0		박 용 지	35	FW	FW	10	레오가말류		2(1)	0	0	0
0	0	0	0		윤 보 상	41			1	류 원 우		0	0	0	0
0	0	0	0		권 완 규	12			24	배 슬 기	후43	0	0	0	0
0	2(1)	후31			신 창 무	15			2	국 태 정		0	0	0	0
0	0	0	0		조 수 철	26	대기	대기	19	김 종 석	후35	0	0	0	0
0	0	후18			송 수 영	18			16	송 승 민		0	0	0	0
0	0	0	0		차 영 환	28			14	김 시 민	후15	0	0	0	0
0	후21	이 규 성	37						18	이 근 호		0	0	0	0
0	3	12	12(4)			0			0			11(7)	13	0	0

- 후반 46분 신창무 C.KR ~ 이태희 GAR H - ST - G(득점: 이태희, 도움: 신창무) 오른쪽
- 전반 5분 김승대 PAR ~ 김도형 GAL R - ST - G(득점: 김도형, 도움: 김승대) 왼쪽
- 전반 43분 이석현 GA 정면 ~ 레오가말류 GAL R - ST - G(득점: 레오가말류, 도움: 이석현) 왼쪽

대구 2 : 2 경남

9월 26일 14:00 맑음 대구 스타디움 7,142명
주심_ 이동준 부심_ 김계용·구은석 대기심_ 최현재 경기감독관_ 김형남

대구 2 | 0 전반 1 / 2 후반 1 | 2 경남

퇴장	경고	파울	ST(유)	교체	선수명	배번	위치	위치	배번	선수명	교체	ST(유)	파울	경고	퇴장
0	0	0	0		조 현 우	21	GK	GK	25	이 범 수		0	0	0	0
0	1	2	0	20	박 병 현	66	DF	DF	23	박 지 수		0	1	1	0
0	1	1	0		홍 정 운	5	DF	DF	24	김 현 훈		0	0	0	0
0	0	1	1(1)		한 희 훈	4	DF	DF	6	최 재 수		0	0	0	0
0	0	1	0		강 윤 구	16	MF	MF	16	이 광 진		0	0	0	0
0	2	1	0		류 재 문	29	MF	MF	29	김 준 범	18	1	1	0	0
0	0	0	36		정 승 원	18	MF	MF	26	최 영 준		1(1)	0	0	0
0	0	0	38		정 우 재	22	MF	FW	77	쿠니모토		1	0	0	0
0	1	1	0		김 대 원	14	FW	FW	77	네 게 바		0	1	0	0
0	1	0	2(1)		세 징 야	11	FW	FW	13	조 영 철		3(1)	0	0	0
0	1	3(1)			에 드 가	9	FW	FW	9	말 컹		6(3)	2	0	0
0	0	0	0		최 영 은	1			31	손 정 현		0	0	0	0
0	0	0	0		김 진 혁	30			15	우 주 성		0	0	0	0
0	후34	장 성 원	38	대기					37	김 종 필		0	0	0	0
0	0	1(1)	후31		박 한 빈	36			10	파울링요		0	0	0	0
0	후	황 순 민	20						16	하 성 민	후36	0	0	0	0
0		변 신 덕	7						7	배 기 종	후22	0	0	0	0
0	4	11	14(7)			0			0			13(5)	12	3	0

- 후반 22분 정우재 PAR ~ 에드가 GAR 내 L - ST - G(득점: 에드가, 도움: 정우재) 오른쪽
- 후반 47분 세징야 PK - R - ST - G(득점: 세징야) 오른쪽
- 전반 49분 말컹 PK - R - ST - G(득점: 말컹) 왼쪽
- 후반 26분 쿠니모토 MFR ~ 말컹 GAL 오버헤드킥 R - ST - G(득점: 말컹, 도움: 쿠니모토) 오른쪽

서울 1 : 1 인천

9월 26일 16:00 맑음 서울 월드컵 13,841명
주심_ 김대용 부심_ 박상준·방기열 대기심_ 정회수 경기감독관_ 김용세

서울 1 | 0 전반 1 / 1 후반 0 | 1 인천

퇴장	경고	파울	ST(유)	교체	선수명	배번	위치	위치	배번	선수명	교체	ST(유)	파울	경고	퇴장
0	0	0	0		양 한 빈	21	GK	GK	1	정 산		0	0	0	0
0	0	1	0		김 동 우	4	DF	DF	20	부 노 자		0	0	0	0
0	0	1	0		김 남 춘	26	DF	DF	15	김 대 중		0	0	0	0
0	0	0	0		신 광 훈	17	DF	DF	13	김 진 야		0	1	0	0
0	1	3	1(1)		윤 석 영	18	DF	DF	6	최 종 환		0	1	0	0
0	0	2	15		하 대 성	16	MF	MF	39	임 은 수		0	1	0	0
0	1(1)				신 진 호	8	MF	MF	10	아길라르		1(1)	1	0	0
0	0	1	0		고 요 한	13	MF	MF	7	이 슬 기	1	0	0	0	0
0	0	32			김 한 길	14	FW	FW	18	박 종 진		0	0	0	0
0	1	99			박 희 성	29	FW	FW	27	문 선 민		2(2)	0	1	0
0	0	0	0		이 상 호	7	FW	FW	44	무 고 사		0	0	0	0
0	0	0	0		유 상 훈	41			21	이 진 형		0	0	0	0
0	0	0	0		이 웅 희	3			47	김 동 민		0	0	0	0
0	0	0	0		박 동 진	50			3	김 용 환	후46	0	0	0	0
0	후36	김 원 식	15	대기					7	남 준 재	후25	0	0	0	0
0	3(1)	후10			조 영 욱	32			4	하 석 주	후	0	0	0	0
0	0	0	0		우 주 태	77			99			0	0	0	0
0	0	0	0		에 버 튼	90			28	이 효 균		0	0	0	0
0	1	13	11(6)			0			0			6(5)	11	2	0

- 후반 15분 고요한 PA 정면 내 R - ST - G(득점: 고요한) 왼쪽
- 전반 43분 문선민 PAL 내 L - ST - G(득점: 문선민) 오른쪽

전북 1 : 0 전남

9월26일 16:00 맑음 전주월드컵 11,643명
주심_박병진 부심_곽승순·김지욱 대기심_최일우 경기감독관_최상국

전북 1 | 0 전반 0 / 1 후반 0 | 0 전남

퇴장	경고	파울	ST(유)	교체	선수명	배번	위치	위치	배번	선수명	교체	ST(유)	파울	경고	퇴장
0	0	0	0		송범근	31	GK	GK	20	이호승		0	0	0	0
0	0	3	0		박원재	19	DF	DF	4	김민준		0	4	1	0
0	1	0	0		홍정호	26	DF	DF	17	이 슬		0	0	0	0
0	0	1	0		김민재	3	DF	DF	5	도나치		0	1	0	0
0	0	0	0		이 용	2	DF	DF	21	박광일		0	0	0	0
0	0	9	1(1)		신형민	4	MF	MF	6	김선우	3	1(1)	1	0	0
0	0	3	3	34	정 혁	8	MF	MF	7	박준태	27	1(1)	1	0	0
0	1	3	1(1)		한교원	7	MF	MF	8	유고비치		1	1	0	0
0	2	1					FW	FW	14	최재현		0	0	0	0
0		1(1)	6		유승민	27	FW	FW	19	허용준		1(1)	0	0	0
0	1		6(4)		이동국	20	FW	FW	18	김경민		2	0	0	0
					홍정남	1			31	박대한		0			
					조성환	16			3	가솔현	후33				
					최철순	25			12	신찬우					
0	0		후0		최보경		대기	대기	30	김영욱	후17				
0	1		후40		장윤호	34			30	윤동민		0			
					명준재	35			27	이유현	후0				
0	0		4(2)후0		김신욱	9			35	전지현					
0	4	16	17(9)									4(3)	15	1	0

● 후37분 이동국 자기 측 HL 정면 ~ 한교원 PA 정면 내 R - ST - G(득점: 한교원, 도움: 이동국) 오른쪽

울산 3 : 2 제주

9월26일 15:00 흐림 울산문수 8,234명
주심_김용우 부심_이정민·박균용 대기심_신용준 경기감독관_김진의

울산 3 | 3 전반 1 / 0 후반 1 | 2 제주

퇴장	경고	파울	ST(유)	교체	선수명	배번	위치	위치	배번	선수명	교체	ST(유)	파울	경고	퇴장
0	0	0	0		김용대	1	GK	GK	21	이창근		0	0	0	0
0	0	2	0		박주호	33	DF	DF	5	권한진		0	1	1	0
0	0	1	0		강민수	4	DF	DF	15	알렉스		0	1	1	0
0	0	0	0		리차드	40	DF	DF	20	조용형		0	0	0	0
0	0	0	0		김창수	27	DF	MF	8	김성주		3	2	1	0
0	2	2(2)	13		믹 스	42	MF	MF	13	김호남		0	0	0	0
0	2	2			박용우	34	MF	MF	40	이찬동		2(1)	1	2	0
0	1(1)	8			김승준	8	MF	MF	16	이동수	7	0	0	0	0
0	1	1(1)	5		김인성	24	MF	MF	10	마그노	45	3(2)	1	0	0
0		6(6)			주니오	30	FW	FW	30	김현욱	99	1(1)	0	0	0
					문정인	31			1	김경민		0			
			후23		임종은	5			2	정다훤		0			
			후39		이명재	13			45	정태욱	후36				
					이영재	32	대기	대기	7	권순형		0			
					김태환	23			9	진성욱		0			
					황일수	11			99	찌아구	후0				
			후17		이근호	8			17	류승우	후29				
0	12	15(11)										14(9)	11	3	0

● 전반 6분 한승규 MFR ~ 주니오 PA 정면 내 L - ST - G(득점: 주니오, 도움: 한승규) 왼쪽
● 전반 29분 김인성 PAR ~ 믹스 PK 우측지점 R - ST - G(득점: 믹스, 도움: 김인성) 왼쪽
● 전반 36분 김인성 PAR 내 EL ~ 김승준 GAR 내 R - ST - G(득점: 김승준, 도움: 김인성) 왼쪽
● 전반 26분 마그노 PK - R - G(득점: 마그노) 왼쪽
● 후반 3분 마그노 PAR ~ 찌아구 GAR 내 R - ST - G(득점: 찌아구, 도움: 마그노) 왼쪽

수원 2 : 2 울산

9월29일 14:00 맑음 수원월드컵 6,617명
주심_이동준 부심_김영하·방기열 대기심_정화수 경기감독관_신홍기

수원 2 | 0 전반 1 / 2 후반 1 | 2 울산

퇴장	경고	파울	ST(유)	교체	선수명	배번	위치	위치	배번	선수명	교체	ST(유)	파울	경고	퇴장
0	0	0	0		신화용	1	GK	GK	1	김용대		0	0	0	0
0	0	3	0		홍 철	33	DF	DF	13	이명재		1(1)	0	0	0
0	0	0	0		조성진	5	DF	DF	4	강민수		0	1	0	0
0	0	1	0		구자룡	15	DF	DF	40	리차드		0	1	0	0
0	0	0	0		장호익	35	DF	DF	27	김창수		0	0	0	0
0	0	2	1		이종성	16	MF	MF	42	믹 스		0	1	0	0
0	0	2	1		염기훈	26	MF	MF	34	박용우		0	0	0	0
0	2	2(2)			사리치	22	MF	MF	8	김승준	33	3(3)	1	0	0
0	1	1	88		김종우	17	MF	MF	24	한승규		3(3)	0	0	0
0	2	11			한의권	14	MF	MF	23	김태환		1	1	0	0
0	10				유주안	28	FW	FW	30	주니오		2(1)	2	0	0
					노동건	21			31	문정인					
					곽광선				33	박주호	후20				
0			전44		김준형	88	대기	대기	3	강민수	후38				
					최성근				32	이영재					
0			후17		임상협	11			11	황일수					
0			후7		데 얀	10			19	김승준					
0	1	9	6(2)									10(8)	13	1	0

● 후37분 사리치 AK 정면 R - ST - G(득점: 사리치) 왼쪽
● 후46분 홍철 C.KL ^ 사리치 GA 정면 H - ST - G(득점: 사리치, 도움: 홍철) 왼쪽
● 전반 5분 김태환 MFR ~ 한승규 MFR R - ST - G(득점: 한승규, 도움: 김태환) 왼쪽
● 후반 8분 김태환 PAR ~ 한승규 PA 정면 내 R - ST - G(득점: 한승규, 도움: 김태환) 오른쪽

전북 3 : 2 강원

9월29일 16:00 맑음 전주월드컵 12,282명
주심_김대용 부심_이정민·박균용 대기심_설태환 경기감독관_전인석

전북 3 | 0 전반 1 / 3 후반 1 | 2 강원

퇴장	경고	파울	ST(유)	교체	선수명	배번	위치	위치	배번	선수명	교체	ST(유)	파울	경고	퇴장
0	0	0	0		송범근	31	GK	GK	23	이범영		0	0	0	0
0	0	1	0		최철순	25	DF	DF	4	발렌티노스		0	2	0	0
0	0	2	0		최보경	6	DF	DF	30	한용수		0	2	0	0
0	0	1	0		김민재	3	DF	DF	99	김오규		0	1	0	0
0	0	0	0		이 용	2	DF	DF	22	정승용		0	0	0	0
0		16			신형민	4	MF	MF	14	오범석		0	1	0	0
0	2				정 혁	8	MF	MF	66	박정수		1			
0	2	3(2)			로페즈	10	MF	MF	24	한국영	19	1	0	0	0
0	1				장윤호	34	MF	MF	7	정석화		1(1)	2	0	0
0	1				한교원	7	MF	MF	11	김현태		0	0	0	0
0	6(5)				김신욱	9	FW	FW	9	정조국	55	1(1)	3	0	0
					홍정남	1			21	홍지운		0			
					윤지혁				1	이태호		0			
0			후0		조성환	16	대기	대기	8	황진성		0			
					나성은				29	이현식		0			
0			후41		명준재	35			10	디에고	후13				
0	1	2(2)	후0		이동국				55	제리치	후27				
0	1	15	14(11)									5(4)	15	3	0

● 후반 7분 로페즈 PA 정면 내 L - ST - G(득점: 로페즈) 왼쪽
● 후반 31분 이범영 GA 정면 내자책골(득점: 이범영)
● 후반 44분 로페즈 AKR ~ 김신욱 PA 정면 내 R - ST - G(득점: 김신욱, 도움: 로페즈) 왼쪽
● 전반 2분 정석화 PK 우측지점가슴패스정조국 PA 정면 내 R - ST - G(득점: 정조국, 도움: 정석화) 오른쪽
● 후반 14분 오범석 PA 정면 ~ 디에고 GA 정면 R - ST - G(득점: 디에고, 도움: 오범석) 왼쪽

9월 29일 16:00 비 제주 월드컵 1,684명
주심_ 김동진 부심_ 윤광열·양재용 대기심_ 최현재 경기감독관_ 김용갑

					제주	1	전반 0 / 0 후반 0	0	전남					

퇴장	경고	파울	ST(유)	교체	선수명	배번	위치	배번	선수명	교체	ST(유)	파울	경고	퇴장
0	0	0	0		이창근	21	GK	20	이호승		0	0	0	0
0	1	2	0		정 다 훤	2	DF	13	이슬찬		0	0	0	0
0	0	0	0		권 한 진	5	DF	38	허 재 원	2(2)	0	0	0	0
0	0	0	0		알 렉 스	22	DF	3	가 솔 현		0	0	0	0
0	0	0	0		김 수 범	22	DF	2	최 효 진		0	0	0	0
0	0	0	0		권 순 형	7	MF	14	김 영 욱	1	1	0	0	0
0	0	0	0	18	마 그 노	10	MF	16	한 찬 희		0	3	1	0	0
0	0	0	0		김 호 남	13	MF		유고비치	98	1	0	0	0
0	0	0	0		류 승 우	17	FW	11	완 델 손		0	0	0	0
0	0	0	0		이 동 희	42	MF	7	마 쎄 도	12	2	0	0	0
0	2	4(2)	0		찌 아 구	99	FW	27	이 유 현	19	3(2)	0	0	0
0	0	0	0		김 경 민	1		31	박 대 한		0	0	0	0
0	0	0	0		김 상 원	3		17	이 지 남		0	0	0	0
0	0	0	0	후18	이 광 선	18	대기	21	박 광 일		0	0	0	0
0	0	0	0		정 태 욱	45		5	김 선 우		0	0	0	0
0	0	0	0	후48	이 동 수	16		98	유 고비치	후0	0	0	0	0
0	0	0	0		이 찬 동	40		22	최 재 현	후39	0	0	0	0
0	0	0	0	후33	진 성 욱	9		98	이 상 헌	후0	0	0	0	0
0	1	11	10(3)								20(4)	7	2	0

- 전반 23분 마그노 PAL 내 ~ 찌아구 GAR R - ST - G(득점: 찌아구, 도움: 마그노) 오른쪽

9월 30일 14:00 맑음 서울 월드컵 11,858명
주심_ 박병진 부심_ 김계용·김지욱 대기심_ 김도연 경기감독관_ 송선호

					서울	2	전반 0 / 1 후반 2	2	상주					

퇴장	경고	파울	ST(유)	교체	선수명	배번	위치	배번	선수명	교체	ST(유)	파울	경고	퇴장
0	0	0	0		유 상 훈	41	GK	41	윤 보 상		0	0	0	0
0	0	1	1(1)		김 동 우	4	DF	2	김 영 빈		1(1)	2	0	0
0	0	0	0		김 남 춘	26	DF	12	권 완 규		0	4	0	0
0	0	1	0		신 광 훈	17	DF	13	김 민 우	1(1)	2	0	0	0
0	0	0	0		김 한 길	14	DF	27	백 동 규	14	0	1	0	0
0	0	0	0	77	허 대 성	16	MF	15	신 창 무		6(4)	0	0	0
0	0	1	0		신 진 호	8	MF	23	이 상 협		0	0	0	0
0	0	0	0	32	이 상 호	7	MF	13	김 경 중		0	0	0	0
0	0	0	0		정 원 진	8	MF	37	이 규 성		0	0	0	0
0	2	4(1)			안 델 손	9	FW	43	김 경 재		0	0	0	0
0	0	0	1(1)	99	박 희 성	29	FW	35	박 용 지	3(3)	0	0	0	0
0	0	0	0		양 한 빈	21		1	권 태 안		0	0	0	0
0	0	0	0		이 웅 희	3		7	심 동 운	후15	0	0	0	0
0	0	0	0		박 동 진	50	대기	14	윤빛가람	후15	0	0	0	0
0	0	0	0		윤 석 영	18		77	송 수 영		0	0	0	0
0	0	0	0	후11	조 영 욱	32		38	장 은 규		0	0	0	0
0	0	0	0	후30	윤 주 태	77		38	고 태 원	후30	0	0	0	0
0	0	0	0	후20	마 티 치	99		39			0	0	0	0
0	1	18	11(3)								11(9)	13	1	0

- 전반 7분 신진호 C.KL ~ 박희성 GAL H - ST - G(득점: 박희성, 도움: 신진호) 오른쪽
- 후반 37분 신진호 C.KL ~ 김동우 GAR H - ST - G(득점: 김동우, 도움: 신진호) 오른쪽
- 후반 1분 박용지 GA 정면 내 L - ST - G(득점: 박용지) 가운데
- 후반 38분 박용지 GA 정면 R - ST - G(득점: 박용지) 가운데

9월 30일 16:00 맑음 포항 스틸야드 13,246명
주심_ 김성호 부심_ 박상준·강동호 대기심_ 신용준 경기감독관_ 차상해

					포항	2	전반 0 / 2 후반 1	1	대구					

퇴장	경고	파울	ST(유)	교체	선수명	배번	위치	배번	선수명	교체	ST(유)	파울	경고	퇴장
0	0	0	0		강 현 무	31	GK	21	조 현 우		0	0	0	0
0	0	1	0		강 상 우	17	DF	5	홍 정 운	1(1)	1	0	0	0
0	0	1(1)	0		김 광 석	3	DF	29	류 재 문		0	1	0	0
0	1	1	0		하 창 래	5	DF	6	한 희 훈	66	0	0	0	0
0	0	0	0		페이세이라	23	DF	16	강 윤 구		0	0	0	0
0	0	1	2(1)		채 프 만	6	MF	20	황 순 민	36	1(1)	1	0	0
0	0	0	0	13	이 후 권	9	MF	18	정 승 원		0	0	0	0
0	1	0	0	24	이 석 현	7	MF	44	정 우 재	38	0	1	0	0
0	0	2	0		김 지 민	8	FW	14	김 대 원		2(1)	1	0	0
0	0	2	0		이 진 현	77	FW	11	세 징 야		3(1)	0	0	0
0	0	0	4(4)		김 승 대	12	FW	9	에 드 가		3(1)	1	0	0
0	0	0	0		류 원 우	1		1	최 영 은		0	0	0	0
0	0	0	0	후48	배 슬 기	24		66	박 병 현	후11	0	0	0	0
0	0	0	0		국 태 정	2	대기	3	김 우 석		0	0	0	0
0	0	0	0	후30	김 도 형	13		36	박 한 빈	후26	1(1)	0	0	0
0	0	0	0		레오가말류			33	전 치 우		0	0	0	0
0	0	0	0		이 근 호	18		7	진 현 철		0	0	0	0
0	0	1	13	12(9)							11(6)	9	0	0

- 후반 3분 이진현 PAR ~ 김광석 GA 정면 H - ST - G(득점: 김광석, 도움: 이진현) 오른쪽
- 후반 21분 김승대 PAL 내 ~ 이진현 PK 좌측 지점 L - ST - G(득점: 이진현, 도움: 김승대) 가운데
- 후반 16분 김대원 PAL ~ 에드가 GA 정면 H - ST - G(득점: 에드가, 도움: 김대원) 오른쪽

9월 30일 16:00 맑음 인천 전용 5,830명
주심_ 김용우 부심_ 곽승호·김성일 대기심_ 오현진 경기감독관_ 나승화

					인천	2	전반 0 / 2 후반 1	2	경남					

퇴장	경고	파울	ST(유)	교체	선수명	배번	위치	배번	선수명	교체	ST(유)	파울	경고	퇴장
0	0	0	0		정 산	1	GK	31	손 정 현		0	0	1	0
0	0	3(2)			부 노 자	20	DF	23	박 지 수		1	1	0	0
0	0	0	0		대 경	3	DF	24	김 현 훈		0	2	0	0
0	2(2)				김 진 야	13	DF	6	최 재 수		0	0	0	0
0	0	0	0		정 동 윤	32	DF	16	이 광 진		1(1)	0	0	0
0	0	0	0	29	임 은 수	39	MF	29	김 준 범		2	0	0	0
0	0	3(2)			아길라르	10	MF	26	최 영 준		0	0	0	0
0	0	4(2)			남 준 재	7	MF	22	쿠니모토		0	0	0	0
0	0	0	0	27	쿠 비		MF	10	파울링요		0	0	0	0
0	0	7(5)			무 고 사	9	FW	9	말 컹	39	3(2)	0	0	0
0	0	0	0		이 진 형	21		25	이 범 수		0	0	0	0
0	0	0	0		김 동 민	47		37	김 종 진		0	0	0	0
0	0	0	0		김 정 호	44	대기	77	네 게 바	후41	2(1)	0	0	0
0	0	0	0		이 정 빈	8		7	배 기 종		0	0	0	0
0	0	0	0	후20	기 부 서	29		7	배 기 종	후33	0	0	0	0
0	3(1)	후0			문 선 민	27		39	김 근 환	후27	0	0	0	0
0	0	2	13	25(15)							15(7)	10	2	0

- 후반 34분 아길라르 MF 정면 FK L - ST - G (득점: 아길라르) 왼쪽
- 후반 42분 문선민 MF 정면 ~ 무고사 PAR 내 R - ST - G(득점: 무고사, 도움: 문선민) 왼쪽
- 전반 38분 김효기 GA 정면 L - ST - G(득점: 김효기) 왼쪽
- 후반 17분 파울링요 AK 정면 R - ST - G(득점: 파울링요) 오른쪽

강원 1 : 1 포항

10월 06일 14:00 흐림 춘천 송암 684명
주심_ 이동준 부심_ 김계용·양재용 대기심_ 성덕호 경기감독관_ 김진의

| | | | | 1 전반 0 | | | | | |
| | | | | 0 후반 1 | | | | | |

퇴장	경고	파울	ST(유)	교체	선수명	배번	위치	위치	배번	선수명	교체	ST(유)	파울	경고	퇴장
0	0	0	0		이 범 영	23	GK	GK	31	강 현 무		0	0	0	0
0	0	0	0		발렌티노스	4	DF	DF	17	강 상 우		1(1)	0	0	0
0	0	0	0		한 용 수	30	DF	DF	3	김 광 석		0	1	0	0
0	0	2	0		김 오 규	99	DF	DF	5	하 창 래		0	1	0	0
0	1	1	0		정 승 용	22	MF	DF	23	떼이세이라		0	2	0	0
0	1	1	0		오 범 석	14	MF	MF	6	채 프 만		0	0	0	0
0	1	4	0	11	박 정 수	66	MF	MF	9	이 후 권	14	1	4	0	0
0	1	0	0	29	강 지 훈	23	MF	MF	7	이 석 현		4(3)	1	0	0
0	1	1	3(3)		정 석 화	7	FW	FW	11	김 도 형	10	1	0	0	0
0	4(3)				정 조 국	9	FW	FW	77	이 진 현		3(2)	4	1	0
0	0	1	0	10	김 지 현	77	FW	FW	12	김 승 대		2(1)	0	0	0
0	0	0	0		홍 지 윤	21			1	류 원 우		0	0	0	0
0	0	0	0		이 호 인	3			24	배 슬 기		0	0	0	0
0	0	0	0		맥 고 완	44			4	알 레 망		0	0	0	0
0	0	0	0		황 진 성	8	대기	대기	19	이 상 기		0	0	0	0
0	0	0	0	후27	이 현 식	29			2	국 태 정		0	0	0	0
0	0	2(1)	후14	디 에 고	10			14	김 지 민	후0	0	0	0	0
0	1	1	0	후41	최 진 호	11			10	레오가말류	후33	1(1)	0	0	0
0	2	15	13(7)									15(8)	11	0	0

● 전반 36분 정석화 GAR L - ST - G(득점: 정석화) 오른쪽

● 후반 12분 떼이세이라 MFR ~ 김승대 GAR R - ST - G(득점: 김승대, 도움: 떼이세이라) 오른쪽

대구 1 : 2 인천

10월 06일 14:00 흐리고 비 대구 스타디움 1,014명
주심_ 김우성 부심_ 윤광열·김지욱 대기심_ 최일우 경기감독관_ 최상국

| | | | | 1 전반 1 | | | | | |
| | | | | 0 후반 1 | | | | | |

퇴장	경고	파울	ST(유)	교체	선수명	배번	위치	위치	배번	선수명	교체	ST(유)	파울	경고	퇴장
0	0	0	0		조 현 우	21	GK	GK	1	정 산		0	0	0	0
0	0	0	0		박 병 현	66	DF	DF	20	부 노 자		1	1	0	0
0	0	2	1		홍 정 운	5	DF	DF	15	김 대 중		2(1)	1	0	0
0	0	0	0	36	정 우 재	16	DF	DF	13	김 진 야		0	0	0	0
0	0	1	0		강 윤 구	16	MF	DF	32	정 동 윤		0	0	0	0
0	2(1)	20		류 재 문	29	MF	MF	39	임 은 수		0	0	0	0
0	3(3)	32		정 승 원	18	MF	MF	8	아길라르		0	0	0	0
0	1	0	0		정 우 재	22	MF	MF	7	남 준 재	19	1	2	1	0
0	1	3	3		세 징 야	11	FW	FW	10	아길라르					
0	1	3(1)		김 대 원	14	FW	FW	27	문 선 민	44	2(1)	1	0	0
0	1	4(1)		에 드 가	9	FW	FW	9	무 고 사		7(5)	0	1	0
0	0	0	0		최 영 은	1			21	이 진 형		0	0	0	0
0	0	0	0		김 진 혁	30			6	최 종 환		0	0	0	0
0	0	0	0		장 성 원	38			44	김 정 호	후36	0	0	0	0
0	0	0	0	후35	박 한 빈	36	대기	대기	47	김 동 민		0	0	0	0
0	0	0	0	후27	황 순 민	20			19	쿠 비	후27	0	0	0	0
0	0	0	0	후39	정 치 인	32			4	한 석 종	후27	0	0	0	0
0	0	0	0		전 현 철	7			29	김 보 섭		0	0	0	0
0	1	10	17(6)									14(7)	15	3	0

● 전반 36분 에드가 AK 정면 → 정승원 PAL 내 R - ST - G(득점: 정승원, 도움: 에드가) 왼쪽

● 전반 24분 아길라르 자기 측 센터서클 ⌒ 문선민 AK 정면 R - ST - G(득점: 문선민, 도움: 아길라르) 왼쪽

● 후반 28분 김진야 PAL 내 → 무고사 PA 정면 내 L - ST - G(득점: 무고사, 도움: 김진야) 오른쪽

전남 1 : 0 서울

10월 06일 16:00 맑음 광양 전용 3,131명
주심_ 송민석 부심_ 김영하·노수용 대기심_ 장순택 경기감독관_ 김용갑

| | | | | 0 전반 0 | | | | | |
| | | | | 1 후반 0 | | | | | |

퇴장	경고	파울	ST(유)	교체	선수명	배번	위치	위치	배번	선수명	교체	ST(유)	파울	경고	퇴장
0	0	0	0		이 호 승	20	GK	GK	21	양 한 빈		0	0	0	0
0	0	1	0		이 슬 찬	13	DF	DF	4	김 동 우		0	0	0	0
0	0	0	0		허 재 원	38	DF	DF	3	이 웅 희		0	1	0	0
0	0	1	0		이 지 남	17	DF	DF	38	윤 종 규		0	0	0	0
0	0	0	0		최 효 진	2	MF	DF	18	윤 석 영	11	0	0	0	0
0	1	0	0		김 영 욱	14	MF	MF	8	신 진 호	7	2(1)	1	1	0
0	3(1)			허 용 준	19	MF	MF	16	하 대 성		0	0	0	0
0	0	0	0		유고비치	8	MF	MF	13	고 요 한		0	1	0	0
0	1	0	0		완 델 손	11	MF	MF	32	조 영 욱		1(1)	0	0	0
0	0	1	0	98	마 쎄 도	55	FW	FW	9	안 델 손		0	0	0	0
0	5	3	22	FW	이 유 현	27	FW	FW	29	박 희 성	14	3(1)	1	0	0
0	0	0	0		박 대 한	31			41	유 상 훈		0	0	0	0
0	0	0	0		도 나 치	5			26	김 남 춘		0	0	0	0
0	0	0	0		박 광 일	21			15	김 원 식		0	0	0	0
0	0	0	0		한 찬 희	16	대기	대기	15	김 한 길	후45	0	0	0	0
0	0	0	0		김 경 민	18			14	김 한 길	후45	0	0	0	0
0	0	1	0	후34	최 재 현	22			7	이 상 호	후13	0	0	0	0
0	0	1(1)	후0	이 상 헌	98			11	에반드로	후31	0	1	0	0
0	3	14	11(2)									7(4)	15	3	1

● 후반 28분 이상헌 PAR 내 ⌒ 허용준 AKL R - ST - G(득점: 허용준, 도움: 이상헌) 오른쪽

상주 1 : 2 수원

10월 07일 14:00 맑음 상주 시민 1,397명
주심_ 김성호 부심_ 이정민·박균용 대기심_ 신용준 경기감독관_ 나승화

| | | | | 1 전반 0 | | | | | |
| | | | | 0 후반 2 | | | | | |

퇴장	경고	파울	ST(유)	교체	선수명	배번	위치	위치	배번	선수명	교체	ST(유)	파울	경고	퇴장
0	0	0	0		윤 보 상	41	GK	GK	1	신 화 용		0	0	0	0
0	1	2(1)	39	김 영 빈	2	DF	DF	33	홍 철		0	2	0	0
0	0	0	0		권 완 규	12	DF	DF	20	곽 광 선		0	1	0	0
0	2	1	0		김 민 우	7	DF	DF	15	구 자 룡	16	2	2	0	0
0	1	1	0		김 경 재	43	DF	DF	25	최 성 근	13	0	3	1	0
0	2(1)			윤빛가람	14	MF	DF	5	조 성 진		0	0	0	0
0	1	0	0		신 창 무	15	MF	MF	24	박 종 우	10	1	1	0	0
0	1	0	0		이 상 협	39	MF	MF	22	사 리 치		3(3)	1	0	0
0	1	3	0		김 경 중	21	MF	MF	26	염 기 훈		0	1	0	0
0	2	3	1		백 동 규	37	FW	MF	12	김 종 민		0	0	0	0
0	1	1	0		박 용 지	35	FW	FW	18	김 종 민		4(1)	1	0	0
0	0	0	0		권 태 안	1			21	노 동 건		0	0	0	0
0	1(1)	후2	이 종 원	6			3	양 상 민		0	0	0	0
0	1(1)	후24	심 동 운	21			16	박 형 진	후28	0	0	0	0
0	0	0	0		송 수 영	18	대기	대기	16	이 종 성	후0	0	0	0	0
0	0	0	0		송 시 우	27			28	유 주 안		0	0	0	0
0	0	0	0		이 규 성	37			10	데 얀	후0	1(1)	0	0	0
0	1	1	후8	고 태 원	39			10	데 얀	후0				
0	3	12	11(5)									12(7)	10	1	0

● 전반 19분 권완규 GA 정면 L - ST - G(득점: 권완규) 가운데

● 후반 8분 홍철 PAL ~ 데얀 GA 정면 R - ST - G(득점: 데얀, 도움: 홍철) 오른쪽

● 후반 33분 사리치 PAR L - ST - G(득점: 사리치) 오른쪽

10월 07일 14:00 맑음 창원축구센터 2,865명

주심_ 김대용 부심_ 박상준·방기열 대기심_ 정의석 경기감독관_ 차상해

경남 0   0 전반 0   0 후반 1   **1 제주**

퇴장	경고	파울	ST(유)	교체	선수명	배번	위치	위치	배번	선수명	교체	ST(유)	파울	경고	퇴장
0	0	0	0		이 범 수	25	GK	GK	21	이 창 근		0	0	0	0
0	0	0	0		박 지 수	23	DF	DF	5	권 한 진		1(1)	1	0	0
0	0	0	0		김 현 훈	24	DF	DF	8	김 성 주		0	0	0	0
0	0	1	0		최 재 수	6	DF	DF	15	알 렉 스		0	0	0	0
0	0	0	1(1)		이 광 진	16	DF	DF	27	김 수 범		0	0	0	0
0	1	1	0	39	김 준 범	29	MF	MF	10	마 그 노		1(1)	0	0	0
0	0	1	0		최 영 준	26	MF	MF	13	김 호 남		0	0	0	0
0	0	1	7		조 영 철	13	MF	MF	30	김 현 욱		0	0	0	0
0	0	0	0		네 게 바	7	MF	MF	42	이 동 희		1(1)	2	0	0
0	0	0	0		쿠니모토	22	FW	MF	40	이 동 희		1	1	0	0
0	2	0	10		김 효 기	10	FW	FW	99	찌 아 구	18	1	1	0	0
0	0	0	0		손 정 현	31			1	김 경 민		0	0	0	0
0	0	0	0		우 주 성	15			3	김 상 원		0	0	0	0
0	0	0	0		김 종 진	37			18	이 광 선	후22	0	0	0	0
0	0	0	0	후35	파울리뇨	10	대기	대기	7	권 순 형		0	0	0	0
0	0	0	0		하 성 민	11			7	권 순 형		0	0	0	0
0	0	1(1)	후14		배 기 종				16	이 동 수	후40	0	0	0	0
0	0	0	후14		김 근 환	39			17	류 승 우	후6	0	0	0	0
0	1	4	11(2)			0			0			11(5)	8	1	0

- 후반 47분 이동수 AKL R - ST - G(득점: 이동수) 왼쪽

10월 07일 16:00 맑음 울산문수 14,228명

주심_ 고형진 부심_ 곽승순·김성일 대기심_ 김덕철 경기감독관_ 김형남

울산 2   0 전반 0   2 후반 2   **2 전북**

퇴장	경고	파울	ST(유)	교체	선수명	배번	위치	위치	배번	선수명	교체	ST(유)	파울	경고	퇴장
0	0	0	0		김 용 대	1	GK	GK	31	송 범 근		0	0	0	0
0	0	0	0	13	박 주 호	33	DF	DF	25	최 철 순		0	3	1	0
0	0	1(1)	0		임 종 은	5	DF	DF	4	최 보 경		0	2	0	0
0	0	0	0		리 차 드	40	DF	DF	3	김 민 재		0	2	0	0
0	0	0	0		김 태 환	23	DF	DF	23	김 진 수		1	1	0	0
0	0	3	1(1)		박 용 우	34	MF	MF	26	홍 정 호		0	0	0	0
0	0	0	0		믹 스	42	MF	MF	28	손 준 호		1(1)	5	1	0
0	3(3)	11			한 승 규	24	MF	MF	14	이 승 기	32	0	0	0	0
0	0	0	0		이 근 호	8	MF	MF	5	임 선 영		0	0	0	0
0	0	0	0		김 인 성	7	MF	MF		한 교 원		0	0	0	0
0	0	2(1)	0	2	주 니 오	30	FW	FW	9	김 신 욱		0	0	0	0
0	0	0	0		문 정 인	31			1	홍 정 남		0	0	0	0
0	0	0	후44		강 민 수	4			16	조 성 환		0	0	0	0
0	0	0	후47		이 명 재	13			19	박 원 재		0	0	0	0
0	0	0	0		에스쿠데로		대기	대기	79	이 재 성		0	0	0	0
0	0	0	0		황 일 수				10	로 페 즈	후7	1(1)	2	0	0
0	0	1(1)	후24						32	아드리아노	후41	0	0	0	0
0	0	0	0		홍 준 호	15			20	이 동 국	후24	3(2)	0	0	0
0	0	16	10(8)			0			0			7(4)	16	2	0

- 후반 13분 김인성 PA정면 ~ 한승규 PK지점 R - ST - G(득점: 한승규, 도움: 김인성) 왼쪽
- 후반 37분 김인성 GAR R - ST - G(득점: 김인성) 왼쪽
- 후반 8분 로페즈 PA정면 R - ST - G(득점: 로페즈) 왼쪽
- 후반 48분 이동국 PK - R - G(득점: 이동국) 오른쪽

10월 20일 14:00 맑음 전주월드컵 18,482명

주심_ 이동준 부심_ 박상준·강동호 대기심_ 설태환 경기감독관_ 김용갑

전북 3   1 전반 2   2 후반 0   **2 인천**

퇴장	경고	파울	ST(유)	교체	선수명	배번	위치	위치	배번	선수명	교체	ST(유)	파울	경고	퇴장
0	0	0	0		송 범 근	31	GK	GK	1	정 산		0	0	0	0
0	0	1	0		최 철 순	25	DF	DF	20	부 노 자		0	1	0	0
0	0	1	0		김 민 재	3	DF	DF	15	김 대 중		1(1)	0	0	0
0	0	0	0		홍 정 호	26	DF	DF	13	김 진 야		0	0	0	0
0	0	2	1(1)		이 용	2	DF	DF	32	정 동 윤		0	0	0	0
0	1	2	4		최 보 경	4	MF	MF	39	임 은 수	19	1	1	0	0
0	1(1)	20			손 준 호	28	MF	MF	10	아길라르		2	1	0	0
0	2(1)	32			로 페 즈	32	MF	MF	4	한 석 종		2	1	0	0
0	5(3)				이 승 기	14	MF	FW	7	남 준 재		1(1)	0	0	0
0	1(1)				한 교 원	7	MF	FW	27	문 선 민		1(1)	0	0	0
0	4(2)				김 신 욱	9	FW	FW	9	무 고 사		4(3)	1	1	0
0	0	0	0		홍 정 남				21	이 진 형		0	0	0	0
0	0	0	0		조 성 환	16			20	박 종 진		0	0	0	0
0	0	0	0		박 원 재				44	김 정 호		0	0	0	0
0	0	0	후38		신 형 민		대기	대기	6	최 종 환	후15	0	0	0	0
0	0	0	0		장 윤 호	34			4	한 석 종	후28	0	0	0	0
0	3(2)	후27			아드리아노	32			29	김 보 섭		0	0	0	0
0	2(1)	후38			이 동 국	20			10	구 본 철	후43	0	0	0	0
0	1	9	19(11)			0			0			11(6)	16	1	0

- 전반 20분 한교원 PAR EL ~ 김신욱 GA정면 H - ST - G(득점: 김신욱, 도움: 한교원) 오른쪽
- 후반 34분 아드리아노 AK내 FK R - ST - G(득점: 아드리아노) 가운데
- 후반 42분 이용 MFR ~ 이동국 GAR H - ST - G(득점: 이동국, 도움: 이용) 가운데
- 전반 9분 무고사 GAR R - ST - G(득점: 무고사) 왼쪽
- 전반 41분 문선민 MF정면 ~ 남준재 PAL내 R - ST - G(득점: 남준재, 도움: 문선민) 왼쪽

10월 20일 14:00 맑음 수원월드컵 8,042명

주심_ 김대용 부심_ 곽승순·김지욱 대기심_ 장순택 경기감독관_ 나승화

수원 2   0 전반 0   2 후반 0   **0 포항**

퇴장	경고	파울	ST(유)	교체	선수명	배번	위치	위치	배번	선수명	교체	ST(유)	파울	경고	퇴장
0	0	0	0		노 동 건	21	GK	GK	31	강 현 무		0	0	0	0
0	0	1	1		홍 철	33	DF	DF	17	강 상 우		1	1	0	0
0	1	0	0		조 성 진	5	DF	DF	3	김 광 석		0	0	0	0
0	0	0	20		구 자 룡	15	DF	DF	5	하 창 래		0	0	0	0
0	0	0	0		장 호 익	35	DF	DF	19	이 상 기		0	0	0	0
0	0	0	0		이 종 성	16	MF	MF	6	채 프 만	16	1	0	0	0
0	1	2			한 의 권	7	MF	MF	17	이 석 현		0	0	0	0
0	1	17			사 리 치	22	MF	FW	12	김 지 민		1(1)	1	0	0
0	1	8	3(2)		김 준 형	88	MF	FW	14	김 지 민		3(2)	1	0	0
0	2	2(2)			유 주 안	28	MF	FW	11	이 진 현		0	0	0	0
0	2	4(3)			김 종 민	18	FW	FW	18	이 근 호	13	0	0	0	0
0	0	0	0		김 선 우	31			1	류 원 우		0	0	0	0
0	0	0	후29		곽 광 선	20			4	알 레 망		0	0	0	0
0	0	0	0		김 종 우	17			24	배 슬 기		0	0	0	0
0	0	0	후13		조 원 희	8	대기	대기	26	박 성 우		0	0	0	0
0	3(2)	후13			김 종 우	17			9	이 후 권		0	0	0	0
0	0	0	0		임 상 협	11			13	김 두 현	후17	0	0	0	0
0	0	0	0		바 기 통				16	송 승 민	무36	1(1)	0	0	0
0	1	18	15(10)			0			0			10(5)	12	0	0

- 후반 15분 홍철 PAL ~ 김종민 GAR내 H - ST - G(득점: 김종민, 도움: 홍철) 오른쪽
- 후반 40분 한의권 GAL ~ 김종우 GAR R - ST - G(득점: 김종우, 도움: 한의권) 왼쪽

10월 20일 14:00 맑음 제주 월드컵 4,433명
주심_고형진 부심_이정민·구은석 대기심_성덕호 경기감독관_김용세

제주 1   0 전반 0 / 1 후반 0   **0 서울**

퇴장	경고	파울	ST(유)	교체	선수명	배번	위치	위치	배번	선수명	교체	ST(유)	파울	경고	퇴장
0	0	0	0		이창근	21	GK	GK	21	양한빈		0	0	0	0
0	1	1	0		정다훤	2	DF	DF	4	김동우		1	0	0	0
0	0	0	1		권한진	5	DF	DF	26	김남춘		0	0	0	0
0	0	2	1(1)		알렉스	15	DF	DF	40	김원균	14	0	1	0	0
0	0	2	2(1)		박진포	6	MF	MF	17	신광훈		0	0	0	0
0	0	2	0		마그노	10	MF	MF	18	윤석영		0	0	0	0
0	0	2	2(2)	8	김호남	13	MF	MF	15	김원식		1	0	1	0
0	1	2	0		이찬동	40	MF	MF	40	한대성		1(1)	0	1	0
0	0	2	0		이은범	47	FW	FW	8	신진호		0	4	0	0
0	0	0		18	이동률	42	FW	FW	11	안델손		3(2)	0	2	0
0	0		3(3)		찌아구	99	FW	FW	11	에반드로	29	1	2	0	0
					김경민	1			1	유현		0	0	0	0
				후43	김성주	8			3	이웅희		0	0	0	0
				후32	이광선	20			3	윤종규		0	0	0	0
					조용형	20	대기	대기	22	황기욱		0	0	0	0
				후39	권순형	7			14	김한길	후39	0	0	0	0
					류승우	17			72	정원진		0	0	0	0
					진성욱	9			29	박희성	후28	0	1	1	0
0	0		11(6)			0			0			7(3)	23	1	0

●후반 37분 찌아구 PAL 내 R - ST - G(득점: 찌아구) 오른쪽

10월 20일 14:00 맑음 울산 문수 5,442명
주심_송민석 부심_노수용·방기열 대기심_최일우 경기감독관_전인석

울산 2   0 전반 0 / 2 후반 0   **0 강원**

퇴장	경고	파울	ST(유)	교체	선수명	배번	위치	위치	배번	선수명	교체	ST(유)	파울	경고	퇴장
0	0	0	0		오승훈	21	GK	GK	23	이범영		0	0	0	0
0	1	3	0		이명재	13	DF	DF	24	강지훈		0	0	0	0
0	1		1(1)		임종은	5	DF	DF	99	김오규		1	0	1	0
0	0	1	0		리차드	40	DF	DF	22	정승용		1	1	1	0
0	0	1	0		김태환	23	DF	DF	14	오범석		0	1	1	0
0	1	1	3(2)		박용우	34	MF	MF	66	박정수	55	1(1)	1	0	0
0	0	0	0		믹스	42	MF	MF	7	정석화		0	0	0	0
0	1			24	에스쿠데로		MF	MF	19	황진성	7	0	0	0	0
0	0	1	0		김승준	19	MF	MF	7	정석화		1	0	0	0
0	1(1)	11			김인성		FW	FW	9	정조국	25	1(1)	0	0	0
0	4(2)				주니오	30	FW	FW	10	디에고		2(2)	1	1	0
					조수혁	18			21	홍지윤		0	0	0	0
					강민수	4			30	한용수		0	0	0	0
					박주호	33			23	문창진	후23	0	0	0	0
						22	대기	대기	29	이현식	후13	0	0	0	0
				후0	한승규	24			55	제리치	후6	2	1	0	0
				후46	황일수	11			77	김지현		0	0	0	0
				후13	이근호				12	임찬울		0	0	0	0
0	2	14	18(10)			0			0			5(4)	9	1	0

●후반 18분 한승규 C.KL ⌒ 박용우 GAL H - ST - G(득점: 박용우, 도움: 한승규) 오른쪽
●후반 31분 한승규 AKR ~ 주니오 PAL 내 L - ST - G(득점: 주니오, 도움: 한승규) 오른쪽

10월 20일 14:00 맑음 대구 스타디움 7,550명
주심_박병진 부심_김계용·김성일 대기심_오현진 경기감독관_김진의

대구 2   0 전반 0 / 2 후반 1   **1 전남**

퇴장	경고	파울	ST(유)	교체	선수명	배번	위치	위치	배번	선수명	교체	ST(유)	파울	경고	퇴장
0	0	0	0		조현우	21	GK	GK	20	이호승		0	0	0	0
0	0	1	0		김우석	3	DF	DF	13	이슬찬		0	1	0	0
0	0	0	0		홍정운	5	DF	DF	38	허재원		0	1	0	0
0	0	1	0	14	박병현	66	DF	DF	17	이지남		0	0	0	0
0	0	1		16	정우재		MF	MF	2	최효진		1	2	0	0
0	0	1		20	츠바사	44	MF	MF	14	김영욱		2(1)	1	0	0
0	0	1			류재문	29	MF	MF	16	한찬희	98	0	1	0	0
0	1	3	0		장성원	38	FW	FW	9	유고비치		0	1	0	0
0	0	0			세징야	11	FW	FW	11	완델손		3(3)	0	0	0
0	1	4	3(2)		에드가		FW	FW	18	김경민	22	0	0	0	0
0	2(1)				정승원	18	FW	FW	27	이유현	5	0	1	0	0
					최영은				31	박대한		0	0	0	0
					김진혁	30			5	도나치오	후34	0	1	0	0
				전32	김규빈		대기	대기	21	박광일		0	0	0	0
					박한빈	36	대기	대기	7	가솔현		0	0	0	0
				후31	황순민	20			6	김선우		0	0	0	0
		2(1)		후22	김대원	14			22	최재현	후8	0	0	0	0
					전현철				98	이상협	후0	1	0	0	0
0	3	17	14(4)			0			0			6(4)	14	2	0

●후반 25분 세징야 MFL ⌒ 에드가 PA 정면 내 H - ST - G(득점: 에드가, 도움: 세징야) 왼쪽
●후반 30분 김대원 PAL ~ 정승원 GAR 내 R - ST - G(득점: 정승원, 도움: 김대원) 오른쪽
●후반 20분 완델손 PK - L - G(득점: 완델손) 오른쪽

10월 20일 14:00 맑음 창원 축구센터 2,025명
주심_김동진 부심_윤광열·양재용 대기심_정회수 경기감독관_신홍기

경남 2   1 전반 0 / 1 후반 1   **1 상주**

퇴장	경고	파울	ST(유)	교체	선수명	배번	위치	위치	배번	선수명	교체	ST(유)	파울	경고	퇴장
0	0	0	0		이범수	25	GK	GK	41	김형근		0	0	0	0
0	0	3	0		박지수	23	DF	DF	2	김영빈		0	0	0	0
0	0	0	0		김현훈	24	DF	DF	7	권완규		0	0	0	0
0	0	0	0		최재수	6	DF	DF	43	김경재	18	0	0	0	0
0	0	1	0		이광진	16	DF	DF	46	이민기		0	2	0	0
0	1	29			배기종	26	MF	MF	13	신창무		1(1)	1	1	0
0	0	3			김민우		MF	MF	14	윤빛가람		0	0	0	0
0	3(1)				쿠니모토	22	MF	MF	34	송시우		5(3)	1	0	0
0	0				네게바	77	MF	MF	4	이규성		3	1	0	0
0	2	2(2)		39	말컹		MF	MF	20	박용지	35	0	0	0	0
0	0	2		10	김효기		FW	FW	35	박용지		0	0	0	0
					손정현	31			1	권태안		0	0	0	0
					우주성	15			7	심동운		0	0	0	0
				후38	파울링요	10	대기	대기	23	이상협		0	0	0	0
					조재철	21			25	김경중	후31	0	0	0	0
				후28	김준범	23			27	백동규		0	0	0	0
				후43	김근환	39			12	김태원	후43	0	0	0	0
0	1	10	10(5)			0			0			0(1)	10	1	0

●전반 26분 말컹 PK - H - G(득점: 말컹) 오른쪽
●후반 36분 쿠니모토 PAL 내 L - ST - G(득점: 쿠니모토) 가운데
●후반 37분 박용지 PA 정면 내 ~ 송시우 AKR R - ST - G(득점: 송시우, 도움: 박용지) 오른쪽

포항 1 - 2 제주

10월27일 14:00 맑음 포항 스틸야드 3,756명
주심_이동준 부심_노수용·양재용 대기심_김도연 경기감독관_최상국

| 포항 1 | 0 전반 0
1 후반 2 | 2 제주 |

퇴장	경고	파울	ST(유)	교체	선수명	배번	위치	위치	배번	선수명	교체	ST(유)	파울	경고	퇴장
0	0	0	0		강현무	31	GK	GK	21	이창근		0	0	0	0
0	1	1	1		강상우	17	DF	DF	2	정다휘		1	3	0	0
0	0	0	0		김광석	3	DF	DF	4	박진포					
0	0	0	0		하창래	5	DF	DF	15	알렉스					
0	0	0	1(1)		이상기	19	DF	DF	20	조용형					
0	1	4	1		채프만	6	MF	MF	7	권순형					
0	1	1	10		이후권	9	MF	MF	8	김성주		4(2)	1	1	0
0	0	1	1		이석현	7	MF	MF	10	마그노	93	1(1)	1	1	0
0	1	1			김도민	14	FW	MF	23	김호남	17	1	1		0
0	0	2(1)	77		김도형	12	FW	FW	42	이동희		2(2)	0	0	0
0	1	1	12		김승대	12	FW	FW	99	찌아구	18	2(1)			
					류원우	1			41	박한근					
					배슬기	24			5	권한진					
					박성우	26			18	이광선	후20	2(1)			
				대기	알레망				16	이동수					
			1(1)	후17	이진현	77			17	류승우	후33				
				후17	레오가말루	10			40	이찬호					
				후34	이근호	18			93	김현	후38				
0	1	8	9(3)									12(7)	12	1	0

●후반 30분 이석현 AKL ~ 이진현 PK 좌측지점 L - ST - G(득점: 이진현, 도움: 이석현) 오른쪽

●후반 23분 김성주 AKR L - ST - G(득점: 김성주) 오른쪽
●후반 36분 이광선 PK 우측지점 L - ST - G(득점: 이광선) 왼쪽

서울 1 - 1 강원

10월27일 16:00 맑음 서울월드컵 6,958명
주심_김우성 부심_곽승순·김성일 대기심_김동인 경기감독관_김용갑

| 서울 1 | 0 전반 0
1 후반 1 | 1 강원 |

퇴장	경고	파울	ST(유)	교체	선수명	배번	위치	위치	배번	선수명	교체	ST(유)	파울	경고	퇴장
0	0	0	0		양한빈	21	GK	GK	23	이범영		0	0	0	0
0	0	0	0		김동우	4	DF	DF	5	이태호	29				
0	1	1			김남춘	26	DF	DF	30	한용수					
0	1	1			김원균	40	DF	DF	99	김오규					
0		2(1)			윤종규	23	MF	MF	22	정승용		2(1)	2		0
0	1	2			윤석영	18	MF	MF	14	오범석		2			
0	1	2			황기욱	28	MF	MF	44	맥고완					
0	3	2			하대성	16	MF	MF	8	김승용					
0	1	4(1)	10		윤주태	77	FW	FW	9	정조국					
0	1	5(1)	11		박희성	29	FW	FW	55	제리치					
					유현	1			21	홍지윤					
					이웅희	3			27	박선주					
					신광훈	17			19	박창준					
				대기	김원식	15			29	이영재	후0				
					정원진	7			66	박정수					
			4(4)	후12	박수영	19			77	심현덕	후38				
				후45	에반드로	11			10	디에고	후12	2(1)			
0	2	20	22(7)									9(3)	10	1	0

●후반 38분 박주영 PAR 내 R - ST - G(득점: 박주영) 왼쪽

●후반 40분 디에고 AK 정면 ~ 정승용 PAL 내 L - ST - G(득점: 정승용, 도움: 디에고) 오른쪽

전남 0 - 1 상주

10월28일 14:00 맑음 광양전용 2,390명
주심_김용우 부심_박상준·강동호 대기심_신용준 경기감독관_김진의

| 전남 0 | 0 전반 0
0 후반 1 | 1 상주 |

퇴장	경고	파울	ST(유)	교체	선수명	배번	위치	위치	배번	선수명	교체	ST(유)	파울	경고	퇴장
0	0	0	0		이호승	20	GK	GK	41	윤보상		0	0	0	0
0	0	0			이슬찬	13	DF	DF	2	김영빈		0			0
0	0	0			허재원	38	DF	DF	12	권완규		0			
0	1	1			이지남	17	DF	DF	43	김경재	27	0			
0	0	2	1		최효진	2	DF	DF	46	이민기					
0	0	2			김영욱	14	MF	MF	13	김동운		1	1		
0	1				이상헌	98	MF	MF	14	김민우		1			
0	1(1)	30			유고비치	8	MF	MF	7	윤빛가람		2(1)			
0	1	1			완델손	11	FW	FW	34	송시우		1			
0	1	1(1)	22		허용준	19	FW	FW	37	이규성		0			
0		1	16		이유현	27	FW	FW	35	박용지	15	0			
					박대한	31			1	권태안					
					가솔현	3			15	신창무	후0				
					이지민				23	이상협					
				후17	한찬희	16		대기	41	이태희					
				후20	최재현	22			25	김경중	후0				
					김경민				27	백도건	후33				
			1(1)	후40	안병모	00			00	고메즈					
0	1	8	7(3)									5(1)	10	1	0

●후반 15분 김경재 PAR EL → 윤빛가람 PK지점 L - ST - G(득점: 윤빛가람, 도움: 김경재) 오른쪽

인천 0 - 1 대구

10월28일 14:00 흐림 인천전용 4,445명
주심_고형진 부심_윤광열·방기열 대기심_김덕철 경기감독관_차상해

| 인천 0 | 0 전반 0
0 후반 0 | 1 대구 |

퇴장	경고	파울	ST(유)	교체	선수명	배번	위치	위치	배번	선수명	교체	ST(유)	파울	경고	퇴장
0	0	0	0		정산	1	GK	GK	21	조현우		0	0	0	0
0	5	0			부노자	20	DF	DF	3	김우석		1(1)	0	0	0
0	0	0			김대중	15	DF	DF	5	홍정운		0			
0	0	0			김진야	17	DF	DF	66	박병현		0			
0	1	1(1)			정동윤	32	DF	DF	16	강윤구	20	2			
0		28			임은수	39	MF	MF	44	츠바사	36	0			
0	1	1			아길라르	10	MF	MF	29	류재문		0			
0	1	1	29		남준재	7	FW	MF	38	장성원		0			
0	2	1			문선민	27	FW	FW	14	김대원		2(2)			
0	3	4	9		무고사	9	FW	FW	30	김진혁		3(1)	4	1	0
					이진형	21			1	최영은					
					최종환	6			99	한희훈	후16				
				후41	한석종	44		대기	36	박한빈	후28				
				후41	김보섭	29			20	황순민	후22				
					쿠비	19			7	전현철					
				후16	이효균	20									
0		13	5(4)									8(5)	12	1	0

●전반 16분 부노자 GA 정면 내 R 자책골(득점: 부노자) 왼쪽

경기 기록 1

10월28일 16:00 흐리고 비 전주월드컵 7,866명
주심_박병진 부심_김계용·구은석 대기심_정의석 경기감독관_김용세

전북 2 — 전반 0 / 후반 2 | **수원 0** — 전반 0 / 후반 0

퇴장	경고	파울	ST(유)	교체	선수명	배번	위치	위치	배번	선수명	교체	ST(유)	파울	경고	퇴장
0	0	0	0		송 범 근	31	GK	GK	21	노 동 건		0	0	0	0
0	0	2	0		이 주 용	13	DF	DF	13	박 형 진		0	0	0	0
0	0	1	1(1)		홍 정 호	26	DF	DF	5	조 성 진		0	0	1	0
0	0	1			김 민 재	3	DF	DF	20	곽 광 선		2(1)	0	0	0
0	1	2	0		이 용		DF	DF	93	신 세 계		0	1	0	
0	1	2	0		신 형 민	4	MF	MF	16	이 종 성		0	3	1	0
0	1	1(1)	9		손 준 호	28	MF	MF	8	조 원 희		2(1)	1	0	
0	4(3)				로 페 즈	10	MF	MF	14	한 의 권		0	2	0	
0	1	1			이 승 기	14	MF	MF	30	유 주 안		0	1	0	
0	1		22		한 교 원	7	MF	MF	28	유 주 안	26	2	1	0	
0	1		32		이 동 국	20	FW	FW	18	김 종 민	17	2(1)	3	1	0
					홍 정 남	1			31	김 선 우					
					조 성 환	16			35	장 호 익					
				후42	김 진 수	22			17	김 종 우	후38				
					최 철 순	25	대기	대기	25	조 성 진					
					장 윤 호	34			77	조 지 훈					
0	1	1	1(1)후		김 신 욱				26	염 기 훈	후18	1(1)			
0	1		후21		아드리아노	32			9	박 기 동	후13				
0	4	14	12(6)			0			0			9(4)	19	1	0

● 후반 35분 이승기 MFR ~ 김신욱 PA 정면 내 R - ST - G(득점: 김신욱, 도움: 이승기) 오른쪽
● 후반 39분 로페즈 PAL 내 R - ST - G(득점: 로페즈) 왼쪽

경기 기록 2

10월28일 16:00 맑음 울산 문수 7,387명
주심_김대용 부심_이정민·김지욱 대기심_최대우 경기감독관_신흥기

울산 1 — 전반 0 / 후반 1 | **경남 0** — 전반 0 / 후반 0

퇴장	경고	파울	ST(유)	교체	선수명	배번	위치	위치	배번	선수명	교체	ST(유)	파울	경고	퇴장
0	0	0	0		오 승 훈	21	GK	GK	25	이 범 수		0	0	0	0
0	0	0	0		박 주 호	33	DF	DF	23	박 지 수	6	0	0	0	
0	1	2(1)			임 종 은	5	DF	DF	15	우 주 성		0	0	0	
0					리 차 드	40	DF	DF	15	우 주 성		0	0	0	
0					김 태 환	23	DF	DF	16	이 광 진		0	1	0	
0					박 용 우	34	MF	MF	29	김 준 범	7	0	1	0	
0	1	1(1)			믹 스	42	MF	MF	22	쿠니모토		1(1)	1	0	
0			24		에스쿠데로		MF	MF	77	네 게 바		2(2)	1	1	0
0	1				황 일 수	11	MF	MF	14	네 게 바		0	0	0	
0	1				김 승 준	19	MF	FW	9	말 컹		1	1	0	
0					주 니 오	30	FW	FW	10	파울링요	26	0			
					조 수 혁	18			31	손 정 현					
					강 민 수	4			6	최 재 수	후0				
					정 동 호	22			37	김 종 진					
					한 승 규	24	대기	대기	26	최 영 준	후0				
0			후0		한 승 규	24			21	조 재 철					
0	3(2)후0				김 인 성	7			7	배 기 종	후30				
0	4후29				이 근 호	8			39	김 근 환					
0	1	14	10(4)			0			0			4(4)	7	2	0

● 후반 30분 한승규 C.KR ⌒ 임종은 PK지점 H - ST - G(득점: 임종은, 도움: 한승규) 왼쪽

경기 기록 3

11월03일 14:00 맑음 제주월드컵 1,692명
주심_송민석 부심_김계용·박균용 대기심_최일우 경기감독관_전인석

제주 0 — 전반 1 / 후반 0 | **경남 1** — 전반 1 / 후반 0

퇴장	경고	파울	ST(유)	교체	선수명	배번	위치	위치	배번	선수명	교체	ST(유)	파울	경고	퇴장
0	0	0	0		이 창 근	21	GK	GK	31	손 정 현		0	0	0	0
0	1	2	0		정 다 훤	2	DF	DF	23	박 지 수		0	0	0	0
0	0	1	1		알 렉 스	15	DF	DF	24	김 현 훈	21	0	1	1	
0	1	1			이 광 선	18	DF	DF	6	최 재 수		0	1	1	
0	1	1(1)			박 진 포	6	DF	DF	15	우 주 성		0	0	0	
0	1				김 성 주	8	MF	MF	16	이 광 진		1	0	0	
0	3(1)	93			김 호 남	13	MF	MF	37	김 종 진	7	0	1	0	
0	1				권 순 형	7	MF	MF	77	쿠니모토		0			
0					이 찬 동	40	MF	MF	9	네 게 바		1	1	0	
0	7				이 동 희	42	MF	FW	9	말 컹	39	1	0	0	
0	4(4)	5			찌 아 구	99	FW	FW	10	파울링요		2	1	0	
					김 경 민				25	이 범 수					
				후31	권 한 진	5			8	안 성 남					
					조 용 형	20			13	민 준 영					
				후16	권 순 형		대기	대기	20	김 효 기					
					이 동 수				21	조 재 철	후18				
					이 은 범	47			7	배 기 종	후24				
				후11	김 □	93			39	김 근 환	후21				
0	1	14	10(0)			0			0			4	12	2	0

● 전반 19분 이광선 PK지점 R 자책골(득점: 이광선) 가운데

경기 기록 4

11월03일 16:00 맑음 인천 전용 4,145명
주심_김우성 부심_노수용·김성일 대기심_최현재 경기감독관_김용갑

인천 2 — 전반 1 / 후반 1 | **상주 1** — 전반 0 / 후반 1

퇴장	경고	파울	ST(유)	교체	선수명	배번	위치	위치	배번	선수명	교체	ST(유)	파울	경고	퇴장
0	0	0	0		정 산	1	GK	GK	41	윤 보 상		0	0	0	0
0	0	0	0		부 노 자	20	DF	DF	2	김 영 빈		0	0	0	0
0	0	0			김 대 중	15	DF	DF	12	권 완 규		0	0	0	
0	1				김 진 야	13	DF	DF	43	김 경 재	25	0	0	0	
0					정 동 윤	32	DF	DF	46	이 민 기		1(1)	2	1	0
0	1				한 석 종	4	MF	MF	13	심 동 운	15	2(2)	1	0	
0			39		아길라르		MF	MF	13	김 민 우		3(3)	1	0	
0					고 슬 기	7	MF	MF	14	윤 빛 가 람		2(2)	2	1	0
0	1	27			남 준 재	7	FW	FW	34	송 시 우	27	0	0	0	
0					김 보 섭	29	MF	MF	19	이 규 성		0	0	0	
0	6(4)				무 고 사	9	FW	FW	35	박 용 지		0	1	0	
					이 진 형	21			1	권 태 안					
					김 정 호	4			15	신 창 무	후20				
					최 종 환	2			23	이 상 협					
				후41	임 은 수	39	대기	대기	41	이 태 희					
					이 정 빈				25	김 경 중	후0				
0	1(1)후29				문 선 민	27			9	백 동 규	후0				
0	후35				쿠 비				39	고 태 원					
0	1	14	14(7)			0			0			10(8)	10	3	0

● 전반 27분 무고사 MF 정면 H ⌒ 남준재 PAR 내 R - ST - G(득점: 남준재, 도움: 무고사) 왼쪽
● 후반 5분 고슬기 GA 정면 H ⌒ 무고사 PK지점 R - ST - G(득점: 무고사, 도움: 고슬기) 오른쪽
● 후반 39분 윤빛가람 GAR R - ST - G(득점: 윤빛가람) 오른쪽

주심_김희곤 부심_곽승순·양재용 대기심_오현진 경기감독관_최상국

전북 3 : 1 울산

	3 전반 0	
	0 후반 1	

퇴장	경고	파울	ST(유)	교체	선수명	배번	위치	위치	배번	선수명	교체	ST(유)	파울	경고	퇴장
0	0	0	0		송 범 근	31	GK	GK	21	오 승 훈		0	0	0	0
0	0	1	1(1)		김 진 수	22	DF	DF	33	박 주 호	11	2	1	0	0
0	0	1	0	4	홍 정 호	26	DF	DF	5	임 종 은		1	0	0	0
0	0	0	0		김 민 재	3	DF	DF	40	리 차 드	1(1)	2	1	0	0
0	0	0	0		최 철 순	25	DF	MF	13	김 창 수	20	2	1	0	0
0	0	0	0		최 보 경	6	MF	MF	42	믹 스		1	3	1	0
0	0	3	2(1)	34	손 준 호	28	MF	MF	34	박 용 우		0	2	0	0
0	1	1	3(1)	20	로 페 즈	10	MF	MF	24	에스쿠데로		1(1)	0	1	0
0	0	1	0		한 교 원	7	MF	MF	8	이 근 호	7	1	0	0	0
0	0	2	3(3)		김 신 욱	9	FW	MF	11	김 인 성		2	2	0	0
0	4	1			김 신 욱	9	FW	FW	30	주 니 오		3(2)	1	0	0
0	0	0	0		홍 정 남	1			18	조 수 혁					
0	0	2	0	후30	신 형 민	4			4	강 민 수					
					조 성 환	16			22	정 동 호					
0	0	0	0	후46	장 윤 호	34	대기	대기	23	김 태 환	후16				
					아드리아노	32			11	황 일 수	후35				
0	0			후18	이 동 국	20			10	이 종 호					
0	1	12	13(7)									17(7)	8	4	0

- ●전반 22분 손준호 AKR FK R - ST - G[득점: 손준호] 왼쪽
- ●전반 31분 김신욱 GA 정면 H ~ 한교원 GAL 내 H - ST - G[득점: 한교원, 도움: 김신욱] 오른쪽
- ●전반 33분 이승기 PA 정면 내 ~ 김진수 AKL L - ST - G[득점: 김진수, 도움: 이승기] 오른쪽
- ●후반 29분 김인성 MFR ~ 주니오 PA 정면 내 R - ST - G[득점: 주니오, 도움: 김인성] 왼쪽

주심_김대용 부심_박상준·강동호 대기심_신용준 경기감독관_전인석

대구 1 : 1 서울

	0 전반 0	
	1 후반 1	

퇴장	경고	파울	ST(유)	교체	선수명	배번	위치	위치	배번	선수명	교체	ST(유)	파울	경고	퇴장
0	0	0	0		조 현 우	21	GK	GK	21	양 한 빈		0	0	0	0
0	0	2	0		김 우 석	3	DF	DF	4	김 동 우		1	1	0	0
0	0	0	0		홍 정 운	6	DF	DF	26	김 남 춘		0	0	0	0
0	2	0	0		정 우 재	22	DF	DF	40	김 원 균		0	1	0	0
0	0	2	0		강 윤 구	16	MF	MF	38	윤 종 규		0	2	0	0
0	0	0	0	20	츠 바 사	44	MF	MF	18	윤 석 영		3(1)	0	0	0
0	0	1	0		류 재 문	29	MF	MF	28	황 기 욱		2	2	0	0
0	0	0	0		장 성 원	38	MF	MF	8	신 진 호		2(2)	3	0	0
0	0	3	1(1)		세 징 야	11	MF	MF	13	고 요 한	16	5(3)	2	0	0
0	1		1(1)		김 대 원	14	FW	FW	77	윤 주 태	10	4(2)	1	0	0
0	0	0	0		에 드 가	9	FW	FW	29	박 희 성		1	1	0	0
					최 영 은	1			1	유 상 훈					
					한 희 훈	4			3	이 웅 희					
					박 한 빈	36			17	신 광 훈					
0	0			후16	황 순 민	20	대기	대기	16	하 대 성	후40				
0	0			후0	정 승 원	18			23	윤 석 동					
					전 현 철	7			10	박 주 영	후12	2(1)	2	0	0
0	0			후32	김 진 혁	30			11	에반드로	후26				
0	1	9	7(4)									22(10)	14	0	0

- ●후반 39분 세징야 AK 정면 FK R - ST - G[득점: 세징야] 왼쪽
- ●후반 9분 윤석영 AK 내 ~ 고요한 PAR 내 L - ST - G[득점: 고요한, 도움: 윤석영] 오른쪽

주심_이동준 부심_이정민·김지욱 대기심_김덕철 경기감독관_나승화

강원 1 : 0 전남

	1 전반 0	
	0 후반 0	

퇴장	경고	파울	ST(유)	교체	선수명	배번	위치	위치	배번	선수명	교체	ST(유)	파울	경고	퇴장
0	0	0	0		이 범 영	23	GK	GK	20	이 호 승		0	0	0	0
0	0	0	0		정 승 용	22	DF	DF	4	김 민 준		0	1	0	0
0	0	1	1(1)		발렌티노스	4	DF	DF	17	이 지 남		0	1	0	0
0	0	0	0		김 오 규	99	DF	DF	3	가 솔 현		0	0	0	0
0	0	0	0		박 창 준	19	DF	MF	27	이 유 현		0	1	0	0
0	0	0	0		오 범 석	14	MF	MF	8	유고비치		1(1)	2	1	0
0	1	0	1(1)		맥 고 완	44	MF	MF	30	윤 동 민	98	0	0	0	0
0	0	2	0	66	이 현 식	29	MF	MF	16	한 찬 희		2	1	0	0
0	0	0	0		정 석 화	14	FW	FW	14	김 경 민	19	0	0	0	0
0	0	1	0		김 지 현	77	FW	FW	13	김 경 민		0	0	0	0
0	2(1)		10		제 리 치	55	FW	FW	13	이 슬 찬		5(3)			
					함 석 민	16			31	박 대 한					
					박 용 수	30			38	허 재 원					
					강 지 훈	24			21	박 광 일					
0	0			후44	박 정 수	66	대기	대기	23	양 준 아	후0				
0	0	후0			전 효 ...				10	유 인 수					
0	1	0	1	후10	디 에 고	10			98	이 상 헌	후0				
0	3	7	9(5)									16(5)	10	1	0

- ●전반 16분 정석화 C.KL ~ 김지현 GAR H - ST - G[득점: 김지현, 도움: 정석화] 오른쪽

주심_고형진 부심_윤광열·방기열 대기심_김용우 경기감독관_김형남

수원 1 : 3 포항

	1 전반 1	
	0 후반 2	

퇴장	경고	파울	ST(유)	교체	선수명	배번	위치	위치	배번	선수명	교체	ST(유)	파울	경고	퇴장
0	0	0	0		신 화 용	1	GK	GK	31	강 현 무		0	0	0	0
0	1	1	0		박 형 진	13	DF	DF	17	강 상 우		0	1	0	0
0	0	0	0		조 성 진	5	DF	DF	3	김 광 석		0	0	0	0
0	0	1	1(1)		곽 광 선	20	DF	DF	24	배 슬 기		0	1	0	0
0	0	0	0		장 호 익	35	DF	MF	19	이 상 기		0	1	0	0
0	0	0	0	26	이 종 성	16	MF	MF	6	채 프 만		0	0	0	0
0	0	0	0		최 성 근	25	MF	MF	4	이 후 권	18	0	1	0	0
0	0	1	0	18	김 종 우	17	MF	FW	13	김 도 형	14	2(1)	1	0	0
0	1	4(3)	18		한 의 권		FW	FW	13	이 진 현	1	1(1)	1	0	0
0	2	2(2)			박 기 동	18	FW	FW	12	김 승 대		2(2)	0	0	0
0	0	0	0		데 안		FW	FW	12	김 승 대					
					김 선 우	31			1	류 원 우					
					신 세 계	93			4	알 레 망					
					구 자 룡	15			5	하 창 래	후39				
0	0	후29			조 원 희	8	대기	대기	26	박 성 우					
		후10			윤 용 호				14	김 지 민	후23				
0	0	후10			염 기 훈	26			16	쏘 쓰 비					
0	0	후42			김 춘 민	18			18	이 근 호	후17				
0	4	19	12(9)									8(4)	11	0	0

- ●전반 42분 데안 PAR ~ 한의권 AKL R - ST - G[득점: 한의권, 도움: 데안] 왼쪽
- ●전반 28분 김승대 PAL TL ~ 김도형 PAL R - ST - G[득점: 김도형, 도움: 김승대] 오른쪽
- ●후반 31분 이진현 GA 정면 내 R - ST - G[득점: 이진현] 가운데
- ●후반 38분 김지민 GAL 내 EL ~ 이석현 GA 정면 내 R - ST - G[득점: 이석현, 도움: 김지민] 가운데

11월 10일 14:00 맑음 수원월드컵 3,771명
주심_김우성 부심_박상준·박균용 대기심_신용준 경기감독관_김용갑

수원 3　0 전반 2 / 3 후반 1　**3 울산**

퇴장	경고	파울	ST	유	교체	선수명	배번	위치	위치	배번	선수명	교체	ST	유	파울	경고	퇴장
0	0	0	0			노동건	21	GK	GK	18	조수혁		0		0	0	0
0	0	2	0		33	이기제	23	DF	DF	13	이명재		0		0	0	0
0	0	0	0			조성진	5	DF	DF	4	강민수		0		0	0	0
0	1	1	0			곽광선	20	DF	DF	20	윤영선	2(1)	1		0	0	0
0	0	1	0			신세계	93	DF	DF	23	김태환		0		1	0	0
0	0	2	1(1)			사리치	22	MF	MF	42	믹스	1(1)	2		0	0	0
0	0	1	0			이종성	16	MF	MF	34	박용우	1(1)	1		0	0	0
0	0	3	0		9	윤용호	30	MF	MF	24	한승규	8	1(1)		0	0	0
0	0	1	0			염기훈	26	MF	MF	11	황일수		0		0	0	0
0	0	2	1(1)		7	한의권	7	MF	MF	7	김승준	7	1(1)		0	0	0
0	0	1	4(4)			데안	10	FW	FW	30	주니오		5(5)		1	0	0
						강봉균	41			31	문정인						
						구자룡	15			79	이창용						
				후17		홍철	33			33	박주호						
			1(1)	후8		조지훈	77			32	에스쿠데로	후33					
			1(1)	전30		박기동	20			7	김인성	후15	1(1)				
						전세진	99			8	이근호	후22	1(1)				
0	3	14	11(8)										14(12)		14	1	0

● 후반 5분 박기동 GAR ~ 데안 GA 정면 R - ST - G(득점: 데안, 도움: 박기동) 왼쪽
● 후반 29분 박기동 PAR 내 L - ST - G(득점: 박기동) 오른쪽
● 후반 30분 데안 PAR ⌒ 김종우 GAR H - ST - G(득점: 김종우, 도움: 데안) 오른쪽

● 전반 10분 김승준 MFL ~ 황일수 GAL R - ST - G(득점: 황일수, 도움: 김승준) 오른쪽
● 전반 17분 김승준 PAR TL ~ 박용우 PAR R - ST - G(득점: 박용우, 도움: 김승준) 오른쪽
● 후반 48분 이명재 MFL ⌒ 주니오 PK 좌측지점 H - ST - G(득점: 주니오, 도움: 이명재) 오른쪽

11월 10일 14:00 맑음 춘천 송암 1,119명
주심_김용우 부심_윤광열·방기열 대기심_조지음 경기감독관_김용세

강원 2　1 전반 2 / 1 후반 1　**3 인천**

퇴장	경고	파울	ST	유	교체	선수명	배번	위치	위치	배번	선수명	교체	ST	유	파울	경고	퇴장
0	0	0	0			이범영	23	GK	GK	1	정산		0		0	0	0
0	0	0	0			정승용	22	DF	DF	20	부노자		0		0	0	0
0	0	0	0			발렌티노스	4	DF	DF	15	김대중	2(1)	1		0	0	0
0	0	0	0			김오규	99	DF	DF	13	김진야	1(1)	0		0	0	0
0	0	0	0			박창준	11	DF	DF	32	정동윤		2(1)		1	0	0
0	0	1	0			오범석	14	MF	MF	4	한석종		0		0	0	0
0	0	3	2(1)			맥고완	44	MF	MF	10	아길라르	8	2(1)		0	0	0
0	0	2	2(1)			이현식	29	MF	MF	23	고슬기	39	2		1	0	0
0	0	0	0			정석화	14	MF	MF	7	남준재		3(1)		1	0	0
0	1(1)	0	1(1)			김지현	77	FW	FW	27	문선민		2(1)		0	0	0
0	4(3)					제리치	55	FW	FW	9	무고사	44	3(2)		1	0	0
						함석민	16			21	이진형						
						한용수	30			47	김동민						
						강지훈	24			44	정소호	후39					
						김승용	18			39	은수주	후15	1(1)				
			2(2)	후40		정조국	40			8	이정빈	후31	1(1)				
			2(2)	후11		디에고	11			29	김보섭						
0	0	10	17(10)										21(10)		12	1	0

● 전반 42분 정석화 AK 정면 → 제리치 GA 정면 R - ST - G(득점: 제리치, 도움: 정석화) 오른쪽
● 후반 23분 제리치 GA 정면 내 ~ 맥고완 GAL 내 R - ST - G(득점: 맥고완, 도움: 제리치) 왼쪽

● 전반 3분 아길라르 PAL FK ⌒ 무고사 PA 정면 내 R - ST - G(득점: 무고사, 도움: 아길라르) 왼쪽
● 전반 19분 정동윤 AKR L - ST - G(득점: 정동윤) 왼쪽
● 후반 43분 이정빈 PAR 내 R - ST - G(득점: 이정빈) 오른쪽

11월 10일 16:00 맑음 창원 축구센터 2,230명
주심_김희곤 부심_이정민·김성일 대기심_김동인 경기감독관_신홍기

경남 1　0 전반 1 / 1 후반 1　**2 포항**

퇴장	경고	파울	ST	유	교체	선수명	배번	위치	위치	배번	선수명	교체	ST	유	파울	경고	퇴장
0	0	0	0			손정현	31	GK	GK	31	강현무		0		1	0	0
0	0	1	0			박지수	23	DF	DF	17	강상우	1(1)	2		0	0	0
0	0	0	1			안성남	8	DF	DF	3	김광석		0		0	0	0
0	0	1	0			최재수	6	DF	DF	5	하창래		0		1	0	0
0	0	1	0			우주성	15	DF	DF	19	심상기		0		0	0	0
0	1	1(1)				최영준	26	MF	MF	6	채프만		0		0	0	0
0	1	0				김준범	22	MF	MF	7	이석현	2(1)			0	0	0
0	2				39	파울링요	10	MF	MF	12	김승대	0			0	0	0
0	2(1)					네게바	77	MF	FW	16	정원진	1			0	0	0
						말컹	9	FW	FW	77	이진현	1			0	0	0
0	3(1)					쿠니모토	22	FW	FW	18	이근호	10	1		0	0	0
						이범수	25			1	류원우						
				후41		유지훈	33			45	알레망						
						김종진	37			24	배슬기	후34					
				후8		조재철	21			22	양태렬						
						조영철				16	송승민	후15					
				후36		김근환	39			10	레오가말류	후16					
0	8	1/(3)											7(4)		12	3	0

● 후반 21분 말컹 PK 우측지점 H → 최영준 GA 정면 R - ST - G(득점: 최영준, 도움: 말컹) 왼쪽

● 전반 43분 이근호 AK 정면 ~ 이석현 AKL R - ST - G(득점: 이석현, 도움: 이근호) 오른쪽
● 후반 30분 김승대 PAR ~ 강상우 GAL R - ST - G(득점: 강상우, 도움: 김승대) 왼쪽

11월 10일 16:00 맑음 제주월드컵 3,752명
주심_김대용 부심_노수용·김지욱 대기심_오현진 경기감독관_차상해

제주 0　0 전반 0 / 0 후반 0　**0 전북**

퇴장	경고	파울	ST	유	교체	선수명	배번	위치	위치	배번	선수명	교체	ST	유	파울	경고	퇴장
0	0	0	0			이창근	21	GK	GK	31	송범근		0		0	0	0
0	0	0	0			정다훤	2	DF	DF	22	김진수	2(1)	1		1	0	0
0	0	0	0			권한진	5	DF	DF	6	최보경		0		0	0	0
0	0	0	0			박진포	6	DF	DF	3	김민재	1(1)	0		0	0	0
0	0	0	0		18	알렉스	15	DF	DF	2	이용		0		0	0	0
0	0	2	0			마그노	10	MF	MF	4	신형민		0		0	0	0
0	3(2)					김호남	11	MF	MF	28	손준호	4(1)	2		0	0	0
0	3	2(1)				권순형	7	MF	MF	10	로페즈	2			0	0	0
0	0	0	0			이찬동	40	MF	MF	7	한교원	34	1(1)		0	0	0
0	0	0	0		99	김현	93	FW	FW	20	이동국		7(4)		0	0	0
						문광석	31			1	홍정남						
			2(1)	후22		김성주	21			13	이주용						
				후38		이광선	18			23	윤지혁						
						권순황	2			25	최철순						
						이동수	16			34	장윤호	후18	1				
						배일환	19			35	문선재						
				후16		이은범	99			99	아드리아누	후27	1				
0	1	5	12(4)										22(8)		13	1	0

11월 11일 14:00 흐림 서울월드컵 7,726명

주심_박병진 부심_곽승순·양재용 대기심_김덕철 경기감독관_김진의

					서울 3		2 전반 1 1 후반 1		2 전남					
퇴장	경고	파울	ST(유)	교체	선수명	배번	위치	배번	선수명	교체	ST(유)	파울	경고	퇴장
0	0	0	0		양한빈	21	GK	20	이호승		0	0	0	0
0	0	0	1		김동우	4	DF	4	김민준		0	1	0	0
0	1	1	1(1)		김남춘	26	DF	38	허재원	24	0	1	0	0
0	1	1			김원균	40	DF	3	가솔현		0	0	0	0
0	4	0			윤종규	38	MF	27	이유현		0	0	0	0
0	1	1(1)			윤석영	18	MF	6	김선우	23	0	1	0	0
1	1		15		황기욱	28	MF	16	한찬희		2(2)	1	1	
1	1	1			하대성	8	MF	17	이지남		1(1)	3	0	1	0
1	1				신진호		MF	11	완델손		3(3)	0	0	0
1	2(1)				고요한	13	FW	19	허용준		0	1	0	0
1	3(3)	32			윤주태	77	FW	22	최재현	98	2(2)	4	1	1
					유현			31	박대한					
					이웅희	3		5	도나치					
					김한길		대기	13	이슬찬					
후39					정원진	72		24	김평래	후43				
후39	조영욱	32						23	양준아	후0	1(1)			
	3(2)	후10	박주영	10				98	이상헌	후29	2(1)			
0	4	17	15(9)		0				0		14(10)	11	3	1

●전반 8분 고요한 PA 정면 ~ 윤주태 GA 정면 L - ST - G(득점: 윤주태, 도움: 고요한) 오른쪽
●전반 35분 윤주태 PK - R - G(득점: 윤주태) 오른쪽
●후반 49분 박주영 PK - R - G(득점: 박주영) 오른쪽

●전반 14분 최재현 GA 정면 L - ST - G(득점: 최재현) 가운데
●후반 6분 완델손 MFL TL FK ⌒ 이지남 GAL 내 L - ST - G(득점: 이지남, 도움: 완델손) 왼쪽

11월 11일 14:00 흐리고비 대구 스타디움 2,505명

주심_이동준 부심_김계용·구은석 대기심_정회수 경기감독관_김형남

					대구 0		0 전반 0 0 후반 0		0 상주					
퇴장	경고	파울	ST(유)	교체	선수명	배번	위치	배번	선수명	교체	ST(유)	파울	경고	퇴장
0	0	0	0		조현우	21	GK	41	윤보상		0	0	0	0
0	0	1	2		황순민	20	DF	2	김영빈		2	5	0	0
0	2	2	0		김우석	3	DF	12	권완규		0	1	0	0
0	0	1			홍정운	5	DF	43	김경재		0	1	0	0
0	1	2			장성원	38	DF	46	이민기		0	2	0	0
0	16				츠바사	44	MF	14	윤빛가람		1	2	0	0
0	1	1	30		류재문	29	MF	37	이규성		0	0	0	0
1	1	30			김대원	14	MF	42	안진범	23	1	0	1	0
0	2	36			세징야	11	FW	15	신창무	7	2	0	0	0
0	1	0			정승원	18	FW	15	신창무			1	0	0
0	2	3(1)			에드가	9	FW	35	박용지	25	0	2	0	0
					최영은	1		1	권태안					
					한희훈	6		23	이상협	후23				
후24	강윤구	36						24	이태희					
후41	박한빈	36		대기				13	김경준	후41				
					정선호	8		27	백동규	후15				
					전현철	7		34	송시우					
후27	김진혁	30						44	마상훈					
0	5	11	13(3)		0				0		3	21	0	0

11월 24일 14:00 흐림 서울월드컵 10,715명

주심_김대용 부심_박상준·박균용 대기심_송민석 경기감독관_김형남

					서울 0		0 전반 0 0 후반 0		1 인천					
퇴장	경고	파울	ST(유)	교체	선수명	배번	위치	배번	선수명	교체	ST(유)	파울	경고	퇴장
0	0	0	0		양한빈	21	GK	1	정산		0	0	0	0
0	0	0			김동우	4	DF	44	김정호		0	0	0	0
0	0	0	11		김남춘	26	DF	15	김대중		0	0	0	0
0	0	1			김원균	40	DF	13	김진야	47	0	1	0	0
0	0	0			윤종규	38	MF	32	정동윤		0	0	0	0
0	0	1	32		윤석영	18	MF	4	한석종		1(1)	1	0	0
0	1	1			황기욱	28	MF	39	임은수		0	1	0	0
0	2(1)				신진호	13	MF	7	남준재		0	0	0	0
0	5(2)				박주영	10	FW	29	김보섭		0	0	0	0
0	2(1)				윤주태	77	FW	27	문선민	19	0	1	0	0
					유현			21	이진형					
					이웅희	3		47	김동민	후42				
					김원식	15	대기	16	이윤표					
후33	김한길	14						6	아길라르					
					조영욱	32		8	이정빈					
					정원진	72		19	쿠비	후23	1(1)			
후41	에반드로	11						10	고시치	후16	0			
0	0	4	14(4)		0				0		6(4)	10	2	0

●전반 7분 한석종 PAL 내 R - ST - G(득점: 한석종) 오른쪽

11월 24일 16:00 흐림 상주 시민 290명

주심_김우성 부심_곽승순·강동호 대기심_설태환 경기감독관_김용갑

					상주 0		0 전반 1 0 후반 0		1 강원					
퇴장	경고	파울	ST(유)	교체	선수명	배번	위치	배번	선수명	교체	ST(유)	파울	경고	퇴장
0	0	0	0		윤보상	41	GK	23	이범영		0	0	0	0
0	1	1	0		김영빈	2	DF	22	정승용		0	2	0	0
0	0	0			권완규	12	DF	4	발렌티노스		0	0	0	0
0	0	1			이태희	24	DF	99	김오규		0	3	0	0
0	0	1			김경재	43	DF	19	박창준		0	3	0	0
0	3	1	34		백동규	27	MF	14	오범석		0	2	0	0
0	2(1)				윤빛가람	14	MF	44	맥고완	66	0	1	0	0
0	1	1	18		이규성	37	MF	29	이현식		0	2	0	0
0	0				안진범	42	FW	7	정석화		0	1	0	0
0	1	1			김민우	13	FW	77	김지현	24	3(3)	2	0	0
0	2	1	15		박용지	35	FW	9	정조국	24	2(1)	0	0	0
					권태안	1		16	함석민					
후16	신창무	15						2	이재익					
후40	송수영	18						24	강지훈	후33	1(1)			
					이상협	23	대기	8	황진성					
					차영환	28		66	박정수	후18	0			
후27	송시우	34						55	제리치					
					마상훈	44		11	이 에					
0	3	9	8(2)		0				0		7(5)	11	1	0

●전반 31분 김지현 GAL R - ST - G(득점: 김지현) 오른쪽

445

전남 1 : 2 대구

11월 24일 16:00 맑음 광양 전용 2,622명
주심_ 고형진 부심_ 윤광열·방기열 대기심_ 서동진 경기감독관_ 김진의

	0 전반 1	
전남 1	1 후반 1	2 대구

퇴장	경고	파울	ST(유)	교체	선수명	배번	위치	위치	배번	선수명	교체	ST(유)	파울	경고	퇴장
0	0	0	0		이 호 승	20	GK	GK	21	조 현 우		0	0	0	0
0	1	1	0	96	허 재 원	38	DF	DF	6	한 희 훈		0	1	0	0
0	1	2	0		이 지 남	17	DF	DF	30	김 진 혁	66	0	3	0	0
0	0	1	0		도 나 치	5	DF	DF	20	황 순 민		2(1)	0	0	0
0	2	1	1(1)		김 민 준	4	MF	MF	29	류 재 문		1	1	0	0
0	2				양 준 아	23	MF	MF	44	츠 바 사	8	0	2	1	0
0		1	1(1)		김 영 욱	14	MF	MF	38	장 성 원		1	1		0
0	1				유 현	27	MF	FW	11	세 징 야	36	5(2)	1		0
0	1		1		완 델 손	11	FW	FW	14	김 대 원		1			0
0	3(1)				허 용 준	19	FW	FW	9	에 드 가		2(2)	1	0	0
0	1(1)	3			최 재 현	22	FW	FW	1	최 영 은		0	0	0	0
0					박 대 한	31			66	병 현	후43	0	0		0
0					최 효 진				8	정 선 호	후18	0	2		0
0	1	0		후35	손 현		대기	대기	36	한 빈	후34	0	0		0
0					김 평 래	24			26	고 재 현		0	0	0	0
0				후10	유고비치				15	임 재 혁		0	0	0	0
0					김 경 민	18			7	전 현 철		0	0	0	0
0	1	1		후0	이 상 헌	98									
0	3	15	10(3)									14(7)	13	1	0

- ●후반 14분 허용준 GAL 내 H → 김영욱 GA 정면 내 H - ST - G(득점: 김영욱, 도움: 허용준) 가운데
- ●전반 39분 세징야 PK - R - G(득점: 세징야) 왼쪽
- ●후반 27분 세징야 MFR FK ⌒ 홍정운 GA 내 H - ST - G(득점: 홍정운, 도움: 세징야) 오른쪽

경남 2 : 1 수원

11월 25일 14:00 맑음 창원 축구센터 3,108명
주심_ 김용우 부심_ 노수용·김지욱 대기심_ 최현재 경기감독관_ 나승화

	1 전반 1	
경남 2	1 후반 0	1 수원

퇴장	경고	파울	ST(유)	교체	선수명	배번	위치	위치	배번	선수명	교체	ST(유)	파울	경고	퇴장
0	0	0	0		이 범 수	25	GK	GK	21	노 동 건		0	0	0	0
0	0	1	1		박 지 수	23	DF	DF	33	홍 철		0	0	0	0
0	0	3	0		김 현 훈	24	DF	DF	20	곽 광 선		0	0	0	0
0			8		최 재 수	15	DF	DF	93	신 세 계		1(1)	3	0	0
0	1				우 주 성	15	DF	MF	22	사 리 치	17	0	0	0	0
0		1			최 영 준	26	MF	MF	8	조 원 희		1(1)	2	0	0
0	2	22			김 준 범	29	MF	MF	99	전 세 진	후				
0	3(3)	7	2		파울링요	14	MF	FW	26	염 기 훈		2(1)	2	0	0
0		1			네 게 바	10	FW	FW	9	박 기 동		2	0	0	0
0					조 재 철	21	FW	FW	10	데 안		4(1)	3	0	0
0	1	1			김 효 기	20	FW	FW	41	강 봉 균		0	0	0	0
0					손 정 현	31			13	박 형 진		0	0	0	0
0					유 지 훈	3			35	장 호 익		0	0	0	0
0					김 종 진	37		대기	25	최 성 근		0	0	0	0
0			후33	배 기 종		대기		17	김 종 우	후17	0	0	0	0
0				후16	안 성 남	16			30	윤 용 호		0	0	0	0
0	2(1)		후0	쿠니모토	22			14	한 의 권	후8	1(1)	1	0	0
0					김 근 환	39									
0	2	11	13(8)									12(5)	18	1	0

- ●전반 38분 김효기 GAL 내 R - ST - G(득점: 김효기) 왼쪽
- ●후반 43분 쿠니모토 GAL ELL - ST - G(득점: 쿠니모토) 왼쪽
- ●후반 37분 데얀 PK - R - G(득점: 데얀) 오른쪽

울산 0 : 1 제주

11월 25일 14:00 맑음 울산 문수 7,437명
주심_ 김희곤 부심_ 이정민·김성일 대기심_ 신용준 경기감독관_ 최상국

	0 전반 0	
울산 0	0 후반 1	1 제주

퇴장	경고	파울	ST(유)	교체	선수명	배번	위치	위치	배번	선수명	교체	ST(유)	파울	경고	퇴장
0	0	0	0		오 승 훈	21	GK	GK	21	이 창 근		0	0	0	0
0	0	2(1)			이 명 재	13	DF	DF	6	박 진 포		0	1	0	0
0	1	5	0		강 민 수	5	DF	DF	15	알 렉 스		0	1	1	0
0	1				리 차 드	40	DF	DF	47	이 은 범		0	1	0	0
0					김 태 환	23	DF	MF	7	권 순 형		0	0	0	0
0	1		32		믹 스	42	MF	MF	8	김 도 엽		2(1)	1		0
0		4			박 용 우	34	MF	MF	13	김 호 남		0	0		0
0	2(2)				한 승 규	24	MF	MF	16	이 동 수		0	1	0	0
0	1(1)				김 인 성	7	MF	FW	99	찌 아 구		1(1)	0		0
0	5(3)				주 니 오	30	FW	FW	1	김 경 민		0	0	0	0
0					문 정 인	31			9	정 다 훤		0	0	0	0
0					김 수 안	29			37	김 상 원	후37	0	0	0	0
0					박 주 호	33	대기	대기	17	류 승 우	후14	0	0	0	0
0			후35	이 영 재	32			40	이 찬 동		0	0	0	0
0			후25	에스쿠데로	9			42	이 동 희	후31	0	0	0	0
0					황 일 수	11			93	김 현		0	0	0	0
0	2(2)	후0	이 근 호	8			0								
0	1	10	10(0)									4(0)	5	1	0

- ●후반 19분 마그노 GA 정면 내 R - ST - G(득점: 마그노) 가운데

포항 1 : 1 전북

11월 25일 16:00 맑음 포항 스틸야드 11,799명
주심_ 이동준 부심_ 김계용·양재용 대기심_ 성덕효 경기감독관_ 전인석

	0 전반 0	
포항 1	1 후반 1	1 전북

퇴장	경고	파울	ST(유)	교체	선수명	배번	위치	위치	배번	선수명	교체	ST(유)	파울	경고	퇴장
0	0	0	0		강 현 무	31	GK	GK	31	송 범 근		0	0	0	0
0	0	1			강 상 우	17	DF	DF	22	김 진 수		0	3	1	0
0	0	1			김 광 석	3	DF	DF	6	최 보 경		0	0	0	0
0		1			배 슬 기	24	DF	DF	3	김 민 재		0	0	0	0
0	1				이 상 기	19	DF	DF	25	최 철 순		1(1)	3	0	0
0	3	10		후	이 후 권	7	MF	MF	28	손 준 호	13	4(1)	2	0	0
0		1			이 석 현	77	MF	MF	10	로 페 즈		5(2)	3	0	0
0		1			김 도 형	13	MF	MF	14	이 승 기		0	2	0	0
0		1			이 진 현	77	FW	FW	7	한 교 원		2	4	0	0
0	3	14			이 근 호	18	FW	FW	20	김 신 욱		1(1)	1	0	0
0					류 원 우	1			1	홍 정 남		0	0	0	0
0					알 레 망				13	이 주 용	후31	0	0	0	0
0					하 창 래	5		대기	23	유 지 혁		0	0	0	0
0			후36	떼이세이라	23	대기		34	장 윤 호		0	0	0	0
0					양 태 렬				35	명 준 재		0	0	0	0
0	1(1)	후10	김 지 민	10			20	이 동 국	후18	0	0	0		
0	1(1)	후24	레오가말류	10											
0	3	14(5)										19(6)	19	2	0

- ●후반 40분 떼이세이라 MFR ⌒ 김지민 PK 좌측지점 R - ST - G(득점: 김지민, 도움: 떼이세이라) 왼쪽
- ●후반 13분 로페즈 PK - R - G(득점: 로페즈) 오른쪽

12월 01일 14:00 맑음 춘천 송암 1,059명

주심_ 송민석 부심_ 노수용·구은석 대기심_ 성덕호 경기감독관_ 최상국

강원 0 0 전반 1 / 0 후반 0 **1 대구**

퇴장	경고	파울	ST(유)	교체	선수명	배번	위치	위치	배번	선수명	교체	ST(유)	파울	경고	퇴장
0	0	0	0		함 석 민	16	GK	GK	1	최 영 은		0	0	0	0
0	0	1	0		정 승 용	22	DF	DF	3	김 우 석		0	2	0	0
0	0	0	3(2)		발렌티노스	4	DF	DF	6	한 희 훈		0	0	0	0
0	0	1	0		김 오 규	99	DF	DF	66	박 병 현		0	0	1	0
0	0	1	0		박 창 준	19	MF	MF	16	강 윤 구		0	3	1	0
0	0	4	0		오 범 석	14	MF	MF	36	박 한 빈		2(2)	1	0	0
0	1	3	1	44	황 진 성	8	MF	MF	8	정 선 호		0	0	0	0
0	1	1	0		이 현 식	29	MF	MF	26	고 재 현		1	1	1	0
0	1	1		10	김 찬 울	7	FW	FW	15	임 재 혁	37	0	2	0	0
0	1(1)			9	제 리 치	55	FW	FW	7	전 현 철	33	1(1)		0	0
0					이 범 영	23			31	이 현 우		0			
0					한 용 수	30			33	김 태 한	후47	0			
0					강 지 훈	24			35	서 재 민	후12	1	1	0	
0	0	2(1)		후23	맥 고 완	44	대기	대기	23	에 병 원		0			
0					정 승 현	66			37	오 후 성	후34	1	1	0	
0	3(1)			후10	정 조 국	9			32	정 치 인		0			
0	3(3)			후10	디 에 고	10			99	조 석 재		0			
0	1	21	21(8)			0						6(3)	21	1	0

- 전반 17분 박한빈 GA 정면 R - ST - G(득점: 박한빈) 왼쪽

12월 01일 14:00 맑음 상주 시민 1,782명

주심_ 김희곤 부심_ 이정민·양재용 대기심_ 서동진 경기감독관_ 김진의

상주 1 0 전반 0 / 1 후반 0 **0 서울**

퇴장	경고	파울	ST(유)	교체	선수명	배번	위치	위치	배번	선수명	교체	ST(유)	파울	경고	퇴장
0	0	0	0		윤 보 상	41	GK	GK	21	양 한 빈		0	0	0	0
0	0	1			권 완 규	12	DF	DF	4	김 동 우		0	1	1	0
0	1	25			이 태 희	24	DF	DF	15	김 원 식	14	0	1	0	0
0	0	1			차 영 환	43	DF	DF	40	김 원 균		0	2	2	0
0	0				김 경 재	23	DF	MF	17	신 광 훈		0	2	0	0
0	2(1)				윤빛가람	14	MF	MF	18	윤 석 영		0	0	0	0
0	1				이 규 성	37	MF	MF	28	황 기 욱	16	1	1	0	0
0	2	15			안 진 범	42	MF	MF	13	신 진 호	24	0	1	0	0
0					김 민 우	13	MF	DF	13	고 요 한		0			
0	0				박 주 영	34	FW	FW	10	박 주 영		3(3)	2	0	0
0	2(2)				박 용 지	35	FW	FW	77	윤 주 태		0			
0					권 태 안	1			1	유 현		0			
0				후16	신 창 무	15			3	이 웅 희		0			
0					조 수 철	16			14	김 한 길	후30	0			
0					송 수 영	18	대기	대기	16	하 대 성	후22	0			
0					이 상 협	23			24	정 현 철	후36	0			
0				후10	김 경 중	23			32	조 영 욱		0			
0				후26	마 상 훈	44			11	에반드로		0			
0	2	8	7(3)			0						6(5)	16	5	0

- 후반 19분 윤빛가람 PA 정면 → 박용지 AK 정면 L - ST - G(득점: 박용지, 도움: 윤빛가람) 왼쪽

12월 01일 14:00 맑음 인천 전용 9,123명

주심_ 김동진 부심_ 김계용·김성일 대기심_ 설태환 경기감독관_ 김형남

인천 3 2 전반 0 / 1 후반 1 **1 전남**

퇴장	경고	파울	ST(유)	교체	선수명	배번	위치	위치	배번	선수명	교체	ST(유)	파울	경고	퇴장
0	0	0	0		정 산	1	GK	GK	31	박 대 한		0	0	0	0
0	0	2(1)			김 동 민	47	DF	DF	2	최 효 진		1(1)	1	0	0
0	1				김 정 호	44	DF	DF	17	이 지 남		0	0	0	0
0	1				김 대 중	15	DF	DF	5	도 나 치		0	0	0	0
0	1(1)		6		정 동 윤	32	DF	DF	27	이 유 현		0	0	0	0
0					한 석 종	4	MF	MF	8	유고비치	24	0	0	0	0
0	4	3(2)			아길라르	10	MF	MF	98	이 상 헌	18	3(2)	1	0	0
0	3	1(1)			고 슬 기	17	MF	MF	16	한 찬 희		5(2)	0	0	0
0	3	2(2)	8		문 선 민	27	FW	FW	19	허 용 준		2	5	0	0
0					무 고 사	9	FW	FW	23	양 준 아	11	1	2	0	0
0	1(1)		29		남 준 재	7	FW	FW	14	김 영 욱		1	2	0	0
0					이 진 형	21			1	장 대 희		0			
0					강 지 용	5			21	박 광 일		0			
0				후24	최 종 환	6			4	김 민 준		0			
0				후41	이 정 빈	8	대기	대기	13	김 선 우		0			
0					박 종 진	18			24	김 평 래	후0	0	5	0	0
0					쿠 비				19	김 경 민		0			
0				후17	김 보 섭	29			11	완 델 손	후15	3(2)	3	0	0
0	1	13	13(10)			0						20(10)	19	1	0

- 전반 24분 남준재 AK 정면 L - ST - G(득점: 남준재) 오른쪽
- 전반 30분 무고사 PK - R - ST - G(득점: 무고사) 왼쪽
- 후반 10분 무고사 자기 측 HLR~ 문선민 PA 정면 내 R - ST - G(득점: 문선민, 도움: 무고사) 가운데
- 전반 38분 한찬희 MFR ~ 허용준 PAR 내 R - ST - G(득점: 허용준, 도움: 한찬희) 왼쪽

12월 02일 14:00 맑음 전주 월드컵 15,248명

주심_ 김우성 부심_ 윤광열·박균용 대기심_ 조지음 경기감독관_ 나승화

전북 1 1 전반 0 / 0 후반 1 **1 경남**

퇴장	경고	파울	ST(유)	교체	선수명	배번	위치	위치	배번	선수명	교체	ST(유)	파울	경고	퇴장
0	0	0	0		송 범 근	31	GK	GK	31	손 정 현		0	0	0	0
0		3	0		최 철 순	25	DF	DF	23	박 지 수		0	1	0	0
0	1	2	1		최 보 경	6	DF	DF	24	김 현 훈		0	0	0	0
0		1			신 형 민	4	DF	DF	5	민 준 영	8	1	1	1	0
0		1			이 용	2	DF	DF	15	우 주 성		1(1)	1	0	0
0		1			장 윤 호	34	MF	MF	26	최 영 준		0	0	0	0
0		1	2		손 준 호	28	MF	MF	22	쿠니모토		0	0	0	0
0	2	3(2)			로 페 즈	11	MF	MF	10	파울링요		1	0	0	0
0					이 승 기	14	MF	MF	77	네 게 바		2(1)	1	0	0
0			20		명 준 재	35	MF	MF	31	조 재 철		2	0	0	0
0	2(2)	18			김 신 욱	9	FW	FW	20	김 효 기	39	0			
0					홍 정 남	1			25	이 범 수		0			
0					박 원 재	19			8	안 성 남	후28	0			
0					윤 지 혁	23			37	김 종 진		0			
0				후21	이 재 성	17	대기	대기	7	배 기 종	후0	1	1	0	0
0				후21	나 성 은	18			4	최 준 철		0			
0					유 승 민	77			14	이 철 승		0			
0	4(3)		후0		이 동 국	20			39	김 근 환	후05	1(1)	0	0	0
0	1	17	11(9)			0						8(3)	6	2	0

- 전반 13분 김현훈 GAL 내 자책골(득점: 김현훈)
- 후반 15분 네게바 GA 정면 R - ST - G(득점: 네게바) 왼쪽

12월 02일 14:00 흐림 수원 월드컵 4,777명
주심_ 고형진 부심_ 박상준·방기열 대기심_ 신용준 경기감독관_ 차상해

수원 0 | 0 전반 2 / 0 후반 0 | **2 제주**

퇴장	경고	파울	ST(유)	교체	선수명	배번	위치	배번	선수명	교체	ST(유)	파울	경고	퇴장
0	0	0	0		신화용	1	GK	41	박한근		0	1	1	0
0	0	1	0		홍 철	33	DF	5	권한진	20	0	0		0
0	0	2	0		곽광선	20	DF	15	알렉스		1(1)	1	0	0
0	0	1	0		이종성	16	DF	18	이광선		0	1	0	0
0	0	0	4(3)		장호익	35	MF	7	권순형		1(1)	1	0	0
0		1(1)	30		조지훈	77	MF	13	김호남		1	2	0	0
0	1	2	2(1)		사리치	22	MF	30	김원욱	16	1	3	0	0
0	2	2(1)			김종우	17	MF	10	이찬동	42	0	1	0	0
0	1	2	2(2)		염기훈	26	MF	47	이은범		0	3	0	0
0	0	0	1		이세진	99	MF	11	마 노		2	1	0	0
0					데 안	9	FW	99	찌아구		3(2)	1	0	0
0				0	노동건	21		31	문광석					0
0					박형진	13		20	조용형	후43				0
0					이기제	23		37	김원일					0
0				대기	최성근	25	대기	8	김성주					0
0			후25		윤용호	30		16	이동희	후12				0
0					임상협	11		42	최현태	후32				0
0			2(1)	후10	한의권	14		17	류승우					0
0	1	13	19(10)								9(4)	17	2	0

- 전반 26분 찌아구 PA 정면 내 R - ST - G(득점: 찌아구) 오른쪽
- 전반 30분 권순형 MF 정면 FK ⌒ 알렉스 GAR R - ST - G(득점: 알렉스, 도움: 권순형) 오른쪽

12월 02일 14:00 맑음 포항 스틸야드 14,875명
주심_ 김용우 부심_ 곽승순·강동호 대기심_ 김도연 경기감독관_ 신홍기

포항 1 | 1 전반 1 / 0 후반 2 | **3 울산**

퇴장	경고	파울	ST(유)	교체	선수명	배번	위치	배번	선수명	교체	ST(유)	파울	경고	퇴장
0	0	0	0		강현무	31	GK	1	김용대		0	0	0	0
0	1	2	0		강상우	17	DF	22	정동호		0	1	0	0
0	0	2	0		김광석	3	DF	4	강민수		0	1	0	0
0	1	2	0		배슬기	24	DF	79	이창용		2(1)	2	0	0
0		1(1)			이상기	19	DF	27	김창수		2(1)	2	0	0
0	2(2)	10			채프만	6	MF	33	박주호	34	0	0	0	0
0	1(1)	23			이후권	9	MF	32	이영재		2(1)	2	0	0
0	3(1)				이석현	7	MF	11	이근호		0	2	0	0
0	2(2)	14			김도형	10	FW	24	한승규	29	2	0	0	0
0					김승대	12	FW	7	김인성		2	2	0	0
0					류원우	1		31	문정인					0
0					알레망	4		29	김수안	후42				0
0					하창래			15	홍준호					0
0			후0	대기	페이사라	23	대기		이명재					0
0	후31				김지민	14		34	박용우	후19				0
0					이근호	18		11	황일수					0
0	4(3)	후18			레오가말류	10		30	주니오	후19	2(2)			0
0	3	11	15(11)								12(6)	14	4	0

- 전반 39분 김도형 PAL ⌒ 이진현 GA 정면 내 L - ST - G(득점: 이진현, 도움: 김도형) 왼쪽
- 전반 29분 정동호 PAL ~ 이근호 PK 우측지점 L - ST - G(득점: 이근호, 도움: 정동호) 오른쪽
- 후반 27분 한승규 C.KL ⌒ 이창용 GA 정면 내 H - ST - G(득점: 이창용, 도움: 한승규) 가운데
- 후반 31분 주니오 GAR R - ST - G(득점: 주니오) 왼쪽

KEB하나은행 K리그2 2018(챌린지) 대회요강

제1조 (목적)_ 본 대회요강은 (사)한국프로축구연맹(이하 '연맹')이 K LEAGUE 2 (이하 'K리그2') 대회 및 경기 운영에 관한 사항을 규정함을 목적으로 한다.

제2조 (용어의 정의)_ 본 대회요강에서 '대회'라 함은 정규 라운드(36R) 및 K리그2 준플레이오프, K리그2 플레이오프를 말하며, '클럽'이라 함은 연맹의 회원 단체인 축구단을, '팀'이라 함은 해당 클럽의 팀을, '홈 클럽'이라 함은 홈경기를 개최하는 클럽을 지칭한다.

제3조 (명칭)_ 본 대회명은 'KEB하나은행 K리그2 2018 챌린지'로 한다.

제4조 (주최, 주관)_ 본 대회는 연맹이 주최(대회를 총괄하여 책임지는 자)하고, 홈 클럽이 주관(주최자의 위임을 받아 대회를 운영하는 자)한다. 홈 클럽의 주관권은 제3자에게 양도할 수 없다.

제5조 (참가 클럽)_ 본 대회 참가 클럽(팀)은 총 10팀(광주FC, 부산 아이파크, 아산 무궁화FC, 성남FC, 부천FC, 수원FC, FC안양, 서울 이랜드 FC, 안산 그리너스 FC, 대전 시티즌)이다.

제6조 (일정)_ 본 대회는 2018.03.03(토)~2018.12.02(일) 개최하며, 경기일정(대진)은 미리 정한 경기일정표에 의한다.

구분	일정	방식	Round	팀수	경기수	장소
정규 라운드	03.03(토)~11.11(일)	4Round robin	36R	10팀	180경기(팀당 36)	홈 클럽 경기장
플레이오프	준PO 11.28(수), PO 12.02(일)	토너먼트	2R	3팀(최종순위 2~4위)	2경기	
계					182경기(팀당 36~38경기)	

※ AFC 챔피언스리그 참가팀(클래식)의 결승 진출 여부에 따라 경기일정 변경 가능성 있음.

제7조(대회방식)_

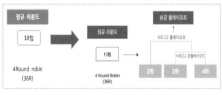

구분	대진	경기방식	경기장	다음 라운드 진출
K리그2 준PO	정규라운드 3위 vs 4위	90분 단판경기	3위팀 홈	승리팀 (무승부 시 3위팀)
K리그2 PO	정규라운드 2위 vs 챌린지2 준PO 통과팀	90분 단판경기	2위팀 홈	승리팀 (무승부 시 2위팀)

1. 10팀이 4Round robin(36라운드) 방식으로 정규 라운드 진행한다.
2. 정규 라운드(1~36R) 성적을 기준으로 1위팀은 K리그2 자동승격, 2위부터 4위까지는 K리그2 플레이오프를 실시하여 승자가 K리그1 11위팀과 경기를 치른다. 정규 라운드 순위 결정은 제25조에 의한다.
3. K리그2 플레이오프 방식(준PO, PO)는 싱글타운 3위와 4위가 준PO(단판경기)를 실시하고 90분 경기 무승부 시 정규리그 3위팀이 플레이오프에 집출한다. 플레이오프에 진출한 팀은 정규 라운드 2위와 PO(단판경기)를 실시하고, 90분 경기 무승부 시 정규리그 2위팀이 승강 플레이오프에 진출한다.
4. K리그2 플레이오프(준PO, PO) 홈경기 개최는 정규 라운드 상위팀의 홈경기장으로 개최한다.
5. 최종 순위 결정은 제27조에 의한다.

제8조 (참가자격)_ 1. 본 대회를 참가하기 위해 클럽은 'K리그 클럽 라이선싱 규정'을 준수해야 하며, 그에 따라 라이선스를 부여받아야 한다.

제9조 (경기장) 1. 모든 클럽은 최상의 상태에서 홈경기를 실시할 수 있도록 경기장을 유지·관리할 책임이 있다.

2. 본 대회는 원칙적으로 축구전용경기장에서 개최되어야 한다.

3. 경기장은 법령이 정하는 시설 안전 기준을 충족하여야 한다.

4. 홈 클럽은 경기장을 방문하는 관람객을 위해 관중상해보험에 가입해야 하며, 보험증권을 시즌 개막 7일 전까지 연맹에 제출하여야 한다. 홈 클럽이 연고지역 외, 기타 경기장에서 K리그 경기를 개최하고자 할 경우에는 연맹에 경기개최 승인 요청 시 보험증권을 첨부하여 제출하여야 한다.

5. 각 클럽은 경기장 시설(물)에 대해 연맹의 승인을 득하여야 한다.

6. 경기장은 연맹의 경기장 시설 기준을 준수하여야 하며, 다음 각 호의 조건을 충족하여야 한다.

1) 그라운드는 천연잔디구장으로 길이 105m, 너비 68m를 권고한다.

2) 공식경기의 잔디 길이는 2~2.5cm로 유지되어야 하며, 전체에 걸쳐 동일한 길이여야 한다.

3) 그라운드 외측 주변에는 원칙적으로 축구전용경기장의 경우는 5m 이상, 육상경기겸용경기장의 경우 1.5m 이상의 잔디 부분이 확보되어야 한다.

4) 골포스트 및 바는 흰색의 둥근 모양(직경12cm)의 철제 관으로 제작되고, 원칙적으로 고정식이어야 한다. 또한 볼의 반발력에 영향을 줄 수 있는 비철제 보강재 사용을 금한다.

5) 골네트는 원칙적으로 흰색(연맹의 승인을 득한 경우는 제외)이어야 하며, 골네트는 골대 후방에 폴을 세워 안전한 방법으로 부착하여야 한다. 폴은 골대와 구별되는 어두운 색상이어야 한다.

6) 코너 깃발은 연맹이 지정한 것을 사용하여야 한다.

7) 각종 라인은 국제축구연맹(이하 'FIFA') 또는 아시아축구연맹(이하 'AFC')이 정한 규격에 따라야 하며, 라인 폭은 12cm로 선명하고 명료하게 그려야 한다(원칙적으로 페인트 방식으로 한다).

7. 필드(그라운드 및 그 주변 부분)에는 경기 운영에 영향을 주거나 선수에게 위험의 우려가 있는 것을 방치 또는 설치해서는 안 된다.

8. 공식경기에서 그라운드에 살수(撒水)를 하는 경우 다음 각 호에 따라 실시한다.

1) 살수는 경기 킥오프 전 및 하프타임에 실시하며, 경기장에 걸쳐 균등하게 해야 한다.

2) 경기감독관은 경기 시간 및 날씨, 그라운드 상태, 당일 경기장 행사 등을 고려하여 살수 횟수와 시간을 정하고 이를 홈 클럽 및 원정 클럽 관계자들에게 사전 통보한다.

3) 홈 클럽은 경기감독관이 정한 횟수와 시간에 따라 살수를 실시해야 하며, 이를 위반할 경우 상벌규정 유형별 징계기준 제5조 바.항에 의거 해당 클럽에 제재를 부과할 수 있다.

9. 경기장 관중석은 좌석수 5,000석 이상을 충족하여야 한다. 이에 미달할 경우, 연맹의 사전 승인을 득하여야 한다.

10. 홈 클럽은 상대 클럽(이하 원정 클럽)을 응원하는 관중을 위해 경기개최 일주일 전까지 원정 클럽이 요청한 적정 수의 좌석을 원정팀과 협의하여 결정한다. 또한, 원정 클럽 관중을 위한 전용출입문, 화장실, 매점 시설 등을 독립적으로 사용할 수 있도록 마련하여야 한다.

11. 경기장은 다음 항목의 부대시설을 갖추도록 권고한다.

1) 운영 본부실 2) 양 팀 선수대기실(냉·난방 및 냉·온수 기능)

3) 심판대기실(냉·난방 및 냉·온수 기능)

4) 실내 워밍업 지역 5) 경기감독관석 및 심판감독관석

6) 경기기록석 7) 의무실

8) 도핑검사실(냉·난방 및 냉·온수 기능)

9) 통제실, 경찰 대기실, 소방 대기실

10) 실내 기자회견장 11) 기자실 및 사진기자실

12) 중계방송사룸(TV중계스태프룸) 13) VIP룸

14) 기자석(메인스탠드 중앙부로 경기장 전체가 관람 가능하도록 지붕이 설치되어 있는 한편, 전원 및 노트북 등이 설치 가능한 테이블이 준비되어 있을 것)

15) 장내방송 시스템 및 장내방송실

16) TV중계 및 라디오 중계용 방송 부스

17) 동영상 표출이 가능한 대형 전광판

18) 출전선수명단 게시판 19) 태극기, 대회기, 연맹기

20) 입장권 판매소 21) 종합 안내소

22) 관중을 위한 응급실 23) 화장실

24) 식음료 및 축구 관련 상품 판매소

25) TV카메라 설치 공간 26) TV중계차 주차장 공간

27) 케이블 시설 공간 28) 전송용기자재 등 설치 공간

29) 믹스드 존(Mixed Zone) 30) 기타 연맹이 정하는 시설, 장비

31) 경기감독관 대기실

제10조 (조명장치) 1. 경기장에는 그라운드 평균 1,200lux 이상 조도를 가진 조명 장치를 설치하여 조명의 밝음을 균일하게 유지하여야 한다. 또한 정전에 대비하여 1,000lux 이상의 조도를 갖춘 비상조명 장치를 구비하여야 한다.

2. 홈 클럽은 경기장 조명 장치의 이상 유·무를 사전에 확인하여 장애를 미연에 방지하는 한편, 고장 시 신속하게 수리할 수 있도록 모든 조치와 최선의 노력을 다하여야 한다.

제11조 (벤치) 1. 팀 벤치는 원칙적으로 다음의 요건을 충족하여야 한다.

1) FIFA가 정한 규격의 기술지역(테크니컬에어리어) 내에 설치하여야 한다.

2) 벤치 터치라인으로부터 5m 이상 떨어진 한편 그 끝이 하프라인으로부터 8m 떨어지는 위치에 설치하여야 한다.

3) 투명한 재질의 지붕을 갖추고 있어야 하며, 최소 20인 이상 앉을 수 있는 좌석이 준비되어야 한다(다만, 관중의 시야를 방해해서는 안 된다).

2. 홈 팀 벤치는 본부석에서 그라운드를 향해 좌측에 설치하여야 한다. 단 사전 승인 시 우측에 홈팀 벤치의 설치가 가능하다.

3. 홈, 원정 팀 벤치에는 팀명을 표기한 안내물을 부착하여야 한다.

4. 제4의 심판대기심판(판) 벤치를 준비하여야 하며, 다음의 요건을 충족하여야 한다.

1) 벤치 터치라인으로부터 5m 이상 떨어지는 그라운드 중앙에 설치하여야 한다. 단, 방송사의 요청 시에는 카메라 위치에 방해가 되지 않는 위치에 설치하여야 한다.

2) 투명한 재질의 지붕을 갖추고 있어야 한다(다만, 관중의 시야를 방해해서는 안 된다).

3) 대기심판 벤치 내에는 최소 3인 이상 앉을 수 있는 좌석과 테이블이 준비되어야 한다.

제12조 (의료시설) 홈 클럽은 선수단, 관계자, 관중 등을 위해 경기개시 90분 전부터 경기종료 후 모든 관중 및 관계자가 퇴장할 때까지 의료진(의사, 간호사, 1급 응급구조사)과 특수구급차를 반드시 대기시켜야 한다. 이를 위반할 경우, 본 대회요강 제37조 5항에 의한다.

제13조 (경기장에서의 고지) 1. 홈 클럽은 경기장에서 다음의 각 항목 사항을 전광판 및 장내 아나운서(멘트)를 통해 고지하여야 한다.

1) 공식 대회명칭(반드시 지정된 방식이나 형태에 맞게 전광판 노출)

2) 선수, 심판 및 경기감독관, 심판평가관 소개 3) 대회방식 및 경기방식

4) K리그 선수 입장곡(K리그 앤섬 'Here is the Glory' BGM)

5) 선수 및 심판 교체 6) 득점자 및 득점시간(득점 직후에)

7) 추가시간(전·후반 전광판 고지 및 장내아나운서 멘트 동시 실시)

8) 다른 공식경기의 중간 결과 및 최종 결과

9) 유료관중 수(후반전 15~30분 발표)

10) 경기 중, 경기정보 전광판 표출(양팀 출전선수명단, 경고, 퇴장, 득점)

11) 지진 등 비상상황 발생 시 안내방송

12) VAR 리뷰를 진행할 경우, VAR 영상판독 문구 전광판 표출

13) 상기 1~4호 이외 연맹이 지정하는 사항

2. 홈 클럽은 경기 전·후 및 하프타임에 다음의 각 항목 사항을 실시하는 것이 가능하다.

1) 다음 경기예정 및 안내 2) 연맹의 사전 승인을 얻은 광고 선전

3) 음악방송 4) 팀 또는 선수에 관한 정보 안내

5) 상기 1~4호 이외 연맹의 승인을 얻은 사항

제14조 (홈 경기장에서의 경기개최) 각 클럽은 홈경기의 과반 이상을 홈 경기장에서 실시하여야 한다. 다만, 이사회의 승인을 얻은 경우는 제외된다.

449

제15조 (경기장 점검) 1. 홈 클럽이 기타 경기장에서 경기를 개최하고자 할 경우 해당 경기개최 30일 전까지 연맹에 시설 점검을 요청하여 경기장 실사를 받아야 하며, 이때 제출하여야 하는 서류는 다음과 같다.
   1) 경기장 시설 현황   2) 홈경기 안전계획서
2. 연맹의 보완 지시가 있을 경우 이에 대한 이행 결과를 경기개최 15일 전까지 서면 보고하여야 한다.
3. 연맹은 서면보고접수 후 재점검을 통해 문제점 보완이 미흡하다고 판단될 경우 경기 개최를 불허한다. 이 경우 홈 클럽은 연고지역 내에서 '법령', 'K리그 경기장 시설기준'에 부합하는 타 경기장(대체구장)을 선정하여 상기 1항, 2항의 절차에 따라 연맹의 승인을 받아야 한다.
4. 홈 클럽이 원하는 경기장에서 경기개최가 불가능하다고 판단될 경우, 본 대회 요강 제18조 2항에 따른다(연맹 경기규정 30조 2항).
5. 상기 3항을 이행하지 않는 클럽은 본 대회요강 제20조 1항에 따른다(연맹 경기규정 32조 1항).

제16조 (악천후의 경우 대비조치) 1. 홈 클럽은 강설 또는 강우 등 악천후의 경우에도 홈경기가 개최될 수 있도록 최선의 노력을 해야 한다.
2. 악천후로 인하여 경기개최가 불가능하다고 판단될 경우, 경기감독관은 경기 개최 3시간 전까지 경기 개최 중지를 결정하여야 한다.

제17조 (경기중지 결정) 1. 경기 전 또는 경기 중 중대한 불상사 등으로 경기를 계속하기 어려운 사태가 발생하였을 경우, 주심은 경기 감독관에게 경기 중지를 요청할 수 있으며, 경기감독관은 동 요청에 의거하여 홈 클럽 및 원정 클럽 관계자의 의견을 참고한 후 경기 중지를 결정할 수 있다.
2. 상기 1항의 경우 또는 관중의 난동 등으로 경기장의 질서 유지가 어려운 경우, 경기감독관은 주심의 경기중지 요청이 없더라도 경기 중지를 결정할 수 있다.
3. 경기 개최 3시간 전부터 경기 종료 시까지 경기 개최 지역에 미세먼지, 초미세먼지, 황사 등에 관한 경보가 발령되었거나 경보 발령 기준농도를 초과하는 상태인 경우, 경기감독관은 경기의 취소 또는 연기를 결정할 수 있다.
4. 경기감독관은 경기중지 결정을 내린 후, 지체 없이 그 사유를 연맹에 보고하여야 한다.

제18조 (재경기) 1. 공식경기가 악천후, 천재지변 등 불가항력에 의하여 경기개최 불능 또는 중지(중단)되었을 경우, 재경기는 원칙적으로 익일 동일 경기장에서 개최한다. 단 연기된 경기가 불가피한 사유로 다시 연기될 경우, 개최일시 및 장소는 해당팀과 협의 후 연맹이 정하여 추후 공시한다.
2. 경기장 준비부족, 시설미비 등 점검미비에 따른 홈 클럽의 귀책사유로 인하여 경기 개최 불능 또는 중지(중단)되었을 경우, 원정 클럽이 24시간 이내 홈경기로 개최할지 여부에 대해 연맹에 서면으로 제출한다. 원정클럽이 홈경기로 개최하지 않을 경우, 상대 클럽(기존 홈 클럽)의 홈경기로 개최된다.
3. 재경기 방식에 대해서는 다음의 각 호에 의한다.
   1) 이전 경기에서 양 클럽의 득실차가 없을 때는 90분간 재경기를 실시한다.
   2) 이전 경기에서 양 클럽의 득실차가 있을 때는 중지 시점에서부터 잔여 시간만의 재경기를 실시한다.
4. 재경기 시, 상기 1호의 경우 이전 경기에서 발생된 경고, 퇴장 기록만이 인정되며 선수교체는 팀당 최대 3명까지 가능하다. 상기 2호의 경우 이전 경기에서 발생된 모든 기록이 인정되며 선수교체는 이전 경기를 포함하여 3명까지 할 수 있다.
5. 재경기 시, 이전 경기에서 발생된 경고 및 퇴장은 유효하며, 경고 및 퇴장에 대한 처벌(징계)은 경기순서대로 연계 적용한다.

제19조 (귀책사유가 있는 클럽이 비용 부담) 1. 홈 클럽의 귀책사유에 의해 공식경기가 개최불능 또는 중지(중단)되었을 경우, 홈 클럽은 원정 클럽에 교통비 및 숙식비를 보상하여야 한다.
2. 원정 클럽의 귀책사유에 의해 공식경기가 개최불능 또는 중지(중단)되었을 경우, 원정 클럽은 홈 클럽에 발생한 경기준비 비용과 입장권 환불 수수료, 교통비 및 숙식비를 보상하여야 한다.
3. 상기 1항, 2항과 관련하여 천재지변 등 불가항력에 의한 경우는 제외한다.

제20조 (패배로 간주되는 경우) 1. 공식경기 개최거부 또는 속행 거부 등(경기장 질서문란, 관중의 난동 포함) 어느 한 클럽의 귀책사유로 인하여 공식경기

가 개최불능 또는 중지(중단)되었을 경우, 그 귀책사유가 있는 클럽이 0 : 3 패배한 것으로 간주한다.
2. 공식경기에 무자격선수가 출장한 것이 경기 중 또는 경기 후 발각되어 경기종료 후 48시간 이내에 상대 클럽으로부터 이의가 제기된 경우, 무자격선수가 출장한 클럽이 0 : 3 패배한 것으로 간주한다. 다만, 경기 중 무자격선수가 출장이 발각되었을 경우, 해당 선수를 퇴장시키고 경기는 속행한다.
3. 상기 1항, 2항에 따라 어느 한 클럽의 0 : 3 패배를 결정한 경우에도 양 클럽 선수의 개인기록(출장, 경고, 퇴장, 득점, 도움 등)은 그대로 인정한다.
4. 상기 2항의 무자격 선수는 K리그 미등록 선수, 경고누적 또는 퇴장으로 인하여 출전이 정지된 선수, 상벌 위원회 징계, 외국인 출전제한 규정을 위반한 선수 등 그 시점에서 경기출전 자격이 없는 모든 선수를 의미 한다.

제21조 (대회 중 잔여경기 포기) 대회 중 잔여 경기를 포기하는 경우, 다음의 각 항에 의한다.
1. 대회 전체 경기수의 3분의 2 이상을 수행하였을 경우, 지난 경기 결과를 그대로 인정하고, 잔여 경기는 포기한 클럽이 0 : 3 패배한 것으로 간주한다.
2. 대회 전체 경기수의 3분의 2 이상을 수행하지 못했을 경우, 포기한 클럽과의 경기 결과를 모두 무효 처리한다.

제22조 (경기결과 보고) 모든 공식경기의 경기결과 보고는 경기감독관 보고서, 심판 보고서, 경기기록지에 의한다.

제23조 (경기규칙) 본 대회의 경기는 FIFA 및 KFA의 경기규칙에 따라 실시되며, 특별한 사항이 발생 시에는 연맹이 결정한다.

제24조 (Video Assistant Referee 시행) 1. 본 대회는 2016년 3월 IFAB(국제축구평의회)에서 승인된 'Video Assistant Referee'(이하 'VAR')를 2018년 3월 3일부터 시행한다.
2. VAR는 주심 및 심판진을 지원하고 경기 결과를 바꿀 수 있는 명백한 오심을 변경해 공정한 판정을 증대하기 위해 시행하며 본 대회에서는 아래의 4가지 상황에 대해서만 VAR를 적용한다.
   1) 득점 상황   2) PK(Penalty Kick) 상황
   3) 퇴장 상황   4) 징계조치 오류
3. VAR의 시행과 관련하여 선수, 코칭스태프, 구단 임직원의 준수사항은 다음과 같다.
   1) 'TV' 신호(Signal)을 그리는 동작을 취하거나 구두로 VAR 확인을 요청할 수 없다. 이를 위반할 시, 다음과 같은 제재가 내려진다.
      ① 선수 - 경고   ② 코칭스태프 및 구단 임직원 - 퇴장
   2) 주심판독지역(Referee Review Area, 이하 'RRA')에는 오직 주심과 영상관리보조자(Review Assistant, 이하 'RA'), 심판진만이 진입할 수 있다. 이를 위반할 시 다음과 같은 제재가 내려진다.
      ① 선수 - 경고   ② 코칭스태프 및 구단 임직원 - 퇴장
4. VAR의 시행과 관련하여 홈 구단의 준수사항은 다음과 같다.
   1) 홈 클럽은 VAR가 공식심판진임을 인지하며 VAR차량에 심판실과 동일한 안전계획을 수립해 안전관리를 제공해야 하며, 안전관리 미흡 등 홈 클럽의 귀책사유로 인한 차량 및 장비의 파손 등이 발생하는 경우 이에 따른 손해를 연맹에 배상하여야 한다.
   2) 홈 클럽은 RRA에 심판진과 RA 외 다른 누구도 진입할 수 없도록 관리해야 하며, 관련 안전사고 예방의 의무와 책임이 있다.
   3) 홈 클럽은 VAR 상황 발생 시 판독 중임을 뜻하는 이미지를 판독 종료 시점까지 전광판에 노출하여야 하며, 관련 장면 영상을 전광판을 통해 리플레이할 수 없다.
   4) 홈 클럽이 상기 제1호부터 제3호에서 정한 준수사항을 위반하는 경우, 연맹 상벌 규정 유형별 징계 기준 11조에 따른 징계를 받을 수 있다.
5. 이 외 사항에 대해서는 IFAB(국제축구평의회)와 FIFA(국제축구연맹)이 정한 바에 따른다.

제25조 (경기시간 준수) 1. 본 대회는 90분(전 · 후반 각 45분) 경기를 실시한다.
2. 모든 클럽은 미리 정해진 경기시작시간(킥오프 타임)과 경기 중 휴식시간(하프타임)을 반드시 준수하여야 한다. 하프타임 휴식은 15분을 초과할 수 없으며, 양팀 출전선수는 후반전 출전을 위해 후반전 개시 3분 전(하프타임 12분)

까지 심판진과 함께 대기 장소에 집결하여야 한다.

3. 경기시작시간과 하프타임 시간을 준수하지 않아 경기가 지연될 경우, 귀책사유가 있는 해당 클럽에 제재금(100만 원 이상)을 부과할 수 있다. 동일 클럽이 위반 행위를 반복할 경우, 직전에 부과된 제재금의 2배를 부과할 수 있다. 단, 1회 부과할 수 있는 최대 제재금은 400만 원 이내로 한다.

4. 경기에 참가하는 팀(코칭스태프, 팀 스태프 포함)은 경기시작 100분전에 경기장에 도착하여야 한다.

1) 어느 한 팀이 경기시작 40분전까지 경기장에 도착하지 못할 경우, 해당 팀은 경기감독관에게 그 사유와 도착예정 시간을 통보하여야 하며, 경기감독관은 경기시간 변경 유무를 심판 및 양 팀 대표자와 협의를 통해 결정한 후, 연맹으로 통보한다.

2) 경기시간이 변경될 경우, 홈 클럽은 전광판 및 아나운서 멘트를 통해 변경된 경기시간과 변경사유에 대해 고지해야 한다.

3) 어느 한 팀이 경기시작 시각까지 경기장에 도착하지 않는 경우, 상대팀은 45분간 대기할 의무가 있다. 45분간 대기했음에도 불구하고 상대팀이 도착하지 않을 경우, 경기감독관은 16조 1항에 의한다.

4) 경기중지에 따라 발생되는 모든 비용에 대한 배상, 책임은 귀책사유가 있는 클럽에 있으며 18조에 따른다.

5) 홈/원정팀은 경기개최지로의 이동정보를 사전에 숙지할 책임이 있으며, 상황에 따른 추가 이동시간이 필요한지 확인해야 한다. 만일, 팀의 도착 지연으로 킥오프가 지연될 경우, 연맹은 귀책사유가 있는 클럽에 재제를 부과할 수 있다.

제26조 (승점) 본 대회의 승점은 승자 3점, 무승부 1점, 패자 0점을 부여한다.

제27조 (순위결정) 1. 정규 라운드(1~36R) 순위는 승점 → 다득점 → 득실차 → 다승 → 승자승 → 벌점 → 추첨 순으로 결정한다.

2. 최종순위 결정방식은 다음과 같다.

1) 최종순위는 정규라운드(1~36R) 성적에 따라 결정한다. 단, 정규라운드 2위~4위팀은 K리그2 플레이오프 결과에 따라 최종순위를 결정한다.

2) K리그2 플레이오프 승리(승강 플레이오프 진출) 팀을 2위로 한다.

3) K리그2 플레이오프에서 패한(승강 플레이오프 진출 실패) 팀을 3위로 한다.

4) K리그2 준플레이오프에서 패한(챌린지 플레이오프 진출 실패) 팀을 4위로 한다.

3. 벌점에 대한 기준은 다음과 같다.

1) 경고 및 퇴장 관련 벌점 ① 경고: 1점 ② 경고 2회 퇴장: 2점 ③ 직접 퇴장 : 3점 ④ 경고 1회 후 퇴장: 4점

2) 상벌위원회 징계 관련 벌점 ① 제재금 100만 원당: 3점 ② 출장정지 1경기당 : 3점

3) 코칭스태프 및 팀 스태프 퇴장, 클럽(임직원 포함)에 부과된 징계는 팀 벌점에 포함한다.

4) 사후징계 및 감면 결과는 팀 벌점에 포함한다.

4. 개인기록 순위결정

1) 개인기록순위 결정은 본 대회 정규라운드(1~36R) 성적으로 결정한다.

2) 득점(Goal) 개인기록순위 결정의 우선 순서는 다음과 같다. ① 최다득점선수 ② 출전경기가 적은 선수 ③ 출전시간이 적은 선수

3) 도움(Assist) 개인기록순위 결정의 우선 순서는 다음과 같다. ① 최다도움선수 ② 출전경기가 적은 선수 ③ 출전시간이 적은 선수

제28조 (시상) 1. 본 대회의 단체상 및 개인상 시상내역은 다음과 같다.

구분		시상내역	비고
단체상	우승	상금 100,000,000원 + 트로피	
개인상	최다득점선수	상금 3,000,000원 + 상패	대회 개인기록
	최다도움선수	상금 1,500,000원 + 상패	대회 개인기록

제29조 (출전자격) 1. K리그 선수규정 4조에 의거하여 선수 등록을 완료한 선수만이 공식경기에 출전할 자격을 갖는다.

2. K리그 선수규정 5조에 의거하여 연맹에 등록을 완료한 코칭스태프 및 팀 스태프 중 출전선수명단에 등재된 자만이 공식경기 중 벤치에 착석할 수 있으며, 경기 중 기술지역에서의 선수지도행위는 1명만이 할 수 있다(대역 1명 대

동 가능).

3. 제재 중인 지도재(코칭스태프, 팀 스태프 포함)는 다음 항목을 준수하여야 한다.

1) 출전정지제재 중이거나 경기 중 퇴장 조치된 지도자는 공식경기에서 관중석, 선수대기실을 제외한 지역에 대해 출입이 제한되며, 그라운드에서 사전 훈련 및 경기 중 어떠한 지도(지시) 행위도 불가하다.

2) 징계 중인 지도재(원정팀 포함)가 경기를 관전하고자 할 경우, 홈 클럽은 본부석 쪽에 좌석을 제공하여야 하며, 해당 지도자의 안전을 위한 조치를 취해야 한다.

3) 상기 제1호를 위반할 경우, 연맹 상벌규정 제12조 제2항에 해당하는 제재를 부과할 수 있다.

4. 준프로 계약을 체결한 선수의 공식경기 출전은 선수규정 부칙 및 '준프로 계약 시행 세칙'을 따른다.

제30조 (출전선수명단 제출의무) 1. 공식경기에 참가하는 홈 클럽과 원정 클럽은 경기개시 90분 전까지 경기감독관에게 출전선수명단을 제출하여 승인을 받아야 하며, 출전선수 스타팅 포메이션(Starting Formation)을 별지로 함께 제출하여야 한다.

2. 출전선수명단에는 출전 선수, 코칭스태프 및 팀 스태프 명단, 유니폼 색상이 포함되어야 하며, 제출된 인원만이 해당 공식경기 출전과 팀 벤치 착석 및 기술지역 출입, 선수 지도를 할 수 있다. 단, 출전선수명단에 등재할 수 있는 코칭스태프 및 팀 스태프의 수는 11명까지로 하며 스카우트, 전력분석관, 장비담당자는 벤치에 착석할 수 없다.

3. 출전선수명단 승인 후에는 선수명단 변경을 할 수 없다. 다만, 경기 개시 전에 선발 출전선수 중 부상 등 의 불가피한 사유로 경기출전이 불가능한 선수가 발생한 경우에는 그 선발 선수를 후보 선수와 교체할 수 있다.

4. 본 대회의 출전선수명단은 18명을 원칙으로 하며, 다음 사항을 반드시 준수하여야 한다.

1) 골키퍼(GK)는 반드시 국내 선수이어야 하며, 후보 골키퍼(GK)는 반드시 1명이 포함되어야 한다.

2) 외국인선수의 경우, 출전선수명단에 3명까지 등록할 수 있으며 3명까지 경기 출전이 가능하다. 단, AFC 가맹국 국적의 외국인선수는 1명에 한하여 추가 등록과 출전이 가능하다.

3) 22세 이하(1996.01.01 이후 출생자) 국내선수는 출전선수명단에 최소 2명 이상 포함(등록)되어야 한다. 만일 22세 이하 국내선수가 출전선수명단에 포함되어 있지 않을 경우, 해당 인원만큼 출전선수명단에서 제외한다(즉, 22세 이하 국내선수가 1명 포함될 경우 출전선수명단은 17명으로 하며, 전혀 포함되지 않을 경우 출전선수명단은 16명으로 한다).

4) 출전선수명단에 포함된 22세 이하 선수 1명은 반드시 의무선발출전을 해야 한다. 만일 22세 이하 선수가 의무선발출전을 하지 않을 경우, 선수교체 가능인원은 2명으로 제한한다(31조 2항 참조).

5) 단, 군/경 팀은 위 3항·4항에 적용받지 않으며, 군/경 팀과 경기 시 그 상대팀도 위 3항·4항에 한시적으로 적용받지 않는다.

6) 클럽에 등록된 22세 이하 국내선수 1명 이상이 KFA 각급 대표팀 선수로 소집(소집일 ~ 해산일될 경우, 해당 클럽에 한해 소집 기간 동안 개최되는 경기에 의무선발출전 규정(상기 4호)을 적용하지 않으며, 차출된 선수의 수(인원) 만큼 엔트리 등록 규정도 적용하지 않는다.

U22선수 소집	출전선수 명단(엔트리)		U22선수 의무선발 출전	선수교체 가능인원	비고
	U22선수 포함 인원	등록가능 인원			
0명	0명	16명	0명	2명	U22선수 의무 선발출전을 하지 않을 경우, 선수교체 가능인원 2명으로 제한
	1명	17명	0명	3명	
	2명 이상	18명	1명	3명	
1명	0명	17명	0명	3명	
	1명 이상	18명	0명	3명	
2명 이상	0명	18명	0명	3명	

5. 순연 경기 및 재경기(90분 재경기에 한함)의 출전선수명단은 다시 제출하여야 한다.

제31조 (선수교체) 1. 본 대회의 선수 교체는 경기감독관이 승인한 출전선수명 단에 의해 후보선수명단 내에서만 가능하다.

2. 선수 교체는 90분 경기에서 3명까지 가능하다. 단, 본 대회요강 제30조 4항-4) 호에의 의거, 22세 이하 국내선수가 선발출전하지 않을 경우, 해당 클럽은 2 명까지 선수 교체가 가능하다. 이를 위반할 경우 제 20조 2항-4항에 따른다.

3. 출전선수명단 승인(경기감독관 서명) 후, 선발출전선수 11명 중 경기출전이 불가한 선수가 발생할 경우, 전반전 킥오프 전까지 경기감독관의 승인하에 출 전선수명단의 교체 대상선수 7명에 한하여 교체할 수 있으며, 교체된 선수는 후보선수명단으로 포함되나 해당 경기에 출전할 수 없다.

   1) 상기 3항의 경우 선수교체 인원으로 적용되지 않으며, 3명의 선수교체 가 능 인원 수는 유효하다.

   2) 선발출전선수 11명 중 23세 이하 (1996.01.01. 이후 출생자) 의무선발출전 선수가 출전이 불가하여 후보 선수명단 내의 23세 이하 선수와 교체될 경 우 선수교체 가능인원은 3명으로 유지된다. 단, 23세 이하가 아닌 선수와 교체될 경우 제30조 3-4)항에 의하여 선수교체 가능인원은 2명으로 제한 한다.

   3) 출전선수명단 내 교체 대상선수 7명 중 경기출전이 불가한 선수가 발생하 더라도 해당 선수는 명단 외 선수와 교체할 수 없다.

제32조 (출전정지) 1. 본 대회에서 경고누적에 의한 출전정지 및 퇴장(경고 2회 퇴장, 직접 퇴장, 경고 1회 후 직접 퇴장)에 의한 출전정지는 본 대회(K리그2 플레이오프 포함) 종료까지 연계 적용한다.

2. 경고누적에 의한 출전정지는 경고누적 3회 때 마다 다음 1경기가 출전정지 된다.

3. 1경기 경고 2회 퇴장에 의한 출전정지는 다음 1경기가 출전 정지되며, 제재금 은 오십만 원(500,000원)이 부과된다. 이 경고는 누적에 산입되지 않는다.

4. 직접 퇴장에 의한 출전정지는 다음 2경기가 출전 정지되며, 제재금은 칠십만 원(700,000원)이 부과 된다.

5. 경고 1회 후 직접 퇴장에 의한 출전정지는 다음 2경기가 출전 정지되며, 제재 금은 일백만 원(1,000,000원)이 부과된다. 경고 1회는 유효하며, 누적에 산입 된다.

6. 제재금은 출전 가능경기 1일 전까지 반드시 해당자 명의로 납부하여야 한다. 이를 위반할 경우, 경기 출전이 불가하다. 출전 가능경기가 남아있지 않을 경 우, 본 대회 종료 15일 이내에 납부하여야 한다.

7. 상벌위원회 징계로 인한 출전정지는 시즌 및 대회에 관계없이 연계 적용한다.

8. 경고, 퇴장, 상벌위원회 징계 등에 따라 출전이 정지된 선수, 코칭스태프, 팀 스태프의 출전으로 인한 모든 책임은 해당 클럽에 있다.

제33조 (유니폼) 1. 본 대회는 K리그 마케팅 규정상의 팀 색상 및 유니폼 규정에 따라 반드시 연맹이 승인하고 지정한 유니폼을 착용해야 한다.

2. 선수 번호(배번)는 1번~99번으로 한정하며, 배번 1번은 GK에 한함)는 출전선 수명단에 기재된 선수 번호와 일치하여야 하며, 배번의 식별이 가능하도록 명 확하게 표시되어 있어야 한다.

3. 팀의 주장은 주장인 것을 명확하게 표시하는 완장(Armband)을 착용하여야 한다.

4. 공식경기에 참가하는 모든 클럽은 제1유니폼과 제2유니폼을 필히 지참함을 원칙으로 하며, 경기 전 연맹(경기감독관) 및 상대 클럽과 유니폼 착용 색상과 관련하여 사전 조율하여야 한다. 이를 따르지 않을 경우, 연맹(경기감독관)이 최종 결정한다. 위반한 클럽에 제재금 500만 원을 부과할 수 있다.

5. 동절기 방한용 내피 상의 또는 하의(타이즈)를 착용하고자 할 때는 유니폼 (상·하의 색상과 동일한 색상을 착용하여야 한다. 이를 위반할 경우 공식경 기출전이 불가하다.

6. 스타킹과 발목밴드(테이핑)는 동일 색상(계열)이어야 한다. 이를 위반할 경우 심판은 시정을 명할 수 있고, 이에 불응할 경우 경기출전을 금지시킬 수 있다.

제34조 (사용구) 본 대회의 공식 사용구는 '아디다스 텔스타18(Telstar18)'로 한다.

제35조 (인터뷰 실시) 1. 홈 클럽은 공동취재구역인 믹스드 존(Mixed Zone)과 공식기자회견장을 반드시 마련하고, 양 클럽 홍보담당자는 경기 전 인터뷰, 경기 후 플래시인터뷰, 공식기자회견, 믹스드 존 인터뷰가 원활히 이뤄질 수

있도록 협조하여야 한다.

2. 양 클럽 선수단은 경기장에 도착하여 라커룸으로 이동 시 믹스드 존에서 미디 어(취재기자에 한함)의 인터뷰에 응하여야 한다.

3. 양 클럽 선수단은 경기개시 90분~70분 전까지 홈 클럽이 지정한 장소(라커룸 앞, 경기장 출입 통로, 그라운드 주변, 믹스드 존 등)에서 인터뷰에 응하여야 하며, 양 클럽 홍보담당자는 미디어(취재기자에 한함)가 요청하는 선수가 인 터뷰에 응할 수 있도록 협조한다.

4. 양 클럽 감독은 경기개시 60분~20분 전까지 미디어(취재기자에 한함)와 약식 인터뷰를 실시하여야 한다.

5. 홈 클럽은 경기종료 직후 중계방송사가 요청하는 감독 또는 선수에 대해 그라 운드에서 플래시 인터뷰를 우선 실시하여야 하며, 양 클럽 홍보담당자는 인터 뷰 대상자를 경기 종료 전 확인하여 경기종료 직후 인계한다.

6. 홈 클럽은 경기종료 후 15분 이내에 홈 클럽 홍보담당자의 진행 하에 양 클럽 감독과 미디어가 요청하는 선수가 순차적으로 참석하는 공식기자회견을 개 최하여야 하며, 양 클럽 홍보담당자는 감독 및 미디어 요청선수가 공식기자회 견에 참석할 수 있도록 협조한다.

7. 공식기자회견은 원정 - 홈 클럽 순으로 진행하며, 선수의 순서는 양 클럽 홍보 담당자가 협의하여 정한다.

8. 미디어 부재로 공식기자회견을 개최하지 않은 경우, 홈 클럽 홍보담당자는 양 클럽 감독의 코멘트를 경기 종료 1시간 이내에 각 언론사에 배포한다.

9. 제재 중인 지도자(코칭스태프 및 팀 스태프 포함)도 경기 전·후 인터뷰와 공 식기자회견 등에 참석하여야 한다.

10. 양 클럽 선수단은 공식기자회견이 종료된 이후에 선수단이 라커룸을 출발하여 믹스트 존 인터뷰에 응하여야 한다(홈팀 필수/ 원정팀 권고).

11. 모든 기자회견은 연맹이 지정한 인터뷰 배경막(백드롭)을 배경으로 실시하 여야 한다.

12. 인터뷰를 실시하지 않거나 공식기자회견에 참석하지 않을 경우, 해당 클럽 과 선수, 감독에게 제재금(50만 원 이상)을 부과할 수 있다.

13. 인터뷰에서는 경기의 판정이나 심판과 관련하여 일체의 부정적인 언급이나 표현을 할 수 없으며, 위반 시 다음 각 호에 의한다.

   1) 각 클럽 소속 선수, 코칭스태프, 팀 스태프, 임직원 등 모든 관계자에게 적 용되며, 위반시 상벌규정 유형별 징계기준 제2조 가, 항 혹은 나, 항을 적용하여 제재를 부과한다.

   2) 공식 인터뷰뿐만 아니라 대중에게 공개될 수 있는 어떠한 경로를 통한 언 급이나 표현에도 적용된다.

14. 그 밖의 사항은 '2018 K리그 미디어 가이드라인'을 준수하여야 한다.

15. 2018 K리그 미디어가이드라인을 준수하지 않을 경우, 해당시즌 팀 미디어 운영에 제한을 받을 수 있다.

제36조 (중계방송협조) 1. 본 대회의 경기 중계방송 시 카메라나 중계석 위치 확보, 방송 인터뷰를 위해 모든 클럽은 중계 방송사와 연맹의 요청에 최대한 협조한다.

2. 사전에 지정된 경기시간은 방송사의 요청에 따라 변경될 수 있다.

3. 홈 클럽은 중계방송사를 위한 별도의 공간을 경기시작 4시간 전부터 종료 1시간까지 반드시 마련해야 한다.

제37조 (경기장 안전과 질서유지) 1. 홈 클럽은 경기개시 2시간 전부터 경기종 료 후 모든 관중 및 관계자가 퇴장할 때까지 선수, 팀 스태프, 심판을 비롯한 전 관계자와 관중의 안전 및 질서 유지에 대한 의무와 책임이 있다.

2. 홈 클럽은 상기 1항의 의무 실시를 위해 최선의 노력을 다해야 하며, 경기장 안전 및 질서를 어지럽히는 관중에 대해 그 입장을 제한하고 강제 퇴장시키는 등의 적절한 조치를 취할 수 있다.

3. 연맹, 클럽, 선수, 코칭스태프 및 팀 스태프, 관계자를 비방하는 사안이나, 경 기진행 및 안전에 지장을 줄 수 있는 모든 사안에 대해 관련 클럽은 즉각 이를 시정 조치하여야 한다.

4. 경기감독관은 상기 3항에 해당하는 사안을 경기 중 또는 경기 전·후에 발견 하였을 경우 관련 클럽에 시정 조치를 요구할 수 있으며, 관련 클럽은 경기감 독관의 지시에 따라야 한다.

5. 상기, 3·4항의 사안이 시정 조치되지 않을 경우, 상벌규정 유형별 징계기준 제5조 마.항 및 바.항에 의거, 해당 클럽에 제재를 부과할 수 있다.
6. 관중의 소요, 난동으로 인해 경기 진행에 문제가 발생하거나, 선수, 심판, 코칭스태프 및 팀 스태프, 미디어를 비롯한 관중의 안전과 경기장 질서 유지에 문제가 발생할 경우에는 관련 클럽이 사유를 불문하고 그에 대한 일체의 책임을 부담한다.

제38조 (홈경기 관리책임자, 홈경기 안전책임자 선정 및 경기장 안전요강) 모든 클럽은 경기장 안전 및 원활한 진행을 위해 홈경기 관리책임자 및 홈경기 안전책임자를 선정하여 연맹에 보고하여야 하며, 아래의 경기장 안전요강을 숙지하여 실행하고 관중에게 사전 공지 또는 고지하여야 한다. 또한 홈경기 관리책임자 및 홈경기 안전책임자는 경기감독관의 업무 및 지시 사항에 대해 최대한 협조하여야 한다.

1. 반입금지물: 경기장에 입장하려는 사람 또는 입장한 사람은 홈경기 관리책임자 및 홈경기 안전책임자가 특별히 필요 사항에 의해 허락했을 경우를 제외하고 다음의 각 호에 명시된 것을 가지고 입장할 수 없다.
   1) 경기장 관리자에 의해 반입을 금지하고 있는 것
   2) 정치적, 사상적, 종교적인 주의 또는 주장 또는 관념을 표시하거나 또는 연상시키고 혹은 대회의 운영에 지장을 미칠 우려가 있는 게시판, 간판, 현수막, 플래카드, 문서, 도면, 인쇄물 등
   3) 연맹의 승인을 득하지 않은 특정의 회사 또는 영리기업의 광고를 목적으로 하여 특정의 회사명, 제품명 등을 표시한 것(특정 회사, 제품 등을 연상시키는 것 포함)
   4) 그 외 경기운영 또는 진행을 방해하여 타인에게 불편을 주거나 또는 위험하게 하거나 혹은 그러한 우려가 있거나 또는 운영담당·보안담당, 경비종사원이 위험성을 인정하는 것
2. 금지행위: 경기장에 입장하려는 사람 또는 입장한 사람은 홈경기 관리책임자 및 홈경기 안전책임자가 특별히 필요 사항에 의해 허락했을 경우를 제외하고는 다음의 각 호에 명시되는 행위를 해서는 안 된다.
   1) 경기장 관리자에 의해 금지되고 있는 행위
   2) 정당한 입장권 또는 통행증을 소지하지 않고 입장하는 것
   3) 항의 집회, 데모 등 대회의 원활한 운영을 저해할 우려가 있는 행위
   4) 알코올, 약물 그 외 물질을 소유 및 복용한 상태로 경기장에 입장하는 행위 또는 경기장에 이러한 물질을 방치해 두어 이것들의 영향에 의해 경기운영 또는 타인의 행위 등을 저해하는 행위(알코올 등의 영향에 의해 정상적인 행위를 할 수 없는 우려가 있는 상태일 경우 입장 불가)
   5) 해당 경기장(시설) 및 관련 장소에서 권유, 연설, 집회, 포교 등의 행위
   6) 정해진 장소 외에서 차량을 운전하거나 주차하는 것
   7) 상행위, 기부금 모집, 광고물의 게시 등의 행위
   8) 정해진 장소 외에 쓰레기 및 오물을 폐기하는 것
   9) 연맹의 승인 없이 영리목적으로 경기장면, 식전행사, 관객 등을 사진 또는 비디오로 촬영하는 것
   10) 연맹의 승인 없이 대회의 음성, 영상의 전부 또는 일부를 인터넷 및 미디어를 통해 전달하는 것
   11) 경기운영 또는 진행을 방해하여 타인에게 폐를 끼치거나 또는 위험을 미치거나 혹은 그러한 우려가 있으면서 경비종사원이 위험성을 인정한 행위
3. 경기장 관련: 경기장에 입장하려는 사람 또는 입장한 사람은 다음의 각 호에 명시하는 사항을 준수하여야 한다.
   1) 입장권, 신분증, 통행증 등의 제시가 요구되었을 때는 이것을 제시해야 함
   2) 안전 확보를 위해 수화물, 소지품 등의 검사가 요구되었을 때는 이에 따라야 함
   3) 사건·사고가 발생하거나 또는 발생 우려가 예상되는 경우, 경비 종사원 또는 치안 당국의 지시, 안내, 유도 등에 따라 행동할 것
4. 입장거부 또는 퇴장명령
   1) 홈경기 관리책임자 및 홈경기 안전책임자는 상기 3-1호, 2호, 3호의 경기장 안전요강을 위반한 사람의 입장을 거부하여 경기장으로부터의 퇴장을 명할 수 있으며, 상기 3항에 의거하여 반입금지물 몰수 등 필요한 조치를 취할 수 있다.
   2) 홈경기 관리책임자 및 홈경기 안전책임자는 상기 4-1호에 해당하는 사람 중에서 특히 고의, 상습으로 확인된 사람에 대해서는 이후 개최되는 연맹 주최의 공식경기에 입장을 거부할 수 있다.
   3) 홈경기 관리책임자 및 홈경기 안전책임자에 의해 입장이 거부되거나 경기장에서 퇴장을 받았던 사람은 입장권 구입 대금의 환불을 요구할 수 없다.
5. 권한의 위임: 홈경기 관리책임자는 특정 시설에 대해 그 권한을 타인에게 위임할 수 있다.
6. 안전 가이드라인 준수: 모든 클럽은 연맹이 정한 'K리그 안전가이드라인'을 준수하여야 한다.

제39조 (기타 유의사항) 각 클럽은 아래의 사항을 숙지하고 준수하여야 한다.
1. 모든 취재 및 방송중계 활동을 위한 미디어 관련 입장자는 2018 K리그 미디어 가이드라인에 따라 입장하여야 하며 이를 준수하여야 한다.
2. 경기에 참가하는 선수단(코칭스태프, 팀 스태프 포함)은 경기시작 100분 전에 경기장에 도착하여야 한다.
3. 오픈경기 및 축구클리닉 등 경기 진행에 영향을 미치는 행사는 본 경기 개최 1시간(60분) 전까지 반드시 종료되어야 하며, 연맹에 사전 승인을 받아야 한다.
4. 선수는 신체보호를 위해 반드시 정강이 보호대를 착용하고 경기에 임해야 한다.
5. 경기 중 클럽의 임원, 코칭스태프, 팀 스태프, 선수는 경기장 내에서 흡연을 할 수 없으며, 이를 위반할 경우 퇴장 조치한다.
6. 시상식에는 연맹이 지정한 클럽(팀)과 수상 후보자가 반드시 참석하여야 한다.
7. 체육진흥투표권(스포츠토토 등) 발매 이상 징후 대응경보 발생 시, 경기시작 90분 전 대응 미팅에 관계자(경기감독관, 매치코디네이터, 양 클럽 관계자 및 감독) 등이 참석하여야 한다.
8. 팀 벤치에서 무선통신기(휴대전화 포함) 시스템의 사용은 원칙적으로 불가하다.
9. 경기 중, 교체대상 선수의 워밍업은 연맹이 사전에 지정한 장소에서 실시하여야 한다.
10. 경기감독관은 하절기(6~8월) 기간 중, 쿨링 브레이크 제도(워터 타임)의 실시 여부를 결정할 수 있다. 감독관은 경기시작 20분 전 기온을 측정하여 32도(섭씨) 이상일 경우, 심판진과 협의해 실시할 수 있다.
11. 심판 판정에 대한 제소는 불가하다.
12. 전자 퍼포먼스/트래킹 시스템(EPTS)을 사용하는 경우, 사전 승인을 득하여야 한다.

제40조 (부칙) 본 대회요강에 명시되지 않은 사항은 K리그 규정, FIFA 규정, K리그 이사회 결정에 의거하여 시행한다.

KEB하나은행 K리그2 2018 경기기록부

부산 1 : 1 성남

3월03일 14:00 맑음 부산 구덕 2,649명
주심_송민석 부심_노수용·구은석 대기심_최대우 경기감독관_김용세

			전반 0		
부산 1			후반 1		1 성남

퇴장	경고	파울	ST(유)	교체	선수명	배번	위치	위치	배번	선수명	교체	ST(유)	파울	경고	퇴장
0	0	0	0		김형근	31	GK	GK	1	김동준		0	0	0	0
0	0	0	1(1)		김치우	7	DF	DF	15	이지민		0	2	0	1
0	0	0	0		정호정	2	DF	DF	22	김재봉		1	1	0	0
0	1	1	0		김명준	15	DF	DF	20	연제운		0	1	0	0
0	0	1	0		박준강	3	DF	DF	14	이학민		0	1	0	0
0	1	0		25	이재권	5	MF	MF	6	김정현		1	2	1	0
0	0	0	0		송창호	14	MF	MF	40	무랄라	26	1	1	0	0
0	0	4	1(1)		호물로	10	MF	MF	10	문상윤	30	1	1	0	0
0	0	0	4		신영준	13	FW	FW	7	에델		1(1)	1	0	0
0	0	2	2(1)	6	김진규	23	FW	FW	11	서보민		2(2)	1	0	0
1	0	2	0		최승인	99	FW	FW	8	주현우	9	2	0	0	0
0	0	0	0		송유걸	21			21	김근배		0	0	0	0
0	1	1	2	후12	홍진기	4			2	이시영		0	0	0	0
0	0	0	0	후35	이규성	6			26	이다원	후0	0	0	0	0
0	0	0	0		이동준	11	대기	대기	3	최준기		0	0	0	0
0	0	0	0	후21	이청웅	25			37	임대준		0	0	0	0
0	0	0	0		구현준	27			30	김동희	후41	0	0	0	0
0	0	0	0		알레망	60			9	정성민	후28	1(1)	1	1	0
1	2	14	4(3)			0						6(4)	13	1	1

● 전반 46분 송창호 MFR FK ⌒ 김진규 GAL R - ST - G(득점: 김진규, 도움: 송창호) 오른쪽
● 후반 47분 에델 PK - R - G(득점: 에델) 왼쪽

대전 1 : 2 부천

3월03일 15:00 맑음 대전 월드컵 2,172명
주심_서동진 부심_강동호·장종필 대기심_오현진 경기감독관_김형남

			전반 1		
대전 1			후반 0		2 부천

퇴장	경고	파울	ST(유)	교체	선수명	배번	위치	위치	배번	선수명	교체	ST(유)	파울	경고	퇴장
0	0	0	0		김진영	1	GK	GK	21	최철원		0	0	0	0
0	0	1	0		고명석	25	DF	DF	4	박 건		2	0	0	0
0	0	3	1(1)		윤준성	4	DF	DF	5	임동혁		0	0	0	0
0	0	0	0		백종환	77	DF	DF	11	김준엽		0	2	0	0
0	1	2	0		전상훈	23	DF	DF	22	안태현		0	1	0	0
0	1	2	0	17	오장은	7	MF	MF	6	닐손주니어		0	2	0	0
0	0	0	0		안상현	20	MF	MF	7	문기한		4(1)	1	1	0
0	1	3	0		김성주	33	MF	MF	10	이 현		0	1	0	0
0	0	2	2(1)	16	김승섭	11	MF	FW	8	포 프	44	5(5)	3	0	0
0	0	0	2		박수창	8	MF	FW	9	공민현		4(3)	3	0	0
0	0	6	1		페드로	91	FW	FW	27	이광재	16	1(1)	1	0	0
0	0	0	0		임민혁	36			18	이기현		0	0	0	0
0	0	0	0		안재준	6			2	장순혁	후0	0	0	0	0
0	0	0	0		박재우	26			3	김재웅		0	0	0	0
0	0	0	0	후23	고민성	17	대기	대기	14	김한빈		0	0	0	0
0	0	0	0	후34	박대훈	16			13	이정찬		0	0	0	0
0	0	0	0	후14	유해성	14			44	황진산	후41	0	0	0	0
0	0	0	0		정민우	9			16	진창수	후0	2(2)	0	0	0
0	3	20	7(2)			0						17(12)	14	1	0

● 전반 13분 임동혁 GA 정면 H → 포프 GAL 내 R - ST - G(득점: 포프, 도움: 임동혁) 왼쪽
● 후반 40분 안태현 PAR 내 EL ~ 공민현 GA 정면 내 R - ST - G(득점: 공민현, 도움: 안태현) 왼쪽

광주 0 : 0 안양

3월03일 15:00 맑음 광주 월드컵 4,232명
주심_박병진 부심_지승민·설귀선 대기심_김용우 경기감독관_최상국

			전반 0		
광주 0			후반 0		0 안양

퇴장	경고	파울	ST(유)	교체	선수명	배번	위치	위치	배번	선수명	교체	ST(유)	파울	경고	퇴장
0	0	0	0		윤보상	21	GK	GK	1	전수현		0	0	0	0
0	0	2	0		정준연	5	DF	MF	16	주현재		1(1)	3	0	0
0	0	1	0		안영규	6	DF	DF	5	김영찬		0	2	0	0
0	0	0	2(1)		지 우	7	MF	MF	15	김형진		0	2	0	0
0	1	3	0		임민혁	8	MF	DF	28	김진래		0	1	0	0
0	1	3	0		나상호	10	MF	DF	7	은성수		0	1	0	0
0	0	2	1(1)	27	정영총	11	MF	MF	10	마르코스		1(1)	4	0	0
0	0	0	0		이한도	20	DF	MF	23	정재용	19	2(1)	4	0	0
0	1	1	0		김동현	25	MF	FW	33	정희웅	19	0	4	0	0
0	0	0	0		여봉훈	29	MF	MF	11	정재희		0	0	0	0
0	0	0	0		이민기	36	DF	FW	18	김희원	9	0	0	0	0
0	0	0	0		박완선				29	정민기		0	0	0	0
0	0	0	0		박요한	2			6	김대욱		0	0	0	0
0	0	0	0		김태윤	4			4	유연승		0	0	0	0
0	0	0	0		두현석		대기	대기	17	김신철		0	0	0	0
0	0	0	0		미노리	13			19	문준호	후21	0	0	0	0
0	0	0	0		이희현	20			9	브루노	후0	3(1)	3	0	0
0	0	0	0	후16	김정환	27			9	브루노	후0	3(1)	3	0	0
0	1	17	4(2)			0						8(4)	17	0	0

수원FC 1 : 0 서울E

3월04일 15:00 흐림 수원 종합 2,609명
주심_채상협 부심_김지욱·성주경 대기심_최현재 경기감독관_전인석

			전반 0		
수원FC 1			후반 0		0 서울E

퇴장	경고	파울	ST(유)	교체	선수명	배번	위치	위치	배번	선수명	교체	ST(유)	파울	경고	퇴장
0	0	0	0		김다솔	31	GK	GK	1	김영광		0	0	0	0
0	0	0	0		김범용	3	DF	DF	3	감한솔	13	1(1)	0	0	0
0	0	0	0		박세진	16	DF	DF	6	안지호		0	2	1	0
0	0	3	1(1)		레이어	24	DF	DF	4	김재현		0	4	1	0
0	0	3	3(2)	11	이승현	17	DF	DF	33	유지훈		0	0	0	0
0	0	2	6(3)		백성동	10	MF	MF	8	김준태		3(1)	2	0	0
0	0	0	0		정 훈	13	MF	MF	10	고차원		4(2)	1	0	0
0	0	2	0		알렉스	14	MF	MF	19	최한솔	14	0	1	0	0
0	1	2	0		조유민	20	DF	DF	20	오창현		2(2)	1	0	0
0	1	2	3(3)	9	마테우스	23	FW	FW	20	원기종	16	0	0	0	0
0	1	4(3)	9		김동찬	77	FW	FW	9	비엘키에비치		1(1)	3	0	0
0	0	0	0		이상욱	90			31	강정묵		0	0	0	0
0	0	0	0		김창훈				22	전민광		0	0	0	0
0	0	0	0		조상범				13	김태은	후0	0	0	0	0
0	0	0	0	후30	이광진	8	대기	대기	66	김창욱		0	0	0	0
0	0	0	0	후11	브루노	11			14	조재완	후0	1	0	0	0
0	0	0	0		조재원				16	서사로	교체				
0	0	0	0		모재현	19			23	최치원		0	0	0	0
0	3	10	19(13)			0						14(8)	16	3	0

● 전반 39분 김동찬 GAL R - ST - G(득점: 김동찬) 가운데

3월 04일 17:00 흐림 아산 이순신 2,515명

주심_박진호 부심_박상준·송봉근 대기심_신용준 경기감독관_차상해

아산 1 전반 0 / 후반 1 — 0 후반 0 / 전반 0 **0 안산**

퇴장	경고	파울	ST(유)	교체	선수명	배번	위치	위치	배번	선수명	교체	ST(유)	파울	경고	퇴장
0	0	0	0		박형순	1	GK	GK	21	이희성		0	0	0	0
0	0	0	0		이주용	3	DF	DF	2	최성민		1	0	0	0
0	0	0	0		김동철	20	DF	DF	3	김연수		0	0	0	0
0	0	1	0		민상기	39	DF	DF	4	이인재		0	0	0	0
0	0	1	1(1)		구대영	90	DF	DF	77	조우진		0	0	0	0
0	1		1(1)		김종국		MF	MF		박준희		1(1)	1	0	0
0	0	1		10	안현범	15	MF	MF		신일수		1	0	0	0
0	0				황인범	66	MF	MF		장혁진		0	0	0	0
0	1	4	1	33	이건	9	MF	MF	11	최호주	23	1(1)	0	0	0
0	1	1			고무열	18	FW	FW		한지원		1	3	2	0
0	1		2(1)	17	김현	30	FW	FW		코네		1	2	0	0
					박주원	21			31	박형민					
					이으뜸	8			7	박진섭					
			후41		이한샘	33			9	한건용	후12				
					김동섭	13	대기	대기		홍동현	후0				
					김민규	14			20	송주호					
			후30		조성준	17									
			1(1)후0		이재안	10			23	박관우	후34				
0	1	12	9(5)			0			0			6(2)	11	3	0

● 후반 3분 한의권 PAR 내 EL ~ 고무열 GAR R - ST - G(득점: 고무열, 도움: 한의권) 오른쪽

3월 10일 14:00 맑음 탄천 종합 2,868명

주심_김용우 부심_강동호·강도준 대기심_정회수 경기감독관_김용갑

성남 0 전반 0 / 후반 0 — 0 전반 0 / 후반 0 **0 광주**

퇴장	경고	파울	ST(유)	교체	선수명	배번	위치	위치	배번	선수명	교체	ST(유)	파울	경고	퇴장
0	0	0	0		김동준	1	GK	GK	21	윤보상		0	0	0	0
0	0	1			김재봉	22	DF	DF	5	정준연		0	5	0	0
0	0	0	0		연제운	20	DF	DF	6	안영규		0	0	0	0
0	0	0			이다원	7	MF	MF	7	나성은	9	4(1)	0	0	0
0	0	0			이학민	14	MF	MF	10	나상호		0	0	0	0
0	0		2(1)		무랄라	40	MF	MF	11	정영총	15	1	3	0	0
0	0		24		임대준	37	MF	MF	13	미노리		0	0	0	0
0	0	0			문상윤	10	MF	MF	18	이한도		0	0	0	0
0	0	0			서보민	11	MF	MF	25	김동현		0	0	0	0
0	1	5(5)			에델	7	FW	FW	29	여봉훈		0	0	0	0
0	0			9	주현우	8	FW	FW	36	이민기		0	0	0	0
					김근배	21			31	윤평국					
					이시영	2			2	박요한					
					최준기	3			4	김태윤					
			후42		박태준	24	대기	대기	8	임민혁					
					오승민	29			9	두현석	후38				
					김소웅	23			69	부 아					
			후6		정성민	9			15	이인규	후27				
0	2	13	16(8)			0			0			13(1)	14	1	0

3월 10일 17:00 맑음 아산 이순신 1,070명

주심_최광호 부심_장종필·구본석 대기심_장순택 경기감독관_나승화

아산 2 전반 1 / 후반 1 — 0 전반 0 / 후반 0 **0 수원FC**

퇴장	경고	파울	ST(유)	교체	선수명	배번	위치	위치	배번	선수명	교체	ST(유)	파울	경고	퇴장
0	0	0	0		박형순	1	GK	GK	31	김다솔		0	0	0	0
0	0	2	0		이주용	3	DF	DF	3	김범용		1(1)	2	0	0
0	1	1	0		김동철	20	DF	DF	16	박세진		1	2	1	0
0	1	1	0		민상기	39	DF	DF	24	레이어		0	2	0	0
0			1(1)		구대영	90	DF	FW		이승현	27	3	0	0	0
0	1	3			김종국		MF	MF	10	백성동		2(1)	0	0	0
0		1	5(5)	7	안현범	15	MF	MF	13	정훈		0	0	0	0
0		2(1)		14	황인범	66	MF	MF	14	알렉스		1	1	0	0
0		4	5		한의권		MF	DF	20	조유민		0	0	0	0
0		4	3(2)		고무열	18	FW	FW	9	정우근	11	1	0	0	0
0				10	김현	30	FW	FW	23	마테우스		3	1	0	0
					양형모	31			90	이상욱					
					이으뜸	8			5	김창훈					
					이한샘	33	대기	대기	8	조상범					
			후24		이창용	7			9	이광진					
			후44		김민규	14			11	브루노	후0				
					주세종				17	김척호주	후36				
			후33		이재안	10			27	서동현	후20				
0	2	15	17(10)			0			0			10(2)	11	1	0

● 전반 33분 황인범 AKR 중거리슛 L - ST - G(득점: 황인범) 오른쪽
● 후반 47분 김종국 MF 정면 ~ 고무열 PA 정면 R - ST - G(득점: 고무열, 도움: 김종국) 왼쪽

3월 11일 15:00 맑음 안산 와~스타디움 5,532명

주심_조지음 부심_지승민·성주경 대기심_김도연 경기감독관_신홍기

안산 3 전반 1 / 후반 2 — 1 전반 1 / 후반 1 **2 대전**

퇴장	경고	파울	ST(유)	교체	선수명	배번	위치	위치	배번	선수명	교체	ST(유)	파울	경고	퇴장
0	1	0	0		이희성	21	GK	GK	1	김진영		0	0	0	0
0		24			김연수	2	DF	DF	25	고명석		0	0	0	0
0		0			이인재	4	DF	DF	4	윤준성		0	0	0	0
1	0				신일수	6	DF	DF	77	백종환		0	0	0	0
0		2	1(1)		박준희	5	MF	MF	34	박명수		0	0	0	0
0		0			박진섭	7	MF	MF	5	박수창		4(4)	0	0	0
0		3			장혁진	8	MF	MF	20	안상현		0	0	0	0
0	1		2(1)		이건	19	MF	MF	33	김성주	16	1	1	0	0
0		3		23	홍동현	16	MF	MF	11	김승섭		3(2)	0	0	0
0		3(3)			최호주	11	FW	MF	12	김민성	9	0	0	0	0
0	1	3	2(2)	23	코네	22	FW	FW	64	박인혁		4(3)	4	1	0
					박형민	31			36	임민혁					
			후0		최성민	2			4	안재준					
					최명으	16			9	박재우	후15				
					정기운	8	대기	대기	10	필립	후0				
			후29		박관우	23			9	오장은					
			후21		박성부	24			9	정민우					
					김종석	26			16	박대훈	후36				
3	3	24	11(9)			0			0			16(11)	14	1	0

● 전반 11분 박준희 PAR → 이건 GAL 내 L - ST - G(득점: 이건, 도움: 박준희) 가운데
● 후반 21분 장혁진 MF 정면 FK ~ 박준희 GA 정면 L - ST - G(득점: 박준희, 도움: 장혁진) 오른쪽
● 후반 45분 최호주 PAR ~ 장혁진 GA 정면 R - ST - G(득점: 장혁진, 도움: 최호주) 왼쪽

● 전반 9분 박수창 PK - R - G(득점: 박수창) 가운데
● 후반 7분 코네 GAR 내 H 자책골(득점: 코네) 오른쪽

서울E 2 : 2 부산

3월 11일 15:00 맑음 잠실 1,349명
주심_정동식 부심_송봉근·설귀선 대기심_최일우 경기감독관_박남열

| 서울E 2 | 0 전반 1 / 2 후반 1 | 2 부산 |

퇴장	경고	파울	ST(유)	교체	선수명	배번	위치	위치	배번	선수명	교체	ST(유)	파울	경고	퇴장
0	0	0	0		김영광	1	GK	GK	1	송유걸		0	0	0	0
0	1	1	1		김태은	13	DF	DF	2	정호정		0	1	0	0
0	0	0	0		안지호	6	DF	DF	15	김명준		0	0	0	0
0	1	0	0		전민광	22	DF	DF	7	김치우		2(2)	2	0	0
0	1	0	4		유지훈	33	DF	DF	17	이종민		0	2	0	0
0	1	0	0		김준태	8	MF	MF	25	이청웅		0	0	0	0
0	0	0	14		고차원	10	MF	MF	8	이재권		1	3	0	0
0	1	3(2)			최치원	23	MF	MF	10	호물로		1	3	0	0
0	0	2	0		최오백	7	FW	FW	33	신영준	33	3(1)	3	1	0
0	1	16			원기종	20	FW	FW	11	이동준	23	0	2	0	0
0	2	2(2)			비엘키에비치	9	FW	FW	60	알레망	99	3(2)	1	0	0
0	0	0	0		강정묵	31			21	구상민		0	0	0	0
0	0			후29	김재현	4			4	홍진기		0	0	0	0
0	0				강윤구	66			14	송창호		0	0	0	0
0	1	1	3	전27	조재완	14	대기	대기	23	김진규	후20	2(1)	1	0	0
0	0				유정완	26			27	구현준		0	0	0	0
0	2(1)			후0	조찬호	16			33	김문환	후13	1	0	0	0
0	0				전석훈	25			99	최승인	후6	3(1)	1	0	0
0	4	11	10(5)									16(7)	21	2	0

- 후반 3분 조찬호 GAL 내 L - ST - G(득점: 조찬호) 가운데
- 후반 9분 조찬호 MFL TL ~ 비엘키에비치 MFL R - ST - G(득점: 비엘키에비치, 도움: 조찬호) 오른쪽
- 전반 21분 이종민 C.KR ⌒ 알레망 GA 정면 H - ST - G(득점: 알레망, 도움: 이종민) 오른쪽
- 후반 27분 이재권 GAL EL ~ 김치우 GAL L - ST - G(득점: 김치우, 도움: 이재권) 오른쪽

안양 0 : 3 부천

3월 11일 15:00 맑음 안양 종합 6,503명
주심_김영수 부심_노수용·안광진 대기심_정의석 경기감독관_김진의

| 안양 0 | 0 전반 1 / 0 후반 2 | 3 부천 |

퇴장	경고	파울	ST(유)	교체	선수명	배번	위치	위치	배번	선수명	교체	ST(유)	파울	경고	퇴장
0	0	0	0		전수현	1	GK	GK	21	최철원		0	0	0	0
0	1	2	0		최호정	3	DF	DF	2	장순혁		3	0	0	0
0	0	0	0		김영찬	5	DF	DF	5	임동혁		0	0	0	0
0	0	0	0		김형진	15	DF	DF	11	김준엽		0	1	0	0
0	1	1(1)			김진래	28	DF	DF	22	안태현		1	1	0	0
0	0	6			은성수	7	MF	MF	6	닐손주니어		0	2	0	0
0	0	0	0		마르코스	10	MF	MF	7	문기한		0	0	0	0
0	1	0	0		장은규	27	MF	MF	10	이현승	13	1	3	0	0
0	1(1)				정희웅	33	MF	MF	8	포프	44	3(1)	2	0	0
0	1	0			문준호	14	FW	FW	9	공민현		5(3)	1	0	0
0	1(1)				브루노	9	FW	FW	27	이광재		0	0	0	0
0	0				정민기	29			18	이기현		0	0	0	0
0	0				김대욱	8			3	김재우		0	0	0	0
0	0				유연승	4			19	정준현		0	0	0	0
0	0				김신철	17	대기	대기	13	정수종	후32	0	0	0	0
0	0			후0	최재훈	6			44	황진산	후38	0	0	0	0
0	0			후0	정재희	11			16	진창수	후0	2(2)	0	0	0
0	0				김희원	18			20	김동현		0	0	0	0
0	2	11	4(4)									15(6)	15	0	0

- 후반 32분 공민현 GA 정면 ~ 포프 GAR R - ST - G(득점: 포프, 도움: 공민현) 오른쪽
- 후반 36분 포프 PAR ⌒ 공민현 PA 정면 내 R - ST - G(득점: 공민현, 도움: 포프) 오른쪽
- 후반 46분 김준엽 PAL 내 ⌒ 공민현 GA 정면 H - ST - G(득점: 공민현, 도움: 김준엽) 왼쪽

안산 2 : 1 안양

3월 17일 15:00 맑음 안산 와스타디움 1,581명
주심_정동식 부심_강동호·설귀선 대기심_김덕철 경기감독관_김용갑

| 안산 2 | 1 전반 0 / 1 후반 1 | 1 안양 |

퇴장	경고	파울	ST(유)	교체	선수명	배번	위치	위치	배번	선수명	교체	ST(유)	파울	경고	퇴장
0	0	0	0		이희성	21	GK	GK	1	전수현		0	0	0	0
0	0	0	0		이인재	4	DF	DF	4	유연승		0	2	1	0
0	0	0	0		박준희	5	DF	DF	5	김영찬		0	0	0	0
0	0	1	0		송주호	20	DF	DF	15	김형진	10	0	0	0	0
0	0	1(1)	77		홍동현	10	MF	MF	28	김진래		0	0	0	0
0	4	0	26		한지원	14	MF	MF	22	안진범		0	1	0	0
0	0	0	0		최명희	16	MF	MF	11	정재희		5(3)			0
0	1				이 건		MF	MF	33	정희웅		1(1)			0
0	0				최호주	11	MF	MF	18	김희원	30				0
0	0		25		라 울	14	MF	FW	9	브루노	19	5(3)			0
0	4	1(1)			코 네	22	MF	FW	29	정민기					0
0	0				박형민	31			18	이기현					0
0	0				최성민	12			8	최재훈					0
0	0				이 민				24	안세희					0
0	0				정기운	18	대기	대기	6	최재훈					0
0	2	2(2)		후0	김태현				19	문준호	후33				0
0	0			후22	김종석	7			10	마르코스	전14				0
0	0			후29	조우진	77			30	알렉스	후5				0
0	2	10	0(4)									10(7)	11	4	0

- 전반 23분 라울 PAR 내 → 홍동현 PA 정면 내 R - ST - G(득점: 홍동현, 도움: 라울) 오른쪽
- 후반 25분 코네 PK - R - G(득점: 코네) 왼쪽
- 후반 4분 유연승 PAR ⌒ 정희웅 GAL R - ST - G(득점: 정희웅, 도움: 유연승) 오른쪽

수원FC 1 : 4 성남

3월 17일 15:00 맑음 수원 종합 1,767명
주심_박진호 부심_노수용·성주경 대기심_김도연 경기감독관_나승화

| 수원FC 1 | 1 전반 1 / 0 후반 3 | 4 성남 |

퇴장	경고	파울	ST(유)	교체	선수명	배번	위치	위치	배번	선수명	교체	ST(유)	파울	경고	퇴장
0	0	0	0		이상욱	90	GK	GK	1	김동준	21	0	0	0	0
0	0	1	0		김범용	3	DF	DF	2	김재봉		0	0	0	0
0	0	1(1)			김창훈	5	DF	DF	20	연제운		0	0	0	0
0	0	0	0		박세진	16	DF	DF	3	최준기		0	0	0	0
0	0	0	0		레이어	24	DF	DF	14	이학민		1(1)	2	0	0
0	0	0	0		이광진	8	DF	DF	22	김정현		2(1)	1	0	0
0	0	0	0		브루노	9	FW	FW	24	박태준		1(1)	1	0	0
0	3(3)				알렉스	14	MF	MF	10	문상윤		2(1)	0	0	0
0	0	27			최원철	15	MF	MF	11	서보민		0	0	0	0
0	1	7			모재현	19	FW	FW		에 델		5(4)	3	0	0
0	3(2)				마테우스	23	FW	FW	8	주현우	30	3(2)	0	0	0
0	0				이인수	21			21	김근배	후46	0	0	0	0
0	0				조상범	30			12	이시영		0	0	0	0
0	0			후8	이승현	7			26	이다원		0	0	0	0
0	0				정 훈	13	대기	대기	25	조성욱	후43	0	0	0	0
0	0			후41	정우근	9			40	무랄랴		0	0	0	0
0	0			후26	서동현	27			30	김동희	후37	0	0	0	0
0	1	10	11(10)									10(11)	10	0	0

- 전반 1분 마테우스 GAL L - ST - G(득점: 마테우스) 오른쪽
- 전반 12분 에델 AK 내 H → 박태준 GA 정면 R - ST - G(득점: 박태준, 도움: 에델) 오른쪽
- 후반 22분 문상윤 PAL 내 EL ~ 에델 PA 정면 R - ST - G(득점: 에델, 도움: 문상윤) 왼쪽
- 후반 34분 이학민 MF 정면 ~ 주현우 GAL R - ST - G(득점: 주현우, 도움: 이학민) 왼쪽
- 후반 40분 에델 PK - R - G(득점: 에델) 왼쪽

주심_김동인 부심_송봉근·김홍규 대기심_최대우 경기감독관_박남열

광주 1 — 0 전반 0 / 1 후반 2 — 2 부천

퇴장	경고	파울	ST(유)	교체	선수명	배번	위치	위치	배번	선수명	교체	ST(유)	파울	경고	퇴장
0	0	0	0		윤 보 상	21	GK	GK	1	최 철 원		0	0	0	0
0	0	2	0		정 준 연	5	DF	DF	5	임 동 혁		0	1	0	0
0	1	1	1		안 영 규	6	DF	DF	11	김 준 엽		0	1	0	0
0	0	0	2(1)	8	지 우	7	MF	DF	19	정 준 현		0	0	0	0
0			2(1)		나 상 호	10	MF	DF	20	안 태 현		0	1	0	0
0	0	0		69	정 영 총	11	FW	MF	6	닐손주니어		1	1	0	0
0	0	2	2	15	미 노 리	13	MF	MF	7	문 기 한		0	2	0	0
0	0	1			이 한 도	20	DF	FW	10	이 현 승	13	2(1)	2	0	0
0	1	3	3(3)		여 봉 훈	25	MF	FW	9	공 민 현		2(1)	2	0	0
0	0	0			이 민 기	36	DF	MF	27	이 광 재	16	0	0	0	0
					윤 평 국	31			18	이 기 현					
					박 요 한	2			3	김 재 우					
0	0	0		후21	임 민 혁	8			14	김 한 빈					
					두 현 석	9	대기		13	이 정 찬	후26				
0	0		후36		이 인 규	15			24	김 지 호	후41				
					김 시 우	22			44	황 진 산					
0	0	1	2(2)	후21	부 야	69			16	진 창 수	후0	0	2	1	0
0	2	13	13(7)			0			0			5(3)	20	2	0

●후반 42분 부야 GA 정면 내 R - ST - G(득점: 부야) 가운데
●후반 16분 포프 PK - R - G(득점: 포프) 오른쪽
●후반 17분 진창수 PAL ~ 공민현 GAR R - ST - G(득점: 공민현, 도움: 진창수) 왼쪽

3월 18일 14:00 흐림 부산 구덕 1,482명
주심_서동진 부심_지승민·권용식 대기심_최현재 경기감독관_송선호

부산 1 — 1 전반 0 / 0 후반 0 — 0 아산

퇴장	경고	파울	ST(유)	교체	선수명	배번	위치	위치	배번	선수명	교체	ST(유)	파울	경고	퇴장
0	0	0	0		구 상 민	21	GK	GK	1	박 형 순		0	0	0	0
0	0	0	0		정 호 정	2	DF	DF	2	이 주 용		0	3	1	0
0	0	0			김 치 우	7	DF	DF	39	민 상 기		0	1	0	0
0	0				김 명 준	15	DF	DF	90	구 대 영		0	0	0	0
0	0	1	3		이 종 민	17	DF	FW	6	김 종 국		0	0	0	0
0	0				이 재 권	8	MF	DF	7	이 창 용		0	1	0	0
0	0				호 물 로	10	MF	FW	15	안 현 범	30	2(1)	2	0	0
0		2(1)			송 창 호	14	MF	MF	29	이 명 주	28	2	3	0	0
0	0	1	19		김 진 규	23	FW	FW	66	황 인 범		0	0	0	0
0	0				김 문 환	33	FW	FW	9	한 의 권	19	2	2	0	0
0	0	0		60	최 승 인	99	FW	FW	18	고 무 열		0	0	0	0
					김 형 근	31			21	박 주 원					
0		후32			박 준 강	3			2	박 선 용					
					구 현 준	27			20	김 동 철					
0		후19			고 경 민	19	대기		17	조 성 준	후0				
					권 용 현	11			28	주 세 종	후0				
					한 지 호	22			11	이 재 안	후26				
0		전43			알 레 망	60			30	김 현	후0	1	1	0	0
0	2	14	8(2)									6(3)	19	3	0

●전반 37분 김진규 GAR 내 R - ST - G(득점: 김진규) 가운데

3월 18일 15:00 흐리고비 대전 월드컵 1,158명
주심_김영수 부심_장종필·구은석 대기심_최일우 경기감독관_신홍기

대전 1 — 0 전반 0 / 1 후반 0 — 0 서울E

퇴장	경고	파울	ST(유)	교체	선수명	배번	위치	위치	배번	선수명	교체	ST(유)	파울	경고	퇴장
0	0	0	0		김 진 영	1	GK	GK	1	김 영 광		0	0	0	0
0	0	0	0		고 명 석	25	DF	DF	13	김 태 은		1(1)	1	0	0
0	0	0	0		조 태 근	5	DF	DF	6	안 지 호		0	0	0	1
0	0	0	2		백 종 환	77	DF	DF	22	전 민 광		1	1	0	0
0	0	0			전 상 훈	23	DF	DF	33	유 지 훈		2	0	0	0
0	1	0	6(2)		박 수 창	8	MF	MF	14	조 재 완		2(1)	1	0	0
0	0				안 상 현	20	MF	MF	19	최 한 솔		0	0	0	0
0	0		30		김 성 주	33	MF	MF	77	에 레 라	26	1	0	0	0
0	3	4	91		필 립	10	MF	FW	7	최 오 백		1	2	0	0
0	0	0			오 장 은	7	MF	FW	16	조 찬 호		0	0	0	0
0	0	0			박 인 혁	64	FW	FW	9	비엘키에비치	11	2(1)	0	0	0
					임 민 혁	36			31	강 정 묵					
					안 재 준	6				김 재 현	후12				
0	0	전28			이 동 수	16	대기		11	페블레스	후29				
0					고 민 성	17	대기		26	유 정 완	후0				
0		후23			가도에프	30			17	조 용 태					
					김 찬 희	19			17	주 율 태					
0	0	2	2(2)	후14	페 드 로	91			20	진 식 보		0	1	0	0
0	4	18	13(4)			0			0			7(3)	8	3	1

●후반 31분 페드로 PK - R - G(득점: 페드로) 왼쪽

3월 24일 15:00 맑음 수원 종합 2,178명
주심_정동식 부심_강동호·구은석 대기심_신광준 경기감독관_송선호

수원FC 0 — 0 전반 1 / 0 후반 0 — 1 부천

퇴장	경고	파울	ST(유)	교체	선수명	배번	위치	위치	배번	선수명	교체	ST(유)	파울	경고	퇴장
0	0	0	0		이 상 욱	90	GK	GK	21	최 철 원		0	0	0	0
0	0	1	2(1)		김 범 용	3	DF	DF	2	장 순 혁		0	3	0	0
0	0	0			박 세 진	16	DF	DF	5	임 동 혁		0	3	1	0
0	0	0			조 상 범	26	DF	DF	11	김 준 엽		0	0	0	0
0	0		11		이 승 현	7	FW	FW	22	안 태 현		1(1)	0	0	0
0	0	0			정 훈	13	MF	MF	6	닐손주니어		1(1)	1	4	0
0		1(1)			김 철 호	17	MF	MF	7	문 기 한		0	0	0	0
0	0				이 한 빈	20	DF	FW	10	이 현 승	13	1	2	0	0
0	0		10		모 재 현	19	FW	FW	8	포 프	16	4(3)	3	0	0
0	2	2(2)			마테우스	23	FW	FW	9	공 민 현		1(1)	6	2	0
0	0		77		서 동 현	27	MF	MF	27	이 광 재	23	2	2	2	0
					이 인 수	21			18	이 기 현					
					마 상 훈	2			3	김 재 우					
					정 준 호	29			19	정 준 현					
0	후				백 성 동	10	대기		13	이 정 찬	후40				
0	후40				브 루 노	11			44	황 진 산					
					알 레 스	14			16	지 차 수	후26				
0	0	1(1)	후0		김 동 찬	77			20	신 현 준	후0	0	1	0	0
0	1	16	8(5)									12(6)	23	4	0

●전반 2분 포프 PK - R - G(득점: 포프) 오른쪽

서울E 0 : 광주 0

3월24일 15:00 맑음 잠실 560명
주심_ 조지음 부심_ 지승민·성주경 대기심_ 최현재 경기감독관_ 나승화

	전반 0	
	후반 0	

퇴장	경고	파울	ST(유)	교체	선수명	배번	위치	위치	배번	선수명	교체	ST(유)	파울	경고	퇴장
0	0	0	0		김 영 광	1	GK	GK	21	윤 보 상		0	0	0	0
0	0	2	0		김 태 은	13	DF	DF	2	박 요 한		2(1)	3	0	0
0	0	1	0		김 재 현	4	DF	DF	6	안 영 규		0	0	0	0
0	0	0	0		전 민 광	22	DF	MF	8	임 민 혁		1(1)	1	0	0
0	1	2	1(1)		유 지 훈	33	DF	MF	9	두 현 석	10	2(1)	2	1	0
0	0	4			조 재 완	14	MF	MF	11	정 영 총	22	2(2)	1	0	0
0	1	2		99	김 준 태	8	MF	MF	13	미 노 리	15	2(2)	2	0	0
0	0	2			유 정 완	26	MF	DF	20	이 한 도		1	1	0	0
0	0	0			최 오 백	5	FW	MF	25	김 동 현		1(1)	3	0	0
0	1	3	1(1)		페블레스	5	FW	MF	36	이 인 규		0	0	0	0
0	0	2		25	조 용 태	17	FW	FW	69	부 야		3(1)	1	2	0
0	0	0			강 정 묵	31			31	윤 평 국		0	0	0	0
0	0	0			탁 우 선	37			5	정 준 연		0	0	0	0
0	0	0		후0	김 한 솔	3	대기	대기	10	나 상 호	후0	0	0	0	0
0	0	0			최 한 솔	19			15	이 인 규	후32	1	1	0	0
0	0	0		후24	김 민 규	99			22	김 시 우	후38	0	0	0	0
0	0	0		후30	전 석 훈	26			29	여 봉 훈		0	0	0	0
0	0	0			비엘키에비치	9			30	김 혜 성		0	0	0	0
0	2	19	5(2)									16(9)	18	2	0

아산 1 : 안양 1

3월24일 17:00 맑음 아산 이순신 986명
주심_ 김동인 부심_ 송봉근·강도준 대기심_ 정회수 경기감독관_ 김용갑

	전반 1	
	후반 0	

퇴장	경고	파울	ST(유)	교체	선수명	배번	위치	위치	배번	선수명	교체	ST(유)	파울	경고	퇴장
0	0	0	0		박 형 순	1	GK	GK	1	전 수 현		0	0	0	0
0	1	2	0		이 으 뜸	8	DF	DF	4	유 연 승		0	0	0	0
0	0	1	0		민 상 기	39	DF	DF	15	김 형 진		0	0	0	0
0	0	2	0		구 대 영	90	DF	DF	3	최 호 정		1(1)	1	0	0
0	0	1	0		김 종 국	6	MF	MF	22	안 진 범		1	1	0	0
0	0	2	1		이 창 용	4	MF	MF	6	최 재 훈		0	0	0	0
0	1	2		66	주 세 종	28	MF	DF	13	정 재 희	17	4(2)	0	1	0
0	2	4(2)			한 의 권	7	MF	MF	33	황 순 민	10	1(1)	0	0	0
0	0	1			이 재 안	17	FW	MF	9	정 재 용		0	0	0	0
0	1	0			고 무 열	18	FW	MF	7	장 은 규	34	0	1	0	0
0	0	1		12	김 현	30	FW	FW	9	브 루 노		2	0	0	0
0	0	0			양 형 모	31			21	양 동 원		0	0	0	0
0	0	0		전39	박 선 용	2			8	김 대 욱		0	0	0	0
0	0	0			김 동 철	20			23	김 진 래		0	0	0	0
0	0	0		후27	조 성 준	7	대기	대기	17	김 신 철	후49	0	0	0	0
0	0	0			이 명 주	29			34	김 영 도	후16	0	1	0	0
0	0	0		후18	황 인 범	66			10	마르코스	후20	1	0	0	0
0	0	0		후10	김 륜 도	12			30	알 렉 스		0	0	0	0
0	2	17	10(4)									11(4)	11	2	0

● 전반 22분 한의권 AKR L - ST - G(득점: 한의권) 오른쪽
● 후반 4분 최재훈 PAL 내 ↝ 정희웅 GAL L - ST - G(득점: 정희웅, 도움: 최재훈) 왼쪽

성남 0 : 안산 0

3월25일 14:00 맑음 타처 종합 2,208명
주심_ 서동진 부심_ 장종필·김종희 대기심_ 정의석 경기감독관_ 박남열

	전반 0	
	후반 0	

퇴장	경고	파울	ST(유)	교체	선수명	배번	위치	위치	배번	선수명	교체	ST(유)	파울	경고	퇴장
0	0	0	0		김 동 준	1	GK	GK	21	이 희 성		0	0	0	0
0	0	0	1		김 재 봉	22	DF	DF	2	최 성 민		0	0	0	0
0	0	1			연 제 운	20	DF	DF	4	이 인 재		0	1	0	0
0	1	1	1(1)		최 준 기	3	DF	DF	5	박 준 희		0	0	0	0
0	0	4	1(1)		이 학 민	14	MF	MF	7	박 진 섭		1(1)	2	0	0
0	1	4			김 정 현	6	MF	MF	8	장 혁 진	14	1	1	0	0
0	0	4		40	박 태 준	24	MF	MF	16	최 명 희		2	1	0	0
0	0	1			문 상 윤	10	MF	MF	9	건		1(1)	2	1	0
0	0	3	1	15	서 보 민	11	MF	MF	11	최 호 주		0	0	0	0
0	0	3	2(2)		에 델	7	FW	FW	22	코 네	26	0	0	0	0
0	0	1		30	주 현 우	8	FW	FW	25	김 태 현	10	0	1	0	0
0	0	0			김 근 배	21			1	황 성 민		0	0	0	0
0	0	0		후22	이 지 민	15			10	홍 동 현	후18	0	0	0	0
0	0	0			이 다 원	26			14	라 울	후18	0	0	0	0
0	0	0			조 성 욱	26	대기	대기	18	정 기 운		0	0	0	0
0	0	0		후42	무 랄 랴	40			20	송 주 호		0	0	0	0
0	0	0			임 대 준	5			26	김 종 석	후40	0	0	0	0
0	0	0		후42	김 동 희	30			77	주 수 지		0	0	0	0
0	2	15	11(5)									5(4)	14	1	0

대전 0 : 부산 1

3월25일 15:00 맑음 대전 월드컵 1,197명
주심_ 최광호 부심_ 노수용·설귀선 대기심_ 성덕효 경기감독관_ 신홍기

	전반 1	
	후반 0	

퇴장	경고	파울	ST(유)	교체	선수명	배번	위치	위치	배번	선수명	교체	ST(유)	파울	경고	퇴장
1	0	1	0		김 진 영	1	GK	GK	31	김 형 근		0	0	0	0
0	0	1	0		고 명 석	25	DF	DF	27	구 현 준		0	1	1	0
0	0	3	36		조 태 근	35	DF	DF	15	김 명 준		0	0	0	0
0	1	1	1		김 예 성	2	DF	DF	2	정 호 정		0	0	0	0
0	0	1			전 상 훈	23	DF	MF	7	김 치 우		3(1)	2	1	0
0	1	1(1)			안 재 준	6	MF	MF	6	이 규 성	25	1(1)	1	0	0
0	0	1			박 수 일	66	MF	MF	14	송 창 호		3	2	0	0
0	0	1			가도에프	37	MF	MF	9	호 물 로		2(1)	0	0	0
0	0	0	91		오 장 은	7	MF	FW	60	알 레 망	22	1	3	0	0
0	1	1(1)	33		김 찬 희	19	FW	FW	11	이 동 준	19	2(2)	2	0	0
0	0	0		전36	임 민 혁	36	FW	FW		송 유 걸		0	0	0	0
0	0	0			윤 준 성	4			3	박 준 강		0	0	0	0
0	0	0			박 재 우	26			26	김 문 환	후26	1(1)	2	1	0
0	0	0		후13	고 민 성	17	대기	대기	22	한 지 호	후15	0	0	0	0
0	0	0			김 성 주	8			23	김 진 규		0	0	0	0
0	0	0			박 수 창	8			25	이 청 웅	후44	0	0	0	0
0	0	0		후41	페 드 로	91			33	김 규 환		0	0	0	0
1	2	13	6(2)									14(7)	15	3	0

● 전반 10분 이동준 PK 좌측지점 L - ST - G(득점: 이동준) 왼쪽

3월 31일 14:00 맑음 부산 구덕 1,320명

주심_ 성덕효 부심_ 구은석·강도준 대기심_ 정의석 경기감독관_ 나승화

부산 1   0 전반 0 / 1 후반 1   **1 안산**

퇴장	경고	파울	ST(유)	교체	선수명	배번	위치	위치	배번	선수명	교체	ST(유)	파울	경고	퇴장
0	0	0	0		김형근	31	GK	GK	21	이 희 성		0	0	0	0
0	0	2	0		홍진기	4	DF	DF	2	최성민		0	2	0	0
0	0	2	1		김명준	15	DF	DF	4	이인재		3(1)	0	0	0
0	0	0	0		정호정	2	DF	MF	7	박준희		0	0	0	0
0	0	0	0		김치우	7	MF	MF	5	박진섭		0	0	0	0
0	0	1	1	8	이규성	6	MF	MF	16	최명희		0	0	0	0
0	0	0	0		송창호	14	MF	MF	19	이 건		0	0	0	0
0	0	0	0		호물로	10	MF	MF	25	김태현		0	0	0	0
0	0	1	0		이종민	17	FW	FW	8	장혁진		0	0	0	0
0	0	19	0		한지호	11	FW	FW	11	최호주	9	1	1	0	0
0	1	99			김문환	33	FW	FW	22	코 네	14		0	0	0	0
					송유걸	1			1	황성민					
					구현준	27			3	김연수					
				후26	이재권	8			36	한건용	후36				
				후16	고경민	19	대기	대기		홍동현	후13				
					김진규	23			13	라 울	후13	1(1)	0	0	0
					한지호	22			20	송수호					
0	1(1)		후16		최승인	99			26	김종석					
0	0	16	6(1)									3(1)	19	0	

- 후반 32분 최승인 PK - R - G(득점: 최승인) 왼쪽
- 후반 47분 라울 PK - R - G(득점: 라울) 왼쪽

3월 31일 15:00 맑음 잠실 753명

주심_ 설태환 부심_ 송봉근·권용식 대기심_ 장순택 경기감독관_ 김용갑

서울E 2   2 전반 0 / 0 후반 4   **4 부천**

퇴장	경고	파울	ST(유)	교체	선수명	배번	위치	위치	배번	선수명	교체	ST(유)	파울	경고	퇴장
0	0	0	0		김영광	1	GK	GK	21	최철원		0	0	0	0
0	0	0	0		감한솔	3	DF	DF	2	장순혁		0	0	0	0
0	0	1	1		김재현	5	DF	DF	5	임동혁		3(3)	0	0	0
0	0	0	0		전민광	20	DF	DF	11	김준엽		0	0	0	0
0	0	0	0		유지훈	33	DF	DF	22	안태현		2(2)	1	0	0
0	1	2	2(2)	13	최한솔	19	MF	MF	6	닐손주니어		1	0	0	0
0	1	0	37		김준태	15	MF	MF	7	문기한		1(1)	1	0	0
0	3	3(3)			조재완	4	MF	MF	10	이현승	30	0	0	0	0
0	0	0	0		김오규	17	MF	MF	44	황진산	16	2	0	0	0
0	2(1)		25		페블레스	11	FW	FW	27	포 프		6(5)	2	0	0
0	0	0			유정완	26	FW	FW	77	이광재	13	3(1)	3	1	0
					강정묵	31			18	이기현					
					이병욱	15			19	정준현					
				후0	김태현	13			13	이정찬	후32				
					김재우	66	대기	대기	23	송홍민					
					김재woo	99			41	진창수	전41	6(6)	2	0	0
				후24	선석훈	24			20	김동현					
				후12	탁우성	37			23	신현준					
0	2	17	10(8)									23(19)	14	2	0

- 전반 28분 페블레스 PAL ~ 조재완 GAL 내 R - ST - G(득점: 조재완, 도움: 페블레스) 오른쪽
- 전반 30분 유정완 MFR ~ 최오백 GAR R - ST - G(득점: 최오백, 도움: 유정완) 왼쪽
- 후반 11분 이현승 MFR ∩ 포프 GAR R - ST - G(득점: 포프, 도움: 이현승) 가운데
- 후반 18분 문기한 C.KR ∩ 진창수 GA 정면 H - ST - G(득점: 진창수, 도움: 문기한) 오른쪽
- 후반 35분 문기한 C.KL ∩ 임동혁 GAR 내 H - ST - G(득점: 임동혁, 도움: 문기한) 오른쪽
- 후반 44분 이정찬 PA 정면 내 ~ 진창수 PAL 내 R - ST - G(득점: 진창수, 도움: 이정찬) 왼쪽

3월 31일 15:00 맑음 안양 종합 1,471명

주심_ 신용준 부심_ 설귀선·김홍규 대기심_ 정회수 경기감독관_ 송선호

안양 0   0 전반 1 / 0 후반 0   **1 수원FC**

퇴장	경고	파울	ST(유)	교체	선수명	배번	위치	위치	배번	선수명	교체	ST(유)	파울	경고	퇴장
0	0	0	0		전수현	1	GK	GK	90	이상욱		0	0	0	0
0	0	0	0		최호정	3	DF	DF	3	김범용		0	0	0	0
0	0	1	1		김영찬	5	DF	DF	16	박세진		0	0	0	0
0	0	0	0		김형진	15	DF	DF	26	조상범		1(1)	1	0	0
0	0	2			김진래	28	FW	FW	11	브루노		0	0	0	0
0	0	34			은성수	7	MF	MF	13	정 훈		0	0	0	0
0	1	1	2(1)		최재훈	6	MF	MF	14	알 렉 스		3(3)	4	0	0
0	0	0	0		안진범	16	MF	MF	20	조유민		0	0	0	0
0	2(2)				정희웅	33	MF	MF	22	배신영		0	0	0	0
0	0	0	0		정재희	11	FW	MF	26	민현홍		0	0	0	0
0	2(1)		30		브루노	9	FW	FW	23	마테우스		4(2)	0	0	0
					정민기	29			21	이인수					
					안세희	24			4	마상훈					
				전38	채광훈	5			25	이한빈					
				후14	김영도	34	대기	대기	6	이승엽	후0				
					잔슨규	27			17	김척	후36				
					마르코스	10			33	배지훈					
				후0	알렉스	30			19	모재현					
0	1	15	12(4)									10(6)	20	3	0

- 전반 27분 조상범 PAL ∩ 알렉스 GAR 내 H - ST - G(득점: 알렉스, 도움: 조상범) 오른쪽

4월 01일 14:00 흐림 탄천 종합 1,951명

주심_ 최대우 부심_ 지승민·안광진 대기심_ 최일우 경기감독관_ 신홍기

성남 1   0 전반 0 / 1 후반 0   **0 아산**

퇴장	경고	파울	ST(유)	교체	선수명	배번	위치	위치	배번	선수명	교체	ST(유)	파울	경고	퇴장
0	0	0	0		김동준	1	GK	GK	1	박형순		0	0	0	0
0	1	2(1)			서보민	11	DF	DF	3	이주용		0	0	0	0
0	1	2	25		김재봉	22	DF	DF	20	김동철		0	1	0	0
0	0	0	0		연제운	20	DF	DF	39	민상기		1	0	0	0
0	0	0	0		이학민	14	DF	DF	2	이창용		1	0	0	0
0	0	0	0		최준기	17	MF	MF	28	주세종		1(1)	2	0	0
0	0	0	0		김정현	16	MF	MF	29	이 명 주		2(2)	1	0	0
0	0	0	0		박태준	24	MF	MF	66	황인범		0	0	0	0
0	1(1)				문상윤	10	FW	MF	9	한의권		1	0	0	0
0	2(1)				최병찬	33	FW	FW	18	고무열		0	0	0	0
0	2(2)		23		주현우	8	FW	FW	30	김 현		2(2)	1	0	0
					전종혁	31			21	박주원					
				후29	조성욱	25			33	이한샘					
					오르슬리치	4			6	김종국	후31				
				대기	이시영	2	대기	대기	24	박세직	후35				
					무랄라	40			10	이재안					
0	2(1)		전42		에 델	23			7	에 델	후42	2(1)			
0	3	20	10(6)									11(7)	17	4	0

- 후반 22분 에델 GAR - ST - G(득점: 에델) 가운데

4월01일 15:00 맑음 광주 월드컵 874명
주심_김용우 부심_성주경·김종희 대기심_김덕철 경기감독관_박남열

광주 0 | 0 전반 0 / 0 후반 1 | **1 대전**

퇴장	경고	파울	ST(유)	교체	선수명	배번	위치	위치	배번	선수명	교체	ST(유)	파울	경고	퇴장
0	0	0	0		윤 평 국	31	GK	GK	36	임 민 혁		0	0	0	0
0	0	0	0	7	정 준 연	5	DF	DF	25	고 명 석		0	2	0	0
0	0	1	0		안 영 규	6	DF	DF	2	안 재 준		1	1	0	0
1	0	1	0		이 한 도	20	DF	MF	77	백 종 환		1(1)	0	0	0
0	0	0	1		박 요 한	2	MF	MF	2	김 예 성		0	0	0	0
0	0	1	3		김 동 현	25	MF	MF	7	오 장 은		0	1	0	0
0	1	4	0	27	두 현 석	9	MF	MF	50	이 준 호	32	1(1)	1	0	0
0	1	2(1)	0	34	나 니 리	13	MF	MF	66	박 수 일		0	1	0	0
0	1	1	0		임 민 혁	8	MF	MF	33	김 승 섭	27	0	1	0	0
0	0	2(1)	0		이 민 기	36	MF	MF	30	가도에프		3(2)	1	0	0
0	1	3(1)			나 상 호	10	FW	FW	64	박 인 혁		1(1)	4	0	0
					제 종 현	41			31	문 용 휘					
					김 태 윤	4			5	권 영 호					
					정 동 윤	17			26	박 재 우					
0	0	0	후23		본 즈	34	대기	대기	32	키 쭈	후41	0	1	0	0
0	(1)		후4		지 우	7			27	키 푸	후8	0	1	0	0
0	0	1	후37		김 정 환	27			19	김 찬 희	후31	0	1	0	0
0	0	0	0		부 야	69			91	페 드 로					
1	1	12	13(4)							0		7(5)	16	2	0

●후반 16분 박수일 MFL FK ⌒ 가도에프 PK 좌측지점 H - ST - G(득점: 가도에프, 도움: 박수일) 오른쪽

4월07일 15:00 맑음 안산 와스타디움 1,659명
주심_김영수 부심_김흥규·권용식 대기심_최대우 경기감독관_전인석

안산 1 | 1 전반 0 / 0 후반 0 | **0 수원FC**

퇴장	경고	파울	ST(유)	교체	선수명	배번	위치	위치	배번	선수명	교체	ST(유)	파울	경고	퇴장
0	0	0	0		이 희 성	21	GK	GK	31	김 다 솔		0	0	0	0
0	0	1	0		이 인 재	4	DF	DF	2	마 상 훈		0	2	0	0
0	0	1	1		박 준 희	5	DF	DF	16	박 세 진		0	0	0	0
0	0	0	0		신 일 수	6	DF	DF	26	조 상 범		0	0	0	0
0	0	1		22	한 지 원	15	MF	MF	13	정 훈		1	1	0	0
0	0	0	0		최 명 희	16	MF	FW	14	알 렉 스		2(2)	3	1	0
0	0	1			이 현 승	7	MF	FW	22	배 신 영	25	1	0	0	0
0	2				홍 동 현	8	MF	FW	7	정 우 근	19	1	1	0	0
0	3	1(1)			최 호 주	11	FW	FW	9	정 우 근					
0	1		20		라	14	FW	FW	23	마테우스		3(1)	2	0	0
					황 성 민	1			90	이 상 욱					
0	1		전43		최 성 민	2			4	임 하 람					
					정 기 운	18			25	이 한 빈	후35				
0	0		후36		송 주 호	20	대기	대기	17	이 승 현		0	0	0	0
0	0	2(1)	후9		코 네	12			12	김 철 호		0	0	0	0
					김 태 현	25			19	모 재 현	후0				
					김 종 석	26			33	배 지 훈					
0	2	18	6(2)							0		9(3)	12	1	0

●전반 10분 한지원 센터서클 ⌒ 최호주 PK 좌측지점 L - ST - G(득점: 최호주, 도움: 한지원) 오른쪽

4월07일 15:00 맑음 안양 종합 405명
주심_서동진 부심_지승민·김종희 대기심_장순택 경기감독관_김형남

안양 1 | 1 전반 0 / 0 후반 1 | **1 대전**

퇴장	경고	파울	ST(유)	교체	선수명	배번	위치	위치	배번	선수명	교체	ST(유)	파울	경고	퇴장
0	0	0	0		전 수 현	1	GK	GK	36	임 민 혁		0	0	0	0
0	2	4	0		유 연 승	4	DF	DF	25	고 명 석		0	1	0	0
0	1	1	1		김 영 찬	5	DF	DF	2	안 재 준		0	1	0	0
0	0	1	0		김 형 진	15	DF	DF	77	백 종 환		0	0	0	0
0	0	1	0		채 광 훈	2	DF	DF	2	김 예 성		0	0	0	0
0	0	2	1(1)		마르코스	10	MF	MF	20	안 상 현		0	3	0	0
0	3	0	0		안 진 범	22	MF	MF	8	박 수 창		2(2)	0	0	0
0	1	2	0		김 영 도	34	MF	MF	66	박 수 일		0	0	0	0
0	0	2	3(3)	19	최 희 율	33	FW	MF	11	김 승 섭	27	0	0	0	0
0	1	1(1)		11	김 현 규	24	FW	MF	30	가도에프	33	0	0	0	0
0	1	1	1		알 렉 스	30	FW	FW	19	김 찬 희	64	3(2)	1	0	0
					정 민 기	29			31	문 용 휘					
					최 호 정	3			4	윤 준 성					
					안 성 수	7			34	박 명 수					
0	0	0			김 원 민	32	대기	대기	7	오 장 은					
0	0		후38		정 재 희	11			27	키 푸	후0				
0	0	1(1)	후20		문 준 호	19			33	김 승 섭	후36				
0	0	1(1)	후39		브 루 노				64	박 인 혁	후16	2(1)	0	0	0
0	4	20	9(8)							0		8(5)	13	0	0

●선반 19분 정희웅 (GAR 내 L - ST - G(득점: 정희웅) 가운데
●후반 38분 키쭈 AKR ⌒ 박수창 GAR R - ST - G(득점: 박수창, 도움: 키쭈) 왼쪽

4월07일 17:00 맑음 아산 이순신 844명
주심_조지음 부심_설귀선·성주경 대기심_최현재 경기감독관_김용세

아산 4 | 2 전반 0 / 2 후반 2 | **2 부천**

퇴장	경고	파울	ST(유)	교체	선수명	배번	위치	위치	배번	선수명	교체	ST(유)	파울	경고	퇴장
0	0	0	0		박 형 순	1	GK	GK	21	최 철 원		0	0	0	0
0	0	5	1		이 주 용	3	DF	DF	2	장 순 혁		2(1)	2	0	0
0	1	3	0		민 상 기	39	DF	DF	11	김 준 엽		2(1)	4	0	0
0	1	3	0		김 종 국	6	DF	DF	22	안 태 현		0	0	0	0
0	1	1	0		이 창 용	7	DF	FW	6	닐손주니어		0	1	0	0
0		3(2)	30		김 민 균	14	FW	MF	7	문 기 한		0	0	0	0
0	1	1	4		안 현 범	15	MF	MF	13	이 현 승	13	1	1	0	0
0	2				주 세 종	28	MF	MF	8	포 프	19	3(3)	1	0	0
0	3	2(2)			이 명 주	29	MF	MF	9	공 민 현		1(1)	0	0	0
0	1	2(1)			고 무 열	18	MF	MF	16	진 창 수	27	0	0	0	0
					양 형 모	31			18	이 기 현					
					김 동 진	16			19	정 준 현	후41				
					김 동 철	20			13	이 정 찬	후15	3(3)	0	0	0
0	0	0			황 인 범	66	대기	대기	99	송 홍 민					
0	0	2(2)	후9		한 의 권	3			44	황 진 산					
0	0		후38		이 재 안	17			23	신 현 준					
0		3(3)	후30		김 현	30			27	이 광 재	후15	0	0	0	0
0	3	17	20(11)							0		11(9)	11	1	0

●전반 3분 이명주 PAL ~ 조성준 PAL 내 R - ST - G(득점: 조성준, 도움: 이명주) 오른쪽
●전반 22분 조성준 GA 정면 R - ST - G(득점: 조성준) 왼쪽
●후반 12분 김민균 GA 정면 R - ST - G(득점: 김민균) 왼쪽
●후반 45분 고무열 AKL R - ST - G(득점: 고무열) 오른쪽
●후반 32분 민상기 GAL H 자책골(득점: 민상기) 왼쪽
●후반 48분 이정찬 GA 정면 L - ST - G(득점: 이정찬) 오른쪽

4월 08일 14:00 맑음 부산 구덕 1,008명
주심_박진호 부심_송봉근·안광진 대기심_정회수 경기감독관_김진의

부산 0 전반 0 / 후반 1 **1 광주**

퇴장	경고	파울	ST(유)	교체	선수명	배번	위치	위치	배번	선수명	교체	ST(유)	파울	경고	퇴장
0	0	0	0		송유걸	1	GK	GK	31	윤평국		0	0	0	0
0	0	1	1		정호정	13	DF	DF	2	박요한		0	0	1	0
0	0	0		15	홍진기	4	DF	DF	6	안영규		0	0	0	0
0	0	0	0		김치우	7	DF	DF	4	김태윤		1	0	0	0
0	1	6	0		이종민	17	DF	DF	5	정준연		2	1	0	
0		3	1		송호호	14	MF	MF	7	지우	13		0			
0	0	0			호물로	10	MF	MF	34	본즈						
0		2(1)			고경민	19	MF	MF	25	김동현	17					
0	2(1)	11			진규	23	MF	MF	9	두현석	27	3(1)	0	0		
0	1(1)	13			김진규		MF	MF	10	나상호	27	3(2)	1	0		
0	1(1)	13			알레망	60	FW	FW	69	부야						
0					김형근	31			1	박완선						
0					박준강	3			26	이동하						
0			후0		김명준	15			23	홍성희						
0					이규성	대기	대기		27	김정환	후45					
0	0	0	0		이재권	8			8	민						
0	1	1	2(1)	후23	이동준	11			13	미노리	후13	2	0			
0		1(1)	후23		신영준	13			17	정동하	후38	1	0			
0	2	15	11(5)									9(5)	15	1	0

● 후반 15분 김동현 MF 정면 ~ 나상호 GAR R - ST - G(득점: 나상호, 도움: 김동현) 왼쪽

4월 08일 17:00 비 잠실 551명
주심_최광호 부심_구은석·강도준 대기심_정의석 경기감독관_차상해

서울E 1 전반 1 / 후반 0 **1 성남**

퇴장	경고	파울	ST(유)	교체	선수명	배번	위치	위치	배번	선수명	교체	ST(유)	파울	경고	퇴장
0	0	0	0		김영광	1	GK	GK	1	김동준	21	0	0	0	0
0	0	1	0		김태은	13	DF	DF	14	이학민		1	1	0	0
0	1	2	0		전민광	22	DF	DF	28	윤영선		0	2	0	0
0	0	0	0		안지호	6	DF	DF	11	서보민		1(1)	2	0	0
0	0	0	0		유지훈	33	DF	DF	3	최준기					
0	0	99			최한솔	19	MF	MF	3	최준기					
0		1			김준태	8	MF	MF	6	김정현		1	6	0	0
0	2(1)	37			조재완	14	MF	MF		에델	33	2(1)	0	0	
0					최오백	7	MF	MF	10	문상윤		1			
0	0	1			페블레스	11	FW	FW	24	박태준		3	1	0	
0		23			유정완	26	FW	FW	8	주현우					
0					강정묵	31			21	김근배	후46				
0					이병욱	15			2	이시영					
0					안동혁	32				오르슐리치					
0	1		후0		김창욱	66	대기	대기	25	조성욱	후42				
0		후0			무랄랴	9			40	무랄랴					
0		후12			최치원	23			23	김소웅					
0		후28			탁우선	37			33	최병찬	33(2)5				
0	2	15	6(1)									11(3)	18	1	0

● 전반 10분 조재완 PAL 내 R - ST - G(득점: 조재완) 오른쪽
● 전반 46분 문상윤 MFR FK ⌒ 연제운 GAR R - ST - G(득점: 연제운, 도움: 문상윤) 왼쪽

4월 14일 15:00 흐리고 비 대전 월드컵 418명
주심_정동식 부심_구은석·강도준 대기심_김도연 경기감독관_전인석

대전 1 전반 1 / 후반 0 **2 아산**

퇴장	경고	파울	ST(유)	교체	선수명	배번	위치	위치	배번	선수명	교체	ST(유)	파울	경고	퇴장
0	0	0	0		김진영	1	GK	GK	1	박형순		0	0	0	0
0	0	0	0		고명석	25	DF	DF	3	이주용		0	3	1	0
0	0	0	0		윤준성	4	DF	DF	20	김동철					
0	0	0	0		박재우	26	DF	DF	6	김동진					
0					김예성	2	MF	MF	7	이창용		1(1)			
0					안상현	20	FW	FW	14	김민균	30	1(1)			
0	1	1	27		박수창	8	MF	FW	15	안현범					
0					박수일	66	MF	FW	17	조성준					
0	1(1)	43			가도에프	30	MF	MF	66	황인범		3(2)			
0	1	2			박인혁	64	FW	FW	10	이재안	22	3(1)			
0					임민혁	36			21	박주원					
0	1(1)	후17			안재준	6			33	이으뜸					
0					박명수	34				이한샘					
0		후30			키 쭈	27	대기	대기	77	김부관	후25	1(1)			
0	후37				김세윤				25	이인규	후14	1	0		
0					김찬희	19			30	김한					
0	1	18	7(2)									16(7)	14	1	0

● 전반 32분 가도에프 C.KR ⌒ 김승섭 GAL H - ST - G(득점: 김승섭, 도움: 가도에프) 왼쪽
● 전반 22분 이재안 PK 우측지점 ~ 김민균 AKR R - ST - G(득점: 김민균, 도움: 이재안) 오른쪽
● 후반 37분 조성준 PAR ⌒ 허범산 GAL H - ST - G(득점: 허범산, 도움: 조성준) 오른쪽

4월 14일 15:00 광주월드컵 464명
주심_김동인 부심_지승민·성주경 대기심_신용준 경기감독관_김진의

광주 0 전반 0 / 후반 0 **0 안산**

퇴장	경고	파울	ST(유)	교체	선수명	배번	위치	위치	배번	선수명	교체	ST(유)	파울	경고	퇴장
0	0	1	0		윤평국	31	GK	GK	21	이희성		0	0	0	0
0	0	3	0		정준연	5	DF	DF	4	이인재		0	0	0	0
0	0	0	0		안영규	6	DF	DF	5	박준희		2(1)	0	0	0
0	0	0	0		김태윤	4	DF	DF	6	신일수					
0			36		박요한	2	DF	MF	4	최성민		3(2)	1	0	
0	1	1(1)			김동현	25	MF	MF	8	장혁진	25				
0	1	2(2)			두현석	9	MF	MF	15	한지원	25				
0					미노리	16	MF	MF	16	최명희		2	0	0	
0	1	본즈			본즈	34	FW	FW		한건용		2(1)	1	0	
0	11	부야			부야	69	FW	FW	11	최호주					
0	1(1)	나상호			나상호	10	FW	FW	14	라울	22				
0					박완선	1				황성민	전18				
0	후40				임민혁				10	홍동현					
0	후45				정영총				22	코네	후12	1			
0	후6				이민기	36	대기	대기	25	김태현	후26				
0					정동윤	17			26	김종석					
0					김정환	27				소수산					
0					이농하	26									
0	2	11	5(5)									11(4)	14	1	0

461

4월 14일 17:00 비 잠실 312명
주심_오현진 부심_노수용·설귀선 대기심_김덕철 경기감독관_김형남

서울E 1 | 1 전반 0 / 0 후반 0 | **0 안양**

퇴장	경고	파울	ST(유)	교체	선수명	배번	위치	위치	배번	선수명	교체	ST(유)	파울	경고	퇴장
0	0	0	0		김영광	1	GK	GK	1	전수현		0	0	0	0
0	0	1	0		김태은	13	FW	FW	34	김영도		0	2	0	0
0	0	0	0		전민광	22	DF	DF	5	김영찬		1	0	0	0
0	0	0	0		안지호	6	DF	DF	15	김형진		0	1	1	0
0	0	3	0		김한샘	3	DF	DF	2	채광훈		1(1)	0	0	0
0	0	1	0	99	최한솔	19	MF	FW	10	마르코스		0	3	0	0
0	0	4	0		김준태	8	MF	MF	22	안진범	18	1(1)	1	0	0
0	0	0	0	66	조재완	14	MF	FW	33	정희웅		4(3)	0	0	0
0	0	0	0		최오백	5	FW	FW	11	정재희		3(3)	2	0	0
0	0	0	0		페블레스	11	FW	FW	26	김현규	9	3(2)	1	1	0
0	0	3	2(1)	37	최치원	23	MF	FW	30	알렉스		0	1	0	0
					강정묵	31			29	정민기					
					안동혁	32			3	최호정					
					전석훈	25			7	은성수					
				후39	김강욱	66	대기	대기	32	김원민					
			1(1)	후27	김재웅	99			17	김신철					
					유정완	26			18	김원석	후39				
				후33	탁우선	37			9	브루노	후◯				
0	0	21	3(2)			0			0			14(10)	17	2	0

● 전반 18분 전수현 GAR 내 R 자책골[득점: 전수현] 왼쪽

4월 15일 14:00 흐림 탄천 종합 2,327명
주심_이동준 부심_송봉근·김홍규 대기심_성덕효 경기감독관_김용세

성남 2 | 1 전반 0 / 1 후반 1 | **1 부천**

퇴장	경고	파울	ST(유)	교체	선수명	배번	위치	위치	배번	선수명	교체	ST(유)	파울	경고	퇴장
0	0	0	0		김근배	21	GK	GK	21	최철원		0	0	0	0
0	0	0	0		윤영선	28	DF	DF	5	임동혁		0	0	0	0
0	0	0	0		연제운	20	DF	DF	11	김준엽		0	0	0	0
0	0	0	0		오르슈리치	19	DF	DF	19	정준현		0	0	0	0
0	0	2	1		이지민	15	MF	DF	22	안태현		0	0	0	0
0	1	0			이학민	14	MF	MF	6	닐손주니어		2(1)	2	0	0
0	2	1	40		김정현	15	MF	MF	7	문기한	2	1(1)	1	0	0
0	0				주현우	8	MF	MF	10	이현승	13	1	2	0	0
0	1				서보민	11	FW	FW	8	포프	2	0	0	0	0
0	1	2(1)			정성민	9	FW	FW	27	공민현		2(1)	0	0	0
0	3(2)				주태환	24	MF	FW	8	포프	2	0	0	0	0
					전종혁	31			1	이영창					
					조성욱	25			2	장순혁	후46				
					이다원	26			4	박건					
			후25		무랄랴	40	대기	대기	13	정찬욱	후18				
					에델	7			32	송홍민					
			후38		문상윤	10			44	황진산					
					최병찬	33			16	진창수	전43	2(2)			
0	1	15	9(6)			0			0			10(5)	14	2	0

● 전반 4분 정성민 PK - R - G[득점: 정성민] 왼쪽
● 후반 21분 서보민 AKR L - ST - G[득점: 서보민] 오른쪽
● 후반 28분 닐손주니어 AKR R - ST - G[득점: 닐손주니어] 왼쪽

4월 15일 15:00 맑음 수원 종합 1,807명
주심_서동진 부심_장종필·김종희 대기심_설태환 경기감독관_최상국

수원FC 1 | 0 전반 0 / 1 후반 0 | **0 부산**

퇴장	경고	파울	ST(유)	교체	선수명	배번	위치	위치	배번	선수명	교체	ST(유)	파울	경고	퇴장
0	0	0	0		김다솔	31	GK	GK	31	김형근		0	0	0	0
0	0	2	0		마상훈	2	DF	DF	4	홍진기		0	0	0	0
0	0	1	2(1)		박세진	16	DF	DF	15	김명준		0	1	0	0
0	0	0	0		조상범	26	DF	DF	13	김치우		0	0	0	0
0	1	1(1)	10		이광진	8	MF	MF	17	이종민		0	0	0	0
0	0				정훈	13	MF	MF	14	송창호		1	0	0	0
0	2(1)				알렉스	14	MF	MF	8	이재권		0	1	0	0
0	0				조유민	20	MF	FW	10	호물로		2(1)	0	0	0
0	0				마테우스	23	FW	FW	11	이동준	33	2(2)	0	0	0
0	2	1(1)			서동현	27	FW	FW	60	알레망	19	0	2	0	0
					이상욱	90			21	구상민					
				후40	임하람	4			2	정호정					
					이한빈	22			27	구현준					
				후16	이승현	11	대기	대기	14	경민	후14				
				후22	백성동	29			19	고경민	후16	1(1)			
					최원철	15			33	김문환	후◯				
					모재현	19			23	김진	후24	3(3)			
0	2	14	7(4)			0			0			11(8)	8	0	0

● 후반 27분 서동현 PAR 내 ~ 박세진 GAR R - ST - G[득점: 박세진, 도움: 서동현] 왼쪽

4월 21일 14:00 맑음 부산 구덕 1,246명
주심_김용우 부심_구은회·성주경 대기심_김도연 경기감독관_송선호

부산 3 | 1 전반 0 / 2 후반 0 | **0 안양**

퇴장	경고	파울	ST(유)	교체	선수명	배번	위치	위치	배번	선수명	교체	ST(유)	파울	경고	퇴장
0	0	0	0		구상민	21	GK	GK	1	전수현		0	0	0	0
0	0	4	0		구현준	27	DF	DF	34	김영도		0	2	0	0
0	0	0	0		정호정	2	DF	DF	5	김영찬		0	1	0	0
0	0	0	0		김명준	15	DF	DF	15	김형진		1	1	1	0
0	1	1	0		박준강	3	DF	DF	2	채광훈		0	2	0	1
0	1	1	0		이재권	6	MF	MF	10	마르코스		0	1	0	0
0			89		호물로	7	FW	MF	22	안진범		0	0	0	0
0	3(1)				한지호	14	FW	FW	30	알렉스		0	0	0	0
0	1	3(1)			한지호	14	FW	FW	11	정재희		0	1	0	0
0	2(2)	19			최승인	99	FW	FW	18	김희원	9	0	1	0	0
					송유걸	1			29	정민기					
				후14	홍진기	13			3	최호정					
					이청웅	25			24	안세희					
					김진규	17	대기	대기	6	유연승					
				후28	신영준	13			17	김신철	후18				
					장은규	27			27	장은규					
0	2(1)	후24			발로텔리	89			9	브루노	후◯	1(1)			
0	2	16	12(6)			0			0			2(2)	16	2	1

● 전반 26분 이동준 PA 정면 ~ 최승인 PA 정면 내 R - ST - G[득점: 최승인, 도움: 이동준] 왼쪽
● 후반 13분 이규성 PAL ~ 최승인 PA 정면 내 R - ST - G[득점: 최승인, 도움: 이규성] 가운데
● 후반 38분 발로텔리 AKL R - ST - G[득점: 발로텔리] 오른쪽

주심_ 박병진 부심_ 지승민·방기열 대기심_ 김덕철 경기감독관_ 김용갑

대전 1 — 2 성남 （0 전반 1 / 1 후반 1）

퇴장	경고	파울	ST(유)	교체	선수명	배번	위치	위치	배번	선수명	교체	ST(유)	파울	경고	퇴장
0	0	0			김진영	1	GK	GK	21	김근배			0	0	0
0	0	1	1(1)		고명석	25	DF	DF	22	김재봉	25		0	0	0
0	0	1	0		윤준성	4	DF	DF	20	연제운			0	1	0
0	0	1	0		박재우	26	DF	DF	3	최준기			0	0	0
0	0	1	0		김예성	20	MF	MF	15	이지민			0	1	0
0	1	4			안상현	20	MF	MF	14	이학민			0	1	0
0	0	2	4	91	박수창	8	MF	MF	6	김정현			0	1	0
0	0	2	1		박수일	66	MF	MF	8	주현우	10	3(1)	0	0	0
0		3(2)	15		김승섭	11	FW	FW	24	박태준		1	0	0	0
0		2	0		필 립	50	FW	FW	11	서보민		1(1)	0	0	0
0		2	1(1)		키 쭈	27	FW	FW	9	정성민	26	3(1)	0	0	0
0	0	0			임민혁	36			41	황인재			0	0	0
0	0	0			권영호	5			5	오르샤			0	0	0
0	0	0			박명수	34			25	조성욱	후19		0	0	0
		후9	가도에프	30	대기				40	이다원	후38				
0	0	0			고민성	7			40	무 랄 라			0	0	0
0	0	2	1(1)		조귀범	15			10	문상윤	후17	1(1)	0	0	0
		후35	페드로	91					33	최병찬					
0	2	16	17(4)		0					0		8(5)	13	0	1

● 후반 12분 박수창 MFR ⌒ 키쭈 GA 정면 H - ST - G(득점: 키쭈, 도움: 박수창) 왼쪽
● 전반 26분 정성민 PK - R - G(득점: 정성민) 왼쪽
● 후반 41분 이다원 MF 정면 ~ 서보민 AKR R - ST - G(득점: 서보민, 도움: 이다원) 왼쪽

주심_ 조지음 부심_ 송봉근·설귀선 대기심_ 오현진 경기감독관_ 나승화

광주 5 — 0 수원FC （4 전반 0 / 1 후반 0）

퇴장	경고	파울	ST(유)	교체	선수명	배번	위치	위치	배번	선수명	교체	ST(유)	파울	경고	퇴장
0	0	0			윤평국	31	GK	GK	90	이상욱			0	0	0
0		2(1)			박요한	2	DF	DF	2	마상훈			0	1	0
0	0	0			안영규	6	DF	DF	16	박세진			0	1	0
0	0	0			이한도	20	DF	DF	26	조상범			0	0	0
0	0	0			이민기	36	DF	DF	17	이승현			0	0	0
0	0	1	29		김동현	25	MF	MF	6	이광진		2(2)	3	0	1
0		3(2)			정영총	11	MF	MF	13	정 훈			0	0	0
0		9			노 리	13	FW	FW		알 렉 스			0	0	0
0		1			김민혁	8	MF	MF	20	배 준 호			0	0	0
0		2(2)			김정환	7	FW	FW	10	백성동			0	0	0
0		2(2)			나상호	10	FW	FW	27	서동현			0	0	0
					윤보상	21			21	이인수					
					김태윤	4				임하람	후8				
		후36	정준연	5					25	이한비					
0	1(1)		후14		여봉훈	29	대기		10	백성동	후1				
					최준혁	3				김철호					
		후24	두현석	5					33	배재우					
					부 야	69			19	모재현	후30				
0	3	11(8)			0					0		7(4)	13	1	1

● 전반 1분 김동현 AKL H → 나상호 GAL L - ST - G(득점: 나상호, 도움: 김동현) 오른쪽
● 전반 34분 정영총 PK - R - G(득점: 정영총) 가운데
● 전반 39분 김정환 PAR 내 R - ST - G(득점: 김정환) 오른쪽
● 전반 46분 박요한 PAR TL ⌒ 김정환 GAR R - ST - G(득점: 김정환, 도움: 박요한) 왼쪽
● 후반 4분 김동현 MFR ~ 나상호 GAR R - ST - G(득점: 나상호, 도움: 김동현) 왼쪽

주심_ 최광호 부심_ 이광진·김중희 대기심_ 신용준 경기감독관_ 박남열

안산 3 — 1 부천 （0 전반 0 / 3 후반 0）

퇴장	경고	파울	ST(유)	교체	선수명	배번	위치	위치	배번	선수명	교체	ST(유)	파울	경고	퇴장
0	0	0	0		황성민	1	GK	GK	18	이기현			0	0	0
0	0	1	0		박준희	5	DF	DF	4	박 건			0	0	0
0	0	1	0		이인재	4	DF	DF	5	임동혁		1	0	0	0
0	0	1	0		신일수	16	DF	DF	11	김준엽	24		0	0	0
0	0	1	0		최성민	35	MF	MF	22	안태현			0	0	0
0	0	1	0		김연수	3	MF	MF	6	닐손주니어		2(1)	1	0	0
0	4(1)				장혁진	8	MF	MF	7	문기한		1	0	0	0
0	0	25			명재호	14	MF	MF	10	이현승		1	2	0	0
0	1	18			홍동현	10	FW	FW	13	정준현	16		0	0	0
0	4(2)				최호주	18	FW	FW	9	공민현		3(2)	1	0	0
0	4(2)	23			코 네	22	FW	FW	27	이광재		1(1)	0	0	0
0					이희성	21			21	최철원			0	0	0
0					박진섭	18			2	장순혁			0	0	0
		후35	정기운	18					19	정준현	후14				
0	0	0	0		박관우	23	대기		28	남 송			0	0	0
		2(2)	후28		박관우	23									
		후0	김태현	25					16	진창수	후0	2(1)	2	0	0
					조우진	77			20	김동현			0	0	0
0	12	16(7)			0					0		11(6)	14	1	0

● 후반 22초 김태현 AKR ~ 코네 AK 내 R - ST - G(득점: 코네, 도움: 김태현) 오른쪽
● 후반 4분 홍동현 MF 정면 ~ 최호주 GAL 내 R - ST - G(득점: 최호주, 도움: 홍동현) 왼쪽
● 후반 25분 김태현 PAR 내 ~ 최호주 GA 정면 내 L - ST - G(득점: 최호주, 도움: 김태현) 가운데

주심_ 성덕효 부심_ 김홍규·권용식 대기심_ 설태환 경기감독관_ 신홍기

서울E 0 — 0 아산 （0 전반 0 / 0 후반 0）

퇴장	경고	파울	ST(유)	교체	선수명	배번	위치	위치	배번	선수명	교체	ST(유)	파울	경고	퇴장
0	0	0	0		김영광	1	GK	GK	1	박형순			0	0	0
0	5	0			김 태 은	13	DF	DF	0	주 원		1(1)	0	0	0
0	0	0			전민광	22	DF	DF	39	민 상 기			0	0	0
0	0	0			안지호	8	DF	DF	6	김 종 국			0	0	0
0	0	0			안동혁	32	DF	DF	7	이 창 용			0	0	0
0	1				김창욱	66	MF	MF	14	김 민 균	10		0	0	0
0	1				김준태	4	MF	MF	23	김 도 혁			0	0	0
0	5(1)				조재완	47	MF	MF	24	이 명 주		3(1)	1	0	0
0	9				최오백	7	MF	FW	9	이 명 재			0	0	0
0	1				최치원	23	FW	FW	9	한 의 권	22	4(1)	0	0	0
0		37			비엘키(에비날)	9	FW	FW	18	고 무 열		3(1)	1	0	0
0					강정묵	31			31	양 형 모			0	0	0
		후0	감한솔	3					5	박 선 용					
		후17	김 재 웅	99					20	김 동 철					
0	0	0			최 한 솔	19	대기		17	조 성 준	후39		0	0	0
0					페블레스	11			22	허 범 산	후39		0	0	0
		후35	탁 우 선	37					10	이 재 안	후11				
0	3	18	8(2)		0					0		12(4)	11	3	0

4월 28일 15:00 맑음 안양종합 1,103명
주심_ 정동식 부심_ 강동호·김종희 대기심_ 설태환 경기감독관_ 김용갑

		안양 2			1 전반 1					3 성남					
					1 후반 2										
퇴장	경고	파울	ST(유)	교체	선수명	배번	위치	위치	배번	선수명	교체	ST(유)	파울	경고	퇴장
0	0	0	0		정 민 기	29	GK	GK	21	김 근 배		0	1	0	
0	0	0	0		정 재 희	11	DF	DF	28	윤 영 선		0	2	1	0
0	0	0	0		최 호 정	3	DF	DF	20	연 제 운		0	0	1	0
0	0	1	1	27	안 지 호	15	DF	DF	3	최 준 기		0	5	1	0
0	0	1	0		김 태 호	13	DF	MF	15	이 지 민	8	1	2	1	0
0	0	0	0		김 영 도	34	MF	MF	14	이 학 민	26				
0	0	1	0		안 진 범	22	MF	MF	6	김 정 현		1(1)	3	1	0
0	1	5(3)		5	마르코스	10	MF	MF	24	박 태 준	40				
0	0	0	0		은 성 수	7	FW	FW	10	문 상 윤		2(2)	1	0	
0	1	3(2)		3	최 치 원	30	FW	FW	11	서 보 민					
0	2	2	17		브 루 노	9	FW	FW	7	에 델					
0	0	0	0		양 동 원	21			41	황 인 재		0	0	0	0
0	0	0	0		홍 길 동	25			2	이 시 영					
0	0	0	0		유 연 승	4			25	조 성 욱					
			후26	장 은 규	17	대기	대기	26	이 다 원	후35					
			후43	김 신 철	1			40	주 현 우	후12	1(1)				
0	0	0	0		문 준 호	19			8	주 현 우	후22	2(2)			
0	0	0	0		김 현 규	26			9	정 성 민					
0	1	13	11(5)								8(6)	18	4	0

●전반 24분 김영도 MFL TL ⌒ 마르코스 PA 정면 내 H - ST - G(득점: 마르코스, 도움: 김영도) 왼쪽
●후반 18분 정재희 AKR ⌒ 알렉스 GAR R - ST - G(득점: 알렉스, 도움: 정재희) 왼쪽
●전반 34분 이학민 자기 측 HL 정면 ⌒ 문상윤 PK 좌측지점 L - ST - G(득점: 문상윤, 도움: 이학민) 오른쪽
●후반 36분 주현우 GAL 내 R - ST - G(득점: 주현우) 왼쪽
●후반 41분 문상윤 GA 정면 L - ST - G(득점: 문상윤) 왼쪽

4월 29일 17:00 맑음 잠실 505명
주심_ 박병진 부심_ 장종필·성주경 대기심_ 김도연 경기감독관_ 송선호

		서울E 2			0 전반 1					1 안산					
					2 후반 0										
퇴장	경고	파울	ST(유)	교체	선수명	배번	위치	위치	배번	선수명	교체	ST(유)	파울	경고	퇴장
0	0	0	0		김 영 광	1	GK	GK	1	황 성 민		0	0	0	0
0	1	0	3		김 태 은	13	DF	DF	3	김 연 수	16	0	1	0	
0	0	1	0		전 민 광	22	DF	DF	4	이 인 재		0	2	1	0
0	0	1	0		안 지 호	5	DF	MF	6	신 일 수		0	2	0	0
0	0	1	0		강 한 솔	6	MF	MF	5	최 성 민		0	0	0	0
0	0	0	0		김 창 욱	66	MF	MF	7	박 진 섭		1(1)	0	0	0
0	1	4(1)		8	김 준 태	8	MF	MF	8	창 혁 진					
0	0		20	안 동 혁	32	MF	MF	김 태 현						
0	0	1	0		유 정 완	26	MF	MF	26	김 준 석	18				
0	1	1	99	최 치 원	23	MF	FW	11	최 호 주		2(1)	3	0	
0	0	3(1)		비엘키에비치	9	FW	FW	23	코 네		1(1)	1	0	
0	0	0	0		강 정 묵	31			21	이 희 성		0	0	0	0
0	0	0	0		김 재 현	4			16	최 명 희	후24				
0	0	0	0		유 지 훈	33			17	이 민 우					
0	0	0	0		최 한 솔	19	대기	대기	14	정 기 운	후45				
0	4(3)	후7	조 재 완	14			20	이 창 훈						
0	후37	김 재 웅	99			23	박 관 우	후21	3(2)					
0	후21	원 기 종	20			28	김 명 재							
1	1	17	12(5)								15(5)	13	1	0

●후반 33분 조재완 AKL R - ST - G(득점: 조재완) 오른쪽
●후반 49분 조재완 PAR 내 L - ST - G(득점: 조재완) 왼쪽
●전반 12분 장혁진 MFL FK ⌒ 박진섭 PK지점 H - ST - G(득점: 박진섭, 도움: 장혁진) 오른쪽

4월 28일 19:00 맑음 부천종합 1,655명
주심_ 오현진 부심_ 송봉근·설귀선 대기심_ 신용준 경기감독관_ 김용세

		부천 1			1 전반 0					0 부산					
					0 후반 0										
퇴장	경고	파울	ST(유)	교체	선수명	배번	위치	위치	배번	선수명	교체	ST(유)	파울	경고	퇴장
0	0	0	0		최 철 원	21	GK	GK	21	구 상 민		0	0	0	0
0	0	2	0		박 건	4	DF	DF	27	구 현 준		0	1	0	
0	1	1	0		임 동 혁	5	DF	DF	2	정 호 정		0	0	0	0
0	4	1	0		김 준 엽	11	DF	DF	15	김 명 준		0	1	0	0
0	0	0	0		안 태 현	22	DF	DF	박 준 강	13	1			
0	1	1	0		닐손주니어	6	MF	MF	6	이 규 성		0	0	0	0
0	0	1	0		문 기 한	7	MF	MF	10	호 물 로		0	2	0	0
0	1	4(1)	24	한 희 송	10	MF	MF	14	김 진 규						
0	4(2)		포 프	8	FW	FW	89	발로텔리		6(3)	3	1	0	
0	3(1)	16	공 민 현	18	FW	FW	11	이 동 준	33					
0	0	13	이 광 재	27	FW	FW	22	한 지 호	23					
0	0	0	0		이 기 현	18			1	송 유 걸		0	0	0	0
0	0	0	0		장 순 혁	7			39	한 진 석					
0	0	0	후9	이 정 찬	14	대기	대기	14	송 상 윤					
0	후37	김 지 호	25			13	신 연 준	후26						
0	0	0	0		남 송	28			13	신 영 준	후26				
0	후	신 상 수	16			33	김 문 환							
0	3	19	10(1)								14(7)	12	2	0

●전반 21분 김준엽 PAL ⌒ 포프 GA 정면 H - ST - G(득점: 포프, 도움: 김준엽) 왼쪽

4월 29일 16:00 맑음 수원종합 2,375명
주심_ 김동인 부심_ 노영수·구은석 대기심_ 성덕호 경기감독관_ 신홍기

		수원FC 1			0 전반 0					2 대전					
					1 후반 2										
퇴장	경고	파울	ST(유)	교체	선수명	배번	위치	위치	배번	선수명	교체	ST(유)	파울	경고	퇴장
0	0	0	0		김 다 솔	31	GK	GK	1	김 진 영		0	0	0	0
0	1	0	0		마 상 훈	2	DF	DF	25	고 명 석		0	2	0	0
0	1	0	0		임 하 람	4	DF	DF	2	윤 준 성		0	0	0	0
0	0	0	0		박 세 진	16	DF	DF	26	박 재 우		0	0	0	0
0	1	0	0		이 한 빈	25	DF	DF	23	김 예 성	23				
0	1	3	0		조 상 범	3	MF	MF	안 상 현						
0	0	0	0		백 성 동	10	MF	MF	8	박 수 창		5(4)	2	0	0
0	1	4	66	모 재 현	19	MF	MF	30	가 도 에 프	6	6(2)	0	0	
0	4	3	30	배 신 영	22	MF	MF	64	박 인 혁	11	4(3)	1	0	
0	0	33	배 지 훈	33	MF	FW	박 인 혁							
0	5(3)		마테우스	23	FW	FW	27	키 쭈		3(3)	2	1	0	
0	0	0	0		이 인 수	21			23	김 민 혁		0	0	0	0
0	후36	이 승 현	7			6	안 재 준	후23						
0	후0	이 광 진	8	대기	대기	23	전 상 훈	후28						
0	0	0	0		정 훈	17			필 립						
0	0	0	0		알 렉 스	14			17	고 민 성					
			후	김 승 섭	후45										
0	4	14	6(3)								19(13)	12	1	0

●후반 49분 서동현 PAR 내 ⌒ 마테우스 GA 정면 R - ST - G(득점: 마테우스, 도움: 서동현) 왼쪽
●후반 3분 박재우 PAR ⌒ 박인혁 GA 정면 H - ST - G(득점: 박인혁, 도움: 박재우) 왼쪽
●후반 8분 박재우 PAR ⌒ 가도에프 GA 정면 L - ST - G(득점: 가도에프, 도움: 박재우) 왼쪽

아산 1 : 2 광주

4월29일 17:00 맑음 아산 이순신 973명
주심_ 조지음 부심_ 지승민·안광진 대기심_ 김덕철 경기감독관_ 나승화

				아산 1	1 전반 2 / 0 후반 0	2 광주				

퇴장	경고	파울	ST(유)	교체	선수명	배번	위치	위치	배번	선수명	교체	ST(유)	파울	경고	퇴장
0	0	0			박형순	1	GK	GK	21	윤보상			0	0	0
0	0	0			이주용	3	DF	DF	5	박요한	후5	1(1)	0	0	0
0	0	1	2(1)		이한샘	33	DF	DF	6	안영규		0	1	1	0
0	0	1			민상기	39	DF	MF	36	이민기		1	1	0	0
0	1	2			김종대	6	MF	MF	11	정영총		1(1)	0	0	0
0	0	0			이왕용	7	MF	FW	27	김정환		3(1)	4	1	0
0	1	1(1)			주세종	28	FW	MF	25	김동현		0	0	0	0
0	0		14		이명주	29	MF	FW	8	이민규	후0	1	1	0	0
0	1	66			김륜도	12	FW	FW	7	두현석	29	0	0	0	0
1	2	3(2)			고무열	18	FW	FW	10	나상호		3(2)	0	0	0
1	2	5(2)			김현	30	FW								
					박주원	21			31	윤평국			0	0	0
					김동철	20			4	김태윤	후39	1	1	0	0
0	1	1		후23	김민균	14			5	정준연	후0	1	1	0	0
				대기	안현범	18	대기	17	정동윤						
					김도혁				26		대기				
0	0		1(1)후0		황인범	66			29	여봉훈	후0				
0	1	1(1)	전31		한의권	9			69	부아					
0	4	13	15(8)									11(6)	15	2	0

●전반 43분 이명주 AKL ~ 한의권 PAL 내 R - ST - G(득점: 한의권, 도움: 이명주) 왼쪽

●전반 22분 김정환 PAR ↗ 정영총 GA 정면 R - ST - G(득점: 정영총, 도움: 김정환) 오른쪽
●전반 29분 나상호 PK - R - G(득점: 나상호) 왼쪽

성남 2 : 1 수원FC

5월06일 14:00 흐리고비 탄천 종합 1,522명
주심_ 최광호 부심_ 송봉근·강도준 대기심_ 최일우 경기감독관_ 김형남

				성남 2	0 전반 1 / 2 후반 0	1 수원FC				

퇴장	경고	파울	ST(유)	교체	선수명	배번	위치	위치	배번	선수명	교체	ST(유)	파울	경고	퇴장
0	0	0			김근배	21	GK	GK	31	김다솔		0	0	0	0
0	0	0			윤영선	28	DF	DF	2	마상훈		0	4	0	0
0	1	6(4)			연제운	20	DF	MF	16	박세진		1	2	0	0
0	0	0			서보민	11	MF	DF	25	이한빈		0	0	0	0
0	0				이학민	14	DF	FW	9	이승현		0	0	0	0
0	0				최준기	3	MF	FW	20	이광진		3(1)	1	1	0
0	1	2(1)	8		박태준	24	MF	MF	4	이광진	27				
0	1	4(3)			무랄라	40	MF	MF	10	백성동		2	1	0	0
0	0				에델	7	FW	MF	14	알렉스	27	1	1	0	0
0	2	3	15		데델	7	FW	FW	33	배지훈		2	0	0	0
0	1	2(2)	23		정성민	9	FW	FW	23	마테우스		0	0	0	0
					전종혁	31			90	이상욱					
0	0				이시영	2			5	김창훈					
					조성욱	25			18	채선일					
0	0			대기	이은범	26	대기	13	장혁						
0	0	후41			이지민	15			19	배신종					
1(1)	후14			주현우	9			19	모재현	후20				
0	1(1)	후24			김소웅	23			27	서동현	후20			
0	2	11	21(12)									8(1)	16	2	0

●후반 25분 서보민 PAL R - ST - G(득점: 서보민) 오른쪽
●후반 45분 서보민 PK - R - G(득점: 서보민) 가운데

●전반 30분 연제운 자기 측 GAL 내 자책골(득점: 연제운) 왼쪽

안산 1 : 3 부산

5월06일 15:00 비 안산 와스타디움 1,056명
주심_ 김동인 부심_ 지승민·안광진 대기심_ 장순택 경기감독관_ 나승화

				안산 1	0 전반 0 / 1 후반 3	3 부산				

퇴장	경고	파울	ST(유)	교체	선수명	배번	위치	위치	배번	선수명	교체	ST(유)	파울	경고	퇴장
0	0	0			이희성	21	GK	GK	31	김형근		0	0	0	0
0	0	0			최성민	2	DF	DF	33	김문환		0	0	0	0
0	0	2			김연수	3	DF	DF	4	홍진기		0	0	0	0
0	0	1(1)			신일수	6	DF	DF	15	김명준		0	0	0	0
0	0				박준희	5	MF	MF	10	호물로		1	0	0	0
1	1	1			장혁진	8	MF	MF	14	이재권		1	1	0	0
1	1	1	26		홍동현	8	MF	MF	6	이규성		0	0	0	0
0	3(1)				최호주	11	FW	FW	89	발로텔리		4(2)	1	0	0
0	1	1	77		김태현	25	FW	FW	60	알레망	22	6(4)	1	0	0
0	1	4	23		코네	22	FW	FW	23	김진규	19	2(2)	2	0	0
					황성민	1			21	구상민					
					박진섭	5			2	정호정					
0	1				정기운	18			3	박준강	후39				
					송주호	20	대기	대기	14	송창호					
0	후29				박관우	23			19	고경민	후35				
					윤선호				22	한지호	후28				
0	후21				조우진	77			22						
0	2	13	8(2)									16(11)	12	2	0

●후반 44분 장혁진 PAR ~ 최호주 GAR 내 H - ST - G(득점: 최호주, 도움: 장혁진) 왼쪽

●후반 14분 알레망 GA 정면 내 L - ST - G(득점: 알레망) 가운데
●후반 20분 김진규 GA 정면 내 R - ST - G(득점: 김진규) 가운데
●후반 31분 호물로 PAL ~ 발로텔리 GA 정면 내 H - ST - G(득점: 발로텔리, 도움: 호물로) 오른쪽

안양 0 : 3 아산

5월06일 15:00 비 안양종합 687명
주심_ 오현진 부심_ 장종필·설귀선 대기심_ 정회수 경기감독관_ 차상해

				안양 0	0 전반 1 / 0 후반 2	3 아산				

퇴장	경고	파울	ST(유)	교체	선수명	배번	위치	위치	배번	선수명	교체	ST(유)	파울	경고	퇴장
0	0	0			전수현	1	GK	GK	1	박형순		0	0	0	0
0	0	1	1(1)		정재용	11	MF	DF	3	이주용		2(1)	0	0	0
0	0	0			최호정	3	DF	DF	39	민상기		0	0	0	0
0	0	0			김태호	13	DF	DF	6	김종대		0	0	0	0
0	0				김형진	15	DF	FW	7	이왕용		0	0	0	0
0	1	27			김영도	34	MF	FW	18	조성준		3	0	0	0
0	0	3			마르코스	10	MF	FW	28	주세종		0	0	0	0
0	0	1			안진범	22	MF	FW	29	이명주		0	0	0	0
0	1	2			김원민	32	FW	FW	66	황인범	15	1	1	0	0
0	1	17			정희웅	33	FW	FW	9	한의권	21	2(1)	1	0	0
0	1	3(2)			알렉스	9	FW	FW	14	고무열					
					정민기	24			31	양형모					
					김대욱	8			16	김동진	후35				
					유연승	7	대기	대기	20	김동철					
0	1(1)	후37			김신철	17			14	김민균	후13	2(1)	0	0	0
					문준호	27			15	안현범	후13				
					김경준	23			17	박세직					
0	브루노	9			브루노	9			10	이재안	후0				
0	1	11	7(4)									10(5)	18	1	0

●전반 10분 조성준 PAR 내 ~ 이주용 GAL 내 H - ST - G(득점: 이주용, 도움: 조성준) 왼쪽
●후반 39분 이명주 자기 측 HLR ~ 안현범 PAR 내 R - ST - G(득점: 안현범, 도움: 이명주) 오른쪽
●후반 47분 이명주 PAL ~ 안현범 GAL R - ST - G(득점: 안현범, 도움: 이명주) 오른쪽

서울E 0 : 2 대전

8월 15일 19:00 흐림 잠실 490명
주심_오현진 부심_지승민·장종필 대기심_성덕효 경기감독관_김진의

| | 전반 0 | |
| 0 | 후반 2 | 2 |

퇴장	경고	파울	ST(유)	교체	선수명	배번	위치	위치	배번	선수명	교체	ST(유)	파울	경고	퇴장
0	0	0	0		김 영 광	1	GK	GK	92	박 준 혁		0	0	1	0
0	0	1	0		안 성 빈	33	DF	DF	22	윤 신 영		2	0	0	0
0	0	1	0		이 반	29	DF	DF	25	고 명 석	1	0	0	0	0
0	0	0	1		김 재 현	4	DF	DF	3	황 재 훈		1	1	0	0
0	0	1	0		안 동 혁	32	DF	DF	38	장 원 석		0	1	0	0
0	0	2	1(1)		이 현 성	77	MF	MF	5	권 영 호	1(1)	0	2	0	0
0	0	0	0	↑66	최 한 솔	19	MF	MF	13	신 학 영	9	0	4	1	0
0	0	1	0	↑99	고 차 원	10	MF	MF	41	강 윤 성	20	0	1	0	0
0	1	0	0		조 용 태	17	FW	FW	77	완 델 손		0	1	0	0
0	0	2	1(1)		최 오 백	7	FW	FW	30	가 도 에 프	64	1(1)	1	0	0
0	0	23			비엘키에비치	9	FW	FW	27	키 푸		2(1)	5	1	0
0	0				강 정 묵	31			36	임 민 혁					
0	0				김 태 은	13			51	윤 경 보					
0	0		↑후		김 창 욱	66			17	고 민 성					
0	0	후13			최 치 원	23	대기	대기	20	안 상 현	후48	0	0	0	0
0	0	후23			김 재 웅	99			8	박 수 창					
0	0				조 재 완	14			64	박 인 혁	후22	1			
0	0				에 레 라	11			7	뚜르스노프	후18	0			
0	0	9	2(1)			0			0			8(3)	17	3	0

● 후반 3분 신학영 AK 정면 ~ 가도에프 PAL
내 L - ST - G(득점: 가도에프, 도움: 신학영)
왼쪽
● 후반 47분 박인혁 PAR → 키푸 GAL L - ST -
G(득점: 키푸, 도움: 박인혁) 가운데

부천 1 : 0 광주

5월 06일 18:00 맑음 부천 종합 1,277명
주심_김용우 부심_구은석·성주경 대기심_정의석 경기감독관_송선호

| | 전반 0 | |
| 1 | 후반 0 | 0 |

퇴장	경고	파울	ST(유)	교체	선수명	배번	위치	위치	배번	선수명	교체	ST(유)	파울	경고	퇴장
0	0	0	0		최 철 원	21	GK	GK	21	윤 보 상		0	0	0	0
0	1	2	0		박 건	4	DF	DF	5	정 준 연		2	1	0	0
0	0	2(1)			임 동 혁	5	DF	DF	6	안 영 규	1(1)	0	1	0	0
0	0	0	0		김 준 엽	11	DF	DF	20	이 한 도		0	1	0	0
0	1	0	0		안 태 현	22	DF	DF	36	이 민 기	17	0	3	1	0
0	0	0	0		닐손주니어	6	MF	MF	25	김 동 현		1	1	1	0
0	0	2	0		문 기 한	7	MF	MF	11	정 영 총		4(2)	2	1	0
0	1(1)	16	0		이 현 승	13	MF	MF	8	미 노 리	25	0	0	0	0
0	0	3	0		포 프	8	FW	FW	27	김 정 환	9	1	0	0	0
0	0	3	0		이 광 재	27	FW	FW	10	나 상 호		3(1)	1	0	0
0	0				이 영 창	1			31	윤 평 국					
0	0				장 순 혁	2			4	김 태 윤					
0	0				정 준 현	19			7	지 우	후38	1(1)	0	0	0
0	0	후29			김 지 호	24	대기	대기	12	두 현 석	후12	5(4)	0	0	0
0	0				황 진 산	44			17	정 동 윤	후22	0	0	0	0
0	0	후10			공 민 현	9			29	여 봉 훈					
0	0	5(3)	후0		진 창 수	16			69	부 아		0			
0	1	15	16(7)			0			0			19(9)	9	2	0

● 후반 15분 문기한 자기 측 MF 정면 ~ 진창수
PAL 내 R - ST - G(득점: 진창수, 도움: 문기
한) 오른쪽

대전 3 : 2 안양

5월 12일 15:00 흐리고 비 대전 월드컵 956명
주심_성덕효 부심_지승민·구은석 대기심_설태환 경기감독관_김용세

	전반 0	
2	후반 2	2
1		

퇴장	경고	파울	ST(유)	교체	선수명	배번	위치	위치	배번	선수명	교체	ST(유)	파울	경고	퇴장
0	0	0	0		김 진 영	1	GK	GK	29	정 민 기		0	0	0	0
0	0	0	0		고 명 석	25	DF	DF	13	김 태 호	1	3	1	0
0	1	1	0		윤 준 성	4	DF	DF	15	김 형 진		0	3	0	0
0	1	0	4		박 재 우	26	DF	DF	5	김 영 찬		0	1	0	0
0	0	0	0		김 예 성	2	DF	DF	2	채 광 훈		0	0	0	0
0	0	1	0		안 상 현	20	MF	MF	22	안 진 범	6	0	1	1	0
0	1	7	0		박 수 창	8	MF	MF	10	마르코스		4(2)	1	0	0
0	0	3(2)	5		박 수 일	66	MF	MF	11	정 재 희	17	1	0	0	0
0	0	4(3)	14		가 도 에 프	30	FW	FW	34	김 영 도	26	0	3	0	0
0	1	3(1)			박 인 혁	64	MF	MF	33	정 희 웅		2(2)	0	0	0
0	0	2	2(2)		키 푸	27	FW	FW	30	알 렉 스		5(4)	1	0	0
0	0				임 민 혁	36			1	전 수 현					
0	0	후46			권 영 호	5			23	최 호 정					
0	0				전 상 훈	23			4	구 대 영					
0	0				조 예 찬	39	대기	대기	6	최 재 훈	후0	0	0	0	0
0	0				필 립	97			8	김 신 철	후32	0	0	0	0
0	0	2(1)	후20		고 민 성	17			26	김 현 규	후32	0			
0	0	1	후27		유 해 성	14			18	김 희 원		0			
0	4	16	10(9)			0			0			16(8)	13	2	0

● 전반 29분 박인혁 GAL EL → 가도에프 GAR
L - ST - G(득점: 가도에프, 도움: 박인혁) 오
른쪽
● 후반 46분 박수창 자기 측 MFR ⌒ 키푸 AK
내 L - ST - G(득점: 키푸, 도움: 박수창) 왼쪽
● 후반 4분 박인혁 PAR EL ⌒ 가도에프 GAL H
- ST - G(득점: 가도에프, 도움: 박인혁) 왼쪽

● 후반 1분 알렉스 PK 좌측지점 R - ST - G(득
점: 알렉스) 오른쪽
● 후반 47분 알렉스 PK - R - G(득점: 알렉스)
오른쪽

광주 1 : 3 성남

5월 12일 15:00 비 광주 월드컵 1,002명
주심_김영수 부심_장준필·김홍규 대기심_오현진 경기감독관_차상해

| | 전반 0 | |
| 1 | 후반 1 | 3 |

퇴장	경고	파울	ST(유)	교체	선수명	배번	위치	위치	배번	선수명	교체	ST(유)	파울	경고	퇴장
0	0	0	0		윤 평 국	31	GK	GK	21	김 근 배		0	0	0	0
0	0	0	0		정 준 연	5	DF	DF	28	윤 영 선		0	2	0	0
0	0	1	0		안 영 규	6	DF	DF	20	연 제 운		0	0	0	0
0	0	4	1(1)		김 태 윤	4	DF	DF	3	최 준 기		1	1	0	0
0	0	1	0		이 민 기	36	DF	MF	14	이 학 민		2(1)	1	0	0
0	0	2	0		김 동 현	25	MF	MF	11	서 보 민		1	0	0	0
0	0	2	2		정 영 총	11	MF	MF	40	무 랄 랴		2(2)	2	0	0
0	1	2	0		미 노 리	8	MF	MF	24	박 태 준	23	0	2	1	0
0	0	1	1(1)		임 민 혁	9	FW	FW	25	문 상 윤	25	0	1	0	0
0	0	1	0		김 정 환	27	FW	FW	9	정 성 민		3(2)	0	0	0
0	0	2			나 상 호	10	FW	FW	33	최 병 찬	8	2(1)	4	1	0
0	0				윤 보 상	21			41	황 인 재					
0	0				박 요 한	2			2	이 시 영					
0	3(1)	후12			두 현 석	12	대기	대기	23	조 성 욱	후42	0	1	0	0
0	0				류 언 재	16			15	이 지 민					
0	0	후33			여 봉 훈	29			8	주 현 우	후12	0	0	0	0
0	0	후14			부 아	69			23	김 소 웅	후31	1	1	0	0
0	0	12	7(4)			0			0			14(7)	17	2	0

● 후반 32분 나상호 PAL ~ 두현석 GA 정면 L -
ST - G(득점: 두현석, 도움: 나상호) 왼쪽

● 전반 25분 최병찬 PAR ~ 무랄랴 AKR R -
ST - G(득점: 무랄랴, 도움: 최병찬) 오른쪽
● 전반 39분 문상윤 PAR ⌒ 최병찬 GAL H -
ST - G(득점: 최병찬, 도움: 문상윤) 오른쪽
● 후반 26분 이학민 GAR H → 정성민 GA 정면
L - ST - G(득점: 정성민, 도움: 이학민) 왼쪽

5월13일 14:00 맑음 부산 구덕 2,113명
주심_정동식 부심_노수용·설귀선 대기심_김덕철 경기감독관_최상국

부산 2 — 1 전반 0 / 1 후반 0 — **0 서울E**

퇴장	경고	파울	ST(유)	교체	선수명	배번	위치	위치	배번	선수명	교체	ST(유)	파울	경고	퇴장
0	0	0	0		김형근	31	GK	GK	1	김영광		0	0	0	0
0	0	1	3(1)		김문환	33	DF	DF	3	감한솔		0	1	0	0
0	0	3	1		홍진기	4	DF	DF	22	전민광		0	1	0	0
0	0	2	0		김명준	15	DF	DF	6	안지호		0	1	0	0
0	1	1	3		이종민	17	DF	DF	33	유지훈		0	1	0	0
0	1	1			이재권	8	MF	MF	66	김창욱		0	0	0	0
0	0	1	14		이규성	6	MF	MF	8	김준태	19	0	4	0	0
0		3(2)			호물로	10	MF	MF	32	안동혁		0	0	0	0
0		2(1)	22		발로텔리	89	FW	FW	26	유정완	16	1(1)	1	0	0
0		2(1)			김진규	23	FW	FW	7	최오백		0	0	0	0
0		2(1)			알레망	60	FW	FW	9	비엘키에비치		0	0	0	0
					송유걸	1			31	강정묵					
					정호정	2			4	김재현					
0		2(1)	후25		박준강	3			19	최한솔	후26				
0			후40		송창호	14	대기	대기	25	전석훈					
					신영준	13			16	조찬호	후0				
					이동준	11			37	탁우선					
0	1	1(1)	후3		한지호	22			20	원기종	전12	1(1)	1	0	0
0	1	18	18(9)									3(2)	14	1	0

●전반 20분 호물로 PK - L - G(득점: 호물로) 왼쪽
●후반 6분 호물로 HLR~ 한지호 GAR R - ST - G(득점: 한지호, 도움: 호물로) 왼쪽

5월14일 19:30 흐림 수원 종합 1,093명
주심_서동진 부심_강동호·성주경 대기심_최현재 경기감독관_김용갑

수원FC 1 — 1 전반 0 / 0 후반 0 — **0 안산**

퇴장	경고	파울	ST(유)	교체	선수명	배번	위치	위치	배번	선수명	교체	ST(유)	파울	경고	퇴장
0	0	0	0		김다솔	31	GK	GK	1	황성민		0	0	0	0
0	0	1		16	마상훈	2	DF	DF	4	이인재		0	1	0	0
0	0	2	1		김범용	3	MF	DF	5	박준희		0	2	0	0
0	0	1			레이어	24	DF	DF	6	신일수		0	1	0	0
0	1	1	1(1)	27	이승현	25	FW	FW	7	박진섭		3(2)	1	0	0
0	1	1		15	이광진	8	MF	MF	19	이건		0	3	0	0
0	1		2(2)		백성동	10	MF	MF	26	김종석		0	2	0	0
0	1	1			알렉스	14	MF	MF	77	조우진		0	1	0	0
0		2			조유민	20	DF	FW	8	장혁진		1(1)	2	0	0
0		1	1		배지훈	33	MF	FW	10	홍동현		0	0	0	0
0		3(1)			모재현	19	FW	FW	18	정기운	23	0	0	0	0
					이상욱	90			21	이희성					
					김창훈	5			2	최성민					
0			후26		박세진	16			17	이민우					
0			후18		김대호	4	대기	대기	22	코네	후11				
					배신영	21			44	박관우	후28				
					정우근	9			25	김태현	후37				
0			후44		서동현	27			28	김명재					
0	2	14	13(5)									11(3)	11	1	0

●전반 34분 모재현 PAL 내 ~ 배지훈 GAL L - ST - G(득점: 배지훈, 도움: 모재현) 오른쪽

5월14일 19:30 맑음 부천 종합 822명
주심_박진호 부심_송봉근·권용식 대기심_신용준 경기감독관_신홍기

부천 0 — 0 전반 1 / 0 후반 0 — **1 아산**

퇴장	경고	파울	ST(유)	교체	선수명	배번	위치	위치	배번	선수명	교체	ST(유)	파울	경고	퇴장
0	0	0	0		최철원	21	GK	GK	1	박형순		0	0	0	0
0	0	1	0		박건	4	DF	MF	7	이주용		0	0	0	0
0	1	1	0		임동혁	5	DF	DF	20	김동철		0	1	0	0
0	0	2	1		김준엽	11	DF	DF	39	민상기		0	2	0	0
0	1	4			안태현	22	DF	DF	6	김종국		0	1	0	0
0	1	4			문기한	7	MF	FW	7	조성준		0	1	0	0
0	0	1	27		이현승	10	MF	MF	24	박세직	15	1	0	0	0
0			19		이정찬	13	MF	MF	28	주세종	66	4(3)	0	0	0
0	2	3			포프	9	FW	FW	29	이명주		2	2	0	0
0		3(2)			진창수	16	FW	FW	18	고무열	10	0	0	0	0
					이기현	18		FW	7	박주원					
0			후36		장순혁	3			16	김동진					
0			후0		정준현	19			33	이한샘					
					김지호	24	대기	대기	14	김민균					
					송아론	30			15	안현범	후17				
					황진산	44			66	황인범	후7				
0	3	20	10(3)									9(3)	10	1	0

●전반 21분 주세종 PK - R - G(득점: 주세종) 오른쪽

5월19일 19:00 맑음 부천 종합 1,311명
주심_박병지 부심_지승민·구은석 대기심_성덕호 경기감독관_박남열

부천 0 — 0 전반 0 / 0 후반 3 — **3 서울E**

퇴장	경고	파울	ST(유)	교체	선수명	배번	위치	위치	배번	선수명	교체	ST(유)	파울	경고	퇴장
0	0	0	0		최철원	21	GK	GK	1	김영광		2	0	0	0
0	0	1	0		박건	4	DF	DF	4	김재현		2	0	0	0
0	0	1	0		김준엽	11	DF	DF	22	전민광		0	0	0	0
0	0	2			정준현	19	DF	DF	6	안지호		1(1)	1	0	0
0	0	1			안태현	22	DF	DF	33	유지훈		0	0	0	0
0		2(1)			닐손주니어	6	DF	MF	66	김창욱		0	0	0	0
0	1	1(1)			문기한	7	MF	MF	8	김준태		2(2)	3	0	0
0	3	0			이정찬	13	MF	FW	7	최오백		0	0	0	0
0	3		10		황진산	44	MF	MF	37	탁우선	16	0	0	0	0
0	6(1)				포프	9	FW	FW	11	비엘키에비치		3(1)	2	0	0
					이영창	1			1	강정묵					
0			후26		장순혁	3			15	이병욱					
0			후0		이현승	10			19	최한솔	후13	1(1)			
					남송	28	대기	대기	3	감한솔					
					송홍민	30			16	조찬호	후0				
0			후0		진창수	16			26	유정완	후29	2(2)			
					김능연	20			20	원기종					
0	1	21	11(3)									13(8)	16	1	0

●후반 19분 김영광 자기 측 PA 정면 ⌒ 최한솔 PK 좌측지점 L - ST - G(득점: 최한솔, 도움: 김영광) 왼쪽
●후반 35분 최오백 C.KR ⌒ 안지호 GA 정면 내 H - ST - G(득점: 안지호, 도움: 최오백) 왼쪽
●후반 36분 비엘키에비치 MF 정면 ~ 최오백 AK 내 L - ST - G(득점: 최오백, 도움: 비엘키에비치) 왼쪽

아산 0 : 1 대전

5월 19일 19:00 맑음 아산 이순신 1,427명
주심_오현진 부심_노수용·강도준 대기심_장순택 경기감독관_최상국

	아산	0	전반 0 / 후반 1	1	대전	

퇴장	경고	파울	ST(유)	교체	선수명	배번	위치	위치	배번	선수명	교체	ST(유)	파울	경고	퇴장
0	0	0	0		박형순		GK	GK	1	김진영		0	0	0	0
0	1	5	0		김동진	16	DF	DF	25	고명석		0	1	0	0
0	0	0	0		김종철	20	DF	DF	4	윤준성		1(1)	0	0	0
0	0	0	1(1)		이한샘	33	DF	DF	26	박재우	23	0	0	0	0
0	0	0	3(2)		김종국	6	MF	MF	2	김예성		0	4	0	0
0	0	0	0		이창용	7	MF	MF	20	안상현		1(1)	1	0	0
0	0	2	1(1)	66	안현범	15	MF	MF	41	강윤성	7	0	1	0	0
0	1	2	2(2)		주세종	28	MF	MF	66	박수일		1	3	1	0
0	0							MF	30	오장은					
0	0	4	4(2)	24	한의권	9	FW	FW	64	박인혁		2(1)			
0	1	1	1(1)	18	이재안	10	FW	FW	27	키 푸		5	0	0	0
0	0	0	0		양형모	31			36	임민혁		0	0	0	0
0	0	0	0		이주용	26			44	이지솔		0	0	0	0
0	0	0	0		김준수	26			23	진상훈	후37				
0	0	0	0	대기	조성준	17	대기	대기	7	가도에프	후23		1	1	0
0	0			후20	박세직				8	박수창		0			
0	0			후30	황인범	66			14	유해성		0			
0	0			후11	고무열	18			30	가도에프	후32				
0	1	15	14(9)									8(5)	20	3	0

●후반 4분 박수일 C.KL ⌒ 안상현 GAR L - ST - G(득점: 안상현, 도움: 박수일) 왼쪽

안양 3 : 2 광주

5월 20일 18:00 맑음 안양 종합 1,976명
주심_김동인 부심_강동호·성주경 대기심_김도연 경기감독관_김용세

	안양	3	전반 0 / 후반 1	2	광주	

퇴장	경고	파울	ST(유)	교체	선수명	배번	위치	위치	배번	선수명	교체	ST(유)	파울	경고	퇴장
0	0	0	0		정민기	29	GK	GK	21	윤보상		0	0	0	0
0	0	0	0		김태호	13	DF	DF	2	박요한		1	0	0	0
0	0	3	0		김형진	15	DF	DF	5	정준연		0	0	0	0
0	0	0	0		김영찬	5	DF	DF	20	이한도		0	0	0	0
0	2	1			채광훈	2	DF	MF	36	이민기		3	0	0	0
0	2	1			최재훈	6	MF	MF	25	김동현	15	1	1	0	0
0	0				마르코스	10	MF	MF	11	정영총		1(1)	4	2	0
0	1	0	34		정höng희	11	MF	MF	13	이노리		0			
0	1	35			최광웅	33	MF	MF	10	나상호		4	0	0	0
0	2	3(1)	3		브루노	7	FW	FW	9	지우	9	2	0	0	0
0	2	3(3)			알렉스	30	FW	FW	10	나상호		4(2)	3	0	0
0	0	0	0		전수현	1			41	제종현		0	0	0	0
0	0	0		후0	최호정	3			4	김태윤		0	0	0	0
0	0				유연승	4			5	정준연		0			
0	0			대기	최승호	14	대기	대기	9	두현석	후5	2(1)	2	0	0
0	0	1	1	후35	김영도	34			15	이인규	후0	0			
0	0				김현규	26			27	김정환	후21	1	0	0	0
0	0			후40	박성진	35			29	여봉훈					
0	1	16	12(7)									11(4)	17	2	0

●후반 3분 채광훈 GAL EL ⌒ 정희웅 PK 좌측 지점 R - ST - G(득점: 정희웅, 도움: 채광훈) 왼쪽
●후반 6분 김태호 GAR EL → 알렉스 GAR R - ST - G(득점: 알렉스, 도움: 김태호) 오른쪽
●후반 26분 알렉스 PAL 내 R - ST - G(득점: 알렉스) 왼쪽

●전반 21분 지우 자기 측 MFL ⌒ 나상호 PK지점 R - ST - G(득점: 나상호, 도움: 지우) 왼쪽
●후반 29분 김동현 MFR → 두현석 PK 좌측지점 R - ST - G(득점: 두현석, 도움: 김동현) 오른쪽

안산 2 : 1 성남

5월 21일 19:30 맑음 안산 와스타디움 2,273명
주심_정동식 부심_송봉근·설귀선 대기심_정의석 경기감독관_김형남

	안산	2	전반 0 / 후반 2	1	성남	

퇴장	경고	파울	ST(유)	교체	선수명	배번	위치	위치	배번	선수명	교체	ST(유)	파울	경고	퇴장
0	0	0	0		황성민	1	GK	GK	21	김근배		0	0	0	0
0	0	2	2(1)		이인재	4	DF	DF	11	서보민		3(1)	0	0	0
0	1	1	1(1)		신일수	6	DF	DF	20	연제운		0	0	0	0
0	0	3(2)			이건	19	DF	DF	3	최준기		0	0	0	0
0	0	0	0		김태현	25	DF	DF	14	이학민		0	1	0	0
0	1	1	0		박준희	5	MF	MF	6	정현철		1	0	0	0
0	0	2	2(1)		박진섭	7	MF	MF	40	무랄랴		4	0	0	0
0	0	4	1		최명희	16	MF	MF	33	최병찬		3(2)	1	0	0
0	0	5	0		장혁진	8	MF	MF	24	태극준	15	1(1)	5	0	0
0	2	5	2(1)	20	홍동현	10	MF	MF	10	문상윤		3(1)	1	0	0
0	0	6	3(1)	23	코네	22	FW	FW	9	정성민		3(1)	1	0	0
0	0	0	0		이희성	21			41	황인재		0	0	0	0
0	0	0	0		최성민	3			2	이상욱	후40	0	0	0	0
0	0	0	0		김연수	3			25	조성욱		0			
0	0	0	0	대기	정기운	18	대기	대기	26	이다원		0			
0	0	0	0	후46	송주호				15	이지민	후25	0			
0	1(1)			후34	박관우	10			8	주현우	후25				
0	0	0	0		김종서				21	김도엽		0			
0	2	18	12(7)									18(5)	16	0	0

●후반 6분 최명희 MFR ⌒ 이건 MF 정면 L - ST - G(득점: 이건, 도움: 최명희) 왼쪽
●후반 19분 이건 PAL 내 L - ST - G(득점: 이건) 오른쪽

●후반 48분 정성민 PK - R - G(득점: 정성민) 왼쪽

부산 1 : 1 수원FC

5월 21일 19:30 맑음 부산 구덕 1,899명
주심_김우성 부심_장준필·김종희 대기심_신용준 경기감독관_김진의

	부산	1	전반 1 / 후반 0	1	수원FC	

퇴장	경고	파울	ST(유)	교체	선수명	배번	위치	위치	배번	선수명	교체	ST(유)	파울	경고	퇴장
0	0	0	0		김형근	31	GK	GK	31	김 다솔		0	0	0	0
0	0	1	1		김문환	33	DF	DF	2	마상훈		0	3	1	0
0	1	1(1)			홍진기	4	DF	MF	3	김범용		0	1	0	0
0	0	1	0		김명준	15	DF	DF	24	레이어		0	0	0	0
0	1	0	0		이종민	17	DF	FW	10	이승현	23	1	0	0	0
0	0	0	0		이재권	8	MF	DF	8	이광진		1(1)	3	0	0
0	2	18			이규성	5	MF	MF	14	백성동		0			
0	2	2(2)			호물로	10	MF	MF	14	알렉스	15	2(1)	1	0	0
0	2(1)	9			한지호	22	MF	DF	20	조유민		0	0	0	0
0	1	1(1)	2		김진규	23	MF	MF	33	배신규	16	0			
0	2(1)				알레망	60	FW	FW	19	모재현		1(1)			
0	0	0	0		구상민	90			90	이상욱		0	0	0	0
0	0	0	0		정호정	2			27	박세진	후27	0			
0	0	0	0		김치우	7			49	최원철	후49	0	0	0	0
0	0	0	0	대기	고경민	19	대기	대기	22	배신영		0			
0	0				한준규				23	마테우스	후11	1	1	0	0
0	0			후0	김동섭	9			27	이종원					
0	0				권진영										
0	3	14	12(6)									7(3)	14	2	0

●후반 4분 이재권 AKR ⌒ 호물로 AKR L - ST - G(득점: 호물로, 도움: 이재권) 오른쪽

●전반 34분 알렉스 AKR L - ST - G(득점: 알렉스) 왼쪽

5월 26일 18:00 맑음 수원 종합 2,221명

주심_박병진 부심_송봉근·안광진 대기심_설태환 경기감독관_박남열

수원FC	0	0 전반 1 / 0 후반 0	1	광주

퇴장	경고	파울	ST(유)	교체	선수명	배번	위치	위치	배번	선수명	교체	ST(유)	파울	경고	퇴장
0	0	0	0		김 다 솔	31	GK	GK	31	윤 평 국		0	0	0	0
0	0	1	0	16	마 상 훈	2	DF	DF	5	정 준 연		0	0	0	0
0	0		3(1)		김 범 용	3	MF	DF	4	김 태 윤		0	0	0	0
0	0	0			레 이 어	24	DF	DF	20	이 한 도		0	1	0	0
0	1	1(1)		77	이 승 현	7	FW	DF	2	박 요 한		0	0	0	0
0	1	0			이 광 진	8	MF	MF	25	김 동 현		0	1	0	0
0	0	0			백 성 동	10	MF	MF	9	두 현 석	15	1(1)	0	0	0
0	0	2			알 렉 스	14	MF	MF	8	임 민 혁		0	1	0	0
0	1	2	1		배 신 영	13	MF	MF	11	정 영 총		1	2	1	0
0	1	1			배 지 훈	33	MF	FW	7	김 우	27				
0	3	1		23	모 재 현	19	FW	FW	10	나 상 호		1(1)			
					이 상 욱	90			1	박 완 선					
					김 창 훈	5			6	안 영 규	후33				
0	0		후37		박 세 진	16		13		노 리					
0	0		후12		마테우스	23	대기	14		김 경 연	대기				
					서 동 현	27		15		이 인 규	후0				
0	0		후26		김 동 찬	77		23		홍 성 요					
								27		김 정 환	전33(36)	0	3	0	
0	2	15	12(4)			0						8(4)	16	0	

●후반 23분 두현석 MFL →나상호 GAL R - ST - G(득점: 나상호, 도움: 두현석) 오른쪽

5월 26일 19:00 맑음 탄천 종합 2,532명

주심_고형진 부심_장종필·권용식 대기심_최대우 경기감독관_김용갑

성남	4	1 전반 1 / 3 후반 1	2	대전

퇴장	경고	파울	ST(유)	교체	선수명	배번	위치	위치	배번	선수명	교체	ST(유)	파울	경고	퇴장
0	0	0	0		전 종 혁	31	GK	GK	1	김 진 영		0	0	0	0
0	0	0	0		조 성 욱	25	DF	DF	25	고 명 석		0	0	0	0
0	0	1(1)			연 제 운	20	DF	DF	4	윤 준 성		0	0	0	0
0	0				최 준 기	3	DF	DF	26	박 재 우		0	0	0	0
0	0	2(1)			서 보 민	11	MF	MF	2	김 예 성		0	0	0	0
0	0	0			김 정 현	6	MF	MF	20	안 상 현		0	0	0	0
0	0	3(1)			무 랄 라	40	MF	MF	30	가도에프	14	3(3)			
0	0	0			이 학 민	14	MF	MF	66	박 수 일		0	0	0	0
0	0				문 상 윤	10	FW	FW	11	김 승 섭	64				
0	0				최 병 찬	33	FW	FW	8	박 수 창		1(1)	0	0	0
0	0				황 인 재	41		FW	27	키 쭈		1(1)			
					이 시 영	2			36	임 민 혁					
					이 지 민	15			38	장 원 석					
0	0	전22			이 다 원	23	대기	대기	6	권 영 호					
					박 태 준	24			41	강 윤 성	후25				
0	0	후31			에 델	7			14	유 해 성	후19	2(1)			
0	0	2(2)	후14		정 성 민	9			64	박 인 혁	후9				
0	1	13	12(8)									10(6)			

●전반 5분 문상윤 C.KR ⌒ 연제운 GA 정면 H - ST - G(득점: 연제운, 도움: 문상윤) 오른쪽
●후반 1분 김정현 MFR ~ 문상윤 PAR L - ST - G(득점: 문상윤, 도움: 김정현) 오른쪽
●후반 14분 무랄라 AKL R - ST - G(득점: 무랄라) 가운데
●후반 21분 문상윤 C.KR ⌒ 정성민 GA 정면 내 H - ST - G(득점: 정성민, 도움: 문상윤) 왼쪽

●전반 21분 박수창 AKR ~ 가도에프 AK 정면 L - ST - G(득점: 가도에프, 도움: 박수창) 왼쪽
●후반 41분 박재우 PAR 내 ⌒키푸 GAL H - ST - G(득점: 키푸, 도움: 박재우) 오른쪽

5월 27일 18:00 맑음 부천 종합 1,040명

주심_김희곤 부심_강동호·성주경 대기심_김덕철 경기감독관_송선호

부천	1	0 전반 1 / 1 후반 0	1	안산

퇴장	경고	파울	ST(유)	교체	선수명	배번	위치	위치	배번	선수명	교체	ST(유)	파울	경고	퇴장
0	0	0	0		최 철 원	21	GK	GK	1	황 성 민		0	0	0	0
0	1	3	1		박 건	4	DF	DF	4	이 인 재		1(1)	0	0	0
0	0				임 동 혁	5	DF	DF	19	신 일 수		1(1)	1	0	0
0	0				김 준 엽	11	MF	DF	19	간		1(1)			
0	0				정 준 현	19	DF	DF	25	김 태 희		4(3)	0	0	0
0	0				안 태 현	22	MF	MF	8	박 준 희		1(1)			
0	0				닐손주니어	6	MF	MF	7	박 진 섭		0	0	0	0
0	1				문 기 한	7	MF	MF	16	최 명 희		0	0	0	0
0	2(1)		30		이 현 승	10	FW	FW	8	장 혁 진		1	0	0	0
0	3(1)		16		황 진 산	44	MF	FW	23	홍 동 현	23	6(2)			
0	4(2)				포 프	8	FW	FW	22	코 네	24	3(1)			
					이 기 현	18			31	박 형 민					
					장 순 혁	2			3	김 연 수	후0				
					이 정 효	3		대기	12	박 선 주					
0	0	후42			송 홍 민	30	대기	18		정 기 운					
0	1(1)	흐(후)0			지 차 스니어	16		20		송 주 호					
					김 륜 도	20		23		바 건 우	후11	1(1)	0	0	0
					이 광 재	27		24		박 성 부	후48	0	0	0	0
0	1	20	14(7)			0						19(11)	12	1	0

●후반 15분 이현승 PAR R - ST - G(득점: 이현승) 왼쪽

●전반 21분 장혁진 C.KL ⌒ 신일수 GAR 내 H - ST - G(득점: 신일수, 도움: 장혁진) 오른쪽

5월 28일 19:30 맑음 안양 종합 515명

주심_송민석 부심_노우용·설귀선 대기심_정회수 경기감독관_차상해

안양	2	0 전반 0 / 2 후반 0	0	서울E

퇴장	경고	파울	ST(유)	교체	선수명	배번	위치	위치	배번	선수명	교체	ST(유)	파울	경고	퇴장
0	0	0	0		전 수 현	1	GK	GK	1	김 영 광		0	0	0	0
0	1	1	19		최 호 정	13	DF	DF	4	김 재 현		0	0	0	0
0	0				최 호 정	3	DF	DF	22	전 민 광		0	0	0	0
0	0				김 영 찬	5	DF	DF	13	김 태 은		0	0	0	0
0	0	2			김 진 래	28	DF	DF	33	유 지 훈		2(1)	0	0	0
0	0				최 재 훈	8	MF	MF	27	박 성 우	16	1(1)			
0	0				마르코스	34	MF	MF	8	김 준 태		0	0	0	0
0	2(1)				김 영 도	34	MF	MF	99	김 재 웅	14	1(1)			
0	1		11		정 희 웅	33	MF	FW	7	최 오 백		0	0	0	0
0	1				김 원 민	32	FW	FW	37	탁 우 선	66	2			
0	3	2(2)			알 렉 스	30	FW	FW	9	비엘키에비치		4(3)	2	1	0
					정 민 기	29			31	강 정 묵					
0	0	후0			채 광 훈	2			19	이 병 욱					
					최 승 호	14	대기	대기	19	최 한 솔					
					김 신 철	17		66		김 참 욱	후24	1	0	0	0
0	1(1)	후(전)0			문 슬 기	20		14		차 재 윤	후0	1(1)			
0	1(1)	후10			정 재 희	11		16		조 찬 호	후0	1(1)	0	0	0
0	4	18	10(6)									10(7)	14	3	0

●후반 17분 김원민 GAL 백헤딩패스 ⌒ 알렉스 GA 정면 내 R - ST - G(득점: 알렉스, 도움: 김원민) 가운데
●후반 49분 문준호 GA 정면 R - ST - G(득점: 문준호) 오른쪽

아산 1 : 1 부산

5월28일 19:30 맑음 아산 이순신 778명
주심_이동준 부심_지승민·구은석 대기심_성덕효 경기감독관_신홍기

아산 1 — 0 전반 0 / 1 후반 1 — 1 부산

퇴장	경고	파울	ST(유)	교체	선수명	배번	위치	위치	배번	선수명	교체	ST(유)	파울	경고	퇴장
0	0	0	0		박형순	1	GK	GK	21	구상민		0	0	0	0
0	0	1	0		김동진	16	DF	DF	7	김치우		0	1	0	0
0	1	2	0		한 샘	33	DF	DF	27	구현준		0	1	0	0
0	0	1	1	9	김종국	6	DF	DF	4	홍진기		0	1	0	0
0	0	1	0		이창용	6	DF	DF	2	정호정		0	0	0	0
0	0	1	0	30	김민균	14	FW	MF	8	이재권		1(1)	6	1	0
0	0	1	5(2)		안현범	15	FW	MF	19	고경민		3(3)	1	1	0
0	0	1	0		조성준	17	FW	FW	10	호물로		0	2	0	0
0	1	3	1(1)		이 명	8	FW	MF	33	김문환		0	1	1	0
0	1	2	1		황의범	66	MF	MF	99	최승인	18	1	1	1	0
0	1	1	1(1)	10	고무열	18	MF	FW	9	김동섭	13	0	0	0	0
0	0	0	0		박주원	21			1	송유걸		0	0	0	0
0	0	0	0		박선용	2			3	박준강		0	0	0	0
0	0	0	0		김동철	23			23	김진규		0	0	0	0
0	0	0	0		김도혁	23	대기	대기	13	신영준	후28	1	0	0	0
0	2	1(1)	후2		한의권	9			11	이동준	후17	1	0	0	0
0	1	0	후40		이재안				18	김현성	후14	1(1)	2	0	0
0	4(1)	후9	김 현	30				60	알레망						
0	4	13	17(7)									8(6)	16	3	0

●후반 8분 고무열 AKL 백헤딩패스 ~ 한의권 AKR L - ST - G(득점: 한의권, 도움: 고무열) 오른쪽
●후반 47분 신영준 AK 정면 ~ 고경민 PA 정면 내 L - ST - G(득점: 고경민, 도움: 신영준) 왼쪽

수원FC 0 : 2 아산

6월02일 18:00 맑음 수원 종합 1,553명
주심_김동인 부심_강동호·설귀선 대기심_최대우 경기감독관_김진의

수원FC 0 — 0 전반 1 / 0 후반 1 — 2 아산

퇴장	경고	파울	ST(유)	교체	선수명	배번	위치	위치	배번	선수명	교체	ST(유)	파울	경고	퇴장
0	0	0	0		김다솔	31	GK	GK	1	박형순		0	0	0	0
0	1	2	0		김범용	3	DF	DF	16	김동진		0	4	0	0
0	2	3	1		김창훈	3	DF	DF	33	이한샘		0	3	0	0
0	1	1	8		박세진	16	MF	DF	6	김종국		1(1)	2	0	0
0	1	1	1		레이어	24	DF	MF	6	이창용		0	0	0	0
0	2(2)	11		백성동	10	MF	MF	13	김영남	30	0	1	0		
0	1	1		최원철	15	MF	MF	15	안현범		4(3)	2	1	0	
0	1	1	0		이현홍	29	MF	MF	24	박세직	17	0	0	0	0
0	1	1(1)		배지훈	8	MF	MF	29	이 명		0	2	1	0	
0	1	1(1)		모재현	19	FW	FW	9	이의권	20	2(1)	2	0	0	
0	0	1	7		마테우스	23	FW	MF	18	고무열		1(1)	1	0	0
0					이상욱	90			31	양형모					
0					채선일	18			20	김동철	후29				
0					한의빈	25			14	김민균					
0	후0	이승엽	7	대기	대기	17	조성준	후28							
0	전41	이광진	8			23	김도혁								
0					정우근	9			10	이재안					
0	후8	브루노	11			30	김 현	후35							
0	5	16	7(4)									9(6)	22	7	0

●전반 43분 박세직 MF 정면 ~ 김종국 AKR L - ST - G(득점: 김종국, 도움: 박세직) 오른쪽
●후반 3분 안현범 GAR ~ 한의권 GAL L - ST - G(득점: 한의권, 도움: 안현범) 가운데

성남 1 : 1 안양

6월02일 19:00 맑음 탄천 종합 2,343명
주심_김영수 부심_지승민·성주경 대기심_장순택 경기감독관_나승화

성남 1 — 0 전반 0 / 1 후반 1 — 1 안양

퇴장	경고	파울	ST(유)	교체	선수명	배번	위치	위치	배번	선수명	교체	ST(유)	파울	경고	퇴장
0	0	0	0		김근배	21	GK	GK	1	전수현		0	0	0	0
0	1	3	1		조성욱	25	DF	DF	2	채광훈		0	1	0	0
0	0	0	0		연제운	20	DF	DF	3	최호정		1(1)	0	0	0
0	1	2	0		이다원	26	DF	DF	5	김영찬		0	2	0	0
0	1	0	0		서보민	11	DF	DF	28	김진래		0	3	1	0
0	1	1	0		김정현	6	MF	MF	32	김원민		0	0	0	0
0	2	2(2)	24		무랄라	40	MF	MF	10	마르코스		1(1)	1	0	0
0	0	1	0		이학민	14	MF	MF	34	김 훈	15	1	1	0	
0	1	3	0		최병찬	33	FW	FW	32	정희웅	15	1	1	0	
0	1	0	0		문상윤	10	FW	FW	35	박성진		0	0	0	0
0	1	3	2(1)	7	정성민	9	FW	FW	30	알렉스	11	0	0	0	0
0					황인재	41			29	정민기					
0					오르슐리치	5			15	김형진	후15				
0					박태민	34	대기	대기	14	최승호					
0	후32	박태준	24			17	김신철	후33	1(1)						
0	2(1)	후22	에델	7			19	문준호							
0	후39	주현우	8			11	정재희	전17	4(2)	1					
0	17	15(1)									3(0)	10	1	0	

●후반 9분 무랄라 AKL H - ST - G(득점: 부랄라) 오른쪽
●후반 37분 김영찬 PAL 내 H ~ 김신철 GAL L - ST - G(득점: 김신철, 도움: 김영찬) 오른쪽

부천 0 : 0 부산

6월02일 19:00 맑음 부천 종합 1,198명
주심_김대용 부심_송봉근·곽승순 대기심_정동식 경기감독관_김용갑

부천 0 — 0 전반 0 / 0 후반 0 — 0 부산

퇴장	경고	파울	ST(유)	교체	선수명	배번	위치	위치	배번	선수명	교체	ST(유)	파울	경고	퇴장
0	0	0	0		최철원	21	GK	GK	21	구상민		0	0	0	0
0	0	0	0		박 건	4	DF	DF	7	김치우		1(1)	2	1	0
0	0	0	0		임동혁	5	DF	DF	4	홍진기		0	2	0	0
0	0	0	0		김준엽	11	DF	DF	15	김명준		1	1	0	0
0	0	0	0		안태현	22	DF	DF	17	이종민		2(1)	0	0	0
0	2	2(1)		닐손주니어	6	MF	MF	10	이재권		3(1)	1	1	0	
0	1	24		문기한	7	MF	MF	19	고경민		2	0	0	0	
0	1	24		이정찬	14	MF	MF	10	호물로		2(2)	0	0	0	
0	3(1)	44		이광재	27	FW	FW	99	최승인	22	0	0	0	0	
0					포 프	8	FW	MF	18	김동섭	18	0	0	0	0
0					이기현	18			1	송유걸					
0					장순혁	5			2	정호정	후36				
0										김치우 강					
0	후32	김지호	24	대기	대기	25	이청웅								
0	후17	황진산	44			11	이동준								
0	후0	진창수	16			22	한지호	후16	2(2)						
0					김동현	20			18	김병오	후19				
0	2	13	13(3)									18(0)	11	2	0

안산 0 : 2 서울E

6월 03일 19:00 맑음 안산 와스타디움 1,651명
주심_ 서동진 부심_ 장종필·박균용 대기심_ 김도연 경기감독관_ 박남열

| | | | | 전반 1 | | | | |
| | | | | 후반 1 | | | | |

안산 0   2 서울E

퇴장	경고	파울	ST(유)	교체	선수명	배번	위치	위치	배번	선수명	교체	ST(유)	파울	경고	퇴장
0	0	0	0		황성민	1	GK	GK	1	김영광		0	0	0	0
0	0	0	1(1)		최성민	4	DF	DF	22	전민광		0	0	1	0
0	1	1	0		이 인 재	4	DF	DF	13	김 태 은		0	1	0	0
0	0	0	1(1)		박 준 희	5	DF	DF	6	안 지 호		0	1	2	0
0	1	2	0		신 일 수	6	DF	MF	4	김 재 현		0	1	1	0
0	0	0	0		김 태 현	25	MF	MF	27	박 성 우	66	0	1	0	0
0	1	3	0		박 진 섭	7	MF	MF	8	김 준 태	16	2(1)	4	2	0
0	0	0	0		장 혁 진	8	MF	MF	3	김 재 웅		0	2	0	0
0	0	0	0		홍 동 현	16	MF	FW	9	유 정 완	41	0	0	0	0
0	0	1	23		최 명 희	10	MF	FW	10	조 재 완		2(1)	4	0	0
0	0	0	14	코 네	22	FW	FW	9	비엘키에비치		4(2)	2	0	0
0	0	0	0		박 형 민	31			31	강 정 묵		0	0	0	0
0	0	0	0		김 연 수	3			33	유 지 훈		0	0	0	0
0	0	2(2)	후27		한 건 용	9	대기	대기	19	최 한 솔	후30	0	0	0	0
0	0	2(1)	후24		리	24			66	김 장 욱	후	0	0	0	0
0	0	0	0		정 기 운	20			20	원 기 종		0	0	0	0
0	0	0	0		송 주 호	20			26	유 정 완		0	0	0	0
0	0	0	후33		박 관 우	23			16	조 찬 호	후24	0	0	0	0
0	2	17	13(6)									8(4)	13	2	0

- 전반 40분 김준태 MFR ⌒ 비엘키에비치 GAL L - ST - G)득점: 비엘키에비치, 도움: 김준태) 가운데
- 후반 44분 조찬호 PA 정면 내 ~ 조재완 GAL R - ST - G)득점: 조재완, 도움: 조찬호) 왼쪽

대전 1 : 2 광주

6월 03일 19:00 맑음 대전 월드컵 1,301명
주심_ 김우성 부심_ 노수during·구은석 대기심_ 최일우 경기감독관_ 송선호

| | | | | 전반 0 | | | | |
| | | | | 후반 2 | | | | |

대전 1   2 광주

퇴장	경고	파울	ST(유)	교체	선수명	배번	위치	위치	배번	선수명	교체	ST(유)	파울	경고	퇴장
0	0	0	0	36	김 진 영	1	GK	GK	31	윤 평 국		0	0	0	0
0	0	0	0		고 명 석	25	DF	DF	5	정 준 연		0	0	0	0
0	0	0	0		윤 준 성	4	DF	DF	4	김 태 윤		0	0	0	0
0	0	3	0		박 재 우	26	DF	DF	20	이 한 도	1(1)	1	0	0	0
0	0	0	0		김 예 성	2	DF	DF	2	박 요 한		0	0	0	0
0	0	3	0		안 상 현	20	MF	MF	25	김 동 현		3(1)	1	0	0
0	3	2(1)	0		가도에프	30	MF	MF	9	두 현 석		0	0	0	0
0	0	2(2)	0		유 수 일	36	MF	MF	19	여 봉 훈	23	0	0	0	0
0	0	0	11		강 윤 성	11	MF	FW	41	임 민 혁		0	0	0	0
0	0	4(2)	0		박 인 혁	64	FW	MF	11	정 영 총	15	1	2	0	0
0	0	2	0		키 쭈	27	FW	FW	10	나 상 호		5(2)	1	0	0
				후41	임 민 혁	36			1	박 완 선		0	0	0	0
				후42	안 재 준	4			6	안 영 규		0	0	0	0
0	0	0	0		권 영 호	5			12	이 준 석		0	0	0	0
0	0	0	0		전 상 훈	대기	대기	13	나 리		0	0	0	0
0	0	0	0		박 수 창				후42	이 희 균	후42	0	0	0	0
0	0	0	0		조 예 찬	39			27	김 정 환	후30	0	0	0	0
0	1(1)	후8	김 승 섭	11					69	부 야	후34	0	0	0	0
0	1	2	13	11(8)								14(5)	12	0	0

- 후반 39분 김승섭 GAL L - ST - G)득점: 김승섭) 왼쪽
- 후반 46분 임민혁 C.KR ⌒ 이한도 GAR H - ST - G)득점: 이한도, 도움: 임민혁) 왼쪽
- 후반 48분 이인규 PAR → 나상호 PAL R - ST - G)득점: 나상호, 도움: 이인규) 왼쪽

안양 2 : 2 부산

6월 06일 18:00 맑음 안양 종합 1,313명
주심_ 김동진 부심_ 강동호·설귀선 대기심_ 박진호 경기감독관_ 신홍기

| | | | | 전반 1 | | | | |
| | | | | 후반 1 | | | | |

안양 2   2 부산

퇴장	경고	파울	ST(유)	교체	선수명	배번	위치	위치	배번	선수명	교체	ST(유)	파울	경고	퇴장
0	0	0	0		전 수 현	1	GK	GK	21	구 상 민		0	0	0	0
0	0	3	0		채 광 훈	2	DF	DF	7	김 치 우		0	0	0	0
0	0	1	0		최 호 정	3	DF	DF	2	정 호 정	2(1)	2	0	0	0
0	0	0	0		김 영 찬	5	DF	DF	15	김 명 준		0	0	0	0
0	0	1	0		김 진 래	28	DF	DF	6	이 종 민		0	0	1	0
0	0	1	0		김 원 민	32	MF	MF	8	이 재 권		0	0	0	0
0	1	1(1)	0		최 재 훈	6	MF	MF	19	고 경 민	25	1	0	0	0
0	1(1)	17		유 연 승	4	MF	MF	5	이 호		0	0	0	0
0	2	34	정 희 웅	35	MF	MF	10	호 물 로		3(1)	2	0	0
0	0	6	0		마르코스	4	FW	MF	7	한 지 호		0	0	0	0
0	0	0	11		최 성 진	35	FW	FW	99	김 현 성	3(1)	2	0	0
0	0	0	0		정 민 기	29			1	송 유 걸		0	0	0	0
0	0	0	0		김 형 진	15			3	박 준 강		0	0	0	0
0	0	후0	김 영 도	34			27	구 현 준		0	0	0	0
0	0	0	0		최 승 호	14	대기	대기	9	알 렉 스	후26	0	0	0	0
0	1(1)	후29	김 신 철	17			15	신 영 준	후	0	0	0	0
0	0	0	0		문 준 호	19			14	최 승 인		0	0	0	0
0	후16	기 가					19	수	후					
0	0	21	3(3)									12(5)	16	2	0

- 전반 36분 마르코스 MFL ~ 최재훈 PA 정면 내 R - ST - G)득점: 최재훈, 도움: 마르코스) 오른쪽
- 후반 37분 김진래 PAL 내 ~ 김신철 GAR 내 R - ST - G)득점: 김신철, 도움: 김진래) 오른쪽
- 전반 46분 김진규 PA 정면 내 L - ST - G)득점: 김진규) 오른쪽
- 후반 21분 호물로 C.KL ⌒ 고경민 GAL H - ST - G)득점: 고경민, 도움: 호물로) 왼쪽

부천 4 : 1 수원FC

6월 06일 18:00 맑음 부천 종합 1,315명
주심_ 김성호 부심_ 노수during·장종필 대기심_ 성덕효 경기감독관_ 김진의

| | | | | 전반 1 | | | | |
| | | | | 후반 0 | | | | |

부천 4   1 수원FC

퇴장	경고	파울	ST(유)	교체	선수명	배번	위치	위치	배번	선수명	교체	ST(유)	파울	경고	퇴장
0	0	0	0		최 철 원	21	GK	GK	90	이 상 욱		0	0	0	0
0	0	0	0		박 건	4	DF	DF	3	김 범 용		0	0	1	0
0	0	1	0		임 동 혁	5	DF	DF	5	김 창 훈		0	0	0	0
0	0	0	0		김 준 엽	11	DF	FW	7	이 승 현	25	1(1)	1	0	0
0	0	0	0		안 태 현	22	MF	MF	15	최 원 철		0	0	0	0
0	0	3(1)	0		문 기 한	23	MF	MF	20	조 유 민		3(1)	0	0	0
0	0	1	16		황 진 산	44	MF	FW	33	배 지 훈		0	0	0	0
0	0	0	0		포 프	10	FW	FW	19	모 재 현	9	0	0	0	0
0	0	3(1)	0		이 광 재	27	FW	FW	27	서 동 현	11	2(2)	1	0	0
0	0	0	0		이 기 현	18			21	이 인 수		0	0	0	0
0	0	0	0		정 준 현	3			18	채 선 일		0	0	0	0
0	0	0	0		송 홍 민	대기	대기	3	정 찬		0	0	0	0
0	4(3)	후0	진 창 수	16			11	브 루 노	후12	1(2)	2	0	0
0	후41	신 현 준	23			23	마테우스	후12	3(1)	0	0	0
0	0	0	0		김 동 현	20			30	서 세 경		0	0	0	0
0	1	19	21(8)									10(8)	10	4	0

- 전반 1분 닐손주니어 자기 축HL 정면 ⌒ 포프 PA 정면 내 R - ST - G)득점: 포프, 도움: 닐손주니어) 왼쪽
- 전반 42분 이광재 AK 내 R - ST - G)득점: 이광재) 오른쪽
- 후반 20분 진창수 PA 정면 R - ST - G)득점: 진창수) 왼쪽
- 후반 49분 안태현 AK 정면 ~ 진창수 GAR R - ST - G)득점: 진창수, 도움: 안태현) 오른쪽
- 후반 23분 서동현 PK지점 ~ 모재현 /AK 정면 R - ST - G)득점: 모재현, 도움: 서동현) 오른쪽

6월06일 19:00 맑음 아산 이순신 1,252명

주심_김희곤 부심_송봉근·구은석 대기심_오현진 경기감독관_송선호

아산 4 — 전반 1 / 3 후반 1 — **2 성남**

퇴장	경고	파울	ST(유)	교체	선수명	배번	위치	배번	선수명	교체	ST(유)	파울	경고	퇴장
0	0	0	0		박형순	1	GK	GK	41	황인재		0	0	0	0
0	1	3	0		김동진	16	DF	DF	25	조성욱	34	0	1	1	0
0	1	0	0		김동철	20	DF	DF	20	연제운	2	0	0	0	0
0	0	0	2(1)		이한샘	33	DF	DF	3	오르슐리치	26	1	1	0	0
0	1	1	0		김종국	6	MF	MF	11	서보민		1(1)	2	0	0
0	2	1			안현범	15	MF	MF	6	김정현		3(2)	1	0	0
0	0			30	조성준	17	MF	MF	40	무랄라	10	3	1	1	0
0	1	3			이명주	29	MF	MF	24	박태준		1(1)	1	0	0
0	1	3(1)	23		한의권	9	FW	FW	7	주현우		3(2)	0	0	0
0	1	1	5(3)		고무열	18	FW	FW	7	에델		6(3)	4	0	0
0	1(1)	26			박주원	21			21	김근배					
				후36	김준수	26			26	이다원	후9				
					김영남	13			34	박태민	후29				
					김도혁	23	대기	대기	14	이학민					
					박세직	24				문상윤	후0	1(1)	0	0	0
					이재안	10			33	최병찬					
0		2(1)		후24	김현	30			23	김소웅					
0	4	10	15(7)									22(10)	13	2	0

- 전반 37분 조성준 GAL 내 ~ 이한샘 GA 정면 내 R - ST - G(득점: 이한샘, 도움: 조성준) 가운데
- 후반 1분 고무열 PA 정면 ~ 한의권 PAR 내 R - ST - G(득점: 한의권, 도움: 고무열) 오른쪽
- 후반 7분 조성준 PAL 내 EL ~ 고무열 GA 정면 내 R - ST - G(득점: 고무열, 도움: 조성준) 오른쪽
- 후반 26분 황인범 PAR 내 ~ 한의권 GA 정면 H - ST - G(득점: 한의권, 도움: 황인범) 왼쪽

- 전반 2분 김정현 MFR FK R - ST - G(득점: 김정현) 가운데
- 후반 44분 김정현 GA 정면 내 R - ST - G(득점: 김정현) 왼쪽

6월06일 19:00 맑음 대전 월드컵 1,359명

주심_이동준 부심_지승민·성주경 대기심_정의석 경기감독관_김용세

대전 1 — 전반 0 / 0 후반 1 — **1 안산**

퇴장	경고	파울	ST(유)	교체	선수명	배번	위치	배번	선수명	교체	ST(유)	파울	경고	퇴장
0	0	0	0		임민혁	36	GK	GK	1	황성민		0	0	0	0
0	1	1	0		김명석	25	DF	DF	2	최성민		1(1)	0	0	0
0	2	0	0		안재준	8	DF	DF	20	김연수		2	0	0	0
0	2	0	0		장원석	38	DF	DF	20	송주호		0	0	0	0
0	1	1	0		김예성	2	MF	MF	19	이건		1	1	0	0
0	1	5(1)			권영호	26	MF	MF	26	김종석		0	0	0	0
0	1	승섭	11		김승섭	11	MF	MF	28	김명재	16	0	0	0	0
0	2	17			박수일	66	MF	MF	27	조우진	25	0	0	0	0
0	1	14			강윤성	41	MF	MF	30	이후권		4(2)	1	0	0
0	1	3(2)			박인혁	64	MF	MF	14	라울		4(1)	4	0	1
0	1				키 푸	27	FW	FW	18	정기운	10	1(1)	2	0	0
					문용휘	31			31	박형민					
					윤경보	51			6	신일수		0			
					전상훈	23			9	한건용					
					안상현	20	대기	대기	11	이건					
				후25	박수창	8			16	최명희	후35				
				후36	고민성	17			24	박성부					
				후27	유해성	14			25	김태현	후0	2(1)	2	0	0
0	0	17	9(3)									14(6)	15	0	1

- 전반 37분 박수일 C.KL ~ 권영호 GAL H - ST - G(득점: 권영호, 도움: 박수일) 오른쪽

- 후반 16분 이건 MFL ~ 라울 PAL 내 R - ST - G(득점: 라울, 도움: 이건) 오른쪽

7월04일 20:00 맑음 광주 월드컵 5,439명

주심_오현진 부심_지승민·송봉근 대기심_김도연 경기감독관_신홍기

광주 3 — 전반 0 / 2 후반 0 — **0 서울E**

퇴장	경고	파울	ST(유)	교체	선수명	배번	위치	배번	선수명	교체	ST(유)	파울	경고	퇴장
0	0	0	0		윤평국	31	GK	GK	1	김영광		0	0	0	0
0	0	1	0		두현석	13	DF	DF	3	김태은	3	0	0	0	0
0	2	0	0		김태윤	4	DF	DF	22	안지호		0	1	0	0
0	0	2	0		안영규	6	DF	DF	22	전민광		0	2	0	0
0	1	3(1)			박요한	2	DF	DF	33	안성빈		0	1	0	0
0	0	0			김정환	27	MF	MF	19	최한솔		0	0	0	0
0	1	0			여봉훈	29	MF	MF	99	김재용	11	0	1	0	0
0	0	0			정영총	11	MF	MF	7	최오백		0	0	0	0
0	1	2	14		김민혁	14	MF	FW	14	조재완		2	0	0	0
0	3(3)	15			나상호	10	FW	FW	16	조찬호		0	0	0	0
					제종현	41			23	강지묵					
					정준연	3			29	반					
					이준석	19			8	김준태	후13	2(1)	0	0	0
				후37	최준혁	14	대기	대기	3	김한솔	후7	1	0	0	0
				후41	이인규				30	이예찬					
0	1(1)	후22	김민규	18					11	에레라	후24				
			김기						17	김	대				
0	2	9	10(5)									9(1)	11	1	0

- 전반 15분 박요한 PAL TL ~ 나상호 GA 정면 R - ST - G(득점: 나상호, 도움: 박요한) 가운데

- 후반 12분 김정환 PA 정면 R - ST - G(득점: 김정환) 왼쪽

- 후반 27분 두현석 PAR 내 EL ~ 김민규 GAR 내 R - ST - G(득점: 김민규, 도움: 두현석) 오른쪽

6월09일 19:00 맑음 아산 이순신 1,484명

주심_김우성 부심_방기열·설귀선 대기심_성덕호 경기감독관_박남열

아산 3 — 2 전반 0 / 1 후반 0 — **0 서울E**

퇴장	경고	파울	ST(유)	교체	선수명	배번	위치	배번	선수명	교체	ST(유)	파울	경고	퇴장
0	0	0	0		박형순	1	GK	GK	1	김정호		0	0	0	0
0	1	3	1		이으뜸	22	DF	DF	22	전민광		3	1	0	0
0	1	3	1		이한샘	33	DF	DF	6	안지호		2(1)	0	0	0
0	0	0	0		김종국	6	DF	DF	4	김태현		0	0	0	0
0	0	0			이창용		MF	MF	7	최오백		0	0	0	0
0	0				안현범	15	FW	MF	8	김준태		0	0	0	0
0	1(1)	22			조성준	17	MF	MF	66	김창욱	16	1(1)	1	0	0
0	3(1)				한의권	9	FW	MF	99	김재웅		0	0	0	0
0	2	2(2)			이재안	10	MF	FW	14	조재완		0	1	0	0
0	4(2)	20			고무열	20	FW	FW	33	비엘키에비치	33	0	0	0	0
					양형모	31			31	유정묵					
				후26	김동진	16			33	윤성열	후11	0	0	0	0
				후26	김민균	15			1	이병욱					
				후28	박범산		대기	대기	3	김한솔	후7				
					김도혁	27			27	박성우					
					박세직	24			26	유정완					
0					김현	30									
0	4	23	13(6)									6(2)	14	2	0

- 전반 37분 이으뜸 C.KR ~ 이재안 GA 정면 내 H - ST - G(득점: 이재안, 도움: 이으뜸) 왼쪽

- 전반 40분 조성준 GAR ~ 한의권 GAL 내 H - ST - G(득점: 한의권, 도움: 조성준) 왼쪽

- 후반 25분 김종국 MF 정면 ~ 이재안 PAR 내 R - ST - G(득점: 이재안, 도움: 김종국) 왼쪽

6월 09일 · 19:00 · 비 · 안산 와스타디움 · 1,347명

주심_송민석 부심_송봉근·장종필 대기심_정회수 경기감독관_최상국

안산 2	1 전반 0	0 광주
	1 후반 0	

퇴장	경고	파울	ST(유)	교체	선수명	배번	위치	위치	배번	선수명	교체	ST(유)	파울	경고	퇴장
0	0	0	0		황성민	1	GK	GK	31	윤평국		0	0	0	0
0	0	0	2(1)		이인재	4	DF	DF	5	정준연		3	0	1	0
0	0	1			박준희	5	DF	DF	4	김태윤			0	0	0
		2			신일수	6	DF	DF	20	이한도			1	0	0
				20	김연수	3	MF	MF	2	박오한			1	0	0
0		4	1		박진섭	7	MF	MF	25	김동현		2(2)			
0	1	2(1)			최명희	16	MF	MF	9	두현석		3(2)			
0	0	5			이 건	19	MF	MF	29	여봉훈	15	1			
0	0	1			장혁진	8	FW	FW	11	정영총		1(1)	1		
0	1	11			홍동현	10	FW	FW	10	나상호					
0	3	2(2)			코 네	22	FW								
					박형민	31				박완선		1			
			후0		최성민	2			3	홍준호	후30				
					한건용	9			6	안영규	후6				
	1	2		후0	최호주	11	대기	대기	1	이준석					
			후30		송주호	20			15	이인규	후	2(1)	2	1	0
					김태현	25			27	김정환					
					김종석	26			32	김윤수					
0	3	18	12(6)									13(7)	14	3	0

- 전반 20분 홍동현 PA 정면 내 L - ST - G)득점: 홍동현) 왼쪽
- 후반 25분 장혁진 MFL TL → 최명희 MF 정면 R - ST - G)득점: 최명희, 도움: 장혁진) 오른쪽

6월 09일 · 19:00 · 흐리고비 · 부천 종합 · 1,082명

주심_김용우 부심_강동호·구은석 대기심_최대우 경기감독관_나승화

부천 0	0 전반 2	2 대전
	0 후반 0	

퇴장	경고	파울	ST(유)	교체	선수명	배번	위치	위치	배번	선수명	교체	ST(유)	파울	경고	퇴장
0	0	0	0		최철원	21	GK	GK	36	임민혁		0	0	0	0
0	0	1(1)			박 건	4	DF	DF	4	윤준성	7	0	1	0	0
0	1	1(1)			임동혁	11	DF	DF	6	안지호		0	1	0	0
0	0				김준엽	22	DF	DF	20	안상현					
0	0				안태현	22	MF	MF	13	신학영					
					닐손주니어	6	MF	MF	38	장원석		2(2)			
0	2	2(1)			문기한	7	MF	MF	66	박수일		0			
0	1			16	이현승	10	MF	MF	44	박일권					
0	1	19			황진산	44	FW	FW	41	예병원	41	0	0	0	0
0	2	4(2)			포 프	9	FW	FW	64	박인혁		4(2)	7	1	0
			30		이재권	27	FW	FW	27	키 쭈		2			
					이기현	18			31	문용휘					
			후0		정준현	19			25	고민석	후0				
					이정찬	13			41	강윤성	후36				
	1		후		송홍민	30	대기	대기	7	오장은					
			전24		진창수	23			8	박수창					
					신현준	23			39	조예찬					
					김동현	20			11	김승섭					
0	1	13	13(7)									10(2)	17	3	0

- 전반 1분 키쭈 PA 정면 내 → 박인혁 GAL R - ST - G)득점: 박인혁, 도움: 키쭈) 오른쪽
- 전반 41분 박수일 PAL 내 → 박인혁 GA 정면 몸 맞고 골)득점: 박인혁, 도움: 박수일) 오른쪽

6월 10일 · 18:00 · 흐림 · 수원 종합 · 2,328명

주심_박병진 부심_지승민·권용식 대기심_조지음 경기감독관_차상해

수원FC 1	1 전반 0	0 안양
	0 후반 0	

퇴장	경고	파울	ST(유)	교체	선수명	배번	위치	위치	배번	선수명	교체	ST(유)	파울	경고	퇴장
0	0	0	0		김다솔	31	GK	GK	21	양동원		0	1	0	0
0	0	3			김범용	3	DF	DF	2	채광훈		1	0	0	0
0	1	2	1		박세진	16	DF	DF	3	최호정		0	0	0	0
					레이어	24	DF	DF	5	김영찬		0	3	1	0
0	0	1			민현홍	29	MF	MF	28	김진래					
0		3(1)			이광진	8	MF	MF	32	김원민	34	0			
0	1	1			조유민	20	MF	MF	6	김재현					
0		2			배지훈	33	FW	FW	17	유연승	17	2(1)	2	0	0
5	4(3)				정우근	9	FW	FW	33	정희웅		0			
					브루노	11	FW	FW	10	마르코스		3(1)			
0	6	2(1)	27		모재현	19	FW	FW	35	박성진	11	1(1)			
					이인수	21			29	정민기					
					김창훈	5			15	김형진					
					채선일	18			6	김도훈	후0				
			후29		이승헌	7	대기	대기	14	최승호					
					최원철	15			17	김신철	후23				
0					정영일	3			11	저재명	후14	1(1)			
0			후44		서동현	27			18	김회원					
0	2	23	11(5)									11(5)	12	1	0

- 전반 13분 정우근 PK - L - G)득점: 정우근) 왼쪽

6월 10일 · 19:00 · 흐림 · 탄천 종합 · 2,619명

주심_김대용 부심_노수용·성주경 대기심_김도연 경기감독관_김형남

성남 0	0 전반 0	1 부산
	0 후반 1	

퇴장	경고	파울	ST(유)	교체	선수명	배번	위치	위치	배번	선수명	교체	ST(유)	파울	경고	퇴장
0	0	0	0		김근배	21	GK	GK	21	구상민		0	0	1	0
0	0	1			박태민	34	DF	DF	27	구현준		0	1	0	0
0	0				연제운	20	DF	DF	15	김명준		0	0	0	0
0					이다원	26	DF	DF	23	정호정		0			
0	1	1			서보민	11	MF	MF	7	김치우		1(1)	0	0	0
0	1				김정현	7	MF	MF	8	이재권		0			
					박상윤	8	MF	MF	10	호물로		0			
0					김태易	15	MF	MF	23	김진규	23	2(1)	0	0	0
0	1				이학민	14	MF	MF	33	김문환		0			
0	8				최병찬	33	FW	FW	99	김현성	99	3(1)	1	0	0
0	7				정성민	9	FW	FW	19	한지호	19	1	0	0	0
					황인재	41			1	송유걸					
					문지환	4			1	이종민					
			후10		이학민	14			3	김종민	후0				
			후44		오승민	29	대기	대기	13	고경민	후0				
					주현우	7			11	이동준	후35				
0	3(1)		후		에 델	7			11	최승인	후	1			
					김소웅	22			99	최승인					
0	1	15	11(5)									9(4)	5	1	0

- 후반 36분 고경민 AKR → 김현성 AK 정면 L - ST - G)득점: 김현성, 도움: 고경민) 왼쪽

부천 1 : 2 성남

6월 30일 19:00 흐림 부천 종합 966명
주심_ 박병진 부심_ 송봉근·강도준 대기심_ 최대우 경기감독관_ 김용갑

부천 1	0 전반 0 / 1 후반 2	2 성남

퇴장	경고	파울	ST(유)	교체	선수명	배번	위치	위치	배번	선수명	교체	ST(유)	파울	경고	퇴장
0	0	0	0		최 철 원	21	GK	GK	21	김 근 배		0	0	0	0
0	0	3	0		박 건	4	DF	DF	34	박 태 민		0	1	0	0
0	0	1	1(1)		임 동 혁	5	DF	DF	20	연 제 운	26	0	0	1	0
0	2	2(1)			김 준 엽	11	DF	DF	14	이 학 민		3(2)	1	1	0
0	0	1	1		안 태 현	22	DF	MF	6	김 정 현		1(1)	2	0	0
0	0	1	1		닐손주니어	6	MF	MF	24	박 태 준		1	2	0	0
0	0	2(1)			문 기 한	7	MF	MF	10	문 상 윤		1	2	0	0
0	0	2(1)	10		이 정 찬		MF	FW	11	서 보 민		3	1	0	0
0	0	0	2		포		FW	FW	11	서 보 민		3	1	0	0
0	0	2	3(2)		공 민 현	9	FW	FW	23	이 현 일	23	1	1	0	0
0	1	16			이 광 재	27	FW	FW	33	최 병 찬	2	3(2)	0	0	0
0	0	0	0		이 기 현	18			31	전 종 혁		0	0	0	0
				후45	장 순 혁	2			4	문 지 환					
					김 한 빈	14			26	이 다 원	후28				
				후10			대기	대기	2	이 시 영	후42				
					송 홍 민	30			15	이 지 훈					
0	0	1(1)	후10		진 창 수	16			37	임 대 준					
0	0				신 현 준	23			23	김 소 웅	후39				
0	0	12	15(7)									12(5)	10	0	0

● 후반 19분 진창수 AK 정면 R - ST - G(득점: 진창수) 오른쪽
● 후반 21분 최병찬 AK 정면 L - ST - G(득점: 최병찬) 오른쪽
● 후반 25분 이현일 PAR 내 ~ 최병찬 GA 정면 R - ST - G(득점: 최병찬, 도움: 이현일) 가운데

서울E 0 : 1 수원FC

6월 30일 19:00 비 잠실 1,257명
주심_ 김덕철 부심_ 구은석·성주경 대기심_ 오현진 경기감독관_ 김진의

서울E 0	0 전반 0 / 0 후반 1	1 수원FC

퇴장	경고	파울	ST(유)	교체	선수명	배번	위치	위치	배번	선수명	교체	ST(유)	파울	경고	퇴장
0	0	0	0		김 영 광	1	GK	GK	31	김 다 솔		0	0	0	0
0	0	0	0		김 태 은	13	DF	DF	3	김 범 용		2(1)	1	0	0
0	0	2	0		안 지 호	6	DF	DF	11	김 민 제		1(1)	2	0	0
0	0	0	0		김 재 현	3	DF	DF	24	레 이 어	16	0	0	0	0
0	1				감 한 솔	3	FW	FW	7	이 승 현		1	1	0	0
0	1	4(1)			조 재 완	14	MF	MF	14	알 렉 스		2(1)	2	0	0
0	3	1(1)	27		김 준 태	8	MF	MF	15	최 원 철		0	0	0	0
0	2				김 창 욱	66	MF	FW	23	조 유 민		0	0	1	0
0	0	0			최 오 백		FW	FW	9	우 연 근	33	0	0	0	0
0	0	1	30		유 정 완	26	FW	FW	11	브 루 노		3(2)	1	0	0
0	0	16			조 용 태	17	FW	FW	19	모 재 현		2(2)	2	0	0
0	0	0	0		강 정 묵	31			21	이 인 수		0	0	0	0
					이 병 욱	15			5	김 종 훈					
					최 한 솔				16	박 세 진	후15				
					원 기 종	20	대기	대기	26	조 상 범					
0	0		후28		박 성 우	27			10	백 성 동	후29	2(1)	0	0	0
0	0		후17		예 찬	30			33	배 지 훈	후44				
0	0		후0		조 찬 호				34	정 명 원					
0	2	11	8(2)									14(9)	13	0	0

● 후반 36분 백성동 PAL 내 L - ST - G(득점: 백성동) 가운데

안양 1 : 0 안산

6월 30일 19:00 흐리고비 안양 종합 1,123명
주심_ 박진호 부심_ 강동호·설귀선 대기심_ 신용준 경기감독관_ 박남열

안양 1	0 전반 0 / 1 후반 0	0 안산

퇴장	경고	파울	ST(유)	교체	선수명	배번	위치	위치	배번	선수명	교체	ST(유)	파울	경고	퇴장
0	0	0	0		전 수 현	1	GK	GK	1	황 성 민		0	0	0	0
0	0	2	0		채 광 훈	2	DF	DF	4	최 성 민		0	0	0	0
0	0	2	0		최 호 정	3	DF	DF	6	이 인 재		0	1	0	0
0	0	1	0		김 영 찬	5	DF	DF	6	신 일 수		0	1	1	0
0	0	1	28		김 진 래	28	MF	MF	3	김 연 수		0	1	0	0
0	3	3(3)			마르코스	10	MF	MF	7	박 진 섭		2	0	1	0
0	0	1	6		최 재 훈	6	MF	MF	16	최 명 희		0	0	0	0
0	1	5(2)	32		김 원 민	32	MF	MF	19	이 건		0	1	0	0
0	1	17			김 영 도	17	MF	MF	8	장 혁 진		2	0	0	0
0	1	1(1)	11		박 성 진	35	MF	FW	22	코 네	26	1	1	0	0
0	0	14			김 형 진	15	FW	FW	25	김 태 현	11	2(1)	1	1	0
0	0	0	0		정 민 기	29			21	이 희 성		0	0	0	0
					김 대 욱	3				박 준 희					
0	0		후44		이 승 준	19			10	홍 동 현	후0				
					문 준 호	19	대기	대기	11	최 호 주	후0				
0	0		후30		김 신 철	17				박 성 부					
0	0		후15		정 재 희	11			26	김 종 석	후35	1(1)	1	0	0
					김 희 원	18			30	김 현 태					
0	0	10	10(6)									10(4)	11	2	0

● 후반 33분 김원민 GA 정면 내 R - ST - G(득점: 김원민) 가운데

광주 2 : 2 아산

7월 01일 19:00 흐리고비 광주 월드컵 526명
주심_ 김용우 부심_ 노수용·안광진 대기심_ 최현재 경기감독관_ 신홍기

광주 2	0 전반 1 / 2 후반 1	2 아산

퇴장	경고	파울	ST(유)	교체	선수명	배번	위치	위치	배번	선수명	교체	ST(유)	파울	경고	퇴장
0	0	0	0		윤 평 국	31	GK	GK	1	박 형 순		0	0	0	0
0	0	2	0		두 현 석	9	DF	DF	16	김 동 진		0	0	0	0
0	0	3	2		안 영 규	5	DF	DF	32	김 봉 래		0	0	1	0
0	0	1	0		김 태 윤	4	DF	DF	4	이 한 샘		0	3	0	0
0	0	2	0		김 요 한	3	DF	DF	7	이 창 용		0	0	0	0
0	1	1(1)	19		김 정 환	27	MF	MF		안 현 범		0	0	0	0
0	0				임 민 혁		MF	MF	22	허 범 산	66	0	3	1	0
0	3(1)				여 봉 훈		MF	MF	23	김 도 혁		2(1)	1	0	0
0	4(2)				정 영 총	11	MF	MF	9	한 의 권		2(1)	0	0	0
0	33				임 인 규	15	FW	FW	9	한 의 권		2(1)	0	0	0
0	0	1			나 상 호	10	FW	FW	10	이 재 안		1	0	0	0
0	0	0	0		박 선 언	1			21	박 주 원		0	0	0	0
					정 준 연				8	이 유 현					
0	0		후35		장 성 현	19	대기	대기		정 동 윤	전17				
0	0		후48		한 도	20			14	김 민 균					
					김 윤 수	32			66	황 인 범	후24	2(1)	1	0	0
0	0		후28		정 다 훤	33			12	김 륜 도	후11	2(1)	5	1	0
0	1	11	8(4)									10(4)	16	2	0

● 전반 26분 이재안 PAR 내 ~ 이명주 GAR L - ST - G(득점: 이명주, 도움: 이재안) 왼쪽
● 후반 12분 이재안 PA 정면 내 ~ 김륜도 PAR 내 R - ST - G(득점: 김륜도, 도움: 이재안) 왼쪽

7월01일 19:00 흐림 부산 아시아드 1,034명
주심_최광호 부심_지승민·권용식 대기심_김동인 경기감독관_송선호

부산 3 (1 전반 2 / 2 후반 1) **3 대전**

퇴장	경고	파울	STI유	교체	선수명	배번	위치	위치	배번	선수명	교체	STI유	파울	경고	퇴장
0	0	1	0		구 상 민	21	GK	GK	36	임 민 혁		0	0	1	0
0	1	1	1		김 치 우	3	DF	DF	25	고 명 석		0	1	0	0
0	1	1	0		정 호 정	25	DF	DF	6	안 재 준		0	0	1	0
0	0	1	0		김 명 준	15	DF	DF	5	권 영 호		0	0	0	0
0	0	0	0		이 종 민	17	DF	MF	20	안 상 현		0	0	1	0
0	1	1	0		이 재 권	8	MF	MF	41	강 윤 성	13	0	1	0	0
0		9(6)	13		고 경 민	19	MF	MF	26	박 재 우		0	0	0	0
0		1			호 물 로	10	MF	MF	66	박 수 일		0	1	0	0
0	5	2	11		한 지 호	7	MF	FW	3	김 예 성		0	0	0	0
0		0	1		김 현 성	18	FW	FW	44	박 인 혁		0	1	0	0
0		2(1)	33		김 진 규	23	FW	FW	27	키 쭈		2(1)	4	0	0
					김 형 근	31			31	문 용 화					
					구 현 준	27			44	이 지 솔	후38				
0	0	2		후19	김 문 환	33			23	전 상 훈					
					송 주 호	14	대기	대기	7	가 도 에 프	후6				
0				후19	이 동 희				13	신 학 영	후25				
0		1(1)		후42	신 영 준	13			11	김 승 섭					
					박 호 영	35									
0	2	9	24(13)			0			0			5(3)	19	2	0

- ●전반 38분 김치우 PAL ⌒ 한지호 GAR 내 R - ST - G(득점: 한지호, 도움: 김치우) 오른쪽
- ●후반 2분 한지호 PAL ⌒ 고경민 PAL 내 L - ST - G(득점: 고경민, 도움: 한지호) 오른쪽
- ●후반 51분 신영준 GAL R - ST - G(득점: 신영준) 오른쪽
- ●전반 4분 박수일 MFL ⌒ 강윤성 MF 정면 R - ST - G(득점: 강윤성, 도움: 박수일) 왼쪽
- ●전반 34분 박인혁 GAL L - ST - G(득점: 박인혁) 왼쪽
- ●후반 35분 키쭈 PK - L - G(득점: 키쭈) 오른쪽

7월07일 19:00 맑음 탄천 종합 3,236명
주심_최현재 부심_장종필·권용식 대기심_신용준 경기감독관_김용세

성남 1 (0 전반 1 / 1 후반 0) **1 서울E**

퇴장	경고	파울	STI유	교체	선수명	배번	위치	위치	배번	선수명	교체	STI유	파울	경고	퇴장
0	0	0	0		김 근 배	21	GK	GK	1	김 영 광		0	0	0	0
0	0	1	0		박 태 민	34	DF	DF	33	안 성 빈		2(1)	1	0	0
0	1	1(1)	25		연 제 운		DF	DF	4	김 재 현	29	0	1	1	0
0			26		이 학 민		DF	DF	22	전 민 광		0	0	0	0
0	1	1	0		김 정 현		MF	MF	30	이 예 찬		0	0	0	0
0	3(2)				문 상 윤		MF	MF	8	김 준 태	99	0	0	0	0
0	1	0			김 민 혁	32	MF	MF	66	김 창 욱		0	1	0	0
0	1				서 보 민	11	MF	MF	77	이 현 성		0	1	1	0
0	2(1)				이 현 일	18	FW	FW	7	최 오 백		0	0	0	0
0	1	5	2		최 병 찬	33	FW	FW	17	조 용 태		0	1	0	0
					전 종 화	31			31	강 정 묵					
					이 시 영	2			29	이 반	후10				
0				후32	조 성 욱	25			3	김 한 솔					
0				후40	이 다 원	37			4	최 한 솔	후17				
					박 태 준	24	대기	대기	16	김 재 웅	후15				
0				후32	주 현 우	9			16	조 찬 호					
					김 소 웅	23			11	에 레 라					
0	3	14	19(7)			0			0			5(2)	7	1	0

- ●후반 21분 문상윤 C.KR ⌒ 윤영선 GAL H - ST - G(득점: 윤영선, 도움: 문상윤) 왼쪽
- ●후반 25분 안성빈 PAR ⌒ 김재현 GA 정면 H - ST - G(득점: 김재현, 도움: 안성빈) 오른쪽

7월07일 19:00 맑음 안산 와~스타디움 1,901명
주심_조지음 부심_지승민·강도준 대기심_설태환 경기감독관_최상국

안산 0 (0 전반 1 / 0 후반 1) **2 아산**

퇴장	경고	파울	STI유	교체	선수명	배번	위치	위치	배번	선수명	교체	STI유	파울	경고	퇴장
0	0	0	0		황 성 민	1	GK	GK	21	박 주 원		0	0	0	0
0	0	1	0	26	김 연 수	3	DF	DF	3	이 주 용		0	0	0	0
0	0	1	2(2)		이 인 재	4	DF	DF	20	이 한 샘		0	1	1	0
0	1	1			신 일 수	6	DF	DF	39	민 상 기		0	0	0	0
0	1	1	1(1)		최 성 민	2	MF	MF	6	김 종 국		0	0	0	0
0	3(1)				박 준 희	4	MF	FW	14	김 민 균	28	3(2)	1	0	0
0	1		22		박 진 섭	8	MF	MF	17	조 성 준		0	0	1	0
0	1				최 명 희	16	MF	MF	23	김 도 혁		0	1	1	0
0		1	19		장 혁 진	7	FW	FW	9	이 명 주		0	2	0	0
0		0			홍 동 현	6	FW	MF	66	황 인 범		2(1)	0	0	0
0	2(2)				라 울	14	FW	FW	18	고 무 열	4	5(2)	1	0	0
					이 희 성	21			31	양 형 모					
					이 민 우	17			4	김 상 필	후47				
0				후13	이 건	19			16	김 동 진					
0	4(2)			후32	코 네					김 동 철	대기				
					박 성 부	24			24	박 세 직	후30				
0				전77	김 종 서				28	주 세 종	후13				
					김 한 태	30			30	김 천					
0	1	12	21(12)			0						13(8)	16	2	0

- ●전반 21분 조성준 PAR ⌒ 김민균 GA 정면 내 H - ST - G(득점: 김민균, 도움: 조성준) 오른쪽
- ●후반 35분 황인범 PAR ⌒ 이명주 GA 정면 R - ST - G(득점: 이명주, 도움: 황인범) 오른쪽

7월08일 18:00 흐림 부천 종합 942명
주심_김용우 부심_송봉근·안광진 대기심_김도연 경기감독관_김용갑

부천 1 (1 전반 0 / 0 후반 1) **2 안양**

퇴장	경고	파울	STI유	교체	선수명	배번	위치	위치	배번	선수명	교체	STI유	파울	경고	퇴장
0	0	0	0		최 철 원	21	GK	GK	1	전 수 현		0	0	0	0
0	0	2	0		박 건	4	DF	DF	2	채 광 훈		0	0	0	0
0	1	2(2)			임 동 혁	5	DF	DF	5	김 영 찬		0	0	0	0
0	3(1)				김 준 엽	11	DF	DF	15	김 형 진		1(1)	0	0	0
0					안 태 현	22	DF	DF	28	김 진 래		1(1)	0	0	0
0					닐손주니어		MF	MF	10	마 르 코 스		0	0	0	0
0		1			문 기 한	7	MF	MF	13	김 형 진		0	1	0	0
0	2	30			이 현 승		FW	MF	32	김 원 민	17	2	0	0	0
0	1(1)	16			이 정 찬		MF	MF	22	홍 승 현	11	1(1)	0	0	0
0					포 프	8	FW	MF	33	정 희 웅		1(1)	0	0	0
0	5	2(2)			공 민 현	18	FW	FW	27	김 경 준		8(4)	1	0	0
					이 영 창				21	양 동 률					
					장 순 혁				20	김 길 동					
0				후28	송 홍 민	30			14	최 승 호					
					황 진 산	44	대기	대기	17	신 신 범	후40				
0				후8	진 창 수	16			6	최 재 훈	후12				
0					이 혁 주	17			11	정 재 희	후5				
0					김 농 원	20			35	박 성 식					
0	0	14	17(6)			0						17(9)	8	1	0

- ●전반 26분 문기한 C.KR ⌒ 임동혁 GAR 내 L - ST - G(득점: 임동혁, 도움: 문기한) 오른쪽
- ●전반 22분 김진래 PAL TL 드로잉 ⌒ 정희웅 GAL R - ST - G(득점: 정희웅, 도움: 김진래) 오른쪽
- ●후반 13분 정희웅 MFL TL ⌒ 김경준 GAR R - ST - G(득점: 김경준, 도움: 정희웅) 왼쪽

7월 09일 19:30 흐림 대전 월드컵 1,012명

주심_김동인 부심_노수용·설귀선 대기심_정의석 경기감독관_차상해

대전 0 0 전반 1 / 1 후반 1 **2 수원FC**

퇴장	경고	파울	ST(유)	교체	선수명	배번	위치	위치	배번	선수명	교체	ST(유)	파울	경고	퇴장
0	0	0	0		임민혁	36	GK	GK	31	김다솔		0	0	0	0
0	0	0	0		고명석	25	DF	DF	3	김범용	3	1	0	0	0
0	0	2	0		안재준	6	DF	DF	55	조병국	7	0	3	0	0
0	0	0	0		황재훈	3	DF	MF	14	알렉스		0			
0	0	0	0		전상훈	23	MF	MF	15	최원철		1(1)			
0	1	4	0		안상현	20	MF	DF	20	조유민					
0	1			19	신학영	13	DF	MF	11	브루노		4		0	0
0	0				강윤성	41	MF	FW	11	우근	10	3(1)	1	0	0
0	1		4(1)		가도에프	30	MF	FW	11	모재현	후0		0		
0	0				김승섭	11	MF	FW	79	이재안		5(5)	1	1	0
0	2		1(1)		키 푸	27	FW								
					박준혁	92			71	박형순					
					권영호	5			5	김창훈					
					윤신영	22			7	이승현	후31				
0	0			후12	박수일	66			10	백성동	후0				
0	1	2	0	후31	유해성	14			22	한상운	후28				
0	1	2	0	후12	김찬희	19			33	배기훈					
0	3	11	8(2)									18(8)	15	1	0

● 전반 38분 브루노 PAR 내 → 정우근 PK 좌측지점 R - ST - G(득점: 정우근, 도움: 브루노) 왼쪽
● 후반 35분 브루노 AKL ~ 이재안 PAR 내 R - ST - G(득점: 이재안, 도움: 브루노) 오른쪽

7월 09일 20:00 흐림 광주 월드컵 752명

주심_김덕철 부심_강동호·성주경 대기심_장순택 경기감독관_김진의

광주 1 1 전반 0 / 0 후반 1 **1 부산**

퇴장	경고	파울	ST(유)	교체	선수명	배번	위치	위치	배번	선수명	교체	ST(유)	파울	경고	퇴장
0	0	0	0		윤평국	31	GK	GK	31	김형근		0	0	0	0
0	2(2)			79	두현석	9	DF	DF	7	김치우		0	0	0	0
0	1	2	0		김태윤	4	DF	DF	2	정호정		0	0	0	0
0	0	0	0		안영규	6	DF	DF	15	김명준		1(1)			
0	0	0	0		박요한	2	DF	DF	17	이종민	11	1	3	0	
0	2(1)				김정환	27	MF	MF	10	호물로		3(1)	3	0	0
1	1(1)				김동현	25	MF	MF	13	고경민					
0	0				최준혁	9	MF	MF	23	김진규					
0	3(3)			37	임민혁	8	FW	FW	92	발푸르트	13	4(3)	2	0	
0	0				나상호	10	FW	FW	22	한지호	33	0			
0	0				박선일	1			3	송유걸					
0	0				이인규	15			3	박준강					
0	0				김민규	22			26	연제민					
0	0			대기	김시우			대기	33	김문환	후28				
0	0				정다훈	3			13	이동준	후28				
0	0			후32	이승모	37			13	신영준	후35				
0	0			후20	이으뜸	79			99	최승인					
0	2	17	12(8)									11(6)	14	1	0

● 전반 39분 임민혁 PAL FK R - ST - G(득점: 임민혁) 오른쪽
● 전반 20분 호물로 PAR TL FK ~ 김명준 GAL H - ST - G(득점: 김명준, 도움: 호물로) 왼쪽

7월 14일 19:00 맑음 부산 아시아드 2,117명

주심_김영수 부심_노수용·설귀선 대기심_설태환 경기감독관_전인석

부산 1 0 전반 0 / 1 후반 2 **2 부천**

퇴장	경고	파울	ST(유)	교체	선수명	배번	위치	위치	배번	선수명	교체	ST(유)	파울	경고	퇴장
0	0	0	0		김형근	31	GK	GK	21	최철원		0	0	0	0
0	0	1	1(1)		김치우	7	DF	DF	4	박 건		0	0	0	0
0	0	0	0		정호정	2	DF	DF	5	김동혁		0	0	0	0
0	0	0	0		김명준	15	DF	DF	11	김준엽		0			
0	1(1)				김문환	33	DF	DF	22	안태현		0			
0	0				이재권	8	MF	MF	6	닐손주니어		0			
0	0				고경민	19	MF	MF	7	문기한		0			
0	0				호물로	10	MF	FW	10	포프		5			
0	2(1)			22	발푸르트	92	FW	FW	9	공민현		1			
0	1		6		김현성	18	FW	FW	27	이광재	77	0			
0	3(1)			11	김진규	23	FW		77	코리스토밤	후0	3(2)			
0	0				김정호	40			18	이기현					
0	0				박준강	3			3	장수빈					
0	0			대기	연제민	26		대기	13	이정찬	후20				
0	0			후27	이동준	11			30	송홍민	후28				
0	2(1)			후14	한지호	22			77	코리스토밤	후0	3(2)			
0	3(1)			후14	맥도날드	6			16	진창수	0				
0			17(7)									10(3)	14	1	0

● 후반 13분 김치우 PAL 내 EL ~ 심분환 HK 좌측지점 R - ST - G(득점: 김문환, 도움: 김치우) 오른쪽
● 후반 15분 포프 PAL 내 ~ 크리스토밤 우측지점 R - ST - G(득점: 크리스토밤, 도움: 포프) 왼쪽
● 후반 21분 크리스토밤 PK 우측지점 R - ST - G(득점: 크리스토밤) 오른쪽

7월 14일 19:00 맑음 아산 이순신 3,959명

주심_서동진 부심_강동호·성주경 대기심_정의석 경기감독관_김용갑

아산 2 1 전반 0 / 1 후반 2 **2 대전**

퇴장	경고	파울	ST(유)	교체	선수명	배번	위치	위치	배번	선수명	교체	ST(유)	파울	경고	퇴장
0	0	0	0		박주원	21	GK	GK	36	임민혁		0	0	0	0
0	3	2			김동진	16	DF	DF	4	박수창		0	1	1	0
0	2	3(2)			이한샘	33	DF	DF	5	윤신영		0	0	0	0
0	0	0			민상기	39	DF	DF	5	권영호		0			
0	1				구대영	90	MF	MF	34	박명수	38	2	1		
0	3	14			김종국	6	MF	MF	66	박수일	17	0	1	0	
0	1	3			조성준	17	MF	MF	41	강윤성		0			
0	0				주세종	28	MF	MF	20	김승섭		0			
0	2(1)			30	황인범	66	MF	MF	64	박인혁		4(2)			
0	1(1)			24	고무열	18	FW	FW	27	키 푸		2(2)			
0	0				양형모	31			92	박준혁					
0	0				김종철				3	이 슬					
0	0			후36	김민균	14	대기	대기	38	장원석	후30				
0	0			후25	박세직	24			17	고민성	후14				
0	0				조범석	20			30	가도에프	후14	2(1)			
0	1(1)			후14	김 현	30			19	김찬희		0			
0	3	14	14(6)									14(7)	18	3	0

● 전반 4분 주세종 PAR FK ~ 이한샘 GAR H - ST - G(득점: 이한샘, 도움: 주세종) 왼쪽
● 후반 36분 주세종 MFR FK ~ 이한샘 GAR H - ST - G(득점: 이한샘, 도움: 주세종) 오른쪽
● 후반 18분 키푸 GA 정면 가슴패스 ~ 가도에프 GAR L - ST - G(득점: 가도에프, 도움: 키푸) 왼쪽
● 후반 29분 가도에프 PAL ~ 황재훈 AKR R - ST - G(득점: 황재훈, 도움: 가도에프) 왼쪽

7월 15일 18:00 맑음 수원 종합 2,138명
주심_정동식 부심_장종필·강도준 대기심_장순택 경기감독관_김형남

수원FC 1 | 1 전반 1 / 0 후반 0 | **1 광주**

퇴장	경고	파울	ST(유)	교체	선수명	배번	위치	배번	선수명	교체	ST(유)	파울	경고	퇴장
0	0	0	0		김다솔	31	GK	31	윤평국		0	0	0	0
0	1	0	2(1)		김범용	3	DF	9	두현석		2(1)	2	1	0
0	0	2	0	99	조유민	55	DF	4	김태윤		0	1	0	0
0	0	0	1(1)		이승현	7	FW	6	안영규		1	2	0	0
0	0	4	4(2)		알렉스	14	MF	2	박요한		0	1	0	0
0	0	0	0		조유민	20	MF	27	김정환	18	0	1	0	0
0	0		2(1)		이상민	23	MF	14	최준혁		0	1	0	0
0	0		10		장성우	9	MF	25	김동현			2	0	0
0	1				브루노	11	MF	11	정영총	37		0	0	0
0	0	1			모재현	19	MF	8	임민혁			0	0	0
0			1(1)		이재안	79	FW	10	나상호		3(3)	2	0	0
					박형순	71		1	박완선					
					김창훈	5		15	이인규					
				후33	황도연	99		18	김민규	후35				
					정재성	8	대기	23	여봉훈	후15	2(1)	1	0	0
				후8	백성동			33	정다훤					
					한상운	22		37	이승모	후1b	1(1)	1	0	0
				후18	권용현	13		79	이으뜸					
0	2	11	18(10)								12(6)	14	2	0

●전반 18분 알렉스 GAL L - ST - G)득점: 알렉스) 오른쪽
●전반 1분 김동현 MF 정면 ~ 나상호 PA 정면 내 R - ST - G)득점: 나상호, 도움: 김동현) 가운데

7월 16일 20:00 맑음 탄천 종합 1,721명
주심_신용준 부심_지승민·김홍규 대기심_김동인 경기감독관_송선호

성남 1 | 1 전반 0 / 0 후반 0 | **0 안양**

퇴장	경고	파울	ST(유)	교체	선수명	배번	위치	배번	선수명	교체	ST(유)	파울	경고	퇴장
0	0	0	0		김근배	21	GK	1	전수현		0	0	0	0
0	0	0	0		윤영선	28	DF	2	채광훈		0	3	1	0
0	0	1	0		연제운	20	DF	3	김영찬		0	0	0	0
0	0	2	1(1)	9	이다원	26	DF	5	김영찬		0	0	0	0
0	0	0	0		박태민	34	MF	28	김진래		0	1	0	0
0	0	0	0		김정현	6	MF	10	마르코스		0	1	0	0
0	1	1(1)			문상윤	10	MF	6	최재훈		0	1	0	0
0	0				이학민	14	MF	32	김원민	30	2	0	0	0
0	3(1)				서보민	11	MF	35	김신철	11	0	0	0	0
0	0	1			김민혁	32	FW	33	정희웅	15	1	0	0	0
0	3	2(1)	18		최병찬	33	FW	27	김경준		3(1)	1	0	0
					전종혁	31		21	양동원					
				후39	이시영			22	홍승현					
					조성욱	25		14	최승호					
					박태준	24	대기	대기	김신철	후37				
					주현우	8		15	김형진					
		1(1)		후4/2	정성민	9		11	정재희	후2?				
				후34	최한일	18		30	알렉스	후28	1(1)	0	0	0
0	0	11	10(6)								10(2)	9	1	0

●전반 27분 최병찬 PAR EL ~ 김민혁 GAL H - ST - G)득점: 김민혁, 도움: 최병찬) 오른쪽

7월 16일 20:00 맑음 잠실 484명
주심_성덕효 부심_송봉근·안광진 대기심_김도연 경기감독관_김용세

서울E 2 | 0 전반 0 / 2 후반 0 | **0 안산**

퇴장	경고	파울	ST(유)	교체	선수명	배번	위치	배번	선수명	교체	ST(유)	파울	경고	퇴장
0	0	0	0		김영광	1	GK	21	이희성		0	0	0	0
0	0	1	0		안성빈	33	DF	2	최성민		0	0	0	0
0	1	0			김재현	4	DF	4	이인재		2(1)	0	0	0
0	3	0			안지호	6	DF	25	김태현		1(1)	1	0	0
0	0				전민광	22	DF	28	김명재			0	0	0
0	0		99		이예찬	30	MF		박준희	10		0	0	0
0	2(1)	10			반	29	MF		박진섭	1		0	0	0
0	0	2(1)			이현성	14	FW	16	최명희			0	0	0
0	1(1)	11			조찬호	16	FW	17	이우두	26		0	0	0
0	3(2)				최오백	7	FW	14	라울		4(3)	2	0	0
					강정묵	31		31	박형민					
					김태의	13		10	홍동현	후12				
					유정완	66		22	코난					
				후38	고차원		대기	대기	23 박관우					
				후0	김재웅	99		24	박성부					
					조용태	17		26	김종석	후20				
				후10	에레이	11		30	기현테					
0	1	11	10(6)								10(6)	6	0	0

●후반 8분 김재웅 MF 정면 ~ 최오백 GAL L - ST - G)득점: 최오백, 도움: 김재웅) 오른쪽
●후반 14분 전민광 MFL TL 드로잉 ~ 조재완 GAL 내 R - ST - G)득점: 조재완, 도움: 전민광) 오른쪽

7월 21일 18:00 맑음 수원 종합 1,788명
주심_성덕효 부심_송봉근·설귀선 대기심_최대우 경기감독관_최상국

수원FC 0 | 0 전반 0 / 0 후반 1 | **1 아산**

퇴장	경고	파울	ST(유)	교체	선수명	배번	위치	배번	선수명	교체	ST(유)	파울	경고	퇴장
0	0	0	0		박형순	71	GK	21	박주원		0	0	0	0
0	1	0			조병국	55	DF	23	김동철		0	0	0	0
0	1	1			황도연	20	DF	26	김준수		0			0
0	0	0			이승현	7	DF	39	민상기		0			0
0	2	0	22		장성재	8	DF	90	구대영		0			0
0	1	1			백성동	10	MF	11	서용덕	17	1(1)			0
0	0				알렉스	14	MF	23	김도혁		1			0
0	0				조유민	20	FW	7	주세종		3			0
0	1	0			이상민	23	FW	29	이명주	30				0
0	1	77			브루노	11	MF	66	황인범		2(1)	1		0
0	2				이재안	79	FW	18	고무열		1(1)	0		0
					김다솔	31		31	양형모					
					김창훈			0	주용		0			
				후11	한상운	22	대기	대기	16 김동진					
				후37	권용현	13		6 김종국		후22				
								14	김민균					
					모재현	19		17	조성준	후13	0			
0	2	13	3(1)								9(5)	11	1	0

●후반 27분 김준수 자기 측 PA 정면 ~ 김현 PAR 내 R - ST - G)득점: 김현, 도움: 김준수) 왼쪽

7월 21일 19:00 맑음 안양 종합 1,227명

주심_최광호 부심_장준모·강도준 대기심_장순택 경기감독관_김진의

안양 1 | 0 전반 0 | 1 후반 0 | **0 서울E**

퇴장	경고	파울	ST(유)	교체	선수명	배번	위치	위치	배번	선수명	교체	ST(유)	파울	경고	퇴장
0	0	0	0		전 수 현	1	GK	GK	1	김 영 광		0	0	0	0
0	0	2	2		채 광 훈	2	DF	DF	33	안 성 빈	13	0	1	1	0
0	0	1	1(1)		최 호 정	3	DF	DF	4	김 재 현		0	1	0	0
0	0	1	0		김 영 찬	5	DF	DF	6	안 지 호		0	2	0	0
0	0	1	0		김 진 래	28	DF	DF	22	전 민 광		0	2	0	0
0	0	2	2(1)		마르코스	10	MF	MF	8	김 준 태	99	0	1	0	0
0	0	1	0		최 재 훈	6	MF	MF	29	이 반		0	1	0	0
0	0	1	0		김 원 민	8	MF	MF	77	이 현 성		0	0	0	0
0	0	1	0		홍 승 현	22	FW	FW	14	조 재 완		0	0	0	0
0	0	2(2)	11		정 희 웅	33	FW	FW	20	원 기 종	11	0	3	0	0
0	0		30		김 경 준	27	FW	FW	7	최 오 백		0	0	0	0
					양 동 원	21			31	강 정 묵					
					김 형 진	15			13	김 태 은	전35				
					김 태 호	13			66	김 창 욱					
0	0	0	후39		김 신 철	17	대기	대기	10	고 차 원					
					은 성 수	7			99	김 재 웅	후0				
0	0	0	후31		정 재 희	11			16	조 찬 호					
0	0	1	후18		알 렉 스	30			11	에 레 라	후17				
0	0	11	9(5)						0			6	8	2	0

●후반 6분 정희웅 GAL R - ST - G(득점: 정희웅) 가운데

7월 21일 19:00 맑음 부천 종합 949명

주심_박진호 부심_강동호·구은석 대기심_정의석 경기감독관_김용갑

부천 0 | 0 전반 0 | 0 후반 1 | **1 광주**

퇴장	경고	파울	ST(유)	교체	선수명	배번	위치	위치	배번	선수명	교체	ST(유)	파울	경고	퇴장
0	0	0	0		최 철 원	21	GK	GK	31	윤 평 국		0	0	0	0
0	0	2	0		박 건	4	DF	DF	2	박 요 한		1	3	0	0
0	0	2	0		임 동 혁	5	DF	DF	4	김 태 윤		0	3	0	0
0	0	1	0		김 준 엽	11	DF	DF	6	안 영 규		1(1)	0	0	0
0	1	1			안 태 현	22	DF	DF	79	이 으 뜸	5	1(1)	1	0	0
0	0				닐손주니어	6	MF	MF	29	여 봉 훈	27	1	1	0	0
0	0	1	0		이 현 승	10	MF	MF	14	최 준 혁		1	4	1	0
0	1	1(1)	30		이 정 찬	8	MF	MF	23	김 동 현		0	2	0	0
0	0	1	0		진 창 수	23	FW	FW	8	임 민 혁		2(1)	0	0	0
0	0				공 민 현	9	FW	FW	18	김 민 규	11	1	1	0	0
0	0		77		이 광 재	27	MF	MF	10	나 상 호		5(3)	0	0	0
					이 기 현	18			1	박 완 선					
					장 순 혁	7			5	정 준 연	후48				
					김 지 호	22			11	정 영 총	후20	2(1)	0	0	0
0			후20		송 홍 민	30	대기	대기	15	이 인 규					
2	2(1)		후0		크리스토밤	77			20	이 한 도		0			
					진 창 수	16			27	김 정 환	후35				
0	1	1(1)	후30		신 현 준	23			37	이 승 모					
0	2	20	9(4)						0			15(7)	12	1	0

●후반 47분 나상호 AK 정면 R - ST - G(득점: 나상호) 오른쪽

7월 22일 19:00 맑음 안산 와스타디움 1,669명

수심_성농식 부심_지승민·성수경 대기심_오현진 경기감독관_전인석

안산 0 | 0 전반 0 | 0 후반 1 | **1 부산**

퇴장	경고	파울	ST(유)	교체	선수명	배번	위치	위치	배번	선수명	교체	ST(유)	파울	경고	퇴장
0	0	0	0		이 희 성	21	GK	GK	21	구 상 민		0	0	0	0
0	0	0	14		최 성 민	2	DF	DF	7	김 치 우		1(1)	0	0	0
0	0	1	1(1)		이 인 재	4	DF	DF	2	정 호 정		1	1	0	0
0	0	1	0		신 일 수	6	DF	DF	15	김 명 준		0	1	0	0
0	0	1	0		최 명 희	16	DF	DF	17	이 종 민		0	1	0	0
0	1		0		박 준 희	5	MF	MF	6	이 재 권		0	3	0	0
0	0	1	0		박 진 섭	7	MF	MF	19	고 경 민		3	1	0	0
0	0	2	2(1)		장 혁 진	8	MF	MF	10	호 물 로		4(2)	2	0	0
0		3(1)	9		홍 동 현	10	FW	FW	92	발푸르트	22	0	0	0	0
0	0	1	0		김 태 현	25	FW	FW	18	김 현 성	26	1	1	0	0
0	1	3			코 네	22	FW	FW	23	김 진 규	33	2(1)	1	0	0
					박 형 민	31			40	김 형 근					
0	0	1(1)	후0		피 델	9			26	연 제 민	후43				
		박	27		라				3	박 준 강					
					지 원	15	대기	대기	33	김 문 환	후14				
					이 민 우				22	한 지 호	후14	3(1)			
					김 명 재	28			5	맥도날드					
					김 현 태	30			99	최 승 인					
0	0	11	11(4)						0			10(3)	10	0	0

●후반 21분 김문환 PAL 내 ^ 호물로 PK 우측 지점 L - ST - G(득점: 호물로, 도움: 김문환) 왼쪽

7월 22일 19:00 맑음 대전 월드컵 1,017명

주심_조지음 부심_장준필·안광진 대기심_설태환 경기감독관_김형남

대전 0 | 0 전반 0 | 0 후반 1 | **1 성남**

퇴장	경고	파울	ST(유)	교체	선수명	배번	위치	위치	배번	선수명	교체	ST(유)	파울	경고	퇴장
0	0	0	0		박 준 혁	92	GK	GK	21	김 근 배		0	0	0	0
0	0	2	1		윤 준 성	4	DF	DF	28	윤 영 선		0	0	0	0
0	0	1	0		윤 신 영	20	DF	DF	20	연 제 운		0	1	0	0
0	0	1	0		권 영 호	5	DF	DF	34	박 태 민		0	0	0	0
0	0	1	0		박 명 수	34	MF	MF	11	서 보 민		0	1	0	0
0	0	1	0		황 재 훈	3	MF	MF	6	김 정 현	29	0	5	1	0
0	1	2			안 상 현	41	MF	MF	10	문 상 윤		0	1	0	0
0	1	2	1		강 윤 성	3	MF	MF	14	이 학 민	26	3(1)	2	0	0
0		3	32		가도에프	30	FW	FW	7	에 델		0	2	0	0
1(1)			24		박 인 혁	64	FW	FW	9	정 성 민	18	1	4	0	0
0	0				키 쭈	27	FW	FW	33	최 병 찬		2(1)	2	0	0
					임 민 혁	36			31	전 종 혁					
0			후41		황 재 원	24			2	이 시 영					
					장 원 석	3			3	최 준 기					
0			후28		오 장 은	7	대기	대기	26	이 다 원	후44				
					고 민 성	17			29	본 즈	전13				
0			후0		유 진 석	32			24	박 태 준					
					박 수 창	8			18	이 현 일	후21	1(1)			
0	1	13	6(1)						0			13(3)	15	2	0

●후반 36분 이학민 자기 측 MFR TL ^ 이현일 AKR L - ST - G(득점: 이현일, 도움: 이학민) 왼쪽

7월 28일 19:00 흐림 잠실 405명
주심_최현재 부심_지승민·설귀선 대기심_정회수 경기감독관_신홍기

서울E	1	0 전반 0		0	대전
		1 후반 0			

퇴장	경고	파울	ST(유)	교체	선수명	배번	위치	배번	선수명	교체	ST(유)	파울	경고	퇴장
0	0	0	0		김영광	1	GK	92	박준혁		0	0	0	0
0	0	0	0		안동혁	32	DF	4	윤준성		0	0	0	0
0	0	1	0		김재현	4	DF	22	신영은		0	0	0	0
0	0	0	0		안지호	66	DF	24	황재훈	11	1	0	0	0
0	0	0	0		전민광	22	MF	34	박명수		0	0	0	0
0	0	1	1(1)		이현성	77	MF	26	박재우		0	0	0	0
0	0	1	2		이 반	29	MF	20	안상현		0	0	0	0
0	0	1	0		고차원	10	MF	41	강윤성	30	0	0	0	0
0	0	0	0	11	조찬호	16	FW	66	박수일	MF	1(1)	1	0	0
0	0	0	23		이예찬	30	FW	64	박인혁		0	0	0	0
0	0	1	2(2)		최오백	27	FW	27	키 쭈		1(1)	5	0	0
					강의묵	31		36	임민혁					
					박성우	27		25	고명석					
0	0	1(1)	후15		김창욱	66		38	장원석					
0	0	3(2)	후19		최치원	44	대기	7	오장은					
							대기	17	고민성	후29				
					조재완	14		30	가도에프	후11				
0	0		후31		에레라	11		11	김승섭	후29	3(1)			
1	0	11	10(6)								13(4)	13	0	0

● 후반 25분 최오백 MFL TL ~ 최치원 PA 정면 H - ST - G(득점: 최치원, 도움: 최오백) 왼쪽

7월 28일 19:00 맑음 광주월드컵 1,587명
주심_김영수 부심_송봉근·강도준 대기심_김도연 경기감독관_박남열

광주	3	1 전반 1		1	성남
		2 후반 0			

퇴장	경고	파울	ST(유)	교체	선수명	배번	위치	배번	선수명	교체	ST(유)	파울	경고	퇴장
0	0	0	0		윤평국	31	GK	21	김근배		0	0	0	0
0	0	1	0		박요한	2	DF	34	박태민	25	0	4	0	0
0	0	0	0		김태윤	4	DF	28	윤영선		1(1)	0	0	0
0	1	2(2)			안영규	6	DF	20	연제운		0	0	0	0
0	0	0	0		이으뜸	79	DF	17	이학민		0	0	0	0
0	0	1			최준혁	14	MF	29	본 즈	18	0	1	0	0
0	4(2)				김동현	25	MF	10	문상윤		0	0	0	0
0	2	3	20		여봉훈		MF	11	서보민		4(2)	0	0	0
0	1	1	26		김민규		FW	9	정성민		0	0	0	0
0	3(1)				나상호	10	FW	33	최병찬		1(1)	1	0	0
					제종현	41		41	황인재					
0	1(1)	후27			두현석	9		25	조성욱	후13				
					정영총	11		26	이다원					
					델리페	24	대기	24	박태준					
0	후13				심광욱	2		9	에델	후34				
					이승모	37		18	이현일	후34				
0	0	8	16(6)								12(4)	16	1	0

● 전반 23분 이으뜸 MFR FK ⌒ 안영규 GA 정면 H - ST - G(득점: 안영규, 도움: 이으뜸) 오른쪽
● 후반 24분 이으뜸 PAL 내 ~ 김동현 AK 정면 R - ST - G(득점: 김동현, 도움: 이으뜸) 왼쪽
● 후반 42분 나상호 PK 우측지점 R - ST - G(득점: 나상호) 오른쪽
● 전반 16분 최병찬 GA 정면 내 H - ST - G(득점: 최병찬) 가운데

7월 29일 19:00 흐리고비 부산구덕 1,022명
주심_최대우 부심_장종필·구은석 대기심_최일우 경기감독관_송선호

부산	4	2 전반 1		3	안양
		2 후반 2			

퇴장	경고	파울	ST(유)	교체	선수명	배번	위치	배번	선수명	교체	ST(유)	파울	경고	퇴장
0	0	0	0		구상민	21	GK	1	전수현		0	0	0	0
0	0	0	0		박준강	7	MF	2	채광훈		2(2)	0	0	0
0	0	0	0		정호정		DF	3	최호정		0	0	0	0
0	0	0	0		김명준	15	DF	5	김영찬		0	0	0	0
0	0	1	0		이종민	17	DF	28	김진래		0	0	0	0
0	0	0	0				MF	10	마르코스		0	0	0	0
0	1	6(5)	44		고경민	19	MF	6	최재훈	30	0	1	0	0
0	0	0	0		김진규	23	MF	32	김원민		2(2)	0	0	0
0	1(1)	99			발푸르트	92	FW	22	홍승현		1(1)	0	0	0
0	2(1)				김현성	18	FW	33	정희웅		0	0	0	0
0	1				김문환	33	FW	27	김경준		2(1)	0	0	0
					송유걸	21		21	양유길					
		후40			박태홍	44		15	김형진					
					박준강	3		13	김태호					
					권진영	77	대기	13	김신철	후20				
							대기	21	은성수					
0	1(1)	후46			한지호	22		11	정재희	후30				
0	3(2)	후24			김승인	99		11	알렉스					
					박호영									
0	0	8	17(10)								11(7)	10	1	0

● 전반 6분 이종민 PAR ⌒ 고경민 PK 우측지점 R - ST - G(득점: 고경민, 도움: 이종민) 왼쪽
● 전반 15분 발푸르트 PAL EL ⌒ 고경민 GA 정면 내 H - ST - G(득점: 고경민, 도움: 발푸르트) 가운데
● 후반 5분 이재권 MF 정면 ⌒ 한지호 PA 정면 내 R - ST - G(득점: 한지호, 도움: 이재권) 오른쪽
● 후반 38분 고경민 AK 정면 L - ST - G(득점: 고경민) 오른쪽

● 전반 34분 김경준 PAR H ⌒ 김원민 PAR 내 R - ST - G(득점: 김원민, 도움: 김경준) 왼쪽
● 후반 9분 김원민 MF 정면 ~ 알렉스 GAR R - ST - G(득점: 알렉스, 도움: 김원민) 가운데
● 후반 20분 알렉스 PK - R - G(득점: 알렉스) 왼쪽

7월 30일 19:30 맑음 안산와스타디움 1,271명
주심_신용준 부심_노수용·김홍규 대기심_서동진 경기감독관_차상해

안산	0	0 전반 0		1	수원FC
		0 후반 1			

퇴장	경고	파울	ST(유)	교체	선수명	배번	위치	배번	선수명	교체	ST(유)	파울	경고	퇴장
0	0	0	0		이희성	21	GK	31	김다솔		0	0	0	0
0	0	0	0		이인재	4	DF	99	황도연		2(1)	1	0	0
0	1(1)				신일수	8	DF	5	이승현		0	0	0	0
0	0				이 인	19	DF	11	브루노	77	1(1)	1	0	0
0	1	4	1		박준희	5	MF	14	알렉스		5(2)	1	0	0
0	3(2)				박진섭	17	MF	3	오유민		0	0	0	0
0	1	23			홍동현		MF	21	이상민		0	0	0	0
					피 델		MF	19	모재현	13	3(2)	0	0	
0	3(2)				이창훈		FW	79	이재안	10	0	0	0	0
	2(1)	12			나 네		FW	92	비아나		2(2)	5	1	0
					코 네		MF	7	박형순					
					박형민	31		5	김창훈					
0	후23				장혁진			8	장성재					
0	후26				윤선호			8	상 현					
					한지원	15	대기	9						
					송주호	20		13	백성동	후0	3(1)			
0	후41				박관우			13	권용현	후32				
	2	15	11(6)								16(9)	13	1	0

● 후반 42분 비아나 AK 내 FK R - ST - G(득점: 비아나) 왼쪽

아산 0 : 0 부천

7월30일 19:30 맑음 아산 이순신 1,338명
주심_오현진 부심_장준모·성주경 대기심_김덕철 경기감독관_김용세

아산 0 | 0 전반 0 / 0 후반 0 | **0 부천**

퇴장	경고	파울	ST(유)	교체	선수명	배번	위치	위치	배번	선수명	교체	ST(유)	파울	경고	퇴장
0	0	0	0		박주원	21	GK	GK	21	최철원		0	0	0	0
0	0	3	1		이주용	2	MF	DF	4	박건		0	1	0	0
0	1	2	0		이한샘	33	DF	DF	5	임동혁		0	1	0	0
0	1	2	0		민상기	39	DF	DF	22	안태현		0	2	1	0
0	0	1	0		김종국	6	DF	MF	7	문기한		2(1)	1	2	0
0	0	1	0	11	김민균	14	MF	MF	10	이현승	13	0	1	0	0
0	0	1	0	12	조성준	17	MF	MF	77	크리스토밤	20	0	1	0	0
0	0	2	0		이명주	29	MF	FW	8	포프		4(1)	2	0	0
0	0	3	3		황인범	66	MF	FW	9	공민현		1(1)	4	1	0
0	1	3(3)			고무열	18	FW	FW	23	신현준	27	1(1)	1	1	0
0	0	4	6		김현	30	FW								
0	0	0	0		양형모	31			1	이영창		0	0	0	0
0	0	0	0		김동철	20			2	장순혁		0	0	0	0
0	0	0	0		구대영	90			19	정준현		0	0	0	0
0	0	2(1)	후10	서용덕	10	대기	대기	13	이정찬	후38	0	0	0	0
0	0	0	0		김도혁	23			30	송흥민		0	0	0	0
0	0	0	후49	박세직	24			20	김동현	후27	0	0	0	0
0	0	3(1)	24 후31	김륜도	12			27	이광재	후0	0	2	0	0
0	3	17	15(4)				0		0			11(4)	14	3	0

성남 0 : 0 수원FC

8월04일 20:00 맑음 탄천 종합 2,261명
주심_정동식 부심_강동호·권용식 대기심_정의석 경기감독관_박남열

성남 0 | 0 전반 0 / 0 후반 0 | **0 수원FC**

퇴장	경고	파울	ST(유)	교체	선수명	배번	위치	위치	배번	선수명	교체	ST(유)	파울	경고	퇴장
0	0	0	0		김근배	21	GK	GK	31	김다솔		0	0	0	0
0	0	0	1(1)		윤영선	28	DF	DF	3	김범용		2	0	0	0
0	0	0	0		연제운	20	DF	DF	55	조병국		0	0	0	0
0	0	0	0		최준기	3	DF	DF	99	황도연	5	0	2	0	0
0	0	3(1)			서보민	11	MF	MF	11	이승현		0	0	0	0
0	2(1)				김정현	6	MF	MF	10	백성동		2(1)	0	0	0
0	2(1)				박성윤	10	MF	MF	14	알렉스		0	2	1	0
0	1(1)				김민혁	32	MF	MF	22	한상운		1	1	0	0
0	1	2	1		이학민	14	FW	MF	23	이상민		0	0	0	0
0	3	7	0		이현일	18	FW	FW	18	권용현		0	0	0	0
0	1	13			최병찬	33	FW	FW	92	비아나	77	0	0	0	0
0	0	0	0		전종혁	31			71	박형순		0	0	0	0
0	0	0	0		김재봉	22			5	김창훈	후27	0	0	0	0
0	0	0	0		이다원	26			8	장성재	후11	1(1)	0	0	0
0	0	0	본	29	대기	대기	11	브루노		0	0	0	0		
0	후35	주현우	8				9	모재현		0	0	0	0		
0	4(1)	전21 에	델				77	김동찬	후21	3(3)	0	0	0		
0	후19	김도엽	13				79	이재안		0	0	0	0		
0	1	9	17(6)				0		0			9(5)	9	1	0

부천 0 : 2 서울E

8월04일 20:00 맑음 부천 종합 646명
주심_조지음 부심_송봉근·장종필 대기심_최대우 경기감독관_차상해

부천 0 | 0 전반 0 / 0 후반 2 | **2 서울E**

퇴장	경고	파울	ST(유)	교체	선수명	배번	위치	위치	배번	선수명	교체	ST(유)	파울	경고	퇴장
0	0	0	0		최철원	21	GK	GK	1	김영광		0	0	0	0
0	0	1	1(1)		박건	4	DF	DF	33	안성빈		0	0	0	0
0	0	2	0		임동혁	5	DF	DF	2	김재현		1	1	1	0
0	0	0	0		김준엽	11	DF	DF	22	전민광		0	0	0	0
0	0	1	0		정준현	19	DF	MF	27	박성우		1(1)	0	0	0
0	0	1	4(3)		문기한	7	MF	MF	77	이현성		2(2)	2	0	0
0	0	1	0	20	이현승	10	MF	MF	66	김창욱		2	0	0	0
0	0	2	2		크리스토밤	77	MF	MF	99	김재웅	14	3(2)	0	0	0
0	0	4(2)			포프	8	FW	FW	9	안동혁	13	3(3)	1	0	0
0	0	16		신현준	23	MF	FW	32	유정완	23	0	1	0	0	
0	1	2	13	이광재	27	MF	FW	7	최오백		2(1)	0	0	0	
0	0	0	0		이영창	1			31	강정묵		0	0	0	0
0	0	0	0		장순혁	2			3	김준태		0	0	0	0
0	0	0	0		명성준	19			13	김태은		0	0	0	0
0	0	후11	이정찬	13	대기	대기	23	최치원	후0	1(2)	0	0	0		
0	0	0	0		송almond민	30			19	최한솔		0	0	0	0
0	2(1)	후0	진창수	16			14	조재완	후30	3(3)	0	0	0		
0	2(1)	후20	김동현	20			11	에레라	후26	2	0	0	0		
0	0	10	17(0)				0		0			20(13)	7	1	0

대전 1 : 1 광주

8월04일 20:00 맑음 대전 월드컵 1,026명
주심_김영수 부심_구은석·성주경 대기심_장순택 경기감독관_김용갑

대전 1 | 0 전반 1 / 1 후반 0 | **1 광주**

퇴장	경고	파울	ST(유)	교체	선수명	배번	위치	위치	배번	선수명	교체	ST(유)	파울	경고	퇴장
0	0	0	0		박준혁	92	GK	GK	31	윤평국		0	0	0	0
0	0	0	0		윤준성	4	DF	DF	2	박요한		0	1	0	0
0	0	1	0		고명석	25	DF	DF	4	김태윤		0	0	0	0
0	0	2	2(1)		황재훈	3	DF	DF	6	안영규		1	0	0	0
0	0	1	9		장원석	38	DF	DF	79	이으뜸		0	0	0	0
0	1	2	1	66	권영호	5	MF	MF	29	여봉훈		4(2)	2	0	0
0	1	2	1(1)		신학영	13	MF	MF	14	최준혁		0	0	0	0
0	1	1(1)			강윤성	41	MF	MF	25	김동현		0	0	0	0
0	3(2)	30			김승섭	11	FW	FW	18	김민규	26	1(1)	0	0	0
0	0	1	1	64	박인혁	9	FW	FW	18	김민규	26	1(1)	0	0	0
0	0	2	27	키 쭈	27	FW	FW	11	정영총	27	4(3)	2	0	0
0	0	0	0		임민혁	36			1	박완선		0	0	0	0
0	0	0	0		윤신영	22			5	정준연		0	0	0	0
0	0	0	0		김예성	2			9	두현석	후9	1(1)	0	0	0
0	0	0	후0	안상현	20	대기	대기	8	이희균		0	0	0	0
0	후21	박수일	66				26	펠리페	후7	1	2	1	0		
0	후10	가도에프	30				27	김정환	후29	1	0	0	0		
0	3(2)	후26	뚜르스노프	9			40	두아르테		0	0	0	0		
0	1		11(7)				0		0			13(7)	13	1	0

●후반 5분 안동혁 GAL 내 L - ST - G(득점: 안동혁) 왼쪽
●후반 14분 최치원 MF 정면 FK R - ST - G(득점: 최치원) 오른쪽

●후반 33분 박수일 C.KL ⌒ 뚜르스노프 GAR R - ST - G(득점: 뚜르스노프, 도움: 박수일) 오른쪽
●전반 17분 정영총 GAR 내 R - ST - G(득점: 정영총) 오른쪽

8월 05일 20:00 맑음 안양종합 1,225명
주심_성덕효 부심_장준모·안광진 대기심_최현재 경기감독관_최상국

안양 3 : 2 안산
2 전반 2
1 후반 0

퇴장	경고	파울	ST(유)	교체	선수명	배번	위치	위치	배번	선수명	교체	ST(유)	파울	경고	퇴장
0	0	0	0		전 수 현	1	GK	GK	21	이 희 성		0	0	0	0
0	0	2	0		김 태 호	13	DF	DF	4	이 인 재		1(1)	0	0	0
0	0	15	0		최 호 정	3	DF	DF	6	신 일 수	30	0	1	0	0
0	0	1	0		김 영 찬	5	DF	DF	16	최 명 희		2(2)	0	1	0
0	0	1	0		채 광 훈	2	MF	MF	19	이 건	22	6(6)	0	0	0
0	0		4(4)		마르코스	10	MF	MF	5	박 준 희		0	0	0	0
0	0	1	1		최 재 훈	6	MF	MF	8	장 혁 진		0	1	1	0
0	0		11		김 원 민	32	MF	MF	15	한 지 원		0	0	0	0
0	1	3(2)	36		김 경 준	27	FW	MF	18	이 창 훈		1(1)	0	1	0
0	0				정 희 웅	33	FW	FW	20	송 주 호		0	1	1	1
			1(1)		알 렉 스	30	FW	FW	14	라 울		4(3)	0	0	0
0	0				양 동 원	21			31	박 형 민		0	0	0	0
				후0	김 형 진	15			9	피 델	후27	1(1)	0	0	0
					김 진 래	28			22	코 네	후36	1	0	0	0
					홍 승 현		대기	대기	23	박 관 우		0	0	0	0
0	1			후0	동 경	36			28	김 경 래		0	0	0	0
				후34	정 재 희				30	김 현 태	후9	0	0	0	0
					김 신 철	17			77	조 우 진		0	0	0	0
0	0	8	14(7)			0						19(17)	14	2	0

- ●전반 13분 마르코스 PAR L - ST - G(득점: 마르코스) 가운데
- ●전반 35분 알렉스 GAL 내 H→김경준 PK 좌측지점 L - ST - G(득점: 김경준, 도움: 알렉스) 오른쪽
- ●후반 47분 송주호 GA 정면 H자책골(득점: 송주호) 왼쪽

- ●전반 20분 라울 GAR EL R - ST - G(득점: 라울) 오른쪽
- ●전반 24분 이인재 GA 정면 L - ST - G(득점: 이인재) 오른쪽

8월 05일 20:00 맑음 아산 이순신 1,005명
주심_최광호 부심_지승민·설귀선 대기심_정화수 경기감독관_김형남

아산 0 : 0 부산
0 전반 0
0 후반 0

퇴장	경고	파울	ST(유)	교체	선수명	배번	위치	위치	배번	선수명	교체	ST(유)	파울	경고	퇴장
0	0	0	0		박 주 원	21	GK	GK	21	구 상 민		0	0	0	0
0	2	3	0		이 주 용	3	DF	DF	7	김 치 우		1(1)	1	0	0
0	0	0	0		김 동 철	20	DF	DF	44	박 태 홍		1	2	0	0
0	0	1	0		민 상 기	39	DF	DF	15	김 명 준		0	1	0	0
0	0	1	0		김 종 국	5	DF	DF	3	박 준 강	17	1	1	0	0
0	1	0	30		서 용 덕	11	FW	MF	11	이 재 권		2(1)	0	0	0
0	1		90		김 민 균	14	MF	MF	19	고 경 민		1(1)	0	0	0
0		19			조 성 준	17	FW	MF		호 물 로		5(1)	3	0	0
0	1	0			김 도 혁	28	MF	FW	22	한 지 호		4(2)	0	0	0
0	1	1	1		주 세 종	28	MF	FW	14	김 진 규	23	0	3	0	0
0					고 무 열	18	FW	FW	99	최 승 인	92	3(1)	1	0	0
					양 형 모	31			1	송 유 걸		0	0	0	0
					김 준 수	26			2	정 호 정		0	0	0	0
				후0	구 대 영	90			17	이 종 민	후34	0	0	0	0
				후36	임 창 균	21		대기	11	이 청 솔		0	0	0	0
					박 세 직	24			23	김 진 규	후15	1(1)	2	0	0
					김 선 민	88			92	발푸르트	후28	0	1	0	0
0	0	후18			김 현	30			35	박 호 영		0	0	0	0
0	4	16	5			0						18(8)	15	0	0

8월 11일 19:00 맑음 잠실 1,037명
주심_채상협 부심_노수용·강도준 대기심_김동인 경기감독관_최상국

서울E 0 : 5 부산
0 전반 2
0 후반 3

퇴장	경고	파울	ST(유)	교체	선수명	배번	위치	위치	배번	선수명	교체	ST(유)	파울	경고	퇴장
0	0	0	0		김 영 광	1	GK	GK	21	구 상 민		0	0	0	0
0	0	0	0		안 성 빈	33	DF	DF	7	김 치 우		0	3	1	0
0	0				반	29	DF	DF	44	박 태 홍		0	1	0	0
1	0	2	1(1)		전 민 광	22	DF	DF	15	김 명 준		0	0	0	0
0	0		23		박 성 우	27	DF	DF	17	이 종 민		0	0	0	0
0	0				이 현 성	7	MF	FW	11	이 재 권		0	1	0	0
0	0				김 창 욱	66	MF	MF	19	고 경 민		3(1)	1	0	0
0	1		14		김 재 웅	99	MF	MF	10	호 물 로	25	3(2)	0	0	0
0	1	2(1)			안 동 혁	32	FW	MF	22	한 지 호		0	0	0	0
0	0				조 용 태	17	FW	FW	99	최 승 인	11	0	1	0	0
0	1	1(1)			최 오 백	7	FW	FW	23	김 진 규		0	0	0	0
					강 정 묵	31			31	김 형 근		0	0	0	0
					김 준 태	8			3	박 준 강	후0	0	0	0	0
					김 태 은	13			4	홍 진 기		0	0	0	0
				후0	최 치 원	23		대기	11	이 동 준	후39	0	0	0	0
					최 한 솔	19			11	이 동 준	후17	2(1)	0	0	0
1	1	후18			조 재 완	14			92	발푸르트		0	0	0	0
		후12			에 레 라	11			55	박 호 영		0	0	0	0
1	1	13	12(5)			0						14(8)	15	1	0

- ●전반 14분 호물로 AKR L - ST - G(득점: 호물로) 왼쪽
- ●전반 35분 김진규 PAR 내 → 최승인 GAL 내 R - ST - G(득점: 최승인, 도움: 김진규) 왼쪽
- ●후반 14분 이재권 AK 정면 → 최승인 GA 정면 R - ST - G(득점: 최승인, 도움: 이재권) 오른쪽
- ●후반 25분 호물로 AKR FK L - ST - G(득점: 호물로) 왼쪽
- ●후반 33분 고경민 GAL 내 H → 이동준 PA 정면 R - ST - G(득점: 이동준, 도움: 고경민) 왼쪽

8월 11일 19:00 맑음 안양종합 1,057명
주심_조지음 부심_지승민·장종필 대기심_성덕효 경기감독관_나승화

안양 0 : 1 대전
0 전반 0
0 후반 1

퇴장	경고	파울	ST(유)	교체	선수명	배번	위치	위치	배번	선수명	교체	ST(유)	파울	경고	퇴장
0	0	0	0		전 수 현	1	GK	GK	92	박 준 혁		0	0	0	0
0	0	1	1(1)		김 태 호	13	DF	DF	22	윤 신 영		1(1)	1	0	0
0	3	0			김 형 진	15	DF	DF	25	고 명 석		0	0	0	0
0	0				김 영 찬	5	DF	DF	3	황 재 훈		0	0	0	0
0	0				채 광 훈	2	MF	MF	38	창 원 석	64	0	0	0	0
0	0				마르코스	10	MF	MF	4	권 영 호		0	0	0	0
0	0	17			최 재 훈	6	MF	MF	13	신 학 영	8	1	0	0	0
0		3(2)			알 렉 스	30	FW	FW	41	강 윤 성		0	0	0	0
0		11			홍 승 현	22	FW	FW	66	박 수 일		0	0	0	0
0		2(1)			정 희 웅	33	FW	FW	30	가도에프	9	2(1)	1	0	0
0	0	32			김 경 준	27	FW	FW	27	키		1(1)	1	1	0
					양 동 원	21			36	임 민 혁		0	0	0	0
					최 호 정				51	윤 경 보		0	0	0	0
					이 상 용	20			34	박 명 수		0	0	0	0
				후0	이 동 경	36		대기	20	안 상 현		0	0	0	0
				후0	김 원 민	32			8	박 수 창	후0	0	0	0	0
				후12	정 재 희	11			64	박 인 혁	후0	2(1)	1	0	0
0	0	13	8(5)			0						10(7)	13	1	0

- ●후반 31분 키쭈 GA 정면 L - ST - G(득점: 키쭈) 오른쪽

8월 12일 19:00 맑음 안산 와스타디움 1,483명
주심_ 서동진 부심_ 송봉근·성주경 대기심_ 신용준 경기감독관_ 송선호

안산 0	0 전반 1 / 0 후반 0	1 성남

퇴장	경고	파울	ST(유)	교체	선수명	배번	위치	위치	배번	선수명	교체	ST(유)	파울	경고	퇴장
0	0	0	0		황성민	1	GK	GK	21	김근배		0	0	0	0
0	0	0	2(1)		이인재	4	DF	DF	28	윤영선	22	0	1	0	0
0	0	3	1		송주호	20	DF	DF	20	연제운		0	1	0	0
0	1	1	11		황태현	27	DF	DF	27	김준엽		0	0	0	0
0	0	1	1		김현태	30	MF	MF	11	서보민		3(1)	0	0	0
0	0	0	2		박진섭	7	MF	MF	6	김정현		1(1)	4	0	0
0	0		3(2)		장혁진	8	MF	MF	10	문상윤		1(1)	1	0	0
0	0		0		한지원	15	MF	MF	32	김민혁		0	1	0	0
0	1	1	0		이 건	14	FW	FW	14	이학민		1(1)	0	0	0
0	1	1	22		라 울	22	FW	FW	15	김도엽		1(1)	0	0	0
0	0		3(1) 77		이창훈	18	FW	FW	33	최병찬		0	0	0	0
					이희성	21			31	전종혁					
					김연수	3			22	김재봉	후				
					피 델	9			26	이다원					
				후13	최호주	11	대기	대기	29	문 주					
				후0	나	22			24	박태준					
					김명재	28			8	주현우	후0				
				후37	조우진	77			7	에 델	후28				
0	1	13	15(6)			0			0			7(5)	18	0	1

- 전반 32분 서보민 PAL R - ST - G(득점: 서보민) 오른쪽

8월 13일 19:30 맑음 수원 종합 1,406명
주심_ 최대우 부심_ 장준모·설귀선 대기심_ 최일우 경기감독관_ 김진의

수원FC 2	0 전반 0 / 2 후반 0	0 부천

퇴장	경고	파울	ST(유)	교체	선수명	배번	위치	위치	배번	선수명	교체	ST(유)	파울	경고	퇴장
0	0	0	0		김다솔	31	GK	GK	31	최철원		0	0	0	0
0	0	2	2		김범용	3	DF	DF	4	박 건		2	0	1	0
0	0	0	0		조병국	55	DF	DF	5	임동혁		0	1	0	0
0	0	0	0		황도연	99	DF	DF	11	김준엽		0	1	0	0
0	0	1	0		이승현	4	DF	DF	22	안태현		0	2	0	0
0	1		4(3)		백성동	10	FW	MF	6	닐손주니어		0	0	0	0
0	0		3(2) 13		브루노	11	FW	MF	13	정희찬	27	1	1	0	0
0	1	0	1(1)		한상운	22	MF	MF	30	송홍민		0	2	0	0
0	0	1	0		이상민	23	MF	FW	77	크리스밤		0	0	0	0
0	1	2	4(2)		김동찬	8	FW	FW	8	포 프		0	0	0	0
0	1	1	6(5)		비아나	92	FW	FW	9	공민현		5(3)	1	0	0
					박형순	71			21	이영창					
				후38	김대호	4			2	장순혁	후0				
					채선일	18			20	김동현					
				후0	장성재	8	대기	대기	7	문기한	전2	4	1	0	0
				후19	권용현	13			10	이정운					
					모재현	19			23	신현준					
					이재안	79			27	이광재	후11	3(3)	4	0	0
0	1	6	24(15)			0			0			13(6)	16	0	2

- 후반 8분 이승현 PAR ⌒ 비아나 GAR H - ST - G(득점: 비아나, 도움: 이승현) 왼쪽
- 후반 35분 장성재 자기 측 HLL ~ 백성동 PA 정면 R - ST - G(득점: 백성동, 도움: 장성재) 왼쪽

8월 13일 20:00 맑음 광주 월드컵 956명
주심_ 최현재 부심_ 노수용·김홍규 대기심_ 김덕철 경기감독관_ 김형남

광주 1	1 전반 1 / 0 후반 0	1 아산

퇴장	경고	파울	ST(유)	교체	선수명	배번	위치	위치	배번	선수명	교체	ST(유)	파울	경고	퇴장
0	0	0	0		윤평국	31	GK	GK	21	박주원		0	0	0	0
0	0	1	0		박요한	2	DF	MF	16	김동진		1(1)	1	0	0
0	0	0	0		김태윤	4	DF	DF	33	이한샘		0	2	1	0
0	0	1	0		안영규	5	DF	MF	19	민상기		0	3	1	0
0	0	3	1		이으뜸	79	DF	DF	90	구대영	14	2(1)	1	0	0
0	1	2	1(1)		최준혁	14	MF	MF	6	김종국		0	1	0	0
0	1	2			김동현	25	MF	FW	17	조성준	11	0	0	0	0
0	1	0	2(2)		여봉훈	29	MF	MF	28	박세직		0	3	1	0
0	1	1	40		김정환	7	FW	MF	28	주세종		3(1)	2	0	0
0	1	1	0		두현석	11	FW	MF	19	고무열	18	1	0	0	0
0	1	3	3(2)		펠리페	26	FW	FW	9						
					제종현	41			31	양형모					
					정준연	5			20	김동철					
				후37	임민혁	8			5	김준수					
				후13	정영총	11	대기	대기	11	서용덕	후36				
					김민규	18			5	민준영					
					이한도	20			15	안현범	후0				
				후41	두아르테	40			23	김도혁					
0	3	12	13(6)			0			0			9(3)	12	3	0

- 전반 1분 이으뜸 MFL ⌒ 펠리페 GA 정면 H - ST - G(득점: 펠리페, 도움: 이으뜸) 왼쪽
- 전반 44분 구대영 AKR R - ST - G(득점: 구대영) 왼쪽

8월 18일 19:00 맑음 수원 종합 2,052명
주심_ 최광호 부심_ 성주경·길기규 대기심_ 장순택 경기감독관_ 김용갑

수원FC 3	2 전반 0 / 1 후반 0	0 안양

퇴장	경고	파울	ST(유)	교체	선수명	배번	위치	위치	배번	선수명	교체	ST(유)	파울	경고	퇴장
0	0	0	0		김다솔	31	GK	GK	1	전수현		0	0	0	0
0	1	3	3(2)		김범용	3	DF	MF	2	채광훈		0	0	0	0
0	0	0	0		조병국	55	DF	DF	3	최호정		0	1	0	0
0	0	0	0		황도연	99	DF	DF	5	김영찬		0	0	0	0
0	0	0	0		이승현	4	DF	DF	6	이상우		0	3	0	0
0	1	3	3(2)		백성동	10	FW	MF	32	김원민		4(1)	0	0	0
0	0	2	2(1) 13		브루노	11	FW	FW	11	최재훈		0	6	0	0
0	0	2(1)			알렉스	14	MF	MF	13	김태호	27	1(1)	0	0	0
0	1	1(1)			이상민	23	MF	MF	33	정희재		0	1	0	0
0	2	19	19		비아나	92	FW	FW	30	알렉스		3(2)	1	0	0
					박형순	71			21	양동화					
					김대호	4			15	김형진	전19				
					김창훈	5			28	김진래					
					장성재	8	대기	대기	27	김경준	후8	2(1)	0	0	0
				후21	권용현	13			11	마르코스					
				후20	한상운	22			10	정재희					
				후35	모재현	19			17	김신철	후26				
0	1	15	16(11)			0			0			14(6)	12	1	0

- 전반 2분 비아나 GA 정면 L - ST - G(득점: 비아나) 가운데
- 전반 13분 브루노 PK - R - G(득점: 브루노) 왼쪽
- 후반 31분 비아나 GA 정면 내 H - ST - G(득점: 비아나) 가운데

8월 18일 19:00 맑음 안산 와스타디움 1,513명
주심_ 김동인 부심_ 장종필·강도준 대기심_ 김도연 경기감독관_ 차상해

			안산 0		전반 1		1 아산			
					후반 0					

퇴장	경고	파울	ST(유)	교체	선수명	배번	위치	위치	배번	선수명	교체	ST(유)	파울	경고	퇴장
0	0	0	0		황성민	1	GK	GK	21	박주원		0	0	0	0
0	0	0	0		이인재	4	DF	DF	2	이주용		1	0	0	0
0	1	3	0		박준희	5	DF	DF	20	김동철		0	0	0	0
0	0	1			송주호	3	DF	DF	26	김준수		1	0	0	0
0	0	1	1		김현태	30	DF	MF	33	이한샘		0	1	0	0
0	0	1	1(1)		장혁진	8	MF	MF	15	안현범		2(2)	3	1	0
0	0	5(3)	14	홍동현	10	MF	MF	17	조성준		0	2	0	0
0	1	1	1(1)		한지원	15	MF	MF	23	김도혁	6	1(1)	1	0	0
0	0	0			김명희	16	FW	MF	28	주세종		2(1)	1	0	0
0	0	2(2)			최호주	11	FW	FW	9	이명주		2(1)	0	0	0
0	0	1			이창훈	7	FW	FW	12	고무열		0	0	0	0
0	0	0			이희성	21			31	양형모		0	0	0	0
0	0	0			김연수	3			16	김동진		0	0	0	0
0	0	1	1(1)	후19	박진섭	7			6	김준국	후13	0	0	0	0
0	0	0		후17	피델	9	대기	대기	14	김민균		0	0	0	0
0	0	2(1)	후33	라울				25	조범석	후13	0	0	0	0
									19	이건		0	0	0	0
0	0	0			코네	22			12	김륜도	후42	0	0	0	0
0	2	12	13(9)									10(6)	11	2	0

● 전반 20분 안현범 PAR 내 R - ST - G(득점: 안현범) 오른쪽

8월 19일 19:00 맑음 광주 월드컵 937명
주심_ 정동식 부심_ 송봉근·설귀선 대기심_ 정의석 경기감독관_ 김진의

			광주 2		전반 1		2 서울E			
					후반 1					

퇴장	경고	파울	ST(유)	교체	선수명	배번	위치	위치	배번	선수명	교체	ST(유)	파울	경고	퇴장
0	0	0	0		윤평국	31	GK	GK	1	김영광		0	0	0	0
0	0	1	1(1)		박요한	2	DF	DF	33	안성빈		0	2	0	0
0	0	0		40	김태윤		DF	DF	4	김재현		0	0	0	0
0	0	0			안영규	6	DF	DF	2	안지호		1	1	0	0
0	0	0			이으뜸	79	DF	DF	13	김태은		0	3	1	0
0	0	1			최준혁	14	MF	MF	77	이현성		0	1	0	0
0	0	0			김동현	25	MF	MF	66	김창욱		0	1	0	0
0	1	1	29		임민혁		MF	MF	30	박예찬		0	2	0	0
0	0	1	1		정영총	11	FW	FW	16	조찬호		1(1)	0	0	0
0	0	0			정조국	9	FW	FW	22	고차원		0	0	0	0
0	0	1			펠리페	16	FW	FW	23	최치원		2(1)	2	1	0
0	0	0			제종현	41			31	강정묵		0	0	0	0
0	0	0			정준연	2			29	이반	후36	0	0	0	0
0	0	0			미노리	13			3	김준태		0	0	0	0
0	0	1(1)	후33	김민규		대기	대기	8	안동호		1	0	0	0
0	0	0			여름	7			7	최오백	후31	1(1)	2	1	0
0	0	0		후11	여봉훈	29			9	비엘키에비치		0	0	0	0
0	0	0		전39	두아르테	40			11	에레라	후30	0	0	0	0
0	1	12	12(6)									9(5)	18	4	0

● 후반 10분 두아르테 PAR EL ~ 펠리페 GA 정면 H - ST - G(득점: 펠리페, 도움: 두아르테) 오른쪽
● 후반 36분 펠리페 PK - L - G(득점: 펠리페) 왼쪽
● 전반 30분 최치원 PAR ~ 조찬호 PA 정면 내 L - ST - G(득점: 조찬호, 도움: 최치원) 왼쪽
● 후반 22분 조찬호 PAR ~ 최오백 GA 정면 L - ST - G(득점: 최오백, 도움: 조찬호) 왼쪽

8월 20일 19:30 맑음 부산 구덕 2,271명
주심_ 김영수 부심_ 지승민·안광진 대기심_ 최대우 경기감독관_ 박남열

			부산 2		전반 0		0 성남			
					후반 2					

퇴장	경고	파울	ST(유)	교체	선수명	배번	위치	위치	배번	선수명	교체	ST(유)	파울	경고	퇴장
0	0	0	0		구상민	21	GK	GK	21	김근배		0	0	0	0
0	1	3	0		홍진기	4	DF	DF	22	김재봉	36	1	3	1	0
0	0	1			김명준	15	DF	DF	20	연제운		0	1	0	0
0	0	0			박태홍	44	DF	DF	5	최준기		0	0	0	0
0	1	1	3		이종민	17	MF	MF	7	서보민		1	2	0	0
0	1	1			이재권	8	MF	MF	32	김민혁		1	0	0	0
0	0	3			김진규	23	MF	MF	6	김정현		0	1	0	0
0	2	3(1)			호물로	10	MF	MF	24	박태준		0	0	0	0
0	0	0			구현준	27	DF	MF	14	이학민		0	1	0	0
0	0	0	19	발푸르트	92	FW	FW	10	문상윤		0	0	0	0
0	0	0	22	최승인	99	FW	FW	33	최병찬		0	0	0	0
0	0	0			송유걸	1			31	전종혁		0	0	0	0
0	0	0		후30	박준강	3			26	이다원	후35	0	0	0	0
0	0	0			김청웅	8			4	문지환		0	0	0	0
0	0	0		후18	고경민	19	대기	대기	29	본		0	0	0	0
0	0	1(1)	후18	한지호	8			9	주현우		0	0	0	0
0	0	0			이동준	11			13	김동희	후26	0	0	0	0
0	0	0			박호영	00			7	에델	후26	0	0	0	0
0	2	16	6(3)									11	0	0	0

● 후반 19분 호물로 MF 정면 ~ 한지호 PA 정면 내 R - ST - G(득점: 한지호, 도움: 호물로) 왼쪽
● 후반 39분 박준강 MFR TL ~ 고경민 AK 정면 R - ST - G(득점: 고경민, 도움: 박준강) 왼쪽

8월 20일 19:30 흐림 부천 종합 618명
주심_ 고형진 부심_ 노수용·권용식 대기심_ 정회수 경기감독관_ 나승화

			부천 1		전반 1		1 대전			
					후반 0					

퇴장	경고	파울	ST(유)	교체	선수명	배번	위치	위치	배번	선수명	교체	ST(유)	파울	경고	퇴장
0	0	0	0		최철원	21	GK	GK	92	박준혁		0	0	0	0
0	0	2	0		김준엽	11	DF	DF	22	윤신영		0	2	0	0
0	0	1			정준현	19	DF	DF	25	고명석		0	0	0	0
0	0	0			안태현	22	DF	DF	3	황재훈		1(1)	0	0	0
0	0	1	1(1)		닐손주니어	6	DF	DF	38	장원석		0	0	0	0
0	0	0			문기한	7	MF	MF	13	권영호		0	0	0	0
0	0	1	44	이현승		MF	MF	13	신학영		0	0	0	0
0	0	1			크리스토밤	77	MF	FW	7	강윤성		1(1)	0	0	0
0	0	0		9	진창수	16	FW	FW	66	박수일		0	0	0	0
0	0	3	30	진창수	17	MF	FW	8	가도에프		1	0	0	0
0	0	2	37	이광재	27	FW	FW	9	박수창		0	0	0	0
0	0	0			이영창	1			36	임민혁		0	0	0	0
0	0	0		후31	명성준	37			51	윤경보		0	0	0	0
0	0	0			이정찬	13			17	고민성		0	0	0	0
0	0	0		남	28	대기	대기	19	안상현		0	0	0	0
0	0	0		후25	송홍민	30			11	김승섭	후34	0	0	0	0
0	0	0		후17	황진산	44			64	박인혁	후39	1(1)	0	0	0
0	0	0			김찬희	99			8	뚜르스노프		1(1)	0	0	0
0	2	15	4(2)									8(4)	11	0	0

● 전반 31분 닐손주니어 PK - R - G(득점: 닐손주니어) 왼쪽
● 후반 16분 뚜르스노프 PK - R - G(득점: 뚜르스노프) 왼쪽

경기 기록

8월25일 19:00 흐림 아산 이순신 1,292명
주심_최대우 부심_노수용·권용식 대기심_정의석 경기감독관_최상국

아산 3	2 전반 1
	1 후반 0	1 서울E

퇴장	경고	파울	ST(유)	교체	선수명	배번	위치	위치	배번	선수명	교체	ST(유)	파울	경고	퇴장
0	0	0	0		박주원	21	GK	GK	1	김영광		0	1	0	0
0	0	4	3(1)		이주용	3	DF	DF	3	김한솔		0	0	0	0
0	0	0	0		이한샘	5	DF	DF	22	전민광		0	0	0	0
0	0	0	1(1)		민상기	39	DF	DF	6	안지호	29	0	0	0	0
0	0	0	0		김종국	6	DF	DF	27	박성우		1(1)	0	1	0
0	0	0	1		안현범	17	FW	MF	77	이현성		0	0	0	0
0	0	3(2)		30	조성준	17	MF	MF	66	김창욱	99	0	0	0	0
0	0	1	1(1)		박세직	24	MF	MF	10	고차원		2(1)	0	1	0
0	1	4(1)			주세종	5	MF	MF	16	조찬호		0	0	0	0
0	0	1	1(1)	88	이명주	29	FW	FW	7	최오백		0	0	0	0
0	1	3		14	고무열	14	FW	FW	23	최치원		0	0	0	0
0	0	0	0		양형모	31			21	안지현		0	0	0	0
0	0	0	0		김동진	16			29	이반	후0				
0	0	0	0		김동철	20			14	조재완					
0	0	2(1)		후35	김민균	14	대기	대기	99	김재웅	후18	0	0	0	0
0	0	0	0		조범석	20			17	조용태					
0	0	0		후32	김선민	88			30	이예찬					
0	0	0		후28	김현	30			9	비엘키에비치	후26	4(2)	1	0	0
0	3	0	22(9)									8(4)	10	0	0

● 전반 41분 고무열 PK - R - G(득점: 고무열) 왼쪽
● 전반 46분 박세직 GAL ~ 조성준 PA 정면 내 R - ST - G(득점: 조성준, 도움: 박세직) 오른쪽
● 후반 16분 이명주 PAR 내 L - ST - G(득점: 이명주) 오른쪽
● 전반 45분 조찬호 MFR ~ 고차원 PA 정면 내 R - ST - G(득점: 고차원, 도움: 조찬호) 왼쪽

8월25일 19:00 비 부산 구덕 1,123명
주심_조지음 부심_강도준·설귀선 대기심_정회수 경기감독관_차상해

부산 0	0 전반 1
	0 후반 0	1 수원FC

퇴장	경고	파울	ST(유)	교체	선수명	배번	위치	위치	배번	선수명	교체	ST(유)	파울	경고	퇴장
0	0	0	0		구상민	21	GK	GK	31	김다솔		0	0	1	0
0	0	1	4(2)		김치우	7	DF	DF	3	김범용		0	2	0	0
0	0	0	0	27	연제민	26	DF	DF	55	조병국		0	1	0	0
0	0	0	0		김명준	15	DF	DF	99	황도연		0	1	0	0
0	2	4	0	35	박준강	35	DF	FW	10	백성동	오현진	1	0	0	0
0	1	0	0		이재권	8	MF	FW	11	백성동		3(1)	1	0	0
0	1	3(2)			고경민	88	FW	FW	11	브루노	8	1	0	0	0
0	2	2(1)			호물로	10	FW	MF	14	알렉스	22	0	0	0	0
0	0	2			한지호	7	FW	MF	7	이상민		0	1	0	0
0	3(1)	18			최승인	99	FW	FW	77	이재안		0	0	0	0
0	4	2(1)			김진규	23	FW	FW	92	비아나		3(1)	6	0	0
0	0	0	0		송유걸	1			71	박형순		0	0	0	0
0	1	0		후30	박호영	35			4	김대호		0	0	0	0
0	0	0	0		이종민	17			8	장성재	후25	0	0	0	0
0	0	0		후0	구현준	27	대기	대기	13	권용현		0	0	0	0
0	0	0	0		이청웅	25			22	한상운	후9	0	1	0	0
0	0	0	0		이동준	11			19	모재현		0	0	0	0
0	0	0		후12	김현성	18			77	김동찬	후33	0	0	0	0
0	1	18	16(7)									7(2)	19	3	0

● 전반 15분 백성동 PAL TL FK R - ST - G(득점: 백성동) 오른쪽

8월26일 19:00 흐리고비 대전 월드컵 874명
주심_채상협 부심_지승민·성주경 대기심_장은택 경기감독관_김형남

대전 1	0 전반 0
	1 후반 0	0 안산

퇴장	경고	파울	ST(유)	교체	선수명	배번	위치	위치	배번	선수명	교체	ST(유)	파울	경고	퇴장
0	0	0	0		박준혁	92	GK	GK	1	황성민		0	0	0	0
0	1	2	1(1)		윤신영	22	DF	DF	4	이인재		0	1	1	0
0	0	0	0		고명석	25	DF	DF	16	최명희		1	2	0	0
0	0	0	0		황재훈	23	DF	DF	20	송주호		0	0	0	0
0	1	2	0	66	박수일	66	DF	DF	77	조우진	22	2(1)	0	0	0
0	1	2			안상현	20	MF	MF	8	장혁진		3	3	0	0
0	2(1)				뚜르스노프	17	MF	MF	15	한지원	30	0	1	0	0
0	3	1(1)		88	강윤성	41	MF	MF	30	김현태		1(1)	3	0	0
0	2	4(1)		13	안현범	11	FW	FW	14	라울		4(1)	3	0	0
0	2	2(2)			키쭈	27	FW	FW	23	박관우	17	2(1)	0	0	0
0	0	0	0		임민혁	36			21	이희성		0	0	0	0
0	0	0	0		이지솔	44			3	김연수		0	0	0	0
0	0	0		후46	권영호	5	대기	대기	7	박진섭	후25	1(1)	1	0	0
0	0	0		후37	신학영	13			17	민우재	후17	0	0	0	0
0	0	0		후48	이건철	88			22	코네	후34	0	0	0	0
0	0	0	0		김승섭	11			27	황태현		0	0	0	0
0	4	17	12(0)									14(4)	14	1	0

● 후반 16분 키쭈 PK - L - G(득점: 키쭈) 왼쪽

8월27일 19:30 흐림 안양종합 493명
주심_서동진 부심_장종필·안광진 대기심_신용준 경기감독관_최상국

안양 0	0 전반 0
	0 후반 0	1 광주

퇴장	경고	파울	ST(유)	교체	선수명	배번	위치	위치	배번	선수명	교체	ST(유)	파울	경고	퇴장
0	0	0	0		전수현	1	GK	GK	31	윤평국		0	0	0	0
0	0	1	0		채광훈	2	MF	DF	2	박요한		2(1)	1	0	0
0	0	0	0		김형진	15	DF	DF	20	이한도		0	0	0	0
0	0	1	0		이상용	4	DF	DF	6	안영규		0	1	0	0
0	0	0	0		김진래	28	MF	DF	79	이으뜸		0	0	0	0
0	2	3(1)			최호정	3	DF	MF	29	여봉훈		0	0	0	0
0	2	3(1)			마르코스	7	MF	MF	40	두아르테	8	1	0	0	0
0	4(1)	17			정재희	17	FW	MF	13	김정현	6	0	0	0	0
0	1(1)	27			정희웅	27	FW	FW	9	두현석	11	2	0	0	0
0	3(1)				알렉스	30	FW	FW	26	펠리페		3	3	0	0
0	0	0	0		양동원	21			1	박완선		0	0	0	0
0	0	0	0		김대욱	8			5	정준연		0	0	0	0
0	0	0			김태호	10			11	김민혁	후39	1(1)	0	0	0
0	2	1(1)		후24	김경준	27	대기	대기	11	정영총		0	0	0	0
0	1	1(1)		후6	최재훈	6			13	노리오	후26	0	0	0	0
0	0	0	0		은성수	7			14	최준혁		0	0	0	0
0	0	0		후37	김신철	17			18	김민규		0	0	0	0
0	2	20	10(6)									14(3)	15	2	0

성남 2 : 1 부천

8월27일 20:00 흐림 탄천 종합 1,128명
주심_성덕호 부심_송봉근·김홍규 대기심_최일우 경기감독관_김진의

성남 2 (1 전반 0 / 1 후반 1) 1 부천

퇴장	경고	파울	ST(유)	교체	선수명	배번	위치	위치	배번	선수명	교체	ST(유)	파울	경고	퇴장
0	0	0	0		김 근 배	21	GK	GK	21	최 철 원		0	0	0	0
0	0	3	0	32	김 재 봉	22	DF	DF	19	정 준 현		0	0	0	0
0	0	1	0		연 제 운	20	DF	DF	20	안 태 현		0	0	1	0
0	0	1	3(1)		최 준 기	3	DF	DF	37	명 성 준	16	0	0	0	0
0	0	1	0		서 보 민	11	MF	MF	6	닐손주니어		0	0	1	0
0	1	0	0		김 정 현	6	MF	MF	7	문 기 한		1	3	1	0
0	0	0	0		본 즈	29	MF	FW	44	이 현 승	44	0	0	0	0
0	0	4	0	33	김 도 엽	13	MF	FW	27	이 정 찬	27	3	1	1	0
0	0	1	1(1)		주 현 우	8	FW	DF	30	송 홍 민		1(1)	0	0	0
0	0	2(1)	10		정 성 민	9	FW	FW	77	크리스토밤		0	0	1	0
0	0	3(1)			에 델	7	FW	FW	9	공 민 현		0	0	1	0
0	0	0	0		황 인 재	41			1	이 영 창		0	0	0	0
0	0	0	0		박 태 민	34			15	추 민 열		0	0	0	0
0	0	0	0		이 다 원	26	대기	대기	28	남 송		0	0	0	0
0	0	0	0		이 학 민	14			44	배 진 산	후39	1	1	0	0
0	0	0	0	후25	문 상 윤	10			16	진 창 수	후0	1	1	0	0
0	0	0	후32		김 민 혁	32			17	이 혁 수		0	0	0	0
0	0	1(1)	후9		최 병 찬	33			27	이 광 재	후7	1(1)	0	0	0
0	0	14	14(5)									11(2)	14	4	0

● 전반 44분 에델 PK - R - G(득점: 에델) 왼쪽
● 후반 36분 최병찬 PAR R - ST - G(득점: 최병찬) 오른쪽

● 후반 17분 송홍민 MF 정면 ~ 이광재 MFR R - ST - G(득점: 이광재, 도움: 송홍민) 왼쪽

안양 3 : 0 아산

9월01일 19:00 맑음 안양 종합 484명
주심_정동식 부심_지승민·설귀선 대기심_설태환 경기감독관_송선호

안양 3 (1 전반 0 / 2 후반 0) 0 아산

퇴장	경고	파울	ST(유)	교체	선수명	배번	위치	위치	배번	선수명	교체	ST(유)	파울	경고	퇴장
0	0	0	0		전 수 현	1	GK	GK	21	박 주 원		0	0	0	0
0	0	0	0		채 광 훈	2	MF	DF	2	이 주 용		1	2	0	0
0	0	1(1)			김 형 진	33	DF	DF	33	이 한 샘		1	1	1	0
0	0	3	0		김 진 래	28	MF	DF	90	구 대 영	36	0	0	0	0
0	0	0	0		최 호 정	3	DF	MF	5	김 종 국		0	0	0	0
0	1	1(1)			마르코스	10	MF	FW	15	안 현 범		2	2(1)	1	0
0	1	1			최 재 훈	5	MF	DF	20	박 세 직		0	0	0	0
0	0	0	0	17	정 희 웅	17	FW	MF	7	주 세 종		2(1)	1	0	0
0	0	3(2)			알 렉 스	30	FW	FW	9	김 현	36	1	0	0	0
0	0	0	0		양 동 원	21			31	양 형 모		0	0	0	0
0	0	0	0		김 영 찬	5			16	김 동 진		0	0	0	0
0	0	0	0		이 동 경	13			23	김 준 수	후35	0	0	0	0
0	0	0	0	대기	김 경 준	25	대기	대기	20	허 범 산		0	0	0	0
0	0	0	후17		정 재 희				25	조 범 석		0	0	0	0
0	0	1(1)	후24		은 성 수				12	김 륜 도	후27	1(1)	0	0	0
0	0	후41			김 신 철	17									
0	3	11	8(5)									12(5)	16	4	0

● 전반 39분 최호정 MF 정면 ~ 최재훈 PA 정면 내 R - ST - G(득점: 최재훈, 도움: 최호정) 왼쪽
● 후반 13분 알렉스 PK - R - G(득점: 알렉스) 왼쪽
● 후반 44분 알렉스 PAL 내 ~ 은성수 PAL 내 L - ST - G(득점: 은성수, 도움: 알렉스) 왼쪽

광주 3 : 3 부산

9월01일 19:00 흐림 광주 월드컵 732명
주심_김동진 부심_송봉근·김종희 대기심_김도연 경기감독관_차상해

광주 3 (2 전반 0 / 1 후반 3) 3 부산

퇴장	경고	파울	ST(유)	교체	선수명	배번	위치	위치	배번	선수명	교체	ST(유)	파울	경고	퇴장
0	0	0	0		윤 평 국	31	GK	GK	31	김 형 근		0	0	0	0
0	0	1	0	79	왕 건 명	23	DF	DF	7	김 치 우		0	0	1	0
0	1	1	0		이 한 도	20	DF	DF	23	정 호 정		0	0	0	0
0	0	0	1		안 영 규	6	DF	DF	15	김 명 준		0	0	1	0
0	0	0	0		박 요 한	17	DF	DF	17	이 종 민		0	0	0	0
0	1	1(1)			최 준 혁	14	MF	MF	23	김 진 규		0	0	0	0
0	4	3(3)			김 동 현	25	MF	MF	19	고 경 민	35	1	1		
0	1	18			여 봉 훈	29	MF	FW	10	호 물 로		2(1)	0		
0	1	3			두아르테	40	FW	MF	92	발푸르트	11	1(1)	0		
0	4	2(1)			펠 리 페	26	FW	FW	99	최 승 인	18	1(1)	0		
0	0	0	0		제 종 현	41				송 유 걸		0	0	0	0
0	0	0	0		정 준 연				35	박 호 영	후41	0	0	0	0
0	0	0	후13		두 현 석		대기	대기	77	권 진 영		0	0	0	0
0	0	0	0		임 민 혁				27	김 치 우	대기	0	0	0	0
0	0	0	0		정 영 총	11			13	신 영 준		0	0	0	0
0	0	후			이 으 뜸				11	이 동 준	후	3(2)			
0	0	후31			이 으 뜸	79			10	김 현 성	후	2(2)			
0	3	14	11(8)									11(7)	12	1	0

● 전반 26분 여봉훈 PA 정면 H ~ 최준혁 GAR 내 R - ST - G(득점: 최준혁, 도움: 여봉훈) 오른쪽
● 전반 36분 펠리페 PK지점 ~ 김동현 PA 정면 내 R - ST - G(득점: 김동현, 도움: 펠리페) 오른쪽
● 후반 45분 박요한 GAR ~ 펠리페 GA 정면 H - ST - G(득점: 펠리페, 도움: 박요한) 가운데

● 후반 22분 호물로 PK - L - G(득점: 호물로) 오른쪽
● 후반 31분 이종민 PAR ~ 이동준 GAR H - ST - G(득점: 이동준, 도움: 이종민) 오른쪽
● 후반 39분 고경민 PAR ~ 이동준 GAR R - ST - G(득점: 이동준, 도움: 고경민) 왼쪽

부천 1 : 2 안산

9월02일 18:00 흐림 부천 종합 868명
주심_김영수 부심_강도준·권용식 대기심_신용준 경기감독관_최상국

부천 1 (1 전반 0 / 0 후반 2) 2 안산

퇴장	경고	파울	ST(유)	교체	선수명	배번	위치	위치	배번	선수명	교체	ST(유)	파울	경고	퇴장
0	0	0	0		최 철 원	21	GK	GK	1	황 성 민		0	0	0	0
0	1	1	0		장 순 혁	2	DF	DF	4	이 인 재		1	0	1	0
0	2	1			임 동 혁	5	DF	DF	16	최 명 희		0	0	1	0
0	0	1			안 태 현	20	DF	DF	30	황 태 현		0	0	0	0
0	0	0			닐손주니어	6	MF	MF	30	김 현 태		2(1)	1		
0	1	2(1)			문 기 한	7	MF	MF	7	박 준 섭		1(1)	3	1	
4(2)		27			이 현 승	44	FW	FW	7	박 진 섭		1(1)	2	1	
0	3	4			송 홍 민	30	MF	FW	9	장 혁 진		3(1)	0	1	
0	2				크리스토밤	77	DF	FW	11	최 호 주		3(1)	0		
2(2)		19			공 민 현	9	FW	MF	14	라	22				
0	0				진 창 수	16	FW		21	이 희 성		0	0	0	0
0	0	0	0	후22	박 건	4			21	김 연 수		0	0	0	0
0	0	0	후32		정 준 현		대기	대기	5	신 일 수	후36	0	0	0	0
0	0	0	0		추 민 열				9	피 델	후	0	0	0	0
0	0	0	0		남 송	28			18	이 창 훈		0	0	0	0
0	0	0	0		황 지 산	44			22	코 네	후	0	0	1	0
0	2(1)	후22			배 진 산	37			23	박 관 우		0	0	0	0
0	1	14	14(6)									14(6)	14	3	0

● 전반 21분 공민현 MF 정면 H ~ 진창수 PA 정면 내 R - ST - G(득점: 진창수, 도움: 공민현) 왼쪽
● 후반 16분 황태현 PAR TL ~ 김현태 GAR 내 R - ST - G(득점: 김현태, 도움: 황태현) 왼쪽
● 후반 43분 김종석 PAL ~ 박진섭 GAL R - ST - G(득점: 박진섭, 도움: 김종석) 가운데

9월 03일 19:30 흐리고 비 대전 월드컵 422명

주심_최대우 부심_구은석·김홍규 대기심_성덕호 경기감독관_김용세

| | | | | | 대전 1 | | 전반 0 후반 0 | | 0 수원FC | | | | | |

퇴장	경고	파울	ST(유)	교체	선수명	배번	위치	배번	선수명	교체	ST(유)	파울	경고	퇴장
0	0	0	0		박준혁	92	GK GK	31	김 다솔		0	0	0	0
0	0	1	0		윤신영	22	DF DF	1	김범용		0	0	0	0
0	0	1(1)	51		고명석	25	DF DF	55	조병국		1	1	0	0
0	1	2(1)			황재훈	3	DF DF	99	황도연		1	1	0	0
0	1	1			박수일	66	DF DF	7	이승현		1	0	0	0
0		1			안상현	20	MF MF	23	이상민	22	4	1	0	0
0		1			뚜르스노프		MF MF	79	이재안	77	3(2)			0	0
0	1(1)	1			강윤성	41	MF MF	14	알렉스		1	1	0	0
0	3	3(3)	26		가도에프		FW FW	11	브루노	13	2	1	0	0
0	3(3)	26			키 쭈	27	FW FW	92	비아나		2	2	0	0
0					임민혁	36		71	박형순					0
0	후45	윤경보	51					1	김대호					0
0	후28	박재우	26					8	장성재					0
0		권영호	5	대기		대기	21	권용현	후21				0
0	후24	신학영	13					22	한상운					0
0		이건철	88					19	모재현					0
0		김승섭	11					77	김동찬	후28				0
0	13	16(8)									12(2)	12	1	0

●전반 21분 뚜르스노프 C.KR ⌒ 고명석 GA
정면 H - ST - G(득점: 고명석, 도움: 뚜르스
노프) 오른쪽

9월 03일 20:00 비 잠실 368명

주심_최광호 부심_성주경·안광진 대기심_최현재 경기감독관_전인석

| | | | | | 서울E 1 | | 전반 2 후반 1 | | 2 성남 | | | | | |

퇴장	경고	파울	ST(유)	교체	선수명	배번	위치	배번	선수명	교체	ST(유)	파울	경고	퇴장
0	0	0	0		김영광	1	GK GK	31	전 종혁		0	0	0	0
0	0	1	2(1)	3	안성빈	33	DF DF	8	주현우	20	0	1	0	0
0	1	1	1	99	박성우	27	DF DF	20	이효운		1	1	0	0
0	1	1			안지호	5	DF DF	4	최준기		1		0	0
0	1	1(1)			전민광	22	DF DF	14	이학민		1	0	0	0
0	1				이현성	77	MF MF	6	김정현		1	1	0	0
0	1	9			고차원	10	MF MF	29	본 즈		1(1)	0	0	0
0	1	3			조재완	16	MF MF	7	에 델	26	3	3	1	0
0	2	4			최오백	7	FW FW	13	김도엽	23	2(1)	2	0	0
0	1	1			최치원	23	FW FW	18	정성민		2(1)	1	0	0
0					강정묵	31		41	황인재					0
0	후23	강한솔	3				34	박태민					0
0		이 반				26	이다원	후40				0
0		김창욱	66	대기	대기	10	문상윤					0
0	후17	김재웅	99			11	서보민					0
0		조용태	17			33	최병찬	후16	1(1)			0
0	후0	비엘키에비치	9			18	현 일	후29				0
0	9	8(3)								11(7)	13	2	0

●후반 29분 최오백 C.KL ⌒ 전민광 GA 정면
내 H - ST - G(득점: 전민광, 도움: 최오백) 오
른쪽
●전반 29분 에델 MFR ⌒ 김도엽 AKR R - ST -
G(득점: 김도엽, 도움: 에델) 왼쪽
●전반 39분 정성민 PAL 내 L - ST - G(득점: 정
성민) 왼쪽

9월 08일 18:00 맑음 수원종합 1,888명

주심_김영수 부심_송봉근·설귀선 대기심_김도철 경기감독관_김용세

| | | | | | 수원FC 0 | | 전반 0 후반 2 | | 2 서울E | | | | | |

퇴장	경고	파울	ST(유)	교체	선수명	배번	위치	배번	선수명	교체	ST(유)	파울	경고	퇴장
0	0	0	0	71	김 다솔	31	GK GK	1	김영광		0	0	0	0
0	0	3	2(1)		김범용	1	DF DF	32	안동욱	16	0	0	0	0
0	0	1			조병국	55	DF DF	4	김재현		0	1	0	0
0	0	1			황도연	99	DF DF	5	안지호		0	2	0	0
0	1	1(1)			이승현	7	DF DF	22	전민광		0	1	0	0
0	0				백성동	10	FW MF	77	이현성		0	1	0	0
0	2	1		19	브루노	11	FW MF	99	김재웅	66	4	1	0	0
0	1	1		8	권용현	21	MF MF	23	최치원		1	0	0	0
0	3(2)				알렉스	14	MF FW	30	이 예찬		1	0	0	0
0	4				조유민		MF FW	7	최오백		0	1	0	0
0	4	3(1)			비아나	92	FW FW	9	비엘키에비치	18	5(4)	2	1	0
0					박형순	71		31	강정묵					0
0		김대호	1				3	김한 길					0
0	후30	장성재	8				29	이 반					0
0		이상민	23	대기	대기	66	김창욱	후14				0
0		한상운	16			17	조찬호	후17				0
0		이재안	79			16	조재완					0
0	1	1(1)	후6		가도에프			10	고차원	후21			0
0	15	18(8)									9(6)	17	5	0

●후반 2분 이현성 PAR ⌒ 비엘키에비치 GA
정면 L - ST - G(득점: 비엘키에비치, 도움: 이
현성) 가운데
●후반 21분 김창욱 MFL ⌒ 조찬호 GAR H -
ST - G(득점: 조찬호, 도움: 김창욱) 왼쪽

9월 08일 19:00 맑음 탄천종합 2,882명

주심_이동준 부심_강동호·강도준 대기심_성덕호 경기감독관_차상해

| | | | | | 성남 1 | | 전반 1 후반 0 | | 1 아산 | | | | | |

퇴장	경고	파울	ST(유)	교체	선수명	배번	위치	배번	선수명	교체	ST(유)	파울	경고	퇴장
0	0	0	0		김근배	21	GK GK	21	박 주원		0	0	0	0
0	0	2			주현우	8	DF MF	12	김 주원		0	1	0	0
0	0	2			연제운	20	DF DF	20	김동철		0	1	0	0
0	1	1			임채민	5	DF DF	39	민상기		0	0	0	0
0	1	1			이학민	14	MF DF	15	안 현범		2(1)	1	0	0
0	2				본 즈	29	MF FW	17	조성준		3(1)	2	1	0
0	1	3		10	김정현	6	MF MF	24	박세직		4(2)	0	0	0
0	3	7			서보민	11	MF MF	25	조범석	13	2	1	0	0
0	1	33			김도엽	13	FW MF	19	민준 영		0	0	0	0
0	2	1(1)			정성민	18	FW FW	18	고무열		2(1)	1	0	0
0					전종혁	31		31	양형모					0
0		박태민	34				42	주 원	후42				0
0		이다원	26				16	김동진					0
0	1(1)	후0	문상윤	10	대기	대기	26	김준수				0
0	후39	에 델				5	서용덕					0
0	1(1)	후11	최병찬	33		13	김 영남	후21				0
0		현 일	18			9	김 훈노	후21				0
0	12	10(5)									14(6)	10	3	0

●전반 19분 김도엽 PAR ⌒ 정성민 GA 정면 L
- ST - G(득점: 정성민, 도움: 김도엽) 가운데
●후반 35분 박세직 PA 정면 ~ 고무열 PA 정
면 내 R - ST - G(득점: 고무열, 도움: 박세직)
왼쪽

9월 08일 19:00 흐림 부산 구덕 2,006명
주심_김희곤 부심_김지욱·지승민 대기심_정회수 경기감독관_김용갑

부산 1 　0 전반 0　/　1 후반 2　 **2 대전**

퇴장	경고	파울	ST(유)	교체	선수명	배번	위치	배번	선수명	교체	ST(유)	파울	경고	퇴장
0	0	0	0		구상민	21	GK	GK	92	박준혁		0	0	0	0
0	1	1	1		김치우	7	DF	DF	22	윤신영		0	1	0	0
0	0	1	0		정호정	3	DF	DF	25	고명석		0	1	0	0
0	0	2	0		김명준	15	DF	DF	3	황재훈		1	1	1	0
0	0	1	0		이종민	17	DF	DF	66	박수일		0	0	0	0
1	0	1	0		이재권	8	MF	MF	20	안상현		0	0	1	0
0	0	1	3(2)		고경민	19	MF	MF	13	신학영	26	0	1	0	0
0	0	0	0		호물로	10	MF	MF	41	강윤성		3(1)	3	0	0
0	1	1	1	11	한지호	11	FW	FW	14	김승섭	14	2(1)	0	1	0
0	0	1	0		김진규	23	FW	FW	64	박인혁	16	6(4)	3	1	0
0	0	2	1	14	김현성	18	FW	FW	27	키쭈		7(2)	1	0	0
0	0	0	0		송유걸	1			36	임민혁		0	0	0	0
0	0	0	0		구현준	27			51	윤경보		0	0	0	0
0	0	0	0		권진영	77			5	권영호		0	0	0	0
0	0	0	0	후20	송창호	14	대기	대기	14	유해성	후35	0	0	0	0
0	0	0	0	후0	이동준	13			16	박대훈	후46	0	1	0	0
0	0	0	0		발푸르트	92			88	이건철		0	0	0	0
0	0	1	1(1)	후30	맥도날드	6			26	박재우	후42	0	0	0	0
1	1	9	8(3)			0			0			23(9)	17	2	0

●후반 31분 호물로 AKR FK~ 고경민 PK 좌측 지점 L - ST - G(득점: 고경민, 도움: 호물로) 오른쪽

●후반 5분 김승섭 PAL EL ∩ 박인혁 GAR H - ST - G(득점: 박인혁, 도움: 김승섭) 왼쪽
●후반 46분 박대훈 PAR → 키쭈 GAL 내 L - ST - G(득점: 키쭈, 도움: 박대훈) 왼쪽

9월 09일 18:00 맑음 안양 종합 513명
주심_김용우 부심_방기열·구은석 대기심_최대우 경기감독관_전인석

안양 3 　2 전반 0　/　1 후반 1　 **1 부천**

퇴장	경고	파울	ST(유)	교체	선수명	배번	위치	배번	선수명	교체	ST(유)	파울	경고	퇴장
0	0	0	0		전수현	1	GK	GK	21	최철원		0	0	0	0
0	0	0	1(1)		채광훈	2	DF	DF	4	박건		0	0	0	0
0	0	5	0		김형진	15	DF	DF	11	김준엽		0	0	0	0
0	0	1	1(1)		이상용	20	DF	DF	22	안태현		0	0	2	0
0	1	2	0		김진래	28	DF	FW	6	닐손주니어		1(1)	0	0	0
0	1	2	2		은성수	7	MF	FW	7	문기한		1	1	1	0
0	0	2	1(1)		김원민	32	FW	FW	10	윤헌창	13	1	2	0	0
0	0	4	0		최재훈	6	MF	MF	30	송홍민		2	1	1	0
1	5(2)	11			김경준	8	FW	FW	77	크리스토밤	16	3(2)	0	1	0
4(2)	1				정희웅	33	MF	MF	23	공민현		1(1)	4	0	0
0	0	1			알렉스	30	MF	MF	11	정준현					
0	0				양동원	21			2	장순혁					
		후8			김형찬	5			19	정준현					
					김태호	31			13	이정찬	후41				
				후18	이동경	36	대기	대기	28	남송					
					정재희	11			16	진창수	후0				
					홍승현	22			27	이광재	후10				
0	1(1)	후42			김신철	17									
0	8	17(10)										9(4)	16	1	1

●전반 20분 채광훈 C.KL ∩ 이상용 GA 정면 내 H - ST - G(득점: 이상용, 도움: 채광훈) 오른쪽
●전반 41분 김경준 PAL 내 ∩ 김원민 PA 정면 내 R - ST - G(득점: 김원민, 도움: 김경준) 왼쪽
●후반 31분 최재훈 자기 측 HLL ∩ 정재희 PA 정면 내 L - ST - G(득점: 정재희, 도움: 최재훈) 오른쪽

●후반 41분 진창수 PAR 내 ∩ 공민현 GAL 내 EL R - ST - G(득점: 공민현, 도움: 진창수) 왼쪽

9월 09일 19:00 맑음 안산 와스타디움 2,712명
주심_정동식 부심_노수용·안광진 대기심_오현진 경기감독관_나승화

안산 3 　1 전반 1　/　2 후반 1　 **2 광주**

퇴장	경고	파울	ST(유)	교체	선수명	배번	위치	배번	선수명	교체	ST(유)	파울	경고	퇴장
0	0	0	0		황성민	1	GK	GK	31	윤평국		0	0	0	0
0	0	1	1		이인재	4	DF	DF	2	박요한		0	0	0	0
0	1	0	1		박준희	5	DF	DF	20	이한도	55	1	1	0	0
0	1	0			신일수	6	DF	DF	4	안영규		0	2	0	0
0	0				최명희	16	DF	DF	79	이으뜸		2(1)	1	0	0
0	1				김현태	30	MF	MF	21	여름	37	1(1)	2	1	0
0	1				박진섭	7	MF	MF	8	임민혁		2	3(1)	0	0
0	2(2)	20			장혁진	8	MF	FW	40	두아르테		4(3)	2	0	0
	18				박관우	23	MF	MF	11	정영총	27	3(2)	0	0	0
					김종석	26	MF	FW	10	나상호		3(1)	2	0	0
0					최호주	11	FW								
0					이희성	21			41	종현					
0					김준수	3			3	정준연					
0					피델	9			9	두현석					
후44					한지원	15	대기	대기	27	김정환	후37				
					이창훈	18			18	봉래					
	후31				손주호	20			77	송승민	후14	1(1)	1	0	0
					황태현	27			55	김진환					
1	10	11(8)										15(9)	16	0	0

●전반 46분 박준희 MFR ∩ 김현태 GAL R - ST - G(득점: 김현태, 도움: 박준희) 오른쪽
●후반 12분 이창훈 GA 정면 내 R - ST - G(득점: 이창훈) 오른쪽
●후반 18분 장혁진 PA 정면 FK R - ST - G(득점: 장혁진) 왼쪽

●전반 3분 이으뜸 MFL ∩ 임민혁 PK지점 R - ST - G(득점: 임민혁, 도움: 이으뜸) 오른쪽
●후반 10분 임민혁 AK 정면 ~ 두아르테 GAR L - ST - G(득점: 두아르테, 도움: 임민혁) 오른쪽

9월 15일 19:00 비 아산 이순신 2,302명
주심_최대우 부심_지승민·설귀선 대기심_정회수 경기감독관_전인석

아산 1 　0 전반 0　/　1 후반 0　 **0 광주**

퇴장	경고	파울	ST(유)	교체	선수명	배번	위치	배번	선수명	교체	ST(유)	파울	경고	퇴장
0	0	0	0		박주원	21	GK	GK	41	제종현		0	0	0	0
0	0	2	0		이주용	3	DF	DF	23	왕건명		0	0	0	0
0	0	2	0		이한샘	33	DF	DF	55	김진환		0	1	0	0
0	0	1	0		민상기	39	DF	DF	20	안영규		0	2	0	0
0	2	0			김종국	6	MF	MF	2	정준연		0	0	0	0
0	0	1	2	12	안현범	15	MF	MF	21	여름	37	1	1	0	0
0	1	1	2		조성준	17	FW	MF	25	정영총		0	1	0	0
0	1	2	1		김도혁	23	MF	MF	8	임민혁		3(1)	1	0	0
0	1(1)	20			이명주	29	MF	FW	40	두아르테		3(1)	1	0	0
0	0	1	1		고무열	18	FW	FW	10	나상호		4(1)	1	0	0
0	0	1			황인범	66	MF	FW	26	펠리페		5(1)	5	1	0
0					최봉진	41			31	윤평국					
0					김동진	16			11	정영총					
4(3)	후13				박세직	24	대기	대기	14	최준혁	전30				
					주세종	28			18	김민규	후17				
	후36				김노유	12			24	김보용					
					김현				37	이승모	후31	2(2)	0	0	0
0	2	10	13(7)									18(7)	13	1	0

●후반 15분 고무열 PAR ~ 박세직 GA 정면 내 L - ST - G(득점: 박세직, 도움: 고무열) 왼쪽

안양 1 - 1 성남

9월15일 19:00 흐림 안양 종합 908명
주심_성덕효 부심_송봉근·성주경 대기심_신용준 경기감독관_김형남

안양 1 | 1 전반 1 / 0 후반 0 | 1 성남

퇴장	경고	파울	ST(유)	교체	선수명	배번	위치	위치	배번	선수명	교체	ST(유)	파울	경고	퇴장
0	0	0	0		전 수 현	1	GK	GK	31	전 종 혁		0	0	0	0
0	0	0	0		채 광 훈	2	MF	DF	8	주 현 우	18	0	1	0	0
0	1	4	0		김 영 찬	5	DF	DF	5	임 채 민		0	0	0	0
0	1	0	0		이 상 용	20	DF	DF	3	최 준 기		1(1)	0	0	0
0	1	2	0		김 진 래	28	MF	DF	14	이 학 민		2(2)	0	0	0
0	0	1	1		최 호 정	3	MF	MF	29	본 즈	24	0	0	0	0
0	0	1	1		마르코스	10	MF	MF	6	김 정 현		0	1	0	0
0		2(1)	36		김 원 민	32	MF	FW	10	문 상 윤		2(2)	3	0	0
0	1	0	0		김 경 준	7	FW	FW	7	에 델		2	1	0	0
0	0	2	11		정 희 웅	33	FW	FW	13	김 도 엽	11	4(2)	0	0	0
0		1(1)			알 렉 스	30	FW	FW	9	정 성 민		4(2)	0	0	0
					양 동 원	21			21	김 근 배		0	0	0	0
					김 태 호	13			22	김 재 봉		0	0	0	0
					홍 승 현	2			26	이 다 원		0	0	0	0
				후38	최 재 훈	6	대기	대기		이 시 영		0	0	0	0
				후26	정 재 희	11			24	박 태 준	후0	1(1)	1	1	0
				후17	이 동 경	36			11	서 보 민	후25	1	1	0	0
					김 신 철	17			18	이 현 일	후34	0	0	0	0
0	2	13	5(2)									18(10)	15	2	0

●전반 42분 알렉스 PAR ⌒ 김원민 GA 정면 H - ST - G(득점: 김원민, 도움: 알렉스) 가운데
●전반 17분 김도엽 C.KL ⌒ 정성민 GA 정면 내 H - ST - G(득점: 정성민, 도움: 김도엽) 가운데

대전 1 - 0 서울E

9월15일 19:00 흐림 대전 월드컵 2,682명
주심_서동진 부심_장종필·강동호 대기심_정의석 경기감독관_나승화

대전 1 | 1 전반 0 / 0 후반 0 | 0 서울E

퇴장	경고	파울	ST(유)	교체	선수명	배번	위치	위치	배번	선수명	교체	ST(유)	파울	경고	퇴장
0	0	0	0		박 준 혁	92	GK	GK	1	김 영 광		0	0	0	0
0	0	0	0		윤 신 영	22	DF	DF	15	이 병 욱	18	0	3	1	0
0	0	1	0		고 명 석	25	DF	DF	4	김 재 현		1	1	0	0
0	1	0	0		황 재 훈	3	DF	DF	29	이 반		0	0	0	0
0	1	2	1(1)		박 수 일	66	DF	MF	30	이 예 찬		0	0	0	0
0	1	2	1(1)		안 상 현	20	MF	MF	7	최 오 백		1(1)	1	0	0
0	1	9			신 학 영	13	MF	MF	66	김 창 욱		0	0	0	0
0		3(2)			강 윤 성	41	MF	FW	99	김 재 웅		0	1	0	0
0	2	3			김 승 섭	11	FW	FW	7	김 경 준					
0		4	16		가 도 에 프	30	FW	FW	23	최 치 원		0	0	0	0
0	3	2(1)			키 쿠	27	FW	FW	9	비엘(에비신)	32	1	1	0	0
					임 민 혁	36			31	강 정 묵		0	0	0	0
					윤 경 보	51			13	김 태 은		0	0	0	0
					윤 준 성	4			32	안 동 혁	후0	0	0	0	0
				후31	권 영 호	8	대기	대기	5	조 찬 호	후21	0	0	0	0
				후31	박 대 훈	16			11	에 레 라		0	0	0	0
				후9	박 재 우	26			18	주 민 규	전43	3(1)	0	0	0
				후15	뚜르스노프	9			14	조 재 완		0	0	0	0
0	1	14	18(5)									9(2)	14	2	0

●전반 21분 박수일 PAL EL ⌒ 강윤성 PK지점 H - ST - G(득점: 강윤성, 도움: 박수일) 가운데

수원FC 1 - 2 안산

9월16일 18:00 비 수원 종합 1,169명
주심_조지음 부심_곽승순·강도준 대기심_김덕철 경기감독관_최상국

수원FC 1 | 0 전반 0 / 1 후반 2 | 2 안산

퇴장	경고	파울	ST(유)	교체	선수명	배번	위치	위치	배번	선수명	교체	ST(유)	파울	경고	퇴장
0	0	0	0		박 형 순	71	GK	GK	1	황 성 민		0	0	0	0
1	0	1			김 범 용	3	DF	DF	4	김 연 수		0	5	0	0
0	0	0	79		김 대 호		DF	DF	3	이 인 재		0	1	0	0
0	1	1	0		조 유 민	20	DF	DF	5	박 준 희		2	0	0	0
0	1	0	0		황 도 연	99	DF	DF	19	이 건	16	0	0	0	0
0		1(1)	55		장 성 재	8	MF	MF	7	박 진 섭		2(1)	0	0	0
0	1	3(2)			백 성 동		FW	MF	26	김 종 석		5(4)	0	1	0
0		0			알 렉 스	14	FW	MF	30	김 현 태		1	0	0	0
0	0	1	11		한 상 운	22	MF	FW	8	장 혁 진		1(1)	1	0	0
0	1	4			이 상 민	23	MF	FW	11	최 호 주		0	1	0	0
0	1	3(1)			비 아 나	92	FW	FW	18	이 창 훈	9	1(1)	0	0	0
					이 인 수	21			21	이 희 성		0	0	0	0
				후0	조 병 국	55			5	김 일 수		0	0	0	0
		2(2)		후20	브 루 노	11	대기	대기	9	피 델	후20	1(1)			
					권 용 현	13			15	한 지 원	후44				
					모 재 현	7			16	최 명 희	후22				
				후39	이 재 안	79			20	송 주 호		0			
									23	박 관 우					
1	2	10	12(6)									10(11)	9	1	0

●후반 19분 비아나 PK - R - G(득점: 비아나) 왼쪽
●후반 32분 장혁진 PK - H - G(득점: 장혁진) 오른쪽
●후반 33분 피델 PAL H ⌒ 최호주 GAR R - ST - G(득점: 최호주, 도움: 피델) 오른쪽

부산 1 - 1 부천

9월16일 19:00 맑음 부산 구덕 4,472명
주심_최광호 부심_노수용·박균용 대기심_실태환 경기감독관_신용기

부산 1 | 1 전반 1 / 0 후반 0 | 1 부천

퇴장	경고	파울	ST(유)	교체	선수명	배번	위치	위치	배번	선수명	교체	ST(유)	파울	경고	퇴장
0	0	0	0		김 형 근	31	GK	GK	21	최 철 원		0	0	0	0
0	1	1	0		구 현 준	27	DF	DF	2	장 순 혁		0	0	0	0
0	0		22		정 호 정		DF	DF	5	임 동 혁		0	1	0	0
0	1	0	0		권 진 영	77	MF	DF	11	김 준 엽		1(1)	1	0	0
0	1	1	0		박 준 강		DF	MF	7	정 준 현		0	0	0	0
0	0	0	19		송 창 호		MF	FW	22	안 태 현		1	0	0	0
0	1	1	0		김 진 규		DF	DF	14	닐손주니어		0	0	0	0
0	1	4(2)			호 물 로	7	MF	MF	7	문 기 한	44	1(1)	1	0	0
0	1	0	0		김 문 환	33	MF	FW	10	이 현 승		1(1)	0	0	0
0	0		9		이 동 준	11	FW	FW	20	김 동 현	16	1	0	0	0
0	1	1	0		김 현 성	18	FW	FW	19	이 광 재	8	0	1	0	0
					송 유 걸	1			1	이 영 창		0	0	0	0
					박 호 영	35			3	김 재 우		0	0	0	0
					이 종 민	17			13	이 정 찬		0	0	0	0
0	2(1)			후0	고 경 민	19	대기	대기	44	황 진 산	후31	0	0	0	0
				후0	한 지 호	22			77	크리스토밤		0	0	0	0
0	1(1)			후25	김 동 섭	18			8	포 프	후0	0	0	0	0
					발푸르트	92			16	진 창 수	후14	1	0	0	0
0	2	6	14(4)									4(4)	22	1	0

●후반 24분 김문환 PA 정면 D - OT - G(득점: 김문환) 오른쪽
●전반 0분 김동현 PAR 내 ⌒ 김준엽 PA 정면 내 R - ST - G(득점: 김준엽, 도움: 김동현) 오른쪽

성남 1 : 1 안산

9월 22일 14:00 맑음 탄천 종합 1,871명
주심_박진호 부심_지승민·김홍규 대기심_김도연 경기감독관_차상해

성남 1   0 전반 0   1 후반 1   1 안산

퇴장	경고	파울	ST(유)	교체	선수명	배번	위치	위치	배번	선수명	교체	ST(유)	파울	경고	퇴장
0	0	0	0		전 종 혁	31	GK	GK	1	이 희 성		0	0	0	0
0	1	1	1(1)		주 현 우	8	DF	DF		김 연 수		0	1	0	0
0	0	3	0		임 채 민	5	DF	DF	5	박 준 희	2(1)	1	0	0	
0	0	0	0		최 준 기	14	DF	DF	16	최 명 희	1	1	0	0	
0	1	2	2(2)		이 학 민	14	DF	DF	20	송 주 호	1	0	0	0	
0	0	0	0	32	본 즈	29	MF	MF		신 일 수		0	0	0	0
0	1	3			김 정 현	6	MF	MF	7	박 진 섭	1	0	0	0	
0	2	0	13		문 상 윤	10	MF	MF	15	한 지 원		0	0	0	0
		1	3(1)		서 보 민	11	FW	FW	8	장 혁 진	30	2	3	0	0
0	1	0	26		최 병 찬	33	FW	FW	13	박 관 우		2(1)	1	0	0
0		3(1)			정 성 민	9	FW	FW	26	김 종 석	24				
					김 근 배	21			1	황 성 민					
					문 지 환	4			2	최 성 민					
				후37	이 다 원	26			24	박 성 부	후25				
					윤 영 선	28	대기	대기	7	피 델	후17				
				전22	김 민 혁	32			4	이 건					
		2(1)		후24	김 노 업	13			19	이 준					
					이 현 일	18			30	김 현 태	후39				
0	3	14	13(6)			0			0			10(3)	14	3	0

● 후반 51분 정성민 PK - R - G(득점: 정성민) 가운데

● 후반 7분 김종석 PAR 내 ~ 박관우 PK 우측 지점 R - ST - G(득점: 박관우, 도움: 김종석) 왼쪽

서울E 0 : 1 부천

9월 22일 15:00 맑음 잠실 458명
주심_정동식 부심_강도준·설귀선 대기심_정회수 경기감독관_전인석

서울E 0   0 전반 1   0 후반 0   1 부천

퇴장	경고	파울	ST(유)	교체	선수명	배번	위치	위치	배번	선수명	교체	ST(유)	파울	경고	퇴장
0	0	0	0		김 영 광	1	GK	GK	21	최 철 원		0	0	0	0
0	0	0	0		김 재 현	4	DF	DF	2	장 순 혁		0	0	0	0
0	0	0	0		안 지 호	6	DF	DF	5	임 동 혁		0	0	0	0
0	0	9			전 민 광	22	MF	MF	13	김 준 엽		0	0	0	0
0	0	0			이 예 찬	30	DF	DF	19	정 준 현	1(1)	2	1	0	
0	0	0	0		김 창 욱	66	MF	MF	22	안 태 현		0	0	0	0
0	0	0	0		이 현 성	77	MF	MF	6	닐손주니어		0	0	0	0
0	1	3			김 재 웅	99	MF	MF	7	문 기 한		0	0	0	0
0	1	0			조 찬 호	16	MF	FW	10	추 민 열	10	1	2	0	
0	0	0			원 기 종	20	FW	FW	20	김 동 현	16	2	2	1	
					강 정 묵	31			1	이 영 창					
					이 반	29			26	정 택 훈	후40				
					한 지 륜	44			10	한 현 승	후23				
		3(1)		후0	최 오 백	7	대기	대기	28	남 송					
					에 레 라	11				크리스토밤					
				후19	비엘키에비치	9			16	진 창 수	후18	1(1)			
		1(1)		후16	조 재 완	14			27	이 광 재					
0	3	8	10(3)			0			0			9(5)	14	0	1

● 전반 35분 김재현 GA 정면 H 자책골(득점: 김재현)

부산 1 : 2 아산

9월 22일 19:00 흐림 부산 구덕 4,158명
주심_조지음 부심_송봉근·안광진 대기심_정의석 경기감독관_김진의

부산 1   1 전반 1   0 후반 1   2 아산

퇴장	경고	파울	ST(유)	교체	선수명	배번	위치	위치	배번	선수명	교체	ST(유)	파울	경고	퇴장
0	0	0	0		김 형 근	31	GK	GK	21	박 주 원		0	0	0	0
0	0	1	0		김 치 우	7	DF	DF	16	김 동 진		0	2	0	0
0	0	1	0		구 현 준	27	DF	DF	20	김 동 철		0	1	0	0
0	0	0	0		박 준 강	77	DF	DF	39	민 상 기		0	0	0	0
0	1	2(1)			호 물 로	10	MF	MF	14	안 현 범	2(1)	1	6	0	
0	1	9			이 청 웅	25	MF	MF	23	김 도 혁	1(1)	2	0	0	
0	1	2(1)			김 진 규	23	MF	MF	24	박 세 직	33	1	1	0	
0	2	2(2)	19		발 푸 르 트	92	FW	FW	29	이 명 주	2	4	1	0	
0	1	0			한 지 호	7	FW	FW	18	고 무 열	1	2	0	0
0	1	2(1)			김 현 성	18	FW	FW	12	김 현	1	3	1	0	
					구 상 민	21			31	양 형 모					
					노 행 석	5			3	이 주 용					
					이 종 민	17			33	이 한 샘	후42				
				후35	고 경 민	19	대기	대기	14	김 민 균	후34				
				후12	이 동 준	11			22	허 범 산					
					김 문 환	33			25	조 범 석					
									10	나 성 은					
0	2	16	9(5)			0			0			7(4)	18	2	0

● 전반 2분 발푸르트 GAL H - ST - G(득점: 발푸르트) 가운데

● 전반 4분 김현 GA 정면 내 R - ST - G(득점: 김현) 가운데

● 후반 26분 김현 PA 정면 ~ 안현범 GAL L - ST - G(득점: 안현범, 도움: 김현) 오른쪽

광주 1 : 2 대전

9월 23일 15:00 맑음 광주 월드컵 822명
주심_김영수 부심_구은석·성주경 대기심_장순택 경기감독관_김형남

광주 1   1 전반 0   0 후반 2   2 대전

퇴장	경고	파울	ST(유)	교체	선수명	배번	위치	위치	배번	선수명	교체	ST(유)	파울	경고	퇴장
0	0	0	0		제 종 현	41	GK	GK	92	박 준 혁		0	0	0	0
0	0	0	0		왕 건 명	23	DF	DF	22	윤 신 영		0	0	0	0
0	1	0	0		이 한 도	20	DF	DF	3	황 재 훈		0	0	0	0
0	0	0	0		박 요 한	2	DF	DF	66	박 수 일		0	0	0	0
0	0	5	1(1)		여 봉 훈	29	MF	MF	20	안 상 현		0	0	0	0
0	1		14		김 동 현	25	MF	MF	9	뚜르스노프		0	0	0	0
0	1		37		이 승 모	37	MF	MF	41	강 윤 성	96	0	0	0	
0	1(1)	18			두 아 르 테	40	MF	MF	11	김 승 섭	2(2)	1	0	0	
0	0	1			나 상 호	10	FW	FW	64	박 인 혁	4(2)	0	1	0	
0	0	1	2(1)	18	펠 리 페		FW	FW	27	키 쭈	7	3(3)	1	0	
					박 완 선	1			36	임 민 혁					
					임 민 혁				4	윤 준 성					
				후20	정 영 총	11			38	장 원 석					
				후46	최 준 혁	14	대기	대기	5	권 영 호					
		1(1)		후40	김 민 규	18			13	신 학 영	후27				
					김 진 환	55			96	황 인 범	후6	2(1)			
									7	키 쭈	후11				
0	2	12	9(4)			0			0			14(9)	12	3	0

● 전반 39분 두아르테 PAR ~ 펠리페 GA 정면 H - ST - G(득점: 펠리페, 도움: 두아르테) 왼쪽

● 후반 47분 키쭈 MFL ~ 박인혁 GA 정면 H - ST - G(득점: 박인혁, 도움: 키쭈) 오른쪽

● 후반 49분 황인범 GAR 내 L ~ 키쭈 GA 정면 내 L - ST - G(득점: 키쭈, 도움: 황인범) 가운데

9월 23일 15:00 맑음 안양종합 526명
주심_김동인 부심_강동호·권용식 대기심_최일우 경기감독관_김용세

			안양	3	전반 1 후반 0	1	수원FC		

퇴장	경고	파울	ST(유)	교체	선수명	배번	위치	위치	배번	선수명	교체	ST(유)	파울	경고	퇴장
0	0	0	0		전 수 현	1	GK	GK	31	김 다 솔		0	0	0	0
0	1	3	1		김 태 호	13	DF	DF	26	조 상 범	23	0	3	0	0
0	0	2	0		양 영 찬	5	DF	DF	99	황 도 연		0	0	0	0
0	1	2	1(1)		이 상 용	20	DF	DF	7	이 승 현		0	0	0	0
0	0	2	1		은 성 수	7	MF	MF	8	장 성 재	13	0	0	0	0
0	0	2			채 광 훈	2	DF	FW	10	백 성 동		1	2	1	0
0		1(1)	36		마 르 코 스	10	MF	MF	14	알 렉 스		2(1)	2	0	0
0	2				최 재 훈	4	MF	MF	15	조 민 철	11	1	1	0	0
0	1	4			김 경 준	27	FW	FW	20	조 유 민		1	0	0	0
0		1	1	11	정 희 웅	33	FW	FW	33	한 상 운		0	0	0	0
0	1	2(2)			알 렉 스	30	FW	FW	79	이 재 안		1	1	0	0
					양 동 원	21			71	박 형 순					
					김 대 욱	8			5	김 창 훈					
					홍 승 현	6			29	민 현 홍					
0	0	2(1)	후7		김 원 민	32	대기	대기	11	브 루 노	후9				
			후31		정 재 희	11			13	권 용 현	후12	4(3)	2	1	0
			후47		이 동 경	36			23	이 상 민	후29				
					문 준 호	19			19	모 재 현					
0	3	16	10(6)									12(4)	13	2	0

● 전반 22분 알렉스 MF 정면 R - ST - G(득점: 알렉스) 가운데
● 후반 15분 정희웅 MFR ~ 알렉스 AK 내 R - ST - G(득점: 알렉스, 도움: 정희웅) 오른쪽
● 후반 37분 채광훈 C.KL ⌒ 이상용 GA 정면 내 H - ST - G(득점: 이상용, 도움: 채광훈) 가운데

9월 29일 15:00 맑음 안양종합 4,586명
주심_채상협 부심_지승민·설귀선 대기심_장순택 경기감독관_최상국

			안양	1	전반 1 후반 0	2	부산		

퇴장	경고	파울	ST(유)	교체	선수명	배번	위치	위치	배번	선수명	교체	ST(유)	파울	경고	퇴장
0	0	0	0		전 수 현	1	GK	GK	21	구 상 민		0	0	0	0
0	0	0	0		채 광 훈	2	DF	DF	33	김 문 환		1(1)	1	0	0
0	0	2	0		김 영 찬	5	DF	DF	77	권 진 영		0	0	0	0
0	0	2	0		이 상 용	20	DF	DF	17	이 종 민	3	0	0	0	0
0		1(1)	36		은 성 수	7	MF	DF	23	김 진 래	5	1	0	0	0
0		1(1)			김 진 래	28	DF	MF	19	고 경 민		3(3)	0	0	0
0					마 르 코 스	10	MF	FW	10	호 물 로		2(1)	1	0	0
0	1	27			김 원 민	32	FW	MF	92	발 푸 르 트	7	0	1	0	0
0	1	11			정 희 웅	33	FW	FW	33	김 진 규		2(1)	2	0	0
0	1	4(1)			알 렉 스	30	FW	FW	18	김 현 성	22	3(2)	1	0	0
					양 동 원	21			31	김 형 근					
					김 대 욱	8			35	박 호 영					
					홍 승 현	6			7	김 치 우	후10	0	0		
					김 태 호	13	대기	대기	22	이 청 웅					
			후26		정 재 희	11			22	한 지 호	후17	1(1)	1	0	0
			후37		이 동 경	36			13	신 영 준					
			후12		김 경 준	27			9	김 동 섭	후37	0			
0	2	20	7(3)									12(9)	12	0	1

● 전반 43분 정희웅 PA 정면 ~ 김진래 GA L - ST - G(득점: 김진래, 도움: 정희웅) 왼쪽
● 후반 4분 고경민 AK 내 ~ 김문환 PA 정면 R - ST - G(득점: 김문환, 도움: 고경민) 왼쪽
● 후반 35분 한지호 AK 내 R - ST - G(득점: 김진규, 도움: 한지호) 왼쪽

9월 29일 15:00 맑음 안산 와스타디움 1,299명
주심_최광호 부심_강도준·안광진 대기심_정의석 경기감독관_김용세

			안산	1	전반 1 후반 0	1	대전		

퇴장	경고	파울	ST(유)	교체	선수명	배번	위치	위치	배번	선수명	교체	ST(유)	파울	경고	퇴장
0	0	0	0		이 희 성	21	GK	GK	92	박 준 혁		0	0	0	0
0	0	0	0		김 연 수	3	DF	DF	22	김 산 영		2(1)	0	0	0
0	0	0	2(1)		박 준 희	4	DF	DF	25	고 명 석		0	0	0	0
0	0	0			최 명 희	16	DF	DF	3	황 재 훈		0	0	0	0
0		1(1)			송 주 호	20	DF	DF	66	박 수 일		1(1)	2	0	0
0		1			신 일 수	4	MF	MF	96	황 인 범		2(1)	0	0	0
0					박 진 섭	7	MF	MF	ㅡ	푸 르 스 ㅎ	38	1			
0	1				김 현	30	MF	MF	41	강 윤 성	5	2(2)	1	0	0
0	2				장 혁 진	8	FW	FW	28	김 승 섭		0	0	0	0
0		1(1)	18		박 관 우	23	FW	FW	64	박 인 혁		2(2)	0	0	0
0	2	1(1)	77		김 종 석	26	FW	FW	27	키 푸		1(1)	0	0	0
					황 성 민	1			36	임 민 혁					
					최 성 민	5			4	윤 준 성					
			후22		이 창 훈	18	대기	대기	후10	권 영 석	후47				
					이 건	19			13	신 학 영					
			후45		코 네	22			26	박 재 우					
			후35		조 우 진	77			30	가 도 에 프	후0				
0	1	5	0(4)									13(6)			

● 전반 35분 장혁진 PAR TL ⌒ 송주호 PK 우 측지점 R - ST - G(득점: 송주호, 도움: 장혁진) 오른쪽
● 후반 25분 윤신영 AKR ~ 강윤성 AK 정면 R - ST - G(득점: 강윤성, 도움: 윤신영) 오른쪽

9월 29일 19:00 맑음 아산 이순신 2,203명
주심_성덕효 부심_노수용·성주경 대기심_신용준 경기감독관_김형남

			아산	2	전반 0 후반 1	1	수원FC		

퇴장	경고	파울	ST(유)	교체	선수명	배번	위치	위치	배번	선수명	교체	ST(유)	파울	경고	퇴장
0	1	0	0		박 주 원	21	GK	GK	31	김 다 솔		0	0	0	0
0	0	2	2		이 주 용	2	MF	DF	3	김 영 찬		0	0	0	0
0	0	0	0		김 동 철	20	DF	DF	99	황 도 연		1	1	0	0
0	1	0	0		민 상 기	39	DF	DF	7	이 승 현		1(1)	1	0	0
0	0	0	1(1)		김 종 국	6	FW	FW	8	장 성 재	16	2(1)	2	0	0
1	0	1	4		조 성 준	99	FW	MF	14	알 렉 스		3(3)	1	0	0
0	1	33			박 세 직	24	MF	MF	23	이 상 민	22	0	1	0	0
0	1	0			이 명 주	29	MF	MF	13	모 재 현	13	0	0	0	0
0	0	0	18		고 무 열	18	FW	FW	79	이 재 안		3(1)	1	0	0
0	5(3)	15			김 현	30	FW	FW	92	비 아 나		5(1)	4	1	0
					양 형 모	31			71	박 형 순					
					김 동 진	22			5	김 창 훈					
			후28		이 은 범	15			후30	김 종 국	후30				
					김 민 균	14	대기	대기	26	조 상 범					
0	1(1)	후23			안 현 범	15			11	브 루 노					
					임 창 균	19			22	한 상 운	후0				
			후40		조 범 석	25			13	권 용 협	후27	0			
0	3	15	11(0)									16(7)	13	2	0

● 전반 20분 박세직 MFL ~ 김현 AK 내 R - ST - G(득점: 김현, 도움: 박세직) 오른쪽
● 후반 12분 김현 AK 정면 ~ 이명주 AK 내 R - ST - G(득점: 이명주, 도움: 김현) 왼쪽
● 후반 29분 이재안 GAR R - ST - G(득점: 이재안) 오른쪽

9월 30일 15:00 맑음 잠실 720명
주심_최대우 부심_송봉근·김홍규 대기심_김덕철 경기감독관_김진의

서울E 1 | 0 전반 1 / 1 후반 3 | **4 광주**

퇴장	경고	파울	ST(유)	교체	선수명	배번	위치	위치	배번	선수명	교체	ST(유)	파울	경고	퇴장
0	0	0	0		김영광	1	GK	GK	41	제종현		0	0	0	0
0	0	0	0		전민광	22	DF	DF	29	여봉훈	2	1(1)	5	0	0
0	0	1	0		안지호	6	DF	DF	55	김진환		0	0	0	0
0			1(1)		이현성	77	DF	DF	5	안영규		1	0	0	
0	0	0	9		이예찬	30	DF	DF	3	정준연			0	0	0
0			26		안지륜	24	MF	MF	21	여름					
0	1	2	1		이반	29	MF	MF	25	김동현		1(1)	1	0	0
0	0	3			조한호	16	MF	MF	13	이승모	후35		0	0	0
0					김재현	14	MF	MF	40	두아르테					
0		3(1)			최오백	17	MF	MF	10	나상호		6(5)	1	0	0
0		2(1)			최치원	23	FW	FW	26	펠리페		2(1)	1	0	0
					강정묵	31			1	박완선					
					김태은	13			2	박요한	후35				
				후0	감한솔	3			9	두현석	후39				
					최한솔	19	대기		18	김민규					
					에레라	11			20	이한도	후43				
				후0	비엘키에비치				23	왕건명					
				후19	유정완	26			27	김정환					
0	1	10	11(4)			0						14(10)	12	0	0

●후반 42분 이현성 AKL R - ST - G(득점: 이현성) 왼쪽
●전반 17분 두아르테 GAR 내 L - ST - G(득점: 두아르테) 오른쪽
●후반 17분 이승모 PAL H ~ 김동현 GAL L - ST - G(득점: 김동현, 도움: 이승모) 오른쪽
●후반 20분 나상호 GAR R - ST - G(득점: 나상호) 가운데
●후반 46분 여름 MFR TL ~ 나상호 PAR 내 R - ST - G(득점: 나상호, 도움: 여름) 왼쪽

9월 30일 18:00 맑음 부천 종합 1,307명
주심_서동진 부심_구은석·김종희 대기심_최일우 경기감독관_전인석

부천 0 | 0 전반 0 / 0 후반 1 | **1 성남**

퇴장	경고	파울	ST(유)	교체	선수명	배번	위치	위치	배번	선수명	교체	ST(유)	파울	경고	퇴장
0	0	0	0		최철원	21	GK	GK	21	김근배		0	0	0	0
0	2	1			임동혁	5	DF	DF	8	주현우		1	1	0	0
0	1	1	0		김준엽	11	MF	DF	28	윤영선		0	0	0	0
0	0	0			정준현	19	DF	MF	14	임채민		1	2	0	0
0	3	1			안태현	22	MF	MF	4	이학민		1	2	0	0
			30		닐손주니어	6	MF	MF	24	박태준		2(1)	0	0	0
0		2(1)			문기한	7	MF	MF	6	김정현		0	4	0	0
0		0			추민열	15	MF	MF	7	문상윤	18	2(1)	1	0	
0		3(2)			포프	8	FW	FW	7	에델	11	4(2)	3	1	0
0	0	0	26		김동현		FW	FW	13	김도엽		2	2	0	0
0		1			이광재	27	FW	FW	9	정성민	4	3	1	0	
					이영창	1			41	황인재					
0	1	1	후8		정택훈	26			26	이다원					
					이현승				3	최준기					
					이정찬	13	대기		4	문지환	후44				
			후9		송홍민	30			11	서보민	후37				
					크리스토밤	77			33	최병찬					
0	2		후18		진창수	16			18	이현일	후42				
0	3	14	11(3)			0						17(4)	16	1	0

●후반 14분 에델 GAL L - ST - G(득점: 에델) 가운데

10월 06일 15:00 맑음 안산 와스타디움 645명
주심_김영수 부심_장흥필·김경규 대기심_정회수 경기감독관_신홍기

안산 0 | 0 전반 0 / 0 후반 2 | **2 안양**

퇴장	경고	파울	ST(유)	교체	선수명	배번	위치	위치	배번	선수명	교체	ST(유)	파울	경고	퇴장
0	0	0	0		황성민	1	GK	GK	1	전수현		0	0	0	0
0	0	2	0	23	김연수	4	DF	DF	2	채광훈		0	1	0	0
0	0				이인재	4	DF	DF	5	김영찬		0	2	0	0
0	0	1			박준희	5	DF	DF	20	이상용		0	0	1	0
0	1				이건	19	MF	MF	14	최호정		0	4	0	1
0	1				신일수	6	MF	MF	13	김태호	28	2	4	1	0
0	3(2)	20			김종석	26	MF	MF	10	마르코스		3	3	0	0
0	0				김현태	16	MF	MF	6	김대욱	36	0	1	0	
0	3(2)				장혁진	8	FW	MF	27	김경준	32	2	0	0	
0	2(1)				김효주	11	MF	MF	33	정희웅		0	0	0	
0	1	77			코네	22	FW	FW	30	알렉스		3(1)	0	0	0
					이희성	21			31	최필수					
					이상석	7			29	정민성					
					한지원	15			28	김진래	후10				
					최명희	16	대기		32	김원민	후37				
			후9		솔주혁				19	무주현					
0			후25		바건우	23			36	이동경					
			후10		조우진	77			17	김신철					
0	1	8	15(6)			0						13(6)	19	2	1

●후반 21분 채광훈 MFR ~ 김경준 PAR 내 R - ST - G(득점: 김경준, 도움: 채광훈) 왼쪽
●후반 40분 김원민 PAR 내 ~ 알렉스 PA 정면 내 R - ST - G(득점: 알렉스, 도움: 김원민) 왼쪽

10월 06일 15:00 흐림 대전 월드컵 3,291명
주심_채상협 부심_지승민·권용식 대기심_설태환 경기감독관_차상해

대전 2 | 2 전반 1 / 0 후반 0 | **1 아산**

퇴장	경고	파울	ST(유)	교체	선수명	배번	위치	위치	배번	선수명	교체	ST(유)	파울	경고	퇴장
0	0	0	0		박준혁	92	GK	GK	21	박주원		0	0	0	0
0	1	1			윤신영	20	DF	DF	33	김동진		0	0	0	0
0	1				고명석	25	DF	DF	33	이한샘		0	1	0	0
0	0				황재훈	3	DF	DF	39	민상기		0	2	1	0
0	3(1)				박수일	66	DF	DF	90	구대영	22	2	1	0	
0	0				황인범	96	MF	DF	6	김종국	20	0	3	0	
0	0				안상현	20	MF	MF	15	안현범		2	0	0	
			30		신학영	13	MF	MF	24	박세직		0	0	0	
0	1				강윤성	41	MF	MF	22	이명주		2	0	0	
0	0				박인혁	64	FW	MF	18	고무열		2(1)	3	0	0
0	0				키쭈	27	FW	FW	30	김현		2(1)	1	0	0
					임민혁	36			31	양형모					
					윤준성	4			2	박선광	후31				
					윤경보	51			20	김동철	후47				
					박재우	26	대기		14	김민균					
					오장은	7			19	임창균					
0	0		후11		뉴르스노				22	허범산	후4				
0	1		후0		가도에프	30			25	조범석					
0	4	17	9(3)			0						6(2)	25	2	1

●후반 35분 황인범 PK - R - G(득점: 황인범) 오른쪽
●후반 43분 박수일 PAR ~ 가도에프 GAL 내 L - ST - G(득점: 가도에프, 도움: 박수일) 가운데
●전반 35분 김현 PA 정면 내 L - ST - G(득점: 김현) 왼쪽

10월 06일 15:00 흐림 광주 월드컵 622명

주심_조지음 부심_강도준·설귀선 대기심_김도연 경기감독관_김용세

광주 1 — 전반 0 / 후반 1 — **1 부천**

퇴장	경고	파울	ST(유)	교체	선수명	배번	위치	위치	배번	선수명	교체	ST(유)	파울	경고	퇴장
0	0	0	0		제종현	41	GK	GK	21	최철원		0	0	0	0
0	0	1	0		여봉훈	29	DF	DF	4	박건		0	1	0	0
0	0	0	0		김진환	55	DF	DF	5	임동혁		0	0	0	0
0	0	0	1(1)		안영규	6	DF	FW	11	김준엽		0	0	0	0
0	0	0	0		정준연	5	MF	MF	19	정준현		0	0	0	0
0	0	0		18	여름	21	MF	MF	22	안태현		0	0	0	0
0	0	1		9	김동현	25	MF	MF	7	문기한		1(1)	2	1	0
0	1	3		8	이승모	37	MF	MF	10	이현승		0	0	0	0
0			2(2)		두아르테	40	MF	MF	8	김영남		0	0	0	0
0		1	2(1)		나상호	11	MF	MF	30	송홍민		3(2)	1	0	0
0	1	2	2		펠리페	26	FW	FW	9	프크		0	0	0	0
					박완선	1			1	이영창					
					박요한	2			3	김재우					
0				후28	임민혁	8			13	이정찬	후36				
0			후38		두현석	9	대기	대기	16	진창수	후25				
0	1(1)		후33		김민규	18			17	이혁주					
					이한도	20			20	김동현					
					김정환	27									
0	1	8	12(6)									9(6)	10	1	0

●후반 46분 펠리페 GAR H ⌒ 나상호 GAL L - ST - G(득점: 나상호, 도움: 펠리페) 오른쪽
●후반 27분 문기한 MFR ⌒ 공민현 GAR R - ST - G(득점: 공민현, 도움: 문기한) 가운데

10월 07일 14:00 맑음 탄천 종합 2,241명

주심_최광호 부심_강동호·성주경 대기심_최현재 경기감독관_송선호

성남 1 — 전반 0 / 후반 2 — **2 서울E**

퇴장	경고	파울	ST(유)	교체	선수명	배번	위치	위치	배번	선수명	교체	ST(유)	파울	경고	퇴장
0	0	0	0		김근배	21	GK	GK	1	김영광		0	0	0	0
0	0	1		11	추현우	8	DF	DF	22	전민광		0	0	0	0
0	0	0	0		윤영선	28	DF	DF	6	안지호		0	0	0	0
0	0	0	0		임채민	5	DF	DF	4	김재현		0	0	0	0
0	3	3(1)			이학민	14	DF	MF	17	조용태	11	0	0	0	0
0	0	0	0		박태준	24	MF	MF	88	윤성열		0	0	0	0
0	0	0	0		김정현	6	MF	MF	99	김재웅		0	0	0	0
0	0	0	0		문상윤	8	MF	FW	77	에레라		0	0	0	0
0		0		32			MF	FW	14	조재완	18	1	1	0	0
1	1		3(3)		김도엽	16	FW	FW	16	조찬호		1(1)	1	0	0
0		2(2)		26	정성민	9	FW	FW	9	유정완	7	0	0	0	0
					황인재	41			31	강정묵					
0			후39		이다원	26			13	김태은					
					최준기	3			29	이반					
					한지		대기	대기	24	한지원					
0			후19		서보민	11				최오백	후0				
0			후30		김민혁	32				에레라	후29				
					최병찬	33				주민규	후18				
0	1	19	10(6)									5(4)	6	1	0

●후반 21분 정성민 PK - R - G(득점: 정성민) 오른쪽
●후반 36분 조찬호 GAR 내 H → 에레라 GA 정면 내 R - ST - G(득점: 에레라, 도움: 조찬호) 왼쪽
●후반 41분 안지호 GA 정면 H → 조찬호 GA 정면 내 R - ST - G(득점: 조찬호, 도움: 안지호) 가운데

10월 06일 15:00 흐림 수원 종합 815명

주심_정동식 부심_구은석·안광진 대기심_오현진 경기감독관_전인석

수원FC 0 — 전반 2 / 후반 1 — **3 부산**

퇴장	경고	파울	ST(유)	교체	선수명	배번	위치	위치	배번	선수명	교체	ST(유)	파울	경고	퇴장
0	1	0	0		김다솔	31	GK	GK	21	구상민		0	0	0	0
0	1	2	2		김범용	3	DF	DF	33	김문환		1(1)	2	0	0
0	0	0	0		조병국	55	DF	DF	77	구현준		0	0	0	0
0	0	0	0		황도연	99	DF	DF	7	권진영		0	0	0	0
0	0	0	0		이승현	7	DF	DF	17	이종민		0	0	0	0
0	0	0	0		백성동	10	MF	MF	8	이재권		0	0	0	0
0	0	0	0		조유민	22	MF	MF	25	이청웅		0	0	0	0
0		3(1)		14	모재현	19	FW	FW	13	신영준	22	0	0	0	0
0	0	0	0		이재안	79	MF	FW	23	김진규	19	2(1)	2	0	0
0		2(1)			비아나	92	FW	FW	18	김동섭		1(1)	1	0	0
					박형순	71			40	김형근					
					김대호	4			3	박준강					
					안인범	25			14	송창호					
					장성재	8	대기	대기	19	고경민	후33				
0			후13		브루노	11			22	한지호					
0		3(2)	후0		알렉스	14			92	발푸르트					
0			후26		정우근	9			18	김현성	전21				
0	0	11	11(1)									10(?)	12	1	0

●전반 4분 구현준 MFL ⌒ 김동섭 GAL R - ST - G(득점: 김동섭, 도움: 구현준) 가운데
●전반 42분 김진규 GA 정면 R - ST - G(득점: 김진규) 가운데
●후반 16분 김진규 AK 내 ~ 호물로 PAL 내 L - ST - G(득점: 호물로, 도움: 김진규) 왼쪽

10월 13일 14:00 맑음 탄천 종합 1,886명

주심_김성호 부심_구은석·안광진 대기심_신용준 경기감독관_차상해

성남 2 — 전반 2 / 후반 0 — **2 광주**

퇴장	경고	파울	ST(유)	교체	선수명	배번	위치	위치	배번	선수명	교체	ST(유)	파울	경고	퇴장
0	0	0	0		김근배	21	GK	GK	41	제종현		0	0	0	0
0		2(1)			주현우	8	DF	DF	5	정준연	11	0	0	0	0
0	0	0	0		윤영선	28	DF	DF	55	김진환		0	1	0	0
0	0	0	0		임채민	5	DF	DF	6	안영규		0	0	0	0
0	1(1)		3		이학민	14	DF	DF	2	박요한		0	0	0	0
0	1	7	1		문지환	4	MF	MF	14	최준혁		1	0	0	0
0					김민혁	29	MF	MF	29	여봉훈		0	0	0	0
0		3(1)			에델	7	FW	FW	40	두아르테		4(2)	1	0	0
0		1	1		서보민	11	FW	FW	10	나상호		2	0	0	0
0		1			이현일	18	FW	FW	26	펠리페		3	0	0	0
					전종혁	31			1	박완선					
					조성욱	2				두현석	9				
0			후42		최준기	3	대기	대기		정영총	후15				
0		3(2)	전28		문상윤	10			20	이한도					
0			후28		김도엽	13			21	여름					
					정성민	9			79	이으뜸					
0	1	19	10(6)									8(4)	11	3	0

●전반 21분 김민혁 GAR H ⌒ 이현일 GA 정면 R - ST - G(득점: 이현일, 도움: 김민혁) 왼쪽
●전반 42분 주현우 PAL ⌒ 이현일 GA 정면 H - ST - G(득점: 이현일, 도움: 주현우) 왼쪽
●전반 26분 최준혁 PAL H ⌒ 나상호 GAL 내 L - ST - G(득점: 나상호, 도움: 최준혁) 오른쪽
●전반 36분 AK 내 두아르테 L - ST - G(득점: 두아르테) 왼쪽

10월 13일 15:00 맑음 수원 종합 1,518명
주심_김용우 부심_강동호·김흥규 대기심_최현재 경기감독관_전인석

수원FC 3 | 1 전반 1 / 2 후반 1 | **2 대전**

퇴장	경고	파울	ST(유)	교체	선수명	배번	위치	위치	배번	선수명	교체	ST(유)	파울	경고	퇴장
0	0	0	0		김 다 솔	31	GK	GK	92	박 준 혁		0	0	0	0
0	1	2	1(1)		김 대 호	4	DF	DF	22	윤 신 영	4	0	0	1	0
0	0	1	1		조 상 범	26	DF	DF	25	고 명 석		0	0	0	0
0	0	0			황 도 연	99	DF	DF	66	박 수 일		0	0	0	0
0	0	1			이 승 현	66	DF	MF	41	강 윤 성		0	0	0	0
0		6	2(2)		백 성 동	10	MF	MF	20	안 상 현		0	3	0	
0		3	2		알 렉 스	14	MF	MF	7	뚜르스프		2(1)		1	0
0			15		김 종 국	17	MF	FW	11	가도에프	11	3(1)	0	0	
0	1				주 유 민	20	DF	FW	9	박 인 혁	24	1(1)	0		
0		3	3(2)	92	이 재 안	79	FW	FW	27	키 쭈		3(2)	2	0	
0					이 인 수	21			90	박 주 원					
0				후0	김 범 용	3			4	윤 준 성	후31				
0					김 창 훈	5			51	엽 경 보					
0		1		후0	최 원 철	40	대기	대기	24	황 재 원	후43				
0					모 재 현	19			26	박 재 우					
0		1(1)		후14	아 나	92			15	심 상 섭	후15				
0									45	안 주 형					
0	1	21	11(6)									11(7)	9	1	0

- 전반 25분 백성동 C.KL ⌒ 김대호 GAL 내 H - ST - G(득점: 김대호, 도움: 백성동) 오른쪽
- 후반 24분 알렉스 PAL ⌒ 백성동 H - ST - G(득점: 백성동, 도움: 알렉스) 오른쪽
- 후반 47분 백성동 GAR L - ST - G(득점: 백성동) 가운데
- 전반 32분 이재안 자기 측 GAL 내 R 자책골 (득점: 이재안) 왼쪽
- 후반 28분 뚜르스프 PAL 내 EL ⌒ 키쭈 GA 정면 내 L - ST - G(득점: 키쭈, 도움: 뚜르스프) 가운데

10월 13일 16:00 맑음 부천 종합 841명
주심_박병진 부심_노수용·성주경 대기심_성덕효 경기감독관_신홍기

부천 0 | 0 전반 1 / 0 후반 0 | **1 안양**

퇴장	경고	파울	ST(유)	교체	선수명	배번	위치	위치	배번	선수명	교체	ST(유)	파울	경고	퇴장
0	0	0	0		이 영 창	1	GK	GK	1	전 수 현		0	0	0	0
0	2	2			장 순 혁	2	DF	DF	2	채 광 훈	1(1)	0	0		
0	1				박 건	4	DF	DF	5	김 영 찬		1	3	1	0
0	1	2(1)			임 동 혁	5	DF	DF	20	이 상 용		0	0	0	
0	3	2(1)			김 준 엽	11	FW	FW	6	은 성 수		1	1		
0					정 준 현	19	MF	MF	28	김 진 래		1	1	0	
0	1				안 태 현	22	MF	MF	10	마르코스		1	0		
0	1	1(1)			추 민 열	16	FW	FW	36	김 재 훈	36	3(1)	1	0	
0	3				황 진 산	44	MF	FW	23	정 재 희	32	3(2)	3	0	
0	1				포 프	10	FW	MF	33	정 희 웅	33	3(1)	0		
0	1	1(1)			김 동 현	20	MF	FW	30	알 렉 스		3(2)	1	0	
0					최 철 원	21			31	최 필 수					
0				후29	문 기 한	18			8	김 대 욱					
0					남 송	28			22	홍 승 현					
0					송 홍 민	30	대기	대기	32	김 원 민	후22				
0				후0	공 민 현	9			14	최 승 손					
0				후15	진 창 수	16			36	이 동 경	후37				
0					이 광 재	27			17	김 신 철	후47				
0	2	20	10(3)									14(7)	11	1	0

- 전반 31분 장순혁 자기 측 GAR 내 R 자책골 (득점: 장순혁) 오른쪽

10월 14일 14:00 맑음 부산 구덕 3,056명
주심_이동준 부심_지승민·김종희 대기심_김동인 경기감독관_나승화

부산 3 | 3 전반 0 / 0 후반 1 | **1 서울E**

퇴장	경고	파울	ST(유)	교체	선수명	배번	위치	위치	배번	선수명	교체	ST(유)	파울	경고	퇴장
0	0	0	0		구 상 민	21	GK	GK	1	김 영 광		0	0	0	0
0	0	0	1		구 현 준	27	DF	DF	22	전 민 광		0	3	1	0
0	0	1			권 진 영	77	DF	DF	4	김 재 현		0	2	0	
0	0				이 정 웅	25	DF	DF	2	김 태 현		0	0	0	
0	2(2)				김 치 우	7	MF	MF	17	조 용 태	10	1	0		
0	1(1)				박 준 강	3	MF	MF	88	윤 성 열		0	0	0	
0					이 재 권	4	MF	MF	99	김 재 웅	11	0	0		
0	1(1)	5			호 물 로	10	MF	MF	77	이 현 성		0	0	0	
0	1	99	2		김 진 규	23	FW	FW	14	조 재 완		3(2)	1	0	
0		4(3)			김 진 규	23	FW	FW	16	조 찬 호		1(1)	0	0	
0		22			김 현 성	18	FW	FW	26	유 정 완	7				
0					김 형 근	31			31	강 정 묵					
0				후44	노 행 석	5			33	안 성 빈					
0					이 종 민	17	대기	대기	29	김 민 균					
0				후23	한 지 호	22			90	김 동 철					
0					신 영 주	13			8	최 오 백	후0				
0	1(1)				홍 동 현	99			11	에 레 라					
0									10	고 차 원					
0	1	12	10(8)									8(3)	11	1	0

- 전반 1분 호물로 C.KR ⌒ 고경민 GAR 내 L - ST - G(득점: 고경민, 도움: 호물로) 왼쪽
- 전반 28분 이재권 MFR ⌒ 김진규 PAR 내 R - ST - G(득점: 김진규, 도움: 이재권) 가운데
- 전반 38분 호물로 C.KR ~ 박준강 PA 정면 R - ST - G(득점: 박준강, 도움: 호물로) 왼쪽
- 후반 42분 전민광 AKL H ⌒ 조찬호 GA 정면 내 H - ST - G(득점: 조찬호, 도움: 전민광) 왼쪽

10월 14일 17:00 맑음 아산 이순신 1,520명
주심_김우성 부심_송봉근·설귀선 대기심_최대우 경기감독관_김형남

아산 2 | 1 전반 0 / 1 후반 0 | **0 안산**

퇴장	경고	파울	ST(유)	교체	선수명	배번	위치	위치	배번	선수명	교체	ST(유)	파울	경고	퇴장
0	0	0	0		양 형 모	31	GK	GK	21	황 성 민		0	0	0	0
0	0	0			김 동 진	16	DF	DF	4	이 인 재		0	1	0	0
0	0	1			한 샘	33	DF	DF	5	박 준 희		0	0	0	
0	0	1			민 상 기	39	DF	DF	16	신 일 수		0	0	0	
0	0	0			구 대 영	90	DF	DF	16	최 명 희		0	0	0	
0	0	2(1)	19		김 민 균	14	DF	DF	7	김 현 태	1(1)	2	0		
0	4(3)				안 현 범	17	MF	MF	8	박 진 섭		1	1	0	
0	1				김 도 혁	7	MF	MF	7	지 원	18	0	0		
0	1	12			박 세 직	12	MF	FW	26	김 종 석	26	0	0		
0	1	22			이 명 주	29	MF	MF	24	김 진 래		0	0	0	
0	2	4(2)			고 무 열	18	FW	FW	11	최 호 주		0	0	0	
0					최 봉 진	41			21	이 희 성	후0				
0					박 선 율	26			2	김 연 수					
0				후28	임 창 균	19	대기	대기	20	송 주 호	후23				
0				후39	허 범 산	22			23	박 관 우					
0					조 범 석	25			25	김 태 현	후0				
0					황 기 욱				7	소 수 산					
0	1	16	19(6)									6(1)	9	1	0

- 전반 41분 안현범 GAR EL ~ 김민균 GA 정면 내 H - ST - G(득점: 김민균, 도움: 안현범) 가운데
- 후반 29분 안현범 MFR R - ST - G(득점: 안현범) 왼쪽

10월 21일 15:00 맑음 광주 월드컵 1,316명
주심_ 김영수 부심_ 송봉근·성주경 대기심_ 설태환 경기감독관_ 최상국

| | | | 광주 0 | | 0 전반 0 | | 2 수원FC | | | | |
| | | | | | 0 후반 2 | | | | | | |

퇴장	경고	파울	ST(유)	교체	선수명	배번	위치	위치	배번	선수명	교체	ST(유)	파울	경고	퇴장
0	0	0	0		제 종 현	41	GK	GK	31	김 다 솔		0	0	0	0
0	0	2	0		여 봉 훈	29	DF	DF	4	김 대 호		0	0	0	0
0	0	1	0		이 한 도	20	DF	MF	16	박 세 진		0	0	0	0
0	0	0	0		안 영 규	26	DF	MF	26	조 상 범		0	0	0	0
0	0	2	1		이 으 뜸	79	DF	FW	99	황 도 연		0	0	0	0
0	0	3	0	8	여 름	21	MF	MF	10	백 성 동	8	0	1	0	0
0	0	1	1(1)	18	김 동 현	25	MF	MF	14	알 렉 스		2(2)	1	0	0
0	1	1(1)	18	두 현 석	9	MF	MF	5	최 원 철		0	0	0	0
0	2	2(1)	27	두 아 르 테	40	MF	FW	29	이 재 안	39	0	1	0	0
0	0	1	0		나 상 호	10	MF	FW	9	정 우 근	13	1	3	0	0
0	0	1	1(1)		펠 리 페	26	FW	FW	92	비 아 나	79	4(4)	0	0	0
0	0	0	0		박 완 선	1			21	이 인 수		0	0	0	0
0	0	0	0		정 준 연	5			5	김 창 훈		0	0	0	0
0	0	0	0	후39	임 민 혁	8			7	이 승 현		0	0	0	0
1	0	1	0	후13	김 민 규	17	대기	대기	18	정 성 재	후39	0	0	0	0
0	0	0	0	후41	김 정 환	27			13	권 용 현	후29	0	0	0	0
0	0	0	0		이 승 모	37			19	모 재 현		0	0	0	0
0	0	0	0		김 진 환	55			79	이 재 안	후46	0	0	0	0
1	0	16	8(4)			0						7(6)	15	0	0

● 후반 32분 비아나 PK - R - G(득점: 비아나)
왼쪽
● 후반 50분 이재안 AKL ⌒ 알렉스 GAR L - ST
- G(득점: 알렉스, 도움: 이재안) 가운데

10월 21일 15:00 맑음 안산 와스타디움 1,223명
주심_ 정동식 부심_ 지승민·김종희 대기심_ 김덕철 경기감독관_ 김형남

| | | | 안산 3 | | 1 전반 0 | | 1 부천 | | | | |
| | | | | | 2 후반 1 | | | | | | |

퇴장	경고	파울	ST(유)	교체	선수명	배번	위치	위치	배번	선수명	교체	ST(유)	파울	경고	퇴장
0	1	0	0		이 희 성	21	GK	GK	1	이 영 창		0	0	0	0
0	0	1	0		김 연 수	3	DF	DF	2	장 순 혁		0	1	0	0
0	0	1	0		신 일 수	6	MF	MF	4	박 건		0	0	0	0
0	0	0	0		4	송 주 호	20	DF	DF	19	임 동 혁		0	2	1	0
0	0	0	2(1)		박 준 희	5	MF	DF	11	김 준 엽		0	0	0	0
0	1	1	0		박 진 섭	7	DF	DF	22	안 태 현		2(1)	1	0	0
0	0	0	0		최 명 희	16	MF	MF	7	문 기 한		2(1)	1	0	0
0	0	0	0		김 현 태	30	MF	FW	15	박 민 열		0	0	0	0
0	0	0	0		장 혁 진	8	FW	FW	9	공 민 현		0	0	0	0
0	0	2	3(3)	15	최 호 주	11	FW	MF	44	황 진 산	30	1	1	0	0
0	0	2	77	이 창 훈	18	FW	FW	8	포 프		4(2)	1	0	0
0	0	0	0		황 성 민	1			18	이 기 현		0	0	0	0
0	0	0	0	후34	이 재 권	4			19	정 준 현		0	0	0	0
0	0	0	0	후45	한 지 원	15			13	이 정 찬		0	0	0	0
0	0	0	0		이 민 우	47	대기	대기	30	송 홍 민		1(1)	1	0	0
0	0	0	0		이 건	31			33	정 창 수		0	0	0	0
0	0	0	0		김 종 석	26			17	이 혁 주	후37	0	0	0	0
0	0	0	0	후41	조 우 진	77			20	김 동 현	후32	2	0	0	0
0	1	6	8(4)			0						14(6)	12	1	0

● 전반 23분 장혁진 AKL ⌒ 박준희 GA 정면 R
- ST - G(득점: 박준희, 도움: 장혁진) 오른쪽
● 후반 20분 이창훈 GAR EL ⌒ 최호주 GA 정
면 L - ST - G(득점: 최호주, 도움: 이창훈) 가
운데
● 후반 27분 장혁진 GAL ⌒ 최호주 GAR R -
ST - G(득점: 최호주, 도움: 장혁진) 왼쪽

● 후반 5분 김준엽 PAL 내 ~ 포프 GA 정면 내
R - ST - G(득점: 포프, 도움: 김준엽) 오른쪽

10월 21일 15:00 맑음 잠실 1,181명
주심_ 채상협 부심_ 설귀선·권용식 대기심_ 신용준 경기감독관_ 송선호

| | | | 서울E 0 | | 0 전반 1 | | 1 안양 | | | | |
| | | | | | 0 후반 0 | | | | | | |

퇴장	경고	파울	ST(유)	교체	선수명	배번	위치	위치	배번	선수명	교체	ST(유)	파울	경고	퇴장
0	0	0	0		김 영 광	1	GK	GK	1	전 수 현		0	0	0	0
0	0	0	1		안 성 빈	33	DF	DF	2	채 광 훈		0	1	0	0
0	0	1	0		안 지 호	6	DF	DF	29	김 영 찬		0	1	0	0
0	0	3	3(2)		김 동 철	90	DF	DF	20	이 상 용		1	2	0	0
0	0	1	1		김 태 은	13	DF	DF	5	은 성 수		0	0	0	0
0	2	0	77	전 석 훈	25	DF	DF	28	김 진 래		0	1	0	0
0	1	3	1		김 재 웅	99	MF	FW	10	마르코스	22	2(1)	1	0	0
0	0	1	1		김 창 욱	66	MF	FW	8	최 재 훈		2	7	0	0
0	0	0	0		조 용 태	17	MF	FW	32	김 원 민	36	2(1)	1	0	0
0	0	0	14	조 찬 호	16	MF	FW	33	정 희 웅		1	2	0	0
0	0	0	0		전 민 광	22	FW	FW	27	김 경 준	17	0	0	0	0
0	0	0	0		강 정 묵	31			31	최 필 수		0	0	0	0
0	0	0	0		윤 성 열	88			3	김 태 호		0	0	0	0
0	0	0	0	후16	조 재 완	14	대기	대기	22	홍 승 현	후41	0	0	0	0
0	0	0	0	후25	이 현 성	77			14	최 승 호		0	0	0	0
0	0	0	0		에 레 라	11			36	이 동 경	후37	0	0	0	0
0	0	0	0	후0	최 오 백	7			30	알 렉 스		0	0	0	0
0	0	16	9(2)			0						0(2)	20	1	0

● 전반 36분 안치호 GAR 내 H 차객(득점: 안
지호)

10월 21일 15:00 맑음 대전 월드컵 4,142명
주심_ 최대우 부심_ 장종필·안광진 대기심_ 김도연 경기감독관_ 나승화

| | | | 대전 0 | | 0 전반 0 | | 1 부산 | | | | |
| | | | | | 0 후반 1 | | | | | | |

퇴장	경고	파울	ST(유)	교체	선수명	배번	위치	위치	배번	선수명	교체	ST(유)	파울	경고	퇴장
0	0	0	0		박 준 혁	92	GK	GK	21	구 상 민		0	0	0	0
0	0	0	0		4	윤 신 영	22	DF	DF	27	구 현 준		0	0	0	0
0	0	1	0		고 명 석	25	DF	DF	15	김 명 준		1	1	0	0
0	0	1	1		황 재 훈	3	DF	DF	17	이 청 웅		0	0	0	0
0	1	1	1(1)		박 재 우	26	DF	MF	13	이 종 민	7	2	1	0	0
0	0	2	0		강 윤 성	41	MF	DF	6	이 재 권		1(1)	0	0	0
0	0	1	0		안 상 현	20	MF	MF	10	호 물 로		1	2	0	0
0	1	1	0		황 인 범	96	MF	MF	11	한 지 호	11	4(1)	0	0	0
0	1	1	0		김 승 섭	11	FW	FW	23	김 진 규	19	1	1	0	0
0	0	1	0		박 인 혁	64	FW	FW	33	김 문 환		2(1)	2	1	0
0	0	2	0		키 쭈	27	FW	FW	18	김 현 성	9	1	2	0	0
0	0	0	0		박 주 원	90			31	김 형 근		0	0	0	0
0	0	0	0	후29	윤 준 성	4			7	김 치 우	전40	0	0	0	0
0	0	0	0		권 영 호	5			77	권 진 영		0	0	0	0
0	0	0	0		신 학 영	13	대기	대기	20	김 창 호		0	0	0	0
0	0	0	0	후32	뚜르스노프	9			19	고 경 민	후36	1	0	0	0
0	0	0	0		조 귀 범	15			11	이 동 준	후45	0	0	0	0
0	1	3	3(2)	후27	가도에프	30			99	최 승 인		0	0	0	0
0	0	14	6(3)			0						12(3)	7	1	0

● 후반 26분 호물로 PAL L - ST - G(득점: 호물
로) 왼쪽

아산 1 - 0 성남

10월 21일 17:00 맑음 아산 이순신 2,478명
주심_ 김용우 부심_ 강도준·김홍규 대기심_ 최현재 경기감독관_ 차상해

아산 1 　0 전반 0 / 1 후반 0　 0 성남

퇴장	경고	파울	ST(유)	교체	선수명	배번	위치	위치	배번	선수명	교체	ST(유)	파울	경고	퇴장
0	0	0	0		양 형 모	31	GK	GK	31	전 종 혁		0	0	0	0
0	1	3	2		김 동 진	16	DF	DF	8	주 현 우		0	1	0	0
0	0	0	1		이 한 샘	33	DF	DF	28	윤 영 선		0	0	0	0
0	0	1	0		민 상 기	39	DF	DF	5	임 채 민		0	0	0	0
0	0	1	0		구 대 영	90	DF	DF	14	이 학 민		0	0	0	0
0	0	1	0	24	김 민 균	14	MF	MF	문 지 환	15	1(1)		0	0	0
0	0	1	0		안 현 범	15	FW	MF	6	김 정 현		0	0	0	0
0	0	2	4(2)	5	조 성 준	17	MF	MF	32	김 민 혁		0	1	0	0
0	0	1	1		김 도 혁	23	FW	FW	7	에 델		0	3	0	0
0	0	3	2		서 보 민	11	FW	FW	13	서 보 민	13	1	1	0	0
0	0	4	3(3)		김 륜 도	12	FW	FW	18	이 현 일	2	2	0	0	0
0	0	0	0		최 봉 진	41			21	김 근 배		0	0	0	0
0	0	0	0		박 선 용	2			15	이 지 민	후45	0	0	0	0
0	0	0	0	후45	이 용	5			2	이 시 영		0	0	0	0
0	0	0	0		김 준 수	26	대기	대기	3	최 준 기		0	0	0	0
0	0	0	0		임 창 균	19			10	문 상 윤		0	0	0	0
0	0	1(1)	후26	박 세 직	24			13	김 도 엽	후19	0	0	0	0
0	0	0	0		조 범 석	25			9	정 성 민	후20	0	0	0	0
0	2	18	16(8)			0						5(1)	23	0	0

● 후반 42분 김륜도 GAR H ⌒ 조성준 GA 정면 내 H - ST - G(득점: 조성준, 도움: 김륜도) 왼 쪽

성남 2 - 0 대전

10월 27일 14:00 맑음 탄천 종합 3,445명
주심_ 최광호 부심_ 지승민·성주경 대기심_ 설태환 경기감독관_ 전인석

성남 2 　0 전반 0 / 2 후반 0　 0 대전

퇴장	경고	파울	ST(유)	교체	선수명	배번	위치	위치	배번	선수명	교체	ST(유)	파울	경고	퇴장
0	0	0	0		전 종 혁	31	GK	GK	90	박 주 원		0	0	0	0
0	0	2	2		서 보 민	11	DF	DF	4	윤 준 성		0	2	1	0
0	0	3	0		윤 영 선	28	DF	DF	25	고 명 석		1	1	1	0
0	0	0	0		임 채 민	5	DF	DF	16	임 재 훈	16	0	0	0	0
0	0	1	0		최 준 기	3	DF	DF	66	박 수 일		0	0	0	0
0	0	1	0		김 정 현	6	MF	MF	20	안 상 현		0	1	0	0
0	2(2)	27	문 상 윤	10	MF	MF	13	신 학 영	30	0	0	0	0
0	0	4	2(1)	4	김 민 혁	32	MF	MF	96	황 인 범		1(1)	0	0	0
0	0	2	1		에 델	7	FW	FW	9	뚜르스노프		1	1	0	0
0	0	1	0		주 현 우	8	FW	FW	64	박 인 혁		0	2	0	0
0	0	2(1)	18	정 성 민	9	FW	FW	27	키 쭈		0	1	0	0
0	0	0	0		황 인 재	41			31	문 용 휘		0	0	0	0
0	0	0	후38	문 지 환	4			22	윤 신 영		0	0	0	0
0	0	0	0		연 제 운	20			5	권 영 호		0	0	0	0
0	0	0	0		이 지 민	15	대기	대기	16	박 대 훈	후13	0	0	0	0
0	0	0	0		김 도 엽	13			41	강 윤 성		0	0	0	0
0	0	1(1)	후30	이 현 일	18			12	강 한 빛	후33	0	0	0	0
0	0	0	후45	이 정 태	27			30	가도에프	후6	0	0	0	0
0	1	14	13(6)			0						8(3)	15	4	0

● 후반 2분 문상윤 GAR L - ST - G(득점: 문상 윤) 왼쪽
● 후반 12분 서보민 MFL ⌒ 김민혁 GAR H - ST - G(득점: 김민혁, 도움: 서보민) 오른쪽

서울E 0 - 4 아산

10월 27일 15:00 맑음 잠실 496명
주심_ 성덕효 부심_ 송봉근·김종희 대기심_ 최일우 경기감독관_ 나승화

서울E 0 　0 전반 1 / 0 후반 3　 4 아산

퇴장	경고	파울	ST(유)	교체	선수명	배번	위치	위치	배번	선수명	교체	ST(유)	파울	경고	퇴장
0	1	0	0		김 영 광	1	GK	GK	31	양 형 모		0	0	0	0
0	0	2	1		안 성 빈	33	DF	DF	33	이 한 샘		1(1)	0	0	0
0	1	1	0		안 지 호	5	DF	DF	39	민 상 기		1(1)	1	0	0
0	1	1	0		김 재 현	4	DF	DF	90	구 대 영		0	0	0	0
0	0	4	0		김 태 은	13	DF	MF	14	김 민 균	22	1	0	0	0
0	1	2	2		김 동 철	90	MF	MF	15	안 현 범		2(1)	1	0	0
0	0	1	1	7	김 재 웅	99	MF	MF	17	조 성 준	28	0	0	0	0
0	0	23	이 현 성	77	MF	MF	23	김 도 혁		0	0	0	0
0	1(1)	후8	조 찬 호	16	MF	MF	24	박 세 직	25	3(1)	0	0	0
0	1	4	2(1)		전 민 광	22	FW	FW	12	김 륜 도		3(2)	1	1	0
0	0	0	0		강 정 묵	31			41	최 봉 진		0	0	0	0
0	0	0	0		윤 성 열	88			5	이 용		0	0	0	0
0	0	후0	최 치 원	23			32	김 봉 래		0	0	0	0
0	후26	최 오 백	14	대기	대기	19	임 창 균		0	0	0	0
0	후16	최 오 백	7			22	허 범 산	후0	0	0	0	0
0	0	에 레 카	8			25	조 범 석	후0	0	0	0	0
0	0	원 기 종	20			28	주 세 종	후23	0	0	0	0
0	4	15	10(3)			0						16(10)	11	2	0

● 전반 14분 안성빈 자기 측 GAR 내 H자책골 (득점: 안성빈) 가운데
● 후반 2분 이명주 GAL 내 L - ST - G(득점: 이 명주) 왼쪽
● 후반 18분 김도혁 PK - L - G(득점: 김도혁) 왼 쪽
● 후반 33분 조범석 MFR ~ 김륜도 PAR 내 R - ST - G(득점: 김륜도, 도움: 조범석) 왼쪽

부천 2 - 0 수원FC

10월 27일 16:00 맑음 부천 종합 830명
주심_ 최현재 부심_ 설귀선·안광진 대기심_ 정회수 경기감독관_ 김진의

부천 2 　0 전반 0 / 2 후반 0　 0 수원FC

퇴장	경고	파울	ST(유)	교체	선수명	배번	위치	위치	배번	선수명	교체	ST(유)	파울	경고	퇴장
0	0	0	0		이 영 창	1	GK	GK	31	김 다 솔		0	0	0	0
0	0	2	0		장 순 혁	27	DF	DF	4	김 대 호		1(1)	1	1	0
0	1	1	0		박 건	4	MF	MF	26	조 상 범		0	2	0	0
0	0	1	0		임 동 혁	5	DF	DF	99	황 도 연		0	0	0	0
0	1	3	0		정 준 현	19	DF	FW	7	이 승 현		0	0	0	0
0	0	1	0		안 태 현	22	DF	FW	10	백 성 동		4(1)	1	0	0
0	1(1)	13	남 송	28	MF	MF	14	알 렉 스		2(2)	0	0	0
0	0	1	0		송 홍 민	30	MF	MF	17	김 종 국		1	0	0	0
0	0	1	0		포 프	8	FW	FW	20	조 유 민		1	0	0	0
0	0	0	0		공 민 현	9	FW	MF	79	이 재 안		1	0	0	0
0	0	16	이 광 재	27	FW	FW	92	비 아 나	9	4(3)	3	1	0
0	0	0	0		이 기 현	18			21	이 인 수		0	0	0	0
0	0	0	0		김 재 우	3			25	이 한 빈	후0	0	0	0	0
0	0	후33	문 기 한	7			8	장 성 재		0	0	0	0
0	0	한 승 엽	13	대기	대기	15	최 원 철		0	0	0	0
0	1(1)	후0	이 정 찬	13			9	정 우 근	후22	0	0	0	0
0	0	김 지 호	24			9	정 우 근	후22	0	0	0	0
0	2(1)	후21	진 창 수	16			13	권 용 현	후29	0	0	0	0
0	2	16	12(6)			0						14(8)	21	3	0

● 후반 22분 포프 GAR 내 R - ST - G(득점: 포 프) 왼쪽
● 후반 44분 포프 PK - R - G(득점: 포프) 왼쪽

주심_조지음 부심_강도준·권용식 대기심_장순택 경기감독관_김형남

		부산 0		0 전반 0		**0 안산**		
				0 후반 0				

퇴장	경고	파울	ST(유)	교체	선수명	배번	위치	배번	선수명	교체	ST(유)	파울	경고	퇴장
0	0	0	0		구 상 민	21	GK	21	이 희 성		0	0	0	0
0	0	0	0	99	구 현 준	27	DF	3	김 연 수		0	0	0	0
0	0	0	0		김 명 준	15	DF	6	신 일 수		1(1)	1	0	0
0	0	3	0		이 청 웅	25	DF	20	송 주 호		0	0	0	0
0	0	1	1		김 치 우	7	MF	5	박 준 희		2(1)	1	0	0
0	0	1	3(1)		김 문 환	33	MF	16	최 명 희		1	4	0	0
0	0	4	1		이 재 권	8	MF	8	장 혁 진		1	1	0	0
0	0	1	2(1)		호 물 로	10	MF	77	조 우 진			3	0	0
0	0	1	1	22	고 경 민	19	MF	19	이 건		0	0	0	0
0	0	0	0		김 진 규	18	FW	18	이 창 훈	25		0	0	0
0	0	0		11	김 현 성	18	FW	11	최 호 주		2(1)		0	0
0	0				김 형 근	31		1	황 성 민			0	0	0
					권 진 영	77		2	최 성 민					
					박 준 강	3		7	박 진 섭	후0				
					송 창 호		대기	대기	한 지 원					
0	0	2(2)		후20	차 영 환	22		25	김 태 현	후32				
0				후15	이 동 준	11		26	김 종 석					
0	0			후38	최 승 인	99		30	김 현 태					
0	0	12	10(4)					0			7(3)	10	0	0

주심_김동진 부심_장종필·김홍규 대기심_오현진 경기감독관_송선호

		광주 2		1 전반 0		**1 안양**		
				1 후반 1				

퇴장	경고	파울	ST(유)	교체	선수명	배번	위치	배번	선수명	교체	ST(유)	파울	경고	퇴장
0	0	0	0		윤 평 국	31	GK	1	전 수 현		0	0	0	0
0	0	1	0		여 봉 훈	29	DF	2	채 광 훈		0	2	0	0
0	0	1	0		이 한 도	20	DF	3	최 호 정		0	3	1	0
0	0	0	0		안 영 규	5	DF	20	이 상 용		0	0	0	0
0	0	0	0		정 준 연	5	DF	7	은 성 수		0	0	0	0
0	1	1		16	여 름	21	MF	28	김 진 래		1	0	0	0
0	0	2	0		김 동 현	25	MF	10	마르코스		2(1)	5	0	0
0		1(1)			김 정 환	27	MF	6	최 재 훈	36	1	0	0	0
0	1(1)				두아르테	40	MF	35	박 성 진	32	0	0	0	0
0	0	0	0		나 상 호	10	FW	33	정 희 웅		1	2	0	0
0	2	4(3)			펠 리 페	26	FW	23	김 경 준	30	2	0	0	0
					제 종 현	41		29	정 민 기					
					박 요 한	2		25	홍 길 동					
					임 민 혁	8		22	홍 승 현					
					두 현 석	9	대기	대기	김 신 철					
0				후내	류 언 재	19		32	김 원 민	후0				
0				후30	김 민 규	18		36	이 동 경	후41				
0					이 승 모	37		30	알 렉 스	후0	1(1)			
0	2	20	9(4)					0			8(3)	14	1	0

●전반 15분 펠리페 PK - L - G(득점: 펠리페) 왼쪽
●후반 37분 두아르테 PAR ⌐ 펠리페 GA 정면 H - ST - G(득점: 펠리페, 도움: 두아르테) 왼쪽
●후반 26분 알렉스 PK - R - G(득점: 알렉스) 오른쪽

주심_정회수 부심_지승민·성주경 대기심_서동진 경기감독관_신홍기

		안산 0		0 전반 0		**0 서울E**		
				0 후반 0				

퇴장	경고	파울	ST(유)	교체	선수명	배번	위치	배번	선수명	교체	ST(유)	파울	경고	퇴장
0	0	0	0		황 성 민	1	GK	1	김 영 광		0	0	0	0
0	0	1	0		김 연 수	3	DF	27	박 성 우		0	0	0	0
0	0	1	1(1)		신 일 수	6	DF	2	전 민 광		0	1	0	0
0	0	1	0		송 주 호	20	DF	90	김 동 철		0	3	1	0
0		2(1)			박 준 희	5	DF	33	안 성 빈		0	3	0	0
0		2(2)			박 진 섭	7	MF	11	에 레 라		0	3	0	0
0	0				최 명 희	16	MF	19	최 한 솔	77	1	2	0	0
0	0	0			장 혁 진	30	FW	8	김 창 욱		2(1)	0	0	0
0	0		14		이 창 훈	18	FW	26	유 정 완		0	1	0	0
0	3	1(1)	11		이 건	19	FW	23	최 치 원	14	1	0	0	0
					이 희 성	21		31	강 정 묵					
					한 지 원	15		4	김 재 현					
					김 종 석	26	대기	3	안 동 혁					
					김 태 현		대기	대기	고 차 원					
0	3(2)		후12		최 호 주			77	허 범 산	후28				
0			후12		라 울	14		5	최 오 백	후0				
					박 관 우	23		14	조 재 완	후22				
0	0	10	10(1)					0			3(1)	12	1	0

주심_조지음 부심_강도준·권용식 대기심_정의석 경기감독관_김용세

		대전 3		1 전반 0		**0 부천**		
				2 후반 0				

퇴장	경고	파울	ST(유)	교체	선수명	배번	위치	배번	선수명	교체	ST(유)	파울	경고	퇴장
0	0	0	0		박 주 원	90	GK	1	이 영 창		0	0	0	0
0	0	2	0		윤 신 영	22	DF	2	장 순 혁		1	0	0	0
0	0	1	0		고 명 석	25	MF	4	박 건	13	1	0	0	0
0	0	0			황 재 훈	3	DF	5	임 동 혁		2(1)	0	0	0
0	1(1)		45		박 수 일	66	DF	19	정 준 현		0	3	0	0
0	2(1)				안 상 현	20	MF	22	안 태 현		0	1	0	0
0	2	4(1)			강 윤 성	41	MF	28	남 송	10	0	0	0	0
0	0	2(2)			황 인 범	96	MF	30	송 홍 민		1	0	0	0
0		3			뚜르스노프	9	FW	8	포 프		3(1)	1	0	0
0	1	2	16		가도에프	30	FW	9	공 민 현	27	2	3	0	0
0	5	3(2)			키 쭈	27	FW	16	진 창 수		0	3	0	0
					박 준 혁	92		18	이 기 현					
					윤 준 성	4		10	이 현 승	후0				
					권 영 호	5	대기	대기	문 기 한					
0			후33		박 대 훈	5		17	이 혁 주					
0	1(1)		후39		안 주 형			20	김 동 현					
0			후23		조 귀 범	15		27	이 광 재	후22	2(1)			
0	1	12	12(7)					0			16(1)	10	0	0

●전반 22분 가도에프 PAL EL ⌐ 키쭈 GAR H - ST - G(득점: 키쭈, 도움: 가도에프) 오른쪽
●후반 32분 가도에프 PAL TL ⌐ 황인범 PAR 내 R - ST - G(득점: 황인범, 도움: 가도에프) 왼쪽
●후반 42분 안주형 PAL 내 R - ST - G(득점: 안주형) 오른쪽

11월 03일 15:00 맑음 수원종합 3,060명
주심_정동식 부심_장종필·김홍규 대기심_성덕호 경기감독관_차상해

						전반 0	0					

수원FC 0   0 후반 1   1 성남

퇴장	경고	파울	ST(유)	교체	선수명	배번 위치위치 배번	선수명	교체	ST(유)	파울	경고	퇴장
0	0	0	0		김 다 솔	31 GK 31	전 종 혁		0	0	1	0
0	0	2	0		김 대 호	4 MF DF 11	서 보 민		0	0	0	0
0	1	1	0		김 창 훈	5 DF DF 28	윤 영 선		0	2	1	0
0	0	0	0		박 세 진	24 DF DF 3	임 채 민		0	1	0	0
0	0	0	0	25	조 병 국	55 DF DF 4	최 준 기		0	0	0	0
0	0		3(2)		백 성 동	10 FW MF 6	김 정 현		2(1)	2	1	0
0	0	3	(1)		알 렉 스	14 MF MF 10	문 상 윤	4	2(1)	0	1	0
0	0	8			최 원 철	7 MF FW 32	김 민 혁		1(1)	0	1	0
0	1	2	1		이 우 민	20 MF FW 7	에 델			0	0	0
0	0	4	1		이 종 원	28 MF FW 20	주 현 우		0	0	1	0
0	0	1		92	정 우 근	9 FW FW 18	정 성 민	18	1	1	1	0
0	0	0	0		이 인 수	21	41	황 인 재		0	0	0	0
					채 선 일	18	4	문 지 환 후33					
0	0	0		후40	이 한 빈	25	20	연 제 운 후41					
					황 도 연	99 대기 15	이 지 민						
0	0	1	2(1)	후35	정 성 재	8	13	김 도 엽					
					이 상 민	23	18	이 현 승 후14	2(1)				
0	0		1(1)	후33	비 아 나	92	27	이 정 태					
0	3	18	12(5)			0			9(6)	8	2	0

●후반 25분 문상윤 MF 정면 ~ 에델 GAR L - ST - G(득점: 에델, 도움: 문상윤) 왼쪽

11월 04일 14:00 맑음 부산 구덕 6,532명
주심_설태환 부심_송봉근·안광진 대기심_채상협 경기감독관_김진의

						전반 1	1					

부산 2   1 후반 1   2 광주

퇴장	경고	파울	ST(유)	교체	선수명	배번 위치위치 배번	선수명	교체	ST(유)	파울	경고	퇴장
0	0	0	0		김 형 근	31 GK 31	윤 평 국		0	0	0	0
1	0	2	0		구 현 준	27 DF DF 2	박 요 한	1	2	1	0
0	0	1	1(1)		정 호 정	15 DF DF 20	이 한 도		0	1	0	0
0	1	2			이 청 웅	25 DF DF 6	안 영 규		0	1	0	0
0	0	1	11		박 준 강	3 MF DF 5	정 준 연		0	1	0	0
0	0				김 문 환	33 MF MF 21	여 름	37		0	0	0
0	0				송 창 호	14 MF MF 25	김 동 현		0	2	1	0
0	1	5(2)			호 물 로	10 FW MF 13	정 영 총	18		0	0	0
0	0	2			한 지 호	22 FW FW 40	두 아 르 테		3(3)	1	0	0
0	0	1			김 진 규	23 FW FW 8	김 정 환	9	0	2	0	0
0	1	18			최 승 인	99 FW FW 10	나 상 호		1	0	0	0
					구 상 민	21	41	제 종 현					
					권 진 영	77	8	임 민 혁					
					이 재 권	8	9	두 현 석 후18	2(1)				
후17					김 경 민	19 대기 16	류 언 재					
					박 호 영	35	18	김 민 규 후4					
	후24				이 동 준	11	23	왕 건 명					
0	2	1(1)	후0		김 현 성	18	37	이 승 모 후38	1(1)			
1	4	12	14(5)			0			8(5)	10	2	0

●전반 36분 호물로 PK - L - G(득점: 호물로) 왼쪽
●후반 33분 호물로 C.KL ^ 이청웅 GAR H - ST - G(득점: 이청웅, 도움: 호물로) 오른쪽

●전반 17분 김정환 GA 정면 H ^ 두아르테 GAL L - ST - G(득점: 두아르테, 도움: 김정환) 왼쪽
●후반 49분 이한도 GAL H ^ 이승모 GAR 내 몸 맞고 골(득점: 이승모, 도움: 이한도) 가운데

11월 04일 17:00 맑음 아산 이순신 4,039명
주심_김도연 부심_구은석·설귀선 대기심_장순택 경기감독관_김용세

						전반 0	0					

아산 2   2 후반 1   1 안양

퇴장	경고	파울	ST(유)	교체	선수명	배번 위치위치 배번	선수명	교체	ST(유)	파울	경고	퇴장
0	0	0	0		양 형 모	31 GK 31	전 수 현		0	0	0	0
0	0	1	0		김 동 진	16 DF DF 2	채 광 훈		0	1	0	0
0	0	3	1		이 한 샘	33 DF MF 3	최 호 정		2	1	1	0
0	1	2(1)			민 상 기	39 DF DF 20	이 상 용		0	1	0	0
0	0		26		구 대 영	90 DF DF 5	김 영 찬		0	1	0	0
0	0	3	3		안 현 범	15 FW MF 28	김 진 래		0	4	1	0
0	0	3(1)	19		조 성 준	17 FW MF 10	마르코스		1			
0	1	3(2)			김 도 혁	23 MF MF 6	최 재 훈	15	1	3	0	0
0	1	1			박 세 직	24 MF FW 27	김 경 준	11	2	2	1	0
0	1	1			주 세 종	28 MF MF 33	정 희 웅	11	1(1)	1	0	0
0	1	2(2)			이 명 주	29 MF MF 30	알 렉 스		3(2)	2	1	0
					최 봉 진	41	21	양 동 원		0	0	0	0
0	0		후41		김 준 수	26	15	김 형 진 후43					
0	0	후36			임 창 균	19 대기 17	김 신 철					
					허 범 산	22	32	김 원 민 후0					
					조 범 석		36	이 동 경					
0	0		후25		고 무 열	18	11	정 재 희 후20	1(1)			
0	2	13	19(8)			0			9(4)	14	4	0

●후반 41분 이명주 PAR ~ 임창균 AKR R - ST - G(득점: 임창균, 도움: 이명주) 왼쪽
●후반 50분 임창균 PA 정면 내 R - ST - G(득점: 임창균) 오른쪽

●후반 30분 알렉스 PK - R - G(득점: 알렉스) 왼쪽

11월 11일 14:00 비 광주 월드컵 3,048명
주심_정동식 부심_설귀선·김종희 대기심_신용준 경기감독관_전인석

						전반 3	0					

광주 4   1 후반 0   0 안산

퇴장	경고	파울	ST(유)	교체	선수명	배번 위치위치 배번	선수명	교체	ST(유)	파울	경고	퇴장
0	0	0	0		윤 평 국	31 GK 31	박 형 민		0	0	0	0
0	1	5	0		여 봉 훈	29 DF DF 3	김 연 수		0	1	0	0
0	0	1			이 한 도	20 DF DF 5	신 일 수		0	1	0	0
0	0	0			안 영 규	6 DF DF 20	송 주 호		0	0	0	0
0	0	1			정 준 연	5 DF MF 2	최 성 민		0	1	0	0
0	2(1)	8			여 름	21 MF FW 9	박 준 희		0	2	1	0
0	2(1)				김 동 현	25 MF MF 16	최 명 희		0	0	0	0
0	1	37			김 정 환	27 MF MF 28	김 재 성	25	0	0	0	0
0	3(3)				두 아 르 테	40 FW FW 9	관 우	14	1	0	0	0
0	1	4(3)			나 상 호	10 FW FW 24	박 성 부		0	0	0	0
0	3(3)				펠 리 페	26 FW FW 26	김 종 석		1	1	0	0
					제 종 현	41	1	황 성 민		0	0	0	0
	후26				박 요 한	2	13	박 진 섭					
	후44				임 민 혁	8	8	장 혁 진 후0					
					두 현 석	9 대기 11	김 준 엽					
					류 언 재	16	14	라 울 전39					
					김 민 규	18	19	가					
0	1(1)	후26			이 승 모	37	25	김 태 현 후28				
0	2	16	16(12)			0			5	9	3	1

●전반 4분 김정환 AKR ~ 여름 AK 정면 R - ST - G(득점: 여름, 도움: 김정환) 오른쪽
●전반 40분 두아르테 GAR L - ST - G(득점: 두아르테) 오른쪽
●전반 45분 나상호 AKL FK R - ST - G(득점: 나상호) 오른쪽
●후반 47분 두아르테 GAR L - ST - G(득점: 두아르테) 왼쪽

성남 1 : 0 부산

11월 11일 14:00 흐림 탄천 종합 4,167명
주심_ 최현재 부심_ 강도준·성주경 대기심_ 성덕호 경기감독관_ 신홍기

		전반 0	
성남 1		후반 0	0 부산

퇴장	경고	파울	ST(유)	교체	선수명	배번	위치	위치	배번	선수명	교체	ST(유)	파울	경고	퇴장
0	0	0	0		전 종 혁	31	GK	GK	31	김 형 근		0	0	0	0
0	0	3	0		연 제 운	20	DF	DF	26	연 제 민	29	0	0	0	0
0	2	3(1)			임 채 민	5	DF	DF	77	권 진 영		0	0	0	0
0	1	2	0		최 준 기	3	DF	DF	5	노 행 석		0	0	0	0
0	0	2	1(1)		서 보 민	11	MF	MF	7	김 치 우		1(1)	2	0	0
0	0	1	0		문 지 환	4	MF	MF	14	송 창 호		1(1)	0	1	0
0	1	0	24		김 민 혁	32	MF	MF	10	호 물 로		2	2	0	0
0	0	4	0	14	주 현 우	8	MF	MF	33	김 문 환		0	2	0	0
0	0	6(4)		에	델	9	FW	FW	92	발 푸 르 트	13	2(1)	3	0	0
0	1	0			문 상 윤	10	FW	FW	11	이 동 준	88	2	0	0	0
0	2	18		김 도 엽	13	FW	FW	18	김 현 성		0	4	2	0
0					김 근 배	21			21	구 상 민					
0	0	1	전0	이 학 민	14			35	박 호 영					
					이 지 민	15			29	이 상 준	후44				
					윤 영 선	28	대기	대기	88	서 용 덕	후26				
					김 정 현	6			20	한 지 호					
			후19	박 태 준	24			22	한 지 호					
0		1(1)	후33	이 현 일	18			13	신 영 준	후30				
0	1	17	12(7)		0					0		7(4)	12	2	0

●후반 39분 연제운 MFL ↗ 이현일 PK 우측지
점오버헤드킥 R - ST - G)득점: 이현일, 도움:
연제운 오른쪽

대전 2 : 2 안양

11월 11일 14:00 흐림 대전 월드컵 2,850명
주심_ 설태환 부심_ 지승민·안광진 대기심_ 정의석 경기감독관_ 나승화

		전반 1	
대전 2		후반 1	2 안양

퇴장	경고	파울	ST(유)	교체	선수명	배번	위치	위치	배번	선수명	교체	ST(유)	파울	경고	퇴장
0	0	0	0		박 준 혁	92	GK	GK	1	전 수 현		0	0	0	0
0	0	1	0		박 대 훈	16	DF	DF	2	채 광 훈		0	1	0	0
0	1	0	1(1)		윤 준 성	4	DF	MF	3	최 호 정		0	1	0	0
0	0	0	44		윤 경 보	51	DF	DF	20	이 상 용	15	0	3	0	0
0	0	1			박 수 일	66	DF	DF	5	김 영 찬		1(1)	0	0	0
0	1	0	1		권 영 호	5	MF	DF	28	김 진 래		0	0	0	0
0	1	1	96		유 진 석	32	MF	MF	10	마르코스		1	2	0	0
0	0	1			강 한 빛	12	MF	MF	6	최 재 훈		4	1	0	0
0	2	3(1)			조 귀 범	33	FW	FW	27	김 경 준	33	1	1	0	0
0	0	6(4)			박 인 혁	64	FW	FW	36	김 원 민	36	4(2)	1	0	0
0	1	6	2(1)		안 주 형	45	FW	FW	30	알 렉 스		1	2	0	0
					박 주 원	90			21	양 동 원					
0			후0	이 지 솔	44			15	김 형 진	후26				
					김 성 훈	57			16	주 현 재					
0			후8	황 인 범	96	대기	대기	17	김 신 철					
					김 민 성	23			33	정 희 웅	후17				
0			후16	유 해 성	14			36	이 동 경	후40				
					김 세 윤	43			11	정 재 희					
0	2	18	16(7)		0					0		10(4)	8	1	0

●전반 9분 김경준 PAR ~ 알렉스 PAL 내 R -
ST - G)득점: 알렉스, 도움: 김경준 왼쪽
●후반 24분 조귀범 MFR R - ST - G)득점: 조귀
범 가운데
●후반 11분 윤준성 GA 정면 R 자책골)득점: 윤
준성 왼쪽
●후반 39분 박인혁 GA 정면 R - ST - G)득점:
박인혁 가운데

서울E 1 : 0 수원FC

11월 11일 14:00 흐림 잠실 1,063명
수심_ 최광호 부심_ 박상준·권용식 대기심_ 김도연 경기감독관_ 차상해

		전반 1	
서울E 1		후반 0	0 수원FC

퇴장	경고	파울	ST(유)	교체	선수명	배번	위치	위치	배번	선수명	교체	ST(유)	파울	경고	퇴장
0	0	0	0		김 영 광	1	GK	GK	31	김 다 솔		0	0	0	0
0	0	1	0		안 성 빈	33	DF	MF	3	김 범 용		1	0	0	0
0	0	1			전 민 광	22	DF	DF	22	김 창 훈		0	0	0	0
0	0	1	0		김 재 현	4	DF	MF	16	박 세 진	19	0	4	0	0
0	0	0			박 성 우	27	DF	DF	55	조 병 국	18	0	1	0	0
0	1	1(1)	77		에 레 라	11	FW	FW	8	장 성 재		0	1	0	0
0	1	0			최 한 솔	19	MF	FW	10	백 성 동		3	0	0	0
0	0	0			김 창 욱	66	MF	FW	14	알 렉 스		2	2	0	0
0	0	1(1)	9		최 치 원	23	MF	MF	40	윤 준 철	7	1	1	0	0
0	1	3(2)			최 오 백	7	DF	DF	20	조 유 민		0	4	0	0
0	0	1	14		유 정 완	26	FW	FW	92	비 아 나		2(1)	2	0	0
					강 정 묵	31			21	이 인 수					
					변 준 범	29			18	채 선 일	후42				
0				윤 성 열	88			9	정 우 근					
0		후43	이 현 성	77	대기	대기	29	민 현 홍					
					한 지 륜	24			7	이 승 현	후11	3(1)	2	0	0
0	0		후33	비엘키에비츠	9			9	정 우 근					
0	1	0	후22	조 재 완	14			19	모 재 현	후32	0	0	0	0
0			4(1)		0					0		10(0)	10	0	0

●전반 41분 최치원 GAR 내 R - ST - G)득점:
최치원 왼쪽

부천 0 : 1 아산

11월 11일 14:00 흐림 부천 종합 797명
주심_ 최일우 부심_ 송봉근·김홍규 대기심_ 장은택 경기감독관_ 김용세

		전반 0	
부천 0		후반 1	1 아산

퇴장	경고	파울	ST(유)	교체	선수명	배번	위치	위치	배번	선수명	교체	ST(유)	파울	경고	퇴장
0	0	0	0		이 기 현	18	GK	GK	41	최 봉 진		0	0	0	0
0	0	0			김 재 우	3	DF	DF	2	박 선 용		0	0	0	0
0	0	1	1		박 건	4	DF	FW	5	김 상 필	12	2(1)	1	0	0
0	0	1	1(1)		임 동 혁	5	DF	FW	4	김 종 국		0	0	0	0
0	0	2(1)	13		정 준 현	19	MF	DF	26	김 준 수		1	2	0	0
0	0	1			안 태 현	22	MF	FW	32	김 봉 래	15	1(1)	2	0	0
0	0	0			문 기 한	7	MF	FW	13	김 영 남		3(2)	2	0	0
0	1	1			이 현 승	10	MF	FW	19	임 창 균		6(2)	0	0	0
0	0	2	24		남 송	28	MF	MF	22	허 범 산	25	2(1)	0	0	0
0	1	2			송 홍 민	30	MF	DF	7	김 부 관		0	0	0	0
0	0	16		공 민 현	9	FW	MF	88	김 선 민		2(1)	1	0	0
					최 철 원	21			31	양 형 모					
0		후36	장 순 혁	3			13	김 동 진					
0		후0	김 지 호	24	대기	대기	12	김 민 균					
					황 진 산	44			15	안 현 범	후38				
0	2(1)	후24	진 창 수	16			25	조 범 석	후23	0	0	0	0
					이 광 재	27			12	김 륜 도	후11	3(3)			
0	1	14	13(3)		0					0		20(11)	9	0	0

●후반 45분 이용 GA 정면 → 김륜도 GAL R -
ST - G)득점: 김륜도, 도움: 이용 오른쪽

11월 28일 19:00 맑음 대전 월드컵 3,121명
주심_ 김희곤 부심_ 이정민·김계용 대기심_ 김영수 경기감독관_ 김진의

	대전	1	0 전반 0 1 후반 0		0	광주	

퇴장	경고	파울	ST(유)	교체	선수명	배번	위치	위치	배번	선수명	교체	ST(유)	파울	경고	퇴장
0	0	0	0		박준혁	92	GK	GK	31	윤평국		0	1	1	0
0	0	1	2(1)		황재훈	3	DF	DF	2	박요한		0	1	0	0
0	0	2	0		고명석	25	DF	DF	20	이한도	2(2)	0	0	0	
0	0	2	0		윤신영	22	DF	DF	6	안영규		0	0	0	0
0	1	1	0	13	박재우	26	DF	DF	5	정준연		1(1)	2	0	0
0	0	1	0		윤경보	51	MF	MF	21	여 름	14	0	2	0	0
0	0	3	0	30	강윤성	41	MF	MF	25	김동현		0	0	0	0
0	2	1	2(1)		박수일	66	MF	MF	37	이승모		0	0	0	0
0	0	4			뚜르스노프	7	FW	FW	40	두아르테					
0	1	3(3)			박인혁	64	FW	FW	19	정조원		1(1)	0	0	0
0	2	2(2)			키 푸	27	FW	FW	26	펠리페		3(2)	2	0	0
0	0				박주원	90			41	제종현					
0	0		후36		이지솔	44			8	임민혁	후7	2(1)			
0	0				박대훈	16			9	두현석					
0	1	3	후0		신학영	13	대기	대기	13	김민규	후34	0			
0	0				유진석	30			18	김민규	후34				
0	0		후15		가도에프	30			23	왕건명					
0	0				안주형	45			55	김진환					
0	2	19	8(7)								12(7)	15	1	0	

- 후반 23분 박수일 PAL 내 → 키푸 GAR 내
  ELL - ST - G(득점: 키푸, 도움: 박수일) 오른쪽

12월 01일 16:00 맑음 부산 구덕 8,132명
주심_ 이동준 부심_ 김지욱·지승민 대기심_ 최일우 경기감독관_ 나승화

	부산	3	2 전반 0 1 후반 0		0	대전	

퇴장	경고	파울	ST(유)	교체	선수명	배번	위치	위치	배번	선수명	교체	ST(유)	파울	경고	퇴장
0	0	0	0		구상민	21	GK	GK	92	박준혁		0	0	0	0
0	0	1	0		이청웅	25	DF	DF	3	황재훈		0	2	0	0
0	0	0	0		권진영	77	DF	DF	25	고명석	30	1	0	0	
0	1	1(1)			노행석	15	DF	DF	22	윤신영		1	1	0	0
0	0	2			김문환	33	MF	MF	66	박수일		1(1)	1	0	0
0	0	1			김치우	7	MF	MF	51	윤경보		0	0	0	0
0	1	1(1)	14		호물로	10	MF	MF	41	강윤성	44	0	0	0	0
0	0	0			이재권	8	MF	MF	7	뚜르스노프					
0	2(1)	13			고경민	19	FW	FW	45	안 주용	2(1)	2	0	0	
0	1	3			김진규	23	FW	FW	64	박인혁					
0	0	3(1)	99		한지호	22	FW	FW	27	키 푸					
0	0				김형근	31			90	박주원					
0	0				박호영	35			44	이지솔	후9	1			
0	0				이종민	17			16	박대훈					
0	0		후40		송창호	14	대기	대기	5	권영호		0			
0	2(1)		후25		신영준	23			32	유진석	후22				
0	0				이동준	11			26	박재우					
0	0		후41		최승인	99			30	가도에프	후0	4(1)	0	2	0
0	1	16	10(5)								11(5)	13	0	1	

- 전반 6분 호물로 PAR FK L - ST - G(득점: 호물로) 왼쪽
- 전반 42분 고경민 PAR 내 ~ 노행석 GA 정면
  L - ST - G(득점: 노행석, 도움: 고경민) 가운데
- 후반 48분 이재권 AK 정면 ~ 신영준 PAR 내
  L - ST - G(득점: 신영준, 도움: 이재권) 오른쪽

KEB하나은행 K리그 승강 플레이오프 2018 대회요강

제1조 (목적) 본 대회요강은 K LEAGUE 1 11위 클럽(이하 'K리그1 클럽')과 K LEAGUE 2 플레이오프 승리팀(이하 'K리그2 클럽') 간의 승강 플레이오프 대회 및 경기 운영에 관한 사항을 규정한다.

제2조 (용어의 정의) 본 대회요강에서 '클럽'이라 함은 연맹의 회원단체인 축구단을, '홈 클럽'이라 함은 홈경기를 개최하는 클럽을 지칭한다.

제3조 (명칭) 본 대회명은 'KEB하나은행 K리그 승강 플레이오프 2018'로 한다.

제4조 (주최, 주관) 본 대회는 연맹이 주최(대회를 총괄하여 책임지는 자)하고, 홈 클럽이 주관(주최자의 위임을 받아 대회를 운영하는 자)한다. 홈 클럽의 주관권은 제3자에게 양도할 수 없다.

제5조 (승강 플레이오프) K리그1 클럽과 K리그2 클럽은 승강 플레이오프를 실시하고 그 승자가 2019년 K리그1 리그에 참가하고 패자는 2019년 K리그2 리그에 참가한다.

제6조 (일정) 본 대회는 2018.12.6(목), 12.9(일) 양일간 개최하며, 경기일정(대진)은 아래의 경기일정표에 의한다.

구분		경기일	경기시간	대진	장소
승강 플레이오프	1차전	12.6(목)	19:00	K리그2 플레이오프 승격팀 vs 프 승격팀 K리그1 11위팀	K리그 플레이오프 승격팀 홈 경기장
	2차전	12.9(일)	14:10	K리그1 11위팀 vs K리그2 플레이오프 승격팀	K리그1 11위 홈 경기장

제7조 (경기 개시 시간) 경기 시간은 사전에 연맹이 지정한 경기시간에 의한다.

제8조 (대회방식) 1. 본 대회 방식은 클래식 클럽과 챌린지 클럽 간 Home & Away 방식에 의해 2경기가 실시되며, 1차전 홈 경기는 챌린지 클럽 홈에서 개최한다.

2. 승강 플레이오프는 1차전, 2차전 각 90분(전/후반45분) 경기를 개최한다.

3. 1, 2차전이 종료된 시점에서 승리수가 많은 팀을 승자로 한다.

4. 1, 2차전이 종료된 시점에서 승리수가 같은 경우에는 다음 순서에 의해 승자를 결정한다.
 1) 1, 2차전 90분 경기 합산 득실차
 2) 합산 득실차가 동일한 경우, 원정다득점 우선원칙 적용
 3) 합산 득실차와 원정경기 득점 수가 동일할 경우, 연장전(전/후반15분) 개최(연장전은 원정 다득점 우선 원칙 미적용)
 4) 연장전 무승부 시, 승부차기(ABBA 방식)로 승리팀 최종 결정
 ※ ABBA 승부차기 방식은 IFAB(국제축구평의회)의 가이드라인에 따른다.

제9조 (경기장) 1. 모든 클럽은 최상의 상태에서 홈경기를 실시할 수 있도록 경기장을 유지·관리할 책임이 있다.

2. 본 대회는 원칙적으로 축구전용경기장에서 개최되어야 한다.

3. 경기장은 법령이 정하는 시설 안전 기준을 충족하여야 한다.

4. 홈 클럽은 경기장을 방문하는 관람객을 위해 관중상해보험에 가입해야 하며, 보험증서나 연맹에 경기 개최 전에 제출하여야 한다. 또한 홈 클럽이 관중상해... 기타 경기장에서 K리그 경기를 개최하고자 할 경우에는 연맹에 경기개최 승인 요청 시 보험증권을 첨부하여 제출하여야 한다.

5. 각 클럽은 경기장 시설(물)에 대해 연맹의 승인을 득하여야 한다.

6. 경기장은 연맹의 경기장 시설 기준을 준수하여야 하며, 다음 각 호의 조건을 충족하여야 한다.
 1) 그라운드는 천연잔디구장으로 길이 105m, 너비 68m를 권고한다.
 2) 공식경기의 잔디 길이는 2~2.5cm로 유지되어야 하며, 전체에 걸쳐 동일한 길이여야 한다.
 3) 그라운드 외측 주변에는 원칙적으로 축구전용경기장의 경우는 5m 이상,

육상경기겸용경기장의 경우 1.5m 이상의 잔디 부분이 확보되어야 한다.

4) 골포스트 및 바는 흰색의 둥근 모양(직경12cm)의 철제 관으로 제작되고, 원칙적으로 고정식이어야 한다. 또한 볼의 반발력에 영향을 줄 수 있는 비철제 보강재 사용을 금한다.

5) 골네트는 원칙적으로 흰색(연맹의 승인을 득한 경우는 제외)이어야 하며, 골네트는 골대 후방에 폴을 세워 안전한 방법으로 부착하여야 한다. 폴은 골대와 구별되는 어두운 색상이어야 한다.

6) 코너 깃발은 연맹이 지정한 것을 사용하여야 한다.

7) 각종 라인은 국제축구연맹(이하 'FIFA') 또는 아시아축구연맹(이하 'AFC')이 정한 규격에 따라야 하며, 라인 폭은 12cm로 선명하고 명료하게 그려야 한다.(원칙적으로 페인트 방식으로 한다.)

7. 필드(그라운드 및 그 주변 부분)에는 경기 운영에 영향을 주거나 선수에게 위험의 우려가 있는 것을 방치 또는 설치해서는 안 된다.

8. 공식경기에서 그라운드에 살수(撒水)를 하는 경우, 다음 각 호에 따라 실시한다.

1) 살수는 경기 킥오프 전 및 하프타임에 실시하며, 경기장에 걸쳐 균등하게 해야 한다.

2) 경기감독관은 경기 시간 및 날씨, 그라운드 상태, 당일 경기장 행사 등을 고려하여 살수 횟수와 시간을 정하고 이를 홈 클럽 및 원정 클럽 관계자들에게 사전 통보한다.

3) 홈 클럽은 경기감독관이 정한 횟수와 시간에 따라 살수를 실시해야 하며, 이를 위반할 경우 상벌규정 유형별 징계기준 제5조 바.항에 의거 해당 클럽에 제재를 부과할 수 있다.

9. 경기장 관중석은 K리그1 클럽의 경우 좌석수 10,000석 이상, K리그2 클럽의 경우 좌석수 5,000명 이상을 충족하여야 한다. 이에 미달할 경우 연맹의 사전 승인을 득하여야 한다.

10. 홈 클럽은 원정 클럽을 응원하는 관중을 위해 대진 확정일로부터 경기 개최 3일 전까지 원정 클럽이 요청한 적정 수의 좌석을 원정팀과 협의하여 결정한다. 또한, 원정 클럽 관중을 위한 전용출입문, 화장실, 매점 시설 등을 독립적으로 사용할 수 있도록 마련하여야 한다.

11. 경기장은 다음 항목의 부대시설을 갖추도록 권고한다.

1) 운영 본부실 2)양 팀 선수대기실(냉 · 난방 및 냉 · 온수 가능)

3) 심판대기실(냉 · 난방 및 냉 · 온수 가능)

4) 실내 워밍업 지역 5) 경기감독관석 및 심판감독관석

6) 경기기록석 7) 의무실

8) 도핑검사실(냉 · 난방 및 냉 · 온수 가능)

9)통제실, 경찰 대기실, 소방 대기실 10) 실내 기자회견장

11) 기자실 및 사진기자실 12) 중계방송사룸(TV중계스태프용)

13) VIP룸

14) 기자석(메인스탠드 중앙부로 경기장 전체가 관람 가능하고 지붕이 설치되어 있는 한편, 전원 및 노트북 등이 설치 가능한 테이블이 준비되어 있을 것)

15) 장내방송 시스템 및 장내방송

16) TV중계 및 라디오 중계용 방송 부스

17) 동영상 표출이 가능한 대형 전광판

18) 출전선수명단 게시판 19) 태극기, 대회기, 연맹기

20) 입장권 판매소 21) 종합 안내소

22) 관중을 위한 응급실 23) 화장실

24) 식음료 및 축구 관련 상품 판매소 25) TV카메라 설치 공간

26) TV중계사 취재용 공간 27) 케이블 설치 공간

28) 전송용기사세팅 설치 공간 29) 믹스트 존(Mixed Zone)

30) 기타 연맹이 정하는 시설, 장비

제10조 (조명장치)＿ 1. 경기장에는 그라운드 어떠한 장소에도 평균 1,200lux 이상 조도를 가진 조명 장치를 설치하여 조명의 밝음을 균일하게 유지하여야 한다. 또한 정전에 대비하여 1,000lux 이상의 조도를 갖춘 비상조명 장치를 구비하여야 한다.

2. 홈 클럽은 경기장 조명 장치의 이상 유 · 무를 사전에 확인하여 장애를 미연에 방지하는 한편, 고장 시 신속하게 수리할 수 있도록 모든 조치와 최선의 노력

을 다하여야 한다.

제11조 (벤치)＿ 1. 팀 벤치는 원칙적으로 다음 요건을 충족하여야 한다.

1) FIFA가 정한 규격의 기술지역(테크니컬에어리어) 내에 설치하여야 한다.

2) 벤치 터치라인으로부터 5m 이상 떨어지는 한편 그 끝이 하프라인으로부터 8m 떨어지는 위치에 설치하여야 한다.

3) 투명한 재질의 지붕을 갖추고 있어야 하며, 최소 20인 이상 앉을 수 있는 좌석이 준비되어야 한다. (다만, 관중의 시야를 방해해서는 안 된다)

2. 홈 팀 벤치는 본부석에서 그라운드를 향해 좌측에 설치하여야 한다. 단 사전 승인 시 우측에 홈 팀 벤치의 설치가 가능하다.

3. 홈, 원정 팀 벤치에는 팀명을 표기한 안내물을 부착하여야 한다.

4. 제4의 심판(대기심판) 벤치를 준비하여야 하며, 다음의 요건을 충족하여야 한다.

1) 벤치 터치라인으로부터 5m 이상 떨어지는 그라운드 중앙에 설치하여야 한다. 단, 방송사의 요청 시에는 카메라 위치에 방해가 되지 않는 위치에 설치하여야 한다.

2) 투명한 재질의 지붕을 갖추고 있어야 한다.(다만, 관중의 시야를 방해해서는 안 된다.)

3)대기심판 벤치 내에는 최소 3인 이상 앉을 수 있는 좌석과 테이블이 준비되어야 한다.

제12조 (의료시설)＿ 홈 클럽은 선수단, 관계자, 관중 등을 위해 경기개시 90분 전부터 경기종료 후 모든 관중 및 관계자가 퇴장할 때까지 의료진(의사, 간호사, 1급 응급구조사)과 특수구급차를 반드시 대기시켜야 한다. 이를 위반할 경우, 본 대회요강 제29조 5항에 의한다.

제13조 (경기장에서의 고지)＿ 1. 홈 클럽은 경기장에서 다음의 각 항목 사항을 전광판 및 장내 아나운서(멘트)를 통해 고지하여야 한다.

1) 공식 대회명칭(반드시 지정된 방식 및 형태에 맞게 전광판 노출)

2) 선수, 심판 및 경기감독관, 심판평가관 소개

3) 대회방식 및 경기방식

4) K리그 선수 입장곡(K리그 앤션 'Here is the Glory' BGM)

5) 선수 및 심판 교체

6) 득점자 및 득점시간(득점 직후에)

7) 추가시간(전 · 후반 전광판 고지 및 장내아나운서 멘트 동시 실시)

8) 유료관중 수(후반전 15~30분 발표)

9) 경기 중, 경기정보 전광판 표출(양 팀 출전선수명단, 경고, 퇴장, 득점)

10) 지진 등 비상상황 발생 시 대피방안

11) VAR 리뷰를 진행할 경우, VAR 영상 판독 문구 전광판 표출

12) 상기 항 이외 연맹이 지정하는 사항

2. 홈 클럽은 경기 전 · 후 및 하프타임에 다음의 각 항목 사항을 실시하는 것이 가능하다.

1) 다음 경기예정 및 안내 2) 연맹의 사전 승인을 얻은 광고 선전

3) 음악방송 4)팀 또는 선수에 관한 정보 안내

5) 상기 1~4호 이외 연맹의 승인을 얻은 사항

제14조 (경기장 점검)＿ 1. 클럽이 기타 경기장에서 경기를 개최하고자 할 경우 해당 경기개최 14일 전까지 연맹에 시설 점검을 요청하여 경기장 실사를 받아야 하며, 이때 제출하여야 하는 서류는 다음과 같다.

1) 경기장 시설 현황 2) 홈경기 안전계획서

2. 연맹의 보완 지시가 있을 경우 이에 대한 이행 결과를 경기개최 7일 전까지 서면 보고하여야 한다.

3. 연맹은 서면보고서 및 현장실사를 통해 눈체장 보완이 미흡하다고 판단될 경우 경기 개최를 불허한다. 이 경우 홈 클럽은 연고지역 내에서 '법령', 'K리그 경기장 시설기준'에 부합하는 타 경기장(대체구장)을 선정하여 상기 1항, 2항의 절차에 따라 연맹의 승인을 받아야 한다.

4. 홈 클럽이 원하는 경기장에서 경기개최가 불가능하다고 판단될 경우, 본 대회요강 제17조 2항에 따른다. (연맹 경기규정 30조 2항)

5.상기 3항을 이행하지 않는 클럽은 본 대회요강 제19조 1항에 따른다.(연맹 경기규정 32조 1항)

제15조 (악천후의 경우 대비조치) 1. 홈 클럽은 강설 또는 강우 등 악천후의 경우에도 홈경기가 개최될 수 있도록 최선의 노력을 다하여야 한다.

2. 악천후로 인하여 경기개최가 불가능하다고 판단될 경우, 경기감독관은 경기개최 3시간 전까지 경기개최 취소를 결정하여야 한다.

제16조 (경기중지 결정) 1. 경기 전 또는 경기 중 중대한 불상사 등으로 경기를 계속하기 어려운 사태가 발생하였을 경우, 주심은 경기 감독관에게 경기 중지를 요청할 수 있으며, 경기감독관은 동 요청에 의거하여 홈 클럽 및 원정 클럽 관계자의 의견을 참고한 후 경기 중지를 결정할 수 있다.

2. 상기 1항의 경우 또는 관중의 난동 등으로 경기장의 질서 유지가 어려운 경우, 경기감독관은 주심의 경기중지 요청이 없더라도 경기 중지를 결정할 수 있다.

3. 경기 개최 3시간 전부터 경기 종료 시까지 경기 개최 지역에 미세먼지, 초미세먼지, 황사 등에 관한 경보가 발령되었거나 경보 발령 기준농도를 초과하는 상태인 경우, 경기감독관은 경기의 취소 또는 연기를 결정할 수 있다.

4. 경기감독관은 경기중지 결정을 내린 후, 지체 없이 그 사유를 연맹에 보고하여야 한다.

제17조 (재경기) 1. 공식경기가 악천후, 천재지변 등 불가항력에 의하여 경기개최 불능 또는 중지(중단)되었을 경우, 재경기는 원칙적으로 익일 동일 경기장에서 개최한다. 단, 연기된 경기가 불가피한 사유로 다시 연기될 경우 개최일시 및 장소는 해당팀과 협의 후, 연맹이 정하여 추후 공시한다.

2. 경기장 준비부족, 시설미비 등 점검 미비에 따른 홈 클럽의 귀책사유로 인하여 경기개최 불능 또는 중지 (중단되었을 경우, 원정 클럽이 24시간 이내 홈경기로 개최할지 여부에 대해 연맹에 서면으로 제출한다. 원정클럽이 홈경기로 개최하지 않을 경우, 상대 클럽(기존 홈 클럽)의 홈경기로 개최된다.

3. 재경기 방식에 대해서는 다음 각 호에 의한다.
  1) 이전 경기에서 양 클럽의 득실차가 없을 때는 90분간 재경기를 실시한다.
  2) 이전 경기에서 양 클럽의 득실차가 있을 때는 중지 시점에서부터 잔여 시간만의 재경기를 실시한다.

4. 재경기 시, 앞 항 1호의 경우 이전 경기에서 발생된 경고, 퇴장 기록만이 인정되며 선수교체는 팀당 최대 3명까지 가능하다. 앞 항 2호의 경우 이전 경기에서 발생된 모든 기록이 인정되며 선수교체는 이전 경기를 포함하여 3명까지 할 수 있다.

5. 재경기 시, 이전 경기에서 발생된 경고 및 퇴장은 유효하며, 경고 및 퇴장에 대한 처벌(징계)은 경기순서 대로 연계 적용한다.

제18조 (귀책사유가 있는 클럽의 비용 보상) 1. 홈 클럽의 귀책사유에 의해 공식경기가 개최불능 또는 중지(중단)되었을 경우, 홈 클럽은 원정 클럽에 교통비 및 숙식비를 보상하여야 한다.

2. 원정 클럽의 귀책사유에 의해 공식경기가 개최불능 또는 중지(중단)되었을 경우, 원정 클럽은 홈 클럽에 발생한 경기준비 비용 및 입장권 환불 수수료, 교통비 및 숙식비를 보상하여야 한다.

3. 상기 1항, 2항과 관련하여 천재지변 등 불가항력에 의한 경우는 제외한다.

제19조 (패배로 간주되는 경우) 1. 공식경기 개최거부 또는 속행 거부 등(경기장 질서문란, 관중의 난동 포함) 어느 클럽의 귀책사유로 인하여 공식경기가 개최불능 또는 중지(중단)되었을 경우, 그 귀책사유가 있는 클럽이 0 : 3 패배한 것으로 간주한다.

2. 공식경기에 무자격선수가 출장한 것이 경기 중 또는 경기 후 발각되어 경기종료 후 48시간 이내에 상대 클럽으로부터 이의가 제기된 경우, 무자격선수가 출장한 클럽이 0 : 3 패배한 것으로 한다. 다만, 경기 중 무자격선수가 출장한 것이 발각되었을 경우, 해당 선수를 퇴장시키고 경기는 속행한다.

3. 상기 1항, 2항에 따라 어느 한 클럽의 0 : 3 패배를 결정한 경우에도 양 클럽 선수의 개인기록(출장, 경고, 퇴장, 득점, 도움 등)은 그대로 인정한다.

4. 상기 2항의 무자격 선수는 K리그 미등록 선수, 경고누적 또는 퇴장으로 인하여 출전이 정지된 선수, 상벌 위원회 징계, 외국인 출전제한 규정을 위반한 선수 등 그 시점에서 경기출전 자격이 없는 모든 선수를 의미한다.

제20조 (경기결과 보고) 모든 공식경기의 경기결과 보고는 경기감독관 보고서, 심판 보고서, 경기기록지에 의한다.

제21조 (경기규칙) 본 대회의 경기는 FIFA 및 KFA의 경기규칙에 따라 실시되며, 특별한 사항이 발생 시에는 연맹이 결정한다.

제22조 (Video Assistant Referee 시행) 1. 본 대회는 2016년 3월 IFAB(국제축구평의회)에서 승인된 'Video Assistant Referee'(이하 'VAR')를 시행한다.

2. VAR는 주심 등 심판진을 지원하고 경기 결과를 바꿀 수 있는 명백한 오심과 중대한 사건을 교정해 공정한 판정을 증대하기 위해 시행하며 본 대회에서는 아래의 4가지 상황에 대해서만 VAR을 적용한다.
  1) 득점 상황   2) PK(Penalty Kick) 상황
  3) 퇴장 상황   4) 징계조치 오류

3. VAR의 시행과 관련하여 선수, 코칭스태프, 구단 임직원의 준수사항은 다음과 같다.
  1) 'TV' 신호(Signal)를 그리는 동작을 취하거나 구두로 VAR 확인을 요청할 수 없다. 이를 위반할 시, 다음과 같은 제재가 내려진다.
    ① 선수 - 경고   ② 코칭스태프 및 구단 임직원 - 퇴장
  2) RRA(Referee Review Area, 비디오 판독 구역, 이하 'RRA')에는 오직 주심과 RA(Review Assistant), 심판진만이 진입할 수 있다. 이를 위반할 시 다음과 같은 제재가 내려진다.
    ① 선수 - 경고   ② 코칭스태프 및 구단 임직원 - 퇴장

4. VAR의 시행과 관련하여 홈 클럽의 준수사항은 다음과 같다.
  1) 홈 클럽은 VAR이 공식심판진임을 인지하고 VAR차량에 신문실과 동일한 안전계획을 수립해 안전관리를 제공해야 하며, 안전관리 미흡 등 홈 클럽의 귀책사유로 인한 차량 및 장비의 파손 등이 발생하는 경우 이에 따른 손해를 연맹에 배상하여야 한다.
  2) 홈 클럽은 RRA에 심판진과 RA 외 다른 누구도 진입할 수 없도록 관리해야 하며, 관련 안전사고 예방의 의무와 책임이 있다.
  3) 홈 클럽은 VAR 상황 발생 시 판독 중임을 뜻하는 이미지를 판독 종료 시점까지 전광판에 노출해야 하며, 관련 장면 영상을 전광판을 통해 리플레이 할 수 없다.
  4) 홈 클럽이 상기 제1호부터 제3호에 정한 준수사항을 위반하는 경우, 연맹 상벌 규정 유형별 징계 기준 11조에 따른 징계를 받을 수 있다.

5. VAR는 다음과 같은 이유로 경기가 무효화 되지 않는다.
  1) VAR 장비가 작동하지 않은 경우
  2) VAR 판정에 오심이 발생하는 경우
  3) VAR 판독을 진행하지 않겠다고 결정을 내린 경우(안전문제, 신변위협 등)
  4) VAR 판독이 불가능한 경우(영상 앵글의 문제검, 노이즈현상 등)

5. 이 외 사항에 대해서는 IFAB(국제축구평의회)와 FIFA(국제축구연맹)이 정한 바에 따른다.

제23조 (경기시간 준수) 1. 본 대회는 90분(전ㆍ후반 각 45분) 경기를 실시한다.

2. 모든 클럽은 미리 정해진 경기시작시간(킥오프 타임)과 경기 중 휴식시간(하프타임)을 반드시 준수하여야 한다. 하프타임 휴식은 15분을 초과할 수 없으며, 양 팀 출전선수는 후반전 출전을 위해 후반전 개시 3분 전(하프타임 12분)까지 심판진과 함께 대기 장소에 집결하여야 한다.

3. 경기시작시간과 하프타임 시간을 준수하지 않아 경기가 지연될 경우, 귀책사유가 있는 해당 클럽에 제재금(100만 원 이상)을 부과할 수 있다. 동일 클럽이 위반 행위를 반복할 경우, 직전에 부과한 제재금의 2배를 부과할 수 있다. 단, 1회 부과할 수 있는 최대 제재금은 400만 원 이내로 한다.

4. 경기에 참가하는 팀(코칭스태프, 팀 스태프 포함)은 경기시작 100분 전에 경기장에 도착하여야 한다.
  1) 어느 한 팀이 경기시작 40분 전까지 경기장에 도착하지 못할 경우, 해당 팀은 경기감독관에게 그 사유와 도착예정 시간을 통보하여야 하며, 경기감독관은 경기시간 변경 유무를 심판 및 양 팀 대표자와 협의를 통해 결정한 후, 연맹으로 통보한다.
  2) 경기시간이 변경될 경우, 홈 클럽은 전광판 및 아나운서 멘트를 통해 변경된 경기시간과 변경사유에 대해 고지해야 한다.
  3) 어느 한 팀이 경기시작 시각까지 경기장에 도착하지 않는 경우, 상대팀은 45분간 대기할 의무가 있다. 45분간 대기했음에도 불구하고 상대팀이 도착하지 않을 경우, 경기감독관은 16조 1항에 의한다.

4) 경기중지에 따라 발생되는 모든 비용에 대한 배상, 책임은 귀책사유가 있는 클럽에 있으며 18조에 따른다.

5) 홈/원정팀은 경기개최지로의 이동정보를 사전에 숙지할 책임이 있으며, 상황에 따른 추가 이동시간이 필요한지 확인해야 한다. 만일, 팀의 도착 지연으로 킥오프가 지연될 경우, 연맹은 귀책사유가 있는 클럽에 제재를 부과할 수 있다.

제24조 (출전자격) 1. K리그 선수규정 4조에 의거하여 선수 등록을 완료한 선수만이 공식경기에 출전할 자격을 갖는다.

2. K리그 선수규정 5조에 의거하여 연맹에 등록을 완료한 코칭스태프 및 팀 스태프 중 출전선수명단에 등재된 자만이 공식경기 중 벤치에 착석할 수 있으며, 경기 중 기술지역에서의 선수지도행위는 1명만이 할 수 있다.(통역 1명 대동 가능)

3. 제재 중인 지도자(코칭스태프, 팀 스태프 포함)는 다음 항목을 준수하여야 한다.

1) 출전정지제재 중이거나 경기 중 퇴장 조치된 지도자는 공식경기에서 관중석, 선수대기실을 제외한 지역에 대해 출입이 제한되며, 그라운드에서 사전 훈련 및 경기 중 어떠한 지도(지시) 행위도 불가하다.

2) 징계 중인 지도자(원정팀 포함)가 경기를 관전하고자 할 경우, 홈 클럽은 본부석 쪽에 좌석을 제공하여 야 하며, 해당 지도자의 안전을 위한 조치를 취해야 한다.

3) 상기 제1호를 위반할 경우, 연맹 상벌규정 제12조 제2항에 해당하는 제재를 부과할 수 있다.

4. 준프로 계약을 체결한 선수의 공식경기 출전은 선수규정 부칙 및 '준프로 계약 시행 세칙'을 따른다.

제25조 (출전선수명단 제출의무) 1. 공식경기에 참가하는 홈 클럽과 원정 클럽은 경기 개시 90분 전까지 경기감독관에게 출전선수명단을 제출하여 승인을 받아야 하며, 출전선수 스타팅 포메이션(Starting Formation)을 별지로 함께 제출하여야한다.

2. 출전선수명단에는 출전 선수, 코칭스태프 및 팀 스태프 명단, 유니폼 색상이 포함되어야 하며, 제출된 인원만이 해당 공식경기 출전과 팀 벤치 착석 및 기술지역 출입, 선수 지도를 할 수 있다. 단, 출전선수명단 에 등재할 수 있는 코칭스태프 및 팀 스태프의 수는 11명까지로 하며 스카우트, 전력분석관, 장비담당자는 벤치에 착석할 수 없다.

3. 출전선수명단 승인 후에는 선수명단 변경을 할 수 없다. 다만, 경기 개시 전에 선발 출전선수 중 부상 등의 불가피한 사유로 경기출전이 불가능한 선수가 발생한 경우에 그 선발 선수를 후보 선수와 교체할 수 있다.

4. 본 대회의 출전선수명단은 18명을 원칙으로 하며, 다음 사항을 반드시 준수하여야 한다.

1) 골키퍼(GK)는 반드시 국내 선수이어야 하며, 후보 골키퍼(GK)는 반드시 1명이 포함되어야 한다.

2) 외국인선수의 경우, 출전선수명단에 3명까지 등록할 수 있으며 3명까지 경기 출장이 가능하다. 단, AFC 가맹국 국적의 외국인선수는 1명에 한하여 추가 등록과 출전이 가능하다.

3) K리그1 대회요강 제30조 4항 3~6호(23세 이하 국내선수 출전선수명단 포함 및 의무선발출전)와 K리그2 대회요강 제30조 4항 3~6호(22세 이하 국내선수 출전선수명단 포함 및 의무선발 출전)는 미적용된다.

5. 순연 경기 및 재경기(90분 경기에 한함)의 출전선수명단은 다시 제출하여야 한다.

제26조 (선수교체) 1. 본 대회의 선수 교체는 경기감독관이 승인한 출전선수명단에 의해 후보선수명단 내에서만 가능하다.

2. 선수 교체는 90분 경기에서 3명까지 가능하다. 연장전은 최대 2명을 교체할 수 있다.

3. 승부차기는 선수 교체가 허용되지 않는다. 단, 연장전에 허용된 최대수(2명)의 교체를 다하지 못한 팀이 승부차기를 행할 때, 골키퍼(GK)가 부상을 이유로 임무를 계속할 수 없다면 교체할 수 있다.

4. 출전선수명단 승인(경기감독관 서명) 후, 선발출전선수 11명 중 경기출전이 불가한 선수가 발생할 경우, 전반전 킥오프 전까지 경기감독관의 승인하에 출

전선수명단의 교체 대상선수 7명에 한하여 교체할 수 있으며, 교체된 선수는 후보선수명단으로 포함되나 해당 경기에 출전할 수 없다.

1) 상기 4항의 경우 선수교체 인원으로 적용되지 않으며, 3명의 선수교체 가능 인원 수는 유효하다.

2) 출전선수명단 내 교체 대상선수 7명 중 경기출전이 불가한 선수가 발생하더라도 해당 선수는 명단 외 선수와 교체할 수 없다.

제27조 (출전정지) 1. K리그1 및 K리그2에서 받은 경고, 퇴장에 의한 출전정지는 연계 적용하지 않는다.

2. 승강 플레이오프 1차전에서 받은 퇴장(경고 2회 퇴장 포함)은 다음 경기(승강 PO 2차전)에 출전정지가 적용된다.

3. 1경기 경고 2회 퇴장에 의한 출전정지는 다음 경기(승강PO 2차전) 출전 정지되며, 제재금은 일백만 원(1,000,000원)이 부과된다.

4. 직접 퇴장에 의한 출전정지는 다음 경기(승강PO 2차전)에 적용되며, 제재금은 일백이십만 원(1,200,000원)이 부과된다.

5. 경고 1회 후 직접 퇴장에 의한 출전정지는 다음 경기(승강 PO 2차전)에 적용되며, 제재금은 일백오십만 원(1,500,000원)이 부과된다.

6. 제재금은 본 대회 종료 15일 이내에 납부하여야 한다.

7. 상벌위원회 징계로 인한 출전정지 징계는 시즌 및 대회에 관계없이 연계 적용한다.

8. 경고, 퇴장, 상벌위원회 징계 등에 따라 출전이 정지된 선수, 코칭스태프, 팀 스태프의 출전으로 인한 모든 책임은 해당 클럽에 있다.

제28조 (유니폼) 1. 본 대회는 반드시 연맹이 승인한 유니폼을 착용해야 한다.

2. 선수 번호(배번)는 1번~99번으로 한정하며, 배번 1번(GK에 한함)은 출전선수명단에 기재된 선수 번호와 일치하여야 하며, 배번의 식별이 가능하도록 명확하게 표시되어 있어야 한다.

3. 팀의 주장은 주장인 것을 명확하게 표시하는 완장(Armband)을 착용 하여야 한다.

4. 공식경기에 참가하는 모든 클럽은 제1유니폼과 제2유니폼을 필히 지참함을 원칙으로 하며, 경기 전 연맹 및 상대 클럽과 유니폼 착용 색상과 관련하여 사전 조율하여야 한다. 이를 따르지 않을 경우, 위반한 클럽에 제재금 500만 원을 부과할 수 있다.

5. 동절기 방한용 내피 상의 또는 하의(타이즈)를 착용하고자 할 때는 유니폼 (상ㆍ하의) 색상과 동일한 색상을 착용하여야 한다.이를 위반할 경우 공식경기 출전이 불가하다.

6. 스타킹과 발목밴드(테이핑)는 동일 색상(계열)이어야 한다. 이를 위반할 경우, 심판의 지시에 따라 반드시 수정해야 한다. 수정되지 않을 경우, 경기 출전을 제한할 수 있다.

제29조 (사용구) 본 대회의 공식 사용구는 '아디다스 텔스타18'(Telstar18)로 한다.

제30조 (인터뷰 실시) 1. 홈 클럽은 공동취재구역인 믹스드 존(Mixed Zone)과 공식기자회견장을 반드시 마련하고, 양 클럽 홍보담당자는 경기 전 인터뷰, 경기 후 플래시인터뷰, 공식기자회견, 믹스드 존 인터뷰가 원활히 이뤄질 수 있도록 협조하여야 한다.

2. 양 클럽 선수단은 경기장에 도착하여 라커룸으로 이동 시 믹스드 존에서 미디어(취재기자에 한함)의 인터뷰에 응하여야 한다.

3. 양 클럽 선수단은 경기개시 90분~70분 전까지 홈 클럽이 지정한 장소(라커룸 앞, 경기장 출입 통로, 그라운드 주변, 믹스드 존 등)에서 인터뷰에 응하여야 하며, 양 클럽 홍보담당자는 미디어(취재기자에 한함)가 요청하는 선수가 인터뷰에 응할 수 있도록 협조한다.

4 양 클럽 감독은 경기개시 60분~20분 전까지 미디어(취재기자에 한함)와 약식 인터뷰를 실시하여야 한다.

5. 홈 클럽은 경기종료 직후 중계방송사가 요청하는 감독 또는 선수에 대해 그라운드에서 플래시 인터뷰를 우선 실시하여야 하며, 양 클럽 홍보담당자는 인터뷰 대상자를 경기 종료 전 확인하여 경기종료 직후 인계한다.

6. 홈 클럽은 경기종료 후 15분 이내에 홈 클럽 홍보담당자의 진행 하에 양 클럽 감독과 미디어가 요청하는 선수가 순차적으로 참석하는 공식기자회견을 개최하여야 하며, 양 클럽 홍보담당자는 감독 및 미디어 요청선수가 공식기자회

7. 공식기자회견은 원정 - 홈 클럽 순으로 진행하며, 선수의 순서는 양 클럽 홍보 담당자가 협의하여 정한다.

8. 미디어 부재로 공식기자회견을 개최하지 않은 경우, 홈 클럽 홍보담당자는 양 클럽 감독의 코멘트를 경기 종료 1시간 이내에 각 언론사에 배포한다.

9. 제재 중인 지도자(코칭스태프 및 팀 스태프 포함)도 경기 전·후 인터뷰와 공식기자회견 등에 참석해야 한다.

10. 양 클럽 선수단은 공식기자회견이 종료된 이후에 선수단 라커룸을 출발하여 믹스트 존 인터뷰에 응하여야 한다.(홈팀 필수 / 원정팀 권고)

11. 모든 기자회견은 연맹이 지정한 인터뷰 배경막(백드롭)을 배경으로 실시하여야 한다.

12. 인터뷰를 실시하지 않거나 공식기자회견에 참석하지 않을 경우, 해당 클럽과 선수, 감독에게 제재금(50만 원 이상)을 부과할 수 있다.

13. 인터뷰에서는 경기의 판정이나 심판과 관련하여 일체의 부정적인 언급이나 표현을 할 수 없으며, 위반 시 다음 각 호에 의한다.

1) 각 클럽 소속 선수, 코칭스태프, 팀 스태프, 임직원 등 모든 관계자에게 적용되며, 위반될 시 상벌규정 유형별 징계기준 제2조 가, 항 혹은 나, 항을 적용하여 제재를 부과한다.

2) 공식 인터뷰뿐만 아니라 대중에게 공개될 수 있는 어떠한 경로를 통한 언급이나 표현에도 적용된다.

14. 그 밖의 사항은 '2018 K리그 미디어 가이드라인'을 따른다.

15. 2018 K리그 미디어가이드라인을 준수하지 않을 경우, 해당시즌 팀 미디어 운영에 제한을 받을 수 있다.

제31조 (중계방송협조) 1. 본 대회의 경기 중계방송 시 카메라나 중계석 위치 확보, 방송 인터뷰를 위해 모든 클럽은 중계 방송사와 연맹의 요청에 최대한 협조한다.

2. 사전에 지정된 경기시간은 방송사의 요청에 따라 변경될 수 있다.

3. 홈 클럽은 중계방송사를 위한 별도의 공간을 경기시작 4시간 전부터 종료 후 1시간까지 반드시 마련해야 한다.

제32조 (경기장 안전과 질서유지) 1. 홈 클럽은 경기개시 2시간 전부터 경기종료 후 모든 관중 및 관계자가 퇴장할 때까지 선수, 팀 스태프, 심판을 비롯한 전 관계자와 관중의 안전과 질서 유지에 대한 의무와 책임이 있다.

2. 홈 클럽은 상기 1항의 의무 실시를 위해 최선의 노력을 다해야 하며, 경기장 안전 및 질서를 어지럽히는 관중에 대해 그 입장을 제한하고 강제 퇴장시키는 등의 적절한 조치를 취할 수 있다.

3. 연맹, 클럽, 선수, 코칭스태프 및 팀 스태프, 관계자를 비방하는 사안이나, 경기진행 및 안전에 지장을 줄 수 있는 모든 사안에 대해서 관련 클럽은 즉각 이를 시정 조치하여야 한다.

4. 경기감독관은 상기 3항에 해당하는 사안을 경기 중 또는 경기전후에 발견하였을 경우, 관련 클럽에 시정 조치를 요구할 수 있으며, 관련 클럽은 경기감독관의 지시에 따라야 한다.

5. 상기, 3,4항의 사안이 시정 조치되지 않을 경우, 상벌규정 유형별 징계기준 제5조 마.항 및 바.항에 의거, 해당 클럽에 제재를 부과할 수 있다.

6. 관중의 소요, 난동으로 인해 경기 진행에 문제가 발생하거나, 선수, 심판, 코칭스태프 및 팀 스태프, 미디어를 비롯한 관중의 안전과 경기장 질서 유지에 문제가 발생할 경우에는 관련 클럽이 사유를 불문하고 그에 대한 일체의 책임을 부담한다.

제33조 (홈경기 관리책임자, 홈경기 안전책임자 선정 및 경기장 안전요강) 모든 클럽은 경기장 안전 및 원활한 진행을 위해 홈경기 관리책임자 및 홈경기 안전책임자를 선정하여 연맹에 보고하여야 하며, 아래의 경기장 안전요강을 숙지하여 실행하고 관중에게 사전 공지 또는 고지하여야 한다. 또한 홈경기 관리책임자 및 홈경기 안전책임자는 경기감독관의 업무 및 지시 사항에 대해 최대한 협조하여야 한다.

1. 반입금지물: 경기장에 입장하려는 사람 또는 입장한 사람은 홈경기 관리책임자 및 홈경기 안전책임자가 특별히 필요 사항에 의해 허락했을 경우를 제외하고 다음의 각 호에 명시된 것을 가지고 입장할 수 없다.

1) 경기장 관리자에 의해 반입을 금지하고 있는 것

2) 정치적, 사상적, 종교적인 주의 또는 주장 또는 관념을 표시하거나 또는 연상시키고 혹은 대회의 운영에 지장을 미칠 우려가 있는 게시판, 간판, 현수막, 플래카드, 문서, 도면, 인쇄물 등

3) 연맹의 승인을 득하지 않은 특정의 회사 또는 영리기업의 광고를 목적으로 하여 특정의 회사명, 제품 명 등을 표시한 것(특정 회사, 제품 등을 연상시키는 것 포함)

4) 그 외 경기운영을 방해하여 타인에게 불편을 주거나 또는 위험하게 하거나 혹은 그러한 우려가 있거나 또는 운영담당·보안담당, 경비 종사원이 위험성을 인정하는 것

2. 금지행위: 경기장에 입장하려는 사람 또는 입장한 사람은 홈경기 관리책임자 및 홈경기 안전책임자가 특별히 필요 사항에 의해 허락했을 경우를 제외하고는 다음의 각 호에 명시되는 행위를 해서는 안 된다.

1) 경기장 관리자에 의해 금지되고 있는 행위

2) 정당한 입장권 또는 통행증을 소지하지 않고 입장하는 것

3) 항의 집회, 데모 등 대회의 원활한 운영을 저해할 우려가 있는 행위

4) 알코올, 약물 그 외 물질을 소유 및 복용한 상태로 경기장에 입장하는 행위 또는 경기장에 이러한 물 질을 방치해 두어 이것들의 영향에 의해 경기운영 또는 타인의 행위 등을 저해하는 행위(알코올 등의 영향에 의해 정상적인 행위를 할 수 없는 우려가 있는 상태일 경우 입장 불가)

5) 해당 경기장(시설) 및 관련 장소에서 권유, 연설, 집회, 포교 등의 행위

6) 정해진 장소 외에서 차량을 운전하거나 주차하는 것

7) 정해진 장소 외에 쓰레기 및 오물을 폐기하는 것

8) 연맹의 승인 없이 영리목적으로 경기장면, 식전행사, 관객 등을 사진 또는 비디오로 촬영하는 것

10) 연맹의 승인 없이 대회의 음성, 영상의 전부 또는 일부를 인터넷 및 미디어를 통해 전달하는 것

11) 경기운영 또는 진행을 방해하여 타인에게 폐를 끼치거나 또는 위험을 미치거나 혹은 그러한 우려가 있으면서 경비종사원이 위험성을 인정한 행위

3. 경기장 관련: 경기장에 입장하려는 사람 또는 입장한 사람은 다음의 각 호에 명시하는 사항에 준수하여야 한다.

1) 입장권, 신분증, 통행증 등의 제시가 요구되었을 때는 이것을 제시해야 함

2) 안전 확보를 위해 수화물, 소지품 등의 검사가 요구되었을 때는 이것에 따라야 함

3) 사건·사고가 발생하거나 또는 발생 우려가 예상되는 경우, 경비 종사원 또는 치안 당국의 지시, 안내, 유도 등에 따라 행동할 것

4. 입장권 또는 퇴장명령

1) 홈경기 관리책임자 및 홈경기 안전책임자는 상기 1항, 2항, 3항의 경기장 안전요강을 위반한 사람의 입장을 거부하여 경기장으로부터의 퇴장을 명할 수 있으며, 상기 1항에 의거하여 반입금지물 몰수 등 필요한 조치를 취할 수 있다.

2) 홈경기 관리책임자 및 홈경기 안전책임자는 전항에 해당하는 사람 중에서 특히 고의, 상습으로 확인된 사람에 대해서는 이후 개최되는 연맹 주최의 공식경기에 입장을 거부할 수 있다.

3) 홈경기 관리책임자 및 홈경기 안전책임자에 의해 입장이 거부되거나 경기장에서 퇴장을 받았던 사람은 입장권 구입 대금의 환불을 요구할 수 없다.

4. 인재에 의한 화재, 폭우 시 번개에 의한 등의 시설에 피해 그 관리자 및 타인에게 피임할 수 있다.

6. 안전 가이드라인 준수: 모든 클럽은 연맹이 정한 'K리그 안전가이드라인'을 준수하여야 한다.

제34조 (기타 유의사항) 각 클럽은 아래의 사항을 숙지하고 준수하여야 한다.

1. 모든 취재 및 방송중계 활동을 위한 미디어 관련 입장자는 2018 미디어 가이드라인을 준수하여야 한다.

2. 경기에 참가하는 선수단(코칭스태프, 팀 스태프 포함)은 경기시작 100분 전에 경기장에 도착하여야 한다.

3. 오픈경기는 본 경기 개최 1시간(60분) 전까지 반드시 종료되어야 하며, 연맹

에 사전 승인을 받아야 한다.

4. 선수는 신체보호를 위해 반드시 정강이 보호대를 착용하고 경기에 임해야 한다.

5. 경기 중 클럽의 임원, 코칭스태프, 팀 스태프, 선수는 경기장 내에서 흡연을 할 수 없으며, 이를 위반할 경우 퇴장 조치한다.

6. 체육진흥투표권(스포츠토토 등) 발매 이상 징후 대응경보 발생 시, 경기시작 90분 전 대응 미팅에 관계자 (경기감독관, 양 클럽 관계자 및 감독) 등이 참석하여야 한다.

7. 팀 벤치에서 무선통신기(휴대전화 포함) 시스템의 사용은 원칙적으로 불가

하다.

8. 경기 중, 교체대상 선수의 워밍업은 연맹이 사전에 지정한 장소에서 실시해야 한다.

9. 심판 판정에 대한 제소는 불가하다.

10. 전자 퍼포먼스/트래킹 시스템(EPTS)을 사용하는 경우, 사전 승인을 득하여야 한다.

제35조 (부칙) 본 대회요강에 명시되지 않은 사항은 K리그 규정, FIFA규정, K리그 이사회 결정에 의거하여 시행한다.

KEB하나은행 K리그 승강 플레이오프 2018 경기기록부

12월06일 19:00 맑음 부산 구덕 10,127명
주심_김우성 부심_윤광열·노수용 대기심_김용우 경기감독관_차상해

부산 1 · 3 서울 (1 전반 0 / 0 후반 3)

퇴장	경고	파울	ST(유)	교체	선수명	배번	위치	위치	배번	선수명	교체	ST(유)	파울	경고	퇴장
0	0	0	0		구 상 민	21	GK	GK	21	양 한 빈		0	0	0	0
0	0	1	0		구 현 준	27	DF	DF	3	이 웅 희		0	0	0	0
0	2	2	0		권 진 영	77	DF	DF	40	김 원 균		0	2	0	0
0	0	3	0		노 행 석	5	DF	DF	4	김 동 우		0	0	0	0
0	0	0	2(1)		김 치 우	7	MF	MF	14	김 한 길		0	1	0	0
0	0	2	3(2)		이 재 권	8	MF	MF	24	정 현 철	15	1(1)	0	0	0
0	0	0	3(2)		호 물 로	10	MF	MF	13	고 요 한		1(1)	1	0	0
0	0	0	1		김 문 환	33	MF	MF	16	하 대 성	11	1	1	0	0
0	0	0	1		김 진 규	23	MF	MF	18	윤 석 영					
0	0	0	0	25	김 현 성	18	FW	FW	77	윤 주 태	10	3(1)	3	1	0
0	0	0	2(1)	11	한 지 호	22	FW	FW	32	조 영 욱		5(4)	1	0	0
0	0	0	0		김 형 근	31			1	유 현		0	0	0	0
0	0	0	1	후0	이 청 웅	25			55	곽 태 휘		0	0	0	0
0	0	0	0		이 중 민	17			17	신 광 훈		0	0	0	0
0					서 용 덕	88	대기	대기	15	김 원 식	후44		0	0	0
0					신 영 준	13			72	정 원 진		0	0	0	0
0				후37	이 동 준	11			9	박 주 영	후9		1	0	0
0				후31	고 경 민	19			36	에반드로	후36		0	0	0
0	2	8	11(6)									12(8)	15	1	0

●전반 22분 한지호 MFL ~ 호물로 MF 정면 L-ST-G(득점: 호물로, 도움: 한지호) 오른쪽
●후반 13분 하대성 MFR ⌒ 조영욱 GAL 내 EL-R-ST-G(득점: 조영욱, 도움: 하대성) 오른쪽
●후반 33분 김동우 MFR ⌒ 고요한 GA 정면 H-ST-G(득점: 고요한, 도움: 김동우) 오른쪽
●후반 43분 박주영 CKL ⌒ 정현철 GAL 내 H-ST-G(득점: 정현철, 도움: 박주영) 오른쪽

12월09일 14:10 맑음 서울 월드컵 8,554명
주심_김대용 부심_곽승순·박균용 대기심_고형진 경기감독관_김용세

서울 1 · 1 부산 (0 전반 1 / 1 후반 0)

퇴장	경고	파울	ST(유)	교체	선수명	배번	위치	위치	배번	선수명	교체	ST(유)	파울	경고	퇴장
0	0	0	0		양 한 빈	21	GK	GK	21	구 상 민		0	0	0	0
0	0	1	0		이 웅 희	3	DF	DF	27	구 현 준		1(1)	0	0	0
0	0	0	0		김 원 균	40	DF	DF	15	김 명 준		0	0	0	0
0	1	1	0		김 동 우	4	DF	DF	5	노 행 석	11	0	1	0	0
0	0	3	0		윤 석 영	18	MF	MF	7	김 치 우	19	0	1	0	0
0	0	2	0		정 현 철	24	MF	MF	33	김 문 환		0	2	1	0
0	0	0	0		고 요 한	13	MF	MF	10	호 물 로		3(2)	2	0	0
0	0	0	0		하 대 성	16	FW	FW	22	한 지 호		1	1	0	0
0	0	0	10	윤 주 태	77	FW	FW	23	김 진 규		1(1)	0	0	0	
0	0	0	0		조 영 욱	32	FW	FW	17	김 현 성	17				
0	0	0	0		유 현	1			31	김 형 근		0	0	0	0
0					곽 태 휘	55			25						
0	0				김 한 길	14			17		후32	0	0	0	
0				대기	김 원 식	15	대기		14	송 창 호		0	0	0	0
0					정 원 진	72			19	고 경 민	후40	1(1)	0	0	0
0	2(2)	후0	박 주 영	10			11	이 동 준	후40		0	0	0	
0	2(2)	후14	에반드로	11			99	최 승 인		0	0	0	0	
0	1	7	5(4)									13(7)	10	3	0

●후반 48분 고요한 자기 측 MFL ~ 박주영 HLL R-ST-G(득점: 박주영, 도움: 고요한) 오른쪽 거리 45.8m
●전반 32분 호물로 PAL → 김진규 GA 정면 내 R-ST-G(득점: 김진규, 도움: 호물로) 가운데

제1조 (목적) 본 대회요강은 (사)한국프로축구연맹(이하 '연맹')이 'R리그 2018' 대회 및 경기 운영에 관한 사항을 규정함을 목적으로 한다.

제2조 (용어의 정의) 본 대회요강에서 '대회'라 함은 정규 라운드(1~21R)를 말하며, '클럽'이라 함은 연맹의 회원단체인 축구단을, '팀'이라 함은 해당 클럽의 팀을, '홈 클럽'이라 함은 홈경기를 개최하는 클럽을 지칭한다.

제3조 (명칭) 본 대회명은 'R리그 2018'이라 한다.

제4조 (주최, 주관) 본 대회는 연맹이 주최(대회를 총괄하여 책임지는 자)하고, 홈 클럽이 주관(주최자의 위임을 받아 대회를 운영하는 자)한다. 홈 클럽의 주관권은 제3자에게 양도할 수 없다.

제5조 (참가 클럽) 본 대회 참가 클럽(팀)은 총 15팀(강원, 경남, 대구, 서울, 수원, 울산, 인천, 전남, 전북, 제주, 포항, 대전, 부산, 부천, 안산)이다.

제6조 (대회방식) 1. 정규라운드는 중부(7팀), 남부(8팀) 조별리그 각 3Round Robin(21라운드) 방식으로 대회를 치른다.

2. 각 조 정규 라운드 성적을 기준으로 최종순위를 정한다.

3. 최종 순위 결정은 본 대회요강 제24조에 의한다.

제7조 (일정) 1. 본 대회는 2018.03.20(화)~2018.11.06(화) 개최하며, 경기일정(대진)은 미리 정한 경기일정표에 의한다.

팀수	참가팀	일정	방식	라운드	경기수	장소
중부 7팀	강원, 서울, 수원, 인천, 제주, 부천, 안산	03.20(화) ~11.06(화)	3Round Robin	21R	63경기(팀 당18경기)	홈 클럽 경기장
남부 8팀	경남, 대구, 울산, 전남, 전북, 포항, 대전, 부산				84경기(팀 당 21경기)	
					총 147경기	

2. 경기개최 시간은 홈팀이 희망하는 시간을 우선적으로 고려하나, 혹서기(5월 말~8월)는 17:00 이후 개최를 원칙으로 한다.

제8조 (일정의 변경) 경기일정표에 지정된 경기일시 또는 장소의 변경은 아래와 같은 절차에 의한다.

1. 홈 클럽은 원정 클럽의 동의하에 경기일정을 변경할 수 있다.

2. 홈 클럽은 변경사유가 명기된 공문과 원정팀의 동의서를 첨부하여 해당 경기 7일 전까지 연맹에 제출하여야 한다.

3. 연맹은 신청을 접수한 후, 이를 심의하여 지체 없이 변경 승인 여부를 양 클럽에 통보하여야 한다.

4. 연맹은 모든 경기일정 변경에 대한 최종적인 결정권을 가진다.

제9조 (경기규칙) 본 대회의 경기는 국제축구연맹(FIFA)의 경기규칙에 따라 실시되며, 특별한 사항이 발생 시에는 연맹이 결정한다.

제10조 (경기장) 1. 모든 클럽은 최상의 상태에서 홈경기를 실시할 수 있도록 경기장을 유지·관리할 책임이 있다.

2. 본 대회는 원칙적으로 천연잔디구장에서 개최되어야 하나 연맹의 사전 승인 시 인조잔디구장에서 개최도 가능하다. 단, 인조잔디구장 개최승인 요청은 경기 14일 전까지 완료하여야 한다.

3. 홈 클럽은 경기시작 최소 60분 전부터 경기종료 시까지 경기장을 전용할 수 있도록 해야 한다.

4. 경기 시설 기준은 다음 각 호의 조건을 충족하여야 한다.

1) 그라운드는 천연잔디구장으로서 길이 105m (너비 68m)를 권고한다.

2) 공식경기의 잔디 길이는 2~2.5cm로 유지되어야 하며, 전체에 걸쳐 균일한 길이어야 한다.

3) 그라운드 외측 주변에는 원칙적으로 축구전용경기장의 경우는 5m 이상, 육상경기겸용 경기장의 경우 1.5m 이상의 잔디 부분이 확보되어야 한다.

4) 골포스트 및 바는 흰색의 둥근 모양(직경12cm)의 철제 관으로 제작되고, 원칙적으로 고정식이어야 한다. 또한 볼의 반발력에 영향을 줄 수 있는 비철제 보강재 사용을 금한다.

5) 골네트는 원칙적으로 흰색(연맹의 승인을 득한 경우는 제외)이어야 하며, 골네트는 골대 후방에 폴을 세워 안전한 방법으로 부착하여야 한다. 폴은

골대와 구별되는 어두운 색상이어야 한다.

6) 코너 깃발은 연맹이 지정한 것을 사용하여야 한다.

7) 각종 라인은 국제축구연맹(이하 'FIFA') 또는 아시아축구연맹(이하 'AFC')이 정한 규격에 따라야 하며, 라인 폭은 12cm로 선명하고 명료하게 그려야 한다(원칙적으로 페인트 방식으로 한다).

5. 필드(그라운드 및 그 주변 부분)에는 경기 운영에 영향을 주거나 선수에게 위험의 우려가 있는 것을 방치 또는 설치해서는 안 된다.

6. 필드 내에는 어떠한 로고나 문구가 있어서는 안 되며, 이는 골대, 골네트, 코너기에도 해당된다.

7. 경기시작 전, 경기감독관 및 심판에 의해 문제가 확인될 경우(그라운드 마킹, 헤진 그물, 관개시설 노출 등) 홈 클럽은 이를 즉시 개선해야 할 책임을 진다.

8. 공식경기에서 그라운드에 살수(撒水)를 하는 경우 다음 각 호에 따라 실시한다.

1) 살수는 경기 킥오프 전 및 하프타임에 실시하며, 경기장에 걸쳐 균등하게 해야 한다.

2) 경기감독관은 경기 시간 및 날씨, 그라운드 상태, 당일 경기장 행사 등을 고려하여 살수 횟수와 시간을 정하고 이를 홈 클럽 및 원정 클럽 관계자들에게 사전 통보한다.

3) 홈 클럽은 경기감독관이 정한 횟수와 시간에 따라 살수를 실시해야 하며, 이를 위반할 경우 상벌규정유형별 징계기준 제5조 바.항에 의거 해당 클럽에 제재를 부과한다.

9. 양 팀은 경기감독관이 사전에 지정한 위치에서 경기 중 교체대기선수의 워밍업을 실시해야 한다.

10. 경기장은 다음 항목의 부대시설 및 물품을 갖추도록 권고한다.

1) 운영 본부실(복사·팩스 사용 가능)

2) 양 팀 선수대기실(냉·난방 및 냉·온수 가능)

3) 심판대기실(냉·난방 및 냉·온수 가능)

4) 경기감독관석   5) 의료진석

6) 화장실   7) 전광판 (또는 스코어보드)

8) 양팀 버스, 심판진 및 관계자 차량, 미디어용 주차공간

9) 기타 홈경기 진행에 필요한 물품(볼펌프, 선수교체판, 스트레처 2개, 보조요원 및 지원인력 조끼 등)

11. 야간경기 개최를 위해서는 그라운드 평균 750lux 이상 조도를 가진 조명 장치가 설치되어야 한다.

제11조 (벤치) 1. 팀 벤치는 원칙적으로 다음의 요건을 충족하여야 한다.

1) FIFA가 정한 규격의 기술지역(테크니컬에어리어) 내에 설치하여야 한다.

2) 벤치는 터치라인으로부터 5m 이상 떨어지는 한편 그 끝이 하프라인으로부터 8m 떨어지는 위치에 설치하여야 한다.

3) 최소 16명 이상 앉을 수 있는 좌석이 준비되어야 한다.

4) 날씨로부터 양 팀 선수단을 보호할 수 있도록 지붕으로 덮여 있어야 한다.

5) 홈 클럽은 양 팀의 벤치가 동일하게 준비 및 설치될 수 있도록 해야 한다.

2. 홈 팀 벤치는 본부석에서 그라운드를 향해 좌측에 설치하여야 한다. 단 사전 승인 시 우측에 홈팀 벤치의 설치가 가능하다.

3. 홈, 원정 팀 벤치에는 팀명을 표기한 안내물을 부착하여야 한다.

4. 제4의 심판(대기심판) 벤치를 준비하여야 하며, 다음 요건을 충족하여야 한다.

1) 벤치 터치라인으로부터 5m 이상 떨어지는 그라운드 바깥쪽에 설치하여야 한다.

2) 최소 2인 이상 앉을 수 있는 좌석과 테이블이 준비되어야 한다.

3) 날씨로부터 관계자를 보호할 수 있도록 지붕으로 덮여 있어야 한다.

4) 홈 클럽은 경기 중 심판이 사용할 수 있도록 선수교체판을 제공하여야 한다.

제12조 (의료) 1. 홈 클럽은 선수단, 관계자, 관중 등을 위해 경기개시 60분 전부터 경기종료 후 모든 팀, 관중 및 관계자가 퇴장할 때까지 구급차 1대와 의료진 2명(의료진 중 1명은 반드시 의사 또는 1급 응급구조사) 이상을 반드시 대기시켜야 한다. 이를 위반할 경우, 본 대회요강 제33조 4항에 의한다.

2. 양 팀 벤치에는 의사 또는 연맹이 인정하는 자격을 갖춘 선수트레이너(AT) 1명 이상이 벤치에 착석해야 하며, 자동제세동기를 소지해야 한다.

3. 홈 클럽은 스트레처 2개와 스트레처 요원 최소 4명 이상을 준비해야 한다.

4. 홈 클럽은 응급상황 발생 시 신속한 조치가 이루어질 수 있도록 사전 절차 및 계획을 마련하고, 경기 전 의료진과의 연락수단을 포함하여 이를 점검해야 한다.

제13조 (홈경기 운영책임자) 홈 클럽은 경기장 내 행사, 그라운드 및 벤치의 관리와 홈경기 운영 전반에 대한 책임을 갖는 홈경기 운영책임자를 지정해야 한다. 해당 직책 인원의 책임은 다음을 포함한다.

1. 골대, 골네트, 코너기, 시합기, 벤치, 대기심석 등을 포함한 그라운드 장비와 라인마킹에 대한 올바른 설치

2. 경기 전·중·후 경기감독관 및 심판진의 요청사항 또는 필요한 도움 제공

3. 홈경기 세부 시간계획 수립 및 준수 협조

4. 볼보이, 스트레처 요원 교육 및 관리 책임

5. 만일 경기 전·중·후 별도의 행사가 있을 경우, 연맹에 이를 사전 승인받아야 한다.

제14조 (경기장에서의 고지) 1. 홈 클럽은 경기장에서 전광판 또는 스코어보드 등을 통해 아래 항목을 고지하여야 한다.

1) 팀명   2) 경기 스코어

2. 홈 클럽은 경기장 또는 주변에서 긴급상황 발생 시, 이를 신속히 안내할 수 있어야 한다.

제15조 (악천후의 경우 대비조치) 1. 홈 클럽은 강설 또는 강우 등 악천후의 경우에도 홈경기를 개최할 수가 있도록 최선의 노력을 해야 한다.

2. 악천후로 인하여 경기개최가 불가능하다고 판단될 경우, 경기감독관은 경기 개최 2시간 전까지 경기개최 중지를 결정하여야 한다.

제16조 (경기중지 결정) 1. 경기 전 또는 경기 중 중대한 불상사 등으로 경기를 계속하기 어려운 사태가 발생하였을 경우, 주심은 경기 감독관에게 경기 중지를 요청할 수 있으며, 경기감독관은 동 요청에 의거하여 홈 클럽 및 원정 클럽 관계자의 의견을 참고한 후 경기 중지를 결정할 수 있다

2. 상기 1항의 경우 또는 관중 난동 등으로 경기장 질서 유지가 어려운 경우, 경기감독관은 주심의 경기 중지 요청이 없더라도 경기 중지를 결정할 수 있다.

3. 경기감독관은 경기중지 결정을 내린 후, 지체 없이 그 사유를 연맹에 보고하여야 한다.

제17조 (재경기) 1. 공식경기가 악천후, 천재지변 등 불가항력에 의하여 경기개최 불능 또는 중지(중단)되었을 경우, 재경기는 원칙적으로 익일 동일 경기장에서 개최한다. 단, 연기된 경기가 불가피한 사유로 다시 연기될 경우 개최일시 및 장소는 해당 팀과 협의 후, 연맹이 정하여 추후 공시한다.

2. 경기장 준비부족, 시설미비 등 점검미비에 따른 홈 클럽의 귀책사유로 인하여 경기 개최 불능 또는 중지(중단)되었을 경우, 원정 클럽이 24시간 이내 홈경기로 개최할지 여부에 대해 연맹에 서면으로 제출한다. 원정 클럽이 홈경기로 개최하지 않을 경우, 상대 클럽(기존 홈 클럽)의 홈경기로 개최된다.

3. 재경기 방식에 대해서는 다음 각 호에 의한다.

1) 이전 경기에서 양 클럽의 득실차가 없을 때는 90분간 재경기를 실시하며, 출전선수명단은 다시 제출한다.

2) 이전 경기에서 양 클럽의 득실차가 있을 때는 중지 시점에서부터 잔여 시간만의 재경기를 실시하며, 출전선수명단 변경은 불가하다.

4. 재경기 시, 상기 3항 1)호의 경우 이전 경기에서 발생된 경고, 퇴장 기록만이 인정되며 선수교체는 팀당 최대 3명까지 가능하다 상기 2호의 경우 이전 경기에서 발생된 모든 기록이 인정되며 선수교체는 이전 경기를 포함하여 3명까지 할 수 있다.

5. 재경기 시, 이전 경기에서 발생된 경고 및 퇴장은 유효하며, 경고 및 퇴장에 대한 처벌(징계)은 경기 순서대로 연계 적용한다.

제18조 (귀책사유가 있는 클럽의 비용 보상) 1. 홈 클럽의 귀책사유에 의해 공식경기가 개최불능 또는 중지(중단)되었을 경우, 홈 클럽은 원정 클럽에 교통비 및 숙식비를 보상하여야 한다.

2. 원정 클럽의 귀책사유에 의해 공식경기가 개최불능 또는 중지(중단)되었을 경

우, 원정 클럽은 홈 클럽에 발생한 경기준비 비용, 교통비 및 숙식비를 보상하여야 한다.

3. 상기 1항, 2항과 관련하여 천재지변 등 불가항력에 의한 경우는 제외한다.

제19조 (패배로 간주되는 경우) 1. 공식경기 개최거부 또는 속행 거부 등(경기장 질서문란, 관중의 난동 포함) 어느 클럽의 귀책사유로 인하여 공식경기가 개최불능 또는 중지(중단)되었을 경우, 그 귀책사유가 있는 클럽이 0 : 3 패배한 것으로 간주한다.

2. 경기 중 무자격선수가 출전한 것이 발각되었을 경우, 해당 선수를 퇴장시키고 경기를 속행한다. 만일 공식경기에 무자격선수가 출전한 것이 경기 후 발각되어 경기종료 후 48시간 이내에 상대 클럽으로부터 이의가 제기된 경우, 무자격선수가 출전한 클럽이 0 : 3 패배한 것으로 간주한다.

3. 상기 1항, 2항에 따라 어느 클럽의 0 : 3 패배를 결정한 경우에도 양 클럽 선수의 개인기록(출장, 경고, 퇴장, 득점, 도움 등)은 그대로 인정한다.

4. 상기 2항의 무자격 선수는 본 대회요강 제26조 1항, 2항에 적용되지 않는 선수, 제27조 3항 위반 선수, 경고누적 또는 퇴장으로 인하여 출전이 정지된 선수, 상벌위원회 징계, 외국인 출전제한 규정을 위반한 선수 등 그 시점에서 경기출전 자격이 없는 모든 선수를 의미한다.

제20조 (대회참가 포기) 1. 대회일정이 공시된 이후, 참가 클럽은 대회 불참이나 경기 출전을 포기할 수 없다.

2. 대회일정이 공시된 이후, 대회참가를 포기하기 위해서는 참가 클럽은 이에 대한 소명자료를 연맹에 제출한 후 이사회의 승인을 받아야 한다.

3. 상기 제2항을 위반할 경우, 연맹 상벌규정 제12조에 해당하는 제재를 부과할 수 있다.

4. 참가 클럽이 대회 중 잔여 경기를 포기하는 경우, 다음 각 항에 의한다.

1) 대회 전체 경기수의 3분의 2 이상을 수행하지 못했을 경우, 포기한 클럽과의 경기 결과를 모두 무효 처리한다.

2) 대회 전체 경기 수의 3분의 2 이상을 수행하였을 경우, 지난 경기 결과를 그대로 인정하고, 잔여 경기는 포기한 클럽이 0 : 3 패배한 것으로 간주한다.

제21조 (경기결과 보고) 모든 공식경기의 경기결과 보고는 경기감독관 보고서, 심판 보고서에 의한다.

제22조 (경기시간 준수) 1. 본 대회는 90분(전·후반 각 45분) 경기를 실시한다.

2. 각 팀은 미리 정해진 경기시작시간(킥오프 타임)과 경기 중 휴식시간(하프타임)을 반드시 준수하여야 한다. 하프타임 휴식은 15분을 초과할 수 없다.

제23조 (승점) 본 대회의 승점은 승자 3점, 무승부 1점, 패자 0점을 부여한다.

제24조 (순위결정) 1. 조별리그 순위는 승점→다득점→득실차→다승→승자승→벌점→추첨 순으로 결정한다.

2. 벌점에 대한 기준은 다음과 같다.

1) 경고 및 퇴장 관련 벌점

① 경고: 1점   ② 경고 2회 퇴장: 2점

③ 직접 퇴장: 3점   ④ 경고 1회 후 퇴장: 4점

2) 상벌위원회 징계 관련 벌점

① 제재금 100만 원당: 3점   ② 출전정지 1경기당: 3점

3) 코칭스태프 및 팀 스태프 퇴장, 클럽(임직원 포함)에 부과된 징계는 팀 벌점으로 적용한다.

3. 개인기록 순위결정

1) 개인기록순위 결정은 조별리그 성적으로 결정한다.

2) 즉점(Goal) 개인기록순위가 건정하 우선 순서는 다음과 같다.

① 최다득점선수 ② 출전경기가 적은 선수 ③ 출전시간이 적은 선수

3) 도움(Assist) 개인기록순위 결정의 우선 순서는 다음과 같다.

① 최다도움선수 ② 출전경기가 적은 선수 ③ 출전시간이 적은 선수

제25조 (시상) 1. 본 대회 결과에 대한 별도의 시상은 진행하지 않는다.

제26조 (출전자격) 1. 연맹 규정 제 2장 선수규정에 의거하여 선수 등록을 완료한 선수만이 공식경기에 출전할 자격을 갖는다. 단, 아래 조건에 해당되는 선수는 예외로 출전자격을 인정한다.

1) 연맹 '유소년 클럽 시스템 운영 세칙' 제2조(유소년 클럽 구성)에 해당하는

산하 유소년 클럽 등록 선수 또는,

2) 연맹 '유소년 클럽 시스템 운영 세칙' 제5조(우선지명)를 적용받는 선수 또는.

3) 대한축구협회 등록된 23세 이하(1995.01.01 이후출생자) 선수 중 참가팀 등록 요청 후 연맹이 승인한 테스트선수

4) 상기 1)호, 2)호에 해당하는 선수는 연맹에 사전 등록을 완료해야 하며, 우 선지명 선수는 등록 시 現 소속팀의 참가동의서(대학 소속 시, 총장 직인 포함 서류)를 첨부해야 한다.

2. 각 팀은 테스트 선수를 경기에 출전시키기 위해서는 연맹에 해당 경기 3일 전 까지 등록을 완료해야 한다.

1) 테스트 선수 등록에 필요한 서류는 구단 공문(선수명, 생년월일, 포지션, 배 번, 현 소속팀 또는 최종소속팀, 출전경기 등 명기), 선수의 現 소속팀 참가 동의서(대학 소속 시, 총장 직인 포함 서류)를 제출해야 한다.

2) 각 팀은 매 경기 최대 5명의 테스트 선수를 등록 및 출전 시킬 수 있다.

3) 대한축구협회에 등록되어 있거나 외국인선수는 테스트 선수로 등록 이 불가하다.

4) 각 팀은 테스트 선수의 대회참가에 따른 공상치료에 대한 책임을 가진다.

5) 경기 당일 테스트 선수는 신분증을 지참해야 하며, 경기감독관 확인 후 경 기 출전이 가능하다.

3. 연맹 '선수규정 5조'에 의거하여 연맹에 등록을 완료한 코칭스태프 및 팀 스태 프 중 출전선수명단에 등재된 자만이 공식경기 중, 벤치에 착석할 수 있으며, 경기 중 기술지역에서의 선수지도행위는 1명만이 할 수 있다(통역 1명 대동 가능).

4. 연맹에 등록을 완료한 코칭스태프(피지컬코치 제외) 중 최소 1명은 출전선수 명단에 포함되어야 한다.

5. 제재 중인 지도자(코칭스태프, 팀스태프 포함)는 다음 항목을 준수하여야 한다.

1) 출전정지 제재 중이거나 경기 중 퇴장 조치된 지도자는 공식경기에서 관중 석, 선수대기실을 제외한 지역에 대해 출입이 제한되며, 그라운드에서 사 전 훈련 및 경기 중 어떠한 지도(지시) 행위도 불가하다.

2) 징계 중인 지도자(원정팀 포함)가 경기를 관전하고자 할 경우, 경기 중 팀과 의사소통이 가능한 곳에 앉아서는 안 된다. 해당 지도자는 별도의 격리된 공간이나 경기감독관에 의해 사전에 지정된 좌석에 착석해야 한다.

3) 본 항 1호를 위반한 코칭스태프는 상벌규정에 의거하여 징계한다.

제27조 (출전선수명단 제출의무) 1. 공식경기에 참가하는 홈팀과 원정팀은 경 기개시 90분 전까지 경기감독관에게 출전선수명단을 제출하여 승인을 받아 야 한다.

1) 양 팀은 출전선수명단을 최소 3장 이상 출력하여 경기감독관에게 제출해야 하며, 경기감독관은 승인 후 심판진과 상대팀에 이를 전달한다.

2. 출전선수명단에는 출전 선수, 코칭스태프 및 팀 스태프 명단, 유니폼 색상이 포함되어야 하며, 제출된 인원만이 해당 공식경기 출전과 팀 벤치 착석 및 기 술지역 출입, 선수 지도를 할 수 있다. 단, 출전선수명단 에 등재할 수 있는 코 칭스태프 및 팀 스태프의 수는 최대 8명(주의는, 통역 제외)까지로 한다.

3. 본 대회의 출전선수명단은 18명을 원칙으로 하며, 다음 사항을 반드시 준수하 여야 한다.

1) 23세 이하(1995.01.01. 이후 출생자) 국내선수 출전을 원칙으로 한다.

2) 골키퍼(GK)는 상기1)호 연령제한 기준에 적용되지 않는다.

3) 상기 1)호에 적용되지 않는 필드 선수는 경기당 최대 5명까지 명단에 포함 할 수 있다.

4) 서울 이랜드, 안산은 예외적으로 상기 1), 2), 3)호의 적용을 받지 않는다.

5) 해당클럽 유소년 선수와 유스 선수는 출전이 가능하다. 단, 유스 선수는 경기 중 최대 4명까지 동시 출전이 가능하다.

6) 골키퍼(GK)는 반드시 국내 선수이어야 하며, 후보 골키퍼(GK)는 반드시 1 명이 포함되어야 한다.

7) 외국인선수의 경우, 출전선수명단에 3명까지 등록할 수 있으며 3명까지 경 기 출전이 가능하다. 단, AFC 가맹국 국적의 외국인선수는 1명에 한하여 추가 등록과 출전이 가능하다.

	구분	출전인원	비고
K리그 등록선수	23세 이하 국내선수	무제한	
	23세 초과 국내선수, 외국인선수	최대 5명 (필드)	서울E, 안산 미적용 GK 연령제한 미적용
해당클럽 유스	또는 우선지명 선수	무제한	
테스트선수	KFA 등록 23세 이하 국내선수	최대 5명	

제28조 (선수교체) 1. 본 대회의 선수 교체는 경기감독관이 승인한 출전선수명 단에 의해 교체대기선수 명단에서만 가능하다.

2. 교체 선수의 수는 교체대기선수 명단에 등록된 최대 7명까지 가능하며, 교체 절차 및 인원은 아래와 같다.

1) 전·후반전 각 45분의 경기 시간 중(하프타임 제외) 최대 3명을 교체할 수 있다.

2) 하프타임 휴식 중. 후반전 시작 전까지 최대 4명을 교체할 수 있다.

3. 출전선수명단 승인(경기감독관 서명) 후, 선발출전선수 11명 중 경기출전이 불가한 선수가 발생할 경우, 전반전 킥오프 전까지 경기감독관의 승인하에 교 체대기선수 7명에 한하여 교체할 수 있으며, 교체된 선수는 해당 경기에 출전 할 수 없다. 단, 골키퍼는 예외로 한다.

제29조 (출전정지)

1. 본 대회에서 경고누적에 의한 출전정지 및 퇴장에 의한 출전정지는 본 대회 종료까지 연계 적용한다.

2. 경고누적에 의한 출전정지는 경고누적 3회 때마다 다음 1경기가 출전정지된다.

3. 1경기 경고 2회 퇴장에 의한 출전정지는 다음 1경기가 출전 정지된다. 이 경 고는 누적에 산입되지 않는다.

4. 직접 퇴장에 의한 출전정지는 다음 2경기가 출전 정지된다.

5. 경고 1회 후 직접 퇴장에 의한 출전정지는 다음 2경기가 출전 정지된다. 경고 1회는 유효하며, 누적에 산입된다.

6. 본 대회의 출전정지 선수는 워밍업, 경기출전 및 벤치착석이 불가하다.

7. 본 대회에서 받은 경고, 퇴장 및 출전정지는 다음 R리그 경기에서만 적용되며, K리그와 상호 연계되지 않는다.

8. 상벌위원회 징계로 인한 출전정지는 별도의 통지가 없을 경우 시즌 및 대회에 관계없이 연계 적용한다.

9. 경고, 퇴장, 상벌위원회 징계 등에 따라 출전이 정지된 선수, 코칭스태프, 팀 스태프의 출전으로 인한 모든 책임은 해당 클럽에 있다.

제30조 (유니폼) 1. 본 대회는 K리그 마케팅 규정상의 팀 색상 및 유니폼 규정에 따라 반드시 연맹이 승인하고 지정한 유니폼을 착용해야 한다.

2. 선수 번호(배번)는 1번~99번으로 한정하며, 배번 1번은 GK에 한함)는 출전선 수명단에 기재되어 있는 선수 배번과 일치하여야 하며, 배번의 식별이 가능하 도록 명확하게 표시되어 있어야 한다.

3. 팀의 주장은 주장인 것을 명확하게 표시하는 완장(Armband)을 착용하여야 한 다.

4. 공식경기에 참가하는 모든 클럽은 제1유니폼과 제2유니폼을 필히 지참함을 원칙으로 하며, 경기 전 연맹 (경기감독관) 및 상대 클럽과 유니폼 착용 색상과 관련하여 사전 조율하여야 한다. 조율이 되지 않을 경우, 연맹(경기감독관)이 최종 결정한다. 이를 따르지 않을 경우, 위반한 클럽에 제재금 500만 원을 부 과할 수 있다.

> ① 홈팀은 제1유니폼을 착용할 우선권을 가진다.
> ② 원정팀은 홈팀의 유니폼 색상과 겹치지 않을 경우, 제1유니폼을 착용 할 수 있다.
> ③ 원정팀은 제1유니폼의 색상이 홈팀과 겹칠 경우, 제2유니폼을 착용해 야 한다.
> ④ 홈팀의 제1유니폼 색상과 원정팀의 제1, 2유니폼 색상이 모두 겹칠 경우, 양 팀은 제1, 2유니폼을 혼합해서 착용하여야 한다.

5. 동절기 방한용 내피 상의 또는 하의(타이즈)를 착용하고자 할 때는 유니폼(상· 하의) 색상과 동일한 색상을 착용하여야 한다. 이를 위반할 경우 공식경기출

전이 불가하다.

6. 스타킹과 발목밴드(테이핑)는 동일 색상(계열)이어야 한다. 이를 위반할 경우 심판은 시정을 명할 수 있고, 이에 불응할 경우 경기출전을 금지시킬 수 있다.

제31조 (사용구) 1. 본 대회의 공식 사용구는 '아디다스 텔스타18(Telstar18)'로 한다.

2. 홈 클럽은 매 경기 3개의 공식 사용구를 준비하고, 경기 전 심판으로부터 검사를 받아야 한다.

3. 홈 클럽은 12세 이상의 볼키즈를 최소 6명 이상 준비시켜야 하며, 볼키즈의 위치는 양 골대 뒤편 각 1명과 양 터치라인에 각 2명씩 위치하는 것을 기본으로 한다.

제32조 (미디어) 1. 홈 클럽은 필요 시 미디어의 경기장 출입에 협조하고, 적절한 좌석 및 주차공간을 제공할 책임이 있다.

2. 홈 클럽은 미디어 요청사항에 대해 중립적이고 공정하게 대응할 수 있는 담당자를 대기시켜야 한다.

3. 경기관련 기사뿐만 아니라 지도자 및 선수 인터뷰, 영상촬영은 승인된 언론사 및 개인에 한해 허용된다.

4. 각 팀은 경기 진행에 지장이 없는 범위 내에서 미디어의 취재활동에 최대한 협조해야 한다.

제33조 (경기장 안전과 질서유지) 1. 홈 클럽은 경기개시 120분 전부터 경기종료 후 모든 관중 및 관계자가 퇴장할 때까지 선수, 팀 스태프, 심판을 비롯한 전 관계자와 관중의 안전 및 질서 유지에 대한 의무와 책임이 있다.

2. 홈 클럽은 매 경기 응급(비상)상황 발생 시 대응절차 및 인원 대피 계획을 사전에 수립해야 하며, 요청 시 연맹에 제출해야 한다.

3. 홈 클럽은 상기 1항의 의무 실시를 위해 최선의 노력을 다해야 하며, 경기장 안전 및 질서를 어지럽히는 관중에 대해 그 입장을 제한하고 강제 퇴장시키는 등의 적절한 조치를 취할 수 있다.

4. 연맹, 홈 또는 원정 클럽, 선수, 코칭스태프 및 팀 스태프, 관계자를 비방하는 사안이나, 경기진행 및 안전에 지장을 줄 수 있는 모든 사안에 대해서는 경기 감독관의 지시에 의해 관련 클럽이 즉각 이를 시정 조치하여야 한다. 만일 경기감독관의 지시에도 불구하고 시정 조치되지 않을 경우 상벌규정 유형별 징계기준 제5조 마, 항에 의거, 해당 클럽에 제재를 부과할 수 있다.

5. 관중의 소요, 난동으로 인해 경기 진행에 문제가 발생하거나 선수, 심판, 코칭스태프 및 팀 스태프를 비롯한 관중의 안전과 경기장 질서 유지에 문제가 발생할 경우에는 관련 클럽이 사유를 불문하고 그에 대한 일체의 책임을 부담한다.

6. 홈 클럽은 사전 승인을 받았거나 적절한 자격을 갖춘 인원을 제외한 인원의 그라운드 및 주변 출입을 통제해야 한다.

제34조 (기타 유의사항) 각 클럽은 아래의 사항을 숙지하고 준수하여야 한다.

1. 경기에 참가하는 팀(코칭스태프, 팀 스태프 포함)은 경기시작 100분 전에 경기장에 도착하여야 한다.

1) 원정팀은 경기개최지로의 이동정보를 사전에 숙지할 책임이 있으며, 상황에 따른 추가 이동시간이 필요한지 확인해야 한다.

2) 만일 팀의 도착 지연으로 킥오프가 지연될 경우, 연맹은 귀책사유가 있는 클럽에 재제를 부과할 수 있다.

2. 경기 중 클럽의 임원, 코칭스태프, 팀 스태프, 선수는 경기장 내에서 흡연을 할 수 없으며, 이를 위반할 경우 퇴장 조치한다.

3. 팀 벤치에서 무선통신기(휴대전화 포함) 시스템의 사용은 원칙적으로 불가하다.

4. 경기감독관은 하절기(6~8월) 기간 중, 클럽 브레이크 세트(워터 타임)의 실시 여부를 결정할 수 있다. 감독관은 경기시작 20분 전, 기온을 측정해 32도(섭씨) 이상일 경우, 심판진과 협의해 실시할 수 있다.

5. 심판 판정에 대한 제소는 불가하다.

6. 전자 퍼포먼스.트래킹 시스템(EPTS)을 사용하는 경우, 사전 승인을 득하여야 한다.

제35조 (부칙) 본 대회요강에 명시되지 않은 사항은 K리그 규정, FIFA규정, K리그 이사회 결정에 의거하여 시행한다.

R리그 2018 경기일정표 및 결과

경기일자	경기시간	홈팀	경기결과	원정팀	경기장소
03.12(월)	15:00	강원	1:1	안산	축구공원
03.20(화)	14:00	부천	0:2	제주	부천종합보조
03.20(화)	15:00	수원	2:2	서울	수원W보조
03.20(화)	15:00	포항	2:2	경남	송라클럽
03.20(화)	15:00	대전	2:0	부산	대전W보조
03.22(목)	14:00	전남	2:1	전북	광양연습
03.22(목)	15:00	울산	1:4	대구	강동구장
03.27(화)	14:00	부산	1:2	전남	강서공원
03.27(화)	15:00	전북	2:6	포항	전주W보조
03.27(화)	14:00	대구	0:0	대전	대구S보조
03.27(화)	15:00	서울	2:1	강원	챔피언스
03.27(화)	14:00	인천	3:0	제주	승기구장
03.29(목)	15:00	경남	0:1	울산	함안공설
04.03(화)	14:00	대구	5:1	부산	대구S보조
04.03(화)	15:00	전북	1:3	경남	전주W보조
04.03(화)	15:00	안산	0:1	인천	안산와보조
04.03(화)	15:00	제주	0:1	서울	제주클럽
04.03(화)	15:00	전남	2:2	대전	광양연습
04.05(목)	15:00	강원	4:0	부천	원주종합
04.05(목)	15:00	울산	2:3	포항	강동구장
04.17(화)	15:00	경남	3:0	부산	함안공설
04.17(화)	14:00	전남	1:4	대구	광양연습
04.17(화)	15:00	포항	3:0	대전	송라클럽
04.17(화)	14:00	**부천**	3:0	인천	**부천종합보조**
04.17(화)	15:00	인천	1:1	서울	승기구장
04.19(목)	15:00	수원	4:3	강원	수원클럽
04.19(목)	15:00	울산	1:1	전북	강동구장
04.23(월)	14:00	안산	3:2	부천	안산와보조
05.01(화)	15:00	안산	4:2	제주	안산와보조
05.02(수)	17:00	울산	1:2	대전	강동구장
05.15(화)	15:00	포항	2:3	전남	송라클럽
05.15(화)	15:00	경남	0:0	대전	창원보조
05.15(화)	15:00	부산	0:4	울산	강서공원
05.15(화)	15:00	제주	3:1	강원	제주클럽
05.15(화)	15:00	서울	1:0	부천	챔피언스
05.17(목)	15:00	수원	2:4	인천	수원W보조
05.17(목)	15:00	전북	1:2	대구	전주W보조
05.20(일)	15:00	전남	4:2	울산	광양연습
05.22(화)	16:00	부산	3:3	포항	강서공원
05.22(화)	17:00	부천	1:3	수원	부천종합보조
05.29(화)	17:00	포항	3:0	대구	송라클럽
06.05(화)	17:00	대전	1:1	포항	대전W보조
06.05(화)	17:00	부산	1:2	경남	강서공원
06.05(화)	17:00	전북	1:1	울산	전주W보조
06.05(화)	15:00	서울	3:2	제주	챔피언스
06.07(목)	17:00	부천	1:4	강원	부천종합보조
06.08(금)	17:00	대구	3:3	전남	강변1구장
06.12(화)	17:00	대구	4:1	전북	강변1구장

경기일자	경기시간	홈팀	경기결과	원정팀	경기장소
06.12(화)	17:00	전남	2 : 4	포항	광양연습
06.12(화)	17:00	울산	2 : 0	경남	강동구장
06.12(화)	17:00	인천	0 : 0	수원	승기구장
06.12(화)	17:00	강원	1 : 2	서울	정선종합
06.15(금)	17:00	수원	1 : 1	부천	수원W보조
06.15(금)	16:00	제주	1 : 0	인천	제주클럽
06.15(금)	17:00	안산	3 : 2	강원	안산와보조
06.15(금)	17:00	경남	4 : 1	전북	함안공설
06.15(금)	11:00	포항	0 : 3	울산	송라클럽
06.19(화)	17:00	경남	4 : 1	포항	함안공설
06.19(화)	17:00	부산	2 : 1	대구	강서공원
06.19(화)	17:00	서울	3 : 3	수원	챔피언스
06.19(화)	16:00	제주	2 : 0	안산	제주클럽
06.21(목)	17:00	울산	3 : 0	전남	통영산양
06.22(금)	17:00	대전	1 : 0	전북	대전W보조
06.22(금)	16:00	제주	2 : 2	안산	제주클럽
06.26(화)	17:00	부천	1 : 3	서울	부천종합보조
06.26(화)	17:00	인천	2 : 3	안산	승기구장
06.26(화)	17:00	부산	1 : 0	전북	강서공원
06.26(화)	16:00	전남	1 : 3	경남	광양연습
06.26(화)	17:00	대구	3 : 0	포항	강변1구장
06.28(목)	17:00	대전	2 : 1	울산	대전W보조
06.28(목)	17:00	강원	0 : 3	제주	원주종합
06.28(목)	17:00	안산	0 : 3	수원	수원클럽하우스
06.29(금)	17:00	전북	2 : 2	부산	전주W보조
07.03(화)	17:00	인천	0 : 1	강원	승기구장
07.03(화)	17:00	대전	2 : 1	전남	대전W보조
07.03(화)	17:00	안산	2 : 1	서울	안산와보조
07.04(수)	16:00	수원	2 : 3	제주	수원W보조
07.05(목)	17:00	울산	4 : 0	부산	강동구장
07.10(화)	17:00	부산	1 : 3	대전	강서공원
07.10(화)	17:00	수원	2 : 2	안산	수원W보조
07.17(화)	17:00	서울	1 : 1	안산	챔피언스
07.19(목)	16:00	제주	2 : 2	수원	제주클럽
07.31(화)	17:00	서울	2 : 1	인천	챔피언스
07.31(화)	17:00	대전	0 : 1	경남	대전W보조
07.31(화)	17:00	포항	2 : 1	부산	송라클럽
07.31(화)	17:00	전북	4 : 5	전남	전주W보조
07.31(화)	17:00	대구	1 : 1	울산	대구S보조
08.07(화)	17:00	전남	2 : 2	부산	광양연습
08.28(화)	17:00	경남	2 : 6	대구	삼천포종합
08.30(목)	17:00	울산	1 : 3	전남	강동구장
08.30(목)	15:00	인천	1 : 2	부천	승기구상
09.04(화)	15:00	부천	0 : 2	인천	부천종합보조
09.04(화)	15:00	부산	1 : 5	대구	강서공원
09.04(화)	15:00	경남	1 : 2	전북	창원보조
09.04(화)	15:00	대전	1 : 2	포항	대전W보조
09.06(목)	15:00	전북	2 : 1	대전	전주W보조
09.09(일)	14:00	울산	1 : 0	부산	강동구장
09.11(화)	15:00	경남	1 : 3	전남	창원보조

경기일자	경기시간	홈팀	경기결과	원정팀	경기장소
09.11(화)	15:00	대전	4 : 1	대구	대전W보조
09.11(화)	15:00	수원	1 : 1	서울	수원W보조
09.11(화)	15:00	부천	2 : 1	인천	부천종합보조
09.13(목)	15:00	강원	2 : 7	인천	평창 알펜시아
09.13(목)	15:00	제주	5 : 1	부천	제주클럽
09.18(화)	15:00	서울	2 : 0	부천	챔피언스
09.18(화)	15:00	인천	2 : 0	제주	승기구장
09.18(화)	15:00	안산	2 : 5	강원	호수공원
09.18(화)	14:00	전남	0 : 3	부산	광양전용
09.18(화)	14:00	대구	0 : 3	대전	대구S보조
09.20(목)	15:00	전북	1 : 1	울산	전주W보조
09.20(목)	15:00	포항	1 : 0	경남	송라클럽
10.02(화)	15:00	부산	1 : 1	경남	강서공원
10.02(화)	15:00	인천	3 : 0	안산	승기구장
10.02(화)	14:00	부천	0 : 1	수원	부천종합보조
10.04(목)	15:00	강원	1 : 0	서울	평창 알펜시아
10.04(목)	15:00	울산	0 : 0	포항	강농구상
10.04(목)	15:00	전북	2 : 5	대구	전주W보조
10.09(화)	15:00	포항	2 : 0	부산	송라클럽
10.09(화)	17:00	제주	5 : 1	강원	제주클럽
10.09(화)	15:00	수원	3 : 1	안산	안산와보조
10.09(화)	15:00	서울	3 : 2	인천	챔피언스
10.11(목)	15:00	울산	2 : 5	대전	강동구장
10.12(금)	15:00	포항	3 : 2	전북	송라클럽
10.16(화)	14:00	전남	0 : 4	포항	광양연습
10.16(화)	15:00	전북	0 : 1	부산	전주W보조
10.16(화)	15:00	대전	0 : 0	경남	대전W보조
10.16(화)	14:00	대구	1 : 3	울산	대구S보조
10.16(화)	14:00	부천	2 : 3	제주	부천종합보조
10.16(화)	14:00	안산	1 : 2	서울	안산와보조
10.18(목)	15:00	강원	2 : 5	수원	원주종합
10.19(금)	15:00	경남	2 : 4	울산	창원보조
10.23(화)	15:00	대전	2 : 1	전남	대전W보조
10.23(화)	15:00	대구	2 : 1	경남	강변1구장
10.23(화)	14:00	강원	1 : 1	수원	원주종합
10.25(목)	14:00	전남	3 : 2	전북	광양전용
10.26(금)	15:00	경남	1 : 6	대구	진주종합 보조
10.30(화)	14:00	대구	1 : 2	전남	대구S보조
10.30(화)	14:00	부산	3 : 6	대전	강서공원
10.30(화)	15:00	제주	2 : 2	수원	제주클럽
10.30(화)	15:00	안산	1 : 1	부천	안산와보조
10.30(화)	14:00	인천	1 : 0	강원	승기구장
11.06(화)	14:00	수원	1 : 4	인천	수원W보조
11.06(화)	14:00	서울	3 : 1	제주	챔피언스
11.06(화)	14:00	강원	1 : 3	부천	원주종합
11.06(화)	14:00	전남	1 : 0	경남	광양연습
11.06(화)	14:00	포항	2 : 3	대구	송라클럽
11.06(화)	14:00	대전	5 : 1	전북	대전W보조
11.28(수)	14:00	전북	0 : 1	포항	전주W보조

R리그 2018 팀 순위_ 중부

순위	팀명	경기수	승점	승	무	패	득점	실점	득실차
1	서울	18	36	10	6	2	33	22	11
2	제주	18	31	9	4	5	39	29	10
3	인천	18	29	9	2	7	35	20	15
4	수원	18	27	6	9	3	38	32	6
5	안산	18	20	5	5	8	26	38	-12
6	강원	18	17	5	2	11	31	43	-12
7	부천	18	14	4	2	12	20	38	-18

16	이동률	제주	5	9	7	0.56
17	이효균	인천	5	10	7	0.50
18	오후성	대구	5	12	12	0.42
19	김종진	경남	5	12	3	0.42
20	조영철	경남	5	13	6	0.38
21	김민준	전남	5	13	3	0.38
22	유해성	대전	5	15	12	0.33
23	송진규	수원	5	16	8	0.31
24	백승현	전남	5	17	11	0.29

R리그 2018 팀 순위_ 남부

순위	팀명	경기수	승점	승	무	패	득점	실점	득실차
1	대전	21	41	12	5	4	42	23	19
2	대구	21	40	12	4	5	55	32	23
3	포항	21	39	12	3	6	43	33	10
4	전남	21	34	10	4	7	40	43	-3
5	울산	21	32	9	5	7	39	30	9
6	경남	21	24	7	3	11	30	36	-6
7	부산	21	18	4	6	11	24	50	-26
8	전북	21	10	2	4	15	27	53	-26

R리그 2018 득점 순위

순위	선수명	팀명	득점	경기수	교체수	경기당 득점
1	권기표	포항	14	19	4	0.74
2	김지현	강원	9	7	3	1.29
3	전현철	대구	9	13	9	0.69
4	김레오	울산	9	18	9	0.50
5	이래준	포항	9	21	8	0.43
6	이정빈	인천	7	11	1	0.64
7	조귀범	대전	7	13	9	0.54
8	김경우	강원	7	18	7	0.39
9	박주영	서울	6	7	1	0.86
10	호벨손	제주	6	8	5	0.75
11	박관우	안산	6	15	10	0.40
12	나성은	전북	6	15	2	0.40
13	서재민	대구	6	21	5	0.29
14	김종민	수원	5	5	3	1.00
15	김준범	경남	5	7	1	0.71

R리그 2018 도움 순위

순위	선수명	팀명	득점	경기수	교체수	경기당 득점
1	송민규	포항	8	18	6	0.44
2	서재민	대구	7	21	5	0.33
3	이정빈	인천	6	11	1	0.55
4	김종진	경남	5	12	3	0.42
5	한창우	전남	5	13	6	0.38
6	전지현	전남	5	16	3	0.31
7	권기표	포항	5	19	4	0.26
8	김현솔	포항	4	9	2	0.44
9	이청웅	부산	4	10	1	0.40
10	임찬울	강원	4	12	0	0.33
11	김레오	울산	4	18	5	0.22
12	최명희	안산	3	3	2	1.00
13	윤시준	전남	3	4	2	0.75
14	김대원	대구	3	7	2	0.43
15	박주영	서울	3	7	1	0.43
16	장성재	울산	3	7	3	0.43
17	윤용호	수원	3	9	5	0.33
18	김상원	제주	3	11	3	0.27
19	전현철	대구	3	13	9	0.23
20	이현웅	경남	3	13	4	0.23
21	유해성	대전	3	15	12	0.20
22	배재우	울산	3	15	3	0.20
23	백승현	전남	3	17	11	0.18
24	김경우	강원	3	18	7	0.17
25	윤민호	강원	3	18	3	0.17
26	이건철	대전	3	19	16	0.16

2018 아디다스 K리그 주니어 대회요강

제1조 (대회명)_ 본 대회는 '2018 아디다스 K리그 주니어'라 한다.

제2조 (주최, 주관, 후원)_ 본 대회는 사단법인 대한축구협회(이하 '협회')와 사단법인 한국프로축구연맹(이하 '연맹')이 공동 주최하며, 주관은 해당 팀 프로구단(이하 구단)이며, 이니시스 코리아에서 후원한다.

제2조 (대회조직위원회 구성)_ 본 대회의 원활한 운영을 위해 주최 측은 내외분 영본부(이하 '운영본부')를 별도로 구성한다.

제3조 (대회기간, 일자, 장소, 대회방식)_ 1. 대회기간 : 3월 10일 ~ 11월 3일

2. 대회일자 : 토요일 개최를 원칙으로 한다. 또한, 대회의 공정성을 위하여 전/후기 각 마지막 라운드의 모든 경기는 반드시 동일한(지정된) 일자와 시간에 실시해야 한다.

3. 대회장소 : FIFA 경기규칙에 준하는 경기장으로 구단 연고지역 내에서 개최하는 것을 원칙으로 한다. 주최 측이 승인한 천연 잔디 구장 개최를 원칙으로 하되, 사전 운영본부의 승인을 득할 경우 인조 잔디구장의 개최도 가능하다.

4. 경우에 따라 일정 및 장소는 변경될 수 있으며, 팀 사정으로 인한 일정 변경 시 당(단)가 한기 후 반드시 경기 3일 전(경기시간 기준 -72시간)까지 운영본부의 승인을 받아야 한다.

5. 대회방식 : 조별 전/후기리그 2Round robin [총 220경기]

참가팀		참가팀명 (학교명)
22개 팀	A조 11팀	강원(강릉제일고), 부천(부천FC1995 U-18), 서울(오산고), 서울이랜드(서울이랜드FC U18), 성남(풍생고), 수원(매탄고), 수원FC(수원FC U-18), 안산(안산그리너스U18), 안양(안양공고), 인천(인천대건고), 제주(제주유나이티드 U-18)

B조 10팀	경남(진주고), 광주(금호고), 대구(현풍고), 대전(충남기계공고), 부산(개성고), 상주(용운고), 아산아산무궁화프로축구단 U18), 울산(현대고), 전남(광양제철고), 전북(전주영생고), 포항(포항제철고)

제5조 (참가팀, 선수, 지도자의 자격) 1. 본 대회의 참가자격은 2018년도 협회에 등록을 필한 U18 클럽팀(고교팀 포함)과 선수, 임원, 지도자에 한한다. 단, 지도자의 경우 협회 지도자 자격증 2급(AFC B급) 이상을 취득한 자에 한해 참가가 가능하다.

2. 징계 중인 지도자 및 임원은 리그 참가 신청이 가능하나, 경기 중 벤치 착석과 선수 지도(지도자의 경우)는 징계 해제 이후부터 할 수 있다.

3. 지도자와 임원은 시기에 상관없이 등록을 신청할 수 있으나 협회 등록 및 변경 등록 승인을 받은 후 지도할 수 있다.

4. 지도자 및 임원은 중복으로 참가신청 할 수 없다.(팀 단장의 중복 신청만 허용한다)

제6조 (선수의 등록 및 리그 참가신청) 1. 선수의 참가신청은 정기 등록 기간(매년 1월부터 3월 중)과 추가 등록 기간(매년 5월과 7월) 및 신규 등록 기간(매월 초 기준 협회 근무일 3일간)에 등록을 필한 자에 한하여 가능하다.

2. 참가팀은 첫 경기 2일 전까지 18명 이상 참가신청하여야 한다. 단, 첫 경기 2일 전까지 18명 이상을 참가신청하지 못한 팀은 해당 경기는 몰수패 처리하며 공정소위원회에 회부하며, 두 번째 경기 2일 전까지도 18명 이상을 참가신청하지 못한 팀은 리그에서 실격 처리하며 공정소위원회에 회부한다.

3. 두 번째 경기부터 선수의 리그 경기 출전은 리그 참가신청한 날로부터 가능하다.

4. 참가신청은 등록된 선수에 한하여 시기에 상관없이 할 수 있다.

5. 리그 참가 신청 시 유니폼 번호는 1번부터 99번까지 가능하며 중복되지 않아야 한다. 선수는 리그 첫 경기 이후 유니폼 번호를 변경할 수 없다. 단, 선수의 이적이나 탈퇴로 인해 유니폼 번호가 결번될 경우, 추가로 리그 참가 신청을 하는 선수는 비어 있는 번호를 사용할 수 있다. 왕중왕전까지 연계 적용한다.

6. 분쟁 조정(협회 선수위원회 결정) 등의 사유로 등록을 요청한 경우 신청일을 기준(등록기간 내)으로 등록 및 참가신청이 가능하다.

제7조 (선수 활동의 개시) 1. 이적 선수는 동일 시도 내의 팀으로 이적할 경우에는 최종 출전일을 기준으로 3개월 이후, 타 시도의 팀으로 이적할 경우에는 최종 출전일을 기준으로 6개월 이후에 경기 출전이 가능하다. 타 시도 이적 후 출전 제한 기간 내에 동일시도의 팀으로 이적할 경우에는 최종 출전일을 기준으로 6개월을 경과해야 한다. '이적 출전 제한'에 적용되는 기준은 아래와 같다.(협회 등록규정 발췌)

① 선수가 최종 출전한 경기일을 기준으로 출전 제한기간을 계산한다.

② 최초 등록 후 경기출전 없이 이적할 경우, 최초 등록일을 기준으로 출전 제한기간을 계산한다.

2. 유급 선수는 등록 당해 연도에 한하여 유급 연도의 최종경기일 이후부터 출전이 가능하다. 연령 초과 선수는 경기당일 출전선수 명단(18명 이내)에 최대 팀당 2명까지만 표기 및 출전할 수 있다.

3. 해체된 팀의 선수는 참가 신청한 날로부터 경기에 출전할 수 있다. 해체된 팀의 선수가 다른 팀으로 이적할 경우, 시기에 상관없이 등록 승인을 받은 후 리그 참가 신청한 날로부터 경기에 출전할 수 있다.

4. 해외의 학교 또는 팀으로 그 소속을 옮긴 선수가 귀국하여 원래의 국내 소속 팀으로 복귀할 경우, 등록 기간 내 국제이적 신청이나 이적 절차를 거쳐 등록 승인을 받은 후 리그 참가 신청이 가능하며, 참가 신청한 날로부터 경기에 출전할 수 있다.

5. 외국인 선수는 대한축구협회 등록규정에 의거하여 선수등록 후 리그 참가 신청이 가능하다.

6. 신규 등록(최초 등록) 선수는 리그 참가 신청한 날로부터 경기에 출전할 수 있다.

7. 위 1항에서 6항까지의 규정은 본 대회에만 해당되며, 방학 중 전국 대회를 포함한 다른 대회의 이적 선수 출전 규정은 해당 대회의 규정에 따른다.

제8조 (경기규칙) 본 대회는 FIFA(국제축구연맹 이하 'FIFA') 경기규칙에 준하여 실시하며, 명문화되지 않은 사항은 운영본부가 결정한다.

제9조 (경기시간) 1. 본 대회의 경기 시간은 전·후반 각 45분으로 하고, 필요시 전·후반 각 15분의 연장전을 실시하며, 하프타임 휴식 시간은 '10분 전·후'로 하되 15분을 초과하지 않으며, 원활한 경기진행을 위해 운영본부의 통제에 따라야 한다.

제10조 (공식 사용구) 본 대회의 공식 사용구는 5호 볼을 사용하며, 협회가 지정한다.

제11조 (순위결정 및 왕중왕전 진출) 1. 본 대회 승점은 승 3점, 무 1점, 패 0점으로 한다.

2. 본 대회 순위결정은 리그 최종성적을 기준으로 승점을 우선으로 하되 승점이 같은 경우 골득실차 - 다득점 - 승자승(승점 →골 득실차 순으로 비교) - 페어플레이 점수 - 추첨 순으로 정한다. 단, 3개팀 이상 다득점까지 동률일 경우 승자승을 적용하지 않고 '페어플레이 점수 - 추첨' 순으로 순위를 결정한다.

※ 페어플레이 점수 부여 방식은 대한축구협회 초중고 축구리그 운영규정에 따른다.

3. 전/후기리그 각각 승점을 부여한다. (전기리그 승점이 후기리그에 연계되지 않음)

4. 전기리그 및 후기리그 왕중왕전 진출팀 수, 개최유무 및 방식 등은 협회에서 대한축구협회 통합 온라인 시스템(joinkfa.com) 등을 통해 별도 공지한다.

제12조 (선수의 출전 및 교체) 1. 본 대회의 경기에 참가하는 팀은 경기 당일 리그 참가신청서를 대한축구협회 통합 온라인시스템(joinkfa.com)으로 접속하여 출력 후, 경기 개시 60분 전까지 출전 선수 18명(선발 출전 11명과 교체 대상 7명)의 명단과 KFA 등록증을 해당 리그운영경기감독관에게 제출해야 함을 원칙으로 한다.

① 선발 출전선수 11명은 KFA 등록증을 소지하고 장비 검사를 받아야 한다.

② 경기 중 교체 선수는 본인의 KFA 등록증을 직접 감독 또는 대기심판에게 제출하여 교체 승인을 받은 후 교체하여야 한다.

③ KFA 등록증을 제출하지 않은 선수는 해당 경기에 출전할 수 없다.

2. 선수교체는 팀당 7명 이내로 하되, 경기 개시 전에 제출된 교체 대상 선수(7명)에 한한다.

3. 팀이 출전선수 명단을 제출한 후 선수를 교체하고자 할 경우,

① 기제출된 출전선수 11명과 교체 대상 선수 7명간에만 허용하며, 경기 개시 전까지 리그운영감독관 승인하에 교체할 수 있다.

② 경기 개시 전 선발 또는 기존 출전선수와 교체선수가 바뀐 것을 주심에게 알리지 않았을 경우 다음과 같이 조치하며, 보고된 사항은 공정소위원회에 회부한다 (FIFA 경기규칙서 규칙 3.선수 내 5.위반과 처벌).

경기 전
○ 주심은 교체 선수가 계속 경기하는 것을 허락한다.
○ 해당 교체 선수에게 어떠한 징계도 내리지 않는다.
○ 선수는 교체선수가 될 수 있다.
○ 교체 허용수는 감소하지 않는다.
○ 주심은 이에 대해 해당 기관에 보고한다.
하프타임 또는 연장전(교체 허용 수가 남아 있는 경우에 한)
○ 주심은 교체 선수가 계속 경기하는 것을 허락한다.
○ 해당 교체 선수에게 어떠한 징계도 내리지 않는다.
○ 선수는 교체선수가 될 수 없다.
○ 교체 허용수는 감소한다.
○ 주심은 이에 대해 해당 기관에 보고한다.

4. 다음과 같은 조건의 선수가 경기에 출전하였을 경우에는 즉시 퇴장조치한 후(교체 불가) 경기는 계속 진행하며, 해당 팀의 지도자에 대해서는 공정소위원회에 회부한다. 단, 왕중왕전에서는 몰수패 처리한다.

① 이적 후 출전 제한 기간 미경과 선수

② 징계기간 중 선수

③ 유급선수의 경우 유급 직전연도 리그 출전일이 미경과된 선수

5. 참가신청서에 기재된 선수 중 출전 선수명단(선발출전 선수, 교체 선수)에 포함되지 않는 선수가 출전한 경우, 해당 선수는 기존 출전 선수와 즉시 재교체

하여 경기를 진행하며 교체 허용 수는 감소하지 않는다. 경기 종료 후 위의 사항이 발견되었을 경우 경기 결과는 그대로 인정하되, 해당 팀은 공정소위원회에 회부된다.

제13조 (벤치 착석 대상) 1. 경기 중 벤치에 앉을 수 있는 사람은 리그 참가신청서에 기재된 지도자 및 선수, 임원(축구부장, 트레이너, 의무, 행정 등)에 한한다.

2. 임원의 경우 벤치 착석은 가능하나 지도는 불가하다.

3. 지도자, 임원은 반드시 자격증 또는 KFA 등록증을 패용하고 팀 벤치에 착석하여야 한다.

4. 징계 중인 지도자, 임원, 선수는 징계 해제 이후부터 벤치에 착석할 수 있다.

5. 경기 중 팀 벤치에서의 전자 통신기기를 사용한 의사소통은 불가하다.

6. 벤치 착석 인원 중 KFA 등록증 또는 자격증을 패용한 지도자에 한하여 지도행위가 가능하며, 비정상적인 지도행위(임원의 지도행위, 관중석에서의 지도행위 등)는 리그운영감독관 판단으로 경기장에서 퇴장 조치할 수 있다. 또한 해당 팀은 공정소위원회에 회부한다.

제14조 (경기 운영) 1. 홈 팀은 다음과 같은 경기 시설, 물품, 인력을 준비해야 할 의무가 있다.

① 시설: 경기장 라인, 코너깃대 및 코너깃발, 팀 벤치, 본부석/심판석(의자,책상,텐트), 스코어보드(팀명, 점수판), 의료인석 대기석, 선수/심판대기실, 골대/골망, 화장실, 팀 연습장(워밍업 공간), 주차시설 등

② 물품: 시합구, 볼펌프, 들것, 교체판, 스태프 조끼, 리그 현수막, 벤치팀명 부착물, 구급차, 구급 물품(의료백), 각종 대기실 부착물 등

③ 인력: 경기운영 보조요원, 안전/시설담당, 의료진, 볼보이, 들것요원 등

④ 기타: 각종 서류(경기보고서, 운영감독관 보고서, 사고/상황보고서, 심판보고서, 출전선수 명단, 선수 교체표, 리그 참가신청서) 지정 병원

2. 홈 팀은 경기 중 또는 경기 전, 후에 선수, 코칭스태프, 심판을 비롯한 전 관계자와 관중의 안전 및 질서 유지에 대한 의무와 책임이 있다.

제15조 (응급치료비 보조) 1. 경기 중 발생한 부상선수에 대한 치료비는 팀 명의의 공문으로 운영본부를 경유하여 중앙조직위원회에 신청한다.

2. 최초 부상일로부터 반드시 20일 이내 신청하여야 하며, 기한 내 신청하지 않은 팀 또는 단체는 지원 대상에서 제외된다.

3. 경기 당일 발생한 응급치료비에 한하여 200,000원까지만 지원한다.

4. 제출서류: ① 해당 팀 소속 구단 공문 1부

② 해당선수가 출전한 경기의 경기보고서 사본 1부

※ 경기보고서에 있는 부상선수 발생 보고서에 기재된 선수에 한하여 치료비 지급

③ 진료영수증 원본

④ 해당선수 계좌사본(선수 본인 계좌 이외의 계좌일 경우 지원 불가)

⑤ 해당선수 주민등록등본

제16조 (재경기 실시) 1. 불가항력적인 사유(필드상황, 날씨, 정전에 의한 조명 문제 등)로 인해 경기 중단 또는 진행이 불가능하게 된 경기를 「순연경기」라 하고, 순연된 경기의 개최를 '재경기'라 한다.

2. 재경기는 중앙 조직위원회 또는 운영본부가 결정하는 일시, 장소에서 실시한다.

3. 득점차가 있을 때는 중단 시점에서부터 잔여 시간만의 재경기를 갖는다.

① 출전선수 및 교체대상 선수의 명단은 순연경기 중단 시점과 동일하여야 한다.

② 선수교체는 순연경기를 포함하여 팀당 7명 이내로 한다.

③ 순연경기에서 발생된 모든 기록(득점, 도움, 경고, 퇴장 등)은 유효하다.

4. 득점차가 없을 때는 전·후반 경기를 새로 시작한다.

① 출전선수 및 교체대상 선수의 명단은 순연경기와 동일하지 않아도 된다.

② 선수교체는 순연경기와 관계없이 팀당 7명 이내로 한다.

③ 경기 기록은 순연경기에서 발생된 경고, 퇴장 기록만 인정한다.

5. 경고(2회 누적 포함), 퇴장, 징계 등 출전정지 대상자는 경기번호의 변동에 관계없이 가장 가까운 일정의 경기 순서대로 연계 적용한다.

6. 심판은 교체 배정할 수 있다.

제17조 (경고) 1. 경기 중 경고 2회로 퇴장당한 선수는 다음 1경기(경기 번호의 변동에 관계없이 가장 가까운 일정의 경기)에 출전하지 못한다.

2. 경기 중 1회 경고를 받은 선수가 경고 없이 바로 퇴장을 당할 경우, 다음 1경기(경기 번호의 변동에 관계없이 가장 가까운 일정의 경기)에 출전하지 못하며, 당초에 받은 경고는 그대로 누적된다.

3. 경고를 1회 받은 선수가 다른 경기에서 경고 2회로 퇴장당했을 경우, 퇴장 당시 받은 경고 2회는 경고 누적 횟수에서 제외된다. 당초에 받은 경고는 그대로 누적된다.

4. 서로 다른 경기에서 각 1회씩 2회 누적하여 경고를 받은 선수는 다음 1경기(경기 번호의 변동에 관계없이 가장 가까운 일정의 경기)에 출전할 수 없다.

5. 본 대회에서 받은 경고(누적 경고 포함)는 플레이오프전 및 왕중왕전에 연계되지 않는다. 단, 플레이오프전에 받은 경고 또한 왕중왕전에 연계되지 않는다.

6. 선수가 본 리그 기간 중 이적하더라도 이미 받은 경고는 새로 이적한 팀에서 연계 적용된다.

7. 전기리그에서 받은 경고는 후기리그로 연계되지 않는다.

8. 경고 누적으로 인한 출전정지 대상 경기가 몰수 또는 실격 처리된 경우, 출전정지 이행으로 간주한다.

제18조 (퇴장) 1. 경기 도중 퇴장 당한 선수, 지도자, 임원은 다음 1경기(경기 번호의 변동에 관계없이 가장 가까운 일정의 경기)에 출전하지 못한다.

2. 퇴장 사유의 경중에 따라 공정소위원회 및 중앙 조직위원회는 잔여 경기의 출전금지 횟수를 결정할 수 있다.

3. 본 대회 최종 경기에서 당한 퇴장은 왕중왕전에 연계 적용된다.

4. 경기 도중 선수들을 터치라인 근처로 불러 모아 경기를 중단시키는 지도자 또는 임원은 즉시 퇴장 조치하고, 리그공정위원회에 회부한다.

5. 주심의 허락 없이 경기장에 무단 입장하거나, 시설 및 기물 파괴, 폭력 조장 및 선동, 오물투척 등 질서 위반행위를 한 지도자와 임원은 즉시 퇴장 조치하고 리그공정위원회에 회부한다.

6. 경기 도중 퇴장당한 선수가 본 리그 기간 중 이적하더라도 본 리그에서는 퇴장의 효력이 그대로 연계 적용된다.

7. 전기리그에서 받은 퇴장은 후기리그로 연계되지 않는다.

8. 퇴장으로 인한 출전정지 대상 경기가 몰수 또는 실격 처리된 경우, 출전정지 이행으로 간주한다.

제19조 (몰수) 1. 몰수라 함은 경기 결과에 관계없이 해당 경기에 대한 팀의 자격 상실을 말한다.

2. 다음 경우에 해당하는 팀은 몰수 처리한다.

① 팀이 일정표상의 경기 개시 시각 15분 전까지 경기장에 도착하지 않을 경우. 단, 천재지변 등 불가피한 사유는 제외한다.

② 등록은 하였으나 리그 참가신청서 명단에 없는 선수가 출전했을 경우

③ 경기 당일 첫 번째 경기를 갖는 팀의 경우 일정표 상에 명시된 경기 시간 15분 전까지 KFA 등록증 소지자가 7명 미만일 경우 해당경기 몰수 처리한다.

④ 경기 당일 첫 번째 이후 경기를 갖는 팀의 경우 앞 경기 종료 15분 전까지 KFA 등록증 소지자가 7명 미만일 경우 해당경기 몰수 처리한다.

⑤ 경기 도중 심판 판정 또는 기타 사유로 팀이 경기를 지연하거나 집단으로 경기장을 이탈한 뒤 감독관 등으로부터 경기 재개 통보를 받은 후 3분 이내에 경기에 임하지 않을 경우

⑥ 위 '마의 경기 지연 또는 경기장 이탈 행위를 한 팀이 3분 이내에 경기에 임했으나 경기 재개 후 재차 경기를 지연하거나 집단으로 경기장을 이탈한 뒤, 감독관 등으로부터 경기 재개 통보를 받은 후 주어진 3분 중에서 잔여 시간 내에 경기를 재개하지 않을 경우

⑦ 등록하지 않은 선수가 경기에 출전한 경우

⑧ 다른 선수의 KFA 등록증을 제출 후 경기에 참가시킨 경우

⑨ 그 외의 경기 출전 자격 위반 행위나 경기 포기 행위를 할 경우

3. 해당 경기 몰수 팀에 대해서는 패 처리하며, 상대팀에게는 스코어 3 : 0 승리로 처리한다. 또한 본 대회에서는 승점 3점을 준다. 단, 세골차 이상로 승리했거나 이기고 있었을 경우에는 해당 스코어를 그대로 인정한다.

4. 몰수 처리 경기라 하더라도 득점, 경고, 퇴장 등 양팀 선수 개인의 경기 기록은 인정한다.

제20조 (실격) 1. 실격이라 함은 본 대회 모든 경기에 대한 팀의 자격 상실을 말한다.

2. 다음 경우에 해당하는 팀은 실격으로 처리한다.
① 참가 신청 후 본 대회 전체 일정에 대한 불참 의사를 밝힌 경우
② 본 대회의 잔여 경기를 더 이상 치를 수 없는 상황이 발생한 경우
③ 본 대회에서 2회 몰수된 경우

3. 대회 전체경기 수의 1/2 이상을 수행하지 않았을 때, 실격된 경우에는 실격팀과 잔여 경기를 허용하지 않으며 대회에서 얻은 승점 & 스코어를 모두 무효 처리한다. 단, 대회 전체경기수의 1/2 후에 실격팀이 발생한 경우에는 이전 경기결과를 인정하고, 잔여경기는 3:0으로 처리한다.

4. 실격 팀과의 경기라 하더라도 득점, 경고, 퇴장 등 양 팀 선수 개인의 경기 기록은 인정한다.

제 21조 (징계 회부 사항) 경기와 관련하여 아래 사항에 대해서는 공정소위원회에 회부하여 징계를 심의한다.

1. 징계기간 미경과 선수가 출전하였을 경우
2. 징계 중인 지도자가 팀 벤치 또는 공개된 장소에서 지도 행위를 했을 경우
3. 경기 중 지도자 또는 임원이 벤치 이외의 장소에서 팀을 지도했을 경우
4. 경기 중 앰프를 사용한 응원을 했을 경우
5. 몰수 또는 실격 행위를 했을 경우
6. 등록 또는 리그 참가 신청과 관련한 문제로 인해 징계 심의가 필요한 경우
7. 근거 없이 경기 진행에 지장을 주는 항의를 하였다고 판단될 경우
8. 기타 대회 중 발생한 경기장 질서문란 행위 및 경기 중 또는 경기 후에라도 심각한 반칙행위나 불법 행위가 적발되어 징계 심의가 필요하다고 인정되는 경우
9. 유급선수가 유급 직전 년도에 최종 출전한 경기일이 경과하지 않은 상태에서 출전하였을 경우
10. 경기중 폭력, 폭설(욕설), 인격모독, 성희롱 행위를 한 지도자, 임원, 선수의 경우
11. 이적 후 출전 정지 기간 미경과 선수가 출전하였을 경우
12. 3명 이상의 연령초과선수를 출전 시킨 경우 (조기입학으로 인하여 유급한 자는 제외)
13. KFA 등록증을 패용하지 않은 지도자, 선수, 임원이 팀 벤치에 착석하거나 지도행위를 할 수 없는 사람이 지도행위를 한 경우

제22조 (시상) 본 대회의 시상 내역은 다음과 같으며, 전/후기리그 조별 각각 시상한다.

1. 단체상 : 우승, 준우승, 3위, 페어플레이팀상
※ 우승, 준우승 : 트로피, 상장 수여 / 3위, 페어플레이팀상 : 상장 수여
※ 그린카드상은 KFA 기준에 따라 KFA 시상식을 통해 별도 시상
2. 개인상 : 최우수선수상, 득점상, 수비상, GK상, 최우수지도자상(감독, 코치)
3. 득점상의 경우 다득점 선수 - 출전경기수가 적은선수 - 출전시간이 적은 선수 순으로 한다.
4. 득점상의 경우 3명 이상일 때는 시상을 취소한다.
5. 대회 중 퇴장조치 이상의 징계를 받은 선수 및 지도자는 경중에 따라 시상에서 제외될 수 있다.
6. 본 대회 및 왕중왕전에서 몰수 이상(승점 감점 포함)의 팀 징계를 받을 경우 모든 시상 및 포상에 대한 지급 대상에서 제외하고 환수조치한다.
7. 특별한 사유가 발생할 경우 시상 내역이 변경될 수 있으나, 시상에 관련한 사항은 운영본부 결정에 의한다.

제23조 (도핑) 1. 도핑방지규정은 선수의 건강보호와 공정한 경기운영을 위함이며, 협회에 등록된 선수 및 임원은 한국도핑방지위원회[www.kada-ad.or.kr]의 규정을 숙지하고 준수할 의무가 있다.
2. 본 대회 기간 중 한국도핑방지위원회(이하 "KADA")에서 불특정 지목되어진 선수는 KADA에서 시행하는 도핑검사 절차를 반드시 준수해야 한다.

3. 본 대회 전 또는 기간 중 치료를 위해 금지약물을 복용할 경우, KADA의 지침에 따라 해당 선수는 치료 목적 사용면책(이하 'TUE') 신청서를 작성/제출해야 한다.

4. 협회 등록 소속 선수 및 관계자(감독, 코치, 트레이너, 팀의무, 기타임원 등 모든 관계자)는 항상 도핑을 방지할 의무가 있으며, 본 규정에 따라 KADA의 도핑검사 절차에 어떠한 방식으로도 관여할 수 없다.

5. 도핑검사 후 금지물질이 검출된 경우 KADA의 제재 조치를 따라야 한다.

제24조 (기타) 1. 경기에 참가하는 팀은 경기 당일 유니폼 2벌(스타킹 포함)을 필히 지참해야 한다. 경기에 참가하는 두 팀의 유니폼(스타킹 포함) 색상이 동일할 때는 원정팀이 보조 유니폼(스타킹 포함)을 착용한다. 이도 동일하거나 색상 구분이 명확하지 않을 경우에는 홈팀이 보조 유니폼을 착용한다. (이외의 상황은 리그운영감독과 및 심판진의 결정에 따른다.)

2. 경기에 출전하는 선수의 상하 유니폼 번호는 반드시 리그 참가신청서에 기재된 것과 동일해야 한다. 동일하지 않을 경우 해당 선수는 참가 신청서에 기재된 번호가 새겨진 유니폼으로 갈아입고 출전해야 한다. 이를 위반하는 선수는 해당 경기에 출전할 수 없다. 단, 유니폼의 번호 표기는 유니폼 색상과 명확히 판별될 수 있게 해야 한다.

3. 경기에 출전하는 모든 선수들(선발선수 11명 외 교체선수 포함)은 KFA 등록증을 지참하여 경기 출전 전 리그운영감독관에게 확인 및 제출해야 한다. KFA 등록증을 지참하지 않았을 시, 해당 선수는 경기에 출전하지 못한다. 교체 선수는 본인의 KFA 등록증을 지참 후 리그운영감독관에게 직접 제출하여 교체 승인 후 교체되어야 한다.

4. 출전선수는 신체 보호를 위해 반드시 정강이 보호대(Shin Guard)를 착용하고 경기에 임해야 한다.

5. 기능성 의류를 입고 출전할 때는, 상·하 유니폼과 각각 동일한 색상을 입어야 한다.

6. 경기에 출전하는 팀의 주장 선수는 완장을 차고 경기에 출전하여야 한다.

7. 스타킹 위에 테이핑 또는 비슷한 재질의 색상은 스타킹의 주 색상과 같아야 한다.

8. 경기에 참가하는 팀은 팀과 무관한 국내외 다른 팀의 엠블럼이나 명칭을 사용할 수 없으며, 다른 선수의 이름이 부착된 유니폼을 착용해서는 안 된다.

9. 대회에 참가하는 모든 선수는 참가팀에서 반드시 심장, 호흡기관 등 신체 건강에 이상이 없는지 점검한 후 선수를 출전시켜야 하며, 이로 인한 사고가 발생할 경우 팀이 책임을 져야 한다.

10. 참가팀은 선수 부상을 비롯한 각종 사고에 대비하기 위해 보험에 가입하여야 하며, 기타 안전대책을 강구하여 반드시 시행해야 한다.

11. 경기와 관련한 제소는 육하원칙에 의해 팀 대표자 명의로 공문을 작성하여 경기 종료 후 48시간 이내에 하여야 하며, 경기 중 제소는 허용하지 않으며, 심판 판정에 대한 제소는 대상에서 제외한다.

12. 리그에 참가하는 팀은 반드시 리그운영규정을 확인하고 숙지해야 할 의무가 있다. 미확인(숙지)에 따른 불이익은 해당 팀이 감수하여야 한다.

13. 대회운영은 협회 국내대회승인 및 운영규정에 의거하여 실시한다.

14. 본 대회는 협회 및 운영본부로부터 기승인된 EPTS 시스템을 운영하며, 세부 사항은 FIFA 경기규칙서(규칙 4.선수의 장비 내 4.기타 장비)에 따른다.

제25조 (마케팅 권리) 1. 본 대회 마케팅과 관련된 모든 권리는 운영본부에 있으며, 미 승인간 마케팅의 침해를 금지한다.

2. 참가팀은 운영본부의 상업적 권리 사용에 대해 적극 협조하여야 한다.

제26조 (부칙) 1. 본 대회규정에 명시되지 않은 사항은 운영본부의 결정 및 전국 초중고 축구리그 운영 규정에 의한다.

2. 대회 중 징계사항은 대회운영본부의 확인 후, 초중고 리그 공정위원회의 결정에 의한다.

2018 아디다스 K리그 주니어 경기일정표 및 결과

K리그 주니어 A_ 2018 전반기 전국 고등 축구 리그

경기일자	경기시간	홈팀	경기결과	원정팀	경기장소
03.10(토)	14:00	서울	2 : 2	인천	오산고
03.10(토)	14:00	강원	3 : 1	수원FC	강릉제일고
03.10(토)	14:00	부천	1 : 1	제주	부천체육관
03.10(토)	14:00	서울E	0 : 0	안산	하남종합
03.17(토)	14:00	제주	0 : 2	서울	걸매B구장
03.17(토)	14:00	안산	2 : 1	강원	안산유소년스포츠타운 1구장
03.17(토)	14:00	부천	1 : 2	안양	부천체육관
03.17(토)	14:00	서울E	1 : 4	수원FC	하남종합
03.24(토)	14:00	강원	1 : 4	수원	강릉제일고
03.24(토)	14:00	안산	0 : 4	제주	안산유소년스포츠타운 1구장
03.24(토)	14:00	안양	1 : 0	서울E	석수체육공원
03.31(토)	14:00	강원	1 : 4	성남	강릉제일고
03.31(토)	15:30	인천	1 : 1	수원FC	송도LNG
03.31(토)	14:00	수원	2 : 0	안산	수원W보조[천연]
03.31(토)	14:00	서울E	1 : 4	부천	하남종합
04.04(수)	16:00	서울	2 : 0	안양	오산고
04.07(토)	14:00	안산	1 : 4	성남	안산유소년스포츠타운 1구장
04.07(토)	14:00	수원FC	2 : 2	서울	수원종합운동장 보조구장
04.07(토)	14:00	제주	0 : 1	인천	걸매B구장
04.07(토)	14:00	수원	6 : 0	서울E	수원W보조[천연]
04.07(토)	14:00	부천	2 : 0	강원	부천체육관
04.14(토)	14:00	성남	1 : 0	제주	성남종합
04.14(토)	14:30	인천	0 : 4	수원	송도LNG
04.14(토)	14:00	강원	2 : 1	서울E	강릉제일고
04.14(토)	14:00	안양	2 : 0	수원FC	석수체육공원
04.14(토)	14:00	부천	3 : 1	안산	부천체육관
04.21(토)	14:00	안양	1 : 1	성남	석수체육공원
04.21(토)	14:00	서울	5 : 0	안산	오산고
04.21(토)	14:30	인천	1 : 1	강원	송도LNG
04.21(토)	14:00	수원	7 : 1	부천	수원월드컵 보조구장[인조]
04.21(토)	14:00	제주	3 : 0	수원FC	걸매B구장
04.28(토)	14:00	성남	2 : 3	서울	성남종합
04.28(토)	14:00	서울E	1 : 3	인천	청평클럽하우스
04.28(토)	14:00	안산	0 : 0	안양	안산유소년스포츠타운 1구장
04.28(토)	14:00	수원FC	1 : 2	부천	수원종합운동장 보조구장
05.04(금)	16:00	서울	5 : 1	부천	오산고
05.05(토)	14:00	수원	5 : 0	성남	수원월드컵인조1구장
05.12(토)	14:00	성남	3 : 0	서울E	성남종합
05.12(토)	14:00	서울	2 : 1	수원	오산고
05.12(토)	16:00	부천	1 : 6	인천	부천체육관
05.12(토)	14:00	안양	3 : 1	제주	석수체육공원
05.12(토)	14:00	안산	2 : 2	수원FC	안산유소년스포츠타운 1구장
05.19(토)	14:00	수원FC	2 : 2	성남	수원종합운동장 보조구장
05.19(토)	14:00	서울E	0 : 4	서울	청평클럽하우스
05.19(토)	15:30	인천	3 : 0	안산	승기구장
05.19(토)	14:00	제주	0 : 1	수원	걸매B구장
05.19(토)	14:00	안양	1 : 1	강원	석수체육공원
05.22(화)	14:00	안양	0 : 3	수원	석수체육공원
05.22(화)	14:00	강원	0 : 4	제주	강릉제일고
05.23(수)	16:00	성남	1 : 1	인천	탄천변 제1체육공원 B구장[인조]
05.26(토)	16:00	성남	3 : 0	부천	성남종합
05.26(토)	16:00	강원	1 : 3	서울	강릉제일고
05.26(토)	16:00	인천	3 : 2	안양	송도LNG
05.26(토)	16:00	수원	5 : 0	수원FC	수원월드컵인조1구장
05.26(토)	16:00	제주	4 : 1	서울E	걸매B구장

K리그 주니어 B_ 2018 전반기 전국 고등 축구 리그

경기일자	경기시간	홈팀	경기결과	원정팀	경기장
03.10(토)	14:00	전북	3 : 3	대구	금산중
03.10(토)	14:00	포항	2 : 1	전남	포철고 인조잔디구장
03.10(토)	14:00	경남	2 : 0	상주	산청남부체육공원
03.10(토)	14:00	광주	1 : 3	울산	보라매3구장
03.10(토)	15:00	부산	4 : 0	아산	개성고
03.17(토)	14:00	대전	2 : 4	포항	충남기계공고
03.17(토)	13:30	아산	0 : 5	전남	아산신도시하수처리장체육공원
03.17(토)	14:00	경남	1 : 6	울산	산청남부체육공원
03.17(토)	14:00	상주	0 : 0	대구	경북대 상주캠퍼스
03.24(토)	14:00	전남	1 : 0	전북	송죽구장
03.24(토)	14:00	대구	1 : 0	경남	현풍고
03.24(토)	14:00	울산	6 : 1	아산	서부B구장[인조]
03.24(토)	14:00	상주	1 : 6	부산	경북대 상주캠퍼스
03.31(토)	14:00	경남	1 : 2	전북	산청남부체육공원
03.31(토)	14:00	광주	1 : 2	포항	금호고
03.31(토)	14:00	울산	5 : 2	전남	서부B구장[인조]
03.31(토)	14:00	대전	1 : 1	부산	충남기계공고
03.31(토)	13:30	아산	0 : 1	상주	아산신도시하수처리장체육공원
04.07(토)	14:00	전북	1 : 0	울산	금산중
04.07(토)	14:00	포항	1 : 0	대구	포철고 인조잔디구장
04.07(토)	14:00	전남	3 : 0	경남	송죽구장
04.07(토)	14:00	대전	3 : 2	상주	충남기계공고
04.07(토)	15:00	부산	0 : 1	광주	개성고
04.14(토)	14:00	상주	0 : 1	전북	경북대 상주캠퍼스
04.14(토)	13:00	부산	0 : 1	포항	개성고
04.14(토)	14:00	전남	2 : 1	대전	송죽구장
04.14(토)	14:00	경남	1 : 2	광주	진주모덕
04.14(토)	14:00	대구	2 : 0	아산	현풍고
04.21(토)	14:00	전북	2 : 1	부산	금산중
04.21(토)	14:00	대구	2 : 2	전남	현풍고
04.21(토)	15:00	아산	0 : 1	경남	아산신도시하수처리장체육공원
04.21(토)	14:00	울산	1 : 0	대전	서부B구장[인조]
04.28(토)	14:00	전남	0 : 0	부산	송죽구장
04.28(토)	14:00	대전	5 : 1	아산	충남기계공고
04.28(토)	14:00	광주	1 : 3	대구	금호고

경기일자	경기시간	홈팀	경기결과	원정팀	경기장
05.05(토)	14:00	전북	1:2	광주	금산중
05.05(토)	14:00	포항	1:0	상주	포철고 인조잔디구장
05.12(토)	16:00	경남	0:1	포항	진주모덕
05.12(토)	16:00	상주	1:3	전남	상주국민체육센터
05.12(토)	14:00	부산	1:2	울산	개성고
05.12(토)	14:00	대구	5:0	대전	현풍고
05.12(토)	14:00	광주	8:0	아산	금호고
05.19(토)	15:00	전북	0:2	대전	금산중
05.19(토)	14:00	포항	5:0	아산	포철고 인조잔디구장
05.19(토)	14:00	부산	3:0	경남	개성고
05.19(토)	14:00	울산	3:2	대구	서부B구장[인조]
05.19(토)	16:00	광주	2:3	상주	금호고
05.22(화)	16:00	광주	1:1	대전	금호고
05.22(화)	14:00	포항	1:3	전북	포철고 인조잔디구장
05.22(화)	16:00	상주	1:4	울산	상주국민체육센터
05.22(화)	14:00	부산	1:2	울산	개성고
05.22(화)	14:00	대구	5:0	대전	현풍고
05.22(화)	14:00	광주	8:0	아산	금호고
05.19(토)	15:00	전북	0:2	대전	금산중
05.19(토)	14:00	포항	5:0	아산	포철고 인조잔디구장
05.19(토)	14:00	부산	3:0	경남	개성고
05.19(토)	14:00	울산	3:2	대구	서부B구장[인조]
05.19(토)	16:00	광주	2:3	상주	금호고
05.22(화)	16:00	광주	1:1	대전	금호고
05.22(화)	14:00	포항	1:3	전북	포철고 인조잔디구장
05.22(화)	16:00	상주	1:4	울산	상주국민체육센터
05.26(토)	16:00	아산	0:5	전북	아산신도시하수처리장체육공원
05.26(토)	16:00	울산	1:0	포항	서부B구장[인조]
05.26(토)	16:00	전남	0:1	광주	송죽구장
05.26(토)	16:00	대전	1:1	경남	충남기계공고
05.26(토)	16:00	대구	1:1	부산	현풍고[인조]

K리그 주니어 A_ 2018 후반기 전국 고등 축구 리그

경기일자	경기시간	홈팀	경기결과	원정팀	경기장
06.23(토)	15:30	전북	3:3	전남	금산중
06.23(토)	17:00	아산	0:5	광주	아산신도시하수처리장체육공원
06.30(토)	15:30	대구	3:2	전북	현풍고[인조]
06.30(토)	16:00	포항	4:2	광주	포철고 인조잔디구장
06.30(토)	17:00	아산	1:5	울산	아산신도시하수처리장체육공원
07.13(금)	16:00	울산	2:0	상주	서부B구장
07.28(토)	16:00	상주	0:3	대전	상주국민체육센터
08.25(토)	15:30	전북	4:0	경남	금산중
08.25(토)	16:00	대구	0:1	포항	강변인조1번구장[인조]
08.25(토)	17:00	대전	2:1	울산	충남기계공고
08.25(토)	16:00	상주	2:0	아산	상주국민체육센터
09.01(토)	17:00	대전	1:2	전북	충남기계공고
09.01(토)	17:00	아산	2:7	포항	아산신도시하수처리장체육공원
09.01(토)	15:00	전남	0:2	대구	송죽구장
09.01(토)	16:00	경남	2:1	부산	진주모덕

경기일자	경기시간	홈팀	경기결과	원정팀	경기장
09.01(토)	15:00	울산	4:0	광주	서부B구장
09.08(토)	14:00	포항	2:3	경남	포철고 인조잔디구장
09.08(토)	16:00	부산	0:3	전남	개성고
09.08(토)	17:00	아산	0:4	대전	아산신도시하수처리장체육공원
09.08(토)	15:00	대구	1:2	광주	현풍고
09.12(수)	18:00	광주	2:1	부산	금호고
09.14(금)	14:00	전남	2:1	울산	송죽구장
09.15(토)	16:00	광주	2:1	전북	금호고
09.15(토)	14:00	포항	2:0	부산	포철고 인조잔디구장
09.15(토)	14:00	경남	7:0	아산	진주모덕
09.15(토)	15:00	대구	4:0	상주	현풍고
09.20(목)	16:00	부산	1:2	대전	개성고
09.21(금)	14:00	울산	4:3	전북	서부B구장
09.21(금)	16:00	상주	0:3	포항	상주국민체육센터
09.22(토)	14:00	경남	3:0	전남	산청남부체육공원[인조]
09.29(토)	14:00	대전	3:2	전남	충남기계공고
09.29(토)	16:00	광주	2:4	경남	금호고
09.29(토)	14:00	부산	0:0	대구	개성고
10.05(금)	14:00	전남	1:1	포항	마동근린체육공원잔디구장[인조]
10.06(토)	14:00	전북	3:0	아산	금산중
10.06(토)	14:00	상주	0:2	광주	상주국민체육센터
10.09(화)	16:00	전북	1:0	상주	금산중
10.13(토)	14:00	경남	3:0	대구	진주모덕
10.13(토)	14:00	부산	1:4	전북	개성고
10.20(토)	14:00	포항	1:2	울산	포철고 인조잔디구장
10.20(토)	14:00	전남	1:0	상주	송죽구장
10.20(토)	15:00	아산	0:5	대구	아산신도시하수처리장체육공원
10.22(월)	14:00	경남	2:2	대전	진주모덕
10.27(토)	14:00	포항	2:1	대전	포철고 인조잔디구장
10.27(토)	14:00	광주	1:2	전남	금호고
10.27(토)	14:00	상주	1:3	경남	상주국민체육센터
10.27(토)	14:00	대구	3:1	울산	현풍고
10.27(토)	15:00	아산	0:4	부산	아산신도시하수처리장체육공원
10.31(수)	14:00	울산	0:3	부산	서부B구장
10.31(수)	16:00	대전	2:1	광주	충남기계공고
11.03(토)	14:00	전북	2:3	포항	금산중
11.03(토)	14:00	전남	4:0	아산	송죽구장
11.03(토)	14:00	울산	1:0	경남	서부B구장
11.03(토)	14:00	대전	1:2	대구	충남기계공고
11.03(토)	14:00	부산	2:3	상주	개성고

K리그 주니어 B_ 2018 후반기 전국 고등 축구 리그

경기일자	경기시간	홈팀	경기결과	원정팀	경기장
06.23(토)	15:00	서울	3:1	성남	GS챔피언스파크
06.23(토)	16:00	강원	0:4	인천	강릉제일고
06.23(토)	16:00	안양	0:0	안산	석수체육공원
06.30(토)	16:00	성남	2:2	강원	성남종합
06.30(토)	16:00	안양	0:5	서울	석수체육공원
06.30(토)	14:00	제주	1:1	부천	제주클럽하우스[천연]

경기일자	경기시간	홈팀	경기결과	원정팀	경기장
06.30(토)	14:00	안산	1:1	서울E	와스타디움보조[천연]
07.04(수)	18:00	수원FC	2:2	제주	영흥체육공원
07.07(토)	16:00	수원	3:2	인천	수원W보조[천연]
07.14(토)	17:00	부천	0:4	수원	부천옥길인조잔디구장[인조]
08.25(토)	16:00	서울E	0:7	성남	하남종합[인조]
08.25(토)	16:00	서울	4:1	수원FC	오산고
08.25(토)	16:00	인천	1:4	제주	송도LNG
08.25(토)	16:00	수원	1:3	안양	수원W보조[천연]
08.25(토)	16:00	강원	1:0	안산	강릉제일고
09.01(토)	16:00	성남	3:0	안양	성남종합
09.01(토)	16:00	수원FC	1:2	인천	수원종합운동장 보조구장
09.01(토)	18:00	안산	0:5	수원	안산유소년스포츠타운 1구장
09.01(토)	15:00	제주	1:1	강원	걸매B구장
09.01(토)	16:00	부천	3:0	서울E	부천체육관
09.08(토)	14:00	안산	1:5	서울	안산유소년스포츠타운 1구장
09.08(토)	16:00	인천	3:0	서울E	송도LNG
09.08(토)	17:00	수원	9:1	제주	수원월드컵인조1구장
09.08(토)	16:00	강원	0:2	부천	강릉제일고
09.08(토)	16:00	수원FC	4:2	안양	수원종합운동장 보조구장
09.15(토)	14:00	제주	0:2	성남	걸매B구장
09.15(토)	17:00	부천	1:2	서울	부천체육관
09.15(토)	16:00	강원	0:4	안양	강릉제일고
09.15(토)	16:00	수원FC	5:1	안산	수원종합운동장 보조구장
09.21(금)	15:00	서울E	0:7	수원	하남보조A[인조]
09.21(금)	14:00	서울	2:2	제주	오산고
09.29(토)	14:00	부천	1:2	성남	부천체육관
09.29(토)	16:00	수원	2:0	강원	수원월드컵인조1구장
10.03(수)	14:00	안산	2:3	인천	안산유소년스포츠타운 1구장
10.03(수)	14:00	서울E	0:2	안양	하남종합[인조]
10.06(토)	14:00	성남	0:3	수원	성남종합
10.06(토)	14:00	인천	2:1	서울	인천축구전용경기장
10.06(토)	18:30	수원FC	3:2	강원	수원종합운동장 주경기장[천연]
10.06(토)	14:00	안산	0:3	부천	안산유소년스포츠타운 1구장
10.11(목)	18:00	수원FC	1:0	서울E	영흥체육공원[인조]
10.13(토)	14:00	서울	3:0	강원	GS챔피언스파크[천연]
10.18(목)	14:00	서울E	0:4	제주	하남종합[인조]
10.20(토)	14:00	성남	2:2	안산	성남종합
10.20(토)	14:00	안양	0:1	인천	석수체육공원
10.20(토)	14:00	부천	0:2	수원FC	부천체육관
10.26(금)	14:00	수원FC	0:7	수원	수원종합운동장 보조구장
10.27(토)	14:00	인천	2:0	성남	송도LNG
10.27(토)	14:00	서울	4:0	서울E	GS챔피언스파크[천연]
10.27(토)	14:00	제주	0:1	안산	걸매B구장
10.27(토)	14:00	안양	3:1	부천	석수체육공원
11.03(토)	14:00	성남	2:0	수원FC	성남종합
11.03(토)	14:00	수원	3:1	서울	수원월드컵인조1구장
11.03(토)	14:00	인천	3:2	부천	송도LNG
11.03(토)	14:00	서울E	0:2	강원	청평클럽하우스
11.03(토)	14:00	제주	1:2	안양	걸매B구장

2018 아디다스 K리그 주니어 팀 순위

K리그 주니어 A_ 2018 전반기 전국 고등 축구리그

순위	팀명	경기수	승점	승	무	패	득점	실점	득실차
1	수원	10	27	9	0	1	38	3	35
2	서울	10	26	8	2	0	30	9	21
3	인천	10	19	5	4	1	20	13	7
4	성남	10	18	5	3	2	21	14	7
5	안양	10	15	4	3	3	12	12	0
6	제주	10	13	4	1	5	17	10	7
7	부천	10	11	3	2	5	16	28	-12
8	강원	10	9	2	3	5	12	23	-11
9	수원FC	10	7	1	4	5	13	23	-10
10	안산	10	6	1	3	6	6	24	-18
11	서울E	10	1	0	1	9	5	31	-26

K리그 주니어 B_ 2018 전반기 전국 고등 축구리그

순위	팀명	경기수	승점	승	무	패	득점	실점	득실차
1	울산	10	30	10	0	0	32	9	23
2	포항	10	24	8	0	2	18	8	10
3	전남	10	17	5	2	3	19	12	7
4	대구	10	16	4	4	2	19	11	8
5	광주	10	16	5	1	4	20	14	6
6	전북	10	16	5	1	4	17	12	5
7	부산	10	12	3	3	4	13	16	-3
8	대전	10	12	3	3	4	16	18	-2
9	경남	10	7	1	4	5	7	19	-12
10	상주	10	9	1	2	7	9	22	-13
11	아산	10	1	0	1	9	2	42	-40

K리그 주니어 A_ 2018 후반기 전국 고등 축구리그

순위	팀명	경기수	승점	승	무	패	득점	실점	득실차
1	수원	10	27	9	0	1	44	7	37
2	서울	10	22	7	1	2	30	11	19
3	인천	10	21	7	0	3	21	15	6
4	성남	10	20	6	2	2	24	11	13
5	안양	10	16	5	1	4	16	16	0
6	수원FC	10	16	5	1	4	19	23	-4
7	부천	10	15	5	0	5	14	17	-3
8	제주	10	10	2	4	4	16	21	-5
9	강원	10	8	2	2	6	8	21	-13
10	안산	10	6	1	3	6	8	25	-17
11	서울E	10	1	0	1	9	1	34	-33

K리그 주니어 B_ 2018 후반기 전국 고등 축구리그

순위	팀명	경기수	승점	승	무	패	득점	실점	득실차
1	경남	10	22	7	1	2	27	13	14
2	포항	10	22	7	1	2	26	13	13
3	대구	10	19	6	1	3	20	10	10
4	대전	10	19	6	1	3	21	13	8
5	울산	10	18	6	0	4	21	15	6
6	전남	10	18	5	3	2	18	14	4
7	전북	10	16	5	1	4	25	17	8
8	광주	10	10	3	1	6	19	19	0
9	부산	10	10	3	1	6	13	18	-5
10	상주	10	6	2	0	8	6	21	-15
11	아산	10	0	0	0	10	3	46	-43

AFC 챔피언스리그 2018

E조	경기	승	무	패	득	실	득실	승점
전북 현대(KOR)	6	5	0	1	22	9	13	15
Tianjin Quanjian FC(CHN)	6	4	1	1	15	11	4	13
Kashiwa Reysol (JPN)	6	1	1	4	6	10	-4	4
Kitchee SC(HKG)	6	1	0	5	1	14	-13	3

F조	경기	승	무	패	득	실	득실	승점
Shanghai Sipg FC(CHN)	6	3	2	1	10	6	4	11
울산 현대(KOR)	6	2	3	1	15	11	4	9
Melbourne Victory(AUS)	6	2	2	2	11	16	-5	8
Kawasaki Frontale(JPN)	6	0	3	3	6	9	-3	3

G조	경기	승	무	패	득	실	득실	승점
Guangzhou Evergrande FC(CHN)	6	3	3	0	12	6	6	12
Buriram United(THA)	6	2	3	1	7	6	1	9
Cerezo Osaka(JPN)	6	2	2	2	6	8	-2	8
제주 유나이티드(KOR)	6	1	0	5	6	11	-5	3

H조	경기	승	무	패	득	실	득실	승점
수원 삼성(KOR)	6	3	1	2	8	7	1	10
Kashima Antlers(JPN)	6	2	3	1	8	6	2	9
Sydney FC(AUS)	6	1	3	2	7	8	-1	6
Shanghai Shenhua FC(CHN)	6	0	5	1	6	8	-2	5

E조

일자	시간	홈팀	스코어	원정팀
02.13	19:30	전북 현대(KOR)	3 : 2	Kashiwa Reysol(JPN)
02.13	20:00	Tianjin Quanjian FC(CHN)	3 : 0	Kitchee SC(HKG)
02.20	19:30	Kashiwa Reysol(JPN)	1 : 1	Tianjin Quanjian FC(CHN)
02.20	20:00	Kitchee SC(HKG)	0 : 6	전북 현대(KOR)
03.06	19:00	전북 현대(KOR)	6 : 3	Tianjin Quanjian FC(CHN)
03.06	19:30	Kashiwa Reysol(JPN)	1 : 0	Kitchee SC(HKG)
03.14	20:00	Kitchee SC(HKG)	1 : 0	Kashiwa Reysol(JPN)
03.14	20:00	Tianjin Quanjian FC(CHN)	4 : 2	전북 현대(KOR)
04.04	19:30	Kashiwa Reysol(JPN)	0 : 2	전북 현대(KOR)
04.04	20:00	Kitchee SC(HKG)	0 : 1	Tianjin Quanjian FC(CHN)
04.18	19:00	Tianjin Quanjian FC(CHN)	3 : 2	Kashiwa Reysol(JPN)
04.18	20:00	전북 현대(KOR)	3 : 0	Kitchee SC(HKG)

F조

일자	시간	홈팀	스코어	원정팀
02.13	19:00	Kawasaki Frontale(JPN)	0 : 1	Shanghai Sipg FC(CHN)
02.13	19:30	Melbourne Victory(AUS)	3 : 3	울산 현대(KOR)
02.20	19:00	울산 현대(KOR)	2 : 1	Kawasaki Frontale(JPN)
02.20	20:00	Shanghai Sipg FC(CHN)	4 : 1	Melbourne Victory(AUS)
03.07	19:00	Kawasaki Frontale(JPN)	2 : 2	Melbourne Victory(AUS)
03.07	20:00	Shanghai Sipg FC(CHN)	2 : 2	울산 현대(KOR)
03.13	19:00	울산 현대(KOR)	0 : 1	Shanghai Sipg FC(CHN)
03.13	19:30	Melbourne Victory(AUS)	1 : 0	Kawasaki Frontale(JPN)
04.04	19:00	울산 현대(KOR)	6 : 2	Melbourne Victory(AUS)
04.04	20:00	Shanghai Sipg FC(CHN)	1 : 1	Kawasaki Frontale(JPN)
04.18	19:00	Kawasaki Frontale(JPN)	2 : 2	울산 현대(KOR)
04.18	20:00	Melbourne Victory(AUS)	2 : 1	Shanghai Sipg FC(CHN)

G조

일자	시간	홈팀	스코어	원정팀
02.14	17:00	Guangzhou Evergrande FC(CHN)	1 : 1	Buriram United(THA)
02.14	19:45	제주 유나이티드(KOR)	0 : 1	Cerezo Osaka(JPN)
02.21	18:00	Buriram United(THA)	0 : 2	제주 유나이티드(KOR)
02.21	19:00	Cerezo Osaka(JPN)	0 : 0	Guangzhou Evergrande FC(CHN)
03.06	18:00	Buriram United(THA)	2 : 0	Cerezo Osaka(JPN)
03.06	20:00	Guangzhou Evergrande FC(CHN)	5 : 3	제주 유나이티드(KOR)

03.14	19:00	Cerezo Osaka(JPN)	2 : 2	Buriram United(THA)
03.14	19:00	제주 유나이티드(KOR)	0 : 2	Guangzhou Evergrande FC(CHN)
04.03	18:00	Buriram United(THA)	1 : 1	Guangzhou Evergrande FC(CHN)
04.03	19:00	Cerezo Osaka(JPN)	2 : 1	제주 유나이티드(KOR)
04.17	19:00	Guangzhou Evergrande FC(CHN)	3 : 1	Cerezo Osaka(JPN)
04.17	20:00	제주 유나이티드(KOR)	0 : 1	Buriram United(THA)

H조

일자	시간	홈팀	스코어	원정팀
02.14	19:00	Kashima Antlers(JPN)	1 : 1	Shanghai Shenhua FC(CHN)
02.14	19:30	Sydney FC(AUS)	0 : 2	수원 삼성(KOR)
02.21	19:00	수원 삼성(KOR)	1 : 2	kashima antlers(JPN)
02.21	20:00	Shanghai Shenhua FC(CHN)	2 : 2	sydney FC(AUS)
03.07	19:00	수원 삼성(KOR)	1 : 1	Shanghai Shenhua FC(CHN)
03.07	19:30	Sydney FC(AUS)	0 : 2	Kashima Antlers(JPN)
03.13	19:00	Kashima Antlers(JPN)	1 : 1	sydney FC(AUS)
03.13	20:00	Shanghai Shenhua FC(CHN)	0 : 2	수원 삼성(KOR)
04.03	20:00	수원 삼성(KOR)	1 : 4	sydney FC(AUS)
04.03	20:00	Shanghai Shenhua FC(CHN)	2 : 2	Kashima Antlers(JPN)
04.17	19:00	Kashima Antlers(JPN)	0 : 1	수원 삼성(KOR)
04.17	20:00	Sydney FC(AUS)	0 : 0	Shanghai Shenhua FC(CHN)

16강

일자	시간	홈팀	스코어	원정팀
05.08	18:00	Buriram United(THA)	3 : 2	전북 현대(KOR)
05.09	20:00	울산 현대(KOR)	1 : 0	수원 삼성(KOR)
05.15	19:00	전북 현대(KOR)	2 : 0	Buriram United(THA)
05.16	20:00	수원 삼성(KOR)	3 : 0	울산 현대(KOR)

8강

일자	시간	홈팀	스코어	원정팀
08.29	19:00	전북 현대(KOR)	0 : 3	수원 삼성(KOR)
09.19	19:00	수원 삼성(KOR)	0 : 3 (4 승부차기 2)	전북 현대(KOR)

4강

일자	시간	홈팀	스코어	원정팀
10.03	19:00	Kashima Antlers(JPN)	3 : 2	수원 삼성(KOR)
10.24	19:00	수원 삼성(KOR)	3 : 3	Kashima Antlers(JPN)

Section **8**

시 즌 별
기 타 기 록

역대 시즌별 팀 순위

연도	구분	대회명		1위	2위	3위	4위	5위	6위	7위
1983	정규리그	83 수퍼리그		할렐루야 6승8무2패	대우 6승7무3패	유공 5승7무4패	포항제철 6승4무6패	국민행 3승2무11패		
1984	정규리그	84 축구대제전 수퍼리그	전기	유공 9승2무3패	대우 9승2무3패	현대 6승6무2패	할렐루야 4승4무5패	럭키금성 5승3무6패	포항제철 3승5무6패	한일은행 3승4무7패
			후기	대우 8승4무2패	현대 7승4무3패	포항제철 7승2무5패	할렐루야 5승5무4패	유공 4승7무3패	한일은행 2승7무5패	럭키금성 3승3무8패
			챔피언 결정전	대우 1승1무	유공 1무1패					
1985	정규리그	85 축구대제전 수퍼리그		럭키금성 10승7무4패	포항제철 9승7무5패	대우 9승7무5패	현대 10승4무7패	유공 7승5무9패	상무 6승7무8패	한일은행 3승10무8패
1986	정규리그	86 축구 대제전	춘계	포항제철 3승6무1패	럭키금성 3승5무2패	유공 4승2무4패	대우 4승2무4패	한일은행 3승3무4패	현대 2승4무4패	
			추계	럭키금성 7승2무1패	현대 5승4무1패	대우 6승4패	유공 3승3무4패	포항제철 2승2무6패	한일은행 1승1무8패	
			챔피언 결정전	포항제철 1승1무	럭키금성 1무1패					
	리그컵	86 프로축구 선수권대회		현대 10승3무3패	대우 7승2무7패	유공 4승7무5패	포항제철 6승1무9패	럭키금성 4승5무7패		
1987	정규리그	87 한국프로축구 대회		대우 16승14무2패	포항제철 16승8무8패	유공 9승9무14패	현대 7승12무13패	럭키금성 7승7무18패		
1988	정규리그	88 한국프로축구 대회		포항제철 9승9무6패	현대 10승5무9패	유공 8승8무8패	럭키금성 6승11무7패	대우 8승5무11패		
1989	정규리그	89 한국프로축구 대회		유공 17승15무8패	럭키금성 15승17무8패	대우 14승14무12패	포항제철 14승13무13패	일화 6승21무13패	현대 7승15무18패	
1990	정규리그	90 한국프로축구 대회		럭키금성 14승11무5패	대우 12승11무7패	포항제철 9승10무11패	유공 8승12무10패	현대 6승14무10패	일화 7승7무13패	
1991	정규리그	91 한국프로축구 대회		대우 17승18무5패	현대 13승16무11패	포항제철 12승15무13패	유공 10승17무13패	일화 13승11무16패	LG 9승15무16패	
1992	정규리그	92 한국프로축구 대회		포항제철 13승9무8패	일화 10승14무6패	현대 13승6무11패	LG 8승13무9패	대우 7승14무9패	유공 7승8무15패	
	리그컵	92 아디다스컵		일화 7승3패	LG 5승5패	포항제철 5승5패	유공 6승4패	현대 4승6패	대우 3승7패	
1993	정규리그	93 한국프로축구 대회		일화 13승11무6패	LG 10승11무9패	현대 10승10무10패	포항제철 8승14무8패	유공 7승13무10패	대우 5승15무10패	
	리그컵	93 아디다스컵		포항제철 4승1패	현대 4승1패	대우 3승2패	LG 2승3패	일화 2승3패	유공 5패	
1994	정규리그	94 하이트배 코리안리그		일화 15승9무6패	유공 14승9무7패	포항제철 13승11무6패	현대 11승13무6패	LG 12승7무11패	대우 7승6무17패	전북버팔로 3승5무22패
	리그컵	94 아디다스컵		유공 3승1무1패	LG 3승2무1패	대우 2승3무1패	일화 2승2무2패	현대 1승3무2패	전북버팔로 2승1무3패	포항제철 1승2무3패
1995	정규리그	95 하이트배 코리안리그	전기	일화 10승3무1패	현대 7승5무2패	포항 7승5무2패	대우 5승3무6패	전남 4승4무6패	전북 4승2무8패	LG 4승10패
			후기	포항 8승5무1패	유공 5승5무4패	현대 4승7무3패	전북 5승4무5패	전남 4승5무5패	LG 3승6무5패	일화 3승6무5패
			챔피온	일화 1승2무	포항 2무1패					
	리그컵	95 아디다스컵		현대 5승2무	일화 3승4무	대우 2승5무2패	전북 2승2무3패	유공 2승2무3패	LG 1승3무3패	포항 1승3무3패
1996	정규리그	96 라피도컵 프로축구대회	전기	울산 11승3무2패	포항 10승5무1패	수원 9승3무4패	부천SK 5승5무6패	전북 5승4무7패	전남 5승3무8패	부산 4승3무9패
			후기	수원 9승5무2패	부천SK 8승4무4패	포항 7승5무4패	부산 5승6무5패	천안 6승3무7패	전남 4승6무6패	전북 5승3무8패
			챔피온	울산 1승1패	수원 1승1패					
	리그컵	96 아디다스컵		부천SK 5승2무1패	포항 3승3무2패	부산 3승3무2패	울산 3승2무3패	천안 3승2무3패	수원 3승2무3패	전북 2승3무3패
1997	정규리그	97 라피도컵 프로축구대회		부산 11승4무3패	전남 10승6무2패	울산 8승6무4패	포항 0승0무4패	수원 7승7무4패	전북 0승8무4패	3승7무8패
	리그컵	97 이디다스컵		부산 4승4무1패	전남 3승5무1패	울산 3승5무1패	천안 3승5무1패	부천SK 3승4무2패	수원 0승6무2패	포항 0승4무0패
		97 프로 스펙스컵	A조	포항 4승4무	전남 4승4무	안양LG 2승4무2패	울산	전북 2무6패		
			B조	부산 5승2무1패	수원 5승1무2패	부천SK 3승3무2패	천안 3승1무4패	대전 1무7패		
			4강전	부산 2승1무	포항 1승1무1패	전남 1패	수원 1패			

8위	9위	10위	11위	12위	13위	14위	15위	16위
국민은행 1승 4무 9패								
국민은행 2승 4무 8패								
할렐루야 3승 7무 11패								
LG 2승 4무 8패								
대우 4승 2무 8패								
전남 1승 3무 3패								
안양LG 4승 3무 9패	**천안** 2승 5무 9패							
안양LG 4승 5무 7패	**울산** 5승 11패							
안양LG 3승 3무 3패	**전남** 1승 2무 5패							
천안 2승 7무 9패	**안양LG** 1승 8무 9패	**부천SK** 2승 5무 11패						
대전 1승 4무 4패	**진북** 1승 4무 4패	**안양LG** 6무 3패						

Section 8 시즌별 기타 기록

연도	구분	대회명		1위	2위	3위	4위	5위	6위	7위
1998	정규리그	98 현대컵 K-리그	일반	수원 12승 6패	울산 11승 7패	포항 10승 8패	전남 9승 9패	부산 10승 8패	전북 9승 9패	부천SK 9승 9패
			PO	수원 1승 1무	울산 1승 1무 2패	포항 2승 1패	전남 1패			
	리그컵	98 필립모리스 코리아컵		부산 8승 1패	부천SK 6승 3패	안양LG 5승 4패	수원 5승 4패	천안 5승 4패	대전 3승 6패	전북 3승 6패
		98 아디다스 코리아컵	A조	울산 5승 3패	안양LG 4승 4패	수원 6승 2패	대전 3승 5패	부산 2승 6패		
			B조	부천SK 6승 2패	포항 4승 4패	전남 3승 5패	전북 4승 4패	천안 3승 5패		
			4강전	울산 2승 1무	부천SK 1승 1무 1패	포항 1패	안양LG 1패			
1999	정규리그	99 바이코리아컵 K-리그	일반	수원 21승 9패	부천SK 18승 9패	전남 17승 10패	부산 14승 13패	포항 12승 15패	울산 12승 15패	전북 12승 15패
			PO	수원 2승	부산 3승 2패	부천SK 2패	전남 1패			
	리그컵	99 아디다스컵		수원 3승	안양LG 3승 1패	전남 1승 3패	포항 2승 1패	울산 1패	천안 1패 [공동6위]	대전 1패 [공동6위]
		99 대한화재컵	A조	수원 5승 3패	부산 5승 3패	부천SK 4승 4패	대전 3승 5패	포항 3승 5패		
			B조	울산 5승 3패	천안 5승 3패	전북 4승 4패	안양LG 4승 4패	전남 2승 6패		
			4강전	수원 2승 1무	부산 1승 1무 1패	천안 1무[공동3위]	울산 1무[공동3위]			
2000	정규리그	2000 삼성 디지털 K-리그	일반	안양LG 19승 8패	성남일화 18승 9패	전북 15승 12패	부천SK 16승 11패	수원 14승 13패	부산 11승 16패	전남 12승 15패
			PO	안양LG 2승	부천SK 2승 3패	성남일화 1승 1패	전남 1패			
	리그컵	2000 아디다스컵		수원 3승	성남일화 2승 1패	전남 1승 1패	안양LG 1승 1패	대전 1패	울산 1승 1패	부산 1승 1패
		2000 대한화재컵	A조	부천SK 6승 2패	포항 4승 4패	전북 3승 5패	수원 4승 4패	안양LG 3승 5패		
			B조	전남 6승 2패	성남일화 4승 4패	울산 5승 3패	부산 3승 5패	대전 2승 6패		
			4강전	부천SK 2승	전남 1승 1패	포항 1패	성남일화 1패			
2001	정규리그	2001 포스코 K-리그		성남일화 11승 12무 4패	안양LG 11승 10무 6패	수원 12승 5무 10패	부산 10승 11무 6패	포항 10승 8무 9패	울산 10승 6무 11패	부천SK 7승 14무 6패
	리그컵	아디다스컵 2001	A조	수원 5승 3패	성남일화 5승 3패	포항 4승 4패	안양LG 5승 3패	전남 3승 5패		
			B조	부산 6승 2패	전북 5승 3패	대전 4승 4패	울산 3승 5패	부천SK 2승 6패		
			4강전	수원 2승 1무	부산 1승 1무 1패	성남일화 1무	전북 1패			
2002	정규리그	2002 삼성 파브 K-리그		성남일화 14승 7무 6패	울산 13승 8무 6패	수원 12승 9무 7패	안양LG 11승 7무 9패	전남 9승 10무 8패	포항 9승 9무 9패	전북 8승 11무 8패
	리그컵	아디다스컵 2002	A조	수원 4승 4패	성남일화 4승 4패	부천SK 4승 4패	전남 4승 4패	포항 3승 5패		
			B조	안양LG 7승 1패	울산 5승 3패	전남 3승 5패	대전 3승 5패	부산 2승 6패		
			4강전	성남일화 2승 1무	울산 1승 1무 1패	수원 1패	안양LG 1패			
2003	정규리그	삼성 하우젠 K-리그 2003		성남일화 27승 10무 7패	울산 20승 13무 11패	수원 19승 15무 10패	전남 17승 20무 7패	전북 18승 15무 11패	대전 18승 11무 15패	포항 17승 13무 14패
2004	정규리그	삼성 하우젠 K-리그 2004	전기	포항 6승 5무 1패	전북 5승 5무 2패	울산 5승 5무 2패	수원 5승 3무 4패	서울 3승 7무 2패	전남 3승 6무 3패	광주상무 3승 6무 3패
			후기	수원 7승 2무 3패	전남 6승 4무 2패	울산 6승 3무 3패	인천 4승 5무 3패	서울 4승 5무 3패	부산 4승 4무 4패	대구 4승 4무 4패
			PO	수원 2승 1무	포항 1승 1무 1패	울산 1패	전남 1패			
	리그컵	삼성 하우젠컵 2004		성남일화 0승 4무 2패	대전 5승 5무 2패	수원 4승 7무 1패	전북 5승 4무 3패	울산 4승 5무 3패	인천 5승 1무 6패	포항 4승 3무 5패
2005	정규리그	삼성 하우젠 K-리그 2005	전기	부산 7승 4무 1패	인천 7승 3무 2패	울산 7승 1무 4패	포항 6승 3무 3패	서울 5승 4무 3패	성남일화 4승 4무 4패	부천SK 4승 4무 4패
			후기	성남일화 8승 3무 1패	부천SK 8승 2무 2패	울산 6승 3무 3패	대구 6승 3무 3패	인천 5승 4무 3패	포항 5승 4무 3패	대전 4승 4무 4패
			PO	울산 2승 1패	인천 2승 1패	성남일화 1패	부산 1패			
	리그컵	삼성 하우젠컵 2005		수원 7승 4무 1패	울산 6승 5무 1패	포항 4승 8무	부천SK 5승 3무 4패	서울 5승 2무 5패	인천 4승 3무 5패	대구 4승 3무 5패

8위	9위	10위	11위	12위	13위	14위	15위	16위
	대전 6승 12패	천안 5승 13패						
울산 3승 6패	포항 4승 5패	전남 3승 6패						
대전 9승 18패	안양LG 10승 17패	천안 10승 17패						
부천SK 1패	전북 1패	부산 1패						
대전 10승 17패	포항 12승 15패	울산 8승 19패						
포항 1패	부천SK 1패[공동9위]	전북 1패[공동9위]						
전남 6승 10무 11패	전북 5승 10무 12패	대전 5승 10무 12패						
부천SK 8승 8무 11패	부산 6승 8무 13패	대전 1승 11무 15패						
안양LG 14승 14무 16패	부산 13승 10무 21패	광주상무 13승 7무 24패	대구 7승 16무 21패	부천SK 3승 12무 29패				
성남일화 4승 3무 5패	부산 2승 8무 2패	대구 3승 3무 6패	대전 2승 6무 4패	부천SK 1승 8무 3패	인천 2승 6무 7패			
광주상무 3승 5무 4패	성남일화 3승 5무 4패	부천SK 3승 5무 4패	대전 4승 2무 6패	전북 3승 3무 6패	포항 2승 3무 7패			
대구 2승 9무 1패	인천 3승 6무 3패	광주상무 4승 2무 6패	부천SK 2승 6무 4패	서울 2승 4무 6패	부산 2승 4무 6패			
대전 2승 8무 2패	수원 3승 5무 4패	전남 3승 5무 4패	전북 2승 3무 7패	대구 2승 3무 7패	광주상무 1승 3무 8패			
수원 3승 5무 4패	서울 3승 4무 5패	전남 4승 1무 7패	광주상무 3승 2무 7패	전북 2승 3무 7패	부산 3무 9패			
성남일화 3승 5무 4패	전남 3승 5무 4패	대전 3승 4무 5패	광주상무 3승 3무 6패	전북 2승 5무 5패	부산 2승 4무 6패			

연도	구분	대회명		1위	2위	3위	4위	5위	6위	7위
2006	정규리그	삼성 하우젠 K-리그 2006	전기	성남일화 10승 2무 1패	포항 6승 4무 2패	대전 4승 7무 2패	서울 3승 7무 3패	전남 2승 10무 1패	부산 4승 4무 5패	전북 3승 7무 3패
			후기	수원 8승 3무 2패	포항 7승 4무 2패	서울 6승 5무 2패	대구 6승 3무 4패	울산 5승 5무 3패	인천 5승 4무 4패	전남 5승 3무 5패
			PO	성남일화 3승	수원 1승 2패	포항 1패	서울 1패			
	리그컵	삼성 하우젠컵 2006		서울 8승 3무 2패	성남일화 6승 4무 2패	경남 7승 1무 5패	대전 5승 6무 2패	울산 6승 3무 4패	전북 6승 2무 5패	전남 6승 2무 5패
2007	정규리그	삼성 하우젠 K-리그 2007	일반	성남일화 16승 7무 3패	수원 15승 6무 5패	울산 12승 9무 5패	경남 13승 5무 8패	포항 11승 6무 9패	대전 10승 7무 9패	서울 8승 13무 5패
			PO	포항 5승	성남일화 2패	수원 1패	울산 1승 1패	경남 1패	대전 1패	
	리그컵	삼성 하우젠컵 2007	A조	울산 5승 4무 1패	인천 6승 1무 3패	대구 4승 5무 5패	전북 3승 5무 4패	포항 2승 5무 3패	제주 2승 2무 6패	
			B조	서울 6승 3무 1패	수원 5승 2무 3패	광주상무 3승 3무 4패	부산 2승 5무 3패	대전 2승 5무 3패	경남 1승 4무 5패	
			PO	울산 2승	서울 1승 1패	수원 1패	인천 1승 1패	전남 1패	성남일화 1패	
2008	정규리그	삼성 하우젠 K-리그 2008	일반	수원 17승 3무 6패	서울 15승 9무 2패	성남일화 15승 6무 5패	울산 14승 7무 5패	포항 13승 5무 8패	전북 11승 4무 11패	인천 9승 9무 8패
			PO	수원 1승 1무	서울 1무 1패	울산 1승 1패	전북 1승 1패	성남일화 1패	포항 1패	
	리그컵	삼성 하우젠컵 2008	A조	수원 6승 3무 1패	부산 5승 1무 4패	서울 4승 2무 4패	경남 3승 4무 3패	제주 2승 3무 5패	인천 2승 3무 5패	
			B조	전북 5승 4무 1패	성남일화 6승 1무 3패	울산 4승 4무 2패	대전 4승 2무 4패	대구 3승 3무 5패	광주상무 3무 7패	
			PO	수원 2승	전남 2승 1패	포항 1승 1패	전북 1패	성남일화 1패	부산 1패	
2009	정규리그	2009 K-리그	일반	전북 17승 6무 5패	포항 14승 11무 3패	서울 16승 5무 7패	성남일화 13승 6무 9패	인천 11승 10무 7패	전남 11승 9무 8패	경남 10승 10무 8패
			챔피언십	전북 1승 1무	성남일화 3승 1무 1패	포항 1패	전남 1승 1패	서울 1패	인천 1패	
	리그컵	피스컵 코리아 2009	A조	성남일화 3승 2무	인천 2승 2무 1패	대구 2승 1무 2패	전남 2승 1무 2패	대전 2승 3무	강원 1승 4패	
			B조	제주 3승 1무	부산 2승 2무	전북 1승 1무 2패	경남 1승 1무	광주상무 1무 3패		
			PO	포항 4승 1무 1패	부산 3승 1무 2패	울산 2승 2패[공동3위]	서울 2승 1무[공동3위]	성남일화 1무 1패[공동5위]	인천 1무 1패[공동5위]	제주 2패[공동5위]
2010	정규리그	쏘나타 K리그 2010	일반	서울 20승 2무 6패	제주 17승 8무 3패	전북 15승 6무 7패	울산 15승 5무 8패	성남일화 13승 9무 6패	경남 13승 9무 6패	수원 12승 5무 11패
			챔피언십	서울 1승	제주 1승 1패	전북 2승 1패	성남일화 1승 1패	울산 1패	경남 1패	
	리그컵	포스코컵 2010	A조	전북 3승 1무	경남 3승 1패	수원 2승 2패	전남 1승 1무 2패	강원 4패		
			B조	서울 3승	제주 2승 1무 1패	울산 2승 1무 1패	성남일화 3무 1패	광주상무 2무 2패		
			C조	부산 3승 1패	대구 2승 2패	포항 1승 2무 1패	인천 1승 1무 2패	대전 1승 1무 2패		
			본선토너먼트	서울 3승	전북 2승 1패	경남 1승 1패[공동3위]	수원 1승 1패[공동3위]	부산 1패[공동5위]	대구 1패[공동5위]	제주 1패[공동5위]
2011	정규리그	현대오일뱅크 K리그 2011	일반	전북 18승 9무 3패	포항 17승 8무 5패	서울 16승 7무 7패	수원 17승 4무 9패	부산 13승 7무 10패	울산 13승 7무 10패	전남 11승 10무 9패
			챔피언십	전북 2승	울산 2승 2패	포항 1패	수원 1승 1패	서울 1패	부산 1패	
	리그컵	러시앤캐시컵 2011	A조	포항 4승 1패	경남 3승 1무 1패	성남일화 2승 2무 1패	인천 2승 2무 2패	대구 1승 2무 2패	대전 1무 4패	
			B조	부산 4승 1패	울산 4승 1패	전남 1승 3무 1패	강원 1승 1무 3패	상주 1승 4패	광주 1승 4패	
			본선토너먼트	울산 3승	부산 2승	경남 1승 1패[공동3위]	제주 1패[공동3위]	수원 1패[공동5위]	포항 1패[공동5위]	서울 1패[공동5위]
2012	정규리그	현대오일뱅크 K리그 2012	일반	서울 10승 7무 4패	전북 17승 0무 7패	수원 13승 0무 7패	울산 15승 8무 7패	포항 15승 5무 10패	부산 12승 10무 8패	제주 11승 10무 9패
			그룹A	서울 10승 2무 2패	포항 8승 3무 3패	전북 5승 5무 4패	제주 5승 5무 4패	수원 5승 5무 4패	울산 3승 6무 5패	경남 2승 4무 8패
			그룹B							
			최종	서울 29승 9무 6패	전북 22승 13무 9패	포항 23승 8무 13패	수원 20승 13무 11패	울산 18승 14무 12패	제주 16승 15무 13패	부산 13승 14무 17패

8위	9위	10위	11위	12위	13위	14위	15위	16위
수원 3승 7무 3패	울산 3승 6무 4패	인천 2승 8무 3패	대구 2승 7무 4패	광주상무 2승 7무 4패	경남 3승 4무 6패	제주 1승 6무 6패		
부산 5승 3무 5패	성남일화 4승 5무 4패	제주 4승 4무 5패	경남 4승 1무 8패	대전 3승 3무 7패	전북 2승 4무 7패	광주상무 3승 1무 9패		
제주 6승 2무 5패	포항 6승 1무 6패	부산 4승 2무 7패	광주상무 4승 2무 7패	수원 2승 6무 5패	대구 2승 6무 5패	인천 1승 4무 8패		
전북 9승 9무 8패	인천 8승 9무 9패	전남 7승 7무 10패	제주 8승 6무 12패	대구 6승 6무 14패	부산 4승 8무 14패	광주상무 2승 6무 18패		
경남 10승 5무 11패	전남 8승 5무 13패	제주 7승 7무 12패	대구 8승 2무 16패	부산 5승 7무 14패	대전 3승 12무 11패	광주상무 3승 7무 16패		
울산 9승 9무 10패	대전 8승 9무 11패	수원 8승 8무 12패	광주상무 9승 3무 16패	부산 7승 8무 13패	강원 7승 7무 14패	제주 7승 7무 14패	대구 5승 8무 15패	
수원 2패[공동5위] 부산 8승 9무 11패	포항 8승 9무 11패	전남 8승 8무 12패	인천 8승 7무 13패	강원 8승 6무 14패	대전 5승 7무 16패	광주상무 3승 10무 15패	대구 5승 4무 19패	
울산 1패[공동5위] 경남 12승 6무 12패	제주 10승 10무 10패	성남일화 9승 8무 13패	광주 9승 8무 13패	대구 8승 9무 13패	인천 6승 14무 10패	상주 7승 8무 15패	대전 6승 9무 15패	강원 3승 6무 21패
전북 1패[공동5위] 경남 12승 4무 14패	인천 10승 10무 10패	대구 10승 9무 11패	성남일화 10승 7무 13패	전남 7승 8무 15패	대전 7승 7무 16패	광주 6승 9무 15패	상주 7승 6무 17패	강원 7승 4무 19패
부산 1승 4무 9패								
	인천 7승 6무 1패	강원 7승 3무 4패	전남 6승 6무 2패	대구 6승 4무 4패	대전 6승 4무 4패	광주 4승 6무 4패	성남일화 4승 3무 7패	상주 14패
경남 14승 8무 22패	인천 17승 16무 11패	대구 16승 13무 15패	전남 13승 14무 17패	성남일화 14승 10무 20패	대전 13승 11무 20패	강원 14승 7무 23패	광주 10승 15무 19패	상주 7승 6무 31패

연도	구분	대회명		1위	2위	3위	4위	5위	6위	7위
2013	K리그1/정규리그	현대오일뱅크 K리그 클래식 2013	일반	포항 14승7무5패	울산 14승6무6패	전북 14승6무6패	서울 13승7무6패	수원 12승5무9패	인천 11승8무7패	부산 11승8무7패
			그룹A	포항 7승4무1패	울산 8승1무3패	서울 4승4무4패	전북 4승3무5패	수원 3승3무6패	부산 3승3무6패	인천 1승6무5패
			그룹B							
			최종	포항 21승11무6패	울산 22승7무9패	전북 18승9무11패	서울 17승11무10패	수원 15승8무15패	부산 14승10무14패	인천 12승14무12패
	K리그2/정규리그	현대오일뱅크 K리그 챌린지 2013		상주 23승8무4패	경찰 20승4무11패	광주 16승5무14패	수원FC 13승8무14패	안양 12승9무14패	고양 10승11무14패	부천 8승9무18패
	승강PO	현대오일뱅크 K리그 승강 플레이오프 2013		상주 1승1패	강원 1승1패					
2014	K리그1/정규리그	현대오일뱅크 K리그 클래식 2014	일반	전북 20승8무5패	수원 16승10무7패	포항 16승7무10패	서울 13승11무9패	제주 13승11무9패	울산 13승8무12패	전남 13승6무14패
			그룹A	전북 4승1무0패	수원 3승0무1패	서울 2승2무1패	제주 1승0무3패	포항 0승3무2패	울산 0승3무2패	
			그룹B							부산 3승1무1패
			최종	전북 24승9무5패	수원 19승10무9패	서울 15승13무10패	포항 16승10무12패	제주 14승12무12패	울산 14승9무15패	전남 13승11무14패
	K리그2/정규리그	현대오일뱅크 K리그 챌린지 2014	일반	대전 20승10무6패	안산경찰청 16승11무9패	강원 16승6무14패	광주 13승12무11패	안양 15승6무15패	수원FC 12승12무12패	대구 13승8무15패
			PO		광주 2승	안산경찰청 1패	강원 1패			
			최종	대전 20승10무6패	광주 15승12무11패	안산경찰청 16승11무10패	강원 16승6무15패	안양 15승6무15패	수원FC 12승12무12패	대구 13승8무15패
	승강PO	현대오일뱅크 K리그 승강 플레이오프 2014		광주 1승1무	경남 1무1패					
2015	K리그1/정규리그	현대오일뱅크 K리그 클래식 2015	일반	전북 21승5무7패	수원 17승9무7패	포항 15승11무7패	성남 14승12무7패	서울 15승9무9패	제주 13승7무13패	인천 12승9무12패
			그룹A	포항 3승1무1패	서울 2승2무1패	수원 2승1무2패	성남 1승3무1패	전북 1승2무2패	제주 1승1무3패	
			그룹B							울산 4승1무0패
			최종	전북 22승7무9패	수원 19승10무9패	포항 18승12무8패	서울 17승11무10패	성남 15승15무8패	제주 14승8무16패	울산 13승14무11패
	K리그2/정규리그	현대오일뱅크 K리그 챌린지 2015	일반	상주 20승7무13패	대구 18승13무9패	수원FC 18승13무11패	서울E 16승13무11패	부천 16승13무11패	안양 15승10무15패	강원 13승12무15패
			PO		수원FC 1승0무0패	대구 0승0무1패	서울E 0승1무1패			
			최종	상주 20승7무13패	수원FC 19승12무11패	대구 18승13무10패	서울E 16승14무11패	부천 15승10무15패	안양 13승15무12패	강원 13승12무15패
	승강PO	현대오일뱅크 K리그 승강 플레이오프 2015		수원FC 2승0무0패	부산 0승0무2패					
2016	K리그1/정규리그	현대오일뱅크 K리그 클래식 2016	일반	전북 18승15무0패	서울 17승6무10패	제주 14승7무12패	울산 13승9무11패	전남 11승10무12패	상주 12승6무15패	성남 11승8무8패
			그룹A	서울 4승1무0패	제주 3승1무1패	전북 2승1무2패	울산 1승3무1패	전남 1승1무3패	상주 0승1무4패	
			그룹B							수원 3승2무0패
			최종	서울 21승7무10패	전북 20승16무2패	제주 17승8무13패	울산 14승12무12패	전남 12승11무15패	상주 12승7무19패	수원 10승18무10패
	K리그2/정규리그	현대오일뱅크 K리그 챌린지 2016	일반	안산무궁화 21승0무12패	대구 19승13무8패	부천 19승10무11패	강원 19승9무12패	부산 19승7무14패	서울E 17승13무10패	대전 15승10무15패
			PO			강원 2승	부천 1패	부산 1패		
			최종	안산무궁화 21승7무12패	대구 19승13무8패	강원 21승9무12패	부천 19승10무12패	부산 19승7무15패	서울E 17승13무10패	대전 15승10무15패
	승강PO	현대오일뱅크 K리그 승강 플레이오프 2016		강원 2무	성남 2무					

8위	9위	10위	11위	12위	13위	14위	15위	16위
성남 11승 7무 8패	제주 10승 9무 7패	전남 6승 11무 9패	경남 4승 10무 12패	대구 4승 8무 14패	강원 2승 9무 15패	대전 2승 8무 16패		
강원 6승 3무 3패	성남 6승 2무 4패	제주 6승 1무 5패	대전 5승 3무 4패	경남 4승 3무 5패	대구 2승 6무 4패	전남 3승 2무 7패		
성남 17승 9무 12패	제주 16승 10무 12패	전남 9승 13무 16패	경남 8승 13무 17패	강원 8승 12무 18패	대구 6승 14무 18패	대전 7승 11무 20패		
충주 7승 8무 20패								
인천 8승 6무 14패	부산 7승 12무 14패	성남 7승 10무 16패	경남 6승 13무 14패	상주 6승 11무 16패				
성남 2승 3무 0패	전남 1승 3무 1패	상주 1승 2ㅜ 2패	경남 1승 2무 2패	인천 0승 3무 2패				
부산 10승 13무 15	성남 9승 13무 16패	인천 8승 16무 14패	경남 7승 15무 16패	상주 7승 13무 18패				
고양 11승 14무 11패	충주 6승 16무 14패	부천 6승 9무 21패						
고양 11승 14무 11패	충주 6승 16무 14패	부천 6승 9무 21패						
인천 13승 12무 13패	전남 12승 13무 13패	광주 10승 12무 16패	부산 5승 11무 22패	대전 4승 7무 27패				
광주 2승 1무 2패	전남 2승 1무 2패	인천 1승 3무 1패	대전 2승 0무 3패	부산 0승 2무 3패				
인천 13승 12무 13패	전남 12승 13무 13패	광주 10승 12무 16패	부산 5승 11무 22패	대전 4승 7무 27패				
고양 13승 10무 17패	경남 10승 13무 17패	안산경찰청 9승 15무 16패	충주 10승 11무 19패					
고양 13승 10무 17패	경남 10승 13무 17패	안산경찰청 9승 15무 16패	충주 10승 11무 19패					
포항 11승 8무 4패	광주 10승 11무 12패	수원 7승 16무 10패	인천 8승 11무 14패	수원FC 8승 9무 16패				
인천 3승 1무 1패	수원FC 2승 0무 3패	광주 1승 3무 1패	포항 1승 2무 2패	성남 0승 2무 3패				
광주 11승 14무 13패	포항 12승 10무 16패	인천 11승 12무 15패	성남 11승 10무 17패	수원FC 10승 9무 19패				
경남 18승 6무 16패	안양 11승 13무 16패	충주 7승 8무 25패	고양 2승 10무 28패					
경남 18승 6무 16패	안양 11승 13무 16패	충주 7승 8무 25패	고양 2승 10무 28패					

2017	K리그1 /정규 리그	KEB하나은 행 K리그 클래식 2017	일반	전북 19승 8무 6패	제주 17승 8무 8패	울산 16승 11무 6패	수원 14승 11무 8패	서울 14승 11무 8패	강원 12승 10무 11패	포항 11승 7무 15패
			그룹A	수원 3승 2무 0패	전북 3승 1무 1패	서울 2승 2무 1패	제주 2승 1무 2패	강원 1승 0무 4패	울산 1승 0무 4패	
			그룹B							포항 4승 0무 1패
			최종	전북 22승 9무 7패	제주 19승 9무 10패	수원 17승 13무 8패	울산 17승 11무 10패	서울 16승 13무 9패	강원 13승 10무 15패	포항 15승 7무 16패
	K리그2 /정규 리그	KEB하나은 행 K리그 챌린지 2017	일반	경남 24승 7무 5패	부산 19승 11무 6패	아산 15승 9무 12패	성남 13승 14무 9패	부천 15승 7무 14패	수원FC 11승 12무 13패	안양 10승 9무 17패
			PO		부산 1승 0패	아산 1승 1패	성남 1패			
			최종	경남 24승 7무 5패	부산 20승 11무 7패	아산 16승 9무 13패	성남 13승 14무 10패	부천 15승 7무 14패	수원FC 11승 12무 13패	안양 10승 9무 17패
	승강 PO	KEB하나은행 K리그 승강 플레이오프 2017		상주 1승 1패	부산 1승 1패					
		2차전 후 승부차기로 상주 잔류								
2018	K리그1 /정규 리그	KEB하나은 행 K리그1 2018	일반	전북 24승 5무 4패	경남 16승 10무 7패	울산 15승 11무 7패	수원 13승 10무 10패	포항 13승 8무 12패	제주 11승 11무 11패	강원 10승 9무 14패
			그룹A	제주 3승 1무 1패	전북 2승 3무	울산 2승 1무 2패	포항 2승 1무 2패	경남 2승 1무 2패	수원 1무 4패	
			그룹B							인천 4승 1패
			최종	전북 26승 8무 4패	경남 18승 11무 9패	울산 17승 12무 9패	포항 15승 9무 14패	제주 14승 12무 12패	수원 13승 11무 14패	대구 14승 8무 16패
	K리그2 /정규 리그	KEB하나은 행 K리그2 2018	일반	아산 21승 9무 6패	성남 18승 11무 7패	부산 14승 14무 8패	대전 15승 8무 13패	광주 11승 10무 16패	안양 12승 8무 16패	수원FC 13승 3무 20패
			PO			부산 1승	대전 1승 1패	광주 1패		
			최종	아산 21승 9무 6패	성남 18승 11무 7패	부산 15승 14무 8패	대전 16승 8무 14패	광주 11승 10무 16패	안양 12승 8무 16패	수원FC 13승 3무 20패
	승강 PO	KEB하나은행 K리그 승강 플레이오프 2018		서울 1승 1무	부산 1무 1패					

역대 대회방식 변천사

연도	정규리그			리그컵	
	대회명	방식	경기수(참가팀)	대회명(방식)	경기수(참가팀)
1983	83 수퍼리그	단일리그	40경기 (5팀)	-	-
1984	84 축구대제전 수퍼리그	전후기리그, 챔피언결정전	114경기 (8팀)	-	-
1985	85 축구대제전 수퍼리그	단일리그	84경기 (8팀)	-	-
1986	86 축구대제전	춘계리그, 추계리그, 챔피언결정전	62경기 (6팀)	86 프로축구선수권대회	40경기 (5팀)
1987	87 한국프로축구대회	단일리그	80경기 (5팀)		
1988	88 한국프로축구대회	단일리그	60경기 (5팀)		
1989	89 한국프로축구대회	단일리그	120경기 (6팀)		
1990	90 한국프로축구대회	단일리그	90경기 (6팀)		
1991	91 한국프로축구대회	단일리그	120경기 (6팀)		
1992	92 한국프로축구대회	단일리그	92경기 (6팀)	92 아디다스컵(신설)	30경기 (6팀)
1993	93 한국프로축구대회	단일리그	90경기 (6팀)	93 아디다스컵	15경기 (6팀)
1994	94 하이트배 코리안리그	단일리그	105경기 (7팀)	94 아디다스컵	21경기 (7팀)
1995	95 하이트배 코리안리그	전후기리그, 챔피언결정전	115경기 (8팀)	95 아디다스컵	28경기 (8팀)
1996	96 라피도컵 프로축구대회	전후기리그, 챔피언결정전	146경기 (9팀)	96 아디다스컵	36경기 (9팀)
1997	97 라피도컵 프로축구대회	단일리그	90경기(10팀)	97 아디다스컵	45경기(10팀)
				97 프로스펙스컵(조별리그)	44경기(10팀)
1998	98 현대컵 K-리그	단일리그, 4강결승(준플레이오프, 플레이오프, 챔피언결정전 등 5경기)	95경기(10팀)	98 필립모리스코리아컵	45경기(10팀)
				98 아디다스코리아컵(조별리그)	44경기(10팀)
1999	99 바이코리아컵 K-리그	단일리그, 4강결승(준플레이오프, 플레이오프, 챔피언결정전 등 5경기)	140경기(10팀)	99 대한화재컵(조별리그)	44경기(10팀)
				99 아디다스컵(토너먼트)	9경기(10팀)

대구 8승 12무 13패	전남 8승 9무 16패	상주 8승 9무 16패	인천 6승 15무 12패	광주 4승 11무 18패
대구 3승 2무 0패	광주 2승 1무 2패	인천 1승 3무 1패	상주 0승 2무 3패	전남 0승 2무 3패
대구 11승 14무 13패	인천 7승 18무 13패	전남 8승 11무 19패	상주 8승 11무 19패	광주 6승 12무 20패
서울E 7승 14무 17패	안산 7승 12무 17패	대전 6승 11무 19패		
서울E 7승 14무 15패	안산 7승 12무 17패	대전 6승 11무 19패		
대구 11승 6무 16패	서울 8승 11무 14패	상주 8승 9무 16패	전남 8승 8무 17패	인천 6승 12무 15패
대구 3승 2무	강원 2승 1무 2패	상주 2승 1무 2패	서울 1승 2무 2패	전남 5패
부천 10승 6무 19패	안산 10승 9무 17패	서울E 10승 7무 19패		

연도	정규리그			리그컵	
	대회명	방식	경기수(참가팀)	대회명(방식)	경기수(참가팀)
2000	2000 삼성 디지털 K-리그	단일리그, 4강결승 (준플레이오프, 플레이오프, 챔피언결정전 등 5경기)	140경기(10팀)	2000 대한화재컵(조별리그)	43경기(10팀)
				2000 아디다스컵(토너먼트)	9경기(10팀)
2001	2001 포스코 K-리그	단일리그(3라운드)	135경기(10팀)	아디다스컵 2001(조별리그)	44경기(10팀)
2002	2002 삼성 파브 K-리그	단일리그(3라운드)	135경기(10팀)	아디다스컵 2002(조별리그)	44경기(10팀)
2003	삼성 하우젠 K-리그 2003	단일리그(4라운드)	264경기(12팀)	-	-
2004	삼성 하우젠 K-리그 2004	전후기리그, 4강결승(전기우승 - 통합차상위전, 후기우승 - 통합최상위전, 챔피언결정전)	160경기(13팀)	삼성 하우젠컵 2004	78경기(13팀)
2005	삼성 하우젠 K-리그 2005	전후기리그, 4강결승(전기우승 - 통합차상위전, 후기우승 - 통합최상위전, 챔피언결정전)	160경기(13팀)	삼성 하우젠컵 2005	78경기(13팀)
2006	삼성 하우젠 K-리그 2006	전후기리그, 4강결승(전기우승 - 통합차상위전, 후기우승 - 통합최상위전, 챔피언결정전)	186경기(14팀)	삼성 하우젠컵 2006	91경기(14팀)
2007	삼성 하우젠 K-리그 2007	6강플레이오프, 준플레이오프, 플레이오프, 챔피언결정전	188경기(14팀)	삼성 하우젠컵 2007(조별리 그)	65경기(14팀)
2008	삼성 하우젠 K-리그 2008	6강플레이오프, 준플레이오프, 플레이오프, 챔피언결정전	188경기(14팀)	삼성 하우젠컵 2008(조별리 그)	65경기(14팀)
2009	2009 K-리그	6강플레이오프, 준플레이오프, 플레이오프, 챔피언결정전	216경기(15팀)	피스컵 코리아2009(조별리그)	39경기(15팀)
2010	쏘나타 K리그 2010	6강플레이오프, 준플레이오프, 플레이오프, 챔피언결정전	216경기(15팀)	포스코컵 2010(조별리그)	37경기(15팀)
2011	현대오일뱅크 K리그 2011	6강플레이오프, 준플레이오프, 플레이오프, 챔피언결정전	246경기(16팀)	러시앤캐시컵 2011(조별리 그)	37경기(16팀)
2012	현대오일뱅크 K리그 2012	단일리그 / 상하위 스플릿리그(그룹A, 그룹B)	352경기(16팀)	-	-

연도	정규리그			리그컵	
	대회명	방식	경기수(참가팀)	대회명(방식)	경기수(참가팀)
2013	현대오일뱅크 K리그 클래식 2013	1부리그 단일리그 / 상하위 스플릿리그(그룹A, 그룹B)	266경기(14팀)	-	-
	현대오일뱅크 K리그 챌린지 2013	2부리그 단일리그	140경기 (8팀)		
	현대오일뱅크 K리그 승강 플레이오프 2013	승강 플레이오프	2경기 (2팀)		
2014	현대오일뱅크 K리그 클래식 2014	1부리그 단일리그 / 상하위 스플릿리그(그룹A, 그룹B)	228경기(12팀)	-	-
	현대오일뱅크 K리그 챌린지 2014	2부리그 단일리그	182경기(10팀)		
	현대오일뱅크 K리그 승강 플레이오프 2014	승강 플레이오프	2경기 (2팀)		
2015	현대오일뱅크 K리그 클래식 2015	1부리그 단일리그 / 상하위 스플릿리그(그룹A, 그룹B)	228경기(12팀)	-	-
	현대오일뱅크 K리그 챌린지 2015	2부리그 단일리그	222경기(11팀)		
	현대오일뱅크 K리그 승강 플레이오프 2015	승강 플레이오프	2경기 (2팀)		
2016	현대오일뱅크 K리그 클래식 2016	1부리그 단일리그 / 상하위 스플릿리그(그룹A, 그룹B)	팀 순위 산정방식 변경: 승점 - 득실 - 다득점… → 승점 - 다득점 - 득실…	228경기(12팀)	-	-
	현대오일뱅크 K리그 챌린지 2016	2부리그 단일리그		222경기(11팀)		
	현대오일뱅크 K리그 승강 플레이오프 2016	승강 플레이오프		2경기 (2팀)		
2017	KEB하나은행 K리그 클래식 2017	1부리그 단일리그 / 상하위 스플릿리그(그룹A, 그룹B)	팀 순위 산정방식: 승점 - 다득점 - 득실…	228경기(12팀)	-	-
	KEB하나은행 K리그 챌린지 2017	2부리그 단일리그		182경기(10팀)		
	KEB하나은행 K리그 승강 플레이오프 2017	승강 플레이오프		2경기 (2팀)		
2018	KEB하나은행 K리그1 2018	1부리그 단일리그 / 상하위 스플릿리그(그룹A, 그룹B)	팀 순위 산정방식: 승점 - 다득점 - 득실…	228경기(12팀)	-	-
	KEB하나은행 K리그2 2018	2부리그 단일리그		182경기(10팀)		
	KEB하나은행 K리그 승강 플레이오프 2018	승강 플레이오프		2경기 (2팀)		

역대 신인선수선발 제도 변천사

연도	방식
1983~1987	자유선발
1988~2001	드래프트
2002~2005	자유선발
2006~2012	드래프트
2013~2015	드래프트 / 자유선발
2016~	자유선발

역대 외국인 선수 보유 및 출전한도 변천사

연도	등록인원	출전인원	비고
1983~1993	2	2	
1994	3	2	출전인원은 2명으로 하되 대표선수 차출에 비례하여 3명 이상 차출 시 3명 출전가능
1995	3	3	
1996~2000	5	3	1996년부터 외국인 GK 출전제한(1996년 전 경기 출전, 1997년 2/3 출전, 1998년 1/3 출전 가능), 1999년부터 외국인 GK 영입 금지
2001~2002	7	3	월드컵 지원으로 인한 대표선수 차출로 한시적 운영
2003~2004	5	3	
2005	4	3	
2006~2008	3	3	
2009~	3+1	3+1	아시아 쿼터(1명) 시행

역대 승점제도 변천사

연도	대회	승점현황
1983	수퍼리그	90분승 2점, 무승부 1점
1984	축구대제전 수퍼리그	90분승 3점, 득점무승부 2점, 무득점무승부 1점
1985	축구대제전 수퍼리그	
1986	축구대제전	
	프로축구선수권대회	
1987	한국프로축구대회	
1988	한국프로축구대회	90분승 2점, 무승부 1점
1989	한국프로축구대회	
1990	한국프로축구대회	
1991	한국프로축구대회	
1992	한국프로축구대회	
	아디다스컵	90분승 3점, 무승부 시 승부차기 (승 1,5점, 패 1점), 연장전 없음
1993	한국프로축구대회	90분승 4점, 무승부 시 승부차기 (승 2점, 패 1점), 연장전 없음
	아디다스컵	90분승 2점, 무승부 시 승부차기 승 2점
1994	하이트배 코리안리그	
	아디다스컵	
1995	하이트배 코리안리그	
	아디다스컵	
1996	라피도컵 프로축구대회	90분승 3점, 무승부 1점
	아디다스컵	
1997	라피도컵 프로축구대회	
	아디다스컵	
	프로스펙스컵(조별리그)	
1998	현대컵 K-리그	
	필립모리스코리아컵	
	아디다스코리아컵(조별리그)	90분승 3점, 연장승 2점, 승부차기 승 1점
1999	바이코리아컵 K-리그	
	대한화재컵(조별리그)	
	아디다스컵(토너먼트)	
2000	삼성 디지털 K-리그	90분승 3점, 연장승 2점, 승부차기 승 1점
	대한화재컵(조별리그)	

연도	대회	승점현황
	아디다스컵(토너먼트)	
2001	포스코 K-리그	
	아디다스컵(조별리그)	90분승 3점, 무승부 1점
2002	삼성 파브 K-리그	90분승 3점, 연장승 2점, 승부차기 승 1점
	아디다스컵(조별리그)	
2003	삼성 하우젠 K-리그	
2004	삼성 하우젠 K-리그	
	삼성 하우젠컵	
2005	삼성 하우젠 K-리그	
	삼성 하우젠컵	
2006	삼성 하우젠 K-리그	
	삼성 하우젠컵	
2007	삼성 하우젠 K-리그	
	삼성 하우젠컵(조별리그)	
2008	삼성 하우젠 K-리그	
	삼성 하우젠컵(조별리그)	
2009	K-리그	
	피스컵 코리아(조별리그)	
2010	쏘나타 K리그	
	포스코컵(조별리그)	90분승 3점, 무승부 1점
2011	현대오일뱅크 K리그	
	러시앤캐시컵(조별리그)	
2012	현대오일뱅크 K리그	
2013	현대오일뱅크 K리그 클래식	
	현대오일뱅크 K리그 챌린지	
2014	현대오일뱅크 K리그 클래식	
	현대오일뱅크 K리그 챌린지	
2015	현대오일뱅크 K리그 클래식	
	현대오일뱅크 K리그 챌린지	
2016	현대오일뱅크 K리그 클래식	
	현대오일뱅크 K리그 챌린지	
2017	KEB하나은행 K리그 클래식	
	KEB하나은행 K리그 챌린지	
2018	KEB하나은행 K리그1	
	KEB하나은행 K리그2	

역대 관중 기록 _ K리그 BC(1983~2012년)

연도	경기수(경기일)	총관중수	평균 관중수	우승팀	비고
1983	40 (20)	419,478	20,974	할렐루야	
1984	114 (58)	536,801	9,255	대우	챔피언결정전 포함
1985	84 (42)	226,486	5,393	럭키금성	
1986	102 (53)	179,752	3,392	포항제철	챔피언결정전 포함
1987	78	341,330	4,376	대우	총 80경기 중 부산 기권승 2경기 제외
1988	60	360,650	6,011	포항제철	
1989	120	778,000	6,483	유공	
1990	90	527,850	5,865	럭키금성	
1991	121	1,480,127	12,232	대우	올스타전 포함
1992	123	1,353,573	11,005	포항제철	챔피언결정전, 올스타전 포함
1993	105	851,190	8,107	일화	

1994	126	893,217	7,089	일화	
1995	144	1,516,514	10,531	일화	챔피언결정전, 올스타전 포함
1996	182	1,911,347	10,502	울산 현대	챔피언결정전 포함
1997	180	1,218,836	6,771	부산 대우	올스타전포함
1998	185	2,179,288	11,780	수원 삼성	플레이오프, 올스타전 포함
1999	195(191)	2,752,953	14,413	수원 삼성	수퍼컵, 올스타전, 플레이오프 포함
2000	194(190)	1,909,839	10,052	안양 LG	수퍼컵, 올스타전, 플레이오프 포함
2001	181	2,306,861	12,745	성남 일화	수퍼컵, 올스타전 포함
2002	181	2,651,901	14,651	성남 일화	수퍼컵, 올스타전 포함
2003	265	2,448,868	9,241	성남 일화	올스타전 포함
2004	240	2,429,422	10,123	수원 삼성	수퍼컵, 올스타전 포함
2005	240	2,873,351	11,972	울산 현대	수퍼컵, 올스타전 포함
2006	279	2,455,484	8,801	성남 일화	수퍼컵, 올스타전 포함
2007	254	2,746,749	10,814	포항 스틸러스	
2008	253	2,945,400	11,642	수원 삼성	
2009	256	2,811,561	10,983	전북 현대	올스타전 포함
2010	254	2,735,904	10,771	FC서울	올스타전 포함
2011	283	3,030,586	10,709	전북 현대	
2012	352(338)	2,419,143	7,157	FC서울	올스타전 포함, 인천 무관중 경기 제외, 상주 기권경기 제외
합계		51,292,461			

- 1999, 2000 아디다스컵 5경기 기준
- 1일 2경기 또는 3경기 시 1경기로 평균처리
- 2012년부터 실관중 집계

역대 관중 기록 _ K리그1

연도	경기수	총관중수	평균 관중수	우승팀
2013	266	2,036,413	7,656	포항 스틸러스
2014	228	1,808,220	7,931	전북 현대
2015	228	1,760,243	7,720	전북 현대
2016	228	1,794,855	7,872	FC서울
2017	228	1,482,483	6,502	전북 현대
2018	228	1,241,320	5,444	전북 현대
합계		10,123,534		

- 2018년부터 유료관중 집계

역대 관중 기록 _ K리그2

연도	경기수	총관중수	평균 관중수	우승팀
2013	140	235,846	1,685	상주 상무
2014	182	221,799	1,219	대전 시티즌
2015	222	356,474	1,606	상주 상무
2016	222	335,384	1,511	안산 무궁화
2017	182	426,645	2,344	경남 FC
2018	182	310,627	1,707	아산 무궁화
합계		1,886,775		

- 2018년부터 유료관중 집계

역대 관중 기록 _ K리그 승강 플레이오프

연도	경기수	총관중수	평균 관중수	잔류/승격 팀	비고
2013	2	10,550	5,275	상주 상무	클래식 13위팀 vs 챌린지 1위팀
2014	2	4,636	2,318	광주FC	클래식 11위팀 vs 챌린지 2~4위 플레이오프 진출팀
2015	2	8,482	4,241	수원FC	
2016	2	9,587	4,794	강원FC	클래식 11위팀 vs 챌린지 3~5위 플레이오프 진출팀
2017	2	4,036	2,018	상주 상무	클래식 11위팀 vs 챌린지 2~4위 플레이오프 진출팀
2018	2	18,681	9,341	FC서울	클래식 11위팀 vs 챌린지 3~5위 플레이오프 진출팀
합계		55,972			

- 2018년부터 유료관중 집계

역대 시즌별 개인상 수상자

구분	감독상	MVP	득점상	도움상	감투상	모범상	베스트 11				심판상	우수 GK상	수비상	신인 선수상	특별상
							GK	DF	MF	FW					
1983	함흥철 (할렐)	박성화 (할렐)	박윤기 (유공)	박창선 (할렐)	이강조 (유공)	이춘석 (대우)	조병득 (할렐)	박성화(할렐) 김철수(포철) 장외룡(대우) 이강조(유공)	조광래(대우) 박창선(할렐)	박윤기(유공) 이길용(포철) 이춘석(대우) 김용세(유공)		조병득 (할렐)			* 인기상: 조광래(대우) * 응원상: 국민은행

구분	감독상	MVP	득점상	도움상	감투상	모범상	GK	DF	MF	FW	심판상	우수GK상	수비상	신인선수상	특별상
							베스트11								
1984	장운수 (대우)	박창선 (대우)	백종철 (현대)	렌스베 르겐 (현대)	정용환 (대우)	조영증 (럭금)	오연교 (유공)	정용환(대우) 박경훈(포철) 박성화(할렐) 정종수(유공)	박창선(대우) 허정무(현대) 조영증(럭금)	최순호(포항) 이태호(대우) 백종철(현대)	나윤식	오연교 (유공)			
1985	박세학 (럭금)	한문배 (럭금)	피아퐁 (럭금)	피아퐁 (럭금)	김용세 (유공)	최강희 (현대)	김현태 (럭금)	장외룡(대우) 한문배(럭금) 최강희(현대) 김철수(포철)	박성인(할렐) 이흥실(포철) 박항서(럭금)	김용세(유공) 피아퐁(럭금) 강득수(럭금)	최길수	김현태 (럭금)		이흥실 (포철)	
1986	최은택 (포철)	이흥실 (포철) 최강희 (현대)	정해원 (대우) 함현기 (현대)	강득수 (럭금)	민진홍 (유공)	박성화 (포철)	김현태 (럭금)	조영증(럭금) 김평석(현대) 최강희(현대) 박노봉(대우)	조민국(럭금) 이흥실(포철) 윤성효(한일)	김용세(유공) 정해원(대우) 함현기(현대)	심건택	김현태 (럭금) 호성호 (현대)		함현기 (현대)	정해원(대우)
1987	이차만 (대우)	정해원 (대우)	최상국 (포철)	최상국 (포철)	최기봉 (유공)	박노봉 (대우)	김풍주 (대우)	최기봉(유공) 정용환(대우) 박경훈(포철) 구상범(럭금)	김삼수(현대) 노수진(유공) 이흥실(포철)	최상국(포철) 정해원(대우) 김주성(대우)	박경인	조병득 (포철)		김주성 (대우)	
1988	이회택 (포철)	박경훈 (포철)	이기근 (포철)	김종부 (포철)	최진한 (럭금) 손형선 (대우)	최강희 (현대)	오연교 (현대)	최강희(현대) 최태진(대우) 손형선(대우) 강태식(포철)	최진한(럭금) 김상호(포철) 황보관(유공)	이기근(포철) 함현기(현대) 신동철(유공)	이도하	오연교 (현대)		황보관 (유공)	
1989	김정남 (유공)	노수진 (유공)	조긍연 (포철)	이흥실 (포철)	조영증 (포철)	강재순 (현대)	차상광 (럭금)	임종헌(일화) 조윤환(유공) 최윤겸(유공) 이영익(럭금)	이흥실(포철) 조덕제(대우) 강재순(현대)	윤상철(럭금) 조긍연(포철) 노수진(유공)		차상광 (럭금)		고정운 (일화)	
1990	고재욱 (럭금)	최진한 (럭금)	윤상철 (럭금)	최대식 (럭금)	최태진 (럭금)	이태호 (대우)	유대순 (유공)	최영준(럭금) 이재희(대우) 최태진(럭금) 임종헌(일화)	최진한(럭금) 이흥실(포철) 최대식(럭금)	윤상철(럭금) 이태호(대우) 송주석(현대)	길기철	유대순 (유공)		송주석 (현대)	
1991	비츠케이 (대우)	정용환 (대우)	이기근 (포철)	김준현 (유공)	최진한 (유공)	정용환 (대우)	김풍주 (대우)	정용환(대우) 박현용(대우) 테 드 (유공)	김형석(현대) 이영진(LG) 김주성(대우) 최강희(현대) 이상윤(일화)	이기근(포철) 고정운(일화)	이상용		박현용 (대우)	조우석 (일화)	
1992	이회택 (포철)	홍명보 (포철)	임근재 (LG)	신동철 (유공)	박창현 (포철)	이태호 (대우)	사리체 프(일화)	홍명보(포철) 이종화(일화) 박정배(LG)	신홍기(현대) 김현석(현대) 신태용(일화) 박태하(포철) 신동철(유공)	박창현(포철) 임근재(LG)	노병일		사리체프 (일화)	신태용 (일화)	
1993	박종환 (일화)	이상윤 (일화)	차상해 (포철)	윤상철 (LG)	윤상철 (LG)	최영일 (현대)	사리체 프(일화)	최영일(현대) 이종화(일화) 유동관(포철)	김판근(대우) 신태용(일화) 김동해(LG) 이상윤(일화) 김봉길(유공)	차상해(포철) 윤상철(LG)	김광택		이종화 (일화)	정광석 (대우)	
1994	박종환 (일화)	고정운 (일화)	윤상철 (LG)	고정운 (일화)	이광종 (유공)	정종수 (현대)	사리체 프(일화)	안익수(일화) 유상철(현대) 홍명보(포철) 허기태(유공)	신태용(일화) 고정운(일화) 황보관(유공)	윤상철(LG) 라 데(포철) 김경래(버팔로)	박해용		사리체프 (일화)	최용수 (LG)	
1995	박종환 (일화)	신태용 (일화)	노상래 (전남)	이미르 (대우)			사리체 프(일화)	최영일(현대) 정명수(유공) 허기태(유공)	신태용(일화) 고정운(일화) 김현석(현대) 김판근(LG) 아미르(대우)	황선홍(포항) 노상래(전남)	김진옥			노상래 (전남)	
1996	고재욱 (울산)	김현석 (울산)	신태용 (천안)	라데 (포항)		김병지 (울산)		윤성효(수원) 김주성(부산) 허기태(부천SK)	신태용(천안) 바데아(수원) 홍명보(수원) 하석주(부산) 김현석(울산)	라데(포항) 세르게이 (부천SK)	김용대 (최우수주심상) 김회성 (최우수부심상)			박건하 (수원)	

구분	감독상	MVP	득점상	도움상	베스트 11				최우수주심상	최우수부심상	신인선수상	특별상
					GK	DF	MF	FW				
1997	이차만(부산)	김주성(부산)	김현석(울산)	데니스(수원)	신범철(부산)	김주성(부산) 마시엘(전남) 안익수(포항)	김현석(울산) 신진원(대전) 김인완(전남) 이진행(수원) 정재권(부산)	마니치(부산) 스카첸코(전남)	이재성	곽경만	신진원(대전)	
1998	김호(수원)	고종수(수원)	유상철(울산)	정정수(울산)	김병지(울산)	안익수(포항) 마시엘(전남) 이임생(부천SK)	고종수(수원) 유상철(울산) 백승철(포항) 안정환(부산) 정정수(울산)	사샤(수원) 김현석(울산)	한병화	김회성	이동국(포항)	김병지(울산)
1999	김호(수원)	안정환(부산)	사샤(수원)	변재섭(전북)	이운재(수원)	신홍기(수원) 김주성(부산) 마시엘(전남) 강철(부천SK)	서정원(수원) 고종수(수원) 데니스(수원) 고정운(포항)	안정환(부산) 사샤(수원)	한병화	김용대	이성재(부천SK)	이용발(부천SK)
2000	조광래(안양LG)	최용수(안양LG)	김도훈(전북)	안드레(안양LG)	신의손(안양LG)	강철(부천SK) 이임생(부천SK) 김현수(성남일) 마시엘(전남)	안드레(안양LG) 신태용(성남) 전경준(부천SK) 데니스(수원)	최용수(안양LG) 김도훈(전북)	이상용	곽경만	양현정(전북)	이용발(부천SK) 조성환(부천SK)
2001	차경복(성남)	신태용(성남)	산드로(수원)	우르모브(부산)	신의손(안양LG)	우르모브(부산) 김현수(성남일) 김용희(성남일) 이영표(안양LG)	신태용(성남일) 서정원(수원) 송종국(부산) 남기일(부천SK)	우성용(부산) 산드로(수원)	김진옥	김계수	송종국(부산)	신의손(안양LG) 이용발(부천SK)
2002	차경복(성남일)	김대의(성남일)	에드밀손(전북)	이천수(울산)	이운재(수원)	김현수(성남일) 김태영(전남) 최진철(전북) 홍명보(포항)	신태용(성남일) 이천수(울산) 안드레(안양LG) 서정원(수원)	김대의(성남일) 유상철(울산)	권종철	원창호	이천수(울산)	김기동(부천SK) 이용발(전북)
2003	차경복(성남일)	김도훈(성남일)	김도훈(성남일)	에드밀손(전북)	서동명(울산)	최진철(전북) 김태영(전남) 김현수(성남일) 산토스(포항)	이관우(대전) 이성남(성남일) 신태용(성남일) 김남일(전남)	김도훈(성남일) 마그노(전북)	권종철	김선진	정조국(안양LG)	
2004	차범근(수원)	나드손(수원)	모따(전남)	홍순학(대구)	이운재(수원)	산토스(포항) 유경렬(울산) 무사(수원) 곽희주(수원)	김동진(서울) 따바레즈(포항) 김두현(수원) 김대의(수원)	나드손(수원) 모따(전남)	이상용	원창호	문민귀(포항)	김병지(포항) 조준호(부천SK) 신태용(성남일)
2005	장외룡(인천)	이천수(울산)	마차도(울산)	히칼도(서울)	김병지(포항)	조용형(부천SK) 김영철(성남일) 임중용(인천) 유경렬(울산)	이천수(울산) 김두현(성남일) 이호(울산) 조원희(수원)	박주영(서울) 마차도(울산)	이영철	원창호	박주영(서울)	조준호(부천SK) 김병지(포항)
2006	김학범(성남일)	김두현(성남일)	우성용(성남일)	슈바(대전)	박호진(수원)	마토(수원) 김영철(성남일) 장학영(성남일) 최진철(전북)	김두현(성남일) 이관우(수원) 백지훈(수원) 뽀뽀(부산)	우성용(성남일) 김은중(서울)	이영철	안상기	염기훈(전북)	김병지(서울) 최은성(대전) 이정래(경남)
2007	파리아스(포항)	따바레즈(포항)	까보레(경남)	따바레즈(포항)	김병지(서울)	마 토(수원) 황재원(포항) 장학영(성남일) 아 디(서울)	따바레즈(포항) 이관우(수원) 김기동(포항) 김두현(성남일)	까보레(경남) 이근호(대구)	이상용	강창구	하태균(수원)	김병지(서울) 김영철(성남일) 김용대(성남일) 장학영(성남일) 염동균(전남)
2008	차범근(수원)	이운재(수원)	두 두(성남일)	브라질리아(울산)	이운재(수원)	아 디(서울) 마 토(수원) 박동혁(울산) 최효진(포항)	기성용(서울) 이청용(서울) 조원희(수원) 김형범(전북)	에두(수원) 이근호(대구)	고금복	손재선	이승렬(서울)	백민철(대구)
2009	최강희(전북)	이동국(전북)	이동국(전북)	루이스(전북)	신화용(포항)	김형일(포항) 황재원(포항) 최효진(포항) 김상식(전북)	최태욱(전북) 기성용(서울) 에닝요(전북) 김정우(성남일)	이동국(전북) 데닐손(포항)	최광보	원상호	김영후(강원)	김영광(울산) 김길식(경남) '판타스틱플레이어상:이동국(전북)
2010	박경훈(제주)	김은중(제주)	유병수(인천)	구자철(제주)	김용대(서울)	최효진(서울) 아 디(서울) 사샤(성남일) 홍정호(제주)	구자철(제주) 에닝요(전북) 몰리나(성남일) 윤빛가람(경남)	김은중(제주) 데얀(서울)	최명용	정해상	윤빛가람(경남)	김용대(서울) 김병지(경남) 백민철(대구) '판타스틱플레이어상:구자철(제주)

구분	감독상	MVP	득점상	도움상	베스트 11				최우수 주심상	최우수 부심상	신인선수상	특별상	판타스틱 플레이어상
					GK	DF	MF	FW					
2011	최강희 (전북)	이동국 (전북)	데 안 (서울)	이동국 (전북)	김영광 (울산)	박원재(전북) 곽태휘(울산) 조성환(전북) 최철순(전북)	염기훈(수원) 윤빛가람(경남) 하대성(서울) 에닝요(전북)	이동국(전북) 데 안 (서울)	최광보	김정식	이승기(광주)		이동국 (전북)
2012	최용수 (서울)	데 안 (서울)	데 안 (서울)	몰리나 (서울)	김용대 (서울)	아 디 (서울) 곽태휘(울산) 정인환(인천) 김창수(부산)	몰리나(서울) 황진성(포항) 하대성(서울) 이근호(울산)	데 안 (서울) 이동국(전북)	최명용	김용수	이명주(포항)	김병지(경남) 김용대(서울)	데안 (서울)
2013 K리그1	황선홍 (포항)	김신욱 (울산)	데 안 (서울)	몰리나 (서울)	김승규 (울산)	아 디 (서울) 김치곤(울산) 김원일(포항) 이 용(전북)	고무열(포항) 이명주(포항) 하대성(서울) 레오나르도(전북)	데안(서울) 김신욱(울산)	유선호	손재선	영플레 이어상 고무열(포항)	권정혁(인천)	김신욱 (울산)
2013 K리그2	박항서 (상주)	이근호 (상주)	이근호 (상주)	염기훈 (경찰/ 수원)*	김호준 (상주/ 제주)*	최철순(상주) 김형일(상주/포항)* 이재성(상주) 오범석(경찰)	염기훈(경찰/수원)* 이호(상주) 최진수(안양) 김영후(경찰/강원)*	이근호(상주) 알렉스(고양)					
2014 K리그1	최강희 (전북)	이동국 (전북)	산토스 (수원)	이승기 (전북)	권순태 (전북)	홍 철 (수원) 김주영(서울) 윌킨슨(전북) 차두리(서울)	임상협(부산) 고명진(서울) 이승기(전북) 한교원(전북)	이동국(전북) 산토스(수원)	최명용	노태식	김승대(포항)	김병지(전남)	이동국 (전북)
2014 K리그2	조진호 (대전)	아드리아 노(대전)	아드리아 노(대전)	최진호 (강원)	박주원 (대전)	이재권(안산경) 허재원(대구) 윤원일(대전) 임창우(대전)	김호남(광주) 이용래(안산경) 최진수(안양) 최진호(강원)	아드리아노 (대전) 알렉스(강원)					
2015 K리그1	최강희 (전북)	이동국 (전북)	김신욱 (울산)	염기훈 (수원)	권순태 (전북)	홍 철 (수원) 요니치(인천) 김기희(전북) 차두리(서울)	염기훈(수원) 이재성(전북) 권창훈(수원) 송진형(제주)	이동국(전북) 아드리아노 (서울)			이재성(전북)	신화용(포항) 오스마르(서울)	이동국 (전북)
2015 K리그2	조덕제 (수원FC)	조나탄 (대구)	조나탄 (대구)	김재성 (서울E)	조현우 (대구)	박진포(상주) 신형민(안산경) 강민수(상주) 이용(상주)	고경민(안양) 이승기(상주) 조원희(서울E) 김재성(서울E)	조나탄(대구) 주민규(서울E)					
2016 K리그1	황선홍 (서울)	정조국 (광주)	정조국 (광주)	염기훈 (수원)	권순태 (전북)	고광민(서울) 오스마르(서울) 요니치(인천) 정운(제주)	로페즈(전북) 레오나르도(전북) 이재성(전북) 권창훈(수원)	정조국(광주) 아드리아노 (서울)			안현범(제주)		레오나르 도(전북)
2016 K리그2	손현준 (대구)	김동찬 (대전)	김동찬 (대전)	이호석 (경남)	조현우 (대구)	정승용(강원) 황재원(대구) 이한샘(강원) 정우재(대구)	세징야(대구) 이현승(안산무) 황인범(대전) 바그닝요(부천)	김동찬(대전) 포 프 (부산)				김한빈(충주)	
2017 K리그1	최강희 (전북)	이재성 17(전북)	조나탄 (수원)	손준호 (포항)	조현우 (대구)	김진수(전북) 김민재(전북) 오반석(제주) 최철순(전북)	염기훈(수원) 이재성 17(전북) 이창민 (제주) 이승기(전북)	이근호(강원) 조나탄(수원)	김종혁	이정민	김민재(전북)	이동국(전북) 김영광(서울E)	조나탄 (수원)
2017 K리그2	김종부 (경남)	말컹 (경남)	말컹 (경남)	장혁진 (안산)	이범수 (경남)	최재수(경남) 박지수(경남) 이반(경남) 우주성(경남)	정원진(경남) 문기한(부천) 황인범(대전) 배기종(경남)	말컹(경남) 이정협(부산)					
2018 K리그1	최강희 (전북)	말컹 (경남)	말컹 (경남)	세징야 (대구)	조현우 (대구)	홍철(수원) 리차드(울산) 김민재(전북) 이용(전북)	네게바(경남) 최영준(경남) 아길라르(인천) 로페즈(전북)	말컹(경남) 주니오(울산)	김대용	감계용	한승규(울산)	강현무(포항) 김승대(포항)	
2018 K리그2	박동혁 (아산)	나상호 (광주)	나상호 (광주)	호물로 (부산)	김영광 (서울E)	김문환(부산) 이한샘(부산) 윤영선(성남) 서보민(성남)	황인범(대전) 호물로(부산) 이명주(아산) 안현범(아산)	나상호(광주) 키쭈(대전)				김영광(서울E)	

K LEAGUE ANNUAL REPORT 2018

2019 K 리 그 연 감 : 1 9 8 3 ~ 2 0 1 8

ⓒ (사) 한국프로축구연맹, 2018

엮은이 | (사) 한국프로축구연맹
펴낸이 | 김종수
펴낸곳 | 한울엠플러스(주)

초판 1쇄 인쇄 | 2019년 2월 20일
초판 1쇄 발행 | 2019년 2월 26일

주소 | 10881 경기도 파주시 광인사길 153 한울시소빌딩 3층
전화 | 031-955-0655
팩스 | 031-955-0656
홈페이지 | www.hanulmplus.kr
등록번호 | 제406-2015-000143호

Printed in Korea.
ISBN 978-89-460-6621-2   03690